Phönix aus der Asche?
Politik und Kultur der niederländischen Republik
im Europa des 17. Jahrhunderts

Studien zur Geschichte und Kultur Nordwesteuropas

herausgegeben von
Horst Lademacher

Band 16

Veröffentlichungen des Instituts für niederrheinische
Kulturgeschichte und Regionalentwicklung
der Universität Duisburg-Essen

Horst Lademacher

Phönix aus der Asche?

Politik und Kultur der niederländischen Republik
im Europa des 17. Jahrhunderts

Waxmann 2007
Münster/New York/München/Berlin

Die Veröffentlichung wurde gefördert
durch die Fritz Thyssen Stiftung
für Wissenschaftsförderung, Köln

Bibliografische Informationen der Deutschen Nationalbibliothek
Die Deutsche Nationalbibliothek verzeichnet diese Publikation in
der Deutschen Nationalbibliografie; detaillierte bibliografische
Daten sind im Internet über http://dnb.d-nb.de abrufbar.

Studien zur Geschichte und Kultur Nordwesteuropas, Band 16

ISSN 1617-3112 · ISBN 978-3-8309-1683-3

© Waxmann Verlag GmbH, 2007, Postfach 8603, D-48046 Münster
Waxmann Publishing Co., P. O. Box 1318, New York, NY 10028, USA.

www.waxmann.com
info@waxmann.com

Umschlaggestaltung: Matthias Grunert, Münster
Umschlagmotiv: Nicolaes Gillis. Gedekte tafel. 1621
Satz: Stoddart Satz- und Layoutservice, Münster
Druck: Hubert & Co., Göttingen
Gedruckt auf alterungsbeständigem Papier, säurefrei gemäß ISO 9706
Alle Rechte vorbehalten. Printed in Germany

Inhalt

Einleitung: Ausgangspunkte 9

Bilder – Reminiszenzen aus nationalpolitischen Erwägungen – Conrad Busken Huet. Mahner und Kritiker – Johan Huizinga – Simon Schama und die Notwendigkeit des Vergleichs – Ursachen von Kreativität und Kultur-Definitionen – Präsentation des Landes – Zur Einzelthematik – Europapolitisches Motiv

I. Tradition und Voraussetzung 56

Burgundische Kultur – Humanisten und die anderen. Ein neuer Diskurs – Herrschaft und Landschaft. Struktur und Widersetzlichkeit – Städtelandschaften: ein Süd-Nord-Vergleich

II. Neugier und Überraschung – Reisende in den Niederlanden 77

Zur Apodemik – Engländer – Deutsche – Franzosen – Kurze Charakteristik

III. Konstitutionelle Eigenart und politische Kultur 114

Selbstverständnis I: Batavischer Heldenmut – Selbstverständnis II: Die Israeliten – Selbstverständnis III: Der Beitrag der Dichter und Historiker – Vaterland und Freiheit – Außenpolitischer Erfolg: Stützung des vaterländischen Gedankens – Strukturen: Ihre geistigen Voraussetzungen – Der Widerstand und die Republik als Zufall – Souveränitäten: Zentrale oder provinziale Eigenschaft – Das Amt des Statthalters – Justus Lipsius: ein dem Lande wesensfremder Denker – Johannes Althusius: eine Stimme von außen – Niederländische Autoren – Ende der Rechtfertigung und neue Theorien: Graswinckel, die de la Court-Brüder und andere – Baruch Spinoza – Regentenherrschaft: Charakter einer politischen Auseinandersetzung im Pamphlet – Merkmale des Aristokratisierungsprozesses

IV. Die Souveränität, der Frieden und die Friedlosigkeit 242

Ausgangspunkte – Eine außenpolitische Karriere – Hugo Grotius: Exkurs zu einem verstoßenen Niederländer und zum Völkerrecht der Zeit – Von Friedlosigkeit und neuer Gegnerschaft

V. Kriegsbereitschaft und Friedenswunsch 283

Krieg als Problem des 16. und 17. Jahrhunderts – Begründungen in den Niederlanden: gerechter und ungerechter Krieg – Wachsamkeit und Interesse – Das Verständnis vom Krieg als grausamem Akt. Ein Vergleich – Rundum den Frieden. Münster in der Diskussion

VI. Die Gewaltsamkeit des Handels. Zum Prozeß der Expansion 323

Auf der Suche nach den Quellen des lukrativen Handels – Erste Besuche im Archipel – Die Gründung der Vereinigten Ostindischen Kompanie (VOC): Struktur und Kapital – Erste Expansion. Voraussetzungen und Charakter – Das Personal: Zusammensetzung und Arbeitsbedingungen – Die Schiffsbesatzungen und ihre Versorgung – Vergehen und Strafen – Gewürze und Gewalt – Batavia: Gründung, Aufbau und Jan Pietersz. Coen – Konsolidierung und Expansion – Das Problem der gemischten Kultur – Sklaven im Archipel – Das Bild von den Autochthonen – Der Archipel: Gegenstand wissenschaftlicher Neugier – Missionierung – Nautik, Flora und Fauna – Veränderungen bei Speiseplan und Hausrat – Westindische Kompanie (WIC): Expansion im atlantischen Raum – Johann Moritz von Nassau-Siegen: Auf- und Ausbau Pernambucos – Sklavenhandel

VII. Religion und Gewissen.
Die Grenzen der religiösen Toleranz in der Republik 408

Das Problem – Humanistische Vordenker – Wilhelm von Oranien: Toleranz und Begrenzung des Handelns – Öffentlichkeitskirche: Anspruch, Zweifel und Opportunität – Katholische Gegenwehr – Kirche und Obrigkeit: ein begrenzt inniges Verhältnis – Dirck Volckertsz. Coornhert contra Justus Lipsius – Katholiken und Remonstranten: eine eingeschränkte Existenz – Remonstranten <> Kontraremonstranten – Um den Münsterschen Frieden – Kontinuität und Wandel des Antagonismus – Juden: Exkurs über ein recht entspanntes Verhältnis – Noch einmal Toleranz als Problem: Das Allgemeine und der Alltag

VIII. Schulen und Universitäten – über Lernende und Lehrende 453

Voraussetzungen und Ziele – Lateinschulen – Die Universitäten: eine Topographie – Die Universitäten und ihr wissenschaftliches Potential. Leiden als zentraler Ort – Studenten aus dem Ausland. Andere Universitäten – Athenaeum Illustre in Amsterdam – Peregrinatio academicac

IX. Sprache und Literatur 491

Die Sprache und ihre Entwicklung. Ein europäischer Vergleich – Vaterland, Freiheit und andere Werte in Drama und Poesie – Die Rederijker und der Übergang zur Literaturauffassung der Renaissance – Literaten und ihre Herkunft – Poesie der Calvinisten – Literatur, Landschaft und Gesellschaft – Die Liebe: Thema der Dichtkunst – Die pädagogisch-didaktische Komponente der Literatur: Jacob Cats und andere – Das Drama und sein Protagonist: Joost van den Vondel – Gerbrand Adriaensz. Bredero und Jan Vos – Theater – Wirkung über die Grenzen des Landes hinaus – Verbreitung von Literatur: Druck und Verlag – Noch einmal Vergleichendes

X. Bildende Kunst – über Menge und Vielfalt 571

Die Kunst des 17. Jahrhunderts als Renommierstück – Einordnung Rembrandts – Andere Lobpreisungen der Malerei – Europäische Kunstszene – Grundlagen und Ausgangspunkte – Auf dem Weg zur eigenen Kunst – Carel van Mander: Künstler, Sammler und Lehrer – Maler oder Anstreicher? Über Positionen, Lehr- und Lernprozesse – Die Kunst und der Markt – Porträtmalerei – Die Landschaft – Die Genre-Malerei – Interieur und Stilleben – Motivationen: Produktion und Rezeption – Reaktionen im Ausland

XI. Der Weg zu neuen Erkenntnissen –
  Theorie und Praxis der Naturwissenschaften 642

Bemerkungen zur Position der Naturwissenschaften im europäischen Vergleich – Calvinimus und Naturwissenschaften: Eine Konfrontation? – Naturerscheinungen. Theorie und Praxis – Isaac Beeckman – René Descartes – Christiaan Huygens – Antonie van Leeuwenhoek – Die Mediziner

XII. Einfluß der Niederlande in deutschen Territorien 671

Emden und Bremen – Die Niederlande in Brandenburg-Preußen – Henriette Catharina in Anhalt, Albertine Agnes in Nassau-Diez – Kunsttransfer nach Brandenburg-Preußen – Oranische Heeresreform – Abschließende Bemerkungen über niederländische Einflußnahme

XIII. Jahrzehnte des Wandels 693

Abschied von der Bewunderung. Die Ungunst des Krieges und der Wirtschaft – Kunst und Literatur im Wandel – Europäischer Wandel: Frankreich und England – Neue europäische Geistigkeit: Die Gelehrtenrepublik – Pierre Bayle und andere – Balthasar Bekker und sein Umfeld

Nachklang 718

Verzeichnis der Literatur 743

Verzeichnis der Personen 777

Einleitung: Ausgangspunkte

Bilder

Der Niederländer Jacob Cats, Staatsmann aus altem seeländischem Regentengeschlecht und selbsternannter moralischer Tonsetzer seines Landes, formulierte schon in der ersten Hälfte des 17. Jahrhunderts die schlichte Frage, was es denn wohl in anderen Ländern oder auf Inseln gebe, das Holland nicht besitze oder wisse. Solche Wortwahl gründete in einem tiefempfundenen Selbstbewußtsein mit einem Schuß pausbäckiger Überheblichkeit, sie war zugleich Ausdruck der Reflexion über allseits entgegengebrachte Bewunderung, die Regierungen und Private des In- und Auslandes gleichermaßen hegten. Der Amsterdamer Germanist Herman Meyer hat in unserer Gegenwart einmal den zeitgenössischen Beifall zur Einmaligkeit und Besonderheit der niederländischen Republik des 17. Jahrhunderts in den Worten zusammengefaßt: „Man erlebt Holland und seinen Mittelpunkt Amsterdam als etwas Einmaliges, als wunderbare Vereinigung von Weltmacht, Reichtum, Wohlleben, Lebensmut, Gelehrsamkeit und Kunstsinn"[1]. Diese Beobachtung ist treffend, legte doch zum ersten Mal in der Geschichte Europas ein großer Teil der zeitgenössischen öffentlichen Meinung das „Goldene Zeitalter" nicht an den Anfang der Menschheitsgeschichte, sondern fügte solches Epitheton der eigenen Zeit, der eigenen Gesellschaft bei.

Es will nur allzu verständlich erscheinen, daß die niederländische Historiographie seit je über dieses Jahrhundert ausgiebig geforscht und reflektiert hat, über diese Republik also als Gegenstand einer hohen kulturellen Vielfalt und vor allem einer nie wieder erreichten europäischen Größe. Daß eine nationale Geschichtsschreibung in einem gleichsam patriotischen Reflex die gut präsentablen Seiten und Zeiten des eigenen Landes vorführt und darüber hinaus über die Frage nach den tieferen Gründen der Blüte sinniert, ist eben allemal begreiflich und sicherlich nicht tadelnswert, weil doch mancherlei Ergebnisse zutage gefördert worden sind. Solch thematischer Vorrang ist auch einsichtig, weil das Land danach nie wieder eine von den Zeitgenossen bewunderte Position hat einnehmen können. Im Gegenteil: nach 1700 setzte ein Verfall des Glanzes ein, außenpolitisch und wirtschaftlich allemal, aber auch kulturell gab es nichts Eigentümliches oder Besonderes, vielmehr haben wir es da mit einem deutlichen Versuch der Anpassung an andere Strömungen zu tun, die eben nicht aus dem eigenen Land kommen und denen auch nicht der Widerstand etwaiger Langlebigkeit des Eigenen entgegengehalten wird. Wenn der Schweizer Arzt Albrecht von Haller im frühen 18. Jahrhundert noch positiv über Herman Boerhaave, den Arzt und Hochschullehrer, und schließlich auch über die Landesart schreiben konnte[2], dann war das nur noch ein Einzelfall der gewiß berechtigten Lobpreisung, soweit es auf jeden Fall den führenden Mediziner und die medizinische Wissenschaft der Niederlande überhaupt betraf. Eben nicht nur Boerhaave, der Fachkollege, sondern die „Holländer" (in der damaligen Literatur fällt der Begriff „Niederlande" oder „Niederländer" nur selten) insgesamt scheinen es ihm angetan zu haben. Von Haller bot ein Stück politische Landeskunde und zugleich Einblick in Natur- und Kulturlandschaft, in Volksart und Volksleben. Der Bericht hätte positiver nicht sein können. Er bediente sich vieler schmückender Beiworte, die die Einfachheit

---

1   H. MEYER, *Zarte Empirie. Studien zur Literaturgeschichte*, Stuttgart 1963, S. 206.
2   S. dazu auch den Abschnitt *Der Weg zu neuen Erkenntnissen* sowie G.A. LINDEBOOM (Hrsg.), *Haller in Holland. Het dagboek van Albrecht von Haller van zijn verblijf in Holland (1725-1727). Ingeleid en geannoteerd door ...*, Delft 1958.

der Niederländer einerseits, ihre hohe Leistungsfähigkeit in Kunst und Wissenschaft andererseits unterstrichen. Da von Haller viel im Lande umher reiste, waren seine Reiseeindrücke nicht ortsgebunden.

Mit dem vorgenannten Meyer sei bemerkt, daß es erst dem 18. Jahrhundert vorbehalten geblieben ist, ein Land ernsthaft zu beschreiben und sich zugleich gründlich dem Volke zu widmen. Meyer weist darauf hin, daß die Reisebeschreibung als Völkerbeschreibung in der anthropozentrisch gerichteten Zeit Montesquieus und Herders von ungleich höherer Substanz und zugleich auch interessanter gewesen sei, niemals geneigt, ein „Bild" im Sinne des Starren und Überprofilierten zu zeichnen, und kaum dem Spöttischen zugetan. Der Mensch in seiner „jeweiligen Modifikation und Bedingtheit durch regionale Umstände" habe im Mittelpunkt gestanden.[3] Jenseits der Grenzen wuchsen im 18. Jahrhundert die Versuche zur Analyse und die Kritik am Lande insgesamt, in Politik und Gesellschaft gleichermaßen. Der vorgenannte von Haller zeichnete noch ein positives Bild von Land, Leuten, Staats- und Wirtschaftsstruktur, auch Johann Gottfried Herder hat den Versuch unternommen, das Land zu begreifen. Er sprach vom Handelsgeist als der einzigen Triebfeder der Republik. Das war nicht von vornherein negativ gemeint, als ob der Pfeffersack regiert hätte. Vielmehr ordnete er die Republik als Segensspenderin Europas ein. Aber Herder prognostizierte auch den Abstieg. Er bezog die Prognose aufgrund der Daten der Broschüre *Commerce de la Hollande*, und sie hätte möglicherweise auch aus der Anschauung der innen- und außenpolitischen Verwicklungen der Niederlande gewonnen werden können. In der positiven Wertung des Handelsgeistes stand Herder seinem Freund Hamann nahe, der 1755 schon in einer Beilage zu seiner Übersetzung von Dangeuils *Anmerkungen über die Vorteile und Nachteile von Frankreich und Großbritannien in Ansehen des Handels und der übrigen Quellen von der Macht der Staaten* über die Beziehung von Handel und Freiheit geschrieben und formuliert hatte: „Die Freiheit, auf welcher der Handel beruht, scheint ihre glückliche Zurückkunft für die Menschen zu beschleunigen ... Holland hat seinem Handel zum Besten den tyrannischen Gewissenszwang abgeschafft und diese vernünftige als wohltätige Glaubensfreiheit unter seine Grundgesetze aufgenommen. – Der Handelsgeist wird vielleicht die Ungleichheit der Stände mit der Zeit aufheben und jene Höhen, jene Hügel abtragen, welche die Eitelkeit und der Geiz aufgeworfen haben." Das mochte alles den Vorstellungen des Herder entsprechen, aber dieser sah 1769 den Handelsgeist auf ein egoistisches Staatsinteresse konzentriert und deutete ihn negativ. Wo Handelsgeist nicht dazu diente, die Gesellschaft grenzüberschreitend und geistig zu innovieren, da war er nach Herder nur noch fähig, „Staatsklugheit, Weisheit, Gelehrsamkeit" aufzuheben oder einzuschränken. In den Niederlanden fand er Ansätze dazu.[4] Es ist, als ob die Reduktion des Handelsgeistes auf den Coupon schneidenden Rentier und Financier den Beobachter Herder verstört habe. Unmittelbar vor ihm waren andere noch kritischer, direkter auch in ihrer Aussage. Der deutsche Gelehrte Johann Beckmann, Philosoph und Kameralist aus Göttingen, relativierte die bis dahin so hoch gerühmte niederländische Gelehrsamkeit, abgesehen davon, daß ihm das ungesunde Klima, „die ekelhafte Aufführung des schmutzigen und geizigen Volkes, das sich nur für den Handel interessiere", nicht behagte.[5] Und wenn J.F.C. Grimm, Botaniker und Leibarzt des Herzogs von Sachsen-Coburg-Gotha, den Geruch Amsterdams übel, das Volk bequemlich, die Sprache ekelhaft und häßlich und das Theater schlecht fand, dann waren das schon höchst negative Auslassungen, im

---

3 MEYER, *Zarte Empirie*, S. 207f.
4 NOHL (Hrsg.), *Herder. Journal meiner Reise im Jahre 1769*, hrsg. und mit einer Einleitung versehen v ...., Weimar 1949 S. 159ff. Auf Seite 160, Anm.* der Hinweis auf Hamann und hier auch das Zitat.
5 J. BECKMANN, *Dagboek van zijn reis in Nederland in 1762*. Meegedeeld door G.W. Kernkamp, BMHG, XXXIII, 8, S. 311f.

ganzen recht eigentlich die Kehrseite der großen Elogen des 17. Jahrhunderts, letztlich naturgemäß nur Impressionen des Augenblicks. Grimm zog auch schon den Vergleich zu China, der bald bei vielen Beobachtern zur gängigen Münze werden sollte.[6] Negativ urteilte auch der eher Italien und der italienischen Kunst verpflichtete Bibliothekar und Dichter Wilhelm Heinse, dem calvinistische Strenge mit Sicherheit zuwider war. Er schrieb vom Unvermögen der niederländischen bildenden Kunst, von schlechten Proportionen in Bildhauerei und Baukunst, von Malerei ohne Form und Gestalt. Die Sprache sei weder für das Tragische noch für das Komische geeignet. Höhere Kunst stehe dem Niederländer, der nur Essen, Trinken und tierische Wollust kenne, fern.[7]

Es ist mit Blick auf urteilende Reiseberichte immer zu fragen, welche mentalen und intellektuellen Fixierungen vor solchen Reisen lagen, welche geistigen Bindungen, die sich durchaus zum Vorurteil entwickeln können, bestanden. Bei Heinse war es sein Bekenntnis zu Italien und hier vor allem zum italienischen Renaissance-Menschen. Es gab auch Reisende wie Georg Friedrich Rebmann, die ihr Urteil über die Niederländer korrigierten. „Sie sind freilich keine Franken, und die Zeiten", so stellte er fest, „wo sie große und schöne Thaten verrichteten, sind vorbei. Aber sie haben doch auch noch viele nicht zu verachtende Tugenden: Ordnung, Ehrlichkeit, Zutraulichkeit und Neigung zu unschuldigen, häuslichen Freuden."[8] Rebmann, ein durch Aufenthalt im Lande Bekehrter! Es gab noch andere, die das zunehmend negative Urteil von Reisenden zu revidieren oder jedenfalls abzuschwächen wünschten. Johann Jacob Grabner etwa, der zeitweilig in niederländischem militärischem Dienst stand, oder Johann Michael Affsprung, zwei Jahre lang Mathematik- und Griechischlehrer in den Niederlanden, oder auch die Schriftstellerin Sophie de LaRoche.[9]

Ganz unabhängig von der Frage, welche Motive den Berichterstatter zu einem negativen Bild einerseits, zu Korrektur oder Revision andererseits geführt haben, auffällig ist doch, daß in erster Linie über den Charakter der Niederländer gesprochen, nicht aber über die besonderen Leistungen geschrieben wurde. Es ist, als ob es nichts Besonderes mehr gegeben hätte. Heinse machte das noch, freilich mit negativem Urteil, im übrigen war vornehmlich die Wirtschaft im Blickpunkt, aber dann auch in ihrer Umsetzung in Mentalitäten. Daß die Wirtschaft eine Rolle spielte, lag nicht nur an der niederländischen Tradition als Seehandelsmacht, sondern eher an der wirtschaftlichen Diskussion, die insgesamt in Europa mit im Vordergrund stand. Kurz gesagt: nicht Bewunderung prägt den Beobachter, sondern – abgesehen von der entschiedenen Abneigung – schulterklopfendes Mitgefühl. Im Hinblick auf so manche Äußerung ist zu fragen, ob nicht der deutlich sichtbare Abstieg der Niederlande von einer europäischen Großmacht zu einer kleinen Macht unter anderen, ob also nicht Enttäuschung über diesen Verlust des Glanzes von vornherein auf eine geringere Qualität der Bewohner hat schließen lassen oder nur bis zur Zuerkennung persönlicher Tugenden gereicht hat.

Insgesamt finden sich in der zweiten Hälfte des 18. Jahrhunderts durchaus ernste Betrachtungen, zugleich höchst kritische Anmerkungen, die freilich dem Klischeehaften nicht ganz entrinnen können, um dann vollends in den folgenden Jahrzehnten, weit ins

---

6 J.F.C. GRIMM, *Bemerkungen eines Reisenden durch Deutschland, Frankreich, England und Holland in Briefen an seine Freunde*, Altenburg 1775-1781. Gewiß, da gab es in jenen Jahrzehnten hier und da noch Positives zu lesen, bei dem Augsburger Gymnasialdirektor Heinrich Sander etwa, der Reinlichkeit und Schönheit der Städte, Volk und Sprache zu loben wußte.

7 Dazu T. HOMMES, *Holland im Urteil eines Jungdeutschen*, Amsterdam 1926, S. 7.

8 Nach J. BIENTJES, *Holland und die Holländer im Urteil deutscher Reisender (1400-1800)*, Groningen 1967, S. 221.

9 Insgesamt mit zahlreichen Beispielen neuerdings gründlich hierzu A. CHALES DE BEAULIEU *Deutsche Reisende in den Niederlanden. Das Bild eines Nachbarn zwischen 1648 und 1795*, Frankfurt/Main u.a. 2000, hier vor allem die Seiten 167-218.

19. Jahrhundert hinein, einem negativ stereotypen Bild einer Reihe von Identifikations- und Assoziationsprozessen mit ausgesprochen klischeehaftem Charakter zu weichen. Für die Formung des negativen Bildes war dabei die Sprache immer wieder Gegenstand der spöttischen Belustigung. Noch gegen Ende des 17. Jahrhunderts hatte der Duisburger Rektor Heinrich Christoph Henninius (Henning) das Niederländische als ein hervorragendes Instrument der Konversation und Beispiel einer fortschrittlichen Sprache eingeordnet, wenige Jahrzehnte später war der schon zitierte Albrecht von Haller voll des Lobes, weil die Nachbarn so viel für das Spracheigene unter Ausschluß von Fremdwörtern getan hätten. Er schien da dem Martin Opitz folgen zu wollen. Aber in der zweiten Jahrhunderthälfte wurde die niederländische Sprache als nachgerade indiskutabel vorgestellt. Herder riet zu dem Versuch, den Homer einmal ins „Holländische" zu übersetzen (man werde dann schon der Untauglichkeit gewiß), der Shakespeare-Übersetzer August Wilhelm Schlegel, zwei Jahre Hauslehrer in Amsterdam, schlug einen etwas manierierten Ton an, als er vom Ekel gegenüber der Sprache schrieb. Er habe nichts Gutes darin finden können. Irgendwo gab er sich dann großzügig-versöhnlich, als er seinem Verdikt hinzufügte: „Indessen wären selbst in diesem Misthaufen vielleicht Perlen zu finden, womit wir unsere eigene Sprache schmücken könnten; wer nur Geduld hätte, sie herauszufinden."[10] Das 19. Jahrhundert hat dann auf literarischer Seite noch stärkeren Toback angeboten, wenn da von Philistertum die Rede war, vom Philiströsen, das erläuternd mit Beiwerk umgeben wurde, mit Butter und Käse, Tulpen, Windmühlen und Treckschute, mit Dingen des täglichen Nutzens also. Die Nützlichkeitskomponente, deren erweiterte Form die Habsucht ist, hat Immanuel Kant noch übernommen, in gesetzter, aber eindeutiger Ausdrucksweise; Kants Urteil fehlt das Überschäumende der jungen romantischen Literaten. Ganz richtig hat Kossmann dazu festgestellt: „Und als nun wieder aus Romantik und Burschenschaft eine neue literarische Generation aufstieg, die in ihrem souveränen Witz ihre Spielform, in extremer Fortschrittlichkeit ihren Inhalt suchte, da wurde Holland Zielscheibe des Spottes."[11] Es sei auf die zahlreich vorhandenen Beispiele des Negativen hier verzichtet, aber doch Ludolf Wienbarg, 1831 und 1832 Hauslehrer in Amsterdam, zitiert, der die allgemeine These formulierte: „Die Dichter und ästhetischen Prosaisten stehen nicht mehr, wie vormals, allein im Dienst der Musen, sondern auch im Dienst des Vaterlandes, und allen mächtigen Zeitbestrebungen sind sie Verbündete."[12] Literatur demnach als Äußerung von Aufbruchstimmung und Bewegung! In den Niederlanden scheint er weder das eine noch das andere gefunden zu haben. Das war ihm anstößig, und vermutlich kam bei ihm wie bei anderen seiner Zunft noch die Enttäuschung über den Abstieg dieses einstmals großen Landes hinzu. Dem Ästheten Wienbarg war Poesie immer eine Poesie der Bewegung, so daß ihm schon die Abwechslungslosigkeit der Landschaft suspekt erschien. Wienbargs poetische und ästhetische Grundhaltung ließ ihn schreiben, daß dem Land die Vielfalt, die Poesie und die Phantasie fehle (abgesehen von einer für ihn nicht recht duldbaren äußeren Erscheinung), und es ist, als habe er den jungdeutschen Völkerfrühling in seiner ästhetischen Grundlegung der „euklidischen Dreidimensionalität", wie sie später Huizinga als Merkmal des niederländischen Charakters vortrug, entgegenhalten wollen. Wienbarg versagte es sich nicht, die Niederlande zu einem Panoptikum zu machen, aber er hatte auch eine Erkenntnis auf Lager, die die Possenreißerei gleichsam zur Seite schiebt und hohe Ernsthaftigkeit widerspiegelt. Er sah sich doch zu einer Aussage veranlaßt, die in ihrem Kern jenen

---

10 Zur Beurteilung der Sprache zusammenfassend H. LADEMACHER, *Zwei ungleiche Nachbarn. Wege und Wandlungen der deutsch-niederländischen Beziehungen im 19. und 20. Jahrhundert.* Darmstadt 1990, S. 19ff.
11 E.F. KOSSMANN, *Holland und Deutschland. Wandlungen und Vorurteile*, Den Haag 1901, S. 32f.
12 Zit. aus Wienbargs *Ästhetische Feldzüge* (1834) nach HOMMES, *Holland im Urteil*, S. 20.

Niederländern behagen mußte, die sich im 19. Jahrhundert so sehr um die Reminiszenz oder, wenn man so will, Wiedererweckung des *Goldenen Jahrhunderts* bemüht haben. „Moralische Kraft" bescheinigte er dem Volke – und diese als ein Ergebnis der Geschichte. „Ein Volk, das mit der größten europäischen Macht einen siegreichen Kampf durchkämpfte, einen noch größeren mit der Natur, mit Wasser, Erde und allen Elementen fortwährend auszukämpfen hat, kann nicht anders als moralisch sein; Moralität ist die geschichtliche Grundlage seiner Freiheit, ja, die nothwendige Bedingung seiner Existenz. Ihre Canäle und Wasserbauten, ihre Häuser und Gärten, ihre Sauberkeit, Ökonomie, ihr vorsichtiges, bedächtiges, ernstes und nüchternes Wesen sind nichts als sichtbare Zeichen, Beweise und Ausflüsse der nationalen Moralität". Er nenne sie freilich grob, weil sie mit grobem Egoismus vermischt sei, mit kaltem Verstand, Wuchergeist und Geldsucht.[13]

Reminiszenzen aus nationalpolitischen Erwägungen

Was da alles formuliert wurde, was da zuweilen ans Groteske heranreichte, sei nicht weiter vorgetragen, festzuhalten bleibt viel eher, daß das nur hin und wieder abwägende Urteil über die „verzopften" oder sonst wie gearteten Niederlande einen deutlichen Positionsverlust in der internationalen Politik widerspiegelte. Mit dem Wiener Kongreß mochten die Großmächte noch ein anderes Bild vermitteln, als sie den Norden und den Süden unter dem Haus Oranien zusammenfügten, die belgische Revolution zeigte dann freilich, wie sehr die nördlichen Niederlande lediglich Spielmaterial der Außenpolitik waren. Die 1839 festgeschriebene Trennung Belgiens von den Niederlanden verursachte einen regelrechten Schock und auch eine gewisse Orientierungslosigkeit. In der politischen Publizistik erörterte man mögliche Gefahren der Einverleibung durch das benachbarte Preußen, aber stellte auch Erwägungen über einen freiwilligen Anschluß an den deutschen Nachbarn an. Solche Gedanken schöpfte man sicherlich nicht aus den Aktionen der preußischen Politik, sondern viel stärker aus der deutschen politischen Publizistik, die doch die Niederlande als mögliches Anschluß- oder Vereinigungsgebiet thematisierte – fordernd die einen, bestimmt, aber freundlich zugleich die anderen. Die Zeit der Aussage des niederländischen Außenministers Verstolk van Soelen von 1829, der König möge sein Land doch der Kuratel der Großmächte entziehen und zu einem Platz in der Gemeinschaft der Staaten führen, der ihm aufgrund seines Reichtums, seiner wirtschaftlichen Entwicklung und seines Kolonialreiches zukomme, war innerhalb kürzester Zeit Makulatur und zugleich, auch schon in dieser Zeit vor der belgischen Revolution, Ausdruck eines deutlichen Verlustes an Realitätssinn. Jedenfalls stellte sich die Frage, ob das Land im Falle eines europäischen Konflikts seine Selbständigkeit halten oder sich bei einem engeren Anschluß an Preußen nicht doch sicherer fühlen könne.

Das Problem lag in diesem Zusammenhang freilich weniger in der äußeren Lage als vielmehr im Bereich der nationalen Identität. Zumindest wird man sagen können, daß die von anderen apostrophierte Bewegungslosigkeit der Niederländer besonders auffällig wurde, als allerorten in Europa der „Völkerfrühling" (Hobsbawm) Einzug hielt. Es ist festzustellen, daß der bald durch äußere Einwirkung unterbrochene Aufbau der Batavischen Republik mit dem Blick auf Ausbildung eines Verfassungsstaates wohl nicht zu einer spezifischen Identitätsbildung in den nördlichen Niederlanden beigetragen hat. Auch wenn man den Vorlauf der Patrioten-Bewegung mit einbezieht, war die Zeit für die Ausbildung eines modernen nationalen Denkens zu kurz bemessen. Ein anderes

---

13 Zit. bei ebd. S. 59f. Weitere Beispiele zum Thema bei LADEMACHER, *Zwei ungleiche Nachbarn*, S. 21ff.

kommt hinzu. Europa tritt in jener Phase vor allem der nachnapoleonischen Zeit in die Jahrzehnte einer umfassenden Modernisierung der Welt ein, die – unterschiedlich dann – eine bald immer rascher sich vollziehende Industrialisierung kennt, den Übergang vom Stand zur Klasse registriert und damit auf Veränderung von Konstitution weist. In diesem Umfeld wächst der nationale Gedanke, der sich in Deutschland nicht nur in einschlägigen Publikationen oder Denkschriften äußert, sondern sich in der Bewegung organisiert. Thomas Nipperdey dazu: „Das romantische Ideal der Kulturnation und die liberale Vorstellung von der Staatsnation wachsen zusammen, die kulturell-historische Gemeinsamkeit der Nation verweist die Mehrheit derer, die in dieser Vorstellung leben, mit der Zeit wie selbstverständlich auf die politische Einheit der Nation in einem Staat: Sprach- und Kulturgemeinschaft, Volk, soll mit dem Staat identisch werden."[14] Für die Niederlande scheint in dieser Phase der europäischen Geschichte der Begriff „Volk" zumindest einen Augenblick lang verloren gegangen zu sein, nach dem ihn zu Anfang der Patrioten-Bewegung Joan van der Capellen tot den Pol in der aufsehenerregenden Broschüre *Aan het volk van Nederland* noch so nachdrücklich eingebracht hatte. Ohnehin äußerte sich in den Niederlanden kein brausendes politisches Leben. Die „alten Kerle in den niederländischen Rathäusern mit schwarzen Mänteln und Kragen und schlappen Hüten", wie sie der britische Gesandte Bagot in den 20er Jahren charakterisierte,[15] waren eben nicht jene Träger von Schlapphüten und langen Bärten und wehenden Rockschößen, wie sie Hobsbawm als Symbol des revolutionären Europas schildert.[16] Diese Ruhe ist hier zu apostrophieren, weil der führende Politiker und Staatsmann des niederländischen Königreiches, Thorbecke, eben dies bedauerte. Er stellte 1848 fest, die Verfassung von 1814-15 habe die vornehmste Triebfeder des Jahrhunderts, die Staatsbürgerschaft, schlafen lassen. Den Bürgern sei es nicht zu Bewußtsein gekommen, daß sie mitregierten. „Ohne dieses Bewußtsein", so heißt es weiter, „beruht der Staat nicht auf der Nation, und ohne hochentwickelte nationale Kraft kann sich heutzutage kein Staat behaupten."[17] Die Wiedererweckung nationalen Selbstbewußtseins als Orientierungshilfe inmitten einer unruhigen europäischen Gesellschaft? Den von Thorbecke bedauerten Mangel an staatsbürgerlichem Bewußtsein und damit an Pflege auch des Nationalen dürfte schwierig zu erklären sein. Man würde dazu eine Reihe von Faktoren fragend einbringen können, was hier unterlassen werden soll.[18] Auf jeden Fall diente solches Revirement nationalen Bewußtseins auch als Mittel einer Positionierung inmitten eines allgemeinen Bemühens um den Nationalstaat in Europa, und es diente auch als Instrument der Abwehr von Aussagen deutscher Wissenschaftler und Publizisten, die eine Rückkehr der Niederlande in den deutschen Mutterschoß empfahlen. Thorbecke war doch einer der ersten, der die Niederlande zuvor schon gegen solches Ansinnen positionierte. Es war eine Art Grundsatzprogramm, das er gegen solche Forderung des deutschen Historikers Heinrich Leo ergehen ließ. Dort findet sich der Passus: „Wir sind Niederländer ... Wir befinden uns mitten zwischen Deutschland und England. Während die Deutschen sich in einer abstrakten, subjektiven, spekulativen Welt abgrenzen und sich damit begnügen, befinden wir uns infolge unseres natürlichen, sittlichen und politischen Gefüges immer unter dem

---

14 TH. NIPPERDEY, *Deutsche Geschichte, 1800-1866. Bürgerwelt und starker Staat*, München 1984, S. 307.
15 H.T. COLENBRANDER (Hrsg.), *Gedenkstukken der algemeene geschiedenis van Nederland von 1795 tot 1840*, IX,1, S. 8.
16 E.J. HOBSBAWM, *The Age of Revolution*, London 1969.
17 Zit. bei J.B. MANGER, *Thorbecke en de historie*, Utrecht 1986, S. 156.
18 Dazu dann H. LADEMACHER, *Staat, Nation und Nationalbewusstsein. Ursprünge und Inhalte einer Begrifflichkeit im 18. und 19. Jahrhundert. Ein niederländisch-deutscher Vergleich*, in: H.W. VAN DER DUNK/DERS., *Deutsch-Niederländische Nachbarschaft. Vier Beiträge zur politischen Kultur*. (=Niederlande-Studien. Kleinere Schriften, Bd. 6), Münster 1999, S. 29f.

Einfluß des Sinnlichen, Äußerlichen, Objektiven von Gesellschaft und Praxis"[19], und er fügte hinzu: „Man gestatte uns doch die Frage, ob die Republik im Hinblick darauf, was sie ganz allgemein, aber auch ganz spezifisch für Deutschland bedeutet hat, dies hätte gewesen sein können, wenn sie zu Deutschland gehört hätte."

Was Thorbecke da gleichsam programmatisch verlangte oder beschrieb, haben andere etwa zeitgleich aufgegriffen. Da es kaum Anknüpfungspunkte für die Besonderheit der Nation in der unmittelbaren Gegenwart gab, sondern höchstens Zeichen der Schwäche, suchten die niederländischen Eliten ihr Heil in der Geschichte, in der Reminiszenz vor allem an Glanz und Gloria des 17. Jahrhunderts. Die Heranbildung der Nation durch Kultur, das scheint in den Niederlanden die Formel gewesen zu sein. Thomas Nipperdey hat sich – wie oben schon angedeutet – allgemein mit dieser Verbindung von Nation und Kultur auseinandergesetzt. Unter der Überschrift *Auf der Suche nach der Identität* expliziert er den Begriff des „romantischen Nationalismus", den er auch als „kulturellen Nationalismus" verstanden wissen will, und geht von der Grundannahme aus: „Eine Nation ist definiert durch die Gemeinsamkeit ihrer Kultur."[20] Er unterscheidet diesen Typus des Nationalismus vom „demokratisch auf Staatsbürgerschaft und Volkssouveränität" gegründeten politischen Nationalismus, und er unterscheidet ihn auch von der liberalen Variante, die „die Nation ... aus dem Willen der Einzelnen herleitet."[21] In den Niederlanden des 19. Jahrhunderts spielte diese letztlich politische Komponente: Kultur als Vehikel für staatsbürgerliches Bewußtsein eine erhebliche Rolle. Ansätze zu einer Instrumentalisierung von Kultur sind durchaus in dem Versuch des „patriotischen" Umsturzes der 80er Jahre des 18. Jahrhunderts entwickelt worden. Gleichsam in Säkularisierung des Denkmal-Baus in Kirchen (Prunkgräber für Wilhelm von Oranien oder für Seehelden) äußerte man in der Batavischen Republik (ab 1795) den Gedanken, daß der Staat seinen Bürgern die Geschichte des Landes und damit die „neue Tugend" der Vaterlandsliebe über ein nationales Museum vermitteln und näher bringen müsse. Dieser Gedanke, der vor allem im Hinblick auf die in den letzten Jahren der alten (Aufstands-)Republik bis zum Exzeß gepflegten föderalistischen Struktur entstanden ist, führte nach französischem Beispiel zur Anlage der „Nationalen Kunstgalerie", die schon 1800 in Den Haag im Huis ten Bosch eröffnet wurde. Es ist tatsächlich nur bei Ansätzen geblieben – aus unterschiedlichsten Gründen. In der nachfranzösischen Zeit, das heißt in den ersten anderthalb Jahrzehnten Vereinigtes Königreich, empfahl sich angesichts des damals durchaus gepflegten Begriffs, nicht von der Vereinigung, sondern von der Wiedervereinigung der beiden Staaten zu reden und eine Betonung des alten republikanischen Glanzes zunächst einmal zu unterlassen. Thema konnte da höchstens der *Versöhner* Wilhelm von Oranien (Genter Pazifikation 1576), nicht der *aufständische* sein. Es ist wohl richtig zu sagen, daß erst nach der Trennung Belgiens von den Niederlanden das 17. Jahrhundert endgültig thematisiert worden ist.

Bei der Gestaltung eines Bildes der Vergangenheit, so ist formuliert worden, soll diese Vergangenheit eine Rolle in der Gegenwart spielen.[22] Dem ist zuzustimmen. Niederländische Intellektuelle schufen sich ein Bild vom 17. Jahrhundert. An der Spitze dieses Revirements stand die erst 1837 begründete Zeitschrift *De Gids*, ein liberales Blatt für Kultur und Politik. Von ihrem ersten Redakteur Potgieter ging ein wesentlicher Impuls aus. Dieser stellte 1844 fest, daß alles aus der Vergangenheit als Vorbild dienen müsse, weil man in der eigenen Zeit doch ein Minderwertigkeitsgefühl entwickelt habe.

---

19 J.R. THORBECKE, *Historische schetsen*, 's-Gravenhage 1872, S. 21 (*Onze betrekkingen tot Duitschland*).
20 TH. NIPPERDEY, *Nachdenken über die deutsche Geschichte. Essays*, München 1986, S. 110.
21 Ebd. Er trennt sie erst recht vom integralistisch-imperialen Nationalismus als Ergebnis im Machtkampf der Welt.
22 So T.R.M. BLAAS, *‚De Gouden Eeuw'*, in: *De 19e Eeuw*, 9 (1985), S. 110.

Kern des Rückgriffs auf die Vergangenheit war das 17. Jahrhundert. Das galt für ihn ebenso wie für seinen Mitstreiter R.C. Bakhuizen van den Brink, den späteren Reichsarchivar. Das 17. Jahrhundert als Kern niederländischer historischer Existenz! Warum sollte man sich mit dem Ritterlichen und seiner Zeit in der niederländischen Geschichte beschäftigen. Der Wassergeuse finde mehr nationales Interesse als der vollendetste Ritter. Und was Potgieter in seiner Artikelreihe 1844 *Het Rijksmuseum te Amsterdam* forderte, in der niederländische Maler aufgerufen wurden, sich Themen des so ruhmesträchtigen 17. Jahrhunderts zuzuwenden – er hob vor allem auf die bildende Kunst ab –, dem fügte Bakhuizen praktisch schon die politische Nutzanwendung hinzu, denn 1845 hieß es in einem Brief aus Wien, die Niederlande seien den Deutschen in Kultur, Humanität und Liberalität weit voraus. Was in Deutschland immer wieder als Idee erörtert werde und doch nicht zum Tragen komme, das sei in den Niederlanden in die Erziehung aufgenommen worden, gehöre einfach zur Existenz des Volkes und sei schon längst zur Wahrheit geworden. Daß nun habe man nicht der Schläfrigkeit der Gegenwart zu danken, sondern dem großen 17. Jahrhundert, eben jenen Helden, die das Jahrhundert hervorgebracht habe. Ein freier Mann sei, verglichen mit der im 17. Jahrhundert begründeten niederländischen Freiheit, der Deutsche nicht.[23] Im Unterschied zu Potgieter und später auch zu dem noch zu betrachtenden Busken Huet, die, wie Potgieter, die Künstler zur Darstellung des 17. Jahrhunderts aufriefen oder, wie Busken Huet es tat, die Kunst des 17. Jahrhunderts als die eigentlich große Leistung einstuften, hielt Bakhuizen es mit der Literatur des 17. Jahrhunderts. Die Vondels, Hoofts und Brederos, das waren sie, die das 17. Jahrhundert verkörperten, ihm eben jenes eigene Gepräge gaben, wie das auch den Jan Steens und van Ostades gelungen war. Bettete man diese Kunst in das Amsterdamer Ambiente ein, in das Stadtbild, das auch jetzt, im 19. Jahrhundert, noch so viel aus dem 17. Jahrhundert bewahrt hatte, dann lag das 17. Jahrhundert dem nachdenklichen Beobachter doch gleichsam zu Füßen.[24] Die architektonische Nähe des Goldenen Jahrhunderts zur eigenen Zeit hat später Johan Huizinga dazu veranlaßt, dem Betrachter die Annäherung an jenes Jahrhundert über die Architektur im weitesten Sinne zu empfehlen.[25] Bakhuizen war offensichtlich ein Vertreter der weitgehenden Bildung, die Theorie und Praxis mit einander verband. Was ihm offensichtlich imponierte, das war die Vielzahl der Figuren, die auf vortreffliche Weise in mehreren Bereichen zu wirken vermochten. So etwa Plancius, der Kartograph und Prädikant, Constantijn Huygens als Dichter, Berater und Sekretär am Hofe des Statthalters Friedrich Heinrich und Diplomat, dazu dann Hooft als Dichter und Verwaltungsmann, das Universalgenie Grotius oder der Staatsmann, Dichter und Moralist Jacob Cats oder schließlich Isaac Lemaire, Kaufmann und Diplomat gleichermaßen. Die Liste ließe sich noch erheblich erweitern. Jedenfalls scheint es dem Bakhuizen die Verbindung von „Geist, Herz und Handel" angetan zu haben.[26]

Es blieb nicht bei jenen öffentlichen oder brieflichen Aussagen über Notwendigkeit und Qualität des 17. Jahrhunderts, bei der Begründung einer Wiederbelebung. Die kulturellen Eliten, zum Teil auch unterstützt von den vor allem lokalen politischen Eliten, knüpften letztlich an das alte „patriotische" Prinzip der Neubelebung der Geschichte als Instrument zur Förderung nationalen Denkens sowie an das Erziehungsideal der Aufklärung an. Man startete eine kulturelle Offensive, die die Besonderheit des Landes ver-

---

23 So R.C. BAKHUIZEN VAN DEN BRINK, *Van Hollandsche potaard. Studiën en fragmenten*, Brüssel 1843, S. 173.
24 Bei BLAAS, *‚De Gouden Eeuw'*, S. 115 heißt es: „De Amsterdamse ervaring van de 17de-eeuwse nabijheid hielp hem bij deze evocatie in niet geringe mate."
25 S. dazu unten S. 24.
26 So bei R.C. BAKHUIZEN VAN DEN BRINK, *Studien en schetsen*, IV, Den Haag 1877, S. 359; BLAAS, *‚De Gouden Eeuw'*, S. 115.

mitteln sollte. Der Zugriff galt immer wieder den Figuren des 17. Jahrhunderts oder des diesem voraufgegangenen Aufstandes. Vondel-Feiern wurden arrangiert, ihm zu Ehren Standbilder aufgestellt, Plätze und Parks nach ihm benannt. In gleicher Weise gedachte man des Malers Rembrandt. Der ganze pädagogische, fast schon volksaufklärerische Impetus äußerte sich schon früh, als man 1829 im Geburtsort Brouwershaven ein Standbild des Jacob Cats enthüllte, der die Lebens- und Verhaltensregeln festgeschrieben hatte. Daß die *Maatschappij tot Nut van 't Algemeen* das Standbild finanzierte, beweist, daß Volkserziehung zu den wesentlichen Aufgaben der Gesellschaft gehörte. Es kommt ein anderes hinzu. Über ein französisch inspiriertes Reiterstandbild des Wilhelm von Oranien wurde bewegte Klage geführt. Der katholische Dichter Jozef Albertus Alberdingk Thijm ließ wissen, der „Vater des Vaterlandes" sei kein „prahlsüchtiger Kavalier", den man in Kriegsmontur oder im festlichen Gewand darstellen müsse; er sei vielmehr den Launen eines übermütigen Kriegsrausches zum Opfer gefallen. Der Mann der „ausgewogenen Geistesarbeit" dürfe nur ausnahmsweise zu Pferde sitzen. Überhaupt scheint man es mit der Betonung des Geistigen gehalten zu haben. Der französische Schriftsteller Gerard de Nerval, der 1852 durch die Niederlande reiste, meinte feststellen zu können: Erasmus, Coster und auch Rembrandt schauen nachdenklich in Bücher oder zu den Musen der Kunst auf. Selbst die Seehelden, vor allem in einer ihren Kriegsverrichtungen angepaßten Montur vorstellbar, sollten aufgrund einer vom Königlichen Institut ausgeschriebenen Preisfrage zu einem Standbild für Michiel de Ruyter mit „der Ruhe und Gelassenheit und mit dem Vertrauen auf die göttliche Vorsehung" dargestellt werden, die „ihn selbst im Kampf gegen eine große Übermacht" nicht verlassen habe. Es ist eine seltsame Beschränkung bei den Merkmalen des 17. Jahrhunderts spürbar, die jede Äußerlichkeit überging, nicht den glanzvollen Ruhm suchte, sondern neben der von anderen apostrophierten politischen Kultur die Intensität des Geistes sowie der Religion unterstrich. Es war gleichsam ein ausgewähltes 17. Jahrhundert, das da als niederländisches Selbstverständnis und damit zugleich für die niederländische Volkserziehung präsentiert wurde. Letztlich geht es hier um den Versuch, Staats- und Kulturnation zur Kongruenz zu bringen, eine gewisse Kontinuität zur Aufstandszeit und den nachfolgenden Jahrzehnten aufzuzeigen, im Zugriff auf die Geschichte den Aufstand gegen die Spanier zu begründen und hierauf ein nationales Selbstverständnis zu bauen. Der Künstler als Multiplikator vorzüglicher niederländischer Eigenschaften, das war etwas durchaus Neues im politisch-kulturellen Geschehen, von gleichem Wert war der Männerchor, der im 19. Jahrhundert das Vondel-Monument besang und Vaterland und Muttersprache von Vondelschem Geist beseelt sehen wollte. So werde weder Feuer noch Stahl die Existenz der Nation vernichten können. Die Stimme des Willem Bilderdijk, der das Niederdeutsche (sprich: niederländisch) so deutlich gegen die „Bastardsprache" Hochdeutsch abhob, scheint da durchaus gefruchtet zu haben. Dies war insgesamt „die typische Äußerung eines kulturellen Nationalismus, der die Sprache zum nationalen Bindemittel und die großen Sprachkünstler rückwirkend zu den Erblassern der nationalen Kultur erhob."[27] Die Sprache als Unterpfand der nationalen Existenz war einfach ein Thema der Sprachwissenschaftler, die in ihrer Arbeit einen nationalen Auftrag erblickten. Es weist auf die Kraft dieses Gedankens, wenn sieben bis acht Jahrzehnte später Johan Huizinga aus dem zunehmenden Vordringen von Germanismen ins Niederländische einen drohenden

---

27 Hierzu insgesamt J.TH.M. BANK, *Het roemrijk vaderland. Cultureel nationalisme in Nederland in de negentiende eeuw*, 's-Gravenhage 1990, das Zitat hier S. 20. Zur bildlichen Unterstützung oder Förderung des nationalen Denkens neuerdings H. SLECHTE, *„Durch eine holländische Kunst angeregt fühle ich, daß ich Holländer bin"*, in: M. FLACKE, *Mythen der Nationen. Ein europäisches Panorama*, München u.a. 1998, S. 223-247.

Verfall niederländischer Kultur oder gar staatlicher Existenz abgeleitet hat.[28] Und was für die Sprache des Dramatikers Vondel galt, wurde mit dem Maler Rembrandt noch intensiver erlebt. Darüber ist im Abschnitt über die niederländische Kunst ausführlicher gehandelt. Und zur Demonstration von Vergangenheit in Dichtkunst und Malerei trat die Beschäftigung mit der Tonkunst der Zeit, mit einem Rückgriff auf die Habsburger Zeit des Komponisten Jacob Obrecht und vor allem auf Jan Pieterszoon Sweelinck, einen großen Organisten des 17. Jahrhunderts, der in der Tat als Lehrer der norddeutschen Orgelschule eingeführt werden kann. Darüber hinaus ging es um die musikalische Aufbereitung der nationalen Geschichte. Die Rezeption der deutschen Liedertafelkultur sorgte dann für Oratorien, Kantaten und Festchören zu Themen der niederländischen Vergangenheit. Freilich beschränkte man sich dabei nicht auf das 17. Jahrhundert, wie der Hinweis auf Obrecht schon deutlich macht.

Es sollte in diesem Zusammenhang der Nationswerdung nicht unerwähnt bleiben, daß bei aller konfessionellen Konfrontation, die zuweilen hohe Wellen schlug, eine insgesamt doch einmütige Haltung gegenüber dem 17. Jahrhundert bestand, auch wenn es da unterschiedliche Akzentuierungen gab. Katholiken wie Willem Jan Frans Nuyens oder Alberdingk Thijm begnügten sich mit dem Nachweis, daß die niederländische Identität nicht ausschließlich protestantisch begründet war. Gewiß, das Handbuch des calvinistischen Vormanns jener Zeit, Guillaume Groen van Prinsterer (*Handboek van de Vaderlandsche Geschiedenis* von 1846), fand seinen Ausgangspunkt in der Theologie, die Einteilung des Bandes reicht von der Vorgeschichte unter dem Motto: Leiden für den Glauben, über Kampf für den Glauben und Wahrung des Glaubens bis hin zum Verfall des Glaubens. Die Zeit des 17. Jahrhunderts, das heißt konkret von 1567 bis 1713, ist *Kampf* und *Wahrung* gewidmet; dieses Jahrhundert steht bei Groen ganz im Zeichen des calvinistischen Bekenntnisses, das das Jahrhundert geprägt habe. Daß dabei das Haus Oranien-Nassau eine ganz wesentliche Rolle spielte, sei am Rande vermerkt, wichtiger will erscheinen, daß das Handbuch großen Einfluß auch außerhalb der protestantischen Kreise hatte.[29] Abraham Kuyper, der calvinistische Vormann der zweiten Jahrhunderthälfte, hat sein Land zwar nicht mehr in dieser zugespitzten Form, gleichwohl in einer sehr nationalen Diktion erfaßt. In seiner Rede zum siebenjährigen Bestehen der Vrije Universiteit sprach er von der doppelten Loyalität des Christen: Er sei der Universalität des Christentums ebenso verpflichtet wie „unserer Nation an den westlichen Stränden, mit ihrer schönen Sprache und ihrer ruhmreichen Vergangenheit und ihren überreichen Besitzungen und – mehr noch – mit ihrer tiefernsten Berufung". Als anerkannter Bibelmann gab er der Nation dann auch die biblische Begründung bei. Nationale Haltung war demnach die Konsequenz göttlichen Zorns über babylonischen Hochmut und zugleich eine Gnade Gottes. „Sich dieses Ursprungs bewußtwerdend, hat jedes Volk die Vaterlandsliebe immer zu den heiligen Dingen gezählt, wurde Landesverrat auch immer als teuflisches Vergehen gebrandmarkt und ist die Aufgabe, für das uns von Gott geschenkte Vaterland zu leben und zu sterben, in allen Jahrhunderten und überall immer die Ehre gewesen, die dem Mann zuteil wurde."

Die Vereinnahmung eines ganzen Jahrhunderts lief im übrigen Gefahr, zu einem allzu allgemeinen Zugriff zu entarten, wenn dieser coûte que coûte der Beispielhaftigkeit dienen sollte. Ein calvinistischer Zugriff, wie der des Groen van Prinsterer, machte Sinn, auch wenn er einseitig war, wenn freilich ein Mann wie der vielschreibende Journalist Johannes van Vloten 1862 eine Biographie des Spinoza auf den Markt brachte und

---

28 Hierzu s. LADEMACHER, *Zwei ungleiche Nachbarn* sowie DERS., *Johan Huizinga*, in: H. DUCHHARDT u.a. (Hrsg.), Europa-Historiker. Ein biographisches Handbuch, Göttingen 2006.
29 BLAAS, ,*De Gouden Eeuw*', S. 116 weist darauf hin, daß es in jener Zeit auch das einzige Handbuch auf dem Markt gewesen ist.

den Mann zu einem ganz wesentlichen Vertreter des niederländischen 17. Jahrhunderts machte, dann schoß der Autor etwas über das Ziel hinaus, insofern Spinoza, der über die Grenzen des Landes sicherlich bekannte Denker, für die Zeitgenossen nun keine repräsentative Figur war. Gleichwohl wurde ihm 1880 – eine Art Ehrung im nachhinein – ein Denkmal gesetzt,[30] wie auch Hugo Grotius 1887 ein Denkmal in Delft, seiner Geburtsstadt, erhielt, wenngleich er nach Verurteilung, Inhaftierung und Flucht das Land nicht mehr betreten *durfte* und er im Ausland jene Werke schuf, die über die Rechtfertigung des niederländischen Aufstandes oder die Interessenpolitik des seefahrenden Landes hinausgingen. Der Bau des Denkmals war recht eigentlich eine Art Wiedergutmachung, als deutlich wurde, daß dieser Sohn des Landes die Grundlagen für das Völkerrecht geschaffen hatte.

Conrad Busken Huet. Mahner und Kritiker

Im Rahmen einer niederländischen Rezeptionsgeschichte des 17. Jahrhunderts wird immer der Name des Conrad Busken Huet zu nennen sein, jenes Publizisten, der als Theologe begann und als politisch-kultureller Publizist zu hoher Bekanntheit aufstieg. Sein Buch[31] ist recht eigenwillig komponiert, insofern er dem 17. Jahrhundert eine über 300 Seiten lange, beim 13. Jahrhundert einsetzende Vorgeschichte vorab gehen läßt, die jeweils unter dem Namen eines bekannten Niederländers firmieren. Über Glauben und Handel schreibt er sodann, über Kunst und Literatur, Wissenschaft, Sitte und Gewohnheiten, und immer wieder stellt er die zentralen Personen des niederländischen 17. Jahrhunderts in den Mittelpunkt. Es lag ihm nicht daran, eine Fülle von neuen Quellen zu finden und auszuwerten, ihm genügte der Befund aus der vorhandenen Literatur, die er eigener Interpretation unterwarf. Dieses so blendend geschriebene Buch ist allemal reich genug an Material und hält mancherlei Einsichten über Leistung und Verhalten der Landsleute des 17. Jahrhunderts – immer auch im gesellschaftlichen Zusammenhang – bereit. Aber das Werk wollte mehr sein. Dem Busken Huet ging es nicht nur um eine zusammenfassende Vermittlung von kulturhistorischen Informationen, es ging ihm auch nicht nur darum, die besondere Eigenart und Leistung der Niederländer jenes Jahrhunderts zu manifestieren, vielmehr diente die Untersuchung zusätzlich dazu, das Land in einem Vergleich mit anderen europäischen Ländern seiner Zeit zu profilieren, ja, in dieser Phase des aufkommenden Nationalismus gleichsam in Konkurrenz zu den europäischen Nachbarn zu treten, zugleich freilich sein Land auch zu kritisieren. Es war seine Absicht, seinem von ihm in seiner Zeit als schläfrig und selbstzufrieden empfundenen Land den Spiegel einer glorreichen Vergangenheit vorzuhalten. Busken Huet war Niederländer, aber er war kein niederländischer Hagiograph. In dem ursprünglich nicht veröffentlichten Vorwort zur 2. Auflage schreibt er: „Ich habe auch meinerseits die ‚Holländische Nation' beschreiben wollen, dann freilich in Prosaform", und er bezieht sich dabei auf das im 19. Jahrhundert so beliebte 3.000 Zeilen lange Gedicht gleichnamigen Titels des J.F. Helmers.[32] Einiger Sarkasmus wird hier die Feder geführt haben, denn der überschwengliche Lobgesang auf die Niederländer, wie ihn Helmers vorführt, hat so gar nichts mit der zwar bewundernden, gleichwohl kritischen Sichtweise zu tun, wie sie bei

---

30 Dazu E.H. KOSSMANN, *De Lage Landen 1780-1940. Anderhalve eeuw Nederland en België*, Amsterdam u.a. 1976, S. 145.
31 C. BUSKEN HUET, *Het land van Rembrand*, Amsterdam 1987.
32 J.F. Helmers (1767-1813): das Gedicht erschien zur Zeit der Einverleibung der Niederlande durch Frankreich und machte großen Eindruck auf die niederländische Bevölkerung. Der Hinweis auf diese Bemerkung in der von Olf Praamstra verfaßten Einleitung S. 7.

Conrad Busken Huet

Busken Huet anzutreffen ist – eine Sichtweise dann auch, die ihm, dem Niederländer, der freilich auch das Ausland kannte und dort lange Zeit lebte (Batavia, Paris), Schmerzen bereitet haben muß und die zu begreifen ist aus einer sehr prinzipiellen Haltung zur Frage nach dem Verhältnis von Kultur und Wertigkeit einer Nation. Es entsprach wohl einem Bekenntnis, wenn er der ersten Auflage ein Zitat aus Leopold von Rankes *Weltgeschichte* (1881) als Motto voranschickte, in dem es heißt: „Im Laufe der Jahrhunderte hat das Menschengeschlecht gleichsam einen Besitz erworben, der in dem materiellen und dem gesellschaftlichen Fortschritt, dessen es sich erfreut, besonders aber auch in seiner religiösen Entwicklung besteht. Einen Bestandteil dieses Besitzes, sozusagen das Juwel desselben, bilden die unsterblichen Werke des Genius in Poesie und Literatur, Wissenschaft und Kunst, die, unter lokalen Bedingungen entstanden, doch das allgemein Menschliche repräsentieren. Dem gesellen sich, unzertrennbar von ihnen, die Erinnerungen an die Ereignisse, Gestaltungen und großen Männer der Vorzeit bei. Eine Generation überliefert sie den anderen, und immer von neuem mögen sie aufgefrischt in das allgemeine Gedächtnis zurückgerufen werden."[33] Busken Huet ging hiervon aus. Für ihn hatte eine Nation, wollte sie ihr Existenzrecht nicht verspielen, einen Beitrag zur allgemeinen europäischen Kultur zu leisten, und zwar in dem bei Ranke zitierten Sinne. Es fügt sich in die in der 2. Hälfte des 19. Jahrhunderts geführten Diskussion um die Position von Kleinstaaten im Mächtekonzert, wenn er schon 1878, einige Jahre vor Veröffentlichung seines Buches, in dem von ihm redigierten *Algemeen Dagblad van Nederlandsch-Indië* die kleinen Staaten beauftragte, in Wissenschaft, Kunst und Literatur hervorzustechen. Kleinstaaten seien nicht dazu geschaffen, in Pension zu gehen oder nur zum eigenen Vergnügen zu leben, vielmehr sollten sie mit den Großen zum Nutzen der

---

[33] In der mir vorliegenden Ausgabe auf S. 34.

Allgemeinheit zusammenarbeiten.³⁴ Solche Mahnung enthält zugleich einen Hieb gegen die von ihm immer wieder beobachtete niederländische Selbstgefälligkeit. Sie griff er an. Die Frage lautete, wann denn die niederländische Nation einen Beitrag zur europäischen Kultur geleistet habe. In Anlehnung an den Dichter und Agrarier Hubert Cornelis Poot (1689-1733) stellte er fest, daß die Niederlande zu lange auf dem Acker geschlafen haben und erst Hand an den Pflug legten, als die Sonne schon recht hoch am Himmel stand. Die Zeit von 1300 bis zum Aufstand, denen er mehr als 300 Seiten widmet, erscheinen in der Beurteilung des Busken Huet als Jahre der geringsten Bedeutung, und es ist, als habe er sie nur geschrieben, um die zentrale Periode, die Jahre zwischen 1572 und 1713, die Jahre demnach zwischen der Ständeversammlung von Dordrecht und dem Frieden von Utrecht, besonders stark herausheben zu können. Im 17. Jahrhundert seien die Niederlande aus ihrer angeborenen Trägheit und ihrer Gleichgültigkeit gegenüber öffentlichen Angelegenheiten, aus ihrer Neigung, ein sorgloses und selbstsüchtiges Leben des häuslichen Friedens und des persönlichen Wohlergehens zu führen, kräftig emporgestiegen. Fürwahr, letztlich keine überaus freundliche, dann aber doch hoffnungsvolle Beschreibung des niederländischen Charakters. Er sei hier zitiert: „... boten sie [die Niederlande, H.L.] in dieser Zeit ein klassisches Ganzes, das die Aufmerksamkeit eines jeden Historikers wert ist. Das Verlangen, das neue staatliche Haus zu beschützen und zu pflegen, reizte damals unser Volk, um dann auch im Zusammenhang mit der ungünstigen Bodenbeschaffenheit und dem so ungünstigen Klima die fehlenden Mittel fernab vom eigenen Land zu suchen, im Osten wie im Westen. Die Niederlande wurden in zunehmendem Maße eine Handelsnation, die als Kolonialmacht die Portugiesen im malaiischen Archipel ablöste, die Engländer daran hinderte, als eine Macht mit Handelsmonopol aufzutreten und schließlich mit den Spaniern den Frieden von Münster zu schließen. Die Sprache, zuvor eins mit dem Flämischen und einigen Brocken Deutsch dazu, entwickelte sich zu einem eigenständigen Idiom, zeugte eine ebenso eigenständige Gruppe von Dichtern und Prosa-Schriftstellern, und setzte sich mit einer eigenen Übersetzung der Bibel ein nationales Denkmal. Die Ausübung und die Ergebnisse einzelner Wissenschaften (die reformierte Theologie, die Geschichtswissenschaft, die Physik, die Medizin, die orientalischen Sprachen, vor allem das Völkerrecht, die Philologie und die Metaphysik) waren richtungweisend. Es gab in Europa keine klügeren Fürsten, gewitzteren Diplomaten, wissenschaftlicheren Heerführer, professionelleren Staatsmänner, kundigere Admiräle oder Kolonialverwalter. Die Malerei setzte dies allem die Krone auf und bewahrte für die Nachwelt in Form und Farbe einer eigenen nationalen Schule die ehrenvolle Erinnerung an diese Zeit."³⁵ Und wiederum: wenngleich er ansetzte, diese Periode der niederländischen Geschichte zu preisen, dann blieb das Lob doch nicht ohne Kritik, herber Kritik zuweilen, die niederländische Mentalität kopfschüttelnd zur Kenntnis nahm und auch nicht jede künstlerisch-literarische Leistung auf ein Podest zu stellen geneigt war, sobald europäischer Vergleich angestellt wurde. Bei einer Reihe von Lesern und Rezensenten führte das durchaus zu Irritationen. So konnte nach seiner Deutung die niederländische Literatur des 17. Jahrhunderts kaum einen europäischen Vergleich aushalten. Er ging von der Frage nach der Fruchtbarkeit für die europäische Literatur aus, und da wollte er weder Joost van den Vondel noch Pieter Cornelisz. Hooft in die Reihe der europäischen Großen eingefügt wissen. Solche Akzentuierung stand ganz im Gegensatz zur Auffassung von Schriftstellern und Historikern des 19. Jahrhunderts wie etwa bei dem hier erwähnten R.C. Bakhuizen van den Brink. Zur Frage also, ob die niederländische Literatur die europäische Literaturszene irgendwie bereichert habe, stellte Busken Huet sehr dezidiert fest: „Unsere Literatur hat für Europa keine nennenswerten

---

34 BUSKEN HUET, *Het land van Rembrand*, S. 21 (von Olf Praamstra zitiert).
35 Ebd. S. 44f.

Früchte abgeworfen. Die Dichter und Geschichtsschreiber blieben innerhalb jener Grenzen stehen, die von den Malern mit Leichtigkeit überschritten worden sind."[36] Und das war schon durchaus ein hartes Urteil, wenn man zugleich seine Prämisse kennt, die er 1865 schon formuliert hatte, als er schrieb: „Die Literatur eines Volkes sagt etwas zur Höhe seiner Kultur aus."[37] Abgesehen davon, daß der Autor auch der mittelniederländischen Literatur nichts abgewinnen konnte, stellte er die Literatur des 17. Jahrhunderts noch weit hinter die Qualität der niederländischen Naturwissenschaften, um dann wiederum bei aller herben Kritik, die ihm wohl leicht aus der Feder floß, festzustellen, daß Vondel eben doch zu jenen zählte, die nicht nur das Niederländische mit schönem Sprachgebrauch verzierten, sondern auch verstanden, das ganz persönliche Erleben in eine Form zu gießen, an welcher sich ein Volk wieder aufrichten könne.[38] Und abseits der Literatur? Nur Rembrandt war der ganz große Künstler, die ganz große Persönlichkeit, die aus der Entwicklung hervorragte, wie für ihn überhaupt die Malerei zu den wirklich eindrucksvollen Leistungen der Niederlande zählte. Darüber ist an anderer Stelle zu handeln.[39]

Ähnlich wie später Huizinga stellt sich Busken Huet die Frage nach den Ursachen, die das Land schließlich aus seiner Gleichgültigkeit herausgeführt haben. Die Antwort findet er in der Spannkraft der neuen Religion, und ganz im Gegensatz zum späteren Ansatz von Huizinga sieht er in dieser Religion auch den Ausgangspunkt kultureller Blüte. Eine Theokratie nannte er den Staat und formulierte: „Die ruhmreichste Periode der niederländischen Geschichte fiel mit den Flitterwochen der Theokratie zusammen." Er zog aus dieser bis zum Schluß durchgehaltenen These die völlig logische Konsequenz, daß der Verfall der Republik zusammenhing mit dem Nachlassen der religiösen Überzeugung, mit dem Schwund an Religion. Die Ähnlichkeit mit der Deutung des Groen van Prinsterer ist augenfällig, vielleicht nicht einmal erstaunlich, da Busken Huet von der Theologie kam, aber diese Ähnlichkeit war nur äußerlich, denn seine Darstellung enthielt nicht das Memento des Groen van Prinsterer. Ein anderes. Dort, wo er den Glauben als mentalitätsbestimmende Kraft akzentuierte, wo er den christlichen Glauben als das zentrale staatliche und gesellschaftliche Prinzip der Niederlande ausmachte, stand er zugleich fassungslos vor der Kälte, mit der andere Völker von den Handelskompanien der Niederländer ausgebeutet wurden. Kritik heißt bei ihm zwar nicht Verurteilung, aber die sich ihm offenbarende Verbindung von Schlitzohrigkeit und Frömmigkeit, Habgier und Vaterlandsliebe, Kälte und Unternehmungslust als wesentliche Kennzeichen der niederländischen Mentalität des 17. Jahrhunderts, scheinen es für ihn notwendig zu machen, den offenkundigen Glanz dieses Jahrhunderts einigermaßen zu relativieren. Zumindest ist das den Patrioten seiner Zeit so in den Ohren geklungen. Die Niederlande also als ein Land von Prediger und Kaufmann! Der Utrechter Historiker J.C. Boogman hat dieses Thema für die niederländische Geschichtsschreibung unserer Zeit wiederaufgegriffen.[40]

Es ist festgestellt worden, daß das Werk des Conrad Busken Huet sowohl bei niederländischen Fachhistorikern als auch beim interessierten Publikum des Landes einigen Einfluß ausgeübt und dem niederländischen nationalen Denken – trotz aller Kritik, die Busken Huet einbrachte – eine Stütze gewesen ist, und es ist dazu bemerkt worden, daß die in der Zeit um die Jahrhundertwende deutliche neue positive Einschätzung der

---

36 BUSKEN HUET, *Het land van Rembrand*, S. 780.
37 Ebd. S. 23.
38 Ebd. S. 655-657.
39 S. dazu unten den Abschnitt über die bildende Kunst.
40 S. u.a. J.C. BOOGMAN, *Die holländische Tradition in der niederländischen Geschichte*, in: DERS., *Van spel en spelers*, 's-Gravenhage 1982.

niederländischen Kunst, zu der Busken Huet beitrug, das Ansehen der Niederlande in der Welt erhöhte. Jedenfalls wollten einige das so sehen. Ein Jahr nach dem Rembrandt-Gedenkjahr mit seinen vielen Feierlichkeiten (1906) fand der Abgeordnete Victor de Stuers folgende Worte im Parlament: „Wir sind nur ein kleines Land, und wenn Gewalt ins Spiel kommt, sind wir ziemlich machtlos. Aber was uns groß macht und uns Ehrerbietung einträgt, ist unsere prächtige Geschichte und unsere Bedeutung in Wissenschaft und Kunst. Die Kunst umgibt ein Volk mit einer Aureole, die überall einen guten Namen verbürgt und Achtung und Sympathie zuträgt. Und wenn wir nun unter allen Nationen bekannt sind und verehrt werden, wenn wir also internationale Popularität genießen, dann geschieht das vor allem, weil wir als das Land des Rembrandt bekannt sind, und weil man weiß, daß wir, zusammen mit Italien und Griechenland, wie kein anderes Volk in der Kunst geglänzt haben. Es ist für uns daher nicht unbedeutend, was jetzt von uns verlangt wird. Denn diese Popularität verteidigt uns besser als das je ein Schnellfeuergeschütz tun könnte." Und die Zuspitzung zog sich noch weiter hin: Ein Mann wie der international schon erstrangig mitspielende Völkerrechtler Cornelis van Vollenhoven formulierte in seiner Broschüre *De Eendracht van het Land* (1913), die sich mit den nationalen und internationalen Aufgaben des Landes befaßte: „Wer noch einmal ein holländisches 17. Jahrhundert wünscht, dem sei gesagt, daß das Ziel hoch ist und noch weit entfernt liegt. ... Das 20. Jahrhundert muß aus uns selbst heraus seinen eigenen Christiaan Huygens und Spinoza, seinen eigenen Rembrandt und Vondel, seinen Grotius und de Witt zeugen."[41] Fürwahr ein Verlangen, in dem die Würdigung des 17. Jahrhunderts schwerlich übersehen werden kann und eine Apotheose darstellt.

Verglichen mit der Analyse des hochmotivierten Busken Huet mußte dem niederländischen Leser der Zeit die reich bebilderte zweibändige Darstellung, die der Historiker Pieter Lodewijk Muller unter dem etwas emphatischen Titel *Unser Goldenes Jahrhundert* veröffentlichte und zugleich der Regentin Emma von Waldeck widmete,[42] zwar als reich an Informationen, aber auch als nachgerade seelenlos erscheinen. Der Titel blieb der einzige emphatische oder das Interesse weckende Eintrag des Werkes.

Johan Huizinga

Von ganz anderem Zuschnitt und schon vom Umfang her weder mit Busken Huet noch mit Muller vergleichbar ist die Studie des hier mehrfach genannten Leidener Kulturhistorikers Johan Huizinga. Man wird die Arbeit dieses Historikers von europäischem Rang wohl weniger als Ergebnis der Furcht vor Bedeutungsverlust seines Landes einstufen können, obwohl er angesichts der für ihn bedrohlichen extremen Nationalismen der Zeit (Nationalsozialismus und Bolschewismus) um die Existenz von Kleinstaaten fürchten zu müssen meinte. Huizinga selbst wuchs auch nicht mehr in einer Generation heran, die das Wissen über den nun schon lange währenden, mit Blick auf das 17. Jahrhundert nie wieder aufgeholten Rückgang an politischer und militärischer Potenz durch den Zugriff auf eine glorreiche Vergangenheit kompensierte. Er war nicht mehr ein Suchender nach der Nation, vielmehr prägte ihn ein ausgewachsener Nationalstolz. Ging es um Kultur und insbesondere um die Kultur des eigenen Landes und dann wiederum um das 17. Jahrhundert, dann trat Huizinga nicht als Zweifler am hohen Standard auf. Kultur und Nation gingen bei diesem Leidener Historiker in den Niederlanden eine Symbiose ein. Und sie war positiv. Der von ihm eingebrachte Begriff der „historischen

---

41 Beide Beispiele bei BLAAS, ,*De Gouden Eeuw*', S. 126.
42 P.L. MULLER, *Onze Gouden Eeuw*.

Johan Huizinga

Empfindung" („historische sensatie") war ihm für die Kultur der Niederlande dabei ein wesentlicher Leitfaden. In einem Plädoyer für ein historisches Museum hat er sich ausführlicher dazu geäußert.[43] Abseits von psycho-historischen Erwägungen sei hier auf eine konkrete Ausformung historischen Empfindens hingewiesen. In seiner Analyse der niederländischen Kultur des 17. Jahrhunderts beobachtete er, daß die Atmosphäre dieser Phase der niederländischen Geschichte noch an den Grachten Amsterdams deutlich spürbar sei. Man müsse sich dort an einem Sonntagmorgen im Frühjahr oder beim späten Licht eines Sommerabends einfinden. Und Huizingas Blick galt nicht nur Amsterdam, er hat auch das Ambiente anderer niederländischer Städte und Städtchen – in deutlicher Beschränkung auf die Provinz Holland freilich – beschrieben. „Die Schönheit der holländischen Städte steckt überall und nirgends. Der intime Reiz einer holländischen Straßenecke oder Kanalansicht geht nur selten aus der künstlerischen Vollendung bestimmter Bauformen hervor. Es ist vielmehr eine allgemeine Harmonie von Linie und Farben, eine gewisse gesunde Selbstverständlichkeit und Unbefangenheit des Ganzen, welche mit der Patina der Zeit und vielleicht erhöht durch den hellen Ton eines Glockenspiels, unsere Empfindung einer tiefen und friedlichen Schönheit bedingen." Das waren höchst poetische Sätze, die nicht nach ihrer zeitlich begrenzten Geltungsdauer befragt werden sollen, sondern einfach als Ausdruck einer Verliebtheit in die eigene nationale Kultur einzuordnen sind. Mag es zunächst noch bei der sorgfältigen Wortwahl des wissenden und stillen Genießers verblieben sein, einigermaßen emphatisch wurde es anläßlich der Geburt von Prinzessin Beatrix 1938, als er in einem Artikel für das *Nieuwsblad van het Noorden* über die Einheit des Landes mit dem Haus Oranien nachgerade hagiogra-

---

43 *VW*, 2, S. 566. Dazu auch CH. STRUPP, *Geschichtswissenschaft als Kulturgeschichte*, Göttingen 2000, S. 67ff.

phisch jede politische Tat oder gesellschaftliche Äußerung der Republik als ein Wunder beschrieb („Het was een wonder, dat...").[44]

Es ist hier über jene Arbeiten zu sprechen, die sich ausschließlich mit dem niederländischen 17. Jahrhundert befassen. Vorausgeschickt sei, daß die Studien des Huizinga über Burgund freilich schon hinzielen auf die Niederlande als Nachfolger des kulturell so glanzvollen Burgunderstaates. Er verlegt praktisch die Entstehungsgeschichte der Niederlande in dieses Burgunderreich. Eine erste Studie zum Goldenen Jahrhundert erschien dann 1932 in deutscher Sprache unter dem Titel *Holländische Kultur des siebzehnten Jahrhunderts. Ihre sozialen Grundlagen und nationale Eigenart*.[45] Die Entstehung dieser Studie hat ganz praktische Ursachen. Im Januar 1932 hielt der Historiker am Niederländischen Institut der Universität Köln eine Reihe von Vorträgen über die niederländische Kultur im 17. Jahrhundert. Da die Inhalte auf eine deutsche Hörer- und dann Leserschaft gemünzt waren, sah der Autor zunächst von einer Veröffentlichung in niederländischer Sprache ab, sei doch für den kundigen niederländischen Leser nur Bekanntes, kaum Neues angeboten worden. Im ersten Kriegsjahr bewogen den Leidener Historiker „besondere Umstände" dazu, wiederholtem Drängen seiner Landsleute nachzugeben und eine niederländische Fassung des kleinen Werkes fertigzustellen, das schließlich die deutsche Ausgabe um ein Doppeltes übertraf. Gleichwohl wollte Huizinga auch diese umfangreichere Fassung nur als „kurze Skizze" verstanden wissen.[46] Es sei hier gleich bemerkt, daß Huizinga alles daran setzte, den hohen kulturellen Standard des 17. Jahrhunderts vorzutragen, das Land, das nun nicht übermäßige internationale Beachtung fand, über die Kulturschiene näherzubringen. Zwar wird sich der Leser dem Wort Huizingas vom nur Skizzenhaften seiner Arbeit fügen, aber es muß ihm, auch wenn viele Facetten einer Kulturgeschichte unbesprochen bleiben, auffallen, daß der Bescheidenheit des Autors die ganze Fülle einer vertieften Betrachtung der von ihm ausgewählten Themenbereiche entgegenstehen. Es ist ein Bild, das aus nachdenklicher Deutung sich formt und seine ganze Lebendigkeit aus der hohen Erzählkunst gewinnt. Das Buch lebt selbstverständlich nicht nur von seiner literarischen Qualität, sondern auch von der Fähigkeit Huizingas zu gründlicher Analyse, die das 17. Jahrhundert in seinen Zusammenhängen plastisch werden läßt. Allerdings, das Buch ist nicht das Ergebnis einer kulturgeschichtlichen oder kulturtheoretischen Konzeption. Nicht einmal der kulturmorphologische Ansatz, den er selbst schon 1929 kurz dargestellt hatte,[47] scheint auch nur andeutungsweise eingebracht worden zu sein, wie ihn wohl ebensowenig das Wort „Kultur" oder, niederländisch, „beschaving" als eine Art inhaltlicher Wegweiser oder Leitfaden beschäftigt hat.[48] Kultur im weitesten Sinne des Wortes habe er darstellen wollen,[49] so heißt es ausdrücklich, die Wahl der Kulturformen freilich bleibt dann begrenzt. Literatur und bildende Kunst nehmen einen breiten Raum ein. Sie sind die einzigen Themen, die ausführlich behandelt werden, in einer Art und Weise allerdings, die sich um die Einfügung dieser Formen in den gesellschaftlichen Zusammenhang des niederländischen 17. Jahrhunderts bemüht. Aber mehr noch. Es ist einigermaßen ver-

---

44 In *VW*, 8, S. 563ff.
45 Erschien in der Reihe *Schriften des Deutsch-Niederländischen Instituts*, Heft 1.
46 Dazu insgesamt die kurze „Voorrede" *Nederland's beschaving*. Hier wurde nachfolgend als Quellennachweis die Groninger Ausgabe von 1984 herangezogen.
47 Erschien unter dem Titel *De taak der cultuurgeschiedenis*. Wiederabgedruckt in: *VW*, VII, S. 35-94.
48 In seinem Essay *Geschonden wereld* bietet Huizinga später eine ethymologische Ableitung und Genesis der Begriffe „beschaving" und „cultuur" und „civilisatie" an und kommt zu dem Ergebnis, daß „beschaving" seinen Kulturbegriff am ehesten decke. So in *VW*, VII, S, 481ff. Der Artikel erschien zuerst 1945.
49 So in *Nederland's beschaving*, S. 2.

wunderlich, daß die niederländische Ausgabe nicht mehr den Untertitel der deutschen Version trägt, in der von der „nationalen Eigenart" der niederländischen Kultur die Rede ist. Denn das ist doch das Kernthema des Buches. Huizinga bemüht sich um das für ihn erstaunliche Phänomen, daß sich ein so kleines und abgelegenes Land rasch als starke staatliche Größe, Handelsmacht und Quelle der Kultur in den Vordergrund hat spielen können. Das ist ihm beispiellos, da präsentiert er das Land gleichsam als „Phönix aus der Asche." Tatsächlich entwickelten sich die Niederlande sehr rasch zu einer europäischen Großmacht, bauten im Innern eine für die Zeit durchaus untypische Staatsform auf und entfalteten zumindest in der bildenden Kunst zum Teil abweichende Stilformen. Huizinga sieht sein Land nur in geringstem Maße geprägt vom Barock – ein von ihm nur zögernd gebrauchter Begriff. Abgesehen noch vom Status einer Republik und von der Stellung der Kirche in der Gesellschaft zeige das Land weder den strengen Stil noch die theatralische Gebärde. Da dies so sei, müsse die niederländische Eigenart zu erklären sein aus materiellen, gesellschaftlichen und ethischen Grundlagen. Freilich, das heißt bei ihm nicht eine mechanistische Ableitung von Kultur allein aus diesen Grundlagen im Sinne einer naturwissenschaftlichen Prozeßhaftigkeit. Er will nichts wissen von „Ursachen", vielmehr spricht er von „Bedingungen".[50] Solche Bedingungen nennt er. Er führt die Geographie ein, vor allem die Bedeutung des Wassers, und schreibt von der politischen Struktur, vornehmlich von städtischer Autonomie und Partikularismus, von Freiheit durch Privilegien, von der Schwäche des Adels trotz prononcierter Anwesenheit in Utrecht, Geldern und Overijssel, und er weist auf die Kaufmannschaft als der Trägerin dieser Kultur – einer Kultur wiederum, die er als Ausdruck von Bescheidenheit, Nüchternheit und Realitätssinn eingestuft sehen will, gleichviel ob sie sich in der Malerei oder in der Literatur äußere, und die schließlich ihren Ausgangspunkt nicht im Calvinismus, sondern im erasmisch geprägten Humanismus finde.[51]

Diese Grundthesen werden mit reichen Details und tiefergehenden Überlegungen belegt und ausgefüllt.[52] Huizinga stellt noch weitere, nicht bei der konkreten Vermittlung eines glanzvollen Bildes verharrende Erwägungen an, die hier nur angedeutet und später wieder aufgegriffen werden sollen. Es geht um die Dauer dieser so eigenständigen kulturellen Blüte. „Wann", so fragt er, „nimmt die Kraft ab, verdorrt die Blüte und verliert diese Kultur ihre charakteristischen Eigenarten, die sie zuvor zu einem ebenbürtigen, wenn auch nicht gleich so prächtigen Pendant der Florentiner und Venezier gemacht haben?"[53] Den Verfallsprozeß setzt er schon vor 1700 an und nennt hier Kunst und Literatur als Beispiele, die im ganzen Buch ohnehin seine Hauptthemen sind. Mit dem Tod Rembrandts ist ihm auch die niederländische Kunst in ihrer Eigenart gestorben, mit dem Tod P.C. Hoofts und Joost van den Vondels die niederländische Literatur. Sein Kriterium ist die eigene ästhetische Deutung, der eigene Geschmack. Er stellt den Verfall fest und fragt entsprechend seiner Grundthese von der nationalen Eigenart nach dem Verlust von Eigenschaften des Volkes, die zuvor so „wesentlich" für die nationale kulturelle Blüte gewesen sein sollen. Dies nun ist eine Frage, die weit in den Bereich des Mentalitätswandels hineinragt und wohl auch schwierig zu beantworten ist. Huizinga selbst glaubt allerdings stichhaltige Gründe gefunden zu haben. Er führt Komponenten an, die den geistigen Habitus der Niederländer verändert haben sollen, so die Naturwissenschaften, die Ausbreitung des Toleranzprinzips, die Ausmerzung des Aberglaubens und in diesem

---

50 Zum vorhergehenden insgesamt ebd. S. 2-8.
51 Ebd. S. 69, 82, 116f.
52 Es sei hier freilich schon auf die kritische Betrachtung des Amsterdamer (VU) Historikers A. TH. VAN DEURSEN, *Cultuurgeschiedenis bij Huizinga en in de oude Algemene Geschiedenis der Nederlanden (AGN)*, in: Theoretische Geschiedenis, 13 (2), 1986 zu Huizingas Buch hingewiesen.
53 HUIZINGA, *Nederland's beschaving*, S. 143.

Zusammenhang die Durchsetzung der Vernunft als Maßstab von Denken und Handeln. Zwar sei man, so Huizinga, „gut-calvinistisch" auf dem Boden der Dordrechter Synode oder eben überzeugt römisch-katholisch geblieben, aber die alte Heftigkeit und Vehemenz konfessioneller Überzeugung sei verschwunden, an ihre Stelle – faktisch in Wiederaufnahme von Denkweisen des 16. Jahrhunderts – Toleranz, Friedensliebe und ein neues Rechtsgefühl, vor allem aber der Wunsch nach Ruhe getreten. Solche Ruhe will Huizinga nicht als Hang zur trägen Passivität verstanden wissen, aber er entdeckt doch im 17. Jahrhundert schon das Verlangen nach einem ruhigen Leben auf einem Landsitz außerhalb der Stadt mit Büchern und Freunden, wie es ihm Äußerungen von Vondel, Constantijn Huygens und Jacob Cats bezeugen. Diese Mentalität, die als eine Denkungsart des Eigentümers von Landsitzen oder des Rentierdaseins mit all seinen Verflachungen apostrophiert werden kann, hat sich, wie Huizinga feststellt, zwar erst im 18. Jahrhundert durchgesetzt, sich gleichwohl schon im 17. Jahrhundert bemerkbar gemacht.[54]

Diese Studie des Huizinga ist oben schon als Zeugnis eines Nationalstolzes eingereiht worden, der geäußert werden wollte. Huizinga hat sich zwar über den extremen Nationalismus seiner Zeit entsetzt, war freilich nicht dem gesunden Nationalbewußtsein abhold. Solch echtes Nationalbewußtsein konnte er im übrigen nicht mehr den Großstaaten, sondern nur noch den Klein- und Mittelstaaten zuerkennen. Nation und hochstehende kulturelle Vergangenheit! Das war jene Verbindung, die in den Niederlanden des 19. Jahrhunderts von einem Großteil der niederländischen Intelligenz im Kampf um existentielle Sicherheit inmitten europäischer Unruhen vorgebracht worden war. Huizinga setzte dieses Denken auf der Grundlage einer konsolidierten Position des Landes fort. Um sein von Großstaaten (Frankreich, Deutschland, Großbritannien) umringtes Land zog Huizinga, der die politischen und industriegesellschaftlichen Auswüchse seiner Zeit heftig kritisierte, seine Schutzmauer. Die Niederlande waren für ihn ein Hort der Kultur, der nicht preisgegeben werden durfte und der in Zeiten der von Großstaaten bestimmten Politik und angesichts des – nach Huizinga – grassierenden Kulturverfalls in einem größeren Zusammenhang unterzugehen drohte.

Simon Schama und die Notwendigkeit des Vergleichs

Es ist gesagt worden, daß die Zahl der Arbeiten zu Einzelaspekten des niederländischen Goldenen Jahrhunderts Legion ist. Nachfolgend seien einige wenige Gesamtdarstellungen näher betrachtet. Da ist der Harvard-Historiker Simon Schama zu nennen. Er schickt seinem umfangreichen Werk eine Aussage des englischen reisenden Peter Mundy voraus, der über seine Reise in die Niederlande geschrieben hatte, er habe sich über seinen Verbleib in diesen Landen und vor allem in Amsterdam 1641 etwas ausführlicher mit dem Ort befaßt, weil er viele Besonderheiten biete und weil zugleich, was über Amsterdam gesagt sei, auch mehr oder weniger für Holland gelte. Solche Aussage eines Zeitgenossen des 17. Jahrhundert gibt Simon Schama seiner inhaltsreichen, aber auch amüsanten und auf jeden Fall deutungsfreudigen Untersuchung zur Kultur der Niederlande im 17. Jahrhundert mit auf den Weg.[55] Es wäre verwegen, wollte man die dickleibige, hier und da auch umstrittene,[56] gleichwohl phantasievolle Arbeit in ihrer ganzen Fülle

---

54 Ebd. S. 140-151.
55 S. SCHAMA, *The Embarrassment of Riches. An Interpretation of Dutch Culture in the Golden Age.* New York 1987. Mundy's Bemerkung auf S. XI. Die deutsche Übersetzung trägt den Titel *Überfluß und schöner Schein*, München 1988.
56 Siehe zu den kritischen Anmerkungen die BMGN, 104 (1989), eigentlich ein Diskussions-Dossier. Schama hat hierauf nicht geantwortet. Diskutanten waren J.L. Price, E.O.G. Haitsma Mulier, H.F.K. van Nierop.

darlegen, dazu ist die Studie als Ganzes auch etwas zu tupferhaft geraten, und der Buchtitel, der nur von der „Peinlichkeit des Reichtums" spricht, deckt die Ladung keineswegs, die dem Leser in einer Fülle von Details und Deutungen angeboten wird. Die „Besonderheiten" des Peter Mundy sind das Thema des Simon Schama, der versucht, das Typische und Auffällige der niederländischen Kultur des 17. Jahrhunderts zu finden. Sie darzustellen, hatte – wie oben dargestellt – zuvor schon der von der Kunstgeschichte geprägte Johan Huizinga unternommen[57], auf andere Weise freilich. „Kultur" will Schama nicht mit einem großen „K", sondern mit einem kleinen „k" geschrieben wissen. Nicht Kunst und Literatur oder Musik, Naturwissenschaft oder Philosophie, Buch oder Bildung sind Gegenstand seiner Neugier, vielmehr sollen Lebens-, Verhaltens- und Denkweisen, Mentalitäten recht eigentlich, Konturen gewinnen. Es sollen eher die Niederländer als die Niederlande begriffen werden. Eben dabei bezieht er sich auf zeitgenössische Druckerzeugnisse ebenso wie auf Malerei, Zeichnung und Emblemata – und dies in reichem Maße und mit viel Phantasie. Ein Historiker müsse phantasievoll sein, hat er dann auch in einem Interview mit der niederländischen *Nieuwe Rotterdamsche Courant* geäußert.[58] Alle vorgenannten Quellen sind Hilfsmittel oder Bezugspunkte, um Leben und Denken erfassen zu können. Dazu gehören der gescheuerte Fußboden und die saubere Eingangstreppe, die häusliche Hygiene also, ebenso wie Rauch- und Trinkgewohnheiten, Ehe und Prostitution, die Stellung der Kinder und – gerade für die Niederlande – die Funktion des Wassers und der Geruch des Geldes. Das ist für Schama nicht Volkskultur im Sinne einer Kultur der niederländischen Unterschichten, aber auch keinesfalls Elite-Kultur, wie sie im wesentlichen Johan Huizinga beschrieben hat, vielmehr will dieser Autor die Lebenswelt und Verhaltensweisen jener sozialen Schicht beschreiben und analysieren, die er den „breiten Mittelstand" nennt und die er zwischen Handwerkern und dem Stand der Großkaufleute ansiedelt. Es ist auf jeden Fall eine städtische Kultur, die dankbare Märkte für Druckerzeugnisse, Bilder und Bildergeschichten, Gedichte und Streitschriften entwickelte. Schama will Begriffe wie Volks- und Elitekultur oder bürgerliche Kultur vermieden wissen, kann sich in vielen Bereichen auch keinen vom Steuerumfang abhängigen Kulturgebrauch vorstellen, abgesehen davon, daß es ihm schwierig erscheinen will, die Klassen scharf voneinander zu trennen. Er stellt die Frage, ob denn eine calvinistische Predigt nur eine Sache breiter Volksschichten oder nur die einer Oberschicht gewesen sei; er fragte darüber hinaus, wer denn nun das Genre-Bild zu vier Gulden gekauft habe, der Gebildete, der Gelehrte oder gar nur der Ladeninhaber, und schließlich meint er, daß doch Fischer und Kaufmann wohl gleichzeitig den Seehelden verehrt hätten. Das *Ehehandbuch* („Houwelijck) des Jacob Cats sei für die reiche Oberschicht schön ausgestattet mit Stichen, für die unteren Klassen lediglich mit Holzschnitten versehen auf den Markt gekommen – der Inhalt sei freilich der gleiche und eben für die gesamte Bevölkerung bestimmt. Es ist dann in der Tat nur folgerichtig, wenn er über eine Beschreibung der Kulturformen das Bild von einer nationalen Gemeinsamkeit – man könnte dies in der Tat Eigenart nennen – der Niederlande vermitteln will, und dies ganz im Gegensatz zu Wallerstein, der behauptet, daß die niederländische Bourgeoisie die wirtschaftliche Hegemonie errungen habe und die Kultur notwendigerweise Ausdruck dieser Hegemonie sein müsse. Wallerstein ist somit nicht Schamas Zeuge, die Kulturanthropologin Mary Douglas ist es dagegen wohl, die Kultur umschreibt als eine „Menge von Überzeugungen, die zu verwandten Mustern gefroren seien", die dann wiederum bei Durkheim, auch als Zeuge angeführt, zur „conscience collective" werden, was immer das auch implizieren mag. Und Schamas Hieb gegen die materialistische Betrachtungsweise bedient sich des niederländischen Humanisten Dirck

---

57 Es sei auf den vorhergehenden Unterabschnitt hingewiesen.
58 In der *NRC* vom 14. August 1987 (Interview mit H.M. van den Brink).

Volckertsz. Coornhert, der in seiner „Komödie vom reichen Mann" den Überfluß auftreten läßt (im Stück eine Frauengestalt), der sich mit dem Gewissen und der biblischen Weisheit (ein Pfarrer) um die Seele des reichen Mannes streitet und verliert. Die „conscience collective" zu finden, hat sich Schama bemüht, und er tut dies mit einem hohen Aufwand an Material und Gelehrsamkeit, indem er seinen Gegenstand im Anschluß an Théophile Thoré, Kritiker und Politiker des 19. Jahrhunderts, gleichsam aus Wort und Bild rekonstruiert. Hatte nicht Thoré festgestellt, daß die niederländische Kunst ungleich der Kunst der Renaissance Italiens letztlich ein Ausdruck des „vie vivante" sei, daß sie einen Bericht über Menschen und Dinge, Gefühle und Gewohnheiten, Taten und Gebärden enthalte.[59]

Schamas Untersuchung ist ein Stück Mentalitätsgeschichte, ein Stück Psycho-Historie, die sich auf dem Wege der Vermutung um Typus und Eigenart bemüht und damit auch einen Einblick in den nationalen Charakter eines Landes zu vermitteln versucht. Das Anliegen ist nicht neu. Es entspricht nicht nur allgemeinen Tendenzen der modernen Geschichtsschreibung, sondern ist auf niederländischer Seite eben früh schon das Vorhaben des Conrad Busken Huet gewesen, dem die Geschichtsschreibung, wie hier schon ausführlich gezeigt, einen ersten umfangreichen Versuch zur niederländischen Kulturgeschichte des 17. Jahrhunderts verdankt.[60] Merkwürdig an dem sicherlich geistreichen Buch ist die seltsame Isolierung der Niederlande vom europäischen Geschehen beziehungsweise europäischen Phänomenen. Schama sieht dieses Land als ein mit dem Aufstand entstandenes politisch-kulturelles Gebilde, das keine Vorgeschichte kennt und sich, wie von anderer Seite festgestellt worden ist, gleichsam selbst erfunden hat.[61] Die Loslösung der niederländischen Existenz aus dem europäischen Zusammenhang ist eigentlich ein nicht tragbarer Ansatz, zudem einigermaßen antiquiert, weil er Grenzen zu starren Hindernissen stilisiert, die keine anderen Einflüsse zulassen. Das Kapitel *Patriotic Scripture* – über das Thema wird auch im vorliegenden Band ausführlich gehandelt – ist für diesen Ansatz der Isolierung wenig geeignet, weil die Rechtfertigung von Verhaltensweisen, denn um nichts anderes geht es hier, durchaus zur politischen Szene der Zeit gehört. Diesem ersten Merkwürdigen kann ein zweites hinzugefügt werden. Im Gegensatz etwa zu Huizinga deutet Schama die niederländische Geschichte des 17. Jahrhunderts als einen dramatischen oder gar heroischen Prozeß. Nun will es nicht scheinen, als ob Heroismus ein hervorstechendes Kennzeichen der niederländischen Geschichte gewesen sei, auch nicht des 17. Jahrhunderts. Selbst wenn man den Begriff auf das Militärische begrenzt, wird man eine zusätzliche zeitliche Einschränkung vornehmen müssen, die praktisch zur Vorgeschichte gehört, insofern die Jahre des Aufstandes selbst gemeint sind. Im übrigen trägt die niederländische Gesellschaft im Laufe des 17. Jahrhunderts viel stärker den Charakter einer Zivilgesellschaft, die freilich – wie noch gezeigt werden wird – bei einigen ihrer vornehmlich konfessionellen Exponenten nicht so rasch zum Frieden mit dem katholischen Gegner Spanien bereit gefunden wurde. Es ist ohne Zweifel ein amüsantes, für die These vom Heroischen freilich kontraproduktives Zitat auf dem Einband-Rücken der deutschen Übersetzung des in Leiden lehrenden französischen Wissenschaftlers Claude Saumaise (Salmasius), wo es heißt: „In Holland, da sitzt der Dämon Gold auf einem Thron aus Käse und trägt eine Krone von Tabak." Vielleicht fehlte dem im übrigen hochbezahlten Saumaise auch der Sinn fürs Heroische. Jedenfalls will Schama das Heroische und Dramatische entdeckt haben, und letztlich äußert sich das in der Kapitelüberschrift am Ende des Bandes: *Luctor et emergo*.

---

59 Dazu insgesamt SCHAMA, *Embarrassment*, S. 9f.
60 C. BUSKEN HUET, *Het Land van Rembrand. Studies over de Noordnederlandse beschaving in de zeventiende eeuw*.
61 So W. FRIJHOFF/M. SPIES, *1650. Bevochten eendracht*, Den Haag 1999, S. 66.

Die Studie des englischen Harvard-Professors läßt, weil sie sich auf eine ganz besondere *Besonderheit* der Niederlande kapriziert, natürlich auch mit Blick auf die niederländischen Arbeiten zum 17. Jahrhundert die Frage zu, ob es nicht an der Zeit sein möchte, dem Vergleich des Landes mit dem übrigen Europa größere Aufmerksamkeit zu widmen. Es gibt letztlich kaum einen systematischen Forschungsansatz, der neue Fragestellungen mit Blick auf die enger werdende europäische Kooperation entwickelt. Das meint hier Forschungen im Sinne etwa eines Ländervergleichs, die dazu dienen könnten, die Besonderheit und Eigenheit des politischen oder kulturellen Status in einem bestimmten Zeitraum oder gar umfassend zu beleuchten. Die schon viele Jahre bestehende Reihe *Britain and the Netherlands* kann, so verdienstvoll sie ohne Zweifel ist, diesen Anspruch nicht erfüllen, weil sie sich eher auf Beziehungen kapriziert, nicht im gleichen Umfang auf vergleichende Analyse. Gleichermaßen verdienstvoll, aber offensichtlich nur eine Eintagsfliege geblieben, ist der Band *Een wonder weerspiegeld. De Nederlandse Republiek in Europees perspectief* [62] für den man sich Folgebände wünschte, um den Eindruck des Disparaten in der Themenwahl zu überwinden. Freilich, soweit es um größere Werke geht, ist doch ein erster, wenngleich äußerst bescheidener Ansatz zu einer vergleichenden Betrachtung angestellt worden. Neuerdings liegt eine Geschichte der Niederlande in 5 Bänden unter dem Titel *Nederlandse cultuur in Europese context* vor, die die Politik-, Wirtschafts- und Kulturgeschichte des Landes bis ins 20. Jahrhundert gleichermaßen thematisiert. Es handelt sich um ein Großunternehmen, das von der niederländischen Forschungsgemeinschaft großzügig unterstützt wurde und das von der um 1988/89 stark aufkommenden Überlegung ausgegangen ist, daß die nationalen europäischen Grenzen in nächster Zukunft wegfallen würden und dann die Frage auftauchen müsse, wieweit sich diese politische Entwicklung auf die Kultur der einzelnen Länder auswirken könne. „Würde die niederländische Kultur möglicherweise auf ein Phänomen von nur noch regionaler Bedeutung reduziert oder einer einebnenden Internationalisierung zum Opfer fallen?" Die Frage entspringt freilich einem ausgeprägten Nationalbewußtsein und damit auch der Furcht vor Verlust der nationalen Identität. Sie geht am Kern der Voraussetzungen für eine gelungene Europäisierung vorbei, insofern sie sich nicht um den systematischen Ländervergleich und die Voraussetzungen von politischen und kulturellen Phänomenen bemüht und dem Problem der nicht nur kulturschaffenden, sondern auch kulturüberdeckenden Wirkungen von Grenzen wenig Aufmerksamkeit schenkt. Es sei hier gleich gesagt: der für das 17. Jahrhundert geltende erste Band der Reihe, für den 1650 als erster Eichpunkt der niederländischen Geschichte gilt – es ist das Jahr, in dem sich das niederländische 17. Jahrhundert in seinem Kern, in seiner ganzen Eigenart präsentiert –, ist ein tief durchdachtes, facetten- und inhaltsreiches Werk, das in seiner meisterlichen Darstellung schwerlich übertroffen werden kann. Freilich, bei aller Hochschätzung ist der *europäische Kontext*, der im Obertitel der Reihe figuriert, nur mit äußerster Zurückhaltung gepflegt worden, das heißt, der Europa-Bezug im Sinne einer Einbettung niederländischen Geschehens und niederländischer Entwicklung in den einzelnen Jahrhunderten setzt sich nur sporadisch durch. Im vorgenannten ersten Band ist der Vergleich im konfessionellen Bereich für die Zeit um 1650 etwas ausführlicher ausgefallen. Der die Jahrhunderte noch einmal in der Quintessenz zusammenfassende letzte Band enthält am Schluß etwa 4 Seiten *Europäische Perspektive* und betrifft – in kürzester Form – die europäische Gegenwart. Es ist auf keinen Fall ein zusammenfassender Kulturvergleich. Eine solche Sisyphus-Arbeit wird man freilich auch keinem so rasch zumuten wollen. Die Frage des europäischen Zusammenhangs wird unten in dieser Einleitung noch einmal aufgegriffen.

---

62 Hrsg. von K. Davids/Jan Lucassen, Amsterdam 2005. Übersetzung der schon 1995 erschienenen englischen Ausgabe *A miracle mirrored. The Dutch Republic in European Perspective.*

Ursachen von Kreativität und Kultur-Definitionen

Nach dieser bibliographischen Skizze zum niederländischen 17. Jahrhundert sei vor einer einführenden Präsentation des Landes die schon ältere Frage nach den Ursachen einer kreativen Epoche eingebracht, in der sich die Leistungen in Kunst und Wissenschaft häufen oder jedenfalls von einer beherrschenden Lebendigkeit sind. Es ist schon auffallend, daß in Frankreich Corneille mit Racine und Molière oder in Italien Leonardo, Raffael, Michelangelo, Giorgione und Tizian nebeneinander auftreten. Leonardo Bruni und Niccolò Machiavelli haben Politik oder erfolgreichen Waffengang als Voraussetzung der Blüte bei Bildung und Kultur hervorgehoben, während der 1574 verstorbene Florentiner Maler, Baumeister und Kunstschriftsteller Giorgio Vasari zur Zeit Brunelleschis, Donatellos und Masaccios feststellt: „Oft wenn die Natur einen vorzüglichen Geist in irgendeinem Beruf erweckt, läßt sie ihn nicht einsam, sondern bringt gleichzeitig und in seiner Nähe einen zweiten hervor, damit sie gegenseitig sich fördern und durch Wetteifer Nutzen schaffen."[63] Was für Frankreich und Italien beispielhaft genannt wird, findet seine Parallelen in der englischen Literaturgeschichte und kann für Kunst und Literatur des niederländischen 17. Jahrhunderts allemal nachgewiesen werden, als Frans Hals, Rembrandt van Rijn, Johannes Vermeer und Albert Cuyp zusammen mit vielen anderen in der Malerei mit- und nebeneinander auftraten wie Joost van den Vondel, P.C. Hooft und Bredero in der Literatur oder Constantijn Huygens, sein Sohn Christiaan und Hugo Grotius als Universalgelehrte oder Wissenschaftler. Vasari unternimmt es auch zu früher Zeit, den hohen Anteil der Stadt Florenz an der Blüte der Renaissance zu deuten, und kommt zu Vermutungen, die – nach Lektüre Huizingas oder allgemeiner Darstellungen zum 17. Jahrhundert der Niederlande – möglicherweise auch für die niederländische oder hier besser: die holländische Städtelandschaft gelten dürfen, soweit zumindest Gedankenfreiheit und Konkurrenz als Leistungsmotive angedeutet werden. Die darüber hinaus von Vasari vermutete Sucht nach Ruhm und Ehre will dagegen für die Niederländer nicht so rasch als Motivationsschub einleuchten.[64] Ähnliche Gedanken sind im Jahrhundert der Aufklärung weiter gesponnen, ganz konkrete Bezüge zu wirtschaftlicher Entwicklung und Wohlstand eines Landes hergestellt worden, soweit es die Kunst betrifft. So hat Adam Ferguson in seinen *Principles of Moral and Political Science* vom Fortschritt der schönen Künste als Teil der wohlhabenden Nationen gesprochen,[65] und Charles Burney hat in eben jenem Jahrhundert geschrieben: „Alle Künste scheinen Gefährten, wenn nicht Abkömmlinge erfolgreicher Handelstätigkeit gewesen zu sein, und im allgemeinen wird man feststellen, daß sie den gleichen Weg wie diese genommen haben ... wenn man also nachforscht, so wird man finden, daß sie, wie der Handel, zuerst in Italien in Erscheinung getreten sind, dann in den Hansestädten und hierauf in den Niederlanden."[66] Schließlich hat Huizinga selbst gemeint, Jacob Burckhardts *Kultur der Renaissance* im Ansatzpunkt mit Voltaire's *Essai sur les Moeurs* von 1756 vergleichen zu müssen. Für beide Autoren liege die Basis der Renaissance im Reichtum und in der Freiheit der Städte.[67]

Es ist wohl auffällig, daß diese älteren, immer noch erwägenswerten und fruchtbaren Erklärungsversuche im wesentlichen die schönen Künste erfassen. Über andere

---

63 Das Zitat sowie die vorhergehenden Beispiele bei P. BURKE, *Die Renaissance in Italien. Sozialgeschichte einer Kultur zwischen Tradition und Erfindung*, Berlin 1984 (das englische Original erschien 1972), S. 9.
64 Vgl. ebd. S. 10.
65 Erschienen in Edinburgh 1792. S. 291.
66 *A General History of Music, 4 Bde*, London 1776-79, hier Bd 2, S. 584, angeführt bei BURKE, *Renaissance in Italien*, S. 11.
67 J. HUIZINGA, *Das Problem der Renaissance*, in: ders., *Parerga*, Zürich u.a. 1945, S. 94.

kulturelle Formen außerhalb der Kunst ist damit nichts gesagt. Burckhardt hat dazu sogar geschrieben: „Im ganzen ist der Zusammenhang der Kunst mit der allgemeinen Kultur nur lose und leicht zu fassen. Die Kunst hat ihr eigenes Leben und ihre eigene Geschichte."[68] Das führt nicht nur zu der Frage nach den Bedingungen kultureller Formen überhaupt, sondern verlangt vorab eine Klärung des Verständnisses von Kultur allgemein. Auf jeden Fall sieht sich jeder Versuch, eine Kulturgeschichte der Niederlande des 17. Jahrhunderts nachzuzeichnen, einer Reihe von Problemen unterschiedlicher Art gegenüber. Sie liegen zunächst einmal bei der inhaltlichen Abgrenzung von „Kultur" und damit „Kulturgeschichte". Da gibt es eine Unzahl von Reden und Widerreden, die nicht nur die Frage nach den adäquaten Themata von Kultur und ihrer Beschreibung, sondern auch die Position des Phänomens Kultur innerhalb des staatlich-gesellschaftlichen Umfeldes betreffen. Jacob Burckhardt will Kultur als „die ganze Summe derjenigen Entwicklungen des Geistes" verstehen, „welche spontan entstehen und keine universelle oder Zwangsgeltung in Anspruch nehmen." Allgemeiner und zugleich auf äußere Erscheinungsformen bedacht, legt das *Wörterbuch für Soziologie* sich fest, wenn es „Kultur als Gesamtheit der typischen Lebensformen einer Bevölkerung einschließlich der sie tragenden Geistesverfassung, besonders der Werteinstellungen" beschreibt. Der englische Kulturwissenschaftler und zugleich „Kulturpraktiker" Raymond Williams schließlich will den Begriff verwendet wissen für „künstlerische, literarische und intellektuelle Arbeit." Er stellt freilich fest, daß selbst nach Anerkennung des anthropologischen Kulturbegriffs, der auf Praxis und Verhalten im allgemeinen Sinne ziele, tatsächlich die „Komplexität und Bedeutungsvielfalt des Terminus ‚Kultur' noch weit größer" sei.[69] Eine Vielzahl von allgemeinen Beschreibungen der obengenannten Art macht gegenwärtig die Runde.[70] In ihrer Allgemeinheit sind sie zugleich sehr ehrgeizig, insofern sie versuchen, alle Äußerungsformen menschlicher Existenz zu erfassen. Sie sind zuweilen auch recht griffig und implizieren einen Forschungsauftrag, der nur interdisziplinär zu bewältigen ist. Die Begrifflichkeit bedarf genauerer Differenzierung. Die Ausdifferenzierung der Begriffe würde immerhin zeigen, daß sie ausgefüllt sind von vornehmlich sozialwissenschaftlichen Erkenntnisinteressen, was wiederum ganz spezifische Methoden bedingt. Sie enthalten für den Kulturhistoriker auf jeden Fall das Problem, die mit solchem Ansatz verbundene Vielzahl von Quellen zu bewältigen und sie in einem sinnvollen Zusammenhang zu stellen.[71] Der ganze Umfang freilich will erst deutlich werden, wenn solche äußerst generell gehaltenen Aussagen auf ihre konkreten Inhalte im einzelnen befragt werden. Es sei in diesem Zusammenhang nicht nur auf Jacob Burckhardt hingewiesen, sondern auch der mehrfach schon erwähnte Johan Huizinga genannt, der eben nicht nur die Kultur der Niederlande des 17. Jahrhunderts beschrieben, sondern sich mehrfach auch über Kultur und Kulturgeschichte allgemein geäußert hat. In dem zuvor schon erwähnten Essay *De taak der cultuurgeschiedenis* spricht er von den gleichsam naturgegebenen Arbeitsgebieten der Kulturgeschichte, von Religion und Kirchengeschichte, Literatur- und Kunstgeschichte, Technik- und Wissenschaftsgeschichte. Doch, so fügt er hinzu, diese Gebiete machen zusammen noch nicht Kulturgeschichte

---

68 Nach BURKE, *Die Renaissance in Italien*, S. 15.
69 Zum Zitat des J. Burckhardt s. seine *Weltgeschichtliche Betrachtungen*, Wuppertal 1948, S. 54; ferner zum Thema W.E. MÜHLMANN, in: *Wörterbuch der Soziologie*, hrsg. v. W. BERNSDORF (1969). Stichwort: Kultur. Aus der Vielzahl der Schriften von Williams sei genannt R. WILLIAMS, *Marxism and Literature*, London 1977.
70 Beispiele bei M.C. BRANDS, *Wat is cultuurgeschiedenis?*, in: Theoretische Geschiedenis, 13,2 (1986), S. 143-148, vor allem S. 144f.
71 So W.E. KRUL, *Huizinga en de taak der cultuurgeschiedenis*, in: Theoretische Geschiedenis, 13,2 (1986), S. 149.

aus, erst wenn man zur Bestimmung von Lebens-, Schöpfungs- und Denkformen übergehe, könne wirklich von Kulturgeschichte die Rede sein.[72] Formen und dazu Funktion sind ein wesentlicher Gegenstand in Huizingas Konzeption von Kulturgeschichte. Unter Formen verstand er „Mythos, Weihung, heilige Handlung, Wettstreit, Geheimbund", Funktionen waren Dienen, Ehre, Treue, Gehorsam, Widerstand, Freiheitsstreben. Dies sind zumindest die Beispiele seines Essays, und sie dürften pars pro toto zu verstehen sein.[73] Wenngleich Huizinga den Einzeldisziplinen, zu denen er auch die Sprachwissenschaft, die Semantik,[74] fügt, hier eine wichtige Funktion zuweist, wird doch nicht recht ersichtlich, in welcher Beziehung sie zu einer der genannten spezifischen kulturhistorischen Arbeitsgebiete stehen, und Huizinga hat seine Formenlehre später auch nicht systematisch ausgearbeitet.[75] Deutlicher wird es auch nicht dadurch, daß er den Kulturformen noch den Garten, die Straße, Markt und Wirtshaus, Hut oder Buch hinzufügt, deren Bedeutung im gesellschaftlichen Leben ihm nicht erschöpfend durch spezifische Disziplinen beantwortet werden kann. Der britische Historiker Peter Burke hat kritisch gegenüber der Methode Huizingas und auch gegenüber dem unten noch näher zu betrachtenden Burckhardt angemerkt – der Kritiker bezieht sich dabei auf *Herbst des Mittelalters* und *Die Kultur der Renaissance* –, beide betrachteten ihren Untersuchungszeitraum als homogenen Block, berücksichtigten nicht Gegensätze oder gar Konflikte zwischen gesellschaftlichen Gruppen und entwürfen ein Bild der Zeit aufgrund einer zu schmalen Quellenbasis von Texten und Bildern. Die Bilder seien nicht immer in ihren sozialen und politischen Zusammenhang gestellt worden.[76] Er selbst bietet eine Vielzahl neuer Themenbereiche als kulturgeschichtlich relevante, ja, unabdingbare Arbeitsgebiete an. Das ist zum einen die Volkskultur („popular culture"), die sich als ein Weg – wenn auch von Burke nicht so begriffen – zu der neuerdings gängigen Alltagsgeschichte begreifen läßt, auf jeden Fall aber sich absetzt gegen eine auf Kunst, Literatur und Wissenschaften begrenzte Thematik und eben verstanden wird als Kultur der Mehrheit. Zum anderen geht es ihm darum, Arbeitsweisen der historischen Anthropologie einzubringen, die hier vor allem unter „Semiotik" zu subsumieren ist. Er fügt sodann seiner Liste das Thema „politische Kultur" hinzu, ohne diesen Bereich freilich im einzelnen genau zu umschreiben. Und schließlich will Burke die Sprachwissenschaft nutzen, den Sprachgebrauch als ein Phänomen der Kultur einer Gesellschaft verstanden wissen, wobei Gesellschaft nicht als homogener Block, sondern jeweils schichtenspezifisch verstanden wird. Auf die Bedeutung der Sprache weist auch Huizinga in dem vorgenannten Essay hin.[77]

Abgesehen davon, daß solche Erweiterung des Erkenntnisinteresses, dem Burke in einem Nebensatz noch die Erforschung der materiellen Kultur hinzuordnen will und der wiederum, wie die Leidener Historikerin Mout vorschlägt, bei länderspezifischen Untersuchungen noch die internationale (europäische) Perspektive hinzuzufügen ist,[78] wird es immer schwieriger, weil umfänglicher, die Kultur in ihrer ganzen Form und Fülle etwa auf eine bestimmte gesellschaftliche oder wirtschaftliche Formation zu beziehen, sie als ein unmittelbares Derivat zu begreifen. Gewiß, Kultur besteht innerhalb einer Gesellschaft, aber es bleibt fraglich, ob sie in ihrer Gänze bestimmten gesellschaftlichen

---

72 In *VW*, VII (150), S. 46.
73 Ebd. S. 83.
74 Ebd. S. 82.
75 Vgl. KRUL, *Huizinga*, S. 161.
76 Dazu P. BURKE, *Cultural History, Past, Present, Future*, in: Theoretische Geschiedenis, 13,2 (1986), S. 188.
77 Zu den 4 Anliegen Burkes ebd. S. 189ff.
78 M.E.H.N. MOUT, *Een nieuwe geluid. Beoefening van de Nederlandse cultuurgeschiedenis van de zeventiende eeuw. Toekomstperspectief*, in: ebd. S. 268.

Strukturen oder wirtschaftlichen Phänomenen zuzuweisen ist, und es ist auch zu fragen, ob sie nicht in Teilen das Ergebnis nicht länderspezifischer, sondern grenzüberschreitender Ideen – gedacht ist vor allem an den Humanismus – ist. Es ist auf jeden Fall bedenkenswert, wenn Jacob Burckhardt sie begreift als „Ausdruck der Spontaneität, der naiven Schöpferkraft, die sich in Kunst und Wissenschaft, dem höchsten Vermögen des menschlichen Geistes, soweit er sich von Zweckgebundenheit und materiellen Antrieben zu lösen vermag, daß sie als Ausdruck der Freiheit des Menschen erscheint."[79] In den posthum veröffentlichten *Weltgeschichtlichen Betrachtungen* spricht er zwar von den Bedingtheiten der drei Potenzen Staat, Religion und Kultur, aber Kultur bleibt ihm immer das Freie gegenüber dem Zwanghaften der beiden anderen Potenzen. Dabei sagt er: „Gar nichts hat je nicht bedingt existiert oder bloß bedingend, und gleichzeitig herrscht in einer Beziehung das eine, in anderer Beziehung das andere vor und bestimmt das Leben; es handelt sich überall um ein bloßes a potiori, um das jedesmalige Vorherrschende."[80] Er stellt dann im folgenden sechs Bedingtheiten vor: die Kultur in ihrer Bedingtheit durch den Staat, die Kultur in ihrer Bedingtheit durch die Religion, der Staat in seiner Bedingtheit durch die Religion, der Staat in seiner Bedingtheit durch die Kultur, die Religion in ihrer Bedingtheit durch den Staat und schließlich die Religion in ihrer Bedingtheit durch die Kultur.[81] Dieses Interdependenz-System ist kritisch gesehen worden, auch von Huizinga, der in seiner 1943 abgeschlossenen Arbeit *Geschonden wereld* den wirtschaftlich-sozialen Bezug vermißt und sich im übrigen eine genauere Umschreibung des Kulturbegriffs gewünscht hätte.[82] Gleichwohl bleibt es fruchtbar, die einzelnen Interdependenzen, die hier nicht auseinandergelegt werden sollen, an geeigneter Stelle als methodisches Instrument zu hinterfragen.[83]

Obwohl Burckhardt sich in seinen Forschungen voll auf das klassische Altertum und das Italien der Renaissance konzentriert hat, sei darauf hingewiesen, daß die Kultur des europäischen Nordens nicht ganz aus dem Blickfeld verschwindet, auch wenn dies nur in Vorlesungen seinen Niederschlag findet. So liest er 1849 über den Dreißigjährigen Krieg und beschreibt die niederländische Blütezeit, wie sie unter dem Druck des Krieges gegen Spanien entstanden sei, und er befaßt sich mit Glaubensfreiheit, der Gründung von Universitäten, der Entwicklung in den Naturwissenschaften, auch mit dem Theater, und er zieht Parallelen zur griechischen Kunst nach den Persischen Kriegen Dieser Analogie-Schluß ist insofern interessant, als es hier um die in den *Weltgeschichtlichen Betrachtungen* akzentuierte Spontaneität geht. Wie in Griechenland so sei sie auch plötzlich in voller Blüte in den Niederlanden entstanden. Ein der Kunst geweihtes Land nennt er dann die Niederlande in einem Vortrag 1877, nachdem er 1873 durch dieses Land praktisch in laufender kritischer Auseinandersetzung mit der Kunst gereist war. Möglicherweise will er seine Charakterisierung des Europas der Romanik und Gotik auch auf die Niederlande übertragen wissen, wenn es heißt, es gebe für die Völker Augenblicke, in denen sie sich aus ihrem natürlichen Zustand lösten und zu einem freieren, glänzenderen Gebrauch ihrer Kräfte durchstießen. Das seien Zeiten der Begeisterung, des Unternehmungsgeistes, der Leidenschaft. Häufig

---

79 So B. KNAUSS in seiner biographischen Einführung zu J. BURCKHARDT, *Weltgeschichtliche Betrachtungen*, S. 101. Dazu S. 27ff. das 2. Kapitel der *Weltgeschichtlichen Betrachtungen*.
80 Ebd. S. 78.
81 Ebd. S. 78-148.
82 In *VW*, VII, S. 490.
83 Vgl. dazu F. NEIDHARDT, *Kultur und Gesellschaft. Einige Anmerkungen zum Sonderheft*, in: Kultur und Gesellschaft. Kölner Zeitschrift f. Soziologie und Sozialpsychologie, Sonderheft 27 (1986), S. 15.

sei die Aktivität grenzenlos, sie sei bewundernswert und ergreifend zugleich, voller Energie und reich an Schönheit.[84]

Präsentation des Landes

Diese Schönheit des Landes hat der der historischen Empfindung oder Eingebung („sensatie") aus bildlicher oder anderer konkreter Vorstellung verhaftete Huizinga dann zu beschwören versucht, wie es hier schon an anderer Stelle im Zusammenhang mit seinem jahres- und tageszeitlich festgelegten Blick auf Amsterdam, aber auch auf andere nordholländische Städte zitiert worden ist.[85] Es mag gegenwärtig schwerfallen, solcher die vergangene Lebenswelt erkennenden Verzauberung zu erliegen, zu sehr scheint doch die Präsenz der Modernität die Präsenz des historischen Zeugnisses zu überlagern und die Wahrnehmung, die Muße verlangt, zu behindern. Gleichwohl ist die Geschichte dieser den Auswüchsen des modernen Lebens unterlegenen Stadt immer noch sichtbar, ist es möglich, ihren Glanz und ihren Reichtum des 17. Jahrhunderts nachzuempfinden, als diese Stadt voll die Rolle Antwerpens übernahm, wenngleich das alles schon ein gerüttelt Maß an historisch gebildeter Phantasie erfordert. Diese Schwierigkeit stellt sich sicher überall ein, gleichviel von welchem Standort aus und zu welcher Tages- oder Jahreszeit auch der Versuch unternommen wird. Immerhin, die städtebauliche Entwicklung ist voll gegenwärtig. Die wichtigste und notwendigste Erweiterung erfolgte 1613, als die Stadt voll die Funktion und Rolle Antwerpens als zentrale weltweite Handelsmetropole übernommen hatte. Von der Brouwersgracht her wurden Heren-, Keizers- und Prinsengracht bis hin zur quer dagegen stehenden Leidsegracht konzentrisch um den Stadtkern herum angelegt. Ab 1658 wurden die Grachten, wie zuvor geplant, bis an die Amstel durchgezogen. Hier entstanden die Häuserzeilen, die mit ihren typischen Treppenaufgängen, Giebeln und Gärten am Hinterhaus auch heute das Stadtbild prägen. Manches ist seitdem verschwunden, die meisten Häuser stammen aus dem 18. Jahrhundert.[86] Aber genug ist übriggeblieben von Brücken, Straßen und Häusern, um einen Eindruck nicht nur von Baustil und Baukunst, sondern auch von der Örtlichkeit zu erhalten, an der privates und öffentliches Leben sich äußerte.

Huizingas elegischer Blick zurück, der sich, wenn man seine Schriften über die Kultur und die gesellschaftliche Entwicklung seiner Gegenwart kennt, nur aus Skepsis und Pessimismus gegenüber den lauten und aufdringlichen Bezeugungen der Moderne speisen kann, gilt nicht nur Amsterdam. Er ist eben auch den anderen Städten der Provinz Holland zugewandt. Das ist einleuchtend. Die Stadt an der Amstel mag dann die entscheidende Handels- und Finanzmetropole gewesen sein mit einer im Laufe des Jahrhunderts auf 150.000 Einwohner anwachsenden Bevölkerungszahl, daneben aber blühten Städtchen von sehr ähnlicher Tradition, freilich nicht von solch offener Internationalität, eher geschlossener in ihrer Struktur, typischer vielleicht. Haarlem zählt zu ihnen ebenso wie Hoorn, Alkmaar und Enkhuizen und südlich von Amsterdam die Städte Leiden und Delft, Den Haag, Rotterdam und Dordrecht, der alte Stapelort. Und was für die Provinz Holland gilt, darf für das an der Westküste und auf Inseln gelegene Seeland und das auf die Mitte des Landes gerichtete Utrecht ebenso wie für das im Nordosten gelegene Groningen gelten. Dem Abschnitt über die ernsthaften Reisebeschreibungen sei

---

84 Burckhardt über die Niederlande s. *Werner Kaegi als universeel historicus*, Amsterdam 1977, S. 168ff. (Kaegis Vortrag: *De Nederlandse bloeitijd en de italiaanse klassieke periode in het denken van Jacob Burckhardt*).
85 S.o. S. 24.
86 Dies nach T. KILLIAM u.a., *Amsterdamse Grachten gids*, Utrecht/Antwerpen 1978, S. 9.

es vorbehalten, die historischen Zeugnisse jener Orte im einzelnen zu benennen. Hier ist nur über den allgemeinen Eindruck zu berichten. Diese Städte sind keine Neuanlagen des 17. Jahrhunderts, sie fußen vielmehr auf mittelalterlicher Tradition, ihr äußeres Bild freilich ändert sich, paßt sich von der Baulichkeit her der neugewonnenen Eigenständigkeit und den so günstigen materiellen Möglichkeiten an. Private und öffentliche Gebäude – das sind steingewordene Manifestationen von Stolz und Vermögen, und wo die zahlreichen Skulpturen, Denkmäler und Grabstätten von Seehelden, Regenten und Gelehrten als Ergebnis zeitgenössischer Reflexion über den eigenen Erfolg hinzukommen, da wird schon Geschichte erzählt, wird das politische, militärische und kulturelle Spektrum deutlich, das dieses neue Staatswesen Republik im 17. Jahrhundert prägt. Ein „Goldenes Jahrhundert" sei es gewesen, so wird berichtet – von Zeitgenossen und Nachwelt gleichermaßen. Das Wort, aus der Antike übernommen, meint eine Epoche geistiger und kultureller Höchstleistungen, läßt freilich auch nicht den wirtschaftlichen Wohlstand, den Gulden, außer Betracht, der reichlich gescheffelt wird. Die Jahrzehnte stehen unter dem Zeichen von Leistung und Erfolg: im Lande selbst und weit über die Grenzen des Landes hinaus in die überseeischen Gebiete hinein. Sichtbar werden materieller Erfolg und Lebensstil ganz sicherlich in den Städten, aber auch dort, wo der erfolgreiche Bürger die Stadt verläßt, sich ein Landhaus baut. Die Landschaft zwischen Baarn und De Bilt und noch mehr am Flüßchen Vecht entlang hin nach Utrecht wird bevorzugtes Wohngebiet reicher Kaufleute, die gegen Ende des Jahrhunderts das Dasein von Rentiers führen.[87] Hier pflegen die Bauherren eine Architektur, die den ganzen Lebensgenuß widerspiegelt, gerade noch nicht ins Monumentale umschlägt, auf jeden Fall aber über der Norm liegt, die die holländischen Städte jener Zeit wahren.

Der so apostrophierte Lebensstil hat auch dann jenes Unbefangene und Selbstverständliche, wenn nicht der Architekt antritt, um das große Landhaus zu konzipieren. Die Malerei der Zeit verrät es – eine Malerei, die in den zahlreichen Museen des Landes präsent ist. Wenn hier von Malerei die Rede ist, dann meint das nicht nur Rembrandt, sondern auch eine Vielzahl von Malerschulen und Ateliers, in denen Seeschlachten nachgebildet, Landschaften nachempfunden und bürgerliches Selbstbewußtsein ebenso in Form und Farbe präsentiert werden wie historische Ereignisse vornehmlich aus der Zeit der Antike. Selbst die Fortschritte der Medizin dienen als Sujet. Diese Malerei ist Zeuge von Geschichte und Kunst gleichermaßen. Freilich, bei allem Realismus oder aller Tiefgründigkeit oder auch Vielgestaltigkeit kann sie nur tupferhaft Zeugnis ablegen, ist sie selbst nur *eine* Kulturäußerung unter vielen, aber zusammen mit dem Erscheinungsbild der Städte, das die Jahrhundert überdauert hat, vermittelt sie einem dem Huizinga folgenden Betrachter sehr wohl ein Bild des politischen und kulturellen Ambiente, in der sich das Leben in den Niederlanden vollzieht. Gewiß, solche Zeugnisse sind nichts Spezifisches, insofern sie auch andernorts zu finden sind, in dem geographisch knapp bemessenen Raum allerdings konzentrieren sie sich auf die gedrängte Städtelandschaft der Provinzen Holland und Seeland, an deren Rand auch noch Utrecht liegt – eine Städtelandschaft, die in der Konservierung ihrer Geschichtlichkeit wie ein einziges großes Museum wirkt.

Das Land steht abseits der politischen Norm Europas. Es entwickelt sich aus dem Aufstand zu einer Republik inmitten einer und zum Teil auch gegen eine Mächteumwelt, die den Lehren des Absolutismus anhängt. Es pflegt seine vorrevolutionäre Struktur der kollektiven Souveränitäten (Provinzen, Kommunen) mit allen Schwierigkeiten der Entscheidungsfindung. Es übernimmt den Calvinismus als herrschende Religion (Öffentlichkeitskirche), aber nicht als staatlich verordnetes Bekenntnis und huldigt zumindest in einigen Kreisen der Bevölkerung dem erasmisch geprägten Toleranzprin-

---

87 Einen sehr schönen Überblick übr die historischen Stätten der Niederlande bietet N. DE ROY VAN ZUYDEWIJN, *Met het oog op onderweg. Atlas monumenten in Nederland*, Haarlem o.J.

zip, das sich neben engem religiösem Zelotismus behaupten kann, freilich auch seine Grenzen kennt. Die wirtschaftliche Blüte erreicht eine bis dahin auch in vielen anderen Ländern unbekannte Höhe bei einer vergleichsweise hohen sozialen Stabilität. Die englischen Bewegungen der „diggers" und „levellers" wären in der Republik undenkbar gewesen. Dazu fügt sich ein Aufschwung in Literatur, Kunst und Wissenschaft, die in einigen Teilbereichen vom Ausland profitieren, in anderen über die Grenzen des Landes hinaus in die europäische Welt hineinwirken. Jacob Cats, der Ratspensionär aus Seeland, der sich selbst zum Erzieher der Nation aufschwingt, wie eingangs schon angemerkt, hat angesichts einer allseits empfundenen Einmaligkeit die schlichte Frage formuliert, was es denn schon in anderen Ländern oder auf Inseln gebe, das Holland nicht selbst besitze oder wisse.[88] Der Londoner – inzwischen verstorbene – Historiker Swart, Niederländer von Haus aus, bemerkt mit Blick auf eine Vielzahl zeitgenössischer Äußerungen nationalen Selbstbewußtseins, zum erstenmal in der europäischen Geschichte habe ein großer Teil der öffentlichen Meinung das „Goldene Zeitalter" nicht an den Anfang der Menschheitsgeschichte gelegt, sondern das Gefühl gehabt, daß dieses Epitheton der eigenen Gesellschaft zukomme.[89]

Freilich, es wäre überzogen, wollte man sich dieses Land in der politischen, wirtschaftlichen und kulturellen Fülle eben als einen Phönix aus der Asche vorstellen. Einerseits lebt es bis 1648 und nach dem Friedensschluß von Westfalen nach kurzer Pause immer wieder unter den Zwängen eines Krieges, andrerseits kann das Land auf gute Voraussetzungen zurückgreifen, hatte es doch bis zum Aufstand zur burgundisch-habsburgischen Kulturlandschaft gehört, die zwar eine burgundisch geprägte Hofkultur kennt, aber dort, „wo die Berührung mit der burgundischen Welt ... einem im Lande selbst verwurzelten Kunstwillen nur zur Entfaltung verhalf und den eigentlichen Wesenskern des künstlerischen Wollens und Schaffens nicht zu bestimmen vermochte, kam es wohl zur Übernahme vieler höfischer Elemente, nicht aber zu einer stilisierten Spätkunst, sondern, wie bei den unvergänglichen Leistungen der Malerei der frühen Niederländer, zur Einbindung einer neuen Art der Welt- und Lebenserfassung, die entscheidend über das Mittelalter hinaus in die Neuzeit weist."[90] In seiner Charakteristik der burgundischen Kultur kommt Schulte-Nordholt zu der Einsicht, daß den Niederländern in jener Zeit häufig die französische Kultur der Burgunder aufgepfropft worden sei. Die Gebiete seien sich aber gerade deshalb ihrer Eigenständigkeit bewußt geworden.[91] Dabei muß „Eigenständigkeit" nicht die Gemeinsamkeit aller Provinzen meinen, richtig aber ist, daß in der Malerei mit Hieronymus Bosch und Pieter Brueghel d.Ä. etwas Neues und Anderes, dem stilistisch unter italienischem Einfluß stehenden Stil Entgegengesetztes geschaffen wird. Die Neuartigkeit der niederländischen Kunst des 17. Jahrhunderts findet da durchaus ihre Vorläufer. Ein weiteres tritt hinzu: die Frömmigkeit in den Niederlanden. Sie ist gewiß keine neue Empfindsamkeit der Republik der Vereinigten Provinzen, sondern sucht ihre Wurzeln schon in der Devotio Moderna des Geert Groote und bei Thomas à Kempis und ist zugleich vom christlichen Humanismus des Erasmus von Rotterdam beeinflußt.[92] In dieses Land finden in den Jahren der Glaubensspaltung dann Luthertum, Täufertum und Calvinismus Eingang – keine neue, sondern eine mit neuen Nominationen unterlegte Frömmigkeit. Es ist freilich nicht zu übersehen, daß der Führungs-

---

88 S.o. S. 9.
89 Vgl. K.W. SWART, *The Miracle of the Dutch Republic as seen in the Seventeenth Century*, London 1969, S. 15. Hier die Bemerkung von Cats (neben einigen anderen). Es sei hier schon auf das Kapitel über die Reisenden in den Niederlanden in diesem Band verwiesen.
90 Vgl. dazu PETRI, *Kultur der Niederlande*, S. 106.
91 So in *Algemene Geschiedenis der Nederlanden* (alte Ausgabe), III (1951), Kapitel XV.
92 So E.W. ZEEDEN, *Hegemonialkriege und Glaubenskämpfe, 1566-1648*, Propyläen Geschichte Europas, 2, o. O. und o.J., S. 107.

Johannes Calvin

anspruch der Calvinisten schließlich ein hohes Maß an Militanz ins religiöse Leben hineingetragen hat, aber es ist ebenso deutlich, daß Militanz und Zelotentum sich nicht zu einem allgemein gültigen Merkmal der calvinistischen Kirche erheben, auch wenn diese als sogenannte Öffentlichkeitskirche auftritt. Vielmehr prägen auch Mäßigung und Duldsamkeit das Bild des niederländischen Calvinismus, soweit er vor allem von bürgerlichen Oberschichten getragen wird. Hier spielt das Erbe des Erasmus von Rotterdam hinein, dessen Skepsis gegenüber jeder Form von Autorität seine ganze – europaweit anerkannte – Gelehrsamkeit bestimmte und dessen Persönlichkeit, völlig folgerichtig, von Milde und Neigung zu Frieden bestimmt war. Kaum zu verwundern ist es daher, daß sich weite Teile der aus der Privilegienwelt Nutzen ziehenden Schichten gerade die Skepsis gegen Autoritäten zu eigen machen und sich nach den Erfahrungen der Inquisition nicht gewillt zeigen, neuen Ketzerverfolgungen das Wort zu reden, ohne daß man daraus auf Verlust an Frömmigkeit schließen könnte.

Verbieten es schon die niederländischen Traditionen, aus der Republik einen aschegeborenen Phönix zu machen, so meint auch das Wort von der abseits der politischen europäischen Norm liegenden Entwicklung zur – ursprünglich gar nicht vorgesehenen – Republik nicht, daß auch das Kultur- und Geistesleben der Niederlande als Besonderheit aus dem gesamteuropäischen Geschehen ausgeschlossen werden sollte. Im Gegenteil: es muß ebendort eingebettet bleiben. Denn auffällig ist: Europa präsentiert sich in diesem 17. Jahrhundert grenzüberschreitend als eine Landschaft der Gebildeten und des geistigen Aufbruchs, aber auch als Territorium technischer und naturwissenschaftlicher Entwicklung. Bertrand Russell hat die Periode ein „Jahrhundert des Genies" genannt. Fast alles, was die moderne Welt von den früheren Jahrhunderten unterscheide, sei auf die Erkenntnisse der Naturwissenschaften zurückzuführen, die ihre spektakulärsten Tri-

Desiderius Erasmus von Rotterdam

umphe eben zwischen 1600 und 1700 gefeiert habe.[93] Was hier der britische Mathematiker und Philosoph als den wesentlichen Beleg für eine neue Welt anführt, beruht auf voller Kenntnis der Entwicklung. Neue Gesetze der Mechanik werden aufgestellt, die Mathematik rückt in den Vordergrund. Biologie und Medizin gewinnen neue Einsichten – und dies in einer bisher ungekannten Dichte. Erfahrung und Erkenntnisse aus gleichsam permanentem physikalischem Experiment prägen das wissenschaftliche Leben, führen zu einer wissenschaftlichen Gliederung von Vorgängen in der Natur. Es ist dabei nicht zu übersehen, daß günstige wirtschaftliche Entwicklung und hochentwickeltes handwerkliches Arsenal dazu beigetragen haben, die Natur wissenschaftlich zu durchdringen, wenn zumindest die geistige Bereitschaft vorhanden war, sich neuen Gedanken und Techniken zu öffnen. So ist es schon auffällig, daß die Auswanderung italienischer Techniker in die Türkei dort schlicht nichts bewegt, in Italien selbst freilich zum wirtschaftlichen Niedergang beiträgt. Die ehemals unbestreitbare technologische Führerschaft Italiens ist spätestens bis zum ausgehenden 16. Jahrhundert vorüber oder nur noch als Ideologie lebendig, die der englische Reisende Fynes Moryson eingangs des 17. Jahrhunderts skeptisch mit den Worten beschreibt: „Diese Meinung, daß Italien alles bietet, was in der Welt gesehen oder gewußt wird, führt dazu, daß die Italiener nur eine hausgemachte Weisheit besitzen und in der stolzen Eitelkeit ihres eigenen Verstandes leben ...". Was Moryson den Italienern vorwirft, nimmt später der vorgenannte Jacob Cats sozusagen positiv für die Niederlande in Anspruch. Er ist gleich eingangs dieser Einleitung zitiert worden. Zu diesem Zeitpunkt liegt der Fortschritt im Bereich technischer Kenntnisse und Fertigkeiten schon bei den Ländern im Nordwesten Europas – bei den Engländern und Niederländern und, im Metallurgiebereich, bei den Schweden.

---

93 Angeführt bei M. ASHLEY, *The Age of Absolutism, 1648-1775*, London o.J., S. 130.

Es ist zusätzlich festzuhalten, daß die Fortschreibung der Kenntnisse dort ihren besonderen Lauf nimmt, wo der neue christliche Glaube sich durchzusetzen oder zumindest Eingang zu schaffen vermag. Das ist nicht zuletzt auf den wachsenden Alphabetisierungsgrad zurückzuführen, der eine qualitative Verbesserung menschlicher Ressourcen bedingt, auch wenn die Fähigkeit zu lesen in erster Linie die Bibellektüre fördern soll. Die neue Wissenschaft entwickelt sich zunächst nicht einmal an den Universitäten, vielmehr wird das Bedürfnis, den Technologiestand in allgemeine mathematische Formeln zu kleiden, außerhalb der eher noch rückwärts gewandten Bildungsinstitutionen befriedigt. Die *Mechanisierung des Weltbildes* geht hervor aus einer für die Ermittlung von Gesetzmäßigkeiten glücklichen Symbiose von Technikern und einer wachsenden Zahl von Wissenschaftlern, die ihre Aufgabe nicht mehr in der Metaphysik, sondern in der naturwissenschaftlichen Erklärung der Welt sehen. Die europäische Landschaft ist in großen Teilen ein Territorium des Kaufmanns und des Handwerkers geworden als den wesentlich bestimmenden Faktoren der Entwicklungen – ein Territorium der Empirie und des Nützlichkeitsdenkens. Beide sind dynamische Gruppen; sie schaffen ein soziokulturelles Umfeld, in dem die Beschäftigung mit Fragen der Technik und Naturwissenschaften als respektable Tätigkeit gilt. So wendet sich eine Vielzahl von Amateurwissenschaftlern, die sozial den Mittel- und Oberschichten zuzurechnen sind, den Naturwissenschaften zu und tragen in ganz erheblichem Maße zum Fortgang bei. Die gegenseitige Befruchtung beider Arbeitsbereiche, in denen die Anwendung wissenschaftlicher Erkenntnisse immer stärker in den Vordergrund rückt, äußert sich dann in England, Frankreich und den Niederlanden in einem Strom von Patenten und in der Entwicklung von Maschinen, Navigations- und Meßinstrumenten, optischen Geräten. Das Mikroskop des Antonie van Leeuwenhoek mit seinen Möglichkeiten für die Entdeckung der Mikrowelt, die Entdeckungen Robert Boyles über die Ausdehnung der Gase, oder des Fernrohrs, mit dem Claus Christensen Rømer die Eklipsen der Jupiter-Monde beobachtet, seien hier pars pro toto ebenso genannt wie die Entdeckung des Blutkreislaufs durch William Harvey und die Errechnung des Fallgesetzes durch Galilei oder die Erarbeitung des Gravitationsgesetzes durch Isaac Newton. Diese neue Kategorie von Gelehrten organisiert sich, findet sich in Akademien zusammen. Ende der 40er Jahre treffen sich in London jene Männer, die 1660 dann die Royal Society gründen werden. Sechs Jahre später folgt die Gründung der Pariser Académie Royal des Sciences, die auch ihre Vorläufer hatte und von Ludwig XIV. protegiert wird.[94] Sie sind wahrlich europäische Zentren, von denen grenzüberschreitende Kontakte zu Wissenschaftlern anderer Länder ausgehen.

Es würde natürlich zu kurz greifen, wollte man das 17. Jahrhundert auf die Mechanisierung des Weltbildes als dem ausschlaggebenden Faktor begrenzen. Die Welt ist in Bewegung, aber sie bewegt sich nicht nur, weil neue Mechanik die Produktion mitbestimmt oder weil neue physikalische Gesetze errechnet werden. Sie bereitet auch Veränderungen vor, die auf einer neuen Geistigkeit, auf skeptischer Vernunft, beruhen und in der die Fähigkeit des Individuums der Autorität und Autoritätsgläubigkeit gegenübergestellt werden. Der Zweifel an der Autorität, wie ihn Erasmus schon im *Lob der Torheit* formuliert hatte, setzt sich durch. Im 17. Jahrhundert entsteht zunächst noch ein Kontrastprogramm. Die absolutistisch regierten Monarchien bedürfen zusätzlicher Legitimation, die sich etwa aus den *Six livres de la République* nicht gleich ablesen läßt, auch wenn da von der „majestas ... legibus absoluta" die Rede ist. Auf dem Weg zum

---

94 Die Beziehung zwischen handwerklich-technischen Fertigkeiten und naturwissenschaftlicher Forschung nach C.M. CIPOLLA, *European Culture and Overseas Expansion*, Penguin Books, Hammondworth 1970, S. 24ff.; vgl. auch ASHLEY, *The Age of Absolutism*, S. 130. Der bei Cipolla zitierte Moryson wird im Abschnitt über das Bild der Niederlande bei europäischen Reisenden näher betrachtet. S. ferner G. MANN/A. NITSCHKE (Hrsg.), *Propyläen Weltgeschichte. Eine Universalgeschichte*, VII, Berlin u.a. 1964, S. 365 (Beitrag G. Mann).

Gottesgnadentum gehen einige frisch voran, Heinrich IV. etwa und Jakob I. Beide korrespondieren miteinander. Der französische Monarch schreibt dem Engländer, es sei verderblich, sich dem Urteil der Öffentlichkeit zu unterwerfen, sei man doch in seinem Tun und Handeln nur Gott und dem Gewissen verantwortlich. Und Jakob I. selbst macht schon 1598 in seiner frühen Schrift *Das wahre Gesetz freier Monarchien* seinen äußerst rabiaten absoluten Herrschaftsanspruch geltend, läßt diesen in seinen Erlassen an seine Beamten mittels eingestreuter theoretischer Überlegungen auch immer wieder wiederholen. Könige gelten demnach als „atmende Ebenbilder Gottes auf Erden", als die absolute „potestas". Im Lauf des Jahrhunderts werden Theorie und Praxis des Absolutismus weiter gesteigert und begründet bis hin zur rationalistischen, an den naturwissenschaftlichen Überlegungen der Zeit anknüpfenden Gedanken des Thomas Hobbes. Ludwig XIV. schließlich lebt ihn in ganzer Fülle vor. Es ist hier nicht auf die Motive der Begründungen einzugehen – Motive waren etwa anfängliche Auflösungserscheinungen in den Staaten durch religiöse Kämpfe (Frankreich) oder ständische Auflehnung wie schon im 16. Jahrhundert in Spanien –, es sind auch die Begründungen selbst nicht zu analysieren, auf ihre Schlüssigkeit oder Widersprüchlichkeit hin zu untersuchen, von Belang ist lediglich der umfassende Herrschaftsanspruch des Monarchen, der sich aus der postulierten Identität von Staat, Herrscher und Interesse ergibt. Solcher Anspruch erfaßt alle Lebensäußerungen von Staat und Gesellschaft, vor allem Religion und Kultur, gleichviel welche Konfession die herrschende ist. Theologen und Politiker der Kirche stützen die absolutistische Herrschaftsform, erhoffen sich daraus einen Zugewinn an eigener Macht. Religiöse Opposition kann sich in diesem System nicht halten. Die französischen Hugenotten sind dafür ein Beispiel. Die Aufhebung des Edikts von Nantes (1685) setzt eine erhebliche Emigrationswelle in Bewegung, von der letztlich andere europäische Territorien erheblich zu profitieren wissen.

Sicherlich setzt sich der absolutistische Anspruch im Frankreich Ludwig XIV. am stärksten durch. Die „göttliche" Majestät mit – schließlich – Versailles als Olymp vermag alle Schichten des Volkes, den Adel nach der Fronde inbegriffen, unterzuordnen. Symbolträchtige Gleichsetzung von Herrscher und Sonne erfindet das dann allgemein akzeptierte Wort vom „Sonnenkönig". Das alte spanische Sprichwort, daß es außer dem König niemanden gebe, gilt ohne Einschränkung. Kunst und Literatur jener Zeit hängen eng mit der absolutistischen Herrschaftsform und ihrem Inhalt zusammen. Auch wenn ältere künstlerische und kulturelle Kräfte hier einfließen, dann bedingen künstlerische Form und Herrschaftsinhalt einander. Die von Huizinga apostrophierte „großartige Gebärde" will wohl als ein charakteristisches und zugleich konstitutives Element der Barockkultur erscheinen. Die barocke Hofkultur und die von ihr ausgehenden Impulse dienen dem Selbstverständnis des Fürsten und des Hofadels.[95] Eine herrschaftliche Förderung der Kunst in diesem Sinne muß hier nachgerade logisch erscheinen. Hinter dem Mäzenatentum des Herrschers steht die Absicht, sich verherrlicht zu sehen. Dem entspricht die Gründung von Akademien für Malerei, Architektur und Kunstgewerbe, der hier schon erwähnten Akademie der Wissenschaften oder die Gründung der Comédie française. All dieses wirkt wie ein geschlossenes Weltbild, in dem die naturwissenschaftlich-technischen Erkenntnisse durchaus nicht als fremd empfunden werden, weil einfach Staatsräson und Interesse, wesentliche Ingredienzien des Absolutismus, die Nützlichkeit dieser neuen Elemente im gesellschaftlich-wirtschaftlichen Leben erkennen.

„Aber unter seiner goldenen Kuppel", so formuliert Golo Mann, „unter der schweren Decke monarchischer Selbstherrlichkeit war Bewegung; teils wütend Protestierende, Ver-

---

95 Vgl. H. LEHMANN, *Das Zeitalter des Absolutismus. Gottesgnadentum und Kriegsnot*, Christentum und Gesellschaft, Bd. 9, Stuttgart u.a. 1980. Dem Verfasser geht es vornehmlich um das Verhältnis von Theologie und Kirche und vice versa.

folgte, im freien Holland Schutz Suchende, ja von oben Protegierte, ihr wühlendes Werk heimlich und direkt Verrichtende. Fast alles ist damals gedacht und geschrieben worden, was später die ‚Aufklärung' popularisierte, woraus später die großen politischen Revolutionen hervorgingen."[96] Schon sehr viel früher hat Paul Hazard auf den Wandel vom 17. zum 18. Jahrhundert hingewiesen, von Hierarchie, Disziplin, Autorität, Ordnung und Dogmen gesprochen – Begriffe und Lebensbedingungen, die die Menschen des 17. Jahrhunderts geliebt, die des 18. Jahrhunderts jedoch verachtet hätten. Für die einen sei das „göttliche Recht", für die anderen das „Naturrecht" der Ausgangspunkt gewesen. Christlich die einen, antichristlich die anderen.[97] Diesen Wandel oder den Übergang dorthin nennt er eine geistige Krise Europas, die er freilich schon einiges vor der Jahrhundertwende angesetzt sehen will, etwa gegen 1680.[98] Wesentlicher Inhalt des Wandels ist ihm, auf einen Nenner gebracht, der Übergang von der Pflicht gegenüber Gott und dem Fürsten hin zur Verpflichtung gegenüber dem neuen Rechtsgedanken, dem neuen Kulturprinzip.

Die vermutete Krise des europäischen Bewußtseins dürfte freilich regional unterschiedlich ausgefallen oder gar vor der Zeit schon abgeschlossen gewesen sein. Zumindest sieht man Affirmation und Ablehnung oder selbst Andersartigkeit nebeneinander existieren. Nicht die gelehrte Abhandlung sei genannt, sondern die Stimme eines englischen Soldatenrats im Gespräch mit seinem Obersten, die 1647 bei den Verhandlungen in Putney verkündete: „Das Parlament ist gewählt worden, um an unserer Befreiung zu arbeiten und uns in jene natürliche und gerechte Freiheit zu setzen, die der Vernunft entspricht. Denn gleichgültig, was unsere Vorväter waren, was sie gelitten oder was man sie zu ertragen zwang, wir sind Menschen des gegenwärtigen Zeitalters und sollten völlig frei sein von jeder Art Belästigung, den Ausschweifungen unserer Oberen und jeder willkürlichen Macht."[99] Das Wort, das hier gefunden und gleichsam aus den unteren Schichten der Gesellschaft vorgetragen wurde, mag als Beweis einer weitverbreiteten Meinung dienen. In England wurden zu jener Zeit noch weitaus radikalere Meinungen laut, die nicht einmal beim allgemeinen und gleichen Wahlrecht innehielten, sondern auf Gütergemeinschaft drängten. Freilich, es waren nur Äußerungen eines Augenblicks, denen keine weitere Wirkung beschieden blieb, aber jenes Wort von der Freiheit, das später so stark die Zeit der Aufklärung bestimmte, hat Eingang in die staats- und politiktheoretischen Überlegungen des John Locke gefunden, der mit Wilhelm III. von Oranien gemeinsam zu Schiff nach England fuhr,[100] und seine konkrete Umsetzung in der „glorious revolution" erfahren.

Aber zurück zu den spezifischen Merkmalen der niederländischen Republik. Hier ist von Andersartigkeit die Rede gewesen. Das Wort ist auf die Republik der Niederlande gemünzt. So sehr sich dieses Land etwa in die naturwissenschaftlich-technische Entwicklung der Zeit einfügt, seinen Beitrag liefert, dort aber nur ein Land unter vielen ist, so anders verhält es sich freilich bei den damaligen politischen und existentiellen Grundfragen der Zeit. Wenn 1581 ein Vertreter der „vroedschap" der Stadt Leiden wissen läßt, die Genfer Inquisition (Calvins Kirche) sei keinen Deut besser als die spanische,[101] dann weist er auf jeden Fall eine allzu strenge Exklusivität der calvinistischen Kirche zurück,

---

96 G. MANN, *Propyläen Weltgeschichte*, S. 351f.
97 P. HAZARD, *La crise de la conscience européenne, 1680-1715*, I, Paris 1961, S. 7.
98 Ebd. S. 10.
99 Zit. bei G. MANN, *Propyläen Weltgeschichte*, S. 352. Zu den Putney-Debatten s.a. R. SAAGE, *Herrschaft, Toleranz und Widerstand*, Frankfurt/Main 1981, S. 190ff.
100 Nach HAZARD, *La crise*, S. 63.
101 Angeführt bei P. JEANNIN, *L'Europe du nord-ouest et du nord aux xviie et xviiie siècles*, Paris 1969, S. 109.

wie überhaupt jeder Ausschließlichkeitsanspruch, gleichviel ob politischer oder religiöser Natur, mit dem Aufstand bekämpft worden ist. Dieses Land entwickelt ein hohes Selbstbewußtsein und lebt in einer gewissen Gleichförmigkeit der Struktur und des Denkens, in der Krisen kaum auftauchen. Wenn sie dann auftreten, dann sind sie ganz anderer Art, dann geht es nicht um Grundfragen der Staatsstruktur. In der Bürgergesellschaft des Landes ist die Abwesenheit einer zentralen Autorität eine wesentliche Voraussetzung für das Selbstverständnis. Ein Begriff wie *Souveränität*, den Jean Bodin im 16. Jahrhundert in seinen Schriften einführt, existiert in der Staatslehre der niederländischen Republik und vollends in der politischen Praxis nur in der Mehrzahl. In den Niederlanden liegt zu dieser Zeit die Souveränitätsvermutung bei den Provinzialständen und deren gab es sieben. Das ist ein ganz wesentliches Ergebnis des Aufstandes. Die Zuweisung vollzieht sich über die Wahrung alter Rechte, die zuvor immer territoriale oder kommunale gewesen waren, und setzt entsprechend an die Stelle der zentralen Instanz ein Gremium mit imperativem Mandat. Dieses System erweist sich im Laufe der Jahrzehnte bis weit ins 18. Jahrhundert hinein als stark verinnerlicht und wird letztlich erst im 18. Jahrhundert ernsthaft angegriffen. Es ist so erstaunlich nicht, daß die aus gestreuten Souveränitäten bestehende Struktur die politische Empfindlichkeit der politischen Gremien der Republik ganz deutlich erhöht. Es ist darüber hinaus unter diesen Voraussetzungen nicht zu verwundern, daß Verstöße gegen das System durch die Statthalter – eine logisch ohnehin nicht einleuchtende Position – die republikanische Emotion zum Wort von der *wahren Freiheit* führten.[102] Nicht Krise des Bewußtseins, sondern häufig wiederholte, wenn auch nicht kritiklose, Rechtfertigung und Begründung der Republik bestimmt die politisch-theoretische Diskussion in den Niederlanden. Daß die Ablehnung einer alleingültigen Autorität den kämpferischen Calvinismus in besonderem Maße trifft und daß wir es hier mit einem aus der vorrevolutionären Vergangenheit datierenden Toleranzdenken zu tun haben, wurde eingangs schon angedeutet, aber es sei hinzugefügt, daß die Offenheit der Toleranz in Verbindung mit hochentwickeltem Geschäftssinn, wenn sie sich in theologischen Fragen auch nicht in jedem Augenblick hat durchsetzen können, dieses Land im europäischen Zusammenhang zu einem zentralen Ort europäischen Geisteslebens emporhebt. Das heißt, die Republik gilt aufgrund ihrer Finanzkraft nicht nur als Finanzier des protestantischen Europa, sondern auch als ein Zentrum der Verbreitung europäischer Geistigkeit. Das ist für den antispanischen ebenso wie später für den antifranzösischen Kampf hervorzuheben. Sie wurde es um so mehr, je stärker sich die Dissidenten aller Länder regten, das europäische Denken also verzweigte Wege ging. Das Vehikel, um die eigenen oppositionellen oder auf jeden Fall nicht der herrschenden Kultur entsprechenden Gedanken äußern zu können, waren die niederländischen Druckereien, über deren Aufschwung im Zusammenhang mit der Entwicklung der Buchkultur noch zu handeln sein wird. „Ein Mekka der Autoren" ist die Republik genannt worden. Aber sie war mehr. Diese Republik wurde zur Heimstatt für europäische Gelehrte, welcher Disziplin auch immer, die in Ruhe und Frieden ihren Forschungen nachgehen wollten und letztlich erheblich zum Glanz der Republik beitrugen, oder für Flüchtlinge und Emigranten, die in religiöser und politischer Opposition zu den Herrschenden ihrer Heimatländer standen. Sie alle fügten sich nicht nur in den Wirtschaftsprozeß ein und belebten ihn, sondern förderten auch das ohnehin schon hochentwickelte intellektuelle Leben des Landes. Dazu ist bemerkt worden, daß das „gebildete Europa" zwar ein grenzüberschreitendes Phänomen gewesen sei, in der Republik aber seinen beinahe „territorialen Ausdruck" gefunden habe. Die Provinzen hätten somit der europäischen Gelehrtenwelt einen

---

102 Hierauf wird im Abschnitt über die *Konstitutionelle Eigenart* näher eingegangen.

unschätzbaren Dienst erwiesen.[103] Aber das gilt nicht nur für das gelehrte, sondern auch für das widerspenstige Europa. Und mehr noch. Die Druckkapazitäten der Republik, die aus betriebswirtschaftlichen Gründen selbstverständlich auch ausgelastet sein müssen, befriedigen nicht nur einen wachsenden Lesehunger durch Produktion und Verbreitung wissenschaftlicher Arbeiten oder politischer Schriften und eines wissenschaftlichen Journalismus der europaweiten Blüte, sie sorgen auch für die Verbreitung der grenzüberschreitenden politischen Information. Die Forschung zu diesem Bereich mag dann noch keine tiefer gehenden Aufschlüsse zulassen, es darf freilich als gesichert gelten, daß Zeitungen der Republik den europäischen Nachrichtenmarkt mit ihren Beiträgen versorgten oder umgekehrt: die Europäer übernehmen sorglos die Beiträge aus niederländischen Zeitungen.[104] Dies gilt vor allem für die letzten Jahrzehnte des 17. Jahrhunderts, und es meint vor allem die in der Republik vornehmlich unter Leitung der Hugenotten stehende französischsprachige Presse. Abgesehen vom grenzüberschreitenden Charakter der Presse bleibt zu bemerken, daß die französischsprachigen periodischen Schriften auch von Niederländern gelesen wurden, da die Kenntnis dieser Sprache im letzten Viertel des Jahrhunderts unter den Niederländern deutlich zunahm.[105]

Die Niederlande also als Republik – allein schon in dieser Eigenschaft eine Besonderheit in Europa, ein Ort auch der besonderen politischen Kultur, ein Land, das sich zugleich einfügt in die europäische Veränderung des Weltbildes, dort seinen wichtigen Beitrag leistet, schließlich eine von anderen nicht übertroffene wirtschaftliche Effektivität an den Tag legt und darüber hinaus mit seinem Sinn für wirtschaftlich Einträgliches ein verlegerisches Scharnier ist bei der Vermittlung europäischen Geistes. Das ist alles von einer sehr positiven Wertigkeit sowohl für Zeitgenossen als auch für jenen Betrachter im nachhinein, der sich Begriffe wie Weltoffenheit und Duldsamkeit zur Maxime des eigenen Lebens machte. In vielem hatte das Land einen Vorsprung, der eben zu der großen Bewunderung reizt, die die Reaktionen ausländischer Beobachter des 17. Jahrhunderts auszeichnet. Das Land gibt, aber es nimmt auch. Es profitiert durchaus von der Enge anderer Länder, die ihre Fähigen zu Emigranten machen.

Wo die Republik keinen Vorsprung hat, weiß sie nachzuziehen, einzuholen und einen mächtigen Vorsprung aufzubauen. Sie fügt sich ein in die außereuropäische Bewegung, in den frühneuzeitlichen Kolonialismus, der seit einem dreiviertel Jahrhundert zu den Markenzeichen der Großmächtigen der Erde zählte. Die Niederländer steigen in Abenteuer und Geschäft ein, als die spanische und portugiesische Conquista ihren Höhepunkt überschritten haben. Bis dahin war dann auch die Kenntnis über die Eroberfläche, über die Größe und die Verteilung von Land und Wasser auf dieser Oberfläche erweitert worden. Dafür hatten Entdecker und Eroberer gesorgt. Nach den Berechnungen von Behrmann wuchs zwischen 1400 und 1600 die bekannte Landfläche von 21 auf 40 v.H., die Wasserfläche von 7 auf 52.6 v.H. Die folgenden beiden Jahrhunderte kannten zwar nicht mehr solche Zuwachsquoten, gleichwohl stieg sie für die Landfläche von 1700 bis 1800 auf 60 v.H., für die Wasserfläche von 64.7 auf 92.1. v.H. an.[106] Die Republik tritt relativ spät auf den Plan, ähnlich den Engländern, denen in der ersten Hälfte des 16. Jahrhunderts „der Sinn für die Weite der Welt noch nicht erwacht" war, zumal die Gewinne aus dem Tuchgeschäft mit den Niederlanden sicherer erscheinen als unsichere, wenn auch durchaus Profit versprechende Akivitäten in Übersee. Die „merchant adven-

---

103 Vgl. G.C. GIBBS, *The Role of the Dutch Republic as the Intellectual Entrepôt of Europe in the Seventeenth and Eighteenth Century*, in: BMGN, *86 (3), 1971*, S. 327. Der Abschnitt *Schulen und Universitäten* gibt hierüber Auskunft.
104 Ebd. S. 330f.
105 Ebd. S. 332f.
106 Angaben nach J. MIECK, *Europäische Geschichte der Frühen Neuzeit*, Stuttgart u.a. 1977, S. 237.

turers" suchen ihr Abenteuer zunächst noch in der Nähe des heimischen Herdes.[107] Die Republik nimmt den Wettbewerb auf, als die Eigenschaft, Kolonialmacht zu sein, schon zum guten Ton in Europa zählte und als neben dem Wunsch nach Profit für Private und Staatskasse gleichermaßen die Motivation und Rechtfertigung der expansiven Eroberung und darüber hinaus die Stellung der nichtchristlichen Völker im spanisch-portugiesischen Raum schon beinahe ausdiskutiert war. Es wäre schon verwunderlich gewesen, wenn dieses Land, in dem die Kaufleute die politische Richtung bestimmen und das eine lange Seehandelstradition hat, sich nicht in den Reigen der Expansionsmächte Europas eingefügt hätte, zumal neben dem hohen Profit die Aussicht winkt, den spanischen Gegner auch militärisch in Übersee zu treffen. Mit dem Eintritt der Engländer, Niederländer und schließlich auch der Franzosen in das Expansionsgeschäft, das auf seiten der Republik von den beiden Handelsgesellschaften Ost- und Westindische Kompanie betrieben wird, setzt sich die Europäisierung der Welt endgültig durch. Dieser Prozeß, an dem die Republik in erheblichem Maße beteiligt ist und der schon so etwas wie eine Aufteilung in Interessensphären enthält, läßt nicht nur den Handelsprofit in die Höhe schießen. Er steht auch am Anfang jener „Beweglichkeit, die die geschlossenen Lebenskreise des europäischen Mittelalters durchbricht und das Gesichtsfeld, später auch den Lebensumfang Europas auf die gesamte Erde ausweitet. Sie hat in Verbindung mit dem politischen und technischen Herrschaftswillen des europäischen Menschen schließlich die Europäisierung der Welt im Gefolge gehabt."[108] Europäisierung, das setzt nun Vorkenntnisse in Geographie und Kartographie sowie in der Seefahrtskunde voraus. Die Kenntnisse werden zum Teil aus der Antike übernommen, auch aus asiatischen Kulturländern, wie etwa der Kompaß aus China, und durch immer wieder neue Forschungen ergänzt. Gleichwohl bleibt jede Überseereise noch im 17. Jahrhundert und auch noch darüber hinaus ein gefährliches Abenteuer, risikoreich, mit drohendem Verlust der in der jeweiligen Metropole getätigten Investitionen. Europäisierung, das heißt sodann zunächst Entdeckung der Erde und einbegriffen darin Begegnung einander fremd gegenüberstehender Kulturen. Das 17. Jahrhundert setzt fort, was das 15. und 16. Jahrhundert begonnen hatten – mit allen Rückwirkungen auf Europa. Begegnungen – ein an sich friedlicher Begriff – meint freilich nichts anderes als Konflikt und Ausbeutung der den Europäern fremden Kulturen, heißt Gewalt, gleichviel, ob es hier um Handelskolonialismus mit seinen Monopolansprüchen oder einfach um Siedlungskolonialismus geht. Gewiß, schon im 16. Jahrhundert führen die Spanier Diskussionen um die Stellung der autochthonen Bevölkerung in der Gemeinschaft der Menschen. Francisco de Vitoria, ein Helfer des für eine humane Behandlung der Eingeborenen kämpfenden Las Casas, befürwortet die Rechtsgemeinschaft aller Menschen, und unter dem spanischen König Philipp II. entstehen Sozialgesetze, die die sozial- und arbeitsrechtliche Stellung der Indianer Lateinamerikas zum Besseren wenden sollen,[109] aber übrig bleibt immer nur ein hohes Maß an Repression, die in dem von den Portugiesen schon früh eingeführten Sklavenhandel ihren Höhepunkt findet. Dieser Sklavenhandel entspricht eben sehr viel mehr als die Rechtlichkeit dem parallel verfochtenen Standpunkt von der Ungleichheit der Rassen.

Die für alle geltende Expansionstendenz in Richtung Übersee führt zugleich zu neuen Diskussionen um den Rechtsanspruch auf die neuen Gebiete, zur Verfeinerung der Rechtsbegriffe. Die Franzosen ziehen das Naturrecht zu Rate und greifen damit das Kolonialmonopol der Spanier und Portugiesen an. Schon 1532 führen sie den Grundsatz von der Freiheit der Meere im Schild, der bald von anderen übernommen wird. Freilich ist es erst der niederländische Rechtsgelehrte Hugo Grotius, der in seiner Schrift *Mare*

---

107 Ebd. S. 254.
108 So Mirgeler, hier zitiert nach ebd. S. 52.
109 Ebd. S. 74.

liberum diesen Grundsatz systematisch aufarbeitet und verficht, nicht zuletzt, um seinen doch recht spät ins Kolonialgeschäft eingestiegenen Landsleuten argumentativ den Weg zu ebnen.[110]

Man wird solche Diskussion, die zum erstenmal das Erfordernis von Völkerrecht deutlich macht, als eine gleichsam natürliche Folge der Konkurrenz europäischer Kaufleute bezeichnen dürfen. Auf der anderen, der eher trivialen Seite steht als Folge die Veränderung des europäischen Speisezettels und überhaupt des Warenkorbs europäischer Haushalte – soweit man zumindest eine gewisse Kaufkraft besitzt – durch die Zufuhr vor allem von Gewürzen und einer Vielzahl anderer Güter. Politisch ist das sicher kein relevantes Problem, sozio-kulturell bringt es freilich neues Leben in den europäischen Alltag, gleichviel, ob es sich um die Schmackhaftigkeit des Essens oder um die neue Gestalt von Attributen des täglichen Lebens handelt. In England entsteht die Gewohnheit des Teetrinkens, mancherorts setzt sich das Kaffeehaus durch. Asiatische Porzellan- und Baumwollwaren werden nachgeahmt, und dies treibt das gewerbliche Wachstum an. Die materielle Kultur Asiens liefert darüber hinaus die Vorbilder für Lackarbeiten, bedruckte Tapeten, Sonnenschirm-und Toilettenpapier, von den Indianern wird die Hängematte übernommen. Von wirklich historischer Erheblichkeit ist freilich ein anderes. Ganz unabhängig von den Impulsen zur Expansion, zu denen das Bedürfnis, in Nachfolge Marco Polos, das Weltbild zu erweitern ebenso zählt wie Missions-Wille, Selbstbestätigung des Renaissance-Menschen, schiere Abenteuerlust und schlichtes Profitdenken, und ganz unabhängig auch von den Folgen für die eigene materielle Kultur ist dieser Vorgang der Expansion immer auch ein Phänomen von Herrschaft des technisch und organisatorisch Überlegenen gegenüber dem dann kolonisierten Menschen. Die hier schon apostrophierte und mit Gewalt und Ausbeutung identifizierte Begegnung von so unterschiedlichen Kulturen ist bar jeder Anerkennung des Vorgefundenen. Die Herrschaftsausübung geht einfach von der Höherwertigkeit der eigenen Kultur aus, in der Christentum und Technik diese Höherwertigkeit moralisch und praktisch abstützen. Einmal in Gang gekommen, entwickelt sich ein zu Anfang durchaus nicht zwangsläufiger Vorgang der Expansion schon aus einfachen Konkurrenzgründen zur Notwendigkeit und wird das Credo von der Herrschaftsausübung auch dann übernommen, wenn koloniale Siedlung unter dem Banner der Freiheit betrieben wird, wie etwa in der neuen Welt Nordamerikas – übernommen dann von den Kolonisten selbst.[111]

Dies ist insgesamt die eine Seite der europäischen Münze, die andere ist die dem Trend des 17. Jahrhunderts entsprechende Beschreibung der Neuentdeckungen und deren wissenschaftliche Auswertung. Reiseberichte gehören in diesem Jahrhundert durchaus zu populären, vielgelesenen Druckerzeugnissen. So zählt etwa die Bildungsreise innerhalb Europas nachgerade zum guten Ton der einzelnen Gesellschaften. Die Neugier nach Lebensweisen des anderen wird sattsam befriedigt – auch dort eben, wo Reisen nach Übersee bis dahin unbekannte Beschwerlichkeiten mit sich bringen und die Ankunft am Zielort höchst unsicher ist. Vor allem Niederländer und Engländer haben zu einer erheblichen Bereicherung der Kenntnisse über die überseeischen Gebiete beigetragen – die Niederländer an erster Stelle, die Engländer dann vor allem im 18. Jahrhundert. Es sind Berichte von Kapitänen über den Zielort und den Verlauf der Fahrt dorthin, eine Mischung also aus Abenteuer und Landeskunde. Die Berichte und Beschreibungen des aus Hoorn stammenden holländischen Seefahrers Ijsbrandt Bontekoe in den indonesischen Archipel wurden zwischen 1646 und 1756 gleich fünfzigmal aufgelegt. Neben

---

110 Ebd. S. 74f.
111 Zu den Anfängen des Kolonialismus, dargestellt am Beispiel Portugals sehr eindringlich R. DAUS, *Die Erfindung des Kolonialismus*, Wuppertal 1983; zur europäischen Expansion allgemein W. REINHARD, *Geschichte der europäischen Expansion. Die Alte Welt bis 1818*, Stuttgart 1983.

Bontekoes Berichten sind die Mitteilungen der Verhoeff, Carden, de Graeff und anderer zu nennen. Johannes de Laet bringt schon 1631 einen Bericht über das Reich des Großmoguls heraus, freilich in lateinischer Sprache. Isaac Commelin veröffentlicht 1646 eine Sammlungen von Darstellungen aus dem Bereich der VOC, der eine weitere Kollektion 1706-1708, herausgegeben von Pieter van der Aa, folgte.[112] Freilich haben nicht nur die Niederländer oder – im 18. Jahrhundert – die Engländer die Kenntnisse des europäischen Lesepublikums bereichert, vielmehr verdienen für die Bereiche China und Japan die Jesuiten besondere Erwähnung, deren Schriften nicht nur weite Verbreitung finden, sondern auch für etwa anderthalb Jahrhundert für einen China-Mythos in Europa sorgen.[113]

So kommt schon im 17. Jahrhundert eine Sammlung von Berichten und Beschreibungen zusammen, die nicht nur die geographische Struktur, Klima und Erzeugnisse der bis dahin unbekannten Territorien, nicht nur Wissenswertes zu Flora und Fauna der Regionen boten, sondern sich auch mit Sitten und Gebräuchen und „staatlichen" Strukturen befaßten, mit der Konsequenz, daß das bisherige, einigermaßen einheitliche Weltbild aufbrach und die eigene Sicht und Verhaltensweise relativiert wird. Was sich in Europa infolge der reichen Kunde aus überseeischen Ländern durchsetzt, ist die Anerkennung der Vielfalt und damit der Besonderheit dieser für Europäer neuen Gebiete.[114]

Die Europäisierung der Welt, an der europäische Staaten gleichsam gemeinschaftlich, wenn auch in härtester Konkurrenz zueinander, teilnehmen, bringt auch Veränderungen in den innereuropäischen Machtverhältnissen. Es ist nicht zu übersehen, daß die Expansions- und expansive Handelspolitik unter anderem auch eine Fortsetzung der europäischen Konflikte in anderen Gewässern ist. Die Machtverlagerung selbst vollzieht sich in Übersee einigermaßen rasch. Wo Spanien-Portugal im 16. Jahrhundert noch deutlich den Ton angegeben hatte, verschiebt sich im 17. Jahrhundert das Schwergewicht auf die beiden atlantischen Staaten Niederlande und England. Das Übergewicht der Republik auf den Weltmeeren, das sich vielleicht am besten in der Monopolisierung des innerasiatischen Handels durch die VOC äußert, verstärkt auch das Bewußtsein dieses jungen Staates, der es tatsächlich vermag, auf dem europäischen Kontinent die Grenzen des Landes gegen Spanien zu verteidigen, zur Kenntnis einer neuen Welt beizutragen und eben dort für eine recht lange Periode das Gesetz des Handelns weitgehend zu bestimmen. Nicht zuletzt durch die Erfolge in Übersee, durch ein deutliches Übergewicht im Pazifik und im Atlantik gleichermaßen, ist die Republik zu einer europäischen Großmacht herangewachsen.

Die Republik als Großmacht – sie ist es politisch und wirtschaftlich, sie ist es auch auf kulturellem Gebiet. Sie schöpft aus Traditionen der vorrepublikanischen Zeit, wie zuvor schon angedeutet, gliedert sich in die intellektuelle Entwicklung Europas ein und schöpft Neues, Eigenständiges. Die kulturhistorische Literatur hat nun gefragt, ob denn unter dem Aspekt der Entwicklung von Kunst und Kultur das gesamte Territorium der Republik in diesen Prozeß einbezogen worden und somit an der Blüte beteiligt gewesen sei. Es fällt tatsächlich nicht schwer, innerhalb der Republik der vereinigten Provinzen die beiden Seeprovinzen, und hier vor allem die Provinz Holland, als das Kerngebiet der republikanischen Kultur auszumachen. Es ist sicherlich diese Städtelandschaft mit Amsterdam als einem festen Zentrum, die weitgehend das kulturelle Bild geprägt hat. Hoher wirtschaftlicher Standard, politische Machtkonzentration und kultureller Hochstand, die zeitgenössisch und historiographisch als Symbiose des niederländischen 17. Jahrhunderts

---

112 Angaben nach REINHARD, *Expansion*, S. 196f. Siehe bei diesem Autor auch die dort angegebene Sekundärliteratur.
113 Ebd. S. 198f.
114 Über den Wandel des Denkens ausführlich HAZARD, *La crise*, I, S. 22f.

vermittelt werden, gilt zuvörderst für diese Provinz. Es ist das bei weitem mächtigste, reichste und bevölkerungsreichste Territorium. Holland zahlt nicht weniger als 58 v. H. in den Staatshaushalt der Republik, ein Betrag, der vor dem Waffenstillstand von 1609 noch höher lag – und die Provinz zahlt im allgemeinen pünktlich. Von dieser Provinz und von Seeland her erfolgt die Befreiung von der spanischen Herrschaft. „In mancher Hinsicht", so schreibt der niederländische Historiker J.C. Boogman, „sind die östlichen Provinzen ‚hollandisiert' worden." Der Gesandte Frankreichs, Buzanval, in Den Haag stellt schon um 1600 fest, daß Holland das beste Stück des Harnasses sei. Den Rest könne man als Anhängsel oder Grenzgebiet bezeichnen. Auch in den venezianischen Berichten steht zu lesen, daß nur Holland rasch in die zentrale Kasse zahle und auch die Lasten zu tragen habe. Nicht einmal Seeland folge dem Beispiel. Offensichtlich war es daher auch dem venezianischen Gesandten unerfindlich, daß sich die übrigen Provinzen über den wachsenden Autoritäts- und Machtanspruch der Holländer beklagten."[115] Zu solchen Klagen zählt die des geldrischen Adligen van der Capellen, der um die Mitte des Jahrhunderts wissen läßt, Amsterdamer Politiker hätten zu verstehen gegeben, die Provinzen Overijssel und Gelderland seien nur von Holland eroberte Gebiete.[116] Diese Art der Anklage vermittelt letztlich einen guten Eindruck von der ganzen Kraft und dem Selbstbewußtsein holländischer Städte, die selbstverständlich nicht allein das Wirtschaftsleben der Republik tragen und im übrigen in der zentralen Ständeversammlung, den Generalständen in Den Haag, auf mancherlei politischen Widerstand stoßen, letztlich freilich für die kulturell-künstlerische Entwicklung in jedem Augenblick die eigentlichen Anziehungspunkte bleiben. Was nicht in Holland begann, das sei dorthin gezogen worden, so hat es der britische Kulturhistoriker J. L. Price formuliert.[117]

Es wäre freilich verfehlt zu vermuten, daß in den Provinzen außerhalb Hollands große kulturelle Ruhe geherrscht habe. Das würde für Seeland und dessen Städte etwa ebensowenig aufgehen wie für Utrecht und Umgebung. Für das Gebiet Drenthe im Osten des Landes dürfte das eher gelten. Abgesehen davon, daß die Archive zum künstlerisch-intellektuellen Leben so gut wie nichts hergeben und auch nur wenige Gemälde aus der Region nachzuweisen sind, und abgesehen auch davon noch, daß sich erst 1695 ein Drucker in dieser Region niederläßt, wo literarische Zeugnisse gar nicht vorhanden sind, scheint auch eine betonte, von der agrarischen Umgebung bestimmte Einfachheit des Lebens selbst den Habitus der Regenten und Oligarchen geprägt zu haben.[118] Anders sieht dies schon wieder im friesischen Raum aus, der hier verstanden werden soll als Gebiet zwischen Zuiderzee und ostfriesischem Territorium. Hier reicht die kulturelle Leistung über die Provinzgrenzen hinaus, reicht zugleich in vorrepublikanische Zeit zurück. Vom Ijsseltal her breitete sich die Devotio Moderna am Anfang des 15. Jahrhunderts in alle Himmelsrichtungen über die Grenzen hinaus aus. Die geistig-religiöse Tradition ist in dieser Periode eng verbunden mit dem Namen Johannes Cele, dem Rektor der Stadtschule von Zwolle, mit dem Begründer der Devotio Moderna, Geert Groote, und schließlich mit moderneren Vertretern wie Wessel Gansfort und schließlich Rudolf Agricola aus der Provinz Groningen, ein großer Verehrer Petrarcas, dann selbst

---

115 Vorhergehendes und das Zitat bei J.C. BOOGMAN, *Die holländische Tradition in der niederländischen Geschichte*, in: ders., *Van spel en spelers. Verspreide opstellen*, 's-Gravenhage 1982, S. 147f. Hier auch der Hinweis auf die venezianischen Berichte.
116 Ebd. S. 148.
117 J.L. PRICE, *Culture and Society in the Dutch Republic during the 17th Century*, London 1974, S. 56. Bei dem Buch von Price handelt es sich um eine Studie, die offensichtlich Huizingas Essay zum Ausgangspunkt nimmt und in eigenständiger Untersuchung zu interessanten Ergebnissen über niederländische Dichtung und Malerei gelangt.
118 Dies nach J. HERINGA in: DERS. u.a., *Geschiedenis van Drenthe*, Meppel/Amsterdam ²1986, S. 437ff.

zentrale Person einer Biographie aus der Feder des Erasmus von Rotterdam. Die Erasmus-Forschung hat in diesem Zusammenhang festgestellt, daß der Rotterdamer ohne den Einfluß des Agricola gar nicht denkbar sei. Die Lebhaftigkeit des intellektuellen Lebens im 16. Jahrhundert, das mit der Gründung der Universität Franeker 1585 gleichsam einen Sammelpunkt erhielt, setzt sich im 17. Jahrhundert in Friesland und Groningen an Sekundar- und Hochschulen fort, zumal in der zweiten Hälfte des Jahrhunderts die sprachwissenschaftlichen Forschungen zum Friesischen begannen. In diesem Jahrhundert wurde auch ein Stück friesischer Patriotismus geboren, dessen Freiheitsbegriff sich auf anderer sozialer Grundlage entwickelt als in Holland. Ubbo Emmius und Lieuwe van Aitzema seien in diesem Zusammenhang erwähnt.[119]

Das sind gewiß nicht alles nur Randerscheinungen des kulturellen Lebens, gleichwohl sind sie nicht stark genug, um wirklich neben der Fülle des kulturellen Lebens in Holland bestehen zu können. Mit dem Wort von der Blüte ist immer der Name dieser Provinz verbunden. Die zeitgenössische, bewundernde Außenwelt hat das so empfunden – und das zu Recht. Die Freiheit des Gedanken und die Möglichkeit seiner schriftlichen Niederlegung haben hier die Atmosphäre, die geistige Vorbereitung geschaffen, die für die Blüte der Kunst, die Literatur und die intellektuelle Entwicklung allgemein so entscheidend gewesen ist.[120] Aber mehr noch. Angesichts dieser volkreichen und so überaus rege um die materiellen Grundlagen bemühten Städtewelt wird man an den eingangs schon genannten Giorgio Vasari und seine Aussage über die Funktion von Konkurrenz in italienischen Städten (Florenz) erinnert.[121] Darüber hinaus ist es so, daß neben dem für den Betrachter unbestreitbaren Übergewicht der Holländer in Politik und Wirtschaft einige Repräsentanten des Kulturlebens bisweilen ein hollando-zentrisches und ein auf die Provinz gerichtetes Selbstbewußtsein gepflegt haben. Hugo Grotius zählt zunächst zu ihnen, ganz sicher auch Constantijn Huygens. Dennoch will es nicht recht sinnvoll erscheinen, dieser Fülle kulturellen Lebens das Epitheton „Regionalkultur" anzuhängen. Der Begriff ist zu eng und läßt Begrenztes vermuten. Er verbindet Land und Leute in einer gewissen Kontinuität, die Provinz jedoch hat bis dahin schon zahllose Emigranten aus Brabant und Flandern aufgenommen und nimmt sie auch weiter noch auf, die ihrerseits vor allem auch im Bildungswesen mitarbeiten, abgesehen davon, daß eine Reihe von ihnen mit ansehnlichem Kapital ankommt. Zudem entstammen Humanismus und Toleranz einer Gedankenwelt, die in Ursprung und Verbreitung nicht regional anzubinden ist, wie ebensowenig die Entwicklung der Geistes- und Naturwissenschaften als ein regionales Phänomen einzuordnen ist, sondern als eine europäische Angelegenheit eingestuft werden muß. Schließlich gibt es keine Zeugnisse dafür, daß das kulturelle Leben der Provinz außerhalb der Grenzen nicht als ein republikanisches, das ganze Land charakterisierendes Element empfunden worden wäre.[122]

Zur Einzelthematik

Es wird insgesamt immer schwierig sein, den Anspruch zu erfüllen, der von Geschichts- und Sozialwissenschaft im Laufe des Jahrzehnte an „Kulturgeschichte" herangetragen worden ist, schwierig auch, weil Definitionen oder Begrifflichkeit allzu allgemein

---

119 Vgl. E.H. WATERBOLK, *Aspects of the Frisian Contribution to the Cultur of the Low Countries in the Early Modern Period*, in: *Britain and the Netherlands*, IV (1971), S. 113-132.
120 So PRICE; *Culture and Society*, S. 56.
121 S.o. Anm. 31.
122 Zu dieser Frage insgesamt E.H. KOSSMANN, *The Dutch Case: A National or a Regional Culture?* In: DERS., *Politieke theorie en geschiedenis. Verspreide opstellen en voordrachten*, Amsterdam 1987, S. 198ff. (am Ende des Beitrages eine Auseinandersetzung mit PRICE, *Culture and Society*).

geraten. So empfiehlt es sich immer, ein kulturgeschichtliches Thema, das noch dazu ein ganzes Jahrhundert und ein ganzes Land in seinen kulturellen Erscheinungsformen erfassen soll, in aller Bescheidenheit nicht mit dem Mut der Verzweiflung, sondern eher mit dem Mut zur Lücke anzugehen. Schama hat nur die mit einem kleinen „k" geschriebene Kultur einer Gesamtsicht unterziehen wollen, wir sind eher geneigt, an erster Stelle die „große" Kultur – wenn diese Unterscheidung denn einmal erlaubt sein mag – zu beschreiben. So wird der niederländischen Malerei, die J.P. Price unter dem Titel „The Painter as Craftsman" behandelt, ein umfangreiches Kapitel zu widmen sein. Es ist nicht unsere Sache, die Stilmittel zu betrachten, den Gebrauch der Farben oder die Verteilung von Licht und Schatten einer Analyse zu unterwerfen und somit die Malerei als Kunst zu werten, viel eher hat die Studie der Herkunft der Maler und ihrer gesellschaftlichen Position zu gelten sowie vor allem den vornehmlichen Inhalten (Porträt, Landschaft, Historienmalerei, Genrestücke) und den damit verbundenen gesellschaftlichen Aussagen. Zu fragen ist nicht nur nach der Stellung der Maler in der Gesellschaft, sondern auch nach den Auftraggebern, soweit es sich um Auftragsmalerei handelt, was insgesamt auch einen Blick zurück auf die Tradition der Malerei in den Niederlanden notwendig macht – und da sind die südlichen Niederlande miteinbezogen. Zu fragen ist darüber hinaus nach den Einflüssen von außen sowie nach dem Einfluß, der Wirkung der niederländischen Malerei im europäischen Umfeld. Neben den Malern und ihrer Arbeit sind die Dichter und Schriftsteller ausführlich zu würdigen. „The Poet as Artist" hat Price sein Kapitel dazu genannt. Diese Überschrift kann ein Leitfaden sein, wie P.C. Hooft, Joost van den Vondel und Gerhard Bredero Leitfiguren sind. Die Literatur wird auf ihre Inhalte hin zu untersuchen sein, und es ist nach der Abhängigkeit ihrer Thematik von den Grundmustern politischen und religiösen Denkens zu fragen. Die Literaten als Kinder ihrer Zeit – sicherlich kein revolutionärer methodischer Ansatz, aber vielleicht aufschlußreich genug, um etwas über Denkformen und ihre Umsetzung zu erfahren. Es liegt nahe, im Hinblick auf die Republik als Ergebnis eines Aufstandes gegen die etablierten Mächte Staat und Kirche und liegt auch nahe im Zusammenhang mit der Rolle von Kirche und Religion, von Religiosität, im Lande. Ist nicht so zu erklären, daß der Begriff der Tragik bei Joost van den Vondel ein anderer ist als etwa bei Shakespeare? Abgesehen davon, daß sich eine Betrachtung von Literatur auch einem Stück Sprachentwicklung zu widmen hat, hier also vornehmlich dem Daniel Heinsius, ist überhaupt auf den Einfluß niederländischer Literatur auf andere Literaturen einzugehen. Martin Opitz und seine Verbindung zum Lande des Heinsius sei hier beispielhaft genannt.

Die Entwicklung der Wissenschaften – und darunter sei auch die Medizin begriffen – hat bisher nicht zu den bevorzugten Themen historischer Betrachtung gehört, wenngleich sich eben in den Niederlanden ein naturwissenschaftlicher Eifer entwickelt hat, der im 17. Jahrhundert voll den Standard anderer europäischer Länder erreicht und auch darüber hinausgeht. Das ist unter *Präsentation des Landes* schon angedeutet worden. Gerade hier drängt sich der europäische Vergleich auf, auf niederländischer Seite verbunden mit den Namen Beeckman, Stevin, Christiaan Huygens, Boerhaave und Antonie van Leeuwenhoek. Dabei soll die schöne Studie von Dijksterhuis über die *Mechanisierung des Weltbildes* den Hintergrund abgeben.

Eine Kulturgeschichte ohne Bildungsgeschichte, ohne einen Bericht über Alphabetisierung, Schulen, Universitäten und Bildungsreisen ist keine. So wird die Studie einen Überblick und Einblicke in die niederländischen Bildungsmöglichkeiten, ihre Institutionen und Inhalte vermitteln. Daß für den Bereich der wissenschaftlichen Bildung die Universität Leiden im Mittelpunkt steht, ist nicht nur gerechtfertigt, weil es sich hier um eine praktisch mit dem Aufstand gegründete Universität handelt, sondern weil sie Anziehungspunkt vieler ausländischer Studenten und Professoren ist und weil sie einfach ins

Ausland hineinwirkt. Dies schließt andere Universitäten nicht von der Betrachtung aus, wie auch einzugehen sein wird auf die anderen schulischen Ebenen der Zeit.

Es liegt nahe, in diesem engeren Zusammenhang auch die niederländische Buchdruckkunst jenes Jahrhunderts zu betrachten, zu erörtern, was gedruckt, wo und in welchem Umfang es verlegt wurde. Druck und Verlag, das impliziert in starkem Maße auch die Flugschriftenkultur, die das gesellschaftlich-politische Leben der Niederlande vor allem im 17. Jahrhundert nachhaltig mitbestimmt und gar geprägt hat. Dafür sind die in den großen Bibliotheken des Landes gesammelten Bestände ein beredter Ausdruck. Natürlich enthält die Frage nach der Buchkultur insgesamt, also auch der Flugschriftenpresse, immer auch die Frage nach der Pressefreiheit, recht eigentlich nach Freiheit und Toleranz überhaupt. Solche Frage muß auch gestellt werden in einem Land, das als Zufluchtsort religiöser und politischer Dissidenten gilt und dem der Ruf der Toleranz vorauseilt.

Zensur, Toleranz – solche Begriffe zählen zur politischen Kultur, die auch im Rahmen einer Kulturgeschichte mituntersucht werden sollte, wie es Peter Burke fordert. Aus der Vielzahl von Definitionen zu diesem Begriff sei hier die des Politikwissenschaftlers Peter Pawelka ausgewählt. Nach ihm meint *politische Kultur* das „Verteilungsmuster der Orientierungen, das die Mitglieder einer Gesellschaft gegenüber ihrem politischen System, seinen Teilbereichen, seiner Politik und ihrer speziellen Rolle in diesem System haben. Dazu gehören u.a. politische Traditionen, Volkshelden, Images öffentlicher Institutionen, politische Verhaltensstile der Bürger und Eliten, durch die politische Ideologie artikulierte Ziele, formale und informale Regeln der politischen Interaktion und auch politische Vorurteile."[123] Diese sehr weitreichende politikwissenschaftliche Formulierung ist möglicherweise in unserem Zusammenhang nicht in jedem Punkte auszufüllen, auf jeden Fall aber ist sie zu ergänzen durch eine Deskription der Institutionen und ihrer Funktionskraft einmal bei der Bewältigung politischer Probleme des Landes vor allem in der Krisenzeit (Krieg), zum anderen auch allgemeiner im Verhältnis zwischen Obrigkeit und Volk. Zu erfassen ist auch die politische Ideologie und das politische Selbstbewußtsein, die sich in der Republik, dieser eigenartigen Insel zwischen zumeist absolutistisch regierten Ländern, entwickeln, und es ist schließlich auch die andere große Institution der Zeit, die calvinistische Kirche, in ihrer Stellung in der Republik zu analysieren, in ihrer Wirkung auch auf das gesellschaftliche und politische Leben zu untersuchen. Dieser Aspekt wird nicht in einem gesonderten Kapitel abgehandelt, sondern durchzieht einige Abschnitte. Eben dieser letztgenannte Punkt reicht tief in die Toleranz hinein und fragt nach der Wirkungsweise einer vom Aufstand geprägten Religiosität.

Wie mit Blick auf die politische Struktur und die kulturelle Entwicklung auf Voraussetzungen und Tradition zu verweisen ist, so ist auch nach den Existenzbedingungen der Niederlande als in Europa mitentscheidender Großmacht zu fragen – ein Problembereich, der nicht nur Aufschluß über die außenpolitische Situation zu vermitteln vermag, sondern auch in engem Zusammenhang mit der inneren Entwicklung des Landes zu sehen ist, was wiederum überleitet zur Frage nach der Diskussion um Krieg und Frieden in einer vom Kaufmann wie vom Prediger geprägten Gesellschaft.

Die Position der Obrigkeit und ihrer Träger enthält sicher noch weitere Dimensionen, wenn sie nicht nur als wesentliches Merkmal der Binnenstruktur gesehen, sondern auch als entscheidungsmächtig nach außen, über die Grenzen des eigenen Landes hinaus, begriffen wird. Gemeint ist hier Position und Verhaltensweise in außereuropäischen Gebieten. Die Niederländer bauen doch in Nachfolge der Portugiesen und Spanier und im Kampf gegen diese europäischen Mächte und zugleich parallel zu den Engländern ein koloniales Handelsimperium auf, das seinesgleichen sucht und dessen Gestaltung

---

123 S.P. PAWELKA, *Politische Sozialisation*, Wiesbaden 1977.

gewiß Aufschlüsse über den geistigen Habitus eines Landes vermittelt, dessen Befreiung von Herrschaft im 17. Jahrhundert noch nicht allzu lange zurücklag. Daß die Lust auf Gewürze und damit naturgemäß eng verbunden die Lust auf Profit neben einem gut Stück Abenteurerlust zur Fahrt nach Übersee bewogen haben, gleichviel ob es sich um den Pazifik oder um den Atlantik handelt, ist sicherlich nachhaltig zu betonen, hier freilich nur indirekt von Interesse. Nicht Wirtschaft und Politik sind in der Darstellung die Schwerpunkte, sondern – wenn man so will – ein gut Stück Geistes- und Mentalitätsgeschichte der niederländischen Begegnung mit Land und Leuten in Übersee. Es ist gleichsam die Geschichte aus dem zweiten Glied, die hinter diesen, wie Urs Bitterli sagt, „monumentalen Prozeß menschlicher Machtentfaltung und Bereicherung steht."[124] Und wiederum im Anschluß an Bitterli, der übrigens die Niederländer nur sparsam erwähnt, geht es um das „Zusammentreffen von Völkern sehr verschiedener Kultur und Lebensform", um die „inneren Spannungen, welche dieses Zusammentreffen ausgelöst hat …".[125] Es wird im konkreten Fall zu fragen sein, wie denn die Eingeborenen der Kolonialgebiete gesehen wurden, welches Werturteil man auf niederländischer Seite bereithielt und in welcher Form der Versuch unternommen wurde, der eigenen Kultur Eingang zu verschaffen; und umgekehrt ist die Frage zu stellen, ob und in welcher Form die vorgefundene Kultur, aber auch die Natur die Niederländer beeindruckt, wenn nicht gar beeinflußt hat und inwieweit durch Kenntnis von Fauna und Flora des Landes wissenschaftliche Erkenntnis gefördert worden ist.

Form und Inhalt des frühkolonialen Verfahrens haben ebenso wie der in den überseeischen Gebieten erzielte materielle Gewinn und erworbene Reichtum beigetragen zum Bild von den Niederlanden im Ausland. Freilich kann dies nur eine der Facetten des Bildes sein, das im wesentlichen eher von einer einfachen politischen Tatsache her bestimmt wird: es hat sich im Nordwesten Europas ein neuer Staat durchzusetzen vermocht, der gleichzeitig als Zufluchtsort gilt und den zu bereisen die Mühe lohnt. Reisen in die Niederlande sind keine Erfindung des 17. Jahrhundert, aber sie finden von nun an sehr zahlreich statt und verdichten sich noch im 18. Jahrhundert. Die Verarbeitung von Reiseberichten in einem gesonderten Abschnitt leistet vom Erkenntnisziel her ein Mehrfaches: Soweit es um die Beschreibung der Landschaft, von Stadt und Land, Sehenswürdigkeiten, technische Entwicklung, Impressionen zum Wirtschaftsleben geht, um Sitte und Brauchtum, handelt es sich um eine einfache Zustandsübersicht, die entweder über die Veröffentlichung von Berichten und Aufzeichnungen oder möglicherweise über mündliche Erzählungen im Herkunftsland der Reisenden Verbreitung findet. Als Quelle der faktischen Information enthalten sie meistens nur Bruchstückhaftes, sind oft spontan niedergeschriebene Notizen, bieten nie das ganze Bild. Treten zur einfachen Darstellung des Zustandes oder der Lebensumstände und -gestaltung freilich Beschreibung des äußeren, körperlichen, Erscheinungsbildes, der Physiognomie, oder wird gar ein Kommentar zum Charakter des Volkes angeboten, dann ist zunächst zu akzeptieren, was einzelne über andere jenseits der Grenzen denken, aber zugleich nähert man sich dem Bereich, den wir als einen in Vorurteile umgesetzten Impressionismus bezeichnen möchten, wobei Vorurteil sowohl Verklärung als auch Abwertung meint. Dies führt zu der Frage, wann und unter welchen Bedingungen solche Verallgemeinerungen entstehen – eine Frage, die hier nicht näher thematisiert wird.

---

124 So U. BITTERLI, Die „Wilden" und die „Zivilisierten". Die europäisch-überseeische Begegnung, München 1976, S. 5.
125 Ebd.

Europapolitisches Motiv

Den historiographischen Hinweisen sowie dem in das Thema einführenden Ausgangspunkt der Betrachtung mit einer ersten Ausdifferenzierung der Unterthemen ist ein methodischer Zugriff und zugleich ein europapolitisches Motiv zu dieser Studie anzufügen. Es wurde schon darauf hingewiesen, daß die Leidener Historikerin Nicolette Mout zur europäischen Perspektive geraten hat, und die Reihe, für die Frijhoff und Spies ihren Band *1650. Bevochten eendracht* geschrieben haben, trägt den Obertitel *Nederlandse geschiedenis in Europese context*. Gegenüber diesem letztgenannten Unternehmen will die vorliegende Studie in einer etwas erweiterten Form den europäischen Vergleich anregen, sie will etwas mehr an Vergleich einbringen, als es bis dato geschehen ist. Das führt zum oben *europapolitisch* genannten Motiv. Es geht um die Realisierung des europäischen Zusammenschlusses. Die Aussage ist wohl nicht falsch, daß die frühe Institutionalisierung Europas, beginnend beim Europa der Sechs, letztlich unter dem Zwang des Kalten Krieges entstanden ist. Institutionalisierung also als Ergebnis einer sich aus globalpolitischer Konfrontation ergebenden Zwanghaftigkeit! Hierüber ist nicht näher zu handeln, sondern zu fragen, was denn jetzt zu geschehen hat, nachdem der Kalte Krieg als Konfrontationsmodell aufgehoben und die Union zugleich erweitert worden ist. Schon in den 40er Jahren des 17. Jahrhunderts haben die Niederlande während der Friedensverhandlungen mit Spanien die Frage gestellt, ob nicht bei Fortfall des einigenden Bandes *Krieg* die nur lose gefügte Regentenrepublik auseinanderzufallen drohe. Was hier schon für die nach Quadratkilometern bescheiden bemessenen Niederlande als Frage durchaus berechtigt war, gilt sicher im besondere Maße für das sehr viel differenziertere Europa, das heißt für die europäischen Nationalstaaten. Man wird sich einig darüber sein können, daß die zuvor apostrophierte Zwanghaftigkeit nicht gleich eine Tradition schafft, die der Erlebniswelt Nation gleichkäme. Sehr zu Recht hat der Publizist Michael Mertes vor einiger Zeit getitelt: *Die Mauer fällt – wird Europa eins?*[126] Europas politische Tradition steht nun einmal nicht im Zeichen der Einheit. Margaret Thatcher hat 1998 in Brügge verlauten lassen: „Willing and active cooperation between independent sovereign states is the best way to build a successful European Community". De Gaulles früher Ausspruch vom Europa der Vaterländer ist da nicht weit entfernt. Man wird mit Blick auf diese Aussagen bemerken dürfen, daß da eine recht dünne Suppe gekocht worden ist, wenn man noch dazu den relativ späten Zeitpunkt der britischen Aussage in Betracht zieht. Andrerseits ist festgestellt worden, daß weitergehende Bemühungen um europäische Integration die Retterin des Nationalstaates gewesen seien. Das ist nur beim ersten Hinsehen ein Paradoxon, denn ein Blick auf die Referenden, die überall angesichts des Maastrichter Vertrages gehalten worden sind, zeigt, daß solcher Analyse hoher Realitätswert beizumessen ist. Wie in der niederländischen Politikwissenschaft bemerkt wird, sind die Ergebnisse auf eine „weit verbreitete Skepsis vieler Bürger gegenüber Europa" zurückzuführen, auf die Angst vor Verlust der eigenen, der nationalen, Identität und der politischen Mitbestimmung. Das sei, so wird von dieser Seite festgestellt, so erstaunlich nicht, weil die Vergangenheit, was die Zustimmung zu Europa betreffe, eher einem „permissive consensus", eine Duldung der Ambitionen einzelner, als eine aktive Zustimmung enthalten habe.[127]

Solche Beobachtungen greifen das Problem einer europäischen Bewußtheit auf, die, in aller Konsequenz durchdacht, nur die Preisgabe der Erlebniswelt Nation enthalten

---

126 So in L. KÜHNHARDT/M. RUTZ (Hrsg.), *Die Wiederentdeckung Europas. Ein Gang durch Geschichte und Gegenwart*, Stuttgart 1999, S. 338ff.
127 Dazu A. VAN STADEN, *Tegenstrijdigheden en dilemma's in de Europese politiek*, in: Internationale Spectator, 4(1995) XLIX, S. 183.

kann. Es ist zwar nicht abwegig zu behaupten, daß Institutionen, die zunächst einmal nichts anderes darstellen als eine aus den nationalen Amtsstuben verlagerte Bürokratie, durchaus fähig sind, eine Basis für solches Denken zu legen, aber damit sind auch die Grenzen aufgezeigt, die freilich durch das europäische Parlament noch weiter verlegt werden können. Man mag nun bedauern, daß die Funktionskraft europäischer Gremien ganz wesentlich auf der Konsensfähigkeit europäischer Kabinette beruht, hinzuzufügen ist dann doch, daß es eigentlich gar nicht auf die Akzeptanz europäischer Institutionen pur et simple ankommt, sondern viel eher auf die Akzeptanz solcher Instanzen als Ergebnis der Einsicht in ohnehin gegebene europäische Gemeinsamkeiten in Vergangenheit und Gegenwart. Das impliziert eine Sichtweise, die Grenze als eine zwar wirkungsvolle, dennoch künstliche Trennungslinie charakterisiert. Mit dem Vertrag von Maastricht, der für den Übergang von der europäischen Wirtschaftsgemeinschaft zur Europäischen Gemeinschaft sodann zur Union steht, ist sicherlich ein gewichtiger Schritt in Richtung auf eine tiefergreifende, gleichsam transnationale Integration getan, aber es ist darüber hinaus nach dem Zerfall der „anderen" Ideologie die Muße auch für eine tiefere Reflexion über den kulturellen Zusammenhalt gegeben, wenngleich freilich nicht verschwiegen werden kann, daß die Erweiterung der Union neue Schwierigkeiten enthält, soweit es unter anderem um die transnationale Gemeinsamkeit geht. Der Paradigmenwechsel hat jedenfalls stattgefunden, und es ist die Zeit angebrochen, in der sich über die kulturellen Gemeinsamkeiten – aber auch über die Verschiedenheiten – die „discordia concors", wie Jacob Burckhardt Europa definiert, realisieren läßt. Das heißt nicht Ende der Pluralität, aber es soll eine künftige europäische politische Einheit untermauern helfen. „Die Institutionen, das politische Profil, die politische Konstruktion Europas", so ist für die Römische Konferenz 1990 geschrieben worden, „...wäre brüchig und hohl, würden diese Institutionen nicht vom Denken und Fühlen der Menschen ausgefüllt. ... Ohne die Loyalität der Europäer zu Europa verbliebe jede Institution nur in einer kümmerlichen Statistenrolle."[128]

Kultur ist der eigentliche grenzüberschreitende Wert, der in der Lage ist, die nationale bis nationalistische Beschränktheit zu überwinden und vor allem die eigene Wertigkeit, die häufig genug zur Selbstüberschätzung entartet, zu relativieren. Die im Vergleich zu anderen Sachbereichen einigermaßen geringe Beschäftigung mit Kultur als politisch wertvoller Komponente mag an der etwas nachgiebigen Konsistenz des Begriffes liegen, gleichsam am Wackelpeter-Charakter, aber es fragt sich, ob nicht die seit dem 19. Jahrhundert in Europa vorherrschende Modernisierung in Politik, Wirtschaft, Industrie und Gesellschaft eine ungute Fortschrittsdefinition gezeugt hat, die ganz wesentlich quantitativ orientiert ist. Daß man in die Hände gespuckt hat, um das Bruttosozialprodukt zu steigern, wie vor Jahren von einer Rock-Band spöttisch gesungen wurde, darf man durchaus als Zeichen unserer Modernität ansprechen. Das gilt für die marktwirtschaftliche, jetzt globalisierte Wirtschaftsstruktur ebenso wie für die – ehemalige – sozialistisch inspirierte Produktionsschlacht. Diese Modernität verlangt nicht nur ein hohes Maß an Schnelligkeit, weil der Markt die Vergänglichkeit des Neuen deutlich zu machen versteht, sondern sie offenbart sich auch, weil es an Muße fehlt, als Epoche der Vergeßlichkeit. Solche Vergeßlichkeit wird häufig als ein Wert an sich hochstilisiert und ein stabiles Erinnerungsvermögen oder aber Wissen über Vergangenes als ein Stück Nostalgie diffamiert. Es sei in diesem Zusammenhang jedoch an Edmund Burke erinnert, der vor

---

128 So W. WEIDENFELD, *Einheit in der Vielfalt. Zur kulturellen Dimension der europäischen Einigung*, in: *Die Zukunft Europas – Kultur und Verfassung des Kontinents. Vorträge, Debatten und Dokumente der internationalen Konferenz in Rom, 17.-19. Oktober 1990*, Gütersloh 1991, S. 137.

gut 200 Jahren schrieb: „No European can be a complete exile in any part of Europe"[129] Tatsächlich waren zu seiner Zeit die Verflechtungen schon so weit fortgeschritten, und sie waren vornehmlich kultureller Art. Der Hinweis sollte da noch einmal dem Humanismus gelten, nicht etwa, um Erasmus zum Europäer hochzustilisieren, sondern um den grenzüberschreitenden Charakter der neuen Geistigkeit und Rationalität aufzuzeigen, wie das genauso auch mit der Gelehrtenrepublik des ausgehenden 17. und beginnenden 18. Jahrhunderts geschehen kann und erst recht mit der Zeit der Aufklärung. Der schlichte Rückblick erkennt die Vorbildlichkeit der vornationalen oder vornationalistischen Zeit. Er hebt eine zutiefst geistige Epoche hervor, in der Überkommenes hinterfragt und schließlich politisch-sozial umgestürzt wird. Vom grenzüberschreitenden Transfer des aufgeklärten und aufklärenden Gedankens ist die Rede, und der Transfer sei hier für die Gegenwart gefordert. Jenem, der sich um die Demokratisierung Europas über die vollwertige Mitbestimmung des europäischen Parlaments bemüht, wird es möglicherweise blasphemisch in den Ohren klingen, wenn nach einem neuen Band der Intellektualität verlangt wird, wie es sich in früheren Jahrhunderten bei begrenzten Kommunikationsmöglichkeiten entwickelt hat. Aber was hier wie eine Sache der intellektuellen Vertreter der Nationen als ein wenig elitär anmutet, soll nichts anderes sein als ein Aufruf an die Geisteswissenschaften, einen öffentlichen Auftrag zu erfüllen. Ganz allgemein sei zunächst festgestellt: Es ist nicht getan mit dem Lamento über die Oberflächlichkeit, den Materialismus und die Ungeistigkeit der Zeit, und nicht getan ist es auch mit der Klage über Konsumverhalten und seinen Niederschlag in der Television, und es gehört andrerseits auch nicht zu den Aufgaben, in einem etwas abgeschlossenen Ambiente die eigene Erhabenheit zu feiern, die sich aus der Behäbigkeit der Tradition oder aus der Tradition der Behäbigkeit ergibt. Viel eher wäre da nachzudenken, wie denn ein Einstieg in die politische und gesellschaftliche Aktualität möglich sein könnte. Und die Konzipierung Europas, die angesichts der langen Übung in „Nation und Nationalstaat" und der damit verbundenen Nabelschau nicht spontan erfolgen kann, ist die Aktualität. Die geisteswissenschaftlichen Fakultäten sind aufgefordert, einfach jenen wissenschaftlichen Prozeß zu inaugurieren, der dem Wort von Europa als einem Hort der kulturellen Gemeinsamkeit seinen wirklichen Inhalt zu geben vermag.

Europa ist unterwegs, so heißt eine Sammlung von Reden und Essays von Andrzej Szczypiorsky, man sollte hier schieben helfen.[130] „Wer verliebt sich schon in einen Binnenmarkt?" hat Jacques Delors einmal gefragt und damit eine Deutung der überlieferten Jean Monnet-Aussage gegeben, nach der er, Monnet, falls er noch einmal zu beginnen hätte, nicht bei der Wirtschaft beginnen würde,[131] und in solchen Wendungen scheint die Erwartung zu stehen, daß eine europäische Kulturpolitik, die auf das Bewußtsein kultureller Gemeinschaft zielt, bringen könnte, was die europäische Wirtschaftspolitik nicht geschafft hat. Die vorliegende Studie über die Niederlande des 17. Jahrhunderts, das heißt über eine Zeit der kulturellen Blüte, soll zum einen dazu dienen, ein europäisches Land in seiner historischen Eigentümlichkeit und Vielfalt zu präsentieren, zum anderen dazu beitragen, das Land als ein Stück europäische Gemeinsamkeit zu erkennen, Eigentümlichkeit und Vielfalt zu relativieren, um auf diese Weise zugleich zu verhindern, daß sich nationale Überheblichkeiten in den Vordergrund drängen.

---

129 Zit. von R. VON WEIZSÄCKER, *Over de cultuur van de Europese eenwording*, in: *Nexus* 16 (1996), S. 11.
130 *Europa ist unterwegs. Essays und Reden*, Zürich 1996.
131 Angeführt bei H. LÜBBE, *Für eine europäische Kulturpolitik*, in: *Die Zukunft Europas*, S. 181.

I. Tradition und Voraussetzung

Es ist geschrieben worden, die Republik der Vereinigten Provinzen der Niederlande sei aus der Verneinung geboren. Dem Autor ist beizupflichten,[1] insofern er einzig auf den Herrschaftswechsel zielt, nur die politische Revolte meint. Die in den burgundischen, sodann habsburgischen Niederlanden gewachsenen, erstrittenen, auch umstrittenen politischen Strukturen änderten sich freilich nicht, nur die Entscheidungsträger wechselten, wie ebenso die nur von großen Regionen Oberitaliens überflügelte Städtelandschaft am Rande der Nordsee das gleiche Bild bot, lediglich Verschiebungen von Süd nach Nord erfuhr und bald auch jene kulturelle und wirtschaftliche Blüte kannte, die später die Republik auszeichnete.

Burgundische Kultur

Wer die Republik beschreibt, wird Glanz und Gloria seinem Wortschatz beizufügen haben, um sich in Bereichen der Politik, Wirtschaft und Politik angemessen äußern zu können. Die Vorstellung aber, es könne sich bei dem rasanten Aufstieg dieses altneuen niederländischen Gemeinwesens um einen Phönix aus der Asche handeln, will nicht schlüssig erscheinen, da es tatsächlich an Asche fehlt, auch wenn man den dem Aufstand folgenden Krieg gegen eine europäische Großmacht nicht gleich mit Prosperität oder Blüte gar in Verbindung bringen kann. Die wirtschaftliche Kraft der Städte – bei einigen nicht zuletzt bedingt durch die Lage an der See –, und die von Hof und Bürgern beförderte Blüte von Kunst und Kultur sind zu tief mit dem gesellschaftlichen Leben verflochten, und ist die politische Struktur in Konsens und Konflikt zu tief verwurzelt, ist schließlich auch die Rezeptionsfähigkeit eines für Neuerungen durchaus offenen Bürgertums ausgeprägt genug, um sich einerseits des Wertes der Tradition als auch der Möglichkeiten des Neuen bewußt zu sein. In ihrem Wunsch, den Glanz der Burgunderherrschaft in den Niederlanden in einer Zwischenbilanz zu charakterisieren, haben sich Wim Blockmans und Walter Prevenier – die besten Kenner der burgundischen Geschichte in den Niederlanden – eine eindrucksvolle Szenerie ausgedacht. Sie tauchen die Städte Leiden, Brügge und Brüssel in das helle Licht der ersten Frühlingssonne des Jahres 1460. In Leiden lassen sie einen Weber frohgemut das Fenster seiner Werkstatt öffnen, in Brügge den Geldwechsler die Kassetten auf den offenen Stand am Fuß des Belfort ordnen, und ein Brüsseler Bäcker führt seinen Hund zufrieden auf dem Houtmarkt spazieren. Hätte man sie nach dem Grund ihres Wohlbefindens gefragt, dann wären, so vermuten die Autoren, von allen dreien ähnliche Antworten zu erwarten gewesen. Und da wird dann aus der sonnigen Idylle eine wahrhaftige Zustandsbeschreibung, in der sich die drei Bürger sicherlich zustimmend zur wirtschaftlichen und politischen Lage in den burgundischen Landen äußerten. Da herrschte Friede, schon eine Generation lang, der den Export von Textilien und Eisenwaren förderte. Geschäftswelt und Unternehmer strichen hohe Gewinne ein, der Arbeitslohn lag hoch und blieb stabil, die Kaufkraft wuchs. Selbst die Randexistenzen der Bevölkerung, die Armen und Bedürftigen, brauchten nicht um das tägliche Brot zu fürchten, da die Getreideernte im Lande selbst hinreichte oder die Nahrungsgrundlage bei schlechteren Ergebnissen durch Zufuhr

---

1 So E.H. KOSSMANN, *Politieke theorie in het zeventiende eeuwse Nederland.* (=Verh. Der Koninklijke Nederl. Ak. Van Wetenschappen, afd. Letterkunde, Nieuwe reeks, dl. LXVII,2), Amsterdam 1960, S. 7. S.a. SCHAMA, *Embarrassment,* S. 67.

aus den baltischen Gebieten sichergestellt wurde. Die zünftigen Handwerker hatten sich schon lange nicht mehr untereinander geprügelt oder sich der Obrigkeit widersetzt. Selbst Gent, die aufsässige Stadt, war einigermaßen zur Ruhe gekommen. Wenn die beiden Autoren ihren Geldwechsler aus Brügge sagen lassen, daß das Burgunderreich seinen Glanz niemals ohne die weltberühmten Künstler der Niederlande habe erreichen können, niemals auch ohne die Drehscheibe der Weltwirtschaft Brügge und schließlich auch niemals ohne die Tausenden von Arbeitern der Textilmanufaktur und der anderen Luxusgewerbe, deren Erzeugnisse von Königsberg bis London und Genua oder auch in der Levante so begehrt waren, dann beschreiben sie doch den hohen Leistungsstandard, der den eigentlichen Hintergrund der sonnenbeschienenen Idylle ausmacht.[2]

Die Autoren und Kenner des Geschehens hätten gerade im Anschluß an die fiktive Aussage des Brügger Geldwechslers zusätzlich einen kunstsinnigen und -verständigen Reisenden einbringen können, gleichviel ob aus den Grafschaften und Herzogtümern des Inlandes oder aus dem Ausland stammend, der mit satter Zufriedenheit ob der vielen Zeugnisse des Kunstsinns am Hofe und in Bürgerhäusern die Provinzen bereist und dieses eigentümliche Zusammentreffen von französischer Adelskultur und niederländischer Bürgerkultur bewundert, die sich schließlich in einer Art niederländischer Gesamtkultur findet, die den einzelnen Territorien inmitten der umgebenden Großkulturen eine Sonderstellung verleihen. Von höfischer und bürgerlicher Kultur gleichermaßen ist hier die Rede. Höfische Kultur, das hieß Auftragsarbeiten, die von den burgundischen Herzögen auf den unterschiedlichsten Gebieten der Kunst vergeben wurden. Sich selbst den angemessenen Glanz zu verleihen, indem man „Kunst schaffen" ließ, war ein ganz wesentliches Motiv burgundischer Herzöge. Damit blieben sie in der Tradition ihrer Verwandten am französischen Hof. Freilich, was im Motiv französisch geprägt war, das hatte auch Tradition in der Grafschaft Flandern. Philipp der Kühne übernahm von seinem Schwiegervater Ludwig van Male, der schon Künstler als Personal eingestellt hatte, den flämischen Maler Melchior Broederlam, der als Kämmerer im Dienste des Grafen gestanden hatte. Und der Reisende, der sich die Kunstfreude der Burgunder vor Ort, im Kernland, in Dijon, anschauen will, trifft auch dort auf flämische Künstler, Claus Sluter, Jacob de Baerze und Klaas van de Werve, dieser ein Neffe des Sluter. Sie waren nach Burgund gerufen worden, um die Skulpturen am Grabmal der Familie herzustellen. Die Gebrüder Maelwael holte man nach Dijon, um eine Bibelhandschrift mit Miniaturmalereien auszustatten. Die Niederländer waren nicht die einzigen Künstler am burgundischen Hof in Dijon, aber sie scheinen die neben ihnen arbeitenden französischen Maler und Bildhauer an Qualität übertroffen zu haben. Diesem Beispiel, Künstler eng an den Hof heranzuziehen, folgten die Erben Philipps des Kühnen mit dem Unterschied, daß sich allmählich die Produktion von Kunst in die Niederlande selbst verlagerte. Die höfische Auftragsvergabe diente schon immer dazu, Status und Nimbus der Person oder des Geschlechts zu erhöhen, aber die burgundischen Herzöge benutzten dieses Medium in erhöhtem Maße. Offensichtlich war das Präsentationsbedürfnis der jungen Dynastie gegenüber dem In- und Ausland besonders stark ausgeprägt. Die Schau von Glanz und Ambition, wie sie sich in ungezählten Arbeiten auf vielen Gebieten der Kunst manifestierte, kannte ihresgleichen in Europa außerhalb Italiens kaum. Ganze Scharen von Künstlern der unterschiedlichsten Disziplinen hielten sich bei Hofe auf. Zum größten Teil fanden sie sich eingebunden in den herzoglichen Hof, in eine hierarchische Ordnung. Die Sänger zählten zur Gruppe der Kapläne und Almosenverwalter, die Maler und Bildhauer unterstanden dem Chambellan, dem Ersten Kammerherrn, und dem Oberhofmeister. Das waren keine Spitzenämter, aber ein festes Einkommen brach-

---

2 W. BLOCKMANS/W. PREVENIER, *In de ban van Bourgondië*, Houten 1988, S. 9f.

ten solche Positionen allemal mit sich. Dabei bildeten die Niederlande das vornehmliche Rekrutierungsfeld für die Künstler jeglicher Disziplin.

Über das Bedürfnis nach Selbstdarstellung hinaus sorgte man sich ganz egoistisch um das eigene Seelenheil. Dieses Seelenheil des Stifters war ein die Kunst kräftig förderndes Motiv. Das Element der Verewigung und Mythenbildung hing eng hiermit zusammen. Der kunstinteressierte Reisende, der sich auf diese Arbeiten kapriziert, wird solches Motiv von Dijon nordwärts bis hinein nach Flandern und dann ostwärts bis Lüttich verfolgen können. Das Mausoleum von Champmol, eben noch zu Lebzeiten Philipps des Kühnen gestaltet, der Reliquienschrein, den Karl der Kühne mehr als hundert Jahre später der Stadt Lüttich schenkte und der ihn selbst, den Schrein haltend, in Gesellschaft des hl. Georg darstellt, weisen die enge Verbindung von Dynastie, Religion und gesellschaftlichen Eliten aus. Man legitimierte sich als christlicher Bekenner und Beschützer der Kirche, als Vorreiter auch der Ritter und Beamten. Der Orden vom Goldenen Vlies, eine burgundische Stiftung und Erfindung, wurde gleichsam in die Öffentlichkeit getragen, indem man die Geschichte des Griechenhelden Jason auf Wandteppichen oder in Romanen neu verewigte. Entsprechendes kam übrigens auch aus den Reihen der Untertanen. Brügge, die Stadt und das Freie Land, ließ für Karl den Kühnen eine Reihe von Wandteppichen anfertigen, die den trojanischen Krieg thematisierten – nach einer Übersetzung der *Ilias* des Franzosen Guido de Columna. Vor seiner Hochzeit mit Margarete von York ließ der Herzog Teppiche bestellen, die die Krönung Ludwigs, des Merowingers, darstellten. Das war nicht nur Legitimierung, das war Teppich gewordene Ambition. Wie später in den ersten Jahrzehnten nach dem Aufstand die niederländische Republik nach ihren um die Freiheit kämpfenden Ahnen suchte und sie in den Batavern fand, so ließen die Burgunderherzöge eine Reihe von Ahnen, fiktive Gestalten, aufmarschieren, die zur Legitimierung beitragen sollten. Ahnenreicher Familiensinn diente der Festigung der direkten herzoglichen Linie, als Maria von Burgund ein Grabmal für ihre Mutter Isabella von Bourbon in der Antwerpener Abtei St. Michael arbeiten ließ, an dem die steingehauene trauernde Verwandtschaft bis zurück zu Ludwig van Maele die Ehrenwache hielt. Auf die künstlerische Ausgestaltung der Schlösser legten die Herzöge keinen besonderen Wert, denn der Hof war ständig auf Reisen und konzentrierte sich auf Transportables. Für unseren Reisenden war es so ein leichtes, in rascher Folge vieles vom Kunstsinn und Kunstzweck in den Blick zu bekommen. Sie brauchten nur den Herzögen zu folgen, die Wandteppiche, Gemälde, kleine Skulpturen, Handschriften mit Illustrationen mitnahmen, was man zur Schau stellen konnte. Und das reiche höfische Musikleben bot den entsprechenden Rahmen.

Angesichts der hohen Zahl der Kunstwerke, die da in den burgundischen Jahrzehnten hergestellt oder verfaßt werden, bemerkt der Reisende, daß nicht nur der Hof als Urheber auftrat. Dieser Hof war letztlich nur eine Art ‚trend-setter'. Ihn nachzuahmen, sich in ähnlicher Weise um Prestige zu bemühen, unternahmen auch Geistliche, Adlige der Provinzen, Bürger und selbst Geschäftsleute des Auslandes, die Kunst in erster Linie als Investitionsobjekt begriffen. Dabei waren Künstler, die bei Hofe in Lohn und Arbeit standen, auch für diese Gruppe tätig, die etwa als Stifter auftraten. Sowohl der am Hof Philipps des Guten eine Ausnahmestellung bekleidende Jan van Eyck als auch Rogier van der Weyden arbeiteten für Prälaten, Städte und den einzelnen Bürger. Die Motivation zu Kauf oder Auftrag entsprach der des Hofes, dem Wunsch nach anerkanntem gesellschaftlichem Status ebenso wie dem religiösen Motiv des Seelenheils oder der profitablen Investition. Es mußte sich die Selbstdarstellung oder das christliche Bekenntnis nicht immer nur in oder in der Umgebung von Altären äußern. Häufig genug saßen Adlige und Nichtadlige den Meistern zum Porträt, nicht immer devot und fromm, sondern einfach als Bürger und Beamte. Den Herzögen taten es die Städte gleich. Auch sie nahmen Künstler in Dienst. Rogier van der Weyden leistete fast drei Jahrzehnte Dienste als Stadtmaler von Brüssel, er nahm in dieser Zeit auch andere Aufträge an, die selbst aus Italien an ihn herangetragen wurden. Innerhalb der Städte waren es Vereinigungen wie die einzelnen Gilden, die Arbeiten vergaben, um das fertige Werk für die Kirche zu stiften.

Die öffentlichen Instanzen waren naturgemäß nicht so zahlreich, als daß sie die vielen Künstler hätten beschäftigen können. Die meisten Künstler blieben freischaffend und waren praktisch zünftig organisierte Handwerker. Das war keine burgundische Erfindung, sondern datierte aus früherer Zeit. Längst kannte man auch Ateliers, in denen die Meister mit ihren bezahlten Schülern arbeiteten Die Organisation bot Rechtsschutz und Laufbahn zugleich. Der Weg vom Lehrling zum Meister wurde häufig beschritten. Zeitgenössische Zeichnungen und Gemälde bieten einen guten Eindruck von der Betriebsamkeit in den Maler-Ateliers der Zeit. Die Zahl der Werkstätten und Künstler nahm im 15. Jahrhundert erheblich zu. Ihr sozialer Rang war durchaus hoch einzuschätzen – der der Hofkünstler allemal, die noch dazu vom Zunftzwang befreit waren. In der Mehrzahl gehörten die Künstler sicher nicht zum Großbürgertum, wenngleich einige auserwählte und vielgefragte sich dazu rechneten. Es gab eben auch jene, die in eine reiche großbürgerliche Familie heirateten. Insgesamt richtete sich das Honorar nach dem Ansehen der Person, das wiederum vom Ansehen seines Werkes abhing. Unterschiede im Honorar hingen auch von der Sparte ab, in der man tätig war. Im allgemeinen erhielten Maler mehr als Bildhauer, aber für beide gilt, daß sich Reichtümer nicht erarbeiten ließen. Der Status blieb der eines erfolgreichen Handwerksmeisters. Wenn zunächst Jan van Eyck und fast zwei Jahrhunderte später Peter Paul Rubens zu fürstlichen Gesandten avancierten, dann spricht das sicher für ihr Ansehen, aber es blieben eben Ausnahmen.

Es ist auffällig, daß die Kunstfreude der Dynastie, des sie umgebenden Adels und der Geistlichkeit sowie der Stadtbürger gleichsam autochthon befriedigt werden konnte. Ein Nebeneinander der Betrachtung von Politik, Wirtschaft und Kunst muß zu dem Ergebnis kommen, daß die Phase der politischen Stabilität, des wirtschaftlichen Aufschwungs, des Wohlstandes und des Friedens mit der kulturellen Blüte des Landes zusammenfiel. Die im nachhinein gestellte Frage nach dem Zusammenhang von Kultur und Wirtschaft ragt sicherlich auch in den burgundischen Raum hinein, wie sie auch später für die Republik gestellt werden könnte.[3] Es bleibt, ohne auf die Diskussion näher einzugehen, festzuhalten, daß sich die Kunstfertigung in den großen, wirtschaftlich blühenden Städten der burgundischen Niederlande voll entfaltet hat. Die Künstler wanderten aus ihren Heimatregionen in die besonders prosperierenden Städte in Flandern und Brabant. Bei allen Gruppen wog das religiöse Motiv schwer. Bei den Stadtbürgern zierten die Kunstwerke weniger das Haus als vielmehr die von den Kaufleuten beschenkten Kirchen oder Hospitäler. Wie anders sollte das doch später in der Republik werden. Die Künstler produzierten darüber hinaus für den Markt. Das lohnte sich für sie aufgrund der Anwesenheit von ausländischen Kaufleuten in den ersten Handelsstädten. Es sei zum Inhalt der Arbeiten am Rande erwähnt, daß es sicher eines durch wirtschaftlichen Erfolg geprägten Selbstbewußtseins bedurfte, um dem Reiz der Nachahmung höfischer Übung zu erliegen, zu der die Stiftung sakraler Arbeiten gehörte, aber das religiös motivierte Schaffen oder der Auftrag dazu sollte nicht nur in Abhängigkeit von der wirtschaftlichen Konjunktur gesehen werden. Abgesehen davon nun, daß die Kunst der Zeit zum Teil auch von jenen Bürgerschichten erworben werden konnte, die nicht über ein allzu großes Vermögen verfügten, dominierte in jener Zeit doch die Elite-Kunst, die nur für gut betuchte Großbürger erschwinglich war.

---

3   W. BRULEZ, *Cultuur en getal. Aspecten van de relatie economie-maatschappij-cultuur in Europa tussen 1400-1800*, Amsterdam 1986.

Der Blick auf die Entfaltung von Kunstfreude, Kunstsinn und Kunstfertigung galt soeben Flandern und Brabant. Der Reisende, der sich nach Norden begibt, in die Grafschaft Holland, die in der Republik zur wirtschaftlich und kulturell tonangebenden Provinz werden sollte, findet sich in anderer Umgebung wieder. Wenngleich es hier um ein Territorium geht, daß um 1500 etwa Flandern unter dem Aspekt der Urbanisierung vergleichbar ist, fiel dieses Territorium gegenüber Flandern und Brabant schlicht ab. Jedenfalls war es für die Künstler, die hier geboren und erzogen wurden, reizvoll, den Weg nach Süden zu nehmen. Sicherlich war dieser Norden nicht kulturlos, und die Bemerkung des Erasmus von Rotterdam, intellektuelle Befriedigung finde man allein im Süden, da man im Norden nur dem Materiellen, dem Ordinären, zugetan sei, entsprach sicher eher der Freude an der überpointierten Formulierung als der Realität oder war Ausdruck eines sehr hohen eigenen Anspruchs, aber die Städte im Süden boten einfach mehr Möglichkeiten für diese oder jene Kunstausübung. Das gilt übrigens nicht nur für die darstellende Kunst, sondern auch für Literatur und Theater. In Brabant und Flandern war die Kultur der Rederijker schon jahrzehntelang herrschendes Element im Literaturbetrieb, ehe diese Form sich gegen Ende des 15. Jahrhunderts auch in der Grafschaft Holland durchsetzte.

Die burgundische Kultur manifestierte sich insgesamt gesehen als eine Hof- und Stadtkultur: mit den Herzögen als den Vorreitern, in ihrem Mäzenatentum französisch geprägt, Stil und Ausdrucksform jedoch den Künstlern am Ort überlassend, mit den Städten und ihren reichen Bürgern, die den Glanz übernahmen, der vom Hof ausging. Kunst und Künstler erlebten eine Blütezeit, insofern sie weit über das Materielle hinausgehende Wünsche zu erfüllen hatten und es reichlich Geld gab, mit dem ihre Arbeiten entlohnt wurden. Was sich als kulturelle Manifestation präsentierte, das nötigte der Außenwelt volle Bewunderung ab und galt auch als Äußerung einer burgundischen Einheit – von außen gesehen. Wenn die burgundischen Territorien auf den an der Kultur interessierten Reisenden irgendwo als abgerundetes Ganzes zu wirken vermochte, dann auf jeden Fall in ihrer kulturellen Gestalt, wobei mit Flandern und Brabant pars pro toto genommen wurde. Das 15. Jahrhundert zeigte in diesem Lebensbereich eine hohe Ähnlichkeit mit dem Goldenen Jahrhundert der niederländischen Republik. Was die burgundische Kultur in ihrer ganzen Mannigfaltigkeit auszeichnete, war die technische Perfektion und die thematische Verbindung von devoter Frömmigkeit, die durchaus bevorzugt thematisiert wurde, und ein niederländischer Realismus, der seine ganz besondere Ausprägung in der phantastischen Welt des Hieronymus Bosch fand. Dies ist die Zeit des Wunsches nach Anschauung und Rezeption gleichermaßen. Anschauung ließ sich erreichen, indem man die Kunsterzeugnisse erwarb, Rezeption ließ sich am einfachsten erzielen, indem man Künstler über die Grenzen ins eigene Land lockte oder die Künstler des eigenen Landes zum Lernen in die burgundischen Niederlande schickte. Wie Gemälde, Teppiche, Stundenbücher, Retabeln und ähnliches den Weg ins Ausland fanden, so holte man niederländische Maler, Musiker, Sänger, Teppichweber und Holzschnitzer über die Grenzen. Der Einfluß äußerte sich in England und Deutschland, sogar weit im Süden Europas, auf der Iberischen Halbinsel. Selbst in Italien, gleichsam bei dem künstlerischen Antipoden der Niederlande, fand burgundisch-niederländische Kunst Zugang, hatte sie Vorbildliches.

So präsentierten sich die burgundischen Niederlande kulturell als eine Stein und Farbe gewordene Spätgotik. Es war eine Welt des Äußerlichen, der es darauf ankam, die Verbindung von Religiosität und Wohlstand in Architektur und Malerei, Musik umzusetzen. Wo dem Reisenden von der Straße her die vielen Rat- und Zunfthäuser, Markthallen und Kirchen in dichtem Nebeneinander auffielen, da hätte er sich Innern der Häuser, wäre ihm der Eintritt gestattet worden, Altarteile, Glas- und Wandmalereien, Wandteppiche sowie Erzeugnisse der Gold- und Silberschmiedekunst in reichem Maße anschauen können. *Praesentatio* und *devotio* gleichermaßen, aber auch Statusdenken, wie es sich bis zur Kleidung der Stadtbürger äußerte. Religiosität und Weltlichkeit hatten nebeneinander Platz. Das bewiesen nicht nur Maler und Bildhauer, sondern auch die Feste, die an kirchlichen Feiertagen überall in den Städten begangen wurden. Ein Stück Volkskultur offenbarte sich an solchen Tagen, getragen nicht zuletzt von den gerade im Süden so zahlreichen Kammern der Rederijker. Die Spieler, die ursprünglich vornehmlich religiöser Thematik sich gewidmet hatten, übten bald Profanes, Sinnliches, Weltliches ein. Daneben blieb Religiöses nicht nur der Verehrung verhaftet, sondern äußerte sich in Ängsten und Todesfurcht, in Furcht vor Krankheit, Seuchen und Krieg Selbst in der großen Kunst der Auftraggeber rückte Profanes nach vorn, in Stil und Thematik, während die Symbolik zurücktrat. Der Realismus der Darstellung brach sich Bahn. Und dort, wo das profane Thema wiedergegeben wurde, da enthielt sie schon ein Stück Kritik an der Gesellschaft und ihrem Treiben. Hieronymus Bosch, am Ende der burgundischen und am Anfang der habsburgischen Zeit schaffend, übte sich hierin. Was als höfische Kultur in der niederländischen Kultur Impulse vermittelte, das wandelte sich allmählich in eine vom städtischen Lebensgefühl und von städtischen Erfahrungen geprägte Kultur; auch zu einer neuen Wiedergabe des Verhältnisses von Natur und Mensch, in der bildenden Kunst und mehr noch im dramatischen Spiel. Unter dieser Voraussetzung des hohen Standards in Wirtschaft und Kultur wuchsen die niederländischen Territorien, diese „terres de promission", wie Philipp von Commynes sie umschrieben hat, zu den Kernlanden der burgundischen Herrschaft heran und entwickelte sich die zunächst fremdständige Dynastie zu einer anerkannt landständigen.[4]

Humanisten und die anderen. Ein neuer Diskurs

Der Name des Malers Hieronymus Bosch weist schon in die habsburgische Zeit hinein – eine Zeit, die auf dem Feld der Kunst sicherlich eine Fortsetzung der höfischen Komponente erfuhr, freilich nicht mehr in der Dichte und Intensität wie an den burgundischen Höfen. Abgesehen davon, daß es sich hier um eine Zeit der wachsenden städtischen Kultur handelte, die in der burgundischen Zeit schon sorgsam gepflegt worden war, ist zu vermuten, daß die Territorien unter Karl V. in einen Reichsverband einbegriffen waren, dessen Ausmaße die Besonderheit der niederländischen Territorien in den Hintergrund rücken ließen, einer besonderen Präsentation seitens des Landesherrn nicht mehr bedurften, und die Abwesenheit der monarchischen Spitze auch allzu eindringlich war, als daß man noch von einer landesherrlich-landschaftlichen Intimität hätte sprechen können. Die Kultur wurde in erster Linie ein Gegenstand, der seine Impulse aus der Landschaft selbst bezog – Landschaft begriffen als eine Gesamtheit von Land und Leuten. Es kommt in dieser Zeit der Habsburger Neues hinzu. Wo bei den Burgundern neben der Wirtschaft Kultur, Kunst und Kunstfertigkeit im Vordergrund gestanden hatten, rückte bald der intellektuelle Diskurs ins Blickfeld. Humanismus und neue Religionen hielten Einzug. Die *eine und alleinseligmachende Kirche* zerfiel, neue Impulse vermochten das intellektuelle Leben voll in Gang zu bringen. In den ersten Jahrzehnten des 16. Jahrhunderts verschwand in den niederländischen Territorien die intellektuelle Ruhe, die für Erasmus allzu ausgeprägt erschienen war. Während die auf niederländischem Boden entstandene *Devotio moderna* noch kein Stachel im Fleisch des politischen und gesellschaftlichen Gefüges gewesen war, die humanistische Bewegung wurde es allemal. Der Humanismus, der den Menschen noch in seiner christlich-kirchlichen Bindung und

---

4   PREVENIER/BLOCKMANS, *Die burgundischen Niederlande*, S. 190ff. Dort etwas zur Person des sehr bereisten Philipp von Commynes. Dazu, soweit es um die „terre de promission" geht, BLOCKMANS/PREVENIER, *In de ban*, S. 91f.

zugleich in seiner individuellen Eigenart verstand, in seiner Würde und vor allem in seinen Möglichkeiten begriff, faßte Fuß. Der Glaube blieb zwar unbestritten, zugleich aber waren Wissen und Kenntnis gefordert. Wissensvermittlung! Sich dieser Aufgabe zu stellen, das gehörte zu den Wesensmerkmalen niederländischer Humanisten, ganz im Unterschied zur humanistischen Gelehrtenwelt südlich der Alpen. Wissensvermittlung, das hieß vor allem auch Anschauungsunterricht über die Welt und die Erscheinungen in ihr. Die natürliche Wahrnehmung war gefordert. Zur Diskussion standen Naturwissenschaften und Medizin, die kartographische Erschließung der Erde ebenso wie die Sprachwissenschaft. In der Betrachtung des Goldenen Jahrhunderts wird hierauf ausführlich im einzelnen zurückzugreifen sein.

Ein Unruhestifter, das war durchaus der Erasmus von Rotterdam. Kein Reformator im Sinne Luthers, aber eben doch ein Reformer und Kritiker – ohne die Konsequenz des Schismas. Er trennte sich nicht von der katholischen Kirche, wie das zuvor die Devoten auch nicht getan hatten. Aber Erasmus war der Mann, der die Kritik an der Kirche in die Gesellschaft trug. Er wußte Philologie und Theologie in neuer Weise miteinander zu verbinden. Seine Schriften, die zu seiner Zeit noch ins Niederländische übersetzt wurden, hatten Einfluß. Er beunruhigte eine Politik, in der die oberste weltliche Macht den Bestand der einen und einzigen Kirche verfocht. Des Erasmus *Enchiridion*, erschienen unter dem Titel *Erasmi Rotterodami. Van die kerstelijcke ridder* wurde als eine Art Leitfaden für den Christenmenschen angepriesen, der zu schwach sei, zwischen Gut und Böse zu unterscheiden. So hieß es im Vorwort. Und weiter: Erasmus sei ein Werkzeug Gottes, das den rechten Weg weise. Solche Anpreisung konnte von der Obrigkeit durchaus als ein Affront gewertet werden. Erasmus kehrte sich sowohl im *Enchiridion* als auch in seinen *Colloquia* gegen die äußerere Gestaltung der Religion, gegen das kirchliche Zeremoniell, die Sakramente, das Fasten, die Heiligen- und Marienverehrung. Das Ritual wurde in Frage gestellt. Es ist im einzelnen nicht auszumachen, wie weit sein Einfluß gereicht hat. Jedenfalls kamen Passagen, Teile oder gar ganze Schriften auf den Index, ein umfassendes Verbot wurde freilich offiziell erst 1558 eingeführt. Es ging allerdings nur um die französischen und niederländischen Übersetzungen.[5]

Aber Erasmus hinterließ keine Bewegung. Er war sicherlich kein Mann des Volkes, der eine Bewegung ins Leben rufen wollte. Das war anderen vorbehalten. Den Lutheranern, den Täufern und schließlich als letzter Gruppe den Calvinisten. Sie rührten an die Substanz der Kirche und ergriffen alle Bevölkerungsschichten. Sie erfaßten die Adligen ebenso wie die flandrischen Textilarbeiter. Das Toleranzdenken der Obrigkeit war nicht so weit entwickelt, daß es solchen Vorstoß hätte dulden können. Unduldsamkeit auf der einen, Unbeugsamkeit auf der anderen Seite bestimmten bald den politisch-religiösen Tenor der Jahrzehnte. Es war die Zeit des Scheiterhaufens und der Folter, des Verhörs und der Verbrennung. In dieser dichtgedrängten Städtelandschaft der Niederlande mit ihrer doch reichen Infrastruktur war die Verbreitung neuer Lehren leicht. Aber es war auch leicht, die Obrigkeit in Bewegung zu bringen, die innerhalb dieser Städtelandschaft ohnehin immer in ihrem Handeln hinterfragt wurde. In einer politischen Landschaft, in der die Selbstbestimmung, gleichviel ob es hier um eine lokal und provinzial orientierte oder eine schon auf das niederländische Ganze abhebende Partizipation geht, ein wesentliches Ingredienz war, wurde die Unterdrückung eines nicht-katholischen Bekenntnisses als besonders gravierend empfunden. Die von außen hineingetra-

---

5 Aus der umfassenden Literatur zu Erasmus seien hier die folgenden Biographien genannt: J. HUIZINGA, *Erasmus*, Rotterdam ⁹1988 (1. Auflage 1924); C. AUGUSTIJN, *Erasmus von Rotterdam*, München 1986; L. HALKIN, *Erasmus von Rotterdam. Eine Biographie*, Zürich 1989 (dtsch. Übersetzung des 1897 erschienenen französischen Originals); A.G. DICKENS/W.R.D. JONES, *Erasmus. The Reformer*, London 1994.

genen „fremden" Bekenntnisse faßten Fuß in einer politischen Welt, die zwar auf dem Wege zu einer größeren Einheit war, von der Dynastie her gesehen auch schon als eine solche begriffen wurde, aber letztlich noch aus der Tradition einer politischen Partizipation auf der kleinsten Ebene lebte. In den vor allem im Westen so wesentlich städtisch bestimmten niederländischen Territorien wurde die Tradition der sich selbst bestimmenden „parzellierten Souveränität" fortgeführt und jede zentral gelenkte Behinderung der persönlichen Entfaltung als ein unerträgliches, fremdbestimmtes Oktroi empfunden – und dies vor allem in einer Zeit, in der die Entfaltung der individuellen Möglichkeiten nachhaltig betont wurde. Man sollte gerade in diesem Zusammenhang die Durchsetzungskraft abweichender religiöser Bekenntnisse sehen. Die Sakramentarier bildeten nur eine ganz kleine Gruppe, die Lutheraner vermochten in einigen Städten und Klöstern Fuß zu fassen, blieben aber doch schwach an Zahl. Sehr viel stärker waren die Täufer vertreten, vor allem die gemäßigte Richtung des Menno Simons. Die Bewegung nahm ihren Ausgang im Nordosten der Territorien. Freilich, die Täufer nahmen ab 1560 gegenüber den von Süden her ins Land kommenden Calvinisten ab. Daß die Lutheraner sich nicht rasch einnisten konnten, mag darauf zurückzuführen sein, daß sie doch einigermaßen obrigkeitsfixiert waren. Übergreifende Obrigkeit erfreute sich in jenen Landschaften des europäischen Nordwestens nicht allgemeiner Akzeptanz. Das politische Leben vollzog sich eher auf dem Boden städtisch-gemeindlicher Einheiten. Daraus würde sich der Zustrom zu den Täufern insofern erklären, als den „stillen Täufern" des Menno Simons an allem, nur nicht an einem irgendwie gearteten Ordnungsprinzip gelegen war. Und schließlich die Calvinisten. Diese kannten sehr wohl eine Kirchenordnung, aber die Calvinisten brachten etwas anderes, für die Niederlande sicherlich höchst wichtiges mit: das Widerstandsrecht. Und dies erwies sich um so akzeptabler, je stärker sich der auf Zentralisierung dringende Staat zusammen mit der einen und einzigen Kirche zu einem alles erdrückenden monolithischen Block zu entwickeln drohte.

Herrschaft und Landschaft. Struktur und Widersetzlichkeit

Was die Calvinisten in ihrem politischen Repertoire hatten, war letztlich nur eine theoretische Begründung und Rechtfertigung widerständigen Verhaltens. Sie vermittelten gleichsam eine Rechtsgrundlage. Was da vorgetragen wurde, war in seiner spezifischen Form neu, aber als anerkannte Form der Ablehnung der Landesherrschaft unter dem Siegel der – regional begrenzten – *Blyde Incomste* von 1356 und den nachfolgenden Bestätigungen dieser Akte schon gerechtfertigt, abgesehen davon, daß Konflikt und Widerstand zu den wesentlichen Merkmalen dieser Territorien zählten. Das sei in einen größeren Zusammenhang gestellt. Die ruhige Szene, die auf jeden Fall für die 1460er Jahre von umfassender Zufriedenheit der Verhältnisse zeugen soll, kann doch nicht darüber hinwegtäuschen, daß diese Kernlande in ständiger Auseinandersetzung zwischen dem Landesherrn und autochthonen Kräften aus Stadt und Land heranwuchsen, die in den großen Aufstand gegen den spanischen Habsburger einmündete. Herrscher und Untertanen! Das war konflikträchtig genug, weil die burgundischen Herrscher keine gesichts- und konturlosen Territorien erwarben, sondern Gebiete mit einer im wahrsten Sinne des Wortes reichen Handels- und Gewerbetradition und einer Städtelandschaft, die an Quantität und Qualität schon häufig genug mit den norditalienischen Verhältnissen verglichen worden ist.

Und eben über die Konflikträchtigkeit im Verhältnis von Landschaft und Herrschaft als einem wesentlichen Merkmal dieses nordwesteuropäischen Raumes ist zu handeln. Damit ist zunächst die Frage nach den Möglichkeiten der Modernität einer auf

Zentralisierung und Einheit drängenden Politik gegenüber einem traditionsgebundenen Beharrungsvermögen der einzelnen – souveränen – Territorien gestellt. Die burgundischen Herzöge stießen in diese städtische und städtisch-adelige Welt der Partikularität, der Vielgestaltigkeit und der eifersüchtigen Wachsamkeit hinein und wurden häufig als Störenfried empfunden. Sie versuchten Politik zu treiben in einer territorial gegliederten Welt, in der für das Herzogtum Brabant die „Blijde Inkomste" (1356) galt, eine schriftliche Vereinbarung zwischen brabantischen Städten und dem Landesherrn, die im Laufe der Geschichte dieses Territoriums immer wieder neu beschworen wurde und die „konstitutionelle Entwicklung Brabants im großen und ganzen abrundete."[6] Diese Charta war vor allem gegen landfremde Fürsten gerichtet in der Furcht, daß das Territorium durch dynastische Politik geteilt werden könnte. Das Interesse der Burgunder, die niederländischen Territorien unter den einen herzoglichen Hut zu bringen, wird man als Fortsetzung und Höhepunkt zugleich einer säkularen Tendenzwende zu begreifen haben, die auf Aufhebung der „parzellierten Souveränität"[7] mittelalterlicher Strukturen zielte und zuvor schon zu größeren politischen Einheiten in der Gestalt von Flandern, Brabant-Limburg, Holland-Seeland-Hennegau und Geldern geführt hatte. Hinter der Entwicklung in den niederländischen Kernlanden Burgunds steckte ein rational geprägtes Expansionsbedürfnis der Dynastie – rational geprägt, weil es nicht lediglich um pure Machterweiterung, sondern zugleich um Ausgestaltung der Herrschaft im Sinne einer Vereinheitlichung, Zentralisierung oder gar Vereinfachung ging. Rechtsprechung, Finanzen und allgemeine Verwaltung waren die Ansatzpunkte, bei denen die Burgunder-Herzöge, von Philipp dem Kühnen an bis hin zu Karl dem Kühnen, begannen. Über die in diesem Zusammenhang entstandenen einzelnen Räte ist hier nicht zu handeln. Auf jeden Fall haben wir es hier mit einem allmählich einsetzenden Prozeß des Übergangs „von der landesherrlichen Gesetzgebung des Mittelalters, die vornehmlich aus der Vergabe von Privilegien an Städte und Landschaften bestand, zur Gesetzgebung einer Zentralgewalt"[8] zu tun. Es war der erste Schritt auf dem Weg hin zum frühmodernen Staat. Aber dieser Weg war voller Hindernisse, die sich in einer hohen Mannigfaltigkeit von verbrieftem Recht, Privilegien und schließlich auch Gewohnheitsrecht für Städte und Landschaft artikulierten und die von den Ständen der einzelnen Territorien vorgetragen wurden. Bei aller sozialen und regionalen Vielfalt in der Zusammensetzung war diesen Vertretungskörperschaften, den Ständeversammlungen (oder: Ständen), eines gemeinsam: sie besaßen das Recht, die finanziellen Forderungen des Landesherrn („Bede") zu bewilligen oder abzulehnen. Ihnen oblag es zugleich, die Rechte und Privilegien der Landschaft und ihrer Teile gegenüber der Exekutive zu schützen. Die Deckung des Finanzbedarfs durch die einzelnen Territorien war sicher umständlich genug, so daß die Herzöge dann auch zur Bildung der „Generalstände" („Staten Generaal") schritten, die 1464 zum ersten Mal in Anwesenheit Philipps des Guten zusammentraten. Die Kompetenzen der Stände waren zwar nicht genau umschrieben, jedoch berieten diese über politische Probleme, die der Landesherr ihnen vorlegte und in denen er ihren Rat begehrte. Obwohl die Kompetenzen der Generalstände nicht genau festgelegt waren, wird man bemerken dürfen, daß es sich bei diesem Gremium um eine Kontrollinstanz handelte, aber eben um eine zentrale Kontrollinstanz, die letztlich die Zentralisierungsbemühungen der burgundischen Herzöge noch unterstrich, während andererseits die Einführung des imperativen Mandates die selbständige Existenz der Territorialstände betonte. So brachte die Ein-

---

6   H. WERVEKE, *Brabant in het midden van de veertiende eeuw*, in: AGN III (1951), S. 165.
7   Begriff nach P. ANDERSON, *Die Entstehung des absolutistischen Staates*, es 950, Frankfurt 1979, S. 17.
8   So P.H. GODDING/J.TH.H. SMIDT, *Evolutie van het recht in samenhang met de instellingen*, in: AGN, 4 (1980), S. 181.

führung der Generalstände einerseits eine Betonung des Zentralisierungsanspruchs der burgundischen Herzöge, andererseits eine Verstärkung territorialständischer Position. Auf jeden Fall wird man aus dieser Einrichtung noch nicht auf Förderung eines Einheitsbewußtseins im niederländischen Raum schließen dürfen, auch wenn es hier und da vereinzelte Äußerungen zu diesem Thema gegeben hat. Es bleibt wohl der Schluß des Johan Huizinga gültig, daß man nur von der nächsten Umgebung des Herzogs aus die burgundischen Lande als eine Einheit hat sehen können.[9] Philipp dem Guten mag es gelungen sein, in seiner Regierungszeit ein gewisses Maß an überterritorialem Bewußtsein zu vermitteln, sein Sohn und Nachfolger Karl der Kühne besaß weder das Interesse noch die Fähigkeit, eine in mehreren Jahrhunderten gewachsene, auf das eigene Territorium gerichtete Mentalität gänzlich zu verändern – und das war eben die Mentalität der abgeschotteten Souveränität. Es entsprach dieser Struktur, wenn sich der die Personalunion stiftende Landesherr von jedem einzelnen seiner Territorien anerkennen lassen mußte. Mehr als ein nur über die Dynastie vermitteltes Nebeneinander kam nicht zustande. Zentralisierungs- und Konzentrationstendenz erfuhren aus gleichsam föderaler bis partikularistischer Beharrung ihre Behinderung. Einer auf Einheit gerichteten Politik stand eine Vielzahl von Prärogativen der einzelnen Landschaften entgegen. Es gehörte zu den Besonderheiten einer Herrschaft in den Niederlanden, daß dem Landesherrn zwar seine *potestas* nicht bestritten, diese aber durch ein Konglomerat von schriftlich fixierten Rechten, Freiheiten und Privilegien beschnitten wurde.

Daß eine Zentralisierungspolitik, auch wenn sie noch nicht vollendet war, schon zu gegenteiligen Reaktionen im Sinne einer Vertiefung des regionalen Rechtsbewußtseins führen konnte, zeigte das Große Privileg der Maria von Burgund vom 11. Februar 1477. Dieser Akt unterbrach den Zentralisierungsschub und akzentuierte die Kontrolle. Letztlich ging es um territorialständische Mitbestimmung, die sich auch über die Generalstände vermitteln ließ, die keineswegs abgeschafft wurden oder abgeschafft werden sollten. Indem Maria von Burgund diesen Generalständen das Selbstversammlungsrecht zuerkannte, erhielten diese eine stärkere Position, weniger jedoch als Institution staatlicher Einheit, sondern als Kontrollorgan gegenüber der landesherrlichen Exekutive. Und wichtig ist, daß nicht nur die Generalstände, sondern auch die Territorialstände das Selbstversammlungsrecht erhielten. Die Zusage ging aus von dem Willen, das Recht der Untertanen zu stärken. Die Generalstände handelten über allgemeine Angelegenheiten, „die das Wohl und das Interesse der Territorien betrafen". Die Entscheidungsmacht war nur eine vermittelte, insofern die Mitglieder der Generalstände nichts anderes waren als Vertreter der Territorien mit imperativem Mandat. Die Modernität der Burgunder unterlag mit diesem Großem Privileg der Tradition der Landschaften. Darüber kann auch die Beibehaltung der Generalstände nicht hinwegtäuschen. Das Große Privileg ist in der Historiographie als eine erste frühe Verfassung der Niederlande umschrieben worden. Das ist sicherlich richtig. Darüber hinaus ist dem Urteil, es handele sich insgesamt um eine konservative Reaktion der Territorialstände, zuzustimmen, auch wenn die burgundische Dynastie in ihrer politischen Existenz in den Niederlanden keineswegs angezweifelt wurde und die Personalunion, die doch ein gewisses Maß an Einheit schuf, erhalten bleiben sollte, wenngleich die Politik Karls des Kühnen weder nach innen noch nach außen zur Freude der Stände geraten war. Es ging in zahlreichen Artikeln der einzelnen – auch territorialen – Urkunden, die in der Zeit des Großen Privilegs ergingen, um eine Berichtigung der Fehler, die nach Ansicht der Territorialstände eben in ihren Territorien

---

9 Dazu J. HUIZINGA, *Burgund. Eine Krise des romanisch-germanischen Verhältnisses*, in: VW II, S. 238ff.; ferner DERS., *L'Etat Bourguignon, ses rapports avec la France, et les origines d'une nationalité néerlandaise*, in: ebd. S. 161ff.; dazu auch DERS., *Uit de voorgeschiedenis van ons nationaal besef*, in: ebd. 97ff.

gemacht worden waren, die Eigenständigkeit der Territorien angetastet und eben zu häufigen Beschwerden geführt hatten.

Ganz unabhängig von der Tatsache, daß dieser Sieg des territorialständischen Prinzips, wie er sich im Großen Privileg von 1477 äußerte, im Laufe der nächsten Jahrzehnte einige erhebliche Dämpfer erhielt, sei doch auf einen anderen Faktor hingewiesen, der im Zuge der Zentralisierung und dann Professionalisierung der politischen Verwaltung des Landes eine ganz erhebliche Rolle spielen sollte und auch schon vor dem Großen Privileg von Relevanz gewesen ist. Gemeint ist hier die Landständigkeit und Landfremdheit des Landesherrn. Die „Blijde Inkomste" ist beredter Ausdruck der Bedeutung von Landständigkeit. Sicherlich war es so, daß die Burgunder allmählich in den „Vorzug" der Landständigkeit kamen. Die Geburt Philipps des Schönen, des Sohnes der Maria von Burgund und des Maximilian von Habsburg, wurde als eine niederländische gefeiert, und gemessen an den Freudenfesten scheint sich da ein Stück Identität von Volk und Dynastie vollzogen zu haben. Zeitgenössisch heißt es, Maria habe ihren gerade geborenen Sohn „nackt" den Menschen zeigen müssen, wobei sie sein „Schwänzchen" („cullekens") in die Hand genommen habe. Als das Volk sah, daß es ein Sohn war, sei es in Begeisterung ausgebrochen. Philipp der Schöne hatte hier Startbedingungen, die sein Vater Maximilian niemals hat erreichen können. Er ist immer ein fremder, wenig beliebter Regent geblieben. Aber abgesehen noch von der niederländischen Geburt des Erben sei darauf hingewiesen, daß es auf der eigentlichen Regierungs- und Verwaltungsebene eben sehr darauf ankam, die Beamten aus den Landschaften selbst heranzuziehen. Mit dem Großen Privileg wurde noch einmal festgelegt, daß die Räte der Gerichts- und Rechnungshöfe aus den einzelnen Territorien kommen sollten und daß Prozesse von nun an auch zweisprachig – französisch und niederländisch – zu führen waren. Dies diente dazu, die Vorrangstellung der von Philipp dem Guten und Karl dem Kühnen bestellten burgundisch-französischen Ratsmitglieder zu beschränken, die bisher ihre Prozesse nur auf französisch geführt und Recht nur in dieser Sprache gesprochen hatten.

Was für die Position eines Gerichts- oder Finanzrates von Bedeutung war, das sollte sich erst recht für das Amt des Statthalters auswirken. Es scheint, als ob schon Mitte des 15. Jahrhunderts die Statthalter aus ständischer Sicht als Hüter des territorialen Rechtsstatus gegolten hätten. Denn so erklärt sich jedenfalls die der Maria von Burgund im Großen Privileg für die Grafschaften Holland und Seeland (14. März 1477) abgezwungene Zusage, daß in den territorialen, von den Burgundern eingerichteten Institutionen kein Beamter aus anderen Territorien eingestellt werden durfte. Daß es dabei vor allem auch um den Statthalter ging, läßt sich einer „Acte van non-prejuditie" entnehmen, die von Maximilian und Maria 1480 ausgestellt wurde und in der man den Ständen garantierte, daß die Bestallung Joosts van Lalaing, ein Fremder für Holland, keine Beeinträchtigung des Privilegs bedeuten sollte. Die Stände wollten den Statthalter zwar formal in der Abhängigkeit des Landesherrn belassen, versuchten aber zugleich, ihn in dieser Bestimmung des Privilegs aus der landesherrlichen Zentrale herauszulösen und ihren eigenen Dezentralisierungs- und Selbständigkeitsbestrebungen unterzuordnen. Gleichwohl: im Hinblick auf die Statthalter blieb solcher Versuch des konstitutionellen Terraingewinns nur eine Episode. Die Habsburger störten sich schließlich nicht an den Bestimmungen des Privilegs und setzten Statthalter nach eigenem Gutdünken ein, was zu mancherlei Reibereien Anlaß geben sollte.

Aber nicht nur die Anstellung von Statthaltern geschah letztlich nach dem Willen des Landesherrn. Unter den Habsburgern vollzog sich der Ausbau der zentralen Exekutive nach den Grundsätzen von Rationalisierung und Professionalisierung. Dies war die Folge einer wachsenden Vielfalt von Regierungsaufgaben. Aber wie immer das auch begründet wurde, es enthielt unter den gegebenen historischen Voraussetzungen die Fortschreibung einer Konfrontation mit der territorialen Eigenständigkeit vor allem auch dann, wenn im Zuge des Zentralisierungsprozesses personalpolitische Entscheidungen getroffen wurden, die man im Lande selbst als fremdständig empfinden mußte. Das zeigte sich beim Ausbau des von den Burgundern begonnenen Ratssystems. Gemeint sind hier die sogenannten kollateralen Räte, zu denen der Geheime Rat, der Staatsrat sowie der Finanzrat zählten. Die Mitglieder des Geheimen Rates waren ausnahmslos Juristen und kamen entweder aus dem städtischen Patriziat oder aus dem zu jener Zeit noch jungen Amtsadel. Die Mitgliedschaft stand am Ende einer Karriere, die einen Aufstieg aus einer Advokatur oder einem städtischen Amt (Pensionär, Syndikus) über einen territorialen Gerichtshof oder selbst den Mechelner Gerichtshof in diesem Gremium enthielt. Zum Kompetenzbereich zählten „grace, justice et police" des Landesherrn. Der Rat bereitete die landesherrlichen Gesetze vor oder haftete für deren Erlaß. Er überwachte die Ausführung der Verordnungen sowie die öffentliche Ordnung allgemein über ein Netz territorialer Beamter. Eine sehr wichtige Stellung nahm er in der Auseinandersetzung zwischen Kirche und Staat ein. Sein wesentliches Ziel war die Unterordnung der Kirche unter die staatliche Kontrolle. Dem Rat als höchstem Verwaltungsorgan oblag Organisation und personelle Zusammensetzung der niederen Gerichtsorgane. Er hat sich zugleich in die Rechtsprechung einmischen können, obwohl er selbst keine richterlichen Befugnisse hatte. Daraus entwickelte sich eine eigene Rechtsprechung unter anderem auch im Strafrecht, unter das Majestätsbeleidigung, Ketzerei, Handel mit dem Feind des Landes ohne landesherrliche Billigung fielen.

Gegenüber diesem für die frühe Zeit des Aufstandes höchst wichtigen Geheimen Rat, durch dessen Arbeit in der Rechtsprechung ohne Zweifel eine gewisse Rechtssicherheit des Landes gewährleistet und damit in bestimmtem Umfang auch die Einheit der Territorien gefördert wurde, nahm der Staatsrat als typischer Kronrat die Beratung des Generalstatthalters oder der Generalstatthalterin (i.e. des Landesherrn) in Regierungsangelegenheiten wahr. Die Mitglieder dieses Rates rekrutierten sich allesamt aus dem hohen Adel, der sich auf reichen Großgrundbesitz stützen konnte. Solcher Besitz war recht eigentlich das einzige Kriterium für hohen Einfluß dieser Schicht, die weder juristisch geschult noch in der Verwaltung erfahren war und lediglich im Militärischen noch Kenntnisse aufzuweisen hatte. Das geringe schriftliche Vermögen des hohen Adels und nicht zuletzt auch die adelige Ambulanz haben Karl V. noch zwei sogenannte „togati" für die Anfertigung der einschlägigen Schriftstücke in den Rat hineinnehmen lassen. Dies mag man als Zeichen einer Professionalisierung des alten feudalen Systems werten dürfen, gleichwohl ist festzuhalten, daß sich auf keinen Fall über den hohen Adel hinwegregieren ließ. Karl V. scheint das noch begriffen zu haben, Philipp II. dagegen berücksichtigte solche Empfindlichkeiten in geringerem Maße.

Die Ein- oder Fortführung eines solchen Ratssystems war für sich genommen für die Landschaft noch kein Grund zur Aufregung. Es herrschte auch durchaus die Einsicht, daß die Regierungsaufgaben an Vielfalt zugenommen hatten und daß die einzelnen Bereiche zunächst an zentraler Stelle zu beraten waren. Wichtig war freilich, daß im Fortgang der Beratungen die landständige Mitbestimmung erhalten blieb. Und das schien zunächst am ehesten über den Staatsrat, das Gremium des niederländischen Hochadels, garantiert zu sein. Eine Landesherrschaft manövrierte sich freilich in den Niederlanden dann in eine kritische Position, wenn sie die landschaftliche Mitbestimmung in zunehmendem Maße außer acht ließ. Das war vor allem dann nachteilig, wenn der Landesherr selbst als ein Landfremder und nicht als ein Landständiger empfunden wurde. Karl V. war noch in Gent geboren worden und galt als „Kind" der Niederlande, Philipp II. konnte sich dieses Vorzugs nicht erfreuen. Es war seit der „burgundischen" Entwicklung der Niederlande unerläßliche Denkvoraussetzung expandierender Herrschaft, daß man sich in jedem Augenblick der in langer Tradition gewachsenen und durch Privilegien und Gewohnheitsrecht gestützten Mitbestimmung bewußt zu sein hatte. Es war auch deutlich, daß ein durch Privilegien und Gewohnheitsrecht gestütztes Sonderbewußtsein in erster Linie ein territorial geprägtes war. Wo es vielleicht gelungen sein mag, so etwas wie ein gesamtniederländisches Bewußtsein zu erzeugen – die Abschließung als Burgundischer Kreis vom Reich oder die Zuerkennung der Pragmatischen Sanktion von 1549 darf als eine solchem Bewußtsein förderliche Maßnahme gesehen werden –, barg das Ergebnis insofern neue Gefahren, als die Betonung der gesamtniederländischen Eigenheit Fremdes ebenso wenig ertrug wie territoriales Sonderbewußtsein des Flamen, Holländers, Seeländers oder Friesländers. Ein anderes kommt hinzu. Gerade ein territorial geprägtes Sonderbewußtsein, das weit entfernt war vom Einheitsgedanken, konnte vor allem in Zeiten der Unruhe der Vielfalt des Denkens und der Mannigfaltigkeit der geistigen Einflüsse aufgeschlossener sein, wenn diese gegen die Zentrale gerichtet waren oder nicht mit ihr übereinstimmten.

Probleme mit der Zentrale gab es immer, aber es gab sie vor allem mit dem spanischen König Philipp II. Als dieser sich nach seinem Abschied aus Brüssel und Rückzug nach Spanien vom Escorial aus daran begab, die Regierungsstruktur weiterhin zu zentralisieren und zu professionalisieren, das heißt eine Politik zu betreiben, die an sich den Stempel der Modernität trug, aber auch die Tradition der Landschaft und vor allem ihrer herrschenden Schichten überging, da war die Autoritätskrise vorprogrammiert. Das mußte den dem Monarchen ohnehin anhängenden Ruch der Landfremdheit noch erhöhen. Es war auf jeden Fall höchst unvorsichtig, wenn er den professionellen und bürgerlichen Beamtentyp immer mehr dem alten Geburts- und Schwertadel vorzog. Das mußte auch dann zum Widerstand reizen, wenn es nicht so sehr um Macht als um Zweckmäßigkeit ging. Die Autoritätskrise wurde dort manifest, wo der niederländische Hochadel übergangen zu werden drohte. Dieser niederländische Hochadel war ein selbstbewußter Stand, an den Hof zwar gebunden, aber nicht zum Status des Höflings reduziert. Für dieses Selbstbewußtsein hatten nicht zuletzt die burgundischen Herzöge gesorgt, die den Hochadel in hohe Stellungen gebracht, in den Orden vom Goldenen Vlies aufgenommen, Geschenke verteilt, Renten ausgesetzt und damit gleich ein Gegengewicht gegen die Städte geschaffen hatten. Robert van Uytven sieht die für die Zentrale ungünstige Kehrseite, wenn er schreibt, „indem sie den Adel so eng an die Machtzentrale banden, hatten die burgundischen Herzöge in gewissem Sinne eine neue Feudalität und eine Art aristokratische Reaktion ins Leben gerufen, die gegebenenfalls nicht zögern würde, die Führung gegen den Landesherrn zu übernehmen, wenn sie den Städten entglitt".[10] Wenn auch der Staatsrat keine genau umschriebenen Funktionen hatte, so konnte er dennoch in seiner beratenden Funktion als ein Bollwerk des niederländischen Hochadels angesehen werden. Es war daher ein gravierender Fehler, wenn Philipp II. zum Vorsitzenden des Staatsrates einen Landfremden, den Kardinal Granvelle (Antoine de Perrenot) machte. Und es war ebenso gravierend falsch, wenn diese hohen Standesvertreter nichts vom kirchenpolitischen Reformprojekt vorab erfuhren, das für die gesamte spanisch-habsburgische Innenpolitik von so hoher Bedeutung war. Und es zeugte schließlich von wenig Einsicht in die Verhältnisse, wenn der Staatsrat insgesamt immer etwas am Rande des Geschehens gehalten und die relevanten politischen Entscheidungen von Granvelle und seinen Intimi Viglius und Berlaymont getroffen wurden. Problematisch dürfte es zudem gewesen sein, daß alle Mitglieder des Staatsrates nach außen hin für die Entscheidung, die die Regierung traf, die Verantwortung mitzutragen hatten. In Zeiten einer sich verschärfenden Ketzerverfolgung und der Reorganisation der niederländischen Bistümer inmitten einer wachsenden protestantischen Bewegung war das ein wenig angenehmer Gesichtspunkt, zumal die Bedingungen, die die Zentralregierung an die Besetzung der Bischofsstühle knüpfte, dem spezifischen Standesinteresse des Hoch-

---

10   R. VAN UYTVEN, *Crisis als cesuur 1482-1494*, in: AGN, 5 (1980), S. 433.

adels entgegenstanden. Erschwerend aus der Sicht des Hochadels war es, daß die Generalstatthalterin Margarethe von Parma sich zusätzlich mit einem spanischen Privatsekretär und einigen aus Spanien kommenden Finanz- und Politikberatern umgeben hatte. In der Opposition gegen Granvelle lag zugleich eine grundsätzliche Unzufriedenheit mit dem Regierungssystem. Die Geschichtsschreibung hat in diesem Zusammenhang festgestellt, daß der Adel mit der Parole „fort mit Granvelle" nach einer totalen Veränderung auch des Regierungssystems gestrebt habe. Dieser Deutung ist insofern zuzustimmen, als der spanisch-habsburgische Landesherr zwar eine stringente Politik der Modernisierung und Professionalisierung betrieb, darüber hinaus aber bei der Fortführung des Ratssystems es unterlassen hatte oder unterließ, die Befugnisse der für die Landschaft so wichtigen sozialen Schicht, des niederländischen Hochadels, genau zu umschreiben. Praktisch lag es immer im Ermessen des Landesherrn oder seines Stellvertreters, welche Bereiche man in den Staatsrat bringen wollte. Nun waren Unbehagen und Unmut dieser sozialen Schicht nicht gleich aufstandsträchtig, und es wäre auch verfehlt, den niederländischen Hochadel zum Verfechter gleichsam „nationaler" Rechte hochzustilisieren, aber es lag durchaus im traditionalen Denken, wenn man im Zuge der Opposition die Interessen der Monarchie und die Interessen der nordwestlichen Territorien dieser Monarchie einander gegenüberstellte. Erst dadurch erhielt die Landfremdheit des Landesherrn den Stempel der Unzulänglichkeit.

Dieser, wenn man so will, konstitutionelle Aufbau der burgundisch-habsburgischen Territorien, bildet die Basis für das Politik-Geschehen zwischen Herrschaft und Landschaft, für Konsens und Divergenz. Die politisch-konstitutionelle Struktur selbst war schon das Ergebnis von Konflikten, ein Kompromiß aus Einsicht und Widersinn – ein Kompromiß freilich, der in den 60er Jahren des 16. Jahrhundert bis an die Grenzen der Tragfähigkeit geführt wurde, um dann letztlich zu zerbrechen und in einen offenen Kampf umzuschlagen, nachdem andere, nicht-konstitutionelle Faktoren (wirtschaftliche und religiöse Entwicklung) den ohnehin brüchigen Rahmen gesprengt hatten. Die Entwicklung der 60er Jahre läßt sich unter *Gewalt und Gegengewalt* subsumieren oder auch *Intransigenz der Verhaltensweisen* nennen, freilich will es scheinen, als ob über den Abwehrwillen einer städtisch-ständisch geprägten Vielfalt gegen ein auf Zentralisierung und Professionalisierung zielendes System hinaus eine gewisse Tradition der Widersetzlichkeit den Schritt zu Widerstand und Aufstand erleichtert habe. Das heißt, es ist die Frage nach einer besonderen, die Landschaft durchaus prägenden politischen Kultur zu stellen, die auf gewaltsame Lösung von Konflikten zielt.

Neuere Untersuchungen haben ausgewiesen, daß Unruhen, gleichviel ob auf dem Lande oder in der Stadt, offensichtlich zu den Ingredienzien des territorialen politischen Lebens im alten Reich gehörten. „Zu Beginn des 16. Jahrhunderts läßt sich in den Städten eine ungewöhnliche Zunahme von Revolten feststellen, die während der frühen Reformationsphase bis 1525 noch anhält ... Schon die Häufung der Unruhen in den frühen 1520er Jahren läßt darauf schließen, daß die Reformation die Energien freisetzte, die die Städte erschütterten."[11] Was hier für die deutschen Territorien ermittelt wurde, läßt sich – zumindest was die Häufigkeit der Konflikte angeht – auch für die niederländischen Gebiete anwenden, für einen kleinen, mit Städten gespickten Raum und einer ausgemacht guten Infrastruktur. Im Unterschied zum Reich bewegten sich diese Konflikte zudem völlig abseits jeder religiösen Motivation. Sie gehörten gleichsam zum Strukturmerkmal der niederländischen Landschaft. Es ging hier um kampfreiche Fehden zwischen Adelshäusern, um innerstädtische Konflikte zwischen unterschiedlichen Sozialgruppen und insgesamt um die Konfliktträchtigkeit und immer akute Konfliktbereitschaft

---

11 P. BLICKLE, *Unruhen in der ständischen Gesellschaft 1300-1800*, München 1988 (=Enzyklopädie Deutscher Geschichte 1), S. 25.

im Verhältnis des Territorialherrn zu einer hochentwickelten Städtelandschaft. Dabei hingen die beiden letztgenannten Motivationskerne häufig eng miteinander zusammen. Hinzuweisen ist in diesem Zusammenhang auf den Kampf zwischen den Adelsgeschlechtern der „Hoeken" und der „Kabeljauwen", der nach dem Tod von Graf Wilhelm IV. von Holland ausbrach, allmählich auch die Städte in den Zwist einbezog und sich bald auch nach Utrecht und Gelderland ausdehnte. Es ist in der jüngsten niederländischen Geschichtsschreibung befunden worden, daß es sich hierbei ganz wesentlich um die Fehde als Ersatzhandlung eines durch moderne Kriegführung allmählich überflüssig werdenden Rittergeschlechts gehandelt habe,[12] etwa unter dem Motto, daß die Verlängerung der Fehde auch das Existenzrecht des Ritters verstärkt nachweise, gleichwohl sei doch darauf hingewiesen, daß soweit die Städte in diesem Streit erfaßt waren, durchaus auch Fragen der Konstitution, des Verhältnisses von Landesherr und Ständen, auf der Tagesordnung standen. Für die vor- und frühburgundische Zeit läßt sich der Konfliktreichtum schon nachweisen, als sich Ludwig von Nevers, der Graf von Flandern, im englisch-französischen Krieg für seinen französischen Lehnsherrn entschied, während der Genter Patrizier und Volksführer Jacob van Artevelde das flämische Städteregiment übernahm und Flandern entsprechend der Interessenlage seiner Tuchindustrie auf England hin ausrichtete, um das englische Wollausfuhrverbot von 1338 zu überwinden. Das Interesse der Landschaft, vertreten durch die Städte, rangierte vor der feudalen Verpflichtung. Wenige Jahrzehnte später folgte die landesherrlich-städtische Kraftprobe im Genter Aufstand, der zwischen 1379 und 1385 die flämische Politik beherrschte und schließlich mit Philipp dem Kühnen unter Einbeziehung starker französischer Kräfte mit der Niederlage Gents und der Tuchweber sowie anderer sozialer Schichten in Brügge und Ypern endete. Verstoß gegen Privilegien war der Anlaß; wie konnte es anders sein in dieser Privilegienwelt. Gleichwohl ging es um mehr. Von städtischer Seite sollte dem eher defensiv gerichteten Schutz der Privilegien noch die mehr offensiv kalkulierte Beschränkung der gräflichen Gewalt durch Überwachung der gräflichen Beamten beigegeben werden. Die flämischen Städte haben sich trotz zwischenzeitlicher Gewinne unter Philipp van Artevelde, dem Sohn Jacobs, nicht durchsetzen können, aber die Niederlage gegen den Territorialherrn, am Ende eben Philipp der Kühne, bedeutete nur einen Aufschub, keinen Abschluß der gewaltsamen Auseinandersetzungen. Philipp der Gute etwa hat mit Gent beim Aufstand von 1451/53 ähnliche Erfahrungen machen müssen. Wieder war die Abgrenzung der Kompetenzen zwischen Landesherrn und privilegierter Stadt der Zankapfel, und es war zu jedem Augenblick eigentlich völlig unerheblich, ob Patrizier, Tuchweber oder kleine Handwerker die Stadt im Griff hatten. Anlaß zum Aufstand waren die Maßnahmen Philipps bei der Erneuerung des Magistrats. Die Revolte endete neuerlich mit einer vernichtenden Niederlage der Aufrührer, die von den anderen flämischen und auch holländischen Städten alleingelassen wurden. Lediglich in Rotterdam scheinen sich Unruhen im Zusammenhang mit den Genter Ereignissen abgespielt zu haben. Daß die Städte der Grafschaft Holland sich nicht rührten, dürfte auf neue Privilegien zurückzuführen sein, die Philipp der Gute diesen Städten im Tausch für die Bewilligung einer Zehnjahresbede zugestand. So erwies sich städtische und regionale Sucht nach einer Stabilisierung und Erweiterung des eigenen Privilegienbestandes durchaus auch als Schwäche.

Der Habsburger Maximilian hat diese Konfliktbereitschaft der flämischen Städte sehr rasch zu spüren bekommen. Unter der Führung Gents widersetzten sie sich dem Habsburger in einem Kampf, in dem sich Landschaft und Herrschaft voll gegenüberstanden. Die Stadt Brügge unternahm es sogar, Maximilian gefangenzusetzen – eine Maßnahme,

---

12 Zum Zwist zwischen Hoeken und Kabeljauwen s. in kurzer Übersicht *AGN* (alte Ausgabe), III, S. 97-117 (Beitrag von J.F. Niermeyer).

die europaweites Aufsehen erregte –, und die ursprünglich von Maximilians Sohn Philipp nach Mecheln einberufenen, dann aber auf Geheiß des aufständischen Gent in Brügge zusammenkommenden Stände von Brabant, Hennegau, Holland, Seeland, Namur und Flandern einigten sich 1488 in einem Vertrag mit Maximilian, in dem der Friede von Atrecht bestätigt wurde (Anlaß des Konflikts), ein jährliches Versammlungsrecht der Generalstände sowie die Forderung enthalten war, daß der Landesherr weder Krieg erklären noch Frieden schließen durfte ohne die Zustimmung der Generalstände. Hier ging es nicht nur um Privilegien, sondern um eine weitreichende politische Mitbestimmung. Es sei hinzugefügt, daß der ganze Konflikt insofern noch Weiterungen hatte, als durch Parteinahme Philipps von Kleve für die niederländischen Städte der Genter Rahmen erheblich gesprengt wurde. Es sei hier im einzelnen die Entwicklung nicht weiter verfolgt, aber abschließend ist zu diesem Konflikt zu sagen, daß er dennoch mit einer Stärkung der zentralen Macht des Landesherrn endete (Cadzander Frieden von 1492). Daß der Landesherr nach dieser Regelung wieder vollen Zugriff auf die Zusammenstellung der Stadtregimenter in Flandern und Brabant erhielt, mag als eine Bestimmung angemerkt werden, die in sich den Kern zu neuen Konflikten barg.

Sicherlich ist es richtig, wenn darauf hingewiesen wird, daß nach dem Zugriff Maximilians es keiner Stadt mehr gelungen ist, einzelne Territorien oder Städte in einen allgemeinen Aufruhr gegen den Landesherrn aufzubringen, aber auch Karl V. und seine Generalstatthalterin Maria von Ungarn blieben von den von Gewalt getragenen Unruhen nicht verschont, vor allem, als Gent – seit der Thronbesteigung Karls nachgerade permanent unruhig – sich 1537 weigerte, sich an der von den Generalständen bewilligten Bede von 300.000 Gulden für den Krieg gegen Frankreich zu beteiligen. In der Begründung sprachen die Städter von „schlechten Zeiten, den schlechten Geschäften, dem geringen Gewinn und den noch laufenden Beden". Die Stadt behinderte die Eintreibung des auf sie entfallenden Betrages nicht nur innerhalb der eigenen Mauern, sondern auch im Umland (Kwartier van Gent). Dieses Umland umfaßte ganz Ostflandern, und Gent betrachtete das Gebiet als der eigenen Kompetenz unterworfen. Bei der Ablehnung einer neuerlichen Bede 1538 schrieb Maria von Ungarn dann an den Kaiser: „Es handelt sich hier darum, ob Eure Majestät Herr oder Diener sein wird." Was zunächst dann wie ein purer Rechtsstreit aussah, entwickelte sich rasch zu einer gewaltsamen Unternehmung, bei der es um mehr als nur den privilegiengestützten Widerstand von Stadtbürgern gegen den Landesherrn ging. Vielmehr lagen die Ursachen tiefer in der wirtschaftlichen und sozialen Entwicklung der Stadt, die dann zu scharfen innerstädtischen sozialen Auseinandersetzungen führte. Hier trat der Fall ein, daß eben jene, die zunächst den Widerstand gegen die Einziehung der Bede mitveranlaßt hatten, der Bewegung nicht mehr Herr werden konnten, die auch auf die Städte Aalst, Kortrijk und Oudenaarde übergriff. Zu Recht ließ Maria von Ungarn dann über „Herr" und „Diener" schreiben, da es tatsächlich um die Alternative städtische Autonomie oder Wahrung der landesherrlichen Gewalt ging. Die Gründe für die Niederlage der Bewegung gegen Karl V. sind hier nicht zu erörtern. Jedenfalls gelang es dem Landesherrn, die Stadt zu besetzen, die Ordnung wiederherzustellen und diese Kommune aller Privilegien für verlustig zu erklären. Eine ähnliche Beschneidung städtischer Freiheiten erfolgte in Kortrijk, Oudenaarde, Geraadsbergen, Ninove, Ronse und Deinse.

Aber nicht nur die südlichen Territorien kannten zahlreiche Konflikte. Abgesehen vom Kampf der Hoeken und Kabeljauwen brach vor der Zeit Karls V. der Aufstand des sogenannten „Kaas- en broodvolks" aus, ein bewaffneter Aufstand von Bauern sowie städtischem und ländlichem Proletariat in der Grafschaft Holland, der von Haarlem aus die Grafschaft erfaßte und erst vor Leiden zerschlagen wurde (1491/92). Er fiel genau in die Zeit des maximilianischen Krieges gegen den mit dem aufständischen Gent verbündeten Philipp von Kleve. Hier spielten wirtschaftliche Rezession, Kapitalflucht aus dem platten Lande, Arbeitslosigkeit in Stadt und Land, Steuerdruck und Gegensatz zum städtischen Patriziat eine erhebliche Rolle. Die folgenden zahlreichen städtischen Unruhen in den ersten Jahrzehnten des 16. Jahrhunderts mochten dann nicht die Genter Ausmaße annehmen, aber sie weisen doch auf die geringe Festigung der zentralen Autorität und der Autorität überhaupt hin, sobald die traditionellen Führungsschichten nicht mehr in der Lage waren, wirtschaftsstrukturelle oder -konjunkturelle Schwierigkeiten zu meistern, soweit dieser Führungsaufbau auf früherer politischer Ausschaltung anderer sozialer Gruppen beruhte und sobald solche verhärteten Strukturen den aufgrund der wirtschaftlichen Kompetenz gerechtfertigt erscheinenden Aufstieg neuer Bürgerschichten hemmten. In Deventer und Utrecht zum Beispiel kehrten sich die Bürger gegen eine Erhöhung der städtischen Abgaben beziehungsweise gegen die Senkung des Zinsfußes für Kriegsschulden. Im seeländischen Zierikzee standen die Fischer gegen die städtische Oligarchie auf. In Kampen an der Ijssel widersetzten sich 1519 die Zünfte wegen der hohen Abgaben und der Undurchlässigkeit der Verwaltungs- und Rechtskollegien, die sich jährlich durch Kooptation ergänzten. Der Erfolg der Zünfte war hier wie in anderen Städten insgesamt recht wechselhaft. Gerade im Zusammenhang mit dieser Gruppe ist auf Ereignisse in 's-Hertogenbosch, Groningen und Utrecht hinzuweisen.

Jedenfalls war die innere Pazifikation in der habsburgischen Monarchie noch lange nicht abgeschlossen. Vor dem großen Genter Aufstand zeigte sich schon zwischen 1528 und 1532 ganz deutlich die Verquickung von antizentralistischer Politik führender städtischer Schichten und innerstädtischen sozialen Auseinandersetzungen. Die Stadt Brüssel liefert hier ein gutes Beispiel. Die Generalstatthalterin entzog den im städtischen Großen Rat vertretenen neun Zünften das Versammlungsrecht, als sie eine Bede ablehnten. Das war ein unerhörter Vorgang, der tatsächlich die Qualität der Privilegienschändung hatte. Zwar blieb die Revolte aus, jedoch kam es 1532 zum Aufruf wegen der vornehmlich durch die Außenpolitik Karls V. verursachten Teuerung auf dem Getreidesektor. Der Hungerrevolte gegen Getreidespekulanten folgte der Widerstand der Bürgerschaft gegen die Monopolstellung der Oligarchie im Stadtregiment.

Die hier beschriebene Tradition der Widersetzlichkeit wird man als ein auffälliges, wenngleich im europäischen Vergleich nicht ungewöhnliches Merkmal der burgundisch-habsburgischen Städtelandschaft ansehen dürfen. Die Widersetzlichkeit als Kampf um Privilegien oder als Äußerungsform innerstädtischer Gegensätze darf möglicherweise als eine einschlägige Vorübung zu jenem großen Aufstand gesehen werden, der schließlich das Auseinanderbrechen der burgundisch-habsburgischen Territorien zur Folge hatte – als eine Vorübung, die den Bildersturm und die folgenden Ereignisse nicht einmal mehr als ein besonders hervorzuhebendes Geschehen erscheinen lassen will.

Zur Charakterologie der Städtelandschaft dieses Raumes zählt freilich noch ein anderes. Die stadtbürgerliche Landschaft des burgundisch-habsburgischen Raumes entwickelte in einem säkularen Prozeß des 16. Jahrhunderts ein Nebeneinander von Emanzipation und wirtschaftlichem Erfolg und in diesem Zusammenhang zugleich ein Bewußtsein, in dem Erfolg und erhöhte Krisenanfälligkeit aus enttäuschter Erwartung zwei eng miteinander verbundene Phänomene waren. Es sind dies die Faktoren, die der Landschaft neben der Konfrontation von Privileg und Ausbau zentraler Staatsgewalt und neben der nachgerade traditionellen Widersetzlichkeit das politische Gepräge gegeben haben. Dieses Wechselverhältnis von wirtschaftlicher Struktur, Wirtschaftsprozeß und Emanzipation, Erfolg und erhöhter Krisenanfälligkeit, ist näher zu erläutern und somit dem Geschehen des Aufstandes gegen Philipp II. ein weiterer ursächlicher Faktor hinzuzufügen. Im Anschluß an jüngste Erkenntnisse des Wirtschaftshistorikers H. van der Wee sollte der Aufstand – unter dem Aspekt langfristiger Entwicklung – als ein Ergebnis geistiger Emanzipation und eines spektakulären Wachstumsprozesses der niederländischen Wirtschaft im 16. Jahrhundert gesehen werden. Beide Bereiche standen in enger Beziehung zueinander, insofern der emanzipatorische Gedanke nicht auf eine geistige Elite oder religiöse Gruppe begrenzt blieb, in der das Auctoritas-Argument keine Geltung mehr hatte, sondern auf sehr viel breitere Schichten der Bevölkerung übergriff.[13] Unter diesem Aspekt ist der Aufstand gegen Spanien als ein moderner, die alten Konflikte übersteigender Akt einzustufen. Über solche Fragen ist im Rahmen eines Tradition und Veränderung thematisierenden Abschnitts freilich nicht weiter zu handeln,[14] vielmehr seien einige abschließende Bemerkungen zum politischen Habitus und zur politischen Kultur und ihren Voraussetzungen in den burgundisch-habsburgischen Territorien vorgetragen. Es sei festgestellt, daß diese Landschaft mit ihrer zum sehr großen Teil städtischen Prägung ein äußerst schwieriges Herrschaftsgebiet darstellte, insofern sich in diesem Raum der „parzellierten Souveränität" ein frühes Selbstbewußtsein und auch Eigensinn entwickelt hatte, der der frühneuzeitlichen Form moderner Staatsbildung ablehnend gegenüberstand und sicher nicht durch repressive Politik überwunden werden konnte. Am Ende standen konservative Kräfte den Machtansprüchen eines Monarchen entgegen. Die hier beschriebene Zentralisierungs- und Professionalisierungspolitik wurde in einem Raum der „kleinen Einheiten" und der deutlichen Entscheidung für politische Selbstbestimmung praktiziert – eine Selbstbestimmung zudem, die ihr politisches Vertrauen in die Kräfte der eigenen Landschaft setzte. Die städtisch-ständische Selbstbestimmung hieß auch Offenheit für Einflüsse von außen, hieß Innovation für Handel, Gewerbe, Wissenschaft und geistige Bildung gleichermaßen, wie das auch in der humanistischen Lehre von den Möglichkeiten des Menschen dargestellt wurde. Eine Landesherrschaft, die diese Denk- und Empfindungsvoraussetzungen eines wirtschaftlich darüber hinaus überaus starken Raumes nicht begriff, mußte sich immer wieder neu in Frage stellen lassen. Das galt schon für die Burgunder, es galt erst recht für die Habsburger, vor allem schließlich für die Gestalt Philipps II., dessen mentale Divergenzen und völliges Unverständnis für diese Territorien im Nordwesten Europas mehr als deutlich waren.

Städtelandschaften: ein Süd-Nord-Vergleich

Wenn hier von Tradition oder Voraussetzungen für die spätere Republik die Rede ist, dann heißt dies nicht, daß von einer Parallelität der Phänomene in allen Territorien des burgundisch-habsburgischen Reiches gesprochen werden kann. Da gab es doch zeitliche Verschiebungen in der Entwicklung oder glatte Ausfallerscheinungen im Kulturleben. Eine echte Gemeinsamkeit lag im hier beschriebenen Bereich der Konstitution und ihrer Institutionen, auf diesem Feld des Gegensatzes zwischen landschaftlicher und zentral gerichteter Herrschaftsgewalt. Strukturell gab es da doch Differenzen. Wenngleich etwa die Grafschaft Holland einen hohen städtischen Bevölkerungsanteil auswies, vermag die nordniederländische Region als Ganzes mit eben dieser Grafschaft sowie Seeland, dem Bistum Utrecht, den Territorien Friesland und Groningen, mit Overijssel

---

13 H. VAN DER WEE, *De economie als factor bij het begin van de opstand in de Zuidelijke Nederlanden*, in: BMGN, 83 (1969).
14 Dazu ausführlich ebd. sowie in knapper Zusammenfassung H. LADEMACHER, *Die burgundisch-habsburgischen Niederlande. Bemerkungen über Fermente und Impulse zur Konfliktlage einer Landschaft im Nordwesten Europas*, in: B. SICKEN (Hrsg.), *Herrschaft und Verfassungsstrukturen im Nordwesten des Reiches. Beiträge zum Zeitalter Karls V.*, Köln u.a. 1994, hier besonders S. 345ff. Dort auch die Verbindung der Revolutionstheorie von Davies (J-Kurve) mit den Angaben von van der Wee. Der Beitrag insgesamt neuerdings auch in H. LADEMACHER, *Der europäische Nordwesten. Historische Prägungen und Beziehungen*, Münster 2002.

und Geldern weder vom Urbanisierungsgrad insgesamt noch von ihrer internationalen wirtschaftlichen Stellung her einen Vergleich mit den südniederländischen Territorien ganz zu bestehen. Auch kulturell lassen sich die einzelnen Städte dieser Region nicht als zentrale Orte einordnen. Gleichwohl, es würde nicht angehen, wollte man dieses Gebiet ganz in den Hintergrund drängen. Der schon aus dem frühen oder hohen Mittelalter datierenden Handelstradition kommt einige Bedeutung zu. Vor allem der Seehandel war nicht nur alt, er brachte Erfahrung und war deutlich zukunftsträchtig. Gewiß, das Schiffbaugewerbe stand zunächst im Dienste der Kaufleute aus Antwerpen, Gent oder Brügge, aber die Nachfrage der eigenen Handelskreise wuchs – und Handel bestimmte eben das Wirtschaftsleben in der Vielzahl der kleinen Städte im Norden. Nicht zuletzt die Hanse, der Städte wie Kampen, Harderwijk, Zwolle, Zutphen, Deventer und Elburg angehörten – Städte also, die am Fahrwasser der Zuiderzee oder an der Ijssel lagen –, hat den Aufschwung des Handels gefördert und darüber hinaus die Anfänge einer städtischen Kultur eingeleitet, die in Orten der Grafschaft Holland, zu der Amsterdam zählte, zunächst noch unbekannt war. Überhaupt standen die holländischen Städte gegenüber den Orten der Mitte oder im Osten der Nordregion zunächst noch zurück. Erst im 13. Jahrhundert kann von einer Stadtentwicklung in der Grafschaft Holland gesprochen werden.

Drei Faktoren haben diese Entwicklung gefördert: die Verbesserung des interlokalen Verkehrs, die zur Überwindung der Stadtwirtschaft führte, die Sundfahrt (Schiffsroute Nord-/Ostsee), die an die Stelle des Landhandels zwischen Ost und West trat, größere Schiffe verlangte, und die zunehmende Bedeutung des holländisch-seeländischen Heringsfangs. Schließlich erwarben die holländischen Grafen Territorium und verschafften damit den holländischen Städten eine beherrschende Position an der Zuiderzee. Festzustellen ist, daß die Städte der Grafschaft wachsenden Anteil am internationalen Handel, vor allem am Transitverkehr der Hanse zwischen Flandern und Hamburg, Pommern, Livland erwarben, solange sich der Verkehr über die holländischen Binnengewässer abwickelte. Noch im ersten Jahrzehnt des 16. Jahrhunderts machten die Zolleinkünfte aus dem Hanse-Transitverkehr ein Drittel der Gesamteinkünfte der Grafschaft aus. Im Süden der Grafschaft entwickelte sich Dordrecht zum wichtigsten Rheinhafen und Stapelmarkt. Sein Stapelrecht erfaßte den gesamten Handelsverkehr auf dem Rhein, der Maas und der Merwede. Haarlem, Amsterdam und Leiden führten in der zweiten Hälfte des 14. Jahrhunderts Tuche aus, Delft, Haarlem, Gouda Bier. Der holländische Handel profitierte zudem vom Boykott Flanderns durch die Hanse gleich zu Beginn der zweiten Hälfte des 15. Jahrhunderts. Durch die starke Erweiterung des Seehandels mit den baltischen Ländern hat die Tuchindustrie der Grafschaft voll expandieren können. Leiden darf als Vorort genannt werden. Der Standortwechsel der Heringsschwärme von der Ost- in die Nordsee, die Verbesserung der holländischen Technik und der Konservierung, die Ausdehnung der Schiffahrt nach Portugal, wo das Salz für die Heringverarbeitung geholt, zugleich Gewürze für Rechnung Dritter mitgenommen wurden, all dieses verstärkte die Position der holländischen Handels- und Gewerbeorte, die sich wesentlich der Unterstützung ihrer burgundischen Landesherren erfreuen konnten. Die Hanse verlor in dieser Phase in zunehmendem Maße Terrain an die Holländer. An dem Aufschwung haben zahlreiche Orte teilgenommen: Dordrecht, Haarlem, Leiden, Gouda, Delft sind da zu nennen. Aufzuzählen sind ferner die Orte an der Zuiderzee: Enkhuizen, Hoorn, Medemblik, landeinwärts Alkmaar. Im Süden der Grafschaft wuchsen Oudenaarde, Woerden, Rotterdam, Schiedam und Den Briel mit dem Ausbau der Fischindustrie heran. Wo Fische gefangen wurden, mußten Schiffe gebaut und ausgerüstet, Schiffstaue gedreht, Fangnetze geknüpft werden. Unter allen Städten verzeichnete sodann Amsterdam den größten Aufstieg. In einer historischen Bewertung heißt es: „Im Wirtschaftsleben Hollands symbolisierte Amsterdam die Zukunft, während Dordrecht, zunächst vielleicht noch kapitalkräftiger als Amsterdam, seinen Ruf eher seiner Vergangenheit entlehnte."[15] Die Ausweitung der Handels- und Frachtschiffahrt in den Ostseegebieten, begünstigt durch die Privilegien, die Christian I., König von Dänemark und Norwegen, erteilte, kam vor allem Amsterdam zugute. Es war dies der Beginn eines städtischen Aufstieges, der erst in den Jahren der Republik voll zur Entfaltung kommen und von weittragender Bedeutung für das politische und kulturelle Leben der Republik werden sollte.

Wenn man unter *Kultur* die Gesamtheit des künstlerischen und geistigen Lebens, abseits von politischem und wirtschaftlichem Handeln, verstehen will, dann ist eben im Vergleich auszumachen, daß der Norden da nicht so recht mitzuziehen vermochte. Erasmus, so wissen wir heute, hat die nördlichen Regionen verlassen, weil es ihm in diesen Breiten an intellektueller Resonanz fehlte. Lange vor der Universität Leiden, eine Frucht des Aufstandes, gab es eben die Universität Löwen. Vermutlich – und dies sei ganz vorsichtig geäußert – haben das an der Brüsseler Zentrale entfaltete und zuweilen auch in anderen Orten der unmittelbaren Umgebung zur Schau gestellte Hofleben und überhaupt die hier schon apostrophierte Kunstsinnigkeit der Burgunder den Zulauf von Künstlern angeregt, zumal in der reichen städtischen Umgebung dieses Hofes ein Bürgertum heranwuchs, das durchaus bereit war, sich dem höfischen Tun und Lassen anzuschließen, um ein Stück gesellschaftliche Bedeutung nachzuweisen. Die Fixierung auf den Brüsseler Hof machte die Entfernung in die Städte des Nordens, wenn man so will, größer. Natürlich war damit die Kunst und ihre Ausübung in den Städten der nördlichen Provinzen nicht ausgeschlossen, es sei in diesem Zusammenhang doch auf die Malerschulen von Haarlem und Leiden hingewiesen, aber läßt man einmal die Kurzbiographien die Revue passieren, die Carel van Mander, selbst Südniederländer, von den niederländischen Künstlern des gesamten burgundisch-habsburgischen Raumes erarbeitet hat, dann ist das Schwergewicht der Südprovinzen doch einigermaßen auffällig.[16]

Dazu noch ein anderes. Es ist unter dem Aspekt der kulturellen Förderung oder auch unter dem des kulturellen Anreizes die Frage, ob da so leichthin vom burgundisch-habsburgischen Reich die Rede sein darf, wenn man einmal von der Intensität der Kultur- und Kunstpflege ausgeht. Das Bedürfnis nach höfischer Selbstdarstellung war bei den Burgundern einigermaßen ausgeprägt, bei den Habsburgern scheint sich, wenngleich etwa die Kunstpflege nicht unter den Tisch gefallen ist, eine gewisse Zurückhaltung auszubreiten. Auf jeden Fall ist ein Hinweis auf Margaretha von Österreich, die Tante Karls V. und Generalstatthalterin in den Niederlanden, erforderlich, die an ihrem Hof in Mecheln sich mit Kunst und Künstlern umgab und neue Architektur förderte, wie – neben anderen Gebäuden – das von Rombout II. Keldermans 1517 gebaute Palais der Generalstatthalter zeigt. Margaretha von Österreich widerspiegelt noch etwas von der Ambition des Glanzes, die die Reichsfürsten in den benachbarten deutschen Territorien zur Schau stellten. „Die burgundische Hofkultur", so ist formuliert worden, „fand noch einmal einen klassischen Ausdruck unter Statthalterin Margarete von Österreich. Umfassend gebildet, von sicherem künstlerischem Geschmack, eine Mäzenin der Künste und Wissenschaften, machte sie ihre Mechelner Residenz zu einem weithin ausstrahlenden kulturellen Mittelpunkt. Ihre berühmte Bücherei und ihre Kunst- und Musiksammlungen erlangten europäische Bedeutung. Die Nachwelt verdankt ihr die Erhaltung vieler Schöpfungen der burgundischen Kunst."[17] Nach ihr ist Kunst nicht mehr Demonstrationsobjekt. Möglicherweise liegt es auch daran, daß die nächsten Jahrzehnte bis zum

---

15 So T.S. JANSMA, *Holland en Zeeland onder de Bourgondische hertogen, 1433-1477*, in: AGN, III(1951), S. 330.
16 Über Carel van Mander und die Kunst der Republik wird im Abschnitt *Bildende Kunst* gehandelt. Dort auch der Hinweis auf die Bedeutung der flämischen Malerei für die Kunst der Republik.
17 So F. PETRI, *Die Kultur der Niederlande* (=Handbuch der Kulturgeschichte, Heft 1-10), Konstanz o.J. S. 114.

niederländischen Aufstand die Stellvertreter des Kaisers in Brüssel mit anderen, letztendlich tiefgreifenden Sorgen belastet haben. Zudem waren Brüssel und Umfeld nicht mehr der Nabel der burgundischen Welt, sondern nahmen eher eine periphere Funktion ein. Das hieß nicht Ende der Kunst, aber die Thematik war nicht mehr so hofbezogen, sondern diversifizierte sich thematisch und formal auch entsprechend der Profanierung und der Entdeckung der Welt. Das heißt auch, daß sich hier eine Kunst entwickelte, die im Zuge des nachaufständischen Exodus aus den südlichen Niederlanden in den Norden transportiert wurde, um hier weitere Ausformung zu erfahren.[18] Das gilt für Kunst und Wissenschaft gleichermaßen.

Wenn unter dem Aspekt der Tradition von Gemeinsamkeit oder zeitlicher und regionaler Differenzierung des burgundisch-habsburgischen Raumes in einer Übersicht gehandelt wird, dann hat der Hinweis auch dem religiösen Konflikt zu gelten, der freilich nicht raumbezogen zu verorten ist, sondern im ganzen nordeuropäischen Raum gilt. Der Konfliktstoff wurde von außen in den Raum hineingetragen. Während die *Devotio moderna* mit ihrer gefühlsbetonten Frömmigkeit aus dem Lande selbst kam – aus dem Osten der Niederlande – und nicht nur den christlichen Humanismus des Erasmus und anderer beeinflußt haben dürfte, sondern auch über die Grenzen in den Niederrhein hineinwirkte, waren Täufer- und Luthertum und Calvinismus Konfessionen, die von der Schweiz oder aus den deutschen Territorien kommend, in den Niederlanden rezipiert wurden – von Süd nach Nord oder umgekehrt sich ausdehnten, zu unterschiedlichen Zeiten und in örtlich unterschiedlicher Rezeption. Durchgesetzt hat sich in den Niederlanden schließlich der von Genf über Frankreich und die westflandrischen Gebiete eindringende Calvinismus, der sich, im Zuge der spanischen Übermacht in den Südprovinzen zerschlagen, in den Nordprovinzen, der späteren Republik, zur Öffentlichkeitskirche entwickeln sollte. Letztlich gehört dieser konfessionelle Konflikt nicht mehr zur Tradition, sondern zur Aktualität am Vorabend eines Loslösungsprozesses eines institutionell traditionellen Gebildes aus den Zumutungen des auf Zentralismus zielenden frühabsolutistischen Staates.

---

18 Einen kurzen Hinweis hierzu bei M. BAELDE, *De Nederlanden van Spaanse erfopvolging tot beeldenstorm, 1506-1566*, in: Winkler Prins. Geschiedenis van Nederland, 2 (1977), S. 65ff. S. auch PETRI, *Die Kultur der Niederlande*, S. 117.

II. Neugier und Überraschung – Reisende in den Niederlanden

Zur Apodemik

Im Januar 1909 beschloß der Vorstand der Vereinigung Amstelodamum, eine Preisfrage auszuschreiben, in der dazu aufgefordert wurde, jene Reiseberichte der Vergangenheit zu erfassen, in denen sich auch die Stadt Amsterdam beschrieben fand. Die Arbeiten zu diesem Thema sollten vor dem 1. März 1910 – portofrei – bei der Vereinigung eingehen. Der Vorstand verlangte ein chronologisch geordnetes, bis in die Mitte des 19. Jahrhunderts reichendes Verzeichnis gedruckter Berichte, deren Autoren kürzere oder längere Zeit in Amsterdam verbracht hatten. Dabei war vorgeschrieben, daß Aufenthaltsdauer und Aufenthaltszeit ebenso aufgelistet wurden wie die Gebäude, die der Reisende besucht hatte und die Personen, denen er begegnet war. Dazu mußten die Seitenzahl der Berichte und – gegebenenfalls – die Abbildungen nach Zahl und Örtlichkeit genannt werden. Der Auftrag war so recht ein Zeichen kommunalen Stolzes – begreiflich, denn man wußte, ein welch großes Interesse die Stadt im Laufe der Jahrhunderte geweckt hatte.

J. N. Jacobsen Jensen, ein Angestellter der Amsterdamer Universitätsbibliothek, ging aus diesem Wettbewerb als Gewinner hervor. Er war einer von zweien – nur zwei Personen hatten sich um den Preis von 150 Gulden beworben. Es war sicher nicht ungeschickt, wenn Jacobsen Jensen seiner Einsendung ein Kennwort mitgab, das aus einem Bericht des französischen Arztes und Altertumsforschers Charles Patin aus 1671 stammte. Da hieß es zu Amsterdam: „On a partout de si grandes idées de cette ville, que quelque chose qu'on en dise, on dit toujours trop peu."[1]

Das Amsterdam des 17. Jahrhunderts also als Ort der schier unerschöpflichen Vielfalt! Das freilich sei an dieser Stelle noch nicht weiter erörtert. Der Hinweis gelte vielmehr dem mit dem Wettbewerb verbundenen schlichten Erkenntnisziel. Zu Anfang der zweiten Dekade des 20. Jahrhunderts ging es den Preisrichtern lediglich um die Zahl der Reisenden in Amsterdam überhaupt, um Gebäude und Personen.[2] Ein einigermaßen einfaches Streben nach einer schlichten Bestandsaufnahme, bei der man noch nicht an jene eher komplexe kritische Haltung dachte, die unsere geistes- und kulturwissenschaftliche Gegenwart gegenüber den Reiseberichten einnimmt. Das Thema ist interessant, wenn nicht gar Mode geworden. Reisen haben sich seit geraumer Zeit zum Gegenstand intensiver Forschung entwickelt – oder zumindest ist die Absicht erkennbar. So thematisiert Justin Stagel *Die Apodemik oder Reisekunst als Methodik der Sozialforschung vom Humanismus bis zur Aufklärung*[3], Michael Harbsmeier schreibt über Reisebeschreibungen als mentalitätsgeschichtliche Quellen: Überlegungen zu einer historisch-anthropologischen Untersuchung frühneuzeitlicher deutscher Reisebeschreibungen.[4] Des Letztgenannten Analyseversuch enthält ein Plädoyer für eine neuartige Sichtweise, die nicht die Reise, sondern den Reisenden ins Visier nimmt. Ausgehend vom historisch und ethnographisch unzulänglichen Quellenwert der Reiseberichte, setzt er sich dafür ein, die

---

1 J.N. JACOBSEN JENSEN, *Reizigers te Amsterdam*, Amsterdam 1919, Zitat S. VII.
2 Ebd. S. Vf. mit dem Text der Ausschreibung.
3 Erschienen in: M. RASSEM/J. STAGL (Hrsg.), *Statistik und Staatsbeschreibung in der Neuzeit, vornehmlich im 16.-18. Jahrhundert*, Paderborn u.a. 1980, S. 131-204.
4 Erschienen in: A.M. CZAK/H.J. TEUTEBERG (Hrsg.), *Reiseberichte als Quellen europäischer Kulturgeschichte. Aufgaben und Möglichkeiten der historischen Reiseforschung*, Wolfenbüttel 1982, (Wolfenbütteler Forschungen 21), S. 1-31.

Darstellung „ganz einfach als Zeugnisse für die spezifische Denkungsart des Verfassers und indirekt für die Mentalität seines Heimatlandes anzusehen. Reisebeschreibungen können in diesem Sinne als eine Art unfreiwillige kulturelle Selbstdarstellung der Ausgangskultur verstanden werden. Schon diese Unfreiwilligkeit verleiht den so verstandenen Texten ein ganz anderes Maß von Glaubwürdigkeit."[5] Solche Art der Problematisierung ist zwar interessant, gleichwohl wird die Mentalität eines Reisenden komplexer konstruiert sein, als daß sie gleich aus einem einzelnen Bericht geschlossen werden könnte, und ein Nebeneinander von einer Reihe von Reisebeschreibungen ist auch nicht in jedem Fall dazu geeignet, die Mentalität des ‚Heimatlandes' preiszugeben – bestenfalls wird man auf Denkweisen einer bestimmten Schicht oder sozialen Gruppe schließen dürfen, wenn dann die Voraussetzungen für solchen Rückschluß gegeben sind, nämlich die soziale Einheitlichkeit der Autorenriege. Es ist möglicherweise bezeichnend, wenn sich Harbsmeier im Zuge seiner auf Nutzung strukturalistisch-linguistischer Methode zielenden Betrachtungsweise einer Konfrontations-Terminologie bedient, die man auch die Kulturschock-Wortwahl nennen könnte. Er geht dabei von Reinhard Kosellecks ‚asymmetrischen Gegenbegriffen'[6] aus, denen Begriffspaare wie ‚Griechen und Barbaren', ‚Heiden und Christen', ‚Mensch und Übermensch' zugrunde liegen. Es ist gar nicht zu leugnen, daß die in mittelalterlichen und frühneuzeitlichen Reisebeschreibungen auftauchenden asymmetrischen Gegenbegriffe für die mentalitätsgeschichtliche Analyse von Reisebeschreibungen „einen ganz entscheidenden Fortschritt bedeuten", daß also die ganze Begrifflichkeit rund um ‚Wilde', ‚Menschenfresser', ‚Primitive' und was sonst noch dazu gehört ein Bild vom anderen enthalten, das nicht nur einen Reflex des Selbstbildes des Betrachters oder Autors darstellt, zum größten Teil auch nicht nur Ausdruck einer oberflächlich befriedigten Neugier ist, sondern Elemente von Angst und Feindseligkeit widerspiegeln. Man wird sich fragen müssen, ob die negative Belastung der Gegenbegriffe und ihre Gerinnung zum Stereotyp nicht auch Sprüche generiert, die vom toten Indianer als dem einzig guten Indianer sprechen.

So hat die Koselleck'sche ‚Asymmetrie', die von Harbsmeier voll rezipiert wird, ihre verheißungsvolle wissenschaftliche Fruchtbarkeit, und man sollte, um hier den niederländischen Bezug aufzugreifen, die Reisen in den indonesischen Archipel zu Zeiten der Vereinigten Ostindischen Kompanie (VOC) unter semantischem Aspekt untersuchen, für Reisen in den west- und südeuropäischen Raum freilich dürfte diese Methode von nur geringfügiger Ergiebigkeit sein. Es fehlt hier doch an jener Unterschiedlichkeit der geistigen und materiellen Kultur, die gemeinhin auf Höher- oder Minderwertigkeit schließen läßt. Der reisende Europäer begibt sich in Europa nicht in die Region des geographisch nur schwach Erfaßten, nicht in die Welt des völlig Unbekannten, sondern verbleibt in ein- und demselben Kulturkreis, dessen Merkmale sich hier und da unterscheiden mögen, mentalitätsgeschichtlich freilich weder für den Beobachter und sein Herkunftsland noch für das beobachtete Land wirklich tiefgehende Aufschlüsse vermitteln können, weil es schlicht an der oben genannten Asymmetrie fehlt. Oder im Umkehrschluß: weitestgehende Gleichförmigkeit der kulturellen Standards dient bei Abwesenheit von Kulturschock über die Befriedigung der Neugier hinaus der Anreicherung des Wissens im Rahmen des Bildungshorizonts. Reisende diesen Typs berichten nur, bewundern, kritisieren auch, aber sie finden kein Urteil im Sinne von Wertigkeit der eigenen oder fremden Kultur. Erst wenn auffällige Verschiebungen im Gefüge eines vordem einigermaßen gleichförmigen Kulturkreises auftreten – Verschiebungen etwa politischer oder wirtschaftlicher Art –, entwickeln sich Möglichkeiten einer moralisierenden

---

5   Ebd. S. 1f.
6   Ebd. S. 3. H. bezieht sich auf R. KOSELLECK, *Zur historischen Semantik asymmetrischer Gegenbegriffe*, in: DERS., *Vergangene Zukunft*, Frankfurt 1979.

Wertung des anderen, ohne daß dies in jedem Fall Rückschlüsse auf Mentalität oder Selbstbild des Betrachters zuließe. In deutschen Reiseberichten oder Betrachtungen über die Niederlande des 18. und dann vor allem des 19. Jahrhunderts ist das nachweisbar.

Darüber hinaus ist es schwierig festzustellen, ob die Reisen ganz bewußt im Sinne jener Reisekunst veranstaltet und beschrieben worden sind, die in der zweiten Hälfte des 16. Jahrhunderts gleich von mehreren Autoren angeregt worden ist und einem Zuwachs an Bildung dienen sollte. Reise, das hieß für jenen, der sich zu Schiff und über Land begab, nicht einfach ausschwärmen, das enthielt vielmehr nach Ansicht der Autoren des 16. Jahrhunderts ein Höchstmaß an Systematik: gründliche Vorbereitung, minutiöse Beobachtung und systematische Wiedergabe. Es entsprach dem humanistischen Flair der Zeit, wenn Klima, Geographie, Handel und Landwirtschaft mit allen dazugehörigen Ressourcen, aber auch Architektur, Verfassung, Sitten und Frömmigkeit den thematischen Rahmen stellten. Das fiel alles unter Erziehung und Wissen und fügte sich durchaus in jene neuzeitliche Entwicklung, die Norbert Elias den Prozeß der Zivilisation genannt hat. Manche der nachstehend genannten Reiseberichte thematisieren ihren Befund in der Tat im Sinne der vorgegebenen Apodemik.[7] Ob Kenntnis der „Reisetheorie" bestand, ist kaum festzustellen, vielleicht waren solche Vorgaben beim gebildeten Reisenden schon zum Allgemeingut geworden, wurden als Selbstverständlichkeit empfunden, weil sich allgemeine Neugier in diesem Rahmen noch am ehesten fundiert befriedigen ließ. Die Berichte, die entstanden sind, lassen sich auch nicht auf Koselleck'sche ‚Asymmetrie' hin untersuchen, und sie sind auch wenig ergiebig unter dem Aspekt der Harbsmeierschen Quellenkritik oder der mentalitätsgeschichtlichen Zielsetzung. Wir bleiben in Westeuropa, und keinen der in diesem Band genannten Reisenden oder Residenten hat es je dazu getrieben, eine Beschreibung des Gastlandes zu liefern, die auch nur im entferntesten Rückschlüsse auf die Mentalität des einzelnen oder einer sozialen Gruppe oder gar des ganzen Herkunftslandes zuließen. Es formt sich aber allemal ein Bild von einem Land, das man besucht hat, die beschriebenen Details sind auch überprüfbar, wenn es nicht gerade um individuelle Charakterskizzen geht.

Somit soll in der Folge keine Kunst des Reisens dargeboten, keine Mentalität analysiert werden. Es geht nur darum, den bis auf Ausnahmen doch wesentlich touristisch geprägten Befund über das Land vorzuführen, und wenn hier von Ausnahmen die Rede ist, dann meint das vor allem die Residenten. Reiselust ist nun immer ein Ingredienz der frühen Neuzeit gewesen, und die *peregrinatio academica* gehörte seit längerem schon zu den Möglichkeiten akademischer Weiterbildung. Aber die Reiselust richtete sich innerhalb Europas in erster Linie nach Frankreich und vor allem Italien – insbesondere letztgenanntes Land ein Hort des Humanismus und der Kunst. Es ging um die Bereicherung des Wissens, aber sicher auch um die Befriedigung der Neugier. Was englische Reisende an Eindrücken sammelten, hat der liberale Politiker Thomas Babington im 19. Jahrhundert in Auswertung englischer Reiseberichte kurz nachgezeichnet; er hat aufgeführt, was seinen Landsleuten auffällig und interessant erschienen war. Es sind Äußerlichkeiten nur, die er zusammenfaßt, gleichwohl vermitteln sie ein erstes Bild von dem, was sich da im Nordwesten Europas abspielte. Indem er, der liberale Politiker, sich mit dem politischen Hintergrund der von Ludwig XIV. ausgehenden Bedrohung der Niederlande befaßt, schreibt er: „Diese berühmte Föderation hatte den Gipfel der Macht, ihrer Wohlfahrt und des Ruhms erreicht. Das batavische Territorium, durch menschliche Kunst den Wellen abgerungen und gegen diese verteidigt, war an Ausdehnung wenig bedeutender als das Fürstentum Wales; aber jeder kleinste Fleck war ein fleißiger und bevölkerter Bienenkorb, in welchem täglich neue Schätze gesammelt und die alten in großen Massen aufge-

---

7 S. dazu den oben unter Anm. 3 genannten Beitrag von Stagl. Dort auch (S. 142) der Hinweis auf Norbert Elias.

häuft wurden. Der Anblick von Holland, die reiche Bodenkultur, die unzähligen Kanäle, die immer geschäftigen Mühlen, die endlosen Flotten von Barken, die rasche Folge großer Städte, die von Tausenden von Masten starrenden Häfen, die großen und stattlichen Gebäude, die schönen Villen, die reich geschmückten Zimmer, die Gemäldegalerien, die Sommerhäuser, die Tulpenbeete machten auf den englischen Reisenden jener Zeit einen ähnlichen Eindruck, wie der erste Anblick Englands jetzt auf einen Norweger oder Kanadier."[8] Aber ganz abgesehen einmal von den von Macaulay gesammelten englischen Eindrücken – auf sie und andere ist später noch einzugehen –, Reisende in die Niederlande, Beobachter des Lebens und Wirkens, hat es zuvor auch gegeben, aber sie widmeten sich eher den Zentren der burgundisch-habsburgischen Kultur in Brüssel, Antwerpen, Gent oder Brügge. Der Strom in die nördlichen Niederlande, in die Republik, war dann doch neu, ungewöhnlich nachgerade, selbst wenn man berücksichtigt, daß Bildungsreisen nun stärker an der Tagesordnung waren als im Jahrhundert zuvor. Die Neugier, von der oben schon die Rede war, scheint angeregt worden zu sein von der Erfolgsbilanz, die dieses Land aufwies und die im umgekehrten Verhältnis zu seinem territorialen Umfang stand. Da war schon der Wandel zur Republik interessant genug, eindrucksvoller noch der militärische Erfolg gegen das – scheinbar – übermächtige Spanien, beneidenswert der wirtschaftliche Erfolg und fast schon beängstigend die Stärke der Flotte, die gleichsam in Nachfolge der Portugiesen und Spanier die Expansion in den west- und ostindischen Archipel sicherstellte. Die Republik war zwar ein Ausschnitt nur aus dem alten burgundisch-habsburgischen Reich, aber sie war kraftvoll wie kein anderer, sie wuchs nach dem Fall des Winterkönigs 1618 heran zu einer Art Zentrum des internationalen protestantischen Widerstandes. Als es 1609 um den Abschluß eines Waffenstillstandes mit Spanien ging, sammelte sich hier schon alles, was in der protestantischen Welt Rang und Namen hatte. Und etwa 40 Jahre später heißt es zu dieser Phase gar, alle Nationen der Welt, einschließlich der Türken und Moskowiter, hätten sich mit dem Schicksal der Niederländer befaßt.[9] Und schließlich war es der Ruf der Freiheit, der diesem Land vorausging, es nicht nur bereisenswert machte, sondern solche Bürger anzog, die aus religiösen Gründen in ihren angestammten Ländern nicht mehr leben mochten. Freiheit, das hieß, so meinte man, eben auch Toleranz, und jene, die sich dort länger aufhielten, böten das beste Beispiel einer positiven Erfahrung.

Dies alles waren Erscheinungsformen der Republik, die eine Reise lohnend erscheinen ließen, Anreiz genug boten, Land und Leute kennenzulernen. Das führte bei weitem nicht immer zu tiefsinnigen Betrachtungen über innere Strukturen oder über die Geschichte des Landes, vielmehr überwog die Skizze des äußeren Eindrucks, des täglichen Lebens; es waren Impressionen, die freilich zuweilen ausgriffen auf die Beschreibung des Körperbaus niederländischer Frauen und Männer und häufig genug sich auch zu Charakterskizzen des Niederländers schlechthin versteiften. Tatsächlich entwickelten sich Fremdbilder, die durchaus auf unmittelbarer Einzelerfahrung beruhen konnten, dann verallgemeinert wurden und sich schließlich zu Vorurteilen oder gar Stereotypen auswuchsen.

Das bringt abschließend noch einmal die Frage nach dem Quellenwert des Reiseberichts ins Spiel. Soweit es um die Beschreibung von Stadt und Land, von Stadt- und Landschaftsbild geht, ist der Erguß allemal nachprüfbar, läßt er sich möglicherweise gar als Ergänzung anderer Quellengruppen heranziehen, für das Terrain der Charaktereigen-

---

8 Th. BABINGTON MACAULAY, *Geschichte von England seit dem Regierungsantritt Jacobs II*, Braunschweig 1852, S. 216f.
9 Nach H. LADEMACHER, *Die Konfession in der Außenpolitik der europäischen Staaten im 16. und 17. Jahrhundert. Inhaltliche Perspektiven und massenmediale Darstellung*, in: S. QUANDT (Hrsg.), *Luther, die Reformation und die Deutschen. Geschichte, Politik und Massenmedien*, 1, Paderborn u.a. 1982, S. 57.

schaften, ja, selbst der äußeren Erscheinung ist Zurückhaltung geboten, weil auch eine Mehrzahl gleichlautender Einzelerfahrungen meistens noch zu gering ist, um eine Verallgemeinerung zu erlauben, will man nicht dem Trugschluß verfallen, daß Herodes ein Vierbeiner sei, weil eben ein Löwe. Diese für Land und Leute geltende Frage der Diskrepanz oder Kongruenz von historischer Aussage und historischer Realität ist nun nicht nur Gegenstand der Betrachtung über Sorgfalt, Sorglosigkeit oder gering entwickelte Akribie des Autors, sondern spielt hinein in die Wirkung der Niederlande nach außen, die für Ausländer doch immer nur eine über Reiseberichte oder andersartige politisch-kulturelle Information vermittelte sein konnte. So sind neben den Reisenden oder jenen, die ihren Wohnsitz im Lande genommen hatten, auch solche Autoren zu nennen, die sich eben anhand von Informationen gleich welcher Art ein Bild von Land und Leuten, Charakter und Eigenarten formten, ohne an Ort und Stelle sich kundig gemacht zu haben. Englische Stückeschreiber stehen da an vorderster Stelle, nicht selten Autoren groben Zuschnitts, wenn es um Niederländer ging, und in der für den schlichten Witz glücklichen Lage, auf eine Begrifflichkeit zurückgreifen zu können, die mit dem Vorsatz ‚Dutch' immer gleich Abträgliches und Lächerliches enthielt. Hier ist die Semantik gefordert. Dem Amsterdamer Literaturwissenschaftler Hermann Meyer ist schon zuzustimmen, wenn er sagt, daß es schon einen Unterschied mache, ob man Land und Leuten in einem Reisebericht, einem wissenschaftlichen Fachbuch oder etwa in einem Lustspiel begegne,[10] gleichwohl ist das Stereotyp in den Figuren des Lustspiels oder des idiomatischen Ausdrucks nicht gleich als lediglich der Phantasie entsprungen abzuwerten.

Engländer

Die Zahl der Engländer, die den Kanal nach den Niederlanden überquerte, war nicht gering, wenngleich festzustellen ist, daß im 17. Jahrhundert – wie schon zuvor – Frankreich und Italien die eigentlichen Reiseziele englischer Bildungsreisender blieben. Auffällig ist freilich, daß zwar hochinteressante Reiseberichte vorliegen, die Zahl der Tagebücher aber, die übliche Form der Berichterstattung, wesentlich geringer ist als bei den Reisen nach Frankreich und Italien. Dies hat seinen schlichten Grund darin, daß viele englische Reisende nicht über den Kanal reisten, um eine große Bildungsreise zu unternehmen, sondern um Geschäfte abzuschließen, Freunde und Verwandte zu besuchen, Arbeit zu finden oder gar als Soldaten im Heer der Oranier gegen die Spanier zu kämpfen. Neben dem englischen Landadel waren fast alle Klassen der englischen Bevölkerung vertreten – Kaufleute und Handwerker vor allem. Solche Reisen waren im übrigen nur die Fortsetzung einer schon älteren, durchaus traditionellen Verbindung zwischen vornehmlich der englischen Ostküste und den Niederlanden – eine Verbindung, die in erster Linie auf wirtschaftlichen Beziehungen beruhte. Dazu kam schließlich ein Strom von protestantischen Flüchtlingen mancherlei Observanz, die die Verbindung zwischen East Anglia, London und Kent noch enger machten, und hinzuweisen ist noch auf die englischen Pfandstädte Vlissingen und Den Briel, die zwischen 1585 und 1616 eine englische Garnison beherbergten, wie auch in anderen Teilen des Landes englische Truppeneinheiten Dienst taten.[11] Daß jene, die länger oder dauernd in den Niederlanden wohnten

---

10 Vgl. H. MEYER, *Das Bild des Holländers in der deutschen Literatur*, in: Ders., *Zarte Empirie, Studien zur Literaturgeschichte*, Stuttgart 1963, S. 205.
11 Vgl. dazu J.W. STOYE, *English Travellers Abroad 1604-1667. Their Influence in Englisch Society and Politics*, London 1952, S. 239ff.; dazu auch DERS., *Reisende Engländer im Europa des 17. Jahrhunderts und ihre Reisemotive*, in: A.M. CZAK/H. TEUTEBERG, *Reiseberichte als Quellen europäischer Kulturgeschichte. Aufgaben und Möglichkeiten der historischen Reiseforschung*, (=Wolfenbütteler Forschungen 21), Wolfenbüttel 1982, S. 131-152 im Hinblick auch auf die Auf-

oder anderweitig in dauerndem Kontakt zum Lande standen, mehr über Land und Leute erfuhren als die lediglich durchreisenden Engländer, ist einsichtig, und möglicherweise sind in diesem Kreis die hier noch vorzustellenden Stereotypen und idiomatischen Ausdrücke geboren worden, die in England die Runde machten oder in Lustspielen Eingang fanden.

Für die Zeit zwischen den Michaelistagen von 1637 und 1638 hat Stoye anhand der Listen eines Paßbeamten 399 englische Passagiere auf dem Weg in die Niederlande gezählt, aber es liegen keineswegs ebensoviele Berichte oder Tagebücher vor. Es waren insgesamt eben nur wenige Bildungsreisende, die von der Insel über den Kanal zum nordwesteuropäischen Kontinent segelten. Die meisten suchten immer noch ihre Reiseziele in Frankreich und Italien, um dort ihre Neugier zu befriedigen oder ihre Wissenslücken zu schließen. Tradition setzte sich durch. Stoye vermutet, daß das in der englischen Bildungswelt geforderte Wissen nur auf diese beiden Länder fixiert war und daß der schon viele Jahrzehnte so dichte englisch-niederländische Personenverkehr die Niederlande schon nicht mehr als Besonderheit, sondern eher als Alltag erscheinen ließ.[12] Geschäftsleute, Ehefrauen, Arbeitsuchende und Soldaten setzten sich doch andere Ziele als die Reisenden aus Bildungsbürgertum und Gentry.[13]

Dennoch, es liegen eine Reihe von aufschlußreichen Reiseberichten (Tagebüchern) vor, die einen guten Einblick in Land und Landschaft und in das Leben in den Niederlanden vermitteln, gleichviel, ob es sich hier um die spontanen Notizen eines Durchreisenden oder um einen Residenten handelt. Zur ersten Gruppe, die häufig ganz Europa in der Kutsche bereiste, gehört Fynes Moryson, jüngerer Sohn eines Landbesitzers aus Lincolnshire und Fellow of Peterhouse in Cambridge. Fynes Moryson, schon im letzten Jahrzehnt des 16. Jahrhunderts unterwegs, war ein typischer Bildungsreisender, voll davon überzeugt, „daß Reisen ein Fundament vermitteln, auf dem ein gebildeter Mensch sein Wissensgebäude errichten kann",[14] und er scheint der Ansicht gehuldigt zu haben, daß Geographie, Geschichte, Rechtswissenschaften und Theologie nur dann effektiv studiert werden könnten, wenn man fremde Länder und Sitten kennenlerne. In diesem Sinne hat er auch seine späteren Niederschriften verfaßt, die für alle Länder nach dem gleichen Schema unterteilt waren, nach Religion, Staatswissenschaften, Sitten, Charakter. In die Niederlande kam Moryson 1592 von Emden her über die Binnenschiffahrtswege nach Harlingen an der Ostküste der damaligen Zuider-See. Von hier aus besuchte er Enkhuizen, Amsterdam, Haarlem und blieb den Winter über in Leiden, wo er sich immatrikulieren ließ. Zuletzt besuchte er Delft, Rotterdam und Seeland (Middelburg und Vlissingen). Sein Itinerar freilich eilt nicht von Ort zu Ort, vielmehr entspricht es in seinem systematischen Aufbau eben seiner Absicht, ein Land strukturell zu präsentieren.[15] Mory-

---

lagen, die den englischen Reisenden vom König gemacht werden. Neuerdings auch C.D. VAN STRIEN, *British Travellers in Holland during the Stuart Period. Edward Browne and John Locke as Tourists in the United Provinces*, Leiden u.a. 1993.

12 Vgl. auch R. FRUIN, *De Nederlanders der Zeventiende Eeuw door Engelschen geschetst*, in: Verspreide Geschriften IV (1901) S. 249.

13 Stoye weist darauf hin, daß die sehr geringe Zahl von Gentry-Leuten auf der Yarmouth-Liste nicht ohne weiteres auf Interesselosigkeit schließen lassen darf; der eigentliche Ausreisehafen sei Harwich gewesen.

14 Zu Fynes Moryson, seinen Reisen und der Art seines Arbeitens STOYE, *Reisende Engländer*, S. 134, Zitat S. 137. Vor den Niederlanden besuchte er Deutschland und die Schweiz; ferner auch J.N. JACOBSEN JENSEN, *Een tijd- en landgenoot van Shakespeare in zijn oordeel over ons land en volk*; in: Onze eeuw 17 (1), S. 118ff.

15 FYNES MORYSON, *An Itinerary Containing His Ten Years Travell through Twelve Dominions of Germany, Bohmerland, Switzerland, Netherland, Denmarke, Poland, Italy, Turkey, France, England, Scotland, Ireland*, IV, Glasgow 1908; zur eigentlichen Reiseroute s. STOYE, *English Travellers*, S. 249ff.

son bietet seinem Publikum zunächst einen politischen, geographischen und wirtschaftlichen Überblick über die ehemaligen burgundisch-habsburgischen Territorien mit einer gleichgewichtigen Beschreibung von Nord und Süd und trägt dies im Ton einer ersten Unterweisung in niederländischer Landeskunde vor. Für Moryson war es wichtig, deutlich auf die Eigenart der britisch-niederländischen Verbindung – Verpfändung der Orte Vlissingen und Rammekens in Seeland, Den Briel in Südholland – hinzuweisen und dabei, gleichsam nebenher, auch die politischen Überlegungen der englischen Königin Elisabeth I. anzufügen, die zu Hilfe und Pfandnahme geführt hatten, faszinierender freilich scheint für ihn das Regierungssystem der Republik gewesen zu sein, das er ausführlich vor allem im Hinblick auf die Schwierigkeit der Konsensfindung schilderte – eine insgesamt ebenso treffende Darstellung wie der ausführliche Hinweis auf Steuersystem und Wirtschaftslage. Sprachlich und nach Sitten und Gebräuchen werden die ‚United Provinces' in die Nähe des und der Deutschen gerückt – in einem einzigen Satz freilich nur, am Rande sozusagen. Die geographische Lage und die wirtschaftlichen Ressourcen der einzelnen Provinzen stehen zunächst im Vordergrund, dazu kommen die klimatischen Bedingungen – heiße Sommer, kalte Winter, durch den Nordwind verursacht, der demnach frei und ungehindert von Hügeln, Bergen oder Wäldern über das flache Land fegte, und Flüsse, Kanäle, Binnenseen, ja selbst große Teile der Zuider-See mit einer dicken Eisschicht überzog. Das wird in einer Weise erzählt, die offensichtlich geeignet sein sollte, dem potentiellen Leser diese Niederlande fast schon plastisch vor Augen zu führen, und die Szenerie ähnelt durchaus Brueghelschen oder Avercampschen Winterlandschaften, wenn er von der Sitte des Schlittschuhlaufens spricht und Hunderte junger Männer und Frauen auf dem Eis laufen oder Schlitten ziehen läßt. Mitten unter ihnen die Verkaufsstände für Bier und Wein. Nach Morysons Bericht war das Land reich an Nahrungsmitteln, und was Boden und Natur nicht hergaben, schaffte der Handel heran, Getreide etwa, mit dem die Niederländer auch andere Länder versorgten. Die Natur (zu kalte Winter) schien den Anbau von Obst und Blumen zu verbieten, aber Moryson will dieses Fehlen nicht der Natur zuschreiben, sondern macht auch die Gleichgültigkeit der Niederländer gegenüber solchen Leckerbissen dafür verantwortlich. Sie scheinen ernsthafte Überlegungen in eine solche Richtung behindert zu haben. Wiederum die Natur war es, und hier insbesondere das Vieh, das Butter, Käse und Fisch im Überfluß lieferte, und da Butter als die Grundsubstanz für alle Soßen bei Tisch galt, wurden die Niederländer auch Buttermäuler genannt, offensichtlich kein abträgliches Wort. Es war für den Ausländer schon überraschend, wenn angesehene und gestandene Bürger auf den Stufen ihrer Häuser oder auf dem Markt ein Stück Käse mit Brot und Butter verzehrten. Aber nicht nur das. Verwunderlich war es auch, daß dieses Volk Fleisch in irdenen Töpfen siedete, Rüben und Fettstücke beimischte und dieses Gericht, den sogenannten ‚hutspot', die ganze Woche über aufwärmte, auf die Tische brachte, Fleisch freilich, das zwar dampfte, aber innen kalt war. Moryson deutet solcherlei Eßgewohnheiten keinesfalls, sie erscheinen ihm lediglich seltsam, dieweil Bescheidenheit, Geiz oder schiere Phantasielosigkeit durchaus Kriterien gewesen sein könnten. Armut scheidet sicher aus, denn Moryson bezieht sich nur auf reichere Bürger, deren Kinder noch dazu, auf den Straßen spielend, eine Rübe und ein Stück Brot aßen. Daß die Niederländer Pilze auftischten und Froschschenkel als Leckerbissen verzehrten, wird nebenher erwähnt, aber sicherlich zählte es schon zu den Absonderlichkeiten, wenn junge Männer ihren Freundinnen ganze Frösche als Zeichen der Verehrung präsentierten. Morysons Erfahrungen betreffen auch die Trinkgewohnheiten der Niederländer, die dann zwar im Vergleich zu den Sachsen weniger Alkohol trinken mochten, jedoch einer Sauferei nicht abgeneigt waren, was wohl der Bemerkung zu entnehmen ist, daß die Äußerung einer Hausfrau, ihr Mann sei nicht ansprechbar, weil betrunken und im Bett, kaum als anstößig empfunden wurde.

Moryson erweckt nicht den Eindruck, als ob es sich bei solcherlei Szenerien um fröhlich stimmende vereinzelte Quisquilien gehandelt habe, vielmehr scheinen sie fester Bestandteil des täglichen Lebens in den Niederlanden gewesen zu sein. Gewohnheiten des Volkes außerhalb des Hauses hat er, der Gasthausbesucher aus Profession, sicherlich in Fülle kennengelernt, wie er sich auch mit der Kleidung beschäftigt hat, deren Qualität und Ausstattung für ihn schon Ausdruck eines wachsenden Wohlstandes und eines aus der Selbständigkeit des Staates hervorgehenden Selbstbewußtseins war, wobei die jüngere Generation wohl schon dazu überging, sich nach englischer oder französischer Art zu kleiden.

Impressionen dieser Art freilich haben den Reisenden möglicherweise doch weniger beeindruckt als der ausgeprägte Handelsgeist des Volkes und – damit eng zusammenhängend – die Bedeutung des Wassers. Der Hinweis auf die starke Stellung und Geschäftigkeit der Frauen im Wirtschaftsleben hob zwar noch einmal den Fleiß hervor, der Niederländern immer schon zugeschrieben worden war, die Bewunderung für den wirtschaftlichen Erfolg entwickelte sich bei dem Beobachter freilich erst, wenn er die Belastung durch Krieg und damit auch die Belastung durch hohe Steuern und Abgaben berücksichtigte. Fleiß und natürliche Gegebenheiten wie das Wasser (See- und Binnenschiffahrtsstraßen) reichten dem Autor für eine vernünftige Erklärung des Aufstiegs von Staat und Gesellschaft nicht hin, zumal doch die Funktionsfähigkeit eines so partikularistischen Staatssystems zu den kaum begreiflichen Phänomenen zählte. Moryson läßt den Dichter sprechen. „Ingenium mala saepe movent" heißt es da. Der Krieg als Vater aller Dinge, zumindest was die Schärfung des Geistes und der Erfindungsgabe angeht? Er kam sicher dem Sachverhalt schon näher, wenn er die Verlagerung der Wirtschaftskraft von Antwerpen in die Provinz Holland (durch Emigration) und die damit verbundene Anziehungskraft der Region anführte, zugleich feststellte, daß die starke Befestigung der Städte den Krieg außerhalb der Tore gehalten, an die Grenzen des Landes verlegt habe – und dies alles noch abgesehen von der Bedeutung des Wassers, das diesem Land nicht nur eine stabile Flotte, kühne und fähige Seeleute, sondern auch einen höchst einträglichen Zwischenhandel gebracht habe.[16]

Moryson befaßte sich über dies alles hinaus noch mit der für ihn erstaunlich starken Stellung der Frau in Familie und Wirtschaft sowie mit Rechtswesen und Rechtspflege in der Republik. Dabei versuchte er, der Stellung der Frau auch eine demographische Erklärung zu unterlegen. Er stellte zunächst einen erheblichen Frauenüberschuß fest, den er nicht – und dies zu Recht – auf das Kriegsgeschehen zurückführen will, da tatsächlich die Niederländer im Söldnerheer den allergeringsten Anteil hatten. Dann freilich kommt er zu einer seltsamen Erklärung des Frauenüberschusses: das Wasser als vorherrschendes Element der Provinzen schaffe ein hohes Phlegma, füge man den übermäßigen (‚excessive') Alkoholgenuß der Männer hinzu, dann seien dies die möglichen Ursachen für die geringe Rate männlicher Nachkommen. Die ungleiche Zahl führe auch dazu, daß ältere – 30jährige – Frauen jüngere – 20jährige – Männer nähmen oder auch Männer von etwas einfacherer Denkungsart, was die starke Stellung der Frau in Familie und Geschäft bewirke.

Wie immer man diesen erklärenden Zugriff Morysons auf Medizin und Psychologie bewerten will – man kann dies durchaus als lustiges Aperçu sehen –, hier ist für den Bericht insgesamt festzustellen, daß er kaum kritisch eingestellt ist, wie auch nicht gesagt werden kann, daß ihn eitel Bewunderung für den Nachbarn jenseits des Kanals bewegte. Das zeigt sich an der Vielzahl der Einzelbeobachtungen, die von der äußeren Gestalt und Kleidung, über das soziale Leben bis hin zum Universitätsleben reichen, das sich für den Beobachter zwar nicht nur, aber doch vornehmlich auf Leiden konzen-

---

16 Zum ganzen FYNES MORYSON, *Itinerary*, S. 46-63, 213-215, 458-477.

trierte. Für Bewunderung ist die Zeit seines Besuches vielleicht zu früh. Wohlwollen freilich zeichnet ihn gewiß aus, und dies scheint sehr wesentlich eingegeben durch die internationale Politik der Zeit, in der die aufständische Republik im Kampf gegen Spanien von England unterstützt wurde, sie dürfte freilich auch bestimmt gewesen sein von der Furcht, die Niederlande nicht mehr zum Freund, sondern zum Gegner zu haben – eine Furcht, die aus dem Augenblick einer mächtigen niederländischen Kriegs- und bewaffneten Handelsflotte entstand. Ein Krieg zwischen beiden Ländern werde blutig sein wie kein zweiter. Gesegnet seien daher die Friedenshüter beider Seiten, so heißt es am Schluß, verdammt aber seien jene, die den Frieden brechen wollen – und Friedensbrecher waren wohl jene, die die Freiheit der Meere nicht respektierten.

Erhalten sind auch die Aufzeichnungen des Sir William Brereton, Sproß einer angesehenen Familie aus Cheshire und Mitglied des englischen Parlaments. Er reiste 1634 in die Niederlande, um in der Stadt Leiden die dortigen Ärzte wegen des Gesundheitszustandes seiner Kinder zu konsultieren – ein Motiv, das sicher etwas über die Bedeutung der Medizin in dieser Universitätsstadt aussagt. Der Reise lag also nicht wie bei Moryson die Absicht zugrunde, das englische Lesepublikum mit Nachrichten über den Nachbarn zu versehen, es war eher ein zufälliger oder eben medizinisch bedingter Aufenthalt, der freilich Gelegenheit bot, in einer kurzen Rundreise Land und Leute kennenzulernen. So ist der Informationswert auch um einiges geringer als bei Moryson, zumal das Interesse vornehmlich der religiösen und wirtschaftlichen Entwicklung galt, und es blieb auch nur bei ersten Eindrücken über die Vielzahl von Kirchen und über das vielfältige Nebeneinander von Öffentlichkeitskirche und protestantischen Sekten. Auf dem wirtschaftlichen Sektor beeindruckten die Manufakturen im Dordrechter Raum, und Einsichten über die wirtschaftlichen Aktivitäten des Landes vermittelte auch die Rotterdamer Heringsflotte, die zum Zeitpunkt seines Besuches gerade ausgelaufen war, was wiederum dem Beobachter Hinweise genug auf die hohe Wirtschaftskraft und wirtschaftliche Aktivität der Niederlande verschaffte. Der Reisende nahm sich die Zeit, in Rotterdam das Erasmus-Standbild zu besichtigen und sich zugleich nach der Stadtverfassung und ihrer Funktionsweise zu erkundigen. Die Manufakturen vor den Toren von Dordrecht standen ebenso auf dem Reiseplan wie Besuche in Delft, Den Haag und Leiden, Haarlem und schließlich Amsterdam. Er nahm an Gottesdiensten in den englischen Kirchen Dordrechts und Den Haags teil, diskutierte mit der exilierten Elisabeth von Böhmen, kaufte Tulpenzwiebeln im Garten des Prinzen von Oranien und wohnte im botanischen Garten der Leidener Universität einer Vorlesung bei. Es war nichts anderes als eine Erlebnisreise, zeitlich knapp bemessen, aber vollgestopft, um möglichst viel an neuem Wissen zu sammeln. Daß ihn vornehmlich kirchliche Fragen beschäftigten, hielt ihn nicht davon ab, groß einzukaufen. Neben den erwähnten Tulpenzwiebeln erstand er optische Gläser, 180 Delfter Kamin-Kacheln, Porträts der Elisabeth von Böhmen und des Statthalters Friedrich Heinrich sowie Fliesen für Fußböden und Gipsabdrüke. Es waren offensichtlich alles spontane Käufe, nichts Gezieltes, mit möglicherweise nur Erinnerungswert, auf jeden Fall aber vermittelten sie einen kleinen Einblick in Typisches aus der Gewerbe- und Handelswelt der Republik.[17]

Der junge englische Dichter Thomas Overbury, der zum Kreis um den die elisabethanische Zeit mitrepräsentierenden Ben Johnson zählte, besuchte Frankreich, die südlichen Niederlande und die Republik 1609. Er war entweder gut vorbereitet oder hat im nachhinein seine Aufzeichnungen mit Hilfe bestehender Literatur sorgfältig ausgearbeitet, denn seine 1626 erschienenen *Observations in his Travailes upon the State of the XVII Provinces as they stood Anno Domini 1609, the treate of peace being then on foote* enthalten, auch wenn die Beschreibung der Republik nur acht Seiten in Anspruch nimmt,

---

17 Dies nach der Zusammenfassung, die STOYE, *English Travellers*, S. 242ff. enthält.

eine kluge, politisch-geographische Lageanalyse des neuen Staates, unterstreichen dessen neues Rechtsbewußtsein und bieten eine illusionslose, abwägende Charakterstudie der Bewohner, die weder besonders gläubig, noch ausgesprochen lasterhaft eingeschätzt werden, hart, aber gerecht im Geschäft gewesen sein sollen, und sparsam, „wie in allen Demokratien"; ideenreiche Handwerker und pfiffige Händler gebe es, bedächtiger seien sie, kundiger, hartnäckiger in ihren Aktionen, nicht so übereilt wie Franzosen und Italiener; dabei, wie die Schweizer, von einem Gleichheitsdenken besessen, was sie für die Demokratie geeignet mache.[18] Es entsprach durchaus tiefer Einsicht in die Unwägbarkeiten der so eigenartigen konstitutionellen Struktur der Republik, wenn er zu erwägen gab, wie sich denn eine solche Konstruktion wohl in Friedenszeiten verhalten möchte. Der Krieg als Kitt der Föderation also!

Plastischer freilich sind die kurzen Notizen des englischen Seefahrers und Kaufmanns Peter Mundy von 1640. Nach gefahrvoller Überfahrt von England her landete Mundy in Den Briel. Auf dem Weg nach Rotterdam kam er an Maassluis, Vlaardingen, Schiedam und Delfshaven vorbei. Von Rotterdam aus fuhr er auf einem Treidelboot nach Delft und von dort nach Den Haag. Seine Beschreibungen sind zwar kurz, aber tragen deutlich den Charakter einer spontanen, unmittelbaren Reaktion der befriedigten Neugier. Es handelt sich nicht um wohlüberlegte Nacharbeitungen, wie sie Fynes Moryson vorlegte. In Rotterdam traf Mundy eine vielköpfige englische Kolonie, die auch immer noch die Kleidung des Heimatlandes trug. Daß es sich bei dieser Stadt um ein Seefahrts- und Handelszentrum handelte, fiel jedem Reisenden auf. Voller Bewunderung stand er dem 1622 errichteten Erasmus-Denkmal gegenüber, das Moryson 1593 noch in Holzausführung gesehen hatte. Die ursprünglich in Stein gehauene Figur des Erasmus war von den Spaniern zerstört worden. Die Bootsfahrt nach Delft war billig (3 Stuiver) und pünktlich, was, die fahrplanmäßige Pünktlichkeit betreffend, auch Moryson schon festgestellt hatte. Die Fahrt ging durch sechs bis sieben Fuß über dem Land gelegene, künstlich angelegte Kanäle, deren Wasser durch Windmühlenbetrieb aus dem tiefer gelegenen Land geschöpft wurde. Delft sei zwar keine Stadt mit Regierungssitz, aber jedenfalls sauber, mit dem schönsten Marktplatz, den er bis dahin gesehen habe. Volle Bewunderung hegte er für das Rathaus und die diesem gegenüberliegende Kirche, in der sich die Grabstätte der Oranier befand. Moryson hatte sie noch als eine Schande für den ‚Vater des Vaterlandes' empfunden. Mundy sah dagegen die neue Grabstätte, die Hendrik de Keyser, Erbauer auch des Erasmusdenkmals, 1616 begonnen hatte – und er war voll des Lobes. Den Haag mochte dann eine Reihe von Palästen oder repräsentativen Häusern in seinen Mauern zählen, aber die Stadt wirkte auf den Reisenden niederdrückend und einigermaßen unsauber. Auf der Fahrt nach Amsterdam beobachtete er die Torfstecherei in Haarlem, die Baumschulen, die andere Städte, wie ihm berichtet wurde, mit Bäumen versorgten. Im Südosten von Amsterdam besichtigte er das Muider-Schloß und Weesp, ohne freilich etwas über den Muiderkreis des P. C. Hooft zu erzählen. Es kam ihm selbst etwas vernachlässigt vor, obwohl Hooft es in seiner Eigenschaft als Drost von Muiden vor allem 1630/31 hatte restaurieren lassen. Von Weesp aus, so bemerkte der Reisende (wie zuvor auch der an Handwerk und Manufaktur interessierte Brereton), werde reines Wasser in die Amsterdamer Bierbrauereien gebracht. An solchem Wasser fehle es der großen Stadt.

Mundy war sicherlich kein systematischer Beobachter, er notierte, was augenfällig war, ohne sich auf bestimmte Orte, Ereignisse oder Gebräuche zu konzentrieren. Aber es zeugt sicher von Sinn für das Besondere, wenn er die Methode des Häuserbaus auf sumpfigem Gelände, d.h. das Verfahren des ‚heien' – eine Bautechnik, die in die Gegenwart hineinreicht –, und Begräbnisstätten beschreibt. Amsterdam ist, wie nicht anders zu

---

18 S. ebd. S. 278f. sowie A.C.J. DE VRANKRIJKER, *In Andermans Ogen*, Utrecht 1942, S. 36.

erwarten, der zentrale Ort seines Berichtes. Wo Rotterdam, Delft, Den Haag oder Haarlem nur in wenigen Sätzen in ihren auffälligen Eigenheiten spontan beschrieben werden, ist Amsterdam allemal einen längeren Bericht wert. Um die Stadt, deren Einwohnerzahl er auf die der Hälfte Londons schätzte, weil die wöchentliche Sterberate etwa die Hälfte der Londoner betrug, auf sich als Ganzes wirken zu lassen, nahm er sich zunächst einmal die Mühe, auf den Turm der Westerkerk zu steigen, auf den 1638 vollendeten höchsten Turm der Stadt, in dem eine 16.000 englische Pfund schwere Glocke hing, um von dort aus die Weite der Stadt und der Umgebung in Augenschein zu nehmen. Tatsächlich war von keinem Punkt her die ganze Stadtanlage mit ihren Grachten, Nebenstraßen, Gärten und Bürgerhäusern besser zu übersehen, und sie bot sich dem Betrachter beim ersten Hinsehen offensichtlich als eine Idylle mit den von vielen Bäumen umsäumten Grachten. Nicht nur entlang diesen Wasserstraßen, sondern auch durch die Nebenstraßen ist er gelaufen, die er als Wege des Handwerks und der Händler erfuhr. Er besuchte das Judenviertel, beschreibt die Juden, meistens Portugiesen, als wohlhabend und in voller Freiheit lebend, wie ihm überhaupt das religiöse Leben das der weitesten Toleranz zu sein schien. Er beschrieb das knappe Ritual, betonte, wie gering die Reglementierung seitens der Kirche sei und nannte die nur wenigen Feiertage, unter denen der Sonntag nur selten geheiligt werde.

Handels- und Schiffsverkehr brachten ihn in ihrem Umfang dazu, das Wort von der weltweiten Unvergleichbarkeit zu finden. Zum Zeitpunkt seiner Anwesenheit auf Texel (erster Ankerort für Schiffe aus Übersee) trafen acht Schiffe aus dem ostindischen Archipel, neun aus den westindischen Gebieten und neun aus Guinea ein sowie noch einige andere. Die Menge der Schiffe zu zählen, die in den Hafen Amsterdams einfuhren, gab er rasch auf. Was hieß das für ihn? Es konnte nur bedeuten, daß Fleiß und Arbeit diesem Land zu Reichtum verholfen hatten, dessen natürliche Bedingungen eher auf Mangellage schließen ließen. Die Holländer – Mundy bereiste nur die Provinz Holland – hatten es nach seiner Ansicht verstanden, aus einem sumpfigen Gelände mit stinkendem Brackwasser und oftmals stinkender Luft einen Ort zu machen, „an dem es sich in Gesundheit und Reichtum mit Leichtigkeit und Vergnügen leben läßt", dank eines erfinderischen Fleißes und dank der Flotte und dem weltweiten Handel.

Arbeitsmarkt und Erfindungsgabe der Holländer haben auch andere Engländer beeindruckt, aber Mundy ist wohl der erste, der mit Erstaunen die Liebe der Holländer zur Malerei ausführlicher erwähnt, die Liebe auch zu anderen künstlerischen Kostbarkeiten: „Ich glaube, da werden sie von niemandem übertroffen", heißt es da. Von hervorragenden Künstlern spricht er, nennt Rembrandt, aber der ist nur einer unter vielen. Für nachgerade einmalig hielt er den Drang der Holländer, die Wohnungen mit Gemälden auszuschmücken, und da spricht er nicht von Patriziat oder Regenten, sondern von Fleischern und Bäckern, von Schmieden und Schustern. Es ist das Vergnügen, die Freude am Bild, die ihm auffällt – und nicht nur am Bild, sondern an einer reichen Wohnungsausstattung überhaupt, an Möbeln, Porzellan, Verzierungen in Häusern, die Mundy ebenso wie die Straßen für „wunderbar reinlich und sauber" hält. Das Rasp- und Spinnhaus in Amsterdam, Arbeitshäuser und Besserungsanstalten für Männer und Frauen, waren ebenso Gegenstand seiner Bewunderung wie Kirchen und Glockentürme, deren geometrische und zugleich künstlerische Form es ihm angetan hatten, wie ihm auch der Hang zu seltenen Blumen und Pflanzen, die die Häuser schmückten, auffiel. Daß er die unglaublich hohen Preise für Tulpenzwiebeln erwähnte, konnte nicht ausbleiben, obwohl die hohe Zeit der Tulpenrage schon vorbei war. Dieser Blumenschmuck formte ein Gegengewicht gegen die Unbegehbarkeit der sumpfigen Region außerhalb der Stadt. Abgesehen schließlich noch von der Beschreibung eigenartiger Hochzeitssitten, akzentuiert er noch einmal die holländische Sauberkeit, indem er die natürlichen Bedingungen Amsterdams mit denen anderer großer Städte vergleicht. So hat die im Sumpfgelände entstandene Stadt a priori eine ungesunde Luft, was jedoch durch die Sauberkeit der Holländer und durch die breiten Grachten wettgemacht wird, während andere Städte ihre durch natürliche Voraussetzungen gewährleistete gesunde Luft am Boden, „wo die Menschen atmen", durch unvorstellbaren Schmutz in den Straßen einfach verpesten. Die Einwohner solcher Städte müssen ins Freie wandern, um gesunde Luft atmen zu können.[19]

Peter Mundy, der sicher schon ein ganz anderes Holland bereiste, als das etwa Fynes Moryson hatte tun können, ist wohl der erste Engländer, der sich rundheraus enthusiastisch über Land und Leute äußerte. Zu einer Charakteristik der Leute kommt er nicht, wenn man einmal von der mehrfach apostrophierten ‚Sauberkeit' absieht. Es scheint überhaupt die persönliche Begegnung gefehlt zu haben, was freilich der Plastizität seines Berichtes nicht schadet.

Mundy war kein Bildungsreisender, kein Mann der Vertiefung, sondern ein dem spontanen Eindruck unterworfener, gleichwohl gut beobachtender Tourist, in der Arbeitsweise und von der Herkunft her nicht vergleichbar dem Fynes Moryson oder auch dem Gentry-Mann John Evelyn aus Wotton in der Grafschaft Surrey, der ein Jahr nach Peter Mundy zu einer ‚konventionellen Tour' aus England (Juli 1641) abreiste[20] und in Vlissingen Fuß auf seeländischen Boden setzte, um dann in der Provinz Holland sich rund acht Wochen aufzuhalten. Ungleich dem Spontanbericht des Peter Mundy handelt es sich bei John Evelyns Mitteilungen um ein im nachhinein sorgfältig redigiertes Tagebuch, dem nach der Reise wohl auch Fakten aus anderen Schriften wie etwa Reiseführern – Evelyn war auf seinen Reisen mit solchen ausgestattet – beigegeben wurden. Während alle ‚lebendigen Beobachtungen' aus seiner Feder stammen, hat er zur Darstellung historischer und architektonischer Einzelheiten zeitgenössische Literatur herangezogen, unter der das Buch von Abraham Gölnitz *Ullyses-Belgico-Gallicus* für die Beschreibung Brüssels und Gents wichtig war.[21]

Entsprechend dem Interesse anderer englischer Standesgenossen interessierte er sich bei seiner Ankunft zunächst für Militärisches. Er wollte der Belagerung von Gennep beiwohnen, so daß er von Vlissingen aus über Middelburg, Veere, Dordrecht, Rotterdam und Delft nach Den Haag und schließlich auch nach Leiden reiste – alles nur Stippvisiten, Gebäude- oder Denkmalbesichtigungen oder kurze Hofbesuche bei der Königin Elisabeth von Böhmen, die im Haag Hof hielt. Zu spät kam er am Ort der Belagerung an. Das statthalterliche Heer unter Friedrich Heinrich hatte wenig zuvor die Stadt eingenommen. An der Feier des militärischen Sieges konnte er inmitten eines Regiments englischer Freiwilliger noch teilnehmen, er ließ sich selbst als Freiwilliger noch einschreiben. Vielleicht war dies nur die Pflichtübung eines Mannes der Gentry, nicht übermäßig ernst gemeint, denn er verließ seine Truppeneinheit schon wieder nach einer Woche. Erst dann begann die Reise, die ihn entlang Schloß Loevestein kommen ließ, von dem er zu erzählen wußte, daß hier Hugo Grotius durch eine von seiner Frau ersonne Kriegslist in einem Koffer entkommen war, und er wußte auch vom ‚unglücklichen' Oldenbarnevelt zu berichten. Daß er auf dieser Fahrt auf dem Waal einer Diskussion von drei Theologen über die Rechtmäßigkeit von Kirchenmusik beiwohnte, mag für ihn keine besondere Bewandtnis gehabt haben, aber letztlich spiegelt dieser Farbtupfer durchaus den Charakter der religiösen Welt des Landes wider. In Rotterdam traf Eve-

---

19 Alles nach R.C. TEMPLE (Hrsg.), *The Travels of Peter Mundy in Europe and Asia 1608-1667*, IV, *Travels in Europe 1639-1647*, London 1925, S. 53-81.

20 „Konventionelle Tour" bei STOYE, *Reisende Eng*länder, S. 139: „das gewöhnliche Programm für reisende Engländer in den nächsten 150 Jahren."

21 Zur Arbeitsweise von J. Evelyn, s. STOYE, *Reisende Engländer*, S. 140f. Die folgende Darstellung der Reisebeschreibung aufgrund von W. BRAY (Hrsg.), *Diary and Correspondence of John Evelyn, F.R.S.*, I, London 1857, S. 17-29. Vgl. auch R. FRUIN, *De Nederlanders der Zeventiende Eeuw door Engelschen geschetst*, in: Verspreide Geschriften IV (1901), S. 249.

lyn zur Zeit des Jahrmarktes ein, der voll beschickt war mit Landschafts- und Genregemälden. Er kaufte einige Stücke und verschickte sie nach England. Sie waren billig zu erstehen. Das große Angebot weckte bei dem Reisenden jedenfalls Verwunderung, ohne daß er freilich, wie Mundy es für Amsterdam getan hatte, daraus eine besondere Liebe der Rotterdamer für die Malerei ableitete. Den Grund für dieses hohe Aufkommen an Gemälden sah er im Wunsch der bäuerlichen Bevölkerung, Land zu erwerben, um den Viehbestand aufstocken zu können. Sie kauften Gemälde als Investitionsgut, das auf einem Jahrmarkt mit Gewinn verkauft werden sollte. Diese ökonomische, hier nicht zu beurteilende Begründung zur Güte der holländischen Malerei, aber auch zur Vielzahl der eher auf den breiten Geschmack gerichteten Genrestücke braucht der Aussage des Peter Mundy über die Liebe der Holländer zur Malerei nicht entgegenzustehen. Evelyn zog weiter nach Delft, besuchte dort das Grabmal Wilhelms von Oranien („saviour of their liberty'), beschrieb es im einzelnen und bewunderte das Rathaus in seinen Details. Er nahm Logis im Hause eines englischen Brownisten, um von hier die Vielzahl der in der Stadt tätigen Religionsgemeinschaften kennenzulernen. In der Hauptstadt nahm er in der Synagoge an einem Gottesdienst teil, dessen Ablauf er detailliert beschrieb, besichtigte sodann das Spinnhaus und die Arbeit der dort einsitzenden (verurteilten) Frauen: „Unverbesserliche und liederliche Frauen, die dort zu Disziplin und Arbeit angehalten wurden, aber alle sauber waren". Auf seiner Rundreise ließ er das Rasphaus für männliche Delinquenten folgen ebenso wie die Anstalt für Geisteskranke und das Krankenhaus für ehemalige Soldaten und Seeleute, das ihm nach Anlage und Dienstleistung die meiste Bewunderung abverlangte, wie er überhaupt die sozialen Einrichtungen der Stadt mit Erstaunen sah, diese wohl immer heimlich mit Zuständen in England vergleichend. Und es war sicher als großes Kompliment gemeint, wenn er die gründliche Vorbereitung der Waisenmädchen auf ihre Rolle als Hausfrau lobte. Diese Erziehung habe immerhin zur Folge, daß gestandene Bürger, die vornehmlich diese Eigenschaft in einer Frau suchten, ihre Ehefrauen unter den Insassinnen des Hauses auswählten. Wie bei Mundy fanden auch bei ihm die baumumsäumten Grachten, die gepflasterten Straßen und die Häuser die volle Bewunderung, zumal ihn auch die Bautechnik in dem ursprünglichen Sumpfgelände beeindruckte. Daß die Holländer ein Handelsvolk waren, illustrierte Evelyn wohl am besten dadurch, daß er die direkt an die Amsterdamer Börse anschließenden Anlegestellen der großen Handelsschiffe nannte und als typisch für ganz Holland die Möglichkeit erwähnte, gleichsam vor der Haustüre der Kaufleute zu ankern. Im übrigen tritt freilich die Betonung von Fleiß, Eifer, Kaufmannsgeist und ähnlicher Epitheta etwas zurück. Mehr scheint ihm Künstlerisches, Technisches, Wissenschaftliches von Bedeutung gewesen zu sein. Die Technik des Glockenspiels aufgrund von Kompositionen hat ihn ebenso fasziniert wie der Druck geographischer Karten und Atlanten, von denen er einige bei Hondius und Blaeu erstand, oder das wissenschaftliche Leben überhaupt, das er in Leiden versuchte kennenzulernen. Er besuchte das Grab von Josef Scaliger, ließ sich an der Universität immatrikulieren und bezahlte dafür einen Rijksdaalder, was ihn von der Akzise befreite. Er macht die ‚langersehnte' Bekanntschaft des Sprachwissenschaftlers Daniel Heinsius, besuchte die Einrichtungen der Universität und war höchst beeindruckt von den Sammlungen der Leidener Anatomie. Auch der Buchdruckerei Elsevier, die europaweiten Ruf genoß, stattete er einen Besuch ab.

Ähnlich Evelyn und Brereton haben sich auch James Howell (1617), ein Angestellter des großen englischen Glasfabrikanten Sir Robert Mansel, und später zwei Mitglieder der Familie Rawdon, beide mit dem Vornamen Marmaduke, nur in die Niederlande begeben, ohne ein große europäische Tour anzuschließen. Besuchsorte und Eindrücke unterscheiden sich kaum von denen anderer. Aber es tauchen doch hier und da Bemerkungen auf, die dem Holland-Bild – es geht immer nur um diese Provinz – Mosaiksteinchen hinzufügen. Nur wenige Bettler auf den Straßen dank der Kranken- und Armenhäuser, so wurde bemerkt, und dies war sicher eine interessante Beobachtung, bemerkenswerter aber scheint die Feststellung – gleichviel ob richtig oder falsch –, daß die Betätigung breitester Kreise in den Handelskompanien und das gleichlautende Interesse eine „seltsame Art von Gleichheit" hervorgebracht habe. So zumindest James Howell.[22]

Reisende, die gegen Ende der ersten oder in der zweiten Hälfte des Jahrhunderts die Niederlande besuchten, scheinen im übrigen schon kritischer eingestellt gewesen zu sein, ein Zeichen der wachsenden Rivalität zweier Handelsnationen, wie vermutet wird. Zu ihnen zählt William Nicholson, unter Königin Anne Bischof von Carlisle und kurz vor seinem Tod 1727 noch Erzbischof von Cashel. Für Huis ten Bosch, den Sitz der Oranier, hatte er 1678 noch alle Bewunderung ob des Reichtums der Ausstattung. Gestört zu haben scheint ihn wohl die Behauptung der Delfter Bürger, auf die Einfuhr englischer Wolltuche verzichten zu können, da man sie selbst herstelle. Und wenn er in Amsterdam den armseligen Zustand des städtischen Archivs glaubte feststellen zu können, weil eben die Bürger sich nur dem Handel widmeten, nicht aber der gelehrten Welt sich zuwandten, dann klang das schon weniger freundlich, und es diente vielleicht auch der eigenen Beruhigung, daß die Zahl der Schiffe, die man in London vom Monument an der London Bridge aus sehen konnte, ungleich höher sei als in Amsterdam, auf welchen Turm man dort auch immer steige. Und gestört haben dürfte ihn auch das Verfahren der Holländer, alte Druckschriften neu aufzulegen mit der Titelseite des ersten Erscheinungsortes und -jahres. Es war in der Tat schlichter Raubdruck, der auch die niedrigen Buchpreise in Amsterdam erklärte.[23]

Robert Fine hat 1861 geschrieben, daß die Niederländer bei den Engländern in hohem Ansehen standen und von diesen eigentlich beneidet worden seien. Er bezieht sich da auf das 1664 in London gedruckte *The Dutch drawn to life* und auf das fast 30 Jahre später, 1691, erschienene *A late voyage to Holland*. Den Fleiß und die handwerklichen Fähigkeiten der Niederländer beobachtete man im übrigen nicht nur im Lande selbst, sondern auch dort, wo sich Niederländer im Ausland als Emigranten niedergelassen hatten und dort rasch aus der autochthonen Bevölkerung hervorstachen. Und solche Bewunderung galt nicht nur für die städtische Welt, sie galt auch dem platten Lande, den Bauern, die ihren Hof in Ordnung hielten wie der Höfling seinen Bart. Dabei bestachen den Beobachter die Sauberkeit der bäuerlichen Siedlung ebenso wie das gepflegte Erscheinungsbild der Bauersleute. Es mag dann makaber klingen, was witzig gemeint war, auf jeden Fall ist es bezeichnend, wenn der Reisende erzählt, die Betten der niederländischen Bauern seien zwar hoch, und falle man hinaus, dann breche man sich den Hals, aber auf jeden Fall könnten die Hinterbliebenen sich mit dem Gedanken trösten, man sei doch zwischen sauberen Laken gestorben. Es scheint, als ob hier das Wort vom Bauernlümmel und Bauerntrampel nicht angebracht gewesen sei. Der offensichtlich überall vorhandene Spiegel hinter der Eingangstür des Hauses wird als Zeichen der Gastfreundlichkeit gewertet und das ganze, ordentlich aufgestellte Mobiliar und Geschirr mit einem Kunstkabinett verglichen. Besonders auffällig aber war die Vielzahl der Gemälde als ganz zentrale Stücke des Interieurs. Armut konnte dort nicht herrschen, wo so viele Gemälde an den Wänden hingen.

Und es waren nicht nur die Bauern in ihrer Ordnungsliebe und ihrem Besitzerstolz, die die volle Bewunderung hervorriefen. Es waren auch die Seeleute. Dieser Berufsstand sei in den Niederlanden so zahlreich wie in England die Bettler – ein hübscher Vergleich, insofern er etwas über die soziale Lage in England aussagte. Eine einzige niederländische Schiffsbesatzung sei im übrigen mehr wert als eine Million englischer Matrosen. Ein rauhes, fluchendes Volk sei es zwar, gewiß, aber arbeiten könnten sie

---

22 STOYE, *English Travellers*, S. 250.
23 Ebd. S. 255f.

und sie säßen nicht faul herum wie Engländer. Die Niederländer seien eben wie Frösche, voll fähig auf dem Trockenen wie auf dem Wasser gleichermaßen zu leben. Und selbst den Frauen wurden seemännische Fähigkeiten zuerkannt. Rudern könnten sie allemal, ein Boot steuern, den Segelmast richten, die Segel setzen und beim rauhesten Wetter sich behaupten. Eine Niederländerin schlafe in einem Boot ebenso ruhig wie in ihrem Bett. Daß die ‚große Fahrt' in den indonesischen Archipel mit einer international gemischten Besatzung unternommen wurde, blieb unerwähnt. Ein anderer der Reisenden scheint früh schon im zweiten Jahrzehnt des 17. Jahrhunderts mit der Fischfangflotte aus dem Haringvliet ausgelaufen zu sein, um dann nur noch voller Erstaunen und auch Neid über die hohe Qualität der Ausrüstung, den Arbeitseifer der Matrosen und den jedermann genau zugewiesenen Platz an Bord, kurz: über das vortreffliche Arbeitsklima zu berichten. Und so hieß es dann gleichsam als Ergebnis: „Die Holländer verachten uns ob unserer Nachlässigkeit und Sorglosigkeit, und sie wagen es, unseren armen Fischern ins Gesicht zu sagen: „Ihr Engländer dürft unsere alten Schuhe tragen".[24]

Zwar bewundernd, gleichwohl nüchterner, auf jeden Fall systematischer hat sich William Temple, Gesandter des britischen Königs in den Niederlanden und sich dort mehrere Jahre aufhaltend, in einem Buch mit seinem Gastland befaßt. 1673 ist das kleine Werk in London erschienen, in dem Jahr also, als das Land sich in bedrohlicher Lage gegenüber den Invasionstruppen Ludwigs XIV. befand, und Temple ließ sein Bedauern über diesen Zustand gleich im ersten Satz seiner Einleitung spüren, als er beschrieb, was er kurz zuvor noch miterlebt hatte: das Wachsen des Reichtums, die Schönheit der Städte, die Expansion des Handels, die hohe Bevölkerungszahl, die Stärke der Flotte, der Festungen und der Truppen, dies alles manchem zum Neide, anderen zur Furcht, allen zur Bewunderung. Und nun der Sturz ins Bodenlose, in die Zerstörung nach wenigen Tagen und wenigen militärischen Aktionen. Temple hat versucht, im letzten Kapitel diesen Sturz zu erklären.

Die Frage politischer Wechselfälle ist hier nicht zu kommentieren, auch nicht über seine überaus kenntnisreiche Darstellung der niederländischen Geschichte zu handeln, die er schon für die Zeit Karls des Großen beschreiben zu müssen meinte, und die gerade für die Zeit des Aufstandes ein fast schon feuriges Plädoyer für die Sache der Niederlande enthält, verbunden mit einer schon lyrischen Betrachtung des Volkscharakters, und schließlich soll ebenso wenig sein Bericht über die konstitutionelle Struktur der Republik interessieren, deren Funktionsweise er eindringlich beschrieben hat. Vielmehr sei hier seine Beschreibung von Land und Leuten, von Natur und Kultur, die für ihn in einem engen Zusammenhang miteinander stehen, näher betrachtet, die von gleicher Qualität ist wie der Blick auf Ereignis und Struktur der Politik. Es ist sicher nicht so, daß andere nicht Ähnliches wie er beobachtet und notiert hätten, aber Temple trug es eben systematischer zusammen, bettete es in einen historisch-politischen Rahmen und legte somit eine Landeskunde der Republik vor. Aber dort, wo längere Beobachtung zu ähnlichen Aussagen kommt wie der nur flüchtige Blick nach hastiger Reise, ist schon etwas über den Realitätssinn auch des nur kurz Reisenden gesagt. Die Natur der Niederlande, das sind See und Wind, Sand und Dünen, Flüsse und Kanäle, Häfen und Binnenseen. Solche Beschreibung erinnert an den Chronisten Johannes Meerman, der im 18. Jahrhundert neben anderen Faktoren das Wasser als die Grundbedingung republikanischer Existenz geschildert hat. Und Wasser, das hieß Handelsvorteile (freilich nicht größer als die Englands), nicht allein durch die Flotte, sondern vor allem im Binnenverkehr in Form von kostendämpfenden Transporterleichterungen in einem insgesamt flachen

---

24 Vorhergehendes nach FRUIN, S. 245ff. Es ist festzuhalten, daß der Schreiber des *A late voyage to Holland* viel übernommen hat aus *The Dutch drawn to life* und aus nachstehend noch zu erörternden *Observations upon United Provinces of the Netherlands* des William Temple, von 1673.

Land. Indes: auch Handelsnachteile erfuhr das Land durch die Natur, verursacht durch scharfe Nordostwinde, die die Hafeneinfahrten zu Eis erstarren ließen. Freilich, diese eisigen Nordostwinde hatten ihren Vorteil, insofern sie die so feuchte und neblige Luft vertrieben, die ansonsten das Land das ganze Jahr hindurch beherrschen würden. Und es ist recht interessant zu lesen, daß diese feuchte Luft auch die Sauberkeit der Häuser und Wohnungen bedingte, ja sie erforderlich machte, da nur ständiges Schrubben das Metall vor dem Rostfraß und das Holz vor dem Modern bewahren könne, wie auch bei dem sumpfigen Boden und der feuchten Luft eine Bepflasterung der Straßen unbedingt notwendig war.

Der Bürgersohn Temple befaßte sich nun nicht nur mit der Natur und ihren Erscheinungsformen, sondern unternahm auch eine Art berufsständische Gliederung, die ihn sicherlich als einen Mann des gehobenen Bildungsstandes ausweist. Von Bauern sprach er, die er auch als ‚clowns' bezeichnete, von Matrosen und Schiffersleuten, von Kaufleuten und Händlern, von Rentiers und Offizieren. Bei ihm ist nicht von Fleiß und Bauernstolz die Rede, eher von Begriffsstutzigkeit und Tölpelhaftigkeit, von bescheidener Zufriedenheit sowohl intellektuell als auch materiell. Neben der geringen intellektuellen Begabung und der materiellen Bescheidenheit der Bauern beobachtete er die Grobschlächtigkeit und Wortkargheit der Matrosen. Dafür hielt er eine Erklärung bereit. Da ihm Ausdrucksweise und Wortwahl immer ein Ergebnis der Konversation mit dem Partner war, konnte er hier auf die nachgerade inzüchtige Begrenzung auf die Schiffsbesatzung und darüber hinaus auf den Kampf mit Wind und See weisen. Das war wohl nichts typisch Niederländisches, mußte aber wohl angesichts der vergleichsweise riesigen Flotte der Niederlande und des ohnehin so häufigen Verbleibs auf See als besonders auffällig verzeichnet werden. Die These von der Fruchtbarkeit einer reichen und vielfältigen Konversation, aber auch vom intelligenzfördernden Handel ließ ihn gleich auch die Kaufleute und Handwerker der erfolgreichen niederländischen Städte unter die Kategorie „beweglich" einstufen, freilich nicht unter „erfinderisch", das sei etwas für „wärmere" Köpfe. Als „Imitatoren" seien sie freilich ausnehmend gut. Ihr Verstand bringe mit Eifer und Durchhaltevermögen zuweilen Besseres zutage als das Original. Daß Temple zur geistigen Beweglichkeit auch Schlitzohrigkeit dachte, ist sicher, da er dort Vorteilsnahme erfuhr, wo der Partner nur Unwissenheit oder Dummheit anbieten konnte. Unter gleichen Partnern bei drohendem richterlichem Zugriff im Falle des Verstoßes liefen die Geschäfte dagegen nüchtern und sachlich ab. Die Rentiers, die vom Vermögen ihrer Väter lebten, unterschieden sich nach Benehmen und Gewohnheiten von der anderen Gruppe, wenngleich Temple ihnen die gleiche Bescheidenheit zuerkannt wissen wollte. Die Kinder dieser Rentiers – und das sah er hier völlig richtig – bevölkerten die Universitäten, unternahmen kleine Bildungsreisen (vornehmlich nach England und Frankreich) und stellten den Nachwuchs in Regierung und Ämtern von Stadt und Provinz, gleichsam um die Kontinuität der Familie in amtlicher Funktion bemüht. Temple legte besonderen Wert auf den Hinweis, daß nicht der einfache Kaufmann und Handwerker in der Regierung saß, wie es der spöttische Witz im Ausland zuweilen wahrhaben wolle, sondern eben diese traditionsreichen Familien, die sich aus Grundbesitz, Kapitalzins und Profiten aus größeren Handelsunternehmungen (VOC) ernährten. Er betonte nachhaltig, daß es sich nicht um die reichsten Familien des Landes handle; Bemühung um wachsenden Reichtum meinte er vor allem bei den ‚Nur'-Kaufleuten feststellen zu müssen.

Temple schreibt im Ton der Würdigung für alle Gruppen, auch für den Adel (nur noch gering an Zahl), der sich freilich sehr von anderen Bevölkerungsschichten in vielerlei Hinsicht unterscheide. Er tadelte die Adligen, weil bei diesem Stand offensichtlich französische Sitten im äußeren Habitus übernommen worden waren. Auffällig für alle Stände gleichermaßen fand er eine ausgemachte Sparsamkeit und realistischen Umgang mit Geld, der nicht einmal zuließ, daß Ausgaben und Einnahmen auf gleicher

Höhe lagen. Kunde über solches Verhalten schon würde eine Person allgemein in der Gesellschaft diskreditiert haben. Sparsamkeit als Voraussetzung für die pünktliche Entrichtung relativ hoher Steuern, aber auch als Voraussetzung für die Investition in die Gestaltung des häuslichen Interieurs! Sieh da den Grund für die Schönheit der Städte, ihre Pracht und Bequemlichkeit (öffentliche Gebäude, Straßen) und ihre schönen Häuser und Wohnungseinrichtungen! Für Temple scheint gerade der finanzielle Realismus der Niederländer eine besonders lobenswerte Eigenschaft zu sein, verbunden mit der Zuverlässigkeit in der Ausführung öffentlicher und privater Planung (Straßen, Brücken, Häuser) – ebenso auffällig und lobenswert wie soziale Einrichtungen und Wohltätigkeitsanstalten. Viele Reisende haben gerade dies als berichtenswertes Phänomen empfunden. Temple beschreibt Wohltätigkeit gar als eine nationale Eigenschaft der Niederländer. Den größten Eindruck hinterließ bei ihm das Heim für ehemalige Seeleute in Enkhuizen. Das war ein vom Magistrat errichtetes Heim, und er schreibt, es sei entworfen, gebaut und eingerichtet, als ob ein mildtätiger Privatmann die Absicht gehabt habe, jenen noch in ihrem letzten Lebensabschnitt alle Annehmlichkeiten zu verschaffen, die bis dahin auf hoher See allen Unbilden ausgesetzt gewesen seien. Er berichtet über ein langes Gespräch mit einem Seemann des Heims, dem er beim Abschied ein Fünf-Schilling-Stück überreicht habe. Dieser habe es lächelnd angenommen, dann zurückgeben wollen mit der Frage, was er mit Geld anfangen solle, habe er doch im Heim alles, was er benötige.

Dieser englische Diplomat, dessen Zuneigung zu dem Lande fast in jeder Zeile deutlich wird und der wohl zwischen den Zeilen ein Stück moralischer Hochwertigkeit der Bewohner vermitteln will, hat sich auch um die Psyche der Niederländer bemüht und dabei versucht, getreu seiner Ansicht, daß die natürliche Umwelt auch bestimmte Charaktereigenschaften und Verhaltensweisen hervorbringt, manche dieser Eigenschaften zu der schon beherrschenden feuchten Luft in Beziehung zu bringen. Lust und Leidenschaften äußern sich „ruhiger und kühler als in anderen Ländern". Die Geldgier nahm er aus, aber wußte selbst dieser noch Positives abzugewinnen, insofern sie ihm eben als Ergebnis von Fleiß und Sparsamkeit anders zu betrachten war, als wenn sie aus Betrugsabsicht, Raub und Unterdrückung geboren worden wäre. Seltsamerweise begegnete er nur selten Streit und Keilereien, Rachegefühle gebe es nicht, Eifersucht trete nur sporadisch auf. Das Temperament der Niederländer scheint demnach leicht unterkühlt gewesen zu sein. Der ein oder andere mochte dann, wie Temple es aufgrund einiger Begegnungen beschreibt, ein guter Liebhaber sein, aber einem Verliebten ist er nie begegnet, wie auch keiner Frau, die irgendein Interesse an der Verliebtheit eines Mannes bekundet hätte. Temple leitet dies aus einem ungebremsten Freiheitssinn ab, der es nicht ertragen könne, einer „Mätresse" unterworfen zu sein, und führt auch hier nicht zuletzt die hohe Luftfeuchtigkeit an – wie überhaupt diese sicherlich unbestreitbare Naturerscheinung in dem unter dem Meeresspiegel gelegenen Lande dem Diplomaten die Quelle so mancher Verhaltensweisen gewesen ist, so etwa der Keuschheit der verheirateten Frauen und der Rechtschaffenheit der Männer, des Durchsetzungsvermögens und der ununterbrochenen geistigen Anspannung, der damit verbundenen Geduld bei dem Versuch, Reichtümer zu sammeln, und sei dies auf abenteuerlichen Reisen nach Übersee. Temple erzählt von zwei Niederländern, von denen der eine 24 Jahre an einem Globus, der andere 30 Jahre an einem mit Intarsien gearbeiteten Tisch gewerkelt hatte. Aber mehr noch. Die gängige Meinung, daß die Niederländer dem Alkohol munter zusprachen, war auch ihm zu Ohren gekommen. Er hatte diese Gewohnheit sogar selbst beobachten können, gleichwohl verband er diesen Hinweis nicht mit Tadel, vielmehr verwies er auf gesundheitliche Gründe in der Nebellandschaft und auf die Eigenschaft des Alkohols, einen kühleren Intellekt beflügeln zu können. Dennoch eilt er sich festzustellen, daß hohe Beamte und Staatsdiener den Alkoholkonsum nicht zum Mißbrauch haben ausarten lassen.

Es nimmt im übrigen nicht wunder, daß auch Tacitus herangezogen wurde, um Freiheitssinn und Tapferkeit der „Bataver" nachzuweisen. Allein, Temple sah nur noch den Freiheitssinn erhalten, und er begriff dies als Ergebnis einer kulturellen Entwicklung der Mentalität des seriösen Kaufmannes, die sich mit soldatischen Tugenden oder Untugenden in keiner Weise vertrug. Temple wäre nicht er selbst gewesen, hätte er nicht auch hier eine psycho-physiologische Erklärung zur Hand gehabt. Nicht nur die eigene Abstinenz durch Anwerbung von Soldaten fremder Nationen, sondern auch die bescheidene Ernährung und vor allem hier der geringe Fleischkonsum konnten nach Temples Ansicht einen Grund für das schlechte Verhältnis der Niederländer zum Soldatischen abgeben (zumindest für die Feldtruppen). Über den Wert solcher Deutungsversuche ist hier nicht zu handeln, festzuhalten bleibt freilich, daß Temple zu den ganz wenigen zählt, die nicht nur Auffälliges niederschreiben, sondern nach dessen Ursachen suchen. Aber mag es sich nur um Beschreibung oder auch um Erklärung handeln, dem nüchternen, um Verständnis bemühten Beobachter Temple präsentierte sich die Republik (er sprach fast immer nur über die Provinz Holland) als ein Land, in dem der Boden besser war als die Luft, Profit angestrebt und Ehre weniger gefragt war, wo Gutherzigkeit stärker entwickelt schien als intellektuelle Brillanz, mehr Reichtum als Vergnügen herrschte, und wo man reisen konnte, aber nicht zu leben wünschte, und dessen Menschen man achtete, aber nicht liebte.[25]

Wenngleich die hier näher betrachteten Reiseberichte und Tagebuchaufzeichnungen nicht gleich jubilieren, wohl aber Bewunderung enthalten und dort, wo sie später redaktionell bearbeitet worden sind, ernsthaftes Bemühen um Einblick in dieses Land verraten, enthalten Dichtung und Theaterstücke schon vor der Jahrhundertwende und bis ins 17. Jahrhundert hinein eher Komisches, wenn nicht gar Abfälliges und Groteskes über die Niederländer. Es ist dies auch die Zeit, in der die Verwendung des Eigenschaftsworts „Dutch" in manchen Wortverbindungen Abartiges und Unmoralisches meint. „Dutch courage" etwa meint einen Mutbeweis, den zu leisten man nur in angetrunkenem Zustand in der Lage ist, wie überhaupt hemmungslose Sauferei den Ausländer beeindruckt zu haben scheint. „Dutch bargain" ist ein im Suff abgeschlossener Handel, und bei einem „Dutch feast" ist der Gastherr vor den Gästen betrunken, und während in einem „Dutch concert" mehrere Melodien gleichzeitig durcheinander gespielt werden, eine Art Katzenmusik also, ist eine „Dutch widow" schlicht eine Hure. Während dies noch ein gewisses Maß an Lustigkeit enthält, ist eine „Dutch defence" schon bitter geprägt, denn da handelt es sich um Übergabe durch Verrat.[26]

Es gibt andere, die neutraler gehalten sind, die wesentliche Frage gilt freilich dem Ursprung dieser im ganzen so negativ besetzten Begriffe. Es ist schon darauf hingewiesen worden, daß solcherlei Epitheta nicht erst aus der Zeit der niederländisch-englischen Seekriege stammen, was dann sehr begreiflich gewesen wäre, sondern eben schon in der zweiten Hälfte des 16. Jahrhunderts entstanden sind, in einer Zeit also, in der die Republik und England als Verbündete gelten konnten, mag auch die Koalition nicht ein Bedürfnis des Herzens gewesen sein. Sind es literarisch umgesetzte Erfahrungswerte

---

25 Zugrunde gelegen hat uns hier eine 1971 produzierte Faksimile-Ausgabe des Temple-Textes. Es ist auffällig, daß der Temple'sche Bericht insgesamt viel stärker auf politische Strukturen abhebt als der des Staatstheoretikers John Locke, der in den 1680er Jahren in den Niederlanden weilte. Dazu die unter Anm. 11 genannte Arbeit von C.D. VAN STRIEN, die als Dissertation an der VU Amsterdam vorgelegen hat. Es sei hier auch noch hingewiesen auf C.C. BARFOOT, ‚Envy, Fear, and Wonder': English Views of Holland and the Dutch 1673-1764, in: C.C. BARFOOT/R. TODD (ed.), The Great Emporium. The Low Countries as a cultural crossroads intthe Renaissance and the eighteenth century, Amsterdam u.a. 1992, S. 207ff.
26 Begriffe bei J. HUIZINGA, Engelschen en Nederlanders in Shakespeare's tijd, in: De Gids 1924 (II), S. 219-235, 367-383; auch in: VW II, S. 350-381.

vieler oder einzelne Ereignisse, die zur Kolportage sich eignen, weil sie dem Publikum behagen könnten? Gerüchte, die weitergetuschelt werden? Anekdoten? Einige haben unmittelbare Erfahrung selbst umgesetzt. Unter ihnen George Gascoigne, ein Mann, der am Trinity-College in Cambridge erzogen worden war und von 1572-74 bei den englischen Streitkräften Dienst tat, die den niederländischen Aufstand unterstützten. Gascoigne gilt als Poet einer Übergangszeit, als Vorläufer der großen Literaten der elisabethanischen Zeit.[27] Vor der Landung in Den Briel war Gascoignes Schiff durch einen betrunkenen niederländischen Lotsen in Not geraten, der Geusen-Führer Lumey war zu dieser Zeit ebenfalls besoffen, und die Brieler Einwohner scheinen auch nicht schnell genug eingegriffen, sondern nur vom Ufer aus zugeschaut zu haben – auch voll des Alkohols. Die Schimpfkanonade, die auch nicht an Heftigkeit verliert, wenn sie in Verse gekleidet ist, sei hier nicht wiederholt, gleichwohl ist einigermaßen auffällig, daß Faß, Krug oder Tonne auch in Reisebeschreibungen zu den Sachbeigaben von Holländern zählen, was wiederum die zahlreichen Genrestücke mit Wirtshausszenen zu bestätigen vermögen. Daß Gascoigne dagegen lobende Worte für den Oranier fand, wird man auch als Erfahrungswert gelten lassen können. Er nennt übrigens Den Haag die wohl „angenehmste Stadt Europas". Wie viele europäische Städte er kannte, bleibt unerwähnt. Es sei in diesem Zusammenhang darauf hingewiesen, daß auf jeden Fall die oben genannte reisende Gentry es später nie versäumte, sich dem Hof im Haag zu nähern, dort zu lustwandeln oder der Elisabeth von Böhmen ihre Aufwartung zu machen.

Lustspiele aus der elisabethanischen Periode nun setzen das Lächerliche oder Hinterhältige an die Stelle des Schimpfwortes. In John Marstons Stück *The Dutch courtezan* – Marston war der Sohn eines Rechtsanwalts aus Shropshire und einer Italienerin – tritt eine Hure auf, die ein Liebespaar auseinanderbringen will. Sie spricht niederländische Worte und Sätze und vermag das ‚th' nur als ‚t' und ‚w' als ‚v' auszusprechen – eine typisch niederländische Ausspracheschwäche im Englischen, die im übrigen heute noch gilt. In William Haughton's *A woman will have her will* buhlen ein Italiener, ein Franzose und ein Niederländer vergeblich um eine Engländerin. Der Holländer macht dabei die lächerlichste Figur. Er ist dick, habgierig, wollüstig und ein betrunkener Narr, er spielt den dummen August, der mitten im Zimmer seiner Geliebten in einem Korb hochgezogen wird, Vandal heißt und Kenntnisse des Englischen verrät, die Pidgin-English als Hochsprache erscheinen lassen. Wortschatz, Satzbau und die Ausspracheschwächen sind nicht komisch, sondern grotesk. Sir Tourneur, über dessen Leben sehr wenig bekannt ist, läßt in seinem Drama *The revenger's tragedy* vermerken, daß Holländer als unappetitliche Freier gelten. Engländer scheinen ihrerseits zumindest bruchstückhaft des Niederländischen mächtig gewesen zu sein; nur so erklären sich die in Theater- oder Prosastücken eingestreuten Passagen, aber in ihrer Beurteilung dieser Sprache haben sie nur Negatives anzubieten. Ausgemachten Spott treibt William Haughton, wenn er seine Figur Frisco auftreten läßt, der Niederländisch nur sprechen kann, wenn er den Mund voll Fleisch hat.

Daß die Ambon-Affaire, die als „Mord von Ambon" in die Geschichte eingegangen ist, die Gemüter der Engländer gegen die Niederländer aufgebracht hat, ist einsichtig, gleichwohl will es nicht scheinen, als ob eine Verschlechterung des Niederländer-Bildes die Folge gewesen sei. Es war seit dem letzten Quartal des 16. Jahrhunderts schon bitter genug. Aber immerhin läßt ein Bediensteter der East Indian Company, Walter Mountfort, 1630 in seinem *The Launchinge of the Mary or The Seaman's honest wyfe* den Armada-Bezwinger Howard – im Stück Hobab – auftreten und die Holländer auf Ambon eine „crew of beastly drunkards" nennen. Die englische Zensur hat diese und ähnliche, den Niederländern abträgliche Passagen aus offensichtlich politischen Gründen nicht passie-

---

27 M. STAPLETON, *The Cambridge Guide to English Literature*, London 1983, S. 335.

ren lassen. Völlig losgelöst vom Ereignis Ambon tritt bei Henry Glapthorne, *The Hollander. A comedy (1635-40)*, ein gebürtiger Niederländer auf, der bei seinem Hinweis auf seine niederländische Abkunft die Bemerkungen zu kassieren hat, daß er wohl deshalb wie ein westfälischer Räucherschinken oder ein vertrockneter holländischer Pudding aussähe. Die Hauptfigur, Jeremy Sconce, ist ein aufgeblasener, feiger Narr, und an seiner Person wird die für den Autor ganze Unerträglichkeit niederländischer Sitten ausgespielt. Niederländer haben keine Manieren, sie trinken, bei Hochzeiten ist die Kneipe der wichtigste Aufenthaltsort, sie haben auch kein Mitleid, schon gar nicht gegenüber Frauen.

Es wird immer schwer sein festzustellen, wie es um die Rezeption solcher Bilder bestellt ist. Vielleicht sind auch Schadenfreude, Groteske und Häme breiter zu vermitteln als die Problematisierung von Charakteren, aber wenn solche Dinge Verbreitung finden sollen, muß der Boden durch Erzählungen, Gerüchte, eigene Erfahrung und Kolportage vorbereitet sein. Möglicherweise haben englische Soldaten, die von der Zeit des Kampfes gegen Spanien an so zahlreich auf niederländischer Seite gefochten haben, solche Erfahrungen übermittelt, aber es ist doch festzustellen – und dies nimmt das Gewicht der Theaterszene einigermaßen zurück –, daß nicht nur die hier zum Teil ausführlicher behandelten Reiseberichte, sondern auch einige verständnisvolle und ausgewogene Stücke Land und Volk der Niederlande Recht haben widerfahren lassen. Es sei auf John Fletchers und Philip Massingers Stück *Sir John van Oldenbarneveld* hingewiesen oder auf Dabridgcourt Belchiers *Hans Beer-pot his Invisible comedie*. Belchier lebte wohl in den Niederlanden, wo er auch 1621 starb. Dazu tritt eine ganze Reihe von Kriegsberichten, die zwar zunächst dem Stolz der Engländer über ihre Taten frönen, auf keinen Fall aber Abfälliges über die Niederlande enthalten. Zu nennen sind dann weiterhin historische Arbeiten und schließlich die schon erwähnten Berichte von Diplomaten, die sich höchst ernsthaft mit dem Land und seiner Präsentation befaßten. Und es sei aus Gründen der Gleichgewichtigkeit noch einmal ein Reisender genannt, Thomas Coryat, der 1608, aus Venedig kommend, das Land besuchte, das Städtchen Gorcum in Teilen mit einem thessalonischen Tempel vergleicht und zu einer fast schon liebevollen Charakteristik der Niederlande kommt, wenn er schreibt: „Die Bataver galten früher als dummes und närrisches Volk, wie etwa die Boëtier unter den Griechen. In unserer Zeit aber sollten sie nicht mehr so eingeschätzt werden, denn sie sind so geschickt und erfinderisch in Handwerk und Technik wie jedes andere Christenvolk. Jeder, der in diesem Volk lebt, wird das rasch begreifen."[28]

Es mag dahingestellt bleiben, ob sich aus den unterschiedlichen kulturellen Grundmustern, aus dem Fehlen einer höfisch-ritterlichen Kultur in den Niederlanden der spöttische Ton britischer Literaturstücke ableiten läßt;[29] es sei nicht weiter erörtert. Hier ist vielmehr im Hinblick auf die Inhalte der Reiseberichte und anderer Beobachtungen insgesamt festzustellen, daß Schönheit der Städte, die Sauberkeit, die Vielzahl der Schiffe als Zeichen höchster wirtschaftlicher Aktivität, der Sinn für die Kunst, die Anerkennung hoher technischer Fertigkeit inmitten einer widrigen Natur, die Möglichkeit der freien Religionsausübung (außer Katholizismus) und einiges Unverständnis für den allzu ausgeprägt entwickelten Hang zum Alkohol ebenso die Berichte prägten wie – bei dem Diplo-

---

28 Alle Beispiele nach HUIZINGA, *Engelschen en Nederlanders*, der – obwohl er gerade Gegengewichte zu den abfälligen Bemerkungen bringt, – offensichtlich einigermaßen verärgert ist über die negativen Auslassungen. Er spricht von einer Literatur, die auf die Vorurteile des Publikums spekuliere und gefahrvoll sei für die Gestaltung der internationalen Beziehungen. Das Coryat-Zitat auf S. 376.
29 So ebd. S. 32f. H. spricht ferner von der Selbsttäuschung, die jeder aristokratischen Lebenshaltung eigen sei und durch die man in den Niederländern, eigentlich die nächsten Verwandten der Engländer, alle die Charakterzüge hineingedeutet habe, die man bei sich selbst lieber nicht sehen wollte.

maten Temple vor allem – der Wunsch, die politische Struktur dieses so anders gearteten Landes zu erfassen.

Deutsche

Aber eben nicht nur Engländer wollten das Land kennenlernen, auch andere fühlten sich in diese Nordwestecke Europas hingezogen. So auch die Deutschen. Sie unternahmen entweder eine Reise speziell in die Republik, oder sie streiften das Land nur im Zuge einer Bildungsreise durch andere europäische Länder. Sie hatten es wesentlich einfacher, brauchten nicht die zuweilen durchaus gefahrvolle Reise übers Wasser anzutreten. Wenngleich der Höhepunkt der Reisefreude aus deutschen Landen erst im 18. Jahrhundert liegt, blieben die Niederlande doch auch vorher nicht der unmittelbaren Anschauung versperrt. Akademiker haben es bereist, unter ihnen begreiflicherweise vor allem Theologen; Dichter sind hier angekommen und einfach weltreisende Abenteurer, die dem Ruf von der Vielzahl der Schiffsmasten in den holländischen Häfen und dem damit verbundenen Hauch von Abenteuer folgten. Zu ihnen zählt Jörg Franz Müller, der, ehe er auf einem Ostindiensegler anheuerte, eine Reise durch die Niederlande unternahm, Kenner einiger Städte zu kundigen Reisebegleitern hatte, voll spontaner Aufnahmebereitschaft sich zeigte und vielleicht vergleichbar ist dem Peter Mundy. Obwohl seine Reise erst in der 2. Hälfte des Jahrhunderts liegt, sei er hier zuerst genannt, weil bei ihm die unmittelbare Wirkung der niederländischen Städtelandschaft, die zwar weltweit bekannt, aber noch nicht von ihm in Augenschein genommen war, besonders plastisch zum Ausdruck kommt. Müller reiste über Groningen und Friesland ein, um dann beim Anblick Amsterdams in Begeisterung auszubrechen, und ihm, dem Seefahrer, fiel als erstes das IJ, der Hafen, auf, „allwo es so voller schiffen, das es wegen der vielen mastbäumen, wie ein groser langer dicker walt anzusehen". Er brauchte nicht auf einen der zahlreichen Türme zu steigen, um ein plastisches Stadtbild zu zeichnen, in dem Architektur und Leben gleichermaßen zu ihrem Recht kommen. Geführt von einem in Amsterdam lebenden Freund aus Nürnberg zeichnet er auf: „Die häuser seint widerumb [was er schon für Groningen festgestellt hatte, H.L.] wie lauter schlösser und kirchen, so wohl wegen der äusseren, als innern zihrt von allerleig schönen sachen, anzusehen. Die gassen und strassen seint sehr weit und breit von einander, und wider auch so sauber und rein als in einem saal, weil ... der regen alles unreines durch die verborgenen canälen unter der erden in die grose wasserflotten, deren sich allenthalben in der stat etliche zertheilen, aus geführt würt, welche wasserflotten alle 6 stundt und 12 minuten mit dem meer auf, und so viel wider abgeben, und also alzeit eines wasser einlaufft, allwo es dan sehr viel hölzerer und steinerer bruckhen hat, warunter die kleinen schifflein über dise meerfluss aus und einlauffen. Und ist sich zu verwundern, das wie wohl diese statt so gros, doch beij nächtlicher weil nit viel von stehlen, rauben, einbrechen, morthaten, und andere strasschändereyen gehört würt, sonder so sicher das man gleich beij tag allenthalben kan hinkommen, wie ich den selber öfters 2 bis 3 stundt lang mit meinem mantel bin zunacht spaciren gangen, die weil man, so es nit monschein, von einer laternen zu der anderen sehen kann. Weiteres ist dise statt so volckreich das man nit nur allein in kellern und zu oberst unter den dächern wohnen mues, sonder es seint auch die gassen und strassen so voll, das man kaum einander kan ausweichen. Man kann aber indessen auch alles was ein mensch von essen, speis verlanget, es mag sein was es will, vor der haushtür einkauffen, ja die kaufläden seint dermassen von aller erdencklichen köstlichkeiten angefüllet, das man darob erstaunen mues, und einem wie ein halbes Paradeis vorkomet. Auf allen thürmen höret man alle vierthel und stundten das schöne gloggenspiel, nicht anders als eine halbe himlische luftmusic, das man schier davon verzugt würt. Allhier werden allerhand religionen und nationen gefunden, doch lebet alles in grösser einträchtigkeit und frieden. Die läuth ins gemein seint hier also reich, das man in anderen landen solches nit kan glauben ..."[30] Das ist die reine Zustimmung zum Bild einer Stadt, die für den Weitgereisten noch die für ihn erstaunliche Tatsache aufzuweisen hat, daß die jüdischen Haushalte christliche ‚mägt' in Dienst nehmen. Eher gleichgültig stand er Leiden gegenüber, wo er längere Zeit verblieb. Er beschrieb den Ort als eine schöne Handwerkerstadt, ließ jedoch die Universität völlig unerwähnt, was auch kaum verwundern kann, da sein Interesse vor allem darauf zielte, auf einem Ostindienfahrer anheuern zu können.

Solche allgemeine Bewunderung, wie sie Jörg Franz Müller eigen war und wie sie offensichtlich eben als ein Zeichen übertroffener Erwartungen gewertet werden darf, fügt sich genau in das Bild, das andere deutsche Reisende in sich aufnahmen. In das des Pfarrers Adam Samuel Hartmann etwa, der sich ein Jahrzehnt zuvor auf Kollektenreise in die Niederlande begab (1657-1659). Ob es sich bei ihm um Hoorn, Enkhuizen, Amsterdam, Edam oder Middelburg handelt, die Städte waren „fein", „über alle Maßen schön", „reinlich", die Gebäude „köstlich" oder „Paläste", wo es sich um die Häuser des Kaufmanns Louis de Geer handelte. Die Kirchen in Amsterdam, etwa die neue Kirche, die 1645, nachdem sie abgebrannt war, wieder aufgebaut wurde, bestach durch ihre Pracht, und das Rathaus von Amsterdam wollte der Pfarrer das achte Weltwunder genannt wissen. Und den Glanz der Stadtwohnungen und öffentlichen Gebäude meinte er auch auf die Bauernhäuser des platten Landes übertragen zu müssen, insofern er verwundert Häuser aus Ziegelsteinen inmitten saftiger Wiesen erblickte. Es ist sicher nicht ohne Hintersinn, fügt es sich auch in seine begeisterte Schilderung, wenn er eine Anekdote glaubte wiedergeben zu sollen, die so recht das Selbstbewußtsein von Holländern widerspiegelt. Er erzählt: Einem Holländer werden am spanischen Hof Zitronen aufgetischt. Der König rühmt sich: Dies sind meine Landesfrüchte. Ich ernte sie zweimal im Jahr. Kurz darauf trägt der Holländer Käse und Butter auf und sagt: Das sind meine Landesfrüchte. Ich ernte sie zweimal am Tag.[31]

Etwa fünf Jahrzehnte zuvor unternahm der sächsische Edelmann und Gelehrte Wilhelm Neumayr von Ramssla als Begleiter von Friedrich und Ernst dem Jüngeren, Herzog zu Sachsen, eine Bildungsreise auch in die Niederlande und konzentrierte dort seine Aufmerksamkeit auf Stadtanlage, Architektur und Wasserwege. Manches beeindruckte ihn, wie lindenumsäumte Grachten (offensichtlich ein auffälliges Kennzeichen für viele Reisende) oder Brücken, die sich beim Anstoß mit dem Segelmast von selbst öffneten, anderes befremdete eher, wie die schmucklosen Kirchen, zuweilen einer Scheune gleich (wie in Breda), wo die Älteren spazierengingen und spielende Kinder sie mit Geschrei erfüllten. Das Grabmal des Oraniers in Delft sah er in der ersten Form, es enttäuschte ihn ebenso wie es schon den Engländer Fynes Moryson enttäuscht hatte. In Breda begegnete man Friedrich Heinrich, dem späteren Statthalter. „Eine kurtze dicke ansehnliche Person, ziemlich graw ...". Daß er, der gelehrte Reisende, über die Leidener kaum ein Wort verliert, lediglich die gesunde Luft als Motiv der Universitätsgründung angab, ist schon einigermaßen verwunderlich, um so enthusiastischer zeigte er sich über

---

30 *Jörg Franz Müller's reisindrukken.* Medegedeeld door Mr. J.E. HEERES, in: De Navorser 52 (1902), S. 187ff., Zitat S. 194f.
31 Vgl. St. SCHMIDT, *Die Niederlande und die Niederländer im Urteil deutscher Reisender. Eine Untersuchung deutscher Reisebeschreibungen von der Mitte des 17. bis zur Mitte des 19. Jahrhunderts*: (=Quellen und Studien zur Volkskunde 5), Siegburg 1963, S. 15. Hartmanns Tagebuch, in: R. PRÜMERS, *Tagebuch Adam Samuel Hartmanns über seine Kollektenreise im Jahre 1657-1659*, in: Zeitschrift der Historischen Gesellschaft für die Provinz Posen XIV, 1 u. 2 (1899), S. 66-140 sowie Heft 3 u. 4, S. 241-308.

Amsterdam, „dass sie wol der fürnembsten handelstädte einer in der welt zu vergleichen, wo nicht allen gar vorzuziehen ist."[32] Er kennt diese Stadt, ihre topographische Lage und städtebauliche Entwicklung, ihre Gebäude und sozialen Einrichtungen. Ramsslas Bericht, der 1620 in Leipzig veröffentlicht wurde, ist offensichtlich von vielen Zeitgenossen gelesen und als Quelle herangezogen worden, erlebte 1734 sogar noch einmal eine Neuauflage.

Ob andere Gelehrte aus den deutschen Gebieten mehr als eben Ramssla im Sinn hatten, will zweifelhaft erscheinen. Abraham Scultetus freilich, protestantischer Theologe und Schloßkaplan am Hof der Kurfürsten Friedrich Wilhelm IV. und V. von der Pfalz, Absolvent der Hochschulen von Wittenberg und Heidelberg, hatte tatsächlich anderes vor als sich am Anblick schöner Städte zu ergötzen. Er besuchte die Niederlande mehrmals, beschrieb natürlich die Städte, bewunderte die Trockenlegung der Beemster auch als technische Leistung, lernte den Statthalter Wilhelm Ludwig von Nassau und Hugo Grotius kennen und versuchte schließlich auf der Dordrechter Synode von 1618 zu vermitteln. „Scultetus' Bericht über die Niederlande ist der eines Gelehrten und Theologen, der seine gelehrten Freunde besucht und ganz in der ‚res publica litteraria' aufgeht. Aufrichtig versucht er, in dem großen theologischen Streit zu vermitteln, bis er es vor seinem Gewissen nicht mehr verantworten kann."[33] Der deutsche Gelehrte, der Handelsgeist und Unternehmungslust der Holländer bewunderte, schlug sich in diesem Streit der Theologien, der sich zu einem der schärfsten innenpolitischen Konflikte auswuchs, schließlich auf die Seite der Kontraremonstranten des Gomarus und verteidigte die Prädestinationslehre. Scultetus war im übrigen der einzige protestantische Theologe, der bis 1648 die Niederlande besuchte. Die Zahl der Vertreter dieser Profession erhöht sich erst nach 1648 und vor allem dann im 18. Jahrhundert; sie bilden in den Jahrzehnten nach dem Westfälischen Frieden – für die Niederländer der Frieden von Münster – die größte Gruppe. Aber daneben finden auch andere Gelehrte – Juristen, Mediziner und Naturwissenschaftler – und schließlich Dichter den Weg in die Niederlande, unter ihnen Martin Opitz und Andreas Gryphius.[34] Insgesamt gehen die Berichte kaum über die Topographie hinaus, wenngleich das Gesehene allgemein bestaunt wurde – eine Charakteristik des Landes also, weniger allerdings der Leute, obwohl auch hier einiges anklingt, nichts Geschlossenes freilich, nichts Tiefschürfendes. Das ist späterer Zeit vorbehalten. Es seien gleichwohl noch einige herausragende deutsche Reisende genannt, die sich durchaus intensiver mit dem Land befaßt haben. Verglichen mit dem Weg anderer Reisender mag das Itinerar des Christian Knorr von Rosenroth, eines Kanzleidirektors des Pfalzgrafen, einigermaßen skurril anmuten. Er war einer jener Poly-Historen der Zeit, denen Dichtung, Theologie, Philosophie und Naturwissenschaften gleichermaßen nahestanden. Aber dieser Mann verfolgte ein ganz bestimmtes Interesse, geleitet von seiner Liebe zu den Naturwissenschaften. Er reiste 1663 und ließ nicht nur die Stadt Amsterdam als Ganzes auf sich wirken, er betrat auch die öffentlichen Gebäude und vor allem die Privathäuser, um die reichen Sammlungen der Flora und Fauna und der Medizin aufzulisten, die dort lagerten. Die Anatomie (sie wurde 1750 wegen Baufälligkeit abgerissen), das Ostindische Haus (hier nennt er freilich nur wenige Gegenstände) und eben die Häuser begüterter Kaufleute sind sein Ziel, und es will scheinen, als ob neben den öffentlichen Sammlungen der Anatomie und des Ostindischen Hauses zahlreiche private Parallelsammlungen in Amsterdam zusammengetragen worden seien. Der reiche Inhalt läßt sich im einzelnen nicht wiedergeben, aber deutlich ist, daß der Handel in Übersee

---

32 Zitiert bei J. BIENTJES, *Holland und die Holländer im Urteil deutscher Reisender: 1400-1800*, Groningen 1967, S. 34.
33 Ebd. S. 34ff.; Zitat S. 36.
34 Ebd. S. 43ff. eine Übersicht nach Profession und geographischer Herkunft.

nicht nur Geld in die Privatschatulle brachte, sondern bei manchen auch das Interesse an Fauna und Flora der überseeischen Gebiete geweckt hat, wie auch die Entwicklung der Medizin es wert zu sein schien, umfänglich präsentiert zu werden. So reichen die Stücke der einzelnen Sammlungen von menschlichen und tierischen Skeletten (Löwen), über Schrumpfköpfe, Schlangen- und Elefantenhäute und -blasen, Walschwänze und Gürteltiere bis hin zu japanischen Schuhen, Pfeil und Bogen, überhaupt Kampfinstrumenten, Kleidung und Gebrauchsgegenständen aus Ostasien und Westindien. Die Sammelwut scheint da keine Grenzen gekannt zu haben, aber sie konzentrierte sich offensichtlich auf das Neue und Unbekannte. Raritäten waren es, und sie wurden auch – etwa im Erbfall – als solche verkauft oder versteigert.[35]

Der Dichter und Schriftsteller Philipp von Zesen, der in Wittenberg die Universität besucht hatte, hielt sich von 1642 bis 1666, mit zeitlichen Unterbrechungen freilich, in den Niederlanden auf, auf jeden Fall Zeit genug, um Amsterdam 1664 ein ganzes Buch zu widmen. So war von Zesen kein Reisender im engeren Sinne des Wortes, kein Mann der wenigen Wochen oder Monate, schon eher Resident, der dann auch 1662 Amsterdamer Neubürger wurde und ein doch recht bekannter dazu. Er trat nicht nur als Verfechter der Deutschgesinnten Sprachgesellschaft hervor, er machte sich auch mit seinem bürgerlichen Liebesroman *Der adriatische Rosenmund* (1645) einen Namen und wurde 1652 von Kaiser Ferdinand III. auf dem Reichstag zu Regensburg zum Dichterfürsten erhoben und geadelt (poeta laureatus). Von Zesen hat sich in seinen Amsterdamer Jahren intensiv mit der Geschichte seines Landes beschäftigt, das heißt, mit der aktuellen Deutung der Geschichte und damit der intellektuellen Gegenwart.

Seinen Höhenflügen als eben auch in den Niederlanden anerkannter Poet, ließ er dann zu Anfang der 60er Jahre die Beschreibung der Stadt Amsterdam folgen, die in ihrem Aufbau der am 30. September 1663 erschienenen *Historische Beschryving* von Olfert Dapper stark ähnelt. Es steht hier nicht zur Diskussion, wieweit es um ein stark nachempfundenes Werk geht, es ist auf jeden Fall ein nachgerade üppiges Konterfei und auch ein genaues, das da vorgelegt wird. Die Frucht des langen Zesenschen Aufenthalts ist eine regelrechte Stadtgeschichte und Stadtbeschreibung. Die Stadt wird für deutschsprachige Reisende gleichsam aufbereitet. Der Reisende wird ganz systematisch mit Amsterdam und allen seinen Sehenswürdigkeiten minutiös vertraut gemacht. Allein dem Carillon der Oudekerk widmete er eine ganze Seite, wie überhaupt festzustellen ist, daß die Glockenspieltechnik zahlreiche Reisende fasziniert hat, jetzt, im 17. Jahrhundert, und später noch. Ein Reisender mit von Zesens Werk in der Hand konnte eigentlich nichts Sehenswertes verpassen. Was andere locker, ja, eher zufällig in ihren Bericht streuen, trägt von Zesen wohlgeordnet vor und vermittelt am Ende noch einen Einblick in die Geistesgeschichte Amsterdams und seiner Vertreter, aber das Ganze bleibt eben auf Amsterdam konzentriert, sagt nichts oder kaum etwas über die anderen Städte oder Landesteile aus.[36]

Das ist schon etwas anderes bei dem Chronisten Friedrich Lucä, einem Theologen, der in Leiden studierte und seinen Befund *Ein Zeit- und Sittenbild aus der zweiten*

---

35 FUCHS, *Aus dem „Itinerarium" des Christian Knorr von Rosenroth. Met eene inleiding en eene Hollandsche vertaling van de Latijnschen tekst door Dr. Joh. C. Breen*, in: Jaarboek van het Historisch Genootschap Amstelodamum 14 (1916), S. 201-256.
36 Eine Faksimilie-Ausgabe der von Zesen'schen Arbeit liegt seit 1988 vor: *Europas erster Baedeker. Filip von Zesens, Amsterdam 1664*, mit einer Einleitung herausgegeben von CHR. GELLINEK. Der umfangreiche Titel der „Beschreibung" findet sich in der Ausgabe faksimiliert. Die genaue Schilderung des Glockenspiels der Oudekerk auf S. 342-344. Zur Person des von Zesens vor allem F. VAN INGEN (Hrsg.), *Philipp von Zesen 1619-1980: Beiträge zu seinem Leben und Werk*, Wiesbaden 1972; zur frühen poetischen Phase auch J.H. SCHOLTE, *Philipp von Zesen*, in: Jaarboek van het Genootschap Amstelodamum 14 (1916), 37-143.

Hälfte des siebzehnten Jahrhunderts nannte, das übrigens nicht nur den Niederlanden galt. Lucă kam 1664 in Nijmegen an, er fand dort die theologische Hochschule zu geringwertig (kein Promotionsrecht), und außerdem herrschte die Pest in der Stadt. Zu Fuß bewegte er sich in Richtung Utrecht, um abends in Wijk eine Nacht in einem Wirtshaus zu verbringen, in dem einst Karl II., König von England, geschlafen hatte, was den Wirt einen halben Taler fordern ließ. Das Bett als Museum und der geschäftstüchtige Wirt! Der Reisende ertrug es mit Humor. In Utrecht konnte er nachholen, was er in Nijmegen versäumt hatte. An der Universität ließ er sich immatrikulieren, und er machte dort die Bekanntschaft ganz zentraler Persönlichkeiten des niederländischen theologischen Lebens der Zeit. Franciskus Burmannus, der Kommentator des Alten Testaments, empfing ihn ebenso, wie er sich Gijsbert Voetius bekannt machte, einem der Hauptvertreter der Kontraremonstranten, von den Katholiken auch der calvinistische Bischof von Utrecht genannt. Er hat die wichtigsten Wissenschaftler dieser Zeit beschrieben, wie er auch das wissenschaftliche Leben der anderen Fakultäten verfolgte. Utrecht selbst hat ihn durch seine Schönheit stark beeindruckt. In der Nähe des Doms lebte in jener Zeit Anna Maria van Schurman, die aus einer adligen Familie aus Köln stammte, allgemein als das größte weibliche Genie der Zeit galt und im übrigen mit Philipp von Zesen befreundet war. Zur Bewunderung der Kirchen trat die Verwunderung etwa über die Sitte, einen Selbstmörder in der Kirche zu bestatten. Er hat selbst einem solchen Begräbnis beigewohnt: „Über diese Thorheit der sonst in anderen Stücken klugen Holländer, mußte ich mich sehr verwundern, weil sie ihre Kirchen nicht mehr in Ehren halten und die Gräber ihrer selig Verstorbenen in denselben mit solchen Selbstmördern beflecken, die man anderswo nicht einmal der Todtenhilfe würdiget." Im „vorzugsweise" reformierten Utrecht beobachtete er auch, daß den Katholiken scharfe Strafen aufgebürdet wurden, die sich heimlich zum Gottesdienst trafen und ertappt wurden. Plötzliche Hausdurchsuchungen führten zu Zerstörungen von Bildern und Statuen („Götzenbilder") und hohen Geldstrafen. Das Amt des „Unterschultheiß" – wie er es nennt – brachte somit viel Geld und mußte erkauft werden. Der Kaufpreis belief sich auf 14.000 Gulden, was bei einer Straflast von 600 Gulden für ertappte Katholiken eine recht gute Investition zu sein schien. Utrecht war auch der Ausgangspunkt einer langen Reise ins Brabantische einschließlich der Spanischen Niederlande, und der Besuch der an der Reiseroute liegenden Städte und Ortschaften entlockte ihm nur Bewunderung. Was ihn störte, war ein anderes. Zum einen erregte er sich über bäuerliche Grobschlächtigkeit, der er begegnete – und das kann vielleicht kaum als Besonderes angemerkt werden –, zum anderen über die hohen Trinkgelder, die die Niederländer „mit harter Importunität" forderten. Dies waren unangenehme Kleinigkeiten, die dann freilich vom Glanz der Leidener Universität gänzlich weggewischt wurden. Ihm imponierte hier nicht nur die große internationale Studentenbevölkerung, sondern auch die hohe Qualität der Professoren, die er alle als „lumina" in ihrem Fach bezeichnete. Er nannte viele, hier seien der Mediziner Franziscus Sylvius, auch Sylvius Magnus geheißen, und der Theologe Johann Coccejus angeführt, der aus Bremen über die Hochschule von Franeker nach Leiden gekommen war. Die universitären Einrichtungen galten ihm als vorbildlich, wie überhaupt die ganze Stadt einen großen Eindruck auf ihn machte. Aber es gab auch andere Erfahrungen. Daß Studenten in Leiden bei Lebensmitteln von der Akzise befreit waren – zu den Lebensmitteln zählten auch Wein und Bier –, gehörte sicherlich zu den angenehmen Erscheinungen, die Erfahrung freilich, daß Straßenjungen den zahlreich an der Universität studierenden deutschen Studenten mit dem Ausruf *Muf, muf – Hasenkopf* hinterherliefen und der Pöbel zuhauf lief, wenn man sich wehren wollte, war schon weniger anziehend.

Von Leiden reiste er über Haarlem nach Amsterdam, zwischen beiden Letztgenannten auf dem Haarlemer Meer einen Damm entlangfahrend, der das Binnengewässer von der Zuider-See trennte. „Das Bauwerk dieser Dämme ist erstaunlich", so schrieb er. In

Amsterdam scheint er sich auf die Kirchen und deren Ausstattung konzentriert zu haben; er nannte die Pracht, hob vor allem die Synagoge hervor, vermerkte jedoch dann, daß die ganze Herrlichkeit „schändlich" durch das „abscheuliche Brüllen" beim Gottesdienst „... deformiret" werde – eine Bemerkung, die ihn in erster Linie selbst charakterisiert. Es sei noch darauf hingewiesen, daß dieser wohl wesentlich der Aristokratie sich verbunden fühlende Reisende aus der Oberpfalz feststellte, daß die reformierten Geistlichen große Macht „über die Massen" ausübten: Der Magistrat müsse diesen daher schmeicheln und den Pöbel fürchten, wenn die Geistlichen ihn aufhetzen sollten. „Dem Magistrat", so schreibt er, „fällt es weit schwerer, dieses Pöbelvolk und freie Untertanen zu regieren, als irgendwelchem Könige sein Königreich". Einen Beitrag zur Frage der Toleranz leistet er wohl, wenn er seiner Beobachtung über die Folgen heimlicher Zusammenkünfte der Katholiken ähnliche Wahrnehmungen für die Treffen der Quäker anschloß. Zumindest halte der Unterschultheiß strenge Inquisition über sie. Er beschreibt selbst ein heimliches Treffen der Quäker, an dem er teilnahm. Das wirkt wie eine Zusammenkunft konspirativen Charakters, das der Reisende selbst mit einem mitleidigen Lächeln begleitet. Lucă teilt weiter in der äußeren Beschreibung öffentlicher Gebäude die positive Meinung anderer Reisender gleich welcher Herkunft, in seinem Bericht freilich über Institutionen wie das Amsterdamer Rasphaus und Spinnhaus, den Arbeitshäusern für Strafgefangene, unterscheidet er sich jedoch erheblich. Er begnügt sich nicht mit einem schlichten Wort über die Qualität der Häuser, eher scheint er den Arbeits- und Strafvollzug aus nächster Nähe mit verfolgt zu haben. Und da wirkt das Rasphaus (männliche Strafgefangene) schon abschreckend. Die Eingangspforte scheint dann prächtig und stark gewesen zu sein, aber unter dem Torbogen boten sich dem Reisenden Züchtigungsinstrumente wie Prügel, Karbatschen, Geißeln und Ruten, Ochsenziemer und eiserne Fesseln. Daß Ungehorsam mit Prügelstrafe auf dem Block geahndet, freilich auch Lesen und Schreiben gelehrt wurde, weist auf jeden Fall auf die Vielgestaltigkeit des Prinzips von Zucht und Ordnung einschließlich Bibellektüre. Ausführlicher betrachtete er das Spinnhaus, und sein Wissensdurst über Strafvollzug scheint hier noch tiefer befriedigt worden zu sein. Prügel muß es demnach häufig gesetzt haben: War das Soll des Tages nicht erfüllt oder taten sich Frechheiten vor, wurde das Fell gegerbt – in der „Speckkammer". Nach seinem Bericht scheinen auch Töchter der höheren Gesellschaftsschichten eingesessen zu haben, sie hielt man freilich in einem von den anderen – Lucă nannte sie „abscheuliche große Hummeln und holländische Viehmägde" – getrennten Saal unter der Beobachtung besonderer Zuchtmeisterinnen. Hob er bei den Institutionen für die Strafgefangenen das Drakonische hervor, dann wußte er für Einrichtungen wie Kranken- und Waisenhäuser oder Altersheime, die er zahlreich über die Stadt verteilt fand, die Pflege und Fürsorge zu unterstreichen, und er fügte sich da in die Reihen anderer Reisender, die ähnlich positive Eindrücke erhielten. Daß Lucă Ausflüge und Aufenthalte in Den Haag, Delft und Rijswijk schlichtweg ergötzlich fand, weil die Pracht der Häuser und des Lebens das Klima bestimmte, sei abschließend am Rande vermerkt. Seine Beobachtung wenig höflicher Sitten dort, wo der junge Prinz von Oranien (‚kind van staat') zu Tische saß, weist recht eigentlich aus, daß er bei aller Bewunderung für das Land eine weniger ausgeprägte Sympathie für die Staatsform hatte.[37]

Es ist sicherlich so, daß sich die Berichte der Reisenden vornehmlich mit Landschaft und Städten beschäftigen, gleichsam den äußeren Eindruck vermitteln. Freilich, auch über die Niederländer, die „Leute" des Landes, finden sich Aussagen. Das ist bei den Engländern so, die die Trinkfreudigkeit apostrophieren, gleichwohl auch positive

---

37 Insgesamt dazu F. LUCĂ, *Der Chronist. Ein Zeit- und Sittenbild aus der zweiten Hälfte des siebzehnten Jahrhunderts. Nach einer von ihm selbst hinterlassenen Handschrift bearbeitet und mit Anmerkungen und einem Anhange versehen von ...*, Frankfurt a. M. 1854.

Charakterzüge wie Ehrlichkeit und Rechtsgefühl hervorheben. Auch die deutschen Reisenden des 17. Jahrhunderts haben sich mit Charaktermerkmalen der Niederländer befaßt. Allerdings, nach einer Durchsicht der Reiseberichte bis ins 19. Jahrhundert hinein will es scheinen, als ob sich die eigentliche Bildformung vom Volke auf die Zeit der Aufklärung und dann vor allem auf das 19. Jahrhundert konzentriert habe. Die Beispiele des 17. Jahrhunderts sollten nicht so hoch veranschlagt werden, weil sie einfach nicht dicht genug vorkommen. Huizinga hat zur Frage des deutsch-niederländischen Verhältnisses einmal betont, 1648 sei insofern als eine Zäsur der deutsch-niederländischen Beziehungen anzusehen, als sich hier der politische und kulturelle Entfremdungsprozeß zu decken begonnen habe: „Zum ersten Mal sieht der Deutsche um 1650 ... den Nachbarn als Fremden".[38] Es dürfte schwierig sein, die Entwicklung der Meinungen, unter die schließlich die Gestaltung von Fremdbildern fällt, auf eine Jahreszahl festzulegen: Der Westfälische Friede bedeutet in diesem Zusammenhang wenig oder gar nichts. Auf der einen Seite ist das Bewußtsein einer Eigenständigkeit auf niederländischer Seite schon sehr früh entwickelt – und dies aus gutem Grund –, zum andern erweckten frühere Reiseberichte der Deutschen nicht den Eindruck, als ob sie in der Republik einen Besuch beim gut bekannten Nachbarn und Reichszugehörigen abgestattet hätten. Über dieses Selbstbewußtsein gibt etwa der hessische Diplomat Hermann Wolff 1630 schon reiche Auskunft.[39] Und wenn nach 1648 nun die Bemerkungen über niederländischen Kaufmannsgeist abfälliger werden, dann nicht wegen der endgültigen Regelung von 1648, sondern weil in dieser Zeit der wirtschaftliche Konkurrenzkampf auf See einfach härter wurde und die Niederländer auch den ganzen Rheinhandel kontrollierten, was jeder, der offenen Auges durch das Land reiste, sehen oder erfahren konnte. Die Niederlande sind nach 1648 nicht „fremder" geworden, als sie es bis dahin waren. Aber Kritik im Sinne einer Beschreibung negativer Charaktermerkmale ist durchaus vorhanden. Samuel Pufendorf wußte – ebenso wie Philipp von Zesen – vom Geiz der Niederländer zu reden, Basis auch des Reichtums. Pufendorf, um 1656 in den Niederlanden, schreibt: „Die Niederländer sind insgemein ein aufrichtig, offenherzig und redlich Volck, frey im Reden und Conversation; sonsten aber gar kaltsinnig, und nicht leicht zum Zorn zu bringen; Wo man ihnen aber den Kopff einmahl warm machet, sind sie so leicht nicht wieder zu stillen. Ubrigens wollen sie gar bescheiden und ohne Hoffarth handthieret seyn, und wann man sich nach ihrer Neigung schicket, kan man sie stimmen, wie man will. Also pflegte Carolus V. zu sagen: Daß kein Volck wäre, welches, wenn man es väterlich und glimpfflich tractirte, den Nahmen der Dienstbarkeit mehr verfluche, und diese doch in der That selbst geduldiger vertrage. Doch giebt es auch daselbst schlimme Canaille, die sonderlich den bösen Gebrauch haben, übel und schimpflich von ihrem Magistrat zu reden, wann er es nicht nach ihrer Phantasie machet. Zum Land-Krieg sind sie wenig geschickt, und ist insgemein ein Holländer zu Pferd eine elende Creatur, wiewohl die Geldrischen, und was an Westphalen gränzet, noch mitgehen können. Aber zu Wasser haben sie solche Probe gethan, daß sie keiner Nation nachgeben. Doch hält man insgemein die Seeländer für kecker und wilder als die Holländer. Sie sind auch durchgehends sparsam, und in ihren Speisen mit wenigem vergnügt, und machet man dar nicht Staat, alles sein Einkommen des Jahres zu verzehren, sondern etwas übrig zu haben; welche Menage ihnen Credit macht, und darzu hilfft, daß sie die grossen Auflagen ohne ihren Ruin abtragen können. Zu allerhand Manufacturen sind sie unverdrossen, und sonderlich

---

38 J. HUIZINGA, *Der Einfluß Deutschlands auf die niederländische Kultur*, in: Archiv für Kulturgeschichte, XVI, 2.
39 VAN TONGERLOO, *Een Hessisch diplomaat over de Staatse politiek ten opzichte van Duitsland (1630)*, in: Bijdragen en Mededelingen van het Historisch Genootschap 75 (1961), S. 65-74, hier insbesondere S. 70.

auf die Kauffmanschafft begierig, und lassen sich keine Gefahr noch Arbeit verdriessen, etwas zu gewinnen; So ist auch wohl mit ihnen zu handeln, wann man den Handel selbst verstehet. Sie sind auch sehr accurat, und werden nicht leicht etwas anfangen, sie haben dann alles darzu eingerichtet. Und ist nicht leicht eine Nation zu finden, die zur Kauffmannschafft bequemer sey, als die Holländische; bey der auch dieses zu loben, daß sie insgemein lieber mit ihrem Fleiß etwas gewinnen, als andern mit Betrug und Gewalt entziehen wollen. Doch thut auch ihre freye Regierung nicht wenig zu ihrem grossen Traficq. Das größte Laster unter ihnen ist der Geiz, der aber bey ihnen so schädliche Würckung nicht hat, weil er zur Arbeitsamkeit und Sparsamkeit antreibet. Endlich verwundern sich viele über die Weißheit, die selbige Nation in ihrer Aufführung hat verspüren lassen, da sie doch durchgehends von feinem vortrefflichem Geist und Verdiensten ist. Einige wollen als dessen Ursache anführen, weil Kälte und Mittelmäßigkeit der Affecten ein Grund der Geschicklichkeit in Staats-Geschäftenn sey."[40] Der ernsthafte, auf jeden Fall vorurteilslose Reisende sah Positives und Negatives nebeneinander, bot eigentlich nichts anderes als Normalität. Gewiß, der Geiz ist da, aber auch Fleiß, Genie und Geschicklichkeit, nüchterne Anspruchslosigkeit; auch englischen Reisenden war doch das trockene Brot und die Mohrrübe in der Hand von Kindern begüterter Eltern aufgefallen. Daß der hochentwickelte Handelsgeist der Holländer nicht unbesprochen blieb, ist allzu verständlich. Der Polyhistoriker und volkswirtschaftliche Beirat des Kurfürsten von Bayern, Johann Joachim Becher, beschrieb die Konsequenzen: Jeder habe sein Brot, es gebe keine Bettler, aber er sagte auch: „Sie wissen aus allem Kapital zu schlagen, und es gibt ein Stichwort, das besagt, wo Holländer hinkommen, da wächst kein Gras mehr, da gibt es nichts mehr zu verdienen." August Friedrich Bon, ein Anhänger de Lisolas und den Holländern sicherlich freundlich zugetan, sprach von Gewinn, der der Nordstern der Holländer sei.[41] Neid hier, Bewunderung dort, auch Anerkennung der Überlegenheit des kaufmännischen Genies, darüber hinaus gar Anerkennung der Effektivität des republikanischen Systems, wie etwa bei Becher, der in seinem, dem Grafen Sintzendorff gewidmeten Werk zu formulieren wußte: „Es ist eine fürnehme politische Frage, warumb die Republiken und Reichs-Städt allezeit besser florieren als die Provinzial- oder solche Stätt, welche monarchischer Regierung unterworffen und einem Herrn zugehören? Hierauff gab ich zur Antwort, daß die Aufflösung gar leicht seye, denn eine Republik hat nur ein Interesse, aber ein Land hat zwey, nämblich ihr eigenes und ihres Herrn...".[42] Die unverhohlen positiven Meinungen überwiegen einfach, ob sich da nun von Zesen, August Friedrich Bon, Hermann Conring oder Becher äußern, wobei auch das Erlebnis „Toleranz" für die Außenstehenden eine gewichtige Rolle spielte. Die Stellung der Prediger mochte dann eine starke gewesen sein, aber sie erwies sich für den Betrachter nicht stark genug, um den Staat zu beherrschen. Ansichten, wie sie da Lucä zum besten gegeben hat, dürften nur Ausnahmen sein. Die Mehrzahl sah es anders: In den Niederlanden wurden Staat und Kirche fein säuberlich getrennt, was für Beobachter vor allem konfessioneller Mischgebiete eine reizvolle und begrüßenswerte Entwicklung zu sein schien. Und darüber hinaus eben war die wissenschaftliche Leistung des Landes (Universität Leiden) und zugleich die Neugier gegenüber dem, was aus dem Handel in Übersee außer den Warenstapeln noch heraussprang, schon eine Besonderheit, deren

---

40 *Des Frey-Herrn von Pufendorff Einleitung in die Historie der vornehmsten Europäischen Staaten / fortgesetzt biß auf gegenwärtige Zeiten / mit Anmerckungen / worinnen des Autoris Politische Gedanken nach dermaligem geänderten Zustand der Sachen sind. Neue und verbesserte Ausgabe*, Franckfurt und Leipzig 1746, S. 650f.
41 Dazu SCHMIDT, *Die Niederlande*, S. 35; dort beide Zitate.
42 J.J. BECHER, *Politischer Diskurs*, Frankfurt am Main 1668. Hier zitiert nach R. ELSNER VON GRONOW, *Die öffentliche Meinung in Deutschland gegenüber Holland nach 1648*, Marburg 1914.

man das Land rühmen mußte, wie auch die technischen Fertigkeiten hervorgehoben zu werden verdienten, was vornehmlich die englischen Reisenden taten. Und es ist – um hier auf die Bedeutung der niederländischen Literatur- und Sprachwissenschaft hinzuweisen – bekannt, wie – anfänglich jedenfalls – deutsche Barockliteraten durch die holländische Schule gegangen sind, in Daniel Heinsius ihren Mentor hatten. Martin Opitz etwa reimte: „Ich auch, weil ihr mir seyt im Schreiben vorangegangen / Was ich für Ruhm und Ehr durch Hochdeutsch werd erlangen / Will meinem Vatterlandt bekennen ohne Scheu / Daß Eure Poesy der meinen Mutter sey."[43] Die Bewunderung für Sprache und Dichtung galt für die ganze Kultur und hat bis ins 18. Jahrhundert nachgewirkt. Viel stärker als andere haben Bon und Becher das Alltagsleben geschildert und damit ein Stück Zufriedenheit und Selbstbewußtsein der Niederländer zu beschreiben vermocht. Es kam einer Idylle gleich, wenn Becher schrieb, daß die Deutschen in den ‚Saufstuben' sitzen und einander die Ehr abschneiden, die Niederländer aber „bey einem Glase Rheinwein und einer Pfeiff Taback mit ihren Gedancken in der Stille die gantze Welt" hindurchspazieren.[44] Die Niederländer als nachgerade introvertierte Denker und Träumer, das stand sicher ein wenig im Widerspruch zum Bild vom tüchtigen bis schlitzohrigen Kaufmann, und recht gemütlich wird's erst, wenn Bon die Spazierfahrt auf dem Kanal ins Grüne beschreibt, mit Weib und Kind und bei „frugalem Mahl", bei dem „sie sich's so wohl seyn lassen wie der Türkische Kaiser in aller seiner Herrlichkeit".[45] Das sind gewiß nur ganz persönliche Impressionen, allgemeiner und von höherem Quellenwert sind jene Äußerungen zum geistigen Habitus eines Landes, die nicht im Augenblick gewonnen sind, sondern erst nach längerem Aufenthalt oder gründlichem Studium formuliert werden können. Der lutherische Theologe Heinrich Ludolf Benthem aus Celle hat die Niederlande mehrfach bereist, zugleich gründlich studiert und schließlich ein kleines Werk vorgelegt, das durchaus einen tiefen Einblick in die Republik zu vermitteln vermag. Ihm geht es tatsächlich darum, das Land in seiner Vielfalt zu vermitteln, ganz systematisch die Vorzüge und Nachteile aufzuspüren, mit Lob und scharfer Kritik nicht sparend, das Land gleichsam auf die Normalität zurückführend. Ihm fehlt bei allem Lob und aller Bewunderung der enthusiastische Zungenschlag, der das Land in die Nähe von Glanz und Gloria hob. Herman Meyer hat darüber geschrieben. Dies im einzelnen nachzuzeichnen, soll hier vermieden werden. Stattdessen ist die den Ausführungen des I. Kapitels vorangestellte Zusammenfassung zu zitieren, in der es heißt: „Von den bösen und guten Dingen in Nieder-Lande. Vorgefaßeter Wahn einem Reisenden schädlich. In Niederlande findet sich auch böses. Wüste Kirchen. Große Religions-Freyheit. Spiel-Häuser. Schlechte Kinder-Zucht. Unhöfliche Sitten. Gering-Haltung der Obern. Auch viel gutes daselbst. Mild-thätigkeit gegen Arme. Liebe zu Gottes Wort. Handhabung der Gerechtigkeit. Gelinde Regierung. Auffrichtigkeit. Fleiß in Beruffs-Wercken. Sanfftmuth. Sparsamkeit. Achtung der Studien/Künste und andere Tugenden mehr."[46] Aber bei aller Kritik, die ein wenig an die Autoren des 18. Jahrhunderts erinnert, überwiegt auch bei Benthem die Bewunderung. Von einer solchen ist auch die Beobachtung des August

---

43 Zit. bei F. PETRI, *Vom deutschen Niederlandebild und seinen Wandlungen*, in: Rheinische Vierteljahresblätter 33 (1969), S. 180. Der Aufsatz ist insgesamt zum Problem heranzuziehen. Zu den Reisen der Deutschen im 17. und 18. Jahrhundert (1648-1795) mit deutlichem Schwerpunkt im 18. Jahrhundert neuerdings die Münstersche Diss. von A. CHALES DE BEAULIEU, *Deutsche Reisende in den Niederlanden: Das Bild eines Nachbarn zwischen 1648 und 1795*, phil. diss. Münster 1994.
44 Bechers Bericht veröffentlicht bei A. HULSHOF, *Een Duitsch econoom (Johann Joachim Becher) in en voor ons land omstreeks 1670*, in: Onze Eeuw 10 (1910), S. 88.
45 F.A.F. BON, *Der vereinigten Niederlande Staat / In deroselben Historischer Geographischer und Politischer Beschreibung kurtz deutlich und wahrhaftig fürgestellet*, Jena 1671.
46 H.L. BENTHEM, *Holländischer Kirch- und Schulenstaat*, Frankfurt/Leipzig 1698, S. 1.

Ludwig von Buchholtz, ehemals schwedischer Obristenleutnant, geprägt, der schreibt: „Lesen wir doch von den Ertzvätern, daß sie unter der Gestalt der Frembdlinge oftmals Engel beherberget haben, und wiewohl dieses Stück zu dieser letzten Zeit der Welt gar rahr ist, sich auch der wenigste theil sowol hohes als nidriges Standes Personen damit bemühet, so muß doch jedermann gleichwol, dem nur das fromme Holland bekand ist, ihnen dies für alle Völckern der gantzen Erde mit Wahrheit nachrühmen und zu großem Lobe nachsagen, daß sie in diesem stücke die oberstelle und das pre mit allem Recht führen", und August Friedrich Bon fügt hinzu: „Kein Land ist auf der Welt, darinnen der Frembde größere Freyheit hätte als in diesem". Dieses im ganzen rundum durchaus zustimmende deutsche Bild der Niederlande und der Niederländer hat sich erst zum Ausgang des 18. Jahrhunderts und dann voll im 19. Jahrhundert – bei Literaten und anderen Professionen – geändert.[47]

Franzosen

Über den ganzen Zeitraum des 17. Jahrhunderts betrachtet, ist die Zahl der deutschen Reisenden, die einen Bericht über ihr Gastland vorgelegt oder hinterlegt haben, ebenso wie die der Engländer nicht so hoch, wenn man sie mit der der französischen Reisenden vergleicht. Dazu kommt, daß die Aufenthaltsdauer der Franzosen im Durchschnitt unvergleichlich viel höher liegt, was immerhin den Schluß auf höhere Dichte der Darstellung zuläßt.[48] Wie die anderen Nationen trieb auch die Franzosen zunächst einmal nur schlichte Neugier ins Land. Gewiß, manche blieben nur wenige Monate oder gar nur Wochen, was verglichen mit der Aufenthaltsdauer von Reisenden aus anderen Ländern schon hoch war, andere freilich hielten sich hier Jahre aus intellektuellen Motiven und als politisch oder religiös Verfolgte auf.[49] Und zu dieser Gruppe gehörten auch die Diplomaten, die sich während ihres Verbleibs mit Land und Leuten beschäftigten, wie das auch die Engländer William Temple oder Dudley Carlton taten. Für Frankreich seien da vor allem Simon-Nicolas Arnauld de Pomponne und Godefroi Comte d'Estrades genannt. Die Niederlande als Attraktion! Der sprichwörtliche Reichtum des Landes schien ebenso anzuziehen wie die Einzigartigkeit seiner geographischen Lage – ein großer Teil war unter dem Meeresspiegel gelegen –, die Regierungsform Republik ebenso wie die Sitten und Gebräuche, Kunst und Wissenschaft ebenso wie die über die Grenzen des Landes hinaus bekannte religiöse und politische Toleranz. Pierre Bayle hat das in seinem Dictionnaire historique et critique gerade zu letztem Punkt in dem Satz zusammengefaßt, daß die Niederlande die große Arche der Flüchtlinge gewesen seien.[50] Insgesamt darf für die französischen Reisenden, Besucher und ‚Dauergäste' wohl gelten: „Die Niederlande sind der natürliche und fast schon irgendwie nationale Pilgerort der Franzosen jeder Profession – der Kaufleute, der Soldaten, Staatsdiener und Schriftsteller. Während die Niederländer Frankreich lieben, bewundern die Franzosen die Niederlande als ein physikalisches und politisches Phänomen: physikalisch, weil menschliches Genie das Meer durch den Deich bezwungen hat, politisch, weil die vom Freiheitssinn erfüllte

---

47 Zitat von BUCHOLTZ, einem pensionierten deutschen Oberst in schwedischen Diensten, aus seiner kleinen Schrift *Des confoederierten und vereinigten Niederlandes Symbolum: Concordia res parvae crescunt. Gewidmet den Hochmögenden Herren (1666)* bei. ELSNER VON GRONOW, Die öffentliche Meinung, S. 56f.; das Zitat aus BON, ebd., S. 57.
48 Eine Auflistung der Franzosen in den Niederlanden enthält R. MURRIS, *La Hollande et les Hollandais au XVIIe et au XVIIIe siècles vus par les Français,* Paris 1925, S. 261ff. Unsere Darstellung stützt sich sehr wesentlich auf dieses Buch.
49 Ebd. S. 1f.
50 Angeführt ebd. S. 8.

kleine Nation mit Kühnheit und Geduld das mächtige Spanien bezwungen hat. Es gefällt den Franzosen, wenn ein Kleiner, der für eine gerechte Sache eintritt, den großen und starken Gegner überwindet."[51]

Wie die Engländer zeigten sich auch die Franzosen von Klima und Landschaft beeindruckt – negativ und positiv gleichermaßen. Da sei für das frühe 17. Jahrhundert auf das Immatrikulationsregister der Universität Leiden hingewiesen. Es enthält unter dem Datum vom 8. Mai 1615 die Eintragung: „Theophilus, Viarius, Vasco, studiosus Medicinae ...". Wie zu Anfang unseres Jahrhunderts ermittelt wurde, handelt es sich bei diesem Medizinstudenten um den französischen Lyriker Théophile de Viau (1596-1626), der – offensichtlich nicht sonderlich glücklich – einem Freund über den Aufenthalt in der Provinz Holland schrieb: „Was soll ich in einem Land machen, in dem Gepflogenheiten und Sitten mir so entgegenstehen, in dem die Sprache, Nahrung und Kleidung, die Menschen, der Himmel und die Elemente mir so fremd sind? Welches Vergnügen kannst Du mir versprechen in einem Klima, in dem das ganze Jahr über Winter ist, die Luft nur aus drohenden Wolken besteht und der Wind nur aus dem Norden bläst? Welches Vergnügen also, wenn es keinen Wandelgang außer meinem Zimmer gibt, keinen Genuß außer Tabak, keine Zerstreuung außer Saufereien, keine Annehmlichkeit außer Schlaf, kein Gespräch außer dem mit Dir?"[52] Diesen Lyriker, bald als Hugenotte und Libertin verbannt, der 1619 seinem Glauben abschwor[53], beschlich Unbehagen, wenn er an Holland dachte. Seine Fragen nach den Beweggründen eines Besuches oder Aufenthaltes, die rhetorische sind und nur einen negativen Schluß zulassen, konterfeien neben der klimatischen Unbill die Provinz als etwas Absonderliches, wenn nicht gar Unzuträgliches im täglichen Leben – materiell und intellektuell wohl gleichermaßen. Es mag dann scheinen, als ob sich der Lyriker mehr um sich selbst bemüht habe als um das Land, in dem er sich aufhielt, aber aus seiner Feder stammt immerhin eine Ode an Prinz Moritz. Das Leitmotiv war hier der von Oranien geführte Freiheitskampf. Nieuwpoort und Ostende galt es hervorzuheben. Der Kampf um Freiheit, gegen den Tyrannen, wurde in den Niederlanden noch als begrüßenswerte Realität erfahren. Die eigene Begeisterung für das Geschehen bewog den Poeten („La liberté n'est pas mortelle").[54] Der Blick sei jedoch wieder Klima und Landschaft zugewandt. Um in dieser Umgebung eine einigermaßen genußvolle Reise zu garantieren, so vermerkte Père Boussingault in seinem 1672 schon in dritter Auflage erschienenen Reiseführer für die nördlichen und südlichen Niederlande, solle man vorzugsweise zwischen Juni und September anreisen, und er scheint nicht der einzige Ratgeber in diese Richtung gewesen zu sein. So ist es möglicherweise erklärlich, daß französische Reisende mancherlei Ähnlichkeiten mit der Landschaft Italiens meinten entdecken zu können.[55] Aber da waren auch andere, die kaum jauchzten, ja eher die „nicht enden wollende, von Kanälen und Wasserläufen durchschnittene Wiesenlandschaft" auf die Dauer einigermaßen enervierend fanden. So zumindest äußerte sich François-Maximilien Misson, eher ein Italien zugetaner Mann, auch nicht von gleicher kontemplativer Natur wie Charles Augier, der zwar nicht länger als Misson im Lande verblieb (einen Monat), aber Muße hatte und wohl lyrischer veranlagt war. Jedenfalls nannte er es einen prächtigen Anblick, wenn Frauen und Mädchen in den Abendstunden auf kleinen Booten über die Kanäle zogen, um die Kühe zu melken.

---

51 So G. COHEN, *Écrivains français en Hollande dans la première moitié du XVIIe siècle*, Paris 1920, S. 424.
52 Zitiert nach COHEN, *Écrivains*, S. 267; die Eintragung im Immatrikulationsregister ebd., S. 141 (Introduction). Zu Théophile de Viau s. G. LANSON, *Histoire de la littérature française, remaniée et complétée pour la période 1850-1950* par P. TRUFFAU, o.O. 1951, vor allem S. 372.
53 LANSON, *Histoire*, S. 372, Anm. 1.
54 COHEN, *Écrivains*, S. 267ff.
55 MURRIS, *La Hollande*, S. 21f.

Holländische Kühe scheinen im übrigen im 18. und 19. Jahrhundert noch die Bewunderung französischer Reisender erregt zu haben. Während lange vor ihm der Herzog von Rohan von Holland als einem Juwel sprach und selbst Misson von den Vereinigten Provinzen als „reizvoll" sprechen konnte, da war Augier erheblich reicher in der Wortwahl. Er reiste von Amsterdam nach Leiden und fühlte sich auf den Champs Elysées, auf den „Inseln des Glücks". Jean Nicolas de Parival, der mehr als 40 Jahre in den Niederlanden lebte (1624-1667), den politischen Streit zwischen Oranientreuen und Wittianern aus nächster Nähe beobachtete und kommentierte, gab seiner Landschaftsbeschreibung den sehr sprechenden Titel *Les délices de la Hollande* mit und schilderte die Landschaft im Herbst, wenn das Wasser auf den Wiesen stieg, der Wind sich verstärkte und Dauerregen niederging und die Häuser wie aus dem Meer aufsteigend erschienen; aber das ließ ihn nicht, wie den hier eingangs zitierten Théophile de Viau, an der Annehmlichkeit des Klimas zweifeln, sondern noch besonderen Reiz abgewinnen, wenn man auf Deichen ging oder in Booten fuhr, wie auch die Winterlandschaft, die so manchen Maler anregte, nur Bewunderung geweckt zu haben scheint. Wie die Landschaft war auch für manche das Klima ein Thema, über das man fast schon unerschöpflich reden konnte, und die Impressionen lauteten unterschiedlich. Es war eben kalt und feucht. Die Feuchtigkeit gab Anlaß zur Beschwerde, und im 18. Jahrhundert noch ging Pierre-Jean Grosley hin, das wenig tränenreiche, ja nüchterne Zeremoniell bei Begräbnissen ebenso wie das gegenüber Südeuropa unterschiedliche Temperament der Hunde auf das insgesamt kalte Klima zurückzuführen. Auch Descartes spielte auf die Unwirtlichkeit des Klimas an, als er seinem Freund Constantijn Huygens schrieb, daß er sich entschlossen habe, sein Land zu verlassen, um ein ruhigeres Leben in den Vereinigten Provinzen zu führen, auch wenn es Länder gebe, die ohne Krieg seien und in trockenerer Luft und saubererem Klima lebten.[56]

Ob es nun Claude Joly ist, Kanonikus an der Pariser Notre Dame, oder sich um Jean-Alphons Turrettini, zunächst Student, dann Pfarrer in der Schweiz, handelt oder gar um den schon mehrfach genannten Misson, sie alle lobten die Städte, waren von ihrer Schönheit angetan. Sie sprachen in der übergroßen Mehrzahl von den Städten der Provinz Holland. Unter ihnen stach Amsterdam noch hervor. Boussingault verglich die Stadt mit Venedig, wie überhaupt im Laufe der Jahrzehnte sich für die auf jeden Fall immer auch nach Italien reisenden Franzosen der Vergleich mit Venedig aufzudrängen schien. Der Herzog von Rohan fand beide in ihren Gebäuden schlechthin prächtig und so recht geeignet, Maler hervorzubringen. Auch Madame de Villedieu (Hortense des Jardins), eine Reisende, die 1667 die Stadt besuchte, stellte diesen Vergleich an, der dann zum Nachteil Amsterdams ausfiel. In Venedig seien die Kanäle mit bemalten und schmucken Gondeln übersät, in Amsterdam seien das rauchende Bitumen-Leichter; die Straßen Venedigs seien bevölkert von noblen Venezianern, in Amsterdam würden die Straßen von Bürgern mit schlechten Manieren, die jedem Ausländer höheren Standes das Pflaster streitig machten, überfüllt. Allgemeine Bewunderung genoß das ‚Y', der Hafen. Ob Engländer, Deutsche oder Franzosen, sie alle sprachen von einem Wald von Segelmasten, bedienten sich desselben Bildes. Rohan bezifferte die Zahl der Schiffe auf drei- bis viertausend, Joly schätzte sieben- bis achttausend und Augier, der von der Zuider-See her sich dem Hafen näherte, hielt die Menge für unzählbar, und S. Le Laboureur, auch nur kurze drei Wochen in Amsterdam, ließ die Zahl der Schiffe beinahe der der Einwohner gleichkommen.[57] Die Korrektheit der Zahlen ist völlig gleichgültig. Daß es für fran-

---

56 Ebd. S. 35. COHEN, *Écrivains*, S. 467 meint, daß Descartes wegen seiner schwachen Lunge das feuchte Klima gewählt habe. Es habe seinerzeit die Meinung geherrscht, feuchte Luft säubere die Atemwege.
57 Zu Amsterdam s. MURRIS, *La Hollande*, S. 39f.

zösische Augen eindrucksvoll viele Schiffe waren, darüber besteht deutliche Übereinstimmung, und das war auch das äußere Symbol eines vom Seehandel lebenden Landes, dessen Manieren im übrigen nicht in jedem Augenblick den höfischen Vorstellungen entsprachen, wie es Madame de Villedieu offensichtlich erfuhr. Überhaupt die Erfahrung! Sie meinte Idylle und Penetration des Handels gleichermaßen. Die Idylle fand sich in den baumumstandenen Grachten mit ihren Häusern, die nur im Roman ihresgleichen fanden. Der Komödienschreiber Jean François Regnard, Sohn eines reichen Pariser Bürgers, beschrieb es so. Die Penetration des Handels äußerte sich in den Schiffen, die ihre Waren über die Grachten an Ort und Stelle brachten, äußerte sich auch in der geradlinigen Beschäftigung nur mit Kauf und Verkauf. Descartes formulierte, jedermann sei so auf seinen Profit aus, daß er sein ganzes Leben im Lande verbringen könnte, ohne je von jemandem gesehen zu werden. Amsterdam, eine der schönsten und blühendsten handeltreibenden Städte Europas, das Warenhaus Europas oder, wie sonst die schmückenden Beiworte lauteten. Joly zitierte aus einem von einem Holländer verfaßten kleinen Schriftchen *Les Profondeurs d'Espagne* folgenden Passus: „Allein die Stadt Amsterdam hat tägliche Einkünfte von mehr als 50.000 Pfund aus Abgaben, Akzisen oder Zöllen, was den Einkünften eines großen Königs entspricht." Die Börse als Zentrum des Lebens, mit Menschen, die alle die gleichen Absichten hegen! Der Kaufmann Pierre Le Jolle hat in mehreren Couplets die Börsianer beschrieben, die sich vor dem Eintritt in das Gebäude absichtlich gefälschte Informationen zusteckten. Die Börse als Symbol des schlitzohrigen Handelsgeschäftes! Das Ostindische Haus, das nicht übersehen wurde, als Symbol des Reichtums – eines Reichtums aus dem Orient! Amsterdam handelte mit allem, selbst mit Büchern. Vieles war in Frankreich verboten, in Amsterdam wurde es gedruckt. Die Reisenden schätzten die Zahl der Verlage und Druckereien auf etwa 400. Aber der Verdienst war wohl nicht die Hauptsorge, zumindest haben die französischen Reisenden die Buchproduktion nicht unbedingt als profitträchtig angesprochen. Diese hohe Produktion, die gleichsam ganz Europa bediente, schien ihnen eher ein Zeichen der großen niederländischen Freiheit zu sein.[58]

Auf Ludwig XIV. geht der Ausspruch zurück, die niederländische Republik sei „eine rechte Grundsuppe (Sentina) aller Sekten und Ketzereien", aus der täglich „Mißgeburten wunderseltsamer Meinungen" hervorgingen.[59] Mißt man solche Auslassung, deren Hintergrund überdeutlich ist, an den Eindrücken der Reisenden des Landes, dann will es nicht klingen, als ob Vertreter ein und derselben Nation gesprochen hätten. Ludwig XIV. war eben nicht Descartes, der gerade die Freiheit des Landes, die – wie er meinte – die unbehelligte Existenz von Ketzereien und Sekten garantierte, unendlich zu schätzen wußte. Der französische König ist selbst nur bis Utrecht gekommen – als Gegner der Republik, und er hat Amsterdam, diese Stadt auf ‚tausend Millionen Pfählen', wie Samuel de Sorbière es ausgedrückt hatte, nur durchs Fernrohr sehen können.

Natürlich ist nicht nur Amsterdam besucht worden. Unter den anderen Städten scheint vor allem Rotterdam Eindruck gemacht zu haben; die Stadt wird von einigen sogar über Amsterdam gestellt, ja, selbst als Stadt der Gelehrten gesehen, als Ort des Erasmus und des Pierre Bayle. Auch andere Orte waren Reiseziele, wie auch andere Provinzen, allein, die Provinz Holland blieb doch das Zentrum der Besichtigung. Die Zahl der Zeugnisse für andere Regionen ist allzu gering. Der Nachvollzug soll hier unterbleiben.

Vermutlich mehr als die Reisenden anderer Nationen haben sich die Franzosen mit dem äußeren Erscheinungsbild der Niederländer befaßt, Beschreibungen vorgelegt, die im 18. Jahrhundert erst dichter werden; um Haar- und Hautfarbe sowie um Kör-

---

58 Ebd. S. 42ff; die Couplets S. 43f.
59 S. PETRI, *Niederlandebild*, S. 176f.

perumfang geht es, dabei wird mehr auf die Frauen als auf die Männer geachtet; es sind Meinungen auch, die häufig genug recht unterschiedlich, weil nur Äußerungen des eigenen Geschmacks, sind. Der Vergleich mit der Pariserin wurde angestellt, und wo es um die Finessen ging, schienen Niederländerinnen nicht mithalten zu können. Die Reisenden boten da Schwärmerei und Kritik gleichermaßen. Einmütiger zeigten sich die Franzosen da schon über den Charakter der Niederländer, soweit es zumindest die materialistische Einstellung angeht. Der Comte d'Estrades, langjähriger Gesandter Frankreichs in Den Haag (1662-1668), brachte es auf die Kurzformel, daß der Handel das Interesse regiere. Die öffentliche Wertschätzung und Rangordnung, so andere, hänge immer vom Zustand der Schatzkiste ab. Die Gier nach Geld und Gewinn, hier und da einmal als Sparsamkeit apostrophiert, scheint nach Ansicht der meisten die Lebenseinstellung dirigiert zu haben. Und damit war im übrigen nicht nur der Handelsgewinn der großen Kaufleute gemeint, sondern auch die untere Ebene der Hoteliers, Restaurateure und Kutschenvermieter. Es scheint, als ob dies eine gemeinsame Erfahrung aller Nationen gewesen sei. Zu der Zeit, als Ludwig XIV. seinen Angriff auf die Republik begann, verdichtete sich diese Feststellung, die mehr denn je zur Ablehnung wurde. Jean Hesnault hat diese Manie, rasch und schnell zu Geld zu kommen, selbst in einem längeren Sonett angeprangert. Es mag dann unter dem Eindruck der kriegerischen Ereignisse entstanden sein, letztlich ist es aber nichts anderes als das in Verse umgesetzte allgemeine Unbehagen über diesen Charakterzug.[60] Zugleich bemängelten Franzosen die geringe Urbanität der Bewohner einer ausgesprochenen Städtelandschaft. Dazu gehörte die Unfähigkeit, Konversation zu machen – eine Eigenschaft, die im eigenen Lande so gepflegt wurde –, und wenn man sich über einen Mann wie Constantijn Huygens in dieser Hinsicht so positiv ausließ, dann handelte es sich eben um eine Ausnahme. Dazu trat, wie häufig zu lesen steht, ein kaum noch zu überbietendes Phlegma, das durchaus als praktisch umgesetzter Stoizismus gedeutet wurde. Habe man sich ein Bein gebrochen, so René Le Pays, dann sei man froh, sich nicht den Schädel zertrümmert zu haben. Am meisten waren die Franzosen vom niederländischen Freiheitssinn und Toleranzdenken beeindruckt – eine Erkenntnis, die man nicht als Ergebnis des Aufstandes und Freiheitskampfes gegen Spanien begriff, sondern viel eher aus der täglichen Begegnung mit den Niederländern erfuhr. Auf der Gedenktafel am ehemaligen Wohnhaus des René Descartes steht geschrieben: „Welch anderes Land besteht, in dem sich so umfassend in Freiheit leben läßt." Ein so verwegter Spruch ist die eingemeißelte Erfahrung des Descartes selbst, aber auch eben anderer, die kürzer nur in dem Lande gereist und gelebt haben. Der junge Guez de Balzac sei hier genannt ebenso wie Boussingault und Le Pays oder Parival. Jean-Louis Guez de Balzac war ein langjähriger Freund des Lyrikers Théophile de Viau und mit diesem gleichzeitig an der Universität Leiden eingeschrieben – als Student der Rechte. „Ein Volk", so schrieb er in seinem *Discours politique sur l'Estat des Provinces-Unis des Pays-Bas*, „ist frei, wenn es nicht mehr dienen will", und er münzte dies auf die Republik.[61] Und neben de Balzac zählte zu ihnen auch René Descartes, Briefpartner übrigens des Balzac und lange in der Republik lebend, ebenso wie Jean Nicolas de Parival, der in seinen *Délices de la Hollande* (1658) nahezu emphatische Worte über den Zustand der Freiheit fand. Das klang genau so wie es auch Théophile de Viau formulierte. Es sind daneben noch andere Charaktereigenschaften genannt worden wie Fleiß und Ausdauer, eine gewisse Trägheit (was der Ausdauer nicht entgegenstehen muß), ja, auch eine gewisse Unverschämtheit. All dieses sei nur kurz erwähnt, ohne Bei-

---

60 Angeführt bei MURRIS, *La Hollande*, S. 70f.
61 Der „Discours" in COHEN, *Écrivains*, Anhang IV, S. 713ff. Zitat ist S. 713, der erste Satz des „Discours". Zu Balzacs Immatrikulation in Leiden ebd. S. 267; über ihn und seine Stellung in der französischen Literatur s. LANSON, *Histoire*, vor allem S. 391ff.

spiele der Erfahrung und Begründung, wie auch die französische Beobachtung niederländischer Sitten und Gebräuche über die Ehe, das Verhältnis der Geschlechter, Alkohol- und Tabakmißbrauch oder Sauberkeit, Tod und Begräbnis nur schlicht konstatiert werden soll.[62]

Mit Sprache und Literatur oder Theater des Landes haben sich die Besucher im 17. Jahrhundert nur in höchst geringem Maße beschäftigt. Das setzte erst später im 18. Jahrhundert ein, und wenn es um Sprache ging, dann eher um die Erfahrung, daß der Reisende mit lediglich der Kenntnis des Französischen in der Tasche herbe Verständnisschwierigkeiten bekam.

Die Malerei erregte da schon früher Aufmerksamkeit. Einer der ersten französischen Reisenden, der auf die Eigenart der niederländischen Malerei aufmerksam machte, war Nicolas Benard. In Den Haag besuchte er im September 1617 eine große Zahl von Malern und Kunsthändlern, die nicht nur ein reiches und vorzügliches Angebot bereithielten, sondern auch jeden Vergleich mit St. Germain des Près aushalten konnten. Balthazar de Moncony befaßte sich auf einigen Seiten seines Reiseberichtes mit einzelnen niederländischen Malern (1663), besuchte in Delft selbst Johannes Vermeer, der keine Gemälde zum Verkauf stehen hatte. Bei einem Bäcker [!] freilich fand er einen Vermeer, dessen Preis ihm dann zu hoch erschien. In Leiden trat er bei Frans van Mieris ein und bei Gerard Dou. Er fand dort nur fast Fertiges oder Vollendetes, aber zu Teures, wie überhaupt dem Besucher die zwischen 400 und 600 Pfund schwankenden Preise zu hoch erschienen. Moncony fand dann in den Haarlemer Doelen große Porträts von Stadtvätern. Das sind nur Berichte von einzelnen, aufschlußreich für den äußeren Rahmen der Fertigung und den Handel von Kunst, nicht auf die Ästhetik eingehend. Bei den Berichten über die Architektur wurde diese „künstlerische" Seite schon stärker berücksichtigt, ohne allzu ausführlich zu werden. Aber Bewunderung war es allemal – bei einer Kritik hier und da –, was auch für bestimmte Skulpturen und Denkmäler gilt, unter denen das Grabmal des Wilhelm von Oranien den Mittelpunkt bildete. Dieser Ort in der Neuen Kirche von Delft scheint ein ‚must' für Reisende aller Nationen gewesen zu sein.[63]

Ein ‚must' war übrigens auch die Leidener Universität, die als das Zentrum hochgepriesener niederländischer Wissenschaft galt. Der Philologe Peter Burman wird genannt – ‚unter der unendlichen Vielzahl von wissenschaftlichen Größen', wie Parival Leiden charakterisiert – ebenso wie Isaac Vossius, der Naturwissenschaftler, oder Herman Boerhaave, der stärker ins 18. Jahrhundert hineinwirkte. Pierre Bayle kritisierte zwar die Art und Weise akademischer Wissensvermittlung, aber die Gelehrsamkeit Leidener Professoren war wohl unstrittig. Da gab es eben eine Tradition, über die die französischen Reisenden Kenntnis hatten, eine Tradition, die begründet worden war von dem Altphilologen Joseph Justus Scaliger, dem Altphilologen Claude de Saumaise (Salmasius) und dem Sprachwissenschaftler und Dichter Daniel Heinsius. Gegenüber Leiden als Zentrum der Universitätsbildung und Gelehrsamkeit blieben andere Universitäten im Urteil der Franzosen stark zurück. Turettini hat selbst für Leiden im letzten Jahrzehnt des 17. Jahrhunderts Qualitätsrückgang feststellen wollen, lobte dagegen die Universität Franeker, fand Groningen in einem zerrütteten Zustand, während Pierre Bayle, dem eine Philosophieprofessur in Franeker angeboten wurde, nicht nur die schlechte Luft in Friesland und die Unhöflichkeit der Menschen bemängelte, sondern auch den Provinzcharakter einer Universität, zu der die wissenschaftlichen Neuigkeiten und Neuerungen nicht durchdrangen. Das Athenaeum illustre in Amsterdam, an dem unter anderem die landesweit berühmten Philologen Gerhard Vossius und Barlaeus lehrten, erhielt dagegen, auch wenn es keinen Universitätsrang hatte, manches Lob. Daß den Reisenden Hugo

---

62 Zu J.N. DE PARIVAL s. vor allem MURRIS, *La Hollande*, Paris 1925.
63 MURRIS, *La Hollande*, S. 183ff.

Grotius oder Christiaan Huygens bekannt waren und von ihnen bewundert wurden, sei hier als Selbstverständlichkeit angemerkt, wie auch der Amateurwissenschaftler und Buchdrucker Willem Jansz. Blaeu von Franzosen aufgesucht wurde, so von dem Mathematiker Jean Picard, der nach Amsterdam reiste, um mit Blaeu über Abmessungen der Erde zu sprechen, und er war froh, bei der Berechnung eines Längengrads nur eine Differenz von 60 rheinischen Fuß feststellen zu können. Abgesehen davon, daß Anna Maria van Schurman in ihrer Gelehrsamkeit bekannt war und von Laboureur als die zehnte Muse apostrophiert wurde, galt auch der hohe Standard der wissenschaftlichen Verlage wie der Blaeus oder der Elzeviers in Leiden als eine günstige Vorbedingung für die Verbreitung niederländischer Wissenschaften und Wissenschaftlichkeit. Und zu der Tatsache, daß die holländischen Städte keine Kosten scheuten, um große Gelehrte des Auslandes heranzuziehen, wußte Samuel de Sorbière zu schreiben: „Die Humanwissenschaften haben den holländischen Ständen viel zu verdanken".[64]

Während die französischen Reisenden, sämtlich katholisch, bei der Betrachtung des religiösen Lebens durchaus – wie auch andere – die Vielzahl der Sekten und Religionsgemeinschaften würdigten und im Sinne religiöser Toleranz deuteten, gab es auch kritische Stimmen, die sich nicht nur zur Nüchternheit des Gottesdienstes oder zur inneren Ausstattung der Kirchen äußerten, sondern auch – vor allem angesichts des Gomaristen-Streits – religiöse Toleranz nicht gleich als allgemeingültigen Begriff akzeptierten oder solche Toleranz als abhängig vom Nutzen im Wirtschaftsleben einstuften. Für das politische Leben fand das Wort von der Toleranz ebenso allgemein Eingang wie das Wort von der Freiheit des Bürgers gegenüber den Instanzen der Obrigkeit; und es gibt Reisende, die solche Entwicklung aus der wirtschaftlich bedingten engen Zusammenarbeit und Begegnung mit anderen Völkern oder der niederländischen Konstitution (Union von Utrecht) abzuleiten versuchten. Arnauld de Pomponne, von 1669 bis 1671 Gesandter Ludwigs XIV. in Den Haag, sprach schlicht von der Freiheitsliebe des Volkes, die zusammen mit der neuen Religion zum Erfolg im Kriege geführt habe.[65] Wie andere es als Reisende nur sporadisch oder in Kurzanalysen tun konnten, hat Pomponne es verstanden, für seine engsten Freunde und zur Auffrischung seines Gedächtnisses[66] eine höchst kenntnisreiche Studie vorzulegen, die die politische und wirtschaftliche Entwicklung des Seefahrerlandes im Nordwesten Europas darstellt. Handel, Seefahrt und städtisch-ständische Souveränität sind die wesentlichen Faktoren der Pomponneschen Ausarbeitung; und die Bewunderung, die er für dieses Land hegte – er zählte es zu den mächtigsten Europas – ist kaum zu übersehen. Fleiß, Energie und Durchhaltevermögen waren die Charaktereigenschaften, die ihm den Aufstieg des Landes bedingten. Folgt man seinen Betrachtungen, dann erscheint Holland (die Niederlande) als ein einziger großer Stapelmarkt, als ein Monopolist des Welthandels gleichsam, auch wenn er allmählich eine bis dahin schläfrige Konkurrenz auftauchen sah. Da fällt kein Wort über Geldgier, da schreibt der Diplomat vielmehr über Mäßigung, die zwar nicht mehr im Sinne der Knauserigkeit der Vorväter bestehe, aber doch erstaunlich sei inmitten all des Reichtums, und seine Bemerkung über frugale Mahlzeiten erinnert an den englischen Bericht über trockenes Brot und Mohrrüben in den Händen spielender Kinder reicher Leute. Und diese Mäßigung galt nicht nur bei Tisch, sondern in der ganzen äußeren Präsentation und Erscheinung (Möbel und Kleider). Was er damit beschreiben wollte, war eine republikanische Geisteshaltung, die er dem ambitiösen Karriere- und Aufstiegsdenken in

---

64 Zitat ebd. S. 214.
65 H.H. ROWEN (Hrsg.), *Pomponne's Relation de mon ambassade en Hollande, 1669-1671*, Utrecht 1955, (=Werken Historisch Genootschap IV, 2), S. 30.
66 Dazu ebd. die Einleitung, S. 11.

einer auf Äußerlichkeiten bedachten Monarchie entgegenhielt.[67] Letztlich erschien ihm die Republik auch als eine gleichsam nivellierte Gesellschaft mit nur wenigen extrem reichen Familien und einer Vielzahl von sehr wohlhabenden Leuten bei zugleich einer allgemeinen Güterverteilung, die bis in den letzten Winkel reiche. Der Überfluß lasse Armut und Elend kaum Gelegenheit, sich auszubreiten.

Kurze Charakteristik

Insgesamt haben die Reisenden aller Nationen ihre Neugier voll befriedigen können; daß es etwas Neues war, macht der Tenor der Berichte und Erzählungen deutlich. Nirgendwo spürt man ein gelangweiltes „Déjà vu". Der Status einer Republik, der Erfolg gegenüber einer Großmacht, die neue Religion als Landesreligion, die über die Grenzen bekannte Kunst und Wissenschaft, haben die Reisenden angezogen und Beifall herausgefordert. Die Kritik, die laut wurde und häufig Geldgier anprangerte, Schlitzohrigkeit bedauerte oder rüde Szenen ablehnte, sich über Tölpelhaftigkeit in komischen Szenen lustig machte, war nicht stark genug, als daß sie ein insgesamt positives Bild von Leben und Leistung des Landes hätte trüben können. Es war schon so, wie es Parival formuliert hat: „In der Tat, wer Holland nicht gesehen hat, kann sich nicht rühmen, überhaupt etwas gesehen zu haben".[68]

Obwohl man schon, wie in der Vorbemerkung angeführt, im 16. Jahrhundert gleichsam unter dem Druck humanistischen Wissensdurstes Reisen schlicht zur Reisekunst auszubauen und aufzuwerten versuchte, war die Mehrzahl der Reisen in die niederländische Republik des Goldenen Jahrhunderts nicht jener Systematik unterlegen, wie es sich einige Verfechter einer bildungshungrigen Apodemik gewünscht hätten. Leichtigkeit und Zufälligkeit sind als die eigentlichen Merkmale der Reiseberichte anzusprechen. Im Vordergrund stand die Bewunderung, getragen von der Faszination des Kleinen, der Großes gebar und Größere gar verdrängte. Ihr Gegenstand war der Glanz des Reichtums in seiner vielfältigen Äußerung, waren Kunst und Wissenschaft und nachdrücklich auch die Freiheit des Gedankens oder überhaupt der Lebensgestaltung – nachdrücklich, weil die Republik in einem Umfeld heranwuchs, in dem absolutistische Herrschaftsform den politischen und geistigen Alltag ausmachte. Die Republik scheint den Eindruck erweckt zu haben, als ob ihre frühbürgerliche Gesellschaft gegen die staatlichen Instanzen des übrigen Europa gestanden hätte.

Gewiß, es gab den Spott ob vermeintlicher Eigenheiten der Niederländer, die auf Einzelerfahrung beruhen mochten oder einfach hochgerechnet wurden, es gab auch ernsthafte Kritik an bestimmten Einrichtungen und Verhaltensweisen, aber insgesamt zielte solche Kritik nicht auf die republikanische Substanz des neuen Staates, zeigte sie in keiner Weise jene Schärfe, die vor allem auf deutscher Seite in der Phase der Aufklärung unter dem Aspekt der Neubewertung von *Ländern und Völkern* vorgetragen wurde und schließlich im Jahrhundert darauf im Zuge wachsender nationaler Bewegung in die Frage nach der Existenzberechtigung des kleinen nordwesteuropäischen Staates einmündete.

---

67 Ebd. S. 46f.
68 Zitiert bei MURRIS, *La Hollande*, S. 259.

III. Konstitutionelle Eigenart und politische Kultur

Selbstverständnis I: Batavischer Heldenmut

Am 6. Mai 1945, einen Tag nach der Kapitulation der deutschen Truppen in den Niederlanden, führte das Amsterdamer Schauspielhaus (Stadsschouwburg) das Theaterstück *Vrij Volk (Freies Volk)* auf – ein historisches Panorama niederländischen Freiheitskampfes. Im Zuschauerraum saßen Widerstandskämpfer, die neuen Kabinettsmitglieder und Militärbefehlshaber. Der Fünfakter war eine Gemeinschaftsarbeit, von fünf niederländischen Schriftstellern verfaßt (Aubert Helman, Maurits Dekker, Antoon Coolen, Jeanne van Schaick-Willing, August Defresne), und 1943 im Untergrund entstanden. Die Wiedergeburt des Landes, der Nation, als Ergebnis eines Freiheitskampfes. Im Mai 1945, im Augenblick der Befreiung von der Repression der Besatzer, bestand aller Grund dazu, die gerade erfahrene Erniedrigung in einem neu zu gewinnenden Selbstbewußtsein wieder aufzuheben, indem man an die historischen Wurzeln des Landes erinnerte. Von der Belagerung der Stadt Leiden 1574 handelte das Stück, von der Katastrophe und der Rettung 1672 und der Erlösung aus französischer Herrschaft 1813. Und ganz am Anfang stand der Aufstand des Bataver-Fürsten Claudius (Julius) Civilis. In der ersten Szene durchsuchen römische Soldaten (=Gestapo-Agenten) eine batavische Hütte, Anlaß für die Bataver, sich zu versammeln, auszurufen, daß die Tyrannei nicht länger ertragen werden könne. Es folgt die Verschwörung im Schakerbos, bei der der Aufstand gegen die Römer beschlossen wird. Es heißt dann gleichsam als Losung für das gesamte Stück: „Die Gallier kämpfen der Ehre wegen, die Teutonen um die Macht, die Bataver aber kämpfen um die Freiheit."[1]

Dieser Gedanke von der Tradition der Freiheit, so ist richtig festgestellt worden, hat seit dem Ende des 15. Jahrhunderts einen festen Platz im niederländischen Selbstverständnis.[2] Schon die politischen Wechselfälle in den burgundisch-habsburgischen Niederlanden machen das mit Blick auf die Auseinandersetzungen um Institutionen deutlich. Es ist einsichtig, daß 1945 der Versuch unternommen wurde, die historische Erinnerung zu neuem Leben zu erwecken, sie zu instrumentalisieren, aber ebenso einleuchtend ist es, daß sich die Intellektuellen und Künstler in der Phase des Aufstandes gegen Spanien und in der Phase der Konsolidierung daran gaben, eine geistige Orientierungshilfe zu leisten oder Rechtfertigungen vorzutragen, denn dieser Aufstand schuf schließlich eine neue staatliche Einheit oder er unternahm es zumindest, sie herzustellen. Der Staat oder, wenn man so will, die Agglomeration der Vereinigten Provinzen, die sich in der Utrechter Union 1579 verbanden, entstand nicht nach Gesetz und Recht oder als Konsequenz dynastischer Politik, sondern als Ergebnis eines Kampfes um die Wahrung alter Rechte und damit auch um Befreiung von Repression. Dieser neue Staat, bald dann Republik, löste sich aus dem größeren Zusammenhang des burgundisch-habsburgischen Reiches, das freilich bis zum Augenblick des Aufstandes den Gedanken von der über die dynastischen Gegebenheiten (Personalunion) hinausreichenden politisch-kulturellen Zusammengehörigkeit, wenn überhaupt, dann nur in ersten Ansätzen hatte erwecken können.[3] Ein engeres Zusammenrücken erfolgte wohl erst dort, wo Leiden gemeinsam erfahren wurde, Sprache und Religion eine feste Basis schufen. Das griff zunächst über

---

1 Nach I. SCHÖFFER, *The Batavian Myth during the Sixteenth and Seventeenth Centuries*, in: *Britain and the Netherlands*, V, S. 78f.
2 Ebd. S. 79.
3 S. dazu oben den Abschnitt *Tradition und Voraussetzung*.

die Grenzen der späteren Republik hinaus, wurde aber noch intensiver erfahren, als der militärische Erfolg des Gegners die südlichen Teile des Aufstandsgebietes wieder unter den Gehorsam der alten Macht zwang.

Wo immer Revolte oder Revolution stattfindet, ist die Begründung nicht fern. Dieser Satz gilt immer. Wo sie sich als Aufhebung der Vergangenheit bietet, findet sie auch ihre Begründung in der Vergangenheit, in der Unerträglichkeit der politischen oder sozialen Ordnung. Begründung ist zugleich Rechtfertigung; über sie wird noch zu sprechen sein. Die Niederländer oder die Interpreten und Publizisten des Aufstandes fanden sie zunächst im Widerstandsrecht. Das ließ sich in jenem Augenblick – gleichsam modern – calvinistisch begründen, aber es konnte auch aus anderen Traditionen schöpfen. Widerstandsrecht gleich welcher Prägung enthielt Kampf und Freiheit gleichermaßen, und lag es dann nicht nahe, sich nicht einfach nur in der Rolle des Freiheitskämpfers zu sehen, sondern auch zur Festigung des eigenen Anspruchs auf Recht und Freiheit eine historische Tradition mit im Gepäck zu führen?

Die Niederländer des ausgehenden 16. und des 17. Jahrhunderts haben im Aufstand des Bataver-Fürsten Claudius Civilis ein erstes Beispiel gefunden, und sie haben die Haltung des Fürsten und seines Stammes zum niederländischen Volkscharakter umgemodelt, das heißt, sie haben Freiheitsbewußtsein, Kampfbereitschaft und Mut zur wesentlichen Ingredienz der aufständischen Bevölkerung ihrer Gegenwart hochstilisiert. Das war im übrigen kein spontaner Fund, in der ersten Stunde des Aufstandes gemacht, sondern indirekt ein Erbe humanistischer Wissenschaft, die politisch-psychologisch instrumentalisiert oder einfach politisch aufgemotzt wurde. „Der mutige Widerstand gegen die spanische Herrschaft war die Quelle, die diesen Humanismus belebt hat"[4] – eine politische Belebung eines Humanismus, wird man freilich hinzufügen müssen, dem es darauf ankam, Barbarei durch Wissen zu verdrängen, auf die Quellen zurückzugreifen. Zu diesen Quellen zählten die Schriften des Römers Tacitus, dessen Manuskripte im 14. und 15. Jahrhundert in italienischen und deutschen Klöstern entdeckt worden waren. Römische (1515) und Schweizer (Basel 1519) Editionen boten frühe Gelegenheit, sich kundig zu machen, sich darüber zu informieren, was denn die antike Welt von den Völkern im Nordwesten Europas wußte. Mehr als jeder andere Autor Roms hatte sich Tacitus mit diesen Teilen des Kontinents befaßt. Seine *Germania* hatte noch weit vor den ersten Veröffentlichungen der gesammelten Werke Verbreitung in Humanisten-Kreisen Mittel- und Nordwesteuropas gefunden. Zu Anfang des 16. Jahrhunderts gab sich der Humanist Gerardus Geldenhauer aus dem Herzogtum Geldern daran, die Bataver des Tacitus zu lokalisieren. Dieser humanistische Gelehrte siedelte sie in der Betuwe an, eine Landschaft zwischen Rhein und Maas. Die Vorfahren seiner Landsleute der Provinz, die „Geldermannen", waren damit – sicherlich nicht ohne Stolz – verortet. Das Bemühen des Geldenhauer blieb nicht unwidersprochen. Der Kleriker Cornelius Aurelius aus Gouda brachte 1516 seine Schrift *Defensio Gloriae Bataviae* in Umlauf, in der er die Bataver in der Grafschaft Holland wohnen ließ, in der Nähe der Rheinmündung zwischen Katwijk und Leiden. Es folgte eine lange, über das 16. Jahrhundert hinausreichende Diskussion über die Verortung mit dem Ergebnis, daß die Bataver als Vorfahren der Holländer in eben der holländischen Grafschaft gewohnt haben sollten, wenngleich im Zuge des Aufstandes die Ahnherrschaft auch auf andere Gebiete übertragen wurde. Der vorgenannte Aurelius hat 1517 zum ersten Mal auch seine *Chronicke van Hollandt, Seelandt ende Vrieslandt* erscheinen lassen, die als *Divisiekroniek* bekannt wurde und in einer gekürzten Fassung ab 1538 etwa sechzig Neuauflagen erlebte. Sie muß hier erwähnt werden, weil sie in niederländischer Sprache geschrieben und damit

---

4 So E.-L. ETTER, *Tacitus in der Geistesgeschichte des 16. und 17. Jahrhunderts*, Basel u.a. 1966, S. 140.

auch dem des Lateinischen nicht mächtigen Laien zugänglich war. Diese Chronik, deren einzelne Ausgaben immer wieder in zusätzlichen Artikeln zeitlich ergänzt wurde (daher der Name), diente bis zu Anfang des 19. Jahrhunderts als Schulbuch und beschreibt die Bataver als die Stammväter der Holländer. Die Chronik des Aurelius ist freilich noch nicht darum bemüht, die batavischen Helden in den Vordergrund zu schieben, vielmehr geht es hier einfach darum, den Holländern zu geeigneten Vorfahren zu verhelfen, etwa auf dem Wege des Ortsnamen-Nachweises: Katwijk zum Beispiel nach den Chatten benannt, aus denen die Bataver hervorgingen, und Batenburg, oder mit Hilfe archäologischer Funde.

Auch andere Zeitgenossen haben sich mit den batavischen Helden und dem Volk befaßt, intensiver zuweilen, aber immer wieder standen die Vorzüge dieses Volksstamms im Brennpunkt der Betrachtung, die Tacitus den germanischen Stämmen zugemessen hatte. Die bei dem Autor der *Germania* geäußerte Kritik übersah man geflissentlich. Das war auch von vergleichsweise geringer Relevanz, wenn man zugleich mit Stolz auf die Einreihung des Stammes oder Volkes in die Antike verweisen konnte. Die Bataver also als Volk der Antike, unterstützt vom Ruhm der Antike, vor allem vom Ruhm der römischen Republik! Für die niederländische Seite lag die Bedeutung des Bezugs auf die Antike auch in der römisch-christlichen Kontinuität. Das Christentum im Schoße Roms geboren.[5]

Abgesehen davon, daß die Rezeption des Tacitus auch in der niederländischen Republik ein hervorstechendes Merkmal des historischen Zugriffs und damit des geistig-kulturellen Lebens war und in vorderster Reihe von Justus Lipsius gefördert wurde[6] – über die damit verbundene Einführung des Neustoizismus ist in anderem Zusammenhang zu handeln –, rückte mit dem Aufstand auch die Heldenrolle der Bataver ins Zentrum der Aufmerksamkeit. Justus Lipsius selbst kommentierte in seiner Ausgabe begeistert die Rebellion des Claudius Civilis. Bataver – Holländer – Freiheitskampf, das waren von nun an nur noch Synonyme für ein und dieselbe Sache. Die Rebellion des Bataver-Fürsten schien das Band zwischen Batavern und Holländern noch enger zu schmieden. Antike und Gegenwart – sie waren nicht mehr voneinander verschieden. Die Stadt Leiden erhielt 1575 ihren Namen *Lugdunum Batavorum*. Bataver, der Name reichte bis in den indonesischen Archipel, als dort die Vereinigte Ostindische Compagnie (VOC) Einzug hielt. Batavia hieß die Hauptstadt des Jan Pietersz. Coen, eines der Gouverneure. Sie hieß so Jahrhunderte hindurch, um erst nach der Dekolonisierung wieder den alten Namen *Djakarta* anzunehmen.

Die batavische Vergangenheit wurde bald bildlich, historiographisch und literarisch gleichermaßen erfaßt. In seiner Leidener Dissertation von 1940 stellt Henry van der Waal zur Ikonographie fest: „In der Kunst unseres Landes aus dem 17. Jahrhundert sind alle Darstellungen unserer Vorfahren als ein heroisches Volk zu begreifen, als eine indirekte Verherrlichung der Gegenwart. Es ist eine Art der Darstellung, in der die Bewunderung der Gegenwart sich ausdrückt in einer in der Geschichte gefundenen Bildsprache."[7] Da ließ der Magistrat von Den Haag doch dem Advokaten Pieter van Veen 32 Pfund und 8 Schillinge ausbezahlen für die Lieferung eines Gravurbandes mit 36 Illustrationen zum Thema *Krieg der Bataver gegen die Römer* (*Batavorum cum Romanis bellum*), der nach einem Entwurf des Antwerpener Malers Otto van Veen (Vanius), Bruder des Pieter van Veen, in Zusammenarbeit mit dem italienischen Kupferstecher Antonio Tempesta zustande gekommen war. Vermutlich eine von der Behörde ergangene

---

5 Das vorhergehende nach SCHÖFFER, *The Batavian Myth*, S. 83ff.
6 Dazu ETTER, *Tacitus*, S. 115ff.
7 H. VAN DER WAAL, *Zeventiende eeuwse uitbeeldingen van den bataafschen opstand*, diss. Leiden, S. 11.

Die Bataver schlagen die Römer am Rhein (Otto van Veen)

Auftragsarbeit, die den Aufstand der Bataver unter Claudius Civilis behandelte. Die einzelnen Stiche erhielten Bildunterschriften in lateinischer und niederländischer Sprache und einen Begleitkommentar aus den *Historien* des Tacitus. Diese 36 Szenen scheinen tatsächlich nach dem Geschmack der Öffentlichkeit gewesen zu sein. Die einzelnen Szenarien enthielten eine heroisierende Darstellung des Aufstandes gegen die Römer in einer Zeit, in der die Republik selbst schon auf einigen Erfolg im Kampf gegen Spanien zurückblicken konnte. Man lebte gerade in der Phase des Waffenstillstandes. Das Ganze war eine Moritat, die nicht leidvoll, sondern mit einem Sieg endete, früh schon das Ergebnis des Kampfes vorwegnahm, der erst mit dem Westfälischen Frieden beendet war, und darüber praktisch die bildlich-erzählerische Ausweitung jenes Triumphbogens war, den der Statthalter Moritz von Oranien bei seinem Einzug in Amsterdam nach dem Sieg von Groningen 1594 gegenüber seinem Logis im Prinsenhof fand: Claudius Civilis setzt einem daniederliegenden Römer den Fuß in den Nacken.

Für Otto van Veen, der nicht zu den Parteigängern der Zeit zählte, sondern in erster Linie malte, scheint das alles in jenen Jahren ein profitables Geschäft gewesen zu sein. Er nutzte die Gunst der Stunde. Sein Bruder half ihm dabei. Denn dieser präsentierte einer Delegation der Generalstände zwölf Gemälde zum gleichen Thema. Der Bruder machte den Handel, und schon 14 Tage später kam der Kauf zu dem geforderten Preis von 2.200 Gulden zustande. Die Gemälde sollten dem Versammlungssaal der Generalstände „zur Zierde" dienen. Es ist hier nicht nach der Beziehung zwischen dem Gravurband und den einzelnen Gemälden zu fragen, sondern lediglich festzuhalten, daß es den Regierenden des Landes sicherlich auch um die historische Ableitung der eigenen politischen Existenz ging, sie in erster Linie freilich der heroischen Komponente bedurften, was als ein Zeugnis für Selbstverständnis und Image-Pflege gleichermaßen gelten kann.⁸ Hier gilt sicherlich auch die zur Zeit strammer nationaler Ausrichtung geschriebene Aussage des Hermann Oncken, der 1935 im Zusammenhang mit der Wandlung des Geschichtsbildes im Laufe der Zeiten drucken ließ: „Von allen Seiten strömten Neuerer herbei, denen auch die Nationalgeschichte nur Projektionsfeld für die Ideale und Forderungen der Gegenwart ist."⁹

Es bedurfte im übrigen nicht immer des großen Gemäldes, sondern es reichte vielfach auch die „kleine" Bildsprache in der Form etwa von Titelbildern für historische Darstellungen. So erschienen auf dem Buch von Pontanus *Historiae Gelricae* von 1639 Wilhelm von Oranien und Claudius Civilis beide als „Rächer des Vaterlandes", und selbst auf dem Titelblatt des 1660 erschienenen *Leo Belgicus* des Deutschen Philipp von Zesen, schon länger Resident in den Niederlanden, fanden sich Civilis und der Oranier nebeneinander und gegenüber Kaiser Nero und Philipp II. von Spanien, den Tyrannen jeweils ihrer Zeit. Eine satte Demonstration dieser Identifizierung des niederländischen Kampfes gegen die Spanier mit dem Aufstand der Bataver erfolgte in der bildlichen Ausstattung des Amsterdamer Rathauses gegen Ende der 50er Jahre des Jahrhunderts. Wo ließ sich besser das kämpferische und freiheitliche Vorbild präsentieren als in diesem öffentlichen Gebäude, noch dazu in einer Stadt, die bis dahin rein finanziell schon als die Vorkämpferin und Hauptstütze des Landes gelten mußte. Von den Regenten her ergingen die Aufträge an die bekanntesten zeitgenössischen Maler – Aufträge, die wohl nicht ganz allgemein auf Darstellung des eigenen Aufstandes zielten, sondern eben diesen Bezug zu den Batavern meinten. Das Rathaus dieser Stadt Amsterdam ist vermutlich unter der Leitung seines Architekten Jacob van Campen oder zumindest nach dessen Rat in Form einer Präsentation der holländischen Geschichte und der Stadtgeschichte Amsterdams „dekoriert" worden. Die Regenten als Auftraggeber wünschten eine Art historische Aufarbeitung, die den ganzen Umfang des nach dem Westfälischen Frieden neuerlich bestätigten Selbstverständnisses widerspiegelte. Die Thematik umfaßt Antike, Bibel und Bataver gleichermaßen, und eben diese Anordnung zeigt auch, daß humanistisches Erbe den nunmehr höchst willkommenen Vergleich mit den Tugenden vor allem der römischen Republik gefördert hat und daß ein weiteres Element des Selbstbildes im calvinistischen Bekenntnis und dem damit verbundenen Rückgriff auf das Alte Testament lag.

Die Amsterdamer Stadtväter haben sich bemüht, Aufträge zu erteilen, die die Wurzeln des republikanischen Selbstverständnisses bloßlegten und die zugleich ein anderes Ingredienz, den Stolz der Regenten selbst, in Form und Farbe festhielten – einen Stolz, der sich im übrigen in den so zahlreichen Einzel- und Gruppenporträts jener Jahrzehnte äußerte.¹⁰

Die Maler, die das Amsterdamer Rathaus ausstatteten, gehörten zur ersten Garnitur ihrer Zunft. Für den Bürgersaal des Hauses wählten die Regenten jene Themen aus, die auch die Wände im Saal der Haager Generalstände zierten: den Kampf der Bataver gegen die Römer. Govaert Flinck, einer jener Maler, erhielt den Auftrag, zwölf große Gemälde zu diesem Thema anzufertigen. Dieser Maler, der in jenem Jahrzehnt stärker als etwa Rembrandt den Geschmack der Amsterdamer traf, starb jedoch kurz nach den ersten Arbeiten an diesem gewaltigen Auftrag, der nun an Jacob Jordaens, Jan Lievens und Rembrandt van Rijn ging. Die Arbeit blieb freilich unvollendet, im wesentlichen wegen der höchst schwierigen Plazierung der Gemälde, möglicherweise aber auch aus

---

8   Dazu ebd. S. 27f. und S. 17 (Triumphbogen); auch SCHÖFFER, *Batavian Myth*, S. 95 und SCHAMA, *Embarrassment of Riches*, S. 76f.; bei VAN DER WAAL auch Kurzbiographien zu Otto van Veen und Tempesta; ferner B. HAAK, *Hollandse schilders in de Gouden Eeuw*, ²1987, S. 48f.
9   H. ONCKEN, *Wandlungen des Geschichtsbildes in revolutionären Epochen*, in: *Deutsche Allgemeine Zeitung*, 13. Januar 1935.
10 S. dazu den Abschnitt *Bildende Kunst*.

finanziellen Gründen. Jedenfalls kamen *Brinio wordt tot veldheer verheven* von Lievens, *De overwinning van de Batavers over de Romeinen* von Jordaens und etwas später dessen *De vrede tussen de Romeinen en de Bataven* und schließlich Rembrandts *De nachtelijke samenzwering van Claudius Civilis in het Schakerbos* zustande. Diese letztgenannte Arbeit ist freilich ein Fragment geblieben und später auch aus dem Rathaus wieder entfernt worden. Die Vermutungen über den Grund solchen Verfahrens sind hier nicht darzustellen. Der Maler Jurriaen Ovens hat das im übrigen schon von Flinck in Angriff genommene Thema *Verschwörung des Civilis* in aller Eile vollendet. Und es ist hier im Vorgriff auf den Bericht über die den Gemälden thematisch entsprechenden literarischen Äußerungen der Zeit darauf hinzuweisen, daß Joost van den Vondel, jener Dichter, der gleichsam den nationalen Dichter-Lorbeer trug,[11] diese Arbeit an der Dekoration des Amsterdamer Rathauses mit Versen begleitet hat – mit Versen, die die Intention des ganzen Unternehmens wiedergaben.[12]

Es ist schon einigermaßen bemerkenswert, daß die Regenten – nimmt man einmal die hier zu beschreibende Dekoration des Rathauses als Beispiel – noch in einer Phase unbestrittener Macht solcher Demonstration ihrer „historischen Wurzeln" bedurften, als das Selbstverständnis schon lange zu einem hochstilisierten Selbstbewußtsein ausgewachsen war, wie es sich aus gleichsam akademischem Munde in den Worten des Leidener Hochschullehrers Boxhorn äußerte: „Die niederländische Republik ist der Ring der Welt, und die Perle des Ringes ist Holland. Die niederländische Republik ist das Auge der Welt, und der Augapfel ist Holland, die niederländische Republik ist die Königin der Welt, und die Krone ist Holland." Die frische Aussage des Leidener Hochschullehrers – über ihn wird noch an anderer Stelle zu handeln sein – wäre aus Amsterdamer Sicht in jener Zeit noch erweiterbar gewesen, denn in der Provinz Holland gab die Stadt am IJ den Ton an, wie sie auch über die Provinz weitgehend das niederländische Geschehen diktierte. Gerade hier begegneten die Zeitgenossen der Personifizierung des republikanischen Selbstbewußtseins, dessen Inhalte sich auch bildlich äußerten, unterstützt von den die übliche Allegorie auf den Punkt bringenden Sinnsprüchen eines Joost van den Vondel. Gedacht ist dabei nicht an die großen Porträts Amsterdamer Regenten oder Wirtschaftsführer, sondern hingewiesen sei allein auf jene Gemälde des Ferdinand Bol und des Govaert Flinck, die im Bürgermeistersaal des Amsterdamer Rathauses einander gegenüberhängen und die zum großen Auftragsbestand für das Rathaus gehören. Die Arbeit des Ferdinand Bol stellt den Konsul Fabricius neben Pyrrhus, dem König der Molosser und Makedonier, dar, in einer Szene, die Plutarch in seinem *Pyrrhus* beschrieben hat. Nach dieser Geschichte versuchte Pyrrhus, seinen Gegner Fabricius, der zu Verhandlungen ins Lager gekommen war, zunächst mit Gold zu bestechen und sodann durch einen hinter einem Vorhang verborgenen Elefanten zu erschrecken, da der Römer, wie man annahm, noch nie einen Elefanten gesehen hatte. Govaert Flinck malte eine Szene, in der der römische Konsul Marcus Curius Dentatus den Korruptionsversuch der Samniten, mit denen sich Rom im Krieg befand, abweist und ein Rübengericht dem Gold seiner Gegner vorzieht. Auch dies eine Szene, die einem Bericht des Plutarch nachgebildet wurde. Vondels Vierzeiler enthält dazu den Hinweis, ein Staatsmann lasse sich weder durch Geld korrumpieren noch lasse er sich Angst einjagen. Treffender noch hat eigentlich der Dichter Jan Vos das Gemälde gedeutet, die Geschichte auf eine feste Zukunft

---

11   S. dazu den Abschnitt *Sprache und Literatur*.
12   Hierzu im einzelnen VAN DER WAAL, *Zeventiende eeuwse uitbeeldingen*, S. 31ff.; kurz zusammengefaßt mit Abbildungen der einzelnen Gemälde HAAK, *Hollandse schilders*, S. 46ff. und S. 359ff.; auch kurz D. REGIN, *Traders, Artists, Burghers. A cultural history of Amsterdam in the 17th Century*, Assen u.a., Chpt. IX; zur Entfernung des Rembrandt-Gemäldes auch SCHÖFFER, *Batavian Myth*, S. 97ff.; weiter auch zu den Gemälden im Rathaus A. BLANKERT, *Kunst als regeringszaak in de 17e eeuw. Rondom schilderijen van Ferdinand Bol*, Amsterdam 1975, S. 11ff.

Amsterdams beziehend, wenn er schrieb: „Auf solche Tapferkeit kann die Amstel sich verlassen, die Treue der Großen ist der Schild der Hintersassen". Unbestechlichkeit und Unerschrockenheit wurden den Amsterdamer Regenten zugemessen. Da Reiseberichte und Stadtbeschreibungen ausweisen, daß die Bürger in diesen Räumen in versammlungsfreier Zeit herumspazieren durften, ist der Multiplikatoreffekt solch bildlicher Intention hoch anzuschlagen. Einer der bekanntesten Maler niederländischen Interieurs, Pieter de Hooch, hat den Bürgermeistersaal mit dort lustwandelnden Bürgern gemalt und läßt auf seiner Arbeit das Gemälde des Ferdinand Bol zur Hälfte sichtbar werden. Auch Govaert Flincks Gemälde erhielt einen Vondelschen Vierzeiler zur Deutung und gefälligen Kenntnisnahme des Publikums, in dessen letzter Zeile es heißt, daß Mäßigung und Treue die Grundfesten der Stadt seien. Jan Vos dichtete seinerseits dazu, daß Eigennutz, diese Landespest, niemals Einzug in das Amsterdamer Rathaus gehalten habe. Wer zum Wohl der Allgemeinheit das Land regiere, müsse die „Gabe und den Geber" anprangern. Unerschrockenheit, Unbestechlichkeit und Mäßigung, das waren die Eigenschaften, mit denen sich Amsterdamer Regenten gerne ausgezeichnet sahen.[13]

Zur Historienmalerei, wie sie eine Reihe auch anderer Rathäuser zierte und noch ziert, trat die Allegorie in zahllosen Gravuren, aber auch in Gemälden. In diesen Zusammenhang der engen Verzahnung von Tugendhaftigkeit und Widerstand fügt sich auch, daß Wilhelm von Oranien als zentrales Symbol für fast schon eruptive Tugendhaftigkeit konterfeit wurde. Die auf 136 mal 342,5 cm bemessene *Verherrlichung Prinz Wilhelms I.* von Hendrik Pot (1620), die die Stadt Haarlem für 450 Gulden kaufte, zeigt den Oranier neben einem von Elefanten gezogenen Triumphwagen, umgeben von Frauengruppen, die Standarten mit Inschriften über die Tugenden des Christen, des Kriegsmannes und der Obrigkeit trugen – Tugenden allemal, die die Haarlemer Stadtväter wiederum auch für sich in Anspruch nahmen.[14]

Selbstverständnis II: Die Israeliten

Zu dieser bildlichen Präsentation des niederländischen Selbstverständnisses hat auch die Religiosität des Landes beigetragen – das heißt, die neue Religiosität des Calvinismus. Wenngleich an anderer Stelle ausführlicher zur Rolle des Calvinismus und zum Verhalten von Calvinisten in Politik und Gesellschaft im neuen Staat gehandelt wird, sei doch hier gleich bemerkt, daß die nordniederländischen Calvinisten zwar nicht die absolute Mehrheit des Volkes zu stellen vermochten, sie aber gleichwohl jene waren, die ganz deutlich das Durchhaltevermögen im Kampf gegen spanische Unterdrückung repräsentierten. Die Calvinisten identifizierten sich mit diesem Staat, der aus einem Kampf hervorging, und in dem sie eben zu den kämpferischsten Gruppen zählten. Zwar reichte die Identifikation bis in jene Bevölkerungsschichten hinein, die nicht gleich dem Bekenntnis des Calvin und dessen religiösen Forderungen anhingen, aber der Ratspensionär Johan van Oldenbarnevelt, selbst nicht unbedingt als Freund der Orthodoxie einzustufen und daher ein um so geeigneterer Zeuge, sagte in dem gegen ihn angestrengten Prozeß 1618, die Calvinisten seien jener Teil des Volkes gewesen, auf den man bei der „Verteidigung des Vaterlandes" mit aller Gewißheit habe bauen können,[15] und es ist gerade in diesem Zusammenhang der These Meineckes zu folgen, „dass ein Teil der Nation sich unbefan-

---

13 Zu Jan Vos und den hier genannten Malern s. die Abschnitte *Sprache und Literatur* bzw. *Bildende Kunst.*
14 Über die Wechselfälle des Bataver-Mythos nach dem 17. Jahrhundert s. E.O.G. HAITSMA MULIER, *De Bataafse mythe opnieuw bekeken*, in: BMGN 111(3), 1996.
15 *Verhooren*, in: Berigten Hist. Genootschap, II (1850), 2de stuk, S. 32.

gen und gutgläubig als den Kern und die Essenz der ganzen Nation ansieht", es liege „sogar im Wesen des Nationallebens selbst begründet, weil es doch immer in erster Linie von den regeren und mächtigeren Elementen, niemals von der ganzen trägen Masse gleichmäßig bestimmt wird."[16] Nun ist hier einmal vom Begriff der „trägen Masse" abzusehen, aber festzuhalten ist sehr wohl, daß der calvinistische Kern des Volkes zum einen den protestantischen Charakter des Landes für mehrere Jahrhunderte festgeschrieben und auch „Geisteshaltung und Lebensführung", wie Pieter Geyl es nennt,[17] mitbestimmt hat.[18] Dies war ein politisch-kultureller, mentalitätsbestimmender Prozeß, in dem sich neue Religiosität als ein unverzichtbares nationales Ingredienz manifestierte.

Ein ganz wesentlicher Aspekt des reformierten Christentums war der alttestamentarische Rückgriff auf die Ursprünge des Glaubens, war der Wunsch, diesen Teil der Heiligen Schrift aus der katholischen Verdunkelung herauszuheben. Ihr Inhalt fügte sich in die Gegenwart des niederländischen Aufstandes, war es doch die Chronik des von Gott auserwählten Volkes, das seinen Weg machte im Kampf der Gerechten gegen die Ungerechten. Er war zeitgerecht und beispielhaft zugleich in einer Phase der Weltgeschichte, in der ein anderes Volk, so hieß es, sich aufmachte, Gottes Willen zu verkünden und sich von der Verfälschung des Glaubens in der katholischen Welt zu befreien. Solcher Ausgangspunkt war zunächst durchaus kein nationaler oder auf nur ein Land bezogener, er erfaßte vielmehr das christliche Volk über alle Grenzen hinweg, gleichwohl eignete er sich zu einer Identifikation mit dem Schicksal der Israeliten.[19] Das äußerte sich auch in der Malerei der Zeit. Die abweisende Haltung der Öffentlichkeitskirche gegenüber bildlicher Darstellung in der Kirche schloß keineswegs die Darstellung alttestamentarischer Themen selbst aus. Die Geschichte und Lehren des Alten Testaments als Quelle des neuen Glaubens wurden schriftlich und in der Predigt allzu häufig vorgetragen, als daß bildliche Erfassung hätte ausbleiben können. Zugriff auf das Alte Testament, das hieß Identifikation mit dem Volk Israels vor allem dort, wo es um die Befreiung von Fremdherrschaft ging. Der Auszug aus ägyptischer Gefangenschaft zählte demnach zu den zentralen Themen. Hendrik Goltzius, der Haarlemer Kupferstecher, brachte schon 1581, im Jahre der Abschwörung, einen Stich zu Wilhelm von Oranien heraus, in dessen Details der Bezug zum Alten Testament, zum Exodus, überaus deutlich wird. Links und rechts oben in zwei Inserts stellt Goltzius den Zug der Israeliten dar, die über Nacht vom Feuerschein („Hac luce clarescit mihi nox") und über Tag von einer Wolke geleitet werden („hac protegor umbra"), unten links erscheint als Insert die Überreichung der Schrifttafeln am Berge Sinai („hac mandata sequar"), das vierte Detailstück enthält den Wahlspruch des Oraniers „saevis tranquillus in undis". Eben dieser Künstler ließ in seinem Stich *Punitio tyrannorum* von 1578 schon im mittleren Teilstück am oberen Rand den Pharao mit seinem Heer in den Wellen des Roten Meeres untergehen. In der eng verwandten Arbeit *Bestrafung des Bösen* wird in der unteren Randverzierung in der Mitte der niederländische Löwe dargestellt, der den Bären in Schach hält. Obwohl die ästhetische Wertung der *Durchquerung des Roten Meeres*, wie sie Cornelis van Haarlem im Stil des italienisch geprägten Manierismus darstellt, nicht gleich den Schluß auf eine patriotische Verbindung von alttestamentarischer Erzählung und Lage des Volkes in den Niederlanden zuläßt, so ist doch festzuhalten, daß der Exodus recht eigentlich für die manieristische Schule[20] ein ungewöhnliches Thema war, dann freilich, wenn es künstlerisch umgesetzt wurde, besonderem Anlaß unterlag. Es ist stark zu vermuten,

---

16 F. MEINECKE, *Weltbürgertum und Nationalstaat*, hrg. v. H. Herzfeld, München 1962, S. 18.
17 P. GEYL, *Geschiedenis van de Nederlandse stam*, II, S. 102.
18 Zum ganzen auch H. SMITSKAMP, *Calvinistisch nationaal besef in Nederland vóór het midden der 17e eeuw*, 's-Gravenhage 1947 (Antrittsvorlesung an der Vrije Universiteit, Amsterdam).
19 Zur Funktion des Alten Testaments hier SCHAMA, *Embarrassment*, S. 69 und 93ff.
20 Über die manieristische Schule s. den Abschnitt *Bildende Kunst*.

Die Israeliten durchqueren das Rote Meer (Cornelis van Haarlem)

Die rituelle Waschung der Israeliten (Abraham Bloemaert)

daß der Exodus schon zur halbamtlichen Thematik gehörte, denn ein Kirchenfenster in der St. Janskerk in Gouda stattete Isaac Nicolai van Swanenburgh nach dem 2. Buch Moses (Exodus) 19-10,14 aus, wo Moses, vom Berge Sinai herabsteigend, seinem Volk die rituelle Waschung in Vorbereitung der Gesetzgebung durch die Zehn Gebote empfiehlt: „Und der Herr sprach zu Mose: Gehe hin zum Volk, und sie sollen sich heute und morgen heilig halten und ihre Kleider waschen" (19-10); „Mose stieg vom Berge zum Volke hinab. Er befahl dem Volk, sich zu heiligen; auch wuschen sie ihre Kleider" (19-14). Die rituelle Waschung hat der Utrechter Maler Abraham Bloemaert später noch einmal gezeichnet – einen Vorgang dargestellt, den die calvinistischen Prädikanten, wie die Flugschriften sagen, der neu geweihten Nation als Prozeß der Reinigung von der götzendienerischen und fremden Vergangenheit einhämmerten.

Bataver und Exodus! – Zwei so unterschiedliche Themen, die bildlich zur Grundlage der Nation hochstilisiert wurden. Und dies nicht nur im Bild, sondern auch in Gedicht, Drama und der Geschichtsschreibung der Zeit. Wie vielfältig sich die konfessionelle Struktur des Landes auch im Laufe der Jahrzehnte nach dem Aufstand und darüber hinaus auch entwickelt haben mag, das Bekenntnis erschöpfte sich nicht im privaten Nebeneinander, vielmehr war es in seiner Hauptrichtung, im Calvinismus, eine öffentliche Angelegenheit, insofern seine besondere gesellschaftliche Kraft in seinem Charakter als Befreiungsreligion lag und er aus dieser Position als Initiator der Befreiung seine besonderen Ansprüche stellen konnte. „Öffentlichkeitskirche" („Publieke Kerk") – so lautete die offizielle Bezeichnung der calvinistischen Kirche – das hieß ja nicht nur Trennung von Kirche und Staat, sondern auch Anspruch auf Schutz des in der Kirche gelebten Glaubens durch den Staat. In der Identifikation von Glauben und Aufstand lag freilich auch die Rezeption nicht nur der Glaubensinhalte, sondern auch die aktualisierte Umsetzung der schriftlichen Überlieferung geborgen. Die Umsetzung des israelitischen – alttestamentarischen – Schicksals war nur ein kleiner Schritt, weil es ein Leichtes war, über den gemeinsamen Nenner von Repression und Kampf die Gemeinsamkeit des Schicksals zu vermitteln, wenn noch dazu der Finger Gottes und der göttliche Auftrag eine gesegnete Zukunft verhießen. Die Religionslehre mochte dann schon im Widerstandsrecht, wie noch zu zeigen sein wird, ein Instrument zur Rechtfertigung liefern, gleichsam die unmittelbare Vergangenheit erklären, die Inhalte des Alten Testaments wiesen darüber hinaus auf eine neue Zukunft. Im Geusenlied *Van de verlossinghe van Leyden* wurde zunächst einmal das religiöse Element des Kampfes hervorgehoben, wenn es dort hieß, daß die Belagerten für das Vaterland kämpften und für das Wort des Herrn, das in diesem Vaterland lebendig war. Aussagen solchen Inhalts sind Legion.

Es ist darüber gestritten worden, ob sich die reformierten Niederländer wie die Juden des Alten Testaments als ein auserwähltes Volk empfunden hätten. Der Leidener Historiker A.J.C. Rüter bejaht es für den calvinistischen Volksteil in einer 1941 gehaltenen Ansprache über die *Niederländische Nation und den niederländischen Volkscharakter*, die nach dem Zweiten Weltkrieg veröffentlicht wurde.[21] Vor ihm hat der Publizist und Historiker des 19. Jahrhunderts, Conrad Busken Huet, diesen Konnex bejaht und nach ihm Pieter Geyl. Dieser Utrechter Historiker sieht eine Übereinstimmung im Denken der Juden des Alten Testaments und der Niederländer aus der Aufstandszeit, insofern es um die Auserwähltheit eines Volkes geht, dessen Geschichte die Offenbarung der göttlichen Gnade im tiefsten Sinne enthielt. Geyl geht weiter als Rüter, da er diesen Auserwähltheitsgedanken zu einem Teil der öffentlichen Meinung promoviert, wie es vor ihm schon Busken Huet getan hatte, der eine gewisse hebräische Färbung in der niederländischen Gesellschaft jener Jahre meinte entdecken zu können.[22] Dagegen hat H. Smitskamp, vormals Historiker an der reformierten Vrije Universiteit, Amsterdam, in seiner Antrittsvorlesung diesen Gedanken zurückgewiesen, weil die Lehre Calvins die Auserwähltheit eines Volkes mit Ausnahme der Israels nicht kenne und daß nur vom Volk als Mitglieder der Kirche die Rede sei. Sicherlich zu Recht weist er darauf hin, daß es ohnehin ein Zug der Zeit gewesen sei, sich selbst mit historischen Beispielen oder Geschehnissen zu vergleichen, um sich auf diesem Weg ins rechte – geeignete – Licht zu setzen. Philipp II. werde mit Nero und Judas verglichen, Moritz von Oranien mit Cäsar, Augustus und dem jüdischen König David oder dem Feldherrn Gideon. Und hingewiesen wird auch auf das Liederbuch der Geusen, das vom Seehelden Maarten Tromp singt, er sei den Spaniern „nach Art des Gideon" („op zijn Gideons") an den

---

21 A.J.C. Rüter, *De Nederlandse natie en het Nederlandse volkskarakter*, in: Ders., *Historische studies over mens en samenleving*, onder redactie van Th.J.G. Locher u.a., Assen 1967, S. 309f.
22 Dazu Busken Huet, *Land van Rembrand* sowie Geyl, *Geschiedenis van de Nederlandse stam*.

Kragen gegangen. Der Amsterdamer Historiker ist einigermaßen von der Furcht gepeinigt, die niederländische Nation habe sich auf religiöser Grundlage als eine auserwählte und damit auch gegenüber anderen Nationen höherwertige empfunden. Und er führt gerade zum Beweis des Gegenteils eine Entscheidung der Synode von Dordrecht an, in der es 1617 heißt, es sei eine Irrlehre zu glauben, daß, wenn Gott dem einen Volk mehr als dem anderen die evangelische Botschaft zuteil werden lasse, dies nicht so sehr vom Wohlgefallen Gottes abhänge, sondern von der höheren Wertigkeit des einen gegenüber dem anderen Volk.[23] Offensichtlich scheint solche „Irrlehre" grassiert zu haben, sonst wäre wohl eine Entscheidung der Synode nicht vonnöten gewesen.

Der Vergleich mit Israel wurde tatsächlich zum Allgemeingut. Als Wilhelm von Oranien 1577 nach Brüssel kam, führte man dort Tableaux vivants auf. Die Themen lauteten *Moses erlöst die Juden* oder *David mit dem Haupte Goliaths*. In einem Geusenlied von 1597 wird Gott gebeten, den Schafen beizustehen, die noch mit Seufzen und Zittern auf Ägyptens Weiden grasen. Für die Zeit des Waffenstillstandsvertrages von 1609 ist für die Niederlande schon ein politisch-militärischer Fortschritt zu erkennen, in diesem Fall auch im Vergleich mit der Geschichte Israels, denn das gelobte Land liegt sozusagen in Reich- und Sichtweite. So dichtete zumindest Jacob Revius, Theologe, Dichter und Historiker seiner Zeit, zugleich Prädikant, und er stellte fest, daß Josua die Juden nach 40 Jahren Wanderung durch die Wildnis ins Gelobte Land gebracht habe. Der Waffenstillstand ebnete demnach nun alle Wege in das Gelobte Land des eigenen Volkes. Der zunächst noch zu den Täufern zählende, später zum Katholizismus übertretende Joost van den Vondel widmete sein erstes, thematisch aus der Bibel geschöpftes Schauspiel *Het Pascha* dem gleichen Gegenstand. Während das Stück keine Vergleiche enthält, fügte er doch gleichsam als interpretatorisches Hilfsmittel ein Gedicht mit dem Titel hinzu *Verghelijcking van de verlossinghe der kinderen Israels met de vrijwordinghe der vereenichde nederlantsche provincien*. Das Stück wurde zunächst von der Brabanter, in Amsterdam tätigen Theatergruppe „Uit levende Jonst" aufgeführt und 1612 in Schiedam gedruckt, um es dort auch, wie vermutet wird, aufzuführen. Selbst wenn man davon ausgehen muß, daß es Vondel in erster Linie darauf ankam, die Erlösung der Gläubigen durch Christus darzustellen, und, wie es in einem ausführlichen Vorwort heißt, das Alte Testament als Vorspiel zum Auftritt des Messias zu begreifen, so bot doch das angehängte Gedicht für den Leser alle Möglichkeiten des Vergleichs der jüdischen und niederländischen Situation, zumal das Gedicht letztlich nur wiedergab, was an Bildern schon in den Geusenliedern aufgenommen worden war. Zu vermuten ist auch, daß Vondel das politisch-religiöse Denken seiner Zeit, die israelitisch-niederländische Identifikation, zunächst noch einfach rezipiert hat und erst daraufhin dazu übergegangen ist, diesen Gedanken christologisch weiter zu denken und im *Pascha* darzustellen. Der Oranier und Moses also gegenüber dem spanischen König und dem Pharao! Der eine erniedrigte Jacobs Haus in Sklaverei, so hieß es da, der andere unterdrückte die Niederlande durch Tyrannei. Moses und Oranien! Sie sind bei Vondel durch die Geschichte ihrer Völker verbunden. Der eine kämpfte um das Recht, der andere schlug die Trommel und befreite mit eigener Hand das Evangelium; der eine führte die Hebräer durch das Rote Meer, der andere führte sein Volk durch ein Tal von Blut und Tränen. Und die Parallelen wurden in der Geschichtsschreibung der Zeit weitergeführt. Everhard van Reyd verglich in seinen *Nederlandtsche oorloghen* die fünf nassauischen Brüder mit den fünf Makkabäern; Johan van den Sande, Fortsetzer der Arbeit van Reyds, sah mit Blick auf Ursache und Ergebnis völlige Übereinstimmung zwischen den Niederlanden und Israel. In dem Jahrzehnte später – 1675 – erschienenen *'T Verweerd Europa* des Petrus Valckenier, eine

---

23 S.H. SMITSKAMP, *Calvinistisch nationaal besef van Nederland vóór het midden der 17de eeuw*, Den Haag 1947.

Arbeit zur Außenpolitik seiner Zeit, verglich der Autor Ludwig XIV. mit Nebukadnezar und die von dem französischen König bedrohten Niederlande mit Jerusalem. Die Zahl der Beispiele kann erhöht werden bis hin zum Dichter und Prädikanten Jacobus Lydius, der Gott vor allem dankte, weil er Holland zum Jerusalem mache.

Zu vorgenanntem Streit der Meinungen seien einige Bemerkungen hinzugefügt. Daß die Niederlande in der Literatur der Zeit etwas „hebräisiert" erscheinen, ist wohl unstrittig. Der hochempfindsame Busken Huet hat das richtig nachempfunden. Es gibt eine hohe Zahl von Äußerungen in Prosa und Poesie, in denen die aufständischen Niederlande in engste Nähe zum Schicksal des Volkes Israel gerückt werden,[24] und gerade angesichts der Vielzahl der Zeugnisse und der Intensität der Formulierung ist doch der Schluß naheliegend, daß die Parallelisierung mit dem alttestamentarischen Schicksal der Juden zwar nicht gleich ein Gefühl der Überlegenheit gegenüber anderen Nationen implizierte, auf jeden Fall aber den Gedanken einer gottgeleiteten Befreiung von Repression hegte und damit durchaus in die Nähe des Auserwähltsein rückte, wenn noch dazu das aufständische und kriegerische Geschehen Erfolge zu verzeichnen hatte. Darüber hinaus sagt diese Parallelisierung nicht nur etwas über mögliche mentale Entwicklungen, sondern aus der postulierten Besonderheit heraus auch etwas über den Anspruch der calvinistischen Kirche an den Staat aus, diese Religion zu schützen und auf keinen Fall zu behindern, wie das dann im 19. Jahrhundert noch einmal im Zusammenhang mit dem Schulstreit voll entfaltet vorgetragen worden ist. Auserwähltsein, das sich vornehmlich literarisch äußerte, konnte so durchaus höhere Wertigkeit von Gottes Gnaden meinen, die sich abhob gegenüber anderen Völkern, auf jeden Fall war es eine andere Wertigkeit, eine Besonderheit, die in sich ruhte, weil sie als eine Besonderheit in der Gestalt von Befreiung gesehen werden kann. Und wo der Rückgriff auf das Alte Testament zunächst ein theologisch schon allgemein in der Reformationsperiode vorgeprägter ist, dient er als psychologisches Element dazu, den Kampfwillen zu stärken, weil Gottes Segen über dem Unternehmen steht, und schließlich dient er mit dem wachsenden Erfolg im Krieg zur Bestätigung dieser religiös geprägten Besonderheit der Nation. Freilich, zu glauben, daß nur der calvinistische Volksteil des Landes solcher Überzeugung gehuldigt habe, hieße die werbende Kraft einer die Zeit der Not überwindenden und dann vom Erfolg gestützten Frömmigkeit unterschätzen. „Nicht nur gottesfürchtige Calvinisten", so schreibt der Historiker C.W. Swart „sondern auch Niederländer, die der calvinistischen Kirche einigermaßen kritisch gegenüberstanden, Männer wie Hugo Grotius und Johan de Witt also, sahen Gottes Hand in den Geschehnissen der Zeit."[25]

Die niederländisch-israelitische Analogie hatte über das Bewußtsein von der Besonderheit hinaus eine deutlich politische Funktion. Dort, wo Befreiung durch Kampf, Leiden und Durchhaltevermögen das Bild, die Analogie, prägte und eben Gottes Fingerzeig hinzukam, übernahm der historische Vergleich die Aufgabe, die ohnehin von der Rechtmäßigkeit der eigenen Sache überzeugten Aufständischen unmittelbar unter göttlicher Führung zu sehen. Die Niederlande „ein gesegnetes Kanaan", so hieß es noch 1668 bei dem Utrechter Prädikanten Abraham van de Velde. Eine gleichsam von Gott verfügte Rechtmäßigkeit bot auf jeden Fall in Zeiten des Krieges – noch dazu gegen einen übermächtigen Gegner – die Möglichkeit, den Gemeinsinn stärken, wie es in der Utrechter Union 1579 die Absicht gewesen war.

---

24 Für zahlreiche Beispiele s. G. GROENHUIS, *Calvinism and National Consciousness: the Dutch Republic as the New Israel*, in: A.C. DUKE/C.A. TAMSE, *Church and State since the Reformation. Papers delivered to the Seventh Anglo-Dutch Historical Conference*, (=Britain and the Netherlands, VII), Den Haag 1981, S. 118ff.

25 K.W. SWART, *The Miracle of the Dutch Republic as seen in the Seventeenth Century* (Antrittsvorlesung London 1969), S. 18.

Aber zurück zum Selbstverständnis, zum Bild, das man von sich selbst auf dieser allgemeinsten Ebene der Analogie hatte. Die Methode der historischen Analogie war keine niederländische Erfindung, sie gehörte einfach zur Methodik in der europäischen Geschichte. Es hieß letztlich nichts anderes als die Sinnfrage stellen, die auch vom Harmonie-Denken in der Schöpfung ausging und keine Brüche in der Schöpfungsordnung kannte. Nicht Brüche, sondern Ähnlichkeiten gehörten zum Erkenntnisziel der Zeit.[26] In dem noch zu erörternden politischen Denken der Zeit wird dies besonders deutlich werden.

Der britische Zeitgenosse Owen Feltham ließ 1652 in *A Brief Character of the Low Countries* immer noch wissen, die Niederländer seien die Israeliten, die durch das Rote Meer zogen. Sie seien umgeben von einem Wasserwall, und wenn sie ihre Schleusen öffneten, würden sie ihre Feinde ersäufen.[27] Solche Beobachtung von außen enthält eine durchaus richtige, alttestamentarisch gefundene, etwa anderthalb Jahrzehnte später im Kampf gegen Ludwig XIV. gleichsam aktualisierte und darum auch strategische Deutung des Lebensgefühls eines Volkes.

Selbstverständnis III: Der Beitrag der Dichter und Historiker

Es ist hier schon betont worden, daß das Lebensgefühl und Selbstverständnis in den Niederlanden in sehr wesentlichem Maße aus Kampf entstand. Das fand seine Stütze im Auszug aus der ägyptischen Gefangenschaft der Juden und im Freiheitskampf des Claudius Civilis. Auf die Malerei zu diesem Thema wurde schon hingewiesen. Die literarischen und historiographischen Formulierungen blieben nicht aus. Tacitus war da der vornehmliche Zeuge! Der analoge Schluß war rasch hergestellt. Die Humanisten hatten vorbereitende Arbeit geleistet. Wo freilich Analogie eine ungestörte Kontinuität von Psyche und Geschichte meinte, entsprach das zwar nicht einer seit dem 16. Jahrhundert durchaus erkennbaren kritischen historischen Analyse, sondern eher einem politischen Bedürfnis nach Orientierung. Pieter Cornelisz. Hooft, dem Tacitus wohl am stärksten verbundener oder sich auf jeden Fall am nächsten fühlender Dichter und Historiker der Republik und zugleich als Droste von Muiden und Sohn des Amsterdamer Bürgermeisters Cornelis Pietersz. Hooft eine vorrangige Figur in der niederländischen Gesellschaft, griff 1617 gleich mächtig zu, als er seine Tragödie *Baeto* schrieb. Baeto, ein weiser Fürst, Begründer der batavischen Nation! Zwei Jahrzehnte zuvor hatten kritische Geschichtsschreiber wie Scriverius und Dousa diese Figur schon näher beleuchtet und als historisch unbrauchbar zurückgewiesen. Hooft übernahm die Legende vom Germanenfürsten, der sein Land verließ, um Bürgerkrieg zu vermeiden, und andernorts eine neue Nation begründete. Die Klassik dringt insofern durch, als Baeto zum niederländischen Aeneas hochstilisiert wird, der sein zerstörtes Troja verlassen hat, um in Italien an Land zu gehen. Der Auftrag des Baeto enthält den batavisch-holländischen Nexus: Dort sollst du ein Volk heranbilden, das durch die Jahrhunderte hindurch zu existie-

---

26 Zum vorhergehenden vgl. G. GROENHUIS, *De predikanten*, Groningen 1977, S. 77ff.; ferner neuerdings SCHAMA, *Embarrassment of Riches*, S. 51ff. (das gesamte Kapitel *Patriotismus*). Die Meinungsverschiedenheiten beziehen sich auf die vorgenannten Smitskamp, Geyl und Rüter in der jeweils angegebenen Literatur. Zu Vondel allgemein s. den Abschnitt *Sprache und Literatur* im 17. Jahrhundert; spezifisch zum obigen Thema G.P.M. KNUVELDER, *Handboek tot de geschiedenis der Nederlandse letterkunde*, II, 's-Hertogenbosch [7]1979, S. 318ff. mit Bezug auf *Het Pascha*; dazu auch der vorgenannte Groenhuis. Bei KNUVELDER S. 319, Anm. 2, der Hinweis auf das anhängende Gedicht *Verghelijckinghe ...* mit der Meinung von W.P.A. SMIT in: De Nieuwe Taalgids, 44 (1951), S. 33-34.
27 Zitiert bei SCHAMA, *Embarrassment of Riches*, S. 51.

ren imstande sein wird; Bataver sollen sie zunächst heißen, dann Holländer zusammen mit ihren Nachbarn, und dieses Volk wird in Krieg und Frieden und allem hervorstechen. Freilich, Hooft sorgt in seinen Szenen für mehr als nur eine äußere Kontinuität, die bis dahin schon stärker von anderen in Wort und Bild vorgetragen worden und mit dem Freiheitskampf verbunden worden war. Er versuchte auch Ähnlichkeiten der inneren Struktur aufzuzeigen und die Ordnung seines Landes – damals wie jetzt – als eine zwischen dem „Fürsten" und den Ständen vereinbarte auszuweisen, wie das vor ihm der junge Hugo Grotius auf „wissenschaftlichem Wege" getan hatte. Zugleich spielte in dieser Tragödie das Verhältnis von Staat und Kirche eine erhebliche Rolle. Hooft hakt damit ein auf den zu dieser Zeit hohe Wellen schlagenden Streit zwischen Gomaristen und Arminianern – ein Streit, dem bald Oldenbarnevelt und andere zum Opfer fielen. Der Autor lehnte jede Form von Theokratie ab, und es wurde recht eigentlich deutlich, daß er sich in seinem Drama auf die Seite der Arminianer (Remonstranten) schlug.

Gut vier Jahrzehnte später (1662) ging Joost van den Vondel in einem seiner Spätwerke *De Batavische Gebroeders* noch einmal auf die batavischen Vorläufer ein, indem er zwar als zentrales Thema Recht und Unrecht behandelte – es geht um die Ermordung des Civilis-Bruders Julius Paulus durch die Römer –, durch die Heroisierung der Personen aber anschloß an die allgemein akzeptierte Vorstellung vom batavischen Erbe der Niederlande und die Parallelisierung des Aufstands gegen die Römer mit dem Aufstand gegen die Spanier – in einer Zeit im übrigen, in dem der Kampf gegen die Spanier schon längst gestritten war. Daß Vondel kurz zuvor noch anläßlich des Todes von Govaert Flinck und zur Ausstattung des Amsterdamer Rathauses mit historischen Gemälden Verse beitrug, die wohl diesem Denken von einer Kontinuität der Befreiung entsprachen, wurde schon kurz angedeutet. Es sei hier der Vers paraphrasiert, den er zum Tode des Govaert Flinck, dem größten Auftragnehmer für das Amsterdamer Rathaus, schrieb: „Also lebte Apelles Flinck, der Stadt zu früh entrissen, als er, beauftragt vom städtischen Magistrat, das herrliche Rathaus mit historischen Gemälden ausschmücken sollte. Schon Tacitus hat in früher Zeit dargestellt, wie Rom die Segel streichen mußte vor der rechtmäßigen Sache der Bataver." Vondel kennt diesem Malerhelden, dem er den Beinamen Apelles, des großen griechischen Malers zu Alexanders Zeit beigab, den ewigen Lorbeer zu.[28]

Malerei! Drama! Poesie! Damit erschöpfte sich das batavische Erbe nicht. Begreiflich, daß es auch in die Geschichtsschreibung Eingang gefunden hat. Bei Emanuel van Meteren schon und früh auch bei niemand geringerem als Hugo Grotius (Huigh de Groot), der rasch schon als Wunderkind des niederländischen Geisteslebens galt und damit jemand war, den man las und auf den man hörte.[29] Das historische Interesse des Grotius wurde im Leidener Milieu geweckt, und schon 1601 teilte der dann Achtzehnjährige mit, daß ein Großteil seiner Zeit von historischen Studien in Beschlag genommen werde. Als 1610 sein *Liber de antiquitate Reipublicae Batavicae* zunächst in lateinischer Sprache, sodann auch in niederländischer Übersetzung erschien, lag ein neuerlicher Versuch vor, die Bataver für die niederländische Gegenwart in Anspruch zu nehmen – noch dazu aus der Feder des zu jener Zeit als genial bekannten Mannes, wie grundsätzlich und überhaupt zu bemerken ist, daß die literarische, historisch-„wissenschaftliche" oder künstlerische Aufarbeitung des Themas eben durchaus von Spitzenkräften der niederländischen Kulturlandschaft wahrgenommen wurde. Das Buch erschien kurz nach Unterzeichnung des Waffenstillstandes von 1609 und diente dazu, den bis dahin schon erreich-

---

28 Vgl. SCHÖFFER, *Batavian Myth*, S. 90f.; ferner HOOFT, *Essays van ... over Hooft*, Amsterdam 1981, hier den Beitrag von H. DUITS. Der Vondel-Text zit. bei HAAK, *Hollandse schilders*, S. 362.
29 Über ihn handelt kurz ein gesondertes Kapitel in diesem Band.

ten Status einer freien Republik historisch zu begründen. Die lateinische und die niederländische Fassung wurden im 17. Jahrhundert siebenmal neu aufgelegt, was einiges über Verbreitungsgrad und Stellenwert aussagt. Grotius mag sich dann drei Jahrzehnte später von seiner Interpretation der niederländischen Geschichte distanziert haben, fest steht, daß sie zunächst einmal für lange Zeit zur herrschenden Meinung avancierte. In flotter Formulierung würde man sagen können: Am Anfang waren die Bataver, der tapferste aller Germanenstämme; und es ließe sich noch hinzufügen: Am Anfang war die Freiheit, und da sie so alt war, ließ sie sich auch für die Gegenwart voll in Anspruch nehmen. Der Stamm der Bataver hatte immer frei und unabhängig neben Rom gestanden, so stand jetzt auch die Republik frei und unabhängig neben den anderen Mächten Europas. Das war die erste These des Delfters, die schließlich durch den Waffenstillstandsvertrag, bei dem die Republik als souveräner Staat auftrat, wennzwar noch keine formvollendete, so doch den Ansatz einer Bestätigung gefunden hatte. Anderes scheint bei Grotius noch wichtiger gewesen zu sein – die Regierungsstruktur. Das Buch war in keiner Weise mehr ein vornehmliche Beschäftigung mit dem Kampf um die Freiheit, wie sie sich im historischen Gemälde äußerte, die Freiheit war eine Selbstverständlichkeit, sie war gegeben, auch nach innen, in Gestalt der Stammesversammlungen, der Stände. Grotius begab sich daran, den Status quo der niederländischen Konstitution mit den Batavern zu belegen. Die Stände, das waren die Wahrer und Verfechter der batavischen Freiheit. Was für die Bataver galt, das nahmen die Holländer für sich in Anspruch. Grotius bezog sich auf Tacitus und extrapolierte moderne – niederländische – Strukturen, da es ihm wesentlich darauf ankam, die Städte und ihre Regenten in ihrem Tun zu bestätigen. Da die Bataver nach Tacitus häufig in großem Umfang Hilfstruppen (auxiliarii) für die Römer gestellt hatten, mußten sie demnach auch ein zahlreiches Volk gewesen sein. Und nicht nur das. Sie mußten auch eine Großzahl von Städten gegründet haben. Solche Städte wurden dann, wie konnte es nach dieser vorgegebenen Kontinuitätslogik anders bei den Germanen sein, von den Besten regiert. Diese vertraten die Bürger der Stadt, die aufgrund ihrer täglichen Arbeit zeitlich nicht in der Lage waren, das politische Geschäft und die Verwaltung zu betreiben. Da die Germanen nach den Autoren der Antike auch ihre interurbanen Versammlungen zur Regelung interurbaner Angelegenheiten hatten, entsandten die batavischen Gemeinwesen ihre Vertreter in diese Versammlungen. Sieh da, die batavische Struktur, die auch die der Niederlande war. Was hier als Beleg für die batavisch-niederländische Kontinuität dienen sollte, war selbstverständlich nichts anderes als eine Rückprojizierung der niederländischen Aktualität auf die Geschichte des batavischen Stammes. Aber es ging nicht nur um Ähnlichkeiten. Diese Regierungsform hatte sich doch als der eigentliche Eckstein, als Bollwerk im Kampf gegen Spanien und dessen Herrschaftspläne erwiesen, wie Grotius anläßlich der Zusendung des Büchleins an Lingelsheim wissen ließ („adversus magnitudinem vallum hactenus Europae").

In der Frage der Struktur oder Konstitution brauchte Grotius nicht sonderlich originell zu sein. Er war es dann auch nicht, denn das Große Memorandum des François Vranck von 1587, das noch an anderer Stelle einzubringen ist, bot die Kontinuität schon an, wenn der Autor von der langen Tradition sprach, in der die Grafen und Gräfinnen von Holland, Westfriesland und Seeland immer von der Stände Gnaden regiert hatten. Nicht nur Vranck stand Pate, auch der französische Geschichtsschreiber, Jurist und Calvinist Hotman bot in seinem *Franco Gallia sive tractatus isagogicus de regimine regum Galliae* von 1574 Material an.

Grotius selbst wagte sich auch an eine Beschreibung zu Sitten und Gebräuchen der Bataver und stand auch hier nicht allein. Auffällig ist, daß der Delfter selbst in diesem Bereich Ähnlichkeiten zwischen Batavern und Holländern konstruierte. Aber dies war nur ein Nebengleis zur weiteren Absicherung der Identität, die eben in der Freiheit von Herrschaft bestand, zu der im übrigen der Geschichtsschreiber und Humanist

Petrus Scriverius, Zeitgenosse des Grotius und auch im Leidener Kreis herangewachsen, einen moralisch gestützten Beitrag beisteuerte, wenn er schrieb, daß die Bataver bei der Besiedlung des Gebietes ein unbewohntes, wildes Land vorgefunden hätten, das dann mit Fleiß und Durchsetzungskraft zum Kulturland entwickelt worden sei. Dies seien die Faktoren des Anspruchs auf Freiheit nach innen und außen. Kampf gegen die Natur als Begründung des Anspruchs! Als Ausgangspunkt auch einer Tradition, die sich neuerlich deutlich manifestierte und von einem Wassergürtel geschützt worden war.[30] Dieser sicher nicht unrichtigen These vom Wasser als Schutzgürtel der Niederlande, sowohl als Hilfsmittel im Kampf als auch als Ausgangspunkt batavisch-niederländischer Freiheit, hat sich lange gehalten, und es bleibe nicht unerwähnt, daß der Chronist Johannes Meerman noch im 18.Jahrhundert die Grundbedingungen niederländischer Existenz aufgezählt hat, deren drei er fand: das Wasser, batavischen Heldenmut und Gottes Hilfe.

Vaterland und Freiheit

Was hier, gleichviel ob mit dem alttestamentarisch-israelitischen Hintergrund oder in Fortsetzung batavischer Existenz, neu begründet und geschützt, in Wort und Bild dem Leser und Betrachter vorgeführt wurde, war das Vaterland. Kein Begriff hat neben „Gott", dem „Herrn" oder ähnlichem christlichem Sprachgebrauch häufiger Verwendung gefunden als dieses Wort, das zudem einigermaßen neueren Ursprungs war, ein typischer Renaissance-Begriff, von den Franzosen zunächst eingeführt („patrie"). Es war zugleich ein Begriff, der nicht nur geographisch ein Territorium absteckte, sondern als ein mit Werten und Emotionen geladener Ausdruck der Verbundenheit mit einem Territorium, einer Region, galt. Das Wort wurde übersetzt von den deutsch- und niederländischsprachigen Ländern übernommen; es war bis dahin zwar nicht unbekannt, meinte aber doch nur, wie Kossmann – wohl im Anschluß an J.W. Muller – betont, immer nur das Reich im Jenseits.[31] Zugleich erhielt die Ableitung aus dem lateinischen „Patria", der „Patriot", den neuen, einen emotionalen Wert, nachdem der „Patriot" bisher auch nichts weiter als der Einwohner eines Landes gewesen war. Schon 1571 wurde dem 38jährigen Wilhelm von Oranien der Beiname „Vater des Vaterlandes" zugedacht, und das Epitheton sollte diesem „Vater" auf Betreiben seines Freundes Marnix auf der Dordrechter Ständeversammlung vom 19. Juli 1572 wieder angeboten werden. Die Vorstellung des Oraniers vom Umfang des Vaterlandes war sicher eine andere als jene, die sich wenig später geographisch konkretisierte, von emotionaler Geladenheit des Begriffs im Sinne der Realisierung eines Auftrags kann aber durchaus die Rede sein. Am besten findet sich das wohl in der Inschrift des Zentralteils des hier schon genannten Stichs von Hendrik Goltzius ausgedrückt, wo es heißt: „Impia vis fremat: haec animo cura una se debit, in trepida Rex Christe manu (dum vita superstes) Rite tuam ut possim per dura pericula, legem commissumque gregem, & patriae pia iura tueri." Was hier in der unmittelbaren Aufstandsphase entstand, das wurde in den nächsten Jahrzehnten zu einem immer wieder eingebrachten Begriff. Die Fülle der politischen Flugschriften der Zeit enthält das

---

30 S. dazu neben GROTIUS, *Liber de antquitate Reipublicae Batavicae* auch SCHÖFFER, *Batavian Myth*, S. 92f.; W.J.M. VAN EYSINGA, *Huigh de Groot, een schets*, Haarlem 1945, S. 46 mit dem Brief an Lingelsheim; H. KAMPINGA, *De opvattingen over onze vaderlandsche geschiedenis bij de Hollandsche historici der XVI en XVIIe eeuw*, 's-Gravenhage 1917, S. 68ff. sowie SCHAMA, *Embarrassment of Riches*, S. 78f.
31 S. dazu E.H. KOSSMANN, *In Praise of the Dutch Republic: Some Seventeenth Century Attitudes*, in: DERS., *Politieke theorie en geschiedenis. Verspreide opstellen en voordrachten*, Amsterdam 1987, S. 166. Dort auch der Hinweis auf J.W. Muller.

Wilhelm von Oranien (H. Wierix)

Wort nachgerade im Übermaß – im Unterschied zur Zeit Wilhelms von Oranien dann immer wieder angewandt auf die Utrechter Union.

In einer akademischen Rede vor amerikanischen Studenten hat Huizinga – vielleicht doch etwas vollmundig – behauptet, seit den ersten Erfolgen der Aufständischen gegen Spanien könne man von den Vereinigten Niederlanden als einer Nation reden. Er füllt hier praktisch die Definition von Nation aus, die Ernest Renan 50 Jahre zuvor in einem Leidener Gastvortrag vorgelegt hatte. Was eine Nation bedinge und zusammenhalte, so hatte es bei Renan geheißen, sei die Tatsache, daß man große Taten gemeinsam begangen habe und daß man bereit sei, dies auch weiterhin zu tun.[32] Da ist zur Aussage Huizingas, soweit *Nation* und *Vaterland* synonym verwendet werden, freilich eine Nuance am Platze oder besser noch: eine Erweiterung des Gedankens. In des ersten Oraniers Zeit war der Begriff eine Art Ortsbestimmung, die sich territorial dort festmachte, wo um Gesetz und Recht, um Glauben und Privilegien gekämpft wurde. Es konnte durchaus regional oder gar örtlich gebunden sein.[33] Vielleicht hielt man eine präzise, eindeutige Abgrenzung für unnötig. Vaterland war dort, wo der Kampf um diese Werte stattfand. Das konnte letztlich auch die ganzen habsburgischen Niederlande umfassen. Mit der Genter Pazifikation von 1576 schien eine erste, festere Zuweisung des Begriffs realisiert zu sein. Der Oranier jedenfalls hat dies so gesehen. Nachdem die Republik dann praktisch mit der Utrechter Union aus der Taufe gehoben war – die Tatsache, daß der Abfall vom spanischen König zu dieser Zeit noch nicht offiziell erfolgt war, sei hier außer acht gelassen – fand freilich nicht automatisch eine Verlagerung auf die sieben Vereinigten Provinzen statt. Hugo Grotius redete von Holland und Seeland. Busken Huet hat ihm dann auch vorgeworfen, den anderen Provinzen keine Liebe entgegengebracht zu haben.[34] Dieser Tadel aus der Feder des Mannes aus dem 19. Jahrhundert sei nur am Rande erwähnt. Vielmehr sei bemerkt, daß der Vaterlandsbegriff im Laufe der Jahrzehnte in rasch zunehmendem Umfang zwar auf die Republik insgesamt gemünzt wurde, neben den eher emotionsgeladenen örtlichen oder regionalen Bezügen führte freilich die Bataver-Kontinuität, die zur Rechtfertigung des Freiheitskampfes diente und für das Selbstbewußtsein der Niederländer sorgte, zunächst auch zu einer gewissen Einengung oder leistete dieser zumindest Vorschub, wenn die – vermeintlichen – charakterlichen und konstitutionellen Vorzüge der Bataver auf eine Region innerhalb der Republik begrenzt blieben und den Status quo dieser Region vertieften und bestätigten. Das war eine Frage für die Intellektuellen der Zeit. Zu ihnen zählte der noch ganz junge Grotius;[35] er förderte – hier wohl eher ein provinzfixierter Opportunist – ein Denken, das das Vaterland auf die Provinzen Holland und Seeland begrenzte; er nahm freilich den Teil für das Ganze und leitete mit Hilfe der historischen Vertiefung und Begründung eine besondere Wertigkeit dieses begrenzten Territoriums und damit einen Führungsanspruch in der ganzen Republik ab.

Es soll nicht besonders hervorgehoben werden, daß die Republik sich durchaus nach außen hin als ein geschlossenes Ganzes empfand und sich bei allem – hier noch näher zu beleuchtenden – Anspruch auf provinzielle Souveränität gegenüber anderen als geschlossenes Ganzes präsentierte. Das erfuhren nicht nur die Teilnehmer an den Waffenstillstandsverhandlungen, sondern auch andere diplomatische Vertreter. Da bemerkte

---

32 J. HUIZINGA, *How Holland became a nation*, in: VW II, 2, S. 266 (Renan), S. 277 Huizingas Feststellung.
33 Zum Vaterlands-Begriff s. jetzt die Aufsatzsammlung N.F.C. VAN SAS, *Vaderland. Een geschiedenis vanaf de viftiende eeuw tot 1940*, Amsterdam 1999. Hier vor allem S. GROENVELD, „Natie' en ‚patria' bij zestiende eeuwse Nederlanders*, S. 55-81. Vor Groenveld hat sich P.J.A.N. RIETBERGEN, *Beeld en zelfbeeld*, in: BMGN, 107, 4 (1992), S. 635-656 geäußert.
34 S. KAMPINGA, *Opvattingen*, S. 119f.
35 S. den Hinweis oben Anm. 29.

doch schon der hessische Diplomat Hermann Wolff, daß die Generalstände weitere Provinzen (i.c. „Embterland und Brabandt") nur als unterworfene, nicht als gleichberechtigte Partner anerkennen wollten.[36] Das ist schon ein etwas späterer Zeitpunkt. Die Aufmerksamkeit soll hier in erster Linie der inneren Entwicklung und Anwendung des Begriffs gelten. Es ist wohl zu vermuten, daß diese Kategorie Vaterland in dem Maße an Bedeutung gewann, in dem Leiden als gemeinsame Erfahrung geteilt wurde. Viele haben es selbst erlebt, es mitgetragen und das Wissen darüber in der Republik vermittelt, sowohl die autochthonen Bewohner der Nordprovinzen als vor allem auch die Immigranten aus dem bald wieder fest in spanischer Hand befindlichen Süden. Und wer es selbst nicht erlebt hatte oder gar nichts davon wußte, dem wurde es bald, konnte er lesen, wieder in Wort und Bild vorgeführt, in Chroniken und Geschichtsschreibung. Beide Formen dienten offensichtlich dazu, die Niederländer wachsam zu halten, das einmal Erreichte zu hüten.

Es sei unter diesem Aspekt der Bewahrung zunächst Willem Baudart genannt, Prädikant aus Zutphen, der zu Eingang des auf zwölf Jahre befristeten Waffenstillstandes 1610 eine kleine Broschüre unter dem Titel *De Morghenwecker der vrye Nederlandtsche Provintien: Ofte een cort verhael van de bloedighe vervolginghen ende wreetheden door de Spaenjaerden ende haere Adherenten in de Nederlanden gheduerende deze veertichjarighe Troublen ende Oorloghen beggaen aen vele Steden ende ettelijcke duysent particuliere persoonen* herausgab. Dies war, wie später auch der *Nederlandtsche Gedenckclanck* des Valerius, eine Lehr- und Mahnschrift zugleich. Baudart ließ das noch gleich auf dem Titelblatt wissen: die kleine Arbeit „diene als ernste und wohlgemeinte Ermahnung an alle Bürger des Landes sowie ganz besonders an alle Freunde der niederländischen Freiheit, damit sie dafür sorgen, dass künftig ihre Kinder und Kindeskinder nicht mehr solchem Elend anheimfallen." Schließlich fügte er der Mahnung noch einen Spruch aus Jesus Sirach (12,10) hinzu, in dem es heißt: „Nie und nimmer traue einem Feind; denn seine Bosheit gleicht dem Rost am Eisen." Mit dem Büchlein wandte sich der Autor an die Generalstände, den Staatsrat und alle anderen Regierungsinstanzen. Die Absicht war deutlich. Der Waffenstillstand lag ihm schwer im Magen. Höchstes Mißtrauen war geboten, und er tadelte recht eigentlich die zeitgenössische Geschichtsschreibung, die ihm nicht absichtsvoll genug erscheinen wollte – absichtsvoll insofern, als es eigentlich hätte darauf ankommen müssen, die spanischen Greuel zu einem zentralen Thema zu erheben. Vor solchen Greueln war das „teure Vaterland" künftig zu bewahren. So ersuchte er um Erlaubnis, daß das Buch in der ganzen Republik verteilt wurde. Tatsächlich erlebte die Broschüre dann noch im gleichen Jahr insgesamt fünf Auflagen (über die Höhe der einzelnen Auflagen ist nichts zu ermitteln) und wurde später als Lesebuch für die Jugend in bearbeiteter Form mehrmals unter dem Titel *Spieghel der Jeugt* neu aufgelegt.

Es darf so wohl von einer hohen Verbreitungsdichte und somit auch von großer Popularität dieses in Dialogform geschriebenen Büchleins die Rede sein. Die Dialogpartner waren ein freier Nordniederländer und ein Spanientreuer aus den südlichen Provinzen. Daß die spanischen Untaten zum zentralen Thema gehörten, war selbstverständlich. Alva stand da im Mittelpunkt, und Baudart schlug für ihn die Grabinschrift vor: „So man des Himmelreichs durch Mord teilhaftig wird, werde ich dort hineinkommen." Es sei freilich darauf hingewiesen, daß Baudart selbst einige Probleme mit der Religionsfreiheit hatte. Nicht allein, daß er sich dagegen aussprach, die Katholiken an einer langen Leine laufen zu lassen, er tendierte dahin, das katholische Bekenntnis gänzlich zu unterdrücken. Die Einheit des Bekenntnisses in der Republik als die eigentliche Stütze im Kampf gegen den Feind stand ihm im Vordergrund. Und er nannte eine Reihe von Landesherren, die

---

36 S. dazu oben S. 219.

diesem Prinzip der Einheit huldigten. Warum, so fragte er, sollte man Baal dulden, wenn man Christus als einzigen Gott hatte? Die Schlußfolgerung lautete dann auch, daß jener ein schlechter Politiker sei, der rate, man solle alle Bekenntnisse zulassen. Ein schlechter Christ sei dieser obendrein. So blieben bei ihm die Grenzen der Toleranz recht eng gezogen, wenn er Toleranz in diesen religiösen Fragen überhaupt als einen Gegenstand der Diskussion anerkennen wollte. Jedenfalls galt ihm der Religionswechsel Heinrichs IV. als üble Konsequenz der Bekenntnisfreiheit, und er fragte sich, was wohl in einer Republik geschehen könne, wenn schon in einer Monarchie das Durchsetzungsvermögen der Katholiken offensichtlich sei. Republik „in statu aristocratico plebio" – wo nicht allein die Regierenden, sondern auch Hans, Peter und Paul ihre Meinung äußern dürften, die sogar glaubten, daß ihnen das letzte Urteil zukomme. Der Dialog kam auch zu dem erwarteten Ergebnis: Die Belehrung hatte genützt. Der spanientreue Niederländer zeigte sich überzeugt.

Bald nach Baudart brachte der Historiker Johan Gijsius sein *Oorsprong en Voort-Gang der Nederlandtsche beroerten en ellendicheden* heraus, in dem er, um die Veröffentlichung zu begründen schrieb: „Wir Niederländer hier in den Vereinigten Provinzen haben mit Waffen für unsere Freiheit gekämpft, und bewaffnet stehen wir fest, genau wie der Storch, der mit einem Stein zwischen den Zehen schläft, damit er nicht in allzu tiefen Schlaf falle und von seinen Feinden verschlungen wird." Gijsius war ein scharfer Vorkämpfer der Kirche und Verfechter des Vaterlands-Gedankens; er stand dem Waffenstillstandsabkommen skeptisch gegenüber und war kein Freund der Politik des Oldenbarnevelt. Aber auch andere, eher friedlich Gesinnte, verfolgten nicht das Ziel, einfach Zeitgenössisches aufzutischen, vielmehr „empfanden sie es als Pflicht der nachfolgenden Generationen, Schrecken und Euphorie, Haß und Kummer, den Glauben und Trauer über den langen Krieg neu zu erfahren, als ob sie Teilnehmer und Zeugen der ersten Stunde gewesen seien."[37] Willem Baudart vermutete in seinem später, 1621, erschienenen *Waarachtighe Beschrijvinghe*, daß die Ereignisse allzu tief in die Herzen der Niederländer eingefressen seien, als daß sie je vergessen werden könnten; gleichwohl schrieb er seine Gedichte, einfach, um täglich daran zu erinnern, was man den Vorfahren angetan und was man von reißenden Wölfen und Tyrannen zu erwarten habe. Den Namen Baudart und Gijsius sind andere hinzuzufügen, von größerem Kaliber, wie P.C. Hooft, der sich als niederländischer Tacitus verstand, dann Chronisten wie Emanuel van Meteren, Pieter Bor, Everhard van Reyd und das Dordrechter *Martelaar's Boek*.[38] Solche Zeitgeschichtsschreibung hob zum einen die Helden hervor, die die Niederlande von den Spaniern befreit hatten, den „Vater des Vaterlandes", den Baron von Brederode, einen der wichtigsten Führer des Aufstandes aus dem niederen Adel, die Grafen Hoorn und Egmont, beide in Brüssel hingerichtet. Pieter Bor hat in seiner Berichterstattung – denn um eine solche handelte es sich bei ihm wie bei van Meteren und anderen – Flugschriften der Zeit untergebracht, damit die Ereignisse nachdrücklich aktualisierend. Darüber hinaus ging es um die literarische und bildliche Darstellung der spanischen Grau-

---

37 Zu Baudarts *Morghenwecker* s. J.C. BREEN, *Gereformeerde populaire historiographie in de zeventiende en achttiende eeuw*, S. 750ff.; ferner SCHAMA, *Embarrassment of Riches*, S. 82.
38 Zu den Titeln der genannten Autoren s. E.O.G. HAITSMA MULIER/G.A.C. VAN DER LEM (Hrsg.), *Repertorium van geschiedschrijvers in Nederland 1500-1800*, Den Haag 1990. Ferner P.A.M GEURTS/A.E.M. JANSSEN (Hrsg.), *Geschiedschrijving in Nederland. Studies over de historiografie van de nieuwe tijd*, dl.1: *geschiedschrijvers*, 's-Gravenhage 1981; für einen Vergleich auch wichtig A.E.M. JANSSEN, *A ‚trias historica' on the Revolt of the Netherlands: Emanuel van Meteren, Pieter Bor and Everhard van Reyd as exponents of contemporary historiography*, in: A.C. DUKE/C.A. TAMSE (Hrsg.) *Clio's mirror. Historiography in Britain and the Netherlands*, Zutphen 1985, S. 9-30. Zu P.C. Hooft als Historiker in seiner Zeit s. S. GROENVELD, *Pieter Corneliszoon Hooft en de geschiedenis van zijn eigen tijd*, in: BMGN 93(1), 1978.

samkeiten bis in alle Einzelheiten oder – in eher allgemeiner Form – um Machtwillen und Brutalität der Spanier insgesamt, wie es etwa auf der Titelseite der Quarto-Ausgabe des Gijsius-Buches 1616 zu finden ist. Hier schwingt Spanien den Dolch, um ihn der niederländischen Jungfrau in die Brust zu stoßen. Im Hintergrund findet eine Selbstverbrennung statt, stehen üble Priester herum neben einer Reihe von Galgen. Gijsius hat unter anderem einen Stich über die *Spanische Furie* in Antwerpen abbilden lassen, die später Hooft noch einmal so detailliert beschrieben hat, und die Szene ähnelt hier einem menschlichen Schlachthaus. Bei Willem Baudart finden sich die Taten des „Blutrats" abgebildet. Die Sitzungen werden dargestellt, die Folgen gleich angefügt – Folgen, das heißt Enthauptung, Galgen mit zahlreichenden baumelnden Leichen, Folter vom Strecken bis zum Schwedentrunk. In J.E. Cloppenburgs *Le miroir de la tyrannie espagnole* von 1621 findet sich neben den Massakern von Naarden, Oudewater und Zutphen auch der Mord am Oranier 1584. Es ist darauf hingewiesen worden, daß die ganze Form der Darstellung, über deren schlachthausreife Einzelheiten hier nicht berichtet werden soll, Nahrung fand in Erzählungen des 16. Jahrhunderts, etwa in dem Bericht von Las Casas über den spanischen Terror in den Kolonialgebieten. Cloppenburg etwa, nicht nur Berichterstatter, sondern auch Verleger, zog Las Casas in seinen Einleitungen zum Geschehen in der Bartholomäus-Nacht und zum Krieg in den Niederlanden heran.

Aber noch abgesehen von der Absicht, durch solche Details die Erinnerung an den ganzen Schrecken der spanischen Herrschaft wach zu halten und auf das gemeinsame – niederländische – Leiden hinzuweisen, unternahmen die Autoren zugleich den Versuch, charakterlich-kulturelle Unterschiede zwischen den Nationen darzulegen, damit naturgemäß die Überlegenheit der eigenen Nation hervorhebend und gleichzeitig die Unversöhnlichkeit beider Nationen unterstreichend. Das wurde religiös unterlegt und damit zum Anwurf: etwa spanischer Hochmut, der Arroganz gegenüber Gott enthielt; ihm gegenüber stand die christliche Bescheidenheit und damit Beugung vor göttlichem Willen. Aber es war da auch – wie konnte es in der Republik anders sein – der Unterschied zwischen aristokratischen und bürgerlichen Tugenden. Die einen zielten auf Krieg, Ehre und Macht, die anderen pflegten die christlich geprägte Demut; sie übten Bescheidenheit und lebten mit einem hochentwickelten Familiensinn. Die Spanier traten auf wie aus einer anderen Welt in der Absicht, niederländische Mentalität zu schänden und niederländische Kultur zu entweihen – Tugenden im übrigen niederzutrampeln, die nicht nur christlich geprägt waren, sondern auch bei den Batavern gefunden werden konnten. So ließ Hooft einen Stich von Tempesta in sein Werk aufnehmen, das Claudius Civilis mit batavischen Frauen und Kindern zeigt, die gleichsam geschützt weit hinter der Front der gegen die Römer kämpfenden Bataver stehen, unter dem Schutz des Bataver – Fürsten persönlich also. Und wie die Chronisten über die Schändung der Familien berichten – das eine Familienmitglied wird vor den Augen der anderen geschändet, gefoltert, getötet – so widmen sie sich auch ausführlich dem Mord an Alten und Schwachen, die in der niederländischen Gesellschaft besonders gepflegt wurden.[39]

Wie so etwas wirken sollte, erläutert der Chronist Gijsius selbst. Der Erzähler tritt auf als Vater, der seinem Sohn berichtet, wie spanische Soldaten ihren Gegnern bei lebendigem Leibe die Haut abzogen und diese auf ihre Trommeln gespannt haben. Gijsius läßt den Sohn ausrufen: „Vater, mir stehen die Haare zu Berge, wenn du mir solche Dinge erzählst."

Es ist im Zusammenhang mit der Verbreitung der Texte noch einmal auf das schon genannte Liederbuch der Geusen und einige andere Publikationen hinzuweisen. Beim Geusenbuch handelt es sich um nichts anderes als um die Zusammenfassung einer Vielzahl von zuvor als einfaches Flugblatt verteilten Liedertexten zum Aufstand, zu den

---

39 S. hierzu die Darstellung bei SCHAMA, *Embarrassment of Riches*, S. 82ff.

Taten der Niederländer und den Untaten der Spanier. Dieses Liederbuch erlebte im Laufe des 16. und 17. Jahrhunderts 30 Ausgaben mit insgesamt 250 Liedern neben einfachen Gedichten zum Thema. Aus dem Buch wurde regelmäßig vorgesungen, und mochte es im Gebrauchswert noch nicht den Rang der Bibel erreichen, so war es doch ein Druckerzeugnis, das zu den Gebrauchsgegenständen des Alltags zählte. Neben dem Liederbuch lag eine Sammlung von Märtyrerliedern vor, in denen von den vom Blutrat verfolgten Ketzern gesungen sowie deren Durchhaltevermögen beschrieben wurde. Daneben fanden einige der hier erwähnten Geschichtserzählungen mit ihrer breiten Darstellung spanischer Greueltaten als Schulbuch Verwendung. So erlebte die von Herman Allertszoon Koster 1614 unter dem Titel *Spieghel der Jeught* herausgegebene Sammlung – eine Bearbeitung des *Morghenwecker* –, um 1650 die 19. Auflage. Diese Broschüre ist wiederum ein Vater-Sohn-Dialog. Der Vater als Erzieher in gottesfürchtigem und nationalem Sinn. Der Sohn stellte die Fragen, der Vater wußte sie alle zu beantworten; ganze Passagen standen schon in dem einige Jahre zuvor erschienenen *Morghenwecker* zu lesen. Und die Antworten dienten alle dazu, drei Kräfte hervorzuheben, die das Vaterland begründet hatten: Gott, die Stände und die Prinzen von Oranien, zwei bis zu diesem Zeitpunkt.

Es ist über die Vielzahl der Auflagen hinaus doch aufschlußreich für die Wirkung des *Spieghel der Jeught* und damit auch des *Morghenwecker*, wenn andere zeitgenössische, zu demselben Thema erschienene Schriften gerade auf den *Spieghel* hinwiesen, so etwa das 1632 in Middelburg erschienene *Mardechai ofte Christlijcken Patriot*, das ein Lehrer aus dieser Hauptstadt Seelands, Johannes de Swaef, verfaßt hatte. Das gilt auch für das hier schon genannte 400 Seiten starke Buch *Oorsprong en Voort-Gang* (1616), das gerade geschrieben wurde, um das natürliche Ausscheiden der Zeitgenossen, die die spanische Furie noch miterlebt hatten, durch minutiösen Bericht zu kompensieren oder einfach: um die Erinnerung wachzuhalten.

Freilich, derlei Schriften scheinen nicht überall auf fruchtbaren Boden gefallen oder gar erst zur Kenntnis genommen worden zu sein. Zumindest führte der hier genannte Lehrer aus Middelburg bewegte Klage über teilweise abweisendes Verhalten der Eltern. Er stieß bei seiner Empfehlung an die Kinder der „Papisten und Arminianer", ihre Eltern und Verwandten zur Lektüre des *Spiegel der Jeught* anzuhalten, auf den Widerstand eben dieser Eltern, was in den Augen des Lehrers offensichtlich einer Art Disqualifikation der Eltern gleichkam. Daß der Middelburger die Arminianer und Katholiken („Papisten") in einem Atemzug nannte, zeigt darüber hinaus, wohin der Streit zwischen Remonstranten und Kontraremonstranten bis dahin geführt hatte. Nach 1672 ist der *Spieghel* gegenüber dem *Nieuwe Spiegel der Jeugt, of Franse tiranny* allmählich in den Hintergrund gerückt. Das war ganz folgerichtig, denn die Bedrohung kam schon seit Jahrzehnten nicht mehr aus Spanien, sondern aus Frankreich. Die Form des letztgenannten Werkes ist dieselbe geblieben – ein Vater-Sohn-Dialog –, und am Schluß findet sich ein Plädoyer für den Prinzen von Oranien, der in seinen Aktivitäten nicht gestört, das hieß nicht kritisiert, in seinen Kompetenzen nicht beschnitten werden durfte. So prangerte der Autor nicht nur die Franzosen an, die die Rolle der Spanier übernahmen, sondern mischte sich auch in die inneren Auseinandersetzungen der Republik ein. Das Ende der „wahren Freiheit" wurde auch in dieser kleinen Schrift deutlich.

Eine andere Form der Vermittlung zeitgenössischer Ereignisse erfolgte mittels der raschen Verbreitung von Kupferstich-Blättern. Sie übernahmen die Funktion von Zeitungen. Eine Reihe von Verlegern war gerade hierauf spezialisiert. Sie versuchten, der Aktualität sozusagen auf dem Fuße zu folgen und möglichst rasch etwa ein militärisches Ereignis zu Papier zu bringen und zu verbreiten. Es waren freilich nicht nur Kupferstiche, sondern auch einfache Texte, Gedichte zu bestimmten Ereignissen (wie der Mord an dem Oranier). Von literaturwissenschaftlicher Seite ist hierzu bemerkt worden, es sei für diese Zeit kaum ein Unterschied zwischen Literatur im modernen Sinne des Wortes und Texten anderer Art zu machen. Im 16. und 17. Jahrhundert sei der Dichter vorzugsweise mit einem Redner verglichen worden, der mit allen rationalen und emotionalen Mitteln versucht habe, das Publikum für seine Sache zu gewinnen.[40] Das gilt für den schon im Übermaß „vaterländisch" beschäftigten Joost van den Vondel ebenso wie für P.C. Hooft, der jenen einen immergrünen Lorbeerkranz flechten wollte, die bereit waren, „mit ihrem Blute für das Vaterland und seinen höchsten Wert, die goldene Freiheit" einzustehen. Es seien neben beiden noch Constantijn Huygens genannt wie auch Jacob Cats und Daniel Heinsius, und schließlich hat der Seefahrer Bontekoe seine Reisegeschichte „dem Vaterland" gewidmet. Die Literatur kann immer, auch die jener Zeit, „eine Reihe von Aufgaben erfüllen: sie kann informieren, unterweisen, diskutieren, amüsieren und die Gefühle in Wallung bringen. Welche Aufgabe auch immer gewählt wird, die Literatur des 16. und 17. Jahrhunderts hatte viel stärker als in unserer Zeit eine soziale Funktion: Lieder, Erzählungen und Theaterstücke dienten in erster Linie dazu, um sich innerhalb einer größeren oder kleineren Gemeinschaft damit zu beschäftigen. Die einzelnen Formen setzten kollektive Werte, Ideen und Gefühle in Worte um. Auf diese Weise kann die Literatur der Zeit auch eine Rolle bei der Entwicklung eines nationalen Bewußtseins gespielt haben, auch wenn die Erzeugnisse anfänglich eher eine regionale oder kommunale Färbung getragen haben. Der Aufstand jedenfalls wirkte hier als Katalysator".[41] In der einfachsten Form entwickelte sich solches Bewußtsein in der schlichten Gegenüberstellung von Gut und Böse. Der blutrünstige spanische Soldat mit seinem kompromißlosen Heerführer und Generalgouverneur Alva stand dem edlen, nicht seinen eigenen Vorteil suchenden Oranier und den tapferen Märtyrern gegenüber.

Über die Dramen der Heinsius, Vondel und Hooft ist später zu handeln. Sie fanden zwar auch in den Ereignissen in den Niederlanden ihre Motive, waren aber nicht nur der Aktualität verpflichtet. Sie thematisierten ganz allgemein menschliche Tugenden. Daneben sei hier freilich schon die Musik genannt, ein anderes Genre der Kunst. Gemeint sind nicht die Kompositionen von Sweelinck oder Jacob van Eyck, sondern verwiesen sei auf die Liedersammlung des Adrianus Valerius, Schöffe und Notar in Vere, die 1625 fertiggestellt und 1626 veröffentlicht wurde. Es ist ein Liederbuch des niederländischen Aufstandes und Krieges, die in einer Art Rahmenhandlung, durchsetzt mit 76 Liedtexten mit den dazu gehörigen Melodien, vorgestellt wurden. Autoren des 19. und 20. Jahrhundert haben diesen *Nederlandsche Gedenck-Clanck* als die wichtigste Grundlage des nationalen niederländischen Liedguts bezeichnet. Das Liederbuch erschien im Oblong-Quarto-Format entsprechend den üblichen Ausgaben von Musikwerken der Zeit. Der Rahmentext beruht auf Emanuel van Meterens *Historie der Nederlandscher ende haerder naburen Oorlogen ende Geschiedenissen*. Drei Geusenlieder finden sich unter den 76 Gedichten des Valerius aufgenommen, darunter das *Wilhelmus*. Während der *Spieghel der Jeught* von 1614 den Lehrern der freien Niederlande gewidmet war, galt auch die Liedersammlung des Valerius, diese Mischung aus Prosa, Poesie und Tonsetzung, der vaterländischen Unterweisung der Jugend. Dieses Lieder- und Textbuch war als Lehrbuch gedacht, als eine umfassende Mahnung an alle Niederländer, die gute Patrioten waren oder sein wollten. Die an die Stände Seelands gerichtete Einleitung war ein einziger Aufruf, voll von den Begriffen *Vaterland* und *Patriot*, voll auch von Substantiven und Adjektiven spanischer Barbarei einerseits, niederländischer Standhaftigkeit andererseits. Eine Lehre sollte das Buch sein für jene, die die bösen spanischen Erfahrungen gemacht hatten, wie auch für jene, die sie nur vom Hörensagen kannten. Und wo von *Vaterland* und *Patrioten* die Rede war, konnte das Wort von *Freiheit* und *Gottvertrauen*

---

40 So E.K. GROOTES, *De literatuur in den beginjaren van de Republiek*, in: F. WIERINGA (Hrsg.), *Republiek tussen vorsten. Oranje, opstand, vrijheid, geloof*, Amsterdam 1984, S. 165.
41 Ebd.

nicht weit sein. Die Häufung der Begriffe und ihre Bezug aufeinander ist unübersehbar. Es sei hinzugefügt, daß *Freiheit* nicht allein gegen spanische Unterdrückung gerichtet war. Es ging vielmehr um die Befreiung von allen von außen gegen die freie Entfaltung gerichteten Belastungen. So wird Valerius den Abzug englischer Truppen aus den in Seeland verpfändeten Städten nach Tilgung der öffentlichen Schulden selbst miterlebt haben. Dem Ereignis widmete er ein Gedicht und ein Lied, das den Abzug gleichsam als eine Fortsetzung niederländischen Freiheitsstrebens anpreist. Am Ende steht, daß Gott zu loben sei, der so „unser liebes Vaterland" gesegnet habe.[42] Und dieses Vaterland trägt gleich im anschließenden Lied seinen Ruhm nach Übersee; es ist eben ein Land der Schiffe und der Seefahrt, sie zeigen die ganze Kraft. Im letzten Vers heißt es, daß Einmütigkeit, Eintracht und Gottvertrauen die Niederlande unbezwingbar machen würden. Die Liedersammlung ist auch eine „niederländische Haggada" genannt worden. Sicher nicht ohne Grund, denn sie schließt ab mit einem langen Gebet, in dem die niederländischen Provinzen dem alttestamentarischen Gott für den so erfolgreichen Exodus danken, ja, es sind alle Namen genannt, die für den Kampf der Israeliten Garant stehen: Moses und Josua, David und Salomon, Gideon, Jephtha und Samson, und der Kupferstich, der das Dankgebet begleitet, zeigt den Freiheitshut, die Kopfbedeckung freigelassener römischer Sklaven, die knienden Prinzen von Oranien und – in weiblicher Gestalt – die knienden Provinzen. Jede Gestalt mit einem Siegeslorbeer im Haar. Über allem strahlt das Jahwe-Tetragrammaton.[43] Um das antagonistische Profil gleichsam im Kontrast näherzubringen, sei an dieser Stelle ein Sprung zu späteren Jahrzehnten, zu Lieuwe van Aitzema, erlaubt, der auch zu den Zeitgeschichtsschreibern zu zählen ist, zuvor aber als Diplomat der Hansestädte und Beobachter der Zeit in den Niederlanden tätig war. In seinen recht unmittelbar nach dem Westfälischen Frieden verfaßten und veröffentlichten *Vrede-handeling, De Herstelde leeuw* und schließlich *Saken van staet en oorlogh* bezeugt er nicht nur Friedenswillen, sondern verläßt auch den Weg des herben Antagonismus und zugleich auch den des reinen Chronisten, insofern es ihm eher auf den Kommentar als auf die Erzählung ankommt – das alles unterlegt mit Quellen der Zeit, wie das seine Vorgänger auch schon getan hatten. Da die spanisch-niederländische Auseinandersetzung mit dem Westfälischen Frieden beendet war, scheint er vor allem auf die Einigkeit in der Republik gesetzt zu haben, damit auch auf die Einigkeit in der christlichen Kirche, was auf jeden Fall ein hohes Maß an Toleranz voraussetzte.[44]

Förderung eines nationalen, das Provinziale übergreifenden Bewußtseins als Ergebnis von Leiden und Kampf, alttestamentarisch und batavisch gleichermaßen gestützt, so präsentierte sich die Republik, soweit es hier um Vaterland und Vaterlandsliebe ging. Man setzte auf die Wirkung von Wort und Bild oder bediente sich des Bildes, um sich zu vergewissern, zu erinnern oder um sich selbst zu feiern. Die Maler fertigten Auftragsarbeiten an, die gleichsam die historische Sicherheit der fortdauernden Existenz vermittelten. Solche Auftragsarbeiten griffen freilich nicht nur biblische oder historische Themen auf, sie betrafen auch die Darstellung zahlreicher Schlachten zu Lande und zur See. Sie hielten den militärischen Triumph des Aufstandes fest. Was das Wort nun betrifft: Der hohe Alphabetisierungsgrad der Republik läßt die Vermutung plausibel erscheinen,

---

42 Zur Entwicklung von *Freiheit* als einem politischen Begriff E.O.G. HAITSMA MULIER/W.R.E. VELEMA, *Vrijheid. Een geschiedenis van de vijftiende tot de twintigste eeuw*, Amsterdam 1999. Aus diesem Sammelband für unsere Darstellung vor allem die Beiträge von Martin van Gelderen, Marijke Spies und Henk Duits.

43 Dazu HAAK, *Hollandse schilders*, S. 82 sowie MULLER, *Volksbesef en taalbesef*, S. 24; *Nederlandsche Gedenck-Clanck*, S. 5ff. (Einleitung), S. 214 (letzter Vers), S. 275ff. (Dankgebet); SCHAMA, *Embarrassment of Riches*, S. 97ff.

44 Zu Lieuwe van Aitzema s. neuerdings G. VAN DER PLAAT, *Lieuwe van Aitzema's bijdrage aan het publieke debat in de zeventiende-eeuwse Republiek*, Hilversum 2003.

daß sich die für die europäische Renaissance so typische Entwicklung der Lesekultur in der Republik nicht nur durchsetzte, sondern auch wirkte, das vorgegebene Lernziel also tatsächlich erreicht wurde. Die Vielzahl der Flugschriften und größeren (historischen) Arbeiten in Wort und Bild bestärken in dieser Vermutung. Das gemeinsame Lied und die calvinistische Predigt dürften diesen Lernprozeß, der auf die Besonderheit der eigenen Existenz abhob, betont haben.

Außenpolitischer Erfolg: Stützung des vaterländischen Gedankens

Gleichwohl wäre es zu kurz gegriffen, wollte man nur die Vielzahl der Schriften und Bilder, die den Lernprozeß nachgerade einhämmernd zu unterstützen hatten, als die einzigen Instrumente nationaler Bewußtseinsbildung oder der Entwicklung von Vaterlandsliebe anmerken. Sind nicht auch einfach der allgemeine außenpolitische Werdegang und die koloniale Expansion als durchaus wirksame Faktoren nationalen Selbstbewußtseins anzuführen, zumal die Zeichen der Großstaat-Kleinstaat-Konfrontation auf Erfolg für das geographisch eher schmal bemessene Land wiesen? Schon der Waffenstillstand bewies doch, daß sich in Gestalt der Republik ein Staat auf die politische Bühne begeben hatte, über dessen Existenz nicht schlicht hinwegzustiefeln war. Zeitgenossen haben erkannt, daß sich in dem aus dem Aufstand hervorgehenden 80jährigen, eben durch den Waffenstillstand für zwölf Jahre unterbrochenen spanisch-niederländischen Krieg die europäische Polarisierung der internationalen Politik entwickelte. Niemand anders als Gustav Adolf von Schweden wies dabei den zentralen Ort an. Er ließ den niederländischen Gesandten Gaspar van Vosbergen wissen, daß doch Den Haag die Bühne sei, auf der alle Verhandlungen und Aktionen Europas stattfänden. Das konfessionelle Zeitalter enthielt eben nicht nur den inneren, jeweils die einzelnen Länder erfassenden Konflikt, sondern rief grenzüberschreitende Konfrontationen ins Leben, in denen die Republik nicht nur führend, sondern auch siegreich war. In dieser Polarisierung wurde die außenpolitisch-europäische Bedeutung des Landstrichs im Nordwesten Europas erst recht deutlich. Praktisch kam dem aufständischen Gebiet eine wachsende Bedeutung nicht nur für den europäischen Protestantismus allgemein, sondern für den spanisch-englischen Hegemonialstreit im besonderen zu. Jede politische Analyse konnte leicht ausmachen, daß die spanische Herrschaft im Falle einer Niederlage des niederländischen Aufstandes auf lange Zeit in diesem nordwesteuropäischen Landstrich gefestigt sein würde. Dies hätte durchaus auch eine Gefährdung des englischen Handels mit dem Kontinent bedeutet. Rückte allein dieser Sachverhalt die Republik schon in eine „interessante" Position, so war ein anderes noch wichtiger. Mit dem Abschluß des Waffenstillstandes fügte sich die Republik gleichberechtigt in die Reihe der etablierten europäischen Mächte ein. Bei den Verhandlungen waren Frankreich, England, Dänemark, Hessen, die Pfalz und Brandenburg anwesend – alles, was in der protestantischen Welt Rang und Namen hatte. Spanien sah ein, daß es die Republik behandeln mußte, als ob sie ein souveräner Staat sei. Die Umwandlung von Gesandtschaften in Botschaften unterstreicht die Entwicklung. Das ist mehrere Jahrzehnte später neuerlich betont worden.

Mit Blick auf eben diese späteren Jahrzehnte sei hinzugefügt, daß die von Beginn an erfolgreich verteidigte Konfession als identitäts- und bewußtseinsbildender Faktor in der Konzeption vom *Vaterland* auch noch in der außen- und koalitionspolitischen Landschaft eine Rolle gespielt hat, als Ludwig XIV. in Europa zuzugreifen versuchte. Statthalter Wilhelm III. – bald auch König von England – holte doch das konfessionelle Argument aus der Lade, indem er Koalitionen und Kriege als die Instrumentarien zur Verteidigung des europäischen Protestantismus gegen den aggressiven Katholizismus Ludwigs

XIV. bezeichnete. Die Aufhebung des Edikts von Nantes und die – nur vorübergehende – Besetzung des englischen Throns mit einem Katholiken schienen ihm da Recht zu geben.[45]

Die Zentrierung des europäischen Geschehens mochte dann die Niederlande noch nicht zum Mittelpunkt der Welt emporheben, aber zumindest galten sie als ein wesentliches Steuerungszentrum, abgesehen davon, daß sie auch Geldgeber waren. So darf auf jeden Fall vermutet werden, daß hier eine geeignete Entourage für die Bestätigung und den Ausbau eines durchaus in starken Ansätzen vorhandenen Selbstbewußtseins gegeben war, wenn noch dazu berücksichtigt wird, daß die Kauffahrteischiffe mit wachsendem Erfolg auf den Weltmeeren segelten. Das militärisch erfochtene und durch unerwartete Schwäche des Gegners bedingte *Wunder* einer neuen Existenz hat sicherlich eine niederländische Gemeinsamkeit bewirkt, insofern frühe Auffassungen oder Manifestationen, die den Begriff des Vaterlandes etwa auf die Provinz begrenzten und sich eher auf die engere Heimstatt als auf Nation kaprizierten, gänzlich in den Hintergrund rückten.[46]

Mit der Konsolidierung des *Wunders* freilich geriet der Begriff entsprechend dem so stark ausgeprägten Denken der provinzialen Souveränität – nicht nur übrigens ein Merkmal der ersten statthalterlosen Zeit – in den Parteienstreit. Das war offensichtlich ein Zeichen für die Bedeutung des Begriffs in jener Zeit, wenn er für politisch erfolgversprechend verwendbar gehalten wurde. Johan de Witt beschwor doch 1654 in seiner an anderer Stelle näher zu erläuternden *Deductie* die republikanische Gemeinsamkeit – und er tat dies eben in einem Papier, das vor allem der Rechtfertigung und dem Nachweis der provinzialen Souveränität diente. Die sieben Vereinigten Provinzen hätten doch alle ein und dasselbe Interesse und fürchteten alle gemeinsam die Mächte des Auslands. Seien sie nicht alle durch Familienbande, Besitz und Wirtschaft so eng miteinander verbunden, daß nur noch schiere Gewalt den Bund auseinanderreißen könne? Die gesamte Außenpolitik werde von gemeinsamen Gremien, den Generalständen, bestimmt. Und würden nicht alle in dem einen geistigen und göttlichen Band ein und derselben Religion wie ein Herz und eine Seele miteinander verbunden?[47] Das mochte wie eine Beschwörung der republikanischen Gemeinsamkeit klingen, tatsächlich aber war es nichts anderes als die geschickte Aufnahme eines durchaus lebendigen Gedankens in einem Dokument, dem es in erster Linie um die staatsrechtliche Akkuratesse des holländischen Weges ging. De Witt benutzte hier zwar nicht das Wort vom Vaterland, aber er bot die Ingredienzien – die gemeinsame Front aller Provinzen gegen den äußeren Feind und die Religion als das wesentliche verbindende Element, ein und dieselbe Religion als eine Form der nationalen Verinnerlichung. Zu dieser Zeit gehörte das Wort vom Vaterland, vom Patrioten schon zum Repertoire des Bekennertums. Es diente zur Unterstützung politischer Glaubwürdigkeit. Sich zum Vaterland oder als Patriot zu bekennen, hieß zudem ein Stück persönliche Unbescholtenheit in Anspruch nehmen; es hieß aber nicht nur persönliche Ehre, sondern meinte auch politischen Führungsanspruch, immer mit der Tendenz, den innenpolitischen Gegner zwar nicht zu diffamieren, aber doch, um ihm ein wenig mehr an politischer Substanz vorauszuhaben. In dem Augenblick, in dem sich der neue Staat als ein Erfolg manifestierte oder sich der Erfolg zumindest abzeichnete, wurde die ganze Begrifflichkeit politisch wertvoller, weil der Aufbau dieses neuen Staates eine Leistung sui generis darstellte. Oldenbarnevelt hat kurz vor seiner Hinrich-

---

45 S. dazu H. LADEMACHER, *Die Konfession in der Außenpolitik der europäischen Staaten im 16. und 17. Jahrhundert. Inhaltliche Perspektiven und massenmediale Darstellung*, in: S. QUANDT (Hrsg.), *Luther, die Reformation und die Deutschen. Geschichte, Politik und Massenmedien*, 1, Paderborn u.a. 1982, S. 53ff.
46 Zur außenpolitischen Position der Republik und der Vorgeschichte s. den Abschnitt *Souveränität, der Frieden und die Friedlosigkeit*.
47 DE WITT, *Deductie*, II. Teil, Kapitel 3, S. 48, Pkt. 15.

tung, schon auf dem Schafott stehend, ausgerufen: „Glaubt nicht, dass ich ein Verräter bin. Ich habe ehrlich und fromm gehandelt wie ein guter Patriot, und wie ein solcher werde ich sterben."[48] Das war immer noch der Begriffsinhalt, wie er in den vielen Briefen des Statthalters Wilhelm Ludwig von Nassau in jenen Wochen an den Prinzen von Oranien als „gut", „wahr", „loyal" oder ähnlichen Epitheta definiert worden war und der jener Gruppe zuzuordnen ist, die den Prinzen zum Befreier und Wahrer des Vaterlandes und der Religion emporhob. Die politische Scheidung der Geister, obwohl zur Zeit des Remonstrantenstreits schon im Kern vorhanden, vollzog sich dann endgültig in de Witts Regierungszeit. Wenn der friesische Statthalter Wilhelm Friedrich, ein Neffe des Wilhelm Ludwig, sich 1649 beklagte, daß es schwierig sei, „alte Patrioten", nämlich jene zu finden, die sich dem Hause Oranien gegenüber loyal verhalten hätten, dann enthielt die Klage schon ein Stück Aufteilung des Begriffs nach den Kategorien politischer Seitenwahl. Johan de Witt hatte damit schon gar keine Schwierigkeiten mehr. Er sprach im Übermaß von guten Patrioten, und das waren eben jene, die seiner, der republikanisch antistatthalterlichen Richtung angehörten. Kossmann schreibt sehr richtig, der Begriff sei von den 1650er Jahren an von einer politischen Richtung gegen die dynastischen oder mehr oder weniger monarchischen Bestrebungen des Hauses Oranien verwendet worden.[49] *Vaterland* und *Patriot* entwickelten sich zu Begriffen, die ihr ursprünglich aufständisches Umfeld überschritten und zu einem Schibboleth von Parteiungen wurden.

Strukturen: Ihre geistigen Voraussetzungen

Aber ein anderes. Die hier beschriebenen Details zur Entwicklung eines niederländischen Selbstbewußtseins hängen eng mit der Frage nach der künftigen Staatsform zusammen. Der niederländische Staat, so ist geschrieben worden, sei aus der Verneinung geboren. Erst nach langem Zögern habe sich das Land mit dem Gedanken vertraut machen können, daß da eine selbständige Republik entstanden war.[50] Die Republik als ein Ergebnis des Zauderns und langwierigen Erwägens oder des Zufalls gar? Es ist nicht abwegig, die Rebellion gegen den spanischen König, der Landfremder war und auch als ein solcher empfunden wurde, als eine Aktion der Ungewißheit einzustufen, deren einzige Sicherheit in der Ablehnung des Herrschers bestand, wie es ebenso wenig ausgemacht war, ob das burgundisch-habsburgische Territorium in seiner Gänze für die Rebellion gewonnen werden konnte oder nur ein Teil des Gebietes Erfolg haben würde, wie es dann tatsächlich geschah. Die Aufständischen zielten auf das Ganze, sie ernteten freilich nur die Hälfte. Wenngleich die Rebellion als ein ganz unsicheres Unternehmen zu apostrophieren ist, was wohl auch die Charakteristik vieler, so nicht aller Rebellionen sein dürfte, war sie doch in den Niederlanden intellektuell nicht bodenlos. Ihre Träger führten die Tradition ins Feld, die Welt der Privilegien und Handfesten, und sie rezipierten das Neue ihrer Zeit, den christlichen Humanismus und eine Auffächerung der christlichen Religion in mehrere Konfessionen, eine neu organisierte Frömmigkeit gleichsam. All dieses bot die Handhabe, den Kern der Rechtfertigungen, die für die Jahre des Aufstandes so typisch waren. Der *rex legibus absolutus*, den Jean Bodin von Frankreich aus in seinen *Sechs Büchern über den Staat* theoretisch festschrieb und den Philipp II. von Spanien für seine

---

48 Zitiert bei KOSSMANN, *In Praise*, S. 10.
49 Ebd. S. 11.
50 So E.H. KOSSMANN, *Politieke theorie in het zeventiende eeuwse Nederland* (=Verhandelingen der Koninklijke Nederl. Akademie van Wetenschappen, Afd. Letterkunde, Nieuwe Reeks, Deel LXVII, 2) Amsterdam 1960, S. 7; s.a. SCHAMA, *Embarrassment of Riches*, S. 67; M.E.H.N. MOUT, *Van arm vaderland tot eendrachtige republiek. De rol van politieke theorien in de Nederlandse Opstand*, in: BMGN 101, 3 (1986).

Person über Zentralisierung und Bürokratisierung zuvor schon ganz konkret einzuführen versuchte, gehörte in den Niederlanden sowohl theoretisch als auch praktisch aus einem mehrfachen Grunde zu den Unzuträglichkeiten: Der Landesherr war landesfremd, er hatte dem tief verwurzelten ständisch-städtischen Freiheitsbegriff, der ein landschaftlich-korporativer war, nichts Gleichwertiges entgegenzusetzen; der König erkannte nicht, daß die neuen Religionsgemeinschaften mit ihrer intensiv gelebten Frömmigkeit diese alte Freiheit für sich in Anspruch nahmen und daß der Humanismus in den Niederlanden wie andernorts eine neue christlich-weltliche Lebensgestaltung barg, die anschließend an die Devotio moderna des Geert Groote aus Deventer eine Säuberung der alten Kirche und eine Verinnerlichung des Glaubens forderte, abhold jeden Dogmas, eine neue, wissenschaftliche Beobachtung der Natur einleitete, in seinem Bildungsdrang die unmittelbare Lebenswelt, das heißt Sprache und Kultur, näherbrachte und im Tyrannen „das Fleisch gewordene Abbild des Teufels"[51] sah. Der Humanismus half, die Welt mit anderen Augen zu sehen, sie zu erforschen.[52] Unter eben solchen Voraussetzungen mußte Landfremdheit besonders störend wirken, wenn sie ein erwachendes Bewußtsein über individuelle und kollektive Selbständigkeit ignorierte und versuchte, ein nicht in der Landschaft geborenes und von fremden Satrapen getragenes System zu etablieren

Schaut man auf die in einzelnen Abschnitten noch zu erläuternden naturwissenschaftlichen und medizinischen Unternehmungen und die sprachliche Entwicklung, macht man sich einfach mit dem Wunsch vertraut, die Natur in der Empirie zu erfassen, sie gleichsam zu systematisieren und etwa Sprache aufzuarbeiten, sie zu säubern, um sie für eine bessere und allgemeinere Vermittlung brauchbar zu machen, dann wird deutlich, daß solcher Wunsch nicht beim Interesse am konkreten Ergebnis einzelner wissenschaftlicher Disziplinen verharrte. Diese Realisierungen humanistisch geprägten Bildungswillens griffen indirekt und unausgesprochen insofern doch weiter, als der Erkenntniswille auch immer den Nachweis der Fähigkeiten menschlichen Geistes enthielt, der sich mit Gedanken der Unterwerfung unter eine weltliche Obrigkeit nicht so rasch befreunden konnte und weil etwa in der sprachwissenschaftlichen Untersuchung nach Struktur und Begrifflichkeit der eigenen Sprache ganz konkret nicht nur auf die Niederlande, sondern auch auf andere europäische Länder bezogen ein Stück aufkeimendes, auf die eigene Lebenswelt gerichtetes Gemeinschaftsbewußtsein steckte, das den in langer politischer Tradition genährten Gedanken von der eigentlich nicht recht akzeptablen Landfremdheit des Herrschers zusätzlich stärken mußte.[53]

Jedenfalls enthielt ein solches sich anbahnendes und zum Teil auch ausgebildetes intellektuelles Umfeld kaum eine geeignete Grundlage für eine frühabsolutistische Regierungspolitik, die zugleich dazu überging, die Positionen der *einen* christlichen Kirche mit allen Mitteln zu verteidigen in einer Zeit, in der der Ausschließlichkeitsanspruch eben dieser katholischen Kirche schon erheblich unterlaufen war. Erasmus leistete im Widerstand gegen solche Politik schon früh die intellektuelle Vorarbeit. Nicht nur, daß er, selbst ein Reformer, sich im *Lob der Torheit* (1508) gegen die Fehlentwicklungen in

---

51 So Erasmus von Rotterdam in seiner *Institutio Principis Christiani*, 1516.
52 S. dazu die Beispiele in den Abschnitten über Medizin, Natur- und Sprachwissenschaften sowie der Erd- und Himmelskunde im vorliegenden Band (*Der Weg zu neuen Erkenntnissen*).
53 S. dazu auch O. MÖRKE, *‚Konfessionalisierung' als politisch-soziales Strukturprinzip? Das Verhältnis von Religion und Staatsbildung in der Republik der Vereinigten Niederlande im 16. und 17. Jahrhundert*, in: TvG, 16 (1990), Nr. 1, S. 38. M. wendet sich dagegen, den Aufstand als einen nationalen Unabhängigkeitskampf gegen fremde Ethnien einzustufen. Das ist im Prinzip richtig, es sei freilich darauf hingewiesen, daß die im vorliegenden Kapitel mehrfach zitierte *Blyde Incomste* in ihrem Ursprung durchaus, freilich landschaftlich begrenzte Vorstellungen von „Ethnie" enthielt und daß im übrigen im Laufe des Aufstandes das fremde System mit dem „teuflischen Spanien" identifiziert wurde.

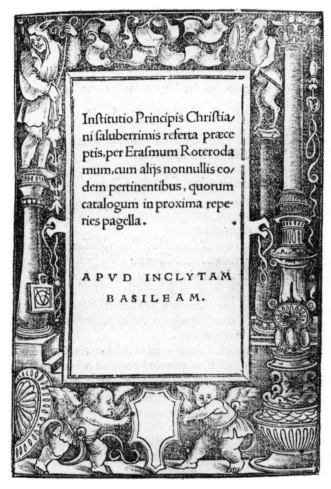

Frontispiz *Institutio Principis Christiani* (1516)

der katholischen Kirche kehrte, als Berater Karls V. zeichnete er auch in seiner *Institutio Principis Christiani* ein Bild vom Verhältnis des Herrschers zum Volk, das schon im Gegensatz zu den römisch-rechtlichen Konstruktionen der zeitgenössischen Juristen („Rex habet omnia iura inscribio pectoris") und ganz sicher zum 1513 erschienenen *Principe* des Niccoló Machiavelli stand. Nicht die Unbegrenztheit der landesherrlichen Gewalt und schon gar nicht der Zynismus des Florentiner Staatskanzlers Machiavelli, sondern das Erfordernis der Zuneigung des Volkes gegenüber dem Landesherrn war der Kern eines guten Herrschaftsverhältnisses. So will es auch verständlich erscheinen, daß Erasmus der Geburt und Erziehung Karls im Lande seiner Untertanen hohe Bedeutung beimaß. Die mittelalterlichen Fürstenspiegel lieferten ihm das Bild vom Herrscher als Vater und Hirten, der für seine Untertanen da ist. Dies enthielt für ihn Achtung der Freiheit seiner Untertanen und Respektierung der niederen Behörden und Amtsträger. Der Monarch, dessen Recht er – wohl ganz im Sinne des alten Vertragsgedankens – auf ein starkes Maß zurückgeschnitten sehen wollte, durfte sein Volk keinen Zwängen unterwerfen, weder in weltlichen noch in religiösen Fragen.

Vertragliche Übereinkunft also, die den Rechtsraum, in dem sich das Verhältnis der Partner zueinander zu gestalten hatte, ebenso erfaßte wie die Position des Glaubens mit der Forderung nach religiöser Toleranz[54] – das war ein Gedanke, der bei Teilen des niederländischen Hochadels als auch in weiteren bürgerlichen Bildungskreisen rezipiert wurde und fortlebte. Man wird solche Hinweise, wie sie Erasmus vortrug, eher als Ermahnung an die politischen Akteure denn als einen Frontalangriff gegen den Monarchen einordnen müssen. Der eigentliche, letztlich auch mitentscheidende Stoß gegen den Monarchen wurde dann von den Calvinisten getragen. Zwar wollte Calvin selbst den Staat noch als gottgegebene Ordnung respektiert wissen, aber in einer seiner zahlreichen Überarbeitungen der *Institutio* führte er doch die „populares magistratus" ein, die Ständeversammlungen, die die Pflicht hatten, gegen die Übergriffe eines Monarchen anzugehen. Damit äußerte er auch seine Abneigung gegen ein absolutistisches Königtum. Der Calvinist Petrus Dathenus, der eine Zeitlang Berater Wilhelms von Oranien war, trug den Gedanken weiter, ließ seine Prädikanten-Kollegen 1569 wissen, daß ein Widerstandsrecht eben nur diesen niederen Obrigkeiten zuerkannt wurde. Man gewinnt den Eindruck, daß solche Zuerkenntnis von Recht auf Widerstand fast schon beiläufig vorgetragen wurde, nicht wesentlich den Kern einer Staatsauffassung ausmachte, das heißt sich äußerst zurückhaltend und sich fast schon bedauernd als letzten Notgriff einbrachte. Nach dem Massaker an den Hugenotten in der Bartholomäusnacht 1572 verschärfte sich der Ton auf jeden Fall bei den französischen Calvinisten. Sie arbeiteten ein Widerstandsrecht aus, das die Volkssouveränität postulierte und das Naturrecht ebenso wie die göttlichen Gebote als scharfe Begrenzung monarchischer Gewalt begriff. Unter Volk freilich war das „verfaßte" Volk zu verstehen, daß sich in den bestehenden Ständen und deren Versammlungen repräsentiert fand. Es ist hier festzustellen, daß die Frage des Widerstandes als ein Rechtsgut auf eine höhere politische Ebene gehoben wurde, auf die der Souveränität – und eben das war eine neue Qualität in der Auseinandersetzung mit der Monarchie und ihren Entartungen. Solche Gedanken wurden in dieser Konsistenz zunächst in Frankreich, hier unter dem Eindruck eben der Glaubenskriege und zunächst vor allem nach der Bartholomäus-Nacht, niedergeschrieben und veröffentlicht. François Hotman, einer der führenden Juristen seiner Zeit, Politiker und Calvinist zugleich und selbst nur knapp dem Massaker der Bartholomäus-Nacht entkommen, veröffentlichte bald nach diesem Ereignis in Genf seine *Franco Gallia*, in der er von der Geschichte Frankreichs her die monarchische Verfassung als eine Mischverfassung definierte, nach der die Ständeversammlung jährlich über die wichtigsten öffentlichen Angelegenheiten beriet und entschied. Die *Discours politiques des divers puissances* – eine monarchomachische Schrift von 1574 – gesteht den Generalständen (Frankreichs) sogar die Macht zu, den König gleichsam zum öffentlichen Nutzen vor das Gremium zu zitieren. Für den Fall der Tyrannei sieht der Autor ein Prozeßverfahren vor, in dessen Verlauf der König abgesetzt und sodann wie ein einfacher Krimineller verurteilt und bestraft werden kann. War dies noch eine Beschreibung der Machtverteilung als Fundamentalgesetz staatlich-gesellschaftlichen Lebens, dann ging der aus Vézelay in Burgund stammende Jurist und Theologe Theodor Beza, Mitarbeiter und Nachfolger Calvins und schon in den 60er Jahren in den französischen Religionsgesprächen auf Seiten der Hugenotten, in der 1574 anonym erschienenen Schrift *Du droit de magistrats sur leurs subjects* insofern weiter, als er sich konkret mit dem Widerstand gegen den „entarteten Herrscher" befaßte. Die Schrift mag dann nicht so bekannt gewesen sein, sie scheint auf jeden Fall aber Einfluß auf die Abschwörungserklärung des Oraniers von 1581 gehabt zu haben. Nach Meinung Bezas konnten die Stände, die den Herrscher einsetzten, diesen im Falle des Vertragsbruchs auch wieder absetzen. Waren die Stände nicht in der Lage zusammenzutreten, um einen entsprechenden Beschluß zu fassen, stand den Magistraten, das waren Hochadel und Beamte, das Recht zu, den Herrscher abzusetzen. Dazu gehörte die gedankliche

---

54 Dem Toleranz-Thema ist in diesem Band der Abschnitt *Religion und Gewissen* gewidmet.

Voraussetzung, daß diese Gruppe zunächst dem Land (Reich, Territorium) und dann erst dem König verpflichtet war.[55] Es will scheinen, als ob sich Beza hier im nachhinein jene Auffassung zu eigen gemacht hätte, die vom Statthalter als dem Vertreter auch der Landschaft spricht, in der er als Vertreter des Königs fungiert. Darauf ist später noch einzugehen.

Noch systematischer gingen die *Vindiciae contra tyrannos* vor, als deren Autoren der zeitweilig in sächsischen Diensten stehende Hubert Languet und der aus dem Umkreis des Heinrich von Navarra kommende Philippe Duplessis-Mornay gelten. Freilich wird auch der Antwerpener Johan Junius de Jongh als Autor vermutet. Alle drei waren jedenfalls Calvinisten, spielten in der europäischen Politik eine Rolle und standen in enger Beziehung zu Wilhelm von Oranien. Letztlich enthielt diese Schrift, die als ein zentrales Werk der Monarchomachen angeschrieben steht, nichts anderes als eine Systematisierung dessen, was bis dahin von Hotman und Beza oder in einer Reihe von Sendschreiben – über die niederländischen Dokumente hierzu wird ebenso wie über die tatsächliche konstitutionelle Umsetzung noch zu handeln sein – vorgetragen worden war. Die Schrift erschien 1579 und ging von einem Doppelvertrag aus. In dieser Vertragstheorie, die sich auf eine Vielzahl von alttestamentarischen Zitaten stützte, gab es zunächst den Vertrag zwischen Gott, Monarch und Volk. Landesherr und Volk waren Gott gegenüber verpflichtet. Der Landesherr erhielt seine Königswürde von Gott, um über sein Volk nach Recht und Gesetz zu herrschen und es zu beschützen. Nun wurde neben dieser Beziehung ein weiterer Vertrag vorausgesetzt, der zwischen Volk und Landesherrn. Gott setzte die Könige ein, gab ihnen die Reiche und erwählte sie, das Volk aber konstituierte die Könige, übergab das Territorium und billigte die Wahl durch sein Wahlrecht. Das Volk erhielt aus einer naturrechtlich begründeten Freiheit heraus das Recht, den Landesherrn einzusetzen. Das wurde nicht als Widerspruch gegen den göttlichen Ursprung weltlicher Macht begriffen. Der Landesherr war als Diener Gottes auch Diener des Volkes. Eben daraus resultierte das Recht auf Widerstand bis hin zur Absetzung des Herrschers. Das Volk als Ganzes stand höher als der König, und mit dieser Denkvoraussetzung gingen die Autoren über Calvin hinaus. Freilich, wer war das Volk? Die Autoren haben es definiert: Es ging hier nicht um den Einzelnen oder gar die unorganisierten Volksmassen, sondern es waren die Bürger, die das gesamte Volk im ganzen Reich und jeder Stadt legitim vertraten. Es waren diejenigen, die vom Volk den Auftrag zur Wahrnehmung seiner Interessen erhalten hatten, die „niederen Behörden". Auch hier kann vom „verfaßten" Volk die Rede sein. Als Vertreter des Volkes kamen nur die Stände in Frage, aus deren Mitte, gleichsam als Exekutiv-Organ, wieder eine Persönlichkeit hervortreten konnte, die im Kampf um die Rechte die Führung übernahm. „Optimaten" wurden sie in den *Vindiciae* genannt („optimates ... ab ordinibus delegati"). Diese hatten als „officiarii regni" dafür zu sorgen, daß der Staat keinen Schaden nehme und die Privilegien geschützt wurden.[56] Die Nähe zur Entwicklung in den Niederlanden ist hier mehr als deutlich. Das Problem des Widerstandes gegen eine etablierte Staatsgewalt – das alles enthielt im übrigen für die niederländischen Provinzen faktisch eine Rechtfertigung im nachhinein – blieb nicht auf protestantische Kreise begrenzt, sondern war vor allem in

---

55 S. hierzu A.TH. VAN DEURSEN/H. DE SCHEPPER, *Willem van Oranje, een strijd voor vrijheid en verdraagzaamheid*, Weesp u.a. 1984, S. 26ff.; hier auch die obengenannten Hinweise auf die Auslassungen des Erasmus; auch kurz H. FENSKE u.a., *Geschichte der politischen Ideen von Homer bis zur Gegenwart*, Königstein/TS. 1981, S. 225ff.; M.E.H.N. MOUT (Hrsg.), *Plakkaat van Verlatinge 1581*. Facsimile-uitgave van de originele druk, 's-Gravenhage 1979, S. 20ff. (Einleitung Edition).

56 *Vindiciae contra tyrannos, sive de Principis in Populum Populique in Principem legitima potestate ...*; hier die Amsterdamer Ausgabe von 1650, S. 15, 63, 120.

der zweiten Hälfte des Jahrhunderts vor dem Hintergrund der französischen Glaubenskriege durchaus gängiges Thema.[57]

Mit solchen Ausführungen ist ein politischer Rahmen abgesteckt worden, der hier als ein Rahmen der Begründung und Rechtfertigung von Widerstand apostrophiert werden soll und der von Niederländern – im Süden und im Norden gleichermaßen – entsprechend ausgefüllt worden ist. Hatte Gillis de Clercq, der Antwerpener bürgerliche Verbindungsmann zum Adelsverbund, noch vor dem Bildersturm in seiner Darlegung an den König unter Hinweis auf die *Blyde Incomste* deutlich gemacht, daß es bei den Ketzerverordnungen um einen Verstoß gegen die Privilegien des Landes gehe, und für die Prädikanten seines Glaubens lediglich Trauer verordnet, nicht jedoch den Griff zu den Waffen, dann steckte dahinter der Wunsch, ausgleichend zu handeln und den Frieden zu wahren. Der Rückgriff auf diese alte Brabanter Akte gehörte offensichtlich zum Rüstzeug der Autoren jener Jahre, aber eine Reihe dieser Autoren predigte eben nicht trauernde Demut, sondern aktiven Widerstand. Zu ihnen zählte Philipp Marnix von St. Aldegonde, einer der beredteren Mitstreiter des Oraniers. Seine Auslassungen rückten in ihrem Aktionismus in die Nähe des aus Freiheitskämpfen geborenen Slogans „Lieber tot als Sklave", schrieb er doch, die Bevölkerung würde lieber einen raschen Tod sterben in der Gewißheit, ihren Kindern die althergebrachten Freiheiten gesichert zu haben, als in Sklaverei zu leben, die elender sei als tausend Tode.[58] Es sei neben Marnix gleich Jacob van Wesembeeke genannt, einer der fruchtbarsten und entschiedensten Pamphletisten der Jahre um und nach dem Bildersturm. Der Autor zählte zur politischen und sozialen Elite Brabants, folgte seinem Vater in der Funktion eines Stadtsyndikus von Antwerpen und wurde schließlich Sekretär des Oraniers. Die Freiheit der Niederlande stand bei ihm ganz im Vordergrund. Freiheit bedeutete ihm wie auch anderen die ganze Privilegienwelt, aber – und das sei hier betont – zu einem frühen Zeitpunkt ging er noch ein Stück weiter. Wo andere bloß auf die Bedrohung durch frühabsolutistische Machtgier hinwiesen, wußte er ein nachgerade frühliberales Bild von Staat und Gesellschaft zu zeichnen, indem er die wirtschaftliche Prosperität des Landes auf die Bewahrung dieser Freiheit zurückführte. Handel und Händler, Seefahrt und Verkehr auf den Binnenwasserstraßen und das große Warenspektrum hatten demnach nur unter solchen Voraussetzungen gedeihen können. Mit dieser Relation stand van Wesembeeke nicht allein, sie scheint auch in den Jahren zuvor voll im Bewußtsein der Stadtregierung der Handelsstadt Antwerpen gelebt zu haben und diskutiert worden zu sein. Gewiß, van Wesembeeke hat immer wieder auf die Bedeutung und letztlich die Unantastbarkeit der Privilegien hingewiesen, in der frühliberalen Verbindung von Freiheit und Prosperität freilich löste sich die ursprüngliche Bindung des Begriffs an Privilegien und Sonderrechte und wurde im Gebrauch des Singulars ein abstraktes Gut, das zu beanspruchen der Einzelne ein natürliches Recht hatte. Damit verflüchtigte sich die Anbindung von Ungehorsam und Widerstand an die niederen Behörden und wuchs sich zum Widerstandsrecht des einzelnen Bürgers aus.[59] Es sei an dieser Stelle auf Ähnlichkeiten mit den Schriften der de la Court-Brüder ein Jahrhundert später hingewiesen.

Für die weiteren denkerischen Voraussetzungen der niederländischen Rebellion sei festgestellt, daß der Oranier selbst in Gedankenführung und Argumentationsweise dem Jacob van Wesembeeke an die Seite zu stellen ist, sowohl in seiner *Verantwoordinghe* als auch in weiteren Schriften oder Manifesten aus dieser Periode. Freilich, er hob vor

---

57 Vgl. MOUT, *Plakkaat*, S. 28ff.; FENSKE, *Geschichte der politischen Ideen*, S. 240ff.
58 Zur publizistischen Tätigkeit des Marnix von St. Aldegonde s. M. VAN GELDEREN, *The Political Thought of the Dutch Revolt, 1555-1590*, Cambridge 1992, passim.
59 Zu van Wesembeeke ebd. S. 115-119; auch LADEMACHER, *Die Niederlande*, S. 110, wo der besondere Charakter des Freiheitsbegriffs hervorgehoben wird; ähnlich der vorgenannte Autor auf S. 119.

allem auf die Gewissensfreiheit ab, kehrte sich gegen die Ketzerverordnungen, plädierte als praktischer Kopf für den freien Umgang mit jenen, die zwar anderen Glaubens seien, schließlich aber als Kaufleute für die Prosperität der Stadt sorgten.[60] An anderer Stelle sprach der Oranier vom „natürlichen und göttlichen Recht", und er sah bei Verstoß gegen ein solches Recht über den Protest hinaus auch den bewaffneten Widerstand erlaubt, wie er zugleich – konsequenterweise – Hilfegesuche an die Fürsten des Auslandes für berechtigt hielt. Daß sowohl van Wesembeeke als auch der Oranier die Stände als eine in die Staatsstruktur integrierte politische Kraft ins Spiel brachten, gehörte schon zum Usus des publizistischen Alltags und erinnerte an die Freiheit der Landschaft. Spitzt man es hier auf die konkrete niederländische Lage zu, dann war das zum einen eine Reminiszenz an die niederländische Tradition in Gestalt der *Blyde Incomste* und zum anderen möglicherweise auch an die Zeit des *Großen Privilegs* von 1477, weil dort die politische Kraft der Landschaft nachhaltig unterstrichen worden war.

Diese Bemerkungen zum politisch-geistigen Habitus der Zeit und zur Tendenz der Aufmüpfigkeit oder gar zum bewaffneten Widerstand sind ebenso wie die in einem anderen Abschnitt vorgetragenen Betrachtungen über die politisch-strukturellen Vorgaben vorangeschickt worden, um aufzuzeigen, daß das 16. Jahrhundert gegenläufige Entwicklungen enthielt, die hier auf Wachstum der Staatsgewalt zielten, dort die intellektuelle Leistungskraft der Menschen betonten und schließlich neben der korporativen Freiheit die Gewissensfreiheit in den Mittelpunkt stellten. Das mußte nicht, aber es konnte zur Rebellion führen, wenn politische und sozialökonomische Rahmenbedingungen oder Wechselfälle hinzutraten, die solche Gegensätzlichkeit konkreter zu machen imstande waren. Es formte sich ein Widerstand, der seinen Grund nicht nur in der Tradition suchte, sondern gerade auch in seiner religiösen Komponente ein Stück neu gewonnenes Selbstbewußtsein des Menschen enthielt. Wenn irgendwo der Freiheitsruf über die korporative Freiheit hinaus auch die individuelle Freiheit erfaßte, dann sicherlich im Bereich der religiösen Gewissensfreiheit. Es ist unter diesem Aspekt auch einigermaßen gleichgültig, ob der niederländische Aufstand „haec religionis ergo" oder „haec libertatis ergo" geführt worden ist, wie zeitgenössisch in Zeiten heftiger innenpolitischer Auseinandersetzungen in der Republik erörtert wurde. Beide waren tatsächlich nur die zwei Seiten ein und derselben Münze.

Der Widerstand und die Republik als Zufall

Gleichwohl, der schon mehrfach apostrophierte Widerstand freilich meinte nicht von vornherein Umsturz, bedeutete nicht Veränderung im Sinne einer neuen Staatsform. Niemand schien weiter von diesem Gedanken entfernt zu sein als die Träger des niederländischen Aufstandes. Gewiß, ein in der Literatur dem Hugenotten Duplessis-Mornay zugeschriebenes Pamphlet von 1576 *Vertoog ende openinghe om een goede, salighe ende generale vrede te maken in dese Nederlanden*,[61] das sehr gut die vorhandenen Theorien zusammenfaßte und zudem die Praxis zu reflektieren versuchte, stellte eindringlich fest,

---

60 Es handelt sich um ein Memorandum vom November 1566. Bei G. GROEN VAN PRINSTERER (Hrsg.), *Archives ou Correspondance inédite de la Maison d'Orange-Nassau*, II, S. 429-50. Dazu insgesamt den Abschnitt *Religion und Gewissen* in dem vorliegenden Band.
61 *Vertoog ende openinghe om een goede, salighe ende generale vrede te maken in dese Nederlanden, ende deselven onder de ghehoorsaemheyt des Conincx, in haere oude voorspoedicheyt, fleur ende welvaert te brenghen. By manier van supplicatie aen de ... generale staten (1576)*. Diese Schrift war eigens dazu verfaßt, die bis dahin unter der Gewalt des Generalstatthalters Don Luis Requesens (Nachfolger des Herzogs von Alva) stehenden Provinzen zum Frieden mit den Aufständischen anzuspornen.

daß es sich bei den Niederlanden eigentlich nie in ihrer Geschichte um eine Monarchie, sondern immer um eine Republik gehandelt habe, aber abgesehen noch von einer gewissen Verstiegenheit des Gedankens ist *Republik* nicht von Beginn an „gedacht" worden. Dazu sei an dieser Stelle ein kleiner Exkurs erlaubt. Eine staatstheoretische Erörterung der gründlichen Art, einer Art wie sie in der Antike gepflegt wurde oder zum geistigen Leben der mediterranen Welt Spaniens oder der italienischen Stadtstaaten gehörte, haben die Niederlande zu dieser Zeit des Aufstandes und der folgenden Jahrzehnte nicht gekannt. Es gab in dieser frühen Zeit des Widerstandes und schließlich des Aufstandes nicht wirklich eine vertiefte Auslegung des Begriffs Republik. Es will scheinen, daß der Begriff eher in seiner allgemeinsten Form gehandhabt wurde und daher mit Monarchie, Aristokratie oder Demokratie gleichermaßen verbunden werden konnte, und er meinte durchaus auch Mischverfassungen. Das heißt die antiken, mittelalterlichen (etwa Thomas von Aquin) und neuzeitlichen staatstheoretischen Denkanstöße erfaßten ein Spektrum, das in den Niederlanden auch nicht annähernd aufgegriffen worden ist. So sind Überlegungen, die eine gewisse Affinität zwischen Großräumigkeit und Fürstenherrschaft (Beispiel: die westeuropäischen und mitteleuropäischen Königreiche und Fürstentümer) und eine zwischen kleinräumigen Stadtstaaten und Bürgerherrschaft (Beispiel: italienische Kommunen) feststellen, sicherlich nicht nachvollzogen worden. Der Begriff *Republik* im Sinne einer fürstenfreien Herrschaft findet sich in italienischen Überlegungen schon seit dem späten 14. Jahrhundert und wird von Machiavelli und anderen nachhaltig aufgegriffen. Gerade das oberitalienische Beispiel zeigt ein weiteres: Es blieb in Italien nicht bei der nüchternen Definition von Republik als freistaatlichem Gegenbegriff zu Monarchie. Diese Staatsform erhielt auch ihre psychologischen und gesellschaftlichen Inhalte. Vor allem die Florentiner Intellektuellen erhoben angesichts der Bedrohungen durch die Viscontis in Oberitalien die Staatsform Republik zur politischen Doktrin. Voran stand die politische Freiheit, sie war die Voraussetzung – und dies war die psychologisch-gesellschaftliche Komponente – für den Aufbau von Bürgertugenden und Vaterlandsliebe und die Entwicklung oder Wahrung kultureller und wirtschaftlicher Dynamik, ganz abgesehen davon, daß Republik in diesem Sinne die Bedingung nicht nur für innere Geschlossenheit, sondern auch für Machtpositionen nach außen war. Schon vor dem Konflikt mit dem Mailänder Visconti hatte Coluccio Salutati wissen lassen, daß es einen Zusammenhang zwischen Freiheit, öffentlichem Wohl, Bürgertugend, Vaterlandsliebe und Republik gebe, und er kontrastierte diese so positive Welt der Republik mit der Verderbnis der Monarchie. Ihm schloß sich wenige Jahrzehnte später Leonardi Bruni an, der – gleichsam mahnend – niederschrieb, daß sich republikanische (freistaatliche) Institutionen nur dann als gute Verfassungsordnung auswirken könnten, wenn sie vom Patriotismus belebt würden, wenn politische Freiheit und Bürgertugend eine Symbiose eingingen.[62]

Diese gedankliche Entwicklung hin zum Staatsbürgertum, denn um dieses ging es letztlich in der Verquickung von Staatsform und Tugenden, stand zunächst noch fernab von der niederländischen Gedankenwelt der frühen Jahrzehnte des Aufstandes, wurde dort auch nicht rezipiert, wenngleich der Vaterlandsbegriff, wie gezeigt worden ist, den aufständischen Provinzen nicht fremd war. Der Weg hin zur Republik in einer spezifisch niederländischen Form wurde zögernd und zaudernd, ja, eher zufällig beschritten ohne eine der Staatsform angemessene Begründung. Erst die Erörterungen in den Jahrzehnten nach 1650 bis zum Jahr 1672, dem Jahr der Wiederaufnahme des Statthalteramtes durch einen Vertreter des Hauses Oranien, lassen es zu, Theorieinhalt und Theoriehöhe in die

---

62 S. hierzu insgesamt W. MAGER, *Republik*, in: *Geschichtliche Grundbegriffe. Historisches Lexikon zur politisch-sozialen Sprache* in Deutschland, Band 5, hrsg. von O. Brunner, W. Conze, R. Koselleck, Stuttgart 1984, S. 580ff.

Nähe der italienischen Theoretiker zu rücken. So ist es schon richtig, wenn bei Historikern von der Republik als einer „erfundenen Eigenart" die Rede ist.[63]

Der Mittel des zur gewalttätigen Rebellion, dann schließlich zum Krieg sich ausdehnende Widerstand verlangte zunächst einmal Rechtfertigung, die sich anfänglich zu einer theoretisch schwer verdaulichen, weil künstlichen Konstruktion verstieg. Man kehre sich nicht gegen den König, so hieß es da, sondern gegen dessen Beamte. In einem Vierzeiler der Zeit hieß es gar, daß der Prinz von Oranien, der Statthalter, zum Wohl seines Herrn, des Königs von Spanien, handele.[64] Das entsprach auch dem *Compromis* des niederländischen Adels und später der Bittschrift sowie dem Inhalt der Geusenlieder.[65] Gleichwohl, es ist schon auffällig, daß die holländisch-seeländischen Stände auf der Dordrechter Zusammenkunft vom Juli 1572 begannen, eine neue Kompetenzverteilung oder eher noch Machtzuweisung vorzunehmen, die schließlich auf eine Verschiebung der staatsrechtlichen Grundlage hinauslief. An die Stelle einer möglichen Diskussion über Inhalte, Vor- und Nachteile einer Republik im freistaatlichen Sinne trat über die Funktion von Ständen in den Widerstandslehren hinaus die praktische Umsetzung und zugleich die Zuweisung der Souveränität an die Stände. So ging es um zweierlei: zunächst um die Übertragung von Widerstandsrecht auf die Stände, sodann um die dauerhafte Verfestigung ihrer Position im Staat. Das machte die eigentliche strukturelle Änderung im Aufstand aus. Wenn man so will, wurden jetzt die vom Monarchen verbrieften Privilegien der Stände in ständische Souveränität umgesetzt. Zunächst freilich blieben die Stände und ihre Fürsprecher noch den Grundlagen des Widerstands verhaftet. In einer Delfter Flugschrift von 1573, die in Form eines Sendschreibens an die Brüsseler Generalstände verfaßt war, hieß es nach Bestätigung der Loyalität gegenüber dem Landesherrn: „... ir seit die stend dieser Land, das ist, Vorsteer und Beschirmer irer Freyheit und privilegien, welche ir bey vermeydung des Mainaids, zu beschuetzen und zu handhaben schuldig seit ... und im fall, daz der König (daß wir noch kaineswegs versehen) wider seinen Aid thou, und wider unnsere geschworene Privilegien was fuernemen sollte. So entliesse er euch selber, ainen jeden besonder, seiner Pflicht und schuldigen dienst ...."[66] Ähnlich wurde dieser Gedanke des Widerstandes gegen rechtsbrecherische Landesherrn in einer Flugschrift des Gouverneurs von Vere aus dem Jahre 1574 entwickelt. Der Autor sprach auch da nicht mehr von Gott als der Quelle der Macht staatlicher Institutionen, sondern von den „natürlichen Rechten aller Nationen und Völker". Das Volk übertrug dem Landesherrn das Recht zu regieren, der dann gehalten war, nach Recht und Billigkeit zu handeln. Die herrschende Ansicht, man könne gegen einen landesherrlichen Beamten vorgehen, ohne den Herrn selbst zu meinen, begründete der Autor mit dem Hinweis auf die brabantische *Blyde Incomste (Joyeuse Entrée)*, die er schlicht auf die Provinzen Holland und Seeland übertrug. Aufgrund dieses Dokuments von 1356, das in erster Linie den Schutz der Privilegien Brabants vor allen vor landfremden Herren sicherstellen sollte, galt es für den Autor der Flugschrift als ausgemacht, daß Beamte des Landesherrn als abgesetzt gelten konnten, falls sie gegen die Privilegien des Territoriums verstießen. Die Übertragung auf Holland und Seeland vollzog der Gouverneur mit der Person des Prinzen von Oranien, der als einer der in der Provinz Brabant am reichsten begüterten Adligen galt und somit das Recht für sich in Anspruch nehmen konnte, gegen Vertragsbrüche königlicher Beamter vorzugehen. Die Tatsache

---

63 So N. MOUT, *Ideales Muster oder erfundene Eigenart. Republikanische Theorien während des niederländischen Aufstandes*, in: H.G. KOENIGSBERGER (Hrsg.), *Republiken und Republikanismus im Europa der Frühen Neuzeit*, München 1988, S. 169ff. Der Analyse von Mout ist insgesamt zuzustimmen.
64 Angeführt bei A.J.C. DE VRANKRIJKER, *De motivering van onzen opstand*, phil. diss. (1933), S. 60.
65 Darauf weist MOUT, *Plakaat*, S. 31 hin.
66 Knuttel 212, 17. September 1573.

ferner, daß die beiden Seeprovinzen hinter dem Oranier standen, und jener Gedanken von „natürlichen Rechten der Völker und Nationen" waren für den Gouverneur Anlaß genug, die Bestimmung der *Blyde Incomste* auch auf diese aufständischen Provinzen zu übertragen.[67] Die Übertragung brabantischer Rechte auf die gesamten Niederlande glaubten auch andere Autoren vornehmen zu können, indem sie sich auf das Große Privileg der Maria von Burgund (1477) beriefen.[68]

Zu dieser Schrift ist ein Doppeltes zu bemerken: Als Rechtfertigungsschrift, die sich zunächst auf den Schutz des Landesherrn kaprizierte, indem sie dessen Beamten den Schwarzen Peter zuschob, ist das Flugblatt des Gouverneurs von Vere als einer der letzten Versuche zu werten; für die zu dieser Zeit sich schon ausbreitenden Gedanken über Herrschaftsverträge im Zusammenhang mit Volkssouveränität darf sie als eine der ersten öffentlichen Aussagen im niederländischen Raum gelten. Privat hatte sich zuvor, 1568, der Oranier selbst gegenüber seinem Mitstreiter Marnix im Sinne des Vertragsgedankens geäußert, wenn er schrieb, daß ein jeder gegenüber Gott verpflichtet sei, seine Recht und Privilegien zu erhalten, die nicht nur der Großzügigkeit des Landesherrn zu verdanken seien, sondern in der Mehrzahl der Fälle einem eidlich bekräftigten Vertrag entsprungen seien.[69] Freilich, auch wenn diese Theorie vom Herrschaftsvertrag immer wieder vorgetragen worden war oder vorgetragen wurde, die hier zuvor apostrophierte Hinwendung zur ständischen Souveränität vollzog sich losgelöst davon – nicht theoretisch, sondern praktisch. Diese Betonung des Vertragsverhältnisses hatte letztlich zwei Konsequenzen: Zum einen veränderte sich die Position des Statthalters von der Stellung eines „officiarius regis" zu der eines „officiarius regni", von dem schon in der Delfter Flugschrift die Rede war, zum anderen traten Gedanken über einen Wechsel des Landesherrn in den Vordergrund. Die Dordrechter Ständeversammlung hatte jedenfalls ihre konstitutionellen Folgen für die holländisch-seeländischen Stände und den Statthalter gleichermaßen. Es ist hier auf eine Darstellung im einzelnen zu verzichten, hinzuweisen ist freilich auf die Jahre 1575/76, als sich doch einiges an Zwiespältigkeit der Entwicklung offenbarte – eine Zwiespältigkeit, die sich aus dem Konflikt zwischen ständischem Souveränitätsdenken und zentraler Machtausübung durch einen einzelnen ergab und ein Konflikt, der sicherlich nicht nur aus grundsätzlichen staatstheoretischen Erwägungen, sondern vor allem auch aus dem Krieg und den damit verbundenen Notwendigkeiten entstand. Nicht nur daß man dem Prinzen von Oranien wiederholt „das höchste Mitglied der niederländischen Stände" nannte – eine Bezeichnung, die gleichsam die Berechtigung zum Aufstand verleihen sollte –, man gab ihm auch den Titel „Hoofd ende hoogste overigheid" mit auf den Weg, der zumindest für die Dauer des Krieges die volle Regierungsmacht und Autorität umschrieb. Aber letztlich waren das nur Worthülsen. Die Stellung bekleidete der Prinz im Auftrag der Stände. Sie traten als eine konstituierende Versammlung auf und bestimmten die Befugnisse des Prinzen und damit auch ein neues Abhängigkeitsverhältnis dieses Oraniers. Indem sie ihm eine große Machtfülle überantworteten, verschafften sie sich wachsendes Ansehen, weil sie es waren, die die Rechte vergaben

---

67 Dazu H. LADEMACHER, *Die Stellung des Prinzen von Oranien als Statthalter in den Niederlanden von 1572 von 1584. Ein Beitrag zur Verfassungsgeschichte der Niederlande* (=Rheinisches Archiv, 52), Bonn 1958, S. 130f.

68 S. dazu MOUT, *Plakkaat*, S. 37; zur theoriegeschichtlichen Einordnung der „Blyde Incomste" vgl. R. SAAGE, *Herrschaft, Toleranz, Widerstand. Studien zur politischen Theorie der niederländischen und der englischen Revolution*, Frankfurt/Main 1981, S. 39ff.

69 Zur Haltung des Oraniers zu Beginn des Aufstandes vor allem J.K. OUDENDIJK, ‚*Den Coninck van Hispaengien heb ick altijt gheeert'*, in: *Dancwerc*: Opstellen aangeboden aan Prof. Dr. D.Th. Enklaar ter gelegenheid van zijn vijfenzestigste verjaardag, Groningen 1959, S. 264ff.; Zitat Quelle, G. GROEN VAN PRINSTERER (Hrsg.), *Archives ou Correspondance inédite de la Maison d'Orange-Nassau*, Ire série, I, 4, Leiden 1835, S. 206.

und gegen die eigenen Bedürfnisse abgrenzten. Die Übertragung der Regierungsgewalt war eine souveräne Handlung der Stände. Der vorgenannte Titel war ein ständischer. Die Amtsbezeichnung „Statthalter" hatte spätestens 1575/76 ihre ursprüngliche Bedeutung verloren, auch wenn sie danach noch Jahrhunderte lang die politisch-staatsrechtliche Nomenklatur bereicherte.[70]

Man sollte sich klar machen, daß die Stände der nördlichen Niederlande, kurze Zeit bis zur Utrechter Union von 1579 auf die Stände der Provinzen Holland und Seeland begrenzt, auf einem Weg waren, der ihren Machtanspruch wachsen ließ, wie er sich bei der geplanten Übertragung der Grafenwürde 1584 ausdrückte, und es will scheinen, als ob man dem Oranier anläßlich dieser Akte von 1584 eher den Titel eines „erblichen Beamten" als den eines Grafen hätte zuerkennen müssen. Es ist doch recht interessant, daß der Bruder Wilhelms, Johann von Nassau, 1578 nach dem doch raschen Ende der Genter Pazifikation in einer Adresse an die holländisch-seeländischen Stände wissen ließ, daß jetzt, da man den spanischen König nicht mehr als Oberherrn anerkenne, die Stände die Regierung des Landes übernehmen müßten, weil die „Stände von Gott aus dem Volk erwählt" seien, „um ihrerseits einen König oder Gouverneur zu wählen und den Staat zu leiten." Bei den Regierungsakten 1576/77 hatte es noch geheißen, daß die Stände soviel an Regierungsgewalt übertrügen, „wie ihnen zu übertragen zustehe". Man wird freilich zu berücksichtigen haben, daß die Auslassungen des Nassauers ein rechtes Schmeichelpaket waren, ließ er doch wissen, daß „die Herrlichkeit" der Stände an Glanz verliere, wenn sie keinen Landesherrn wählen sollten. Auch der Oranier ließ sich ähnlich in einem Schreiben an die Provinzen Holland und Seeland aus, letztendlich aber mitteilte, er werde sich dem Willen der Stände fügen.[71] Die Unbedingtheit, mit der das ständische Herrschaftsmodell vorgetragen wurde, ließ ahnen, daß ihm nur noch überlegene militärische Gewalt der anderen Seite ein Ende machten konnte, wie es andrerseits deutlich wurde, daß solche Unbedingtheit bei bloß militärischen Teilerfolgen im Süden der ehemaligen habsburgischen Territorien die Trennung Nord-Süd vorbereitete.

Theoretisch kam in diesen Anfangsjahren nichts Neues hinzu. Die hier schon beschriebenen *Vindiciae* enthielten lediglich eine Systematisierung des bekannten Stoffes – freilich mit erhöhter Dringlichkeitsstufe. Weder die von dem Juristen und Hofprediger Pierre de Loyseleur de Villiers, Franzose und seit 1577 in Diensten des Oraniers, verfaßte *Apologie* von 1580 noch die *Abschwörungsakte (Plakkaat van Verlatinge)* von 1581 geben da Neues her. Die *Apologie* war eine reine Kampfschrift, die *Abschwörungsakte* dagegen kein persönliches Dokument, ging es doch eher um die Beweisführung zu den Verstößen des spanischen Königs gegen Recht und Gesetz als um die Erweiterung oder Neuwertigkeit einer Theorie.[72]

Man mag sich anfänglich tatsächlich kaum Gedanken über eine andere Staatsform gemacht haben, zur Zeit der Abschwörungsakte freilich, sogar früher schon, klang doch hier und da Grundsätzliches zur Staatsform durch. In Utrecht etwa ließen sich schon 1575 einzelne auf Republik orientierte Stimmen vernehmen,[73] und in Holland zeigte man sich zur Zeit der Verhandlungen mit dem Herzog von Anjou, der die Landesherrschaft antreten sollte, überhaupt nicht mehr überzeugt von der Notwendigkeit einer monarchischen Spitze. Letztlich war solche Überlegung nichts anderes als die Folge des aufgeregten Eiertanzes um eben diese Frage nach einem neuen Landesherrn, nach der

---

70 Die Entwicklung in kurzem Überblick LADEMACHER, *Die Niederlande*, S. 111ff.; auch DERS., *Die Stellung*, passim.
71 S. GROEN, *Archives*, I,7, S. 2 sowie ebd. S. 3.
72 Zur Abschwörungsakte s. MOUT, *Plakkaat van Verlatinge* mit der Veröffentlichung des Dokuments.
73 S. dazu P.L. MULLER, *De staat der vereenigde Nederlanden in de jaren zijner wording 1572-1594*, Haarlem 1872, S. 241.

Plakkaat van Verlatinge (Titelseite)

Sinnfälligkeit eines solchen Vorgehens. Manche Flugschriftenautoren griffen 1583 die aristotelische Dreiteilung auf, sprachen dann auch von der gemischten Regierungsform. Nicht immer freilich im streng aristotelischen Sinne, wenn es bei der Mischung um Aristokratie („ware edeldom") und Demokratie („eerlicksten verstandichsten Burgeren") ging, weil da Aristokratie als Klasse, nicht jedoch als eine Herrschaftsform der „Wenigen" begriffen wurde.[74] Das war vermutlich ein Schlenker, der als Anpassung an die niederländischen Verhältnisse verstanden werden muß, da hier der zahlenmäßig sicher nicht sehr starke Adel und das Bürgertum den Aufstand trugen. Der Begriff „Aristokratie" wurde erst in der Zeit der Republik auf seinen eigentlichen Inhalt in der klassischen *Politeia* zurückgeführt. Unter den gegebenen Umständen war es freilich relevanter, daß Adel und Bürgertum einen Herrn wählten, dem zu gehorchen sie sich verpflichteten, verbunden mit dem Recht, eben diesen Herrn wieder absetzen zu dürfen, falls er gegen die Grundsätze einer gerechten Regierung verstieß. Für die Position von *Republik* ist es sicherlich nicht unwichtig, daß die Schweizer Eidgenossenschaft positiv als Gegenstand näherer Betrachtung eingebracht wurde.[75] Der Ausdruck „Monarch" wurde für diese Regierungsspitze nicht verwendet, vielmehr sprachen die Autoren vom „Oberherrn".

---

74 Knuttel 651: *Discours, Verclaerende wat forme ende maniere van regieringhe, dat die Nederlanden voor de alderbeste ende zekerste tot desen tyden aenstellen mochten* (1583).
75 S. dazu Mout, *Ideales Muster*, S. 176ff.; M. macht darauf aufmerksam, daß es durchaus noch reichlich Stimmen geben habe, die sich für Monarchie ausgesprochen hätten. Lademacher, *Stellung*, S. 136f.

Von Erblichkeit des Titels war keine Rede, festzustellen ist allerdings, daß just zu dieser Zeit der Oranier in Verhandlungen mit den Ständen an der Schwelle zur „Grafenwürde" stand, die Erblichkeit demnach für die Zukunft eingeplant war.[76]

Mit dem Tode des Oraniers wurde eine Entwicklung unterbrochen, die für die Provinzen Holland und Seeland auf Wahl einer erblichen Regierungsspitze in der Person des dann zum Grafen erhobenen Prinzen von Oranien hinauslief. Die Bedingungen, die da in der Wahlkapitulation festgeschrieben waren, erlaubten die Bemerkung, daß es sich bei dem Grafentitel um eine Würde besonderen Art handele, um die Würde recht eigentlich eines erblichen Beamten. Die ganze Aktion um die Verleihung der Grafenwürde zeigt ein Doppeltes: zum einen ein unter dem Widerstandsdenken hoch entwickeltes Selbstbewußtsein einer sich souverän bezeichnenden Körperschaft, zum anderen die Verpflichtung, die man gegenüber der leitenden Figur des Aufstandes, dem Oranier, verspürte, dem gleichsam eine „würdige", zugleich aber in der politischen Qualität begrenzte Position zuerkannt wurde oder zuerkannt werden sollte. Mit der Person freilich fiel die Institution und ging die Souveränitätsvermutung *endgültig* an die verbliebenen politischen Repräsentanten, die Stände, über. Mit dem Tod des Oraniers lag die Entscheidung für die republikanische Staatsform einigermaßen nahe, weil zuvor ohnehin schon in diese Richtung gedacht und mit dem Delfter Mord eine letzte Hemmschwelle insofern überwunden war, als nunmehr auch die moralische Verpflichtung gegenüber dem mit allen Mitteln um den Erfolg des Aufstandes bemühten Vertreter des Hochadels entfiel und frühere Versuche zur Übertragung einer landesherrlichen Souveränität fehlgeschlagen waren, schließlich gar zu herben Enttäuschungen geführt hatten.[77]

Blieb also am Ende die neue niederländische Republik, um die Frage erneut zu stellen, eine Ergebnis der Unentschlossenheit oder des Zufalls gar? Trat solcher Zufall in Gestalt des Mordes am Führer des Aufstandes auf?[78] Es fällt schwer, die Entstehung der Republik unter solcher Spitzmarke einzuordnen, wenngleich hier kontrafaktisch vermutet werden darf, daß bei längerer Lebensdauer des Oraniers die Entscheidung für die Republik nicht so rasch gefällt worden wäre, das heißt, hier hätte die persönliche Verpflichtung gesiegt. Jedenfalls sei darauf hingewiesen, daß die Calvinisten überall in Europa Denkanstöße vermittelten, die zunächst einmal auf die Verneinung bestimmter Regierungsweisen eines Landesherrn zielten, aber dort, wo von der Verlagerung der Souveränität auf die Stände (Volk) die Rede war, konnte dies zum einen scharfe konstitutionelle Einbindung eines neuen Landesherrn heißen, jedoch auch bis zur Umwandlung in eine republikanische Staatsform weitergedacht werden. Das ist in den Niederlanden vor allem nach der offiziellen Absetzung des spanischen Königs durchaus so begriffen worden, und gerade unter dem Aspekt des ständischen Souveränitätsanspruchs erklärt sich auch die staatsrechtlich gesehen geringe Qualität der Grafenwürde, die doch nur als ein verschämtes Alibi erscheinen will.

Souveränitäten: Zentrale oder provinziale Eigenschaft

Nur so erklärt sich auch der scharfe Widerstand, den Graf Leicester in seiner Qualität als Generalstatthalter erfuhr und der seinen politisch-theoretischen Rahmen in der Auseinandersetzung zwischen Thomas Wilkes, Mitarbeiter Leicesters und Mitglied des

---

76 Vgl. LADEMACHER, *Stellung*, S. 136.
77 Zur Übertragung der Grafenwürde s. ebd. S. 157ff.
78 MOUT, *Plakkaat van verlatinge*, S. 68 schreibt: „Met het verlaten van Filips II hadden de Nederlanden de drempel bereikt van een nieuwe tijd, waarin zij zich – voorlopig langzaam en niet zonder moeite en pijn – zouden ontwikkelen tot de Republiek der Verenigde Provinciën."

Staatsrats (Raad van State), und dem Syndikus („pensionaris") der Stadt Gouda, François Vranck, erhielt: Der Mann aus Gouda handelte im Auftrag der holländischen Ständeversammlung, und der Streit befaßte sich keineswegs mit der Frage Republik oder Monarchie, sondern es ging um das Problem der Souveränität. Die holländischen Stände nahmen die Souveränität für sich in Anspruch, während der Engländer die These vortrug, die Souveränität ruhe beim Volk und dieses habe sie auf Leicester übertragen, eine doch recht moderne Konzeption, die das Wort von der Volkssouveränität nicht an die vorhandenen Vertretungskörperschaften (wenn man die Stände dann so bezeichnen will) band. Nach Ansicht des Thomas Wilkes hatte die Ständeversammlung demnach nur eine Vermittlungsfunktion, während der Sprecher aus Gouda den Begriff „Volk" eben nur als einen auf die Ständeversammlung geeichten Begriff verstand. Das heißt, das reale Volk diente letztlich nur als Staffage des, wenn man so will, ständisch verfaßten Volkes.[79] Es ist nicht abwegig zu behaupten, daß die calvinistische Widerstandslehre mit ihrer Zuweisung des Widerstandsrechts an die unteren Behörden auch den Souveränitätsanspruch der Stände hat entstehen lassen, dieser also letztlich eine Fortschreibung des Widerstandsrechts unter veränderten politischen Vorzeichen (Fortfall des angestammten Landesherrn) ist. Languet und Hotman dürften hier Pate gestanden haben. Wilkes trat in dieser Auseinandersetzung nicht nur als Theoretiker – das war er in nur geringerem Maße –, sondern als Politiker auf, indem er einfach den schwelenden sozialen Konflikt zwischen den patrizischen Regenten und den mittleren und unteren Bürgerschichten, wie er sich in Utrecht und Leiden auftat, zu nutzen versuchte. Es stellte sich doch bald heraus, daß Aufstand in den Niederlanden nicht gleich auch in jedem Fall Befriedung im Innern des Landes hieß. Im Gegenteil: In Utrecht brach der gewiß nicht mehr taufrische Konflikt zwischen den Regenten und den nachgeordneten Bürgerschichten aus – ein Konflikt, der auch eine religiöse Komponente hatte. In dieser Stadt setzte sich eine sozial den Mittelstand vertretende Gruppe strenger Calvinisten durch, der es sogar gelang, die Patrizier aus der Stadt zu entfernen. Die gegen die eigenen Regenten gerichtete Politik wurde mitgetragen von calvinistischen Flüchtlingen aus dem Süden, denen die eher erasmisch-humanistisch geprägte Geisteshaltung der Patrizier ein Dorn im Auge war. Es besteht kein Zweifel daran, daß sich der Zorn der Calvinisten sogar noch eher gegen die libertinistische Form der calvinistischen Konfession richtete als gegen den „päpstlichen Aberglauben". „Aristokratisch" und Abweichung von der calvinistischen Lehre wurden dabei identisch gesehen.[80] Konflikte ähnlicher Art sollten auch später noch im Lande auftauchen, wenngleich sie sicher nicht das innenpolitische Bild der Republik bestimmt haben.

Mag dann der soziale Konflikt, der hier in der Auseinandersetzung um die Souveränitätszuweisung hineinspielte, nicht neu sein, insofern er schon in der burgundisch-habsburgischen Periode immer wieder auftauchte, anders war der Streit, der sich im gleichen Maße aus dem Souveränitätsanspruch der holländischen Ständeversammlung ergab und als Konflikt zwischen dem Erfordernis zentraler Leitung und dem Anspruch provinzialer Autonomie formuliert werden darf. Da ging es um ein Stück Funktionskraft der 1579 geschlossenen Utrechter Union, deren Übereinkunft als eine Art Grundgesetz des niederländischen Staates, der Republik, zu apostrophieren ist. Die Niederländer führten in Staatsrecht und Praxis eine Konstruktion vor, die mehr noch als der republikanische Status die eigentliche Besonderheit des neuen Staates ausmachte und als festgeschrie-

---

79 Zur Auseinandersetzung Wilkes – Vranck s. E.H. KOSSMANN, *Bodin, Althusius en Parker, of: over de moderniteit van de Nederlandse Opstand*, in: DERS., *Politieke theorie en geschiedenis. Verspreide opstellen en voordrachten*, Amsterdam 1987, S. 98ff.
80 Zu Utrecht s. I. VIJLBRIEF, *Van antiaristocratie tot democratie. Een bijdrage tot de politieke en sociale geschiedenis der stad Utrecht*, Amsterdam 1950.

benes Konfliktmodell aufzufassen ist. Es war doch das Eigentümliche der republikanischen Konstitution, daß die politischen Entscheidungsträger nicht in großem Schwung einen radikalen Auf- und Ausbau vollzogen und daß eine dem Zug der Zeit entgegenstehende, vom provinzialen Souveränitätskonzept ausgehende, letztlich traditionelle, föderale Struktur gepflegt wurde, die sich im Lauf der Jahrzehnte noch stärker ausprägte und eben bis ins 18. Jahrhundert hinein die Grundlage der politischen Existenz bildete. Die Utrechter Union erwies sich in der politischen Praxis im 17. und 18. Jahrhundert als ein Zusammenschluß souveräner Provinzen, deren Autonomie-Denken die politische Praxis weitgehend bestimmte.

Das provinzialständische, vom Souveränitätsanspruch getragene Selbstbewußtsein äußerte sich zunächst auf holländischer Seite mit aller Verve gegen die Generalstatthalterschaft des Grafen Leicester – es sollte nicht das letzte Mal sein. Gewiß, es gab die Generalstände in Den Haag, eine Zentralstelle, die zeitgenössisch und in der historiographischen Nachwelt mit der Republik nachgerade identifiziert wurde: Autoren und Diplomaten haben *Republik* und *Generalstände* (oder: Generalstaaten) als synonyme Begriffe gebraucht. Das erklärt sich wohl daraus, daß sich in den Haager Generalständen der einige Wille zum Aufstand verkörperte und daß dieses aus der monarchischen Zeit überkommene Organ im Unterschied zu früher auswärtige Kompetenzen übernahm. Tatsächlich oblag den Generalständen zunächst und vor allem die auswärtige Politik. Sie schlossen die Verträge, bestimmten über Krieg und Frieden. Bei ihnen waren die Diplomaten akkreditiert. Zugleich entschieden sie auch – was nur logisch erscheinen will – über die Landesverteidigung, wenngleich es sich hierbei nicht um eine ausschließliche Kompetenz handelte. Die Finanz- und Steuerbefugnisse blieben dagegen im wesentlichen auf Ein- und Ausfuhrzölle („convooien en licenten") als hauptsächliche Einnahmequelle beschränkt. Der Leser der Utrechter Unions-Akte stieß in Artikel 1 auf den Passus, daß alle Provinzen aufzutreten hätten, als ob sie nur eine Provinz seien. Gegenüber der Außenwelt scheint dieser Eindruck angesichts der außenpolitischen Befugnisse auch geweckt worden zu sein. Aber tatsächlich hieß der Einheitsanspruch nicht zugleich Preisgabe des Souveränitätsprinzips, das provinzialständisch festgeschrieben war. Die Generalstände besaßen immer nur – wenn überhaupt – eine abgeleitete Souveränität für ganz bestimmte Sachverhalte. Es entsprach dann auch der staatsrechtlichen Logik, daß die Abgesandten in Den Haag, Vertreter ihrer jeweiligen Provinz, mit einem imperativen Mandat anreisten. Diese juristische Voraussetzung konnte politische Konsequenzen haben. Sicherlich nicht zu Unrecht schrieb 1751 noch der Oranierfreund Bentinck: „Diese Regierungsform wirkt sich so aus, daß bei den wichtigsten Entscheidungen zwei oder drei Spitzbuben die heilsamsten Beschlüsse verhindern können."[81] Das imperative Mandat war von besonderer Bedeutung, wenn der Unionsvertrag Einstimmigkeit für die Gültigkeit der Beschlüsse voraussetzte, wie etwa in der Frage von Krieg und Frieden und bei der Erhebung neuer Steuern. In der Praxis ging die Form der Einstimmigkeit selbst noch weiter. Die Geschichte der niederländischen Republik ist dann auch reich an Beispielen für politisch kaum noch erträgliche Uneinigkeit, die sich aus den Sonderinteressen einzelner Provinzen und hier wieder einzelner Städte ergab. „Der kämpfende Löwe mit Pfeilbündel und Schwert, mit dem Spruch ‚Concordia res parvae crescunt', von Beginn an Wappen- und Wahrzeichen der Republik, widerspiegelte bis zum Ende die nationale Tugend der starken Einmütigkeit, die gleichsam das Ideal blieb, wenn auch die Wirklichkeit weit hinter diesem hohen Anspruch zurückblieb."[82] Trotz der deutlich

---

81 Zit. bei A.TH. VAN DEURSEN in *AGN*, 5, S. 353.
82 So J. FOCKEMA ANDREAE, *De Nederlandse Staat onder de Republiek* (=Verhandelingen Koninkl. Nederl. Akademie v. Wetenschappen, Afd. Letterkunde, N.R., deel LXVIII, 3), Amsterdam 1961, S. 17.

zentrifugalen Kräfte in der Republik konnte dieser Staat funktionieren, durchaus zum Erstaunen seiner Umwelt, zunächst von seiner Umwelt auch voll bewundert.

Das Amt des Statthalters

Der Niederländer Pieter Bondam hat nun in seiner Betrachtung zur Staatsform der niederländischen Republik geschrieben, daß als Gegengewicht zu einer „unbegrenzten Demokratie" und als Gegensatz zur „Aristokratie" immer die statthalterliche Würde gedient habe. Man könne in diesem Sinne mit Recht sagen, daß die Statthalterschaft das „notwendige Übel" der Republik sei.[83] Die Warnung vor der „unbegrenzten Demokratie", die vermutlich aus der Anschauung der Entwicklung im 18. Jahrhundert resultiert, ist kaum so wichtig wie der Hinweis, daß der Statthalter in der politischen Kräfteverteilung der Republik einerseits als eine bestimmende Kraft aufgetreten, andererseits keine natürliche, aus der Staatsform entspringende verfassungsrechtliche Institution gewesen ist. Dieses Amt des Statthalters hat vom Beginn der Republik an bis zu ihrem Ende in den Händen von Vertretern des Hauses Nassau-Oranien gelegen. Hier ist nicht mehr weiter auf die Zeit des Wilhelm von Oranien bis zu seinem Tod 1584 einzugehen, vielmehr sei die Aufmerksamkeit der Zeit danach gewidmet. Man wird die Fortsetzung des Amtes in Gestalt der Abkömmlinge des Hauses Oranien den eigentlichen politisch relevanten Faktor der Kontinuität nennen dürfen. Freilich, der Souveränitätsanspruch der Provinzialstände offenbarte nicht nur die Widersinnigkeit der Übernahme auch der alten politischen Befugnisse des Statthalteramtes, sondern mußte sich auch gegenüber dem moralischen Anspruch der Oranier zurückhalten. So leicht ließ sich einem Oranier da nichts am Zeuge flicken, es sei denn, man wollte sich der groben Undankbarkeit zeihen lassen. Das Amt wurde allmählich voll in die Republik integriert, lebte aus der oranischen Tradition heraus. Es ist in der Staatslehre der republikanischen Zeit immer wieder nach der Sinnfälligkeit dieses Amtes gefragt worden, und zuweilen sprach man hier, wie das Pieter Bondam im 18. Jahrhundert tat, von der Kontroll- und Schlichtungsfunktion des Statthalters in einem föderalistischen System. Solche Beobachtung mag juristisch stimmen, geht freilich über das Konfliktpotential hinweg, das sich aus dem Souveränitätsanspruch der Stände und der Autorität des Hauses Oranien ergab.

Diese Statthalter waren als Heerführer sicher keine „condottieri", dafür sahen sie ihr Haus mit Entstehen und Wachsen der Republik allzu eng verbunden, aber sie begriffen sehr wohl, daß die Stärkung der eigenen Position nur über den militärischen Erfolg erreicht werden konnte. Für den „Vater des Vaterlandes" war das kein Thema gewesen, aber Sohn Moritz erkannte das schon sehr bald. Unter militärischem Erfolgszwang zu stehen, hieß freilich mehr als nur eine Schlacht gewinnen, das meinte letztlich auch eine zur Kaufmannschaft unterschiedliche Interessenpolitik, insofern sie Fortsetzung eines Landkrieges über die unmittelbaren Sicherheitsinteressen des Landes hinaus empfahl. Über den Krieg allein ließ sich die Berechtigung einer eigenen starken Position am ehesten nachweisen, zumal in dieser von Seefahrt und Seehandel und wesentlich vom Wasser geprägten Republik die soziale und politische Position des ohnehin nie überaus starken Adels rasch zur irrelevanten Existenz zu geraten drohte, weil in der Welt der Kaufmannschaft eben die Leute zu Schiff, nicht die zu Pferde verlangt waren. So war es

---

83 P. BONDAM, *Over den Regeeringsvorm van de Republiek der Vereenigde Nederlanden*, in: Historisch Genootschap, VI. Serie, deel 6, Kronijk (1876), S. 335. Zum Thema Statthalter auch H. LADEMACHER, *Das Amt des Statthalters*, in: DERS. (Hrsg.), *Onder den Oranje boom. Niederländische Kunst und Kultur im 17. und 18. Jahrhundert an deutschen Fürstenhöfen*, Textband, München 1999, S. 43-72. Hier wurde die Betrachtung bis zum Ende der Republik ausgedehnt.

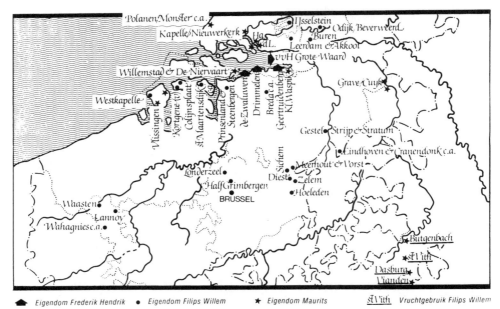

Oranischer Besitz in den Niederlanden

aus der Sicht der Kaufleute nicht immer so sicher, ob die eigene Interessenpolitik und die Wünsche des Hauses Oranien übereinstimmten. Schon bei Moritz von Oranien und erst recht bei seinem jüngeren Halbbruder Friedrich Heinrich, einem Sohn Wilhelms von Oranien und der Louise von Coligny, wurde deutlich, daß die Steigerung der militärischen Position der Republik und wachsendes Ansehen des Hauses eng miteinander verbunden waren. Das galt nach innen und außen gleichermaßen. Daß ein erfolgreicher Heerführer mit enger Bindung an die neue Nation nur ein beamteter Abhängiger von einem nachgerade unpersönlichen Gremium von Regenten sein sollte, wollte schlichteren Gemütern nicht in den Kopf. Gefangene Matrosen in Tunis richteten ihr Hilfegesuch in erster Linie an „den hochgeborenen Herrn und Fürsten Prinz Moritz, unseren gnädigen Herrn neben Gott" und dann erst an die holländischen Stände „unsere gnädigen Herrn". Die Vereinigte Ostindische Kompanie machte es sich da noch einfacher. In ihren Verträgen mit Bandanesen und Javanern präsentierte sie die Statthalter Moritz und Friedrich Heinrich immer als Könige Hollands.[84] Das ging rascher als sicherlich langwierige Erläuterungen zur besonderen Staatsstruktur der Niederlande. Für die Sultanate des indonesischen Archipels war das eh ohne Belang.

Vor einer weiteren Betrachtung zur politischen Entwicklung des Statthalteramtes seien nachstehend die Befugnisse des Statthalters, wie sie sich aus den Bestallungsbriefen ergeben, zusammenfassend vorgestellt. Aus den ähnlich wie die Bestallungsurkunden aus der Zeit vor 1572 sehr allgemein gehaltenen Kommissionen wird man fünf bedeutsame Befugnisse der neuen Statthalterschaft entnehmen dürfen:

1. Die Sorge um die „Wahrung der wahren christlichen Religion", worunter das reformierte evangelische Bekenntnis gemäß den Bestimmungen der Akte aus dem Jahre 1576 zu verstehen war.

---

84 Zit. bei A.Th. van Deursen, *Het kopergeld van de Gouden Eeuw. III. Volk en overheid*, Assen 1979, S. 3.

2. Die Handhabung der Rechtsprechung. Zusammen mit dem seit 1572 aller politischen Befugnisse entkleideten Räten des Justizhofes mußte der Statthalter für eine ordentliche und geregelte Justiz Sorge tragen. Es scheint jedoch, daß die Befugnisse des Statthalters nur für den Kompetenzbereich des „Hof van Holland" gültig waren, da in der Kommission nichts über das Verhältnis zu dem im Juli 1581 errichteten „Hohen Rat" (Berufungsinstanz) ausgesagt wurde.[85]

3. Die Neubildung der Magistrate. Es handelt sich hier wohl um die wichtigste politische Funktion, die man dem Statthalter zuerkennen konnte. Dieses Recht stellte eine ebenso konkrete wie im Hinblick auf die ständischen Souveränitätsprinzipien anomale Funktion des Statthalters dar. Die Ernennung der städtischen Magistrate, die gemäß den alten Privilegien aus der burgundischen und habsburgischen Zeit die Wahl durch Statthalter und kommittierte Räte – Provinzialinstitution der republikanischen Zeit – aus einer Doppelbenennung der Städte vorsah, wurde somit einfach aus der Zeit der monarchischen Regierungsform übernommen. Nur wenige Städte, unter ihnen auch ter Goes nach der Satisfaktion von 1577, durften ihre örtliche Regierung nach eigenem Gutdünken ergänzen, auffüllen oder neu besetzen. Da nun die Stadtregierungen selbst einen doppelten Wahlvorschlag machen konnten, war ihnen immerhin die Möglichkeit gegeben, ihnen angenehme Persönlichkeiten zu nennen, unter denen der Statthalter seine Wahl treffen mußte. So zeigte die Republik wohl gerade in diesem Punkte ihren stärksten „monarchischen" Zug, der noch auf die alte Zentralisation ausgerichtet war. Jedoch sollte man die Macht des Statthalters in diesem Punkt nicht zu hoch einschätzen, da der städtische Vorschlag als Vorzugsrecht eine diese Macht einschränkende Wirkung hatte.

4. Dem Statthalter oblag die Vergabe von Ämtern. Welches von alters her die Ämter gewesen sind, deren Verteilung dem Statthalter zustand, läßt sich im einzelnen nicht sagen, da die Bestallungsurkunden der Landesherren aus der monarchischen Zeit sowie die hierzu erlassenen Verordnungen keine genaue Auskunft geben. Erst nachdem der Graf von Leicester Holland verlassen hatte, wurde am 29. Februar 1589 in der Provinz Holland der Beschluß gefaßt, alle Ämter, die vorher vom Landesherrn besetzt worden waren, dem Statthalter zur Verfügung zu stellen. Er konnte jedoch nur aus einer den Ständen vorbehaltenen dreifachen Benennung wählen. Ähnlich wie bei der Magistratsbestallung lag auch hier der Vorzug bei den Ständen.[86]

Es finden sich also in dem statthalterlichen Bestallungsbrief jene Befugnisse wieder, die auch schon vor 1572 in den „Kommissionen" festgelegt worden waren, mit dem Unterschied, daß ein formales Abhängigkeitsverhältnis von den Ständen als Grundlage diente und es deren Absicht nicht war, den Gouverneur (Statthalter) zu Beratungen in Staatssachen hinzuzuziehen oder gar die Verwaltung allein zu überlassen. Dennoch genügten diese aus der monarchischen Zeit übernommenen Befugnisse, um die Regenten nach einiger Festigung der militärischen Lage und Sicherung der Republik den Kampf gegen ihr eigenes Werk, gegen die statthalterliche Gewalt, aufnehmen zu lassen, die sich nun nicht nur im politischen Bereich zeigte,[87] sondern auch in militärischen Dingen wirksam werden konnte.

---

85 Unter den Kompetenzbereich der Berufungsinstanz begab sich 1587 auch Seeland. Der „Hohe Rat" war 1581 anstelle des „Großen Rats" von Mecheln errichtet worden. Im Jahre 1587 wurde bestimmt, den Präsidenten von dem Statthalter aus einem dreifachen Vorschlag der holländischen und seeländischen Stände wählen zu lassen.
86 Hierzu van S. VAN SLINGELANDT, *Staatkundige Geschriften*, I, S. 128ff.
87 Erst 1637 wurde Prinz Friedrich Heinrich vom Adel zum „ersten Mitglied" erhoben und erhielt in dieser Eigenschaft Zutritt und Stimmrecht in der Ständeversammlung. Ein Zustand, den VAN SLINGELANDT, *Staatkundige Geschriften*, I, S. 135 mit Recht für eine Republik als zu gefährlich ansieht.

5. Durch die gleichzeitige Bestallung des Statthalters als Provinzialkapitän war hier auch die alte monarchische Doppelfunktion wieder gegeben. Die militärische Gewalt verlieh, wie die Praxis später zeigte, den politischen Befugnissen erst ihren Nachdruck. Die Ereignisse aus den Jahren 1618 und 1650 machen das deutlich. Mit der Übertragung militärischer Gewalt knüpfte man weiterhin an die Zeit Wilhelms I. an, dem 1576 absolute Gewalt in militärischen Dingen übertragen worden war. Sie machte nunmehr einen wesentlichen Teil der statthalterlichen Gesamtmacht aus. Die in Moritz' Bestallungsbrief sehr allgemein gehaltenen Worte über die tatsächlichen Befugnisse als Provinzialkapitän fanden 1590 in einer Antwort der Stände an den Grafen Hohenlo nähere Erläuterung, wo es hieß, daß der Statthalter als Provinzialkapitän zusammen mit den kommittierten Räten, die ihm im übrigen auch in seinem politischen Amt zur Seite standen, die Befugnis habe, die Garnisons- und Grenzstädte mit Truppen zu belegen und zu verstärken sowie Truppenwechsel und Truppenverlagerung zu vollziehen.[88] Dieses sogenannte Patentrecht, das den Oberbefehl über alle Truppen einschloß, erwies sich später als eine gefährliche Macht, als Wilhelm II. gegen Amsterdam zog (1650).[89] Verbunden mit dem Ansehen, das die oranischen Statthalter bei den Truppen genossen, worüber Hugo Grotius in seiner Apologie aus nächster Anschauung zu berichten weiß,[90] konnte es die Statthalter zu einer sehr wirksamen politischen Macht im Streit mit den Regenten werden lassen (Moritz 1617/18). So kann auch erst aus der Kombination von politischer und militärischer Befugnis die wirkliche Gewalt des Statthalters richtig verstanden werden.[91]

Aber wie immer auch die Kompetenzen festgeschrieben waren, das Amt enthielt einiges an politischer Brisanz, solange die Amtsträger auf die Führerschaft ihrer Familie im Aufstand verweisen konnten, die bürgerlichen Regenten des militärkundigen Beistands bedurften, deutlich unterschiedliche Interessen zwischen adligem Amtsträger und bürgerlichen Eliten vorlagen, militärischer Erfolg in Zeiten eines existenzbedrohenden Krieges auch einen politischen Vorsprung verschaffen konnte und schließlich vom Ausland her – auch wenn dies als der vielleicht schwächste Punkt angemerkt sein soll – noch an die Wiederherstellung der Monarchie unter einem oranischen Amtsträger gedacht wurde. Jedenfalls entpuppten sich die Statthalter der Republik nicht als Marionetten der stadtbürgerlichen Elite.

Das zeigte sich schon rasch bei Moritz von Oranien, der als Statthalter von Holland und Seeland und damit als Gegenkraft gegen den von Großbritannien ausgeliehenen Generalstatthalter Graf Leicester ins Rennen ging und damit schon gute politische Vorgaben mitbrachte, abgesehen davon, daß um die Jahrhundertwende die Seeländer sich den Statthalter durchaus noch als Grafen von Seeland denken konnten und Heinrich IV. von Frankreich Überlegungen anstellte, ob nun er selbst oder gar der Oranier der neue Monarch der Niederlande werden sollte.[92] Daß sich der Statthalter nicht lediglich als Beamter der Stände empfand, sondern als eine politisch mitentscheidende Kraft, geht

---

88 Vgl. VAN SLINGELANDT, *Staatkundige Geschriften*, I, S. 137.
89 Die kommittierten Räte wurden bald von der Beratung ausgeschlossen, da schnelles Handeln im Kriege erforderlich war.
90 DE GROOT, *Verantwoordingh*, S. 105f.
91 VAN SLINGELANDT, *Staatkundige Geschriften*, I, S. 143 macht es sich zu einfach, wenn er entscheidet, daß die statthalterlichen Befugnisse der monarchischen Zeit weit höher als zur Zeit der Republik einzuschätzen sind. Es mag hier auf die gefährliche Kombination von politischer und militärischer Gewalt hingewiesen werden.
92 Dazu zusammenfassend H.H. ROWEN, *The Princes of Orange. The Stadholders in the Dutch Republic*, Cambridge Studies in Early Modern History, Cambridge 1988, S. 42f. Insgesamt zum Thema oranische Statthalterschaft s. O. MÖRKE, *‚Stadholder' oder ‚Staetholder'? Die Funktion des Hauses Oranien und seines Hofes in der politischen Kultur der Republik der Vereinigten Niederlande im 17. Jahrhundert* (=Niederlande-Studien, Bd. 11) Münster 1997.

Moritz von Oranien (Adriaen van de Venne)

aus den Auseinandersetzungen um den Waffenstillstand von 1609 hervor. Hier kehrte er sich mit aller Macht gegen die Friedensbemühungen des Ratspensionärs Oldenbarnevelt. Für ihn war der Krieg gegen Spanien eine Sache des Prinzips, der erst nach der vollständigen Niederlage des Gegners beendet werden konnte. Den Städten Hollands und den Ständen von Gelderland, Utrecht und Overijssel schrieb er in seiner Eigenschaft als „Gouverneur" in diesem Sinne und benutzte damit eine Amtsbezeichnung, die seine politische Rolle unterstreichen sollte. Zwar ging er nicht so weit wie seine Parteigänger, die es darauf anlegten, die Bevölkerungen der einzelnen Städte gegen die bürgerliche Elite zum Aufstand aufzurufen, aber er blieb doch unerbittlich in seiner Ablehnung der Verhandlungen. Verschärft wurde der Gegensatz zu seinem politischen Gegner Oldenbarnevelt dann nach dem Abschluß des Waffenstillstandes in der theologischen Auseinandersetzung zwischen Remonstranten und Kontraremonstranten. Er ergriff Partei für die Kontraremonstranten. Dieser ursprünglich theologische Streit wuchs sich zu einer scharfen, hochpolitischen Auseinandersetzung aus, die für Oldenbarnevelt auf dem Schafott endete. Der Ratspensionär wurde wegen Hochverrats verurteilt und hingerichtet. Mit Blick auf das Amt ist freilich die Hinrichtung des Ratspensionärs weniger relevant als der nachgerade autonome Zugriff auf die Zusammensetzung städtischer Magistrate. Moritz von Oranien besetzte die Magistrate der Städte neu, ohne ein städtisches Vorschlagsrecht abzuwarten. Hier konnte die Anomalie der statthalterlichen Institution in der Republik eine für ihre staatsrechtlichen Prinzipien ungünstige Auswirkung zeigen. Freilich, wenn es zu solchem Schritt kam, so lag die Schuld nicht zuletzt auch an der Formulierung des Bestallungsbriefes, wo es heißt: „... ordnungsgemäß und wo es sich als notwendig erweisen sollte."[93] Diese Worte erwiesen sich eben für viele Interpretationen zugänglich, die im politischen Kampf zwischen Statthaltern und Regenten nach der jeweiligen politischen Konstellation ausfielen. So war es doch keineswegs ersichtlich, ob der Statthalter oder die Stände oder gar beide zusammen die geforderte „Notwendigkeit" bestimmen sollten. Daß es Neubesetzungen der Magistrate auch zu Zeiten des Wilhelm von Oranien gab und entsprechende Bestimmungen in den Übertragungsakten der Jahre 1575/76 aufgenommen worden waren, hatte seinen Grund darin, daß sich in einigen Städten spanientreue Magistrate festsetzten, deren Beseitigung sowohl im Interesse des Oraniers als auch in dem der Stände liegen mußte. Sogar noch zu Beginn der Statthalterschaft von Prinz Moritz zeigten sich in Gelderland solche Fälle. Da in der Zeit der „fortgeschrittenen" Republik in der politischen Praxis Unruhe und Aufruhr in den Städten fast immer ein Ergebnis des statthalterlich-ständischen Kampfes darstellten, zeigte sich diese „Notwendigkeit" von vornherein „parteigebunden". Moritz setzte sich in den Jahren 1617/18 über solche Formalitäten einfach hinweg, als er eigenmächtig die städtischen Magistrate nach seinem Gutdünken neu ernannte. Nachdem er dann die Ständeversammlung vor vollendete Tatsachen gestellt hatte, verlangte er noch eine Idemnitätsakte, die ihm die Stände auch zubilligten. Die ihm widerstrebenden Regenten haben dieses statthalterliche Recht der „außerordentlichen" Neubesetzung städtischer Magistrate als eine Anmaßung empfunden, die allein dazu geeignet war, ihnen gegenüber die statthalterliche Macht zu erweitern. So bestritt Hugo Grotius in seiner Apologie aus dem Jahre 1618 ganz im Geiste provinzialständischer Souveränität heftig diese Befugnisse des Statthalters, ohne sich jedoch von Parteilichkeit freimachen zu können.[94]

---

93 „... na behooren, en daert 't selve van noode weezen sal".
94 Zum ganzen Vorgang sei der hier schon genannte Beitrag von Rowen erwähnt. Das Verhältnis Moritz-Oldenbarnevelt vor allem bei J. DEN TEX, *Oldenbarnevelt*, I-V, Haarlem 960-72, hier Bd. II und III. Zu Grotius s. H. DE GROOT, *Verantwoordingh van de Wettelijcke Regieringh van Hollandt ende Westvrieslandt* (1622), S. 95ff.; dazu auch gegenteilig VAN SLINGELANDT, *Staatkundige Geschriften*, I, S. 130ff. Neuerdings sehr wesentlich A.TH. VAN DEURSEN, *Maurits van Nassau, 1567-1625. De winnaar die faalde*, Amsterdam 2000.

Dieser mit der Hinrichtung des Ratspensionärs endende Streit, der sich von einem Krach der Theologen über die richtige Exegese der Bibel zu einem hochpolitischen Konflikt mit Hoch- und Landesverrat als Anklagepunkten mauserte und der auch den ganzen politischen Frust des Oraniers über den Gang der Entwicklungen bei den Waffenstillstandsverhandlungen enthielt, führte doch in gar keiner Weise zu einer Veränderung der Konstitution. Es blieb alles beim alten, wenngleich die Parteigänger des Prinzen nur allzu bereit schienen, ihn zum Grafen oder Herzog in den Provinzen zu küren. Gewiß, indem er in seiner Zeit noch zwei Ratspensionäre nach seinem Gusto einsetzen ließ (Andrew de Witt und Anthony Duyck), lag letztlich die ganze Macht in seiner Hand. Thematisiert, aber nicht gelöst, wurde in seiner Zeit die Frage nach dem Ort der Souveränität – ob diese bei den einzelnen Provinzen oder bei der Gesamtheit der Generalstände liege – ein sicherlich pikantes Problem, war es doch der Statthalter gewesen, der von der Provinz Holland als Gegengewicht gegen den Generalstatthalter Leicester in sein Amt gebracht worden war. Und es fragte sich angesichts der militärischen Maßnahmen (Stationierung der Stadtsöldner [„waardgelders"]) in dieser innenpolitischen Auseinandersetzung, wie weit denn die Befugnisse der Bürger auf diesem Gebiet noch reichten.[95]

Gegen Ende seiner Jahre verließ ihn, den Mann der Heeresreform, der Mathematik und Festungsbau bei Simon Stevin studiert hatte, offensichtlich das Kriegsglück. Daß Breda in die Hand des Ambroglio Spinola fiel, konnte er nicht verhindern. Er starb, gesundheitlich zerrüttet, am 23. April 1625; knapp eineinhalb Monate später, am 5. Juni, nahm Spinola das befestigte Breda. Gerade in diesen Wochen beurteilten die bürgerlichen Regenten die Lage zunächst nach den militärischen Dringlichkeiten, dann erst nach politischen Vorgaben. Die Generalstände kamen dem Wunsch des Moritz nach, den Halbbruder Friedrich Heinrich zu seinem Stellvertreter zu Felde zu benennen, und sie erhoben eben diesen oranischen Prinzen sogleich nach dem Ableben von Moritz zum Generalkapitän der Truppen, zum Oberbefehlshaber also; die Berufung in das Amt des Statthalters ließ noch auf sich warten. Die Provinzen Holland und Seeland nahmen den Akt am 1. Mai vor.[96]

Mit dem Amtsantritt des Friedrich Heinrich beginnt eine Periode, die die Kraft und die Schwäche des Amtes zwischen militärischem Erfolg und politischem Wohlverhalten ansiedeln läßt, zugleich die ganze Unsicherheit der bürgerlichen Elite gegenüber der „Gründerdynastie" der Republik ebenso zeigt, wie sie die Fähigkeit zum radikalen Bruch mit der Dynastie deutlich macht. Das wurde schon zu Beginn deutlich, bei der Geburt des Sohnes, des späteren Statthalters Wilhelm II. Die Generalstände beschlossen mehr oder weniger spontan, als Pate des jungen Prinzen aufzutreten. Und was dann ein Glückwunschkomitee aussprach, enthielt schon den Hinweis auf die Verwurzelung des Hauses Oranien in der Republik und auf den Mythos Wilhelm von Oranien. Der junge Prinz, so hieß es, möge gottesfürchtig aufwachsen und in die Fußstapfen seines Großvaters, Vaters und Onkels treten, um der Freiheit und dem Schutz des Landes zu dienen. Friedrich Heinrich wußte darauf zu antworten, in überreicher Höflichkeit und einem dem offiziellen Status entsprechenden Wortgebrauch. Ein Diener der hochmögenden Herren Stände sei geboren, so ließ er verlauten, und er hoffe, daß die Stände nicht nur Paten, sondern auch Väter des jungen Prinzen sein würden.[97] Die Stände als Erzieher eines Oraniers! Sicherlich eine treffliche Widerspiegelung der konstitutionellen Verhältnisse. Der Statthalter als Diener! Friedrich Heinrich hat sich später selbst noch einmal diese

---

95 Dazu ROWEN, *The Princes of Orange*, S. 54f.
96 Dazu J. POELHEKKE, *Frederik Hendrik. Prins van Oranje. Een biografisch drieluik*, Zutphen 1978, als grundlegende Biographie; der Oranier als Statthalter gerafft und eindrucksvoll ROWEN, *Princes of Orange*, S. 56ff. („Frederik Henry: firm in moderation.").
97 J.J. POELHEKKE, *Federik Hendrik*, S. 151ff.

Moritz von Oranien auf dem Streitroß des Erzherzogs Albrecht (Pauwels van Hillegaert)

bescheidene Funktion zugemessen, als er auf dem Sterbebett lag. „Ich bin der Herren Stände Diener," habe er geflüstert, berichtet sein Hofprediger. Es gibt keinen Grund, an der Glaubwürdigkeit dieser Quelle zu zweifeln. Der niederländische Historiker Poelhekke, kundigster Friedrich Heinrich-Biograph unserer Tage und immer gut für die eine oder andere hintergründige Sottise, bemerkt, die Intonation des formal bescheidenen Flüsterwortes sei freilich nicht überliefert. So könne man nicht wissen, ob es sich um süß-säuerliche Selbstironie oder aber um Bekundung von Traurigkeit gehandelt habe, weil er, Friedrich Heinrich, es nun einmal nicht weiter als bis zu diesem Amt des Statthalters gebracht habe. Völlig falsch freilich sei es, diese letzten Worte als Bekenntnis der Untertänigkeit gegenüber den Ständen zu deuten.[98] Poelhekke beizupflichten, fällt nicht schwer, denn für die Jahre zwischen 1625 und dem Todesjahr 1647 ist angesichts des Lebensstils, aber auch der politischen Haltung des Statthalters die Frage zu stellen, ob denn der Beobachter es immer noch mit einer Republik, ihren selbstbewußten Bürgern und einem beamteten Adeligen zu tun hat. Die calvinistischen Prediger ließen unmittelbar nach dem Tode des Friedrich Heinrich jedenfalls das Volk wissen, er habe gelebt und gehandelt, als ob er der Souverän des Landes gewesen sei. Aber das Volk wußte das auch schon. Und mehr noch. Beim Tode des Statthalters Moritz hatte sich eine Delegation der Stände im Vorraum des Sterbezimmers aufgehalten, um dort die Todesstunde abzuwarten. Die Generalstände lehnten beim Tode Friedrich Heinrichs allerdings einen ähnlichen Vorschlag ab, weil solches Verhalten allzusehr den Ruch der

---

98 Dazu J.J. POELHEKKE, *Frederik Hendrik en Willem II*, in: C.A. TAMSE (Hrsg.), *Nassau en Oranje in de Nederlandse geschiedenis*, Alphen aan den Rijn 1979, S. 115.

höfischen Schmeichelei trage.⁹⁹ Für die Vertreter der Provinz Holland war solche Reaktion sicherlich recht normal, erstaunlich aber war sie für die sechs übrigen Provinzen, von denen man sagte, daß sie völlig im Banne dieses Oranierprinzen stünden.

Wenn der Geldersche Adlige Alexander van der Capellen 1630 schon schreiben konnte, der Prinz verfüge alles nach eigenem Gutdünken und ihm sei alles übertragen worden, dann zeigte dies sehr deutlich die Problematik der politischen Struktur. Auf der einen Seite die bürgerliche Welt des Handels und Gewerbes mit dem politischen Anspruch auf Souveränität, auf der anderen Seite die Gesellschaft des adligen Militärs mit dem Oranier an der Spitze, der allein schon vom politischen Ursprung der Dynastie her ein hohes Maß an Autorität verkörperte. Autorität und militärische Leistung waren eng miteinander verbunden.¹⁰⁰ Friedrich Heinrich befand sich in einer günstigen Ausgangsposition, insofern sein Halbbruder Moritz in seinen letzten Jahren gegen den Spanier Spinola nur noch auf wechselndes bis geringes Kriegsglück hatte verweisen können. Dem Nachfolger bot sich die Chance, verlorenen Boden wiedergutzumachen. Und er wahrte sie. Dem Oranier wurde bald der Name „Städtezwinger" beigegeben, was martialisch klingen mochte, aber eher schon als Kosename gedacht war. Unter Moritz war noch die Stadt Breda vom Spanier Spinola erfolgreich belagert worden, 1637 erst wurde sie von Friedrich Heinrich zurück erobert. Zuvor aber nahm er eine Stadt nach der anderen ein und rundete schließlich das Gebiet der Niederlande so ab, wie sie sich heute etwa darstellen. 1627 nahm er Groenlo in Geldern, nachdem ein Jahr zuvor schon sein Vetter Ernst Kasimir Oldenzaal erobert hatte; 1629 folgte, nachdem Spinola die Niederlande verlassen hatte, 's-Hertogenbosch, darauf fiel 1632 die Festung Maastricht in seine Hand. Wenngleich er Venlo und Roermond den Spanier überlassen mußte, konnte er insgesamt das Territorium der Republik erheblich erweitern und mit der Eroberung von Sas van Gent an der südlichen Scheldemündung abrunden. Begleitet wurde er bei seinen Feldzügen von einer Kommission der Generalstände, die den Gang der Dinge kontrollierte, ohne freilich etwas vom Kriegshandwerk zu verstehen. Sie war recht eigentlich auch ein Gremium von Vertrauten, die dazu beitrugen, die Zustimmung der Generalstände zu den prinzlichen Aktivitäten im Schnellverfahren herbeizuführen. Es will scheinen, als ob sich die Souveränität in Gestalt dieser ständischen Kommittierten neben die Autorität des prinzlichen Heerführers gestellt hätte. Aber zählte sie etwas im Augenblick des militärischen Erfolges? Die gewonnene Schlacht kannte ihren Helden. Nach außen drang die Kunde vom Sieg immer in Verbindung mit dem Namen Oranien. Das hieß zum einen den mythischen Glanz eines Freiheitskämpfers und seines Hauses immer wieder neu aufpolieren und rückte zum anderen die Geldgeber, die städtischen Regenten also, in die Anonymität. Das war ein fast schon natürlicher Vorgang in einer monarchischen Umwelt, in der man sich fragte, ob nicht Blasphemie und Republik als inhaltlich eng verwandt gesehen wurden. Was zählte in dieser Welt jenseits der republikanischen Grenzen schon ein bürgerliches Selbstbewußtsein widerspiegelndes Porträt des Kaufmanns neben einer weit zurückreichenden Ahnengalerie des in erster Linie militärisch entwickelten Adels? Nicht viel außerhalb der Häuser an den Grachten Amsterdams oder den Kanälen Leidens. Fast schon folgerichtig war es, wenn sich die Position des Statthalters in den Augen von Potentaten oder anderen, den politischen Handel betreibenden Repräsentanten des Auslandes von der eines ständischen Beamten zu der einer quasi-monarchischen Spitze mit den ständischen Vertretern als ebenso lästiger wie

---
99 Vgl. POELHEKKE, *Frederik Hendrik*, S. 563f.
100 Völlig richtig hat O. MÖRKE seinen Bericht über die Rolle des Hofes in der Republik des 17. Jahrhunderts unter den Titel *Souveränität und Autorität* gestellt, in: Rheinische Vierteljahresblätter 53 (1989), S. 117-139. Zu van der Cappellen s. *Algemene Geschiedenis der Nederlanden* VI, Haarlem 1979, S. 356.

Friedrich Heinrich von Oranien (Anthonie van Dyck)

überflüssiger Entourage verschob. Hinzu trat ein anderes. Zwar begriffen sich die ständischen Oligarchen als die Souveräne der Republik, aber zum einen zeigten sie nicht zu jedem Zeitpunkt Konfliktbereitschaft, zum anderen waren sie untereinander nicht einig genug, um jeden Augenblick die Bereitschaft auch ausleben zu können. Und hier spielte schließlich der immer virulente Gegensatz zwischen der mächtigen Seeprovinz Holland und vor allem den Landprovinzen eine Rolle, in denen der Adel sich auch politisch noch stärker zu artikulieren vermochte und auf der Seite des Oraniers stand, gab es doch immer den einen oder anderen Nachwuchs, der im Heer gerne Karriere gemacht hätte.

Die hier apostrophierte Konfliktkonstellation im Verhältnis der Provinzen zueinander kam in den Generalständen zum Austrag, denen im Rahmen der Utrechter Union Militär- und Außenpolitik zu entscheiden oblag, und es kann angesichts des mit dem militärischen Erfolg gewachsenen Vertrauens in den Oranier und der damit verbundenen erhöhten Autorität kaum wundern, daß man den Prinzen auch zu einem Mitregenten in außenpolitischen Fragen machte, und dies noch auf eine ganz spezifische Art. Ihm wurde gleichsam eine Art Geheimkabinett („Secreet Besogne"), bestehend aus Vertretern der Generalstände, zugestanden, die er schließlich sogar selbst auswählen durfte – ein Gremium, das hochpolitische Entscheidungen vorbereitete und letztlich auch durchsetzte. Als ein klassisches Beispiel für die Entscheidungsmacht des Friedrich Heinrich ist hier der Vertrag zu nennen, den die Republik 1635 mit Frankreich über die Aufteilung der spanischen Niederlande abschloß – gegen den Willen großer Regentengruppen Hollands.[101] Der venezianische Gesandte Gussoni nannte dieses Gremium schlicht die „Regierung", während die holländischen Regenten etwa die Rolle einer Opposition zugedacht erhielten. Und wenn der hier schon erwähnte Poelhekke die Mitglieder einen Haufen gefügiger Ja-Sager nennt, dann mag er damit durchaus ins Schwarze getroffen haben.[102] Die Institution des Geheimkabinetts stellte jedenfalls eine Aufwertung des Amtes und der Person des Statthalters dar, die in keiner Weise den Stipulationen der Utrechter Union entsprach, ganz sicher aber republikanischem Geist widersprach. Nachdem zuvor schon die Erblichkeit der Statthalterschaft zugunsten des Sohnes Wilhelm für die fünf unter Friedrich Heinrichs Amt stehenden Provinzen festgeschrieben worden war,[103] wurde bald – 1637 – noch ein Scheit nachgelegt. Für den 12. Januar 1637 findet sich im Tagebuch des prinzlichen Sekretärs Constantijn Huygens, einer der Universalgelehrten seiner Zeit, die Eintragung: „Heute beginnen wir auf der ausgehenden Post des Prinzen den Titel ‚Hoheit' zu verwenden".[104] Über die Hintergründe dieses Vorgangs ist in einem gesonderten Abschnitt gehandelt.

So betriebsam die Außenpolitik jener Jahre und so aufregend die militärische Entwicklung gewesen sein mag – schließlich stand der Zugriff auf einen Teil der spanischen Niederlande in Aussicht –, so ruhig verlief in dieser Zeit des Friedrich Heinrich die Innenpolitik. Die große Alteration der Jahre 1618/19, die mit der Hinrichtung des Ratspensionärs Oldenbarnevelt endete,[105] beruhigte sich. Um es paradox auszudrücken: Die Wiederaufnahme des Krieges gegen Spanien nach Ablauf des Waffenstillstandes 1621 ließ Frieden einziehen. Die Staatslehre der Zeit war ein Wissenschaftszweig, der sich als Disziplin der Rechtfertigung des konstitutionell Bestehenden im Jargon des Aristoteles bediente, indem sie die gemischte aristokratisch-monarchische Staatsform und damit die niederländischen Verhältnisse anpries, ohne in rein republikanischem

---

101 POELHEKKE, *Frederik Hendrik*, S. 326f.
102 DERS., *Frederik Hendrik en Willem II*, S. 134.
103 1630 zunächst festgeschrieben in den Provinzen Utrecht und Overijssel, sodann 1631 für Holland, Seeland und – etwas später (1631) – Gelderland.
104 „Incipimus mandata Principis titulo Celsitudinis inscribere". Zur Zuerkennung des Titels s. POELHEKKE, *Frederik Hendrik*, S. 475.
105 Zu diesem Konflikt insgesamt S. 433ff.

Sinne zu denken, wie das nach 1650 geschah[106] Aber unter ihnen gab es auch einige, die meinten, die monarchische Regierungsform empfehlen zu können. In Leiden, Utrecht oder Groningen sprachen sich Hochschullehrer für eine mehr oder weniger gemäßigte Monarchie aus. In Leiden lehrte man ganz offen die Vorzüge und Zweckmäßigkeit der Monarchie, was in einer Provinz wie Holland sicherlich höchst eigenartig war. Der Historiograph, Dramatiker und Lyriker P.C. Hooft, aus altem Regentengeschlecht stammend und als Droste von Muiden tätig, ließ sich von Tacitus über den Bürgerkrieg als Folge unbegrenzter Freiheit und die Vorteile einer gemäßigten Monarchie belehren. Der Historiker und Kaufmannssohn, der sich selbst ein wenig als der Tacitus der Niederlande sah, trug seine „niederländische Geschichte" dem Statthalter Friedrich Heinrich auf. Der Ratspensionär Jacob Cats, aus Kaufmannsgeschlecht und in erster Linie ein landesweit bekannter Produzent gereimter Lebensweisheiten, veröffentlichte Verse über den großen Fürsten, den Segen für das Land, den weitberühmten Namen – eine Art Apotheose also eben nach Art des Jacob Cats. Auch Dichterheld Joost van den Vondel wußte anfänglich Schönes über den Oranier, den Sieg, die Familie zu schreiben, um sich wenig später freilich gegen Kriegführung überhaupt und damit das Lebenselexier des Prinzen zu kehren. Er war freilich eine Ausnahme.[107] Der Prinz stieg durch Siege in der Gunst des Volkes, weil Sieg auch Schutz hieß, und wer die Siege nicht unmittelbar miterlebt hatte, der konnte sie in zahllosen Flugschriften der Zeit nachvollziehen. Die Phantasie ließ sich da voll beschäftigen.

Dieser Oranier nun war geschickt genug, aus der ihm so herzlich zugetragenen Anerkennung nicht gleich auch offensiv politisches Kapital zu schlagen, und zunächst gab er sich betont einfach, höflich, reserviert sogar. Aus seiner Autorität heraus stellte er keine Ansprüche. Die Anrede „Euer Gnaden" wies er zurück, „Eure Exzellenz" schien ihm zu genügen. Den Schwager des Hugo Grotius ließ er, als dieser Amalia von Solms „Euer Exzellenz Gemahlin" nannte, wissen, sie sei Frau oder Weib zu nennen. Er sei ein Holländer, in Delft geboren, und kenne den deutschen Prunk nicht.[108] Solche Präsentation von Bescheidenheit wirkt in ihrer Betonung der holländischen Abkunft einigermaßen aufgesetzt, scheint aber auch begreiflich, insofern sie sich gleich zu Beginn seiner Statthalterschaft 1625 zutrug.

Die von Friedrich Heinrich, seiner Familie und den Verwandten gepflegte Hofkultur war zwar eine europäische, aber keine öffentliche, wie etwa in Frankreich, sondern eine zutiefst private. Natürlich konnte er die französische Form nicht annehmen, weil die öffentliche Funktion des Hofes als Äußerung des Herrschaftsanspruchs in der Republik

---

106 Zur politischen Theorie in der Republik im 17. Jahrhundert s. in Übersicht E.H. KOSSMANN, *Politieke theorie in het zeventiende-eeuwse Nederland*, Amsterdam 1960 sowie E.O.G. HAITSMA MULIER, *The Myth of Venice and Dutch Republican Thought in the Seventeenth Century*, Assen 1980, und H. SCHILLING, *Der libertär-radikale Republikanismus der holländischen Regenten. Ein Beitrag zur Geschichte des politischen Radikalismus in der frühen Neuzeit*, in: Geschichte und Gesellschaft 10 (1984), S. 489-533. Dazu weitere Ausführungen innerhalb des vorliegenden Kapitels.
107 Cats war schon unter Friedrich Heinrich Ratspensionär; er löste Adriaan Pauw ab. Über ihn als Ratspensionär A.TH. VAN DEURSEN, *De raadspensionaris Jacob Cats*, in: Tijdschrift voor Geschiedenis 92 (1979). Vondel, wenngleich wegen seiner Parteinahme für Oldenbarnevelt nicht sonderlich beliebt bei Frederik Hendrik, besang die Geburt Wilhelms II., die Einnahme Grols und die Schlichtung der Unruhen in Amsterdam 1628. Im Vers zum letztgenannten Ereignis heißt es: „Waerghe komt uw' treden zetten/Krijgen keuren en Stads wetten/Nieuwe kracht, en haet en twist/Stuyven weg als rook en mist". Bei POELHEKKE, *Frederik Hendrik*, S. 209. Schon 1625 hatte Vondel dem neuen Statthalter Gereimtes in den Mund gelegt. Alle Rechte und Freiheiten sollten gewahrt bleiben, die Einheit der Nation („Een trouwe borgeryen/Door liefd' te zien vereent") erhalten werden. Vgl. KIKKERT, *Frederik Hendrik*, Houten 1986, S. 77. Über Cats und Hooft s. den Abschnitt *Sprache und Literatur* im 17. Jahrhundert im vorliegenden Band.
108 S. P.J. BLOK, *Frederik Hendrik, Prins van Oranje*, Amsterdam 1924, S. 73f.

nicht in Frage kam. Als Amtsträger war der Oranier selbstverständlich eine öffentliche Figur – und in dieser Rolle hielt sich Friedrich Heinrich in der statthalterlichen Wohnung in eben jenem Gebäude auf, in dem auch die holländischen Provinzialstände und die Generalstände tagten. Er lebte gleichsam im Schatten und in Reichweite seiner Brotherren. Privat aber entwickelte er einen Lebensstil, der sich nicht so leicht in die vorherrschende Bürgerlichkeit einordnen ließ, solange die Regenten und reichen Kaufleute sich noch darauf beschränkten, in ihren Stadtwohnungen zu bleiben und keine adligen Grundherrschaften mit der dazugehörigen Titulatur zu erwerben. In der Zeit des Friedrich Heinrich war die Entwicklung einer höfischen Kultur durch ein mit dem Aufstand so eng verbundenes Haus sozial insofern etwas Besonderes, als der in Bauten, Ausstattung, Festen sich realisiernde und darüber hinaus im intensiven Umgang mit dem Adel des Auslandes gepflegte Lebensstil eine Äußerung des Glanzes enthielt, der sich – auf jeden Fall zu dieser Zeit – abhob von einer gewissen Einfachheit und von der sich übrigens in Gemälden äußernden 'my home is my castle'-Mentalität der niederländischen Stadtbürger. Reisende vor und in der Zeit haben – wie schon erwähnt – noch auf der Schwelle des Hauses sitzende Kaufmann-Unternehmer oder ebendort ein Brot kauende Kauffrauen ebenso beschrieben wie die Abgeordneten der Generalstände, die in Alltagskleidung und zugleich in Farben nach eigenem Gusto auftraten; selbst Pantoffel scheinen als geeignetes Kleidungsstück akzeptiert worden zu sein. Man sollte solche Erscheinungsformen eines bürgerlichen Äußeren nicht verallgemeinern, gleichwohl unterlag bürgerliche Präsentation zumindest noch einer Schlichtheit, neben der sich höfisches Leben einigermaßen anachronistisch ausnahm. Es war ein etwas schriller Kontrast, der sich da allmählich entwickelte. Freilich, für einen Ort wie Den Haag gehörte solche Präsentation nicht gleich zum Unüblichen. Noch zur Zeit des Moritz von Oranien war dort der Winterkönig, Friedrich von der Pfalz, mit seiner Frau Elisabeth, der Tochter des englischen Königs, und durchaus großem Gefolge eingetroffen. Das Winterpalais der pfälzischen Familie am Kneuterdijk in Den Haag geriet zum zentralen Ort adligen Wohllebens in der Emigration. Die großen Feste, Jagd- und Rennveranstaltungen mit allem Zubehör prägten ein wenig die Haager Landschaft. Bezahlt wurde das alles aus Subsidien, die die englischen Könige Jakob und Karl oder aber Friedrich Heinrich und die Generalstände auf den Tisch legten. Die Notwendigkeit der protestantischen Allianz machte offensichtlich solche Feste möglich. Aber mehr noch. Auch am statthalterlichen Hof drängten sich die nahen und fernen Verwandten und solche, die gar nicht verwandt waren, aber im ständischen Heer Dienst taten und allemal zum europäischen Hochadel zählten. Die Liste der Trauergäste, die sowohl dem Sarg des Moritz als auch dem des Friedrich Heinrich folgten und bei dieser Gelegenheit noch letzte Dienste verrichteten, vermittelt schon einen guten Eindruck von der Adelskonzentration in Den Haag.[109]

So entwickelte sich eine Adelsgesellschaft in der bürgerlich geprägten Welt, deren Existenz sich zunächst einmal aus der konfessionellen Spaltung Europas und den damit verbundenen Allianzbedürfnissen rechtfertigte. Den Haag trat nun einmal als Finanzzentrum der protestantischen Welt auf. Das wußte Gustav Adolf von Schweden genauso gut wie der türkische Sultan. Aber dieses höfische Leben gewann seine Eigendynamik, sobald die zentralen Figuren über ihre Verbundenheit mit Aufstand und Nation hinaus verstärkt entwickelten, was in der Literatur als privates Selbstverständnis einer Familie des europäischen Hochadels bezeichnet worden ist. Friedrich Heinrich mochte dann viele Städte für die Republik erobern, aber nirgendwo stand doch geschrieben, daß er dann auch ein in der Wolle gefärbter Republikaner werden mußte. Statthalter Friedrich

---

[109] Hierzu die Übersicht bei J. LANDWEHR, *Splendid Ceremonies. State Entries and Royal Funerals in the Low Countries 1515-1791*, Nieuwkoop u.a. 1971, Nr. 80; in einsichtsvoller Analyse dazu MÖRKE, *Souveränität und Autorität*, S. 134ff.

168 *Konstitutionelle Eigenart und politische Kultur*

Nassauische Fürsten auf dem Buitenhof (Hendrick Ambrosius Pacx)

Friedrich Heinrich mit Amalia von Solms und Töchtern (Gerard van Honthorst)

Heinrich war bei aller Zurückhaltung nicht der Mann, der sich im Dienst der Republik erschöpfte, ohne seine Zugehörigkeit zum hohen europäischen Adel zu betonen. Und wo er da noch zögerlich gewesen sein sollte, wird ihm seine Frau das ausgetrieben haben. Die Dynastie Oranien, die mit dem durch Tod und Scheidung bedingten Frauenwechsel des Wilhelm von Oranien sich ebensowenig hatte konsolidieren können wie mit der lediglich Mätresse-bestückten Ehelosigkeit des Moritz von Oranien, nahm mit Amalia von Solms erst ihren eigentlichen Anfang. Sie kam aus dem Hofstaat des pfälzischen Winterkönigs und darf sicherlich als jene gelten, die lange nach dem Tode des Friedrich Heinrich und über die statthalterlose Zeit nach 1650 hinaus die Oranientradition hochgehalten hat. Selbst aus keinem geringen Hause stammend, brachte sie einen gewissen Hang zur Betonung adeliger Sonderstellung mit und unterstrich den Dynastiecharakter des Hauses Oranien durch die Intensität ihrer engen Verbindung zum Statthalter, wie auch andererseits nichts von außerehelichen Eskapaden des vordem reichlich wilden Friedrich Heinrich bekannt ist. Friedrich Heinrich und Amalia von Solms haben gemeinsam am Ausbau einer höfischen Infrastruktur gearbeitet, die völlig neben der bürgerlichen Welt her lief, ja, das Stadtbürgertum auch nicht zur Nachahmung anregte, wie das eineinhalb bis zwei Jahrhunderte zuvor noch in den burgundischen Niederlanden der Fall gewesen war.[110] Es gibt keine Zeugnisse dafür, daß solcher deutlich auf die Besonderheit des eigenen Standes abhebende Lebensstil übermäßiges Unbehagen in einer Welt ausgelöst hätte, in der Souveränität nun eben nicht mehr monarchisch bestimmt war, anderes freilich zeigte sich, als die eheliche Verbindung zwischen der ältesten Tochter des englischen Königshauses und dem Oraniensohn Wilhelm zustande kam. Über die Entwicklung und die Reaktionen ist im Zusammenhang mit der außenpolitischen Position zu handeln. Solche quasi-monarchische Demonstration war auf Dauer nicht geeignet, die Regenten zu beruhigen, sicherlich nicht mehr in der Phase der Vorverhandlungen zum Westfälischen (Münsterschen) Frieden, da eine positive oranische Haltung gegenüber einem raschen Friedensschluß noch lange keine ausgemachte Sache war.

Dem Höhepunkt statthalterlicher Macht unter Friedrich Heinrich, der 1647 starb, folgte der Niedergang des Amtes, von einem Absturz gar kann die Rede sein, und dieser war mit dem Namen Wilhelms II., des Friedrich Heinrich Sohn, verbunden. Der junge Statthalter leistete sich einen Fehlgriff, als er begann, die mächtigste Stadt der Republik, Amsterdam, anzutasten, das bis dahin hochgezüchtete stadtbürgerliche Selbstbewußtsein zu stören. Er tat dies in einer Zeit, in der die Stände auf den gewaltigen Erfolg des Westfälischen Friedens von 1648 zurückschauen konnten, auf einen Erfolg, den sicherlich nicht alle Provinzen als einen solchen empfanden, der aber ganz gewiß nicht im Sinne des Statthalters war. Der Friedensschluß hatte innenpolitische Konsequenzen in den Niederlanden. So entstand Ende 1649 ein Streit über die Friedensstärke des niederländischen Heeres. Er war zunächst nicht politisch, sondern finanziell geprägt. Bei Wilhelm II. weckte die holländische Einstellung, die finanziellen Lasten für die Armee so begrenzt wie möglich zu halten, nur Argwohn. Aber die Stände mißtrauten ihrerseits dem Statthalter, von dem sie annahmen, daß er mit französischer Unterstützung auf eine Wiederaufnahme des Krieges gegen Spanien zusteuerte. Die Stände Hollands zielten vor allem auf den Abzug der noch im Lande stehenden französischen Truppen, auf die sich der Statthalter, wenn es darauf angekommen wäre, am meisten hätte verlassen können. Ihrem Verständnis von Souveränität folgend, beschlossen die holländischen Stände nach langwierigem Hin und Her über die Anzahl der Abdankungen und gegen

---

110 Zu Amalia s. A. KALLEMA, *Amalia van Solms*, 1940; zur burgundischen Zeit in diesem Zusammenhang die im Abschnitt *Traditionen* zitierten W. PREVENIER/W. BLOKMANS, *Die burgundischen Niederlande*, Weinheim 1986.

den Wunsch der Mehrheit der Generalstände, die Zahlung des Soldes für die zu ihren Lasten gehenden Truppenkontingente einzustellen.

Der Oranier brachte in den Generalständen einen Beschluß durch, dem zufolge ihm der Auftrag erteilt wurde, die holländischen Städte zu besuchen und die Ordnung herzustellen, falls er das für notwendig erachtete. Nach Auskunft des Zeitgenossen Lieuwe van Aitzema scheinen lediglich Seeland, Groningen und Overijssel für diese Entscheidung gestimmt zu haben, während Friesland und Utrecht sich enthielten, Holland und Geldern den prinzlichen Entwurf ablehnten. Der Prinz führte eine Deputation der Generalstände zum Besuch in den holländischen Städten an. Die ganze Unternehmung lief auf ein Fiasko hinaus – und zwar für den Oranier. Das Hauptproblem war Amsterdam. Die Deputation wurde nicht einmal bei der Versammlung der Stadträte zugelassen. Daraufhin folgte der Beschluß des Oraniers, Amsterdam mit einer Truppenmacht zu besetzen. Darüber hinaus plante er, am Tag der Besetzung eine Reihe holländischer Regenten zu arrestieren und in Festungshaft zu nehmen. Der Beschluß wurde in die Tat umgesetzt. Zu den Arrestanten zählte unter anderem auch Jacob de Witt, Bürgermeister von Dordrecht und Vater des später in der statthalterlosen Zeit führenden niederländischen Politikers Johan de Witt. Die sechs Regenten wurden auf die Festung Loevestein verbracht. Die Besetzung Amsterdams freilich mißlang. Die vor den Mauern zusammengezogenen Truppen fanden die Stadt in Wehr und Waffen. Immerhin kam es zu Verhandlungen, bei denen die Amsterdamer zwei Bürgermeister aus der Bicker-Familie ersetzten und auch ein gewisses Entgegenkommen in der Truppenfrage bewiesen. Nach diesem Ergebnis zog Wilhelm seine Truppen zurück und entließ die sechs sogenannten Loevesteiner am 3. August 1650 aus der Haft.[111]

Die ganze Affäre hatte eine starke außenpolitische Komponente, insofern der Statthalter in seiner Eigenschaft als Generalkapitän auf eine Wiederaufnahme der Feindseligkeiten gegen Spanien im Verbund drängte, wohl eingedenk der Aussage seines Vaters, daß Krieg für das Statthalteramt eine günstige Voraussetzung sei. Wilhelm II. deutete doch den in Münster von den Regenten geschlossenen Frieden als Versuch, die Macht des Statthalters zu schmälern – ein Verdacht, der sich jedenfalls für den Oranier noch erhärtete, als sich die Regenten dazu anschickten, Truppen abzudanken. Wenn darüber hinaus der französische Kanzler Mazarin Hilfestellung signalisierte im Sinne einer Erhebung des Statthalters zum Monarchen und der Statthalter seinerseits die Sache der Stuarts in England verfechten zu müssen glaubte, dann war die Basis für den inzwischen schon alten Konflikt in der Republik gelegt, zumal die Provinz Holland eine gegen das republikanische England des Oliver Cromwell gerichtete Politik aufgrund des eigenen Handelsinteresses nicht gebrauchen konnte.

Der kurze, aber schwere Konflikt ließ deutlich werden, was Regentenkreise über das Amt des Statthalters in Friedenszeiten dachten. Als der Prinz im November 1650 an den Pocken starb, war für die Regenten die Möglichkeit gegeben, diese unangenehme Erfahrung mit dem Statthalter politisch im eigenen Sinne auszuwerten. Auf Betreiben der Provinz Holland fanden sich die Generalstände noch 1650 zur Generalversammlung („Grote vergadering") ein. Die folgenden Ereignisse sind gar nicht hoch genug einzuschätzen, weil sich der niederländische Staat bei dieser Versammlung zum ersten Mal als Republik ohne Statthalter präsentiert hat und weil die traditionell föderalistische Grundstruktur dieser europäischen Nordwestregion voll zum Tragen gekommen ist. Kaum war der Westfälische Frieden abgeschlossen, da ermöglichte es der Zufall, der Tod des Prinzen von Oranien, eine Republik im wahrsten Sinne des Wortes ohne jenen monarchischen Überrest einzuführen. So begann das, was man die Zeit der „Wahren

---

111 Zur Affäre insgesamt neben den Handbüchern S. GROENVELD, *De Prins voor Amsterdam. Reacties uit pamfletten op de aanslag van 1650*, Bussum 1967.

Freiheit" („ware vrijheid") genannt hat. Oder anders gewendet: Das „Goldene Jahrhundert" ließ sich für die Regenten nunmehr auch konstitutionell konkretisieren. Die „Faktion der Loevestijner" setzte den Kurs in Richtung auf Wahrung des Systems fest unter Ausschaltung der Statthalterschaft und in voller Bestätigung provinzieller Souveränität. Die Versammlung vertrat die Ansicht, daß zur Regierung ein Statthalter nicht notwendig war. Holland ging voran, unter Führung Amsterdams. Seeland, Utrecht, Overijssel und Gelderland folgten. Nur Friesland und Groningen hatten noch einen Statthalter, galten deshalb als Außenseiter. Bei jener Streichung des Statthalteramtes blieb es nicht. Auch das Amt des Generalkapitäns blieb unbesetzt, also genau jenes Amt, dessen Kompetenzen die Provinzialstände Hollands aus ihrem Souveränitätsdenken heraus beschneiden wollten. Zugleich schrieb diese große Versammlung das Repartitionssystem fest, übertrug den Provinzen die Ernennung und Beförderung von Offizieren. Durch die direkte Zuweisung des militärischen Sektors an die einzelnen Provinzen war auf jeden Fall die Gefahr gebannt, daß sich irgendjemand dieser Truppen gegen die Stadt oder Provinz bedienen konnte. In der Republik übernahm nun der Ratspensionär Johan de Witt für die Zeit von 1650–1672 das politische Ruder. Der 1654 drei Jahre alte potentielle Nachfolger seines Vaters, Wilhelm III., wurde – wie jedes Mitglied des Hauses Oranien – von der Statthalterschaft in Holland ausgeschlossen und durfte auch nicht von den Generalständen in das Amt des Generalkapitäns eingeführt werden. Das war keine einfache Absichtserklärung mehr, sondern ein in der Ausschlußakte („Acte van Seclusie") schriftlich fixierter Beschluß der holländischen Provinzialstände. Das Motiv zu einer so schwerwiegenden Fixierung stellten die Erfordernisse der Außenpolitik, hier konkret die Wünsche des Oliver Cromwell. Aber es dürfte de Witt, schließlich selbst Republikaner und von der unbehinderten Regentenregierung überzeugt wie kein anderer, kaum schwergefallen sein, solche Forderung zu erfüllen. Allerdings wurde die Entscheidung in geheimer Ständeberatung getroffen. Einstimmigkeit ließ sich nicht einmal in der eigenen Provinz erreichen, und als dann der Alleingang in den Generalständen ruchbar wurde, protestierten die anderen Provinzen. Das mußte nicht die Folge einer immer noch lebendigen Oranientreue sein, sondern ließ sich auch aus der Verärgerung über britische Ansprüche verstehen, die einer innenpolitischen Intervention gleichkamen. Der Ratspensionär sah sich gezwungen, sein Verhalten in der hier noch zu betrachtenden *Deductie* für die Öffentlichkeit in eben jenem Jahr zu erläutern.

Die Härte des Vorgehens in Sachen Freiheit vom Statthalteramt schwächte sich in den 60er Jahren ab, als in England Oliver Cromwell von der Bühne verschwand und Karl II., Onkel des Prinzen von Oranien, an seine Stelle trat und als zugleich in den Niederlanden selbst eine doch eher prinzentreue Fraktion heranwuchs, die sich mit der gänzlichen Ausschaltung des Hauses Oranien nicht abfinden mochte. De Witt zog die Ausschlußakte zurück. Er kehrte sich auch nicht gegen die Provinz Seeland, die das Amt des Ersten Adligen in der Ständeversammlung wieder einführte und den jungen Prinzen dafür benannte. 1666, während des Zweiten Englischen Krieges, beschlossen die holländischen Stände auf Bitten Amalias, der Witwe Friedrich Heinrichs, den Prinzen Wilhelm zum Staatszögling („Kind van Staat") zu erklären und seine Ausbildung in die Hand zu nehmen. Das bot sich als ein Mittel, die stärker werdenden Oranientreuen zu beruhigen und gleichzeitig den Oranier auszuschalten, der im übrigen im Alter von 18 Jahren sehr wohl begriff, daß für ihn die Selbstverständlichkeit, mit der seine Vorgänger in das Amt des Statthalters und Generalkapitäns gekommen waren, nicht mehr galt. Nach dem Frieden von Breda, der den Zweiten Englischen Krieg abschloß und den Niederlanden ein siegreiches Ende bescherte, fertigten die holländischen Stände in Ergänzung der Entscheidung, die Erziehung des Prinzen in die Hand zu nehmen, das „Ewige Edikt" („Eeuwig edict") aus, das das Statthalteramt für immer als Bestandteil der holländischen Konstitution ausschloß und in dem das Amt des Generalkapitäns als unvereinbar mit dem Statthalteramt in einer der Provinzen erklärt wurde. Dieses Edikt bestätigte in mehr abstrakter Form die frühere Ausschlußakte, enthielt aber in insofern einen den Erfordernissen der Zeit angepaßten Kompromiß, als die Möglichkeit, wenigstens das Amt des Generalkapitäns zu bekleiden, nicht verschlossen wurde. Es war recht deutlich, daß es den holländischen Regenten darauf ankam, politische und militärische Macht auseinanderzuhalten. Der Kompromißcharakter entsprach nicht dem Geschmack der Extremisten, weder unter den Oranientreuen noch unter den Republikanern. Außerdem handelte es sich wieder um den Alleingang der mächtigsten Provinz, obwohl Johan de Witt sich von Beginn an an die anderen Provinzen gewandt hat, um dort in Bezug auf die Person des Oraniers Übereinstimmung zu erzielen. Es dauerte immerhin drei Jahre, ehe ein Konvergenzbeschluß zustande kam, die „Acte van Harmonie". Darin wurde die holländische Entscheidung zwar akzeptiert, der Oranier zum Staatsrat jedoch zugelassen und ihm für das 23. Lebensjahr das Amt des Generalkapitäns in Aussicht gestellt.

Danach gab es für die Regierenden Hollands und der Generalstände keine Möglichkeit mehr, im Hinblick auf Konstitution und Innenpolitik frei zu entscheiden, die außenpolitische Entwicklung eilte über die Regenten hinweg, nahm keine Rücksicht mehr auf Furcht aus Erfahrungen, die man mit dem letzten Statthalter noch gemacht hatte. Autokratie oder „wahre Freiheit" war in jenen Monaten bloß eine theoretische Alternative, als sich herausstellte, daß die Tripelallianz durch den Frontwechsel des englischen Monarchen im Vertrag von Dover 1670 keinen Pfifferling mehr wert war. Die Ernennung des Prinzen von Oranien zum Generalkapitän konnte das ebenfalls nicht aufhalten, obwohl sie auch in der Phase absehbarer höchster militärischer Bedrängnis vorerst nur für ein Jahr gelten sollte. Es war lediglich noch eine Frage der Zeit, wann der Oranier Statthalter werden würde. Bereits im Juni 1672 nahmen die Holländer das „ewige Edikt" zurück und ernannten am 4. Juli Wilhelm III. von Oranien zum Statthalter, nachdem die Seeländer schon am 2. Juli diesen Schritt unternommen hatten. Damit war innerhalb kürzester Frist alles zurückgenommen, was man seit Beginn der statthalterlosen Zeit konstitutionell konkretisiert hatte. Solange sich der Krieg auf See ausfechten ließ, konnte man ohne oranische Heerführer auskommen. Auf dem Kontinent aber waren die Männer zu Pferd gefragt. Nicht allgemeine Überzeugung von der Notwendigkeit eines Statthalters oder Generalkapitäns, sondern die ganz konkrete aktuelle militärische Notlage ließen die Oranier wieder ins Amt kommen. Der französische König Ludwig XIV. gleichsam als Steigbügelhalter der Oranier! Das verängstigte Volk wollte es so. Es fand in seiner Furcht auch die Schuldigen für die militärische Misere. Dies waren Johan de Witt und sein Bruder Cornelis, die beide neben dem Stadtgefängnis von Den Haag ermordet wurden. Der neue Statthalter, Wilhelm III., bestimmte jetzt die Geschicke der Republik.[112]

Mit Wilhelm III. von Oranien kam 1672 ein Statthalter ins Amt, der weniger für die niederländischen als eher für die europäischen Konfliktkonstellationen von Bedeutung werden sollte. Es sei kurz gesagt: Der Krieg spülte ihn ins Amt, und Krieg meint hier den Angriff Ludwigs XIV. auf die Republik. Die Wiedereinführung ins Amt geschah zudem zu einer Zeit, in der sich in der niederländischen Gesellschaft eine tiefe soziale Kluft zwischen der regierenden Regentenschicht und dem „übrigen" Bürgertum entwickelt hatte, und viele dieser Regenten vertraten das Prinzip der „wahren Freiheit", das heißt, sie waren gegen das Amt des Statthalters und gegen die Träger des Amtes gerichtet. Diese Trennung zwischen Regenten mit ihrer republikanischen Gesinnung auf der einen, breiteren Bürgerschichten und oranientreuer Gesinnung auf der anderen Seite läßt sich freilich nicht sauber vollziehen, da auf beiden Seiten sowohl die eine als auch die Richtung vertreten war. Gleichwohl, das vorherrschende Element auf der Regenten-

---

112 S. dazu die Übersichten in Sammelwerken oder Gesamtgeschichten.

seite war anti-oranisch, auf Seiten der breiteren Bürgerschichten neigte man eher den Oraniern zu. Wesentlich bleibt aber für die Erklärung der heftigen Unruhen von 1672, die eben mit dem Lynchmord an den beiden de Witt-Brüdern endeten, der französische Überfall auf die Republik. Der gewalttätige bis todbringende Aufruhr ist letztendlich zu begreifen als die Folge einer Angstpsychose, die sich anläßlich der recht leicht errungenen französischen Siege und entsprechendem Vormarsch ausbreitete – eine Angstpsychose, die alle ergriff in einem Land, das seit mehreren Jahrzehnten keine fremden Soldaten mehr als Gegner auf eigenem Boden gesehen und das seine Blicke ohnehin immer auf die Stärke zur See gerichtet hatte. Die schwache Vorstellung des aus wenig kampfkräftigen und auch nicht kampfwilligen Truppen zusammengesetzten Landheeres ließ rasch nach einem Schuldigen suchen und ihn auch in der Regentenoligarchie finden, die schließlich keine Gelegenheit ausgelassen hatte, ihren Regierungsanspruch gleichsam zu „aristokratisieren" . Erst die Psychose machte das Konfliktpotential, dieses Gemenge aus politischer Unzufriedenheit, sozialen Gegensätzen, religiösem Eifer, soweit es den orthodoxen Calvinismus betraf, und schließlich opportunistischen, nicht an die politischen Hauptgruppierungen (Republikaner, Oranientreue) gebundenen faktionistischen Streitigkeiten, zum offenen Konflikt mit Unruhen und Aufruhr. Die Angstpsychose ließ Unterschiede bewußt werden, die in Zeiten der Gefahr nicht ohne weiteres mehr hingenommen wurden. Die Stände der Provinzen Seeland und Holland haben im Juli 1672 noch Wilhelm III. zum Generalkapitän, Generaladmiral und Statthalter ernannt. Die zweite Welle der Unruhen brachte dann den Tod von Johan und Cornelis de Witt – dies freilich zu einem Zeitpunkt als die militärische Bedrohung durch die französisch-münstersche Koalition („Bommenberend") nicht mehr das Ausmaß der Vormonate hatte. Möglicherweise sollten diese Unruhen – der Prinz tat übrigens nichts zum Schutz der Regenten – ein wesentliches Instrument in der Hand der Statthalterpartei schaffen, um die holländischen Provinzialstände gefügig zu machen. Jedenfalls erhielt der Statthalter schon am 27. August von den holländischen Provinzialständen die Vollmacht, die städtischen Regierungen neu zu besetzen. Von Ende August an wurden in den 18 Städten der Provinz von den etwa 500 Magistratspersonen 180 abgesetzt und ebenso viele neu eingesetzt. Häufig erfolgte diese sogenannte „wetsverzetting" unter dem Schutz der aufrührerischen städtischen Bewohner. Diese Kompetenz der selbstherrlichen Neubesetzung städtischer Magistrate war in Zeiten höchster Bedrängnis gegeben werden. Dem Prinzen stand bald das Kriegsglück zur Seite, und der Stimmungsumschwung in England konnte ihm nur in die Karte spielen, so daß er 1674 seinen Status als erfolgreicher Heerführer innenpolitisch auszubauen die Gelegenheit erhielt, als die Stände Hollands und Seelands die Statthalterschaft in der männlichen Linie für erblich erklärten. Die Generalstände schlossen sich diesem Schritt für die Position des Generalkapitäns und -admirals an. Militärischer Erfolg also brachte dem Oranier neuerlich eine starke innenpolitische Position. Als die von französischen und münsterschen Soldaten befreiten Provinzen Utrecht, Geldern und Overijssel ihre Rückkehr in die Union von Utrecht erheischten, wurde das erst nach Zögern gegen den Widerstand Hollands durchgesetzt (der Vorwurf lautete auf Feigheit vor dem Feinde). Das mag die geringe Festigkeit der Union zeigen, für den Oranier aber war es die Gelegenheit, seine Macht in diesen Provinzen mittels eines Regierungsreglements erheblich aufzubessern. Das Angebot reichte noch weiter, als 1675 die gelderschen Stände dem Prinzen den Herzogtitel für ihr Territorium antrugen. Erst der immerhin doch republikanisch gefärbte Widerstand der Provinz Holland ließ den Oranier die Würde ausschlagen.

Gleichwohl, die Wiedereinführung eines Statthalters in das Amt auf Druck breiter Bürgerschichten hieß in diesen letzten Jahrzehnten des 17. Jahrhunderts nicht auch zugleich Preisgabe der republikanisch-aristokratischen Gesinnung. Der Zugriff auf die Städte, wenn man die Neubesetzung der Magistrate einmal so nennen will, blieb eine

Wilhelm III. von Oranien (P. van Gunst)

einmalige Äußerung statthalterlicher Macht. Wilhelm III. hatte einfach viel mehr mit der Außen- als mit der Innenpolitik zu tun, und als er schließlich König von England wurde, geriet die Innenpolitik der Republik noch stärker aus dem Blickfeld des Statthalters. Die Neuauflage der statthalterlosen Zeit unter Johan de Witt und seinen Regentenfreunden vollzog sich dann nach dem Tode des Oraniers 1702 nun in der Periode des Ratspensionärs Anthonie Heinsius und seiner Nachfolger nachgerade als Selbstverständlichkeit, obwohl dieser neuerliche Wechsel in Geldern, Utrecht, Overijssel und Seeland einiges an blutigen Auseinandersetzungen zwischen Regenten und Gilden zur Folge hatte. Es lebte eben immer noch die selbstbewußte Sichtweise der „wahren Freiheit", die der Statthalterschaft keine rechte Funktion zuzuweisen vermochte. Das Zeugnis des in niederländischen Fragen höchst bewanderten französischen Agenten Helvetius weist solches Denken aus, zeigt an, wie konstant doch diese Auffassung von Regententum geblieben war und wie den Aktionen des Statthalters 1672 und in den folgenden Jahren jetzt die Reaktion folgte. Da heißt es sehr aufschlußreich: „Solange der Prinz lebte, wurde er von fast allen Holländern verehrt: Von den einen aus Furcht, von den anderen aus Eigennutz; aber seit seinem Tod haben sich die Dinge völlig verändert, denn obwohl die Erinnerung an ihn von einem Teil der Bevölkerung gepflegt zu werden scheint, ist er allen jenen verhaßt, die sich als echte Republikaner fühlen. Diese Partei, die so lange unterdrückt wurde, läßt ihrem Haß um so freieren Lauf, je heftiger sie unterdrückt worden ist."[113] Gewiß, es gab auch keinen „natürlichen" Nachfolger im Statthalteramt – Wilhelm III. war kinderlos gestorben –, wesentlich aber war das Gefühl, endgültig von einem politischen Druck befreit zu sein, der nunmehr von einem regentenaristokratischen Wildwuchs abgelöst wurde. In Friesland gab es zwar noch den Nassauer Johan Willem Friso, aber ihm wurde seine Stellung rasch deutlich: 1707 beschlossen die Generalstände auf Vorschlag Hollands, den Statthalter aus dem Staatsrat auszuschließen. Der Nassauer ertrank 1711 im Hollands Diep, und damit war die Republik gleichsam rein bürgerlich geworden. Sie wurde es in einer Weise, die die Transparenz der innenpolitischen Entscheidungsprozesse gänzlich aufhob und sich letztlich sogar als Erscheinungsform permanenter Inzucht charakterisieren läßt.[114]

Provinzial- und Generalstände, Ratspensionäre und Statthalter, es waren Institutionen, aus der Vergangenheit übernommen, nicht in jedem Fall mehr logisch, aber doch legitim, wenn nicht mit neuem, auf jeden Fall aber mit erweitertem Bewußtsein sich füllend, zugleich Institutionen, die dem Souveränitätsanspruch der Provinzen zu entsprechen und die Notwendigkeit eines gewissen Maßes an zentraler Leitung vor allem unter dem Zwang der kriegerischen Auseinandersetzung zu berücksichtigen hatten. Eine weitere Institution sei hier noch vermeldet, das freilich politisch nicht so hoch einzuschätzen ist: der Staatsrat („Raad van State"), der in nichts zu vergleichen ist mit dem Staatsrat der monarchischen Zeit und völlig abhängig war von den Generalständen. Als zentrales Organ verwaltete er nur, er regierte nicht, und die Entwicklung seiner Kompetenzen, die jeweils nur auf Assistenz bei der Ausführung der Beschlüsse der Generalstände lauteten, mit deutlicher Tendenz zum Abbau der Zuständigkeiten, widerspiegelte letztlich lediglich die Abneigung der Provinzen auch gegen den nur geringsten Ansatz von Zentralregierung. In seinen beständig wechselnden Kompetenzen, die sich schließlich auf die sicherlich unwichtigen Finanzen und die Kriegführung konzentrierten, war er völlig von den Ständen abhängig. Eine gewisse Selbständigkeit erhielt er allein in der Verwaltung der von der Republik eroberten Gebiete jenseits der Grenzen der Utrechter Union, das

---

113 M. VAN DER BIJL, *De Franse politieke agent Helvetius over de situatie in de Nederlandse republiek in het jaar 1706*, In: BMGN, 80 (1966), S. 161.
114 Hierzu in Zusammenfassung H. LADEMACHER, *Geschichte der Niederlande. Politik – Verfassung – Wirtschaft*, Darmstadt 1983, S. 162ff., sowie DERS., *Die Niederlande*, S. 363ff.

heißt über Teile der in der Hand Spaniens verbliebenen Gebiete der südlichen Niederlande. Sie wurden als „Staats-Brabant" und als „Staats-Vlaanderen" von der Republik verwaltet, ohne als Provinzen (Teilprovinzen) Sitz und Stimme in den Generalständen zu erhalten.[115]

Justus Lipsius: ein dem Lande wesensfremder Denker

Auf dem Hintergrund dieser Konstitution und ihrer konfliktreichen, gleichwohl durchaus funktionsfähigen Praxis entwickelte sich ein politisches und staatstheoretisches Denken, das zunächst einmal über den Rechtfertigungscharakter und die Bestätigung des bis dahin Gewordenen nicht hinauskam, aber im wesentlichen auch deutlich machte, daß man in politischen und intellektuellen Kreisen keineswegs gewillt war, diese einmal erreichte Form preiszugeben. Und es will scheinen, als ob etwa die Funktion des Statthalters, die – eben nicht recht logisch – übernommen wurde und sich vor allem aus militärischen Gründen empfahl, aus einer gewissen Verschämtheit ob der Übernahme dieses Residuums monarchischer Zeit besonderem Zwang zur Rechtfertigung unterlegen habe. Begreiflich ist das schon! Die Abschwörung von 1581 sprach schließlich auch nur vom Herrschaftsverlust des Spaniers, nicht aber von der Gründung einer Republik, denn es ging darum, einen neuen Landesherrn zu suchen. Das war zunächst Anjou, der sich freilich nicht als vertrauenswürdig erwies, und schließlich sollte der Oranier den Grafentitel erhalten, der jedoch mit hohen Beschränkungen verziert war. Auch die frühe Entscheidung für ständische Souveränität, begründbar aus dem Widerstandsrecht, hieß nicht gleich und das sei noch einmal betont – Entscheidung für eine Republik. Gewiß, es gab führende Mitglieder der niederländischen Gesellschaft und Politik, wie etwa den Amsterdamer Bürgermeister Cornelis Pietersz. Hooft, die sich gegen jede monarchische Spitze wehrten, auch gegen den Grafentitel für den Oranier,[116] aber lange nicht alle haben sich in dezidierter Form dagegen ausgesprochen. So kann es auch kaum verwundern, daß Justus Lipsius, Humanist und Neustoiker aus Overijssche in den südlichen Niederlanden und in den 80er Jahren an der Universität Leiden lehrend, ein großes Werk herausgab, in dem er recht eigentlich der Monarchie das Wort redete. Er mag dann nicht repräsentativ sein für das Denken seiner Zeit, aber er kann doch nicht übergangen werden, weil er zu diesem frühen Zeitpunkt als einziger im niederländischen Raum eine systematische Staatslehre erarbeitet hat, in der die Menschenlehre des Humanismus und die Forderungen an den *Fürsten* eine Symbiose eingingen, und weil er eben in Leiden lehrte, an jener Universität, die gleichsam als das Ergebnis eines niederländischen aufständischen Bewußtseins zum geistigen Zentrum nicht nur des Landes selbst heranwuchs, sondern bei vielen europäischen Universitäten ein großes Echo fand. Diese Aussage gilt freilich nicht nur für den Arbeitsbereich des Lipsius, sondern für eine Vielzahl von Disziplinen. Dabei sei nebenher erwähnt, daß Lipsius' Buch *De Constantia* zwischen dem 16. und 18. Jahrhundert insgesamt 80 Auflagen erlebt hat,[117] was einigen Aufschluß über die Bedeutung des Gelehrten zuläßt. Lipsius schrieb in einer aufgewühlten Zeit, in der die kriegerischen Auseinandersetzungen noch lange nicht ausgestanden waren, die Emotionen dem Kampf Nahrung gaben. Es war eine Welt, die sich in Krieg, Mord und Totschlag äußerte und die er aus nächster Nähe erfuhr. Mitten hinein in dieses Unglück plazierte

---

115 Dies nach LADEMACHER, *Geschichte der Niederlande*, S. 78ff.
116 Vgl. H. WANSINK, *Politieke Wetenschappen aan de Leidse Universiteit, 1575-1620*, Leiden 1975, S. 231.
117 Vgl. G. OESTREICH, *Das politische Anliegen von Justus Lipsius' De Constantia ... in publicis malis (1584)*, in: DERS., *Strukturprobleme der Frühen Neuzeit*, Berlin 1980, S. 298, Anm. 1.

er die menschliche Vernunft, diesen neuzeitlichen Fund der Humanisten, die relativierende Geistigkeit, die jedem Fanatismus jedenfalls, welcher Kategorie auch immer, mit Unverständnis und Ablehnung gegenübertrat. Die Vernunft als die Quelle menschlicher Kraft stellte Lipsius dem Affekt, der unbedachten Gemütsregung, gegenüber. Rückbesinnung auf die Vernunft forderte er, die ihm als einzige Möglichkeit erschien, mit Festigkeit („constantia") die öffentlichen Übel („mala publica") zu überwinden. Und stoische Ruhe, das war nicht Bewegungslosigkeit oder reine Kontemplation, sondern vernünftiges Handeln. Vernunft und Einsicht als Leitfaden bei der Lösung politischer Probleme hieß dann auch Abkehr von jedem Fanatismus und Dogmatismus (politisch oder religiös), enthielt so etwas wie den „Juste-Milieu-Gedanken" späterer Jahrhunderte. Dies lag auch seiner 1589 veröffentlichten *Politicorum sive civilis doctrinae libri sex* zugrunde, mit dem Unterschied, daß Lipsius sich in der *Constantia* vornehmlich an die Bürger und ihre Parteiungen wandte, in der *Politica* jedoch die Fürsten meinte. Wie „constantia" für Festigkeit und Beharrlichkeit des Bürgers als Ergebnis der Vernunft stand, traten in der *Politica* als Tugend des Herrschers Klugheit, Macht und Bescheidenheit („prudentia", „potentia", „modestia") hinzu, die dazu dienten, das Wohl der Allgemeinheit herbeizuführen. Herrschaft mußte nicht nur sein, weil eine Gesellschaft sonst im Chaos ertrinke, Herrschaft hieß bei Lipsius auch Monarchie, sie war für ihn unter den drei aristotelischen Staatsformen die natürlichste, traditionsreichste und daher die beste.

Dieser Schritt, Lipsius nach Leiden zu berufen, muß hier erwähnt werden, weil er inmitten eines aufständischen Landes an einer Universität vollzogen wurde, die ihre Existenz gleichsam dem Aufstand verdankt, und weil zugleich der Monarch als Garant für Frieden und Eintracht definiert wurde. Es ist dagegen sicherlich nicht überraschend, daß das so deutlich als philosophische Praxis apostrophierte Werk, das aus einer aus der Antike (Stoa) gezogenen moralischen Begrifflichkeit zehrte, für das Bekenntnis zur Monarchie keine theoretischen Ableitungen enthielt, sondern sich an der Praxis, an Erfahrungswerten, orientierte. „Concordia" als politische Norm erfolgreichen Regierens bedurfte auch keiner theoretischen Ableitung, sondern nur des Hinweises auf die Möglichkeit der Zwietracht bei mehrköpfigen Regierungen oder dem Nutzen einer geregelten Erbfolge bei Kindersegen. Tatsächlich blieben die Dynastien des 16. Jahrhunderts häufig kinderlos oder bekamen die Folgen hoher Kindersterblichkeit zu spüren, was beim hohen Adel zum Machtstreit um die Thronfolge führte. Es wird dies die Erfahrung gewesen sei, die Lipsius verwertete.

Daß der Fürst in erster Linie dem Allgemeinwohl zu dienen, das Recht zu schützen und für Gerechtigkeit zu sorgen hatte, selbst an das Gesetz gebunden war, konnte für den eingeweihten Theoretiker des Aufstandes so neu nicht sein, tauchte dieser Gedanke zuvor schon in der Widerstandslehre auf. Bindung an das Gesetz dann, das war eben etwas anderes als das *legibus absolutus* des Jean Bodin. Neben der Pflege des Rechts hob Lipsius die Gnade („clementia") als weitere wichtige Tugend des Fürsten hervor, und dazu traten Vertrauens- und Glaubwürdigkeit („fides"), was offensichtlich als Reaktion auf die Thesen des Florentiners Niccolò Machiavelli zu begreifen ist, sowie Bescheidenheit („modestia") und überzeugende Persönlichkeit („majestas"). Wie Justus Lipsius hier das ganze Spektrum eines aus der Antike inspirierten Moralkodex ausbreitete, so führte er auch intellektuelle und psychische Voraussetzungen für die gute Regierung eines Fürsten ins Feld. Intelligenz und Klugheit forderte er nicht nur für den Landesherrn selbst, sondern auch für dessen Berater – und an diese wurden insgesamt genauso hohe Ansprüche gestellt wie an den Landesherrn. Lipsius empfahl freilich – und das ist so erstaunlich nicht, wenn man seine Betonung der Beständigkeit einer bestehenden Ordnung kennt – eine nicht allzu hoch entwickelte Intelligenz der Ratsleute, da solche Leute eher dazu neigten, allzu viele Neuerungen einzubringen anstatt auf dem Boden der gegebenen Ordnung zu regieren. Es lag ganz in der Konsequenz der „Blyde

Incomste" und der vor der niederländischen Rebellion lautgewordenen Klagen, wenn er es ablehnte, ohne Not landfremde Ratgeber heranzuziehen; dabei muß es für niederländische Ohren, die Ohren der doch tonangebenden Kaufmannschaft, befremdlich geklungen haben, wenn er Kaufleute lieber nicht in solchen Ämtern sah, seien diese doch starr, streitsüchtig und habgierig. Dazu ist neuerdings formuliert worden: „Ein starkes Stück eines Zimmergelehrten".

Die so nachdrücklich apostrophierte Klugheit des Fürsten betraf auch und vor allem die Glaubensfragen („curatio rerum divinarum") – ein Thema, das sicherlich an die Empfindlichkeiten der Niederländer rührte, zumal es hier in erster Linie um staatliche Toleranz gegenüber Andersgläubigen ging. Es scheint, daß die Kompetenzzuweisung an den Landesherrn in erster Linie in dem Auftrag bestand, nur den Schutz der Religion zu gewährleisten, sich nicht jedoch in theologische Fragen einzumischen. Ein Ordnungsstaat freilich, wie ihn Lipsius sich vorstellte, kannte nur *eine* Konfession – wohl eine Art Übertragung des Augsburger Religionsfriedens auf seine Staatslehre. Angesichts der Erfahrung „Religionskrieg" war dies nur eine allzu begreifliche Forderung; die Frage erhob sich freilich, was denn mit den Andersgläubigen zu geschehen habe. Zunächst einmal war diese Lehre, europaweit gesehen, für Katholiken und Reformierte gleichermaßen akzeptabel, soweit sie den Rang von Staats(=Öffentlichkeits-)religionen hatten. Allein, der Kampf der Calvinisten gegen die katholische Kirche ließ sich in das Ordnungsdenken des Lipsius nicht so recht einfügen, im Gegenteil, ein Aufstand aus religiösen Motiven verstieß gegen die Ordnung. Lipsius hat das Dilemma durchaus gesehen und eine Zweiteilung der „anderen" Gläubigen vorgenommen. Er teilte sie ein in jene, die ihren Glauben gleichsam im Stillen lebten, unauffällig also, und solche, die versuchten, ihren Glauben mit Gewalt als alleingültiges Bekenntnis durchzusetzen. Und eben diese Gruppe war auszurotten („ure et seca"). Die Mitglieder dieser Richtung waren zu enthaupten oder zu verbrennen, um größeren Schaden vom Gemeinwesen fernzuhalten. Solches Ordnungsprinzip in einem Lande zu veröffentlichen, in dem sich eine calvinistisch geprägte Rebellion nach ersten Erfolgen zu konsolidieren begann, zeugt entweder von Mut, von Weltfremdheit oder von einem Unbedingtheitsanspruch, der keine Kompromisse eingehen wollte. Freilich, Lipsius machte eine Konzession. Falls solche Strafexpeditionen dem Staat mehr schaden als nützen sollten, sei die „andere" Religion „vorläufig" zu dulden – aber eben nur vorläufig. Das auf die Ordnung im Staat konzentrierte Denken des Leidener Hochschullehrers akzeptierte Toleranz nur in begrenztem Umfang, beschränkte sich auf die Stillen im Lande. Toleranz war hier dann auch ein Stück Opportunismus, der von der Wahrung der staatlichen Ordnung als oberstes Ziel ausging.

So sehr Lipsius in der Bindung des Landesherrn an das Gesetz faktisch die Ausgangspunkte des Widerstandsrechts stipulierte oder in der Ablehnung von landesfremden Beratern des Landesherrn an die „Blyde Incomste" erinnert und so sehr er schließlich die Tugenden und charakterlichen Erfordernisse des Landesherrn betonte, so wenig war die Darstellung den niederländischen Verhältnissen angepaßt. Sie waren diesen nachgerade fremd, sowohl in der Konzeption von der Staatsspitze, auch wenn die Niederländer bis dahin noch keine republikanische Staatstheorie ausgearbeitet hatten, als auch in religiösen Fragen, insofern die Calvinisten ihre beherrschende Position im neuen Staat durch Rebellion erreicht hatten. Sicherlich konnte die These „ein Staat eine Kirche" nunmehr auch der neuen Kirche zugute kommen, dennoch übersah Lipsius, daß die Reformation vielerlei Richtungen kannte, denen im niederländischen Sprachgebrauch nicht gleich das Wort vom *Ketzer* zugeeignet wurde. So konnte es auch nicht ausbleiben, daß Dirck Volckertsz. Coornhert schon 1590 gegen das Ansinnen – so darf das hier auch Coornhertscher Sicht apostrophiert werden – des Justus Lipsius in scharfen Worten anging. Dazu wird an anderer Stelle noch einmal gehandelt. Das Hauptproblem war für Coornhert, daß sich mit der Staatslehre des Lipsius der Aufstand gegen den spanischen Landesherrn und damit gegen die katholische Religion in keiner Weise rechtfertigen ließ, abgesehen davon noch, daß Lipsius' Worte vom *Tod* und von *Verbrennung* der Ketzer das niederländische Leiden der spanischen Zeit wieder deutlich vor Augen führen mußten. Lipsius hat in seiner Antwort diese Begriffe inhaltlich auf den allgemeinen Begriff *Strafe* reduziert, die nicht nur die üblichen Kapitalstrafen umschloß. Bei der staatlich regulierten Unduldsamkeit blieb es jedoch.[118]

Freilich, es will nicht scheinen, als ob Coornherts Gegenangriff eine breite Basis gehabt hätte, zumindest keine Basis bei den politischen Führungsspitzen der Zeit. Der Magistrat von Leiden, dem Coornhert seine Gegenschrift zueignete, hat diese Widmung nicht akzeptiert, war möglicherweise sogar peinlich berührt und wies in einer entsprechenden Verordnung auch den Inhalt zurück. Stärker noch: Unmittelbar nach dem Tode des Coornhert – er verstarb im Januar 1591 – verboten die holländischen Provinzialstände die Schrift (Januar 1591) und ließen die noch vorhandenen Exemplare einziehen. Johan van Oldenbarnevelt und Cornelis van Aerssen, Kanzleichef („griffier") der Generalstände, hatten sich zuvor schon auf die Seite des Lipsius geschlagen.[119]

So begreiflich die heftige Reaktion des Dirck Volckertszoon Coornhert ist, so einsichtig bleibt auch die Haltung des Leidener Magistrats oder der holländischen Provinzialstände. Coornhert argumentierte in erster Linie unter dem Eindruck unmittelbarer historischer Erfahrung. Das „ure et seca" des Justus Lipsius traf ihn hart; er übersah freilich, daß der Leidener Hochschullehrer andere Religionsgemeinschaften neben der „verordneten" bestehen lassen wollte, solange die sich ruhig verhielten. Den Ständen und der Stadt ging es jedenfalls um eine rasche Konsolidierung der Ordnung. Das fiel ihnen leicht, da sie selbst die Öffentlichkeitskirche vertraten. Wenn der Leidener Magistrat verordnete, daß man es nicht dulden könne, einem jeden die Möglichkeit des Aufruhrs zuzugestehen, dann verleugnete er doch ein wenig die eigene Vergangenheit, abgesehen davon, daß offensichtlich von niemandem Lipsius' Vorliebe für die monarchische Staatsform als Störung empfunden wurde. Das ist zumindest überraschend, wenn man sich an die große Denkschrift des François Vranck erinnert oder wenn man die Meinung des C.P. Hooft heranzieht, auch nicht der erste beste im Lande, der sich von vornherein für eine republikanische Staatsform eingesetzt und sich scharf dem Souveränitätsangebot an den Herzog von Anjou widersetzt hatte. Es erhebt sich hier die schlichte Frage, ob Lipsius in den Entscheidungsgremien der öffentlichen Hand gelesen wurde oder ob nicht die Aufmerksamkeit erst durch die scharfe Kritik des Coornhert geweckt wurde. Auf jeden Fall stand zu dieser Zeit nicht Theorie, sondern Praktizismus auf Platz eins der Tagesordnung.

---

118 S. unten den Abschnitt *Religion und Gewissen*.
119 Die Darstellung der Theorie des Justus Lipsius nach WANSINK, *Politieke Wetenschappen*, S. 106ff.; dort auch S. 121ff. der Streit mit Coornhert. Die Broschüre Coornherts trägt den Titel *Proces van ketterdoden ende dwang der consciëntien tussen Justum Lipsium, schrijver van de Politien anno 1589 daarvoor, ende Dirck Coornhert teghen sprekende, Gouda 1590*; dazu auch OESTREICH, *Das politische Anliegen*; aus katholischer Sicht L. VAN DER ESSEN/H.F. BOUCHERY, *Waarom Justus Lipsius gevierd?* (=Mededelingen van de Koninklijke Vlaamse Academie van Wetenschappen, Letteren en Schone Kunsten van België, Klasse der Letteren, Jg. XI, 8), Brüssel 1949; s. ferner auch F. DE NAVE, *De polemiek tussen Justus Lipsius en Dirck Volckertszoon Coornhert (1590): hoofdoorzaak van Lipsius' vertrek uit Leiden (1591)*.

Johannes Althusius: eine Stimme von außen

Es sei an dieser Stelle auf einen weiteren Staatstheoretiker hingewiesen, der – wie Lipsius – kein Autochthoner war, sondern gleichsam von außen her schrieb – mit Blick auf die niederländische Entwicklung. Althusius war nicht Katholik wie Lipsius, sondern ein calvinistischer Jurist, zunächst Professor in Herborn, sodann Ratssyndikus in Emden. Er stand der niederländischen Realität wohl näher, ja, es ist sicher nicht falsch zu behaupten, daß er von der Entwicklung in den Niederlanden her dachte. Er, der einen Ruf an die Universität von Franeker (Friesland) ausschlug, war nicht nur ein im niederländischen Staatsdenken anerkannter und häufig zitierter Mann, sondern er begab sich im calvinistischen Milieu als einer der ersten an die Ausarbeitung einer Staatslehre und betrieb politische Wissenschaft im engeren Sinne des Wortes.[120] Althusius griff die Souveränitätslehre, die bis dahin häufig erörtert worden war, neuerlich auf – und zwar in Auseinandersetzung mit Jean Bodin. Wie dieser vertrat er die These von der Unteilbarkeit der Souveränität, aber sie lag eben nicht beim Landesherrn („legibus absolutus"), sondern beim Volk. Freilich, was wiederum Volk war, blieb vage umschrieben. Gemeint war wohl das Volk Gottes, die Gemeinde. Der Begriff ruhte auf religiöser Grundlage und war noch, wie festgestellt worden ist, weit vom Volksbegriff der literarischen Wegbereiter der Französischen Revolution entfernt. Sicher ist, daß es sich nicht um eine demokratische Lehre handelte, und sicher ist auch, daß aus seiner Konzeption nicht eine republikanische Staatsform folgen konnte. Es ist eigentlich recht bezeichnend, daß Althusius seine Lehre, die er als Kunst des Gemeinschaftslebens umschrieb, auch „symbiotike" nannte. Solcher Begriff erlaubte ihm die Auflösung des Ganzen in eine Vielzahl von Gemeinschaften („consociationes"), die gleichsam auf dem Wege des Subsidiaritätsprinzips einander zugeordnet waren mit dem Staat als der Gemeinschaft letzter Instanz.[121] Es war eine Art Stellvertreter-System, in dem Rechte delegiert wurden. Althusius kannte die niederländischen Verhältnisse, und er beschäftigte sich auch mit denen Venedigs[122], die ihm als vorbildlich erschienen. In diesem System freilich, das Rechte immer als übertragen bis hin zur höchsten Behörde verstand, blieb „Volk" eben ein merkwürdiges Abstraktum, das nirgendwo funktional umschrieben wurde. So kommt die Geschichtsschreibung zu dem Schluß, daß die Bedeutung des Althusianischen Souveränitätsbegriffs und damit die Funktion des Volkes nicht in der Struktur des Staates oder der Regierungsgewalt aufgehoben lag. Die Volkssouveränität entziehe sich allen Versuchen, sie zu lokalisieren oder zu konkretisieren, zeichne sich freilich durch eine ganz beherrschende Eigenschaft aus: durch ihr Gefühl für Tyrannei.[123] Damit ist zu dem Theoretiker Althusius zweierlei gesagt: Seine Staatslehre ist nichts anderes als die Anweisung für Ausgangspunkte strukturpolitischer Entscheidungen, seine Souveränitätslehre läuft hinaus auf ein Widerstandsrecht alter Prägung, das die Konstitution schützen soll – und Konstitution meint hier die Gesamtheit positivrechtlicher und naturrechtlicher Satzung. Das Recht auf Widerstand definiert sich zugleich als religiös begründete politische Pflicht des Volkes. Das Volk hatte demnach die vom Herrscher verletzte göttliche Majestät zu verteidigen, die Autorität der Ordnung Gottes in der Gemeinde des Volkes wiederherzustellen.[124]

---

120 Gemeint ist hier die Schrift *Politica, methodice digesta, atque exemplis sacris et profanis illustrata*, (1603). Erschien in mehreren Auflagen.
121 Siehe FENSKE, *Geschichte der politischen Ideen*, S. 257ff., auch E. WOLF, *Große Rechtsdenker: Johannes Althusius*, S. 215.
122 Vgl. E.O.G. HAITSMA MULIER, *The Myth of Venice and Dutch Republican Thought in the Seventeenth Century*, Assen 1980, S. 64ff.
123 KOSSMANN, *Bodin*, S. 108f.
124 Vgl. auch ebd. S. 109; ferner WOLF, *Große Rechtsdenker*, S. 206.

Niederländische Autoren

Es ist nun gewiß nicht zu übersehen, daß sich auch die Universitäten des Landes mit solchen Problemen befaßt haben – in der Form vor allem von Disputationen der Studenten. In den ersten drei Jahrzehnten des 17. Jahrhunderts waren es insbesondere der Ethiker Bertius und nach ihm der Philosoph Franco Burgersdijk, die solche Disputationen anregten und leiteten. Hervorzuheben ist, daß alle Disputanten von der aristotelischen Dreiteilung und ihren jeweiligen, nicht duldbaren Auswüchsen ausgingen und zum überwiegenden Teil der aristokratischen Regierungsform den Vorzug gaben, wenngleich auch die Monarchie noch ihren Platz fand. Es ist allerdings kaum anzunehmen, daß solche Disputationen über den universitären Rahmen hinaus wirkten, sie vermochten höchstens etwas über die Tiefe und wissenschaftliche Befähigung an dieser Universität auszusagen, auch über Methode und bevorzugte wissenschaftliche Thematik – und dazu zählte die Staatsform allemal.

Es ist zu fragen, ob nicht die eigenartige innere Struktur des niederländischen Staates und seine Rechtfertigung aus dem Widerstandsrecht immer wieder die klassische Dreiteilung haben durchspielen lassen. Paulus Merula paßte sich in seiner Leidener Rektoratsrede den politischen und staatsrechtlichen Gegebenheiten der Niederlande voll an, wenn er gleich alle drei Elemente der klassischen Einteilung in den Niederlanden vorfand, diese gemischte Form auch anpries. Es will scheinen, als habe er die niederländische Situation einfach schematisieren wollen. Gleichwohl bleibt festzustellen, daß das von ihm apostrophierte demokratische Element auch nur ein abhängiges war. Die Tatsache, daß er als monarchische Komponente lediglich die Heeresleitung anführte, die politischen Fragen dann bei den Ständen verortete, zeigt, daß er die Qualität der aristokratischen Regierungsform mit der politischen Macht bei den Ständen, den Optimaten, hoch einschätzte. Diesen wiederum blieb es überlassen, ob sie die Meinung breiterer Schichten in den Städten einholen wollten.[125] Überhaupt, was sich in den letzten Jahrzehnten des 16. Jahrhunderts noch als Rechtfertigung des Aufstandes präsentierte, schlug später zuweilen in pure Legitimation des Bestehenden um. Da geriet die Staatslehre zu einer gelehrten Anpassung an die Gegebenheiten. Es sei in diesem Zusammenhang noch einmal Hugo Grotius erwähnt, der in seinem 1610 erschienenen *De antiquitate Reipublicae Batavicae* tief in die Kiste des historischen Arsenals griff, um die Souveränität der holländischen Stände als ein Kontinuum anzudeuten, und es scheint, als ob es ihm nur darum gegangen sei, die Legitimationsschrift des François Vranck historisch auszustatten. Er widmete dieses Büchlein dann auch den Provinzialständen dieser Provinz, um die Versammlung in ihrem Souveränitätsanspruch zu beruhigen, wenn dies dann noch nötig gewesen sein sollte. Er präsentiere, so steht gleich in den ersten Sätzen zu lesen, den hohen Herren ein nur äußerlich kleines Buch, der Inhalt sei groß, eben wichtig, weil er dazu diene, den Kernbereich: das Recht und die Souveränität der Stände zu schützen. Daß dabei der Bogen von den Batavern zu den holländisch-westfriesischen Ständen geschlagen wurde, ist an anderer Stelle schon erwähnt worden. Die Macht der Stände als Fundament der Republik und in den Jahrhunderten zuvor schon ein Zügel fürstlicher Gewalt! Die Freiheit als gleichsam historisches Prinzip – erst gegen die Römer verteidigt (Bataver), dann gegen die Spanier! Tradition wurde postuliert, und da Tradition a priori gut war, mußte sie in ganz besonderem Maße unterstrichen, de facto konstruiert werden. „Denn die Dauer enthält Beweiskraft für eine gute Politik: Hieraus fließt Vertrauen und Liebe zur Regierung in den Herzen der Untertanen; und der Grund, warum ein Staat fort-

---

125 Die Rektoratsrede von 1603 wurde posthum 1614 unter dem Titel *De statu Reipublicae batavae diatriba* veröffentlicht; vgl. HAITSMA MULIER, *The Myth of Venice*, S. 68f.; auch KOSSMANN, *Politieke theorie*, S. 13, der Merulas Darstellung als oberflächlich bezeichnet.

dauert, liegt darin, daß er schon so lange besteht." Die Schrift wurde von den holländischen Ständen kanonisiert und hat lange Zeit die niederländische Geschichtsschreibung gelenkt. Sie diente gleichzeitig dazu, ein Jahr nach dem Waffenstillstandsvertrag mit Spanien die holländische Unabhängigkeit gegenüber allen „Schutzherren" gerade mittels der eindeutigen Zuweisung der Souveränität an die Stände als ein schlichtes historisches Faktum nachzuweisen.

Grotius trat hier als der Sprecher der herrschenden Kräfte auf, bereit auch, ein in sich geschlossenes harmonisches Bild, nach außen zu präsentieren, indem er nichts in Frage stellte. So fand bei ihm der Statthalter auch eine logische Funktion. Wo Merula zu seinen gelehrten Kollegen der Leidener Universität lediglich von militärischen Befugnissen gesprochen hatte, wies Grotius – und das war sicher richtig – auf die statthalterlichen Befugnisse bei der Ernennung der Stadtregierungen hin. Daran ist nichts auszusetzen, die Überraschung liegt vielmehr darin, daß er den Statthalter gleichsam wie selbstverständlich als den Nachfolger des Landesherrn einbaute, und wo dabei die Ableitung aus der Geschichte des eigenen Landes nicht ausreichte, da zog er die venezianische Entwicklung als Beispiel heran, wie auch Rom herhalten mußte, um das Übergewicht der Optimaten gegenüber dem gemeinen Volk zu rechtfertigen, wenngleich dazu die Zustimmung des Volkes eine Art Korrelat war. So trat eben wieder die Demokratie hinzu, als drittes Element des niederländischen mixtum compositum. Grotius selbst hat sich später von dieser Schrift distanziert, die aus reiner Vaterlandsliebe eben so und nicht anders geraten sei, und Verfechter der *ware vrijheid* haben diesen Gedanken der gemischten Regierungsform voll als nicht tragbar zurückgewiesen.[126]

Hatte Paulus Buis, der Mann aus Zwolle und anstelle des Johannes Althusius Professor im friesischen Franeker, da mehr zu bieten? Er legte 1613 eine Art Handbuch über den Staat (*De Republica*) als Grundlage seiner Lehrveranstaltungen vor und fügte als Kommentar die Ergebnisse der Disputationen, die bis dahin an seiner Universität stattgefunden hatten, hinzu. Die beiden Bücher, die erst zusammen ein Ganzes formen, enthielten eine allgemeine Staatslehre – eine Verarbeitung des damaligen Kenntnisstandes. Dies ist in seiner Allgemeinheit hier nicht nachzuzeichnen, vielmehr ist seine Betrachtung des niederländischen Staates, in dem er tätig war, wichtig. Dazu sei gleich vorab gesagt, daß die staatstheoretische Gesamtanalyse es an Qualität durchaus mit der *Symbiotike* des Althusius aufnehmen konnte und daß zu seiner allgemeinen Staatslehre auch die für die Niederlande so typische, weil wichtige Betrachtung über die Regierungsform und die damit eng zusammenhängende Souveränität gehörten. Er tat dies mit aller Sorgfalt und Systematik im dritten Buch seines Werkes – von der Anlage her im Anschluß an die aristotelische Dreiteilung. In seiner ganzen Analyse setzte sich Buis mit Jean Bodin auseinander. Er stimmte ihm zu, aber er lehnte ihn auch ab. Insoweit sich Bodin in seiner Staatslehre für das Prinzip des „princeps legibus absolutus" aussprach, stellte sich Buis gegen ihn. Das unterschied ihn sicher nicht von anderen und war so erstaunlich nicht. In der Bodinschen These von der Unteilbarkeit der Souveränität konnte Buis sich freilich wiedererkennen. Allerdings, das ging nicht ohne Schlenker. Buis wollte die Souveränität auch dann noch als ungeteilt ansehen, wenn sie von einem „princeps" und einem „senatus" gleichberechtigt nebeneinander ausgeübt wurden, und er nannte dies eine gemischte Staatsform. Er bediente sich einer anderen theoretischen Ableitung als Grotius, insofern er einfach noch von einer echten Monarchie sprach.

---

126 Zu Grotius *De antiquitate*, die auch in niederländischer Sprache erschien s. zunächst H. KAMPINGA, *De opvattingen*, S. 120ff.; zum Hinweis auf Venedig und Rom HAITSMA MULIER, *The Myth of Venice*, S. 70. Zum Urteil, dem ich mich hier anschließe, KOSSMANN, *Politieke theorie*, S. 11; ferner noch H.J.M. NELLEN, *Hugo de Groot (1583-1645). De loopbaan van een geleerd staatsman*, Weesp 1985, S. 16.

Diese durchaus objektive Betrachtungsweise sagte freilich noch nichts über seine Vorliebe für eine Staatsform aus. Diese Vorliebe galt jedoch der niederländischen Realität, die bei ihm unter dem Begriff „aristokratische Republik" subsumiert wurde. Die aristokratische Struktur war eben jene Form, die am ehesten vor Auswüchsen der Monarchie und der Demokratie geschützt blieb. Die Souveränität lag bei den ständischen Gremien, die er als offene Körperschaften einstufte, so daß der Terminus Oligarchie bei ihm auch keinen Platz hatte. Jedenfalls konnte er darüber hinaus weder monarchische Reste noch demokratische Zugriffe in den Niederlanden feststellen, und entsprechend wurde auch der Statthalter in keiner Beziehung mehr zur konstitutionellen Vergangenheit der Niederlande gesehen, wie das zuvor noch bei Grotius der Fall war. Die Statthalterschaft war demnach ein einfaches militärisches Amt mit geringen Befugnissen, nicht „principatus" wie die früheren Landesherrschaften – in einem Land im übrigen, das Buis als einen Staatenbund definierte, den zu einem Einheitsstaat umzuwandeln man tunlichst vermeiden solle. Er fügte sich dem von Beginn an durchaus lebendigen Bewußtsein von der provinziellen Eigenständigkeit ein, und es war nur logisch, wenn er es ablehnte, den Statthaltern zur Förderung des Einheitsgedankens größere Befugnisse in den einzelnen Provinzen zuzuerkennen, was angesichts der personalunionistischen Struktur des Amtes in den Niederlanden (mehrere Provinz-Statthalterschaften in den Händen des Oraniers) möglich gewesen wäre.[127]

Es ist festzustellen, daß Buis sich zwar nicht als erster für die damalige Staatsform seines Landes aussprach, aber sie doch als erster ganz entschieden eine *aristokratische Republik* nannte und nicht den Legitimationsversuch ob der Vergangenheit übernahm, der sich immer in der Nähe des calvinistischen Widerstandsrechts aufhielt. Man könnte seine Haltung eine rückhaltlos positive Einstellung ohne historischen Ballast nennen. Er ging hier auch weiter als sein Landsmann, der Jurist und Diplomat Pieter Corneliszoon Brederode, der sich voll am Vorbild der italienischen Stadtstaaten orientierte und einen Neuaufbau der niederländischen Republik in Gestalt einer gemischten Staatsform forderte, was der Stärkung des Staates dienen sollte. Für den demokratischen Bestandteil sorgten hier die Ständegremien, das aristokratische Element repräsentierte ein „souveräner Magistrat in Gestalt des amphyktionischen Rates der Griechen", in den die Optimaten der Provinzen, die „Qualifizierten, Klügsten, Erfahrensten, Unbestechlichsten" zu wählen waren. Weiß man, daß der amphyktionische Rat ein kultisches Bündnis war, dann wird der besondere aristokratische Charakter dieses Elements im Vorschlag des Brederode besonders deutlich. Es ist gerade im Hinblick auf die spätere interne, auf Oligarchie zusteuernde Entwicklung in den Niederlanden zu betonen, daß Brederode Machtsmißbrauch durch Ämterrotation und gegenseitige Kontrolle sowie Korruption und unziemliche Beeinflußung durch geheime Abstimmung vermeiden wollte. Wichtig war ihm darüber hinaus, daß die Ratsmitglieder frei und unabhängig von Provinzen oder Städten wirkten, und das hieß im Klartext Preisgabe des imperativen Mandats. Tatsächlich hätte solcher im wesentlichen an den italienischen Stadtstaaten orientierter Vorschlag einen grundsätzlichen Umbau der niederländischen Struktur bedeutet, im übrigen auch für das monarchische Element, den Statthalter, dem er die Funktion eines „Diktators auf Lebenszeit" zuerkannt wissen wollte und dem im amphyktionischen Rat der Vorsitz zuzuerkennen war mit einem – freilich durch seine Instruktion begrenzten – Vetorecht.[128]

---

127 Zu Buis zunächst und vor allem L. DE HARTOG, *Een Nederlandsch schrijver over den Staat, in het begin der XVIIde eeuw*, in: Nieuwe Bijdragen voor Rechtsgeleerdheid en Wetgeving, 8 (1882), S. 474-543; ferner KOSSMANN, *Politieke Theorie*, S. 13ff. sowie HAITSMA MULIER, *The Myth of Venice*, S. 72ff., der auf die bei Buis vorhandenen Vergleiche mit Venedig hinweist.
128 Nach HAITSMA MULIER, *The Myth of Venice*, S. 70ff. Die Arbeit Brederodes entstand 1607 unter dem Titel *Considérations d'estat sur le traicté de la paix avec les sérénissimes archiducz d'Autriche*.

Brederodes Traktat wurde erwähnt, weil es höchst interessante, sicherlich auch Schwächen der niederländischen Staatsform (imperatives Mandat usw.) erkennende Vorschläge zur Neugestaltung enthielt, also nicht so sehr, weil es sich hier etwa um eine systematische Staatslehre gehandelt hätte, wie sie zuvor Althusius und später dann Paulus Buis vorgetragen hatten. Buis ist hier noch einmal hervorzuheben, weil er sich in den diesen ersten Jahrzehnten wohl als einziger für eine „aristokratische Republik" aussprach, also konsequent war, insofern er den Intentionen der holländischen Provinzialstände entsprach, wie sie sich 1587 in François Vrancks Darlegung geäußert hatte. Auch später haben sich andere Autoren nicht dezidiert für eine Republik ausgesprochen, sondern die Realität als eine gemischte Staatsform definiert oder von ihren Lehrstühlen in Leiden, Utrecht oder Groningen aus eine Konzeption der Staats- und Regierungsform verkündet, die eher in der Nähe der – gemäßigten – Monarchie als in der der Republik lag. Das vollzog sich vor allem in einer Zeit, als sich der Statthalter Friedrich Heinrich zu einer politischen Führungskraft mauserte und zugleich einen eher monarchischen als republikanischen Lebensstil pflegte. In der Geschichtsschreibung sind als wichtige Beispiele neben anderen der – freilich außerhalb der Alma Mater stehende – Literat Pieter Corneliszoon Hooft (deutlich unter dem Einfluß des Justus Lipsius) und für die Leidener Universität der Philosoph Franco Burgersdijk genannt, der dort als wichtiger Multiplikator des Gedankens von der gemäßigten Monarchie auftrat. Sicherlich gab es Unterschiede in der Beschreibung, vor allem in der Entschiedenheit des Urteils, aber die Tendenz war überall sehr ähnlich, und es will scheinen, als ob letztlich ein großes Unbehagen im Blick auf die Frage nach der Lebensfähigkeit einer rein republikanischen Staatsform die Feder diktiert habe.[129]

Der Nachfolger von Burgersdijk in Leiden, M.Z. Boxhorn, zeigte sicherlich nicht solche Neigungen, aber auch er zählt nicht zu den originären Denkern oder Vordenkern in der Republik, vielmehr begnügte er sich mit Beschreibungen des Status quo zur Unterweisung seiner Studenten, bei strenger Betonung der ständischen Souveränität, so daß der Statthalter in jedem Augenblick als ein abhängiger, durch Eid an Provinz und Generalität gebundener Beamter erschien. Er wiederholte, was zuvor von einigen anderen gedacht war, vielleicht unter strengerer Betonung dieses Aspekts, zusätzlich freilich auf das Erfordernis einer gewissen Dankbarkeit gegenüber dem Führer des Aufstandes, Wilhelm von Oranien, hinweisend. Es ist schon auffällig, daß das Wort *Statthalter* nur einmal auftaucht, während sonst immer von *Gouverneur* die Rede ist – eine Amtsbezeichnung, die freilich auch in früheren Jahrzehnten durchaus offiziell Verwendung fand. Die ausführliche Beschreibung der Kompetenzen oder besser: der Kompetenzbeschränkungen diente wohl vornehmlich dazu, die Vortrefflichkeit und Funktionsfähigkeit des Amtes hervorzuheben und die Gefahr eines militärisch gestützten Machtzugriffs seitens des Statthalters herunterzuspielen.[130]

---

129 Vgl. KOSSMANN, *Politieke Theorie*, S. 161ff.; zu Burgersdijk neuerdings E.P. BOS/H.A. KROP, *Franco Burgersdijk (1590-1635). Neo-Aristotelianism in Leiden*, (=Studies in the History of Ideas in the Low Countries), Amsterdam 1993; hier vor allem den Beitrag von H.W. BLOM S. 119-150; über P.C. Hooft s. den Abschnitt über *Sprache und Literatur* im vorliegenden Band.

130 [M.Z. BOXHORN], *Politijck haandboecxken, van de Staet van 't Nederlandt, Vertoonende den florissanten Staet ende veelvoudighe Middelen, tot onderhoudinghe de Selve wijdt-beroemde Republijck, Als mede, de Unie van Utrecht. Hetbrecht der Ridderschap. Bij het welcke gevoecht Puli Meraulae, Kort Verhael van de Republijck van Hollant. Doorgans verbetert ende vermeerdert. De derde editie. Seer nut voor alle liefhebbers (1650)*. Das Büchlein wurde noch zur Zeit von Statthalter Friedrich Heinrich verfaßt.

Ende der Rechtfertigung und neue Theorien: Graswinckel, die de la Court-Brüder und andere

Gegenüber solchen, nachgerade der Tradition des Aufstandes verpflichteten Auslassungen nahm sich die staatstheoretische Periode nach 1650 einigermaßen revolutionär aus. Der Republikanismus setzte sich theoretisch und praktisch kurzfristig durch („ware vrijheid"), auch wenn er umstritten blieb, und fand seine Begründung weniger in der *Deductie* des Johan de Witt von 1654, die im wesentlichen eine Rechtfertigung der Ausschlußakte („Acte van Seclusie")[131] enthielt, sondern in den Arbeiten des Dirk Graswinckel, eines hohen Magistrats, und der de la Court-Brüder Pieter und Johan. Das Eigenartige der Graswinckelschen Konstruktion war der gedankliche Umweg. Er selbst stammte aus einer Delfter Brauer- und Regentenfamilie, war ein Freund des Hugo Grotius und half diesem bei der Abfassung des *De iure belli ac pacis*. Er blieb seit seinen Leidener Studentenjahren auch in engem Kontakt mit dem remonstrantisch gesinnten Caspaer Barlaeus, abgesehen davon, daß der Regentensproß, Dichter und Geschichtsschreiber P.C. Hooft seine Arbeiten aus nächster Nähe beobachtete. In seiner ersten großen Schrift befaßte sich Graswinckel mit der Geschichte Venedigs (*Libertas Veneta* ... 1634), die nichts anderes enthielt als eine Gegendarstellung der 1612 anonym herausgebrachten *Squitinio della Libertà Veneta*. Der Anonymus hatte das bis dahin präsentierte Gebäude von den Vorzügen venezianischer Geschichte und Staatsform versucht abzubauen. Graswinckels Antwort war nur die erste einer Reihe dickleibiger Untersuchungen aus seiner Feder. Seine venezianische Arbeit[132] ist hier insofern von Bedeutung, als er einen doppelten Freiheitsbegriff handhabte. Zum einen sei Freiheit das unbestrittene Recht eines Staates, sich seine eigenen Gesetze zu geben, ob es sich nun um eine Monarchie wie etwa Frankreich handle oder um eine Demokratie, wie sie die Schweiz darstelle. Indem er der Monarchie die *majestas* zuerkannte und sie der *libertas* der Republik gleichsetzte, war Freiheit lediglich ein Synonym für Souveränität. Zum anderen definierte er die Freiheit des einzelnen als eine nur durch Gesetze begrenzte. Nur Gesetze und gute Sitten könnten den Fortbestand der Freiheit, übrigens ein Ergebnis der natürlichen Vernunft, garantieren, sonst gebe es keine Freiheit, sondern nur Auflösung.[133] Er kann zu dieser Zeit noch nicht von Thomas Hobbes profitiert haben, gleichwohl erinnert diese Alternative von einer durch staatliche Gesetze begrenzten Freiheit oder eben *dissolutio* durchaus an spätere Gedanken des englischen Staatstheoretikers. Wichtiger aber will Graswinckels Souveränitätsbegriff erscheinen, der in den 30er Jahren noch ohne göttliche Setzung ausgekommen und wenig später freilich als göttliche Verfügung im einfachen Anschluß an die katholische Naturrechtslehre des 16. Jahrhunderts erscheint.[134] Die venezianische Schrift enthielt schon die Aussage von der Zuerkennung der Souveränität für welche Staatsform auch immer, so daß sich Graswinckel in seinen späteren Schriften sowohl für das absolute Recht der Könige als auch für das der aristokratischen Republik einzusetzen vermochte. Seine Theorie enthielt keine Bewertung der Staatsformen, er ging über Betrachtungen hinaus, die sich im Sinne des Aristoteles mit der bestmöglichen Form befaßten und auf irgendeine Weise auf die gemischte Staatsform der Niederlande hinauskamen, für ihn war Souveränität etwas völlig Abstraktes und jeder beliebigen Form

---

131 Deductie, Ausschluß vom Statthalteramt, und die Ausschlußakte sind an anderer Stelle in diesem Abschnitt näher behandelt worden.
132 Hierzu vor allem HAITSMA MULIER, *The Myth of Venice*, S. 77f., 93ff., 101ff., 149.
133 Ebd. S. 102.
134 Ebd. S. 103. Der Autor weist in diesem Zusammenhang auf den Unterschied zu Grotius hin, der es vermieden habe, die Existenz Gottes zu leugnen; diese sei freilich völlig in den Hintergrund gerückt worden.

Pieter de la Court (Godfried Schalken)

zuzuweisen. Das erleichterte ihm das Verfahren, sie sowohl der Monarchie als auch der Republik zuzuerkennen und sie beide zu verteidigen. Souveränität war für ihn dann auch nur ein Rechtsinhalt, den man nicht auf seine Wertigkeit hin zu hinterfragen hatte. So forderte er auch für die Niederlande die volle Anerkennung der Souveränität zugunsten der Träger der aristokratischen Republik, und er war einer der ersten, der das aussprach, es sozusagen wissenschaftlich einkleidete. Damit drückte er freilich nichts anderes aus als die Gedanken, die zahlreiche Regenten der städtischen Oligarchien aus der nächsten Umgebung des Johan de Witt hegten und die mehr oder weniger doch in der hier noch zu behandelnden *Deductie* formuliert wurden.[135]

Die aristokratische Republik als Souverän! Dieser Gedanke wurde von den Gebrüdern de la Court, vor allem eben von Pieter de la Court, noch sehr viel intensiver, systematischer auch behandelt. Die beiden Brüder kamen aus dem Milieu der Leidener Tuchindustrie, durchaus in der Nähe der Regentenkreise stehend, und kehrten sich eindeutig gegen statthalterliche Mitbestimmung. Zunächst bleibt festzustellen, daß sie beide Repräsentanten eines Jahrhunderts waren, das, wie geschrieben worden ist, ganz besessen war von Fragen der politischen Ordnung,[136] aber sie waren auch Repräsentanten, die es nicht bei Theoretisierung eines auf halbem Wege stehengebliebenen Republikanismus im Sinne des Status quo beließen, sondern diesen Republikanismus ohne monarchische Reste bejahten und schon insofern in Opposition gingen, als sie zugleich leichte demokratische Elemente einzubringen versuchten. Da Johan de la Court schon vor der eigentlich großen Zeit republikanischen Denkens in den Niederlanden verstorben ist (1660), wird im folgenden sein Bruder Pieter im Vordergrund stehen. In Betrachtungen, die 1662 als *Naeuwkeurige consideratie van staet* unter dem Namen V.D.H., das heißt VAN DEN HOVE (de la Court), veröffentlicht wurden, letztlich aber nichts anderes waren als eine Neufassung der Schrift des Utrechter Advokaten G. van Wassenaer, ist eine präzise Stellungnahme für die eine oder andere Staatsform noch nicht zu erkennen.[137] Sie ist wohl in den 40er Jahren schon unter dem Einfluß des deutschen Juristen Arnold Clapmarius aus Altdorf entstanden, der schon 1611 verstorben war und dessen Hauptwerk *De arcanis rerum publicarum libri VI* 1644 vom Amsterdamer Verlag Elsevier herausgebracht wurde. Clapmarius gab Anweisungen nicht zur spezifischen Staatsform, sondern zeigte Mittel und Wege, das Arkanum, zur Staats- und Machterhaltung auf. Der sich nicht zuletzt auch auf Tacitus stützende Clapmarius bezeugte doch sehr viel Sinn für staatliche Realitäten, wenn er anregte, Untertanen für die Aufhebung von Rechten und Freiheiten durch den Aufbau von Scheinbildern von Rechten und Freiheiten praktisch zu täuschen („simulacra imperii seu libertatis" bei Tacitus). Das Reale war durch das Scheinbare zu ersetzen – ein Vorgang, der im deutschen Reich dazu führte, daß die Stände im absolutistischen Fürstenstaat zwar fortbestanden, in ihren Kompetenzen letztlich freilich ausgehöhlt wurden. Das wird hier erwähnt, weil der niederländische Jurist Johannes Corvinus, der die Elzevier-Ausgabe des Werks einleitete, den politischen Exponenten der

---

135 Zu Graswinckel insgesamt noch die ältere Arbeit von G.L. LIESKER, *Die staatswissenschaftlichen Anschauungen Dirck Graswinckels*, Freiburg 1901. Die wichtigsten Schriften Graswinckels nach der Arbeit über Venedig sind: *De iure maiestatis dissertation, ad serenissimam potebntissimamque Suecorum, Gothorum, Vandalorum Reginam* (1642) sowie *Nasporinge van het Recht van de opperste macht toekomende de Edele Groot Mogende Heeren de Herren Staten van Holland en Westvriesland* (1667, posthum).

136 So E.H. KOSSMANN einleitend in: H.W. BLOM u.a. (Hrsg.), *Pieter de la Court in zijn tijd (1618-1685). Aspecten van een veelzijdig publicist*, Amsterdam 1986, S. VIII.

137 *Naeuwkeurige consideratie van staet, weegens de heerschappye van een vrye en geheymen staetsregering over de gantsche aert-bodem, 1662.* G. VAN WASSENAER, *Bedekte konsten in regeringen en heerschappien. Die bykans gebruyckt worden ...*, Utrecht 1657. Zur Autorenschaft s. I.W. WILDENBERG, *Johan & Pieter de la Court (1622-1660 & 1618-1685). Bibliografie en receptiegeschiedenis.*, Amsterdam u.a. 1986, S. 31.

Titelblatt *Politike Discoursen*
(Johan de la Court)

aristokratischen Republik riet, sich solcher Mittel zu bedienen.[138] Wie weit der Einfluß des Clapmarius auf de la Court/Wassenaer reichte, sei hier dahingestellt, es findet sich auf jeden Fall keine Rezeption der Aufforderung, wie sie Corvinus einleitend vorgetragen hatte, vielmehr ging es hier unter dem Aspekt der Staatsräson ganz wesentlich etwa um die Frage nach den christlichen Prinzipien des staatlichen Handelns, und damit stand ein Thema an, das europaweit galt, nicht Niederlande-spezifisch war.[139]

Diese Schrift hat jedenfalls nichts zu tun mit der Pieter de la Court zugeschriebenen *Politicke Weegschaal*[140], die in kurzer Zeit mehrere Auflagen erlebte und dabei an Umfang wuchs, oder den *Politicke Discoursen*[141], die wohl von Johan de la Court stammen und von Bruder Pieter posthum veröffentlicht wurden. Die Schriften entstanden in einer Periode, in der das Ende des 80jährigen Krieges noch nicht allzu weit entfernt war und in der sich in der niederländischen politischen Welt einiges gegenüber der vorherigen Zeit verändert hatte. Es war zugleich eine Periode, in der man schon

---

138 S. dazu F. MEINEKE, *Die Idee der Staatsräson*, München ³1963, S. 158.
139 Dazu eben HAITSMA MULIER, *The Myth of Venice*, S. 122f.
140 *Consideratiën en exempelen van staat, omtrent de fundamenten van allerley regeringe*, Amsterdam 1660. Die 2. Auflage trägt den Titel *Consideratien van staat ofte polityke weeg-schaal*. 1661. Eine deutsche Ausgabe von 1669 spricht von *politische Wag-schale*.
141 *Politike discoursen handelende in ses onderscheide boeken, van steeden, landen, oorlogen, kerken, regeringen en zeeden*, 1662.

nachzuweisen vermochte, was menschliche Vernunft zu leisten imstande war. Hierzu einige Bemerkungen zum, wenn man so will, staatstheoretischen Umfeld. Der Betrachter sieht sich einer nachhumanistischen Zeit auf dem Weg zur Aufklärung gegenüber, mit Zwischenergebnissen in der naturwissenschaftlichen Forschung, die sich nicht nur den Erscheinungen der Natur außerhalb des Menschen, sondern den Menschen selbst als physisches und psychisches Phänomen gleichermaßen widmete. Es ist an dieser Stelle auf die Arbeit des René Descartes hinzuweisen, auf *Les Passions de l'âme*, die 1649 erschien. Sie war doch eine wesentliche Frucht naturwissenschaftlicher, psychologischer und philosophischer Arbeit, die nicht ohne Einfluß auf Autoren wie die de la Court-Brüder geblieben ist. Das Erkenntnisziel *Mensch und Natur* enthielt keine Angriffe auf Autoritäten, wie es der Humanismus des Erasmus, aber auch der Calvinismus insofern noch getan hatten, als sie den Einzelnen oder besser: den Einzelnen in seinem korporativen Zusammenschluß dem Landesherrn gegenübergestellt hatten. Das Erkenntnisziel war einfach der Mensch und die Form seines Zusammenschlusses mit anderen als ein natürliches und naturbedingtes Phänomen, pragmatisch zu sehen und nicht mehr an göttlichen Normen orientiert. Es ist schon auffällig, daß neben naturwissenschaftlichen Begriffen auch das Wort vom Interesse Eingang in die politische Sprache fand. Hierunter fielen staatliches und Einzelinteresse gleichermaßen. So nimmt es nicht wunder, daß die Schriften des Niccolò Machiavelli wieder aufgegriffen wurden. Wenngleich sich dieser Florentiner Autor häufig zitiert findet, lagen unter dem Aspekt des geistigen Einflußes Thomas Hobbes und eben Descartes bei Johan und Pieter de la Court an Bedeutung vorauf. Hobbes' *De cive* (1642) wurde 1647 in Amsterdam neu aufgelegt, und eben hier erschien 1649 auch eine französische Ausgabe. 1652 kam in Leiden eine französische Fassung von *De corpore politico* heraus, und der *Leviathan* wurde schließlich 1667 in niederländischer Sprache veröffentlicht. Bis dahin freilich lagen die Hauptarbeiten des Johan und vor allem des Pieter de la Court schon vor. Wie schon zu diesem Zeitpunkt bei Graswinckel so war der Gedanke von der unteilbaren Souveränität sicherlich ein ganz entscheidendes Element in der Theorie des Thomas Hobbes, das sich für eine Rezeption eignete. Die Unteilbarkeit der Souveränität und damit der Herrschaftsgewalt hatte ihren Grund in der natürlichen Veranlagung der Menschen. Die Erfahrung zeigte, daß Interesse und Begierde die Triebfeder menschlichen Handelns waren. Solange sich die Menschen im Naturzustand befanden, hieß das Krieg aller gegen alle. So hatten sich die Menschen vertraglich zusammengeschlossen, um vernünftig und sicher zu leben. Dieser Zusammenschluß hieß bei Hobbes freilich zugleich Übertragung ihrer individuellen Souveränität auf eine mit absoluter Macht regierende Autorität, die nur dann ihrer Macht verlustig ging, wenn die Sicherheit nicht mehr gewährleistet war. Im gleichen Maße wie Hobbes hat Descartes die psychologischen Grundlagen für den Staat als den Zügler menschlicher Emotionen und Begierden gelegt, so daß nachfolgend die de la Courts im Staate die Möglichkeit sahen, die jeweils einzelne Begierde zum Wohle der Allgemeinheit umzubiegen, mit Hilfe der Vernunft, die als eine natürliche Voraussetzung menschlichen Zusammenlebens verstanden wurde. „In einer politischen Gemeinschaft war daher die Versöhnung des einzelnen Interesses mit dem Allgemeininteresse nur möglich, wenn die Staatsstruktur eine rationale Kontrolle und mäßigenden Einfluß auf die konfligierenden Leidenschaften der einzelnen Menschen ausübte." Es hatte schon eine gewisse Logik, wenn Pieter de la Court eben an dieser Stelle dem Inspirator Hobbes nicht auf dem Wege zur absoluten Monarchie folgte, diese in aller Schärfe als Herrschaft eines Einzelnen ablehnte und sich für die republikanische Staatsform entschied. Das heißt, Pieter de la Court sprach sich aus für den aktuellen Status der Niederlande. Hilfe fand er hier bei Machiavelli. Zwei Dinge sind dabei zu beachten: Zum einen wies er die Souveränität ungeachtet der allgemeinen Tendenz zur Ausbildung des Flächenstaates den Stadtstaaten zu; er entsprach damit nicht nur den bei Machiavelli und anderen angeführten antiken Beispielen, sondern auch dem ohnehin gepflegten Renaissance-Ideal der kleinen Einheit, was durchaus in die Nähe des städtischen Selbstbewußtseins in den Niederlanden rückte; zum anderen aber schoß er über die niederländischen Gegebenheiten der Zeit hinaus, wenn er keineswegs bereit schien, das System der oligarchischen Herrschaft anzuerkennen. Es ist durchaus einsichtig, wenn er aufgrund der bei Hobbes und Descartes vorausgesetzten psychischen Struktur der Menschen die Herrschaft auf mehrere verteilt wissen wollte, eine Frühform der „checks and balances" forderte; allein, diese, wenn man so will, Aristokratisierung der Regierung hieß nicht gleich auch vorbehaltlose Bestätigung der bestehenden niederländischen Spielart. Hier fiel das Wort von der „populare Regeering". Eine Aristokratie, so hieß es da, die in die Nähe einer „popularen Regierung" rücke, sei die beste. Gewiß, die *Politicke Weegschaal* enthielt einen Passus, in dem der Autor mit aller Entschiedenheit jede gemischte Staatsform, ob nun monarchische oder demokratische Elemente beigemengt wurden, ablehnte, weil dies nur zu Schwierigkeiten und Unglück führen könne. Sparta und Rom boten ihm negative Beispiele. Er sah die eigene Forderung nach Unteilbarkeit der Souveränität keinesfalls aufgehoben, wenn man die Definition des Begriffes „Aristokratie" nicht im Sinne zeitgenössischer Realitäten, im Sinne also der Regenten-Oligarchie, konzipierte, sondern einfach zu den Optimaten auch jene zählte, denen aus gutem Grund Vernunft und Verstand zugewiesen werden konnte. Dies implizierte keineswegs Zuerkennung politischer Kompetenzen an die Menge („vulgus"), sondern lediglich Erweiterung auf einen genau zu umgrenzenden wirtschaftlich unabhängigen Teil der Bürger („populus").

Vermutlich hat hier nicht nur ein ganz abstrakter Kontrollgedanke Pate gestanden, sondern auch die konkrete Anschauung der Verhältnisse in Leiden eine Rolle gespielt – in einer Stadt, in der beide Brüder das Regentenmilieu zwar kannten, aber nicht zur politischen Klasse gehörten, noch dazu ein Regentenmilieu, das durchaus orangistisch gestimmt war. Nicht das „gemeine Volk (,,gemeene volk") meinten sie, sondern das „gemeine Bürgertum", ausgeschlossen blieben die Frauen, Stummen und Tauben, die Ehrlosen, Bedürftigen, die Diener, das Hauspersonal, die Handwerker und Tagelöhner. Das Klang bei den „Patrioten" des 18. Jahrhunderts übrigens ähnlich. Wo Arbeit verrichtet wurde, um das tägliche Leben zu fristen, durfte auch angenommen werden, daß die erforderliche Fähigkeit zu regieren nicht vorhanden war. Positiv gewendet hieß das, „daß alle jene männlichen Einwohner in ein Gremium gewählt werden könnten, von denen man annehmen darf, daß sie genug Macht und Fähigkeiten besitzen, um für ihren eigenen Wohlstand zu sorgen". Ob der Abstand zu einer über Reichtum definierten Oligarchie so groß war, mag dahingestellt bleiben. Es ist auffällig, daß diese Umschreibungen auch in den Putney Debatten in England 1648 und 1649 galten.[142]

Letztlich blieben solche Überlegungen insofern einigermaßen abstrakt, als keine niederländische Stadt, zumindest nicht die Orte, auf die es ankam, auch nur den geringsten Ansatz für eine Strukturveränderung bot, denn um eine solche wäre es sicherlich gegangen. Es will auch scheinen, als ob die Leidener Brüder auf Einsicht der Regenten als Voraussetzung einer Änderung gesetzt hätten, denn der Weg der gewaltsamen Änderung des bestehenden Systems blieb ausgeschlossen. Wenn demnach die Bewohner sich von dem herrschenden System unterdrückt fühlten, so hatten sie die Unterdrückung als Last zu ertragen, wenn sie nicht das „lieve Vaderlandt" in den Abgrund stürzen wollten. Fürwahr, eine letztlich doch autoritäre Einstellung, die weit entfernt war von den Widerstandslehren, wie sie sich ein Jahrhundert zuvor aufgezeichnet fanden, und es ist mit

---

142 Zu den Putney-Debatten s. SAAGE, *Herrschaft, Toleranz, Widerstand*, S. 190.

Blick auf solche Auffassung schlicht festzuhalten, daß die Verabsolutierung staatlicher Gewalt auf der Basis einer neuen Kenntnis von der Psyche der Menschen zu Aussagen führte, die dem Entstehungsgesetz des eigenen Landes herb widersprachen.[143]

Baruch Spinoza

Die bei den Leidenern aufgeworfene Frage nach Inhalt und Qualität von Demokratie und Aristokratie hat mit und nach ihnen auch Baruch Spinoza beschäftigt, der die Arbeiten der de la Court-Brüder kannte, sie sogar in seinem Bücherschrank hatte.[144] Der *Theologisch-politische Traktat* Spinozas war im übrigen mit der gleichen Vignette versehen, die auch bei den de la Courtschen Schriften sich findet, und wie sehr Spinoza von Zeitgenossen als ein Mitglied des Kreises um die Leidener Brüder und Johan de Witt gesehen wurde, erhellt aus zwei Flugschriften aus 1672, in dem es zum Traktat heißt: „Durch den abtrünnigen Juden zusammen mit dem Teufel in der Hölle geschmiedet und mit Wissen von Mr. Jan und seinen Spießgesellen herausgegeben."[145]

Bezugspunkte der folgenden kurzen Darstellung sind sowohl der vorgenannte *Theologisch-politische Traktat*, als auch der *Tractatus politicus*, der etwas später entstanden ist und unvollendet blieb, weil Spinoza verstarb. Es sei gleich bemerkt, daß nichts aus dem unvollendeten Werk den Ausführungen im *Theologisch-politischen Traktat* widerspricht, soweit dieser sich mit Staat und Staatsform befaßt. Vielmehr ergänzen sie einander. Es ist schon viel über die Beziehung zwischen der Staatslehre des Thomas Hobbes und der des Baruch Spinoza gehandelt worden, und sicherlich hat Hobbes wie auch andere auf den niederländischen Philosophen Einfluß ausgeübt und ist er eben von Spinoza gelesen worden. Aber während beide in der Beschreibung des Naturzustandes der Menschen zusammengingen, trennten sich ihre Wege in der Beurteilung der Staatsfunktion. Spinoza selbst äußerte sich hierzu in einem Brief 1674: „Was die Staatslehre betrifft, so besteht der Unterschied zwischen mir und Hobbes darin..., daß ich das Naturrecht unangetastet lasse und daß ich der höchsten Obrigkeit in einer jeden Stadt nur so viel Recht den Untertanen gegenüber zuerkenne, als dem Maße von Macht entspricht, um das sie den Untertan überragt, als welches immer im Naturzustand der Fall ist."[146] Gewiß, auch bei Spinoza hat der im Staat manifestierte Wille der Gesamtheit für den Willen eines jeden zu gelten, und nur der Staat darf die Gesetze auslegen, aber das bedeutete nicht – und hier trennten sich beide Staatstheoretiker – Omnipotenz des Staates. Im *Theologisch-politischen Traktat* hat Spinoza im 20. Kapitel zur Gedankenfreiheit diesen Gegensatz zu Hobbes wohl am deutlichsten gemacht, wenn er über den Staatszweck schreibt: „Der letzte Zweck des Staates ist nicht zu herrschen noch die Menschen in Furcht zu halten oder sie der Gewalt zu unterwerfen, sondern vielmehr den einzelnen von der Furcht zu befreien, damit er so sicher als möglich leben und sein natürliches Recht, zu sein und zu wirken, ohne Schaden für sich und andere vollkommen behaupten kann. Es ist nicht der Zweck des Staates, aus vernünftigen Wesen Tiere oder Automaten zu machen, sondern vielmehr zu bewirken, daß ihr Geist und ihr Körper ungefährdet seine Kräfte entfalten

---

143 Zum ganzen s. M. VAN DER BIJL, *Pieter de la Court en de politieke werkelijkheid*, in: BLOM, *Pieter de la Court*, S. 65ff. sowie G.O. VAN DE KLASHORST, *„Metten schijn van monarchie getempert'*, in: BLOM, *Pieter de la Court*, S. 93ff.
144 Vgl. HAITSMA MULIER, *The Myth of Venice*, S. 171.
145 Nach O. BAENSCH u.a. (Hrsg.), *Baruch de Spinoza. Sämtl. Werke*, Bd. 2, Leipzig 1924, S. XIf. (Einleitung).
146 Zit. nach C. GEBHARDT (Hrsg.), *Spinoza. Abhandlung über die Verbesserung des Verstandes. Abhandlung vom Staate*, Leipzig ³1907, S. XVIII.

kann, daß sie selbst frei ihre Vernunft gebrauchen und daß sie nicht mit Zorn, Haß und Hinterlist sich bekämpfen, noch feindselig gegeneinander gesinnt sind. Der Zweck des Staates ist in Wahrheit die Freiheit."[147] Sicher, Spinoza sprach von der Gehorsamspflicht der Untertanen gegenüber dem Staat, und das war angesichts seiner Vorstellung von der Staatswerdung gewiß nur folgerichtig, aber er unterschied auch Untertanen von Sklaven, insofern Untertanenpflicht zum Gehorsam lediglich gebunden war an eine der Vernunft und dem Nutzen, dem Gemeinwohl, verpflichtete staatliche Befehlsgewalt. Und an dieser Stelle vermittelte er die einigermaßen optimistisch getragene Vorstellung vom vernünftigen Handeln eines Staates. Habe Gehorsam unter eben dieser Voraussetzung des Vernunfthandelns zu erfolgen, dann sei auch eine gewisse Beschränkung der Freiheit gegeben, aber das mache den Untertanen nicht zum Sklaven. Der Optimismus des Spinoza lag wohl in der Voraussetzung, daß eine Regierung immer vernünftig handeln müsse, denn tue sie es nicht, bringe sie sich selbst um ihre Existenz. Vernünftiges Handeln also als Folge des Strebens nach Machterhalt und des Selbsterhaltungstriebs! Eine Garantie für die Fortexistenz einer *demokratischen* Regierung – über sein Verhältnis zur Einteilung bei Aristoteles ist unten noch zu handeln – lag ihm darin, daß für ihn widersinniges Handeln in einer „großen Versammlung" nachgerade unmöglich erscheinen wollte. Das war zweifellos eine einigermaßen naive Betrachtungsweise. War das Handeln aber vernunftgeleitet, konnte vom Zustand der Sklaverei auch bei Beschränkung der Freiheit durch Gehorsam keine Rede sein. Zum Sklaven machte nur der Grund des Handelns. „Ist der Zweck des Handelns nicht der Nutzen des Handelns selbst, sondern der Nutzen des Befehlenden, dann ist der Handelnde Sklave und sich selber unnütz."[148] Die bei Spinoza betonte Gehorsamspflicht aus vernünftiger Einsicht sowohl der Regierenden als auch der Regierten enthielt ein Stück Rationalismus, vor allen Dingen auch dort, wo die Wahrung von Nutzen und Interesse der Untertanen den Inhalt der Gesetze ausmachen sollten. Im Unterschied zu Hobbes, dessen Staatszweck im Schutz der natürlichen Existenz der Untertanen bestand, nahm Spinozas Staatskonzeption doch schon die Aufklärung vorweg, wenn er im Rahmen der freien Entfaltung von Körper und Geist der Gedankenfreiheit einen Weg bahnte. Was Spinoza da im 20. Kapitel des *Theologisch-politischen Traktats* vortrug, war nichts anderes als die vorzeitige Ausarbeitung der 100 Jahre später von Friedrich von Schiller niedergeschriebene Kurzformel im *Don Carlos*: „Sire, geben Sie Gedankenfreiheit." Spinoza sah die freie Geistestätigkeit als ein geradezu unveräußerliches Recht, das außerhalb jeder Gehorsamspflicht verblieb. Spinoza kannte zwar Untertanen, er definierte sie, aber er kannte keinen Untertanengeist im modernen Sinne des Wortes. Freilich, so sehr er sich für Gedankenfreiheit, die freie Geistestat, einsetzte, so sehr wollte er sie Beschränkungen unterworfen sehen, wo sie sich anschickte, zu einer politischen Tat in Gestalt des Widerstandes gegen die Staatsgewalt zu werden. Es war die Ablehnung des Aufruhrs, die Spinoza zu der Aussage gelangen ließ: „Nun hat aber jeder nur von dem Rechte, nach eigenem Beschlusse zu handeln, Abstand genommen, aber nicht von dem Rechte, zu denken und zu urteilen. Darum kann zwar niemand, unbeschadet des Rechts der höchsten Gewalten, deren Beschlusse entgegenhandeln, wohl aber unbeschränkt denken und urteilen und damit auch sprechen, vorausgesetzt, daß er einfach spricht oder lehrt und bloß mit Hilfe der Vernunft, aber nicht durch Täuschung, Zorn und Haß seine Meinung vertritt noch auch mit der Absicht, etwas im Staate auf seinen Beschluß hin einzuführen. Wenn z.B. jemand nachweist, daß ein Gesetz der gesunden Vernunft widerstreitet und deshalb für seine Abschaffung eintritt, so erwirbt er sich ganz gewiß ein Verdienst um den Staat als einer seiner besten

---

147 BAENSCH (Hrsg.), *Baruch de Spinoza, Sämtliche Werke*, 2, S. 352f.
148 Ebd. S. 281.

Bürger, sofern er nur seine Meinung dem Urteil der höchsten Gewalt unterwirft (der es allein obliegt, Gesetze zu geben und abzuschaffen) und sofern inzwischen nicht gegen die Vorschrift dieses Gesetzes handelt. Tut er es aber, um die Obrigkeit der Ungerechtigkeit zu beschuldigen und sie beim Volke verhasst zu machen, oder sucht er gegen den Willen der Obrigkeit auf dem Wege des Aufruhrs das Gesetz zu beseitigen, so ist er eben ein Unruhestifter und Empörer."[149]

Man ist geneigt, hier von einem Konflikt zwischen Gedankenfreiheit und Ordnungsdenken zu sprechen, insofern sich die Freiheit des Denkens (was übrigens auch die Freiheit des Bekenntnisses einschloß) gleichsam nur auf dem Papier oder in anderer Form der freien Äußerung manifestieren durfte. Spinoza selbst hat das kaum als Konflikt empfunden, zu sehr hing er seinem vernunftgeprägten, die Unbedingtheit der Regierungsautorität enthaltenden Harmoniemodell an. Dazu ist ein Mehrfaches zu bemerken. Spürbar ist, daß diese Konzeption von Gedankenfreiheit in der Konkretisierung wohl ganz sicher von der so reichen Flugschriftenkultur der niederländischen Republik ausging, ja, hier geradezu ihre ganz konkrete Anschauung gewann, darüber hinaus ging der Philosoph von einer demokratischen Begründung des Staates aus, dessen Befehle als die Folge von Mehrheitsentscheidungen begriffen wurden. Es war dies eine wesentliche Denkvoraussetzung, die die Treuepflicht der Untertanen erhöhte. „In den Versammlungen der höchsten wie der untergeordneten Gewalten wird selten etwas einstimmig beschlossen, und dennoch gilt alles als gemeinsamer Beschluß der Gesamtheit, sowohl derer, die dagegen, als derer, die dafür gestimmt haben."[150] Schon aus dieser Voraussetzung verbot sich logisch ein Widerstandsrecht, das in den Niederlanden des 16. Jahrhundert gedanklich ausgebaut und politisch umgesetzt worden war, auch zur Rechtfertigung des aus diesem Widerstand hervorgegangenen neuen Staates diente, mit den Jahren der Republik freilich kein politisches Thema mehr war. Sein Vernunftmodell ließ Spinoza auch rasch zu Seneca greifen, der gesagt hatte, daß Gewaltherrschaft – eine Regierung, die sich in Widersinnigkeiten gegen das Wohl der Allgemeinheit erschöpfte – sich noch niemals lange behauptet habe.[151]

Aber soweit es um die Freiheit als freie Geistestat ging und noch nicht um eine Philosophie der Tat (um hier einen Begriff aus dem Kreis der Junghegelianer aufzugreifen), wollte Spinoza sie auch voll gewährleistet sehen, zum einen, weil Freiheit des Urteils einfach nicht unterdrückbar und zur Förderung von Kunst und Wissenschaft unerläßlich war, zum anderen aus Gründen eines harmonischen – ungestörten – Staatslebens. Es war im übrigen die Eigenart des Spinoza, daß er seine Explikationen mit einer augenfälligen Unbedingtheit vortrug. Wo er von der Autorität des Staates sprach, gegen die zu verstoßen dem Aufruhr gleichkomme, ließ sich eigentlich kein Wert der Gedankenfreiheit erkennen, aber wenige Sätze später vertrat er mit der gleichen Verve die Freiheit des Denkens, hatte er nur Warnungen für den Staat übrig, sich auch nur den Schein einer repressiven Gewalt zu geben, wohl ausgehend von der Ansicht, daß – in einem demokratischen Staat – die Öffentlichkeit auch eine Umkehr von Beschlüssen bewältigen konnte. Er wollte beweisen, daß die volle Gewährung von Gedankenfreiheit die Autorität des Staates nicht anzutasten brauchte. Und das Beispiel holte er aus einer nächsten Umgebung – aus Amsterdam. Die Pracht und Blüte dieser Stadt war ihm das Ergebnis solcher Freiheit. Er skizzierte diesen Hauptort der Republik als ein Vorbild der Eintracht und damit auch als ein Vorbild der Toleranz. Man spürt hier deutlich seine Parteinahme hinsichtlich der gut fünf Jahrzehnte zuvor geführten Auseinandersetzung

---

149 Ebd. S. 353f.
150 Ebd. S. 354.
151 Ebd. S. 281.

Baruch (Benedict) de Spinoza (Wallerant Vaillant)

zwischen Remonstranten und Kontraremonstranten, wenn er auf die Folgen des Versuchs verwies, in Religionsfragen staatlich – durch Gesetz – zu entscheiden. „Ja, das sind die wahren Friedensstörer, die in einem freien Staat die Freiheit des Urteils, die nicht unterdrückt werden kann, aufheben wollen."[152] „.... Darum ziehe ich den Schluß, daß nichts die Sicherheit des Staates besser gewährleistet, als wenn Frömmigkeit und Religion bloß in der Übung der Nächstenliebe und der Billigkeit bestehen und wenn das Recht der höchsten Gewalten in geistlichen und weltlichen Dingen sich nur auf Handlungen bezieht, im übrigen aber jedem das Recht zugestanden wird, zu denken, was er will, und zu sagen, was er denkt."[153]

Über den Inhalt staatlicher Autorität war bisher die Rede und über Freiheit und ihre Grenzen. Es ist an der Zeit, über die Form zu handeln, die Spinoza sich vorstellte, es ist über jenes Arbeitsgebiet zu schreiben, das die niederländischen Staatstheoretiker mit Aristoteles als Ausgangspunkt immer wieder aufgegriffen haben. Im *Theologisch-politischen Traktat* sprach sich Spinoza für Demokratie aus als der „natürlichsten aller Staatsformen". Sie stand für ihn so im Mittelpunkt, daß er es nicht einmal für nötig hielt, überhaupt über die anderen möglichen Formen zu reden. Demokratie, das war für den Staatstheoretiker die eigentliche Form, in der die Vergesellschaftung des Individuums ohne Schaden sich vollziehen konnte, weil sich die Entscheidungen nach dem Mehrheitsprinzip vollzogen und selbst Mehrheiten auf dem Wege der Kritik (Gedankenfreiheit) neu formiert werden konnten. Erst im *Politischen Traktat* hat sich Spinoza dann vornehmlich mit Aristokratie und Monarchie befaßt – vor allem in der Absicht, wie der Titel ausweist, Empfehlungen vorzutragen, um Monarchie und Aristokratie nicht in Tyrannei verfallen und Friede und Freiheit der Bürger unangetastet zu lassen. Offensichtlich waren die beiden Regierungsformen außerhalb der Demokratie dem Gemeinwohl doch nicht so unzuträglich, wie es durch deren Nichtbeachtung im *Theologisch-politischen Traktat* noch erscheinen wollte. Freilich, sie wurden mit Auflagen versehen, ihnen wurde ein bestimmter Rahmen mitgegeben. So dachte Spinoza nicht an den Monarchen als unbeschränkten Alleinherrscher, als Absolutisten, wie das bei Hobbes beschrieben stand. Ein Monarch im Sinne Spinozas herrschte nicht über Sklaven, wie das etwa beim türkischen Sultan der Fall war. Vielmehr hieß es: „... daß sich das Volk ausreichende Freiheit unter einem König bewahren kann, wenn es nur bewirkt, daß die Macht des Königs einzig durch die Macht des Volkes selbst bestimmt und durch den Schutz des Volkes selbst aufrechterhalten wird."[154] Das „Volk", das waren immer alle Bürger in Stadt und Land. Höchst seltsam will dabei die Aufgliederung der Stadt- und Landbewohner in Familienverbände erscheinen, „die sich durch Namen und Abzeichen unterscheiden". Ausgeschlossen waren aus diesen Verbänden Kriminelle, Stumme, Geisteskranke oder solche, „die in dienender Stellung durch knechtische Verrichtung ihren Unterhalt erwerben."[155] Und dieser Passus erinnert an die Exemtionen, die Pieter de la Court vor ihm schon vorgetragen hatte, sie reichten freilich nicht so weit. Da wurde die Position des Monarchen durchgespielt. Dem Monarchen, der übrigens aus einem Familienverband zu wählen war, mußte ein Rat, bestehend aus Vertretern eben dieser Familienverbände, beigegeben werden, dessen Mitglieder zeitlich begrenzt Sitz und Stimme haben sollten. Die Mitglieder waren erst fünf Jahre nach Ausscheiden wieder wählbar. Das passive Wahlrecht war auf 50 Jahre festgelegt. Die Wahl nahm der Monarch selbst vor aufgrund eines Vorschlages aus den einzelnen Verbänden Was hier von Spinoza vorgetragen wurde,

---

152 Ebd. S. 360.
153 Ebd. S. 362.
154 Die nachfolgenden Hinweise auf das *Politische Traktat* (TP) nach B. SPINOZA, *The political works. The Tractatus Theologico-Politicus in part and the Tractatus Politicus in full*, ed. A.G. WERNHAM, Oxford 1958. Hier S. 129.
155 TP S. 95.

war letztlich nichts anderes als ein Transfer der Besetzung des Bürgermeisteramtes in den niederländischen Städten durch den Statthalter, mit dem Unterschied freilich, daß die oligarchischen Kooptationsmethoden und Lebenszeitregelung, wie sie für die Stadtverordneten galten, entfielen. Der Rat, eine täglich tagende Körperschaft, war der eigentliche Vertreter des Gemeinwohls, eine Art beratendes Parlament, das als Repräsentativorgan zu verstehen ist und den Monarchen gegen den direkten Zugang durch den Bürger abschirmte. Der Rat erhielt zugleich den Auftrag, für die Durchführung königlicher Verordnungen und die Staatsverwaltung Sorge zu tragen. Es erinnert doch sehr an die statthalterlose Zeit, die kurz vor Abfassung der Schrift zu Ende gegangen war, wenn Spinoza dem Rate auch die Erziehung des Thronfolgers auftrug oder gegebenenfalls gar die Vormundschaft, wie überhaupt die Konstruktion in die Nähe der frisch erworbenen Statthalterschaft Wilhelms III. von Oranien rückte, mit Ausnahme freilich der schon überaus eigenartigen Bestimmung, daß Grund und Boden (einschließlich der städtischen Wohngebäude) öffentliches Eigentum seien und verpachtet werden sollten mit der Maßgabe, daß die Bürger in Friedenszeiten keine weiteren Abgaben außer der Pacht zu zahlen hatten. Selbst wenn man davon ausgeht, daß Spinoza die Eigentumsvorstellungen einiger Täufersekten kannte, war die Forderung nach Staatseigentum von Grund und Boden nicht durch solcherlei Erwägungen geleitet. Vielmehr ging es ihm – wie vermutet wird – darum, dem Monarchen die Rechtfertigung steuerlicher Pressionen von vornherein zu nehmen,[156] vor allem aber schien Grundbesitz hinderliche Interessendivergenzen im Kriegsfalle herbeiführen zu können, was Spinoza durch eine Gleichheit des Erwerbs (Handel) ausräumen wollte.[157] Spinoza sah in einer kontrollierten Monarchie somit durchaus eine tragbare Regierungsform, wie es auch durchaus eine Aristokratie sein durfte, wenn diese Herrschaft bestimmten Voraussetzungen unterworfen war.

Es ist gerade im Zusammenhang mit seinen Darlegungen über aristokratische Herrschaft und in Wiederaufnahme der Regierungsprinzipien einer Monarchie noch einmal die Eigenart Spinoza'scher Darstellung insofern zu betonen, als sich seine Vorstellung von Aristokratie und Monarchie etwa in eine Form und Sprache gegossen fanden, als ob sie besonderen Vorzug verdienten. Tatsächlich ging es Spinoza um eine Staatslehre, die, da sie auch nutzen sollte, vom Stabilitätsdenken bestimmt war, unter der einfachen Denkvoraussetzung: Wenn schon Monarchie, dann nur unter diesen und jenen Bedingungen, und dies galt genau so für die aristokratische Form, der er sich im übrigen auf mehr Seiten widmete, als er für die Monarchie glaubte verwenden zu müssen. Das heißt im Kern, eine einmal gefundene Regierungsform sollte tunlichst nicht verändert werden, wenn der Staat nicht allzu große Nachteile erfahren wollte. Spinoza war sicher kein Revolutionär, eher ein Status quo-Denker. Als sein wichtigster Grundsatz schält sich heraus, daß die Aristokratie als Herrschaft der Wenigen niemals das Regime nur ganz Weniger bedeuten durfte. Nicht nur der alte Ausgangspunkt des Thomas Hobbes von den Unzuträglichkeiten der menschlichen Natur (Haß, Neid, Machtbesessenheit), sondern auch die Ansicht, daß unter 100 Patriziern (Aristokraten) nur zwei bis drei den erforderlichen Bildungsstand erreichten, spielte dabei eine Rolle. Dabei war die Zahl der Patrizier genau festzulegen. Spinoza schlug einen Schlüssel von 1:50 im Verhältnis zur Gesamtbevölkerung vor. Überhaupt war einer Verminderung der Patrizierzahl gegenzusteuern, eher eine Erweiterung, abhängig von der Bevölkerungszahl, zu vollziehen. Schließlich setzte er die Zahl auf etwa 5.000 männliche Patrizier fest, eine Zahl, mit der einigermaßen gewährleistet sein konnte, daß 100 kapable Männer für die Regierungsaufgaben zur Verfügung standen (Höchster Rat). In den Aussagen über die quantitative

---

156 Vgl. R.J. MCSHEA, *The Political Philosophy of Spinoza*, New York/London 1968, S. 115.
157 TP S. 112.

Erweiterung lag Spinoza ganz im Fahrwasser der *Politicke Weegschaal* des Pieter de la Court, der aus der Leidener Erfahrung heraus von einer erheblichen Erweiterung der Basis sprach und der selbst ernannten Aristokratie einen demokratischen touch beizugeben versuchte. Der Rat der Fünftausend war praktisch der Souverän, ihm oblag die höchste Gewalt. Daneben durfte niemand mehr Anspruch auf Mitsprache in politischen Dingen erheben. So sollten etwa Gilden keinen politischen Anspruch anmelden dürfen. Unter den Patriziern selbst sollte Gleichheit herrschen, um Faktionsbildung zu vermeiden. Der Rat hatte Gesetzgebungsrecht, entschied über Krieg und Frieden, wählte aus seiner Mitte die Exekutivorgane und dazu einen Rat von Syndici, dem es obliegen sollte, über die Einhaltung der Gesetze zu wachen – eine Art oberste Verfassungsinstanz also, deren Mitglieder auf Lebenszeit im Verhältnis 1:50 zur Zahl der Patrizier zu ernennen waren. Das vorgenannte ausführende Organ hieß Senat. Mitglieder sollten sich durch Tüchtigkeit und Würde auszeichnen und 50 Jahre oder älter sein. Spinoza ließ sodann die täglichen Verwaltungsgeschäfte von einem Senatsausschuß verwalten und sah weitere Organisationsformen vor, deren Erläuterung hier unterbleiben soll. Die Senatoren waren aus zwei Prozent der Ein- und Ausfuhrabgaben zu besolden, um sie gleichsam für den Frieden und gegen den Krieg einzustellen, über den zu entscheiden in letzter Instanz dem Höchsten Rat zustand. Daß sich Spinoza ausführlich einem aus der Mitte der Patrizier zu besetzenden Gerichtshof widmete, sei hier am Rande vermerkt, wichtiger will erscheinen, daß die Patrizier alle ein- und demselben Bekenntnis angehören sollten, um auf diese Weise ihre Autorität durch religiöse Einheit zu verstärken. Die Anhänger anderer Bekenntnisse durften zwar Kirchen bauen und ihrem Glauben leben, ihre Gotteshäuser mußten jedoch klein sein, während die Kirchen der „allgemeinen Religion" „groß und prächtig" sein sollten. Funktionen bei Gottesdiensten durften nur Patrizier und Senatoren übernehmen (Eheschließungen, Taufen). Die Patrizier allein galten als Priester der Kirche und als „Wächter und Ausleger der Landesreligion". Das bedeutete zweierlei: Zum einen definierte Spinoza die calvinistische Öffentlichkeitskirche zu einer Staatskirche, auf dem Hintergrund der Erfahrungen, die Johan de Witt mit den Prädikanten gemacht hatte, zum anderen entfaltete sich Toleranz hier als ein höchst abstrakter Begriff, die Gedankenfreiheit, aber nicht Umsetzung in Mitsprache enthielt.

Spinoza hat die aristokratische Regierungsform in zwei Arten eingeteilt: Regierung in nur einem Stadtstaat (Beispiele Venedig und Genua) und Territorialregierung bei einer Mehrzahl von Städten (Beispiel Holland-Niederlande). Im Prinzip galten die Hauptgrundsätze für beide Arten gleichermaßen. In der territorialstaatlichen Version[158] sollte nach der Bedeutung der Städte unterschieden werden. Konkret – auch wenn das bei dem Autor nicht zu lesen stand –: Amsterdam hatte einen anderen Rang als die anderen Städte der Provinz und mußte demnach stärker repräsentiert sein. Daß ferner in den einzelnen Städten nur jeweils ein patrizisches Regiment möglich sein konnte, bedarf keiner weiteren Erläuterung. Unter Bezug auf die *Discorsi* des Machiavelli befaßte sich Spinoza gar mit den „Garantien der Aristokratie" und fand sie nicht nur in der Autorität, die dem Rat der Syndici als Kontrollorgan bei Auswüchsen oder Verstößen gegen die Regierungsform beizugeben war, sondern in einer Politik, die vor allem dem hauptsächlichen Interesse des Bürgers, der Mehrung des Vermögens, in jeder Weise entgegenkam, was offensichtlich mit der Natur des Landes und dem Charakter der Niederländer „in Übereinstimmung" war. In der besonderen Betonung der Autorität des Rates der Syndici lag auch die Abwehr einer – wenn auch für bestimmte Zeit – berufenen diktatorialen Spitze, als welche Spinoza wohl die Statthalterschaft empfunden hat.

---

158 Es wurde hier auf die Angabe einzelner Passagen verzichtet. Es sei insgesamt verwiesen auf die Kapitel VIII bis X des TP, S. 130-177.

Über Demokratie ist im *Tractatus politicus* nur kurz gehandelt worden. Das Manuskript bricht nach rund 100 Zeilen ab. Gleichwohl geht aus dem vorhandenen Text hervor, daß unter Volk nicht jeder einzuordnen war, sondern nur die ehrbaren Männer, nicht Frauen, Knechte und auch nicht Kinder und Unmündige. Der Anschluß an Pieter und Johan de la Court war deutlich. Dabei bleibt hinzuzufügen, daß die untergeordnete Stellung der Frau für Spinoza schlichtweg eine naturgegebene war. Die Ausgrenzung der im Lohndienst stehenden Bürger ist von der Reichweite her nicht ganz deutlich. Die Frage, ob es sich auch um andere als Hausbedienstete handelte, muß unbeantwortet bleiben. Aber nicht unwichtig scheint doch der Hinweis zu sein, daß Freiheit und Eigentum bei Spinoza eine so enge Verbindung eingegangen sind, daß die Ausgrenzung auch größerer Bevölkerungsgruppen nicht unwahrscheinlich gewesen sein dürfte, und es will darüber hinaus scheinen, daß die Demokratie, bei aller Betonung als willkommenster Staatsform, wie dies im *Tractatus politicus* zum Ausdruck kam, wohl nicht mehr war als die von der Teilnahme am politischen Leben her relativ stark erweiterte aristokratische Form.[159]

Die staatstheoretischen Überlegungen in den Niederlanden mögen sich dann ganz allgemein an die europäischen Staatslehren der Zeit anschließen, insofern sie sich etwa mit Jean Bodin, Jakob I. oder Thomas Hobbes auseinandersetzten, immer aber hatten sie einen ganz praktischen nationalen Bezug. Zunächst zielten sie auf eine Rechtfertigung des Aufstandes und die damit verbundene eigenartige Staatsform, sodann ging es um die Theorie der Republik mit Aristoteles als Ausgangspunkt der Betrachtungen. Das Stichjahr war 1650, das Jahr der Amsterdamer Affäre. Die Ereignisse jenes Jahres dienten den „wahren" Republikanern dazu, die machtpolitische Unzuverlässigkeit monarchengleicher Spitzen nachzuweisen. Der Zug Wilhelms II. gegen Amsterdam war ein gravierender Fehlschlag des Statthalters, dessen Vater Friedrich Heinrich einen Lebensstil geführt hatte, der dem eines Monarchen eben in nichts nachstand, was übrigens nicht nur von republikanisch empfindlichen Regenten, sondern auch von Beobachtern des Auslandes so gesehen worden war. Es setzte von diesem Zeitpunkt an, noch vor der *Deductie* der holländischen Provinzialstände von 1654, eine Flugschriftenkampagne ein, die ganz abgesehen von ihren sei es polemischen, sei es ausgewogenen Inhalten letztlich einen Hinweis auf das bis dahin sicherlich noch nicht befriedigend gelöste Problem einer „gemischten Regierungsform" enthielt, wie sie mit und aus der Rebellion entstanden war. Diese Flugschriften-Hektik erneuerte sich Anfang der 60er Jahre, als sich die Möglichkeit abzuzeichnen schien, daß der Sohn Wilhelms II. das Statthalteramt wieder würde bekleiden dürfen. Dies hing eng mit der Restauration Karls II. in England zusammen, dessen Neffe der junge Oranier war. In diese Zeit fallen auch die Schriften der hier schon ausführlicher behandelten de la Court-Brüder. Sie wurden einer gesonderten Betrachtung unterzogen, da sich diese Arbeiten von ihrer Qualität, ihrem Tiefgang, her nicht in die Reihe der Flugschriften, Druckerzeugnisse des Parteienstreits, einfügen lassen, auch wenn die Animosität der de la Court-Brüder gegen das Statthalteramt offensichtlich war. Über diese vorgenannten Flugschriften-Hektik ist im folgenden Teilabschnitt zu berichten.

---

159 Zum ganzen HAITSMA MULIER, *The Myth of Venice*, S. 181f. und MCSHEA, *Political Philosophy*, S. 123ff. (über die Demokratie).

Regentenherrschaft: Charakter einer politischen Auseinandersetzung im Pamphlet

Man kann die vorbeschriebenen Ereignisse von 1649/50 und die auf Betreiben der Provinz Holland von den Generalständen einberufene „Große Versammlung" gar nicht hoch genug einschätzen, insofern sich der niederländische Staat nun zum erstenmal als reine Republik ohne den monarchischen Rest einer Statthalterschaft präsentierte und insofern die föderalistische Staatsstruktur dieser europäischen Nordwestregion voll zum Tragen kam. Die Sitzung war von ihrem Beschlußergebnis her gleichsam ein Abschluß der in Dordrecht 1572 eingeleiteten und in Utrecht 1579 zum erstenmal zusammengefaßten Bewegung unter den Bedingungen nicht nur der 1648 in Münster errungenen völkerrechtlichen Unabhängigkeit, sondern vor allem unter der Bedingung des Friedens und damit unter der eines unübersehbaren Erfolges, der der Selbstbestätigung der ohnehin schon selbstbewußten Regenten dienen und eine gesunde Grundlage für weitere Jahre der Regentenherrschaft abgeben konnte. Die Faktion der „Loevesteiner", jener kurz zuvor noch inhaftierten Regenten, stipulierte den Kurs aus: Das hieß Wahrung des Systems unter Ausschaltung der Statthalterschaft, volle Bestätigung provinzieller Souveränität. Holland ging voran, andere, jedoch nicht alle, folgten. Bei der Streichung des Statthalteramtes blieb es nicht. Auch das Amt des Generalkapitäns blieb unbesetzt.

Um diese Aktion entspann sich die vorgenannte, hohe Wellen schlagende publizistische Auseinandersetzung, ein heftiger Streit recht eigentlich, auf den hier näher einzugehen ist. Der Flugschriftenstreit hatte sich bis dahin schon zu einer ganz spezifischen Äußerungsform der politischen Kultur in den Niederlanden dargestellt. Es handelt sich um ein Stück Rede und Gegenrede, das durchaus auf ein lebhaftes politisches Interesse am Thema in der Republik schließen läßt. Die Ereignisse von 1650 lenkten niederländische Pamphletisten und Staatstheoretiker auch ab von der Beschäftigung mit dem Geschehen in England, wo Karl I. hingerichtet worden war und der Übergang zur Republik des Oliver Cromwell stattgefunden hatte. Dirck Graswinckel meldete sich jetzt zu Wort ebenso wie der vielschreibende Boxhorn. Graswinckel hatte sich schon 1642 in einer der Königin Christine von Schweden zugeeigneten Schrift über Souveränität als ein absolutes und göttliches Recht ausgesprochen und Boxhorn sich für das unbeschnittene Sukzessionsrecht der königlichen Nachkommen eingesetzt, auch wenn der Vater der Verstöße gegen das geltende Recht bezichtigt und überführt worden war. Boxhorn bezog sich dabei auf den spanischen Laienjuristen Fernando Vásquez de Menchaca. Ob zu Recht oder zu Unrecht, ist hier nicht zu erörtern, aber festzustellen bleibt, daß Boxhorns Schriftchen eine Reihe von Gegenschriften hervorgelockt hat, in denen sich die Autoren die Argumente für oder gegen die „Ein"-Herrschaft oder die Herrschaft von mehreren einander um die Ohren schlugen.[160] Es waren meistens gelehrte Schriften, zunächst lateinisch geschrieben, oder französisch, für ein begrenztes Publikum also verfaßt, wurden dann freilich übersetzt, wohl um weitere Verbreitung möglich zu machen. Die Inhalte der Graswinckelschen Schrift oder der Boxhornschen Arbeit und seiner Verteidiger klangen freilich ganz anders als eine Flugschrift, die 1647 unter dem Titel *Zeedich ondersoek van de macht der princen ende des volcks* erschienen war und die jede obrigkeitliche Gewalt als eine vom Volk abgeleitete definierte mit der Verpflichtung der

---

160 Siehe D. GRASWINCKEL, *De iure majestatis*; DERS., *Korte onderrechtinge raeckende de fondamentale regeringhe van Engelandt, ende de gherechtigheden soo van den koningh, als van het parlement* (1649), ursprünglich französisch geschrieben; M.Z. BOXHORN, *Bedenckingen aenggaende de successie ende her recht der oudstgeborenene in het aenveerden van een erfrijk ...* (1649); dazu J.B., *Ad dissertationem clarissimi viri D.M.Z.B. De iure primogenitorum ...* (1649); s.a. Knuttel 6381, 6382 und 6383 (Boxhorn).

Obrigkeit, die eigene Kompetenz jeweils zu beweisen. Was nicht ausdrücklich delegiert war, das ruhte noch beim Volk, das sich keiner weiteren Beweislast zu unterziehen hatte. Es war der Versuch, mit der durchaus üblichen Hilfe der Bibel (erstes und zweites Buch Samuel, Römerbriefe) und der Geschichte eine Art Grundlage einer rechtsstaatlichen Ordnung zu schaffen, die schon recht stark in die Nähe demokratischer Überlegungen rückte, insofern in erster Linie die Monarchen, aber auch polyarchische Regierungsformen in ihren Kompetenzen der Ableitung aus dem Volkswillen unterlagen. Welche konkreten Auswirkungen das haben sollte, ist in dieser Schrift nicht gesagt worden, es war eine Diskussion am Rande, die keine echte Auseinandersetzung mit den niederländischen Gegebenheiten enthielt. Es ging dabei auch gar nicht um eine Entscheidung für monarchische oder polyarchische Regierungsform, sondern um die Position des Volkes, der Untertanen, gegenüber den Regierenden in beiden Formen. Der Autor gab sich dabei auch nicht demokratisch, wie das später auf jeden Fall tendenziell bei Pieter de la Court auftauchte. In dieser frühen Schrift ist von einer regelmäßigen Regierungsbeteiligung von Volksvertretern keine Rede; das Volk fand sich nur dann aufgefordert, seine natürlichen Recht zu verteidigen, wenn sich die Obrigkeit auf den Weg der Machtexpansion begab.[161] Jedenfalls stand diese Flugschrift weiter vom Gedanken der Republik entfernt als die Äußerungen jenes Holländers, der im Dialog mit einem Franzosen und einem Engländer die Republik als die beste Staatsform verfocht, sich zwar durchaus mit dem Gedanken einer „parlamentarischen Monarchie" vertraut machen konnte, aber die absolute Monarchie der Franzosen voll ablehnte.[162]

Während man davon ausgehen kann, daß eben die englischen Ereignisse durchaus die Staatsrechtsdenker oder Staatstheoretiker oder auch solche, die sich dafür hielten, auf den Plan brachte, hat die Krise, die im Zusammenhang mit dem Zug Wilhelms II. gegen Amsterdam entstand, die Gemüter erst recht in Wallung gebracht. Thematisiert wurden das Statthalteramt und die Souveränität. Lag sie bei der Provinz, bei den Generalständen? Der Autor der *Bickerse beroerten*, der sein Pamphlet als „Patriot des Vaterlandes" noch zu Lebzeiten des Oraniers erscheinen ließ, muß äußerst verstört gewesen sein, wenn er schon im Anhub, in den allerersten Sätzen, der „aristokratischen oder bürgerlichen Regierung" keine lange Lebensdauer zuerkennen wollte. Eine Verteilung souveräner Gewalt auf mehrere Personen bedeute Streit, und Streit bedeute Verfall. Innere Streitigkeiten also, nicht Zugriff von außen, beendeten die staatliche Existenz! Er griff auf antike Beispiele zurück. Lakedämonien und Athen boten den Anschauungsunterricht, Israel ebenso. Aber schließlich gab die Geschichte des eigenen Landes genug Stoff her für den Nachweis, daß nicht die Souveränität der Provinzen, sondern nur die Erfahrung und das Ansehen des Prinzen Moritz die Republik zusammengehalten hatte. Und natürlich durfte der Hinweis auf den „Vater des Vaterlandes", auf Wilhelm von Oranien, nicht fehlen, dessen Autorität als Befreier des Landes von spanischer Herrschaft immer eine Trumpfkarte war. Wilhelm, so hieß es bei dem Autor, habe sich 1579 gegen die geringen zentralen Befugnisse im Utrechter Bündnis (Utrechter Union) gewandt. Dem Autor ging es darum, Einheit und Einigkeit herzustellen, das Statthalteramt als solches stand noch nicht zur Diskussion, denn Wilhelm II. lebte noch. Und da er die Einigkeit durch bestimmte Regentenschichten in Gefahr gebracht sah, durch den Anspruch der Provinz auf Souveränität also, warf er den Regenten vor, schuldig zu sein am früheren Streit zwischen Arminianern und Gomaristen (Remonstranten und Kontraremonstranten), wobei er die Arminianer, hier sozusagen eine Erfindung der Regenten, in die Nähe der Katholiken rückte, was letztlich auch nur eine Wiederholung bekannter Anwürfe aus

---

161 Knuttel 5408.
162 *Trio ofte t'Samen-Spreeckinghe tusschen een Hollander, Frans- ende Engelsman, noopende desen tegenwoordigen tijdt* (1648), Knuttel 5793.

der Zeit selbst darstellte. Kein Argument konnte vernichtender wirken als der Hinweis auf die Gefahr der Re-Katholisierung. Form und Stil der Flugschrift weisen aus, wie hoch die Wellen schlugen, was dann auch den Ernst dieses Grundproblems niederländischer Staatsstruktur zeigt: die Frage nach dem Verhältnis des Ganzen zu seinen Teilen, und das *Ganze* war für den Autor das „Vaterland", nicht die Provinz oder gar nur die Stadt. Für den Verfechter der Einigkeit, die nicht gleich Einheit sein mußte, blieb nur eine entsprechende Deutung der Utrechter Unionsakte, und das war in der Tat das einzige Strukturpapier. Es wurde rasch deutlich, daß es in mehrere Richtungen gedeutet werden konnte. Was sich jetzt, 1650, recht eigentlich rächte, war das Versäumnis, den bestehenden Staat als Ergebnis des Aufstandes nur gerechtfertigt, nicht ihn aber theoretisch weiterentwickelt zu haben.[163]

Sehr ähnlich thematisierte die Flugschrift *Het Recht der Souverainiteyt van Hollant* das Problem der provinzialen oder zentralen Souveränität, und es war schon bezeichnend daß die Losung von der politischen Stärke eines einigen Landes zum Abschluß der Schrift in übergroßen Antiqua-Buchstaben aufgegriffen wurde: „Eintracht schafft Macht", so hieß es da, „Zwietracht also Ohnmacht". Das Pamphlet, auf das sich, wie ermittelt worden ist,[164] viele Oranientreue („prinsgezinden") beriefen, war ein raffiniertes Stück politische Publizistik, insofern die guten Gründe der Provinz Holland in ihrer Aktion gegen Generalstände und Statthalter auf knapp sechs Seiten dargeboten wurden, um dann auf fast 21 Seiten mit besseren Gründen den Gegenbeweis anzutreten. Es war keine Kampfschrift im eigentlichen Sinne, keine Schmähung, sondern letztlich ein Aufruf, den Intentionen der Utrechter Union zu entsprechen. Der Kernpunkt war der Souveränitätsbegriff. Der Autor, der auf eine Art „bundesstaatliche" Struktur zielte und diese schon in der Utrechter Union politisch logisch angesiedelt sah, führte eine Doppelsouveränität ein, die der General- und die der Provinzialstände. Die Souveränität der Provinzen wurde nicht ausdrücklich bestritten, aber sie wurde dort beschnitten, wo sie mit den Gesetzen der Union in Konflikt geriet. Sie war letztlich zweitrangig. Über ihr stand die „höhere Souveränität" der Generalstände und nicht nur der Generalstände allein, sondern mit diesen zusammen auch die des Statthalters („doorluchtige Hocheyt"). Die Hineinnahme des Statthalteramtes war zumindest juristisch nicht schlüssig und konnte auch nur als ein Politikum verstanden werden, das offensichtlich noch von der Position des Friedrich Heinrich inspiriert war. Daß dazu eben die noch junge Geschichte der Republik unter dem Motto herangezogen wurde „es war immer so", kann angesichts der allgemein üblichen Argumentationsweise nicht überraschen. Das Staatsschiff habe unter diesen strukturellen Voraussetzungen so manchen Sturm heil überstanden. Und die „gemischte Regierungsform", denn um eine publizistische Kolportage des in der Politik-Wissenschaft so häufig beschworenen Zustandes ging es, sei in der Union von Utrecht als eine Art Machtgleichgewicht zwischen Statthalter und Generalständen festgeschrieben. Der Autor des Pamphlets fühlte sich offensichtlich bemüßigt, dieses Verhältnis als ein Machtgleichgewicht zu betonen, da auf solcher Basis möglicherweise noch der größte allgemeine Konsens gefunden werden konnte.[165] So lief die Disputation

---

163 *Bickerse Beroerten, ofte Hollantschen Eclipsis, tegen den Helderen Dageraedt der Provintie van Hollandt. Dat is: Discours over de Excusen van Amsterdam gedaen, in haer Verantwoordinge, aengaende de Hollantsche beroerten laest gevallen door beleyt eeniger Steden van Hollandt, principalick van Amsterdam. Door een Patriot des Vaderlandts. Brussel 1650.* Knuttel 6843.
164 GROENVELD, *De Prins*, S. 49.
165 Knuttel 6740: *Het Recht der Souverainiteyt van Hollant, ende daer teghens de wel -ghefundeerde redenen by de Heeren Staten Generael zyn Hoocheyt, ende de Raet van Staten, tot wederlegging van de Hollandtsche Souverainiteyt, by-gebracht met justificatie van des Generalityts Opperste Souverainiteyt, wanneer de Unie by een particuliere Provincie is gecontravenieert (1650).* Dazu auch GROENVELD, *De Prins*, S. 48ff.

letztlich auf eine Deutung der Utrechter Union im Sinne einer bundesstaatlichen Lösung hinaus, mit einer Reihe von interpretatorischen Fragwürdigkeiten (etwa Mehrheitsentscheidungen in Finanzfragen), die hier freilich nicht zu erörtern sind.

Die vorgenannte Schrift entstand noch zu Lebzeiten des Statthalters Wilhelm II. Nach dessen Tod verlief die publizistische Aktion um die Maßnahmen des Prinzen gegen Amsterdam noch hektischer und zugleich persönlicher. Das Souveränitätsproblem war zwar noch Gegenstand der Betrachtung, aber vor allem stand zu lesen, daß der Oranier auf Machterweiterung aus gewesen sei oder aber als Neider der Blüte Amsterdams eingeordnet werden müsse; so sagten es zumindest die einen, andere porträtierten ihn als den Vorfechter der republikanischen Einheit, als einen hoffnungsvollen Sproß am Baume Oraniens. Die Epitheta ornantia nahmen da kein Ende ebenso wenig wie die geringerwertigen Charakterbeschreibungen von der Gegenseite.[166] Jedenfalls war deutlich spürbar, daß die Zukunft des Statthalteramtes auf dem Spiel stand. Es sei hier aus der Vielzahl der Pamphlete die *I. Conferentie van eenige Nederlandtsche Heeren* herausgegriffen, die vielleicht am besten – in der bewährten Dialog-Form – die Emotionen und Argumentationsstränge jener Wochen wiedergibt. Es ist eine Schrift, die wohl während der Verhandlung der „Großen Versammlung" erschien. Es war nicht ohne Witz, wenn zwei der Gesprächsteilnehmer der Flugschriftenkonferenz, die die extreme Pround Kontra-Position hinsichtlich des verstorbenen Statthalters vertraten, die Namen „Sorgental („Sorgdal") und „Freudenberg" („bleyenberg") trugen. Während der dritte, sicherlich auch kein Freund des Amtes, weniger beziehungsvoll „Kenntnisreich" („Weetburg") hieß. Besorgt zeigte sich der Oranien-Freund, erfreut über den Tod der Gegner. Dieses Pamphlet enthielt das ganze Substrat von persönlichen Animositäten und schließlich auch von Unausgegorenheiten einer Staatsform, die die Vergangenheit noch nicht überwunden, die Zukunft noch nicht erfaßt hatte. Der Oranienfreund fand Bezugspunkte zur höheren Ehre des Prinzen, die in einer Republik zumindest seltsam klangen, aber vielleicht doch als Widerhall des ausgemacht höfischen Lebensstils der Oranier, wie ihn Friedrich Heinrich eingeleitet hatte, zu verstehen sind. Für republikanische Augen und Ohren mußte es wider den Sinn und die Vergangenheit des Staates sein, wenn auf die Vermählung des Oranierprinzen mit der ältesten Tochter des inzwischen hingerichteten Karls I. und dabei zugleich auf die Verwandtschaft mit den Königen von Frankreich, Spanien und Dänemark als ein hoch einzuschätzender Ausgangspunkt statthalterlicher Existenz hingewiesen wurde. Geschickt führte „Sorgental" die Dynastie des Hauses Oranien von oben nach unten auf, um bei Wilhelm von Oranien zu enden, über dessen Qualität als „Vater des Vaterlandes" zu streiten sicherlich bei allen Niederländern zu den Ungehörigkeiten zählte. Aber mehr noch. Nicht nur jung, klug und gesund sei er gewesen, auch ein Löwenherz habe er gehabt, im Mut vergleichbar König David und seinen Helden. Ein Griff ins Alte Testament diente immer und überall als wertvolle Illustration. Erstaunlich war es wiederum nicht, daß der Oranienfreund das Staatsschiff ganz in der Verantwortung des Hauses liegen sah, ohne die Stände zu nennen. Daß darüber hinaus die reichen Besitzungen des Hauses Oranien nachhaltig erwähnt wurden, diente als Argument für die Unverzichtbarkeit des Amtes und der Person.

Die Gegenrede des Gesprächspartners „Freudenberg" zeugt nun von einer Verschärfung des Problems, wie sie bis dahin unbekannt war. Sicherlich zu Recht wehrte sich republikanischer Geist gegen die Behauptung, daß die Verwandtschaft mit europäischen Höfen zum Ruhme des Landes beitrage. Nicht zur Ehre gereichte solche Beziehung, viel eher beschwor sie Gefahren herauf. Von der Neigung zur absoluten Herrschaft war die Rede, und um solche Gefahr besonders zu betonen, wurde eine Reihe von römischen Kaisern als abschreckendes Beispiel angeführt, unter ihnen Nero, Claudius und

---

166 GROENVELD, *De prins*, S. 54 mit Auswertung einer Vielzahl von Flugschriften.

Vespasian. Diese Parallelitäten ließen zwar nicht die Verdienste der Statthalter bis hinunter zu Wilhelm von Oranien, dem „Vater des Vaterlandes" übersehen, aber es konnte angesichts solcher Denkvoraussetzungen nicht ausbleiben, daß die Leistung relativiert wurde, indem „Freudenberg" die Provinzen als die eigentlichen Garanten des Erfolges benannte. Daß der gerade verstorbene Prinz von Oranien mutig, arbeitsam, unverzagt gewesen sei, schien ihm freilich nur ein Allgemeinplatz zu sein, gültig für alle Menschen. Aber – und das wurde als besonders wichtig herausgestellt – dem Prinzen habe Vorsicht und der Sinn für eine gute Politik gefehlt, und eben dies habe gute, kühne Menschen Menschen wie Scipio, Hannibal, Cäsar, Heinrich IV. und den schwedischen König Gustav ausgezeichnet. Der verstorbene Prinz wurde an Antike und Gegenwart gleichermaßen gemessen und zu leicht befunden. Das geringe Gewicht ließ sich dann besonders betonen, wenn es sich aus dem Vergleich mit den echten Größen der älteren nd jüngeren Vergangenheit ergab. Kurz, der Prinz wäre, hätte er länger gelebt, ein Unglück für das Land gewesen, darüber könne auch die ihm als positiv zugeschriebene Höflichkeit und Diskretion nicht hinwegtäuschen, ebenso wenig wie das die so stark apostrophierte Popularität tun könne. Da wurde die erstgenannte Eigenschaft als höfische Üblichkeit und Oberflächlichkeit abgewertet und die Popularität als eine auf die Truppen begrenzte zurückgeschnitten. Auch der Besitz, der Reichtum des Hauses konnte nicht imponieren, vielmehr wurde Sparsamkeit als eine den Oraniern fehlende republikanische Bürgertugend ins Feld geführt. Voll ins Gericht ging „Freudenberg" mit dem Oranier in politischen Fragen. Es war die Souveränität der Provinz, die durch den Prinzen bedroht worden sei: er habe damit den Bestand der ganzen Union aufs Spiel gesetzt. Dazu zählte nicht nur der Schlag gegen Amsterdam, sondern auch, wie behauptet wurde, der geplante Zug gegen andere Orte Hollands und Seelands. Viel wichtiger als die Auflistung von vergangenen oder geplanten „Untaten" freilich will doch die Diktion erscheinen. Der Tod hier als Erlöser! Als Erlöser von drohender „skythischer, türkischer oder barbarischer Regierung und Tyrannei" und als Befreier aus drohender „ägyptischer" Sklaverei. Solche Terminologie pflegte der Gegner der Oranier, und so wies er seine Freude über den Tod des Prinzen nach, abgesehen davon, daß er den Tod einen göttlichen Ratschluß nannte, durch den Gottes Gemeinde vor Gefahren geschützt worden sei. Auf welche Weise denn der Prinz beabsichtigt habe, die absolute Herrschaft zu erringen, wurde gefragt. Korruption sei das geeignete Mittel, antwortete „Freudenberg", Korruption mit Hilfe seiner Kreaturen, die auch namentlich genannt wurden, und schließlich auch militärisches Eingreifen gegen etwaige Opponenten. Der Redner projizierte da für seine Gesprächspartner eine schleichende Machtergreifung.

Freilich, ein Plädoyer für eine statthalterlose Republik sprang dabei nicht heraus. Die scharfe Kritik galt dabei Person und Amt insofern, als dieses Amt noch zu viele Befugnisse enthielt. Es ist schon recht auffällig, daß auch der schärfste Gegner der Oranier die Vorzüge einer gemischten Regierungsform hervorhob und vor einer strukturellen Veränderung warnte. Die Fundamente des Staates sollten bleiben, weil die Republik insgesamt Vorteile gehabt hatte und weil auch das Volk einer Figur bedurfte, um „im Zaum gehalten zu werden", die zudem als Schlichtungsinstanz auftreten konnte, und weil es schließlich militärische Pflichten gab, die am besten einer solchen Figur anvertraut waren. Das Amt als Instrument der Befriedung im Innern und zugleich notwendig für die Kriegführung. Daß die Amtsperson auch als Kontaktmann bei auswärtigen Angelegenheiten auftreten sollte, will dann schon nicht mehr einleuchten, es sei denn, man hat hier die monarchisch geprägte Umwelt berücksichtigen wollen. Logisch will die genaue und beschnittene Version des Amtes von Statthalter und Generalkapitän erscheinen. Beide Funktionsbereiche waren so festzulegen, daß die Souveränität der Provinzen und der Union unangetastet blieb, was bedeutete, daß ein entsprechendes Gesetzeswerk und Kontrollsystem erforderlich wurde. Als möglicher Amtsträger bis zur Volljährigkeit des gerade geborenen jungen Oraniers (später Wilhelm III.) wurde Graf Moritz von Nassau vorgesehen. Ähnlich äußerte sich im übrigen G. de Rivo Ursino, der Autor der Flugschrift *Grondigh Bericht* von 1651, der noch tiefer auf die gemischte Regierungsform einging und sie allen anderen Formen vorzog.[167]

Die Ungewißheit über das künftige Schicksal des Amtes, die zur Zeit der Veröffentlichung des vorgenannten Gesprächs noch bestand, räumte die „Große Versammlung" bald aus. Das Amt wurde dort, wie schon erwähnt, schlicht nicht mehr für nötig befunden. Das entsprach auch dem Wunsch einer Flugschrift, die sich gleichsam als Kommentar zur Aufforderung der Provinz Holland an die anderen Provinzen verstand, zur gemeinsamen Beratung zusammenzukommen. Wie die freien Republiken von Venedig, Genua oder der Schweiz wolle man leben, und die Republik habe den Spott der Außenwelt zu fürchten, wenn sie sich wie „Kinder und Geisteskranke aus eigenem freiem Willen in die Sklaverei begebe".[168] Es ist so erstaunlich nicht mehr, daß Pamphletschreiber sich zu diesem Zeitpunkt der höchsten Diskreditierung des Statthalteramtes in aller Ernsthaftigkeit um historisch-theoretische Ableitungen zugunsten einer aristokratischen Regierungsform bemühten, um von der gemischten Form los zu kommen. Bei dem schon fast unvermeidlichen Hugo Grotius fanden sie eine Art juste-milieu-Theorie, in weiterführender Gelehrsamkeit führten sie Herodot, Thukydides und Xenophon an und verwiesen sie auf den Glanz Venedigs oder der Schweiz. Es wurde dann auch gefragt, ob nicht Eintracht, wie sie das Emblem des siebenpfeiligen Bündels in der Löwentatze symbolisierte, auch in aristokratischer Regierungsform sich realisieren lasse, wie schließlich aus der Antike nachgewiesen wurde, daß die Blüte der Staaten eher unter einer aristokratischen Regierungsform zur Entfaltung komme. Und es ist klar, daß die Souveränität der Provinzialstände gleichsam das logische Accessoire solcher Herrschaft darstellte, während die Union lediglich als ein gegen Angriffe von außen gerichteter Bund begriffen wurde.[169]

Die „Große Versammlung" entschied schließlich, weder einen Statthalter zu benennen noch einen Generalkapitän anzustellen. Das war ein Erfolg nicht zuletzt des Johan de Witt, der sich wenig später bereit zeigte, über die schlichte Fixierung in den Niederlanden hinauszugehen und im Zuge der Verhandlungen des Friedens von Westminster (1654) in einer gesonderten Erklärung gegenüber Oliver Cromwell schriftlich festzulegen, daß sowohl der Sohn Wilhelms II. von Oranien als auch jedes andere Mitglied des Hauses Oranien von der Provinzialstatthalterschaft ausgeschlossen bleiben sollte und auch nicht von den Generalständen in das Amt des Generalkapitäns eingeführt werden durfte („Acte van Seclusie"). Erfordernisse der Außenpolitik motivierten zu solchem Schritt, wenngleich es dem überzeugten Republikaner de Witt nicht schwerfiel, solch eine Unternehmung zu starten, auch wenn die anderen Provinzen dagegen protestierten. Tatsächlich kam das englische Ansinnen – denn das war der Ausgangspunkt – innenpolitischer Intervention gleich. Ob dies ein mit dem geltenden Staatsrecht zu vereinbarendes Unternehmen war, mag dahingestellt bleiben; de Witt sah sich dann

---

167 Knuttel 6899: *I. Conferentie van eenige Nederlandtsche Heeren op den tegenwoordigen Staat deser Landen, Middelburg 1651;* Knuttel 7009: G. DE RIVO URSINO, *Grondig bericht, nopende den interest van desen staet, vermidts de doodt van Sijn Hoogheyt, met het noodtsaeckelijcke redres van dien.door surrogatie van Sijn HooghGraefelijcke Excellentie den heere Mauritius, grave van Nassauvv ... Zijnde een antwoordt op de Trouwhertige aenspraeck aen alle goede en trouwe patriotten,* Rotterdam 1651.
168 Knuttel 6900: *Trouwhaertige aenspraeck aen alle goede patriotten van desen staet, in dese gelegenheyt,* Leiden 1650.
169 So der Autor von *Nootwendighe Aenmerckinge op een fameus libel, ghenaemt de Bickerse beroerte, ofte den Hollantsen Eclipsis, nevens een verdedighinghe van de heylighe gheunieerde souverainiteyt,* Antwerpen 1650.

Johan de Witt (J. de Banc)

auch verpflichtet, in einer Begründung – die sogenannte *Deductie* – das holländisch-englische Unternehmen zu erläutern. Es handelt sich bei der *Deductie* um ein zwar dem trägen sprachlichen Duktus der Zeit verhaftetes, gleichwohl glasklares, in seiner Entschiedenheit bis dahin unübertroffenes Dokument des Mathematikers de Witt, der in klinisch unterkühlter Analyse ausging von dem unbedingten Souveränitätsanspruch der Provinz und der alle Rechte bei der Provinz verblieben sah, wenn sie nicht ausdrücklich der Union übertragen waren. Für de Witt war es eine Selbstverständlichkeit, daß die Entscheidung über das Statthalteramt zu diesen Rechten gehörte. Das Recht, das Haus Oranien endgültig vom Amt auszuschließen, erschien dann – auffällig genug – eingebettet in eine Neuauflage des alten Widerstandsrechts, mit dem sich die Absetzung des spanischen Königs hatte begründen lassen, denn die Aktion von 1654 wurde mit der Maßnahme von 1581 verglichen; auch das Leicestersche Zwischenspiel führte de Witt zwecks Beweisführung an. Es kann in diesem Zusammenhang dann auch nicht verwundern, daß im Hinblick auf die Utrechter Union immer von Bundesgenossen gesprochen wird und daß de Witt unter die Souveränität auch die Außenpolitik einbezog. Das war ein sehr weitgehender Schritt, in dieser extremen Form bis dahin unbekannt, der hart an den Existenzgrundlagen der Republik als Ganzes rüttelte, ihnen möglicherweise nur noch unter zwei Bedingungen Realitätswert zuzuordnen vermochte: zum einen unter den Bedingungen eines Krieges gegen einen gemeinsamen Feind, zum anderen unter der Voraussetzung einer Anerkennung holländischer Führerschaft, was bei den gegebenen finanziellen Verhältnissen so abwegig nicht war. Genau dies lief unter dem Wort von der „wahren Freiheit", die offensichtlich erst nach der Abschaffung der Statthalterschaft ihre volle Ausprägung finden konnte. Für den konsequenten und ohne Umschweife denkenden Republikaner de Witt war eine Institution wie die Erbstatthalterschaft etwas nicht Denkbares, weil von den Denkvoraussetzungen her Unlogisches. Der Mann aus der Dordrechter Regentenfamilie orientierte sich nicht an historisch Gewordenem, sondern an der Logik einer Staatsform. Und wenn er die Historie einsetzte, dann geschah das nur um den Nachweis der konkret zu belegenden Richtigkeit seiner Logik willen. Die Reminiszenz an die Entstehung des selbständigen niederländischen Staates hieß einfach nicht Kotau vor dem Führer des Aufstandes. Aus der führenden Position ließ sich nicht gleich auch Führerqualität mit natürlicher Erbfolge ableiten, als ob es eine gleichsam angeborene Führerqualität und damit immerwährenden Anspruch auf das Amt gebe. Freiheit – und das ist der Begriff, der in de Witts Begründung sehr viel häufiger auftaucht als in den Flugschriften der Zeit – ließ sich erst dort konkretisieren, wo die Entscheidungen nicht von psychogenetischen Forderungen beeinträchtigt wurden. Es war bei de Witt recht eigentlich zum erstenmal angesprochen, daß Freiheit eben im Unterschied zur ersten Phase des Aufstandes nicht nur Wahrung von Privilegien und Gewohnheitsrecht hieß, sondern freies Bewegen auf jedem Politikfeld bedeutete, auf dem Boden einer souveränen Provinz, eine korporative Freiheit also, noch keine individuelle Freiheit im Sinne des John Locke, wenngleich auch in Flugschriften dieser Zeit schon die Freiheit des Erwerbs und des Eigentums als Voraussetzung eines gesunden politischen Zusammenlebens genannt worden war. Als erstes Instrument, diese korporative Freiheit zu beschützen, diente die Abschaffung des Statthalter- und Generalkapitänsamtes. Den Nachweis über mögliche Gefahren, die in den Umwandlung von Heerführerschaft in eine monarchische oder monarchengleiche Position lagen, führte de Witt mit Hilfe von Beispielen aus der Antike oder den italienischen Stadtrepubliken.[170] Das war eben

---

170 Knuttel 7543: *Deductie, ofte Declaratie van de Staten van Hollandt ende West-Vrieslandt; behelsende een waarachtich, ende grondig bericht van de fondamenten der regieringe vande vrye vereenichde Nederlanden; ende specialick van 't recht competerende de respective Staten van de geunineerde provincien yder appart, soo ten reguarde van saecken op andere rijcken, republijc-*

ein ganz anderer Ausgangspunkt als der der Provinz Seeland, die sich mit aller Macht gegen die Ausschlußakte wehrte und in einem umfangreichen Memorandum nicht nur den Alleingang der Holländer als unrechtmäßig ablehnte, sondern auch die Notwendigkeit einer Schlichtungsinstanz im politischen Leben der Republik unterstrich und zugleich die Erblichkeit der Ämter (Statthalter und Generalkapitän) mit den Verdiensten der Oranier, angefangen beim „Vater des Vaterlandes", begründeten. Keine abstrakten, vom Freiheitsbegriff ausgehenden Überlegungen zur republikanischen Staatsform, sondern ein auf moralischen Werten wie Treue, Tapferkeit und Eifer für die niederländische Sache gründender Praktizismus diktierte die Feder der Seeländer. Daß Undankbarkeit der Holländer als negative Formel bereitgehalten wurde, ist angesichts dieser Argumentationskette nicht erstaunlich.[171]

Abgesehen von der Erklärung der seeländischen Stände, blieb die holländische Begründung auch in der Öffentlichkeit nicht unwidersprochen, so etwa in einer 120seitigen Schrift, die unter dem Titel *Bedenckinge* erschien, deren Autor sich Patriot des Vaterlandes nannte. Die Schrift verdächtigte die Holländer, zu dieser Ausschlußakte nicht gezwungen worden zu sein, sondern sie aus freiem Willen formuliert zu haben. Das war zwar nur ein politischer Vorwurf, aber er lief doch auf eine grundsätzliche staatsrechtliche Klage hinaus, insofern er – ausgehend von Vernunft- und Naturrecht – den provinzialständischen Absolutismus anprangerte. Nach Recht, Ehrbarkeit und mit Takt („wetten van justitie, eerbaerheydt ende discretie") habe jede Regierung zu handeln, wolle sie nicht in Tyrannei verfallen. Dies seien die Gebote der Menschlichkeit, den Heiden schon bekannt und durch Christus neu bestätigt. Es lief hinaus auf Gebote der Moral, indem Erfordernisse der zwischenmenschlichen Beziehungen auf staatliches Handeln übertragen wurden. Das war eine geschickte Argumentationsweise, die als Maxime staatlichen Handelns das Allgemeinwohl postulierte, und der Autor ließ zugleich durchblicken, daß das Handeln der Holländer solcher Maxime nicht gerecht wurde. Souveränität definierte sich daher auch nicht als etwas Ungebundenes, sondern in ihrem Inhalt immer als Ergebnis von Abhängigkeiten. Und bevor er die Abhängigkeit der Provinz von der Union darlegte, zog er vorab das spezifische Abhängigkeitsverhältnis in einer Ehe heran, um seiner Darstellung besonderes Gewicht beizumessen. Die Souveränität der Provinz wurde nicht bestritten, sondern beschnitten zugunsten einer einmal eingegangenen Verpflichtung. Der allgemeinste Satz lautete, daß die Souveränität insofern eine durch die Union begrenzte sei, als nichts unternommen oder unterlassen werden dürfe, was der Union, der Allgemeinheit, zum Schaden gereiche. Dazu ein anderes: Die von Holland postulierte „wahre Freiheit" der Stände, begriffen als Garantie gegen eine Umwandlung in eine monarchische Herrschaft, ging zugleich auf Kosten der Rechte der Bundesgenossen, indem die Ausschlußakte es diesen verwehrte, einen Generalkapitän aus dem Hause Oranien anzustellen; das nun schien dem Autor widersinnig und unerträglich zu sein. Gar nicht mehr zu akzeptieren war vor allem der zugunsten des Friedens und des unbehelligten Handels vertraglich festgelegte Ausschluß einer Dynastie, der man zu gleichsam historischer Dankbarkeit verpflichtet sein mußte. Dieses Argument von der Dankbarkeit gegenüber den Oraniern ist ein immer wieder auftauchendes Element oraniengesinnter Beweisführung. Hier erschienen Handel und Profit als von äußerst geringer Wertigkeit gegenüber der Reminiszenz an die Entstehung des Staates, und selbst ein auf

---

quen, staten, ende landen reflectie hebbende, ende met, ofte ter contemplatie van de overicheden ende selve te verhandelen, als ten opsichte van saecken binnen hare respective provincien voorvallende ... ingestelt ende dienende tot justificatie van 't verleenen van seeckere Acte van Seclusie, raeckende 't employ vanden heere prince van Oraigne, 's-Gravenhage 1654. Zum Freiheitsbegriff auch H. SCHILLING, *Politischer Radikalismus im 17. Jahrhundert,* in: Geschichte und Gesellschaft, 10, 4 (1984), S. 526ff.

171 Als Beilage zu der unter Anm. 170 angeführten *Deductie.*

Basis der Ausschlußakte ausgehandelter Friede nahm einen geringeren Platz ein als ein in Treue zur Dynastie weitergeführter Krieg. Das Alte Testament – Genesis 49, 14/15 – lieferte den Vergleich mit den „Friedenswilligen": „Issachar ist ein knochiger Esel", so steht dort zu lesen, „er lagert am Kochherd, er sah, seine Ruhe ist schön und lieblich sein Land. Da beugte er seine Schulter zur Traglast; er wurde zum Fronknecht." Neben all diesem wies der Autor auch die für ihn unrichtige Behauptung zurück, daß allein das Amt des Generalkapitäns in den Händen des Oraniers zu einem Umsturz führen könne. Und was als etwaige Konsequenz militärischer Gewalt von den Holländern vorgeführt worden war, das wollte der oranientreue Autor auch auf aristokratische Systeme angewandt wissen. Um Machtbesessenheit ging es ihm, die schließlich überall auftreten könne. Aufs allgemein Menschliche wurde das geschoben. Der Autor der Schrift, vor die Alternative oranische oder aristokratisch-bürgerliche Regierung gestellt, bevorzugte dann auch eindeutig die Oranier, wenngleich es angesichts des überströmenden Wortschwalls einigermaßen schwierig ist auszumachen, ob ihm nicht gar eine über die ehemals gemischte Regierungsform hinausgehende monarchische Struktur am liebsten gewesen wäre. Zumindest scheint die Tugend, die zu einer guten Regierung befähigte, nicht nur eine angeborene zu sein (jedenfalls wenn die Vorfahren schon solche Tugend bewiesen hatten), sondern auch eine durch Reichtum, Erziehung, Ansehen und Respekt des Volkes erworbene. Das waren schon seltsame Worte in einer republikanischen Zeit, weil die „anderen Herrscher", damit waren bürgerliche gemeint, als *homines novi* und Menschen ohne Bildung solche Eigenschaften und Voraussetzungen nicht mitbrachten. Hatte nicht zudem Gott die Monarchie verordnet, und hatte nicht unter den Aristokratien der alttestamentarischen Richter immer ein Oberhaupt die Geschicke bestimmt? Im *Buch der Richter* (21, 25) hieß es doch: „Zu der Zeit war kein König in Israel. Ein jeglicher tat, was ihm recht deuchte."[172] Selbstverständlich blieb diese publizistische, mit einer Vielzahl von alttestamentarischen Belegen gestützte Entscheidung für die Dynastie Oranien nicht unwidersprochen. Zu den bekannten Argumenten kam lediglich noch der Hinweis, daß das Haus Oranien ab 1586 bis zum Tode des letzten Oraniers 19 Millionen Gulden erhalten hatte. Soviel zum Thema Dankbarkeit.[173]

Die Polemik dieser Jahre, die nach 1654/55 leicht abflaute, erwachte nach 1660 zu neuem Leben, verursacht vor allem durch die Schriften des Pieter de la Court. Neues Leben hieß freilich nicht gleich neue Argumente. Oranientreue und die sogenannten „Staatsgezinden", die man hier mit *Republikaner* übersetzen sollte, waren gleichermaßen stark vertreten. Es war Hieb und Stich auf beiden Seiten, kaum Kompromißbereitschaft spürbar, de la Courts *Interest van Holland* für die Oranientreuen das Reizwort. Für die öffentliche Auseinandersetzung war dieses *Interest* des Pieter de la Court (1662), dem 1669 anonym eine Bearbeitung unter dem Titel *Aanwysing der heilsame politike gronden en maximen van de republike van Holland en West-Vriesland* folgte, sicherlich von ganz zentraler Bedeutung. Sie rückte den Leidener Bürger in ein ganz spezifisches Licht. Er galt von nun als der Ideologe der republikanischen Partei, nachdem er unter Druck des Leidener Magistrats zugegeben hatte, daß er der Autor war – ein Autor dann, den die Kirchengemeinde der Stadt vom Abendmahl ausschloß, solange er sich nicht von

---

172 Knuttel 7551: *Bedenckingen op de Deductie van de Ed: Gr: Mog: Staten van Hollandt nopende den artijckel van seclusie, vasn den here prince van Oragnien; ingesteldt door een patriot van 't vaderlandt* (1654).
173 Knuttel 7660: *Korte aenteeckeninghe dienende tot antwoort op seker Libel genoemt Bedenckingen op de Deductie ... Hier is by-gevoeght een wederleggingh van sekere genoemde copye van de onkosten, gedaen door Willem den eersten, prince van Orangien, in het werven van twee heyrlegers, te weten, van 't jaer 1568 ende 1572* (1655).

jenen Passagen im *Interest* und in der *Aanwijsing* distanzierte, in denen er die Einflußnahme der Kirche in Angelegenheiten des Staates anprangerte.[174]

Auf dieser Schrift wie auch auf der Begründung des Johan de Witt bauten andere republikanische Schreiber auf, und hieran rieben sich die Oranientreuen. Die Schrift enthielt ein umfangreiches Bekenntnis zur Republik, und zwar in der Form, in der sie zu jenem Augenblick in den Niederlanden gelebt wurde. Die Republik galt in diesen Kreisen als die einzige geeignete Staatsform, und wenn de la Court von der Republik sprach, dann dachte er wohl in erster Linie immer an die Provinz Holland. Die Republik als die den speziellen geographischen (maritimen) und wirtschaftlichen Bedingungen der Provinz entsprechende Staatsform! Den Maximen des Staates stellte de la Court mit Nachdruck den Satz voran, daß das wirkliche Interesse aller Länder im Wohlergehen sowohl der Herrschenden als auch der Untertanen bestand. Dies machte eine Verfeinerung gleichsam der antiken, in jener Zeit manchen Broschüren vorangestellten Sentenz *Salus populi suprema lex* aus. De la Court lehnte Monarchien oder die der Monarchie ähnelnde Regierungsformen ab, weil die Monarchen im allgemeinen nur die persönlichen Ziele verfolgten, sich aber nicht von den Pflichten gegenüber den Untertanen leiten ließen. So liege es nicht in ihrem Interesse, etwa die Städte stark werden zu lassen, da sie Gefahr laufen müßten, von diesen Städten verjagt zu werden. Eine freie republikanische oder ständische (sprich: aristokratische) Regierungsform war die geeignetste, weil hier eine Identität zwischen dem Wohlergehen der Untertanen und der Regierenden bestehe. Es ist die auffällige und in eben dieser Schrift so weitgehend ausgearbeitete wirtschaftliche Komponente, die die ganze Darstellung aus der Reihe der früheren und der nach 1662 folgenden Schriften und Pamphlete herausragen läßt. Die Identität von wirtschaftlichen und politischen Akteuren ließ dann – ganz folgerichtig und vernünftig – den Schluß zu, daß Monarchen oder monarchenähnliche Figuren oder auch Generalkapitäne nachgerade schon psychisch nicht imstande seien, das wahre Interesse des eigenen Landes zu verfolgen. Ihnen gehe es immer um Ausdehnung der Macht, um Verbesserung und Mehrung ihres Ruhmes und um den Glanz der Dynastie. Das bedeute naturgemäß Erhöhung der Steuern, Auferlegung von wirtschaftlich untragbaren Lasten. Abgesehen davon, daß dem Autor die Provinz Holland Dreh- und Angelpunkt war und er, wie zuvor de Witt, von den anderen Provinzen als Bundesgenossen sprach, was eben ein helles Licht auf den doch voll entwickelten Föderalismus wirft, und abgesehen auch von der Betonung einer für den Fortbestand des Landes notwendigen Neutralitätspolitik, die unter Monarchen angesichts der hier zuvor angeführten Merkmale nicht durchzuführen sei, widmete Pieter de la Court einen sehr großen Teil seiner Schrift eben den wirtschaftlichen Bedingungen. Damit ging er nicht nur über die Schriften der Zeit hinaus, sondern auch ins wirtschaftliche Detail, gab eine Lageanalyse von Industrie und Handel gleichermaßen, beim Handel auf Europa und Übersee gleichermaßen zielend. Er wußte, worüber er sprach, kam er doch selbst aus dem Kreis der Unternehmer. Es ist im Rahmen eines Berichtes über politische Struktur und Kultur nicht nach dem wirtschaftlichen Detail zu fragen, das de la Court antrug, aber es ist doch der Hinweis erforderlich, daß ihn die Priorität der Wirtschaft dazu veranlaßte, die Bildung einer Art öffentlicher Industrie- und Handelskammer vorzuschlagen, die eben mit Fachleuten zu besetzen war, das heißt, zu aller der an anderer Stelle hervorgehobenen „popularen" Erweiterung des aristokratischen Regimes trat die Einführung der Fachkenntnis in das Regierungs- und Verwaltungssystem, und dies

---

174 *Interest van Holland, ofte gronden van Hollands-welvaren. By V.D.H.*, Amsterdam 1662. Das umfangreiche Werk *Aanwysing ...* erschien in Leiden und Rotterdam. Von beiden Schriften liegen zeitgenössische deutsche Übersetzungen vor. Dazu G.O. van de Klashorst u.a., Bibliography of Dutch Seventeenth Century Political Thought. Annotated Inventory 1581-1710, Amsterdam u.a. 1986, S. 86f.

war eine Forderung, die sicherlich nicht in jedem Fall mit der Koterie der Regenten bei der Ämtervergabe übereinstimmte. Die Wirtschaft als zentrale Aktivität holländischer Existenz verlangte nicht Ablehnung von Monarchien oder ähnlichen Strukturen als einfach fach- und interessenfremden Elementen, forderte nicht nur die regierungs- und verwaltungstechnische Umsetzung von Fachkenntnis, sondern war auch der Ausgangspunkt für religiöse Toleranz. Das bedeutete freies Bekenntnis für jene, die sich in der Provinz niederlassen wollten, um ihren Geschäften nachzukommen. Sie durften nicht zu einem anderen Glauben gezwungen werden. Diese wirtschaftlich begründete religiöse Toleranz enthielt zugleich einen Hieb gegen jene Prediger der calvinistischen Öffentlichkeitskirche, die bis dahin kein ausgeglichenes Verhältnis zu dem republikanischen Souveränitätsanspruch der ohnehin nicht so streng orthodox orientierten Regenten entwickelt hatten – und ein Hieb gegen die orthodoxen Prediger hieß letztlich noch einmal Angriff gegen die Prinzen von Oranien, für die sich diese Gruppe einsetzte.

Die Schrift des Pieter de la Court wurde in der Mehrzahl der Fälle nicht in ihrer Gänze, sondern wesentlich in ihrer Ablehnung der Statthalterschaft als wesensfremdem Element einer Republik angegriffen. Das geschah durchaus in Wiederholung der Argumente aus der ersten Hälfte der 50er Jahre. Sie geht bis ins Wörtliche hinein und läßt Kopie, Plagiat oder auch auf ein und denselben Autor schließen. So sei etwa das *Haegh's hof-praetje* von 1662 genannt, wo es um Verfall auch aristokratischer Regierungen durch menschliche Schwächen ging. Diese Passage war voll aus den *Bedenckingen* übernommen. Die Flugschrift ist freilich durch ihre Form interessanter – ein Dialog zwischen einem Leidener, einem Haager und einem Amsterdamer Bürger. Die Rollenverteilung ist überdeutlich. Der Mann aus Den Haag war ein Art Gesprächsleiter, der Amsterdamer vertrat den republikanischen Part, während der Leidener sich als Oranientreuer aufwarf, nicht erstaunlich, wenn man den hier schon angedeuteten Gegensatz der de la Courts zur regierenden Leidener Bürgerschicht kennt. Das oranientreue Pamphlet zeichnet sich freilich kaum durch Dialog-Freude aus, vielmehr setzte sich der Leidener Bürger voll in Szene, monologisierte häufig genug und ließ die Gesprächspartner voller Erstaunen ob so reichen Wissens zurück. Der Amsterdamer, anfangs noch besonders heftig oder gar argumentbestückt, glänzte am Ende, immer geringfügigere Fragen stellend, durch Wandlung vom Saulus zum Paulus. Dies war insgesamt eine klassische Parteischrift, die nicht durch neuartigen Tiefgang, sondern nur durch ihre geschickte pseudodialogische Struktur auffällt und einfach von dem Erfordernis des Statthalteramtes spricht.[175] *Den klaghenden veenboer* bediente sich als oranientreues Pamphlet eines anderen Stilmittels. Der Kläger, ein Moorbauer, war ein Mann des Volkes, der, obwohl eben nur Moorbauer, doch viel gelesen, und, da er alt, manche Erfahrung aufgetan hatte. Der Bauer war zugleich ein Mann, der die Tradition verkörperte – die Tradition der aus dem Aufstand hervorgegangenen staatlichen Ordnung, in der Oranien hoch auf dem Podest stand, aus Gründen von Ehre, Moral und Dankbarkeit schier unangreifbar. Die Meinungsfreiheit endete bei diesem Autor dort, wo sie zur Kritik am Statthalteramt oder deren Trägern gerann. Die aristokratische Form der Regierung wurde dabei gar nicht in Zweifel gezogen, allein, ihre Aufgabe bestand lediglich im Schutz der Privilegien – ein zu diesem Zeitpunkt ausgemacht obsoletes Argument und deutlich der Aufstandsterminologie entnommen – und in der Pflege von Religion und Handel. Aber immerhin, statthalterliche Fehler wurden nicht ausgeschlossen, freilich, die Kritik daran konnte nur der ständischen Vertretung obliegen, durfte nicht zum Recht der Pamphletschreiber wer-

---

175 Knuttel 8654: *Haeg's hof-praetje, ofte 't samen-spraeck tusschen een Hagenaer, Amsterdammer, ende Leyenaar. Op ende tegens des valsche calumnien ende versierde leugenen van Pieter de la Court, gestelt in sijn alsoo genoemde Interest van Holland en gronden van 't Hollandts welvaren*, Leiden 1662.

den. Die Funktion des inkriminierten Amtes lag in ihrer Schlichtungsaufgabe, und die Kompetenzen waren so zu stipulieren, daß allen zu Monarchie drängenden Gelüsten des Amtsträgers gleich die Spitze abgebrochen wurde. Ein Übergang von der Republik zur Monarchie war also unerwünscht, die Anstellung des Hauses Oranien in den überkommenden Funktionen aber umso erwünschter, und jede Flugschrift, die sich gegen dieses Erfordernis richtete, fiel unter die Kategorie der „ehrabschneidenden Schmähschriften"[176] Die Flugschrift erinnert im Punkte „genaue Stipulation" etwas an die Schrift *I. Conferentie*, noch mehr in diesem Sinne argumentiert freilich *Den oprechten Stadthouder in Hollant*, dessen Autor (W.H.), gleich zwei staatspolitische Kernsprüche mit auf den Weg gab: „Das höchste Gesetz ist das Heil des Staates („Salus Reipublicae summa lex esto") und „Vaterlandsliebe siegt" („Vincit amor patriae"). Wie für den Moorbauern war auch für diesen Autor das *Interest* des de la Court schlicht eine Schmähschrift oder Sudelei; er eilte sich, dies zu betonen, da sein Plädoyer zwar zugunsten des Statthalters, aber nicht in jedem Fall zugunsten des Hauses Oranien ausfiel. Verdienste und Glanz des Hauses führte er an, über die Taten der Oranier habe selbst der türkische Sultan gestaunt. Er läßt den Glanz bei dem „Vater des Vaterlandes" beginnen und er schreibt ihn auch den Nachfolgern Moritz und Friedrich Heinrich zu, den verstorbenen Statthalter Wilhelm II. freilich scheint er ausnehmen zu wollen. Er erwähnt ihn nicht, dagegen stuft er auch die aristokratische Regierungsform als die unbestritten geeignetste für die Provinz Holland ein, und sei es nur, um für das Wirtschaftsleben der Städte – frei von allem zentralem Zwang – alle Entfaltungsmöglichkeiten zu gewährleisten. Im Grund schloß sich der Autor an dieser Stelle den Gedanken des Pieter de la Court an, aber gleichwohl hielt er die Anstellung eines Generalkapitäns und eines Statthalters für erforderlich. Er scheint vor allem auf den Generalkapitän geschaut zu haben – praktisch also auf die Möglichkeit des Krieges, was zu dieser Zeit gewiß nicht abwegig war. Daß die Kaufleute selbst keine Heerführer stellen konnten, galt ihm als unumstößliche Gewißheit. Die Beweise dazu lieferten Beispiele aus der Antike. Es war die übliche Methode der Beweisführung, die vom östlichen Mittelmeer (griechische Stadtrepubliken) bis zum westlichen Mittelmeer (Karthager) reichte. Das waren zeilenfressende Beispielmengen, wohl aus der Angst geboren, daß zu wenige Beispiele nicht schlüssig genug sein könnten. In diesem Zusammenhang bleibt hinzuzufügen, daß hier – und das gilt auch für andere Flugschriften – die lateinischen, nicht übersetzten Zitate die Lektüre der Schrift auf eine ganz bestimmte, das heißt gebildete Leserschicht haben beschränken müssen. Wie militärische Erfordernisse das Amt des Generalkapitäns verlangten, so schien dem Autor auch die aristokratische Regierung ohne einen Statthalter, eben ein Amt im politischen Bereich, nicht lebensfähig, ein Amt freilich, daß durchaus der ständischen Souveränität unterworfen sein sollte. Was aus der neuerlichen Menge klassischer Zitate heraussprang, war das Plädoyer für das Amt als Schlichtungsinstanz; der Statthalter also als eine Figur, die verhindern sollte, daß aus kleinem Zwist ein großer Streit zum Schaden der Republik entstehen konnte („Et ex parva scintillula saepe magnum incendium est ortum") und jenen, die im Trüben zu fischen bereitstanden, keine Chance geboten wurde. Als ein solcher Opportunist galt ihm Cromwell, über dessen mindere Qualitäten in der Republik der 50er Jahre mancherlei harte Urteile gefällt worden waren, die hinreichten bis zur körperbezogenen Verunglimpfung. Immerhin: Statthalter und Generalkapitän ja, die Oranier als Amtsträger nein! Keine Leidenschaft, so wurde Tacitus zitiert, treibe den Menschen stärker an als die Gier nach Herrschaft („cupidine dominandi affectus est flagrantior"). Und dazu hatte Wilhelm II. eben den Beweis geliefert, der dann aus gutem

---

176 Knuttel 8658: *Den klagenden veen-voer, over de faam-roovende pasquillen tegens zijn Hoogheydt de Heere prince van Oranje, en des selfs loffelijcke voorvaderen. Vertoonende de nootwendigheydt ende nutbaerheyt der stadthouderlijcke regeering*, Delft 1662.

Grunde in der Reihe der positiv eingestuften Oranier fehlte. Zahlreich waren die Namen jener Machtgierigen aus der Antike, die als Abschreckung dienten, und es kam hier auch nicht die Dankbarkeit vor, die so häufig die Schriften der Oranientreuen zierte. So hat man insgesamt nicht nur die oranientreue Richtung auf der einen, die Republikaner um die de la Courts und de Witt auf der anderen Seite, sondern eben noch eine dritte Richtung, die für die Ämterbesetzung sprach, aber gegen das Haus Oranien eingestellt war. An die Stelle der „Dankbarkeit" trat die Konfrontation von Haus Oranien und Vaterland, und dabei genoß die Sorge um das Vaterland eindeutig Priorität. Die Frage freilich, wer denn nun anstelle eines Sprosses aus dem Hause Oranien das Amt oder die Ämter übernehmen sollte, ließ der Autor unbeantwortet. Er hatte sich die Frage selbst gestellt und antwortete mit einem Vergleich aus der Natur: „Die Bienen erwählen die zu ihrer Königin, die die Ausgezeichnetste, Hervorstechendste ist."[177]

Der *Oprechte stadthouder* war in der Diktion gemäßigt und steuerte im Ergebnis einen Kompromiß an, der in der Schrift *Herstelden prins*, im gleichen Jahr veröffentlicht, völlig fehlte. Diese immerhin 123 Seiten umfangreiche Schrift unternahm es zunächst einmal, den *Interest* des Pieter de la Court zu widerlegen. Aber dies war nur die eine Seite, die andere enthielt die Betonung des moralischen Anspruchs des Hauses Oranien auf die Ämter, und das geriet in diesem Büchlein zu einer ausgemachten Hagiographie, die mit einem langen Gedicht *Aen 't schip der Vereenighde Nederlanden* ausklang. Hagiographisch und emphatisch war es schon, wenn das Haus Oranien mit einem Obstbaum verglichen wurde, dessen Früchte mit den Jahren immer stärker gewürdigt werden müßten, denn: „Die Tugend wird durch Ruhm und Ehre im Herzen des Prinzen ebenso gefördert wie die Früchte des Ackers durch guten Anbau"; daß von dem jungen, zu diesem Zeitpunkt dreizehn Jahre alten Prinzen von Oranien (später Wilhelm III.) erwartet wurde, wie die Sonne die Republik zu erwärmen und aufblühen zu lassen, kann angesichts des insgesamt emphatischen Charakters dieser Flugschrift kaum überraschen. Wie stark doch zudem die adlig-monarchische Komponente im ansonsten unbestrittenen aristokratischen System erforderlich geachtet wurde, zeigt die Betonung der reichen oranischen Besitzungen in der Republik, die zum Vorteil gereichten, insofern sie den Statthalter finanziell unabhängig machten, ihn nicht nach Reichtum auf Kosten der Allgemeinheit streben ließen. Im übrigen aber stehe es einem Prinzen gut zu Gesicht, nach Ehre und Ruhm zu dingen, denn nur dieser Attribute bedürfe er, und was könne dafür besser sein, als ein hohes Amt in einer ruhmreichen Republik zu bekleiden. Es war nicht die Logik des berechtigten Anspruchs, sondern die Logik der Dankbarkeit, die aus solchen Einschüben sprach. Das Gedicht am Ende der Schrift, aus neunzehn Vierzeilern bestehend, faßte eigentlich noch einmal alles zusammen: den Kampf und die Steuermannskunst des Hauses Oranien, den Haß, den Neid, die Schmähung und die Treulosigkeit der Gegner. Es war der Löwenherz-Charakter der Oranier, der den charakterlichen Schwächen ihrer Gegner entgegengehalten wurde, und es war schon eigenartig, wenn am Schluß einigermaßen martialisch, aber sich durchaus in die Emphase fügend, der Kampf bis zum Tod (nötigenfalls) für das Stammhaus der Oranier angekündigt stand, und noch dazu der Bataver dem Wallonen – die Familie de la Court stammte aus Flandern – als Charakterheld entgegenstand.[178]

---

177 *Den oprechten stadthouder in Hollant, waer in oock aengewesen wort de ydelheydt van de Interest van Hollant, ende alle andere twist- en tegen-schriften, die daer op zijn gevolght*, Amsterdam 1663.

178 Knuttel: 8806a: *Den herstelden Prins tot Stadt-houder ende capiteyn generaal vande vereenighde Nederlanden, ten dienste ende luyster vande loffelijcke en de wel geformeerde republijck van de Geunieerde Provincien, etc. tegens de boekjens onlangs uyt gegeven met den naam van Interest van Hollandt, ende Stadt-houderlijcke regeringe in Hollandt ..., Amsterdam 1663*. Die Schrift wird Constantijn Huygens zugeschrieben.

Zwar übernahm der Staat 1666 den jungen Prinzen als „Kind van Staet" und fanden sich die holländischen Stände somit bereit, die Erziehung des Oraniers zu übernehmen, aber das „Ewige Edikt" von 1668, das eben diese Ständeversammlung ausfertigte, schloß zum einen das Statthalteramt als Bestandteil der holländischen Konstitution für immer aus und erklärte darüber hinaus das Amt des Statthalters in einer der anderen Provinzen für unvereinbar mit dem Amt des Generalkapitäns. Das Edikt bestätigte somit zum einen – jetzt ohne jede außenpolitische Beziehung – die Ausschlußakte von 1654, enthielt aber insofern einen den Erfordernissen der Zeit angepaßten Kompromiß, als auf jeden Fall die Möglichkeit, das Amt des Generalkapitäns zu bekleiden, nicht verschlossen wurde. Der Kompromiß-Charakter war freilich in keinem Fall nach dem Geschmack der Entschiedenen beider Seiten – weder nach dem der Oranientreuen noch nach dem der Republikaner. In dieser Phase entstand auch die Schrift *Apologie, tegens de algemeene en onbepaelde vryheyt*, eine 127 Seiten starke Darstellung, die einigermaßen deutlich enthüllte, daß der Freiheitsbegriff der Oranientreuen ein wesentlich an der Vergangenheit orientierter war. Die Freiheit, sich eines Despoten zu entledigen, war es allemal, und die Wahrung der Privilegien und Rechte – völlig obsolet, wie zuvor schon gesagt – gehörte auch dazu. Solche Konzeption umfaßte aber nicht die „wahre Freiheit" im Sinne einer frei beweglichen, unkontrollierten Freiheit im Politikbereich. Es war recht eigentlich der Weg von der Mitbestimmung zur Selbstbestimmung, der die Entwicklung der Freiheitskonzeption von der Zeit des Aufstandes bis in die 60er Jahre hinein ausmachte und bei den Gegnern der de Witts und de la Courts, zumindest bei dem Schreiber der *Apologie* der Anarchie gleichzusetzen war. Für Obrigkeiten und Untertanen sei „allgemeine und unbeschränkte Freiheit" gleichermaßen schädlich. Der Autor griff methodisch im Zuge seiner Darlegung noch einmal voll auf die Vorgehensweise der Politischen Wissenschaft der vorhergehenden Jahrzehnte zurück, wenn er gerade im Zusammenhang mit dem Freiheitsbegriff Monarchie, Aristokratie und Demokratie neu thematisierte – und dies, wie es sich gehörte, mit einem Übermaß an Zitaten antiker Autoren unterlegte, auch Bodin nannte und den zeitgenössischen Chronisten Lieuwe van Aitzema anführte. Die Quintessenz lautete zunächst einmal, daß Freiheit am besten dort gewährleistet sei, wo sich die Regierung an die Gesetze halte, gleichviel ob es sich um eine Monarchie oder um eine aristokratische Regierung handele. Die Demokratie bekam dagegen keine guten Noten. Wenn dies so war, dann galt es zu entscheiden, welche Form für welches Land die beste sei. Die Monarchie für den großen Flächenstaat, die Demokratie für den Kleinstaat und die aristokratische Form für die mittlere Kategorie? Der Autor erwog es und kam zu dem Schluß, daß jene Form die beste sei, die der Art des Volkes und der Herrschaftstradition entspreche. Es wurde nicht ausgemacht, was denn unter Art des Volkes („natuere") zu verstehen sei, aber der Hinweis auf die traditionellen Formen war auf jeden Fall äußerst konservativ und macht schon zu Beginn deutlich, was das für die niederländische Republik hieß. Um diesen ausgesprochenen Konservatismus noch zu vertiefen, reduzierte der Autor den Freiheitsbegriff auf eine psychologische Kategorie, indem er als Freiheit definierte, was als Freiheit empfunden wurde. Freiheit und Knechtschaft lagen in solcher Definition dicht beieinander. Der freigelassene Sklave kehrt in die Sklaverei zurück, wie eine vom Autor vorgetragene Geschichte über den Genueser Staatsmann Andrea Doria wahrhaben wollte. In vertrauter Verbundenheit nach Gewohnheit und der eigenen Art entsprechend zu leben, das sei die „wahre Freiheit". Der Begriff wurde in Antiqua-Buchstaben gedruckt, inmitten der vornehmlich in Gotisch-Fraktur gedruckten Zeilen. „Wahre Freiheit", das war „natürliche Freiheit", und dort wo der Begriff der „bürgerlichen Freiheit" benutzt wurde, bestand die Gefahr, daß der Begriff nur ein Vorwand war, um Knechtschaft einzuführen. Mochte solche Erwähnung auch noch stark mit Beispielen aus den Schriften der Antike belegt sein, eine Verdächtigung blieb es allemal, aber diente letztlich nur dazu, die gemischte Regierungsform schmackhaft zu machen, und Hugo Grotius bot sich gleichsam als Kronzeuge, neben ihm noch Paulus Merula. Es war für die Denkweise des Schreibers schon einigermaßen bezeichnend, daß er genau jenen Passus aus Grotius *De antiquitate* ... zitierte, der die gemischte Regierungsgewalt, die Stände in Zusammenarbeit mit einem gewählten „Fürsten", als den geeignetsten Ausgangspunkt gesunder Staatsform beschrieb.

Die übrigen Ausführungen, eine Mischung aus Geschichtserzählung und Hagiographie, in der sich Titel „Prinz" und „Fürst" für die Oranier abwechselten, dienten nur noch dem Nachweis der Qualität des Hauses Oranien und wurden von der Prominenz der Zeit gleichsam begleitet, ob es sich nun um den Dichter und Historiker P.C. Hooft, den Prinzen von Rohan oder um Kardinal Bentivoglio, den frühen Berichterstatter über Aufstand und Krieg in den Niederlanden, handelte. Sie alle gereichten dem Haus zur Ehre.[179]

Het Hollands A.B. Boek war eine jener gründlichen Schriften, die nach Ausbruch des Krieges gegen Ludwig XIV. und kurz nach der Ernennung Wilhelms III. zum Statthalter und Generalkapitän erschienen. Der Autor beanspruchte, volkstümlich zu sein, rein sprachlich schon begreiflich zu werden, man sollte ihn einfach lesen, was ihn freilich nicht daran hinderte, lateinische Zitate einzuflechten, die er dann häufig in Paraphrase erläuterte. Er beanspruchte auch Meinungsfreiheit gegen jene, die „lieber französisch als statthalterlich" sein wollten, und er gab seiner Arbeit schließlich den seltsamen Titel *A.B. Boek* mit, weil er seine Ausführungen für ebenso nützlich und sinnvoll hielt, „wie es das ABC für die Kinder ist". Was dann folgte, war methodisch-analytisch kein Neuland. Aber der Leser erfuhr eingangs den Grund für die Vielzahl der Zitate aus antiken Schriften und der Heiligen Schrift, und in seiner Begründung lag der Autor sicherlich auf der Linie der Denkweise anderer Autoren: „Die Antike enthält die sicheren Antworten auf unsere Fragen, sie birgt zugleich stille Verehrung und zwingt Respekt ab." Das war die alte Geisteshaltung von Renaissance und Humanismus, die hier expressis verbis zu Wort kam und bei den anderen in gleichem Maße galt. Aber unser Autor stach in dieser Phase der unmittelbaren Bedrohung durch den französischen König durch seine monarchische Gesinnung hervor, die zu belegen er gerade mit Zitaten aus antiken Schriften unternahm, so daß der Respekt vor antikem Schriftgut nicht nur einen geistesgeschichtlichen Hintergrund hatte, sondern auch seinen konkreten politischen Zweck erfüllte. Die aristokratische Regierungsform schnitt schlecht ab, weil schlicht und einfach – so die Denkvoraussetzung – Eigennutz und Verfolgung persönlicher Interessen die Herrschenden leitete; wie das Ehebett keine Mitbewerber vertrage, so auch nicht der Stuhl des Herrschers, und schließlich „verdürben viele Köche den Brei". Das waren simple Formeln, die sich inmitten gelehrter Zitate aus der Antike oder der Bibel einigermaßen seltsam ausnahmen. Aber sie waren auch eindeutig, steuerte der Schreiber doch auf die Errichtung der Landesherrschaft unter dem – jetzt noch – Statthalter Wilhelm III. zu. Die Landesherrschaft war die Voraussetzung der Blüte. Auf den Wohlstand und den Fortschritt der Provinzen zur burgundischen Zeit wurde gar verwiesen. Daß die Monarchie zu einer Tyrannei entarten konnte, sah der Autor sehr wohl, aber solche Krankheit war rasch zu überwinden: auf natürlichem Wege durch den Tod des Tyrannen und – in einer Wahlmonarchie – mit der Wahl eines besseren Regenten, und wo es um Erbmon-

---

179 Knuttel 9762: *Apologie, tegens de algemeene, en onbepaelde vryheyd, voor de oude Hollandsche regeeringe, waer inne klaerlijck werd aengewesen dat Holland van hare eerste beginselen af onder het beleyd van de hooge overigheyt successivelijck is geregeert geworden by personagien illustre qualiteyt, en eminente hoogheyt. En vervolgens dat de Stadthouderlijcke regeeringe desen staet doorgaens groote autoriteyt en aensien heeft aengebracht, en in meenigvuldige en gewichtige voorvallen ten hoogsten nootsaeckelijck is bevonden. Met een bysondere reflexie op de diensten van den huyse van Orange Nassauw*, Middelburg 1669. Die Schrift wird P. de Huybert zugeschrieben.

archien ging, da hatte man eben auch einen tyrannischen Nachfolger als göttliche Prüfung zu ertragen, wie überhaupt der göttliche Wille das Plädoyer des Schreibers stützte. Eine mehrköpfige Regierung mußte dagegen nach Auffassung des Autors eine Entwicklung herbeiführen, die schon in die Nähe von Bürgerkrieg, von Mord und Totschlag bei Parteien und Faktionen rückte. Die Lösung für die von einer französischen Invasion bedrohte Republik jedenfalls lag in der Neugründung einer niederländischen Monarchie auf jener Grundlage, die 1584 bei der beabsichtigten Übertragung der Grafenwürde auf den Prinzen von Oranien geschaffen worden war.[180]

Diese dezidiert monarchische Ausrichtung zählte sicherlich zu den Ausnahmen unter der Vielzahl von Schriften, und der Freiheitsbegriff, wenn er dann in dem oranientreuen Büchlein analysiert wurde, war immer zumindest ein passiver. Fast ließe sich sagen: Freiheit wurde verstanden als die Zustimmung der Untertanen, regiert zu werden. Ganz deutlich wurde das noch einmal in den 1677 erschienenen *Consideratien ende redenen*, die anläßlich des Protestes der Stadt Deventer gegen die Neubesetzung ihres Magistrats durch Statthalter Wilhelm III. erschienen und diesen Protest auch zurückwiesen. Die Zurückweisung ist hier von minderem Interesse, wichtiger will erscheinen, daß der Autor sich insofern einen Popanz aufbaute, als immer von den Gefahren der ungezügelten Freiheit gesprochen wurde, die eben zu Chaos führe, während doch niemand auf Seiten der Republikaner je einen solchen Freiheitsbegriff gepflegt hatte. Daß zudem die Freiheit – ihre Inanspruchnahme und ihre Kontrolle – am Gesetz orientiert sein sollte, war ebenfalls unbestritten. Es war einfach so, daß die Oranientreuen das Naturrecht im Sinne eines freien Entscheidungsrechts nicht zu deuten vermochten, sondern Freiheit immer nur als eine positiv rechtliche Beziehung sahen. Gewiß, ein konsequent weiter gedachtes Naturrecht reichte bis zur Volkssouveränität, und in solchen Kategorien haben auch die niederländischen Republikaner nicht gedacht, aber bei ihnen, zumindest bei einigen unter ihnen, fand sich zum einen das freie Entscheidungsrecht, zum anderen zumindest eine Verbreiterung der Basis. Das Problem der Oranientreuen freilich lag nicht etwa in der Unfähigkeit, staatstheoretisch weiterzudenken, sondern in der einfachen Annahme, daß aristokratische oder gar demokratische souveräne Gremien nur Zwietracht zu säen, nicht Eintracht herzustellen in der Lage seien. Ob die geschichtliche Entwicklung solche Annahme herbeigeführt oder ob umgekehrt die Annahme die historischen Beispiele hat finden lassen, ist nicht recht auszumachen. Die Parole von der Freiheit jedenfalls, wie sie die Republikaner im Munde führten, diente nach Ansicht des Autors nur dazu, die wirkliche Freiheit zu unterdrücken. Diese Denkvoraussetzung ging wiederum vom Gedanken der Einheit in der Republik aus, und es ist schon für die Zeit der Kriegserfahrung (Ludwig XIV.) bemerkenswert, daß der Autor den bei dem Historiker Pieter Bor zitierten Ausspruch Karls V. übernahm, der die Regierung der Provinzen durch einen Generalgouverneur empfohlen hatte. Solcher Form fehlte es dann auch nicht an Attributen der Stärke. Der Autor sprach von fester Basis, auf der die Republik gebaut sei, vom Zement, der die Mauern an allen Seiten binde, von der Befestigung, mit deren Hilfe man zur gegenwärtigen Höhe emporgestiegen sei, von den Pfeilern, auf denen die Sicherheit beruhe, und von den Begrenzungen, die menschlichen Ehrgeiz und Leidenschaften im Zaum zu halten imstande seien. Dies waren die gedanklichen Voraussetzungen, die den Autor die Beschwerden der Stadt Deventer gegen die Maßnahmen des Statthalters zurückweisen ließen.[181]

---

180 Knuttel 10598: *Het Hollandts A.B.boeck, toer-geeygent aen alle liefhebbers van het vaderlandt.*
181 Knuttel 11514: *Consideratien ende redenen, daer by de nootsaeckelijckheyt van de stadthouderlijcke regeeringe in desen staet ende republike wordt aengewesen, etc. Dienende mede tot beantwoordinge, ofte refutatie van de Deductie by de gemeens-luyden van Deventer aen Syn Hooghyt overgelevert, en met den druck gemeen gemaeckt*, 's-Gravenhage 1677.

Es wäre müßig, wollte man hier die dezidierte Gegenposition der Republikaner noch einmal in ihrem gesamten Umfang anhand der Vielzahl der *blauwboexckens* vorführen. Pieter de la Court hat doch den wesentlichen Argumentationsstrang im *Interest* behandelt. Es sei lediglich auf einige wenige hingewiesen. Noch 1662 erschien, vermutlich von der Hand des Johan Uytenhage de Mist, eines Haager Advokaten und engsten Mitarbeiters des de la Court, *De Stadhouderlijcke Regeeringe*, die sich nun nicht um eine aus der Antike gewonnene Beweisführung mühte, sondern eine allgemeine Anklage gegen alle Statthalter enthielt. Es ist eine Schrift, die von der statthalterlichen Vergangenheit nur die Unzuträglichkeiten und Nachteile übrig ließ, und selbst die Verehrung Wilhelms I., des „Vaters des Vaterlandes" also, voll unterlief. Machtbesessenheit und Kostentreiberei, das waren die kaum schmeichelhaften Epitheta, unter denen sich die oranischen Prinzen präsentierten. Der Handel mit dem Herzog von Anjou, der auf einen höchst unangenehmen Fehlschlag hinausgelaufen war, wurde dem ersten Oranier zum Vorwurf gemacht, wie auch die geplante Übertragung der Grafenwürde nur eine Folge heimlichen, so nicht hinterhältigen Betreibens seitens des Oraniers gewesen sei. Sein Sohn Moritz kam nicht besser weg: ein Kriegstreiber, der nicht nur hohe Kosten verursachte, sondern das Kriegshandwerk betrieb, um selbst rasch und immer mehr zu hohen Ehren zu kommen. Es lag auf der Hand, daß ihm die Hinrichtung Oldenbarnevelts schwer angelastet wurde. Ähnlich erging es Friedrich Heinrich, Halbbruder des Moritz. Dessen Ehrsucht zielte demnach an erster Stelle darauf ab, zunächst der reichen Provinz Holland das finanzielle Rückgrat zu brechen, um selbst in eine stärkere Position zu kommen. Das Mittel war einfach: man führte Krieg und belastete damit die Provinz in zunehmendem Maße, bis die Schulden unerträglich waren. Sohn Wilhelm II. war in dieser Reihe natürlich keinen Deut besser.

Somit waren die oranischen Statthalter allesamt Schmarotzer, eher auf die Mehrung des eigenen Wohlstandes bedacht als auf das Allgemeinwohl des Landes. Daß sie sich zudem in den höchsten Ämtern mit Ausländern und nicht mit Niederländern umgeben hatten, machte sie in besonderem Maße verdächtig. Der Negativsaldo – tatsächlich wurde nichts Positives eingebracht – war so befrachtet, daß es der wortlogischen Demonstration zur Überflüssigkeit des Amtes eigentlich gar nicht mehr bedurfte. Es wurde dennoch vorgeführt, auf achtzehn Seiten, in Form von penetranten Wiederholungen, kaum originell in der Gedankenführung, lediglich dazu geeignet, auch den letzten Leser von der Schädlichkeit des Amtes zu überzeugen.[182]

Einen freilich anderen Aspekt, der für das Verhältnis von Staat und Kirche relevant war, brachte das Verbot der holländischen Provinzialstände ein, im Gebet oder von den Kanzeln den Prinz von Oranien zu erwähnen, sondern dort nur noch die souveräne Regierung der Stände zu nennen. In einer eigens dazu erschienenen zweibändigen Schrift, die Johan de Witt zugeschrieben wurde, legte der Autor dar, daß es sich beim Oranier nicht um eine öffentliche, sondern um eine Privatperson handele – um den Vertreter einer Familie, die niemals souveräne Gewalt in der Republik besessen habe. Dies war naturgemäß eine umstrittene Verordnung, die nicht ohne Reaktion in der Öffentlichkeit blieb. Sie fand Verteidiger und Opponenten entsprechend der Parteinahme für oder gegen Oranien, was wiederum einiges aussagt über die Stellung der Öffentlichkeitskirche im Staat. Das von einem Parteigänger der Republik geschriebene Pamphlet *De Souverainiteyt van*

---

182 Knuttel 8655a: *De stadhouderlijcke regeeringe in Hollandt ende West-Vrieslant. Dat is een kort ende bondigh verhael van de gedenckwaerdighste daden ende wercken der Hollantsche stadthouders; aenvangh nemende met het stadhouderschap van prins Willem den I ende eyndigende met de doodt van prins Willem den II. Mitsgaders een korte verhandelinge van de nootsaeckelijckheyt ofte den ondienst van des stadthouders hooge ampten ende bedieningen in den selve lande, ende dat in dese tijden*, Amsterdam 1662.

Holland ende West-Vrieslant vermittelt hier den besten Einblick und nennt zugleich die Gegenpamphlete der Zeit.[183]

Zu Eingang war von der niederländischen Republik als Ergebnis einer Negation die Rede. Dieser richtige Befund ist jetzt zu ergänzen, denn es war wohl ein wesentliches Merkmal des politiktheoretischen Lebens der Republik, daß sich seine Denker bis in die zweite Hälfte des Jahrhunderts hinein immer gebunden sahen an das Ergebnis des Aufstandes, der nur insofern als Negation zu betrachten war, als er sich von der Landesfremdheit des Herrschers befreite. Es fehlte dem Vorgang die Radikalität des Bodin'schen Ansatzes – in entgegengesetzte Richtung selbstverständlich –, und vielleicht bedurfte es erst eines Thomas Hobbes und eines René Descartes, um unter Nutzung der bei diesen vorgetragenen psychologischen Faktoren zu einer neuen Begründung von Republik zu gelangen. Freilich, man merke wohl: In der praktischen Umsetzung blieb dieser Ansatz Episode. Er überdauerte nur gut zwei Jahrzehnte, um dann als inadäquat, das heißt überholt von den militärischen (außenpolitischen) Ereignissen, zunächst einmal in der Lade zu verschwinden. Die Republik der Vereinigten Provinzen war letztlich von der Lehre her nie eine solche, sondern in der tatsächlichen Struktur und bei vielen auch so gewollt und konzipiert eine Nichtmonarchie mit monarchischen Attributen, deren Inhalten sich nach den innen- und außenpolitischen Ereignissen richteten. Entsprechend war auch der Souveränitätsbegriff konzipiert. Entweder man tendierte zur gemäßigten Monarchie, dann galt auf jeden Fall die Souveränität des Monarchen, oder man neigte zur gemäßigten Republik, dann lag die Souveränitätsvermutung bei den Ständen. Ein logisches Unding war es freilich, wenn man den Statthalter als den Diener des Souveräns und zugleich als dessen Kontrolleur auftreten ließ. Dies äußerte sich in der gelehrten Abhandlung ebenso wie im Erzeugnis der Pamphletistik. Obgleich hier die akademische Abhandlung und der Krieg der öffentlichen Meinung in Gestalt der *blauwboexckens* getrennt voneinander rekapituliert wurden, bleibt doch festzuhalten, daß sich beide in der inhaltlichen Bewältigung eines staatstheoretischen Problems gar nicht und in der Form eben nur insofern unterscheiden, als die Pamphletliteratur die herbe Kritik, die Schelte und Beschimpfung sowie zuweilen selbst die moralische Abwertung des politischen Gegners enthielt. Die Methode der Beweisführung, der Rückgriff auf die antiken Vordenker, eignete beiden Formen und war nichts anderes als humanistisch-neustoizistische Üblichkeit.

Es ist zu fragen, welche Ursachen diesem einigermaßen langlebigen Konservatismus der niederländischen Staatstheorie zugrunde lagen, warum er so langlebig war und so intensiv gelebt wurde, daß man nach der Einführung der „wahre Freiheit" nach 1650 fast schon von einem zweiten Aufstand der Niederlande, und zwar gegen die hausgemachte Struktur, sprechen könnte. Möglicherweise wird man einen Grund im Fehlen eines entsprechenden Theorieangebots suchen müssen. Bodins *rex legibus absolutus* war sicher nicht mehr konsensfähig, für die Niederlande schon obsolet, ehe es in die Öffentlichkeit getragen wurde. Justus Lipsius' *Politica* oder *Constantia* begründeten keineswegs eine neue Staats-, sondern eine Lebensform. Die Theorie erschöpfte sich im Widerstandsrecht, die Republik wurde – von der Möglichkeit einer theoretischen Grundlage her gesehen – praktisch zur Unzeit geboren. Die Ausgangspunkte waren einer republiktheoretischen Konsolidierung kaum günstig. Die normative Kraft des Faktischen setzte sich durch, insofern die Rechtfertigung des Aufstandes zunächst fortgeschrieben und als

---

183 Knuttel 8924: *De souverainteyt van Holland ende West-Vriesland. Klaer ende naectelijk vertoont in een 't samen-spraeck tussen een gereformeerden Hollander en Zeeuw. Tot refutatie van den verresen Barnevelt; bedunckelijcken Berief; 't Samenspraeck tusschen eeen Rotterdammer en Geldersman, Kaats-bal en andere nonlagsd uitgegevene laster-schriften, belangende een formulier van 't bidden, etc.*, Middelburg 1664.

historisch ableitbar festgeschrieben wurde. Grotius will hier als einer der markantesten Verfechter erscheinen – und eben nicht nur er. Es fehlte so aus praktischen Gründen die Bemühung um eine neue theoretische Grundlegung, vielmehr traten an die Stelle einer Theorie moralische Kategorien wie Dankbarkeit, Ehre und Verehrung, ja, in gewissem Umfang gar eine Mystifizierung adligen Glanzes, die alle zusammen im Krieg für die öffentliche Meinung die Themen stellten. Ein anderes trat hinzu: nicht nur die Erfordernisse des Krieges zählten zur hier apostrophierten normativen Kraft des Faktischen, sondern auch die Praktikabilität des Systems, das zwar Störungen unterlag, gleichwohl einen bis dahin im europäischen Rahmen unbekannten wirtschaftlichen und finanziellen Aufstieg mit einer weltweiten Expansion erlebte, die eine Identifizierung des Systems mit dem Erfolg nachgerade aufdrängte. So kann es kaum verwundern, daß man sich an niederländischen Universitäten – mit Leiden als Mittelpunkt – zwar mit politischer Theorie im Sinne des Aufbaus von Staats- und Staatsverwaltung befaßte (Boxhorn, Burgersdijk), die Staatstheorie aber eben nur am Gegebenen sich orientierte. Es war eine Art Status-quo-Theorie, die sich hier manifestierte und die erst dann in Bewegung geriet, als sich die quasi-monarchische Komponente des Systems, der Statthalter, gegen den Dreh- und Angelpunkt niederländischer Blüte kehrte. „Der Prinz vor Amsterdam" – ein Passus aus einem Epitheton des Christiaan Huygens – rührte an den Nerv der bürgerlichen Existenz. Amsterdam, das war die Republik im städtischen Gewande. Diese Stadt verstand sich selbst als eine Manifestation der Republik – und sie konnte es in allem Glanze tun. Wie schon Bodin seinen *rex legibus absolutus* doch als einen Ansatz verstand, die Religionswirren seiner Zeit zu überwinden, seine große Schrift aus einer Störung der Ordnung heraus entwickelte, so entstand nach 1650 die republikanische Staatstheorie aus einer Störung im Kern des Gefüges und als Besinnung über die Unvereinbarkeiten der Komponenten. Es ist schon bezeichnend, daß sich die radikale Abkehr vom Überkommenen gleichsam in unmittelbarer Nähe zur Praxis vollzog (*Deductie*) und erst ein knappes Jahrzehnt später der erste Versuch einer umfassenderen theoretischen Begründung nachgeliefert wurde (de la Court, Spinoza), was im übrigen in der theoretischen Ableitung auch bedeutete, daß eben nicht nur die Oranientreuen bei der Antike zu Rate gingen; auch die Republikaner suchten und fanden Unterstützung in der Antike und in der Heiligen Schrift. Wo die Oranientreuen hinter der Einherrschaft den wahren göttlichen Willen fanden, meinten die Republikaner feststellen zu können, daß Gott immer schon die Republikaner bevorzugt habe, und da es propagandistisch-publizistisch immer wirkungsvoll war, die Heilige Schrift in ihrem ganzen Reichtum auszubreiten oder gar als Quelle für den Nachweis göttlicher Drohung zu verwenden, meinten die Republikfreunde darauf hinweisen zu müssen, daß Gott in seinem Zorn die Monarchie einführen werde, wenn man die Republik, die ihm so viel mehr behage, einfach verwerfe. Es war die Diktion des erhobenen Zeigefingers, die den Ton auf beiden Seiten angab und die Vorzüge und Nachteile des Alten oder des Neuen Testaments einzuhämmern versuchte. Ein nachgerade klassischer Versuch, dem Leser deutlich zu machen, was denn Freiheit sei, war die schon beizeiten (1650) geschriebene *Trouwhaertige aenspraeck*. Daß darunter die alten Freiheiten und Privilegien fielen, galt bei einem jeden als unbestritten, aber jetzt war mehr verlangt. Und in einem gleichsam rhythmischen Stil ließ der Schreiber Venedig und Genua, die Schweiz, Bern, freie Reichsstädte wie Nürnberg, Straßburg und Ulm, ja, auch das England Cromwells Revue passieren, um nachzuweisen, daß man ohne Bevormundung durch Amtsinhaber wie Statthalter oder Militärführer zur vollen Blüte gelangen konnte, um dann abschließend auszurufen: „Das ist Freiheit!" Solche Freiheit war freilich vornehmlich in der Provinz Holland verfochten worden. Und tatsächlich: Wenn irgendwo das Prinzip der provinziellen Souveränität bis dahin hochgehalten worden war, dann eben in dieser Provinz. Es gehörte schließlich zu den Strukturmerkmalen der politischen Landschaft und auch zur politischen Kultur, daß

Holland mehr als nur ein primus inter pares war und aufgrund seiner finanziellen Kraft auch die Geschicke des Landes beherrschte. Genau hier lag dann auch der Ansatzpunkt oranientreuer Kritik: die Gefahr für die Einheit der Republik. Der Schreiber der *Trouwhaertige aenspraeck* wußte dann auch schon früh, gleichsam im Vorgriff auf spätere Einwürfe, gleich zu Anfang in einer Zusammenfassung des Vortrags der holländischen Ständevertreter während der „Großen Versammlung die „Eintracht, Liebe, Freundschaft, das gute Einvernehmen und das gegenseitige Vertrauen" zwischen den Provinzen als Ziel der Holländer hervorzuheben. Verwunderlich war diese Passage sicher nicht.[184]

Auch Zeitgenossen des Auslandes haben wohl das Übergewicht der Holländer beobachtet, und wenn ein Diplomat wie der hessische Gesandte Hermann Wolff von der Tendenz der Generalstände berichtete (allerdings 1630 schon), Bemühungen weiterer Landstriche um die Aufnahme bei den Vereinigten Provinzen abzuwimmeln oder sie höchstens als zweitklassige Mitglieder zu behandeln, dann steckte dahinter eine holländisch inspirierte Kontraktionstendenz[185], die letztlich, gleichsam traditionell, wieder von einem ausgemacht maritimen Standpunkt ausging und eben von der Position des Seehandels her zu begreifen war. Nicht extensiver Ausbau der Republik etwa im Sinne kleiner kontinentaler Expansion (was nach Süden und Osten möglich gewesen wäre), sondern Intensivierung überkommener Positionen des Handels, das machte die holländische Politik aus. Unter Handel ist dabei weltweite Expansion zum Handelsimperium zu verstehen. Ganz im Gegensatz zu den holländischen Provinzialständen haben die beiden letzten Statthalter auf Expansion nach Süden gedrängt, ob nun zur Stärkung der eigenen Position durch Sieg, zur Sicherung des Kerngebietes oder in Reminiszenz an die ersten Jahre des Aufstandes, mag dahingestellt bleiben, jedenfalls rührten sie damit eindeutig an Empfindlichkeiten ihrer Gegner, der Regenten. „Den maritim-ozeanischen, insularen Tendenzen Hollands gegenüber repräsentierten die Oranier gleichsam die Landfront, das kontinentale Moment. Sich stützend auf das hauptsächlich aus Ausländern zusammengestellte Söldnerheer, auf die kleineren Provinzen und auf den orthodox-calvinistischen Bevölkerungsteil (besonders die calvinistischen Kleinbürger), suchten sie die militärisch-politische Macht des niederländischen Gesamtstaates zu steigern und namentlich in den Jahren 1625-1650 aus ihrer Stellung als Diener der Provinzial- und Generalstaaten emporzusteigen zu einer kontinentalen, landesfürstlichen Stellung. Einerseits bedeuteten sie für kommerziell-insulare Einseitigkeiten Hollands zuweilen ein heilsames Gegengewicht (Holland war schließlich keine Insel wie Großbritannien), andererseits wurden ihre Bestrebungen von rein dynastischen Gelüsten, die im Widerspruch standen mit den Interessen der Republik, manchmal allzu sehr bestimmt."[186] Auf jeden Fall lag hier ein unübersehbarer Interessenkonflikt, eine unterschiedliche Definition von Staatsinteresse, das für die Provinz eben eine wesentlich kommerzielle Basis hatte und umso empfindlicher war, je intensiver sich Handelsverflechtungen und Handelskonkurrenz entwickelten. Es ist richtig bemerkt worden, daß Republik über den Verfassungsbegriff hinaus immer auch eine gesellschaftliche Ordnung meinte, innerhalb derer der einzelne Bürger seine wirtschaftlichen Interessen optimal verfolgen konnte.[187] In einer weiteren Ausdeutung des schließlich nur kurzlebig realisierten Republikanismus der statthalterlosen Zeit mag zusätzlich die Frage erlaubt sein, ob nicht die maritime Ausrichtung den republikanischen Gedanken insofern genährt hat, als der vielfach expansionistisch und damit

---

184 Knuttel 6900.
185 Zu H. Wolff s. L. VAN TONGERLOO, *Een Hessisch diplomaat over de Staatse politiek ten opzichte van Duitsland (1630)*, in: BMHG, 75 (12961). Zur Kontraktionstendenz vgl. J.C. BOOGMAN, *Die holländische Tradition in der niederländischen Geschichte*, in: DERS. *Van spel en spelers. Verspreide opstellen*, 's-Gravenhage 1982, S. 150f.
186 So BOOGMAN, *Die holländische Tradition*, S. 152
187 So H. SCHILLING, *Libertär-radikaler Republikanismus*, S. 528.

Lasten auferlegende Charakter des Kontinentalstaates immer mit Monarchie verbunden war. Das holländische Staatsinteresse verordnete praktische, eine ausschließlich bei einem Gremium von Handelsfachleuten gelegene Entscheidungsfreiheit. Krieg, solange er nicht von unmittelbar einsichtigem, wirtschaftlichem Nutzen war, zählte zu den überflüssigen, weil im allgemeinen die Lasten erhöhenden Erscheinungen. Johan de Witt selbst schrieb doch 1672, daß ein einfacher Handels- und Schiffahrtsvertrag für das Land vorteilhafter sei als welch anderen Verbindungen auch immer.[188] Und eben an dieser Handelsmentalität, die eine zutiefst auf Republik gerichtete holländische Mentalität war, rieben sich die Gegner. Die hier schon zitierten *Bedenckingen op de Deductie* haben den ganzen Unterschied herausgestellt, wenn ihr Autor schrieb, Krieg sei, wenn man ihn als einen gerechten führe, keine Form von Sklaverei, sondern Vollstreckung eines Rechts. Die Freiheit des Landes sei nur durch Krieg zu bewahren. Freiheit des Handels sei nur eine private Freiheit nach Sklavenart. Sie bringe Profit und sonst nichts. Aber selbst ein Mann wie der Oranienfreund, Publizist und Diplomat Petrus Valckenier ließ im *'t Verwerd Europa* wissen, daß Krieg ein Nachteil für die Handelsinteressen der Republik sei. Noch 1671, in einer weiteren Auflage der *Aenweysinghe*[189] des Pieter de la Court wurde der Krieg der Westindischen Kompanie gegen Portugal um den Besitz von Pernambuco und Recife als ein nicht kaufmännischer, sondern als echt fürstlicher Krieg bezeichnet.

Hiermit ist das Interesse in seinem Kern und zugleich in seiner Wandlung angesprochen. Der Herzog von Rohan schrieb doch 1839, daß die Fürsten dem Volke, das Interesse dem Fürsten befehlige. Der Fürst oder sein Rat könne sich irren, das Interesse irre sich niemals. Das Wohlergehen eines Staates hänge vom wohl- oder schlechtverstandenen Interesse ab. Es habe immer den Zuwachs oder zumindest die Wahrung des Status quo zum Ziel[190] Solche Definition war auf den Fürsten zugeschnitten, auf Staat und Staatsräson. Sie kaprizierte sich auf territorialen Bestand, auf Machterhaltung oder -erweiterung und bei enger Verbindung von Dynastie und Staat auf dynastischen Eigennutz. In der Klageschrift gegen den Stuart-König Karl I. war dieser letzte Punkt als Argument angeführt worden. Es sei ihm um die Förderung des persönlichen Profits gegen die Wohlfahrt des Landes, gegen Freiheit, Gerechtigkeit und Frieden gegangen.[191] Das waren bekannte Töne, die in den anti-statthalterlichen Schriften der 50er und 60er Jahre ähnlich klangen. In der Republik fand sich das fürstlich-territoriale Interesse ersetzt durch das wirtschaftliche Interesse, es war gesellschaftlich bezogen, insofern es als Träger den Kaufmannsstand im Auge hatte. Christian Freiherr von Wolff, Mathematiker, Philosoph und Völkerrechtler, hat 1712 festgestellt: „Weil es der Kaufleute ihr Interesse ist, daß der Handel im Flor ist, so wird sie als interessierte Leute ihr eigen Vorteil antreiben, ihn in Flor zu erhalten und zu bringen ... der Handel floriere nirgends mehr als wo er frei ist."[192] Dies klingt wie eine Wiederaufnahme de la Courtscher Gedanken. Der Kern der staatlichen Existenz oder des staatlichen Interesses im Handels- und Händlerstaat lag im Erwerb und in der Verteilung wirtschaftlicher Güter. Staats- und Handelsinteresse waren identisch. Es war im Falle der niederländischen Republik völlig frei von einem territorial-machtpolitischen oder gar dynastischen Interesse und verlegte die Leitung und Lenkung der Geschichte auch auf die in der Verfolgung dieses Interesses kenntnisreichste gesellschaftliche Gruppe, auf den Handelsstand, womit sich aus der Verlagerung des Interesses auch die Verlagerung des Souveränitätsbegriffs erklärt. Natürlich

---

188 Zit. bei BOOGMANN, *Die holländische Tradition*, S. 155.
189 S.o. S. 276ff.
190 H. DUC DE ROHAN, *De l'Interest des Princes et Estats de la Chrestienté*, Paris 1639. Hier zit. Nach „Interesse", in: *Geschichtliche Grundbegriffe*, 3, Stuttgart 1982, S. 345.
191 Vgl. S.R. GARDINER, *The Constitutional Documents of the Puritan Revolution*, Oxford ³1906(?), S. 373f.
192 Zit. nach *Geschichtliche Grundbegriffe*, 3, S. 351.

enthielt die Neugestaltung der Definition des Staatszwecks im Sinne gesellschaftlichen Interesses durchaus schon den Gedanken von der „Freisetzung des Individuums",[193] aber der Weg hin zu einer politischen Umsetzung einer weitergehenden Individualisierung bis zur demokratischen Regierungsform war noch lang – auch in den Niederlanden.

Nach den Inhalten politischen Denkens ist bisher gefragt worden und im besonderen nach Souveränität und dem Anspruch darauf, nach Statthaltern, ihrem Amt, nach dem Generalkapitän und nach den Regenten. Das Problem wurde in der niederländischen Republik diskutiert, als ob es um die beste aller Welten oder um die „Suche nach Glück" gegangen sei. Am Ende erwecken Rede und Gegenrede, Schlag und Gegenschlag, Hieb und Stich den Eindruck eines intensiv empfundenen Nachholbedarfs. Weniger die allgemeinen Darlegungen zu den Vorzügen und Nachteilen der Staatsformen nach dem aristotelischen Schema als vielmehr die zunächst konkrete, sodann in den theoretischen und zugleich polemischen Bereich erhobene Auseinandersetzung zwischen bürgerlichem Regententum und adlig besetztem Statthalteramt machten die eigentliche Konfrontation aus. Was da auf republikanischer Seite losbrach, ähnelte wohl einem lange gespeicherten Unbehagen, dem die Oranientreuen und die Freunde des Statthalteramtes den Unmut einer in ihrer Konsolidierungsvermutung gestörten Partei entgegenhielten. Dabei ging es keineswegs dramatisch um einen Machtwechsel, sondern lediglich um die Aufhebung der Machtverteilung.

Die Kontroverse enthält nicht nur Auskunft über Motivation und Präsentation des politischen Denkens oder – allgemeiner noch – über Anteilnahme am politischen Leben überhaupt, sondern vermittelt auch Hinweise auf das politische Klima in einem bestimmten Zeitabschnitt, freilich für den Teilbereich eben dieser Kontroverse nur, und so ist die Beschreibung des politisch-kulturellen Klimas noch zu erweitern, ist zu reden über das Selbstverständnis der städtischen Regierungen, über die Regenten, ist zu handeln über das politisch-gesellige Leben allgemein vor allem unter dem Aspekt des Verhältnisses von Regierenden und Regierten. Die Regierenden, das war eben eine aristokratisch bürgerliche Elite, die in den Städten und über diese in den Versammlungen der Provinzial- und Generalstände ihre Macht ausübte und solche Macht auch, wenn das nötige Geld vorhanden war, in den Generalständen über das „imperative Mandat" voll auskosten konnte. Gewiß, bis hin zum Schlüsseljahr 1650 zählte auch der Statthalter in der öffentlichen Meinung zu den Regierenden, mehr noch, er erschien zuweilen abgehoben davon, weil er die nackte Existenz von Land und Leuten zu garantieren schien. „Herr und Vater", so nannte ein Pamphletschreiber den Prinzen Moritz von Oranien, sicherlich in Anlehnung an den „Vater des Vaterlandes", und Jacob Cats, ab 1636 Ratspensionär, Dichter und Volkserzieher und immer für einen lyrischen Reim gut, ließ Friedrich Heinrich für immer gesegnet sein, einen weitberühmten Namen tragen und Flügel des Ruhmes wachsen – für einen Ratspensionär, den Kontrolleur des Statthalters, sicherlich eine seltsame Bildersprache. Es ist bezeichnend genug, daß, wie schon gesagt, die Vereinigte Ostindische Kompanie (VOC) im indonesischen Archipel immer als Vertreterin der „Könige" Moritz oder Friedrich Heinrich betrachtet wurde. Gefangene Matrosen in Tunis suchten Hilfe bei „unserem gnädigen Fürst und Herrn, dem Prinzen Moritz, und die Herren Stände von Holland, unsere gnädigen Herren."[194] Natürlich war es vor allem die militärische Leistung, die Moritz, der am längsten von allen Oraniern das Statthalteramt bekleidete, zu einem nachgerade abgehobenen Thema machten. Aber doch wohl nicht nur dies. Da wurde auch Klugheit und Weisheit genannt, die der geistigen Elite des Landes bei dem Statthalter imponierten. Mut und Tapferkeit gehörten

---

193 Begriff nach ebd. S. zum Staatsinteresse auch J.C. BOOGMAN, *De raison d'état-politicus Johan de Witt*, in: *Van spel en spelers*, S. 162ff.
194 Beispiele bei VAN DEURSEN, *Het kopergeld van de Gouden Eeuw. Volk en overheid*, S. 2f.

wie selbstverständlich zu den immer wiederkehrenden epitheta ornantia. Ein Mann wie Hugo Grotius wußte ihn zum Werkzeug Gottes emporzuheben, was bei diesem Mann in seinem Anpassungsdrang auch nicht verwundern kann. Edelmut trat zu den Schmuckbegriffen hinzu, als machtgierig und tyrannisch fand er sich bei den Dichtern des Landes nur einmal charakterisiert – bei Joost van den Vondel, dem calvinistische Enge ohnehin nie behagte. Der Naturwissenschaftler und Techniker Simon Stevin wußte die naturwissenschaftliche und technische Begabung des Prinzen nicht genug zu preisen. Stevin, der Berater des Feldherrn Moritz, bemühte sich häufig darum, den Prinzen nicht nur als begabten Schüler, sondern auch als originären Denker zu apostrophieren.[195]

Soviel noch zu den Statthaltern, den Mitregierenden, speziell hier zu Moritz von Oranien. Nun zu den „Herren Ständen", wie es bei den vorgenannten Matrosen hieß. Diese Vertreter des bürgerlich-städtischen Patriziats begriffen sich als die politische und gesellschaftliche Elite des Landes, sozusagen kraft eigenen Rechts, und dies hieß bis hin zum Debakel von 1650 zunächst noch nicht einmal in erster Linie deutliche Abgrenzung gegenüber dem Statthalter, sondern meinte viel eher einen klaren Trennungsstrich gegenüber der großen Masse der nicht an der Regierung beteiligten Bürger. Es handelte sich bei diesen Regenten um eine Schicht der potentiell regierungsfähigen Bürger, deren Regierungsfähigkeit in erster Linie von der Höhe des Einkommens und durchaus auch von der Tradition des Hauses im Regierungsgeschäft abhing. Das vorhandene – erwirtschaftete – Kapital bestimmte die Regierungsfähigkeit seiner Eigner. Es herrschte da eine Finanz- und Traditionselite, bei der Tradition und Finanzkraft nicht weit auseinander lagen. In diesen Kreisen herrschte, wenn hier einmal die Abgrenzung nach „unten" aufgegriffen werden soll, eine elitäre Meinung über das „Volk", die nicht unbedingt demokratischen Zuschnitts war. Ausländer scheinen das nicht immer gleich bemerkt zu haben. Einige meinten, daß die Niederlande eine Demokratie seien, und das hatte bei ihnen auch kaum positiven Klang, weil für viele Chaos und Demokratie als Synonyme galten. Herbe Kritik setzte etwa der venezianische Gesandte in Den Haag, Francesco Michiel, 1638 an, als er den Rückstand Frieslands bei den finanziellen Verpflichtungen gegenüber der Union auf die demokratische Struktur dieses Territoriums zurückführte, und das hieß zugleich Störung der Ordnung. Daß solche Urteile über die Regierungsstruktur schlichte Fehlurteile waren, denen übrigens eine Reihe richtiger Beobachtungen gegenüberstanden, wird man einfach festzustellen haben, aber es gab doch eben jene wie den renommierten niederländischen zeitgenössischen Historiker Emanuel van Meteren, der gerade mit Blick auf die Fehlbeurteilungen in seinem Bericht über den niederländischen Aufstand ein Kapitel einfügte, aus dem hervorgehen sollte, daß es sich bei der herrschenden Regierungsstruktur um eine aristokratische handelte.

Merkmale des Aristokratisierungsprozesses

Jene nun, die da meinten – und das waren wohl die weitaus meisten Autoren der Zeit –, die Demokratie habe nichts in einer vernünftigen Regierung zu suchen, griffen dabei zuweilen auch zu überseeischen Beispielen, zu den Indianern Nordamerikas etwa. Dort sei es, so berichtete der Weltreisende David Pieterszoon de Vries, üblich, daß erst die Weisesten miteinander berieten. Seien die Beschlüsse dann nicht nach dem Geschmack des „gemeinen Mannes", dann verfüge der Mob („Janhagel") in der Sache. Der Dichter P.C. Hooft meinte, zwar seien glückliche Veränderungen unter der tapferen und tatkräftigen Mithilfe des einfachen Mannes zustande gekommen, eine wesentliche Aufgabe

---

195 Hierzu J. BAX, in: *Prins Maurits in de volksmening der 16e en 17e eeuw*, Amsterdam 1940 sowie E.J. DIJKSTERHUIS, *Maurits' beeld en Stevin's werk*, in: De Gids, 106 (1942), S. 145ff.

des Regierens aber sei es, das Volk zu lenken und zu beherrschen, die Masse ruhig zu halten. Maximen solcher Art scheint er in seiner Eigenschaft als Droste befolgt zu haben, wenn er schreibt: „Hier predigt man nicht die ‚Passion', es sei denn die unseres Herrn, hier stellt man keine Forderungen, man greift nicht zu Steinen, um sie den Herren an den Kopf zu werfen." Die Anwendung von Gewalt, des Terrors von der Straße er, wurde hier durchaus mit der Unterschicht verbunden, was eben einen Hinweis auf die nur als gering erachteten intellektuellen und als wenig zuverlässig angesehenen psychischen Qualitäten dieser Schicht enthielt, wie sie dann auch ein Pamphletschreiber 1647 erfaßte, der mitteilte: „Die Gemeinde („gemeente") ist von solcher Art, daß sie verwirft, was ihr eigentlich nützlich ist, und daß sie immer haben will, was für sie von keinem Wert und verboten ist."[196]

Das Gegenteil der Attribute, die man dem Volk beimaß – der Begriff „grauw" für Pöbel war ein gängiges Wort –, galt naturgemäß für die herrschende Elite der Regenten, die, wenn man so will, von den Rathäusern aus die Geschickte des Landes lenkten. Dieses Gegenteil: es galt stillschweigend, wurde praktisch vorausgesetzt, war einfach communis opinio, oder wurde, wenn erforderlich oder wenn einfach der Sinn nach Demonstration der eigenen Qualität stand, auch nachdrücklich nach außen betont. Die alten Privilegien hatten doch schon für die Stadtregierungen und -verordneten die „weisesten, vortrefflichsten und reichsten" Bürger vorgesehen. Das waren doch die in dieser alten Städtelandschaft überkommenen Traditionsmerkmale, die eben auch im 17. Jahrhundert Geltung hatten, als Reichtum als ein wesentliches Merkmal noch stärker in den Vordergrund rückte, zumal es so war, daß lange nicht alle Regenten auf eine lange Geschlechterkette in Stadt- und Staatsdienst verweisen konnten. Der Aufstand brachte tatsächlich neue Regentenfamilien in die städtischen Regierungen, aber sicherlich nur solche, die schon ein ansehnliches Vermögen zusammengetragen hatten. So übernahmen in Amsterdam 1578 („Alteratie") die Getreidehändler die Regierung von den alten Familien. Aber viele blieben doch in ihren Funktionen, so daß sie tatsächlich im nachhinein auf das „gute Geschlecht" verweisen konnten, „daß von alters her zu den angesehensten der Stadt" gehört habe. Bewegung in diese Kaste der Regenten brachten die Ereignisse von 1618 nach Lösung des Streits zwischen Remonstranten und Kontraremonstranten, der ein Kampf gegen Oldenbarnevelt geworden war, und später noch einmal die Ereignisse von 1672, als der neue Statthalter nicht nur der statthalterlosen Zeit, sondern auch einigen städtischen Karrieren ein Ende setzte. Aber es waren letztlich nur Korrekturen, kein eingreifender Strukturwandel. Das Vermögen spielte eine große Rolle. Pieter de Groot, Sohn des Hugo Grotius, beurteilte die Regenten nach ihrem Vermögen, und Adriaan Vroesen, Rotterdammer Regent, der 1672 die Stadtregierung verlassen mußte, schätzte die Intensität der Vaterlandsliebe der städtischen Regenten und Bürger nach dem Umfang ihres Besitzes ein. Die Begründung war denkbar einfach: Ging das Vaterland verloren, dann riskierte der Besitzbürger mehr als der arme Besitzlose und sicherlich noch mehr als jener, der mehr schuldete, als er besaß. So steht es in den Tagebuchnotizen des Vroesen zu lesen. Er machte solche Auffassung auch für seine Analyse des Geschehens von 1672 fruchtbar, indem er behauptete, daß die Intrigen in Haarlem und Rotterdam von jenen ausgegangen seien, die hofften, auf diese Weise ihrem eigenen Bankrott zu entgehen.

Hinter der Ansicht, daß Reichtum eine unabdingbare Voraussetzung für einen guten städtischen Regenten sei, steckte freilich auch der Gedanke, daß Reichtum vor Korruption schütze. Schon 1585 sagte der Leidener Bürgermeister Pieter Adriaansz. van der Werff, als er einen Sitz im Gremium der Kommittierten Räte („College van Gecommit-

---

[196] Alle Beispiele nach VAN DEURSEN, *Het kopergeld van de Gouden Eeuw. Volk en overheid*, S. 3f. (Zitate von mir übersetzt, H.L.)

teerde Raden") ablehnte, man solle die Arbeit jenen überlassen, die fernab jeder Geldgier ständen. Auch Hollands zentrale Dichterfigur, Joost van den Vondel, hielt es mit dem Reichtum als Garantie für eine gute Regierung. Und Jacob Cats, ein ausgemachter Status quo-Denker ließ – auch nun wieder wie schon häufig zuvor – mit erhobenem Zeigefinger wissen, daß der Himmel jedem nach seinem Stande gebe. Die bei ihm gereimte Lebensregel hatte ihren politisch-sozialen Sinn, insofern solche Bürger, die aus eher bescheidenen Verhältnissen in die Regentenfunktion aufgestiegen waren, nur mit Argwohn betrachtet wurden. Die Begründung lieferte wohl die als unveränderlich angenommene Psyche eines solchen Bürgers. Wie denn sollte er, einstmals von geringer Herkunft und käuflich, seine Herkunft und Gewohnheit in einem oft unbesoldeten Amt abstreifen, wer garantierte denn, daß er sich nicht weiter auf Kosten der Allgemeinheit bereichern werde. Die Lehre, die man daraus zu ziehen hatte, verdichtete sich im Reim des Jacob Cats oder in dem ebenfalls zeitgenössischen Spruch vom Schuster, der besser bei seinem Leisten bleibe. Reichtum war demnach dann auch etwas Schicksalhaftes. Man besaß ihn, oder man besaß ihn nicht. Der Himmel verfügte das. Constantijn Huygens, neben Hugo Grotius zu den intellektuell hochstehenden Figuren der Zeit zählend, ließ eben solch schlichte Wahrheit wissen, die sicherlich der Mobilität innerhalb der Regentenschicht einen ordentlich festen Riegel vorschob. Die hier beschriebene Denkvoraussetzung scheint nicht nur zum Selbstverständnis der Regenten gehört zu haben, denn während der Unruhen von 1672 warfen die Rädelsführer dem Rotterdamer Regenten Sonmans und dem Bürgermeister von Medemblik, Loos, vor, aus Armut emporgestiegen zu sein, und bedachten die beiden mit Schimpforten wie „asbeer" und „kale neet".[197] Aber noch einmal Cats in eigener Sache. Bei seiner Ernennung zum Ratspensionär sagte er, für Gottes Hilfe danken zu müssen, der in seiner väterlichen Güte jenen, denen er ein Amt übertrage, zugleich auch die Fähigkeit gebe, dieses Amt angemessen auszufüllen. Reichtum, Geld auf der einen, als selbstverständlich empfundene Fähigkeiten auf der anderen Seite, und dies unter göttlichem Schutz und Schirm, das waren die Voraussetzungen für das Amt des Regierens. Die hier apostrophierte göttliche Fügung findet sich auch aufgenommen in ein Volkslied von 1624, in dem als „herrliches Gut" eines Volkes bezeichnet wird, wenn es Regenten an seiner Spitze habe, die es durch die Fährnisse der Zeiten führe.

Die Machtbasis der Regenten, des Patriziats, beruhte auf der für jede Stadt geltenden Bestimmung, daß ein Sitz im Stadtrat auf Lebenszeit galt. Frei werdende Plätze wurden in der überwiegenden Zahl der Fälle durch Kooptation neubesetzt. Solches Instrument führte auf Dauer zu einer weiteren Begrenzung der gesamten Stadt- und Provinzialverwaltung auf die Schicht der Regenten, wenngleich in einigen Städten – sogar in Amsterdam – auch andere Berufsvertreter als die des Großkaufmanns und Unternehmers hier und da Sitz und Stimme im städtischen Gremium erhielten.[198] Der Sitz in dieser, modern ausgedrückt, Ratsversammlung war der Ausgangspunkt für weitere Funktionen, die im Gegensatz zur unbezahlten Funktion des städtischen Vertreters durchaus lukrativ sein konnten. Dieser Aristokratisierungsprozeß konzentrierte mancherorts politische Macht nicht nur in den Städten in den Händen einiger weniger Familien, sondern scheint sich auch auf dem platten Lande durchgesetzt zu haben, wie Beispiele etwa in Friesland („grietenijen") zeigen.[199] Es ist ganz bezeichnend und durchaus wirklichkeitsnah, wenn

---

197 Zur Bedeutung des Reichtums s. auch J. DE JONG, *Een deftig bestaan. Het dagelijks leven van regenten in de 17e en 18de eeuw*, Utrecht u.a. 1987, S. 73.
198 S. dazu insgesamt S.J. FOCKEMA ANDREAE, *De Nederlandse staat onder de Republiek*, ³1969. Kurz auch BORNEWASSER u.a., *De lage landen*, S. 184ff.; zu anderen Gruppen H. VAN DIJK/D.J. ROORDA, *Sociale mobiliteit onder regenten van de Republiek*, in: TvG, 84(1), 1971, S. 306ff.
199 Zur Entwicklung in Friesland s. C.J. GUIBAL, *Democratie en Oligarchie in Friesland tijdens de Republiek*, Groningen 1934, S. 86ff.

Oldenbarnevelt einmal schrieb, die Kinder hätten ein Recht auf den Posten ihres Vaters, wenn sie sich ihrer Herkunft durch „alliancie, professie ende dienste" würdig erwiesen. „Alliancie", das hieß standesgemäße Ehe, wobei vermutlich Stand auch durch Geld ersetzt werden konnte. In Oldenbarnevelts Leben kommt letztgenannte Version vor. „Professie" und „dienste" meinte einen würdigen Beruf sowie Bekenntnis zu bestimmten Verhaltensnormen und die Bereitschaft, in öffentlichen Funktion dem Land zu dienen. Es ging um Bürger, die nicht unbedingt von ihrer Arbeit leben mußten, sondern frei waren, um unbeschwert von den Mühen des Broterwerbs im Rathaus zu sitzen,[200] und es ging zugleich um eine politisch-soziale Entwicklung, die vom Großvater zum Enkel reichte und durchaus auch eine Veränderung im sozialen Verhalten implizierte. Das heißt, der Großvater hatte noch die Seite des Aufstandes gewählt, die Republik mitbegründet. Der Vater reihte sich bei den „merchant adventurers" ein, legte sein Kapital in risikoreichen Unternehmungen an – risikoreich, aber profitabel, wenn die Unternehmungen gelangen. Und es gelang eine ganze Menge. Es handelte sich bei den Vätern um die Generation jener Männer, die von sich selbst sagte und sagen konnte, sie habe durch Sparsamkeit, mit Erfahrung und Scharfsinn während des Waffenstillstandes (ab 1609 also) alle Länder vom Meere verdrängt („uut het waeter gevaeren") und fast den gesamten Handel an sich gezogen, alle Länder auf den eigenen Schiffen mit Waren versorgt. Die dritte Generation der Enkel hatte es dann geschafft. Die früheren Sorgen des Kaufmannes waren keine mehr. Ein Vermögen war angehäuft worden, das die Möglichkeit bot, Jura zu studieren, sich weiterzubilden, am besten durch lange Bildungsreisen, und sich – wenn gewünscht – mit der Regierung zu befassen, in dieses Geschäft einzusteigen. Der Lebensstil wurde anders. Wo zuvor unübersehbar spartanische Nüchternheit und Sparsamkeit herrschten, trat bald doch eine selbstbewußte Präsentation des Reichtums in den Vordergrund – und dies häufig genug zum Unwillen der breiten Bürgerschichten. Vorbei war bald die Zeit, in der sich die Regenten nicht vom gemeinen Mann auf der Straße unterschieden oder in ihren Tagesanzügen bei den Generalständen auftauchten, wie es tatsächlich noch zu Friedrich Heinrichs Zeiten der Fall gewesen zu sein scheint. Gewiß, einige huldigten noch bis in die Jahre der Statthalterschaft Wilhelms III. der Einfachheit, viele aber neigten zur Präsentation des Überflusses. Wichtig war in diesem Zusammenhang der Zuschnitt der Patrizierhäuser, die zum einen den Kern der patrizischen Existenz bildeten, zum anderen freilich zentraler Ort patrizischer Begegnung waren – gleichviel, ob der Herr des Hauses noch wirtschaftlich tätig war oder sich lange als Rentier zurückgezogen hatte. Umbau der Frontgiebel nach den in Regentenkreisen herrschenden Vorstellungen über standesgemäße Präsentation sind hier ebenso auffällig wie der Umbau im Hausinnern, wo ein Empfangszimmer als Zeichen für den gepflegten gesellschaftlichen Verkehr unter seinesgleichen diente. Für ein solches Zimmer bürgerte sich der Name *salon* oder *salet* ein – Begriffe, die nicht unbedingt zum täglichen Wortschatz von Niederländern zählten. Auch die anderen Zimmer waren durchaus auf den Empfang von Gästen zugeschnitten (Esszimmer), wie auch die Häuser so unterteilt wurden, daß die Privatsphäre erhalten blieb. Gerade der Empfang von vielen Gästen konnte durchaus Zeichen für die besondere Stellung des Gastherrn in der städtischen Gesellschaft sein. Dazu trat die zuweilen kostbare Dekoration der Räume (Mobiliar zum Teil mit Familienwappen, Goldledertapete, Deckenmalereien), die sorgfältig gestaltet wurde, nicht zuletzt auch, um Gäste zu beeindrucken. Zu den größeren Häusern zählten sowohl Bibliotheken als auch Räume für Raritätensammlungen oder die eigenen Gemäldekollektionen, deren Inhalte vom Einzel- und Familienporträt bis hin zum Stilleben reichten. Angesichts des Stellenwerts der niederländischen Malerei war das sicherlich ein wichtiges Element im Lebensstil und Präsentationsbedürfnis der städtischen

---

200 Nach VAN DEURSEN, *Het kopergeld van de Gouden Eeuw. Volk en overheid*, S. 7f.

Regentenfamilien. Es war selbstverständlich, daß die Regentenfamilien Dienstpersonal im Hause (oder auch außerhalb des Hauses) beschäftigten, wenngleich dies nicht unbedingt ein Unterscheidungsmerkmal sein konnte, da auch andere großbürgerliche Familien, die nicht zum Patriziat zählten, Dienstpersonal anstellten. Sicherlich aber war es ein Zeichen für den hohen Stand gesellschaftlicher Existenz von Regenten, wenn man eine Kutsche sein eigen nennen konnte – eine Kutsche mit Pferden und Kutscher. Die Kutsche, die doch wesentlich dem Landausflug, häufig zum Garten oder eigenen Landsitz außerhalb der Stadt, diente, war ein echtes Gefährt für die Präsentation von Reichtum, wie es im Innern des Hauses der reiche Schmuck der weiblichen Familienmitglieder oder eben die Dekoration der Wände und Decken oder schließlich das Mobiliar war. Freilich, im 17. Jahrhundert gehörte dieses Gefährt noch nicht zur Alltagserscheinung. Erst am Ausgang des Jahrhunderts und erst recht dann im 18. Jahrhundert war es Zeichen des Regenten-Alltags.[201] Wenn hier von Landsitz die Rede war, dann meint das zunächst in erster Linie den Erwerb von einem oder mehreren Gärten in der Umgebung der großen Städte, kleine Ausflugsziele, die kurzem Verweilen dienten, häufig auch ein kleineres Gartenhaus hatten, die später zu Landsitzen ausgebaut wurden – oder man kaufte einen Bauernhof oder zumindest den Teil eines Gehöfts. Das lief bis zum Aufbau großer Landsitze, die nicht nur als Sommerfrische dienten, sondern auch zu anderen Jahreszeiten den nötigen Komfort boten, recht allmählich ab und nahm im 18. Jahrhundert erst einen größeren Aufschwung.[202] Zu den größeren Landsitzen gehörten große Gartenanlagen, in denen alte höfische Traditionen als auch Erwägungen der Nützlichkeit eine Rolle gespielt haben, das heißt man pflegte hier eine eigene, eben niederländische Gartenkultur, die offensichtlich in Großbritannien Eindruck machte, nicht zuletzt weil Wilhelm III. von Oranien diese Kultur nach Übernahme der englischen Krone zusammen mit seiner Frau Mary einbrachte.[203] Der Höhepunkt dieser Schau und zugleich Würde war der Erwerb ehemaliger adliger Besitzungen, mit denen nicht nur die grundherrlichen Rechte, sondern auch klingende Titel erworben wurden. Es sei Johan van Oldenbarnevelt als einer der ersten genannt, der diesen Weg ging. Er erwarb die Grundherrschaft Berkel en Rodenrijs, seine Söhne fügten Groenfeld und Cralingerpolder hinzu; noch in dieser Zeit schloß sich eine Reihe weiterer Regenten an. Die Rechte erwerben hieß, die Grundherrschaft ausüben und dort, wo solche Bezirke in den Bereich der städtischen Körperschaft übergingen, waren es die Stadtregierungen insgesamt, wiederum also die Regenten, denen die Rechte zuwuchsen.[204] Freilich, man sollte diesen Hang nach Adelstiteln nicht verallgemeinern. Abgesehen davon, daß der Ankauf von Grundherrschaften auch von vermögenden, nichtpatrizischen Bürgern getätigt wurde, gab es zahlreiche Regenten, für die Titel Schall und Rauch waren und nichts zum ohnehin bestehenden Glanz hinzufügen konnten. Der Drang nach Erwerb von Grundherrschaften ist also zu

---

201 Dazu insgesamt J. DE JONG, *Een deftig bestaan*, vor allem Kapitel V mit vielen Details und ausführlichen Beschreibungen, auch Angaben zum Verhältnis von Hausherrn und Dienstpersonal. Zur Raumaufteilung und Ausstattung s. a. C.W. FOCK, *Het decor van huiselijk vermaak ten tijde van de Republiek*, in: J. DE JONGSTE/J. RODING/B. THIJS, *Vermaak van de elite in de vroegmoderne tijd*, Hilversum 1999, S. 40ff. Der größte Teil des Essays betrifft das 18. Jahrhundert.
202 Ebd. S. 159ff.
203 Dazu J.D. HUNT, *Anglo-Dutch Garden Art: Style and Idea*, in: D. HOAK/M. MORDECHAI (Hrsg.), *The World of William and Mary. Anglo-Dutch Perspectives on the Revolution of 1688-89*, Stanford 1996, S. 188ff.
204 Dies nach A. MERENS, *De Geschiedenis van een Westfriese Regentenfamilie. Het geslacht Merens*, 's-Gravenhage 1957, S. 106f.; VAN DEURSEN, *Het kopergeld van de Gouden Eeuw. Volk en overheid*, S. 10f.; D.J. ROORDA, *Partij en factie. De oproeren van 1672 in de steden van Holland en Seeland. Een krachtmeting tussen partijen en facties*, Groningen 1961, S. 41ff.

relativieren.²⁰⁵ Es scheint da eine gewisse Ähnlichkeit mit der Lage des westdeutschen Industriebürgertums des 19. Jahrhunderts zu bestehen, soweit es den Erwerb von Rittergütern im Osten des Deutschen Reiches angeht.

Der Lebensstil rückte – lokale Unterschiede einmal außer Acht gelassen – in seiner Exklusivität durchaus in die Nähe adligen Auftretens, gleichviel ob hier eine Grundherrschaft erworben worden war oder nicht, und unterlag schließlich offensichtlich kulturellen Einflüssen Frankreichs, zählte doch dieses Land zu den großen Zielen niederländischer Studenten („peregrinatio academica").²⁰⁶ Die Flugschriftenliteratur klagte dann auch – verständlich genug – über wachsende Überheblichkeit und Prunksucht der Regenten, und gerade zur französischen Sitte hieß es 1672 in einem Pamphlet des Dichters J. Antonides van der Goes: „Verjagt den Feind, aber verjagt erst seine Sitten". Solche Aufforderung war im Kriegsjahr 1672 begreiflich. Unter diese Sitten fiel auch die Sprache, der Sprachgebrauch. Van der Goes schrieb noch an anderer Stelle, die Herren äußerten sich „flämisch", um das gemeine Volk zu informieren, französisch aber sprächen sie mit der Intelligenz.²⁰⁷ Sprache also als Merkmal der Klassen- oder Standesunterschiede.

Solcher Verhaltenswandel, der mancherorts böses Blut setzte und Sprüche und Reime über die hohe Qualität der Entscheidungsträger zumindest relativierte, war eine materialistische Demonstration von Unabhängigkeit und elitärer Selbsteinschätzung. Es war durchaus die Frage, ob der Ermahnung des seeländischen Prädikanten Godfried Udemans, der Kaufmann solle an seinem kostbaren Wahlspruch „Ehre vor Gold" festhalten, nicht schon besondere Bedeutung beikam. Jedenfalls waren Geld und die damit verbundene Macht ganz wesentliche Ingredienzien der Regentenposition. Beides wußte man zu nutzen. Das äußerte sich nicht nur in der Besetzung und Vergabe durchaus lukrativer Ämter. Es blieb alles im „inner circle", so daß der Aufstieg anderer sozialer Gruppen in diesen Kreis schon der reine Zufall oder schiere Notwendigkeit mangels Masse war. Auch wo die Regenten eben nicht mehr aktiv als risikobeladene Kaufleute und Unternehmer auftraten, rückte wirtschaftliches Interesse nicht in den Hintergrund. Denn schließlich ging es immer noch um den Schutz oder auch die Mehrung des eigenen Vermögens. Es gehörte zur allgemeinen Übung, daß Regenten Priorität genossen bei der Zeichnung von Staatsanleihen, was kaum erstaunlich ist, da von dieser Seite die höchsten Beträge zu erwarten waren und zugleich die Zinserträge den durchschnittlichen Ertrag überstiegen. Da die Wahrung des Vermögens auch eine Frage der richtigen Politik des Staates war, erschien es schon richtig, daß der „größte Interessent" auch die größte oder gar ausschließliche Macht ausübte.²⁰⁸ Dabei war die Überhöhung des Eigeninteresses zum allgemeinen Interesse die denkerische Konsequenz.

Der auf dem Wege der Kooptation eingeleitete Aristokratisierungsprozeß mündete schließlich in die Oligarchie, insofern in Regentenkreisen Politik auch – wie zuvor schon angedeutet – Familien- und Heiratspolitik hieß. Als Moritz von Oranien 1618 im Zuge des Remonstrantenstreits und der Auseinandersetzung mit Oldenbarnevelt die Stadtregierungen neubesetzte, Dordrecht dabei aber ausließ, tat er dies, weil die städtischen Regenten so stark miteinander „verschwägert" waren, daß der Ausschluß einiger

---

205 Dazu DE JONG, *Een deftig bestaan*, S. 171ff.; ferner D.J. NOORDAM, *Leidenaren en hun buitenverblijven in de vroegmoderne tijd*, in: J. DE JONGSTE/J. RODING/B. THIJS (Hrsg.), *Vermaak van de elite in de vroegmoderne tijd*, S. 15ff. mit einer zahlenmäßigen Erfassung des Besitzes Leidener Regenten und Bürger außerhalb der Stadt Leiden sowie über die Qualität der Häuser (Garten- und Spielhäuschen, größere Anwesen zur dauerhaften Bewohnung oder Burgen).
206 Über die Bildungsreisen s. den Abschnitt *Schulen und Universitäten* im vorliegenden Band.
207 Zit. bei ROORDA, *Partij en factie*, S. 42.
208 So MERENS, *Westfriese Regentenfamilie*, S. 107.

Regenten böses Blut bei allen gesetzt hätte.[209] „Ehen", so ist gesagt worden, „wurden ... nicht in erster Linie zwischen zwei Regentenkindern, sondern zwischen zwei Regentenfamilien geschlossen."[210] Typisch war eine endogame Heiratspolitik, die sich anfänglich noch zwischen den Familien der einzelnen Städte vollzog, sich bald freilich auf Allianzen innerhalb einer Stadt konzentrierte. Es seien einige Beispiele genannt, bei denen zugleich auch die Funktionen im Wirtschaftsleben angezeigt werden soll. Etwa Amsterdam. So saß Cornelis Pietersz. Hooft seit 1584 im Stadtrat und war bis 1626 zwölfmal Bürgermeister. Zugleich blieb er Kaufmann und hinterließ ein beträchtliches Vermögen. Sein Sohn Pieter Cornelisz., wurde Droste von Muiden. Sein scharfer Gegner, Reynier Pauw, der so gar nichts von der Toleranz des C.P. Hooft in religiösen Dingen hielt, saß von 1591 bis 1636 im Stadtrat, war Großkaufmann und Unternehmer, gehörte zu den acht Amsterdamer Vertretern der „Herren XVII", der Regierung der Vereinigten Ostindischen Kompanie. Die Generalstände schickten ihn als Sonderbotschafter nach Bremen, um dort über eine Allianz mit Dänemark zu verhandeln. Der englische König Jakob I. und der französische König Ludwig XIII. schlugen ihn zum Ritter. Sein Sohn Adriaen wurde zum Syndikus („pensionaris") von Amsterdam gewählt, gehörte ebenso den „Herren XVII" an (wie übrigens auch der zweite Sohn) und wurde schließlich Ratspensionär von Holland. Der dritte Sohn, Cornelis, ging als Gesandtschaftssekretär in die Türkei und übernahm danach das Rechnungswesen beim Statthalteramt. Zu den Regenten, die 1618 nach Moritz' Auftreten ihren Platz räumen mußten, aber von 1630 bis 1638 erneut in der Stadtvertretung saßen, gehörte Jacob Dirksz. de Graeff, Freiherr von Zuid-Polsbroek, in seinem Auftreten freilich nicht unbedingt mehr ein Regent der ersten Stunde. Er vertrat die Stadt als Grundherr von Amstelveen, Nieuwer-Amstel, Sloten und Osdorp, wurde sechsmal Bürgermeister, Chef der Bogenschützengilde, oberster Gildemeister und Deichgenosse im Diemermeer sowie schließlich Aufseher der Lateinschule. De Graeff war einer der ersten Regenten, die zu den von Renier apostrophierten „bourgeois-gentilhomme" zählten und einen neuen Lebensstil pflegten. Aber dies soll hier weniger interessieren, wichtiger sind seine verwandtschaftlichen Beziehungen. Er selbst, Sohn eines reichen Eisenhändlers (Dirk Jansz. de Graeff, ein Jahr Bürgermeister) verheiratete seine beiden Töchter mit Jan und Jacob Bicker, die de Graeffs Frau Aeltje Boelens Enkel von Andries Boelens waren. Jan und Jacob Bicker hatten noch zwei Brüder, Andries Bicker, Herr van Engelenburg, und Cornelis Bicker, Herr van Swieten. Die beiden Söhne Jacob de Graeffs, Cornelis und Andries, heirateten naturgemäß entsprechend ihrem Stand. Cornelis heiratete die Tochter des Bürgermeisters Volckert Overlander von Purmerend und Andries verband sich mit Elisabeth Bicker van Swieten. Diese miteinander blutsverwandte und verschwägerte Regentengruppe hat bis 1672 die Geschicke Amsterdams verwaltet. Vater Bicker war nicht nur Mitglied der Stadtverordneten und Bürgermeister gewesen, sondern auch als Hauptmann der Schützengilde Regent des Krankenhauses, Deichgraf von Nieuwer-Amstel, Gründer der „Companie van Verre", einer Vorläufer-Gesellschaft der VOC, und als Mitglied der „Herren XVII" tätig. Die Söhne sind alle mit Erfolg in den europäischen und überseeischen Großhandel eingestiegen. Von der „Bickerschen Liga" war zeitgenössisch die Rede ebenso wie von den „Bickerschen beroerten", als es um den Widerstand Amsterdams gegen die Absichten Wilhelms II. ging. In der Amsterdamer Stadtvertretung saß von 1639 bis 1664 der vorgenannte, mit der Bicker-Familie verschwägerte (über seinen Bruder Andries) Cornelis de Graeff, der zehnmal zum Bürgermeister der Stadt gewählt wurde und der erste echte Regent (ohne Nebenbeschäftigung) war. Er saß lediglich noch im Gremium der

---

209 N. JAPIKSE, *De Dortsche Regeeringsoligarchie in het midden van de 17e eeuw. Naar aantekeningen van Robert Fruin*, in: BVGO, VI, 1 (1924), S. 6.
210 So ROORDA, *Partij en factie*, S. 50.

„Herren XVII". Er, der Freiherr von Zuid-Polsbroek, besaß außerhalb der Stadt das Gut Soestdijk, an dessen Ort sich heute das königliche Palais befindet. Nach dem frühen Tod der Bicker-Brüder konnte er, gestützt auf die Bicker-Familie und seinen Schwager, den Bürgermeister Frans Banning Cocq, das Zepter in Amsterdam schwingen. Recht günstig verlief für ihn die Entwicklung, als Johan de Witt aus der Dordrechter Regentenfamilie Ratspensionär wurde, der nicht nur ein gutes Verhältnis zu de Graeff hatte, sondern auch mit Wendela Bicker, der Tochter von Jan Bicker, verheiratet war. Natürlich waren nicht alle Regenten miteinander verschwägert und saßen auch Bürger in den Stadtvertretungen, die nicht aus der „Reichheit" kamen, wie etwa der hochangesehene Mediziner Nicolaes Tulp, der selbst Bürgermeister wurde, aber Bürgermeister Gillis Valckenier wiederum war der Großneffe des vorgenannten Bürgermeisters Reynier Pauw. Valckenier gelang es dann seinerseits, nach dem Eingriff Wilhelms III. in die Stadtregierung, eine Reihe von Familienmitgliedern auf die Sessel der Stadtverordneten zu bringen. Aus einer Regentenfamilie stammte auch Coenraad van Beuningen, Sohn des Mitbegründers der Vereinigten Ostindischen Kompanie und Bürgermeisters Geert Dirksz. van Beuningen. Coenraad kam erst auf Umwegen in die städtischen Geschäfte. Er arbeitete zunächst als Sekretär des Hugo Grotius in Paris, sodann als Sekretär der Stadt Amsterdam. Er saß von 1660 bis 1683 im Amsterdamer Gremium und wurde zum Bürgermeister gewählt. Seine Bedeutung liegt freilich weniger im Bereich der Stadtpolitik als in seiner Tätigkeit als Gesandter der Republik, auch waren die verwandtschaftlichen Beziehungen nicht so eng wie bei den anderen Regenten. Das lag wieder anders bei Nicolaes Witsen, der zwischen 1682 und 1705 dreizehnmal zum Bürgermeister gewählt wurde und von 1670 bis 1717 zur Stadtverordnetenversammlung zählte. Witsen, der Amsterdamer Freund von Zar Peter dem Großen, stammte aus einer alten Regentenfamilie und war ein Vetter zweiten Grades des Bürgermeisters Joannes Hudde.[211]

Es wurde hier nur wenige Verflechtungen für die Stadt angeführt. Tatsächlich reichten sie viel weiter, vor allem wenn man die Ämtervergabe heranzieht. In anderen Städten herrschte da eine ähnliche Lage. Wenn Moritz von Oranien die Finger von Dordrecht lassen wollte, dann hatte das seinen Grund eben in dieser engen familiären Verbindung, in der Bluts- und Anverwandtschaft. Das war in Dordrecht offensichtlich schon recht früh der Fall, und in der Zeit des Statthalters Friedrich Heinrich gaben nur noch drei Familien den Ton an: Die van Beverens, die de Witts und die Ruychs, die alle obendrein gute Beziehungen zum statthalterlichen Hof pflegten, was wiederum nicht zuletzt auf zahlreiche verwandtschaftliche Verbindungen der Mitglieder des Hofes zu Dordrechter Familien zurückzuführen war. Man wußte in dieser Stadt immer schon im vorhinein, wer zum Bürgermeister oder ins Schöffenamt berufen wurde. Zwischen 1637 und 1650 lösten Cornelis van Beveren, Herr van Strevelshoek, Abraham van Beveren, ein entfernter Neffe, und Jacob de Witt (Vater von Jan und Cornelis) im Bürgermeisteramt einander ab. Ein Pamphletist schrieb zu dieser Zeit unter dem Titel *Magasijn van meyneedige ontucht*, der Bürgermeister schalte und walte grenzenloser als ein absoluter Fürst. Er herrsche, wie es ihm gefalle, und wähle sich selbst und andere, auch wie es ihm gefalle. Das städtische Gericht, so der Schreiber, ähnele eher einem Kollegium von Freunden und Blutsverwandten als einer unabhängigen Richterschaft. Tatsächlich war es so, daß neben Jacob de Witt 1646 seine beiden Schwiegersöhne, Jacob van Beveren van Zwijndrecht und Dirk Hoeuft, zwei Neffen, Cornelis van Hogeveen und Jacob Stoop, und noch vier andere Verwandte im Gericht saßen. Gewiß, in Dordrecht regte sich dagegen mehr Widerstand als in anderen Städten, da die alten Satzungen der Stadt, die noch

---

211 Die Angaben nach *Zeven eeuwen Amsterdam, onder leiding van* A.E. D'AILLY, *II. De zeventiende eeuw*, Amsterdam, S. 181ff. sowie vor allem J. ELIAS, *Geschiedenis van het Amsterdamsche regentenpatriciaat*, 's-Gravenhage ²1923 mit genealogischen Tafeln.

ein Mitspracherecht der Gilden vorsahen, noch nicht ganz untergegangen waren, aber das für die Mitbestimmung zuständige „Kollegium der Acht" stand schon bald unter dem Einfluß der herrschenden Familien. Der Widerstand brachte nicht viel, aber immerhin doch die Bestimmung, daß die Gildemeister selbst das Verzeichnis der Kandidaten für das „Kollegium der Acht" aufstellten und daß im städtischen Gericht die Zahl der blutsverwandten Mitglieder einer Familie begrenzt sein mußte. Auch der Zugriff Wilhelms II. im Zuge der Amsterdamer Affäre brachte kaum Veränderung. Zwar mußte Jacob de Witt gehen, aber die van Beverens kamen. Außerdem wurde Johan de Witt Stadtsyndikus. Und so ging es nach dem Tod des Oraniers weiter. Beide Linien der van Beveren-Familie übernahmen die Geschäfte der Stadt. Sie waren zugleich die Herren van Strevelshoek (Cornelis), van Barendrecht (Abraham) und van Zwijndrecht (Jacob). Letztgenannter war mit Johanna, der Schwester der beiden de Witt-Brüder, verheiratet. Cornelis van Beveren brachte auch seinen Neffen, Adriaan van Bleyenburch, Herr van Naaldwijk, in das Bürgermeisteramt. Auch dies sind typische, nicht die einzig möglichen Beispiele konnubialer Verflechtungen, die praktisch die Herrschaft der Wenigen zur Herrschaft der wenigen Verwandten machten. Sicherlich gab es Unterschiede im Grad der Verflechtung, aber vorhanden waren sie allemal, ob es sich nun um die seeländischen Zierikzee und Tholen (sieben Mitglieder der Familie Vrijbergen in einer städtischen Vertretung von insgesamt 14 Mitgliedern) oder Hoorn und Enkhuizen in Westfriesland handelte, um die Merens, Soncks oder Bredehoffs (alle in Hoorn)[212] oder ob es um Delft (die Bleiswijks) oder Gorcum (Hoeys) oder schließlich um Städte und plattes Land in der Provinz Friesland ging.[213]

Die Tendenz zur Konzentration auf innerstädtische Regentenzirkel durch Heiratspolitik lief hinaus auf eine regentistische Selbstbeschränkung des Potentials in Regierung und Verwaltung. Hinzu trat noch der Ausschluß von katholischem, remonstrantischem oder mennonitischem Patriziat, was den Kreis der Regierungsfähigen noch weiter einengte. Es wäre falsch zu vermuten, daß die Beschränkung der lokalen Regierungsgewalt auf eine Kaste auch eine Beschränktheit des zur Verfügung stehenden oder von Hand verlesenen Personals bedeutet hätte. Diese Kaste der Regenten erwies sich im Laufe der Jahrzehnte immer wieder stark genug, politisch äußerst fähige und zugleich intellektuell herausragende Köpfe in die Führung der Geschäfte in Stadt, Provinz und Union zu bringen. Das Selbstbewußtsein, das eine Vielzahl von Regentenköpfen in Gravur oder Gemälde, als Porträt oder im Gruppenbild, ausstrahlte, war sicherlich nicht in jedem Fall Ausdruck einer selbstgefälligen Erfolgsideologie, sondern hatte durchaus seinen Grund in der Leistung. Freilich wäre es ebenso falsch anzunehmen, daß sich hier eine moralisch besonders hochwertige, nur den Interessen der Stadt oder der Republik verbundene politische Elite herausgebildet hätte. Wenngleich Geld, viel Geld zuweilen, vorhanden war, galt doch weiterer Erwerb von Geld nicht als Tabu. Ein Pamphletist der Zeit formulierte das so: „Man sollte sich doch nicht gegenseitig weismachen, daß der Eifer, dem Land seine Dienste anzubieten, gleichsam aus selbstlosem innerem Antrieb geschehe."[214] Tatsächlich waren zahlreiche Ämter mit direkter oder indirekter Vorteilsnahme verbunden und wurde dies auch weidlich ausgenutzt, gleichviel ob es sich hier um Ein- und Ausfuhrzölle, das Amt des Steuereintreibers oder etwa um Grundstücksspekulationen handelte. Sicherlich war Korruption nicht unbedingt an der Tagesordnung, aber sie kam doch häufig genug vor, und wenn das in der Öffentlichkeit bekannt wurde, dann geriet das in der allgemeinen Anerkennung der breiteren Volksschichten sicherlich nicht zum Vorteil der Regenten. Darüber hinaus ein anderes: Keineswegs bedeutete eine

---

212 Vgl. MERENS, *Westfriese regentenfamilies*, passim.
213 Vgl. GUIBAL, *Democratie en oligarchie*.
214 Zit. bei VAN DEURSEN, *Het kopergeld van de Gouden Eeuw. Volk en overheid*, S. 12.

Konzentration der politischen Entscheidung auf einige miteinander verschwägerte Familien zugleich auch Harmonie in der Gestaltung der Kommunal- oder Landespolitik, und außerdem hieß Zugehörigkeit zum Regentenpatriziat nicht automatisch auch Parteinahme für die republikanische Richtung, für die de Witts, die de la Courts und andere. Oranientreue und Vertreter der „wahren Freiheit" waren beide in dieser politischen Klasse vertreten. Daneben aber entwickelten sich auf kommunaler Ebene kleinere Faktionen. Es handelte sich „um – in Holland und Seeland vor allem städtische – Gruppen von Regenten, die ihren unmittelbaren Anhang um sich scharten und durchgehend ihre ganz partikularen Interessen durchzusetzen versuchten."[215] Daß solche Faktionen auch die Landespolitik einbezogen und ebendort auch tätig wurden, sei am Rande vermerkt. Die Faktionen bildeten den Mittelpunkt eines seltsamen Systems des Deichselns („plooien") und Ränkespiels („kuiperij"), darauf ausgerichtet, Macht zu erhalten, zu erweitern gar und sich Zugang zu den Fleischtöpfen Ägyptens zu verschaffen Die Ämtervergabe war dann auch der Gegenstand, um den sich alles drehte. Die damit verbundenen „schnöden Praktiken" wuchsen nicht nur zu einem öffentlichen Ärgernis heran, sondern scheinen selbst einigen Regentenkreisen auf die Nerven gegangen zu sein, so daß man einer Lösung des Problems bedurfte. Die holländischen Regenten fanden sie in dem sogenannten Korrespondenzsystem („contracten van correspondentiën"). Das System beruhte auf Vereinbarungen zwischen den Faktionen, nach denen die Besetzung und Vergabe von Ämtern auf turnusmäßigem Wege vorgenommen wurde, was im übrigen in der Provinz Seeland mißlang.[216] In der Provinz Holland hat dieses System noch bis weit hinein ins 18. Jahrhundert die Ämtervergabe bestimmt.

Das Verhalten der Regenten ist nur die eine Seite der politischen Kultur, die andere meint das Verhalten der darunter situierten Bürgerschichten und jener Gruppen, die da zum Pöbel gerechnet wurden. In dem Maße, in dem die Kontraktionstendenz der Regenten im politischen Raum wuchs, nahm auch der Abstand zu den anderen Bürgerschichten zu – in Politik, Bildung und äußerlichem Auftreten gleichermaßen. Und dazu trat, daß die in den städtischen Privilegien verordneten Mitbestimmungsrechte, wie sie noch aus der habsburgischen Zeit stammten, (etwa die Rechte der Gilden), total in Verfall gerieten. Der Entscheidungsprozeß lief im engsten Kreis ab, was freilich durchaus schon eine gewisse Vorbereitung auf dem Verordnungswege gefunden hatte, als die Provinzialständeversammlung der Provinz Holland 1581 beschloß, daß die Stadtregierungen bei Angelegenheiten, die das ganze Land betrafen, nicht mehr mit Schützengilden oder anderen Korporationen beraten sollten. Aber bald geriet auch die Hinzuziehung der Gilden in städtischen Angelegenheiten aus der Übung. Offensichtlich aber hat auch eine privilegienrechtliche Unwissenheit die politische Aristokratisierung seitens der Regenten gefördert, wie andrerseits dann doch hier und da auftauchende Forderungen der Bürger nach Veröffentlichung der Privilegieninhalte von den Stadtregierungen unterlaufen wurden. Es kam vor, daß das Privilegienbuch plötzlich unauffindbar war. Wie hieß es doch – im Versmaß – bei Joost van den Vondel: „Welchen Sinn hat das alte heilige Recht, das mit goldenen Lettern auf Pergament geschrieben steht, wenn kein Bürger es je gelesen hat oder je in den Genuß der Bestimmungen gekommen ist."[217] Der in einigen holländischen Städten zunächst durchaus übliche „boongang" etwa (Wahl mit schwarzen und weißen Bohnen) war entweder von Regenten beherrscht oder fand bald gar nicht mehr statt. In Dordrecht wurden zwar die Gilden immer noch bei der Bürgermeisterwahl herangezogen („Kollegium der Acht"), als Wähler unterlagen sie freilich einem so

---

215 Definition nach ROORDA, *Partij en factie*, S. 3.
216 Ebd. S. 52ff.; zum Mißlingen in Seeland s. N. JAPIKSE, *Onlusten en kuiperijen te Vere, 1664-1665*, in: De Navorscher 1904, S. 1ff.
217 Zit. bei P.H. VAN DE WALL, *Verhandeling over de handvesten*, Dordrecht 1768, S. 41.

hohen Zensus, daß sie rein materiell gesehen schon zur sehr hoch angesiedelten Bürgerschaft zählten. Der Dordrechter „Rat der Vierzig", der bei der Schöffenwahl antrat, war mit Patriziern besetzt, und fast alle Wahlmänner, die bei der Wahl der Bürgermeister in Schoonhoven herangezogen wurden, gehörten zum Stadtrat. Eine ähnliche Situation traf man in Middelburg, Tholen und Zierikzee an.[218] Freilich, die niederen Ämter waren durchaus auch zugänglich für die mittleren Bürgerschichten, so daß gewisse Vorteile der Regentenschicht gleichsam an nicht zu den Regenten und dem Patriziat allgemein gehörenden Gruppen weitergereicht wurden.

Es sei hier ein vergleichender Hinweis auf die Ostprovinzen der Republik und deren Städte angeboten. Abgesehen davon, daß der Adel in diesen Ostprovinzen durchaus noch eine Rolle spielte und auch in Städten wie Zwolle in der Exekutive noch vertreten waren und sich eben diese Stadt zusammen mit den früheren Hansestädten Kampen und Deventer als ehemalige Freie Reichsstädte für souverän hielten, war es doch wohl so, daß in den Orten der Provinzen Overijssel und Gelderland eine Trennung zwischen der sogenannte „meente" – einer eingeschworenen Bürgervertretung – und dem Magistrat bestand, die insofern von Bedeutung war, als diese ein weitgehendes Mitsprache- und Kontrollrecht hatte und der Magistrat jährlich durch die „meente" neugewählt wurde und die Bürgermeister monatlich im Vorsitz wechselten. Die Mitglieder der „meente" wurden 1690 vom Magistrat als eine echte Vertretung des Volkes (dat dese gemeente een representatyf van 't gehele corps der Burgery syn") verstanden, was 1733 noch einmal bestätigt wurde. Zugelassen werden konnten in diese Körperschaft alle Bürger, die das Bürgerrecht hatten. Sie begriff sich im übrigen als gleichwertig neben dem Magistrat, ja, sah recht eigentlich das eigene Gremium zusammen mit dem Magistrat als ganzheitliches Regierungsorgan der Stadt, das nach dem Prinzip der *checks and balances* handelte, wenn hier einmal dieses Wort anachronistisch eingebracht werden darf. Daß das nicht unumstritten war, sei lediglich am Rande vermerkt, nachdrücklich ist freilich darauf hinzuweisen, daß diese Struktur Magistrat – „meente" im Unglücksjahr 1672, als das System der Republik einen Augenblick zur Diskussion stand, für die Städte der Provinz Holland als Beispiel für Demokratie angemerkt wurde – Anregung im übrigen für einen Denkprozeß, der sich zu Beginn der zweiten statthalterlosen Zeit stärker noch entwickelte, als seeländische Städte und Rotterdam Pläne auf den Tisch legten, deren Vorbild die Struktur der Städte des Gelderlandes und Overijssels waren. Wendet man sich dem Prozeß der Oligarchisierung zu, dann bleibt festzuhalten, daß er sich in beiden vorgenannten Provinzen bei weitem nicht in gleichem Maße vollzog wie in den beiden Seeprovinzen, was wohl eher den in den städtischen Verfassungen festgeschriebenen Hindernissen als der Abneigung patrizischer Familien gegen einen solchen Prozeß zuzuschreiben sein dürfte. Es ging wohl nicht darum, daß die Nachfolge des Sohnes auf den Vater grundsätzlich mißbilligt wurde, zumal hier und da doch noch das alte Adelsprinzip von der Vermittlung von Qualität über das Blut galt, aber vorherrschend war die Furcht, daß man von wenigen Familien auf eine Art und Weise regiert wurde, die einer Knechtschaft durchaus ähnlich sein konnte. In diesem Zusammenhang ist darauf hingewiesen worden, daß in der Verfassung etwa Zwolles genug Vorschriften eingebracht waren, die einen Übergang von der „Familientugend" zum „öffentlichen Übel" verhinderten.[219]

Will man die demokratischen Einheiten in anderen Provinzen aufführen, dann ist für Brabant auf die Gilden hinzuweisen. In Bergen op Zoom waren das sieben sogenannte *Natiën*, die eine jede eine Anzahl von Gilden in sich vereinigte. Der Einfluß der Gilden

---

218 Nach ROORDA, *Partij en factie*, S. 47f.
219 Zum Ganzen s. die inhalts- und analysereiche Dissertation von J.C. STRENG, *„Stemme in staat'. De bestuurlijke elite in de stadsrepubliek Zwolle 1579-1795*, Hilversum 1997, S. 114 und vor allem Kapitel 4.

in Utrecht und Groningen war schon vor dem Aufstand unter Karl V. aufgehoben worden, aber in letztgenanntem Ort blieb ein starker informeller Einfluß der Gilden erhalten.[220]

Insgesamt ist festzustellen, daß es um den Einfluß der außerhalb des Patriziats stehenden Bürger in den Seeprovinzen politisch schlechter bestellt war als etwa in den Ostprovinzen und einigen anderen Orten. Es ist in diesem Zusammenhang noch einmal nach der grundsätzlichen Haltung des Stadtbürgertums zu solchen Strukturen zu fragen – eine Frage, die auf jeden Fall zu stellen ist, wenn man sich die so unruhige Zeit der burgundisch-habsburgischen Zeit vor Augen führt. Die Frage stellt sich um so mehr, wenn man beobachtet, wie doch manches Ärgernis über die Regentenherrschaft in die breite Öffentlichkeit drang. Daß das Volk das Maul zu halten hatte, gehörte ganz gewiß zu den Maximen der Regenten. Zwar gab es hier und da Verstöße gegen Ruhe und Ordnung, aber es war eine quantitative und qualitative Geringfügigkeit gleichermaßen, die in dieser Qualität dann besonders deutlich wird, wenn man das Geschehen mit Ereignissen in anderen europäischen Ländern vergleicht. Daß die Regenten eine Lebensmittelpreis- und Sozialpolitik (einschließlich Wohnungsbau) führten, die darauf gerichtet war, die Versorgung der Bevölkerung – und hier vor allem der geringer Bemittelten – sicherzustellen, mag zur Aufrechterhaltung der Ruhe beigetragen haben, hat möglicherweise den Stachel aufreizender öffentlicher Präsentation von Reichtum, wie sie sich etwa in der Kleidung und im Hausbau äußerte, entschärft. Allerdings, alles läßt sich mit einer solchen Sozialpolitik auch nicht erklären. War es Furcht vor der herrschenden Elite? Gewiß, es gab Bewunderung, aber sie war doch sicher nicht allgemein. Die Flugschriften der Zeit enthalten sattsam Kritik. War es etwa Einsicht in die Vergeblichkeit, Kritik in Veränderung umzusetzen? Aber solche Einsicht hätte auch in Aufruhr umschlagen können. Die Tatsache, daß die Forderung nach Einsichtnahme in die alten Privilegienbücher mit dem Hinweis auf Unauffindbarkeit der Dokumente abgespeist wurde und diese Antwort keine weiteren Folgen zeitigte, ist schon eigenartig. Seltsamerweise haben auch Begründungen nicht zur Aufregung beigetragen, mit denen offiziell vorgetragene Kritik an Personen in hohen Ämtern abschlägig beschieden, das heißt gar nicht erst behandelt wurden. Abgesehen davon, daß Kritiker schon von Beginn an in die Kategorie der Spitzbuben eingereiht wurden, lautete etwa 1620 die Antwort der holländischen Stände auf eine dort vorgetragene Einzelkritik an einigen Beamten, daß dies nicht zugelassen werde, weil sonst überall Kritik gegen Magistratspersonen laut werden könne. Diese simple „Wo-kämen-wir-denn-da-hin-Haltung" sagt manches über das Selbstbewußtsein und Selbstverständnis der herrschenden Elite aus. Daß Magistratspersonen auf Druck der öffentlichen Meinung ohne gerichtliche Entscheidung aus dem Amt gedrängt wurden, kam gewiß auch vor – aber eben nur selten. Generell aber verstanden die Regenten eine Anerkennung von Kritik oder gar ein Nachgeben als ein Zeichen von Schwäche, immer mit dem Hinweis auf die Folgen. Lasse man sich auf die Forderungen des Volkes oder seiner Petenten in einer Stadt einmal ein, dann werde dieses Volk bald auch in den Provinzialständen in der Gesetzgebung zuständig sein. Wer die Verantwortung trage, so hieß es, der solle schließlich auch bestimmen. Gingen die Geschäfte des Landes einmal den falschen Weg, dann werde man nicht das Volk, sondern die Regierung dafür verantwortlich machen. Das waren klare, nüchterne und patriarchalische Ausgangspunkte des Denkens, die im übrigen nicht in allzu großem Maße strapaziert wurden. Die Regenten als Herrscher, die Bürger als Untertan! In allen Städten war es verboten, öffentliche Versammlungen

---

220 S. dazu die Übersicht bei PRAK, Gouden Eeuw, S. 185ff., vor allem auch unter dem Aspekt der fehlenden Verwaltungseinheit in der Republik. Die Gilden in 's-Hertogenbosch wurden nach der Eroberung der Stadt durch Friedrich Heinrich 1629 ausgeschaltet, weil man den Einfluß der Katholiken fürchtete.

abzuhalten, ja, das Volk sollte von keiner Institution und auf keine Weise, zu welchem Zweck und bei welcher Entscheidung auch immer, herangezogen werden.[221]

Gleichwohl in einigen Städten kam es durchaus zu Aktionen von der Straße her. So in Maassluis 1610 und Delft 1616, als eine bestimmte Steuer erhöht wurde. Beim Delfter Aufruhr beherrschte ganz plötzlich der Gegensatz arm-reich die Szene. Solcher Gegensatz mußte dann ausbrechen, wenn – um die Finanzmittel für einen neuen Binnenkanal zu finden – die Kornsteuer erhöht, zugleich die Abgaben für Wein gesenkt wurden. Wein war ein Luxusgut, Brot das Nahrungsmittel vornehmlich der Armen. Die Regenten brachten gegen die zuhauf laufenden Delfter Bürger (unter ihnen auch sehr viele Frauen) die Schützengilde auf, die aus Vertretern der begüterten Bürger der Stadt bestand. Der bewaffnete Zugriff schlug fehl, und die Anführer kündigten an, die Häuser der Reichen stürmen zu wollen. Erst ein Aufgebot statthalterlicher Truppen, die mit dem Wissen der Delfter Bürgermeister und auf Befehl der Kommittierten Räte der Provinz in die Stadt kamen, machte dem Aufruhr ein Ende. Die zuvor versprochene Amnestie entfiel, die Rädelsführer wurden hart bestraft. Ähnlicher Aufruhr ereignete sich 1624 in holländischen Städten, nachdem die Steuer auf Butter erhöht worden war. Da bewies das Volk doch offensichtlich eine hohe Empfindlichkeit, was indirekt übereinkommt mit den Beobachtungen ausländischer Reisender, die von einer unmäßig hohen Besteuerung der Bevölkerung berichteten. Die Provinzialstände wollten es angesichts einiger Unruhen nicht dulden, daß die von den Regenten getroffenen Beschlüsse durch Tumult und Aufstand rückgängig gemacht werden konnten. Es kam dabei vor, daß die in den Städten in Garnison befindlichen Truppen mit den Aufrührern gemeinsame Sache machten (Geertruidenberg).

Freilich, nicht nur eine unmittelbar den Lebensstandard beeinträchtigende Steuerpolitik gab Veranlassung zu Unruhen. Lokale religiöse Probleme traten hinzu, aber auch der bis zur Willkür ausartende Machtanspruch der Regenten. In Dordrecht etwa ging es um eine Anklage gegen einen Kornmüller, der von einem Mitglied des Stadtrates, dem Rechtsanwalt Johan van Walen, verteidigt werden sollte. Walen gehörte allerdings nicht zu den alten Regentenfamilien, zählte eher zu den *homines novi* und war auf jeden Fall den führenden Köpfen ein Dorn im Auge – wie vermutet wird aus eben diesem Grunde. Die Affäre offenbarte die ganze Palette der familiären Verflechtung bei städtischer Exekutive und städtischer Rechtsprechung und endete in einem ersten Schritt mit der Vertreibung Walens aus der Stadt. Das war ein erheblicher Fehlgriff der Regenten, da nunmehr der äußere Anlaß gegeben war, die bis dahin aufgestaute Unzufriedenheit bei der mittleren Bürgerschaft zum Ausbruch kommen zu lassen. Es entstand ein heftiger stadtpolitischer Konflikt zwischen Regenten und breiten Bürgerschichten. Eine Flugschriftenkampagne setzte ein, die – zum Teil von Johan van Walen gelenkt – nun nicht mehr bei dem Rechtsstreit blieb, sondern die ganze Recht- und Gesetzlosigkeit der Dordrechter Stadtverwaltung anprangerte, indem die alten Privilegien, das heißt das Mitbestimmungsrecht der breiten Bürgerschaft, dargestellt und dessen Mißachtung verurteilt wurde. Der Hinweis der Stadtregierung, das Privilegienbuch (*Het Houten Boeck*) sei nicht aufzufinden (1643), galt als lächerlicher Versuch einer Unterschlagung. Hingewiesen wurde auch auf die Bestimmung, daß nicht mehr als zwei Mitglieder ein- und derselben Familie im Gerichtshof der Stadt sitzen durften. Der wichtigste Hinweis aber galt dem Mitspracherecht der Gildemeister und -mitglieder, und an sie vor allem waren die Flugschriften gerichtet. Eben dies implizierte einen scharfen Angriff auf den Familienklüngel in Dordrecht. Der Bürgermeister wurde als absoluter Herrscher konterfeit, als ein Übersouverän, der mit dem Eide spiele wie Kinder mit Würfeln. Im Oktober erschien ein *Nieuw Rotterdams Markt-Schuyt-Praetje*, das noch im Dezember des Jahres

---

221 Nach VAN DEURSEN, *Het kopergeld van de Gouden Eeuw. III. Volk en overheid*, S. 48ff.

öffentlich vom Scharfrichter verbrannt wurde, nachdem man den Drucker und seinen Gehilfen verhaftet hatte. Der Stadtrat verbot auch Gildeversammlungen, die wohl merkten, daß sie bisher, was ihre Rechte anging, über den Löffel balbiert worden waren. Das Verbot nützte nichts. 128 Gildemeister versammelten sich unter scharfen Protesten vor dem Haus des Bürgermeisters Jacob de Witt. Ein Gildemeister, der zu Ruhe und Mäßigung mahnte, handelte sich einen Faustschlag ein und drohte, gelyncht zu werden. Sein Name verschwand aus dem Gildenverzeichnis. Statthalterliche Truppen wurden zwar in Bereitschaft gehalten, tatsächlich aber machte der Magistrat Zugeständnisse, als er eine Versammlung der Gilden zuließ, die selbst ein Beratungsgremium und eine Delegation wählen sollten, die die Beschwerden vorzutragen hatten. Beruhigt war aber die Lage damit keineswegs, denn die Forderungen: Versammlungsrecht der Gildemeister, keine Steuererhöhung ohne Zustimmung der Gilden; keine verwandtschaftlichen Beziehungen zwischen Mitgliedern des städtischen Gerichts, schienen einigen zu gering zu sein. Es setzte eine Radikalisierung ein, und der Delegation wurde schließlich vorgeworfen, „mit den Wölfen zu heulen". In der Republik machten Gerüchte über Mord und Plünderung die Runde.

Die Zugeständnisse brachten keine Ruhe, weil die Stadt die Zulassung regelmäßiger Gildeversammlungen nicht gewähren wollte. Es ist zweierlei festzuhalten: Im Laufe der Unruhen ging das persönliche Anliegen des Johan van Walen gegenüber den Forderungen der Gilden völlig unter, was auf ein hohes Maß an Unzufriedenheit unter der Bürgerschaft weist, zum anderen ging die Regentengruppe nach dem Tode des Statthalters voll zum Gegenangriff über, wobei der Stadtsyndikus Johan de Witt eine zentrale Rolle spielte. Der Magistrat glaubte sich aufgrund der Besprechungsinhalte der – verbotenen – Gildeversammlungen einer Umsturzpartei gegenüberzusehen. Die Gilden scheinen in der Tat eine Art Geheimreffen veranstaltet zu haben, bei denen sie sich verpflichteten, nichts zu Verhandlungen oder etwaigen Beschlüssen nach außen zu tragen. Jedenfalls will es scheinen, als ob plötzlich ein höherer Organisationsgrad eingesetzt hätte in der Einsicht, daß nur eine durchgreifende Organisation auch zu Ergebnissen führen könne. Eine gewisse Radikalisierung zeigte sich auch darin, daß man künftig nur noch *Forderungen* stellen, keine *Bittschrift* mehr einreichen wollte. Wer für Bittschrift plädierte, flog aus der Gildeversammlung schlicht hinaus. Tumulte begleiteten die Entwicklung. Das Rathaus scheint in Mitleidenschaft gezogen worden zu sein. Die Provinzialstände wurden eingeschaltet, Truppen bereitgestellt, die Bürgerwacht in Alarmbereitschaft gebracht. Dem Stadtrat wurden fünfzehn Beschwerdepunkte vorgelegt. Unter anderem sollte endlich das Beschwerdebuch auf den Tisch kommen. Die ganze Entwicklung lief schließlich auf die Niederlage der Gilden hinaus, zumal die fünfzehn Punkte in ihren wesentliche Bestandteilen von den Provinzialständen als aufrührerisch zurückgewiesen wurden. Die Bürger durften ihren nach Gesetz und Recht gebildeten Regierungen nicht widersprechen. Das war allgemeine Auffassung in einer Provinz, die zu diesem Zeitpunkt schon (1651/52) die „wahre Freiheit" praktizierte.[222]

Die Dordrechter Ereignisse ausführlicher darstellen heißt zugleich, sie als eine Ausnahme zu präsentieren, insoweit es um einen vergleichsweise weitreichende Forderung nach Demokratisierung eines Stadtregiments ging. Das Ausmaß an Unruhen erscheint zwar noch einigermaßen spärlich, eine gewisse Beharrlichkeit ist freilich unverkennbar, wie auch Ansätze zu einer über das Übliche hinausgehenden politischen Organisation vorhanden waren. Aber wie ehedem die Niederländer in der Aufstandszeit auf Wahrung ihrer Privilegien pochten, deren Schändung anprangerten, so verlangten auch die Gilden ein politisches Leben gemäß den früher festgeschriebenen Privilegien. Es war der Rück-

---

222 Zu Dordrecht s. J. WILLE, *Het houten boek. Democratische woelingen in Dordrecht 1647-1651*, in: Stemmen des tijds, 1911/12, S. 1154ff.

griff auf Überkommenes, zunächst einmal Unterschlagenes, das hier das Ziel ausmachte, nichts Umstürzlerisches oder prinzipiell Neues. Es ist immer schwierig, aus wenigen Beispielen zu allgemeinem Urteil zu kommen, aber in der Republik kommt doch die relative Stille hinzu, um den Hinweis einbringen zu dürfen, daß dieses Land mit dem Sturz der monarchischen Gewalt zwar eine Neuerung inmitten absolutistisch regierter Staaten schuf, in der weiteren Entwicklung freilich eine merkwürdige Regungslosigkeit und Empfindungslosigkeit bezeugte, als das neue Regime sich als eine die politischen Richtlinien bestimmende *incrowd* entpuppte. Der Bürger war Untertan, und dabei sollte es bleiben. Die Regenten-Bürger verordneten Stillhalten, und die materiell und von der Familientradition her Minderqualifizierten gehorchten. Der Ruf nach „Ruhe und Ordnung" brauchte nur selten zu ertönen, und wo er erklang, ging er leicht von den Lippen.

Es ist hier nach den Ursachen des ordentlichen Verhaltens zu fragen. Sollte es ein hohes Maß an Selbstzufriedenheit sein, die sich nicht nur aus den frühen Erfolgen des gelungenen Aufstandes, sondern auch aus den weiteren militärischen und wirtschaftlichen Erfolgen speiste? Wird hier möglicherweise die starke Position und Anerkennung des Landes in der europäischen Welt auch im Innern reflektiert? Ist also außenpolitischer Erfolg eine wesentliche Voraussetzung für Ruhe? Hat nicht zudem die nach dem Aufstand postulierte und sicherlich ab 1650 noch verstärkte Struktur der partikularen Souveränität das Bewußtsein ständisch-städtischer Eigenheit und damit Abgeschlossenheit bei aller Qualität der Infrastruktur (Straßen, Kanäle) gefördert? Solcherlei Faktoren treten möglicherweise noch hinzu zu dem weitreichenden Einfluß der Regenten – ein Einfluß, der sich wohl nicht so sehr aus anerkennender Anhänglichkeit ergab, als vielmehr als Folge der Ämtervergabe zu begreifen ist, da die niederen, naturgemäß geringer dotierten, Posten eben auch bis in den Mittelstand hinein vergeben wurden. Vielleicht war der Drang zur Veränderung auch dadurch eingeengt, daß man sich nicht mit einem einzelnen Herrscher, einem Vertreter eines anderen Standes, konfrontiert sah, sondern in einer Gruppe von Personen, die zwar auf Distanz leben mochten, von ihrer Herkunft her aber noch zum eigenen Stand gezählt werden konnten. Schließlich kommt noch ein letztes hinzu. Der Freiheitsbegriff der Niederländer zeigte sich immer noch ganz wesentlich vom Aufstand geprägt. Korporative Freiheit war es, die man im Kampf gegen Spanien errungen hatte, nicht die individuelle Freiheit, die zunächst einmal kein Hauptthema war. So erklärt sich dann auch, wenn es dann schließlich einmal zu Unruhen kam, der Rückgriff auf die Privilegienbücher, in denen die Rechte der Korporationen festgeschrieben waren. Der gerade in dieser Hinsicht konservative Charakter des jungen Staates ließ keine Individualisierung des Freiheitsbegriffes zu, wie er etwa in den 40er Jahren mit so viel Emphase und mit hohem publizistischen Aufwand und schließlich auch in zahlreichen Unruhen von den britischen Levellers vertreten wurde. In der niederländischen Welt war eine Bewegung wie die der Levellers undenkbar, zumal sich auf der britischen Insel eine parteiähnliche Organisation mit Massenbasis in der Armee und in der Londoner Bevölkerung heranbildete, die sich zudem schon auf einen Propaganda-Apparat stützen konnte und schließlich in John Lilburne einen die Massen heranziehenden Führer hatte. In der letztlich doch ausgeglichenen Welt der erfolgreichen Bürgerlichkeit der Niederlande hatten solche Figuren keinen Raum.

Der schwere – gewalttätige bis todbringende – Aufruhr von 1672 widerspricht der Vorstellung von der relativen Ruhe keineswegs. Was 1672 losbrach, war letztendlich zu begreifen als die Folge einer Angstpsychose, die zum Unbehagen über Auswüchse eines aristokratischen Regierungssystems hinzutrat. Es war eine Angstpsychose, die sich anläßlich der leicht errungenen französischen Siege und des entsprechenden Vormarsches ausbreitete und die alle in einem Land ergriff, das seit einem knappen Jahrhundert kaum noch fremde Soldaten mehr auf eigenem Boden gesehen und das seine Blicke ohnehin immer auf die Stärke zur See gerichtet hatte. Die schwache Vorstellung des aus wenig kampfkräftigen und auch nicht kampfwilligen Truppen zusammengesetzten Landheeres ließ rasch nach einem Schuldigen suchen und ihn auch in der Regentenoligarchie finden, die, wie hier gezeigt worden ist, auch keine Gelegenheit ausgelassen hatte, ihren Regierungsanspruch voll zur Geltung zu bringen. Erst die Psychose machte das Konfliktpotential, dieses Gemenge aus politischer Unzufriedenheit, sozialen Gegensätzen und auch opportunistischen, nicht an die Parteien „Oranientreue" und „Republikaner" gebundenen faktionistischen Streitigkeiten zum offenen Konflikt. Diese Angstpsychose ließ Unterschiede bewußt werden, die in Zeiten der Gefahr nicht mehr ohne weiteres hingenommen wurden. Wo der reiche Bürger-Regent oder jedenfalls hohe Amtsträger auf mit Hausrat vollbeladenen Booten seinen Ort, seine Stadt, verlassen wollte, damit Furcht und Reichtum gleichermaßen zur Schau stellend, regte sich die Volksseele auf. Dazu trugen auch der Run auf die Banken und die Überweisung stattlicher Beträge ins Ausland bei. Solches Verhalten speiste die Gerüchteküche. Eines der Gerüchte war das vom Verrat. Verräter waren demnach die Regenten, zumindest einige von ihnen – die de Witts cum suis. Verrat und Flucht! Es fügte sich zusammen und damit ließ sich leicht argumentieren. Eine Reihe von Prädikanten goß zusätzlich Öl ins Feuer. Das Kriegsunglück als Gottesurteil! Da versuchte man zum einen, Gott zu versöhnen, indem man religiöse Gleichgültigkeit anprangerte, sie auszumerzen versprach, Fasten- und Bettage verordnete oder Strafen gegen leichtfertiges Fluchen erließ. Das war Aufruf zu einer neuen oder erneuerten Frömmigkeit aus aktuellem Anlaß. Aber das war eben nur die eine Seite. Zum anderen ließen einige Prädikanten nicht nach, das Volk zum Aufruhr aufzuwiegeln und die Regenten zu beschuldigen. Das Eigentümliche des Aufruhrs war, daß er von einem Teil der Regenten geduldet wurde, auf den alten Streit um die Statthalterschaft hinauslief und sich jetzt voll zugunsten des Statthalters äußerte und schließlich den städtischen Pöbel mit einbezog. Natürlich machte auch nun eine große Zahl von Schmähschriften die Runde, richteten sich die Beschuldigungen des „Ausverkaufs der Republik" gegen die „Loevesteinsche factie", gegen den Kern gleichsam der aristokratischen Regierungsform. Und in diesen und anderen Flugschriften tauchten auch jene demokratischen Forderungen auf, die zwei Jahrzehnte zuvor in Dordrecht die Runde gemacht hatten oder tatsächlich von den Gilden vorgetragen worden waren. „Die Freiheit ist unser", so schrieb etwa ein Rotterdamer, „unsere Obrigkeit haben wir aus unserer Mitte gewählt", aber seit geraumer Zeit nehme diese an, daß ihre Macht aus ihr selbst hervorgegangen sei und die Freiheit ihr allein zukomme. Mancherorts wurde eine Reformprogramm gegen die oligarchische Regierungsform aufgestellt, Flugschriften verteilt, als Wandzeitungen verbreitet oder etwa von Offizieren der Schützengilden dem Magistrat vorgelegt, was sich häufig genug innerhalb einer höchst aufgeregten Szenerie vollzog. Familienregierung, das war nun eine Institution, von der kein Hund mehr ein Stück Brot nehmen wollte. In einer Amsterdamer Flugschrift hieß es, das sei doch ein Haufen verwöhnter und leichtfertiger Leute, die ihre eigene Schrift nicht lesen könnten, was immer das heißen mochte. Insgesamt freilich ging nichts über die Dordrechter Bewegung hinaus. Wenn der Schreiber des Amsterdamer *Wachtpraetje* wissen ließ, daß jeder eine Art Privilegienbuch (es ging hier um die Schützengilden) neben der Bibel im Hause haben müsse, dann entsprach das dem Dordrechter Ruf nach dem *Houten Boeck*. Die Rotterdamer gaben dafür noch ein Beispiel, als sie sich in einem Manifest, das in der Literatur als calvinistisch-demokratisch bezeichnet wird, vornehmlich für Finanzkontrolle und gegen Ämterhäufung aussprachen. In der Praxis ist dies dann nicht durchgesetzt worden. Die Stadtchroniken konzentrieren sich im übrigen insgesamt auf die Volksbewegung, auf die Aufrührer, den Ruf nach dem Prinzen, auf den Druck, dem die Stadtregierungen unterlagen, um dem Prinzen die Umbesetzung des Magistrats und des Stadtrats anzubieten – und dies, ehe noch die holländischen Provinzialstände insgesamt am 27. August 1672 zu dieser Aktion aufforderten. Im Mittelpunkt stand dabei der

Prinz, nicht irgendein demokratisches Prinzip. Von Ende August an wurden in den 18 Städten der Provinz Holland von 500 Magistrats- und Ratsposten 180 umbesetzt. Häufig erfolgte diese an anderer Stelle schon genannte Umbesetzung der Stadtregierung unter dem Schutz der aufrührerischen städtischen Bewohner.[223]

Die Kompetenz zu diesen innenpolitischen Aktionen ist dem Prinzen in Zeiten höchster äußerer und damit auch innerer Bedrängnis neuerlich gegeben worden. Ihm stand auch bald das Kriegsglück zur Seite nicht zuletzt durch den Stimmungsumschwung in England, so daß er ab 1674 seinen Status als erfolgreicher Heerführer innenpolitisch weiter auszubauen die Gelegenheit erhielt, als die Stände Hollands und Seelands die Statthalterschaft in der männlichen Linie für erblich erklärten. Die Generalstände schlossen sich diesem Schritt für die Position des Generalkapitäns und -admirals an. Fürwahr, was sich hier vollzog, war nichts anderes als das oranientreue Gegenstück zu den republikanischen Unternehmungen der 50er und 60er Jahre. Als die von französischen Truppen befreiten Provinzen Utrecht, Geldern, Overijssel ihre Rückkehr in die Union verlangten – was man als einen ganz normalen Schritt hätte empfinden müssen –, baute der Prinz seine Befugnisse mittels eines Regierungsreglements für diese Provinzen noch aus. Es ging noch weiter, als die geldrischen Stände dem Oranier 1675 den Herzogtitel für ihr Territorium anboten, was freilich nicht durchgesetzt werden konnte, da die Holländer hier ihren republikanisch gefärbten Widerstand entgegenhielten.

Aber was stand am Ende dieser aufrührerischen Phase der Republik? Nach außen hin militärischer Gewinn gegenüber den Kriegsgegnern, nach innen freilich kaum eine prinzipielle Änderung der Verhältnisse, mit dem Unterschied jedoch gegenüber den beiden vorhergehenden Jahrzehnten, daß nunmehr ein Statthalter die städtischen Magistrate und Ratsgremien nach seinem Gutdünken besetzt hatte und als Heerführer höchstes Ansehen genoß. Wer angesichts der Aufruhrstimmung, in der sich doch Beschwerden gegen die oligarchische Regierungsform äußerten, ohne daß allerdings allerorten zugleich strukturverändernde Reformprogramme artikuliert worden wären, geglaubt hatte, daß sich ein gewisser Umfang an Demokratisierung durchsetzen könne, mußte sich enttäuscht sehen. Da änderte sich nur der Personalbestand, nicht die soziale Rekrutierungsbasis der zur Herrschaft Berechtigten. Wo etwa die Schützengilden versuchten, Kontrollinstrumente gegen aristokratische Herrschaftsformen aufzubauen, blieb der Erfolg aus. Es ist an anderer Stelle von Faktionismus geredet worden, von Bildung von Faktionen. Sie setzte nun mehr denn je ein, während sich die Grenzen zwischen den Parteien (Oranientreue und Republikaner) verwischten. Der Prinz hatte in Ausübung seiner statthalterlichen Rechte so auch häufig genug Feinde unter den von ihm eingesetzten Regenten. Insgesamt: Der republikanische Gedanke war keineswegs tot, die „demokratische" oder zumindest auf Wiederherstellung mittelalterlicher Privilegien gerichtete Politik von der bürgerlichen Basis her erwies sich als zu schwach. Der Statthalter mochte dann auf einer Volkswelle empor getragen worden sein, er war selbst allzu viel Adliger, als daß er seinerzeit einer solchen, noch dazu eher auf die Erwartung einer Heilsfigur gerichteten Bewegung im ganzen Umfang hätte entsprechen können.

Daß die Gebrüder de Witt neben anderen Toten die renommiertesten Opfer der ganzen Aufruhrphase waren, sei lediglich beiläufig erwähnt. Beide wurden in Den Haag von einem rasenden Mob gelyncht und ihre Leichen sozusagen stückweise verkauft. Dies war ein Geschehen, das einfach unter die Kategorie *Mord* einzuordnen ist und sicher-

---

223 Die Literatur zu den Geschehnissen 1672 ist sicherlich umfangreich. Verwiesen sei für die allgemeine Situation auf die Handbücher, hier ganz speziell auf die *AGN*, sowohl die alte als auch die neue Ausgabe. Lesenswert ist immer noch P. GEYL, *Democratische tendenties in 1672*, (=Mededelingen der Koninklijke Academie van Wetenschappen, Nieuwe reeks 13 sowie DERS., *Oranje en Stuart*; dazu auch ROORDA, *Partij en factie* sowie eine Reihe von Stadtchroniken.

lich unter keine Definition von „politischer Kultur" erfaßt werden kann. Gleichwohl sei gesagt, daß niemand auch nur eine Hand rührte, um diesen Mord zu verhindern, weder Regenten noch Vertreter der Schützengilden. Der Prinz hat erst sechs Stunden später von dem Geschehen erfahren. Der gesamte Vorgang zeichnete sich durch obrigkeitliche Teilnahmslosigkeit aus, die zum Teil wohl von dem Wunsch gelenkt war, seine eigene Haut zu retten. Die Geschichte des Mordes erzählt, daß selbst Prädikanten mitmischten, die auch diese grausame Exekution am Haager Kneuterdijk als ein Werk des Herrn priesen. Zwei Stiche des Romein de Hooghe geben die Bestialität des Mordes am besten wieder. Ein oranientreuer Pamphletist als Augenzeuge zeigte sich erstaunt über die Ordnung, die inmitten des Chaos und des Blutbades herrschte, und es ist zu Recht gefragt worden, ob dieses nicht bedeute, daß das Verbrechen geplant gewesen sei. Unmittelbar nach dem Geschehen scheint es in Den Haag lediglich einen Bürger gegeben zu haben, der das Ereignis eine Schande fand: Der Philosoph Baruch Spinoza. Er hatte die Absicht – und das sei hier erzählt –, am Abend des gleichen Tages noch ein Schild am Tatort aufzustellen mit der Aufschrift „Ihr seid die größten Barbaren". Die Tatsache lediglich, daß sein Hauswirt die Tür verschloß und ihn somit am Verlassen des Hauses hinderte, dürfte auch den vorzeitigen Tod des Philosophen verhindert haben. Insgesamt: Zu Recht ist neuerdings formuliert worden, daß dieses Jahr 1672 und hier eben der Doppelmord ein Tiefpunkt in der niederländischen Geschichte gewesen sei.[224]

Die Rolle des Oranierprinzen ist in dieser schon eher blutrünstigen Affäre nicht die des strahlenden Volkshelden, der als neuerlicher Retter des Vaterlandes auftrat, wie einstmals sein Urgroßvater. Er wurde eher auf einer Welle der Volkserregung als auf einer der Volksbewegung empor gespült, der zu widersetzen er sich scheute. Er war auch mental eben alles andere als ein Mann des Volkes. Geraume Zeit nach dem Mord an den Brüdern soll er einem Freund gegenüber bekannt haben, daß er de Witt jedem anderen Mitarbeiter vorgezogen hätte. Bekenntnisse im nachhinein! In den Tagen unmittelbar nach dem Geschehen sah das nämlich ganz anders aus. Jene, die den Mord an den Brüdern eingeleitet und den ersten Schuß abgegeben hatten, nahm er nicht nur in Schutz, er belohnte sie auch. Unter ihnen eine so zwielichtige Gestalt wie Willem Tichelaer, einen Barbier und Quacksalber, der ordinären Kriminalität näherstehend als den einfachen Grundsätzen bürgerlicher Moral. Tichelaer, der Cornelis de Witt fälschlich beschuldigt hatte (wie er kurz vor seinem Tod zugab), ihn zum Mord am Oranier aufgehetzt zu haben, erhielt eine Rente von 800 Gulden jährlich und wurde 1675 „ruwaard" von Putten", ein hoher Posten (Regent, Verweser, Gouverneur), den zuvor – nota bene – Cornelis de Witt innegehabt hatte. Johan van Bauchem, Schöffe im Haag, wurde zum Vogt ernannt und vier Jahre später wegen Unterschlagung verhaftet. Er starb in der Haft. Lediglich Adriaan van Walen, der Todesschütze, ging den einfachen Weg. Er blieb Krimineller und wurde gehenkt. Wie immer man auch den Statthalter und späteren König von England von seinen – vor allem außenpolitischen Kapazitäten – her beurteilen mag, die Anfänge seines Amtsantritts in der Republik waren nicht makellos, eher tadelnswert.[225]

Es will dem außenstehenden Betrachter der Nachwelt angesichts einer bis dahin in der Republik unbekannten aufrührerischen Phase und auch mit Blick auf das Geschehen vor dem Stadtgefängnis in Den Haag zuweilen scheinen, als ob damit eine ganze Epoche der Geschichte des Landes zu Ende gegangen sei. Das war freilich keineswegs so.

---

224 So A.TH. VAN DEURSEN, *De last van veel geluk. De geschiedenis van Nederland 1555-1702*, Amsterdam 2004, S. 313.
225 Hierzu H.R. ROWEN, *Johan de Witt. Staatsman van de „ware vrijheid"*, Leiden 1985, S. 265ff. Eine politische Biographie des Prinzen hat neuerdings W. TROOST, *Stadhouder-Koning Willem III. Een politieke biografie*, Hilversum 2001 vorgelegt.

Der neue Statthalter war alles andere als ein Neuerer, zudem eher außenpolitisch orientiert als innenpolitisch versiert. Er verstand es freilich, Macht zu konsolidieren. Er tat es, indem er Figuren austauschte und beließ es bei den alten Strukturen. Die Republik bestand fort, unter den alten Bedingungen. Die Ärgernisse der alten oligarchischen Form setzten sich fort. Kontinuität war gewünscht, nicht Bruch mit der unmittelbaren Vergangenheit. Politische Struktur und Kultur des 17. Jahrhunderts war das Paket, das die Republik mit hinein ins 18. Jahrhundert nahm – in eine Periode, die staatstheoretisch mit der langen zweiten statthalterlosen Zeit die Auseinandersetzungen der ersten Periode am Ende wieder aufgriff.

Der Amsterdamer Gastwirt und Dichter Jan Zoet verfaßte 1672 noch einen gereimten Sechszeiler, in dem zu lesen stand, daß vor 1650 Jahren dem ersten Jan der Kopf abgeschnitten worden sei, vor 50 Jahren sei dem zweiten Jan der Kopf vor die Füße gelegt worden, und erst, wenn dem dritten solches widerfahre, könne das Vaterland wieder nach den alten Freiheiten leben.[226] Die Enthaupteten, Johannes der Täufer, Johan van Oldenbarnevelt und Johan de Witt also als Tyrannen, die umzubringen im Namen der Freiheit geschah? Jan Zoet, kein unbekannter Dichter seiner Zeit und ein Oranientreuer, scheint es suggeriert zu haben. Es wirkt schon seltsam, wenn dem Initiator und größten Verfechter der „wahren Freiheit", die letztlich eine statthalterlose Freiheit war, Unterdrückung eben dieser Freiheit angelastet wurde. Johan de Witt als eine monarchengleiche Figur! Ähnliches war rund drei Jahrzehnte zuvor vom Statthalter Friedrich Heinrich gesagt worden – freilich eher wegen seines äußeren Lebensstils. Bei Jan Zoet kehrte sich gegen den Ratspensionär, was dieser selbst in der *Deductie* von 1654 im ersten Kapitel, Abschnitt XII, über die Umtriebe Cäsars gesagt hatte, um das Statthalteramt und das Amt des Generalkapitäns zu treffen. Cäsar sei auch zunächst nur Heerführer in Gallien gewesen und habe dann seine ganze Macht gegen Rom gekehrt und sich diese mächtige Republik unterworfen. Nicht mehr der Statthalter drohte, Tyrann zu werden, sondern der Ratspensionär war jetzt mit solchen Ambitionen behaftet. Nicht nur durch Jan Zoet. Verwundern kann dies nicht, waren die Niederländer als Erben und Kenner der Renaissance und zugleich als so stark historisch argumentierende Beobachter der eigenen Zeit und der unmittelbaren Vergangenheit doch unterrichtet über die Auswüchse, denen eine bestimmte Staatsform unterliegen konnte. Ob die Beschuldigung nun von Seiten der Oranientreuen oder von Seiten der Republik-Verfechter kam, die Furcht vor dem Tyrannen bewies allemal, daß in den Jahrzehnten unmittelbar nach der endgültig im Westfälischen Frieden errungenen völkerrechtlichen Unabhängigkeit der Freiheitsbegriff noch nicht eindeutig zugeschrieben werden konnte, sondern in der Republik für beide Parteien als Ideologie instrumentalisiert und als politische Waffe eingesetzt wurde. Die „wahre Freiheit", verstanden als letzter Schritt der Loslösung vom monarchischen System, war in ihrer Allgemeinheit noch kein gesichertes Gut, solange es Beispiele in der Vergangenheit etwa der Antike oder der italienischen Stadtstaaten gab, die auf den Verfall zu einer Ein-Personen-Herrschaft verwiesen. Es war dann dem politischen Gegner überlassen, solche Personen zum Cäsar zu stempeln, wie das andrerseits insgesamt auch mit dem Statthalteramt geschehen ist, das zum einen als Kontrollinstanz, aber auch als ein Weg zurück auf dem Weg zur Monarchie begriffen werden konnte. Das bot sich an in einer Zeit, in der nicht nur die Lehre vom absoluten Staat die Runde machte, sondern auch die konkrete Anschauung des absoluten Staates beim Nachbarn möglich war. Das Wort vom Tyrannen konnte nicht nur in einer Monarchie, sondern auch in einer Republik mit ihrer Optimaten-Regierung gedeihen, wo sich die Freiheit zu allererst als

---

226 Zit. nach J.M. CORNELISSEN, *Johan de Witt en de vrijheid. Rede uitgesproken op den tweenentwintigsten dies natalis der R.K.Universiteit te Nijmegen, op woensdag 17 october 1945, des namiddags te Buren door den Rector Magnificus*, Utrecht 1945, S. 3.

eine korporativ begrenzte und hier noch im Laufe der politisch-sozialen Entwicklung als eine auf „Kasten" beschränkte manifestierte. Der Begriff ließ sich zu neuem Leben erwecken und immer wieder verwenden, solange sich das politische Denken über den Staat in erster Linie an der Vergangenheit orientierte und der einmal erreichte Status nicht fortgeschrieben wurde. Erst das niederländische 18. Jahrhundert hat diese Fortschreibung in den demokratischen Bewegungen der 40er und dann vor allem in den 80er Jahren vollzogen.

IV. Die Souveränität, der Frieden und die Friedlosigkeit

Ausgangspunkte

Man mag die Republik der Vereinigten Provinzen der Niederlande und mit ihr das Gebäude ihrer Konstitution eine Besonderheit heißen, auffälliger noch und zugleich beeindruckend war der überaus rasche Aufstieg dieses Landstrichs im Nordwesten Europas zu einer in jeder Beziehung europäischen Großmacht. Ob Politik, Wirtschaft oder Kultur und Wissenschaft, Glanz und Gloria war überall. Die Republik zeigte sich bald schon weit entfernt von den beschwörenden letzten Worten des Wilhelm von Oranien, der im Augenblick des Todes seinen Gott beschwor, Mitleid „mit diesem armen Volk" zu haben. Die Bitte um göttlichen Beistand, die nicht der eigenen Seele galt, war freilich allzu begreiflich, weil es in diesem Jahr 1584 im Hinblick gerade auf die außenpolitische Situation keineswegs ausgemacht erschien, daß der Aufstand zur völligen Unabhängigkeit führen werde. Die Zukunft konnte 1584 immer noch nicht zuversichtlicher stimmen als 10 Jahre zuvor, als eben Wilhelm an seinen Bruder Jan geschrieben hatte: „Ich glaube kaum, daß wir Außergewöhnliches vollbringen können, wenn uns nicht jemand zu Hilfe eilt. Mir fällt ein, was ich Dir früher schon einmal gesagt habe: Zwei Jahre lang wird man den Kampf gegen die Macht des spanischen Königs durchstehen können. Dann wird man der Hilfe auswärtiger Mächte bedürfen. Da diese zwei Jahre bald ablaufen, ist es mehr als dringend, daß uns einige Fürsten oder Potentaten die Hand reichen."[1]

Angesichts solcher Prognose stellt sich die Frage nach der außenpolitischen Konstellation im allgemeinen und nach den Möglichkeiten für die aufständische Republik im besonderen. Johannes C. Boogman hat festgestellt, daß die Politik der niederländischen Republik die des Kaufmanns und des Predigers gleichermaßen gewesen sei.[2] Umgesetzt meint dies Konfession und Interesse als bestimmende Faktoren in der niederländischen Außenpolitik auszuweisen. Konfession, sie bildete sich im Europa zur Zeit des Aufstandes der Niederlande als eine, wie es sich ansehen ließ, langfristig angelegte, gleichsam ideologische Komponente außenpolitischen Handelns aus, ohne sich freilich in jedem Augenblick und im ganzen Umfang durchzusetzen oder gar in jedem Falle eine gleichsam unbefleckte grenzüberschreitende Solidarität zu erzeugen. Sir Philipp Sidney, Diplomat der Königin Elisabeth und Schriftsteller zugleich, artikulierte die herrschende Meinung seiner Zeit sicher richtig, wenn er schrieb, ein weiser Staatsmann dürfe Politik und Religion niemals trennen.[3] Der Reformator Calvin hatte es zuvor ähnlich ausgedrückt, schärfer und ermahnender noch. Könige, Fürsten und überhaupt alle obrigkeitlichen Instanzen fanden sich bei ihm verpflichtet, sich als Lenker des öffentlichen Geschicks in den Dienst von Kirche und Religion zu stellen, und die andere, die katholische Seite,

---

1 G. GROEN VAN PRINSTERER (Hrsg.), *Archives ou correspondance de la maison d'Orange-Nassau*, 1e serie, 8 dln. en supplement, IV, 396 (Schreiben vom 7. Mai 1574).
2 Grundlegend zum Thema überhaupt immer noch J.C. BOOGMAN, *Die holländische Tradition in der niederländischen Geschichte*, in: *Vaderlands Verleden in Veelvoud*, Den Haag 1975, S. 89-104 (ursprüngl. in: Westfälische Forschungen, 15 (1962), S. 322-340. Zu „Kaufmann" und „Prediger" s. ders. unter dem gleichen Titel, Inleiding voor het congres van Nederlandse en Duitse historici te Aken, 5-7 april 1962.
3 Dazu und zu Calvins Äußerung vgl. H. LADEMACHER, *Die Konfession in der Außenpolitik der europäischen Staaten im 16. und 17. Jahrhundert. Inhaltliche Perspektiven und massenmediale Darstellung*, in: S. QUANDT (Hrsg.), *Geschichte, Politik und Massenmedien*, Bd. 1, Paderborn u.a. 1982, S. 53.

ließ es an gleichlautenden Empfehlungen nicht fehlen. Die Konfession als Instrument also der zwischenstaatlichen Beziehungen. In politischen Entscheidungsprozessen lieferte sie im allgemeinen das Motiv, das gleichsam in Interessengemeinschaft mit anderen Zielsetzungen vorgetragen wurde, eingängig war und Überzeugungskraft besaß. Es konnte wohl einer Obrigkeit nicht mehr gleichgültig sein, wie es Glaubensfreunden jenseits der Grenzen erging, weil zum einen konfessionelle Einmütigkeit dahinter stand und weil zum anderen von dieser Entwicklung die Position des eigenen Machtbereichs abhing. Die hier angesprochene Interessengemeinschaft meint zugleich, daß ehemals autonome politische Konflikte sich mit der Konfessionsfrage verbunden sahen und damit ihre besondere Rechtfertigung und Weihe erhielten.

Der niederländische Aufstand mit dem neuen Gemeinwesen als Folge bietet sich in dieser Zeit der Glaubenskämpfe als ein herausragendes Beispiel, bei dem Konfession ein wichtiges Motiv für die zunächst nur bürgerkriegsähnlichen Auseinandersetzungen abgab und dann bei dem Versuch, Partner zu finden, instrumentalisiert wurde. Dieser Aufstand war doch mit protestantischer (calvinistischer) Staatswerdung verbunden, mit einer erfolgreichen zugleich, und man wird es vor allem im Hinblick auf den Erfolg nicht für übertrieben halten, wenn Christopher Hill in seiner Studie über Puritanismus und Religion feststellt, daß der niederländische Aufstand für Politik und Geisteswelt des 17. Jahrhunderts eine ebensolche Bedeutung gehabt habe wie der spanische Bürgerkrieg knapp 400 Jahre später, nur länger.[4] Johannes Meerman, Chronist des 18. Jahrhunderts, notierte in seiner Zeit rückschauend, daß die niederländischen Provinzen vor einer Eroberung durch Gott, das Wasser und batavischen Heldenmut geschützt seien.[5] Über die Bedeutung des Wassers für die Nordwestecke Europas braucht man nicht zu streiten, für den Heldenmut belagerter Städte oder auf See liegen sattsam bekannte Zeugnisse vor, und die Einführung der göttlichen Unterstützung sollte nicht als flott hingeworfene handelsübliche Rechtfertigung der eigenen Existenz begriffen, sondern als tiefempfundene Überzeugung von der Rechtlichkeit des eigenen Handelns im Kampf um staatliche und konfessionelle Unabhängigkeit erkannt werden. Nur wer die in der Mehrzahl calvinistische, in jedem Fall antikatholische Religiosität niederländischer Eliten erfaßt, diesen Gegenpol der katholischen Religiosität des Philipp von Spanien, begreift auch die Intensität und Beharrlichkeit einer kriegerischen Auseinandersetzung ebenso wie die Empfindlichkeiten des theologischen Streits innerhalb der rebellierenden, dann bald etablierten Konfession.

Letztlich konnte die konfessionelle Spaltung, die sich an vielen Orten Europas vollzog, für die Durchsetzung des Aufstandes nur eine günstige Voraussetzung sein, wenn es rasch genug gelang, die geeigneten Partner zu finden. Zur Zeit der oben zitierten Klage des Oraniers gegenüber seinem Bruder ließ sich freilich die Gunst der Stunde noch nicht absehen. Das Unternehmen etwa, eine gemeinsame Front von Hugenotten und Geusen zusammenzubringen, fruchtete ebensowenig wie die im Reich groß geführte publizistische Kampagne (Flugschriften).[6] Koalitionserfolge blieben in der Anfangsphase aus. Auch die Emphase des türkischen Sultans, der im niederländischen Aufstand eine willkommene Entlastung in seinem Kampf gegen Spanien sah, erwies sich zunächst als wenig tragfähig. Gewiß, er ließ das calvinistische Konsistorium Antwerpens

---

4   S.CH. HILL, *Puritanism and Revolution*, London 1958, S. 127.
5   Zitiert bei G. PARKER, *De opstand in de Nederlanden en de polarisatie van de internationale politiek*, in: *De algemene crisis van de zeventiende eeuw*, ed. by G. PARKER/L.M. SMITH, London u.a., 1978², S. 52.
6   S. dazu neuerdings J. ARNDT, *Der spanisch-niederländische Krieg in der deutschsprachigen Publizistik 1566-1648*, in: H. LADEMACHER/S. GROENVELD (Hrsg.), *Krieg und Kultur. Die Rezeption von Krieg und Frieden in der Niederländischen Republik und im Deutschen Reich 1568-1648*, Münster 1998, S. 401-418.

wissen, er werde den König von Spanien so schädigen, daß diesem der Gedanke an Flandern vergehe,⁷ aber dem Wort folgte nicht die Tat. Die Bartholomäus-Nacht hatte gleich zu Beginn die Hoffnung auf hugenottischen Beistand zerstört, so daß lediglich Unterstützung seitens des Pfalzgrafen und des Grafen von Nassau eintraf. Außenpolitik erschöpfte sich für die Aufständischen in der frühen Phase in der Bitte um Beistand, wo immer der herkommen mochte. So hatte das große Vorhaben also, den französischen Herzog von Anjou zum neuen Landesherrn zu erheben, mit konfessionellem Vorzug sicherlich wenig zu tun, ist auch eher als Akt der Verzweiflung einzuordnen, die freilich noch nicht groß genug war, als daß man den Franzosen und seine Vorstellungen von Souveränität hätte goutieren können.⁸

Erst der Tod des letzten Valois, Heinrich III., führte zu einer weitgehenden Polarisierung auf dem Kontinent, da sich die protestantischen und katholischen Koalitionen umfassender gruppierten und schließlich auch England nach anfänglich zögernder Beobachtung ins Spiel kam. Schon vor dem Tod Heinrichs sah sich Spanien durch die Aussicht auf einen protestantischen Thronfolger (Heinrich von Navarra) veranlaßt, zwischen 1585 und 1588 etwa 3 Millionen Gulden nach Frankreich fließen zu lassen. Nach dem Mord an Frankreichs König verschärfte sich der Kampf zwischen Katholiken und Protestanten des Landes. Die katholischen Staaten intervenierten mit massiven Truppen- und Geldsendungen. Solcher Koalition stand bald eine ähnlich starke der protestantischen Länder gegenüber. Ihr gehörten mehrere deutsche Fürsten, die englische Königin und die Niederländer an. Lord Burghley, Staatssekretär der Elisabeth, riet zum Zusammenschluß mit allen potentiellen Gegnern Spaniens, vor allem aber mit den Niederländern. Wenn es dem spanischen König gelingen sollte, so ließ er dann auch wissen, die Niederlande völlig zu unterwerfen, dann wisse er nicht, welche Grenzen ein vernunftbegabter Mensch dem Streben des Spaniers ziehen könne.⁹ Es bedurfte dann auch erst der spanischen Armada, dieser Demonstration katholischer Gefahr in unmittelbarer Nähe der Insel, ehe sich England und die Republik einander näherten. Gewiß, zuvor hatte zwar schon Graf Leicester die politische und militärische Führung als Generalstatthalter übernommen, aber das Unternehmen, das den ersten Schritt auf dem Weg einer englisch-niederländischen Annäherung darstellen sollte, scheiterte, weil es für den englischen Adligen und die Königin schwierig zu sein schien, sich in die konstitutionellen Gegebenheiten der Republik hineinzuversetzen. Ein Korrespondent eben des Leicester klagte zu dieser Zeit, nachdem er auf die enge Verbindung des Herzogs von Parma mit den Guise in Frankreich hingewiesen hatte: Wir dagegen, so bedauerte er, haben keine Liga oder Allianz mit den Fürsten, die unsere Religion vertreten, und was noch schlimmer ist, wir stellen uns ihnen von Tag zu Tag entgegen.¹⁰

Die nur schrittweise englische Intervention in die kontinentale Entwicklung zeigt, daß sich bei aller richtungweisenden Konfessionalisierung des außenpolitischen Geschehens auch das Motiv des traditionellen Interesses durchzusetzen vermochte, wie es für England seit dem Verlust der Bretagne 1492 an spanisch-niederländischer Küste bestand. Englische Beobachtung der Besitz- und Machtverhältnisse an der gegenüberliegenden Küste galt dem Landstreifen, der als Ausgangspunkt für Invasionen ebenso dienen wie er, mit Antwerpen als Zentrum, den englischen Export und Import sicherstellen oder eben vernichten konnte. Eine englische Intervention war abhängig von den Gleichgewichtsverhältnissen auf dem Kontinent. Zu begegnen war nicht in erster Linie

---

7   Zit. bei G. PARKER, *Opstand*, S. 53.
8   Zum Handel mit Anjou s. H. LADEMACHER, *Die Stellung des Prinzen von Oranien als Statthalter in den Niederlanden von 1572-1584*, (=Rheinisches Archiv 52) Köln u.a., 1958, S. 142-157.
9   Zit. bei G. PARKER, *Opstand*, S. 56.
10 Ebd. S. 56.

dem Katholiken Philipp, sondern dem Spanier Philipp, der Universalmonarch werden wollte, wie der Niederländer Johan van Oldenbarnevelt es ausdrückte.[11] Eine Rückkehr aller 17 Provinzen unter spanische Herrschaft bei weitgehender Autonomie der Region hätte durchaus auch nach dem Gusto der Elisabeth sein können.

Wenngleich Überlegungen und schließlich Maßnahmen der „großen Politik" nicht übersehen lassen können, daß sich Engländer genug fanden, die als Freiwillige in den Reihen der protestantischen Niederländer und Hugenotten Dienst taten oder auf der anderen Seite als Exilierte für den katholischen Glauben stritten, enthielt dieses letzte Viertel des 16. Jahrhunderts bei aller konfessionellen Konfrontation ein zu hohes Maß an Flexibilität der Mächte, als daß man von einer religiös motivierten Verläßlichkeit, von „Nibelungentreue" gar, hätte ausgehen können. Konfessionelle Koalitionen, so sie denn zustande kamen, vollzogen sich nicht unter dem Siegel der unbedingten Beständigkeit und auch nicht in jedem Fall ohne Gegenleistung. So schickte Elisabeth zwar Leicester in die Niederlande, aber sie erhob zugleich Anspruch auf zwei seeländische Pfandstädte. Heinrich IV., der Hugenotte, brachte 1596 gar einen französisch-englisch-niederländischen Dreibund gleichsam unter der Fahne des Protestantismus zusammen, der als antispanische Front nach dem Übertritt Heinrichs zum Katholizismus – „Paris ist eine Messe wert" – schon nicht mehr rein protestantisch war und nach dem französisch-spanischen (1598) und englisch-spanischen Friedensschluß (1604) völlig auseinanderfiel. Dem Franzosen brachte der ganze Handel eine weiterreichende Anerkennung seines Königtums, für niederländische Calvinisten gereichte solcher Opportunismus nur einem Renegaten zur Ehre. Zwar wollte Heinrich auch künftig den Kampf gegen Spanien fortsetzen, aber es trat nachgerade eine Laizisierung des Kampfes ein, ein anderes außenpolitisches Denken, aus dem heraus auch der Anspruch des Franzosen gegenüber den auf die französische Karte setzenden Niederländern zu begreifen ist, die Souveränität über den aufständischen Staat zu übernehmen und den Kampf gegen Spanien weiter zu lenken. Solches Verlangen offenbarte nicht allzu große Kenntnis über niederländische Motivation und über die Stellung der neuen Konfession in diesem Staat. Heinrichs Pläne wurden zurückgewiesen.[12]

Für den Herzog von Anjou und den Grafen Leicester war es möglicherweise noch zu früh, um die ganze konfessionelle und weltliche Besonderheit des niederländischen Aufstands zu begreifen – sie haben es erfahren müssen –, der französische König hätte es eher schon verstehen können: Es ging doch in diesem Landstrich nicht nur um simple Rebellion gegen einen insgesamt unnachgiebigen Potentaten, sondern um die äußerst rasche Sedimentierung einer neuen Identität, um die zügige Entwicklung eines neuen Souveränitätsbewußtseins. Die Besonderheit des Eintritts in die europäische Staatenwelt und damit in die Welt der konfessionellen Spaltung bestand in der Verquickung politischer und religiöser Freiheit. Die aus altem politisch-religiösen Verbund sich lösende Staatswerdung stand auf dem Programm. Die Provinzen entzogen sich dem frühabsolutistischen Zugriff der Spanier und wehrten den katholischen Glaubens- und Gewissenszwang ab. Um die befreite Geistigkeit handelte es sich und um den Schutz der politischen Mitbestimmung und schließlich Selbstbestimmung auf dem traditionellen Boden der Privilegienwelt. Man geht nicht zu weit, den Vorgang eine Fortschreibung alten stadtbürgerlichen Selbstbewußtseins auf der Grundlage einer neuen Konstitution – der Utrechter Union – zu nennen. Eben dies machte die Eigentümlichkeit der niederländischen Entwicklung aus, die sich jede ausländische Macht, die in Verhandlungen mit

---

11 Ebd. S. 56f.
12 Hierzu insgesamt H. LADEMACHER, *Geschichte der Niederlande. Politik – Verfassung – Wirtschaft*, Darmstadt 1983, S. 132f.; auch ders., *Die Niederlande. Politische Kultur zwischen Individualität und Anpassung*, Berlin 1993(96).

der Republik eintreten wollte, zu vergegenwärtigen hatte.[13] Wenngleich die vorgenannten Souveränitätsansprüche Frankreichs voll der Ablehnung verfielen, blieb dieses Land dennoch ein wichtiger Faktor im niederländischen Kampf gegen Spanien ebenso wie das Großbritannien der nach-elisabethanischen Jahre.

Es drängt sich im Zusammenhang mit der Suche nach geeigneten Koalitionspartnern auch die Frage nach der Rolle des Reiches auf. Die Publizistik in den Territorien des Alten Reiches stand durchaus unter dem Zeichen der kriegerischen Auseinandersetzung zwischen den konfessionellen Lagern – zunächst mit Blick auf den niederländischen Aufstand, den Kampf gegen Alva und Philipp II. und schließlich auch auf das Auftreten spanischer Truppen. Nach der Entstehung der Protestantischen Union und der Katholischen Liga 1608/9, so hat Johannes Arndt neuerdings nachgewiesen, nahm die Zahl der antispanischen Traktate im Reich zu und dienten die niederländisch-spanischen Ereignisse als warnende Beispiele gegen die Folgen einer Niederlage des deutschen Protestantismus. Die „leyenda negra" wurde aufgegriffen und weiter geflochten, die Zahl der prospanischen Druckerzeugnisse war wesentlich geringer.[14] Dieser Transfer der Thematik von den Niederlanden auf das Reich hieß auch Konzentration auf die inneren Entwicklungen im Reich selbst und auf den Dreißigjährigen Krieg. Erst mit den Verhandlungen zum Westfälischen Frieden (Münster) geriet der niederländisch-spanische Krieg wieder ins Blickfeld.

Aber zurück zu den ersten Jahrzehnten des Aufstandes. Da mochte von den Niederlanden her gerade in den Anfängen des Aufstandes eine scharfe deutschsprachige publizistische Klinge in den deutschen Territorien geführt werden, es wäre aber falsch, hieraus auf mehr als nur einen Hilferuf an einen außerhalb der Grenzen stehenden möglichen Partner zu schließen. Wie Helmut Gabel neuerdings gezeigt hat, lag niederländischen Zeitgenossen schon im 16. Jahrhundert nichts ferner als das Gefühl der Verbundenheit mit dem Reich. Die Bildung des Burgundischen Kreises und die mit dem Augsburger Vertrag von 1548 festgeschriebene Exemtion von der Reichsjustiz und den Beschlüssen des Reichstages war ein Verwaltungsakt, der auf Verselbständigung zielte und als solcher durchaus älteren politischen Denktraditionen entsprach.[15] Die stadtbürgerlich-ständische Welt des europäischen Nordwestens konnte kaum ein weiter entwickeltes Interesse gegenüber einem Gebilde entwickeln, dessen politisches System, wie Georg Schmidt feststellt, ohnehin ein „oberdeutsch" geprägtes war.[16] Die abwehrende Haltung der Margarete von Österreich und ihrer Nachfolgerin Maria von Ungarn, beide Generalstatthalterinnen, gegen die Einführung von Reichssteuern oder die Beteiligung an der Reichstürkenhilfe machen deutlich, daß sich diese Lande des Burgundischen Kreises und ihre Autoritäten nicht als eine zur Mitwirkung verpflichtete Peripherie, sondern als selbständige Einheit empfanden. Nicolette Mout hat gerade in diesem Zusammenhang auch auf die andere Seite hingewiesen und das reichsständische Desinteresse in Fragen militärischen Engagements für den Fall einer kriegerischen Auseinandersetzung um die nordwestlichen Gebilde hervorgehoben.[17] Zu Recht kommt die Forschung in einer Analyse zu dem Schluß, daß es nicht angehe, von einem „naturgesetzlichen Regeln gehor-

---

13 Zur Verfassungsstruktur ausführlich der Abschnitt *Konstitutionelle Eigenart* in diesem Band.
14 S.J. ARNDT, *Der spanisch-niederländische Krieg in der deutschsprachigen Publizistik*, S. 411ff.
15 S.H. GABEL/V. JARREN, *Kaufleute und Fürsten. Außenpolitik und politisch-kulturelle Rezeption im Spiegel niederländisch-deutscher Beziehungen 1648-1748*, Münster 1998, S. 447ff. G.s Beitrag trägt den Titel: *„Het Duytse wesen". Aspekte niederländischer Reichspolitik und politisch-kultureller Rezeption im Jahrhundert nach dem Westfälischen Frieden*.
16 G. SCHMIDT, *Integration und Konfessionalisierung. Die Region zwischen Weser und Ems im Deutschland des 16. Jahrhunderts* in: Zeitschrift f. historische Forschung 21 (1994), S. 1-7.
17 N. MOUT, *Die Niederlande und das Reich im 16. Jahrhundert (1512-1609)* in: V. PRESS (Hrsg.), *Alternativen zur Reichsverfassung in der frühen Neuzeit?*, München 1995, S. 148f.

chenden Spannungsverhältnis" zwischen Peripherie und Zentrum zu reden, „gebrach es dem Heiligen Römischen Reich doch an einem starken, politisch integrierend wirkenden Mittelpunkt, wie auch umgekehrt die oft mit der Charakterisierung von Randgebieten verbundene Vorstellung eines politischen und kulturellen Schattendaseins bzw. einer durch die räumliche Entfernung zum politischen Kraftzentrum begünstigten Nischenexistenz für die ‚Niederlande' alles andere als zutreffend ist. Vielmehr scheint gewiß, daß die Annahme zweier lose miteinander verbundener politischer Systeme mit graduell und sachlich unterschiedlichen Kohärenzproblemen dem Wesen der bilateralen Beziehung weit eher gerecht wird als attributäre Zuordnungen wie ‚peripher' und ‚zentral'".[18] Zugespitzt liegt es nahe festzustellen, daß die Beziehung zwischen Reich und nordwesteuropäischen Erblanden eher zu einer völkerrechtlichen tendierte und nicht auf Festigung eines staatsrechtlichen Bandes zielte. Dafür spricht die Planung des Viglius van Aytta, der eine Bundesgenossenschaft zwischen den Niederlanden (Nord und Süd) und dem Reich vorsah – ein Plan, der seit 1542 betrieben wurde.[19]

Aber ganz abgesehen von diesem rechtlich durchaus vorbereiteten (Burgundischer Kreis) und politisch nach Praxis und Konzeption auch gelebten Gedanken an ein schon unverbundenes Nebeneinander von Reich und niederländischem Raum, sei hier eine kulturelle Komponente als ein der Identitätsfindung dienendes Merkmal der Distanz angeführt. Gemeint ist die Sprache, die die volle Aufmerksamkeit der Humanisten des Landes genoß. Historische Sprachwissenschaft, anthropologische Einheitlichkeit und Sprachpurismus waren Themen in einer Landschaft, deren Vielfalt an Dialekten und Mundarten einigermaßen der territorialen Aufgliederung des Raumes entsprach.[20] Es waren freilich Ansätze nur, Untersuchungen und Überlegungen, die zunächst nur kleine Teile der Bevölkerung erfaßten – Ansätze freilich, die eine gewisse Förderung durch die Bildung zentraler Instanzen, wie das schon unter den Burgundern mit der Konstituierung von Generalständen geschehen war, erfuhren. Die Einrichtung der Generalstatthalterschaft in Brüssel und schließlich der sehr zielbewußte Versuch der Zentralisierung durch das Ratssystem ließ den burgundisch-habsburgischen Raum für den Beobachter von außen doch als eine Einheit erscheinen – eine Fehleinschätzung sicherlich, aber unter dem Aspekt der Repression so abwegig nicht. Es liegt hier eine seltsam dialektische Verzahnung von Entwicklungssträngen vor. Während einerseits die „parzellierte Souveränität" (Perry Anderson) den Zentralisierungsbemühungen zu widerstreben vermochte, haben andererseits die die Provinzgrenzen überschreitende gemeinsame Erfahrung der Nichtachtung der Teile und seiner landschaftlichen Vertreter und dann vor allem die gemeinsame Erfahrung des Leidens der Entwicklung eines alle Provinzen umfassenden Vaterlandsbegriff dienen können, der schon vor dem Aufstand Eingang in den Sprachgebrauch gefunden hatte.[21]

Ein anderes kommt hinzu, was diese nordwesteuropäische Landschaft unter dem Aspekt der politischen Kultur gegenüber dem Alten Reich abhebt: die Tradition der Widersetzlichkeit. Dazu seien kurz noch einmal Gedanken aus einem früheren Abschnitt wieder aufgegriffen.[22] Wenn für die Städte des Alten Reiches zu Beginn des 16. Jahrhunderts eine bis in die Reformationsjahre hineinreichende Häufung an widersetzlichem Verhalten und damit eine Freisetzung von Energien durch die neue Bewegung festgestellt wird, dann läßt sich das in größerem Umfang für einen längeren Zeitraum auf dem viel engeren Raum einer mit Städten gespickten Landschaft der burgundisch-habsburgischen

---

18 H. GABEL, *Kaufleute und Fürsten*, S. 449f.
19 Ebd. S. 450.
20 Dazu insgesamt der Abschnitt *Sprache und Literatur.*
21 Dazu insgesamt den Abschnitt *Konstitutionelle Eigenart.*
22 S. dazu den Abschnitt *Tradition und Voraussetzung.*

Niederlande bei ausgemacht guter Infrastruktur nachweisen. Im Unterschied zum Reich bewegten sich diese Konflikte völlig abseits jeder religiösen Motivation. Sie gehörten gleichsam zu den Strukturmerkmalen der Landschaft. Es ging um langfristige Fehden zwischen Adelshäusern, um innerstädtische Konflikte zwischen Sozialgruppen und insgesamt um die Konfliktträchtigkeit und innere akute Konfliktbereitschaft im Verhältnis der Territorialherren zu einer hochentwickelten Städtelandschaft. Man wird auch nicht vergessen dürfen, daß das Verhältnis der jeweiligen Landesherrn zu den Untertanen nicht zuletzt auch von der „blijde incomste" geprägt war, die ihrerseits unter bestimmten Voraussetzungen aufständisches Verhalten zu einem Vorgang des Rechts machte. Es hatte schon seine ganz tiefe Bedeutung, wenn Viglius van Aytta letztlich doch aus der Kenntnis der politisch-konstitutionellen und mentalen Unterschiede heraus in völkerrechtlichen Kategorien redete und schon der Burgundische Vertrag von den niederländischen Erblanden als „ganz frei, gesöndert, uneingezogen land und fürstenthumb" sprach.[23]

Es geht in diesem Blick auf politische und kulturelle Strukturen lediglich um den Nachweis von Distanzierung, damit auch um den Hinweis auf die Voraussetzungen eines Souveränitätsdenkens, das sich mit dem erfolgreichen Aufstand unter der Leitung eines taktisch und strategisch hochbegabten Heerführers (Moritz von Oranien) und einer seit jeher selbstbewußten stadtbürgerlichen Elite rasch entwickeln konnte. Das meinte im übrigen nicht von vornherein Herstellung von Republik, aber es meinte auf jeden Fall Fortführung politischer Entscheidungsmacht. Der Herzog von Anjou hat das ebenso erfahren müssen wie Graf Leicester. Wenn dann in der Frühphase des Aufstandes die Reichszugehörigkeit betont wurde, dann entsprach das kaum noch der wirklichen Meinung, sondern enthielt ein Stück außenpolitischen Opportunismus, weil man, wie Arndt herausgearbeitet hat, nicht einmal die protestantischen Reichsstände auf seiner Seite hätte halten können, wenn man gleich zu Beginn zur Proklamation eines neuen Staates geschritten wäre.[24] Andererseits ließen die Aufständischen durchaus deutlich werden, daß sie, eben wie es Souveräne zu tun pflegten, ihre außenpolitischen Maßnahmen selbst entscheiden wollten. Der Protest Kaiser Rudolfs gegen den Handel mit Anjou blieb dann auch ohne Erfolg, wie auch die vorgesehene kaiserliche Entsendung eines Sonderbotschafters zu den Generalständen 1580 zwar freundlich aufgenommen wurde, dies freilich keinen Abbruch der laufenden Verhandlungen mit Frankreich bedeuten konnte. Es kann in unserem Zusammenhang nicht um eine Einzeldarstellung der Beziehungen der aufständischen Niederlande zum Reich gehen, festgestellt sei lediglich, daß die Hilfe von den protestantischen Reichsständen nicht übermäßig floß und daß der Kaiser über eine selbstverordnete Vermittlerrolle nie als tatkräftiger Helfer auftrat. Schon dies allein bedeutete ein Stück weitergehende Distanzierung im Moment vor allem des greifbaren militärischen Erfolgs – und die wurde zum erstenmal mehr als deutlich und diskreditierte die Annahme eines staatsrechtlichen Verbundes als Fiktion, als die Republik 1609 in vollem Anspruch auf souveränes Handeln den Waffenstillstand von 1609 abschloß. Der Waffenstillstand hob die Republik endgültig aus dem Bereich der Rebellion und machte sie zu einem international anerkannten Partner. Der neue Staat reihte sich gleichberechtigt in die Reihe der etablierten europäischen Mächte ein, nachdem bei den Verhandlungen neben Frankreich und England, Dänemark, Hessen, die Pfalz und Brandenburg, also alles, was in der protestantischen Welt Rang und Namen hatte, mitgewirkt hatten. In London und Den Haag folgte dem Abschluß des Waffenstillstandes die Erhebung der jeweiligen Gesandtschaften zu Botschaften. Frankreich und Venedig folgten bald darauf. Vierzig Jahre später hieß es über diese Jahre: „Man kann beobachten, wie

---

23 H. GABEL, *Kaufleute*, S. 451.
24 J. ARNDT, *Der spanisch-niederländische Krieg in der deutschsprachigen Publizistik*, S. 407ff.

sich alle christlichen Nationen, ja, auch Türken und Moskoviter, mehr oder weniger mit uns Niederländern befassen."²⁵

Eine außenpolitische Karriere

Bei dem Abschluß von 1609 handelt es sich um den Ausgangspunkt einer wahren Präsentation von Entscheidungsfreiheit, nicht zuletzt auch motiviert durch den vorübergehenden Ausfall Spaniens. So schlossen die Generalstände 1612 einen Handelsvertrag mit dem türkischen Sultan – gegen den Widerstand Frankreichs und Englands mit dem Hinweis, daß die „Hochmögenden" keiner Rechtfertigung ihrer Unternehmungen bedurften und sie diese auch in gar keiner Weise zum Diskussionsgegenstand erheben würden. Das bekam auch das Reich zu spüren. Das Empfehlungsschreiben des Herzogs von Sachsen für Geschäftsreisende des Landes, das an die Generalstände gerichtet war, verfiel der Ablehnung, weil es sich einer falschen Titulatur bediente, nicht von den „Hoge" und „Mogende" sprach. Eine Quisquilie, wie es zunächst erscheinen will, aber für das Selbstverständnis eines jungen Staates von hoher Bedeutung. Das sollte sich im Vorfeld der Friedensverhandlungen von Münster noch zeigen. Zudem trat die Republik nach dem Abschluß des Waffenstillstandes nicht mehr als Hilfesuchende auf. Im Gegenteil, sie lieferte den protestantischen Reichsständen die nötige Unterstützung. Moritz von Oranien vertrieb das kaiserliche Heer des Erzherzogs Leopold aus den jülich'schen Erblanden, so daß sich Brandenburg und Pfalz-Neuburg hier durchsetzen konnten. Lübeck bat die Generalstände um Hilfe, als die deutschen Hansestädte den Ostseehandel durch Dänemark bedroht glaubten. Hessen wandte sich an Den Haag, als es den Versuch unternahm, die rheinischen und westfälischen Bistümer unter protestantische Kontrolle zu bringen. Es gibt zahlreiche solcher Beispiele aus dem Alten Reich, in denen die Republik um die Übernahme einer Vermittlerrolle gebeten worden ist – ein Indiz für die innerhalb kurzer Zeit gewachsene Anerkennung und Autorität des Landes; freilich auch für die Finanzkraft. Die Republik also durchaus eine protestantische Führungsmacht. Arie van Deursen vertritt dazu die Meinung, daß das Land eine hegemoniale Stellung unter den deutschen Potentaten hätte einnehmen können. Allein der Wille dazu habe gefehlt, da man eher auf friedliche Regelung strittiger Angelegenheiten im Reich gesetzt habe.²⁶

Auch wenn Frankreich in der Zeit vor und nach dem Abschluß des Waffenstillstandes immer noch eine etwas paternalistische Haltung gegenüber der Republik einnahm, so konnte das ein rasches Wachstum des niederländischen Ansehens doch nicht verhindern. Ganz abgesehen davon, daß der etwas altbackene Paternalismus ohnehin der Ablehnung verfiel, kam es doch wesentlich darauf an, den spanischen Versuch, eine katholische Internationale aufzubauen, wie das zeitgenössisch Francis Bacon nannte, kräftig zu konterkarieren. In der Phase des Waffenstillstandes, die auch ein Stück Vorgeschichte des Dreißigjährigen Krieges war, wuchs die Republik tatsächlich zur protestantischen Zentrale in der konfessionellen Konfrontation heran. Nach dem Fall des Winterkönigs entwickelte sich die Republik zu einem Zentrum des internationalen protestantischen Widerstandes. Die Protestanten Mitteleuropas suchten Zuflucht in Den Haag. Von hier aus rüstete sich die Exilregierung Friedrichs V. zur Allianz gegen die Achse Madrid-Wien. In der britischen Geschichtsschreibung heißt es dazu: „So wie die Emigranten aus

---

25 Zit. aus E. VAN REYD, *Historie der Nederlantsche oorlogen ... tot den jare 1601*, Leeuwarden 1650, S. 1103 bei PARKER, *Opstand*, S. 57.
26 A.TH. VAN DEURSEN, *Honni soit qui mal y pense? De Republiek tussen de Mogendheden (1610-1612)*, (=Mededelingen der Koninklijke Nederlandse Academie van Wetenschappen, afd. Letterkunde, Nieuwe Reeks, deel 28,1), Amsterdam 1965, S. 19.

Flandern und Brabant die militante Außenpolitik in den 90er Jahren verstärkten, sind die Emigranten aus Mitteleuropa als Generalstab für die anti-habsburgische Allianz in den 1620er und 1630er Jahren aufgetreten."[27] Auf diese Weise wurden Schweden, Dänemark, England und schließlich auch Frankreich und eine Reihe kleinerer Staaten in die Front einbezogen. In den Jahren 1630 bis 1640 sollen von Beobachtern alle Aufstände als Variationen zum Thema Konfessionskonflikt eingestuft worden sein. „Ein katholisches diplomatisches Netzwerk mit dem Zentrum Brüssel kämpfte ausschließlich gegen ein parallel aufgebautes protestantisches Netzwerk mit Amsterdam als Zentrum. Die Fühler des einen Zentrums reichten von Polen bis Portugal, die des anderen erstreckten sich von Schottland bis Ungarn."[28]

Mit dem Ende des Waffenstillstandes 1621 setzten die Kriegshandlungen unverzüglich wieder ein. Der Achtzigjährige Krieg fand seine Fortsetzung unter veränderten Voraussetzungen: Zum einen stand den Spaniern nicht mehr ein Haufen Rebellen gegenüber, sondern die anerkannte europäische Macht der niederländischen Republik, zum anderen unterlag der neue Staat eben schon lange nicht mehr der unmittelbaren Existenzbedrohung aus den ersten Jahrzehnten des Aufstandes. Darüber hinaus entwickelten sich mit dem Vorstoß in den indonesischen Archipel und in die Karibik noch neue Möglichkeiten, den Gegner unmittelbar zu schädigen. Aber so klar auch die antispanische Front wieder – erfolgreich – aufgezogen wurde, so deutlich blieb zunächst andererseits eine gewisse Bindungslosigkeit der Republik, soweit es um echte Koalition ging. Bei allen finanziellen Hilfen, die Den Haag protestantischen Mitstreitern bisher hatte zukommen lassen, etwa den Protestanten des Reichs bei Ausbruch des Dreißigjährigen Krieges, und auch noch zukommen ließ, übte sich die Republik zuvörderst in koalitionspolitischer Zurückhaltung. Lieuwe van Aitzema, scharfer Beobachter seiner Zeit, hat dazu zeitgenössisch formuliert: „Die Sicherung dieses Staates bestand in den Eifersüchteleien der benachbarten Könige. Hatten schon viele Kleinstaaten in Deutschland in Folge eben dieser Voraussetzungen ihre Existenz wahren können, warum sollte nicht unsere mächtige Republik in der Lage sein, ihre Existenz zu wahren und weiter zu sichern, allein auf Grund der zwischen Spanien, Frankreich und England bestehenden Eifersucht."[29] Die Frage war berechtigt, warum man eine eindeutige Koalitionspolitik führen sollte, die doch die Gefahr barg, daß sich die bislang neutral verhaltenden katholischen Fürsten des Reiches und der Kaiser selbst mit aller Entschiedenheit gegen die Republik kehrten. Die Entscheidung für einigermaßen bindungsloses Verhalten führte zu Argwohn und zur weiteren Trübung im Bild von der Republik. Während einerseits unter deutschen Diplomaten die Meinung vertreten wurde, die Niederländer befürworteten den Kampf zwischen Protestanten und Katholiken im Reich, weil sie darin ein Stück Existenzsicherung sähen (so der hessische Diplomat Heinrich Wolff)[30], kam andererseits bei politischen Kreisen des Reiches der Begriff „Republik" einer Blasphemie gleich. Den Berichten des diplomatischen Vertreters der Generalständen bei den Hansestädten zufolge erregte die 1616 zwischen den Niederlanden und diesen Städten gegen Dänemark geschlossene Allianz Unwillen, weil man sie als eine gegen Fürsten gerichtete republikanische Politik deutete. Wallenstein nannte die Niederländer die „destructores Regum et Principium", wie er die Hansestädte „des Reiches Holländer und allen Übels und Ungehorsams Anfänger" bezeichnete.[31] Solcherlei Bekundungen stempelten die Republik zu einem

---

27 PARKER, *Opstand*, S. 60. P. verweist in diesem Zusammenhang auf die Erkenntnisse des deutschen Historikers F.H. Schubert.
28 Ebd.
29 LIEUWE VAN AITZEMA, *Saken van Staet ende oorlog I*, Amsterdam 1669, S. 905.
30 Hierzu BOOGMAN, *Holländische Tradition*, S. 93ff.
31 Zit. ebd. S. 94, Anm. 10.

lästigen Störfaktor in der internationalen Politik, in der auf monarchisch-katholischer Seite protestantischer Republikanismus als nachgerade abartig eingestuft wurde.

Man wird in der Analyse des außenpolitischen Verhaltens freilich für die letzten 1 1/2 Jahrzehnte bis zum Abschluß des Münsterschen Friedens 1648 feststellen müssen, daß die von Aitzema apostrophierte Politik der defensiven Existenzsicherung einer nach Süden ausgreifenden Offensivpolitik wich, die in den frühen 30er Jahren ganz wesentlich von Statthalter Friedrich Heinrich von Oranien, dem erfolgreichen Feldherrn und „Städtebezwinger", getragen und durchgesetzt wurde. Er befand sich zwar nicht in Übereinstimmung mit allen Regenten, aber er setzte sich sehr wohl über die Regelungen der Utrechter Union, soweit es um politische Kompetenzen ging, hinweg.[32] Es handelt sich hier um einen außenpolitischen Paradigmenwechsel, der wesentlich von einem neuen außenpolitischen Akteur getragen wurde, allerdings auch schon etwas von der Problematik der Zukunft ahnen ließ.[33]

Es ist zu vermuten, daß bei aller ohnehin vorhandenen Bewunderung für den Aufstieg der Republik die Entwicklung eines auf die Person zugeschnittenen militärischen Glanzes und schließlich eines sicher nicht mehr republikanisch zu nennenden Lebensstils des „Siegers", abgesehen noch vom Ansehen des Hauses, zur höheren Vertrauenswürdigkeit der Republik als Partner beigetragen hat.[34] Die monarchische Umwelt, für die eine weit zurückreichende adlige Ahnengalerie doch mehr zählte als das ein bürgerliches Selbstbewußtsein widerspiegelndes Porträt eines Regenten, ließ das auch spüren. Dem Moritz von Oranien war 1613 schon der britische Hosenbandorden („Honni soit qui mal y pense") verliehen worden, der französische König Ludwig XIII. legte noch ein Scheit nach, als er dem Statthalter Friedrich Heinrich den Titel „Hoheit" verleihen ließ, der bis dahin nur mit „Exzellenz" adressiert worden war. Die neue Benennung war keine Idee aus niederländischem Köcher, sondern eine Großzügigkeit des allerchristlichsten Königs Ludwig XIII. von Frankreich. In einem Handschreiben ließ er seine „sehr lieben Freunde und Alliierten" im Haag wissen, daß es doch keinen Titel gebe, den der bis dahin nur mit „Exzellenz" adressierte Statthalter nicht verdient habe. Er nannte den Titel im Handschreiben nicht, sondern ließ ihn von seinem Botschafter mündlich übermitteln.[35] Das war effektvoll, ein wenig wundertütenhaft vielleicht, aber es machte etwas her. Es entbehrte auch nicht einer gewissen Anmaßung oder Unverschämtheit gar, solchen Titel in einer Gesellschaft anzubieten, die ihren Monarchen gerade verabschiedet hatte. Die Initiative wurde dann auch entsprechend kühl in der Republik aufgenommen, aber man begriff hier sehr wohl, daß eine Zurückweisung einer Beleidigung des Monarchen gleichgekommen wäre. War es schon für Kardinal Richelieu anläßlich des nieder-

---

32 Zu Statthalter Friedrich Heinrich von Oranien s. insgesamt J. POELHEKKE, *Frederik Hendrik. Prins van Oranje. Een biografisch drieluik*, Zutphen 1978 sowie den Aufsatz von H. LADEMACHER, *Statthalter Friedrich Heinrich – Monarch in der Republik? Zur höfischen Attitüde einer Verhinderung*, in: Jahrbuch des Zentrums für Niederlande-Studien, 2 (1992), S. 21-37.

33 S. dazu den Abschnitt *Konstitutionelle Eigenart und politische Kultur.*

34 Zur Diskussion über Monarchie und Republik s. E.H. KOSSMANN, *Politieke theorie in het zeventiende-eeuwse Nederland*, Amsterdam 1960 sowie E.O. HAITSMA MULIER, *The Myth of Venice and Dutch Republican Thought in the Seventeenth Century*, Assen 1980; zu Jacob Cats s. A.TH. VAN DEURSEN, *De raadpensionaris Jacob Cats*, in: TvG 92 (1979); zu Vondel s. POELHEKKE, *Frederik Hendrik*, S. 209; auch KIKKERT, *Frederik Hendrik*, Houten 1986, S. 77, insgesamt auch LADEMACHER, *Statthalter Friedrich Heinrich*, S. 28ff. S.a. den Abschnitt über *Konstitutionelle Eigenart und politische Kultur* in diesem Band.

35 „Incipimus mandata Principis titulo Celsitudinis inscribere". Zur Zuerkennung des Titels s. POELHEKKE, *Frederik Hendrik. Prins van Oranje*, S. 475. Im Handschreiben heißt es u.a.: „ ... il n'y point de marques d'honneur qui ne luy puissent estre justement attribuées. Zum Hosenbandorden s. VAN DEURSEN, *Honni soit qui mal y pense*; für die Bezeichnung „Hoheit" LADEMACHER, *Statthalter Friedrich Heinrich*, S. 29.

ländisch-französischen Offensiv-Defensiv-Bündnisses von 1635 eine Wohltat gewesen, mit einem Mann aus durchaus renommiertem, wenn auch zuvor aufmüpfigem Adelsgeschlecht parlieren zu können und nicht immer mit bürgerlichen Knoten verhandeln zu müssen, denen ohnehin noch der Ruch der Rebellion anhing, muß es für den französischen Monarchen eine rechte Genugtuung gewesen sein, eigenmächtig solche Titel in der Republik als Zeichen hoher Wertschätzung prinzlicher Tugenden anzubieten und den Bürgern, deren Vorfahren sich gegen die zentralistische Herrschaft ihres Monarchen gekehrt hatten, zu demonstrieren, was man nun von ihnen hielt. Wenngleich für diese Zeit des 17. Jahrhunderts eine gewisse Inflation der Titelvergabe festzustellen bleibt, war die Verleihung solcher Ehren sozial doch von erheblichem Gewicht. Da mochte sich der Amsterdamer Regent Adriaan Pauw, von 1631 bis 1636 als Ratspensionär höchster politischer Amtsträger, über die Titelinflation lustig machen,[36] mit Ironie ließ sich die Bedeutung dieses französischen Vorstoßes nicht herunterspielen. Daß Kaiser Ferdinand II. dem Oranier ein Jahr zuvor angeboten hatte, ihn als Herrn von Moers in den Reichsfürstenstand zu erheben, sei hier als weiterer Beweis für die politische Würdigung genannt, die dem Oranier entgegengebracht wurde. Das Vorhaben scheiterte übrigens am Widerstand der Generalstände,[37] was den Statthalter auch veranlaßte, die Sache nicht weiter zu verfolgen. Es gibt keinerlei Anzeichen dafür, daß sich Friedrich Heinrich auf irgendeine Weise geziert hätte, diese freundlich verpackte Anmaßung zu akzeptieren. Er war auch gar nicht der Mann danach, sich gegen Äußerungen einer internationalen Adelssolidarität zu wehren. Sollte ihn nicht auch der an anderer Stelle schon vorgestellte höfische Lebensstil für solcherlei Schmeicheleien zugänglich gemacht haben? Vermutet wird auch, daß er, der als letzter Oranier nach seinem Vater auf die alte burgundisch-habsburgische Einheit zumindest bis zur Sprachgrenze zielte, im Erfolgsfalle auf die Souveränität des Hauses Oranien gepocht hätte, zumal er erwiesenermaßen immer das alte Herzogtum Brabant, nie aber die Provinz Holland als das eigentliche Zentrum niederländischen Lebens betrachtet hat. Die Verbindung von adliger, gleichsam auf privater Ebene laufender, Koalition und Außenpolitik, die eben auch für die Republik relevant werden konnte, zeigte sich bei der Heirat Oranien-Stuart. Für Amalia von Solms, die Frau des Statthalters, war das der Höhepunkt der Ambitionen. Was konnte es Besseres geben als die Verbindung ihrer Familie mit einem der führenden europäischen Fürstenhäuser? Friedrich Heinrich scheint sich ihrem Enthusiasmus gebeugt zu haben, wenngleich er wußte, daß englische Zustimmung zu solchem Verbund nur ein Köder für niederländische Hilfe im Kampf gegen die Schotten sein konnte, während Friedrich Heinrich von dieser Verbindung erwartete, die Neigung Karls I., mit Spanien anzubändeln, eindämmen zu können. Der Gesandte der Generalstände, Aerssen van Sommelsdijk, erläuterte 1640 diesen zwei Jahre zuvor von Marie de Medici (Gegnerin Richelieus) lancierten Plan bei Karl I.: „Durch diese Heirat wird es Ihnen möglich sein, die Interessen Seiner Hoheit und der Vereinigten Provinzen an sich zu binden; demgegenüber steht, daß, wenn Sie Ihr Haus mit einem mächtigeren als dem Ihren verschwägern wollen, Sie von dessen Ehrgeiz nichts zu erwarten haben, aber die Zuneigung Ihrer Tochter verlieren können, die Sie dann zwingen, aus Interessen zu heiraten, die den Ihrigen voll entgegenstehen."[38] Zwar haben die Generalstände dieser Ehe zugestimmt (sie behielten sich auch das Recht vor, dies zu tun), aber es geschah nur halbherzig. Die Eheschließung hat den Statthalter in dem Maße in Bedrängnis gebracht, in dem sich der Konflikt zwischen Karl I. und seinem Parlament verschärfte. Darüber ist hier nicht zu handeln, aber festzuhalten bleibt, daß Friedrich Heinrich die von den Generalständen geforderte Neutralität in die-

---

36 Dazu LADEMACHER, *Statthalter Friedrich Heinrich*, S. 30.
37 Ebd.
38 Ebd. S. 36.

sem Konflikt nicht eingehalten hat, und fest steht auch, daß diese monarchische Allianz das alte republikanische Gefühl bei Regenten und orthodoxen Calvinisten gleichermaßen weckte und den Verdacht aufkommen ließ, der Oranier wolle eine monarchische Usurpation unternehmen. Da kam schon einige Entrüstung auf, und es scheint, als ob rein stimmungsmäßig schon jene Reaktion der Regenten vorbereitet gewesen sei, die nach dem Tode Wilhelms II. zur statthalterlosen Zeit führte. Selbst am englischen Hof scheint man an einen Staatsstreich des Prinzen gegen die ständische Souveränität geglaubt zu haben, abgesehen davon, daß einige dort falsche Vorstellungen von der Macht des Prinzen hatten. Ein englischer Historienschreiber und ausgemachter Royalist stellte fest, daß der Statthalter seiner englischen Schwiegertochter wie ein Untertan seinem Souverän und nicht wie ein Vater seinem Kind gegenübergetreten sei.[39] Es fügt sich in solche Stimmung, wenn erzählt wird, daß anläßlich eines Diners für die in die Niederlande angereiste englische Königin und ihre Tochter Mary zuerst auf das Wohl des Prinzen, dann erst auf das der Generalstände getrunken worden sei. Die anwesenden Regenten sollen dies moniert haben; der Prinz sei Diener der Stände und stehe in ihrem Sold. Daraufhin soll ein französischer Kavallerieoberst geantwortet haben, ein Fürst, der gerade seinen Sohn mit einer Tochter Englands und zugleich Enkelin Frankreichs verheiratet habe, müsse sich schämen, der Diener von Brauern, Bäckern und Filzproduzenten zu sein.[40]

Die bei den bürgerlichen Vertretern der Republik aufkommende Aversion gegen diese ganze Entwicklung wurde sicherlich noch durch die so höfisch geprägte Präsentation der neuen Verwandtschaft geschürt, zumal das alles aus der niederländischen Staatskasse bezahlt wurde. Und am Jubelfest nahm Joost van den Vondel mit geeigneten Sprüchen ebenso teil wie der Regentensproß P.C. Hooft. Es ist schon sehr fraglich, ob die unter dem Einfluß calvinistischer Prädikanten stehenden breiteren Volksschichten diese katholische Heirat haben goutieren können, zumal der Vater der Braut im Konflikt mit den schottischen Protestanten lag.

Und dieser Argwohn wuchs, als es um die Vorverhandlungen zum Frieden von Münster ging, denn auf oranischer Seite war es in keiner Weise deutlich, daß Friedensschluß zu den geeigneten politischen Instrumenten zählte. Friedrich Heinrich hat diesen Friedensschluß freilich nicht mehr erlebt. Er starb 1647. Auch wenn bis dahin der Argwohn gewachsen schien, er starb doch als anerkannte Autorität, deren militärischer Leistung allein die endgültige Sicherheit der Republik zu verdanken war. Die Autorität reichte weit genug, um selbständig außenpolitische Schritte zu unternehmen, zumal es ihm gelang, bürgerliche Kräfte auf seine Seite zu ziehen, und schließlich hatte er das Glück, niemals mit einem innenpolitischen Konflikt konfrontiert zu werden, wie das seinem Halbbruder und Vorgänger noch geschehen war. Als sein Sohn einen solchen Konflikt heraufbeschwor, indem er ein sehr umstrittenes Unternehmen gegen die Stadt Amsterdam startete, scheiterte er, und die Konsequenz war der Durchbruch zum reinen Republikanismus, der sich auch ohne das Amt des Statthalters zu bewegen vermochte und der jetzt auch zum ersten Mal in aller Entschiedenheit theoretisch begründet wurde. Die Zeit des großen Aufatmens schien angebrochen, die Zeit der ‚wahren Freiheit' und ihrer unkontrollierten Oligarchie.

An dieser Stelle seien die konkreten Inhalte des zuvor genannten niederländischen Zusammenspiels mit Frankreich näher erläutert. Die Annäherung zwischen der Republik und der französischen Monarchie datierte von 1630. Die Macht Habsburgs, des Hauptgegners von Frankreich an der Nord- und Südflanke des Landes, war noch lange nicht

---

39 Ebd.
40 Dazu ebd., S. 37; in ausführlicher Darstellung POELHEKKE, *Frederik Hendrik*, S. 526-43; P. GEYL, *Oranje en Stuart*, Zeist u.a. 1963, S. 13-29 sowie neuerdings H. ROWEN, *The Princes of Orange. The Stadholders in the Dutch Republic*, Cambridge 1988, S. 59.

gebrochen. Paris wollte es sich einiges kosten lassen, um die Klammer an der eigenen Nordgrenze loszuwerden. Kardinal Richelieu versprach in jenem Jahr den Generalständen Subsidien von einer halben Million jährlich. Die Republik nunmehr als Kassiererin! Frankreich war einfach an einer Befriedung des Konflikts unter Wahrung der habsburgischen Position in den Südprovinzen nicht sonderlich interessiert; Richelieu ließ dies in Den Haag auch spüren. Die Republik war somit in eine Schutzfunktion zugunsten Frankreichs geraten. Nach dem Scheitern der Nord-Süd-Gespräche zwischen der Republik und den Spanischen Niederlanden im Dezember 1633 kam es im April 1634 zu einem niederländisch-französischen Abkommen, in dem sich die Republik gegen finanzielle französische Unterstützung verpflichtete, bis zum 1. Januar 1635 keine Friedens- oder Waffenstillstandsverhandlungen mit Spanien anzuknüpfen. Das war eine Art Vorvertrag, der helfen sollte, zum raschen Abschluß eines Defensiv-Offensiv-Vertrages zu gelangen. Es entsprach dem Wunsch Friedrich Heinrichs, Frankreich unmittelbar in die militärischen Aktivitäten gegen Spanien einzubeziehen und diesem Land die Möglichkeit zu bieten, eine territoriale Ausweitung nach Norden zu realisieren oder zumindest auf andere Weise die habsburgische Klammer zu lösen. Der Vertrag kam am 8. Februar 1635 zustande und nahm die später angenommenen „Barriere-Traktate" vorweg. Die Vertragspartner verpflichteten sich, mit umfangreichen Heereskontingenten gegen Spanien ins Feld zu ziehen.[41]

Noch wichtiger waren die Bestimmungen über das künftige Schicksal der Spanischen Niederlande, denn hier war eine Art Eigenständigkeitsklausel der Südprovinzen eingebaut, und zwar die Bekundung des Wunsches nach Selbstbestimmung durch Aufstand. Eine solche Erwartung schien nicht abwegig zu sein, denn da gab es südniederländischen Adel, der sich der spanischen Souveränität entziehen wollte, in seinem wallonischen Teil freilich aus Statusgründen nach Frankreich neigte. Und es gab breite Bevölkerungskreise, die sich mit der politischen Situation unter spanischer Herrschaft höchst unzufrieden zeigten. Das waren Anlässe für die Generalstände in Den Haag schon 1632, mit einem an die Bevölkerung im Süden gerichteten Manifest zur Befreiung vom spanischen Joch aufzurufen und sich dem Norden anzuschließen. Im Vertrag zwischen der Republik und Frankreich war jedoch für den Fall des Aufstandes vom Beitritt oder Anschluß zu der einen oder anderen Seite nicht die Rede. Vorgesehen war vielmehr ein sogenanntes Kantonnement, die Bildung eines unabhängigen, von Frankreich und der Republik garantierten Staates. Belgien war damit in nuce angelegt. Dabei sollten beiden Mächten Pfandstädte überlassen werden – ein völkerrechtliches Servitut, wie es die Niederlande bereits beim Handel mit Leicester erfahren hatten. Nur ein Aufstand garantierte demnach Selbständigkeit; blieb er aus, dann waren die Südprovinzen von der Republik und Frankreich her militärisch zu erobern und von den Siegermächten aufzuteilen. Die dafür vorgesehene Grenze sollte entlang einer von Blankenberge über Rupelmonde, der Schelde folgenden Linie verlaufen. Im Klartext: Mechelen und Brabant waren der Republik zuzuschlagen, während Flandern mit Gent und Brügge an Frankreich fiel. Jene Aufteilung schloß ein wenig an die 1632 insgeheim in Den Haag von südniederländischen Adeligen vorgetragenen Teilungspläne an mit dem Unterschied, daß sich jener Teilungsvorschlag hauptsächlich an der Sprachgrenze orientiert hatte. Es ist schon erstaunlich, daß sich die Republik auf eine territoriale Neugestaltung so eindeutig nachteiliger Art eingelassen hat. Vielleicht entsprach es dem unbedingten Wunsch des Statthalters, die französische Monarchie auf jeden Fall in den Krieg gegen Spanien einzubeziehen. Doch vermuten läßt sich auch, daß die Haager Generalstände tatsächlich in erster Linie auf das „Kantonnement" gehofft haben. Jedenfalls erging am 2. Juni 1635 ein gemeinsames niederländisch-französisches Manifest mit einem Aufruf zur Rebellion

---

41 Zur Lit. s. unten Anm. 42.

an die Südniederländer. Man nahm sich vor, Frankreich als Freund zu schätzen, aber nicht als Nachbarn zu dulden. Das scheint umgekehrt ebenfalls gegolten zu haben. Für Richelieu, dem großen Lenker der antihabsburgischen Politik, waren die Niederlande nur einer der wichtigen Bausteine, aber dem Bündnis stand er zurückhaltend gegenüber. So schrieb er: „Man könnte bald, wenn keine Barriere zwischen uns und den Holländern besteht, in einen solchen kriegerischen Konflikt miteinander kommen, in den die Holländer jetzt mit den Spaniern verwickelt sind."[42] Auch der Kardinal hätte lieber die Errichtung eines „Etat tampon" zwischen beiden Mächten gesehen. Da die antihabsburgische Politik noch nicht zu einem siegreichen Ende geführt war, mußte Ruhe an der französischen Nordgrenze die erste außenpolitische Pflicht sein.

Für die Republik bedeutete dieser Handel den Übergang in eine neue Qualität des Krieges gegen Spanien. Ganz abgesehen nun von einer militärisch nicht allzu großen Ergiebigkeit des Unternehmens, deutete sich zu Anfang der vierziger Jahre die Problematik des Eintritts der Republik in die ganz große Politik an. Die Möglichkeiten der französischen Politik waren offensichtlich reichhaltiger, als es sich die Republik hatte vorstellen können. Das bewies Jules Mazarin, der Nachfolger Richelieus; er demonstrierte seinerseits die Kurzlebigkeit der Allianz, enthüllte praktisch die Gefahren eines Zusammengehens mit Frankreich, in dem lediglich das „Kantonnement"-Vorhaben einige Sicherheit für den Partner bot. Er führte eine aktivistische Politik gegenüber den Spanischen Niederlanden, indem er eine Heirat zwischen dem Dauphin und der spanischen Infantin durchzudrücken versuchte. Bei diesem Handel sollte Frankreich das von ihm besetzte Katalonien wieder räumen und dafür die gesamten Spanischen Niederlande in Besitz nehmen. Das rief blankes Entsetzen bei den Gremien der Provinz Holland hervor, zumal die französischen Truppen just zu dieser Zeit einige große Erfolge zu verzeichnen hatten. Frankreich, so hieß es in einem Beschluß der holländischen Provinzialstände zu Beginn der Waffenstillstandsverhandlungen mit Spanien in Münster 1646, würde eine furchterregende Macht für die Republik darstellen. Großmächte als Nachbarn seien nicht zu empfehlen. Die Spanischen Niederlande dürften nicht in die Hände Frankreichs fallen. Partner einer antifranzösischen Koalition seien die Hugenotten in Frankreich selbst, England und die deutschen Protestanten. Der zeitgenössische Historiker Johan van den Sande notierte, daß es der Republik kaum gut bekommen könne, wenn ein so starker Nachbar unmittelbar an ihren Grenzen residiere. Es bestehe die Gefahr, daß Frankreich bald sowohl ganz Spanien als auch die Republik sich einverleiben werde. Es sei dafür zu sorgen, daß die Spanischen Niederlande unbedingt als Puffer zwischen Frankreich und den Niederlanden bestehen blieben. Solche Furcht entsprach den Bedenken der Provinz. Jetzt tauchte im Zusammenhang mit der Forderung nach einem Pufferstaat auch die alte protestantische Gesinnung wieder auf. Man forderte unverzügliche Kontaktaufnahme mit England, den französischen Hugenotten und den deutschen Protestanten. Frankreich trat da zum ersten Mal deutlich an die Stelle des alten Gegners Spanien. Der Leitsatz der Elisabeth von England, der schon um 1634/35 in den Köpfen einiger Vertreter der Republik eine Rolle gespielt haben mag, Frankreich zum Freund, aber nicht zum Nachbarn zu haben, geriet voll in die öffentliche Diskussion. Auf jeden Fall wurde in der niederländischen politischen und publizistischen Öffentlichkeit seit Mazarins Zeit vorformuliert, was in den folgenden Jahrzehnten bis hinein ins 18. Jahrhundert ein bestimmendes Element niederländischer Außenpolitik werden sollte: die Bemühung um ein Bollwerk gegen Frankreich. Das konnte sich in der Gestaltung einer echten militärischen Barriere äußern oder aber die Form einer umtriebigen Koalitionspolitik annehmen. Es war deutlich, wie sehr man die Macht Frankreichs bereits fürchtete, noch ehe der Friedensschluß von Münster gelang. Die außenpolitische Entwicklung in Europa

---

42 Zit. bei HAHLWEG, *Barriere – Gleichgewicht – Sicherheit*, in: HZ 187 (1959), S. 58.

strebte früh einem „renversement des alliances" zu, mit der niederländischen Republik an der Spitze.

Die Verhandlungen in Münster gestalteten sich zu einem vollen Erfolg – nicht nur in ihrem Ergebnis, sondern auch, weil die Delegation der Republik in dieser Periode als Vermittlerin zwischen Spanien und Frankreich auftreten durfte, ohne Erfolg zwar, aber doch mit einem weiteren Beitrag zum ohnehin hohen Selbstbewußtsein. Denn man stelle sich vor: inmitten dieser barocken, monarchisch bestimmten Welt kamen die doch weithin als Parvenus empfundenen republikanischen Kaufleute daher, um zwischen den mächtigsten Häuptern Europas zu vermitteln.

Über die Präliminarien und den Prozeß der Friedensfindung ist an anderer Stelle und in einem anderen Zusammenhang gehandelt worden.[43] Es sei lediglich das erfolgreiche Ende der Verhandlungen vermeldet. Das Ergebnis der spanisch-niederländischen Verhandlungen war letztlich nichts anderes als eine Bestätigung des Status quo, und damit konnte er für die Niederlande durchaus als Siegfrieden angemerkt werden. Zunächst und vor allem anerkannte der spanische König offiziell die Souveränität der Republik. Aber das konnte nun kaum noch überraschend sein. Es gab keine territorialen Zessionen. Die von der Republik eroberten Gebiete in Brabant und Flandern blieben in ihrer Hand, ohne daß Klarheit über die künftigen Möglichkeiten der katholischen Kirche geschaffen wurde. Von Gewissensfreiheit war keine Rede. Die Republik begann dann auch wenig später mit der Protestantisierung der Gebiete. Die VOC- und WIC-Monopole wurden insofern ausgedehnt, als es den Spaniern verboten wurde, in den Monopolgebieten Handel zu treiben. Die Schelde-Mündung blieb geschlossen mit der Maßgabe im übrigen, daß der Handelsverkehr auch der übrigen flandrischen Häfen (der Spanischen Niederlande) vom spanischen König mit den gleichen Abgaben oder Steuern belastet wurden wie der Handelsverkehr auf der Schelde. Die Häfen Spaniens und der Spanischen Niederlande waren nun auch wieder für niederländische Schiffe zugänglich, deren Geschäfte bis dahin vor allem deutsche Hafenstädte übernommen hatten.

Der Friedensschluß hat die heutige niederländisch-belgische Grenze in ihrem West-Ost-Verlauf festgelegt. Es war eine Scheidung, die noch einmal zwischen 1815 und 1830 überwunden worden ist, um dann mit der Revolution der Belgier endgültig festgeschrieben zu werden. Der Frieden brachte darüber hinaus die völkerrechtliche Anerkennung der Niederlande. Das mag nichts Überwältigendes gewesen sein, aber insgesamt setzte sich hier doch das für das gesamte Friedenswerk gültige Grundprinzip durch, nach dem zwischen der Wirklichkeit und der Rechtmäßigkeit Übereinstimmung herrschen soll. Das Prinzip hieß Anerkennung der völkerrechtlichen Gleichheit der Staaten, die sich auch in der formellen Anerkennung der schweizerischen Unabhängigkeit äußerte. Freilich, es ist mit Blick auf den im ersten Abschnitt skizzierten raschen Aufstieg der Niederlande zu einer zentralen europäischen Macht noch einmal zu betonen, daß die Bedeutung des Friedensschlusses für die Unabhängigkeit des Landes nicht überschätzt werden darf. Der Hinweis erscheint im Umfeld euphorischer Jubiläumsfeiern notwendig. Die Unabhängigkeit war längst erreicht. Bis dahin hatte sich der neue Staat wiederholt als eine im völkerrechtlichen Akt (Vertragsabschlüsse) selbständige und anerkannte Einheit erwiesen. Man ist fast geneigt zu sagen, daß es sich bei der Anerkennung der niederländischen Souveränität durch den Spanier Philipp IV. um eine Art Anerkennung der normativen Kraft des Faktischen handelt. „Der spanisch-niederländische Friede von Münster gehört also zu den im Grunde bereits überfälligen Akten, die nur noch sanktio-

---

43 S. dazu den Abschnitt *Kriegsbereitschaft und Friedenswunsch* als Problem vor allem der ersten Jahrhunderthälfte.

nieren, was an sich schon lange Wirklichkeit war".⁴⁴ Dies gilt auch im Hinblick auf die Unabhängigkeit gegenüber dem Reich, hatten die Generalstände doch 1590, abgesehen von allen noch weiter zurückliegenden und hier eingangs beschriebenen Bemühungen um Autonomie, zum letzten Mal die Zugehörigkeit eines Teils der Provinzen zum Reich anerkannt, diese beim Beginn der Verhandlungen zum 12jährigen Waffenstillstand 1605 schon nicht mehr erwähnt und 1623 die Beglaubigungsbriefe kaiserlicher Gesandter mit der Adresse: „Nostris et Sacri Romani Imperii fidelibus" zurückgewiesen.⁴⁵

Der Vertrag erwähnt dann auch nur in Artikel 53 Kaiser und Reich. Und eben dort wird der spanische König gleichsam auf dem Hintergrund eines schon lange vollzogenen völkerrechtlichen Aktes aufgefordert, „die Fortsetzung und Beobachtung der Neutralität / Freund- und guten Nachbarschaft / zwischen Seiner Kaiserlichen Majestät und dem Reich / und zwischen den Herren Staten thätlichen auszuwürcken; zu welcher Fortsetz- und Beobachtung die vorbemelte Herren Staten sich ingleichen hinwiederum verbinden / und soll die Bestätigung von Seiner Kaiserlichen Majestät / innerhalb zweyen Monaten / und wegen deß Reichs innerhalb eines Jahrs / nach dem Beschluß und Genehmhaltung dieser gegenwärtigen Handlung / hierüber erfolgen."⁴⁶

Hugo Grotius. Exkurs zu einem verstoßenen Niederländer und zum Völkerrecht der Zeit

An dieser Stelle, die über eine Verrechtlichung von Krieg und Frieden handelt, ist über Beitrag und Wirkung des gebürtigen Niederländers Hugo Grotius hinzuweisen, dessen Einbindung in den Niederländischen Patriotismus an anderer Stelle ausführlicher beschrieben worden ist. Wenn dieser Grotius im Zusammenhang mit der Kriegs- und Friedensthematik und überhaupt der internationalen Position der Niederlande eingebracht wird, dann könnte das auf eine sicherlich unzulässige Beschränkung des geistigen Habitus dieses Niederländers schließen lassen. Um dies zu vermeiden, seien doch einige Bemerkungen dem Leben eines Niederländers gewidmet, der intellektuell einfach herausragt, zu den universal gebildeten, am Humanismus ausgerichteten Personen zählt – eine Persönlichkeit recht eigentlich, die weit über die Grenzen des Landes hinaus schon zeitgenössisch und schließlich auch die Jahrhunderte danach bekannt wurde. Er war Gelehrter und Amtsperson zugleich, mit einem politischen Schicksal, das ihn früh nach der Entscheidung in den politisch-religiösen Wirren zwischen Gomaristen und Arminianern zur persona non grata in seinem Geburtsland machte und das in der vita eine Bücherkiste auftauchen läßt, in der er aus der Festungshaft auf Schloß Loevestein entfliehen konnte, weil man dieses Möbel nicht gleich unter Personenbeförderungsmittel einordnete.

Das „Orakel von Delft", wie er von Vondel genannt worden ist, stammte aus altem Delfter Regentengeschlecht. – eigentlich schon vorherbestimmt für eine öffentliche Karriere, zumal er früh schon bei den Wunderkindern der Zeit eingeordnet wurde. Mit acht

---

44 Vgl. zur Frage der völkerrechtlichen Anerkennung der Republik F. PETRI, *Der Friede von Münster und die Selbständigkeit der Niederlande*, in: DERS., *Zur Geschichte und Landeskunde der Rheinlande, Westfalen und ihrer westeuropäischen Nachbarländer. Aufsätze und Vorträge aus vier Jahrzehnten*, Bonn 1973, S. 600-613; Zitat S. 612. P. schließt sich hier R. FEENSTRA, *A quelle époque, les Provinces-Unies sont-elles devenues indépendantes en droit à l'égard du Saint-Empire*, in: Tijdschrift voor Rechtsgeschiedenis, 20 (1952), an, wenn er – m.E. zu Recht – davor warnt, die Bedeutung des Münsterschen Friedens für diesen Aspekt zu überschätzen.
45 S. PETRI, *Der Friede von Münster*, S. 608f.; aber auch S. 602ff.
46 Vertragstext neuerdings in G. DETHLEFS (Hrsg.), *Der Frieden von Münster. De Vrede van Munster 1648*, Münster 1998, Artikel 53 dtsch. Fassung auf S. 101.

Hugo Grotius (Michiel Jansz. van Mierevelt)

Jahren verfaßte der 1583 geborene Grotius Elegien – in lateinischer Sprache, wie es sich für den Gebildeten noch gehörte. Die anerkannten Wissenschaftler und Intelligenzler der Zeit sollen voller Lob ob der ersten literarischen Ergüsse des jungen Delfters gewesen zu sein. Scaliger ist hiermit gemeint ebenso wie Daniel Heinsius, mit dem den jungen de Groot bald eine jahrelange Freundschaft verband, wie auch Dousa, Lipsius und Stevin.[47] 1595 schon fügte er der literarischen Arbeit eine Ode an Friedrich Heinrich, Sohn des Wilhelm von Oranien und späteren Statthalter, hinzu. Sie wurde veröffentlicht. Mit 11 Jahren studierte er an der Universität Leiden. Das war in jener Zeit nicht gleich ein ungewöhnliches Alter, sicher ist freilich, daß nur er vom Kurator der Universität mit einer lateinischen Ode begrüßt wurde, in der ihn der Redner mit Erasmus verglich. So verwundert es nicht, daß ihn eine holländische Delegation 1598 auf einer Reise an den

---

47 J. ROMEIN/A. ROMEIN-VERSCHOOR, *Erflaters van onze beschaving, II. Zeventiende eeuw*, Amsterdam 1938, S. 41. Die beiden Autoren betrachten Grotius kritisch und sparen für den frühreifen Grotius auch nicht mit einer gewissen Ironie, wenn sie die hier genannten Bewunderer als Feen bei einer Wiegenpoesie einordnen.

Hof Heinrichs IV. mitnahm. Der französische König nannte ihn das „Wunder von Holland" und überreichte ihm eine goldene Kette. Geschenke dieser Art waren in jener Zeit durchaus üblich,[48] sie überraschen freilich, wenn sie einem so jungen Menschen gemacht wurden. Daß Grotius in eben jenen Wochen an der Universität von Orleans promoviert wurde, wird man angesichts der hohen intellektuellen Qualität des Jungen eher als Selbstverständlichkeit anmerken, wichtiger für seine weitere Entwicklung war möglicherweise doch die große Zahl von Bekanntschaften, die er machte und die sich zum Teil zu Freundschaften entwickelten – Bekanntschaften mit Politikern und Gelehrten seiner Zeit. So lernte er Oldenbarnevelt kennen, den Niederländer, der als Verhandlungsführer der Delegation auftrat und mit dessen politischem Schicksal das des Grotius eng verbunden war. So begegnete ihm Jeannin, Präsident des Parlaments von Burgund, später französischer Delegationsleiter bei den Waffenstillstandsverhandlungen. Er traf ihn 10 Jahre später bei eben diesen Unterhandlungen wieder. Dieser französische Freund half ihm auch nach der Flucht aus Schloß Loevestein beim Aufenthalt in Paris. Er kam in Kontakt mit dem noch jüngeren Prinzen Condé – ein Kontakt, der niemals wirklich abgebrochen ist, und der französische Gesandte in Den Haag, Paul Chart, Seigneur de Buzanval, der die niederländische Abordnung begleitete, zählte bald zu den besten Freunden in Den Haag. Ihm hat Grotius sechs Gedichte in seinen *Poemata* gewidmet. Schließlich war da noch der viel ältere de Thou, französischer Staatsmann und Historiker, den er zwar nicht persönlich hat kennenlernen können, mit dem er jedoch ab 1599 eine dichte Korrespondenz pflegte, die auf beiderseitiger hoher Wertschätzung beruhte. Bei de Thou handelt es sich um eine Persönlichkeit, die gerade bei der Formulierung des Edikts von Nantes mitgearbeitet hatte.[49]

Welch eine Umgebung für einen Jugendlichen mit einer früh entwickelten hohen Intelligenz, die in jener Zeit wohl kein zweiter besaß. Dazu trat die Regententradition der Familie, dem Fortkommen des Hochbegabten sicherlich allemal förderlich. Grotius selbst hat diese Regententradition wortreich beschrieben und sogleich die Herkunft seiner Frau Maria van Reigersberch hinzugefügt, die dem Glanz des Hauses Grotius entsprach.[50] Eine biographische Randbemerkung, wie sie hier vorgetragen wird, soll einfach den Hinweis auf die vorzüglichen sozialen Voraussetzungen einer außergewöhnlichen Intelligenz enthalten – Voraussetzungen, die sich nicht eben in Kaufmannschaft und Politik- oder Verwaltungsamt erschöpften, sondern auch Aktivität im wissenschaftlichen und damit im Bildungsbereich umfaßten. Der Vater des Grotius war Jurist und Literator gleichermaßen. Er wurde im Immatrikulationsjahr seines Sohnes in Leiden (1594) Kurator der Universität und lernte dort Wissenschaftler wie Dousa und Lipsius kennen, die bald zu seinen persönlichen Freunden zählten. Wie dies auch Simon Stevin tat, mit dem er gemeinsam Fallexperimente vom Kirchturm in Delft unternahm. Beide haben sie Wassermühlen zur Auffrischung des Grachtenwassers technisch verbessert. Die Rolle des Vaters ist insgesamt für das Fortkommen des Sohnes nicht zu unterschätzen. Die engen Beziehungen zum Leidener und Haager Milieu – in seiner Universitätszeit lebte Grotius im Hause des im Remonstrantenstreit so wichtigen Uytenbogaert – hat zum großen Teil der Vater geknüpft. Nach dem Zeugnis des Sohnes hat der Vater bis 1610 an der Redaktion seiner Arbeiten teilgenommen.[51]

---

48 S. ebd. S. 42 sowie W.J.M. VAN EYSINGA, *Huigh de Groot, een schets*, Haarlem 1945, S. 10ff., dort auch der Ausspruch des französischen Königs: „Voilà le miracle de Hollande"; weiter auch *Het Delfts Orakel. Hugo de Groot, 1583-1645*, Delft o.J., S. 21. Zu Grotius insgesamt vor allem H.J.M. NELLEN, *Hugo de Groot (1583-1645). De loopbaan van een geleerd staatsman*, Weesp 1985 (mit Bericht zur Literatur und Quellenlage).
49 S. dazu die in Anm. 47 und 48 angegebenen Werke und die Seitenangaben.
50 ROMEIN, *Erflaters*, S. 40.
51 *Het Delfts Orakel*, S. 18f.

Literator? Theologe? Philologe? Politiker? Grotius war eigentlich alles. Seine philologischen Fähigkeiten bewies er 1599 unter Anleitung Scaligers bei der Veröffentlichung des *Martiani ... Capellae Satyricon* und der *Syntagma Arateorum* 1600, die ihn zugleich als einen Experten der Astronomie ausweisen. Scaligers Urteil über die Arbeit hat den jungen Wissenschaftler weit über die Grenzen des Landes hinaus bekannt gemacht. 1601 demonstrierte er noch einmal seine literarischen und zugleich theologischen Ambitionen – auf jeden Fall aber seinen christlichen Glauben –, als er *Adamus exul*, ein Trauerspiel über den Sündenfall, herausbrachte. Für Simon Stevin, der ausschließlich in niederländischer Sprache veröffentlichte, übersetzte er 1599 noch dessen *Havenvinding*.

Seine politische Laufbahn freilich endete tragisch. Sie begann praktisch mit Oldenbarnevelt und sie endete mit diesem. Dieser Ratspensionär brachte den jungen Grotius schon recht früh in eine juristische und dann eine politische Laufbahn. Diese Phase enthält nicht nur beruflich, sondern auch wissenschaftlich eine Erfolgsgeschichte, die zum einen die enge Beziehung zu den gesellschaftlichen und politischen Eliten seiner Zeit vorführt, zum anderen die ganze Intensität zeigt, mit der Grotius sein intellektuelles Vermögen in sein aktuelles Berufsfeld und eben darüber hinaus in seine so weit gespannten Interessengebiete einbrachte. Der Delfter war ein Mann der Theorie und Praxis gleichermaßen. Er wurde beim Hof van Holland akkreditierter Rechtsanwalt und ergriff damit einen Beruf, den er nicht nur intensiv und erfolgreich ausfüllte, sondern auch noch in einem lateinisch (wie anders?) verfaßten Gedicht ausführlich lobte, indem er ihm die Aufgabe eines Priesters des Rechts („iuris sacerdos") zuwies. Ob die in diesem Gedichte geäußerte Aufgabe des Rechtsvertreters ihn auf längere Dauer befriedigt haben könnte, mag insofern bezweifelt werden, weil er in einem Schreiben an Heinsius diesen glücklich pries, da er an der Universität arbeiten könne.[52] Von seinen Klienten werde ihm wenig Dank entgegengebracht. Die Anwaltschaft war die erste und, wenn man so will, auch die letzte zivilrechtliche Station, der die Funktion des Generalstaatsanwalts („advocaat-fiscaal") beim Hof van Holland Ende 1607 folgte – der Beginn zugleich einer Reihe von öffentlichen Ämtern in der Provinz Holland.[53]

Es sei an dieser Stelle erwähnt, daß der Name Grotius vor allem im Ausland, aber durchaus auch in den Niederlanden in erster Linie mit dem öffentlichen Recht, dabei in erster Linie mit dem Völkerrecht, in Verbindung gebracht wird. Das läßt leicht übersehen, daß dieser Universalgelehrte einiges für die Entwicklung des Rechts im eigenen Land beigetragen hat, auch noch in einer Zeit, in der er in der Verbannung lebte. Dazu zählen nicht nur die in seiner Anwaltspraxis verfaßten Gutachten zu einer Reihe von Rechtsfällen, sondern dazu gehört in erster Linie sein auf Loevestein geschriebenes Werk *Inleidinge tot de Hollandsche rechts-geleertheyd*. Das Werk wurde freilich erst 1631 veröffentlicht. Es ist eine Art Handbuch, das das in jener Zeit geltende niederländische Zivilrecht darlegt – allgemein zugänglich und keinesfalls als große theoretische Abhandlung gedacht. Das Buch enthält eine an den Institutionen des Justinian orientierte Einteilung in 3 Abschnitte, die sich nach einer allgemeinen Einleitung mit dem Personenrecht, dem Sachenrecht und schließlich dem Schuldrecht befassen. Da sein Freund Paulus Merula schon das Prozeßrecht dargestellt hatte, verzichtete Grotius auf diesen Abschnitt. Die zusätzliche Absicht des Autors nachzuweisen, daß sich Rechtswissenschaft auch in der „deutschen" Muttersprache darstellen lasse, war für diesen sich vornehmlich in lateinischer Sprache äußernden Gelehrten einigermaßen erstaunlich, freilich ein wenig anachronistisch, insofern sich schon auf allen Wissensgebieten der Glaube an die Möglichkeiten der niederländischen Sprache durchgesetzt hatte.[54] Gleichwohl bleibt

---

52 Bei ROMEIN, *Erflaters*, S. 44.
53 Ebd.
54 *Het Delfts Orakel*, S. 91ff.

bestehen, daß Grotius sich doch um die Entwicklung der niederländische Rechtssprache verdient gemacht hat, da er, da es ihm gelang, alte „deutsche" Begriffe, die in den alten Urkunden gefunden werden konnten, an die Stelle lateinischer und anderer fremder Begriffe zu setzen. Es will scheinen, als ob er als das rechtswissenschaftliche Pendant, zu seinem naturwissenschaftlich orientierten Freund Simon Stevin habe auftreten wollen. Es verdient doch Erwähnung, daß das Werk noch im Erscheinungsjahr vier Auflagen erlebte sowie noch zu Lebzeiten des Grotius eine von Simon van Groenewegen van der Made mit Anmerkungen besorgte Ausgabe, die das Werk auf den aktuellen Stand der Anwaltspraxis brachten. Diese letztgenannte Ausgabe wurde in der zweiten Hälfte des 17. Jahrhunderts und im 18. Jahrhundert an der Universität Leiden als Grundlage des Jura-Studiums gebraucht.[55]

Sein eigentliches Aufgabengebiet freilich war für ihn das öffentliche Recht. Als älteste Abhandlung gilt eine Passage aus dem 3. Buch seines großen *Parallelon rerumpublicarum*, in dem die Grundzüge der Anschauungen des Grotius über Völkerrecht enthalten sind – ein Kapitel unter dem Titel *De fide et perfidia*. Es war ein Ansatz nur, in dem „Treu und Glauben" als Grundlage der zwischenstaatlichen Verhältnisse eine Rolle spielen. Seine erste größere Ausarbeitung auf diesem Gebiet war dann *De iure praedae commentarius* von 1604 eine Auftragsarbeit, die ihm die VOC zukommen ließ.[56] In dieser ersten großen Arbeit ging es dem Niederländer letztlich auch um eine Modernisierung des Völkerrechts, das er über die bisherigen Rechtsnormen, die sich nach seinem Dafürhalten allzu sehr an antiken Völkern und an der Bibel orientierten, hinausführen wollte. Der einzige Leitfaden für eine Erneuerung der Rechtsnormen war für ihn das Naturrecht. Das heißt, praktisch brachte Grotius hier schon ein Stück Rechtsphilosophie ein, wenn er vom ius naturae und der natürlichen Weltordnung sprach und – in einem intellektuell eher optimistischen Ansatz – die Erkenntnis der natürlichen Ordnung als dem Menschen angeboren definierte. Was Grotius in diesem Optimismus vortrug, war nichts anderes als eine Reflexion über die Reflexion anderer oder auch die Projizierung eigenen Denkens auf die Vorgehensweise anderer. So war es nur logisch, wenn er behauptete, das Naturrecht sei auch dort rational zu ermitteln, wo Gelehrte über die für die menschliche Gemeinschaft sinnvollen Regeln übereinstimmten.[57] Abgesehen davon, daß die Schrift eine Übernahme der Lehren vom gerechten Krieg ebenso enthält wie auch schon die naturrechtlichen Überlegungen, die gut zwei Jahrzehnte später in seinem Hauptwerk *De Iure Belli ac Pacis* ausführlicher verarbeitet werden, enthält diese frühe Arbeit über das Beuterecht den Abschnitt *De mare liberum, seu de iure quod Batavis competit ad Indica commercia*, der 1609 in etwas bearbeiteter Fassung

---

55 Ebd. S. 93 wird darauf hingewiesen, daß in der Republik Südafrika immer noch großes Interesse für diese Arbeit besteht. Das wird darauf zurückgeführt, daß das holländische Recht des 17. und 18. Jahrhunderts auch noch nach Inbesitznahme der Kap-Kolonie durch die Engländer 1806 als Römisch-Holländisches Recht Gültigkeit gehabt hat. Da nach 1806 vornehmlich englischsprachige Richter dieses Recht anwenden mußten, erschienen eine Reihe von Übersetzungen dieses Handbuchs.

56 Der Anlaß zu diesem Auftrag war ein Rechtsstreit zwischen der VOC und Portugal. Das portugiesische Handelsschiff Catharina war in der Straße von Malakka von der VOC aufgebracht und als Prise beansprucht worden. Die Niederländer vertraten die Ansicht, zu diesem Schritt berechtigt zu sein, da sich der König von Spanien, der in Personalunion auch in Portugal regierte, noch im Kriegszustand mit den Niederlanden befinde. Entgegen dem portugiesischem Protest wurde die Ladung des Schiffes für über 3 Millionen Gulden versteigert. In den Niederlanden gab es vor allem unter den mennonitischen Aktionären der VOC Bedenken, das Geld anzunehmen, da sie es als durch Raub erworben ansahen. Dies war der Anlaß, den jungen Hugo Grotius mit einer Analyse des Falles zu beauftragen.

57 Vgl. D. JANSSEN, *Bellum iustum und Völkerrecht im Werk des Hugo Grotius*, in: H. LADEMACHER/S. GROENVELD, *Krieg und Kultur*, S. 131ff.

veröffentlicht wurde. Während die Studie über das Beuterecht zunächst gleichsam fürs Archiv geschrieben und bei der Fertigstellung 1606 möglicherweise außenpolitisch in jenem Jahr wohl nicht opportun war, erfolgte die Veröffentlichung dieses Einzelkapitels auch auf Ersuchen der VOC, die ihr Recht auf freien Zugang auf hoher See gegen die Spanier nachgewiesen sehen wollte.[58] Hier schrieb ein Niederländer, der die Interessen eine gerade zur Großmacht sich entwickelnden Handelsnation mit der bald größten Handelsflotte zu verteidigen hatte. Er postulierte den freien Zugang zum Meer und zu den außerhalb der europäischen Gebiete liegenden Territorien samt ihren Gütern als Naturrecht. Grotius berief sich auf den spanischen Katholiken Francisco de Vitoria, der den freien Zugang und den freien Handel als naturrechtliches Postulat eingebracht hatte, und übersah dabei geflissentlich die Opposition des Bartholomé de las Casas, der sich in seiner Besorgnis um die Lebensumstände der „unzivilisierten" Völker gegen einen solchen Anspruch gewehrt hatte. Grotius vertrat in diesem Zusammenhang den naturrechtlichen Standpunkt, daß Besitz durch Arbeit erworben sein mußte, um rechtmäßiger Besitz zu sein. Da weder am Meer noch an der Luft etwas bearbeitet werden konnte, blieben diese Elemente res nullius und demnach zugänglich für alle. Diese gegen Spanien-Portugal, vor allen Dingen also auf die Verhältnisse im indischen Ozean gerichtete Schrift erhielt freilich ihre eigentliche Bedeutung erst später, als es um die Abwehr britischer Ansprüche auf die Seeherrschaft ging. Konkret handelte es sich um die erfolgreichen Fischzüge der niederländischen Fischereiflotte entlang der britischen Küste, den Handel mit den Molukken und den Walfang in Spitzbergen. Es waren Konfliktsituationen aus den Jahren 1610-1613, die wohl dazu geführt haben, daß die Broschüre des Grotius 1614 gleich dreimal aufgelegt wurde.[59] Der Schrift ist – wie eigentlich nicht anders zu erwarten – von englischer Seite widersprochen worden. Der Widerspruch, obwohl sehr früh schon, 1618/19, verfaßt, erschien erst 1635. Autor war der Jurist und Orientalist John Selden, der sich in England im übrigen vor allem dem Absolutismus widersetzte, und in der Schrift *Mare clausum* für sein Land die Herrschaft über die angrenzenden Meere beanspruchte. Die Schrift des Engländers ließ Grotius unwidersprochen, da er zu jener Zeit schwedischer Gesandter in Paris war und er aufgrund dieses Umstandes sich nicht in der Lage sah, seinen früheren Standpunkt neuerlich zu verteidigen. So ist zumindest seinem Briefwechsel zu entnehmen. Schon in seinem Hauptwerk hatte er 1625 die These vom freien Meer etwas restriktiver ausgelegt. Das Völkerrecht war offensichtlich abhängig von den politischen Entwicklungen, die 1604-06 eben anders aussahen als 1625 oder gar 1635.

Mit Blick auf den politischen Charakter von rechtswissenschaftlichen Schriften des Grotius – und *Mare liberum* vermittelt bei aller naturrechtlicher Unterfütterung solches Bild – sei zum einen auf seine Abhandlung *Tractaet vande oudtheyt vande batavische nu Hollandsche Republique ...* hingewiesen, über die an anderer Stelle ausführlicher gehandelt wurde, zum anderen der *Commentarius in Theses XI* genannt, in dem Grotius sich mit der Frage befaßt, ob der Aufstand der Niederlande gegen den spanischen Herrscher gerechtfertigt war, das heißt, rechtlich vertreten werden kann.[60] Freilich, es geht hier nicht lediglich um die Rechtfertigung aufständischen Verhaltens, sondern um die Frage der Souveränität, deren Beantwortung erst ein Urteil über das Recht zur Kriegführung möglich macht. Es war für ihn angesichts der Existenz seines Staates, der eben kein

---

58 *Het Delfts Orakel*, S. 88.
59 Ebd. S. 88. erst die letzte der drei Auflagen enthielt auch den Namen des Autors: Hugo Grotius. Bis dahin galt die Arbeit als anonyme Schrift.
60 Die Schrift wurde zu Lebzeiten des Grotius nicht veröffentlicht. Sie ist erst 1864 in seinen Papieren gefunden worden. Es liegt jetzt vor eine englische Ausgabe H. GROTIUS, *Commentarius in Theses XI. Treatise on Sovereignty, the Just War, and the Legitimacy of the Dutch Revolt*, hrsg. v. P. BORSCHBERG, Bern 1994.

absolutistisch regierter war, an der Zeit, dafür einzutreten, daß Souveränität nicht nur im Sinne des Jean Bodin oder des Justus Lipsius verstanden werden könne, sondern sie auch als eine auf unterschiedliche Gremien innerhalb ein- und desselben Gemeinwesens verteilte gesehen werden mußte. Damit argumentierte er gleichsam niederländisch. Das heißt für ihn, daß ein Gemeinwesen auch dann als ein solches zu gelten habe, wenn die Souveränität sich nicht auf eine Spitze konzentrierte. Solchem Gemeinwesen stand dann das Naturrecht der Selbsterhaltung zu. Das schloß das Recht auf Kriegführung ein. Niederländisch gewendet hieß dies, daß auch die Generalstände, die man nach damaligem niederländischem Verständnis durchaus auch als eine Ansammlung von Provinzialsouveränitäten begreifen konnte, wie die Fürsten die *auctoritas principis* und somit ein Recht auf Kriegführung und Verteidigung hatten. Letztlich war die Darstellung des Grotius eine Art theoretischer Nachhall auf eine längst geübte Praxis; kommt doch hinzu, daß just zu jener Zeit, als das Manuskript entstand, die Niederlande in Waffenstillstandsverhandlungen standen oder diese gar ganz abgeschlossen hatten. Die Schrift nimmt sich da wie eine verspätete Rechtfertigung aus. Freilich, hier hinein spielt doch ein Ordnungsgedanke, der über die Rechtfertigung deutlich hinausreicht. Er schließt mit seiner Darlegung des Rechts auf Kriegführung oder Widerstand die Privatperson aus dem Kreis der Berechtigten aus. Er will das Recht auf die souveränen Organe des Staates begrenzt wissen. Er will auch den Bürgerkrieg überschaubar halten. Völlig neu ist dieser Gedankengang nicht. Lipsius hatte sich ähnlich geäußert, aber vor diesem noch Calvin, der dem einzelnen das Recht auf Widerstand abgesprochen hatte. Die Souveränitätszuweisungen machen bei genauem Hinschauen aus dem Ganzen ein historisches Konstrukt – nicht dort, wo er *causa iusta* als Voraussetzung für einen *gerechten* Krieg einbringt, sondern dort, wo er sich noch einmal für die Rechtmäßigkeit des niederländischen Widerstands gegen Spanien einsetzt und damit auch den Krieg gegen Spanien als einen gerechten definiert. Grotius postuliert ein Nebeneinander von Souveränitäten in den vorrevolutionären Niederlanden. Die Generalstände, die ohne Zweifel ein Mitbestimmungsrecht auf bestimmten Gebieten hatten, wurden von ihm zu Trägern einer Teilsouveränität befördert. Das heißt, die Niederländer verteidigten ihre Souveränität gegen einen Vertreter souveräner Gewalt in ein- und demselben Staat.[61]

Diese Mischung aus nachträglicher, in der außenpolitischen Wirklichkeit schon längst überholter Rechtfertigung und völkerrechtlicher Nutzung des Souveränitätsprinzips, das sich bei Grotius in Loslösung vom individuellen Widerstandsrecht auf die völkerrechtliche Umsetzung einer potentiell diversifizierten Souveränität in Gestalt des Rechts auf Kriegführung kapriziert, war letztlich nur eine Fingerübung, eingegeben auch in einer Zeit, in der er im Auftrag der niederländischen Stände seine Broschüre über die batavische Tradition der niederländischen Gegenwart verfaßte. Gerade die Überlegungen zur Souveränität wird man nicht nur mit Blick auf den Gegensatz absoluter Fürstenstaat und Republik zu begreifen haben, sondern auch in Anschauung der Diskussion, wie sie sich seit der Periode des Grafen von Leicester mit der Abhandlung des Leicester-Vertreters Wilkes und der des Stadtsyndikus Vranck aus Gouda entwickelte.[62] Auf jeden Fall war der *Commentarius* nur eine bescheidene, letztlich auch hinter das *Ius praedae* zurückfallende Vorstufe zu seinem Hauptwerk *De Iure Belli ac Pacis* von 1625.

Grotius selbst hat seinen frühen Arbeiten offensichtlich selbstkritisch gegenübergestanden.[63] In seinem Hauptwerk *De Iure Belli ac Pacis*, das er in der Gefangenschaft auf Loevestein begann und im französischen Exil fertig stellte, hat er seine frühen

---

61 Die Darstellung des *Commentarius* bei JANSSEN, *Bellum iustum*, S. 139ff.
62 S. hierzu den Abschnitt über die *Konstitutionelle Eigenart*.
63 S. bei JANSSEN, *Bellum iustum*, S. 141 das Zitat aus einem Brief des G. an Freund Lingelsheim, wo es etwas krass heißt: „Quae puer scripsi edere indecorum et emendare laboriosum est".

Schloß Loevesteijn und der „Abtransport" des Grotius

Gedanken zum Teil wieder aufgegriffen und weiter durchdacht eingebracht. Es sei am Rande erwähnt, daß das Werk schon zeitgenössisch einiges Aufsehen erregte und bis in die Gegenwart in über 100 Auflagen und Übersetzungen zur völkerrechtlichen Standardliteratur zählt.[64] Grotius verfaßte sein Werk nicht mehr als niederländischer Parteigänger, dem es um vorteilhafte Positionierung und Anerkennung seines Landes ging, sondern er war offensichtlich von der notwendigen Ordnung bei der Gestaltung von Krieg und Frieden überzeugt – nach dem Ausbruch des Dreißigjährigen Krieges sicherlich mehr denn je, wenngleich der Hinweis auf diesen Krieg bei ihm fehlt. Es sei vorab gesagt, daß er in diesem Werk eine Reihe seiner Gedanken wieder aufnimmt, die er zuvor, im ersten Jahrzehnt des Jahrhunderts, schon schriftlich niedergelegt hatte. Freilich mit Abweichungen. Während er in *Mare liberum* die volle Freiheit der Meere verkündet hatte, schloß er davon 1625 Meerengen, Binnenmeere und Buchten aus. Wie er auch nach Erscheinen der Gegenschrift des John Selden, *Mare clausum*, brieflich wissen ließ, daß er als Botschafter des schwedischen Königs dagegen nicht angehen könne, weil Schwedens Interesse wohl eher in der Schrift des Engländers zu finden sei.

Dieses Buch über das Kriegs- und Friedensrecht ist eigentlich viel mehr als ein Handbuch für Akteure der Außenpolitik, eher ein Wunsch, den Auseinandersetzungen zwischen Ländern ein festgeschriebenes Konfliktreglement mit auf den Weg zu geben. Es geht ihm um alle Rechtsbeziehungen innerhalb der *menschlichen Gesellschaft*, so daß sich in diesem Buch, dessen Titel ausschließlich auf Völkerrecht schließen läßt, auch Bereiche behandelt finden, die letztlich unter Privatrecht einzuordnen sind. Darunter fal-

---

64 Ebd. S. 144 mit den entsprechenden Literaturhinweisen in der Anmerkung.

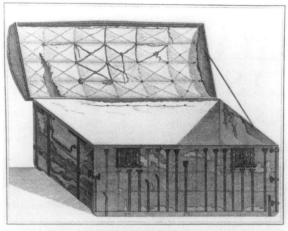

Die Bücherkiste (Casp. Philips Jz.)

len Eigentumsfragen ebenso wie Vertragsrecht und unrechtmäßige Handlung.[65] In Wiederaufnahme seiner Betrachtungen aus dem *Ius praedae* baut er einen rechtsphilosophischen Ansatz auf, der das Naturrecht zum eigentlichen Ausgangspunkt ordnungspolitischer Reglungen im öffentlichen wie im Privatrecht macht. Dieser allgemeingültige Ausgangspunkt kehrt sich gegen die früheren Versuche, aus den Traditionen und Gewohnheiten alter Völker oder auch Deutungen der Bibel allgemeingültige Rechtsnormen für den Verkehr zwischen Völkern abzuleiten. Das Naturrecht als Grundregel ist bei Grotius ein über den göttlichen Willen vermitteltes. Es zu erkennen, gelingt den Menschen mittels ihrer Vernunft. Dieser Ansatz, über die Rechtsphilosophie zur Begründung von Recht zu gelangen, war insofern so neu nicht, weil schon lange vor ihm Thomas von Aquin im Zuge seiner Theorie vom gerechten Krieg eben auf Grund des naturrechtlichen Ansatzes zu seinen Ergebnissen gekommen war. Nachhaltig plädierte Grotius für einen universalen Charakter, das heißt für eine den Erdkreis umfassende Gültigkeit des Völkerrechts, das nicht auf die Christenheit beschränkt bleiben konnte. Für die Beurteilung der außereuropäischen Landnahme jener Zeit war das sicher von einiger Bedeutung. Freilich, hier griff er nur auf, was vor ihm, im 16. Jahrhundert, der spanische Gelehrte Francisco de Vitoria (Jurist und Theologe) nicht nur über das Kriegsrecht, sondern auch über die Ausbreitung des Geltungsbereichs von Völkerrecht geschrieben und dabei den ganzen Erdkreis in den Bereich einbezogen hatte. Insgesamt war die Doppelnatur des Natur-

---

65 S. *Het Delfts Orakel*, S. 89.

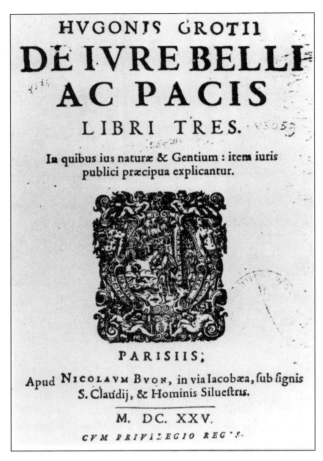

De Iure Belli ac Pacis
(Titelseite)

rechts, beruhend auf göttlichem Willen und menschlicher Vernunft, oder, wenn man so will, ausgeprägtem menschlichem Gemeinschaftssinn mit dem Ziel der Selbsterhaltung, zumindest für den Vernunftteil ein äußerst optimistischer Ansatz. Die aristotelische Definition vom Menschen als einem *animal sociale* erlaubte Grotius auch, sich der Eigennutz-Theorie des Karneades zu widersetzen. Er sprach den Menschen und den Staaten den Wunsch zu, die Gemeinschaft mit den anderen zu suchen. Natürlich gebe es ein Nützlichkeitsdenken, aber es habe sich im Bereich des Völkerrechts zu bewegen.

Die Betrachtungen über Naturrecht machen den größten Teil des zweiten Buches (Abschnittes) aus. Voran geht im ersten Teil eine Betrachtung zum Krieg – eine eigenartige Konstruktion insofern, als seine Aussagen über den Krieg doch auf dem naturrechtlichen Ansatz beruhen. Es geht, wie immer in der Spätscholastik und in der frühen Zeit, um die Frage nach dem gerechten Krieg. Für Grotius ist Krieg durchaus ein Mittel zur Wiederherstellung des Rechts, wenn Krieg im thomistischen Sinn verstanden wird als gerechter Krieg, der die Kriterien von *auctoritas principis* und *causa iusta* erfüllt. Das Prinzip der *auctoritas principis* hatte Grotius zuvor schon für die Republik über seine Souveränitätskonzeption gelöst, d.h. das Kriterium der Souveränität und damit der Autorität konnte nicht nur auf Fürstenstaaten Anwendung finden. Krieg als Maßnahme des Rechts zur Behebung ergangenen Unrechts schließt für Grotius Eroberungs- und Raubkriege aus. Daher findet er auch keine Rechtfertigung für die spanische Conquista.

Den Vorwand, ein bestimmtes Gebiet entdeckt und dann erobert zu haben, ließ er nicht gelten. Das heißt, daß Grotius Privilegien, die aufgrund einer anderen Kultur oder eines anderen Glaubens eingefordert werden, ablehnt. Er sagt dies in völliger Übereinstimmung mit seiner Forderung nach einem für die ganze Gemeinschaft der Menschen gültigen Recht. Es ist hierzu feststellen, daß Grotius zwar ein Schiedsgericht einem Krieg vorzieht, ja, dringlich auf das ausgleichende Gespräch zwischen Fürsten vor einem möglichen Krieg hinweist, aber das ändert nichts am Krieg als Rechtsvorgang, der auch dann bestehen bleibt, wenn die bei Thomas von Aquin noch eingebrachte *intentio recta* beim Kriegführenden nicht zu entdecken ist. Die *intentio recta* ist für Grotius keine rechtliche, sondern eine moralische Kategorie.

Im dritten Buch hat Grotius das eigentliche Kriegsrecht behandelt. Hier wird klargestellt, was zwischen kriegführenden Staaten oder auch im Verhältnis der Kriegführenden zu Neutralen erlaubt ist. Das ist hier nicht im einzelnen zu erläutern. Es sei lediglich festgehalten, daß Grotius den Versuch unternommen hat, das Völkerrecht auf eine allgemeine, weltweit gültige Grundlage zu stellen, eben das Naturrecht, um somit ordnungspolitisch eine Staatengemeinschaft zu schaffen, die diese Grundlage anerkennt. Das Naturrecht wird auf diese Weise zu einem von der hohen Vielzahl der Einzelfälle abgehobenen Orientierungsrecht, das bei aller Anerkennung des Krieges als Rechtsmittel eine Einschränkung kriegerischen Vorgehens anstrebt. Grotius ging es, wie er 1631 geschrieben hat, darum, „auf die unwürdige Verachtung aller Bande und Bindungen bei Ausbruch des Krieges und bei der Kriegführung selbst zu reagieren, auf die Schande für die Christenheit, die ganz Europa an den Abgrund gebracht hat." Zu solcher Kodifizierung des Krieges zählt dann auch der Leitsatz *Pacta sunt servanda*, ein Gedanke, der sich hier aufgrund seiner früheren Studie *De fide et perfidia* ausgearbeitet findet. Zwar hat Grotius dem Naturrecht eine Doppelstütze mitgegeben, indem er es göttlichem Willen entspringen läßt, der sich wiederum durch den Verstand erschließt, was übrigens auch in gelehrter Übereinstimmung erfolgen kann, aber er hat die Gültigkeit des Naturrechts auch dann postuliert, wenn es keinen Gott gebe. Eine Säkularisierung dieses Naturrechts ist in solcher Aussage nicht zu übersehen.[66]

Das Buch selbst hat im Laufe der Jahrzehnte großes Aufsehen erregt. Es wurde vor allem in Schweden und Deutschland zur Vorlesungsgrundlage an den Universitäten. In einer Reihe von Editionen des 17. und 18. Jahrhunderts wurde selbst wieder das alte *Mare liberum* hinzugefügt, was vielleicht mit dem Aufkommen Großbritanniens als Seemacht zusammenhängen mag.

Es taucht hier die Frage aus, ob das Werk, das zunächst weniger in den Niederlanden selbst, eher wohl außerhalb der Grenzen bekannt geworden ist,[67] auf dem Westfälischen Frieden angewandt wurde oder dort bei den Partnern bekannt war. Die Frage stellt sich besonders, weil ein Maler aus dem Umfeld des Gerard Ter Borch, des, wie man sagen darf, *offiziellen* Malers der niederländischen Verhandlungsdelegation, eben ein Bild des Ter Borch variiert hat und statt Papiere und der Bibel eine Statue des niederländischen

---

66 Zu dem ganzen Teil über das Buch des Grotius s. den vorgenannten Aufsatz von JANSSEN, *Bellum iustum* mit allen Hinweisen zur modernen Literatur. Ferner auch *Het Delfts Orakel*, S. 90f. und EYSINGA, *Huigh de Groot*, S. 94ff. sowie ROMEIN, *Erflaters*.

67 U. HEINEN-VON BORRIES, *Samuel Pufendorf und die Niederlande. Zur Divergenz des deutschen, niederländischen und angelsächsischen Pufendorf-Bildes*, in: Morgen-Glantz. Zeitschrift d. Christian Knorr von Rosenroth-Gesellschaft, 10/2000, S. 296. Die Autorin weist darauf hin, daß erst 1653 eine kritische Betrachtung zu *De iure belli ac pacis* erschienen sei, geschrieben von Johannes Felden. Auf diese habe ein Jahr später der Grotius-Freund Dirck Graswinckel verteidigend geantwortet. Ab 1660 dann hätten Grotius Arbeiten zum festen Bestandteil von Disputationen, Dissertationen u.ä. gehört.

Juristen eingefügt hat.[68] Es ist nicht abwegig zu vermuten, daß es hier um eine Rehabilitierung oder gar eine Hommage an den 1645 verstorbenen Völkerrechtler gegangen ist. Es liegt nahe, weil im Bild selbst die beiden Vertreter der Provinz Holland fehlen, die den Mann verurteilt und schließlich nach dessen Flucht aus dem Lande verbannt hatten. Tatsächlich scheint es so gewesen zu sein, daß Grotius Buch bei den Verhandlungsmächten oder deren Vertretern bekannt war und daß es zwischen den Entscheidungsträgern einen Konsens über ein die Mächte verbindendes Naturrecht gab.[69] Grotius scheint bei Gustav Adolf von Schweden, der dem Niederländer Asyl bot, besondere Vorliebe genossen zu haben. Das zeigte sich jedenfalls ganz konkret bei der Verteilung der Kriegsbeute, die Gustav Adolf und Oxenstierna, mit dem Grotius im übrigen bis zu seinem Tode in engstem Briefwechsel gestanden hatte, an ihre Staatsdiener und Anhänger weiter gaben. Es ging um lehnsrechtliche Formen, die auch im Reich und beim Kaiser selbst galten. Lehnsverwirkung freilich war bis dahin nur nach Felonie und Majestätsbeleidigung eingetreten, Gustav Adolf aber sprach von dem Akt als einem Kriegsrecht, das heißt, der schwedische König sah sich in Übereinstimmung mit dem Völkerrecht. Für Deutschland sind etwa 255 Schenkungen gezählt worden. Die Zahl scheint am unteren Rande der Skala zu liegen.[70]

Vielleicht ist die Zeit nach dem Westfälischen Frieden, der zwar den Frieden, für das Staatensystem freilich keine wirkliche Befriedung brachte, der eigentliche Ausgangspunkt für die Rezeption des Hugo Grotius gewesen. Zu seinen Anhängern zählt jedenfalls der für die Entwicklung des öffentlich-rechtlichen Denkens in jener Zeit so wichtige Historiker und Sozialphilosoph Samuel Pufendorf, der im übrigen die Niederlande 1660/61 während eines einjährigen Aufenthalts im Lande kennengelernt hatte und sich auch später dort häufiger aufhielt.[71] Unmittelbar nach Abschluß seiner Leidener Studien erhielt er in Heidelberg einen Lehrstuhl für Natur- und Völkerrecht, an dem Grotius der Ausgangspunkt seiner Lehre war. In seinem *De iure naturae et gentium* von 1672, das eine Art Enzyklopädie über Ethik, Recht und Gesellschaft darstellt, folgte er dem Denkmuster des Niederländers. Das heißt, er akzeptiert das Naturrecht als Ausgangspunkt des Grotius, stimmt auch mit ihm überein, wo dieser internationale Konferenzen oder Schiedsspruch als Mittel der Kriegsprävention einbringen will; aber Pufendorf ist kein Rechtsgelehrter, und seine Betrachtung, die sehr wesentlich vom Ergebnis des Westfälischen Friedens ausgeht, ist eher eine politikwissenschaftliche, von Überlegungen zu den Folgen des Friedens geprägte. Vielleicht sollte Samuel Pufendorf überhaupt nicht allzu sehr in die Nähe des Niederländers gerückt werden, zu stark lebte er doch in der ganz konkreten Anschauung des Westfälischen Friedens, ist alles andere als ein Rechtsphilosoph und scheint dem Gedanken der Staatsräson als einem Leitprinzip außenpolitischen Verhaltens anzuhängen. Andrerseits: möglicherweise hat hierzu Grotius, mit dessen Souveränitätstheorie Pufendorf übrigens völlig einverstanden war und die er in seiner Schrift erläuterte, konkrete Beispiele geliefert. Zumindest hatte er wohl genau im Sinne der Staatsräson als Äußerung unbeschränkter Macht den Angriff Richelieus gegen die Festung La Rochelle befürwortet, und sich ganz im Sinne schwedischen Großmachtdenkens für eine Fortsetzung des Dreißigjährigen Krieges ausgesprochen, als andere

---

68 Abbildung in einer Reihe von Werken. S. hier auch BEILMANN, *Zur Zurückhaltung des Genres*, S. 299.
69 So H. STEIGER, *Der Westfälische Frieden – Grundgesetz für Europa?*, in: H. DUCHHARDT (Hrsg.), *Der Westfälische Friede. Diplomatie, politische Zäsur, kulturelles Umfeld, Rezeptionsgeschichte*, München 1998, S. 75f.
70 Dazu F. DICKMANN, *Der Westfälische Frieden*, Münster 61972, S. 50f.
71 S. HEINEN, *Samuel Pufendorf*, S. 295f.; zu Pufendorf grundsätzlich der Sammelband F. PALLADINI/G. HARTUNG (Hrsg.), *Samuel Pufendorf und die europäische Frühaufklärung. Werk und Einfluß eines deutschen Bürgers der Gelehrtenrepublik nach 300 Jahren*, Berlin 1996.

Samuel Pufendorf (S. Blesendorff)

sich um den Frieden bemühten, so daß hier durchaus die Frage nach der Funktion der *intentio recta* gestellt werden muß, wenn diese schon kein Rechtsinstrument mehr war.[72] Sicherlich gehörte auch die von Pufendorf vorgetragene Interventionsdrohung nicht ohne weiteres zum Repertoire des Grotius. Das war de facto auch nichts Neues, da die beiden Garantie-Mächte für das Reich nach den Bestimmungen des Friedensvertrages unter bestimmten Voraussetzungen intervenieren durften. Auf jeden Fall war der deutsche Pufendorf sich der in der Westfälischen Friedensregelung steckenden Kriegsgefahr voll bewusst, da den einzelnen Reichsständen das *ius belli ac pacis* und das Vertragrecht zugesprochen worden war.[73] Tatsächlich ist es so, daß Pufendorfs Lehre Gegenstand an niederländischen Universitäten gewesen ist. Man mag ihn dann als *alter Grotius* bezeichnet haben, aber dies wird nicht der Grund der Rezeption gewesen sein ebenso wenig die Naturrechtslehre, wichtig war wohl offensichtlich die ganz konkrete Sichtweise der neuen Entwicklung nach dem Westfälischen Frieden und wichtig war auch seine Souveränitätslehre mit Blick auf die Rechte und Pflichten des Fürsten, da in jenen 70er Jahren der neue Statthalter Wilhelm III. von Oranien auf dem Weg zur monarchischen

---

72 Grotius verhandelte als schwedischer Unterhändler mit den Franzosen und lenkte das französische Geld in die schwedischen Kassen, um so die Friedensangebote des Kaisers an Schweden, Frankreich und die Niederlande zu hintertreiben. S. dazu Heinen-von BORRIES, *Samuel Pufendorf*, S. 303.
73 So ENGELBRECHT, *Staat, Recht und Konfession*, S. 123.

Spitze zu sein schien.[74] Unter dem Aspekt der allgemeinen außenpolitischen Position der Niederlande, das heißt hier auch der europäischen Lage, hatte der Grotius-Freund Pufendorf aktuelleres beizutragen und stand er als Politikwissenschaftler der Wirklichkeit näher als der Rechtsphilosoph Grotius zuvor je gestanden hatte oder hatte stehen wollen.

Von Friedlosigkeit und neuer Gegnerschaft

Gegenüber der politisch nicht überaus relevanten Frage, ob die Niederlande endgültig, weil rechtlich abgesichert, aus dem Reichsverband in die Unabhängigkeit entlassen worden seien, ist als wirklich wesentlicher Aspekt der Nachkriegszeit einfach festzuhalten, daß sich der Münstersche Abschluß für die Republik als ein Erfolgserlebnis von letztlich nur geringer Lebenskraft entpuppte. Gewiß, in Münster verordneten die Diplomaten und ihre Berater eine völkerrechtliche Gleichheit und eine auf Recht beruhende internationale Ordnung. So konnte sich im 18. Jahrhundert der konservative britische Staatsmann Edmund Burke auch ausdrücklich auf den Westfälischen Frieden berufen, als er sich über die Aufteilung des Königreichs Polen unter drei Großmächten empörte[75], aber schon bald nach dem Münsterschen Frieden stand doch neuerlich der politische Begriff vom „europäischen Gleichgewicht" im Zentrum außenpolitischen Denkens; und solcher Begriff bannte nicht die Kriegsgefahr, vielmehr schuf er international höchste Empfindlichkeit und implizierte durchaus Kriegsbereitschaft gegen einen potentiellen Hegemon. Das meint nicht, daß die Mächte nach so langen und zum Teil verheerenden Kriegen nicht ihren Sinn auf Frieden gerichtet hätten: im spanisch-niederländischen Vertrag von Münster ist gar vom ewigen Frieden die Rede – was tatsächlich auch eingetroffen ist. Aber für die frühe Neuzeit gilt nicht Pazifismus als Regel, sondern die sich allmählich im politischen Denken festsetzende Suche nach Möglichkeiten, Kriege zu kontrollieren und zu begrenzen.

Der Augsburger Historiker Johannes Burkhardt hat von der „Friedlosigkeit der frühen Neuzeit" gesprochen.[76] Wenngleich ihm in dieser in einer Überschrift verpackten Sentenz zuzustimmen ist, sei doch zunächst mit Blick auf den hier zuvor erwähnten Friedenssinn auf eine äußerst reale, durch den Westfälischen Frieden gleichsam verordnete, politisch und konstitutionell bedingte Friedfertigkeit in Mitteleuropa, im Reich, hingewiesen. „Man schuf für Mitteleuropa eine Völkerrechtsordnung", so Heinz Duchhardt, „in die das Reich und seine mit faktischer Völkerrechtsqualität ausgestatteten Glieder zu integrieren waren und die auf der Kontrolle und Wahrung des status quo in dieser Großregion und politischen Einheit durch zwei Großmächte beruhte, und verband damit die nicht explizit ausgesprochene Perspektive, daß der politische und staatsrechtliche Friedenszustand in der ideellen und tatsächlichen Mitte Europas eine befriedende Ausstrahlung auf den ganzen Kontinent haben würde. ... Die Garantiemächte würden es zu verhindern wissen, daß sich hier noch einmal ein expandierender und auf Veränderung drängender Machtstaat bilden würde, und sie würden dafür Sorge tragen, daß innerreichische Konflikte nicht mehr nach außen zurückschlagen."[77] Interventionsrecht

---

74 S. HEINEN-VON BORRIES, *Samuel Pufendorf*, S. 312.
75 E.A. BELLER, *The Thirty Years' War*, in: J.P. COOPER (Hrsg.), New Cambridge Modern History, IV, Cambridge 1970, S. 358.
76 J. BURKHARDT, *Die Friedlosigkeit der frühen Neuzeit*, in: Zeitschrift f. Historische Forschung, 24, 4. (1997), S. 509-574.
77 H. DUCHHARDT, *Friedenssicherung im Jahrhundert nach dem Westfälischen Frieden*, in: M. SPIEKER (Hrsg.), *Friedenssicherung, Bd. 3: Historische, politikwissenschaftliche und militärische Perspektiven*, Münster 1989, S. 12.

von Garantiemächten also, das an ein bestimmtes Rechtsverfahren geknüpft war, und eine Art Friedensgarantie darstellte. Durch die Aufwertung der Reichsstände zu Völkerrechtssubjekten und – damit verbunden – durch die Reduktion der kaiserlichen Machtbefugnisse ergab sich schon eine Art Kontrollsystem oder – wenn man so will – Selbstkontrolle, die zusätzlich zu den Interventionsmöglichkeiten der Garantiemächte die große Chance auf Befriedung durch staats- und völkerrechtlich abgesicherte Zersplitterung bot. Da man es zudem in zunehmendem Maße mit der Tendenz zur Aufhebung von Reichssolidarität zu tun hatte, wie neuerdings festgestellt worden ist, entstand in Mitteleuropa eine „strukturelle Nichtangriffsfähigkeit, die aber ganz dem Selbstverständnis der eifrig auf ihre Libertät und die Verhinderung kaiserlicher Alleingänge bedachten Reichsstände entsprach."[78] Somit zerstreute sich auch bei den Nachbarn die Furcht vor einer machtstaatlichen Konzentration auf dem Gebiet des Alten Reiches, die als Gefährdung von ständischer Libertät und der damit verbundenen föderalen Pluralität gesehen worden war. Hier also schien der Westfälische Friede eine Regelung gefunden zu haben, die die Friedfertigkeit praktisch durch die Zuerkennung von Souveränitäten im Reich begründete, während andererseits an anderen Orten Europas die Auflösung der Universalmonarchie und des damit verbundenen Denkens gerade die Zuerkennung von Souveränität als interessenfixierte Handlungsfreiheit ein machtstaatliches Anspruchsdenken mit auf den Weg gab, das friedensgefährdend auftreten konnte und es durchaus auch tat. Es war angesichts solcher Entwicklung im Reich dann auch nicht verwunderlich, wenn Georg Friedrich von Waldeck, langjähriger Ratgeber Wilhelms III. von Oranien, nicht ohne Unbehagen 1682 anmerkte, die deutsche „forma republicae" sei „zum Frieden tauglicher als zum Krieg."[79]

Das große Bedauern des Waldeck war durchaus begreiflich, wenn man auf die seit dem Westfälischen Frieden vergangenen 3 Jahrzehnte kriegerischen Geschehens in Europa schaute. Mochte für die nächsten vielen Jahrzehnte im Reich der Friede durch ganz spezifische Konstitution erhalten bleiben, dann war es eben nicht so, als ob Krieg in Europa der Ächtung unterworfen worden sei. Krieg zählte zur Normalität der zwischenstaatlichen Auseinandersetzung. Er diente der Regelung einer Rechtsfeindschaft und definierte sich durchaus nicht als Gegensatz zum Frieden. Was für das Reich nun und damit für den interständischen Konflikt erreicht wurde, das ließ sich auf internationaler Ebene nur schwer herstellen. Den zwischenstaatlichen Frieden zu wahren hieß doch ein gut durchdachtes Völkerrecht schaffen, das lediglich in Anfängen vorhanden war, hieß freilich auch, daß sich die unter dem Siegel der Souveränität sich neu gruppierende Staatengemeinschaft Europas einer Selbstbeschränkung unterwarf, die eben Außenpolitik als Interessenpolitik nicht ohne jeden Vorbehalt betreiben ließ. Daran schließt sich auch die Frage, ob die Formel vom gerechten Krieg tatsächlich eine kriegshindernde oder nicht eher gar eine kriegsfördernde Umschreibung war. Das *ius ad bellum* – in unserem Zusammenhang wichtiger als das *ius in bello* – setzte doch eine *iusta causa* voraus, deren Inhalte seit den Schriften des Bologneser Rechtslehrers Gratian immer wieder neuen Überlegungen unterworfen wurden. Mochte der Sachverhalt bei einem Verteidigungskrieg noch einigermaßen klar zutage treten, schwierig war das bei einem Angriffskrieg. Wenn Krieg begriffen wurde als Durchsetzung eines verletzten oder verweigerten Rechts, das zu erzwingen kein Richter zuständig war, dann ging es einfach um die *iusta causa*, die doch durchaus auch beim Angreifer liegen konnte. Es stellte sich in jener Zeit aber durchaus die Frage, wie denn die Rechtslage einzuschätzen sei, wenn eine der

---

78 So H. GABEL, *Altes Reich und europäische Friedensordnungen. Aspekte der Friedenssicherung zwischen 1648 und dem Beginn des holländischen Krieges*, in: H. LADEMACHER/S. GROENVELD, *Krieg und Kultur*, S. 464.
79 Zit. nach GABEL, *Altes Reich*, S. 463.

Parteien einem unüberwindlichen Irrtum über die Gerechtigkeit unterliege, objektiv im Unrecht sei, aber subjektiv sich gerechtfertigt fühle. Es gab eine Vielzahl von Fragen, die von den Rechtslehrern bis weit ins 18. Jahrhundert hinein gedreht und gewendet worden sind, ohne endgültig Lösungen vorzutragen. Das wurde alles noch schwieriger, wenn die Frage des Widerstandsrechts hinzutrat, das im konkreten Fall der Niederlande in einen Achtzigjährigen Krieg umgewandelt worden war. An der Rechtmäßigkeit dieses Krieges der Niederländer hatten sich bald die Geister geschieden, und sie schieden sich nach Beendigung im Frieden von Münster immer noch.

Krieg als Normalität blieb eben internationaler Standard, erst recht, als die Jahrhunderte zuvor von Thomas von Aquin gar nicht aufgeworfene Frage nach der Zuständigkeit für das Kriegsführungsrecht bis zur Mitte des 17. Jahrhunderts im Sinne der Zuerkennung voller staatlicher Souveränität gelöst war. War es nicht folgerichtig, wenn angesichts einer letztlich doch konturlosen oder auf jeden Fall ungenauen Definition der *iusta causa* die Legitimation des Krieges eine relativ einfache war, weil viele „gerechte" Interessen in die Kriegsmanifeste eingebracht werden konnten, die als Staatsschriften so zahlreich erschienen und den Kriegsbeginn begründeten. Das „Warum" des Krieges war darzulegen – eine Gepflogenheit, die seit dem 13. Jahrhundert geübt wurde. Konrad Repgen hat aus einer Reihe solcher Schriften eine Vielzahl von „Leitbegriffen" – wie er sie nennt – hervorgeholt, die letztlich deutlich machen, daß die Erfüllung des *iusta causa* – Begriffs einer hohen Willkür unterlag, praktisch eine Rechtfertigungskultur pflegte, bei der es nahe liegt, zu vermuten, daß der Vorwand zur Ursache hochstilisiert worden ist, was zugleich deutlicher Schwarz-Weiß-Malerei unterlag[80] – ein Vorgang, der bis in unsere Zeit hinein als beispielhaft gelten darf.

Wie auf der einen Seite eine gewisse Kontinuität im Denken über den Rechtscharakter des Krieges und damit über Krieg als Normalität festzustellen ist, so ist dem gegenüber gerade ein Kontinuitätsbruch als ein wesentliches neues Element zur Deutung der Kriegsbereitschaft anzuführen: das Ende des universalmonarchischen Gedankens und der Übergang zu einem der Staatsräson unterliegenden souveränen Machtstaat, oder besser: die Parallelität des Aufkommens moderner Staaten, was durch den Westfälischen Frieden nachhaltig sanktioniert wurde. Es ist hier mit Heinz Schilling darauf hinzuweisen, daß man zwar auch im Mittelalter bereits differenzierte und mehr politische Brennpunkte kannte als Kaiser und Papsttum, aber tatsächlich nahm doch Differenzierung und Eigengewicht neu entstandener Brennpunkte zu, und man wird, so Schilling, „auch den geistigen Veränderungen entscheidenden Anteil an der neuen Qualität der zwischenstaatlichen Beziehungen zubilligen." Sicherlich war es so, daß das Mittelalter es nicht in jedem Augenblick vermocht hat, über den Gedanken einer die politische Welt überdachenden Res publica Christiana den Streit zwischen den Mitgliedern zu überwinden, aber „der Weg zum neuzeitlichen System prinzipiell gleichrangiger, partikularer Mächte [konnte] doch erst in dem Moment beschritten werden, als diese ideelle Grundlage zerbrochen und auch theoretisch aufgegeben war."[81] Es ist wohl richtig festzustellen, daß die Konfessionalisierung Europas dem universalmonarchischen Denken als politischen Ausgangspunkt der Zeit den letzten Stoß versetzt hat, auch wenn zuvor schon realpolitisch etwa in der Auseinandersetzung zwischen dem habsburgischen Kaiser Karl V. und Frankreich das Neue lebte. Und schließlich hat die Aufteilung der habsburgischen

---

80 Dazu insgesamt. K. REPGEN, *Kriegslegitimationen in Alteuropa. Entwurf einer historischen Typologie*, in: HZ, Bd. 241 (1985) S. 27-49; auch in: DERS. *Von der Reformation zur Gegenwart. Beiträge zu Grundfragen der neuzeitlichen Geschichte*, Paderborn 1988, S. 67-83.
81 S.H. SCHILLING, *Formung und Gestalt des internationalen Systems in der werdenden Neuzeit – Phasen und bewegende Kräfte*, in: P. KRÜGER (Hrsg.), *Kontinuität und Wandel in der Staatenordnung der Neuzeit*, Marburg 1991, S. 19f.

Welt nach Karl V. einer weitergehenden Differenzierung durchaus Vorschub geleistet. Es fügt sich in diese Sicht, wenn Prudencio de Sandoval, der erste offizielle spanische Historiograph Karls V., seinen Kaiser rückblickend sagen läßt, er habe die Kaiserwürde nicht aus Herrschaftsgier gesucht, sondern um Frieden und Eintracht in der Christenheit zu wahren und die Christen gegen die Türken zu stärken. Die Häresien Luthers und anderer theoretischer Neuerer und die Ambitionen benachbarter oder neiderfüllter Fürsten hätten sein Reich in Verwirrung gestürzt, seinem Einheitsdenken Schwierigkeiten gemacht. Eben aus diesen Gründen habe er sein politisches Ziel nicht zu erreichen vermocht. Es ist wohl – und dies sei in Bestätigung der kaiserlichen Klage gesagt – unzweifelhaft, daß der Übergang von der Rebellion im Glauben hin zur Organisation des Glaubens und gar zur offiziellen Akzeptanz durch die dynastische Spitze für eine Übergangszeit noch einmal das säkulare Staats- oder dynastische Interesse in den Hintergrund hat treten lassen, aber die Gefahren einer hegemonialen Stellung Spaniens, die das Aufbegehren Englands, die Rebellion der Niederlande und schließlich den niederländisch-französischen Allianzvertrag von 1635 motivierten, ließen doch zwei Dinge deutlich werden: zum einen – und das war die Marschroute, die die Konfrontation im Dreißigjährigen Krieg bestimmte – eine Gruppierung um die beiden großen christlichen Glaubensbekenntnisse, zum anderen eine gegen Hegemonie gerichtete Politik einzelner Staaten, die zum Teil den früheren Kampf gegen den universalmonarchischen Anspruch Karls V. wiederaufnahm[82], zugleich aber auch dem Staatsinteresse gegenüber dem Konfessionsinteresse den Vorzug gab, wie der hier zuvor genannte Allianzvertrag von 1635 deutlich macht. Aber auch zuvor hat es in der habsburgisch-französischen Auseinandersetzung Beispiele gegeben – verwiesen sei hier auf die Politik Heinrichs IV. gegenüber den Niederlanden –, die die Überschreitung der Konfessionsgrenzen apostrophierten. Spätestens bis zum Allianzvertrag von 1635 hat die Konfession aufgehört, eine Leitfunktion in der Außenpolitik zu übernehmen oder zumindest muß diese relativiert werden. Das räumt auch Schilling ein, der die Leitfunktion ins Spiel bringt und die Politik des Kardinals Richelieu an der zeitlichen Obergrenze seines Konfessionalisierungtheorems sieht. Aber gewiß ist weit zuvor schon eigenes säkulares Interesse im Spiel gewesen, wie die eingangs beschriebene englische Politik gegenüber den rebellierenden Niederlanden deutlich macht.

Ob England oder Frankreich, es entwickelte sich hier ein Stück „nationale", einzelstaatliche Politik im Widerstand gegen einen nunmehr doch obsoleten universalmonarchischen Anspruch, der tatsächlich nichts anderes enthielt als Hegemonialpolitik und letztlich auch als solche angeprangert wurde. Beide Begriffe lagen in der Auffassung wohl dicht beieinander, aber es machte eben einen Unterschied, ob man den Schutz der Christenheit meinte oder nackte Machtpolitik betrieb. Mit dem Aufkommen des Protestantismus und gar seiner staatlichen Organisation ließ sich Universalmonarchie aus der Sicht der Protestanten ohnehin nur noch als verdammenswerter hegemonialer Anspruch definieren.

Der Westfälische Frieden hat diese aus dem universalmonarchischen Gedanken heraustretende einzelstaatliche Außenpolitik in ihrer grundsätzlichen Existenzberechtigung bestätigt, indem dort die volle Gleichberechtigung der Souveränitäten nachhaltig propagiert wurde. Die konsensuelle Anerkennung des Nebeneinanders von Souveränitäten galt als Grundprinzip der neuen Friedensordnung und damit auch der Mächtebeziehungen in Europa und darf dann auch als früher Versuch zur Herausbildung moderner Staaten gesehen werden. Es ist die frühe Bestätigung in einer Zeit, in der sich – wie Burkhardt sagt – die „geschichtsmächtigste Institution" Europas herangebildet

---

82 Ebd. S. 29 wird als Überschrift formuliert: „Katholischer und calvinistischer Internationalismus als Grundlage eines dualen internationalen Systems".

hat, sich Legitimationstheorien und Politiklehren entwickeln und sich die Staatsgewalt organisatorisch nach innen verfestigt.[83]

Die Aufmerksamkeit hat hier freilich nicht dem Staat, sondern dem Staatsinteresse und damit den neuen außenpolitischen Ausgangspunkten zu gelten – dem Denken und schließlich dem Handeln. Es will doch scheinen, als ob die Zuerkennung eines gleichberechtigten Nebeneinanders von souveränen Staaten eine Papierformel gewesen sei. Was vor der Zeit sich schon realisieren wollte, ließ sich nunmehr, gleichsam unter dem Deckmantel der Gleichberechtigung umsetzen: eine Ideologisierung des Anspruchs auf Hegemonie, in dem die Vorherrschaft immer noch als grenzübergreifender, universal verstandener Anspruch begründet wurde. Ludwig XIV. brachte doch ein politisches Programm ins Spiel – ein europäisches Programm gleichsam, in dem er in einem universal gedachten Europa die oberste Position für sich in Anspruch nahm „und durch Rang- und Abhängigkeitsverhältnisse, Präzedenz, Protektorat und Arbitrium zu befestigen suchte." „Im Schatten von Rechtsdeduktionen und einer Propagandaschlacht, in deren Rahmen die einen die französische Monarchie als die älteste und einzig wahre über das Kaisertum erhoben, es selbst in Anspruch nahmen, die anderen aber eine solche Universalmonarchie zurückwiesen, wurden von 1667 bis 1714 in dieser Folge Krieg geführt."[84] Sicherlich nicht untypisch für das Denken der Zeit war die Aussage eines spanischen Publizisten, der Europa empfahl, lieber die spanische Herrschaft zu akzeptieren, weil es ein gleichberechtigtes politisches Nebeneinander ohnehin nicht geben könnte. Und – der Zeit entsprechend – schlug Thomas Campanella, von Spanien nach Frankreich wechselnd, schon vor dem Westfälischen Frieden vor, der französische König sei der zur Führung Europas berufene, da der spanische Monarch versagt habe.[85]

Die im wesentlichen selbst gestellte Kandidatur des französischen Königs blieb freilich nicht die einzige. Bis zu seinem Tode trat Gustav Adolf von Schweden als gleichsam universalmonarchischer Konkurrent auf, der von einer Union der skandinavischen Kronen und schließlich von der Herrschaft über die damals als Weltmeer empfundene Ostsee ausging, abgesehen davon, daß in Schweden ein Gotizismus ideologisch verarbeitet wurde, nach dem die Schweden als Nachfolger der Goten zur Wiederbegründung eines römischen Weltreiches berufen waren. König Karl IX. konnte erst der „Neunte" werden, nachdem man 7 Gotenkönige der fiktiven Herrscherreihe des Johannes Magnus mitgezählt hatte.[86]

Aber abgesehen von dieser Gedankenwelt, die eher Anspruchs- als Ausgleichsdenken implizierte und in einem Fall schon vor 1648 nicht mehr einem konfessionsgeleiteten Entscheidungsverhalten unterlag, war auch der Friedensschluß jenes Jahres ein letztlich unvollendeter. Er war es im Hinblick auf die Fortdauer der spanisch-französischen Auseinandersetzung, die erst 11 Jahre später, im Pyrenäenfrieden ihr Ende fand. Sie war es auch im Hinblick auf eben diesen Frieden, weil eines der wesentlichen Kriegsziele, die Beseitigung der habsburgischen Umklammerung an der Nordgrenze Frankreichs, nicht erfüllt wurde. Auf diese geographische Voraussetzung von Friedlosigkeit in der 2. Hälfte des 17. Jahrhunderts ist später einzugehen. Hinzuweisen ist freilich in diesem Zusammenhang auf eine Neuerung im europäischen Staatensystem – auf den Eintritt der nunmehr auch formal unabhängigen, nach siegreichem Abschluß vom 80jährigen Krieg befreiten Republik der Niederlande. Man wird zwei Aspekte zu beachten haben: zum einen ist der siegreiche Abschluß insofern als ein solcher mit gebremstem Schaum anzusehen, als die Republik nach der Überwindung innerer Querelen schnurstracks, wie noch

---

83 Vgl. BURKHARDT, *Friedlosigkeit*, S. 512ff.
84 Ebd. S. 521.
85 Beide Beispiele ebd. S. 520.
86 Ebd. S. 521f.

zu zeigen sein wird, auf den Frieden zuschritt, ohne den französischen Widerstand gegen diesen Separatfrieden letztlich zu berücksichtigen, dabei zugleich außer Acht lassend, daß Frankreich aufgrund des niederländisch-französischen Allianzvertrages von 1635 durchaus das Recht für sich in Anspruch nehmen konnte, auf gemeinsames Vorgehen gegenüber Spanien zu pochen. Dazu brachte der Friedensschluß, wie soeben angedeutet, keine Lösung Frankreichs aus der spanisch-habsburgischen Umklammerung. Darüber hinaus machte die innerniederländische Diskussion um den Friedensschluß deutlich, daß eben jene Friedenspartei, die sich letztendlich durchsetzte, ganz offen und unverhohlen dem Grundsatz: *Galliam amicum, non vicinum* huldigte und dies auch in aller Öffentlichkeit kundtat. Ein Zusammengehen mit Frankreich, das auf neuerliche Regelung für die südlichen Provinzen der Niederlande zielte, konnte höchstens dem dynastischen Ruhm des Hauses Oranien dienen, nicht unbedingt dem Lande nützen, wenn es Frankreich als Nachbarn wußte. Die Furcht vor einer Re-Katholisierung, wie sie seit Jahrzehnten die protestantische Öffentlichkeit beschäftigte, erhielt dann nachdrücklich Gewicht, wenn sich der Katholizismus mit einem vom Machtwillen geprägten und durchaus als von Expansionswillen gelenkten Staat verband. Es darf bei allem säkularem Charakter der Auseinandersetzungen in der zweiten Hälfte des 17. Jahrhunderts als durchaus noch der Zeit zugehörig betrachtet werden, wenn Wilhelm III. von Oranien die Protestanten zum Kampf gegen den expansiven Katholizismus des französischen Ludwig aufrief. Zum anderen nun: die Niederlande mochten dann für die absolutistisch regierten Fürstenstaaten nicht unbedingt Sympathieträger sein, aber sie traten, nachdem sie ihren Statthalter für zwei Jahrzehnte abgeschafft hatten, völlig ohne innenpolitische Querelen in eine Außenpolitik ein, die in den ersten Jahren ganz wesentlich von der Verfolgung wirtschaftlicher Interessen, die ganz einfach Staatsinteressen waren, bestimmt war. In der Publizistik unmittelbar vor dem Friedensschluß war doch schon deutlich geworden, was man in Friedenszeiten wirtschaftlich nicht alles leisten könnte, wenn man sich doch schon in Kriegszeiten wirtschaftlich gut behauptet habe. Die Position des Landes reizte zum Widerspruch, weil sich dieses Land auf relativ wenigen Quadratkilometern zu einer wirtschaftlichen und auch kulturellen Großmacht entwickelt und sich dem kriegsverlängernden Ansinnen seines französischen Partners nicht gefügt hatte und weil es sich aufmachte, praktisch in Anwendung der nunmehr auch formal erworbenen Unabhängigkeit eine Interessenpolitik durchzuführen, die sich – natürlich genug – am *mare liberum* orientierte und sicherlich von einer Position der Stärke auszugehen vermochte, weil man sich über den Friedensvertrag mit Spanien 1648 eine Monopolposition im indonesischen Archipel und in der Karibik hatte festschreiben lassen. Man wird sich vergegenwärtigen müssen, daß die Rivalität zwischen Seemächten aufbrechen konnte, weil eine bis dahin an der Konfession orientierte Außenpolitik zu einer den Gegner oder den Freund frei suchenden Interessenpolitik zu weichen hatte. Die frühe Auseinandersetzung mit dem England Cromwells, der erste englisch-niederländische Krieg von 1652-54, und der niederländische Krieg mit Schweden während des schwedisch-polnischen Krieges läutete eine Zeit des fast schon permanenten westeuropäischen Konflikts ein, und dieser erste Kampf mit England endete mit einer Niederlage der Niederlande, die der kleinen Großmacht deutlich machen mußte, daß der Wind nach dem Fortfall des konfessionellen Schutzes schärfer wehte. Die Zeichen mehrten sich, daß an die Stelle des Kampfes um die konfessionelle Selbstbehauptung nun der um die staatlich-nationale trat.[87] Somit bot sich folgendes Panorama für die Republik an: Mit dem Abschluß des Münsterschen Friedens und erst recht mit dem des Pyrenäenfriedens, der den außenpolitischen Rückzug

---

87 Vgl. auch kurz zum Ausgangspunkt H.TH. GRÄF, *Die Außenpolitik der Republik im werdenden Mächteeuropa. Mittel und Wege zu staatlicher Unabhängigkeit und Friedensordnung*, in: H. LADEMACHER/S. GROENVELD (Hrsg.), *Krieg und Kultur*, S. 484f.

Spaniens deutlich werden ließ, entwickelte sich eine neue außenpolitische Konstellation, die mehr denn je zuvor im „konfessionellen" Zeitalter England als eine für den Kontinent – und nicht nur für die niederländische Republik – entscheidende Macht einkalkulieren mußte. Es wurden jetzt die Grundlagen eines außenpolitischen Sachverhalts gelegt, deren Kontinuität bis hinein in die Zeit nach dem II. Weltkrieg nachzuweisen ist. Hugo Grotius' These vom freien Meer führte zu kriegerischen Konsequenzen. Der Umbau der europäischen Verhältnisse durch den spanischen Rückzug und die umfassende Ausweitung des überseeischen und europäischen Handels drängte der finanziell gewiß gefestigten, militärisch allerdings nicht überall gleich schlagkräftigen Republik die Wahl aus zwei Übeln auf. Mit Frankreich im Bund gegen die See- und Handelsmacht England zu streiten, kam einer Bedrohung der staatlichen Unabhängigkeit gleich; ein Kampf gegen Ludwig XIV. mit England als Vertragspartner hieß dagegen eine gewisse Preisgabe des maritimen Wettbewerbs auf niederländischer Seite, der zum erstenmal schon durch die im englischen Parlament 1651 angenommene Navigationsakte beschnitten wurde. Der hier zuvor genannte erste englische Krieg war doch nicht eine Äußerung Cromwell'schen Machtwillens, sondern die Inszenierung einer Londoner Lobby aus Reedern und Kaufleuten. Und wie stark sich England (Cromwell) in Position brachte, zeigt die deutliche Intervention in innerniederländische Angelegenheiten mit, als man die Provinz Holland garantieren ließ („Acte van Seclusie"), daß die oranischen Statthalter künftig vom Amt ausgeschlossen bleiben sollten. Das mochte Politiker wie den Ratspensionär Johan de Witt zu diesem Zeitpunkt nicht so schwerfallen, aber die Aktion zeigt sehr wohl, daß die Karten in Europa neu gemischt werden sollten, und die Niederländer standen unter dem Zwang, solche Art Intervention dulden zu müssen, wenn sie außenpolitisch nicht ins Schlingern geraten wollten. Es zeigte sich darüber hinaus, daß eine Außenpolitik, die sich auf den Abschluß schlichter Handels- und Seeabkommen ohne Verpflichtung zu irgendeiner Verteidigung kaprizieren sollte, wie das der Ratspensionär 1662 noch schrieb, kaum vor Schaden bewahren konnte, wenn die Konfliktbereitschaft der anderen Seite – im wesentlichen England oder Frankreich – ein ausgeprägtes Merkmal der Außenpolitik war. Tatsächlich war das zur See und finanziell starke, geographisch kleine und militärisch zu Lande doch eher schwache Land kein Staat, der für sich das *ius ad bellum* in Anspruch zu nehmen gedachte. Die Republik hatte immer schon Männer zu Schiff und nicht solche zu Pferd gebraucht. Nicht daß diese Kaufmannsrepublik nicht auf Expansion aus gewesen wäre, sie war es allemal auf See, in den VOC- und WIC-Gebieten, aber als Maxime galt letztlich nur die Expansion durch Abstinenz, durch Verträge, ohne Belastung durch Krieg. Ein Mann wie Pieter de la Court, der wie sein Freund de Witt zur politischen Elite des Landes zählte, brachte in eben jenem Jahr 1662 sein hier schon mehrfach genanntes *Interest van Holland* heraus, das viel Aufsehen erregte und die eigenartige kaufmännische Kontraktionsgesinnung besonders eindringlich reflektierte. Er machte eine kurze Anleihe bei Machiavelli, nach dem der Fürst stark sein müsse wie ein Löwe und schlau wie ein Fuchs. Für de la Court waren das nicht die geeigneten Titel für vergleichbare Verhaltensweisen. Eine Handelsrepublik, so meinte er vielmehr, müsse so sein wie eine Katze. Sie tue alles, um sich gut zu ernähren, und kümmere sich lediglich um ihre eigenen Angelegenheiten. Zank und Streitereien gehe sie aus dem Wege. Nur wenn ihr Leben auf dem Spiel stehe, kämpfe sie, und schlage sie sich mutiger als ein Löwe. Eine derart selbstverordnete Ruhe beschere ein längeres Leben. Solcher Rückgriff auf die Zoologie enthielt Abstinenz als Vorschrift. De la Court stellte dennoch militärstrategische Überlegungen an. Er schlug in der zweiten Auflage seines Buches vor, in der Provinz Utrecht von der Zuidersee zum Lek einen Kanal zu graben, der die Provinz Holland von der Ostseite her sichern sollte. Das war ein im wahrsten Sinne des Wortes insularer Einfall, der Holland zu einer künstlichen Insel machte, von wo aus sich die Auseinandersetzung der europä-

Interest van Holland
(Titelseite)

ischen Großen mit Ruhe beobachten und die Stärkung des eigenen Welthandels verfolgen ließ. Es sei hier nachhaltig betont, daß de la Court kein wilder Ideenproduzent war, sondern als ein Interpret kaufmännisch-holländischen Denkens verstanden werden muß.[88]

Der Tenor ist der der Defensive, die den Krieg als selbstverständliches Mittel der Politik nicht einmal denkt, ihn höchstens im äußersten Notfall als Defensivmaßnahme anerkennen will. Es ist hier zu fragen, ob nicht die im Unterschied zu anderen europäischen Territorien länger zurückliegende Unmittelbarkeit der grausamen Kriegserfahrung und zugleich auch das ohne die Vorgaben konfessioneller Bindung plötzlich übermächtig erscheinende Umfeld hochgerüsteter europäischer Monarchien die Niederländer ihr Heil eher im sorgfältigen – aber auch sorgenvollen – Lavieren zwischen den Fronten als in einer Hochrüstungspolitik hat suchen lassen, war doch die Finanzierung von Truppen immer schon ein Graus für die sparsamen Bürger-Kaufleute und immer schon Anlaß für Querelen im Lande selbst gewesen. Um den Unterschied deutlich zu machen, sei auf die auf das Recht pochende Durchsetzungspolitik des französischen Königs im Devolutionskrieg oder auf den Brandenburger Friedrich Wilhelm, den Großen Kurfürsten, hingewiesen, welch letzterer nicht zuletzt im „Politischen Testament" die Idee des wehr-

---

88 Hierzu insgesamt LADEMACHER, *Die Niederlande*, S. 270f.

Die Souveränität, der Frieden und die Friedlosigkeit

Pieter de Groot (A. Hanneman)

Petrus Valckenier (A. van der Venne)

haften Staates, nicht die des „Ewigen Friedens" vorgetragen hat.[89] Es ist hier am Rande, ja, eher beiläufig die Frage zu stellen, ob nicht die ganz besondere, in der Funktionsweise sehr eigenartige föderative Struktur der niederländischen Republik mit ihrer bei den Provinzen liegenden Souveränitätsvermutung von vornherein eine rein defensive, auf Vertrag und diplomatische Kunst setzende Außenpolitik der Schlichtung mitbedingt hat.[90] Man dürfte es bei den Niederlanden mit einem Stück kaufmännisch orientiertem Republikanismus zu tun haben, der kaum eine gedankliche Beziehung zu einer von landorientierten Staaten verfolgten Politik des territorialen Erwerbs oder zu Krieg als Äußerung adliger Lebensweise – ein von Schumpeter eingebrachter, von Johannes Kunisch diskutierter Aspekt der inneren Kriegsursachen und Kriegsbereitschaft[91] – entwickeln konnte. Für de Witt hieß Zurückhaltung auch Abschluß von Freundschaftsabkommen – freilich durchaus auch auf Kosten anderer. So griff er eben 1663 den alten Richelieu-Vorschlag zur Bildung eines Pufferstaates aus den Spanischen Niederlanden wieder auf – eine Art vorauseilender Gehorsam. De Witt sprach von einem Kantonnement nach Schweizer Muster. Es sollte hier eine freie, von den Niederlanden und Frankreich gleichermaßen garantierte Republik entstehen. Darüber hinaus zielte er auf eine Defensivallianz zwischen der Republik, den kantonnierten Provinzen, Frankreich und England – eine Art westeuropäische Union – mit dem Ziel der Barrière gegen Frankreich. Der Ratspensionär mußte freilich bald erkennen, daß sich das Ziel unter den gegebenen Umständen nicht erreichen ließ, zumal England – nunmehr unter Karl II. – kaum freundschaftliche Gefühle gegenüber der Republik hegte. Nach de Witt und Pieter de la Court formulierte Pieter de Groot, Sohn des Hugo Grotius und zu dieser Zeit ein schon erfahrener Diplomat mit Blick auf die Unzuverlässigkeit von Allianzen 1671 folgendes: „Je länger ich über die Natur unseres Staates nachdenke, desto fester bin ich der Ansicht, daß wir nur aus eigener Kraft heraus existieren können. Alle Übereinkommen und Allianzen, die wir suchen oder mit unseren Nachbarn abschließen, sind für uns letztlich ruinös, da sich die kleinen Staaten lediglich von uns unterstützen lassen wollen, die mächtigen dagegen es darauf anlegen, uns auszumerzen. Seltsames Schicksal eines Staates, der niemals echte Freunde gehabt hat, denn die ersten Verbündeten haben ihn verachtet, und die gegenwärtigen hassen ihn ... Wir können nur aus uns selbst heraus bestehen. Das ist die einzige Sicherheit, die man in der Politik findet."[92]

Ob er hier noch weiterhin Rückzug auf sich selbst oder aber eine starke Aufrüstung befürwortete, kann hier nicht ermittelt werden, festzustellen bleibt freilich, daß sich zuvor schon, gegen Ende der 60er Jahre, ein anderes Denken in den Vordergrund schob, das eine aus dem nackten Staatsinteresse geborene zügellose Machtpolitik in die Schranken weisen sollte. Das Ende der Dekade war auch der Ausgangspunkt für ein Denken in den Kategorien des europäischen Gleichgewichts. Es konnte nicht wunder nehmen, daß es nach dem Devolutionskrieg entwickelt wurde und daß es in der Ausarbeitung aus niederländischer Feder stammte. Petrus Valckenier, Publizist und Diplomat der Niederlande, trug dies vor, als er 1668 seine Maximen staatlichen Handelns in *t' Verwerd Europa* in zwei Bänden veröffentlichte – eine Arbeit, die 1675, 1677, 1688 in drei weiteren Auflagen erschien. Nach Anlage und Struktur fügte sich das Werk, beeinflußt von den Arbeiten des Herzogs von Rohan, in die Reihe staatstheoretischer Lehren der Zeit ein. Auf niederländischem Boden erwachsen, bot es zugleich ein koalitionspolitisches

---

89 Vgl. ENGELBRECHT, *Staat, Recht, Konfession*, S. 126f.
90 Zur diplomatischen Kunst GRÄF, *Außenpolitik der Republik*, S. 485ff.
91 Dazu J. KUNISCH, *Fürst – Gesellschaft – Krieg*. Daraus: *La guerre – c'est moi. Zum Problem der Staatenkonflikte im Zeitalter des Absolutismus*, Köln u.a. 1992. S. 1ff.
92 Von mir übersetzt. Schreiben in: F.J.L. KRÄMER (Hrsg.), (1668-1674), (=Werken Historisch Genootschap 3e serie, 5) (1894), S. 25f.; s.a. H. LADEMACHER, *Wilhelm III. von Oranien und Anthonie Heinsius*, in: Rheinische Vierteljahresblätter, 34 (1/4), 1970, S. 252.

Konzept, das die ganze Lehre von der Abstinenz als ein Stück Irrealismus konterfeite. Valckenier griff in jenem Jahr 1668 – begreiflich genug – erst die „französische Frage" auf. Er malte das Bild einer maritim und kontinental gleichermaßen dräuenden Macht aus, einer Hegemonialmacht, die auf dem Weg über eine bourbonische Herrschaft in Spanien zu einer wirklichen Gefahr werden konnte, weil sie das Gleichgewicht völlig zerstörte. Der Hinweis auf das Gleichgewicht implizierte die Aufforderung zu einer englisch-niederländischen Koalition, denn Valckenier sprach auch die englischen Handelsbelange an. Er griff zum einen Gedanken des Herzogs von Rohan auf, zum anderen Ausführungen des Österreichers Franz Paul Freiherr von Lisola aus dessen *Le bouclier d'Etat*[93] von 1667, ging jedoch über diesen hinaus, insofern bei ihm, dem Niederländer, schon ein Stück möglicher Interessenkollision durchschien. Denn für die Republik reichte die einfache Aussage von England als dem entscheidenden Faktor der Koalitionsbildung gegen eine hegemoniale Macht nicht mehr. Die geographische Lage und ökonomische Struktur boten zwar durchaus die Möglichkeit zu einem Verbund mit der Insel, aber über die Gefahr einer Interessenkollision ließ sich nicht hinwegsehen, was zusammen mit der zur Zeit des Erscheinens des Buches unmittelbar drohenden Gefahr der großen Kontinentalmacht Frankreich die Schwierigkeiten der niederländischen Außenpolitik deutlich machte. Gleichwohl war bei Valckenier das Bündnis mit England ein ganz wesentlicher Gesichtspunkt für die Eindämmung französischen Expansionsstrebens. Damit führte er das Gleichgewichtsprinzip als politisches Motiv in die niederländische Außenpolitik ein. Seine Überlegungen waren der Ausgangspunkt für einen Politikwandel aus der selbstgewählten Zurückhaltung heraus und hinein in eine Politik des Austarierens, als England im Frieden zu Westminster 1674 endgültig die Pferde, das heißt den Partner, wechselte und in deutlicher Einsicht in ludovizianische Gefahr sich auf die niederländische Seite schlug. Ob die Niederlande sich ohne den englischen Partner auch hätten retten können, ist zunächst eine müßige Frage, aber sicher ist, daß die Republik seit dem französischen Angriff von 1672 auf der Höhe der Zeit war und von nun an eine aktive Rolle in der Beobachtung der europäischen Szene spielte und für die dann im Vordergrund stehende Gleichgewichtspolitik eine zusätzliche Sicherung in der Barrière-Politik als notwendige militärische Ergänzung fand. Es sei hinzugefügt, daß Valckenier nicht nur an die starken Mächte Europas als Koalitionspartner glaubte, sondern auch an jene „wohlgeordneten und saturierten" *Republiken* klassischer bürgerlicher, sprich: republikanischer Tugenden als Partner dachte, die nur den Nutzen des Gemeinwesens verfochten. Das heißt, er dachte an die Schweiz, an sein reformiertes Bürgertum, das, wie er meinte, mit den Bergen ebenso eng verbunden sei wie die niederländischen Bürger mit dem Meer – fürwahr eine landschaftlich äußerst kontrastreiche Verbindung, die letztlich zwar außenpolitisch nicht umgesetzt wurde, aber so absurd nicht wahr, da über die Rhein-Schiene mancherlei Beziehung zustande gekommen war.[94]

Es ist hier einfach von einem „renversement des alliances" zu sprechen, das sich unter de Witt, dem bürgerlichen Regenten, schon angebahnt, aber aufgrund der vorsichtigen Zurückhaltung der Niederlande und der daraus resultierenden Wankelmütigkeit und aufgrund auch der britischen Handelsrivalität noch allzu viele Ecken gezeigt hatte.

---

93 Zu de Lisolas *Le Bouclier d'Etat.* jetzt M. BAUMANS, *Das publizistische Werk des kaiserlichen Diplomaten Franz Paul Freiherr von Lisola (1613-1674). Ein Beitrag zum Verhältnis von absolutistischem Staat, Öffentlichkeit und Mächtepolitik in der frühen Neuzeit*, (=Historische Forschung, Band 53), Berlin 1994.

94 S. dazu TH. MAISSEN, *„Par un pur motif de religion et en qualité de Republicain". Der außenpolitische Republikanismus der Niederlande und seine Aufnahme in der Eidgenossenschaft (ca. 1670-1710)*, in: L. SCHORN-SCHÜTTE (Hrsg.), *Aspekte der politischen Kommunikation im Europa des 16- und 17. Jahrhunderts. Politische Theologie-Res Publica-Verständnis – konsensgestützte Herrschaft*, HZ, Beihefte, Bd. 39. S. 253f.

Anthonie Heinsius
(J.F.C. Reckleben)

Dieses „renversement" kam unter dem Statthalter Wilhelm III. von Oranien voll zur Entfaltung. Ein Oranier seit 1672 also wieder an der militärischen Spitze der Republik wie in Jahrzehnten zuvor die Statthalter Moritz und Friedrich Heinrich von Oranien – ein nicht ganz unwesentliches Faktum, weil es die Kooperation mit der englischen Monarchie erheblich erleichterte! Im Frieden von Nijmegen (1678) war die Gefahr zunächst gebannt, aber eben nur auf dem Papier. Der Oranier selbst trug den holländischen Provinzialständen 1683 vor, Ludwig strebe nach der römisch-katholischen Universalmonarchie, das Land sei vertragsbrüchig aus Prinzip, England müsse man zur Wahrung der eigenen Interessen zwingen.[95] Aber bei aller internationalen Einsicht in die hegemonialen Tendenzen Frankreichs stellten sich die Koalitionen und Allianzen, die bis 1713 das außenpolitische Bild Europas prägten, nicht ohne Schwierigkeiten her, gleichviel ob es um die Große Koalition von 1689 ging, die ihren Krieg gegen Ludwig XIV. mit dem Rijswijker Frieden 1697 beschloß oder um den Spanischen Erbfolgekrieg, der erst mit dem Utrechter Frieden von 1713 seinen Abschluß fand. Die Koalitionsbildung wurde nicht einmal leichter dadurch, daß der niederländische Statthalter 1688 auch König von England wurde. Es bedurfte einfach hoher diplomatischer Kunst, die sich übrigens

---

95 Vgl. LADEMACHER, *Wilhelm III. von Oranien*, S. 255.

gerade im 17. Jahrhundert entwickelte, um die jeweiligen Verbündeten an Land zu ziehen. Der Gedanke des Oraniers, daß allein die Fortexistenz der Spanischen Niederlande den Bestand der Republik garantiere und daß allein eben diese Fortexistenz der Republik Garant stehe für das europäische Gleichgewicht, mußte sich sowohl in Kontinentaleuropa als auch auf den britischen Inseln erst durchsetzen. Mit dieser Politik, die sich als eine Summe von Koalitionen, Kriegen und Friedensschlüssen präsentierte, avancierte die Republik zum Dreh- und Angelpunkt Europas gegen französisches Hegemonialstreben: zum Koalitionsmacher und Geldgeber mit dem Versuch vor allem des Oraniers, in der Berufung auf den oder im Aufruf an den Protestantismus dem europäischen Geschehen neuerlich eine konfessionelle Komponente mit auf den Weg zu geben, was angesichts der konfessionellen Zusammensetzung der Koalitionen kaum glaubwürdig sein konnte, abgesehen davon, daß Konfession kein akzeptables Argument für Außenpolitik mehr sein konnte. Die Erleichterung solch außenpolitischer Arbeit mag vielleicht darin gelegen haben, daß bei Politikern und Diplomaten wie Lisola, Anthonie Heinsius und William Temple Begriffe wie „Europa" und „europäisch" als ethisch-politische Schlüsselbegriffe auftauchten, die dazu dienen sollten, die gleichsam natürliche staatliche Vielfalt des Kontinents gegenüber den Hegemonialbestrebungen Frankreichs zu proklamieren und damit französische Politik als unmoralisch zu etikettieren. „Europa" also als Begriff einer Gemeinschaftsidee, wie überhaupt in dieser Zeit, wie Heinz Duchhardt aufgezeigt hat, die gebildeten Schichten literarische Friedensprojekte entwarfen, die von der geographisch-kulturellen Einheit des Abendlandes ausgingen. Seit dem mit dem Frieden von Nijmegen endenden holländischen Krieg setzte eine verstärkte Diskussion von Publizisten und Völkerrechtlern über die Wege der Friedenssicherung ein.[96]

Allein, nimmt man die Jahre von 1648 bis hin nach 1713 dann kann von einem friedlichen Europa gar keine Rede sein. Die Voraussetzungen waren nicht gegeben, weil sich offensichtlich das Element der Staatsräson mit seinem ungebremsten Souveränitätsdenken, einfach also machtstaatliches Kalkül, wenngleich nicht überall, so doch mancherorts verbunden mit wirtschaftlichem Interesse, auszuleben vermochte. Für die Republik der Niederlande – und das sei abschließend gesagt – ist in der Entwicklung gar ein Hauch von Tragik festzustellen. Der wichtigste Koalitionsmacher und Subsidiär des antihegemonialen Kampfes stand am Ende am Rande des Geschehens – erschöpft, in seiner Bedeutung nur noch zweitrangig, während England auf dem besten Wege war, dem Land den Rang als maritime Macht abzulaufen.

---

96 Vgl. H. DUCHHARDT, *Gleichgewicht der Kräfte*, S. 28f.

V. Kriegsbereitschaft und Friedenswunsch

Krieg als Problem des 16. und 17. Jahrhunderts

Eingangs wurde schon der historiographische Befund zitiert, daß der niederländische Staat aus der Verneinung geboren sei. Verneint wurde in der Tat die bestehende Ordnung, in der ein frühabsolutistischer Staat und die katholische Kirche den politischen und gesellschaftlichen Habitus des europäischen Kontinents und darüber hinaus bestimmten. *Verneinung* mag man auch als den zentralen Begriff für jene Jahrzehnte einbringen, die sehr richtig als das konfessionelle Zeitalter beschrieben worden sind.[1] Das 16. und vor allem das 17. Jahrhundert, welch letzteres von der Geschichtsschreibung auch als *eisernes* oder auch als das *kriegerischste* Jahrhundert Europas eingestuft wird, erscheinen als eine lang andauernde Phase der Gewalt und immer wachen Gewaltbereitschaft, die nach innen von den Opfern der Inquisition bis hin zum schieren Mord an Antagonisten reichte und grenzüberschreitend in offenen Krieg umschlagen konnte.[2] Die enge Beziehung zum Problembereich Toleranz ist einsichtig. In der Diskussion um den Antagonismus Krieg und Frieden spielt seit dem Mittelalter nicht der Friede als eigener Wert, sondern die Frage nach dem *gerechten* Krieg die erste Rolle. Dieser Aspekt sei hier noch einmal auf gegriffen. Die Reformatoren des 16. Jahrhunderts haben diesen Sachverhalt einfach akzeptiert oder letztlich nur wiederholt. Weder Luther noch nach ihm Calvin haben bezweifelt, daß Krieg innerhalb der göttlichen Schöpfungsordnung liege. Während Calvin formulierte: „Bellum per se damnandum non est: subsidium enim est conservandae rei publicae", fand Luther die Worte: „kriegs odder schwerds ampt ... ist an yhm selbs Goetlich und der welt so noettig und nuetzlich als essen und trincken."[3] Die Welt konnte demnach nicht nur durch das Evangelium regiert werden. Die Obrigkeit erhielt bei ihm das Recht zur Kriegsführung. Gleichwohl, er verkündete auch den Vorteil der Nachgiebigkeit, wenn er vorschlug, man könne, habe man zwei Kühe, eine abgeben, um den Frieden zu erhalten. „Es ist besser eine in gutem Frieden als zwei im Krieg zu besitzen".[4]

Die Akzeptanz von Krieg über den Begriff der Gerechtigkeit ließ offensichtlich außer Betracht, daß Gerechtigkeit zu jeder Zeit und von wem auch immer in Anspruch genommen werden konnte und das Gewaltverbot Christi einfach ignorierte, kriegerischem Handeln also Tür und Tor öffnete, wobei Gerechtigkeit als Deckmantel nackter Interessen herhalten mußte. Die Entwicklung von Völkerrechtsnormen im 17. Jahrhundert geht gerade von dieser Erkenntnis aus. Gewiß, es gab Momente, in denen das

---

1   Hingewiesen sei auf den schon mehrfach angeführten Titel von H. KLUETING, *Das konfessionelle Zeitalter.*
2   Zu dem Wort *eisern* s. R.G. ASCH, *Einleitung: Krieg und Frieden. Das Reich und Europa im 17. Jahrhundert*, in: DERS., W.E. VOSS/M. WREDE (Hrsg.), *Frieden und Krieg in der Frühen Neuzeit. Die europäische Staatenordnung und die außereuropäische Welt*, München 2001, S. 13 sowie J. ENGELBRECHT, *Staat, Recht und Konfession. Krieg und Frieden im Rechtsdenken des Reiches*, in: H. LADEMACHER/S. GROENVELD (Hrsg.), *Krieg und Kultur. Die Rezeption von Krieg und Frieden in der Niederländischen Republik und im Deutschen Reich 1568-1648*, Münster 1996, S. 113.
3   S.W. JANSSEN, *Krieg und Frieden in der Geschichte des europäischen Denkens*, in: W. HUBER/J. SCHWERDTFEGER (Hrsg.), *Kirche zwischen Krieg und Frieden. Studien zur Geschichte des deutschen Protestantismus*, Stuttgart 1976, S. 87.
4   So ENGELBRECHT, *Staat, Recht und Konfession*, S. 117. Der Vf., weist in diesem Zusammenhang nicht nur auf die Luthersche Erfahrung in der Zeit des Bauernkrieges hin, sondern spricht auch von einem „merkwürdigen" Gegensatz zu Luthers Auslassung über den Frieden als „halbes Himmelreich". Das lasse sich kaum als Legitimation zum Kriege deuten.

christliche Gewaltverbot in den Vordergrund gerückt wurde. Es handelte sich um wenige Sekten des Mittelalters, die freilich bald verschwanden, da sie sich gegenüber der Amtskirche nicht durchzusetzen vermochten. Aber da gab es eben auch Humanisten wie Erasmus von Rotterdam, der in seinen *Querela pacis* einen Pazifismus fordert, der letztlich – so sei er hier gedeutet – die Rationalität der Willkür des Gerechtigkeitsdenkens entgegenhält. Aber das war nur eine vorübergehende Abweichung. Er blieb schließlich doch ein Anhänger der bellum justum-Theorie. Es ist auch auf Thomas Morus hingewiesen worden, der den Krieg in seiner *Utopia* als ein verabscheuungswürdiges Phänomen brandmarkt, selbst aber Gründe nennt, die einen Krieg rechtfertigen – Gründe, die schon in der Spätscholastik zurückgewiesen worden waren. „Man tut diesen Humanisten deshalb wohl kaum Unrecht, wenn man ihren Friedensbemühungen nicht mehr als eine literarische, in dieser Sphäre allerdings langdauernde, Wirkung und Nachwirkung zubilligt".[5] Gleichwohl wäre es zu grob, wollte man die Humanisten insgesamt lediglich als Protagonisten einer fortgeführten mittelalterlichen Kriegs- und Friedenstheorie einstufen. Es ist wohl angebracht, die von Erasmus und anderen verfochtene Toleranz und Gewissensfreiheit (freilich innerhalb der einen und alleinigen Kirche) anzuführen, weil über die Realisierung solchen Anspruchs Kriege – zumindest nach innen – entfallen konnten. So ist auch das kleine Buch des Erasmus *Dulce Bellum inexpertis* von 1517 zu verstehen, das noch nach dem Ende des Dreißigjährigen Krieges mehrere Auflagen erlebte, was sehr zu Recht als Zeichen für Friedenssehnsucht gewertet worden ist.[6] Unter diesem Aspekt der Friedenssehnsucht ist der aus Bayern stammende, auch für das Toleranz-Denken wichtige ehemalige Lutheraner Sebastian Franck einzuordnen, der in seinem *Kriegsbüchlein des Friedens* von 1539 eine radikalpazifistische Haltung einnahm, die sich insofern von Erasmus unterschied, als er die Toleranz, die die Grundlage seines Friedensanspruchs bildete, außerhalb der kirchlichen Strukturen verwirklicht sehen wollte.

Diese Bemerkung über Franck leitet über zu jenen Gruppen, die den Komplex von Krieg und Frieden nicht im mittelalterlichen Sinne intellektualisierten, sondern sich einfach auf das christliche Gewaltverzichtsgebot stützten. Es geht um die Quäker und die Täufer, von denen die letztgenannten eine durchaus nennenswerte religiöse Gemeinschaft in den Niederlanden vor, während und nach den Aufstandsjahren bildeten. Die Täufer bildeten die Gemeinschaft einer echten Friedenskirche. Sie diskutierten das überkommene Wort vom *gerechten Krieg* erst gar nicht, da für sie ein Leben nach christlichem Gebot in erster Linie als eine Frage der „inneren Umformung des Menschen durch unmittelbare göttliche Erleuchtung" betrachteten, sie letztlich also den Handlungen der Obrigkeiten einigermaßen gleichgültig gegenüberstanden.[7]

Begründungen in den Niederlanden: gerechter und ungerechter Krieg

Meinten die bisherigen Ausführungen immer nur den grenzüberschreitenden Krieg, so ist nachstehend auf den inneren oder – wenn man so will – Bürgerkrieg unter dem Aspekt von *gerecht* oder *ungerecht* hinzuweisen – das eigentliche topic in den Niederlanden, weil die Verbissenheit der für dieses Land folgenden grenzüberschreitenden Auseinandersetzung mit Spanien Verbindungen zu Friedensbereitschaft, Leidensfähigkeit und vielleicht auch Mitleidlosigkeit zuläßt. Es geht schlicht um den Religionsfrieden, der in

---

5   So JANSSEN, *Krieg und Frieden in der Geschichte des europäischen Denkens*, S. 90.
6   So ENGELBRECHT, *Staat, Recht und Konfession*, S. 118.
7   Hierzu ebd. S. 118 (Franck) sowie die Darstellung über Toleranz in vorliegendem Band, vor allem aber JANSSEN, *Krieg und Frieden in der Geschichte des europäischen Denkens*, S. 90.

der kriegs- und friedenstheoretischen Auseinandersetzung eng mit dem Widerstandsrecht verbunden ist. Während in den deutschen Territorien das Problem der konfessionellen Auseinandersetzung mit dem Augburger Religionsfrieden von 1555 zumindest vorübergehend gelöst war oder man auch von einer Art parzellierter Freiheit reden kann, ohne daß das Problem der Religionsfreiheit wirklich gelöst worden wäre, führte die Auseinandersetzung im niederländischen Raum in der Verbindung von politischen Forderungen einer traditionsgesättigten politischen Landschaft mit dem Verlangen nach freier Religionsausübung zu einer vom Haß geprägten aufständischen und kriegerischen Auseinandersetzung, in der die Friedenskomponente kaum einen Platz hatte – vielleicht auch nicht haben konnte, weil Krieg nicht nur die offene Feldschlacht bedeutete, sondern in erster Linie auch Leidenserfahrung und Tod durch religiöse Unbedingtheit einbrachte. Leidenserfahrung also zwischen Scheiterhaufen, Hinrichtungen und Belagerung. Das Wort von der Rechtlichkeit des eigenen Tuns auf seiten der Rebellen, immer verbunden mit dem Wort von der Tyrannei, zeigt in den vielen Jahren nach dem Beginn des Aufstandes den ganzen unnachgiebigen Charakter im niederländischen Aufstand. Wenn man einmal von der theoretischen Begründung des Aufstandes absehen will, wie sie bald von den Monarchomachen vorgetragen und in die Niederlande eingeführt worden ist, dann ist über diese Abstraktion hinaus ganz konkret auf die Begriffe *Greueltat* und *Tyrannei* hinzuweisen, die eingängiger waren, weil sie zum Teil auch erfahren wurden. Die Flugschriften-Publizistik der Zeit wußte schon sehr genau, wie sie den Willen zum Widerstand zu stützen vermochte. Marnix van St. Aldegonde wußte das, und auch Wilhelm von Oranien selbst war kundig genug. In der Abhandlung *Verklaringhe ende Wtschrift* des letztgenannten heißt es: „... So sind wir dem allem n[a]ch neben unserm Mitverwandten Herren unnd Freunden beweget worden zu unserer selbst auch der hochbetrangten Niderland errettung und auffhaltung Sonderlich auch der RöKaj Maj unserm aller Gnedigsten Herren ... unnd endtlich dem gantzen Reich zu gutem gegen ein solches des von Alba unnd seines anhangs unmessigs und unmenschlichs beginnen und wüten aus Christlichem mitleiden unnd auf beschehnes klegliches ersuchen vieler ... Unterthanen diese unsere Defension unnd genottrangte Gegenwehr als das einige und eusserste mittel sintemal es mit allen anderen versuchen lindern unnd mitlern wegen umb sonst und vergebens ist ..."[8]. Der Legitimationsbedarf, wie er sich aus der Theorie vom gerechten Krieg ergab und erst recht für den in die Theorie einbegriffenen inneren Krieg ins Visier genommen worden war, wurde hier mit Begriffen wie Gegenwehr und Errettung gedeckt. Freilich, die Zahl der Kriegsgründe wurde über die vorgenannten hinaus noch erweitert, die Gegengewalt, die der Oranier anführte, noch anders gestützt. In dieser Zeit, in der die Privilegien und damit die Mitsprache der Landschaft gegen den als ausufernd empfundenen zentralstaatlichen Zugriff im Kern den Freiheitsbegriff ausmachten, trat der Begriff Vaterland in den Vordergrund, kein neuer Begriff der Zeit, aber in seiner Verbindung mit dem Führer des Aufstandes, Wilhelm von Oranien als *Vater des Vaterlandes*, ohne Zweifel von besonderer Wirksamkeit. Die Bedingungen für eine weit verbreitete Rezeption von Gedanke und Tat waren in dieser Zeit schon denkbar gut in den Niederlanden, da ein hoher Alphabetisierungsgrad günstige Voraussetzungen bot, die Zahl der Flugschriften in diesem konfessionellen und politischen Konflikt, der von vielen unmittelbar am eigenen Leibe erfahren wurde, zum wahren Strom an Lesematerial anwuchs und diese Flugschriften auch preislich durchaus erschwinglich

---

8 Zitiert bei J. ARNDT, *Die Kriegspropaganda in den Niederlanden während des Achtzigjährigen Krieges gegen Spanien*, in: ASCH, u.a (Hrsg.), *Frieden und Krieg in der frühen Neuzeit*, S. 240. Hier auch weitere Literatur im Zusammenhang mit den legitimatorischen Leitbegriffen in Kriegsmanifesten. Über den Vaterlands-Begriff s. in diesem Band den Abschnitt *Konstitutionelle Eigenart*.

waren. Der auf das 19. Jahrhundert gemünzte *Strukturwandel der Öffentlichkeit* hat bei genauem Hinschauen schon eine frühe Phase im 16. und 17. Jahrhundert, im konfessionellen Zeitalter also, durchlaufen.[9] Und das gilt nicht nur für die Niederlande. Hier freilich waren die Voraussetzungen für eine weite Verbreitung denkbar günstig, weil die Druckertätigkeit im 16. Jahrhundert ganz erheblich zunahm, in den aufgeregten Zeiten des konfessionellen Konflikts neben politischen Interessengruppen auch die Kirchen auftraten, ein hoher Verstädterungsgrad zunächst vor allem der südlichen Niederlande für eine gute Verbreitungsdichte sorgte und weil die Zensurmöglichkeiten nicht wirklich flächendeckend entwickelt waren.[10] Sicher ist es so, daß die regierungs-, das heißt spanientreuen Schriften in der Minderzahl blieben, gleichwohl seien sie erwähnt, weil sich in eben jenen kämpferischen Beiträgen die ganze Friedlosigkeit der Jahre und die Abwesenheit von Friedensbereitschaft widerspiegelte und weil Gewalt und Gegengewalt zum vorherrschenden Prinzip zählten. Es sei auf die Schrift *Brevis Consultatio* des Cornelius Loos hingewiesen, die als eine der schärfsten prokatholischen und damit prospanischen Ergüsse der Zeit eingestuft worden ist. Die nach Loos einzige Voraussetzung für einen Frieden war die Ausrottung der Ketzer. Die lebensbedrohliche Unduldsamkeit, die sich auf Jesaja 48, 22 stützte, lag in der Aussage, daß die Gottlosen keinen Frieden haben. Gewaltanwendung war in dieser Schrift das erste Gebot. Der Legitimationsbedarf war auch hier gedeckt: es ging um die Wiederherstellung der einen und allein seligmachenden Kirche.[11]

Die protestantische Seite, zunächst auch pamphletistisch durch Wilhelm von Oranien und Marnix van St. Aldegonde vertreten, später durch viele andere verfochten, argumentierte letztlich insofern weitergehender und moderner, als sie zum einen – das lag dann auch nahe genug – die politische Freiheit der Landschaft neben der Religionsfreiheit ins Spiel brachte, darüber hinaus freilich die Niederlande als ganzes als eine Schicksalsgemeinschaft konterfeit wurden, als ein Block der insgesamt unter den Spaniern und ihrem „Schergen" Alva zu leiden hatte. Die Anklage richtete sich gegen Spanien als Nation und seine imperialistischen Bestrebungen, die nachhaltig von der katholischen Kirche unterstützt wurden. In diesen frühen Jahren des Aufstandes schälten sich allmählich Argumentationsstränge heraus, die später von einem spanischen Journalisten unter dem Begriff *leyenda negra* zusammengefaßt worden sind. Das heißt, wir haben es nach Ansicht des Wortschöpfers mit einem ganzen Bündel von Vorurteilen und Klischees über die spanische Geschichte und Gegenwart zu tun. Die vorgenannten Argumentationsstränge weisen auf die Grausamkeit der Spanier und der spanischen Inquisition in den Niederlanden, die den Spaniern angeborene sittliche und moralische Verderbtheit des Charakters, das spanische Streben nach einer Universalmonarchie und schließlich auf die Lasterhaftigkeit der Person des spanischen Königs.[12] Genau diese „Hinweise" enthielten die Impulse, die tatsächlich vorhandene Leidenserfahrung in ein Stück Unversöhnlichkeit umzumünzen und eine Friedensbereitschaft nur für den Fall des Siegfriedens zuzulassen – abgesehen davon, daß diese Art der Argumentation auch der Realisierung von

---

9   S. ebd. S. 241 mit Hinweisen auf die einschlägige mediengeschichtliche Literatur. Grundsätzlich zur Pamphletistik der Zeit C.E. HARLINE, *‚Pamphlets, Printing, and Political Culture in the Early Dutch Republic'*, Dordrecht u.a. 1987.
10 Ebd. S. 242.
11 So ebd. S. 243f. Jesaja 48, 22 lautet: „Aber die Gottlosen, spricht der Herr, haben keinen Frieden."
12 Dazu J. ARNDT, *Der spanisch-niederländische Krieg in der deutschsprachigen Publizistik 1566-1648*, in: H. LADEMACHER/S.GROENVELD (Hrsg.), *Krieg und Kultur. Die Rezeption von Krieg und Frieden in der niederländischen Republik und im Deutschen Reich, 1568-1648*, Münster 1998, S. 411ff. Hier in Verarbeitung auch der Ergebnisse von K.W. SWART, *The Black Legend during the Eighty Years War*, in: J.S. BROMLEY/E.H. KOSSMANN (Hrsg.), *Britain and the Netherlands*, 5, Den Haag 1975.

auswärtiger militärischer und politischer Unterstützung dienen sollte. Im Grunde kam den Aufständischen der Niederlande entgegen, daß sie die antispanische Einstellung auch in ihrer scharfen Form der Verbindung von Kirchen- und Politikkritik letztlich nur zu übernehmen brauchte und dankbar übernommen hat. Denn sowohl aus Spanien selbst oder seinen Kolonien (Bartolomae de las Casas) als auch in deutschen Territorien wurde die „schwarze Legende" publizistisch genährt. In den Niederlanden fand sie, was für die Verbreitung über die Grenzen des Landes hinaus durchaus wichtig war, ihren frühen Niederschlag im *Plakkaat van Verlatinghe* von 1581, das heißt, wir haben es bei diesem Dokument praktisch mit der politischen Konsequenz zu tun, die sich aus den zahlreichen Argumentationssträngen ergab.[13]

Es braucht nicht weiter auf die Vielzahl der Schriften hingewiesen zu werden, die nicht nur in den Niederlanden die katholisch-reformatorische Auseinandersetzung repräsentierten, betont sei freilich, daß sie in der ganz frühen Konsolidierungsphase des Aufstandes in den Niederlanden von ausgeprägter Schärfe waren. Abgesehen davon, daß sich auch an dem zwischen Coornhert und Lipsius geführten Streit um die Toleranz die ganze Heftigkeit des Konflikts exemplifizieren läßt – ein Streit freilich, der sich ganz wesentlich auf einer höheren intellektuellen Ebene abspielte –, sollte unter dem Aspekt der eingängigen Kommunikation auf die Rolle der Predigt und damit auf die Rolle der calvinistischen Prädikanten hingewiesen werden, zumal diese Prediger der Öffentlichkeitskirche häufiger aus den unteren Schichten des Volkes kamen, was freilich in jedem Fall bedeutete, daß sie auch eine besondere Beziehung zu diesem Volk zu entwickeln vermochten oder von diesem Volk ausschließlich positiv gesehen wurden. Zeitgenossen – unter ihnen nicht nur solche aus Regentenkreisen – haben gerade auf die niedere Abkunft nicht ohne eine gewisse Abscheu hingewiesen. Und sicher kamen nicht alle aus solchen Kreisen. Schließlich gab es in den ersten Jahrzehnten die Universitäten Leiden und Franeker, die nach einer gewissen Zeit die ersten fertigen Theologen präsentieren konnten, aber es ist doch schon erstaunlich, daß die zuständigen kirchlichen Stellen häufig genug nicht studierte, sondern vorzugsweise praxiserprobte Pfarrer einstellten, auch wenn diese kein Studium vorweisen konnten.

Jedenfalls gibt es sattsam Beispiele, aus denen sich eine enge Verbundenheit zwischen Volk und Prädikanten ablesen läßt. Die Bedeutung der Predigt nun ist nicht allein zu messen an der Zahl der in der Öffentlichkeitskirche eingeschriebenen Mitglieder. Die lag anfangs noch einigermaßen niedrig und wuchs im Laufe der ersten Jahrzehnte der Republik allmählich heran, ohne freilich jemals die gesamten Niederlande zu erfassen. Wichtig aber waren jene, die als Sympathisanten, aber nicht als eingeschriebene Mitglieder den Gottesdiensten beiwohnten. Ihre Zahl war doch ganz erheblich, so daß der Multiplikator-Effekt von Predigten als durchaus günstig notiert werden darf. Es sind nicht genug Predigten inhaltlich bekannt, um Schlüsse auf die Einbeziehung der tagespolitischen Aktualität ziehen zu können, aber dieser unmittelbare Hinweis auf die spanische Gefahr war auch nicht unbedingt nötig, um die notwendige Aversion weiter zu schüren. Wichtig war vielmehr, daß die Predigt den Unterschied zu den „Päpstlichen", den Katholiken also, deutlich machte, daß sich diese neue Öffentlichkeitskirche abhob gegen die jahrhundertealte katholische Tradition. Solange diese Tradition in Verbindung mit der grenzübergreifenden Staatsmacht Spanien begriffen wurde – und das war nicht schwierig in dieser Zeit –, bedurfte es nicht einmal ausdrücklich dieses Hinweises.[14]

---

13 Ebd. S. 411f.
14 Dazu insgesamt A.TH. VAN DEURSEN, *Bavianen en Slijkgeuzen. Kerk en kerkvolk ten tijde van Mautirts en Oldenbarnevelt*, Franeker o.J., S. 34ff. und S. 69ff.; DERS., *Hat kopergeld van de Gouden Eeuw, IV. Hel en hemel*, Assen 1980., S. 36ff. S.a. den Abschnitt *Religion und Gewissen* in diesem Band.

Wachsamkeit und Interesse

Die Verquickung von Politik und Religion äußerte sich über die frühen Jahre des Aufstandes hinaus neuerlich und nachhaltig schon während der Verhandlungen zum Waffenstillstand und vor allem dann in den Jahren der Waffenruhe selbst. Sie gewann verschärften Charakter, als der Religionszwist zwischen Arminianern und Gomaristen nicht aufs Theologische begrenzt blieb, sondern der Obrigkeit zur Entscheidung angetragen wurde. Die Lektüre zahlreicher Flugschriften weisen diese Verschärfung aus, die immer auch in Verbindung mit der außenpolitischen Entscheidung für einen Waffenstillstand gesehen werden muß. Solcher Schritt brachte doch die Spitze der Obrigkeit, den Ratspensionär Oldenbarnevelt, in den üblen Ruch eines Verräters, was wiederum endgültig jede Friedensbereitschaft praktisch ausschloß.

An die Stelle des Friedenswunsches trat die Wachsamkeit als Leitbegriff, die durch Mißtrauen gegenüber spanischen „Schalmeienklängen" eingegeben war und natürlich die Erfahrungen aus der unmittelbaren Aufstandszeit, aber auch noch die aus den Geschehnissen in den südlichen Niederlanden der 90er Jahre zur Grundlage hatte. Zitiert wird dabei unter anderem aus Matthäus 10, 16: „Seid daher klug wie die Schlangen und arglos wie die Tauben". Aus dem bis dahin tatsächlich siegreichen Verlauf des Krieges wurde auf wohlwollenden göttlichen Beistand geschlossen.

Die hier angesprochene Flugschrift *Copie van seker Referyn* erschien schon 1598,[15] als sich die Partner noch links und rechts nach Bündnispartnern umschauten und von einem Frieden mit Spanien nicht unbedingt die Rede war. Man war von diesem Gedanken sicherlich noch genau soweit entfernt, so nicht weiter noch als 1579 bei den Kölner Sondierungen über einen möglichen Frieden, die ein niederländischer Adliger, Gaspar Schetz van Grobbendonck, der im spanischen Lager stand, den Niederländern per Flugschrift einzureden versucht hatte.[16] Dieses katholisch-spanisch inspirierte Pamphlet richtete sich expressis verbis an alle Einwohner der Niederlande, was für eine Flugschrift selbstverständlich erscheinen will, aber hier noch einmal ausdrücklich im Titel formuliert wurde.[17] Der Autor, aus einer in den Niederlanden nicht unbekannten Adelsfamilie, sprach ganz unmittelbar seine „geliebten" oder auch „frommen Landsleute" an, und er bediente sich des Begriffs vom „nunmehr beunruhigten" Vaterland. Wiederherstellung der alten Privilegien und des Wohlstandes hatte er anzubieten. Die Anführer der Rebellion würden das Land ins Unglück stürzen, sie seien zudem Ausländer, nicht im Lande geborene. Er tadelte jene, die die Kriegslasten als notwendig für die Säuberung des Landes verteidigten. Damit zielte er ganz konkret auf die Folgen des Krieges für den einfachen Bürger der Provinzen.[18]

Die Flugschrift erschien eben ganz zu Anfang des Aufstandes, und in ihr wies der Autor auf die konkreten Folgen eines Krieges hin, auf die Belastung eben des einfachen Bürgers. Das lag alles eingebettet in einer ganzen Palette von spruchverpackten Alltagsweisheiten oder Sentenzen von Autoritäten, die dem Bildungsbürger auf jeden Fall bekannt waren, aber genau dieser Hinweis auf die den ruhigen Alltag zerstörende Kriegsfurie und dem gegenüber auch auf die Kriegsgewinnler war etwas Besonderes. Abgesehen davon, daß der Autor versuchte, das „Volk" gegen die neuen Regierenden

---

15 Hierzu ARNDT, *Die Kriegspropaganda in den Niederlanden*, S. 246f.
16 Darüber bei C.E. HARLINE, *Pamphlets, Printing and Political Culture in the Early Dutch Republic*, Den Haag 1987, S. 191ff.
17 *Grondelycke onderrichtinghe aen de gemeene Inghesetenen van Nederlandt. Van tgroot gemack oft ongemack dat te verwachten staet, indeen men den Peys na sulcker Artykelen, als by de Cuervorsten, Vorsten, ende andere Commissarissen des Keyserlicke Maiesteyts geraemt sijn, aen neemt, oft afslaet*, Cuelen 1579.
18 HARLINE, *Pamphlets*, S. 193ff.

Allegorie auf die Bedrängnis der Niederlande (J. Wttewael)

aufzuhetzen, ist in späteren Diskussionen die konkrete Beschreibung von Krieg und seinen Folgen nicht mehr – oder höchstens ganz selten, wie noch zu zeigen sein wird – eingebracht worden, zumindest nicht mehr auf protestantischer Seite.

In einer calvinistischen Welt, in der die Bereitschaft zum Frieden lediglich eine Funktion der Niederlage Spaniens war, scheint die Unbill des Alltags nicht eine erste Rolle gespielt zu haben. Wo Besorgnis und Klage auftauchten, wurden sie in *Gesprächen* vom „klügeren" Gesprächspartner hinwegargumentiert. Das zeigte sich etwa zum Zeitpunkt der ersten Verhandlungen über den Waffenstillstand mit Spanien, der 1609 abgeschlossen wurde. In einem bei den Flugschriften-Autoren so beliebten *Schuyt-Praetgens*, hier von 1607, wird dies besonders deutlich.[19] Die Dialog-Form war geeignet genug, die ganze Problematik Krieg und Frieden vorzutragen und schließlich die Meinung des Autors in der Form der Überzeugungsarbeit durchzusetzen – ein intellektuelles Spielchen, das jedermann zugänglich sein mußte. In dem Rollenspiel vertrat der Bauer jene Gruppe, die unter den Kriegslasten am meisten zu leiden hatte. Der Bauer wünschte sich den Frieden herbei, der Schiffsführer war der Vertreter einer Schicht, die durch den Krieg an ein verbessertes Einkommen gelangte, in friedfertigen Zeiten nur mühsam über die Runden kam. Er verlangte eine gewaltsame Vertreibung der Spanier aus den Niederlanden und eine Aufteilung des Vermögens unter den Siegern. Der Bürger – und

---

19 *Schuyt-Praetgens, Op de Vaert naer Amsterdam, tusschen een Lantman, een Hovelinck, een Borger, ende Schipper* (Knuttel-Katalog 1453). Das achtseitige Pamphlet erschien 1608 auch in deutscher Sprache und war eines jener 30 Flugschriften, die im *Nederlandtschen Bye-Korf: Waer in Ghy beschreven vindz, al tgene dat nu wtghegaen is, op de Stilstant oft Vrede, zeer nootzakelijc om te lesen van alle Liefhebbers des Vaderlandts, waerwt men den Spaenschen aert mach leeren kennen, om altijt op syn hoede te wesen: beginnende in Mey 1607, ende noch hebben wy niet het eynde ...* (Knuttel-Katalog 1474). Die Generalstände verboten übrigens die Flugschrift.

Allegorie auf den Schutz der wohlhabenden bedrohten Niederlande (Buytewech)

das war hier der Handelsbürger – vertrat durchaus eine Friedenspolitik, aber nur, soweit sie den Handelsinteressen entgegenkam. Hier wurde eine Interessenpolitik vertreten, die nichts mit einer grundsätzlichen Einstellung gegen gewaltsame Konfliktlösungen zu tun hatte. Der Adlige vertrat die Mittlerposition, die in der Position des *Wenn und Aber* angesichts der Verhärtung vor allem bei den Calvinisten immer auf ein Plädoyer für die Fortsetzung des Krieges hinauslaufen mußte. Er würde, so ließ er wissen, dem Friedenswunsche folgen können, wenn es zu einer wirklichen Existenzsicherung käme und wenn man sicher sein könne, daß vertragliche Abmachungen nicht verborgene Gefahr enthielten, und angesichts des ungelösten Religionskonflikts sei auf Versprechungen nichts zu geben, auch wenn Spanien auf dem absteigenden Ast sei. Der Adlige, der als Höfling bezeichnet wird und damit am Hof des Statthalters Moritz von Oranien zu leben scheint, weiß schließlich auch den Bürger von der Notwendigkeit, den Krieg fortzusetzen, zu überzeugen.

Der Waffenstillstand wurde schließlich abgeschlossen, gegen den oranischen Willen. Das ist nicht weiter zu erörtern, es sei lediglich der Hinweis erlaubt, daß eben parallel zu der nach Abschluß des Waffenstillstandes verschärft einsetzenden theologischen – innercalvinistischen, wenn man so will – Kontroverse sich letztlich auch die Konzeption von Spanien als Inbegriff der Feindschaft weiter verhärtete und eben bis in die Zeit um die Friedensverhandlungen von Münster hineinwirkte. Das heißt, es möchte Oldenbarnevelt zwar gelungen sein, den Waffenstillstand ungeachtet aller Störfeuer zustande zu bringen[20], aber das bedeutete nicht, daß das Mißtrauen gegenüber Spanien und damit

---

20 Dazu insgesamt sehr überzeugend A.TH. VAN DEURSEN, *Honni soit qui mal y pense? De Republiek tussen de mogendheden (1610-1612)*, (=Mededelingen der Koninklijke Nederlandse Akademie van Wetenschappen, Afd. Letterkunde Nieuwe Reeks, deel 28 – Nr. 1), Amsterdam 1965.

die Bereitschaft zur Fortsetzung des Krieges verflacht wäre. Darauf weist nicht allein die Zahl der Truppen hin, die man in Sold hatte, sondern auch die in Regierungskreisen einhellige Meinung, daß Spanien einen Waffenstillstand lediglich benutze, um neue Kriegsvorbereitungen zu treffen. Das galt auch, obwohl die Spanier in Den Haag nicht mehr als so schlagkräftig eingeschätzt wurden. Was die Generalstände in einer Resolution 1598 schon gesagt hatten, war immer noch gültige Ursache des Krieges und bestimmte damit Aufgabe und Kurs der Außenpolitik. Der Kriegsgrund, so formulierte man seinerzeit, liege immer noch im Verhalten des spanischen Königs, der sich auf die päpstliche, die römische Religion stütze und die allgemeine Monarchie anstrebe. Er nehme sich das Recht und glaube, die Autorität zu besitzen, alle Länder, die der Papst benenne, bekriegen und einnehmen zu müssen. Und dann das Gegenteil: Ein entscheidender Sieg über Spanien würde alle christlichen Fürsten und Völker dazu bringen, den römischen Aberglauben preiszugeben – so hieß es 1603 in eben diesem Gremium.[21] Es ist freilich festgestellt worden, daß die Schärfe des Tons, soweit es um Regierungsgremien ging, im Laufe der Jahrzehnte nachgelassen hat. Schon in den ersten Jahrzehnten zeigten einige Vereinbarungen zwischen Spaniern und Niederländern auf jeden Fall die Möglichkeit des Dialogs. So kamen Moritz von Oranien und Mendoza schon 1602 überein, daß kein Krieg gegen das „schwache Geschlecht", die Frauen und Kinder, geführt werden durfte. In eben diesem Jahr und wiederholt 1622, 1623 und 1638 traf man Vereinbarungen über den Austausch von Kriegsgefangenen. Natürlich blieb Spanien der Erzfeind, aber die Gleichung Spanien = Tyrannei wurde regierungsseits nicht mehr so häufig vorgeführt.[22]

Das Verständnis vom Krieg als grausamem Akt. Ein Vergleich

Die Frage nach der Friedensbereitschaft impliziert immer einen Blick auf die Rezeption des Krieg in seinen Folgen als Ausbund der Unmoral. Das meint Wiedergabe von Krieg in Wort und Bild. In den niederländischen Flugschriften oder historischen Darstellungen – in Erzählungen, die sicher lange nicht die Verbreitung von Flugschriften hatten – findet sich für die Jahre des Aufstandes bis hin zum Waffenstillstand wenig oder gar nichts zu diesem Thema. Die in Schriften oder auch Gravuren beschriebene Greueltat dient dem Nachweis der Berechtigung des Aufstandes, enthält nicht die Anklage gegen den Krieg schlechthin. Es will angebracht erscheinen, die darstellende Kunst über die hier kurz angedeutete politisch-psychologische Komponente der Wortbeiträge hinaus als eine Quelle der Rezeption und Reflexion hinaus zu befragen und dabei zu einem Augenblick einzusetzen, als der spanisch-niederländische Krieg wieder aufgenommen und der Dreißigjährige Krieg gerade angelaufen ist. Damit bietet sich auch ein kleiner Vergleich mit den künstlerischen Äußerungen im Kampfgebiet des Dreißigjährigen Krieges an. Ganz spezifisch für die Territorien des Reiches ist festgestellt worden, daß dort, wo der Krieg im Reich grausame Wirklichkeit geworden ist, eine künstlerische Verarbeitung nicht stattgefunden hat.[23] „Aber es gibt einige Nischen".[24]

---

21 Zit. bei ebd. S. 28f. Hier wird darauf hingewiesen, daß die Generalstände auch durchaus eine Trennung zwischen Spanien und Katholizismus anzubringen wußten, wenn es um praktische Politik ging. So ließ man schon 1605 die Brabanter und die flandrischen Stände wissen, daß es nur um die Befreiung vom spanischen Joch gehe, nicht darum, eine andere Religion einzuführen.
22 Dazu A.TH. VAN DEURSEN, Het kopergeld van de Gouden Eeuw. Volk en overheid, S. 86.
23 G. ADRIANI, Deutsche Malerei im 17. Jahrhundert, Köln 1977, S. 134.
24 So A. LORENZ, Mahnung-Dekorum-Ereignis. Krieg als Gegenstand der Kunst im Reich, in: H. LADEMACHER/S. GROENVELD, Krieg und Kultur. Die Rezeption von Krieg und Frieden in der niederländischen Republik und im Deutschen Reich 1568-1648, Münster 1998, S. 215.

Und in der Tat. Da ist auf den Lothringer Jacques Callot und dessen graphischen Zyklus *Les Misères et les Malheurs de la Guerre* hinzuweisen – eine Arbeit, die letztlich aus unmittelbarer Anschauung entstand, als Lothringen Schauplatz im Dreißigjährigen Krieg geworden war. Bei Callots Zyklus handelt es sich um 18 Radierungen, die in Versform kommentiert werden. Wenngleich sich auch geordnetes Soldatenleben dargestellt findet, machen doch die Greueltaten, die Verbrechen an der Zivilbevölkerung – Plünderung, Mord und Vergewaltigung – den wesentlichen Kern des Zyklus aus. Das ist für die Anschauung des Krieges eine realistische Wiedergabe, die im Zyklus zwar insofern etwas abgeschwächt wird, als die Übeltäter von den „guten" Soldaten bestraft werden, aber diese versöhnende Geste kann kaum über die Gewalt als Grunderscheinung dieser Zeit hinwegtäuschen. Der Künstler will das auch nicht, denn auf Blatt 9 stellt er die Formen der Bestrafung dar, die sich in das Bild der konzentrierten Grausamkeit einfügen. Dazu gehören auch die letzten Blätter, die den kranken, den verkrüppelten, am Straßenrande liegenden und der Rache der gepeinigten Bauern ausgesetzten Soldaten wiedergeben. Es ist festgestellt worden, daß es dem Künstler in erster Linie um die Folgen von Gesetzesbruch, Ordnungs- und Disziplinlosigkeit gegangen sei, was sich auch in den von Abbé Michel de Marolles verfaßten Versen geäußert habe und daß es sich bei ihm letztlich um eine Konkretisierung des Gegensatzes von Tugend und Laster gehandelt habe, aber signifikant bleibt doch die Tatsache, daß die Einzeldarstellung nicht der Phantasie des Künstlers entspringt und sicher nicht zur Kategorie der Emblemata zählt, sondern eine ganz realistische Wiedergabe des Faktischen enthielt.[25] Der Krieg selbst, nicht die Vorstellungskraft des Künstlers brachte die Beispiele.

Daß es sich bei den Darstellungen des Callot nicht um ganz bestimmtes Kampfgeschehen oder örtliche fixierbare Schlachten und ihre Folgen handelt, sondern ganz allgemein um Folgen des Krieges und das Schicksal des Soldatenlebens, unterstreicht den memento-Charakter seiner Arbeit. Das gilt auch für den aus Kaufbeuren stammenden Zeichner und Radierer Hans Ulrich Franck. Auch wenn der mehr als 20 Blätter zählende Zyklus durchaus als einer am Soldatenleben orientierten Mahnung an die Vergänglichkeit gedeutet werden kann, so muß gerade zu dieser Zeit des Krieges die zeichnerische Darstellung von Raub, Mord, Plünderung und Vergewaltigung als Alltagserscheinung als besonders wirkungsvoll gelten, weil sie in vielen Augenblicken der bäuerlichen, dörflichen, aber auch städtischen Erfahrung entspricht und letztlich auch der Erfahrung des verkrüppelten Soldaten.[26] Freilich, Vorführung von Schrecknissen heißt nicht gleich auch grundsätzliche Anklage gegen den Krieg mit als Folge das Plädoyer für den Frieden. In solchen Arbeiten fördert der Krieg die persönliche Verfehlung, die das Phänomen Krieg insofern unbeschadet läßt, als der Gedanke eingebracht wird, daß eine gute Moral solchen Schrecknissen wehren könnte. Das gilt im übrigen ganz besonders für das *Soldatenbüchlein* des Radierers Christian Richter, der sich ganz auf die Soldatenthematik konzentriert. Es ist ein Büchlein, in dem sich mit gleichsam erhobenem Zeigefinger die Folgen unmoralischen Verhaltens dargestellt finden.[27]

Es wurde angedeutet, daß in Zeiten kriegerischer Schrecknisse die Darstellungen ungeachtet ihres eher allgemeineren Sinngehaltes durchaus ihre konkrete, auf die Zeit bezogene Wirkung haben können, auch wenn die Konfrontation mit dem Tod, in wel-

---

25 Dazu ebd. S. 215ff. Die von der Vf.in apostrophierte Überhöhung ergibt sich aus den Versen des de Marolles, die sicher keine Ablehnung des Krieges enthält. Eher ist Soldatentum etwas ganz Normales, so es denn tugendhaft ist. So heißt es bei ihm: „Dies ist ein Offizier, gerecht und beispielhaft,/ wie er die Guten lohnt und auch die Bösen straft,/ muß die Soldaten wohl bei ihrer Ehre greifen,/ kann ihnen doch das Glück nur aus der Tugend reifen,/ und für das Laster zahlt man, wie ein jeder weiß,/ mit Schande, Schimpf und Folter einen hohen Preis". Ebd. S. 217.
26 Zu H.U. Franck ebd. 217f.
27 Ebd. S. 218f.

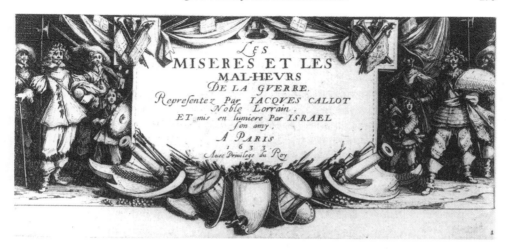

Drei Stiche von J. Callot

cher Gestalt auch immer, von der graphischen Kunst her nichts Neues ist, auffällig ist auf jeden Fall, daß in solchen Darstellungen nicht der Krieg, sondern das Verhalten im Kriege hinterfragt wird, nicht die Notwendigkeit von Frieden wird angesprochen, sondern die Moral des Kriegers. Es sei in diesem Zusammenhang behauptet, daß die apokalyptischen Reiter des Albrecht Dürer einen stärkeren Hinweis auf die Geißeln der Menschheit enthalten als diese Radierungen. Die Radierungen des Zürcher Zeichners und Radierers Rudolf Meyer sind schon eher den Betrachter unmittelbarer ansprechende Chroniken der Kriegsschrecknisse, als ihnen der Bezug auf die Moralität des Soldatentums fehlte, der Krieg mit seinen Greueln also dadurch nicht relativiert wird. Aber der Maler ist eben nur Chronist, nicht Mahner. Meyer hat freilich diese Rolle eines Mahners übernommen, weil er auf einem auf 1632 datierten Blatt in allegorischer Form den Untergang von Kunst, Handwerk und Wissenschaft wiedergibt und dem Betrachter Hoffnung vermittelt, indem er Merkur, den Gott des Handels und der Wirtschaft, niedersteigen läßt. Jedenfalls enthält die Zeichnung einen Hinweis auf Künftiges, auf den Sieg des Friedens über den Krieg.[28]

Ob die Stilleben der Zeit mit ihrem Vanitas-Motiv zu den aus der Inspiration durch den Krieg getränkten und dem Alltag geborenen Arbeiten zu zählen sind, mag dahingestellt bleiben. Dieses Motiv gilt durchgängig für das 16. und 17. Jahrhundert gleichermaßen, sagt wohl auch mehr über die Vergeblichkeit menschlichen Tuns als über das Verhältnis des Malers zu Krieg und Frieden aus.[29]

Abgesehen davon, daß die Suche nach einer von Künstlern verfaßten Chronik des Krieges so ergiebig nicht ist, bleibt auch festzuhalten, daß über die Chronik hinaus eine wirkliche Auseinandersetzung mit Krieg und Frieden letztlich gar nicht thematisiert worden ist. Das ist nur sporadisch vorhanden und wird etwas stärker nach dem Geschehen, als der Friede geschlossen worden ist und in seinem Glanz hoffnungsvoll dargestellt werden kann. Es ist wohl dem Kriegsgeschehen selbst zuzuschreiben, daß die Kunst allgemein danieder lag, wie es in der zuvor beschriebenen Allegorie des Rudolf Meyer von 1632 gezeichnet ist, und vielleicht stimmt die Klage des deutschen Malers Joachim von Sandrart, der auch in den Niederlanden tätig war, als er formulierte: „Die Königin Germania sah ihre mit herrlichen Gemälden gezierte Paläste und Kirchen hin und wieder in der Lohe auffliegen, und ihre Augen wurden von Ruß und Weinen dermaßen verdunkelt, dass ihr keine Begierde oder Kraft übrig bleiben konnte, nach dieser Kunst zu sehen, von welcher nun schiene, dass sie in eine lange und ewige Nacht wollte schlaffen gehen."[30]

Die zeitgenössische Literatur aus den deutschen Landen hat vielleicht nachhaltiger noch als die zeichnerische Darstellung die ganze Grausamkeit des Krieges hervorgehoben. Nicht daß sie sich ausschließlich mit den Folgen des Phänomens Krieg auseinandergesetzt oder sie nur beschrieben hätte. Es gibt in jenen Jahrzehnten auch eine vornehmlich von den Protestanten getragene Kampfliteratur, die man, wenn man so will, unter der Überschrift *Von der Freiheit eines Christenmenschen* einordnen könnte. Diese letztgenannte ist hier freilich nicht vorzustellen.[31] Es geht vielmehr um das Wort des Dichters zum Krieg als Erfahrung des Leidens. Die aus der Antike übernommene Pastoraldichtung mit ihrer zum Genre zählenden bukolischen Gegensätzlichkeit, schien besonders geeignet zu sein, den Krieg in seiner Ekelhaftigkeit zu konterfeien. Diese

---

28 Ebd. S. 221ff.
29 Ebd. 223ff. Vf.in bringt diese Stilleben in ihre Darstellung über den Krieg mit einer Reihe von Beispielen ein.
30 Ebd. S. 213.
31 S. dazu den Beitrag von W. KÜHLMANN, *Krieg und Frieden in der Literatur des 17. Jahrhunderts*, in: K. BUSSMANN/H. SCHILLING, *1648. Krieg und Frieden in Europa*, Textband II: *Kunst und Kultur*, Münster/Osnabrück 1998, S. 329ff.

Kriegsbereitschaft und Friedenswunsch

Zwei Stiche von H.U. Franck

Gattung, die in ganz Europa gepflegt wurde, fand in den deutschen Territorien noch vor dem bewaffneten Ausbruch des Konfessionsstreits ihre frühe Umsetzung angesichts der Bauernkriege. Dichter wie Eobanus Hessus, Euricius Cordus, Joachim Camerarius und andere machten das Schicksal der Elenden und Entrechteten zu ihrem Thema – zum Thema des Hirtengedichts. „Friede den Hütten", so ist festgestellt worden, habe häufiger die Parole gelautet.[32] Das Bild vom Krieg, wies es in der Konfrontation mit dem Bukolischen entsteht, es fand im benachbarten Genre des Epos intensivere Ausdrucksformen, um die ganze Obszönität des Geschehens hervorzukehren. Im *Trostgedichte in Widerwärtigkeit des Krieges* lautete das:

„Wo Tityrus vorhin im Schatten pflag zu singen, /Und ließ von Galathee Wald, Thal und Berg erklingen,/ Wo vor das süsse Lied der schönern Nachtigal,/Wo aller Vogel Thon biß in die Lufft erschall,/Ach! Ach! Da hört man jetzt die grawsamen Posaunen,/ Den Donner und den Plitz der fewrigen Carthaunen,/ Das wilde Feldgeschrey: wo vormals Laub und Graß/ Das Land umbkrönet hat, da ligt ein faules Aas."[33]

Wo es um das Kriegsgeschehen in seiner grausamen Alltäglichkeit geht, ist immer Grimmelshausen zu nennen, dieses Stück vom *Simplicius Simplicissimus*, das freilich erst nach dem Kriege erschien. Unnötig zu erläutern, daß es sich hier um eine Darstellung aus Miterleben und Fiktion handelt, die in ihrem kunstvollen Aufbau von besonderer Eindringlichkeit war, wie sie sich aus dem Blick eines scheinbar naiven Betrachters auf die Unmenschlichkeit im Detail ergab.[34] Der Krieg als Unflat und Widerwärtigkeit, so wäre er zu reflektieren, schaut man auf Grimmelshausen oder folgt man den Versen des Andreas Gryphius. In den *Trehnen des Vatterlandes* von 1636 lautete das:

> Wir sindt doch nuhmer gantz/ja mehr den gantz verheret!
> Der frechen völcker schaar/die rasende posaun/
> Das vom blutt fette schwerdt/ die donnernde Carthaun
> Hat aller schweis/und fleis/und vorraht auff gezehret,
> Die türme stehn in glutt/die Kirch ist umbgekehret.
> Das Rahthaus ligt im graus/die starcken sind zerhawn.
> Die Jungfrwan sind geschändt/vnd wo wir hin nur schawn
> Ist fewer/pest/vnd todt der hertz vndt geist durchfehret.[35]

Da wird der Krieg und sein Instrument, die Soldateska, in seiner ganzen grausamen Wirkungsmacht beschrieben, der Soldat ganz und gar nicht mehr von seiner friedfertigen Seite vorgeführt, wie das bei einigen Radierern und Stechern im Rahmen eines Gesamtzyklus noch der Fall ist. Es ist festgestellt worden, daß die zeitgenössische Literatur in den deutschen Territorien diese plündernden und marodierenden Soldaten als eine Naturkatastrophe und Landplage in Form einer durchgängigen Elegie beschrieben habe. Das kann nicht verwundern, da die Erfahrung von Elend und Leiden ganzer Landstriche unmittelbar war und manches in der Zeit schon von Beteiligten niedergeschrieben worden ist.[36] Kaum ein deutscher Dichter hat sich dem Thema entzogen und sich

---

32 Dazu K. GARBER, *Pax Pastoralis – Zu einer Friedensgattung der europäischen Literatur*, in: BUSSMANN/SCHILLING, 1648, Textband II, S. 320. Dort, S. 319ff., auch ein Einblick in die Bedeutung und Entwicklung der Pastorallyrik seit der Antike.
33 Zit. bei ebd. S. 321.
34 Dazu K. HABERKAMM, *Zeitgenosse-Augenzeuge-Autor. Der Johann Jacob Christoff von Grimmelshausen*, in: LADEMACHER/GROENVELD (Hrsg.), *Krieg und Kultur*, S. 365ff.
35 Zit. bei F. VAN INGEN, *Poesie der Trauer. Zeitgenössische Literatur im Reich*. In: LADEMACHER/ GROENVELD (Hrsg.), *Krieg und Kultur*, S. 347.
36 S. dazu im Detail über die Angst vor dem Verlust von Leib und Leben, aber auch vor dem materiellen Verlust R.E. MOHRMANN, *Alltag in Krieg und Frieden*, in: K. BUSSMANN/K. SCHILLING

der Aufgabe verweigert, seine Landsleute zur ‚Beständigkeit'(constantia) zu ermahnen und zu trösten. „Die Zeit- und Weltklagen beherrschten die Literatur der Zeit."[37] Die Grundsätzlichkeit der Kriegsbetrachtung, die das Phänomen sehr eindeutig aus dem Diskussionsrahmen des bellum justum-Gedankens heraus auf eine ganz andere Ebene hebt, sieht nicht nur die Ordnung des Alltags durch die Schändlichkeit der Taten ausgehebelt, sondern findet auch die Schöpfungsordnung zerstört und die christlichen Werte ungültig gemacht. Die Apokalypse war hereingebrochen.[38] Die Kunstform der Darstellung enthielt eine Zusammenfassung der Nachrichten über den Alltag des Krieges, in der durchaus plakativen Form erhöhte sie den Eindruck von der Grausamkeit des Geschehens, sie bereitete den Leser vor auf die Suche nach den Ursachen des hartnäckigen Verbrechens. Die Autoren werden auf ihrer Suche fündig. Es ist Gottes Zorn, der die Sündhaftigkeit der Welt bestraft. Martin Opitz – er ist auf diesem Feld nicht der einzige – hat in seinem 1633 publizierten (freilich schon früher entstandenen) *Trostgedicht in Widerwertigkeit Deß Kriegs* die Zeilen gefunden:

> Die Vrsach ist zwar auch in eusserlichen Wercken:
> Wann Vntreuw wird erregt/wann sich die Laster stercken ...
> Doch eigentlich zu schreiben/ Der erste Quell ist Gott/ der thut diß alles treiben

Die Qual des Krieges als göttlicher Fluch oder – wenn man etwas zurückhaltender ausdrücken will – göttlicher Zorn über die Abweichung der Menschen vom göttlichen Wort! Der „Widerwärtigkeit" des Krieges geht die Widerwärtigkeit menschlichen Verhaltens voraus. Opitz hat dies möglicherweise in Anlehnung an die Ermahnungen Melanchthons in die Verse umgesetzt:

> Gott/Gott treibt dieses Werck/ deß grossen Zornes Brunst
> Vnd Rache greifft vns an: vnd solches nicht vmbsunst.
> Wir alle sind befleckt mit Schanden vnd mit Sünden
> Von Adams Zeiten her; nicht einer ist zu finden
> Der sonder Boßheyt sey: Wir sind auß Gottes Huld
> Entfallen durch vns selbst vmb vnser Laster Schuld.
> ...
> Drumb sind zugleiche wir vnd vnser schönes Land
> Deß Feindes Tyranney gegeben in die Hand.[39]

Dieser theologische Bezug mag dann eine christliche Überhöhung, ja, gar eine Abstrahierung der Realität enthalten, aber er unterbricht nicht den Zugang zur Realität und er hat schließlich etwas Tröstendes, insofern er die Strafe als Weg zur göttlichen Gnade deutet, wie Opitz es ausdrücklich tut. Die Literaturwissenschaft hat darauf hingewiesen, daß neben Opitz viele Dichter der Zeit diesen Argumentationszusammenhang von Ursache und Wirkung als Grundlage des kosmischen und weltlichen Geschehens vorgeführt haben. „Machtpolitische Dinge und Belange spielen in der poetischen Argumentation keine Rolle, sie werden ausgeblendet."[40] Das ist gut so, wird man hinzufügen dürfen,

---

(Hrsg.), *1648. Krieg und Frieden in Europa*, S. 319ff. M. geht u.a. ausführlich auf die Niederschrift des Hans Heberle (*Zeytregister*) ein. Ferner vor allem J. BURCKHARDT, ‚*Ist noch ein Ort, dahin der Krieg nicht kommen sey?' Katastrophenerfahrungen und Kriegsstrategien auf dem deutschen Kriegsschauplatz*, in: LADEMACHER/GROENVELD (Hrsg.), *Krieg und Kultur*, S. 3ff.
37 So F. VAN INGEN, *Poesie der Trauer*, S. 347.
38 Ebd. S. 348.
39 Texte ebd. S. 351. Der Bezug auf Melanchthon dort schlüssig aufgezeigt.
40 So ebd. 353.

weil mit der Ausklammerung der weltlichen Ursachen der Blick auf die ganze Grausamkeit des Krieges freigegeben und weil vor allem das für solche Erkenntnis unnötige bellum justum-Spiel mit seinen Rechtfertigungstendenzen unglaubwürdig wurde. Freilich war diese Kriegs- und Friedensliteratur zugleich auch Aufforderung zum Handeln im christlichen Sinne, zum Buße-Tun. Das galt für Individuum und Nation in gleichem Maße. So vermag auch der Theologe und Schriftsteller Johann Rist, der nach dem Kriege 1658 den Literaturkreis *Elbschwanenorden* begründete, die ganze deutsche Nation zum Friedenshandeln aufzufordern. Sicherlich handelt es sich bei Rist schon um ein Stück Patriotismus, wichtiger jedoch ist noch, daß er sich auf den Weg des christlichen Pazifismus begab, der sich an Erasmus anschließt. Das heißt, er kehrte sich ab vom Soldatenstand, wie ihn einige darstellende Künstler in ihren Radierungen und Stichen im Zuge der Wiedergabe der Kriegsgreuel noch in erster Linie thematisiert haben. Und dieser Ansatz des Rist ist auch in der Nachkriegszeit in der Friedenspoesie spürbar in Gestalt der zahlreichen Friedensspiele, die zur Friedensfeier aufgeführt wurden und durchaus als heilsgeschichtliche Inhalte angesprochen werden können.[41]

Der mit Blick auf Rist schon angezeigte patriotische Bezug sei hier aufgegriffen, da er doch ein auffälliges Kennzeichen der deutschen Poesie des Kriegsgeschehens war. Die Verfechter des protestantischen Gedankens taten sich da hervor. Zu ihnen zählt Georg Rudolf Weckherlin, der Gewissensfreiheit und fürstliche Libertät im Kampf gegen Unterdrückung verband. Er ließ Verse veröffentlichen, die unter dem Titel „An das Teutschland" zusammengefaßt waren und in denen es hieß:

„Zerbrich das schwere Joch/darunter du gebunden/O Teutschland/wach doch auff/faß wider einen muht/Gebrauch dein altes hertz/ und widersteh der wuht/ Die dich/ und die freyheit durch dich selbs überwunden."[42]

Ganz abgesehen davon, daß die politische Poeterei der Zeit, wie sie in einer Reihe vo literarischen Gesellschaften gepflegt wurde, durchaus auch Schuldzuweisungen an das eigene, das „geprügelte Deutschland" bereit hielt, sei darauf hingewiesen, daß dieser Patriotismus in erster Linie von Protestanten getragen wurde, die ohnehin im Druckgewerbe tonangebend waren. Das äußerte sich freilich nicht allein in der Dichtkunst, sondern erfaßte das ganze Medium, die Flugblätter und illustrierten Flugschriften, die zuhauf auf den Markt gebracht wurden. Gerade diese letztgenannten beiden Kategorien verbanden die Kriegsgreuel mit der Ausgestaltung von Feindbildern. Hier lief alles auf eine verschärfte antikatholische Aktion hinaus, mit Tilly etwa als dem Erzfeind der Protestanten. Die Einnahme Magdeburgs bot da den Anlaß zu erhöhter Agitation. Gustav Adolf wurde in dieser kriegerischen und konfessionellen Konstellation als der heilbringende Antipode ausgewiesen, als der Friedensengel, von dem nur Gutes zu erwarten sei. Die hohe Vielzahl der Lieder, Elogen in Versform, Predigten, wie sie in Flugblättern in die Öffentlichkeit getragen wurden, diente der Mythisierung des Freundes der deutschen Lande. Der Beifall der evangelischen Geistlichkeit begleitete ihn auf seinem Siegeszug, der ja nur dem protestantischen Patriotismus dienlich sein konnte. Und die Epitheta ornantia für den Schwedenkönig fanden auch in der gehobenen Literatur, auf der literarisch anspruchsvollen Ebene ihren Widerhall. Gustav Adolf als Befreier und Friedensmensch zugleich. In dem seinem Beichtvater Johann Fabricius zugeschriebenen Gebet des Schwedenkönigs heißt es:

---

41 Zu Rist und zur Nachkriegspoesie s. ebd. S. 358ff.
42 Bei W. KÜHLMANN, *Krieg und Frieden in der Literatur des 17. Jahrhunderts*, in: BUSSMANN/ SCHILLING (Hrsg.), 1648, Textband II, S. 329.

Dulle Griet (P. Brueghel)

> Verzage nicht, du Häuflein klein,
> Ob schon die Feinde willens sein,
> Dich gänzlichen zu verstören,
> und suchen deinen Untergang,
> Darvon wird dir ganz angst und bang;
> Es wird nicht lang mehr währen.[43]

Die Trauerpoesie und ähnliche literarische Äußerungen zum Tode des Mannes in der Schlacht bei Lützen, die dort entwickelte Herrschaftspanegyrik, wie sehr er zum Heilsbringer des protestantischen Patriotismus avanciert war.[44]

Vor diesem deutschen Hintergrund sei der Blick den Niederlanden zugewandt, die zwar einen achtzig Jahre dauernden Krieg auszufechten hatten, aber die Dichte des Kampfes nur in den frühen Aufstandsjahren bis hin zum Waffenstillstand kannten, während die zweite, mit dem Dreißigjährigen Krieg zeitlich fast deckungsgleiche Phase ihres Krieges gegen Spanien eher als weniger dicht bezeichnet werden darf, soweit es das Kampfgeschehen angeht. Da liegt ein ganz anderer Hintergrund als in den Territorien des Deutschen Reiches vor, der noch dazu geprägt ist von einem Hochstand der Künste, nicht von einem Niedergang, wie ihn Sandrart für die deutschen Territorien geglaubt hat feststellen zu müssen. Wie, so ist zu fragen, ist der Krieg denn in seinem ganzen Umfang und seinen Auswirkungen rezipiert worden. Ist Krieg über den Begriff vom *gerechten* Krieg, wie er in der Lehre erörtert wird, hinausgehend verstanden worden als Geißel der Menschheit, wie es schon Dürer versucht hatte auszudrücken oder als Metapher für Tod, Verderben und Leid für die Unbeteiligten? Es sei gleich gesagt, daß es schon ein

---

43 Zit. ebd. S. 352.
44 Dazu insgesamt ebd. S. 331ff.

Die sieben freien Künste, im Kriege schlafend (Lucas de Heere)

eigenartig Ding ist, daß Pieter Brueghels Gemälde *Dulle Griet* wohl das einzige große Gemälde ist, daß den Krieg in Gestalt der Protagonistin als eine kaum zu akzeptierende Erscheinungsform des innergesellschaftlichen und internationalen Lebens erfaßt. Die formalen Komponenten des Gemäldes sind ihrer Herkunft nach sehr divergent, aber hingewiesen sei doch auf die Tatsache, daß Brueghel nicht nur Maler, sondern auch ein in seiner Zeit bekannter Humanist war, der mit Erasmus ebenso verkehrte wie mit Dirk Volckertsz. Coornhert. Es ist auch nicht zu ermitteln, ob Brueghel das Gemälde als Auftragsarbeit gefertigt oder als schiere Privatarbeit gesehen hat.[45] Auf jeden Fall ist es ein Katastrophenbild, in dem Tod und Vernichtung das vorherrschende Prinzip abgeben. Als das Bild entstand, herrschte noch kein Krieg, aber er war absehbar, wie auch schon die Erfahrung der Verfolgung Andersgläubiger in nächster Nähe ertragen wurde, und es ist ein Gemälde, das – in der Art der Darstellung fast schon in die Nähe des Hieronymus Bosch rückend – die möglichen Auswirkungen des konfessionellen Konflikts prinzipiell vorwegnahm, gleichviel, ob ein aufkommender Krieg oder nur die Bedrohung durch zerstörerische Gewalt allegorisiert werden sollte, und irgendwie fügt es sich in letzter Konsequenz in die Diskussion über den gerechten Krieg, insofern es solchem Geschehen gleichgültig ist, ob es dabei um einen gerechten oder einen ungerechten Krieg geht.[46]

---

45 Zum Bild s. M. BEILMANN, *Die Zurückhaltung des Genres. Der Krieg in der Kunst der Republik*, in: H. LADEMACHER/S. GROENVELD (Hrsg.), *Krieg und Kultur. Die Rezeption von Krieg und Frieden in der Niederländischen Republik und im Deutschen Reich*, Münster 1998, S. 259ff.

46 Es ist darauf hingewiesen worden, daß das Bild eine Vielzahl von Deutungsmöglichkeiten bietet. „Ob man die ‚Dulle Griet' nun als Personifikation der Habsucht, der üblen Nachrede oder der

Glaube, Liebe, Hoffnung
(Lucas de Heere)

Seit dem Bildersturm bis hin zum Westfälischen Frieden wird der Krieg zwar immer wieder dargestellt, freilich weniger als Gegenstand der Reflexion, sondern ganz überwiegend im Sinne einer Parteinahme für die niederländische Sache oder auch als Reminiszenz an und Information über den Erfolg des Aufstandes. Im Vordergrund steht die Parteinahme, nicht die Kritik am Krieg als Mittel der Konfliktlösung. Möglicherweise ist Lucas de Heere, ein Flame und selbst als Glaubensflüchtling zunächst in London, noch als eine tiefer reflektierende Ausnahme anzusehen, wenn er, der Humanist, in seiner Federzeichnung *Glaube, Liebe, Hoffnung* eben diese Tugenden schlafend darstellt und damit offensichtlich der Eskalation der Gewalt in der religiösen Auseinandersetzung eine Absage im Sinne der Toleranz als notwendige Voraussetzung für die Gedeihlichkeit des Zusammenlebens erteilte – eine Überlegung, die im „Haus der Liebe" gehegt wurde und die so typisch für Dirck Volckertsz. Coornhert war. Diesem de Heere wird auch eine

---

Ketzerei, als zweiten Satan oder als Göttin Gridr aus der Edda, als Hexe oder als heroische, zur Furie dämonisierte Gestalt interpretiert, in der Rückschau erscheint ihr rasendes Wüten mit der irrationalen, alles umfassenden Bedrohung der Menschen durch den unaufhaltsam heraufziehenden Krieg verknüpft ... In der sie umgebenden, hermetisch verschlüsselten Welt der Symbole sind Freund und Feind nicht mehr eindeutig zu unterscheiden. Es herrscht die beängstigende Atmosphäre einer unabwendbaren Katastrophe, aus der es kein Entrinnen gibt. Diese Ausweglosigkeit führt Brueghel dem Betrachter erbarmungslos vor Augen." Ebd. S. 260. Die Autorin läßt es offen, ob das Gemälde ein Reflex auf die spanischen Ausschreitungen (Verfolgung Andersgläubiger) oder als Vorahnung eines Krieges zu deuten ist.

Variation des Themas mit dem Titel *Die sieben freien Künste, in Kriegszeiten schlafend* zugeschrieben. Die Künste, die ruhen, mit dem Krieg im Hintergrund, sollen von dem vom Himmel herabsteigenden Merkur wiedererweckt werden. Offensichtlich sind die Hoffnung auf Handel und florierende Wirtschaft als Friedensbringer der Hebel für die Wiedererweckung von Kunst und Wissenschaft.[47]

Als sich nach den 70er Jahren des 16. Jahrhunderts die militärische Lage der Aufständischen günstiger gestaltete und der spanische Ansturm zunächst gebrochen war, entstand nach wachsenden militärischen Erfolgen offensichtlich das Bedürfnis, Schaden und Erfolg gleichermaßen darzustellen. Jedenfalls wurden von einzelnen Stadtregierungen Darstellungen der Belagerungen ihrer Städte in Auftrag gegeben. Zunächst zählten die Arbeiten noch nach wenigen, zur Jahrhundertwende hin und vor allem danach, als Moritz und Friedrich Heinrich von Oranien sich als äußerst fähige Heerführer erwiesen, wuchs die Zahl der Darstellungen erheblich an. Nicht nur die als Schicksalsschlacht eingeordnete Schlacht bei Nieuwpoort (1600) des Prinzen Moritz gegen Erzherzog Albrecht, sondern auch die erfolgreichen Belagerungen, die der „Städtebezwinger" Prinz Friedrich Heinrich von Oranien ausführte, waren wiederholt Sujet der Maler. Für die Zeit des Prinzen Moritz ist freilich festzuhalten, daß sich hier – einmal abgesehen von der Porträtmalerei – die militärische Leistung (Einnahme von Städten) überhaupt nicht in Gemälden, sondern nur auf Drucken und Münzen verewigt findet. Einer der herausragenden Porträtmaler jener Jahre war Michiel Jansz. van Mierevelt, der den „Vater des Vaterlandes" ebenso konterfeite wie Moritz von Oranien, Wilhelm Ludwig von Nassau und schließlich Friedrich Heinrich von Oranien. In der Zeit zwischen 1635 und 1650 vergaben einzelne Stadtregierungen eine ganze Reihe von Aufträgen für Großporträts der statthalterlichen Familie an die für solche Aufgabe zuständigen Maler wie Pauwels van Hillegaert oder Hendrik Ambrosius Pacx, der zugleich die Belagerung von 's-Hertogenbosch durch Friedrich Heinrich malte.[48]

Für die Darstellung von Sieg und Heldentum waren Leinwand und Wandteppich gleichermaßen gefragt. Die ehemals für die burgundischen Provinzen so bekannte Teppichweberei fand nun auch Eingang in die Nordprovinzen – martialisch dann, wird man sagen können, denn die Stände Seelands gaben bei dem Maler Hendrick Vroom den *Strijd op de Zeeuwsche stromen* in Auftrag, der seine Bildentwürfe der Teppichweberei der flämischen Immigranten Jan und Hendrick de Maeght in Middelburg zusandte. Dargestellt war der Sieg der Provinz über die Spanier, die aus den Gewässern Seelands vertrieben wurden. Vroom gehörte zu den Koryphäen seines Fachs, hatte er doch auf Vermittlung des Carel van Mander die Armada-Tapisserien entworfen, die die Niederlage der bis dahin für unbesiegbar gehaltenen spanischen Armada darstellte. Vroom war ohnehin der Mann der Seestücke, die offensichtlich die öffentlichen Instanzen der Niederlande faszinierten, weil sich gerade zur See Sieg und Siegeswille am reichhaltigsten wiedergeben ließen. Der Glanz und damit auch die Identifikationsmöglichkeit, die mit den Kunstwerken angeboten werden sollte, galt dabei der Republik und ihrem Handeln insgesamt als zuweilen auch ganz spezifisch einer einzelnen Stadt – was wiederum dem besonderen Charakter des republikanischen Gemeinwesens entsprach. Und dort, wo nach Siegen katastrophale Niederlagen der Wassergeusen gegen die Spanier und anschließende spanische Greuel stattgefunden hatten, ging es darum, spanischen Rückzug in Siege umzumünzen. Insgesamt enthielten Seestücke, die häufig als Geschenke im diplo-

---

47 S. ebd. S. 263f. Zu Lucas de Heere s. das Kapitel *Bildende Kunst* in diesem Band.
48 Dazu M.P. VAN MAARSEVEEN, *Schilderijen van wapenfeiten uit de tweede helft van de Tachtigjarige Oorlog*, in: DERS. u.a. (Hrsg.), *Beelden van een strijd. Oorlog en kunst vóór de Vrede van Munster 1621-1648*, Zwolle o.J., S. 72ff. sowie S. 88ff. In diesem Bildband auch der Beitrag von H.L. ZWITSER, *Van Bestand tot Vrede: de tweede helft van de Tachtigjarige Oorlog 1621-1648*, S. 15ff. mit den genannten Abbildungen.

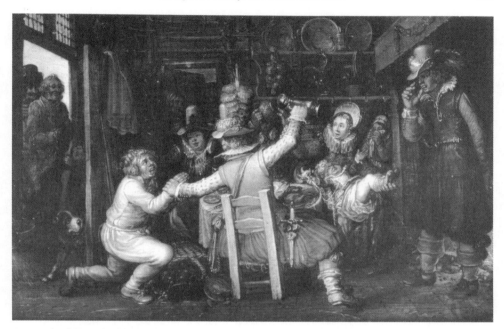

Bauernleid (D. Vinckboons)

matischen Verkehr überreicht wurden, Demonstrationen der Stärke – ob auch jeweils einen Einschüchterungsversuch, mag dahingestellt bleiben. Dabei ist es unerheblich, ob die Künstler eine realistische Wiedergabe des Geschehens vermittelten oder eben nur aus der Kunde heraus tätig wurden, wichtig waren Stärke und Sieg. Solche Seestücke enthielten, wenn es über die Darstellung der See als Naturlandschaft hinausging, nichts anderes als die Spezifizierung von Historienmalerei mit dem Ziel der Vermittlung von Glanz und Gloria, aber anfänglich eben auch mit dem Wunsch nach Rechtfertigung der aufständischen Existenz.[49] Soweit es um die Darstellung von Sieg und Triumph ging, gab es da den Wermutstropfen in Gestalt der Übergabe der Stadt Breda an die Spanier. Spinola war da erfolgreich geblieben gegen den niederländischen Heerführer Justin von Nassau, und Philipp IV. hat diesen Triumph von keinem geringeren als Velazquez in einem großartigen Gemälde darstellen lassen, der dabei die Großzügigkeit der spanischen Übergabebedingungen voll ins Bild brachte. Für die Niederländer war das kein Thema.

Es sei hier freilich auch auf eine andere Kategorie verwiesen, die außerhalb der triumphierenden oder nur rein äußerlichen Wiedergabe des Kriegsgeschehens liegt. Gemeint ist hier das Leiden der Dorfbevölkerung unter den Grausamkeiten der Soldateska. In einem Lied aus der frühen Zeit des 80jährigen Krieges heißt es:

> Wy kryghen van 't Krijgs-volck soo menighen stoot
> Sy maecken ons kael/sy maecken ons bloot.[50]

---

[49] Bei BEILMANN, *Die Zurückhaltung des Genres* findet sich eine Reihe von weiteren Beispielen zu diesem Thema der Motive und Inhalte von kriegerischen Darstellungen.

[50] Zit. bei M. P. VAN MAARSEVEEN, *Dorpsplunderingen in de schilderkunst van de eerste helft van de zeventiende eeuw*, in: DERS. u.a. (Hrsg.), *Beelden van een strijd*, S. 149. („wir kriegen vom Kriegsvolk so manchen Stoß, es macht uns arm, es macht uns bloß").

Das Hauptthema lautet: der Bauer, das Dorf, der Soldat. Es liegt völlig abseits der Städtebelagerungen und Reitergefechte, insofern es bei den großen Auseinandersetzungen immer um Kombattanten geht oder um Sieg und Niederlage, nie aber um das persönliche Leiden des völlig Unbeteiligte, des „Schuldlosen", wenn man so will. Kurz: es geht um die wirkliche Grausamkeit des Krieges. Vom Beginn des 17. Jahrhunderts datiert eine Tafelmalerei, auf dem sich ein Soldat mit gezogenem Säbel und ein Bauer mit Ackergeräten gegenüberstehen. Der Soldat als potentieller und immer präsenter Räuber, der Bauer als erdgebundener Produzent, der bereit ist und sein muß, seine Ernte zu verteidigen. Von Kunsthistorikern ist erörtert worden, ob Pieter Brueghels *Kindermord in Bethlehem*, das biblische Thema also, das bei dem Maler in eine niederländische Umgebung platziert wird, der gleichsam künstlerische Ausgangspunkt für die Darstellung des Bauernleids gewesen ist – eine Darstellung, die sich dann abseits jedes biblischen Hintergrunds vollzieht. Das sei hier nicht vorgetragen, jedenfalls aber liegt die Vermutung nahe, daß der *Kindermord*, der in einem Dörfchen stattfindet, als eine Reaktion auf die Grausamkeiten des spanischen Herzogs Alva und seiner Truppen zu begreifen ist.[51] Plünderung von Dörfern war in der süd- und nordniederländischen Malerei gleichermaßen Thema von Künstlern. Es fragt sich freilich, in welchem Umfang dieser Gegenstand thematisiert wurde. Für die südlichen Niederlande sind Sebastiaen Vrancx und Pieter Snayers an erster Stelle zu nennen, während für den Norden Esaias van de Velde die Vorreiter-Rolle für das Thema zugeschrieben wird. Abgesehen davon, daß das Thema: *Soldateska* in den südlichen Niederlanden eingeführt und in den nördlichen Provinzen rezipiert wurde, scheinen die Künstler der Republik eine merkwürdige Scheu vor der Darstellung von Mord und Totschlag oder Misshandlungen, vor Personenschäden also, gehabt zu haben. Die Künstler des Nordens konzentrieren sich auf die Beute.[52] Es ist auffällig, daß die Darstellung von Plünderungen in Dörfern in der großen Mehrzahl erst in der zweiten Phase des 80jährigen Krieges einsetzt, nach Ende des Waffenstillstandes. Dies wird der Erinnerung an die frühe Phase zugeschrieben, in der die ländliche Bevölkerung in den Nord- und Südprovinzen ähnlich intensive Leidenserfahrungen machte. Das gilt für die zweite Phase für den Norden nicht mehr, da der Krieg zunächst schon unter Statthalter Moritz von Oranien und nach ihm endgültig unter seinem Halbbruder Friedrich Heinrich an die Grenzen des Landes im Osten und Süden und schließlich über die Grenzen hinaus in die feindlichen spanischen Niederlande getragen wurde – mit allen Konsequenzen. Auch das Heer der oranischen Statthalter hat sich trotz aller positiven Ergebnisse der oranischen Heeresreform (Disziplin) der Grausamkeiten schuldig gemacht.[53]

Die Darstellung des Krieges in seinen Spielarten, gleichviel ob als siegreiche Schlacht zu Land oder auf See oder als Mord, Totschlag, Plünderung und Brandschatzung enthält doch einige interessante Aspekte, die möglicherweise etwas über das Verhältnis der Nordniederländer zum Krieg auszusagen vermögen. Man wird das Ergebnis des künstlerischen Schaffens unter den Spitzmarken *Parteinahme und Klage* gegen oder über den Krieg gleichermaßen sehen können. Das waren schon zwei sehr voneinander verschiedene Herangehensweisen. Die Künstler des Nordens, zum großen Teil eher der neuen Religion zugewandt, haben sich dann auch der Parteinahme verschrieben. Da ging es zunächst um die an anderer Stelle ausführlich beschriebene Rechtfertigung des Aufstandes und um die Konsolidierung des neuen Staates mit seinen Ansprüchen auf eine

---

51 S. ebd. S. 159f.
52 Ebd. S. 154.
53 Zum Ganzen auch J.S. FISHMAN, *Boerenverdriet. Violence between peasants and soldiers in early modern Netherlands art*, Ann Arbor 1982.

Bauernfreud (D. Vinckboons)

lange zurückreichende Tradition.⁵⁴ Parteinahme war angesichts eines gewaltigen Flüchtlingsstroms von Süd nach Nord und vor allem angesichts der Erfahrungen mit der katholischen Intoleranz und Inquisition sicherlich so erstaunlich nicht, ging es doch darum, im Norden das Neue zu leben und die Eingesessenen zu unterstützen. Zum neuen Bewußtsein, das unter der Überschrift *Vaterland* einzuordnen ist, gehörte ein unbedingter Siegeswillen – Sieg rechtfertigte den Aufstand, weil Siege eben ein Beweis für göttlichen Beistand waren. Jene, die Kunst als Darstellung der Aktualität, als Widerspiegelung der eigenen Vorstellungen von der künftigen Entwicklung verlangten, erteilten die Aufträge. Das war die Obrigkeit, gleichviel ob es sich hier um die Provinzial- oder Generalstände oder um die einzelnen Kommunen handelte. Diese Obrigkeit repräsentierten die Regenten, die im Laufe der Jahrzehnte einen ausgeprägten Hang zur Selbstdarstellung entwickelten und sich gerne als Personifikation der siegreichen Republik begriffen. Sie waren als Auftraggeber finanziell potente Kunden, die Darstellung des Künstlers bot sich dann häufig genug auch inhaltlich als eine fremdbestimmte.

Zu dieser Kunst des Siegeswillens und des Triumphes trat gleichsam auf einem Nebengleis die Darstellung von Raub und Plünderung, des Unrechts gegenüber der ländlichen Bevölkerung. Es ist hier bemerkt worden, daß es deutliche Unterschiede in der Bearbeitung des Themas zwischen spanisch-niederländischen und nordniederländischen Künstlern gibt. Hinzugefügt sei, daß die nordniederländische Darstellung nicht wirklich in die Grausamkeit des Geschehens eintaucht, wie sie die schriftlichen Quellen überliefern. So ist zu fragen, wie doch solche, im Vergleich zu den Südniederländern wohl merkwürdige Abstinenz zu erklären ist. Warum nicht mehr jene in Stichen wiedergegebenen Grausamkeiten, wie sie der Mechelner Kupferstecher ganz früh dargestellt hat? Zu weisen ist dabei auf den zeitlichen Abstand. Es mag dann so gewesen sein, daß die Erinnerung an das Kriegsgeschehen der frühen Jahre noch lebendig war, zumal

---

54 S. dazu den Abschnitt über *Konstitutionelle Eigenart und politische Kultur* im vorliegenden Band.

Moritz und Friedrich Heinrich von Oranien als Feldherren
(Th.W. Bosschaert)

Schriften auch der späteren Jahrzehnte – hier vor allem Liederbücher – eine große Rolle spielten, aber im Norden war spätestens nach dem Ende des Waffenstillstands die unmittelbare Nähe des Krieges und damit die unmittelbare Erfahrung nicht mehr gegeben. Die militärischen Erfolge waren zu groß. Im Süden sah das gerade durch die Aktionen des Friedrich Heinrich ganz anders aus. Wichtiger freilich will erscheinen, daß sich die Darstellung von Plünderungen der Dörfer in den nördlichen Niederlanden in dieser nicht mehr kriegsbedrohten Zone zu einem Thema unter anderen entwickelte und letztlich – wenn man die Anforderung der Mahnung an solche Darstellung knüpft, wie das bei Brueghel und Lucas de Heere deutlich ist – zu einem Genre unter vielen verkam. Es war die Lust am Visualisieren eines bestimmten Ereignisses, nicht der moralische Impetus, der die Produktion bestimmte.

Ein Vergleich zwischen der „Kriegs"kunst in den deutschen Territorien oder anderen Ländern und den Arbeiten in der Republik unter dem Aspekt einer Thematisierung des Krieges wird also feststellen dürfen, daß die niederländische Auftragskunst den Charakter eines Genres trägt, das gleichsam für ein Museum der siegreichen nationalen oder – um im Sprachgebrauch der Zeit zu bleiben – vaterländischen Erhebung in ihren Glanzpunkten dienen kann. Diese Kunst war mit Blick auf den Krieg als Phänomen reflexionslos, was wiederum zeigt, daß die Diskussion um die Verdammungswürdigkeit des Krieges oder wenigstens über einen gerechten oder ungerechten Krieg nur erst von ganz wenigen Menschen aufgegriffen worden ist und daß darüber hinaus Mitleid oder Mitleiden als emotionale – eben nicht philosophische oder juristische – Komponente zu den noch ganz entfernten Kategorien gehörte. Die Gemälde der 30er und 40er Jahre konzentrieren sich auf Belagerungen, die als erweiterte Landschaftsbilder mit der belagerten Stadt im Zentrum angemerkt werden dürfen, die freilich auch dem Glanz dienten, denn zu diesen Darstellungen gehören praktisch auch die Konterfeis der berittenen Statthalter Moritz und Friedrich Heinrich, den in der überwiegenden Zahl der Fälle Siegreichen, die in jenen Jahren sehr häufig in den Häusern der Regenten ihren Platz fanden. Auf die Spezialisten auf diesem Gebiete wurde schon hingewiesen. Die Darstellung des Siegreichen, gleichviel ob in Person oder im Geschehen, stützte vaterländisches Denken, wie das die Pamphletistik der frühen Jahre auch tat. Erstaunlich ist, daß das auch für die für den Markt gefertigten Arbeiten gilt, soweit sich das heute feststellen läßt. Zu vermuten ist darüber hinaus, daß, soweit es um die Einschätzung der Qualität des Krieges geht, die unmittelbare Erfahrung mit der spanisch gelenkten Inquisition und das Auftreten spanischer Truppen überhaupt – denen übrigens das durchaus nicht gesittete Verhalten der Wassergeusen an die Seite zu stellen wäre –, eine Verschärfung des konfessionellen Konflikts eingebracht haben, die den Krieg in jedem Augenblick als *gerecht* empfinden ließen. In der fortdauernden propagandistischen Auswertung der katholisch-calvinistischen Konfrontation scheint kein Raum für Nachdenken über den Krieg als Übel gewesen zu sein.[55] Die letzten beiden Jahrzehnte des Achtzigjährigen Krieges war dann von den Kampfhandlungen her von ungleich geringerer Dichte und ganz wesentlich auf die Eroberung oder Rückeroberung von Städten bestimmt, die dann nicht einmal im Kerngebiet des Aufstandes lagen. Die Geschehnisse in Deutschland oder Lothringen enthielten eine möglicherweise doch grausamere Erfahrung, insofern marodierende Söldner ganz wesentlich den Alltag des Krieges mitbestimmten. Selbst wenn der Schwerpunkt der Zeichnungen und Radierungen der Künstler auf dem Tugendkatalog für Soldaten lag, dann war der Reflexionsgrad, schaut man auf die Inhalte, doch einigermaßen höher als in der niederländischen Republik. Die Erfahrung des Leidens war hier offensichtlich einprägsamer als beim niederländischen Nachbarn, der in seinen Führungsschichten jedenfalls die Selbstdarstellung höher ansiedelte. Und nicht nur deutsche Gegenstücke sind zu nennen, sondern auch die der südniederländischen Nachbarn, hier etwa Sebastiaen Vrancx, der in seinen Arbeiten deutlich den Krieg moralisch verdammte.[56]

Auf dem Feld der Literatur – und hier ist vor allem die Poesie gemeint – ist eine ähnliche Zurückhaltung gegenüber dem Phänomen Krieg festzustellen. Gewiß die hier schon mehrfach zitierten Geusenlieder einschließlich der Sammlung *Gedenckclanck* des Valerius[57] – Lieder im übrigen, die auch in einer Vielzahl von Einzelblättern Verbreitung fanden und auch gesungen wurden – konzentrieren sich nicht speziell auf die Kriegsnot, sondern sind letztlich epischer Natur, insofern sie die Geschichte des Aufstandes erzählen und schlicht für die Sache der Geusen Partei ergreifen, wenngleich auch hier und da einmal heftiges Kopfschütteln über die Zerrissenheit in Konfessionen deutlich wird. Als Beispiel sei hier der Text angeführt:

---

55 Zur propagandistischen Auswertung des Krieges s. neuerdings die Studie von D. MACZKIEWITZ, *Der niederländische Aufstand gegen Spanien (1568-1609). Eine kommunikationswissenschaftliche Analyse* (=Studien zur Geschichte und Kultur Nordwesteuropas, Bd. 12), Münster u.a. 2005.
56 S. zu Vrancx den Beitrag von J. VANDER AUWERA, *Historische Wahrheit und künstlerische Dichtung. Das Gesicht des Achtzigjährigen Krieges in der südniederländischen Malerei, insbesondere bei Sebastiaen Vrancx (1573-1647) und Pieter Snaysers (1592-1667)*, in: BUSSMANN/SCHILLING, *1648*, Textband II, S. 461ff.
57 Darüber den Abschnitt *Konstitutionelle Eigenart*.

Die Niederländer und Spanier im Gefecht auf dem Haarlemmermeer (H. C. Vroom)

> „De een die hout het met Calvijn,
> Die ander will een Luyter zijn,
> De derde blijft noch een papist,
> Die vierde is een mennonist.
> Sy zijn certeyn al heel gedeelt,
> Want haer geloof noch seer veel scheelt"[58]

Die Geusenlieder entstanden häufig im Anschluß an ein Ereignis oder wurden gar noch während einer Belagerung verfaßt und bald verbreitet. Das heißt, sie hatten immer auch einen hohen Aktualitätswert. Zusammengenommen enthalten sie eine Art Geschichte des Aufstandes. Als Geschichtserzählung war auch das Liederbuch des Valerius konzipiert, das auf Emanuel van Meterens *Historie der Nederlandscher ende haerder naburen, oorlogen ende geschiedenissen* basiert, die 1614 schon in zweiter Auflage erschienen war. Die Darstellung lockerte der Herausgeber mit Gedichten, Liedern, Sprüchen und Stichen auf sowie Noten für die einzelnen Lieder – wahrlich ein Büchlein für den täglichen Gebrauch, um den Kampf gegen Spanien immer wieder vorzutragen, ein sicherlich interessanter Vorgang, wenn man sich klar macht, daß der *Gedenckclanck* erst 1626 erschien, als die ärgsten Kriegsfolgen in den Niederlanden, das heißt auch die schlimmsten Erfahrungen mit den Spaniern schon überwunden waren.

Es sei bemerkt, daß der Blick der Niederländer wohl nur in geringem Maße über diese, wenn man so will, „memento-Texte" hinausgereicht hat. Über ein neugieriges Interesse an der europäischen kriegerischen Auseinandersetzung zwischen den Konfessionen ging die niederländische Betroffenheit nicht hinaus, wenn man einmal unterstellt, daß

---

58 Zit. bei L. GRIJP, *Lieder der Geusen. Das niederländische politische Lied im Achtzigjährigen Krieg*, in: LADEMACHER/GROENVELD (Hrsg.), *Krieg und Kultur*, S. 441. („die Menschen seien in Katholiken, Lutheraner, Calvinisten und Mennonisten verteilt, fehle es ihnen doch an echtem Glauben").

Eroberung der Stadt Hülst (H. de Meijer)

emotionale Betroffenheit im Sinne von Mitleid über die Leiderfahrung anderer durchaus ein mögliches Ingrediens der Teilnahme hätte sein können. Das gilt eben auch für die Literaten. Die Arbeit des reformierten Pfarrers Willem Baudartius, die 1624 erschien, bezeugt dieses nackte Interesse am Geschehen auch jenseits der niederländischen Grenzen.[59] Es ist schon durchaus eigenartig, wenn der Unfalltod (Ertrinken) von Prinz Heinrich Friedrich, Sohn des Winterkönigs, 1629 die Dichter des Landes, die einen Namen hatten, Leute also wie Joost van den Vondel, Jacobus Revius und Jacob Westerbaen, auf den Plan rief, sie ganz persönliches Mitleid äußern und Elegien verfassen ließ, der Blick freilich auch galt den Ereignissen in den deutschen Territorien. Dieser Schwenk lag nahe, da der Winterkönig, nunmehr im Haag im Exil, am Anfang des Dreißigjährigen Krieges gestanden hatte. Das Interesse war jedenfalls da, und es äußerte sich nicht zuletzt auch in der Übersetzung einer Reihe deutscher Flugschriften ins Niederländische. Aber dem Interesse fehlte das emotionale Mitleiden, und da sprang die eben seit Beginn des Aufstandes hochgehende politische und calvinistische Emotionalität in die Bresche. Die Flugschriften, die da erschienen und sich mit dem Dreißigjährigen Krieg befaßten, enthielten nichts anderes als eine aus dem europaweiten Geschehen bezogene Rechtfertigung des eigenen Vorgehens gegen die spanisch-katholische Herrschaft. Die Überlegungen zum Krieg enthielten keine Klage, sondern zuerst und vor allem eine Neuauflage des „bellum-justum"-Denkens. Auch in der Sammlung des Valerius wurde dieser Gedanke des gerechten Krieges verfochten. Freilich, die Überzeugung von der eigenen Rechtschaffenheit, die aus dem Glauben heraus lebte, hatte auch ihr anderes Gesicht. Dort, wo Niederlagen zu verzeichnen standen, fand man die Ursachen im eigenen Fehlverhalten, im falschen Lebenswandel, der Gottes Strafe nach sich ziehe. Solche Gedanken fügen sich in die Bewegung der „nadere reformatie", der pietistischen Strömung innerhalb des Calvinismus.[60] Ewout Tellinck gehörte zu dieser Richtung, und auch der

---

59 W. BAUDARTIUS, *Memorien ofte cort verhael der gedenck-weerdichste so kerckelicke als weltlicke gheschiedenisse van Nederland, Vranckrijck, Hooghdytschland, Groot Britannyen, Hispanyen en Turkyen, van de jaere 1603 tot in het jaer 1624.*

60 S. dazu M. SPIES/E. WISKERKE, *Niederländische Dichter über den Dreißigjährigen Krieg*, in: BUSSMANN/SCHILLING, *1648*, Textband II, S. 399ff.

Pfarrer Rudolf Meyer sprach von der Sündhaftigkeit des Menschen, von Hoffart und Gotteslästerung, Meyer freilich war ein Pfarrer aus Deutschland, ebenso wie Bartholomäus Hulsius, der aus Frankfurt kam und der die blutigen Geschehnisse bei der Einnahme der Pfalz durch die Kaiserlichen beklagte.[61]

Wo eine Identifizierung des Reichsgeschehens mit dem niederländischen Aufstand vollzogen wurde, geschah dies nicht aus Mitleiden, sondern diente der Verschärfung des Bildes vom grausamen katholischen Gegners. Zu diesem Behufe übersetzte Jacobus Revius eine deutsche Flugschrift über die Einnahme Magdeburgs durch die Truppen Tillys. Revius übersetzte ein Zwiegespräch zwischen Gustav Adolf und der Jungfrau, die die Stadt Magdeburg verkörperte und trug dies in Versform vor.[62] Die Identifizierung war dort besonders nachdrücklich, wo man Tilly mit dem Herzog von Alva verglich, die man beide in ihrem Auftreten deckungsgleich sah. Man mag solche Identifizierung als ein Stück Emotionalität mit Blick auf die Geschehnisse im Reich sehen, aber nirgendwo ist vom Mitleid oder von der Unsinnigkeit des Krieges die Rede – und mögen die Greuel noch so groß sein –, so daß viel eher von Verschärfung oder auch Bestätigung des vorhandenen Feindbildes die Rede sein darf.[63] Es entsprach der im Bereich der gehobenen Literatur vornehmlich von Revius unterhaltenen grenzüberschreitenden Beobachtung, wenn entsprechend die Siege des Schwedenkönigs gefeiert wurden – wie das eben in den protestantischen Territorien des Reiches auch geschah. Daß Revius sich in seiner Begeisterung dazu verleiten ließ, auch die Deutschen in die Reihe der „Auserwählten" einzuordnen, zeigt das Ausmaß seiner protestantischen Siegesgewissheit.

Es sei in diesem Zusammenhang auf den bekanntesten Dichter der Republik, auf Joost van den Vondel, hingewiesen, der seinerseits in seinen Versen die Sache der Freiheit verfocht und darunter politische und Glaubensfreiheit gleichermaßen verstand und dort den Frieden forderte, wo die Ziele erreicht zu sein schienen. Glaubensfreiheit meinte für den Dichter ein Nebeneinander aller Konfessionen. Vondel fehlte die Unbedingtheit des calvinistischen Glaubens, wie sie Revius auszeichnete. Wo Revius forderte, daß der Feind mit Gottes Hilfe geschlagen werde, bot Vondel dem Schwedenkönig im Gedichte einen Ölzweig dar mit der Bitte, vor den Mauern des katholischen Köln einzuhalten und die Stadt zu schonen. Diesen Gedanken des friedenspendenden Ölzweigs hat Vondel bis zum Ende des Krieges nicht preisgegeben.[64]

Rundum den Frieden. Münster in der Diskussion

Vondel ist in dieser Friedensbereitschaft wohl eher eine Ausnahme. Vorherrschend ist wohl, wenn man alle schriftlichen (literarischen) Äußerungen zusammennimmt, der Hang zur Selbstdarstellung des Freiheitskämpfers in Permanenz und der möglicherweise dadurch bedingte Ausschluß einer tiefergreifenden, grenzüberschreitenden und auch leidgeprägten Friedensreflexion. Das ist durchaus begreiflich, wenn man Aufstand und Krieg bis hin zum Ausgang als eine Erfolgsgeschichte einstuft, an deren Ende der totale Niedergang des Gegners stehen mußte, das heißt, es sollte eine Situation geschaffen werden, die den Gegner zumindest auf absehbare Zeit nicht mehr als Gefahr erscheinen ließ. Folgt man den Flugschriften der 20er bis 40er Jahre des 17. Jahrhunderts, dann wird immer noch von der Bedrohlichkeit Spaniens geschrieben. Macht, Selbstbewusstsein

---

61 Ebd. S. 400f.
62 *T'samen-sprekinge des aldaer doorluchtichsten konincx van Sweden, ende der Maegdenborgsche nymphe*. Dazu ebd. S. 401.
63 Broschüre *Een nieuwen gheordonneerden Sweeddranck*, angeführt bei ebd. S. 401.
64 Beispiele zusammen mit anderen in Bezug auf den Schwedenkönig ebd. S. 404ff.

und Selbstdarstellung – es war eine Art Tryptichon niederländischen Prestiges, das man dadurch noch höher schraubte, indem man sich in einem diplomatischen Gerangel vor den Verhandlungen von Münster ausbedang, *ambassadeurs* genannt und mit *Exzellenz* angesprochen zu werden und zugleich Anspruch darauf erhob, als Letztangekommene von den schon anwesenden Delegationen aufgesucht zu werden.[65] So geschah es auch. Es entsprach dem Selbstbewusstsein der zweifellos sieggewohnten Republik, wenn sie diesen Bericht von Münster nach Den Haag gehen ließ, das Detail erzählte und hierzu sogleich eine Flugschrift in der Öffentlichkeit verbreitet wurde. Eine kleine Wortanalyse nach Häufigkeit der verwendeten Begriffe würde eine hohe Trefferquote für das Wort *Exzellenz* feststellen. Es gab keine der so zahlreichen ersten Begegnungen, in denen die Niederländer nicht mit *Exzellenz* angeredet wurden. Jede fand im Bericht Erwähnung.[66]

Es war eine Erfolgsmeldung und eben alles auf Glanz und Gloria getrimmt, was sich vor und innerhalb der Tore Münsters abspielte. Bis dahin hatte man noch kein Wort über den Frieden verloren. Das Detail sei hier erspart, aber ganz anschaulich ist doch, was sich vor den Toren Münsters abspielte. Schon eine halbe Kutschenstunde vor der Stadt wurde die Delegation der Republik von den französischen und portugiesischen „ambassadeurs" sowie dem Kommandeur der Stadt Münster empfangen Diesen Einzug hat Gerard ter Borch, den der Amsterdamer Regent und Führer der Delegation, Adriaan Pauw, eigens mit nach Münster beordert hatte, gemalt. Der *Einzug Pauws in Münster* gilt heute als eines der Schlüsselbilder in Münsters Kunstgeschichte. Im Vordergrund des Bildes erstreckt sich ein breiter Sandweg, auf dem sich eine prächtige Kutsche, von sechs Pferden gezogen, stadteinwärts bewegt. In der Kutsche befinden sich Adriaan Pauw, seine Frau Anna van Ruytenburg und deren Enkelkind. Ein in festliches Rot gekleidetes Gefolge und eine berittene Vorhut begleiten die Kutsche. Dieser *Einzug* des Pauw stellt eben nicht nur ein szenisches Familienporträt dar, vielmehr enthält das Gemälde eine „politisch-programmatische Aussage."[67] Die Darstellung entspricht in Komposition und Form der Darstellung eines Fürsten. Das Bild ist ein Auftragsbild[68], und der Auftrag wurde vor dem Hintergrund der Querelen um den diplomatischen Status und der damit verbundenen Rechte gegeben, die letztlich nichts anderes enthielten als die Ehrbezeugungen gegenüber einer erstrangigen, dazu noch siegreichen Macht Europas.

Diesem aus militärischem Erfolg und zugleich zentraler politischer Position im Rahmen europäischer Auseinandersetzungen hervorgehenden Selbstbewusstsein fügt sich ein weiterer stützender Faktor hinzu, der die Position noch stärkt. Es war nicht nur der internationale Handel allgemein, der die Republik auf den ersten Rang hob, sondern auch die Funktion eines wichtigen Scharniers, die die Republik im Waffenhandel einnahm – eine Funktion, die sie bis weit ins 18. Jahrhundert hinein wahrnehmen konnte. Sie stieg im Laufe des Achtzigjährigen und des Dreißigjährigen Krieges zum führenden Waffenlieferanten Europas auf. Im Inland verlangte in erster Linie das Heer im Kampf gegen die Spanier sowie die Flotte (Admiralität) nach modernster Bewaffnung. Dazu

---

65 Zu den Verhandlungen in Münster s. H. LADEMACHER, *Ein „letzter" Schritt zur Unabhängigkeit. Die Niederländer in Münster 1648*, in: H. DUCHHARDT (Hrsg.), *Der Westfälische Friede. Diplomatie, politische Zäsur, kulturelles Umfeld, Rezeptionsgeschichte*, München 1998, S. 337ff. Zum Westfälischen Frieden (Frieden von Münster für die Niederländer) insgesamt der hier genannte Band von DUCHHARDT sowie weiterhin F. DICKMANN, *Der Westfälische Frieden*, Münster ⁶1992 (hrsg. v. K. Repgen).

66 Knuttel 5271: *Relaes Hoe en in wat manieren hare Excellecien de Heeren Ambassadeurts Extraordinair van de Ho:Mo: Heeren Staten Generael der Vereenighde Nederlanden, tot Munster zijn gekomen, daer ingehaelt, ontfangen en gecongratuleert, volgens haer eygen schrijven*, 1646.

67 So A. LORENZ, *Barockmalerei und „wissenschaftliche" Kunstsicht im 17. Jahrhundert*, in: F.-J. JAKOBI (Hrsg.), *Geschichte der Stadt Münster*, Bd. 3, Münster ²1993, S. 425-437, hier S. 435.

68 Ebd.

trat der Bedarf der Kauffahrteischiffe sowie darüber hinaus der Vereinigten Ost- und Westindischen Kompanien, die Kriege gegen ihre Gegner nach eigener Einsicht führen durften. Die wirtschaftliche Basis der Waffenherstellung und -lieferung verlief in enger Zusammenarbeit zwischen den Kaufleuten-Unternehmern und der öffentlichen Hand. Zur Befriedigung des Inlandsbedarfs trat zunächst noch zögerlich, nach Beginn des Dreißigjährigen Krieges freilich ein rapider Aufbau von Exportmärkten, so daß die Republik bald zum „Waffenarsenal der Welt" heranwuchs, wie geschrieben worden ist. Die niederländische Waffenindustrie und der Waffenhandel zählten zu den lebenswichtigen Teilen der logistischen Struktur der europäischen Land- und Seestreitkräfte. Die Abhängigkeit von der niederländischen Produktion zeigte sich selbst im englischen Bürgerkrieg (1641-49) zwischen den Königstreuen und der Parlamentspartei. Und die Portugiesen bezogen in den Jahren des Aufstandes gegen die spanische Oberherrschaft ihre Waffen zum größten Teil aus den Niederlanden (1640-42). Einige Zahlen mögen diese Lieferungen konkretisieren: 1641 erhielt der Gegner von einst 24.000 Musketen, 4.500 Kanonenrohre, 5.000 Karabiner, 1.000 Pistolen und 5.000 Spieße. Diese Mengen waren für 35.000 Mann Fußvolk und 6.000 Reiter also ungefähr die Hälfte des portugiesischen Heeres, vorgesehen. Dazu kamen 360.000 Pfund Pulver und 110.000 Lunten, 320.000 Pfund Blei und mehr als 100 Kanonen aus Holland und Seeland nach Portugal. Es sei hier der Hinweis vorgetragen, daß kurz darauf die Portugiesen die Niederländer aus Pernambuco vertrieben. Weiß man, daß eine große Anzahl europäischer Staaten ihre Waffen über ihre Agenten und Gesandten in den Niederlanden einkaufen ließen, dann kann man sich eine Vorstellung über den Umfang von Industrie und Handel mit Waffen machen.[69] Es ist hier nicht Ort, um Einzelheiten von Produktion und Handel zu erläutern oder die Namen führender Unternehmer auf diesem Gebiete zu nennen, es sei vielmehr die rhetorische Frage gestellt, ob in einem solchen Klima der ohne Zweifel wirtschaftlichen Einträglichkeit ein Friedensgedanke überhaupt aufkeimen konnte, der Krieg unter die Kategorien von *gerecht* oder *ungerecht* einordnete oder ihn gar unter dem Aspekt der Leidenserfahrung begriff. Lag es nicht näher, Krieg als schlichte Möglichkeit des lukrativen Geschäfts zu verstehen. Ein weiteres tritt hinzu: die oranische Heeresreform, die hier in ihrem Kern in einem anderen Kapitel aufgegriffen wird. Unter rein strategisch-taktischem Aspekt fanden hier unter anderem Änderungen im Gefechtsverhalten statt, die eng mit einem scharfen Drill verbunden waren, die zusammen mit einer geregelten Bezahlung der Soldaten, was bis dahin nicht zu den Selbstverständlichkeiten europäischer Heere gehört hatte, zu großen militärischen Erfolgen führte. Ein diszipliniertes Heer, das noch dazu erfolgreich war, konnte durchaus ein anderes Bild vom Krieg und seinen Folgen vermitteln als ein Haufen marodierender Soldaten, die sich von einer Truppe entfernt hatten. Die Reformen, die Moritz von Oranien mit seinem Vetter Wilhelm Ludwig von Nassau einführte, wurden auch in anderen europäischen Ländern eingeführt, unter diesen Schweden unter Gustav Adolf mit noch weiterführenden Zusätzen sowie Brandenburg-Preußen seit dem Großen Kurfürsten.[70]

Es stellt sich im Blick gerade auf die beiden letzten 3-4 Jahrzehnte des 80jährigen Krieges die Frage, was denn diese niederländischen Regenten dazu bewogen haben mag, nach Münster zu reisen, um dort Frieden mit den Spaniern zu schließen. Konnte jetzt – nach so vielen Jahren – von einer allgemeinen Friedenssehnsucht in der Republik

---

69 S. zu dieser Waffenindustrie und dem Handel der Republik mit allen Einzelheiten, vor allem auch mit der Erläuterung des privaten und öffentlichen Zusammenspiels die gründliche neue Studie von M. DE JONG, ,Staat van Oorlog'. Wapenbedrijf en militaire hervorming in der Republiek der Vereenigde Nederlanden, 1585-1621, Hilversum 2005.

70 S. dazu ebd. S. 20ff. mit der grundsätzlichen Literatur zum Thema Heeresreform. Zur Rezeption in Brandenburg-Preußen s. in diesem Band den Abschnitt über die niederländischen Einflüsse in dem deutschen Territorium.

denn die Rede sein? Ist es zuviel gesagt, wenn man behauptet, daß Frieden kein Wert an sich war, auch wenn 1648 Freudenfeste gefeiert wurden? Die Greuel des Krieges, so ist schon festgestellt worden, ereigneten sich doch schon lange nicht mehr im Herzen des Landes. Alles spielte sich an der Peripherie ab, und dies auch nur in recht großen Zeitabständen. Im Schatten des Krieges oder – wenn man so will – trotz des Krieges entfaltete sich wirtschaftliche und kulturelle Blüte zur höchsten Bewunderung des Auslands und seiner Reisenden. Ein Grimmelshausen ist den Niederländern jedenfalls nicht erstanden – er hätte lediglich in den ersten 3 Jahrzehnten des Aufstandes erstehen können.

Auf jeden Fall wußten die Regenten und die Generalstände, daß eine Entscheidung für den Frieden unter günstigsten Voraussetzungen getroffen werden konnte. Man durfte bei der Reise nach Münster von spanischer Schwäche ausgehen, denn Frieden zu schließen, war ein originär spanischer Wunsch. Dieses Land hatte allen Grund dazu, den Friedenswunsch möglichst rasch zu realisieren. Es sei hier kurz die stark geschwächte Position Spaniens vorgetragen: Das große Weltreich, das in den ersten 3 Jahrzehnten des 17. Jahrhunderts noch einmal seine ganze militärische Macht präsentieren konnte – Heidelberg, Jülich und Breda fielen in spanische Hand – und zugleich hohe kulturelle Blüte entwickelte, erfuhr herbe Rückschläge. Der Gang von Rom nach Karthago, wie es Cánovas de Castillo genannt hat, war nur ein kurzer Weg. Da wurde 1639 zunächst die spanische Flotte in der Schlacht bei Downs vom niederländischen Admiral Maarten Tromp schwer geschlagen – eine mit Hilfstruppen für die südlichen Niederlande beladene Flotte, die angesichts der gemeinsamen französisch-republikanischen Erfolge in diesen noch spanischen Provinzen erforderlich waren. Die spanische Macht in den Gewässern des Nordens war damit endgültig gebrochen. Auf der iberischen Halbinsel selbst kam es zu einem von Frankreich erfolgreich unterstützten Aufstand der Katalonen gegen Madrid, und zur gleichen Zeit sagte sich Portugal von Spanien los. Schließlich folgte 1643 die Niederlage des bis dahin als kaum überwindlich geltenden spanischen Heeres gegen die Franzosen in der Schlacht bei Rocroy. Das war insofern niederschmetternd, als das spanische Heer noch nie eine Niederlage gegen die Franzosen erlitten hatte. Für die Spanier bestand ein echtes Friedensbedürfnis, und es kam gut aus, daß die Vertreter der Kriegführenden schon seit 1641 über Friedensmöglichkeiten diskutierten, die in den sogenannten Präliminarvereinbarungen von Hamburg 1641 in einem ersten Schritt konkretisiert wurden, übrigens auf Vorschlag des Hugo Grotius, der sich für Münster und Osnabrück als Orte der künftigen Friedensverhandlungen ausgesprochen hatte. Und die zahlreichen Versuche Spaniens, zuvor schon mit Friedrich Heinrich ins Gespräch zu kommen, zeigen recht eigentlich, wie sehr Madrid am Frieden gelegen war.[71]

Die Regenten der Republik stellte sich freilich auch ihrerseits in den 40er Jahren die Frage, was denn der Krieg noch zu bieten habe. Die Zeit der großen Entscheidungen zu Lande war vorbei. Wer im 17. Jahrhundert etwas gelten wollte, benötigte eine starke Flotte, zum Flottenbau mußte Holz eingekauft werden, das über die Ostsee transportiert wurde. Als in den 40er Jahren die Dänen den freien Verkehr durch den Sund bedrängten, wandte sich das kriegerische Interesse der Republik eben diesem Territorium zu. Was galt demgegenüber die Eroberung brabantischer oder flandrischer Städte? Der Krieg gen

---

71 Über dieses spanische Friedensbedürfnis s. intensiv und gerafft JONATHAN I. ISRAEL, *The Dutch Republic and the Hispanic World 1606-1661*, Oxford 1982, vor allem S. 347-374. Zur Schlacht bei Downs zwischen Tromp und der unter dem Befehl von Oquendo stehenden Armada s. ebd. S. 268-271. Zum spanischen Niedergang aus spanischer Sicht ANTONIO CANOVAS DE CASTILLO, *Historia de la decadencia de España desde Felipe III hasta Carlos II*, Madrid ²1900 (Neudruck 1992). Über die Komplikationen, die sich aus dem französisch-niederländischen Abkommen von 1635 ergaben und die Vorverhandlungen und auch die Verhandlungen von Münster selbst erschwerten, ist hier nicht weiter zu handeln. Es sei dazu auf den unter Anm. 65 genannten Beitrag von H. Lademacher verwiesen.

Süden brachte nichts Neues, ja, er hatte eigentlich schon zuviel gekostet. So öffneten sich die wichtigsten Regentenkreise dem Friedensgedanken, dem die Bindung an Frankreich dann auch nur lästig sein konnte, zumal Spanien, wie es Peñaranda einmal ausdrückte, mit der Schlinge um den Hals antrat.

Frieden mit Spanien war – gleichsam erwartungsgemäß – in der Republik nicht unumstritten, weil es zur Tradition gehörte, sich gegen einen Frieden mit den Spaniern zu kehren, und weil man eben diesen Spaniern mißtraute. Hier stand die Kontinuität der Ideologie gegen die auf neuere Entwicklung eingestellte Flexibilität des Denkens. Der Widerstand gegen den Frieden war ein streng calvinistischer. Als der spanische König Philipp IV. 1629 nach Eroberung der Städte 's-Hertogenbosch und Wesel durch Friedrich Heinrich einen Waffenstillstand anbot, hielten die nunmehr herrschenden kontraremonstrantischen Kreise dagegen. So heißt es in eben jenem Jahr etwa, daß für Spanien der Leitsatz *Haeretici non est servanda fides* gelte. Das Angebot Madrids sei „wie das betrügerische Grüne der Nordsee, die die Klippen und gefährlichen Orte des Schiffbruchs bedecke". Letztlich wollte der Verfasser der Schrift auch nicht einem Gottesurteil zuwider handeln, denn die Einnahme der beiden Städte sei als ein solches zu verstehen.[72] Als es in den 30er Jahren zu Vermittlungsversuchen Papst Urbans VIII. kam und diese bei allen Schwierigkeiten auf jeden Fall eine Basis zu finden schienen, war für die Calvinisten *Holland* im wahrsten Sinne des Wortes in Not.[73] In Erinnerung an die Kölner Verhandlungen von 1579 erschien 1638 eine Broschüre, in der eben die päpstliche Initiative als ein Menetekel angeprangert wurde. Es war eine 42seitige Schrift, die es darauf anlegte, die Hinterhältigkeit und Unzuverlässigkeit des Papsttums in der Geschichte zu belegen. Das Papsttum als eine einzige Schurkerei! Der Tenor machte deutlich, daß Friedensangebote oder Vermittlungen dazu bei den Calvinisten nicht den Schein einer Chance hatten, akzeptiert zu werden.[74]

Der konfessionelle Konflikt als Motiv des Kampfes im Achtzigjährigen Krieg erwies sich doch als langlebige Erinnerung, die im Laufe der Jahrzehnte seit dem Beginn des 80jährigen Krieges immer wieder neu beschworen und damit aufgefrischt wurde, aber es sei hinzugefügt, daß der Ausbruch des Dreißigjährigen Krieges zur Dauerhaftigkeit des Denkens in Kategorien des religiösen Konflikts beigetragen hat, der eben in der öffentlichen Meinung Europas gerne als die große Konfrontation der Religionen gedeutet wurde und dessen Ende im Westfälischen Frieden schon von Zeitgenossen als eine wichtige Zäsur in der europäischen Geschichte angedeutet worden ist. Jeder kriegerischen Auseinandersetzung unterlag nach diesen Vorstellungen ein religiöses Motiv. Da die Niederlande praktisch als erste diesen religiösen Konflikt in aller Schärfe ausgefochten hatten, setzte sogleich im Lande eine doch hektische Diskussion um das Für und Wider eines Friedensschlusses ein, als sich die Niederlande schließlich 1643 bei Strafe der Isolierung dem allerorten in Europa spürbaren Friedenswunsch nicht mehr verschließen konnten. Die Vielzahl der Flugschriften widerspiegeln in der übergroßen Mehrheit die Gedanken und Empfindungen der calvinistisch geführten Öffentlichkeit über die Friedensproblematik Das heißt zunächst einmal, daß Frieden nicht als Selbstverständlichkeit republikanischer Existenz empfunden wurde, und es heißt auch, daß Friedenssehnsucht zu diesem Zeitpunkt nicht zu den vorrangigen Empfindungen in der niederländischen Öffentlichkeit zählte. Das hatte sich schon zuvor gezeigt, bei den Waffenstillstandsverhandlungen von 1609, als Frieden als Normalzustand christlicher Moral auch nur selten öffentlich vorgetragen worden

---

72 Bei ARNDT, *Die Kriegspropaganda in den Niederlanden*, S. 251.
73 Zu den päpstlichern Vermittlungsversuchen und den Kongressen in Köln und Regensburg s. DICKMANN, Der Westfälische Frieden, S. 77ff.
74 Knuttel 4575: *Nieuw-Keulsch of Spaensch Bedrogh: door Erasmum Philopatroön*, 1638.

war.⁷⁵ Und in den Jahren unmittelbar vor dem Abschluß des Waffenstillstandes hatte man praktisch noch in unmittelbarer Nähe des Kriegsgeschehens gestanden. Ab 1643 war es freilich mehr denn je deutlich, daß Frieden in der öffentlichen Diskussion zunächst eher eine politische als eine moralische Kategorie darstellte. Das galt für die Verfechter eines Friedensschlusses ebenso wie für deren Gegner. Die Befürworter standen auf der Seite der Spanier, die Kontrahenten führten für das gegen einen spanisch-niederländischen Frieden gerichtete Frankreich das Wort; insgesamt insofern eine seltsame Konstellation, als beide Länder katholisch waren – allerkatholischst oder allerchristlichst. Und dort, wo die Pamphletisten für Frankreich auftraten, da ließ sich mit Leichtigkeit die gar nicht einmal so weit zurückgreifende Tradition des gleichsam gegenreformatorischen Feldzugs der Spanier mit allen dazugehörigen Greueln, die ganze Bedrohlichkeit der Großmacht Spanien anführen, was Zeitgenossen durchaus noch in der Erinnerung sein konnte oder was sich auf jeden Fall in einschlägigen Schriften und Almanachs aufgezeichnet fand. Friede nur dann, so hieß es schon 1643, wenn auch die spanischen Niederlande sich vom spanischen „Joch" befreiten und die Jesuiten „ausrotteten".⁷⁶ Und wenn es um Kriegsmüdigkeit und Mutlosigkeit ging, weil das Gewerbe verarmte oder verkam, da hielt man entgegen, daß Gott das Land zur Überraschung der ganzen Welt so konstruiert habe, daß es im Gegensatz zur Situation anderer Länder vom Kriege profitiere, durch ihn reich und wohlhabend werde. „Bellum securitas" lautete die Devise⁷⁷. Lug und Betrug wurde Spanien unterstellt – aus politischer, wirtschaftlicher und militärischer Schwäche. Die Analyse des Pamphletschreiber war teilweise richtig, soweit es den desolaten Zustand Spaniens betraf, er würzte sie freilich mit spanischer Betrugsabsicht; nun, da der Löwe sich die Zähne ausgebissen hatte, führte Madrid den Fuchs ins Feld, der den mit dem spanischen Katholizismus identischen Jesuiten mitbrachte – und damit war alles gesagt. „Gott bewahre uns vor spanischem Betrug und päpstlicher List".⁷⁸ Sobald sich ein niederländisch-spanischer Sonderfriede sichtbar abzeichnete, wurde auch die Liste der spanischen Vergehen in der Vergangenheit umfangreicher und damit die historische Ableitung oder Rechtfertigung der gegen Sonderfrieden gerichteten Haltung unversöhnlicher. Die für eine Ablehnung des Friedens plädierenden Autoren unterstrichen die betrügerischen Motive Spaniens und dies, obgleich sie sehr wohl ihr Wissen um „pax optima rerum" bezeugten oder Krieg allgemein als häßliches Tier verdammten. „Bellum quasi minime bellum et pessima buella."⁷⁹

Für die Befürworter des Friedensschlusses, die weniger pro-spanisch als anti-französisch gesinnt waren, ergab sich die Notwendigkeit, in Münster zu einem guten Abschluß zu kommen, mit der zusätzlichen Einsicht in die Gefahr, Frankreich als Nachbarn zu haben.

---

75 Vgl. VAN DEURSEN, *Die immer aktuelle Vergangenheit*, S. 17-19; Beispiele für die Verhärtung auf niederländischer Seite durch die Verbindung der katholischen Konfession mit der weltlichen Macht Spanien zur Zeit des Waffenstillstandsvertrages von 1609 s. ders., *Honni soit qui mal y pense? De Republiek tussen de mogendheden (1610-1612)*, S. 24-33.

76 Knuttel 5014: *Noodige Bedenckingen der Trouhertighe Nederlanders, over de aen-staende Munstersche Handelinghe van Vrede ofte Treves om van alle Regenten, die Gods Kercke en't Vaderlant lief hebben, rijpelijck en conscientieuselijck overdoelt te worden*, o.O. 1643, 32 Seiten.
Knuttel 5015: *Bedenckingen over het thien-hoornigh en seven-hoofdigh Treves ofte Pays Munsters-Monster, By den Paus Urbanum ontfangen. Om het welcke inde verlossinghe by te staen ende te omhelsen de Geunieerde Nederlanden beneven andere Potentaten van Europa van den Koninck van Spangien werden ghenoodicht*, door E.P., o.O. 1643. „Bellum securitas" als letzte Zeile mit niederländischer Übersetzung.

78 Knuttel 5102: *Dialogus oft T'samensprekinge, ghemaecht op den Vrede-Handel. Ghestelt by Vrage ende Antwoorde door een Lieft-hebber vande gemeene Vrijheydt*. o.O. 1644, 16 Seiten; auch Knuttel 5312: *Suchtich, en Trouwhertich Discours, over deze tegenwoordige gestalte des Lants, in bedenckinge van Onderhandelinge zijnde met den Coninck van Spaengien. In een t'samenspraeck, tusschen een Nederlander, Spaengiaert, Fransman, ende Sweed*. Door E.P. o.O. 1646, 24 Seiten.

79 Knuttel 5317: *Hollands Praetie*, o.O. 1646, 32 Seiten.

Gallia amicum, non vicinum. Ja, dies war das größte Übel überhaupt, da Frankreich über die durchaus noch starken Katholiken in der Republik und vor allem in den bei Fortführung des Krieges zu erobernden südlichen Niederlanden eben mehr Einfluß haben konnte, als es den Republikanern lieb war. Die Demarche des Comte d'Avaux in Den Haag zugunsten der niederländischen Katholiken und damit auch zugunsten eines Fortbestandes der französisch-niederländischen Allianz bot da schon den letzten Beweis[80]. Ein sich „krene" nennender Autor ließ in diesem Zusammenhang in einem als Brief an die Generalstaaten deklarierten Pamphlet wissen: „... un accommodement avec l'Espagne est l'unique moyen d'esloigner de nous un voisinage si pernicieux, de pourvoir à la conservation de cest Estat, de soulager nos peuples et d'arrester l'ambition d'un serviteur, qui soubs espoir de se faire le maistre, s'oppose si violemment si ouvertement en bien public"[81]. Weniger auf die herrschende Parteiung als vielmehr auf die Interessen der einzelnen sozialen Schichten abhebend, gab sich die 24-seitige Flugschrift *Munsters Pratie*, die in 9 Auflagen erschien und demnach ein viel gelesenes Werkchen gewesen sein muß. Es war eine Schrift, in der tatsächlich nun einmal der Friedensgedanke im Sinne von Frieden als der einzigen menschenwürdigen Lebensweise zum Ausdruck kam. Der Autor hält es in dieser in der beliebten Gesprächsform verfaßten Schrift mit dem Frieden – nach Abwägen aller Interessenlagen. Es ist auffällig, daß stärker als bis dahin auch die wirtschaftlichen Nachteile des Krieges und seiner Folgen Beachtung finden, und wenngleich sehr wohl die Existenz von Profiteuren bekannt war, galt wirtschaftlicher Niedergang als das wirkliche Merkmal des Krieges, aber es klingt auch durch, wie relativ solche Sichtweise vorgetragen wurde, denn es stellte sich die Frage, was man in Friedenszeiten nicht alles hätte erreichen können, wenn man sich schon in Kriegszeiten bewährt hatte. Zur Wirtschaft und deren Möglichkeiten trat der Hinweis auf den Frieden als eine Forderung der Moral. „Gott ist ein Friedensgott" heißt es da; der Teufel der Urheber des Krieges. Das gab sich alles gewichtig, so daß auch Argumente eines orthodoxen Calvinisten für eine Fortsetzung des Krieges einfach nicht akzeptiert wurden. Abgesehen davon, daß die verstümmelten Körper von Soldaten neuerlich ins „Feld" geführt wurden, bediente sich der Autor eines publizistischen Tricks, um sein Plädoyer zu stützen. Die reine Begründung schien nicht zu reichen, daher wurden Argumente für den Krieg mit Attributen wie religiösem Fanatismus, schlichter Voreingenommenheit, Hab- und Trunksucht behaftet, während der Part des alles erwägenden, ausgleichenden Friedensanwalts von einem städtischen Regenten übernommen wurde. Es ist eindeutig, daß der Autor ganz in der Nähe vor allem der holländischen Regenten stand.[82] Ganz im Hinblick auf die vertraglich festgeschriebene Bindung an Frankreich, ließ der Autor den Regenten sagen: „Jeder, groß und klein, arm und reich, Prediger und Laie, betet für den Frieden und wünscht ihn sehnlichst herbei. Sollten wir ... wegen des Ehrgeizes und der Habsucht weniger, die durch den Krieg fett und reich werden, oder wegen der Habsucht Frankreichs und Schwedens ... die Bitten jener überhören, die Tag und Nacht um Frieden bitten und sie noch länger in ihrer Trauer lassen?" Die seit 1643 geführte Auseinandersetzung, die hier angesichts der hohen Zahl von Flugschriften nicht im Detail dargestellt werden kann, setzte sich auch noch bis in die Monate zwischen Paraphierung und Eidesleistung im Münsterschen Rathaus fort, ohne daß die Inhalte sich wesentlich geändert hätten, mit der Ausnahme vielleicht, daß gerade in der letzten Zeit eher noch der Gedanke an Frieden als moralische Forderung in die Texte eingeführt wurde.[83] Dane-

---

80 Knuttel 5304: *Hollandsche Sybille*, Amsterdam 1646, 32 Seiten.
81 Knuttel 5309: *Copie d'une lettre envoyée de la Haye aux Deputez des Etats d'Hollande, pour la Paix à Munster*, o.O. [1646], S. 7.
82 Knuttel 5290: *Munsters Pratie*. o.O. 1646, 24 Seiten. Titelmotto: „Deliberant dum fingere nesciunt".
83 Vor allem zum Umfang der Pamphletistik der Zeit s. den vorgenannten CRAIG E. HARLINE, *Pamphlets, Printing and Political Culture in the Early Dutch Republic*.

ben freilich gibt es wiederum jene Zwitter-Erzeugnisse, in denen die Greuel des Krieges zwar erzählt, Mitleid mit den zivilen Opfern bezeugt wurde, zugleich sich aber die Freude über den Sieg des Feldherrn, in diesem Fall des Statthalters Friedrich Heinrich, ausgedrückt fand. Hingewiesen sei hier auf die Schrift des calvinistischen Feldpredigers Cornelius Beuckelaer, der den Feldzug des Friedrich Heinrich in Flandern begleitete.[84] Der Feldprediger vergoß nach seiner Erzählung Tränen des Bedauerns über das Schicksal der unschuldigen Opfer, aber es fehlte doch an einer Verdammung des Krieges, vielmehr wurden solche Opfer als zum Krieg gehörend eingeordnet. Der Autor kehrte sich, obwohl ein, wenn man es so sagen darf, amtierender Calvinist, auch nicht gegen katholischen Götzendienst, wie es gemeinhin üblich war, sondern hatte hier und da gar ein Wort der Bewunderung für Kapellen und Orte der Anbetung übrig. Gleichwohl, der siegreiche Feldzug gab Anlaß, bestätigt zu finden, daß Gott die Seite der Niederländer stehe, wie er auf Seiten der Kinder Israels gestanden habe.

Ein Hinweis gelte noch der außenpolitischen Praxis und ihren über die Frage der Moral hinausreichenden innenpolitischen Voraussetzungen. Es mußte einiges für die künftige Binnenstruktur geklärt werden. Bevor man eine Delegation nach Münster schickte, mußte klar sein, daß bei den Friedensverhandlungen weder die Union noch die Religion und auch nicht die militärische Stärke aufs Spiel gesetzt werden durfte. Die Union, das war die von Utrecht von 1579, Religion, das hieß das Bekenntnis, wie es auf der Dordrechter Synode 1619 festgelegt worden war, die militärische Stärke spielte an auf die schon seit mehreren Jahren laufenden Versuche der Provinz Holland, das Militär auf einen geringeren Bestand zu reduzieren. Tatsächlich war die Utrechter Union zunächst nichts anderes als ein aus dem gemeinsamen Kampf gegen Spanien erwachsener Zusammenschluß von Provinzen, die jede für sich ein hohes Selbstbewußtsein pflegten. Selbst in Kriegszeiten hatte es manchen Krakeel zwischen ihnen gegeben, und verwunderlich ist es nicht, daß ausländische Beobachter prognostizierten, das Ende des Krieges lasse auch die Utrechter Union wie eine Seifenblase zerplatzen. Wenn Union auch Eintracht heißen sollte, dann durften künftig keine konfessionellen Kompromisse gemacht werden – schon gar nicht gegenüber dem Katholizismus – und durften gerade angesichts der Unzuverlässigkeit Spaniens keine provinziellen Alleingänge der Reduzierung des Truppenbestandes unternommen werden, wie das seit Beginn der 1640er Jahre thematisiert worden war.

Es vermittelt doch einen tiefen Einblick in die innere Verunsicherung des nach außen so erfolgreichen Staates, wenn befürchtet wurde, daß nur *Krieg* ein einigermaßen einigendes Band zwischen den Provinzen flechten konnte. Andererseits, so verwunderlich war das nicht, wenn die den Statthalter gegen die Regenten stützenden calvinistischen Volksschichten mitansehen mußten, wie das Haus Oranien, der Statthalter also, mit dem Haus Stuart anbandelte, oder Frankreich, wie hier schon erwähnt, über seinen Gesandten d'Avaux in den Generalständen in Den Haag im Frühjahr 1644 empfehlen ließ, man solle doch das Los der Katholiken etwas erleichtern: „les noms des Catholiques et Hollandois ne sont pas incompatibles". Man könne auch Gegner Spaniens sein, ohne Protestant zu sein.[85] Das war ein großer Fehler französischer Diplomatie, kaum wiedergutzumachen bei einer ohnehin keineswegs unbeschwert pro-französischen Haltung in der Republik. Sprüche, wie sie der Franzose vortrug, ließen am Wert französischer Freund-

---

84 *Schrick van Vlaenderen en Brabant ... aenghedaen door Sijn Hoogheydt Fredrick Hendrick, Prince van Orangien*, Middelburg 1645. Knuttel 5210. Angeführt auch bei C. HARLINE, Mars Bruised: Images of War in the Dutch Republic, 1641-1648, in: BMGN 104,2 (1989), S. 196f.
85 Knuttel 5105: *Extrait de l'Harangue du Comte d'Avaux, Ambassadeur Extra-ordinaire du Roy Tres-Chrétien Lonys XIV; Faite en l'Assemblée des Tres-hauts et Puissants Messieurs, les Estats Generaux des Provinces Unies, en la Haye le 3 du mois de Mars*, o.O. 1644, S. 2. In niederländischer Übersetzung unter Knuttel 5106.

Allegorie auf Grotius und den Westfälischen Frieden (Umfeld Gerard Ter Borchs)

schaft zweifeln und zeigten tatsächlich geringe Sensibilität gegenüber einem so hoch empfindlichen Bereich wie der Religion der Republik. Dazu traten plötzlich 1646 Pläne einer dynastischen Verbindung zwischen den Höfen Spaniens und Frankreichs, die die Franzosen in den Besitz der Spanischen Niederlande gebracht hätte. Lauter hätte zu diesem Zeitpunkt das abwehrende Motto von „Gallien als Freund aber nicht als Nachbarn" nicht klingen können. Es schien jedenfalls an der Zeit, ohne Frankreich in einfacher Ignorierung der vertraglichen Verpflichtungen gegenüber diesem Land zu einem günstigen Abschluß mit Spanien zu gelangen. Und so geschah es.[86]

Daß es Kreise gab, die einen Frieden mit Spanien missbilligten, hieß nicht, daß sich andere über den Friedensschluß nicht freuen durften. So stimmten diese denn auch in den allgemeinen Jubel ein, der den niederländisch-spanischen und später die folgenden Verträge begleitete. Die niederländische Delegation ließ – wohl nicht aus ganz ersichtlichen Gründen – in Münster eine Nachbildung des Brüsseler Manneken Pis auffahren, aus dem sie ihren Freudentrunk ausschenkten, was die Spanier im Observanten-Kloster taten. Der niederländische Kupferstecher Rombout van de Hoeye fertigte einen Stich, der den Ratifikationsakt vom 15. Mai 1648 im Ratssaal des Münsterschen Rathauses darstellte, und versuchte, die ganze Bedeutung und Feierlichkeit des Augenblicks in Wort und Bild zu vermitteln. *Spanje kust de Nederlanden, Nederlandt op Spanjes mondt. In de liefde schynt te branden, door 't oneyndigh vree-verbondt* – dies ist einer der Sprüche, die sich auf der Darstellung befinden, die insgesamt unter dem Motto aus

---

86 Zu den Verhandlungen in Münster kurz der Beitrag von LADEMACHER, E*in letzter Schritt zur Unabhängigkeit.*

Friedensfeier auf dem Markt von Haarlem (C. Beelt)

Lucas 2.14 *Ehre ist Gott in der Höhe und auf Erden. Friede unter Menschen eines guten Willens!*[87] Die Emotionalität des Kupferstechers war durchaus nicht Ausdruck von Visionen eines freischöpfenden Künstlers, sondern schlichte Umsetzung eines Aufatmens, von dem Augenzeugen dieser Tage berichten. Wenn die Bevölkerung Münsters auf den eigens inszenierten Festen lauthals jubelte, obgleich es nur um den niederländisch-spanischen Friedensschluß ging, dann war das wohl darauf zurückzuführen, daß dieser Teilkrieg mit dem Dreißigjährigen Krieg insgesamt identifiziert wurde, der eben in deutschen Territorien als ein besonderer Schrecken erfahren worden war. Mit dem Abschluß eines Teilfriedens war doch ein erster Schritt zum Gesamtfrieden getan.[88].

Die Freudenfeste gab es natürlich auch in den Niederlanden, wenige Wochen später, aber auf jeden Fall mancherorts. In Amsterdam brachte Joost van den Vondel seine *Leeuwendalers* auf die Bühne des Stadttheaters. Es ist anzunehmen, daß es sich hier um eine Auftragsarbeit der Stadtoberen handelt, an der van den Vondel begann, als sich im Januar 1647 schon eine Einigung zwischen den Niederlanden und Spanien abzeichnete.[89] Es ist ein eigenartiges Stück, das sich auf die niederländische Nord-Süd-Auseinandersetzung bezieht, auf eine Landgemeinde konzentriert wird und somit eine nicht recht verständliche Eingrenzung eines europaweiten Konflikts vornimmt, die so gar nichts mehr ahnen läßt von dem Konflikt, der vorausging. Es ist ein Stück, das er, wie er selbst bezeugt hat, ohne Mißtrauen und ohne Bitterkeit geschrieben hat. Das ist sicher richtig, und sicherlich einsichtig ist auch, daß er jene anklagt, die im Trüben des Krieges fischen und ihren Vorteil suchen. Und spürbar ist, daß er jene anprangert, die einer Fortfüh-

---

87 Text nach Pattloch-Bibel. (Der niederländische Text: „Spanien küsst die Niederlande, die Niederlande Spanien. Beide scheinen sich in Liebe zu einem ewigen Friedensverbund zusammengeschlossen zu haben").
88 Zu dem Fest s. LADEMACHER, *Ein letzter Schritt zur Unabhängigkeit*, S. 335f.
89 Dies ist nicht ganz eindeutig, da sich Vondel im Jahr zuvor mit seiner Tragödie *Maria Stuart* unbeliebt gemacht hatte und an die Grenzen der religiösen Toleranz der städtischen Regenten gestoßen war – von den Toleranzgrenzen der calvinistischen Prädikanten ganz zu schweigen.

De Leeuwendalers
(J. van den Vondel, Titelseite)

rung des Krieges das Wort reden. Aber es kommt zur Versöhnung, und für den Norden heißt es Wahrung der Freiheit, das ist jenes Gut, um das man von Beginn des Streits an gekämpft hat. Das Stück kann niemals die Zuschauer vom Stuhl gerissen haben, und sicher auch nicht den einfachen Leser. Es liest sich eher wie ein Besinnungsaufsatz denn als ein Drama am Ende eines so langen und streckenweise so grausamen Krieges. Auffällig, vielleicht nicht einmal erstaunlich, vollzog er einen Kotau vor Friedrich Heinrich, der im Laufe des Jahres starb, und vor allem vor den Regenten Amsterdams. Der Amsterdamer Magistrat wurde als echter Friedens„treiber" verstanden, was wohl eine richtige Einschätzung war. Diese Amsterdamer, die der Autor auch noch zu einem späteren Zeitpunkt zu loben sich anschickte, wurden in seinen Gedichten *De getemde Mars. Aen onze vredevaders Vaders des vaderlants de heeren burgemeesters van Amsterdam* und im *Vredezang* unmittelbar als die Friedensbringer angesprochen. Amsterdam – das Zentrum des Friedens und zugleich der Hort der Freiheit, danach die Niederlande als jene, die Europa zum Frieden führten – eine Notwendigkeit, weil da eine neue Gefahr, die türkische, auftauchte. Die Türken hatten gerade Kreta kassiert, das zur Republik Venedig gehörte.[90]

Es ist davon auszugehen, daß das Stück des Joost van den Vondel, das schon im Mai aufgeführt wurde, sicherlich nicht die einem Siegfriedens-Fest angemessene Lebhaftigkeit der Szenerie besaß. Es fehlte ihm selbst eine ansprechende Feierlichkeit. Die Ams-

---

90 Zu diesem Stück s. neuerdings H. DUITS, *Ambivalenzen. Vondel und der Frieden von Münster*, in: H. LADEMACHER/S. GROENVELD (HRSG.), *Krieg und Kultur*, S. 315ff. Duits weist eben auf die durch das Drama *Maria Stuart* in Bedrängnis geratene Position des Vondel hin.

terdamer Stadtväter waren sicher gut beraten, als sie zwei jungen Dramatikern jener Tage, dem späteren Vondel-Biographen Geeraerdt Brandt und dem Direktor des Amsterdamer Stadttheaters, Jan Vos, den Auftrag erteilten – und mit ihnen auch Samuel Coster, den Begründer der „Nederduytsche Academie" – jeweils sechs Darstellungen zur Friedensfeier in Gestalt von Tableux vivants zu entwerfen. Diese Darstellungsform war in den Niederlanden bei Festlichkeiten zu politischen oder historischen Anlässen beliebt. Rekapituliert man einmal die nachgerade zur politischen Bildung der Niederlande gehörende, von Sieghaftigkeit und Freiheitsdurst geprägte historische Tradition, dann kann es nicht verwundern, daß Coster und Brandt Themen wählten, die schon seit dem Beginn des Aufstandes die Gemüter bewegten, die Federn bemühten und die Druckerpressen warmlaufen ließen. Coster ging in die Antike zurück und brachte die oranischen Statthalter in Position, Brandt bediente sich des nun schon sattsam bekannten Bataver-Maythos. Brandt meinte, seine *Vertooningen van Claudius Civilis* den städtischen Regenten widmen zu müssen, dabei ließ er auch den P.C. Hooftschen *Baeto* wiederauferstehen, nachdem P.C. Hooft gerade 1647 verstorben war. Aber so bekannt diese Geschichten dem lesenden Bürger auch gewesen sein mögen, solche Tableaux waren durchaus eindrucksvoll, weil mit Menschen und Tieren bestückte Darstellungen, die ebenso lebhaft wie in der beabsichtigten Botschaft eingängig waren und eben über die bloße Lektüre einer Geschichte oder deren Inszenierung auf der Bühne hinausgehen konnten.

Aber mit Jan Vos hatte der Amsterdamer Magistrat doch jemand beauftragt, der eben über den Tellerrand der traditionellen Argumentation – Freiheit und Unabhängigkeit, schon lange erreicht und daher fast schon obsolet – hinausschaute, indem er zum einem Krieg und Frieden sowohl in ihrem Ursprung als in ihren Wirkungen grundsätzlich ins Interesse der Zuschauer rückte, zum anderen brachte er, hier möglicherweise Vondel folgend, die Eintracht als Notwendigkeit in den Vordergrund und begründete seine Überlegung mit der Türkengefahr.[91] Wie hieß es da doch in einem programmatischen Gedicht zum *Frieden zwischen Philipp IV. und den freien Niederlanden*:

> Wy willen niet, dat ghy de waapens
> aan den want
> Van 't hof zult hangen; neen, zy moeten niet verroesten.
> Gy moet naa Soliman, om 't Oosten te verwoesten...[92]

Hiermit schloß er sich in der Argumentation den Vermittlungsbegründungen des Papstes an und reflektierte ein in europäischen Ländern durchaus entwickeltes Denken, das in den Niederlanden freilich bis dahin noch nicht heimisch geworden war.

Dieser Hinweis auf die Türkengefahr ist auch in dem Stück des Dordrechter Kunsttheoretikers und Künstlers Samuel van Hoogstraten vorhanden, der in seinem Theaterstück mit dem sicherlich nicht unerwarteten Titel *Vrijheit der vereenighde Nederlanden* eine die gängige Thematik der Zeit erfassende Inszenierung vortragen ließ, in der niederländische Freiheit, Batavia, die Schändlichkeit Philipps II. ebenso vorgeführt werden wie die Erkenntnis, daß der Krieg immer nur auf dem Rücken der kleinen Leute ausgetragen wird. Wenn er sein Stück allen Freunden von Freiheit und Frieden widmete, dann betonte er nicht nur den für die Niederlande immer wiederholten Kampfbegriff,

---

91 Dazu B. SMITS-VELDT, *Friedensfeiern in Amsterdam. Geeraerdt Brandt und Jan Vos*, in: LADEMACHER/GROENVELD, *Krieg und Kultur*, S. 307ff.
92 Zit. bei M. SPIES/E. WISKERKE, *Niederländische Dichter über den Dreißigjährigen Krieg*, in: BUSSMANN/SCHILLING, *1648*, S. 406. („wir wollen nicht, daß ihr die Waffen an die Wand des Hofes hängt, nein, sie dürfen nicht verrosten, ihr müsst gegen Soliman ziehen, um den Osten zu verwüsten.")

Mahlzeit der Schützengilde in Amsterdam anläßlich des Münsterschen Friedens
(B. van der Helst)

verstand darunter auch nicht nur die Mahnung zum Frieden an das fürstliche Gewissen im Sinne des Erasmus von Rotterdam (*Querela pacis*, 1517), sondern er begriff Krieg auch als eine Häufung von Greueltaten, die nicht, durch welche interessenpolitischen Überlegungen auch immer, hinweg diskutiert werden konnten. Somit stand er auch einigermaßen entfernt von den Calvinisten seiner Zeit.

In Haarlem inszenierten die Rederijkerkammern die Friedensfeiern. Unter den Veranstaltern und Autoren ist als wichtigster Steven Theunisz. van der Lust zu nennen, der einen Gedichtband unter dem Titel *Olyf-Kransen, Gevlochten om 't hooft van de Hemelsche Vrede* zu einzelnen Tableaux verfaßte – zu musikalisch untermalten Tableaus mit Psalm-Melodien oder Liedern aus den *Stichtelycke Rymen* des Dirk Rafaelsz. Camphuysen. Van der Lust ist der Vertreter der Hoffnung auf einen dauerhaften Frieden, er nennt die Vereinbarung von Münster daher auch einen christlichen Frieden. Der Frieden und seine Fortdauer als moralische Verpflichtung der Christen, und es ist sicherlich nicht uninteressant, daß dieser ideelle Ansatz [93] immerhin auch parallel lief der Warnung vor der Gefahr, daß friedvolle Existenz nach außen Impulse vermitteln könnte zur Zwietracht im Innern, wie dies das Land nach Abschluß des Waffenstillstandes erlebt hatte.

Auch der Nachhall des Krieges ist wie die Kriegszeit selbst in der Literatur der deutschen Territorien intensiver gelebt worden als in den Niederlanden. Es sei, ohne dies weiter zu thematisieren, einfach auf Grimmelshausen verwiesen. Die Friedenssehnsucht war nachhaltiger entwickelt. Die unmittelbare Erfahrung mit Krieg, das heißt auch die Intensität des Krieges und der Kriegführung, lagen freilich auch zeitlich auseinander. Der Achtzigjährige Krieg, der mit dem Aufstand einsetzte, hatte seine Höhepunkte schon hinter sich, als der Dreißigjährige Krieg begann. Aber auch in der frühen Zeit zählte Friedenssehnsucht nicht zu den bevorzugten Gefühlsregungen in den Niederlanden, soweit dies auf der Grundlage der Flugschriften der Zeit beurteilt werden kann. Der religiöse Konflikt, das große Merkmal der Zeit, führte in offensichtlich weiten Kreisen der Calvinisten nicht zu Mitleid, sondern zu einer Verstärkung des Kriegswillens, der seine Befriedigung nur in einem Siegfrieden finden konnte.

---

93 Zu Dordrecht und Haarlem s. J. SCHUFFEL/M. TEMME/M.SPIES, *Festzüge und Bühnenstücke. Antwerpen, Haarlem, Dordrecht*, in: LADEMACHER/GROENVELD (Hrsg.), *Krieg und Kultur*, S. 325ff. Es sei noch darauf hingewiesen, daß auch bei van der Lust wieder der Vergleich mit Israel auftaucht. Auf die Friedensdarstellungen in Antwerpen wurde hier verzichtet.

VI. Die Gewaltsamkeit des Handels. Zum Prozeß der Expansion

Auf der Suche nach den Quellen des lukrativen Handels

Der Kaufmann von Venedig, Antonio, betritt in Shakespeares Drama gleich im ersten Akt die Bühne und vermag den Grund seiner Gemütsbeschwernisse nicht zu finden. Die Freunde, Salarino und Solanio, glauben, mehr zu wissen: Antonios Schiffe sind unterwegs, er sorgt sich um ihre Heimkehr.

>Salarino: Euer Sinn treibt auf dem Ozean umher,
>wo Eure Galeonen, stolz besegelt,
>wie Herren und reiche Bürger auf der Flut,
>als wären sie das Schaugepräng der See,
>hinwegsehn über kleines Handelsvolk,
>das sie begrüßet, sich vor ihnen neigt,
>wie sie vorbeiziehen mit gewebten Schwingen.

>Solanio: Herr, glaubt mir, hätt ich soviel auf dem Spiel.
>Das beste Teil von meinem Herzen wäre
>Bei meiner Hoffnung auswärts. Immer würd ich
>Gras pflücken, um den Zug des Winds zu sehen;
>Nach Häfen, Reed' und Damm in Karten gucken,
>und alles, was mich Unglück fürchten ließ'
>für meine Ladungen, würd' ohne Zweifel
>mich traurig machen.

>Salarino: Mein Hauch, der meine Suppe kühlte, würde
>mir Fieberschauer anwehen, dächt' ich dran,
>wie viel zur See ein starker Wind kann schaden.
>Ich könnte nicht die Sanduhr rinnen sehen,
>so dächt' ich gleich an Seichten und an Bänke,
>säh' meinen reichen „Hans" im Sande fest,
>das Haupt bis unter seine Rippen neigend:
>sein Grab zu küssen. Ging' ich in die Kirchen
>und säh' das heilige Gebäu von Stein,
>sollt' ich nicht gleich an schlimme Felsen denken,
>die an das zarte Schiff nur rühren dürfen,
>so streut es auf den Strom all sein Gewürz
>und hüllt' die wilde Flut in meine Seiden?
>Und kurz, jetzt ebendies Vermögen noch
>Nun gar keins mehr? Soll ich, daran zu denken,
>Gedanken haben, und mir doch nicht denken,
>dass solch ein Fall mich traurig machen würde?
>Doch sagt mir nichts; ich weiß, Antonio
>ist traurig, weil er seines Handels denkt.

Hier waren es Venezianer, die sich sorgten, Kaufleute, die risikoreich investierten und deren Gewinn nicht nur vom kaufmännischen Geschick, sondern auch von den Naturgewalten auf See abhing. Niederländer hätten es sein können, auch Portugiesen, die beide neue Seewege auskundschafteten und trotz hoher Verluste an Schiffen, Menschen und Waren ein Handelsimperium aufbauten, das mittelfristig hohe Gewinne einbrachte und die langdauernde Herrschaft von Europäern vor allem im südostasiatischen Raum einleitete. Die Niederländer, ein Handels- und Seefahrervolk von altersher schon auf vielen Gewässern zu Haus, gleichwohl Spätgeborene im überseeischen Handel, übernahmen gleichsam die Sorgen des venezianischen Kaufmanns, und sie übernahmen sie höchst erfolgreich. Getrieben von Gewinnsucht und Konkurrenzdenken, ausgestattet mit einem Schuß Abenteuerlust und viel Neugier, erfindungs- und kenntnisreich in der Seefahrt überhaupt, setzten sie sich im Laufe des 17. Jahrhunderts an die Spitze des überseeischen Handels. Zunächst noch segelten sie im Fahrwasser der Portugiesen. Jan Huygen van Linschoten aus Enkhuizen, der erste Niederländer, der den Fernen Osten bereiste und von dort viel Neues und Wissenswertes zu berichten wußte, widmete sein *Itinerario* (1596) den Generalständen der Vereinigten Provinzen und ließ diese wissen, es gebe manche Menschen, die naiv genug unterschiedslos alles für wahr hielten, was ihnen an Seltsamem oder Neuem aufgetischt werde; er sei freilich der Ansicht, daß jene, die nichts als nur die Erscheinungen ihrer eigenen Region für glaubwürdig hielten, der Natur und ihren Wundern allzu enge Grenzen zögen. Überall in der Welt gebe es Anlaß genug, über die Vielfältigkeit der Natur erstaunt zu sein. Er fuhr dann fort: „Vertiefen wir uns in die verborgenen Kräfte und Eigenschaften, die der allmächtige Schöpfer der Natur mitgegeben hat, dann müssen wir bekennen, daß seine Weisheit uns viel Wunderbares geschenkt hat, dessen Ursache in der Tiefe seiner Unerforschlichkeit verborgen liegt."[1] In Haarlem geboren (1562 oder 1563), wurde er in der nordholländischen Hafenstadt Enkhuizen groß, der Stadt des Herings, der Fischer und Seeleute. Der Vater war Gastwirt in „De Vergulden Valck", später im „Wapen van Haerlem" – höchst geeignete Orte für Seemannsgeschichten und Seemannsgarn. Es mag sein, daß Jan Huygen hier schon manches über die Fremde erfahren hat, verlauten läßt er darüber nichts, dagegen scheint ihn sein Hang etwas über fremde Länder zu erfahren, ausgiebig zum Buch haben greifen lassen, so daß er sicher nicht unvorbereitet – zwanzig Jahre alt – 1583 seine große Reise über Spanien und Portugal nach Indien und in den indonesischen Archipel antrat, um von dort nach fast 10 Jahren wieder zurückzukehren nach Enkhuizen. Während andere Niederländer auf eigenen Schiffen den Spuren der Portugiesen folgten, fuhr er noch mit ihnen an der westafrikanischen Küste vorbei, machte Station am Kap der Guten Hoffnung, das vornehmlich der Frischwasserversorgung diente, landete in Mozambique an und fuhr von dort nach Goa, dem Zielort, nachdem vorher auf der Höhe der Küste von Natal entschieden worden war, ob man westlich oder östlich an Madagaskar vorbei nach Indien segeln sollte. Die Reise dauerte 5 Monate und 13 Tage, eine schnelle Fahrt, die er im übrigen im Dienst des zum Erzbischof von Indien ernannten Dominikanermönchs Frey Vincente da Fonseca unternahm. Auf der Reise starben 30 Mitglieder der vier- bis fünfhundert Mann starken Besatzung. Goa war der Ausgangspunkt seiner Reisen auf dem indischen Subkontinent, nach Malakka und in den indonesischen Archipel. Was er aufzeichnete, erlebte und sah er selbst, oder er erhielt Nachrichten von Menschen unterschiedlicher Berufe und Nationalitäten, die er, nach eigenem Zeugnis, regelrecht ausfragte. So enthält das *Itinerario* eine Fülle von Daten für nachfolgende Seefahrer sowie zu Fauna, Flora und Lebensgewohnheiten der

---

1 Zit. in A. VAN DER MOER (Hrsg.), *Een zestiende-eeuwse Hollander in het Verre Oosten en het Hoge Noorden. Leven, werken reizen en avonturen van Jan Huygen van Linschoten (1563-1611)*, Den Haag 1979, S. 23 (Einleitung zum *Itinerario*).

Nautik-Unterricht bei Plancius (Chr. de Passe)

Länder und Völker. Wie festgestellt worden ist, war das *Itinerario* eine gute Beschreibung, kaufmännisches Handbuch und landeskundlicher Führer gleichermaßen.[2] Vor allem für die Beschreibung des Fahrweges war von Wichtigkeit, daß sie genaue Breiten- und Längengrade und zugleich die Abstände vom Festland enthielt – diese waren wichtig, wenngleich die Holländer und Seeländer ursprünglich noch annahmen, über eine nördliche Route in den südostasiatischen Raum vorstoßen zu können. Für die Seefahrt relevanter war freilich noch Jan Huygens *Rijs-Geschrift van de Navigatiën der Portugaloysers*, das noch ein Jahr vor dem *Itinerario* erschien und genaue Segelanweisungen für die Reise in den Fernen Osten sowie für die Fahrten zwischen den einzelnen Handelsposten enthielt. Die Daten entnahm der Niederländer vornehmlich portugiesischen und spanischen Quellen, ergänzt im übrigen durch Mitteilungen erfahrener Seeleute. Freilich war dieser Enkhuizener Bürger nicht der einzige frischgebackene Experte für die Fahrtrichtung Indien und Archipel. In der zweiten Hälfte des 16. Jahrhunderts machte doch die Kartographie große Fortschritte. In der Republik war es Petrus Plancius, aus den südlichen Niederlanden stammend, zugleich Prädikant und ein Schüler Mercators, der die neugewonnenen Erkenntnisse kartographisch umsetzte. Die Bedeutung des Plancius für die Übersee-Route manifestierte sich in einem Kupferstich, auf dem er sich als Lehrer für Seefahrtskunde abgebildet findet.

Aber wie weit die nautischen Kenntnisse auch entwickelt sein mochten, die Reise in den Fernen Osten blieb vorerst ein Abenteuer, und sie sollte es noch lange bleiben. Der Bericht des Jan Huygen van Linschoten läßt nur einen geringen Teil der Gefahren

---

2 F.S. GAASTRA, *De geschiedenis van de VOC*, Haarlem u.a. 1982, S. 11.

ahnen. Seine Reise nach Goa verlief vergleichsweise ruhig, die Rückreise gestaltete sich dramatischer, aber so manche spätere Reise der VOC-Schiffe hatte mit erheblich mehr Schwierigkeiten durch Naturgewalten zu kämpfen, als es dieser Bericht des Enkhuizeners vermuten läßt. Jan Huygen segelte auch noch unter anderen Vorzeichen in den Fernen Osten als seine niederländischen Nachfolger. Er fuhr auf Schiffen einer gleichsam fertigen Kolonialmacht, die Handel trieb und missionierte, ja, schon ein Bistum an der Küste von Malabar gründete. Der Handel war organisiert, und die Beteiligten waren nicht nur Portugiesen. Auch Fugger und Welser nahmen teil ebenso wie spanische und italienische Handelshäuser. Die Niederländer waren zwar schon eine Handelsmacht, aber ein gewichtiger Faktor im kolonialen Handel sollten sie erst werden. Als sie im ersten Jahrzehnt des 17. Jahrhunderts unter der Flagge der VOC auftraten, wollten sie sofort in die Monopolstellung der Spanier und Portugiesen eindringen, die sich bis dahin höchstens der englischen Kaperfahrt zu erwehren gehabt hatten. Hauptansporn für die Niederländer war die Kunde vom hohen Profit. Gewiß, über das portugiesisch bestimmte Kontraktsystem konnte bis ins letzte Jahrzehnt des 16. Jahrhundert auch der niederländische Kaufmann profitieren. Aber höherer Profit winkte, als der europäische Bedarf an Gewürzen das Angebot aus dem Fernen Osten um ein Erhebliches überstieg. Die Portugiesen, Hauptverantwortliche für die Gewürzeinfuhr, konnten sich bald nicht mehr der englischen Kaperschiffe erwehren, so daß der Pfefferimport in Lissabon stark zurückging und die Preise stiegen. Venedig, bis dahin für einen Teil des europäischen Marktes zuständig, konnte den Gesamtbedarf allein nicht decken. Jedenfalls scheint diese Entwicklung auch niederländische Kaufleute benachteiligt zu haben, zumindest weisen die Frachtbriefe holländischer und seeländischer Schiffe, die Lissabon in Richtung Heimat verließen, für das letzte Jahrzehnt des Jahrhunderts keinen Pfeffer aus. Dies alles war Anlaß genug, gleichsam an der Quelle selbst ins Geschäft einzusteigen.[3] Es bedurfte des Kapitals, und das war vorhanden; die Immigranten aus den von den Spaniern wiedergewonnenen südlichen Niederlanden brachten es mit, und der Handel der Nordprovinzen, der Republik, zeigte deutlich steigende Tendenz. Anfänglich dachte man in Entdecker- und Nautikkreisen noch an eine nördliche Durchfahrt, die nach China und Südostasien führen sollte. Petrus Plancius gehörte zu ihnen und auch Jan Huygen van Linschoten. Plancius vermutete eine Durchfahrt nördlich von Nova Zembla, Huygen van Linschoten plädierte für eine südliche Route durch die Jugor-Straße. Die von dem seeländischen Großkaufmann Moucheron ausgehende Initiative zu einer nördlichen Durchfahrt weckte das Interesse der holländischen Stände. Nach einer ersten vielversprechenden Expedition 1594 (Jugor-Straße) rüsteten Amsterdamer Kaufleute 7 Schiffe für den Kurs nördlich von Nova Zembla aus. Die Expedition scheiterte. Die Teilnehmer mußten von 1596 bis 1597 auf Nova Zembla überwintern, unter Willem Barentsz. und Jacob van Heemskerck, ein entdeckerisches Großereignis und Abenteuer ganz neuer Art, aber keineswegs profitträchtig.

Erste Besuche im Archipel

Jedoch, Abenteuer wurde nicht mehr in erster Linie gefragt, Entdeckerfreude nur insofern, als sie Ergebnisse zeitigte, hier im Sinne einer Durchfahrt durch das von Portugiesen kontrollierte asiatische Gebiet. So entsandte die 1594/95 eigens für die asiatische Reise gebildete „Compagnie van Verre" eine aus vier Kauffahrteischiffen bestehende Flotte unter Cornelis de Houtman und Gerrit van Beuningen in den Archipel. Für die Navigation war Pieter Dircksz. Keyser, ein Schüler des Plancius, verantwortlich. Neun

---

3   Hierzu ebd. S. 9ff.

Die Gewaltsamkeit des Handels. Zum Prozeß der Expansion

Jan Huygen van Linschoten

Amsterdamer Kaufleute brachten das Kapital für die Ausrüstung zusammen. Zur Ladung gehörten neben Tauschwaren wie Textilien, Glas, Spiegeln, Töpfereierzeugnissen, Schlössern, Messern und anderen Kleinigkeiten, spanische Silbermünzen (Reales) im Werte von 100.000 Gulden in bar. Diese Zusammenstellung der Güter war ein erster Versuchsballon, da die Amsterdamer über den asiatischen Bedarf noch nicht genau unterrichtet waren. Die Reise de Houtmans dauerte 14 Monate, eine ungewöhnlich lange Zeit. Dies erklärt sich vor allem aus dem Versuch, nicht ins portugiesische Fahrwasser zu geraten, so daß Umwege genommen werden mußten und man auf Madagaskar 5 Monate verbrachte. Die kleine Flotte landete schließlich in Bantam auf Westjava, in der Nähe der Sunda-Straße. Sie folgte hier den Angaben des Huygen van Linschoten, der Bantam als frei von Portugiesen beschrieben hatte. Verglichen mit der ersten Fahrt des Enkhuizeners war dies eine Reise voller Widerwärtigkeiten, die durch eine Reihe früher Skorbutfälle und höchster Unruhe unter der Mannschaft bei gleichzeitiger Führungsschwäche des Cornelis de Houtman verursacht wurden. Die „Amsterdam", eines der vier Schiffe, mußte wegen eines großen Lecks unterwegs verbrannt werden, was insofern recht eigentlich ein recht glücklicher Umstand war, als die bis dahin stark dezimierte Besatzung der anderen Schiffe ergänzt werden konnte. Gewiß, de Houtman gelang es, eine Ladung Pfeffer einzukaufen, aber dies war wohl kaum der wichtigste Aspekt der Reise, wenngleich es in erster Linie darum ging, die Amsterdamer Investition profitabel zu machen. Wichtiger war wohl, einen ersten Einblick in die politische Lage und Struktur sowie in die Handelsgewohnheiten im Archipel zu gewinnen. Bantam bot sich als ein nicht übermäßig großes, zugleich freilich höchst „internationales" Handelszentrum im Archipel, in dessen Hinterland Pfeffer angebaut wurde. Moslems, Chinesen und Autochthone schlossen hier ihre Geschäfte ab. Nicht nur das Geschäft mit Gewürzen florierte hier, die Stadt diente auch als Stapelort für eine Vielzahl von Waren, die als Tauschgut

Petrus Plancius (W. Delff)

eingeführt wurden. Hier waren auch Ein- und Ausfuhrzölle sowie Liegegebühren an den Hafenmeister, einen Beamten des regierenden Fürsten, zu entrichten. Der Hafenmeister wachte zugleich über Maße und Gewichte. Das Warenangebot überstieg an Vielfalt bei weitem das, was die Niederländer mitgeführt hatten. Es reichte bis zu Halbedelsteinen, Porzellan, Samt und Seide. Es überstieg jedenfalls die Erwartungen dieser neuen „Kunden", die sogar Schwierigkeiten hatten, ihr spanisches Silbergeld an den Mann zu bringen. Die Kaufleute aus Java und von den anderen Inseln des Archipels brachten neben den Gewürzen Sandelholz, Elfenbein, Nashorn-Hörner, Zinn und Blei, Reis, Salz und Zucker auf den Markt. Es wurde den Neuankömmlingen rasch deutlich, daß sie am schnellsten über ein Angebot von Waren dieses innerasiatischen Handels (etwa Baumwolle aus Indien) an die Gewürze kommen würden. De Houtman segelte noch andere Inseln an, zuletzt Bali, wo schließlich eine Reihe von Besatzungsmitgliedern die Schiffe verließ, um sich dort niederzulassen. Für de Houtman war dies der Anlaß umzukehren und die Heimreise anzutreten. Als er am 11. August 1597 mit nur noch drei Schiffen bei Texel ankam, lebten noch 87 Mitgliedern der ursprünglich 240-köpfigen Besatzung.

Letztlich spielte solcher Verlust an Menschen keine Rolle. Es hat jedenfalls die Kaufmannschaft der Republik nicht davon abgehalten, sogleich neue Flottern auszurüsten, denn die Reise nach Übersee erwies sich als möglich, und man wußte sehr wohl, daß die Profite erklecklich sein konnten, wenn einmal die geeigneten Tauschwaren gefunden und die portugiesische Konkurrenz zurückgedrängt oder gar ausgeschaltet war. De Houtmans erste Reise diente sowohl der nautischen als auch der kaufmännischen Erfahrung, und diese wurden auch gleich genutzt, denn schon 1598/99 brachten 18 Amsterdamer Kaufleute das Kapital für die Ausrüstung von 8 schwerbewaffneten Seglern mit 560 Auffahrenden zusammen, die unter Jacob van Neck in den Archipel fuhren, unter einem

Mann, der nun nicht mit der Schiffahrt aufgewachsen war, sondern aus den begütertsten Kreisen Amsterdams stammte und später noch mehrmals Bürgermeister der Stadt werden sollte. Es wurde eine höchst profitable Reise, weil man zum einen die Hälfte der Flotte schon in Bantam mit Pfeffer volladen und damit die Heimfahrt antreten konnte, nachdem man einen Streit zwischen Portugiesen und Bantamern zu nutzen verstanden hatte, und weil zum anderen der Rest der Flotte zu den Banda-Inseln mit ihrem großen Anbau von Muskatnuss bzw. Muskatblüte weitersegelte. Hier faßten die Niederländer zum erstenmal Fuß – ein Ausgangspunkt zur Beherrschung des gesamten Archipels im Laufe der folgenden Jahrzehnte. Die Erfahrungen dort waren die gleichen wie in Bantam. Die Niederländer waren nicht die einzigen Kunden, und sie lernten auf diesen Inseln, wie das zuvor de Houtmann in Bantam getan hatte, die wirklich nötigen Waren kennen, deren die Eingeborenen bedurften: Nahrungsmittel, Töpferwaren und Textilien. Es gelang der Flotte zugleich, zwei kleine Handelsniederlassungen auf Neira und Ternate anzulegen und dort 20 Niederländer zur Wahrnehmung der Interessen zurückzulassen. Verglichen mit der europäischen und asiatischen Konkurrenz war das ein noch relativ kleiner, aber immerhin ein erster Schritt.

Der Ertrag der Neckschen Reise bot zugleich Anlaß genug, neue Flotten auszurüsten. Die Aufgabe übernahm eine Reihe von ad hoc – Gesellschaften, die zwar jeweils das notwendige Kapital aufzubringen vermochten, aber letztlich in Konkurrenz zueinander standen – und das war wohl zunächst die größte Schwäche der nach Übersee segelnden Holländer und Seeländer. Zwischen 1594/1595, dem Jahr der ersten Reise des Cornelis de Houtman, und 1601 fuhren insgesamt 65 Schiffe in den Archipel, ausgerüstet und ausgestattet von 9 eigens dafür gebildeten Kapitalgesellschaften. Von den 65 Schiffen, verteilt über 15 Eskader, kehrten 50 zurück.[4] Angesichts der Gefahren unterwegs und vor Ort war das eine geringe Ausfallquote, ein weiterer Ansporn, die eigenen Kapazitäten zu erweitern.

Die Gründung der Vereinigten Ostindischen Kompanie (VOC): Struktur und Kapital

Es setzte sich nun ganz allmählich, ja, eigentlich mit Mühe nur, die Erkenntnis durch, daß die Konkurrenz zwischen holländischen und seeländischen Flotten, zwischen deren Gesellschaften also, auf Dauer kaum ein geeignetes Instrument zur Expansion des niederländischen Anteils am Gewürzhandel sein konnte. Die Engländer haben das für ihren Handel schon bald erkannt. Angesichts des stärkeren Aufkommens der Republik in den Gewässern des Archipels und des Indischen Ozeans bildeten sie 1600 die East India Company – eine Konzentration der Handelskräfte. In der Republik war es schließlich Johan van Oldenbarnevelt, der in der Konkurrenz nur Unzuträgliches sah und im übrigen politisch argumentierte: Der Feind war zu schädigen, dem Vaterland mehr Sicherheit zu gewährleisten, denn schließlich trugen die spanischen Habsburger seit 1580 auch die Krone Portugals. Ob die Kaufleute der holländischen und seeländischen Städte solcher Argumentation folgen konnten, mag dahingestellt bleiben, eher dürfte Einsicht in den wirtschaftlichen Nachteil einer zu heftigen gegenseitigen Konkurrenz sie dazu bewogen haben, schließlich 1602 der Fusion der bestehenden Gesellschaften zur Vereinigten Ostindischen Compagnie (VOC) zuzustimmen.

Über die Kompetenzen und die Verwaltungsstruktur dieser Handelsgesellschaft ist kurz zu berichten. Es handelte sich nicht um eine einfache Kapitalgesellschaft, sondern

---

4 Zum vorhergehenden insgesamt GAASTRA, *Geschiedenis*, S. 14ff. sowie L. BLUSSÉ/J. DE MOOR, *Nederlanders overzee*, Franeker 1983, S. 110ff. (Banda-Inseln).

um eine Gruppierung mit obrigkeitlichen Befugnissen. Sie erhielt das Schiffahrts- und Handelsmonopol zwischen dem Kap der Guten Hoffnung und der Magellan-Straße. Dieses Monopol war die wirtschaftlich-finanzielle Voraussetzung für die von einem Souverän auszuübenden Aufgaben. Darüber hinaus oblag der VOC der militärische Kampf gegen Landesfeinde im Monopolbereich. Dies implizierte ein reiches Arbeitsfeld. Die VOC durfte namens der Generalstände im Haag Verträge mit den Fürsten Asiens abschließen, Festungen anlegen, eine Armee rekrutieren und unterhalten, Gouverneure anstellen. Die Gouverneure wurden von den Generalständen vereidigt, während im übrigen die Kontrollbefugnisse dieses Gremiums sehr gering waren. Das Kapital erhielt man durch die Ausgabe von Aktien, deren Besitz zunächst recht breit gestreut war. Wenngleich es sich um eine „nationale" Gesellschaft handelte, wurden einzelne lokale Verwaltungsinstanzen, sogenannte Kammern, mit eigenem Haushalt gebildet, die für die Ausrüstung der Schiffe und den Verkauf der Kolonialerzeugnisse nach einem bestimmten Verteilungsschlüssel verantwortlich zeichneten. Die Zentralverwaltung, die „Regierung", lag in den Händen der Direktoren, einem Gremium, das von Mitgliedern der einzelnen Kammerverwaltungen beschickt wurde. Davon stellten Amsterdam 8, Seeland 4 Vertreter, dazu kamen je ein Vertreter der insgesamt 4 kleinen Kammern von Delft, Rotterdam, Hoorn und Enkhuizen sowie – im Turnus – ein Abgesandter der Kammer Maas-Middelburg bzw. Nordholland. Diese Struktur widerspiegelt zum einen die föderalistische Anlage der staatlichen Organisation in den Niederlanden und unterstreicht zum anderen, da eine Tätigkeit in den Kammerverwaltungen rasch zu einem Amt der Regenten wurde, den oligarchischen Charakter auch der VOC. Hinzu kam, daß die patrizischen Amtsträger der VOC zugleich als die ersten Kaufleute der VOC auftraten – und zwar für Export und Import gleichermaßen. Sie nahmen für sich eine Art Vorkaufsrecht in Anspruch; vor allem der Handel mit teuren Gewürzen lag bei ihnen. Die Struktur war also föderalistisch (bei freilich deutlichem Übergewicht Amsterdams) im Gegensatz zur zentralistisch organisierten englischen East India Company. Dazu ist bemerkt worden: „Es war das auffällige Beispiel eines Zusammengehens, in dem örtliche oder regionale Interessen so mit den zentralen Belangen harmonisiert wurden, dass man eine möglichst starke Bündelung der nationalen Interessen erzielte."[5] Daß freiwerdende Sitze in den Kammern durch Kooptationen neu besetzt wurden, entsprach der Herrschaftsstruktur in der Republik. Dabei legten die Kammermitglieder in der Provinz Holland ihren Vorschlag dem jeweiligen Bürgermeister vor, in Seeland waren es die Provinzialstände. Ein engeres Band zwischen der örtlichen Oligarchie und den Kammermitgliedern konnte gar nicht geflochten werden, und dies sicherlich nicht zur Freude der Aktionäre, die keinerlei Kontrolle über das Geschäftsgebaren hatten. Bei der Erneuerung des Charter-Briefes 1623 hat es dann auch gewisse Änderungen gegeben, die freilich die oligarchische Struktur kaum zu beeinträchtigen vermochten, zumal eine Regelung, wie etwa die Begrenzung der Amtszeit auf drei Jahre und mögliche Wiederwahl erst nach drei „amtlosen" Jahren, nicht eingehalten wurde. Zwanzig- bis dreißigjährige Amtsperioden städtischer Regenten gehörten durchaus nicht zu den Ausnahmen. Es seien hier Hans van Loon (1628-1658), Jacob Bicker (1618-1641) und Dirck Hasselaer (1617-1641) oder Simon Rijck (1625-1652) und Elias Trip (1615-1636), alle in der Amsterdamer Kammer, und schließlich Geraldo Welhouck (1630-1656) aus Delft und Jacobus Schotte (1617-1641) aus Middelburg genannt.[6] Insgesamt gesehen waren die Beziehungen zwischen Regenten-Oligarchie und den Kammermitgliedern („bewindhebbers") äußerst eng, so daß man auch um die wirtschaftliche Effektivität fürchtete, da die Regenten sich zum

---

5   Aussage von J.G.E. HALL, zitiert bei C.R. BOXER, *Jan Compagnie in Oorlog en Vrede. Beknopte geschiedenis van de VOC*, Bussum 1977, S. 8.
6   Ebd. S. 9; vgl. auch GAASTRA, *Geschiedenis*, S. 30.

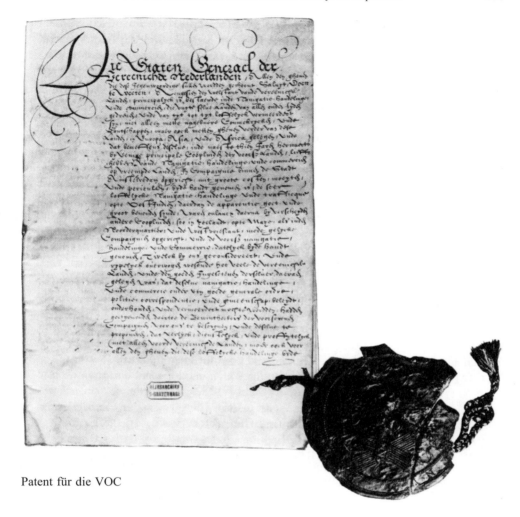

Patent für die VOC

größten Teil aus geschäftlichen Aktivitäten zurückgezogen hatten und sicher nicht immer auf der Höhe der Zeit waren. In Amsterdam scheint man dies zumindest kurzfristig als hinderlich erfahren zu haben, so daß um 1670 drei Sitze im Gremium der Kammer mit Kaufleuten besetzt wurden. Tatsächlich fiel man bald darauf wieder auf den bis dahin gepflegten Besetzungsmodus zurück. Immerhin, 1681 erließ man die Regelung, daß nur die Hälfte der Kammermitglieder auch einen Sitz in den städtischen oder staatlichen Gremien haben durfte. Es ist nicht ersichtlich, wie lange man sich an diese Bestimmung gehalten hat. Da die VOC schon 1610 finanzielle Unterstützung seitens der Generalstände erhielt, erhoben auch die anderen Städte Anspruch auf einen Sitz als „bewindhebber". Der Anspruch wurde realisiert. Sie erhielten „außerordentliche" Sitze in den Kammern. Die holländischen Städte Haarlem und Leiden, beide ohne Kammern, setzten es durch, daß ihnen zwei der zwanzig Amsterdamer „ordentlichen" Kammersitze zugewiesen wurden. Das Motiv der Beteiligung war dabei keine Statusfrage, sondern entstand aus reinem Wirtschaftsinteresse, denn Leiden konnte als Textilexporteur auftreten, und für die Haarlemer Seidenverarbeitung war es von Bedeutung, daß nur Rohseide und keine Fertigerzeugnisse aus Asien eingeführt wurden. Schließlich gelang es auch der holländischen Ritterschaft, dem Adel, zwei Sitze zu gewinnen, die sie bei kleinen Kammern, wechselnd zwischen Hoorn und Enkhuizen einerseits, Rotterdam und Delft andrerseits, zugewiesen erhielten.[7]

Das Anlagekapital mochte dann breit gestreut sein, gleichwohl herrschte die Tendenz zur Konzentration der Anteile in wenigen Händen. Die Großen versuchten, die Anteile der kleinen Anleger aufzukaufen, so daß 1680 Amsterdamer Kaufleute etwa zwei Drittel der Anteile der seeländischen Kammer in der Hand hielten. Aber immerhin, jeder Bürger konnte Anleihen zeichnen, so er glaubte, kapitalkräftig genug zu sein. Die gezeichneten Beträge reichten von 50 bis 85.000 Gulden. In Amsterdam legten 88 „Aktionäre" je über 10.000 Gulden ein. Unter diesen 88 Investoren befanden sich 40 Kaufleute aus den südniederländischen Provinzen. Sie brachten eine schon aus der früheren Zeit datierende weite Geschäftsverbindung und große Handelserfahrung mit. Die Gruppe zeichnete dann auch bis auf 150.000 Gulden die Hälfte der gesamten Einlagen von Amsterdam. In Seeland war es 77 Großaktionäre, die über die Hälfte des Kammerkapitals vertraten. Im übrigen aber legten neben diesen großen Investoren auch Handwerker, Lohnarbeiter, Prädikanten, Doktoren und Bedienstete aus Stadt und Provinz Beträge ein. Naturgemäß waren die Kaufleute am stärksten vertreten. Freilich hielt sich die Zahl der „Aktionäre" in Grenzen, da die kleinen Anteilseigner schon rasch ihre Aktien wieder verkauften. 1612 etwa belief sich die Zahl der Amsterdamer Eigner nur noch auf 812. Das eingelegte Kapital betrug zu Anfang 6 Millionen Gulden, übertraf damit die Einlagen der East India Company um das Zehnfache, stieg bis auf 6 ½ Millionen Gulden 1691 an und blieb von diesem Jahr an konstant. Das Anlagekapital, Kredite, Obligationen und sogenannte „anticipatiepenningen", Gelder, die die Kaufleute als Vorschuß für die Versteigerungen auf das Konto der VOC einzahlten, bildeten insgesamt die Mittel, mit denen die Schiffe gebaut und ausgerüstet, die Kosten für Waren und Personal bestritten wurden.

Erste Expansion. Voraussetzungen und Charakter

Hier ist nach dem Umfang der Flotte, nach Besatzung und den übrigen Reisenden zu fragen. Zwischen 1606 und 1700 segelten 1768 Kompanie-Schiffe unterschiedlicher Größenordnung in den Archipel, von denen im gleichen Zeitraum wieder 949, gut die Hälfte also, in der Republik anlandeten. Der zahlenmäßige Unterschied zwischen Hin- und Rückreise erklärt sich nur zum Teil aus Schiffsuntergang oder anderer Havarie auf der Route; er ist auch auf den Einsatz der Schiffe im innerasiatischen Handel und den damit verbundenen Wechselfällen (Schiffsuntergang, Verschleiß und Abwrackung) zurückzuführen. Die eigentlichen Schiffsbesatzungen und die Soldaten, die zur Belegung der festen Handelsplätze benötigt wurden, stellten den größten Teil der Passagiere. Dazu kamen meistens Handwerker und das Personal, das die VOC im Archipel einzusetzen gedachte. Dabei richtete sich die Gesamtzahl der Personen weniger nach den Erfordernissen der Fahrt zum Archipel selbst, sondern nach dem geschätzten Bedarf im innerasiatischen Handel, für den immer wieder neue Mannschaften rekrutiert werden mußten. Dabei ist festzustellen, daß die Zahl der Ausreisenden (einschließlich Besatzungsmitglieder) im 17. Jahrhundert nur gering anstieg, im 18. Jahrhundert dann sprunghaft anwuchs. Die Sterblichkeitsziffer bewegte sich auf der etwa zwischen 7 und 8 Monate dauernden Reise nach Batavia bis 1730 zwischen 6 bis 10 v.H., lediglich zwischen 1689 und 1695 stieg sie auf Werte zwischen 15 und 25 v.H. an. Weniger Schiffsuntergänge mit Ertrinkungstod als vielmehr Unfälle an Bord und Krankheit machten den Großteil der Sterbefälle aus. Auf voll besetzten Schiffen konnte eine ansteckende Krankheit

---

7   Nach GAASTRA, *Geschiedenis*, S. 31.

schnell um sich greifen, Isolierungen waren angesichts des begrenzten Schiffsraums kaum möglich. Typhus war die am häufigsten auftretende ansteckende Krankheit. Die hohen Sterberaten in den Jahren zwischen 1689 und 1695 führten zur Verwendung von Destilliermaschinen, so daß der Vorrat von Trinkwasser erhöht und dessen Qualität verbessert werden konnte. Es ist darauf hingewiesen worden, daß hohe Sterberaten durch ansteckende Krankheiten auf der Handelsflotte den ebenso hohen Ziffern auf der Kriegsflotte parallel liefen. Angenommen wird, daß der erhöhte Bedarf an Soldaten gleichzeitig die Läuse, Träger des Flecktyphus-Virus, mit an Bord brachte.[8]

Die Reise, ein Abenteuer, vor allem im Kampf gegen Naturgewalten, aber auch eine Sache der kriegerischen Auseinandersetzungen mit dem europäischen Gegner und darüber hinaus mit den Eingeborenen, den Sultanaten und Königreichen, die die Gewürze und alles jenes lieferten, was auf dem europäischen Markt begehrt und teuer war. Das Risiko war nicht gering, aber wo der Erfolg sich einstellte – und er blieb nicht aus –, da wurde das Risiko reich belohnt. Die Voraussetzungen, unter denen sich die günstige Ertragslage einstellte, wurden zeitgenössisch in der *Beschreibung der weltberühmten Handelsstadt Amsterdam* treffend der Öffentlichkeit bekannt gegeben: „Die Kompanie ist von kleinen Anfängen mit Gottes Hilfe so hoch empor gestiegen, dass sich jede Kapitalanlage um ein Mehrfaches ausgezahlt hat. Diese Kompanie rekrutiert Soldaten auf eigene Kosten, führt Heere in den Kampf, vernichtet andere, führt Kriege in anderen Teilen der Erde, nimmt Inseln ein, rüstet Flotten aus, nimmt dem Feinde Länder, Festungen und Häfen, erleichtert die Kriegslasten des Vaterlandes, sticht durch Taten hervor, die sich kaum von den Aktionen der großen Fürsten und Könige unterscheiden." Solche Beobachtung, die in einiger Begeisterung sich vorgetragen fand, entsprach im Ergebnis durchaus dem Rat, den einer der kundigsten Generalgouverneure im Archipel, Jan Pietersz. Coen, schon 1614, noch vor seiner ersten Amtszeit unaufgefordert den Direktoren hatte zuteil werden lassen, als er schrieb: „Es sollte Euch ehrenwerten Herren aus Erfahrung bekannt sein, dass der asiatische Handel betrieben und beschützt werden muß mit Hilfe Eurer eigenen Waffen, und diese Waffen müssen aus den Erträgen des Handels bezahlt werden; das heißt, wir können den Handel nicht treiben, ohne Krieg zu führen, und wir können den Krieg nicht führen, ohne Handel zu treiben."[9] Coen unternahm seine erste Reise in den Archipel schon 1607 auf der Flotte von Verhoeff und wurde von Generalgouverneur Pieter Both zum Präsidenten der VOC in Bantam ernannt. Both selbst charakterisierte den neuen Mann aus dem westfriesischen Hoorn als „eine Person von sehr bescheidener Lebensart, untadelig, von guter Art, kein Säufer, ohne Eitelkeit, erfahrener Ratgeber, als Kaufmann und Buchhalter von hoher Qualität."[10] Sieh da, ein Mann von calvinistischer Reinheit, aber auch ein Eisenfresser, der die ihm später als Generalgouverneur gestellte Aufgabe eines höchsten Interessenvertreters mit aller Konsequenz erfüllte – mit aller Gewalt, wo es ihm vonnöten schien.

Coens Name steht hier nur für viele, die es auf sich nahmen, die Macht dieser quasi-souveränen Handelsgesellschaft zu konsolidieren. Die Gesellschaft formierte sich im Zeichen des Krieges, die Konkurrenz war zu schwächen, zu vertreiben, die Monopolherrschaft war eben auch gegen des Ausland durchzusetzen. Coen schrieb es im obengenannten Brief an die niederländischen Herren. Als die ersten Schiffe in den Archipel segelten, noch vor der Zeit der VOC, ging es doch darum, einen günstigen Weg zu finden, der rasche Fahrt erlaubte, da galt es zu verbessern, was die Portugiesen zuvor schon

---

8   Nach J.R. BRUIJN, *De personeelsbehoefte van de VOC overzee en aan boord, bezien in Aziatisch en Nederlands perspectief*, in: BMGN 91,2 (1976), S. 218ff.; 221f.
9   Schreiben vom 27. Dezember 1614 in: H.T. COLENBRANDER, *Jan Pieterszoon Coen. Bescheiden omtrent zijn bedrijf in Indië*, dl. VI, *levensbeschrijving*, 's-Gravenhage 1934, S. 64.
10 Zitiert bei BLUSSÉ/DE MOOR, *Nederlanders overzee*, S. 158.

ausgekundschaftet hatten, da war es noch Abenteuer, vielleicht sogar Entdeckerfreude mit der Hoffnung auch auf wirtschaftlichen Erfolg. Sobald man einmal Fuß gefaßt, die ersten Forts angelegt, die erste reiche Ernte eingebracht hatte, Konsolidierung und Expansion zur täglichen Aufgabe wurden, da erhielt das Abenteuer eine neue Qualität – die Qualität der Gewalt. Sie prägte das Geschäft, sie charakterisierte diese ostindische Handelsgesellschaft in starkem Maße; sie füllte weitgehend die Begegnung zweier Kulturen aus, wenn dann überhaupt von einer „Begegnung" die Rede sein kann.

Das Personal: Zusammensetzung und Arbeitsbedingungen

Diese Welt der Ober- und Unterkaufleute, der Assistenten, Prädikanten, der Schiffsärzte und Krankenpfleger, Handwerker, Kapitäne, Schiffsoffiziere, Matrosen und Soldaten, die in den Archipel fuhren, um den Reichtum der Kompanie zu mehren oder – wenn möglich – sich selbst zu bereichern, eben diese Welt mußte die der strengsten Disziplin und Zucht sein, auf den Schiffen schon und am Orte selbst. Wo Durchsetzungsvermögen zu den Instrumenten zählte, um kaufmännischen Erfolg durchzusetzen, galt eiserne Disziplin als erste Voraussetzung solchen Erfolges. Sie wurde mit Gewalt durchgesetzt. Die Matrosen, die zusammen mit den Soldaten den Großteil der Schiffsbesatzungen ausmachten, erfuhren dies tagtäglich. Die Männer und jungen Leute, die da auf den Schiffen anheuerten, freiwillig, trickreich überredet oder gezwungen, sie vertraten die untersten Schichten der Gesellschaft. Für kleinste Münze verrichteten sie ihren Dienst. Wie sagte doch der niederländische Seeheld Michiel A. de Ruyter in seinem Stoßgebet: „Herr, schütze gnädig unsere Offiziere, Matrosen und Soldaten, die für wenig Geld soviel zu erdulden haben und sich so großen Gefahren aussetzen."[11] Dies galt dann noch für die Kriegsflotte, aber hätte auch für die Handelsflotte, besonders die der VOC, gelten können. Es ist völlig einsichtig, daß Mollema in seinem Werk über die Geschichte der seefahrenden Niederlande ein Kapitel mit der Überschrift „Vom Leben und Leiden der Matrosen" versieht.[12] Das Leiden des Seefahrers, die geringe gesellschaftliche Anerkennung des Berufs, war keine auf die Niederlande begrenzte Erscheinung. In der anderen seefahrenden Nation, England, galt ähnliches. Recht bissig schrieb Samuel Johnson noch Mitte des 18. Jahrhunderts: „Niemand, der pfiffig genug ist, im Gefängnis zu landen, wird Seemann werden. Denn auf einem Schiff leben heißt im Gefängnis leben mit der Möglichkeit zu ersaufen"; und selbst ein so begeisterter Seemann wie der Engländer Edward Barlow beklagte sich, es gebe niemanden unter der Sonne, der seinen Lebensunterhalt härter verdienen müsse und vor allem von allen Seiten stärker missbraucht und ausgebeutet werde als der Matrose.[13] Und wie der Bedarf an Matrosen und Soldaten allgemein anstieg, so wuchs auch die Zahl der Matrosen, die auf der Ostindien-Flotte Dienst nahmen, von 2.000 im Jahre 1610 auf 8.500 im Jahre 1680. Die Gesamtzahl der Seeleute (Marine, Walfangflotte, Handelsschiffe, Heringsfischer und VOC) stieg für den gleichen Zeitraum von 33.000 auf 50.000 an. Daraus ergibt sich ein Anstieg um rund 50 v.H., während er sich für die Flotte der VOC auf allein 400 v.H. belief. Lediglich die Walfangflotte hatte eine noch größere Zuwachsrate zu verzeichnen. Auffällig ist auch, daß die Zahl im 18. Jahrhundert noch weiter anstieg, während sie für den Gesamtbereich zurückging.

---

11 Das Zitat bei G.M.W. ACDA, *Voor en achter de mast. Het leven van de zeeman in de 17e en 18e eeuw*, Bussum 1976, S. 9.
12 J.C. MOLLEMA, *Geschiedenis van Nederland ter Zee*, Bd. 3, Amsterdam 1941, S. 87.
13 Johnson und Barlow nach ACDA, *Voor en achter*, S. 9.

Reisebericht des Georg Franz Müller (Titelblatt)

Ein Großteil der Matrosen und Soldaten kam aus dem Ausland, vornehmlich aus Deutschland: aus Oldenburg, Hannover und Schleswig-Holstein, sowie aus den skandinavischen Ländern und aus dem baltischen Raum. Der Anteil stieg gegen Mitte des Jahrhunderts auf über 40 v.H. an, um nach kurzem Rückgang, zu Anfang des 18. Jahrhunderts, dann gegen Ende der VOC-Zeit gar über 50 v.H. anzuwachsen. Dabei lag der Anteil der Ausländer an der Gruppe der Soldaten durchschnittlich noch höher als bei den Matrosen, stieg nach einem scharfen Rückgang gegen Ende des 17. Jahrhunderts auf fast 80 v.H. in den letzten Jahren der VOC an. Innerhalb der Niederlande rekrutierten sich Matrosen, Handwerker und Soldaten sehr viel stärker aus den See- als aus den Landprovinzen.[14] Daß man sich überhaupt bei der Ostindischen Kompanie verpflichtete, lag gewiß nicht an der guten Heuer oder an anderen günstigen Arbeitsbedingungen. Im übrigen gab es zwischen den Matrosen der einzelnen Flottenteile mit Blick auf die Arbeitsbedingungen noch Standesunterschiede. So waren die besten Matrosen („bootsgezellen") im Dienst der Nord- und Ostseeschiffahrt sowie in der Küsten- und Hochseefischerei beschäftigt. Sie standen meistens in einem festen Vertragsverhältnis und wohnten in ihren nahe beim Meer gelegenen Geburtsorten. Die Matrosen der Kriegsmarine waren im Winter arbeitslos und heuerten jeweils im Frühjahr wieder an. Beliebt war die Marine keineswegs, da die Heuer niedrig blieb und die Auszahlung sich häufig genug verzögerte. Bei der Ostindischen Kompanie nun heuerten jene an, die von Abenteuerlust oder den Erzählungen vom Reichtum im Archipel verleitet wurden oder eben jene – und das war gewiß die große Mehrzahl –, deren soziale Existenz gegen Null tendierte. Es waren Arbeitslose, die keine Gelegenheit fanden, an Land eine Beschäftigung zu erhalten. Die durch die Kunde vom Chancenreichtum in die Niederlande einströmenden Ausländer waren in ihrer Heimat arbeitslos gewesen und konnten in Amsterdam eben nur noch bei

---

14 So die Angaben bei J.R. BRUIJN/J. LUCASSEN (Hrsg.), *Op de schepen der Oost-Indische Compagnie. Vijf artikelen van J. de Hullu, ingeleid, bewerkt en voorzien van een studie over de werkgelegenheid bij de VOC*, Groningen 1980, S. 21ff., 134ff.

der Ostindischen Kompanie anheuern – als Matrose oder als Soldat. Die Heuer belief sich für einen Matrosen auf höchstens 11 Gulden monatlich, für einen Soldaten lag der Sold noch niedriger, etwa bei 9 Gulden. Der an anderer Stelle schon mehrfach genannte Pieter de la Court zählte Matrosen, Manufakturarbeiter und Fischer zu den am schlechtesten bezahlten niederländischen Arbeitern. Vergleiche mit den Löhnen im Lande selbst sind immer schwierig, insofern die in Manufaktur und Handwerk Beschäftigten meistens nicht nur eine Familie zu ernähren hatten, sondern im Unterschied zu den Matrosen für den täglichen Lebensunterhalt auch aufkommen mußten. Gleichwohl seien hier einige Vergleichswerte angegeben. Ein Arbeiter in der Leidener Tuchmanufaktur kam auf monatlich 22 Gulden, was nach Angaben eines gut informierten Flugblattautors (1662) bei Familien mit 4 oder 5 Kindern unter dem Existenzminimum lag. Ein Bauarbeiter verdiente durchschnittlich 30 Gulden monatlich, mußte freilich sein Werkzeug selbst bezahlen. Tuchscherer kamen 1631 in Amsterdam auf jährlich 270 Gulden bei durchgehender Beschäftigung, während im allgemeinen ein Jahreslohn von 250 Gulden zuzüglich Wohnung und Verköstigung zu den beneidenswerten Summen für einen Arbeiter auf dem Festland zählte. William Temple, britischer Gesandter in Den Haag, unter den ausländischen Beobachtern einer der gründlichsten, hat auf die unterschiedliche Qualität der Nahrung bei Seeleuten und Arbeitern auf dem Festland hingewiesen („Brot und Fisch" gegenüber „Wurzeln, Kräutern und Milch"). Freilich ist gefragt worden, ob die bessere Ernährung, wenn sie dann bestanden haben mag, den deutlichen Lohnunterschied ausglich[15], abgesehen davon, daß die von Temple apostrophierte Qualität der Nahrung an Bord eher idealtypisch genannt werden muß. Jan Pietersz. Coen warnte schon 1623 die Direktoren der VOC, daß die Matrosen sich über die karge Heuer nicht ohne Grund beklagten und daß sie vielleicht der Kompanie einmal teuer zu stehen kommen werde.[16]

Das führt zurück zum Motiv überhaupt, auf einem VOC-Schiff anzuheuern. Zu den erfahrenen Seeleuten zählten nur wenige der Schiffsbesatzungen. Sie kamen wohl nicht aus jenen maritimen Gemeinschaften – von alters her auf die Seefahrt angewiesene örtliche Gruppen –, deren Mitglieder eine gewisse Ausbildung genossen hatten, lesen und schreiben konnten und meistens auf der Walfangflotte oder bei der allgemeinen Handelsflotte anheuerten. Es waren eher jene in die großen Hafenstädte ziehenden, nicht zu einer maritimen Gemeinschaft gehörenden Stadt- und Landbewohner, die Arbeit suchten und deren Existenz sich auf einem VOC-Schiff gegenüber dem Leben auf dem Festland auf keinen Fall verschlechtern konnte. Ihr Ausbildungsstand war äußerst niedrig. Viele waren weder des Lesens noch des Schreibens mächtig. Für die Ostindien-Fahrer aus deutschen Territorien ist ermittelt worden – zugrunde liegt eine Gruppe von 47 Personen –, daß es um durchweg unverheiratete und gebildete Männer ging, Handwerker und Lutheraner.[17] Meistens hatten sie weder eine Familie zu ernähren noch eine feste Anstellung. Das Motiv der einfachen, wenn auch noch so kargen Existenzsicherung dürfte durchgehend eine Rolle gespielt haben, wenn doch von außen her die Kunde vom Reichtum im

---

15 Nach C.R. BOXER, *Sedentary Workers and Seafaring Folk in the Dutch Republic*, in: *Britain and the Netherlands*, II (ed. by J.S. BROMLEY/E.H. KOSSMANN), Groningen 1964, S. 155ff.; über Heuer und Sold auch J.C.M. WARNSINCK (Hrsg.), *Reizen van Nicolaus de Graaff gedaan naar alle gewesten des Werelds beginnende 1639 tot 1687 incluis*, uitgegeven en toegelicht door ... (=Werken uitgegeven door de Linschoten-Vereeniging, XXXIII, 's-Gravenhage 1930, S. 58ff. (Oost-Indische Spiegel van Nicolaus de Graaff).

16 Bei BOXER, *Sedentary Workers*, S. 157.

17 Dazu S. HART, *Zeelieden te Amsterdam in de zeventiende eeuw. Een historisch-demografisch onderzoek*, in: Mededelingen van de Ned. Vereniging voor Zeegeschiedenis, 17 (1968), S. 5-20. Für die Untersuchung unter den deutschen Ostindien-Fahrern s. die schöne Arbeit von R. VAN GELDER, *Das ostindische Abenteuer. Deutsche in Diensten der Vereinigten Ostindischen Kompanie (VOC), 1600-1800*, (=Schriften des Deutschen Schiffahrtsmuseums, Band 61), Hamburg 2004, S. 55 (die Gruppe der 47).

Archipel einen letzten Impuls vermittelte. Gleichwohl, neben diesem wirtschaftlichen und sozialen Motiv haben Abenteuerlust und Neugier, verbunden mit einem hohen Maß an Risikobereitschaft, die Entscheidung als Matrose oder Soldat in den Archipel zu gehen, mitbestimmt. Es seien einige Beispiele angeführt. Volkert Evertsz. aus Husum in Holstein, der 1670 seine Reisebeschreibung in Amsterdam veröffentlichen ließ, arbeitete eine Zeitlang als unselbständiger Buchbinder in Amsterdam. Er „hörte manches Mal von Ostindienfahrern nach ihrer Rückkehr, wie vortrefflich das Land im Archipel war, wie viel Seltsamem sie dort an Menschen und Tieren, Pflanzen und Bäumen begegnet waren und daß sie auch einen ordentlichen Batzen Geld mit zurückgebracht hatten." Dies habe ihn dazu angespornt, die Länder zu besuchen. So sei der Entschluß gereift, sein Handwerk aufzugeben, das ihm ohnehin nur wenig eingetragen habe. Er meldete sich sodann bei den Direktoren in Amsterdam und ließ sich als Seekadett („adelborst") in Dienst nehmen.[18] Jörg Franz Müller, jener deutsche Reisende, der so sorgfältig niederländische Städte beschrieben hat, kam doch eigens nach Amsterdam, um bei der VOC anzuheuern. Er kam aus Ensisheim, nördlich von Mülhausen im Oberelsass. Müller war ein fahrender Geselle, der auf die Walz ging, um vorerst nicht mehr zurückzukehren. Er war ein Weltenbummler, den es drängte, alles kennenzulernen, von dem er Kunde hatte, „soweit als ich kommen könnte, allda mich nach dem grosen wunderwerckhen Gottes umbzuschauen, dardurch ich den unbegreiflichen, allmächtigen Schöpfer us des Himmels und der Erden desto besser, und in etwas mehreres möchte lernen erkennen."[19] In Hildesheim schon erfuhr er auf seine Frage hin, daß die „Edle Compagnie" immer noch Soldaten annehme. Und zugleich erhielt er die Kunde, daß Arbeitsbedingungen und Sold recht günstig seien, womit er wohl eher einem Gerücht aufgesessen war. So zog er mit Begeisterung nach Amsterdam, um dort freilich zu seiner Enttäuschung zu erfahren, daß kein „volck" für die Indien-Reise angenommen werde. Wie sehr es ihn drängte, bei der Gesellschaft in Dienst zu treten, erhellt schon daraus, daß er seinen Gastgeber in Leiden bat, ihn sofort zu unterrichten, sobald die Anwerbung von Personal wieder in Gang gekommen war. Und als ihm diese Kunde zuteil wurde, fing ihm „das herz im Leibe" an zu hüpfen. Er meldete sich an, wollte Offizier werden, was nicht gelang, so daß er sich als Seekadett annehmen ließ.[20]

Während Jörg Franz Müller offensichtlich genügend eigene Mittel hatte, um bis zur Anheuerung auf eigene Kosten in Leiden oder Amsterdam zu warten, fehlten sie dem Württemberger Christoph Schweitzer, der sich mangels eigener Mittel über einen Amsterdamer „Seelenverkäufer" bei der VOC auch als Soldat verdingte. Schweitzer hat der Nachwelt eine inhaltsreiche Beschreibung hinterlassen, verließ das Festland als Soldat und kehrte als Buchhalter zurück.[21] Über seine Motive, in den Archipel zu fahren, sagt er freilich wenig, aber immerhin doch so viel, daß er sich aus reinem Geldmangel in die Hände eines „Seelenverkäufers" begeben habe, der ihn dann bei der Kompanie in Amsterdam vermittelte.

Anders verhielt es sich da bei Johann Sigmund Wurffbain, Sohn eines Nürnberger Advokaten und Consiliarius jener Stadt. Der junge Wurffbain weilte schon 1628 im Alter von 15 Jahren in den Niederlanden, um dort den Handel zu erlernen (wo hätte man ihn besser erlernen können?). Nach kurzer Rückkehr nach Nürnberg verdingte er sich schließlich 1632 bei der Ostindischen Kompanie. Als Handelsassistent wollte er sich einschreiben

---

18 Bei BOXER, *Jan Compagnie*, S. 12f.
19 HEERES, *Jörg Franz Müller's Reisindrukken*, S. 190.
20 Ebd. S. 196f.
21 CHRISTOPH SCHWEITZER, *Reise nach Java und Ceylon 1675-1682*, neu herausgegeben nach der zu Tübringen im Verlag von Johann Georg Cottas im Jahre 1680 erschienenen Original-Ausgabe, Den Haag 1931. Reisebeschreibungen von deutschen Beamten und Kaufleuten im Dienst der Niederländischen West- und Ostindischen Kompagnien 1602-1797, hrsg. S.P.L. HONORÉ FABER, XI.

lassen, was nicht gelang, da die Kompanie ein überreiches Angebot an Bewerbern hatte. So blieb ihm nichts anderes übrig, als sich als Soldat eintragen zu lassen. 13 Jahre blieb er im Archipel und brachte es bis zum Oberkaufmann – das war der zweithöchste Rang in der Gesellschaft.[22] Eine außergewöhnliche Karriere – sicher für einen Ausländer. Das Motiv seiner Reise: Erweiterung der Kenntnisse über den überseeischen Handel. Abenteuerlust, wenig oder gar kein Geld und nüchternes Handelsinteresse, und sei es nur der Wunsch, vorhandene Kenntnisse zu erweitern, diese drei Kriterien jedenfalls scheinen die Dienstnahme bei der VOC insgesamt motiviert zu haben, wobei für Matrosen und Soldaten Geldmangel das vorherrschende Motiv gewesen sein dürfte – ein Geldmangel, der den so überaus großen Reichtum Asiens, wie er sich in den Erzählungen darstellte, gleich um vieles glaubwürdiger und attraktiver erscheinen ließ. Schweitzer selbst hat die Lage einleitend kurz umrissen. So heißt es bei ihm: „Es verführen aber heutigen Tags die von etlich darinn gewesten Bedienten, heraußgebrachte Reichthumb und Beuthen, die richtige Bezahlung und dann, daß man unterschiedlicher Nationen seltzame Gestalt und wunderliche Sitten sehen kann, manchen einfältigen Menschen, welcher aus frembden Landen in Holland kommet, alles was ihme die so genandte Seelen-Verkäuffer vorreden, leichtlich glaubet, ja sie dürffen einem ohne Scheu einen Hammer und Meißel mitgeben, dass man darmit solle die Diamant von den Klippen kriegen."[23] Daß die Verbindung von Armut und Reichtum so manchen zu einem tumben Toren stempelte, will einigermaßen einleuchtend erscheinen, zumal einige der Rückkehrer, wohl ohne über den eher brutalen Charakter ihrer Reise zu berichten, keine Gelegenheit ausließen, neugewonnenen Reichtum, der höchst relativ zu werten ist, nach außen zu zeigen. Die Tatsache, daß man die Rückkehr angesichts der hohen Sterblichkeitsrate überhaupt geschafft hatte, war schon Anlaß genug zur Freude. Es scheint vorgekommen zu sein, daß ein Matrose nach der Ankunft in Amsterdam drei Kutschen zu je 4 Gulden mietete und durch die Stadt jagte. In der ersten Kutsche lag der Hut des Mannes, in der zweiten Tabaksdose und Pfeife und in der dritten saß er selbst. Das mag dann nicht zur Alltäglichkeit gehört haben, aber die Ausgelassenheit mit entsprechenden Geldausgaben war sprichwörtlich, so daß zurückgekehrte VOC-Matrosen den Beinamen „Herr der sechs Wochen" erhielten, das heißt, nach 6 Wochen war der Reichtum aufgebraucht.[24]

Es ist hier von der Heuer des einfachen Matrosen und vom Sold der Soldaten die Rede gewesen. Das waren Beträge, die auf keinen Fall das Budget der Kompanie über Gebühr strapazierten. Die ersten nun, die an diesen Leuten zu verdienen versuchten, waren die sogenannten „Seelenverkäufer", die Schweitzer apostrophiert hat. Es handelte sich um eine Art selbsternannte Werbeagenten der Kompanie, meistens um Wirte, die vor allem die in Amsterdam ankommenden Ausländer auffingen und ihnen Unterkunft und Verpflegung verschafften. Meistens handelte es sich um Quartiere miserabler Qualität und zugleich um ein nacktes Pumpgeschäft. Sobald eine Anstellung bei der VOC gefunden war, erhielt der Matrose oder Soldat zwei Monate Heuer oder Sold im voraus. Der Betrag ging sogleich an den „Seelenverkäufer". Gleichzeitig erhielt der Soldat oder Matrose einen sogenannten Schuld- oder Transportschein. Darin verpflichtete sich die Kompanie, dem Inhaber aus der inzwischen angesammelten Heuer 150 Gulden (der am häufigsten genannte Betrag) an den Inhaber der Akte auszuzahlen. Der „See-

---

22 Dazu s. J.S. WURFFBAIN, *Reise nach den Molukken und Vorder-Indien, 1632-1638*, 2 Bde., Den Haag 1931. Zu den Deutschen zählte auch Engelbert Kaempfer, der als „Chirurgijn" in der VOC tätig war und später in seiner Arbeit als Reiseberichterstatter wesentlich zum Asien-Bild der Europäer beigetragen hat (vor allem Japan). Zu ihm jetzt G. BONN, *Engelbert Kaempfer (1651-1716). Der Reisende und sein Einfluß auf die europäische Bewusstseinsbildung über Asien*, Frankfurt/Main 2003.
23 SCHWEITZER, *Reise nach Java*, S. 3f.
24 ACDA, *Voor en achter de mast*, S. 15f.

lenverkäufer" (im Niederländischen „volkhouder" genannt) bekam meistens auch diese Zahlungsverpflichtung in de Hand. Ein Garantieschein war diese Akte nicht. Zum einen dauerte es einige Zeit, bis sich ein solcher Betrag angesichts der schmalen Heuer (Sold) angesammelt hatte, zum anderen konnte der Matrose sterben oder das Schiff untergehen. Dieser „Gläubiger", so er den Schuldschein besaß, verkaufte diesen Schein oder „zeel" – daher der Name „Seelenverkäufer" – an professionelle Aufkäufer, die das damit verbundene Risiko berechneten und die Scheine zu einem erheblich unter dem Nominalwert liegenden Preis erwarben. Im übrigen gingen nicht nur Matrosen und Soldaten, sondern auch Unteroffiziere und Offiziere diesen Weg. Da die Monatsgelder höher lagen, war eine Einlösung rascher vollzogen. Natürlich hatte der „volkhouder" ein Interesse daran, seine Gäste bei der Kompanie unterzubringen. So einfach war das tatsächlich nicht, zumindest erhielt man nicht immer die Stellen, um die man sich bewarb. Das zeigte sich bei den vorgenannten drei deutschen Ostindien-Reisenden.[25] Bei Jörg Franz Müller klingt das alles sehr fröhlich: „Den 18. September ist alhier [Amsterdam, H.L.] auf allen gassen und straßen mit drommen und pfeiffen, schalmeyen und trompeten offensichtlich wie gebräuchig ausgerufen worden, daß wehr lust und liebe hat, sich nach Ostindien zu begeben, der köne sich bey dieser Edlen Compagni dezen herren Bewindhaberen anmelden."[26] Andere freilich haben die Szenerie anders beschrieben. Da fand zu gegebener Zeit ein Run auf das Ostindische Haus, dem Zentralsitz der VOC, statt. Es kam zu Schlägereien. Die „Seelenverkäufer" spornten ihre Gäste an, sich nach vorn zu drängen. Das geschah noch vor der geschlossenen Pforte. Öffneten sich die Tore, begannen die Raufhändel erst recht. Für den Beobachter blieb solches Verhalten unverständlich, denn es gab nichts Wertvolles zu erwerben, lediglich die Möglichkeit, „sich als Sklave zu verkaufen".[27] Wer nicht angenommen wurde, hatte lediglich noch eine Chance, bei der Marine oder beim Landheer eingeschrieben zu werden – im Interesse des „Seelenverkäufers", der sonst die Kosten für Unterkunft und Verpflegung schlicht hätte abschreiben können.

Nicolaus de Graaff, Schiffsarzt und Verfasser des für die Lebensart und Lebensweise der Europäer im Archipel so aufschlussreichen *Oost-Indische Spiegel* hat nicht nur die Funktion der „Seelenverkäufer" beschrieben, sondern auch deren Kunden charakterisiert, die da im Archipel ankamen – und da blieb für ihn nicht viel Erfreuliches zu berichten. Vor allem die Vielzahl der Ausländer beschreibt er, für die der Archipel eine Art letzter Zufluchtsort war. Was er meinte charakterisieren zu müssen, stellte sich gleichsam als gesammelte Armut dar: „Polacken, Schweden, Dänen, Norweger, Bremer, Lübecker, Danziger, Königsberger, Oberdeutsche, Balten, Westfalen, Leute aus Berg, Jülich und Kleve und weiterhin ‚Moffen, Poepe, Knoete' [gleich drei Begriffe für Deutsche, H.L.], deutsche Saisonarbeiter aus Westfalen [hannekemaaiers, H.L.] und noch andere ‚kassoepers' [unbekannter, aber sicherlich kein freundlicher Begriff], denen das Gras noch zwischen den Zähnen steckt."[28] De Graaff ließ in seiner Beschreibung kein gutes Haar an den Immigranten, rückte sie eher in die Nähe der Tierwelt. Es schwingt eine Menge Empörung mit, die schlicht auch vom miesen Charakter der Menschen ausging. Und Nicolaas de Graaff stand mit solcher Klage, denn eine solche war es, nicht allein. Schon 1614 ließ Pieter Both, damals Generalgouverneur, aus Bantam wissen, daß völlig unfähiges Personal im Archipel ankam. Er meinte damit nicht nur Matrosen und Soldaten, sondern auch höhere Chargen. Der Tadel galt wohl der internationalen Zusammensetzung. Es scheint, so klagte er, als habe das Land keine eigenen Ange-

---

25 Über die „Seelenverkäufer" wird in allen Reiseberichten etwas mitgeteilt – meistens sehr Negatives.
26 J.F. Müller's *Reisindrukken*, S. 197.
27 J. HULLU, *De matrozen en soldaten op de schepen der Oost-Indische Compagnie*, in: BRUIJN/LUCASSEN, *Op de schepen*, S. 50.
28 De GRAAFF, *Oost-Indische spiegel*, S. 47f.

hörigen mehr. Die meisten Vagabunden und der Abschaum des Vaterlandes komme in den Archipel.[29] Im Dezember 1630 beklagten sich der Generalgouveneur und sein Rat (Raad van Indië) darüber, daß die Direktoren in der Metropole keine besseren Soldaten und Matrosen mehr schicken wollten oder konnten. Vor allem die Vielzahl der Ausländer erregte ihr Missfallen. Es sehe so aus, als ob man in Amsterdam nicht in der Lage sei, das zu ändern. Die Direktoren ließen 10 Jahre später wissen, daß das Angebot an Arbeitskräften von Jahr zu Jahr geringer werde. In Batavia sah man eine Beseitigung des Engpasses in einer höheren Heuer für die Matrosen. Dann werde es an kundigen und erfahrenen Seeleuten nicht mangeln. Erhöhung von Heuer oder Sold zählte freilich nicht zu den erwägenswerten Vorschlägen, so daß die Klagen dann auch nicht abrissen, wie sich das etwa 1652 erneut zeigte, als der Gouverneur über die gerade eingetroffenen Schiffsbesatzungen schrieb: „... Unter den frisch Angekommenen findet sich wieder so viel schlechtes und unerfahrenes Volk, außer den vielen Ausländern wie Schotten, Engländern, Spaniern, Franzosen usw., die das Niederländische nicht beherrschen, daß die Kapitäne und Offiziere es als ein Wunder betrachtet haben, überhaupt die Überfahrt zustande gebracht zu haben ...". Die Klage betraf im übrigen auch andere niedere Chargen, die etwa als Schreiber angenommen und meistens von den kleinen Kammern der VOC eingestellt worden waren. Zuvor 1639 stellte sich genau dieses Problem. Da schlug der Generalgouverneur vor, diese Kräfte aus dem Sektor Handel zu entfernen und sie bei den Soldaten einzugliedern. Möglicherweise handelte es sich bei dieser Gruppe der niederen Chargen um jene, die Pieter Both 1614 schon in dem hier genannten Schreiben als „bankroetiers" klassifiziert hatte, die infolge schlechter Haushalts- und Geschäftsführung im Heimatland keinen Fuß mehr auf den Boden bekamen.

Daß sich Aversion gegen eine so gemischte Gesellschaft durchsetzte, war doch einigermaßen auffällig. Die gegenteilige Meinung bot sich da eher als Ausnahme – so bei dem Amsterdamer Regenten Nicolaas Witsen, der sich in der internationalen Zusammensetzung einen praktischen Vorteil ausrechnete: die Gefahr einer Verschwörung sei geringer, so ließ er wissen. Aber genau dies wurde von anderen bestritten. Ein Mann wie Generalgouverneur Jacques Specx sah gerade in der Vielzahl von Ausländern – hier Engländern und Franzosen – eine Art fünfte Kolonne entstehen, die es darauf anlegen werde, die Ziele der VOC zu boykottieren. Jedenfalls war Witsen zu optimistisch, denn mochte es auf den Inseln auch nicht zu Verschwörungen kommen, auf den Schiffen geschahen sehr wohl Zusammenrottungen, Mordanschläge und Meutereien häufig genug. Eine internationale Mischung der Besatzungsmitglieder hat das in keiner Weise verhindern können.[30]

Die Schiffsbesatzungen und ihre Versorgung

Was da an Schiffsbesatzung und Soldaten die Überfahrt unternahm, schlecht oder gar nicht ausgebildet und ohne Zweifel karg besoldet, gehörte gewiß nicht zur Creme der Handelsgesellschaft. Kein größerer Unterschied ist denkbar als der zwischen den Direktoren, ihren höchsten Vertretern im Archipel und ihren untersten Bediensteten. Es geht nicht einfach um den Unterschied zwischen Herren und Volk, sondern um den zwischen Herren und einer einfach notwendigen, zugleich auch billigen Arbeitskraft, was die Kon-

---

29 W.PH. COOLHAAS, (Hrsg.), *Generale missiven van gouverneurs-generaal en raden aan Heren XVII der Vereenigde Ostindische Compagnie*, I, 's-Gravenhage 1960, 10.11.1614, S. 28. Im weiteren *Generale Missiven* genannt. Diese Quellen bieten nicht den ganzen Text. Ausführlicher bei HULLU, *Matrozen*, S. 61.
30 Nach BOXER, *Jan Compagnie*, S. 15f.

kurrenzfähigkeit der Gesellschaft förderte. Nirgendwo prägte sich solcher Abstand besser aus als in der Kunst. Hier die selbstbewußten Direktoren, wie sie etwa der Maler Jan Baen im Sammelporträt der Direktoren von Hoorn darstellte, die Porträts der Generalgouverneure Pieter Both, Laurens Reael oder Jan Pietersz. Coen oder schließlich das Konterfei einer niederländischen Kaufmannsfamilie im Archipel, dort dann die fröhlich tanzenden, saufenden oder hurenden Matrosen, die in den Tag hinein lebten. Glücksritter waren sie im übrigen allemal mit dem Unterschied freilich, daß für die einen die fortschreitende, an vielen Stellen mit nackter Gewalt durchgesetzte Monopolisierung des Handels allmählich das Glück zur Sicherheit werden ließ, während die andere Seite beim status quo ante verharrte.

Diese häufig genug mit dem Epitheton des Unwerts belegten Schiffsbesatzungen wurden auf den Werbekontoren für eine drei- bis fünfjährige Dienstzeit verpflichtet und auch im innerasiatischen Handel eingesetzt – eine Dienstzeit, die im wesentlichen vom Kampf gegen Naturgewalten und von der Schiffsordnung geprägt war. Sturm, Schiffsuntergang, Krankheit, Zucht, Disziplin, Strafen von unterschiedlichster Härte und Erfindungsreichtum bestimmten das Los der Seefahrenden. Diese Faktoren überwogen jedenfalls die Phasen der Freude und des Amüsements bei weitem. Skorbut war die häufigste Krankheit, eine Krankheit – die aus Vitamin-Mangel entstand. Ihr gesellten sich Rotlauf, Wassersucht und Irrsinn neben Geschlechtskrankheiten zu. Skorbut äußerte sich in der Lähmung der Glieder, hochentzündetem Zahnfleisch, Lockerung der Zähne bis zum Ausfall, Bruststechen und Husten. Zuweilen waren die Schiffe wie segelnde Krankenstationen. Nicolaus de Graaff, der Schiffsarzt, schrieb 1640 über die Reise nach Batavia: „Es war, als ob die Pest auf dem Schiff geherrscht hätte. Skorbut, Rotlauf, Fieber, Irrsinn und Raserei schlugen unter dem Seevolk zu." Was man auch dagegen unternommen habe, nichts habe geholfen. „Die Zahl der Kranken stieg, viele starben, einige unter elenden Umständen." Daß Krankheiten sich rasch verbreiten konnten, lag neben der häufig schlechten Qualität des Wassers am Genuß verdorbener Lebensmittel, die oft schon in minderer Güte von der Reede an Bord gebracht wurden, auch an der allgemein geringeren Widerstandsfähigkeit jener Matrosen und Soldaten, die wochenlang unter oft erbärmlichen Umständen bei dem „volkhouder" gelebt hatten und zudem noch vor Ausfahrt des Schiffes mit nur dürftiger Bekleidung die Arbeit an Bord vollbringen mußten. Die Unehrlichkeit der Lieferanten, die die Vorräte in schlechter Qualität geliefert hatten, beklagte Gerard Reynst auf seiner Reise in den Archipel, wo er 1613 das Amt des Generalgouverneurs antreten sollte: „Die Welt taugt nichts. Es hat sich herausgestellt, dass die Ware, die für die Reise bereitgestellt wurde, alt und verdorben ist. Offensichtlich sind ‚Indienfahrer' gut genug für so etwas. Die Klagen, die erhoben werden, beantwortet man mit dem Hinweis auf die lange Reise." Tatsächlich waren die Laderäume auch keineswegs geeignet, Lebensmittel für eine so lange Reise vor dem Verderb zu bewahren. Die miserable Hygiene an Bord und der bei den Einzelnen gar nicht oder nur gering entwickelte Hang zur Körperpflege öffneten der Infektion Tür und Tor. Gewisse Vorsorgemaßnahmen, die körperliche Kondition der Matrosen und Soldaten zu festigen, traf man, indem man mehrmals in der Woche Wein- und Branntweinrationen zuteilte. Ferner wurden Limonensaft, Tamarinde, Pfeffer oder Rettichwurzeln und Löffelkraut verabreicht, das zerstampft und gesalzen als das beste Mittel gegen Skorbut galt.[31]

Die Behandlung der Kranken oblag den Schiffsärzten – wenn sie denn überhaupt an Bord waren. Dabei war die Qualität der Ärzte häufig genug höchst gering. Reynst teilte 1614 mit, daß die Ärzte zwar eifrig zur Ader ließen oder Abführmittel verabreichten, aber doch nicht wüssten, ob das nun gut oder schlecht sei. Reynst tadelte in diesem Zusammenhang auch die Denkweise der Direktoren, die sich auf der Reede Texel bei

---

31 Vgl. HULLU, *Matrozen*, S. 59f.

der Überlegung, ob nun ein Arzt mitzunehmen sei oder nicht, eines seltsamen Hinweises bedienten: zahlreiche niederländische Dörfer seien ohne Arzt, und sie überlebten dennoch. Darüber hinaus scheint es mit der Ausbildung der Ärzte nicht zum besten bestellt gewesen zu sein, soweit es zumindest die Krankheiten auf See betraf. Es handelte sich hier zudem nicht um eine akademisch ausgebildete Berufsgruppe, sondern um Vertreter jener alten Gilde von Heilkundigen, deren theoretische Kenntnis, wenn überhaupt vorhanden, äußerst mangelhaft war und die in ihre Arbeit Erfahrungswerte einbrachten, abgesehen davon, daß sich trotz der aus dem 15. Jahrhundert datierenden Organisation als Gilde immer wieder Quacksalber einschleichen konnten. Die Klagen des 17. Jahrhunderts über die geringe Qualität der Schiffsärzte waren im übrigen auch die des 18. Jahrhunderts, das heißt, es waren über einen langen Zeitraum hinweg mit der medizinischen Kenntnis keineswegs zum besten bestellt, soweit es um eben diese Gruppe der Ärzte auf den VOC-Schiffen ging. Gleichwohl, die Anstellung von Bewerbern um den Posten eines Ober-, Unter- oder dritten Schiffsarztes verlief nicht unkontrolliert. Die Kammer von Middelburg nahm im ersten Quartal des 17. Jahrhunderts 114 Schiffsärzte („chirurgijns") und drei Doktoren (Akademiker) an; 76 von ihnen waren Niederländer. Die Kandidaten wurden vor ihrer Einstellung einer Prüfung unterzogen, die örtliche Doktoren und Heilkundige in Anwesenheit einiger Direktoren der VOC abnahmen. Bei solchem Examen handelte es sich auch nicht nur um eine Formsache, vielmehr war zu prüfen, ob die Bewerber den Anforderungen ihrer Gilde entsprachen. Zu den zahlreichen Kandidaten gehörten eben auch eine Reihe von Ausländern, die mit Zeugnissen aufwarten konnten. Wenn sie geglaubt haben sollten, daß die Kenntnisse für die Funktion eines Schiffsarztes immer noch ausreichten, dann hatten sie sich wohl getäuscht. Auch die Amsterdamer Kammer ließ die Bewerber nicht ohne weiteres zu, sondern unterzog sie einer eingehenden Prüfung. Darüber teilt Bouter Schouten einiges mit, der sich nach vierjähriger Lehrzeit um den Posten eines Zweiten Schiffsarztes bewarb. Er erhielt die Gelegenheit, in Anwesenheit von zwei Direktoren der Kompanie vor dem Arzt Dr. Hartogsveld und dem Heilkundigen Hartmann die Prüfung abzulegen und wurde aus einer „nicht geringen Anzahl" von Mitbewerbern ausgewählt. In anderen Städten mit einer Kammer der Ostindischen Kompanie wurde unterschieden zwischen einer nur für das Festland und einer für die Seereise bestimmten Prüfung. Der theoretische Teil der Prüfung für Seereisen betraf ausschließlich Verwundungen und deren Folgen aus Unfällen oder aus kriegerischer Einwirkung: Brüche, Auskugelungen und Zerrungen, Schusswunden, Verbrennungen, Wundbrand und ähnliches. In Enkhuizen galt ab 1636 die Bestimmung, daß ein erfolgreicher Prüfling die Befugnis erhielt, auf einem Kompanie- oder Marineschiff den Posten eines Ersten Schiffsarztes zu bekleiden. Freilich war die Prüfung für Seereisen von geringerer Qualität, da ein Prüfling, der das normale „Festlandverfahren" bestanden hatte, überall Dienst tun konnte, während die „Seeprüfung" eben nur zum Dienst auf einem Schiff berechtigte. Allerdings konnte bei alledem von einer inhaltlich genau festgelegten, für alle Kammern geltenden Prüfungsordnung keine Rede sein, so daß bei der Auswahl der Kandidaten häufig auch Angebot und Nachfrage eine Rolle spielten. Das Angebot an Schiffsärzten war in den Beginnjahren der Handelsgesellschaft größer als in der späteren Phase. Zu Anfang scheinen die Aussichten auf Reichtum noch verlockender, die Erzählungen über die Möglichkeiten im Archipel noch glaubwürdiger gewesen zu sein als in den folgenden Jahrzehnten, als schon eine Reihe von Angestellten der VOC mit der harten Realität konfrontiert worden waren. Um den reinen Lohn brauchte man diese Reise und den langen Aufenthalt auf den Inseln nicht zu unternehmen. Nach der Aufstellung des Nicolaus de Graaff erhielt ein Erster Schiffsarzt („oppermeester") immerhin noch 36 bis 45 Gulden monatlich und lag damit hinter Kapitän und Obersteuermann auf dem dritten Rang der Gehaltsliste, der Zweite Schiffsarzt erhielt wie der Zweite Zimmermann („onder-timmerman") zwischen 24 und 28 Gulden, während der Dritte Schiffsarzt wie der Trompeter 16 bis 18 Gulden bezog. Damit lag er immer noch einige Gulden über dem Salär der Matrosen und zwischen dem Sold eines Korporals und eines Sergeanten. Cornelis Bontekoe, ein Kenner der naturwissenschaftlichen und medizinischen Entwicklung seiner Zeit, weiß noch einen anderen Grund der negativen Auswahl anzugeben. Viele Heilkundige, Meister ihrer Gilde, unterrichteten ihre Schüler – wohl aus Konkurrenzgründen – nur, soweit sie es für sinnvoll hielten und schickten diese dann mit abgebrochener Ausbildung fort. Eben diese unfertigen Lehrlinge versuchten dann, an Bord eines Schiffes Arbeit zu finden. Es heißt bei Bontekoe: „Nachdem sie über die Meere gefahren sind und dort ohne gründliche Kenntnisse das Schiffsvolk gepeinigt und misshandelt haben, betrachten diese Knochenbrecher ihre Ausbildung für vollendet und wagen es, sich als ausgebildete Meister im Heimatland niederzulassen."

Es sollte freilich nicht übersehen werden, daß diese Schiffsärzte zum einen auch weit bekannte Vertreter ihres Faches hervorgebracht haben, zum anderen unter erschwerten Umständen ihren Dienst versehen mußten. Nach außen hin mochten die in den Archipel segelnden Schiffe prächtige Gebilde sein, auf den Schiffen selbst ließ aber nicht nur die Hygiene sehr zu wünschen übrig, sondern war auch der Raum insgesamt sehr knapp bemessen. Denn letztlich hatte diese Schiffsgattung eine doppelte Aufgabe zu erfüllen: die des Krieges und die des Handels. So waren sie schwer bestückt mit raumfressenden Kanonen, während der Laderaum groß ausgelegt war, um die Reisen möglichst profitabel zu gestalten. Die Schiffsärzte mußten ihre Arbeit auf einem auf ein Minimum bemessenen – wenn man so will – privaten Raum im Zwischendeck verrichten – auf einem Raum, in dem gerade Hygiene ein weitestgehend unbekannter Begriff war. Vor allem bei ansteckenden Krankheiten waren die Bemühungen fast aussichtslos, abgesehen davon, daß die Schiffsärzte selbst nicht gegen Ansteckung gefeit waren. Die Anweisung der Direktoren, daß Seeleute mit Infektionskrankheiten getrennt von der üblichen Mannschaft untergebracht werden mußten, war tatsächlich nur von theoretischem Wert. Soweit es darüber hinaus um die Ausstattung der Laden mit dem medizinischen Instrumentarium ging, ließ doch der Bestand erhebliche Lücken erkennen. Gewiß, den gesamten Aufgabenbereich der Schiffsärzte hatten die Direktoren der VOC im einzelnen festgelegt, allein, es fragte sich, ob und wie die säuberlichen Umschreibungen auch ebenso säuberlich in die Praxis umgesetzt wurden oder umgesetzt werden konnten. Es will scheinen, als ob die Anweisungen eher für ein gut ausgestattetes Krankenhaus als für die Beengungen eines Kriegs- und Handelsschiffes aufgestellt worden seien. Es sei hier als Beispiel für die tatsächlich anfallenden Aufgaben der Bericht des Schiffsarztes Jan Loxe zitiert: „Zunächst einmal mußten die Medikamente für innere Anwendung vorbereitet und jedem verabreicht werden; sodann waren die faulenden und stinkenden Wunden zu säubern, mußten die Wunden und Geschwüre neu verbunden werden. Die versteiften, vom Skorbut befallenen Teile des Körpers waren einzubalsamieren; zur Mittagsstunde hin war das Essen für die Kranken vorzubereiten und an die zuweilen 40 bis 50, ja, selbst 60 Personen zu verteilen; das wiederholte sich abends, und oft verbrachte man noch die halbe Nacht damit, um diesem oder jenem beizustehen, der ohnmächtig geworden war oder sonst wie besonders schwer zu leiden hatte." Dies war ein Tagesbericht, der nicht einmal etwas zur Schwere der Krankheit aussagt. Fügt man den hier schon zitierten Bericht des Nicolaus de Graaff hinzu, dann wird deutlich, daß die Tageslast nicht nur die körperliche Leistungsfähigkeit des einzelnen erheblich überstieg, sondern die Kenntnisse des Schiffsarztes häufig genug auch überforderte. Angesichts der tatsächlich miserablen Umstände, unter denen die Schiffsärzte ihrer Pflicht nachkommen mußten, sind auch die Klagen, die häufig genug bei den Direktoren der VOC eintrafen, zu relativieren. Sie waren, insofern sie alle Schuld auf die Unfähigkeit der Ärzte schoben, zumindest einseitig in ihrer Beurteilung; so etwa die des Kapitäns Pieter de Carpentier, der 1616 schrieb: „Die Herren werden begreifen, dass die ganze Flotte, Gott sei's geklagt, mit ganz erbärmlichen Schiffsärzten ausgestattet ist. Gott muß jenen helfen, die in ihre Hände fallen."[32] Die negative Meinung scheint auch bei den Seeleuten im Schwange gewesen zu sein, denn in einem Seemannslied der Zeit heißt es:

> Ihr Krüppel und Blinden
> Kommet lasset euch verbinden
> Hinter dem Mast und vor der Spille
> Da sollet ihr den Meister finden
> Wann der Meister kommt sein Geld zu holen
> So sollet ihr ihn mit Brecheisen und Hebebäumen
> Bezahlen
> Heraus ihr Penner und Mauler
> Der Meister hat ein Paar Hoden
> Wie der Großmars Schooten.

Diesen Vers pflegte ein Schiffsjunge auszurufen, sobald die tägliche Sprechstunde des Schiffsarztes begann. Daß man in diesem Liedchen dem Schiffsarzt mit Schlaginstrumenten zu Leibe rücken wollte, falls er Geld fordern sollte, hat seinen Grund. Vor 1666 war der Arzt nur verpflichtet, Kriegs- und Arbeitsverletzungen (Unfälle) kostenlos zu behandeln. Dafür bezog er sein monatliches Salär. Alle anderen Behandlungen und Medikamente mußten von den Patienten privat bezahlt werden – bei der niedrigen Heuer oder dem niedrigen Sold fast ein Unding.

Daß die normale Seemannskost für die Kranken völlig untauglich war, ist einsichtig. So geschah es dann, daß man diesen Kranken auch jene frischen Speisen verabreichte, die eigentlich für den Tisch des Kapitäns, seine Offiziere und die höheren Ränge der Kaufleute vorbehalten waren. Auf einigen Schiffen hatte man sogar kleine Kräuter- und Gemüsegärten angelegt, deren Früchte den Kranken zugeteilt wurden. Zudem wußte man schon bald, daß Limonen, nicht Limonensaft, den Skorbut am besten bekämpften und selbst heilen konnten. So hatte Vizeadmiral Jacob van Heemskerk, der auf der Flotte von Jacob van Neck mitfuhr, 1598 auf Mauritius einen Garten angelegt („viermal so groß wie der Damm in Amsterdam") und dort Weizen und Gerste gesät sowie Bohnen, Erbsen, Salat und Radieschen und zugleich einige Kerne von Limonen und Orangen in den Boden gebracht und schließlich einen Hahn mit sieben Hühnern zurückgelassen in der Hoffnung, „dass der Allmächtige den Garten zum Nutzen jener segnen werde, die später auf der Insel anlandeten." Dasselbe unternahm er ein Jahr später, als sein Schiff auf der Rückreise bei St. Helena vor Anker ging. Offensichtlich hat die Flotte des Pieter Verhoeff hiervon 1608 schon profitieren können. Verhoeff beschreibt jedenfalls den reichen Bestand an Obst (Limonen, Orangen, Granatäpfel), „genug, um fünf bis sechs Schiffe vollzuladen", und die dort wachsenden Heilkräuter. 1648 hinterließ der Kommandeur der Heimatflotte, Wollebrand Geleynssen, am Kap der Guten Hoffnung ein Schreiben, in dem er berichtete, daß er zum Nutzen der Nachkommenden Gemüse

---

32 Vgl. insgesamt dazu HULLU, *Matrozen*, S. 81ff. sowie vor allem M.A. VAN ANDEL, *Chirurgijns, Vrije Meesters, Beunhazen en Kwakzalvers. De chirurgijnsgilden en de praktijk der heelkunde (1400-1800)* (=Nijhoffs Historische Monografieën), Den Haag 1981, S. 80ff. (dort auch die Zitate); die Angaben zum Salär der Schiffsärzte nach DE GRAAFF, *Oost-Indische Spiegel*, S. 56. Text des Seemannsliedes aus C.A. DAVIDS, *Wat lijdt den Zeeman al verdriet. Het Nederlandse zeemanslied in de zeiltijd (1600-1900)*, Den Haag 1980, S. 108, dort auch der Kommentar der Herausgeber; ferner VAN ANDEL, *Chirurgijns*, S. 117f.

und Obst angepflanzt habe. Das war vier Jahre bevor Jan van Riebeeck am Kap einen festen „Erfrischungsposten" für die Ostindien-Flotte aufbaute.³³

Vergehen und Strafen

Es geht nicht zu weit, wenn man die Reisen in den Archipel unter diesem Aspekt der Krankheiten jeglicher Art und der sehr häufig vergeblichen Bemühungen, sie zu heilen, als eine Fahrt der täglichen Qual klassifiziert. Das harte Schiffsreglement, die strenge, vorgeschriebene Zucht und Ordnung und die Strafen bei Verstößen gegen solche Ordnung machten das Leben auch nicht einfacher. Sie mochten dann notwendig sein, sie fügen freilich dem Bild von der Fahrt in den Archipel auch manche dunkle Töne hinzu. Die Urteile über Verstöße fällten der sogenannte Schiffsrat und der Breite Rat im Namen der Generalstände. Der Schiffsrat bestand aus fünf Personen. Zunächst gehörten ihm der Oberkaufmann als Vorsitzender sowie der Kapitän, der Unterkaufmann, der Obersteuermann und der Obermaat an. Später nahm auf kleineren Schiffen der Kapitän die Funktion des Vorsitzenden wahr. Dem Schiffsrat oblag es, alle zivilrechtlichen Angelegenheiten und geringeren strafrechtlichen Vergehen zu behandeln. Das heißt, er durfte über Geldbußen und leichte körperliche Züchtigung entscheiden. Der Breite Rat behandelte alle Angelegenheiten, die nicht mehr in die Kompetenz des Schiffsrats fielen. Sein Vorsitzender war der Geschwaderkommandeur. Zu den mindestens sieben Mitgliedern gehörten die Kaufleute, Kapitäne, Unterkaufleute und Obersteuerleute des Flottenverbandes. Änderungen in der Zusammensetzung beider Räte erfolgten, wenn von Soldaten begangene Verstößte zu verhandeln waren. Bei schweren Verbrechen bestand die Möglichkeit, den Fall vor ein örtliches Gericht im Archipel zu bringen. Wie sich die Besatzung zu verhalten hatte, erfuhr sie aus einer Schiffsordnung („artikelbrief"), die vor der Ausfahrt vorgelesen wurde. Die Vorschriften enthielten ein ganzes Spektrum von Verhaltensweisen, die von der Teilnahme an Gottesdiensten und der Reinigung des Schiffes, über Lebensmittelverschwendung und dem Umgang mit Feuer bis hin zu Diebstahl und Fluchen reichten. Für jeden Verstoß gegen die Regeln war eine bestimmte Strafe vorgesehen. Sie bestand aus Einbehaltung der Heuer, Geldbußen, körperlicher Züchtigung, Inhaftierung und Todesstrafe bei Kapitalverbrechen wie vorsätzliche Gefährdung des Schiffes und Vorbereitung einer Meuterei. Alle Prozesse wurden genau in einem Register festgehalten. Auf die Schiffsordnung mußten alle Auffahrenden einen Eid leisten. Die einzelnen Verstöße waren im Detail aufgeführt. So waren im Bereich Religion und Gottesdienst nicht nur das Fernbleiben vom Gottesdienst oder der Verstoß gegen das erste der Zehn Gebote zu ahnden, sondern auch Beschimpfung der Kirchenleute oder der Bibelvorleser, Behinderung bei deren Amtsausübung und selbst Tadel an der Arbeit dieser Berufsgruppe. Wer einmal dem Gottesdienst fernblieb, ging seiner Weinration verlustig und zahlte zusätzlich einen Gulden, beim zweiten Mal zahlte er das Doppelte und beim dritten Mal wurde er mit einem Schiffstau ausgepeitscht, jedoch nicht auf den nackten Körper. Zudem war jede Diskussion über Religionsfragen verboten bei Verlust einer ganzen Monatsheuer und wurde mit einer zusätzlichen Strafe belegt, falls aus solcher Diskussion offener Streit entstand. Karten- und Würfelspiel waren an Bord verboten. Zuwiderhandlungen bestrafte man mit einem achttägigen Arrest bei Wasser und Brot. Spiel- und Wettschulden, so sie dann dennoch entstanden sein sollten, brauchten nicht bezahlt zu werden. Karten und Würfel wurden über Bord geworfen. Auf Trunkenheit – und die kam oft genug vor – stand der Verlust eines

---

33 HULLU, *Matrozen*, S. 96f. sowie M.E. VAN OPSTAL (Hrsg.), *De reis van de vloot van Pieter Willemsz. Verhoeff naar Azië 1607-1612, I,* 's-Gravenhage 1972, S. 208f.

Monatsgeldes, bei Streit in trunkenem Zustand folgte körperliche Züchtigung mit dem Schiffstau. Das lief alles noch auf harmlose Verstöße und entsprechende leichte Strafen hinaus. Härter wurde es schon bei Schlägereien, dann wurden die Übeltäter drei Tage bei Wasser und Brot belassen und angekettet. Ein Messerstecher – hatte er auch niemand verletzt – wurde mit eben seinem Messer an den Mast genagelt und mußte, um wieder freizukommen, die Hand durch das Messer ziehen. Bei Verletzung eines Auffahrenden folgte sechs Monate Entzug der Heuer oder des Soldes und die grausame Strafe des Kielholens. Bei Mord und Totschlag folgte die Todesstrafe oder Aussetzung an Land oder auf einer Insel.

So gab es noch eine Reihe von Vorschriften, die dazu dienen sollten, das Leben auf so beengtem Raum auch nicht in den kleinsten Ansätzen stören zu lassen, zumal angesichts der bald sattsam bekannten Naturgewalten das Überleben von einer funktionstüchtigen Besatzung abhängig war. In der Art und Zumessung der Strafen brauchte sich der Schiffsrat nicht unbedingt an die Vorschriften der Schiffsordnung zu halten, vielmehr war es ihm überlassen, welche Strafen in welchem Umfang verhängt werden konnten („arbitrale correctie"). Unter den Kriminalstrafen gehörten das Festnageln mit dem Messer am Mast, Kielholen, Geißeln, Brandmarken und das sogenannte Rahe-Laufen zu den häufigsten Strafmaßnahmen. Um der Strafe des Kielholens unterzogen zu werden, genügte schon ein tätlicher Angriff auf den Kapitän oder einen anderen Schiffsoffizier. Der Verurteilte wurde, bekleidet mit einer Art Harnisch aus Blei und zusätzlich mit Steinen beschwert, an einem an der Rahe befestigten Tau unter dem Kiel des Schiffes hergezogen. Dies wiederholte man bis zu drei Mal. Die Verurteilten überstanden diese Prozedur mehr tot als lebendig. Beim Rahe-Laufen befestigte man den an Armen und Beinen gefesselten Delinquenten an einem über eine Rolle laufenden Tau und ließ ihn von der Spitze der Rahe aus ins Meer fallen. Er sank tief, da man ihm zuvor Blei an die Füße gebunden hatte. Auch dies konnte drei Mal geschehen. Der niederländische Ausspruch „Dreimal ist Schiffsrecht" („Driewerf is scheepsrecht") sucht wohl hier ihren Ursprung. Danach wurde der Matrose vor dem Mast mit zwei- bis fünfhundert Tauschlägen gegeißelt, handelte es sich um einen Soldaten, wurden die Prügel mit einem Gewehrkolben oder einem ähnlichen Knüppel verabreicht. Aufreizung zur Unzufriedenheit oder gar Meuterei konnten mit dem Tode oder mit Aussetzung bestraft werden. Dazu reichte freilich auch schon ein tätlicher Angriff auf den Kapitän. So hatte 1599 auf der Flotte von Johan van Neck der Obermaat seinen Kapitän geschlagen und wurde prompt auf St. Helena mit einem Ruderriemen und einigen Lebensmitteln ausgesetzt. So geschah es auch mit einem Obermaat 1635, der sich dagegen wandte, daß die Frauen der Schiffsoffiziere zu den Mahlzeiten mit am Kapitänstisch saßen. Er wurde auf den Robbeninseln ausgesetzt. Sehr kurzen Prozeß machte man auch bei Sodomie. Auf dem Schiff, mit dem Christoph Schweitzer in den Archipel fuhr, wurden ein Bootsmann und ein Schiffsjunge der Sodomie überführt, mit dem Rücken aneinander gebunden, in einen Sack gesteckt und ins Meer geworfen.[34] Solches Schicksal konnte auch jenen widerfahren, die *wiederholt* gegen die Schiffsordnung verstießen, gewalttätig waren und sich den Vorgesetzten widersetzten. Handelte es sich um eine ganze Gruppe von Übeltätern, so entschied das Los, wer von ihnen im Meer ertränkt werden sollte. Eine Quelle der Verstöße war die latente Animosität zwischen Soldaten und Matrosen. Ein hoher Beamter der Gesellschaft schrieb dazu – wohl etwas dramatisierend –, daß die Soldaten und Matrosen einander todfeind seien. Jedenfalls gab es aus diesem Anlaß Regelverstöße genug, die entsprechend geahndet wurden. Ein weiteres noch: Fuhren Frauen auf den Schiffen mit, erhöhte sich die Zahl der Streitereien. Generalgouverneur Jacques Specx ließ 1639 drastische Worte nach seiner Abfahrt aus Texel hören, als er die Frauen an Bord eines Schiffes

---

34 SCHWEITZER, *Reise nach Java*, S. 12.

„schmutzige Lumpen- und Straßenschweine" nannte, deren Verhalten zu erläutern man sich schämen müsse. Häufig fanden sich Frauen an Bord, die nur mit einem Trick auf das Schiff gekommen waren oder auch polizeilich gesucht wurden. Ihr Ziel war, im Archipel oder schon am Kap der Guten Hoffnung einen Mann oder neues Glück zu finden. Es kam durchaus vor, daß sich Frauen, um erst einmal nach Übersee zu gelangen, in Männerkleidern an Bord schmuggelten. Wurden sie auf hoher See entdeckt, ließ man sie Frauenarbeit für die Offiziere verrichten. Im übrigen gab schon die bloße Anwesenheit Anlaß zu manchen Reibereien vornehmlich aus Eifersucht.[35]

Strafe gehörte ebenso wie Skorbut und Ruhr zum Alltag der Matrosen und Soldaten. Nun kann nichts darüber hinwegtäuschen, daß eine ausgemacht rauhe Sorte Mensch an Bord ging und lebte. In allen Reiseberichten und Schiffstagebüchern sind die Autoren und Schreiber von der moralischen Minderwertigkeit der Schiffsbesatzungen überzeugt. Matrosen und Soldaten, so hieß es 1677, „wüten wie wilde Schweine; ihre Münder stehen offen wie eine Ofenluke, um lästerliche Worte auszuspucken, und wenn man alle Flüche beieinander nimmt, die die einzelnen Nationen so auf Lager haben, dann lässt sich daraus ein teuflischer Kessel brauen; sie rauchen und stehlen, trinken und huren auf so skandalöse Weise, daß es bei ihnen selbst nicht einmal als Skandal verstanden wird." Daher müssen sie wie „unwillige Tiere" behandelt werden, „weil sie sonst aus reinem Mutwillen anderen etwas antun." Von Abschaum war die Rede und von solchen Menschen, die schon lange den Galgen verdient hätten. Nikolaus de Graaff fügt noch hinzu, daß sie nicht höher als die Sklaven geachtet worden seien.[36]

Die geringe Meinung, die man vom Schiffsvolk hatte, sah man schließlich auch dadurch bestätigt, daß die Matrosen nach Rückkehr in die Niederlande ihre unter so viel Mühsal erarbeitete Heuer in wenigen Wochen in Wein, Weib und Gesang investierten, pleite gingen und wieder anheuerten. Es will auch scheinen, als ob zuweilen die Vorgänge schon bei der Einschiffung einen Vorgeschmack auf die noch zu erwartenden Ereignisse geboten hätten. Im Durcheinander des Aufbruchs wurde nicht nur geflucht, getreten und geschlagen, sondern auch maßlos gestohlen. Die erfahrenen Seeleute bestahlen vor allem die Neuankömmlinge, und es schien sich gleich eine Hierarchie unter den Matrosen aufzubauen, insofern sich die Bestohlenen im Hinblick auf mögliche Repressalien bei der Überfahrt über die Vorfälle nicht beklagten. Der Ruf, der solchen Besatzungen vorauseilte, bedingte dann auch besonders harte Gegenmaßnahmen und wurde nicht nur durch die täglichen Vorfälle an Bord, sondern auch durch höchst exorbitante Vorfälle bestätigt. Verwiesen sei hier auf den Schiffbruch der *Batavia* bei den Abrolhos-Inseln, westlich von Australien. Die Auffahrenden konnten sich großenteils auf die Inseln retten, wurden dort aber von einer Gruppe meuternder Besatzungsmitglieder angegriffen und ermordet. Unter den Ermordeten waren schwangere Frauen und kleine Kinder.[37] Demgegenüber stand freilich auch die harte Willkür der Schiffsführer, die offensichtlich bis zum Nahrungsentzug zum Vorteil des Kapitäns reichte. Es läßt schon tief blicken, wenn die Direktoren der VOC immer wieder neu versuchten, eine ordentliche Kontrolle über die Verpflegung für die Besatzung zu erzielen. Die Gesundheit der Soldaten und Matrosen war doch eine erste Voraussetzung für den erfolgreichen und zugleich in jeder Hinsicht gefährlichen Handel mit und in Übersee. Kostbare Lebensmittel wie französische und spanische Branntweine – vornehmlich für Kranke bestimmt – unterlagen im Laufe des 17. Jahrhunderts immer schärferer Kontrolle, da sich zeigte, daß manches Faß aus dem Bestand in der Kapitänskajüte verschwand, und es wurde

---

35 HULLU, *De matrozen*, S. 110ff.
36 Zum Ganzen s. ebd. S. 100ff. über die Strafen; dort auch S. 109 die „unwilligen Tiere"; bei DE GRAAFF, *Oost-Indische Spiegel*, S. 46 der Vergleich mit Sklaven.
37 BOXER, *Jan Compagnie*, S. 14.

festgelegt, daß bei Unregelmäßigkeiten die Schiffsoffiziere einschließlich der Kaufleute finanziell zur Verantwortung gezogen werden sollten.[38]

Es will scheinen, als ob auf diesen Schiffen der VOC eine Gemeinschaft der gegenseitigen Missachtung, der Angst auch und des Hasses, eine Gemeinschaft der erzwungenen Kooperation unterwegs gewesen sei. Daß Rachegefühle das Leben an Bord mitbestimmt haben, ist so überraschend nicht. Sie äußerten sich in Tätlichkeiten, führten zu Zerstörungslust vor allem auf der Rückreise kurz vor dem Anlanden des Schiffes im Heimathafen[39] und waren schließlich zum Teil der Anlaß zu Meutereien, die freilich nicht zum Schiffsalltag zählten. Im 17. und 18. Jahrhundert waren rund 240 Europäer und 50 Asiaten bei Meutereien beteiligt. Unter den europäischen Meuterern überwog der Anteil der Nicht-Niederländer ganz erheblich, das heißt, ihr Anteil lag höher als der ihrer Gesamtvertretung an Matrosen und Soldaten der VOC: Besonders zahlreich sind Deutsche, Skandinavier, Franzosen und Matrosen-Soldaten aus den südlichen Niederlanden in den Dienst der Gesellschaft getreten. Die These des Nicolaas Witsen also, durch national heterogene Zusammensetzung lasse sich einer Meuterei vorbeugen, bewahrheitete sich keinesfalls. Nach einer Untersuchung des Soziologen Lammers über Streiks und Meutereien müssen eine Reihe von Voraussetzungen für eine Meuterei innerhalb einer militärischen Organisation – und als solche kann ein VOC-Schiff gelten – gegeben sein. Fehlendes Gemeinschaftsgefühl nennt er da, und schaut man das Leben an Bord an, dann ist sicher dieser Mangel festzustellen, nicht nur wegen der heterogenen nationalen Zusammensetzung, sondern vor allem wegen der doch von Beginn an deutlichen Konfrontation zwischen Schiffsführung und Besatzung, die sich täglich äußerte. Nach Lammers muß darüber hinaus die Ansicht vorherrschen, daß Meuterei keine ernsthaften Sanktionen zur Folge hat. Davon freilich kann auf den VOC-Schiffen keine Rede sein. Im Gegenteil! Mögliche Konsequenzen waren bekannt. Jeder, der die Schiffsordnung gehört hatte, als sie vorgelesen wurde, wußte, daß Meuterei als ein todeswürdiges Verbrechen eingestuft wurde. Tatsächlich scheinen allerdings eine Reihe von Mitläufern bei Meutereien später wieder von der VOC eingestellt worden zu sein – sehr zum Mißvergnügen der Instanzen in Batavia. Jedenfalls schrieben Jacques Specx und andere 1632 an die Direktoren in Amsterdam, daß noch nie so zahlreiche Unverschämtheiten und Anfänge von Meutereien vorgekommen seien wie auf der Flotte von Aert Gijsels und auf den gerade eingekommenen Schiffen. Es hätten sich freilich eine Reihe von Personen unter den Besatzungen gefunden, die schon auf früheren Reisen als Rädelsführer aufgetreten seien und nunmehr erneute Beweise für ihre Bösartigkeit lieferten.[40]

Insgesamt zählt man für das 17. Jahrhundert 19 Meutereien, die zum Teil schon im Keim erstickt wurden. So etwa 1615, auf der Yacht *Meeuwtje* und dem Schiff *Groote Maan*. Noch ehe etwas geschah oder umgesetzt wurde, ließ der Breite Rat 14 Besatzungsmitglieder wegen Vorbereitung einer Meuterei verhaften und verurteilte die beiden Rädelsführer zum Tode. Sie wurden an beiden Seiten der Rahe aufgehängt und von Bord her erschossen. Die Leichen ließ man eine Stunde zur Abschreckung an der Rahe baumeln. Die zwölf anderen Delinquenten baten um Gnade. Sie wurden nach erneutem Treueversprechen freigelassen und auf die einzelnen Schiffe des Flottenverbandes, der im übrigen über die Magellan-Straße auf dem Weg in den Archipel war, verteilt. Tatsächlich sind bald darauf zwei neue Versuche zur Meuterei unternommen worden, von denen der letzte endgültig Erfolg hatte. Die Yacht ist wohl nach La Rochelle entführt worden. Sicher ist, daß an dieser Meuterei nicht nur Matrosen, sondern auch Offiziere beteiligt waren. Es scheint, als ob die Meuterer nicht mit der Fahrroute einverstanden gewesen

---

38 P. VAN DAM, *Beschrijvinge*, I,1 S. 514f.
39 HULLU, *De Matrozen*, S. 112f.
40 *Generale Missiven*, I, S. 303 (6. Januar 1632).

seien. Die Magellan-Straße galt in jenen Jahrzehnten zu Recht als höchst gefährlich. In einem anderen Fall war ein persönlicher Konflikt zwischen dem Obersteuermann und einem neu gewählten Kapitän Ausgangspunkt einer 60 Besatzungsmitglieder zählenden Meuterei (*Westfriesland*, 1652), wobei die Anwesenheit von Frauen auf dem Schiff zusätzliche Unruhe brachte. Während des ersten englisch-niederländischen Krieges legte die Besatzung eines Ostindien-Fahrers (*Henriette Louise*, 1653) die Arbeit nieder, da sie der Kriegsflotte von Admiral Tromp zugeteilt werden sollte. 1675 (*America*) wurde nach Aufdeckung einer Meuterei durch Verrat und entsprechendem Verhör als Grund des Aufstandes die schlechte Behandlung und Versorgung der Mannschaft und vor allem auch der Kranken angegeben; ähnlich verhielt es sich 1694 auf der Pinasse *De Sparre*, die in dieser Zeit des Neunjährigen Krieges (1689-1697) den Weg nicht durch den Kanal, sondern rund um die Nordspitze Schottlands nahm. Die Entbehrungen auf der Reise waren so groß, daß die Besatzung in Höhe der Fair Isle meuterte und in den Heimathafen zurückkehren wollte. Zwei Drittel der Seeleute bestanden hier übrigens aus Niederländern (80 von 120 Besatzungsmitgliedern, während die Mehrheit der 83 Soldaten aus dem Ausland kam). Entbehrungen und schlechte Behandlung waren die Klagepunkte.

Natürlich wurden gegen die Teilnehmer der hier genannten Meutereien Todesurteile ausgesprochen, wobei die Art der Strafe von Erschießen über Strangulieren und Erhängen bis zum Tod durch Verbrennen reichte; ein Teil der Meuterer kam freilich mit geringeren Strafen davon wie Kielholen, Auspeitschen, Gefängnis, Sold- oder Heuerverlust; eine Reihe von ihnen wurde auch auf freien Fuß gesetzt. Ob sie wieder in den Dienst der VOC getreten sind, läßt sich nicht ermitteln.[41]

Gewürze und Gewalt

Sicher ist nun, daß diese Formen der Disziplinierung, die sich im übrigen nicht von Erscheinungen auf der Flotte der englischen Ostindischen Kompanie unterschieden, zu einer letztlich homogenen, das heißt ganz auf das Ziel der VOC gerichteten und angepassten Gruppe geführt haben. Die Härte der Strafen setzte sich im übrigen im Archipel fort wie entsprechend auch die Verstöße gegen die Ordnung der Handelsgesellschaft. Es herrschte eine Atmosphäre von Gewalt und Gegengewalt, die ihr großes Pendant in dem gewaltbereiten Verhalten der Niederländer gegenüber der autochthonen Bevölkerung im Archipel hatte. Die Leute aus der Republik waren doch gleichsam Spätankömmlinge in diesem Teil der Welt; sie kamen nicht mit neuen Ideen, sondern mit den gleichen Wünschen und Zielen wie die Portugiesen und Spanier. Das Ziel war der Gewürzsack und was noch an Begehrtem zu holen war, und ein solches Ziel ließ sich am besten, billigsten und am schnellsten erreichen, wenn man eine Monopolstellung beziehen konnte. Und darum ging es. „Die Europäer betrieben ... das Treffen mit Außereuropa völlig einseitig. Sie brachen in den Eigenbereich der anderen ein und forderten die Aufnahme von Beziehungen. Es wurde nicht ein einziges Mal ernsthaft gefragt, ob die ‚Partner' diesen Kontakt wünschten; sie mußten ihn einfach akzeptieren."[42] Was hier vornehmlich auf die spanisch-portugiesische Expansion gemünzt ist, gilt für die Republik in gleichem Maße. In einem *Oost-Indisch Praatje* hieß es doch: „Wer des Hauses der Welt müde ist, der begebe sich nach Ostindien."[43] Diese nachgerade in aller Gemütlichkeit vorgetragene Sentenz, ursprünglich an Abenteurer, Glücksritter und Profitmacher gerichtet, scheint

---

41 Die Meutereien nach J.R. BRUYN/E.S. VAN EYCK VAN HESLINGA, *Muiterij. Oproer en berechting op schepen van de VOC*, Haarlem 1980, S. 27ff. sowie 148ff. die Auflistung der Urteile.
42 R. DAUS, *Die Erfindung des Kolonialismus*, Wuppertal 1983, S. 147.
43 Zit. bei BOXER, *Jan Compagnie*, S. 11.

auch ein Wahlspruch jener Kapitalgeber und -eigner der Handelsgesellschaft gewesen zu sein, die bereit waren, in jede Lücke zu stoßen, die sich für die Expansion ihres Handels bot, auch wenn sich daraus ein Konkurrenzkampf entwickelte, der mit allen Konsequenzen der Gewaltanwendung ausgefochten werden mußte. Die Flotte der VOC war eine Kriegs-Handelsflotte und als solche auch ausgerüstet. Als die Direktoren 1609 beschlossen, einen Generalgouverneur als militärischen und handelspolitischen Führer an die Spitze zu stellen, der zusammen mit einem beratenden Gremium, dem Rat von Indien, die Entscheidungsgewalt vor Ort hatte, dann hieß das De-Zentralisierung, um den Kampf um das Handelsmonopol zu erleichtern. Der Generalgouverneur durfte nach eigenem Ermessen Allianzen schließen oder Kriege erklären, wenn er alles daran setzte, „den ostindischen Handel zur Verbreitung des Namens von Jesus Christus, für die Seligkeit der Christen zu Ruhm und Ehre und zum Nutzen der Kompanie nicht nur aufrechtzuerhalten, sondern mit allen Mitteln und auf allen Wegen auszubreiten."[44]

Wie sich eine Monopolstellung erreichen ließ, zeigt das Schicksal der Banda-Inseln, eine Inselgruppe in den Molukken. Die Bewohner waren selbstbewußte Händler, schon lange im Geschäft, sowohl mit den Portugiesen und Engländern als auch mit den asiatischen Völkern und Stämmen. Banda – das waren die Inseln der Muskatnüsse und -blüten, deren Qualität sich schwerlich übertreffen ließ. Beide Produkte erzielten auf dem europäischen Markt erheblich höhere Preise als Pfeffer und waren ursprünglich schon im 10. und 11. Jahrhundert in kleinen Mengen über die Levante und Venedig eingeführt worden. Die Muskatblüte hatte einen anderen Geschmack als die Muskatnuss und diente, getrocknet und zerrieben, zur Verfeinerung von Fleisch- und Fischspeisen. Die teuere Baumfrucht konnten sich im 17. Jahrhundert nur die reichen niederländischen Bürger erlauben. Die Konkurrenzsituation im ausgehenden 16. und beginnenden 17. Jahrhundert führte zu einem Preisanstieg von 22 Gulden pro bahar (=1 Banda-Pfund=525 Pfund) im Jahr 1599 auf gut 29 Gulden 1609. Auf diese Weise wurde die asiatische Handelskonkurrenz vom Markt ausgeschlossen. Die niederländischen Direktoren begriffen rasch, daß mit Muskatnuß und -blüte erhebliche Gewinne zu erzielen waren. Es ging somit in den Molukken auch nicht um den Absatz eigener Waren, sondern schlicht um den Einkauf dieser tropischen Erzeugnisse. Auf dem Weg des Handelsprivilegs mit Monopolstellung als der günstigsten Form des Handels wollte man die Erzeugnisse möglichst billig einkaufen, um dann auf dem europäischen Markt Höchstpreise zu erzielen. Schon 1602 schlossen einige Orang kayas (örtliche Unterfürsten) der Bandanesen mit Admiral Wolfert Harmensz. eine Art Meistbegünstigungsvertrag über Muskatnuß und -blüte, an den sich freilich lange nicht alle Stämme der Banda-Inseln hielten. Eigentlich funktionierte das überhaupt nicht, so daß Cornelis Matelief de Jonge schon 1607 mitteilte, daß eine Monopolstellung nur mit nackter Gewalt zu erreichen sei. Der Übergang zu Gewaltmaßnahmen empfahl sich freilich noch aus einem anderen Grund. 1607 wußten die Kaufleute von dem bevorstehenden spanisch-niederländischen Waffenstillstandsvertrag. Es bestand die Gefahr, daß man im Hinblick auf die überseeischen Geschäfte auf Einhaltung des Status quo entschied. Es galt also zuzuschlagen, wo man nur konnte. So fiel Mateliefs Anregung auch auf fruchtbaren Boden, zumal ein Jahr zuvor spanische Truppen Tidore wieder eingenommen und einige Forts auf Ternate angelegt hatten. Den Auftrag, die Spanier zurückzudrängen und den Gewürzhandel der Molukken ganz in eigene Hände zu bringen, erhielt dann Admiral Verhoeff. Ihm schickten die Direktoren sogar ein Schreiben mit der folgenden Anweisung nach seiner Ausreise nach: „Die Insel Banda und die Molukken sind unser vornehmstes Ziel ... Wir legen Euer Hochwohlgeboren dringlich ans Herz, die Inseln, auf denen die Gewürznelken, Muskatnüsse und -blüten wachsen, entweder durch einen Vertrag oder mit Gewalt noch bis zum 1. Sep-

---

44 Zit. bei BLUSSÉ, *Nederlanders overzee*, S. 151.

tember 1609 an die Kompanie zu bringen und auf jeder Insel eine Festung mit Soldaten anzulegen."[45] Als Verhoeff mit einer Reihe von Orang kayas über die Anlage eines Forts auf Neira verhandeln wollte, fiel er in einen Hinterhalt und wurde ermordet. Soldaten fanden seine Leiche und die der anderen Mitglieder der Verhandlungsdelegation enthauptet vor.[46] Zwar vermochten die Niederländer das Fort anzulegen, doch verließ die gesamte Bevölkerung die Insel. Dies war ein Mittel der Verteidigung gegen den Zwang, Monopolverträge abzuschließen, was völlig außerhalb der Handelsgewohnheiten der Inselbewohner lag. Für die Direktoren war das ein eklatanter Fehlschlag, und auch ein zweiter Versuch 1615, die Insel unter niederländische Botmäßigkeit zu bringen, schlug fehl (Reynst). Erst Jan Pietersz. Coen gelang es, die Bandanesen regelrecht zu unterwerfen. Und er tat dies mit einer Brachialgewalt, die die bis dahin geführten Aktionen in den Schatten stellte. Coen erschien gleich mit 2.000 Soldaten. Er hatte übrigens die Ermordung Verhoeffs noch persönlich miterlebt. Die Bevölkerung flüchtete in die Berge, die Waffen wurden freilich nicht abgegeben. Coens Absicht war es, die Inseln gänzlich zu unterwerfen und die Bevölkerung, wenn irgend möglich, gefangen abzuführen. Auf den Inseln sollte sodann ein anderes Volk angesiedelt werden. Und er meinte es ernst. Wie ernst, das machte er deutlich, als er die 44 wichtigsten Orang kayas von Banda hinrichten ließ. Es gibt Augenzeugenberichte, die es erlauben, diese Hinrichtung eine Hinschlachtung zu nennen. Weder er noch die europäischen Soldaten machten sich dabei die Hände schmutzig. Die Henkersarbeit verrichteten sechs japanische Söldner. Sie schlugen in Anwesenheit einer rasch zusammengetriebenen Menge von Eingeborenen den Verurteilten den Kopf ab und vierteilten die Körper. Ein Augenzeuge schrieb: „Gott weiß, wer im Recht ist. Nach der Hinrichtung ist jeder mit einigem Entsetzen nach Hause gegangen. Einem solchen Handel konnten sie wenig Vergnügliches abgewinnen." In einem zeitgenössischen Bericht (*Verhael van eenighe Oorlogen in Indië*, 1623) heißt es: „Es muß ehrlich gesagt werden, dass die Unsrigen zu grausam zu Werke gegangen sind, als sie die wichtigsten Häupter des Landes umbrachten." Zwar hätten sie eine Strafe verdient, so meint der Autor, aber findet dann doch folgende durchaus bemerkenswerte Formulierung: „Schließlich müssten wir doch wissen, dass sie für die Freiheit des Landes gekämpft haben, für die wir so viele Jahre unter Einsatz Leben und Gut gestritten haben."[47] Und in der Tat, es hieß doch den Kampf um Freiheit nachgerade ungebührlich relativieren, wenn ein ganzer Bevölkerungsteil des Archipels dezimiert wurde, der sich dem Monopolzwang widersetzte, während sich just zur gleichen Zeit die Metropole darum bemühte, den Freiheitskampf in allen Farben positiv zu schildern, die Spanier und ihre Grausamkeiten detailliert anzuprangern. Es ist schon seltsam zu lesen, daß einer der Verurteilten auf Niederländisch kurz vor seiner Hinrichtung die Frage stellte, ob es denn keine Gnade gebe. Die Frage blieb unbeantwortet, es sei denn, man will die Aktion des Henkers als eine solche werten. Die Aussicht auf Gewinn überdeckte manches, und die schlichte Tatsache, daß da nicht Weiße, nicht Europäer gegenüberstanden, hat solche mentalen Diskrepanzen einfacher überwinden lassen. Wenn hier zuvor in diesem Zusammenhang von einer Dezimierung der Bevölkerung die Rede war, dann meint das nicht so sehr die 44 Hingerichteten, sondern zielt eher auf jene Bevölkerungsteile, die in die Berge geflüchtet waren und dort verhungerten oder erfroren. Ihre Zahl wird auf 2.000 geschätzt. Die Überlebenden wurden als Sklaven in die Gefangenschaft geführt. Die Handelsgesellschaft hatte das Monopol erobert. Um es sicherzustel-

---

45   Nach BLUSSÉ, *Nederlanders overzee*, S. 118f. (Zitat S. 119).
46   Vorgang in M.E. OPSTAL (Hrsg.), *De reis van de vloot van Pieter Willemsz. Verhoeff naar Azië 1607-1612*, I, 's-Gravenhage 1972, S. 267f.
47   *Verhael van eenighe Oorlogen in Indië*, 1623.

len, ließ sie alle Muskatbäume der umliegenden Inseln abholzen. Zwanzig Jahre braucht im übrigen ein Muskatbaum, um erste Früchte zu tragen.[48]

Kaum friedlicher ging es im Kampf um das Gewürznelken-Monopol zu – in den nördlichen Molukken, wo zunächst die Inseln Ternate und Tidore, später auch die Westküste von Ceram und schließlich Ambon die Zentren des Anbaus dieser tropischen Pflanze waren. Es handelte sich um ein Gebiet, das durch Machtkämpfe der örtlichen Herrscher ebenso geprägt war wie von den frühen Bemühungen der Portugiesen, das Gewürznelken-Monopol zu erzwingen, wobei diese Europäer zugleich die Rolle von Allianzpartnern im internen Machtstreit spielten. So konnten sie sich in einigen Regionen, etwa auf Ambon Leitimor auch kulturell durchsetzen, indem sie große Teile der Bevölkerung zum Christentum bekehrten. Ihr Auftreten im Kampf um die Gewürznelken machte sie freilich nicht beliebt, so daß die am Anfang des 17. Jahrhunderts hier auftauchenden Niederländer von den örtlichen oder regionalen Fürsten als Befreier begrüßt wurden, was sich angesichts der niederländischen Absichten rasch als Irrtum erweisen sollte. Schon 1599 erhielten die Niederländer, die unter Warwijk auf Ambon Hitu landeten, als Partner der Einheimischen im Kampf gegen die Portugiesen das Alleinkaufrecht für Gewürznelken dieser Region. Sie bauten dort auch das Fort Warwijk. Zwar konnten sich die Niederländer sodann auf einer Reihe von Inseln behaupten, die Portugiesen vertreiben, sie konzentrierten jedoch ihre Monopolpolitik auf Ambon selbst. Hier stießen sie inzwischen auf die Englische Ostindische Kompanie, die Verbindung mit einheimischen Fürsten aufgenommen hatte. Das Problem dieser Rivalität, die in Europa nach dem Ende de spanisch-niederländischen Waffenstillstandes sicher nicht herrschte, im Kampf um die Gewürze im Archipel sich freilich besonders scharf entwickelte, wurde auf die in diesem Archipel nachgerade typische Art gelöst: Man tötete den Rivalen. So ließ Gouverneur Herman van Speult 1623 auf das Gerücht einer Verschwörung zwischen Engländern und japanischen Söldnern hin die vermeintlichen Rädelsführer verhaften und alle Japaner und Engländer (bis auf zwei) einfach hinrichten. Dieses „Massaker von Ambon" hat bis ins 18. Jahrhundert hinein die englisch-niederländischen Beziehungen auch in Europa belastet. Van Speult gehörte zu den Spitzenkräften vom Schlage eines Jan Pietersz. Coen. Er war wie dieser ein Mann des nüchternen Kalküls, der, das ihm gesteckte Ziel vor Augen, zu allen Mitteln griff, wenn diesem Ziel Gefahr drohte. Nachrichten über einen bevorstehenden Zusammenschluß aller Molukken-Fürsten und -Völker gegen die Niederländer begegnete er mit dem Vorschlag, nicht nur ein Expeditionsheer auszurüsten, sondern auch die Kahlschlag-Methode anzuwenden. In den „feindlichen" Gebieten waren alle Nelken- und fruchttragenden Bäume umzuhacken. Damit nahm man der Bevölkerung die Subsistenzmöglichkeit, entvölkerte praktisch das Gebiet und fügte der Monopolisierung des Handels mit Gewürznelken eine weitere Absicherung hinzu.[49] Ambon sollte das Zentrum des Handels mit Gewürznelken werden. Es blieb nicht bei diesem Vorschlag. Ab 1625 unternahm Van Speult die sogenannten „hongi"-Reisen, die von einzelnen indonesischen Fürsten(„radjas") unterstützt wurden. Die Schiffe segelten nach Ceram und zu einigen nördlich gelegenen Inseln. Hier wurden nicht nur alle Gewürznelkenhölzer, sondern auch alle Kokos- und Sago-Palmen umgehackt und verbrannt. Sago gehörte zum Volksnahrungsmittel auf den Molukken. So ließ sich einerseits die Möglichkeit des Lebensunterhalts auf den Inseln ganz erheblich beschneiden, andererseits waren die Einwohner von Hitu und Leitimor (Ambon) gezwungen, den Anbau von Gewürznelken auszubreiten. 1627 erhielt jedes Familienoberhaupt die Anweisung, zehn Bäumchen zu pflanzen und zu pflegen. Zugleich wurden die Einheimischen zu Knechtsarbeiten im Dienst der Gesellschaft (Holzfällen, Mitarbeit an der Festungsarbeit) verpflichtet. Das

---

48 Nach BLUSSÉ, *Nederlanders overzee*, S. 122f.
49 *Generale Missiven*, I, 3. Januar 1624, hier vor allem S. 140f.

heißt, man rekrutierte die Arbeitskräfte mit Hilfe der örtlichen Herren, die unter Druck mitzogen. Das verlief naturgemäß nicht ohne Gegengewalt, so daß die Berichte, die aus dieser molukkischen Inselwelt bei den Direktoren in Amsterdam eintrafen, voll waren von Nachrichten über Mord und Totschlag. An der Spitze der niederländischen Kolonialherren – von solchen muß auf den Molukken wohl gesprochen werden, auch wenn sich die Gesellschaft nur als eine Handelsgesellschaft begriff – standen nun jene Leute, die kein Gras über welche Sache auch immer wachsen ließen und entsprechend nicht viel Federlesens machten. Sie schlugen hart zurück. Da war es nach Van Speult vor allem Arnold de Vlaming van Oudtshoorn, der bis 1656 allen Widerstand brach. Für ihn war die Beseitigung aller Gewürznelkenpflanzungen außerhalb Ambons das größte Anliegen. Und er setzte es mit Erfolg durch, ließ sogar bis in die Berge hinein nach Pflanzenresten suchen. Die Beseitigung dieser Lebensgrundlage war zugleich für ihn ein einfaches Rechenexempel. Bei gründlichster Ausrottung der Bäume erübrigte sich auch die Überwachung der Landstriche. Damit stand eine Kostenersparnis in Aussicht. Dies bedeutete freilich eine Verknappung der Anfuhr auf dem europäischen Markt, was wiederum Höchstpreise ermöglichen würde. Die Kaufleute im Archipel rieten freilich nur zu einem gemäßigten Preisanstieg, um auf diese Weise Konkurrenten von der Suche nach Pflanzungen etwa auf dem nicht kontrollierbaren Celebes (Sulawesi) auszuschalten, die sich bei besonders hohen Gewinnaussichten einfinden könnten. So wasserdicht konnte also die Kontrolle nicht sein. Dazu trat bei ihm das Aus- und Umsiedlungsverfahren. Die vornehmlich in den Bergen lebenden Stämme sollten an jene Orte umgesiedelt werden, die lückenlos der VOC-Kontrolle unterstanden.[50] So wurden die 12.000 Bewohner von Hoamohal insgesamt umgesiedelt. Ihre Herren verschwanden im Fort Victoria, die Moslems unter ihnen wurden den Kampongs auf Hitu zugeteilt, während man die „Heiden" unter die christliche Bevölkerung von Leitimor mischte. Hoamohal wurde total verwüstet. Dies alles geschah im übrigen unter Einsatz einheimischer Hilfstruppen, wobei de Vlaming, dessen Name noch heute als Schimpfwort gebraucht wird, vor allem Kopfjäger bevorzugte.[51]

Es sei nebenher bemerkt, daß Makassar auf der Insel Celebes der nächste Gegner war, den es zu unterwerfen galt, weil von hier aus manche Störung des niederländischen Betriebs auf den Molukken ausging. Es kam zu einem regelrechten Krieg, der für den dortigen Sultan Hasanuddin verloren ging. Im Vertrag von Bongaja (1667) erhielt die VOC das Handelsmonopol unter Ausschluß aller Europäer; der Unterlegene mußte 250.000 Rijksdaalders sowie 1.000 Sklaven als Entschädigung bezahlen.[52]

Der Zugriff auf den Pfefferhandel verlief freilich anders, unblutiger, wenn man so will, und die Voraussetzungen war sicher nicht günstig. Bantam auf Java als internationaler Handelsplatz war schon lange vor der Ankunft der Niederländer von europäischen Handelsleuten und den innerasiatischen Händlern frequentiert. Die Chinesen hatten hier die Schlüsselposition im Pfefferhandel in Händen. Der VOC gelang es nie, hier wirklich Fuß zu fassen. So legte man schon 1610 bei dem 80 Kilometer östlich gelegenen Jakatra eine zweite Niederlassung an, das heißt, man baute ein Lager- und Packhaus um zu einem kleinen Fort. Die Belagerung dieses Forts durch Engländer, eingeborene Jakatraner und Bantamer blieb erfolglos. Jan Pietersz.Coen konnte so 1619 den von den Direktoren gewünschten kontrollierten zentralen Stapelort der Gesellschaft, Batavia, gründen, nachdem er seinerseits die Festung Jakatra des einheimischen Regenten überrumpelt und die Besatzung zur Übergabe gezwungen hatte. Dieser

---

50 *Generale Missiven*, II, 7. November 1654, hier vor allem S. 748 und ebd. III, 24.Dezember 1655, S. 4f.
51 Nach BLUSSÉ, *Nederlanders overzee*, S. 140f.
52 Ebd. S. 143f.

befestigte Ort wurde niedergebrannt. Die neue Festung erhielt den Namen Nieuw Hoorn und wurde bald in Batavia umgetauft.

Batavia: Gründung, Aufbau und Jan Pietersz. Coen

Auf Anlage und Ausbau Batavias ist hier näher einzugehen. Über diese Stadt formulierte François Valentijn, Prädikant im Dienste der VOC, 1725, gut ein Jahrhundert nach der Gründung in seinem Erfahrungsbericht über den indonesischen Archipel insgesamt die folgende, den Glanz und die Bedeutung der Stadt Batavia nachdrücklich unterstreichende Passage: „Wie nun Batavia eine der größten Handelsstädte der ganzen Welt und zugleich der Mittelpunkt und das Herz des Reiches der E[dlen] Gesellschaft ist, wo das Blut und all die Säfte, die den großen Organismus sowie die Adern und Nerven dieses mächtigen Reiches durchströmen und in blühendem Zustand erhalten, zubereitet und hergestellt werden, so ist es auch die bedeutendste Tätigkeit Ihrer Edlen, täglich dafür zu sorgen, daß die Schiffe mit den nötigen und bestellten Waren rechtzeitig zu allen Kontoren abgeschickt werden oder von denselben [kommend] mit den herbeigebrachten Waren und allerlei angelandeten Gütern empfangen werden, um dann jede Sorte derselben [Waren] wieder dorthin abzusenden, wo sie begehrt sind und für die E[dle] Gesellschaft den größten Gewinn bringen. Denn diese Stadt ist das allgemeine Lagerhaus Indiens, wo es Packhäuser mit allen Arten von Gewürzen, Stoffen und auch allerlei Vorrat an Getreide, Getränken usw. für ganz Indien gibt."[53]

Hier steht schon das Ergebnis einer dann schon über 100 Jahre alten Kolonialpolitik der Niederlande beschrieben. An dieser Stelle wird es freilich nicht darauf ankommen, 100 Jahre vorzuführen, vielmehr sind lediglich die Anfänge der Stadt zu beschreiben, die Motivation zu ihrer Gründung darzustellen. Der Ort selbst bot wenig, hatte auf jeden Fall aber den Vorteil der geographischen Lage. Die Nähe der Straße von Malakka und der südchinesischen See war insofern wichtig, als auf diesem Weg die Handelsströme von Ostasien zum Indischen Ozean liefen. Er war damit ein idealer Ort, um als Rendezvous, Stapelplatz und schließlich als Hauptverwaltungssitz zu dienen, und schließlich zum, wie es hieß, „in Kürze größten Handelsplatz von ganz Indien" aufzusteigen.[54] Noch angesichts der nervigen Scharmützel um Jacatra ließ Jan Pietersz. Coen kurz vor der Einnahme wissen: „Wir wissen jetzt, daß wir einfach immer überfallen, beraubt und unsere Leute ermordet werden. Daher bitte ich inständigst um die Zusendung von Soldaten, Schiffen, Geld und den nötigen Waren. Wenn das geschieht, wird alles gut, so nicht, werden Sie es bereuen. Verzagt nicht, schont Eure Feinde nicht, denn nichts auf der Welt kann uns hindern oder schaden, denn Gott ist mit uns. Die bisherigen Fehlschläge sollen uns nicht abhalten, denn in Indien [gemeint ist vor allem der Archipel] kann Großes geleistet werden, und es können jährlich große Reichtümer ins Vaterland verbracht werden."[55]

---

53 Der Bericht in P.C. EMMER u.a. (Hrsg.), *Wirtschaft und Handel der Kolonialreiche. Dokumente zur Geschichte der europäischen Expansion*, Bd. 4, Münster 1988, S. 276-287, Zit. S. 277f. Möglicherweise wäre E besser zu E[hrenwert] ergänzt worden.
54 Hierzu spezifisch s. GAASTRA, *Geschiedenis van de VOC*, S. 39ff.; dazu wichtig L. BLUSSÉ/J. DE MOOR, *Nederlanders overzee. De eerste vijftig jaar, 1600-1650*, Franeker 1983, S. 161f. Der Name „Batavia" wurde von Pieter van den Broecke erdacht; dazu VAN GOOR, *De Nederlandse Koloniën*, S. 47; zum Motiv der Wahl Jacartas zum neuen Rendezvous neben ebd. S. 47f. auch die ältere Arbeit von C.R. BOXER, *Het profijt van de macht*, Amsterdam 1988 (ndl. Übersetzung), S. 156.
55 Das erste Zitat nach H.T. COLENBRANDER, *Jan Pietersz. Coen. Bescheiden omtremt zijn bedrijf in Indië*, VI, 's-Gravenhage 1934, S. 64. Das zweite Zitat bei BLUSSÉ/DE MOOR, *Nederlanders overzee*, S. 162.

Jan Pietersz. Coen (anonym)

Abgesehen davon, daß der göttliche Beistand weniger herbeigefleht als vielmehr als immer vorhanden angenommen wurde, entsprach die Namensgebung genau dem Selbstbild, das die Niederländer sich zu dieser Zeit machten. Sie stilisierten die Bataver hoch zu den Freiheitskämpfern, die den Römern schon unter Claudius Civilis Paroli geboten hatten und sich nunmehr noch einmal nachdrücklich in ihren Nachfahren präsentierten, die der repressiven Macht Spanien erfolgreich Widerstand entgegensetzten. Es ist so erstaunlich nicht, daß selbst in der 2. Hälfte des 18. Jahrhunderts noch der göttliche Beistand und batavischer Heldenmut als die Gründungskomponenten der niederländischen Republik vorgeführt wurden. Der Name „Batavia" für die neue Handelsniederlassung auf Java also als Ausdruck eines hochentwickelten niederländischen Selbstbewußtseins.[56] Mut und Widerstandskraft war dann auch tatsächlich vonnöten, weil sich die Niederlassung im Laufe des nächsten Jahrzehnts mehrfach gegen Angriffe des bald ganz Java beherrschenden Sultans von Mataram und der Angriffe der Bantamer zu erwehren hatte, dessen Handel durch Batavia beeinträchtigt wurde.[57]

Mit der Einnahme Jacatras und dem Neuaufbau unter dem Namen Batavia war eine wesentliche Voraussetzung für die Monopolpolitik im Gewürzhandel des Archipels geschaffen, darüber hinaus ein fester Ort als Rendezvous und Ausgangspunkt für die Teilnahme am interasiatischen Handel[58] angelegt und schließlich ein Regierungssitz für

---

56 Dazu H. LADEMACHER, *Die Niederlande. Politische Kultur zwischen Individualität und Anpassung*, Berlin 1993, S. 215-229. Zur Anlage auch kurz BLUSSÉ, *Nederlanders overzee*, S. 164f. Coen hatte den Ort zunächst nach seinem Geburtsort Nieuw Hoorn benannt.
57 S. dazu WENNEKERS, *Gouden Handel. De eerste Nederlanders overzee en wat zij daar haalden*, S. 160-162 (zur Gründung) sowie S. 170 (Angriff aus Mataram).
58 Ebd. S. 161; auch VAN GOOR, *Nederlandse koloniën*, S. 47f.

Generalgouverneur und Rat von Indien gefunden, von dem aus nicht nur das Überseegeschäft zentral verwaltet und kontrolliert wurde, sondern zugleich – auf jeden Fall zur Zeit des Jan Pietersz. Coen – Überlegungen zu einer ausgreifenden Siedlungspolitik angestellt wurden, die letztlich der Sicherstellung des Profits auf lange Sicht dienten und in Amsterdam bis dahin in keiner Weise Gegenstand der Beratungen gewesen waren. Vor allem auf den Molukken sollte, wenn man ein geschlossenes Handelsgebiet beherrschen wollte, eine ganz massive Niederlassungspolitik betrieben werden, die Nicht-Niederländern den Handel in diesem Inselgebiet unmöglich machte.[59]

Das war alles zukunftgerichtet. Zunächst einmal kam es darauf an, den Platz zu einem Fort auszubauen. So bat Coen die Zentrale auch gleich zu Beginn von 1620 um die Zusendung von Ladungen Ziegelsteinen, Balken, Dachpfannen, Hämmern, Sägen, Nägeln, Spaten und Spitzhacken. Außerhalb der ummauerten Festung oder Burg, die möglicherweise nach dem Modell des niederländischen Erfinders und Ingenieurs Simon Stevin gebaut worden ist, wuchs gleichzeitig ganz allmählich eine Ansiedlung heran, die mit ihren vielen Grachten und Zugbrücken stark einer niederländischen Kleinstadt ähnelte. Batavia ist mit Elburg, einem Provinzstädtchen in Gelderland gelegen, verglichen worden. Es ist neuerdings von niederländischer Seite auf die Forts, Festungen oder Burgen als Äußerung einer europäischen Brückenkopf-Mentalität hingewiesen worden, nach der man sich als Insel in einem Meer von Fremdheit und Fremden empfand, als eine Enklave mit eigener Sprache, eigener Religion und Kultur sowie ebenso eigenen Sitten und Gebräuchen. Die Betonung des Eigenen, das Bewußtsein, etwas aus dem Herkunftsland zu besitzen, habe sich bei den Niederländern in der Namensgebung für die Forts geäußert. So gab es mehrere Forts am Kap der Guten Hoffnung, die den Namen hoher Kompaniebeamter trugen, Fort Rotterdam auf Makassar wurde nach dem Geburtsort des Cornelis Speelman benannt. Befestigungen auf den Molukken trugen den Namen Nassau und Oranien, Fort Amsterdam befand sich auf Aruba. An der Koromandel-Küste war das Fort Gelria der Hauptort der Handelsgesellschaft.[60] Solche Taufen fügen sich an unsere frühere Bemerkung über den Namen Batavia mit dem Unterschied freilich, daß diesem Namen schon ein besonders symbolträchtiger Wert anhing.

In Batavia selbst wurden zunächst Grachten zur Entwässerung des sumpfigen Gebietes angelegt. Die Arbeit verrichteten chinesische Kulis, da Javaner nach Ansicht des Generalgouverneurs zu faul waren. Entlang dieser Grachten wurden im Laufe der Jahre Palmen gepflanzt. Die Anlage von Grachten fiel auswärtigen Beobachtern auf, die die Maßnahme auch als eine Aktion der verrückten Holländer einordneten. Dabei brachten diese nur die eigene Erfahrung ein, die sie mit dem sumpfigen Gebiet in und rund um Amsterdam gemacht hatten und noch machten. Nur wenn man eine Erhöhung des Bodenniveaus vornahm und gleichzeitig das Sumpfgebiet über Abwasserkanäle trockenlegte, konnten feste, steinerne Gebäude errichtet werden. In einem ersten Schritt wurde zunächst das Ostufer des Tsiliwong bebaut, da sich die Engländer am Westufer erneut niederließen und dort eine kleine Handelsstation errichteten. Ehe man im übrigen an den weiteren Ausbau der Stadt sich begeben konnte, war das Mäander-Mündungsgebiet des Tjiliwong zu begradigen, das heißt der Fluß zu kanalisieren. Auch diese Arbeit übernahmen die Chinesen. Es war eine Auftragsarbeit, die über chinesische Mittelsmänner lief, die auch Arbeitskräfte beschafften. Das Ergebnis war ein schnurgerader Wasserlauf, der wie eine Gracht die Ansiedlung durchzog.

Die Bautätigkeit chinesischer Kulis ist eng mit dem Namen Jan Con verbunden, der – ehemals chinesischer Kaufmann in Bantam – zu einer engen Zusammenarbeit mit

---

59 Hierzu VAN GOOR, *Nederlandse koloniën*, S. 69. Coen schrieb in seinen Auslassungen den Portugiesen gerade in der Siedlungspolitik Vorbildfunktion zu.
60 Beispiele bei ebd. S. 104f.

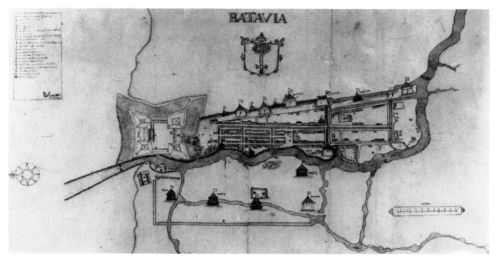

Plan von Batavia 1629 (G. Venant)

den Niederländern in Batavia kam und große Teile der die Stadt schützenden Bauwerke sowie die Entwässerungsarbeiten organisierte. Dazu hieß es in einem Schreiben des Generalgouverneurs Hendrik Brouwer 1635 an die Direktoren: „Keiner der niederländischen Bürger ist bereit, ein Projekt wie das des Baus von Kanälen oder die Beschaffung von Holz, Kalk und Steinen zu übernehmen. Gegenwärtig sind nur Chinesen in diesem Sektor tätig. Ohne ihre Hilfe wäre der Bau der Burg Batavia und der Ausbau der Stadt im jetzigen Zustand kaum möglich gewesen oder hätte um einiges länger gedauert."[61] Abgesehen davon, daß die Ziegelbrennereien sowohl von Sklaven als auch von Chinesen in Betrieb gehalten wurden – sie waren ebenso nötig wie Kalkbrennereien – scheinen sich die Europäer in dieser durchaus feindlichen Umwelt nur innerhalb der Festungen selbst oder beim Laden, Löschen und Umladen der Schiffe bewegt zu haben. Feindlich war diese Umwelt nicht nur, weil Gruppen marodierender Bantamer die Umgebung der Stadt unsicher machten, sondern weil anfangs noch Krokodile und andere wilde Großtiere das Wohngebiet als Aufenthaltsort vorzogen oder bis an die Ansiedlung kamen. Die Entwässerungsanlagen, die nun tatsächlich nicht als Frucht niederländischen Heimwehs zu werten sind, sorgten dafür, daß auch die Wasserflächen trockengelegt wurden, in denen vorzugsweise Krokodile hausten. Die Chinesen waren es auch, die zur abschließenden Ummauerung – hier ging es um den Ersatz mehrerer Holzwälle durch eine Steinmauer – im doppelten Sinne beitrugen, indem sie über ihre Bauarbeit hinaus eine Sondersteuer zu entrichten hatten, die die Kompanie den Bewohnern Batavias zur Beschaffung des Baumaterials auferlegte. Insgesamt 8.000 spanische Reales wurden auf die Chinesen umgelegt, 3.000 auf die niederländischen Bürger.

Die vornehmlich auch von chinesischen Unternehmern gebauten Wohnhäuser Batavias erinnerten deutlich an die niederländische Heimat. Sie wurden freilich den klimatischen Umständen durch weit herabgezogene Dächer angepaßt. Die Inneneinrichtung schon der frühen Jahre bestand häufig aus Möbeln, die wiederum chinesische Schreiner

---

61 J.K.J. DE JONGE u.a. (Hrsg.), *De opkomst van het Nederlandsch gezag in Oost-Indië. Verzameling van onuitgegeven stukken uit het Oud-Koloniaal Archief*, 13 Bde. 's-Gravenhage 1862-1909, Bd V, S. 218-19. Zit bei L. BLUSSÉ, *Strange Company. Chineze settlers, mestizo women and the Dutch in VOC Batavia*, Dordrecht u.a. 1988, S. 61f.

Blick auf Ambon (J. Vingboons)

aus dem kostbaren Djati-Edelholz anfertigten. Noch in der ersten Amtsperiode von Jan Pietersz. Coen wurde – 1620 – das Rathaus der Stadt in Angriff genommen in einer seltsamen Kombination wird man sagen müssen, denn als Rathaus fungierte das Gebäude nur im Parterre, die erste Etage diente als reformierte Kirche. Es stellte sich freilich rasch heraus, daß diese Zusammenfügung in ein und demselben Gebäude nicht gut funktionierte, so daß schon 1626 der erste Grundstein für ein eigenes Rathaus gelegt wurde. Knapp 10 Jahre später entstand eine Kirche, die, wie geschrieben worden ist, der Amsterdamer Nordkirche aus dem Jahre 1620 nachempfunden sein soll. Eine Schule kam hinzu, ein Krankenhaus dann mit daran angeschlossenem Friedhof. Anfänglich wurden die Wohnhäuser noch mit Palmblättern abgedeckt, nach dem großen Brand von 1622, dem das gesamte Chinesenviertel, dessen Häuser noch ganz aus Bambus und Palmblättern („atap") bestanden, ging man zum Bau aus Stein über. Die Baukonjunktur wurde vor allem Ende der 20er und 30er Jahre unter Generalgouverneur Specx, dem Nachfolger von Coen, angekurbelt. Es wurde soeben schon angedeutet, daß bei dieser Tätigkeit in erster Linie, wenn nicht gar ausschließlich, Chinesen als Unternehmer und Arbeiter – auch als Steuerzahler – herangezogen wurden. Die chinesische Gemeinschaft hat Specx 1632 eine Medaille als Abschiedsgeschenk überreicht als Anerkennung für seine enge Zusammenarbeit mit dieser Gemeinschaft innerhalb einer nur kurzen – dreijährigen – Amtsperiode.[62] Die Vorderseite der Medaille zeigt den Plan des zeitgenössischen Batavia, praktisch also den Stand der baulichen Dinge, die Kehrseite trägt einen in Lateinisch und Chinesisch verfaßten Spruch: „Wir, die Bürger von Batavia, haben freudig und aus gutem Grund dieses bescheidene Geschenk unserem Herrn, dem vortrefflichen Generalgouverneur Jacques Specx, als Zeichen unserer ewigen Dankbarkeit überreicht."[63] Die eigentliche Festung blieb das Verwaltungszentrum der Stadt. Innerhalb der bewehrten Mauern lagen die Wohnungen des Generalgouverneurs und die der Mitglieder des Rates von Indien, die Konferenzräume, Lagerhäuser sowie eine Kirche und das Gefängnis.

---

62 Zum Anteil der Chinesen am Auf- und Ausbau der Stadt sehr gut die ältere Studie von F. DE HAAN, *Oud Batavia*, 2 Bde., Bandung 21935. S. auch kurz BLUSSÉ, *Strange Company*, vor allem den Bericht über Jan Con, S. 49ff.

63 Bei BLUSSÉ, *Strange Company*, S. 61, dort auch eine Abbildung der Medaille, die eine Karte des damaligen Batavia zeigt. Die Kehrseite trägt den oben zitierten Spruch in lateinischer Sprache und eine (unleserliche) chinesische Prägung.

Freilich, schon in den 30er Jahren ließen sich einige der Topffunktionäre außerhalb der Festung an der Tigergracht nieder, die eine der ersten Grachten der Stadt war und bald zu den vornehmsten Wohnvierteln zählte. Die Umgebung außerhalb der Stadtmauern wurde zunächst nicht erschlossen. Sie war eben durch Banden aus Bantam und wilde Tiere zu gefährlich. Das änderte sich im übrigen nach 1680, als Frieden mit Bantam geschlossen war. Die hohen Bediensteten der Gesellschaft besiedelten das Gebiet, ließen dort Landsitze bauen, die im Laufe der Jahrzehnte immer prächtiger angelegt wurden und vor allem südlich von Batavia gelegen waren. Rege Bautätigkeit gehörte im übrigen zum kolonialen Alltag der Niederländer. Denn was in Batavia sich entwickelte, geschah auch auf Ceylon oder am Kap der Guten Hoffnung. Immerhin scheint die Stadt rund 1700 schon so viele Möglichkeiten geboten zu haben, daß selbst aus dem Amt scheidende Generalgouverneure in der Stadt verblieben.

Der Ausbau der Stadt zu einem zentralen Umschlagplatz des überseeischen und interasiatischen Handels war das Hauptmotiv des niederländischen Aktionismus. Es kam zugleich darauf an, nicht nur eine Handelspolitik zu entwerfen, die den Handel ermöglichte, sondern Unternehmungen zu starten, die den Handel langfristig absicherten. Eine solche Unternehmung war in erster Linie die hier schon kurz angesprochene Siedlungspolitik, wie sie vor allem Jan Pietersz. Coen propagierte. Eine Vielzahl von Depeschen sandte er nach Amsterdam, um die zunächst äußerst zögerlichen Direktoren von der Notwendigkeit einer echten Siedlungskolonie zu überzeugen. Es sollte eine niederländische Gemeinschaft aufgebaut und niederländische Kultur bewahrt werden. Der zentrale Ort Batavia konnte da als Ausgangspunkt dienen, sollte aber auf Dauer nicht der einzige zentrale Punkt bleiben. So rief er zur Entsendung von Bauern und Handwerkern, Pfarrern und Lehrern auf. Fügt man diesen die ohnehin vorhandenen Kaufleute und ihre untergebenen Schreiber und Sekretäre und die Soldaten hinzu, dann war das schon ein Stückchen Gesellschaft, wie Coen sie aus denn Niederlanden kannte. Daß die schwere körperliche Arbeit von Sklaven verrichtet werden sollte, war eine Selbstverständlichkeit. Coen rechnete den zunächst und vor allem auf die Bilanz starrenden Direktoren vor, daß Migration auch die Kosten der Gesellschaft erheblich drücken würde, da die Kolonisten für die künftigen Generationen von Soldaten und Pfarrern sorgen könnten.[64]

So war eine Kolonialgesellschaft, zumindest für die herrschende Schicht zunächst als europäische Importgesellschaft definiert, nach Coens Vorstellungen systematisch auszubauen. Das ist schlicht nicht gelungen, auch wenn die Direktoren in Amsterdam die Vorstellungen ihres Generalgouverneurs nach anfänglicher Zurückhaltung durchaus begreifen konnten. Eine gewisse Basis war insofern gelegt, als sich bald in Batavia eine Reihe von sogenannten Freibürgern niederließ, ehemalige Kompanie-Angestellte, deren Vertrag abgelaufen war. Das Problem lag in den begrenzten Handlungsmöglichkeiten dieser Gruppe. Solange sie als Handwerker oder kleine Händler, Detaillisten sozusagen, auftraten oder gar als Agrarier tätig werden wollten, was ganz selten vorkam, blieb die Zustimmung, die der Generalgouverneur in Batavia zu geben hatte, nicht aus, Schwierigkeiten entstanden dagegen, wenn sie sich am Asien-Handel zu beteiligen wünschten. Genau da widersetzten sich die Direktoren im Mutterland. Sie fürchteten einfach für das angestrebte und dann auch durchgesetzte Handelsmonopol, obwohl gerade Coen sich zur Festigung der kolonialen Vorherrschaft durchaus für eine Beteiligung der Freibürger am Handel ausgesprochen hatte. Was den Agrarbereich angeht, so war das meiste Land rund um Batavia schon in Händen von Chinesen und an chinesische Zuckerpflanzer ver-

---

64 Zu Coens Gedanken sei hier auf die Edition H.T. COLENBRANDER/W.PH. COOLHAAS (Hrsg.), *Jan Pietersz. Coen: Bescheiden omtrent zijn bedrijf in Indië*, 7 Bde., 's-Gravenhage 1919-1953 hingewiesen. S. a. W.PH. COOLHAAS (Hrsg.), *Generale Missiven van Gouverneurs-Generaal en Raden aan Heren XVII der Vereenigde Ostindische Compagnie*, 8 Bde., 's-Gravenhage 1960-1985.

mietet. Es kamen bald Klagen dieser Gruppe von Freibürgern, die alles andere als frei waren, weder wirtschaftlich noch politisch, und selbst bei eventuellen Heiratsabsichten die Zustimmung der höchsten Kompanie-Instanz einholen mußten. Gewiß, in Batavia wurde schon bald eine Schöffenbank gebildet, die aus Bürgern bestand. Sie konnten dort bis zum Vizevorsitzenden aufsteigen. Auch chinesische Bürger der Stadt waren hier mit Sitz und Stimme vertreten. Der Kompetenzbereich des Gremiums war jedoch begrenzt. Die höchste Entscheidungsbefugnis lag beim Generalgouverneur und dem Rat von Indien. Die Bürger und das Kompaniepersonal taten darüber hinaus in der in Fähnlein eingeteilten Miliz Dienst. Dazu hatten sich die Freibürger von Beginn an verpflichten müssen. Die Stadt unterhielt zudem einen für die Infrastruktur zuständigen Deichrat und richtete schon früh Waisen- und Nachlaßämter ein.

Schaut man auf die begrenzte Freiheit der Freibürger, dann ist einfach festzustellen, daß Wahrung des Monopols im Handel und volle Bewegungs- und Aktionsfreiheit der Bürger einander offensichtlich ausschlossen. Die Direktoren im Mutterland reagierten daher auch einigermaßen gereizt, als sich diese zu Beginn von 1630 in einem Schreiben an die Direktoren beschwerten. Sie wiesen den Generalgouverneur an, aufmüpfige Bürger als Störenfriede einfach mit dem nächsten Schiff in die Niederlande zurückzuschicken.[65] In diesem Zusammenhang soll Generalgouverneur Van der Lijn spontan bemerkt haben: „Ich würde lieber den Heiden und den Türken als der Kompanie dienen."[66]

Coen hat sich häufig über das Verhalten der Freibürger beklagt und andere Generalgouverneure nach ihm haben sich der Klage angeschlossen. Hier wurde schon Hendrik Brouwer zitiert, und es sei die Aussage des Cornelis van der Lijn hinzugefügt (1645-1650), der schrieb, die Lage Batavias habe sich täglich verbessert, sowohl was das Gewerbe innerhalb der Mauern als auch die Landwirtschaft außerhalb angehe. Im städtischen Inneren hätten sich mancherlei Nationen niedergelassen und zum Wachstum beigetragen, außerhalb der Mauern bebauten die Chinesen die Felder. Die niederländischen Bürger hätten zu solcher Arbeit wenig Neigung bewiesen. Ihnen gehe es lediglich darum, auf möglichst einfache Weise zu „schnellem Geld" zu kommen, das man in den Niederlanden selbst aufbrauchen wolle! Der Entschluß, aus Batavia eine stabile Stadt zu machen, sei ihnen fremd.[67] Sehr zu verwundern über diese Einstellung der schnellen Profitmacherei brauchte man sich nicht, da dies das eben sich rasch ausbreitende Bild von den Möglichkeiten im Umfeld der Kompanie war. Im Grunde nahm sich Coens Konzeption von einer systematischen Ansiedlungspolitik als Ausgangspunkt für ein den ganzen Archipel umfassendes niederländisches Kolonialreich wie ein innovativer und darum zunächst einmal störender und verstörender Ansatz aus. Coen, der Calvinist, hatte zudem ohnehin festgelegte Meinungen über die Verderbtheit der Menschen, und die tägliche Erfahrung im Archipel schien ihn zu bestätigen. Solche Haltung ließ ihn dafür plädieren, in den Waisenhäusern der Niederlande junge Menschen anzuwerben. Er ging davon aus, daß sie – im eigenen Lande doch ohne Verwandte – im Archipel bleiben würden, da sie keine emotionalen Bande mit dem Mutterland haben konnten, aber er vertraute auch darauf, daß die streng calvinistische Erziehung in den Waisenhäusern die Verderbtheit auf geringstes Maß reduziert hatte.

---

65 Text bei DE JONGE, *Opkomst*, 6, III.
66 Nach *Oost-Indische praetjen voorgevallen in Batavia, tusschen vier Nederlanders*, Amsterdam (1663), zitiert bei BLUSSÉ, *Strange Company*, S. 26. Zum ganzen auch ebd. S. 24ff. sowie J.G. TAYLOR, *Smeltkroes Batavia. Europeanen en Euraziaten in de Nederlandse vestigingen in Azië*, Groningen 1988 (Übers. v. *The Social World of Batavia*, Wisconsin 1983), S. 25ff. zu den Freibürgern; zur Bevölkerung insgesamt ebd. Kapitel 1.
67 Zit. bie BLUSSÉ, *Strange Company*, S. 85.

Daß die Soldaten für die Kolonisierung nach den Vorstellungen des Coen kaum geeigneter schienen, ist den mehrfachen Beschwerden des Generalgouverneurs über die Faulheit, Dummheit und Grobschlächtigkeit dieser Gruppe zu entnehmen. Sie gehörten nicht zu der Sorte, die in der Lage war, eine Kolonie aufzubauen. Für die Eingeborenen, so Coen, boten sie das Beispiel des miesen Weißen – ein Bild, das in Ermangelung von Erfahrung mit Besserem zum allgemeingültigen Bild zu werden drohte. Tatsächlich haben weder die Freibürger noch die Soldaten wesentlich zum Aufbau der Stadt beigetragen.[68] In Auswertung des hier schon Beschriebenen ist es nicht zu weitgehend zu behaupten, daß es letztlich eine auf der Arbeitskraft der Chinesen beruhende Stadt war, die von einer niederländischen Spitze geführt wurde. Schaut man genau hin, dann waren eben die chinesischen Unternehmer und Arbeiter die ersten Siedler in Batavia. Die Anwesenheit der Chinesen war nicht unbedingt unerwartet oder gar unwillkommen. Als die Kompanie im 2. Jahrzehnt des Jahrhunderts einen für ihre Ziele geeigneten Ort des Rendezvous suchte, sollte ein solcher Ort nicht nur an einer der Ost-West-Passagen liegen (Malakka- oder Sunda-Straße), sondern auch zugänglich sein für die chinesischen Dschunken, die großen Anteil am interasiatischen Handel hatten. Sobald Coen Jacatra eingenommen hatte und sich sogleich an den Aufbau von Batavia begab, führte er eine genau auf die Aufnahme von Chinesen zielende Immigrationspolitik ein. Diese Politik war äußerst erfolgreich. Zunächst bediente man sich einiger Mittel, die auf jeden Fall am Rande der Legalität standen. Entlang der chinesischen Küste half man der Überredung zur Einwanderung mit etwas Gewalt nach oder zwang die in javanischen Hafenstädten lebenden Chinesen zur Umsiedlung nach Batavia. Es dauerte maximal ein Jahr, bis die Dschunken mit Arbeitern direkt aus China eintrafen. Pfarrer Heurnius schrieb dann auch bald sehr richtig: „Chinesen gibt es hier sehr viele, sie sind ein arbeitsames Volk, von dem der Zustand Batavias voll und ganz abhängt, denn ohne sie würde weder ein Markt stattfinden, noch würden Häuser oder andere Anlagen gebaut werden."[69] Und die Einwanderungspolitik, die Coen beschrieb, hatte eben diesen Grund. Er bekannte: „Kein Volk kann unseren Zwecken besser dienen. Außerdem sind Chinesen leicht erhältlich".[70] Ein chinesischer Busenfreund des Generalgouverneurs, Su Bing-Kong, erhielt als Chef der chinesischen Gemeinde einen Platz in der Schöffenbank.[71] Es ist hier zuvor auf die körperliche Arbeit und die handwerkliche Tätigkeit der Chinesen hingewiesen worden. Es sei hinzugefügt, daß die Chinesen natürlich auch als Händler auftraten – als äußerst geschickte Händler, die andere Chinesen und deren kostbare Waren nach Batavia holten. Die niederländischen Freibürger spielten auch in diesem städtischen Handel kaum eine Rolle. Auf die Frage der Amsterdamer Direktoren nach den Ursachen, kam aus Batavia die Antwort: „Warum? ... weil die Niederländer zu grob und zu plump sind. Sie kommen immer mit leeren Händen, während Chinesen klug sind und immer irgend etwas aus dem Ärmel zu schütteln wissen."[72]

Ehe hier das Problem der Frauen in dieser jungen Stadt behandelt wird, sei kurz auf die Anwesenheit von Sklaven hingewiesen. Es handelte sich in überwiegendem Maße um Haussklaven, oder sie waren im Handwerk eingesetzt. Andere waren Diener oder traten als Musiker und Ehrenwachen auf. Die Kompanie beschäftigte sie bei der Anlage

---

68   Zu den Soldaten s. TAYLOR, *Smeltkroes*, S. 21ff.; Coens Aussage über die Faulheit und Dummheit s. die Edition COLENBRANDER/COOLHAAS, *Jan Pietersz. Coen*, 5, S. 130. Zu den Soldaten und Matrosen auch GAASTRA, *Geschiedenis*, S. 85ff.; Berichte aus Ego-Dokumenten für einen späteren Zeitpunkt die Veröffentlichung von P. KIRSCH, *Die Reise nach Batavia. Deutsche Abenteurer in Ostasien 1609 bis 1695*, Hamburg 1994, S. 150ff.
69   Zit bei BLUSSÉ, *Nederlanders overzee*, S. 167.
70   Zit. bei ebd.
71   Ebd.
72   Ebd.

von Kanälen und der Errichtung neuer Dienstgebäude. Einige wenige Sklaven wurden entlohnt, so daß sich einige von ihnen freikaufen konnten. Freilassungen erfolgten auch aus christlicher Nächstenliebe, freilich erst nach der Bekehrung zum Christentum oder auch aufgrund einer testamentarischen Bestimmung des Eigentümers. Sie fielen nach ihrer Freilassung wie jeder andere Bürger auch unter die Jurisdiktion der Kompanie. Sklaven, die einem harten Reglement mit entsprechend harten Strafmaßnahmen unterworfen waren, kamen aus allen Teilen des Archipels sowie von den Küsten des indischen Subkontinents. Javaner waren als Sklaven nicht erwünscht, wie überhaupt der Aufenthalt von Javanern in Batavia verboten war.[73] Über die Herkunft und die Behandlung der Sklaven ist an anderer Stelle zu handeln.

Coen, der Pragmatiker und zugleich große Planer, der, wie es scheint, ein großes niederländisch gelenktes Kolonialreich vor sich entstehen sah, brauchte Menschen, und er brauchte, wollte er sein Ziel erreichen, letztlich Europäer. Und da gab es eben die Schwierigkeit der Multiplikation der Weißen. Coen hat, so hat man den Eindruck, mit sich leicht sträubender calvinistischer Feder, nach Amsterdam geschrieben, daß Frauen nun einmal für den Fortbestand des menschlichen Geschlechts vonnöten seien. Was bis dahin an Frauen im Archipel gelandet war – zu Soldaten oder Seeleuten gehörend – entsprach nicht den Vorstellungen des Generalgouverneurs. Coen ging es um junge Mädchen,[74] am besten aus Waisenhäusern kommend, die zunächst auf Kosten der Kompanie unterhalten werden sollten. Erwachsene Frauen mußten sich verpflichten, 15 Jahre zu bleiben. Die Kompanie war verpflichtet, solchen Pioniersfamilien die geeigneten Wohnungen zur Verfügung zu stellen. Dieser Ansatz einer Bevölkerungspolitik hat nicht funktioniert. Es kam ganz selten vor, daß Frauen aus wohlhabenden Familien den Weg in den Archipel fanden. Die wenigen, die kamen, stammten aus ärmlichen Verhältnissen oder gar aus dem Hurenviertel Amsterdams. Das größte Kontingent, das je im 17. Jahrhundert in einem Schub angekommen ist, bestand 1623 aus 82 Frauen.[75] Tatsache ist, daß Coen zwar einerseits einen Notruf ergehen ließ, andererseits aber selektiv vorgehen wollte, in welchem Vorhaben ihn die Direktoren in Amsterdam unterstützten, so daß immer nur ganz begrenzte Kontingente ankamen. Coen klagte, daß man sich wegen der mitgeführten Frauen vor den Eingeborenen schämen müsse, weil es darum gehe, die niederländische Reputation zu fördern. Diese Frauen kämen nicht aus der menschlichen Gesellschaft, sondern aus der Wildnis.[76] Die Klagen wurden gehört, denn die Direktoren beschlossen 1632 schon, die Entsendung von Niederländerinnen nach Batavia nicht mehr zu unterstützen.[77]

Im Grunde war Coen bei der Forderung nach Waisenmädchen dem portugiesischen Beispiel gefolgt, das schon mehr als 100 Jahre zurücklag. Sie waren als Orfas del Rei nach Goa entsandt worden. Aber er muß auch gewußt haben, daß auch dieser Plan rein vom erwarteten Aufkommen her nicht funktioniert hatte. Der portugiesische Mißerfolg in diesem Vorhaben wiederholte sich für die Republik. Die Planung, die intakte Familien ebenso enthielt wie eben 10-12jährige Jungen und Mädchen im Verhältnis 2:1, blieb letztlich Papier. Dazu kam, daß sich die Ehen im Archipel häufig als unfruchtbar erwiesen und zahlreiche Fehlgeburten zu verzeichnen waren, während die Kindersterblichkeit recht hoch lag. So lag es erneut nahe, einem anderen portugiesischen Beispiel zu folgen. Das heißt, die Niederländer heirateten die Landestöchter, wie es zuvor die Portugiesen

---

73   Über Sklaven im Archipel s. kurz TAYLOR, *Smeltkroes*, S. 35f.
74   In COLENBRANDER/COOLHAAS (Hrsg.), *Jan Pietersz. Coen*, 1, S. 555. Schreiben vom 11. Mai 1620.
75   S. TAYLOR, *Smeltkroes*, S. 31.
76   Zit. bei BLUSSÉ, *Nederlanders overzee*, S. 166. Entschiedener dazu Coens Nachfolger Brouwer 1632 (1. Dezember) in DE JONGE, *Opkomst*, 5, S. 196.
77   S. TAYLOR, *Smeltkroes*, S. 31.

getan hatten, die ihre Bediensteten zu diesem Schritt drängten, um die ganze Gesellschaft besser in den Griff zu bekommen und eine wirkliche Gemeinschaft herzustellen. Für die VOC bedeutete dies eine Kursänderung. Die Beziehungen, die Matrosen, Soldaten und auch Personen höherer Ränge zu eingeborenen Frauen schon einiges vor der Gründung von Batavia gepflegt hatten, waren zunächst als ein Skandal angeprangert worden, weil die europäischen Herren letztlich eine sehr schlechte Meinung von asiatischen Frauen hegten. Bereits unter Coen wurde das Konkubinat mit Farbigen verboten – und das galt für alle Ränge. Und festzuhalten ist, daß schließlich – ab 1652 – nur Frauen von Unterkaufleuten, Prädikanten, Krankenpflegern und solchen, die von den Direktoren eine Sondererlaubnis erhielten, nach Batavia reisen durften. Bis dahin vollzog sich freilich ein deutlicher Kurswechsel, insofern die VOC die Heirat der Europäer mit der Bevölkerung des Landes empfahl. Van Diemen schrieb 1640, daß die Kolonien durch Vermischung mit den Eingeborenen nach portugiesischem Vorbild gefördert werden müßten.[78] Die Amsterdamer Direktoren sahen das offensichtlich genau so, wenn sie schließlich entschieden feststellten: „Die Welt Indiens ist zu groß für uns, um sie allein zu besitzen, und unser Land ist zu klein, um jene Kräfte bereitzustellen, die eine Stabilisierung der Kolonie garantieren könnte."[79]

Somit entstand eine gemischte Gesellschaft eigentlich schon in den frühen Jahren der Stadtgründung. Sie hat auch in den folgenden Jahrzehnten der Stadt das Gepräge gegeben. Die Frauen kamen aus den indischen Küstengebieten aus Ceylon oder von einigen Inseln des Archipels. Die Eheschließungen unterlagen vorab der sozialen Kontrolle durch die Reformierte Kirche, die lediglich in Batavia eine größere Gemeinde heranbilden konnte. Allerdings ist festzustellen, daß sich das Frauenbild im Laufe der nächsten Jahrzehnte bei Beobachtern von außen kaum verbesserte. Man wird die neue bevölkerungspolitische Richtung – denn nichts anderes waren die Impulse zur gemischten Ehe – noch mit dem Hinweis ergänzen müssen, daß es nicht nur um möglichst fruchtbare Ehen ging, sondern um die Bildung einer ortsstabilen Gesellschaft. Dazu zählte eben auch das Verbot für Frauen und Kinder asiatischer Herkunft, in die Niederlande zu gehen, falls der Kompanie-Angestellte, der Mann und Vater, diese Absicht hegte. Darüber hinaus versuchte man die Loyalität der Asiatinnen zu fördern, indem man der Braut und den Nachkommen den Status von Europäern zuerkannte. Bei der Taufe, Voraussetzung der Eheschließung, der auch eine Prüfung der Katechismus-Kenntnis vorausging, gaben sie sich europäische, bisweilen niederländische, zuweilen portugiesische Namen.[80]

Das führt zu einem letzten Hinweis über diese frühe Gesellschaft Batavias: die Frauen mochten dann niederländische Namen tragen und die Nationalität erworben haben, ihre Kinder haben sie keinesfalls europäisch erzogen. Unter dem Aspekt der Akkulturation ist festzustellen, daß in diesen eurasischen Haushalten der asiatische Einfluß vorherrschend war. Dazu trat, daß weder Söhne noch Töchter in die Niederlande geschickt werden durften. Angesehene und vermögende Niederländer waren von diesem Verbot ausgeschlossen. Hinzu kommt, daß in dieser Zeit Portugiesisch die lingua franca war, was in Batavia noch durch den Ankauf von Frauen von der Malabar- und Koromandelküste des Subkontinents verstärkt wurde. Die Niederländer bemühten sich ihrerseits, malaiisch mit den Handelspartnern zu sprechen. Wenngleich man sich, wie Generalgouverneur Maetsuyker schrieb, immer um den Erhalt des Niederländischen

---

78 S. DE JONG, *Opkomst*, 5, S. 245.
79 Schreiben vom 31. August 1643, zitiert bei BLUSSÉ, *Strange Company*, S. 162.
80 Hierzu ebd. vor allem Kapitel VII; s.a. TAYLOR, *Smeltkroes Batavia*, Kapitel 2.

bemüht habe, liege es an der Narretei der Niederländer, stolz darauf zu sein, eine andere Sprache sprechen zu können, wenn die eigene Sprache verloren gehe.[81]

Zu bemerken bleibt also, daß diese Stadt Batavia, deren Einwohnerzahl von rund 2.000 im Jahre 1620 auf über 8.000 1632 anstieg und stetiges Wachstum zeigte, niemals eine wirklich europäische Stadt geworden ist und dies, weil der Neuaufbau der Stadt „from scratch" jener Arbeitskräfte bedurfte, die man nur unter den Chinesen finden konnte, die dazu noch gute Kaufleute waren, und weil die auf „Weiße" gerichtete Bevölkerungspolitik wegen der Unzulänglichkeit vieler Niederländer und Niederländerinnen preisgegeben werden mußte, um recht eigentlich von Beginn an einem eurasischen Ansatz zu weichen.

Konsolidierung und Expansion

Die Entwicklung der Stadt bedeutete jedoch nicht gleich Erwerb eines Pfeffermonopols. Vielmehr mußte der Einkauf zunächst noch mit der Englischen Ostindischen Kompanie aufgrund eines Vertrages geteilt werden. Widerstand und Konkurrenz der einheimischen Herrscher war zudem noch nicht gebrochen. Östlich von Batavia dehnte sich das Reich von Mataram unter Sultan Agung aus, der bald die ganze Insel mit Ausnahme von Bantam und Batavia beherrschte. Agung belagerte Batavia mehrmals und wurde zurückgeschlagen. Damit waren die schärfsten Auseinandersetzungen zunächst einmal beendet. Die Stadt Bantam und das umliegende Gebiet gingen erst 1683 an die VOC über, nachdem innere Konflikte die Herrschaft des dortigen Regenten geschwächt hatten. Auch gegenüber Mataram konnte sich die VOC 1677 nach einer langen Friedensperiode durchsetzen, als es im Hause des Sultans zu Zwistigkeiten in der Nachfolge-Frage gekommen war.

So hatten sich die Niederländer mit Europäern und Einheimischen gleichermaßen auseinanderzusetzen, wenn sie ihren Handel ausdehnen wollten. Der Streit mit den Portugiesen erfolgte dabei nicht so sehr im Archipel als vielmehr auf Ceylon und an den Küsten des indischen Subkontinents. In dieser Region ließ sich erst in der 2. Hälfte des 17. Jahrhunderts eine beherrschende Stellung ausbauen. Auf der Insel Ceylon hatten die Portugiesen festen Fuß gefaßt mit Colombo als Hauptstadt, kaum geliebt von der einheimischen Bevölkerung. Die Chronisten wußten die Portugiesen nur als üblen Abschaum zu bezeichnen. Widerstand regte sich, und die Anführer, einheimische Fürsten, waren froh, mit niederländischer Hilfe die Portugiesen allmählich zurückdrängen zu können. Allein, die Niederländer trieb nicht Selbstlosigkeit, sondern Konkurrenz. Wo die Portugiesen gesessen hatten, saßen sie bald selbst, nicht kontrollierbar – ganz entgegen den Erwartungen der einheimischen Fürsten. Der Eroberung der festen Plätze an der ceylonesischen Ostküste folgte bald der Schlag im Westen der Insel – in den 50er Jahren des Jahrhunderts. Unter Führung von Rijckloff van Goens vertrieben die Niederländer die Portugiesen aus Colombo, Mannar und Jaffna und brachten die gesamte Insel unter ihre Gewalt. Van Goens wurde zum Gouverneur der Insel ernannt. Der Handel mit Zimt, der auf Ceylon höchste Qualität hatte, war somit sichergestellt. Aber nicht nur um Zimt ging es, dessen Erzeugung sich auf jährlich 500.000 Pfund belief und der größtenteils nach Europa verschifft wurde. Darüber hinaus beteiligte sich die Kompanie am ceylonesisch-indonesischen Elefantenhandel, offensichtlich ein einträgliches Geschäft, sowie am Ein- und Verkauf von Nahrungsmitteln wie Reis, Fisch und Salz und Waren wie Tabak, Perlen und tropischen Hölzern.

---

81 Diese Aussage erst nach vieljähriger Erfahrung im Archipel: Schreiben vom 16. November 1674 an die Direktoren, in: DE JONGE, *Opkomst*, 6, S. 125.

Die Ostküste des Subkontinents, Koromandel, war für die Kompanie insofern von Bedeutung, als sich hier die Baumwollstoffe einkaufen ließen, die man für den Handel im Archipel benötigte. Daß man mit der Qualität aus der Metropole nichts oder nur wenig erreichen konnte, war schon gleich zu Beginn der Reisen in den Archipel eine erste Erfahrung gewesen. Zwar hielt man die Eingeborenen dieser von zahlreichen Handelsvölkern besuchten Küste für einen Haufen von Schurken, das schloß freilich ertragreichen Handel nicht aus. Wichtig war, daß hier von der bäuerlichen Bevölkerung nicht einfaches Baumwolltuch hergestellt wurde, sondern Stoffe in allen Farben und variationsreichen Mustern, mit denen die europäische Produktion nicht konkurrieren konnte. Die Küste lag außerhalb des Einflußbereichs des Großmoguls, war regionalen Regenten unterworfen. Der Vorteil dieser Region war die faktische Abwesenheit der Portugiesen, so daß sich die Niederländer im Einvernehmen mit den Lokalgrößen hier relativ geräuschlos niederlassen konnten (Masulipatnam, Paliacutta u.a.), wenngleich es zu kleinen Scharmützeln mit den Portugiesen gekommen ist. Vor allem die Faktorei Masulipatnam wuchs zu einer blühenden Handelsstation heran.

Ganz anders war die Lage an der Westküste, der Malabar-Küste (Kerala). Da saßen die Portugiesen seit geraumer Zeit. 1498 schon war Vasco da Gama in Calicut angekommen. Als die Niederländer dort anlandeten, fanden sie nicht nur Pfeffer und Salz oder Zimt, sondern insgesamt eine Küstenlandschaft, „an deren Stränden gewerbereiche Städte und angenehme Handelsorte liegen sowie schattenspendende Wälder aus Kokospalmen und anderen Bäumen, unter denen man Platz, Kühle und viele schöne Spazierwege findet." Die Portugiesen hatten die wichtigsten Handelsorte besetzt, aber die ganze Region war bekannt genug, um auch Araber, Perser und Juden als Händler anzulocken. Unter Generalgouverneur Anthonie van Diemen begann der niederländische Angriff auf die portugiesische Hegemonie, die so ganz nebenher noch nach jahrelanger Blockade in Malakka gebrochen wurde (1641), so daß die niederländische Kompanie neben der Sunda-Straße auch die Straße von Malakka beherrschte. An der Westküste des Subkontinents begann der Kampf mit der Blockade des zentralen Handelsortes Goa, das Van Diemen zwischen 1636 und 1646 neunmal blockieren und damit völlig isolieren ließ. Nach der Vertreibung der Portugiesen von Ceylon begannen intensive militärische Aktionen an der ganzen Malabar-Küste, die 1663 mit der Eroberung Cochins erfolgreich abgeschlossen wurden. Von der portugiesischen Präsenz, auch wenn sie nur aus Stein gehauen oder in Stein errichtet war, blieb wenig übrig. Die Niederländer ließen von den in den indischen Küstenregionen errichteten Kirchen, Klöstern und Häusern, kurz: von der portugiesischen Architektur kaum noch etwas bestehen. Die Befestigungsanlagen wurden freilich übernommen.

Im Gegensatz zur Koromandel- und Malabar-Küste gehörte das in Nordwesten des Subkontinents gelegene Suratte zum Reich des Großmoguls. Wegbereiter eines niederländischen Handelspostens war Pieter van den Broecke, der eine glücklichere Hand hatte als einige niederländische Kaufleute, die ihre Ankunft an diesem Ort mit dem Leben bezahlten. Van den Broecke war es zu verdanken, daß sich der niederländische Handelsposten, der zugleich noch einige kleinere Filialen im Hinterland betreute, zu einem ertragreichen Unternehmen entwickelte.1630 erhielt der Posten ein sogenanntes *firman*, eine Urkunde des Großmoguls, in dem Privilegien und Pflichten festgeschrieben waren Van den Broecke pflegte sehr glückliche Kontakte mit den örtlichen Behörden ebenso wie mit den Kaufleuten anderer Nationen (Perser, Araber, Armenier). Als gelungener Begleitumstand kamen eheliche Verbindungen zwischen Niederländern und armenischen Christinnen hinzu, so daß man sich des reich verflochtenen armenischen Handelsnetzes bedienen konnte, das bis hin zu den Straßen der Karawanen auf dem Festland reichte. Diese VOC-Filiale, die zeitgenössisch auch als „heißer Schweinestall" tituliert worden ist, war personell nur schwach besetzt (1619=18 Bedienstete, 1688=78), wies eine hohe

Sterblichkeitsrate und damit eine hohe Personalfluktuation aus, blieb aber als Zentrum für den Handel mit Gewürzen, Baumwolle, Seide, Indigo, Gold, Silber, Kupfer, Sandelholz und Zimt ein profitabler Ort.

So hat sich die Kompanie in der Region des Subkontinents und im Archipel – wenn nötig unter Anwendung militärischer Gewalt – durchsetzen können. Natürlich wurde nicht überall eine Monopolstellung errungen, aber es sprach sich in den einzelnen Regionen rasch herum, daß Europa sich in diesem 17. Jahrhundert sehr wesentlich und bestimmend durch die Republik Niederlande vertreten fand. Schon 1625 schrieb doch Omar Talib, ein gelehrter Türke: „Die Europäer haben jetzt die ganze Welt kennengelernt und bemächtigen sich der wichtigsten Häfen. Früher pflegten die Waren von Indien und China nach Suez gebracht zu werden, von wo aus sie von den Moslems in die ganze Welt verkauft wurden. Jetzt aber haben die Europäer die Aufgabe übernommen. Was sie selbst nicht benötigen, verkaufen sie nach Istanbul oder an andere Länder des Islam. Sie verkaufen die Waren um den vielfachen Preis und verdienen viel Geld. Gold und Silber werden rar in den Ländern des Islam." Was der Türke beobachtete, konnte fünf bis sechs Jahrzehnte für die niederländische Republik allein gelten. Nimmt man die Herrschaft auf den Inseln oder auf dem Subkontinent bis hin zu den Ansiedlungen am Kap der Guten Hoffnung zusammen mit den Möglichkeiten, vom offenen Meer her die politischen Entwicklungen auf den Inseln weitgehend nach Gutdünken zu regeln (wer oder was war schon stärker als die niederländische Flotte?), dann werden die Jubelzeilen erklärlich, die Jan van de Marre 1740 auf die von der Stadt Batavia aus nach Gutdünken gelenkten Inseln und den Subkontinent verfaßte. „In Indien sitzt die Kompanie auf dem Thron. Hier übt sie königliche und fürstliche Gewalt aus, sie ist Herrin über Leben und Tod, entscheidet über das Schicksal von Königen, über Krieg und Frieden, schlägt ihre eigene Münze und hat alle Eigenschaften, die nur bei unabhängigen Fürsten zu finden sind". Was da so spät beschrieben wurde, galt auch schon in den Jahrzehnten zuvor.

Im Archipel und in anderen Gebieten des Indischen Ozeans ließ sich die Festigung einer vergleichsweise hegemonialen Stellung mit Gewalt durchsetzen. Im Laufe des 17. Jahrhunderts zeigte sich dann, daß es nicht möglich war, Chinesen oder Japanern seinen Willen aufzuzwingen. Schon Coen setzte mit aller Verve darauf, die reichen chinesischen Handelsverbindungen unter seine Kontrolle zu bringen. Was ihm nicht auf friedlichem Wege gelang, wollte er mit Gewalt durchsetzen. Den Direktoren in Amsterdam ging das zwar zu weit, immerhin aber gaben sie den Auftrag, die Portugiesen in Macao anzugreifen und den Handel zwischen China und Manila zu unterbrechen. Auf den Pescadores sollte ein Fort gebaut und von dort aus mit der Provinz Chüanchou Handel getrieben werden. Bemerkenswert ist die Absicht, im Falle eines Krieges mit China möglichst viele Chinesen und Chinesinnen der Küstenregionen zu kidnappen, die dann auf Ambon, den Banda-Inseln und in Batavia anzusiedeln waren. Über diese Siedlungspolitik ist noch zu handeln. Die ganze Aktion sowohl gegen Macao als auch auf den Pescadores lief auf einen großen Fehlschlag hinaus. Mit Gewalt war der Freihandel an den chinesischen Küsten nicht durchzusetzen. Die Niederländer zogen sich auf Rat der Chinesen nach Formosa zurück. Wohl wurde versprochen, regelmäßig chinesische Dschunken mit Porzellan nach Formosa zu schicken, das dann im innerasiatischen Handel der VOC Verwendung finden oder auch in die Metropole geschickt werden konnte. Die VOC war freilich zu schwach, als daß sie das starke chinesische Handelsnetz hätte durchstoßen können. Auf Formosa freilich gelang es der Kompanie, eine echte Kolonialherrschaft aufzubauen. Das Gebiet wurde mit Hilfe von Tausenden chinesischen Kulis aus dem Festland erschlossen und Zuckerplantagen angelegt. Einerseits wohnten hier 1650 schon 50.000 Chinesen, andrerseits setzte hier eine Missionsarbeit großen Stils ein, die immerhin – ungleich der Entwicklung in anderen Gebieten des Archipels oder im Indischen Ozean – ausgezeichnete Ergebnisse zeitigte. Die hohe Zahl der chinesischen

Bauern und Arbeiter freilich war auch die Schwachstelle der Kompanie. In den innerchinesischen Wirren, die mit der Vertreibung der Ming-Dynastie endeten, ging auch die Herrschaft der Kompanie auf Formosa zu Ende, als der Ming-Anhänger Coxinga eine Operationsbasis suchte. Er belagerte das Fort Zeelandia, das 1662 fiel.

Niederländische Seefahrtkunde mochte in Japan imponieren, Stärke zur See freilich nicht, vielmehr kam es darauf, den japanischen Autoritäten („shogun") mit aller diplomatischen Feinfühligkeit, ja, sogar untertänig gegenüber zu treten, wollte man sich am japanischen Handel beteiligen. Daß dieser Handel einträglich sein konnte, wußten die Niederländer von den Portugiesen, die aus der Übernahme des chinesisch-japanischen Handels ganz erhebliche Gewinne zogen, ohnehin schon seit der ersten Hälfte des 16. Jahrhunderts auf den Inseln saßen und von dort aus eine erfolgreiche Missionierung betrieben. Über die Insel Hirado gelang es der VOC recht rasch, Fuß zu fassen, und ihre Stärke wuchs in dem Maße, indem der Einfluß der Portugiesen abnahm. Die Geschichte der Niederländer in Japan ist hier nicht zu erzählen, aber festzuhalten bleibt, daß sich Positionen auf diesen Inseln nicht mit Gewalt erwerben oder behaupten ließen, sondern völlig abhängig waren vom Willen des „shogun" und dessen politischen Kurs. Die Entscheidung der Japaner, den portugiesischen Einfluß zurückzudrängen – immerhin wird die Zahl der zum Christentum bekehrten Japaner schon für das 16. Jahrhundert auf eine halbe Million geschätzt – mochte der VOC als Gegner der Portugiesen zum Vorteil gereichen, aber Christen waren eben die Niederländer auch, wenn auch von anderem Bekenntnis. Nachdem gegen Ende des 4. Jahrzehnts des 17. Jahrhunderts die Portugiesen aus Japan endgültig ausgewiesen worden waren (nach Niederschlagung eines von japanischen Christen gegen den Gouverneur von Shimara inszenierten Aufstandes), konnte es nur als Fehler gewertet werden, wenn die Niederländer am Giebel einer neuerrichteten Loge auf Hirado die Inschrift anbringen ließen *Anno Christi 1640*. Sie wurden aus Hirado ausgewiesen und auf die Insel Deshima vor Nagasaki verfrachtet. Von dort aus trieben sie zwar weiter Handel, ihnen lag jedoch ein gegen Einflüße von außen hermetisch abgeschirmtes Japan gegenüber. Die Ausweisung begründete der japanische Kaiser mit recht bezeichnenden Worten: „Die Kaiserliche Majestät weiß, daß Ihr wie die Portugiesen Christen seid. Ihr heiligt den Sonntag, Ihr schreibt das Jahr von Christi Geburt auf Eure Dachgiebel, weithin sichtbar für jeden Angehörigen unserer Nation. Ihr habt die Zehn Gebote, das Vaterunser, die Taufe, das Abendmahl, die Bibel, Moses, die Propheten und die Apostel, kurz: es ist alles ein und dasselbe. Ihr seid einig in der Hauptsache, die Unterschiede zwischen Euren beiden Richtungen halten wir für gering. Daß Ihr Christen wart, wussten wir schon lange vor diesem Tag, wir haben freilich gemeint, dass Ihr einen anderen Christus hattet." Die Antwort des Gouverneurs von Hirado, François Karon, lautete untertänigst: „Allem, was uns Eure Majestät befiehlt, werden wir nachkommen". Die Eingrenzung der Niederländer auf Deshima mochte dann den Handel nicht wesentlich beeinträchtigen, aber an Missionstätigkeit, wie sie auf den Molukken oder andernorts unternommen wurde, war nun gar nicht mehr zu denken.[82]

---

82 Ebd. S. 162ff. sowie GAASTRA, *Geschiedenis*, S. 41ff. Zu Ceylon, den Subkontinent, China und Japan vor allem BLUSSÉ, *Nederlanders overzee*, Kapitel 4 und 5. Zitat Omar Talib bei BOXER, *Jan Compagnie*, S. 33. Auf Deshima hat sich auch Engelbert Kämpfer aufgehalten. Dazu BONN, *Engelbert Kaempfer*, S. 51ff. Sein Bericht bei EMMER (Hrsg.), *Wirtschaft und Handel*, IV, S. 259ff.

Das Problem der gemischten Kultur

Wer waren die Träger jener Handels- und Expansionspolitik, wer waren die Menschen, die Gruppen, die von den Direktoren zur Durchführung der Handels- und Kriegsaufgaben angestellt wurden. Es sei im Rahmen dieser Frage auf den niederländischen Islam-Forscher Christiaan Snouck-Hurgronje hingewiesen, der sich über die VOC im nachhinein nachhaltig ausgelassen hat. Er spricht mit Blick auf den den ganzen Zeitraum von der niederländisch-indischen Tragödie und schreibt: „Der erste Akt der niederländisch-indischen Tragödie heißt ‚Compagnie‘, und sie beginnt fast genau mit dem 17. Jahrhundert. Die Hauptakteure verdienen unsere Bewunderung für ihre unbezähmbare Energie, aber das Ziel für das sie arbeiteten, die Mittel, die sie anwendeten, um dieses Ziel zu erreichen, waren von solcher Art, daß es schwer fällt, sie ohne Abscheu zu würdigen, selbst wenn wir uns voll und ganz der Regel unterwerfen, daß die Taten entsprechend dem Standard der Zeit zu beurteilen sind. Das ‚Experiment‘ [gemeint ist die Expansion in den Archipel hinein, H.L.] begann so, daß die Einwohner Asiens mit dem Abschaum der niederländischen Nation in Berührung kamen und von diesen mit fast unerträglicher Verachtung behandelt wurden. Aufgabe dieses Teils der Nation war es, sich voll und ganz für die Bereicherung einer Gruppe von Aktionären im Vaterland einzusetzen. Die Diener dieser Monopolgesellschaft, die von ihren Arbeitgebern besonders knapp gehalten wurden, aber nicht weniger raffgierig waren, gaben ein Schaustück von Korruption ab, das noch das Schlimmste übersteigt, was man den orientalischen Völkern in dieser Beziehung vorgeworfen hat."[83]

Natürlich ist es nicht möglich, alle Angestellten der Kompanie bis hin zum Generalgouverneur über einen Kamm zu scheren, gleichwohl will es scheinen, als ob insgesamt gesehen mit den „Compagnie-dienaren" nicht viel Staat zu machen gewesen sei. Auf Soldaten und Matrosen wurde schon ausführlich hingewiesen, und es ist festzuhalten, daß sich an den Verhaltensweisen, die sie an Bord zeigten, auf den Inseln nichts oder nur wenig änderte und daß hier mit der gleichen Härte und den gleichen Strafen durchgegriffen wurde, um Zucht und Disziplinierung durchzusetzen. Nicht nur diese Berufsgruppen hatte eine Vertragszeit, auch die höheren Chargen blieben nur vorübergehend im Archipel, so sie denn überhaupt ihre Zeit aussitzen konnten und nicht vor Ablauf des Vertrages starben. Was sich im Kern herausbildete, war eine Fluktuationsgesellschaft, die sich anschickte, den Reichtum der Händler auf dem europäischen Kontinent zu mehren und, wenn irgend möglich, auch für sich selbst Wohlstand zu erwerben. Aber das ging eben nur dann, wenn man für eigene Rechnung arbeitete, das heißt, den Monopolanspruch des Arbeitgebers umging.

Mit Blick auf die hohe Fluktuation ist auf die Ansätze zu einer Siedlungspolitik der VOC hinzuweisen. Von Amsterdam her hat es nie den Wunsch nach Ansiedlung von niederländischen Bürgern im Archipel gegeben. Dort stand die Durchsetzung und Wahrung eines Handelsmonopols im Vordergrund. In diesem Zusammenhang seien einige der zuvor schon aufgeführten Hinweise neuerlich aufgegriffen und erweitert. Ein Plädoyer für eine Ansiedlung und den Ausbau des Monopolgebietes zu einer Siedlungskolonie kam von den höchsten Instanzen im Archipel selbst. Zu ihnen zählte Jan Pietersz. Coen. Er setzte sich schon früh für die Einschiffung von Niederländern ein, die im Archipel eine neue, dauerhafte Existenz aufbauen sollten. Er blieb ohne Erfolg. In einem Bericht aus Batavia vom 1. Februar 1623, den Pieter de Carpentier, Willem Jansz. und Jacques Specx nach Amsterdam sandten, bezogen sich die Schreiber ausdrücklich auf das Memorandum von Coen, als sie sich dafür einsetzten, Niederlassungen mit niederländischen Bürgern zu gründen, um überhaupt die Position der Kompanie halten zu kön-

---

83 Zit. bei BOXER, *The Dutch Seaborne Empire*, London/New York 1965, S. 50.

Mestizin (europ. Vater, asiatische Mutter)

nen.[84] Nun ließ die Gesellschaft zwar eine Anzahl sogenannter Freibürger zu, jene ehemaligen Bediensteten also, die nach Ablauf ihrer Dienstzeit im Archipel bleiben wollten, sie gab ihnen freilich nur wenige Möglichkeiten, eine neue Existenz in Handel oder Schiffahrt aufzubauen, während im Gewerbesektor die chinesische Konkurrenz wohl kaum vom Markt verdrängt werden konnte.[85] Nach einem Beschluß der Direktoren von 1613, der auf Grund einiger Vorschläge des Cornelis Matelief, der im übrigen seine eigen Vorstellungen über ein künftiges niederländisch-asiatisches Reich hatte, und eines Memorandums von Appolonius Schotte zustande kam, konnten die Freibürger Land zum Anbau von Reis und Sago erwerben und als Zwischenhändler zwischen der einheimischen Bevölkerung und der Kompanie auftreten. Coen versuchte dann, an dieser Stelle einzuhaken. Zum einen forderte er die Direktoren auf, die niederländischen Waisenhäuser zu entlasten, die Jungen und Mädchen in den Archipel zu schicken, zum anderen ersuchte er um erwachsene Frauen für die Soldaten und Matrosen, die sich in Batavia als Freibürger niederlassen wollten. „Wer weiß denn nicht, dass die Menschheit ohne Frauen nicht existieren kann", so fragte er rhetorisch an. Hier tat sich die ganze Zwiespältigkeit einer für die Niederländer nur schwierig zu entscheidenden Lage auf. Tat-

---

84 *Generale Missiven*, I, S. 121ff.
85 GAASTRA, *Geschiedenis*, S. 81; auch BOTH, I, S. 117.

sächlich schickten die Amsterdamer Direktoren Frauen übers Meer in den Archipel; sie waren freilich nicht nach dem Geschmack des Coen. Es handelte sich im wesentlichen um Alkoholikerinnen und Ehebrecherinnen. Solche Frauen waren auch schon vor Coens Gouverneurs-Zeit geschickt worden oder hatten sich an Bord der Schiffe geschmuggelt. Das ist schon angedeutet worden. Pieter Both beklagte sich so auch schon 1612 bei den Direktoren in Amsterdam. Man solle doch keine Huren mehr schicken, davon gebe es schon zu viele. Unhöflich seien sie, ohne Anstand, immer faul und überhaupt eine Schande für die Nation. Eine „nationale" Siedlungspolitik könne nur erfolgreich sein, wenn man im Stil des Romulus verfahre, das hieß, die niederländischen Kompanie-Bediensteten sollten einheimische Frauen heiraten.[86] Das wiederum scheint nicht so einfach gewesen zu sein, vor allem dann nicht, wenn es sich bei den Frauen um Muslima handelte. Offensichtlich war Geschlechtsverkehr (bezahlt) zwischen diesen Frauen und Niederländern üblich, von Heirat zwischen einem Christen und einer Muslima konnte freilich keine Rede sein. Das wurde von mohammedanischer Seite strikt abgelehnt. Both sah zu Recht im Islam das große Hindernis, und er wünschte sich, daß man überall in seinem Gebiet „heidnische" Frauen beschaffte und mit diesen den erforderlichen Nachwuchs zeugte, zumal Kinder, die aus einer niederländisch-moslemischen Verbindung hervorgingen, dann sogleich getötet wurden, wenn sie weiße Hautfarbe hatten. Der Rückgriff auf die „Heiden" war auch insofern wichtig, als die Frauen, die aus der Metropole in den Archipel kamen – abgesehen davon, daß sie moralisch als minderwertig angesehen wurden – häufig die Syphilis mitbrachten, so daß an Nachwuchs kaum zu denken war. Both riet dazu, ganze und heile Familien in den Archipel zu schicken, da man dann mit einiger Sicherheit auf Nachwuchs rechnen konnte,[87] und er setzte im Rahmen der in der Metropole zu entwickelnden Initiative trotz nachteiliger Erfahrungen neben heilen Familien auch auf heiratsfähige und heiratswillige Frauen, die für die oberen und unteren Dienstränge der Kompanie gleichermaßen bestimmt sein sollten. Auf diese Weise ließ sich der Fluktuation vorbeugen, da festgestellt wurde, daß die Gründung einer Familie im Archipel zugleich die Entscheidung zum Verbleib im Lande bedeutete. Und eben das strebten die Verwalter der Handelsgesellschaft in der Inselwelt an.[88] Dabei waren die Ergebnisse dort, wo Siedlungspolitik in ersten Ansätzen realisiert werden sollten, offensichtlich nicht sonderlich vielversprechend, schrieb doch Hendrick Brouwer schon im Juli 1612 an die Direktoren: „Die verheirateten Niederländer auf Ambon führen sich nicht sonderlich gut auf, und sie verletzen damit die einheimische Bevölkerung in ihren Gefühlen, denen die Dreistigkeit unserer Frauen sehr seltsam vorkommt. Und vor allem die Lebensart, die die meisten von ihnen zur Schau stellen, stört sehr: Trunkenheit, Unverschämtheit, Unkeuschheit, Quatsch- und Lästersucht, Frechheit und ähnliche Erscheinungen ... Sie wären besser zu Hause geblieben. Die Kinder, die gezeugt werden, können sich nicht recht eingewöhnen oder sterben fast alle ..."[89] Der Gouverneur auf Ambon, Jasper Jansz., legte noch ein Scheit drauf, als er schrieb, daß es einfacher sei, hundert Männer im Zaum zu halten als zehn Frauen von dieser Bande. Gleichwohl meinte er, Verständnis zeigen zu müssen: Er tat dies in einer schon eigentümlichen Deutung des Sprichworts, nach dem man durch Schaden klug wird. Diese Frauen hätten nichts zu verlieren, und Schaden könne ihnen auch nicht zugefügt werden, wie also sollten sie je lernen?[90] Klagen über die Situation auf Ceram im Bereich des Handelspostens Cambello führte auch Steven Coteels. Hier scheinen sich die Frauen höchst unzufrieden

---

86 *Generale Missiven*, I, 31. März 1612, S. 7, das Schreiben ausführlicher in BOTH, II, S. 243ff. (Brief 5).
87 Both, II, 26. Juli 1612, S. 246ff. (Brief 6).
88 S. dazu *Generale Missiven*, I, P. de Carpentier u.a. an Direktoren, 3. Februar 1626, S. 201.
89 Zit. in BOTH, I, S. 104f.
90 Zit. in ebd. S. 104.

über die elenden Lebensumstände gezeigt zu haben. Das lag vornehmlich wohl an den hochgespannten Erwartungen, die nun bitter enttäuscht wurden, obwohl ihnen bei der Ausreise gesagt worden war, daß sie „mit voller Kraft" in die Armut hineinsegelten. Das ungebührliche Auftreten werde noch 30 Jahre in Erinnerung bleiben. Die genaue Zahl der Jahre, die Coteels angibt, dürfte wohl als Zeichen für lange Dauer zu verstehen sein. Gleichwohl hielt dieser Bedienstete der Gesellschaft eine Siedlungspolitik für sinnvoll. Er war es wohl, der Pieter Both zu dem Vorschlag inspiriert hat, eine Siedlungspolitik zu führen, die auf Eheschließungen zwischen Europäern und einheimischen Frauen beruhte. Für Coteels war das der einzig gangbare Weg. Und dies nicht zuletzt im Hinblick auf die Lebensumstände für den Nachwuchs. „Die Kinder unserer Weißen vermögen hier keine Wurzeln zu fassen ..."[91] Zugleich machte er den Vorschlag, daß die Hollandisierung in Form einer zielgerichteten Siedlungspolitik langfristig der Absicherung des erworbenen oder noch zu erwerbenden Handelsmonopols dienen sollte. So wollte er von der einheimischen Bevölkerung neun- bis 10jährige Kinder kaufen, die dann als Niederländer zu erziehen waren. Nach zehn Jahren konnten die jungen Männer, völlig verbunden der niederländischen Lebensart, als Soldaten dienen. Zudem ließ sich auf diese Weise die niederländische Sprache („duytsche spraecke") allmählich auf Ambon einführen, wo nur die regionalen Dialekte, Malaiisch und, bei den Älteren, Portugiesisch bekannt waren. Erziehung und Sprache also als Hebel im Akkulturationsprozeß,[92] abgesehen davon noch, daß, schaut man auf den anvisierten Militärdienst, das Königlich Niederländisch-Indische Heer (KNIL) des 19. und 20. Jahrhunderts vorgedacht war!

Aber was immer auch die hochrangigen Bediensteten vor Ort zugunsten gemischter Ehen vortrugen, sie fanden nicht die Zustimmung der Amsterdamer Direktoren. Zumindest ergingen von hier aus Instruktionen, die der Freizügigkeit im Wege standen. Nach der Weisung für den Generalgouverneur und den Rat von Indien von 1617 war die Eheschließung, insbesondere bei einer Heirat mit einheimischen Frauen, an die Zustimmung der zuständigen Kompanie-Instanzen gebunden. Eine Voraussetzung war dabei ohnehin der christliche Glaube, in dem auch die Kinder erzogen werden mußten. Zwar galt somit für die Angestellten der Kompanie kein unbedingtes Heiratsverbot, aber lieber sah man sie doch als Junggesellen ihre Arbeit verrichten, da dies eine größere Beweglichkeit bei der immer wieder erforderlichen Versetzung zu den einzelnen Handelsposten garantierte und da man sich keineswegs gewillt zeigte, das für die Haushaltsführung erforderliche Geld, das zu zahlen man erst nach der Rückkehr der Bediensteten aus dem Archipel verpflichtet war, auf Schiffen in den Archipel zu schicken. Zudem zeigte wohl die Erfahrung mit Ehepaaren, daß die Frauen meistens ohne Wissen des Mannes für eigene Rechnung Handel trieben.[93]

Über die Qualität der Frauen oder – bei genauem Hinsehen – besser die geringe Wertigkeit der Frauen im Archipel ist auch später von Zeitgenossen noch mancherlei geschrieben worden. Die Erfahrungen und Beobachtungen des Schiffsarztes Nicolaus de Graaff, die dieser auf seinen Reisen zwischen 1639 und 1687 machte und aufzeichnete, stimmen überein mit den früheren Klagen der Both, Coen und anderer Autoritäten der Kompanie, ja, sie sind gleichsam eine Neuformulierung des bedenklichen Kopfschüttelns, nunmehr gemünzt auf die zweite und dritte Generation dieser dann schon einigermaßen gemischten niederländisch-indischen Gesellschaft. Im *Oost-Indische Spiegel* sind Frauen zwar nicht das Hauptthema, aber im Rahmen einer Gesamtbeschreibung als negative Erscheinung offensichtlich einer Betrachtung wert. Da hat de Graaff wohl manches im Zorn nachgezeichnet, vielleicht hier und da einiges überzogen, mög-

---

91 Ebd.
92 Ebd.
93 P. VAN DAM, *Beschryvinghe*, IV, S. 54.

licherweise gründen seine Beobachtungen auch vornehmlich auf das Leben in Batavia, obwohl er von den Frauen im gesamten Archipel spricht, aber die Gewissenhaftigkeit seiner Aufzeichnungen insgesamt sprechen doch für eine Verlässlichkeit in der Beobachtung vom Tun und Treiben der Frauen. Und da ging es eben nicht mehr allein um Niederländerinnen, sondern auch um Mischlinge, um „kastise" und „mestise" Frauen. Die Unterteilung bedarf der Erläuterung. Die *ostindischen* Niederländerinnen, das waren die reinen Europäerinnen, im Archipel freilich geboren. Sie wurden auch „liblab"-Kinder genannt, weil sie nach Ansicht de Graaffs mehrenteils einen Klaps hatten („een slag van de meulen weg"). Bei den „mestisen" handelte es sich um Nachkommen von niederländischen Vätern und eingeborenen Müttern, denen der Spottname „bunter Adel" oder „gebleichte Baumwolle" mitgegeben wurde. Die „kastise" entstammten der Verbindung von niederländischen Vätern und „mestisen". Für Batavia vor allem machten diese Rassenmerkmale nach Lebensart und Auftreten offensichtlich keinen Unterschied. Da scheint in allen Hautfarben Eitelkeit und extrovertiertes Verhalten das Leben bestimmt zu haben. Von „Prinzessinnen" sprach de Graaff, die von einer Vielzahl von Sklavinnen auf jeden Wink hin bedient wurden. Faulheit und Launenhaftigkeit prägten den Charakter. Das schmutzige Schimpfwort – etwa Huren- oder Hundesohn (bzw. -tochter) – für Sklaven ging leicht von den Lippen. Auspeitschen als Strafe bei Verfehlungen der Sklaven bis das Blut tropfte und zusätzlich die Versorgung der Wunden mit Salz und Pfeffer. De Graaff klagte: „Ist das eines Christenmenschen würdig? Wenn sie auch Sklaven sind, so sind sie doch Menschen, keine Tiere oder Hunde. Sind sie Heiden, dann hat Gott sie eben nicht weiser machen wollen und ihnen das Licht der frohen Botschaft nicht offenbart, so daß die Unglücklichen in ewiger Sklaverei leben müssen." Die Faulheit der *ostindischen* Niederländerinnen war ihm nachgerade sprichwörtlich, und die Klage, daß diese Kategorie keinerlei Fähigkeiten besaß, schließt durchaus an bei den Zornesausbrüchen, die Jahrzehnte zuvor sich schon ob der geringen Qualität der Frauen eingestellt hatten. Der Beobachter de Graaff bedauerte vor allem die Kinder, die nie Gegenstand von Pflege und Fürsorge gewesen seien. Ammen und Sklaven hatten sich um sie zu kümmern. Das blieb nicht ohne kulturelle Folgen. Die Kinder rezipierten Lebensart und Sprache ihrer unmittelbaren Umgebung, waren kaum des Niederländischen (hier „duytsch") mächtig. Ein noch schlechteres Konterfei, wenn das überhaupt möglich war, bot de Graaff von Mischlingen. Da blieb nichts anderes zu beobachten als faulenzen, rauchen, Betel kauen und essen. Der Gesprächsstoff war begrenzt. Er beschränkte sich auf den An- oder Verkauf von Sklaven und auf Rezepte. Zwei Beobachtungen freilich verdienten besondere Aufmerksamkeit. Zum einen scheint sich der Akkulturationsprozeß der Farbigen an die niederländischen gesellschaftlichen Normen in dieser frühen Zeit nicht durchgesetzt zu haben, insofern sich der gesellschaftliche Umgang noch sehr auf die heimische Lebenswelt (Verwandte) konzentrierte, zum anderen bewies de Graaff doch – was er auch schon mit der Klage über die Faulheit der Frauen tat –, daß er europäisch-niederländische Maßstäbe auch in geringsten Dingen anlegte, indem er mit einigem Abscheu über die Gewohnheit der Frauen schrieb, mit den Fingern zu essen, oder das Unvermögen beklagte, ein gepflegtes Tischgespräch zu führen, so sich die Gelegenheit bot.

Aber mehr noch. Nicolaus de Graaff war der nüchterne Bürger aus den Niederlanden, Calvinist und Moralist zugleich, ein Mann, der Äußerlichkeit und Vergehen gegen die moralischen Normen, wie sie in seiner calvinistischen Heimat definiert waren, zu Empörung, Hohn und Spott reizten. Man braucht seinen Ärger nicht zu teilen, kann gleichwohl seine Beobachtungen würdigen. Wo er sich negativ über die „mestise" oder „kastise" Frauen ausließ, durfte auch die Verbindung, aus der solche Frauen hervorgingen, nicht fehlen: die Ehe zwischen Niederländern und Eingeborenen. „Schwarze" nannte er sie, und die Frauen in dieser Ehe taugten nichts. Hässlich waren sie, schon in der Jugend und erst recht im Alter, und sie stanken. Heirateten sie einen Weißen, dann geschah das nur um des Vorteils willen. Ihre Chancen waren gering, so daß nur Soldaten, Matrosen, faule „Hurenwirte" oder irgendein anderer krimineller Typ zugriffen. Glück hatten sie, wenn sie einen Handwerker „an Land ziehen konnten." Rasch erwiesen sie sich als Last, so meinte de Graaff, nicht wegen der Hörner, die sie ihrem Mann täglich aufsetzten, „so dass dieser kaum seinen Kopf noch hochhalten konnte." Die ganze moralische Empörung des Schiffsarztes stand den Vorschlägen, die sowohl sechs bis sieben Jahrzehnte zuvor Pieter Both und andere Generalgouverneure im Hinblick auf eine gute Siedlungspolitik vorgetragen hatten, voll entgegen. Das war nicht, was sich die frühen Verfechter einer Heiratspolitik als Siedlungspolitik gedacht hatten. Aber mehr noch: dem Calvinisten de Graaff muß sich die Feder gesträubt haben, als er den Kirchgang beschrieb. Ein Mann, dem die Schmucklosigkeit Voraussetzung des Glaubens war, konnte die Pracht der textilen Ausstattung nur schlecht verarbeiten. Er führte sie vor, die weißen und die farbigen Frauen gleichermaßen, die da zur Kirche gingen und in den Bänken saßen – gleichsam in vollem Ornat, eher behangen als bekleidet, in Samt, Seide und Satin, in vielfarbigen, mit Gold- und Silberfäden durchwirkten Stoffen, mit Perlenketten und Ohrringen aus Gold und Diamanten, nicht wie eine Bürgerfrau oder Bürgertochter, sondern wie Prinzessinnen – für den Republikaner ein Schimpfwort. Und vor der Kirche die Sklaven und Sklavinnen und ähnliches Volk, mit Sonnenschirmen einhertrabend, bis zur Kutsche oder weiter noch. Die Kritik, die aus jedem Satz des Berichts hervorsticht, richtete sich auch gegen die Männer und Väter, die Vertreter dieser kleinen Kolonialgesellschaft, die eigentlich dazu aufgerufen waren, Eitelkeit und Prunksucht zu verurteilen.

De Graaff schloß sein scharfes Verdikt mit einem Memento ab, das ihm zugleich die Möglichkeit bot, Lebensstil- und art im Heimatland positiv gegen die „Auswüchse" im Archipel abzusetzen. In den Niederlanden, da gebe es niemanden, den man tyrannisieren oder als Hurensohn beschimpfen könne. Kein Dienstmädchen werde man bei solch schlechten Manieren der Herren lange im Hause halten. Da mache es nichts aus, wenn man die Frau eines Rates von Indien, eines Generals oder eines Gouverneurs sei. Da heiße es eben: „Guten Tag, Nachbarin", und mehr nicht. Nicht ohne süffisanten Unterton ließ er zugleich auch wissen, daß diese Frauen, soweit in Holland zuvor herangewachsen, ohnehin nur aus dürftigen Verhältnissen (Ladeninhaber oder Handwerker) und kinderreichen Familien stammten und durch Verschlechterung der Lebensverhältnisse im eigenen Land in den Archipel verschlagen worden seien. Es will scheinen, als ob er ihnen aufgrund schon der bescheidenen Herkunft eine so extrovertierte Lebensweise nicht hat zugestehen wollen.[94]

Man mag Zweifel hegen an der Korrektheit eines so scharfen Urteils über die Frauen im Archipel, gleichviel ob weiß oder farbig, zu betonen bleibt freilich, daß sich im Archipel doch recht rasch eine „gemischte" Gesellschaft entwickelte. Es ist im Zusammenhang mit der portugiesischen Kolonialherrschaft darauf hingewiesen worden, daß das erste Auftreten der Portugiesen in den Gebieten der Eingeborenen vom „Exklusivismus" geprägt gewesen sei. „Die Europäer versuchten, sich auch außerhalb Europas möglichst nur um sich selbst zu kümmern." Man habe im Vergleich zu den ungeheuren Landmassen Afrikas und Asiens ohnehin nur in kleinen Enklaven gesessen, von den meisten Eingeborenen bis weit in die neue Zeit hinein nicht einmal wahrgenommen. „In diesen Enklaven aber rückten die wenigen, die sich als ‚Herrscher' empfanden, besonders eng zusammen." Die Portugiesen hätten sich klein, stark und insgesamt überlegen gefühlt, die Betonung solchen Selbstbewusstseins immer wieder als Chronistenpflicht

---

94 DE GRAAFF, *Oost-Indische spiegel*, S. 13ff. Zu de Graaff s. M. BAREND-VAN HAEFTEN, *Oost-Indië gespiegeld. Nicolaas de Graaff, een schrijvend chirurgijn in dienst van de VOC*, Zutphen 1992.

betrachtet.[95] Das geht von der Mentalität her auch für die selbstbewußten Niederländer auf, die sicherlich intensiver noch als die Portugiesen im Laufe des 17. Jahrhunderts im Bewusstsein ihrer Stärke zur See lebten. Wenn der portugiesische Dichter Luis de Camões gleichsam wider besseres Wissen, aber in selbstbewußter Verklärung schreiben konnte: „Wir kamen hierher nach Indien, an diesen weit abgelegenen, entrückten Ort, über Meere, die nie zuvor von anderem Holz durchschnitten wurden", dann hätte auch ein Niederländer solchen Ausspruch tun können. Nach dem endgültigen Aufbau des Monopols ist er in dem Bemühen um Glorifizierung auch getan worden, wenn auch nicht in dieser poetischen Form des Portugiesen.[96] Gleichwohl, die europäische, auf sich selbst bedachte Exklusivität wurde dort durchlöchert, wo frühe Einsichten über die Chancen, einmal errungene Herrschaftspositionen zu erhalten, auf Siedlungspolitik wiesen, obwohl die Handelsmacht Niederlande zunächst nur Kauf und Verkauf im Sinne gehabt hatte. Die frühe Einsicht war eine neue Einsicht, gleichsam am Ort des Geschehens geboren, den Direktoren im Heimatland nicht gleich genehm, denen es dann auch bei weitem nicht immer gelang, die geeignetsten Frauen in den Archipel zu schicken. Die auf Mischung der Völker zielende Heirats- und Siedlungspolitik war eine Notlösung nur, aber zu ihr meinte man greifen zu müssen, weil es an einer siedlungspolitischen Konzeption, wie sie vor Gründung der Westindischen Compagnie (WIC) Usselinx formulierte, einfach fehlte. So mochten zwar Generalgouverneure und Oberkaufleute, vielleicht auch der eine oder andere Prädikant mit Weib und Kind in den Archipel ziehen, aber sie blieben doch nur vorübergehend auf den Inseln und an den Küsten, so daß zum einen die Fluktuation hoch war, zum anderen Familien sich mit aus Europa geschickten oder eben einheimischen Frauen überhaupt erst bilden mußten, und zum dritten der Archipel allzu weitläufig war, als daß sich eine „niederländische geschlossene Gesellschaft" rasch hätte entwickeln können, die den Gedanken der Exklusivität fortleben konnte.

Freilich hieß diese siedlungspolitisch begründete Durchlöcherung von Exklusivitätsdenken nicht auch seine Preisgabe. Wenn de Graaff sich über die Eßgewohnheiten der „mestise" mokierte, dann sprach daraus so etwas wie die Überlegenheit der europäischen Sitte, und die von ihm apostrophierte Geilheit eingeborener Frauen meinte auch Minderwertigkeit, wenngleich es reichlich Huren niederländischer Abstammung gab, und schließlich gab es zahlreiche Äußerungen, die von der Bösartigkeit, Hinterlist und Treulosigkeit der Eingeborenen sprachen – Coen war neben anderen solch ein Mann, der die Eingeborenen nur wenig schätzte. Die ganze Begrifflichkeit, eine Art Anti-Tugend-Katalog, deutet auf eigene Höherwertigkeit hing, und es bleibt zu überlegen, ob man es hier nicht schon mit jener Werteskala der Rassen zu tun hat, wie sie sich in späteren Jahrhunderten gegenüber Schwarzafrikanern entwickelte.

Sklaven im Archipel

Dieser Punkt führt zur Sklavenfrage im Archipel. Im Sklavengeschäft herrschte immer ein Gefühl der Überlegenheit gegenüber der als minderwertig empfundenen schwarzen Rasse. Aber dieses Sklavengeschäft hatte nicht nur diese Voraussetzung. Es war auch eine Frage der Buchhaltung. Welche Bedeutung Sklaven für die Handelsgesellschaft hatten, erhellt aus den schon erwähnten Friedensbedingungen für den Sultan von Makassar, der nicht nur einen erheblichen Geldbetrag zu entrichten hatte, sondern auch tausend Sklaven liefern mußte. Das Sklavenhaltersystem war keine Erfindung der Niederländer,

---

95 Dazu DAUS, *Erfindung des Kolonialismus*, S. 155 (Zitat und Paraphrase).
96 Zitiert ebd.

das hatten andere europäische Staaten lange vor ihnen vorexerziert, und nicht nur diese. In jenen Teilen der Erde, aus denen jetzt hoher Profit geschlagen werden sollte, gehörte es zur Funktionsweise der einheimischen Gesellschaft. Wie stark sich die Niederländer hier engagierten, einfach weil sie Arbeitskräfte brauchten, ergibt sich nicht nur aus den Friedensbedingungen für den Makassar-Fürsten, sondern auch aus den Berichten, die regelmäßig aus Batavia in die Metropole geschickt wurden. Diese sogenannten Sendschreiben („Missiven") sind voll von Informationen über Sklaven bis hin zur Mitteilung über einzelne Entlaufene. Den offensichtlich schon bald nach Errichtung der Kompanie auftretenden Mangel an Arbeitskräften zeigte Hendrik Reynst auf, als er 1614 schrieb: „So meinen wir, dass in Banda, Ambon und den molukkischen Inseln, auf denen wir unsere Befestigungsanlagen haben, immer eine große Zahl von Sklaven sein muß, die die täglich anfallenden Arbeiten zu übernehmen haben. Sklaven können solche Arbeiten besser ausführen als Matrosen und Soldaten, die zudem täglich viel Geld kosten." Offensichtlich hatte er Kunde davon erhalten, daß die Araber an bestimmten Orten im Nordwesten Madagaskars einen schwunghaften Handel trieben und vor allem jährlich etwa vier- bis fünftausend Sklaven einkauften („ihre beste Ware"). Sada war der zentrale Handelsplatz, günstig auch, weil dort Reis für die Verpflegung der Sklaven eingeschlagen werden konnte. Der Preis für einen kräftigen Sklaven belief sich auf drei Reales von acht. Ein Jahr nach der Empfehlung, sich am Sklavenhandel auf Madagaskar zu beteiligen, ließ Reynst zusätzlich wissen, daß die natürlichen Gegebenheiten eine Arbeit der Weißen an den Befestigungsanlagen in keiner Weise zuließen. Er sprach damit die große Hitze an, meinte freilich auch, daß bei den Weißen dem Alkohol in allzu großem Maße zugesprochen wurde. Er fügte hinzu: „Ich habe schon festgestellt, dass ein Sklave mehr wert ist als zwei von unseren Leuten. Könnte ich nur Sklaven bekommen ...".[97] Schon ab 1616 fuhren die Schiffe nach Madagaskar, um dort Sklaven einzukaufen. Die Unternehmungen dort verstärkten sich, als man begann, am Kap der Guten Hoffnung Bauern anzusiedeln. Aber offensichtlich reichte das Angebot nicht, da sich am Kap und im Archipel bald ein großer Mangel an Sklaven herausstellte. So glaubte die Gesellschaft sich gezwungen – übrigens im Einvernehmen mit der Westindischen Kompanie –, Sklaven von der westafrikanischen Küste holen zu müssen. Das im portugiesischen Besitz befindliche Cabo Formosa scheint ein wichtiger Umschlagplatz gewesen zu sein – bis hinauf nach Loango. Von dort aus pflegte die Westindische Kompanie die Sklaven nach Pernambuco zu verschiffen. Dazu kamen noch einige Küsten- oder landeinwärts gelegene Umschlagplätze in Angola. Hier wurde nicht gekauft, sondern getauscht. Die Niederländer brachten billige Baumwollstoffe und Korallen mit. Diese Umschlagplätze fuhr die Ostindische Kompanie freilich erst in der zweiten Hälfte des Jahrhunderts an, vor allem als man Arbeitskräfte für die Silber- und Goldminen an der Westküste Sumatras benötigte. Die Minen warfen zunächst keinen Gewinn ab, jedoch hofften die Betreiber auf eine profitable Ausbeute in der nahen Zukunft und forderten Sklaven für die Arbeit an. Offensichtlich gingen die Kompanie-Bediensteten dabei von der spezifischen Veranlagung bestimmter Rassen für bestimmte Arbeiten aus. Für die Bergwerksarbeit auf Sumatra jedenfalls scheinen sie den westafrikanischen Sklaven und denen aus Madagaskar den Vorzug vor allen anderen gegeben zu haben. Die Einheimischen aus dem Archipel, die Leute aus Aceh etwa, waren der Gesellschaft entweder zu faul, zu schwach oder zu bösartig, während die Sklaven aus Madagaskar als sanftmütiger und nachgiebiger bekannt waren. Vermutlich dachte man hier an Aufsässigkeit, die bis zur Bereitschaft zum Selbstmord reichte. Zu diesem Volk von Aceh berichtete Pieter van Dam: „Im allgemeinen handelt es sich um ein stolzes und hochmütiges Volk, ungemein

---

97 *Generale Missiven*, I, Schreiben vom 11. November 1614, S. 43f. sowie vom 26.10.1615, S. 46f.

kluge Kaufleute, doch für Arbeit zu faul, zu träge, eher der Wollust zugetan, sehr verweichlicht und feige."[98]

Das Problem war freilich der Transport von Madagaskar und später auch von der westafrikanischen Künste her. Die Ladung kam wohl nie vollständig an. So starben im Herbst/Winter 1678 auf der Überfahrt von Madagaskar nach West-Sumatra 51 von 114 Sklaven, und der Nachsatz zu diesem „Ergebnis" lautete bei van Dam, daß die Sklaven der Kompanie teuer zu stehen gekommen seien, und eine solche Sterberate von fast 50 v.H. war kein Einzelfall. Von Batavia aus ergingen zu dieser Zeit auch Vorschläge, wie man den Handel mit Sklaven am vorteilhaftesten vor allem über Madagaskar durchführen konnte. Offensichtlich scheint es die Absicht gewesen zu sein, die für den Dienst an Bord geeignetsten Sklaven zu Seeleuten auszubilden. Tatsächlich haben dann auch Sklaven auf niederländischen Schiffen bei Scharmützeln mit englischen Schiffen in der Sunda-Straße als Seeleute Dienst getan – und dies zur Zufriedenheit der niederländischen Schiffsführer. Die hohe Sterberate ist im übrigen den Kaufleuten in Batavia nicht ganz begreiflich gewesen, wenn sie die ganze Unternehmung mit den Ergebnissen des englischen Sklavenhandels und mit denen der Westindischen Kompanie verglichen, der eben von der westafrikanischen Küste bis hin zum süd- und nordamerikanischen Kontinent reichte. Erstaunlich waren für die Leute aus Batavia die Ergebnisse, weil sich der Handel der Engländer und „westindischen" Niederländer doch über eine große Entfernung abwickelte.

Aber ganz abgesehen von alledem: Daß man sich in der zweiten Jahrhunderthälfte auf Madagaskar und eben auch auf die westafrikanische Küste konzentrierte, lag an der Vermutung, daß man es hier mit Menschen zu tun hatte, die der Kultur im Archipel völlig fremd gegenüberstanden, daher ihrem weißen Herrn gegenüber treuer sein würden als Sklaven aus den einheimischen Gefilden. Die Vermutung zielte also auf Beständigkeit der Arbeitskräfte. Von Batavia aus drängten jedenfalls die Behörden auf eine regelmäßige Zufuhr vor allem von *jungen* Männern und Frauen. Diese Betonung der Jugendlichkeit der „Ware" war nicht nur eine Frage der stärkeren Arbeitskraft, vielmehr stellten die Autoritäten fest, daß ältere Sklavinnen und Sklaven beim Abtransport noch vor der Ankunft auf Sumatra an Heimweh starben. Der Ankauf junger Sklaven ließ sich freilich nicht so einfach durchsetzen, da die Verkäufer, die einheimischen Fürsten, die jungen Menschen nur dann losschlugen, wenn auch die „ältere Ware" gekauft wurde. Für die Kompanie war das ein Biß in den sauren Apfel, aber offensichtlich unumgänglich.

Die Direktoren in Amsterdam sind auf die Vorschläge von Batavia eingegangen, und die Instruktion, die sie 1685 an den Generalgouverneur und an den Rat von Indien schickten, zeigt die ganze Besorgnis um die wohlbehaltene Ankunft der afrikanischen Sklaven am Bestimmungsort Sumatra. Sie schrieben noch einmal genauestens die Fahrroute vor und übernahmen den Vorschlag der Behörden Batavias, bei schlechten Wind- und Strömungsverhältnissen auf dem Weg von Madagaskar nach Sumatra umzukehren und die Sklaven am Kap der Guten Hoffnung abzusetzen. Hier wurden für die landwirtschaftlichen Siedlungen immer Sklaven benötigt. Die ganze Bedeutung dieser Arbeitskräfte für die „Kolonialwirtschaft" erhellt freilich mehr noch aus der Furcht vor allzu hohen Sterberaten, so daß den Kapitänen die sorgfältige Pflege der Sklaven ans Herz gelegt wurde. Das hieß, daß die Schiffsführer nicht nur auf die Menge, sondern auch auf die Qualität der Lebensmittel, etwa von Grütze und Bohnen, zu achten hatten, die einzuschlagen waren. So durften die Bohnen nicht allzu hart aus dem Trockenofen kommen, „da sie sonst an Kraft und Substanz verlieren." Zwei Mahlzeiten waren täglich zu kochen und zu verabreichen, wobei die Hygiene in der Schiffsküche besonderer Sorgfalt zu unterliegen hatte: Die Lebensmittel- und Trinkwasservorräte mußten auf drei Monate

---

98 VAN DAM, *Beschryvinghe*, II,1, S. 290.

berechnet sein. Je Transport rechneten die Direktoren mit einer Höchstbesetzung von 400 Sklaven. Die Mahlzeiten bestanden nicht nur aus Grütze und Bohnen. Den Gerichten mußte Speck („gut untergerührt") beigegeben werden, etwa 25 Gramm. Zur Versorgung gehörten weiterhin Hartbrot („hin und wieder auszuteilen"), Pfeffer, Tabak (auch Pfeifen), Tamarinde neben Apfelsinen und Limonen gegen Skorbut und andere Krankheiten. Die Hygiene galt nicht nur den Kochtöpfen in der Kombüse, sondern dem Schiff insgesamt. So schrieben die Amsterdamer vor, das Schiff ein- bis zweimal wöchentlich mit Essig zu besprengen und die Aufenthaltsräume trockenzulegen. Daß daneben die normale tägliche Reinigung des Schiffes zu geschehen hatte, war selbstverständlich. Das hier beschriebene Reinigungsverfahren mutet an wie ein Auszug aus elterlicher Fürsorge und damit verbundener Sorgfaltspflicht. Nach dem Hinweis auf tägliche Reinigung heißt es: „Dabei ist zu beachten, dass dies nicht geschieht, ehe nicht die Sonne einige Zeit am Himmel steht und sich die Wärme bemerkbar macht. Früh morgens ist es zu kalt; dann sollte man die Sklaven aus den warmen Laderäumen nicht an Deck kommen lassen, da sie sonst von Gliederschmerzen und Krämpfen befallen werden, abmagern, die Auszehrung bekommen und wegsterben." Besser läßt sich das Bemühen, die Arbeitskraft zu erhalten, kaum beschreiben. Daß die Körperreinigung zu den Pflichten zählte, braucht kaum als auffällig betont zu werden. Freilich schrieben die Herren nur die Reinigung bei gutem Wetter vor. Sie verbanden damit zugleich den Hinweis auf die Gefahren des Meerwassers. Werde es geschluckt, beginne die Auszehrung und folge der Tod. Überhaupt das Wasser. Selbst das auf der Persenning oder in den Luken sich ansammelnde Regenwasser durfte nicht getrunken werden, da es zuviel Teer enthielt, Durchfall und Auszehrung, Leibschmerzen verursachen konnte. Aber mehr noch. Die Sklaven wurden täglicher ärztlicher Kontrolle unterzogen, die Kranken von den Gesunden getrennt und besonders verpflegt. Zugleich mußten zwei bis drei Matrosen, Steuermänner oder Obermaats, die Nahrungsaufnahme kontrollieren. Es ging nicht nur darum, daß jeder Sklave den gleichen Anteil bekam, sondern daß er überhaupt aß. Ein Hungerstreik war bei solcher Kontrolle kaum möglich. Zugleich verordneten die Herren aus Amsterdam eine Arbeits- und Bewegungstherapie, da offensichtlich der Spruch galt, daß Müßiggang aller Laster Anfang sei. Es fügt sich genau in diese Verordnung, wenn die Sklaven, bevor sie auf Deck gingen, auf scharfe Eisengegenstände hin (einschließlich Nägel) untersucht wurden. Ganz sicher fühlte man sich wohl nicht, da die Kapitäne und Bootsleute die Sprache der Sklaven nur selten beherrschten. Im übrigen wurden die Matrosen angewiesen, die Sklaven nicht zu mißhandeln. Lag ein Vergehen gegen die Schiffsordnung vor, wurde der Delinquent zwar bestraft, aber das Urteil erging nicht vom Schiffsrat, und die Vollstreckung wurde den Sklaven selbst überlassen. Daß schließlich Frauen und Männer getrennt voneinander transportiert, die Holzsorten für die Pritschen und selbst für den Abort vorgeschrieben wurden, wundert angesichts der so überaus detaillierten Anweisung ebenso wenig wie die Vorschrift, daß die Köpfe aller Sklaven wegen des Ungeziefers kahl zu scheren waren. Es will scheinen, als ob die Sorge um die Arbeitskraft der Sklaven regelrechte Pflegevorschriften hätte ergehen lassen, die kaum schlechter waren als die Regeln für Matrosen und Soldaten.[99]

Ob die Vorschriften im einzelnen eingehalten wurden, mag dahingestellt bleiben. Die Ladung Menschen war jedenfalls kostbar genug. Letztlich waren die schwarzen Sklaven die Grundlage des Profits, der in den Gold- und Silberminen Sumatras erwirtschaftet werden sollte. Aber nicht nur in diesen Bergwerken, sondern auch zu anderen öffentlichen Arbeiten waren die Sklaven zum Nutzen der Kompanie heranzuziehen. „Öffentlich", das meint Festungsbau, Hafenbefestigungen oder Anlage von Grachten

---

99 Quelle VAN DAM, *Beschryvinghe* I,2, S. 651ff.; die Anweisung durch die Direktoren auf S. 665ff.; die Aufzählung der Ladung und die Vorschriften für den Sklaventransport S. 668ff.

in Batavia, Arbeiten in Lagerhäusern, bei Korn-, Pulver- und Steinmühlen, bei Segelmachern und Tauschlägern, bei Maurern und Zimmerleuten. Kurz, im gesamten handwerklichen Bereich. Hier boten sich die wichtigsten Arbeitsplätze für Sklaven, gleichviel aus welchen Windrichtungen sie kamen, und daneben traten sie beim Personal der Gesellschaft als Haussklaven in Dienst. Sie waren eben jene Sonnenschirmträger, die Nikolaus de Graaff beschrieben hat oder die sich auf Gemälden der Zeit zeigen. Der Bedarf war im Laufe der Jahrzehnte nicht gering, da – ganz abgesehen von den Bergwerken auf Sumatra – bei den öffentlichen Arbeiten die Kosten gedrückt werden sollten. Die Kompanie-Angestellten fanden die Kosten zu hoch, solange sie etwa mit Kulis („huyrslaven") arbeiten mußten. Die Kostenrechnungen der Kompanie gehören da zu den aufschlussreichsten Dokumenten.

Die Sklaven unterlagen im Archipel besonderen Regelungen und Ordnungen, die über Kauf und Verkauf handelten, selbst etwas zur Erziehung dieser Arbeitskräfte aussagten und zugleich eine Reihe von Strafbestimmungen enthielten. Grundsätzlich durften Sklaven – wie das nun einmal bei Sacheigentum der Fall war – nur im Beisein eines Notars verkauft werden. Jeder andere Kaufvertrag galt als nichtig. Es scheint vorgekommen zu sein, daß Sklaven im Suff zum Verkauf angeboten wurden. Trunkenheit zählte ohnehin zu den alltäglichen Erscheinungen im Archipel. Die unter solchen Voraussetzungen geschlossenen Verträge waren nichtig und strafbar. Christliche Sklavenhalter waren verpflichtet, ihre Sklaven in der christlichen Lehre zu unterrichten und zur Taufe zu führen. Man begab sich zugleich auf das Feld der gleichsam missionarischen Konkurrenz, wenn festgelegt wurde, daß Muslime und Heiden ihre zum Christentum bekehrten Sklaven zu einem angemessenen Preis verkaufen mußten und daß sie die Unterweisung der Sklaven in der christlichen Lehre nicht behindern durften. Umgekehrt durften keine Christensklaven an Muslime verkauft werden.

Zwar teilten sich Eigentümer und Vollzugsorgane den Strafvollzug, der Kompetenzbereich der Eigentümer blieb freilich sehr begrenzt. Jedenfalls war es ihnen untersagt, die Sklaven zu foltern, zu misshandeln oder in Ketten zu legen, es sei denn mit dem Einverständnis des Richters. Die Frage erhebt sich naturgemäß, wie Folter und Misshandlung definiert wurde. Jedenfalls gab es da einigen Spielraum. Es war dem Sklaven zwar gestattet, bei Misshandlung Klage einzureichen, konnte er dann nicht den eindeutigen Beweis erbringen, wurde er gezüchtigt und wieder zu seinem Herrn geschickt. Eindeutig geschützt war der Sklave im Falle des Totschlags. Dafür konnte ein Sklavenhalter zum Tode verurteilt werden. Für Übergriffe gegen den Herrn oder die Herrin – und Übergriffe reichte von Schmähung und Beleidigung bis zum täglichen Angriff – waren körperliche Züchtigung, Ankettung oder weitere, nicht näher definierte Strafen vorgesehen. Da blieb alles dem Richter überlassen. Tätlicher Angriff freilich zog die Todesstrafe nach sich. Entlaufene Sklaven mußten, so sie wieder eingefangen wurden, dem rechtmäßigen Eigentümer zugestellt werden. Auspeitschen und Brandmarken entlaufener Sklaven gehörten zu dem üblichen praktizierten Strafmaß.[100]

Es ist im Zusammenhang mit dem Strafmaß festzustellen, daß die Sklaven sich kaum in einer anderen Lage befanden als die Matrosen und Soldaten. Der wesentliche Unterschied lag wohl im Warencharakter der Sklaverei. Das galt im übrigen nicht nur für die Sklaven und Sklavinnen, sondern auch für deren Kinder und die gesamte Habe, so die denn vorhanden war. Über die Zukunft der Kinder und der Habe durften die Sklaven nur mit Zustimmung des Eigentümers disponieren. Wie sehr doch der Warencharakter durchdrang, erhellt aus der Bestimmung, daß der Verkauf von Sklaven, die „Mängel durch Krankheit wie Epilepsie, Syphilis oder Irrsinn" aufwiesen, für nichtig erklärt wurde. Darüber hinaus bestand die Möglichkeit, den Sklaven entsprechend dem Umfang des

---

100 Vgl. WURFFBAIN, *Reisen nach den Molukken*, S. 138ff.

Mangels geringer zu entlohnen. Freigelassene Sklaven blieben im übrigen auch später noch an ihren ehemaligen Herrn und deren Nachkommen gebunden, insofern Schmähungen durch Wort oder Tat zu Kettenstrafen führen konnten. Aber mehr noch. Sollte der ehemalige Herr oder dessen Nachfolger der Armut anheimfallen, waren die freigelassenen Sklaven verpflichtet, den verarmten Herrn und dessen Familie zu unterstützen. Andrerseits konnten Sklaven bei Krankheit oder Verarmung des Herrn auf richterlichen Befehl hin freigelassen werden. Die Freigelassenen unterlagen wie jeder andere Bürger dem geltenden Erbrecht. Gab es keine Nachkommen, dann freilich fiel die eine Hälfte des Erbes an die entfernteren Verwandten, die andere Hälfte an den ehemaligen Herrn oder an dessen Kinder. Bei Fehlen jeglicher Verwandtschaft fiel alles an den Herrn. Freigelassen werden konnte neben alten Sklaven nur jener, der des Niederländischen nachweislich mächtig war, und es galt auch die Bestimmung, daß die Sklaven diese Sprache zu erlernen hatten, mit dem Zusatz, daß nur der Sklave, der Niederländisch gut verstehen und sprechen konnte, einen Hut tragen durfte.[101]

Das Reglement betraf alle Sklaven, gleichviel ob sie aus Afrika oder Asien stammten, aus Madagaskar oder von der Koromandel-Küste, Arakan, Ceylon oder den Molukken kamen. Die Aufzählung weist auch darauf hin, daß die Suche nach Sklaven neben der Suche und Ernte von Gewürzen und neben der Beschäftigung mit einer umfangreichen Buchführung zu den ganz wesentlichen Aufgaben der Kompanie-Angestellten gehörte. Anfänglich scheint es selbst so gewesen zu sein, daß es auch an geeigneten Sklavenaufsehern fehlte. Es stellte sich im Zusammenhang mit dem Aufkauf von Sklaven sehr rasch heraus, daß sich die Kompanie zu Beginn ihrer Tätigkeit wohl nicht ganz klar darüber war, mit welchen Problemen sie konfrontiert werden konnte. Die Wahrung einmal errungener Positionen – zunächst in Konkurrenz zu anderen europäischen Staaten, dann aber auch zu Asiaten – verschärfte die Lage noch. Eines jener Probleme war der Mangel an Arbeitskräften unter den gegebenen klimatischen Bedingungen. Es handelte sich hier nicht um den Auf- und Ausbau einer Sklavenhaltergesellschaft im Sinne des späteren amerikanischen Plantagensystems, sondern um die Funktionstüchtigkeit einer Infrastruktur, ohne die die Kompanie in ihrer Existenz bedroht war. Funktionstüchtigkeit, das hieß auch „tüchtige" Sklaven, so daß sich die Wertigkeit dieser Gruppe nach ihrer Arbeitsamkeit und der Fähigkeit sich unterzuordnen, richtete. Zumindest wurden darüber Vermutungen angestellt. Die schwarzen Sklaven aus Madagaskar scheinen insofern besonders geeignet gewesen zu sein, als sie als Fremde im Archipel – so mutmaßte man – nicht so rasch versuchen würden zu entlaufen. Freilich, daneben gab es Erfahrungen, die eben diese Gruppe von Sklaven nicht sonderlich hoch in ihrem Nutzeffekt veranschlagte. Sie mochten dann freundlich und wenig aufsässig sein, aber sie starben auch rasch und wurden schließlich als faul und schmutzig eingestuft. Die Hoffnung bestand jedoch, daß sich dies im Laufe der Zeit ändern würde. Vermutungen betrafen nicht nur die schwarzen Sklaven. So wurden die Arbeitskräfte aus Mindanao als fleißiger als die von der Koromandel-Küste angepriesen, wobei es offensichtlich einen Unterschied machte, ob man Muslime oder Heiden einkaufte.[102]

Der Aufbau eines Verwaltungs- und Wirtschaftssystems, dessen Funktionsfähigkeit durchaus auch abhing von der Arbeitskraft der Sklaven, enthielt für die niederländischen Handelsherren eine spezifische Form von Begegnung der Rassen, die in erster Linie nach dem Grundsatz der möglichst effizienten Produktion verlief. Damit taten und dachten die niederländischen Kaufleute und ihre Vertretungen im Archipel nichts Neues. Por-

---

101 Dazu VAN DAM, *Beschrijvinghe*, III, S. 205ff. Es handelt sich bei Regelungen um einen Auszug aus den Statuten Batavias. Dazu auch S. 201ff.
102 Zu den einzelnen Beurteilungen aus den unterschiedlichen Regionen s. *Generale Missiven*, I, S. 165, 181, 270.

Niederländer mit Frau und Sklave (Georg Franz Müller)

tugiesen und Spanier hatten es vorgemacht und hielten sich immer noch daran, die Spanier dann vor allem in Lateinamerika und in der Karibik. Sklaverei war eben allgemein eine wirtschaftliche und kulturelle Erscheinungsform im ganzen afrikanischen und asiatischen Bereich. Es will auch nicht so scheinen, als ob sich die Niederländer besonderer Ausbeutungsverfahren oder besonderer Brutalität bedient hätten. Was im Archipel ablief und hier für einige Ereignisse beschrieben worden ist, ist in keiner Weise vergleichbar dem, was sich im 18. und 19. Jahrhundert auf den Plantagen Virginias und Carolinas auf dem amerikanischen Kontinent zutrug. Sich über Höherwertigkeit gegenüber der Gruppe der Sklaven auszulassen, da zu bestand kein Grund, da das Kulturgefälle eine selbstverständliche Denkvoraussetzung war. Abgesehen davon, daß möglicherweise auch der tägliche Umgang, die tägliche Erfahrung mit Soldaten und Matrosen, davon abhielt, eine Ideologie der rassischen Überlegenheit der Weißen aufzubauen, zumal es die Kompanie über diese Gruppe der Matrosen und Soldaten hinaus im Laufe der Jahrzehnte mit einem Haufen Korruption zu tun, was das Bild von der besonderen Wertigkeit der Weißen kaum aufkommen lassen konnte, bleibt einfach festzustellen, daß buchhalterisches Denken keinerlei Nachsinnen über die Besonderheit der weißen Rasse bedurfte. Das hieß andrerseits freilich nicht, daß hier ein normaler Umgang zwischen Sklaven und Herrn gepflegt worden wäre. Recht aufschlussreich ist da ein Bericht aus Batavia vom 30. Januar 1662. Dort ging es um den Wunsch, eine gute Schule in der Stadt aufzubauen, da einige niederländische Eltern ihre Kinder zurück in die Metropole schickten, damit sie dort eine Schule besuchen konnten. Vorgeschlagen wurde eine Art Internat, in dem auch nur niederländische Lehrkräfte anzustellen waren, „um sie [die Kinder, H.L.] von jeglichem Umgang und Gespräch mit Sklaven und Sklavinnen fernzuhalten, von denen man doch nur Unzucht und schlechtes Benehmen lernen könne."[103] Dieses Wort von der Unzucht fügt sich in eine Reihe von ähnlichen Bemerkungen, die immer wieder die sexuelle Geschäftigkeit der Eingeborenen im Visier hatten, gleichviel ob es sich da

---

103 *Generale Missiven*, III, S. 390.

um Verheiratete oder Unverheiratete handelte. Freilich bezog sich dies vor allem auf die Frauen. Eine gebremste Sexualität galt eben für die Niederländer als eine Norm der gehobenen Zivilisation, und Zügellosigkeit im Sexuellen enthielt durchaus eine gewisse Abwertung seitens der „zivilisierten" Betrachter.

Ein anderes trat hinzu: das Erziehungsdefizit. Dazu zählte zum einen der Status des Heiden und zum anderen der Mangel an – wie man meinte – handwerklicher Ausbildung. Der hier zuvor genannte Wurffbain, nicht nur ein deutscher Karrieremann im Dienste der VOC, sondern ein zuverlässiger Beobachter und Berichterstatter dazu, schildert in diesem Zusammenhang folgendes Ereignis: Niederländische Schiffe, von der Kunde über Goldvorkommen auf Sumatra getrieben, landeten 1645 auf der bei Sumatra gelegenen Insel Engano an. Die Bewohner flüchteten, wurden jedoch gefangengenommen. Es heißt dann: „und ob schon die Niederländer dazumal 70. biz 80. Personen dieser Leute, so Männer, Weiber als Kinder mit Gewalt gefangengenommen, nach Batavia gebracht und fein bekleidet (indem die auf der Insel gantz nackend gehend) auch unter die Bürger verteileth, umb ihnen 7. Jahr lang Dienste zu thun, dahingegen sie Bürger gehalten seyn sollten, die unschuldig und einfältigen Leute in allem guten in denen Handwercken anzuweisen, und in der Christlichen Religion zu unterrichte, als dann auf freyen Fuß zu stellen ... hat es doch hierahn gefehlet, indem die arme Leute Deck und Kleider von sich geworffen und stets ohne Zusichnehmung einiger oder doch sehr weniger Speiß und Tranck in steter Betrübnus stillgesessen, so dass sie in gantz kurtzer Zeit alle gestorben."[104]

Wie später andernorts lag das Problem in der Entwurzelung, nicht in der brutalen Behandlung der Sklaven. Die hohe Zahl der flüchtigen Sklaven vor allem aus dem asiatischen Raum spricht dafür. Die Niederländer begriffen das, als sie in der zweiten Hälfte des 17. Jahrhunderts die Anfuhr aus Madagaskar zu verstärken gedachten und schon bei der Auswahl der Sklaven eben auf jüngere setzten, bei denen sie eine geringere Verwurzelung in der alten Heimat vermuteten. Es ist andererseits der Hinweis am Platz, daß die Handelsherren auf einen allmählichen Akkulturationsprozeß setzten. Das Erlernen eines Handwerks und anderer technischer Fertigkeiten nach europäischem Standard war nicht nur Thema von VOC-Bediensteten, die, wie Wurffbain, ein Reisetagebuch verfaßten, sondern tauchte auch in der offiziellen Berichterstattung auf. Schließlich wurden Sklaven nach Erlernen des Niederländischen und nach Empfang der christlichen Taufe in einen Anpassungsprozeß einbezogen, der eine Statusänderung nach sich ziehen konnte, freilich keineswegs das Problem der gänzlichen Entwurzelung aufhob und vor allem siedlungs- und damit kolonialpolitisch interessant war.

Das Bild von den Autochthonen

Sklavenhaltung – eine spezifische Form der Begegnung unterschiedlicher Kulturkreise und Rassen bei eindeutig definiertem Herrschaftsverhältnis! Die Beziehung kannte praktisch nur zwei Unterscheidungsmerkmale: faul oder fleißig. Das waren keine moralischen, sondern faktisch wirtschaftliche Kategorien. Merkmale der wirtschaftlichen Effizienz also! Die Begegnung mit den Menschen im Archipel oder entlang der afrikanischen Küste und auf Madagaskar oder schließlich auch in China reduzierte sich freilich nicht auf die vorgenannten eher rechenhaften Merkmale, sondern war in Anschauung und Rezeption bunt und vielgestaltig. Über die von de Graaf vorgenommene Einschätzung der Frauen ist schon gehandelt, der Bericht sei hier im eher allgemeinen Sinne fortgesetzt. Eine Vielzahl von Eigenschaften und Eigenarten wußte man

---

104 WURFFBAIN, *Reisen nach den Molukken*, I, S. 51f.

aus Erfahrung oder auch nur vom Hörensagen beizumessen. Es entwickelte sich eine Art Fremdbild, das keinesfalls aus ernsthafter Beschäftigung erwuchs, sondern bestenfalls das Ergebnis sehr subjektiver Erfahrung des Augenblicks war und sich wohl auch vom Erfolg oder Misserfolg der eigenen Absichten abhängig zeigt. Solchen Eindruck erweckt jedenfalls die Mitteilung des Kaufmanns Willem Lodwijcksz., der auf der ersten Reise des Cornelis de Houtman mit von der Partie war. Von den Javanern sprach er; sie waren hartnäckig, untreu, böse und mörderisch, wenn sie siegen, so hieß es, schonen sie niemand. Sie zählten zu den Spitzenkräften, soweit es um Diebereien ging. Da waren sie allen anderen überlegen. Die Kaufleute von Bantam, wo sich zu jener Zeit fast der gesamte Archipel und alle anderen asiatischen Völker tummelten, erschienen ihm als arglistig betrügerisch und treulos gegenüber allem Fremden, während die Chinesen sich als in allen ihren Tätigkeiten „subtiles" Volk erwiesen, sehr eifrig auf Profit bedacht,[105] was einen niederländischen Kaufmann jener Jahre sicher als ein vorteilhafter Wesenszug beeindrucken mußte. Freilich, wo die Stämme solch chinesische Eigenschaften besaßen und damit für die Niederländer ein Hindernis waren, dürfte die kaufmännische Fähigkeit eher schon ein Kainszeichen gewesen sein. So etwa bei den Banda-Völkern. Ein Mann wie Jan Pietersz. Coen hatte grundsätzlich eine schlechte Meinung über die Eingeborenen. Er wiederholte dann auch, was vor ihm Willem Lodewijcksz. gesagt hatte: unzuverlässig, stolz und hinterhältig waren die Javaner und die Leute von Banda, immer bereit zu Mord und Totschlag; und er ging schon ein Stückchen weiter in der Wahl der Epitheta, wenn er den Regenten von Bantam als die „arme unwissende Eitelkeit des großen Tieres von Bantam" titulierte.

Sicherlich hat auch die Furcht vor dem Unbekannten neben dem Ziel, eine starke Stellung im Gewürzhandel zu erringen, das Urteil mitbestimmt. So war es für die niederländischen Kaufleute schwierig, die Strukturen der ambonesischen Bergvölker zu ergründen oder überhaupt bis zu den Bergdörfern durchzudringen. Das Kulturmuster war eben ein anderes, ein fremdes, das sich etwa in Form der zahlreichen Vendetten anbot. Die Verhaltensweisen störten das Ordnungsdenken jener, die sich als neue Herren aufzuspielen gedachten. Fehlte die Kenntnis der Sprache, dann war es vollends schwierig, eine solche Rolle zu übernehmen. Es ist so erstaunlich nicht, daß Fredrik de Houtman, ein Bruder jenes Cornelis de Houtman, der sich als erster in dieses ostindische Abenteuer gestürzt hatte, als malaiisch sprechender Gouverneur auf Ambon ein recht gutes Verhältnis zur Bevölkerung zu entwickeln vermochte. Viele andere fanden die Ambonesen faul, habgierig und hinterhältig.[106] Artus Gijssels, der später auch Gouverneur auf Ambon wurde, fand nach seinem ersten neunjährigen Aufenthalt im Archipel dagegen positive Merkmale. Er publizierte nach seiner Rückkehr in die Metropole 1621 den Passus: „Dieses Volk ist so gut gesinnt, daß es fast schon unnatürlich erscheinen will ... So meine ich, daß sie eher Recht haben, über uns zu klagen als wir über sie."[107] Und das war sicher nicht ohne Grund. Wie fremd und unverständlich da manches wirken mußte, hat Wurffbain in dem ihm eigenen nüchternen Stil beschrieben, und seine Beobachtung wird auch die anderer gewesen sein, ging es hier doch um für jedermann auffällige Äußerlichkeiten. Da findet sich: „Die Javanen sind alle der Mahometischen Religion zugethan, von Leib große und starcke, von Gemüth aber hartnäckigte und boßhafftige Leute, absonderlich im Krieg, da sie auch das Opium in gantz übermachter Maaß zu gebrauchen pflegen, umb dadurch dest mehr erhitzet und verbittert zu werden, zu welchem Ende sie einander mit dem Wort amoc, Amoc oder Courage, Courage zuruffend, einen Muth einsprechen, und dann auf ihre Feinde gantz unbesonnen, und gleichsam

---

105 Nach BLUSSÉ, *Nederlanders overzee*, S. 100.
106 Ebd. S. 134.
107 Ebd. S. 138.

rasend, ins Gewehr lauffen, also, daß es nichts Neues, daß ihre Beschädigte die Picquen und Spieße aus ihren verletzten Libern gezogen, und damit ihren Feind auch selbsten wiederum beschädigt haben."[108] Ein zeitgenössischer Stich zeigt einen Javaner, der, obgleich vom Spieß eines Niederländers durchbohrt, doch noch die Kraft aufbringt, den Gegner mit dem Kris zu töten.[109]

Geringe Gewürzernte scheint auch Anlaß gewesen zu sein, tiefer in die Ursachen einzudringen und die Erkenntnisse mit einem Stück moralischer Empörung zu garnieren – und sei es nur zwischen den Zeilen. So begab sich Laurens Reael angesichts des geringen Gewürznelkenaufkommens auf Makéan an eine Analyse der Situation. Das Ergebnis lautete: Mangel an Arbeitskräften auf den Molukken. Allein, woher rührte dieser Mangel? Das lag zum einen am Krieg zwischen den Regenten der Region, der viele das Leben kostete und zur Teuerung führte, so daß zahlreiche Einwohner das Gebiet verließen. Hinzu trat die verheerende Wirkung von Seuchen (Pocken), die im sieben- und achtjährigen Turnus das Gebiet heimsuchten. Dies freilich waren für Reael nur äußere Gründe. Ganz wesentliche Ursachen fand er in der sozialen Lebens- und Verhaltensweise der Insulaner. Die Verwaltung der Gebiete und das Privatleben stellte er an den Pranger. Er konnte kein Verständnis aufbringen. Ein dummer König und ein ebensolches Gewohnheitsrecht behinderten demnach eine ungestörte Entwicklung. Unter Gewohnheitsrecht fiel bei ihm auch die Ehe, „der echte Kern einer Gemeinschaft". Man berufe sich auf Mohammed und heirate zwei oder drei Frauen, halte sich zugleich so viele Kebsen, wie man nur ernähren könne. Scheidung sei einfach an der Tagesordnung. Auf diesen Zustand führte er nicht nur die geringe Geburtenrate zurück, sondern auch den schlechten Zustand der Felder, die zum Teil unbebaut blieben. Man spürt die Empörung des Reael zwischen den Zeilen, wenn es anschließend heißt: „.... Schlechte Lebensweise, das heißt Sünden aller Art, der Ausgangspunkt für das Ende aller Reiche, geben hier den Ton an". Zur Erläuterung heißt es dann weiter: „Lügen, betrügen, rauben, stehlen, morden, die Armen unterdrücken, wo sie nur können, tyrannisieren und alle anderen Unzuträglichkeiten stehen hier in hohem Kurs ... Ehebruch und Hurerei unter groß und klein, jung und alt, scheint das besondere Merkmal dieser Länder zu sein." Und dann kam er zum Kern, zur eigentlichen Ursache der geringen Geburtenrate und Kinderzahl: die Abtreibung. Sowohl unverheiratete Schwangere als auch verheiratete überlegten, ob sie ein Kind austragen, ernähren und erziehen sollten und konnten. Ein wesentliches Argument gegen das Kind waren die ewigen kriegerischen Auseinandersetzungen, die Teuerung und die von den Europäern übernommenen gewachsenen und noch wachsenden Ansprüche in der Bedarfsdeckung. Das führe zur Entscheidung für die Abtreibung („ut natos in ventre necandos procurene") und selbst zur Tötung der Neugeborenen. Es ist schon einigermaßen bemerkenswert, daß der so deutlich empörte Reael den nüchternen Abschlusskommentar anschloß, dies sei neben anderen der Grund für die geringe Gewürznelkenernte.[110] Daß Reael auch noch andere wirtschaftliche Gründe anführte – darunter das schlechte Warenangebot der niederländischen Kaufleute –, soll hier weiter unbeachtet bleiben.

Sicherlich lassen sich noch eine Reihe anderer Beispiele eines recht negativen Fremdbildes anführen. Aber es bleibt festzuhalten, daß dies nicht mit einem Gefühl der Überlegenheit gepaart ging und daß es immer dort entstand, wo man das eigene Ziel, den Profit, durchsetzen wollte. Andere, die eine etwas größere Distanz zur kaufmännischen Front hatten, befaßten sich eher damit, das Land zu beschreiben, es vor allem mit Erstaunen aufzunehmen, als gänzlich Fremdes und Interessantes zugleich zu rezi-

---

108 Wurffbain, *Reisen nach den Molukken*, I, S. 62.
109 Abbildung bei BLUSSÉ, *Nederlanders overzee*, S. 169.
110 *Generale Missiven*, I, S. 87f., 20. August 1618.

pieren. Es waren jene, die die Neugier plagte, die offen waren für alles, was sich da an Ungewöhnlichem bot, nicht gelenkt von wirtschaftlichen oder auch politischen Zielen oder dem Gedanken an Übertragung der eigenen Kultur. Da wurde registriert, nicht beurteilt. Die überwiegend negativen Charakterbeschreibungen aus der Feder der Kompanie-Bediensteten vor Ort mochten dazu dienen, die Schwierigkeiten der eigenen Situation aufzuzeigen, die Berichte anderer scheinen dagegen weniger dem Erfolgszwang unterworfen gewesen zu sein und vermittelten einfache Kenntnisse über die Lebensweise einer ihnen bis dahin doch unbekannten Welt. Pieter van den Broecke zählt zu dieser letztgenannten Kategorie, zwar ein Handelsmann auch und in diesem Milieu großgeworden, zugleich ein durchaus bereister Mensch, eine eher schon sanguinische Natur, ein Mann, der auch die Kinder notierte, die ihm die Sklavinnen gebaren. Am Kap Verde begegnete er den ersten Schwarzen; er fand sie diebisch, auch böse. Aber das waren ihm nur Eigenschaften unter vielen anderen positiven Merkmalen, denen er bewundernd gegenüberstand. Er beschreibt nicht nur die Kriegsausrüstung der Völker und Stämme, sondern auch ihren kundigen Umgang mit Pferden, ihre Schnelligkeit, ihre Fertigkeit als Fischer und ihre Behendigkeit als Schwimmer. Daß ein Mann so viele Frauen haben konnte, wie er zu ernähren in der Lage war, berichtete er ganz nüchtern; da fehlte völlig das Stück Empörung, das später Laurens Reael aus Furcht um die Gewürznelkenernte durchblicken ließ. Die Männer präsentierten sich als erstaunliche Weinkonsumenten und eben auch als Kämpfer und Beschützer. Sie trugen das Gewehr, die Frau die Lasten – auf dem Kopf, dem Rücken, und dies auch in hochschwangerem Zustand.

Es ist eine auffällige Erscheinung, daß vor allem die Frauen Afrikas oder Asiens volle Aufmerksamkeit fanden. Den Kaufmann van den Broecke scheint vor allem die Kraft der Westafrikanerinnen beeindruckt zu haben, die unmittelbar nach der Geburt eines Kindes im Meer oder an einem Brunnen badeten, um sich dann wieder an das Bett des Mannes zu begeben. Offensichtlich pflegte man im westafrikanischen Küstenbereich die vor allem auch im Gebiet des Indischen Ozeans verbreitete Sitte des Männer-Kindbettes. Daß Kinder in Zeiten der Not von Müttern gegen Nahrungsmittel kühl verkauft wurden, registrierte van den Broecke gleichsam nebenher, und er selbst beteiligte sich an diesem Handel, als er ein „schönes junges Mädchen von etwa zehn Jahren" gegen 130 Pfund Reis kaufte. Die Zähne der Frauen („auf die sie sehr stolz sind") und die zuweilen bis über den Nabel hängenden Brüste zählten zugleich zu den Auffälligkeiten. Körperbau und Sitte waren Gegenstand des Berichtes von Pieter van den Broecke. So auch bei seiner Beschreibung des Königreichs von Loango, das sich zwischen Kap Lopo Gonçalves und dem Chiloango-Fluß erstreckte. Die Zahl der Frauen des Königs imponierte ihm ebenso wie die große Macht über die Untertanen und die Thronfolge-Regelung. Nicht des Königs Kinder durften den Thron besteigen, sondern nur die Kinder der Schwester des Königs, da man hier der königlichen Abstammung gewiß sein konnte. Sitten und Gebräuche erlebte er aus nächster Anschauung. Der Reichtum äußerte sich in der Zahl der Frauen, Sklaven und Kinder. Für ihn handelte es sich um einen schönen und freundlichen Menschenschlag – Frauen und Männer gleichermaßen. Auch hier – wie zuvor bei seinen Beobachtungen am Kap Verde – widmete er sich der Stellung der Frau in der Eingeborenengesellschaft. Sie war schlicht die der Dienerin.[111] Es seien hier einige der Beobachtungen angeführt, die, subjektiv wie sie auch sein mochten, ungleich viel mehr an Information enthielten als die kurzen, meistens empörten Merkmalsbeschreibungen der Kompanie-Angestellten aus dem Archipel. Und während der Kaufmann van den Broecke sich auch über die Wirtschaftsgüter der von ihm besuchten Regionen ausließ, hat sich Christoph Schweitzer, der als Soldat in Dienst trat und als Buchhalter zurückkehrte, gar nicht mit solchen Dingen befaßt. In seinem 1688 zum erstenmal

---

111 P. VAN DEN BROECKE, *Reizen naar West-Africa*, S. 13ff., 62ff.

bei Cotta erschienenen Reisebericht geht es vornehmlich um Land und Leute, und die Beschreibung von Menschen, Fauna und Flora. Daß er am Kap der Guten Hoffnung Tiger und Bären neben anderem einheimischem Großwild herumlaufen ließ, mag an der Verwechslung von Tigern und Leoparden (Panthern) liegen, die Bären freilich wollen eher als ein Erzeugnis seiner fröhlichen Fabulierkunst erscheinen, wie auch der Kannibalismus der Hottentotten vornehmlich in der Gerüchteküche entstanden zu sein scheint. Gewiß, es wird sich das ein oder andere ohnehin auf die Erzählungen anderer stützen, gleichwohl scheint Schweitzer, der im übrigen einen lockeren und eingängigen Stil pflegt, um Authentizität bemüht. So entnahm er Berichten, daß die Scham der Hottentottenfrauen mit einem „natürlichen Läpplein überwachsen" („Hottentoten-Schürze") sei. Ihm genügte nicht die Erzählung. Er nahm es selbst in Augenschein und gab für diese Gelegenheit ein wenig Tabak,[112] wie ihm auch die Monotrochie (Abschneiden einer Testikel, um die Laufgeschwindigkeit zu erhöhen) der Hottentotten auffiel. Es war sicherlich für den an „fernen Ländern" interessierten Europäer von Nutzen, wenn sich Schweitzer auf Ceylon nicht nur über das natürliche Verhalten von Elefanten ausließ, sondern auch deren Zähmung und Nutzung als Arbeitskraft und Reittier schilderte, wie es ihm überhaupt die Fauna dieser Insel angetan hatte. Schweitzer, obwohl Deutscher, hat sich auf Ceylon auch mit jenem Problem befaßt, das sich für die Kompaniespitzen praktisch als eine Existenz-Frage der frühen Kolonisten-Gesellschaft darstellte: die Mischehen. Hier wies er auf die Klagen von anderen Kompanie-Angestellten hin, aus deren Ehen immer wieder sehr dunkle Kinder hervorgingen. Es stellte sich nach eingehender Prüfung und Verhör heraus, daß die eingeborenen Frauen „aus natürlicher Liebe gegen ihre Landsleute bey einem anderen gelegen, darauff die Frau mit ihrem anderen Mann als Ehebrecherin gegeisselt und samt dem Kinde zu Sclaven gemacht worden".[113] Abgesehen davon, daß nach Schweitzers Darstellung solche Ehen auch zustande gekommen sind, weil die Frauen nach eigener Aussage Freiwild auf den Straßen gewesen seien, entspricht Schweitzers kurze Aussage über die sehr geruhsame, so nicht faule Lebensweise der verheirateten Frauen den Beobachtungen des Nikolaus de Graaff. Daß er eine Darstellung mit einer eher lustigen Begebenheit über die Standhaftigkeit einer verheirateten Senegalesin gegenüber den Nachstellungen eines verliebten Eingeborenen abschließt, würzt lediglich die Lektüre und widerspricht keineswegs der Grundbeobachtung.

Bei aller länder- und völkerkundlichen Neugier, eine kulturelle Begegnung zwischen den nordwesteuropäischen Niederländern und den Völkern des Archipels oder des indischen Subkontinents hat nicht stattgefunden. Zu mächtig war der Drang nach Profit, zu schwach auch die „fremde Gesellschaft", die sich zu formieren begann. Die Begegnung erfolgte vornehmlich aufgrund der in Münze umrechenbaren Quantitäten, und jene, die da rechneten, die Ware mit oder ohne Gewalt erwarben, zählten sicherlich nicht zu den Kulturträgern der Niederländer oder zu den Mäzenen jener europäischen Kultur. Woraus auch sollten sich kulturelle Vereinbarkeiten entwickeln?

Der Archipel: Gegenstand wissenschaftlicher Neugier

Ansätze, nicht nur eine Erwerbs-, sondern auch eine Kulturgesellschaft zu bilden, hat es in der rudimentärsten Form gegeben – in Batavia. Die Tatsache, daß eine Lateinschule in kurzer Zeit wieder geschlossen werden mußte, zeigte unmissverständlich, welche Schwierigkeiten es machte, zu ersten Konsolidierungen zu kommen. Aber nicht die Konsolidierung einer eigenen Gesellschaft in der Fremde, sondern die Ergiebigkeit dieses

---

112 Dazu SCHWEITZER, S. 16.
113 Ebd. S. 124f.

so gänzlich fremden Terrains für Kenntniserweiterung und Wissenschaft der Metropole sei hier thematisiert. Nicolaas Witsen hat 1712 seinem Freund, dem Bürgermeister von Utrecht, Gijsbert Cuper, über die Lieblosigkeit der VOC gegenüber wissenschaftlicher Arbeit geschrieben und formuliert: „Ich müsste mich eigentlich schämen, tatsächlich aber steht man der Fortsetzung wissenschaftlicher Arbeit lieblos gegenüber ... Was fragen Sie denn nach gelehrten Neuigkeiten über Indien ... Nein, nur Geld suchen unsere Leute dort, keine Wissenschaft: Das ist sehr zu beklagen." Ein halbes Jahr später heißt es zusätzlich, daß den Kaufleuten jede wissenschaftliche Beschäftigung mit dem Archipel völlig fremd und entsprechend ihr Verhalten gegenüber solchen Arbeitsfeldern sei.[114] Witsen, einer der mächtigsten Regenten von Amsterdam und Mitglied der Herren XVII, war selbst ein an Land und Leuten, Fauna und Flora und zugleich an Sprache und Sprachwissenschaft interessierter Bürger, der zwar nicht vor Ort, aber doch eben von Amsterdam aus einiges an Forschung in die Wege hat leiten können.[115] Möglicherweise ging Nicolaas Witsen bei aller deutlichen Distanz zwischen dem Hauptgeschäft und dem Nebenfeld der wissenschaftlichen Erkenntnis doch ein wenig an der Fruchtbarkeit mancher Unternehmungen vorbei – eine Fruchtbarkeit, die im Laufe der Jahrzehnte vom Beginn der VOC an bis weit ins 18. Jahrhundert hinein umfangreiche Kenntnisse auf mancherlei Gebiet zu verschaffen vermochte. Mancherlei Gebiet, das meint hier die von Abenteuerlust und wissenschaftlicher Neugier gleichermaßen getriebene Beobachtung von Ländern und Völkern, das meint zugleich die Entwicklung und Kenntniserweiterung in den Natur- und Sprachwissenschaften, bei denen vor Ort der europäische Kenntnisstand erheblich erweitert wurde. Sicherlich fehlte der wissenschaftlichen Neugier noch jene organisatorische Form, wie sie spät im 18. Jahrhundert in Gestalt der *Bataviaasch Genootschap voor Kunsten en Wetenschappen* (1778) entstand, auch wenn zu dieser Zeit die wissenschaftliche Förderung nicht ohne Behinderungen verlief,[116] gleichwohl wurde eine Menge Information zusammengetragen, die sowohl der „kolonialpolitischen" Praxis als auch ganz allgemein der Vermehrung wissenschaftlicher Erkenntnisse dienlich sein konnte. Da war es die niederländische Reiseliteratur, die eine Vielfalt von landeskundlichen und naturwissenschaftlichen Erkenntnissen ausbreitete, freilich über Völker und Sitten in vielen Fällen mehr spontan als fundiert urteilend. Aber es gab bald auch Gründliches und Tiefgehendes, etwa das von dem Prädikanten Abraham Rogerius erarbeitete *De open deure tot het verborgen heydendom*, das als ein Standardwerk über den Hinduismus zu gelten hat. Das Material sammelte der Autor während eines langen Aufenthaltes in Pulicat an der Koromandel-Küste. Der niederländische Prädikant schloß sich hier wie sein Kollege Philippus Baldaeus der portugiesischen Auffassung an, daß man eine grundsätzliche Kenntnis der anderen Religion haben müsse, um zur christlichen Missionierung übergehen zu können. Baldaeus verfaßte die Studie *Afgoderye der Oost-Indische Heydenen*.[117] François Valentijn, ein anderer Prädikant, der auf Ambon in protestantischer Mission tätig war, gab zwischen 1724 und 1726 ein achtbändiges enzyklopädisches Werk über *Oud en Nieuw Oost-Indië* heraus, das insgesamt 4.800 Seiten umfaßte. Es mochte nicht in allen Teilen ein originäres Werk sein, aber es bot eine ganz wesentliche Orientierungshilfe über Politik, Leben, Land und Leute im Archipel. Es ist

---

114 K. VAN BERKEL, *Een onwillige mecenas? De rol van de VOC bij het natuurwetenschappelijk onderzoek in de zeventiende eeuw*, in: J. BETHLEHEM/A.C. MEIJER, en *VOC en Cultuur. Wetenschappelijke en culturele relaties tussen Europa en Azië ten tijde van de Verenigde Oostindische Compagnie*, Amsterdam 1993, S. 56.
115 S. kurz zu Witsen ebd. S. 54f.; vor allem aber den Aufsatz von P.J.A.N. VAN RIETBERGEN, *Witsen's world. Nicolaas Witsen between the Dutch East India Company and the Republic of Letters*, in: *All of one company. The VOC in biographical perspective*, Utrecht 1985, S. 121-134.
116 Zu dieser „Genossenschaft" s. J. VAN GOOR, *Handel en wetenschap*, in: ebd. S. 5f.
117 S. ebd. S. 12.

speziell mit Blick auf das renommierte Werk dieses Valentijn festgestellt worden, daß es geschrieben sei, um die niederländische Anwesenheit und Macht im Archipel und den angrenzenden Gebieten zu verherrlichen.[118] Auch hochrangige Angestellte der VOC, wie etwa Generalgouverneur Cornelis Speelman, der von 1681-84 im Amt war und das Monopolgebiet der Handelsgesellschaft in dieser Zeit erheblich erweiterte, hat mehrere Untersuchungen zu Land und Leuten schon vor der Zeit vorgelegt. 1666 wirkte er als Chef einer Expedition gegen Gowa auf Süd-Celebes (Sulawesi) und erstellte bei dieser Gelegenheit eine ausführliche Beschreibung des gesamten Gebietes. Ähnlich verhielt es sich bei seiner Expedition auf Mitteljava. Gegen den Wunsch der Zentrale in Batavia setzte er die Eroberung dieses Gebietes durch. Und nicht nur dies. Zugleich stellte er Daten zu Land und Leuten, zu den natürlichen Gegebenheiten, dem Steuersystem und zur Geschichte zusammen. Eingeborene Gewährsleute verschafften das Material, das ihm für eine sinnvolle Verwaltung des Gebietes erforderlich erschien. Van Reede tot Drakenstein und Van Goens gehören mit ihren Berichten in diese Reihe. So bleibt insgesamt festzustellen, daß zum einen Erfordernisse der Herrschafts- und Verwaltungspraxis, zum anderen die Möglichkeit, die Überlegenheit europäischer Kultur darzustellen, wesentliche Motive für die landes- und völkerkundliche Beschreibung darstellten.[119]

Wenn hier von Landes- und Völkerkunde die Rede ist, dann fällt darunter auch der Spracherwerb und schließlich auch die Sprachwissenschaft, wie sie an den Universitäten der Metropole gepflegt wurde. Der Spracherwerb war sicherlich kein freibleibendes Hobby und sicherlich nicht ohne Schwierigkeit, wenn man die Vielzahl der Dialekte in Betracht zieht, die in diesem gewaltigen Inselkomplex gesprochen wurden. Es hatte sich freilich rasch herumgesprochen, daß eine einigermaßen sichere Handhabung der regionalen oder gar örtlichen Sprachen dem Handel der Niederländer förderlich sein konnte. Entsprechend verhielt sich die Gesellschaft. Man konnte schon zufrieden sein, wenn die lingua franca des Archipels, das Maleiische, gesprochen wurde. Das wußten auch schon die Beobachter der Vorkompanien. Tatsächlich waren einige Prädikanten und Kaufleute der Sprache mächtig oder hatten sich zumindest mit den Grundlagen befaßt. Die Gesellschaft bildete darüber hinaus Dolmetscher aus, die zur Insel Timor gesandt wurden, um die Sprache zu erlernen. Die Kandidaten schlossen darüber eigens einen Vertrag mit der VOC. Dazu trat eine Gruppe von Angestellten der VOC, die von der Bevölkerung der Inseln gefangen gehalten wurden und die man zwang, Muslim zu werden. Sie eigneten sich die Sprache und die Sitten ihrer Umgebung an. Es sei in diesem Zusammenhang der zuvor schon erwähnte Frederick de Houtman genannt, der nach seiner Gefangenschaft in Aceh (September 1599 bis August 1601) 1603 ein malaiisches Wörterbuch veröffentlichte (*Spraeck ende woord-boeck in de Maleysche en Madagaskarsche talen, met veel Arabische en Turcksche woorden; inhoudende twaalf tsamensprekinghen in de Maleysche, ende drie in die Madagaskarsche spraken*) und von der VOC aufgrund seiner Sprachkenntnisse eingesetzt wurde. Was dem Handel dienlich sein konnte, war sicher auch imstande, die protestantische Missionierung zu unterstützen – so diese denn stattfand. So ließ die VOC immerhin Wörterbücher oder jeweils Wörterlisten veröffentlichen und malaiische Übersetzungen von theologischen Schriften herausbringen. Und mehr noch: Die VOC stellte Stipendien für künftige Prädikanten zur Verfügung, die sich ihrerseits verpflichten mußten, im Archipel tätig zu werden. Sinnvoll ließ sich diese Arbeit, wenn sie überhaupt Erfolg haben sollte, nur mit einer gründlichen Kenntnis zumindest des Malaiischen ausführen.

---

118 Dazu J. FISCH, *Hollands Ruhm in Asien*, Wiesbaden 1986.
119 VAN GOOR, *Handel en wetenschap*, S. 15. Vf. weist darauf hin, daß diese Beschreibungen bis weit ins 18. Jahrhundert reichen, in denen europäische Beurteilungsmaßstäbe angelegt wurden.

Eigentlich steht dieser praktische Spracherwerb in einem eigenartigen Gegensatz zur sprachwissenschaftlichen Entwicklung in der Metropole. Zwar kam der niederländischen Expansion entsprechend der Wissenschaftszweig der Orientalistik auf, aber nicht die Sprachen des Archipels, sondern lediglich das Arabische war Gegenstand der Forschung. Das heißt, der Mittlere und Nahe Osten stand noch im Zentrum des Interesses. Die Kenntnis des Korans, die theologische Auseinandersetzung damit, war ein wesentlicher Ausgangspunkt, wie selbstverständlich auch die Erleichterung des Handels mit arabischen Fürsten eine erhebliche Rolle für die Beschäftigung mit der Sprache spielten, wobei man offensichtlich davon ausging, daß die Verbreitung des Islam auch einer Ausdehnung des Arabischen entsprach. [120]

Missionierung

Es ist im Zusammenhang mit diesem Spracherwerb schon auf die Bedeutung für die protestantische Mission („zending") und auf die Investition seitens der VOC hingewiesen worden. Der Aspekt sei an dieser Stelle erwähnt, weil er ein Stück kultureller Begegnung, aber in erster Linie doch kultureller Konfrontation enthielt oder enthalten konnte. Man wird sich freilich unter dieser Mission nicht allzu viel vorstellen dürfen, zumindest soweit es um die Erfolgsquote geht. Die VOC entsandte im 17. und 18. Jahrhundert 650 Prädikanten in den Archipel, deren wesentliche Aufgabe es war, das europäische Personal auf den Schiffen, in den Faktoreien und in den zur Kompanie gehörenden Städten geistlich zu betreuen.[121] Diese religiöse Betreuung war durchaus kostenträchtig, zumal etwa auf Ceylon zwischen 1690 und 1796 Ausbildungsstätten für Singalesen, Tamilen und Indo-Europäer hinzukamen, die als Hilfsgeistliche oder Lehrer arbeiten sollten. Das vollzog sich freilich vornehmlich nach unserem Berichtszeitraum. Weit zuvor aber sorgte die VOC auf eigene Kosten für die Versendung der zentralen Schriften des Christentums und – wie schon angedeutet – für die Ausbildung von Prädikanten in der Metropole. Wenngleich die Betreuung der Christen, das heißt in erster Linie der Europäer, im Vordergrund stand, dann blieb doch der Versuch der Missionierung Andersgläubiger nicht aus. Allein, der Erfolg war gering. Am Ende des Jahrhunderts ließ der Utrechter Professor für ostasiatische Sprachen wissen, daß es kaum gelungen sei oder gelinge, die Muslime zum Christentum zu bekehren. Er wies auch einen Grund an: die Prädikanten, die da im Archipel auftauchten, seien ausschließlich auf Geldgewinn aus. Würden die Herren Stände in der Metropole für die Bekehrung von Muslimen eine Belohnung von 1.000 Gulden ausschreiben, dann würden sie möglicherweise aktiv werden. Im übrigen seien die Christen im Archipel wegen ihrer allzu freien Lebensweise, ihren Lügereien und Betrügereien bekannt, was inzwischen schon sprichwörtlich geworden sei.[122] Nun wird solche Aussage vielleicht aus Verärgerung aus aktuellem Anlaß oder aus Enttäuschung zu einer allgemein abwertenden Beurteilung geführt haben, also etwas übertrieben sein, freilich ist auffällig, daß sich die zuständigen Stellen im Archipel im Laufe des Jahrhunderts häufig genug über die schlechte Qualität von Prädikanten beschwert haben und daß es zugleich Gouverneure oder andere Beobachter gegeben hat, die sich über das Verhalten der Niederländer im Archipel nicht unbedingt erfreut fühlten. Tatsächlich hat sich die Kompanie mit ihren Prädikanten – bei in der Tat allmählich abnehmendem

---

120 Zur Entwicklung der Orientalistik s. den Abschnitt *Schulen und Universitäten*.
121 G. SCHUTTE (Hrsg.), *Het Indisch Sion. De gereformeerde kerk onder de Verenigde Oost-Indische Compagnie*, Hilversum 2002, S. 50ff.
122 Bei C. VAN DIJK, *De VOC en de kennis van de taal- en volkenkunde van insulair Zuidoost-Azië*, in: J. BETHLEHEM/A.C. MEIJER, *VOC en cultuur*, S. 60.

Bekehrungseifer – der asiatischen Bevölkerung Batavias, den von den Portugiesen zum Katholizismus bekehrten Ambonesen und Ceylonesen sowie den Animisten auf Formosa zugewandt, und es sei hinzugefügt, daß die Gesellschaft bei allem anfänglichen Eifer niemals die Bekehrung Andersgläubiger als Rechtfertigung für das Eindringen in den Archipel benutzt hat, wie das zuvor die Spanier in Südamerika getan hatten. Die Bibel (oder Teile davon) als Grundlage der Arbeit wurde ins Malaiische, Singalesische und Tamilische übersetzt und gedruckt. Die – wenn man so will – großen Religionen wie Buddhismus, Islam und Hinduismus blieben unbehelligt. Hier waren deutliche Trennungslinien vorgegeben, die von keiner Seite überschritten wurden. Offensichtlich standen sich unvereinbare Grundsätze und Werte gegenüber, die geduldet werden mußten, was nicht unbedingt Anerkennung enthielt. Auf Seiten der niederländischen Kaufleute spielte Religion erst in letzter Instanz eine Rolle. Wo man ins Geschäft kommen wollte und auf religiöse Hindernisse gleich welcher Art stieß, beugte man sich den Herrschenden. Das Schicksal der niederländischen Kolonie auf dem japanischen Deshima zeigt, wie so etwas aussah. Eine starre Haltung hätte hier zumindest das Ende der Geschäftstätigkeit, wenn nicht gar des Lebens bedeutet. Die Religion war in jenem 17. Jahrhundert nicht nur ein konfliktreiches europäisches Problem, sondern hier im Archipel auch eine Demarkationslinie zwischen den Kulturen, was zwar den Handel nicht zu behindern brauchte, aber eher eine gewisse Distanz aufrechterhielt oder gar zu Konfrontationen führte, wenngleich hier und da auch von einer Begegnung die Rede sein konnte, die in erster Linie aus Neugier geboren wurde – eben auch von Seiten einheimischer Fürsten. Schon früh scheint Flottenchef Joris van Spilbergen diese Erfahrung gemacht zu haben. In solchen Fällen jedenfalls hegten Prädikanten die Hoffnung, ihre Zuhörer rasch zum Christentum bekehren zu können, was sich als Fehldeutung erwies. Die religiöse Demarkationslinie hatte hüben wie drüben soziale Konsequenzen. Kompanie-Angestellte durften eingeborene Mädchen nur heiraten, wenn sich die Braut zum Protestantismus bekannte, umgekehrt waren Muslime gegen die eheliche Verbindung mit einem Christen, und Hindus sahen sich aufgrund ihrer Kastenregeln gehalten, eine gemeinsame Mahlzeit mit den Europäern abzulehnen. Solche prinzipiellen Einstellungen haben freilich Konkubinate und Ehen zwischen den Europäern und Frauen asiatischer oder gemischter Herkunft nicht verhindern können, aber bei den Frauen handelte es sich in den meisten Fällen um ehemalige Sklavinnen oder um Frauen portugiesisch-asiatischer Abstammung, die lediglich vom Katholizismus zum Protestantismus wechseln mußten.

Distanz – Begegnung – Konfrontation! Sie sind in unterschiedlicher Form an unterschiedlichen Orten vorgekommen. Bei Lichte betrachtet verlangte die Bekehrung von den Prädikanten ein hohes Maß an Toleranz, die sie aufbringen konnten oder auch nicht aufbrachten. Sie sahen sich nicht nur völlig fremden religiösen Sitten und Gebräuchen gegenüber, sondern wurden offensichtlich auch mit einer Politik der Handelsgesellschaft konfrontiert, die zum Teil auf Förderung anderer Religionen hinauslief. Dahinter steckten Überlegungen des Handels, der nur bei Ruhe im Innern eines Gebietes florieren konnte. Für die vorgenannte tolerante oder intolerante Haltung gibt es zahlreiche Beispiele vielerorts im Archipel, auf Ceylon sowie auf dem indischen Subkontinent.[123]

---

123 Zu dem ganzen Abschnitt und zu den Beispielen s. J. VAN GOOR, *Toleranz als Anerkennung des Andersartigen – Über die Wertigkeit und Nützlichkeit des Menschen in den Gebieten des VOC Handelsmonopols*, in: H. LADEMACHER u.a. (Hrsg.), *Ablehnung – Duldung – Anerkennung*, S. 234ff.

Nautik, Flora und Fauna

Im Zusammenhang mit der naturwissenschaftlichen Neugier ist vorab auf die Arbeiten zur Schiffahrt- und Seefahrtkunde hinzuweisen, die in den Niederlanden und im übrigen auch in anderen seefahrenden Ländern Europas auf einige Tradition zurückblicken konnte. Dieser ganze Berufsbereich sei hier erwähnt, nicht weil man von den Seefahrern der asiatischen Anrainer-Staaten etwas hätte lernen können, sondern weil die Erfahrung vor allem der Überseefahrt in erhöhtem Maße zur Erweiterung der Kenntnisse beitrug und weil eben eine wohlbehaltene Fahrt die Voraussetzung für weiteren Kenntniserwerb war. Als vorbildlich wurde lange vor der VOC-Zeit der *Spieghel der Zeevaart* des Lucas Jansz. Waghenaer empfunden. Es war das erste Fachbuch mit standardisierten Symbolen für Seebojen, sichere Ankerplätze, Küstenprofile und gefährliche Klippen, das nachweislich wiederum aufgrund portugiesischer Vorlagen entstand.[124] Die rasante Entwicklung der Übersee-Schiffahrt ließ Amsterdamer Verleger, unter ihnen Willem Jansz. Blaeu, die Pionierarbeit des Waghenaer fortsetzen. Die bekannteste Leistung dieses Verlegers war der Weltatlas, der 1662 in elf Foliobänden auf den Markt kam. Nach dem Tod Blaeus gingen die innovativen verlegerischen Tätigkeiten zurück. Darüber hinaus erlebte die Literatur zur Technik der Seefahrt einen beachtlichen Aufschwung. Das bis ins 17. Jahrhundert gültige Buch des Spaniers Pedro de Medina *Arte de Navigar* von 1545 wurde zunächst von C.J. Lastmans *Beschrijvinghe van de Kunst der Stuerlieden* aus dem Jahre 1642 abgelöst, dem weitere Werke folgten. Zudem hatte der Unterricht in Seefahrtkunde für künftige Fahrensleute Konjunktur; in den Hafenstädten der Republik kam es zu einem regelrechten Konkurrenzkampf zwischen den Lehrenden, die entweder erfahrene Seeleute waren oder Mathematik und Navigation studiert hatten und nunmehr ihr Wissen an den Mann bringen wollten. Bedarf an Unterweisung war wegen des weitverbreiteten Handelsnetzes reichlich vorhanden. Grundsätzlich bleibt festzuhalten, daß sich die Niederländer auch auf portugiesische Kenntnisse stützen konnten oder diese auch weiter entwickelten oder selbst eben aufgrund der von Plancius oder Stevin angereichten Vorgaben etwa zur Bestimmung des Längengrades aus der Kompass-Abweichung weitere Erleichterungen der Übersee-Fahrt einführten.

Die niederländischen Universitäten äußerten ihre Neugier auf Flora und Fauna des Archipels und anderer Landstriche in Übersee, abgesehen davon, daß die Heilkunst ganz allgemein nach neuen Wegen oder Heilmitteln suchte. Die Schiffsärzte schon der ersten Reise erhielten den Auftrag, Pflanzen zu beschreiben und, falls möglich, mitzubringen. Getrocknete Pflanzen, Samen, Zwiebeln und Knollen fanden sich bald in den Botanischen Gärten von Leiden und Amsterdam oder bei Apothekern und Gewürzhändlern. Botaniker und Pharmazeuten sahen sich nun einer bunten Vielfalt von ihnen bislang unbekannten Gewächsen gegenüber. Zunächst kam es für die Botaniker darauf an, sie beschreibend und zeichnend zu erfassen. Der Direktor des botanischen Gartens von Leiden, Carolus Clusius, veröffentlichte 1605 schon sein Opus *Exoticorum libri decem*, in dem einzelne Kapitel von den Pflanzen handelten, die von den ersten Reisen der VOC-Schiffe mitgebracht worden waren. Das war ein sichtbarer Erfolg für eine weitere fruchtbare Zusammenarbeit zwischen der Handelsgesellschaft und dieser wissenschaftlichen Institution. 1627 reiste der Arzt Jacobus Bontius in den Archipel, zu den Molukken und nach Timor. Er war der Sohn des Leidener Mediziners Gerardt Bontius und

---

124 So C.A. DAVIDS, *Navigeren in Azië. De uitwisseling van kennis tussen Aziaten en navigatiepersoneel bij de voorcompagnieën en de VOC, 1596-1795*, in: BETHLEHEM/MEIJER, *VOC en cultuur*, S. 33. Zwar konnte man sich auf die eigene Seefahrtkunde verlassen, zu Beginn der Fahrt in den Archipel und auch noch nach der Gründung der VOC bediente man sich freilich asiatischer Lotsen. Umgekehrt haben später niederländische Steuerleute auf asiatischen Schiffen navigiert. Ebd. S. 18ff., S. 22.

Georg Everhard Rumphius

kam zunächst mit Jan Pietersz. Coen auf Java an. Seine Aufzeichnungen über die Flora der Inseln wurden 1657 nach seinem Tod unter dem Titel *Historiae naturalis et medicae indiae orientalis* veröffentlicht. Zum bekanntesten Gelehrten des Handelsgebietes avancierte Georg Everaard Rumphius, der „blinde Seher von Ambon", ein Deutscher, der als Soldat in den Dienst der Handelsgesellschaft trat und auf Ambon und den Molukken von 1653 bis 1702 als Angestellter und Verwalter lebte. Er widmete die ganze Zeit seines Aufenthaltes dem Sammeln von Pflanzen und Kräutern, die er in großen Foliobänden beschrieb und abbildete. Sechs Teile seines *Amboinsche Kruidboek* schickte er 1692 in die Niederlande, wo es freilich erst zwischen 1741 und 1750 ediert wurde. Dieser großen Publikation ging 1705 die Veröffentlichung seiner von Seemuscheln, Weich- und Schaltieren, die *Amboinsche rariteitenkamer* voraus. Zuvor schon, 1679, hatte er *Generaele Land-beschrijving van het Amboinsch Gouvernement* und die *Historie van Ambon sedert de eerste possessie van de E. Comp. Tot den jare 1664* zusammengestellt[125], die der Rat von Indien freilich nicht zur Veröffentlichung freigab, da man wohl fürchtete, daß „Unbefugte" zu viel unerwünschte Einsicht in die Voraussetzungen fruchtbaren Handels in diesem Gebiet erlangen könnten. Die botanischen Arbeiten des Rumphius bildeten zusammen mit seinen Untersuchungen zur Mineralogie, Geologie und Paläontologie der Molukken viele Jahrzehnte lang eine wichtige Erkenntnisquelle für die europäischen Wissenschaften.[126] Unterstützt wurde die Arbeit von dem an solchen Studien

---

125 VAN BERKEL, *Een onwillige mecenas?*, S. 39.
126 Über die Karriere des Rumphius vom Soldaten zum Kaufmann und über die Wechselfälle seines Lebens als auch über das Schicksal des MS s. ebd. S. 53ff.

interessierten Generalgouveneur Johannes Camphuysen, der auch die Japan-Studien des deutschen Arztes Engelbert Kaempfer förderte. Das Zusammentragen von Raritäten, von seltsamen Tieren, Vögeln und Steinen, blieb nicht der wissenschaftlichen Beschreibung vorbehalten, sondern war häufig auch Gegenstand einer neuen niederländischen Mode: der Sammelwut. Eine Vielzahl von Versteigerungslisten niederländischen Privatbesitzes im 17. und 18. Jahrhundert weist aus, daß vom Horn des Nashorns bis zum Elefantenschwanz etwa alles gesammelt worden ist, was den Rahmen europäischer Naturalien gesprengt hat.

Während Rumphius auf Ambon und den Molukken seine Arbeit verrichtete, wandte sich Baron Hendrik Adriaan van Reede tot Drakenstein, der zunächst 24 Jahre, dann noch einmal 17 Jahre im Archipel und den angrenzenden Gebieten verbrachte, der indischen Westküste zu. Der Utrechter Baron, einer der wenigen Edelleute im Dienst der Gesellschaft, war ein Amateur-Botaniker, trat zunächst als Seekadett seine Reise in den Archipel an und verbrachte zwischen 1661 und 1667 den größten Teil seines Aufenthalts in Malabar, wo er als Gouverneur lebte.[127] Ihm gelang es aufgrund seiner Autorität als hoher Angestellter der VOC, sowohl den Radscha von Cochin als auch andere Potentaten von Südindien dazu zu bewegen, ihn bei der Sammlung botanischen Materials zu unterstützen. Er scharte einen Rat von gelehrten Brahmanen um sich und unternahm mit Hunderten von Kulis Entdeckungsreisen ins Innere des Landes. Das Ergebnis war der von ihm auf eigene Kosten veröffentlichte *Hortus indicus malabaricus*, der zwischen 1678 und 1703 in zwölf reich bebilderten Foliobänden erschien. Das Werk sollte Weltberühmtheit erlangen. Es sei hinzugefügt, daß seine Studien seitens der Gesellschaft vorbehaltlos freundlich begrüßt wurden. Die Arbeit brachte ihn freilich in Gegensatz zu Rijklof van Goens, dem es in erster Linie auf Handelsprofit ankam, während der Mann an der Malabar-Küste für seine botanischen Untersuchungen Geld brauchte und eher auf ein europäisch-asiatisches Zusammenspiel setzte. Da der Edelmann Freunde in der obersten VOC-Spitze in Amsterdam hatte, fiel er nicht in Ungnade, sondern konnte seine Arbeit in Batavia fortsetzen.[128]

Aber das neue erweiterte Wissen über Fauna und Flora wurde nicht nur in Buchform präsentiert. Die zuvor erwähnten Raritätenkabinette, häufig auch von Bürgern zusammengestellt, die viele Jahre in Südostasien gelebt hatten, boten vielfältiges Anschauungsmaterial, das bei Versteigerungen der Öffentlichkeit zugänglich gemacht wurde. Dazu kam die Anschauung des lebenden Objekts. Abgesehen von den botanischen Gärten, die sicher nicht übergroß an Zahl waren, pflegten Privatleute tropische Pflanzen in ihren Gewächshäusern. Die Matrosen brachten Affen und Papageien mit. In den Menagerien der statthalterlichen Familie fanden sich Tiere aus den Regionen des Archipels. Zum Gasthaus „Blauwe Jan" in Amsterdam oder zum Erholungspark bei der Leidener Bucht pilgerte das Volk, um dort die Tiere aus der Fremde zu bewundern. In den Landhäusern der Regenten, die sich als Rentiers aus dem Geschäftsleben zurückgezogen hatten, standen zahlreiche Volieren mit tropischen Vögeln. Im 18. Jahrhundert zählte ein Papagei im Wohnzimmer schon nicht mehr zu den Besonderheiten. Selbst auf Kirmesfesten wurden Tiere aus den Tropen vorgeführt. In den Niederlanden verendete Tiere wurden ausgestopft und im Leidener botanischen Garten aufgestellt.

---

127 Zu ihm J. HENIGER, *Hendrik Adriaan van Reede tot Drakenstein. A Contribution to the History of Dutch Colonial Botany*, Rotterdam u.a. 1986.
128 Dazu kurz VAN BERKEL, *Een onwillige mecenas?*, S. 48. Der Vf. weist darauf hin, daß – abgesehen von persönlichen Konflikten zwischen Rijklof van Goens und van Reede – die VOC ihn beauftragt habe, ein Laboratorium für die Zubereitung von Zimt-Extrakten zu schließen. Die Handelsgesellschaft fürchtete, daß der Zimt-Handel bedroht werde, wenn überall in Asien solche Privatunternehmen auftauchen würden. Ebd. S. 51.

Veränderungen bei Speiseplan und Hausrat

Mit der Erweiterung botanischer und zoologischer Kenntnisse ging die Veränderung in der täglichen Lebenshaltung, in den Eß- und Trinkgewohnheiten wie in der Wohnkultur einher. Obwohl Gewürze nicht zu den größten Neuigkeiten im Viktualienbereich zählten, wurden sie jetzt auf jeden Fall breiteren Kreisen zugänglich, weil die hohe Anfuhr die Preise sinken ließ. Hinzu kam der Zucker, der von der Ostindischen, vornehmlich freilich von der Westindischen Kompanie eingeführt wurde. Die Geschmackskombination von würzig und süß, zum Beispiel bei Pfefferkuchen und Spekulatius, wurde begehrt. Nachdem Gewürze zunächst lediglich über Apotheken verkauft worden waren, kam gegen Ende des 17. Jahrhunderts der Beruf des Gewürzhändlers auf. Die enge Verbindung von Arzt und Kochkunst zeigt sich darin, daß drei niederländische Kochbücher des 17. Jahrhunderts von Ärzten geschrieben wurden, die auch den in den Anfängen der VOC nur in geringen Mengen eingeführten Tee vorerst eher als Heilkraut denn als Genussmittel sahen. Mediziner scheinen mit ihren Expertisen und Traktaten den Genuß von Tee in der zweiten Hälfte des 17. Jahrhunderts in verstärktem Maße angepriesen und durchgesetzt zu haben. Nunmehr vertrieb nicht mehr der Apotheker, sondern der Gewürzwarenhändler die Ware. Es entwickelte sich eine Teekultur bei Damenkränzchen und in Teehäusern außerhalb der Städte, was im 18. Jahrhundert nicht selten Gegenstand des Spottes wurde. Wer es sich leisten konnte, ergänzte seinen Hausrat durch die Anschaffung von eigens für den Teegenuß angefertigtem Porzellan, und der Teetisch kam in Mode. Für den Kaffee galt eine ähnliche Entwicklung. 1692 zählte man allein in Amsterdam 24 Kaffeehäuser. 1726 ließ François Valentijn wissen, Kaffee sei vor 40 Jahren fast noch unbekannt gewesen, habe aber einen solchen Durchbruch erzielt, daß Hausmädchen und Näherinnen allmorgendlich ihren Kaffee haben müssten, weil sonst der Faden nicht durchs Nadelöhr gehen wolle.

Abgesehen davon, daß neue Eßgewohnheiten ganz allgemein zu einer Veränderung des Hausrates führten, setzte sich im Lauf des 17. Jahrhunderts und verbreitetet dann im 18. Jahrhundert die Ausstattung mit Porzellan durch. Es fand seinen Weg in die Häuser der Bürger. Vor allem die chinesische Ware beherrschte das Bild. Zwischen 1602 und 1682 führte die VOC 3.2 Millionen Stück Porzellan ein, eine Menge die zwischen 1730 und 1789 auf 42.5 Millionen anstieg. Zum größten Teil handelte es sich um Massenware für breiteste Käuferschichten. Angesichts der vorherrschenden chinesischen Ornamentik in den Bürgerhäusern erhielten die Niederländer im 19. Jahrhundert den Beinamen „Chinesen Europas" – ein Wort, das auch auf den Charakter und die Mentalität der niederländischen Gesellschaft schließen lassen sollte. Mit der Einfuhr chinesischen Porzellans, dessen Dekor im Laufe der Jahrzehnte dem europäischen Geschmack angepasst wurde, wuchs auch das Interesse an chinesischer Kunst sowie an Land und Leuten überhaupt. Nicht nur, daß die europäische Kunst chinesische Motive verarbeitete, es ging auch bald um Fauna und Flora, um Sprache und Geographie des Landes. Es entstand eine Vielzahl von Beschreibungen, die mehrere Auflagen erlebten und das China-Bild der Europäer bestimmten. Stellvertretend seien der Gesandtschaftsbericht des Amsterdamer Arztes, Historikers und Geographen Olfert Dapper von 1670 sowie Johan Nieuhoffs reich mit Gravuren versehener China-Band genannt. Die Literatur weist nachdrücklich darauf hin, daß die „Rezeption Chinas" und damit eine Synthese chinesischer und europäischer Kunst ein europaweites Phänomen war, welches in den Niederlanden bis in die Produktion des Delfter Porzellans in Form und Motiv hineinreichte.

Der asiatische Einfluß setzte sich fort in der Ausstattung der Wohnungen mit Möbeln aus Edelholz oder Lackarbeiten aus China und Japan. Am statthalterlichen Hof wurden ganze Kabinette mit asiatischen Möbel eingerichtet. Das insgesamt eher dunkel gehaltene Interieur niederländischer Bürgerhäuser erhielt durch diese Mode aufhellende Farbtupfer. Aus Indien importierte man bemalte waschechte Glanzseide. Die ebenfalls importierten Baumwollstoffe sorgten für eine Blüte der die asiatischen Motive imitierenden Baumwolldruckereien. Sowohl Glanzseide (Chintz) als auch Baumwollstoffe bereicherten Wäschetruhen und Alltagskleidung, deren Motive und Qualität schon 1615 der Dichter Bredero beschrieben hat. All dieses gehörte, wenn man etwas gelten wollte, ebenso zum täglichen Outfit wie der chinesische Fächer für Damen und der in großen Mengen von der VOC eingeführte Spazierstock für Herren.

Westindische Kompanie (WIC): Expansion im atlantischen Raum

Obwohl niederländische Kaufleute in der ersten Hälfte des 17. Jahrhunderts Möglichkeiten fanden, am transatlantischen Handel teilzunehmen, indem sie im Auftrag spanisch-portugiesischer Handelshäuser in die Karibik und zum südamerikanischen Kontinent fuhren, fühlte sich die 1621 gegründete Westindische Compagnie (WIC) – ein von der Republik mit dem Handelsmonopol im atlantischen Raum ausgestattetes Konsortium niederländischer Kaufleute – vom ergiebigen Zuckerhandel ausgeschlossen. Es kam darauf an, das Monopol der Portugiesen zu durchbrechen, indem man sich selbst im Anbaugebiet des Zuckerrohrs, in der brasilianischen Provinz Pernambuco, festsetzte, und es ging darüber hinaus darum, den Gold- und Sklavenhandel der Portugiesen an der westafrikanischen Küste abzulösen. Diese Beeinträchtigung der portugiesischen Vorherrschaft müßte, so kalkulierten die Regenten und Kaufleute der Republik, zu einer deutlichen militärischen Schwächung Spaniens und Portugals auf dem europäischen Kontinent führen. Daß die WIC unmittelbar nach Ablauf des zwölfjährigen niederländisch-spanischen Waffenstillstandes gegründet wurde, darf als ein Zeichen der Verquickung militärischer und wirtschaftlicher Zielsetzung gewertet werden.

Die Charta dieses handelsgesellschaftlichen Pendants für die Neue Welt vom 3. Juni 1621, von den Generalständen für eine „allgemeine" oder „vereinigte Kompanie" ausgestellt, sah vor, in Westindien und Afrika Handel und Schiffahrt zu betreiben und die Position der dort in einzelnen Niederlassungen lebenden Niederländer zu verstärken. Wie die Ostindische so erhielt auch die Westindische Kompanie einen Monopolstatus zuerkannt. Das heißt jeglicher anderweitiger privater Handel in diesem großen Raum war strafbar. Im übrigen lauteten die Inhalte der Charta ähnlich denen der VOC: Anlage von Festungen und Garnisonen, Rekrutierung von Soldaten, die Befugnis, Allianzen mit Fürsten und Völkern zu schließen, eigene Rechtsprechung und Verwaltung. Auch die Verwaltungs- und Entscheidungsstruktur entsprach der der ostindischen Schwestergesellschaft: Kammereinteilung mit den jeweiligen Verwaltungsdirektoren, die entsprechend dem oligarchischen Prinzip der Republik in ihre Positionen rückten. Die Zentralverwaltung bestand aus 19 Mitgliedern, dem Kollegium der XIX (Herren XIX) – unter ihnen ein Vertreter der Generalstände. Es gab freilich zwei Unterschiede zu VOC: Zum einen behielten sich die Generalstände eine Reihe von Rechten und Kompetenzen vor, was in der Praxis bedeutungslos blieb. Denn Vorstellungen, wie sie zuvor der aus den südlichen Niederlanden stammende Willem Usselincx[129] entwickelt hatte, der diesen zweiten expansiven Vorstoß der Republik zu einer Angelegenheit des Staates machen wollte, erwiesen sich als unrealistisch. Zum anderen trat der Kolonisierungsaspekt stärker in den Vordergrund, was auf die Vielzahl der schon vorhandenen niederländischen Niederlassungen im Monopolgebiet zurückzuführen ist.

---

129 Zu Willem Usselincx und seinen frühen Plänen s. W. WENNEKES, *Gouden handel. De eerste Nederlanders overzee, en wat zij daar haalden*, Amsterdam u.a. 1996, S. 291f.

In einem ersten Zugriff eroberte der WIC-Kapitän Jacob Willekens im Mai 1624 die Hafenstadt Bahia. Portugiesischen Siedlern, unterstützt von indianischen Hilfstruppen, gelang es freilich, den Durchbruch niederländischer Soldaten ins Hinterland zu verhindern, und die in Bahia gelagerte Garnison war aus den unterschiedlichsten Gründen nicht stark genug, um einer inzwischen herangeführten portugiesischen Flotte zu widerstehen. Sie kapitulierte im April 1625. Da es den Niederländern etwa zur gleichen Zeit auch nicht gelang, die portugiesische Sklavenstation Luanda an der afrikanischen Westküste und das nördlich davon an der Goldküste gelegene Fort Elmina zu erobern, blieb dieser erste Versuch, die portugiesische Vorherrschaft im Atlantik zu brechen, ohne sichtbaren Erfolg. In diesen Jahren entwickelte sich die von der WIC gesteuerte niederländische Kaperfahrt zu einem lukrativen Unternehmen großen Stils. Insgesamt zwei Jahrzehnte lang rüstete die Gesellschaft große Kaperflotten aus, die vornehmlich die Gewässer in der karibischen See befuhren und mit reicher Beute heimkehrten. Das sei hier erwähnt, weil einer der größten Erfolge, die Erbeutung eines großen Teils der spanischen Silberflotte 1627 durch Piet Heyn, nach Abzug aller Investitionskosten einen Gewinn von 7 Millionen Gulden eintrug – Kapital genug, um eine kleine Armada von 67 Schiffen mit 7.000 Mann und 1.200 Kanonen zum neuerlichen Zugriff auf Brasilien auszurüsten. Dieser Streitmacht gelang es rasch, die Küstenstadt Olinda, die Hauptstadt Pernambucos, Sitz der hohen Gerichtsbarkeit und religiöses Zentrum mit zahlreichen Klöstern, einzunehmen und sich in dem in unmittelbarer Nähe gelegenen Hafen von Recife und auf den benachbarten Inseln festzusetzen. Der letzte portugiesische Widerstand, der sich vornehmlich in Guerilla-Aktivitäten erschöpfte, schließlich auch nicht mehr von See her gestützt werden konnte, weil es den Portugiesen einfach an Geld zur Ausrüstung einer starken Flotte fehlte, kam 1636 zum Erliegen. Die Niederländer waren endgültig Herren über den größten und wirtschaftlich ergiebigsten Teil Brasiliens.[130]

Johann Moritz von Nassau-Siegen: Auf- und Ausbau Pernambucos

Es folgten die Jahre des Neuaufbaus und des Ausbaus, nicht in jedem Augenblick auch Jahre der Befriedung, auf jeden Fall aber eine Zeit, in der von Beginn an deutlich wurde, daß die neuen Herren hier zu bleiben gedachten. Neu-Holland wurde das Territorium genannt, zu dem neben Pernambuco die Bezirke (capitanias) Seregipe del Rey, Tamarica, Parayba, Rio Grande und Sijara gehörten. Die WIC ernannte Johann Moritz von Nassau-Siegen, damals erst 33 jährig und im Kampf der niederländischen Republik gegen Spanien kriegserprobt, zum Gouverneur und Generalkapitän des neuen Territoriums. Dieser mit den Oraniern eng verwandte deutsche Adlige (Großneffe des Wilhelm von Oranien), der später den Beinamen: der *Brasilianer* erhalten sollte und in den 50er Jahren des Jahrhunderts eine große Stütze für den Großen Kurfürsten in den preußischen Westprovinzen war, ließ von Beginn an deutlich werden, daß es ihm zum einen um wirtschaftliche Effizienz, zum anderen aber um eine Konsolidierung der auf Dauer berechneten niederländischen Macht ging.[131] Der niederländische calvinistische Pfarrer und in seiner Zeit hochangesehene Gelehrte Caspar Barlaeus hat die Wechselfälle des Nassau-

---

130 Dazu kurz E. VAN DEN BOOGAART, *De Nederlandse expansie in het Atlantische gebied 1590-1674*, in: *Overzee. Nederlandse koloniale geschiedenis 1590-1675*, Haarlem 1982, S. 118ff.
131 Zu Johann Moritz von Nassau-Siegen s. u.a. C. BOXER, *The Dutch in Brazil, 1624-1654*, Oxford 1957; ferner auch den Ausstellungskatalog *Soweit der Erdkreis reicht*, Haus Koekkoek, Kleve 1979. Es sei darauf hingewiesen, daß inzwischen eine von I. Hantsche redigierte Aufsatzsammlung als Band 13 in der Reihe *Studien zur Geschichte und Kultur Nordwesteuropas* erschienen ist (2005), der sich mit der Rolle des Nassauers in Preußen und den Niederlanden befaßt. Ein von G. Brunn redigierter Band zur Rolle des Johann Moritz in Pernambuco wird 2007 erscheinen.

Johann Moritz von Nassau-Siegen (P. Nason)

ers in einem umfangreichen Folianten unter dem Titel *Rerum per Octennium in Brasilia Et alibi nuper gestarum, Sub Praefectura Illustrissimi Comitis I. Mauritii, Nassoviae, & Comitis, Nunc Vesaliae Gubernatoris & Equitatus Foederatorum Belgii Ordd. Sub Avriaco Ductoris, Historia* beschrieben. Das Werk war als Rechtfertigung der Politik des Nassauers gegen die Angriffe aus dem Konsortium der WIC gedacht.

Konsolidierung der niederländischen Herrschaft in einem Gebiet, das eine durchaus gemischte Gesellschaft aus Europäern (Portugiesen), Indianern und eine große Zahl afrikanischer Sklaven beherbergte, hieß zunächst einmal Verbesserung der eigenen militärischen Ausrüstung und darüber hinaus Befriedung des Gebietes durch Niederkämpfung des letzten Widerstandes portugiesischer Siedler und einiger aufrührerischer Indianer-Stämme. Wenngleich die Ruhe auch nach den Zügen ins Landesinnere nicht umfassend hergestellt war und erst 1642 ein Waffenstillstand zwischen Johann Moritz und Portugal zustande kam, bot sich doch genug Gelegenheit, den Anbau von Zuckerrohr und die Verarbeitung in Zuckermühlen zugunsten der WIC neu auf- und auszubauen und erste Schritte zu einer Festigung der Herrschaft durch gezielte Siedlungspolitik zu unternehmen. Daß die Ansiedlung von Niederländern in diesem eroberten Territorium eine vornehmlich Aufgabe der Handelsgesellschaft sein mußte, ließ Johann Moritz schon nach seiner ersten Strafexpedition ins Landesinnere deutlich werden. Sein Schreiben an das Konsortium war nicht nur ein nüchterner Bericht, sondern eine Werbung für das Land. Von großen Rinderherden berichtete er, von unvergleichlich mildem und gesundem Klima, das die Menschen bis zu hundert Jahr alt werden lasse, und von fruchtbarem Boden. Und er endet mit den Worten: „Der Boden freilich bedarf der Menschen, er bettelt nachgerade um Kolonisten, die diese Einsamkeit bewohnen und den Boden bearbeiten. Ohne Siedlungen können diese Gebiete für die Gesellschaft von keinerlei Nutzen sein."[132] Die Anwerbung von künftigen Siedlern sollte die Gesellschaft nicht nur in der Republik, sondern auch in benachbarten Ländern inszenieren. Nicht nur um einzelne, sondern um ganze – naturgemäß protestantische – Familien ging es ihm, gleichviel ob sie aus der Republik oder aus Deutschland oder Skandinavien kamen. Schließlich hielt er sogar eine Notlösung parat, falls diese Unternehmung nicht fruchtete. „Sollte die Gesellschaft keinen Erfolg haben, dann müssen die Amsterdamer Arbeitshäuser geöffnet und die Gauner freigelassen werden, damit sie den Boden des neuen Territoriums mit der Hacke bearbeiten, ... ihre früheren Schandtaten ausschwitzen und nicht mehr schädlich, sondern nützlich für die Republik sind."[133]

Der Gouverneur Johann Moritz machte diese Siedlungsfrage zu einem dringlichen Anliegen, wie sich auch in den folgenden Jahren zeigte. Und dies hatte nicht nur einen wirtschaftlichen, sondern auch einen politischen Grund. Die neuen Herren waren in der Minderheit gegenüber den Portugiesen, und sie sollten es bis zum Ende der niederländischen Oberhoheit auch bleiben. Die Zahl der in den von den Niederländern eroberten capitanias verbliebenen Portugiesen (moradores), zu denen noch eine Gruppe von Rückkehrern (retirados) aus Bahia stieß, belief sich einschließlich der Frauen und Kinder auf etwa 25.000 Personen. Die große Mehrheit wohnte auf dem Land und rund die Hälfte war als Eigentümer von Zuckermühlen, Aufsichtsperson, Handwerker oder Priester im Umfeld der Zuckermühlen direkt oder indirekt tätig. Andere besaßen bäuerliche Betriebe und bauten Maniok, Obst und Gemüse, Tabak oder Baumwolle an. Eine dritte Gruppe verdiente ihren Lebensunterhalt als Fischer, Handwerker und im Handel. Es handelt sich hier um die politische und wirtschaftliche Elite der Kolonie, die insofern nach der Übernahme durch die WIC eine andere personelle Zusammensetzung erfuhr, als die im Zuge der Kriegshandlungen verlassenen Zuckermühlen und landwirtschaftlichen

---

132 Zit. bei WENNEKES, *Gouden handel*, S. 304f.
133 Ebd. S. 305.

Brasilianische Zuckermühle (F. Post)

Betriebe von den moradores übernommen wurden, die vorher nicht zu den Eigentümern zählten. Es war Johann Moritz und dem unter ihm fungierenden Hohen und Geheimen Rat von Beginn an klar, daß in diesem niemals endgültig befriedeten Gebiet die größte Gefahr des Widerstandes gegen die Herrschaft der niederländischen Handelsgesellschaft von dieser Gruppe von Portugiesen ausgehen mußte.

Die Bemühungen des Gouverneurs, der sich im übrigen durchaus von der WIC unterstützt sah, zu einem Gleichgewicht der Bevölkerungsanteile zu kommen, waren begreiflich genug, da die 1639 ursprünglich 10.000 im Dienst der WIC tätigen Personen (Soldaten, Seeleute und Verwaltungsbeamte) nach Abschluß des Waffenstillstandes 1642 auf 4.000 zurückgebracht wurden.[134] Dazu kam, daß es sich bei einem großen Teil nicht um Niederländer, sondern um Engländer, Franzosen und Deutsche handelte. Es wird angenommen, daß nicht einmal 10 v.H. Frau und Kinder hatten. Es kam vor, daß Angestellte der Gesellschaft nach Ablauf ihres – meistens – vierjährigen Vertrages als sogenannte Freie im Lande verblieben. Zählt man zu ihnen die Immigranten, die ihrerseits wiederum multinational zusammengesetzt waren, dann belief sich die Zahl der Freien und Zuwanderer 1636 auf 1.100 und stieg bis 1645 auf 3.000 an.[135] Etwa ein Viertel der Immigranten kam mit Familie ins Land. Von einer Kolonie „Neuholland", wie dieses Gebiet so voreilig benannt worden war, konnte tatsächlich zu keinem Zeitpunkt die Rede sein, zumal es unter den Niederländern durchaus üblich war, portugiesische Frauen zu heiraten, was weder die calvinistischen Pfarrer noch die Kolonialverwaltung begrüßten, da man nicht zu Unrecht annahm, daß die Männer eher den katholischen Glauben ihrer Frauen annehmen würden als die Frauen den calvinistischen Glauben der Männer. Tatsächlich sollte sich nach Wiederaufnahme der portugiesisch-niederländischen Feindseligkeiten 1645 zeigen, daß niederländische Offiziere und Kaufleute, die mit einer Portugiesin verheiratet waren, die Seite der Portugiesen wählten – und dies häufig auf strategisch wichtigen Posten.

Ihren ehemaligen Soldaten bot die Gesellschaft landwirtschaftlichen Boden zu guten Konditionen an. Sowohl bei dieser Gruppe der „Freien" als auch bei den Immigranten blieb das Interesse an der Agrarwirtschaft äußerst gering. Man geht davon aus, daß höchstens einige Hundert sich auf dem Lande niedergelassen haben. Die große Mehrheit zog nach Recife oder in das neugegründete, hier noch zu erörternde Mauritsstad, um dort als Kaufleute, Handwerker oder Gewerbetreibende zu arbeiten. Ein Drittel der Freien (Immigranten) bestand aus Juden, die meistens den Sephardim angehörten und

---

134 Daten bei VAN DEN BOOGAART, *Nederlandse expansie*, S. 121.
135 Ebd. S. 122.

Brasilianische Landschaft mit port. Niederlassung (F. Post)

nur vereinzelt den Ashkenazim. Ihnen schlossen sich die schon in der Kolonie wohnenden, aus Portugal stammenden getauften Juden, die Neu-Christen, an, die freilich wieder zur alten Glaubensgemeinschaft zurückkehrten. Diese jüdischen Gruppen konnten kein öffentliches Amt bekleiden, beteiligten sich weder an der Zuckerproduktion noch betrieben sie Landwirtschaft. Ihr Haupterwerb war der Zwischenhandel mit Sklaven in der Kolonie. In den Jahren der umfangreichsten Einfuhr afrikanischer Sklaven (1640-44) kauften sie etwa 40 v.H. auf.[136] Viele Eigentümer von Zuckermühlen und Zuckerrohr-Feldern machten beim Kauf der Sklaven hohe Schulden bei den Händlern, die sich ihrerseits bei den moradores nicht sonderlich beliebt machten, aber immerhin auf indirektem Wege deutlich in den Zuckerhandel einsteigen konnten. Darüber hinaus trat diese Gruppe als Steuerpächter für den größten Teil der Kolonialsteuern auf und tat sich als Einzelhändler in Recife oder als Hausierer auf dem platten Land hervor. Die Gruppe der jüdischen Einwanderer zählte zur Blütezeit der Kolonie immerhin 1.000 Mitglieder, von denen noch 600 bei der Rückgabe der Kolonie an Portugal 1654 im Lande lebten.

Ein Bericht über die koloniale Gesellschaft in Neu-Holland unter Johann Moritz wird sich immer auch mit dem Verhältnis der Niederländer zu den Indianern und schließlich auch mit den Sklaven zu befassen haben. Für die niederländische Kolonialverwaltung kam es in erster Linie darauf an, die Indianer angesichts der nie gänzlich befriedeten Lage im Territorium gleichsam für das eigene, das niederländische Lager zu ködern. So gewährten sie den Dörfern (aldeias) größere Autonomie als diese unter den Portugiesen gehabt hatten. Daraus zogen vor allem die Stammeshäuptlinge ihren Profit, da sie die Einwohner zu Arbeiten verdingen, Maniok anbauen oder insgeheim Branntwein herstellen lassen konnten, den sie mit Gewinn verkauften. Gegen die über die Autonomie

---

136 Ebd.

zu erreichende wirtschaftliche Ausbeutung durch die Dorfsoberen ließ sich nur schwer angehen, da die Kolonialverwaltung alles vermeiden wollte, was die Stammeshäuptlinge und die moradores, die auch von der Dorfautonomie profitierten, gegen sie aufbringen konnten. Die WIC und ihre Verwaltungsgremien nahmen selbst die Dienste der Indianer in Anspruch. Sie mieteten sie als Arbeiter oder rekrutierten sie auch zum Militärdienst. Sie wurden bis zu zwei Jahren im Kampf gegen portugiesische Guerilla-Gruppen eingesetzt oder fingen entlaufene Sklaven ein. Die Indianer wurden in eigenen Bataillonen unter indianischen oder europäischen Offizieren zusammengefaßt. Sie erhielten den halben Sold der weißen Soldaten. Für die WIC waren die indianischen Söldner insofern von besonderer Bedeutung, als sich durch sie das Ungleichgewicht der Kräfte etwas ausgleichen ließ.

Es blieb nicht aus, daß sich die in jedem Augenblick auf christliche Mission bedachten niederländischen calvinistischen Prädikanten um die christliche Taufe und die Erziehung der Indianer in den Dörfern bemüht haben. Obwohl ein protestantischer Katechismus in der Tupi-Sprache aufgelegt wurde, konnte, wie ein umfassender Bericht von 1644 ausweist, von nennenswertem Erfolg keine Rede sein. Die zuvor schon von katholischen Missionaren bekehrten Indianer holten weiter ihren Rosenkranz ab und feierten die Heiligen, abgesehen davon, daß sie auch weiterhin ihre Körper bemalten. Die protestantischen Prädikanten bemühten sich freilich nicht nur um das Seelenheil, sondern auch im die Verbesserung der Lebensverhältnisse der insgesamt doch armen eingeborenen Bevölkerung. Wiederholt beklagten sie bei der Kolonialverwaltung die Armut und den schlechten Gesundheitszustand der Indianer. Möglicherweise hat diese Sorge um die Bedingungen der täglichen Existenz der Indianer dafür gesorgt, daß beim Aufstand der moradores 1644 nach dem Ausscheiden des Johann Moritz aus dem Dienst der WIC etwa 3.500 Indianer auf der Seite der Niederländer standen, wenngleich die WIC die von den Portugiesen betriebene Versklavung von Indianern nicht hat verhindern können.

Die große Gruppe der afrikanischen Sklaven gehörte zu den Zuckerrohr- und schließlich auch Baumwollfeldern Brasiliens wie die Kauffahrteischiffe zu den Niederländern. Mit der Eroberung im brasilianischen Nordosten übernahm die WIC auch den größten Teil des bis dahin vornehmlich von Spaniern und Portugiesen betriebenen Sklavenhandels. Hatten die Calvinisten den Sklavenhandel in der vor-brasilianischen Zeit noch als gottloses Handel verworfen, trat mit der Eroberung im Nordosten Brasiliens ein völliger Sinneswandel ein, der von Prädikanten noch dazu alt- und neutestamentarisch begründet wurde. Einer der Befürworter war der Prädikant Godfried Cornelisz.Udemans, der in einer von der Ost- und Westindischen Gesellschaft gegebenen Auftragsarbeit wissen ließ, daß Sklavenhandel erlaubt sei, solange nicht Christen auf den Markt gebracht wurden. Im übrigen seien afrikanische Sklaven ohnehin schon in ihren Heimatländern als Sklaven gehalten worden. Diese leichtfüßige Art der Rechtfertigung entsprach dem dringlichen Wunsch der Kolonialverwaltung nach der Einfuhr von Sklaven. Kein Weißer könne sich unter den gegebenen Umständen die geforderte Arbeit ertragen; es scheine, als ob ihre Körper durch die große Klimaveränderung an Kraft verlören. Es bestand Übereinstimmung zwischen moradores und Niederländern darüber, daß Sklaven eingeführt werden *mußten*, und die Niederländer wußten darüber hinaus, daß Sklavenhandel unter die einträglichen Geschäfte fiel. So nahm die WIC 1637 unter der Führung der WIC, das heißt hier des Johann Moritz, das portugiesische Sklavenfort Sao Jorge da Mina an der afrikanischen Westküste ein und vier Jahre später Luanda in Angola, so daß nunmehr der Sklavenhandel fast ausschließlich in ihren Händen lag.

Während im Laufe der Gouverneurszeit des Johann Moritz häufig für eine erhöhte Einfuhr plädiert wurde, um immer mehr Land zu kultivieren und die Gewinne in der Kolonie zu erhöhen, war man sich auch durchaus der damit verbundenen Gefahren bewußt. Gegenwärtig wird die Zahl der in Brasilien zwischen 1636 und 1645 eingeführten Sklaven auf 25.000 beziffert. Die weitaus meisten wurden an die auf dem Lande lebenden portugiesischen moradores verkauft. Es blieb auch nichts anderes übrig, wenn dieser auf Sklavenarbeit beruhende Sektor blühen und die Ruhe bei den Portugiesen einigermaßen gewährleistet werden sollte. Und eben hier lag die Kehrseite der Medaille. Mit der Lieferung von Sklaven verhalf man den Landbesitzern nicht nur zu Arbeitskräften, die sie natürlich kaufen mußten, sondern auch zu Mannschaften, die im Falle kriegerischer Auseinandersetzungen mit der WIC militärische Hilfsdienste leisten konnten, zumal sich die Kolonialverwaltung keineswegs in der Lage zeigte, auf die Sklaven im Sinne einer Loyalität gegenüber Land und Regierung erzieherisch einzuwirken, abgesehen davon, daß sich auch die calvinistischen Prädikanten kaum um die Bekehrung der Sklaven kümmerten. Man empfahl freilich die Ehe, um der „Unkeuschheit" vorzubeugen, aber konkrete Resultate zeitigte das alles nicht. Die relativ geringe Zahl der Sklaven in den Städten war Eigentum entweder der WIC oder einiger Freibürger. Die unmittelbar der WIC unterstellten Sklaven und eben nur diese erhielten für sich und ihre Verwandten die Gelegenheit, sich nach einer Zeit harter Arbeit und treuer Dienste freizukaufen.

Für Gouverneur Johann Moritz war es angesichts der äußerst gemischten Gesellschaft Brasiliens von Beginn an klar, daß eine effiziente Wirtschaftspolitik einerseits und eine tolerante Haltung gegenüber den nicht-calvinistischen Religionen andrerseits die Gesellschaft zu einer Gemeinschaft unter niederländischer Flagge binden könnte. Trotz des kriegerischen Ausgangspunktes waren die Voraussetzungen nicht einmal schlecht, denn sowohl die weißen Sieger als auch die weißen Besiegten hatte ein Interesse daran, daß die Zuckerindustrie wieder rasch in Gang kam und das Verhältnis zu Indianern und Sklaven im alten Sinn wiederhergestellt wurde. Die portugiesischen Pflanzer, Juden und Katholiken gleichermaßen, wurden wieder in ihre Rechte als Landbesitzer und Eigentümer von Plantagen und Zuckermühlen eingesetzt, wenn sie einen Eid auf Anerkennung der niederländischen Oberhoheit schworen. Daß es im wirtschaftlichen Bereich naturgemäß auch um ein niederländisches Interesse ging, zeigt die Einführung der Maße und Gewichte nach den Normen des Amsterdamer Marktes. Gewiß, da gab es auf der einen Seite eine Verschärfung der Rechtsvorschriften, soweit diese das tägliche Leben erfaßten – etwa Verbot von Glücksspiel, Heiratsverbot zwischen Blutsverwandten, Beischlaf mit Afrikanerinnen, Verschärfung der Strafen Mord, Raub, Fluchen und Erpressung –, in Religionsfragen freilich gab sich der Gouverneur sehr tolerant, was vor allem die WIC-Mitglieder der Provinz Seeland und die calvinistischen Prädikanten vor Ort erboste. Katholiken und Juden erhielten das Recht, in ihren Kirchen und Synagogen ihren Gottesdienst frei auszuüben. Auf Prozessionen oder ähnliche, in der Öffentlichkeit zu äußernde Glaubensbekenntnisse mußte freilich verzichtet werden. Diese Maßnahme des am Humanismus orientierten Johann Moritz mag dann einer grundsätzlichen Einstellung entsprochen haben, aber er war auch Pragmatiker genug, um zu begreifen, daß die Kolonie nur im engen Zusammenspiel der Gruppen gedeihen konnte. Das schloß freilich nicht aus, daß die der Intrige verdächtigten Jesuiten das Territorium zu verlassen hatten und daß die calvinistischen Prädikanten durchaus gehalten waren, auf jeden Fall die Juden und die Katholiken dazu zu überreden, zum *rechten Glauben* überzutreten.

Der Wiederaufbau der Zuckerindustrie verlief relativ rasch, da Johann Moritz den Pflanzern der weitgehend zerstörten Plantagen und Mühlen günstige Vorschüsse, billiges Agrarland und Vorzugssteuern gewährte. Der Gouverneur ließ darüber hinaus andere Gewächse anpflanzen, die in erster Linie der Ernährung der einheimischen Bevölkerung dienen sollte. Dazu zählte Maniok, das hauptsächlich zur Ernährung der Sklaven und des Viehs diente, und für die Nahrungsmittelversorgung vor allem in den Küstengebieten mit ihrer Konzentration von Zuckermühlen wurden auf Anordnung des Gouverneurs Süßkartoffeln, Mais, Kürbis, Bananen und Gurken angebaut. Der Bedarf an Fleisch sollte durch Vergrößerung des Rinderbestandes erhöht werden, was wiederum der Versorgung des Mutterlandes mit Häuten für die Lederindustrie diente. Zum Aufbau der Baumwollindustrie ließ Johann Moritz schließlich Baumwoll-Sträucher pflanzen. Eben dieses Produkt war in Anbau, Pflege, Ernte und Bearbeitung äußerst arbeitsintensiv ausgelegt. Die Einführung der Baumwolle in die Produktpalette der Kolonie erklärt dann auch den erhöhten Bedarf an afrikanischen Sklaven.

Sicher hat Johann Moritz mit all seinen Unternehmungen das Vertrauen auch der Portugiesen gewinnen können, aber das übertrug sich nicht ohne weiteres auf die WIC. So war in jedem Augenblick äußerste Vorsicht verlangt, vor allem wenn wirtschaftliche Probleme auftraten, wie etwa der Anstieg der Preise für Sklaven um 150 bis 200 % zwischen 1638 und 1642, der Rückgang des Zuckerexports durch Epidemien unter Sklaven und Indianern oder auch der Preisverfall für Zucker in Amsterdam. Wenn dann gleichbleibend hohe Preise für europäische Waren trotz Liberalisierung des Handel hinzutraten, konnten Unruhen erwartet werden.

Der Gouverneur unternahm Expeditionen in den brasilianischen Urwald, um Gold und Silber zu finden, ohne freilich fündig zu werden. Dagegen stellte sich für ihn, den medizinisch und naturwissenschaftlich hochinteressierten Verwaltungsmann, rasch heraus, daß die brasilianische Flora eine Vielzahl von Möglichkeiten bot, neue Heilmittel für körperliche Beschwerden zu entdecken, die nicht nur auf die Kolonie begrenzt waren. Er ließ seinen Leibarzt Piso entsprechende Arbeiten verrichten, deren Ergebnisse in einem frühen Standardwerk *De Medicina Brasiliensi* veröffentlicht wurden – ein Werk, das wenig später der Leidener Studienfreund des Piso, Georg Marcgraf von Liebstadt mit einem Flora, Fauna, Klima und Sternenhimmel erfassenden grundlegenden Werk unter dem Titel *Historiae Rerum naturalium Brasiliae* ergänzte.

Daß der Nordosten Brasiliens, dieses Neu-Holland, nicht nur als ein Handelsdepot für begehrte Rohstoffe dienen, sondern auch die Dauerhaftigkeit niederländischer Präsenz nach außen hin zeigen sollte, war für einen den Zielen der niederländischen Republik und zugleich der Kunst und Architektur seines Landes eng verbundenen Mann wie den Gouverneur die schiere Selbstverständlichkeit. Nach Evakuierung des stark zerstörten Olinda 1631 und der Empfehlung an die moradores, sich auf der Landzunge des nur 7 km südlich gelegenen Recife niederzulassen, begab sich Johann Moritz an den Ausbau dieses ursprünglichen Fischerdorfes mit seinem durch die Lage gesicherten Hafen. Bis 1639 entstanden dort etwa 2.000 neue Gebäude – schmale, aber hohe, auf geringer Grundfläche gebaute Frontgiebel-Häuser mit Außentreppen, in Stein gemeißelten Tor- und Hauseingängen sowie verzierten Giebeln der unterschiedlichsten Art. In den Gemälden von Frans Post und Albert Eeckhout ist dieser vom niederländischen Vorbild geprägte Baustil dargestellt.[137] Dazu trat die Anlage neuer Stadtstraßen und Zufahrtswege sowie von zwei Synagogen.

Die Überfüllung der Stadt und die hohen Hauspreise, die lange nicht von allen Angestellten der WIC aufgebracht werden konnten, kamen der Baulust des Gouverneurs entgegen, der sich bald an den Aufbau der Stadt Mauricia (Mauritsstad) auf der vor Recife gelegenen Insel Antonio Vaz machte – ein Unternehmen, das freilich nicht von Wohnungsnot ausging, sondern militärische Gründe hatte, da man glaubte, eine Insel besser als eine Stadt auf dem Festland verteidigen zu können, zumal dort im Norden und Süden bis zum Amtsantritt schon zwei Forts errichtet worden waren. Er ließ eine von Wasser durchzogene Stadt bauen, die durch zwei Brücken mit Recife und Fort Willem auf dem brasilianischen Festland verbunden war. Die Brücken dienten sowohl dem Waren- als auch dem Truppentransport. Die unsichere militärische Lage mußte eben in jedem

---

137 Zu Albert Eeckhout s. den Katalog zur Ausstellung seiner Werke, die 2004 im Haager Mauritshuis stattfand.

Titelseite der von Johannes de Laet edierten Arbeiten von Piso und Marcgraf.

Augenblick mitbedacht werden. Zugleich ließ er einen Park anlegen, der, wie Manuel Caldo zeitgenössisch beschreibt, mit schließlich 2.000 Kokospalmen bepflanzt war. Die Anlage des Parks, zu dem im übrigen ein Tiergarten und ein botanischer Garten für medizinische Zwecke gehörten, darf insofern als eine besondere landschaftsgärtnerische Leistung angemerkt werden, als die Insel bis dahin nur unfruchtbaren Boden hatte, den der Gouverneur nunmehr durch umfangreiche Anfuhr von fruchtbarem Boden aufbesserte, wie überhaupt erst ein großes Sumpfgebiet trockengelegt werden mußte, ehe mit dem Bau der zum großen Teil von dem weit über die Grenzen des Landes berühmten Architekten Pieter Post, ein Bruder des Frans Post, entworfenen Stadt begonnen werden konnte.

Es war wie selbstverständlich, daß der zwar in der Wolle gefärbte Militär, aber doch auf den eigenen Komfort bedachte Privatmann Johann auf eben dieser Insel seine Residenz *Vrijburg* bauen ließ, die nach Lage und Baustil in jener Zeit als das schönste Gebäude Brasiliens bezeichnet wurde. In dieser großzügigen Anlage steckte sein Geld und das der WIC. Es war ein Gebäude der Spätrenaissance mit portugiesischen kolonialen Stilelementen und so angelegt, daß es nicht nur militärisch gesichert war, sondern neben Stallungen für 24 Pferde auch Räume für Angestellte und Sklaven hatte. Das Haus wurde von zwei Türmen, je 4 Stockwerke hoch, überragt, von denen einer als Observatorium und Wetterstation diente. In ihm arbeitete der hier schon genannte Georg Marcgraf von Liebstadt. Ein Sommersitz, Boa Vista genannt, ergänzte den Komfort des

Gouverneurs. Einige der moradores scheinen ihn beim Bau dieses Sommersitzes aus Dank für seine Bemühungen um die Portugiesen mit Baumaterial unterstützt zu haben.

Johann Moritz hat Stadt und Residenzen, diesen in Stein und Tropenholz umgesetzten Wunsch nach dauerhafter Präsenz nicht mehr lange genießen können. Er wurde 1644 von der WIC abberufen, weil dem Konsortium seine Politik und seine Verwaltung zu teuer wurde. Johann Moritz übertrug seine Kompetenzen am 6. Mai 1644 auf einen Verwaltungsrat, der zum größten Teil aus Pflanzern bestand, und mahnte bei seinem Abschied noch einmal religiöse Toleranz als unverzichtbares Lebenselixier der Kolonie an. Caspar Barlaeus hat ihn wenig später mit den Worten gerühmt: „Im Reich der Düsternis waren Sie ein leuchtender Morgenstern."[138]

Die Daten mögen für ein kleines Resumee genügen, das hier in einem Vergleich mit Jan Pietersz. Coen gezogen werden soll, der in der Darstellung zur VOC ausführlich behandelt worden ist. Da steht der strenge Calvinist und Kaufmann aus dem nordholländischen Hoorn, der als Kaufmann erzogen war und auch nichts anderes sein wollte und kaufmännisches Denken in politisches umsetzte, dem doch eher weitgereisten humanistisch gebildeten deutschen Adligen gegenüber, der, mit den Oraniern verwandt, im Dienst der niederländischen Republik tätig war. Der Nassauer kannte zwar die Niederlande, war ihnen aber möglicherweise doch nicht so emotional verbunden wie der Kaufmann aus Hoorn. Vielleicht ist es so, daß der unbedingte Wunsch nach einem positiven Saldo dem Hang des Jan Pietersz. Coen zur Rigorosität des Denkens und Handelns förderlich gewesen ist – eine Rigorosität, die bis hin zur auch zeitgenössisch nicht überall gebilligten Gewalttätigkeit führte. Aber dieser Bereich von Psyche und Mentalität sei hier außen vor gelassen, vielmehr sind die unterschiedlichen Wirkungsbedingungen einzubringen, denen sich die beiden Protagonisten gegenübersahen. Letztlich war doch die VOC mit Coen und den anderen – früheren oder späteren – Generalgouverneuren eine Gesellschaft, die einigermaßen spät vor Ort eintraf. Die Händler aus mancherlei Richtung tummelten sich dort schon länger. Monopolansprüche vertrugen sich dort nicht mehr so recht mit dem viele Jahrzehnte geübten Freihandel. Aus dem Gedränge konnte man sich nur befreien, wenn man sich entweder zurückzog oder mit dem Schwerte dreinschlug oder auch eine effektive Siedlungspolitik durchführte, wie sie Coen vorgeschlagen hatte. Dabei machte er die Erfahrung, daß da manches Hindernis aufgeworfen wurde, was wohl wesentlich am Unwillen der Niederländer, sich im Archipel niederzulassen, lag. Die Unbedingtheit, mit der Coen auch sein Ziel, den Aufbau eines ertragreichen niederländisch-asiatischen Handelsimperiums, verfolgte, läßt sich durchaus auch auf die enge Verzahnung des Calvinismus mit dem bei Beginn des Aufstandes schon aufkommenden vaterländischen Gedanken zurückführen. So schaute er als Kaufmann eben nicht auf das Handelsgeschäft schlechthin, sondern auf das für die Gesellschaft und somit auch für die Niederlande *ertragreiche* Handelsgeschäft. Es sei hinzugefügt, daß die für seine Zeit beschriebene Gewalttätigkeit nicht auf Coens Jahre beschränkt blieb, sondern sich vor ihm schon zeigte und auch später bei Antonio van Diemen, der noch unter Coen groß geworden war, und anderen ihre Fortsetzung fand.

Johann Moritz hat in dem durch Kriegszug erworbenen Pernambuco eine andere Situation vorgefunden. Hier gab es nicht die Unübersichtlichkeit des Territoriums, es gab keine Inselwelt und auch nicht die nachgerade chaotische Konkurrenz zwischen den einzelnen Handelsgruppen – Europäern und Asiaten gleichermaßen. Die Lage war überschaubarer, und es ging um die Sicherung und Stärkung einer vorhandenen Infrastruktur (Zuckermühlen). Dafür bedurfte es sicherlich der Bereitschaft zur militärischen Auseinandersetzung, der Johann Moritz auch nicht aus dem Wege gegangen ist, aber es bedurfte vor allem eines klinisch-kühlen Kopfes eines nicht in Gänze den Niederlanden

---

138 Zit. bei WENNEKES, *Gouden handel*, S. 315.

verschriebenen Menschen, der nicht das Feindbild eines Politik, Profit und Glaubensbekenntnis miteinander verwebenden Verwaltungsbeamten hegte und mit Sachverstand einerseits, Toleranz andrerseits an seine Aufgabe ging. Johann Moritz war kein auf den Zuckersack fixierter Handelsmann, er war ein weitgereister Adliger und ein Renaissance-Mensch, der versuchte, auf der wissenschaftlichen Höhe der Zeit zu bleiben und der das Leben mit Kunst und Wissenschaft höher einschätzte als das Leben mit der Buchhaltung. Vielleicht liegen hier die Voraussetzungen für die spätere Verehrung, die der Nassauer in Brasilien erfahren hat. Daß man ihm den Beinamen „der Brasilianer" gab, mag auf seine positive Rolle in Brasilien hindeuten. Jedenfalls dürfte der schon genannte und zitierte Caspar Barlaeus eine richtige Einschätzung seiner Person getroffen haben.

Sklavenhandel

Abgesehen davon, daß die Wechselfälle der WIC – etwa Erfolg und Erfolglosigkeit bei der Besiedlung der Antillen oder die Folgen der englisch-niederländischen kriegerischen Auseinandersetzungen – hier nicht mehr zu thematisieren sind, bleibt für die WIC des 17. Jahrhunderts insgesamt noch festzustellen, daß das Ende der niederländischen Herrschaft in Pernambuco, das 1661 durch Vertrag mit den Portugiesen endgültig besiegelt wurde, nicht auch das Ende des niederländischen Sklavenhandels bedeutete. Der Handel wurde dabei in zunehmendem Maße von niederländischen Privatunternehmern gegen das Monopol der WIC betrieben, abgesehen davon, daß im Laufe der zweiten Hälfte des Jahrhunderts und dann vollends im 18. Jahrhundert verstärkte britische und französische Konkurrenz auftrat. Die Niederländer entwickelten das System des Dreieckshandels. Aus holländischen und seeländischen Häfen fuhren Schiffe mit Waren (vornehmlich Baumwolltuch von der Koromandel-Küste) zur westafrikanischen Küste, tauschten dort die Waren gegen Sklaven ein, verbrachten diese in die Karibische See und segelten, beladen mit Kolonialerzeugnissen wie Tabak nach Europa zurück. Das wichtigste Sklavendepot lag auf Curaçao, eine Insel, die die Niederländer 1634 den Spaniern entrissen Dorthin wurden zunächst die Sklaven verbracht, die unter Umgehung des WIC-Monopols von Privaten aufgekauft worden waren. Von hier aus wurden sie nach einer kurzen Erholungspause an die Zucker- und Tabakplantagen auf den britischen und französischen Antillen verkauft – ein höchst einträgliches Geschäft, wenn man weiß, daß diese Plantagen offensichtlich einen unerschöpflichen Bedarf an Arbeitskräften hatten. Curaçao als Zwischenstation für Sklaven! Nur wenige niederländische Kolonisten haben sich hier niedergelassen, die meisten zog es zu den umringenden kleineren Inseln, die von Curaçao aus eingenommen worden waren. In diese Zeit fällt auch der Ausbau der den Briten abgerungenen Niederlassung Paramaribo an der Mündung des Surinam-Flusses zu einer auf Sklavenhaltung aufbauenden Plantagenwirtschaft für die Zuckerproduktion in Guyana (Surinam).[139] Der Sklavenhandel brachte das große Geld. Die Plantagen selbst waren nicht so hohe Erträge ab. Das Verhältnis der niederländischen Plantagenbesitzer zu ihren Sklaven war durchschnittlich besser als auf den Zuckerplantagen der Engländer und Franzosen in der Karibik, da die niederländischen Besitzungen eher größere Bauernhöfe waren und sich das Verhältnis zu den zahllosen Hausklaven persönlicher gestaltete, ohne daß man sagen könnte, das Sklavendasein unter niederländischer Herrschaft sei ein relativ annehmliches Dasein gewesen. Die Peitsche regierte hier wie andernorts auch, gleichwohl bleibt festzuhalten, daß es deutliche Unterschiede nicht nur zwischen den englischen oder französischen Antillen und den niederländischen Antillen gab, sondern

---

139 Dieses Gebiet wurde 1667 den Niederlanden endgültig übertragen (Tausch gegen Neu-Amsterdam=New York).

auch zwischen jener letztgenannten Gruppe und der Lage in Surinam. Da ist festzustellen, daß die Zahl der Freigelassenen doch recht groß war. Dem stand in Surinam ein geschlossenes Sklavensystem gegenüber. Das lag an den unterschiedlichen wirtschaftlichen Bedingungen. Freigelassene Sklaven hätten kaum Arbeit finden können.[140]

Man wird bei allen Unterschieden in der Behandlung feststellen dürfen, daß der Sklavenhandel insgesamt ein großes Geschäft war, an dem Niederländer, Engländer und Franzosen gleichermaßen heftig verdienten. Es war ein Geschäft des Menschenhandels, dem in keiner Weise widersprochen wurde, und es war zugleich eine Erfahrung des Leidens, die freilich lediglich die „schwarze Handelsware" machte. Am Geschäft beteiligt waren zugleich die Stammesfürsten Westafrikas, die Mitglieder des eigenen Stammes oder Gefangene anderer Stämme feilboten. Die Leidenserfahrung begann bei den unsäglichen Strapazen des transatlantischen Transportes, setzte sich fort bei der Brandmarkung der Sklaven, die schon in Brasilien zur Zeit des Johann Moritz geschah und erreichte einen Höhepunkt bei den Arbeits- und Lebensbedingungen auf den Plantagen in den französischen und englischen Antillen. Wenn hier zuvor vom fehlenden Widerspruch die Rede war, dann sei auf Willem Usselincx als Ausnahme hingewiesen, der Sklavenhandel einen Handel der Gottlosen nannte. Das galt vielleicht auch noch für eine Reihe reformierter Kaufleute, solange man noch nicht die Vorteile dieses Menschenhandels entdeckt hatte. Schon ein Theologe wie Godfried Udemans machte deutlich, daß weder im Alten noch im Neuen Testament Passagen gegen den Sklavenhandel zu finden seien. Ganz im Gegenteil. Andere Bibelkundige führten die Geschichte Noahs an. Cham verspottete seinen Vater Noah, der daraufhin Cham und seine Nachkommen verfluchte („Verflucht sei Kanaan. Ein Knecht der Knechte sei er seinen Brüdern", Genesis 9:25). Die Deutung der bibelkundigen Reformierten lautete, daß die Afrikaner als Nachkömmlinge von Cham und Kanaan zur Sklaverei verdammt seien. Auch das Neue Testament scheint Rechtfertigungen hergegeben zu haben. Weder Petrus noch Paulus, so hieß es, hätten die Sklaverei missbilligt. Im übrigen gab es eher weltlich gerichtete moralische Sentenzen der Rechtfertigung. In der Sklaverei lernten die Schwarzen für ihren Lebensunterhalt zu arbeiten und begegneten sie der christlichen Lehre. So würden aus den Sklaven des Teufels die freien Knechte von Jesus Christus.[141] Es mußte wie eine Absicherung des Sklavensystems wirken, wenn in der ersten Hälfte des 18. Jahrhunderts der schwarze Prädikant J. E Capitein nach einem Studium in Leiden die schwarze Sklavenarbeit nicht für einen Affront des Christentums hielt. Und was da auf christlicher Seite laut wurde, das fand seine Bestätigung von weltlicher Seite. So ließ Hugo Grotius wissen, keine Bedenken gegen Sklaverei zu haben, so lange der Herr in der Lage sei, für den Lebensunterhalt der Sklaven zu sorgen.

Es ist abschließend zu bemerken, daß der Sklavenhandel ein internationales grenzüberschreitendes Übel war, das älter war als das 17. Jahrhundert, aber in jener Zeit doch eben zu einem für einige profitablen Massenphänomen wurde, in seinen schlimmsten Auswirkungen bis weit ins 18. und dann noch bis ins 19. Jahrhundert (Vereinigte Staaten von Amerika) hineinreichte. Es ist ermittelt worden, daß Westafrika zwischen 1441 und 1860 durch den Sklavenhandel 20 Millionen Menschen verloren hat.[142] Es war offensichtlich so, daß diese europäische Welt, die erhebliche naturwissenschaftliche Fortschritte machte, an denen auch die Niederlande ihren Anteil hatten, offensichtlich in ihrem humanen Denken stagnierte, wenngleich ihr die Leiden etwa der Indianer unter

---

140 Dazu BLUSSÉ (u.a.), *Nederlanders overzee*, S. 89.; ferner auch VAN GOOR, *Nederlandse koloniën*, S. 151ff. s.a. W. FLINKENFLÖGEL, *Nederlandse slavenhandel (1621-1803)* Utrecht u.a. 1994.
141 S. WENNEKES, *Gouden handel*, S. 326 ebd. S. 326ff. auch zur Behandlung der Sklaven bei der Ankunft in Brasilien.
142 A.A. BOAHEN, *Topics on West African History*, London 1966, S. 113.

der spanischen Herrschaft aus den Schriften der Opponenten (Las Casas) bekannt waren. Die Komponenten Gewinn und daraus sich ergebender Konkurrenzkampf haben europaweit das Verhalten der Europäer bestimmt, zumal die im Denken des Humanismus einbegriffene Kirche keinen Einhalt gebot. Es ist zum Verständnis solcher Verhaltensweise darauf hingewiesen worden, daß das naturrechtliche Denken in der europäischen Gelehrtendiskussion noch nicht so fortgeschritten gewesen sei, wie es sich dann im Zuge der Aufklärung manifestiert habe.[143] Das ist ohne Zweifel richtig, freilich wird man nicht übersehen dürfen, daß die Theologen und Intellektuellen der Zeit durchaus schon eine sehr bewegte Toleranz-Diskussion geführt haben, die naturrechtliche Komponenten enthielt. Das heißt zugleich, daß die Afrikaner als Vertreter einer völlig fremden und im Fortschrittsdenken der Europäer nicht gleichwertigen Rasse bis ins 19. Jahrhundert hinein nicht die Früchte eines die Unterdrückung ablehnenden Denkens ernten konnten.

---

143 So U. BITTERLI, *Die ‚Wilden‘ und die ‚Zivilisierten‘. Die europäisch-überseeische Begegnung, Grundzüge einer Geistes- und Kulturgeschichte der europäisch-überseeischen Begegnung*, München 1976, S. 105f. B. apostrophiert auch die Brutalität der Sklavenhändler und führt dies auf die in manchen Landstrichen Europas herrschenden Zustände zurück, die der Sklaverei ähnlich gewesen seien. Aus diesen Schichten des Leidens seien die englischen Sklavenhändler gekommen, die kein Gespür für das Leiden der Sklaven gehabt hätten, weil sie nie anderes kennengelernt hätten.

VII. Religion und Gewissen.
Die Grenzen der religiösen Toleranz in der Republik

Das Problem

Wenn bis hierin von staatlicher und kirchlicher Struktur sowie von den Prinzipien und Wechselfällen der politischen Kultur die Rede war, dann ist es geboten, auch jene Äußerungen staatlichen und gesellschaftlichen Lebens näher aufzugreifen, die unter Toleranz und Intoleranz einzuordnen sind. Geboten ist es, weil es hier um ein Phänomen geht, das gerade im „konfessionellen Zeitalter" (Begriff nach Harm Klueting) mehr denn je zuvor die politische und religiöse Erörterung und das solcher Erörterung folgende Handeln mitbestimmt hat. Ganz zuvörderst sei in diesem Zusammenhang auf den Befund des Ernst-Wolfgang Böckenförde hingewiesen, der formuliert hat: „Die Frage nach Toleranz und Religionsfreiheit ist der große Leidensweg der abendländischen Christenheit."[1] Dieser „Leidensweg" ergab sich aus den strukturverändernden Forderungen an Kirche und Staat, die im Frühabsolutismus und davor schon eine enge Symbiose eingegangen waren – Forderungen, die dann negativ beschieden wurden. Schon relativ rasch wurde die Toleranz-Frage zu einem Fixpunkt politischer und religiöser Auseinandersetzung gleichermaßen. Es entwickelte sich eine Belastung des Gemeinwesens, die zwischen Scheiterhaufen und nachgiebiger, toleranter Einsicht anzusiedeln ist. Toleranz war freilich nicht unbedingt „Erlösungswort"[2], sondern eher ein Kampfbegriff, gleichviel ob hier von den Neuern oder den Traditionalisten, den Status-quo-Bewahrern, die Rede ist. Es ist schon angedeutet worden, daß der Austritt aus dem „konfessionellen Zeitalter" in die Zeitzone eines wachsenden Selbstbewußtseins des Einzelnen und zugleich fort von der Bevormundung durch kirchliche oder staatliche Instanzen gewiß nicht den von Böckenförde apostrophierten Leidensweg beendet hat, weil die Differenzierung in der Gesellschaft zu neuen Konfrontationen von vermeintlichen Unverträglichkeiten führte, die sich in der Moderne ungleich vielfältiger und nachhaltiger noch manifestierten. Das heißt Toleranz als Vehikel eines unbeschädigten Nebeneinanders von unterschiedlicher Gedanken- und Lebenswelt blieb einfach Gegenstand der Diskussion, auch als sich in der Zeitzone der Aufklärung eine Privatisierung des Glaubens vollzog.[3]

Die niederländischen Provinzen mit ihrer engen Verzahnung von Politik und Religion im frühabsolutistischen Verhalten der spanischen Krone haben die Forderung nach Toleranz, das heißt hier nach Anerkennung einer anderen als der alleinseligmachenden katholischen Religion im Kampf gesucht, im Aufstand gegen den Landesherrn. In den Territorien des benachbarten Deutschen Reiches fand man im Unterschied zu den Niederlanden und im übrigen auch zu Frankreich, wo es wie in den Niederlanden zu harten Kämpfen um die Religionsfreiheit kam, den Interessensausgleich des Augsburger Religionsfriedens von 1555. Auf jeden Fall waren da zunächst die Weichen zu einer eher kampflosen positiven Entwicklung gestellt. Die Entscheidung über den konfessionellen

---
1 E.-W. BÖCKENFÖRDE, *Religionsfreiheit als Aufgabe der Christen. Gedanken eines Juristen zu den Diskussionen auf dem Zweiten Vatikanischen Konzil*, in: Stimmen der Zeit, 176 (1965), S. 200.
2 S. zu dem Begriff W. SCHULZE, *Einführung in die neuere Geschichte*, Stuttgart 1987, S. 201.
3 Dazu mit Betrachtung des Phänomens „Toleranz" von der vorchristlichen Zeit bis in die Gegenwart hinein H. LADEMACHER/R. LOOS/S. GROENVELD (Hrsg.), *Ablehnung – Duldung – Anerkennung. Toleranz in den Niederlanden und in Deutschland. Ein historischer und aktueller Vergleich* (=Studien zur Kultur und Geschichte Nordwesteuropas, 9, Münster 2004, S. IXff. (Die Einleitung von H. Lademacher).

Status eines Territoriums lag in der Hand des jeweiligen Landesfürsten und verschaffte den Einwohnern der konfessionell gemischten Reichsstädte eine paritätische Ordnung und religiöse Toleranz. Damit hat sich das Toleranz-Prinzip, in eingeschränkter Form freilich, in der Reichsverfassung durchgesetzt.[4] Damit war jedoch noch keineswegs der religiöse Frieden zwischen den Konfessionen hergestellt. Der Kampf um die Auslegung des Religionsfriedens und darüber hinaus das Aufkommen des Calvinismus im Reich, für dessen ungehinderten Bestand erst der Westfälische Frieden von 1648 sorgte, haben zum einen neuerlich Spannungen hervorgerufen, anderseits auch weitere Diskussionen über den Inhalt von Toleranz angestoßen, was wiederum nicht zuletzt durch die unterschiedliche Deutung des ius emigrandi als Abzugs*pflicht* oder Abzugs*recht* eingeleitet wurde, insofern ganz plötzlich die Frage nach dem öffentlichen und dem privaten Bekenntnis und dessen Ausübung ins Spiel kam.[5]

Die Frage nach dem Verhältnis von öffentlich zugelassenem und privatem, vom öffentlichen abweichendem Bekenntnis ist bei genauem Hinschauen das zentrale Problem des konfligierenden konfessionellen Zeitalters und eben auch für die Republik der Niederlande relevant, wenn nicht gar der zentrale Punkt. Nach Ansicht von Beobachtern der Zeit sollen die Niederlande das Problem rasch für sich im Sinne weitester Toleranz gelöst haben, und die Nachwelt bis hin zum gebildeten Laien unserer Zeit meint dies als ein wesentliches Charakteristikum der Niederländer hervorheben zu müssen.[6]

Die tiefgründige Analyse der politischen und gesellschaftlichen Struktur seines Gastlandes, die der englische Gesandte in Den Haag nach seiner Amtszeit 1673 verfaßte, enthält einige Passagen zur Gewissens- und Glaubensfreiheit. Es heißt dort: „It is hardly to be imagined how all the violence and sharpness, which accompanies the differences of Religion in other Countreys, seems to be appeased or softned here, by the general freedom which all men enjoy, either by allowance or connivence; ... No man can here complain of pressure in his Conscience, of being forced to any publique profession of his private Faith; of being restrained from his own manner of worship in his House, Or obliged to any other abroad ..."[7] Was Temple hier beschreibt, war für ihn nicht ein Phänomen erst seiner Zeit, sondern ein gleichsam traditionelles Ingredienz der Republik, heißt es doch an anderer Stelle: „.... the great Care of this State has ever been to favour no particular or curious Inquisition into the Faith or Religious Principles of any peaceable man, who came to live under the protection of their Laws, And to suffer no Violence or Oppression upon any Mans Conscience, whose Opinions broke not out into Expressions or Actions of ill consequence to the State."[8] Große Bewunderung spricht aus den Worten des Diplomaten, die zu einer Zeit geschrieben wurden, als sich sein Land im Krieg mit der niederländischen Republik befand – eine Bewunderung, die sich einfügt in die Aussagen seiner Landsleute, die das Land früher bereist hatten, oder in die Beobachtung von Reisenden anderer Nationen. Die Koexistenz von Religionen mußte einem in der Anschauung des konfessionellen Zeitalters lebenden Mann wie Temple insofern erstaunlich erscheinen, als Eintracht, Einheit und Sicherheit eines Staates in

---

4   S. dazu zusammenfassend P. WARMBRUNN, *Toleranz im Reich vom Augsburger Religionsfrieden bis zum Westfälischen Frieden – Kirchen- und Landesordnungen und gesellschaftliche Praxis*, in: LADEMACHER u.a. (Hrsg.), *Ablehnung*, S. 99ff. (hier S. 116).

5   Zum Augsburger Religionsfrieden vertiefend H. GABEL, *Der Augsburger Religionsfriede und das Problem der Toleranz im 16. Jahrhundert*, in: LADEMACHER u.a. (Hrsg.), *Ablehnung*, S. 83ff. (hier vor allem S. 97f.).

6   Der „gebildete Laie" ist hier jener an den Niederlanden interessierte Zeitgenosse, der im Gespräch über sein Interessensgebiet die Tradition und Aktualität der niederländischen Toleranz nachdrücklich betont.

7   WILLIAM TEMPLE, *Observations upon the United Provinces of the Netherlands*, London 1673 (hier Facs.), S. 181.

8   Ebd. S. 175f.

der Überlieferung der Zeit auch die Einheit des Glaubens voraussetzte. Für ihn galt es, die Niederlande als eine Besonderheit, als einen Sonderfall gleichsam, hervorzuheben: die religiöse Koexistenz als Ausdruck einer mit Gewissensfreiheit logisch verbundenen Toleranz. Die nachhaltige Betonung der besonderen Fortschrittlichkeit der Republik ergibt sich in der Eloge deutlich aus der Relativierung, aus dem vergleichenden Hinweis auf andere europäische Länder. Freilich, es ist gleich hinzuzufügen, daß die von Temple sicherlich mit einiger Begeisterung angebotene Charakteristik des religiösen und religionspolitischen Lebens lediglich den Schluß auf Leben in eingeschränkter Toleranz zuläßt. Das ist seinem Text unschwer zu entnehmen. Gewiß, der Scheiterhaufen war abgeschafft, das Phänomen war nur noch ein erinnerndes Wort im publizistischen Kampf der Calvinisten gegen die spanisch-katholische Inkarnation des Bösen. Im eigenen Haus konnte der niederländische Bürger der Republik seinen eigenen Gedanken über Gott und die Welt nachhängen oder sein eigenes Bekenntnis pflegen – privat, für sich, gleichwohl nicht immer unbehelligt. Es war eben dies im Ergebnis, was Schiller viel später auf deutscher Bühne forderte, als er den Marquis Posa sagen ließ: „Sire, geben Sie Gedankenfreiheit". Die Eigentümlichkeit bestand im Rückschnitt konfessioneller Vielfalt auf das Private. Der restriktive Charakter der von Temple beschriebenen Gewissensfreiheit zeigte sich in der Abwesenheit von Kultusfreiheit. Die eigentliche Problematik der frühen republikanischen Periode bis hin zum „Frieden von Münster" (Westfälischer Frieden) und viele Jahrzehnte darüber hinaus lag in der Auseinandersetzung um die Möglichkeit, ein anderes als das calvinistische Bekenntnis in der Öffentlichkeit zu praktizieren. Ernest Zahn hat in seinem Bericht über niederländische Verhaltensweisen in Politik und Gesellschaft zum Phänomen Toleranz in ihrem gegenwärtigen Gehalt geschrieben, sie sei auch „staatsmännischer Einsicht" entsprungen, nicht durch ein Edikt verordnet, wie es der brandenburgische Kurfürst zur Niederlassung von Hugenotten habe ergehen lassen; und er fügt hinzu: „Die gesellschaftlichen Lebensverhältnisse selbst brachten aus den ihnen innewohnenden Gegensätzen und durch Umstände der Umwelt eine Form der Koexistenz von Unvereinbarkeiten hervor."[9] Das ist nur im Prinzip richtig, denn was hier gleichsam als Ergebnis von Vernunft und Einsicht definiert wird, übersieht die vorgenannte Einschränkung und verlangt nach dem ergänzenden Hinweis auf heftige Konfliktkonstellationen der oben apostrophierten frühen Periode, die es verbieten, von einer Leichtigkeit des religiösen Seins zu sprechen. Eine gesellschaftliche Einigung auf Toleranz, die auch umfassende, allen Konfessionen zugestandene Kultusfreiheit meinte, gab es nicht. Die Tatsache, daß gegen Ende des 16. Jahrhunderts eine Reihe von Erasmus-Statuen aufgestellt wurde, jenes Gelehrten also, der sich über die Parteiungen stellte und dessen humanistische Gesinnung und rationale Betrachtung in einigen städtischen Regentenkreisen die einzig vertretbare Geisteshaltung darstellte,[10] kann kaum darüber hinwegtäuschen, daß es sich bei diesen Regentenkreisen nur um einen begrenzten Ausschnitt der Gesellschaft handelte, abgesehen davon, daß auch unter Regenten noch zu differenzieren ist. In erster Linie bestimmte im 16. Jahrhundert der konfessionelle Konflikt das Geschehen. „Das konfessionelle Zeitalter" impliziert doch den Hinweis auf die große Distanz zwischen Harmonie und Zerwürfnis, die kaum Ausgangspunkte für eine etwaige Überbrückung enthielt, wenn die calvinistische Opposition sich den Anspruch des Katholizismus als das alleinseligmachende Bekenntnis zu eigen machte. Es war die Proklamation der Ausschließlichkeit, die auch nach dem Aufstand die innere Entwicklung der Republik in Bekenntnisfragen auf jeden Fall schwierig gestaltete, wenngleich Ketzerurteil und Tod, wie sie in der spanischen Zeit begangen und erlitten waren, keine

---

9 E. ZAHN, *Das unbekannte Holland. Regenten, Rebellen, Reformatoren*, Berlin 1984, S. 34.
10 Dazu A. PETTIGREE, *The policy of integration in the free Netherlands*, in: O.P. GRELL/B. SCRIBNER (Hrsg.), *Tolerance and intolerance in the European Reformation*, Cambridge 1996, S. 182f.

Ingredienz von Staat und Gesellschaft mehr darstellten. Insgesamt bleibt zu den vor-aufgehenden Überlegungen festzuhalten: „Spricht man von den Niederlanden als dem Paradies der modernen Toleranz, so neigen wir dazu zu vergessen, daß sie dort ein politischer Habitus war, vielleicht noch eher philosophisches Ideal als religiöse Grundhaltung. Religiöser Pluralismus war nicht das Ergebnis einer bewußten Entscheidung, sondern vielmehr das einer systematischen Politik von Nichteinmischung in die Angelegenheiten der Provinzen und der Städte und immer aus Gründen der inneren Ordnung. Toleranz war oft nur stillschweigende Duldung oder einfach Koexistenz. Manchmal kam man auch ganz ohne sie aus und das ohne große Skrupel."[11]

Humanistische Vordenker

Es ist ein Kennzeichen des 16. Jahrhunderts, schon in der Phase weit vor dem niederländischen Aufstand Einsicht in die Konfliktträchtigkeit entwickelt zu haben, die sich aus dem Nebeneinander des Anspruchs auf konfessionelle Koexistenz und der Forderung nach Alleingültigkeit eines Bekenntnisses ergeben konnte. In dieser vorrepublikanischen Phase einer frühabsolutistischen Staatsgestaltung lag das Problem doch nicht einfach im „Bekenntnis", sondern in der engen Verzahnung von Obrigkeit und Konfession. Die Zeichen der Zeit standen nicht auf Vielfalt und damit Trennung, sondern auf Einheit von Staat und Kirche, weil sich die Absicherung des Machtanspruchs unter letztgenannter Voraussetzung einfach eher realisieren ließ. Es ging um die ganz simple Frage, ob ein Untertan, der nicht das Bekenntnis seiner ihm vorgesetzten Obrigkeit habe, ein loyaler Untertan sein könne. Beantwortete man diese Frage mit einem „nein", dann war damit, so Hans R. Guggisberg, das Motiv für Glaubenszwang und Verfolgung gegeben.[12] Allerdings gab es unterschiedliche Konfliktlösungsmodelle. Italien und Spanien wählten Scheiterhaufen und andere Modelle der blutigen Verfolgung. Sowohl in der Schweiz als auch im Deutschen Reich entschieden Theologie und Politik sich für Einführung des Grundsatzes „cuius regio, eius religio" – dies nun ein Lösungsmodell, das bei der engen Verflechtung von Obrigkeit und Bekenntnis verblieb, aber Zwang nicht ausschloß.[13]

Das waren pragmatische Lösungen, die sicherlich weit entfernt standen von den Erwägungen, die lange vorher schon über Toleranz als Glaubensfreiheit in erster Linie auf theologischer Grundlage geführt wurden. Gemeint sind Erwägungen, die eng mit den Namen Erasmus, Sebastian Franck und Sébastien Castellio verbunden sind – Namen wiederum, die auch während des und nach dem Aufstand in den Niederlanden eine Rolle gespielt haben. Mit den hier nur als Beispiel genannten Autoren – die Reihe ließe sich um einige Namen verlängern – scheint der Anfang eines kontinuierlichen Vorganges festgeschrieben, der die Geschichte der Toleranz zur Geschichte eines Disqualifikationsprozesses macht. Ihre Gedanken seien in einem kleinen Abriß vorgetragen. Eras-

---

11 So W.TH.M. FRIJHOFF, Interkonfessionelles Zusammenleben in den Niederlanden in der frühen Neuzeit, in: H. LADEMACHER/R. LOOS/S. GROENVELD (Hrsg.), Ablehnung – Duldung – Anerkennung. Toleranz in den Niederlanden und in Deutschland. Ein historischer und aktueller Vergleich, Münster u.a. 2004 (=Studien zur Geschichte und Kultur Nordwesteuropas, Bd. 9), S. 166.

12 Vgl. H.R. GUGGISBERG, *Veranderingen in de argumenten voor religieuze tolerantie en godsdienstvrijheid in de zestiende en zeventiende eeuw*, in: BMGN, 91, 2 (1976), S. 184. Neuerdings in kurzer Erläuterung der zeitgenössischen Diskussion M.E.H.N. MOUT, *Limits and Debates: A Comparative View of Dutch Toleration in the Sixteenth and Early Seventeenth Century*, in: C. BERKVENS-STEVELINCK u.a., *The Emergence of Tolerance in the Dutch Republic*, Leiden u.a. 1997, S. 37-47.

13 S. ebd. Guggisberg weist auch darauf hin, daß lediglich in Polen und im Fürstentum Siebenbürgen Fürstentum Siebenbürgen volle Religionsfreiheit eingeführt worden ist.

mus von Rotterdam, Niederländer zwar, jedoch die Grenzen überschreitender christlicher Humanist zugleich, hat sowohl die Disqualifikation des Bekenntnisses als auch den Leidensweg vermeiden wollen und sein christlich-humanistisches Menschenverständnis zur Begründung von Entscheidungsfreiheit des Individuums eingebracht, ohne dabei freilich die im 16. Jahrhundert gängige „concordia"-Vorstellung preiszugeben, die an einer dem allgemeinen Wohl dienenden, durch gemeinsame ethische und religiöse Überzeugungen gewährleistete Rechts- und Lebensordnung orientiert war.[14] „Amicitia" und „pax" waren neben „concordia" die beiden anderen Begriffe, die er verwandte und die zu den Schlüsselwörtern in der politischen Philosophie des 16. Jahrhunderts gehörten. Entsprechend definierte er eben seine Haltung gegenüber Abweichungen vom offiziellen Bekenntnis. Wenngleich nicht Aufgliederung der einen und einzigen Kirche sein Ziel war, so plädierte er dennoch, in biblisch-christlicher Begründung und zugleich in Anerkennung des humanistischen Individualprinzips, für die Duldung des Abweichlers. Summe und Substanz der katholischen Religion seien Friede und Eintracht. Es sei jedem einzelnen in einer Vielzahl von Fragen überlassen, eigenständig zu urteilen, und er fügt im Sinne seines Gelehrtentums hinzu, über eine Reihe von Themen herrsche doch, was ihre Betrachtung betreffe, hohe Ungewißheit. Es ist wohl diese Unsicherheit gegenüber der Lehre, der Vorrang des Glaubens gegenüber dem Wissen, die ihn Abweichung als Irrtum erklären und zugleich die Chance der Berichtigung anerkennen lassen. Gleichwohl, Häresie im Sinne einer mutwilligen Störung der kirchlichen Eintracht durch verquere Dogmen lehnte er ab, ohne freilich für ihre Ausrottung durch Feuer und Folter sich auszusprechen. Das Gegenargument bleibt ihm die einzige Waffe; er verzichtete auch auf die Denunziation, wenn er schrieb, daß er die Anhänger des Arius nicht gleich als Satan oder Antichrist dargestellt hätte. Erasmus als Gegner von Inquisition und Verdammung, aber nicht unbegrenzt Verfechter einer nur geistigen Auseinandersetzung. Die hier zuvor genannte politisch-philosophische Begrifflichkeit der Zeit, ergänzt noch durch die von ihm vertretene „temperantia", führte auch zur Friedenspflicht und einem Ordnungsdenken, in dem die Glaubensartikel ebenso als unantastbar galten wie die weltlichen Gesetze. Der Scheiterhaufen war nur so lange kein Instrument religiöser Konfliktlösung, wie die Häretiker nicht zur Widersetzlichkeit aufriefen, um auf diesem Wege das Schisma der Kirche herbeizuführen oder die soziale und politische Ordnung umzustürzen. Wo das gesamtgesellschaftliche Gefüge in Gefahr geriet, zog Erasmus auch die Grenzen der Duldung. Widersetzlichkeit und Erhebung gehörten zum negativ empfundenen Vokabular. Sie widersprachen einfach einer Konzeption, die auf Gewissensfreiheit als Gegenstand kontinuierlicher Auseinandersetzung zielte und ohnehin noch nicht den für spätere Jahrzehnte so wichtigen Schluß auf Gewährung von Kultusfreiheit zog.[15]

Die gerade in solcher Konsequenz vorgetragene und verfochtene Einheit der Kirche entsprach freilich bald nicht mehr der politisch-sozialen Wirklichkeit, weil die Erfassung des abweichenden Glaubens in organisierte Bewegungen den Unterschied zwischen Gewissens- und Glaubensfreiheit als einen hochpolitischen auswies. Gerade in diesem Zusammenhang will der Hinweis wichtig erscheinen, daß der aus den Niederlanden geflohene und in Straßburg lebende geldrische Humanist Gerard Geldenhauer das gegen die Hinrichtung von Ketzern gerichtete Buch von Erasmus, die Apologie, sich

---

14 Vgl. dazu K. SCHREINER, *Toleranz*, in: *Geschichtliche Grundbegriffe*, 6, Stuttgart 1990, S. 484f.
15 Zu Erasmus die wichtigen Biographien von C. AUGUSTIJN, *Erasmus*, Baarn 1986; L. HALKIN, *Erasmus von Rotterdam. Eine Biographie*, Zürich 1989. J. HUIZINGA, *Erasmus*, Rotterdam [9]1988. Für unsere Darstellung wichtig A.G. DICKENS/WHITNEY R.D. JONES, *Erasmus. The Reformer*, London 1994, vor allem S. 181f., 270f., 278-280; GUGGISBERG, *Veranderingen*, S. 181. Zu Erasmus und Luther s. die Beiträge von H. KLUETING, *„Lasset beides miteinander wachsen bis zu der Ernte": Toleranz im Horizont des Unkrautgleichnisses (Mt 13,24-30)*, in: LADEMACHER u.a. (Hrsg.), *Ablehnung*, S. 56ff. und E. STÖVE, *Luther, Erasmus und das Problem der Toleranz*, in: ebd. S. 68ff.

voll zu eigen machte, bald aber als protestantischer Humanist von Erasmus desavouiert wurde.[16]

Es ist zu Recht festgestellt worden, daß Nachdenklichkeiten über Gewissens- oder Glaubensfreiheit in der ersten Hälfte des 16. Jahrhunderts und auch noch darüber hinaus nicht auf niederländischem Boden gewachsen sind – von Erasmus sei hier abgesehen. Dagegen entwickelt sich hier eine antikatholische Bewegung, der Calvinismus, recht rasch zur Massenbewegung. Es tritt hinzu, daß die zahlenmäßig relevante Bewegung der Calvinisten zwar für Religionsfreiheit plädierte, selbst aber nicht in jedem Augenblick vom Toleranz-Denken geprägt war. Anregungen auf der Basis biblisch-exegetischer Überlegungen, die eben auch in den Niederlanden diskutiert oder rezipiert wurden, kamen jedenfalls aus dem Ausland. So war Sebastian Franck aus Bayern, ursprünglich Lutheraner, einer der Impulsgeber neben Erasmus. Franck, der schließlich allen organisatorischen Formen abholde Spiritualist, identifizierte sich mit keiner Richtung. Glauben war ein persönliches Erleben, und nur Gott wußte, wer die wirklich Gläubigen waren. Bei solcher Denkvoraussetzung war auch der Ketzerbegriff hinfällig, der nur bei Anerkennung kirchlicher Organisation oder gar kirchlich-weltlicher Verbindung aufkommen konnte. Bei Franck entwickelte sich eine Glaubensfreiheit reinsten Wassers, die als gleichsam ganz natürlich Religionsfrieden enthielt. Er argumentierte aufgrund seiner Bibelexegese, aber auch anhand der Schriften der Kirchenväter, bei denen er keine Ketzerverfolgungen entdecken konnte. Letztlich enthielt – vergleicht man Franck mit Erasmus – seine Lehre umstürzlerisches Denken, insofern er den Glauben außerhalb jeder organisatorischen Form stellte. Wenngleich die Gedanken des Deutschen durchaus in den Niederlanden aufgenommen wurden – das wird im Zusammenhang mit Dirk Volkertsz. Coornhert aufgegriffen –, lag doch im nicht organisierten persönlichen Glaubenserlebnis im Kern schon ein Widerspruch zu den Calvinisten enthalten.[17] Es kennzeichnet diese Gegensätzlichkeit, wenn ein Anhänger des von Franck stark beeinflußten Niederländers Joris van Delft, Emmery de Lyere, der unter Wilhelm von Oranien und dann Moritz von Oranien wichtige Funktionen innehatte, sich in den 90er Jahren mit dem Calvinisten und Rebellen der ersten Stunde, Marnix van St. Aldegonde, auseinandersetzte, der schwere Strafen für Ketzer befürwortete,[18] sozusagen alten Wein in neue Schläuche goß.

Ein anderer Toleranz-Verfechter aus der Mitte des Jahrhunderts – jünger dann als Erasmus und Sebastian Franck – war der Savoyer Humanist Sébastien Castellio, der seine Schriften unter dem Pseudonym Martinus Bellius veröffentlichte. Dieses Pseudonym war mehr als nur ein Wort. In des Castellio Zeit wurde die Bewegung gegen die Ketzerverfolgung und -hinrichtung „Bellianismus" genannt[19] – der Name also ein Programm, das Castellio (Bellius) in seiner Schrift *De haereticis an sint persequendi* vortrug. Die Schrift erschien in Basel, vier Monate nach Calvins *Déclaration pour maintenir la vraie foi [...] contre les erreurs détestables de Michel Servet*, und erhielt bald (1554 oder 1556/57) eine französische Übersetzung.[20] Anlaß der Schrift des Castellio war die Hinrichtung des Anti-Trinitariers, spanischen Arztes und Theologen Michael Servedo (Michel Servet) in der Nähe von Genf 1553 – die Hinrichtung ein erster Nachweis einer

---

16   Vgl. dazu DICKENS u.a., *Erasmus*, S. 163ff.
17   Zu Sebastian Franck s. M. BARBERS, *Toleranz bei Sebastian Franck*, Bonn 1964; kurz GUGGISBERG, *Veranderingen*, S. 182.
18   Siehe J. ZIJLSTRA, *'T geloove is vrij*, in: M. GIJSWIJT-HOFSTRA (Red.), *Een schijn van verdraagzaamheid. Afwijking en tolerantie in Nederland van de zestiende eeuw tot heden*, Hilversum 1989, S. 44f. Zijlstra weist auf den Einfluß vor allem auch niederländischer Spiritualisten wie Joris van Delft und Agge van Albada hin.
19   S. hierzu H. BONGER, *Leven en werken van Dirk Volckertsz. Coornhert*, Amsterdam, 1978, S. 215f.
20   Ebd. Der Titel lautet: „Traicté des hérétiques à savoir si on les doit persecuter ...".

protestantischen, hier reformierten, Unduldsamkeit. Die Unbedingtheit des Genfer calvinistischen Anspruchs ließ nicht auf sich warten. Schon 1554 brachte Beza, als Nachfolger Calvins seit langem vorgesehen, sein Buch heraus, das auch „Anti-Bellius" genannt wird,[21] eine Antwort eben auf Castellio. Erst 400 Jahre später ist in der Bibliothek der Rotterdamer Remonstranten – der Fundort allein ist schon interessant genug für die Charakteristik niederländischer Toleranz-Probleme im frühen 17. Jahrhundert – eine Gegenschrift Castellios gegen Bezas Auslassungen gefunden worden, eine Handschrift, die den Titel des Beza-Buches übernimmt und „... *a magistru puniendis* ..." durch „... *a magistru non puniendis* ..." ersetzt. Beigefügt war, wohl offensichtlich zur Popularisierung, eine französische Übersetzung mit dem Titel *De l'impunité des hérétiques*. Castellios Darstellung enthielt einen wahren Feldzug gegen jede Form von Ketzerverfolgung. Castellio war auch, wie Guggisberg betont, der erste systematische Theoretiker der religiösen Toleranz, die er zusätzlich noch in anderen als den hier genannten Schriften vertrat.[22] Der Savoyer gehörte zwar zum Kreis der Humanisten, in seinem Denken freilich war er sicherlich konsequenter als Erasmus. Beide kehrten sich gegen Intoleranz, indem sie die Bibel als Argumentationsgrundlage nutzten, Erasmus jedoch war wesentlich auf die Wahrung von Frieden in der einen und einzigen Kirche gerichtet, Castellio ging es viel eher um die Anerkennung des anderen Glaubens, ohne den Blick auf bestehende Organisationsformen zu lenken. Völlig im Unterschied zu Erasmus freilich hob er dann in konsequenter Logik des auf die Fähigkeiten des Individuums zielenden humanistischen Menschenbildes ab, auf die Rolle der Vernunft („liberum arbitrium"), auf die Fähigkeit des einzelnen, die Heilige Schrift in ihrer Zielsetzung zu erkennen.

Die Schriften Castellios haben zunächst bei protestantischen italienischen Emigranten Eingang gefunden und durch sie über Basel in England und Mitteleuropa. Sie waren in der europäischen Aufklärung im 18. Jahrhundert noch Gegenstand der Diskussion. In den Niederlanden trat vornehmlich der schon genannte und unten noch näher zu betrachtende Dirck Volckertszoon Coornhert als ein früher Multiplikator auf, und im hochgehenden Streit zwischen Remonstranten und Kontraremonstranten spielte die Lektüre dieses Vorkämpfers der religiösen Toleranz eine ganz wesentliche Rolle.

Die Dichte der Auseinandersetzung zwischen dem Humanisten und calvinistischen Vordenkern vermittelt letztlich schon einen Vorgeschmack von der Konfrontation, die sich in den Jahren unmittelbar vor dem Aufstand entfaltete. Es waren Jahre, in denen es bei dem im Vordergrund stehenden Gegensatz Katholizismus-Calvinismus recht eigentlich gar nicht mehr um Toleranz im Sinne der hier genannten Humanisten ging, sondern überwiegend um einen Ausschließlichkeitsanspruch, der letztlich auch Toleranz auf jeden Fall zu einem Luxusgut machte. Es standen zwei Bekenntnisse einander gegenüber, deren Protagonisten davon ausgingen, daß eben nur die unversehrte und wettbewerbslose Existenz des Bekenntnisses den Bestand der weltlichen Macht, des Staates, zu garantieren imstande war. Die hier schon apostrophierte Verzahnung von weltlicher und geistlicher Macht macht nicht nur den Unterschied zu theologisch argumentierenden Denkern wie Franck oder Castellio und anderen aus, sondern ist schließlich auch der Ausgangspunkt, von dem aus die sich schließlich gegen den Katholizismus durchsetzenden Calvinisten an den Ausbau des Aufstandes gingen. Darüber an anderer Stelle mehr.

---

21 TH. BEZA, *De haereticis a civili magistratu puniendis libellus, adversus Martini Belii farraginem et novorum Academicorum sectam.*
22 Vgl. GUGGISBERG, *Veranderingen*, S. 183; auch BONGER, *Coornhert*, S. 215-223, u.a. die Auseinandersetzung mit Beza.

Wilhelm von Oranien: Toleranz und Begrenzung des Handelns

Es drängt sich mit dem Blick auf das nicht nur in Genf, sondern bald auch in den aufständischen Provinzen präsente Ausschließlichkeitsgebaren der Calvinisten die Frage auf, welche Stellung im Aufstand und Unabhängigkeitskampf, der auch ein Aufstand für die neue Religion war, jene Beteiligten einnehmen durften, die sich nicht gleich der Radikalität religiösen Denkens und damit auch nicht den radikalen Konsequenzen anzuschließen vermochten. Ganz spezifisch und zuvörderst gilt diese Frage dem Prinzen Wilhelm von Oranien, der nun nicht zu den Calvinisten der ersten Stunde zählte, aber sehr wohl an der Spitze der Empörung stand. Es sei hier auf die Silvesterrede des Prinzen von 1564 hingewiesen. Die große Rede hätte ohne weiteres dem aufklärerischen „Sire, geben Sie Gedankenfreiheit", wie es Schiller im *Don Carlos* sagen läßt, als Ausgangspunkt dienen können. Er forderte die bedingungslose Rücknahme der Ketzerverfolgungen. Dem König warf er, wenn schon nicht der erste Calvinist, so doch der erste Oppositionelle vor Ort, religiösen Anachronismus vor, sprach von der allerorten in Europa stattfindenden Veränderung der Glaubensmuster und bettete die Niederlande in den Trend der Zeit ein. Die Diskussion sei überall Gegenstand einer nicht mehr aufzuhaltenden Entwicklung. Wie könne es angehen, so stellte er die rhetorische Frage, daß die eine, die katholische Religion als die alleinseligmachende angepriesen werde, während nur Inquisition und Ketzerverfolgung sie über Wasser hielten, er sei nicht bereit zu dulden, daß Fürsten über das Gewissen ihrer Untertanen verfügten und sie der Freiheit des Glaubens und des Gottesdienstes beraubten. Arie van Deursen meint dazu, daß die Worte, die der Oranier gefunden habe, die eines an Erasmus orientierten Mannes gewesen seien. Seine Motivierung der Toleranz sei tiefer im Humanismus als in der christlichen Religion verwurzelt gewesen.[23] Freilich, abgesehen davon, daß der Oranier ein Stück Überzeugung reflektierte, wie sie bei adligen Zeitgenossen unter dem Einfluß des Erasmus von Rotterdam lebte,[24] ist doch hinzuzufügen, daß der Oranier in seinem vom Prinzip der Gedankenfreiheit getragenen Plädoyer über Erasmus insofern hinausging, als jener doch an eine neuerliche Einbindung häretischer Auffassungen in die *eine* katholische Kirche bei entsprechender Korrektur nach Überzeugungsarbeit unter den Abweichlern geglaubt hatte. Zwar beteuerte der Oranier in der Silvesterrede noch seine eigene Katholizität, aber es will scheinen, als ob ein Nebeneinander von alten und neuen Bekenntnissen in organisierter Form ihm als durchaus akzeptabel gegolten habe.[25]

Angesichts der durchaus heterogenen religiösen Entwicklung des Oraniers ist es angebracht, nach den Motiven seiner sehr entschiedenen Aussagen zu fragen. Wenn auch die Bibel als vorrangige Stütze entfiel, brauchte es an humanistischer Einsicht in die Souveränität des Individuums ebensowenig zu fehlen wie an „Mitgefühl" – letztgenanntes eine Eigenschaft, die ihm sein Mitstreiter Philipp Marnix van St. Aldegonde in der Auflistung fürstlicher Tugenden mitgegeben hat.[26] Aber über die allgemeine Menschlichkeit hinaus vertrat der Oranier als doch langgedienter politischer Kopf freilich auch jenen

---

23 S. A. VAN DEURSEN/H. DE SCHEPPER, *Willem van Oranje, een strijd voor vrijheid en verdraagzaamkeid*, Weesp u.a. 1984, S. 117.
24 Dazu Anm. 22; ferner E.H. WATERBOLK, *L'Erasmianisme de Guillaume d'Orange*, in: DERS. *Verspreide Opstellen*, Amsterdam 1981, S. 86f.; auch M.E.A.N. MOUT, *Het intellectuele milieu van Willem van Oranje*, in: BMGN 99, 4 (1984), S. 599ff.
25 Dazu in Zusammenfassung H. LADEMACHER, *„Sire, geben Sie Gedankenfreiheit"*, in: DERS. (Hrsg.), *Oranien-Nassau, die Niederlande und das Reich. Beiträge zur Geschichte einer Dynastie*, Niederlande-Studien 13, Münster 1995, S. 16ff. Den Gleichklang zwischen Calvin und Wilhelm von Oranien in deutlicher Abwehr des Zelotentums des Dathenus versucht H. VISSCHER, *Het Calvinisme en de tolerantie-politiek van Prins Willem van Oranje*, Zeist 1933, nachzuweisen.
26 S. dazu MOUT, *Het intellectuele milieu*, S. 599.

Teil der politischen Klasse, die auf den eigenen politischen Status ebenso bedacht war wie auf die Aufrechterhaltung von Ruhe und Ordnung als Voraussetzung einer guten Regierung. Je stärker sich die protestantische Bewegung präsentierte – gleichviel welcher Observanz –, desto deutlicher wurde ihm, daß Verfolgung und Inquisition nicht zu den geeigneten Instrumenten einer Beruhigung zählten. Neben dem politischen Pragmatismus spielten vor allem nach dem Bildersturm vom August 1566 auch wirtschaftliche Argumente eine zunehmende Rolle. Ein umfangreiches Memorandum des Oraniers vom November 1566 enthält ein Plädoyer für großzügiges Handeln, das neben dem Hinweis auf gelungene Innenpolitik eben wirtschaftliche Argumente ins Feld führt. Nur solches Auftreten könne der Wirtschaft des Landes dienen, die Prosperität fördern. Es lasse sich angesichts der Religionsstruktur in den Spanien umringenden Ländern der Umgang mit eben den Fremden aus diesen Ländern nicht vermeiden, und man solle dies aus wirtschaftlichen Gründen auch nicht tun. Die Darlegung des Oraniers fügte sich in die Meinung einer Reihe von zeitgenössischen Flugschriften, die genau für die Aufhebung der Ketzerverfolgungen als Ausgangspunkt für einen ertragreichen Fortgang der Wirtschaft plädierten. Noch kurz zuvor hatten sich die Reformierten der Stadt Antwerpen an die Generalstatthalterin Margarethe von Parma gewandt, ihr Ersuchen um Religionsfreiheit begründet und dabei auf die Bedeutung dieser Freiheit für die Wirtschaft der Stadt hingewiesen. Der Hinweis des Oraniers im vorgenannten Memorandum, daß auch Verbannung keine Lösung sei, weil sie das Land entvölkere und eben dadurch Handel und Gewerbe schade, zielte in die gleiche Richtung. Er spielte dann in einem 7-Punkte-Katalog eine Reihe von Lösungsmöglichkeiten durch. Konsequent lehnte er Gewaltanwendung zur Unterdrückung nichtkatholischer Bekenntnisse ab. Darüber hinaus freilich – und das ist nachhaltig zu unterstreichen – mißbilligte er Gewissensfreiheit ohne deren praktische Umsetzung, da solches nur zur Sektenbildung und damit zu unübersichtlichen, die Ordnung störenden Verhältnissen führen könne. Seine Schlußfolgerung lautet, daß die Zulassung von Religionsfreiheit, von Kirche also, auf jeden Fall den Staat und damit auch die katholische Kirche vor dem Untergang bewahre.[27]

Die einigermaßen ungebundene Christlichkeit des Oraniers und die damit nicht an Ketten gelegte Religiosität dieses Prinzen haben sich zusammen mit einem ausgeprägten Sinn fürs Machbare jedweder Intransigenz widersetzt, so daß schließlich seinem Anliegen mit den ersten Erfolgen des Aufstandes, der von den Calvinisten mitgetragen wurde, insofern noch nicht entsprochen war, als es zunächst noch zu vermeiden galt, daß calvinistisch-niederländische Intransigenz nach der Befreiung von spanischer Intoleranz an die Stelle eben des spanischen Übels trat. Das sollte sich als problematisch erweisen. Gewiß, das Geschehen in den Niederlanden erhielt gleich nach dem Aufstand zunächst eine neue Qualität, weil sich in allmählicher territorialer Ausdehnung ein Wechsel der Herrschaft im weltlichen und kirchlichen Bereich vollzog; es blieb freilich auch alte Qualität bewahrt, weil die neue, bald siegreiche Religion den gleichen Ausschließlichkeitsanspruch vertrat und neuerlich eine Verflechtung von Staat und Kirche *drohte*. Die Calvinisten standen zum Teil weit ab von den Konzeptionen der Humanisten. Das alte Testament prägte sie, nicht das neue. Beza hatte das in den 50er Jahren schon vorgeführt. Letztlich ging der Kampf in seinem Ansatz für viele um die vorherrschende Position der neuen Religion, es ging um die Konsolidierung von Macht, nicht um Religionsfrieden. Es war die Radikalität der Auseinandersetzung, die dem Oranier Sorgen bereitete. Er hat keine Grausamkeit verhindern können, von welcher Seite sie auch begangen wurde. Humanistische Geistigkeit hatte nur geringen Raum. Der Oranier freilich unternahm den Versuch, seine Vorstellung von Toleranz einzuführen – und dies

---

27 Text des Memorandums bei G. GROEN VAN PRINSTERER, *Archives ou Correspondance inédite de la Maison d'Orange-Nassau*, II, S. 429-450.

implizierte Glaubensfreiheit. Auf der Dordrechter Ständeversammlung von 1572 ließ er Marnix Entsprechendes vortragen. Im Beschluß der Stände hieß es dann auch, die Glaubensfreiheit solle gewahrt bleiben; das gelte für die reformierte und katholische Religion gleichermaßen. Jeder dürfe seinem Gottesdienst im Freien oder in Kirchen und Kapellen nachgehen, ohne daraus Nachteil zu erfahren. Solche Regelung entsprach letztlich nicht nur dem eigenen Freiheitsanspruch, sondern ging auch von der schlichten Tatsache aus, daß das den Aufstand leitende Bekenntnis, der Calvinismus, als „newcomer" keineswegs so stark war, als daß er sich schon als Ausschließlichkeitsreligion hätte aufführen können. Daß der Gedanke eines christlichen Alleinvertretungsanspruchs bei den Bekennern des Calvinismus lebte, war die eine Sache, eine andere war es, den Anspruch aus einer Minderheitenposition heraus politisch durchzusetzen, solange es noch an einer echten Organisation fehlte. Gleichwohl waren die Calvinisten von Beginn an in einer bevorrechteten Position. Dort, wo der Aufstand erfolgreich war, nahmen sie die großen Stadtkirchen in Besitz, die Täufer hielten ihre Gottesdienste in Privathäusern ab, während die Katholiken vorläufig noch in Klosterkapellen die Messe lesen durften. Mobilien und Immobilien ehemaliger Klöster und Kirchen fielen an die öffentliche Hand (städtische Magistrate), die das Vermögen für die Besoldung der calvinistischen Prädikanten und den Unterhalt der Kirchen zu nutzen hatte.

Öffentlichkeitskirche: Anspruch, Zweifel und Opportunität

Nicht einmal diese durch frühe Praxis schon beschnittene, gleichwohl noch gelebte Toleranz, die eine erste Privilegierung der Calvinisten enthielt, währte lange, soweit es die Ausübung des Gottesdienstes betraf. Im Zusammenhang mit dem Abschluß des engeren Verbundes zwischen den Provinzen Holland und Seeland (1575/76) wurde ein Schritt auf dem Weg zum Verbot des Gottesdienstes für Katholiken getan. Der Prinz von Oranien sollte in seiner Eigenschaft als „hoofd ende hoogste overigheid" die Ausübung der reformierten evangelischen Religion sicherstellen und gegen die Ausübung jener Religionen vorgehen, die dem Evangelium entgegenstanden. Damit waren zunächst die Katholiken gemeint. Solcher Auftrag entsprach nicht dem Gusto des Prinzen, der sich, obwohl seit 1573 den Calvinisten angeschlossen, immer noch am Gehalt seiner Silvester-Rede von 1564 orientierte. Zwar stand im Beschluß zu lesen, daß niemand wegen seines Glaubens Schaden zugefügt werden oder Unbill widerfahren solle, deutlich war aber, daß das calvinistische Bekenntnis als das dem Evangelium entsprechende festgezurrt wurde. Der Beschluß enthielt insofern nur eine Bestätigung von schon Geübtem, weil die Magistrate der meisten holländischen Städte bis dahin den öffentlichen katholischen Gottesdienst untersagt hatten. Die Entscheidung von 1575/76 erfuhr mit prinzlichem Erlaß von 1581 eine Erweiterung, als auch private Gottesdienstveranstaltungen verboten wurden. Diese Bestimmungen galten ab 1587 für das gesamte Territorium der Republik. Die Provinzen schlossen sich dem holländisch-seeländischen Vorgehen an, nachdem die Union von Utrecht in § 13 noch von der Fortexistenz des Katholizismus ausgegangen war. Mit den Jahren 1581/87 war der Status der reformierten Kirche als „Öffentlichkeitskirche" („publieke kerk") festgeschrieben. Der Erlaß von 1581 wurde 1622, 1629, 1641 und 1649 fast wörtlich wiederholt. Die Bestimmungen der Genter Pazifikation von 1576 oder der Religionsfriede von 1577/78 hatten mit dem Toleranzproblem nichts zu tun. Hier waren die Bekenntnisse lediglich Verhandlungsgegenstand, dazu dienend, die gesamten ehemaligen burgundisch-habsburgischen Niederlande in Aufstand zu halten und somit die alte niederländische Einheit zu wahren.

In der Republik der Vereinigten Provinzen ist in den Anfangsjahren – noch einige Jahre über den Tod des Oraniers hinaus – ein Streit entstanden, ob denn der Kampf „haec religionis ergo" oder „haec libertatis ergo" geführt werde. Die aus Kampfstimmung entstandene Formulierung, die sich auf die beiden Seiten einer Münze verteilt findet, Motiv und Parole zugleich ist, läßt durchaus den Schluß zu, daß der Freiheitsbegriff als ein gleichermaßen weltlich und christlich definierter verstanden werden konnte. Der Ausschließlichkeitsanspruch strenger Calvinisten stand solcher Deutung freilich entgegen. Es lebte das Gefühl, ein Stückchen Macht in Händen zu halten, die zur Konsolidierung des frühen Erfolgs angewandt werden konnte. Das hatte seinen Grund. Bei einer Analyse der Bekenntnisstreuung über das aufständische Gebiet ist einfach anzumerken, daß die Calvinisten bei aller Offensivkraft anfänglich noch in der Defensive waren, da sich die niederländische Bevölkerung nun keineswegs automatisch zum Calvinismus bekannte, was die Kraft der katholischen Kirche dann möglicherweise stärker erscheinen ließ, als sie es tatsächlich war. Aber eben dann war Offensive geboten. Nimmt man hinzu, daß es einen ausgemachten calvinistischen Abscheu gegenüber dem Charakter römisch-katholischer Gottesdienste überhaupt gab sowie die Furcht vor der Möglichkeit katholischer Verschwörung im Rahmen von Gottesdiensten, Prozessionen und Pilgerfahrten – Rituale, die wie der Gottesdienst verboten wurden –, dann wird man den Verbotskurs durchaus als die Maßnahmen eines Besatzers gegenüber einem unterlegenen Land einstufen können. Ein Kurs im übrigen, der auch das Tragen von Kreuzen bei Begräbnissen oder ähnliches Zeremoniell untersagte. Es ist in diesem Zusammenhang im nachhinein zu Recht die Frage gestellt worden, was die Gewissensfreiheit, die festgeschrieben war, zu bedeuten habe, in der einem Katholiken nicht die Möglichkeit gegeben werde, sich von einem Priester die Sakramente erteilen zu lassen – zu Recht, da es nicht bloß das Verbot der Kulthandlung gab, sondern auch Beschränkungen im zivilen sozialen Leben, die die „Freiheit" erheblich einengten.[28] Der Fortfall katholischer Schulen oder katholischer Trauung, der Ausschluß von Katholiken von Verwaltungsämtern oder die Abhängigkeit katholischer Armer und Bedürftiger von der reformierten Diakonie und den städtischen, calvinistisch geprägten Armenfürsorgen, all dies waren Konsequenzen des Aufstandes, die sich nur schwierig unter den Begriff „Toleranz" subsumieren ließen.

Wenngleich im niederländischen Calvinismus der Versöhnungsgedanke nicht zum vorherrschenden Gedankengut zählte, weit entfernt davon war, was die Humanisten und Spiritualisten und unter letztgenannten etwa die Angehörigen des „Huis der Liefde", einer grenzüberschreitenden Verbindung,[29] anstrebten, wäre es falsch, diesen Calvinismus als eine Einheit zu begreifen. Er war es offensichtlich weder theologisch, wie sich im hier noch in seinen Folgen zu erörternden Remonstrantenstreit erweisen sollte, er war es auch nicht im Bereich der kirchenpolitischen Konzeption und Gestaltung, die sich eng verbunden zeigte mit der Frage nach der Opportunität. Hier spielten doch in Regentenkreisen wirtschaftliche Erwägungen ebenso wie ein erasmisch geprägter Friedenswille eine wichtige Rolle. Die Prosperität der Wirtschaft und damit des Landes hatte schon zur „katholischen" Zeit als Argument gedient. Verwiesen sei hier noch einmal auf das oben erwähnte Memorandum des Oraniers von 1566, und fast schon im Gleichklang hatten kurz zuvor Antwerpener Kaufleute für Gottesdienstfreiheit plädiert, „... affin que

---

28 H.A.E. VAN GELDER, *Getemperde vrijheid*, Kapitel III: *De Katholieken geduld en bestreden*; ferner A.TH. VAN DEURSEN, *Het kopergeld van de Gouden Eeuw*, IV. *Hel en hemel*, Assen 1980, Kapitel III, *Katholieken*. Insgesamt zur Haltung der Calvinisten s. R. PO-CHIA HSIA/H.F.K. VAN NIEROP (Hrsg.), *Calvinism and Religion Toleration in the Dutch Golden Age*, Cambridge 2002.

29 Zum „Huis der liefde" („Family of Love") eindringlich M.E.H.N. MOUT, *The Family of Love (Huis der Liefde) and the Dutch Revolt*, in: A.C. DUKE/C.A. TAMSE, *Britain and the Netherlands*, VII. *Church and State since the Reformation*. Paper delivered to the Seventh Anglo-Dutch Historic Conference, The Hague 1981, S. 76-93.

Das Gleichnis vom Unkraut im Weizen (I.C. van Swanenburgh)

cette liberté et exercice estant estably et asseurée, les trafficques, dont dépend tout le bien de ce pays, puyssent avoir plus amplement leurs cours, que demeurans les choses ainsy incertaines."[30] Das wirtschaftliche Argument behielt für städtische Magistrate der Republik seine Gültigkeit. Das fand Eingang in die europäische Publizistik des 17. und auch des 18. Jahrhunderts. Sie machte die Niederlande zu einem Staat, der es durch Gewährung von Religionsfreiheit zu staunenswerter wirtschaftlicher Prosperität gebracht habe.[31] Gegen Ende der ersten Hälfte des 17. Jahrhunderts führte der englische Kaufmann Henry Robinson in seinem Traktat „Liberty of Conscience" (1643) aus, England könne viel von der Toleranzpolitik der niederländischen Republik und den damit verbundenen schönen Ergebnissen eine Menge lernen. Und schließlich ließ der Tübinger Theologe und Universitätskanzler Pfaff im frühen 18. Jahrhundert wissen, die Duldung der Religionen beunruhige den Staat keineswegs, sondern bringe ihm „höchsten Flor".[32]

Zwar sollte man Zeugnisse im Sinne von Grundsatzerklärungen wie die vorgenannten nicht allzu hoch bewerten, aber Wirtschaft war doch ein ganz zentrales Element von Staat und Gesellschaft der Republik. Den engen Zusammenhang von prosperierender Wirtschaft und Anerkennung auch abweichender Bekenntnisse hat in der zweiten Jahrhunderthälfte Pieter de la Court, aus Leidener Kaufmannsgeschlecht und Staatstheo-

---

30 Zit. bei GUGGISBERG, *Veranderingen*, S. 187.
31 Vgl. Artikel *Toleranz* in: *Geschichtliche Grundbegriffe*, Bd. 6, Stuttgart 1990, S. 537.
32 Beide letztgenannten Beispiele ebd.

retiker, vorgetragen. Für ihn galt in dieser ersten statthalterlosen Zeit, in dieser Phase der „ware vrijheid", das Freiheitsprinzip in seinem größtmöglichen Umfang; auf jeden Fall war das von der ungeteilten Souveränität ausgehende republikanische System durch Ausbau und Verstärkung der Handelsgrundlagen zu schützen. Und dazu bedurfte es eben der Duldung anderer Religionen, wenn man innovative Kräfte im Lande halten oder auch ins Land ziehen wollte.[33] Gegenüber den Jahrzehnten zuvor freilich war die Zeit, in der er seine Forderung veröffentlichte, eine andere, es war die Phase der konsolidierten Republik, die den Kampf gegen Spanien mit dem Siegfrieden von Münster 1648 abgeschlossen und damit auch ein Hemmnis für flexibles Denken beseitigt hatte, das sich aus der engen Verbindung von Katholizismus und äußerem Gegner ergab.

Beispiele für wirtschaftliche Entscheidungsfaktoren in religiösen Fragen gibt es jedoch eben auch aus der Frühzeit der Republik. Sie vermehrten sich später in der Zeit des Remonstranten-Streits. Für die Frühzeit weist ein Duplessis-Mornay zugeschriebener *Discours* mehrfach auf den Schaden intransigenter Haltung für den wirtschaftlichen Wohlstand hin – und das war an die Adresse der Calvinisten gerichtet, und zwei Jahre zuvor hatte der calvinistische Rat der Stadt Middelburg die Läden der mennonitischen Kaufleute schließen lassen. Erst eine mehrmalige Intervention des Prinzen von Oranien auf Klagen der Mennoniten hat eine Rücknahme des Ratsbeschlusses bewirkt, der auf Ausweisung der Mennoniten zielte. Geeraerdt Brandt, zeitgenössischer Historiker der Reformation, hat dazu geschrieben, daß die Amsterdamer Kaufleute ihre mennonitischen Berufsgenossen gegen die Jahrhundertwende hin trotz der Proteste calvinistischer Prädikanten unterstützt hätten, „in dem Wissen, daß es sich hier um Menschen mit großem Fleiß handle, die durch mancherlei Handel und Gewerbe der Stadt viel Vorteil gebracht haben."[34] In dieser Stadt selbst schließlich wurde den Lutheranern 1601 der öffentliche Gottesdienst verboten. Proteste bei Moritz von Oranien und den Generalstaaten blieben vergeblich. Der dänische König, der die Zufahrt zur Ostsee beherrschte, mischte sich ein mit als Konsequenz, daß die Stadt ihren Beschluß revidierte. „Die Theologie hat sich eilig den Erfordernissen der Seefahrt untergeordnet", so heißt es in einer Studie dazu, in der der Autor von der engsten Verbindung von Geld und Freiheit überzeugt ist.[35] Die Relation von Intoleranz und Beeinträchtigung der Prosperität wurde offensichtlich so intensiv vorgetragen, daß zwei Prädikanten, die 1601 Bezas *De haereticis a civile magistratu puniendis* ins Niederländische übertrugen, in ihrem Vorwort dem Argument von der Schädlichkeit der Intoleranz für den Handel entgegenhielten: „Soll nun Satan anstelle von Gott für unseren Gewinn sorgen?"[36]

Es ist an anderer Stelle auf neue und alte Qualitäten der Aufstand-Phase und der ersten Jahrzehnte danach hingewiesen worden. Es sei eine weitere Feststellung hinzugefügt. Das Spektrum in der Frage der Toleranz oder Intoleranz umfaßte die Katholiken und die Position anderer protestantischer, nicht-calvinistischer Gruppen gleichermaßen. Die Katholiken blieben in der Diskussion letztlich auch bei jenen chancenlos, die einer unbedingten Toleranz huldigen wollten. Dies war nichts anderes als eine Folge des

---

33 S. dazu E. HASSINGER, *Wirtschaftliche Motive und Argumente für religiöse Duldsamkeit im 16. und 17. Jahrhundert*, in: Archiv für Reformationsgeschichte, 49 (1958), S. 237ff. mit Ausführungen über P. de la Court. Auf S. 242 noch weitere englische Äußerungen. Über de la Court intensiv H.W. BLOM/J.W. WILDENBERG (Red.), *Pieter de la Court in zijn tijd. Aspecten van een veelzijdig publicist (1618-1685)*, Amsterdam u.a. 1986. Diese Haltung kommt sowohl im *Interest van Holland* (1662) als auch im *Welvaren van Leiden* drei Jahre zuvor zum Ausdruck.
34 Zit bei HASSINGER, *Wirtschaftliche Motive*, S. 236. Ebd. S. 235f. das Middelburger Beispiel.
35 Siehe H. MÉCHOULAN, *Das Geld und die Freiheit*, Stuttgart 1990, S. 148.
36 Bei HASSINGER, *Wirtschaftliche Motive*, S. 227 zitiert, aus G. Brandt übernommen. Die Übersetzung der Beza-Schrift erschien 1601 in Franeker. Bei den Übersetzern handelt es sich um zwei Prädikanten aus Sneek.

Krieges, der gegen diese Einheit von spanischer Weltmacht und Katholizismus geführt wurde. Die von niederländischer Seite immer wieder neu vorgeführte engste Verzahnung von weltlicher und einer bestimmten geistlichen Macht definierte die schwache Position der katholischen Niederländer, auch wenn es unter ihnen viele gab, die sich den Spaniern widersetzt hatten oder widersetzten, ohne den katholischen Glauben preiszugeben.

Katholische Gegenwehr

Den katholischen Reaktionen auf Bedrängnis sei kurz die Aufmerksamkeit gewidmet. Trotz des Kultusverbots trafen sich die Katholiken in Privathäusern und verstanden es immer, Priester zu finden, die die Sakramente erteilten. Es gibt reichlich Zeugnisse für die Existenz solcher „Untergrundkirchen", Zeugnisse, die auch in Form von Beschwerden seitens der Behörden vorliegen. Eine Reihe von Stadthäusern, die äußerlich einem Privathaus ähnelten, waren jedoch innen wie eine katholische Kirche ausgestattet. Im holländischen Noorderkwartier errichtete man sogar eigene Kapellen, finanziert aus Kollektegeldern, ohne daß die Behörden eingriffen. Das galt freilich nicht überall. Häufig kam es vor, daß die örtliche Behörde zugriff, Verhaftungen vornahm und die Ausstattung konfiszierte. Andrerseits verfiel die katholische Bevölkerung auf mancherlei Tricks, um die Behörden zu täuschen und die Versiegelung ihrer Häuser zu vermeiden. Insgesamt gehörte es zu den Merkmalen der Republik, daß die Bewegungs- und Betätigungsfreiheit der Katholiken auf dem Verordnungsweg heftig eingeschränkt wurde, die Praxis hingegen mancherlei Schlupflöcher ließ. Rigorosität gehörte aus den vorgenannten Gründen eben nicht an jeder Stelle oder in jedem Augenblick zu den Handlungsmerkmalen städtischer Regenten, gleichviel ob pure wirtschaftliche Überlegungen oder das tradierte Denken des Erasmus von Rotterdam eine Rolle spielten. Dabei scheint im übrigen auch die Furcht vor einer allzu großen Einflußnahme calvinistischer Prädikanten eine Rolle gespielt zu haben.[37]

Wie man einerseits feststellen kann, daß die Untergrundkirchen für ein gewisses Zusammengehörigkeitsgefühl gesorgt haben, so ist andrerseits doch die Frage zu stellen, ob diese allein genügten, um den katholischen Zusammenhalt zu festigen. Die Untergrundkirchen also als Äußerung einer Trotzhaltung, eine eifrige katholische Arbeit der Re-Organisation freilich als ein unerläßliches Kontinuum, um die Position zu stärken. Diese Re-Organisationsarbeit setzte am Ende der gröbsten Wirren ein, als sich abzeichnete, daß die Republik wohl kaum wieder spanisches Gebiet werden würde. Zu den wichtigsten Organisatoren, die sich mit der Aufgabe belasteten, zählte der Priester Sasbout Vosmeer, ein Mann aus Delfter Patriziergeschlecht. Ihm oblag seit 1583 als Generalvikar und seit 1592 als apostolischer Vikar die Verwaltung des Erzbistums Utrecht. Aber was hieß hier denn Verwaltung? Sie war wie der katholische Gottesdienst eine Aktion im Untergrund, eine ganz neue Form katholischer Missionsarbeit. Der Papst übertrug dem Delfter Priester nicht nur die Verantwortung für die gesamten nördlichen Niederlande, sondern verlieh ihm auch den Titel eines Erzbischofs von Philippi, dem ehemaligen mazedonischen Bistum, mit allen dazugehörenden bischöflichen Befugnissen. Apostolischer Vikar, erzbischöfliche Würden, wahrlich große Titel, die in seltsamem Kontrast zur äußeren Erscheinung der Missionstätigkeit standen, die sich auf geheime Rundreisen in Verkleidung beschränkte. Zudem bestand ein spürbarer Mangel an Priestern, da viele nach Abschluß der Utrechter Union das Land verlassen hatten. Mehrere hundert liefen auch zum Calvinismus über. Sie heirateten ihre Haushälterin.

---

37 Zu den Untergrundkirchen s. in kurzer und guter Übersicht VAN DEURSEN, *Het kopergeld van de Gouden Eeuw*, IV, S. 73ff.

Sasbout Vosmeer

Etliche legten vor der calvinistischen Classis eine Prüfung ab und redeten von nun an calvinistisch. Vosmeer empfand den Priestermangel als das größte Hindernis einer Missionsarbeit. 1602 sollen in den Provinzen Holland und Utrecht nur noch siebzig gelebt haben oder tätig gewesen sein. Eine neue Generation wurde daher in den Seminaren von Köln (1602) und Löwen (1617) zur Arbeit in den Niederlanden ausgebildet. Die Klöster stellten ebenfalls bald Nachwuchs, zunächst die Jesuiten, dann die Minderbrüder und Dominikaner. Den Jesuiten kamen ihre engen Beziehungen zu Adel und städtischen Regenten zugute. Sie operierten zuweilen von adligem Besitz aus.

Die Arbeit des Vosmeer blieb den Behörden nicht unbekannt. Sie schritten zu Verhaftungen, denen Vosmeer nur knapp entkommen konnte. Ab 1602 leitete er die Mission von Köln aus. Daß er ein karrierebewußter, die Psyche katholischer Niederländer möglicherweise nicht immer gut genug auslotender Missionar gewesen ist, läßt sich seinen Briefen entnehmen. Nicht nur daß er auf den Stuhl des Erzbistums Utrecht spekulierte, zu dessen Besetzung es vorab der Wiedereroberung des Nordens durch die Spanier bedurft hätte, er bewahrte auch das ihm geschenkte Haupt des Balthazar Gérard, des Oranien-Mörders, als eine Reliquie – nicht gerade eine erfreuliche Handlung für niederländische Katholiken, die zugleich auch Patrioten waren. Die Missionstätigkeit des Vosmeer und seiner Priester hätte sich ohne eine Gruppe katholischer Laienschwestern, die „klopjes", schwerlich realisieren lassen. Es handelte sich bei diesen in der überwiegenden Mehrzahl um unverheiratete Frauen, die sich für den Klosterdienst als Nonnen entschieden hätten, wären die Zeiten anders gewesen. Die Frauen, groß an Zahl, kümmerten sich um die Altar-Utensilien, stellten den Chor oder suchten Mitglieder der ehemaligen Pfarre auf. Sie wirkten nicht nur in den Städten, sondern auch auf dem platten Land. Es sollen, wie festgestellt worden ist, auffallend schöne und höchst selbstbewußte junge Frauen gewesen sein, die durch ihr Äußeres und ihr sicheres Auftreten günstige Voraussetzungen für die Erfüllung ihrer Aufgabe der Rettung des katholischen Bekenntnisses mitbrachten. Der Erfolg ist nicht ausgeblieben. Selbst wenn man Aussagen, die sich aus Furcht herleiten, cum grano salis nehmen sollte, dürfte das Urteil des Goudaer Ratsherrn Sebastiaen Francken etwas von der Werbekraft der „klopjes" vermitteln: „Diese ‚cloppen' sind unglaublich frech. Sie fügen Land und Religion mehr Schaden zu als alle Priester zusammen."[38] Die Frechheit bestand wohl darin, daß die Frauen in harter Slogan-Manier die Geusen als für die Verdammung vorbestimmt nannten, die Kirchen als Diebesgut der Geusen bezeichneten. Die Kanzel stehe auf einer Teufelsfratze.

Abgesehen davon, daß die Calvinisten ihrerseits einiges an Schimpfworten für die Katholiken und den katholischen Glauben bereithielten, fanden sie eine abwertende Terminologie durchaus auch für die Täufer, die zwar zum protestantischen Spektrum zählten, von den Calvinisten aber voll abgelehnt wurden. Es ging nicht um Verbote, sondern um Schikane. Wenn die Synodalen der Provinzen Holland und Seeland 1574 die Obrigkeit aufforderten, nur solche Bürger in Dienst zu nehmen, die einen Treueid gegenüber staatlichen (kommunalen, provinzialen) Instanzen schworen, dann war das eine solche Schikane, da Täufer jedwede Eidesleistung ablehnten. Die Calvinisten forderten gar ihre Prädikanten auf, sich in Versammlungen der Täufer zu begeben und dort Diskussionen zu entfesseln oder die Zusammenkunft einfach zu stören. Wichtiges Instrument der Calvinisten blieb die öffentliche, in Flugschriften vollzogene Diskussion, wie sie der in der Wolle gefärbte Revolutionär der ersten Stunde und Pamphletschreiber Marnix van St. Aldegonde führte. In seiner Grundsatzschrift *Ondersoeckinge of grondelijcke wederlegginge der geestdrijvische leere* forderte er die städtischen Magistrate auf, die Täufer aus dem Lande zu weisen und ihre Werke zu vernichten. Diese Täufer seien eine Gefahr für den Glauben, sie zerstörten die Frömmigkeit und griffen Gottes Verfügungsgewalt über das menschliche Gewissen an.[39] Ziel der Schrift war die Verurteilung der nichtcalvinistischen Protestanten insgesamt. Damit waren alle Anhänger des „inneren Wortes" und des mystischen Spiritualismus mit Sebastian Franck, dem Vordenker allen Übels im Mittelpunkt, gemeint.[40]

Kirche und Obrigkeit: ein begrenzt inniges Verhältnis

Der Wunsch nach Verfolgung oder Verbot richtete sich an die Obrigkeit, und hier stießen die Calvinisten, soweit sie in ihrem Ausschließlichkeitsdenken solche Forderungen erhoben, deutlich an ihre Grenzen. Denn die Verbindung von Staat und Kirche, die in spanischer Zeit die Staatspolitik beherrscht hatte, fand keine Wiederholung. Gerade in diesem Punkte muß die gegenüber den frühabsolutistischen Bestrebungen der spanischen Regierung neue – revolutionäre – Qualität des Aufstandes hervorgehoben werden. Die calvinistische Kirche wurde als Teilhaberin am Aufstand zwar zur Öffentlichkeitskirche („publieke kerk") in die Erstrangigkeit erhoben, aber das hieß nicht Einflußnahme der Kirche auf die Geschäfte des Staats, hieß aber – umgekehrt – auf jeden Fall Mitsprache der Obrigkeit in kirchlichen Angelegenheiten und meinte sicherlich freie Entscheidung der Obrigkeit in allen Fragen, die die Gestaltung des außerkirchlichen Alltags betrafen.[41]

---

38 Zu den „klopjes" neuerdings M. MONTEIRO, *Geestelijke maagden. Leven tussen klooster en wereld in Noord-Nederland gedurende de zeventiende eeuw*, Hilversum 1996. Zitat bei VAN DEURSEN, *Het kopergeld*, IV, S. 73.
39 Paraphrasiert nach Zitat bei J. LECLER, *Geschichte der Religionsfreiheit im Zeitalter der Reformation*, II, Stuttgart 1965, S. 355.
40 Vgl. ebd. S. 355f.
41 Dazu PETTEGREE, *Policy of Toleration*, S. 193. Mit außerkirchlichem Alltag ist hier der Bereich der volkstümlichen Unterhaltung gemeint. Dazu H. ROODENBURG, *Onder censuur. De kerkelijke tucht in de gereformeerde gemeente van Amsterdam, 1578-1700*, Hilversum 1990.

Cornelis Pietersz. Hooft
(Jac. Houbraken)

Es wäre freilich falsch, wollte man hier einen Konflikt zwischen Kirche und Obrigkeit als grundsätzliches Phänomen der Republik konstruieren, gleichsam den Gegenpol der Verhältnisse in der spanischen Zeit. Viel eher tendierte die Beziehung zu einer Ausgewogenheit, in der letztlich die auch theologisch abgesicherte Anerkennung der Obrigkeit eine Rolle spielte. Unbotmäßiges Verhalten gegenüber der Obrigkeit wurde auch kirchlicherseits geahndet.[42] Unter diesem Aspekt des Eingriffs bei Verstoß gegen Gesetz und Recht trat die Kirche als eine echte „Öffentlichkeitskirche" auf.

Es war mehr als deutlich, daß die hier apostrophierte Ausgewogenheit einer Grundhaltung der Regenten entsprach, die jeder Form des Extremen abhold war, weil das Extreme der Erfahrungsvielfalt einer Städtelandschaft entgegenstand. Ergänzend sei dazu noch auf eine weitere Denkvoraussetzung hingewiesen, die zumindest für eine Reihe von Regenten gilt. An anderer Stelle ist hier die von Méchoulan hervorgehobene Relation von Geld und Freiheit genannt worden, hinzugefügt sei jedoch, daß es sich dabei nicht lediglich um die buchhalterische Enge des positiven Saldos handelt, sondern um Handel als lebensgestaltendes Prinzip der städtischen Kaufmannschaft mit allen Möglichkeiten der Rezeption auch fremden Denkens. Das heißt, es ging für einige nicht in jedem Augenblick um einen gleichsam rechenhaften Opportunismus, sondern um die Wahrung der Freiheiten der Korporation mit allen Konsequenzen. Die kaufmännische,

---

42 Beispiele dazu bei A.TH. VAN DEURSEN, *Bavianen en Slijkgeuzen*, Franeker o.J., S. 30ff.

häufig genug grenzüberschreitend gerichtete Aktivität schuf durch Einsicht in die Vielfältigkeit gesellschaftlichen Lebens die Voraussetzung für die Rezeption einer auf Toleranz gerichteten Denkweise, wie sie die Humanisten vertraten. In der Republik haben Bürgermeister vom Schlage des Cornelis Pieterszoon Hooft diesen Tenor doch weitgehend mitbestimmt, stark genug auch, um das Ansinnen eines sich auf Unbedingtheiten kaprizierenden Bekenntnisses zurückzuweisen. Hooft, viele Jahre Amsterdamer Bürgermeister und aus altem Regentengeschlecht, lebte und regierte nach dem Grundsatz, daß „jene, die sich nicht zur calvinistischen Religion bekennen können, nicht zu Atheisten, Freigeistern und Gottlosen gestempelt werden dürften." Unter Regenten galten die schon von Erasmus und anderen vorgetragene Toleranzparabel von Weizen und Unkraut, das Liebesgebot des Jesus Christus und die Einsicht in die Sinnlosigkeit von Ketzerverfolgungen. Ihnen ging es, falls eine Auseinandersetzung verlangt war und nicht reines Nebeneinander der Richtungen genügte, um einen geistigen Streit. Vermutlich traf Oldenbarnevelt die Meinung vieler seiner Amts- und Standesfreunde, wenn er feststellte: „Es ist nie die Ansicht der Herren Generalstände gewesen, Krieg für die Wahrung dieser oder jener Religion zu führen, vielmehr sollte es jeder Provinz, ja selbst jeder Stadt freistehen, die Religion anzunehmen, die man für richtig und ratsam hält." In solchen Formulierungen waren die beiden Seiten der hier zuvor erwähnten Leidener Münze ebenso gegenwärtig wie Inhalte der Rede des Oraniers vom Silvestertag 1564.[43] Gegenstand des Aufstandes war eben auch die politische, nicht nur die religiöse Freiheit. Es war ein Kampf um Freiheiten schlechthin, unter denen Glaubensfreiheit nur eine – sicherlich wesentliche – Komponente darstellte. Deshalb war es auch nicht verwunderlich, daß gerade in den ersten Jahrzehnten der Republik Regentenstimmen laut wurden, die verkündeten, man habe sich nicht vom spanischen Zwang befreit, um diesen durch eine calvinistische Theokratie zu ersetzen. Hooft und andere Wortführer reflektierten und vertraten die in ihren Kreisen gepflegte Tradition, verteidigten sie gegenüber den calvinistischen Prädikanten, wie das später auch ihre Nachkommen gegenüber Herrschern wie Ludwig XIV. taten, der sich von dem Amsterdamer Bürgermeister Coenraad van Beuningen darüber belehren lassen mußte, daß Täufer ebensogute Staatsbürger waren wie Calvinisten, weil sie ihre Kriegsdienstverweigerung erkauften, so daß aus diesen Beiträgen neue Truppen angeworben werden konnten. Zu dieser durch Tradition angereicherten Liberalität trat ein Stück politischer Pragmatismus, der sich letztlich aus einem verständlichen Wunsch nach Ruhe und Ordnung inmitten eines Konsolidierungsprozesses – von einem solchen konnte in den ersten Jahrzehnten der Republik die Rede sein – ergab. Der zuvor genannte Hooft kehrte sich auch aus psychologischen Erwägungen gegen die Verfolgung Andersgläubiger. Er dachte an jene Richter, die mit Dissidenten verschwägert waren. Obrigkeitliche Gegengewalt durfte daher auch nur Anwendung finden, wenn der Status quo von einzelnen oder einer gesellschaftlichen Gruppe mit Gewalt verändert werden sollte. Mit solcher Konzeption rückte man deutlich in die Nähe des Erasmus von Rotterdam.[44]

---

43 S. dazu oben den Abschnitt *Konstitutionelle Eigenart*.
44 Zum ganzen LADEMACHER, *Niederlande*, S. 237ff. Speziell zu C.P. Hooft s. H.A.E. VAN GELDER, *De levensbeschouwing van Cornelis Pieterszoon Hooft, burgemeester van Amsterdam 1547-1626*, Utrecht ²1982.

Dirck Volckertsz. Coornhert contra Justus Lipsius

Es war dies auch die Welt, in der Gedanken eines Dirk Volckertsz. Coornhert[45] positiv reflektiert werden konnten, der selbst als Multiplikator auch der Gedanken des Sébastien Castellio auftrat – ein Mann, von dem vermutet wird, die weiteren Impulse zur Ausarbeitung der Toleranz-Vorstellungen gegeben zu haben.[46] Diesen Sohn eines Amsterdamer Tuchhändlers sollte man als die Verkörperung beider Seiten jener schon mehrfach erwähnten Freiheitsmünze apostrophieren, ihn einstufen nicht bei der Gruppe der Eiferer, sondern einordnen bei jenen, die die Forderung nach Religionsfreiheit zu einem nach allen Seiten gültigen Prinzip erhoben, das keine Einschränkungen duldete. Zugleich bewies er, der im übrigen als Meister der Kupferstecher den später berühmten Hendrik Goltzius zu seinen Schülern zählte, einen unerschrockenen Kampfesmut, der seinerseits die Folgen intransigenten religiösen oder politisch-religiösen Verhaltens angeschaut oder unmittelbar erfahren hatte. So sah er als junger Dreizehnjähriger das Auftreten der Anabaptisten in Amsterdam, die es den Münsterschen Glaubensfreunden nachtun wollten, und so konnte er dem Herzog von Alva einerseits oder dem Geusenführer Lumey andrerseits nur mit knapper Not entkommen, wie er sich auch wiederholt in die Schußlinie reformierter Magistrate oder calvinistischer Prediger begab.[47]

Hier ist von „Impulsen" die Rede gewesen, weil Coornhert sich als ein durchaus originärer Denker zu präsentieren wußte, freilich nach Mitstreitern in der Publizistik Umschau hielt und sich früh schon mit den Gedanken des Sebastian Franck anfreundete. Coornhert war Christ und Humanist, ein Mann, der sich früh mit der klassischen Literatur befaßte und zugleich vom freien Willen des Menschen und der menschlichen Vollkommenheit ausging. Er differenzierte nicht die Freiheit, um die es im Aufstand gegen Spanien ging, nach ihren Aufgabenbereichen. Freiheit war das Ziel schlechthin, und das implizierte auch Freiheit des Gottesdienstes. Jeden Ausschließlichkeitsanspruch wies er zurück, was er schon 1572 in *Van de Toelatinghe ende Decrete Godes bedenckinghe* deutlich machte, als er sich gegen Calvins und Bezas „monstreuse opiniën" zur Prädestination wandte. Man geht nicht zu weit zu behaupten, daß Coornhert in der Betonung der Möglichkeit menschlicher Vollkommenheit, in der Anerkennung der Fähigkeit des Menschen sich zu vervollkommen, eben in erster Linie Humanist war, der eine Zentrierung der Welt auf den Menschen vornahm. Diese Anschauung trug ihm den Beinamen des „Perfektionisten" ein, der aus damaligem calvinistischem Theologen-Mund nicht als Schmeichelei gedacht war. Um sittlich moralische Vollkommenheit geht es, wie er es grundsätzlich 1586 in seiner Schrift *Zedekunst dat is wellevenskunste* beschrieben hat – ein Werk, das als erstes Lehrbuch für Ethik in niederländischer Sprache eingestuft werden darf.[48] Zu diesem humanistischem Denken angemessenen Ausgangspunkt trat die an der Bibel orientierte, gleichsam spiritualisierte Frömmigkeit, die nach dem Geist der Bibel, nicht nach dem Wort und der Interpretation des Wortes fragte. Liebe zum Mitmenschen und der einfache Glaube an Gottes Wort sind die wesentlichen Elemente,

---

45 Über Coornhert s. vor allem H. BONGER, *Leven en werk van Dirk Volkertsz. Coornhert*; ferner in prägnanter Zusammenfassung seines Lebens unter dem Toleranz-Aspekt H. DUITS, *„Ein Trompeter der Wahrheit". Dirk Volckertszoon Coornhert, unermüdlicher Streiter für Toleranz und gegen Tyrannei*, in: LADEMACHER u.a. (Hrsg.), *Ablehnung*, S. 142ff.

46 BONGER, *Leven en werk*, S. 225ff.; auch G. GÜLDNER, *Das Toleranz-Problem in den Niederlanden im Ausgang des 16. Jahrhunderts*, Lübeck/Hamburg 1968, S. 71f.

47 DUITS, *„Trompeter der Wahrheit"*, S. 143ff.

48 Dazu DUITS, *„Trompeter der Wahrheit"*, S. 148. Das Buch wurde von Coornhert ohne Bibelzitate erstellt. Bis ins 19. Jahrhundert ist ihm das übelgenommen worden. Bei Busken-Huet heißt es etwa: „... eine Moral also ohne Glauben, ein angewandtes Christentum ohne Christus, eine eigenwillige Religion mit einer inneren Stimme als Orakel..." (Ausgabe Haarlem 1884).

Dirck Volckertsz. Coornhert
(H. Goltzius)

die ihn auch die Frage nach der wahren Lehre ablehnen lassen. Die wahre Kirche ist für Coornhert eine unsichtbare Gemeinschaft der Wiedergeborenen, die die Liebe zu Gott und den Mitmenschen besitzen.[49] Der Glaube als Geschenk Gottes war sicherlich eine allgemein anerkannte Lehre, aber Coornhert zog daraus doch die Schlußfolgerung der Toleranz gegenüber Andersgläubigen: Seit er begriffen habe, daß der wahre Glaube eine Gabe Gottes sei und es demzufolge keinem Menschen zustehe, einem anderen diesen Glauben mit Gewalt aufzuerlegen, habe er es auch für Grausamkeit, Tyrannei und Verrat gehalten, daß ein Mensch, der meint, den wahren Glauben zu besitzen, den anderen, der dieses Glaubens noch entbehrt, zu verfolgen, zu hassen und zu töten.[50] Dieser und ähnliche Sätze machen den Kern der Zurückweisung jeder Ketzerverfolgung aus, die für ihn auch dann keine Zustimmung verdiente, wenn sie von calvinistischer Seite betrieben wurde. Es handelt sich um eine im humanistischen Sinne auf das Individuum abgestellte Ethik, die der Wortinterpretation von Schriftgelehrten entgegengehalten wird.

Es ist hier nicht der Ort, die Breite und Dichte in den Auffassungen des Coornhert im einzelnen vorzuführen, den quantitativen und qualitativen Reichtum seiner Schriften darzustellen, vielmehr soll der Blick seiner Auseinandersetzung mit Justus Lipsius gelten, dessen für Coornhert unerträgliche Einstellung zu einem äußerst heftigen Streit geführt hat. Streit mit einer so streitbaren, diskussions- und publikationsfreudigen Person zu bekommen, wie Coornhert es war, gehörte sicherlich zu den einfachen Übungen der Zeit, da er die Auseinandersetzung nachgerade suchte – so nannte ihn der Leide-

---

49 BONGER, *Leven en werk*, S. 210.
50 Zit. ebd. S. 211f.

Justus Lipsius (S.A van Bolswert)

ner Hochschullehrer Lambert Danean einen „rabiosus canis, incircuncisus Goliath, glabellum Sathanae, princeps libertinarum".[51] Die Forderungen des Justus Lipsius freilich mußten auch für weniger leicht Entflammbare über das Ziel hinausschießen. Für Coornhert allemal, der sich noch 1581 für die Haarlemer Katholiken zur Gewährung der freien Religionsausübung eingesetzt hatte. Die Schärfe der Kontroverse war zunächst nicht einmal abzusehen, da er zwar eine Diskussion über *De Constantia* des Justus Lipsius für erwünscht hielt, gleichwohl von dem Werk, wie viele andere Zeitgenossen auch, begeistert war. Eigentlich fügte sich diese Arbeit nicht in die religiös und religionspolitisch so aufgeregte Zeit. „Das Werk", so schreibt Gerd Oestreich, „war weder katholisch noch reformiert, sondern einfach römisch-stoisch."[52] Ein Stück Lebensbewältigung war es, die er dem im Religionsstreit verirrten Menschen an die Hand geben wollte, ein Buch auch, das nach eigenem Zeugnis des Lipsius als über den Parteien stehend verstanden werden sollte. Coornhert versuchte, Lipsius eben über dieses Buch zur Diskussion zu bewegen. Das blieb aus, der Streit brach dann aber über die *Politica* des Lipsius aus, die 1589 erschien.[53] Die Inhalte seien hier noch einmal aufgegriffen. Dieses Werk, ähnlich erfolgreich wie die *Constantia*, mit 11 französischen Auflagen von 1590-1613 neben einer Vielzahl lateinischer Ausgaben und Übersetzungen in andere europäische

---

51 Zitiert im *Nieuw Nederlandsch Biografisch Woordenboek*, 10 (1957), Sp. 207 (Coornhert).
52 G. OESTREICH, *Antiker Geist und moderner Staat bei Justus Lipsius (1547-1606)*, (=Schriftenreihe der Historischen Kommission bei der Bayerischen Akademie der Wissenschaften, 38), Göttingen 1989, S. 54.
53 *Politicorum, sive civilis doctrinae, libri sex.*

Sprachen, stand im Zentrum der internationalen Diskussion. Die *Politica*, in der Lipsius der gemäßigten Monarchie das Wort redete, sollte ein Handbuch für die Fürsten sein. Gerd Oestreich hat nachdrücklich hervorgehoben, daß hier im ganzen Umfang die Grundlagen für die Staatsform des Absolutismus gelegt worden sind. Es war ein Buch, das die weltliche Macht insofern ins Zentrum schob, als die dort vorgegebene monarchische Bindung und Erziehung der Regierenden ebenso wie die der Untertanen nicht von einem bestimmten christlichen Glaubensbekenntnis abhängig gemacht wurden. „Die Fürstenherrschaft und das Staatsleben werden mit rationaler Energie erfüllt, die durch die Selbstherrschaft der Regenten und den Aufbau einer zivilen und militärischen Macht dem Staate eine neue Gestalt gibt."[54] Das Gemeinwohl als Ziel der fürstlichen Herrschaft! Der Fürst wiederum nicht Herrscher in erster Linie, sondern Beschützer und Diener seiner Untertanen. Es gebietet dies die Vernunft und die Moral. Die Vermischung von Macht und Mäßigung ist hier das Gebot der politischen Klugheit. „Die Aktualität der Probleme und die Gegenwartsnähe der Lösungen erweist sich in allen Teilen der ‚Politik' in ihren sittlichen, politischen und militärischen Gedanken. Der Fürstenstaat ist der Ausweg in den politisch-religiösen Kämpfen, wie die stoische Moral der Ausweg in den konfessionellen Kämpfen ist: der überkonfessionelle, nach Einheit des Bekenntnisses strebende Staat, der mit starker persönlich-monarchischer Spitze und militärischer Gewalt sich durchzusetzen vermag und den Bürgerkrieg und Religionskrieg verhindern kann."[55] Tatsächlich war Lipsius ein Denker, der gleichsam aus der Krise der Zeit heraus seine Formulierungen fand und der die Auseinandersetzungen der Zeit der religiösen Zerklüftung der europäischen Welt zuschrieb. Die Einheit von Staat und Gesellschaft, wesentlich zu begreifen als Gegenstück der aktuellen Erfahrung des Lipsius, setzte für ihn auch die Einheit des Bekenntnisses voraus. Er benannte die ihm genehme Religion nicht, plädierte weder für Kirchenstaat noch für Staatskirche, beanspruchte aber für den Staat ein Aufsichtsrecht über die Kirche. Der Wunsch nach Vermeidung von Zwietracht und Aufruhr ließ ihn zu einer Formulierung greifen, die angesichts der zu dieser Zeit durchaus noch nicht beruhigten religiösen Lage und der lebendigen Toleranz-Diskussion auch nicht akzeptabler wurde, wenn er sich eines Zitats aus Cicero bediente. Jene, die übel von Gott und dem geltenden Gottesdienst dachten und andere öffentlich durch Aufruhr dazu anstifteten, waren zu bestrafen. „Ure, seca", hieß es – und das war eine Formel der Abschreckung, die bei Coornhert auf denkbar ungünstigen Boden fiel. Zwar setzt Lipsius eine Schwelle der Geduld vor den staatlichen Zugriff, für einen Mann wie Coornhert freilich war dies ein nachgerade übler Verstoß gegen das von ihm gehegte Prinzip einer umfassenden Freiheit in politischen und religiösen Fragen. Hier standen sich der aufständische Aktivist und der letztlich doch zumindest das Freiheitsprinzip relativierende Staatsdenker gegenüber. Es entspann sich ein Briefwechsel zwischen beiden, der an Schärfe nichts zu wünschen übrig ließ und kaum eine Änderung der Standpunkte brachte. Am Ende stand Coornherts Gegenschrift *Proces van 't Ketterdooden ende Dwangh der Consciëntiën*, in der er, wie schon zuvor im *Synodus van der Consciëntiën vryheydt*, die Glaubensfreiheit in ganzem Umfang verteidigte. Coornhert war der Mann, der Freiheit des Gewissens bis in die letzte Konsequenz hinein begriff und in dieser Auffassung über Erasmus, Castellio und auch über den Oranier hinausging.[56] Coornhert stimmte durchaus für das Aufsichtsrecht und die Selbständigkeit örtlicher

---

54 G. OESTREICH, *Antiker Geist*, S. 186.
55 Ebd. S. 154.
56 Zu allem sowohl OESTREICH, *Antiker Geist*, S. 128ff. als auch vor allem im Hinblick auf die Haltung Coornherts H. BONGER, *Leven en werk*, S. 143ff.; etwas älter, aber treffend GÜLDNER, *Das Toleranz-Problem*, S. 99ff. Neuerdings noch einmal grundsäzlich zur toleranten Haltung von Coornhert, der sich schon vor dem Streit mit Lipsius negativ über die intolerante Haltung von Calvinisten ausließ, H. DUITS, „*Trompeter der Wahrheit.*"

Titelseite einer Schrift von Caspar Coolhaes

Magistrate und damit öffentlicher Instanzen über die Kirche. Das zeigte sich in seiner Schrift *Justificatie des Magistraets tot Leyden in Hollant* von 1579, als er die Wiedereinsetzung des Prädikanten Coolhaes gegen den Willen der calvinistischen Kirche verteidigte. Coolhaes war wie Coornhert ein Verteidiger der Glaubensfreiheit. Sowohl in der *Justificatie* von 1579 als auch in der 1582 folgenden *Remonstrance, of vertoogh bij die van Leyden*, die seine grundsätzliche Äußerung zur Toleranz-Frage enthält, kämpfte Coornhert um die Rechte des Magistrats, aber damit zeigte er der Öffentlichkeit auch die Grenzen der Handlungskompetenz auf.[57] Wahrung der Gewissensfreiheit galt für Kirche und Staat gleichermaßen.

Katholiken und Remonstranten: eine eingeschränkte Existenz

Gewiß war mit Coornhert die Auseinandersetzung um Gewissens- und Religionsfreiheit nicht abgeschlossen, sie hat das innenpolitische Geschehen, die mit dem Aufstand gebotene Umorientierung auch danach noch begleitet, wie auch zu Coornherts Lebzeiten die ganze Diskussion in Form von Flugschriften äußerst intensiv geführt worden ist.[58] Dar-

---

57 Zur Affäre um Coolhaes s. kurz ZIJLSTRA, *'T geloove is vrij*, S. 51f., ausführlicher VAN GELDEREN, *Political Thought of the Dutch Revolt, 1555-1590*, New York 1992, S. 231ff.; weiter auch GÜLDNER, *Das Toleranz-Problem*, S. 75ff.
58 S. hierzu M. VAN GELDEREN, The Political Thought; auch GÜLDNER, *Das Toleranz-Problem*,

auf ist hier nicht mehr einzugehen, vielmehr soll die Aufmerksamkeit zum einen den calvinistischen Stellungnahmen zu den Katholiken in bestimmten Zeiten, zum anderen dem Remonstranten-Streit in der Zeit des Waffenstillstandes und unmittelbar nach der Dordrechter Synode gelten. Dazu vorab freilich ein anderes. Es ist sicherlich nicht falsch, die städtischen Regenten der „Toleranz-Partei" zuzurechnen, sie sozusagen intellektuell im Fahrwasser der Erasmus, Castellio oder Coornhert zu sehen. Die Aussage trifft jedenfalls für einige zu, aber sicherlich nicht für die gesamte politische Klasse. Vielmehr ist festzuhalten, daß es doch eine Reihe streng calvinistischer städtischer Regenten gab, die von einer Gleichberechtigung der einzelnen Bekenntnisse, wie sie eben ein Mann wie Coornhert forderte, nichts wissen wollten. Das war letztlich gegen alle Nicht-Calvinisten gerichtet. Und wo die Stadtväter nicht so „prinzipiell" fixiert waren, da blieben sie doch auf die Wahrung von Ruhe und Ordnung gerichtet. Es bedurfte dabei einer hohen Flexibilität, die man als Ausgewogenheit, aber auch als ein Stück bekenntnispolitischen Opportunismus bezeichnen kann. Ein Schritt zur Freigabe des katholischen Gottesdienstes in der Öffentlichkeit hätte dem Denken breiter Bevölkerungsschichten widersprochen, wäre auch für eine Reihe von Regenten unmöglich gewesen. Andererseits: Eine Politik der stringenten Beobachtung und Durchführung antikatholischer Verordnungen, soweit es die Abhaltung katholischen Gottesdienstes oder des verwandten Rituals betraf, empfahl sich angesichts der durchaus großen Zahl von Katholiken – in der Provinz Holland zählte noch ein Drittel der Bevölkerung zu ihnen – ebensowenig, wenn Unruhen vermieden werden sollten. Der Ausschluß von Katholiken aus dem öffentlichen Leben, die Flut von Verordnungen oder das Verbot von Büchern ließ sich noch eher vertreten als die stringente Durchführung des Kultusverbots. Die Praxis der Toleranz, so stellt Mijnhardt fest, war die Resultante einer Reihe wechselnder Interessen: die politische Tageslage, religiöse Überlegungen, Handelsbelange und nicht zuletzt auch ein ganzes Netzwerk persönlicher Beziehungen.[59]

Schaut man auf den katholischen Alltag, dann ist festzustellen, daß ein Verstoß gegen das Verbot katholischen Gottesdienstes zuweilen lediglich mit Geldbußen geahndet wurde. Dies lief hier und da schon fast auf Zulassung des Gottesdienstes hinaus. Hier ließ sich Gewissensfreiheit ausgestalten, die für einen Katholiken zunächst einmal gar nichts bedeutete, wenn sie nicht in die Praxis der Messe umgesetzt werden konnte.[60] Priester freilich wanderten, so man sie auf frischer Tat ertappte, ins Gefängnis, wurden ausgewiesen oder durchaus auch verprügelt. Es kam vor, daß die Polizeibüttel an den Türen katholischer Untergrundkirchen von Schlägertrupps aufgehalten wurden und flüchteten. Es zeigt den ganzen, vom Ruhe- und Ordnungsdenken ausgehenden, wohlabgewogenen Opportunismus städtischer Magistrate, wenn der hier zuvor genannte Apostolische Vikar Sasbout Vosmeer verhaftet und einfach wieder freigelassen wurde, weil man Märtyrertum einer in der katholischen Hierarchie der Zeit und vor Ort hochangesehenen Person nicht gebrauchen konnte. Überhaupt war es mancherorts so, daß sich örtliche Polizeibehörden bereit fanden, den katholischen Gottesdienst in Untergrundkirchen gegen Bezahlung zu dulden – keine Gelder für die Stadtkasse freilich, sondern für die Aufbesserung der Privatschatulle, deren Höhe jeweils der Willkür des Begünstigten entsprang.[61] Vom prinzipienhaften calvinistischen Alleinvertretungsanspruch konnte da keine Rede sein. Dazu gab es eine Reihe von Dorfgemeinden, die integral katholisch geblieben waren und Polizeidiener eben dieses Glaubens noch im Amt sahen.

S. 138ff.
59 S. W.W. MIJNHARDT (Hrsg.), *Kantelend geschiedbeeld. Nederlandse historiografie sinds 1945*, Utrecht/Antwerpen 1983, S. 167f.; dazu auch E.H. KOSSMANN, *Vergankelijkheid en continuïteit. Opstellen over geschiedenis*, Amsterdam 1995, S. 77ff.
60 Vgl. VAN DEURSEN, *Het kopergeld van de Gouden Eeuw*, IV, S. 81f.
61 Ebd. S. 82ff. mit Beispielen.

Belgica, von der katholischen Kirche und Spanien bedrängt (Federzeichnung um 1610)

Hier ereignete es sich häufig genug, daß sich die reformierten Kirchgänger jedwedem religiösem Spott ausgesetzt fanden.[62] Zusätzlichen Schutz für katholische Priester boten katholisch gebliebene Adlige oder Regenten, die die „missionierenden" Priester in ihren Häusern aufnahmen – etwa in den Provinzen Holland und Friesland; andererseits ist hervorzuheben, daß die Ausübung des katholischen Gottesdienstes gerade in Friesland und Groningen sowie in Overijssel und Geldern besonders scharf verfolgt wurde.[63]

Für Katholiken erschwerend und entsprechend die antikatholische Argumentation stützend kam die außenpolitische Lage der Republik und die rasch auf frühe Höhepunkte zustrebende außenpolitische Entwicklung hinzu. Die enge Verbindung des „papistischen" Katholizismus mit Spanien, wie man dies vor dem Aufstand erfahren hatte, sorgte schon vor dem Waffenstillstand und zur Zeit der Waffenruhe für die Betonung der Gefahren einer dem Katholizismus verschworenen weltlichen Macht. Die reiche Pamphletliteratur der Zeit ließ nicht nach, das hervorzuheben und niederländischen Katholizismus als eine Art fünfte Kolonne zu begreifen. Spanien, das Symbol der ganzen katholischen Welt also! Und solche Meinung scheint man auch jenseits der niederländischen Grenzen in protestantischen Kreisen gehegt zu haben,[64] zumal auf katholischer Seite ohnehin die

---

62 Ebd. S. 84ff.
63 Dazu in Übersicht J.I. ISRAEL, *The Dutch Republic. Its Rise, Greatness, and Fall 1477-1806*, Oxford 1995, S. 377ff.
64 S. dazu die Auslassung des Brandenburgers Abraham von Dohna auf dem Reichstag 1613 über den spanischen Vertreter bei A.TH. VAN DEURSEN, *Honni soit qui mal y pense?* (=Mededelingen der Koninklijke Nederlandse Akademie van Wetenschappen, Nieuwe Reeks, deel 28, Afd. Letterkunde, Nr. 1-9), Amsterdam 1965, S. 27.

Forderung nach Wiederherstellung der religiösen – katholischen – Einheit als vornehmstes Gebot vorgetragen wurde. Spaniern, die dem Vorwurf, einen Waffenstillstand mit Ketzern abgeschlossen zu haben, mit dem Hinweis auf puren Notstand begegneten, hielt man entgegen, das Bekenntnis gelte mehr als jeder staatspolitische Grund, wie eben auch die Seele mehr bedeute als der Körper.[65] Wie es auf der einen Seite jene niederländischen Politiker gab, die den Krieg gegen Spanien schlicht als Religionskrieg definierten mit dem Ziel, über die Niederlage Spaniens hinaus den Katholizismus aller Länder ausrotten zu können, so gab es andere, die in einfacher Werbung um Brabanter und Flamen die Wahrung der katholischen Religion versprachen, und schließlich wurde – wiederum von den protestantischen Kontrahenten – spanische Politik als eine weltliche, sich der Katholiken und des Katholizismus bedienende Machtpolitik definiert – Katholiken als eine Art Handlanger also.[66] Auf jeden Fall hat es nicht den Anschein, als ob der Waffenstillstand eine Konsequenz freundlicher Gedanken gegenüber Spanien und dem Katholizismus gewesen sei. Auswärtige Beobachter stellten in diesen Jahren vor allem in den Kreisen um Moritz von Oranien eine verbitterte Haltung gegenüber Katholiken fest, übersahen auch nicht eine verschärfte Verordnung der Generalstaaten gegen die Katholiken, und englische Parteigänger wie der Gouverneur von Vlissingen, Throckmorton, sahen in der Provinz Holland gar eine fünfte Kolonne in der Regierung. Andererseits entwickelte die spanische Seite (Brüssel) Hoffnung auf eine grundlegende Änderung der konfessionellen Machtverhältnisse, als der zunächst noch rein theologische Streit zwischen Arminius und Gomarus die ersten scharfen Konturen erhielt.[67]

Remonstranten <> Kontraremonstranten

Die Flugschriften der Zeit führten häufig doch eine derbe Sprache über den Katholizismus, der Satan gleichzusetzen war, oder über die Abscheulichkeiten des „papistischen Aberglaubens"[68], andererseits gab es ausländische Beobachter vor Ort, die angesichts der nachlässigen Verfolgung von Katholiken – Nachlässigkeiten, die man den Holländern anlastete – einfach um den Bestand des reformierten Glaubens fürchteten,[69] wie man überhaupt den Eindruck erhält, daß vor allem in den ersten Jahren des Waffenstillstandes die außenpolitische Lage als Übergang zu einer neuerlichen Internationalisierung des Glaubenskampfes verstanden worden ist. Der in diese Zeit hineinragende und schließlich zu einem politisch tragischen Ende führende Streit zwischen Arminianern und Gomaristen (Remonstranten – Kontraremonstranten) hat als ursprünglich rein theologischer Konflikt aus einer außen- und religionspolitisch von Antagonismen geprägten Atmosphäre eine äußerst überraschende Verschärfung erfahren, die dann auch nicht durch Hinrichtung Oldenbarnevelts und lebenslange Haft für seine „Mitstreiter" bereinigt wurde. Hier ist die Frage nach der Toleranz-Fähigkeit tatsächlich neu zu stellen. Der Konflikt, der die Prädestination und den freien Willen und deren Zusammenhang betraf, wuchs sich zum Schisma aus, schien schon unlösbar zu sein, so daß die Duldung dissentierender Ansichten innerhalb der einen, der reformierten, Kirche bald aufs Tapet

---

65   Ebd. S. 28.
66   Ebd. S. 29, s. a. DERS., *Het oordeel van François van Aerssen over de moord op Hendrik IV van Frankrijk*, in: TvG, 76 (1963), S. 289, mit einer Reihe von Beispielen aus den Resolutionen der Generalstaaten und anderen Quellen, Ebd. Anm. 28 u. 29.
67   Ebd. S. 30f.
68   Es sei hier auf die Pamphlete verwiesen, die im Knuttel-Catalogus verzeichnet stehen und in der KB Den Haag bewahrt werden. Bd. 1.I. S. 279-297, vor allem aber S. 323-327. Zur Position der Katholiken vom 17. Jahrhundert bis 1796 s. VAN DEN SANDE, *Niederländische Katholiken*.
69   VAN DEURSEN, *Honni soit*, S. 31.

Franciscus Gomarus (C. Koning)   Jacobus Arminius (C. Koning)

kam. Simon Episcopius, einer der Vorkämpfer der arminianischen Interpretation, plädierte schon 1616 für ein Nebeneinander,[70] wie überhaupt gerade der von arminianischer Seite eingebrachte Toleranz-Gedanke deutlich macht, daß die Schriften der Castellio und Coornhert nicht fruchtlos geblieben waren, wobei die Übernahme Coornhertscher Ansichten nicht der Pikanterie entbehrte. Kein anderer als Jacob Arminius, damals noch junger Prädikant, war zu einem frühen Zeitpunkt damit beauftragt worden, Coornhert zu widerlegen. Er fand sich auf der Seite des vermeintlichen Gegners wieder. Bald schloß sich ihm auch Johan Wtenbogaert an, später dann eine der Spitzenkräfte der Arminianer. Der schließlich durch Anwendung öffentlicher Gewalt beendete Streit wuchs sich rasch zu einem staatspolitischen Konflikt aus, der sich aus der unterschiedlichen Parteinahme der Führungskräfte der Republik ergab (Ratspensionär contra Statthalter), läßt freilich nicht wegen dieser Wendung aufhorchen, vielmehr ist die hochgehende Unduldsamkeit aus divergierender Interpretation eines Dogmas (Prädestinationslehre) das eigentlich Erstaunliche. Es geht hier nicht um die Inhalte der Divergenz – sie sind rein theologisch begründet –, es sei aber festgestellt, daß die Opposition des Gomarus und seiner Anhänger gegen die Richtung des Arminius – eine Opposition, die auf Unterdrückung einer anderen Deutung zielte – letztlich doch den Hinweis vermittelt, wie wenig sich bestimmte Gruppen des reformierten Bekenntnisses mit der Vielfalt des Protestantismus abzufinden vermochten; sie lagen gewiß nicht auf der Linie der humanistischen Duldsamkeit, die von den Fähigkeiten des Individuums und damit auch von einem gut Stück Unabhängigkeit des Menschen ausging. In diesen Gruppen fand sich die gegenreformatorische Intransigenz der Katholiken durchaus reflektiert und calvinistisch umgesetzt.

Erschwerend trat in diesem Streit hinzu, daß die Arminianer eine Frage der Exegese, eine rein theologische Auseinandersetzung also, der Obrigkeit zur Entscheidung antrugen. Schon 1610, nach dem Tode des Arminius, kam ihr Wortführer Wtenbogaert

---

70 „Van de onderlinge verdraagzaamheid die soewel de predicanten als gemeyne lidtmaten, niettegenstaende verscheydenheyt van gevoelens in eenige leerpoincten, met malcanderen in liefde behooren te onderhouden."

mit einer „Remonstrantie" bei den holländischen Provinzialständen mit der Bitte um Schutz ihres Bekenntnisses ein. Diesen Schritt hielten die Arminianer für notwendig, weil sie vielerorts des „Papismus" oder anderer Übel bis hin zum Landesverrat beschuldigt wurden. Das Ersuchen spielte jenen Magistraten in die Hände, die sich schon immer um weiterreichende Kompetenzen in Kirchenfragen bemüht hatten. Die Provinz verfügte ein Predigt- und Prüfungsverbot in diesen heiklen Fragen: einerseits sollte die Einheit der Kirche gewahrt bleiben, andererseits stand dahinter die Furcht vor einer Art Theokratie, die sich anmaßen würde, auch die Rechtgläubigkeit der weltlichen Obrigkeit unter die Lupe zu nehmen. Freilich, der Bereich Toleranz ließ als offensichtlich umstrittener Wert die Stadtregierungen in einen Zwiespalt geraten. Die Magistrate der Provinz Holland ergriffen sogleich Partei. Die von Amsterdam, Enkhuizen und Edam und bald auch die von Purmerend und Dordrecht neigten den Anhängern des Gomarus, den Kontraremonstranten, zu. Mit Blick auf das Ergebnis des Konflikts und vor allem der siegreichen Akteure entbehrt der Ruf nach der Obrigkeit als entscheidendem Gremium nicht einer gewissen Tragik. Wtenbogaert legte 1610 neben der „Remonstrantie" auch ein „Traktat über das Amt und die Autorität der hohen christlichen Obrigkeit in kirchlichen Angelegenheiten" vor, das in der Widmung an die Stände den Hinweis enthielt, daß es Aufgabe der Obrigkeit sei, aus ihrer gottgegebenen Autorität heraus die Lehren zu überwachen, eitlen Streit und damit Zwietracht oder Spaltung zu vermeiden.[71] Die Inanspruchnahme der Obrigkeit, die schon Caspar Coolhaes vorgeführt hatte, zielte durchaus auf Wahrung der kirchlichen Einheit durch Duldung abweichender Exegese. Eben jener Coolhaes mischte sich 1609 schon ein, als er auf die geistige Enge der reformierten Christen wies und darin die Ursache der Spannungen, wenn nicht gar des Hasses untereinander sah. Er zitierte aus dem Brief des Apostels Paulus an die Galater, in dem (5,1) es heißt: „Für die Freiheit hat Christus uns befreit; steht also fest und laßt euch nicht wieder unter das Joch einer Knechtschaft bringen."[72] Niemand solle über den anderen herrschen, schon gar nicht über das Gewissen, und er bezog die Katholiken mit ein. Freilich schoß Coolhaes über das Ziel hinaus, denn niemals hatte Arminius auch an eine Duldung des katholischen Gottesdienstes gedacht. Zu erörtern war die Toleranz innerhalb der eigenen Kirche. Das hat die ständische Obrigkeit auch so begriffen, als sie 1614 in einem Beschluß die Toleranz gleichsam verordnete. Die Begründung zu dieser Umsetzung des ius circa sacra lieferte der noch junge Jurist Hugo Grotius. Die Entscheidung führte zu einer hochgehenden Erregung, die sowohl kirchliche Kreise als auch Magistrate, hier vor allem Amsterdam, demonstrierten. Amsterdam weigerte sich dann auch, die Entscheidung der Provinzialstände zu akzeptieren, wenngleich Grotius 1616 noch einmal von der Sinnfälligkeit des Toleranz-Denkens zu überzeugen versuchte. Neben Grotius traten in diesem Jahrzehnt sowohl Wtenbogaert als auch der Humanist Vossius zugunsten des Toleranz-Gedankens ein. Es ist hier zu bemerken, daß Grotius die provinzialständische Entscheidung mit „de servanda per mutuam tolerantiam Ecclesiarum concordia" begründete. Dieser Rechtsgelehrte, schon früh als Genie erkannt und bald zur Begründung der provinzialständischen Souveränität herangezogen, trug die engste Verbindung obrigkeitlicher Kompetenz und Toleranz-Denken vor. Er tat es in seinem zwischen 1614 und 1617 verfaßten, aber erst 1647 veröffentlichten Werk „De imperio Summarum Potestatum circa Sacra", das Lecler als Zeugnis der Korrespondenz des Grotius mit Vossius benennt.[73] Grotius entwickelte eine Konzeption obrigkeitlicher Befugnisse, die – Zentralität oder Dezentralität spielt dabei keine Rolle – letztlich Aus-

---

71 Nach LECLER, *Geschichte*, S. 373.
72 Hier zit. nach der Pattloch-Bibel. Die Schrift *Naedencken of de disputatiën van de godtlycke praedestinatie*, Knuttel1639.
73 LECLER, *Geschichte*, S. 384.

druck einer wachsenden Unabhängigkeit und damit wachsender Verfügungsgewalt der Obrigkeit war.

Die staatliche Souveränität war das Motto der Stunde. Der Theoretiker des Frühabsolutismus, Jean Bodin, hatte das ein halbes Jahrhundert zuvor ebenso schon eingebracht wie auch ein Zeitgenosse des Hugo Grotius, der Westfale Johannes Althusius, das tat. Wie stark auch Grotius das Toleranz-Denken vertrat, er unterschied sich doch von einem Mann wie Coornhert, der dem Staat die Kompetenz in religiösen Fragen bestritt. Ganz abgesehen davon, daß dem Hugo Grotius die Haltung der Arminianer mehr entsprach als die Exegese der Gomaristen, es bleibt eben im Vergleich mit Coornhert festzustellen, daß die Zuweisung religiöser Kompetenz an die weltliche Obrigkeit unter dem Siegel der Kircheneinheit durchaus dann die Gefahr der Intoleranz bergen konnte.

Von einer solchen Entwicklung freilich waren die Niederlande angesichts der von den städtischen Magistraten bestimmten föderalen bis partikularistischen Struktur weit entfernt, und die von Grotius verfaßte provinzialstaatliche Entscheidung mit der Aufforderung zur Toleranz barg solche Gefahr nicht. Die ganze Auseinandersetzung erhielt darüber hinaus insofern eine neue Qualität, als der diffizile Streit zwischen Hochschullehrern sehr rasch über Prädikanten und Kirchenräte das Volk erreichte und die örtlichen Behörden erfaßte. Er führte mancherorts zur Verbannung kontraremonstrantischer Prediger aus der Stadt oder zur Ernennung von einigen, der Bevölkerung nicht genehmen Prädikanten. Die Richtung der Remonstranten war freilich nur in den Provinzen Holland und Utrecht stärker vertreten, und hier vornehmlich in den Städten, während das platte Land nur dort der neuen Richtung anhing, wo eine remonstrantisch gesinnte Stadt wie Rotterdam den Weg wies. Der Streit wirkte ins Volk hinein, führte zu Aufläufen, Unruhen und eingeworfenen Fensterscheiben bei unliebsamen Remonstranten. Dies ist für den Historiker Pieter Geyl Anlaß, das Volk als den außerhalb der höheren Kultur und damit auch der Religion stehenden Pöbel zu disqualifizieren. Van Deursen hat darauf hingewiesen, daß solches Verdikt die Religiosität der Zeit unterschätze. Die örtlichen Ereignisse und Verordnungen dieser Jahre – beginnend schon 1610 – machen das in der Tat deutlich. Was dort geschah, war eher Zeugnis für die in ihrer Religiosität getroffene Bevölkerung als für die Lust, Unruhe zu stiften und zu nutzen, wenngleich es bei tätlichen Auseinandersetzungen Trittbrettfahrer gegeben haben mag. Selbst Ehen waren oft nicht stark genug, um den Streit zu überleben. Der Antagonismus scheint selbst stärker gewesen zu sein als bei der protestantisch-katholischen Auseinandersetzung des 16. Jahrhunderts. Sie griff wohl tiefer, weil es, wie weite Kreise befürchteten, um den Bestand der neuen Kirche ging, die sich ohnehin noch durch den Katholizismus bedroht fühlte. In der Toleranz-Frage stand nicht nur die eine Gruppierung der anderen gegenüber, vielmehr erfaßte der Themenbereich eben den Alltag des einzelnen Bürgers. Die Kontraremonstranten haben das stärker begriffen als die Remonstranten, die die Diskussion auf eher intellektuelle Kreise begrenzt sehen wollten.[74] Im übrigen ist in der Analyse des hochgehenden Antagonismus nicht auf unterschiedliche soziale Zusammensetzung zu rekurrieren, da in beiden Lagern sowohl Regenten als auch Mittel- und Unterschichten vertreten gewesen sind. Gleichwohl, bei aller Anerkennung einer tiefgehenden Religiosität bleibt bei der Schärfe des Streits doch ein Rest an Unerklärlichkeit – einer Schärfe im übrigen, die sich vor allem in den Flugschriften äußerte. Der Ausstoß an diesen Flugschriften ist in den Jahren des Waffenstillstandes besonders hoch. Die Autoren waren in der überwiegenden Zahl der Fälle Prädikanten, und sie teilten den Lesern auch mit, daß ihr Produkt vor allem für die „einfachen Menschen" bestimmt war, wobei strukturell Bibel-Zitate eine wesentliche Rolle spielten. Van Deursen formuliert dazu:

---

74 S. dazu VAN DEURSEN, *Bavianen en slijkgeuzen*, Kapitel XI und XII sowie Kapitel XV und XVI über die sozialen Gegensätze.

„Wir wissen ..., daß die Predigt in der Regel zugleich ein polemisches Element enthielt. Der Flugschriften-Krieg in den Jahren des 12jährigen Waffenstillstands zeigt uns nun die Vergröberung, die sich die Auslegung des Evangeliums unter dem Einfluß dieser Konfrontation gefallen lassen mußte. Für beide Seiten ist festzustellen, daß propagandistische Leidenschaft die Aufklärer und Lehrer zu perfiden Argumenten verführt hat."[75] Die Argumentationsweise, die in unserem Zusammenhang am meisten interessiert, ist die Verbindung, die die Gomaristen zwischen Remonstranten und Katholizismus legten – interessant, weil hier offensichtlich der ohnehin in der politischen Öffentlichkeit lebendige und die Parteiung Moritz von Oranien/Oldenbarnevelt bestimmende Streit pro und contra den Waffenstillstand durch den theologisch motivierten Eintrag verschärft wurde. Die Verbindung zwischen Remonstranten und katholischer Kirche vollzog man in der Predigt der Gomaristen zunächst über die theologische Argumentation. Es war nachgerade ein gefundenes Fressen für die Gomarus-Anhänger, wenn sie remonstrantischen Predigern die Aussage vorwerfen konnten, der Mensch verdiene den Himmel, wenn er gute Werke verrichte. Der „link" war rasch gelegt, die Perfidie lag freilich in der Verbindung des Katholizismus mit Spanien und damit zum politisch-kirchlichen Gegner überhaupt, zum Anti-Christ schlechthin. Auch hier konnte man sich einiger Wirkung gewiß sein, zumal die Vorstellung, daß Rom und Spanien zwei unterschiedliche Größen waren, nicht unbedingt zur allgemein verbreiteten Kenntnis der Zeit gehörte. Trat hinzu die historische Ableitung der Republik aus dem Zusammenspiel der freiheitlichen politischen Kräfte und der Öffentlichkeitskirche, was einem Schwur auf Vaterland und – entsprechend – Vaterlandsliebe gleichkam, dann wurde damit ein einigermaßen konservatives Gebäude errichtet, in das über die Neu-Interpretation der Heiligen Schrift einzudringen durchaus einem gleichermaßen weltlichen und religiösen Sakrileg entsprach.[76] Dazu trat als Argument auch die Zukunftsperspektive – und die sah eben traurig aus, wenn die Gomaristen voraussagten, daß die Einstellung der Arminianer auf Dauer zur Neuauflage spanischer Herrschaft führen werden. Frederik Vervou, friesisches Mitglied des Raad van Staate, ließ im Oktober 1617 wissen, daß Erzherzog Albert schon binnen absehbarer Zeit den Heimfall der Vereinigten Provinzen in seinen Herrschaftsbereich feiern werde.[77]

Außenpolitische Verdächtigungen oder zumindest das Menetekel – selbst der Oranier brachte es fertig, von Oranien und Spanien als den beiden Fraktionen im Lande zu sprechen – und die Verunglimpfung in der Öffentlichkeit, gleichviel ob Predigt oder Flugschrift, sorgten für eine Art Popularisierung von Intoleranz, die in dieser Härte insgesamt als eine neue Qualität im gesellschaftlichen Leben der Republik angemerkt werden kann. Die Entscheidung dieses Zwistes lief zwar über die nationale Synode von 1618/19, aber es war eine politisch erzwungene Entscheidung.[78] Sie führte zunächst zur Verurteilung der Lehre des Arminius. Viele Verfechter dieser Richtung haben das Land verlassen müssen. Den etwa 1.100 Prädikanten des Landes wurden die synodalen Lehrsätze von Dordrecht vorgelegt. Man konnte sie unterzeichnen oder man ließ es. Weigerung hieß Absetzung durch die Classis oder die Provinzialsynode. Unter den 1.100 Prädikanten zählten 200 zu den Remonstranten. Die weit überwiegende Mehrheit ging ins Ausland oder legte das Amt nieder. Die Diskussion war damit nicht abgeschlossen. Auch in den nächsten Jahrzehnten drängten die Remonstranten, die nach 1625 als „Remonstrantische

---

75 VAN DEURSEN, *Het kopergeld van de Gouden Eeuw* IV, S. 56f.
76 S. dazu Knuttel 2615: *Oprechte Tonghe van de Weegh-Schael. Proeft den Reuck-Appel met den Vraegh-Al ende geeft remedie voor dese tegenwoordige beroerte onses Vaderlandt*, 1616.
77 Hierzu und zum ganzen VAN DEURSEN, *Bavianen en Slijkgeuzen*, S. 279ff., 285ff.
78 Dazu zusammenfassend LADEMACHER, *Die Niederlande*, S. 299ff.

Bruderschaft" – Gründung in Antwerpen – wieder im Land auftraten, auf Toleranz als einem wichtigen Lebensprinzip der Republik.

Es sei hier nicht mehr auf die tieferen Ursachen des mit dem Tode Oldenbarnevelts und der Verurteilung von Hugo Grotius und anderen zu lebenslänglicher Haft endenden Konflikts hingewiesen, unterstrichen sei freilich, daß die Verbindung von Katholizismus und Spanien ein aus der Entstehungsgeschichte der Republik begreifliches und daher leicht über die Lippen gehendes oder aus der Feder fließendes Argument sein konnte, weil es im Hinblick auf mögliche spanische Reconquista die Komponente Furcht ins Spiel brachte. Richtig ist sicher van Deursens Argument von der tiefreichenden Religiosität der Niederländer, aber die Psychologie lehrt auch, daß das Element Furcht zu einer Verhärtung der Fronten und zu einer Verschärfung der Konfrontation führen kann. Die Toleranz der Republik dürfte an dieser Stelle die Nagelprobe nicht bestanden haben.

Andererseits ist zu betonen, daß der innerkirchliche Streit eine Festigung der Öffentlichkeitskirche bewirkt, ein Selbstbewußtsein herangezüchtet hat, das den gerade auf orthodoxer Seite ohnehin vorhandenen Alleinvertretungsanspruch nur noch verstärken konnte, die Wachsamkeit gegenüber Katholiken und anderen Strömungen nicht erschlaffen ließ. Denn eins war auffällig: das religiöse Spektrum in der Republik neben den Katholiken blieb erhalten. Eine Flugschrift von 1614 hat diese einzelnen Gruppierungen einmal kurz aufgelistet und damit ein auch für die nächsten Jahrzehnte gültiges Verzeichnis vorgelegt: „... ghelijck daer zijn de Coornhertisten, Arministen, Vossianen, Socinianen ofte Poolse broeders, papisten, Mennisten, David Joristen, H. Nicolaïsten ende andere meer, daer 't land so vol af is, als den somer vol mugghen."[79] So läßt sich durchaus von einem reich schattierten religiösen Leben sprechen. Lutheraner und Täufer haben – die Lutheraner schon ab 1603 – ihre Gottesdienste frei halten können. Aber die Kultusfreiheit hieß noch nicht Gleichberechtigung. Wie andere Nicht-Reformierte waren sie von öffentlichen Ämtern ausgeschlossen.[80]

Die eigentlichen Gegner aber blieben auch in Phasen der Stabilisierung die Katholiken. Der Katholizismus als reformiertes Trauma. Zwar wuchs die Mitgliederzahl der Öffentlichkeitskirche, aber das tat eben auch die der bekennenden Katholiken. Neuere Schätzungen beziffern die Anhänger beider Kirchen auf je 37 v.H. der Bevölkerung in den Jahren nach 1620 und 1650, ohne daß dabei gesagt werden könnte, ob es sich hier um praktizierende Christen oder lediglich um Sympathisanten handelte.[81] Es war wohl eine Mischung aus Überlegenheitsgefühl und Vorsicht, die die Generalstaaten 1622 eine gegen die Katholiken gerichtete Verordnung beschließen ließ, die 1629 und wiederum 1641 erneuert wurde. Zwar hatte Artikel 13 der Utrechter Union den einzelnen Provinzialständen die kirchlichen Angelegenheiten übertragen, aber angesichts der überall vermuteten besseren Organisation und des verstärkten Einflußes der Katholiken schien sich eine für die ganze Republik gültige Verordnung zu empfehlen. Freilich, nicht nur die vermehrte Zahl der Katholiken, sondern auch die katholische, gleichsam gegenreformatorische Aktivität der Kirche konnte durchaus bedenklich stimmen. Dazu sei auf die starke Verbreitung katholischer Literatur verwiesen, die der Wahrung oder dem Neuaufbau der katholischen Spiritualität dienen sollte. Vor allem in Amsterdam, aber auch in anderen Orten inner- und außerhalb der Provinz Holland übernahm eine Reihe von Druckern und Buchhändlern die Verteilung katholischer Glaubensschriften. Gouda,

---

79 Knuttel 2130: *Nacht-corter, of Praetgen voor de vaeck, tusschen een Poolsche Broeder, met zijn Schipper, op de reyse van Amsterdam nae Dansick, 1613,* ghedruckt ... MDC. XIIII., A2 vo. („... das Land ist so voll davon wie der Sommer voller Mücken ist").
80 Kurz ZIJLSTRA, *'T geloove is vri'j,* S. 56f.
81 Dazu S. GROENVELD, *Huisgenoten des geloofs. Was de samenleving in de Republiek der Verenigde Nederlanden verzuild?,* Hilversum 1995, S. 18f.; auch VAN GELDER, *Getemperde vrijheid,* S. 114ff.

Haarlem, Leiden, 's-Hertogenbosch und Utrecht waren neben Amsterdam die Vororte der katholischen Aktivitäten. Ein Großteil des Handels spielte sich zwischen Amsterdam und Antwerpen ab, wo die Drucker Verdussen und Moretus das Geschäft betrieben. Der Amsterdamer Barentsen führte zwischen 1619 und 1650 Bücher des Antwerpener Verlegers Moretus, ein äußerst renommiertes katholisches Haus, im Werte von fl. 50.000 ein. Es war zudem so, daß das Verlags- und Buchhandelsgeschäft nicht überall in gleichem Maße an der Konfession orientiert war. Katholische und nichtkatholische Werke standen bei ein und demselben Verleger nebeneinander. Der Stand der Forschung erlaubt nur den Hinweis auf den Umfang, über die Wirkung der Schriften und Bücher ist nichts bekannt.[82]

Um den Münsterschen Frieden[83]

Die Unsicherheit oder Ungewißheit über die zukünftige Stellung der Öffentlichkeitskirche im Verhältnis zum Katholizismus war jedenfalls groß genug, um sich im Hinblick auf außenpolitische Entwicklungen zu äußern. Daher sei der Münstersche Friede noch einmal aufgegriffen. Wie schon bei den Waffenstillstandsverhandlungen, die zum Ergebnis von 1609 geführt haben, spielte auch die Position des Bekenntnisses bei den Friedensverhandlungen zu Münster eine Rolle. Noch weit bevor die Delegation nach Münster reiste, kam in den Generalstaaten auf Initiative der Provinz Seeland hin auch die Wahrung des „Christlich Reformierten Bekenntnisses" zur Sprache. In den Generalstaaten hieß es am 23. Mai: „... dass die Religion so bewahrt und ausgeübt werden soll, wie das auf der Nationalen Synode zu Dordrecht 1619 festgelegt und danach landesweit übernommen worden ist."[84] Die Bedeutung des reformierten Bekenntnisses für die Republik und seine politisch-gesellschaftliche Stellung gerade im Zusammenhang mit den beiden anderen Säulen – staatliche Eintracht und Militär – wurde somit im Vorfeld der Friedensverhandlungen mit Spanien neuerlich und besonders nachhaltig unterstrichen und im übrigen auch in der Flugschriften-Öffentlichkeit diskutiert. Wer sich sofort oder später gegen die Formel von Eintracht, Religion und Militär kehrte, gehörte zu den „treulosen Störern der allgemeinen Ruhe und Ordnung und der Sicherheit und damit ipso facto auch zu den Feinden des Landes."[85] Gleichwohl, eine Diskussion um diese Punkte, so selbstverständlich sie in allen drei Teilen klangen, blieb nicht aus, zumal die Provinz Holland in der Frage der Truppenstärke („militie") mehr Flexibilität verlangte, des weiteren die Provinz Seeland sich der Festigkeit der Nachbarprovinz in der Religionsfrage nicht ganz sicher war. Es kam jedenfalls zu einer holländisch-seeländischen Übereinkunft, in der die Säule „Religion" voran stand. Darin wurde neuerlich festgezurrt, daß es lediglich darum gehen könne, das Bekenntnis der Öffentlichkeitskirche, der Christlich Reformierten Religion also, wie sie in Dordrecht festgelegt sei und überall im Lande gepredigt werde, erhalten bleibe und daß „ferner nicht nur das Bekenntnis mit allen Kräften geschützt werde und darüber hinaus keine Veränderung, von wem auch immer, in dieser Religion geduldet werden könne. Die Erlasse gegen

---

82 Dazu F.J.M. HOPPENBROUWERS, *Oefening in volmaaktheid. De zeventiende-eeuwse rooms-katholieke spiritualiteit in de Republiek*, Den Haag 1996, S. 43f.
83 S. zu dieser Frage allgemein auch den Abschnitt *Kriegsbereitschaft und Friedenswunsch*.
84 Zit. bei S. GROENVELD, *Unie, religie, militie. Binnenlandse verhoudingen in de Nederlandse Republiek voor en na de Munsterse Vrede*, in: *1648. De Vrede van Munster. De zeventiende eeuw*, 13, 1 (1997), S. 69.
85 Zit. ebd. S. 69.

die Papstgetreuen sollen in Kraft bleiben, und diese Erlasse sind nach Form und Inhalt ausgeführt worden."[86]

Im Vorfeld des Friedens von Münster wurde die Intransigenz gegenüber dem Katholizismus und seinen Anhängern neuerlich bestätigt. Die Dauerhaftigkeit des Denkens in Kategorien des religiösen Konflikts galt sicher seit Ausbruch des Dreißigjährigen Krieges europaweit, in der Republik freilich erhielt es aufgrund des intensiver und länger erfahrenen Inquisitions-Verhaltens der katholischen Kirche und ihrer weltlichen Vertretungsmacht Spanien einen besonderen Akzent. Die Verbindung von katholischer Kirche und Spanien ließ die Gegner eines solchen Friedens schon gleich in der Phase früher Friedens-Sondierungen die aus religiöser Sicht sicherlich auch nicht unbedingt akzeptable vertragliche Verbindung der Republik mit Frankreich übersehen. Gerade diese enge Beziehung weltlicher und geistlicher (katholischer) Macht motivierte bei den orthodoxen Calvinisten der Dordrechter Synode zusätzlich zur intoleranten Haltung und versperrte auch den Weg zu einem Denken, das Frieden als Normalzustand einordnete. Frieden stellte auf diese Weise eher eine religionspolitische als eine moralische Kategorie dar. Friede nur dann, so hieß es schon 1643 in einer Flugschrift, wenn auch die spanischen Niederlande sich vom spanischen „Joch" befreiten und die Jesuiten „ausrotteten".[87] „Gott bewahre uns vor spanischem Betrug und päpstlicher List", hieß es ein Jahr später.[88] Das antikatholische Argument ließ sich freilich auch für die Befürworter eines Friedens mit Spanien einbringen, zumal der französische Gesandte, Comte d'Avaux, 1644 bei den Generalstaaten mit einer Demarche zugunsten der niederländischen Katholiken eingekommen war. Die Kombination von – möglicher – französischer Nachbarschaft und den zahlenmäßig durchaus noch starken Katholiken in der Republik war das größte Übel, das man sich vorstellen konnte. Es dürfte in der Tat als eine diplomatisch unkluge, aber auch völlig abwegige Einstellung zu werten sein, wenn d'Avaux sagte: „... les noms des Catholiques et Hollandois ne sont pas incompatibles".

Winfried Schulze schreibt, daß der Westfälische Friede einen wichtigen Schritt in der Geschichte der Durchsetzung von Toleranz darstelle.[89] Diese Aussage hat hier volle Gültigkeit für das Alte Reich, für die Entwicklung in der niederländischen Republik trifft sie nicht zu. Dieser – wie geschrieben worden ist – aus der Verneinung geborene Staat brauchte sich nicht mit Gewissensfreiheit, sondern hatte sich mit der Umsetzung von Gewissensfreiheit in Kultusfreiheit zu befassen. Das Problem ist in den Niederlanden in keiner Weise gelöst worden, auch wenn die öffentlichen Maßnahmen – örtlich unterschiedlich – zwischen augenzwinkernder Zulassung geheimer katholischer Gottesdienste und Bestrafung der „Untergrundtätigkeit" anzusiedeln sind. Auf jeden Fall schuf der orthodoxe Calvinismus ein Feindbild, das der Ausweitung einer auf Gewissensfreiheit begrenzten Toleranz im Wege stand, die erst unter dem Einfluß der Französischen Revolution in der Batavischen Republik voll umgesetzt wurde. Die calvinistische Unzugänglichkeit ergab sich nicht zuletzt auch bei aller Koexistenz von unterschiedlichem Denken und unterschiedlichem Sentiment von vornherein aus dem vor dem Aufstand schon von

---

86 Zit. ebd. S. 72.
87 Knuttel 5014: *Noodige Bedenckingen der Trouhertighe Nederlanders, over de aen-staende Munstersche Handelinghe van Vrede ofte Treves om van alle Regenten, die Gods Kercke en't Vaderlant lief hebben, rijpelijck en conscientieuselijck overdoelt te worden*, o.O. 1643, 32 Seiten.
88 Knuttel 5102: *Dialogus oft T'samensprekinge, ghemaeckt op den Vrede-Handel. Ghestelt by Vrage ende Antwoorde door een Lieft-hebber vande gemeene Vrijheydt*. o.O. 1644, 16 Seiten; auch Knuttel 5312: *Suchtich, en Trouwhertich Discours, over deze tegenwoordige gestalte des Lants, in bedenckinge van Onderhandelinge zijnde met den Coninck van Spaengien. In een t'samen-spraeck, tusschen een Nederlander, Spaengiaert, Fransman, ende Sweed*. Door E.P. o.O. 1646, 24 Seiten.
89 W. SCHULZE, *Pluralität: Toleranz*, in: *Frieden als Aufgabe. 350 Jahre Westfälischer Frieden – Entscheidungsprozesse, Weichenstellungen und Widerhall eines europäischen Ereignisses*. Historikerkongreß Münster, 27.10.-2.11.1996, S. 64.

den Katholiken begründeten Festhalten an der Einheitlichkeit des Bekenntnisses im Staat als existentielle Voraussetzung eben dieses Staates. Die ebenso aufgeregte wie inflexible Haltung Seelands im Vorfeld der Friedensverhandlungen von Münster haben doch das calvinistische Bekenntnis zu einer Art Harnisch geschmiedet, aus dem in den Bereich der anderen Konfession auszubrechen nicht nur ein Sakrileg, sondern auch einen Verstoß gegen Patriotismus und nationalen Anstand darstellte. Daß man sich bald nach dem Friedensschluß an die Protestantisierung der Generalitätslande machte, wenngleich laut Vertrag die Regelung einer *Chambre de mi-parti* vorbehalten bleiben sollte, weist eigentlich auf die Verhärtung der Fronten. Es war einfach schwer für die Katholiken, sich vom Ruch der Frivolität und des Aberglaubens zu befreien und ihrerseits als relevanter Bestandteil einer niederländischen Identität anerkannt zu werden, welche Schwierigkeit noch bis weit hinein ins 19. Jahrhundert reichen sollte. Die Befriedung in Münster hat der Befriedigung der Katholiken nicht gedient.

Kontinuität und Wandel des Antagonismus

Die Aufmerksamkeit sei hier der 2. Jahrhunderthälfte zugewandt. Es ist für die Jahrzehnte vor dem Münsterschen Friedensschluß festzustellen, daß der calvinistisch-katholische Antagonismus in der Geusenzeit und so denn in der Phase der Aussicht auf einen Waffenstillstand oder gar Frieden zwischen Spanien und der Republik seine Höhepunkte erreichte und daß der „Antipapismus" zusammen mit der spanischen Fremdständigkeit des Katholizismus – die Spanier also als Hauptvertreter der politisch-religiösen Repression – auch innerkirchlichen Auseinandersetzungen (Remonstrantenstreit) das Gepräge gegeben und die Schärfe verliehen haben. Im Rahmen der politischen Entscheidungen, die unter der Spitzmarke „Krieg und Frieden" einzuordnen sind, zeigte sich die ganze Unsicherheit weiter Teile der Gesellschaft der Republik, die, selbst aus Aufstand geboren, auch nach Jahrzehnten noch das Mißtrauen der ersten Stunde in keiner Weise abzubauen gewillt oder zu Kompromissen bereit waren. Dem politisch-religiösen Erzfeind galt das ganze Mißtrauen, obwohl man selbst eine großmächtige Position erreicht hatte. Es gab demnach genug Eiferer, die auf die Prärogative des nach dem Aufstand konsolidierten Bekenntnisses setzten. Sicherlich hätte der weniger engagierte, die Situation analysierende Beobachter des In- oder Auslandes nach dem Frieden von Münster eine gewisse Entspannung auch in den Niederlanden zwischen Katholiken und Calvinisten erwarten können. Wer es tat, der mußte seine Erwartungen getäuscht sehen. Trotz der deutlichen Niederlage Spaniens und damit des Endes der Bedrohung blieb der zuvor apostrophierte Antagonismus erhalten, zumal sich im Laufe der Jahrzehnte der französische König Ludwig XIV. als der „allerchristlichste König" und als Fahnenträger des Katholizismus aufführte. Wenn man weiß, daß Statthalter Wilhelm III. seine Koalitionen gegen die Franzosen mit einem Appell an den europäischen Protestantismus zu schmieden versuchte, dann scheint doch von einigen Akteuren die Wirkungsmacht des konfessionellen Antagonismus vermutet worden zu sein. Solcher Gegensatz zeigte sich in der Republik schon recht bald nach dem Friedensschluß auf der Großen Versammlung („Grote Vergadering") 1651 in der ersten sogenannten statthalterlosen Periode, als eine Art antikatholische Gesetzgebung erging.

Gleichwohl vollzog sich in dieser konfessionellen Auseinandersetzung insofern eine Ausweitung, als schon in der frühen zweiten Jahrhunderthälfte eine neuer Gegner die Geister und Gemüter beschäftigte: die Naturwissenschaften. Die Rezeption der Methoden des René Descartes, lange Zeit in Amsterdam lebend und schließlich in den Dienst der Christine von Schweden getreten, führte zu einer neuen Form der Verunsicherung der Öffentlichkeitskirche. Dazu trat auf jeden Fall für die ersten beiden Jahrzehnte der 2. Jahrhunderthälfte eine Regentenschicht auf den Plan, die unter dem Slogan von der „ware vrijheid" einen neuen Freiheits- und Souveränitätsbegriff pflegte und dem Faktor Wirtschaft mehr denn je zuvor eine erhebliche Bedeutung beimaß. Vielleicht ist diesen beiden Faktoren eine die calvinistische Orthodoxie der Dordrechter Synode noch stärker strapazierende Kraft zuzuerkennen als der immer noch vorhandene Antikatholizismus, das heißt, diese antikatholische Einstellung schöpft aus der befürchteten Schwächung der bis dahin festgezurrten Grundlagen der Öffentlichkeitskirche besondere Kraft. Es nimmt nicht wunder, daß sich der hier im Zusammenhang mit der Descartes-Rezeption[90] mehrfach genannte Voetius 1655 über die städtischen Magistrate hermachte, die „eher deformiert als reformiert seien und die es vorzögen, als Bettler zu regieren, jedoch als Papisten zu sterben."[91] Sieh da, das schon traditionelle antikatholische Mißtrauen, das freilich die Vorlieben der Regenten für das Bettlertum in der Polemik falsch einschätzte. Calvinisten von der Denkungsart des Voetius empörten sich ob der Maßnahmen der Generalstände, die es den christlichen Angestellten (VOC) in Japan verboten, eine Bibel zu besitzen. Dieser Erlaß erging, weil man den Handel zwischen der Republik und Japan nicht beeinträchtigen wollte. Für die Hüter der Öffentlichkeitskirche war dies ein „grausamer Erlaß". Sie ließen ihrer Empörung freien Lauf und zweifelten an der religiösen Haltung der Regenten.[92]

Solche Empörung – man hat den Eindruck, daß die Kirchenmänner schon in der Tradition des Unbehagens lebten – richtete sich auch gegen Balthasar Bekker und Baruch Spinoza und ähnlich Denkende.[93] Diese Diskussion, die ein bezeichnendes Licht auf die innerkirchliche Intoleranz wirft und bis weit ins 18. Jahrhundert hinein reicht, griff vor allem im ersten Jahrzehnt Ereignisse des vorhergehenden Jahrhunderts auf. Angeführt sei hier der Text *De Wolf in't Schaepsvel* von Jacob Zeus, der sich in Reimform über die Intoleranz gegenüber Oldenbarnevelt und Hugo Grotius beklagte, die Gebrüder de Witt als Opfer religiöser Intoleranz einstufte und sich für Coccejus einsetzte, der wegen seines Plädoyers für eine freie Bibelforschung verurteilt wurde. Wenngleich einerseits zu bemerken ist, daß der calvinistisch-katholische Antagonismus auch im neuen Jahrhundert durchaus die literarisch-publizistische Produktion mitgestaltet hat – letztlich ist diese Konfrontation einen viel längeren Zeitraum noch nicht wirklich überwunden worden, wenn man etwa an die Aprilbewegung im 19. Jahrhundert denkt[94] – ist andrerseits hinzufügen, daß die Toleranz-Forderung gegen Ende des 17. Jahrhunderts als eine naturrechtliche oder, wenn man so will, menschenrechtliche Forderung verstanden wurde. Da ist Pierre Bayle sicherlich an erster Stelle zu nennen, aber er war kein Niederländer, lebte in der Republik eben nur im Exil.[95] Für ihn galt Toleranz als lebensnotwendiges Prinzip aller gesellschaftlichen Bereiche. In dieser Zeit kommen einfach neue Normen ins Spiel, die den Haß ohnehin als unerträgliche intellektuelle oder emotionale Kategorie ablehnen, einem Ordnungs- oder Profitdenken, wie es durchgehend im oben beschriebenen Antagonismus durchaus mitbestimmend war, eine Absage erteilen. Eine Kurzformulierung könnte hier lauten: Naturrecht gegen Verblendung und Opportunismus. Es sei hierzu auf Gerard Noodt verwiesen, den über die Grenzen des Landes bekannten Leidener Rechtsprofessor, der 1706 in seiner Rektoratsrede jede Glaubensverfolgung und

---

90 S. dazu das Kapitel über die Naturwissenschaften.
91 Bei FRIJHOFF, *Toleranz*, S. 168.
92 Beispiel ebd.
93 Über Bekker, Spinoza u.a. s. den Abschnitt *Jahrzehnte des Wandels*.
94 Zur Aprilbewegung s. im Rahmen einer allgemeinen Betrachtung zur Position der Katholiken LADEMACHER, *Niederlande*, S. 442ff.; spezifisch A.W.F.M. VAN DE SANDE, *Das junge Vaterland der Katholiken*, in: LADEMACHER, *Ablehnung*, S. 445ff.
95 Zu Bayle s. oben den Verweis unter Anm. 93.

jede Form des Fanatismus anprangerte und damit ein großes Echo fand.[96] Die niederländische Auseinandersetzung um Toleranz ging in dieser Phase ganz allgemein über in einen Kampf um die Realisierung der persönlichen Freiheit, das heißt, hier wandelt sich die Diskussion in eine Erörterung um Freiheit, zwar noch die begrifflich die Befreiung von religiösem Zwang enthielt, diesen Aspekt freilich weit hinter sich ließ, insofern der Mensch nicht mehr nur in seiner religiösen Existenz, sondern als ein Wesen mit umfassendstem Persönlichkeitsrecht verstanden wurde. Das äußerte sich in der Publizistik und zugleich auch in Bühnenstücken der Zeit. So wurde etwa – um ein Beispiel zu nennen – *Arminius, beschermer der Duytsche vryheid* (1686) des Pieter Bernagie im gesamten 18. Jahrhundert immer wieder aufgeführt. An dieser Stelle schließt auch die Republik an bei der frühaufklärerischen Erörterung, die europaweit um Gewissensfreiheit geführt wurde.[97]

Juden: Exkurs über ein recht entspanntes Verhältnis

Das Verhältnis der Calvinisten zu den Katholiken darf insgesamt als eine Beziehung eingeordnet werden, die von *angespannt* bis *feindlich* reicht. Von Akzeptanz kann kaum die Rede sein, und dieses so lange währende antagonistische Verhältnis hat letztlich im 19. Jahrhundert eine Lösung in Gestalt der *Versäulung* gefunden, die freilich keine Lösung im Sinne der Akzeptanz enthielt, sondern nur Duldung hieß. Es sei in diesem Zusammenhang auf ein anderes Verhältnis hingewiesen, auf die Beziehung zu den jüdischen Gemeinden, den Aschkenasim und Sephardim in gleichem Maße. Es handelte sich hier um die Aufnahme von Fremden und zugleich um Fremde jüdischen Glaubens. Es sei gleich vorab gesagt, daß das Verhältnis der Öffentlichkeit zu diesen Fremden im Unterschied zum protestantisch-katholischen Verhältnis ein relativ entspanntes war. Es ist hier nicht auf die Zwangslage der spanischen und portugiesischen getauften Juden (Neu-Christen) und glaubenstreuen Juden einzugehen, das heißt auf die zur Flucht getriebenen oder auf jeden Fall auswanderungswilligen Iberer einzugehen, vielmehr sei gleich auf die Aktion der Generalstände hingewiesen, die 1588 für die Menschen aus Portugal („die van de natie van Portugael') einen Freibrief ausstellten, der 1592 einige Ergänzungen erhielt. Den portugiesischen Kaufleuten wurde völlige Bewegungsfreiheit versprochen, sie erhielten freien Zugang zum Territorium der Republik und konnten dieses Gebiet auch wieder verlassen, wenn sie das wünschten. Es wurde ihnen lediglich die Bedingung auferlegt, daß sie sich im Rahmen des Handels mit dem Feind („handel op de vijand') eben jenen Vorschriften zu unterwerfen hatten, die auch für die anderen Bürger der Republik galten. Das heißt, sie hatten in dem dafür vorgeschriebenen Rahmen Steuer beim Handel mit der iberischen Halbinsel und deren Kolonien wie jeder andere Kaufmann zu entrichten. Das war deutlich eine Politik des Willkommens, die begreiflich ist, weil mit den vorgenannten Steuern die Kriegskasse gefüllt werden konnte. Dem, wenn man so will, „Ruf" in die Republik folgten anfänglich nur wenige. Erst nach 1605 nahm der iberische Bevölkerungsteil recht rasch zu, wobei die Kaufleute Amsterdam als einer nach dem Fall Antwerpens aufstrebenden Stadt anderen Städten vorzogen. Dabei war es anfänglich nicht immer deutlich, ob die zwangsgetauften Juden sich zum Christentum bekannten oder ob sie zu ihrem alten Glauben zurückkehren wollten. Die Gastfreundschaft, die Amsterdam zunächst an den Tag legte, schlossen sich auch Städte wie

---

96 Bei W.P.D. VAN OOSTRUM, *Diskriminierung versus Empathie. Zeichen von Toleranz und Intoleranz in literarischen Texten in den Niederlanden des 18. Jahrhunderts*, in: LADEMACHER, *Ablehnung*, S. 329.
97 S. ebd. S. 329f. Vf.in führt die Aufführungen im Amsterdamer Stadttheater an. Ebd. Anm. 17.

Alkmaar, Haarlem und Rotterdam an. Das sah alles nach einer neuen großen Freiheit aus, die zudem nicht nur dem Gastland, sondern auch den Gästen selbst, die sich in den niederländischen Außenhandel einschalteten, einigen Gewinn zu bringen versprach. Aber es gab zu Anfang auch Restriktionen, als die sich heranbildenden jüdischen Gemeinden zum einen um eine Begräbnisstätte, zum anderen zum Bau von Synagogen einkamen. Amsterdam widersetzte sich beiden Ansinnen. Schließlich hätte man der konfessionell zersplitterten Öffentlichkeit eine Zustimmung kaum glaubhaft erklären können, daß den Juden eine eigene Kirche zustand, den Katholiken, die doch in Amsterdam noch eine recht starke Gruppe bildeten, aber nicht, abgesehen davon, daß die Öffentlichkeitskirche voll auf die Barrikaden gegangen wäre. Rotterdam wollte in seiner Werbung um die ‚Portugiesen' in Antwerpen unter anderem auch den Bau einer Synagoge zugestehen, was freilich von Antwerpen aus nicht angenommen wurde. Alkmaar gestand den portugiesischen Juden Grund und Boden für die Anlage einer Begräbnisstätte zu, was freilich nichts nützte, da die wirtschaftlichen Vorteile der Stadt Amsterdam allzu groß waren, als daß man sie für einen jüdischen Friedhof hätte eintauschen wollen. Daß es hier insgesamt um einen echten Konflikt ging, beweist die Haltung Haarlems. Der Magistrat garantierte zwar Glaubensfreiheit, lehnte zunächst aber den Antrag auf Bau einer öffentlichen Synagoge ab. Für die Amsterdamer Juden war das Grund genug, von einem Umzug nach Haarlem abzusehen. Erst nach einem Gutachten, das sowohl beim Ratspensionär Oldenbarnevelt als auch bei dem in jener Zeit wohl bekanntesten reformierten Theologen Uyttenbogaert eingeholt wurde, und nach Anhörung einiger Prädikanten revidierten die Stadtväter Haarlems ihren negativen Bescheid. Sie wollten dem Bau einer öffentlichen Synagoge zustimmen, sobald sich mehr als 50 Familien in der Stadt niedergelassen hatten. Zugleich freilich verboten sie freilich Mischehen zwischen Juden und Christen und drohten für solche Tat ebenso wie für entsprechenden Ehebruch mit der Todesstrafe. Ehebruch zwischen Juden sollte genauso bestraft werden wie der zwischen Christen. Die Meinungsänderung des Haarlemer Magistrats hat die Amsterdamer Juden nicht bewogen umzuziehen. Rotterdam hat seine Werbung um die Ansiedlung „portugiesischer Kaufleute" 1610 erneuert und „Freiheiten und Privilegien" angeboten. Das Paket enthielt auch die Zulassung einer öffentlichen Synagoge, falls sich wenigstens dreißig Familien in der Stadt niederließen. Zudem war die Möglichkeit gegeben, ein Stück Grund und Boden für die Anlage eines eigenen Friedhofs zu erwerben. Tatsächlich haben sich dort einige Familien niedergelassen, ohne daß es freilich zur Bildung einer jüdischen Gemeinde gekommen wäre. Daß solche „Freiheiten und Privilegien" offensichtlich nur schwach unterlegte Zugeständnisse waren, zeigt die Rücknahme des Beschlusses schon 1612, so daß die meisten iberischen Kaufleute – Juden oder Neu-Christen – nach Amsterdam zogen. Diese Stadt bot zwar keine größeren Freiheiten, hatte aber den unschätzbaren Vorteil der erstrangig positionierten Handelsstadt. Nach dem Abschluß des Waffenstillstands 1609 nahm die Zuwanderung von Jahr zu Jahr zu, und es wird angenommen, daß auch die Zahl jener, die zum jüdischen Glauben zurückkehrten, erheblich wuchs. Dabei ist festzustellen, daß sich den Sephardim allmählich auch die Aschkenasim aus dem osteuropäischen Raum hinzugesellten, was immerhin zu innerjüdischen Schwierigkeiten vor allem im Zusammenhang mit Sprache und Ritus in den häuslichen Synagogen führte.[98] Über diese Probleme ist nicht zu berichten, vielmehr sei einfach festgestellt, daß 1612 eine zweite sephardische Gemeinde, Neve Salom, neben der schon bestehenden Beth Jacob gebildet wurde. Das sei hier erwähnt, weil von dieser Gemeinde aus erhöhte Anstrengungen zugunsten des Baus einer öffentlichen Synagoge unternommen wurde. Daß auf einem von der Gemeinde erworbenen Grundstück ein Haus errichtet werden sollte, war nichts Bemerkenswertes, als aber die Bestim-

---

98 Die Aschkenasim gründeten freilich erst 1635 eine eigene Gemeinde.

mung des neuen Gebäudes bei der Stadtregierung bekannt wurde, kam es zu Schwierigkeiten. Der Kirchenrat der calvinistischen Kirche brachte beim Stadtrat eine entsprechende Klage ein. Das nun schon alte Argument des Stadtrates gegen den Bau einer Synagoge galt natürlich noch immer, und so erging auch ein Beschluß, der den Abbruch des Hauses vorsah, falls es in eine öffentliche Synagoge umfunktioniert werden sollte. Tatsache ist, daß in diesem Haus, das noch 1612 an einen Amsterdamer Katholiken verkauft worden war, der es wiederum der jüdischen Gemeinde vermietete, jüdischer Gottesdienst gehalten wurde. Reaktionen der Stadt oder der calvinistischen Kirche blieben aus.

Es gab freilich noch andere Probleme, die in erster Linie den gesellschaftlichen Umgang der Amsterdamer Neubürger, wenn man sie einmal so nennen darf, mit den Eingesessenen betrafen. Tatsache ist, daß die iberischen Juden nicht in einem eigenen Stadtviertel, gleichsam ghettoisiert, waren, sondern über die ganze Stadt verteilt lebten und daß sich in dieser Nähe auch lebhafte Diskussionen zwischen den zum jüdischen Glauben zurückgekehrten Neuchristen und der Amsterdamer Bevölkerung entwickelten, die bei einigen Amsterdamern zum Religionswechsel führten. Solcher Übergang war andernorts, etwa in Hoorn, Anlass zu harschen Reaktionen der Behörden. So wurden Bürger aus dem Rechtsbereich der Stadt Hoorn 1614 wegen ihres Übergangs zum jüdischen Glauben ins Gefängnis geworfen, nachdem der Schultheiß der Stadt selbst die Todesstrafe für den Abfall vom Christentum verlangt hatte. Die holländischen Stände befahlen schließlich im Frühjahr 1615 Ausweisung der Personen aus der Provinz.

Ein weiteres Problem war der sexuelle Umgang zwischen Juden und den eingesessenen Stadtbürgern. Vor allem der calvinistische Kirchenrat bemühte sich darum, Geschlechtsverkehr zwischen jüdischen Männern und Amsterdamer Mädchen aufzuspüren. Der Ehebruch, den ein Amsterdamer Apotheker mit seinem Dienstmädchen beging, wurde mit einer Buße von hundert Gulden und Verbannung aus dem Territorium der Provinz belegt. Nach zahlreichen Klagen des Kirchenrats bei der Stadt Amsterdam begab sich diese an die Ausarbeitung einer Verordnung für die jüdischen Eingesessenen, nachdem ein erster Ansatz der Ständeversammlung dazu durch den wachsenden Streit zwischen Gomaristen und Arminianern zurückgestellt worden war. Die Stadt brachte unter dem 8. November 1616 einen Erlaß heraus, in dem die Zielgruppe „die von der jüdischen Nation" waren. Darin wurde jeder Verkehr mit christlichen Frauen und Mädchen einschließlich den Huren verboten. Darüber hinaus war es den Juden untersagt, alles in Wort oder Schrift zu unterlassen, was für das Christentum abträglich war, und Amsterdamer Bürger zum jüdischen Glauben zu bekehren. Die Regelung sollte bis zum Erlaß auf Provinzialebene Gültigkeit haben. Diese Bestimmung blieb freilich ohne Folgen, da die Provinzialstände keinen gemeinsamen Beschluß zustande brachten und den Städten im Dezember 1619 die Regelung der jüdischen Position in ihren Gemeinden überliessen. Immerhin hatte der – bis dahin freilich schon zu den persona non grata zählenden – Oldenbarnevelt-Anhänger Grotius für die Ständeversammlung ein Konzept erarbeitet, in dem er sich nicht nur mit den umlaufenden negativen Beurteilungen von Juden befaßte, sondern die negativen Eigenschaften von Juden auf die schlechte Behandlung dieser Volks- und Religionsgruppe in christlichen Ländern zurückführte. So verlangte er eine diese Entwicklung korrigierende Behandlung der Juden, die Glaubens- und Pressefreiheit enthielt. Engere gesellschaftliche und individuelle Beziehungen wie Mischehen und Geschlechtsverkehr zwischen Juden und Christen blieb freilich auch bei ihm verboten. Darüber hinaus war darauf zu achten, daß die Handwerker in den Kommunen mit jüdischen Einwohnern durch Anwesenheit und Tätigkeit der Juden nicht geschädigt wurden.

Das Verhältnis der Stadtregierung Amsterdams oder anderer Städte zu den Juden soll hier nicht weiter im einzelnen in Betracht gezogen werden. Es sei lediglich noch einmal festgehalten, daß es verglichen mit anderen europäischen Ländern hier doch eine Niederlassungsfreiheit gab, die zwar Bedingungen unterworfen, aber andernorts in Europa nicht in diesem Umfang gegeben war. Das lag sicherlich am sozialökonomischen Ausgangspunkt der Zuwanderung. Was da von der iberischen Halbinsel kam, gehörte vornehmlich zu den „betuchten" Kaufleuten, die auch kulturell der Regentenschicht der Städte ähnlich waren. Das gilt ganz sicher, wenn man die jüdische Zuwanderung der ersten zwei Jahrzehnte des 17. Jahrhunderts nimmt. Das Problem lag freilich – auch wenn es da eine sozio-kulturelle Gemeinsamkeit gab – in der gesellschaftlichen Einordnung. Der Widerstand von Kirche und Stadtregierung lag in der Furcht vor Glaubenswechsel auf Seiten der Christen begründet. Das Verbot der Geschlechtsgemeinschaft war schon eine deutliche Einschränkung der Bewegungsfreiheit, die von den Sephardim stärker empfunden wurde als von Aschkenasim, die aus ihren mittel- und osteuropäischen Herkunftsländern ganz andere Erfahrungen mit antijüdischen Animositäten gemacht hatten. Zum Problem der Glaubenssicherung – als solche darf man die gesellschaftliche Beschränkung neben dem Verbot, eine öffentliche Synagoge zu bauen, betrachten – traten wirtschaftliche Aspekte. So sehr die Juden oder Neu-Christen aus Spanien und Portugal als Kaufleute auch begrüßt wurden – über die Gründe ist hier gehandelt –, so sehr wehrten sich die Handwerker etwa Amsterdams gegen eine Ausweitung jüdischer Aktivitäten auf anderen Wirtschaftsgebieten. Das zeigte sich 1632, als die Stadtregierung entschied, daß, selbst wenn diese „Neubürger" den Status eines Vollbürgers erworben hatten, sie keine Erwerbstätigkeit ausüben durften, die nicht im Bereich des jüdischen Glaubens lag. So wurde ihnen letztlich nur die rituelle Schlachtung und der Verkauf des Fleisches erlaubt. Sie durften im übrigen nicht als Ladeninhaber auftreten, das heißt letztlich am Alltagshandel teilnehmen, dagegen wurde ihnen zugestanden, als Straßenhändler mit Lebensmitteln und Textil (neu und alt) zu handeln. Gedacht war wohl an ein Wandergewerbe im wahrsten Sinne des Wortes, denn die Präsentation von Waren an festen Orten in der Stadt wurde immer wieder nach Klagen der Gilden verboten. So erklärt sich auch, daß die Juden sich vor allem in jenen Wirtschaftszweigen tummelten, die nicht zünftig organisiert waren.

Insgesamt gilt, daß die Existenz der Juden in den Niederlanden des 17. Jahrhunderts bestimmt war von freiem Zugang zu den Städten, Bewegungsfreiheit und zugleich einer einschränkenden Kontrolle, wo die Gefahr der religiösen und wirtschaftlichen Konkurrenz bestand. Im Vergleich zur Lage in anderen europäischen Ländern, in denen sich die jüdische Anwesenheit in der Öffentlichkeit gleichsam zur *Judenfrage* auswuchs, darf die Position der Juden in den Niederlanden – und hier vornehmlich in Amsterdam – als ein Hort der neugewonnenen Freiheit eingeordnet werden.[99]

Man mag die Stellung der Juden zwischen Freiheit und eingeschränkten gesellschaftlichen Möglichkeiten einordnen, hinzuzufügen ist freilich, daß in dem von wirtschaftlichen, rechtlichen und konfessionellen Faktoren bestimmten Beziehungsgeflecht jene Komponente fehlt, die in der Öffentlichkeit viele Jahrzehnte lang das calvinistisch-katholische Verhältnis ausgezeichnet hat: die Komponente des Hasses, die trotz aller Differenziertheit und Zurückhaltung, wie sie in Regentenkreisen festzustellen ist, lebendig blieb.

---

99 Der ganze Abschnitt nach R.G. FUKS-MANSFELD, *De Sefardim in Amsterdam tot 1795. Aspect van een joodse minderheid in een Hollandse stad*, Hilversum 1989, S. 37-84. Es sei hinzugefügt, daß sich die Autorin auch ausführlich mit der Position der Juden im Zusammenhang mit den außenpolitischen Entwicklungen auch nach dem Westfälischen Frieden befaßt. Für die Stellung der Juden in Europa insgesamt und zu der hier beschriebenen Zeit sei verwiesen auf H.H. BEN-SASSON, *Geschichte des jüdischen Volkes*, Bd. II, Vom 7. bis zum 17. Jahrhundert München 1979. Der Autor geht tief auf das jüdische Geistesleben in den europäischen Gemeinden ein – ein Aspekt, der hier außer Acht gelassen worden ist.

Dies sollte als Unterscheidungsmerkmal einfach angemerkt und nicht weiter kommentiert werden.

Noch einmal Toleranz als Problem: Das Allgemeine und der Alltag

Mit Blick auf diese letzte Bemerkung ist abschließend und zusammenfassend noch einmal Toleranz als Problem zu erörtern, das sich zwar als ein europaweites darstellt, hier freilich nur als ein spezifisch niederländisches in Augenschein zu nehmen ist. Das Spezifische der Niederlande liegt zunächst im konfessionellen Zeitalter selbst, insofern der Aufstieg des vormals opponierenden Bekenntnisses eng mit einem erfolgreichen Aufstand gegen eine Hegemonialmacht verbunden ist. Über diese Periode hinaus haben die Niederlande ihre Toleranz zu einem Renommierstück des 19. Jahrhunderts im Zuge des Qualitätsnachweises einer selbstbewußten Nation erhoben, die sich im Rahmen von Nationswerdung behaupten muß und höhere Moral an die Stelle von politischer und militärischer Macht setzt. Und schließlich wird Toleranz als ein spezifisch niederländisches Glanzstück häufig genug als Schibboleth in den Händen der gebildeten Laien des Auslandes gehandelt. So sei hier noch einmal nach dem Charakter der niederländischen Toleranz in der Zeit der konfessionellen Spaltung gefragt. Auf einem sehr hohen Abstraktionsniveau hat Winfried Schulze in Übernahme des methodischen Ansatzes von William J. Bouwsma die in der „nachmittelalterlichen Epoche" aufkommende Pluralisierung des gesellschaftlichen, politischen und geistigen Zusammenhangs insofern zur Toleranz in Beziehung gesetzt, als er diese Toleranz – bei ihm als über den konfessionellen Antagonismus hinausgehenden Begriff verstanden – als Lösung der als bedrohlich empfundenen Pluralisierung begreift.[100] Dabei geht es ihm um das Motiv zur Entscheidung für Toleranz, wie sie sich dann tatsächlich in der Frühneuzeit auf jeden Fall in Ansätzen manifestiert. Er führt in diesem Zusammenhang die hochinteressante Perspektive des vorgenannten Bouwsma ein, der für die Zeit nach dem Spätmittelalter den Faktor Angst als gesellschaftliche, nicht schichtenspezifisch gebundene Grundhaltung gegenüber dem „Zerfall" des Überkommenen feststellt. Er beharrt nicht bei der Feststellung, sondern sucht nach Faktoren, die auf eine Überwindung der Angst hindeuten. Er findet sie in der zunehmenden Einsicht in die Funktionsweise von Gesellschaft. „Die neue Kultur des modernen Europa", so schreibt er, „baute auf anderen Annahmen auf. Es begann mit der Einsicht, dass der Mensch selbst die Kultur aufbaut und dass sie deshalb das Produkt wechselnder Bedingungen und sich verändernder Bedürfnisse ist."[101] Nach seiner Beobachtung bildete sich eine Kultur heran, in der menschliche Bedürfnisse und menschliche Einsicht in wissenschaftliche Erkenntnisse schließlich auch Einsicht in die Notwendigkeit von Kompromissen und austarierten Regelungen und somit Anerkennung von Veränderungen implizierte.

Angesprochen ist damit der Versuch, nach den Ursachen zu forschen, die dem Toleranz-Denken zum Durchbruch verholfen und schließlich zur „politisch-rechtlichen Verankerung geführt haben."[102] Hingedeutet ist damit aber auch auf ein eher allgemeines

---

100 S.W. SCHULZE, *Pluralisierung als Bedrohung: Toleranz als Lösung. Überlegungen zur Entstehung von Toleranz in der Frühen Neuzeit*, in: H. DUCHHARDT (Hrsg.), *Der Westfälische Friede. Diplomatie, politische Zäsur, kulturelles Umfeld, Rezeptionsgeschichte*, München 1998, S. 116 Sch. bezieht sich auf W.S. BOUWSMA, *Anxiety and the Formation of Early Modern Culture*, in: B.C. MALAMENT (Ed.), *After the Reformation. Essays in Honor of J.H. Hexter*, Philadelphia 1980. S. 117 spricht Sch. einleuchtend davon, daß der Titel dieses Beitrages auch für die Gegenwart noch aussagekräftig ist.
101 Zit. bei ebd. S. 117.
102 Ebd. S. 115.

Lebensgefühl, das nicht mehr über Zerfall lamentiert, sondern Einsicht in die reale Welt und ihre ebenso mögliche wie notwendige Gestaltung einführt. Realitätssinn als Lebensgefühl! Kenntniserweiterung im Sinne eines Einblicks in die Vielgestaltigkeit der Welt und ihrer Phänomene als Voraussetzung neuer Gestaltung! Man muß da nicht tiefgründige theologisch-philosophische Diskussionen ausloten, um der Kenntniserweiterung auf die Spur zu kommen, da genügt ein Blick in die Länderbeschreibungen etwa des 16. Jahrhunderts, die den ganzen Reichtum der bekannten Welt in seiner Unterschiedenheit vom engen europäischen Raum darstellen – Unterschiedenheit in den natürlichen, materiellen und geistigen Lebensbedingungen.[103] Das mochte einerseits noch Ängste erzeugen, andrerseits wurde jedenfalls dem des Lesens Kundigen angeboten, den eigenen Tunnelblick zu einem Weltblick in der ganzen Unterschiedlichkeit zu erweitern. Das weist freilich auch über den konfessionellen Zwiespalt hinaus und lenkt den Blick auf weiteres Dissens-Verhalten in anderen gesellschaftlichen Bereichen.

Diese anderen Bereiche seien hier nicht thematisiert. Es kann nur um die religiöse Toleranz gehen, konkret bezogen auf die niederländische Entwicklung. Da fällt es schon schwer, die Komponente *Rezeption des Andersartigen* als etwas auffällig Niederländisches anzumerken und ein vorpreschendes Toleranz-Denken ausfindig zu machen. Man wird Erasmus nicht für die Niederlande in Anspruch nehmen können, abgesehen davon, daß er seiner Toleranz-Konzeption selbst Grenzen gesetzt hat. Ireniker wie Dirck Volckertsz. Coornhert wuchsen nicht nach. Wilhelm von Oranien paarte seine Bereitschaft zum Wechsel der Religion mit hohem Realitätssinn für das politische und wirtschaftliche Umfeld. Einige Regenten der Republik äußerten sich als Anhänger des Erasmus, aber in dieser Schicht ging es doch ganz primär um wirtschaftliches Denken, freilich auch um Ruhe und Ordnung, in dem Toleranz möglicherweise erst an zweiter Stelle als ein Prinzip gepflegt wurde. In dieser frühen Periode fand die Umkehrung der von den Calvinisten attackierten Herrschaftsverhältnisse statt. Heraus kam die Intoleranz mit umgekehrten Vorzeichen. Es regierte die Angst, nicht jene spätmittelalterliche Angst, wie sie Bouwsma beschrieben hat, sondern Angst in einem ganz schlichten, nachgerade ordinären Sinne, Angst vor einem politischen und militärischen Gegenschlag, wie Spanien, die Speerspitze des Katholizismus, ihn in petto halten konnte. Man sollte diese Angst im Alltag als die Quelle der stringenten Ablehnung des Katholizismus im eigenen Land einordnen, die ein wenig an den Glückwunsch Melanchthons an Calvin erinnert, als er 1553 schrieb, die Verbrennung Michel Servets sei ein „frommes und erinnerungswürdiges Exempel für alle Nachkommen."[104]

Die Jahre vor dem und nach dem unsäglichen Remonstrantenstreit, der einen Höhepunkt auch innerkirchlicher Intoleranz darstellte, brachten zugleich den Aufbruch der Naturwissenschaften und der Philosophie im Sinne des René Descartes; sie brachten dazu eine zusätzliche Erweiterung des Weltbildes, wie es über die Angestellten der Kolonialgesellschaften (VOC und WIC) vermittelt wurde – eine nachgerade intensivierte Fortsetzung der neuen Bilder, die schon im 16. Jahrhundert vorgeführt worden waren. Es ging letztlich um Position und Exklusivität von Theologie und Kirche, um den Führungsanspruch auch. Unter diesen Voraussetzungen wuchs die Empfindlichkeit gegenüber allen Phänomenen und Taten, die nicht im Fahrwasser der Orthodoxie der Dordrechter Synode lagen, sondern eher auf Relativierung des Überkommenen zielten. So haben neue Sichtweisen und Erkenntnisse zunächst einmal zu Kontraktionen geführt, die genau das Gegenteil einer Bereitschaft zu größerer Toleranz brachten und im übrigen seit dem Beginn des 18. Jahrhunderts die Toleranz-Frage über den religiösen Bereich hinaus zu einem gesamtgesellschaftlichen Problem auswachsen ließen.

---

103 Angeführt ebd. S. 121ff.
104 Zit. bei ebd. S. 119.

Gleichwohl, die Entscheidungen über Ablehnung oder zumindest Duldung eines anderen Bekenntnisses lagen zunächst einmal in der Hand der politischen und religiösen Eliten, die freilich in der praktischen Umsetzung der Verordnungen nicht immer übereinstimmten. Bedenkt man die zunächst zweifellos begreifliche und immer wieder neugeschürte Angst vor einer erfolgreichen Umkehr des Aufstandes, vor einer Rückkehr der spanischen Herrschaft und damit des Katholizismus, dann versteht man die Nachhaltigkeit des mit dem Aufstand eingebrachten Antagonismus. Damit stellt sich auch die Frage nach der Alltäglichkeit von Intoleranz oder Toleranz in der niederländischen Gesellschaft, es stellt sich die Frage nach dem Miteinander im jeweils lokalen Bereich, nach dem den Alltag ausfüllenden gesellschaftlichen Umgang, zumal die Zahl der Katholiken nicht gleich auf Null reduziert wurde und nie auf Null reduziert worden ist. Im Gegenteil: ihre Zahl blieb doch für einen als calvinistisch eingeordneten Staat recht hoch. Ist der tägliche „interkonfessionelle" Umgang geprägt vom Denken jenes katholischen Käsehändlers, der sich weigert, einem protestantischen Pfarrer Käse zu verkaufen, der sich freilich durch eine rituelle Handlung (Abnahme des Hutes vor der Käse-Kostprobe) auch als Protestant zu erkennen gab?[105] Es gibt eine Vielzahl von scherzhaften, häufig auch ironischen Erzählungen der Zeit, in denen jeweils die eine oder die andere Seite punktet, aber insgesamt lassen sie doch den Schluß zu, daß die kontrapunktische Rhetorik der Prädikanten, in der der Umgang mit Katholiken angeprangert wurde, lange nicht überall griff.[106] Es ist sicherlich schwer auszumachen, wie weit die alltägliche Kommunikation reichte, ob sie über die Notwendigkeiten des Alltags hinausging oder eher im Sinne des „living-apart-together"-Prinzips ablief oder schließlich als Konfrontation verstanden und gelebt wurde. Sicherlich zählte Toleranz nicht zu den angeborenen Charakterzügen, möglicherweise aber wurde in den Fährnissen der Existenz (Deichbau, Überschwemmungen) tolerantem Denken als existentielle Notwendigkeit Vorschub geleistet, gewiß aber fehlte es in vielen Fällen doch an jener oben apostrophierten Haß-Komponente. Dabei wird man sich nicht lediglich auf die frühen Jahre des Aufstandes, die Geusenzeit, beziehen dürfen – auf eine Zeit des Mord- und Totschlags –, vielmehr ist da eben das ganze 17. Jahrhundert in Augenschein zu nehmen. Zunächst einmal ist festzustellen, daß die Pamphletistik der gesamten Periode niemals aufgehört hat, eine, wenn man so will, antagonistische Klinge zu schlagen, eine erhebliche Schärfe des Tons zu pflegen, zu dem es freilich kein Pendant in der Praxis des Alltags gab. Es ist ermittelt worden, daß die Gläubigen nicht wirklich über die Mauern ihrer Kirche hinausgeschaut, die Mitglieder der anderen Konfession jedoch auch als Christen verstanden haben.[107] Das gilt für Calvinisten und Katholiken gleichermaßen. Dabei ist zu berichten, daß Animositäten, wenn sie dann zum Ausbruch kamen, eher von katholischer als von calvinistischer Seite ausgingen. Möglicherweise sind hier als Ursache Frustrationen zu nennen, die sich aus dem Verzicht auf eine angemessene – katholische – geistliche Betreuung ableiten lassen, da Untergrundkirchen eben nicht in Hülle und Fülle vorhanden waren – Frustrationen, die auch zurückzuführen sein könnten auf Ärger über den Verlust der Öffentlichkeit des Bekenntnisses bei gleichzeitigem Wachstum der allmählich sich reorganisierenden Kirche.[108]

---

105 Beispiel bei FRIJHOFF, *Toleranz*, S. 182.
106 S. dazu G. GROENHUIS, *De Predikanten. De sociale positie van de gereformeerde predikanten in de Republiek der Vereenigde Nederlanden voor ± 1700*, (=Historische Studies. Instituut voor Geschiedenis der Rijksuniversiteit te Utrecht, XXXIII), Groningen 1977, S. 31ff.
107 So A.TH. VAN DEURSEN, *Het kopergeld van de Gouden Eeuw*, IV.
108 Ebd. S. 74ff. Van Deursen weist auf diese Entwicklung hin, nennt auch für einige Orte die Zahl der Untergrundkirchen, erwähnt freilich zugleich, daß es sich hier um Örtlichkeiten mit nur geringem Fassungsvermögen gehandelt habe. Er verweist darüber hinaus auf den katholischen Einfluß in den Armen-, Waisen- und Krankenhäusern. J. SPAANS, *Haarlem na de Reformatie. Stedelijke cultuur en*

Die vorgenannte Diskrepanz zwischen pamphletistischer Aggressivität calvinistischer Autoren (vielfach Prädikanten) – schriftliche Äußerungen, die häufig auch den Predigten entsprachen und immer auch den Versuch bargen, Katholiken vom Irrtum ihres Bekenntnisses zu überzeugen – und der tatsächlichen Lage im Alltag dürfte auch auf die Tatsache zurückzuführen sein, daß die Zahl der eigentlichen calvinistischen Gemeindemitglieder doch geringer war, als man annehmen könnte. Die Kirche selbst machte einen Unterschied zwischen jenen, die eingeschriebene Mitglieder („ghemeynte") waren, und solchen, die hin und wieder gleichsam als Amateure den Gottesdienst besuchten.[109] Diese letztgenannte Gruppe unterlag nicht der Kirchenzucht und damit auch nicht der kirchlichen Kontrolle. Zu vermuten ist, daß eben diese Gruppe neben der doch nicht kleinen Schar der religiös Gleichgültigen eher den öffentlich erklärten Antagonismus zu überwinden in der Lage war als eben die mit der calvinistischen Lehre vertrauten und eingeschriebenen Calvinisten. Es ist schon ein eigenartig Ding, daß sich in Haarlem etwa Mitglieder der reformierten Kirche dafür entschieden, nicht nur den Gottesdiensten ihrer Kirche zu folgen, sondern auch den katholischen Messen oder den Andachten der Mennoniten beizuwohnen, wie auch die Mutter einer der Haarlemer „klopjes" zu den Reformierten übergegangen war, freilich noch immer einigen Ritualen katholischer Frömmigkeit huldigte.[110] Eine solche Verhaltensweise zeigte auch ein Intellektueller wie Arnold Buchelius, ein Utrechter Anwalt und Tagebuchschreiber, der sich zwar der reformierten Kirche anschloß, jedoch deutliche Plädoyers für Toleranz hielt und seine Orientierung zunächst auch in der Toleranz suchte. Freilich, Mitte der 1590er Jahre schrieb er, daß alle dieselben Sterne anschauten und dasselben Ziel der Ewigkeit anstrebten. Es sei doch gleichgültig, welchen Weg man mit Christus beschreite, man könne nicht in die Irre gehen, wenn man dem Herrn folge. Buchelius hat den Weg zum Protestantismus erst nach einigem Zweifel gefunden, aber er scheint sich später mit der orthodoxen Spielart, mit den Kontraremonstranten, eng verbunden zu haben. Das bewies er in seinen Angriffen gegen die Arminianer und über diese gegen die katholische Kirche, die sich – und da war er nur einer von vielen, die so argumentierten – über die Arminianer gleichsam durch die Hintertür zur Übernahme einer beherrschenden Stellung in der Republik einschlich – mit den Spaniern selbstverständlich im Gefolge. Das war schon ein rechter Wandel. Nach seiner Meinung waren es die Arminianer, die für die Spaltung sorgten und aus diesem Grunde bekämpft werden mußten.[111] Gegenüber diesem scharfmacherischen Eiferertum ist nun bemerkenswert, daß eben dieser Buchelius in den 30er Jahren des Jahrhunderts enge freundschaftliche Beziehungen zu dem Leidener Hochschullehrer Caspar Barlaeus pflegte, der seinerseits wegen seiner Anhängerschaft an die Lehren des Arminius aus der Universität entlassen wurde und engste Beziehungen zu arminianischen Mitstreitern unterhielt.[112]

---

kerkelijk leven 1577-1620 (=Hollandse Historische Reeks, XI), 's-Gravenhage 1989, S. 203 berichtet aufgrund einer Quelle, daß Haarlem 18 Versammlungsorte in der Stadt zählte, von denen einige bis zu tausend Gläubigen Platz geboten haben. Sie hält diese Zahl freilich für leicht übertrieben.
109 Dazu VAN DEURSEN, *Het kopergeld van de Gouden Eeuw*, IV. S. 40f.
110 SPAANS, *Haarlem*, S. 198.
111 S. J. POLLMANN, *The Bond of Christian Piety: the Individual Practice of Tolerance and Intolerance in the Dutch Republic*, in: R. PO-CHIA-HSIA/H.F.K. VAN NIEROP (Hrsg.), *Calvinism and Religious Toleration in the Dutch Golden Age*, Cambridge 2002, S. 58ff. P. führt diese intolerante Haltung gegenüber den Arminianern und die harten Angriffe gegen die Katholiken, die doch offensichtlich dem vorgenannten Toleranz-Postulat der unterschiedlichen Wege, die mit dem Herrn beschritten werden können und zum Ziele führen, auf die Einheitskonzeption des Buchelius zurück. Möglicherweise handelt es sich hier viel eher um die Haltung eines Konvertiten, der meint, die Seitenwahl besonders heftig nachweisen zu müssen.
112 Ebd. S. 63ff.

Aber zurück von der Person zur Institution. Man wird zu beobachten haben, daß die reformierte Kirche zwar zu scharfen Predigten imstande war – zumindest eine Reihe ihrer Prädikanten –, sie freilich niemals auf Proselytenmacherei gesetzt hat. Ihr ging es um den Erfolg von Überzeugungsarbeit. Zugleich zeigte sie sich nachgiebig, insofern sie auch jene Partner kirchlich traute, die weiter nichts mit der „Kirche am Hut hatten", wenn das einmal so salopp ausgedrückt werden darf. Taufe war die einzige Voraussetzung. Zur Taufe nun: als die Calvinisten und ihre Vorkämpfer die katholische Kirche aus der Öffentlichkeit ausschlossen, entschied man sich, auch jedes Kind als ein Mitglied der Christenheit zu taufen. Ob es sich bei den Eltern um „Papisten", Hurenböcke oder Exkommunizierte handelte – man achte auf die Kombination des Unerträglichen –, Kinder hatten als Mitglieder des christlichen Verbundes ein Recht auf Taufe. So ließ es die Synode von Dordrecht schon 1578 wissen.[113] Man merke freilich an, daß die Kirchenoberen es auf die Dauer vorzogen, nur Kinder von Gemeindemitgliedern oder den Sympathisanten zu taufen. Im übrigen hat sich die reformierte Kirche in Haarlem lediglich einmal an die städtische Obrigkeit gewandt mit der Bitte um Einhaltung der gegen die Katholiken gerichteten Verordnungen, Wahrung der Sonntagsruhe und Beschränkung von Bordellen und Sonntagsschulen. Sie hielt sich auch zurück bei wohltätigen Einrichtungen. Sie beteiligte sich dort nicht an der geistlichen Betreuung der Bewohner, wie sie sich auch nicht um den städtischen Unterricht kümmerte – zumindest führte ihre Mitarbeit in den städtischen Gremien nicht dazu, daß die Schulen sich zum verlängerten Arm der reformierten Kirche entwickelten.[114] Insgesamt inszenierte der Magistrat der Stadt Haarlem eine Politik, in der religiöser Pluralismus ohne größere Probleme bestehen konnte. Er betrieb eine Politik, die als eine christliche, nicht als eine konfessionelle beschrieben werden kann.[115]

Ein weiteres Beispiel eines doch positiven Neben- und Miteinanders von Protestanten und Katholiken bietet das nachbarschaftliche Leben im Utrechter Stadtteil Snippevlucht. Am gesellschaftlichen oder geselligen Leben in diesem Stadtbezirk konnte jeder teilnehmen, der es wollte und dazu auch finanziell in der Lage war. Es waren weder soziale noch konfessionelle Grenzen gezogen. Hier saßen die Konfessionen nicht nur miteinander zu Tisch, sondern sie kauften die Waren für die gemeinsamen Mahlzeiten dort ein, wo sie erhältlich waren, unabhängig also von der Konfession, und sie nahmen auch Teil an den Begräbnissen. Und eben dieser nachbarschaftliche Umgang miteinander steht in einem eigenartigen Kontrast zur öffentlichen Position der Katholiken, aber auch der Lutheraner und Mennoniten. Trotz eines doch offensichtlich engen Zusammenlebens blieben die Gottesdienste der Nicht-Calvinisten verboten, und eben die Mitglieder der anderen Glaubensrichtungen konnten auch nicht in höhere öffentliche Funktionen aufsteigen. Zu Beginn der zweiten Jahrhunderthälfte, 1655, verweigerte die Utrechter Stadtregierung gar den Katholiken das Bürgerrecht, es sei denn, es gab triftige Gründe, dies doch zuzugestehen.[116]

Gerade das Utrechter Beispiel zeigt, wie schwer sich eine verordnete Intoleranz tat, wenn sie auf traditionell enge Gemeinschaften stieß, wie das beim Utrechter Bezirk Snippevlucht seit Jahrhunderten der Fall war. Ohne dieses Beispiel des Utrechter Stadtbezirks hochspielen zu wollen, ist doch eine „grundlegende Komplizenschaft der protestantischen Basis mit den verschiedenen andersgläubigen Gruppierungen ..." zu konstatieren.[117] Andrerseits, es ist nicht zu übersehen, daß einem integrativen Verhalten

---

113 VAN DEURSEN, *Het kopergeld van de Gouden Eeuw*, IV, S. 43.
114 SPAANS, *Haarlem*, S. 197 und ausführlich S. 151ff.
115 S. die Einzelheiten in ebd.
116 Dies nach L. BOGAERS, *Geleund over de onderdeur. Doorkijkjes in het Utrechtse buurtleven van de vroege Middeleeuwen tot in de zeventiende eeuw*, in: BMGN, 1997, 3, S. 336ff.
117 So FRIJHOFF, *Interkonfessionelles Zusammenleben*, S. 169.

von Teilen der niederländischen Bevölkerung eine Tendenz entgegenstand, die eher auf Segregation gerichtet war. Waren anfänglich noch Mischehen durchaus üblich, dann wuchs auf protestantischer Seite doch zunehmend die Tendenz zur Eheschließung im protestantischen Milieu. Das war schließlich auch von der reformierten Kirche spätestens seit Beginn der 90er Jahre des 16. Jahrhunderts erwünscht. Es mag dann sein, daß Eheschließung in der Mitte oder im Umfeld der eigenen Kirche ein wichtiger Ansatz zu einem desinteressierten Nebeneinander der Konfessionen gewesen ist, diese jedoch als einen frühen Weg zu einem Zustand, der für das 19. und 20. Jahrhundert mit dem Begriff von der *Versäulung* etikettiert worden ist, zu bezeichnen, würde doch eine zu weitgehende Sichtweise sein, da mit dem Begriff selbst eine viel kompliziertere gesellschaftliche Interaktion verbunden ist, als sie im 17. Jahrhundert vorhanden war.[118] Viel eher bewegte sich die niederländische Gesellschaft in einer Mischung aus Zelotentum, ausgleichendem Denken, das aus Ordnungs- und Profitdenken geboren wurde, sowie einer gewachsenen Alltagsexistenz, die auch andere existentielle Elixiere entdeckte, als die Kirche vermitteln konnte – und dies in einem Umfeld, das noch nicht so scharf konfessionell geprägt war, wie sich das im 19. Jahrhundert in einer durchgreifenden Organisation des Konfessionellen über den engeren kirchlichen Bereich hinaus manifestierte.

---

118 Eine frühe *Versäulung* meint S. GROENVELD, *Huisgenoten des geloofs. Was de samenleving in de Republiek der Nederlanden verzuild?*, Hilversum 1995. Dagegen wenden sich die vorgenannten J. Pollmann und L. Bogaers.

VIII. Schulen und Universitäten – über Lernende und Lehrende

Voraussetzungen und Ziele

Schulen, so ließen es 1623 die Kommittierten Räte der Provinz Holland wissen, seien die Pflanzungen, in denen Kindern und Jugendlichen Frömmigkeit und Respekt vor der weltlichen Obrigkeit eingegeben werden müsse, und 1596 hatte es anläßlich der Anstellung eines Lehrers in Cillaarshoek geheißen, solcher Schritt sei in diesem Ort notwendig, da ohne Schule viele Kinder in Ausgelassenheit und Geilheit aufwüchsen, und schließlich motivierte eine Verordnung für 's-Gravendeel 1599 gottesfürchtige Unterweisung mit dem Zweck, die Jugend vor Leichtfertigkeit und Unvermögen zu schützen. Freilich, nicht nur die Schule, auch die Lehre bei einem Handwerksmeister oder jedwede andere Arbeit konnte solchem Zweck dienen, insofern hier auf einen ehrlichen Beruf vorbereitet wurde.[1] Frömmigkeit, Sicherheit, praktischer Sinn! Sieh da die Ziele sicherlich auch der elterlichen Erziehung, vor allem aber der Schule und handwerklichen Ausbildung. Da verordneten die örtlichen oder provinzialen Obrigkeiten gewiß nichts Neues. Schon in der habsburgischen Zeit, vor der Reformation, hatte es in den Städten und Dörfern der nördlichen Provinzen Gelegenheit gegeben, Schulunterricht zu folgen. An ihm teilzunehmen war allerdings nur jenen vorbehalten gewesen, die – wie neuerdings festgestellt worden ist – nicht gezwungen waren zu arbeiten oder deren Eltern in der Lage waren, Schulgeld zu bezahlen.[2] Nach dem Abschluß der Utrechter Union stellte die neue Kirche in verstärktem Maße auf Unterweisung der Kinder ab – der Religion wegen. Alle sollten die Bibel lesen und am Gottesdienst teilnehmen können. Es ging in erster Linie um das Wissen über die Grundlagen der „wahren Religion" („grondslagen van de ware religie"). Gottes Wort lesen zu können, war an sich schon Grund genug, auf Unterweisung zu drängen. Wenn dazu trat, daß es auf dem Territorium der Republik viele römisch-katholische Elternpaare gab, dann steckte hinter der Forderung auch ein religionspolitisches Motiv, das zugleich insofern ein nationalpolitisches sein konnte, als Aufstand und reformiertes Bekenntnis doch bei aller Zersplitterung auf kirchlicher Seite Hand in Hand gingen.

Zunächst blieb dies alles freilich Theorie. Anfänglich ging die Zahl der Schulen zurück, was sich auch auf den Mangel an Lehrkräften zurückführen ließ, und es dürfte nicht ohne Grund gewesen sein, daß der in seiner Zeit so bekannte Didaktiker und Pädagoge Dirk Adriaensz. Valcooch 1591 von den „plumpen unwissenden Schulmeistern" schrieb. Geringe Qualität lag möglicherweise nicht zuletzt auch an der kargen Besoldung, die man den Lehrern zugestand. Darüber ist noch zu handeln. Die Inhalte des Unterrichts in solchen Elementarschulen unterschieden sich im großen und ganzen in den Dörfern und Städten kaum voneinander. Um die Fähigkeit zu lesen ging es. Schreiben spielte – wenn überhaupt – nur eine äußerst geringe Rolle. Die Feder zu führen, wurde erst nach drei Jahren Leseunterricht gelehrt – und dies nur in äußerst seltenen Fällen. Rechnen gehörte nicht zur Kategorie des unbedingt Notwendigen, abgesehen davon, daß viele Lehrer überhaupt nicht des Rechnens kundig waren. Es gehörte jedenfalls ganz selten zum Unterrichtsstoff. Die Lehrer selbst wurden in Kooperation zwischen weltlichen (städtischer oder Provinzial-) Obrigkeit und reformierter Kirche angestellt. Der Einfluß war in den Dörfern besonders groß. Die vorgeschriebenen Bücher

---

1 Zitate nach A.TH. VAN DEURSEN, *Het kopergeld van de Gouden Eeuw*, II. Volkskultuur, Assen u.a. 1978, S. 58.
2 *Algemene Geschiedenis der Nederlanden* (AGN) 7, S. 264.

reflektierten durchaus den Einfluß der reformierten Kirche. Nach der Schulordnung der Provinz Utrecht von 1588 stand der Heidelberger Katechismus voran. Er taucht nicht nur 1588 auf, sondern findet sich auch in den Ordnungen von 1654 und 1676 sowie in der Utrechter Stadtschulordnung von 1631 bzw.1650. Die im Katechismus enthaltenen 129 Fragen mußten, über die Nachmittage von 52 Sonntagen verteilt, von Schulkindern auswendig beantwortet werden. Zum Katechismus trat die Lektüre der Psalmen Davids, der Sprüche Salomons, das Neue Testament und die Geschichte von Tobias, Esther und anderen. Die Schulordnung der Stadt Utrecht fügte auch den *Spiegel der jeugt van de Nederlandsche oorlogen* hinzu – ein Text- und Bilderbuch, das, wie an anderer Stelle gezeigt wurde, der Förderung patriotischer Gesinnung dienen sollte.[3] Selbst ausgemachte Lehrbücher wie das große und kleine ABC-Buch mit gotischen Buchstaben war ganz auf religiöse Inhalte abgestellt, insofern es nach dem ABC das Vaterunser, das Glaubensbekenntnis sowie ein Gebet enthielt. Eine weitere thematische Streuung erfolgte erst im 18. Jahrhundert. Die in der Schulordnung von 1588 enthaltenen Anweisungen an den Lehrer lauteten entsprechend. Zwar war die Bücherliste nicht limitativ, aber es durften keine Titel benutzt werden, die gegen die „reine Lehre" der reformierten Kirche verstießen, päpstlichem Aberglauben oder anderen Irrlehren anhingen. Es will unter dieser Voraussetzung selbstverständlich erscheinen, daß Bücher schmutzigen („vuyligheyt"), frechen („dertelheyt") oder anderen unerbaulichen, anstößigen („onstichtelicheyt") Inhalts keinen Platz im Unterricht hatten. Gleichwohl ist nicht ganz klar, wie weit solche Begrifflichkeit reichte, wenn sie der Entscheidung über die Zulässigkeit von Schulbüchern zugrunde lag. Man darf auf jeden Fall davon ausgehen, daß die Begriffe höchst eng ausgelegt worden sind, zumal Religionsunterricht und Unterweisung in der Fähigkeit zu lesen sehr eng miteinander verbunden waren. Folgt man dem Wortlaut etwa der Verordnung von 1588, in der eben die Aufgaben der Lehrerschaft umschrieben stehen, dann ist festzuhalten, daß die Bücherliste und die Aufgabe des Lehrers völlig identisch waren, insofern sie die Kinder auf Teilnahme am Gottesdienst und am kirchlichen Leben vorzubereiten hatten. Daß sie darüber hinaus ihren Schützlingen gute Manieren und Höflichkeit vermitteln sollten, wird man als eine selbstverständliche Zugabe zum Hauptziel, zur religiösen Erziehung, anzumerken haben.[4] Die seeländische Stadt Goes formulierte übrigens die kirchlichen Aufgaben der Schule ex negativo, indem sie in die Schulordnung von 1583 hineinschreiben ließ, daß die Schule die Kinder nicht nur in den Fertigkeiten des diesseitigen Lebens unterweisen dürfe.[5]

Es ist nun anzunehmen, daß die Fertigkeit des Lesens allemal vermittelt wurde, auch wenn, wie eine Übersicht über die Lehrerschaft der Provinz Utrecht für die frühe Periode zeigt, der Lehrerberuf zumindest in einigen Regionen eher als Nebenbeschäftigung ausgeübt wurde. In den 39 Dorfschulen (17 Orte waren 1593 offensichtlich ohne Schule) hielten 24 Küster, 7 ehemalige katholische Pfarrer, ein Dorfsekretär und noch 6 weitere, hauptberuflich wohl anderweitig tätige Personen den Unterricht ab. Zwei Küster arbeiteten zugleich noch als Gastwirte. Für die Aufgaben, die sich die Schule in dieser Zeit stellte, mochte das intellektuell gesehen allemal reichen, für die reformierte Kirche erhob sich freilich die Frage, inwieweit bei solcher Zusammensetzung nicht doch noch

---

3   S. dazu den Abschnitt *Konstitutionelle Eigenart*.
4   S. hierzu E.P. Booy, *Weldaet der scholen. Het plattelandsonderwijs in de provincie Utrecht van 1580 tot het begin der 19e eeuw*, diss. Utrecht 1977, S. 249f. die Schulordnung von 1588, S. 268ff. die Bücherlisten; dazu auch Dies., *Kweekhoven der wijsheid*, S. 23ff. sowie neuerdings Dies./P.Th. F.M. Boekholt, *Geschiedenis van de school in Nederland van de middeleeuwen tot aan de huidige tijd*, Assen u.a. 1987, S. 27ff.
5   S. R.A.S. Piccardt, *Bijzonderheden uit de geschiedenis der Stad Goes. Voorlezingen gehouden door ...*, Schiedam 1979, S. 46.

an der alten Religion festgehalten wurde, zumal ohnehin die Durchsetzung des reformierten Bekenntnisses etwa in der Utrechter Provinz auf Schwierigkeiten stieß.[6]

Über solche Schwierigkeiten ist hier im einzelnen nicht zu handeln, fest steht jedenfalls, daß eine stringente Personalpolitik in der frühen Phase der Republik kaum möglich war und daß erst die nationale Synode von Dordrecht mit ihrer neuen Kirchenordnung eine straffe Politik einführte – landesweit. Die einzelnen örtlichen (regionalen) „classes" führten eine regelmäßige und strenge Schulaufsicht durch. Zunächst einmal mußten alle Lehrer und Küster eine Erklärung unterzeichnen, nach der sie mit den „Grundlagen der Einheit" („grondslagen van enigheid") der reformierten Kirche übereinstimmten, das heißt, daß sie zu dem niederländischen Glaubensbekenntnis, dem Heidelberger Katechismus und den 1619 beschlossenen Dordrechter Lehrsätzen standen. Weigerung führte zur Entlassung. Zustimmung war demnach die unabdingbare Voraussetzung für eine Anstellung. Das verlief insgesamt nicht ohne Probleme, zumal sich die katholische Tradition auf dem platten Land der klaren Linie widersetzte. Für die Qualität des Unterrichts war es nicht ohne Bedeutung, daß die Unterzeichnung der vorgenannten Grundlagen nicht schon einen Anspruch auf Anstellung begründete. Es mußte auch die Befähigung nachgewiesen werden, und solcher Nachweis wurde vor den Klassikalbehörden, später den Kirchenräten, erbracht. Das heißt, nicht nur reformierte Gläubigkeit, sondern auch die Fähigkeit zu schreiben, zu lesen und zu singen, war nachzuweisen. Eine regelrechte Lehrerprüfung also.[7] Inwieweit sich das in der Praxis durchgesetzt hat, zumal Kirchenräte kein Anstellungsrecht hatten, sondern nur Empfehlungen aussprechen konnten, ist nicht ersichtlich. Die eigentliche Entscheidung lag bei den städtischen oder Provinzialbehörden.

Man sollte in diesem Zusammenhang nicht übersehen, daß neben dem offiziellen Elementarunterricht eine Reihe von regelrechten Privatschulen („bijscholen") entstanden, die von den Eltern voll finanziert wurden und die zum Teil in dem Ruf standen, katholisch orientierten Unterricht zu erteilen. Aber abgesehen von dem qualitativen Standard: Gerade bei den Privatschulen zeigte sich, daß es die Kirche bis zur Synode von Dordrecht schwer hatte, die Ausschließlichkeit der reformierten Konzeption durchzusetzen. Zumindest verhielten sich die städtischen Behörden übers Ganze gesehen sehr unterschiedlich. Nicht überall vermochten die Vorschläge der Kirche Fuß zu fassen, ihre Diener in die Schulaufsicht zu delegieren. Der Leidener Magistrat hielt es für bedenklich, Kirchenleute in ein Aufsichtsgremium aufzunehmen. Gouda wollte diese Funktion ganz in der Hand der Stadt belassen, und auch Rotterdam war nicht geneigt, Änderungen anzubringen. Bei aller engen Verknüpfung von Aufstand und Religion bestand da zunächst keine volle Harmonie. Das Verhalten der hier genannten Städte entsprach der Meinung der holländischen Provinzialstände, die 1582 schon die Auffassung vertreten hatten, daß die Kirchenordnung nur für die Angehörigen der Kirche selbst gelten konnte.[8] Mit der Synode von Dordrecht war diese liberale Periode freilich beendet, da alle Lehrer, gleichviel an welcher Schule sie tätig waren, die hier zuvor erwähnte Erklärung unterzeichnen mußten.

Es ist an dieser Stelle auf die Entlohnung der Lehrer hinzuweisen. Genaues kann hierzu nicht gesagt werden, sicher ist lediglich, daß der Lohn gering war. Valcooch beklagte die Einkommensschwäche der Lehrer in Reimform. Der Lohn sei mager und daher die häufigen Klagen der Lehrer verständlich. Sie hätten keinen Stall voller Kühe,

---

6   Vgl. DE BOOY, *Weldaet*, S. 9ff. sowie die Auflistung S. 251ff.
7   Ebd. S. 13ff.
8   S. die Beispiele bei J.G.C.A. BRIELS, *Zuidnederlandse onderwijskrachten in Noordnederland 1570-1630. Een bijdrage tot de kennis van het schoolwezen in de Republiek*, in: Archief voor de Geschiedenis van de Katholieke Kerk in Nederland, 14 (1972), S. 128.

auf deren Ertrag sie zurückgreifen könnten; so seien sie, um auszukommen, auf andere Arbeit, etwa im Handwerk, angewiesen. Es will nicht sinnvoll erscheinen, die Entlohnung – soweit bekannt – im einzelnen aufzuführen, sie war örtlich ohnehin sehr unterschiedlich bemessen, gesagt sei lediglich, daß der Lohn weit unter dem Einkommen eines ausgebildeten und noch weit unter dem eines ungeschulten Handwerkers lag. Tatsächlich ließ sich der Lehrerberuf auch nur in Verbindung mit einer anderen Tätigkeit ausüben, eben der des Küsters (obwohl das auch nicht so viel abwarf) oder der eines Glöckners und Totengräbers oder schließlich der eines Dorfschreibers, wie es in der Provinz Utrecht vorkam. So war das Schulgeld, das die Eltern für die Kinder zu zahlen hatten, eine willkommene, ja, eigentlich die wichtigste Einkommensquelle des Lehrers. Dieses Schulgeld blieb, da es Obrigkeit und Kirche darum ging, breiteste Schichten der Schule zuzuführen, recht niedrig und war auch in den einzelnen Orten wiederum unterschiedlich bemessen. Für Armenschulen brauchte grundsätzlich nicht gezahlt zu werden. Die Höhe des Schulgeldes richtete sich nach dem Umfang der Unterweisung. Den geringsten Satz zahlten jene, die lediglich lesen lernten. Höhere Sätze wurden für Lesen und Schreiben oder das Dreierpaket Lesen, Schreiben und Rechnen verlangt. Die Abhängigkeit des Lehrers vom Schulgeld der Eltern hatte freilich Konsequenzen in einer Zeit, in der sich die reformierte Religion nicht von Beginn an voll durchsetzen konnte, oder schuf auch Probleme aus persönlicher Sympathie oder Antipathie. So konnte es geschehen, daß ein Lehrer, der für das Lehrmaterial den Anweisungen der Kirche folgen wollte, auf den Widerstand katholischer oder mennonitischer Eltern stieß. Widerstand, das hieß, die Eltern schickten ihre Kinder nicht in die Schule, was für den Lehrer einen deutlichen Einkommensverlust bedeutete. In den Städten erwiesen sich da die Privatschulen als Ausweg für die Eltern und als Konkurrenz der Lehrer, die an den, wenn man so will, öffentlichen Schulen tätig waren. Die Schulen gingen eben auf private Initiative zurück, waren als Institution auch nur eine Fortsetzung älterer Traditionen und zogen zunächst sehr junge und katholische Kinder oder Kinder aus einem Elternhaus heran, das sich einen über das Schulgeld der öffentlichen Schulen hinausgehenden Betrag erlauben konnte. Ab 1619 unterlag diese Schulkategorie insofern einer Begrenzung, als die Schulträger, Privatpersonen, eben die Dordrechter Einheitsformel unterschreiben und dabei das Versprechen abgeben mußten, nur die von der reformierten Kirche zugelassenen Bücher zu verwenden, was übrigens im Laufe des 17. Jahrhunderts nicht immer befolgt wurde. Es gehörte zur Schullandschaft der niederländischen Republik, daß die Zahl der Privatschulen während des gesamten Jahrhunderts recht hoch blieb, selbst wenn die städtischen Behörden versuchten, den Bestand aus Konkurrenzgründen etwas zu lichten.

Es stellt sich die Frage, wie weit die Kinder aus dem Elementarschul-Angebot Nutzen gezogen haben. Damit ist zugleich die Qualität der Lehrer angesprochen. Es ist schwierig, hier zu etwas dezidiert Positives oder Negatives zu sagen, wenngleich etwa für Utrecht Beurteilungen vorliegen, aber was sagt schon ein Vermerk „guter" oder „schlechter" Lehrer.[9] Zudem macht es sicherlich einen Unterschied, ob die Maßstäbe der ersten Jahrzehnte der Republik oder erst die der Mitte des 17. Jahrhunderts angelegt werden. Auf jeden Fall ist sicher, daß ein Mangel an guten Lehrkräften bestand. Zum Teil wurde solcher Mangel durch den Zustrom von Immigranten aus den südlichen Niederlanden ausgeglichen – aus Provinzen also mit einer reichen Schultradition. Für Leiden läßt sich für den Zeitraum 1575 bis 1630 selbst der Anteil dieser Immigranten am Elementarunterricht feststellen. Demnach stellten die Kräfte aus den spanisch-niederländischen Provinzen 66 v.H., die autochthonen Nordniederländer 31,5 v.H., Franzosen und Engländer je 1,5 v.H. Sie unterrichteten freilich zum größten Teil in Privatschulen

---

9   Übersicht für Utrecht bei DE BOOY, *Weldaet*, S. 251ff.

oder traten einfach als Hauslehrer auf. Es ist hier zuvor die bewegte Klage des Pädagogen Valcooch angeführt worden. Er beschwerte sich über die geringe Qualität der Lehrer, meinte aber lediglich die Holländer, Seeländer und Friesen. Die Flamen und Brabanter schloß er aus, und die Frage stellt sich, ob hieraus auf höhere Qualität der Südniederländer geschlossen werden darf.[10] Aber vielleicht sollte man eher auf das Ergebnis schauen. Ludovico Guicciardini, italienischer Kaufmann und vor dem Aufstand in den Niederlanden tätig, teilt in seiner 1567 in Antwerpen veröffentlichten Geschichte der Niederlande mit, daß selbst auf dem platten Land beinahe jeder lesen und schreiben konnte, und vier Jahrzehnte später beobachtete der Leidener Gelehrte Scaliger, über den noch zu handeln sein wird, daß Bauern, Bäuerinnen und Dienstmädchen des Schreibens kundig gewesen seien. Selbst unter den Matrosen, deren soziale Herkunft wohl ganz unten anzusiedeln war, scheint es eine Reihe Schreibkundiger gegeben zu haben.[11] Schreiben war im übrigen erst die zweite Stufe des Lernprozesses. Die Stufe war streng von der ersten (Lesen) geschieden. Im allgemeinen setzte die zweite Stufe erst nach drei Jahren ein. Es wird vermutet, daß die Trennung von Lese- und Schreibunterricht auch verantwortlich war für die nur langsamen Fortschritte, die die Kinder beim Lesen machten. Diese Kinder arbeiteten nur mit Buchstaben, ohne Worte zu bilden. Die Lehr- und Lernmethode war auf jeden Fall einigermaßen hinderlich, und die Texte, die schließlich vorgelegt wurden, gehörten auch nicht zu jener Kategorie von Büchern, die die Aufmerksamkeit von Kindern in jedem Augenblick wach halten konnten. Dazu trat der unregelmäßige Schulbesuch, der sich auf dem Lande jedenfalls insofern zeigte, als die Bauernkinder im Sommer bei der Ernte helfen mußten.[12] In den Städten wiederum gab es genug Familien, die vom Verdienst mitarbeitender Kinder abhängig waren, so daß Schulbesuch eben nicht überall zu den Prioritäten zählte. Wo Kinder, wie etwa in der Leidener Textilmanufaktur, voll in den Produktionsprozeß eingegliedert wurden, spielte die Schule schon gar keine Rolle mehr. So stellte der Magistrat der Stadt 1648 zunächst einen, 1651 dann 3 Lehrer an, die den Kindern nicht nur das Lesen beibringen sollten, sondern auch die Kinderarbeit zu kontrollieren hatten. Ein gutes Jahrzehnt später, 1664, verschärfte der Magistrat die Kontrolle, indem er den Assistenten des städtischen Amtmannes mit der Visitation beauftragte, da die Lehrer zum Teil von den Arbeitgebern selbst bezahlt wurden.[13] Der Antritt einer Lehrstelle, an der der Meister praktisch die Rolle des Lehrers übernahm, setzte freilich angesichts des recht hohen Lehrgeldes (zwischen 45 und 300 Gulden jährlich) eine gewisse Liquidität der Eltern voraus. Es ist nun anzunehmen, daß auch bei unregelmäßigem Schulbesuch, aber doch relativ breiter Streuung der Schulen (öffentliche und Privatschulen) die Fähigkeit zu lesen recht weit verbreitet war. Die Fähigkeit zu schreiben war freilich weniger entwickelt. Eine Untersuchung der Amsterdamer standesamtlichen Registers hat ergeben, daß 1630 57 v.H. der Bräutigame mit ihrem Namen unterzeichnen konnten, während 43 v.H. ein Kreuz oder ein anderes Zeichen setzten. Bei den Bräuten beliefen sich die Werte auf 32 bzw. 58 v.H. Im Jahre 1660 erhöhte sich die Zahl der Schreibkundigen auf 64 v.H. bei den Männern und auf 37 v.H. bei den Frauen. 1680 zeigte sich erneut eine steigende Tendenz zugunsten der Schreibfähigkeit (70 bzw. 44 v.H.). Daß in dem Zeitraum 1630 bis 1680 – und darüber hinaus bis 1780 – unter den Mitgliedern der reformierten Kirche (Öffentlichkeitskirche) die Zahl der Schreibunkundigen stärker abnahm als bei den Nicht-

---

10 S. BRIELS, *Zuidnederlandse onderwijskrachten*, S. 104ff. über die Emigration aus den Südprovinzen im europäischen Überblick s. G. ASAERT, *1585. De val van Antwerpen en de uittocht van Vlamingen en Brabanders*, Tielt 2004.
11 Nach VAN DEURSEN, *Het kopergeld van de Gouden Eeuw*, II, S. 70.
12 Dazu DE BOOY, *Weldaet*, S. 48f.
13 S. J.G. VAN DILLEN, *Leiden als industriestraat tijens de Republiek*, in: TvG, 59 (1946), S. 35.

reformierten, sei am Rande vermerkt.[14] Wie es eine Frage ist, ob ein nur des Lesens Fähiger auch zu den Analphabeten gerechnet werden muß, so ist es auch zweifelhaft, ob die Fähigkeit, seinen Namenszug zu setzen, schon auf voll entwickelte Schreibkunde schließen lassen darf. Somit sind Aussagen über den Alphabetisierungsgrad letztlich immer etwas schwierig zu treffen.

Hier ist Gelegenheit, die Frage nach Bildung und Ausbildung noch einmal für die Niederlande oder gar für weite Teile des europäischen Raumes ganz allgemein anzugehen. Von einer Tradition der Schule ist die Rede gewesen. Das meint nicht nur Schule als Institution, gleichviel von wem sie getragen wurde, das enthält auch den Hinweis auf Bildung als Ziel der Humanisten. Dazu sei das schon in anderem Zusammenhang angebotene Erlebnis des Humanisten Joachim Fortius Ringelbergius erzählt, der an Bord eines Schiffes einem Trupp Soldaten die Geheimnisse der Sternenwelt erläuterte. Ringelbergius fand dies nichts Besonderes, „denn in jedem Augenblick seines Lebens müsse man die Gelegenheit ergreifen, um irgend etwas zu unterrichten."[15] Der Lehrberuf als Berufung! Die Humanisten nördlich der Alpen scheinen jedenfalls solcher Auffassung zugeneigt zu haben.[16] Petrus Apherdianus formulierte, daß alles Übel, das das menschliche Leben verdunkle, aus Unwissenheit hervorgehe. Ohne Unterricht werde sich das Verhalten eines Kindes nur wenig von dem eines wilden Tieres unterscheiden.[17] Die Schule als Ausweg aus dem Zustand des Barbarismus! Wimpfeling fügte hinzu, daß Erziehung – im wesentlichen war damit Unterrichtung gemeint – die eigentliche Grundlage des Bekenntnisses sei, die Stütze eines guten Lebens und der staatlichen Existenz. Und gerade aus dieser Anschauung heraus brach Erasmus zu jener Zeit eine Lanze für den Lehrberuf. In einem Schreiben an seinen Freund Sapidus, der sich über das Elend seines Lehrerberufes beklagte, hieß es: „Glaubst du wirklich, daß ein Beruf verächtlich ist, der die Kinder der Mitbürger von jüngster Kindheit an mit den optimae litterae bekannt macht und dem Vaterland so viele rechtschaffene Männer schenkt? Gewiß, es gibt Narren, die darin nichts Besonderes sehen, tatsächlich aber ist es etwas außergewöhnlich Edles."[18] Und dem einigermaßen abgehobenen Argument, niemand könne es zwischen bösartigen Jungen aushalten, hielt er entgegen, daß dieses Amt des Lehrers, die Jugend zu unterweisen in Literatur und Sittlichkeit, ein ehrenvoller Auftrag sei und daß selbst Christus dieses Alter nicht verachtet habe. Keinem Lebensabschnitt könne man besser seine Kraft und Energie zuwenden, denn die Jugend sei Feld und Wald des Staates. Wirklich Gottesfürchtige seien der Ansicht, daß sie durch kein Amt Gott wohlgefälliger sein könnten als durch Erziehung der Kinder in Christus.[19] Dieser Gedanke von der Schule als einer Heimstatt der christlichen Erziehung war gleichsam das tägliche Brot auch der niederländischen Welt der reformierten. Schule, das hieß Festigung der Position der „neuen" Kirche, ja, es will scheinen, als ob es zunächst einmal nur um das Erlernen christlicher Texte der Calvinisten gegangen sei.

---

14 Angaben nach S. HART, *Einige statistische gegevens inzake analfabetisme te Amsterdam in de 17e en 18e eeuw*, in: Maandblad Amstelodamum, 55 (1968), S. 3ff.
15 Angeführt bei P.N.M. BOT, *Humanisme en onderwijs in Nederland*, Utrecht u.a. 1955, S. 17.
16 So ebd. S. 21ff.
17 Ebd. S. 21.
18 Ebd. S. 25.
19 Ebd.

Lateinschulen

Die humanistische Bildungswelt freilich verharrte nicht bei der Vermittlung des ABCs oder kirchlich-obrigkeitlich verordneter religiöser Texte. Humanistische Ideale ließen sich erst über die fortgeschrittene Unterweisung, über die Lateinschulen, und dann endgültig über die Universitäten verwirklichen. Auch Lateinschulen waren keine Erfindung der Reformation. Sie hatten sich aus der mittelalterlichen städtischen „Großen Schule" entwickelt, dienten der Vorbereitung auf ein Universitätsstudium und standen nur der männlichen Jugend offen. Es mag dann so gewesen sein, daß die Zahl der Lateinschulen im 17. und vor allem im 18. Jahrhundert allmählich abnahm, anfänglich scheint sie jedenfalls der Stolz der Stadtväter gewesen zu sein. Die städtischen Obrigkeiten der Republik haben die Tradition fortgeführt. Keine Stadt doch von einiger Bedeutung, die nicht eine Lateinschule gründete oder eine schon bestehende Schule neu auf- und ausbaute. Es wurden Gehälter gezahlt, die für die Lehrer eine mehr als ausreichende Existenz möglich machten. Hinter dem überdeutlichen Eifer steckte die Einsicht, daß man des geeigneten eigenen Nachwuchses für Obrigkeit und Kirche bedurfte – für „Kercke ende Republycke". Es zeigte sich gleich nach Abschluß der Utrechter Union, als man sich daran begab, die Infrastruktur des neuen Staates vorzubereiten und auszubauen, daß auch hier wie in der Volksschule durchaus Personalprobleme herrschten – wenngleich auf anderem Niveau. Es war schon ein glücklicher Umstand zu nennen, daß auch für diese Schulkategorie Immigranten aus den südlichen Provinzen zur Verfügung standen, die aus religiösen Gründen ihren Heimatort verlassen hatten. Eine Übersicht über die Orte der Provinzen Holland und Seeland lehrt, daß viele Flamen und Brabanter in den ersten Jahrzehnten der Republik die Posten der Rektoren, Konrektoren und Lehrer besetzten.[20]

Diese Lateinschulen, über die gesamte Republik verbreitet,[21] bereiteten auf ein Universitätsstudium vor. Die Universitäten verlangten ihrerseits für die Zulassung nur die Kenntnis des Lateinischen, die freilich nicht unbedingt an einer Lateinschule erworben sein mußten. Die Schulordnung unterlag zunächst ganz den Bestimmungen der jeweiligen städtischen Obrigkeit. Das heißt, der Vielzahl von Schulen entsprach auch eine eben solche Vielzahl der Inhalte. Daß es sich hier um ein Stück städtischen Stolzes und Eigenständigkeit handelte, ist deutlich, gleichwohl wurde die Vielfalt auf Dauer als unzuträglich empfunden. So kam 1625 in den Provinzialständen von Holland und Westfriesland eine für die gesamte Provinz geltende Provinzialschulordnung zustande, der sich keine Stadt der Provinz widersetzte. Die Einleitung des Verordnungstextes enthielt zugleich die Beschwerden gegen das bestehende System. Das Problem lag eben darin, daß jeder Rektor nicht nur die Einteilung (Zahl) der Klassen, sondern auch die Wahl der Schullektüre bestimmte. Das hieß, daß Schüler bei etwaigem Schulwechsel durch solche Diversifikation den Anschluß zu verlieren drohten. Darüber hin aus behinderte die unterschiedliche Lektüre und Lehrplanung auch das weitere Studium an den Universitäten. Es war daher auch so erstaunlich nicht, daß zahlreiche Vertreter der Leidener Universität gemeinsam mit den Rektoren der Lateinschulen und mit Synodalabgeordneten (Nord- und Südholland) die neue Schulordnung berieten. Rektor und Senat der Universität zogen dabei recht scharf vom Leder. Sie stellten einen deutlichen Qualitätsverlust bei den Studenten fest, die nach dieser Aussage immer weniger die Schaltstellen der Republik („order en officiën") zu bekleiden vermochten. Kurz: Es fehlte an geeigneten Personen, an Bil-

---

20 BRIELS, *Zuidnederlandse onderwijskrachten*, S. 138ff.
21 Angaben hierzu in einzelnen Stadtgeschichten. Zu Geldern spezifisch R. BASTIAANSE, *‚Tot meesten nut ende dienst van de jeugt'. Een onderzoek naar zeventien Geldersche Latijnse scholen ca. 1560-1815.* (=Geldersche Historische Reeks, XVI), Zutphen 1984.

dung und Ausbildung im vorbereitenden schulischen Sektor – eine frustrierende Erfahrung für die Professoren einer Universität, die international hohes Ansehen genoß. Es waren nicht die Leidener allein, die sich beklagten. Schützenhilfe erhielten sie von der „illustren Schule" in Harderwijk. Da die Schulleiter nie zu einer Einigung über die Lektüre der Schüler, das heißt über den für die ganze Provinz geltenden Kanon gelangen würden, sei den Universitätsleuten der Vorschlag zu überlassen, über den die Provinzialstände dann entscheiden sollten. Zudem war es für die Vertreter der Universitäten eine ausgemachte Sache, daß die örtlich unterschiedliche Schulqualität nicht so sehr auf die Vielfalt der örtlichen Vorschriften zurückzuführen war, sondern eher – wenn es dann an Qualität mangelte – der Nachlässigkeit oder dem mangelnden Fleiß des Lehrpersonals zugeschrieben werden mußte. Die angestrebte Vereinheitlichung des Lehrstoffes, so wurde angenommen, konnte die Lehrer zu höherer Aufmerksamkeit und größerem Fleiß anspornen, da dann der ohnehin als Vorwand empfundene Hinweis auf die Unterschiedlichkeit der Ordnungen entfiel. Dabei wollten die Leidener im übrigen eine landesweite, nicht eine lediglich auf die Provinz begrenzte Vereinheitlichung durchsetzen – was freilich nicht gelungen ist.[22]

Die Beratungen führten 1625 zu einer Schulordnung, in der sowohl die Klasseneinteilung, der Stundenplan als auch die Methode (Übungen) festgelegt wurden, dies alles vorgeschrieben auf dem Hintergrund einer christlichen Erziehung. Ein jeder habe sein Streben, seine Arbeitskraft und seine Aufmerksamkeit nach dem Ziel zu richten, Kinder zu religiöser Lebenshaltung zu erziehen.[23] Das war im übrigen nichts Besonderes, sondern eher etwas Selbstverständliches. Wie sehr man dabei die humanistische Tradition fortführte, zeigt gleich der erste Satz, der aus den *Adagia* des Erasmus übernommen wurde: „Pietas prora ac puppis studiorum esse debet." Im übrigen aber kam es den Provinzialständen darauf an, aus den Lateinschulen eine vollwertige, gründlich auf die Universitäten vorbereitende Sekundarstufe zu machen.

Der Unterricht an diesen Schulen wurde im ganzen Umfang lateinisch vermittelt. Die Sprache stand im Vordergrund, dann erst war auf die Inhalte zu achten – eben ein alter Grundsatz des Erasmus. Die holländische Ordnung gab minutiös an, wie solcher Spracherwerb zu erfolgen hatte. Es wurden die Wochentage genannt ebenso wie die Zahl der Stunden. Dabei ging es nicht nur um die Vermittlung von Grammatik und Syntax – sie sollten nach den ersten drei Jahren erledigt sein –, sondern auch um die Förderung von Sprachpraxis, um *eloquentia* und *disputatio*. Gerade dies enthielt ein Stück Vorbereitung auf die Praxis an der Universität. Dieser Vereinheitlichung des Lehrplans entsprach eine solche der Lehrmittel. Die Leidener Universitätsprofessoren erhielten den Auftrag, einen neuen Bücherkanon zusammenzustellen. Nach der Fertigstellung der Liste konnte die Schulordnung endgültig realisiert werden. Die Auflage der einzelnen Titel, die hier nicht zu erörtern sind, reichte von 1.200 (*rudimenta* und *grammatica latina*) bis zu 600 für die *Sphaera* und *Sulpicii Severi Sacra Historia (1626)*. Im übrigen war für die beiden obersten Klassen, Secunda und Prima, des sechsklassigen Systems ein ganz spezifisch auf den Übergang zur Universität zielender Unterricht mit einem stark erweiterten Fächerpaket vorgesehen. Die Einrichtung etwa von zwei Abteilungen in der Prima sollte freilich nach den materiellen Möglichkeiten der einzelnen Schulen entschieden werden. Zu den Fächern zählten Ethik, Astronomie und Arithmetik, Naturkunde sowie die Geschichte Roms und der umliegenden Länder und schließlich die Geographie. Zu den Autoren gehörten der mittelalterliche Astronom und Mathematiker John Halifax (Holywood oder Sacroboscus)

---

22 S. hierzu E.J. KUIPER, *De Hollandse ‚Schoolordre' van 1625. Een studie over het onderwijs op de Latijnse scholen in Nederland in de 17e en 18e eeuw*, Groningen 1958. Der Text der Schulordnung auf S. 5ff., das Schreiben der Leidener Universität S. 48ff.
23 So in den einleitenden Sätzen der Ordnung, ebd. S. 7.

nach der Bearbeitung durch Burgersdijk sowie der im 16. Jahrhundert an der Universität Löwen lehrende Mathematiker Gemma Frisius neben Magirus (Naturkunde) und Walleus (Ethik). Das war in der Republik nicht ganz neu, da eine solche Planung Ubbo Emmius schon 1594 für die letzte Klasse der Lateinschulen entworfen hatte.

Es gibt Hinweise darauf, daß sich diese Schulordnung nicht überall streng durchführen ließ, vermutlich nicht zuletzt darum, weil die Anforderungen an die Schüler zu hoch, der Lehrstoff insgesamt zu umfangreich war. Wer beide klassischen Sprachen zu lernen und dazu in der letzten Phase die artes liberales in der gerade erworbenen Sprache zu rezipieren und zu memorieren hatte, mochte dann zwar dem humanistischen Ideal entsprechen, aber seine intellektuellen Fähigkeiten und sein Fleiß mußten schon besonders hoch entwickelt sein, wollte er das Pensum bewältigen. Vielleicht lag auch hierin der Grund, warum die anderen Provinzen nicht an die Einführung der holländischen Schulordnung im eigenen Territorium gedacht haben. Lediglich die Stadt 's-Hertogenbosch hat sich 1639 bis auf kleine Details zur Übernahme entschließen können.

In Ergänzung des Sektors Lateinschulen sei noch auf die sogenannten Französischen Schulen hingewiesen, auf eine andere mögliche Form, die Kenntnisse auf fortgeschrittenem Niveau zu vermehren, Schulen zugleich, an denen die Sprache gelehrt oder aber der ganze Unterricht auf Französisch erteilt wurde. Diese Schulform datierte schon aus dem Anfang des 16. Jahrhunderts. Die erste Schule dieser Art ist wohl von einem Lehrer aus dem südniederländischen Brügge in Amsterdam gegründet worden, zum Nutzen der Kaufmannssöhne, die neben Lesen und Schreiben auch Rechnen und Französisch lernen sollten. Die Zahl der Städte, die sich um die Gründung einer solchen Schule bemühten, wuchs im Laufe des Jahrhunderts. Die Lehrer kamen in weitaus überwiegender Zahl aus den südlichen Niederlanden und dürften wohl zweisprachig gewesen sein. Ihre Zahl nahm nach dem Fall Antwerpens zu. Zu ihnen stießen einiges später nach der Aufhebung des Edikts von Nantes französische Hugenotten, so daß dann an Lehrpersonal endgültig kein Mangel war. Freilich befinden wir uns dann schon im letzten Quartal des Jahrhunderts. Bis zum Ende des Jahrhunderts gab es ein weites Netz französischer Schulen, die in dem Umfang gediehen, in dem französische Kultur allmählich in der Republik an Boden gewann.[24]

Die Universitäten: eine Topographie

Die Professoren, die die vorgenannte weitgehende Vereinheitlichung forderten und durchsetzten, kamen von einer Universität, die von Beginn der Republik an Jahrhunderte lang nicht nur das geistige Leben der Niederlande, sondern auch das Europas mitgeprägt hat. Die Gründung war ein kühnes Unternehmen, insofern sie mitten im Aufstand erfolgte, zu einer Zeit also, als die Wechselfälle des Krieges noch keine gültige Prognose über die Zukunft der aufständischen Provinzen erlaubten. Hier verwirklichten die holländischen Provinzialstände einen Gedanken, den Prinz Wilhelm von Oranien schon seit geraumer Zeit gehegt hatte. Unmittelbar nach dem Fehlschlag der Belagerung Leidens durch die Spanier schrieb er den Ständen (28.12.1574), die Gründung einer Universität – bis dahin hatte es in den Nordprovinzen keine solche Institution gegeben – diene der Stützung und Pflege der Freiheit und der gesetzmäßigen Regierung und liege im allgemeinen Interesse der Bürger. An einer solchen Universität könne die Jugend der beiden Seeprovinzen, aber auch die Flanderns und Brabants – Wilhelm von Oranien dachte in jener Zeit

---

24 Hierzu insgesamt KUIPER, *De Hollandse „Schoolorde'*. Einen kurzen Überblick über den Lehrstoff vermittelt auch BOEKHOLT/DE BOOY, *Geschiedenis*, S. 60ff. und zu den französischen Schulen auch S. 53ff.

noch in gesamtniederländischen Kategorien – sowie die anderer Länder in der richtigen Religion sowie in allen freien Künsten und Wissenschaften zum Wohle und Nutzen der Regierungen ausgebildet werden. Von einer so zentralen Institution erhoffte sich der Prinz eine Vertiefung des Gefühls der Zusammengehörigkeit, wie er auch den Vorteil betonte, daß die Gelder, die unter den bisherigen Gegebenheiten im Ausland ausgegeben wurden, im Lande blieben.[25] Schon am 3. Januar 1575 beschlossen die Provinzialstände, die neue Universität in Leiden zu gründen. Die Entscheidung zugunsten dieses Ortes war nicht zuletzt auch eine Honorierung des Widerstandes der Stadt gegen die spanische Belagerung. Es entsprach der Rechtsauffassung der Aufständischen und bedeutete Pflege einer Fiktion, wenn laut Gründungsakte nun nicht der Oranier oder gar die Stände, sondern der spanische König Philipp II. als Gründer auftrat, der „seinem lieben Vetter" und den holländischen Provinzialständen den Vollzug auftrug. Seit der Dordrechter Ständeversammlung vom Juli 1572 war die Auffassung, man kämpfe nicht gegen den König, sondern nur gegen dessen Stellvertreter (Alva), gängige Münze – im übrigen nicht für alle und jedermann verständlich, aber immerhin geeignet, sich ein wenig vom Ruch des Aufständischen zu befreien. Und im „Auftrag des Königs" hieß es dann auch, in der zu gründenden Universität seien „frei und öffentlich" Theologie, Rechtswissenschaft und Medizin sowie Philosophie und alle anderen Künste, auch Sprachen wie Latein Griechisch und Hebräisch zu lehren. Der Begriff „frei" („vryelyck") lieferte zu Beginn offensichtlich Konfliktstoff. Die calvinistische Kirche wollte Kontrolle und meinte, diese über die Universitätsverwaltung ausüben zu können. Als sich herausstellte, daß ein vom Oranier angeforderter Vorschlag zur Lenkungs- und Verwaltungsstruktur eine starke Bindung an die Kirche vorsah (Vorbild: Genf), protestierte die Stadt Leiden in aller Schärfe bei Prinz und Provinzialständen. „Frei", das hieß für den Magistrat „frei" von jeder Bevormundung, von wem sie auch unternommen werden sollte.[26]

Die höchste Instanz der Universität war das Kuratorium, dessen drei Mitglieder von den Provinzialständen auf Lebenszeit ernannt wurden. Zusammen mit den Bürgermeistern der Stadt beriefen sie die Professoren und legten das Honorar fest. Dieses Honorar richtete sich nach den Fähigkeiten des Hochschullehrers und den „Verhältnissen", was immer das auch heißen mochte. Die Kuratoren übten Kontrolle über das Lehrprogramm aus, indem sie Inhalte und Lehrmittel (Bücher) bestimmten. Der Senat der Universität bestand aus den ordentlichen Professoren. Sie legten dem Oranier oder den Provinzialständen jährlich eine Dreierliste vor, aus der der Rektor zu wählen war – eine Regelung, die ungefähr der Wahl der Bürgermeister durch den Statthalter entsprach. Im übrigen war der Senat lediglich eine beratende Körperschaft. Der Rektor trat als Vorsitzender des Senats auf, ihm zur Seite standen vier Assessoren als Vertreter der vier Fakultäten. Entscheidungen in wichtigen Universitätsfragen konnte der Rektor nur nach Beratung mit den Kuratoren treffen. Der Rektor erhielt auch, wenngleich seine Kompetenzen eher als bescheiden anzumerken sind, das Beiwort „magnificus", das immerhin das Ansehen des Amtes widerspiegeln sollte und sicherlich auch widerspiegelte. Darüber hinaus besaß die Universität ein eigenes Gericht („forum privilegiatum"). Seiner Rechtsprechung in Zivil- und Strafsachen unterlagen alle mit der Universität verbundenen Personen – auch die Studenten. Freilich saßen in dieser Instanz neben Rektor und Assessoren auch Vertreter der Stadt: die Bürgermeister und zwei Schöffen. Vermutet wird, daß die Einrichtung einer solchen Instanz einfach auf mittelalterliche Vorbilder zurückging. Auf jeden Fall darf man die Zuerkennung der Gerichtsbarkeit als Zeichen universitärer Unabhängigkeit werten. Zu den akademischen Privilegien zählte auch die Befreiung der Studenten von der Bier- und Weinsteuer. Das stellte sicherlich einen deut-

---

25 Zum Schreiben an die Stände *AGN*, 7, S. 288f.
26 Ebd. S. 289f.

lichen Einnahmeverlust für die Stadt dar, deren Verwaltung schließlich darauf drängte, die Zahl der Immatrikulationen genau zu kontrollieren, da allmählich allzu viele Leidener Anspruch auf die Steuerbefreiung erhoben. Das war später auch ein Problem der Universität Utrecht. Als diese Stadt das auch dort gültige Privileg aufhob (1657), sank die Zahl der Immatrikulationen von 202 auf 16.[27]

Leiden war die erste und die größte Universität der Republik. Aber sie blieb nicht die einzige. Im Laufe des 17. Jahrhunderts spannte sich ein ganzes Netz von Universitäten oder universitätsähnlichen Institutionen über das ganze Land, städtische oder provinzialständische Gründungen. Abgesehen von einer Anzahl von privaten und öffentlichen Institutionen für Theologie, Recht oder Medizin und abgesehen auch noch von den theologischen Seminaren, die auf privater Basis entstanden (Mennoniten in Amsterdam, Remonstranten) sei hier besonders auf die „Illustre Scholen" oder Athenaea hingewiesen, die als gleichsam unvollständige Universitäten einzustufen wären, insofern sie nicht alle Fakultäten beherbergten und – obwohl städtische oder provinzialständische Gründungen – kein Promotionsrecht hatten, was im übrigen nichts über die wissenschaftliche Qualität solcher Institutionen aussagte. Schulen dieser Art wurden 1631/32 in Amsterdam, 1634 in Utrecht, 1636 in Dordrecht, 1650 im seeländischen Middelburg und schließlich 1681 in Rotterdam eingerichtet. Schließlich die Universitäten selbst. Zur Universität Leiden trat bald, 1585, die friesische Universität Franeker. Angesichts des großen Mangels an geeigneten Prädikanten war hier zunächst lediglich an die Gründung eines theologischen Seminars gedacht worden. Die Planung griff jedoch rasch darüber hinaus. Die Provinzialstände wollten eine vollwertige Universität, die im Juli 1585 dann auch aus der Taufe gehoben wurde. Im Gegensatz zur Leidener Ordnung waren die Professoren nach den Statuten verpflichtet, die Anerkennung des Heidelberger Katechismus durch Unterschrift zu bestätigen, was in der Praxis freilich nicht immer strikte Anwendung fand. Im übrigen entsprach die Verwaltungsstruktur im wesentlichen dem Leidener Vorbild. Die Finanzierung sollte aus ehemaligem katholischen Kirchenbesitz erfolgen, was sich als nicht unproblematisch erwies. Bleiben wir gleich im Nordosten der Republik. Bei den Groninger Provinzialständen (Stad en Lande) tauchten unmittelbar nach der Eroberung der Stadt gegen die Spanier (1594) Pläne für eine eigene Universität auf. Im Februar 1595 beschlossen sie, den Kirchenbesitz „zum Nutzen der Schulen und der Erziehung der Groninger Jugend" zu verwenden. Aber erst 1614 kam es zur Gründung der Groninger Universität, an die als einer der ersten Professoren Ubbo Emmius, Rektor der dortigen Lateinschule und Historiker, berufen wurde. Daß die Gründung zustande kam, lag nicht zuletzt an Emmius selbst, der fürchtete, die Groninger Jugend, die in Leiden studierte, werde angesichts des an der dortigen Universität hochauflodernden Streits zwischen Arminianern und Gomaristen zu sehr ins Arminiansche Fahrwasser geraten. In Utrecht bemühten sich nicht die Provinzialstände, sondern die Stadt um eine Universität. Nur nach Schwierigkeiten gelang es ihr, 1634 zunächst eine „Illustre Schule" zu gründen, um bald bei den Provinzialständen um Umwandlung dieser Schule in eine Universität einzukommen. Daß die Provinzen Holland, Friesland und Groningen schon mit Stolz auf eine Universität auf dem eigenen Territorium blicken konnten, wird sicherlich ein Stimulans für die Stände gewesen sein, dem städtischen Antrag zuzustimmen, zumal die Stadt die Kosten für die Universität übernahm. 1636 erfolgte dann die offizielle Gründung (Umwandlung). Auch die Universität von Harderwijk Geldern) ging aus einer „Illustren Schule" hervor. Diese war 1599 durch die Landschaft („kwartier") Veluwe mit dem Ziel gegründet worden, die Jugend der Provinz auf das Studium an einer ordentlichen Universität vorzubereiten. Man hatte Harderwijk als Standort gewählt, weil dieser Ort schon eine über die Grenzen der Provinz hinaus bekannte Lateinschule

---

27 Alles nach der kurzen Darstellung in ebd. S. 290f.

in ihren Mauern beherbergte. Die Stadt schien allerdings noch andere Vorteile als Standort zu besitzen. So stellten die Stände fest, daß dieser Ort zu Wasser und zu Lande und zugleich einigermaßen gefahrlos zugänglich war, zudem priesen sie die gesunde Luft und den Überfluß an Lebensmitteln, was die Kosten drücken oder jedenfalls unter dem Preisniveau anderer Städte halten konnte und hielt. Darüber hinaus zählte es zu den Vorzügen, daß Kriegsgetümmel in Harderwijks Umgebung nicht zu befürchten stand. Freilich, der für die Finanzierung vorgesehene Kirchenbesitz brachte kaum genug Geld auf, um einen qualitativ hochwertigen Hochschulbetrieb zu gewährleisten. Erst die Entscheidung der Gelderschen Provinzialstände 1648, die Schule in eine Universität umzuwandeln, führte zu einer Verbesserung, da nun nicht die Landschaft Veluwe allein, sondern auch Nijmegen und Zutphen sich in die Kosten teilten.[28]

Daß die Universität Utrecht, wie oben schon gesagt, schon 1636, nur zwei Jahre nach Gründung einer „Illustre School", aus der Taufe gehoben wurde, war nicht zuletzt dem Ehrgeiz der Provinzialstände von Utrecht zuzuschreiben. Diese Universität entwickelte sich recht bald zu einem Zentrum der calvinistischen Orthodoxie, an deren Spitze dort der Hochschullehrer Voetius stand. Hier wurde die Diskussion um die Lehren des René Descartes mit aller Heftigkeit geführt. Als Voetius drei Wochen vor Eröffnung in einer Predigt im Utrechter Dom, die eine Art Vorbereitung auf die Gründung der Universität war, die Richtlinien für das künftige Lehrpersonal mit auf den Weg gab, ließ sich angesichts der starken Position des Redners im akademischen Leben durchaus schon der Charakter der künftigen Hochschule ahnen. Alle Fächer, so hieß es da, könnten einen Beitrag zum besseren Verständnis der Heiligen Schrift leisten. Nur jene könnten als Professoren ernannt werden, die nicht nur ihre wissenschaftliche Befähigung bewiesen, sondern nachweislich auch einen gottesfürchtigen Lebenswandel geführt hätten. Stelle man lockere Vögel, Freigeister und Wirrköpfe, gottlose Spötter, liederliche und auf Fleischeslust bedachte Männer (nur um Männer konnte es bei einer Anstellung gehen), Menschen verdorbenen Sinnes an, dann würde das unweigerlich wie ein Krebsgeschwür die Jugend verderben, die Akademie ins Chaos stürzen und sowohl die Kirche als auch den Staat verwirren.[29] Zu den höchstrangigen Personen bei der Eröffnungsfeier sowie zu den ersten immatrikulierten Studenten gehörten Moritz, Eduard und Philipp von Böhmen, die Söhne des Winterkönigs, sowie Hans Ludwig, Pfalzgraf bei Rhein und Herzog von Bayern und Zweibrücken.

Die Universitäten und ihr wissenschaftliches Potential. Leiden als zentraler Ort

Sieh hier die Topographie des institutionalisierten Geisteslebens in der Republik! Über diese der ersten geographischen Orientierung dienenden Topographie hinaus soll nach den Grundlagen des Geisteslebens gefragt werden, die den guten Ruf der niederländischen Universitäten, vor allem den Leidens, begründet haben. Schon Zeitgenossen haben die Universitäten des Landes als einen Hort europäischen Geisteslebens empfunden. Heinrich Ludolph Benthem sei in diesem Sinne stellvertretend für viele andere zitiert. Er, ein Kenner der Niederlande wie kein anderer Ausländer, schrieb: „Niederland

---

28 Übersicht nach ebd. S. 292ff.; dazu auch W.TH.M. FRIJHOFF, *La société néerlandaise et ses gradués, 1575-1584. Une recherche sérielle sur le statut des intellectuels*, diss. Tilburg, S. 14ff. Auf S. 15 eine Graphik mit einem Überblick über die Verbreitung der Seminare, „Illustren Schulen" und Universitäten (hier auch die einzelnen Studien zu den Universitäten).

29 Wiedergegeben nach H. JAMIN, *De Universiteit van Utrecht 1636-2001*, Utrecht 2001, S. 27. Hier auch die Entstehungsgeschichte der „Illustre School" und anschließend der Universität.

hat sonderlich diese zweyhundert Jahr her den Ruhm, dass es die Gelehrten der Welt beherberget habe. So sich ein Gelehrter in anderen Landen vorgethan, hat man solchen hieher geholet und so wol gehalten, daß viele fürtreffliche Männer lieber dieser Kauffleute als der grösten Potentaten in Europa Beruff annehmen wolle."[30] Was Benthem hier allgemein für das ganze gelehrte Leben der Niederlande formulierte, griff zunächst wohl auf die Zeit vor dem Aufstand zurück, hier wohl an die Universität Löwen denkend; er fand die richtige Erklärung für die hochkarätige personelle Ausstattung, was schließlich in erster Linie auf Leiden gemünzt war. Zu Anfang des 18. Jahrhunderts ließ das Friedrich Lucae im *Europäischen Helicon* (1711) noch deutlicher wissen. Unter den „wohlbestellten Universitäten und Hohen Schulen" behalte Leiden den Vorzug.[31] Dabei enthielten die Universitäten nichts Revolutionierendes oder bloß aufregend Neues. Sie glichen in ihrer Zielsetzung noch den mittelalterlichen Institutionen. Daran hatte auch die Reformation nichts geändert. Die Theologie war Norm und Ziel. Das galt auch für die Neugründung Leiden. Wilhelm von Oranien hatte das 1582 in einem Brief an den Senat schon ausgedrückt, und der Leidener Stadtsekretär Jan van Hout bestätigte das im nachhinein, als er 1592 in einer Eröffnungsrede („Staten-College") mitteilte: „Der eigentliche Grund, der zum Aufbau dieser Universität geführt hat (es sei mir gestattet, dieses Geheimnis nunmehr aufzudecken) war die Theologie." Eine schon häufig zitierte[32] Enthüllung, die lediglich insofern überraschend erscheinen will, als der Versuch der Reformierten Kirche, die Inhalte der Leidener Universität zu kontrollieren, eindeutig gescheitert war. Wie zuvor erwähnt, mußten die Professoren sich in Franeker unterschriftlich zum Heidelberger Katechismus bekennen, und sie durften nach den Statuten keine gegen die etablierte kirchliche Lehre gerichteten Meinungen oder profane Lehren verkünden.[33] In Deventers „Illustrer Schule" galten ähnliche Bestimmungen. In Leiden allerdings lief die Entwicklung anders. Nicht daß man die Theologie dort zu einem Stiefkind degradiert hätte, im Gegenteil, Kuratoren und Magistrat bemühten sich darum, auch in diesem Fach die Besten Europas zu berufen, aber von Beginn an herrschte hier keine calvinistische Enge, drang vielmehr ein humanistisch geprägter Zeitgeist durch, der einer theologischen Reduktion den Menschen und seine Fähigkeiten entgegenhielt – und Fähigkeiten, das meinte Möglichkeiten in der Zukunft auf der Grundlage neuer Erkenntnisse, die nicht theologische waren. Hier diene einer der ersten Hochschullehrer Leidens, der Latinist und Graezist Bonaventura Vulcanius als früher Zeuge, der in seinen fast schon programmatischen universitätspolitischen Reden bei Promotionsfeierlichkeiten eher die Zukunft als die mittelalterliche Vergangenheit gelehrter Inhalte beschwor. Das Mittelalter, das war ihm „jene barbarische Ära („barbaro illo seculo", „rudi illo barbaro quo revo"). Es ging nicht allein um die Aufgaben der Universität unter den Voraussetzungen theologischer Erfordernisse, sondern um die Funktion und Bedeutung der Universität für die und in der Gesellschaft. Das schloß Kirche und Theologie nicht aus, hob beide aber nicht in den Status der Priorität. Juristen und Mediziner hielten einen wichtigen Platz zugewiesen. Und nicht nur sie. Auch die Geisteswissenschaften nannte er, weil er in ihrer Pflege den wesentlichsten Beitrag zur Bildung des Menschen sah. Überhaupt: Eine Verwahrlosung der Wissenschaft heiße Untergang dieses jungen Staates, der es sich angelegen sein lassen müsse, mitten in der Zeit des Krieges ein Zentrum der Kultur zu schaffen. Was er ausführte, wollte er auch als Gedankengänge des Oraniers verstanden

---

30 *Holländischer Kirch- und Schulen-Staat*, I, Frankfurt 1698, S. 19.
31 *Europäischer Helicon*, Frankfurt/Main 1711, S. 846.
32 Hier wurde zitiert nach TH.J. MEIJER, *De historische achtergronden van wetenschappelijk onderzoek in Leids universitair verband*, in: TVG 85 (1972), S. 436; s.a. A. EEKHOF, *De Theologische Faculteit te Leiden in de 17e eeuw*, Utrecht 1921, S. 16.
33 Zu Franeker s. W.B.S. BODES, *Frieslands Hoogeschool en het Rijksathenaeum te Franeker*, I, Leeuwarden 1878, S. 437.

wissen. Es weist sicherlich auf seinen universitätspatriotischen Stolz, wenn Vulcanius schon nach gut 15 Jahren der Existenz seiner Anstalt den Nutzen der Leidener Universität für die europäische Wissenschaft hervorhob. Hervorragende Wissenschaftler und fähige Regenten seien bis dahin aus ihr hervorgegangen. Es gebe kaum noch eine Stadt in der Republik, die nicht an ihrer Spitze die Sachkundigen aus Leiden eingesetzt hätte. Und vor allem auch in England seien die Absolventen aus Leiden sehr geschätzt. Wichtig aber will erscheinen, daß er seine Wertung und Definitionen bei öffentlichen Promotionsfeiern aussprach, in coram publico also, was wohl auf offizielle Universitätsmeinung schließen lassen dürfte.

Leiden als Domizil der Musen, Mutter und Nährerin der Geistes- und Naturwissenschaften[34], das war das Prädikat, das Vulcanius der Universität beigab. Die Theologie dann als eine Wissenschaft unter anderen, aber sicherlich nicht ein Stiefkind, denn das hätte nicht der Absicht und dem Gehalt jener feierlichen Prozession entsprochen, die am Morgen des 8. Februar 1575 durch die Straßen Leidens gezogen war: in einem Teil des Aufzuges figurierten vier Frauengestalten, die die vier Fakultäten der Universität symbolisierten: die Theologie (Heilige Schrift), die Jurisprudenz, die Medizin und die Geisteswissenschaften. Während die drei letztgenannten Symbolfiguren zu Pferde saßen, fuhr die die Theologie verkörpernde Heilige Schrift in einem Triumphwagen einher, in der Hand eine offene Bibel. Klassischer hätte man Stellung und Auftrag der Fakultät nicht darstellen können.[35]

Es ist unübersehbar, daß sich die Universität von Beginn an um hohe Qualität bemühte. Für die Diskussion um die protestantische Dogmatik wurde sie dann auch eine der geistigen Hochburgen. Dabei schaute man ins Ausland, weil es einfach im eigenen Land an geeigneten Gelehrten mangelte. Das galt nicht nur für die Theologie, sondern auch für die anderen Fächer, wie überhaupt die Universität für das ganze 17. Jahrhundert und die folgenden Jahrzehnte durch ihren hohen Anteil an Professoren aus dem Ausland hervorstach. Und es ist allein schon von daher berechtigt, mit der *Encyclopédie ou dictionnaire raisonné des sciences, des arts et des métiers* von 1765 festzustellen, es scheine als hätten sich alle Berühmtheiten der Gelehrtenrepublik nach Leiden begeben, um dort der Universität zu einem blühenden Leben zu verhelfen.[36] Diese Beobachtung des 18. Jahrhunderts gilt eben schon früh für das letzte Quartal des 16. Jahrhunderts. Jedenfalls klopften die Kuratoren schon bei Theodor Beza, dem Nachfolger Calvins, an, der freilich absagte. Beza empfahl seinerseits andere Kollegen, die wiederum ebenso wenig bereit schienen, den Weg nach Leiden zu gehen. Schließlich nahm 1581 Lambert Daneau (Danaeus) aus Genf, Amtskollege des Beza, den Ruf an, um nach einem Jahr schon wieder das Land zu verlassen. Diesem schnellen Abschied ging ein heftiger Streit mit den Kuratoren und dem Magistrat voraus, und als Danaeus ging, da begründete dies das Kuratorium mit Inhalten, die deutlich machten, wie sehr doch die Theologie der Zeit in ihrer personalpolitischen Umsetzung noch geprägt war von den Erfahrungen der spanischen Inquisition. Will man es kurz formulieren, dann ist Radikalität versus Toleranz wohl die geeignete Begrifflichkeit. Daneau jedenfalls galt als herrschsüchtig. Er ziele darauf, der Gewissensfreiheit der Bürger ein „neues Joch" aufzuerlegen, das genauso hassenswert und unerträglich sei wie das des Papsttums. Die „Genfer Inquisition" werde vom Magistrat der Stadt und der Universität ebenso abgelehnt

---

34 Die Reden veröffentlich von P.A. GEURTS/J.A. VAN DORSTEN, *Drie redevoeringen van Bonaventura Vulcanius over de stichting van de Leidse Universiteit*, in: BMHG, 79 (1965), S. 387ff. (mit Einleitung).

35 Zur Prozession s. TH.H. LUNSINGH SCHEURLEER/G.H.M. POSTHUMUS MEYES (Hrsg.), *Leiden University in the Seventeenth Century*, Leiden 1975, den Beitrag von H.J. DE JONGE, *The Study of the New Testament*, S. 65

36 Erschien in Neufchatel 1765, hier Bd. IX, S. 451.

wie ehedem die spanische.[37] Zuvor, 1580 schon, hat Thomas Cartwright, puritanischer Theologe aus Cambridge, eben wegen schwelender konfessioneller Konflikte in Leiden einen Ruf an die Universität abgelehnt. Die Haltung des Kuratoriums dürfte jedenfalls im Sinne des Oraniers gewesen sein. Endgültig nach dem Abzug des Grafen Leicester (Generalstatthalter), der die strenge calvinistische Richtung in der Republik favorisiert hatte, schien sich zunächst die gemäßigte Richtung der Calvinisten durchzusetzen, freilich nur kurzfristig, denn zu Beginn der 90er Jahre kam die orthodoxe Richtung wieder auf. Es war sicher nicht ohne Grund, daß eben zu jener Zeit der schon genannte Jan Hout den Hinweis auf den vergeblichen Zugriff der Kirche auf die Universität in der Gründungsphase bekannt machte. Es ist zu vermuten, daß die Stärkung des orthodoxen Flügels sich auf den Einfluß der zahlreichen Immigranten (Flüchtlinge) aus den wieder von Spanien regierten Südprovinzen zurückführen läßt. Sie gehörten zum Teil dem Kreis der militanten Calvinisten an. Immerhin setzten doch die holländischen Provinzialstände einen Sonderausschuß ein, der sich dann 1591 mit den Problemen der Leidener Universität befaßte und den Vorschlag einbrachte, daß für die Universität, das heißt für alle Fakultäten, kein Hochschullehrer ernannt werden dürfe, der nicht der „wahren christlichen Religion" anhänge. Die Provinzialstände haben diesem Vorschlag zwar nicht zugestimmt, gleichwohl scheint sich atmosphärisch etwas geändert zu haben. Jedenfalls war die Zeit vorbei, in der ein Mann wie der in Köln geborene Caspar Coolhaes berufen werden konnte, der bei der Einweihung der Universität noch die Festrede gehalten hatte. Eben dieser Coolhaes war Anlaß des heftigen Streits zwischen Theodor Daneau und dem Kuratorium gewesen, da weder der Genfer Theologe noch classis und Synode ihn für orthodox genug hielten, und vorbei war auch die Zeit, in der ein Mann wie Justus Lipsius – wenngleich nicht Theologe – an die Universität gezogen werden konnte. Lipsius verließ dann auch 1591 seine Wirkungsstätte. Mit der Berufung von Lucas Trelcatius und dem Heidelberger Theologen Franciscus Junius wurden sicherlich zwei Orthodoxe, gleichwohl nicht scharfmacherische Theologen an die Universität geholt.[38]

Busken Huet hat die niederländische Gesellschaft jener Zeit eine „theologische debating-society" genannt.[39] Das mag etwas überzogen erscheinen, aber für die Leidener theologische Fakultät gilt dies gewiß allemal. Das zeigte sich endgültig nach dem Tode des Junius, als die strengen Calvinisten 1603 gegen die Berufung des gemäßigten Amsterdamer Prädikanten Jacobus Arminius als Nachfolger protestierten. Der große Streit mit dem in Brügge geborenen Franciscus Gomarus um die Prädestinationslehre, der sich zu einem die Republik erschütternden und den Toleranzgedanken strapazierenden Kulturkampf auswachsen sollte, war schon mit dieser Berufung angelegt. Die Universität gab sich jedenfalls liberal. Bei den Lehrmeinungen wollte sie die Freiheit einräumen, sich zu beweisen und zu verteidigen. Es geht an dieser Stelle nicht um die unterschiedlichen Lehrinhalte, aber hingewiesen sei doch darauf, daß Arminius, gegen dessen Berufung sich auch seine Amsterdamer Kollegen Plancius und Helmichius mit Händen und Füßen wehrten, zur Lehre des französischen Humanisten Petrus Ramus neigte und schon während seiner Ausbildung in Genf aus eben diesem Grund auf Widerstand gestoßen war. Stand da nicht der einer rationalen Logik verpflichtete Humanismus der engeren Lehre des orthodoxen Calvinismus gegenüber? Das Problem blieb nicht auf die Leidener theologische Fakultät begrenzt. Arminius und Gomarus fanden beide ihre Anhänger in der ganzen calvinistischen Öffentlichkeit außerhalb der Fakultät, wie überhaupt eben Religion ein äußerst sensibles Thema der Republik war und über die Zeit der Republik hin-

---

37 EEKHOF, *Theologische Faculteit*, S. 17.
38 Franciscus Junius hatte zunächst abgelehnt, dann aber 1592 den Ruf angenommen. Dazu SCHNEPPEN, *Niederländische Universitäten und deutsches Geistesleben*, Münster 1960, S. 70.
39 BUSKEN HUET, *Het land van Rembrand*, S. 413.

aus auch geblieben ist. Welche öffentlichen Konsequenzen dies hatte, zeigt das Dokument, daß 44 Prädikanten am 14. Januar 1610 unterzeichneten: Es war eine Bittschrift an die holländischen Provinzialstände, eine *remonstrantie*, in der in fünf Paragraphen der dogmatische Unterschied zu den Anhängern des Gomarus dargestellt wurde. Die Unterzeichneten löckten damit wider den Stachel der offiziellen Prädestinationslehre. Was hier als eine theologische Meinungsverschiedenheit innerhalb ein und desselben Bekenntnisses begann, hat sich knapp ein Jahrzehnt später zu einem politischen Hochgericht ausgewachsen.

In dieser nun vollends eindeutigen Konfliktsituation, die Arminius selbst gar nicht mehr erlebte – er starb 1609 –, versuchte die Leidener Fakultät einen vermittelnden Standpunkt, den der Toleranz, einzunehmen. Beide Lehrmeinungen war nach Ansicht der Kuratoren einer theologischen Diskussion in einer Akademie würdig. Sie beriefen 1611 zwar den sehr orthodoxen Johannes Polyander, aber dieser erhielt seine Anstellung erst, nachdem er erklärt hatte, die „Remonstranten", das heißt, die Verfechter der fünf Paragraphen, dulden zu wollen. Daß sich die Universität wie schon in den Jahren zuvor auch in den ersten eineinhalb Jahrzehnten des 17. Jahrhunderts nicht von synodalen Beschlüssen einengen lassen wollte, ergibt sich aus der Berufung des Steinfurter Theologieprofessors Conrad Vorstius. Die Kuratoren begriffen sehr wohl, daß dies die Kirche verärgern mußte. Die Synode äußerte dann auch in einem Schreiben an die Heidelberger Universität Bedenken gegen Person und Lehre des Vorstius und forderte ein Gutachten ein. Wenngleich dies negativ ausfiel, hielten die Kuratoren an ihrem Beschluß fest. Erst als die Kuratorenentscheidung zu einer Intervention Jakobs I. von England führte und Moritz von Oranien sich mit der Orthodoxie verband, gaben die Kuratoren nach.[40]

Das Beispiel Vorstius enthält nicht nur Hinweise auf das Toleranzdenken des Leidener Magistrats und Kuratoriums, sondern vermittelt auch Einblicke in die Außenwirkung der theologischen Fakultät – vor allem auch nach Deutschland hinein. Daß man sich von Leiden aus Rat holte und Personen anstellte, will insofern erstaunlich erscheinen, als die deutschen Fürstentümer und Städte nur zum geringsten Teil dem Calvinismus anhingen und eigentlich gerade die nördlichen Niederlande als das Zentrum des Calvinismus galten – wenn man einmal von Genf absehen will. Ob Zentrum oder nicht, nach dem großen Eklat von 1618 und der Dordrechter Synode des darauf folgenden Jahres mußte sich die Universität einer Säuberung unterziehen, die sich freilich sehr im Rahmen hielt. Die neuberufenen Professoren (nicht nur die der theologischen Fakultät) gehörten der Dordrechter Richtung an. Aber es ist andrerseits schon bezeichnend, daß Gomarus, der Leiden 1611 verlassen hatte, nicht wieder zurückberufen wurde. Darüber hinaus zog die Entscheidung der Synode weite Kreise, nicht nur an der Leidener Universität, nicht allgemein nur für die Remonstranten (Arminianer), sondern auch beim östlichen Nachbarn. Die Theologen aus der Pfalz und Hessen sprachen sich für die strenge Prädestinationslehre aus, während sich Bremen auf die Seite der arminianischen Interpretation schlug. Von Bremen aus gab es enge persönliche Beziehungen wie die des Bremer Theologen Martini mit Arminius selbst oder des auch in Bremen tätigen Theologen Ludwig Crocius mit dem Leidener Klassizisten Gerardus Vossius. Aber welche Richtung man auch vorzog, für die Bremer Theologen blieb Leiden und daneben auch Groningen der Orientierungspunkt in Fragen der Theologie. Daß Bremer Professoren wie Constantijn l'Empereur und Johannes Coccejus nach Leiden berufen wurden, weist doch auf eine enge Verbindung hin. Unabhängig von diesem Theologenstreit ist festzustellen, daß die

---

40 Dazu insgesamt die *AGN* (alte Ausgabe), S. 2ff.; sehr wichtig in diesem Zusammenhang wie überhaupt zur Leidener Universität SCHNEPPEN, *Niederländische Universitäten*, S. 81ff. und TH.H. LUNSINGH SCHEURLEER u.a., *Leiden University in the Seventeenth Century*, Leiden 1975, die Einleitung von J.J. WOLTJER.

Leidener Fakultät durchgängig als eine Art Zentralstelle für theologische Autorität und Hilfeleistung galt. Nicht nur, daß die Universitätsmatrikel die Namen zahlreicher deutscher Theologen aufweist, es kamen auch häufig Gesuche um Gutachten zu Personen, Streitfällen und Druckschriften aus dem benachbarten Deutschland ein.[41]

Nach der Dordrechter Synode galt es für die Kuratoren, Ruhe einkehren zu lassen. Es setzte innerhalb der Universität eine Hinwendung zur biblizistischen Theologie ein. Das war immer die Absicht gewesen, aber die theologischen Konflikte hatten die eigentliche Forschung in den Hintergrund gedrängt. Scaliger hatte da im ersten Jahrzehnt des neuen Jahrhunderts noch den Anfang gemacht. Er scheint selbst gehofft zu haben, daß die Philologie die Theologie von ihren Streitigkeiten befreien konnte.[42] Scaliger mag dann einer Schimäre angehangen haben, gleichwohl ist ein wesentlicher Wunsch erfüllt worden: Die theologische Wissenschaft entwickelte sich in enger Zusammenarbeit mit der Philologie. Der Theologe Louis de Dieu veröffentlichte seine *Animadversiones* zum Neuen Testament und verglich dabei eine Reihe alter und neuer Übersetzungen. Der Klassizist Daniel Heinsius, auch über ihn ist wie über Scaliger in anderem Zusammenhang ausführlicher zu handeln, gab seine *Exercitationes Sacrae ad Novum Testamentum* heraus und führte auch anonym die Elsevier Edition des Neuen Testaments durch, die als gültiger Text anerkannt wurde.

Das ganze Verfahren des historisch-kritischen Textvergleichs weckte mancherlei Zweifel am überkommenen Wortlaut. Wesentlichen Konfliktstoff bot die *Septuaginta*, die griechische Übersetzung des Alten Testaments, die im 2. Jahrhundert vor der Zeitwende entstanden war und vor allem von Jesuiten als gültiger Text anerkannt wurde. Daß man Coccejus nach Leiden berief, weist nicht nur auf die enge theologische Verbindung zum östlichen Nachbarn, sondern zeigt auch die Bedeutung, die man in Leiden der schriftforschenden – biblizistischen – Theologie beimaß, die in so scharfem Gegensatz zur scholastisch geprägten Theologie des Utrechter Hochschullehrer Voetius stand. Des Coccejus Lehre wurde auch von seinen deutschen Theologie-Schülern über die Grenze nach Osten getragen. In den Niederlanden kam es dagegen neuerlich zu einem heftigen Theologenstreit, der von Fachleuten und Laien gleichermaßen ausgetragen wurde.[43] Es ist in diesem Zusammenhang auf die enge Verzahnung des Faches Hebräisch mit der theologischen Fakultät hinzuweisen. Die Verbindung hieß, daß die Hebraisten der Niederlande es als ihre Aufgabe ansahen, die Theologie zu unterstützen. Solche Konstruktion ging von der Überzeugung aus, daß protestantische Dogmatik nur aufgrund der Bibelkenntnis unterrichtet werden konnte. Einer der wichtigsten Professoren für Hebräisch war der schon genannte Bremer Constantijn l'Empereur, der nach Leiden berufen wurde.[44]

In dieser Verzahnung von Theologie und Philologie spielte nicht nur das Hebräische eine Rolle. Auch die orientalischen Sprachen und nicht zuletzt die gesamte klassische Philologie waren eng mit der Theologie verbunden. Freilich, die Bedeutung der Leidener Orientalistik und klassischen Philologie muß ganz losgelöst von der theologischen Disziplin gesehen werden. Dieser ganze Forschungs- und Lehrbereich hat im großen Zusammenhang des niederländischen Späthumanismus seinen Platz, an dessen Spitze zunächst Justus Lipsius stand. Wird Justus Lipsius genannt, über dessen staats- und politiktheoretische Überlegungen an anderer Stelle gehandelt ist, enthält dies freilich nicht nur den Hinweis auf die Entwicklung von Philologie als Wissenschaft, sondern auch den Stand

---

41 Dazu SCHNEPPEN, *Niederländische Universitäten*, S. 21, 82ff.
42 Nach LUNSINGH SCHEURLEER, *Leiden University*, S. 6.
43 Dazu SCHNEPPEN, *Niederländische Universitäten*, S. 88ff. sowie LUNSINGH SCHEURLEER. *Leiden University*, S. 7.
44 S. dazu P.TH. VAN ROODEN, *Constantijn l'Empereur (1571-1648), Professor Hebreeuws en Theologie te Leiden. Theologie, bijbelwetenschap en rabbijnse studien in de zeventiende eeuw*, diss.theol., Leiden 1956.

der Philosophie und Politikwissenschaft. In beiden Disziplinen reichte der Name des Lipsius über die Grenzen hinaus. Er galt als „eine letzte Hilfe bei der Interpretation und Edition schwieriger lateinischer Texte."[45] Seine Tacitus-Ausgabe lag schon 1574 vor und wies auf ein Doppeltes: nicht nur auf die hohe Kenntnis eines Philologen und Textkritikers, sondern auch auf die enge Verbindung von Geschichte und Politik.[46] Es sei hierzu bemerkt, daß die taciteische Grundlegung vor allem bei P.C. Hooft in den *Nederlandsche Historien* eine große und in den Niederlanden wirkungsvolle Rolle gespielt hat.

Weniger dem philosophisch-politischen und möglicherweise mehr als Justus Lipsius der klassischen Philologie zugetan, war Joseph Justus Scaliger, ein französischer Gelehrter, der 1591 einen Ruf nach Leiden erhielt und ihn 1593 auch annahm. Scaliger konnte in der Bartholomäus-Nacht knapp dem Tode entrinnen und galt neben seinem Freund Casaubonus als profiliertester Vertreter im Frankreich seiner Zeit – Vertreter einer humanistischen Gelehrsamkeit und Autorität, die weit über die Grenzen Frankreichs und auch der Niederlande hinausreichte. Es ist geschrieben worden, daß nach der Emigration der beiden Freunde (1593 bzw. 1610) das in den Jahrzehnten zuvor noch so blühende wissenschaftliche Leben Frankreichs einen Tiefstand erreicht habe, der dann nur schwer überwunden worden sei.[47] Der Briefwechsel Scaligers mit den deutschen Humanisten vermag darüber hinaus die besondere Autorität des französischen Späthumanisten zu unterstreichen.[48]

Als der Franzose seinen Lehrstuhl in Leiden übernahm, hatte er sein großes Werk zur wissenschaftlichen Chronologie (*De emendatione temporum*, 1583) schon geschrieben, in dem er die Julianische Periode einführte. Es gab kein Gebiet, das ihm, dem Enzyklopädisten, fremd war. In Leiden wußte man längst, daß die Verbindung mit diesem Gelehrten den guten Ruf der Universität noch verbessern, den Ort zum Zentrum der klassischen Philologie machen würde. Wie sehr man die wissenschaftliche Leistung des Scaliger respektierte, erhellt wohl aus der ungewöhnlichen Regelung, daß seine pure Anwesenheit den Leidener Provinz-, Stadt- und Universitätsbehörden genügte: Scaliger wurde von Beginn an von der Lehre befreit. Das erfuhr vierzig Jahre später noch einmal der Altphilologe Salmasius (Saumaise).

Vielleicht weisen solche Ausnahmeregelungen nun nicht nur auf die hohe Wertschätzung, die man den Gelehrten entgegenbrachte, sondern zugleich auf die Anerkennung der klassischen Philologie, eines grundlegenden Fachs des Späthumanismus, in einer Phase der geistigen Entwicklung Europas, die schon den Übergang zu empirisch-naturwissenschaftlichem Denken in sich trug. Die klassische Philologie, auch wie sie in Leiden gelehrt wurde, enthielt den textkritisch-kommentierenden Versuch, die antike Kultur zu durchdringen und sie zugleich für die Kultur der eigenen Zeit und des eigenen Landes fruchtbar zu machen. An die klassischen Texte legte man eine kritische Sonde, bisher unbearbeitete Quellen wurden zusammengetragen, und die wissenschaftliche Allianz von geschriebenem Wort und archäologischem Fund ließ die Konturen der antiken Gesellschaft und Kultur immer deutlicher werden. Die Erkenntnisgrundlagen der „respublica literaria" wurden dichter, die Gemeinsamkeiten der Gelehrtenwelt zahlreicher.

---

45 So SCHNEPPEN, *Niederländische Universitäten*, S. 118.
46 G. OESTREICH, *Politischer Neustoizismus und niederländische Bewegung in Europa und besonders in Brandenburg Preußen. Ein Beitrag zur Entwicklung des modernen Staates*, in: BMHG, 79 (1965), S. 23. Der Aufsatz wurde später mehrfach neugedruckt.
47 Nach CL.H. BRUEHL, *Joseph Justus Scaliger. Ein Beitrag zur geisteswissenschaftlichen Bedeutung der Altertumswissenschaft*, in: Ztschr. f. Religions- und Geistesgeschichte, XII, 3 (1960), S. 207f.
48 Über die Verbindung von Scaliger zu den deutschen Humanisten s. SCHNEPPEN, *Niederländische Universitäten*, S. 123ff.

Joseph Justus Scaliger
(J. Cornelisz. Woudanus zugeschrieben)

In den Niederlanden hatte das offensichtlich einen praktischen Bezug, der über die Gelehrtenstube hinausreichte. So ist ein allgemeines Interesse an Lipsius' *De militia romana libri quinque, commentarius ad Polybium* von 1595 zu beobachten, was aus der intensiven Aufmerksamkeit zu begreifen ist, die Prinz Moritz von Oranien und Simon Stevin der Taktik des oströmischen Kaisers Leo VI. widmeten. Tatsächlich hatte Lipsius seine Bände als Handbücher für Strategie gedacht, und sie wurden auch von Moritz rasch in die militärische Praxis umgesetzt, wie auch die *Politicorum libri IV* unmittelbaren Einfluß auf die Herstellung von Disziplin im Heer des Prinzen hatten. Auf Geheiß des Nachfolgers und Bruders Friedrich Heinrich begab sich Salmasius an eine Studie zur antiken Strategie. Sie wurde nie vollendet, jedoch 1657 auszugsweise unter dem Titel *De re militari Romanorum* veröffentlicht.[49] Solche Aktualisierung war freilich nur ein Nebenerzeugnis des Studiums der klassischen Sprachen, dessen Hauptzweck zum einen, aufbauend auf den an den Lateinschulen erworbenen Kenntnissen, die „Eloquentia", zum anderen Universalgeschichte und Leben und Denken der Antike, eben Altertumswissenschaft, war. Wenn einer der großen Leidener (später Amsterdamer) Gelehrten, Gerardus Vossius, über *De Artis poeticae natura ac constitutione* handelte, war das eine literaturwissenschaftliche Analyse antiker Schriften, als solche freilich eine Ausnahme, einfach ungewöhnlich, weil thematisch nicht üblich, gleichwohl von hervorragender und anerkannter Qualität. Diese kleine, Jacob Cats gewidmete Schrift entstand freilich nicht in der Leidener Zeit des Vossius, sondern erst 1647 in seinen Jahren am Amsterdamer

---

49 Dazu J.A. WASZINK, *Classical Philology*, in: LUNSINGH SCHEURLEER, *Leiden University*, S. 163.

Athenaeum. Abgesehen davon, daß Hugo Grotius hierzu ein Epigramm verfaßte, war die Studie gedacht als eine Einführung in das literaturwissenschaftliche große dreibändige Handbuch *Poeticae institutiones*. Schon diese Einführung und erst recht das Handbuch insgesamt, das im übrigen auch als praktischer Leitfaden dienen sollte, wiesen der Poesie ihren eigenen Rang zu als eine Kunstform und – wie konnte es in der Tradition der Humanisten auch anders sein – als eine Lebenshilfe: „carmine docere, delectare et a vitiis animos purgare humanos". Beide zusammen waren eine Verbindung gleichsam von Wort, Form und Moral. Wort und Form, das meinte auch Ästhetik, meinte die Schönheit des Wortes, die Metrik des Reims. Und da Moral verlangt war, befaßte sich Vossius in diesem Band auch mit dem Aufbau der Tragödie und ihren Inhalten.[50]

Vossius, ein hochrangiger Gelehrter, mit vielen persönlichen Kontakten über die Grenzen seines Landes hinaus, vertrat in seiner Universalität, die Rhetorik, Sprachwissenschaft, Dichtung und Geschichtswissenschaft gleichermaßen und erfaßte, nach Scaliger, die ausgedehnte Gelehrsamkeit und Vielschichtigkeit des Faches Klassische Philologie, auch wenn die literarische oder literaturwissenschaftliche Betrachtungsweise im Gesamtspektrum zu den Ausnahmen zählte. Neben Vossius ist auf jeden Fall Daniel Heinsius zu nennen, seit 1605 Professor für Klassische Philologie in Leiden, ein Schüler Scaligers gleichsam bis zu dessen Tod, anders als Vossius nicht nur Sprach- und Literaturwissenschaftler, sondern auch Dichter, der zunächst die lateinische Dichtung pflegte, dann aber zum Reim in der Muttersprache überging. Darüber ist noch zu berichten. Für die Späthumanisten ist im übrigen der Übergang zur Volkssprache so erstaunlich nicht, und es ist durchaus zu vermuten, daß Daniel Heinsius von Scaliger zu diesem Schritt zumindest angeregt wurde, da der Franzose sich im französischen Kreis der Pléiade schon früh für den Gebrauch der Muttersprache eingesetzt hatte.[51] Der deutsche Barockdichter Simon Dach nannte im übrigen beide, Vossius und Heinsius, bei Namen, als er poetisch umkleidete, warum er nicht gleich seinem Freund, dem Dichter Robert Robertin, aus Königsberg nach Leiden gezogen war:

Mein Vater Gut war schlecht, sonst war auch ich gezogen dem weisen Leiden zu ...
    es hätte meinen Geist,
  selbst Heinsius vielleicht nicht für gemein geschätzet,
    Barlaeus hette an meinem Thun ergetzet,
      der große Vossius hett außer Zweifel mir
    vergönnt frey einzugehn zu seiner werthen Thür.[52]

Die Hinwendung des Späthumanisten Heinsius hin zur Volkssprache hieß auch Einflußnahme auf die deutsche Barockliteratur. Unter den Hörern des Heinsius saß der deutsche Barockdichter Martin Opitz. Die *Nederduytsche Poemata* des Leidener Professors von 1616 galten als „Vorbilder eigenen künftigen Dichtens". Opitz selbst hat diesen Einfluß des Daniel Heinsius in einem Huldigungsgedicht bezeugt.[53]

---

50 Vgl. C.S.M. RADEMAKER, *Life and Works of Gerardus Joannes Vossius (1577-1649)*, Assen 1981, S. 300f., auch ebd. S. XXI.
51 S. SCHNEPPEN, *Niederländische Universitäten*, S. 33; zu Scaliger-Heinsius vgl. BRUEHL, *Scaliger*, S. 208.
52 Bei SCHNEPPEN, *Niederländische Universitäten*, S. 27. Robertin und Dach gehörten zum Kreis der Königsberger Dichter, die sich in der „Kürbishütte" des auch zu diesem Kreis zählenden Heinrich Albert trafen. Zur Pléiade kurz VOLKER MEID in: *Propyläen Geschichte der Literatur*, Bd. III, Berlin 1988, S. 549ff. Diese Gruppierung stand unter dem Einfluß italienischer Vorbilder.
53 Ebd. S. 33, auf S. 34 das Huldigungsgedicht. S. weiter hierzu das Kapitel *Sprache und Literatur* in diesem Band.

Aber abgesehen von dieser geistigen Vaterschaft reichte der Einfluß des Heinsius noch weiter. Seine Schriften über die antike Theorie des Dramas wirkten bis ins 18. Jahrhundert hinein. Er war es auch, der 1610 die Schriften des Horaz zusammen mit der *Poesia* des Aristoteles (in lateinischer Übersetzung) veröffentlichte. Seine Abhandlung *De tragoediae constitutione*, die er der zweiten Auflage einer gesonderten Aristoteles-Ausgabe der *Poesia* beigab, wurde in seiner Zeit viel gelesen. Der französische Literaturhistoriker Lanson hat gerade auf den Einfluß des Heinsius in Frankreich aufgrund dieser Aristoteles-Edition hingewiesen. Verwunderlich ist das nicht, da Heinsius eben als fleißiger und geistiger Erbe Scaligers galt. Immer wieder findet sich Heinsius tatsächlich in den theoretischen Schriften von Corneille, Scudéry und Chapelain zitiert.

Es ist hier nicht der Ort, das gesamte Werk des Daniel Heinsius vorzuführen, vielmehr soll anhand des Spektrums, das von Lipsius über Scaliger und Heinsius bis an Gerardus Vossius reicht, Dichte und Breite der klassischen Philologie der Leidener Universität angedeutet werden. Es bleibe dabei freilich nicht unerwähnt, daß von den sechs Professoren, die den Ruhm dieser Disziplin in Leiden begründet haben, keiner aus der Republik selbst stammte. Lipsius, Vulcanius und Heinsius kamen aus den südlichen Niederlanden, zwei aus Frankreich (Scaliger, Salmasius) und einer aus Deutschland (Johann Friedrich Gronovius).[54]

Ähnlich dem Aufstieg der Klassischen Philologie entwickelte sich die Orientalistik zu höchster Qualität. „Gefördert durch die engen wirtschaftlichen Beziehungen der Niederlande zu den Ländern des Nahen und Fernen Ostens, aber auch bedingt durch die Bedeutung der östlichen Sprachen und Kulturen für die Exegese des Alten und Neuen Testaments, hat das Fach Orientalistik seit Scaligers Zeiten eine einzigartige Stellung innerhalb der Universität Leiden eingenommen und behauptet."[55] Dieser richtigen Aussage sei noch die Beobachtung des Orientalisten Fück hinzugefügt, der in seiner Übersicht über die Entwicklung der Orientalistik feststellt, daß „in dem Wettstreit der europäischen Nationen die Niederlande für nahezu zwei Jahrhunderte die Führung" errangen.[56] Der Aufbau der Orientalistik hat der Gelehrsamkeit und Initiative des Joseph Justus Scaliger sehr viel, wenn nicht alles, zu verdanken. Gleichwohl sei vorab noch der in den südlichen Niederlanden bei Rijssel (Lille) geborene Franciscus Raphelengius genannt, der als Kenner des Hebräischen und Arabischen apostrophiert werden darf. Raphelengius arbeitete zunächst als Korrektor in der Druckerei des Christoffel Plantijn, wurde dann Universitätsdrucker und um 1587 Ordinarius für Hebräisch. Die Begrenzung der venia auf das Fach Hebräisch hinderte ihn, den herausgehenden Kenner des Arabischen, nicht daran, auch in dieser Sprache zu unterweisen. Die Universität richtete dann 1613 einen Lehrstuhl „Linguarum orientalium" ein, auf den sie den Scaliger Schüler Thomas Erpenius (Thomas van Erpen) berief. Als Verfasser einer ersten methodischen Darstellung des Arabischen galt Erpenius über die Grenzen des Landes hinaus als der eigentliche Begründer der klassischen arabischen Sprachwissenschaft. Erpenius selbst hat seinen Lehrer Scaliger den „princeps arabisantium" genannt und später noch geschrieben, daß er seine orientalischen Studien in Leiden „magni scaligeri hortatu" begonnen habe. Dies schrieb er, wenngleich Scaliger selbst keine eigentlichen orientalischen Studien unternommen hatte. Tatsächlich waren es dann auch Thomas Bedwell, Begründer orientalischer Wissenschaft in England und ein Bekannter des Scaliger, sowie ein christlicher Ägypter (Joseph Barbatus), die ihn zum intensiven Studium des Arabischen brachten. Ermutigt wurde er schließlich noch von Isaac Casaubon, führender europäischer Gräzist und Leiter der Königlichen Bibliothek in Paris. Von dieser Stadt aus unternahm Erpe-

---

54 WASZINK, *Classical Philology*, S. 171.
55 So SCHNEPPEN, *Niederländische Universitäten*, S. 92.
56 S. J. BRUGMAN, *Arabic Scholarship*, in: LUNSINGH SCHEURLEER, *Leiden University*, S. 203.

nius seine „Grand Tour" zu anderen zentralen Orten europäischen Geisteslebens – nach Venedig, Mailand, Basel und Heidelberg. Wie seine gelehrten Freunde und Gönner aus der Klassischen Philologie und Altertumswissenschaft zählte der Niederländer zu jenen Vertretern europäischer Wissenschaft der frühen Neuzeit, die so recht und so früh schon die Gelehrtenrepublik verkörperten.

Bis zur Übernahme des Leidener Lehrstuhls durch Erpenius galt es nicht nur in Leiden als ausgemacht, daß die Orientalistik zu den Kernfächern humanistischer Bildung zählte oder zumindest als Ziel formuliert werden mußte. Erpenius selbst hat diese Notwendigkeit in seiner Antrittsvorlesung (1613) begründet, die arabische Kultur neben die griechisch-römische gestellt, ja, sie selbst höher angesiedelt, wo es um das Wissen der Welt ging, um Mathematik und Geographie (u.a. Berechnung der Längen- und Breitengrade) ebenso wie um Medizin und die Historiographie der alten Völker des Mittelmeerraumes, und was Erpenius hier ausdrückte, hatten andere vor und mit ihm gesehen, Scaliger etwa und Casaubon. Die Kenntnis des Arabischen als Vehikel anderer Wissenschaften, aber auch der Theologie – Erpenius wußte es zu begründen: Keine sinnvolle Übersetzung der hebräischen Bibel und der alten chaldäischen Fassung ohne die Kenntnis des Arabischen! Da dies schon geraume Zeit communis opinio in der Gelehrtenwelt der Theologen war, empfahl sich ein gründliches Studium des Arabischen gleichsam wie von selbst. Zweifelhaft will es in diesem Zusammenhang erscheinen, ob der christliche Missionsgedanke ein möglicher zusätzlicher Impetus für das Studium des Arabischen gewesen ist, auch wenn Erpenius in der hier wiederholt zitierten Antrittsvorlesung von solcher Mission gegenüber den vom Islam verführten Völkern gesprochen hat.[57]

Die Nachfolge des Erpenius trat Jacob Golius (Gool) an, der 1622 für zwei Jahre Marokko bereiste und Handschriften von seiner Reise mitbrachte, die den Grundstock für die später so berühmte Sammlung Leidener Orientalia legte. Zugleich erhielten Persisch, Chaldäisch, Äthiopisch und Syrisch einen festen Platz in der Universitätslehre.[58] Golius war ein Schüler des Erpenius, darüber hinaus Mathematiker und schließlich der Begründer der Leidener Sternwarte. Er stammte aus einer Leidener Patrizierfamilie, hatte dadurch einiges Gewicht im Universitäts- und gesellschaftlichen Leben der Stadt, was nicht zuletzt dazu beigetragen hat, daß er nicht nur seinem Fach einen gebührenden Platz im Universitätsleben verschaffte, sondern auch der Erweiterung der Manuskriptsammlung der Universitätsbibliothek diente. Eben unter der Führung des Golius, der seit 1625 auf dem Lehrstuhl des Erpenius saß, ist der Durchbruch der Leidener Orientalistik zur europaweit anerkannten Disziplin gelungen. Das *Lexicon Arabico-Latinum* (1633) des Leidener Hochschullehrers hat dazu beigetragen, Leiden für ein Jahrhundert lang zu einem Zentrum orientalischer Forschung zu machen – auch für andere europäische Gelehrte dieser Disziplin.[59] Die Verbindung zum Ausland, die schon zu Erpenius' Zeiten in großem Stil bestand, soll hier zwar nicht detailliert genannt werden, auf ein einzelnes Beispiel sei freilich hingewiesen, weil diese Beziehung der Universität so viel Nutzen eingetragen hat. Gemeint ist hier Levinus Warner, ehemals lippischer Student in Leiden und später Geschäftsträger der Generalstände bei der Hohen Pforte. Warner studierte bei Golius und wurde 1642 in Leiden promoviert. Die Kuratoren der Universität sahen in ihm wohl einen potentiellen Nachfolger des Golius. Leidener Angebote, eine Professur für Hebräistik anzunehmen, lehnte er jedoch ab. Er blieb im wirtschaftlich interessanten Konstantinopel. Warner war eine jener seltenen Figuren, die zwischen Praxis und Forschung lebten, wobei er offensichtlich zuweilen die Forschung zum Nachteil der

---

57 Auszüge der Antrittsvorlesung ebd. S. 207ff.
58 SCHNEPPEN, *Niederländische Universitäten*, S. 93 und BRUGMAN, *Arabic Scholarship*, S. 203.
59 Zu den grenzüberschreitenden Beziehungen und Einflüssen SCHNEPPEN, *Niederländische Universitäten*, S. 93ff.

wirtschaftlichen Praxis überbetont zu haben scheint. Auf jeden Fall galt sein Hauptaugenmerk dem Sammeln von Büchern und seltenen Handschriften. Er trug in Konstantinopel eine unschätzbar wertvolle Sammlung gedruckter und handschriftlicher Zeugnisse zusammen, die er schließlich in Dankbarkeit der Leidener Universität übertrug – ein Legat, das „Leyden zum Mekka aller abendländischen Arabisten" machte.[60]

Altertumswissenschaft, Orientalistik! Beide gehörten zu den artes liberales. Sie waren in der Fakultät untergebracht, die nicht zu den überkommenen der Universitäten Europas gehörte, sondern eher auf das Studium an einer der „echten" Fakultäten vorbereitete. Eine solch echte Fakultät war neben der Theologie die Jurisprudenz. Entsprechend den Lehr- und Forschungsinhalten anderer Universitäten war auch die Leidener Einrichtung ein Ort zum Studium des Römischen Rechts. Diese Fakultät bildete nicht nur Juristen heran, die in zunehmendem Maße in der Republik gebraucht wurden, sie unterwies auch das Römische Recht im Sinne des „mos gallicus", wie es an der französischen Rechtsschule von Bourges gepflegt und von dem französischen Calvinisten und Juristen Hugo Donellus in Leiden eingeführt wurde, der 1579, damals noch an der Heidelberger Universität tätig, einen Ruf nach Leiden annahm. Donellus hat als erster ein umfassendes System des römischen Privatrechts ausgearbeitet. „Mos gallicus", das stand im Gegensatz zur Kommentatorenwissenschaft des „mos italicus" und hieß nichts anderes als die Anwendung der historisch-philologischen Methode bei der Deutung des Rechts und seiner Inhalte. Es hieß Rückkehr zu den Quellen und kam dem Leidener Späthumanismus entgegen. Das Rechtsstudium war auch hier wie in der Theologie eng mit den Altertumswissenschaften (Sprache, Kultur, Geschichte) verbunden. Klassische Vertreter dieser engen Beziehung von Recht und Altphilologie waren nach Donellus vor allem Everhard Bronckhorst, ein Bewunderer des Vossius, Petrus Cunaeus und Vinnius. 1620 noch, als er schon viele Jahre Leidener Hochschullehrer war, hörte Bronckhorst bei Daniel Heinsius Vorlesungen zu den Historien des Tacitus. Er selbst veröffentlichte 1623 lateinische und griechische Aphorismen zu militärischen und politischen Fragen. Petrus Cunaeus, von 1612-1638 zunächst Altphilologe, dann Professor an der Juristischen Fakultät, machte sich in Rechtswissenschaft und Philologie gleichermaßen einen Namen. Daneben beschränkte sich Vinnius ganz wesentlich auf juristische Forschungen und entwickelte sich zum wohl bekanntesten Vertreter der philologischen Methode. So spann sich zwischen den Geisteswissenschaftlern und den Juristen ein recht enges fachliches Band, oft über die Philologie, aber auch über Geschichte oder die Politischen Wissenschaften. Noch ein anderes war typisch für die Leidener Jurisprudenz: die große Distanz zur Rechtspraxis des eigenen Landes, wenngleich etwa Vinnius in seinem *Commentarius Academica et Forensis* die Unterschiede zwischen Römischem Recht und moderner Praxis herausarbeitete. Es ist festgestellt worden, daß die Leidener Fakultät oder ihre Hochschullehrer nur noch im 16. Jahrhundert als Autorität für schwierige juristische Probleme herangezogen wurden, während sie im 17. Jahrhundert ganz wesentlich auf die akademische Lehre begrenzt blieben. An ihre Stelle traten dann die Advokaten. Das entsprach letztlich auch dem Arbeitsauftrag der Fakultät, der es in erster Linie um die Vermittlung international gangbarer Methoden ging, was angesichts der Internationalität der Leidener Universität einsichtig sein mußte.[61]

Obwohl die Medizinische Fakultät in Leiden ungleich den anderen Disziplinen erst im 18. Jahrhundert unter Boerhaave den Höhepunkt einer internationalen Spitzeninstitu-

---

60 Ebd. S. 94 das Zitat; ferner BRUGMAN, *Arabic Scholarship*, S. 213ff.
61 Zum ganzen SCHNEPPEN, *Niederländische Universitäten*, S. 98f.; LUNSINGH SCHEURLEER, *Leiden University*, Introduction S. 8 sowie R. FEENSTRA/C.J.D. WAAL, *Seventeenth Century Leyden Law Professors and their Influence on the Development of the Civil Law. A Study of Bronchorst, Vinnius and Voet*, (=KNAW, Afd. Letterkunde, Nieuwe reeks, dl. 90), Amsterdam 1975; dazu vor allem WANSINK, *Politieke wetenschappen aan de Leidse universiteit, 1575-1650*, Utrecht 1981, S. 56ff.

tion erreichte, sei hier doch auf die Anfänge dieser Instanz hingewiesen. Denn auch im 17. Jahrhundert wußte sich die Wissenschaft von der Medizin in Leiden – im übrigen nicht nur dort – einen großen Namen zu machen. Die Anfänge waren freilich mehr als bescheiden. Zunächst verfügte die Fakultät über nur einen Hochschullehrer (Geraard de Bont), der noch dazu drei Jahre warten mußte, bis sich die ersten Studenten für das Studium der Medizin einschreiben ließen (Herbst 1578). Die Zahl der Immatrikulationen stieg bald freilich sprunghaft an, so daß 1581 schon ein zweiter Hochschullehrer ernannt werden mußte (Johan van Heurne). Aber erst die Ernennung von Pieter Pauw brachte den großen Aufschwung in der Lehre. Pauw war gebürtiger Amsterdamer (1564), begann sein Studium in Leiden, setzte es in Paris fort und erwarb den Doktorgrad an der Universität von Rostock. An diesem Universitätsort arbeitete er als Dozent für Anatomie, verbrachte danach einige Zeit in Padua und wurde 1589 als 24Jähriger als Lehrbeauftragter nach Leiden geholt, um drei Jahre später zum ordentlichen Professor ernannt zu werden. Pauw sezierte in jedem Wintersemester drei Leichen, was anfänglich jeweils ein Großereignis war, insofern alle anderen Vorlesungen zu diesem Zeitpunkt ausfielen. Meistens nahmen daran nicht die Professoren und Studenten aller Fakultäten, sondern auch Magistrat und angesehene Bürger Leidens teil. Der Senat der Universität beschloß 1613, den Leichenöffnungen ein musikalisches Rahmenprogramm beizugeben. Das unterstrich weniger den Sinn für Makabres oder Pathetisches, sondern eher die Bedeutung des Vorgangs. Es ist nicht ersichtlich, ob dieser Beschluß auch praktisch umgesetzt worden ist.

Die Anatomie als Grundlage der Medizin-Wissenschaft! In Leiden war Pauw einer der Begründer. Otto van Heurne, Sohn des zuvor genannten Johan van Heurne, und Vorstius bauten sie aus. Aber wichtiger als die Person war in jenen Jahren die Institution. Da war es zunächst einmal das Theatrum anatomicum, das die Leidener Kuratoren nach den Lehrerfolgen des Pieter Pauw und möglicherweise auch auf dessen Anregung hin 1597 einzurichten beschlossen, was die Bedeutung der Anatomie unterstrich. Dieser Ort, nichts anderes als eine umgebaute alte Beginenkirche, sollte recht rasch eine europäische Berühmtheit werden. Kaum ein Reisender aus dem Ausland, der sich das anatomische Amphitheater nicht angeschaut und bewundert hätte. Denn dieses Zentrum medizinischer Aktivität war nicht nur der Ort der Leichenöffnungen, sondern zugleich gleichsam ein Sammel- und Ausstellungsgelände anatomischer Normalitäten und Kuriositäten einschließlich der Mumien und der archäologischen Funde. Vor allem Otto van Heurne trug eine Vielzahl solcher Stücke zusammen. Dieser Schauplatz der Anatomie wurde von seinen Begründern und Leiter im Laufe der Jahre zugleich hochstilisiert zu einer moralischen Anstalt, zu einem Ort der Mahnung und Erbaulichkeit. Das *memento mori* war ebenso allgegenwärtig wie der Spruch von der Gleichheit im Tode, manifestiert in den zahlreichen Stichen und Versen an den Wänden, so etwa die des antiken Dichters Publius Papinius Statius, des Seneca oder auch der Bibel.

Noch ehe an den Ausbau der Anatomie gedacht war, beschlossen die Leidener einen botanischen Garten anzulegen (1587). Die Botanik galt als Hilfswissenschaft der Medizin, der Garten war dann auch gedacht als Sä- und Pflanzort für Heilkräuter. Nachdem sich Justus Lipsius schon 1587 vergeblich bemüht hatte, den Begründer der beschreibenden Pflanzenkunde, den im südniederländischen Atrecht geborenen Charles de l'Escluse (Carolus Clusius) an die Universität zu holen, hatten die Kuratoren 1593 mehr Glück. De l'Escluse nahm an und baute den botanischen Garten schnell zu einem für die Arzneimittel zentralen Ort Europas aus. Der Botaniker pflegte enge europaweite Kontakte zu zahlreichen Fachfreunden und erhielt von dort auch Saatgut zugesandt, wie er auch auf vielen Reisen in Europa manche bis dahin unbekannte Pflanzen entdeckte. De l'Escluse gilt auch als einer der Vorläufer der Mykologie-Forschung, die er 1601 mit seiner *Fungorum ... historia* einleitete. Früh, 1605, brachte er darüber hinaus eine

Beschreibung exotischer Pflanzen und Drogen heraus (*Exoticorum libri decem*) – eine Bestandsaufnahme, die in den folgenden Jahrzehnten von der VOC und WIC noch erheblich erweitert worden ist.

„Theatrum anatomicum" und „hortus botanicus" – zwei Anziehungspunkte der Leidener Medizin. Dazu trat in der ersten Hälfte des Jahrhunderts noch ein weiterer: die Universitätsklinik von 1637, die einzige in Europa überhaupt. Bis zur Errichtung dieses Krankenhauses war der Unterricht weitestgehend theoretisch verlaufen. Praktische Erfahrung sammelten die Medizinstudenten, wenn überhaupt, bei den Ärzten der Stadt. Das Padoveser Vorbild, nach dem seit dem letzten Viertel des 16. Jahrhunderts der Unterricht der Professoren teilweise im städtischen Krankenhaus gegeben wurde, hatte Johan van Heurne schon 1591 zu dem Vorschlag gebracht, etwas Ähnliches in Leiden einzuführen. Aber erst gut vier Jahrzehnte später gelang es, die Klinik einzurichten. Die Blütezeit der Medizinischen Fakultät hängt eng mit der Einrichtung der Klinik zusammen, erst recht, als der in Hanau geborene Mediziner Franciscus Sylvius (François Deleboe, später de la Boë), einer der größten Ärzte seiner Zeit, die Klinik übernahm (1658). Sylvius, der bis 1672 lehrte, unterrichtete täglich in der Klinik und genoß große Bekanntheit auch wegen seiner didaktischen Fähigkeiten, was angesichts der internationalen Zusammensetzung der Studentenschaft für die Multiplikation seiner Lehre von einiger Bedeutung war. Es ist ermittelt worden, daß Leiden in den Jahren des Sylvius mehr Studenten der Medizin zählte als später zu Zeiten des großen Boerhaave. Sylvius war wohl der bedeutendste Vertreter der Iatrochemie. Er führte die Lehre von den sauren und alkalischen „Schärfen" des Blutes in die Medizin ein, er kannte schon die Tuberkelknoten und gab Einzelbeschreibungen zur Anatomie des Gehirns. Mit dieser in den Niederlanden vorherrschenden iatrochemischen Schule setzte sich auch der neue Wissenschaftsbegriff des 17. Jahrhunderts durch, der sich von der spekulativen Medizin der Paracelsus und Helmont distanzierte. Schüler des Franciscus Sylvius, etwa die Leibärzte des Großen Kurfürsten, haben der iatrochemischen Richtung in Deutschland den Boden bereitet. Über die Entwicklung der medizinischen Wissenschaft allgemein ist an anderer Stelle gehandelt.[62]

Wenngleich die Medizinische Fakultät Leidens mit ihrer Klinik und Professoren wie Sylvius ein anerkanntes und bewundertes europäisches Unikum war, brach die ganz große Zeit, in der die Fakultät sich gleichsam zur letzten Instanz des medizinischen Wissens ihrer Zeit entwickelte, recht eigentlich mit Boerhaave an, der die Leidener ordentliche Professur 1709 annahm. Boerhaave, der hier einfach zu erwähnen ist, obwohl sein Wirken schon jenseits des Goldenen Jahrhunderts liegt, verband seine ärztliche und medizinisch-wissenschaftliche Tätigkeit mit den erneuerten Erkenntnissen der Naturwissenschaften. Er vollzog die Synthese von chemischer, physikalischer, pathologisch-anatomischer und mikroskopischer Herangehensweise mit dem hippokratischen Arzttum. Albrecht von Haller, ein Schüler des Boerhaave, hat ihn den „communis europae sub initio huius saeculi praeceptor" genannt. Wichtig war, daß er die klinische Praxis den Methoden der theoretischen Medizin voranstellte und vielleicht stärker noch als seine Vorgänger der Universitätsklinik eine herausragende Bedeutung beimaß.[63]

---

62 Es sei dazu auf den Abschnitt *Der Weg zu neuen Erkenntnissen* in diesem Band verwiesen.
63 S. dazu insgesamt, WANSINK, *Politieke wetenschappen*, S. 59ff.; zu den Auslandsbeziehungen SCHNEPPEN, *Niederländische Universitäten*, S. 105ff.; zum „Theatrum anatomicum" und zum „hortus botanicus" vor allem LUNSING SCHEURLEER, *Leiden University*, S. 217ff., Zitat Haller nach SCHNEPPEN, *Niederländische Universitäten*, S. 107f.

Studenten aus dem Ausland. Andere Universitäten

So trat die Qualität der Medizinischen Fakultät Leidens zur fruchtbaren Gelehrsamkeit der Theologie, der artes liberales und der Jurisprudenz. Sie alle zusammen sorgten für die europäische Spitzenstellung der Universität. Und hier der Vergleich zu anderen Universitäten des Landes. Ob es nun um Franeker geht oder um Groningen, um Utrecht oder um Harderwijk, auch wenn diese Universitäten hier und da einen über die Grenzen des Landes oder wenigstens der Provinz hinaus bekannten Wissenschaftler auf einem ihrer Lehrstühle hatten (Voetius in Utrecht oder Ulric Huber in Franeker), an Bedeutung konnten sie den Leidenern einfach nicht das Wasser reichen. Leiden – das hieß Internationalität der Wissenschaft, die anderen – das bedeutete im Vergleich jedenfalls ein Stück Provinzialität. Nicht nur der grenzüberschreitende Ruf zahlreicher, häufig genug eben aus dem Ausland kommender Professoren, sondern auch die Zahl der eingeschriebenen Studenten des Auslandes beweist das, abgesehen davon, daß Leiden im 17. und frühen 18. Jahrhundert überhaupt mehr Studenten anzog als alle die anderen Universitäten zusammen. Die Studentenzahlen seien für Leiden und die anderen niederländischen Universitäten kurz erläutert. In der ältesten Universität des Landes ließen sich zwischen 1575 und 1750 immerhin 11.000 deutsche Studenten einschreiben; zwar ging die Zahl der Immatrikulationen nach der Mitte des Jahrhunderts zurück, aber sie waren immer noch genug, um von der besonderen Anziehungskraft Leidens auf den Nachbarn im Osten sprechen zu können. Vor allen in den Jahren des Dreißigjährigen Krieges, als einige reformierte deutsche Universitäten (Heidelberg, Marburg, Theologische Hochschule Herborn) aufhörten zu bestehen, wuchs die Zahl der jährlichen Immatrikulationen. Sie überstieg in Leiden 1639 mit 158 (von insgesamt 550) die Zahl der in Rostock, Wittenberg, Frankfurt/Oder, Altdorf und Leipzig Immatrikulierten. Nur Königsberg und Köln, beide am Rande des Kriegsgeschehens gelegen, hatten mehr deutschen Studenten als Leiden. Daß dieser Ort in der Provinz Holland besondere Anziehungskraft und einen besonderen Ruf genoß, ergibt sich auch aus einem Vergleich mit deutschen Immatrikulationen an den Universitäten Nordeuropas. Da schneidet Leiden nicht nur zahlenmäßig gut ab, sondern festzuhalten ist auch der Unterschied im Einzugsbereich. Während die Universitäten der Nordländer ihre deutschen Studenten aus den Küstenbereichen rekrutierten, verteilten sich die deutschen Studenten Leidens der Herkunft nach über die Territorien des gesamten Reiches, wobei der hohe Anteil Nordost- und Mittelostdeutschlands auffällt. Das heißt, bei diesem Einzugsbereich handelt es sich um das Territorium der frühen Hanse, an deren Stelle wirtschaftlich die Niederlande traten. Nach Leiden kamen zudem überwiegend die deutschen Protestanten, die diesen Ort neben Heidelberg und Genf als akademische Hochburg des europäischen Calvinismus sahen.

Freilich, wenngleich das Renommee der Universität Leiden weit vor dem der anderen Universitäten lag, ließen sich Studenten anderer europäischer Länder durchaus auch bei diesen anderen Institutionen einschreiben. Der Anteil der Deutschen war auch an diesen Universitäten recht hoch. So etwa in Franeker: Zwischen 1585 und 1811 waren es hier insgesamt 17 v.H. der insgesamt 14.000 Studenten. Die meisten kamen aus den angrenzenden Gebieten Westfalens, Bremens, Ostfrieslands und aus dem – eher etwas ferneren – Rheinland. An die Universität Groningen scheint es noch mehr Deutsche gezogen zu haben, aus Ostfriesland vor allen und aus Westfalen; zwischen 1615 und 1775 machten sie immerhin 27 v.H. der Studentenbevölkerung aus. Besonderer Vorliebe erfreute sich durchaus auch die Universität von Utrecht. Der hier schon genannte beste deutsche Kenner der Verhältnisse in den Niederlanden, Heinrich Ludolph Benthem, schrieb Ende des 17. Jahrhunderts von Utrechts „Lebens-Art", die „alhier ein Drittes auß Holländischen, Französischen und Deutschen Sitten ist." Was immer das sein mochte, es war wohl etwas Besonderes, das durch die gemischte Studentenbevölkerung eingebracht worden ist, auf jeden Fall geeignet genug, „außländische Standes-Personen" und „Teutsche von Adel" nach Utrecht zu ziehen. „Etliche aprehendiren die nette conduite und galante Lebens Art derer Principalisten und gewehen sih zu ebenmäßigem Comportement und schönen Tugend-Sitten. Etliche, welche ihr Absehen auf Leiden gerichtet, verharren vorher eine Zeitlang in Utrecht und machen sich bey selbiger Universität bekannt." Zu den Deutschen kamen zwischen 1680 und 1720 noch eine große Zahl englischer und schottischer Studenten, unter ihnen William Pitt d.Ä. und James Boswell, dem wir ein höchst interessantes Tagebuch über das Studentenleben in Utrecht verdanken. Von den annähernd 1.000 deutschen Studenten, die zwischen 1640 und 1740 in Utrecht immatrikuliert waren, kam eine Großteil aus Bremen, Westfalen und aus dem Niederrheinischen. Es sei abschließend erwähnt, daß die Zahl der vornehmlich aus Westfalen kommenden deutschen Studenten an der Universität von Harderwijk die von Utrecht und Franeker überstieg.[64]

Ein Bericht über Struktur und Inhalte des niederländischen Bildungssystems wird auf eine andere Gruppe von Bildungs- und Ausbildungsinstitutionen hinzuweisen haben, die von einer Stadt oder einer Provinz gegründet wurden und durchaus Universitätsniveau erreichen konnten, freilich kein Promotionsrecht hatten: die schon kurz erwähnten „illustren Schulen" („illustre scholen"). Außer im fehlenden Promotionsrecht unterschied sich diese Gruppe von den regulären Universitäten durch die durchweg geringere Zahl an Professoren und damit eng zusammenhängend durch die geringere Zahl der Vorlesungen und Vorlesungsstunden. Im übrigen aber hielten Professoren, genau wie es an den Universitäten der Brauch war, ihre Antrittsvorlesungen und Kollegs im Talar. An der Spitze stand auch hier ein Rector magnificus. Einige dieser Akademien oder, wie sie auch hießen, „Athenaeen" sind rasch in Volluniversitäten umgewandelt worden (Utrecht, Harderwijk), andere, wie das Athenäum in Amsterdam, haben zweieinhalb Jahrhunderte auf solche Umwandlung gewartet. Es fehlten diesen Institutionen einige der überkommenen Fakultäten, meistens die medizinische, während die artes liberales-Fakultät fast immer vorhanden war, so daß auch ein Großteil der Studenten das Studium an solcher Institution als eine Art Propädeutik für die Arbeit an einer Volluniversität ansah. Ja, recht eigentlich waren diese „illustren Schulen" Stätten, an denen Allgemeinbildung vermittelt, nicht aber für einen bestimmten Beruf ausgebildet wurde – es sei dann zuweilen den des Prädikanten.[65] Das führt überhaupt zum Motiv der Gründung solcher Anstalten. Letztlich lautete es ähnlich wie bei der Gründung der Leidener Universität. Nach der Ausweitung des Aufstandes auf die Provinz Geldern etwa setzte sich hier der Wunsch nach einem geistigen Zentrum des Aufstandes durch – ein Zentrum, das nicht nur ein Hort der Freiheit und die Stütze einer guten rechtmäßigen Regierung, nicht nur in kirchlichen, sondern auch in weltlichen, allgemeinen Angelegenheiten sein sollte.[66] Die Gelderländer Politik ließ da auch nicht auf sich warten. Schon die Provinzialsynoden von 1580, 1581 und 1583 sprachen sich für Gründung einer Universität aus, und die Synode von 1598 beschloß, sich an das Geldersche Provinzialgericht (Hof van Gelderland) mit dem Ersuchen zu wenden, daß „eine illustren oder academicam scholam zum nutzen alle jener zu errichten" sei, die ihren Kindern in der Nähe und zu geringen Kosten die Möglichkeit zu lernen bieten wollten. Ein geistes- und sprachwissenschaftliches Studium sowie ein Studium der Theologie sollte für den Nachwuchs im Schul- und Kirchenamt sorgen. Daß nicht Zutphen, wie ursprünglich wohl beabsichtigt, sondern nach langen Erwägungen Harderwijk den Zuschlag erhielt, war nicht zuletzt der Intervention des

---

64   Nach SCHNEPPEN, *Niederländische Universitäten*, S. 9ff., 134ff.
65   Dazu kurz und prägnant W.TH.M. FRIJHOFF, *La société Néerlandaise et ses Gradués, 1575-1814. Une recherche sérielle sur le Statut des Intellectuels*, diss. Tilburg, S. 14ff.
66   Nach H. BOTS, *Cultuurgeschiedenis*, in: Geschiedenis van Gelderland, II, S. 401.

Moritz von Oranien, Statthalter von Gelderland, zu verdanken. Das geschah 1600, als Harderwijk seiner sechsklassigen Lateinschule einfach zwei Klassen, gleichsam den Überbau zugunsten des „illustren Gymnasiums", hinzufügte, dessen Unterricht von „professores publici" erteilt wurde.[67]

Über den Weg der Harderwijker Institution zur Volluniversität ist hier nicht zu handeln, vielmehr sei auf ein Brabanter Kolleg, die „illustre Schule" von Breda, hingewiesen, deren Gründung sicherlich nicht zuletzt die Sorge um eine adäquate Ausbildung künftiger Prädikanten war. Sie sollte von Beginn an ähnlich dem Harderwijkschen Kolleg als ein Zentrum der Reformation gelten, und zwar als reformatorisches Zentrum in einer vornehmlich katholischen Region. Die Gründung selbst (1646) erfolgte nach einer Initiative von Statthalter Friedrich Heinrich, der die Spanier 1637 aus Breda vertrieben hatte. Der Statthalter gab seinem Feldprediger L.G. van Renesse den allgemeinen Auftrag, die protestantische Gesinnung in der Baronie van Breda und der Meierei von 's-Hertogenbosch zu fördern. Van Renesse meinte, solchen Auftrag durch Gründung einer solchen Anstalt erfüllen zu können. Die Schule verfolgte schließlich ein dreifaches Ziel: Zum einen diente sie der Ausbildung von Prädikanten im Süden der Republik, zum anderen sollte der Jugend aus Adelskreisen die Möglichkeit der höheren Bildung protestantischer Prägung geboten werden, und schließlich war den Armeeoffizieren in den Wintermonaten, wenn die Waffen ruhten, die Gelegenheit zu verschaffen, sich weiterzubilden. Da war der Mathematik-Unterricht ebenso von Bedeutung wie die mit der Institution verbundene Reit- und Fechtschule. Der Statthalter selbst finanzierte übrigens das Kolleg. Die erforderlichen Gelder zog er aus einer Erhöhung der Pachtzinsen der oranischen Güter in Brabant. So war es verständlich, wenn auf dem Stab des Pedells in silbernen Lettern zu lesen stand: „Illustris scholar auriaca Bredae".[68] Die Gründungen in 's-Hertogenbosch und Maastricht entsprangen ähnlichen Motiven, allerdings stand dahinter nicht die private Initiative oranischer Statthalter. Sie gingen vielmehr auf den Wunsch der Haager Politik zurück, in den im Kampf gegen die Spanier besetzten Städten Maßnahmen zu ergreifen, die dazu dienten, das reformierte Bekenntnis zu verbreiten. Mehr als ein demonstrativer protestantischer Stützpunkt sind beide nie geworden. Sie dienten eher der Unterweisung von Kindern der Haager Beamten und Soldaten, die in die Städte einzogen. Der Anteil der einheimischen protestantischen Bevölkerung war hier wie dort gering. Und nahm auch in der Folge nicht zu. In Maastricht stand die Schule in Konkurrenz zu den Klosterschulen der Dominikaner, Franziskaner (Minderbrüder) und Augustiner. Die besondere Situation Maastrichts mit ihrer Bekenntnisfreiheit für beide Konfessionen machte solche Konkurrenz möglich. Auch an den Klosterschulen dozierten die Lehrkräfte Theologie und Philosophie.[69] Aber ob es nun um die zuvor schon genannten „illustren Schulen" oder um ähnliche Institutionen in Dordrecht (1636), Amsterdam (1630-32) oder Middelburg (1650) ging, zu zentralen Bildungsstätten sind sie nicht ausgewachsen. Der eher propädeutische Charakter blieb erhalten; es waren gleichsam örtliche Akademien, die am Ort selbst ein Stück allgemeiner höherer Bildung vermittelten, zu den klassischen Universitätsfächern auch etwas beizutragen versuchten, vor allem zur Theologie, aber auch zur Medizin oder zu den Naturwissenschaften einschließlich der Mathematik. Gleichwohl blieben die Schulen nicht ohne große Namen unter dem Lehrpersonal – und groß meint hier national und grenzüberschreitend gleichermaßen. Noch ehe der Dordrechter Magistrat die bis dahin berühmte Lateinschule 1636 zu einer

---

67 Ebd. S. 402f.
68 S. zu Breda den Aufsatz des Medizin-Historikers G.A. LINDEBOOM, *De Illustre School in Breda*, in: Spiegel Historiael 6 (1971), S. 88-94.
69 Zu Maastricht und auch 's-Hertogenbosch vgl. F. SASSEN, *De Illustre School te Maastricht en haar Hoogleraren (1683-1794)* (=Med. d. Koninkl. Nederl. Akademie van Wetenschappen, afd. Letterkunde, N.R. 35,1) (1972).

„illustren Schule" erhob, war dort Isaac Beeckman Rektor und als Mathematiker und Naturwissenschaftler seit 1618 eng mit René Descartes befreundet, wie sich überhaupt im Umfeld dieser Schule ein reges geistiges Leben entwickelte, an dem auch die Regentenfamilie de Witt teilnahm. In Amsterdam war es neben dem im Zusammenhang mit der Universität Leiden schon genannten Gerhardus Vossius vor allem Caspar Barlaeus, Literat und Historiker und bis dahin wie Vossius Professor für Logik in Leiden, der zu den Spitzenkräften niederländischen Geisteslebens zählte.

Athenaeum Illustre in Amsterdam

Diese „illustre Schule" („Athenaeum illustre") in Amsterdam nun! Sie verdient besondere Aufmerksamkeit. Sie diente nicht dem Zweck, das reformierte Bekenntnis zu stützen und zu verbreiten. Die Amsterdamer Regenten verfolgten vielmehr mit der Gründung ein doppeltes Ziel: Zum einen ging es um eine verbesserte Vorbereitung der Studenten für ein Studium an den Universitäten, zum anderen wollten diese Stadtoberen nicht nur als gute Händler und Wirtschaftsleute gelten, sondern neben ihrem Sinn für Gewinn auch den Sinn für Kunst und Wissenschaft nachweisen. Daß die Stadtoberen, unter ihnen Bürgermeister de Graeff, sich persönlich an Vossius wandten, zeigt, wie sehr es ihnen doch darauf ankam, über die Propädeutik hinauszureichen. Vossius war zu dieser Zeit nicht mehr der erstbeste Hochschullehrer im Lande. Und es gelang, den Mann mit einem hohen Gehaltsangebot von Leiden abzuziehen. Aber abgesehen von den materiellen Bedingungen, die letztlich nur zeigen, daß man sich die Gründung und den Betrieb eines Athenaeums durchaus etwas kosten lassen wollte, ist freilich auch auf den Widerstand hinzuweisen, der sowohl von orthodox-calvinistischer Seite als auch von der Universität Leiden gegen das Amsterdamer Vorhaben eingeleitet wurde. Das Unbehagen auf kirchlicher Seite war noch eine Folge des Remonstrantenstreits. Amsterdam, 1618/19 noch auf der Seite der Kontraremonstranten, begab sich daran, Remonstranten vor der Verfolgung durch die orthodoxe Richtung zu schützen. Sogar Schweizer Theologen wandten sich in dieser Sache an die Kollegen in Leiden. Sie befürchteten, daß Amsterdam angesichts des neuen Kurses ein Hort der Arminianer und Sozinianer werden würde. Auch Vossius erhielt Briefe aus dem Ausland, voll solcher Warnungen. Die Leidener Universität schließlich fürchtete, obwohl es sich in Amsterdam nur um eine „illustre Schule" handeln sollte, um ihre Monopolstellung im Lande. Daher brachte sie das Amsterdamer Vorhaben vor den Provinzialgerichtshof, den Hof van Holland. Sie klagte auf Unterbindung des Vorhabens – und verlor, eben weil es nur um eine solche Schule ohne Promotionsrecht und öffentliche Prüfungen ging.[70]

Im übrigen hatten die Amsterdamer nicht so ausführlich mit Barlaeus verhandeln müssen, denn der saß seit 1630 arbeitslos in Leiden und lebte von Veröffentlichungen. Beide Gelehrte hielten an zwei aufeinanderfolgenden Tagen ihre Antrittsvorlesungen. Während Vossius als Kirchenhistoriker über den Nutzen der Geschichte sprach (*De historiae utilitate oratio*), wandte sich Barlaeus dem Thema zu: *Der gebildete Kaufmann. Über die Verbindung von Handel und Philosophie* (*Mercator sapiens sive oratio de conjugendis mercatuae et philosophiae studia*). War es nicht das, was der Amsterdamer Magistrat hören wollte, ja, wurde hier nicht auch die enge Verbindung von wirtschaftlicher Blüte und kulturellem Hochstand angesprochen? Entsprach das nicht genau dem Bild, das die Niederlande bei den Reisenden und den Residenten aus dem Ausland wachriefen? Jedenfalls stellte Barlaeus ein „ungewöhnlich gutes Wechselverhältnis zwischen Handel und dem Studium von Literatur und Philosophie" fest. Demnach behin-

---

70 In kurzer Zusammenfassung bei RADEMAKER, *Vossius*, S. 236ff.

derten Nachdenken oder Nachdenklichkeiten, geistige Durchdringung also, ebenso wenig die Mehrung des Besitzstandes wie umgekehrt solche Mehrung dem geistigen Leben im Wege stand. Es war eine Welt der materiell-geistigen Harmonie, die Barlaeus da beschrieb. Schon die großen Gelehrten der Frühzeit hätten Interesse am Handel gezeigt. Letztlich ging es diesem Redner wohl darum, dem „Geistigen" oder „Philosophischen" in dieser Welt des Handels und Gewinns einen festen Platz zuzuweisen, gleichsam die Rechtfertigung für die Gründung der „illustren Schule" anzureichen. Da trat die Moralphilosophie als die Tugendlehre des Kaufmannes auf, geeignet, die Übel des Handels erst gar nicht aufkommen zu lassen. So gab er so etwas wie Faustregeln des weisen Kaufmanns an die Hand. Sie lauteten: Nicht zuviel solle er begehren, nicht leben dürfe er wie ein Krösus. Ehrlich sollte er sein und auch dort die Tugend wach halten, wo sich ungestraft ungerechtfertigte Vorteilnahme anbiete. Der mercator honestus des Cicero! Und es entsprach sicherlich dem auf Erweiterung der Kenntnis setzenden Zug der Zeit und war demnach eine allgemeingültige Sentenz, wenn Barlaeus eine enge Verbindung von Handelspraxis und Kenntniserweiterung gegeben sah. Solche Kenntniserweiterung konnte tatsächlich dem Handel förderlich, aber auch Ergebnis des Handels selbst sein.

Es scheint, als ob diese Antrittsvorlesung des Barlaeus in der Welt- und Handelsstadt Amsterdam mit ihrem Sinn für den Wert der Münze einen größeren Eindruck gemacht habe als die eher abgehobene Darlegung des wissenschaftlich höher eingeschätzten und einzuschätzenden Vossius. Sie ist später wiederholt Gegenstand von Reden und Untersuchungen gewesen.[71] Überhaupt haben beide Gelehrten, die sich aus ihrer gemeinsamen Zeit aus Leiden am dortigen „Ständekolleg" kannten, das Bild dieser quasi-akademischen Bildungsstätte geprägt. Wichtig war, daß die öffentlichen Vorlesungen auch tatsächlich öffentlich und nicht nur auf eingeschriebene Studenten begrenzt waren. Barlaeus schrieb schon 1632, am 18. Januar, an Constantijn Huygens im Zusammenhang mit seiner und des Vossius Vorlesung, es sei ihr Wunsch, den Kaufleuten der Stadt die Liebe für die antiken Philosophen beizubringen und an Bereiche heranzuführen, von denen sie sich bis dahin einigermaßen ferngehalten hätten. Der Briefwechsel beider gibt überhaupt Aufschluß über die Vorlesungen, die sie angeboten und die Zahl der Hörer, die diese Vorlesungen besucht haben. Des Vossius Kolleg über jüdische Geschichte scheint auf fruchtbaren Boden gefallen zu sein. Er trug das Thema nicht nur vor zahlreichem, sondern auch vor einem nach seiner Ansicht auserlesenen Publikum vor – wer immer das sein mochte. Jedenfalls ließ Vossius schon im Juni 1632 seinen Schwager, den Theologen Franciscus Junius, wissen: „Alles läuft hier glatt. Ich habe viele Hörer, ein hohes Gehalt und alles übertrifft gar meine Erwartungen."[72] Offensichtlich durfte Vossius auch, folgt man den zeitgenössischen Berichten, zufrieden mit sich selbst sein und die Stadt Amsterdam mit ihm. Es lohnte sich wohl für den gebildeten Bürger, dem Historiker Vossius zuzuhören. Samuel Sorbière, französischer Arzt, schätzte unter den unzählbaren Leuten, die er vom Katheder gehört habe, Vossius, Dionysius Petavius und Barlaeus am höchsten, und innerhalb dieses Triumvirats nahm Vossius für ihn den ersten Rang ein. Jedenfalls teilte der Stadtsekretär von Amsterdam, Daniel Mostart, dem Statthalter Friedrich Heinrich nach anderthalb Jahren „illustrer Schule" mit, Amsterdam habe dem Vossius viel zu verdanken.[73]

Wie die Leidener Universität zunächst mit den Namen Lipsius oder Scaliger und Heinsius verbunden war, so das Amsterdamer Athenäum mit Vossius und Barlaeus

---

71   Dazu ebd. S. 242ff. Die Rede des Barlaeus auch in Neuausgabe einschließlich niederländischer Übersetzung in: S. VAN DER WOUDE, Caspar Barlaeus, Mercator sapiens. Oratie gehouden bij de inwijding van de Illustre School te Amsterdam op 9 januari 1631, Amsterdam 1967.
72   Nach RADEMAKER, Vossius, S. 244ff.
73   Ebd. S. 245.

– letztgenannter nicht nur ein Mann der Wissenschaft, sondern auch ein Literator und Poet, der es sehr gut verstand, gelungene Öffentlichkeitsarbeit für die Institution zu leisten. Beide bemühten sich auch darum, neue und zugleich weit bekannte Gelehrte an die Amsterdamer Schule zu ziehen. So etwa auch Grotius. Das blieb freilich eine vergebliche Bemühung, denn die holländischen Provinzialstände konnten sich nach heftigen Debatten nicht dazu verstehen, den Rechtsgelehrten, der nach seiner Flucht aus Loevestein kurz aus dem Ausland zurückgekehrt war, im Lande zu lassen. Er wurde ausgewiesen, wenngleich der Statthalter, der holländische Adel und einige Städte auf der Seite des Grotius standen. Zwei Jahre nach der Gründung des Athenäums wurde Martinus Hortensius (Maarten van den Hove), ein Schüler von Isaak Beeckman und Willibrord Snellius, zum Professor für Astronomie und Mathematik, nicht zuletzt wohl auf Drängen der beiden „Ur"-Amsterdamer Vossius und Barlaeus, ernannt.[74] Nach dem Zeugnis von d'Orville erfolgte diese Ernennung, weil man ohne mathematische Kenntnisse weder die Buchhaltung noch die Seefahrt sach- und fachkundig ausführen könne – zwei Tätigkeiten, auf denen der Reichtum der Stadt beruhe. Hortensius unterrichtete auch Römische Geschichte und dürfte mit dieser Arbeit den Vossius entlastet haben. Seine mathematischen Vorlesungen, die – nach d'Orville – der kaufmännischen Buchführung zum Vorteil gereichen sollten, blieben freilich schwach besucht. Dabei bleibt zu fragen, ob hier spärlich entwickeltes Interesse oder die häufige Abwesenheit des Hortensius verantwortlich zu machen waren. Der Gelehrte jedenfalls führte beredte Klage, die dann freilich nicht mehr am Platze war, als er Vorlesungen zur Seefahrtkunde hielt, die gut besucht worden sind,[75] handelte es sich doch angesichts der höchst rührigen ost- und westindischen Aktivitäten um ein sehr interessantes und zugleich praktischen Nutzen versprechendes Thema. In die Zeit des Hortensius fiel auch die europaweite Auseinandersetzung um die Lehren des Kopernikus und des Galilei – nicht nur ein astronomisches Problem, sondern zugleich ein eminent theologisches, und das wohl nicht allein unter Katholiken. Zumindest diskutierte das Konsortium der Amsterdamer Calvinisten anläßlich der Erde-Sonne-Problematik, ob denn theologische Fragen in den Vorlesungsräumen des Athenäums erörtert werden sollten. Hortensius trug in seinen Vorlesungen sowohl das geozentrische Weltbild des Ptolemaeus als auch das heliozentrische des Kopernikus vor, er selbst war ein Anhänger der Thesen von Kopernikus und Galilei. Den Barlaeus ließ der Disput eiskalt, und Vossius gab keine Meinung zum Besten, sah aber die Möglichkeit, das Thema rein wissenschaftlich ohne theologischen Schlenker also zu diskutieren. Da meldete sich bald auch Grotius zu Wort, der in diesem Zusammenhang vorschlug, dem zu jener Zeit inhaftierten Galileo Galilei einen Lehrstuhl in Amsterdam anzubieten. Der Italiener verspürte infolge seines hohen Alters und den damit verbundenen Problemen keine Neigung, in die Niederlande zu kommen. Grotius, der mit Galilei in Verbindung stand und dessen *Dialogo* (*Gespräch über die beiden Hauptweltsysteme, das ptolemäische und das kopernikanische*) so bewunderte, teilte es mit. Für die Amsterdamer war der Mann von Interesse, weniger wegen seiner Parteinahme für das kopernikanische System, sondern weil er eine Methode zur Ermittlung des Längengrades auf See gefunden hatte. Eine eigens dafür gebildete Kommission, der der Athenäum-Mann Hortensius sowie der Kartograph Willem Janszoon Blaeu, der Mathematiker Isaak Beeckman und Renier Reael angehörten, sollte den praktischen Wert untersuchen. Daß es nicht zur Übernahme der Entdeckung kam, war äußeren Umständen zuzuschreiben sowie auf die Tatsache zurückzuführen, daß Galilei sich nicht entschließen konnte, seine Methode einem Land van Häretikern zu überlassen.

---

74 Ebd. S. 247f.
75 Ebd. S. 248; „nach d'Orville" s. H. BRUGMANS, *De eerste eeuw van het Athenaeum*, in: Gedenkboek van het Athenaeum en de universiteit van Amsterdam 1932, S. 35.

Zu den Fächern, die in der Frühphase in den Kanon des Athenäums aufgenommen wurden, zählte ab 1640 auch die Rechtswissenschaft, die auf Anraten des Triumvirats und unterstützt vom Leidener Philologen Daniel Heinsius von Johannes Cabelliau vertreten wurde. Das war wohl keine ganz glückliche Wahl, denn die Hörer blieben aus, unbegreiflich in einer Stadt, die genug Potential an Neugier und Wissbegierde hatte. Jedenfalls brauchte das Amsterdamer Athenäum es nicht der 1630 gegründeten „illustren Schule" von Deventer nachzutun, die sich genötigt gefühlt hatte, in zahlreichen Städten der Republik ihr Lehrprogramm bekannt zu machen. Cabelliau mußte 1646 in Amsterdam seinen Hut nehmen, da der Stadtregierung eine Professur ohne Hörer und somit ohne irgendeinen Nutzen zu teuer wurde. Den Abschied versüßte man dem Juristen mit einem weiteren Jahressalär. Sein Nachfolger Albertus Rusius scheint als Dozent größeren Erfolg gehabt zu haben.

Es ist im Zuge einer kurzen Übersicht zum Fächerkanon auch festzustellen, daß am Amsterdamer Athenäum keine Theologie gelehrt wurde – ein wesentlicher Grund ursprünglich für das Amsterdamer calvinistische Konsistorium, Einwände gegen das Gründungsvorhaben einzubringen. Seit 1634 arbeitete in der Stadt das Theologische Kolleg der Remonstrantischen Bruderschaft und sorgte für die Ausbildung des Prädikanten-Nachwuchses. Verbindung zum Athenäum bestand insofern, als die Schüler dort die kirchenhistorischen und philosophischen Vorlesungen von Vossius und Barlaeus besuchten, da diese Thematik nicht immer am Theologischen Seminar angeboten wurde.[76]

Philosophie, Geschichte, Mathematik und Astronomie, Jurisprudenz auch und schließlich orientalische Sprachen, nicht aber Theologie wurde gelehrt, und zunächst auch nicht Medizin, wenngleich doch mit der Stadt Amsterdam der Name des in seiner Zeit überaus bekannten Anatoms Nicolaas Tulp verbunden ist und wenngleich Amsterdam schon seit der Mitte des 16. Jahrhunderts die Gilde der „chirurgijns" kannte und ein wenig ins Zentrum der anatomischen Forschung gerückt war.

Nicolaas Tulp war nicht nur jener Anatom, den Rembrandt bei der Arbeit konterfeite, sondern auch Autor einer Reihe medizinischer und pharmakologischer Arbeiten und darüber hinaus ein Stadtpolitiker, der Amsterdam viermal als Bürgermeister regierte. Weder Tulp noch der Pathologe und Anatom Frederik Ruysch, ein knappes halbes Jahrhundert jünger als der Amsterdamer Regent, waren an das Athenäum gebunden, obwohl die Stadt ihm, Ruysch, 1688 den Professorentitel ad personam verlieh. Erster Professor für Medizin wurde 1660 (Extraordinariat) bzw. 1666 (Ordinariat) Gerard Blasius, ohne Angabe einer Teildisziplin. Er lehrte bis 1692. Sein Nachfolger, Pieter Bernagie, starb schon 1699. Danach blieb der Stuhl infolge der Sparmaßnahmen der Stadt unbesetzt.[77]

Abschließend zu diesem Überblick über Universitäten und „illustre Schulen" sei festgehalten, daß Leiden national und international zweifellos der zentrale Ort des niederländischern Hochschullebens war, aber die Vermittlung von Allgemeinbildung und die Wissenschaften pflegte man eben nicht nur dort, auch nicht nur in der Provinz Holland, sondern auch an anderen Orten der Republik. Es ist darüber hinaus festzustellen, daß das Netz der Wissensvermittlung insofern noch dichter geknüpft war, als es an einer Vielzahl von Orten fachspezifische Ausbildungsstätten (Schulen, Seminare) gab. Das war schon ganz typisch für die kleine Republik. Auf engstem Raum bot sich da eine bunte Palette von Möglichkeiten, Wissen zu erwerben und Wissenschaft zu betreiben. Sie waren gleichsam die äußere und organisierte Gestalt eines so reichen Kulturlebens, das sich auch außerhalb der Institutionen im wissenschaftlichen Gespräch ebenso äußerte wie im literarischen und künstlerischen Kreis. Beigetragen zum sicherlich bemerkenswerten

---

76 RADEMAKER, *Vossius*, S. 251.
77 Vgl. BRUGMANS, *De eerste eeuw*, S. 35f.

Kulturprofil dieser nach Quadratkilometern doch eng bemessenen Republik haben ganz vorne an auch die Professoren und Studenten aus dem Ausland. Es ist doch zu vermuten, daß die Anwesenheit so vieler ausländischer Studenten gerade zur Kenntniserweiterung auch der Niederländer selbst beigetragen haben wird.

Peregrinatio academica

Aber Universitäten und Hochschulen waren tatsächlich nur die eine Seite der Wissens- und Wissenschaftsvermittlung. Wie sich ausländische Studenten zahlreich an den niederländischen Universitäten einschreiben ließen, so begaben sich niederländische Studenten ihrerseits ins Ausland, um Kenntnis und Erkenntnis auf Reisen, auf der „peregrinatio academica", in die benachbarten europäischen Länder zu erwerben oder zu erweitern. In Gelehrtenkreisen galten die Reisen einfach als notwendig, ja, unerlässlich. Der Wunsch oder die Aufforderung zu reisen, andere Orte für Studium und Weiterbildung aufzusuchen, war nicht neu, lag vielmehr in der europäischen Tradition seit dem Mittelalter. „Terra aliena" und „peregrinatio academica" – das waren zwei gleichsam geistesgeschichtlich miteinander verbundene Begriffe, insofern sie der Vervollkommnung der Bildung, der Mehrung des Wissens dienten oder zumindest dienen sollten. Wunsch und Aufforderung galten bis in die Zeit des Humanismus hinein und wurden von den Humanisten selbst besonders gepflegt. „Das Bildungsideal der peregrinatio academica war der Gelehrte seines Faches oder später der Humanist schlechthin".[78] Die „mittelalterlichen Scholaren" waren immer noch unterwegs, und im 17. Jahrhundert waren sie es im verstärkten Maße. Die Niederländer lernten das als Gastgeber an den eigenen Universitäten kennen – in Leiden vor allem. Der Anteil an Studenten und Lehrpersonal aus dem Ausland war doch besonders hoch. In Leiden war der reisende Student eine alltägliche Erscheinung. Und der Gedanke scheint an dieser Universität besonders gepflegt worden zu sein. Vossius hat in seiner Trauerrede zum Begräbnis des 1624 jung verstorbenen Leidener Orientalisten Thomas Erpenius die Bildungsreisen dieses Kollegen nachdrücklich hervorgehoben. Der junge Magister hatte sich, ein Empfehlungsschreiben seines Mentors Scaliger in der Tasche, auf Reisen zu den Universitäten des Auslandes begeben. Vossius betonte den Kern des Reisemotivs. Es sei keineswegs Nichtachtung des so reichlich versorgten heimischen wissenschaftliches Herdes gewesen, sondern die einfache Erkenntnis, daß keine Region der Welt alle großen Geister des Erdballs ihr eigen nennen könne. Erpenius unternahm tatsächlich eine vierjährige Reise durch die Bibliotheken und Universitäten Europas, nach Oxford, Cambridge, Paris, wo er dem in Humanistenkreisen weitbekannten Isaac Casaubon, später Rektor der Universität von Paris, begegnete, in ihm einen Freund gewann, verbrachte ein Jahr an der gerade errichteten Akademie von Saumur und reiste – wieder über Paris – zu den Bibliotheken von Mailand und Venedig, kehrte schließlich über Basel (Aufenthalt bei dem Hebraisten Buxtorf) und Heidelberg in die Niederlande zurück. Die Reise also eines jung graduierten, bald renommierten Wissenschaftlers! Als solche und in diesem Umfang eine Ausnahme? Sicherlich insofern sich ihm als einem Scaliger-Schüler rasch die akademischen Türen öffneten, aber in dem Motiv, das Wissen zu vermehren, zwischen dem Ende der Studienzeit in Leiden und dem Eintritt ins Berufsleben gleichsam das „Buch der Welt" aufzuschlagen, war das keineswegs ungewöhnlich. Freilich ist gleich hinzufügen, daß die Ernsthaftigkeit des Motivs nicht bei allen reisenden Studenten gleichermaßen entwickelt war. Wie sollte das auch anders sein. Im übrigen hat nicht erst Vossius in seiner Trauerrede

---

78 Vgl. P. DIBON, *Le voyage en France des étudiants néerlandais au XVIIème siècle*, La Haye 1963, S. 4ff., Zitat S. 11.

G.J. Vossius (D. Bailly)   C. Barlaeus

zu den Bildungsreisen aufgerufen. Andere taten es vor ihm – weit vor ihm. Marnix van St. Aldegonde etwa, nicht nur Berater und Vertrauter des ersten Oraniers, sondern ein an Schul- und Bildungsfragen hochinteressierter Niederländer, hat die Bildungsreise als eine Phase des Sehens und Lernens begriffen, und kein geringerer als Justus Lipsius beschrieb 1578 in seinem an Ph. Lannoy gerichteten und in der ersten Lipsius-Ausgabe 1586 bekannt gewordenen *Epistola* die Aufgabe des Reisenden, der sich ins Ausland begab. Dieser Brief wurde 1647 ins Niederländische übersetzt. Lipsius setzte Italien als Reiseziel voraus, nicht ungewöhnlich in seiner Zeit – und er setzte den Nutzen solcher Reise humanistisch hoch an: *prudentia, scientia, virtus* und *mores* seien zu erlangen. Nicht nur reisen zum Vergnügen, sondern auch reisen zum Nutzen – abgesehen davon, daß nach Lipsius' Ansicht alle Großen der Völker sich auf Reisen begeben hatten und nur die kleinen Geister zu Hause geblieben seien. *Prudentia* oder *voorzichtigheyt* in der niederländischen Übersetzung – es will scheinen, als ob hiermit Erfahrung aus der Geschichte, den Verhaltensweisen, den Sitten und Gebräuchen und aus dem Handeln anderer Fürsten und Völker gemeint sei, Erfahrung auch, die dazu dienen sollte, eigenes Handeln zu bestimmen.[79] Die Tatsache, daß Lipsius Homer und die Taten des Odysseus als doch beispielhaft darstellte, weist auf die enge Verbindung von Handeln und Erfahrung, und es ist nicht abwegig zu vermuten, daß die auch in politisch-philosophischen Schriften genannte *voorzichtigheyt* auch politische Einsicht meinte, die Reise somit der Vorbereitung auf politische Ämter dienen sollte.

Mehrung des Wissens also! Es sollte nicht Buchwissen sein, das man auch durch Verbleib in den Bibliotheken am Orte erwerben konnte. Wissen erwarb man besser aus erster Hand, indem man die Begegnung mit den wichtigsten Gelehrten der Zeit anstrebte.

---

79 Zu dem Rat des Lipsius in Briefform s. A. FRANK-VAN WESTRIENEN, *De Groote Tour. Tekening van de educatiereis der Nederlanders in de zeventiende eeuw*, Amsterdam 1983, S. 42ff. Zu Marnix van St. Aldegonde vor allem ebd. S. 38ff.

Lipsius jedenfalls riet dringend dazu. Es erinnert ein wenig an den Weg, den Erpenius später beging, gleichsam sich selbst von Gelehrtem zu Gelehrtem weiterreichend, immer freilich mit einem Empfehlungsschreiben in der Tasche. Es war sicher nicht ohne Sinn, daß ein Leidener Verleger 1631 die *Epistola* des Lipsius, in der im übrigen vornehmlich an Italien als Reiseziel gedacht war, mit einem Traktat des Erpenius über eine Reise nach Frankreich zusammen herausbrachte.[80] Erpenius also, selbst ein reisender Scholar mit reicher Ernte, an dessen Grab Vossius gerade auf die Notwendigkeit des Reisens hinwies, verfaßte selbst ein – vielgelesenes – Traktat über die Reise. Es ist wohl so, als ob nicht nur der Brief des Lipsius, sondern auch der des Erpenius Eingang in die allgemeine Konzeption von Sinn und Zweck des Reisens gefunden hätten. So schreibt Caspar Commelyn im Vorwort zu seinem Reiseführer *Beschryvinge van Vranckryck*, es könne in seinem Jahrhundert für die heranwachsende Jugend nichts Lebenswerteres geben als die Welt als Augenzeuge zu durchwandern, Gesehenes zu notieren, die Sitten und Gebräuche kennenzulernen, um diese dann im erwachsenen Alter umzusetzen, und weil das so sei, habe er, Commelyn, beschlossen, den Reiseführer herauszugeben.[81] Da wurde insgesamt ein Stück Reisegepäck voller Reden vom Sinn und Nutzen mit auf den Weg gegeben, die Reise eben als eine pädagogisch-didaktische Rahmenveranstaltung verstanden. Lehrmeister wie Lipsius und andere wollten ihre Funktion in jedem Augenblick erfüllen, nichts dem Zufall überlassen, den Reisenden auch vor Gefahren warnen. Da ihnen nichts Menschliches fremd war und sie solches auch nicht von dem jungen Studenten erwarteten, warnten sie vor den zwei Hauptgefahren der Reise: vor den Huren und der Sauferei. Solcherlei Warnungen entsprachen zuweilen auch dem Bild, das man von den Zeitgenossen anderer Länder glaubte gewonnen zu haben. Diese Warnungen zeigen, daß den Späthumanisten bei aller Gelehrsamkeit und angestrebter Kenntniserweiterung der Boden des Alltags nicht unbekannt war, daß sie wußten, mit wem sie es zu tun hatten – mit jungen Menschen, denen Reisen auch ein Stück Abenteuer war. Jedenfalls scheint zumindest in der ersten Hälfte des 17. Jahrhunderts oder schon in der zweiten Hälfte des 16. Jahrhunderts unmäßig gesoffen worden zu sein. Philipp de Mornay hat in seinen Erinnerungen geschrieben, daß er in Heidelberg deutsch lieber aus den Büchern als im Umgang mit deutschen Studienfreunden gelernt habe, weil dort das Glas allzu oft gehoben wurde.[82] Lipsius selbst bot eine Charakteristik der Deutschen, Italiener und Franzosen und wußte von niemandem ein unverfälscht erfreuliches Bild zu zeichnen. Leichtfertigkeit und Eitelkeit seien eine Eigenschaft der meisten Franzosen, so konnte der Reisende, der sich mit Lipsius vorbereitete, lesen; in Italien schienen Wollust und Ausgelassenheit vorherrschend zu sein, Spanien war demnach von afrikanischem Hochmut geprägt, und Deutschland zeichnete sich durch Freß- und Trunksucht aus.[83] Bei einem Amsterdamer Reisenden, der sich Amsterdamer Vader nannte, aus der zweiten Hälfte des 17. Jahrhunderts (1680) stellt sich das Bild von den Deutschen relativ günstig dar, sicher im Vergleich zu Frankreich. Es sei, so der Amsterdamer, der anerkannte Sinn der Reise, moralisch gefestigter und nicht als Windbeutel von der Reise zurückzukehren, „aus diesem Grund ist es besser, daß er [der junge Mann, H.L.] erst jene Länder betrete, in denen Umsicht, Reife und Ausgewogenheit herrsche. Frankreich könne nur mit großer Vorsicht betreten werden. Sei dieses jedoch das erste Reiseziel, dann laufe der Jüngling Gefahr, sich die Eitelkeiten und den Sinn für oberflächlichen Luxus anzueignen. Im übrigen gehöre es zur Gewohnheit der Franzosen, zu spotten und Frauen in den Dreck

---

80 Der Titel lautet: Thomas Erpenii V.C., *De peregrinatione Gallica utiliter instituenda Tractatus. Item brevis admodum totius Galliae descriptio et Iusti Lipsii V.V. Epistola de peregrinatione Italica. Lugduni Batavorum, apud Franciscum Hegerum, Anno MCDXXXI.*
81 FRANK-VAN WESTRIENEN, *De Groote Tour*, S. 48.
82 Zit. bei ebd., S. 54.
83 LIPSIUS, *Epistola*, S. 120.

zu ziehen sowie Händel mit den Wirten anzufangen. Er schlug Deutschland als erstes zu besuchendes Reiseziel vor, wo Sittlichkeit zu den Vorzügen der Bevölkerung zähle.[84] Es ist auffällig, daß der französische Hang zu extravaganter Kleidung, Extravaganzen überhaupt und Exzessen alle niederländischen Schreiber beschäftigt hat. Daß Jacob Cats es sich angelegen sein ließ, seinerseits einmal mehr mit erhobenem Zeigefinger den moralischen Wegweiser zu machen, kann hier kaum verwundern. Cats, der Bürgervater und Moralist der Nation, beschrieb seine Studentenzeit in Orléans. Sie war wohl nicht fröhlich, sondern wäre beinahe auf ein Desaster hinausgelaufen, denn fast hätte er, der Bordellbesucher, eine Hure geheiratet (*Leuvens Huwelijk*). Nur in letzter Minute gelang es ihm, eingedenk der mahnenden Worte, offensichtlich aus den Niederlanden mit auf den Weg gegeben, seiner Familie eine solche Schande zu ersparen. Da hört sich die Geschichte dramatisch an und verfolgt in dieser Dramatik ihr moralisches Ziel. Der strenge Calvinist, voll im Bewußtsein einer makellosen Bürgerlichkeit lebend, gab sich das als reuiger Sauertopf, und er stand da sicher nicht allein.[85] Huren und Unkeuschheit – gleichsam die Antipoden der Kulturbeflissenen. Lipsius und vor ihm schon Marnix warnten vor italienischen Frauen, und Wilhelmus Baudartius, Bibelübersetzer und wie die anderen durchaus ein Verfechter der Bildungsreise, sparte Italien und Spanien aus, weil es dort zu ketzerisch-katholisch und eben zu unkeusch zugehe.[86] Es scheint selbst so gewesen zu sein, daß die Familie des Hugo Grotius sich in ihren Pariser Jahren darum bemüht hat, die reisenden Söhne niederländischer Familien von einem Italienbesuch abzuhalten.[87] Die Furcht vor der Sittenverderbnis beruhte im übrigen auf einem reichen Erfahrungsschatz, gleichsam auf Besichtigung vor Ort. Der hier schon erwähnte Amsterdamer Vader sah sehr wohl einen gewissen Konflikt darin, wenn auf das Italien der Künste und Wissenschaften verzichtet werden sollte, einfach um das Italien der Huren zu meiden; er wußte insofern Rat, als er Frankreich schlicht als gleichwertigen Hort der Unkeuschheit darstellte. Es blieb also nichts anderes übrig, als den reisenden Söhnen ins Gewissen zu reden, wenn man in den Genuß von Wissenschaft und Kunst an anderen Orten Europas kommen wollte. Aber nicht nur von den Huren drohte Gefahr. In Venedig konnte es geschehen, so ließ ein italienischer Freund des P.C. Hooft-Sohnes, Aernout Hooft, wissen, daß man sich auf einer Galeere wiederfand.[88] Wenn hinzutrat, daß sich das calvinistische Genf, von einigen Niederländern zunächst noch als Hort der Tugend vermerkt, in der Realität kaum von den großen Städten anderer Länder unterschied, konnte der rechtsinnige Niederländer nur noch furchtsamer gestimmt sein.

Aber wie auch die Gefahren taxiert, die Orte als Abgründe charakterisiert wurden, gereist wurde dennoch, und wie es sich nach dem Wunsch der geistigen Väter gehörte, auch auf der Basis eines vollgepfropften Studienplanes. Nach Geschichte und Geographie des Gastlandes sollte gefragt werden, die Sozialstruktur und die Regierungsform Interesse finden, öffentliche und private Bauten waren in die Betrachtungen einzubeziehen. Die neuen Erkenntnisse sollten aufgezeichnet werden. Gegen Mitte des Jahrhunderts ließ sich dazu noch einmal der nachgerade unvermeidliche Cats hören, aber er war nur ein Wiederkäuer. Die humanistischen Gelehrten hatten längst vor ihm oder zu seiner Zeit alles schon vorgetragen. Das Empfehlungsschreiben, das den persönlichen Zugang zu den Gelehrten ausländischer Universitäten erleichtern sollte, gehörte zu den normalen Geflogenheiten und scheint auch wirksam gewesen zu sein. die Türen der großen Gelehrten öffneten sich tatsächlich jenen, die mit einem Empfehlungsschreiben aufwar-

---

84 So bei FRANK-VAN WESTRIENEN, *De Groote Tour*, S. 54f.
85 Das Geschehen bei FRANK-VAN WESTRIENEN, *De Groote Tour*, S. 56.
86 Ebd. S. 57.
87 Ebd.
88 Ebd. S. 61.

ten konnten. Das hieß Wissenserwerb durch unmittelbaren Kontakt. Erpenius ist dafür ein gutes Beispiel. Aber eben auch andere begaben sich so zugerüstet ins Ausland. So etwa der spätere Geograph, Magistrat und Historiker Ernst Brinck. Er reiste mit einem Empfehlungsschreiben an Isaac Casaubon nach Frankreich; als er nach England ging, gab ihm der Harderwijker Klassiker Joannes Isaac Pontanus ein solches Schreiben für William Camden mit auf den Weg.[89]

Hierzu ist festzustellen, daß es zwar das System der Empfehlungsschreiben gab, es freilich nicht in der Absicht der niederländischen „Patriarchen" gelegen zu haben scheint, die Studenten-Touristen mit aller Macht an die Universitäten zu jagen. Im Vordergrund stand eher der theoretisch-praktisch Bezug, die unmittelbare Anschauung – dies freilich nicht ohne fachliche Vorbereitung. Erpenius verlangte aus seiner Erfahrung heraus zunächst gründlichste Sprachkenntnisse, im konkreten Fall Beherrschung des Französischen. Dazu entwickelte er ein ganzes Lernprogramm. Im weiteren empfahl er eine Reihe wichtiger Untersuchungen zu Geographie und Geschichte des Landes und fügte den Reiseführer von Jodocus Sincerus[90] von 1616 hinzu. Es folgten Titel zur Regierungsform des Landes. Dieser ganzen, gleichsam theoretischen Voraussetzung für den Reisenden fügte Erpenius ein Itinerarium bei. In Paris sollte man einige Zeit verbleiben, um die angegebene Literatur zu verarbeiten und französisch zu lernen, um erst danach die Rundreise anzutreten. Um Staats- und Verwaltungsstruktur sowie die kirchliche Organisation kennenzulernen, solle man, so Erpenius, die von ihm erarbeiteten 19 Fragen mit Hilfe von Sachverständigen des Landes beantworten. Schließlich oblag es dem wissbegierigen Reisenden, alle Eindrücke in einem Reisetagebuch festzuhalten, und Erpenius gab Hilfestellung, ein solches zu führen. Daß der Orientalist nach so gestalteter Reise dem Reisenden die Fähigkeit zusprach, bei gesellschaftlichen Zusammenkünften als Frankreich-Experte mitreden zu können, zeigt, daß es schon im 17. Jahrhundert in der Republik eine durchaus vorhandene Verbindung von Bildungsdrang und „small talk" gegeben hat.

Es ist fraglich, ob Hilfestellung oder Anweisungen des Erpenius gefruchtet haben. Daß sie bekannt waren, darf angenommen werden. Die Reisenden hielten sich vornehmlich in Universitätsstädten auf, ob nur zu Studienzwecken will freilich fraglich erscheinen. Da gibt es zwar Eintragungen in die Matrikel, aber dies will nichts besagen, da Immatrikulation auch schlicht eine Reihe von Privilegien für Studenten mit sich brachte, wie man sie auch in Leiden kannte – Vorrechte, die über die Leidener Regelungen noch hinausgingen. In Genf etwa hieß ein solcher Eintrag zugleich Aufenthaltsgenehmigung in der Stadt. Auf jeden Fall gibt es kaum Hinweise auf Studium oder Studienverlauf. Gleichwohl sind eine Reihe von niederländischen Studenten an italienischen, französischen und Schweizer (Basel) Universitäten promoviert worden, unter ihnen Jacob de Witt. Freilich, was besagte das schon? Ein Einblick in die Berichte über solche Examina läßt das Ereignis *Lizentiat* oder *Promotion* nachgerade als ein geselliges Schwätzchen erscheinen, das weder Prüfling nach Prüfenden irgendwie zu belasten schien – und da machte es wohl auch keinen Unterschied, ob man in Orléans, Angers, Poitiers oder Bourges ein Diplom erwarb. Mehr als Examensstoff interessierten offensichtlich die Kosten, die um die 100 Gulden betrugen. Im übrigen ist festzustellen, daß sich die Reisenden sicher sehr um die Sprache ihres Gastlandes bemüht haben, in der Beschreibung der Realien allerdings nicht auf sonderlich hohes Niveau kamen, wenn man zumindest den Aufzeichnungen folgt. Dies sagt freilich nichts über Intellektualität oder Begriffs-

---

89 Bei FRANK-VAN WESTRIENEN, *De Groote Tour*, S. 136.
90 Jodoci Sinceri, Itinerarium Galliae, ita accomodatum, uit eius ductu mediocri tempore tota Gallia obiri, Anglia & Belgium adiri possint ... Amstelodami, apud Jodocum Jansonium, MDCLV (erste Ausgabe Lyon 1616).

vermögen, vielleicht etwas über das Interessensgebiet der jungen Reisenden aus, was offensichtlich nicht immer der Staats- und Verwaltungsstruktur zugewandt war; im übrigen bestand auch die Möglichkeit, nicht den richtigen Ansprechpartner finden zu können. Schon Lipsius hatte auf die Schwierigkeit hingewiesen, sich die Italiener zu gesprächsbereiten Partnern zu machen. Jedenfalls meinte Constantijn Huygens, seinen Neffen ermahnen zu müssen, nicht so entblößt jeder Kenntnis zurückzukehren, wie man das bei einer Vielzahl junger Leute feststellen müsse; vor allem bei jenen, die sich mehr dem guten Weine Italiens als der Regierungsform und den Herrschaftsinteressen zugewandt hätten. Daß in den Aufzeichnungen zuweilen lange Reihen von besuchten Adligen auftauchten, konnte wohl kaum als gültiges Ergebnis einer Bemühung um Regierungsform anerkannt werden, und auch die Tagebucheintragung, den regierenden Monarchen begegnet zu sein, genügte sicher nicht den Absichten der Lipsius und Erpenius. Sicherlich, es konnte in ganz vereinzelten Fällen zu direkten Kontakten kommen, aber dies war nur ganz wenigen vorbehalten, und der Wunsch der vorgenannten Reise-Theoretiker, die Reisenden durch Begegnung zum Nachdenken über die Rolle der regierenden Fürsten in der Geschichte in ihrer Zeit anzuregen, ließ sich nur schwer erfüllen, zumal es nur selten vorkam, daß sich die jungen Leute über das Zeitgeschehen in einem Land ausließen, es notierten oder kommentierten, es sei denn, es handelte sich um echte Erschütterungen der politischen oder sozialen Verhältnisse.

Das Interesse für Rechtsprechung und Verwaltung der Gastländer blieb ebenso schwach entwickelt wie die Neigung, sich intensiv mit der Kirche zu befassen, es sei denn, man will die Beschreibung religiöser Feste schon als ein relevantes Interesse bezeichnen. Aufmerksam machten Äußerlichkeiten, von geringer Bedeutung erwiesen sich Strukturen und Machtverhältnisse. Pieter de la Court machte für den religiösen Bereich eine Ausnahme; er befaßte sich näher mit dem katholischen Glauben.[91] Sicherlich enthielt der eine oder andere auch Zugang zu literarischen Zirkeln mit interessanten Einblicken in das literarische Leben der französischen Hauptstadt, aber selbst solche an sich durchaus lebhaften Erfahrungen haben insgesamt das Urteil der Erpenius, Huygens oder Cats über den intellektuellen, für hohe Ämter bestimmten Nachwuchs nicht positiv stimmen können. Demnach scheint die Bildungsreise übers Ganze gesehen ein Fehlschlag gewesen zu sein.

---

91 Über Pieter de la Courts Reisen in England, Frankreich und nach Genf s. die entsprechenden Passagen bei FRANK-VAN WESTRIENEN, *De Groote Tour*.

IX. Sprache und Literatur

Die Sprache und ihre Entwicklung. Ein europäischer Vergleich

Im Abschnitt über die niederländische Malerei wird auf Quantität und Qualität des Metiers hingewiesen werden, auf den Binnenmarkt ebenso wie auf das rege Interesse, das dieser Malerei vom Ausland her entgegengebracht wurde. Dort findet sich – wie in anderen Abschnitten auch – der Hinweis, daß die Maler des 17. Jahrhunderts nicht nur den zeitgenössischen Besucher zur Bewunderung hinzureißen vermochten, sondern daß im nachhinein, als es darum ging, den Niederländern des 19. Jahrhunderts eine Stütze für neu zu entwickelndes Nationalgefühl anzubieten, die Kunst des Goldenen Jahrhunderts ins politisch-kulturelle Geschäft gebracht wurde. Das ist auch in der Einleitung im größeren Zusammenhang ausführlich dargestellt worden. Diese Kunst also als ebenso emotionale wie anschauliche Hilfe im Prozeß der Anpassung an die politischen Forderungen der Zeit – ein Vorgang der Funktionalisierung, der freilich in der Aktualität des Aufstandes und des Krieges gegen Spanien schon fröhliche Urständ gefeiert hatte.

Der Sachverhalt liegt ein wenig anders bei der niederländischen Literatur. Sie ist niemals zu weltweiter Bedeutung oder gar Ruhm aufgestiegen, auch nicht im Goldenen Jahrhundert, als die Umstände der intellektuellen Vermittlung durchaus nicht ungünstig waren. Literaturwissenschaftler haben bemerkt, daß sich in eben jenen vielen Jahrzehnten die Literatur nicht über den Rang der Literatur eines kleinen Landes bei recht geringer Verbreitung hinaus habe aufschwingen können. Andrerseits müsse ihr eine Art Vermittlerrolle zuerkannt werden, die der Qualität der Republik als Transitland entsprochen habe.[1]

Solcher Befund deutet sicher nicht gleich auf mangelnde Qualität der Inhalte in Poesie, Prosa oder in den Dramen hin, vielmehr ist wohl an die Begrenzung der Sprache auf ein geographisch einigermaßen kleines Territorium der europäischen Kulturlandschaft gedacht – einer Kulturlandschaft, deren intellektuelles Leben dort, wo es vorhanden, weitgehend von den Bildungsidealen des Humanismus bestimmt war. Die humanistische Bildungswelt hat schon in der Zeit des burgundisch-habsburgischen Gesamtterritoriums, vor dem Aufstand also, eine Grundlage für niederländische, über die Kreise der klassisch, vornehmlich am Lateinischen orientierten Gebildeten, hinausgehende intellektuelle Gemeinsamkeiten geschaffen, indem sie auf dem Weg über die Bildungsoffensive das Interesse an der niederländischen Sprache, der *lingua belgica*, zu wecken versuchte.

Die Aufwertung der Volkssprache war freilich kein typisch niederländisches Phänomen, sondern gehörte zum Innenleben der Renaissance. Hier lag das niederländische Territorium, das heißt seine Grafschaften und Herzogtümer, eingebettet in einer europäischen Entwicklung, die die Volkssprache in ihrer Qualität höher einzuschätzen begann. Die *relative* Formulierung will hier angebracht erscheinen, weil das Neo-Lateinische als literarische Sprache und vor allem als wissenschaftliches Kommunikationsmittel lange vorherrschend blieb. Es gab eben diesen weiträumigen Geltungsanspruch des Neo-Lateinischen, das von den Intellektuellen jener Jahrhunderte der Renaissance und auch noch des Barock eingebracht wurde – gewissermaßen das Ausdrucksmittel eines geschlossenen Kreises, einer frühen respublica literaria.[2] Die Aufwertung der Volks-

---

1 S. dazu M.A. SCHENKEVELD-VAN DER DUSSEN, *Dutch Literature in the Age of Rembrandt. Themes and Ideas*, Amsterdam u.a. 1991, S. 152.
2 Zur Bedeuztung des Neo-Lateinischen vgl. H.-G. ROLOFF, *Neulateinische Literatur*, in: Propyläen. Geschichte der Literatur III, S. 196ff.

sprache war ein einigermaßen langwieriger Prozeß, weil sich ihre Griffigkeit und Ergiebigkeit erst allmählich nachweisen ließ, und weil sich darüber hinaus gar die Kodifizierung solcher Sprache angesichts der Zersplitterung auch innerhalb eines politisch geschlossenen Territoriums nicht so einfach durchführen ließ. Das galt für Rechts-, Wissenschafts- und Literatursprache gleichermaßen. Gleichwohl, bei aller Vorherrschaft des Lateinischen war das Nachdenken über die Ausbildung einer Volkssprache allemal eine Überlegung wert, zumal es doch schon eine Reihe von schriftlichen Vorlagen in der Volkssprache gab, die auch für die Öffentlichkeit relevant waren (Rechtsbücher, Städtechroniken mit deutlich politischen Inhalten).[3]

Die Bemühung um Anerkennung der Volkssprache als literarisch wertvolle Kommunikation setzte ganz früh in Italien ein, wo Leon Battista Alberti sich für die Anerkennung der Volkssprache aussprach. Angesichts der *Divina Commedia* des Dante, des *Decamerone* von Boccaccio und der Gedichte von Petrarca war die Beweisführung über die Qualität der Volkssprache sicherlich leicht genug.[4] Alberti war ein Florentiner Kaufmannssohn und galt als einer der besten Architekten seiner Zeit. Er befaßte sich mit den bildenden Künsten zunächst in lateinischer Sprache, hatte aber keine Probleme mit der Zweisprachigkeit, mit dem Nebeneinander von klassischer und „volgar lingua". Sein Antrieb, sich zugunsten der Volkssprache auszusprechen, lag in seinem Wunsch, die humanistischen Moralprinzipien auch jenen zugänglich zu machen, die das Lateinische nicht beherrschten.[5] Alberti war in einer einigermaßen günstigen Lage, weil die Medici in Florenz als Kunst- und Literaturmäzene nach Renaissance-Art auftraten und Lorenzo di Medici seine Werke italienisch verfaßte, eben weil er auch die Meinung vertrat, daß die eigene Sprache sich ebenso gut wie das Lateinische für Kunst und Wissenschaft eigne. Das florentinische Italienisch schien ihm alle geforderten Eigenschaften zu besitzen.[6] Das war eben die zentrale Frage: die Eignung der Volkssprache für die Vermittlung der neuesten Erkenntnisse. Wie sehr bei Alberti das humanistische Anliegen der eigentliche Impetus war, zeigt die italienische Fassung seines ursprünglich lateinisch geschriebenen Buches *Über das Hauswesen*, in dem es ihm um Ehe, Familie und Kindererziehung ging, um Theorien, die schon in der Antike von Xenophon und Cato dem Älteren vorgetragen worden waren. Es sei hinzugefügt, daß Alberti eine Grammatik des toskanischen Italienisch verfaßte und schon 1441 einen Dichterwettstreit mit volkssprachlichen Gedichten organisierte.[7] Dieser Florentiner blieb nicht der einzige Humanist, der die Volkssprache favorisierte. Nach ihm waren es Pietro Bembo und Giovangiorgio Trissino, die sich für diesen Weg einer weiteren Entwicklung der Volkssprache einsetzten – in unterschiedlicher Richtung freilich. Während Bembo das Toskanische (Florentinische) als Ausgangspunkt sah, sprach sich Trissino mehr für eine allgemeine Volkssprache aus, die sich aus unterschiedlichen Dialekten zusammensetzte. Bembo selbst machte für die Lyrik Petrarca, Boccaccio für die Prosa zum Vorbild. Wer gut schreiben wolle, solle eben nicht zu Vergil, Cicero, Horaz oder Livius greifen. Es ist

---

3   S. kurz dazu H. KOLB, *Die nationalen Sprachleistungen der Zeit. Rolle der Stadt und neue literarische Formen*, in: Propyläen. Geschichte der Literatur, III (1988), S. 182.

4   S. M.J. VAN DER WAL, *De moedertaal centraal. Standaardisatie-aspecten in de Nederlanden omstreeks 1650*, Den Haag 1995, S. 5.

5   S. dazu M. GUGLIELMINETTI, *Die italienische Literatur vom 15. bis zum 18. Jahrhundert*, in: Propyläen. Geschichte der Literatur, III, S. 237f.

6   S. VAN DER WAL, *Moedertaal*, S. 5. Zum Gebrauch der Volkssprache (italienisch) und des Lateinischen, das heißt auch zum Verhältnis beider zueinander im 14. Jahrhundert s. S. NEUMEISTER, *Die Entstehung der italienischen Nationalliteratur im Florenz des 14. Jahrhunderts*, in: K. GARBER, *Nation und Literatur im Europa der Frühen Neuzeit. Akten des I. Internationalen Osnabrücker Kongresses zur Kulturgeschichte der Frühen Neuzeit*, Tübingen 1989, S. 226ff.

7   S. GUGLIELMINETTI, *Italienische Literatur*, S. 238 dort auch weitere Hinweise auf andere italienische Dichter, die sowohl in lateinischer als auch in italienischer Sprache Gedichte verfaßten.

doch recht vielsagend, daß Ludovico Ariosto, der im Dienste der Este stand, sein Rittergedicht mit Blick auf die Empfehlungen des Bembo überarbeitete.[8] Abgesehen von dieser Auseinandersetzung, zeitigte dann schon früh im 16. Jahrhundert die ernste Bemühung um eine Kodifizierung des Italienischen erste Ergebnisse.[9] Neben Trissinos *Grammatichetta* von 1529 erschien zwischen 1525 und 1550 eine Reihe von Grammatiken und Lexika, die im wesentlichen auf den literarischen Arbeiten des 14. Jahrhunderts gründeten.[10] Man wird sich freilich klarmachen müssen, daß in der ersten Hälfte des 16. Jahrhunderts Schriften im Italienischen erschienen, die nicht den Eindruck erwecken, als ob man nach Grammatik und Wörtern gesucht hätte. Im Gegenteil, das Italienisch dieser Schriftsteller oder auch politischen Publizisten wies aus, wie geeignet die Sprache auf jeden Fall auch für die schwierigsten Abhandlungen war, gleichviel ob es sich hier um die Arbeiten des Niccolò Machiavelli oder des Francesco Guicciardini handelt.[11]

Soweit es die Motive betrifft, zeigte die französische Entwicklung auf sprachlichem Gebiet ähnliche Merkmale wie in Italien. Dem Humanisten Claude de Seyssel kam es darauf an, klassische Literatur auch jenen nahe zu bringen, die des Lateinischen nicht mächtig waren. Zugleich ging es jenen darum, die doch durchaus noch von der Qualität, das heißt ihrer Eignung her skeptisch beurteilte Volkssprache weiter auszubauen, sie gleichsam wissenschaftsfähig zu machen. Zu ihnen zählte Geoffroy Tory, der in seinen 1529 herausgebrachten *Champs-fleury* seinen Landsleuten die Römer vorstellte, die mehr mit ihrer Sprache als mit ihren Waffen erreicht hätten. Es klingt darüber hinaus wie ein französisch-italienischer Gleichklang, wenn der zu dieser Gruppe zählende Jean Lemaire de Belges 1511 ein Werk unter dem Titel *La Concorde des deux langages françois et toscan* herausbrachte. Die ersten Grammatiken ließen noch etwas auf sich warten. Sie flossen aus englischer Feder (1530 und 1532) und waren für englisch sprechende Lernwillige gedacht, während eine Grammatik für Franzosen erst 1550 erschien. Dazu trat im Laufe des 16. Jahrhunderts eine Reihe von Wörterbüchern.[12] Ähnlich der italienischen Entwicklung führte die Diskussion in Frankreich auch zur Frage nach den Grundlagen der Volkssprache, das heißt nach den Dialekten, die als Norm für die Volkssprache und ihre Kodifizierung zu gelten hatten. Die Entscheidung fiel zugunsten des Francien aus, das im Raum der Île de France gesprochen wurde. Es braucht hier nicht erörtert zu werden, welche weiteren Elemente neben dieser Regionalsprache zum Standard-Französisch geführt haben, zu bemerken bleibt freilich, daß die Entscheidung des Hofes von 1539, alle Urkunden und Akten in der Landessprache auszufertigen (Franz I.), der sprachlichen Entwicklung sehr förderlich gewesen ist. Zu dieser Verwendung der Sprache für Recht und Verwaltung trat um 1530 der offensichtlich doch gelungene Versuch, auch naturwissenschaftliche und medizinische sowie philosophische Arbeiten ins Französische zu übersetzen die im Bereich der Medizin zwischen 1540 und 1550 durch zahlreiche originäre Arbeiten ergänzt wurden. Daß Johannes Calvin seine lateinisch verfaßte *Institutio* unter dem Titel *Institution de la religion* chrétienne (1541) ins Französische übertrug, mag ein Hinweis sein auf die Bedeutung, die die „Volkssprache" inzwischen errungen hatte. Eine vermehrte Nutzung der „Volkssprache" mußte dem Kommunikationsbedarf der Reformatoren einfach entgegenkommen. Aber eben auch die Literaten, die Lyriker vor allem, mühten sich um die Eignung ihrer Sprache für die

---

8 Ebd. S. 241f. mit weiteren Hinweisen auf Ariosto und die in dieser Zeit herrschenden Einflüsse.
9 Dazu VAN DER WAL, *Moedertaal*, S. 6ff. mit weiteren Angaben.
10 Ebd. S. 7.
11 Dazu GUGLIELMINETTI, *Italienische Literatur*, S. 243ff.
12 Dazu ebd. S. 8f. Bei den Spracherläuterungen für englischsprachige Interessierte handelt es sich um J. PALSGRAVE, *Eclaircissement de la langue françoise* und G. DU WEZ, *Introductorie for to lerne to rede, to pronounce and to speke Frenche trewly*. Die Grammatik für Franzosen trug den Titel L. MEIGRET, *Le tretté de la grammere françoeze*.

Poesie. Vor allem die Gruppe der sich um Pierre de Ronsard, Joaquim du Bellay und Antoine de Baïf scharenden Literaten strebten nicht nur griechischen und römischen, sondern auch den italienischen Vorbildern nach. Die Gruppe trug ein Manifest vor, das du Bellay unter dem Titel *Deffence et illustration de la langue françoyse* 1549 verfaßte, in dem eine neue Dichtung verlangt wurde, die sich am besten in Epigrammen, Elegien, Oden und Sonetten äußern könne, eine Dichtung auch, in der nicht nur die Sprache, sondern auch der Stoff erweitert werden sollte.[13] Es sei am Rande vermerkt, daß die Übernahme von Lehnworten aus dem Lateinischen und Griechischen, vor allem aber dann aus dem Italienischen bei den Puristen auf Widerstand, so nicht auf Empörung und selbst Spott stieß, vor allem nachdem das ohnehin hochbewertete Italienisch nach der Ankunft Katharina di Medici in Frankreich (Heirat mit Heinrich II.) noch mehr ins Zentrum des Interesses rückte,[14] wenngleich darauf hingewiesen werden soll, daß wenn man auf die Ausgestaltung der italienischen und die Ausarbeitung der französischen Standardsprache schaut, die letztlich erst im 17. Jahrhundert ihren Abschluß gefunden hat, das Französische als Amts- und Literatursprache bis dahin auf jeden Fall schon sattsam den Nachweis seiner Kommunikationskompetenz auf jedweder Ebene geführt hatte.

Auch wenn um 1500 die Meinung über die Eignung des Englischen nicht unverhohlen positiv war, weil es eben die Möglichkeit des Lateinischen nicht besaß, hatte es sich bis dahin doch einen wichtigen Platz in der öffentlichen Kommunikation errungen. Was zudem an Motiven zum Gebrauch der Sprache zu erkennen ist, das entspricht dem in Italien und Frankreich geäußerten Wunsch der Humanisten: das Bildungsmotiv, das im übrigen wie überall auch ein religiöses Motiv implizierte (Bibelübersetzung). Freilich, gerade die Bibelübersetzung, hier Tyndale's Übersetzung des Neuen Testaments, fiel bei einigen Kritikern auf unguten Boden. Die Sprache sei nicht geeignet, um eine getreue Übersetzung anzufertigen. Das Problem, das sich auch für profane Arbeiten und die Wissenschaftssprache auftat, war die Begrifflichkeit – oder schlicht der Wortschatz. Und da gab es eben Autoren wie Ralph Lever oder George Gascoigne, die den Versuch unternahmen, die Begrifflichkeit durch neue Wortbildungen aus dem Englischen selbst, zurückgreifend sogar auf das Altenglische, anzureichern.[15] Bis zum letzten Viertel des 16. Jahrhunderts setzte sich freilich die Ansicht durch, daß das Englische gleichberechtigt neben den Bildungssprachen Latein und Griechisch bestehen könne. Bis dahin hatte schon Shakespeare seine Tätigkeit aufgenommen, war zudem ein aus der starken außenpolitischen Stellung erstandenes Selbstbewußtsein das prägende Merkmal der Zeit, das sich zugleich auf eine urbane Lebensweise stützen konnte. Dazu trat eine dramatische Spieltradition, die zurückreichte in das mittelalterliche geistliche Spiel und die profanen spätmittelalterlichen Moralitäten, die mit ihren Formelementen und ihren Figuren die Grundlagen für das Theater der elisabethanischen Zeit legten. Unterstützt wurde solche Entwicklung von einem frühen Berufsschauspielertum, das zuweilen zwar höfische Protektion genoß, aber im wesentlichen noch als ambulantes Gewerbe auftrat.[16] Es ist sicherlich nicht erstaunlich, daß gegen die Jahrhundertwende eine Studie unter dem Titel *Excellency of the English Tongue* erschien, in dem das Englische mit der hohen Qualität des Griechischen und Lateinischen gleichgesetzt wurde. Es ist bezeichnend, daß zu dieser Zeit auch auf französischer Seite ein ähnliche, von dem Graezisten, Literaten

---

13 Zur Gruppe der Pléiade s. LANSON, *Histoire de la littérature française*, S. 276ff.; weiter auch V. MEID, *Italien und die Lyrik der Renaissance*, in: Propyläen. Geschichte der Literatur, III, S. 549. Van Wal weist darauf hin, daß du Bellay sich besonders an dem Italiener Sperone Speroni *Dialogo delle lingue*, 1542) orientiert habe. *Moedertaal*, S. 10.
14 VAN WAL, *Moedertaal*, S. 11 mit den Autoren.
15 S. ebd. S. 12ff. mit Beispielen.
16 S. dazu ausführlich H. ZIELSKE, *Drama und Theater in England, den Niederlanden und Deutschland*, in: Propyläen. Geschichte der Literatur, III, S. 146ff.

und Wissenschaftler Henri Estienne verfaßte Studie *Traicté de la Conformité du langage françois avec le grec* vorlag, die den, wenn man so will, sprachnationalen Tenor vorgab.[17] Bis dahin, bis zu Shakespeare oder der vorgenannten Arbeit von Carew war eben einiges an politischen Schriften entstanden, in denen es darum ging, den englischen Staat im Sinne einer Zuweisung von weltlicher und geistlicher Macht an den Monarchen (hier Heinrich VIII.) zu strukturieren, das heißt, wir haben es mit einer Art Erziehungsliteratur zu tun, deren Sprache – eben englisch – für geeignet genug gehalten wurde, das erwünschte Ziel vorzubereiten.[18]

Für die Sprachentwicklung in den deutschen Territorien ist festgestellt worden, daß sich einige Autoren darum bemühten, das hohe Alter der deutschen Sprache nachzuweisen, zugleich aber die Vertreter des Humanismus auf eine den antiken Sprachen gleichberechtigte Volkssprache hinarbeiteten. Es erschienen nicht nur Übersetzungen aus dem Lateinischen und Griechischen, sondern eben auch Originalwerke in der Volkssprache, gleichviel ob es sich hier um Sprichwörtersammlungen oder wissenschaftliche Arbeiten zur Arzneikunde handelte. Dabei wurde durchaus die Originalität des Deutschen etwa gegenüber dem Französischen hervorgehoben, das aus mehreren Sprachen zusammengesetzt sei. Immerhin brachte Sebastian Münster 1544 eine Beschreibung der damals bekannten Welt in seiner *Cosmographey* heraus, und einiges zuvor hatte Albrecht Dürer eine mathematische Abhandlung auf den Markt gebracht.[19] Kaum ein Werk freilich hat die Bedeutung der Volkssprache stärker akzentuiert als das *Narrenschiff* des Sebastian Brant, eine Moralsatire, die 1494 in Straßburg erschien. Es ist schon einigermaßen vielsagend, wenn Jakob Locher, der dem Werk eine hohe sprachliche Raffinesse zuschrieb, bei seiner Übertragung ins Lateinische – an sich schon ein hochinteressanter Vorgang, weil recht eigentlich der umgekehrte Weg vom Neulateinischen ins Volkssprachliche beschritten wurde –, noch bemerkte, daß es ihm wohl schwerfallen werde, der hohen dichterischen Sprachbeherrschung des Autors Brant Adäquates entgegensetzen zu können. Der Vorgang ist insofern auch auffällig, weil Jakob Locher als Ausgangspunkt seiner Intention den hohen moralphilosophischen Wert des *Narrenschiff* pries, der auch jenen, die der Originalsprache nicht kundig seien, zuteil werden müsse.[20] Brant war ein hochgebildeter Jurist, Hochschullehrer in Basel, später in anderen hohen Funktionen in Straßburg und Ratgeber von Kaiser Maximilian, und was Jakob Locher, ein Schüler des Brant als Aufgabe übernahm, war von Brant bei der Abfassung des Werkes von vornherein geplant worden. Tatsächlich ist Brant dann auch durch die lateinischen Übersetzungen europaweit bekannt geworden.[21] Soweit es um Frage der Eignung der Volkssprache Poesie und Wissenschaft geht, scheint doch der Hinweis angebracht zu sein, daß Brant sich intensiv mit der *Ars poetica* des Horaz befaßt hatte und die dort inhärente Verbindung von literarischer Kompetenz und Auftrag in die Volkssprache umsetzte.[22] Es ist hier nicht auf die Figur des Narren einzugehen, die einiges später im *Lob der Torheit* des Erasmus in freilich veränderter Definition wieder auftaucht, aber wie humanistisch geprägt Brant doch war, erweist sich daran, daß er die fehlende Selbsterkenntnis des

---

17 Dazu VAN DE WAL, *Moedertaal*, S. 13f. Der Autor war Richard Carew. Zu Henri Estienne s. vor allem LANSON, *Histoire de la literature française*, S. 300ff.
18 Dazu A. ASSMANN, *This blessed spot, this earth, this realm, this England. Zur Entstehung des englischen Nationalbewußtseins in der Tudor-Zeit.* In: K. GARBER, *Nation und Literatur*, S. 427ff.
19 S. VAN DE WAL, *Moedertaal*, S. 16. Die Sammlung der Sprichwörter wurde von Johannes Agricola unter dem Titel *Drey hundert Gemeyne Sprichwörter* (1529) veröffentlicht.
20 S. die Einleitung von J. Knape in: S. BRANT, *Das Narrenschiff. Studienausgabe. Mit allen 114 Holzschnitten des Drucks Basel 1494*, hrsg. V.J. KNAPE, Stuttgart 2005, S. 48f. (Zu. J. Locher).
21 S. BRANT, *Narrenschiff*, S. 14 (Einleitung). Hier auch der Hinweis auf die Vielzahl der Druckausgaben auch in anderen europäischen Sprachen, die bis zum Ende des 16. Jahrhundert auf den Markt kamen.
22 Ebd. S. 15.

Narren nicht mehr über den vorgegebenen Verhaltenskanon der Kirche, sondern über die Vernunft des einzelnen erreichen will, „der aus der Einsicht in das ihm Nützliche selbst die Maßstäbe rechten Handelns ableiten soll."[23]

Letztlich ist die Suche Luthers nach der richtigen Sprache zunächst für die Bibelübersetzung in der Motivation eine Art – unbewußte dann – Gegenbewegung gegen den humanistischen Impetus. Wo es den Humanisten darauf ankam, die Volkssprache an den über den Alltag hinausgehenden Kommunikationsbedarf anzupassen, ging es dem Reformator darum, nach dem gängigen Sprachgebrauch zu formulieren. Im *Sendbrief vom Dolmetschen* von 1530 heißt es: „Man muß nicht die Buchstaben in der lateinischen Sprach fragen, wie man soll deutsch reden; sondern man muß die Mutter im Hause, die Kinder auf der Gassen, den gemeinen Mann auf dem Markte darum fragen und denselbigen aufs Maul sehen, wie sie reden und danach dolmetschen, so verstehen sie es denn und merken, daß man deutsch mit ihnen redet."[24] Sprache also als Endprodukt des Umgangssprachlichen – und dies, um einen jeden in die Lage zu versetzen, die Bibel zu lesen. Das war ein Anliegen, das sich weit über Luther hinaus erhalten hat. Auf jeden Fall konnte die Luthersche Bibelübersetzung von 1534 bei Theologen, Gelehrten und einfachen, des Lesens kundigen Menschen gleichermaßen Eingang finden. Über die Bibel des Martin Luther entwickelten sich die Grundlagen einer einheitlichen deutschen Sprache, deren Ausgangspunkt tatsächlich das Ostmitteldeutsche war. Wie in Italien (florentinisch) und Frankreich (francien) entwickelt sich das vereinheitlichte Deutsch aus einer Regionalsprache. Die Bedeutung des Lesens, die unter reformatorischer Führung sicherlich nachhaltig betont worden ist, ergibt sich schon aus einer Reihe von Orthographie-Fibeln wie etwa *Die rechte weis auffs kürzest lesen zu lernen*, das schon 1527 erschien. Valentin Ickelsamer schrieb das Büchlein, dem er 1534 eine *Teutsche Grammatica* folgen ließ. In der Arbeit von Fabian Frangk *Orthographia deutsch* von 1531 wurde angegeben, daß neben Luthers Schriften die Kanzleisprache und die gedruckten Schriften maßgebend seien. Es ist hinzuzufügen, daß Ickelsamers Arbeit nichts anderes darstellte als eine etwas erweiterte Form eines Orthographie-Buches und daß spätere Grammatiken zur deutschen Sprache zunächst einmal lateinisch vorgelegt wurden.[25] Es bleibt am Rande zu vermerken, daß das Luther-Deutsch, das vom Ostmitteldeutschen Dialekt ausging, im Süden Deutschlands, bei den Katholiken, wenn man so will, keinen fruchtbaren Boden fand. Hier blieb das Hochdeutsche die führende Sprache. Die Standardsprache hat sich erst viele Jahrzehnte später entwickeln können.

Aber wie immer auch die Kodifizierung der Volkssprache fortgeschritten sein mag, die Sprachpraxis in Gestalt dramatischer, poetischer oder auch wissenschaftlicher Arbeiten ging voraus. Man schaue da auf die Entwicklung des frühbürgerlichen Dramas, das etwa in der Schweiz und von hier Einfluß ausübend im oberrheinischen Elsaß lebte und sich zuweilen schon in die konfessionelle Auseinandersetzung des frühen 16. Jahrhunderts einmischte. Ein zentraler Ort im deutschsprachigen Raum war Nürnberg, wo bildende Künstler wie Dürer, Pirckheimer, Vischer und Stoß lebten – eine Stadt auch, die bis auf eine in die Mitte des 15. Jahrhunderts zurückreichende „Aufführungstradition profaner bürgerlicher Spiele" verweisen konnte.[26] Da entwickelte sich eine Literaturgattung, die ihren vollwertigen Platz neben den überall in Europa verfaßten und vorgetragenen neolateinischen Dramen einnahm. Nürnbergs Bedeutung als zentraler Ort

---

23 So CH. HUBIG, *Humanismus – die Entdeckung des individuellen Ichs und die Reform der Erziehung*, in: Propyläen. Geschichte der Literatur, III, S. 38.
24 Zit. bei VAN DER WAL, *Moedertaal*, S. 17.
25 Dazu insgesamt ebd., S. 16f. Die in lateinischer Sprache verfaßten deutschen Grammatiken stammen aus der Feder von Laurentius Albertus (1573), Albertus Oelingerus (1574) und Johannes Clajus (1578).
26 S. ZIELSKE, *Drama und Theater*, S. 140ff.

der Literatur ist eng verbunden mit dem Namen des Hans Sachs, dem Autor von über zweihundert Fastnachtspielen und Meistersingerdramen, die mit den Fastnachtspielen eine schon ältere Tradition wiederaufnahmen, ohne freilich die Derbheit dieser Tradition mit zu übernehmen. In den Meistersingerdramen finden sich häufig weit abgelegene Stoffe, die freilich voll ereignisreicher Handlung sind und zugleich einen moralisierenden Fingerzeig mit auf den Weg geben, wie es eben zum Zug der Zeit gehörte.[27] Die Meistersingerdramen sind bei aller Fülle freilich nicht als das deutsche Alpha und Omega dieser Literaturgattung anzusehen. Auf jeden Fall sind neben den antikatholischen Fastnachtspielen vor allem die Schuldramen zu erwähnen, die auf vornehmlich protestantischem Boden erwuchsen und nicht nur protestantische Grundlagen vermitteln, sondern sich auch an die gelehrte Welt wenden sollten und durch ihre Integration in die Schule multiplikatorisch von einiger Bedeutung waren.

Es geht hier nun nicht um eine literarische Strukturanalyse, die auch nach der Formgebung fragt, vielmehr sollen die Angaben lediglich einen Hinweis auf den Umfang volkssprachlicher Arbeiten enthalten, die seit dem ausgehenden 15. und dann endgültig im 16. Jahrhundert die Welt der Druckerzeugnisse ausfüllten. Und da sind neben den Dramen eben auch die, wie zuvor schon erwähnt, aus dem religiösen Konflikt entstandenen Prosa-Schriften oder Dramen, das Kampfschrifttum also, zu nennen, die sich in fast allen literarischen Gattungen nachweisen lassen,[28] oder Arbeiten, die an ein deutsches Nationalgefühl appellierten und sicher stärkeren Anklang fanden als die neo-lateinischen Autoren. Gedacht ist hier an Jakob Wimpfelings *Germania* von 1501 ebenso wie an Ulrich von Huttens *Arminius*-Dialog, der 1519/20 erschien. In beiden letztgenannten Gruppen wird die Trennung in Literatur für den einfachen Bürger und solche für den Gelehrtenkreis überwunden, insofern sich ein Mann wie Hutten auch in deutscher Sprache an die Gelehrten wandte.

Was soeben über Nürnberg gesagt wurde, kann insofern verallgemeinert werden, als die Lese- und damit Buchkultur eine stadtbürgerliche war. Das lesekundige Ehepaar, das Tilmann Riemenschneider als Holzskulptur vorgestellt hat, war ein stadtbürgerliches Ehepaar, im Durchschnitt nicht des Lateinischen, wohl aber des Lesens kundig. Jedenfalls war in der Städtelandschaft der deutschen Territorien der Boden für die Verbreitung von Literatur, gleichviel welcher Gattung, vorbereitet. Im wesentlichen standen am Anfang der deutschen Prosa-Literatur die Übersetzungen aus dem Französischen oder Lateinischen mit meistens mittelalterlicher, aber dem frühbürgerlichen Denken angepaßter Thematik und Übertragungen antiker Themen, die vornehmlich von Frühhumanisten bearbeitet wurden.[29] Es wurde eingangs auf das *Narrenschiff* des Sebastian Brant hingewiesen, auf eine Arbeit, die nicht nur ein originäres Thema enthält, sondern auch in humanistisch geprägter Absicht verfaßt wurde. Es sei hinzugefügt, daß dieses Thema der Narretei und der Moralsatire überhaupt bevorzugter Gegenstand der frühbürgerlichen Literatur gewesen ist und vor allem in der ersten Hälfte des 16. Jahrhunderts zu einer reichen Produktion geführt hat. Es sei in diesem Zusammenhang der Name des Franziskaners Thomas Murner erwähnt.[30] Nimmt man die Vielzahl der Volksbücher, die nichts anderes als ganze Schwankzyklen (etwa Till Eulenspiegel von 1515) darstellen, und die Kategorie der Fabeln hinzu, dann lassen sich nicht nur quantitativ Rückschlüsse auf ein reiches literarisches Leben ziehen, sondern ist auch, folgt man den Inhalten, auf ein gesellschaftliches Leben zu schließen, das in höchstem Maße in Bewegung geraten war.

---

27 S. ebd. S. 142.
28 So G.E. GRIMM, *Die Suche nach der eigenen Identität. Deutsche Literatur im 16. und 17. Jahrhundert*, in: Propyläen. Geschichte der Literatur, III, S. 326; S. 340 auch zum Schuldrama.
29 Die Vielzahl der Titel ebd. 329f.
30 Ebd. S. 331f.

In einer Wertung der europäischen sprachlichen und literarischen Ausprägungen in einzelnen europäischen Staaten wird man schließen können, daß sich die neo-lateinische und die volkssprachliche Entwicklung nebeneinander vollziehen. Dabei hat das Neo-Lateinische in der Ausdrucksfähigkeit zunächst einen deutlichen Vorsprung, ist einfach vollendeter und wird mit diesen Eigenschaften auch anerkannt. Beide Entwicklungsstränge wurden, wenn man so will, von den Humanisten getragen, die, ohne das Neo-Lateinische aufzugeben, zur Pflege des Volkssprachlichen anregten, was wesentlich auf die Anschauung von Literatur als moralische und erzieherische Veranstaltung zurückzuführen war. Dazu sei lediglich am Rande noch einmal vermerkt, daß sich den Humanisten bald die Reformatoren zugesellten, die ihre Theologie – Gottes Wort – nun nicht nur beim Elite-Kreis der Humanisten verharren sehen wollten. Bei den Humanisten galt auch die These, daß man erst die eigene Sprache erfaßt haben müsse, ehe man fremde Sprachen, in diesem Fall die Sprachen der Antike, erlerne.

Der Blick gelte jetzt den Niederlanden – zunächst in ihrer burgundisch-habsburgischen Gestalt. Historische Sprachwissenschaft, orthographische Einheitlichkeit und Sprachpurismus waren Themen auch in dieser Landschaft, deren Vielfalt an Dialekten und Mundarten einigermaßen der territorialen Zersplitterung entsprach. Deshalb konnte es auch dem landesherrlichen Wunsch nach politischer Zentralisierung nur zugute kommen, wenn sprachliche Einheitlichkeit angestrebt wurde. Erasmus erhob die Kenntnis der Muttersprache gar zur ersten Voraussetzung wissenschaftlicher Arbeit. Für Drucker, Verleger und Kirchendiener versprach die Arbeit an der Mutter- bzw. Landessprache Vorteile im materiellen wie immateriellen Sinn. Letztgenannter Aspekt betraf vornehmlich, wie schon erwähnt, die Reformatoren und Reformierten, weil es ihnen darauf ankommen mußte, durch Schrift und Predigt alle Bevölkerungsschichten zu erreichen.[31]

Die Erkenntnis, eine eigene, historisch gewachsene Sprache zu besitzen, ein *Taaleigen*, entsprach im noch rudimentären Ansatz dem zwar zarten, immerhin doch hier und da sich äußernden Bewußtsein von nationaler Zusammengehörigkeit. Der eingangs genannte Begriff *lingua belgica* trat zusammen mit *nederlandsch* neben die Begriffe *nederduytsch, duytsch, dietsch* oder *vlaemsch*. Dabei haben freilich *nederduytsch* oder *duytsch* für das Niederländische in der frühen Phase der volkssprachlichen Neuorientierung immer weiter Verwendung gefunden und sich bis ins 19. Jahrhundert hinein gehalten. Den Nachweis, daß das Niederländische auch eine Sprache für den gleichsam gehobenen Gebrauch sei, versuchten Sprachbemühte durch eifrige Übersetzungsarbeiten zu erbringen. So begab sich der Antwerpener Drucker Jan Gymnich 1541 an die Übersetzung des römischen Historikers Livius, weil er nicht glauben mochte, daß das Niederländische so arm an Ausdruckskraft und ungeeignet für über den Alltag hinausgehende Lebensbereiche sei. Solcher Ansicht und Absicht schloß sich auch Dirck Volckertsz. Coornhert an, der innerhalb weniger Jahre Übersetzungen der Werke von Cicero, Homer, Seneca und Boccaccio anschloß und sich zum Kämpfer für das Niederländische aufschwang. Dichter und Schriftsteller wie Jan van de Noot oder der Maler-Dichter Lucas d'Heere begaben sich auf das Feld der modernen und klassischen Versmaße oder Gedichtformen wie Sonett und Ode.[32]

Schon 1550 erschien in Gent eine *Nederlandsche Spellinghe*, eine niederländische Rechtschreibung. Sie erschien bei dem Genter Drucker Joos Lambrecht. Ausgangspunkt ähnlicher Arbeiten war das Brabantische, da hier mit Brüssel das Zentrum landesherrlicher Verwaltung und Gesetzgebung lag und Antwerpen dem flämischen Brügge längst den Rang als Handelsstadt abgelaufen hatte. Es bezeugt darüber hinaus den wissenschaftsübergreifenden, sicherlich auch humanistisch inspirierten Impetus sprach-

---

31 Zu diesem Aspekt s. M.J. VAN DER WAL, *Moedertaal*, S. 24.
32 Nach VAN STIPRIAAN, *Het volle leven*, S. 38.

lichen Bemühens, wenn Simon Stevin, aus Brügge kommend, führender Techniker und Naturwissenschaftler seiner Zeit, das Niederländische durch neue Wortschöpfungen zu einer für die Vermittlung naturwissenschaftlicher Erkenntnisse geeigneten Sprache erhob. Er ging selbst so weit zu behaupten, daß sich das Niederländische besonders dazu eigne, naturwissenschaftliche Zusammenhänge insbesondere durch die Möglichkeit der Wortzusammenstellungen darzulegen. Auf ihn gehen die Begriffe zurück, die gegenwärtig noch in der Mathematik Verwendung finden: *Driehoek (Dreieck), evenwijdig (parallel), evenredig (proportional), wiskunde (Mathematik)* und eine Reihe anderer. Zu dem Wunsch des Technikers und Naturwissenschaftlers Simon Stevin, neue Erkenntnisse weit ins Volk hinein zu vermitteln, trat die Absicht von Altertumskundlern und Sprachwissenschaftlern wie Joannes Goropius Becanus und Hendrick Laurensz. Spiegel aus Amsterdam, die einer zunehmenden Sprachverluderung entgegenwirken wollten, wie sie sich infolge der burgundisch geprägten Verwaltungs- und Rechtssprache durch Aufnahme französischer Begriffe äußerte – ein Phänomen, das nicht auf den offiziellen Bereich begrenzt blieb, sondern auf Literatur und Theater, die *Rederijkerkammern*, ausgriff, die ihrerseits in aller Freiheit Wörter aus dem Französischen in ihre Stücke einflochten.[33] Der doch beachtenswerte Versuch jener frühen Zeit, das Niederländische dem Lateinischen oder den romanischen Sprachen gleichzustellen, wurde in den Anfängen kräftig von dem Antwerpener Drucker Christoffel Plantijn unterstützt, der mehrere Wörterbücher herausbrachte, wie etwa 1581 die *Nederduitse Orthographie* von Pontus de Heuiters. Abrundendes Ergebnis einer Reihe solcher Projekte war 1599 das *Etymologicum Teutonicae Linguae*. Das Wörterbuch bemühte sich um Standardisierung im Niederländischen in der Absicht zugleich, auch den regionalen Wortformen eine gerechte Würdigung widerfahren zu lassen. Was freilich zunächst noch seinen Ausgangspunkt in Antwerpen, Brügge und Brüssel, den südlichen Kulturzentren, nahm, wich im Laufe der Jahrzehnte nach dem Aufstand dem Einfluß Leidens mit seiner neugegründeten Universität und Amsterdam.

Sicherlich einen ersten Höhepunkt der sprachlichen Kodifizierung bildete die Veröffentlichung *Twe-spraack vande Nederduitsche letterkunst, ofte vant spellen ende eyghenscap des Nederduitschen taals* die der vorgenannte Plantijn 1584 auf den Markt brachte – gleichsam ein niederländische Grammatik in Dialogform. Es handelt sich um das Ergebnis der Zusammenarbeit des Hendrick Laurensz. Spiegel mit anderen Mitgliedern der Amsterdamer Theatergesellschaft (Rederijkerskammer) *In liefde bloeyende* in einem ersten kleinen Versuch, das Niederländische sprachlich zu ordnen. Es gehörte praktisch zu der mit dem Humanismus aufgekommenen Betonung der kulturellen Eigenheit, wenn in diesem den Bürgermeistern von Amsterdam gewidmeten Büchlein in der Einleitung die Schönheit der eigenen Sprache zentral thematisiert wird. Das Niederländische wird als reine germanische Sprache von der aus dem Lateinischen übernommenen und dadurch wohl als einigermaßen entartet begriffenen Sprachen abgehoben. Es geht darum, die hocheingeschätzte Muttersprache grammatisch und orthographisch zu ordnen, ihr ein festes Gefüge zu geben, „om het Duyts op te helpen, vercieren ende verryken". So wur-

---

33 LADEMACHER, *Die Niederlande*, S. 59f. Becanus betrachtete in seinen *Origines Antwerpianae (1569) sowie in seinen 1580* posthum herausgebrachten *Opera* „Duyts" als die älteste Sprache der Welt, älter als die der Römer und Griechen, älter auch als das Hebräische. Er machte keinen Unterschied zwischen Deutsch und Niederländisch. Insgesamt entsprach seine Haltung auch der einiger deutscher Humanisten. Der Begriff „Duytsch" wechselt sich bei Becanus auch ab mit „Teutonica lingua" oder „Cimbrica lingua". Der Amsterdamer Schöffe Jan van den Werve brachte 1553 *Het Tresoor der Duytsscher Talen* heraus, in dem er in der Rechtswelt üblichen Begriffen die niederländischen Äquivalente und Erklärungen beifügte. Dieses Buch konnte auch von jenen herangezogen werden, die das Lateinische nicht beherrschten. Es ist im übrigen noch bis ins 18. Jahrhundert immer wieder neuaufgelegt worden. S. hierzu vor allem VAN DER WAL, *Moedertaal*, S. 24, 28. S. STIPRIAAN, *Het volle leven*, S. 38f.

den neben orthographischen Regeln auch Vorschriften für Syntax und Grammatik (etwa die Deklination) vorgetragen. Dabei spielten bei aller Zurückweisung der romanischen Sprachen die Regeln des Lateinischen eine wesentliche Rolle. Die Übernahme lateinischer Regeln sollte, wie angenommen wird, die Bedeutung des Niederländischen noch unterstreichen.[34] Soweit es bei allen Unternehmungen um sprachliche Säuberung ging, fand sich die Absicht der Humanisten, das Lateinische von allen mittelalterlichen Fremdworten zu befreien, einfach auf die Volkssprache übertragen. Dirk Volckertsz. Coornhert war einer der eifrigsten Verfechter einer rigorosen Sprachsäuberung, wobei es im übrigen vor allem um romanische Lehnwörter ging, wenn auch, gleichsam als Ausnahme, der hier schon genannte Pontus de Heuiter zusätzlich Lehnwörter aus dem Deutschen auf die Liste der durch niederländische Äquivalente zu ersetzenden Begriffe plazierte. Ausnahme ist hier gesagt worden, weil in der überwiegenden Zahl der Fälle entweder von der Bereicherung des Niederländischen durch deutsche Wörter die Rede war oder aber Begriffe aus den germanischen Sprachen (englisch, friesisch, dänisch) als sinnvolle Alternativen zum romanischen Lehnwort angeboten wurden.

Die Entwicklung einer Standardsprache oder eines Sprachraumes mit einheitlichen orthographischen und grammatischen Regeln zog vor allem innerhalb eines von regionalen Dialekten durchzogenen Gebietes einen Selektionsprozeß nach sich, der nicht zuletzt auch von politischen, wirtschaftlichen und kulturellen Prozessen oder Prestige bedingt war. Dies ist nicht im einzelnen nachzuvollziehen. Der Übergang aus den südlichen Provinzen Brabant und Flandern in den republikanischen Norden, das heißt in die Provinz Holland, ist jedenfalls deutlich. Das Holländische hat im Standardisierungsprozeß der Republik die erste Geige gespielt, wie es dem politischen, wirtschaftlichen und kulturellen Standard schließlich entsprach. Das weist nicht auf Ausschaltung der südlichen Dialekte. Es blieb einiges erhalten. Immerhin gab es den von dem Genter Petrus Dathenus übersetzten Heidelberger Katechismus und dessen Übersetzung der Psalmen, und da gab es – wichtiger noch – eine Reihe von Lehrmitteln, die häufig Verwendung fanden und südliche Sprachmerkmale enthielten. Dazu war es nicht unerheblich, daß sich unter den Immigranten aus den Südprovinzen eine Vielzahl von Eliten – Kaufleuten, Lehrern, Wissenschaftlern und Druckern – befand, die die Merkmale ihrer Sprache beibehielten.[35]

Der Prozeß der Standardisierung war gleichsam humanistisch begründet, aber nach dem Aufstand und seinen ersten Erfolgen steckte in der wissenschaftlichen Untersuchung nach Struktur und Begrifflichkeit ein Stück aufkeimendes, im Kampf gegen den alten Landesherrn wachsendes niederländisches Gemeinschaftsbewußtsein, ein Patriotismus, der sich gegen eine gemeinsam erfahrene Repression kehrte. Es ist an anderer Stelle über das Problem des aufkommenden Patriotismus gehandelt worden,[36] es sei freilich noch einmal hervorgehoben, daß sich ein über die lokalen und regionalen Grenzen hinausgehendes Denken einer niederländischen Gemeinsamkeit ganz wesentlich am äußeren Geschehen orientierte und durchaus nicht im Gegensatz zur Pflege föderalistischer oder gar partikularistischer Gedanken gesehen werden muß, wie sie gerade in der Innenpolitik eine Rolle gespielt haben.

Wenngleich keine Antwort auf die Frage gegeben werden kann, ob denn die Standardisierung der Sprache das Gemeinschaftsgefühl tatsächlich gefördert hat, dann sei doch außerhalb dieser eher staatspolitischen Frage bemerkt, daß die 1615 erschiene-

---

34 Dies nach VAN DER WAL, *Moedertaal*, S. 26ff.
35 Ebd. S. 32ff. Auch S. 40: „die Standardsprache entwickelte sich im Norden". Der Autor erwähnt hier neben Simon Stevin auch Joost van den Vondel, Daniel Heinsius, Caspar Baerle (Barlaeus), Carel van Mander und den sichtbar einflußreichen Staatsmann und Freund Wilhelms von Oraniens Philipp Marnix von St. Aldegonde.
36 S.o. den Abschnitt *Konstitutionelle Eigenart*.

nen *Nederduytsche poemata* des Daniel Heinsius auf jeden Fall einiges zum Ansehen dieser Sprache beigetragen haben, das heißt, nicht nur die Arbeit der Sprachforscher, sondern auch die literarische Leistung vermochte der Sprache ein neues Ansehen zu verleihen. Heinsius, Professor für Griechisch an der Universität Leiden, Schüler Scaligers und zugleich ein weitbekannter Literaturtheoretiker, galt in dieser Zeit, wie schon in einem anderen Zusammenhang nachhaltig betont, gleichsam als neo-lateinischer europäischer Literaturpapst, was dem Renommee des Niederländischen nur förderlich sein konnte.[37] Es war doch einigermaßen bezeichnend, daß sein gelehrter Leidener Freund, Petrus Scriverius, in seiner Einleitung das Hohelied der niederländischen Sprache sang. Nicht nur, daß er den für ihn noch zu geringen Gebrauch des Niederländischen bedauerte, in seinem Loblied wiederholte er praktisch, was schon geraume Zeit zuvor in der *Twee-spraack* gestanden hatte.[38] Wenn Scriverius vom Sprachgebrauch schrieb, dann meinte er alle Bereiche der gehobenen Sprache. Gerade für die Wissenschaften des 17. Jahrhunderts, die begannen, einen wesentlichen Platz einzunehmen, schien das in den Niederlanden wichtig zu sein, denn es dauerte noch lange Zeit, bis man sich in den Naturwissenschaften zum Übergang vom Lateinischen zum Niederländischen entschloß.[39] In diesem Zusammenhang ist auch auf Jan van Hout hinzuweisen, den Sohn eines Leinewebers, der sich in jungen Jahren hohe Sprachkenntnisse erwarb, sich eine weit fassende Bildung erarbeitete und rasch in Kreisen von Künstlern und Gelehrten verkehrte. Er stand 40 Jahre im Dienst der Stadt Leiden und wurde Sekretärs des Kuratoriums der Universität. Van Hout war zudem der engste Freund des später noch zu betrachtenden Dousa (van der Does), dem Opitz so viele Lobeshymnen darbrachte. Jan van Hout spielte für die Position des Niederländischen in Leiden sicherlich eine wesentliche Rolle. Er befürwortete, daß die Vorlesungen an der Leidener Universität auf Niederländisch gehalten wurden, und er selbst, der sich auch als Schriftsteller und Dichter, wenn nicht berufen, so doch befähigt fühlte, wandte sich zugleich an alle Freunde des Lateinischen und Niederländischen, denen er die Übersetzung des satirischen *Franciscanus* des Schotten Buchanan zur Beurteilung vorlegte.[40] Jan van Hout war als Dichter recht eigentlich wenig bedeutsam, vielmehr wird er als ein ganz entschiedener Sprachpolitiker eingestuft werden müsse, dem die sprachliche Enge und Anarchie der Rederijkerkammern, in deren Umgebung er heranwuchs, angesichts der zahlreichen Neuentwicklungen im Neolateinischen dermaßen auf die Nerven gingen, daß er sich nicht scheute, die Rederijker auch „Afterpoeten" zu nennen.[41] Dieses Beispiel über die Bemühungen um den Nachweis der Qualität der eigenen Sprache sei als Abrundung des Berichts über die Bemühungen zur Standardisierung genannt – Bemühungen, die dann noch einige Jahrzehnte fortdauerten.[42]

Ehe das humanistisch inspirierte Bemühen um Demonstration des Eigenen über eine gemeinsame strukturierte Sprache in seinem Ergebnis für die einzelnen Gattungen der Literatur vorgestellt wird, soll hier zunächst auf die Funktion der Sprache und der, wenn

---

37 Zur Bedeutung des Daniel Heinsius für die niederländische Sprache und Literatur mit einem Abriß seines Lebens s. B. BECKER-CANTARINO, *Das Literaturprogramm des Daniel Heinsius in der jungen Republik der Vereinigten Niederlande*, in: K. GARBER (Hrsg.), *Nation und Literatur im Europa der Frühen Neuzeit*, S. 595ff.
38 Nach SCHENKEVELD-VAN DER DUSSEN, *Dutch Literature*, S. 17.
39 S. dazu VAN DER WAL, *Moedertaal*, S. 38f.
40 Dazu BOSTOEN, *Nation und Literatur in den Niederlanden*, S. 559. Der Autor weist darauf hin, daß über die Zusammensetzung des Kreises nichts bekannt ist.
41 So bei F. VAN INGEN, *Die niederländische Nationalliteratur im Kontext der konfessionspolitischen Auseinandersetzungen auf der Wende vom 16. zum 17. Jahrhundert*, in: K. GARBER (Hrsg.), *Nation und Literatur im Europa der Frühen Neuzeit*, S. 581ff.
42 Zur Entwicklung insgesamt bis 1600 s. die hier mehrfach zitierte Studie von VAN DER WAL, *Moedertaal*.

man so will, Spracherzeugnisse hingewiesen werden, das heißt ist die Sprache als wirksames Instrument der Rechtfertigung des Aufstandes und der Konsolidierung einer neuen selbständigen, im Kampf gegen die Spanier zu erringenden und dann rasch errungenen Einheit näher zu betrachten. Wort und Schrift – Prosa und Vers – als Instrument im politischen Kampf! Es handelt sich zunächst um eine Sprache, die sich noch nicht um Form und Struktur und somit um die Übernahme neolateinischer Strukturprinzipien kümmert. Dazu zählen ganz zuvörderst die Kampfschriften, in den ersten Jahren des Aufstandes etwa der *Bijenkorf* des Oranien-Freundes Marnix van St. Aldegonde oder die *Apologie* des Wilhelm von Oranien selbst, um hier herausragende Schriften zu nennen, dazu zählen aber auch die Geschichtsschreibung oder die Tätigkeit von Theatergruppen und Stückeschreibern, die sich in die Aktualität der Zeit begaben und eben nicht abseits blieben. Kommunikation im weitesten Sinne des Wortes war ein gewichtiges Phänomen der politischen Kultur jener Jahre.[43] In den vorgenannten Bereichen des Schrifttums wird der Bezug zu Batavern und Altem Testament in Ergänzung der bildlichen Aussage deutlich hergestellt. Zum Bild trat also das Wort – in vielerlei Gestalt. Die Möglichkeiten, etwa die Identifikation von Glauben und Aufstand augenfällig zu machen, waren größer, das Wort, gesprochen oder geschrieben, konnte viel unmittelbarer wirken. Die Umsetzung etwa des jüdischen alttestamentarischen Schicksals in ein niederländisches war nur ein kleiner Schritt, weil es nicht schwierig sein konnte, über den gemeinsamen Nenner von Repression und Kampf die Gemeinsamkeit des Schicksals festzustellen, wenn zudem der Finger Gottes und der göttliche Auftrag eine gesegnete Zukunft verhießen. Darüber sowie über literarische Äußerungen, die den batavischen Nexus miteinbeziehen, ist im Zusammenhang mit der Frage nach dem niederländischen Selbstverständnis an anderer Stelle ausführlich gehandelt.[44] Es sei noch einmal hervorgehoben, daß sich zahlreiche Autoren emotionsgeladen beteiligt haben und spanische Greuel, Vaterland und Freiheit kontinuierlich thematisierten, letztlich Lehr- und Mahnschriften verfaßten.

Vaterland, Freiheit und andere Werte in Drama und Poesie

Nachstehend auf die am aufständischen Geschehen orientierte Literatur über den an anderer Stelle ausführlich behandelten batavischen und alttestamentarischen Nexus hinaus näher einzugehen. Die andernorts noch eingehender zu betrachtenden Rederijkers dürften durch ihre örtliche Verbundenheit oder auch interlokales Auftreten nicht ohne Einfluß bei den breitesten Schichten der Bevölkerung gerade auch in den bewegenden Fragen der Zeit gewesen sein, zumal es bis dahin ohnehin zu ihren Aufgaben gezählt hatte, auf aktuelle politische oder militärische Ereignisse mit literarischen Texten einzugehen. Die Theaterstücke oder auch tableaux vivants, die nachgerade am Fließband in den einzelnen Orten verfaßt und aufgeführt wurden, thematisierten den Aufstand, den Krieg und deren Helden. Daß hier die Oranier etwa, in den ersten Jahrzehnten seit dem Aufstand Wilhelm von Oranien und dessen Sohn Moritz, wichtige Figuren waren und in enger Beziehung zum „Vaterland" dargestellt wurden, ist einsichtig, was im übrigen auch den Inhalten in einem Teil der Geusenlieder entsprach. Thematisierung des Aufstandes meint zugleich Akzentuierung des „Vaterlandes" – ein auch in den Stücken der Rederijker grassierender Begriff. Freilich, wie schon anderer Stelle angedeutet, ist der Begriff nicht genau definiert. Der geographische Bezug wechselt; mal steht die eigene Stadt, die eigene unmittelbare Umgebung voran, mal wird durchaus auch auf größere geographische Einheiten

---

43 Zur Kommunikation s. neuerdings die Arbeit von MACKIEWICZ, *Der niederländische Aufstand gegen Spanien*, die Kapitel I. und II.
44 S. dazu den Abschnitt *Konstitutionelle Eigenart* in diesem Band.

hingewiesen, und doch will es scheinen, als ob letztlich in der Darstellung die eigene unmittelbare Erfahrungswelt immer Ausgangspunkt für das größere Ganze gewesen sei, das man durchaus als eine Schicksalsgemeinschaft begriff. Wenn die Rederijker der Provinz Holland ihre Provinz stark in den Vordergrund schoben, dann entsprach das vor allem in den Anfangsjahrzehnten durchaus dem historischen Sachverhalt, da von hier gleichsam in Vorreiterfunktion der Kampf gegen Spanien geführt wurde (zusammen mit Seeland), aber das hieß nicht, daß der Blick für die übrigen Teile der Niederlande verloren ging. Er galt durchaus auch noch den Provinzen im Süden, soweit es jedenfalls Brabant und Flandern betraf. Sicherlich hat der für die eigenen Zwecke so ergiebige, weil allgemein eingängige Bataver-Mythos dort auch beengend gewirkt, wenn er vor allem von einer Provinz, das heißt von Holland, in Anspruch genommen wurde, aber man wird darüber hinaus nicht verkennen dürfen, daß örtliche Erfahrungswelt oder, wenn man so will, in erster Linie örtlich geprägter Alltag und Lebenswelt angesichts der nicht so hochentwickelten geographischen Kommunikationsmöglichkeiten nur langsam „grenzüberschreitend" denken und die Erfahrungswelt als eine eher allgemeine begreifen ließ. Gleichwohl, vornehmlich bei den Rederijkers aus Brabant und Flandern, sogar bei einem Rederijker aus der Republik, bei Jacob Duym, wurde unter Vaterland das ehemalige burgundisch-habsburgische Niederland verstanden. Duym argumentierte zwar in erster Linie mit dem Argument von der Niederträchtigkeit der Spanier, warnt also vor dem in jener Zeit zur Diskussion stehenden Waffenstillstand, aber auffällig ist doch, daß sich in seiner Szenerie Adel und Landbevölkerung wie selbstverständlich für die Niederlande im alten Gewande aussprechen, die Städte freilich lediglich versprechen, sich für das Land einzusetzen. Es ist, als ob sich bei Jacob Duym früh schon der im politischen Lebenslauf der Republik immer wieder durchscheinende Anspruch städtischer Besonderheit ausgedrückt hätte. Während des Waffenstillstandes und auch danach reflektieren die Inszenierungen und Rollenzuweisungen in den Rederijker-Stücken letztlich den Gehalt der Utrechter Union und die politische Diskussion darüber. Soweit es hier um Szenen geht, die in der Provinz Holland verfaßt wurden, ist eben der „holländische" Blick auf die Gesamtheit hervorzuheben – eine literarische Äußerung des in der Utrechter Union festgeschriebenen Föderalismus mit einem deutlichen Führungsanspruch der Provinz Holland.[45]

Gleichviel, ob „Vaterland" kommunal, provinzial oder national begriffen wird, die literarische Thematisierung des Begriffs weist aus, daß Schriftsteller – Prosaisten, Dramatiker oder auch Poeten – sich völlig ins politische Geschehen eingebunden sahen und die Funktion als Multiplikatoren bestimmter politischer Ziele nur allzu gerne übernahmen. Das ist so erstaunlich nicht, wenn man sich vergegenwärtigt, daß es seit 1566 bis hin zum Westfälischen Frieden von 1648 um Existenzfragen ging, die auch dann noch lebendig blieben, als deutlich war, daß die neue Republik nicht mehr von der politischen Karte gefegt werden konnte; sie blieben lebendig, weil diese Fragen zuvor zu intensiv erfahren, aber auch nachhaltig in Wort und Bild vermittelt worden waren. Neben dem Begriff „Vaterland" in seiner ganzen unterschiedlichen Definition steht das Wort von der „Freiheit", ein Zwillingsbegriff, wenn man so will. Die Dramatiker und Poeten jener Zeit haben nicht gezögert, das Wort in ihren Stücken und Versen zu personifizieren.[46] „Freiheit" steht da durchaus nicht nur als platte Forderung im Text. Der Begriff

---

45 Zum Vaterland-Begriff bei den Rederijkern hat M.B. SMITS-VELDT, ‚Het vaderland' bij Hollandse rederijkers, circa 1580-1625: grondgebied en identiteit, in: N.C.F. VAN SAS, Vaderland, S. 83-107, viele Beispiele vorgelegt.

46 Zu den Theaterstücken s. H. DUITS, ‚De Vryheid, wiens waardy geen mensch te recht bevat', ‚Vrijheid' op het Nederlands toneel tussen 1570 en 1700, in: E.O.G. HAITSMA MULIER/W.R.E. VELEMA (Hrsg.), Vrijheid. Een geschiedenis van de vijftiende tot de twintigste eeuw, Amsterdam 1999, S. 99-131; zur Poesie dann M. SPIES, ‚Vrijheid, Vrijheid': poëzie als propaganda, 1565-1665, in: ebd. S. 71-98.

wurde erörtert, und es will scheinen, als ob man es zuweilen mit einer höchst modernen Diskussion zu tun habe, wenn nach dem Freiheitsbedürfnis der Massen gefragt wird. So etwa bei Dirck Volckertsz. Coornhert, der 1590 in seiner *Comedie van Israël*, das im übrigen eine niederländisch-israelitische Identität herzustellen versuchte, die Philister erörtern läßt, ob denn die Freiheit überhaupt vom Volke gewünscht sei – eine für den bedächtigen Ratgeber im Stück kurzsichtige Auffassung, da sie nur dazu führen könne, die Massen in Aufstand gegen den Herrscher zu bringen. Im Grunde wird hier die Parallele zum Verhalten des spanischen Königs gezogen und suggeriert, daß nicht machtbewußtes, sondern nachgiebiges Verhalten den Aufstand hätte vermeiden können. Sehr richtig ist auch darauf hingewiesen worden, daß die im Stück enthaltene erhitzte Debatte zwischen dem Herrscher und seinem Ratgeber ein Gutteil Rezeption niederländischer Widerstandslehre enthält, wie sie in jener Zeit freilich nicht nur hier, sondern auch in anderen Ländern artikuliert worden ist. Die vertragstheoretische Komponente steht bei dem Verfechter eines gemäßigten Kurses zugunsten der Freiheit im Vordergrund.[47] Es gehört zur niederländischen Erfahrungswelt jener aufständischen Jahrzehnte, daß „Freiheit" immer auch die Konfessions- und Gewissensfreiheit meint. Das ist ein eng mit der Politik verflochtenes Aktionsgebiet, das die Intentionen des Aufstandes fest definiert hat und letztlich einiges später in der Auseinandersetzung um die Toleranz eine Rolle spielt. Gerade Coornhert hat dabei, wie anderer Stelle nachhaltig aufgezeigt worden ist, eine wichtige Rolle gespielt. Man versteht seinen äußerst hart geführten Streit mit Justus Lipsius, wenn man in der *Comedie* seine Klage über die Verfolgung der Protestanten durch die Spanier liest.

Bei dem jungen Daniel Heinsius tritt in *Auriacus, sive libertas saucia* (1602) die Freiheit als allegorische Figur auf. Über die Figur des Wilhelm von Oranien verbindet der Dichter „Vaterland und Freiheit" eng miteinander. Von der heiligen Freiheit ist die Rede, von der Abscheu des Oraniers vor jedem Joch. Und letztlich läßt Heinsius den schärfsten Gegner, die Inquisition, dem Freiheitssinn der Niederländer seine ganze Bewunderung zollen, was das Ziel des Stückes, die Freiheit als Lebenselixier der Niederlande hervorzuheben, nachdrücklich zu unterstützen vermag. Freilich, soweit es um die Multiplikation geht, ist dieser Arbeit des Dichters nur geringerer Wert beizumessen, als es hier um neolateinische Verse geht, die sicherlich nur einer begrenzten Zahl von Zuschauern zugänglich waren. Das Stück hat er den Ständen der Provinz Holland gewidmet, indem er nicht nur die klassische (antike) Struktur des Dramas betonte, sondern auch das Geschichtsdrama zu Themen der Geschichte des eigenen Landes nachdrücklich empfahl.[48]

Das Drama des Heinsius hat freilich vier Jahre später die sicherlich erwünschte Kolportage erfahren, als sich der hier schon mehrfach genannte Leidener Autor und Schauspieler (Rederijker) Van Duym an die Übersetzung des Stückes begab und es zusammen mit fünf anderen Dramen unter dem Sammeltitel *Een Ghedenckboeck* herausbrachte. Freilich, es war nicht nur eine Übersetzung, es war eine Bearbeitung zugleich, die das Stück insofern etwas näher noch an die Niederlande heranrückt, als die von Justus Lipsius noch einmal neuerlich vorgetragenen Eigenschaften wie *temperantia* und *constantia*, gleichsam Führungsqualitäten der Antike, allein durch die Sprache einer eher unmit-

---

47 Texte dazu bei DUITS, *De ‚Vryheid'*, S. 102f. Hier auch die Zitate.
48 Dazu DUITS, *De ‚Vryheid'*, S. 105 mit Textausschnitten; ferner in diesem Zusammenhang DERS., *Van Bartholomeusnacht tot Bataafse opstand. Studies over de relatie tussen politiek en toneel in het midden van de zeventiende eeuw*, Hilversum 1990, S. 96f. Dort auch unter Bezug auf weiterführende Literatur in Anm. 17 der Hinweis, daß das Stück möglicherweise vor allem für die Kuratoren der Leidener Universität bestimmt war – sozusagen als Bewerbungsunterlage des Autors, der bald darauf eine Anstellung an der Universität erhielt.

telbaren Nähe zwischen Unterdrückten und Befreiern weichen. Wilhelm von Oranien, der Held, ist in der Van Duymschen Bearbeitung auch ein Mitlebender, kein abgehobener Held, wie ihn die des Neolateinischen Kundigen begreifen konnten. Van Duym setzt seiner Bearbeitung einen Fünfzeiler voran, in dem das Volk aufgefordert wird, für politische und Glaubensfreiheit zu beten. Politische Intention und Einbindung des gesamten Bandes ist mehr als deutlich. Man darf es zum einen als einen Auftrag an die Oranier-Söhne sehen, die nach Meinung des Van Duym gehalten sind, im Sinne ihres Vaters fortzufahren, die Gewissensfreiheit und die Privilegien zu wahren. Näher konnte man schon nicht an die niederländischen Verhältnisse, das heißt an die Ursachen des Aufstandes herantreten. Politische Einbindung meint hier freilich auch die unmittelbare Beziehung zur Aktualität. Das letzte Stück des *Ghedenckboeck* ist unter dem Titel *Een bewys dat beter is eenen goeden crijgh, dan eenen gheveynsden peys* dem Ratspensionär Johan van Oldenbarnevelt gewidmet. Gerade hatten die Verhandlungen zum Abschluß eines Waffenstillstandes begonnen, und der Schauspieler/Dichter aus der Stadt Leiden meinte, früh schon vor einem Waffenstillstand warnen zu müssen. Er schloß sich damit einem großen Chor von Gegnern solchen Vorhabens an.[49] Aber ganz abgesehen von dem politischen Impetus, der zu solchen Stücken anregte, ordnet sich der Handlungsrahmen des Autors ganz in jene Welt der renaissancistischen Kenntnis und humanistischen Ausarbeitung ein, die, wie bei Heinsius, zum Historienspiel für Intellektuelle wird, bei Van Duym in schlichterer Form auf die griechische Mythologie zugreift. Er setzt doch an die erste Stelle des *Ghedenckboeck* das Stück *Een Nassausche Perseus*, in dem Andromeda, die Niederlande verkörpernd, von Wilhelm von Oranien gegen das, naturgemäß Spanien repräsentierende, Seeungeheuer verteidigt und gerettet wird. Das waren dankbare Vorlagen, immer geeignet, das Publikum an das Theater heranzuführen und das Beispiel aus der Mythologie zu einer Rechtfertigung niederländischen Verhaltens hochzustilisieren. Der Text enthält expressis verbis die deutliche Identifizierung der an einen Felsen geketteten Andromeda mit den Niederlanden. Der Felsen fungiert hier als Ausdruck der Tyrannei.[50] Auffällig ist in diesem Zusammenhang, daß das Wort von der „Freiheit" im Sinne einer Freiheit von Herrschaft oder Freiheit des Gewissens und politischen Handelns neben den „Freiheiten" stehen, der Pluralform, was ganz konkret auf die Privilegienwelt der Niederlande verweist. Das ist auch bei den Geschichtsschreibern der Zeit festzustellen,[51] abgesehen davon, daß der Freiheitsbegriff nach der endgültigen Konsolidierung der Republik einen anderen Inhalt erhielt. Es sei auf den Begriff der „wahren Freiheit" hingewiesen.

Es ist nachdrücklich zu bemerken, daß niederländische Bühnenautoren bis weit ins 17. Jahrhundert hinein nie aufgehört haben, politische Aktualität in Bühnenstücke umzusetzen, verständlich eigentlich, wenn man weiß, daß sich die Flugschriften der Zeit in höchst umfangreicher und intensiver Weise immer wieder mit dem außen- und vor allem auch innenpolitischen Geschehen auseinandergesetzt und damit die politische (und religiöse) Thematik wachgehalten haben.[52]

---

49 S. DUITS, *De ‚Vrijheyd'*, S. 106. Übersetzung/Bearbeitung erschien unter dem Titel *Het moordadich stuck van Balthasaar Gerards, begaen aen den doorluchtighen Prince van Oraignen. 1584.*

50 Der Titel des Stückes lautet: *Een Nassausche Perseus, verlosser van Andromeda, ofte de Nederlantsche Maeght.* Textausschnitte bei DUITS, *De ‚Vryheid'*, S. 107ff.

51 Zur Geschichtsschreibung E.O.G. HAITSMA MULIER, *Het begrip ‚vrijheid' in de Nederlandse geschiedschrijving van de zeventiende tot de negentiende eeuw*, in: DERS./W.R.E. VELEMA, *Vrijheid. Een geschiedenis van de vijftiende tot de twintigste eeuw*, Amsterdam 1999, S. 214ff.

52 Zum politischen Gehalt niederländischer Dramen s. neuerdings B. NOAK, *Politische Auffassungen im niederländischen Drama des 17. Jahrhunderts*, (=Niederlande-Studien, 29), Münster u.a. 2002.

Die Poeten standen sicher nicht hinter den Dramatikern zurück. In Gedichten, Lobeshymnen, Metaphern und Redensarten und vor allem in permanenter Wiederholung extrapolierten sie die Meinung, wie sie in der politischen und gesellschaftlichen Diskussion gehegt und gepflegt wurde und trugen ihrerseits zur nachdrücklichen Meinungsbildung bei. Im Kampf gegen eine als Tyrannei empfundene Herrschaft gaben sie mit den ihnen eigenen Stilmitteln die herrschende Meinung wieder in dem Wunsch, diese noch stützen zu können.[53] Dabei ist der Hinweis am Platze, daß das Wort von der Freiheit vor dem Aufstand in der Poesie kaum vorkommt, sondern sich in anderen Worten wiederfindet, die freilich, wie beim Gebrauch des Begriffs im Plural, immer einen ganz konkreten (aktuellen) Bezug haben, nicht aber das Wort in seiner Allgemeinheit meinen. Das heißt, der Begriff Freiheit ist in der Poesie eng mit dem Aufstand verbunden und meinte nichts anderes als Befreiung von Fremdherrschaft mit allen Konsequenzen für die Glaubensfreiheit; dabei wurde sie anfänglich immer verstanden als Freiheit von Sünde, Hingabe an die Gnade Gottes als Voraussetzung für Religions- und politische Freiheit.[54] Im übrigen aber ist es wie in der darstellenden Kunst: die Befreiung von Herrschaft wird gerne mit der Befreiung der Israeliten verglichen, die nachgerade als Prototyp des Befreiungsprozesses dienen. Das ist im *Wilhelmus* so, bei dem Humanisten Coornhert auch und bei einer Vielzahl von anderen Liedertexten und Gedichten, gleichviel ob es sich um Texte aus dem Norden oder aus dem Süden der Niederlande handelt. Der Weg hin von den Freiheiten zur Freiheit im hier angesprochenen allgemeinen Sinn läßt sich dann anhand der Texte im Geusenliederbuch feststellen und zeigt Übereinstimmung mit der Geschichtsschreibung. Es bedarf eigentlich schon keiner besonderen Erwähnung mehr, daß auch bei den Dichtern Freiheit im Zusammenhang mit den Batavern gesehen wird. Gerade eine Lektüre auch dieser Verse macht deutlich, ein welch bedeutsamer topos die Bataver-Geschichte für die Rechtfertigungspropaganda der jungen Republik gewesen ist. Claudius Civilis eben als Verfechter der Freiheit des Landes, wie dies Moses für die Israeliten war. Baeto gesellt sich hier hinzu, weniger als Befreier als vielmehr als Staatsmann, der das Gegenteil der Tyrannei vertritt.[55]

Die auf ihre politische Gegenwart fixierten Dichter der niederländischen Republik arbeiteten praktisch mit an der Identitätsbildung des neuen Staates. Sie lassen ihr Land in Gestalt des den Gewaltherrscher abwerfenden Pferdes erscheinen oder stellen die Niederlande als unlösbar mit der Freiheit verbundenen Staat dar. Zur Zeit des Waffenstillstandes und auch schon unmittelbar davor ist das Wort von der Freiheit des Landes gängige Münze im Denken der Dichter. Es sei hier auf den Schlußkommentar hingewiesen, den sich die Amsterdamer Theatergesellschaft *De Egelantier* 1609 anläßlich des Waffenstillstandsabschlusses zu einer von ihr aufgebauten Reihe von neun tableaux-vivants hat einfallen lassen. Es heißt dort:

> Vereende Landen, wilt ghy soo de Vryheyt minnen,
>   Dat sy u waerder zy als yeders eygen baet,
> Soo magh geen Dwingelandt, u t'saem gevlechte staet,
> Met list, noch met verraedt, noch met geweldt ontginnen.[56]

---

53 So M. SPIES, *Vrijheid, vrijheid,* S. 71.
54 Ebd. S. 72f. Auf S. 73 als Beispiel Dirck Volckertsz. Coornhert.
55 Ebd. S. 78f.
56 Das Pferd als Metapher an mehreren Beispielen ebd. S. 80ff. Text des Schlußkommentars bei ebd. S. 83. („solange eure Freiheitsliebe das Eigeninteresse übersteigt, wird kein Tyrann euch das Land, sei es mit List, durch Verrat oder mit Gewalt entreißen können").

Ein Verzeichnis der Autoren zum Thema würde ausweisen, daß Heinsius und Hooft ebenso zu den Engagierten zählen wie Joost van den Vondel oder der calvinistische Arzt Jacobus Viverius und Pieter Jansson Schaghen, einer der Richter des Johan van Oldenbarnevelt.

Der Schriftsteller/Dichter als politischer Mahner und Multiplikator der aktuellen Erfordernisse der Zeit. Das galt freilich nicht nur für den hehren Gedanken des Kampfes gegen eine Tyrannei, sondern auch für Entwicklungen innerhalb der Republik, die im ganzen 17. Jahrhundert gewiß kein Hort ausgemachter innenpolitischer Geruhsamkeit war. Diese Föderation der Provinzen ist innenpolitisch nie wirklich zur Ruhe gekommen; Fragen des Bekenntnisses und der politischen Struktur standen von der Dordrechter Synode 1617 bis zur „Einführung" der „ware vrijheid" immer auf der Tagesordnung. Vondel hat sich in einen Teil dieser Streitigkeiten, die die Freiheit im Lande betrafen, in Gedichtform eingemischt ebenso wie Hooft oder der hier auch schon genannte Pieter Jansson Schaghen oder schließlich auch Texte im Geusenliederbuch. Schließlich sind auch Constantijn Huygens und Revius anzuführen, beide Calvinisten, die letztlich freilich eher die von den Reformierten definierte christliche Freiheit als Befreiung des Gewissens durch die göttliche Gnade als wesentlichen Kern der Gewissensfreiheit vortrugen, daraus aber nicht auch politische Willensfreiheit ableiteten.[57] Die Welt der engagierten Schriftsteller sah sich in dieser Zeit mit den Folgen der Dordrechter Synode und der daraufhin erfolgten politischen und, wenn man so will, strafrechtlichen Entscheidung konfrontiert. Man begriff in diesen gebildeten, calvinistischen Kreisen der Niederlande sehr wohl, daß die im Aufstand postulierte politische und Bekenntnisfreiheit in der calvinistischen Lehre nicht auch gleich eine Folge der christlichen Freiheit sein mußten.

Die Erörterung der Prädestinationslehre und der hiermit verbundenen Frage nach dem freien Willen des Menschen in Reimform ist sicherlich einigermaßen erstaunlich, und sie konnte wohl nur verfolgen, weil die hierzu getroffene Entscheidung eine politische war und gesellschaftliche Folgen hatte. Der Problembereich war kaum weniger aktuell als drei Jahrzehnte später der Abschluß des Westfälischen Friedens (für die Niederlande: Friede von Münster), über dessen Akzeptanz in einem anderen Zusammenhang zu handeln sein wird. Der Freiheitsbegriff erhielt hier insofern eine weitere Dimension, als nunmehr in der Poesie auf das Ergebnis des jahrelangen Kampfes, auf die allerorten anerkannte niederländische Freiheit hingewiesen werden konnte. Dabei wurden politische und Bekenntnisfreiheit gleichermaßen thematisiert. Es ist dann auch allzu verständlich, daß die Jahre nach dem Friedensschluß vor allem mit Blick auf den Koalitionswechsel in der Außenpolitik weiterhin dem Freiheitsdenken gewidmet waren. Nachdem sich Joost van den Vondel sowohl im *Getemde Mars* als auch im *Vredezang* und im *Bouwzang* 1647 und 1648 über die erkämpfte und verteidigte Freiheit ausgelassen und Geeraerd Brandt sechs Szenen hinzugefügt hatte, die noch einmal die ganze Ideologie des niederländischen Aufstandes, soweit es die batavische Vergangenheit betrifft in der bewährten Form der Identifikation der Vergangenheit mit der freiheitskämpferischen Gegenwart in Versen vorführte, rücken die nachgerade euphorischen Freiheitshymnen im Anschluß an die Siege zur See in den Vordergrund. Es brauchte nicht zu wundern, besang man doch den eigentlichen Kern der niederländischen Macht in Europa.[58]

---

57 Dazu ebd. S. 84ff. Ferner M. VAN GELDEREN, ‚*De Nederlandse Opstand (1555-1610): van ‚vrijheden' naar ‚oude vrijheid' en de ‚vrijheid der conscientien'* in eben diesem Aufsatzband S. 11-52, hier insbes. S. 42ff.

58 Zu den letztgenannten Passagen zahlreiche Beispiele bei SPIES, *Vrijheid, vrijheid*, S. 92ff. Es werden neben Brandt und Vondel, der sich auch den Siegen auf See äußerte, Autoren wie Jan Vos, Samuel Coster und A. Boelens angeführt, die im Zusammenhang mit den Friedensfesten weniger auf die Bataver, sondern mehr auf Figuren aus der griechischen und römischen Zeit zurückgriffen.

Die Rederijker und der Übergang zur Literaturauffassung der Renaissance

Selbstverständlich läßt sich der Gehalt des niederländischen Theaterstücks oder der niederländischen Prosa und Poesie nicht auf die politischen topics reduzieren, die zwischen „Furcht und Freiheit"[59] anzusiedeln sind. Es ist darüber hinaus auch nicht so, als ob gleich die gesamte Literatur der niederländischen Sprache verfallen gewesen wäre – bei aller Bedeutung, die ihr in wachsendem Umfang zugewiesen wurde. Es herrschte in diesem Lande bei der kulturbestimmenden Elite immer noch der Humanismus mit seinem der Antike zugewandten Bildungsanspruch, mit seiner Hinwendung zu Form und Inhalt antiker Texte. Dieser Bildungsanspruch wurde in seinem ganzen Umfang auch auf den Lateinschulen vermittelt. Dort lehrte man, daß Literatur sich nur dann ein solche nennen durfte, wenn sie den Vorgaben der Antike folgte. Über die Lateinschulen wurde praktisch auch der Boden für ein geschultes Publikum geschaffen, hatte sich doch der Unterricht dort schon seit dem späten Mittelalter auf Grammatik, Dialektik und Rhetorik, auf das sogenannte trivium, konzentriert. Vor allem die Rhetorik hatte einiges auch für den jungen Schriftsteller zu bieten. Dabei dienten die Handbücher von Cicero und Quintilianus als Grundlagen-Literatur.[60] Im 17. Jahrhundert haben neolateinische Dichter wie der zuvor schon genannte Daniel Heinsius oder Caspar Barlaeus (van Baerle) in hohem Ansehen gestanden, und beide wußten, daß sie diese Form einer gleichsam internalisierten Antike in die internationale literarische Elite aufsteigen ließ. Im Falle des Daniel Heinsius ist das sicher mehr als deutlich, wie noch angezeigt werden wird.[61] Letztlich äußerte sich in der Betonung des Lateinischen der Wunsch des renaissancegeprägten Bildungsmenschen, das Menschsein in allen seinen Spielformen zu vermitteln. Es ist doch auffällig, daß just in den frühen Jahrzehnten der Republik bis hin in die Zeit des Waffenstillstandes hinein auch bei den Malern die Geisteswelt der Antike eine beachtliche Rolle spielte oder auf jeden Fall eine Rolle spielen sollte. An der Person des Carel van Mander und seinem Rückgriff auf Ovid ist diese Parallelität festzumachen.[62]

Die an der Antike orientierte Strukturierung der literarischen Erzeugnisse stand sicher in Gegensatz zu den Angeboten, die die Rederijkerkammern traditionell vortrugen. Diese Kammern beherrschten seit dem 16. Jahrhundert das literarische Leben in den Niederlanden – im Norden und im Süden gleichermaßen. Sie sind in der Literaturwissenschaft mit den deutschen Meistersingern verglichen worden, man wird sie aber durchaus auch als Wanderbühne bezeichnen können.[63] Es handelte sich hier um bürgerliche Vereinigungen, die in ihrem Reglement in die Nähe der Zünfte und Gilden anzusiedeln sind. In Lyrik und Drama, den beiden Hauptgattungen ihrer Tätigkeit, fanden sich häufig auch die aktuellen Tagesereignisse verarbeitet mit einem deutlichen multiplikatorischen Effekt über die jeweiligen Stadtgrenzen hinaus. Das wurde in den unruhigen Zeiten der aufkommenden Reformation deutlich, weil die Kammern als integraler Bestandteil der katholischen Gesellschaft in ihrer Hinwendung zum Neuen mehr oder weniger ein Zeichen für die Auflösung der katholischen Einheit setzten. Die Tatsache, daß die städtischen Obrigkeiten nun in einer Reihe von Verordnungen die Kammern unter Kontrolle hielten, weist aus, daß die Mitglieder der Kammern durchaus auch als

---

59 In Anlehnung an die Überschrift, die Jan Romein für einen für eine Reihe seiner historischen Betrachtungen gefunden hat. S. J. ROMEIN, *Tussen vrees en vrijheid. Vijftien historische verhandelingen*, Amsterdam 1950.
60 Darüber STIPRIAAN, *Het volle leven*, S. 72.
61 S. dazu unten S. 510f., 558f.
62 S. dazu den Abschnitt *Bildende Kunst*.
63 So C. TER HAAR, *Das Goldene Zeitalter der Literatur in den Niederlanden*, Bonn o.J., S. 380ff.

Probe der Rederijkerskammer *De Wijngaerdtrancken* (J. Berckheyde)

nicht mehr zu billigende Multiplikatoren der neuen Gedanken galten.[64] Die Kontrolle seitens der Obrigkeit ist auch in der Republik wieder aufgetaucht, wie gleichzeitig von dieser Seite finanzielle Unterstützung für die einzelnen Gesellschaften kam. Diese haben ihrerseits zugunsten der karitativen Bemühungen der Städte einen Beitrag geleistet und einen Teil der Einnahmen für ihre Aufführungen an die Stadt abgetreten.[65]

Dies sei hier nur erwähnt, um darauf hinzuweisen, daß Rederijkerkammern nachgerade zum integrierenden Bestandteil des städtischen Lebens im 16. und schließlich auch noch im 17. Jahrhundert zählten. Für das 16. Jahrhundert läßt sich auf einige Hundert solcher Gesellschaften weisen, die jede eine recht große Mitgliederzahl hatten und eben Bürger aufnahmen, die Prosa-Schreiber oder Dichter sein oder werden wollten. Das heißt, die Rederijkerkammern verkörperten eine Organisationsform, innerhalb derer ein literarisch ambitionierter Bürger einen Platz finden oder eine Lehre durchlaufen konnte.[66] Sie trugen zur Festfreude bei, gleichviel ob es um die Provinzgrenzen überschreitende oder lokale Großereignisse ging.[67] Die Versammlungsorte waren freilich

---

64   S. hierüber im Überblick F.C. VAN BOHEEMEN/TH.C.J. VAN DER HEIJDEN, *Met minnen versaemt. De Hollandse rederijkers vanaf de middeleeuwen tot het begin van de achttiende eeuw. Bronnen en bronnenstudies*, Delft 1999.

65   S. ebd. S. 91ff. Auf die dort vorhandenen zahlreichen Details ist hier nicht einzugehen.

66   So GROOTES, *Het literaire leven*, S. 14f.

67   S. K. BOSTOEN, *Nation und Literatur in den Niederlanden in der frühen Neuzeit*, in: K. GARBER, *Nation und Literatur im Europa der frühen Neuzeit*, Tübingen 19969, S. 554f.

nicht nur Zentren literarischer Bemühung, sondern dienten auch als Treffpunkte gemütlichen Beisammenseins. Möglicherweise überwog der Sinn für geselliges Treiben den literarischen Impuls, denn nur so ist zu erklären, daß der Volksmund die Rederijker auch als Trunkenbolde („kannenkijkers") einstufte, und für Jan Steen mit seinem ausgeprägten Sinn für von der Norm Abweichendes bot sich Anlaß, diese Gruppe in, wenn man es so ausdrücken darf, fortgeschrittener fröhlicher Ausgelassenheit zu konterfeien.[68]

Es gehörte zum Habitus einer selbstbewußten Gilde, sich gegen jeden unlauteren Wettbewerb, gegen jede Pfuscherei also, zur Wehr zu setzen. Dazu schien es nach Ansicht der, wenn man so will, eingeschriebenen Literaten Anlaß genug, bildeten sich doch nicht eingeschriebene Dichtergilden und verkauften Verseschmiede ihre Gedichte und Lieder auf der Straße und auf Jahrmärkten. Solcher Konkurrenz war zu widerstehen, weil es ihr nur um Verkauf, nicht aber um literarischen Ehrgeiz ging. Die Rederijker beanspruchten für sich gegenüber solchen Erscheinungen ein höheres Niveau, wurden freilich ihrerseits in diesem Anspruch heruntergestuft, als sich die Neolateiner oder auch jene, die des Französischen und Italienischen mächtig waren, zu Wort meldeten. Es waren die Gebildeten aus den Regenten- und Kaufmannsfamilien, die etwas vom Geist der Renaissance auf ihren Reisen im 16. Jahrhundert schon an europäischen Universitäten studiert und ein wenig vom Geist der Renaissance mitbekommen hatten, die neue Wege zu weisen versuchten. Der Prozeß verlief ganz allmählich. Noch um die Mitte des 16. Jahrhunderts waren die Neo-Lateiner keine Bedrohung für die auf die Volkssprache konzentrierten Rederijker. Aber um diese Zeit begann eine Verbreitung des humanistischen Denkens, das auch andere Themen als die Sprache anschnitt. Es setzte ein Prozeß ein, in dem, wie an anderer Stelle schon angedeutet, die Konzentration auf eine Fortentwicklung der landeseigenen Sprache mit der Forderung nach Form und Inhalt der Antike zu verbinden, wenn die Literatur nach außen hin, über die Grenzen des Landes hinaus, etwas bedeuten sollte. Genau dies erwies sich im literarischen Leben der Republik als einigermaßen problematisch. Da entstanden innerhalb der Kammern Streitigkeiten, und es scheint so, als ob sich lange nicht alle eher volkstümlich ausgerichteten Spontankünstler mit der vom Renaissance-Denken gelenkten Auffassung der Neo-Lateiner hätten abfinden können. In der durchaus bedeutenden und sicher nicht kleinen Amsterdamer Kammer „De Egelantier" kam es recht rasch zu einer scharfen Auseinandersetzung mit den Erneuerern. Die Konsequenz war, daß Samuel Coster zusammen mit einigen anderen aus der Kammer austrat und die *Nederduytsche Academie für Kunst und Wissenschaften* gründete, eine Unternehmung, in der durch die Hineinnahme der Wissenschaften die Kultur insgesamt auf ein neues Niveau gehoben werden sollte. Dabei spielte offensichtlich auch Nützlichkeitsdenken eine Rolle, insofern Coster Unterricht in Arithmetik und Astronomie anbot, was dem Geschäftsleben allgemein, der Seefahrt im besonderen zugute kommen konnte.[69] Die Auseinandersetzung sollte nicht unterschätzt werden, weil gegen die Neo-Lateiner ein Mann wie Hendrick Laurensz. Spiegel stand, der sich immerhin um die Kodifizierung und Vereinheitlichung der niederländischen Sprache bis dahin einen Namen gemacht und gerade seine Rederijkerskammer dazu benutzt hatte. Zwei Jahre vor dem Ausscheiden von Coster und seinen Freunden schrieb er noch in seinem moralphilosophischen Hauptwerk *Hart-spieghel*, ob denn nun ein „duyts" Poet Kenntnisse des Griechischen und Lateinischen haben müsse. Eine rhetorische Frage nun,

---

68 Bei STIPRIAAN, *Het volle leven*, S. 73 Abdruck von Jan Steen „De rederijkers aan het venster (etwa 1663-65). Vielleicht äußert sich hier auch eine grundsätzliche Abneigung gegen die Rederijker zumindest zu diesem späten Zeitpunkt und reiht sich der Spott in die kritische Front ein, die schon lange zuvor die Rederijker bzw. deren Unvermögen, anerkannte Literatur auf den Markt zu bringen, getadelt hatte.

69 Dazu SCHENKEVELD, *Dutch Literature*, S. 13f. Es ist freilich darauf hinzuweisen, daß sich dieser Wissenschaftszweig schließlich nicht hat durchsetzen können.

deren Beantwortung eindeutig war.[70] Wichtiger freilich noch für den Streit, dann aber auch für die Überwindung der literarischen Vorstellungen der Rederijkerkammern dürfte die Veröffentlichung der *Nederduytsche Poemata* des Daniel Heinsius gewesen sein. Da schrieb doch ein über die Grenzen des Landes bekannter Neo-Lateiner plötzlich in der Landessprache, um zum einen der Fortentwicklung der Sprache zu dienen und um zum anderen seine Forderungen nach Form und Inhalt an den Mann zu bringen. Denn sicher war, daß er die Rederijkers nicht als Vertreter eines vollgültigen literarischen Lebens der Republik anerkennen wollte. Es sei hier seine Charakteristik der Rederijkers aus seiner Einleitung zu den *Poemata* angeführt:

> Een volk dat veeltijds is ontbloot van alle rede:
> Onmatig, onbesuisd, wanschapen, onbesneden ...[71]

Es ist sicher nicht erstaunlich, daß in dem auf Erkenntnis durch Wissenschaft gerichteten Denken der Renaissance auch Anweisungen, Regelbücher also, für den ehrgeizigen künftigen Literaten eingeführt wurden, auffällig ist freilich, daß sie relativ spät auftauchten. Ein „literarisches" Gegenstück zu Carel van Manders Anleitung für künftige Maler lag zur frühen Zeit noch nicht vor. Freilich, da gab es die *Ars poetica* des Horaz, die Hinweise enthielt. Samuel Coster, Pieter Cornelisz. Hooft und Bredero bedienten sich der Vorlage. Neben der *Const van rhetoriken* von Matthijs de Castelein, die 1612 und 1616 neuaufgelegt wurden, scheint dann die Arbeit des Amsterdamer Schriftsteller Theodore Rodenburgh mit dem Titel *Eglentiers poëtens borstweringh* einigen Einfluß gehabt zu haben. Das Buch war nichts anderes als eine Zusammenstellung von Literaten des Auslands. Die englischen Dichter Thomas Wilson *The Art of Rhetorique* und Philip Sidneys *The Defense of Poesy* standen deutlich Pate, insofern lange Passagen aus diesen Werken übersetzt in das Buch des Rodenburgh eingingen. Erst Joost van den Vondel hat sich nach intensiver Einarbeitung ins Lateinische und dann in die Literatur der Antike daran begeben, unter dem Titel *Aenleidinghe ter Nederduitsche dichtkunste* zu erarbeiten, das erst 1650 herauskam. Man sollte sich nicht zuviel darunter vorstellen, denn die Schrift umfaßte nicht mehr als 10 Seiten, war im Umfang also ähnlich der *Ars poetica* und dürfte auch inhaltlich davon profitiert haben. Die Vondelsche Vorlage enthält im wesentlichen praktische Anweisungen, wie dies beim Maler-Dichter Carel van Mander auch der Fall ist, aber sie ist eben nicht so theorielastig. Es gehörte zu dieser Praxis, daß Vondel auf die Fortentwicklung der niederländischen Sprache hinwies, sie als vollwertig und bereinigt darstellte. Für ihn hatte sie, da sie in den amtlichen Gremien, am Hof des Statthalters in Den Haag und nicht zuletzt in der reichsten Kaufmannstadt der Welt, in Amsterdam, von den Gebildeten vollendet gesprochen wurde, offensichtlich den Standard einer Literatursprache errungen. Man müsse freilich die nicht-niederländische Fachsprache der Juristen, Höflinge und Kaufleute von diesem Befund ausnehmen.[72] Suche man nach Ausdrücken und Redeweisen, dann seien ältere Autoren heranzuziehen. Gedanken und Ideen für die künftigen Schriftsteller oder Dichter lieferten Werke ethisch-moralischen Inhalts. Die handwerkliche Seite erlerne man, wenn man berühmte Dichter des Auslandes übersetze. Den Regeln und Beispielen der alten Dichter sei Beachtung zu

---

70 Zit. bei ebd. S. 12.
71 Zit. bei GROOTES, *Het literaire leven*, S. 16. („ein Volk daß häufig bar jeder Vernunft ist, unmäßig, unbesonnen, unzivilisiert") Zu dem Bemühen des Heinsius nicht nur um die sprachliche Form, sondern auch um die Struktur von Dramen, konkret etwa die Forderung nach Übernahme der aristotelischen *Katharsis* s. kurz und prägnant B. BECKER-CANTARINO, *Das Literaturprogramm des Daniel Heinsius in der jungen Republik der Vereinigten Niederlande*, in: K. GARBER (Hrsg.), *Nation und Literatur im Europa der Frühen Neuzeit*, S. 595ff.
72 Dies nach STIPRIAAN, *Het volle leven*, S. 81ff.

schenken. Voraussetzung seien die Ordnung der Sprache und ihre Formgebung – doch nicht zuletzt das Talent. Der vergleichsweise einfach gehaltene Vondelsche Leitfaden sollte nicht über die Schwierigkeiten hinwegtäuschen, die die neuen Formen mit sich brachten. Allein die Orientierung an den Vorbildern aus Italien, mehr noch aus Frankreich, setzte doch Sprachkenntnisse voraus, und es bedurfte langer Übung, um einen flüssigen sechsfüßigen Jambus – Alexandriner – im Niederländischen zu schreiben. „Es scheint, als ob sich das Niederländische gesträubt habe, sich diesem nicht vertrauten Muster zu fügen." Das gilt zumindest für die Zeit um 1600, einige Jahrzehnte später haben sich auch niederländische Dichter an dieses Maß gewöhnt.[73]

Wenn von der Durchsetzung der Renaissance-Prinzipien in der Literatur die Rede ist, gleichviel, ob es sich um niederländischsprachige oder neolateinische Literatur handelt, dann ist ein Hinweis auch auf die Zeit vor der Republik erforderlich, der wiederum die ersten Früchte im südniederländischen Raum meint. Lucas d'Heere, Maler und Literat aus Gent, zeigte erste renaissancistische Züge in seinem kleinen Büchlein *Den Hof en Boomgaerd der Poësien*, das Hauptaugenmerk hat freilich London als Verlagsort der Sonette des Antwerpener Patriziers Jan van der Noot zu gelten, die 1568 unter dem Titel *Theatre* in französischer und niederländischer Ausgabe erschienen, denen 1569 eine englische Version folgte. Zu dieser Zeit war van der Noot Calvinist, und die Sonette wurden entsprechend mit einem antikatholischen Prosakommentar begleitet. Die Gedichte sind Petrarca, du Bellay und dem Buch der Offenbarung entnommen und dienten dem Kreis der niederländischen Emigranten zum Trost. In London lebten seinerzeit Lucas d'Heere, der Historiker Emanuel van Meteren, Kaufmann von Profession, sowie der bildende Künstler Marcus Gheeraerts, Philipp Marnix van St. Aldegonde[74] sowie der aus Aachen stammende Kaufmann Johan Radermacher. Eben dieser Radermacher hatte 1568 begonnen, eine niederländische Grammatik zu schreiben, die wohl nie vollendet worden ist. Jedenfalls steht in der Einleitung geschrieben, daß die Wissenschaftler sich doch des Niederländischen bedienen möchten, um auch jene, die der fremden Sprachen nicht mächtig seien, der „Süße" der Wissenschaft teilhaftig werden könnten. Lucas d'Heere hat eine Eloge zum Büchlein und Marcus Gheeraerts Radierungen beigesteuert. Die Eitelkeit des Irdischen, die Unvergänglichkeit der Liebe und der Gnade sind die Themen der Gedichte.[75] Es ist mit Blick auf die hohe Qualität der Arbeiten des Jan van der Noot die Frage nach Mono- oder Polygenese der niederländischen Renaissance-Dichtung aufgeworfen worden. Wenngleich solche Frage hier nicht als vordringlich einzuschätzen ist, so sei doch auf ein regelrechtes Netzwerk hingewiesen, das in den 60er und 70er Jahren des 16. Jahrhunderts in den Niederlanden von innen und auch von außen (London) gesponnen worden ist. Van der Noot stand mit italienischen Kreisen Antwerpens in Verbindung und unter dem Einfluß seines Mentors Guillaume de Poetou aus dem Artois, der in Antwerpen lebte und dort wie van der Noot Verbindungen zu italienischen Kreisen der Stadt pflegte.[76] Poetou trat als Verfechter der Gruppe *Pléiade* auf. Es sei betont, daß Antwerpen tatsächlich als ein wesentliches Kulturzentrum des 16. Jahrhunderts zu gelten hat, auch soweit es um die Entwicklung einer *neuen* Literatur, einer *neuen* Dichtung ging. Zum Londoner Kreis, in dem sich jene Südniederländer befanden, die sich in ihren südniederländischen Kreisen und vor allem in Antwerpen auskannten, gehörte eine

---

73 GROOTES, *Het literaire leven*, S. 26.
74 Marnix war nicht nur der politische Literat, wie sich das im *Byencorf* äußerte, sondern auch Lyriker.
75 Dazu BOSTOEN, *Nation und Literatur*, S. 556ff.
76 S. dazu BOSTOEN, *Nation und Literatur*, S. 563f. In Anm. 43 verweist er auf die „Italiener" in Antwerpen, zu denen Lodovico Guicciardini, Stefano Ambrosio Schiappalaria und Senno Poggini gehörten. Dort auch die Hinweise zu Poetou. B. hat sich in seinem Beitrag ab S. 533 ausführlich mit van der Noot befaßt.

Zeitlang eben auch Marnix van St. Aldegonde, der seinerseits allein schon über seine politische Funktion als wichtigster Vertrauensmann des Oraniers enge Beziehungen zur Politik- und Kulturwelt der nordniederländischen Seeprovinzen unterhielt, das heißt ihm waren Jan van Hout, Spiegel und Coornhert bekannt. Und eben dieser Hendrick Laurensz. Spiegel darf als Mentor oder auf jeden Fall als väterlicher Freund des jungen Pieter Cornelisz. Hooft gelten.[77]

Literaten und ihre Herkunft

Der Blick auf die italienischen und französischen Einflüsse in Antwerpen oder die Gestalt des Londoner Kreises lassen den Schluß zu, daß man es im 16. Jahrhundert deutlich mit einer Internationalisierung der neuen Formen der Dichtung zu tun hat, mit einer Nord-Süd-Bewegung, wenn man so will, und daß für den niederländischen Raum zunächst einmal Antwerpen als Kulturzentrum eine wesentliche Anlaufstelle gewesen ist. Der Blick sei nunmehr wieder auf die Zeit des Goldenen Jahrhunderts, auf die Republik der Vereinigten Provinzen gerichtet und hier wiederum an erster Stelle auf die Herkunft der Literaten. Da gab es eben jene, die zur Schicht der Regenten, zum Patriziat, zählten, aus ihm stammten. Zu ihnen zählten Pieter Cornelisz. Hooft und Constantijn Huygens, dessen Name gleichsam als Synonym für niederländisches Geistesleben gelten darf. Hooft kam aus einem Kaufmannsgeschlecht. Der Urgroßvater war noch Seefahrer gewesen, der Großvater schon Kaufmann wie dann auch der Vater, der, wie Vondel bemerkt hat, als Stütze der Finanzkreise Amsterdams galt. Cornelis Pietersz. machte rasch Karriere in der Amsterdamer Stadtpolitik. Er war Schöffe, Mitglied des Stadtrates und wurde schließlich Bürgermeister von Amsterdam; er war Kenner und Verfechter des Humanismus, ein Gemäßigter in den konfessionellen Auseinandersetzungen und Bekenner der Toleranz.[78] Pieter Cornelisz. nahm einen anderen Weg. Er begab sich nicht in die Stadtpolitik, aber er wurde Vogt im Gooi und Drost von Muiden. Von Beginn an widmete sich dieser Patriziersohn der Kunst der Sprache sowie – was nachhaltig zu betonen ist – der Geschichte seines Landes und mühte sich um den Erwerb humanistischer Bildung. Der Literat genoß die Ausbildung, die man einem Sproß des Patriziats meinte geben zu müssen, und er wußte diese Ausbildung ebenso zu genießen wie er sie umzusetzen vermochte. Er hatte keine Berührung mehr mit dem Geschehen in den frühen Aufstandsjahren, aber was in jenen Jahren geschehen war, erfuhr er von seinem Vater. Stattdessen bekam er Gelegenheit, sich mit dem intellektuellen Geschehen europäischer Länder – vor Ort auch – bekannt zu machen, es in sich aufzunehmen. Intellektuelles Geschehen – das war immer noch Rezeption der Antike. Hooft orientierte sich in erster Linie an Tacitus. Dieser Römer wurde das Vorbild seiner Geschichtsschreibung, seiner *Nederlandsche Historiën*. Hooft ist als Geschichtsschreiber nicht einzuordnen neben van Meteren, Bor oder van Reyd, neben jenen Autoren also, deren Sprache die des eher nüchternen Chronisten war. Hooft beschreibt die Geschichte seines Landes als eine Konfrontation von Tyrannei und Aufstand. Zwar sind die Spanier die bestrittenen Gegner, aber in seinem Urteil schert er nicht alle über den gleichen Kamm, das heißt,

---

77 S. dazu ebd. S. 563. Hier wird die Mentorschaft noch als Wahrscheinlichkeit ausgedrückt. Bei SCHENKEVELD, *Dutch Literature in the Age of Rembrandt*, S. 60 sind Belege (Briefe) auf jeden Fall für die väterliche Freundschaft beigebracht. Auf die Vielzahl der Arbeiten über Hooft kann hier nicht hingewiesen werden. Das gilt grundsätzlich auch für die anderen „großen" Literaten der Zeit. Genannt sei jedoch *Hooft. Essays van ... over P.C. Hooft*, Amsterdam 1981.

78 Bei G. BRANDT, *Het Leven van Pieter Corn. Hooft en de Lykreeden ...* uitg. door P. Leendertz Jr., 's-Gravenhage 1932, S. 4 finden sich noch weitere Familienmitglieder und ihre jeweiligen hohen Funktionen aufgeführt.

Pieter Cornelisz. Hooft
(Michiel Jansz. van Mierevelt)

er meldet Tapferkeit und Edelmut auf spanischer Seite ebenso wie Grausamkeiten bei den Aufständischen. Wichtiger noch als die in jedem Augenblick die Rechtfertigung des Freiheitskampfes enthaltende Darstellung, die im übrigen von einem ausbalancierten Urteil getragen wird, will die Form der Arbeit erscheinen. Aus diesem Grunde wird sie hier im Abschnitt über die niederländische Literatur des 17. Jahrhunderts aufgenommen. Hooft wollte der niederländische Tacitus werden. Da war er freilich nicht der einzige begeisterte Anhänger des römischen Schriftstellers und Geschichtsschreibers. Hooft studierte 1605 und 1606 Rechtswissenschaft an der Leidener Universität, an der sich der niederländische Humanismus in jenen Jahren voll auf Tacitus und Seneca kaprizierte. Dort las Dominicus Baudius über den von ihm hochverehrten Tacitus; seine Bewunderung kleidete er in die Worte „virum supra omnem humanae prudentiae aleam positum".[79] Tatsächlich scheinen auch die Kollegs sehr gut besucht gewesen zu sein.[80] Dort trat auch Paulus Merula, der Historiker, auf, der auch Tacitus in seinem Repertoire hatte. Die Schriften der Römer hatte Hooft schon auf seiner italienischen Reise kennengelernt und sich vor allem neben der Poesie für die staatspolitisch so wichtigen Arbeiten inter-

---

79   Zit. bei J.D.M. CORNELISSEN, *Hooft en Tacitus. Bijdrage tot de kennis van de vaderlandsche geschiedenis in de eerste helft der 17de eeuw*, Nijmegen 1938, S. 30.
80   Ebd. S. 30. Die Mitteilung beruht auf einem Brief des Baudius an Cornelis van der Myle. Vermutet wird jedoch, daß nach „Abzug" der professoralen Eitelkeit Tacitus durchaus Anziehungskraft auf die Studenten in Leiden ausübte.

essiert.[81] Eine Vertiefung seiner Kenntnisse war in Leiden gegeben. Für die Humanisten der Zeit war die Verbindung von Form und Inhalt ein wichtiges Qualitätsmerkmal. Hoofts *Nederlandsche Historien* haben nach zeitgenössischer Ansicht eine optimale Verbindung beider Kriterien erreicht. Zum einen machte er sich in seiner Darstellung die *staatsmännischen* Einsichten des Tacitus zu eigen, zum anderen bemühte er sich um eine erlesene Wortwahl und einiger taciteischer Stilelemente wie der indirekten Rede, die dem Werk seine dramatische Form geben und es insgesamt über seine hochstehende Prosa hinaus zu einer Lektüre für staatsmännische, humanistisch geprägte Einsicht machen. Es will dabei scheinen, als ob gerade bei allem Eifer für den Freiheitskampf die vom Vater verfochtene gemäßigte, tolerante Grundhaltung die Feder geführt habe.[82] Mit diesem Werk, das auch dem Statthalter Friedrich Heinrich überreicht wurde, fügte sich Hooft praktisch noch einmal in die alte Diskussion um die Sprache seines Landes ein. Es geht dabei nicht nur um die glückliche Verbindung von Form und Inhalt, die Tacitus zur bevorzugten Lektüre bei Politkern und Ästheten gleichermaßen machte, es handelt sich auch nicht nur um die so humanistisch geprägte Forderung des Vossius, den Schriften in der Landessprache eine gute Form zu geben, wolle man, daß ihnen ein längeres Leben beschieden sei, vielmehr hat der Hinweis den Forderungen zu gelten, die auf Anwendung des Niederländischen in der Wissenschaft zielten. Anwendung hieß eben Nachweis der Brauchbarkeit. Stevin hat das in der Mathematik schon frühzeitig nachgewiesen (1586, *Beghinselen der Weeghconst*), Spiegel 1584 schon einmal den Wunsch vorgetragen, daß es den Niederländern doch bald gelingen möge, die wissenschaftlichen Erkenntnisse in der eigenen Sprache zu genießen. Ein entsprechender Aufruf war schon an die Universität Leiden ergangen. Wenn irgendwo diese Forderung erfüllt war, dann in diesem Werk des Pieter Cornelisz. Hooft.[83]

Hooft – ein in der Wolle gefärbter Niederländer, insofern der niederländische Freiheitskampf ein so wesentliches Ingredienz seines Denkens und Tuns gewesen ist. Unter diesem Aspekt ist Constantijn Huygens neben ihm einzuordnen – eine halbe Generation jünger, aber auch um diese Zahl der Jahre länger lebend, bis hinein in die zweite Hälfte des Jahrhunderts. Der Vater war Brabanter, stand schon im Dienste der Oranier, war eng befreundet mit Marnix van St. Aldegonde und wurde Sekretär des Raad van State. Wenngleich der politische Wert dieses Gremiums nicht allzu hoch veranschlagt werden darf, brachte sowohl die Vertrauensposition bei den Oraniern als auch eben diese Sekretärsfunktion die Familie in die ersten Kreise Den Haags. Das heißt, die Herkunft und die Umgebung des Constantijn Huygens stellt sich vom finanziellen Ambiente her anders dar als die des Pieter Cornelisz. Hooft, das Bemühen um Bildung dürfte freilich einander ähnlich gewesen sein. Die Eltern des Constantijn, Vater Christiaan und die Mutter Suzanna Hoefnagel, die aus begütertem Antwerpener Hause kam, sind von Beginn an um eine adäquate Erziehung und Bildung ihrer beiden Söhne (neben Constantijn noch Maurits) bemüht gewesen. Hauslehrer waren es, die den Söhnen das nötige

---

81 Dazu liegt sein Reisetagebuch vor. S. J. DE LANGE (Hrsg.), *P.C. Hoofts Reis-Heuchenis. Naar de autograaf uitgegeven, ingeleid en toegelicht ... met medewerking van drs. A.J. Huijskes* (=Amsterdamer Publikationen zur Sprache und Literatur, 97), Amsterdam u.a. 1991. Zu seiner Bildungsreise nach Italien, die inzwischen zu den wichtigen Ingredienzien der Bildung gehörte, s. auch M.A. SCHENKEVELD-VAN DER DUSSEN, *Hooft in Italië*, in: A. KLUKHUHN (Hrsg.), *De Eeuwwenden, 3: Renaissance 1600. Kunst en literatuur*, Utrecht 1990.
82 S. zu Hooft bzw. seinem historischen Werk H.W. VAN TRICHT, *P.C. Hooft*, Haarlem 1951, S. 181ff.; auch knapper KNUVELDER, *Handboek tot de geschiedenis der nederlandse letterkunde*, II, S. 283f.
83 S. dazu CORNELISSEN, *Hooft en Tacitus*, S. 40f.; S. 36ff. auch die zeitgenössischen Äußerungen zu dem Werk. Es sei in diesem Zusammenhang auch auf die Lobrede hingewiesen, die der links orientierte niederländische Historiker Jan Romein unter dem Titel *Hooft als historieschrijver* gehalten hat. Ein echter Panegyricus. S. J. ROMEIN, *Tussen vrees en vrijheid. Vijftien historische verhandelingen*, Amsterdam 1950, S. 187ff.

Wissen beizubringen versuchten – und dies angesichts der hohen Begabung des Constantijn sicherlich mit einigem Erfolg.[84] Nur die Herkunft sei hier genannt, nicht das Leben nachgezeichnet. Vielmehr hat der Hinweis einer vielseitigen Bildung zu gelten, die einer hohen Begabung in der Literatur und auf musikalischem Gebiet entsprach und die gleichsam wie selbstverständlich seine reichen Sprachkenntnisse entwickelte. Sie gaben ihm zugleich das Ansehen eines weit über die Grenzen des Landes reichenden Kosmopolitismus. Es ist schon richtig, diesem in seiner Zeit hochrangigen Niederländer anlässlich seines 300. Todestages ein Büchlein unter dem Titel *Veelzijdigheid als levensvorm* zu widmen.[85] Nennt man ihn in einem Atemzug mit Hooft, dann ist nicht nur auf die Gemeinsamkeit des hohen Bildungsstandes, der Kenntnisse über das Ausland – Huygens weilte mehrmals in England und war in Venedig, was praktisch zum guten Ton des begüterten Bildungsbürgers gehörte –, gemeinsam ist beiden auch die ausgeprägte Vaterlandsliebe, die sich bei Hooft in einem Plädoyer für den Freiheitskampf bei aller kritischen Einstellung auch gegenüber dem Verhalten der eigenen Reihen äußerte, bei Huygens vielleicht insofern einen noch größere Intensität verriet, als letztgenannter nicht nur einen engen Bezug zum Abstraktum Freiheit entwickelte, sondern mit dem Begriff die konkrete Anschauung seiner Landschaft verband. Darüber ist an anderer Stelle zu handeln.

In dieses Umfeld, das auch für Huygens sehr bald schon ein ausgeprägt literarisches und an der Sprachpflege orientiertes war, gehört auch Jacob Cats, aus seeländischem Regentengeschlecht geboren und viele Jahre das höchste Amt der Republik, das des Ratspensionärs, bekleidend. Dieser seeländische Regentensproß ist später noch näher zu betrachten. Darüber hinaus zu nennen ist Johan de Brune, der 1624 die *Emblemata* mit beeindruckenden Illustrationen zum niederländischen Alltag veröffentlichte. De Brune stammte wie Cats aus Seeland und bekleidete dort bei den Ständen den hohen Posten eines Syndikus („pensionaris"). Zu jenen aus dem Patriziat traten die Gelehrten-Dichter, der schon so häufig genannte, über die Grenzen des Landes bekannte Daniel Heinsius etwa, der 1603 in Franeker eine außerordentliche Professur erhielt, um dann 1609 nach Leiden auf eine ordentliche Professur zu wechseln. Zu nennen ist auch Caspar van Baerle (Caspaer Barlaeus), Gelehrter und Dichter wie Heinsius, 1618 Professor für Logik in Leiden, nach der Entlassung dort (Remonstrantenstreit) 1632 auf eben dieser Professur an der Illustre School in Amsterdam. Es waren Vertreter einer sozialen und kulturellen Elite, zu denen sich andere gesellten, die zwar nicht an die Regentensprosse heranreichten, aber doch – obwohl darunter stehend – immer noch zum hochangesehenen Bürgertum gehörten. Da ist weiter der Dichter Jan Six van Chandelier einzubringen, ein erfolgreicher Amsterdamer Kaufmann und als ein 1620 Geborener eher zur jüngeren Generation zählend. Sozial ähnlich einzuordnen ist Joost van den Vondel, der hier als eine ganz zentrale Figur der niederländischen Literaturgeschichte angesprochen werden soll. Nach seinem Vater war er selbst zunächst erfolgreich in der Seidenmanufaktur. Ob geschäftliche Spekulationen des Vaters oder des Sohnes das Unternehmen in den Bankrott getrieben haben, ist nicht ganz klar, aber bis dahin hatte er schon viele Verdienste als Dramatiker und Dichter, so daß ihm Amsterdam den Posten eines Sekretärs in der städtischen Pfandleihe einräumte. Zu den eher kleinen Geschäftsleuten gehörten Thomas Asselijn, wie Six de Chandelier zu den jungen Poeten zählend, oder der Apo-

---

84 Zur Erziehung s. die Darstellung von L. STRENGHOLT, *Constanter. Het leven van Constantijn Huygens*, Amsterdam 1987, S. 5ff.
85 A.TH. VAN DEURSEN u.a. (Hrsg.), *Veelzijdigheid als levensvorm. Facetten van Constantijn Huygens' leven en werk* (=Deventer Studiën, 2), Deventer 1987. Die Beiträge befassen sich mit Huygens dem Kosmopoliten, mit dem Dichter und vor allem auch mit dem Musiker, schließlich auch mit seinen Verbindungen zu England. Zu seiner musikalischen Befähigung schon in jungen Jahren s. den vorgenannten Titel von L. STRENGHOLT, *Constanter*.

Constantijn Huygens und sein Sekretär (Th. de Keyser)

theker Jeremias de Decker und der Gastwirt Jan Soet. Aus dieser Gruppe ist Gerbrand Adriaensz. Bredero, Sohn eines Schumachers, besonders hervorzuheben. Er beherrschte das Französische, kannte wahrscheinlich englisch und ein wenig Latein, und gehörte zur Amsterdamer Rederijkerkammer *De Egelantier*. Dort stand er schon bald auf der Seite der Modernen, der Coster und Hooft-Gruppe.[86] Im Laufe der Darstellung werden noch andere Namen genannt.

Diese „literarischen" Niederländer, die zuweilen sozial gesehen sehr viel mehr waren als eben Schriftsteller und Dichter und aufgrund der sozialen Stellung schon ein hohes Prestige genossen, haben sich freilich auch durchsetzen können. Dazu ist dann zu Recht geschrieben worden: „Die Niederländer konnten nicht auf einen umfangreichen Bestand landessprachlicher Literatur fortbauen, oder sie hatten zumindest Schwierigkeiten, die Qualitäten solcher Literatur positiv einzuschätzen."[87] Die Elite der Schreiber lebte freilich völlig in den Kategorien der Renaissance und des Humanismus und schöpfte ihre Impulse zur Kontinuität aus italienischen und französischen Beispielen. Italien und Frankreich boten für diese Literaten sattsam Beispiele einer hochqualifizierten Literatur, die diesen Namen verdiente. Das alles hatte in seinen Ursprüngen auf jeden Fall einen elitären Ansatz, soweit es eben das Lateinische anging, das über die Jahre hinaus eine lange Lebensfähigkeit nicht nur an Universitäten, sondern auch im privaten Schriftverkehr bewies. Dies hieß allerdings nicht, daß die Rederijkerkammern nur noch eine

---

86 Zur Herkunft der Literaten s. SCHENKEVELD, *Dutch Literature*, S. 20ff. Über die Unmöglichkeit, eine umfassende Biographie zu verfassen s. G. STUIVELING (Hrsg.), *Memoriaal van Bredero. Documentaire van een dichterleven*, Culemborg 1975.
87 So J.L. PRICE, *Nederlandse cultuur in de Gouden Eeuw*, Utrecht ²1987, S. 75.

Randexistenz gefristet hätten. Sie blieben der interessierten Öffentlichkeit noch bis in die zweite Hälfte des Jahrhunderts erhalten, ehe sie zur Randerscheinung wurden. Demgegenüber schien die Übernahme der von der kulturellen und sozialen Elite entwickelten literarischen Vorschriften durch jene Literaten, die nicht ganz oben auf der sozialen Leiter standen, immerhin insofern einen sozialen Aufstieg mit sich zu bringen, als unter solchen Voraussetzungen keine Schranken überwunden werden mußten und eine Art kollegialer Umgang gepflegt wurde. Das gilt für Joachim Oudaen, Dichter und Ziegelbäcker aus Rotterdam, das gilt auch für Joost van den Vondel oder Jan Vos, den Glaser. Der eine bei der Bank van Lening, der andere bei der Stadt Amsterdam angestellt, haben sie diese Stellung ihrer anerkannten schriftstellerischen Tätigkeit zu verdanken. Auch wenn sie in untergeordneter Stellung Dienst taten, so waren sich doch von der kulturellen Elite voll akzeptiert.[88] Freilich, da gab es den Fall, in dem das intellektuell-literarische Einverständnis doch vom Standesdenken angenagt wurde. Bei Constantijn Huygens etwa, der in seiner Kritik an Joost van den Vondel unterschwellig den, wenn man so will, Mißton der sozialen Überlegenheit einbrachte.[89] Letztlich dürfte es mit Blick auf die Anerkennung der an der Antike und deren italienischen oder französischen Nachahmern orientierten literarischen Richtung wohl nahe liegen zu vermuten, daß die Konzentration von Drama, Prosa und Lyrik auf die soziale Elite zu einer Deckungsgleichheit von sozialem und kulturellem Führungsanspruch geführt hat. In diesen Kreisen war im übrigen auch die Frage nach Honoraren kein Thema. Man bedurfte des Geldes nicht. Schreiben oder Dichten galt vielmehr als edler Zeitvertreib. Und dort, wo eine Remuneration gern gesehen wurde, geschah das etwa in indirekter Form durch Anstellung wie bei Vondel oder letztlich auch bei Jan Vos, dem städtischen Glaser.

Es ist zu Eingang der Darstellung nach der Umsetzung des Vaterländischen einschließlich der Rechtfertigung des Widerstandes in der Literatur die Rede gewesen. Eng verzahnt mit dem Thema ist die Frage, wie sich die Schriftsteller der Zeit selbst begriffen, welche Aufgabe sie sich selbst zuschrieben. Die Antwort auf diese Frage ist wohl in dem häufig auftauchenden zeitgenössischen Begriffspaar *lering en vermaak* zu finden, das mit *Unterweisung und Vergnügen* wiederzugeben wäre. Schriftsteller und Dichter sollten ihr Publikum zwar unterhalten, aber die Unterhaltsamkeit des literarischen Erzeugnisses diente doch in erheblichem Maße dazu, der örtlichen, regionalen oder „nationalen" Gesellschaft eine Botschaft zu vermitteln. „Seine Arbeiten mußten", so ist formuliert worden, „wie eine Art kollektives Gedächtnis und kollektives Gewissen funktionieren."[90] Es ist eine Art Literatur der gesellschaftlichen Normen und Werte, die sich auf den Gebieten des Politischen tummelt, sich der Geschichte insbesondere jener Bereiche bedient, die der Rechtfertigung einer separaten niederländischen Existenz dienen, aber sie zielt auch auf die Normen des gesellschaftlichen Verkehrs und der festgeschriebenen Verhaltensweisen.[91]

Poesie der Calvinisten

Nicht zuletzt in diesem Zusammenhang ist auf die Bedeutung der Religion in Gesellschaft und Literatur hinzuweisen. Religion: sie war ein Ingredienz der politischen Kultur und der individuellen Erbauung gleichermaßen. Dabei konnten die Niederlande auf eine Tradition der geistlichen Lyrik zurückgreifen oder auf jeden Fall zurückblicken,

---

88 S. dazu ebd. S. 76.
89 Beispiel bei SCHENKEVELD, *Dutch Literature*, S. 22.
90 So GROOTES, *Het literaire leven*, S. 29ff. (Zitat S. 30).
91 Ebd.

war doch im Gefolge der *Devotio moderna* im 15. und auch im 16. Jahrhundert eine umfangreiche religiöse Lyrik der Innerlichkeit entstanden. Im Zuge der reformatorischen Bestrebungen verlagerte sich allmählich der Schwerpunkt der Thematik. Entsprechend der besonderen Bedeutung der Heiligen Schrift für die Reformation traten biblische Stoffe in den Vordergrund; sie dienten nach dem Aufstand bis weit hinein ins 17. Jahrhundert nicht nur der Rechtfertigung einer gesonderten staatlichen Existenz, sondern eben auch der Deutung des Kampfes als einem dem göttlichen Willen unterworfenen Geschehen. Freilich, dazu rückten sowohl Themen der Leidens- und Heilsgeschichte als auch die persönliche Auseinandersetzung mit dem Glauben in den Vordergrund. Diese Entwicklung ließe sich an einigen Veröffentlichungen aufzeigen. Da sei zunächst die um 1550 herausgebrachte Sammlung *Veelderhande liedekens gemaeckt uit den ouden ende nieuwen Testamente* angeführt. Diese Sammlung hebt die Bedeutung der Heiligen Schrift für die Protestanten hervor. Dazu trat die protestantische Märtyrerpoesie, die in der Sammlung *Het offer des Heeren* 1562 vorgelegt wurde – eine Widerspiegelung der festen Glaubensüberzeugung. Marnix van Sint Aldegonde läßt sich sodann hier einreihen, der eben nicht nur ein Kämpfer gegen die katholische Kirche war, sondern sich um die Ausbreitung des Calvinismus in seiner Sammlung biblischer Lieder mühte, die 1591 unter dem Titel *Boeck der heylige schriftuurlycke lofsangen* erschien. Es war eine an den „calvinistischen Dogmen orientierte Lyrik" zu einem frühen Zeitpunkt.[92]

Verbreitung der calvinistischen Dogmatik über die Lyrik und Verinnerlichung des Heilsgeschehens waren im 17. Jahrhundert im Vordergrund stehende Themen der geistlichen Lyrik, die hier vielleicht besser als Glaubenslyrik angesprochen wird. Der Unterschied zum Jahrhundert zuvor liegt wohl im Wandel der Form, in der Gestaltung nach den Vorgaben der Renaissance-Literatur. Das heißt, auch die Glaubenslyrik fügte sich in den Trend der Zeit ein. Nach den Anfängen in Marnix Bändchen hat in erster Linie Daniel Heinsius den Weg beschritten. Heinsius hat seinerseits auf den später noch zu erwähnenden Jakob Revius eingewirkt. Er stand neben anderen niederländischen Dichtern und Schreibern der Zeit deutlich unter dem Einfluß des Hugenotten-Dichters Guillaume du Bartas. Dieser bestimmte die Arbeit des Heinsius, der in seinem Werk eine Heilsgeschichte im Sinne der calvinistischen Dogmatik vorlegte.[93]

Es ist hier schon der Name des Jakob Revius gefallen. Gerade er ist mit Blick auf den hugenottischen Einfluß zu nennen, denn nach dem Studium der Theologie in Leiden und Franeker verbrachte er zwei Jahre in den Ausbildungszentren der Hugenotten in Frankreich. Danach war er in Deventer zwei Jahre als Pfarrer der reformierten Kirche tätig und gehörte wie Jacob Cats und Constantijn Huygens der orthodoxen Richtung an. Revius veröffentlichte 1632 eine umfangreiche Sammlung seiner Gedichte und Lieder unter dem Thema *Over-ysselsche sangen en dichten*, wohl sein wichtigstes Werk. Revius hob die geistlich-protestantische Lyrik auf ein hohes, ein dem Renaissance-Standard entsprechendes Niveau. Er verwandte Sonett, Ode und Epigramm[94], und es scheint, als habe er Konfession und Glaubenserlebnis in eine ihrer Bedeutung gemäße Form gie-

---

92 C. TER HAAR, *Das Goldene Zeitalter de Literatur in den Niederlanden*, S. 382ff. Der zitierte Passus auf S. 384.
93 S. dazu TER HAAR, *Das Goldene Zeitalter der Literatur*, S. 384; bei Heinsius handelt es sich um das Gedicht *Lof-sanck van Iesus Christus den eenigen ende eeuwigen sone Gods* von 1616; s. auch SCHENKEVELD, *Dutch Literature*, S. 44ff. Guillaume de Salluste, seigneur du Bartas, 1590 in Paris verstorben, französischer Dichter, nahm auf seiten der Hugenotten an den letzten Religionskriegen teil und stand danach im Dienst Heinrichs von Navarra. Sein Ruhm reichte weit über die Grenzen Frankreichs hinaus, als er 1578 sein in Alexandrinern geschriebenes *La semaine ou la création du monde* veröffentlichte. Sein Werk wurde vor allem in protestantischen Kreisen begeistert aufgenommen. In den Niederlanden wurde es von Zacharias Heyns und teilweise von Vondel übersetzt.
94 S. dazu SCHENKEVELD, *Dutch Literature*, S. 47.

ßen wollen. Den Namen Gottes in jedem Augenblick zu loben, das war ihm ein erstes Bedürfnis. So heißt es im ersten Gedicht des Bandes:

> Ware ick een nachtegael, ick wou mijn Schepper eeren
> Met sijnen grooten lof altijt te quintileren
> ...
> K'en ben geen nachtegael, maer in veel grooter eere
> Een mensch, het even-beelt van aller Heeren Heere:
> Ick will dan mijne stem doen hooren alle man
> En prijsen hem soo hooch en verre als ick kan
> ...Versekeret dat hy die eeuwichlijcken leeft
> Mijn tong' tot sijnen roem alleen geschapen heeft.[95]

Wenngleich es in dieser Phase auf dem Büchermarkt schon echte „Renner" gab, die Sammlung des Revius gehörte sicher nicht dazu. Das war ein wenig ungewöhnlich, da geistliche Literatur durchaus ihren Markt hatte. Jedenfalls blieb der Verleger auf einem Großteil der Auflage sitzen und gab dem Buch durch Veränderung der Titelseite 1634 noch eine Chance. Vermutet wird gegenwärtig, daß Wortgebrauch und Formgebung des Revius den calvinistischen Leser überfordert hätten.[96] Wie immer man mit dieser Vermutung auch umgehen mag, sicher ist, daß Revius als Regent des „Collegium Theologicum" (seit 1642) in Leiden Einfluß im Sinne des orthodoxen Calvinismus ausüben konnte. Er arbeitete zu dieser Zeit auch an der von der Dordrechter Synode verfügten Bibel-Übersetzung mit. Als kämpferischer Calvinist stritt er nicht nur gegen die Remonstranten, das heißt gegen die Protestanten des eigenen Landes, sondern nahm sich in seinen Gedichten auch der Ereignisse des Krieges an. Revius zählte zu den militanten Prädikanten des 17. Jahrhunderts, zu den Feuerköpfen, die sich von Beginn an in den Remonstranten-Streit einmischten, ihre wesentliche Aufgabe im Kampf gegen Spanien sahen und Heilsgeschichte – und damit die Bibel – zum zentralen Ort der Poesie machten. Daß er den 80jährigen und auch den 30jährigen Krieg zum Glaubenskrieg machte, kann nicht überraschen. Man wird ihn in diesem Zusammenhang zu einem personifizierten poetischen Amalgam von Glauben und „Vaterland" hochstilisieren dürfen. Seine intellektuelle Arbeit beschränkte sich nicht auf die Poesie. Dem hier bezeugten Glaubenserlebnis fügten sich andere, wenn man so will, Arbeiten in pädagogisch-didaktischer Absicht hinzu. So übersetzte er das *Niederländische Glaubensbekenntnis* ins Griechische und ins Lateinische, nicht ohne Erfolg, wie es scheint, denn diese für den Schulgebrauch vorgesehene Übersetzung fand freudige Aufnahme beim Patriarchen von Konstantinopel, der 1629 selber ein Glaubensbekenntnis herausbrachte, das dem niederländischen sehr nahe stand – und dies, um dem Versuch der römischen Kirche, die griechisch-orthodoxe Kirche botmäßig zu machen, abzuwehren. Revius befaßte sich weiter mit der Bearbeitung einer Reihe von älteren Schriften und begab sich an eine kritische Bearbeitung der *Disputationes Metaphysicae* des spanischen Juristen Franciscus Suarez zum Gebrauch an protestantischen Schulen.[97]

---

95 Zitiert nach ebd. S. 47. („wäre ich eine Nachtigall, so würde ich immer das Lob meines Schöpfers tirilieren; zwar bin ich keine Nachtigall, aber doch, was viel ehrenvoller ist, ein Mensch nach dem Bild des Herrn; ich will daher jedermann meine Stimme hören lassen und den Herrn über alle Maßen preisen; seid gewiß, daß der, der ewig lebt, meine Zunge zu seinem Ruhm geschaffen hat").
96 So STIPRIAAN, *Het volle leven*, S. 116f.
97 Hierzu insgesamt TER HAAR, *Das Goldene Zeitalter der Literatur*, S. 384ff.; s.a. SCHENKEVELD, *Dutch Literature*, S. 46ff.; ferner und vor allem *Jacobus Revius* in: *Geschiedenis van de letterkunde der Nederlanden*, IV: De letterkunde van Renaissance en Barok, I, 's-Hertogenbosch u.a., o.O., S. 165ff.

Bei allem deutlichen Einfluß des Revius, der Erfolg der geistlichen Poesie ist eher bei Dirck Rafelsz. Camphuysen anzusiedeln, bei jenem remonstrantischen Pfarrer, der nach der Dordrechter Synode mit dem orthodoxen Calvinismus brach und der schon 1624 seine *Stichtelycke Rijmen* herausbrachte. Die Sammlung erlebte mehr als fünfzig Auflagen. Camphuysen brach 1620 auch mit den Remonstranten, da er sich gegen jede kirchliche Autorität auflehnte, den Glauben nicht als einen institutionalisierten, sondern als einen ganz persönlichen verstanden wissen wollte – ein Glaube dann, der mit dem gesunden Menschenverstand erlangt werden und auf dem Weg über die Tugend (Nächstenliebe und praktische Frömmigkeit) umgesetzt werden konnte. Er, der Sohn einer Täuferfamilie, lag damit ganz in der Linie der humanistischen Theologie. Ganz anders als die poetischen Arbeiten des Revius waren die Gedichte des Camphuysen vornehmlich in der Tradition des geistlichen Liedes geschrieben und erfreuten sich wohl aus diesem Grund großer Beliebtheit. Jedenfalls war Camphuysen nach Cats der meistgelesene Dichter des 17. Jahrhunderts. Daraus ist geschlossen worden, daß die Bevölkerung jener Jahrzehnte eine besondere „Affinität" zu dieser Form der Religiosität gehabt habe. Hingewiesen wird eben in diesem Zusammenhang auch auf den guten Absatz geistlicher Poesie, die aus ähnlich freisinniger Geisteshaltung zu einem späteren Zeitpunkt entstanden ist. Genannt werden dabei der aus dem Kreis von Rembrandt kommende Jeremias de Decker mit seinem *Goede Vrijdagh*, ein Band, der die ganze Passionsgeschichte enthält und mehrfach aufgelegt wurde, und Joachim Oudaen, der wie Camphuysen den Rijnsburger Collegianten nahe stand und der Camphuysen bewunderte, in ihm ein Vorbild sah.[98] Oudaen war der Sohne eines Rotterdamer Fliesenfabrikanten, gehörte nicht zur Regentenschicht, gewann freilich durch seine lyrischen Arbeiten ganz erheblich an Ansehen. Seine Erziehung genoß er im Hause des Gelehrten Petrus Scriverius.

Gerade die letztgenannten Autoren seien hervorgehoben, weil es bei ihnen innerhalb dieser christlichen Gesellschaft doch in erster Linie um Erbauung und Bekennen, nicht so sehr um Kampfliteratur, wie sie zum ersten im Zusammenhang mit der Rechtfertigung des Aufstandes, das heißt im Kampf gegen den Katholizismus, und dann im Remonstrantenstreit im gleichsam calvinistischen Bürgerkrieg entstanden ist. Diese letztgenannte religiöse Lyrik zeichnet auch jene Autoren aus, die nicht in erster Linie aus ausschließlich religiöser Motivation schrieben oder als Prädikanten nur Glaubensfragen zugewandt waren. Es sind Autoren wie Bredero, die die Welt am Glauben messen und eben die Eitelkeiten und weltlichen Genüsse als minderwertig gegenüber dem Glauben erfassen. Neben Bredero sind hier auch Constantijn Huygens und Jacob Cats zu nennen, die freilich auf anderem Feld stärker hervorstechen. Unter dem Aspekt der Multiplikation bedarf es des Hinweises, daß Erbauung und Tugendhaftigkeit nicht nur aus den lyrischen Äußerungen der *gestandenen* Autoren gewonnen werden konnten, sondern auch aus einer Vielzahl von Erbauungsschriften, die ohne besondere literarische Qualität waren, diese auch wohl nicht anstrebten.

Der katholische Bevölkerungsteil, der immer noch zahlreich genug war und religiös nach außen hin ein gleichsam eingeschränktes Leben führte, blieb literarisch, soweit es um geistliche Lyrik geht, nicht unversorgt. Als ihr literarischer Seelsorger trat Jan Baptist Stalpart van der Wiele auf, der zunächst sein Geld als Advokat verdiente, dann in Löwen und Rom Theologie studierte, um danach einige Jahre in Frankreich als Priester tätig zu sein. Im Anschluß daran zog er es vor, im Rahmen der gegenreformatorischen Absichten der katholischen Kirche in partibus infidelium in Delft als Priester tätig zu sein. Zugleich wurde er in eben jenem Ort Rektor des vom Magistrat der Stadt

---

98   S. zu Camphuysen ausführlich *Geschiedenis van de Letterkunde*, IV, S. 33; die Einordnung im Zusammenhang mit anderen Poeten bei TER HAAR, *Das Goldene Zeitalter der Literatur*, S. 383f. und dazu SCHENKEVELD, *Dutch Literature*, S. 51.

geduldeten Beginenhofs und des St. Agatha-Klosters. Stalpart ließe sich auch zu den literarischen Streithähnen zählen, dann freilich auf der Seite der Gegenreformation, aber er darf auch in die Reihe der ruhigen, nur auf Glaubensgehalt und Tugend konzentrierten geistlichen Lyriker eingefügt werden. Davon zeugt seine poetische Sammlung, die 1634 unter dem Titel *Gulde-Jaers feestdagen of de schat der geestelycke lofsangen*. Stalpart knüpfte in seiner Poesie an die mittelalterliche Volksliedtradition an, obwohl er während seines Studiums in Rom die Formen der Renaissance-Dichtung kennengelernt hatte.[99] Nicht ohne Einfluß dürfte der in jener Zeit gefeierte italienische Komponist Luca Marenzio gewesen sein, dessen Madrigaltexte Stalpart übersetzte.[100] Es mag sein, daß er sich mit der Wahrung der Tradition auch eine größere Nähe zum katholischen Leser versprach.

Literatur, Landschaft und Gesellschaft

Wenngleich bei der niederländischen Republik durchaus von einer gefestigten religiösen Grundordnung zu reden ist, lebte die Gesellschaft doch ein weltzugewandtes Leben, das seinen Ausdruck auch in der Literatur fand. Unter Welt sei hier die Natur und ihre unmittelbare Erfahrung sowie das soziale und das ganz persönliche Leben verstanden. Sie macht letztlich den größten Teil der literarischen Äußerung aus, was auch für die Malerei gesagt werden kann. Es sind Beschreibungen nur oder vor allem auch Erinnerungen und Mahnungen, die ihren Ausdruck in Lyrik und Prosa gleichermaßen finden – ein Erscheinungsbild, das letztlich in den Emblemata der Zeit die beste Wiedergabe erfährt. Natur, das waren Meer und Fluß, Landschaften mit oder ohne Berge, mit oder ohne weidendes Vieh. Was Natur für den Künstler sein konnte, das hat Carel van Mander doch in seiner *Schilderconst* beschrieben. Er hat es für die jungen Maler getan. Ihnen den richtigen Blick für de Landschaft zu geben, war sein Ziel, aber er, der Maler und Schriftsteller gleichermaßen, ließ das Bild der Landschaft auf einem hohen sprachlichen Niveau entstehen, im Renaissance-Stil, durchsetzt eben mit Bezügen zu den Akteuren der antiken Mythologie. Van Mander bediente sich eines regelrechten antiken „name dropping", das ihm helfen sollte, die Landschaft in ihrer Bedeutung richtig zu positionieren.[101] Solcher Überhöhung stehen freilich die konkreten nachgerade idyllischen Beschreibungen landschaftlicher Szenerie zur Seite. Beide Elemente, die Bedeutung der Landschaft jenseits ihrer Realität und die realistische Beschreibung durch den Poeten, haben sich nach van Mander fortgesetzt, wie sich das bei Hendrick Laurensz. Spiegels *Hart-Spieghel* ebenso wie bei Jacob Cats oder dem Prädikanten und Dichter Willem Sluiter zeigt.[102] Die teilweise minutiöse Beschreibung der Natur erinnert dabei durchaus an die ebenso minutiöse Landschaftsmalerei der Niederlande, wie sie auch als Lehrmeisterin menschlichen Verhaltens und menschlichen Lebens begriffen worden ist. Ohnehin gilt, daß das calvinistische Bekenntnis faktisch an die altchristliche Tradition anschließt, wenn sie Natur als eine Schöpfung Gottes und damit als Gegenstand der gläubigen Bewunderung vorführt.[103]

---

99 Zu Stalpart kurz SCHENKEVELD, *Dutch Literature*, S. 51 und TER HAAR, *Das Goldene Zeitalter der Literatur*, S. 385. Dort auch noch Hinweise auf die in den südlichen Niederlanden tätigen Autoren geistlicher Lyrik.
100 So G.P.M. KNUVELDER, *Handboek tot de geschiedenis der Nederlandse letterkunde*, II, 's-Hertogenbosch [7]1979, S. 190.
101 Zit. bei SCHENKEVELD, *Dutch Literature*, S. 94f.
102 Ebd. S. 96ff.
103 Ebd. S. 97f.

Natur als Gegenstand der Kontemplation – gleichviel, ob religiös empfunden oder aus Lust an Farbe und Vielgestalt begrüßt! Das führt zur Kategorie der sogenannten *hofdichten*, jenen lyrischen Beschreibungen von Landsitzen, die im 17. Jahrhundert vielfältig am Rande der großen Handelsstädte oder losgelöst von ihnen gebaut wurden. Landsitze – sie wurden nicht gebaut, damit die Eigentümer darüber singen und sagen konnten, wenngleich sie, wie in historisch-sozialwissenschaftlichen Untersuchungen festgestellt worden ist, als Status-Symbol dienten – möglicherweise in der Mehrheit gar, was nicht zuletzt auf den fortschreitenden Aristokratisierungsprozeß innerhalb der gesellschaftlichen Oberschicht zurückgeführt wird.[104] Von der wohl die Jahrhunderte überdauernden Aufstiegsmentalität des begüterten Bürgertums sei einfach einmal abgesehen, statt dessen auf das offensichtlich vorhandene Entspannungs- und Ruhebedürfnis der Bürger, die ein solches umsetzen konnten, hingewiesen. Man baute Landsitze, die etwas vom Reichtum der Bauherren verrieten. Ausgesuchte Regionen waren die Ufergebiete entlang der zwischen Hilversum und Utrecht fließenden Vecht, dort sind sie heute noch auffällige Zeugnisse niederländischer Architektur des 17. Jahrhunderts, es waren darüber hinaus die Beemster und das Spaarnegebiet. Die *hofdichten* waren als idealisierende Beschreibung des Landlebens auch ein europäisches Phänomen, bei dem Vergil und Horaz Pate standen, aber im Unterschied zu ähnlichen europäischen Formen bezogen sie sich jeweils auf ein ganz konkretes Landgut und sie waren ungleich viel länger.[105] Abgesehen davon, daß die eigentliche Blütezeit dieses Genres erst im 18. Jahrhundert kam, was im übrigen dem noch stärker sich entwickelnden Aristokratisierungsdenken der niederländischen Perückenzeit entsprach, diente der ganz reale Besitz auf dem Lande doch dazu, einen Gegensatz von Stadt- und Landleben in literarische Form zu gießen. Das konnte durchaus den Charakter des Fröhlichen und Unbefangenen tragen. Aufzählungen aller Landsitze in der Region Utrecht und Amersfoort zeigen etwas von dem Stolz über solche Vielfalt des Reichtums, der sich in der Dichte der Bebauung mit Landsitzen äußerte, wie sich das bei Everard Meyster 1655 in seinem *Hemelsch landspel, of godenkout, der Amersfoortsche landouwen*, dem selbst das Landgut Nimmerdor gehörte, findet, und der es versteht, die Idylle ebenso wie den einfachen und gesunden Lebensgenuß zu beschreiben.[106] Wesentlich ist freilich, daß die Ruhe des Landlebens immer eine Art philosophische Überhöhung neben den liebevollen Beschreibungen von Park und Garten enthielt. Es will scheinen, als ob man auf dem Lande in der Anschauung der gepflegten und auch der unberührten Natur eine Art moralische Instanz gefunden habe. Zu den Autoren, die dieser Vorstellung anhingen, gehörten neben anderen auch Jacob Cats und nicht zuletzt Constantijn Huygens. Die *Hofgedachten op Sorghvliet* des Jacob Cats seien zuerst genannt, obwohl sie zeitlich etwas später als das 2.800 Zeilen umfassende *Hofwijk* des Constantijn Huygens erschienen sind. Das sei hier erlaubt, weil die Arbeit des Huygens über die engste Naturbetrachtung hinausreicht und von einer anderen intellektuellen Qualität ist. Die nachgerade minutiöse Betrachtung der Natur, vor allem der kleinsten Lebewesen und ihrer Lebensweise, hat bei Cats etwas Naturwissenschaftliches. Das würde mit Blick auf die naturwissenschaftliche Forschung und Rezeption der Zeit auch nicht verwundern, aber naturwissenschaftliches Interesse zählte eigentlich nicht zu seinen Eigentümlichkeiten, vielmehr wird man ihn in erster Linie als einen tiefgläubigen Menschen einordnen müssen, der sich verpflichtet fühlte, die Vielfalt der göttlichen Schöpfung auch im kleinsten Detail zu preisen. Dazu bedurfte es einfach nicht eines wissenschaftlichen Dranges. So beschreibt er Frösche und Reiher,

---

104 S. dazu K. SCHMIDT, *Hollands buitenleven in de zeventiende eeuw*, in: Amsterdam Sociologisch Tijdschrift, 4 (1977-1978), S. 434-449 sowie 5 (78-79), S. 91-109.
105 Dazu kurz W. FRIJHOFF/M. SPIES, *1650. Bevochten eendracht*, Den Haag 1999, S. 572ff.
106 Ebd. S. 574.

Lerchen und Schnecken, Spinnen und Bienen. Es sind schützenswerte Geschöpfe, weil sie Geschöpfe des Herrn sind. Die Entstehung eines Spinnennetzes mag hier als beispielhaft für seine in Worte umgesetzte Anschauung gelten. Es heißt da:

> Dit beest doet immers grooten vlijt,
> En dient zich neerstig van den tijt;
> Het loopt, het woelt, het rijst, het daalt;
> Het spint, het weeft, het treckt, en haelt,
> Ick sie het al den gantschen dach
> Soo besich als het immer mag;
> En hier uyt rijst een konstig werck,
> Getogen ront, gelijck een perck.[107]

Die Verse sind nicht sonderlich kunstvoll, die Wortwahl ist schlicht, der Reim sehr eingängig. Es ist einfach volkstümlich bis betulich, fernab jener Lyrik, die sich um die Vorgaben der Renaissance bemühte. Cats befleißigte sich einer Lyrik der Idylle, die auch dort deutlich wird, wo er über die minutiöse Beobachtung der Natur in ihren Kleinstausgaben hinausgeht und sich den Menschen in ihrem Alltag zuwendet. Es ist völlig richtig beobachtet worden, daß Cats nicht bei der einfachen Beschreibung verharrte, sondern daß seine Absicht weiterreichte: Es ging ihm um Vermehrung der Kenntnisse, seelische Erbauung und Gotteslob.[108] Es ist eine am Realismus von Natur und Alltag orientierte praktische Theologie. So ist *Hofgedachten* gerade im letztgenannten Zusammenhang einzureihen in jene Reihe von Gedichten, die das Verhältnis zu Gott im Sinne eines unablässigen Lobes und im Blick auf die Unzulänglichkeit des Menschen in Alexandrinern thematisieren.

Die Wißbegier und der Wunsch, sich anderen auf unterschiedlichem Terrain mitzuteilen, war, so ist festgestellt worden, keine Besonderheit des Jacob Cats. Diese Tendenz haben auch andere gezeigt, wie es Willem Sluiter 1668 in seinem *Buiten-Leven* gleichsam zusammenfassend deutlich zu machen versuchte. Aber wie immer die Autoren heißen mögen, unter ihnen stach Constantijn Huygens hervor, der in seiner Wortwahl, in seinen Gedankengängen und in seiner Themenstellung ganz andere Wege ging, seinen Landsitz Hofwijck in Voorburg bei Den Haag nur zum Ausgangspunkt unterschiedlichster Betrachtungen wählte. Huygens, der eng mit dem Haus Oranien verbundene Sekretär des Statthalters Friedrich Heinrich (21 Jahre lang), zählt, wie zuvor schon angedeutet, zwar nicht zu den großen Gelehrten seiner Zeit, aber er pflegte den Umgang mit einer Reihe von ihnen und er gehört zu den umfassend Gebildeten, die das Wissen ihrer Zeit verarbeitet haben und letztlich den Anforderungen genügten, die das Menschenbild von Renaissance und Humanismus vorschrieb. So war sein ganzer Habitus von intellektueller Scharfsichtigkeit, seine Wortwahl die des humanistisch gebildeten, mit Wissenschaft und Philosophie der Zeit vertrauten Mannes, dem Spott, Satire und geistreiche Wortspielereien nicht fremd waren, der freilich auch die ganze Innerlichkeit des Jacob Cats hatte, aber der Betulichkeit dieses seeländischen Regenten entbehrte.

Hofwijck war letztlich der Höhe- und zugleich Endpunkt seiner moralisierenden, weil mit anderen Überlegungen angereicherten Beschreibung von Natur und Leben. Schon früh, 1622, erschien in Middelburg von Huygens Hand *Batava Tempe. Dat is 't Voorhout*

---

107 Zitiert bei G.A. VAN ES/G.S. OVERDIEP, *De letterkunde van Renaissance en Barok in de zeventiende eeuw*, I., S. 82 („das Tier zeigt nämlich großen Fleiß, es nutzt eifrig seine Zeit; es läuft und wühlt, steigt auf, steigt ab; es spinnt und webt, zieht und holt ein; ich sehe es den ganzen Tag voll beschäftigt, und heraus kommt ein Kunstwerk, rund gearbeitet wie ein Beet (Gatter, geschlossener Raum")".

108 So ebd. S. 83.

Constantijn Huygens mit Besuchern auf Hofwijck (Anonym)

van 's Gravenhage. Jacob Cats hielt das Manuskript in Händen, erkannte, daß hier junges Talent heranwuchs und sorgte für die Veröffentlichung dieses und anderer Manuskripte. Das Gedicht ist eine gleichsam kommunale Eloge auf die Linden bestandene Voorhout in Den Haag, eine liebevolle Beschreibung der Natur, aber auch der Menschen, die dort wandeln, nicht ohne hin und wieder kleinen Spott, kleine spöttische intellektuelle Schlenker einzufügen, was er sich selbst schuldig zu sein schien.[109]

Hofwijck ist mehr als nur eine Fortsetzung früherer, wenn man so will, lyrischer Topographie. Es enthält mehr als nur die Verbundenheit mit der Natur. Das ist zwar auch für Jacob Cats zu sagen, bei Huygens gewinnt man den Eindruck aber eines großen Aufatmens nach dem Rückzug aus den Betriebsamkeiten der statthalterlichen Residenz Den Haag, wo er alle Fährnisse des Kriegszustandes (Teilnahme an Feldzügen Friedrich Heinrichs), der Innen- und Außenpolitik miterlebt oder nachvollzogen hatte. Es war eine

---

[109] Für einen Lebensabriß des Huygens s. immer noch G.A. VAN ES, *Protestantse letterkunde in de eerste helft der 17e eeuw*, S. 115-164. Über *Voorhout*, S. 124ff.; ferner L. STRENGHOLT, *Constanter*. hier über *Voorhout*, S. 41f. Eine wenige Jahre vor der Studie Strengholts entstandene Biographie hat J. SMIT, *De grootmeester van woord- en snarenspel. Het leven van Constantijn Huygens*, 's-Gravenhage 1980 vorgelegt, eine sehr ins Detail gehende informationsreiche Studie. Ferner siehe auch den an anderer Stelle genannten Sammelband A.TH. VAN DEURSEN u.a. (Hrsg.), *Veelzijdigheid als levensvorm. Facetten van Constantijn Huygens' leven en werk* (=Deventer Studiën 2), Deventer 1987.

Art Aufatmen, das ihn zugleich bewog, sich mit zeitgenössischer Kritik am Bau von Landsitzen grundsätzlich auseinanderzusetzen. Er tat dies, indem er Gespräche von auf dem Flüßchen Vliet vorbeifahrenden Passagieren erfand, die sicherlich nicht des konkreten Hintergrunds entbehrten. Es kommt hier eine ökologische und soziale Komponente ins Spiel, die eben weit über die Freude an der Natur oder das damit verbundene Bekenntnis zu Gott hinausging. Es ist schon auffällig, daß die soziale Komponente der von außen eingebrachten Kritik durchaus verschärfte Akzente setzte, die regelrechte Auflehnung gegen die ungerechte Güterverteilung enthielten. Es entsprach dem hochgebildeten Huygens, wenn er in seiner Begründung oder Rechtfertigung seinerseits nicht das materielle Argument aufgriff, sondern in einer Vielzahl von Zitaten aus der Bibel und den antiken Schriftstellern das Übergewicht einer umfassenden Bildung ins Spiel brachte und damit den Aristokraten des Geistes hervorkehrte – in Zeiten der Renaissance und des Humanismus ohnehin schon eine einigermaßen unantastbare Figur. Betrachtungen dieser Art, die auf eine Rechtfertigung hinausliefen und die man einen gesellschaftspolitischen Aspekt in einem Stück Lyrik nennen könnte, sind möglicherweise auf den Aristokratisierungswunsch zurückzuführen, der durchaus zu den Merkmalen des Regentenstandes gehörte, für Huygens freilich schon erfüllt war, insofern er als Herr von Zuilichem zum Ritterstand gehörte und in Den Haag ein sehr vornehmes Haus bewohnte.[110] Huygens hat seinen fiktiven Fürsprecher sowohl seinen materiellen Wohlstand und damit auch die Realisierung in Form eines ruhigen, kontemplativen Lebensabends rechtfertigen lassen. Es sei hier nicht thematisiert, aber es ging um die Betonung des Wohlverdienten. Letztlich spielte freilich auch der Begriff der Mäßigung hier hinein, die er für sich Anspruch nahm. Er schnitt nur ein Thema an, das durchaus im Bewußtsein der niederländischen Bevölkerung lebte und schon vorher von Exponenten der Republik in die Öffentlichkeit getragen worden war. Die besondere Verpflichtung des Kaufmanns in einer Kaufmannsrepublik wurde da hervorgehoben. Hingewiesen sei etwa auf Auslassungen des Prädikanten Udemans aus Zeeland, aber auch auf Caspaer Baerlaeus und seine Amsterdamer Antrittsvorlesung.[111]

Die gleichsam sozialökonomischen Passagen sind freilich nicht der Kern von *Hofwijck*, wenngleich sie einiges über Einsicht und Denken des Autors vermitteln. Wesentlicher ist eben die Beschreibung seiner natürlichen Umgebung, die er als eine Art Begleiter eines fiktiven Besuchers vollzieht. Es ist eine Beschreibung, die von der Planung der Anlage bis hin zu ihrer Vollendung reicht. Er schreibt von Bäumen und Pflanzen, von Naturerscheinungen insgesamt, die alle zu ergründen sind, weil die Naturwissenschaften sie zu ergründen vermögen, und die darüber hinaus nichts anderes sind als Teile der göttlichen Offenbarung. Der Garten als Buch der Natur, die den Menschen einschließt, ihn zugleich die Möglichkeit der Besinnung über den Kern des Lebens vermittelt.[112]

Das Areal, das 125 mal 140 Meter maß, enthielt ein Stück Lebensphilosophie, in die Erfahrung und Wissen seiner doch gewiß eindrucksvollen Zeit gleichermaßen eingingen. Mit noch einer Zugabe: seiner Verinnerlichung der Anlage als lebensphilosophische

---

110 So der Hinweis von W.B. DE VRIES, *Onbesproken winst voor onverboden vreughd: Huygens en zijn tweede huis*, in: A.TH. VAN DEURSEN/E.K. GROOTES/P.E.L. VERKUYL, *Veelzijdigheid als levensvorm. Facetten van Constantijn Huygens' leven en werk*, Deventer 1987, S. 55. Der Aufsatz ist anläßlich des sozialwissenschaftlichen Ansatzes von K. Schmidt *Hollands buitenleven in de zeventiende eeuw*, in: Amsterdam Sociologisch Tijdschrift, 1977-1979, verfaßt worden.
111 Dazu ebd. S. 58, hier auch der Hinweis auf Udemans. Zu Baerlaens s. den Abschnitt *Schule und Universitäten*. Es handelt sich hier um ein Stück Wirtschaftsethik, die E. BEINS, *Die Wirtschaftsethik der Calvinistischen Kirche der Niederlande, 1565-1650*, 's-Gravenhage 1931 beschrieben hat.
112 S. dazu auch STIPRIAAN, *Het volle leven*, S. 188f. Über das Leben der Familie Huygens auf Hofwijk s. V. FREIJSER (Hrsg.), *Soeticheydt des Buyen-Levens. Leven en leren op Hofwijck*, Delft 1988.

Vermittlung fügte er – kurz nur, aber doch unübersehbar – die Komponente Vaterland hinzu. Um seinen Patriotismus neuerlich zu betonen, wies er auf den spanischen Terror, der nicht noch einmal Holland bedrohen dürfe. Holland war ihm mehr wert als Hofwijck. So heißt es da:

> Als 't Vaderland vergaet zijn mijn' voor-sorghen uyt:
> 't is reden dat de vracht versincke met de schuyt.[113]

Das stand im übrigen – es sei hier als Randbemerkung verstanden – so ganz im Gegensatz zur Haltung des Jacob Cats, der bittere Klage führte, daß am Ende des Waffenstillstandes, 1621, die seinen Poldergrund abschirmenden Deiche auf der Grenze von Staatsflandern aus militärischen (Sicherheits-) Gründen durchstoßen wurden. Opferbereitschaft für „Patria" zeichnete diesen Regenten nicht aus.[114]

Gleichviel ob die Natur als reine Idylle im Detail dargestellt wurde oder aber als eine intellektualisierte Erfahrung, Mahnung oder Erinnerung, als Symbol schlechthin, dem Wasser wird in einer Beschreibung der Naturlyrik besonderes Augenmerk zukommen müssen. In der zu Eingang beschriebenen Naturlandschaft der Republik und der Zeit davor ist die Bedeutung des Wassers für diesen Landstrich Nordwesteuropas hervorgehoben worden. Sie ist unübersehbar, wenn auch der Einordnung von Wasser als Zuchtmittel im Strafvollzug, wie Schama suggeriert, nicht gleich beigepflichtet werden kann.[115] Es scheint, als ob man angesichts der Pastoralidylle, die sich naturgemäß am besten zur Erfüllung des Ruhebedürfnisses und zur Darstellung der Ruhe abseits vom städtischen Trubel eignete, das Wasser nur in seiner ganz ruhigen Form, als ruhig fließenden Fluß, das Bild habe ergänzen lassen wollen. Aber eben auch die wildere Seite, die Abhängigkeit von Wind und Wetter wurde häufig thematisiert, und auch die Auseinandersetzung mit dem Wasser, um neues Land zu gewinnen. Zum Sieg über das Element durch Landgewinnung fügte sich der Hinweis auf die Gefahren, die von ihm ausgehen konnten. Sturmfluten und Deichbrüche sind Themen ebenso wie mit Eis überzogene Gewässer. Letztlich beschrieben die Autoren, was die Landschaftsmaler dargestellt haben, wobei die Bildsprache in der Aussagekraft in keiner Weise hinter dem geschriebenen Wort zurückstand, gleichviel ob renommierte Autoren wie Joachim Oudaen, Jan Six van Chandelier oder Joost van den Vondel sich zum Wasser und seiner Bedeutung geäußert haben, gleichviel auch, ob ein Dauerregen im Friedensjahr 1648 als eine Aufforderung zur Reue zu gelten hatte oder neuer Landgewinn gleichsam als Eingang in ein Goldenes Jahrhundert konterfeit wurde.[116]

Die Liebe: Thema der Dichtkunst

Das Verhältnis zur Natur und ein vertieftes Nachdenken über die Beziehung enthielt immer auch ein Stück Alltag, insoweit es um eine aus dieser Beziehung ableitbare Lebensgestaltung und damit Lebensweisheit geht. Sie enthielt eine didaktische Komponente. Ganz ähnlich verhielt es sich bei der Liebeslyrik, die zunächst auch noch zum Singen bestimmt war und die in einer recht großen Zahl von Liederbüchern der Zeit sich

---

113 Zit bei KNUVELDER, *Handboek*, II, S. 300 („wenn das Vaterland zerstört wird, gelten meine Sorgen nicht mehr; denn dann besteht aller Grund, daß die Fracht mit dem Schiff untergeht").
114 Bei ebd. S. 291.
115 S. dessen *Embarrassment of Riches*.
116 S. hierzu SCHENKEVELD, *Dutch Literature*, S. 104ff.

gesammelt findet.[117] Gewiß, da ging es durchaus um die ich-bezogene Emotionalität, es ging auch um Lust und Sexualität, wie sie sich zuweilen in Liedersammlungen wiederfinden, aber es wäre falsch, bei diesem Genre von einer geballten Erotik zu sprechen, gleichviel ob es sich um Hooft, Huygens oder Bredero – bei aller ausgeprägten Lebenslust des letztgenannten – handelt. Vermutlich hat die Gesellschaft des 17. Jahrhunderts dies nicht wirklich zugelassen. So ist Hoofts Dartelavond, das den sexuellen Genuß in der ersten Reihe plaziert, in seiner Zeit nie veröffentlicht worden. Die Zurückhaltung der Gesellschaft gegenüber einer gereimten Präsentation des Sexuellen sei hier jedenfalls vermutet, wenngleich die Genre-Malerei gegenwärtig als hocherotisch und sexuell in ihrer Darstellung gedeutet wird.

Gewiß, da gab es jene, ganz die persönliche Befindlichkeit betonenden Liebesgedichte, die nicht auf jugendliche Schwärmerei begrenzt sind, sondern denen letztlich auch die Verse der Trauer zugerechnet werden sollten, wie sie etwa Constantijn Huygens nach dem Tod seiner Frau oder auch Hooft geschrieben hat, in den Vordergrund freilich rückte auch für dieses Genre die für die niederländische Gesellschaft so auffällige Tendenz des Gemahnens, drängte sich der Versuch, aus der persönlichen Emotion oder Erfahrung auf allgemein Gültiges zu schließen. Eine Vielzahl von Liebesgedichten findet sich in den bei den Zeitgenossen beliebten Emblembüchern veröffentlicht. Allerdings gab es hier eine gewisse Begrenzung der Leserschicht insofern, als es sich bei den Emblembüchern um recht kostbare Verlagsproduktionen handelte. Über ihre Form ist im Zusammenhang mit Jacob Cats zu handeln. Daniel Heinsius hat schon kurz nach der Jahrhundertwende mit *Quaeris quid sit amor* ein Emblembuch herausgebracht, das auch unter dem Titel *Emblemata amatoria* veröffentlicht worden ist. Heinsius stell sich freilich dabei unter dem Pseudonym Theocritus a Ganda vor. P.C. Hooft faßte seine Gedichte 1611 auch unter dem Titel *Emblemata amatoria* zusammen. Wenn irgendwo die Verbindung von vergnüglicher Anschauung und Umsetzung von Erfahrung in Unterweisung die Rede sein kann – „tussen lering en vermaak", um hier noch einmal unserem schon bekannten Begriffspaar zu folgen –, dann sicher in dieser Verbindung von Wort und bildlicher Darstellung. Diese Emblembücher waren in der Form nicht neu, die Einführung der Liebesemblematik scheint dagegen etwas spezifisch Niederländisches gewesen zu sein, die formal unter dem Einfluß des Italieners Petrarca stand. Die Sammlung *Quaeris quid sit amor* (24 Embleme) entpuppte sich als europaweiter einflußreicher Bestseller. Nach Heinsius' Sammlung von 1601 brachte Otto van Veen, jener Kupferstecher und Maler, der den Aufstand der Bataver gegen die Römer auf Wunsch der holländischen Stände malte, 1608 den Band *Amorum emblemata* heraus. Es handelt sich um eine Sammlung von immerhin 124 Drucken mit den entsprechenden Texten. Vermutet wird, daß die Liebesemblematik dieser Art aus einem Spiel zwischen Studenten aus Leiden hervorgegangen ist. Van der Veen war der Sohn eines Leidener Bürgermeisters. Was im übrigen zunächst noch einen eher verspielten Charakter hatte, bei dem Rat und Spaß gleichermaßen vertreten waren, erhielt auf jeden Fall bei dem Leidener Bürgermeister-Sohn einen eher nachdenklichen Unterton, als er 1615 eine neue Sammlung mit derselben Szenerie veröffentlichte, nunmehr freilich die erotischen Texte durch religiöse ersetzte und Cupido, der Kuppler in Sachen Erotik, in Kleidern figurierte.[118] Insgesamt nahm die Liebesthematik mancherlei Formen an: als reine Lyrik ebenso wie als Allegorie, als Trinklied, Hochzeitsgedicht, Hirtenlieder oder Satire. Wenngleich sich in der niederländischen Gesellschaft auch in Kreisen der calvinistischen Kirche eine neue

---

117 S. SCHÖNLE, *Deutsch-niederländische Beziehungen*, S. 24 mit einer Aufzählung der Titel für die Jahre 1589-1615.
118 Dazu STIPRIAAN, *Het volle leven*, S. 133 sowie TER HAAR, *Das Goldene Zeitalter der Literatur*, S. 396.

Ehemoral durchzusetzen schien, die nicht mehr von der arrangierten Heirat, sondern mehr von der freien Partnerwahl ausging, wandten sich doch vor allem die herrschenden Gruppen der calvinistischen Kirche gegen die literarischen Liebesäußerungen: Es drohe die Verweltlichung der Kultur. Die Kirche scheint sich in Gefahr gesehen zu haben – und dies, obwohl eben auch das Liebesthema nicht nur im Sinne einer überschwenglichen Lust, sondern auch in seiner komplexen Schwierigkeit seriös behandelt wurde.[119]

Die pädagogisch-didaktische Komponente der Literatur: Jacob Cats und andere

Emotionale Lyrik also mit einem Hang zur Vermittlung von allgemeinen Erfahrungen und Regeln. Das betraf im übrigen nicht nur Erotik und Liebe, sondern erfaßte eben – wie schon angedeutet – weitere Bereiche des Emotionalen, in dem die Melancholie einen breiten Raum einnahm.[120] Es ging häufig auch um Tod und Trauer oder Gebiete der persönlichen Erfahrung wie Freundschaft, kurz um Empfindungen, die den Alltag über seine materiellen Aspekte hinaus mitprägten. Die hier deutliche Vermengung von persönlicher Erfahrung und Neigung, das Subjektive zu objektivieren, zeichnete einfach den von der Renaissance geprägten Lyriker aus. Die Niederländer stellten hier keine Besonderheit dar. Joost van den Vondel hat solche Einstellung in die schlichten Worte gekleidet: „Das Ewige kommt vor dem Augenblick." Unter diesem Aspekt ist Lyrik eine gereimte Form, die die Struktur des Menschen und seine sozialen Bezüge, die immer auch individuelle sind, festzuschreiben. Neben Vondel ist in diesem Bereich Huygens, vor allem aber Bredero zu nennen, der in seinem *Groot Lied-boeck* den niederländischen (Amsterdamer) Alltag materiell und immateriell zu erfassen verstand,[121] ihn gleichsam identifizierte, wie das Jan Steen für die Malerei tat.

Unter dem Aspekt des Gemahnens, der *lering*, ist noch einmal auf die Emblembücher hinzuweisen und auf diesem Wege Jacob Cats ins Spiel zu bringen. Mit Jacob Cats erreichte die Kultur der Emblembücher einen ersten Höhepunkt. Es war doch ein Genre, das zu seiner Zeit schon europaweit verbreitet und zuerst von dem italienischen Juristen Alciati eingebracht worden war. Solchen Emblembüchern, die aus kleinen Drucken bestanden, denen ein Spruch sowie eine Art erläuternder Text beigegeben war, hatte der Italiener früh die Form gegeben und seine Arbeit, wie sich das für einen humanistisch gebildeten Menschen gehörte, unter dem Titel *Emblematum liber* 1521 in lateinischer Sprache herausgebracht. Die Ausgabe erlebte über 150 Auflagen. In den Niederlanden erschienen im 17. Jahrhundert immerhin etwa 170 Emblembücher.[122] Es ging bei diesen von Worten und Reimen umkleideten Holzschnitten und später Kupferstichen immer um den tieferen Sinn einer Handlung oder einer Begebenheit.

Jacob Cats war zwar nicht der erste niederländische Emblembuch-Autor, aber er sei als der nachhaltigste hier zuerst genannt. Er brachte 1618 den Titel *Silenus Alcibiadis, sive Proteus* heraus, der den Untertitel *Sinn' en minnebeelden* trug. Im selben Jahr erschien auch die einschlägig zu nennende Sammlung *Maechdenplicht*. Cats hat die Emblemata in der 1627 geänderten zweiten Auflage „stumme Bilder" genannt, „die dennoch reden; kleine Dinge und dennoch von Bedeutung; lächerliche Dinge und dennoch nicht ohne Weisheit; in denen man die guten Sitten zeigen und mit Händen greifen kann, in denen man gemeinhin immer mehr liest als dasteht; und noch mehr denkt als man

---

119 Dazu ebd. S. 146ff.
120 Hierüber ebd. S. 148ff.
121 Siehe dazu SCHENKEVELD, *Dutch Literature*, S. 77f.
122 S. dazu STIPRIAAN, *Het volle leven*, S. 129f.; GROOTES, *Het literaire leven*, S. 26.

Jacob Cats
(Michiel Jansz. van Mierevelt)

sieht".[123] Jacob Cats mag dann der meistgelesene Literat seiner Zeit gewesen sein, in späteren Jahrhunderten war er nicht unumstritten, wurden seine literarischen Qualitäten in Zweifel gezogen. Das tat schon früh im 19. Jahrhundert der Publizist Conrad Busken Huet in der liberalen Zeitschrift *De Gids* und mit ihm tat dies auch der erste Redakteur eben dieses Blattes, Potgieter.[124] Einer der dem niederländischen 17. Jahrhundert am stärksten zugewandten Historiker, Johan Huizinga, packte noch ein Schüppchen obendrauf, wenn er den Cats im Anschluß an Constantijn Huygens erwähnt und schreibt: „Man hat uns daran gewöhnt, über diesen Dichter, dessen Werk zwei Jahrhunderte lang neben der Bibel in jedem Haus lag, mit einer gewissen verlegenen Entschuldigung zu sprechen. Wir halten ihn mehr oder weniger für das Enfant terrible unserer großen Zeit. Er bietet uns aus dieser Periode ein allzu durchschnittliches Maß, das uns jetzt zu niedrig erscheinen will, während seine außergewöhnliche Beliebtheit beweist, dass das niederländische Volk in ihm das fand, was es selbst sein wollte." Huizinga problematisierte hier das niederländische Mittelmaß und provinzialisierte es zugleich, indem er die Frage nach der Herkunft des Cats als möglicherweise ursächlich für das bescheidene Niveau anschnitt. Die Provinz Seeland war nach Meinung von Johan Huizinga bezaubernd, mit weicherem Licht und faszinierenden Weiten, grüneren Wiesen, intimeren Dörfern und reinlicheren Städten als anderswo, eine Provinz aber auch, die nur wenig zum Geistesleben der Republik beigetragen habe. Geist sei nicht die Sache der kühnen Seefahrer und gutmütigen Bauern gewesen. „War nicht die ‚seeländische Nachtigall', mit der sich die Schöngeister der Schelde-Ufer ins Lager der Literatur und Literaten wagten, nicht viel eher ein sommerlicher, Schlaflosigkeit und doch zugleich Ruhe verschaffender Frosch im Reet?"[125] Cats als Frucht seiner Provinz? In der Phase der Aufklärung hatte sich

---

123 Zit. nach TER HAAR, *Das Goldene Zeitalter der Literatur*, S. 396.
124 So bei KNUVELDER, *Handboek tot de geschiedenis van de Nederlandse letterkunde*, S. 287 erwähnt.
125 So J. HUIZINGA, VW II, S. 468 (Übersetzung von mir, H.L.).

Justus van Effen, einer der bekanntesten Literaten des niederländischen 18. Jahrhunderts, im Zuge der Auseinandersetzung um die Qualitäten des Joost van den Vondel besonders positiv über Cats ausgelassen, der in seiner schlichten und ansprechenden Einfachheit große Qualitäten bewiesen habe.[126]

Jacob Cats, für den in seinen Emblembüchern das Wort wichtiger war als das Bild, was seiner überaus stark entwickelten Neigung zu belehren entsprach, stammte aus einer durchaus begüterten seeländischen Kaufmannsfamilie. Zwar scheint er schon früh, als Schüler einer Lateinschule in Zierikzee, sexuelle Erfahrungen gesammelt zu haben, seine Tante aber hat ihn wohl auf den Pfad der Tugend zurückfinden lassen. Das sei hier erwähnt, weil er selbst schon recht bald als Tugendlehrer der Nation auftrat. Cats war ein Gebildeter, nicht weil er die Lateinschule besuchte, sondern weil er nach dieser Schule in Leiden Römisches Recht studierte. In Orleans schloß er nach einer Reise durch Frankreich sein Studium ab. An der dortigen Universität ist er promoviert worden. Cats hat dann als durchaus erfolgreicher Rechtsanwalt in Middelburg gearbeitet, wo Schiffahrtsrecht die Kanzlei profitabel machte, später dann befaßte er sich mit der Einpolderung überschwemmter Gebiete in Seeländisch-Flandern, was ihm einigen Gewinn eintrug. In dieser Zeit heiratete er Elisabeth van Valkenburg, die ihn ebenso wie der Umgang mit dem Prädikanten Willem Teellinck intellektuell geformt hat, nachdem er in Cambridge während eines längeren England-Aufenthaltes William Perkins und Doktor Hal kennengelernt hatte, die wohl für pietistische Einflüsse bei Cats gesorgt haben.[127] William Perkins stand gegen Ende des 16. Jahrhunderts mitten im Kreis der Puritaner, die sich mit der Frage der Heilsgewissheit befaßten.

Die politische Karriere des Jacob Cats begann, wie schon erwähnt, als er 1623 auf Ersuchen der Stadt Dordrecht das dortige Syndikus-Amt („pensionaris") übernahm[128] und als er schließlich 1636 Ratspensionär der Republik wurde und damit das höchste Amt im Staate bekleidete. Diese gesamte Periode mag als seine fruchtbarste angesprochen werden, und der unbefangene Beobachter fragt sich, wie Cats trotz aller amtlichen Aufgaben sein literarisches Soll hat erfüllen können – wenn man das angesichts seines didaktischen Impetus einmal so ausdrücken darf. Voraufgegangen waren *Silenus Alcibiadis* und *Maechdenplicht*. Abgesehen davon, daß 1623 noch *de Zeeuwsche Nachtegael* herausgebracht wurde, die nicht zuletzt auf Betreiben des Jacob Cats entstand und so etwas wie eine seeländische literarische Qualität gegenüber der Provinz Holland vorführen sollte, und er in *Selfstryt* 1620 *Josef* und *Potiphars Frau* (1. Moses) eine rhetorisch hochstehende kühle Debatte führen ließ, begab er sich rasch an eine Bearbeitung des *Silenus Alcibiadis*, die 1627 unter dem Titel *Sinne- en minnebeelden* erschien. Schon die erste Auflage von 1618 macht den lehrhaften Charakter dieses Emblembuchs deutlich – eine Lehrhaftigkeit, die vom jugendlichen Liebeserleben ausging, sodann für den Erwachsenen die Funktion des einzelnen in der Gesellschaft betonte, abschließend dann der Religiosität, dem Weg zu Gott, gewidmet war. Was freilich in der ersten Auflage noch nacheinander vorgeführt wurde, war in der Anlage insofern etwas unglücklich, als der Autor das Risiko lief, daß der jugendliche Leser das Buch nach Lektüre der lebendigen Jugendzeit zuschlug. In der Auflage von 1627 schuf Cats Abhilfe, indem er die von Adriaan van de Venne nach Vorgaben des Cats verfertigten Gravuren sogleich mit Versen und Prosa-Texten aus allen drei Ebenen vorlegte. Damit war der Leser sogleich auf die gleichsam didaktische Höhe des Jacob Cats gehoben. Die Texte sind dabei in

---

126 Bei STIPRIAAN, *Het volle leven*, S. 262.
127 Vgl. KNUVELDER, *Handboek tot de geschiedenis der Nederlandse letterkunde*, S. 288ff.
128 Zu seiner Zeit in Dordrecht s. H. SMILDE, *Jacob Cats in Dordrecht. Leven en werken gedurende de jaren 1623-1636*, diss. Groningen, 1938.

niederländischer, lateinischer und französischer Sprache verfaßt.[129] Es wäre daher falsch, wollte man den „Vader Cats" als einen lediglich die unteren Klassen des Volkes ansprechenden Literaten-Didaktiker positionieren, der den Ungebildeten Hilfe anbot, vielmehr wandte er sich an alle Volksschichten, begriff er sich selbst wohl auch als moralischer Tonsetzer der Nation. Die Präsentation auch in lateinischer Sprache kam wohl auch jenen humanistisch Gebildeten entgegen, die sich nun gerne in eben dieser Sprache bewegten, weil es nun einmal im humanistisch geprägten Trend der Zeit lag. Cats selbst lag in diesem Trend, wenn er die Lebensweisheiten, die sich aus den Beziehungen des einzelnen ergaben, bei den alten Griechen und Römern fand, diese umfangreich zu Worte kommen ließ, um sie dann noch mit Einsichten aus der Bibel und aus den Schriften der Kirchenväter zu übertreffen. Dabei fungierte der Alexandriner, ein Versmaß, das Cats ausschließlich verwendet, gleichsam als Instrument, um die ganze Lehrhaftigkeit einzuhämmern. Ganz am Rande sei vermerkt, daß er den Alexandriner auch verwandte, um beredte Klage über das Ende des Waffenstillstandes 1621 zu führen, nicht etwa weil er die Fortsetzung des Krieges gegen Spanien bedauerte, sondern weil vier Deiche bei dem von ihm eingepolderten Land durchstochen wurden, was für ihn einen herben Verlust bedeutete. Es gab offensichtlich einen deutlichen Unterschied zwischen ihm und Constantijn Huygens nicht nur im Sprachgebrauch, sondern auch in patriotischer Hinsicht, wenn wir uns der Äußerungen des Huygens in *Hofwijck* erinnern. Die einfache Sprache war es, kein gebildeter Jargon eines Bildungsbürgers, sondern die schlichte allgemein verständliche Ausdrucksweise, die ihn bei den Lesern offensichtlich beliebt machte, was möglicherweise auch den Rückschluß zuläßt, daß der humanistische Bildungsritt, den einige Vertreter der Zunft in ihre Fahnen geschrieben hatten, eher doch etwas Elitäres war, was eben nicht dem allgemeinen Bildungsstand der Niederlande entsprach, zumindest nicht der Mittelschicht und schon gar nicht der Unterschicht. Das Volk der niederländischen Republik war zwar weitestgehend alphabetisiert, aber wer des Lesens und Schreibens kundig war, mußte angesichts eines harten Erwerbslebens nicht auch gleich auf dem Feld der humanistisch orientierten Geistestätigkeit und ihren Ergebnissen beheimatet sein. Es ist daher so erstaunlich nicht, daß Cats in seiner Art zu schreiben im niederländischen Volk reüssierte, weil wohl auch ein Bedarf an Orientierungshilfen vorhanden war, die, wenngleich sie sich an klassischen Vorbildern, vor allem aber an der Bibel ausrichteten, doch gleichsam abgepasst und griffbereit vorlagen. Es sei in diesem Zusammenhang freilich nicht verschwiegen, daß auch diese Arbeiten noch eine ganze Reihe von gelehrten Hinweisen enthielten, die der Bildungsbürger Cats wohl nicht ganz unterdrücken mochte und die der bildungsbürgerliche Leser gewiß auch gerne bejahend gelesen hat.

Eine solche in sich zusammenhängende Sammlung von Lebensregeln auf nur einem Gebiet, auf dem Feld der Heirat und der Ehe, hat Cats schon 1625 mit dem Buch *Houwelyck* (Die Ehe) veröffentlicht. Dieses Buch wurde in 25 Jahren zu mehr als 50.000 Exemplaren verkauft. Das ist eine beträchtliche Zahl, wenn bedacht wird, daß die Republik rund 3 Millionen Einwohner zählte[130] – zum großen Teil freilich des Lesens und Schreibens kundig. Bezeichnend für die klassenüberschreitende Absicht des Autors mag gelten, daß das Buch in unterschiedlicher Ausstattung für den großen und kleinen Geldbeutel gleichermaßen auf den Markt gebracht wurde.[131] Diese Ehefibel birgt

---

129 Dazu VAN ES/OVBERDIEP, *De letterkunde van Renaissance en Barok in de zeventiende eeuw*, S. 73f.
130 Angaben nach STIPRIAAN, *Het volle leven*, S. 119; auch bei SCHENKEVELD, *Dutch Literature*, S. 31.
131 Ebd. Der Autor stellt fest, daß das Buch in seiner teuren Ausstattung mindestens den halben Wochenlohn eines Handwerkers gekostet, die einfachere Ausgabe sich auf etwa ¼ dieses Betrages belaufen habe.

zwar auch Hinweise für den Mann, im Zentrum steht freilich das weibliche Verhalten, die Regeln für die Frau von der Jungfrau bis zur Witwe. Es wird vermutet, daß die Ausstattung des Buches insgesamt äußerst verkaufsförderlich gewesen ist.[132] Der Titel eignete sich eben als Hochzeitsgeschenk, und das Buch ist neben der Bibel das meist gelesene in den Niederlanden gewesen. Es blieb in seinem Inhalt nicht abstrakt, war nicht als Kalenderweisheit gestaltet, sondern enthielt zahlreiche beispielhafte Erzählungen, die gleichsam als eheliches Anschauungsmaterial dienten. Liebe und Ehe sind auch in dem das Werk von 1625 ergänzenden Buch 't Werelts begin, midden, Eynde besloten in den Trouringh das zentrale Thema. Das Werk wurde in ähnlicher Höhe aufgelegt und verkauft. In der Struktur entsprachen beide Bücher einander. Es geht um die Kanonisierung der Ehe und die Voraussetzungen der Institution. Wenngleich viele andere Arbeiten des Cats diesen mahnenden und ermahnenden Charakter tragen, sind die beiden letztgenannten Veröffentlichungen eben als der gut verkaufte Inbegriff des letztlich den Alltag erfassenden sittlichen Wortes einzuordnen.

Soweit es um Inhalt und Verkaufserfolg geht, ist auf jeden Fall auch auf das 1632 erschienene und zu etwa 25.000 Exemplaren verkaufte Emblembuch Spieghel van den ouden en nieuwen tyd hinzuweisen – eine Sammlung von Bild und Spruch, die sich der Erziehung allgemein widmet, von Liebe und Jugend spricht, von privaten und religiösen Pflichten handelt und die Vorzüge einer guten Gesundheit und die Wege dorthin aufweist. Es ist eine für die Cats nachgerade typische Sammlung, in der das Wort das Bild einfach an Bedeutung übertrifft.

Die literarwissenschaftliche Fachwelt hat Cats die Rolle des mittelalterlichen Moralisten zuerkannt.[133] Es sei freilich hinzugefügt, daß Liebe und Ehe durchaus auch Generalthema europäischer Humanisten der Zeit gewesen sind,[134] Cats also nur thematisierte, was auch andernorts lebte. „Vader" Cats, wie er genannt worden sein soll, als Erfolgsautor. Was zuvor über die verkauften Exemplare von Houwelijck und Trou-ringh gesagt wurde, gilt letztlich für sein gesamtes Werk – noch zu seinen Lebzeiten; 1655 erschienen Alle de Wercken, die zum Bestand vieler niederländischer Haushaltungen der Republik gehörten, weil Cats offensichtlich Antwort auf alle Lebensfragen zu geben vermochte. Cats also als Ratgeber im Alltag. Es wird vermutet, daß innerhalb von zwei Jahrhunderten – man darf davon ausgehen, daß der Rat des Seeländers über einen solch langen Zeitraum Hilfe bot – 300.000 Exemplare seiner Werke verkauft worden sind.[135] Der Verkaufserfolg wird dann besonders deutlich und darf einfach als Ausnahme unterstrichen werden, wenn man die Auflageziffern oder besser die Höhe der verkauften Auflage anderer Literaten ins Visier nimmt, die in allen Fällen, selbst bei dem durchaus beliebten, freilich auch jung verstorbenen Bredero, erheblich niedriger lagen oder geeignet waren, einen Titel zum Ladenhüter herabzustufen. Es sei ergänzt, daß einige Werke des Cats auch in Übersetzung in Deutschland, Frankreich, Großbritannien und Ungarn erschienen, die sämtlichen Werke in Deutschland.[136]

Es ist im Zusammenhang mit der politischen Kultur in den Niederlanden auf das Status quo-Denken der niederländischen Literatengesellschaft hingewiesen worden. Solches Denken ist erklärlich, da die tonangebenden Vertreter aus dem Regentenstand stammten oder auf jeden Fall eng mit ihm verbunden waren – auf welche Art auch immer –, und Jacob Cats gehörte auf jeden Fall dazu. Die gegebene Ordnung der Dinge war wohlgetan, und sie ließ sich durch kirchliche Lehre stützen. Es ist insgesamt wohl rich-

---

132 Ebd.
133 So TER HAAR, Das Goldene Zeitalter der Literatur in den Niederlanden, S. 394.
134 Bei KNUVELDER, Handboek tot de geschiedenis der Nederlandse letterkunde, II. S. 295.
135 STIPRIAAN, Het volle leven, S. 119.
136 Dazu VAN ES/OVERDIEP, Geschiedenis van de letterkunde der Nederlanden, S. 111.

tig geschrieben worden, daß Cats unter Verzicht auf im eigentlichen Sinne künstlerische Leistungen Niveau und Gedanken einer breiten Mitte erfaßt und damit eben eine Gebrauchsliteratur von nachhaltiger Wirkung geschaffen habe.[137]

Der seeländische Regent war im übrigen nicht der einzige Produzent von Emblembüchern, aber er war eben der erfolgreichste. Da ist neben Cats Johan de Brune zu nennen, Seeländer wie Cats und als Syndikus der Staten van Zeeland in hoher amtlicher Funktion. Er brachte 1624 *Emblemata of zinne-werck* heraus – eine Arbeit, die wie bei Cats auch Adriaen van de Venne illustriert hatte und die das Bild gegenüber seinem anspruchsvollen Text zurücktreten ließ.

Noch vor Johan de Brune sollte freilich der Amsterdamer Kaufmann und Literat Roemer Visscher genannt werden, der 1614 seine Sammlung *Sinnepoppen* veröffentlichte. Der Titel heißt nichts anderes als Emblemata. Es waren Abbildungen von Gegenständen des Alltags, denen Sprüche und andere Texte ihren sinnvollen Inhalt zu geben trachteten, unter dem Motto: *Daer is niet ledighs of ydels in den dinghen*; es meinte, daß alles seine Bedeutung habe. Roemer gehörte sicher nicht zu den ersten Literaten am Orte, aber er pflegte doch einen regen Umgang mit den Literaten und Intellektuellen seiner Zeit in seinem gastfreien Amsterdamer Wohnhaus, und er schloß sich recht bald den Modernisierern seiner Zunft an, die die niederländische Literatur der Zeit neu gestalten wollten., ohne daß er zu den Spitzen der niederländischen Literatenwelt gezählt werden könnte. Joost van den Vondel hat vom *zalig Roemershuys* gesprochen und formulierte 1623 in seinem *Lof der Zeevaert*:

> Wiens vloer betreden wordt, wies dorpel is gesleten
> Van schilders, kunstenaars, van zangers en poeten[138]

Roemer Visscher war kein Mahner wie nach ihm Cats, wollte es auch nicht sein, aber er zeigte sich letztlich in seinen *Sinnepoppen* als ein Künstler, der mitten in Amsterdam in der Anschauung des täglichen Lebens einer Händler- und Handwerkergesellschaft lebte, der jedem Gegenstand und jeder Handlungsweise eine bestimmte Bedeutung zuzuweisen vermochte, was wiederum nur dazu diente, Dinge und Tun einem göttlichen Heilsplan zuzuordnen. Nur so ist der hier zuvor zitierte Spruch zu begreifen.[139] – das Ganze kontrastierte im übrigen mit seiner ebenfalls 1614 erschienenen Gedichtsammlung *Brabbelingh*, eine Zusammenstellung eigener oder Übersetzungen fremder Gedichte, die als eher luftig denn als tiefgreifend einzuschätzen auf jeden Fall nicht so leicht mit den *Sinnepoppen* zu vereinbaren sind.

Das Drama und sein Protagonist: Joost van den Vondel

Niederländische Literatur erschöpfte sich natürlich nicht in der Gattung Lyrik und schon gar nicht in den Emblembüchern, wenngleich diesen für ein Panaroma der Gesellschaft hoher Erkenntniswert beizumessen ist. Die Aufmerksamkeit soll den Theaterstücken gelten, den Dramen, Lust- und Trauerspielen, den Themata und ihren Autoren. Eine Reihe von Bühnenstücken, soweit sie sich unmittelbar mit dem Aufstand befassen und der vaterländischen Erbauung oder Erinnerung dienen, sind schon näher in Augenschein

---

137 So schreibt TER HAAR, *Das Goldene Zeitalter der Literatur in den Niederlanden*, S. 395.
138 Zu Roemer in diesem Zusammenhang STIPRIAAN, *Het volle leven*, S. 130, dort auch das Zitat („dessen Boden betreten wird und dessen Schwelle verschlissen ist von all den Malern, Künstlern, Sängern und Poeten").
139 Ebd. S. 132.

Joost van den Vondel (Jac. van den Bergh)

genommen worden. Das niederländische Drama ist eng mit dem Namen Joost van den Vondel verbunden – mit einem Dichter und Dramatiker, der schon häufiger in anderen Zusammenhängen als fruchtbarer Mann seiner Kunst genannt worden ist. An dieser Stelle sei etwas zur Person gesagt. Vondel war ein in Köln geborener Sohn brabantischer Eltern. Der Vater, ein Seidenhändler, gelangte nach zahlreichen Umzügen über Frankfurt, Emden und Groningen mit seiner Familie nach Amsterdam, wo er 1597 eingebürgert wurde. In Amsterdam unterhielt die Familie enge Beziehungen zu südniederländischen Emigranten, was Sohn Joost auch rasch in Kontakt mit der von Brabantern gegründeten Rederijkerkammer *Het Wit Lavendel* brachte und ihn bei dieser Gesellschaft schließlich auch Mitglied werden ließ. Vondel stand selbst zunächst noch in dieser südniederländischen Rederijker-Tradition, stach freilich in der frühen Phase schon durch seine besondere Sprachbeherrschung hervor. Ihn zeichnete zugleich seine auffällige Teilnahme am Zeitgeschehen aus – und Zeitgeschehen meint hier nicht nur den Aufstand und den Aufstieg der calvinistischen Kirche in der Republik, sondern meint auch die Anteilnahme am Geschehen jenseits der niederländischen Grenze. Zu diesem letztgenannten Punkt sei auf sein Trauergedicht *Wtvaert en treur-dicht van Henricus de Groote, Koningh van Vrankryck en Navarre* (1610) hingewiesen. Naturgemäß hat er sich mit der politischen Entwicklung im eigenen Land befaßt, auf das nach seiner Ansicht Positive, aber auch in scharfer Kritik auf Unzuträgliches in aller Entschiedenheit hingewiesen – in Gedicht und Drama gleichermaßen. Das bleibt später noch zu erörtern. Vorab sei ein anderer Sachverhalt erwähnt. Vondel gehörte nicht zu den Vertretern der Großbourgeoisie wie Hooft, Huygens oder Cats oder – nicht zuletzt – Hugo de Groot, das heißt, er durchlief nicht – wie in jenen Kreisen üblich – die Lateinschule. Und doch gehörte er rasch, wenn es so ausdrücken darf, „dazu", auch wenn der zuweilen eher etwas „abgehobene" Constantijn Huygens die soziale Kluft deutlich zu machen unternahm.[140] Vondel hat sich in diese andere Schicht der gebildeten Begüterten hineinarbeiten können. Er begriff bald, daß Kenntnis der klassischen und modernen Sprachen für Fortschritt und Anerkennung im literarischen Geschäft einfach wichtig waren. Er lernte Latein und folgte, nach Aussage seines Biographen Geeraerdt Brandt, seinem Vorbild Coornhert. Dieses Vorbild und zugleich auch seine Liebe zur Kunst hätten ihn dazu gebracht, solchen Schritt zu tun.[141] Zehn Jahre später begab er sich ans Griechische. Man wird davon ausgehen dürfen, daß sich ihm, der sich darüber hinaus noch Französisch aneignete, eine neue literarische Welt auftat, die zugleich neue Möglichkeiten der Thematik und der Ausdrucks- und Gestaltungsformen bot. Möglicherweise ging es ihm bei diesem Selbststudium wesentlich auch um eine weitere Festigung seiner Kenntnisse in der klassischen Rhetorik. Vermutet wird, daß Vondel in dieser Zeit schon das an anderer Stelle genannte Trivium der Amsterdamer Rederijkerskammer *De Egelantier* studiert hatte.[142] In dieser Zeit zwischen 1617 und 1621 hatte er sich, nimmt man die vor dieser Periode geschriebenen Stücke und Gedichte hinzu, schon in die Reihe der bekannten Literaten hineingeschrieben. So braucht es auch nicht zu erstaunen, daß er in regelmäßigem Kontakt stand mit P.C. Hooft, dessen Freund und späteren Generalgouverneur der VOC Laurens Reael und dem Psalm-Übersetzer Anthonis de Hubert. Sie kamen fast täglich zusammen, um gemeinsam, letztlich in Realisierung früherer Vorschläge von Stevin, Coornhert und Spiegel, über Rechtschreibung und Grammatik des Niederländischen und über diese Sprache als Instrument des Literaten zu handeln. Ergebnisse dieser Beratungen sind in den Werken Hoofts und Vondels nachzulesen. Im Haus des Emblematikers Roemer Visscher in Amsterdam sind Hooft und Reael mit Vondel häufig zusammengekommen, um letzt-

---

140 Nach SCHENKEVELD, *Dutch Literature*, S. 22.
141 G. BRANDT, *Het leven van Joost van den Vondel*, Amsterdam 1986, S. 18.
142 So STIPRIAAN, *Het volle leven*, S. 75.

Titelblatt *Lucifer*

genannten bei seiner Übersetzung von Senecas *Troas* zu unterstützen. Senecas Werk wurde in jener Zeit als Königin der Trauerspiele verehrt. Dem späteren Generalgouverneur Reael hatte Vondel schon zuvor, 1623, sein langes Gedicht *Lof der Zeevaart* gewidmet, das das hohe Lied der Seemanskunst und des Handels sang.[143] Die Prosa-Übersetzung hat Vondel sodann in Reimform übertragen und unter dem Titel *Amsterdamse Hecuba* herausgebracht. Kurz darauf folgte die Niederschrift des Dramas *Palamedes*, über das an anderer Stelle im Zusammenhang mit seinem allgemeinen politischen Engagement zu handeln sein wird.

Die vorgenannten Daten über seine Verbundenheit mit den Großen seiner Zeit und seine Akzeptanz in Literaten-Kreisen machen es verständlich, daß diesem Joost van den Vondel beim St. Lucas-Fest der niederländischen Maler am 20. Oktober 1653 ein Ehrenplatz eingeräumt wurde. Bis dahin hatten noch manch weiteres Bühnenstück und eine Reihe anderer Gelegenheitsgedichte seinen Ruhm vermehrt, zumal er sich schon fast ein Jahrzehnt zuvor, 1644, in seiner Sammlung *Verscheide gedichten* mit Malerei als Gegenstand seiner Gedichte befaßt hatte, damit im übrigen einen neuen Trend einleitend. Er führte sozusagen den Tischvorsitz und die Künstler flochten ihm einen Lorbeerkranz, den er dann auch trug. Sein Biograph schildert das Geschehen und kommentiert: „Hiermit wurden Apelles und Apollo, die Maler- und die Dichterkunst, miteinander vereinigt, da sie ohnehin immer durch dieses Band der Freundschaft miteinander verbunden und gleichsam Verwandte sind. Daher nennt man die Malerei auch von altersher ‚eine stumme Poesie' und die Poesie eine ‚sprechende Malerei', weil der Maler seine

---

143 Ebd. S. 84; auch BRANDT, *Het leven van Joost van den Vondel*, S. 19f.

Vondels Hymne an die Börse
von Amsterdam

Gedanken mit Pinselstrich und Farbe darstellt und der Dichter seine Absicht in Worten ausdrückt."[144] In eben dieser Zeit (1654) erschien auch seine Horaz-Übersetzung unter dem Titel *Q. Horatius Flaccus Lierzangen en Dichtkunst*. Es überrascht eigentlich nicht, daß Vondel dieser Arbeit eine auf den 27. Oktober 1653 datierte Widmung an die Künstler der St. Lucas-Gilde von Amsterdam voranschickte und deren Sponsoren gleich mit einbezog. Dort schrieb er auch von der im übrigen auf Plutarch sich beziehenden engen Verwandtschaft beider Künste. Mit dem Blick auf die Horaz-Übersetzung sei hier der Hinweis auf die deutlich große Nähe des Vondel zu den lateinischen Klassikern erlaubt, die sich in Übersetzungen oder Bearbeitungen äußerte. Das rückt ihn die Nähe des Carel van Mander, der versucht hatte, die Renaissance über den römischen Dichter Ovid der in seiner Zeit tätigen und künftigen Malergeneration näher zu bringen.[145] In diesem Zusammenhang der, wenn man so will, Symbiose von Malerei und Poesie bei Vondel, fügt sich wohl der Eifer, mit dem Vondel porträtiert worden ist – von namhaften Künstlern dann und eben gleich mehrfach. Zu den Malern der ersten Kategorie zählen Govaert Flinck, Jan Lievens und Philips de Koning. Nach Angaben des Biographen Brandt hat de Koning den Dichter und Dramatiker wohl sechs oder sieben Mal gemalt.[146]

---

144 BRANDT, *Het leven van Joost van den Vondel*, S. 58.
145 S. dazu den Abschnitt *Bildende Kunst*.
146 S. ebd. S. 89.

Als Vondel 1679 hochbetagt starb, verehrte ihn die dann noch lebende literarische Welt mit einer Flut von gereimten Nachrufen. Petrus Francius, Professor für Rhetorik und selbst ein Dichter in lateinischer Sprache, gab ihm den Titel Princeps Poetarum mit. Zugleich mit ihm seien Vergil, Horaz und Sophokles begraben worden, und eine Gedenkmünze, die anlässlich seines Todes an die Sargträger überreicht wurde, trug die Aufschrift *D'Oudste en Grootste Poët*. Und dies geschah, wenngleich er in den so calvinistischen Niederlanden in den 40er Jahren zum Katholizismus übertrat. Schon im hier noch näher anzuzeigenden *Palamedes* von 1625 stand er quer zur herrschenden politischen und kirchlichen Linie, stand er gegen die orthodoxe Dordrechter Richtung und Prinz Moritz von Oranien, in seinem Trauerspiel *Maria Stuart of gemartelde Majesteit* nahm er offensichtlich Partei für die katholische Maria Stuart, was ihm ein Bußgeld von immerhin 180 Gulden eintrug. Das mag man allein noch nicht als einen Hinweis auf niederländische Intoleranz werten, aber auffällig war das allemal, zumal Literaten immer ein wenig mehr Spielraum zugebilligt worden war. Jedenfalls waren ihm Remonstranten, die ihn doch einen der ihren wähnten, nicht sonderlich dankbar, als er unter dem Titel *Grotius Testament* eine der letzten Schriften des Hugo Grotius bearbeitet herausbrachte, um nachzuweisen, daß dieser Gelehrte eben auch römisch-katholisch gedacht habe. Ihm wurde schlicht Verfälschung durch Auslassung oder einseitige Selektion von Passagen vorgeworfen.[147] Wie ernst es Vondel mit diesem Übergang war, zeigt seine Forderung an den ohnehin eher liberalen Hooft, in seinem Amtsbezirk (Drostei von Muiden) den Katholiken mehr Rechte zuzugestehen, obwohl hier die Katholiken schon größere Freiheiten genossen als im übrigen Land. Die Forderung des Bekehrten führte zu einem Zerwürfnis und zu einer Distanzierung seitens des P.C. Hooft.[148]

Der Hinweis auf seinen Übergang zum Katholizismus dient dazu, etwas von der Bedeutung des Vondel für die Literatur der niederländischen Republik deutlich zu machen. Der Übergang stieß den anerkannten Literaten nicht vom Sockel – und das lag sicher nicht allein an dem Duldungsvermögen der niederländischen Obrigkeit, sondern eher an der Rückendeckung, die er bis in die höchsten Regentenkreise hinein genoß. Die Qualität des literarischen Schaffens, das mit dem Übergang so intensiv wie zuvor fortgesetzt wurde, betraf die Lyrik, die epische Dichtung und das Drama gleichermaßen, und wollte man eine Rangordnung oder besser: einen Schwerpunkt seiner Arbeiten setzen, dann würde dies das Bühnenstück sein müssen, jener Arbeitsbereich, in dem sich Vondel als politisch und gesellschaftlich konfliktbewußter Literat äußerte. Der innere und äußere Konflikt waren die eigentlichen Themen seiner Arbeiten. Will man dies begrifflich festmachen, dann waren es letztlich Freiheit und Religion, die diesen Mann der Republik faszinierten. Sie boten sich eben als die Themen, die das öffentliche Leben des Landes wesentlich mitbestimmten. Zugespitzt könnte man Vondel die Personifikation jener Gedenkmünze zum Aufstand nennen, die auf der einen Seite den Spruch trägt *Haec libertatis ergo*, auf der anderen *Haec religionis ergo*. Über sein *Het Passcha*, das gleichsam im Anhang den Aufstand thematisiert und ihn mit dem Auszug der Israeliten aus der ägyptischen Gefangenschaft vergleicht, ist schon gehandelt worden. Letztlich war das nach dem Waffenstillstand 1621 auch gar kein Thema mehr, das noch von den Stühlen reißen konnte. Die neue internationale Lage war mehr oder weniger konsolidiert oder nahm veränderte Konturen an, auch wenn der spanisch-niederländische Krieg noch fortgesetzt wurde. Im Lande selbst freilich gab es Probleme. Der große Streit zwischen Remonstranten und Kontraremonstranten, das heißt auch zwischen Oldenbarnevelt und Moritz von Oranien, hat für lange Zeit die Luft in der

---

147 S. dazu ebd. S. 55f. Kurz auch R.P. MEIJER, *Literature of the Low Countries. A Short History of Dutch Literature in the Netherlands and Belgium*, Den Haag/Boston 1978, S. 135.
148 Dazu ebd. S. 134.

Republik verpestet.[149] Mit dem der griechischen Mythologie (trojanischer Krieg) nachempfundenen Stück *Palamedes, of vermoorde onnooselheyd* mischte sich Vondel in die mit dem Tod des Oldenbarnevelt endende scharfe Auseinandersetzung ein, nachdem der Ratspensionär auch in seiner Poesie Gegenstand seines Mitleids gewesen war. Sowohl in dem Gedicht *Op de jongste Hollandsche transformatie* bekannte er sich ebenso zu dem Ratspensionär und damit gegen Moritz, wie er das eindeutig im *Palamedes* unternahm, was er im übrigen schon durch die Graphik auf der Titelseite des Stücks deutlich werden ließ. *Palamedes* ist ein Bekenntnis zu Freiheit, die ihm unter Moritz und in der Verbindung der Kontraremonstranten mit der Politik nicht mehr gewährleistet schien, zumal die kontraremonstrantische Deutung der Prädestinationslehre ihm keinen Spielraum für die Freiheit des einzelnen bot. Er war nicht gegen Autorität, aber er brauchte sie so, wie sie von Oldenbarnevelt ausgeübt worden war und später von Friedrich Heinrich vermittelt wurde. Vondel kam eben von Coornhert, und dies ließ ihn das bis zur Hinrichtung des Oldenbarnevelt reichende intolerante Auftreten des Statthalters und seiner kontraremonstrantischen Freunde scharf verurteilen.[150]

Dieses Bühnenstück schlug seinerzeit hohe Wellen. Gefordert wurde die Auslieferung des Vondel an die Gerichtsbarkeit in Den Haag. Die Amsterdamer Behörden weigerten sich. Gleichwohl wurde der Autor in Amsterdam vor Gericht gestellt und zu einer Geldbuße von 300 Gulden verurteilt. Die erste Auflage des Textes wurde zum Teil beschlagnahmt. Der Rest war schnell ausverkauft, und es folgten rasch nacheinander eine zweite und eine dritte Auflage. Offensichtlich trug die gerichtliche Verfolgung dazu bei, das Stück weit über Amsterdams Grenzen hinaus bekannt zu machen. Der Vondel Biograph führt in diesem Zusammenhang Ovid an, bei dem es heißt: „Nitimur in vetitum semper, cupimusque negata".[151]

Von der Forderung nach politischer Freiheit im Sinne der Prinzipien, unter denen die Republik angetreten war, ausgehend, läßt sich Vondels *Palamedes* mit P.C. Hoofts einflußreichem *Geeraerdt van Velsen* vergleichen, das 1613 veröffentlicht wurde. Es war ein Stück über Tyrannei und Freiheit, aber auch über Ordnung, Friede und Gegengewalt. Hooft war ein Anhänger des bestehenden Systems der Ständeregierung, entsprechend der 1587 von François Vranck und 1610 von Hugo Grotius vorgelegten Souveränitätstheorie, die ein deutliches Ordnungsprinzip enthielt. Die Zusammenarbeit von Fürst und Volk war das Hauptprinzip, gegen das in dem Stück Floris V., Graf von Holland, verstieß. Dem sich widersetzenden Van Velsen gab Hooft somit recht. Das Problem, das hier und dann eben auch bei Vondel angeschnitten wird, ist das des Konsensus. Der Konsensus ist der Nabel der Republik – zumindest war das so gedacht. Intolerantes Eiferertum hatte darin gar keinen Platz. So geißelte Vondel auch den kontraremonstrantischen Führungsanspruch 1630 noch einmal in seinem Gedicht *Harpoen*. Darüber hinaus lehnte er korrupte und ehrgeizige oder statusbesessene Vertreter der bürgerlichen Freiheit ab, wie er das ebenfalls 1630 im *Roskam* tat.[152]

Ein Bericht über Vondel wird zwar immer auf Politik (Freiheit) und Religion gleichermaßen hinzuweisen haben, ein Schwerpunkt seiner 30 Bühnenstücke lag allerdings bei der Religion; das bezog sich freilich weniger auf die Institution Kirche – wie etwa im

---

149 S. dazu die Abschnitte *Konstitutionelle Eigenart* sowie *Religion und Gewissen*.
150 Vgl. hierzu KNUVELDER, *Handboek tot de geschiedenis der Nederlandse letterkunde*, II, S. 326ff. Der Autor führt andere niederländische Literaturwissenschaftler an, die im *Palamedes* mehr sehen als nur ein politisch inspiriertes Bühnenstück. Sie deuten dies als einen Gesang über das Schicksal des Staatsmannes, der sich den Haß der Masse auf den Hals holt, je stärker er sich dem Wohl der Allgemeinheit verpflichtet fühlt – eine aussichtslose menschliche Tragik.
151 Über diese Verfolgung insgesamt s. BRANDT, *Het leven van Joost van den Vondel*, S. 22f. Dort auch, S. 27, das Ovid-Zitat.
152 Dazu kurz SCHENKEVELD, *Dutch Literature*, S. 74.

Angriff gegen die Kontraremonstranten –, als vielmehr auf Glaubensfragen und die daraus entstehenden menschlichen Konflikte. Während bei Hooft die Neigung zu historisch-politischem Stoff gegenüber religiösem Impuls überwog, Heinsius eher der Ordnung der Sprache sich verpflichtet fühlte, Cats stärker der Moral und den Lebensregeln des Alltags zugewandt war, bewegte sich Vondel nachdrücklich auf dem Feld der Religion als Form der Innerlichkeit. Die Religiosität äußerte sich bei ihm weniger in Gestalt eines der nationalen und damit religiösen Geschichte verpflichteten Missionsgedankens, war daher nicht mit den stärker auf Förderung des Calvinismus gerichteten literarischen Arbeiten der Camphuysen und Revius vergleichbar, sondern offenbarte sich ganz persönlich, nach innen gekehrt, ohne einem bestimmten Bekenntnis zu huldigen. Sie war eine den Glauben zum persönlichen Problem erhebende Religiosität. Dieser emotionale und intellektuelle Ausgangspunkt des Dichters erklärt wenigstens zum Teil seinen Übergang zum Katholizismus. Die Heftigkeit und Intensität seines persönlichen religiösen Erlebens äußerte sich übrigens auch außerhalb seiner Dramen, etwa in der gegen Spinozas Gottesbegriff gerichteten Schrift *Bespiegheling van god en godsdienst*. Der Glaube als Konfliktbereich war von ihm schon 1640 in *De Gebroeders* umrissen worden. Es ist die Geschichte von David und Saul, mit David als eigentlich tragischer Figur, der sich gezwungen fühlt, seinem Gott auch dann zu folgen, wenn die göttliche Forderung nicht einsichtig ist. Es ist die Demut vor Gott und seinem Willen, die das Stück bestimmt.[153] Dieses Drama war nicht nur dem Amsterdamer Hochschullehrer Gerard Vossius gewidmet, dem gleichsam ersten Literaturwissenschaftler vor Ort, sondern scheint in seiner Anlage auch von diesem inspiriert worden zu sein, soweit es um den Umgang des Literaten mit biblischen Stoffen ging. Die Regel sollte sein, daß die Daten der Bibel vom Künstler nicht verschwiegen werden durften. Weiße Flecken in der Bibel sollten kreativ, aber auch vorsichtig aufgefüllt werden: alles, was der Bibel widerspricht, ist unzulässig. Das waren doch Formeln, die letztlich auch der Beruhigung calvinistischer Prädikanten dienen konnten, was freilich, wie mehrfach gezeigt worden ist, nicht gelang. Es ist festgestellt worden, daß diese Regeln nicht nur für Vondel, dem die Komposition einer biblischen Tragödie eine „literarische und ideologische Obsession" gewesen sei, sondern für die gesamte biblisch durchdrungene Kultur der Republik eine geeignete Handhabe abgegeben haben.[154] Im *Lucifer* von 1654 dürfte der Glaube als Konfliktpotential dramatisch am besten ausgearbeitet sein, im Stück also um den Aufstand des Erzengels gegen Gott und um die Unzuträglichkeit solchen Aufstandes, der deshalb mit einer Niederlage und dem Sturz Luzifers endet. Vondel schrieb eine Tragödie, in der die Tragik im Konflikt zwischen Stolz und Unterwerfung, zwischen hybrider Vermessenheit und dem Unterworfensein unter göttlicher Herrschaft lag. Es war nicht die bei William Shakespeare ein halbes Jahrhundert zuvor dramatisch umgesetzte menschliche Hybris allein, sondern eine der Religiosität des Landes entsprechende Einbeziehung Gottes, die den Vermessenen und Stolzen scheitern ließ. Der *Lucifer* des Joost van den Vondel ist Miltons *Paradise Lost* vergleichbar genannt worden.[155]

Calvinistische Prädikanten verdammten das Stück, weil es den Himmel mit den Engeln auf die Bühne brachte. Zu den Gegnern zählte der seeländische Prädikant Petrus Wittewrongel, der es sich ohnehin zur Aufgabe gemacht hatte, das Bühnengeschehen zu kontrollieren und grundsätzlich zu verdammen. Die Bühne wurde verurteilt als „Ort der Eitelkeiten, der Leichtsinnigkeit und Zeitvergeudung, als sündige Opferstätte und Über-

---

153 S. dazu KNUVELDER, *Handboek tot de geschiedenis der Nederlandse letterkunde*, II, S. 346ff.
154 So K. PORTEMAN, *In de Amsterdamse Schouwburg gaat Vondels Gebroeders in première. Consept en opvoering van een ambitieus treurspel*, in: R.L. ERENSTEIN, u.a., *Een theatergeschiedenis der Nederlanden. Tien eeuwen drama en theater in Nederland en Vlaanderen*, Amsterdam 1996, S. 219.
155 So PRICE, *Nederlandse cultuur in de Gouden Eeuw*, 93f. P. verweist auf die ähnliche Problematik.

bleibsel des Heidentums sowie Verführung zur Sünde, Gottlosigkeit und Unreinheit." Immerhin gelang es den Gegnern, das Stück nach zwei Aufführungen von der Stadtverwaltung Amsterdam absetzen zu lassen. Da freilich die ganze erste Auflage nach einer Woche ausverkauft war, brachte der Verleger sogleich eine neue Auflage heraus.[156] Vondel widersetzte sich der Kritik der Calvinisten. Auf Wittewrongel gemünzt schmiedete er sogleich den Vers:

> Trompetter van de Zeeuwen
> Gij tergt een nest vol spreeuwen

Und dem fügte er eine Lektion über die Aufgaben des Theaters bei, nannte die Prädikanten unkundig und damit bar jeden Urteilsvermögens, Transusen und Mäkler.[157] Vondel zog hart vom Leder, und aus dieser Verteidigung heraus schuf er nicht nur eine politisch-soziale, sondern auch eine Art psychologische Theorie des Theaters, was vor ihm in dieser Form wohl noch niemand getan hatte. Möglicherweise erklärt sich das aus der Tatsache, daß Vondel einer der wenigen war, so nicht der einzige Literat, der von gesellschaftlich relevanten Gruppen der Republik attackiert wurde.

Dies alles schadete ihm nicht. Er war inzwischen ein anerkannter Dichter und Dramatiker. Die Anwürfe hinderten ihn auch nicht daran, sich neben eher weltlichen literarischen Themen – gedacht ist hier an seine lange, anlässlich der Eröffnung des Amsterdamer Rathauses 1655 verfaßte Lobeshymne auf die Stadt Amsterdam (*Inwydinghe van 't Stadhuis t'Amsterdam*) – weiter oder gar verstärkt biblischen Themen zuzuwenden. Unter ihnen sei *Jephta* – die alttestamentarische Geschichte aus dem Buch der Richter, 10,17 bis 11,40 – genannt, weil hier Opferthema und Eiferertum thematisiert werden, erstaunlich eigentlich, wenn man die einigermaßen emotionslose Darstellung im Alten Testament liest. Die dramatisierte Umsetzung war nicht neu. Schon Euripides hatte sich in seiner Iphigenie des Themas angenommen, und in der frühen Neuzeit war es der englische Dramatiker George Buchanan, der 1554 den Stoff unter dem Titel *Jephtes sive votum* in lateinischer Sprache vorlegte. Man wird dieses Stück in die Nähe der *Gebroeders* rücken können, insofern ein Konflikt zwischen Unbedingtheit eines Gott gegebenen Versprechens und dem Gewissen vorgelegt wird, ein Konflikt der erst nach dem Vollzug des Opfers (die Tochter Jephtas wird) gelöst ist, weil nach dem Vollzug die Einsicht in die Ungeheuerlichkeit des Geschehens erfolgt. Es ist als Hieb gegen die Unbedingtheit des Glaubens zu begreifen, wenn der Hohepriester von der Opferung abrät und das Eiferertum des Jeptha sich durchzusetzen vermag, es ist freilich auch ein Stück, in dem letztlich der Gedanke vom barmherzigen christlichen Gott dem rächenden alttestamentarischen Gott gegenübergestellt wird – vielleicht in der Gestalt des Hohepriesters, durchaus ein katholischer Impetus.[158]

Auch wenn hier der Bericht über Vondel abgeschlossen oder verkürzt wiedergegeben ist, sei der Hinweis erlaubt, daß, wie stark die Optimatenstruktur der niederländischen Gesellschaft auch sein mochte, für die bildende Kunst und die Dichtkunst gleichermaßen die Qualität unabhängig von sozialer Herkunft galt. Wie in der bildenden Kunst sich etwa Govaert Flinck in nächster Nähe der Amsterdamer Regenten bewegte, die sich auch in seinem Lichte sonnten, so ließen die Regenten den Dichter nicht fallen, als er mit seinem Strumpfhandel in Not geriet. Er wurde Buchhalter im städtischen Pfandhaus,

---

156 Dies nach BRANDT, *Het leven van Joost van den Vondel*, S. 58f. S. a. KNUVELDER, *Handboek tot de geschiedenis der Nederlandse letterkunde*, II, S. 370ff. K. weist darauf hin, daß Vondel dem Theater ein Ersatzstück (*Salmoneus*) angeboten habe, was freilich wohl erst 1657 aufgeführt worden sei.
157 Nach BRANDT, *Het leven van Joost van den Vondel*, S. 59.
158 Auf die formalen Vorzüge des Stückes sei nicht weiter hingewiesen. Über den Aufbau des Stückes aber interessant BRANDT, *Het leven van Joost van den Vondel*, S. 66ff.

und als dieses auf Dauer nicht funktionierte, bekam er einfach ein Jahrgeld, ohne am Ort der Pfandleihe anwesend sein zu müssen.

Gerbrand Adriaensz. Bredero und Jan Vos

Das niederländische Drama des 17. Jahrhunderts lebte nicht nur von Vondel, und die Arbeit dieses Literaten und Dramatikers stellt sicher keine Reflexion über Realität und Mentalität der niederländischen Gesellschaft dar. Dazu seien einige allgemeine Bemerkungen erlaubt. Die Kunst stellte sicher nur den Wein des Lebens dar, nicht aber das Brot, und würde man die niederländische Gesellschaft nach den Werken des Vondel und der Akzeptanz dieses Literaten beurteilen, dann hätte man es mit Menschen zu tun, deren Reflexion über die eigene Existenz sich über klassische Mythologie und Altes Testament vollzog. Für eine kleine Schicht mag das aufgehen, für die große Mehrheit der im existenzsichernden oder profitbestimmten Erwerbsleben tätigen Niederländer wohl nicht. Bei aller Höhe des Alphabetisierungsgrades dürften einfaches Wissen und Intellektualität nicht ausgereicht haben, um über prinzipielle Lebensfragen befriedigende Antwort in Gestalt einer eher abgehobenen dramatischen Form zu finden. Es ist also nicht anzunehmen, daß sich die niederländische Gesellschaft hier von der anderer europäischer Länder unterscheidet.

Die Lektüre von Arbeiten des Gerbrand Adriaensz. Bredero weist aus, daß auf jeden Fall in Amsterdam auch andere, insgesamt leichtere Kost in einer literarisch akzeptablen Form angeboten wurde. Der 1585 geborene Bredero war ein echter Amsterdamer, dort geboren, groß geworden und schließlich jung gestorben (1618). Er stammte aus einer mittelständischen Familie und ging selbst nach der Schulzeit in die Lehre bei dem Maler Francesco Badens, der noch zur Gruppe der vom italienischen Stil beeinflußten Maler gehörte. Über seine Leistungen ist nichts mehr bekannt; er scheint sich, wie sich das auf diesem Feld der Renaissance-Maler gehörte, mit Mythologie und Altem Testament befaßt zu haben. Bredero zählte von seiner Vor- oder Ausbildung her nicht zur Reihe der Hooft, Cats oder Huygens. Die klassischen Literaten kannte er nur aus Übersetzungen, sein Französisch scheint dagegen recht passabel gewesen zu sein. Bredero war kein Possenreißer, sondern ein echter Komödiant und Satiriker zugleich. Als Mann des Mittelstandes wird man ihn sozial auch nicht der Hefe des Volkes zuordnen können – dies sei als sozialer Ordnungsbegriff einmal eingeführt –, aber er war doch ein Literat, der nicht nur im Kern Amsterdams (Oudezijds Voorburgwal) gewohnt, sondern auch gelebt hat. Er jedenfalls stand der Amsterdamer Gesellschaft sehr nahe, und dies in der frühen Blütezeit der Stadt. Seine Welt war nicht die der abgehobenen griechischen oder römischen Mythologie, nicht die des Alten Testaments – was in keiner Weise gegen seine Frömmigkeit spricht –, sondern das Hier und Jetzt, nicht das Erhabene, sondern eher das Vulgäre oder allgemein Menschliche. Er ist kein Dichter des Konflikts, der allgemein gültig reden oder gar lehren möchte, wie Cats das tat, er ist der Literat eher der menschlichen Schwächen, über die man durchaus schmunzeln, wenn nicht gar laut lachen konnte. Seine Sprache war dem Thema angepasst. Er schloß sich nicht dem Duktus der Sprachsäuberer à la Heinsius an, sondern bediente sich der etwas plastischeren Volkssprache, die in Amsterdam ihren hohen Wiedererkennungswert hatte (und bis heute noch hat). Die Nähe zum Volksleben hat er, wie die Literaturwissenschaft berichtet, am eindringlichsten wohl in seiner Gedichtsammlung *Boeren-geselschap* nachgewiesen; freilich habe er hier bei aller Liebe und bei aller Nähe seine Distanz zu diesem Volk gezeigt, das er in seinen Exzessen nicht mehr akzeptieren konnte.[159] Gleichwohl, die Nähe brauchte er nicht

---

159 So KNUVELDER, *Handboek tot de geschiedenis der Nederlandse letterkunde*, II, S. 209.

Gerbrand Adriaensz. Bredero

besonders herzustellen, er hatte sie einfach, und es ist sicher nachdenkenswert, wenn er seinerseits als der gleichsam literarische Artverwandte des Jan Steen oder des Adriaan van Ostayen oder schließlich auch des Adriaan Brouwer gesehen wird.

Bredero schreibt in seinen Bühnenstücken über die Gesellschaft, nicht über Religion, nicht über Politik. Da hätte es sicherlich einiger Gelehrsamkeit oder auf jeden Fall tiefgreifender Kenntnisse etwa des politischen Geschehens bedurft, abgesehen davon, daß er zu jung gestorben ist. Er hat nicht wie Vondel den großen Konflikt zwischen Moritz und Oldenbarnevelt in seinem Ergebnis noch miterleben können. Aber er war nicht nur des Schmunzelns oder der Satire mächtig. Schon früh übte er sich an seinem Trauerspiel *Rodd'rick en Alphonsus*, neben *Griane* und *Stommen Ridder* nicht der niederländischen Welt der Gegenwart entnommen, sondern einer spanischen Prosa-Erzählung des 16. Jahrhunderts über den Helden Palmerin de Oliva – ein im Europa jenes Jahrhunderts viel gelesene Geschichte. Eine Übersetzung ins Niederländische, der sich Bredero bedienen konnte, lag auf jeden Fall seit 1602 vor. Alle drei hier genannten Stücke sind romantische Dramen, Sie sind recht eigentlich unauffällig, kämen da nicht im *Rodd'rick* bei aller Dramatik um eine Frau auch lustige Szenen vor, humoristische Zwischenspiele, die den Autor letztlich kennzeichnen, wenn man zugleich liest, daß er sich neben der etwas gehobenen Sprache des eigentlichen Handlungsstranges in den eher lustigen Zwischenspielen der Volkssprache bedient, zweifellos dem Publikum einen Moment des Aufatmens oder auf jeden Fall des Wiedererkennens gestattend. Es ist das niedere Volk, das diese Zwischenspiele trägt, mit Namen wie de Nieuwen-Haan für den Knecht und Greetje Smeers für die Dienstmagd – und wenn man sieht, daß es sich hier um eine Parodie der Probleme auf Seiten der Herrschaft handelt, dann bleibt die Frage, inwieweit

Jan Vos

er diese Probleme selbst wirklich ernstgenommen hat. Gleichviel, es fällt schwer, den Bredero hier eindeutig festzulegen, weil die Frage nach Freundschaft im Verhältnis zum Verzicht aufgeworfen wird, und Freundschaft ist eines seiner topics, das auch in seiner Lyrik wiederkehrt.[160]

Letztlich hat er diese vorgenannten Zwischenszenen zu einer Art Hauptgericht in den bald darauf fertig stellten Possen *De klucht van de koe*, *De klucht van de molenaer* und *De klucht van Symen sonder Soeticheyt* aufgetischt. Er bediente sich einiger Bühnenfiguren und damit verbundener Geschichten, die eigentlich zum Repertoire europäischer Prosa gehörten. Der Autor Bredero bezog jedenfalls den Stoff zur Geschichte des Kuh-Verkaufs aus einer niederländischen Schrift, die freilich nichts anderes war als die Bearbeitung eines deutschen Originals. Die Geschichte mit dem Müller, der gleichsam versehentlich mit seiner Frau schläft, erinnert ein wenig an Geschichten aus dem *Decamerone* des Boccaccio. Es war hieran nichts Urniederländisches, aber Bredero hat es verstanden, diesen Stücken einen lebensnahen niederländischen touch mitzugeben, so daß sie wie ein niederländisches Gewächs erschienen. Es sind die Echtheit der Volkssprache und das Genuine des Dialogs sowie die Detailtreue der Szene überhaupt, die die kleinen Possen in seiner Zeit zu einer Komödie auf hohem Niveau machten.[161]

---

160 Dazu MEIJER, *Literature of the Low Countries*, S. 123f. sowie KNUVELDER, *Handboek tot de geschiedenis van de Nederlandse letterkunde* II, S. 212ff. Speziell über *Rodd'rick* s. S.F. WITSTEIN, *Bredero's ridder Rodderick*, in: De Nieuwe taalgids Cahiers 4, Groningen 1975.
161 Bei MEYER, *Literature of the Low Countries*, S. 124 heißt es, daß die Geschichte vom Kuh-Verkauf und die Geschichte des Müllers zu den Höhepunkten des Komödiantischen im 17. Jahrhundert gezählt hätten.

Die für den *Rodd'rick* genannten Zwischenspiele mit ihren possenhaften Figuren wiederholen sich auch in *Griane*, in dem das bäuerliche Ehepaar Bouwen Langlijf und „zinnelijke" Nel auftritt, und sich gleichsam auf dem Weg über die Verfremdung von der Bühne ans Publikum wenden und zudem einen nordholländischen Dialekt sprechen. Auch in *Het Moortje* – das Stück ist nichts anderes als eine ins niederländische Milieu adaptierte Komödie *Eunuchus* des römischen Dichters Terentius –, findet das statt. Solche dramaturgisch auflockernden Zwischenspiele dienten dem Durchatmen und nicht zuletzt auch der Attraktivität.

Im *Spaanschen Brabander* (1618) wiederholte sich dieses Stilmittel, wenngleich das Bühnenstück im Kern schon Sarkasmus genug bietet. Dieses letzte Stück des jungen Amsterdamers, der noch in demselben Jahr starb, darf wohl als das authentischste des Autors angesprochen werden, insofern er hier Figuren auftreten ließ, die letztlich aus seiner unmittelbaren Umgebung stammten. Da gibt es den Zinn- und den Goldschmied, den Streichholzmacher und den Maler, es gibt die Straßenkinder und ihre Aktivitäten, die alten Leute, die von der Vergangenheit erzählen, Huren, die sehr realistisch ihre Lebensumstände schildern. Das Stück ist insgesamt nicht wegen seiner dramaturgischen Struktur auffällig, sondern vielmehr wegen seiner satirischen Thematisierung des brabantischen Bevölkerungsanteils, der in Amsterdam infolge des Aufstandes und seiner Konsequenzen nicht gering war. Zwischen den eingesessenen Amsterdamern und den Brabantern aus dem Süden kam es häufig zu Spannungen. Jerolimo, die Hauptfigur, ist ein kleiner Schwindler aus Brabant, aber ein Angeber zugleich, ein Mann, der letztlich nichts besitzt als die Gabe, mehr zu scheinen, als er tatsächlich ist – in einer Stadt wie Amsterdam konnte das nur Spott und Hohn erregen. Prätention in brabantischem Dialekt zugleich, die letztlich Bredero noch lächerlich macht, indem er sie dem grandseigneurhaften Gehabe der Hauptfigur als wichtiges Attribut beigibt. Jerolimo als Konfliktfigur wird gleich in der ersten Zeile deutlich, in der er über Amsterdam sagt:

> 't is wel een schone stadt, moor 't volksken is te vies

Diese Distanzierung führt der „edle Herr" noch weiter, wenn er bald hinzufügt:

> In Brabant zain de liens gemainlijk ekskies in kleding en in
> dracht, dus op de Spaanse mode,
> Als kleine koninkskens of zienelaike Goden.[162]

Es sei gleich bemerkt, daß die Konfrontation, die Bredero in den Figuren zunächst einführt, nicht auch bedingungslose Parteinahme für das Amsterdamer Volk bedeutet. In diesem Stück treten auch scheinheilige und ungebildete Amsterdamer auf, die es mit der nachgerade wuchernden Aussage von der holländischen Ehrlichkeit auch nicht so genau nehmen. „Man mag dann die Menschen sehen, aber man kennt sie dann noch lange nicht" ließ sich eben nicht nur auf den Protagonisten anwenden, sondern auch auf die Staffage aus Amsterdamer Figuren.

Freilich, daß Bredero seinem Titelhelden einen Amsterdamer Straßenjungen namens Robbeknol als Diener beigibt, mag man wegen seiner – gleichwohl – deutlichen Liebe zu Amsterdam und wegen des durchaus vorhandenen Gegensatzes Brabant-Amsterdam als eine Bekräftigung des Spottes erkennen, aber das ist wiederum nur ein erster Eindruck, denn sein Spott artet letztlich nicht in Bitterkeit aus, vielmehr läßt er den Stra-

---

162 „Es ist zwar eine schöne Stadt, aber die Menschen dort sind schmutzig"; „In Brabant sind die Leute meistens exquisit gekleidet, und zwar nach der spanischen Mode, wie kleine Könige oder Fleisch gewordene Götter."

ßenjungen feststellen, daß der Armut des brabantischen Großsprechers die Flucht in eine Phantasiewelt und die Prätention als Heilmittel gegenübersteht: Der Kontrapunkt Herr und Knecht, der auch als Gegensatz zwischen Amsterdam und Brabant und im übrigen auch zu anderen Fremden zu begreifen ist, die im Laufe der Jahrzehnte nach Amsterdam strömten, geht über den sarkastischen Humor hinein in eine Gemeinsamkeit der Armut, die dort ebenso prägnant wie aussichtslos ist, wo das ganz große Geld gescheffelt wird, freilich mit der dichterischen Maßgabe, daß materieller Reichtum das Erzeugnis von Bösartigkeit ist.[163]

Die Brederosche Thematik seiner Bühnenstücke läßt in keinem Fall den Schluß auf religiöse Verbundenheit zu, vielmehr scheint er hier mit seiner ganzen Persönlichkeit in der Welt der unmittelbaren Erfahrungen als Erkenntnisvoraussetzung gelebt zu haben. Gleichwohl, er war nicht ein Dichter ohne Gott, zumindest wendet er sich ihm zu – als Sünder, als Abweichler, der in letzter Instanz die Welt und seine Erfahrungen in dieser nur als schönen Schein zu deuten vermag, als Betrug schließlich, weil in Gott selbst die letzte Weisheit liegt. Brederos Bühnenstücke sprechen nicht für solche Deutung seiner Person, wohl aber seine Gedichte, die häufig genug diese Welt der Erfahrung und die Frage nach Gott als Zentrum des Seins miteinander verbinden. Bredero lehrt nicht wie es bald Cats tun wird oder schon getan hat, er orientiert sich für seine eigene Person.[164]

Es ist bei aller Suche nach dem Sinnhaften der Erfahrung bei Bredero nicht zu kühn, ihn einen Literaten mit der Freude am Spiel zu nennen, sie war freilich ausgeprägter noch bei einem Mann wie Jan Vos entwickelt, um 1620 geboren und Glaser von Beruf. Jan Vos war eine Zeitlang Direktor des Amsterdamer Stadttheaters und versuchte nach dem Motto des Horaz zu arbeiten: Sehen geht vor Hören. Als er dann zwei Dramen auf die Bühne brachte, *Aran en Titus* (1641) und *Medea* (1667), waren das Stücke, an denen das Blut nachgerade abtropfte und die beim Publikum sehr gut ankamen. Es gab eben sehr viel zu sehen. Vos, der wirklich kein Gebildeter war, nur das Niederländische beherrschte, hatte ein Gespür sowohl für das Wirkungsvolle als auch für die von den Renaissance-Dichtern eingebrachten Formen des Dramas. Er übernahm sie ohne Schwierigkeiten. Zu sehen gab es: zahlreiche Morde, Abstieg von Personen in die Flammen der Hölle und Vergewaltigung auf der Bühne – wahrlich eine Art sex and crime Veranstaltung, die jene, die nur sehen wollten, voll befriedigen mußte. Dabei scheint die Darstellung der Gewalt auf den Römer Seneca zurückgeführt werden zu müssen, der als Literaturtheoretiker und Philosoph auch für die des Lateinischen unkundigen Niederländers zugänglich war – spätestens nach der Übersetzung seiner Schriften durch Dirck Volckertsz. Coornhert. Jedenfalls ließ sich mit Seneca rechtfertigen, daß das Grausame und Mißgestaltete in Vos' Stücken den Vorzug erhielt.[165] Es ließe sich auch unter „Darstellung der hemmungslosen Leidenschaften" einordnen. Bei dem vorgenannten Publikumserfolg ist gleich hinzuzufügen, daß es sich offensichtlich nicht oder nicht nur um

---

163 Zu den Arbeiten von Bredero s. VAN ES/OVERDIEP, *De letterkunde van Renaissance en Barok*, I S. 313ff. vor allem die Passagen über den *Spaanschen Brabander*; ferner KNUVELDER, *Handboek tot de geschiedenis der Nederlandse letterkunde*, II, S. 206ff. für Bredero allgemein und die einzelnen Bühnenstücke; wichtig auch SCHENKEVELD, *Dutch Literature*, S. 82 zum *Spaanschen Brabander* sowie MEIJER, *Literature of the Low Countries*, S. 120ff. der einen kurzen, aber sehr guten Einblick verschafft. Das Stück war übrigens ein in schwedischem Dienst beschäftigten Diplomaten Jacob van Dijk gewidmet, der, wie wohl richtig vermutet wird, als Mäzen von Bredero aufgetreten ist. Bredero, Heinsius und Scriverius haben diesen Mann ausdrücklich gelobt. Dazu VAN STIPRIAAN, *Het volle leven*, S. 110; ebd. S. 47 auch sein Hinweis auf die skeptische, will sagen, realistische Einschätzung der Amsterdamer bei Bredero.
164 Vgl. dazu E. TRUNZ, *Dichtung und Volkstum in den Niederlanden im 17. Jahrhundert. Ein Vergleich mit Deutschland und ein Überblick über die niederländisch-deutschen Beziehungen in diesem Jahrhundert*, München 1937, vor allem S. 33ff.
165 Vgl. KNUVELDER, *Handboek tot de geschiedenis der Nederlandse letterkunde*, II, S. 62f.

ein Spektakel für Voyeure handelte, sondern auch die Intellektuellen der Zeit scheinen begeistert gewesen zu sein. Caspar Barlaeus konnte kaum glauben, daß ein solches Stück von einem schlichten Glaser geschrieben worden war, handelte es sich für ihn doch um ein Werk, in dem Senecas Prinzipien sowie Elemente aus der Bühnenlehre des Aristoteles zu entdecken waren. Dabei unternahm Vos nichts anderes, als es seit Jahrhunderten auf der italienischen Bühne in Würdigung des Seneca geschah – vermutlich, ohne es wirklich zu wissen. Hinzuzufügen bleibt auch, daß Vos mitten in Amsterdam lebte und dort etwas von der Lebenskraft und den vielen Formen eines ungezügelt leidenschaftlichen, häufig außerhalb der Norm liegenden Lebens mitbekam, wie es auch Jan Steen und andere Maler in Form und Farbe so aufschlußreich festgehalten haben. Allerdings, seine Schaustücke gingen ins Extreme. Er litt nicht unter der Zügelung, die für Bredero festgestellt worden ist. Barlaeus jedenfalls versuchte, seine Freunde zum Besuch des Theaters zu bewegen. Für Constantijn Huygens schrieb er eine Reihe von Passagen ab. 1645 mietete der junge Prinz Wilhelm (später Statthalter Wilhelm II.) anläßlich eines Besuches der polnischen Königin das ganze Theater, um eigens *Aran en Titus* aufführen zu lassen. Die Besucherin hat freilich nur das Theater besichtigt, da sie der Sprache nicht mächtig sei. Über die Aufführung liegt ein Bericht des königlichen Begleiters, des französischen Adligen Jean le Laboureur vor, der die Grausamkeiten im einzelnen notierte.[166]

Theater

Die Schaustücke des Jan Vos, der noch dazu Leiter des Amsterdamer Stadttheaters war, bieten hier den äußeren Anlaß, sich über das Theater in der Republik zu äußern. Was für andere europäische Länder jener frühneuzeitlichen Epoche galt, ist auch für die Niederlande festzustellen. Es ging um die Vermittlung von Unterhaltung, religiösem oder profanem Wissen und um Weisheiten gleichermaßen. Aber was sich da bis hin ins 17. Jahrhundert in dieser Szene vollzog, war nichts anderes als eine gleichsam unorganisierte Vermittlung. Aufführungen von Bühnenstücken, um welche Kategorie es sich auch immer handelte, fanden in den festen Häusern der Rederijker statt, häufiger freilich noch im Freien, auf Jahrmärkten und Kirmesveranstaltungen, gleichviel ob es sich um Possenreißerei, Klamauk oder ernsthaftere Lehrstücke handelte. Es ging um das Theaterspiel überhaupt. Das hatte alles eine europäische Tradition. Vorstellungen auf der Bühne, wie immer die beschaffen sein mochte, waren nichts spezifisch Niederländisches. An Shakespeares Globe Theatre soll der Wahlspruch „Totus mundus agit histrionem" gestanden haben. Der Spruch wird Petronius zugeschrieben. Und bei Hamlet heißt es: „The purpose of playing was and is, to hold as 't were the mirror up to nature." Schließlich sei noch Samuel Coster, der Niederländer, angeführt, der meinte, „wie in einem Schauspiel alle Spieler sich voneinander unterscheiden, so sind auch alle Menschen in diesem trüben Jammertal, das lediglich ein großes Spiel ist, voneinander verschieden." Constantijn Huygens hatte auch noch eine Aussage parat, wenn er schrieb: „Die Welt ist die Bühne, auf der die Menschen sich verkleiden." Die Welt als Bühne, die Bühne als Spiegel des Lebens. Solche Begründungen für das Theaterspiel gab es schon lange, und sie waren weit verbreitet,[167] und sie waren einsichtig, weil wohl viele sich gespiegelt sehen oder

---

166 Dazu STIPRIAAN, *Het volle leven*, S. 175. St. weist ebd. auch hin auf die Vielzahl der Aufführungen und auf die Übersetzungen ins Lateinische und Deutsche.
167 Die obigen Beispiele und noch weitere bei B. ALBACH, *Langs kermissen en hoven. Ontstaan en kroniek van een Nederlands toneel gezelschap in de 17e eeuw*, Zutphen 1977, S. 11ff.

sich selbst verstehen wollten oder schließlich einfach Unterhaltung suchten. Es ging um *lering en vermaak*, jenes Merkmal, das hier schon mehrmals eingebracht worden ist.

Kirmes und Jahrmarkt waren überall in den Niederlanden Darstellungsort für Rederijkers und andere Gesellschaften oder auch *kamerspeelders*, die eigentlich nur in Häusern auftraten, im übrigen nicht unbedingt einen guten Ruf hatten. Da das Augenmerk hier in erster Linie auf Amsterdam liegt – diese Stadt baute schließlich das erste Theater in der Republik –, sei auch nachdrücklich auf die lange Tradition der Stadt hingewiesen, das jährliche Kirmes- und Jahrmarktgeschehen genannt, das drei Wochen im Herbst von zahlreichen Gruppen auch aus dem Ausland besucht wurde.[168] Es mochte dann alles noch unter Unterhaltung für die breitesten Schichten fallen, ohne daß von Seiten der Darsteller unbedingt an der eigenen Darstellungskunst gefeilt wurde, die Konkurrenz aus dem Ausland freilich ließ die Bühnenautoren des eigenen Landes bald einsehen, daß das darstellerische Niveau in der Republik allmählich einer Professionalisierung bedurfte und auch die Inszenierung zu modernisieren war, wenn man auf Dauer nicht gegenüber den ausländischen Gesellschaften an Boden verlieren wollte. Daß sich Rederijkerkammern etwa den Engländern widersetzten und beide Seiten sich übereinander lustig machten, zeigt nur die Konkurrenzsituation in jener Zeit. Jedenfalls scheint der Stil der italienischen commedia dell'arte schon Einfluß ausgeübt zu haben, hatten doch schon 1596 italienische Bühnengesellschaften Vorstellungen in Antwerpen und Gent gegeben, wie überhaupt der italienische Stil Eingang an europäischen Höfen und in den wichtigen Kulturstädten gefunden hatte. Für Leute wie Hooft oder Bredero war es wohl deutlich, daß Schauspieltalent nicht nur Wiederholung eines memorierten Textes sein konnte, sondern zugleich Raffinement erforderte.[169]

Seit dem zweiten Jahrzehnt des 17. Jahrhunderts ist der Weg zur Professionalisierung der Darstellungskunst und der Inszenierungen beschritten worden. So schlossen 11 niederländische Komödianten 1617 in Leiden ein Übereinkommen, nach dem sie in den Niederlanden als reisende Theatergesellschaft gastieren und diese Tätigkeit zu ihrem einzigen Broterwerb machen wollen. Sie nannten sich – wie konnte es, so fragt man sich, anders sein – Batavierse Comedianten. Sie traten damit auch in Konkurrenz zu den schon geraume Zeit in der Stadt auftretenden englischen Theatergruppen. Daß sie einige Jahre später noch einmal nachdrücklich betonten, in der „niederdeutschen Sprache" zu aktieren, wird man als etwas seltsame Eigenwerbung einstufen dürfen. Freilich, es bestand nicht nur Konkurrenz. Offensichtlich ist es auch zur Zusammenarbeit einzelner Komödianten mit den englischen Gruppen gekommen – eine Zusammenarbeit, die auch über die Grenzen des Landes hinaus hin nach Deutschland bis zu Aufführungen im Kurfürstentum Sachsen reichte.[170] Hinzu traten für die einzelnen Stücke auch erste Regieanweisungen, die das Verhalten des Schauspielers vorschrieben.

Die Rederijkerkammern stellten ihrerseits ihre Häuser einem größeren Publikum zur Verfügung und erhoben zugleich Eintrittsgeld. Der Ertrag wurde dabei meistens einem wohltätigen Zweck zugeführt. Die zunächst geschlossenen Gesellschaften wie in Amsterdam *De Egelantier* oder die von Brabantern in eben dieser Stadt errichtete *Het Wit Lavendel*, die beide Bühnenstücke im engsten Kreis schrieben und dort auch – in der überwiegenden Zahl der Fälle – unter Ausschluß der Öffentlichkeit aufgeführt wurden, öffneten sich auf Anregung des Amsterdamer Getreidehändlers Cornelis van Campen dem Publikum. Die Eintrittsgelder der *Egelantier* kamen von nun an immer dem Amsterdamer Altersheim für Frauen und dem für Männer (Oude mannen- en vrouwenhuis) zugute. Diese Regelung war letztlich nicht neu, denn schon 1596 verordnete die

---

168 Ebd. S. 15f.
169 Dazu STIPRIAAN, *Het volle leven*, S. 165.
170 Nach ALBACH, *Langs kermissen en hoven*, S. 20.

Stadt, daß die englischen, italienischen und französischen Theatergesellschaften einen Teil ihrer Einkünfte dem Amsterdam Frauengefängnis (spinhuis) zufließen lassen mußten. Das war die Voraussetzung für eine Spielerlaubnis. Die Übertragung der Maßnahme auf die niederländischen Rederijkerkammern war nur folgerichtig, benachteiligte freilich das Frauengefängnis, das nun nicht mehr zu den Begünstigten gehörte.[171] Diese Öffnung der Rederijkerspielorte für das Publikum hatte insofern Konsequenzen, als nun nicht nur gebildete Amsterdamer, sondern Menschen aus den unteren Schichten erschienen, die sich einfach amüsieren wollten, wenn andere gesellschaftliche Gruppen durch den Kakao gezogen wurden. Dabei wurde anfangs noch das Publikum in das Spiel einbezogen. Jedenfalls war der Zulauf groß und die Erträgnisse für das Altersheim durchaus ansehnlich.[172]

Die Gründung der Nederduytsche Academie durch Samuel Coster war ein nächster Schritt auf dem Weg zu Errichtung eines dem Stoff angemessenen Theaters. Die Bildung dieser Vereinigung, die letztlich nichts anderes war als die Abspaltung aus der Rederijkerkammer *De Egelantier*, ergab sich aus dem tiefreichenden Streit um eine neue Poetik, implizierte freilich den Wunsch nach einer umfassenden Volksbildung und führte zum Bau eines Gebäudes (Holz) an der Keizersgracht als festes Theater, in dem Ermahnung und Vergnügung gleichermaßen geboten werden sollten. Die vorgesehene Unterweisung in der Muttersprache und die Bühnenstücke führten in den folgenden Jahren zu manchem Protest seitens der Calvinisten. Zum einen wandten sie sich gegen Vorlesungen, die von religiös verdächtigen Personen gehalten wurden, zum anderen kehrten sie sich gegen Bühnenstücke, die nicht der Erbauung dienten. Tatsächlich mußte Coster sich schon 1621 vor den Bürgermeistern der Stadt rechtfertigen und wurde abgemahnt. Die Aufführung des Costerschen Dramas *Iphigenia*, die danach erfolgte, brachte das Faß neuerlich zum Überlaufen. Das Stück war politisch geladen. Zwar spielte die Handlung im alten Griechenland, aber die politische Devise zielte doch auf Eindämmung oder gar Beseitigung kirchlichen Einflußes auf das Theaterleben. Der Hieb richtete sich gegen den in der Öffentlichkeit bekannten Pfarrer Trigland, der im Stück mit der Rolle des schlechten Geistlichen identifiziert werden konnte, zumal man dem Schauspieler noch eine rote Nase beigab. Schon die Einladung zur Eröffnungsvorstellung 1617, die Coster entwarf, konnte man durchaus als Hieb gegen Feinde des Theaters verstehen. Er ließ dort drucken:

> Hoe 't in de Wereldt gaat, en hoe 't behoort te gaan
> Wijst Costers Nestor in Iphigena aan:
> Dat zullen wij alleene spelen voor die luyden,
> Die 't Land beminnen, en ons doen ten besten duyden[173]

Daß sich die calvinistische Kirche in ihrer Missionstätigkeit im Lande nicht behindern lassen wollte und im Theater durchaus eine Gefahrenquelle sah, zeigte sich schon früh in den Aufstandsjahren. Auf der Dordrechter Synode von 1578 stellten sich die Teilnehmer schon die Frage, ob man geistliche Komödien oder Tragödien in den Rederijkerkammern spielen lassen dürfe. Zwar war dort nur die Rede von religiösen Stücken, aber die Teilnehmer wurden doch aufgefordert, überhaupt von dem Besuch welcher Vorstellungen auch immer abzusehen. Die Folge war, daß in vielen Städten Hollands keine Rederijkerstücke mehr aufgeführt werden durften. Solche Einstellung oder entsprechende Verhaltensweise in den folgenden Jahrzehnten war kein spezifisch nieder-

---

171 Ebd. S. 16.
172 Ebd. S. 18f.
173 Die Übersetzung des Textes findet sich nachstehend unter Anm. 174.

ländisches Phänomen. Katholiken, Puritaner oder Täufer vertraten vielerorts in Europa diese Haltung. Die Argumentation war überall fast gleichlautend. Zum einen wurde das Theater als ein heidnisches Werk zurückgewiesen, denn die Juden des Alten Testaments kannten es nicht; Theater entheilige zudem den Sonntag und nicht nur diesen, sondern auch die Bibel, soweit es um religiöse Stücke gehe. Leib und Seele würden verdorben. Schauspieler ständen zudem am Rande der Gesellschaft.[174]

Samuel Coster hat kurz darauf das Gebäude dem Amsterdamer Waisenhaus verkauft. Das Theater lief weiter – freilich mit einigermaßen gebremstem Angebot.[175]

Trotz der auffälligen, weil fortdauernden Ermahnungen seitens der calvinistischen Prädikanten, auf die schon hingewiesen wurde und die auch weiter noch zu erwähnen sein werden, hat sich die Entwicklung zum festen Theaterhaus jedoch nicht aufhalten lassen. Die Amsterdamer Calvinisten waren wohl nicht einflußreich genug, um den Bau eines festen Stadttheaters zu unterbinden, das dann an der Stelle des Holzgebäudes der Nederduytsche Academie von Jacob van Campen, einem der bekanntesten Architekten der Stadt, errichtet wurde. Dieses Theater war bühnentechnisch auf dem neuesten Stand. Der Architekt scheint sich in die Erfordernisse, die ein Bühnenstück zum Erfolg bringen sollten, vorab eingearbeitet zu haben. Es ging eben nicht nur um das Gebäude, sondern um die Bühnentechnik. Das Gebäude wurde in acht Monaten errichtet und faßte 1.000 Zuschauer. Etwa die Hälfte mußte mit einem Stehplatz vorlieb nehmen. Zwar hatte schon Coster eine im Vergleich zur alten Rederijkerkammer *De Egelantier* moderne Bühne bauen lassen, für van Campen reichte das freilich nicht als Vorbild. Er baute die Bühne so, daß sie den unterschiedlichsten Stücken angepaßt werden konnte. Die Bühne hatte verschiebbare Wände und eine Kuppelmechanik, mit der Gegenstände und Menschen durch die Luft befördert werden konnten. Aufführungen fanden wöchentlich zweimal statt, montags und donnerstags, jeweils nachmittags um vier Uhr. Das Programm sollte wohl geeignet sein, den Besucher letztlich mit herzlichem Lachen aus dem Theater zu entlassen, denn der zunächst gespielten Tragödie oder Tragikomödie folgte ein Possenstück.[176]

Das neue Theater wurde am 3. Januar 1638 mit dem *Gijsbrecht van Amstel* von Joost van den Vondel eröffnet. Vondel! – er war zu dieser Zeit schon fast unvermeidlich und hatte sich gewünscht, das Theater mit einem Drama aus seiner Feder eröffnen zu können. Der *Gijsbrecht* war das erste Drama auf der Amsterdamer Bühne, und es sollte nicht das letzte aus der reichen Vondelschen Produktion sein, aber es war eines, das eine Jahrhunderte dauernde Tradition schuf. Von 1641 bis 1968 ist die Tragödie jährlich in Amsterdam aufgeführt worden – mit nur wenigen Unterbrechungen. Es ging auch diesmal nicht ohne calvinistischen Protest. Der Kirchenrat meinte opponieren zu müssen, da dieses im Mittelalter spielende Stück eine römisch-katholische Messe zelebrieren ließ. Die Opposition führte zu einer kurzen zeitlichen Verzögerung der Aufführung des Stückes, das der Verfasser dem nunmehr schwedischen Gesandten Hugo Grotius

---

174 S. dazu H. DUITS, *De Amsterdamse kerkeraad stuurt twee afgezanten naar de burgemeesters om te klagen over een opvoering van Samuel Costers Iphigenia in de Nederduytsche Academie. De moeizame relatie tussen kerk en toneel in de zeventiende eeuw*, in: R.L. ERENSTEIN u.a., *Een theatergeschiedenis der Nederlanden*. S. 178f. Dort auch in Faksimile der Text Costers („wie es in der Welt geht und gehen sollte, zeigt uns Costers Nestor in der *Iphigenia:* Wir spielen das Stück nur für Menschen, die das Land lieben und unserem Tun wohlgesonnen sind.").

175 Dazu GROOTES, *Het literaire leven in de zeventiende eeuw*, S. 56f.

176 S.W.M.H. HUMMELEN, *1637. Jacob van Campen bouwt de Amsterdamse Schouwburg. Inrichting en gebruik van het toneel bij de rederijkers en in de Schouwburg*, in: R.L. ERENSTEIN u.a., *Een theatergeschiedenis der Nederlanden*, S. 192-203; kurz auch STIPRIAAN, *Het volle leven*, S. 165f. St. weist darauf hin, daß in jener Zeit Unterhaltung im Sinne leichter Kost als gesundheitsfördernd definiert worden sei. Trauer oder Schrecken der Zuschauer mußten daher wieder durch Lachen und Frohsinn ins Gleichgewicht gebracht werden. Ebd. S. 168.

Bühne des Amsterdamer Theaters

gewidmet hatte. Grotius hat sich nicht nur bei dem Autor artig bedankt und das Stück gepriesen, bei dem Gelehrten Vossius ließ er nicht nach, die Haltung der Calvinisten zu schelten, Beispiele des Absurden aus der Genfer Zeit, aus dem zentralen Ort des Calvinismus sozusagen, anzuprangern und auf Zeugnisse der Unduldsamkeit in der griechischen Antike hinzuweisen.[177] Das Drama führt eine Episode aus der Geschichte Amsterdams vor. Es geht um die Zerstörung der Stadt, die von dem Bürger Gysbrecht van Aemstel verteidigt wurde. Die zentralen Orte der Stadt wie Rathaus, Neue Kirche und das Klarissenkloster fielen den Feinden zum Opfer. Gysbrecht mußte mit seiner Familie in die Verbannung gehen. Aber bei diesem traurigen Ende blieb es nicht. Angesichts der Blüte der Stadt zum Zeitpunkt der Niederschrift des Dramas fiel es dem Autor offensichtlich leicht, am Schluß des Dramas durch den Erzengel Raphael eine rosige Zukunft des Wiederaufstieges dieser Stadt voraussagen zu lassen. Der Erzengel hatte sich nicht getäuscht, und die Zuschauer wußten das, als sie das Theater verließen. Mit diesem Bühnenstück ließ sich alle für eine konfliktreiche Dramatisierung erforderlichen Techniken einbringen. So konnte der Erzengel aus dem Himmel einschweben, konnten Kämpfe plastisch auf der Bühne ausgetragen werden. Dazu errichtete man ein tableau vivant, das

---

177 Dazu BRANDT, *Het leven van Joost van den Vondel*, S. 42ff. In diesem Zusammenhang: Es ist nicht sicher, ob Vondel von den Bürgermeistern der Stadt Amsterdam den Auftrag zu einem Eröffnungsstück erhalten hat. In der Widmung an Grotius steht, daß der Bau des Theaters bei ihm den Wunsch habe aufkommen lassen, ein Drama zu verfassen, das der Stadt und ihren Bürgern entspreche und gefalle. Dazu M.B. SMITS-VELDT, *Opening van de Amsterdamse Schouwburg met Vondels* Gysbrecht van Aemstel. *Begin van een traditie en het beheer van de Schouwburg*, in: R.L. ERENSTEIN u.a., *Een theatergeschiedenis der Nederlanden*, S. 204.

die Ermordung der Nonnen im Klarissenkloster darstellte.[178] Der Amsterdamer Magistrat besuchte die Vorstellung erst einige Wochen später – eine Verzögerung, die, wie vermutet wird, einer Befriedung der calvinistischen Aufgeregtheiten hat dienen sollen.[179]

Das Stadttheater wurde mit neuen Stücken überhäuft. Daß Vondels Arbeiten dort Aufnahme fanden, war einfach zu erwarten. Jan Vos trat hinzu, dessen *Aran en Titus* zwischen 1641 und 1665 hundertmal aufgeführt wurde. Es braucht auf andere „Klassiker" nicht eigens hingewiesen zu werden, die wiederholt auf die Bühne gebracht wurden. Wichtig ist, daß hinter der Vielzahl neuer Stücke Autoren standen, die in den niederländischen Literaturgeschichten eben nicht den Platz der Hooft und Vondel, Cats und Huygens einnehmen.

Es sei vermerkt, daß Aufführungen, die in der statthalterlosen Zeit stattfanden, zuweilen auch wegen ihrer politischen Tendenz gern auf der Bühne gesehen wurden. So etwa der schon ältere *Palamedes* von Vondel oder auch das jüngere Drama *De Batavische gebroeders of onderdrukte vrijheid* – Dramen, die so recht nach dem Sinn der anti-statthalterlichen Partei geschrieben waren. Freilich, es ist an anderer Stelle auf das Programm hingewiesen worden, in dem im Anschluß an eine Tragödie oder Tragikomödie immer auch eine Posse oder ein Schwank aufgeführt wurde. Die Autoren dieser lustig oder belustigend wirkenden Stücke sind in der Anonymität versunken. Dennoch, so sehr diese Possen und Schwänke der schlichten Unterhaltung dienten, letztlich halfen sie ebenso wie die ernsten Dramen, die menschlichen Schwächen – Lügen, Betrügereien und nicht zuletzt auch Selbstbetrug – darzustellen. Vielleicht gelang dies sogar besser auf diesem Wege der Posse, wenn eine dem Volke näherstehende Sprache gesprochen wurde. Hunderte von Bühnenstücken wurden von zahlreichen Autoren verfaßt. Es handelte sich um originale Beiträge von Autoren der unterschiedlichsten Bevölkerungsgruppen, häufig freilich wurden übersetzte Werke ausländischer Autoren aufgeführt. Vor allem ging es um englische, französische und spanische Kassenschlager. Zu den Übersetzern zählten auch eine Reihe von Schauspielern. Zu den übersetzten Stücken gehörten Arbeiten von Lope de Vega, Calderón, Corneille und Molière.[180] Dieses in den ersten Jahrzehnten sehr erfolgreiche Theater der Stadt unterstand den Regenten des Waisenhauses (Burgerweeshuis) und des Altersheimes (Oudemannenhuis). Man nannte sie auch „godshuizen", was nicht hieß, daß das Theater unmittelbar oder auch nur mittelbar kirchlicher Kontrolle unterlag. Der Amsterdamer Magistrat hatte in beiden sozialen Institutionen die volle Verfügungsgewalt. Er bestimmte auch den Verwaltungsrat des Theaters. Das Theater warf angesichts des hohen Publikumzuspruchs einen ordentlichen Gewinn ab, der dem Theater selbst und eben beiden sozialen Institutionen zugute kam. Es ist ausgerechnet worden, daß durchschnittlich 500 Besucher den Vorstellungen beiwohnten. Jeder zahlte ein Eintrittsgeld von 12 Stuiver, ein nicht geringer Betrag, der doch immerhin dem Tagelohn eines Arbeiters entsprach.

Trotz seines finanziellen Erfolges blieb das Theater eben nicht unumstritten. Die Calvinisten rührten in Flugschriften oder ähnlichen Traktaten und natürlich von der Kanzel her die oppositionelle Trommel. Beispiele wurden hier schon angeführt. Der in der Theaterfrage immer wieder mit den Klagen und Anklagen der Calvinisten konfrontierte

---

178 Ebd. S. 205. VAN STIPRIAAN, *Het volle leven*, S. 171 weist darauf hin, daß Generationen von Niederländern in Gijsbrecht immer den makellosen Helden gesehen hätten, der von den Bösen überwunden worden sei. Er meint, daß dies nicht die Absicht des Autors gewesen sein könne. Er habe den Mord an Floris V. verschuldet, und er sei unter dieser Schuld gebeugt gegangen. Schon aus diesem Grunde habe es ihm an dem klaren Blick für seine Möglichkeiten gefehlt und seien die von ihm begangenen Versäumnisse bei der Verteidigung der Stadt auf diese persönliche psychische Konstellation zurückzuführen.
179 Ebd.
180 Dazu ausführlich STIPRIAAN, *Het volle leven*, S. 172ff.

Magistrat der Stadt fegte die Sache nicht einfach vom Tisch, sondern fühlte sich verpflichtet, die Vorwürfe sorgsam zu behandeln. Autoren wie Vondel hatten schon mehrfach vor dem Magistrat erscheinen müssen, und schließlich wurde sein Stück *Maria Stuart* 1646) verboten. Und wahrlich, der erst wenige Jahre zuvor zum Katholizismus konvertierte Vondel bewies wohl einigen Wagemut. Nicht nur, daß er überhaupt zum Katholizismus übertrat, sondern er brachte eine jeder historischen Erkenntnis widersprechende Makellosigkeit der katholischen Maria Stuart auf die Bühne, der die dunkle Figur der protestantischen Elisabeth I. von England gegenübergestellt wurde. Vondel wurde über das Verbot der Aufführung hinaus mit einem Bußgeld von 180 Gulden belegt – gewiß kein kleiner Betrag, den freilich sein Herausgeber bezahlte.[181]

Es ist sicher unstreitig, daß Amsterdam nicht nur das wirtschaftliche, sondern auch das kulturelle Zentrum der Republik war, und wer sich das Theaterleben in einem festen Gebäude mit einem festen Programm anschaute, mußte erst recht diesen Eindruck gewinnen, und möglicherweise würde es nicht einmal zu weit gehen zu sagen, daß kulturell gesehen Amsterdam die Republik vertrat. Dabei gab es daneben doch die Regierungsstadt Den Haag mit ihrem höfischen und diplomatischen Ambiente, dem kulturelles Leben sicherlich nicht fremd war. Für höfischen Aufwand sorgten schon der immigrierte europäische Adel und mit der Statthalterschaft Friedrich Heinrichs auch der statthalterliche Hof. Aber es dauerte immerhin länger als zwei Jahrzehnte nach der Eröffnung des Amsterdamer Theaters, ehe eine solche Kulturstätte auch in Den Haag gebaut wurde. Initiator war Jan Baptist van Fornenbergh, kein heuriger Hase, sondern ein Theatermann, der schon 1645 eine „fahrende" Theatergruppe zusammengebracht hatte, die schon recht erfolgreich in der Republik und in den südlichen Niederlanden sowie im Ostseeraum aufgetreten war. Seine Versuche, sich endgültig in Den Haag niederzulassen, waren bis dahin auf den heftigen Widerstand der calvinistischen Kirche gestoßen. Schließlich ist es ihm gelungen, den städtischen Magistrat zur Zustimmung auch für ein Theater, das er auf seinem inzwischen für sein Wohnhaus erworbenen Grundstück baute, zu erhalten. Diese private Institution hat lange Jahrzehnte das Theaterleben der Stadt bestimmt. In Den Haag baute dieses Theater nicht auf Rederijkertradition auf, vielmehr haben vom Beginn des 17. Jahrhunderts an reisende englische und französische Wandertheater bis zur Eröffnung diesen Zweig der literarischen Kunst vertreten. Nach 1648 waren es dann vor allem die Franzosen, die das, wenn man so will, Theatergeschehen bestimmten. Aufführungen in Den Haag unterlagen einer doppelten Schwierigkeit – abgesehen von den calvinistischen Protesten, die immer wieder vorgetragen wurden. Wer auf dem ehemaligen Gebiet der Grafen von Holland spielte, bedurfte der Zustimmung des Hof van Holland, außerhalb des Bezirks freilich fielen sie unter die Zuständigkeit des Haager Magistrats.[182]

Es soll hier nicht weiter über die Wechselfälle des Haager Theaterlebens gehandelt werden, etwa über das Unbehagen des calvinistischen Kirchenrats oder die Theaterfreude des Friedrich Heinrich oder mehr noch die seines Sohnes Wilhelm II., die sich an den die Stadt besuchenden Theatergesellschaften erfreuten. Vielmehr sei das Augenmerk wieder auf das Amsterdamer Theater gerichtet, wo im übrigen 1655 zum erstenmal eine Frau, Ariana Nooseman, eine Bühnenrolle übernahm – und dies mir großen Erfolg. Vorbei war jetzt die Zeit, in der alle Frauenrollen von Männern gespielt worden waren – sehr zum Ärgernis im übrigen auch der calvinistischen Kirchenräte. Es bedeutete auch

---

181 BRANDT, *Het leven van Joost van den Vondel*, S. 54f.
182 Dazu M.B. SMITS-VELDT, *21. mei 1658. Jan Baptist van Fornenbergh koopt een huis en een erf aan de Denneweg in Den Haag om in de tuin een theater te bouwen*, in: R.L. ERENSTEIN, *Een theatergeschiedenis der Nederlanden*, S. 244f., dort auch nähere Angaben zum Auftreten der ausländischen Gruppen.

das Ende einer Rederijkertradition.[183] Soweit es freilich um die immer wieder auftauchenden Konflikte mit den calvinistischen Kirchenräten geht, blieb Amsterdam ein ganz zentraler Ort, obwohl sich auch andere Städte kontinuierlich mit dieser Kirche auseinanderzusetzen hatten, sobald sich Theatergesellschaften um eine Aufführung in den jeweiligen Orten bemühten. In Rotterdam und Delft scheiterte die Gründung von Theatern am Widerspruch der Calvinisten. Auch die Amsterdamer Behörde hat, wie angezeigt, hier und da nachgeben müssen, das Problem verschärfte sich hier freilich, weil die sozialen Einrichtungen der Stadt von eben den Einkünften des Theaters profitieren konnten.

Im Zusammenhang mit der Gründung und Ausweitung der Theaterlandschaft und auch mit Blick auf die Hindernisse sei vergleichend auf Großbritannien hingewiesen, das schon recht früh feste Theaterplätze in London kannte, was angesichts der hohen Zahl an Schauspielgesellschaften nicht verwundern kann. Der so produktive Shakespeare gehörte als Dramatiker und Schauspieler etwa der Truppe *Chamberlain's Men* an. Sie bezog 1599 das Globe-Theatre und übernahm, nachdem sie unter das Patronat Jakobs I. gekommen war, unter dem Namen *The King's Men* zusätzlich das Blackfriar's Theatre. Es ist festzuhalten, daß sich das elisabethanische Drama recht eigentlich unter dem ersten Stuart entwickelte, wie überhaupt der Hof eine Vorliebe für das Theater zeigte. Es war dies freilich auch eine Periode, in der sich eine Kluft zwischen Parlament und Monarch, zwischen Bürgertum und Königtum auftat. Es zeigte sich eine gewisse Begünstigung des Katholizismus und eine dem Bürgertum bis dahin fremde Lebensweise. Das ist hier nicht näher zu beschreiben. Tatsache ist, daß das vor allem unter Karl I. sehr höfisch geprägte Theaterleben in der Zeit der Vorherrschaft des Parlaments mit einer Verbotsregelung von 1642 fast völlig zum Erliegen kam. Hier scheint sich der englische Puritanismus durchgesetzt zu haben, was dem niederländischen Calvinismus oder seiner strengen Seite niemals gelungen ist, auch wenn sie durchaus störend aufgetreten sind. Die Puritaner zögerten nicht, das gesamte Theater- und Bühnenwesen als Teufelswerk zu bezeichnen.[184] Es sei zusätzlich bemerkt, daß die weitere Entwicklung des englischen Theaters wie in den Niederlanden unter dem Einfluß des französischen Klassizismus stand, was durchaus einen Hinweis auf die grenzüberschreitende Kraft der französischen Kultur enthält.

Aber zurück zum Theaterleben in den Niederlanden. Der Angriff Ludwigs XIV. auf die Republik und die daraus zunächst entstehende Notlage führte auch zur Schließung des Amsterdamer Theaters – zur Freude der Calvinisten. Rund um diese Zeit muß wohl der Wunsch aufgekommen sein, den Theateraufführungen neue Gestalt und ein neues Ziel zu geben. Das äußerte sich zunächst organisatorisch in der Gründung der Gesellschaft *Nil Volentibus Arduum*, ein Kreis von Literaturfreunden, die sich mit der künftigen Gestalt des Theaters befaßten. Ihr Vorbild war Frankreich. Sie übernahmen dabei Überlegungen, die in Frankreich schon länger von Pierre Corneille angestellt wurden. Corneille, über den keine Biographie vorliegt, war Jesuitenzögling und gläubiger Katholik, ein Mann auch, der nicht vom rechten Pfade des katholischen Christen abwich.[185] Nicht nur, daß hier die von Aristoteles und Horaz vorgetragenen Regeln streng angewandt werden sollten, nach denen Wahrscheinlichkeit, Natürlichkeit und Schlichtheit ebenso angestrebt werden mußten wie eine Berücksichtigung des intellektuellen Vermö-

---

[183] Dazu den Beitrag von B. ALBACH, *Ariana Nooseman ontvangt f 76,50 voor zeventien optredens in die Schouwburg. De eerste vrouw op het toneel van de Schouwburg*, in: ebd. S. 234ff.

[184] Dazu ZIELSKE, *Drama und Theater in England, den Niederlanden und Deutschland*, S. 155ff.; kurz auch M.-TH. LEUKER, *'De last van 't huys, de wil des mans ...'* (=Niederlande-Studien, 2), Münster 1992, S. 302f. Es wird freilich auch darauf hingewiesen, daß sich die dramatisch-theatralische Welt jener Jahre aufgezehrt und es an tragender geistiger Substanz gefehlt habe. ZIELSKE, *Drama und Theater in England, den Niederlanden und Deutschland*, S. 158.

[185] Über ihn S. LANSON, *Histoire de la littérature française*, S. 428ff.

gens der Zuschauer, wichtig war vor allem, daß dem Theater die Aufgabe zukam, als Träger der öffentlichen und privaten Moral zu fungieren. Es ging um Normen und Werte – Ingredienzen dann doch, die in den Niederlanden bis dahin nicht abwesend waren, aber in einem konfliktbelasteten Bühnenstück oder einem historischen Drama möglicherweise weniger zum Tragen gekommen sind, als es aktuell in Frankreich und dann in dem vom französischen Beispiel ausgehenden *Nil Volentibus Arduum*-Kreis diskutiert wurde. Es war wohl so, daß der intellektuelle Kopf des Kreises, Lodewijk Meyer, Arzt von Beruf, stark ausging von den bluttriefenden Stücken, die im Trend des Seneca und damit des Jan Vos geschrieben wurden. Er selbst hatte ursprünglich dazu gehört und machte nun die Wandlung vom Saulus zum Paulus durch. Solche Bemühungen fügen sich recht genau in eine Entwicklung, die einen deutlichen kulturellen Trend zum Französischen hin zeigte. Es war der Anfang einer Zeit, in der sich die Regale des lesefreudigen Bürgers mit französischer Literatur zu füllen begannen. Die sogenannte „Perückenzeit" war angesagt.

Einen recht harten Strauß focht Andries Pels, Mitbegründer der *Nil volentibus arduum*, mit Jan Vos aus. Pels vertrat eben in Anlehnung an französische Erörtungen ganz andere Theater-Theorien, soweit es um die Zielsetzung ging, als jener nach den Grundsätzen von Seneca schreibende und inszenierende Jan Vos. Offensichtlich war ihm Theater auch in erster Linie eine Angelegenheit der gebildeten Bürgerschichten. Für die Jugend der höheren Bürgerschichten diente es als Instrument der Erziehung, als Vermittler gültiger Werte und Normen und als Hinweis auf die bürgerlichen Pflichten. Pels lehnte biblische Themen ebenso ab wie Stücke, die die politische Aktualität zum Gegenstand hatten. Zum einen ging es darum, nicht die Eifersucht der Kirche zu wecken, sich den Anschein zu geben, als wolle man die Rolle der Kirche übernehmen, zum anderen, um jeden Schein von Zwietracht zu vermeiden. Das heißt auch, daß Vondels Themen aus dem Alten Testament in den Augen des Andries Pels nicht bestehen konnten.

Aber sein zum Hauptwidersacher hochstilisierter Gegner an der Theaterfront war Jan Vos, waren freilich auch die zahlreichen Schwänke und Possen, die das Theaterleben in Amsterdam mitbestimmten. Abgesehen davon, daß auch Autoren wie Bredero und selbst Hooft nicht den Vorstellungen des am französischen Klassizismus orientierten Pels entsprachen und die auch dem bürgerlichen Selbstverständnis wohl nicht entgegenkommenden etwas grob behauenen Schwänke ganz durch das Sieb der neuen Bühnentheorie fielen, hat auch Rembrandts Malkunst dem Andries Pels kaum behagen können.[186] Daß sich dieser Maler nicht in die typisch niederländische Kunst der Zeit fügte, braucht hier nicht besonders betont zu werden. Pels erging sich in einem strengen Formalismus, der nicht Leben enthielt, sondern nur Normen des Sittlichen und Geistigen, aber offensichtlich auch des Körperlichen. Er rieb sich an Rembrandt, aber vermutlich ist ihm eine Malerei, wie sie Jan Steen zu präsentieren pflegte, ebenso verdächtig gewesen wie die Rembrandts. Letztlich ging es um die als klassisch verstandene Schönheit als Widerpart des Lebens, um die klassische Norm gegen die Abweichungen des Alltags.

---

186 Dies nach STIPRIAAN, *Het volle leven*, S. 180ff. und SCHENKEVELD, *Dutch Literature*, S. 123ff. Bei letztgenannter Autorin auch ein Passus aus seinem Hieb gegen Rembrandts Darstellung der weiblichen Nacktheit. Rembrandt würde eben nicht die Venus malen, sondern lieber eine Waschfrau oder eine Arbeiterin aus dem Moor. Die Philippika des Andries Pels war in ihrer ursprünglichen Form wohl noch schärfer als die Druckfassung ausgefallen, deren Redaktion Lodewijk Meyer übernommen hatte. Über die Theatergesellschaft insgesamt und die dort ausgetragenen Konflikte mit Gegnern und auch innerhalb des Kreises s. T. HARMSEN, *Het kunstgenootschap Nil Volentibus arduum draagt Lodewijk Meyer op om Andries Pels' Gebruik en misbruik des toneels persklaar te maken*, in: R.L. ERENSTEIN, *Een theatergeschiedenis der Nederlanden*, S. 266ff.

Der Einfluß des französischen Klassizismus hat dafür gesorgt, daß das Repertoire des Amsterdamer Theaters erheblich schlanker wurde, auch wenn in der zweiten Hälfte des Jahrhunderts durchaus talentierte Autoren in den Vordergrund rückten, Menschen wie Thomas Asselijn, Pieter Bernagie oder Pieter Langendijk. Der Ansatz des Kreises um *Nil volentibus arduum* stand dem Schwank oder der Posse nicht grundsätzlich feindlich gegenüber, aber es mußte in diesem Genre einfach gelingen, in einer beherrschten Sprache Frohsinn und Moral miteinander zu verbinden. Was schrieb doch Pels?

Onnodig is het, dat ik honderd kluchten noem,
Die door geen andere drift, als geilheid, zijn geschreven[187]

Wirkung über die Grenzen des Landes hinaus

Der im 16. Jahrhundert begonnene und bis weit ins 17. Jahrhundert hinein beschrittene Weg der sprachlichen Reinigung im Sinne einer Einheitlichkeit, die doch auffällige Blüte der Literatur, gleichviel ob es sich um Poesie, Drama oder auch Geschichtsschreibung handelt, und schließlich auch das Bemühen um ein reiches Theaterleben, das sicherlich konfliktreich genug war, wie schließlich zuvor die Einführung von Renaissance und Humanismus als Grundlagen der literarischen Darstellung machen es durchaus nicht selbstverständlich, daß die Literatur der niederländischen Republik über die Grenzen des Landes hinaus wirkte, wie das zuvor die Werke der Italiener und zeitgenössisch auch der Franzosen und Engländer taten. So ist es auf jeden Fall auffällig, daß die Niederländer Bewunderung und Erstaunen unter deutschen Literaten hervorriefen. Schließlich war der sprachliche Zugang zum frühen Neuniederländischen bei aller Verwandtschaft zum Deutschen nicht ganz einfach. Man wird nach den Gründen fragen müssen, und es ist in diesem Zusammenhang einfach auf die allgemeine Bewunderung hinzuweisen, die dem Land ob seines Triumphes über die Großmacht Spanien, seines überaus raschen wirtschaftlichen Aufstieges und schließlich wegen seiner Vielzahl von Künstlern und damit verbunden seiner Eigenständigkeit der Kunst gezollt wurde. Überwiegend sei hier einschränkend gesagt, weil es eben auch jene gab, die den Händlergeist der Niederländer und den damit verbundenen rücksichtslosen Egoismus verabscheuten. Aber ein Aspekt der Bewunderung war in dieser Zeit des doch mancherorts in Europa spürbaren intellektuellen und wissenschaftlichen Aufbruchs die Freiheit, und viele haben das Land durchaus als einen Hort des freien und befreiten Lebens empfunden. Descartes hat das so beschrieben, John Locke hat es so begriffen, aber wenn man nicht gleich den intellektuell hochplazierten französischen Philosophen, der 30 Jahre in Amsterdam lebte, oder den Engländer anführen will, der der Toleranz huldigte und sich eine veränderte Regierungsform in seinem Mutterland wünschte, dann lassen sich auch eine Reihe anderer Reisender zitieren wie etwa der Jurist, Geograph und spätere Anhalter Regierungsrat August Friedrich Bon nennen, der 1671 in Jena drucken ließ: „Kein Land ist auff der Welt, darinnen der Frembde größere Freiheit hätte als in diesem".[188]

---

187 STIPRIAAN, *Het volle leven*, S. 182 („es ist nicht sinnvoll, 100 Schwänke zu nennen, die nur aus Geilheit geschrieben wurden").
188 A.F. BON, *Der Vereinigten Niederlande Staat*, Jena 1671. Dazu s. auch in diesem Band das Kapitel über die Reisenden in den Niederlanden. F. Petri hat in einem Beitrag 1960 auf die Ambivalenz des Niederlande-Bildes der Deutschen in jener Zeit hingewiesen. S. seinen Aufsatz *Vom deutschen Niederlande-Bild und seinen Wandlungen*, in: F. PETRI, *Zur Geschichte und Landeskunde der Rheinlande, Westfalens und ihrer europäischen Nachbarländer. Aufsätze und Vorträge aus vier Jahrzehnten*, Bonn 1973.

Es ist so, daß nicht nur die bekannten Erfolge über Spanien, sondern auch die zahlreichen Reiseberichte der Zeit Kunde über den Aufstieg und die Kultur der Niederlande verbreitet haben. Hinzu trat die peregrinatio academica, die sich in jenen Jahren auch auf die Niederlande richtete. Dabei entwickelte sich die Leidener Universität, diese Gründung aus der frühen Zeit des Aufstandes, zu einem, wie an anderer Stelle ausführlicher gezeigt worden ist, zentralen Ort nicht nur für Gelehrte des Auslandes, sondern auch für Studenten aus den deutschen Territorien. Sicherlich nicht untypisch für die Motivation, seinen Schritt in Richtung Leiden zu lenken, ist ein Schreiben des Altdorfer Professors Georg Richter an drei Nürnberger Bürgersöhne. Dort heißt es: „Aliam gentem non esse, quae vel ad humanitatem vel ad benignitatem sit propensior ... Item quod vix in ulla orbis parte Doctorum Virorum numerus sit frequentior quam in illo terrae angulo."[189]

Abgesehen davon, daß im Laufe der ersten Hälfte des 17. Jahrhunderts eben noch eine Reihe anderer, für die akademische Welt der Deutschen interessante Akademien gab, wird auf ein anderes Faktum hinzuweisen sein, das die Neugier der Literaten deutscher Territorien zu erklären hilft. Für die deutsche Entwicklung ist formuliert worden: „Zwei Phänomene beherrschen die Epoche: der in Deutschland verspätete Übergang der Kunstliteratur vom lateinischen zum deutschen Sprachmedium und der Bruch mit der volkstümlichen Stoff- und Formtradition."[190] Hier lag doch eine Gemeinsamkeit der Entwicklung oder, wenn man so will, auch der literarischen oder die Literaten beschäftigenden Problematik vor, die eine Begegnung fruchtbarer für jene machen konnte, die meinten, des Beispielhaften zu bedürfen, zumal im Bereich beider Territorien die Suche nach der eigenen Sprache vollzogen wurde – nach einer Sprache, die auf eine die einzelnen zahlreichen Dialekte auf jeden Fall literarisch überwindende Allgemeingültigkeit zielte. Zudem war die sprachliche Verwandtschaft einem solchen grenzüberschreitenden Kontakt nur förderlich, da das Niederländische jener Zeit in der niederländischen Literatur und Sprachwissenschaft unter nederduits firmierte. Es sei bemerkt, daß es sich im deutschen Drama etwa keinesfalls um Ödland handelte. Im Gegenteil: vor allem im religiösen Bereich, in den Stücken, die sich an biblische Stoffe anlehnten oder sie thematisierten, gab es im 16. Jahrhundert Beispiele in Hülle und Fülle, die zu „Nutz und Besserung" des Publikums und „Gottes Ehre" dienen sollten.[191] Damit war die Entwicklung freilich nicht abgeschlossen. Vielmehr findet sich zur Jahrhundertwende hin ein Übergang auch zu weltlichen Dramen, zu Themen des Alltags und zu „drastischeren" Spielweisen. Es wird vermutet, daß englische Wandertheater, die im übrigen, wie zuvor gezeigt, auch häufig die Niederlande besuchten, hier von einigem Einfluß gewesen sind.[192]

Spricht man von der Beispielhaftigkeit der niederländischen Literatur für deutsche Autoren, dann wird das freilich nicht an der Thematik gelegen haben, da gingen die Deutschen den Niederländern voraus, das für die Deutschen Neue und Erlernenswerte war wohl eher die Poesie. Die ersten Lobeshymnen stimmten deutsche Autoren schon 1587 über Janus Dousa (van der Does) an, Gelehrter und eine Zeitlang Bürgermeister von Leiden, und Mitbegründer der Leidener Universität, dem 18 Autoren, überwiegend

---

189 Zitiert bei F. PETRI, *Vom deutschen Niederlande-Bild*, S. 260. Zur Leidener Universität allgemein s. in diesem Abschnitt *Schulen und Universitäten*.
190 So G.E. GRIMM, *Die Suche nach der eigenen Identität. Deutsche Literatur im 16. und 17. Jahrhundert*, in: Propyläen Geschichte der Literatur, S. 326.
191 So bei dem Autor Paul Rebhuhn, der nach GRIMM, *Deutsche Literatur im 16. und 17. Jahrhundert*, S. 340 die bedeutendste Synthese zwischen humanistischer Form und protestantischem Geist darstellt. Ebd. S. 339ff. Es heißt auf S. 340: „In der zweiten Phase protestantischer Dramatik ... gehen die humanistische Formtradition und der reformatorische Erziehungs- und Bekehrungswille eine komplexe Synthese ein."
192 Ebd.

aus Deutschland stammend, mehr als 40 Gedichte widmeten. Noch ehe Daniel Heinsius im 17. Jahrhundert auf den Plan trat, hatte van der Does schon Gedichte in lateinischer und in seiner Landessprache verfaßt, die zu jener Zeit freilich noch nicht als eine einheitliche begriffen werden kann. Dousa lebte in Noordwijk – ein Ort, der für einige deutsche Dichter nun nicht mehr nur ein kleiner idyllischer Ort an der Nordsee war, sondern eine Art Quelle der niederländischen Poesie. In den Eingangsversen heißt es:

> Dousa decus Phoebi, patriae seruator& ultor,
> et ampla gentis Nordouicae gloria

Die Lobpreisung setzte sich auch nach seinem Tode fort. Johann Petrus Lotichius und Henrich Hudemann haben diesen Namen nachdrücklich erwähnt. Bei Hudemann vor allem sind es die Gelehrsamkeit und die hervorragenden Taten, die den Leidener (Noordwijker) zu einer großen Persönlichkeit machen. Daß der zu dieser Zeit auch in Deutschland bekannte Daniel Heinsius, der hier als der Mentor des Martin Opitz bezeichnet werden soll, gar eine Gleichsetzung von Catulls Verona und Vergils Mantua mit dem Noordwijk Dousas vornahm und darüber hinaus die Geburtsstätte Apolls, Delos, an die Nordsee verlegte, wird die Bewunderung bei den Deutschen nur gefördert haben.[193] Das weist auch der nachgerade überschwengliche Wortgebrauch aus, den Martin Opitz früh schon in seinem Gedicht *Daphnis* bereithielt, in dem er von den Nordvvicides agnae schrieb. Darüber hinaus ließ er Dousa als jenen hochleben, der Venus zuerst in Leiden eingeführt habe, so in den *Teutschen Poemata*. Sein Heldentum habe die Niederlande zu Rom und Athen gemacht.[194]

Die sicherlich nicht einzige, gleichwohl zentrale Figur des deutschen literarischen Kontakts zu den Niederlanden war Martin Opitz aus dem schlesischen Bunzlau, Sohn eines Fleischers und Ratsherrn. Opitz studierte in Heidelberg und in Leiden und fand sich an beiden Stätten der Verbindung von Gelehrsamkeit und Dichtung gegenüber. Opitz fügte sich genau in die Strömungen der Zeit, deren erste Bewegungen aus Italien und Frankreich kamen und eben nicht nur die humanistische Bildung im Sinne einer sprachlichen Konzentration auf die Antike vertraten, sondern die, wenn man so will, Neuordnung und damit auch Neubewertung der Muttersprache einschloß. Das hieß für Opitz, den Aufbau einer deutschen Nationalliteratur betreiben. Damit entsprach sein Anliegen auch dem der niederländischen „gelehrten" Literaten. Es gab so etwas wie einen europäischen Gleichklang, der lediglich zeitverschoben einsetzte. Das heißt auch, daß Poesie zu einer Kunst zu entwickeln war, die freilich nur Gebildeten und Literaturkennern zugänglich sein konnte. Es unterstreicht sein Bedürfnis nach dem Aufbau einer deutschen Sprache der Kunst, wenn er in seiner Rede *Aristarchus sive de contemptu linguae teutonicae*, die er als 20jähriger verfaßte, betonte, die lateinische Sprache habe

---

193 S. dazu U. BORNEMANN, *Anlehnung und Abgrenzung. Untersuchungen zur Rezeption der niederländischen Literatur in der deutschen Dichtungsreform des siebzehnten Jahrhunderts*, Assen 1976, S. 18f.; dort auch der Heinsius-Text. Es sei an dieser Stelle darauf hingewiesen, daß die lateinische Dichtkunst des Hugo Grotius noch vor der Annäherung an Heinsius eine Art Leitfaden für Opitz gewesen ist. Dazu CHR. GELLINEK, *Hugo Grotius als erster Inspirator der frühen Dichtkunst des Martin Opitz: Chronologische Aufschlüsse aus Martin Opitz' Vorbesitzexemplar der POEMATA COLLECTA von Hugo Grotius in der Biblioteca Gdanska, CF 5046, 8*, in: Chloe. Beihefte zum Daphnis, Bd. 10. Amsterdam 1990. Ferner über den Weg des Opitz zu Heinsius über andere deutsche Literaten s. G. SCHÖNLE, *Deutsch-niederländische Beziehungen in der Literatur des 17. Jahrhunderts* (=Leidse Germanistische en Anglistische Reeks, Dl. VII), Leiden 1968, vor allem S. 24ff.

194 Nach BORNEMANN, *Anlehnung*, S. 18f. mit weiteren Beispielen des deutsch-niederländischen literarischen Miteinanders rund um die Figur von Dousa.

eigentlich keine Existenzberechtigung mehr. An ihre Stelle müsse nunmehr die Muttersprache treten. Es ist hier der Hinweis angebracht, daß für einen Mann wie Opitz immer noch eine sprachliche Gemeinsamkeit zwischen dem Deutschen und dem Niederländischen bestand, so daß die Hinwendung zu jenen, die eben früher als er den Übergang vom Lateinischen zur jeweiligen Muttersprache fördern wollten, nicht als ein grenzüberschreitender Schritt begriffen wurde. Im übrigen baute, wie an anderer Stelle schon betont, die Bezeichnung „niederdeutsch" für „niederländisch" im Sprachgebrauch der Niederländer durchaus eine Brücke für die Selbstverständlichkeit des Kontaktes.

Abgesehen davon, daß die Opitzsche Intention in ihrer Begrenzung auf eine kleine Zielgruppe durchaus seiner beruflichen Tätigkeit in Adelskreisen entsprach – das ist hier nicht zu thematisieren –, ist seine Begegnung mit der niederländischen Literaturproduktion, vor allem dann mit den Arbeiten des Heinsius, recht früh anzusetzen. Es war ein über andere vermittelter Zugang, der über den Schönaichener Rektor Caspar Dornau, dessen Bildungsreisen auch in die Niederlande führten, den niederländischen Literaturhistoriker Jan Gruter an der Heidelberger Universität und schließlich auch über Tobias von Schwanensee und Bregoschütz, genannt Scultetus, erfolgte. Letztgenannter genoß den Ruf eines äußerst gebildeten und gelehrten Mannes – ein Polyglott zudem, der das Ansehen der schlesischen Stadt Beuthen hob. Scultetus taucht häufig in den Arbeiten des Opitz auf. Es ist durchaus möglich, daß Opitz über Scultetus von den *Nederduytsche Poemata* des Heinsius in Beuthen erfahren hat, gekannt hat er sie auf jeden Fall. In seinem *Aristarch* weist er im Zusammenhang mit der muttersprachlichen Spätzündung der Deutschen auf die Fähigkeit der Italiener und Franzosen und eben auch der „Belgae". Und Heinsius wird ausdrücklich erwähnt: „... Danielis Heinsii, hominis ad miraculum usque eruditi, Poemata vernacula ...". Daß Heinsius zu diesen *Poemata* hatte gedrängt werden müssen, konnte Opitz nicht wissen. Es beeindruckte den Opitz einfach die Form, die eben der deutschen Sprache zu verordnen er fest entschlossen war.[195] Es ist noch einmal zu betonen, daß es Opitz um die Form ging, um das Versmaß, ganz konkret dann um den Alexandriner, den er wohl am besten eben bei Heinsius, der in erster Linie Gelehrter und nicht Poet war, fand. Es ist nicht bekannt, daß Opitz sich je mit den Arbeiten anderer niederländischer Dichter näher befaßt hätte. Freilich, unbekannt waren ihm einzelne Titel nicht. Zumindest weiß er sie in seinen 1624 erschienenen *Teutschen poemata* zu nennen. Es heißt dort: „So können die Amsterdamer Achilles und Polyxena, Granida, Gerhardt van Velsen, Roderich und Alfonsus, Griane, Spanischer Brabanter, Lucella, stummer Ritter, Ithys, Polyxena, Isabella, und andere fast dem Seneca und Terentino ... an die Seite gesetzt werden."[196] Kunde wird es gegeben haben, aber ob Lektüre folgte, ist nicht ganz klar. Die Nähe zu Heinsius bestätigt sich in der Auffassung, daß Opitz die deutsche Poesie für eine „vorneme wissenschafft" – eine Sache der Gelehrten und der Vornehmen, des Adels also – hielt. Der Begriff „Gelehrter" bedarf des Hinweises, daß in Wissenschaftskreisen Latein die Schrift- und Disputationssprache war. Ein Poet, der lateinisch schrieb, galt schon als Gelehrter. Als Opitz sich bewußt wurde, daß ein erheblicher Rückstand gegenüber Italienern und Franzosen vorlag, suchte er offensichtlich Hilfe bei den sprachverwandten Niederländern, die freilich auch nicht mehr als einen Wimpernschlag im Vorteil waren. Als Opitz 1620 Heinsius in Leiden besuchte, war er schon lange mit dessen Werk vertraut und somit gut vorbereitet. Nicht nur, daß er die *Nederduytsche Poemata* kannte, er hatte auch schon auf Anregung Gruters den *Lobgesang Jesus Christi* des Heinsius übersetzt, und auf seiner Reise von Heidelberg

---

195 Nach ebd. S. 22f.; dort auch noch Daten zu den Übersetzungen von Heinsius Arbeiten aus der Feder des Opitz sowie Diskussion um die Frage, ob nicht französische Einflüsse früher gelegen haben könnten.
196 Zitiert ebd. S. 40.

nach Leiden schrieb er ein Lobgedicht auf Heinsius, den Phönix unserer Zeiten, mit dem Titel *Über des Hochgelehrten und weitberümbten Danielis Heinsii Niderländische Poemata.* Letztlich eine hochinteressante Eloge, insofern es nicht nur darum ging, den Daniel Heinsius kräftig zu loben: „Will meinem Vatterlandt bekennen ohne schew, Daß ewre Poesy der meinen Mutter sey," sondern auch um eine Selbstbezichtigung, weil er bis dahin die Pflege der Muttersprache sträflich vernachlässigt habe, ja, es ist sogar ein Stück nationales Bekenntnis, und das Wort vom Vaterland ist durchaus ein zum allgemeinen europäischen Sprachgebrauch gehörender Begriff. In den Niederlanden steht er – selbstverständlich im Zuge des Krieges gegen Spanien – einigermaßen im Zentrum der politischen und durchaus literarischen Sprache.[197]

Es wäre wohl zu kurz gegriffen, wollte man die grenzüberschreitenden literarischen Beziehungen auf die Figuren der Heinsius und Opitz begrenzen. Es sind auch andere zu nennen. Festzuhalten bleibt vorab, daß die niederländische Literatur des 17. Jahrhunderts während dieser ganzen Zeit zum literarischen Kenntnisstand gehörte, ohne dann immer gleichbleibend tiefgehende Beachtung gefunden zu haben. Es seien gleich einige Namen genannt. Ausgerechnet der Hesse Johann Balthasar Schupp, zunächst Professor der Eloquenz, dann praktizierender Theologe, begab sich 1634 nach Leiden, „nur zu dem Ende, dass ich die opinion haben möge, dass ich mit dem großen Heinsio(...)sey bekandt gewesen"[198] – ausgerechnet, weil Schupp zusammen mit dem Dichter und Pädagogen Moscherosch und dem Mathematiker Johann Lauremberg zu jenen gehörte, die sich gerade gegen die „gelehrte" Poesie kehrten und mit dieser Abkehr allerdings eine Wendung gegen die Weltfremdheit und die Hinwendung zum Pragmatismus der Nützlichkeit und der Lebenspraxis vollzogen. Es sei hinzugefügt, daß die drei Opponenten, wenn man so will, durchaus zum Gelehrtenstand gehörten, in ihrer auf Welterfahrung ruhenden Konzeption eher auf die Pflege der Tradition, auf eine Anknüpfung an nationale gesellschaftskritische Traditionen abhoben.[199] Es ist zu vermuten, daß Schupps Reisemotiv gleichzeitig auch, bei aller Anerkennung des Gelehrten Heinsius, ein kleines Stück Ironie enthielt.

In unserem Zusammenhang ist nachdrücklich auch auf Andreas Gryphius hinzuweisen, den Schlesier aus Glogau, der sich 1638 als 22jähriger in Leiden einschrieb und an der dortigen Alma Mater immerhin fast sechs Jahre verbrachte. Dort stand nicht mehr Heinsius im Zentrum der Bewunderung, sondern der Fachkonkurrent Claudius Salmasius, der seit 1631 an dieser Universität tätig war. Gryphius, Sohn eines lutherischen Archidiakons, entstammte dem gehobenen Bürgertum und wird in der germanistischen Literatur als Zentralgestalt des deutschen Barock angemerkt. Er war der Vertreter des Kunstdramas im Barock – und als solcher war er auch der Vertreter der Tragödie, denn im deutschen Barockdrama hat nur die Tragödie ein hohes Niveau erreicht. Wenngleich Gryphius nach Opitz schon eine andere Generation vertrat, muß doch noch einmal der Name des Bunzlauers ins Spiel gebracht werden, da das deutsche Barockdrama auf die von ihm eingeleitete Dichtungsreform aufbaute. Der Theorie ließ Opitz seinerzeit gleich die Praxis folgen, als er 1625 Senecas Trauerspiel *Troades* und 1636 die Übersetzung der *Antigone* des Sophokles in Übersetzung erscheinen ließ. Damit lieferte er den Beweis für die Eignung der deutschen Sprache auch für die Tragödie. Gehalt und Form der deutschen Barock-Tragödie sei, so ist festgestellt worden, von drei Voraussetzungen bestimmt gewesen: zum einen von Seneca, dem Philosophen und Komödiendichter glei-

---

197 Der ganze Text bei VAN INGEN, *Holländisch-deutsche Wechselbeziehungen*, S. 11.
198 Zit. ebd.
199 Dazu GRIMM, *Die Suche nach der eigenen Identität*, S. 360ff.

Andreas Gryphius
(Philip Kilian)

chermaßen, vom Jesuiten-Drama und schließlich von dem Niederländer Joost van den Vondel und dessen Dramen.[200]

Genau hier ist festzustellen, daß Vondel tatsächlich für Gryphius die Leitfigur des Barock-Dramas gewesen ist – und zwar vor allem auch im Hinblick auf den Gehalt der Vondelschen Dramen. Daß Gryphius in seiner Leidener Zeit auch neben anderen Koryphäen der Leidener Universität mit Salmasius in Verbindung war und er auf diese Weise in die staatspolitische oder politiktheoretische Auseinandersetzung um den Volkswillen und die Souveränität des Herrschers – eine Auseinandersetzung die letztlich nur im Dunstkreis Leidens geführt wurde –, sei lediglich am Rande vermerkt, wichtiger will erscheinen, daß er voll unter dem Einfluß des Joost van den Vondel stand, der im übrigen zu dieser Zeit – um 1640 – den Übergang zum Katholizismus vollzog. Auf jeden Fall scheint sein erstes Drama *Leo Armenius* in seinem tiefsten Gehalt dem Vondelschen *Gysbrecht van Amstel* nachempfunden worden zu sein. Letztlich geht es sogar um eine doppelte niederländische Vorgabe. Soweit es sich um die Frage nach dem Tyrannenmord und damit um die Rechte des Volkes dreht, diente Hoofts *Geeraerdt van Velsen* als Vorlage, dort wo es um die „Unergründlichkeit der göttlichen Weisheit" geht, um Offenbarsein und Verborgensein Gottes, ist eben Vondel das Vorbild, der seinen Gott auch Böses

---

200 So K. ZIELSKE, *Drama und Theater in England, den Niederlanden und Deutschland*, in: Propyläen Geschichte der Literatur, III, S. 162.

walten läßt, um letztlich Gutes zu erreichen. Das ist im *Leo Armenius* so, und das zeigt sich sowohl im *Gysbrecht* wie wenig später, 1640, im *Joseph in Dothan*.[201] Dieser *Leo Armenius* wurde 1659 von dem Schauspieler Adriaen Bastiaensz. de Leeuw ins Niederländische übersetzt und innerhalb von zwei Jahren achtmal aufgeführt.[202]

Es entsprach seinem Status als Gelehrter, wenn Gryphius, der im übrigen politisch-staatstheoretisch ein Mann des Justus Lipsius war und unter diesem Aspekt sicher nicht mit dem republikanischen Denken übereinstimmte, zwecks Erweiterung seines Wissens über die Niederlande hinaus eine mehrjährige Reise durch Frankreich und Italien unternahm, sich in dieser Zeit noch literarisch betätigte und schließlich über Leiden und Stettin ins schlesische Fraustadt zurückkehrte. Das hat dann nichts mehr mit den Niederlanden zu tun, und er hat persönlich nach dem langjährigen Aufenthalt auch nichts mehr mit den Niederlanden zu tun gehabt, und vermutet wird, daß die Theatergruppe des Jan Baptist van Fornenbergh, die zwischen 1649 und 1653 in Deutschland und Skandinavien Gastspielreisen unternahm, mehr für die Präsentation des Joost van den Vondel getan hat als Gryphius, wenn auch dieser den Vondelschen Einfluß nicht leugnen konnte und auch nicht wollte.[203]

Die letzten Bemerkungen sollen nur hinweisen auf die Offenheit eines gelehrten Mannes für viele Eindrücke seiner Zeit, zu denen im übrigen auch die naturwissenschaftlichen zählten. Jedenfalls ist Gryphius, der Bildungsbürger im wissensdurstigen Sinne, in seiner Bedeutung für die literarischen deutsch-niederländischen Verbindungen ganz anders einzuschätzen als Philipp von Zesen, der früh in die Niederlande kam und praktisch Resident in Amsterdam, Leiden und Utrecht war. Ganz anders einzuschätzen ist hier gesagt worden, weil die Grenzgänger, die in ihr Geburtsland nach kurzer Zeit wieder zurückkehrten, naturgemäß sehr viel mehr für die Verbreitung niederländischer Verdienste um die Literatur ausrichten konnten, als jener, der es vorzog, in den Niederlanden zu bleiben. So figuriert von Zesen hier auch stärker im Bericht über Reisende und Residenten, gleichwohl sei er hier erwähnt, weil er in den Niederlanden, gleichsam einem modischen Trend folgend, einen Literaturverein, die *Deutschgesinnete Genossenschaft* gründete, in die er, spät dann, auch Joost van den Vondel aufnahm, den er zuvor in seiner Beschreibung der Stadt Amsterdam nachdrücklich gelobt hatte. Zum Kreis gehörte das weibliche Genie der Zeit, Anna Maria van Schurman, der Bühnenautor und Arzt Niclaes Fonteyn sowie die Dichterin Catharina Questiers. Letztlich wird man von Zesen als einen Vermittler zwischen deutscher und niederländischer Literatur oder deutschen und niederländischen Literaten oder auch Literaturkennern und -liebhabern einzuordnen haben, und schließlich geht man nicht fehl, wenn man seinen Roman *Adriatische Rosemund*, der bei Elseviers in Amsterdam erschien, auch als ein Stück Lebenserfahrung und Mentalitätsgeschichte der Niederländer einstuft, zumal seine Romangestalten auf eine konkrete Erfahrung in niederländischen Familien beruhen. Daß von Zesen für eine Popularisierung des Literaturgenres Roman in Deutschland selbst sorgte, sei hier am Rande vermerkt. Im übrigen aber wird er in all seinen Erzählungen und Gedichten doch wesentlich als ein deutscher Dichter in den Niederlanden anzumerken sein, der in den Niederlanden selbst keine Spuren hinterlassen hat. Man weiß nicht, warum von Zesen sich in den Niederlanden niedergelassen hat. Und es will auch nicht scheinen, als ob es konfessionelle oder politische Gründe gegeben habe.

---

201 Dazu VAN INGEN, *Holländisch-deutsche Wechselbeziehungen*, S. 12ff., dort auch (S. 13) das kurze Zitat.
202 Über Gryphius und Vondel und dann vor allem über die Rezeption Vondels in Deutschland im 19. Jahrhundert s. den Beitrag von G. VAN GEMERT, ,*Germanje groet U als haar groten Zoon'. Zu Vondels Renommee im deutschen Sprachraum*, in: J. ENKLAAR/H. ESTER, *Wechseltausch. Übersetzen als Kulturvermittlung: Deutschland und die Niederlande*, Amsterdam u.a. 1995.
203 So W. FRIJHOFF/M. SPIES, *Bevochten eendracht*, S. 588ff.

Verbreitung von Literatur: Druck und Verlag

Kenntnisse über niederländische Poesie, Prosa und Drama wie auch über das wissenschaftliche Denken und Leben zu verbreiten, setzte zum einen ein gut funktionierendes Druckereigewerbe und zum anderen einen ebenso gut organisierten Buchhandel neben einem hohen Alphabetisierungsgrad voraus. Beides war in der Republik gegeben, und beide Faktoren machen zusammen mit der, wenn man so will, politischen und literarischen Lese- und Kauflust den Markt aus. Technik im Zusammenspiel mit Bildungs- und Unterhaltungsbedürfnis. Die Drucktechnik ging lange Zeit an den nördlichen Niederlanden vorbei. Im Jahrhundert nach Gutenberg waren es, wie in manchen Bereichen der Kultur, die Italiener und Franzosen, aber auch die Deutschen, die sich in der Lage zeigten, qualitativ hochwertige Arbeit in großem Umfang auf den Markt zu bringen. Es gab im Norden freilich Ausnahmen, so etwa in Deventer, wo „vorgreifend auf den humanistischen Wandel im 16. Jahrhundert", viele klassische Texte gedruckt wurden, oder in Gouda, wo Gheraert Leeu sich einen Namen als Drucker illustrierter Bücher machte.[204]

Die humanistische Entwicklung mit ihrem Drang nach Bildung und Erziehung sah die Niederlande zunächst eher am Rande, auf jeden Fall die nördlichen Provinzen. Im südniederländischen Raum war es dann vor allem das sich zur internationalen Handelsstadt entwickelnde Antwerpen, das eine reiche Kultur des Buchdrucks entfaltete. Sie wuchs zur Metropole des Buchdrucks heran, und das entsprach einem dem Wohlstand entsprechenden wachsenden Bedarf an politischer und religiöser Literatur. Das 16. Jahrhundert als das erste Jahrhundert der verschärften konfessionellen Auseinandersetzung hat parallel zum zunehmenden Alphabetisierungsgrad den Buchmarkt erheblich erweitert. In der ersten Hälfte des 16. Jahrhunderts kam über die Hälfte der gesamten niederländischen Buchproduktion aus Antwerpen. Dabei ging es nicht um Großunternehmen, sondern im wesentlichen um Einmannbetriebe – aber diese eben in großer Zahl. Dabei übten die Drucker gleich mehrere Funktionen aus. Sie waren nicht nur Drucker und Verleger, sondern zugleich auch Binder und Versandhändler und zuweilen schließlich Bearbeiter und Übersetzer älterer Druckwerke. Dabei scheint weniger Unterhaltungsliteratur als vielmehr Lehrmaterial – was dem Tenor der Zeit sicherlich entsprach – den Großteil der Druckerzeugnisse auszumachen, die Geld in die Kassen brachten. Das war in diesem Jahrhundert bei allem hohen Interesse an praktischer Bildung und religiösem Konflikt angesichts der großen Konkurrenz und bei Wirtschaftskrisen, wie sie sich in den 60er Jahren des 16. Jahrhunderts zeigte, nicht selbstverständlich.[205] Gleichwohl, es sei hier nicht die Krisenerscheinung hervorgehoben, sondern auf die tendenzielle Blüte im 16. Jahrhundert hingewiesen, die im 17. Jahrhundert voll zur Entfaltung kam. Neben den vorgenannten Ursachen lag solcher Entwicklung auch das Aufkommen der Naturwissenschaften, der Naturkunde und Kartographie vor allem zugrunde. Kartographie und Geographie nahmen zu dieser Zeit ihren wissenschaftlichen Anfang, nicht zuletzt angeregt durch die spanischen und portugiesischen Entdeckungsreisen. So entwarf – die ganze Entwicklung wird hier später noch einmal aufgegriffen – Gemma Phrysius aus dem friesischen Dokkum 1531 einen Erd- und 1537 einen Himmelsglobus. Sein Schüler war Gerhard Mercator, der 1569 die Erdkugel durch zylindrische Projektion auf Karte brachte. Schon 1570 kam in Antwerpen der erste Weltatlas heraus, das *Theatrum orbis*

---

204 So STIPRIAAN, *Het volle leven*, S. 96f. Das Zitat S. 97.
205 S. ebd. S. 98; für einen frühen Überblick über die Entwicklung auch in den nördlichen Niederlanden s. G.S. OVERDIEP, *De letterkunde van de Renaissance*, S. 34ff. mit den Namen einzelner Drucker in nordniederländischen Orten.

terrarum. In Mecheln erschienen die von Jacob van Deventer gezeichneten Karten der niederländischen Provinzen sowie eine Art Städteatlas der Niederlande.

Die Beispiele seien genannt, um Ausgangspunkt und Bedeutung der Druckereien für die Wissensvermittlung noch einmal zu unterstreichen – eine Bedeutung, die dann in der Zeit des politisch-religiösen Konfliktes in den Niederlanden um ein erhebliches zunahm. Es ist in diesem Zusammenhang auf die Flut von Flugschriften hinzuweisen, die vom Beginn des Aufstandes an und schon einige Zeit davor den Konflikt mitbestimmt haben. Die Träger solcher Entwicklung saßen in den südlichen Niederlanden, und im Laufe des Kampfes gegen Spanien ließen sie sich im Norden nieder. So wurde Biestkens, der Drucker einer flämischen Bibel und des *Het Offer des Heeren* sowie Zacharias Heyns, Sohn des Dichters und Lehrers Pieter Heyns, in Amsterdam als Verleger tätig. Zacharias Heyns gab eigene Dramen heraus (*Vriendtspiegel, Pestspiegel, Nederlandsche Landtspiegel*), und begab sich 1605 nach Zwolle. Der Sohn des vorgenannten Biestkens veröffentlichte die Dramen von Rodenburg und Samuel Coster. Van Sambix zog es nach Rotterdam, später nach Delft. Der Drucker Gillis van Rade aus Gent wurde 1586 der Drucker der Akademie in Franeker und der Stände von Friesland. Willem Silvius aus Antwerpen, ein Parteigänger des Oraniers, wurde nach Fürsprache des Janus Dousa 1577 Drucker der Leidener Universität. Christoffel Plantijn hat 1582 die Druckerei übernommen. 1585 zog Gilles Rooman aus Gent nach Haarlem und gründete dort das Unternehmen *De gulden Parsse*. Es sei hinzugefügt, daß in Haarlem das Druckereigewerbe nicht zuletzt durch die Aktivitäten des Dirck Volckertsz. Coornhert einen durchaus hohen Stand erreicht hatte.[206]

Hier wurden kleinere Unternehmen aufgezählt. Die großen, Plantijn, Elsevier und Blaeu, seien freilich besonders hervorgehoben, weil sie lange Jahre das Verlagswesen der Republik maßgeblich mitbestimmt haben. Plantijn, selbst aus dem französischen Tours stammend, hat seine Druckerei trotz einiger letztlich aus dem schwelenden religiösen Konflikt herzuleitender Rückschläge sehr rasch zu einem erfolgreichen Unternehmen auf- und ausbauen können, und er stand mitten in der spanisch-niederländischen Auseinandersetzung – mitten darin meint hier, daß er letztlich von beiden Seiten profitierte –, nachdem in der Zeit zuvor seine Druckerei ausgemacht humanistisch geprägt gewesen war, soweit es die Buch- und Schriftenproduktion betraf, erhielt. Plantijn arbeitete für Philipp II. und den Geusenführer Hendrik van Brederode gleichermaßen. Während er einerseits in der von ihm gegründeten Druckerei in Vianen (Herrschaftsgebiet des Geusenführers) Flugschriften des aufständischen Marnix van St. Aldegonde herausbrachte, ließ er sich andererseits mit Philipp II. ein, der ein ehrgeiziges Projekt, die Herausgabe der *Biblia regia*, eine Bibel in mehreren Sprachen (hebräisch, chaldäisch oder aramäisch und griechisch, syrisch und Latein) mit dazugehörigen Grammatiken und Wörterbüchern, finanzierte, wie Plantijn ohnehin umfangreich für den spanischen Markt produzierte. 1577 ging er nach Leiden – praktisch wich er der calvinistischen Stadtregierung Antwerpens aus –, 1583 eröffnete er dort eine Druckerei und einen Buchladen und wurde schließlich Universitätsdrucker der Stadt. Innerhalb von zwei Jahren gab er 120 Titel heraus und ging 1585, nach dem Fall Antwerpens in spanische Hände, wieder nach dort zurück. Seine Nachfolger aber setzten, hier zunächst sein Schwiegersohn, der Orientalist Frans Raphelengius, seine Arbeit fort.[207]

Plantijn sei nur als Beispiel eines beiden Konfliktparteien dienenden Unternehmergeistes angeführt. Er ist in die südlichen Niederlande zurückgegangen, der aus Löwen stammende und im Druckergewerbe bei Plantijn herangezogene Louis Elsevier ließ sich 1580 dagegen in Leiden nieder und pflegte dort rasch gute Beziehungen zur Universität.

---

206 Die einzelnen Namen nach ebd. 37f.
207 Dazu STIPRIAAN, *Het volle leven*, S. 98ff. mit vielen Details zu diesem Drucker und Verleger.

Er und seine Söhne bauten einen vornehmlich auf akademische Literatur ausgerichteten Betrieb auf, der selbstverständlich die Profitmaximierung nicht aus den Augen verlor. Der Verleger/Drucker Elsevier öffnete Betriebe in mehreren niederländischen Städten, 1638 dann auch in Amsterdam. Obwohl Städte wie Dordrecht oder Haarlem durchaus gute Voraussetzungen für die Entwicklung von Druckereien und Verlagen mitbrachten, konzentrierte sich das Verlags- und Druckereiwesen, überhaupt der gesamte Buchhandel, im wesentlichen auf Amsterdam. Eine Übersicht aus 1650 weist aus, daß 97 Drucker und Verleger in Amsterdam saßen, 26 in Leiden, wo sie vom Geistesleben in dieser Universitätsstadt profitierten, zwischen 6 und 10 in Haarlem bzw. Dordrecht, Leeuwarden und Groningen. Den Haag und Utrecht, Rotterdam zählten noch mehr als die vorgenannten 4 Städte, ihr Anteil belief sich auf 15 bzw. 13 Unternehmen. Die Größe reichte vom Großunternehmen bis hin zum Einmannbetrieb.[208]

Elsevier und Plantijn sind hier als wichtige Drucker/Verleger genannt worden, hinzuzufügen ist als hervorstechendes Unternehmen ist noch das des Willem Jansz. Blaeu, der sich etwa 1605 in Amsterdam niederließ. Blaeu, der ursprünglich mit Seekarten und Globen gehandelt hatte, begann selbst, die Karten zu drucken, und entwickelte sich zum wohl bekanntesten geographischen Verlag der Republik. Aber dabei blieb es nicht. Blaeu gab daneben auch wissenschaftliche Arbeiten und Werke von Roemer Visscher, Hooft und Vondel heraus. Er begann 1614 mit den Arbeiten von Roemer Visscher, ließ dann Arbeiten seines Neffen P.C. Hooft folgen, dazu traten sodann die Werke von Vondel. Zu seiner wissenschaftlichen Reihe zählen die Studien von Hugo Grotius, darunter auch dessen *De jure belli ac pacis*. Blaeu wurde 1633 von den Amsterdamer Regenten zum offiziellen Kartenhersteller der VOC ernannt, gewiß ein einträglicher Posten in dieser Zeit des Asienhandels. Wie Plantijn scheute sich auch Blaeu nicht, den Katholiken zu Diensten zu stehen. Er wirkte mit an einem südniederländischen Projekt, das die Veröffentlichung einer Großzahl von Heiligenleben vorsah. Er nahm sogar den Druck des gesamten Werkes in eigene Hände, konnte es freilich nicht durchführen, da seine Druckerei in der Amsterdamer Gravenstraat abbrannte.[209]

Daß ein Buchmarkt recht flott entstehen konnte, lag gewiß nicht nur an der hohen Qualifikation der niederländischen Drucker, sondern schlicht auch an der Pressefreiheit, die zwar regional und lokal unterschiedlich ausgeprägt war, insgesamt freilich positiv abstach gegenüber anderen europäischen Ländern. Diese begrenzte Freiheit, wie sie nun einmal bestand und praktisch wurde, war mehr oder weniger das Ergebnis des nimmermüden Versuchs von Autoren, die Grenzen des Möglichen auszuloten.[210] Das galt für politisches und religiöses Schrifttum gleichermaßen. Verbote betrafen dabei in den meisten Fällen Flugschriften zu hochangesiedelten politischen Ereignissen. Mit den religiösen Schriften hatte es so seine eigene Bewandtnis. Sie machten einen Großteil der literarischen Produktion aus, wurden darüber hinaus auch als Flugschriften-Literatur verkauft. Geschätzt wird, daß etwa die Hälfte der Produktion aus theologischen Schriften bestand. Latein blieb immer noch eine wichtige Sprache der wissenschaftlichen oder theologischen Kommunikation. Die Amsterdamer Stadtbibliothek zählte 1612 unter den 765 Titeln des Kataloges nur vier Titel in niederländischer Sprache. Das darf sicher ein Hemmschuh für die Verbreitung von Wissen genannt werden – erstaunlich eigentlich, weil diese Stadtbibliothek auch über den Kreis der Gelehrten und Studenten hinausreichen wollte.[211]

---

208 Übersicht bei FRIJHOFF/SPIES, *Bevochten eendracht*, S. 268.
209 S. hierzu GROOTES, *Het literaire leven*, S. 50f. sowie vor allem STIPRIAAN, *Het volle leven*, S. 107f.
210 So FRIJHOFF/SPIES, *Bevochten eendracht*, S. 264ff. mit Verbotsbeispielen.
211 Nach GROOTES, *Het literaire leven*, S. 53.

Die im Vergleich zu anderen Ländern durchaus akzeptable Form der Pressefreiheit, von der man im übrigen sagen könnte, daß sie keine Frage des Prinzips, sondern eher der unaufgeregten Ruhebedürftigkeit war, verhalf den niederländischen Verlegern und Druckern zu einem guten internationalen Geschäft. Gewiß, sie druckten auch katholische Schriften für den Inlandsgebrauch, wichtiger aber war der Druck von Schriften, die im Ausland verboten waren, nach erfolgter Drucklegung dann in eben jenes Ausland transportiert wurden. Das betraf vor allem theologische Arbeiten und Bibeln in vielen Sprachen. Zu diesen lukrativen Produkten gehörten auch die in lateinischer Sprache geschriebenen Werke. Die starke Stellung der Provinz Holland im internationalen Marktgeschehen, das heißt in unserem Zusammenhang die Transportmöglichkeiten, die niedrigen Frachtraten und das dichte Netz der Handelsbeziehungen unterstützten den Buchverkauf ins Ausland. Der hier angesprochene Vertrieb der Ware Buch vollzog sich zum einen direkt über den Verleger/Drucker, die meistens noch große Versteigerungen veranstalteten, zum anderen freilich auch über eine Reihe von Buchhändlern, die im Netzwerk tätig waren und ihre Bücher über Fähr-, Post und Botendienste an den Mann brachten. Welche Neuerscheinungen auf dem Markt waren, erfuhr man nicht nur auf dem Gang durch eine Stadt, sondern schon über Anzeigen in den Zeitungen. Darüber hinaus kamen halbjährlich die Kataloge der Frankfurter und Leipziger Buchmesse auf den Markt, die insofern wichtig waren, als diese Messen von niederländischen Verlegern eifrig besucht wurden. Die billigere Kategorie Buch bis hinunter zum Pamphlet wurde direkt auf der Straße verkauft, ebendort oder gleichsam von Haus zu Haus, dann auch auf Jahrmärkten. Verkäufer waren häufig Gemeindeboten und -angestellte, die hier eine Möglichkeit des Nebenverdienstes sahen.[212]

Es sei hier zum Ende bemerkt, daß die Anwesenheit einer deutschen Kolonie in Amsterdam und anderen Städten, die seit dem Beginn des Dreißigjährigen Krieges erheblich an Zahl zunahm, auch den Druck deutscher Texte durchaus sinnvoll machte. Immerhin machte die deutsche Kolonie in Amsterdam etwa 15 Prozent der Gesamtbevölkerung der Stadt aus. Den Druck deutscher Texte übernahmen entweder deutsche Verleger/Drucker oder auch, wie etwa in Leiden, niederländische Unternehmen. Neben den politisch-religiösen Texten – es sei in diesem Zusammenhang auf die spiritualistischen Werke aus dem Umfeld des Jacob Böhme hingewiesen –, wurden bald auch literarische Werke auf den Markt gebracht. Genannt seien hier die *Opera poetica* des Martin Opitz.[213]

Noch einmal Vergleichendes

Die hohe Vertriebsdichte, die ausländische Werke einbezieht, sagt ebenso wenig über die grenzüberschreitende Verbreitung oder den Einfluß der niederländischen Literatur aus wie die Tatsache, daß Opitz und Gryphius sich im Lande aufgehalten haben, um etwas über die formale Umsetzung einer an den Renaissance-„Vorschriften" orientierten Literatur zu erfahren. Von einer *allgemeinen* Bewunderung, wie sie die niederländische Malerei der Zeit vor allem bei Reisenden, aber dann auch nicht bei allen Zeitgenossen oder etwas später Geborenen erfahren hat, kann sicherlich keine Rede sein. Das Wort war eben nicht so sichtbar oder allgemein verständlich wie das Bild. Opitz reiste doch nur zu Heinsius, weil er nachfragen wollte, wie sich die literarischen Forderungen der

---

212 Dazu insgesamt mit weiteren Namen von Verleger/Druckern FRIJHOFF/SPIES, *Bevochten eendracht*, S. 268ff. Dort auch (S. 268) eine kleine Übersichtskarte zur Verbreitung der Verlage und Druckereien.
213 Ebd. S. 276. Die Autoren weisen auch auf Druck und Verbreitung französisch- oder englischsprachiger Literatur im Original oder in Übersetzung.

Martin Opitz (Paulus Fürst)

Renaissance in die Muttersprache umsetzen ließen. Von einem Einfluß, wie ihn zunächst Italien und dann auch Frankreich ausgeübt haben, wird man kaum sprechen können. Für die niederländische Literatur jener Zeit – möglicherweise für andere Nationalliteraturen auch – stellt sich die Frage, inwieweit denn die inhaltlichen Vorgaben, wie sie Heinsius in der Übernahme der Poetik des Aristoteles vorgestellt hat, eingebracht worden sind. Wie etwa steht es um die Katharsis im niederländischen Drama? Es darf so gefragt werden, weil der Humanismus das mittelalterliche Menschenbild überwinden wollte, dabei sich an der Antike orientierte, manchen neuen Erkenntnisstand in Natur-, Geistes- und Sprachwissenschaften hervorbrachte und schließlich in jedem gebildeten Munde geführt wurde. Der Anspruch der gebildeten niederländischen Literaten war, wie dargestellt worden ist, einigermaßen hoch. Und doch will es scheinen, als ob diese literarische Kunst nicht wirklich über den Rahmen der eigenen politisch-gesellschaftlichen Bedingungen habe hinausreichen können – das heißt: Welthandel gewiß, Weltliteratur keineswegs. Wenngleich Bredero, Jan Vos oder Lodewijk Meyer Dramen verfaßt haben,[214] die nicht in den Niederlanden verortet sind, entpuppt sich die niederländische Literatur des 17. Jahrhunderts bei näherem Hinsehen als eine zwar nicht ausschließlich, aber sehr wohl wesentlich auf die eigene politische Lage und religiöse Konstellation fixierte Kunst. Wie

---

214 Dazu in der Auswertung J.H.W. KONST, *Determinatie en vrije wil in de Nederlandse tragedie van de zeventiende eeuw*, (=Mededelingen van de Afdeling Letterkunde, Nieuwe Reeks, deel 67., Nr. 5, Amsterdam 2004).

Vondels *Het Passcha* der religiösen und politischen Erläuterung der niederländischen Situation gleichermaßen diente, so ist etwa der *Auriacus* (1602) des aus den südlichen Niederlanden geflohenen Daniel Heinsius in der Darstellung des Mordes an Wilhelm von Oranien nichts anderes als eine Lobeshymne auf den Freiheitskampf der Niederländer mit Oranien an der Spitze. Und der *Baeto* des Hooft müht sich um die batavische Vergangenheit der Republik. Über solche Fixierungen ist an anderer Stelle gehandelt worden. Das gilt alles ganz wesentlich für das Drama und zum Teil auch für die Lyrik. Es ist allemal Konfrontation, aber es sind zum einen politische Stellungnahmen, dramatische Erläuterungen und Darstellung des Alten Testaments oder es handelt sich zum anderen um die dramatisierte Form der historischen Erzählung etwa zum Schicksal Amsterdams oder zur Gründung und Begründung des Batavor-Landes und damit der Republik. Die Literatur hat vornehmlich etwas Unterrichtendes, Informatives und zugleich in starkem Maße etwas Belehrendes. Häufig genug ist es die Moral des Alltags, die vermittelt wird. Das gilt im übrigen nicht nur für Tragödien, sondern auch für das Komische oder Satirische in Themenbereichen, die die Gesellschaft in ihren Einzelerscheinungen aufspießten. Gedacht sei hier etwa an die Rolle der Frau in Ehe und Familie,[215] nicht unbedingt ein typisch niederländisches Thema, wenn man sich die Literatur des europäischen Umfeldes anschaut.

Die Literatur entbehrt zwar nicht der Konflikte und des Scheiterns des Menschen, aber das Scheitern wird festgemacht an den Unwägbarkeiten des Zufalls (Fortuna), am Schicksal schlechthin (Fatum) oder aber an der göttlichen Vorsehung (Providentia Dei). Der Mensch freilich in seiner vom Humanismus eingebrachten Individualität, seiner Möglichkeit zur Selbstbestimmung und damit auch zur Hybris, steht letztlich nicht – wenn man im Bilde bleiben will – auf dem Programm. Einzig Vondels *Lucifer*[216], auch wenn es zunächst ein im Glauben angesiedeltes Thema ist, vermittelt etwas vom Hochmut eines an der eigenen Selbstüberhebung scheiternden Menschen, der freilich als gefallener Engel figuriert. Hier vermag sich so etwas wie die Katharsis einzustellen. Es sei hier der Vergleich mit Shakespeare gestattet. Der Engländer hat seine Dramen gewiß nicht immer im vorgenannten Sinne konzipiert. Zunächst bewegt er sich noch im Bereich des elisabethanischen Rache- und Greueldramas oder der historischen Dramen, die regelrechte Bösewichter enthalten, deren Ende voraussehbar ist. Es ist der Tyrannentyp mit dem für die englische Gesellschaft „verabscheuungswürdigen machiavellistischen Zügen", der etwa in der Figur Richards III. vorgeführt wird, dem im übrigen noch bitterer Zynismus eignet. Die zentralen Tragödien des Shakespeare sind nicht etwa die unter „Römer-Dramen" zusammenzufassenden Stücke, die in erster Linie das richtige politische Verhalten problematisieren, sondern jene Dramen, die nichts mit Geschichte zu tun haben, sondern einfach menschliche Tragik auf die Bühne bringen – eine Tragik, die sich aus Melancholie und Verzweiflung, Verblendung einer nicht zu überwindenden Selbstgerechtigkeit und schließlich aus einer mörderischen Machtbesessenheit ergeben. Es geht um den Konflikt mit sich selbst oder um den Verstoß gegen die gegebene Ordnung, die die Titelhelden zu tragischen Figuren werden lassen. Ein Stück Unvermeidlichkeit spielt hinein, die auch mit dem Begriff „schicksalhaft" belegt werden kann.[217] Es ist in diesem Zusammenhang vielleicht der Hinweis am Platze, daß bis zu Schopenhauer der tragische Held nur aus dem höchsten Stand der Fürsten und Staatsmänner oder Feldherren stammen konnte. Bei Shakespeare ist dieser soziale Ausgangspunkt gegeben (*Macbeth, Othello, Hamlet, King Lear*), bei Vondel konnte er eigentlich nicht gegeben

---

215 S. zu diesem Thema die analytische Arbeit von M.-TH. LEUKER, *De last van 't huys, de wil des mans*.
216 Zu *Lucifer* s. KNUVELDER, *Handboek tot de geschiedenis der Nederlandse letterkunde*, S. 366ff.
217 Dazu ZIELSKE, *Drama und Theater in England, den Niederlanden und Deutschland*, S. 149ff.

sein, weil er in einer republikanischen bürgerlichen und nicht in einer monarchischen Umwelt lebte und arbeitete und weil in dieser Welt die Betonung einer exponierten Stellung eines einzelnen nicht zum Habitus der Gesellschaft zählte.

Dieser Bezug zur bürgerlich geprägten niederländischen Realität vermittelt den Hinweis auf die Abwesenheit arkadischer Lyrik in den Niederlanden. Die klimatisch und von der politisch-religiösen Lage her sicherlich nicht einfache Realität zeitigt keine utopische, phantasievolle Gegenwelt mit fremden Landschaften, Hirten und Schäferinnen. Auch das hätte man durchaus den Vorbildern des Altertums, den Vergil und Theokrit, entnehmen können – Beschreibungen, die in Italien etwa in Literatur und Musik gleichermaßen Eingang finden. Arkadien, eine Welt der Ästhetik und der ungebundenen Freiheit, findet in der Phantasie dieser so ausgeprägten Welt des Handels und des Handwerks keinen Widerhall, vermittelt in dieser so platten Landschaft des Wassers keine Anregungen für den Dichter, dem andrerseits die einfache Liebeslyrik ebenso wenig fremd ist wie die Lyrik der fröhlichen Geselligkeit. Schließlich trat Heinsius schon 1601 mit den Liebesemblemen unter dem Titel *Quaeris, quid sit amor?* hervor. Vielleicht aber galt die Aussage des Dousa, man sei nicht für sich, sondern für das Vaterland geboren,[218] eben nicht nur für den geselligen Kreis des Dousa und seiner Verehrer, sondern auch für weitere Kreise der niederländischen Lyriker.

---

218 „Non nobis sed patriae geniti", zit. bei BECKER-CANTARINO, *Das Literaturprogramm des Daniel Heinsius*, in: GARBER, *Nation und Literatur in der Frühen Neuzeit*, S. 600.

X. Bildende Kunst – über Menge und Vielfalt

Die Kunst des 17. Jahrhunderts als Renommierstück

Über die niederländische Kunst des 17. Jahrhunderts, diesen nachgerade immerwährenden Hort der Bewunderung, ist vieles geredet, manches geschrieben worden, vom Augenblick der ersten Anschauung an bis hin zur kunsthistorischen und kunstwissenschaftlichen Betrachtung. Der auf die Besonderheit einer neuen republikanischen Existenz gespannte Reisende aus dem Ausland hat die Kunde von der Umfänglichkeit der Kunst aller Genres mündlich oder schriftlich über die Grenzen weitergetragen,[1] bis ins 18. Jahrhundert hinein. Spätestens seit der zweiten Hälfte des 17. Jahrhunderts meldeten sich die Kunstsammler in den Niederlanden, um ihrerseits die Kunst der Republik jenseits ihrer Grenzen zusammenzutragen, wie gleichzeitig auch Kritisches zu dieser Kunst gesagt worden ist. Die Zeitgenossen im Lande haben die Bilder in Auftrag gegeben oder auf dem Markt erstanden, zur Befriedigung eines persönlichen oder gesellschaftlichen Repräsentationsbedürfnisses, als Instrumente, die die Inhalte und die Reinheit eines neuen „vaterländischen Denkens" vermitteln sollen, aber einfach auch zur Anschauung und zu ästhetischem Behagen, das nicht nur das Einzelbild betrifft, sondern aus der Ausstattung eines ganzen Hauses[2] geschöpft werden kann. Darüber wird im einzelnen zu handeln sein.

Vorab sei freilich auf einen anderen, die zeitlichen Grenzen des 17. Jahrhunderts sprengenden Aspekt hingewiesen, der die Instrumentalisierung der Kunst im 19. Jahrhundert angeht. Die Bedeutung der niederländischen Kunst jenes Goldenen Jahrhunderts reichte über die Fragen nach Inhalt und Ästhetik, über Kunstanschauung und Kunstwissenschaft weit hinaus, gleichsam ins Politische hinein, sobald es um die Gestaltung eines nationalen Selbstbildes zur Zeit einer nationalen Selbstvergewisserung ging, wie sie sich im 19. Jahrhundert inmitten eines Prozesses der allgemeinen Nationswerdung vollzog. Einer der führenden Publizisten der Niederlande des 19. Jahrhunderts, Conrad Busken Huet, hat – wie einleitend gezeigt worden ist – in seiner so umfangreichen Darstellung der Kultur des 17. Jahrhunderts, die eingangs schon eingeführt worden ist, im Rahmen einer Lobrede über die holländische Malerschule des 17. Jahrhunderts Rembrandt gleichsam als den Fackelträger der besonderen niederländischen Qualität eingebracht. Sein Eintrag sei, obwohl zeitlich schon recht weit hinten im 19. Jahrhundert liegend, hier zunächst erläutert. Er hat es schon im Titel *Het land van Rembrand* zum Ausdruck gebracht. Kein Bereich niederländischer Kultur habe, so formuliert er, so stark geblüht wie die niederländische Kunst. Vielleicht könne man – und das war eines seiner Ergebnisse – allenfalls noch die koloniale Vergangenheit heranziehen. „Java und die *Staalmeesters* sind eigentlich unsere beiden besten Empfehlungsschreiben."[3] Es war die niederländische Malerei des 17. Jahrhunderts insgesamt und in ihr Rembrandt, die weit über die Grenzen ihres Landes hinaus Europa erreichte, als Nachweis niederländischer Existenz im Rahmen europäischer Kultur diente – ganz im Gegensatz zur Literatur jener Zeit, die nach Buskern Huet keine Früchte für Europa abgeworfen habe. Er schrieb das umfangreiche Werk, das man ein überlanges Essay zu nennen geneigt ist, aus nationaler

---

1 S. dazu den Abschnitt *Neugier und Überraschung*.
2 Über die Ausstattung der Häuser wird im Rahmen dieses Kapitels noch gehandelt. Hingewiesen sei jedoch hier schon auf J. LOUGHMAN/J.M. MONTIAS, *Public and Private Spaces. Works of Art in Seventeenth-Century Dutch Houses*, Zwolle 1999.
3 BUSKEN HUET, *Het land van Rembrand*, S. 779f. (Zitat S. 780).

Sicht und in nationalpädagogischer Absicht, er legte zugleich hohe Maßstäbe an die nationalen Leistungen einer Kultur an. Die Bevölkerung eines Staates werde nur dann eine Nation, wenn sie etwas Ursprüngliches hervorbringe, das alle Würdigung im Ausland erfahre oder gar Einfluß ausübe.[4] Die Malerei, so meinte der Publizist, sei eben jener Zweig der Kulturgeschichte Europas gewesen, zu dem die Niederlande einen besonders wertvollen Beitrag geliefert hätten. Und dies war auch zu verstehen als Gegensatz zur Bedeutung der niederländischen Architektur. Gegenüber jedem Fremden, der in Amsterdam das Rathaus besichtigen wolle, stünden tausend Besucher vor den Türen der niederländischen Museen, um sich dort die Gemälde der niederländischen Schule des 17. Jahrhunderts anzuschauen. Neben dem Rijksmuseum in Amsterdam nennt er das Museum Boymans, das Mauritshuis, die städtischen Museen in Haarlem und Den Haag und das Westfriesische Museum in Hoorn. Busken ordnet diesen Andrang der an der niederländischen Malerei Interessierten als eine Art Kontrastprogramm zu dem geringen Verständnis ein, das nach seiner Ansicht die Zeitgenossen für die Kunst des eigenen Landes im 17. Jahrhundert entwickelt haben. Er geht mit der Kunst- und Künstlerkritik jener Zeit hart ins Gericht, gleichviel ob es sich um van Hoogstraeten, Houbraken oder Gerard Lairesse handelt. Die Lektüre ihrer Bücher nennt er gar eine Selbstquälerei für den Leser. Und es stört ihn sehr, daß die flämische Malerschule (Rubens, van Dyck oder Honthorst) so viel mehr Anklang fanden – zumindest meint er das feststellen zu können. Es störte ihn auch, daß die Maler in ihrer Zeit nicht die ihrer Kunst und Kunstfertigkeit angemessene gesellschaftliche Anerkennung gefunden haben – was sicherlich nicht für das ganze Künstler-Spektrum galt. Wenn Arnold Houbraken aus seiner Sammlung von Künstler-Biographien eine Skandal-Chronik machte, dann stimmte das diesen Busken Huet höchst ärgerlich, zumal Rembrandt hier als ewiger Schuldner figurierte. Schulden, Kneipen, Gasthäuser, das waren für den erbosten Busken Huet einige der die Zunft der Maler abwertenden epitheta ornantia, die als Volksmeinung kolportiert und in höheren gesellschaftlichen Kreisen aufgegriffen wurden.[5] Dagegen hält Busken Huet nachgerade euphorisch die so zahlreichen Einzelleistungen der Künstler – Einzelleistungen in jedem Genre, gleichviel ob es sich um Porträtkunst oder um die Landschaftsmalerei handelt. Diese Euphorie impliziert zugleich eine Bejahung der niederländischen Gesellschaft dieser Zeit, eine Betonung ihrer Vorzüge, und darin äußert sich letztlich der Kern des Buches – der Vorbild-Charakter des 17. Jahrhunderts für eine Zeit, in der es notwendig schien, die Qualität der eigenen Nation zu unterstreichen. Und dann bricht er aus in eine Art begeisterten Aufruf, in dem es – bei aller Hochstimmung doch einigermaßen unvermittelt – heißt: „Malt euer Land, wie es lebt und webt; die Häuser eurer Städte, ihre Grachten und Marktplätze; das Meer an der Küste, auf dem die eigenen Schiffe segeln; eure Dünen mit Dächern von Kirchen in der Ferne; die Kühe eurer Weiden und über den Weiden den Himmel, wie ihr ihn seht; malt den Mond, wie er sich im ruhigen oder unruhigen Wasser eurer Flüsse spiegelt, und die Sonne, wie sie die Innenhöfe eurer Häuser erleuchtet; malt die Blumen eurer Gärten, die Früchte eurer Obstgärten, das Wild in euren Jagdgebieten, die Vögel bei euren Landhäusern, die golden und silbernen Verzierungen eurer Schränke; malt die niederländischen Gasthäuser, Küchen und Besenstiele, Flamme und Licht niederländischer Kerzen."[6] Solcher Ausbruch – bei Busken Huet ist es die frühe Umsetzung des nationalen Denkens, wie es in seiner Zeit als Parole nicht nur auf politischem Gebiet verkündet wurde – war letztlich nichts anderes als ein

---

4   S. dazu E.H. KOSSMANN, *De Nederlandse zeventiende eeuwse schilderkunst bij de historici*, in: GRIJZENHOUT/VAN VEEN, *De Gouden Eeuw in perspectief*, S. 280f.
5   BUSKEN HUET, *Het land van Rembrand*, S. 750ff.
6   Ebd. S. 770. Passage von mir übersetzt. „Hollands" wurde hier bewusst mit „niederländisch" übersetzt, da es nicht nur um die Provinz Holland geht.

Plädoyer für die „Holländische Schule", die sich im 17. Jahrhundert in den meisten Fällen so stark abhob von dem europaweit verbreiteten Klassizismus. Busken Huet wäre nicht der tieferschürfende Publizist gewesen, hätte er nicht gleich auch den Vergleich mit den Nachbarn gezogen. Warum gab es also dieses Phänomen der überquellenden Kunst kaum in England und Deutschland, warum gar nicht in den skandinavischen Ländern oder in der Schweiz. Er stellt die Frage nach den günstigen Bedingungen des eigenen Landes und findet sie in der staatsrechtlichen Struktur: in der kommunalen und provinzialen Grundordnung des Landes. Gewiß nicht zu Unrecht weist er auf die Kunst in Italien oder Flandern, auf die mittelalterliche Kunstblüte in Frankreich. Eine Basis bildet für ihn allemal der allgemeine Wohlstand, aber dieser Impuls verstärkte sich noch, wenn es in den Territorien genügend Städte oder Provinzen gab, die ein recht autonomes Leben führten. Daß er hier insbesondere auf Amsterdam verweisen kann, jedoch auch die anderen Städte der Provinz Holland beachtet, war bei diesem Kenner des niederländischen Kunstgeschehens im 17. Jahrhundert zu erwarten. Die städtische und provinzielle Autonomie gleichsam die Quellen für die Entwicklung eines nicht nur bürgerlichen, sondern auch künstlerischen Selbstbewusstseins, das heißt der enge Bezug zu Boden und Sitten – das waren die Faktoren, die die Impulse zu hohen malerischen Leistungen vermittelten. Es war nur allzu verständlich und entsprach auch der Reaktion des Auslandes auf die niederländische Malerei vor allem im 18. Jahrhundert – darauf ist später noch hinzuweisen –, wenn Busken Huet eben die Landschaftsmalerei der Niederländer hervorhob.

Die im Verhältnis zur gesamten Darstellung eigentlich nur wenigen Passagen sind ohne jeden kritischen Unterton; sie enthalten lediglich den Tadel an der Gesellschaft jener Zeit, die den Künstlern nicht die nötige Würdigung habe zukommen lassen, oder ein Bedauern dringt durch, wenn er feststellt, daß es unter den niederländischen Künstlern des 17. Jahrhunderts keine echten Doppelbegabungen gegeben habe. Jedenfalls fügte es sich in seine Euphorie über Quantität und Qualität der niederländischen Kunst, wenn er nachgerade genüsslich die Klage des Direktors des Pariser Louvre einbringen konnte, der 1852 den niederländischen Gemeinden vorgeworfen hatte, nichts für ihre örtlichen Künstler im nachhinein getan zu haben, daß sie nicht, wie italienische Gemeinden es schon lange taten, Leben und Werk der Maler untersuchten. Der Louvre-Leiter hatte eine Reihe von möglichen Arbeiten vorgetragen, die dem Anliegen gerecht zu werden vermochten, und offensichtlich den Niederländern dann auch die kunstpolitische und kunsthistorische Arbeit der Flamen als beispielhaft vorgehalten.[7]

Einordnung Rembrandts

Welch sorgfältig und einfühlsam formuliertes Lob er auch einer Vielzahl niederländischer Maler zu widmen weiß, über allen steht ihm Rembrandt, der gleichsam als ein Allvater niederländischer Malerei konterfeit wird. Im gewissen Sinne schloß Busken Huet insofern bei der Meinung des Auslandes an, als Rembrandt zwar nicht nur, aber doch in starkem Maße im 18. Jahrhundert im Ausland positiv aufgenommen worden war. Es sei aus diesem Grunde hier schon – noch vor dem Bericht über Maler und Malerei des 17. Jahrhunderts – eine kleine Bemerkung zu Leben und Werk dieses die internationale Kunstwelt immer wieder beschäftigenden Malers vorgestellt. Der 1609 in Leiden geborene Rembrandt Harmensz. van Rijn wandte sich sehr bald nach kurzem Studium an der Universität seines Geburtsortes der Malerei zu und zog nach Amsterdam – in eine Stadt mit einem gegenüber Leiden völlig anderen Ambiente. Als Porträtmaler

---

7   Ebd. S. 770ff.

machte er rasch Karriere und zeichnete sich nicht nur als fleißiger Maler, sondern auch als Kunstsammler aus. Der Mann wuchs heran und lebte in der Blütezeit des 17. Jahrhunderts, als noch keine anderen als eben die niederländisch geprägten Strömungen auf dem Gebiet der Kunst sichtbar waren oder sich Einflüsse von außen ankündigten, und er lebte zunächst ein finanziell sorgloses Leben, da ihm seine erste Frau Saskia ein ordentliches Vermögen hinterließ, das freilich nicht unerschöpflich war, so daß er sich nach Verschlechterung der Auftragslage hoch verschuldete, aus welcher beklemmenden Situation in seine zweite Frau Hendrickje Stoffels und sein Sohn Titus wieder herausholten. Rembrandt wurde Angestellter der Kunsthandlung seiner Frau und fertigte in jenen Jahre seine letzten großen Meisterwerke. Von weiteren Berichten zu seiner finanziellen Misere sei hier abgesehen, vielmehr hat der Hinweis seiner offensichtlich fruchtbaren Tätigkeit als Maler zu gelten. Rembrandt war nicht nur Maler, sondern auch ein erfolgreicher Lehrer. In den ersten 10 Jahren in Amsterdam hat er sehr viele Malerlehrlinge unterwiesen – eine Vielzahl, die über die in den Satzungen der St. Lucas-Gilde zugestandene Anzahl hinausging. Diese Überschreitung des Kontingents kam freilich häufiger vor. Joachim von Sandrart, der deutsche Maler und Biograph, der sich lange in den Niederlanden aufhielt und bei Honthorst im Atelier arbeitete, schreibt, daß sich in Rembrandts Atelier „unzählbar viele Kinder aus gutem Hause" aufgehalten hätten. Arnold Houbraken, der Künstler-Biograph, hat später mitgeteilt, die Zahl der Lehrlinge sei so groß gewesen, daß Rembrandt sich veranlasst sah, ein Lagerhaus zu mieten, in dem die Schüler zeichnen konnten, ohne einander zu stören. Im Hause seines ersten Vermieters in Amsterdam, Hendrick Uylenburgh, der Kunsthändler war und dessen Nichte Saskia Rembrandts erste Frau wurde, soll er diese Form des räumlich angepassten Unterrichts kennengelernt haben. Es ist die Frage, ob seine Lehrlinge auch die Arbeit an Teilstücken der Werke des Meisters übernommen haben, wie das in jener Zeit durchaus üblich war. Angesichts des hohen Ranges, den Rembrandt bei den Zeitgenossen des 19. Jahrhunderts genoß, ist diese Vermutung in jenem Jahrhundert heftig zurückgewiesen worden. Darüber ist hier freilich nicht zu befinden.

Aus Rembrandts Atelier ist eine Reihe von renommierten Malern hervorgegangen, die über die Grenzen des Landes hinaus bekannt geworden sind, auf jeden Fall aber im Inland hohes Ansehen genossen. Da ist zunächst Govaert Flinck zu nennen, der anfänglich zusammen mit Rembrandt im Hause des Uylenburgh wohnte und recht eindeutig in seinen Arbeiten von Rembrandt beeinflußt war. Eigene Merkmale entwickelte er erst nach 1640. Neben Flinck ist Jacob Adriaensz. Backer zu nennen, der mit Flinck nicht nur in Leeuwarden bei dem Maler und Kunsthändler Lambert Jacobsz. in der Lehre gewesen war, zu nennen, der häufig als Schüler Rembrandts bezeichnet wird, jedenfalls aber Einflüsse von Rembrandt zeigt. Während eine Lehrzeit des Backer bei Rembrandt in Zweifel gezogen wird, ist Ferdinand Bol tatsächlich bei Rembrandt in die Lehre gegangen, was sich auch in seinen Arbeiten stark äußert. Kurzzeitig nur scheint auch Bartholomeus van der Helst, Amsterdams bekanntester Porträtmaler unter dem Einfluß Rembrandts gestanden zu haben, um bald freilich einen eigenen Stil zu entwickeln. Es bleibe nach dieser Aufzählung nicht unerwähnt, daß die vorgenannten Maler einschließlich Rembrandt (freilich außer Ferdinand Bol) gemeinsam mit Nicolaes Eliasz. und dem Deutschen Joachim von Sandrart den Auftrag erhielten, den großen Saal („doelenzaal") der Kloveniersdoelen in Amsterdam, Versammlungsort der Schützengilde, mit Gemälden auszustatten. Dieser Saal maß ungefähr 18 mal 10 Meter. Aus diesem Auftrag ging Rembrandts *Nachtwache* hervor. Es war dies der Saal der großformatigen Gemälde, wie das knapp 2 Jahrzehnte später auch das von van Campen errichtete Amsterdamer Rathaus wurde, für dessen Ausstattung Flinck, Jordaens, Rembrandt und Bol die Aufträge erhielten. Hierüber ist an anderer Stelle ausführlicher gehandelt. Samuel van Hoogstraeten, wie Bol aus dem Atelier von Rembrandt hervorgegangen und später durchaus nicht als

Freund der Rembrandtschen Malweise einzuordnen, schrieb zur *Nachtwache*, die er als unorthodox und zugleich so lebendiges Werk bezeichnete, Rembrandt habe immer das Werk als Ganzes gesehen, der Gesamtkomposition mehr Aufmerksamkeit geschenkt als dem einzelnen Porträt. Dieses Werk werde, so kritisch man ihm auch entgegentrete, seine Kollegen insofern in Bedrängnis bringen, als es so ideenreich, von solcher Eleganz und so ausdruckskräftig sei, daß alle anderen Gemälde wie aufgeblasene Karten („kaerteblaeren") daneben hängen.[8] Obwohl Rembrandts Schaffenskraft in den 40er Jahren nach dem Tod seiner Frau Saskia erheblich nachließ, hat er doch auch in den 40er Jahren noch eine Vielzahl von Schülern in seinem Atelier herangezogen – eine Vielzahl, die sich selbst in der Folgezeit nicht durch besondere Leistungen – sei es im überkommenen Malstil oder innovativ – hervorgetan haben. Eine Ausnahme machen da der zuvor genannte Samuel van Hoogstraeten sowie Gerbrand van den Eeckhout und Carel Fabritius. Van den Eeckhout betätigte sich vor allem in der Historienmalerei, in einem bei Rembrandt beliebten Sujet, während van Hoogstraeten nicht nur als Maler und Schriftsteller auftrat, sondern auch ein anerkannter Kunsttheoretiker war. Vielleicht rückte gerade letztgenannter Bereich den weitgereisten van Hoogstraeten ins Rampenlicht der niederländischen Kunstszene. Carel Fabritius lernte bei Rembrandt die Anwendung von Lichteffekten und die leichte Pinselführung. Fest steht, daß er großen Einfluß auf die Delfter Schule der Malerei ausübte, die ihren Höhepunkt mit Pieter de Hooch und Johannes Vermeer erreichte.[9]

Es ist nicht die Aufgabe des Historikers, das Gesamtwerk eines Malers einzuordnen oder gar die Qualität zu beurteilen, vielleicht darf aber auf einige wenige Besonderheiten des Rembrandt hingewiesen werden. So etwa bei der Porträtkunst: So hoch dieser Bereich der Einzel- und Gruppenporträts niederländischer Maler einzuschätzen sein mag, so naturgetreu das Bildnis des Einzelnen oder der Gruppe sein mochte, diese Arbeiten trugen doch Züge eines – wenn man es so ausdrücken darf – plakativen Realismus, dem letztlich der Bezug zum inneren Wesen fehlte. Rembrandts Selbstporträt oder die Darstellung seiner Familienmitglieder oder des Jan Six und andere sind da insofern von einem anderen Zuschnitt, als dieser Maler es verstanden hat, das innere Wesen in seiner ganzen Lebendigkeit durchscheinen zu lassen. Das machte die eigentliche Faszination aus. Vielleicht ist hier auch der Grund zu suchen, warum der Meister als Porträtmaler nicht so sehr gefragt war: er schuf Bilder, denen der Zweck der selbstbewußten Präsentation fremd war. Dem Maler ging es nicht um Schönheit als Larve, sondern um eine unkorrigierte Wiedergabe des Gesehenen, aber auch des Gefühlten. „Betrachten wir", so ist bemerkt worden, „... Rembrandts große Porträts, stehen wir Menschen in aller Unmittelbarkeit gegenüber, so wie sie das Schicksal gezeichnet hat. Sein ruhiges Malerauge blickt geradewegs in die Tiefen der menschlichen Seele."[10] Seine Fähigkeit, sich in den Charakter seiner Personen, die für ihn Modell standen oder saßen, einzufühlen, ist mit der Fähigkeit der Charakterbeschreibung bei William Shakespeare verglichen worden.[11] Aber mehr noch. Rembrandt war nicht nur der Mann des großen Gemäldes, der Porträts und Historienmalerei, er war auch der Mann der Zeichnung und Radierung und in diesem technischen Bereich gleichsam der Protagonist biblischer Geschichte. Rembrandt hat, wenn man so will, das biblische Geschehen in den niederländischen Alltag gebracht, und diesen Alltag kannte er. So ging seiner Radierung *Predigt Christi* von 1652 eine intensive Beobachtung des seinem Wohnhaus benachbarten Amsterdamer Judenviertels voraus, um eine lebensechte Zuhörerschaft darstellen zu können, während

---

8   Zitat aus Hoogstraeten bei HAAK, *Hollandse schilders in de Gouden Eeuw*, S. 296.
9   Alles nach ebd. S. 298ff. und 440ff.
10 So GOMBRICH, *Die Geschichte der Kunst*, Berlin [16]1996, S. 423.
11 Ebd.

er zugleich in der Gruppierung der Personen um Christus die ganze Erhabenheit und Distanz des Predigers mit der neuen Lehre erfaßte. Aber es gab eben nicht nur diese Umsetzung der biblischen Geschichten in den Radierungen, sondern darüber hinaus zahlreiche Landschaften und Genre-Stücke, die im Jahrhundert darauf und im 19. Jahrhundert immer wieder Nachahmer gefunden haben, wie an anderer Stelle noch zu zeigen sein wird.

Aber zurück zur Rembrandt-Verehrung. Das Buch des Busken Huet ist ein spätes Werk und gleichsam die Quintessenz der Rembrandt-Verehrung, wie sie in den frühen Jahrzehnten des 18. Jahrhunderts schon anhob und sich als kräftig erwies. Zu den Verehrern zählten früh schon die Maler der Zeit und die hektische Apotheose reichte über die Jahrhundertwende hinaus. Rund um das Rembrandt-Jahr 1906 schrieb der von Huizinga verehrte und mit diesem befreundete Jan Veth nicht nur *Rembrandt's leven en kunst*, es wurden Rembrandts Werke auch in der Lyrik und der Musik verarbeitet. Das Rijksmuseum Amsterdam fügte dem eh schon großen Haus einen Rembrandt-Anbau hinzu, der eben dann eröffnet wurde. Daß es zu dieser Zeit auch zu kritischen Diskussionen kam, sei hier lediglich am Rande vermerkt, wichtiger will vielmehr erscheinen, daß die Künstler des 19. Jahrhunderts nicht nur die Werke und den Stil des Rembrandt zu imitieren versucht haben, er, der Maler aus dem 17. Jahrhunderts, figurierte auch in den Bildern anderer, die ihn bei der Arbeit zeigten oder bei der Betrachtung eines seiner Werke; dabei scheint es zuweilen durchaus uninteressant gewesen zu sein, ob es sich um ein der Ähnlichkeit verpflichtetes oder um ein Phantasieporträt handelte.[12] Freilich, die Phantasie der niederländischen Künstler des 19. Jahrhunderts erschöpfte sich gewiß nicht in der Nachahmung des Rembrandt van Rijn, vielmehr trug die gesamte Malerei des 17. Jahrhundert einigen Vorbild-Charakter. Die Motive des 17. Jahrhunderts wurden verstärkt aufgegriffen. Dabei ging es nicht nur um Historienmalerei, sondern vor allem um die als typisch niederländisch beurteilten Arbeiten aus der Genre-, Landschafts- und Marinemalerei. Der schon in seiner Zeit im In- und Ausland bekannte Landschaftsmaler Ruisdael übte im 19. Jahrhundert großen Einfluß aus. Während man für die Landschaftsmalerei Ruisdael zum Protagonisten erkor, war es Willem van de Velde de Jonge für die Marine-Malerei, der, wenn man so will, Pate stand für die überaus zahlreichen Marinebilder (Seeschlachten und Porträts von „Seehelden") des 17. Jahrhunderts.[13]

Andere Lobpreisungen der Malerei

Busken Huet war nicht der einzige, der die niederländische Malerei des 17. Jahrhunderts– und Rembrandt ganz besonders – in den Himmel pries. Die Historiker seiner Zeit haben da ähnliches zum besten gegeben.[14] Pieter Lodewijk Muller etwa, der dem 17. Jahrhundert eigens drei Bände widmete[15] oder eine als Serie veröffentlichte Geschichte Amsterdams (*Amsterdam in de zeventiende eeuw*). In beiden Werken ist die niederländische Kunst des 17. Jahrhunderts nicht Gegenstand kunsthistorischer oder ikonologischer Analyse, sondern dient als Basis nationalen Stolzes. Wie Busken Huet wies auch Muller darauf hin, daß man sich im Ausland kaum noch der niederländischen Größen jenes Jahrhunderts erinnern könne, Christiaan Huygens und Spinoza für allgemein

---

12 S. dazu B. BLEY, *Vom Staat zur Nation. Zur Rolle der Kunst bei der Herausbildung eines niederländischen Nationalbewusstseins im langen 19. Jahrhundert*, Geschichte Band 56, Münster 2004, S. 79ff. Hier auch eine Reihe von Beispielen.
13 Ebd. S. 87ff.
14 Hierzu KOSSMANN, *Der Nederlandse zeventiende-eeuwse schilderkunst bij de historici*, S. 283f.
15 P.L. MULLER, *Onze Gouden Eeuw. De Republiek der Vereenigde Nederlanden in haar bloeitijd*, 3 Bde., Amsterdam 1896-98.

europäische Größen angesehen, die niederländische Kunst aber für eine spezifisch national-niederländische Kunst gehalten werde. Muller war kein Kunsthistoriker, versuchte sich auch nicht an ausschweifenden Interpretationen, glaubte aber wohl einbringen zu müssen, daß die Kunst des 17. Jahrhunderts den Volkscharakter der Niederländer in ihrem ganzen Umfang widerspiegelte. Er schloß in der Würdigung der Kunst bei den Kunsthistorikern der Zeit vor ihm an, nach denen die niederländische Malerei – auch mit Rembrandt voran – die eigentliche Leistung des 17. Jahrhunderts darstellte.

Es soll in diesem Zusammenhang auch gleichsam als weiterer Hinweis auf die Rezeption der niederländischen Kunst in der Nachwelt die niederländische Literatur vor Busken Huet erwähnt werden, die sich im 18. und in der ersten Hälfte des 19. Jahrhunderts noch recht schwer tat mit der Frage, wie hoch denn der Stellenwert der darstellenden Kunst einzuschätzen sei. Nicht daß man den Ruhm des vaterländischen 17. Jahrhunderts in Abrede gestellt hätte, ganz im Gegenteil, aber es war eben Größe ohne Kunst. Die „holländische" Malerei stand, so ist einmal formuliert worden, „im Abseits".[16] Offensichtlich schienen die einzelnen Maler keinen Vergleich mit den Niederländern Joost van den Vondel, Pieter Cornelisz. Hooft, Constantijn Huygens oder Roemer Visscher aushalten zu können. Solcher Einstellung lag eine für die Aufklärung so typische Moralisierung zugrunde, die sich gleichsam auf die Ernsthaftigkeit des Lebens versteifte und kaum einen Zugang zum vermeintlich lockeren Leben der Malergilde zu finden vermochte. Die Kunstlexika des Arnold Houbraken und des Jacob Campo Weyerman mit ihren Geschichten über die eher „zügellosen" Seiten des Malerlebens unterstützten die Abkehr. Die Schriftsteller und Dichter sahen sich offensichtlich in einer Konfliktkonstellation, die sich aus der Suche nach dem Vaterländischen ergab. Während man einerseits sehr wohl einsah, daß die niederländische Malerei des 17. Jahrhunderts zum Glanz dieses Jahrhunderts beigetragen hatte, weigerte man sich andrerseits, diese Begabung der Künstler als eine Frucht altniederländischer Tugenden zu begreifen. Im Zuge des Wiederaufbaus einer niederländischen Nation, wie er Ende des 18. und im beginnenden 19. Jahrhundert einsetzte, stand Tugendhaftigkeit als Erbe der Vergangenheit ganz obenan. Diese Grundhaltung wirkte sich bis in Lehrbücher für Schulen aus. Dort fanden sich eben nur tugendhafte, sittsame Niederländer von vergangener Bedeutung aufgenommen, nicht aber Maler. Und wenn sich doch einmal einer genannt fand, dann nur, weil er ein „sittliches" und „zurückhaltendes Leben" geführt hatte.[17] In der späteren ersten Jahrhunderthälfte des 19. Jahrhunderts setzte freilich ein Wandel ein, der von dem Wunsch getragen wurde, den Glanz des 17. Jahrhunderts auf das 19. zu übertragen, das Jahrhundert einfach zum Vorbild zu erheben. Zu diesem Glanz zählte eben die Kunst, und der Gründer und erste Redakteur der Kulturzeitschrift *De Gids*, E.J. Potgieter, war einer der ersten, der diesen Weg beschritt und Rembrandt in den Vordergrund schob, aber auch andere nicht außer Acht ließ. Das geschieht dann zunächst noch auf dem Weg des Erzählens, aber es zeugt auch von der Absicht, Künstlern und ihrer Existenz das gebührende Verständnis entgegenzubringen, Künstlertum zu verstehen und den Künstler damit vom Ruch des Unsittlichen zu befreien. Es war zugleich der Versuch, das gedankliche Erbe des 18. Jahrhunderts zu überwinden, weil das 19. Jahrhundert mit seinem Anspruch auf Nationalstaatsbildung niederländischen Intellektuellen deutlich machte, daß jedes Element vergangenen Glanzes genutzt werden mußte. Solche Denkvoraussetzung bestimmte auch seinen langen Aufsatz über das Amsterdamer Rijksmuseum, in dem er die nieder-

---

16 So J.J. KLOEK, *Naar het land van Rembrandt. De literaire beeldvorming rond de zeventiende-eeuwse schilderkunst in de negentiende eeuw*, in: Grijzenhout/van Veen (Hrsg.), De Gouden Eeuw in perspectief, S. 141.

17 Ebd. S. 142ff. Als Beispiel einer solchen eher ganz seltenen Ausnahme wird Frans Mieris aufgeführt, der die nötigen sittlichen Eigenschaften besessen haben soll.

ländische Kunst des 17. Jahrhunderts neben die der Italiener stellt (nicht über die Italiener), sie freilich auch nicht in allen Punkten würdigt, jedoch zum einen die Andersartigkeit – man würde sagen können: er stellt den eher metaphysischen Charakter der italienischen Kunst dem „down-to-earth-Denken" der Niederländer gegenüber – , zum anderen gerade jene Ergebnisse künstlerischen Schaffens preist, die abseits jeder Trivialität die ganze niederländische Volkskraft des 17. Jahrhunderts widerspiegeln – oder was er für den Ausdruck von Volkskraft hielt. Dazu zählen die Porträts von Stadtoberen oder Schützengilden.[18] Berücksichtigt man die beredte Klage, die Thorbecke in den 40 Jahren über die Trägheit der Niederländer – Trägheit im Denken und Handeln – geführt hat, dann begreift man Potgieters Reflexion und seine Bevorzugung der malerischen Umsetzung von Volkskraft. Festzuhalten ist, daß spätestens seit der Mitte des Jahrhunderts eine allgemeine Aufwertung der niederländischen Malerei des Goldenen Jahrhunderts einsetzt – eine Aufwertung, die Rembrandts künstlerische Qualität ins Genialische steigen läßt, ohne freilich andere Maler zu vernachlässigen. An dieser neuen Würdigung haben sich nach Potgieter auch populäre Schriftsteller wie Jacob van Lennep oder auch ein überzeugter, immer im Clinch mit niederländischem Protestantismus befindlicher Katholik wie J.A. Alberdingk Thijm beteiligt. Es sei mit Rembrandt etwas Himmlisches herniedergestiegen, so heißt es in seinem Gedicht zu Rembrandt. Beide Autoren setzten sich nachdrücklich für die Errichtung eines Rembrandt-Denkmals ein, die dann auch 1852 in Amsterdam erfolgte. Die Initiative zu diesem Unternehmen hatte der Maler Bosboom ergriffen. Jan Pieter Heije, ein in jenen Jahrzehnten äußerst populärer Dichter veröffentlichte in dem in jener Zeit weit verbreiteten *Nutsalmanak* Porträts von sieben niederländischen Malern des 17. Jahrhunderts und fügte ihnen kleine Lobeshymnen in Reimform bei. Rembrandt figurierte dabei als das „größte Genie" der niederländischen Maler, wenn nicht sogar der Welt. Es ist zu Recht bemerkt worden, daß solcherlei Auslassungen zur Bildungsoffensive der hier einleitend genannten *Maatschappij tot Nut van 't Algemeen*[19] gehörte, in der es darauf ankam, die Nation zu neuem Leben zu erwecken.[20] Wenn man so will, kann man Busken Huet dann auch als den Schlußpunkt einer regelrechten Rembrandt-Apotheose nennen, die zugleich eine Aufwertung der niederländischen Kunst des 17. Jahrhunderts enthielt.[21]

Europäische Kunstszene

Wie der in der Einleitung zitierte Amsterdamer Germanist Hermann Meyer in einer Zusammenfassung des Befundes reisender, die Niederlande besuchender Zeitgenossen von der Bewunderung der Weltmacht, des Reichtums und des Kunstsinns spricht, wäre ohne jedes Zögern auch das Wort von der hohen Kreativität am Platze, die im übrigen nicht nur die bildende Kunst betrifft, sondern im gleichen Umfang auch für Technik und Wirtschaft gelten darf. Der häufig verwendete Begriff von der Blüte der Kunst deutet auf Menge und Qualität gleichermaßen, und bei einer eher emotional gehaltenen Wortwahl wird man vom eruptiven Charakter der niederländischen Kunstszene sprechen können, soweit es die Menge angeht. Und dort, wo es um Menge und zugleich Inhalte geht, ist eher das Wort von der Kreativität am Platze, deren Ursachen Peter Burke in seiner

---

18 S. ebd. S. 150ff.
19 In der Einleitung: *Ausgangspunkte*.
20 So N.C.F. van Sas, *Nationaliteit in de schaduw van de Gouden Eeuw. Nationale cultuur en vaderlands verleden*, in: Grijzenhout/van Veen, *De Gouden Eeuw in perspectief*, S. 99.
21 Ebd. S. 152ff.

Studie über die italienische Renaissance zu ergründen sucht.²² Er spricht von Ballung der Leistung in einzelnen, Kunst und Literatur erfassenden kreativen Kunstepochen, Ballungen, die in einem einigermaßen engen zeitlichen und räumlichen Zusammenhang stehen. Als Beispiele führt er das griechische Altertum (Aischylos, Sophokles, Euripides), Frankreich (Corneille, Racine, Molière) und schließlich Italien an, die Maler Leonardo, Raffael, Michelangelo, Giorgione und Tizian. Sie treten für ihn „gleichsam als Gruppe auf."²³ Giorgio Vasari ist ihm Zeuge – nicht allein in der Aussage, nach der die Natur einem „vorzüglichen Geist" in einem Beruf einen zweiten sich zugesellen lasse, sondern auch mit seiner Sammlung von Künstlerbiographien, in denen auf den hohen Anteil der Stadt Florenz an den Leistungen der italienischen Renaissance hingewiesen wird. Vasari führt drei Elemente an, die den Florentiner Künstler in seinem Schaffen angespornt haben sollen: „... zuerst ... Tadel, der in vielfacher Weise von einer großen Zahl Menschen vorgebracht wird, weil die Luft hier freie Geister erzeugt, die sich nicht an mittelmäßigen Werken genügen ... Das zweite ist, daß, um in Florenz zu leben, es not tut, betriebsam zu sein; dies aber heißt nichts anderes, als seinen Geist und Verstand immerdar anstrengen ...; denn diese Stadt hat kein weites und reiches Gebiet, daher kann sie denen, welche dort leben, nicht für geringen Preis ihren Unterhalt bieten, wie überall der Fall ist, wo viel Reichtum sich vorfindet. Das dritte ... ist das Verlangen nach Ruhm und Ehre, welches jene Luft in hohem Maße bei denen erzeugt, die irgend Vollkommenes leisten ..."²⁴.

Es sei gleich an dieser Stelle mit Blick auf die niederländische Kunst des 17. Jahrhunderts erwähnt, wie sehr die bildende Kunst – in der historischen und kunsthistorischen Literatur gleichermaßen – als ein einzigartiges Phänomen in der europäischen Kulturlandschaft hervorgehoben worden ist. Es will scheinen, als ob die Kunst der Niederlande und ihre Künstler das ganz wesentliche, ja, charakteristische Merkmal der Republik gewesen seien. So ist es am Platze, ehe die Kunst der Niederlande und ihre Vorgeschichte näher ins Auge gefaßt wird, einmal einen Blick auf die Kunst der Nachbarstaaten in der Zeit zu werfen, ihren Stellenwert in ihrer jeweils nationalen Gesellschaft zu überprüfen. Man wird dann feststellen, daß auch im 17. Jahrhundert noch Italien (Rom, Florenz, Venedig) das Zentrum europäischen Kunstlebens war. Hier trafen sich die Künstler aus vielen europäischen Ländern und nahmen an den Erörterungen über Kunst und Kunstrichtungen teil, die dort der Kunstszene das Gepräge gaben. Solche Auseinandersetzungen waren neu in der Kulturlandschaft und hatten im 16. Jahrhundert kaum, zumindest nicht vor der Mitte des 16. Jahrhunderts stattgefunden. Die Auseinandersetzung wurde nicht zuletzt von dem aus Bologna stammenden Maler Annibale Caracci und Michelangelo da Caravaggio aus der Umgebung Mailands ausgelöst. Caravaggio hat in seiner Zeit und noch darüber hinaus einigen Einfluß auf niederländische Maler ausgeübt, die die sogenannte Utrechter Schule bildeten. Man wundert sich nicht, daß er in den Niederlanden rezipiert wurde, weil er gegenüber Carraci, der eher dem klassischen Schönheitsideal zu folgen, es darzustellen beabsichtigte, den Mut zur Hässlichkeit verkündete, einen eher *naturalistischen* Stil pflegte. „Er wollte mit allem Konventionellen aufräumen und die Fragen der Kunst ganz neu durchdenken. Manche glaubten, daß er darauf aus war, das Publikum vor den Kopf zu stoßen, und daß ihm jede Ehrfurcht vor der Schönheit und der Tradition fehlte."²⁵ Abgesehen davon, daß dem Caravaggio eine große Bibelkenntnis nachgesagt wird und daß es ihm auch darum gegangen ist, die Bibelgeschichten über die Figuren des Alltags näher zu bringen, fan-

---

22 P. BURKE, *Die Renaissance in Italien*, S. 9ff.
23 Ebd. S. 9.
24 Ebd. S. 10.
25 E.H. GOMBRICH, *Die Geschichte der Kunst*, S. 390ff. (Zitat S. 391).

den beide Richtungen ihre Anhänger. Zu jenen, die dem Carraci folgten, zählte Guido Reni, der möglicherweise konsequenter noch als Carraci dem klassischen Schönheitsideal folgte, wie es Raffael vorgeführt hatte. Es ging letztlich um die Ausmerzung des Hässlichen und Gemeinen in der Kunst, um Idealisierung der Natur unter Preisgabe aller Einzelheiten, die nicht den „Formgesetzen der antiken Plastik" entsprachen. Letztlich ging es nur um Verschönerung des Gegebenen. Diese auch neo-klassizistisch oder „akademisch" genannte Schule stand, und das sei hier schon erwähnt, in einem scharfen Gegensatz zur niederländischen Entwicklung nicht nur des 17., sondern auch der flandrisch-brabantischen Kunst um die Mitte des 16. Jahrhunderts. Darauf ist noch hinzuweisen. Es will scheinen, als ob diese „akademische" Richtung ganz entscheidend unter dem Eindruck einer ruhigen, sonnenüberfluteten Landschaft und einer antik inspirierten und damit idealisierten Körperlichkeit gestanden habe. Die Menschen sind einfach schön, die Landschaft ist eine Idylle, ist arkadisch. Das gilt für die Franzosen Nicolas Poussin und Claude Gellée (Lorrain) gleichermaßen. Poussin weilte viele Jahre in Rom und machte dort die antike Plastik zum Gegenstand intensiven Studiums. Gellée, jünger als Poussin, stammte aus Lothringen und wurde aus diesem Grunde Lorrain genannt. Er hielt sich in der römischen Campagna auf und studierte das Hügelland und den südlichen Himmel in ihrer farblichen Beschaffenheit. Es waren beide zugleich Künstler, die Traumvorstellungen nachhingen, durchaus einen realistischen Bezug zur Landschaft hatten, das Konterfei jedoch frei von allen, wenn man so will, „Unebenheiten" gestalteten. Es ist später darauf hingewiesen worden, daß Reisende noch hundert Jahre nach seinem Tode eine Landschaft nach den Vorgaben beurteilt haben, die Claude Lorrain ihnen mit seinen Bildern eröffnet hatte. Solche Reisende, die einen Ort entsprechend dieses Vorgaben fanden, verweilten an diesem Ort, um auf jeden Fall den Picknick-Korb auszupacken. Die Wirkung dieses Lorrain scheint bis nach England hinein gereicht zu haben. Reiche Engländer haben ihre Landsitze nach den Landschaftsbildern dieses französischen Malers umgestaltet. Poussin hat in der französischen Barockmalerei in Form und Thema einen erheblichen Einfluß ausgeübt, das heißt indirekt wird in der französischen Malerei über Poussin der Einfluß Tizians und vor allem Raffaels spürbar. Auch Caravaggios Einfluß hat sich im Frankreich des Barock bemerkbar gemacht. Zu den hervorragenden Künstlern gehörten die Caravaggisten Georges de la Tour, Valentin und die Brüder le Nain, Vertreter der Genre-Malerei. Daneben hatten die Porträt-Malerei ebenso wie die Blumenstilleben einen hohen Standard, wie auch durch den hier in anderem Zusammenhang erwähnten Callot[26] der Graphik neues Leben eingeblasen wurde.

Aus dem Norden ging auch Peter Paul Rubens aus Antwerpen nach Rom – wie sich übrigens auch eine Reihe nordniederländischer Maler der ersten, zweiten und dritten Generation eine Zeitlang in Rom aufhielten. Rubens zählt zu den frühen Besuchern. Er traf dort 1600 ein. Rom war für ihn der Ort der heftigen Debatten um die richtige Kunstauffassung und zugleich der konkreten Kunstanschauung, gleichviel, er scheint sich keiner bestimmten Richtung angeschlossen zu haben, vielmehr blieb er der flämischen Kunst zugewandt, die sich bis dahin nicht den Kopf über Schönheitsideale und Themenwahl zerbrochen hatte, was wiederum seine große Bewunderung für die italienische Kunst der Zeit nicht ausschloß – und sie galt Caravaggio und Carracci gleichermaßen. Als er nach Antwerpen zurückkam, hatte er die Fähigkeit der Gestaltung großer Kompositionen erworben, die in deutlichem Gegensatz der bis dahin in Flandern gepflegten Kunst der kleineren Bilder stand. Das Großflächige und Monumentale, die kunstvolle Gruppierung von Menschen oder der Glanz der Umgebung, das waren die italienischen Techniken, die er mit zurück nach Antwerpen brachte. Dazu ist geschrieben worden: „Eines sieht man auf den ersten Blick: Bei Rubens gibt es mehr Bewegung, mehr Licht

---

26   S. dazu den Abschnitt *Kriegsbereitschaft und Friedenswunsch*.

mehr Raum und mehr Figuren als in irgendeinem früheren Bild dieser Art."[27] Hingewiesen wird dabei auf die vielfältige Darstellung des Madonna-Motivs in der italienischen Malerei. Rubens hatte in Antwerpen eine große Zahl von Bewunderern und dann auch Schülern, die bald auch bei der Vielzahl der Aufträge, die bei Rubens eingingen, die Skizzen des Meisters zunächst einmal auf eine große Leinwand zu übertragen hatten.

Weit mehr vielleicht als die Italiener oder Franzosen war Rubens der ganz wesentliche Vertreter des ebenso kunstsinnigen wie repräsentationsbewußten katholischen und monarchischen Europa. Sein Ruhm reichte weit über die Grenzen der südlichen Niederlande hinaus, und seine Art zu malen stand in einigem Kontrast zu den Ergebnissen der nordniederländischen Malkunst. Er war der Maler von Prunk und Pracht und der angemessenen Ausstattung der Kirchen, der Favorit der Kirchenfürsten. „Rubens machte als Maler der katholischen Welt Karriere."[28] Seine Auftraggeber saßen bei den Jesuiten in Antwerpen ebenso wie am Hofe des französischen Königs, am spanischen Hof und bei dem englischen König Karl I. Es nimmt nicht wunder, daß dieser Mann zugleich mit zahlreichen diplomatischen Missionen betraut wurde. Abgesehen davon, daß Rubens mit den Gelehrten seiner Zeit über Fragen von Archäologie und Kunst korrespondierte, blieb er trotz seiner hohen gesellschaftlichen Stellung vor allem Maler und sorgte dafür, daß aus seinem Antwerpener Atelier „ein bunter Strom von Meisterwerken" hervorging.

Der allgemeine Hinweis auf die Pracht der Gemälde und auch den quantitativ hohen Ausstoß des Antwerpener Ateliers und schließlich auf den internationalen Ruf des Rubens mag hier eigentlich genügen, wenn von Positionierung der Malerei in den südlichen Niederlanden die Rede ist. Aber es gab eben nicht nur Rubens. Zu nennen ist auch sein Meisterschüler Anthonie van Dyck, ein Zeitgenosse des Poussin und des Lorrain. In der Wiedergabe der prächtigen Oberfläche kam er seinem Meister Rubens gleich, die Lebensfreude scheint ihm etwas gefehlt zu haben. Er war der Favorit des genuesischen Adels und des englischen Hofes. 1632 ernannte ihn Karl I. von England zum Hofmaler. Van Dyck, der wie sein Meister Rubens mit vielen Gehilfen arbeitete, läßt sich durchaus als ein Maler der adligen Eleganz einordnen, das heißt, er bemühte sich um die Wiedergabe des adligen Selbstbildes, wie es am englischen Hof offensichtlich gepflegt wurde.

Rubens hatte in Spanien den jungen Maler Diego Velásquez kennengelernt, bis zu dieser Begegnung kein Italiengänger, der freilich mit den Stilrichtungen, wie sie in Italien gepflegt und diskutiert wurden, bekannt war. Velásquez hing dem Naturalismus des Caravaggio an und scheint auch durchaus unter dem Einfluß der Niederländer seiner Zeit gestanden zu haben. Velásquez hat auf Anraten des Rubens eine Reise nach Italien unternommen, wo er sich freilich nicht lange aufhielt. Er avancierte bald zum Hofmaler des spanischen Königs Philipps IV. Die Bildnisse des Königs und seiner Familie gehörten zur Hauptaufgabe des Spaniers, wie er sich mit dem großen Gemälde über die Übergabe der niederländischen Stadt Breda an den spanischen General Spinola einen zu jener Zeit durchaus seltenen spanischen militärischen Triumph feierte – ein Gemälde, das die großzügige Geste, nicht den ordinären Kampf wiedergab (*Las Lanzas*). Hier bleibt hinzuzufügen, daß den Maler nicht nur der höfische Glanz verführte, sondern daß er seinen Gegenstand auch im Volksleben suchte mit einer realistischen Herangehensweise an die Natur, die durchaus dem Stil der nordniederländischen Maler ähnelte.

In diesem letztgenannten Zusammenhang sei daran erinnert, daß die Malerei im katholischen Europa sich freilich nicht nur auf die Wiedergabe der weltlichen und kirchlichen Fürsten kaprizierte oder sich nach deren Bedürfnissen richtete, wenngleich das sicherlich die beste Einnahmequelle für die Maler war. Zumindest in Flandern wandte man sich

---

27 So GOMBRICH, *Die Geschichte der Kunst*, S. 397.
28 Ebd. S. 400.

auch der Landschaftsmalerei zu. Auch Peter Paul Rubens ist zu den Landschaftsmalern zu zählen. Das heißt Rubens steht neben zahlreichen anderen in der Tradition. Wenngleich festzustellen ist, daß sich von der burgundischen Zeit her über das 15. und 16. Jahrhundert gerade in Flandern eine überaus reiche Landschaftsmalerei entwickelte, die im 17. Jahrhundert in unterschiedlicher Sinngebung ihren Fortgang fand und in dieser letztgenannten Periode durchaus hohe Ähnlichkeit mit der nordniederländischen Malerei aufwies, sei doch hinzugefügt, daß sich früh schon – wiederum vornehmlich in der italienischen Kunstszene – der Streit um die Landschaftsmalerei entwickelte, etwa zwischen Tizian und Botticelli, daß man freilich damals als auch später noch auf Petrarcas Bericht über die Landschaft, die ihm nach Besteigung des Mont Ventoux (Garda-See) zu Füßen lag, Bezug nahm. Der Bericht wird als eine „Schlüsselstelle für das Erwachen des ... ‚Naturgefühls'" gedeutet. Schon 1538 erfuhr vor allem die flämische Landschaftsmalerei Kritik von Francisco de Hollanda bei einem – fiktiven – Gespräch mit Michelangelo: der Malerei gehe es lediglich um die Nachahmung der Natur. Sie sei Blendwerk. Theorie oder Auseinandersetzung um die Landschaftsmalerei hin oder her, sie war ein Fakt, fand auch im frühen 16. Jahrhundert im Deutschen Reich bei Albrecht Dürer, Altdorfer oder Wolf Huber ihren Platz, ohne hier freilich später eine Fortsetzung zu finden, ganz im Gegensatz zur flämischen Situation. Die reiche Landschaftsszenerie des 16. Jahrhunderts fand im 17. Jahrhundert ihren deutlichen Fortgang und war – wie zuvor angedeutet – der nordniederländischen Szene an Dichte sicherlich vergleichbar. Vor allem ist auf den Gleichklang der Spezialisierungen hinzuweisen. Der Prozeß begann um 1600. Die Spezialisierung auf einen bestimmten Landschaftstyp herrschte vor. Die Vielzahl der Maler kann in diesem Rahmen nicht genannt werden. Zu verzichten ist an dieser Stelle auch auf die Deutung der Landschaftsmalerei in ihrem Sinngehalt.[29] Aber ein anderes ist für den Vergleich bemerkenswert. In den südlichen Niederlanden scheint ab 1580 eine „explosionsartige" Zunahme von Landschaftsbildern eingesetzt zu haben, eine Zunahme, die eben auch für die nördlichen Niederlande festzustellen ist. Da verschob sich die Relation von Historienbildern zu Landschaftsbildern zwischen 1610 und 1679 ganz erheblich zugunsten der Landschaftsmalerei, abgesehen davon, daß Landschaftsbilder auch als Billig-Ware den Markt quantitativ bereicherten, was durchaus für die hohe Akzeptanz dieser Richtung spricht.

Es ist in einem kursorischen Überblick über die Entwicklung der Malerei in einigen Ländern auf die Territorien des Deutschen Reiches hinzuweisen und festzustellen, daß die Kunstszene einen eigenartigen Bruch erfahren hat. Die erste Hälfte des 16. Jahrhunderts ist immerhin von Malern und Graphikern wie Albrecht Dürer und Matthias Grünewald oder dem Landschaftsmaler Albrecht Altdorfer geprägt worden. Und zu dieser Gruppe sind als herausragende Malerpersönlichkeiten auch Hans Holbein der Ältere und der Jüngere zu rechnen. Diese Malerei stand auf einem besonders hohen Niveau. In Deutschland wie auch in anderen Ländern des europäischen Nordens setzte freilich eine Kunstkrise ein, die auf Existenz und Vormarsch der Reformation zurückgeführt wird. Während bis dahin Kunst als eine akzeptierte kulturelle Äußerung verstanden wurde, wenn nicht gar als Äußerung christlicher Frömmigkeit, wurde die Funktion der Kunst bald in Frage gestellt. Zahlreiche Protestanten verzichteten auf die Ausschmückung der Kirchen mit Bildern oder Skulpturen. Damit entfiel auch eine wesentliche Einnahmequelle für die Maler von Altarbildern. Die Tätigkeit verschob sich dann auch auf Illustration von Büchern oder die Porträtmalerei. Große Meister trieb es ins Ausland. So

---

29 Grundlage für die Darstellung ist GOMBRICH, *Die Geschichte der Kunst*, S. 388ff.; für die Landschaftsmalerei mit dem Blick vor allem auf die flämische Malerei *Die Flämische Landschaft 1520-1700*, Lingen 2003 (Ausstellungskatalog der Wiener Ausstellung. Die einleitenden Beiträge von Alexander Wied und Klaus Ertz). Das Beispiel Petrarca auf S. 16 des Ausstellungsbandes.

etwa den vorgenannten Hans Holbein den Jüngeren, der nach Basel ging, wo er mehr oder weniger unter Schutz und Schirm des Erasmus von Rotterdam stand, der, wenngleich Katholik, noch etwas von religiöser Freiheit vermitteln konnte. Holbein ging bald mit einem Empfehlungsschreiben des Erasmus nach England, wo er rasch zum Hofmaler Heinrichs VIII. avancierte. Die deutsche Kunstszene hat sich von dieser politischreligiösen Entwicklung nicht recht erholen können. Dazu kam im 17. Jahrhundert der Dreißigjährige Krieg. In diesem Zusammenhang sei der Kunstschriftsteller Joachim von Sandrart zitiert, der zur Lage der Kunst im Krieg formulierte: „Die Königin Germania sah ihre mit herrlichen Gemälden gezierte Paläste und Kirchen hin und wieder in der Lohe auffliegen, und ihre Augen wurden von Ruß und Weinen dermaßen verdunkelt, daß ihr keine Begierde oder Kraft übrigbleiben konnte, nach dieser Kunst zu sehen, von welcher nun schiene, daß sie in eine lange und ewige Nacht wollte schlafen gehen."[30] In der kunsthistorischen Literatur wird über die kriegsbedingt schwache Kunstszene hinaus, die nur wenige Namen aufweist, auf ein stilistisch heterogenes Feld an künstlerischer Äußerung hingewiesen, auf einen Stilpluralismus, „in dem sich Nachklänge der Spätrenaissance unterschiedlicher lokaler Ausprägung ebenso spiegeln wie die Orientierung am flämischen Manierismus und dem der Prager Hofkunst unter Rudolf II." Überdies könne man von einer hohen Anziehungskraft der italienischen Kunst reden.[31] Tatsächlich hat es viele deutsche Maler eben nach Venedig und Rom gezogen, auf ihrer Kunstwanderung streiften sie auch die nördlichen und südlichen Niederlande oder ließen sich eine Zeitlang hier nieder, um sich von dem reichen Kunstleben inspirieren zu lassen. Joachim von Sandrarts Biographie wird dabei als eine Widerspiegelung des deutschen Künstlerlebens jener Zeit zu verstehen sein.[32] Die Wanderungen setzten nicht nur ein, weil sich Italien und bald auch die beiden Niederlande zu den wichtigsten Kunstzentren entwickelten, sondern weil eben infolge der Kriegswirren die Aufträge von den einzelnen Höfen der Reichsterritorien oder aus den Patrizierhäusern der freien Reichsstädte nicht reichlich genug flossen. Über den Krieg als naheliegendes Sujet deutscher Künstler dieser Zeit ist in einem gesonderten Abschnitt gehandelt.

Vielleicht sollte man, um den Vergleich der Kunstszene mit der Republik noch weiter herauszuarbeiten, einen Blick auch auf die Architektur in den katholischen Monarchien Europas werfen, um einfach nur hervorzuheben, daß die Republik auf jeden Fall auf dem Gebiete des Sakralbaus letztlich nur wenig Vergleichbares anzubieten hatte. Der große Sakralbau zählte nicht zu den bevorzugten Anschauungsbereichen der calvinistischen Republik. Baumeister wie der in Gent geborene Lieven de Key, der Amsterdamer Hendrik de Keyser oder der Haarlemer Jacob van Campen oder die anderen, die mit ihnen oder nach ihnen arbeiteten, bekamen da andere Betätigungsfelder, über die anschließend noch zu reden sein wird. Die katholische Kirche mit ihrer prunkvollen Innenausstattung versuchte durch äußeren, auch künstlerisch eindrucksvollen Aufwand zu überzeugen, was im protestantischen Norden eben keine Geltung mehr hatte. Dazu ist geschrieben worden: „So wurden Architekten, Maler und Bildhauer herangezogen, um die Kirche in ein großartiges Schaugepränge zu verwandeln, dessen Pracht und Herrlichkeit einen nahezu berauscht. Dabei kommt es nicht mehr auf Einzelheiten an, sondern auf den Gesamteindruck. Man kann dem Innern dieser Kirchen nicht gerecht werden, solange man sie nicht als Rahmen für die glanzvolle Liturgie der katholischen Kirche auffaßt. Man muß sie während eines Hochamtes gesehen haben, wenn die Kerzen am

---

30   Zit. bei A.R. PELTZER (Hrsg.), *Joachim von Sandrarts Academie der Bau-, Bild- und Mahlerey-Künste von 1675*, München 1925, S. 20.
31   So LORENZ, *Mahnung-Dekorum-Ereignis*, S. 213.
32   S. dazu ebd. S. 213ff. Auf S. 14f. gibt Vf. nicht nur das Beispiel von Sandrart, sondern führt auch einige andere Künstlernamen an.

Altar brennen, wenn Weihrauchduft die Kirche füllt und Orgelklang und Chorgesang uns in eine andere Welt versetzen."[33] Die Verbindung des äußeren Aufwands mit der Innenausstattung, die in Italien etwa auf Namen wie Francesco Borromini und Gian Lorenzo Bernini hinweist, steht für die katholische Ausgestaltung, die durch Pracht zu bekehren versucht. Gerade italienische Künstler waren bis weit ins 18. Jahrhundert hinein die bevorzugten Innenarchitekten für Sakral- und Profanbau gleichermaßen. Die Vereinnahmung von Kunst und Künstlern im Sakralbau war sicherlich für Auftraggeber und Künstler gleichermaßen ergiebig, aber diese Künstler wurden eben nicht nur von den Kirchenfürsten herangezogen, denn auch die weltlichen Großen zielten auf Prachtentfaltung und Präsentation einer, wenn man so will, steingewordenen Pracht, was Rückschlüsse auf ihre Bedeutung in weltlichen Auseinandersetzungen zuläßt. So hat Ludwig XIV. den vorgenannten Bernini nach Paris eingeladen, um sich von ihm beim Neubau des Louvre beraten zu lassen. Der Entwurf des Bernini blieb ein Entwurf, aber zwischen 1660 und 1680 ließ der französische König Versailles errichten, über dessen die Macht des Königs widerspiegelnde Ausmaße hier nicht zu handeln ist. Festzuhalten ist dagegen, daß die großen Gartenanlagen neben der reinen Architektur und den dazu gehörenden Skulpturen das Vorbild für zahlreiche Anlagen niedrigerer europäischer Fürstenhäuser gewesen sind, die ähnliches – kleiner dann – ihr Eigen nennen wollten. Hinzugefügt sei, daß dieses vielfältige Bauen nach Versailler Vorbild sich im 18. Jahrhundert endgültig durchsetzte. „Die Zeit um 1700", so ist geschrieben worden, „ist eine der glänzendsten Epochen der Baukunst – und nicht der Baukunst allein. Diese Schlösser und Kirchen waren nicht nur als architektonische Schöpfungen gedacht – alle Künste sollten dazu beitragen, eine unwirkliche, künstliche Welt zu schaffen."[34]

Gleich hier sei die niederländische Architektur-Szene eingebracht. Es ist festzustellen, daß die aus Italien kommende Renaissance-Architektur in den Niederlanden – Süden wie Norden – nur zögerlich Fuß gefaßt hat. Es war letztlich eine Architektur, in der sich die Regierenden Europas auszudrücken, das heißt zu präsentieren pflegten. Nicht so freilich die Habsburger in Brüssel. Im brabantisch-flandrischen Raum war es vielmehr der auf der zweithöchsten politischen Stufe agierende Hochadel, die Nassaus, Egmonds oder Granvelles, die diesen neuen Baustil pflegten. Im übrigen aber setzte sich in den Niederlanden zunächst eine Mischung aus einer an der Renaissance und der Spätgotik zugleich orientierte Architektur durch, die in der Literatur als holländische Renaissance eingestuft wird. Sie hängt eng zusammen mit Namen wie Hendrick de Keyser und Lieven de Key. Für beide hat Huizinga noch so vehement eine Lanze gebrochen.[35] De Key pflegte einen manieristischen Stil, und sein Name steht für den Giebel des Rathauses von Leiden und vor allem für die Fleischhallen in Haarlem. De Keyser hat die Amsterdamer Börse nach Besichtigung des Gebäudes der Londoner Börse, dann aber neben Montalbaans- und Münzturm und dem Bartolotti-Haus an der Amsterdamer Herengracht mit der Westerkerk jene Kirche gebaut, auf deren – später wohl von Jacob van Campen erbauten – Turm zahllose Touristen stiegen, um von dort aus den Amsterdamer Hafen zu bewundern.[36]

Die beiden vorgenannten Baumeister also als Vertreter einer Übergangsperiode, in der das Spätgotische dann endgültig verlassen wird, als Jacob van Campen und Pieter Post die Richtlinien bestimmten. Mit beiden setzte sich Neues durch. Zwar fehlte in der Republik der zentrale Hof des Monarchen, aber die Kombination von statthalterlichem

---

33 GOMBRICH, Die Geschichte der Kunst, S. 437.
34 Ebd. S. 449.
35 In VW, II, S. 499.
36 S. hierzu den instruktiven Beitrag von C.A. VAN SWIGCHEM/R. MOLEGRAAF, De eeuwwisseling 1600 en de stijl van de Nederlandse bouwkunst, in: A. KLUKHUHN (Hrsg.), De Eeuwenden, 3: Renaissance 1600. Kunst en literatuur, Utrecht 1990.

Rathaus von Amsterdam

Hof und dessen Kunst- und Architekturinteresse und dem Repräsentations- oder auch Ruhebedürfnis der Regenten war doch eine glückliche Voraussetzung für die Entwicklung durchaus großer Profanbauten, demgegenüber der Sakralbau deutlich in den Hintergrund rückte. Vor allem in der Zeit des Statthalters Friedrich Heinrich, ein Militär mit sehr viel Kunstsinn und einer Frau (Amalia von Solms), die ihr adliges Standesbewußtsein auch in der Republik an den Mann zu bringen verstand, wurden größere Vorhaben in Angriff genommen: so das Schloß Honselaarsdijk bei Den Haag, an dem neben dem französischen Architekten Simon de la Vallée auch Jacob van Campen und Pieter Post mitarbeiteten. Etwas später wurde der Bau von Huis ter Nieuburg in Angriff genommen, das als Retraite für die statthalterliche Familie gedacht war und wie auch Honselaarsdijk im wesentlichen französischen Vorstellungen entsprach. Beide Gebäude erhielten Ziergärten, für die André Mollet, französischer Gartenbauarchitekt, verantwortlich war. Seit der zweiten Hälfte des 17. Jahrhunderts setzte sich unter einigen Architekten und bürgerlichen Kreisen eine Strömung durch, die als „holländischer Klassizismus" bezeichnet wird. Es handelt sich hier um die Bemühung, die Erkenntnisse der italienischen Architektur-Theorie, wie sie vor allem Andrea Palladio und – etwas später – sein Nachfolger Vincenzo Scamozzi verkündet hatten, umzusetzen. Vor allem Scamozzi übte großen Einfluß aus. Seine Werke wurden ab 1640 ins Niederländische übersetzt. Der Einfluß des Palladio reichte bis in die norddeutschen Territorien hinein und über die Nordsee in starkem Maße bis nach England. In der Republik repräsentierte Jacob van Campen die italienische Architekturtheorie, in der ein ganzes System ästhetisch-philosophischer Prinzipien steckte. Dieser Hintergrund ist hier nicht näher zu erläutern, hingewiesen sei jedoch darauf, daß das dreieckige Frontispiz und die Pilaster-Reihen zu ganz wesentlichen Elementen dieser italienischen Baukunst gehörten, die Jacob van Campen auch übernahm. Neben einigen kleineren Arbeiten hat Jacob van Campen das Stadthaus des

Johann Moritz von Nassau-Siegen (heute Museum Mauritshuis) entworfen und dort seine Vorstellungen von moderner niederländischer Baukunst voll umsetzen können. Das Palais Noordeinde in Den Haag, gegenwärtig noch Wohnsitz des niederländischen Kronprinzen, entstand eher aus einer Umbau-Aktion – von Jacob van Campen entworfen. Die Bauleitung übernahm Pieter Post, ehemals Assistent des Jacob van Campen. Zwar standen bei dem Umbau die adligen *hôtels* in Paris Pate, die Fassaden des Gebäuden versah Jacob van Campen aber mit einer Anordnung von ionischen und korinthischen Säulen im Sinne des Scamozzi. Pieter Post wurde im übrigen 1645 zum Hofarchitekten Friedrich Heinrichs ernannt und baute am Rande Den Haags Huis ten Bosch, einen Sommersitz der Amalia von Solms und gegenwärtig Haus der niederländischen Königin. Die hier genannten Gebäude waren in jener Zeit wohl die Trendsetter der Architektur, und dieser Trend wurde mit Vorliebe von Regenten oder anderen begüterten Bürgern aufgegriffen. Darüber weitete sich der Kreis der Architekten aus, die diesen holländischen Klassizismus pflegten. Zu ihnen gehören Philipp Vingboons in Amsterdam und Arent van 's-Gravesande, Stadtbaumeister in Leiden. Die hier genannten waren neben Pieter Post von Jacob van Campen ausgebildet worden und echte Multiplikatoren dieses von ihrem Meister inspirierten und umgesetzten Baustils. „Auf diese Art und Weise war der holländische Klassizismus bereits um die Mitte des Jahrhunderts in Holland *die* Architektur des Hofes, der Stadtregierungen und der Regenten."[37] Das bewies die Stadt Amsterdam in ganz großem Stil, als sie Jacob van Campen mit dem Bau eines neuen Rathauses beauftragte, gleichsam zum Abschluß des Westfälischen Friedens.

Zur Verbreitung des Stils trugen auch die in Buchform zusammengefaßten Arbeiten einzelner Architekten bei, die diese nicht zuletzt in Eigenwerbung auf den Markt brachten. Hinzu traten frühe Übersetzungen von theoretischen Arbeiten zur Architektur (einschließlich Säulenbücher) des italienischen Baumeisters und Malers Sebastiano di Bartolomeo Serlio, die auch ins Deutsche übertragen wurden. Unterstützt wurde diese theoretische Entwicklung noch durch einen mit Festungsbau und Vermessungstechnik, das heißt mit angewandter Mathematik verbundenen Archtitekturunterricht an der Leidener Universität, der Mitte des Jahrhunderts von einem aus Wrocław (Breslau) stammenden Privatdozenten Nicolaus Goldmann erteilt wurde. Seine Schüler aus Dänemark, Deutschland und Polen trugen später zur Verbreitung der niederländischen Architekturvorstellungen bei.[38]

Grundlagen und Ausgangspunkte

Aber zurück zur Kunst der Republik. Es ist viel, recht eigentlich schon unübersehbar viel über diesen gleichsam radikalen Aufbruch der Kunst in Quantität und Qualität in der Republik geschrieben worden. Der in sich durchaus schlüssige Deutungsversuch, den Vasari für die italienische Umgebung anbietet, mag auch Anwendung finden können für die niederländische Entwicklung, aber er dürfte keineswegs hinreichen, vor allem dann nicht, wenn man sich dem Befund des Kunsttheoretikers Theophile Thoré anschließen will, wenn er schreibt: „Die Malerei war es, die Hollands Geschichte geschrieben hat, und damit auch eine gewisse Geschichte der Menschheit."[39] Wenngleich Thoré ganz

---

37 Dies nach K.A. OTTENHEYM, *Fürsten, Architekten und Lehrbücher. Wege der holländischen Baukunst nach Brandenburg im 17. Jahrhundert*, in: H. LADEMACHER (Hrsg.), *Onder den Oranje boom*, Textband, S. 290 das Zitat.
38 Ebd. S. 290f.
39 Zit. bei M. NORTH, *Kunst und Kommerz im Goldenen Zeitalter. Zur Sozialgeschichte der niederländischen Malerei des 17. Jahrhunderts*, Köln u.a. 1992, S. 5.

wesentlich auf die breite Auffächerung der Thematik niederländischer Künstler zielt, auf eine bis dahin unbekannte Vielfalt des Gegenstandes, die durch die hohe Quantität naturgemäß noch intensiver empfunden werden kann, sei zunächst einmal auf die einfache Präsenz und Aktivität niederländischer Maler in der vorrepublikanischen Zeit hingewiesen.

Es ist angebracht, über den an anderer Stelle[40] für die burgundische Zeit allgemein beschriebenen kulturellen Reichtum hinaus zunächst etwas spezifischer auf die bildende Kunst dieser Phase einzugehen. Die burgundische Kultur manifestierte sich insgesamt gesehen als eine Hof- und Stadtkultur gleichermaßen: mit den Herzögen als Vorreitern, die in ihrem Mäzenatentum französisch geprägt waren, Stil und Ausdrucksform jedoch den Künstlern am Ort überließen, mit den Städten und ihren reichen Bürgern, die den Glanz übernahmen, der vom Hof ausging. Kunst und Künstler erlebten eine Blütezeit, insofern sie weit über das Materielle hinausgehende Wünsche zu erfüllen hatten und es reichlich Geld gab, mit dem ihre Arbeiten entlohnt wurden. Was sich als kulturelle Manifestation präsentierte, das nötigte der Außenwelt alle Bewunderung ab und galt eben als Äußerung auch einer burgundischen Einheit. Wenn der Staat auf den Beobachter irgendwo als abgerundetes Ganzes zu wirken vermochte, dann auf jeden Fall in seiner kulturellen Gestalt. Das 15. Jahrhundert zeigte in diesem Lebensbereich eine hohe Ähnlichkeit mit jener hier zur Erörterung stehenden Phase der späteren niederländischen Republik. Gerade nach außen hin erschien die burgundische Kultur in ihrer ganzen künstlerischen Mannigfaltigkeit als etwas Besonderes. Technische Perfektion und niederländischer Realismus in Verbindung mit devoter Frömmigkeit, wie sie sich zumal in der Malerei äußerte, bewegte die Gemüter. Bewunderung, die hier zuvor apostrophiert worden ist, hieß auch Wunsch nach Anschauung und Rezeption. Die Anschauung ließ sich erreichen, indem man niederländische Kunsterzeugnisse erwarb, Rezeption ließ sich am einfachsten erzielen, indem man Künstler über die Grenzen ins eigene Land lockte oder die Künstler des eigenen Landes zum Lernen in die Niederlande schickte. Wie Gemälde, Teppiche, Stundenbücher, Retabeln und ähnliches den Weg ins Ausland fanden, so holte man niederländische Maler, Sänger, Teppichweber und Holzschnitzer über die Grenzen. Der Einfluß äußerte sich in England und Deutschland, sogar weit im Süden, auf der Iberischen Halbinsel. Selbst in Italien, gleich bei dem künstlerischen Antipoden, fand burgundisch-niederländische Kunst Zugang, hatte sie Vorbildliches.

So präsentierten sich die burgundischen Niederlande nicht nur politisch als eine den Weg der moderne beschreitende Region, sondern kulturell auch als eine Stein und Farbe gewordene Spätgotik. Es war eine Welt des Äußerlichen, der es darauf ankam, die Verbindung von Religiosität und Wohlstand in Architektur, Malerei, Musik umzusetzen. Wo dem Betrachter von der Straße her die vielen Rat- und Zunfthäuser, Markthallen und Kirchen in dichtem Nebeneinander auffielen, da hätte er sich im Innern der Häuser Altarteile, Glas- und Wandmalereien, Wandteppiche sowie Erzeugnisse der Gold- und Silberschmiedekunst in reichem Maße anschauen können. Das war Präsentation und Devotion gleichermaßen, hatten Statusdenken, Religiosität und Weltlichkeit nebeneinander Platz.

Es ist auffällig, daß die Kunstfreunde der Dynastie, des sie umgebenden Adels und der Geistlichkeit sowie der Stadtbürger gleichsam autochthon befriedigt werden konnten. Ein Nebeneinander der Betrachtung von Politik, Wirtschaft und Kunst muß zu dem Ergebnis kommen, daß die Phase der politischen Stabilität, des wirtschaftlichen Aufschwungs, des Wohlstandes und des Friedens mit der kulturellen Blüte der Territorien zusammenfiel. Das sei mit Blick auf die Entwicklung der Kunst in der Republik schon einmal vorab gesagt. Die neuerlich in der Forschung entfachte Diskussion um den

---

40 S. dazu den Abschnitt *Tradition*.

Zusammenhang von Kultur und Wirtschaft ragt letztlich auch – rückschauend also – in den konkreten burgundischen Zusammenhang hinein. Ohne sich auf nähere Relationserwägungen einzulassen, sei freilich der Hinweis erlaubt, daß sich die Kunstfertigung in den großen, wirtschaftlich blühenden Städten der burgundischen Niederlande voll entfaltet hat. Die Künstler der einzelnen Regionen wanderten aus ihren Gebieten in die besonders prosperierenden Städte in Flandern und Brabant. Hier gab es eine Menge zu tun. Der Hof trat als Auftraggeber ebenso auf wie die Kommunen und ihre Bürger. Bei den Stadtbürgern zierten die Kunstwerke weniger das Haus als vielmehr die von den Kaufleuten beschenkten Kirchen oder Hospitäler – ein Zeichen für Religiosität und Statusdenken gleichermaßen. Darüber hinaus produzierten die Künstler für den Markt. Das lohnte sich für sie angesichts der Anwesenheit ausländischer Kaufleute in den ersten Handelsstädten. Wenngleich es eines durch wirtschaftlichen Erfolg gefestigten Selbstbewußtseins bedurfte, um dem sozialen Reiz der Nachahmung höfischer Übung zu erliegen, zu der die Stiftung sakraler Arbeiten gehörte, sollte das religiös motivierte Schaffen nicht in völliger Abhängigkeit von der wirtschaftlichen Konjunktur und dem hohen wirtschaftlichen Erfolg einzelner gesehen werden. Erworben wurde solche Kunst auch von jenen Bürgerschichten, die nicht über allzu großes Vermögen verfügten, was insgesamt natürlich nichts gegen die These sagt, daß wir es in diesen Territorien Burgunds mit einer Elite-Kunst zu tun haben.

Es ist für die burgundische Zeit freilich hervorzuheben, daß sich das kulturelle Geschehen in erster Linie in den südlichen Territorien des burgundischen Besitzes abspielte. Der Blick sei hier jedoch der Grafschaft Holland und zeitlich auch der Habsburger Zeit zugewandt, der späteren zentralen Provinz der Republik. Auch die Grafschaft war ein urbanisiertes Territorium, gegenüber Brabant und Flandern freilich recht stark abfallend. Für die Künstler, die hier heranwuchsen, war es reizvoll, aus dieser Grafschaft nach Süden zu wandern. Sicherlich war der Norden nicht kulturlos, und die Bemerkung des Erasmus von Rotterdam, man finde intellektuelle Befriedigung allein in den Südprovinzen, da man in Norden nur dem Materiellen, dem Ordinären, zugetan sei, entsprach sicher eher der Freude an überpointierter Formulierung als der Realität. Dennoch: die Städte des Südens boten weitaus größere Möglichkeiten für diese oder jene Kunstausübung. Das galt für die bildende Kunst sowie für Literatur und Theater gleichermaßen. Immerhin: Gegen Ende des 15. Jahrhunderts bildeten sich in Städten wie Haarlem, Delft und Leiden Malerschulen (Haarlem) heran oder wurden Ateliers begründet, aus denen wiederum über die Grenzen bekannte Maler wie Lucas van Leyden hervorgingen. Lucas van Leyden schaute selbst über die Grenzen seiner Provinz und fand Anregung bei dem Deutschen Albrecht Dürer und dem Flamen Jan Gossaert. Dürer traf er 1521 in Antwerpen, und mit Gossaert unternahm er eine sechswöchige Reise durch Seeland und Flandern. Lucas van Leyden stand für alle Spielformen der Renaissance offen, und in Gossaert vor allem fand er einen weitgereisten Vertreter dieser Richtung, der im Gefolge seines Mäzens David von Burgund, Bastardsohn des Herzogs Philipps des Guten und später Bischof von Utrecht, Verona, Padua, Florenz und Rom besuchte, um dort vor allem antike Skulpturen in näheren Augenschein zu nehmen. „Gossaerts Einfluß auf Lucas van Leyden und damit auf die Leidener Schule war die logische Konsequenz der Reise, die beide Maler 1527 zusammen unternahmen."[41]

---

41 Hierzu B. HAAK, *Hollandse schilders in de Gouden Eeuw*, o.O. ²1987, S. 17 (dort auch das von mir übersetzte Zitat). Zu Gossaert (,Mabuse' genannt) auch, freilich mit nur bescheidenen Daten, der hier noch nachdrücklich zu erörternde Carel van Mander in *Het Schilderboek. Het leven van de Nederlandse en Hoogduitse schilders in de vijftiende en zestiende eeuw*, Amsterdam 1995 (umgesetzt in modernes Niederländisch).

Aber nicht nur Jan Gossaert, sondern auch Jan van Scorel ist zu nennen, wenn es um die Anschauung der italienischen Renaissance und damit um den südeuropäischen Einfluß auf die nordniederländische Malerei geht. Van Scorel hat zwei Jahre im Utrechter Atelier des Gossaert gearbeitet und ist vermutlich auf dessen Andringen nach Italien gegangen. Dort wurde er von dem in Utrecht geborenen Papst Hadrian VI. in Nachfolge Raffaels zum Verwalter der antiken Sammlung des Vatikans ernannt. Bei seiner Rückkehr brachte van Scorel nicht nur gründliche Kenntnisse der Renaissance-Kunstrichtung, sondern auch der neuen Maltechniken mit, die er in den Niederlanden einführte. Haak schreibt dazu: „Der Einfluß des Jan van Scorel ist für die nordniederländische Kunst des zweiten und dritten Quartals des 16. Jahrhunderts ganz entscheidend gewesen. Der Geist der Renaissance, der schon zuvor in Gestalt des Humanismus in der Gedankenwelt des Nordens seinen Platz gefunden hatte, bekam nun in der Kunst seinen sichtbaren Ausdruck." Diese „Form" ging hervor aus Perspektive und Interesse für die Anatomie.[42] Wichtigster Schüler des Jan van Scorel war Maarten van Heemskerck aus Haarlem, der 1532 nach Italien ging und erst 1537 zurückkehrte. Van Heemskerck war neben van Scorel der wichtigste Vertreter der italienischen Richtung – er stach vor allem auch durch seine graphischen Arbeiten hervor –, die bis hin zum Ende des 16. Jahrhunderts die nordniederländische Malerei bestimmen sollte. Er beherrschte die Kunstszene in Haarlem und hinterließ nach seinem Tod 1574 eine herbe Lücke im Kunstleben der Stadt, die nicht so rasch geschlossen werden sollte. Demgegenüber war die Szene in der auch wirtschaftlich heranwachsenden Stadt Amsterdam im 16. Jahrhundert durch kontinuierlichen Aufstieg geprägt. Zunächst stand die künstlerische Darstellung ganz unter dem Einfluß des Jan van Scorel. „Die Porträtkunst spielte in Amsterdam eine sehr wichtige Rolle, und im Gegensatz zu den meisten anderen Städten entstand hier eine Tradition, die ununterbrochen bis weit ins 17. Jahrhundert hinein andauerte."[43] Unter diese Tradition fallen Einzel- und Gruppenporträts gleichermaßen. Die Schützengilden standen offensichtlich dankbar Modell. Der bedeutendste Maler von Gruppenporträts war Dirck Jacobsz., ihm folgte eine Generation später Dirk Barendsz., auch er ein Schüler Tizians, in dessen venezianischem Atelier er arbeitete, ehe er sich in Amsterdam an die Porträtkunst begab. Zuvor ließ sich der zunächst in Antwerpen tätige Pieter Aertsen in Amsterdam nieder. Er stand nicht unter italienischem, sondern unter südniederländischem (flandrischem) Einfluß, insofern er eine neue Thematik in die niederländische Malerei des Nordens einbrachte: die Darstellung des einfachen Volkes, die Szenerie des Alltags. Darauf wird hier noch zurückzukommen sein.

Festzuhalten bleibt, daß die Kunst insgesamt in einer wirtschaftlich heranwachsenden Stadt wie Amsterdam einen wichtigen Stellenwert für Maler und Auftraggeber hatte, in den frühen Jahren des Aufstandes gegen Spanien freilich den Begrenzungen einer unsicheren Zeit unterworfen war, was im übrigen mehr noch für die anderen hier genannten Städte galt. Robert Fruin hat nun in seiner Darstellung der niederländischen Geschichte von den Jahren 1588 bis 1598[44] als den wichtigsten Jahren der Republik geschrieben, Jahren, in denen die Entscheidung zugunsten der Republik schon gefallen war. Es ist schon interessant festzustellen, daß die 80er und 90er Jahre auch für Graphik und Malerei einen Aufschwung brachten – ein Aufschwung im übrigen, der mit Blick auf Stil und Thematik noch nicht die „Holländische Schule" des 17. Jahrhunderts verrät oder auch nur anklingen läßt. Es ist sicher richtig, mit Fruin festzustellen, daß

---

42 S. HAAK, *Hollandse schilders*, S. 18. Dort auch das Zitat.
43 Ebd. Die vorhergehende Darstellung auch nach ebd. Zum Einfluß van Scorels auf die Maler in Amsterdam führt Haak das von Dirck Jacobsz. gemalte Porträt des Bankiers Pompejus Occo an. Zu Maarten van Heemskerck s. auch den frühen umfänglichen Bericht von van Mander im *Schilderboeck*.
44 J.R. FRUIN, *Tien jaren uit den tachtigjarigen oorlog 1588-1598*, Amsterdam 1861.

sich die Republik in den vorgenannten Jahren aus der größten Misere befreite – dabei ist es unerheblich, ob aus eigener Kraft oder mit Hilfe von außen –, entschieden freilich war noch nichts und die Jahre vor der Fruinschen Dekade ließen die Aussichten durchaus nicht rosig erscheinen, nachdem einige niederländische Städte arg gelitten hatten und Wilhelm von Oranien ermordet worden war, der englische Graf Leicester als Generalgouverneur sich auch nicht als ein Siegertyp dargestellt hatte. Dennoch ist eben ein Aufschwung festzustellen, der sich freilich vornehmlich auf Haarlem konzentrierte und getragen wurde von Carel van Mander, Cornelis Cornelisz. und Hendrick Goltzius. Alle drei sicher richtungweisend, aber doch nicht in jedem Augenblick originell, denn letztlich vollführten sie in Stil und Thematik einen Rückgriff auf die Renaissance-Kunst. Der Stil war in diesen allerersten Jahren der Republik noch höfisch inspiriert. Das einzig Niederländische an dieser Kunst des „holländischen Manierismus" war die Tatsache, daß Carel van Mander, selbst ein Flame, der hier noch intensiver zu betrachten sein wird, auf der Reise zurück aus Italien in Wien bei seinem flämischen Freund Bartholomäus Spranger weilte und mit diesem zusammenarbeitete. Spranger stand in Diensten zunächst des habsburgischen Kaisers Maximilian, sodann Rudolfs II. und wurde dort auch 1581 der Hofmaler des Kaisers. Van Mander hat seine Freunde Goltzius und Cornelisz. mit den Arbeiten und der Arbeitsweise des Spranger offensichtlich beeindrucken können, die ihrerseits dessen Malweise im wesentlichen übernahmen.[45] Es war eine Kunst, die sich thematisch auf die Mythologie der Antike kaprizierte und in ihrer Form zum Großteil dem nackten menschlichen Körper in einer wesentlichen von der Anatomie gelenkten Darstellung den Vorzug gab. Es ist in dieser Zeit eine Reihe von Gemälden entstanden, die, vergleicht man sie mit den Werken des 17. Jahrhunderts, nicht nur engste Begrenzung des Themenbereichs enthielten, sondern sich auch in der Form auf den Menschen in seiner natürlichen – gleichsam muskulösen – Beschaffenheit konzentrierten. Jede Stellung des menschlichen Körpers war da schon recht. Bei aller Unterschiedlichkeit zur Malerei des 17. Jahrhunderts ist zwar festzustellen, daß nach 1600 ganz andere Themen, ein viel weitläufigeres Spektrum, die Maler-Szene prägten, aber ganz verschwunden ist diese manieristische Darstellungsweise nie. Vor allem die von dem Italiener Caravaggio inspirierte Utrechter Schule, die später mit dem Flamen Gerard Honthorst einen wichtigen Maler am Hofe des Statthalters Friedrich Heinrich stellte, pflegte weiterhin eine in der Nähe des Manierismus stehende Kunstauffassung.

Auf dem Weg zur eigenen Kunst

Wenngleich für die Zeit um 1600 durchaus von einem radikalen Umbruch in Form und Inhalt der niederländischen Kunst die Rede sein kann, dann bleibt doch der Hinweis am Platze, daß sich die Radikalität des Umbruchs insofern als eine begrenzte darstellt, als in den südlichen Niederlanden die Szenerie des Alltags oder der Alltäglichkeit zuvor schon Gegenstand der Betrachtung gewesen war – weit entfernt vom Thema der Renaissance und der muskulösen Gestalt in all ihren verdrehten Spielformen. Südniederländische Künstler verharrten nicht bei der mythologisch-historischen Erzählung, sondern wandten sich dem Natürlichen zu, nicht dem vorab intellektuell Rezipierten. Es war eine Hinwendung zur Welt in ihrer natürlichen Gestalt, aber auch in ihren eigenartigsten Ausdrucksformen, vom Clownesken hin zum Absurden und Ordinären, von Seestücken

---

45 Hierzu W.TH. KLOEK, *Art Lovers and their Paintings*, in: G. LUYTEN/A. VAN SUCHTELEN, *Dawn of the Golden Age. Northern Netherlandish Art, 1580-1620*, Amsterdam u.a. 1993, S. 15ff. Zu den vorgenannten Malern Goltzius, Cornelisz. und Spranger s. die Berichte ihres Freundes und Zeitgenossen van Mander in seinem *Schilderboek*.

und Winterszenen oder allgemeinen Darstellungen der Landschaft und Winterszenen hin zu Stilleben der vielfältigsten Form, von Abbildungen liederlicher Gesellschaften und Bauernfesten bis hin zur Bordellszene.[46] Der „Realismus" der Szenerie, wenn hier der erst später in die Deutung der niederländischen Kunst hineingetragene Begriff verwendet werden darf, deutete häufig genug hin auf die Verdorbenheit, Unverständlichkeit und Lächerlichkeit der Welt. Die Künstler bedienen sich zugleich einer Symbolik, die auch im 17. Jahrhundert Eingang in die Darstellung gefunden hat. Es sei an dieser Stelle hinzugefügt, daß die erste große Zuwanderung von Künstlern eben aus Flandern stammte. Die Künstler kamen mit im Strom flandrischer Flüchtlinge. Die Zahl dieser Künstler-Zuwanderer wird auf ungefähr 236 geschätzt, von denen über die Hälfte sich zwischen 1580 und 1595 in der Republik niederließ.[47]

Mit dem Blick auf die flämische Zuwanderung wird man einfach feststellen dürfen, daß mit den Menschen auch die Anerkennung die Grenzen von Süd nach Nord überschritt. Die Kunstgeschichte des alten burgundisch-habsburgischen Raumes weist eben aus, daß die flämische Kunst bis weit ins 16. Jahrhundert hinein grenzüberschreitende Bedeutung hatte, was für den Norden nicht gesagt werden kann, auch wenn hier die vorgenannten Utrechter und Haarlemer Schulen tätig waren. Eben dies änderte sich völlig um die Wende vom 16. zum 17. Jahrhundert.[48] Zeitgenossen und Betrachter im nachhinein sehen sich schon früh um 1600 einer Fülle von Gemälden gegenüber, die die Themen des Alltags, das gesellschaftliche Leben auf den einzelnen Ebenen, die Landschaftsszenen und Seestücke, die Stadtansichten oder die Stilleben zum Gegenstand haben – eine Kontinuität der Motivwahl, in vielen Fällen eher eine Kunst der Beschreibung als eine der Erzählung, wenn man einmal von der großen Historienmalerei, die zu Anfang des Jahrhunderts schon durchaus im Schwange war, absieht.[49] Berechnungen für den Zeitraum von 1580 bis 1800 beziffern die Produktionszahlen für Malerei auf acht bis neun Millionen. Eine zahlenmäßige Erfassung für den Zeitraum 1640-59, die hier als Blütezeit der niederländischen Kunst eingestuft werden soll, weist eine Stückzahl von 1.3 bis 1.4 Millionen aus, mit einer Jahresproduktion von je 63.000 bis 70.000 Gemälden, gefertigt von 650 bis 750 Malern.[50]

In diesem Zusammenhang ist eben der Zustrom südniederländischer Maler hervorzuheben. Die Tatsache, daß Maler aus Flandern und Brabant ihren Weg in den nordniederländischen Provinzen Holland und Seeland machen konnten, wird auf einen Niedergang der nordniederländischen Malerei nach dem Tode von Jan van Scorel, Maarten van Heemskerck und einigen anderen sowie auf den Bildersturm und den niederländischen Aufstand insgesamt zurückgeführt.[51] Das ist freilich die eher äußere Seite der Kunstentwicklung in den aufständischen Provinzen. Das sagt noch nichts über die

---

46 Dies nach J. BRUYN, *A Turning-Point in the History of Dutch Art*, in: G. LUYTEN u.a. (Hrsg.), *Dawn of the Golden Age. Northern Netherlandish Art, 1580-1620*, Zwolle (1993), S. 116ff.
47 So J. BRIELS, *Vlaamse schilders in de noordelijke Nederlanden in het begin van de Gouden Eeuw, 1585-1630*, Haarlem 1987, S. 13. Briels wendet sich gegen eine „nationalistische, coryfeocentrische visie" auf die niederländische Malerei des 17. Jahrhunderts, bestreitet die Richtigkeit einer Begrenzung der Sichtweise auf einige niederländische Großmeister und bezweifelt die Berechtigung des dieser Sichtweise inhärenten Hinweises, daß sich die nordniederländische Kunst von fremden Einflüssen befreit habe.
48 Vgl. M. PRAK, *Gouden Eeuw. Het raadsel van de Republiek*, Nijmegen 2002, S. 244f.
49 Mit „Beschreibung" und „Erzählung" schließe ich mich auf jeden Fall für einen Teil der Malerei S. ALPERS, *The Art of Describing* (1983) an.
50 S. dazu F. GRIJZENHOUT/H. VAN VEEN, *Inleiding*, in: DERS./DERS., *De Gouden Eeuw in perspectief*, Heerlen 1992, S. 9 mit Bezugnahme auf A.W. van der Woude und J.M. Montias.
51 So H. MIEDEMA, *The Appreciation of Paintings around 1600*, in: G. LUIJTEN u.a. (Hrsg.), *Dawn of the Golden Age. Northern Netherlandish Art. 1580-1620*, Zwolle 1993, S. 133. M. schreibt, daß sich lediglich die Porträtkunst weiterentwickelt habe.

Durchsetzung jener Malerei, die als die typisch Holländische gilt, in der vorgenannten Motivwahl faktisch einen Brueghelschen Ausgangspunkt enthält und schließlich zu einer Vollendung und zu jenem Reichtum in Form und Farbe geführt worden ist, die die Bewunderung der Zeitgenossen und der Nachwelt gleichermaßen erweckt hat. Vom Kleinformat bis hin zur großflächigen Arbeit wird eine Gesellschaft und ihre Landschaft in Realität und Gedanke erfaßt. Das heißt umgekehrt, daß die Überwindung des von Italien her eingebrachten Manierismus, jene von der Renaissance geprägte Mythologie- und Historienmalerei völlig überwunden war, auch wenn hier und da dieser Stil – wie zuvor schon mit Blick auf die Maler am statthalterlichen Hof des Friedrich Heinrich angedeutet – noch weiter gepflegt worden ist.[52]

Die Frage hat dem Motiv des Umschwungs zu gelten, und dies um so mehr, als in den nördlichen Provinzen des 16. Jahrhunderts die Darstellung des Sündhaften oder der Narretei im Unterschied zu den südlichen Territorien des Raumes völlig preisgegeben worden ist, nun aber, weit über dieses Motiv hinaus als Inszenierung des Alltags und als Erlebnis von Landschaft wieder aufgegriffen wird; es war, als ob sich der eher verwissenschaftlichte Anspruch der Maler um van Mander und Goltzius nachgerade verflüchtigt hätte.[53] Es ist im Zusammenhang mit der niederländischen Kunstgeschichte zu dieser Zeit des Übergangs vom 16. zum 17. Jahrhunderts geschrieben worden, daß sich neue Ideen niemals in einem kulturellen Vakuum heranbilden, sondern immer das Ergebnis einer Konfrontation zwischen traditionellen Sichtweisen und neuen Erkenntnissen oder Formen des Sehens sind mit als Folge Ablehnung, Neuinterpretation oder Erneuerung dieser Traditionen. Es wird darauf hingewiesen, daß die hier genannte Übergangsperiode eine Gesellschaft in Bewegung zeigte, die Überkommenes einfach hinterfragte.[54] Tatsächlich entwickelte sich in den nördlichen Niederlanden eine Republik, in der der im Humanismus geforderte Prozeß der individuellen Selbstbestimmung umgesetzt und in eine die höfischen Gesellschaften des europäischen Umfeldes überwindende breitgefächerte frühbürgerliche Erwerbsgesellschaft transformiert wurde – eine Gesellschaft des Handels und des Geldes mit Bürgern, die als Kulturträger und Kunstkonsumenten auftraten, ohne daß sie das Mäzenatentum der höfischen Periode wieder aufgenommen hätten. Diese frühbürgerliche Gesellschaft in einer das Bild prägenden Städtelandschaft lebte in einer humanistisch geprägten Doppelgestalt. Sie begriff sich nach der Befreiung vom Dogmatismus der *alleinseligmachenden* Kirche durchaus noch als christlich-kirchlich gebunden – auch wenn es dann eine andere Kirche war –, aber sie verstand sich auch in ihrer individuellen Eigenart und Würde und erkannte sich vor allem in ihren Möglichkeiten. Die Möglichkeit und Fähigkeit des materiellen Erwerbs, das mußte nicht gleich humanistisch inspiriert sein, war die eine Seite, wichtiger war die Einsicht in eine neue Naturerkenntnis, die zu erarbeiten anstand. Dazu gehörte die Sezierung von Leichen ebenso wie die topographische Erfassung der niederländischen Provinzen oder die Publikation eines ersten Weltatlasses, und es reichte hin bis zu den die Medizin überschreitenden naturwissenschaftlich-mathematischen Untersuchungen und bis zur Erforschung der Sprache als Besonderheit des Raumes. Hier entstand ein neues geistiges Umfeld, das zu den wesentlichen Merkmalen der Zeit überhaupt gehört.

Diese Loslösung aus einer kirchlich-staatlich gelenkten Fremdbestimmung des Menschen, das heißt auch: diese Überwindung überkommener kirchlich-staatlicher Strukturen, die eben als ein ganz ursprüngliches Merkmal der Republik anzumerken ist, ist

---

52 MIEDEMA, *The Appreciation of Paintings*, S. 133 weist darauf hin, daß sich zur gleichen Zeit in Italien auch durchgesetzt habe, den menschlichen Körper dem lebenden Modell nachzuzeichnen. Er weist dabei auf den Künstlerkreis um Carraci in Bologna.
53 Dazu J. BRUYN, *A Turning-Point*, S. 116.
54 Vgl. BRIELS, *Vlaamse schilders*, S. 13.

für die Motivwahl der Kunst, hier ganz konkret die Entscheidung für den lebendigen Menschen und sein Umfeld, gewiß von einiger Bedeutung, zumal die Entwicklung von Mensch und Wissenschaft nicht ein vorübergehender, sondern ein in dieser Zeit sich verstärkender Prozeß war. Es kommt freilich ein anderes hinzu: Es sei hier im Zusammenhang mit dem Wort von der typisch *holländischen* Kunst und ihren Inhalten der schon mancherorts in der Retrospektive genannte Hegel angeführt, der sich als früher Interpret der niederländischen Kunst versucht und die Malerei in Beziehung zur Entstehungsgeschichte der Republik gesetzt hat. Nachdem er kurz den Aufstand der Niederländer gegen die spanische Herrschaft als ein Erfolgserlebnis der niederländischen Bevölkerung dargestellt und die gewerbefleißigen Bürger als eine zu Recht auf ihre Freiheiten pochende und diese durchsetzende furchtlose Kraft beschrieben hat, heißt es bei ihm: „Die sinnige, kunstbegabte Völkerschaft will sich nun auch in der Malerei an diesem ebenso kräftigen als rechtlichen, genügsamen, behaglichen Wesen erfreuen, sie will in ihren Bildern noch einmal die Reinlichkeit ihrer Städte, Häuser, Hausgeräte, ihren häuslichen Frieden, ihren Reichtum, den ehrbaren Putz ihrer Weiber und Kinder, den Glanz ihrer politischen Stadtfeste, die Kühnheit ihrer Seemänner, den Ruhm ihres Handels und ihrer Schiffe genießen, die durch die ganze Welt des Ozeans hinfahren. Und eben dieser Sinn für rechtliches, heitres Dasein ist es, den die holländischen Meister auch für die Naturgegenstände mitbringen und nun in all ihren malerischen Produktionen mit der Freiheit und Treue der Auffassung, mit der Liebe für das scheinbar Geringfügige und Augenblickliche, mit der offenen Frische des Auges und unzerstreuten Einsenkung der ganzen Seele in das Abgeschlossenste und Begrenzteste zugleich die höchste Freiheit künstlerischer Komposition, die feine Empfindung auch für das Nebensächliche und die vollendete Sorgsamkeit der Ausführung verbinden."[55] Der hier schon zitierte französische Kunstbetrachter und -kritiker Thoré gibt zur Beobachtung Hegels eine Ergänzung, wenn er im Detail feststellt, daß die niederländischen Maler das Leben ihrer Landsleute dargestellt hätten: „.... sei es im Innern der Häuser oder auf öffentlichen Plätzen, oft in Kanälen oder den Landstraßen, zu Wasser oder zu Lande, unter den Bäumen oder an den Ufern der Flüsse: Reiter Jäger, Seeleute und Fischer, Bürger und Kaufleute, Hirten und Köhler, Ackerbauer und Handwerker, Musikanten und Strolche, Frauen und Mädchen mit ihren Kindern, solche, die welche haben; in dem Schoß der Familie, bei den Freuden der Kirmes, im Getriebe der Kneipe, bei der Feldarbeit, ebenso wie in würdigen Versammlungen und Sitzungen: in allen Beschäftigungen und Zerstreuungen des Lebens. Wo soll man bei irgendeinem Volke sonst eine gewissenhaftere, naivere, geistvollere und lebendigere Geschichte finden als diese gemalte Geschichte der Sitten und Taten?"[56]

Über den Gehalt der niederländischen Malerei ist viel geschrieben worden. In jedem Falle geht es um den Nur-Realismus, um die Abbildung der Natur und um die Frage nach dem Hintersinn der Darstellung, nach dem Symbolcharakter. Es sind Fragen, die sich nachdrücklich um große Teile der Genre-Malerei ranken. Während Historien-Malerei, die sicher nicht ganz aufgegeben war und in den weitaus meisten Fällen auch als Auftragsmalerei zu verzeichnen ist, eher dem „vaterländischen" Gedanken oder auch dem Selbstwertgefühl des auftraggebenden Bürgers dient – darüber ist in in einem anderen Abschnitt gehandelt[57] –, sind die für die niederländische Kunst des 17. Jahrhunderts so typische und zugleich eigenwillige Landschaftsmalerei sowie die Genre-Bilder

---

55 In G.W. HEGEL, *Ästhetik*, Berlin 1955, S. 804, angeführt bei NORTH, *Kunst und Kommerz*, S. 3f., neuerdings Bezug auf Hegel bei BRUYN, *The Turning-Point*, S. 112; zu Hegel auch J. BIAŁOSTOCKI, *Einfache Nachahmung der Natur oder symbolische Weltschau. Zu den Deutungsproblemen der holländischen Malerei des 17. Jahrhunderts*, in: *Zeitschrift für Kunstgeschichte* 47(1984), S. 421-438.

56 Zit. nach NORTH, *Kunst und Kommerz*, S. 5.

57 S. den Abschnitt über *Konstitutionelle Eigenart*.

bis hin zu den Stilleben ganz wesentlich ein Ausdruck einer neuen Weise des Sehens, von Leben und Lebensgefühl gleichermaßen. Es bedarf dabei nicht in jedem Fall der hohen Deutungskunst des Zeitgenossen oder des Betrachters im nachhinein, liegt doch eine große Zahl von Emblemata vor, die der Deutung den Weg zu weisen vermögen. Möglicherweise hat es immer Schwierigkeiten bereitet, den realistischen Stil mit einer in dem Bild liegenden tieferen Bedeutung zu verbinden, lag es also nahe, die Abbildung der Wirklichkeit als Wirklichkeit zu nehmen. Wichtiger freilich will es scheinen, die niederländische Kunst in ihre einzelnen Sujets aufzugliedern und für jede Gruppe nach den Motiven zu fragen, die zum Gegenstand geführt haben. Dabei bleibt zwar zu berücksichtigen, ob es sich um Darstellungen für den Markt oder um Auftragsarbeiten handelt, aber das Motiv und in diesem Zusammenhang der historische Rahmen sind wohl die wichtigsten Komponenten, die zum Verständnis der niederländischen Kunst nach Qualität und auch Umfang beitragen können.[58] Das gilt sicherlich für den größten Teil der Bild-Produktion.

Carel van Mander: Künstler, Sammler und Lehrer

Es ist recht interessant festzustellen, daß in dieser Phase des Aufbruchs zur, wenn man so will, neuen niederländischen Malerei des 17. Jahrhunderts, eine Art Bestandsaufnahme zusammen mit einer quasi-theoretischen Betrachtung auf den Markt kam, die möglicherweise als Buch nicht in sonderlich hoher Auflage verkauft worden ist, aber immerhin die Intention zeigt, die Malkunst auf ein Niveau zu heben, das deutlich machen sollte, wie ungerechtfertigt es war, die Kunstmaler mit den Anstreichern in ein und derselben Gilde zusammenzufassen. Gemeint ist das Buch „Het Schilder-Boeck", des hier schon wiederholt genannten Carel van Mander von 1604. Es handelt sich zugleich um den Versuch, Kunst und Künstler zu intellektualisieren, der Kunst und ihren Jüngern einen hohen Stellenwert in der Gesellschaft zuzumessen. Das Vorbild der van Manderschen Intention gab Giorgio Vasari ab, der florentinische Künstler und Kunsttheoretiker. Seine Darstellung der Lebensläufe von Malern, Bildhauern und Architekten galt als Standardwerk und richtete sich an wichtige Auftraggeber, Berater und ganz allgemein an Künstler, die für wohlhabende Bürger arbeiteten und hier auch Karriere machten, es war ein Buch für die „kulturelle Elite", wie Bram Kempers es ausdrückt.[59] Es sei, so fügt er hinzu, die erste umfassend angelegte theoretisch und kritisch unterlegte Konzeptualisierung des Künstlerberufes und nicht nur ein Zeugnis für die Geschichte des Malerberufes, sondern auch für die Geschichte der Professionalisierung allgemein. Das sei hier erwähnt, weil diese von Vasari bezeugte italienische Tradition auch für andere europäische Länder galt. Die Professionalisierung des Berufes in niederländischen Städten wie Utrecht, Delft, Leiden, Haarlem und Amsterdam war ebenso wie die in Paris und Antwerpen eng mit dem italienischen „Berufsidealen" verbunden. Das galt auch für die Niederlande, wo Carel van Mander und – viel später – nach ihm Samuel van Hoogstraeten[60] und Gerard Lairesse es unternahmen, die italienischen Vorgaben umzusetzen, wenngleich hier hin-

---

58 Eine Zusammenfassung der französischen und deutschen Diskussion um die Interpretation der niederländischen Kunst des 17. Jahrhunderts bei NORTH, *Kunst und Kommerz*, S. 3-21; zur Realismus und Symbolik-Frage vor allem HAAK, *Hollandse schilders in de Gouden Eeuw*, S. 70ff.
59 Vgl. B. KEMPERS, *Kunst, macht en mecenaat*, Amsterdam 1987, S. 333. Das umfangreiche Werk handelt ausschließlich über die norditalienische Kunst und vermittelt einen tiefen Einblick in die Beziehung von Kunst, Gesellschaft und Politik.
60 Zu S. van Hoogstraeten s. neuerdings H.-J. CZECH, *Im Geleit der Musen. Studien zu Samuel van Hoogstratens Malereitraktat „Inleyding tot de Hooge Schoole der Schilderconst: Anders de Zichtbaere Werelt (Rotterdam 1678)". Niederlande-Studien*, 27, Münster 2002.

Titelseite *Het Schilderboeck*

zuzufügen ist, daß die Republik als Gesellschaft andere Voraussetzungen für die Umsetzung bot als die norditalienischen Staaten und Städte; es ging in den Niederlanden nicht um einen Staat mit einem Monarchen oder einer monarchengleichen Figur an der Spitze und der dazugehörigen reichen Hofkultur, sondern um ein eher polyarchisches Gebilde, ein Konstrukt aus Städten und Provinzen, in denen der Reichtum über eine Vielzahl von Familien verteilt war, die zugleich an der politischen Macht teilhatten und dies auch festgehalten sehen wollten, so daß sich Porträt- und auch allegorische Historienmalerei zu einem für die republikanische Kunst typischen Themenkreis fortsetzten oder erst heranbildeten, ohne daß sich im Unterschied zu den norditalienischen Gebieten eine Mäzenatenkultur entwickelte. Die andere Voraussetzung lag in einer Konfliktkonstellation, im Kampf der Konfessionen, der sicherlich ganz Europa ergriff, in den Niederlanden freilich einen zentralen Austragungsort fand und sehr eng mit der Frage nach der Existenz und dem Existenzrecht einer neuen „Nation" verbunden war. Auch auf diesem Feld erhielt die Historienmalerei ihre Funktion, wie dies überdies auch für die ausgeprägte Landschaftsmalerei zu gelten hat. Bei dem Werk des Carel van Mander handelt es sich, wie festgestellt worden ist, nicht um handwerkliche Anleitung von Maler-Schülern, sondern um eine „allegorisch-moralisierende Arbeit, in der neben den Grundlagen der Malkunst auch die philosophische und wissenschaftliche Basis zur Sprache kommen ebenso wie die mythologischen und ethischen Implikationen."[61] Er versuchte, der Malkunst eine nachgerade literarwissenschaftliche Qualität beizugeben, wenn er sich im zweiten Teil des Buches auf die Interpretation der *Metamorphosen* des römischen Schriftstellers Ovid kaprizierte, ein Unternehmen, das ihn als einen niederländischen Vertreter der

---

61 S. so MIEDEMA, Den grondt der edel vry schilderconst (1973), S. 11.

Renaissance einstuft. Die mythologischen Erzählungen des Ovid waren doch weitgehend Leitthema der italienischen Renaissance-Maler gewesen. Es ist hinzuzufügen, daß die *Metamorphosen* Gegenstand von zeitgenössischen Renaissance-Kommentaren waren, die sich nicht nur der Mythologie, sondern auch dem allegorischen Gehalt der Ovidschen Erzählungen widmeten. Ovid war schon seit dem 12. Jahrhundert gelesen und überdacht worden. Schon Anfang des 13. Jahrhunderts lag eine französisch verfaßte *ovide moralisé* vor, und im 14. Jahrhundert folgte die Deutung aus der Feder des Giovanni di Bonsignore.[62] Was van Mander vortrug, war letztendlich nur die zusammenfassende Formulierung der graphischen und malerischen Umsetzung der Ovidschen Geschichten, wie sie in den letzten beiden Jahrzehnten vor der Jahrhundertwende von Hendrick Goltzius und seinem Kreis unternommen worden war. Ab 1588 legte Goltzius 52 Gravuren zu den *Metamorphosen* vor, und er konnte durchaus davon ausgehen, daß es sich hier nicht um eine unbekannte Materie handelte, einiger Absatz also garantiert war, weil es eine Reihe von Ausgaben auch in niederländischer Sprache gab, die den erzählten Sachverhalt in extenso oder in Versform wiedergaben, zum Teil auch den Emblem-Büchern ähnelten.[63]

Zu solchem Kern der *Metamorphosen* durchzudringen, war van Manders Absicht, dem Volk den Gehalt der Ovidschen Dichtung näherzubringen, war sein Wunsch – mit dem Maler als Vermittler der Einsicht in die Aufhebung der gesellschaftlichen Existenz des Menschen über die Mythologie der Verwandlung in die Natur. Dem poeta doctus wird bei Carel van Mander der pictor doctus zur Seite gestellt, wie es in der Renaissance-Zeit beispielhaft geschehen war.

In der Nachfolge von Renaissance-Denken liegt auch die Sammlung der Künstler-Biographien, die den Kern des van Manderschen Buches ausmachen. Der Grund ist eindeutig. Gemessen an ihrer Aufgabe und ihrem Auftrag, kann die Bedeutung der Künstler nicht hoch genug eingeschätzt werden, so daß sie allemal eine Biographie oder auf jeden Fall biographische Erwähnung verdienen. Wenn, so argumentiert van Mander, das Leben römischer Staatsmänner wie Marius, Sulla oder Catilina rückschauend in Augenschein genommen werde, warum dann nicht auch das der Künstler. Van Mander wollte diese hochbewertete Berufsgruppe vor allem jenen näherbringen, die bisher noch nicht von Künstler-Biographien gehört hatten.[64] Daß die italienische Kunst van Manders großes Vorbild ist, zeigt sich an der Darstellung der italienischen Biographien, die er von Vasari übernimmt – freilich, wie festgestellt worden ist, in bereinigter Form.[65] Die pädagogische Absicht seiner Darstellung, die das ganze Werk durchzieht, kam wohl erst dann zu ihrem vollen Recht, ließ sich in der Auslassung wohl sinnvoller umsetzen. Zentral steht nur die Person des Künstlers, nicht aber Italien, seine Geschichte oder seine politisch-gesellschaftlichen Verhältnisse, was eben zu einer Verabsolutierung anstatt zu einer Relativierung der Position führte. Letztlich bleibt damit auch die Stellung des Künstlers, sein Verhältnis zur politischen Macht und zu den gesellschaftlichen Spitzen, sowie der Hinweis etwa auf das Mäzenatentum in den norditalienischen Territorien außer Betracht; damit rücken auch die Arbeitsbedingungen in den Hintergrund, die in den Niederlanden

---

62 S. dazu BURKE, *Kultur der Renaissance*, S. 164ff. Der Autor weist darauf hin, daß die *Metamorphosen* 1497 und 1533 in italienischen Ausgaben mit den Deutungen des di Bonsignore herausgebracht wurden. Als Beispiel der allegorischen Deutung nennt er die Verwandlung der Daphne in einen Lorbeerbaum auf der Flucht vor den Nachstellungen des Apoll und die Geschichte von Orpheus und Eurydike.
63 S. hierzu im einzelnen SLUIJTER, *Seductress of Sight*, S. 23ff.
64 S. dazu MIEDEMA, S. 12. Plutarch hatte sich mit den Lebensbeschreibungen von Marius und Sulla befaßt, während Sallust sich der Verschwörung des Catilina gewidmet hatte. S. zu den römischen Staatsmännern bzw. Verschwörern in der Ausgabe C. VAN MANDER, *Das Leben der niederländischen und deutschen Maler (von 1400 bis ca. 1615)*, Übers. nach der Ausgabe von 1617 und Anmerkungen von H. Floerke, Wiesbaden 2000, S. 17.
65 So ebd. S. 14f.

sicher ganz andere waren als in Oberitalien. Daß van Mander Lucas de Heere als einen weiteren kunsthistorischen Mentor einführt, dürfte nicht nur darauf zurückzuführen sein, daß er bei de Heere das Malen gelernt hat, sondern weil dieser Meister auch Schriftsteller und Poet und eben Kunsthistoriker war, ein zugleich gründlich gebildeter Mann, der aus seiner Kenntnis der Literatur schon jenen Zugang zur Deutung hatte, wie van Mander sie sich mit Blick auf Ovid wünschte. Lucas de Heere scheint seinem Schüler empfohlen zu haben, sich Kenntnisse über die französische Literatur anzueignen.[66] Und darüber hinaus ist es nach dem Zeugnis des van Mander wohl so gewesen, daß Lucas de Heere damit begonnen hatte, „diesen Stoff von dem Leben der berühmten Maler in Reimen zu behandeln. Seine Arbeit ist aber verloren gegangen, und man kann nicht damit rechnen, daß sie wieder auftaucht ..."[67]

Gerade in seiner Forderung nach Durchdringung eines Stoffes, wie er sie in seinem Abschnitt über die *Metamorphosen* vorträgt, wird ersichtlich, daß die „Schilderconst" des Carel van Mander ein Buch über und für Eliten geschrieben ist. Die bildende Kunst soll eine elitäre Veranstaltung sein, in der es darauf ankommt, den gemeinen Zuschauer sicherlich auch in der Form zu erfreuen, ihn aber in erster Linie wirklich zu unterweisen. Der Künstler als Pädagoge, aber zugleich ein nur seiner Kunst zugewandter Pädagoge, der die Schrecknisse der Welt (Goltzius' Verhalten während der Pest in Rom) als irrelevant erachtet, und auch als ein Mann, dem im Jahr der Veröffentlichung vorgeführt wird, in welchen Kreisen sich die Künstler bewegt und welche Anerkennung sie genossen haben, und wo zugleich Beispiele eingebracht werden, die ein an Arroganz durchaus heranreichendes hohes Selbstbewußtsein des Künstlers gegenüber anderen Berufsständen offenbaren.[68]

Maler oder Anstreicher? Über Positionen, Lehr- und Lernprozesse

Die Absicht war verständlich, vor allem, wenn man das italienische Vorbild kannte, selbst sogar die Verbindung von Malerei und Dichtkunst als besonderes Qualitätsmerkmal hervorhob und letztlich sich doch mit den niederländischen Verhältnissen konfrontiert sah, die unter dem Aspekt der besonderen Würdigung von Kunst und Künstlern weit entfernt lagen von den Vorstellungen dieses in den Wirren des Aufstandes nach Haarlem geflüchteten Flamen aus Meulebeke. In den Niederlanden gehörte das Gilde(Zunft-)wesen mit zur Struktur des Handwerks, mit der Maßgabe, daß die Kunstmaler zusammen mit den Anstreichern („grof- en fijnschilders") zur St. Lucas-Gilde gehörten. Eben dieser Zusammenschluß der biederen Handwerker mit den Malern war für van Mander dann auch ein ganz erheblicher Stein des Anstoßes.[69] Das vertrug sich überhaupt nicht mit seinem Anspruch auf Intellektualisierung der Kunst und brachte diese Kunst auch nicht so recht in die „Nähe des Reichtums", wie er es in seiner Lebensbeschreibung der Brüder Jan und Hubert van Eyck mit Blick auf die Lage in der flandrischen Handelsstadt Brügge ausdrückte.[70]

Noch sieben Jahrzehnte später beklagte Samuel van Hoogstraeten in seiner in Nachfolge des van Mander verfaßten *De zichtbaere werelt*, daß die meisten Menschen in

---

66 Dieser letztgenannte Hinweis bei ebd. S. 15.
67 Ausgabe FLOERKE, S. 18.
68 MIEDEMA I, S. 22ff.
69 T. VAN BUEREN, *Carel van Mander en de Haarlemse schilderkunst*, 's-Gravenhage 1994, S. 5.
70 *Het Schilderboek (neue ndl. Ausgabe)*, S. 55. Die große Klage über die Zusammenfassung von Handwerkern und Künstlern in ein- und derselben Gilde findet sich in Manders Biographie über den Maler Peter Vlerick, der sich in Doornik niederlassen wollte, zunächst dort auf Schwierigkeiten stieß, die die örtliche Gilde aufwarf. Ebd. S. 231f. Van Mander war Schüler von Vlerick gewesen.

ihrem Zugang zur Kunst letztlich eben diese Kunst als Handwerk begriffen, ohne Verständnis für die eigentlichen Schwierigkeiten des Metiers und des Künstlers aufzubringen.[71] Dabei hatte die Einbindung in die Handwerker-Gilde durchaus Tradition, abgesehen davon, daß sie den Künstlern auch einen gewissen Schutz bot. Die Einbindung also als eine durchaus europaweite Tradition. Der Unterschied aber zu den italienischen Entwicklungen, die für einen Mann wie van Mander so vorbildlich schienen, war, daß die Künstler dort ihre Zunftgenossen des schlichten Handwerks in Status und Ansehen weit übertroffen hatten. Die soziale Anerkennung in den italienischen Territorien ging hier von den den eigentlichen Handwerkern nicht eigenen, besonderen Fähigkeiten aus. Sie ging aus von der Genialität in Form und Farbe. Entsprechend waren dort auch die Einkommen (Honorare) gestiegen. Aus Italien kommend, hatten sich die Künstler über die Höfe Europas verbreitet, waren dort als Hofmaler tätig und wurden zu Exponenten monarchisch-höfischen Kunstsinns, wie das auch in der burgundischen Zeit in den Niederlanden bei aller Präsenz der einheimischen Künstler der Fall war. So lag auch der Anteil von Nordniederländern an dieser Spezies mit hochentwickeltem Bewußtsein über die eigene Bedeutung vergleichsweise niedrig im Unterschied zu vielen Künstlern in den südlichen Niederlanden, in Brabant und Flandern, dem zentralen Raum burgundisch-habsburgischen Kulturlebens. Es trat nach dem Aufstand insofern eine für den Status der Maler relevante Veränderung ein, als nunmehr Adel und Kirche als Auftrag- und Arbeitgeber im Norden der Niederlande entfielen. Übrig blieb der Zunft- oder Gildenzwang, der offensichtlich so stark war, daß selbst ein bescheidener Antrag der Middelburger Maler, innerhalb der Gilde wenigstens eine eigene Abteilung zugewiesen zu erhalten, beim Stadtrat auf Ablehnung stieß. In Haarlem, der Wirkungsstätte des Carel van Mander, blieben die Gilderegeln von 1590 bis 1751 in Kraft. In einigen Städten ist es freilich gelungen, sich von den anderen in der St. Lucas-Gilde zusammengefaßten Handwerksberufen zu trennen. Die so getrennten Gruppen schlossen sich unter anderen Namen zusammen, etwa das *Schilderscollege* in Utrecht, die *Confrèrie* in Den Haag oder die *Broederschap van St Lucas* in Hoorn.[72] Die Mitgliedschaft in der Gilde unterstrich im übrigen, wie wenig die Maler als eine Besonderheit gesehen wurden und nicht als Paradiesvögel mit einem Anflug von Genialität galten. Es ist sicherlich mit Blick auf den Gildezwang richtig, daß J.B. Price sein Kapitel über die niederländische Malerei den Titel mitgibt: *The Painter as craftsman*[73]. Aber auch wenn man von der Zunftgebundenheit als Anerkennung der Ehrbarkeit ausgeht, die Kunstmaler selbst erfreuten sich sicher nicht durchgehend der bürgerlichen Zustimmung. So war früh für Carel van Mander das wohl nur geringe Ansehen der Maler einigermaßen bedauerlich. Er zitierte die gängige Meinung *hoe schilder hoe wilder* – ein Wortspiel, das sich kaum adäquat übersetzen läßt, auf jeden Fall negativ konnotiert ist. Es ist in diesem Zusammenhang in der Betrachtung der Zeit im nachhinein gefragt worden, was denn nun diese von van Mander zitierte, im Volke gängige Aussage zu bedeuten habe, ob bis zur Sauferei neigende Trinkfreudigkeit und Zügellosigkeit die Kriterien eines Malerlebens gewesen seien. Tatsächlich scheint man bei Malertreffen kräftig gesoffen zu haben, wie zeitgenössischen Aussagen zu entnehmen ist,[74] abgesehen davon freilich, daß Trinkfreudigkeit,

---

71 S. dazu neben der unter Anm. 60 aufgeführten Untersuchung von Czech auch B. BRENNINKMEYER-DE ROOIJ, *Theorie van de Kunst*, in: B. HAAK, *Hollandse schilders in de Gouden Eeuw*, S. 61.

72 Sie dazu E. VAN DE WETERING, *De Schilder*, in: H.M. BELIËN U.A., *Gestalten van de Gouden Eeuw. Een Hollands groepsportret*, Amsterdam 1995, S. 231.

73 J.L. PRICE, *Culture and Society in the Dutch Republic during the 17th Century*, London 1974.

74 S. dazu VAN DE WETERING, *De schilders*, S. 238 über einen Bericht des Sohnes von Govaert Flinck an Arnold Houbraken, sein Vater habe Festlichkeiten und Treffen von Malern immer vermieden, da man dort unmäßig getrunken habe. Van de Wetering weist auf die römische Sitte, daß die niederländischen Neuankömmlinge in der Stadt bei den schon länger ansässigen Niederländern ein Einwei-

folgt man der Genremalerei der Zeit, ohnehin ein Attribut der niederländischen Gesellschaft gewesen zu sein scheint. Es sei noch auf andere Beispiele der auf jeden Fall nicht ganz zustimmenden Haltung hingewiesen. So hat Jacob Cats, nicht nur eine Zeitlang Ratspensionär, sondern seines Zeichens auch der Moralprediger der Nation, in seinem *Trou-ringh* einen Maler lächerlich gemacht, indem er ihn aufgesetzte gelehrte Dinge sagen ließ. Carel van Mander wußte schließlich zu erzählen, ein junger Adliger sei als talentierter Schüler ins Atelier des Anthonie van Montfoort (Blocklandt) eingetreten. Er habe aber nicht ein Maler genannt sein wollen, weil „dies dem Glanz seiner Familie Abbruch tun könne." Und 1633 ließ Willem van Oldenbarnevelt anläßlich einer diplomatischen Mission, die Peter Paul Rubens in die Niederlande unternahm, wissen, für einen Maler sei dieser Mann zu eitel. Rembrandt wurde im Streit mit seinen Schwiegereltern „bloß ein Maler" genannt.[75]

Das sah in den Adelsgesellschaften Europas tatsächlich ganz anders aus, was nicht zuletzt auch auf die Bemühungen der dortigen Künstler, die zünftig-handwerkliche Bindung abzustreifen, zurückzuführen ist. Solche Bemühung hatte seine Vorläufer im italienischen Quattrocento. Damals setzten die ersten Versuche ein, sich des Zunftzwangs zu entledigen. Die Argumente verwiesen hier auf einen eigenen Bildungsweg, abgesehen vom Hinweis auf die eigene schöpferische Tätigkeit. Künstlerakademien, die es seit dem 16. Jahrhundert gab, halfen bei der Argumentation. Immerhin wurden aber erst 1571 die Akademiemitglieder in Florenz durch einen Erlaß des Großherzogs vom Zunftzwang ausgenommen. In Genua sollten nach Entscheidung des städtischen Senats von 1590 Zunftsatzungen nur noch für Maler gelten, die offene Läden hielten. Die gegenüber den Niederlanden andere Position der Maler muß im Zusammenhang mit dieser Entwicklung gesehen werden: Künstler wurden als Menschen mit einer wissenschaftlichen Allgemeinbildung verstanden. Sowohl in Italien als auch in Österreich und im Deutschen Reich wurden Maler in den Adelsstand erhoben, Hofkünstler und Hofarchitekten dann. Dabei blieb die Erhebung freilich bis auf wenige Ausnahmen auf den niederen Adelsstand begrenzt. Vermutet wird, daß es sich bei dieser Vorgehensweise um ein Mixtum aus Landes- und Reichspolitik im Einklang mit der päpstlichen Kunstpropaganda und einem Entgelt für erbrachte Leistungen handelte, die infolge Geldmangels einfach nicht anderes entgolten werden konnten.[76]

Aber zurück zur Position der Maler in den Niederlanden. Für Außenstehende, Reisende und Kunstinteressierte, waren die niederländischen Maler freilich durchaus eine Besonderheit – und dies nicht im negativen Sinn. Vielmehr scheint die Einordnung der Maler eher den Positionen entsprochen zu haben, wie sie Govaert Flinck erreicht hatte, ein hochangesehener Maler, dem Vondel in einem Vierzeiler lobende Worte widmete und ihn Apelles nannte, ihn damit mit dem Hofmaler Alexanders des Großen vergleichend. Der zeitgenössische Kunsthistoriker Arnold Houbraken, der sich selbst in der Kontinuität Carel van Manders sah, zeichnete auf, daß Flinck hoch in der Gunst der hohen Herren Amsterdams gestanden habe, unter diesen auch die Bürgermeister Cornelis und

---

hungsritual durchlaufen mußten, um akzeptiert zu werden. In diesen Malerkreisen habe es wilde Feste und Gelage, verbunden mit practical jokes, gegeben. Dies sei insgesamt von den römischen Bürgern und Künstlern mit einigem Unbehagen gesehen worden. Ebd.

[75] Beispiele bei HAAK, *Hollandse schilders*, S. 32. VAN DE WETERING, *De schilders*, S. 221 erwähnt noch einen Anonymus, der eine Kleiderordnung innerhalb der Gesellschaft Amsterdam entwarf, die Maler freilich nicht richtig einzuordnen wußte, da sie ohnehin „dol van geest" seien, noch dazu aber höchst unterschiedliche Qualität aufweisen.

[76] S. dazu kurz M. KOLLER, *Zur Sozialgeschichte von Kunst- und Kunsthandwerk im 17. Jahrhundert. Datenlage und Forschungsstand*, in: W. BRÜCKNER/P. BLICKLE/D. BREUER, *Literatur und Volk im 17. Jahrhundert. Probleme populärer Kultur in Deutschland* (=Wolfenbütteler Arbeiten zur Barockforschung, 13), Wiesbaden 1985, S. 430ff.

Andries de Graeff. Zahlreiche spontane Besuche hätten zwischen ihnen stattgefunden.[77] Es gehört weiter zu den Merkmalen der Zeit, daß eine Reihe von Künstlern mit den Patriarchen unter den Malern verglichen worden sind, was wiederum auf eine Reihe von Kunstfreunden unter den Niederländern hinweist, die den Künstlern unbefangen und aus Freude an Form und Farbe, aber möglicherweise auch aus der Einsicht in den Nutzen dieses Standes für die Präsentation des eigenen standesorientierten Selbstbewußtseins entgegentraten. Die Amsterdamer *Herren* zählten dazu, aber auch ein Mann wie Constantijn Huygens, einer jener reichen Bildungsbürger, zugleich Sekretär des oranischen Statthalters, der eine große Zuwendung zur Kunst seiner Zeit bezeugte und in diesem Zusammenhang darauf hinwies, wie hoch doch die Künstler bei den alten Griechen angesehen gewesen seien. Zur Kunst des Malens heißt es bei ihm autobiographisch und zugleich mit einiger Skepsis gegenüber der Haltung der Niederländer zu Kunst und Künstlern: „Für die Ehre ist es hinreichend, daß sie bei den mächtigsten Herren der Erde großes Ansehen genießt und entweder von den Angesehenen betrieben wird oder allen jenen zu Ansehen gereicht, die die Kunst erfolgreich betreiben. Sie hat immer unermeßlichen Vorteil gebracht (wenn man zumindest unter diesem Begriff den materiellen Vorteil versteht)."[78] Huygens zählte wie die genannten Graeffs neben sicherlich zahlreichen anderen zu den Kunstliebhabern, unter denen es dann auch Kunstkenner gab, und es scheint selbst so gewesen zu sein, daß das Gespräch über Kunst außerhalb der Künstlerkreise durchaus gepflegt worden ist. All dies zusammengenommen dürfte dem Ansehen der Künstler durchaus zuträglich gewesen sein und ein Gegengewicht gegen Zeichen des Unverständnisses oder der Mißachtung geschaffen haben. Vielleicht diente es gar dazu, das Überlegenheitsgefühl der Künstler gegenüber dem Laien zu fördern, wie es sicher in der 2. Hälfte des Jahrhunderts Samuel van Hoogstraeten in seiner *Inleiding tot de Hooge Schoole der Schilderconst* bezeugte.[79]

Gerade diese letztgenannte Aussage des Constantijn Huygens führt zur Frage nach der Herkunft und im Anschluß daran nach dem Einkommen der niederländischen Maler. Sie kamen mehrheitlich aus der Provinz Holland und dort wieder aus den führenden Städten Amsterdam, Haarlem, Delft, Leiden und Rotterdam, dazu trat die Stadt Utrecht als weiteres Zentrum mit einer eigenen, eben nicht holländischen Art des Malens. Die Fluktuation innerhalb des Standes bewegte sich in diesem Bereich. Für die früheste Zeit des 17. Jahrhunderts wird man die große Zahl der aus Brabant und Flandern flüchtigen Maler hinzufügen müssen, die die gleichsam personelle Grundlage für die eruptive Entwicklung der Malerei in der Republik abgaben.

Die soziale Herkunft der Künstler weist aus, daß sich diese Berufsgruppe aus der gesamten Schicht des Bürgertums rekrutierte – die Regentenschicht ebenso ausgenommen wie die unterbürgerlichen Gruppen, das heißt die Maler stammten aus der Schicht der wohlhabenden und kleinen Kaufleute, aber auch der Kunstmaler und Kunsthandwerker ebenso wie aus den Familien der Handwerker und der Gewerbetreibenden. Daß man im Malerberuf gutes Geld verdienen konnte, wie es Huygens anklingen läßt, geht wohl nicht für die ganze Künstlergarde auf. Die Amsterdamer Steuerakten zwischen 1585 und 1631 weisen aus, daß die Maler im Schnitt bei ihrer Steuerveranlagung in der Gruppe der Handwerker und Gewerbetreibenden und der der intellektuellen Berufe lagen.[80] Montias hat freilich auf der Basis einer Reihe von Vertragsabschlüssen über Auftragsarbeiten für die Jahre um 1650 herum ein durchschnittliches Jahreseinkommen von 1.400

---

77 Bei VAN DE WETERING, *De schilders*, S. 234.
78 Zit. nach HAAK, *Hollandse schilders*, S. 32.
79 S. VAN DE WETERING, *De schilders*, S. 236.
80 S. HAAK, *Hollandse schilders*, S. 33. Über die Herkunft zusammenfassend nach Montias auch übersichtlich NORTH, *Kunst und Kommerz*, S. 77ff. Die dortigen Angaben, die mit Haaks Darstellung (Amsterdam) übereinstimmen, beziehen sich auf Delft.

Gulden ermittelt. Das lag immerhin um das Dreifache über dem Durchschnittseinkommen eines Tischlermeisters.[81]

Es gab eben neben jenen, die kein Auskommen in der Kunst fanden und sich gleichsam wieder an den einfachen Anstrich begeben mußten, andere, die recht eigentlich zu den Großverdienern der Zunft zu zählen sind, das heißt, auch gemessen am gesellschaftlichen Durchschnittseinkommen lagen sie über der mittleren Linie. Das gilt sicherlich für Govaert Flinck, für Rembrandt oder Ferdinand Bol, das gilt aber auch für Leidener Kunstmaler wie Gerrit Dou und Frans van Mieris. Arnold Houbraken hat sich im 18. Jahrhundert vor allem mit Gerrit Dou befaßt, eine Biographie über diesen Leidener Maler vorgelegt, und bedauert, daß Dou sich nicht an das große Historiengemälde, sondern lediglich an die gleichsam kleine Szenerie des Alltags begeben habe. Dies sei hier erwähnt, weil eben diese Alltagsszene sich für ihn wie auch für van Mieris oder Torrentius als äußerst einträglich erwies. Ihre Kunst scheint dem Publikumsgeschmack voll entsprochen zu haben. Sie bestimmten die Preise ihrer Arbeiten. Der französische Reisende de Monconys schreibt wenige Jahre nach seinem Besuch bei Dou, van Mieris und van Slingelandt über die hohen Preise, die sie für ihr Werk forderten: 1.200 Gulden für ein kleines Gemälde, das ein kleines Kind mit einem Arzt (van Mieris), 600 Gulden für ein kleines Gemälde mit einem Mädchen vor einem Fenster, und van Slingelandt forderte 400 Gulden für ein kleines Werk, für das der Reisende 54 Gulden geboten hatte. Der deutsche Maler Joachim von Sandrart, der sich 1637 in Amsterdam niedergelassen hatte, bestätigt die Meldungen über die guten Preise, die die Leidener Maler zu erzielen wußten. Zu den ansehnlichen Einkünften trat bei Dou, daß er dem Gesandten der schwedischen Königin Christina gegen ein Jahresentgelt von 500 Gulden die erste Wahl aus seiner Jahresproduktion überließ. Es kam auch vor, daß Dou und van Mieris einen Stundenlohn für ihre Arbeit verlangten. Nach Houbraken, der die niederländische Kunstszene in Nachfolge von van Hoogstraeten genau verfolgte, sind van Mieris noch weitaus höhere Beträge als die hier genannten von Vertretern des hohen ausländischen Adels gezahlt worden. Ob hohe Honorare den Malerberuf aufwerteten, mag dahingestellt bleiben. So sah der schon genannte Kunstschriftsteller Angel hohes Honorar als durchaus aufwertende Geste an, und er wies darauf hin, daß in der Antike und im zeitgenössischen Italien die Maler hochgeehrt waren, und er nannte, wenn möglich, auch die Beträge, die als Honorar von Seiten der Käufer oder Mäzene eingingen. Jacob Cats freilich fand schließlich nur bedauernde Worte für hohes Malereinkommen, dem er die für ihn geistvollere, aber lediglich mit einem Lorbeerkranz bedachte Tätigkeit der Schriftsteller entgegenhielt.[82]

Die Zahl der Maler in der niederländischen Republik wird gegenwärtig auf 650 bis 750 geschätzt; das entspricht einer Relation von 2.000-3.000 Einwohnern, die bei einer Einwohnerzahl von knapp 2 Millionen auf einen Maler kommen. Der Vergleich mit den norditalienischen Städten weist somit eine ungleich höhere Dichte auf, wenn man von den Ermittlungen des Peter Burke ausgeht. Hier lag das Verhältnis bei 10.000 : 1. Anders noch sieht es aus, wenn man, was recht eigentlich der realistische Bezug ist, lediglich die Orte der Provinz Holland und Utrecht in die Betrachtung einbezieht. Zwar gibt es hier Unterschiede, aber die Zahl der Maler je 1.000 Einwohner schwankt lediglich zwischen 0.8 und 2.1.[83]

---

81 J.M. MONTIAS, *Estimates of the Number of Dutch Master-Painters, their Earnings and their Output in 1650*, in: Leidschrift 6, Nr. 3 (1990), S. 59-64. In kurzer Zusammenfassung auch bei NORTH, *Kunst und Kommerz*, S. 94f.

82 Dies alles nach E.J. SLUIJTER (u.a.), *Leidse Fijnschilders. Van Gerrit Dou tot Frans van Mieris de Jonge 1630-1760)*, Zwolle o.J., 24ff.

83 Angaben nach MONTIAS, *Estimates*, S. 61. Zusammengestellt bei NORTH, *Kunst und Kommerz*, S. 95.

Es ist im Zusammenhang mit der an anderer Stelle erwähnten Professionalisierung und mit Blick auch auf die hohe Zahl der Maler am Platze die Ausbildung und damit die Atelier-Landschaft in der Republik zu erwähnen. Es waren die über die Grenzen des Landes hinaus bekannten Stätten der Kunstfertigkeit – Stätten, in denen gelehrt wurde, wie ein Objekt in seiner äußeren Gestalt und die Szene atmosphärisch richtig zu erfassen war.[84] Die Kosten für eine in der Regel sechsjährige Lehrzeit waren nicht gering, hingen jedoch offensichtlich ab vom Renommee des Meisters. Es war dabei nicht unüblich, daß die vom Lehrling gefertigten Arbeiten beim Meister verblieben – eine Bestimmung, die – falls sie dann im Lehrvertrag stand –, die Kosten der Lehrzeit drücken konnte. Nach den vorliegenden Lehrverträgen variierten die Kosten für die Lehrzeit erheblich. Das hing zum einen ab vom Renommee des Meisters und von der Frage, wie lukrativ sich denn die von diesem vertretene Richtung oder besser das von ihm gepflegte Sujet erwies, war zum anderen auch abhängig von der Frage, ob der Lehrling im Hause des Meisters Kost und Logis genoß. In Zahlen umgesetzt heißt das, daß sich ein Lehrgeld in den Ateliers des Honthorst oder Rembrandt oder des Leidener Gerrit Dou auf 100 Gulden ohne Kost und Logis belief, ein Betrag, den sich nur einigermaßen betuchte Eltern unbesorgt leisten konnten. Bei anderen Meistern belief sich die Summe auch auf rund 100 Gulden, schloß freilich Kost und Logis ein. Es ist darauf hingewiesen worden, daß der hohe finanzielle Aufwand dazu geführt habe, daß keiner der Zöglinge des Delfter Waisenhauses zu einem Maler oder Silberschmied in die Lehre gegeben worden sei.[85] Der Malerlehrling genoß sicherlich keinen besonderen Status im Vergleich zu anderen Lehrberufen, was die Lektüre des van Mander-Buches möglicherweise suggerieren könnte. Die Ausbildung war wohl eher praktisch als theoretisch ausgerichtet, konzentrierte sich auf die Kopie der Arbeiten des Meisters und die dann folgende Korrektur. „Entsprechend beeinflußte die Spezialisierung des Lehrmeisters, beispielsweise auf Stilleben, Genrebilder oder Seestücke, auch die spätere Wahl des Sujets durch den Schüler."[86] Aus „Teken-Boeken" des 17. Jahrhunderts wissen wir, welche ersten Schritte der junge Lehrling auf dem Weg zum Gesellen oder Meister unternehmen mußte. Es gab in jenem Jahrhundert eine Vielzahl von Regeln und Vorschriften zur Raumaufteilung und Perspektive ebenso wie zur Plastizität, deren Beherrschung bei der Wiedergabe des Sujets nachzuweisen war. Dabei war das vorgenannte Kopieren von Gravuren nicht hinreichend. Zur Ausbildung gehörte auch das Zeichnen von Skulpturen (Stein oder Gips). Nach diesen Übungen wagte man sich an die Zeichnung nach Nacktmodellen. Das Kopieren von Gravuren oder Gemälden enthielt auch schon die Aufgabe, neue Kompositionen, das heißt eine neue Aufteilung der Bildfläche einzubringen. Ob in jedem Augenblick und bei jedem Meister tatsächlich alle technischen Bereiche gelehrt wurden, ist nicht mehr genau nachzuvollziehen, sicherlich aber darf von einer hohen Professionalisierung des Malerberufes, von den strengen Regeln der Ausbildung und damit zugleich von einer ausgedehnten Atelier-Kultur geredet werden. Aber ganz abgesehen von den strengen Vorschriften gehörte es vor allem zu Beginn der Lehrzeit auch zu den Aufgaben des jungen Malers, Hilfsarbeiten im Haushalt zu verrichten.[87]

Die Lehre im Lande blieb freilich allemal billiger als eine Reise etwa nach Italien, wie sie von den Vertretern der Utrechter Schule, den Caravaggisten, häufiger unternommen wurde. Es ist in diesem Zusammenhang einen Hinweis wert, daß die niederländischen Maler im allgemeinen – bis auf die vorgenannten Ausnahmen – sich nicht zum Lernen nach Italien oder Frankreich begaben, sondern daß eher – umgekehrt – Aus-

---

84 VAN DE WETERING, *De schilder*, S. 225.
85 Angaben nach NORTH, *Kunst und Kommerz*, S. 79ff.
86 Ebd. S. 83. Auf S. 83ff. auch die Rolle der Gilden im Bereich Lehrlingsausbildung.
87 Nach VAN DE WETERING, *De schilder*, S. 226ff.

länder in den Niederlanden in die Lehre gingen, um hier die ganze Kunstfertigkeit der Maler, ihre Fähigkeit, den Gegenstand in seiner äußeren Gestalt und zugleich in seiner Aussagekraft darzustellen, zu erlernen. Das dürfte nicht zuletzt auch auf die Tatsache zurückzuführen sein, daß etwa um die Jahrhundertmitte die niederländische Kunst schon Objekt von Kunstsammlern war, die aus dem In- und Ausland kamen. Zu dieser Zeit war der Ruhm der niederländischen Malerei durchaus weit über die Grenzen des Landes gedrungen.

Die Kunst und der Markt

Die Ateliers nun, sie waren nicht nur Stätten der Ausbildung oder schlichter Arbeitsplatz, es waren auch die Orte, an die sich der Kunstfreund und vor allem der Kunstsammler begab,[88] die Orte dann, von denen der sich allmählich entwickelnde Kunstmarkt seinen Ausgang nahm. Und diese Marktentwicklung darf man sicherlich eine niederländische Besonderheit nennen. Gewiß, da gab es immer noch die Auftragskunst, und sie war gewiß nicht gering. Es wird noch zu zeigen sein, wie sie von Privaten und Institutionen gleichermaßen getragen wurde. Aber es gab eben kein Mäzenatentum mehr, auch wenn der eine oder andere Maler gleichsam eine Abnahmegarantie von „betuchten" Bürgern wie den de la Courts oder ausländischen Diplomaten wie dem schwedischen Diplomaten Spiering Silvercroon fand. Solche Auftragskunst, gleichviel ob sie aus der Privatschatulle bezahlt wurde oder aus Mitteln der öffentlichen Hand oder von gesellschaftlichen Gruppen, sie war allemal lukrativer als die Kunst für den Markt. Markterzeugnisse hätten sich preislich im Einer- und Zehnerbereich bewegt, so ist gesagt worden. Die Preise seien so niedrig gewesen, weil die Malerei schlicht als Handwerk betrachtet und das Erzeugnis auch als ein handwerkliches gesehen wurde. Der Preis setzte sich aus den Kosten für Material und Farben und einem kleinen Gewinn für den Maler-Handwerker zusammen.[89] Auftrag und Markt traten an die Stelle der Mäzene, die in der burgundisch-habsburgischen Zeit die Szene bestimmt hatten. Auch in dieser Hinsicht war die Republik etwas Besonderes. Zwar war immer noch Adel anwesend – man braucht hier nur auf die überaus nachdrückliche Präsenz der Oranier hinzuweisen –, aber er lebte eben in einer Republik, in der er keine besonderen Positionen mehr besaß. Es war, als ob das Repräsentationsverlangen von ihm auf die bürgerliche Welt übergegangen sei. Neben dem Adel entfiel auch die katholische Kirche als machtvolle, zugleich bilder- und skulpturenfreudige Institution. Die Stellung der katholischen Kirche war die einer Untergrundkirche, und sie fand sich auch nicht durch die calvinistische Öffentlichkeitskirche ersetzt, die, wenngleich sie der bildlichen Darstellung nicht in jedem Fall völlig abweisend gegenüberstand, zumindest nicht als Auftraggeber auftrat. Der Adel bedeutete finanziell nichts mehr, und einzig der oranische Hof, der Hof des Statthalters, pflegte noch ein Mäzenatentum. Zumindest tat dies Statthalter Friedrich Heinrich mit seiner vom adligen Selbstbewußtsein geprägten Frau Amalia von Solms. Freilich zeigte sich der Oranier auch nicht bereit, seine bevorzugten Hofmaler mit einem festen Jahressalär heranzuziehen. Immerhin war er ein durchaus begeisterter Aufkäufer von Kunstwerken zur Ausgestaltung seiner Wohnsitze. Und wo das Kunstwerk nicht beweglich war, da zog der Statthalter den Künstler an den Wohnsitz, um ihn dort mit Wandmalereien zu beschäftigen. Es wird vermutet, daß Honthorst unter dem Einfluß des hier schon

---

88 Dazu HAAK, *Hollandse schilders*, S. 28 mit dem Hinweis auf das kleine Gemälde von Pieter Codde, Kunstliebhaber im Atelier eines Malers.

89 So J.L. PRICE, *Culture and Society in the Dutch Republic during the 17th Century*, London 1974, S. 120.

genannten kunstsinnigen Privatsekretärs Constantijn Huygens stand. Das mag so sein, aber es ist auch klar, daß der Statthalter sich selbst deutlich von der neuen holländischen Seh- und Malweise distanzierte und die italianisierende und flämische Kunst, wie sie in Utrecht gepflegt wurde, bevorzugte. Es war die Kunst, in der die symbolträchtige Glorifizierung der Person, das heißt in diesem Falle des erfolgreichen Feldherrn und Statthalters, im Vordergrund stand.[90]

Es ist hier nicht zu fragen, warum es an einem ausgesprochenen Mäzenatentum in der niederländischen Republik fehlte. Möglicherweise gehörte es nicht zum Gebaren einer republikanischen Gesellschaft, aber es gab doch neben einem hier noch zu beschreibenden Repräsentationsbedürfnis durchaus Sinn für und Freude an der Kunst, wäre sonst doch die Entwicklung eines so großen Kunstmarktes von vornherein nicht möglich gewesen. Markt, das meint hier, daß Kunst nachgerade feilgeboten wurde – in den Ateliers natürlich, aber auch auf dem Jahrmarkt, bei Versteigerungen und Tombola-Veranstaltungen. Der Kunstkonsument, wenn dieser Begriff hier einmal eingebracht werden darf, wandte sich sicher in erster Linie an den Produzenten direkt vor Ort, fand seinen Weg ins Atelier. Das Atelier war einfach eine Arbeits- und Verkaufsstelle gleichermaßen. Die Nachlaßverzeichnisse von Malern weisen aus, daß in den Ateliers große Vorräte an Gemälden vorhanden waren, was wiederum vermuten läßt, daß zum großen Teil für den Markt außerhalb der Ateliers gearbeitet wurde.[91] Das Angebot war reichlich, und es bot sich jede Gelegenheit, einen Maler nach eigenem Gusto zu finden, ohne daß man sich in ein kostspieliges Mäzenatentum begeben mußte. Kunst als Massengut? Der Warencharakter von großen und kleinen Arbeiten niederländischer Künstler ist jedenfalls unübersehbar. Die Maler drängten selbst auf den Markt, sie taten es freilich mit unterschiedlichen Auffassungen. So jedenfalls in Haarlem, wo die eine Gruppe protektionistische Maßnahmen ihrer (Lukas-)Gilde forderten, um auf diese Weise einen stabilen Markt mit qualitativ guter Ware zu garantieren, eine andere dagegen den Protektionismus der Gilde als eine Behinderung des freien Handels ansah. Der Antrag des Gilde-Vorstands, gegen öffentliche Verkäufe strenger aufzutreten, wurde dann auch grantig kommentiert: er diene dazu, „die freie, in dieser Stadt schon so lange weit berühmte Malkunst einzuengen und zu einer ehrlosen, dienstbeflissenen Sklavin herabzuwürdigen – einer Sklavin, die am Händen und Füssen gefesselt ist, ohne die Freiheit zu haben, mit der diese Stadt sich immer gegenüber den anderen ausgezeichnet hat."[92] Zu jenen, die sich der strengen Form widersetzten, aber eine Minderheit stellten, gehörten auch Pieter de Molijn, Salomon van Ruysdael, Cornelis Vroom und kein geringerer als Frans Hals. Der von der Gilde vertretene Protektionismus ergab sich aus dem hohen Zustrom von Malern in Haarlem – die Zahl der Maler stieg von etwa 10 im Jahre 1605 auf 80 im Jahre 1634 – mit entsprechendem Zuwachs in der künstlerischen Produktion. Da wurde ein – von der Stadtregierung nicht akzeptierter – Entwurf zu einer korrigierten Gilde-Verfassung eingereicht, nach dem kein Kunsthandel ohne Wissen der Gilde stattfinden durfte. Vor allem kam es darauf an, die Künstler der Stadt vor Konkurrenz von außen zu schützen, die tatsächlich aus den südlichen Niederlanden drohte. Lediglich die drei Jahr-

---

90 Dazu HAAK, *Hollandse schilders*, S. 38ff.; zu Statthalter Friedrich Heinrich s. J.J. POELHEKKE, *Frederik Hendrik, Prins van Oranje. Een biografisch drieluik*, Zutphen 1978; in kurzem Überblick zum Hofleben und der künstlerischen Ausgestaltung s. H. LADEMACHER, *Statthalter Friedrich Heinrich – Monarch in der Republik? Zur höfischen Attitüde einer Verhinderung*, in: Jahrbuch des Zentrums für Niederlande-Studien, 2(1992), S. 21-37. Honthorst war der wichtigste Maler am Hofe. Auch Rembrandt erhielt einige Aufträge, vermutlich durch Vermittlung von Huygens.

91 Dazu J. VAN DER VEEN, *De Delftse kunstmarkt in de tijd van Vermeer*, in: D. HAKS/M.CH. VAN DER SWAN, *De hollandse samenleving in de tijd van Vermeer*, Zwolle o.J., S. 127.

92 Zit. bei R. FALKENBURG u.a. (Hrsg.), *Kunst voor de markt. Art for the Market*. Nederlands Kunsthistorisch Jaarboek, 50, Zwolle 2000, S. 195.

märkte in Haarlem sollten frei sein für den Verkauf von Bildern, während Versteigerungen, Tombola-Veranstaltungen und ganz allgemein der öffentliche Verkauf zu verbieten waren. Zwar gehörten Versteigerungen von Nachlässen oder aus anderen Gründen zum Wirtschaftsverkehr des Alltags, Künstler und Kunsthändler sahen hier freilich häufig genug eine Gelegenheit, ihre Arbeiten oder ihre Ware an den Mann zu bringen, indem sie sie einfach in die zu versteigernde Masse schmuggelten. Somit ließ sich die Aufsicht der Gilde umgehen. Schaut man sich die Zahl der Bilder an, die auf den Versteigerungen in Haarlem angeboten wurden, dann liegt es fast schon nahe, von der Malerei als einer Massenerscheinung zu sprechen. Die Zahl der unbekannten Meister oder nicht näher umschriebenen Bildinhalte war dabei nicht gering. In den 229 Nachlaß- oder sonstigen Inventarversteigerungen, die zwischen 1645 und 1650 in Haarlem stattfanden, fanden sich in 152 Gemälde, deren Zahl sich für die angegebene Periode auf 2.175 belief. Davon waren 1.527 ohne nähere Beschreibung oder ohne Angabe des Malers. In Amsterdam, so ist festgestellt worden, lag dieses Verhältnis genau umgekehrt. Es wurde in jener Zeit bei den Versteigerungen von recht großen Mengen „guter und schlechter, großer und kleiner Gemälde" gesprochen – Gemälde, die vom einfachen Bürger auf anderen Versteigerungen zur Ausschmückung des eigenen Hauses erworben worden waren.

Wie der Jahrmarkt schon eine mittelalterliche Tradition als Verkaufs- und Kaufgelegenheit hatte, so stammte die Möglichkeit, über Verlosungen Ware zu veräußern, in einigen Städten Europas schon aus dem 15. Jahrhundert. Sie wurden städtisch organisiert und dienten in erster Linie dazu, die Gemeindekasse aufzubessern. Erst im 16. Jahrhundert trafen italienische Maler in den südlichen Niederlanden ein, um dort ihre Werke über Lotterie-Veranstaltungen zu veräußern. Im gleichen Jahrhundert fanden solche Veranstaltungen auch in der Republik statt und dienten in erster Linie wohltätigen Zwecken. Zwar gab es auch Unternehmungen von privater Seite, diese wurden jedoch verboten. Über die Gründe ist hier nicht zu handeln. Festzuhalten ist dagegen, daß zum einen immer wieder Sondergenehmigungen erteilt wurden und daß zum anderen in Haarlem ausschließlich Gemälde angeboten wurden, während in anderen niederländischen Städten Musikinstrumente und Luxusgüter als Losgewinn gezogen werden konnten. Es galt immer, die vorrätigen Lose möglichst vollständig zu verkaufen, und man versuchte, dies mit mancherlei Verkaufstricks zu erreichen, die denen unserer Moderne durchaus ähneln. Ob dies immer gelang, sei dahingestellt, aber solche Veranstaltungen scheinen sich für den oder die Maler immer gerechnet zu haben, und dieser Verkaufsprozeß macht auch deutlich, daß zum einen zu viele Maler eine Stadt wie Haarlem bevölkerten und daß zum großen Teil auch eigens für den Publikumsgeschmack angefertigte Massenware auf den Markt gebracht wurde.[93]

Die Situation in anderen Städten der Republik war ähnlich – vor allem dort, wo der Zustrom von Malern die protektionistisch eingestellte Gilde einfach auf den Plan bringen mußte. Wie in Haarlem spielte etwa in Delft die Immigration aus den südlichen Niederlanden eine erhebliche Rolle. Es ging um den Schutz der ansässigen und in der Gilde erfaßten Maler, was nach Ansicht der Gilde schon im ersten Jahrzehnt des 17. Jahrhunderts einen weiteren Zuzug von Malern unerwünscht machte. Das führte 1611 zu einer Verschärfung der Gilde-Ordnung, die neben den Bestimmungen für die Mitglieder den Verkauf von Gemälden, die nicht in der Stadt entstanden waren, beschränkte und darüber hinaus Künstlern, die nicht Mitglied der Gilde waren, Produktion und Verkauf von Gemälden verbot. Zuwiderhandlung bedeutete Auferlegung eines Bußgeldes (Künstler oder Käufer) und Einzug des inkriminierten Objekts. Auswärtigen Künstlern war es

---

93 Ebd. der Beitrag von M.E.W. BOERS, *Een nieuwe markt voor kunst. De expansie van de Haarlemse schilderijenmarkt in de eerste helft van de zeventiende eeuw*, S. 195-208 (für die Stadt Haarlem) mit zahlreichen Angaben zu den beteiligten Künstlern.

nur auf den freien Wochen- und Jahrmärkten erlaubt, ihre Arbeiten zum Verkauf anzubieten.

Insgesamt aber gab es ein reiches Angebot auf den Märkten, gleichviel in welchem Ort sie sich entwickelten. Ein kaufkräftiges Publikum war selbstverständlich die Voraussetzung. Für Delft ist ermittelt worden, daß etwa zwei Drittel aller Haushaltungen Bilder besaß, deren Zahl man aufgrund von Nachlaßverzeichnissen auf 6 bis 7 je Haushalt veranschlagen darf. Nach den Delfter Daten hatte die Kauflust eine erhebliche Variationsbreite. Das Schwergewicht des Ankaufs lag bei Landschaftsmalerei, der Darstellung biblischer Themen sowie bei Stilleben, Porträts und Alltagsszenen.[94]

Porträtmalerei

Es ist schon angedeutet worden, daß Carel van Mander in seiner Anweisung für junge Maler und in seiner Betonung der Ovidschen *Metamorphosen* auf die besondere Position der Maler in der Vermittlung von Werten hingewiesen hat. Daran läßt sich im Zusammenhang mit der Rezeption von Kunst in der Gesellschaft die Frage anschließen, inwieweit Kunst auch zur Befriedigung eines Interesses über den Schönheitssinn hinaus genutzt worden ist. Das heißt: die Frage gilt der Motivation im Umfeld eines Staates, der aus Rebellion hervorging und der sehr wohl meinte, zum einen der Rechtfertigung, zum anderen der Präsentation von Erfolg zu bedürfen. Es geht also um die Artikulation eines politischen, republikbezogenen Selbstverständnisses und angesichts der Staatsstruktur und ihrer Träger auch des bürgerlichen Selbstbildnisses. Wo immer Revolution oder Revolte stattfindet, so wird man sagen können, ist die Begründung nicht fern. Zwar ging es in der Revolution um die Aufhebung der Vergangenheit, aber die Träger der Republik und ihre Künstler fanden auch ihre Vorbilder in der Vergangenheit. Da wurde das Eigene und Typische in vielen Bereichen der Kultur gesucht, das eine Rechtfertigung aufständischen Verhaltens enthielt. Die Zeitgenossen griffen auf die wissenschaftlichen Leistungen der Renaissance zurück, auf die Rezeption des Tacitus. Es galt da die Suche zunächst nach den Vorvätern der Holländer. Man fand die Bataver. Aurelius, der Autor der „Divisiekroniek", legte es – neben anderen – fest. Früh im 17. Jahrhundert, 1610, leitete Hugo Grotius seine ganze Rechtfertigung republikanischen Daseins aus der batavisch-holländischen Tradition ab. Nach dem Aufstand ging es nicht um die einfache Kontinuität des Stammes, sondern um die postulierte Ingredienz des Stammes, die batavische Freiheit. Es ist an anderer Stelle schon gezeigt worden, wie der Name der Bataver dort, wo Niederländer saßen, im Inland oder in Übersee, verbreitet wurde, um den besonderen – freiheitlichen – Charakter der neuen Republik zu demonstrieren und wie sehr zu dieser Demonstration und Präsentation des neuen Staates auch der Exodus der Israeliten aus der ägyptischen Gefangenschaft gehörte.[95]

Bataver und Exodus also – zwei so unterschiedliche Themen, die ikonographisch zur Grundlage der Nation hochstilisiert wurden. Moses und Wilhelm von Oranien, denen es um die Befreiung von Fremdherrschaft ging. Kunst als nationale Lehrstunde, ein Stück Didaktik, das immer auch im Zusammenhang mit den zahlreichen schriftlichen Rechtfertigungen und Begründungen der Zeit zu sehen ist. Diese Auftragskunst enthielt über die historisch und alttestamentarisch begründete Komponente hinaus zugleich einen Katalog von Tugenden, den sich eine soziale Gruppe, die Regenten, durchaus als gelebte

---

94   J. VAN DER VEEN, *De Delftse kunstmarkt in de tijd van Vermeer*, in: HAKS/VAN DER SWAN, *De Hollandse samenleving in de tijd van Vermeer*, S. 124-135, hier vor allem S. 126ff.
95   S. dazu insgesamt den Abschnitt *Konstitutionelle Eigenart*.

Eigenschaft zuschrieb. Der Maler gab der Denkweise Gestalt in Form und Farbe, der Dichter deutete es, und der Bürger wähnte sich im Schutz der bestehenden Ordnung.

Das war insgesamt ein Stück Selbstdarstellung, die ihre eigentliche Blüte dann in der Porträtmalerei fand. Dieses Segment niederländischer Malkunst hatte auch in den Niederlanden eine lange Tradition, war dort aber im 16. Jahrhundert schon einem Wandel in der Motivik unterworfen worden. Im Zuge der Individualisierung im humanistischen Denken, die zu einer Selbstfindung des Bürgers führte und wesentlich abwich von der Rolle des Einzelnen, der bis dahin gleichsam als Stifterfigur zum Vorteil der kirchlichen Institution auftrat, entsprach das Porträt der Reflexion über die Bedeutung des Bürgers, der im Zuge einer moderneren Gesellschaftsentwicklung eine primär auf die ganz konkreten politischen und wirtschaftlichen Aufgaben gerichtete Rolle übernahm. Dies implizierte auch die genaue Wiedergabe der Physiognomie, die Betonung des Wiedererkennungseffekts, und implizierte auch die der Bedeutung entsprechende Darstellung von Gebärde, Stoff und Ambiente.[96]

Es ist an anderer Stelle gesagt worden, daß die niederländischen Maler in erster Linie für den Markt produzierten. Wenn es irgendwo im privaten Bereich Auftragskunst gab, dann naturgemäß im Bereich der Porträts. Für den Maler war es ein durchaus einträgliches Geschäft, denn für dieses Segment wurde einfach mehr gezahlt als für die schlichte Marktproduktion.[97] In Amsterdam entwickelte sich die Porträt-Malerei zur Ganztags-Beschäftigung für eine Reihe von Malern. Es saßen dem Maler die Regenten, aber nicht nur sie, sondern auch die große Schicht der neuen Reichen, die Geld genug hatten, aber nicht zum engeren Kreis der Regenten durchgestoßen waren. Die eigene Person konterfeit zu sehen, sich wie in einem Spiegel betrachten zu können oder sich für die Nachwelt gleichsam beispielhaft zu verewigen, das setzte schon ein gerüttelt Maß an Selbstbewußtsein voraus. Aber das äußerte sich nicht, schaut man auf das Ergebnis, in *pomp and circumstances*. Nicht so sehr der Stil des Südniederländers Anthonie van Dyck war gewünscht, als vielmehr der des Frans Hals, des van der Helst und des Rembrandt, wobei letztgenannter als ein Porträtmaler besonderen Stils einzuordnen ist. Es ging auch nicht um Glättung, Verschönerung oder Glanz, viel eher waren die Schlichtheit und das naturgetreue Abbild gesucht, eben die realistische holländische Schule mit ihrem Bekenntnis auch zur Warze. Die Bürger wollten sich als Person sehen, bei aller postulierten Tugendhaftigkeit gar nicht so sehr als hochstilisierte Persönlichkeit. Freilich, im Laufe des Jahrhunderts, vor allem ab der zweiten Hälfte, als der ganze politisch-geistige Habitus der schon mehrfach genannten „wahren Freiheit" Fuß faßte, änderte sich der Stil. Richtig stellt Price fest, nicht mehr die Person, sondern das Amt und die Würde des Amtes seien dann gemalt worden.[98] Zum Bereich der Öffentlichkeit zählte auch die Aufgabe des Bürgers in der Gesellschaft. Der Bürger dabei in erster Linie als Gruppe. Es ist, als ob man das ganze Kollegialsystem – das Hauptmerkmal der republikanischen Struktur – in Form und Farbe habe festhalten wollen. Das gilt für die Ämter allemal, für die Bürgermeister- und Schöffengremien ebenso wie für die städtischen Kammern der VOC – und nicht zuletzt auch für die Familie als dem privatesten Bereich. Das war die gleichsam amtliche Form der bürgerlichen Selbstdarstellung. Mitglied einer Regentenfamilie oder jedenfalls einer begüterten Familien zu sein, hieß über die Wahrnehmung

---

96 *So nach* BRIELS *Vlaamse schilders*, S. 28.
97 Ebd. B. zitiert aus einer zeitgenössischen Broschüre von 1628 (T'samenspreekinghe) den in einem Gespräch gefallenen Satz: „Ic bekent met u, dat daer noch liefhebbers zijn, die voor een Tronij 2.3.4. hondert gulden ende meerder betalen, hetwelcke nochtans maer het achtste ghedeelte van het lichaem is." („Ich bin mit Ihnen der Ansicht, daß es immer noch Leute gibt, die für ein Gesicht 2 bis 400 Gulden und mehr bezahlen, dieweil ein solches Gesicht doch nur ein Achtel des ganzen Körpers ausmacht").
98 PRICE, *Culture and Society*, S. 143.

Porträt von Hendrick Bicker
(J. von Sandrart)

politischer Ämter hinaus auch Übernahme einer sozialen Funktion. Simon Schama hat seinem Interpretationsversuch zur niederländischen Kultur des 17. Jahrhunderts den Titel *Embarrassment of Riches* mitgegeben, den wir hier, wie an anderer Stelle schon angedeutet, – ungeachtet des offiziellen Titels der deutschen Übersetzung[99] – mit *Peinlichkeit des Reichtums* wiedergeben möchten. Zeitgenössischen Beobachtern, vor allem Reisenden aus dem Ausland, fielen eben nicht nur Blüte und Eigenart der Kunst oder die hohe Zahl der Schiffsmasten auf, die man vom Amsterdamer Westertoren aus im Hafen erblicken konnte, sondern auch die für europäische Verhältnisse zahlreichen sozialen Einrichtungen, die Vielzahl der Armen- und Waisenhäuser, Krankenhäuser, Altersheime und auch der Arbeitshäuser für Männer und Frauen („rasp- en spinhuizen"). Die Gebäude, die hierfür errichtet wurden, zählen zu den klassischen Beispielen des Renaissance-Baus, und sie wurden von den führenden Baumeistern der Zeit wie Hendrik und Pieter de Keyser, Lieven de Key oder Jacob van Campen, entworfen. Ihr Bau war die Folge einer schon im 16. Jahrhundert verstärkt zu beobachtenden Bettelei, Landstreicherei und Kriminalität. Zahlreiche Gruppen-Porträts zeigen dann auch die Regenten und Regentinnen, das heißt hier die Vorstände, die von der jeweiligen städtischen Obrigkeit zu Verwaltern der Häuser eingesetzt waren, oder jene, die solche Institutionen privat finanzierten und unterhielten. Solche Ergebnisse der Malkunst, die immer etwas Dokumentarisches haben, sind im Zusammenhang mit den Allegorien zur Barmherzigkeit zu sehen, um zu begreifen, daß die Selbstdarstellung auch eine christliche Nächstenliebe umfaßte, zu

---

99 *Überfluß und schöner Schein.*

Regentinnen des St. Elisabeth-Krankenhauses in Haarlem (J. Verspronck)

deren Realisierung man sich neuer Methoden bediente, und daß die soziale Verwendung von Reichtum auch ein Stück christliche Pflichterfüllung enthielt, die freilich auch zum eigenen Seelenfrieden beitragen sollte. Solche Deutung ist insofern erlaubt, als Wohltätigkeit und Armenfürsorge zu den lebendigen und immer wieder neu geforderten Ingredienzien der Zeit gehören. Die Emblemata bezeugen es. Es sei aus einem Emblem-Buch des Johan de Brune zitiert, in dem es heißt: „Wilt ghy vasten rijckdom hebben? Wilt hem by den armen legghen/.../Maer noch ist niet genoegh: ghy moet hier by gedencken,/ Dat ghy der armen nood te gheener tijdt vergeet,/,Ten zal uw ziel niet schaen, noch oock uw rijckdom krencken'//Want t'weert met Godts beloft van s'hemels winst besteet".[100]

Das Motiv der Selbstdarstellung, ob Einzel- oder Gruppen-Porträt ist eindeutig. Und wenn Hintersinniges hineingelesen worden ist – Hintersinniges, das über die realistische Darstellung des Glanzes und der Würde hinausreicht –, dann dürften entsprechende Gedanken in erster Linie weder beim Maler noch beim Auftraggeber zu suchen sein, vielmehr wird es bei jenem Betrachter gelegen haben, der möglicherweise mit der zeitgenössisch durchaus diskutierten vanitas-Frage beschäftigt war – Schönheit und Präzision der Darstellung also als Erinnerung an die Vergänglichkeit.[101]

Im gesamten Segment der Porträtmalerei nimmt das Bildnis von Eheleuten eine recht zentrale Stellung ein. Das ist quantitativ und qualitativ gleichermaßen sichtbar. Es han-

---

[100] Abgebildet bei HAAK, *Hollandse schilders*, S. 52f. („Willst du wirklichen Reichtum haben? Gib ihn den Armen, und das ist noch nicht genug, denn du darfst die Armen zu keiner Zeit vergessen, es wird deiner Seele nicht schaden und auch den Reichtum nicht beeinträchtigen, denn Gott hat dir den Himmel versprochen").

[101] Beispiele hierzu bei BRIELS, *Vlaamse schilders*, S. 30ff.

Offiziere und Unteroffiziere der Haarlemer Cloveniersschützen (F. Hals)

delt sich um Bildnisse, die entweder nach Tradition und Konvention als Pendant-Stücke gefertigt wurden oder aber als Konterfei der Zweisamkeit, wie es zum erstenmal Frans Hals 1622 in der Darstellung des Isaac Massa und der Beatrix van der Laan angefertigt hat. Diese Bilder widerspiegeln ganz allgemein die Bedeutung der Ehe in der Republik.[102] Wie die Ehe einem gesellschaftlichen Code unterlag und als wichtige Institution der Gesellschaft begriffen wurde, so unterlag auch die Darstellung einer gewissen Gleichförmigkeit, die kaum Unterschiede aufweist, wenn man einmal von den Gesichtszügen absieht. Es waren immer auch Porträts von Mitgliedern begüterter Familien, die einander auch wirtschaftlich ergänzten. Solche Porträts strahlen aus, was Jacob Cats in seinem Buch über die Ehe nachgerade festgeschrieben hat. Darstellungen von Ehepaaren, die Frans Hals anfertigte, durchbrachen nach Form und Inhalt – es sei hier auf die erotische Komponente verwiesen, wie sie sich im vorgenannten Porträt, aber auch in dem von ihm angefertigten Pendant-Porträt von Stephanus Geraerdts und Isabella Coymans wiederfindet –, die allgemein gültige Form der Darstellung jener Jahre.[103]

Eine weitere, gesellschaftlich ohne Zweifel relevante Gruppe war die der Schützengilden („schutterijen") – eine Gruppe freilich, deren politische und gesellschaftliche Relevanz im Laufe des 17. und endgültig des 18. Jahrhunderts nicht mehr zu den stärksten Phänomenen dieser so stadtbürgerlich geprägten Republik zählten. Einer der bekanntesten niederländischen Kunsthändler des 18. Jahrhunderts, C. Ploos van Amstel,

---

102 Zur Ehe in der Republik D. HAKS, *Huwelijk en gezin in Holland in de 17de en 18de eeuw. Processtukken en moralisten over aspecten van het 17de- en 18de eeuwse gezinsleven*, Utrecht 1985; Einen allgemeinen Überblick über mehrere Jahrhunderte enthält G.A. KOOY, *Vier eeuwen gezin in Nederland*, Assen u.a. 1985 (hier insbesondere die beiden ersten Beiträge).

103 Dazu BRIELS, *Vlaamse schilders*, S. 48ff. Eine recht umfassende Deutung der Porträts von Ehepaaren bei E. DE JONGH, *Portretten van echt en trouw. Huwelijk en gezin in de Nederlandse kunst van de zeventiende eeuw*, Zwolle u.a. 1986.

sah in den Gruppen-Porträts der Schützengilden noch die Erinnerung an die schweren Zeiten mit ihren alten Helden lebendig werden, während Conrad Busken Huet später einen eher skeptischen Eindruck beim Anblick des von Bartholomaeus van der Helst gefertigten Gemäldes vom Festmahl der Amsterdamer Sint-Jorisschutterij gewonnen hat. Das Gemälde wurde anläßlich des Westfälischen (Münsterschen) Friedens 1648 in Auftrag gegeben. Busken Huet schreibt dazu in seinem *Het land van Rembrand* doch einigermaßen sarkastisch: „Bekannt ist das Bild ... des Genießers, der zu Ehren des Münsterschen Friedens ein gutes Bratenstück mit den Händen zum Mund führt. Man befindet sich in einer Welt von Gesichtern mit fettglänzender Haut eingerahmt; die Bäuche sind angespannt wie ein Trommelfell. Die Hosen drohen jeden Augenblick zu platzen."[104]

Die kritische Note, die Busken Huet hier einbringt, überrascht nicht, aber es sei doch festgehalten, daß Zeitgenossen, Reisende vor allem, sich ob des etwas aus dem Rahmen fallenden, einzig auf Genuß zielenden Verhaltens der „schutters" bei Festmahlen einigermaßen erstaunt, wenn nicht gar abgestoßen gaben, und was Reisende angewidert notierten, fand seinen kontrapunktischen Widerhall in einer Alkmaarer Schützenverordnung, in der jener zu 12 Stuiver Bußgeld verurteilt wurde, der nach überreichlichem Fressen und Saufen entweder das Rathaus oder das Gildehaus („doelen") oder die Treppen dieser Gebäude voll kotzte. Sprechender noch ist eine Haarlemer Verfügung, nach der die Zahl der Festlichkeiten der Gilde wegen der allzu hohen Kosten für die Stadt beschränkt und verboten wurde, Frauen und Kinder auf solche Feste mitzunehmen.[105]

Es geht hier nun nicht um die Verluderung von Schützengilden, sondern einfach um die bildliche Darstellung – um die Vielzahl der Gemälde, die angefertigt wurden. Und dies schon seit der Wende vom 15. zum 16. Jahrhundert. Anfänglich wurden die Gruppen-Porträts noch deutlich religiös drapiert, um dann schon früh im 16. Jahrhundert einen nur noch auf Person und Gruppe konzentrierten weltlichen Charakter anzunehmen. Es vollzieht sich ein Wandel, der dem bei den Einzel-Porträts entspricht. Das hatte im 16. Jahrhundert seinen Grund in der aufkommenden Vielfalt des religiösen Bekenntnisses. Das „konfessionelle Zeitalter" brachte die reformatorischen Bekenntnisse hervor. Der religiöse Pluralismus zeigte sich eben auch in den Reihen der Schützengilden, so daß sich die überkommene katholische Symbolik oder die katholische Entourage der Gemälde einfach verbot.[106] Es ist offensichtlich, daß sich die Schützengilden in die religiösen und politischen, vor allem naturgemäß in die militärischen Auseinandersetzungen einbezogen fühlten, selbst wenn sie nicht eine so zentrale Rolle spielten. Das gilt eben auch für die Jahre der Republik. Im Streit zwischen Remonstranten und Kontraremonstranten, in dem Moritz von Oranien sich auf die Seite der Kontraremonstranten schlug, finden sich plötzlich Vertreter dieser Gruppe als Führer der städtischen Gilden, da Moritz von Oranien in die städtische Autonomie in dieser Frage eingriff. Das heißt, eine Reihe von Gemälden der Zeit lassen dies deutlich werden. Gleichwohl, der zu dieser Zeit noch nicht endgültig besiegelte oder besser: gewonnene Kampf gegen die Spanier schweißte die Schützengilden zusammen – wie immer auch der Remonstrantenstreit die Gemüter in Wallung gebracht und im übrigen bis tief in die Familien hineingewirkt haben mochte. Dazu sei hier ein zeitgenössischer Vers zitiert:

---

104 C. BUSKEN HUET, *Het land van Rembrand*, S. 662. Zitiert auch bei M. CARASSO-KOK/J. LEVY-VAN HALM (Hrsg.), *Schutters in Holland, kracht en zenuwen van de stad*, Zwolle 1988, S. 37. Dort auch der Hinweis auf Ploos van Amstel.
105 CARASSO/LEVY-VAN HALM, *Schutters in Holland*, S. 37 die hier genannten Beispiele.
106 S. dazu ebd. S. 79ff. den Beitrag v. CHR. TÜMPEL. Da die katholische Kirche immer noch die herrschende war, führte die aufkommende Vielfalt des Bekenntnisses häufiger zu Konflikten innerhalb der Gilden und vor allem auch der Gilden mit den Stadtverwaltungen (Prozessionsverhalten der Gilden).

D'Een is Arminiaens, de tweede Gomarist,
De derde Luthers, en de vierde Paus-ghesinde.
Elck weydet, daer zyn geest de beste smaeck ken vinde:
Maer als de wreede Wolf, de Spangieaert, sijnen tand
Laet blincken, en begint te springen op ons land.
Laet elck de lusten staen daer hy toe was ghenegen,
en treckt ghelijckelick den gemeenen Vyand tegen.[107]

Es ist angesichts der militärtheoretischen Entwicklungen, die seit der Jahrhundertwende ganz wesentlich von Statthalter Moritz von Oranien mit angeregt und initiiert worden sind, anzunehmen, daß die militärische Kompetenz der Gilden zur Zeit dieses Statthalters noch einmal neu ins Bewußtsein gerückt worden ist. Das drückt sich auf jeden Fall in einigen Gemälden aus. Nicht nur zeigen sie das einzelne Mitglied in einer Gefechtshaltung, wie sie den Vorstellungen des Statthalters entsprach (Gemälde von Claes Lastman/Adriaen van Nieulandt), sondern es wird auch deutlich, daß die Gilden über die militärtheoretischen Schriften und damit insgesamt über die Militärreform des Oraniers orientiert waren. Diese Gefechtskompetenz, die in Gilden-Kreisen offensichtlich als besonderer Kompetenzzuwachs begriffen wurde, hat der Dichter Starter in durchaus das Selbstbewußtsein der Schützengilden reflektierenden Worten wiedergegeben:

Toe-brengende' alle daegh op 't loffelijxt haert ijden,
Met hare Borgerij te oeffenen in 't strijden,
Om wel met haer geweer te leeren om te gaen,
Om wel het het stellen en 't herstellen te verstaen.

En wat tot Krighsgebruyck meer mocht van noden wesen,
Om minder inde nood haer vyanden te vresen.

Waerin de Borgerij so toenam dagh op dah,
Dat elck verwondert was die hare kloekheyd sagh,
En haer gewilligheyd in alles aen te vatten,
Als Burgers in de schijn, maer inder daet soldaten.
...
O Gulden Eendracht! Die u macht so blicken laet!
Als 't land gevaer lijd, is elck Burger een Soldaet.[108]

Der Bürger als Soldat! Der Dichter hat das richtige Wort gefunden, die Charakteristik angeboten, die dem Selbstbewußtsein der Schützengilden, wie es sich in den Gemälden äußert – nach Abmessungen und Inhalt gleichermaßen. Die Abmessungen seien hier genannt, weil sie in Amsterdam etwa nachgerade exorbitante Formen annahmen. In

---

107 Zitiert bei ebd. S. 92. („der eine ist Arminianer, der andere Gomarist, ein Dritter ist Lutheraner, und der Vierte ist Papist; jeder weidet dort, wo sein Geist die beste Kost finden kann, aber wenn der böse Wolf, der Spanier, seine Zähne zeigt und bei uns einfällt, dann muß jeder alles, was er zu tun geneigt ist, fahren lassen und gemeinsam mit den anderen in den Kampf ziehen").
108 Zit. ebd. S. 93. („sie verbringen tagtäglich auf das Löblichste ihre Zeit, um den Umgang mit dem Gewehr zu lernen, das Laden und Neuladen, und alles, was für den Krieg wichtig ist, um den Feind in Zeiten der Not weniger fürchten zu müssen; die Bürger zeigen sich täglich geübter, sehr zur Verwunderung aller, sie zeigten sich bereit; und waren nur scheinbar Bürger, tatsächlich aber Soldaten. Oh du goldene Eintracht, die hier ihre Macht zeigt. Wenn das Land in Gefahr kommt, ist jeder Bürger ein Soldat").

dem Gildehaus der Kloveniers-Gilde wurden die Fenster der Straßenseite (Doelenstraat) zugemauert, um Raum für die großen bis sehr großen Gemälde zu schaffen.[109]

Die Darstellungen der Schützengilden lebten aus einem ganz konkreten Bezug zur Zeit. An ihnen ist die historische Entwicklung gar – wenn auch begrenzt auf ganz bestimmte Segmente – abzulesen: die konfessionelle Konfliktträchtigkeit ebenso wie die militärische Entwicklung. Gleichwohl sei festgehalten, daß mit zunehmenden Erfolg der Kriegführung gegen Spanien die Bedeutungslosigkeit der Gilden offenkundig wurde. Zumindest traten die Gilden mit der Konsolidierung der Republik und den sich verfestigenden oligarchischen Strukturen stark in den Hintergrund. Hier und da eine Eskorte bei hohem Besuch, etwa dem der Königin Henriette Marie, der Frau des englischen Königs Karls I., am Strand von Scheveningen, und hier und da die Aufgabe, Ruhe und Ordnung in einer Stadt wiederherzustellen, wenn es überhaupt zu Unruhen kam. Das Repräsentationsbedürfnis der Schützengilden, die zu den größten Auftraggebern ihrer Zeit zählten, und der offensichtlich stark ausgeprägte Hang nach Prunk und Festlichkeit überstiegen ihre Bedeutung und hob sich im übrigen auch ab von der strengen Gebärde, die die Regenten Porträts auszeichnete. Es sei am Rande vermerkt, daß sich nicht alle Mitglieder eines Fähnleins bildlich verewigt fanden, sondern eben nur jene, die es bezahlen konnten.

Diese Frage nach politischem und bürgerlichem Bewußtsein und ganz allgemein nach dem Lebensgefühl niederländischer Bürger des 17. Jahrhunderts wird auch in anderen Segmenten der Malkunst sichtbar. Es wäre zu kurz gegriffen, wollte man diese eher persönlichen Bereiche in Historienmalerei, Einzel- und Gruppen-Porträts erschöpfend inkarniert sehen.

Die Landschaft

Haus und häusliches Interieur und vor allem die Landschaft stellten doch ebensosehr einen großen Teil der Motive wie die Genrebilder mit ihren häufig ordinären bis clownesken Szenerien, alles doch offensichtlich ein Abbild der ganzen bürgerlichen und bäuerlichen Lebenswelt. Diese Segmente der darstellenden Kunst wurden ganz wesentlich über den Markt vermittelt. Diente aber der Markt in erster Linie der Subsistenz des Malers, dann mußte er nach Motiv und Form den Geschmack des Käufers treffen. Die landschaftlichen Motive vor allem scheinen begeisterte Käuferschichten gefunden zu haben – und zwar jene, die das Bild zur Verschönerung der Wohnung kauften, und solche, die investieren wollten, oder schließlich auch jene Bürger, die aus rein ästhetischem Behagen ganze Kunstkabinette anlegten.

Freilich, im Segment Landschaft dürfte das Motiv des Erwerbs über das schlichte ästhetische Behagen hinausgegangen sein. Die Landschaft als bevorzugter Gegenstand niederländischer Maler! Schon 1620 notierte Constantijn Huygens zu Quantität und Qualität der niederländischen Landschaftsmalerei: „Die Zahl der Landschaftsmaler – so bezeichne ich jene, die Wälder, Felder, Berge und Dörfer malen, ist so groß und berühmt in unseren Niederlanden, daß jeder, der es versuchen sollte, sie einzeln aufzuführen, ein kleines Buch füllen würde ... Es darf sogar mit Blick auf den Naturalismus behauptet werden, daß in den Arbeiten dieser klugen Männer lediglich die Wärme der Sonne und die sanfte Luftbewegung fehlt." Es will geeignet erscheinen, der Beobachtung des Zeit-

---

109 Ebd. S. 93 mit den Größenangaben. Die Gemälde konnten bis 4 x 6 Meter groß sein und boten auch bei etwas kleineren Abmessungen alle Möglichkeiten einer repräsentativen Darstellung, auf die ungeheuer viel Wert gelegt wurde. Rembrandts Darstellung der Offiziere von Kapitän Frans Banning Cocq von 1642 („Nachtwache") mißt 3.63 × 4.37 Meter.

genossen Huygens die des französischen Malers und Kunsthistorikers Fromentin hinzuzufügen, der im 19. Jahrhundert feststellte, die niederländische Malerei sei insgesamt nichts anderes als ein umfassendes Porträt der Niederlande, Abbildungen von Menschen und Orten, von Straßen, Plätzen, Landschaften, der See und dem Meer[110] – Porträt auch einer, wie er meinte, Nation von Bürgern, die praktisch eingestellt waren, etwas phantasielos, fleißig, in gar keinem Fall dem Mystischen zugeneigt, gegen das Romanische, mit zerstörten Traditionen, einer Religion ohne Bilder und schließlich Angewohnheiten, die von Knauserigkeit geprägt waren.[111]

Da Huygens seine Zeitgenossen meint und Fromentin als Beobachter im nachhinein nur das 17. Jahrhundert in den Blick nimmt, ist hinzuzufügen, daß auch die Landschaftsmalerei des 17. Jahrhunderts nicht ohne lange Tradition war. So verlegten sich in Flandern schon in der ersten Hälfte des 16. Jahrhunderts einige Maler ausschließlich oder überwiegend auf das Konterfei der Landschaft. Ihr Ruf als Landschaftsmaler und die besondere Art und Weise, eine Landschaft darzubieten, reichte bis nach Italien, „denn", so notierte Carel van Mander 1604, „sie [die Italiener, H.L.] halten die Niederländer in der Landschaftsmalerei für große Experten."[112]

In Ergänzung des eingangs Gesagten ist bei diesem Genre noch einmal kurz zurückzuschauen. Die Landschaftsmalerei ist gewiß keine nordniederländische Erfindung. Sie ist in Italien ebenso wie im Burgund des Jan van Eyck schon früh angesiedelt, und, wenn man so will, wird sie im Deutschen Reich des 16. Jahrhunderts von Albrecht Dürer, Altdorfer und Wolf Huber vertreten. Vor allem aber spielt sie in den südlichen Niederlanden eine große Rolle. Ohne daß hier Maler wie Joachim Patenier (Patinir) und Herri met de Bles[113], die zu den hervorragenden Landschaftsmalern der südlichen Niederlande zu zählen sind, an den Rand gerückt werden sollen, eine zentrale Figur der Landschaftsmalerei jener Jahrzehnte war Pieter Brueghel d.Ä. Er arbeitete zunächst in Mecheln, ehe er nach Antwerpen übersiedelte. Um seine Bedeutung für die Landschaftsmalerei zu betonen, ist geschrieben worden, man habe ihn den *Bauernbrueghel* genannt, mit gleichem Recht könnte man ihn auch den *Landschaftsbrueghel* rufen.[114] Die Serie großer Landschaften enthielt nicht lediglich Wiedergaben seiner eigenen engsten, gleichsam vaterländischen Umgebung, vielmehr waren sie durchaus auch Ergebnis seiner Reisen, die er zwischen 1551 und 1554 nach Italien unternommen hatte. In der Wiedergabe scheint ihn einer der ersten großen Landschaftsmaler aus dem Flandrischen, der vorgenannte Joachim Patenier, beeinflußt zu haben, soweit es jedenfalls die durch Farbe hergestellte Tiefenwirkung als auch den immer etwas über der Landschaft liegenden Standort des Malers betrifft. Brueghels Landschaften bieten sich nicht nur als platte Wiedergaben der Natur, sie sind dies am allerwenigsten, sie sind vielmehr dramatische Inszenierungen, insofern sie als Ausschnitte aus dem Kosmos zuvörderst die Wiedergabe von Natur in allen Einzelheiten und die Stellung des Menschen und der Tiere in ihrer Umgebung einzuordnen sind. Brueghels Auffassung widerspiegelt ein ausgemachtes Ordnungsdenken, das einem hybriden menschlichen Verlangen widerstrebt. Ikarus fällt vom Himmel, weil er in

---

110 Beide Zitate bei P.C. SUTTON (Hrsg.), *Masters of 17th Century Dutch Landscape Painting*, Amsterdam u.a. o.J., S. 1 (Einleitung des Herausgebers).
111 Ebd. S. 2.
112 Zit. bei BRIELS, *Vlaamse schilders*, S. 298: „want de Nederlanders achten sy in landtschap cloecke verstanders". Der Autor weist darauf hin, daß um 1560 die Stadt Mecheln das eigentliche Zentrum der Landschaftsmalerei gewesen sei und daß man dort mehr als 150 Ateliers mit jeweils Lehrlingen gezählt habe, was unübertroffen gewesen sei. Man habe dort Landschaft in Wasserfarbe auf Leinen gemalt, sie seien an die Stelle von Tapeten getreten (aus technischen Gründen Objekte von begrenzter Haltbarkeit).
113 Beide werden im *Schildersboeck* des Carel van Mander genannt.
114 R.-M. HAGEN/R. HAGEN, *Pieter Brueghel, de Oudere rond 1525-1569. Boeren, zotten en demonen*, Köln 1995, S. 55.

einem doppelten Sinn zu hoch flog. Bei Brueghel dringt so etwas durch wie eine Absage an den eher Renaissance-geprägten Wissensdrang der frühen Neuzeit. „Brueghels Werk stand und steht für die Verbindung aus forschender Weltbeschreibung und Affirmation göttlicher Ordnung", so ist geschrieben worden.[115] Unter diesem Aspekt wäre er als konservativer Maler einzuordnen, wenn solche Kategorie überhaupt angewandt werden darf. Es ist schon richtig, wenn Abraham Ortelius, der Kartograph und enge Freund des Brueghel, nach dem Tod seines Maler-Freundes feststellt, dieser habe gemalt, was eigentlich gar nicht gemalt werden konnte. Menschen jedenfalls spielen keine größere Rolle in der Natur als andere Wesen, sie sind nachgerade klein in der großen Welt, die zu entdecken und zu erfassen sich die Entdecker und Kartographen anschickten. Es ist sicherlich richtungweisend, wenn ein von Ortelius herausgegebener Atlas auf einer Weltkarte (oder was man damals darunter verstand) neben anderen Zitaten auch den Hinweis aus der römischen Antike enthält, daß der Mensch ganz klein sei, überdenke man die Ewigkeit und die Größe der Welt. Es sind zudem Lebensweisheiten der griechischen Stoa, die das vorgenannte Ordnungsdenken auf dieser Weltkarte reflektieren und die Brueghel wohl in Motiv und Wiedergabe bestimmt haben. Wie heißt es in einem der Sprüche? „Das Pferd ist geschaffen, um zu ziehen und zu tragen, das Rind, um zu pflügen, der Hund, um zu wachen und zu jagen, der Mensch wurde geboren, um mit seinem Blick die Welt zu erfassen." Natur und Mensch, letztlich ein ungleiches Verhältnis, insofern Menschen über die gegebene Ordnung nicht ungestraft hinaussteigen können – eine Ansicht, die bei ihm ebenso ausgeprägt erscheinen will wie die Einsicht in den ewigen Wandel und Wechsel der Natur.[116]

Die sogenannten *großen Landschaften* des Pieter Brueghel haben bei den Zeitgenossen nachhaltigen Eindruck hinterlassen. Auch Carel van Mander erwähnt sie, ohne dem Maler freilich wirklich gerecht zu werden. Van Mander schiebt eher die Rezeption und malerische Revitalisierung der Alpen in den Landschaftsbildern des Brueghel in den Vordergrund, ohne sich freilich über den tieferen Sinn vieler der großen Landschaftsbilder zu äußern.[117] Aber van Mander hat der Landschaftsmalerei durchaus Aufmerksamkeit gewidmet, zumal er zum einen selbst aus dem flandrischen Raum kam, zum anderen auch in den nördlichen Niederlanden ein spätestens seit Beginn der 90er Jahre wachsendes Interesse an diesem Segment der Malerei feststellen konnte. Dabei war der Einfluß der aus dem niederländischen Süden ins Land kommenden Maler unübersehbar. Van Mander hat diesem neuen Bereich eine Art theoretische und praktische Basis mit auf den Weg geben wollen, indem er Hinweise auf die Komposition, auf Hintergrund und Personen im Vordergrund einbrachte, dabei die Perspektive als wichtigen Bezugspunkt betonend, die Art des Malens, die Formgebung bis ins Minutiöse vorschreibend. Dies alles in einem nachgerade euphorisch bis lyrischen Ton vortragend, als ob durchgreifend Neues gefunden worden sei. „Und kommt", so heißt es bei ihm, „laßt uns früh mit Toresöffnen gehen, gemeinsam die Zeit vertreiben zur Erheiterung des Geistes; laßt uns die Schönheit betrachten, die da draußen ist, dort wo die geschnäbelten, wilden Musiker

---

115 T. MICHALSKY, *Die Natur der Nation. Überlegungen zur „Landschaft" als Ausdruck nationaler Identität*, in: K. BUSSMANN/E.A. WERNER (Hrsg.), *Europa im 17. Jahrhundert. Ein politischer Mythos und seine Bilder*, Wiesbaden 2004, S. 342. Hier auch der Hinweis auf J. MÜLLER-HOFSTEDE, *Zur Interpretation von Bruegels Landschaft. Ästhetischer Landschaftsbegriff und stoische Weltbetrachtung*, in: O. VON SIMSON/M. WINNER (Hrsg.), *Pieter Bruegel und seine Welt. Ein Colloquium des Kunsthistorischen Instituts der Freien Universität Berlin und dem Kupferstichkabinett*, Berlin 1979, S. 73-142.
116 S. hierzu ebd. S. 55ff., Zitat S. 55.
117 Es heißt bei ihm: „Op zijn reizen heeft hij veel taferelen naar de natuur geschilderd, waardoor van hem wird gezegd dat hij tijdens zijn verblijf in de Alpen al die bergen en rotsen had ingeslikt om ze na zijn thuiskomst op doeken en panelen uit te spugen, zo getrouw kon hij in deze zaken te natuur navolgen." *Het Schilderboek*, S. 178.

flöten, werden wir viele Motive finden, die uns helfen werden, eine Landschaft aufzubauen auf Leinen oder auf harte Bretter der norwegischen Eiche; kommt ihr werdet für die Reise dankbar sein."[118] Es folgt die Vorschrift des Malens bis ins Einzelne gehend – eine Beschreibung, in der die Natur in allen ihren Daseins- und Äußerungsformen erfaßt ist. Möglicherweise hat van Mander die Bedeutung der Natur für den Menschen näherrücken wollen – es entspräche seinem Bildungsimpetus –, auf jeden Fall hat er nicht jene sogenannte kleine Landschaftsmalerei gemeint, die sich neben der von Brueghel oder Gillis van Conincxloo vorgeführten, eher tiefsinnigen großen Landschaftsmalerei entwickelte und zur Zeit des van Mander schon in den südlichen Niederlanden auf eine längere Tradition zurückblicken konnte. Es war dies das Konterfei gleichsam der unmittelbaren Umgebung, des einzelnen Hauses, der Brücke, der Waldlichtung, der Hütte oder der Dünenlandschaft – Bilder, die die niederländische Landschaft realistisch wiedergaben, nachgerade einen Wiedererkennungseffekt implizierten.[119] „Naer 't leven" wurde das zeitgenössisch genannt. Dieses zuvor auch in den südniederländischen Gebieten gepflegte Motiv darf wohl als ein ganz wesentliches Vorbild für die nordniederländische Landschaftsmalerei des 17. Jahrhunderts gewertet werden. Zu nennen ist da als südniederländisches Beispiel Hieronymus Cock, der Künstler-Kunsthändler-Verleger aus Antwerpen, der schon 1559 eine Reihe von Graphiken unter dem Titel *Kleine Landschaften* herausbrachte. Offensichtlich wollte der geschäftstüchtige Cock an den Erfolg anknüpfen, den er mit der Herausgabe der Brueghelschen Landschaften erzielt hatte. Cock profitierte zudem von der Kunst seines Bruders Mathijs, der sich seinerseits dem Konterfei der Umgebung Antwerpens – denn um diese ging es – widmete. Es handelte sich hier um sehr ruhig gehaltene, schmucklose Ansichten von Bauernhäusern, Dörfern, Wegen, kurz: um den Gegenstand „ländliche Umgebung". „Naer 't leven" – das war in jenen Jahrzehnten ein durchaus dehnbarer Begriff, aber gemeint war auf jeden Fall, daß das Bild Authentizität vermitteln sollte.[120] Diese Darstellung ist ganz sicher der der Arbeiten des Pieter Brueghel nicht vergleichbar, gleichwohl wird auch hier ein neu gewonnenes Verhältnis von Mensch und Natur sichtbar. Seine nordniederländische Nachfolge fand diese Darstellung des Ländlichen in der Umgebung einer geschäftigen Stadt früh schon bei Hendrick Goltzius – im übrigen auch ein Italien-Gänger –, der drei kleine Landschaften aus der Umgebung Haarlems anfertigte, und in dessen Nachfolge durch den Amsterdamer Graphiker und Verleger Claes Jansz. Visscher, der die Umgebung von Amsterdam und Haarlem zeichnete und in Druck gab. Es waren schlichte ruhige Landschaften, die wohl etwas vom Erholungswert der Umgebung für den Städter vermitteln sollten. Es ist festgestellt worden, daß diese kleinen Wiedergaben des Ländlichen letztlich der Ausgangspunkt für die großen Landschaftsgemälde des nordniederländischen 17. Jahrhunderts gewesen sind, in die dann auch die Jahreszeiten integriert wurden.[121]

Ganz abgesehen von den Vorläufern in den großen oder kleinen Landschaften, für die Zeit der Republik ist es durchaus auffällig, daß die erste große Welle des landschaftlichen Motivs in der Zeit des 12jährigen Waffenstillstandes oder unmittelbar danach entstand, in einer Phase also, die als eine deutliche politisch-militärische Vorentschei-

---

118 Diese Übersetzung aus E. LESSING, *Die Niederlande. Die Geschichte in den Bildern ihrer Maler*, München 1985, S. 171ff.
119 Dazu BRIELS, *Vlaamse schilders*, S. 302ff. mit den flämischen Beispielen.
120 Cock brachte zwei Serien heraus – 1559 und 1561. Sie erschienen unter dem Titel *Multifariarum casularum ruriumque curiose ad vivum expressa ... Nu eerst nieuwe ghedruct ende wt laten gaen by Hieronymus Cock, 1559* bzw. *Praediorum Villarum et Rusticorum Casularum icones Elengantissimae ad vivum in aere deformatae, Libro secundo 1561*. Hieronymus Cock excudebat cum gratia et privilegio. Das Bändchen erlebt 1601 bei Theodoor Galle in Antwerpen noch eine weitere Auflage. Auch MICHALSKY, *Die Natur der Nation*, S. 343f.
121 S. hierzu insgesamt Briels, *Vlaamse schilders*, S. 302f.

dung zugunsten der aufständischen Republik angemerkt werden darf. Nun ist es sicher so, daß Impulse zur Konzentration auf ein bestimmtes Motiv ganz losgelöst von allgemeinen politischen oder kulturellen Entwicklungen entstehen können, aber ist es mit Blick auf den Waffenstillstand zu weit gegriffen, wenn man den frühen Strom an Landschaftsbildern einen Ausdruck bürgerlichen Stolzes über die sich deutlich abzeichnende endgültige Befreiung von Fremdherrschaft nennt? Erhält nicht jetzt erst die Naturlandschaft ihre Bedeutung, tritt sie nicht erst voll ins Bewußtsein, nachdem sie zum eignen Boden, gleichsam privat geworden ist? Es handelt sich zugleich um eine Landschaft, die nicht nur militärisch gegen die Spanier, sondern gegen die Natur selbst auch erkämpft werden mußte. Der schon an anderer Stelle genannte Johannes Meerman, niederländischer Chronist des 18. Jahrhunderts, hat einmal das Wasser, batavischen Heldenmut und Gottesfurcht die Voraussetzungen selbständiger niederländischer Existenz genannt. Das Wasser, jener wichtigste Bestandteil niederländischer Naturlandschaft, sollte dabei als Freund und Feind gleichermaßen bezeichnet werden. Das trockene Land hatte dem Wasser abgerungen und gegen dieses beschützt werden müssen, und es wurde im 17. Jahrhundert immer mehr Land gewonnen. Andrerseits, das Wasser war auch eine wichtige Kommunikationsgrundlage zwischen Städten und Dörfern, wie es überhaupt als Ausgangspunkt des niederländischen Reichtums anzusehen ist. Es ist so sicherlich kein Zufall, daß sich Wasser als bedrohender Faktor, Ort militärischer Treffen und als Kommunikationsort (Gräben und Kanäle) neben Wäldern, Dünen, Hütten, Dörfern und Brücken dargestellt findet. Die Wasserlandschaft als patriotischer und existenzieller Bezug gleichermaßen.[122]

Darüber hinaus noch ein anderes: ein weiteres wesentliches Merkmal der Zeit war ein sich stärker entwickelndes Naturbewußtsein in einem doppelten Sinne. Zum einen wurde Natur begriffen als eine Widerspiegelung göttlicher Kraft und Herrlichkeit, zum anderen keimte der Wunsch auf, die eigene Umgebung nicht nur wahrzunehmen, sondern sie zugleich zu ergründen, und es sind alle diese Elemente zusammen, die möglicherweise die Vorliebe niederländischer Bürger für das Porträt ihrer Landschaft haben entstehen lassen. Die bildliche Vergegenwärtigung, das Konterfei, ging über die Landschaft in ihren einzelnen Spielformen hinaus. Es meinte schließlich Flora und Fauna auch im kleinsten Detail. Während Carel van Mander noch auf Land und Wasser, Wind und Wolken und ähnliche, eher großräumige Themen hingewiesen hatte, meinte der Leidener Maler und Kunsttheoretiker, Philips Angel, auch die kleinen Formen der Fauna in die Abbildung der Natur einbeziehen zu müssen neben den anderen Erscheinungsformen. Die von ihm vorgetragene Aufzählung der natürlichen Dinge, die ihm zugleich die Überlegenheit der Malerei gegenüber der Bildhaukunst betonen läßt, weist aus, wie sehr zu seiner Zeit die Nachhaltigkeit der Hinwendung zu Natur und Natürlichem gediehen war, und dort wo Angel die minutiöse Wiedergabe pries, dürfte er unter dem Einfluß der Leidener Schule gestanden haben, wie sie von Gerrit Dou und anderen gestaltet wurde, wenn auch die Landschaft bei dieser Gruppe nicht an erster Stelle thematisiert worden ist.[123]

Freilich, man wird nicht nur auf die Feinsinnigkeit der Wiedergabe von Flora und Fauna zu achten haben, die im übrigen zum Minutiösen geriet, sobald es um die bis dahin unbekannte Flora und Fauna der überseeischen Länder ging, auf denen man Fuß

---

122 In diesem Zusammenhang sei verwiesen auf TH. VIGNAU-WILBERG, *Das Land am Meer. Holländische Landschaft im 17. Jahrhundert*, München 1993. Dem Abschnitt *Das Meer* werden vorab die einzelnen Funktionen des Wassers für die Niederlande beschrieben. Darauf folgen zahlreiche Beispiele der niederländischen Druckgraphik zum Thema *Meer*.
123 S. dazu SLUIJTER, *Leidse fijnschilders*, S. 19f.; zu Philips Angel s. jetzt X. VAN ECK u.a. (Hrsg.), *Ten Essays for a Friend: E. de Jongh 65*, Zwolle 1996, S. 125ff. der Text *Lof der Schilder-Konst* (1642) in englischer Übersetzung.

gefaßt hatte, zu achten ist auf die andere Realität, die Welt der Arbeit und Technik. Land und Landschaft. Beide verändern sich durch Arbeit, die hier geleistet wird, durch Technik, die einzubringen man in der Lage ist. Wasser spielt auch hier eine große Rolle. Die Entwicklung von Naturwissenschaften und Technik fanden in der Republik schon früh konkrete Umsetzung. Simon Stevin und Jan Adriaensz. Leeghwater fertigten um 1600 Pläne, um die Süßwasserseeflächen nördlich von Amsterdam trockenzulegen und damit dauerhaftes Kulturland zu schaffen, abgesehen davon, daß zuvor Dämme und Deiche errichtet und auf den Deichen Verbindungswege zwischen einzelnen Ortschaften gelegt waren und die Wasserwege (Kanäle und Gräben) ergänzten. Guicciardini hat schon 1567 seine ganze Bewunderung für den Eingriff in die Natur geäußert.[124] Aber es geht hier nicht nur um Polderlandschaften, die aufzunehmen man nicht umhin kommt, wenn man sich im Westen und Nordwesten Amsterdams befindet. Es geht vor allem auch um die Wasserbautechnik: etwa um den Schleusenbau oder die Windmühlen. Roemer Visscher hat in den *Sinnepoppen* eine Schleuse abgebildet und zugleich ihre Bedeutung für die Existenz des Landes hervorgehoben. Man hätte, so schrieb er, den Namen des Erfinders mit goldenen Lettern ins Gebetbuch prägen müssen.[125] Darüber hinaus ist die Wiedergabe des Bleichens ein beliebtes Motiv im späteren 17. Jahrhundert – vor allem im Bereich der Dünen zwischen Haarlem und Zandvoort. Es sei auf Jacob van Ruisdael und Jan und Caspar Luyken hingewiesen – letztlich wiederum ein enger Bezug zum Wasser, das als *reines* Produkt bei der Bleiche von Leinen geschöpft und verteilt wurde.[126]

Und dann die Mühlen – wahrhaftig ein Kennzeichen der niederländischen Landschaft, gleichviel, ob es sich um die frühe Bockwindmühle oder andere Mühlenarten handelte, die im übrigen unterschiedlichen Zwecken in der Wirtschaft dienten: sie regulierten den Wasserhaushalt im Polder, mahlten das Korn, schlugen das Öl, und wurden bei der Tuch- und vor allem auch Papierherstellung eingesetzt. „Die Mühlen", so ist notiert worden, „sind die Fabriken des 17. Jahrhunderts."[127] Kein Wunder, daß sie in der Druckgraphik so verbreitet Aufnahme gefunden haben – und dies nicht als vertikale Punkte neben dem Kirchturm. Es geht um ihre wirtschaftliche Bedeutung in der Zeit. Hingewiesen sei in letztgenanntem Zusammenhang auf die vier Radierungen von Dirk Evertsz. Lons, in denen unterschiedliche Typen mit unterschiedlichen Produkten dargestellt werden.[128] So unterrichten zeitgenössische Quellen über das Arbeitsergebnis der Maler hinaus über die Hinwendung zu Natur, Leben und der unmittelbaren Umgebung. Auch ein Blick auf die Poesie der Zeit vermittelt einen Einblick in das wachsende Naturbewußtsein – in Natur, begriffen als sichtbare Schöpfung Gottes. Joost van den Vondel enthält da Beispiele ebenso wie Constantijn Huygens, Jacob Cats, Petrus Hondius und Joachim Oudaan. Es sind die Verfasser der sogenannten „hofdichten", der beliebten literarischen Form des niederländischen 17. Jahrhunderts, die immer den dreifachen Zweck verfolgten, Landschaft oder Landsitz naturalistisch in Einzelheiten zu beschreiben, den Gartenbau zu lehren und zu moralisieren, und die Beschreibung diente zuweilen gar dem Versuch, patriotische Gefühle zu wecken.[129] Daß man in dieser Form die ländliche

---

124 VIGNAU, *Land am Meer*, S. 122 mit einem Zitat aus Guicciardinis Beschreibung der Niederlande. Die Trockenlegung des Beemster-Polders hat Vondel in einer Eloge verherrlicht.
125 Zit. ebd.
126 Ebd. S. 123.
127 Ebd. S. 125.
128 Abb. ebd. S. 152ff.
129 Dazu P.C. SUTTON, *Masters of the 17th Century Dutch Landscape Painting*, Boston 1987, S. 3f. Es sei in diesem Zusammenhang auch auf den Abschnitt zur Belletristik im 17. Jahrhundert hingewiesen.

Flußlandschaft mit Fähre (S. van Ruysdael)

Umgebung zugleich gegen ein nicht mehr so erquickliches Leben in der Stadt setzte, sei hier am Rande vermerkt.

Nachdrücklich hingewiesen sei freilich auch auf ein anderes. Das zuvor mehrfach genannte Naturbewußtsein darf zugleich als ein naturwissenschaftliches angemerkt werden, wenn nicht gar als ein kommerziell geprägtes. Huygens' *Hofwijck* spricht ebenso dafür wie van Hoogstraetens theoretische Kunstbetrachtungen.[130] Nun hat Michel Foucault aufgezeigt, daß das 17. Jahrhundert dem Sehen und der Darstellung den Vorrang eingeräumt, die Renaissance das Lesen und Interpretieren in den Vordergrund gestellt habe.[131] Svetlana Alpers fügt hinzu, diese Art und Weise, die Welt zu begreifen, habe im Holland des 17. Jahrhunderts eine besonders eindrucksvolle und schöpferische Ausprägung gefunden. Sie schreibt: „Fest verwurzelte malerische und handwerkliche Traditionen, unterstützt durch die neue experimentelle Naturwissenschaft und Technik, bekräftigen die Auffassung, daß Bilder zu neuen, gesicherten Erkenntnissen über die Welt führen können."[132] Ganz abseits von der Frage, wie es denn in der niederländischen Malerei mit dem Verhältnis von Realismus und Symbolik bestellt gewesen sei, ist dem Befund der amerikanischen Kunsthistorikerin doch zuzustimmen, wenn man die Malerei in Beziehung setzt zu der in den Niederlanden hochentwickelten Kartographie und zugleich nicht nur die niederländische Landschaft und ihre Details ansieht, sondern auch die Zeichenkunst und Malerei jener berücksichtigt, die den Spuren niederländischer

---

130 Dazu s. V. FREIJSER (Hrsg.), *Soetichheydt des Buyten-levens. Leven en leren op Hofwijck*, Delft 1988. S. auch den Abschnitt *Sprache und Literatur*.
131 M. FOUCAULT, *Die Ordnung der Dinge*, Frankfurt 1971.
132 S. ALPERS, *Kunst als Beschreibung. Holländische Malerei des 17. Jahrhunderts*, Köln 1985, vor allem die Einleitung S. 21-39.

Blick auf Flußlandschaft (J. van Gyoen)

Expansion nach Übersee folgten, dort Land und Bewohner, Flora und Fauna minutiös aufnahmen.[133]

Das Motiv „Landschaft" jedenfalls hat zahlreiche Käufer gefunden – jene, die das Bild zur Verschönerung der Wohnung kauften, auch jene, die investieren wollten, oder schließlich jene, die aus ästhetischem Behagen ganze Kunstkabinette anlegten. Die niederländischen Landschaftsmaler entwickelten sich zu der in diesem Segment führenden Gruppe in Europa. Es war offensichtlich für den einzelnen Maler auch einigermaßen einträglich. Die Nachfrage führte dazu, daß sich einige Maler auf bestimmte Segmente der Landschaftsmalerei spezialisierten, um rascher arbeiten zu können und um Konkurrenz auszuschließen. So war Jan van der Heyden ein Städtemaler, während Simon de Vlieger und Jan van de Cappelle Wasserlandschaften und Seestücke malten; Hendrik Avercamp konzentrierte sich dagegen auf Winterlandschaften, Philips de Koninck bevorzugte Panoramen. Die Reihe ließe sich weiter durchführen. Eine soziale Analyse der Käuferschichten weist aus, daß Landschaftsszenen, soweit es sich um billigere Ware handelte, bis weit in die Mittel- und Unterschichten Käufer fanden. Tatsächlich wurden sie zur künstlerischen Anschauungsform der Mittelschicht.

Gleichwohl sei hier betont, daß bei weitem nicht nur für den Markt produziert wurde, sondern auch zahlreiche Aufträge sowohl von der Obrigkeit als auch von Privatpersonen, das heißt den reichen Bürgerschichten, erteilt wurden – zu ganz erheblichen

---

133 Vgl. zu diesem letztgenannten Bereich J. HENIGER, *Hendrik Adriaan van Reede tot Drakenstein (1636-1691) and Hortus Malabaricus. A Contribution to the History of Dutch Colonial Botany*, Rotterdam/Boston 1986. Dazu auch im vorliegenden Band der Abschnitt *Gewaltsamkeit des Handels* (über die Vereinigte Ostindische Compagnie).

Honoraren. Allerdings fallen die Privatpersonen als Auftraggeber für Landschaftsszenerie gegenüber den Behörden gering ins Gewicht. Am statthalterlichen Hof spielte Landschaftsmalerei nur eine geringe Rolle, abgesehen davon, daß der Hof die italianisierende Form des Malens vorzog. Dagegen traten die städtischen Obrigkeiten als die wichtigsten Auftraggeber für Landschaftsmalerei auf. Das war nicht ohne Tradition aus der burgundisch-habsburgischen Zeit, setzte aber eben erst in der Republik in großem Umfang ein. In dieser Republik der Städte schauten die Regenten zunächst einmal auf sich selbst, eine Art städtischer Patriotismus setzte sich durch, der dem korporativen Charakter der Republik durchaus entsprach. Dabei reichte die Skala von der Gesamtansicht der Städte bis hin zu Seestücken mit Kriegsgeschehen und dem städtischen Panorama als weit ausladendem Hintergrund. Es gab bis zur Jahrhundertmitte kaum noch einen für Geschichte und Gegenwart der Republik relevanten Ort, der nicht eine Topographie in Auftrag gegeben oder angekauft hätte. Die gut dotierten Aufträge gingen freilich nur an eine schmale Maler-Elite oder besser: an die Gruppe, die in jener Zeit für herausragend gehalten wurde. Maler wie Albert Cuyp und Salomon van Ruisdael, die gegenwärtig hoch eingeschätzt werden, haben nie für Stadtregierungen gearbeitet. In manchen Städten wurden einfach örtliche Maler mit den Arbeiten beauftragt. Die Schiffahrtsbehörde zog ihrerseits naturgemäß jene Maler heran, die als Spezialisten für Seestücke galten.[134]

So ist wohl der Landschaftsmalerei und ihren Konsumenten stadtväterlicher Stolz einerseits, Wunsch nach bildlicher Umsetzung der neu erkämpften Umwelt andererseits zuzuschreiben, aber auch ein Bewußtsein und Lebensgefühl zugrunde zu legen, das von dem Drang nach Welterkenntnis – und sei es auf engstem Raum – ebenso geprägt war wie von dem Wunsch nach Ruhe, Idylle und Arkadien. Unter den vorgenannten Aspekten war diese Kunst privat und öffentlich zugleich.

Die Genre-Malerei

Die Landschaftsmalerei war ein Segment, das zu einem wichtigen Bestandteil des persönlichen und alltäglichen Lebens wurde. So war es auch die Genre-Malerei, die als ganz zentrale Erscheinung der niederländischen Malerei des 17. Jahrhunderts angemerkt werden darf. *Genre*, dieser französische Begriff, über dessen erste Verwendung im Zusammenhang mit der niederländischen Malerei nichts bekannt ist und im übrigen in allen europäischen Sprachen eingebracht wird, meint hier nichts anderes als die vielfältige Szenerie des Alltags. Dargestellt wird das alltägliche Leben in seinen unterschiedlichsten Formen, abseits jeder Mystifizierung oder Stilisierung – eine Malerei, die die Verfeinerung des Lebens und seiner Umstände ebenso kennt wie die grobschlächtigste und ordinärste Form, wenn einmal mit diesen Kategorien, die immer auch ein Stück Wertung enthalten, gearbeitet werden darf. Die Niederländer selbst hatten keinen Namen für diese Art der Malerei, englische Besucher sprachen von *drolleries*[135], ohne damit freilich das ganze Repertoire des Segments zu erfassen. Vielleicht sollte man die Genre-Malerei als Zeichen einer endgültigen Hinwendung zur niederländischen Realität nennen – über Fauna und Flora hinaus zum Menschen als dem Akteur in all seinen Schwächen und Stärken – Schwächen freilich an erster Stelle.

Wie in den anderen Segmenten fußt die Genre-Malerei der Republik auf südniederländischer Tradition, wie sie von dem in Amsterdam geborenen, zunächst aber in Antwerpen tätigen Pieter Aertsen, vor allem aber von Pieter Brueghel d.Ä. geschaffen wurde und die mit dem Strom der flämisch-brabantischen Maler-Immigranten in die Republik

---

134 Vgl. SUTTON, *Masters*, S. 3 mit Beispielen über die Honorierung der Auftragsarbeiten.
135 S. ROSENBERG (u.a.), *Dutch Art*, S. 167.

Die Zeichenstunde (J. Steen)

kam. Der schon nachgerade unvermeidliche Carel van Mander konnte dann auch eine nähere, kurze, aber sicherlich treffende Umschreibung geben, wenn er formulierte: „... gesten, die in den aertschen theatre ghebueren, van ydel ghenoechte en sorghvuldigh trueren".[136] Jacob Cats, der Regent und häufig genug moralisierend mahnende Schriftsteller, wußte es später dann doch genauer zu beschreiben und zugleich eine Deutung zu geben. Für diese Art des Malens fand er die Worte: „... geringe saecken ende niettemin van gewichte: belacchelijke dingen ende nochtans niet sonder wijsheydt: In dewelcke men de goede zeden als met vingers wijsen ende met handen tasten kan ... dwingende dickwils den genen, die sich by gevoelge van dien op zijn zeer voelt geraeckt te zijn, al stil swijgende en ... schaemroote werden, siende sijn innerlicke feylen uyterlijcken voorgestelt ende hem selven of ten deele ofte in 't geheel levendigh afgemaelt."[137]

Die Genre-Malerei in der Republik hat ihre Tradition – wie die anderen Segmente auch –, aber sie ist in ihrer Quantität und ihrer nachgerade eindringlichen Erfassung des vielfältigen gesellschaftlichen Lebens eine Besonderheit, die sie aus der europäischen Malerei der Zeit deutlich emporhebt. Nur im Anblick dieser Malerei haben Hegel oder Fromentin zu der zuvor genannten Identifikation von Malerei und Volk (und Volksgeschichte) kommen können. Dabei ist es unerheblich, ob das Konterfei des Alltags und seiner Gesellschaft Hintersinn oder Moralisierung enthält. Es sei hier im Anschluß an

---

136 Bei BRIELS, *Vlaamse schilders*, S. 86. („Handlungen, die im irdischen Theater geschehen, voll eitler Zufriedenheit und tiefer Nachdenklichkeit")

137 Nach *Alle de Wercken* zit. bei BRIELS, *Vlaamse schilders*, S. 86. („... geringe Dinge und doch von Bedeutung; lächerliche Dinge und doch nicht ohne Klugheit, in denen man die guten Sitten deutlich erkennen kann ... verstummt doch oft jener, der sich getroffen fühlt, und wird zugleich schamrot, wenn er sein inneres Versagen nach außen umgesetzt und sich teilweise oder ganz abgebildet findet ...")

Das Tischgebet (J. Steen)

die vorgenannte Aussage von Fromentin doch der Gedanke ins Spiel gebracht, daß die Genre-Kunst, gleichviel ob sie als Graphik oder als Gemälde auftritt, nicht nur einen ganz wesentlichen Kern der niederländischen Malerei neben der Landschaftsmalerei ausmacht, es ist auch anzumerken, daß die darin vermittelten Inhalte wohl das niederländische gesellschaftliche Leben in seiner ganzen Vielfalt reproduziert haben. Eine Konzentration der Kunstbetrachtung auf Historienmalerei, Porträts – das gilt für Einzel- und Gruppenporträts gleichermaßen – oder auch Landschaft vermittelt keinen Einruck vom Leben und Treiben im Alltag. Huizingas Sichtweise der „holländischen" Kultur[138], die er einem deutschen Publikum zu vermitteln versucht hat, ist möglicherweise allzu erhaben und zu ästhetisierend, als daß sie ein realistisches Bild der niederländischen Gesellschaft und damit der niederländischen Kultur wiedergeben könnte. Die niederländische Kunst war keine von und für Eliten betriebene Kunst; sie war weitgehend marktgerichtet. In der Genre-Kunst zielte sie stark auf Wiederkennung nicht der Personen, sondern des alltäglichen Geschehens. Wenn neuerdings noch einmal festgestellt worden ist, daß die „holländische" Kultur des 17. Jahrhunderts immer noch das ganze Interesse unserer Gegenwart beanspruche und in diesem Zusammenhang auch auf Peter Webbers Film *Das Mädchen mit dem Perlenohrring* (Bildnis von Johannes Vermeer)[139] hingewiesen wird, dann dürfte das nicht zuletzt auf die Kenntnis der Genre-Kunst und die darin geschaffene eigenartige, eben „holländische", Atmosphäre zurückzuführen sein.

---

138 S. dazu schon die Einleitung des vorliegenden Bandes.
139 Der Film erhielt 3 Oscar-Nominierungen. Er ist dem Vf. des vorliegenden Bandes bekannt. S. kurz J. GILTAIJ, *Schilders van het dagelijks leven, over den tentoonstelling*, in: *Zinnen en minnen. Schilders van het dagelijks leven in de zeventiende eeuw*, o.O. 2005 (Ausstellungskatalog Rotterdam/ Frankfurt), S. 11.

Es sei auf einige der eindrücklichsten Genre-Maler hingewiesen, die Reihenfolge willkürlich gewählt, ohne etwas zur Qualität der Arbeit aussagen zu wollen. Genannt sei Adriaen Brouwer, der um 1606 in Oudenaarde (Flandern) geboren wurde und seine erste Ausbildung bei seinem Vater, der Vorlagen für Teppichweber erarbeitete, erfuhr. Nach Angaben von Houbraken war er 1623-24 schon als ausgebildeter Maler in Haarlem tätig und arbeitete im Atelier des Frans Hals. 1626 taucht er als Mitglied der Haarlemer Rederijkerskammer *Wijngaertranken*[140] auf. Er scheint freilich bald nach Antwerpen zurückgekehrt zu sein, wo er sich 1631/32 aufhielt. Der Dichter Pieter Nootmans hat dem Maler Brouwer – und das zeigt, daß dieser kein Unbekannter war – ein Trauerspiel gewidmet. In der Widmung hieß es „Aen den Constrijcken en Wijtberoemden Jongman, Adriaen Brouwer, Schilder van Haarlem". Brouwer antwortete hierauf mit einem Gedicht „Klinckert, Juycht Musen driymael dry", was nicht unbedingt seine Mitgliedschaft in der Rederijkerskammer erklären muß, auf jeden Fall aber auf literarisches Interesse hinweist. Über die Wechselfälle des Brouwerschen Lebens in Antwerpen ist hier nicht zu handeln, aber hingewiesen sei doch auf die Freundschaft mit Rubens. Die Bedeutung des Malers, der offensichtlich nur kurz in der Republik weilte, lag für die nordniederländische Malerei darin, daß er selbst nicht nur seine eigene Malweise unter nordniederländischem Einfluß erheblich änderte, sondern seinerseits das nachgerade urflämische Thema Bauern und bäuerliches Leben in der Republik einführte und vor allem die Haarlemer Künstler beeinflußte.[141] Brouwers Darstellungen der Bauern von ihrer ordinärsten Seite scheint, wie festgestellt worden ist, vor allem die Brüder Adriaen und Isack van Ostade beeinflußt zu haben.[142] Nach Houbraken haben sich diese Maler im Atelier von Frans Hals kennengelernt. Jedenfalls ist die Brouwersche Handschrift im Werk des Adriaen van Ostade so nachdrücklich zu erkennen, daß es zu mehr als einer flüchtigen Begegnung zwischen beiden gekommen sein muß.[143] Houbraken hat 1718 folgende Worte zu van Ostade gefunden: „Boere hutjes, keetjes, stalletjes, inzonderheit binnenhuisjes, met al hun bouwvalligen huisraad, herbergiers en kroegjes, met hun gantschen toestel, heeft hy zoodanig geestig en natuurlyk weten te verbeelden, als ooit ymant gedaan heeft. Als ook de beeltjes in hunne bekleeding, en allerhande bedryven zoo natuurlyk boers en geestig, dat het om te verwonderen is, hoe hy 't heeft weten te bedenken."[144] Es wird angenommen, daß freilich eben nicht nur Brouwers, sondern auch andere Maler von lauten Festlichkeiten sowie nicht zuletzt auch von der Literatur her Bredero für diese Inhalte des Genres Anregungen vermittelt haben. Daß van Ostade zu den bekanntern Größen seiner Zunft gehörte, erhellt nicht zuletzt aus seiner Beisetzung, die 1685 in der großen St. Bavo-Kirche in Haarlem stattfand und an der das gehobene Bürgertum auf persönliche Einladung hin teilnahm. Der jüngere und sehr viel früher verstorbene Bruder Isack sei nicht weiter erwähnt, da er sich nur anfänglich der Genre-Malerei zuwandte und bald mehr die Landschaftsmalerei pflegte. Dagegen sei hier nachdrücklich auf den 1626 in Leiden geborenen und dort 1679 verstorbenen Jan Steen hingewiesen, der hier als einer der einprägsamsten Genre-Maler verstanden werden soll.

---

140 HAAK, *Hollandse schilders*, S. 238 gibt *Wijngaertranken* an, in *Zinnen en Minnen*, S. 97 geht es um die Kammer *In Liefd Boven Al*.
141 Zur Biographie vor allem K. RENGER, ‚Brouwers Leben', Katalog zur Ausstellung *Adriaen Brouwer und das niederländische Bauerngenre*, München 1986, S. 9-11.
142 So HAAK, *Hollandse schilders*, S. 238.
143 Ebd.
144 Zit. in *Zinnen en minnen*, S. 129. („Bauernhäuschen, Schuppen, Ställe, vor allem auch die Häuschen von innen mit all ihrem heruntergekommenen Hausrat, Gast- und Kneipenwirte mit ihren Gerätschaften, hat er so geistvoll und natürlich dargestellt wie kein anderer vor ihm. Auch die Muster ihrer Kleider oder eine Reihe von Tätigkeiten hat er bäuerlich und so phantasievoll dargestellt, daß man sich erstaunt fragt, wie er sich des alles hat ausdenken können").

Der Maler war der älteste Sohn eines katholischen Bierbrauers. Das heißt, der Maler stammte aus einem gutbürgerlichen Milieu, und er selbst ließ sich 1646 an der Universität seiner Stadt immatrikulieren. Vermutet wird, daß es bei dieser Immatrikulation weniger um das Studium als vielmehr um die Befreiung der Studenten von der Bier- und Weinsteuer und Freistellung vom Dienst im Schützenkorps („schutterij") ging. Steen dürfte im Haarlemer Atelier der van Ostade-Brüder in die Lehre gegangen sein. Das wird angesichts seines frühen Werkes vermutet. Steen, der die Tochter des Landschaftsmalers Jan van Goyen heiratete, wandte sich nach mehreren Jahren in Den Haag in Delft dem Bierbrauer-Geschäft zu, wohl ohne viel Erfolg, denn 1658 findet man ihn wieder in der Leidener St. Lucas-Gilde, um sich bald wieder in Haarlem niederzulassen. Steen erbte nach dem Tod seines Vaters 1670 ein Haus in Leiden, das er dann auch bewohnte. Innerhalb der St. Lucas-Gilde übernahm er bald Verwaltungsfunktionen, wurde 1674 selbst Dekan der Vereinigung und bekam von der Stadt die Schankerlaubnis. Steens Thematik ist nicht die des bäuerlichen Milieus und seiner ordinären Auswüchse, vielmehr ist es die tägliche Szenerie, die von der Darstellung eines Fischmarktes und einen Hühnerhof, über von Menschen belebte Landschaften bis hin zu kleineren beruflichen Aktivitäten (Arzt, Musiklehrer, Lehrer in turbulenter Schule) bis hin zum kleinen Porträt (Auftragsmalerei), Festlichkeiten, die sich nicht nur auf eine in ein bürgerliches Milieu eingebrachte Bauernhochzeit beschränken, sondern über das bei den calvinistischen Prädikanten so umstrittene Dreikönigsfest (katholisch) hinaus bis zum biblischen Thema (*Samson und Delila, Hochzeit zu Kanaan*) reichen. Zu nennen ist neben Jan Steen auch Gabriel Metsu (1629-1667), ein Leidener Maler, dessen Vater schon im Metier gewesen war. Metsu wurde schon früh in einer Auflistung der Leidener Maler genannt, ging aber um 1657 nach Amsterdam, wo er auch starb. Der Maler begab sich an eine ruhigere Thematik, die nicht die der Brouwer, van Ostade oder die des Jan Steen war. Es waren sehr häufig Einzelfiguren, keine Porträts, sondern tätige Figuren oder, wenn man so will, Zustandsschilderungen (etwa *Die ihren Brei essende Frau, Das kranke Kind, Die briefschreibende Frau, Frau am Clavecimbel mit Hund* usw.), es waren auch Themen, die in der niederländischen Malerwelt lebten und von vielen auf unterschiedliche Weise umgesetzt wurden, und es waren durchaus Themen, die die Kultur des gehobenen Bürgertums reflektierten. Es wäre untunlich, wollte man an dieser Stelle die große Gruppe der Genre-Maler im einzelnen behandeln – eine große Gruppe, zu der auch Maler wie Frans und Dirck Hals, David Vinckboons, Gerard ter Borch, Pieter de Hooch und eine Vielzahl anderer gehören.[145] Nur wenige von ihnen sind übrigens älter als 60 Jahre geworden. Es sei freilich explizit noch auf Jan Miense Molenaer (1610-1668) hingewiesen, der aus Haarlem kam, dort auch arbeitete, bei Frans Hals in die Lehre ging und mit der Genre-Malerin Judith Leyster verheiratet war. Beide richteten in Amsterdam ein Atelier ein, das ihnen offensichtlich zu einem guten Einkommen verholfen hat. Jan Miense Molenaer war der Maler der fröhlichen Gesellschaften, von Kinderszenen, die auch seine Frau malte, sowie von Randfiguren der Gesellschaft wie Zwergen und Zigeunern und Szenen mit deutlich sexuellen Anspielungen (*Der Eierhändler*). Über die Bedeutung des Zwerges, der eigentlich in der Malerei des 17. Jahrhunderts nicht vorkommt, ist hier nicht zu handeln. Dazu ist von befugterer Seite geschrieben worden.[146] Zigeuner im Bild war dagegen durchaus auch Gegenstand anderer niederländischer Maler der Zeit. Jan van Goyen zählt zu ihnen ebenso wie Jacob de Gheyn. Ob sich Molenaer mit der herrschenden Meinung über Wahrsagerei auseinandergesetzt hat, kann hier nicht beantwortet werden, gesagt sei freilich, daß Zigeuner immer schon zu den Randgruppen zählten und daß sie in der Literatur des 17. Jahrhunderts insofern auftauchen, als die immer mit

---

145 Eine Auflistung findet sich in *Zinnen en minnen* (Inhaltsangabe).
146 S. die Hinweise in *Zinnen en minnen*, S. 146.

ihnen in Verbindung gebrachte Wahrsagerei verurteilt wurde, wie auch das, wenn man so will, *Eiermotiv* gewiß kein Spezifikum des Molenaer ist, sondern sich in der Literatur der Zeit wiederfindet und auch von anderen Malern zum Gegenstand ihrer Darstellung gemacht worden ist (Adriaen van de Venne, Frans Hals).

Bei Jan Miense Molenaer wechselt die Derbheit von Thematik und Form mit eher feinsinniger Darstellung ab, wenn es etwa um sein Selbstporträt im Kreise der eigenen Familie geht,[147] aber eben diese Feinsinnigkeit und zugleich Ruhe und Verinnerlichung des Themas findet sich bei Johannes Vermeer, den Delfter Maler, nicht nur in verstärktem Maße, sondern ausschließlich. Die Feinsinnigkeit dieses Malers ist so ausgeprägt, daß es zweifelhaft erscheinen will, den Maler in dieser Reihe der van Ostade, Steen, Brouwer oder Jan Miense Molenaar einzuordnen, es sei denn, man faßt den Begriff Genre sehr weit und setzt diesen einfach als Restgruppe gegen Historien-, Porträt- und Landschaftsmalerei ab. Das heißt, der Begriff wird dann auf seinen allgemeinsten Nenner zurückgeführt, als Szene mit Figuren in den unterschiedlichsten Lebensäußerungen, dabei ist es unerheblich, ob es sich hier um Figuren der Unterschicht oder der gehobenen Gesellschaft handelt, die Szenerie ländlich oder städtisch ist. Vermeers Vater war Seidenarbeiter, Wirt (Hotelier) und Kunsthändler. Der Sohn lebte von Geburt (1632) an bis zu seinem Tod (1675) in Delft (begraben in der Oude Kerk), wo er 1653 zur St. Lucas-Gilde zugelassen wurde. Er war viermal, 1662, 1663, 1670 und 1671 Gildemeister. Zugleich genoß er nicht nur große Bekanntheit im Ort selbst und in der Provinz, sondern auch über die Grenzen des Landes hinaus. Nicht nur Künstler des eigenen Landes, sondern auch Ausländer besuchten recht zahlreich sein Atelier. Die These, daß Vermeer in voller Isolierung gearbeitet habe, wie behauptet worden ist, läßt sich jedenfalls aus dem regen Atelier-Verkehr nicht ableiten. Im Gegenteil. Aber obwohl der Maler doch überaus bekannt war und seinerseits enge Verbindung zu anderen Vertretern seiner Zunft hatte (Gerard ter Borch, Pieter de Hooch wohnten und arbeiteten in Delft), steht er 1719 nicht in Arnold Houbrakens biographischer Liste verzeichnet. Möglicherweise hat es tatsächlich erst bis zur zweiten Hälfte des 19. Jahrhunderts gedauert, ehe ihm die angemessene Würdigung zuteil geworden ist. Vermeer, der mit seiner katholischen Frau Catharina Bolnes 15 Kinder hatte, scheint kein „Fließband"-Maler gewesen zu sein, und eine Reihe von Arbeiten dürfte sein Gönner, der Kunsthändler Pieter Claesz. Van Ruijven, aufgekauft haben. So erklärt sich möglicherweise der Befund des französischen Adligen Balthasar de Monconys, der 1663 anläßlich einer Reise durch die Niederlande in sein Tagebuch schrieb: „A Delphes ie vis le Peintre Vermer qui n'auoit point de ses ouvrages mais nous en vismes un chez un Boulanger qu'on auoit six cents livres, quoyqu'il n'y eust qu'une figure, que j'aurais creu trop payer de six pistoles."[148] Die Frage, ob er viel oder wenig produziert hat, ist freilich von geringer Bedeutung, wesentlich will die ganz aparte Qualität seiner Darstellungen erscheinen, die sich spätestens ab 1652 auf die Darstellung von ein oder zwei Personen, die sich in einem zwar immer wieder neuen, gleichwohl doch gleichartigen (bürgerlichen) Interieur bewegen. Es scheint dem Maler Vermeer um die Verinnerlichung der Szene gegangen zu sein. Die Person und ihre Bewegung, das war das Thema des Vermeer. Die Verinnerlichung der Beschäftigung ist das wesentliche Kennzeichen – auch der Geistestätigkeit, wie es sich bei den Gemäl-

---

147 Zu Judith Leyster und Jan Miense Molenaer s. P. BIESBOER/M. SITT (Hrsg.), *Von Frans Hals bis Jan Steen. Vergnügliches Leben – Verborgene Lust. Holländische Gesellschaftsszenen*, Stuttgart 2004, S. 123ff. (Erläuterungen der wichtigsten Bilder).

148 Zit. bei HAAK, *Hollandse schilders in de Gouden Eeuw*, S. 450f. Der Bäcker Hendrick van Buyten gehörte neben Jacob Abrahamsz. Dissius und dem Mäzen Pieter Claesz. Van Ruijven zu den wichtigsten Sammlern der Arbeiten des Vermeer. Zu dieser Gruppe sowie überhaupt zum Leben Vermeers s. J.M. MONTIAS, *Vermeer en zijn milieu*, Baan 1993. Niederländische Übersetzung der englischen Ausgabe von 1989.

den *Der Geograph* und *Der Astronom* äußert. Überlegungen und Nachdenken im Metier der Naturwissenschaften hätten durch Körperhaltung und Lichtverteilung nicht besser wiedergegeben werden können. Aber wie bei den beiden Naturwissenschaftlern der Charakter der Beschäftigung und die intellektuelle Beanspruchung malerisch umgesetzt werden, so auch etwa bei anderen Tätigkeiten wie etwa der *Spitzenklöpplerin*, wo die Filigran-Arbeit sich widerspiegelt. Bei sehr vielen der Vermeerschen Arbeiten gewinnt der Betrachter den Eindruck, als habe der Maler seiner *Ansicht von Delft* gleichsam den Innenausbau seiner Stadt, das Interieur und seine Belebung in den unterschiedlichsten Tätigkeiten hinzufügen wollen, wie das für die Interieur-Gestaltung kongenial auch Pieter de Hooch tat.[149]

Zu dieser Genre-Malerei von Brouwer bis Vermeer – es wären neben den genannten noch zahlreiche andere zu nennen – sind noch einige allgemeine Bemerkungen am Platze, die die Eigenart dieser Malerei angehen. Das bürgerliche und bäuerliche Genre – letztgenanntes konnte auf die Arbeiten des „Bauernbrueghel" zurückschauen – ist insgesamt nichts anderes als die Summe der gesellschaftlichen Befindlichkeit dieser Niederländer, die nach außen hin, gleichsam staatsrechtlich, ihre Selbstbestimmung in der Republik realisiert haben, nach innen in aller Ruhe sich den Freuden und Plagen des Alltags nachgerade unbedroht hinzugeben vermögen. Dabei spielt es keine Rolle, ob es sich bei der Darstellung um mehr oder weniger wilde Kneipen- und Trinkszenen, um Bordelle und Huren, Musikanten, Hochzeits- und Gartenfeste, um Interieur-Malerei mit aktierenden Figuren, Markt- oder Küchenszenen handelt, es ist hier auch nicht interessant, ob die äußerst zahlreichen sexuellen Anspielungen (Symbolik) Äußerungen einer nachgerade immer anwesenden sexuellen Lust oder eben Warnungen vor eben allzu ausgeprägter Lust enthalten, vielmehr sei hervorgehoben, daß die vorgenannte Summe der Bilder inmitten des Krieges eine Betonung des Privaten enthält, wie es in keinem europäischen Land jener Zeit der Fall gewesen ist. Das gesellschaftliche Ergebnis der Republik war weniger der wirtschaftliche und kulturelle Glanz, sondern die Betonung des Privaten. Solche Denkweise vermochte sich im Rahmen einer Staatsstruktur zu entwickeln, die sicherlich weit davon entfernt war, eine demokratische zu sein, jedoch in einer Rückführung der Ursprünge politischer Gewalt auf den städtischen Ausgangspunkt der Betonung des Individuellen in verfeinerter und in grober Spielform Vorschub leistete.

Darüber hinaus sei hier auf den Krieg verwiesen, weil in dieser Periode, das heißt in der zweiten Hälfte des 80jährigen Krieges, ein ganzer Strom von Genre-Bildern, von Darstellungen alltäglicher Gemütlichkeit und auch des Abschlusses gegen die Außenwelt, geschaffen wurde, wobei der *Gemütlichkeit* durchaus unterschiedliche Inhalte mitgegeben wurden. Diese, wenn man so will, Privatisierung des Lebens hebt sich gerade in ihrer Fülle ab gegen die Darstellung des Kriegerischen in Zeiten des Krieges. Die Zahl solcher Darstellungen ist doch gering, auch wenn man die Seeschlachten einbezieht, die ohnehin nur dazu dienen, den militärischen Erfolg, nicht aber die Schrecken des Krieges zu erfassen. Die malerische oder graphische Darstellung des Krieges, der Krieg gleichsam als verabscheuungswürdiges Ereignis oder aber als Genre des Alltags ist nicht mehr Sache der niederländischen Kunst in der Republik. Darüber ist im Abschnitt über *Krieg und Frieden* zwar ausführlicher gehandelt, aber es seien einige Punkte an dieser Stelle noch einmal aufgegriffen, um den Kontrast aufzuzeigen, der sich bis hin zum Friedensjahr 1648, soweit es die Quantität der Darstellung von Kriegselend angeht, entwickelte. Das Motiv *Krieg* erfährt seinen Höhepunkt in den frühen Aufstands- und Kriegsjahren – und dies noch in begrenztem Maße. Es drängt sich nachgerade auf, Brueghels *Dulle*

---

149 S. ebd. S. 442 zu Pieter de Hooch. Es sei darauf hingewiesen, daß Haak Vermeer nicht bei den Genre-Malern einordnet.

Griet als eine zentrale Aussage über den Krieg als Ereignis der Grausamkeit, Habgier und Mitleidlosigkeit einzustufen. Aber auch anderes ist zu erwähnen, etwa der große Kupferstich des Antwerpener Künstlers Frans Hogenberg, der den Bildersturm in seiner Stadt erlebt und dargestellt hat. Hogenbergs Kupferstich entstand erst 17 Jahre nach dem Vorfall und war als Illustration für Michael Aitsingers Buch *De Leone Belgico* gedacht. Noch 1566, im Jahr des Bildersturms, ist dagegen eine sehr drastische Schilderung der Ereignisse aus protestantischer Sicht gestochen worden, in dem Geistliche und Kanoniker das Üble vertraten und den siebenköpfigen Drachen, das apokalyptische Wesen anbeteten neben einer Gruppe von Soldaten, die die Überreste von Heiligenfiguren zusammenfegen. Auffällig ist freilich, daß Maler-Schriftsteller wie Lucas de Heere, protestantischer Flüchtling in London lebend, nicht die Grausamkeit des Krieges ins Bild setzten, sondern den Krieg zwar als große Auseinandersetzung zwischen den Konfessionen begriffen, ihn eher als eine Negation der freien Künste denn als ein den Alltag des gemeinen Mannes berührendes Ereignis sahen. So sind bei ihm die drei christlichen Tugenden Glaube, Liebe, Hoffnung in „Umkehrung der ikonographischen Tradition" schlafend dargestellt. Das heißt, in einer Zeit der wachsenden Gewalt und Grausamkeit ruhen die christlichen Tugenden. Das mag man eine Anklage nennen, die dem Stichel eines humanistisch gebildeten Künstlers entspringt, aber sie hat nichts mit der konkreten Darstellung von Krieg und seinen Folgen zu tun. Typisch ist recht eigentlich, daß im übrigen Aufstand und frühe Kriegsjahre für niederländische Künstler eher, wie an anderer Stelle gezeigt worden ist, der Rechtfertigung des Aufstandes und dem Nachweis einer batavischen Tradition dienten, das heißt, die Kunst wurde politisch, nicht pazifistisch eingesetzt.[150]

Der Krieg aber war niemals Genre, und er wurde es nicht, weil die Kriegserfahrung über die frühe aufständische Zeit hinaus nicht jene der deutschen Territorien im Dreißigjährigen Krieg gewesen ist. Nun wird nicht behauptet werden können, daß die Künstler deutscher Territorien in erster Linie den Krieg thematisiert hätten, aber es ist wohl kaum zu übersehen, daß der Krieg – die Täter und die Opfer – wichtiger Gegenstand der Darstellung vor allem in der Graphik gewesen ist. Wenn beobachtet wird, dort wo der Krieg im Reich grausame Realität gewesen sei, habe man ihn wohl künstlerisch nicht verarbeitet,[151] dann ist doch festzustellen, daß man an dem Lothringischen Stecher Jacques Callot ebensowenig vorübergehen kann, wie an den Gravuren und Radierungen von Hans Ulrich Franck, Christian Richter, Rudolf Meyer, Michael Herr, Johann Liss und anderen. Dabei wird es so sein, daß die Künstler den Krieg auf gleichsam höherer Ebene, als Folge fehlender Gesetzestreue, das Soldatendasein mit all seinen Gefahren (aber auch Freuden), oder einfach als Instrument der Gemahnung an das memento mori eingebracht haben, unübersehbar bleibt aber doch, daß der Krieg als Geißel für die unschuldigen Opfer, als üble Spielart menschlicher Grausamkeit sich dargestellt findet. Und mit der Graphik war auch ein rasch zu verbreitendes Medium gefunden.[152]

Dieser kurze, an anderer Stelle ausführlicher gefaßte Vergleich mit der Entwicklung in den deutschen Territorien, ist hier neuerlich vorgetragen worden, um darauf hinzuweisen, daß Kriegszustand schlechthin die eine Seite der Medaille, Kriegserfahrung eine ganz andere, letztlich dann die ausschlaggebende Seite ist. Die deutschen Territorien

---

150 Hierzu mit näheren Angaben M. BEILMANN, *Die Zurückhaltung des Genres. Der Krieg in der Kunst der Republik*, in: H. LADEMACHER/S. GROENVELD (Hrsg.), *Krieg und Kultur. Die Rezeption von Krieg und Frieden der Niederländischen Republik und im Deutschen Reich 1568-1648*, Münster u.a. 1998, S. 258ff.

151 G. ADRIANI, *Deutsche Malerei im 17. Jahrhundert*, Köln 1977, S. 134, zit. bei A. LORENZ, *Mahnung-Dekorum-Ereignis*, in: H. LADEMACHER/S. GROENVELD (Hrsg.), *Krieg und Kultur*, S. 215. S. zum ganzen Problem auch den Abschnitt *Kriegsbereitschaft und Friedenswunsch*.

152 Über die Gravuren und Radierungen ausführlich LORENZ, *Mahnung-Dekorum-Ereignis*.

erfuhren nun einmal den Krieg intensiver und grausamer. In der Republik hat sich recht eigentlich von Beginn an der Aufbau einer in sich ruhenden bürgerlichen Gesellschaft vollzogen, deren wesentlicher Kern im Rückzug auf das Private, auf Probleme und Problemlosigkeit des einzelnen besteht.

Eben dieser Zustand soll als ein wichtiger Impuls der Genre-Malerei der Zeit verstanden werden. Die Genre-Malerei enthielt die Wiedergabe einer unmittelbaren inner- und außerhäuslichen Lebenswelt, einer leicht überschaubaren Lebenswelt dann, gleichviel ob es sich um Kneipe oder Bordell, um Küchenszenerie oder um die Darstellung fröhlicher Gesellschaften außerhalb des Hauses handelte. Es war nicht die Kunst der großen Gebärde, sondern die Kunst der kleinen Geste und Aktion, aber zugleich eine Kunst der Irrungen Wirrungen des Alltags.

Interieur und Stilleben

Das gilt neben der Genremalerei und der Darstellung von Natur und Landschaft auch für die Interieur-Malerei, die auch als Teil der Genre-Malerei verstanden werden kann. Johan Vermeer hat sie besonders gepflegt. Es ist hinzuzufügen, daß das Interieur und Innerhäusliche gerade in seiner gemalten Abgrenzung gegen das Außerhäusliche und darüber hinaus die Szenerie von Familien, Ehepaaren und Kindern, die so häufig zu finden ist, den privaten und individuellen Charakter der Malkunst noch stärker hervorstreichen. Vielleicht ist hier die These zu wagen, daß die enge Verbindung von Malerei und Handwerk, die Integration des Malers in die Gesellschaft über die Gilde – bei allen Aversionen, die immer wieder einmal auftauchten – der Artikulation des eher in sich gekehrten bürgerlichen Lebensgefühls förderlich war, und schließlich ist im Anschluß daran zu fragen, ob nicht die so eigenartige partikularistische Struktur des Staatswesens – oder zumindest diese auf Partikularismus zustrebende Struktur – die keine echte Zentralgewalt kannte, diese Harmonie von Malerei und Lebenswelt begünstigt hat. In solche Deutung einzubeziehen sind ganz besonders die Stilleben, deren Darstellung auf eine lange Tradition im eigenen Kulturraum zurückblicken konnte. Rosenberg und Slive haben die Stilleben eine Widerspiegelung der in den Niederlanden gepflegten intimen häuslichen Kultur genannt, die so deutlich verschieden gewesen sei von der höfischen Atmosphäre des Barock in anderen Ländern.[153] Der Begriff *Stilleben* taucht erst in der zweiten Hälfte des 17. Jahrhunderts auf. Bis dahin gab man den kleinen Gemälden praktisch die passende inhaltliche Beschreibung mit. Die Bilder hießen dann „een bancketgen met oesters en wafels", „een keucke schilderie", „een blomglasie", „een fruytagie", „een Dootshooftjen" oder man sprach von einem „stilstaent leven" oder auch „een stuckie stilleggent goet".[154] Die Tradition reicht bis ins 15. Jahrhundert zurück zu den Altarstücken der van Eyck-Brüder und Roger van der Weydens. Dabei ging es nicht nur um die Freude am Objekt, sondern auch um Aussage und Hintersinn. Die Darstellung einer Vase mit Lilien und eines unbenutzten Handtuchs oder von Wasserkrug und Becken in religiösen Bildern waren Zeichen für die Reinheit der Jungfrau, während die in den nördlichen Niederlanden im 16. Jahrhundert sich fortsetzende Freude an Blumen, Nahrungsmitteln und Küchengerät, die sich in biblischen Motiven oder in Gruppenbildern der Schützengilden eingefügt finden, das vanitas- und memento-mori-Motiv enthalten. Dieses Motiv ist selbstverständlich auch in den Stilleben des 17. Jahrhunderts erhalten geblieben, es waren hier vor allem die Leidener Stilleben-Maler, die sich dieser Richtung verschrieben. In diesem Bereich gab es darüber hinaus Stilleben, die nach

---

153 ROSENBERG/SLIVE, *Dutch Art and Architecture*, S. 333.
154 Beispiele bei BRIELS, *Vlaamse schilders*, S. 210.

den in den Niederlanden beliebten Emblemata gemalt wurden und zur Suche nach den Entsprechungen anregten oder anregen sollten. Aber auffällig ist doch, ganz unabhängig von Hintersinn und mahnender Weisheit, in erster Linie die Freude am Objekt, an der Form und ihrer Farbe, am Licht und an den Schattierungen. Es scheint sich in diesem so umfänglichen Segment der niederländischen Malerei doch so etwas wie die von dem Kunsttheoretiker Philips Angel geforderte Freude an den Dingen und ihrer Wiedergabe geäußert zu haben, der Wunsch nach Darstellung auch des kleinsten Details, wie es die Maler der Leidener Schule (Gerrit Dou und andere) praktizierten. Diese Beobachtung gilt für alle Arten von Stilleben, auf die sich eine Reihe von Malern spezialisierten, während andere nur hin und wieder sich mit Stilleben abgaben. Henri Matisse, der französische Impressionist, hat sich 1908 über die Stilleben-Malerei geäußert, daß die reine Wiedergabe des Objekts nichts bedeute. Ein Stilleben-Maler müsse das Gefühl wiedergeben, das er beim Anblick des Ensembles verspüre, er müsse die Beziehung wiedergeben, die zwischen den einzelnen Objekten des Ensembles bestehe, ohne natürlich den besonderen Charakter jedes einzelnen Stückes aus den Augen zu verlieren. Die tränenartige Gestalt einer schmalen, zugleich bauchigen Vase müsse anrühren.[155] Sicherlich war das es auch, was Goethe meinte, als er 1797 eines der frühen Stilleben von Willem Kalf sah. Man müsse dieses Bild, so bemerkte er, sehen, um zu begreifen, in welchem Sinne die Kunst über der Natur stehe und was menschlicher Geist dem Gegenstand hinzufüge, wenn er mit schöpferischen Augen betrachtet werde. Hätte er zwischen den goldenen Gefäßen oder den Bildern zu wählen, würde er sich immer für die Bilder entscheiden.[156] Vielleicht ist diese von Goethe so treffend beschriebene Wirkung auch ein wesentlicher Grund für den Ankauf so vieler Stilleben durch die Niederländer. Stilleben waren in der Tat en vogue.

Motivationen: Produktion und Rezeption

Es ist hier der Ort, um noch einmal einige zuvor geäußerte Gedanken wieder aufzugreifen. Johan Huizinga hat in seinen Betrachtungen zum niederländischen 17. Jahrhundert die Frage gestellt, warum die Malerei unter den Künsten ein solches Übergewicht erhalten habe. Die Antwort, es sei dies das Ergebnis eines hochentwickelten oder verfeinerten Sinns für Schönheit gewesen, will er nicht gelten lassen. Zu Recht, wird man einwerfen dürfen, wenngleich Maler und Theoretiker wie Philips Angel gerade zur Befriedigung des Schönheitssinns aufgerufen haben. Huizinga streitet die schlichte Freude an Farbe und Linienführung nicht ab, sieht dies freilich auch in vorabgehenden Jahrhunderten schon gegeben, aber es reicht ihm nicht. Er stellt fest, daß die Bilder in öffentlichen Gebäuden und privaten Häusern zuhauf gehangen haben, und er verweist auf die hohe Zahl der Kunstfreunde und -sammler in dieser Zeit, und in seiner Frage nach der sozialen und ästhetischen Funktion des Bildes im Leben des Kaufmannes und Handwerkers, des Juristen oder des Obrigkeitsdieners verweist er – wenngleich er nur Fragen stellen, keine Antworten geben will – auf das den Menschen des 17. Jahrhunderts kennzeichnende Behagen an den Dingen und sieht darin eine wesentliche Ursache des Phänomens. Damit nimmt er schon vorweg, was später Michel Foucault als Charakteristikum des Jahrhunderts bezeichnet hat: den Wunsch zu sehen und darzustellen.

---

155 S. hierzu ROSENBERG/SLIVE, *Dutch Art and Architecture*, S. 333ff. (über Matisse S. 338f.). Die Autoren gehen näher auf die wichtigsten Stilleben-Maler ein, etwa über Jan Davidsz. de Heem, Kalf, Floris van Dyck, Pieter Claesz., Ambrosius Bosschaert d. Ältere (und Söhne), Willem Claesz. Heda, Jan Jansz. den Uyl und einige andere.
156 Ebd. S. 340.

Huizinga geht da freilich noch weiter und nimmt die seit vielen Jahrzehnten lebendige Diskussion um *Realismus und Scheinrealismus* vorweg oder er greift deren Anfänge auf, wenn er – von der Neigung her Kunsthistoriker – praktisch in Wiederaufnahme der Goetheschen Bemerkungen über Kunst und Natur im Zusammenhang mit einem Stilleben von Willem Kalf feststellt, eine Abbildung von Mensch, Tier oder leblosem Objekt sei eben mehr als eine bloße Kopie. Wer Abbilden und Kopieren einander gleichsetze, habe das Wort *Abbilden* nicht begriffen. Abbilden heiße doch immer Ausdruck des Wesentlichen, das hinter der äußeren Form liege, heiße wiedergeben – ein Vorgang, der sich nicht in Worten verdichten lasse. Es ist in diesem Zusammenhang durchaus schlüssig, wenn er die Rezeption des Bildes in seinem ganzen Gehalt in die Welt der Emblemata stellt, die dem alphabetisierten Niederländer – und deren gab es angesichts des hohen Alphabetisierungsgrades im Land sehr viele – die Möglichkeit bot, nicht nur der Linie und der Farbe sich hinzugeben, sondern auch den Hintersinn zu begreifen oder auf jeden Fall nach eigenem Wissen oder Gewissen zu spekulieren. So suchte man, wie Huizinga es ausdrückt, nach dem Gegenstand in seiner äußeren Ausdrucksform und zugleich seiner Aussagekraft und bewunderte oder begehrte die Kunstfertigkeit des Malers mit der Möglichkeit, das Werk im eigenen Haus an geeigneter Stelle zu präsentieren.[157] Gefallen zu finden an oder Vergnügen zu schöpfen aus einem Bild gehört sicherlich zu den von Huizinga angesprochenen ästhetischen Funktionen; das kann, braucht aber nicht den Weg vom Kunstliebhaber zum Kunstkenner zu bedeuten, wie er in der Republik durchaus stattgefunden hat.[158] Wer einfach Gefallen an Bildern fand, gleichviel zu welchem Segment sie auch gehörten, umgab sich nicht mit Bildern von nur einem oder zwei Malern. Soweit die Nachlässe bekannt sind und soweit die Reiseberichte Auskunft zu geben vermögen, herrschte im niederländischen Bürger- oder Bauernhaus eine bunte Vielfalt als Zeichen der Liebhaberei.[159] John Evelyn, der britische Reisende, meinte sogar, von einem Investitionsverhalten in Sachen Malerei reden zu können. Die Vermutung, Bilder seinen von Bauern als Investitionsgegenstand angekauft worden, mag dann ein Irrtum des Reisenden sein,[160] richtig ist aber eben die Bemerkung von der Vielfalt von Bildern in den Bürgerhäusern. Eine Untersuchung zu den Bürgerhäusern Amsterdams und Dordrechts,[161] für die Nachlässe vorliegen, weist dies aus. Bilder scheinen

---

157 Siehe J. HUIZINGA, *Nederland's beschaving in de zeventiende eeuw*, in: DERS., *Verzamelde werken 2*, Haarlem 1948, S. 479ff.
158 Ebd. 481f.
159 Der englische Reisende Owen Feltham notierte nach einem Besuch im Lande 1652: „Their houses, especially in their Cities, are the best eye-beauties of their Country. For cost and sight they far exceed our English, but they want their magnificence. Their lining is yet more rich than their out-side, not in hangings, but pictures, which even the poorest are furnished with. Not a cobbler but has his toys for ornament. Were the knacks of all their houses set together, there would be not be such another Bartholmew-Fair in Europe". Aus: *A Brief Character of the Low Countries under the States! Being three weeks' Observation of the Vices and Virtues of the Inhabitants*, London 1652, S. 19f. Zitat auch in LOUGHMAN/MONTIAS, *Public and Private Spaces*, S. 19. Das Zitat von mir sprachlich modernisiert.
160 J. Evelyn (zu ihm auch eben S. 88f.) diente eine Zeitlang unter Statthalter Friedrich Heinrich. Zum Investitionsverhalten s. sein *Diary and Correspondence of John Evelyn, F.R.S.*, edited from the original MSS. At Wotton by W. BRAY, vol. I, London 1857, S. 20. Evelyn, der sich über das Angebot an Gemälden auf dem Rotterdamer Markt und die niedrigen Preise wunderte, wies darauf hin, daß es in der Republik schwierig sei, Kapital in Grund und Boden zu investieren. Daraus erkläre sich die Vielzahl von Bildern in Bürger- und Bauernhäusern. Untersuchungen von Montias haben diese These des Reisenden als unhaltbar zurückgewiesen. S. J.M. MONTIAS, *Socio-Economic Aspects of Netherlandish Art from the Fifteenth to the Seventeenth Century: A Survey*, in: The Art Bulletin 72 (1990), S. 353-373; s.a. M.J. BOK, *De schilder in zijn wereld. De sociaal-economische benadering van de Nederlandse zeventiende eeuwse schilderkunst*, in: GRIJZENHOUT/VAN VEEN (Hrsg.), *De Gouden Eeuw in perspectief*, S. 330-359.
161 Dazu insgesamt LOUGHMAN/MONTIAS, *Public and Private Spaces*.

höher gewertet worden zu sein als andere Kunstgegenstände wie Graphiken, Landkarten oder Skulpturen. Sie waren dreimal so stark vertreten wie eben diese anderen Objekte. Es ist geschrieben worden, daß es sich beim Übergang der Gemälde aus Kirchen und öffentlichen Gebäuden in die Privathäuser um eine „Eingewöhnung der Staffelei in das häusliche Leben" gehandelt habe. Mehr noch. Es läßt sich auch ein Prozeß der durchaus hohen Anerkennung der Kunst nachvollziehen, gleichviel welche Thematik sich künstlerisch bearbeitet fand. Kunst bekam einen neuen Stellenwert, und es ist bezeichnend, daß Bilder nicht wahllos in die Wohnungen gehängt wurden, sondern eine von ästhetischen und inhaltlichen Prinzipien bestimmte Aufhängung fanden, wobei freilich das Repräsentationsbedürfnis einer Reihe von Familien nicht außer Acht gelassen werden darf. Daß Kunst darüber hinaus durchaus als Ware angesehen wurde, sei am Rande vermerkt, sollte freilich nicht allzu stark gewichtet werden. Das Bild als Kostbarkeit! Die – nicht nur materielle Wertschätzung – äußerte sich häufig in der Gestalt der Einrahmung oder der Präsentation in der Umgebung kostbarer Gardinen. Handelte es sich bei den Besitzern der Gemälde um Kunstsammler (nicht nur kommerziell zu verstehen), dann hingen die besten Stücke in der überwiegenden Zahl der Fälle im Empfangsraum, der meistens an der Straßenseite lag. Andere unter ihnen brachten die Gemälde thematisch in anderen Räumen des Hauses zusammen und schufen durch Zusammenfügung und Hängung eine Wiedergabe eigener philosophischer oder ethischer Ausgangspunkte. Aber dies gilt vor allem für Kunstsammler oder Regentenfamilien. Es mag dann so sein, daß sich Maler wie Gerard Lairesse Anfang des 18. Jahrhunderts ausführlich mit der Hängung von Gemälden befaßt haben, es kann freilich nicht behauptet werden, daß sich die Bürger durchgängig an Vorstellungen von Kunsttheoretikern ihrer Zeit gehalten haben. Meistens ging es um die ganz individuelle Ausstattung, die durchaus von den Gesetzen der Symmetrie oder auch der Freude am Nebeneinander von Bildern unterschiedlicher Größe gelenkt war. Dazu trat durchaus ein mixtum compositum von Themen.[162]

Das Motiv des Erwerbs von Bildern war sicherlich sehr unterschiedlich. Die Vielfalt von Bildthemen wurde vor allem für die Wohnungen und Häuser der bürgerlichen Oberschicht festgestellt. In bescheideneren Haushalten scheinen religiöse Bilder den Löwenanteil des Bestandes ausgemacht zu haben. In Amsterdamer Wohnungen gab es im Vergleich zu Dordrecht nur wenige Porträts von Vorfahren (Ahnengalerien), während Familienporträts der Gegenwart – auch nicht allzu umfangreich – in einzelnen Räumen zusammengefaßt waren. Daß Dordrechter Familien offensichtlich sehr viel mehr Ahnengalerien vorzuzeigen hatten, wird auf die ältere Tradition der Stadt als Handelsstadt zurückgeführt, das heißt auf die längere Tradition von Regenten- sowie aristokratischen Familien. Es fügt sich hierzu, daß Wappen und Stammbäume neben den Galerien die Räume zierten.[163]

Wo es um das Motiv des Erwerbs von Bildern geht, wird man der schieren Freude an der Kunst noch das wachsende, hier schon angesprochene *Naturbewußtsein* und die durch die neugewonnene Eigenständigkeit geförderte Naturverbundenheit, wie sie sich auch in den *hofdichten* ausdrückt, als Motiv anfügen können, und – wie mit dem Hinweis auf die Ausstattung kleinerer Haushaltungen mit religiösen Bildern schon angedeutet – nicht zu übersehen ist auch, daß wir es in dieser Republik mit einer neubelebten Frömmigkeit zu tun haben, mit einer befreiten Frömmigkeit gleichsam, die nicht nur im Forum der Öffentlichkeitskirche, sondern in mancherlei Richtung gelebt werden konnte, wenn auch nicht für alle gleichermaßen befreit. Das äußerte sich in der Bildproduktion. Die vielen alttestamentarischen Darstellungen der Zeit waren nicht Auftragsarbeiten der Kirche, sondern ganz allgemein Ausdruck einer gelebten und sichtbar gemachten Fröm-

---

162 Dazu ebd. S. 132ff. die Schlußbetrachtung.
163 Ebd. 133.

migkeit, die wiederum als ein Stück Geschichte des eigenen Landes begriffen wurde. Auf diese Umsetzung des biblischen Geschehens ist nachdrücklich hinzuweisen. Gewiß war es so, daß die Stecher in der frühen Zeit der Republik Ähnlichkeiten zwischen dem Schicksal Israels und dem der aufständischen Niederlande einbrachten, eine Art *niederländisches Israel* suggerierten, aber es wäre zu kurz gegriffen, wollte man in der Darstellung der biblischen Szenen lediglich eine Spielart der Politisierung sehen. Diese künstlerische Umsetzung von Frömmigkeit hatte in den Niederlanden doch Tradition, sie gehörte in erster Linie zu den Merkmalen der frühen Neuzeit. Zur Tradition einige Beispiele. Pionierarbeit auf diesem Terrain hat Lucas van Leyden mit einer Vielzahl von Holzschnitten oder Kupferstichen zu alttestamentarischer Szenen geleistet. Zu seinem künstlerischen Schaffen, das letztlich immer auch ein Stück biblischer Unterweisung enthielt, gehörten auch die 24 alttestamentarischen Szenen, die er für die *Biblia Pauperum* des Amsterdamer Verlegers Doen Pietersz. fertigte, der zugleich den Amsterdamer Maler und Holzschneider Jacob Cornelisz. aus Ostzaan in Waterland, übrigens Lehrer des Jan van Scorel, zur Mitarbeit herangezogen hatte.

Abgesehen davon, daß Lucas van Leyden noch viele andere alttestamentarische Themen umsetzte, die zum einen aus der Sicht des Neuen Testaments ausgewählt wurden oder allgemeine Themen, die in ihrer Fragestellung eine Zusammenstellung biblischer Geschichten verlangten (etwa: die Macht der Frauen im Alten Testament), sei festgehalten, daß Lucas van Leyden wohl stärker als seine Zeitgenossen, unter diesen Albrecht Dürer, die Themen des Alten Testaments umgesetzt hat. Immerhin zählt man gegenwärtig 73 Drucke mit alttestamentarischen Szenen, die sich auf die Genesis und die Patriarchen konzentrieren und in wenigen Fällen auch David und Salomo thematisieren.[164] Zu den Holzschneidern der Zeit zählte nicht nur Albrecht Dürer, der Nürnberger, der sich auch in Antwerpen aufgehalten hatte, sondern noch eine Gruppe von sogenannten Kleinmeistern, die etwa für die Antwerpener *Vorsterman Bibel*, die Willem Vorstermann 1528 in Antwerpen druckte, ihre Bilder beisteuerten. Es traten in den Jahrzehnten danach noch andere hinzu, die zum Teil auch Aufnahme im Künstlerlexikon des Carel van Mander Aufnahme gefunden haben. Wenn man von der Fruchtbarkeit des Lucas van Leyden redet, dann fällt diese doch ins zweite Glied zurück, wenn man die Produktionszahlen – der Begriff sei hier im Bereich der Kunst erlaubt – des nur vier Jahre jüngeren Maarten van Heemskerck heranzieht, der vor allem mit dem vielseitigen Dirck Volckertsz. Coornhert zusammenarbeitete. Van Heemskerck stand, soweit es die Gestik und die muskulöse Körpergestalt betraf, deutlich unter dem Einfluß Michelangelos. Es wird vermutet, daß ein Großteil der Arbeiten über den in jener Zeit zentralen Kunstmarkt von Antwerpen vertrieben worden ist. Hier spielte der auch an anderer Stelle genannte Verleger Hieronymus Cock eine ganz entscheidende Rolle. Eben im Zusammenhang mit Maarten van Heemskerck und Dirck Volckertsz. Coornhert und schließlich auch mit dem Bibel-Illustrator Maarten de Vos sei einfach festgestellt, daß die Periode zwischen 1550 und 1585 als die hohe Zeit der Umsetzung der biblischen Szene in Zeichnung, Holschnitt und Stich genannt werden darf. Das heißt, wenn auch nach dem Aufstand ganz spezifische Szenen des Alten Testaments aus politischen Gründen gewählt wurden, dann hatte nicht diese spezifische Wahl, sondern das Thema Altes Testament schon eine lange und doch sehr reiche Tradition. Das hat sich nach dem Aufstand etwa bei Hendrick Goltzius und seinen Schülern fortgesetzt, insgesamt abseits im übrigen von jeder Politisierung. Der im deutschen Mühlbracht im Jülicher Land geborene Goltzius, Maler und Stecher gleichermaßen, lernte das Stechen bei dem in jener Zeit in Xanten lebenden Coornhert, der zusammen mit ihm nach Haarlem ging, wo sie beide mit van Mander in

---

164 Dazu P. VAN DE COELEN, *Patriarchs, Angels & Prophets. The Old Testament in Netherlandish Printmaking from Lucas van Leyden to Rembrandt*, Amsterdam 1996, S. 6ff.

Kontakt kamen. Darüber ist an anderer Stelle in diesem Abschnitt gehandelt worden.[165] Es sei hinzugefügt, daß viele Darstellungen nach den Gemälden anderer Künstler oder nach den Zeichnungen der hier genannten Künstler von professionellen Stechern graphisch umgesetzt wurden. Das gilt auch für die zahlreichen Entwürfe, die Carel van Mander vorgelegt und die in Amsterdam etwa Jacques de Gheyn II gestochen hat. Die Bedeutung der Goltzius Schule zeigte sich auch darin, daß Rubens in Antwerpen die graphischen Arbeiten als vorbildlich einstufte, als er den Plan hegte, seine wichtigsten Gemälde graphisch umzusetzen.[166]

Wenngleich festzuhalten ist, daß die Graphiken biblischer Szenen das ganze 17. Jahrhundert hindurch den Kunstmarkt belebten, gleichsam zur Äußerungsform künstlerischen Lebens gehörten wie die umfangreiche religiöse Lyrik der Zeit, und wenn darüber hinaus zu bemerken ist, daß diese Kunstform mit Rembrandts Stichen und Radierungen einen Höhepunkt erreichte, dann ist doch andererseits zu bemerken, daß Rembrandts Arbeiten zwar einen künstlerischen Glanzpunkt verkörperten, die Blütezeit dieser Form aber, gleichviel ob es sich um originale Entwürfe oder um graphische Umsetzung von bestehenden Gemälden handelte, im ausgehenden 16. und beginnenden 17. Jahrhundert lag und erst um 1700 einen neuen Aufschwung erlebte.[167]

Reaktionen im Ausland

Es konnte nicht ausbleiben, daß die niederländische Kunst des 17. Jahrhunderts angesichts allein schon der hohen Quantität der Produktion Gegenstand kritischer Betrachtung vor allem aus dem Ausland war. Kritik, das war nicht neu, lag in der Tradition des Kunstschaffens, wie es etwa die Italiener im 15. und 16. Jahrhundert schon vorgemacht hatten – dabei ganz bestimmten Kriterien folgend, wie überhaupt die italienischen Theorien zunächst den Ton angaben. Das hieß durchaus Ablehnung der nordniederländischen Kunst. Es fehlte ihr, so lautete der Befund, an der überzeugenden Komposition eines erhabenen Themas. Diese italienische Sichtweise klassischer Kunst wurde im 17. Jahrhundert von den Franzosen übernommen und ausgearbeitet, die in der Zeit Ludwigs XIV. die klassizistische Theorie in eigenen Schriften vortrugen. Zentrum war in jenen Jahrzehnten die Pariser Académie des Beaux-Arts, wo die antiken und italienischen Theorien studiert wurden. Autoren waren in Frankreich freilich nicht praktizierende Maler, sondern Literaten. Es ist nicht überraschend, daß etwa Charles Alphonse du Fresnoy 1668 sein Werk *L'art de Peinture* ursprünglich in lateinischer Sprache veröffentlichte – sozusagen ganz im Sinne humanistischer Arbeit, und ebenso wenig überraschend ist es, daß es ihm darum ging, den gelehrten Künstler heranzubilden, der sein natürliches Talent in Nachahmung der Alten auszubilden hatte, um so einem richtigen Kunstbegriff zu genügen. Beispiele boten Rafael und Poussin. Der Freund und Übersetzer des Werkes von Fresnoy, Robert de Piles, hat gegen Ende des 17. Jahrhunderts eine Würdigung der wichtigsten europäischen Maler der Neuzeit (*Balance des peintres*) herausgebracht, in dem er im Gegensatz zu seinem früheren Wort von der „blinden und ruchlosen Malerei" aller jener, die nicht dem klassizistischen Ideal anhingen, zwar immer noch dem Klassizismus als der besten Form der künstlerischen Gestaltung anhing, freilich davor

---

165 Zu diesem frühen Umfeld s. oben S. 588ff.
166 S. VAN DER COELEN, *Patriarchs*, S. 22f. Der Autor weist darauf hin, daß Rubens anfänglich keinen nordniederländischen Stecher für diese Aufgabe hat finden können. Diese Lage habe sich erst ab 1618 geändert. Bis dahin habe lediglich Willem van Swanenburgh aus Leiden zwei Arbeiten nach Gemälden von Rubens (alttestamentarische Themen) ausgeführt.
167 Ebd. S. 27.

warnte, diese akademische Einstellung zu weit zu treiben. Das heißt, er setzte sich für die Anerkennung des Peter Paul Rubens ein, der entgegen den anderen flämischen und nordniederländischen Malern niemals das Erhabene seines Themas aus den Augen verloren habe. Was für Rubens, dem Mann aus dem 17. Jahrhundert galt, wollte er auch für den Flamen Michaël Coxie und den Nordniederländer Maarten van Heemskerck gelten lassen, weil beide sich in ihrer Zeit den Ergebnissen italienischer Kunst zugewandt hatten, abgesehen davon, daß die Graphik des van Heemskerck das besondere Gefallen des Michelangelo gefunden hatte. Von den nordniederländischen Malern konnte nur Rembrandt die Anforderungen des Piles erfüllen („beau Génie et un Esprit solide"). Nur eine falsche Erziehung und das etwas schwerfällige Naturell seiner Landesart habe ihn daran gehindert, den Geschmack der klassischen oder italienischen Vorbilder, poetische Gedanken oder die elegante Zeichnung zu entwickeln oder zu pflegen. De Piles bewies durchaus hohe Würdigung vor allem der Graphik, doch war ihm der Maler zu exzessiv, was nicht zu den Eigenschaften eines Malers des Klassizismus gehören durfte. Es sei darauf hingewiesen, daß der französische König von der nordniederländischen Malerei nur einen Rembrandt in seiner Sammlung hatte. Dabei scheint die schon seit der Antike in Gelehrtenkreisen erörterte und noch im 17./18. Jahrhundert im Schwange befindliche Temperamentenlehre für die Beurteilung der Kunst nicht ohne Bedeutung gewesen zu sein. Niederländische Moralisten wie Dirck Volckertsz. Coornhert oder Kunsttheoretiker wie Carel van Mander oder Samuel van Hoogstraeten haben sich mit diesem naturwissenschaftlich begründeten Phänomen befaßt.[168] Tatsächlich haben Reisende oder Beobachter, die sich längere Zeit in den Niederlanden aufhielten – darunter der britische Gesandte William Temple oder der französische Diplomat Jean-Baptiste l'Abbé du Bos – ein ausgeprägtes niederländisches Phlegma analysiert, das sie im wesentliches auf das trübe und feuchte Klima des Landes zurückführten. Du Bos erwähnte dazu die Ernährung der Nordniederländer, die aus Gemüse, Milchprodukten und Fisch bestehe, alles offensichtlich wie das Klima der Entwicklung eines Phlegmas förderlich. Andere haben aus dem Klima auch eine nur mäßig entwickelte Liebhaber-Qualität niederländischer Männer abgeleitet.[169] Für die Kunst hieß Phlegma dann Phantasielosigkeit, wohl aber die Begabung der eifrigen Nachahmung. A. Félibien d'Avaux, französischer Kunsttheoretiker, stellte den Flamen – damit waren auch Nordniederländer gemeint – die Italiener entgegen, die besser in der Lage seien, Außergewöhnliches zu malen. Der hier schon genannte Roger de Piles hat den Gedanken aufgegriffen und als Beispiel Gerrit Dou, den Maler der Leidener Schule angeführt, der die Genauigkeit nur habe erreichen können, weil es ihm an dem nötigen künstlerischen Feuer fehle. Vor allem die niederländische Genre-Malerei wurde in diesem Zusammenhang als ebenso typisch wie thematisch geringwertig empfunden.[170]

Die Konfrontation zwischen französischem Klassizismus und niederländischer Malerei nahm eine Wendung, als die erstgenannte Richtung ihren Höhepunkt überschritten hatte. Französische Kunstsammler kauften zahlreiche Gemälde und Graphiken flämischer und nordniederländischer Künstler auf – entsprechend auch ihren Vorlieben für Thema oder Künstler. Vor allem die Arbeiten von Rembrandt erfreuten sich wachsender Beliebtheit. Hier waren es vor allem der Maler Antoine Watteau und sein Kreis, die gleichsam die französische Vorliebe für Rembrandt vertraten.[171]

---

168 Dazu G. LÜTKE NOTARP, *Von Heiterkeit, Zorn, Schwermut und Lethargie. Studien zur Ikonographie der vier Temperamente in der niederländischen Serien und Genregraphik des 16. und 18. Jahrhunderts*, (=Niederlande-Studien, Bd. 19), Münster 1998, S. 47ff.
169 S. dazu auch den Abschnitt *Neugier und Überraschung* in diesem Band.
170 Darstellung nach F. GRIJZENHOUT, *Tussen rede en gevoeligheid. De Nederlandse schilderkunst in het oordeel van het buitenland 1660-1800*, in: F. GRIJZENHOUT/VAN VEEN, *De Gouden Eeuw in perspectief*, S. 27ff.
171 S. ebd. S. 35.

Die britische Vorliebe für niederländische Kunst und Kunsthandwerk hatte schon eine gewisse Tradition. Wenn man so will, läßt sie sich im späten 15. Jahrhundert ansetzen, als Sir John Donne of Kidwelly den aus Hessen gebürtigen, aber in Brügge arbeitenden Maler Hans Memling (Jan Memlinc), einen Schüler Rogier van de Weydens, beauftragte, ein Tryptichon zu fertigen (Die Jungfrau mit dem Kinde sowie Heiligen und Stiftern).[172] Ein weiteres Beispiel aus dieser spätmittelalterlichen Periode ist das Dreifaltigkeits-Altarstück, das Sir Eward Bonkil für die Dreifaltigkeits-Kirche in Edinburgh bei Hugo van der Goes in Auftrag gab. Dazu kam nicht nur eine Reihe von Porträts, die in Flandern gefertigt wurden, sondern auch der Ankauf von zahlreichen Altarstücken. Diese Kunstwerke – zu ihnen kamen noch zahlreiche Buchillustrationen – trugen zur hohen Bewunderung flämischer Kreativität und künstlerischer Fertigkeit bei. Im 16. Jahrhundert gelangten viele, vor allem flämische Künstler an den Hof Heinrichs VIII., und Künstler meint hier nicht nur Maler, sondern auch Kunsthandwerker wie Goldschmiede, Juweliere und Glasmacher. Von der Zeit Heinrichs VIII. bis hin zu Karl II. ließe sich eine ganze Reihe von flämischen und niederländischen Künstlern am englischen Hof auflisten. Zu ihnen gehörten Lucas de Heere, Cornelis van Poelenburgh, Gerrit van Honthorst und nicht zuletzt Peter Paul Rubens.[173] Vor dem niederländischen Aufstand konzentrierten sich die Kunstbeziehungen zwischen der Insel und dem Kontinent auf Antwerpen, der größten und reichsten Stadt, deren Einwohnerzahl von 30.000 im Jahre 1500 auf 100.000 65 Jahre später anstieg, eine Stadt auch, die als Zentrum des englischen Tuchhandels angesehen werden darf. Amsterdam hat zwar nach dem Aufstand die führende wirtschaftliche Rolle übernommen, die Verbindungen zu Kunst und Künstlern im flämischen Raum wurden jedoch nie wirklich unterbrochen. Interessant oder vielleicht auch bezeichnend in diesem Fall ist auch der Bau der britischen Börse (Sir Thomas Gresham) nach dem Vorbild des Antwerpener Gebäudes, während die Eröffnung des Gebäudes durch die Veröffentlichung einer Reihe von Graphiken von Frans Hogenberg flankiert wurde.[174] Aber eben nicht nur die enge wirtschaftliche Beziehung, sondern auch anti-katholische Parallelität zwischen Insel und Kontinent haben die politische und damit auch die kulturelle Verbindung intensiviert. Das heißt, daß sich die Beziehung der Engländer zu den Italienern, Franzosen und ohnehin zu den Spaniern lockerten. Nicht ein Franzose oder ein Italiener erhielt den Auftrag, in Erinnerung an die Niederlage der Armada ein Bild zum Geschehen zu malen, sondern Hendrick Vroom aus Haarlem, damals schon Spezialist für Seestücke. Vroom fertigte dazu eine Reihe von Zeichnungen als Vorlagen für Wandteppiche, die vorgenanntes Thema wiedergeben sollten.[175]

Abgesehen davon, daß auch deutsche, italienische und französische Künstler auf die Insel kamen, sei hinzugefügt, daß es sich bei der Vielzahl niederländischer Künstler auf der Insel bei weitem nicht nur um solche handelte, die an den Hof gerufen wurden. Es ging vor dem Aufstand schon um die Frage nach den Möglichkeiten, seinen Lebensunterhalt in England zu verdienen, oder es handelte sich um Protestanten, die vor den Ketzerverfolgungen flohen. Lucas Cornelisz. de Cock zog mit der ganzen Familie (sieben oder acht Kinder) über den Kanal, um sich in London niederzulassen, da, wie man hörte, Heinrich VIII. sich sehr um die Kunst bemühte. Zu den protestantischen

---

172 In der National Gallery, London.
173 Dazu CH. BROWN, *Artistic relations between Britain and the Low Countries (1532-1632)*, in: J. RODING/L. HEERMA VAN VOSS (Hrsg.), *The North Sea and Culture (1580-1800), Proceedings of the International Conference held at Leiden 21-22 April 1995*, Hilversum 1996, 340ff.
174 Nach ebd. S. 347. Gresham war der finanzielle Unterhändler der englischen Krone in Antwerpen. Dort wurde er von Anthonis Mor porträtiert.
175 Dazu ebd. S. 350; auch Haak, *Hollandse schilders*, S. 170ff. zum Leben von Vroom und dessen frühe Spezialisierung. Der Auftraggeber war Lord Charles Howard of Effingham. Ebd. S. 148.

Flüchtlingen gehörte der hier schon mehrfach genannte Lucas d'Heere; er kehrte aber nach Abschluß der Genter Pazifikation in die Niederlande zurück. Die Wiedereroberung Antwerpens durch die Spanier 1585 hat schließlich eine ganze Reihe von Malern der südlichen Niederlande dazu bewogen, entweder nach Deutschland, in die Republik oder nach England auszuwandern. Das heißt, niederländische Künstler finden sich in dieser Periode weit über Europa zerstreut. Ganze Künstlerkolonien gab es in Paris und Lyon, in Rom, Neapel und auf Sizilien.

Im 17. Jahrhundert emigrierten etwa 300 niederländische Maler zur Insel, um dort, wenn man so will, ihr finanzielles Glück zu finden, was offensichtlich darauf hinweist, daß es in den Niederlanden ein rechtes Gedränge auf dem Kunstmarkt gab. Das heißt, es entwickelten sich auf dem Gebiete der Kunst wie eben auch im Bereich der Politik und Wissenschaft engere Beziehungen. Dabei ist darauf hinzuweisen, daß dieser künstlerische Verkehr – damit ist auch der Kunsthandel gemeint – eine Einbahnstraße war, insofern von der Insel her so gut wie nichts auf den Kontinent kam.[176] Das lag nicht zuletzt daran, daß Großbritannien nicht die Institution des freien Kunstmarktes kannte, sondern dort eher gleichsam auf Bestellung gearbeitet wurde. Für die niederländischen Künstler gab es Möglichkeiten, in einem der größeren Londoner Ateliers an umfangreicheren Aufträgen mitzuarbeiten und dabei einen bestimmten Part verantwortlich zu übernehmen – etwa den landschaftlichen Hintergrund eines Porträts oder andersgearteten Personenstücks. Das kam freilich nicht allzu häufig vor. Jedenfalls ist eine große Zahl der Künstler-Optimisten nach einiger Zeit in die Niederlande zurückgekehrt.

Es ist sicherlich unübersehbar, daß die flämische Malerei, vertreten durch Peter Paul Rubens, Anthonie van Dyck, der in Blackfriars verstarb, und der schließlich geadelte Sir Peter Lely (Pieter van der Faes), hohe Anerkennung in Großbritannien gefunden haben, aber sie hatten auch Verbindungen zum englischen Hof, was auf jeden Fall einer Karriere auf der Insel förderlich sein konnte. Peter Lely stieg zum Hofmaler Karls II. auf und van Dyck trat 1632 als Hofmaler Karls I. an die Stelle von Daniel Mijtens, der aus einer Antwerpener Emigrantenfamilie stammte und 1618 schon Hofmaler am britischen Hof wurde. Mijtens dürfte eine gewisse Rolle bei der Entwicklung des Staatsporträts gespielt haben, genoß aber in den Niederlanden nicht die Anerkennung, die seine Position bei Hofe in London vermuten lassen könnte.[177] Anthonie van Dyck wurde von Karl I. unter besonders guten Bedingungen an den Hof geholt, da dieser Flame wohl jener nordwesteuropäische Maler war, der der italienischen Malerei am nächsten kam – eine Malerei, die dieser englische König bevorzugte. Darüber hinaus waren es dann die niederländischen Landschaftsmaler, die noch am ehesten ihr Brot verdienen konnten, sei es als Ergänzung zu den vorgenannten Porträtstücken, sei es als Maler der englischen Landschaft mit den Schlössern und Landhäusern des englischen Adels. Immerhin zählten ein Drittel der niederländischen Maler-Immigranten zu den Landschaftsmalern. Nach dem Sturz Cromwells und der Restauration Karls II. bestand beim englischen Adel ein hoher Bedarf an solchen Bildern, die zum Gesamtpaket des adligen Wiederaufbaus gehörten. Der König selbst war weniger an der Landschaftsmalerei und weniger an einer Anstellung von Hofmalern interessiert. Dieser Bedarf an solchen Themen wuchs in den 60er Jahren des Jahrhunderts erheblich und erreichte bis in die 80er Jahre seinen Höhepunkt.[178] Freilich, die Gruppe der klassischen niederländischen Landschaftsmaler, zu der Jacob van Ruisdael, Meindert Hobbema, Albert Cuyp oder Jan van Goyen gehörten, hat

---

176 Ebd. S. 345f.
177 So bei HAAK, *Hollandse schilders in de Gouden Eeuw*, S. 219. Mijtens starb 1647 in Den Haag.
178 S. dazu G.M.G. RUBINSTEIN, *Artists from the Netherlands in Seventeenth-Century Britain: an Overview of their Landscape Work*, in: S. GROENVELD/M. WINTLE (Hrsg.), *The Exchange of Ideas. Religion, Scholarship and Art in Anglo-Dutch Relations in the Seventeenth Century, Britain and the Netherlands*, XI, 1991, S. 163ff.

sich niemals in Großbritannien aufgehalten,[179] wohl aber Vater und Sohn Willem van de Velde, die am Hofe Karls II. als Maler von Seestücken beschäftigt waren.[180]

Aus der Vielzahl von niederländischen Künstlern in England und aus der Tatsache, daß niederländische Kunst in Dänemark und Schweden gleichermaßen gefragt war, sollte man nicht unbedingt auf einen Nordsee-orientierten parallelen Kunstgeschmack schließen. Für England ist jedenfalls nicht zu übersehen, daß italienische Kunst zu den Vorlieben gehörte – Vorlieben, die mangels Masse nicht befriedigt werden konnten. Daher erklärt sich möglicherweise das hohe Ansehen der flämischen Maler, die der Barockmalerei Italiens am nächsten standen. Wenn hier „mangels Masse" gesagt wird, dann meint das einfach die Weigerung italienischer Maler (auch französischer) sich auf die Insel zu begeben – aus gleichsam „katholischen" Gründen. Sich anbahnende englisch-italienische Kunstbeziehungen scheiterten an der religiösen Konfrontation. Karl I. mußte sich damit begnügen, italienische Kunst zu sammeln, und trug eine der größten Sammlungen italienischer Malerei zusammen.[181]

Wieviel stärker auch die Präsenz niederländischer Malerei und niederländischer Maler in Großbritannien gegenüber Italienern und Franzosen gewesen sein mag, es sollte nicht übersehen werden, daß es eine politisch-dynastische Verflechtung zwischen der Republik und der Monarchie gab, die der Vermittlung von Kunst vom Kontinent zur Insel förderlich sein konnte, freilich nicht durchgehend den Geschmack der englischen Rezipienten bestimmte. Nach dem Tod Wilhelms III. (König-Statthalter) äußerte sich bei Kritikern eher Ablehnung der niederländischen Kunst, und in der Zeit Wilhelms III. hatte es keine Zeichen einer besonderen Vorliebe für diese Kunst gegeben. Ein harsches Urteil fällte 1747 etwa Horace Walpole, Sohn des ersten britischen Premiers Robert Walpole, wenn er schrieb, er könne in dieser Kunst nichts anderes erkennen als „drudging Mimics of Nature's most uncomely courseness". Die Darstellung von irdenen Töpfen und Kupferkesseln seien nichts verglichen mit den Arbeiten der – in jener Zeit in England hochangesehenen – Italiener Francesco Albani und Carlo Maratta. Der vorgenannte Robert Walpole scheint dagegen durchaus von der niederländischen Kunst beeindruckt gewesen zu sein, denn sein Wohnsitz Houghton Hall barg einen reichen Schatz an Arbeiten flämischer und nordniederländischer Maler – von Rubens und van Dyck bis zu Wouwerman und van Ostade. Der Hinweis, daß die Kritik des Horace Walpole durchaus auf Präsenz niederländischer Kunst auf dem englischen Kunstmarkt schließen läßt, basiert auf der Kenntnis tatsächlicher Entwicklung. Um die 40er Jahre des 18. Jahrhunderts waren niederländische Objekte bei englischen Kunsthändlern durchaus begehrt. Es ist auch in den Jahrzehnten nach Horace Walpole Kritik laut geworden. Der An- und Verkauf blieb erhalten, wobei sich englische Künstler zugleich als Kunstsammler und -aufkäufer betätigten, wie das in den Niederlanden Johannes Vermeer und andere auch taten. Sicherlich unter dem Einfluß der französischen Kunstkritiker des 17. Jahrhunderts hat Joshua Reynolds, seines Zeichens nobilitierter Maler und zugleich Kunsthändler, die Thematik der niederländischen Malerei angeklagt, sie unter der Voraussetzung klassizistischer Kunstauffassung letztlich als platt bezeichnet. Ihm war es zuviel Alltag, das sich da zeigte: „... working or drinking, playing, or fighting. The circumstances that enter into a picture of this kind are so far from giving a general view of human life, that they exhibit all the minute particularities of a nation differing in several respects from the rest of mankind."[182] Reynolds, der allen Respekt vor den handwerklichen Fähigkeiten

---

179 S. dazu P. HECHT, *Dutch Painters in England: Readings in Houbraken, Weyerman, and Van Gool*, in: ebd. S. 158. Der Autor bezieht sich nur auf die im Titel genannten Kunst-Chronisten.
180 BROWN, *Artistic Relations*, S. 90.
181 Ebd. S. 353.
182 S. hierzu GRIJZENHOUT, *Tussen rede en gevoeligheid*, S. 40f. Dort auch das Zitat.

der nordniederländischen Maler hatte, vermißte aber eine über das Gemälde vermittelte tiefere Einsicht in die gesellschaftliche Lebenswelt. Er hat diesen Unterschied zwischen der handwerklichen Fähigkeit und dem Tiefgang der Darstellung in der Anregung für die Maler seiner Zeit oder die künftigen Künstler wiedergegeben, in der es heißt: „Painters should go to the Dutch school to learn the art of painting, as they would go to a grammar school to learn languages. They must go to Italy to learn the higher branches of knowledge."[183] Die italienische Szene gleichsam als Künstler-Universität. Das hieß konkret freilich auch Mäkelei auf der einen, Übernahme etwa der Rembrandtschen Radier-Technik auf der anderen Seite. So wandte sich der Maler und Stecher William Hogarth gegen die Reproduktion niederländischer Bildelemente in historischen Szenen. Um deutlich zu machen, wie – künstlerisch – unerträglich das sein mußte, schuf er selbst eine Radierung, in der einige Rembrandtsche Motive zusammengefügt wurden. Als Bildunterschrift stand zu lesen: „Gezeichnet und radiert auf die lächerliche Weise von Rembrandt". Das Problem lag für einen Mann wie Hogarth in der Komposition von biblischen oder mythologischen Szenen mit Alltagsmotiven. Der jetzt eigentlich schon alte Kritikpunkt, der der niederländischen Kunst aus klassizistischer Sicht entgegengehalten wurde. Allerdings, da gab es eben nicht nur Hogarth, sondern auch Richard Earlom und Valentine Green, die beide die Chiaroscuro-Technik des Rembrandt imitierten und auch mit den Kompositionen keine Probleme hatten.[184]

In den deutschen Territorien ist die niederländische Kunst nicht auf der Basis kunsttheoretischer Erwägungen, sondern, wenn man so will, aus der dynastischen Kunstpraxis hervorgegangen. Gewiß, Joachim von Sandrart, deutscher Maler aus Nürnberg und viele Jahre in den Niederlanden in diesem Beruf tätig und dort auch bei dem italienisierenden Gerard Honthorst, der wiederum der bevorzugte Maler am Hof des Statthalters Friedrich Heinrich war, in die Lehre gegangen, wird mit seinem Übersichtswerk *Teutsche Akademie der edlen Bau-, Bild- und Malereikünste*, das zwischen 1675 und 1679 in 2 Bänden erschien, einiges an Wissen vermittelt haben. Wichtiger freilich dürfte die dynastische Beziehung zwischen den Höfen deutscher Territorien und den Oraniern gewesen sein. Zunächst ist auf die Verbindung Hohenzollern-Oranien hinzuweisen und damit auf die Heirat der Oranier-Tochter Luise Henriette mit dem Großen Kurfüsten, zu nennen ist auch Henriette Catharina und ihre Heirat mit dem Anhalter Fürsten und schließlich auch die fünfte Tochter Friedrich Heinrichs, Albertine Agnes, die nach Nassau-Dietz heiratete. Die drei Oranier-Töchter holten niederländische Künstler zur Ausgestaltung der neuen Wohnsitze. Hierzu ist in einem gesonderten Abschnitt ausführlich gehandelt. Gegen Ende des Jahrhunderts, 1696, stellte Kurfürst Johann Wilhelm von Pfalz-Neuburg den niederländischen Maler Adriaen van der Werff, der dem Trend der Zeit entsprechend eher klassizistisch orientiert war, in der Düsseldorfer Residenz als Hofmaler an und schlug ihn 1703 gar zum Ritter.

Man könnte diese Beziehungen einen Schnupperkurs in niederländischer Kunst und Architektur nennen, auffällig zugeschlagen hat dann Wilhelm VIII., Landgraf von Hessen. „Zugeschlagen" meint hier einen Zugriff auf den niederländischen Kunstmarkt im großen Stil. Der Landgraf war ein Patenkind des Statthalter-Königs Wilhelms III. von Oranien und in seiner Laufbahn mit den politischen, wirtschaftlichen und kulturellen Umständen der Republik vertraut. Das dürfte vor allem für die Kunstszene stimmen, denn seine Sammlung versah er mit der Überschrift *Schildereijen*. Angesichts des zunächst durchaus noch allgegenwärtigen Kunstgeschmacks an den Höfen Europas nimmt es nicht wunder, daß er sich anfänglich auf die Arbeiten der van der Werff,

---

183 Zit. ebd. S. 42.
184 S. dazu *Rembrandt over den grenzen/über die Grenzen* (Ausstellungskatalog Schloß Moyland 2005), S. 18 (dort auch das Zitat Hogarth).

Philips Wouwerman, Caspar Netscher und Godfried Schalcken oder Cornelis van Poelenburgh konzentrierte. Das heißt, Wilhelm VIII. scheint seine Sammlung unter das Prinzip des einheitlichen Stils gestellt zu haben, denn den Niederländern gesellte er ähnlich gefertigte Gemälde von Carlo Maratta oder Carlo Dolci hinzu. Das waren erst die Anfänge. Als er ab 1730 nach dem Tod seines Vaters als Regent anstelle seines Bruders die Geschäfte führte, kaufte er nachgerade systematisch niederländische Kunst auf (Flamen und Nordniederländer gleichermaßen), um dann 1750 über den Kunsthändler Gerard Hoet die Sammlung Valerius Röver für insgesamt fl. 40.000 zu erwerben, einen Bestand von 64 Gemälden (darunter 8 von Rembrandt) der unterschiedlichsten Künstler, zu denen Jacob van Ruisdael ebenso gehörte wie etwa Paulus Potter oder Jan Steen. Dem Ankauf der Sammlung folgte ein Glückwunsch des Kunsthändler-Vermittlers: er sei, um es frei heraus zu sagen, ehrlich genug, um zu bekennen, daß ihn bei diesem Transfer Gefühle des Neides beschlichen. Das sei ihm, dem Grafen, sicherlich begreiflich. Da man aber die Gemälde nicht habe behalten können, freue es ihn, den Ankauf auf diese Weise vermittelt zu haben. Die Sammlung werde freilich nicht umziehen, ehe er nicht Abschied von Fräulein Rembrandt (Saskia van Uylenburgh) und den Herren Dou, Rubens, van Dyck und Potter genommen habe.[185] Ein zweiter zentraler Ort der Kunstsammlung war der Dresdener Hof Augusts des Starken, in dem niederländische, italienische und deutsche Kunst nebeneinander präsentiert wurden und in dessen Umgebung Kunsttheorien entwickelt wurden, die die so entschiedene Konfrontation der klassizistischen Auffassung und der niederländischen „Schule" aufhoben.[186]

In den folgenden Jahren sind überhaupt viele Kollektionen niederländischer Malerei ins Ausland verkauft worden (vor allem auch nach Großbritannien), was 1790 den Arzt und Kunstliebhaber Andreas Bonn zu der Aussage anregte, daß man aus der großen Nachfrage bei den Fürsten und Großen des Auslandes auf die hohe Qualität der niederländischen Kunst schließen könne, was andererseits auch Tadel der vermögenden Landsleute impliziere, die sich solche wunderbaren Meisterwerke durch den Kunsthandel entgleiten ließen.[187]

Diese zunächst doch äußerst entschieden geführte Diskussion französischer und englischer Klassizisten löste sich im Laufe der Jahrzehnte im 18. Jahrhundert, wurde lockerer und nahm schließlich eine Wendung zugunsten der niederländischen Malerei. Die alte Rangfolge, die das historische Gemälde an oberster Stelle hatte, dann nacheinander Landschaft, Porträt und Genre-Malerei in absteigender Bedeutung einstufte, galt nicht mehr. Es wurde auf die Vorlieben für Rembrandt in Frankreich hingewiesen, in Großbritannien geriet um 1785 das Interesse für die Arbeiten des Landschafts- und Tiermalers Albert Cuyp in den Mittelpunkt. Eine neue Ästhetik rückte allmählich in den Vordergrund – eine Ästhetik, die die Enge des Klassizismus ebenso ablehnte wie eine neue Sinnlichkeit oder Emotionalität betonte. Wenn man so will, lag die Betonung nicht mehr auf Kunstschaffen nach vorgegebenen Regeln, sondern im spontanen Erleben der Kunst und ihres Gegenstandes. Vor allem die Briten haben etwa der niederländischen Landschaftsmalerei hohe Bewunderung gezollt, weil eben hier nicht die gepflegte und stilisierte Szenerie der Natur, sondern deren Unmittelbarkeit der Darstellung als Kunst empfunden wurde. Hobbema, Ruisdael und – wie oben schon angemerkt – Cuyp waren gefragt. Hier gilt pars pro toto. Es war die unmittelbare Nähe zum Gegenstand, die die Gemüter gefangen hielt, nicht die auf Distanz gehende Gelehrsamkeit, wie sie der Klassizismus praktisch

---

185 Dazu GRIJZENHOUT, *Tussen rede en gevoeligheid*, S. 44f., dort auch die hier paraphrasierte Wiedergabe des Glückwunschschreibens.
186 S. dazu im einzelnen D.J. MEIJERS, *Twee vostelijke verzamelingen in Duitsland en het beeld van de Nederlandse zeventiende eeuwse schilderkunst*, in: GRIJZENHOUT/VAN VEEN, *De Gouden Eeuw in perspectief*, S. 193ff.
187 S.GRIJZENHOUt, *Tussen rede en gevoeligheid*, S. 46.

enthielt. Das entsprach auf jeden Fall großen Teilen der niederländischen Bilderwelt, das schuf ihr Anerkennung, die ins 19. Jahrhundert nicht nur hineinreichte, sondern letztlich auch jene Grundlagen einbrachte, die eine wichtige Argumentationshilfe bei der Nationswerdung darstellten, wie die eingangs zu diesem Kapitel eingebrachten Bemerkungen zur Kunst des 17. Jahrhunderts als Renommierstück einer jungen Nation zeigen.[188]

---

188 S. dazu mit Hinweisen auf Lord Shaftesbury, den Literaturkritiker Joseph Warton und den Schriftsteller Edward Young oder den Politik-Theoretiker Edmund Burke ebd. S. 46ff. Allgemein zum Umbruch in Großbritannien, Frankreich und Amerika s. GOMBRICH, *Die Geschichte der Kunst*, Kapitel 23 und 24.

XI. Der Weg zu neuen Erkenntnissen – Theorie und Praxis der Naturwissenschaften

Bemerkungen zur Position der Naturwissenschaften im europäischen Vergleich

Es ist zu Recht Enttäuschung über Simon Schamas Unwissenheit in Sachen Mathematik geäußert worden, der Johan de Witts *Elementa Curvarum Linearum*, eine Abhandlung über Kurvendefinitionen, mit der Bemerkung abgetan hat: „whatever that is."[1] Der Lapsus des Historikers Schama wird nicht als ein tadelnswerter Fehler angeprangert, sondern letztlich als zusätzlicher Nachweis für das seltsame Verhalten von Historikern niederländischer Kulturgeschichte gewertet, die Geschichte der Naturwissenschaften als ein für den engeren Bereich der Kulturgeschichte nicht geeignetes Thema weitgehend außen vor zu lassen, was wiederum eine Bestätigung der Klage des E.J. Dijksterhuis enthält, die Naturwissenschaften und ihre Geschichte seien „Clio's Stiefkind."[2] Und in der Tat! Schama steht ungefähr am Ende einer Reihe von bemerkenswerten kulturhistorischen Arbeiten zum niederländischen 17. Jahrhundert, die die Entwicklung der Naturwissenschaften „links liegen lassen", um es etwas populär auszudrücken. Weder der Leidener Historiker P.L. Muller noch nach ihm Johan Huizinga, dem die Kultur seines Landes das eigentliche Thema seiner Betrachtungen war, oder auch die großen, eher enzyklopädischen Reihen (*Algemene Geschiedenis der Nederlanden*) haben sich ausführlicher des Themas angenommen.[3] Ansätze zu einer Einbindung in das geistesgeschichtliche Geschehen unter der Überschrift *Von der Naturphilosophie zur Naturwissenschaft* finden sich freilich in *Bevochten Eendracht* – relativ wenige Seiten freilich, gemessen am Gesamtumfang des Werkes. Mit Blick auf die niederländische Geschichtsschreibung ist das einigermaßen seltsam, da der schon häufiger erwähnte Busken Huet gerade diesem Thema einige Aufmerksamkeit gewidmet und es in einen größeren, die niederländische Gesellschaft des 17. Jahrhunderts durchaus kennzeichnenden Zusammenhang eingebettet hat. Es ist zugleich recht vielsagend, wenn er Wissenschaft und Belletristik in ein und demselben Kapitel behandelt und dabei die Wissenschaft an erster Stelle behandelt. Es heißt bei ihm gleich eingangs: „Die Geschichte der Naturwissenschaften in den Niederlanden im 17. Jahrhundert und insonderheit der Naturerkenntnisse ist zugleich die Geschichte eines zwar friedlichen, jedoch unfreiwilligen Nebeneinanders von zwei gegensätzlichen Weltanschauungen unter einem Dach: die anfänglich siegreiche, die sich auf die göttliche Offenbarung berief, und die anfänglich unterliegende der Wahrnehmung und des Nachdenkens nur über den Menschen."[4] Dies ist der Ausgangspunkt seines Berichts, in dem der Protestantismus – Luther und Calvin gleichermaßen – in Nachfolge praktisch auch des Katholizismus in die Reihe der Gegner der Naturwissen-

---

1   S. K. VAN BERKEL, *From Simon Stevin to Robert Boyle: Reflections on the Place of Science in Dutch Culture in the Seventeenth Century*, in: S. GROENVELD/M. WINTLE, *Religion, Scholarship and Art in Anglo-Dutch Relations in the 17th Century*, Britain and the Netherlands XI, Zutphen 1994, S. 100. Bezugnahme auf SCHAMA, *Embarrassment of Riches*, S. 229 (B. weist darauf hin, daß die Passage in der niederländischen Übersetzung entfallen ist.)
2   E.J. DIJKSTERHUIS, *Clio's stiefkind*, Groningen 1952.
3   Übersicht bei VAN BERKEL, *From Simon Stevin*, S. 100ff; W. FRIJHOFF/M. SPIES, *1650. Bevochten eendracht*, Den Haag 1999, S. 314-322.
4   BUSKEN HUET, *Het land van Rembrand*, S. 557.

schaften eingeordnet werden.⁵ Im weiteren Verlauf seiner Darstellung zitiert der Autor aus einem Schreiben des Ubbo Emmius, Mitglied der Kommission zur Neuformulierung der *Statenbijbel* und später, 1614, erster Rektor der Universität Groningen, an Freund Sibrandus Lubbertus vom 19. September 1608, in dem es über Simon Stevin heißt: „Ich habe vernommen, daß ein großes Werk veröffentlicht worden ist, auf dessen Titelblatt der Name unseres Prinzen Moritz genannt wird: des Prinzen *Hypomnemata Mathematica*. Simon Stevin hat es herausgebracht. Stevin ist Mathematiker und ein Freund des Prinzen, der es verbessert und ergänzt hat. Es soll in drei Sprachen erschienen sein: Lateinisch, Französisch und Niederländisch. Stevin hat dort auch seine mehr als unsinnigen und absurden Bemerkungen eingefügt, etwa: daß sich die Erde dreht, aus sich selbst heraus Licht gibt, sie ein achter Planet ist, untrennbar mit dem Mond verbunden, auf dem Mond neue Erden wahrgenommen werden, wie es auch auf der Erde Vollmond und Neumond gebe – und mehr von diesem Geschwätz. Auch sei der Mond bewohnt, und ähnlicher Kram. Mein Gott, was der Unglaube nicht alles zu sagen wagt. Kann es schlimmeres geben, das zum Umsturz all unserer Kenntnisse und unseres Glaubens führt? Denn es geht um die Zerstörung unserer Grundlagen. Denn wenn all diese Dinge wahr sind, und wie ich höre, verteidigt sie der Autor mit Klauen und Zähnen, dann ist Moses ein Lügner, dann lügt die gesamte Bibel. Es tut mit sehr weh, daß der Name und die Studien des Prinzen von diesem Fleck beschmutzt werden, Tür und Tor für Lästerungen offen stehen und daß schließlich Gelegenheit gegeben wird, unser öffentliches Image in ein übles Licht zu bringen. Wenn Stevin nun einmal seine Träume eines Irren unbedingt verkaufen mußte, hätte er sie in einem eigenen Werk zusammenfügen und anbieten müssen. Das wäre ein Mittel gewesen, Fachkundigen einen Augenblick des fröhlichen Lachens zu verschaffen."⁶

Es ist möglicherweise so erstaunlich nicht, daß Busken Huet, ein europaweit orientierter Mann des niederländischen 19. Jahrhunderts, den Naturwissenschaften des 17. Jahrhunderts im Rahmen eines Gesamtwerkes mehr Aufmerksamkeit widmet als die Fachhistoriker nach ihm. Busken Huet hatte sich doch die Aufgabe gestellt, seine niederländischen Landsleute über die Vermittlung von Kenntnissen zu dem so glorreichen 17. Jahrhundert aufzuwecken, was angesichts der so raschen Entwicklung auf technisch-naturwissenschaftlichem Gebiet besonders dringlich war, da die Niederländer bis zu diesem Zeitpunkt zunächst einmal im Hintertreffen lagen. Schließlich gab es im 16. und erst recht im 17. Jahrhundert Beispiele genug für fruchtbares naturwissenschaftliches Denken und Handeln.⁷

Wie immer auch die Diskussion um die Position der Naturwissenschaften gelautet hat, sie werden hier als integraler Bestandteil einer Kulturgeschichte begriffen, weil sie unter den großen Bereich der geistigen Kompetenz des Menschen fallen und somit letztlich ein Ergebnis des Humanismus sind. Denn: daß das 16. und 17. Jahrhundert ein Zeitraum des verschärften, bis zu Aufstand und Krieg reichenden konfessionellen Konflikts zumindest bis 1650 war, ist schon hinreichend thematisiert worden, aber schließlich war

---

5   Ebd. S. 558ff. In den dann folgenden Seiten geht er nachdrücklich auf einige Naturwissenschaftler der Zeit ein.
6   Das Schreiben kennzeichnet zwar ausgezeichnet die Zwietracht Theologie-Naturwissenschaften, ist aber inhaltlich etwas irreführend. Die *Hypomnemata* sind die lateinische Fassung der *Wisconstighe gedachtenissen* des Simon Stevin. Zitiert ebd. S. 561.
7   VAN BERKEL, *From Simon Stevin*, s. S. 104ff. führt den Mangel an Rezeption der Wissenschaftsgeschichte als Teil der Kulturgeschichte auf die Trennung des naturwissenschaftlichen vom geistesgeschichtlichen Bereich durch eine starke Mathematisierung der Naturwissenschaften zurück. Er bezieht sich dabei auf den hier schon zitierten Dijksterhuis (s. Anm. 2). Der mathematisch und physikalisch nicht hinreichend Ausgebildete habe der Diskussion im 17. Jahrhundert nicht mehr folgen können.

dieser Zeitraum auch über 1650 hinaus sehr viel mehr. Diese Periode läßt sich unter dem Signum Mensch und Natur einordnen – und dies nicht niederlandespezifisch, sondern europaweit. Die Hinwendung zu den Fähigkeiten des Menschen und zur Kenntnis der Natur ohne Beeinträchtigung des Glaubens sorgte für eine fruchtbare intellektuelle Unruhe, die letztlich ihren Höhepunkt in der Aufklärung des 18. Jahrhunderts gefunden hat. Wissen zu vermitteln, sich dieser Aufgabe zu stellen, das gehörte zu den Wesensmerkmalen europäischer Humanisten. Die Beibehaltung der Religion hinderte nicht an der Betrachtung der Natur und ihrer Gesetzmäßigkeiten. Die an der Antike orientierte Weltschau der Humanisten und die damit verbundene Lektüre antiker Schriftsteller förderten nachgerade die Naturwissenschaften und die damit eng verbundene Technik. Freilich, es wäre falsch, wollte man die Entwicklung der Naturwissenschaften in ihrer Gänze auf die Arbeit der Humanisten zurückführen, aber Mathematik und Astronomie fanden hier doch nützliche Grundlagen, die man bei Euklid und Archimedes ebenso erarbeiten konnte wie etwa bei Ptolemäus.[8] Naturwissenschaften – das hieß nicht nur Mathematik oder Beobachtung der Sternenwelt. Es ging auch um die Entdeckung neuer Welten, ihre geographische Erfassung und ihre Erreichbarkeit. Das Bedürfnis nach einer Fortentwicklung von Land- und Seekarten ergab sich aus der Entdeckung neuer Kontinente und Seewege, wie es Spanier, Portugiesen, Italiener und schließlich auch Niederländer vormachten. Die Entdecker und Seefahrer verlangten nach einer verlässlichen Erdkunde. Aber mehr noch. Zur Aufklärung über die Natur und ihre Funktionsweise zählte auch die Aufklärung über den Menschen, nicht nur über den geistigen, sondern auch den ganz konkreten körperlichen Menschen, jenem, der aus Knochen, Muskeln und Eingeweiden bestand – Muskeln, wie sie in der Renaissance-Malerei so nachhaltig betont worden sind. Der Wunsch, den Körper zu erkunden, stand ganz oben auf der Liste medizinischer Wünsche. Die Ärzte waren aufgefordert, zum Fortschritt der Kenntnisse beizutragen – eine Aufforderung, der man im 16. Jahrhundert nicht unbehelligt nachkommen konnte. Und schließlich war da die Technik, zunächst noch ein Experimentierfeld, dann aber für den Alltag sehr brauchbare Ergebnisse der Arbeit aufweisend. Zur Kategorie der Techniker zählten jene, die nicht nach naturwissenschaftlichen Lehrsätzen suchten, sondern sich als Künstler-Ingenieure wie Leonardo oder als Bildhauer und Architekten, wie etwa Brunelleschi, an die Arbeit begaben und Kanäle anlegten, Schleusen oder Festungswerke bauten. Zu ihnen gehörten auch die Instrumenten- und Uhrmacher sowie die Militäringenieure.[9] In europäischen Ländern bildete sich ein ganzer Fundus an Wissen heran, das sicherlich, wie Jakob Burckhardt es ausgedrückt hat, der „Wiederentdeckung der Welt und des Menschen" diente, letztlich aber ganz auf die Erfordernisse des Tages zugeschnitten war. Daß hieraus allmählich auch die Besinnung auf Theorie hervorgehen mußte, was für den physikalischen Bereich allein schon über die mathematischen Kenntnisse angeregt wurde, ist selbstverständlich. In einem auf Empirie gerichteten Land wie Italien wuchs dann auch bald die Bedeutung der Mathematik, die rasch einen hohen Stellenwert in der technischen und auch künstlerischen Arbeit einnahm. Die Bedeutung dieses Wissenszweiges äußerte sich in Italien im 15. und 16. Jahrhundert in einer Reihe von wichtigen Schriften wie die von Leon Battista Alberti (*De Pictura* und *De arte aedificatoria*) oder von Piero de' Franceschi (*De Prospectiva pingendi*). Andere Arbeiten etwa zur praktischen Geometrie ließen sich hier noch hinzufügen. Die Künstler-Architekten-Ingenieure des italienischen Quattrocento, die in der übergroßen Zahl der Fälle nicht aus den Bildungsschichten kamen, fanden sich in ihrem Wunsch nach der in der

---

8 S. dazu sehr intensiv und einleuchtend E.J. DIJKSTERHUIS, *De mechanisering van het wereldbeeld*, Amsterdam [5]1985, S. 245ff.
9 Ebd. S. 266f.

Antike vorgegebenen Proportion und Harmonie – Vorgaben, denen sie sich über die Arithmetik und die Musiklehre näherten.[10]

Es kommt ein anderes hinzu. Zunächst einmal entsprach dem Rück- und Zugriff auf die Antike auch der Sprachgebrauch. Die antiken Sprachen waren die Kommunikationsmittel – wenn man so will, ein Instrument der Eliten. Aber neue Erkenntnisse, die letztlich nicht mehr von den alten Sprachen abgedeckt wurden, bedurften einer anderen Vermittlung. Was lag näher, als sie in der sprachlichen Aktualität, in der Sprache des Volkes zu suchen, zumal dies offensichtlich gewünscht war. In Kreisen des Bürgertums, die sich wachsenden Wohlstands erfreuten und deren Wissensdurst gestillt werden wollte, herrschte Unmut über den elitären Anspruch der Humanisten, sich nur im Lateinischen auszudrücken. Es gab zudem den Zweifel an der praktischen Umsetzung wissenschaftlicher Erkenntnisse, an ihrer Praktikabilität, ein Zweifel, der eher ausgeräumt werden konnte, wenn die allgemein zugängliche Sprache gepflegt wurde. Es ist wohl bezeichnend, wenn italienische Satiriker der Zeit gelehrte Figuren auf die Bühne brachten, die meinten, sich nur im Lateinischen ausdrücken zu können – und dies auch taten, freilich völlig verdreht und falsch. Sperone Speroni hat in seinem *Dialogo della Lingua* 1547 sehr ernsthaft den Übergang zur Landessprache als Wissenschaftssprache gefordert, um eben jene nicht von den neuen Erkenntnissen auszuschließen, die des Lateinischen nicht mächtig waren. Freilich, es hat sich rasch gezeigt, daß auch die Landessprache nicht in jedem Fall geeignet war, das notwendige Vokabular für die neuen Wissensbereiche bereitzuhalten.[11] Der Trend war allerdings nicht aufzuhalten. Im Zusammenhang mit Simon Stevin wird dieses Feld von Sprache und Naturwissenschaften noch einmal aufgegriffen.

Die Betonung der Erfahrungswelt und des Experimentes führte für einige zum Auszug aus dem Studierzimmer. Diese Forderung jedenfalls stellten der Schweizer Arzt Gesner, der französische Philosoph Petrus Ramus und vor allem der englische Philosoph und spätere Lordkanzler Francis Bacon auf. Gerade Letztgenanntem ging es um einen radikalen Umbau der Wissenschaften auf der Grundlage der unverfälschten Erfahrung. Es ging letztlich um die Ausschaltung von Aristoteles und Plato aus der philosophischen Spekulation und um die Förderung der empirischen Forschung. Im Vordergrund stand bei ihm das enge Bündnis von Erfahrung und Verstand. Wichtige Titel, in denen er seine Gedanken vorstellte, sind *The advancement of learning*, *The great instauration* und *New Atlantis*. Was er vorschlug, war der Aufbau eines Informationsnetzes, zu dem alle jene einen Baustein beitragen konnten, die an der Vielgestaltigkeit und zugleich an der Spezifizierung arbeiteten. Das waren Seeleute ebenso wie Handwerker, Reisende und Gelehrte. Erst nach einem solchen Akt ließen sich Theorien entwickeln, die zur Ergründung der Natur beizutragen vermochten.[12]

Vermittlung von Wissen über die Natur außerhalb des Menschen. Die burgundisch-habsburgischen Niederlande haben sich in diese Entwicklung eingefügt. Da liegt die an anderer Stelle schon erwähnte kleine Erzählung des Joachim Fortius Ringelbergius, Rektor des Collegium Trilingue im brabantischen Löwen, vor, die diese Wissensvermittlung, den Drang dazu und die Rezeption, recht einfach wiederzugeben vermag. Er sei, so heißt es bei ihm, auf einer Schiffsreise zufällig in die Gesellschaft einiger Soldaten geraten. Bald sei er, der hochgebildete Humanist, Mittelpunkt dieser Gruppe grober Kerls geworden, als er ihnen „germanico sermone" die Geheimnisse der Sternwelt erläutert habe. Nichts Besonderes sei das gewesen, fügt er hinzu, denn in jedem Augenblick müsse man die Gelegenheit nutzen zu unterrichten. In jener Zeit bedeutete Wissensvermittlung

---

10 Ebd. S. 268.
11 Ebd. S. 269f.
12 S. dazu E. JORINK, *Wetenschap en wereldbeeld in de Gouden Eeuw*, Hilversum 1999, S. 21.

vornehmlich Anschauungsunterricht über die Welt und die Erscheinungen in ihr. Die natürliche Wahrnehmung war gefordert. Der Brüsseler Arzt Vesalius schrieb 1543 seine anatomischen Studien *De humanis corporis fabrica* aufgrund der Leichenöffnungen von Gehenkten. Sezierungen – das war nicht freibleibend. So erhielt die Amsterdamer Arztgilde 1556 noch von Philipp II. die Erlaubnis, jährlich eine Leiche eines Gehenkten zu sezieren. Der Groninger Arzt Volcher Cuiter sezierte Tierkörper. Die Empirie, die vorherrschende Richtung, führte zur Anlage von Kräutergärten und Herbarien. Der Botaniker Rembertus Dodonius, in seiner Disziplin schon in jenen frühen Jahren des 16. Jahrhunderts ein hochrangiger Gelehrter, ließ 1554 sein *Cruydeboeck* vom Antwerpener Verleger Christoffel Plantijn verlegen, der seinerseits für die Verbreitung von Druckschriften eine ganz zentrale Rolle in den Niederlanden spielte und nach dem Aufstand für einige Jahre in den Niederlanden tätig war. Moderne Kartographie und Geographie nahmen zu dieser Zeit ihren wissenschaftlichen Anfang, nicht zuletzt angeregt durch die spanischen und portugiesischen Entdeckungsreisen. Der aus dem friesischen Dokkum stammende, aber in Löwen Medizin dozierende Gemma Frisius entwarf 1531 einen Erd- und 1537 einen Himmelsglobus. Sein Schüler war Gerhard Mercator, der 1569 die Erdkugel durch zylindrische Projektion auf Karte brachte. Schon 1570 kam in Antwerpen der erste Weltatlas heraus, das *Theatrum orbis terrarum*. In Mechelen erschienen die von Jacob van Deventer gezeichneten Karten der niederländischen Provinzen sowie eine Art Städteatlas der Niederlande. Daß sich andernorts auch der Schiffbau veränderte, der praktisch das Raumangebot dieser Wasserfahrzeuge erheblich erweiterte, braucht angesichts der über die Weltmeere reichenden Expansion und damit angesichts des wachsenden Überseehandels nicht weiter unterstrichen zu werden.

Es ist mit diesen Prolegomena angedeutet worden, daß man es in der beschriebenen Phase auf dem Gebiet von Technik und Wissenschaften mit einer europaweiten Entwicklung zu tun hat. Sie zeigte sich auch in den Niederlanden. Hier wurde durchaus rezipiert, was vom europäischen Süden her als Anregung kam. Solche Entwicklung erfaßte den ganzen europäischen Westen, und sie trug dazu bei, die niederländische Republik auf den Standard des Geistes- und Wissenschaftslebens der Zeit zu heben. Der Aufstand gegen die Spanier hat indirekt dazu beigetragen, daß sich auf dem Territorium der Republik wie für die Malerei auch die für wissenschaftliche Arbeit so notwendige Infrastruktur entwickeln konnte – beigetragen insofern, als im Zuge des Aufstandes ein ganzer Immigrantenstrom aus den Südprovinzen des ehemaligen burgundisch-habsburgischen Gebietes in den Norden gelangte, unter ihnen nicht nur Künstler, sondern auch Lehrer, Handwerker, Techniker, Verleger, jene also, die für die Schaffung der Infrastruktur wissenschaftlichen Lebens wichtig waren. So ist auch nachgewiesen worden, daß die naturwissenschaftliche Entwicklung im Norden ganz wesentlich eine Fortsetzung eben dieser Wissenschaften des Südens war. Hingewiesen wird dabei auf die enge Verwandtschaft der Landvermessung des Gemma Frisius aus Löwen und der Arbeit des Willebrord Snellius aus Leiden im 17. Jahrhundert. Die Arbeit des Gerhard Mercator fand ihre Fortsetzung in der Tätigkeit der Kartographen Blaeu und Hondius.[13]

---

13   So bei K. VAN BERKEL, *In het voetspoor van Stevin. Geschiedenis van de natuurwetenschap in Nederland 1580-1940*, Meppel u.a.1985, S. 15f.

Calvinimus und Naturwissenschaften: Eine Konfrontation?

Willem Janszoon Blaeus Tätigkeit sei hier zum Anlaß genommen, kurz auf die Haltung der Calvinisten und ihrer Kirche gegenüber der naturwissenschaftlichen Entwicklung, hier insbesondere mit Blick auf das kopernikanische Weltbild einzugehen. Der amerikanische Historiker Andrew Dickson White hat am Ausgang des 19. Jahrhunderts dazu formuliert, in den Niederlanden habe sich die calvinistische Kirche zunächst eifrig gegen das ganze neue System [Kopernikus, H.L.] gewandt, aber es gebe doch einen komischen Hinweis, daß der Calvinismus sogar in seinen Hochburgen ihm machtlos gegenüber stehe. Denn 1642 habe Blaer [gemeint ist Blaeu, H.L.] ein Buch in Amsterdam über die Benutzung von Globen herausgebracht, und, um ganz sicher zu gehen, habe er den einen Teil seiner Studie dem ptolemäischen den anderen dem kopernikanischen System gewidmet, und so ist dem geneigten Leser die Wahl überlassen. Der Autor bezog sich hier auf die französische Übersetzung des 1633 in niederländischer Sprache erschienenen *Tweevoudigh onderwijs van de Hemelsche en Aerdsche Globen*.[14] Eine Auseinandersetzung mit der Erde und mit der Sonne im Mittelpunkt des Systems! Blaeu, der kurz vor der Jahrhundertwende mit dem dänischen Astronomen Tycho Brahe in dessen Observatorium auf der Insel Hven zusammengearbeitet hatte (1596-1598), bezog tatsächlich keine Stellung, obwohl er selbst eher dem kopernikanischen System und seinen Verteidigern Simon Stevin und Philips van Lansbergen in den Niederlanden anhing. Es sei hinzugefügt, daß Van Lansbergen sowohl *calvinistischer* Prädikant als auch Astronom in Middelburg war und daß er als erster Verteidiger des heliozentrischen Systems in der Republik einzustufen ist. Wie Stevin schon 1608 in seinem *Van den Hemelloop* die Beobachtungen des Kopernikus als physikalisch richtig betitelt hatte, sprach Van Lansbergen 1619 in seinem *Progymnasmatum astronomiae restitutae de motu solis* von der Wahrscheinlichkeit der Erdbewegung, stellte er sich in den niederländisch verfaßten *Bedenckingen Op den Dagelijckschen, ende Jaerlickschen loop van den Aerdt-kloot* (1629) voll hinter Kopernikus. Wichtiger freilich noch als diese Haltung wollen die Begleitumstände oder auch der Beifall erscheinen, die dem Autor Van Lansbergen gezollt wurden. Im doch streng calvinistischen Seeland erfuhr die Veröffentlichung Unterstützung seitens der seeländischen Stände. Jacob Cats, der fast schon Unvermeidliche, der Dichter Johan de Brune sowie der Sprachwissenschaftler und Dichter Daniel Heinsius, 1618-19 noch Sekretär der Dordrechter Synode, steuerten Lobeshymnen bei. Bezeichnend ist, daß Van Lansbergen in seiner Untersuchung auf die Bibel Bezug nahm und feststellte, daß die Formulierungen in den kosmologischen Textstellen der Heiligen Schrift nichts anderes seien als Anpassungen an die Umgangssprache. Es ist zu vermuten, daß Van Lansbergen hier ausging von der Äußerung des Calvin, in der der Genfer im Zusammenhang mit der *Genesis* festgestellt hatte, daß die Schöpfungsgeschichte keineswegs mit der „großen Kunst der Astronomie" konkurriere, sondern lediglich eine dem Vermögen des gemeinen Mannes angepaßte Sprache pflege. Moses habe so geschrieben. Astronomen seien darauf aus zu erforschen, was der menschliche Scharfsinn erfassen könne. Diese Forschungen seien nicht zu tadeln und die Wissenschaft nicht zu verdammen, weil einige wahnwitzige Personen alles zurückweisen, was ihnen unbekannt sei. Es könne nicht geleugnet werden, daß diese Wissenschaft die wunderbare

---

14 Der Untertitel lautet: *Het een Na de mening van Ptolemeus; Het ander Na de Natuerlijcke stelling van Kopernikus met een loopenden Aerdkloot.* Dies nach H.A.M. SNELDERS, *Science and Religion in the Seventeenth Century. The Case of the Northern Netherlands*, in: C.S. MAFFIOLI/L.C. PALM (Hrsg.), *Italian Scientists in the Low Countries in the XVIIth and XVIIIth Centuries*, Amsterdam 1989 (Nieuwe Nederlandse Bijdragen tot de Geschiedenis der Geneeskunde en der Natuurwetenschappen, Nr. 34).

Weisheit Gottes offenbare.[15] Sicherlich bot solcher Kommentar dem Forschungsgebiet Astronomie theoretisch die volle Freiheit, gleichwohl kam es in den Niederlanden zu Meinungsverschiedenheiten, die weder für die eine noch die andere Seite Konsequenzen hatte. Dies im Unterschied zu den italienischen Verhältnissen, wenn man einmal das Schicksal des Galileo Galilei in Augenschein nimmt, der sich an das Dekret des Trentiner Konzils vom 8. April 1546 zu halten hatte, nach dem niemand das Recht hatte, die Heilige Schrift nach eigenem Gutdünken zu deuten. Wenn soeben von Meinungsverschiedenheiten in der Republik die Rede war, dann meint das Laien und Kirchenvertreter gleichermaßen. Es ist darauf hingewiesen worden, daß in den Zentren der Überseefahrt die meisten Anhänger des kopernikanischen Systems zu finden waren und daß darüber hinaus Menschen, die keine Universitäts-Ausbildung hatten, unter ihnen vor allem die Mennoniten im nördlichen Teil Hollands, zu den Verfechtern der neuen Erkenntnisse zählten – unter Berufung im übrigen auf biblische Texte.[16] In den Provinzen Friesland und Groningen scheint die Stimmung jedoch anders gewesen zu sein. Das Beispiel des Theologen Ubbo Emmius wurde schon genannt. Aber das Thema war allzu kontrovers, als daß in den beiden Nordprovinzen eine einhellige Meinung sich hätte bilden können. Johannes Pholcylides Holwarda lehrte das heliozentrische System an der Universität Franeker, während sein Kollege Adriaan Metius der Theorie des Ptolemäus anhing, und Nicolaus Mulerius, zunächst der Leiter der Latein-Schule in Leeuwarden, später erster Professor für Medizin und Mathematik an der Groninger Universität, sich höchstens auf die tägliche Rotation der Erde verständigen wollte. Unter den Theologen im Lande stießen sicherlich lange nicht alle in das Horn des Emmius. Einer der wichtigsten Theologen jener Jahrzehnte, André Rivet, erklärte ausdrücklich, daß das System des Kopernikus der Heiligen Schrift keineswegs entgegenstünde. Während die einen sich der Bibel-Exegese des Johannes Calvin anschlossen, meinten andere bei der scholastischen Philosophie bleiben zu müssen; das heißt, sie verbanden sich mit der traditionellen Exegese. Prominentester Verfechter der letztgenannten Richtung war Gisbert Voetius, zunächst am Athenaeum Illustre in Amsterdam, sodann an der Universität Utrecht als Theologe tätig. Er stützte sich auf die Schriften spanischer Jesuiten und übersah schlicht die Anpassungskommentare des Calvin. Das heißt auch, daß Voetius nicht nur die Heilige Schrift als Grundlage für die Erlösung des Menschen einbrachte, sondern hier auch die Prinzipien für alle gute Wissenschaft festgeschrieben sehen wollte. Es ist kaum überraschend festzustellen, daß Voetius auch, wie an anderer Stelle gezeigt, zu den erklärten Gegnern des René Descartes zählte, und man wird sich angesichts der politisch-sozialen Kultur des Landes, die doch bis weit über die Jahrhunderthälfte hinaus durchaus noch von Konfrontation geprägt war, nicht wundern, daß die orthodoxen Calvinisten die Anhänger des Kopernikus in eine Ecke mit den Arminianern und Libertinisten stellte, was immerhin bedeutete, daß sie potentielle Freunde der Katholiken und Spanier waren. Der Einfluß des Voetius war wohl groß genug, um den Utrechter Bekenner des Cartesianismus, Medizin-Theoretiker und Botaniker Regius, Verkünder der zweifachen Erdbewegung von der Stadtregierung maßregeln zu lassen.[17] Die Gemeinsamkeit mit Ereignissen um Galileo Galilei in Italien, dessen Schriften übrigens über diplomatische Kreise in die Hände sachkundiger Naturwissenschaftler gekommen waren[18] und studiert wurden, lag in der Weigerung, die Schöpfungsgeschichte unter Verwendung neuer Erkenntnisse

---

15 Zu Stevin und vor allem Van Lansbergen sowie das Zitat aus dem Kommentar des Calvin bei SNELDERS, *Science and Religion*, S. 66ff.
16 S. ebd. S. 69f. mit Beispielen für die Mennoniten.
17 SNELDER, *Science and Religion*, S. 72ff. Über die vergiftete Atmosphäre an der Universität Utrecht und den tiefergehenden Streit zwischen Voetius, Regius und Descartes s.u. S. 657f.
18 Ebd. S. 67. Zur Rezeption von Galileis Arbeiten in den Niederlanden s. a. K. VAN BERKEL, *Galileo in Holland before the Discorsi: Isaac Beeckman's Reaction to Galileo's Work*, in: Ebd. S. 101ff.

neu zu deuten. Der Unterschied war, daß sich die Macht der Calvinisten nicht zuletzt auch wegen der Unterschiedlichkeit der Meinungen in eigenen Kreisen nicht als stark genug erwies, um öffentliche Missbilligung in härtere Formen umzusetzen. Letztlich war die ganze Diskussion, die eben eng mit der Position des Cartesianismus zusammenhing, noch nicht ausgestanden, als sich gegen die Jahrhundertwende Balthasar Bekker gegen Hexen- und Teufelsglauben wandte.[19] Zusätzlich ist in diesem Zusammenhang zu vermuten, daß das verstärkte Aufkommen der Naturwissenschaften, die sich schließlich nicht nur mit dem kopernikanischen Weltbild befaßten, und vor allem ihr grenzüberschreitender und damit verbindender Charakter letztlich die Position der Kirche insgesamt geschwächt haben, soweit sie sich gegen solche Entwicklung kehrte.

Naturerscheinungen. Theorie und Praxis

Zu jenen, die es als Techniker und Mathematiker aus dem spanischen Süden der Niederlande zu hohem Ansehen im Norden brachten, zählt Simon Stevin, in Brügge 1548 geboren und erst seit 1581 in Leiden seßhaft. Er war in den Niederlanden ein feuriger Verfechter der Ansicht, daß Kenntnisse verständlich dargeboten und leicht zugänglich zu machen waren. Das vollzog sich für ihn über die Sprache.[20] In diesen 80er Jahren veröffentlichte er seine wichtigsten Arbeiten. Noch in Antwerpen kamen 1582 seine *Tafelen van Interest* (Zinstabellen) heraus, denen freilich wenige Jahre später wichtigere Arbeiten wie *De thiende* (1585) und *Beghinselen der Weeghconst* (1586) folgten. Das kleine Werk von 1585 führte das Dezimalsystem ein (Zahlen hinter dem Komma traten an die Stelle der Brüche). Das Buch sollte als Hilfsmittel für die Vermessungen der unterschiedlichsten Art dienen und allen Kaufleuten zugute kommen. In der Schrift von 1586 legte er die Grundlagen der Mechanik vor – eine Schrift, die er wenig später mit der Schrift *Beghinselen des Waterwichts* für den hydrodynamischen Bereich ergänzte. In dieser letztgenannten Schrift konnte sich der Niederländer auf die frühen Arbeiten und Untersuchungen des Venezianers Giovanni Battista Benedetti stützen, der in Auseinandersetzung mit den Ansichten des Aristoteles zu anderen Ergebnissen auf der Suche nach den Gesetzen des freien Falls gekommen war.[21] Dazu sei am Rande vermerkt: schon in den frühen Jahren der naturwissenschaftlichen Forschung scheint sich so etwas wie eine Konkurrenzgesellschaft herausgebildet zu haben, nicht unbedingt in der wenig skrupulösen Form des Plagiats, wie sich das im angedeuteten Fall Benedetti/Taisnier zeigte, sondern eher im Verschweigen der Verdienste anderer. So muß Galilei durch seine frühen Verbindungen in die Niederlande Stevins Arbeiten gekannt haben. Er erwähnt sie aber nicht, obwohl er in seine eigenen Werke Beispiele einbringt, die sich schon bei Stevin (*Beghinselen des Waterwichts*) finden und die auch in der italienischen Naturwissenschaft allgemein bekannt waren.[22]

Wie auch in anderen Arbeiten von Stevin deutlich wurde – etwa über Städteplanung, Navigation und Festungsbau – ging es ihm vornehmlich um den Praxisbezug. Eine Zusammenfassung seiner Arbeiten und Experimente würde man immer unter der Überschrift *Mathematik und ihre konkrete Anwendung* einordnen können. Stevin kam in der Republik schon recht bald mit Moritz von Oranien, dem Statthalter, in Verbindung, der

---

19 Dazu mehr im Abschnitt *Jahrzehnte des Wandels*.
20 S. dazu den Abschnitt über *Sprache und Literatur*.
21 Dazu C. MACCAGNI, *Mechanics and Hydrostatics in the Late Renaissance Relations between Italy and the Low Countries*, in: MAFFIOLI/PALM, *Italian Scientists*, S. 79ff. Die Schriften des Benedetti hatte der Südniederländer (Hennegau) Jean Taisnier unter eigenem Namen herausgebracht. Daß es sich hier um ein Plagiat handelte, war Stevin nicht bekannt.
22 Dazu ebd. S. 94ff. – mit den Beispielen für Stevins Bekanntheit in Italien.

mathematisch interessiert war und sich zusammen mit Wilhelm Ludwig von Nassau um die Heeresreform bemühte, die bald als die *oranische Heeresreform* in die Geschichte des europäischen Heerwesens eingehen sollte. Das war für den Techniker Stevin nicht ohne Interesse, so daß er als (Militär-)Ingenieur in den Dienst des Oraniers trat.

Moritz hielt sich häufig in Gesellschaft des Simon Stevin auf, der in jenen Jahren als der führende Kopf der Ingenieurswissenschaften galt. Bezeichnend für die Beziehung zwischen Techniker und Militär ist, daß dem Statthalter schon Jahre vor der Veröffentlichung von 1608 Stevins *Wisconstige ghedachtenissen* in der Manuskriptfassung vorgelegen haben. Sie dürften eine Art Feldzugslektüre des Moritz von Oranien gewesen sein. Offensichtlich war er mit dem Arbeitsfeld des Stevin sehr vertraut und scheint selbst eine Verbesserung des Kompass eingebracht zu haben. Moritz, der in erster Linie in militärischen Kategorien dachte, was angesichts der Aktualität des Krieges begreiflich genug war, scheint Stevin dazu angeregt zu haben, in die *Wisconstige ghedachtenissen* ein Kapitel über Erdbewegungen einzufügen, was ohne Zweifel für die Belagerungstechnik des Heeres von einiger Bedeutung war.[23]

Der Statthalter war ein großer Bewunderer des Mathematikers und Technikers. So erklärt sich auch, daß er dem Südniederländer den Auftrag erteilte, über einen Studiengang für Ingenieure nachzudenken. Mathematik war bis dahin kein Studienfach an den Universitäten des Landes. Interessenten für ein Fach wie Ingenieurswissenschaften wären ohnehin an Universitäten schlecht bedient worden, da hier der ganze Unterricht in lateinischer Sprache gehalten wurde. Franeker machte für das Fach Mathematik eine Ausnahme. Hier wurde auf niederländisch unterrichtet. Jedenfalls veranlaßte der Statthalter 1600 den Aufbau einer Ingenieursschule in Leiden, die eng mit der Universität zusammenarbeitete. Die „Duytsche mathematique", das heißt angewandte Mathematik in niederländischer Sprache, wurde hier gelehrt – ein Unterricht, der zum Beispiel der Landvermessung diente. Stevin selbst, der nie als Universitätsdozent tätig war, hat auch an dieser neuen Schule kein Amt bekleidet.[24]

Stevin war sicherlich einer der eindrucksvollsten Mathematiker und Praktiker seiner Zeit, neben ihm freilich gab es noch eine Vielzahl von jenen Technikern, die sich um eine Mechanisierung zum Nutzen des Alltags bemühten, um die Verbesserung der bestehenden Geräte oder um Erfindung neuer. Das war nicht der Einfluß des „Marktführers" Stevin, sondern letztlich eine insgesamt europäische Erscheinung. Erfahrung als Quelle der Wissenschaft. In einer Vielzahl von Broschüren wurden um 1600 die Erfahrungswerte vorgestellt. Diese deutlich zunehmenden Erfahrungswerte, die veröffentlicht wurden oder auch einfach durch mündliche Kommunikation Verbreitung fanden, ließen auf Dauer auch die Welt der Universitätsprofessoren nicht ungerührt. Das Interesse wuchs hier, zumal die Professoren häufig bei der Beurteilung von Patentierungsanträgen der unterschiedlichsten Art herangezogen wurden (horizontal arbeitende Windmühlen, Verfahren, aus Sand Gold zu gewinnen, neue Methoden der Navigation). Für die Verknüpfung von Praxis und Wissenschaft liefert die Familie Metius ein Beispiel. Da war Vater Adriaen Anthonisz., Vermessungsingenieur, für die Befestigungsanlagen von Alkmaar zuständig, die die Belagerung durch die Spanier 1573 überstanden. Er wurde zum Festungsbaumeister der aufständischen Provinzen ernannt. Zusammen mit Stevin war er für alle entsprechenden Anlagen und Bauten verantwortlich. Sohn Adriaen

---

23 Nach A.TH. VAN DEURSEN, *Maurits van Nassau, 1567-1625. De winnaar die faalde*, Amsterdam 2000, S. 77f.

24 S. JORINK, *Wetenschap en wereldbeeld*, S. 38. Zu Stevin insgesamt auch A.J. KOX, *Simon Stevin, 1548-1620*, in: DERS., *Van Stevin tot Lorentz. Portretten van achttien Nederlandse natuurwetenschappers*, Amsterdam 1990, S. 10ff. mit Daten zu weiteren Schriften von Stevin. Die Leidener Ingenieursschule wurde erst 1679 geschlossen und bildete in diesem Zeitraum viele Techniker, vor allem Landvermesser, heran.

wurde 1598 Professor für Mathematik in Franeker und widmete sich der Astronomie. Der jüngere Bruder Jacob, ein Linsenschleifer, konstruierte 1608 ein Teleskop, für das er freilich kein Patent erwerben konnte.[25]

Die Verbindung von neuen Berechnungs- und Darstellungsmethoden mit den praktischen Erfordernissen vor allem des niederländischen Alltags zeigen die Arbeiten des auch aus den südlichen Niederlanden stammenden Kartographen Petrus Plancius (Plantijn), ein Schüler des Gerhard Mercator und im Hauptberuf Prädikant. Plancius betätigte sich zugleich als Astronom, und in dieser Doppelfunktion erteilte er in der Amsterdamer Oudezijdskapelle Schiffsoffizieren Navigationsunterricht – eben unter Verwendung seiner mathematischen und astronomischen Erkenntnisse. Plancius hat sich jahrelang um die Bestimmung des Längengrades aufgrund von Kompass-Abweichungen bemüht und zahlreiche Karten für die Schiffahrt herausgegeben. Er gehörte auch zu den Impulsgebern für eine Fahrt über die Nordroute auf der Suche nach einem günstigen Weg nach Indien – die Route, die Willem Barentsz. befuhr, um auf Nova Zembla zu stranden. Er selbst hatte ein hohes Interesse an solchen Unternehmungen, zu der im übrigen auch die Reise des Cornelis Houtman zählte, da er sich selbst Gewinn versprach. Seine Längengrad-Bestimmung ist im übrigen nicht nur von einer Reihe von Steuermännern, sondern auch von Simon Stevin als recht windig eingestuft worden.[26] In diesem Zusammenhang ist auf Galileis Arbeiten zur Bestimmung des Längengrades hinzuweisen, die in den Niederlanden erörtert wurden. Nach seiner Entdeckung der Jupiter-Monde glaubte Galilei sich dieser Himmelskörper als Himmelsuhr zur Bestimmung des Unterschiedes zwischen zwei Ortszeiten bedienen zu können. Aus dem Zeitunterschied ergab sich die Bestimmung des jeweiligen Längengrades. Er trug seine Methode der spanischen Regierung vor, ohne Erfolg zu haben. 1627 dann erfuhr er, daß die Generalstände in Den Haag für jene einen Preis ausgelobt hatten, die in der Lage waren, die geographische Länge auf See zu bestimmen. Die Republik stand mit solchen Angeboten nicht allein und die Nachricht, die Galilei 1627 erhielt, kam doch reichlich spät. Neben der Republik hatten sich Spanien, Portugal und die Republik Venedig mit Auslobungen schon großzügig gezeigt. Spanien arbeitete mit Leibrenten, die Niederlande boten 1600 5.000 Gulden und erhöhten 1611 auf 15.000. Das blieb nicht ohne Reaktionen aus den Kreisen auch von Amateurwissenschaftlern. Offensichtlich handelte es sich für die Nationen der Seefahrer um ein dringliches Problem, das einer Lösung harrte. Die Dringlichkeit in den Niederlanden ergibt sich wohl auch daraus, daß Hugo Grotius, damals schon in schwedischen Diensten, 1634 einen Freund in Paris wissen ließ, viele hätten sich schon mit dem Problem befaßt – vergeblich bisher, so daß sich irgendein Idiot (sic!) in Amsterdam dazu habe hinreißen lassen, diese Frage neben drei anderen Bereichen zu den Unlösbarkeiten der Welt zu zählen: die drei anderen waren der Stein der Weisen, das Perpetuum mobile und die Quadratur des Kreises. „Je verzweifelter die Suche, desto größer der Ruhm des Finders und die Freude des Lesers". Ganz unabhängig davon wandte sich Grotius schließlich anläßlich des (kirchen-)politischen Schicksals des Italieners an seinen Freund Vossius, der am Athenäum Illustre in Amsterdam lehrte mit der Bitte, in Zusammenarbeit mit französischen Freunden Galilei in Amsterdam unterzubringen und ihm dort die Gelegenheit zur Fortführung seiner Studien zu geben. Ansprechpartner für Vossius

---

25 Bei JORINK, *Wetenschap en wereldbeeld*, S. 40. Etwa zeitgleich traten die Seeländer Hans Lipperhey und Sacharias Jansen mit einem Fernglas an die Öffentlichkeit. Die Patentanfrage auch dieser Erfinder wurde zurückgewiesen, da niemand beweisen konnte, der Erfinder zu sein. Galilei scheint aufgrund des mündlichen Berichts über die niederländische Erfindung ein Teleskop zusammengebaut zu haben und machte Entdeckungen, die er 1610 in seinem *Sidereus nuncius* veröffentlichte – Entdeckungen, die auch der eher introvertierte Jacob Metius nach Angaben seines Bruders Adriaen schon gemacht haben muß. Dazu auch VAN BERKEL, *In het voetspoor*, S. 26f.
26 Dazu die beiden vorgenannten Titel.

waren Blaeu, der Regent und ehemalige Generalgouverneur der VOC Laurens Reael, der literarisch und naturwissenschaftlich interessiert war, sowie Martinus Hortensius, ein Schüler des Isaac Beeckman. Wenngleich die drei Ansprechpartner den Plan begrüßten, kam Vossius freilich – noch 1635 – zu dem Schluß: „Es wäre leichter, wenn nicht allzu viele jener, die im Amte sind, mehr mit Geld als mit der Wahrheit und dem Ruhm der Stadt befasst sind." Selbst der sicherlich das Interesse der Amsterdamer ansprechende und von Grotius nachgeschobene Hinweis, Galilei habe einen Weg zur Berechnung des Längengrades gefunden, hat nichts gefruchtet, nachdem inzwischen auch deutlich geworden war, daß Galilei keineswegs die Absicht hegte,[27] sein Land zu verlassen. Gleichwohl, Galilei scheint Ende 1635 Verhandlungen mit den Haager Generalständen begonnen zu haben. Eine aus Hortensius, Blaeu und Beeckman bestehende Kommission sollte eine schriftliche Eingabe oder Ausarbeitung des Galilei prüfen. Der ganze Prozeß von der Eingabe des Galilei bis hin zur Prüfung durch niederländische Experten verlief ausgemacht zögerlich, um schließlich im Oktober 1636 im Sande zu verlaufen, wenngleich die Generalstände die detaillierten Angaben des Italieners und die entsprechenden praktischen Anweisungen keineswegs zurückwiesen, aber doch einige Bedenken ob der Praktikabilität auch angesichts der nicht als hoch eingestuften intellektuellen Fähigkeiten des Schiffspersonals hatten. Es sei hinzugefügt, daß Galilei im Zusammenhang mit der Bestimmung des Längengrades eine Pendeluhr konstruierte, die bei der Ortsbestimmung helfen sollte, das heißt, Idee und Entwurf des Italieners sind später von Christiaan Huygens aufgegriffen und weiter ausgebaut worden.[28]

Die enge Verbindung von Theorie und Praxis, von Naturkunde und Technik, zählte zu den Merkmalen dieser naturwissenschaftlich ausgerichteten Jahrzehnte. Auch bei einem Mann wie Galilei war die Umsetzung in die Praxis ein durchaus dringliches Problem. Für die Seefahrt waren erste Grundlagen in Form von Seekarten gelegt. So gab Jan Lucasz. Wagenaar, der zu den bekannten Steuerleuten jener frühen Zeit der Republik zählte, 1584 den ersten gedruckten Seekarten-Atlas unter dem Titel *Spiegel der Zeevaart* herausgab. Wichtiger noch war der hier schon mehrfach genannte Willem Jansz. Blaeu, der Begründer einer weit über die Grenzen des Landes berühmten Verlagsdruckerei. Blaeu avancierte zum offiziellen Kartographen der Vereinigten Ostindischen Compagnie. Das heißt, er hatte nicht nur das Kartenmonopol für die VOC-Schiffe, sondern war auch gehalten, alle neuen Daten in die Seekarten einzutragen. Blaeus Kenntnisse und Unternehmungsdrang haben nicht zuletzt dafür gesorgt, daß die Republik zum Weltzentrum für Kartographie emporstieg.[29]

Insgesamt ist festzustellen, daß sich diese aufgeregte Bemühung um naturkundlichen und technischen Fortschritt – dazu traten infolge der überseeischen Unternehmungen bis dahin völlig unbekannte Bereiche der Fauna und Flora – eben innerhalb und außerhalb der Universitäten vollzog. Mit dem Grundlagen-Fach Mathematik gab es anfänglich Schwierigkeiten. An der Universität Franeker trat 1598 Metius sein Amt an und lehrte dann gleich in niederländischer Sprache. Das entsprach den Vorstellungen, wie sie Stevin vorschwebten. In Leiden wurde Rudolf Snellius (niederländisch Snel van Royen) zwar schon 1579 als Mathematiker angestellt, aber nicht auf Wunsch der Kuratoren, sondern auf Andringen der Studenten. Aber erst 1601 wurde er zum ordentlichen Professor ernannt. Sein Plädoyer für den französischen Universitätsreformer Pierre de la Ramée (Petrus Ramus), der in der Mitte des 16. Jahrhunderts die französische akademische Welt stark beunruhigte, indem er sich für eine Abkehr vom Spekulativen und

---

27 VAN BERKEL, *Galileo in Holland*, S. 106f., dort auch die Zitate.
28 Zu diesen Wechselfällen der Galileischen Vorschläge s. G. VANPAEMEL, *Science disdained. Galileo and the Problem of Longitude*, in: MAFFIOLI/PALM, *Italian Scientists*, S. 116ff.
29 Dazu JORINK, *Wetenschap en wereldbeeld*, S. 43.

Hinwendung zur praktischen Anwendung der Wissenschaft aussprach, war seiner akademischen Karriere nicht recht förderlich. Ihm folgte 1613 sein Sohn Willibrord, der 1615 zum ordentlichen Professor für Mathematik ernannt wurde. Snellius jr. gehört zu den Entdeckern der Brechungsgesetze. Seine Veröffentlichungen enthalten Themen zur reinen Mathematik sowie zur Landvermessung. Er legte eine Studie zur Geometrie des griechischen Mathematikers Apollonius vor, eine – und dies ist für die Sprachentwicklung in den Naturwissenschaften durchaus erstaunlich – lateinische Übersetzung der Stevinschen *Wisconstige ghedachtenissen* sowie schließlich einen Kommentar zur *Arithmetica* des Pierre de la Ramée. Sein Hauptwerk betraf jedoch die Landvermessung. Auf der Grundlage der Dreiecksmessung des Gemma Frisius veröffentlichte er 1617 unter dem Titel *Eratosthenes batavus* eine genaue Vermessung der Provinz Holland und eines Teils Brabants[30]

Abgesehen von Leiden mit seinen beiden Institutionen, an denen Mathematik unterrichtet wurde, und Franeker, wo der Unterricht für Ingenieure in die Universität integriert worden ist, gab es auch an der 1614 gegründeten Universität Groningen eine Professur für Mathematik, die Nicolaas Mulerius wahrnahm. Es zeugt von einer gewissen „Vielfalt" der naturwissenschaftlichen Kenntnisse, wenn dieser Mathematiker zugleich eine Medizin-Professur bekleidete, ausschließlich jedoch zu astronomischen und geographischen Themen publizierte. Diese Arbeiten sollten – deutlich praxisbezogen – der Seefahrt dienen. Er ließ 1617 eine neue Ausgabe von *De revolutionibus orbium coelestium* des Nikolaus Kopernikus folgen – eine Ausgabe, die bis ins 19. Jahrhundert als Standardtext galt. Es ist schon recht eigenartig zu sehen, daß Mulerius zwar die Arbeiten des Kopernikus herausgab, selbst aber kein Anhänger des Astronomen war, sondern den alten Vorstellungen des Ptolemäus anhing – dies ganz im Gegensatz zu Simon Stevin, der sich schon fast eine Dekade zuvor für Kopernikus ausgesprochen hatte. Es zeigt recht eigentlich den vornehmlich auf die Praxis bezogenen Ausgangspunkt der Naturwissenschaftler jener Zeit, wenn Mulerius die Ergebnisse des Astronomen Kopernikus als interessanten Bestandteil der Naturwissenschaften herausbrachte, sie jedoch nicht weiter verfolgte, weil sie für seinen Bereich der praktischen Anwendung irrelevant waren.[31]

Man wird für die ersten Jahrzehnte des 17. Jahrhunderts in den Niederlanden – und gewiß auch andernorts in Europa – festzustellen haben, daß sich die Bevölkerung und darunter ihr besonders neugieriger Teil mit einer Vielzahl von neuen Dingen nicht nur in der Abstraktion des mathematischen Gesetzes, sondern auch ganz konkret in der Anschauung und Wahrnehmung konfrontiert sah, ohne dies alles gleich auf irgendeine Weise einordnen zu können. Letztlich sind die Raritäten-Kabinette, die sich in einer Reihe von Amsterdamer Bürgerhäusern befanden, in erster Linie Ausdruck der Neugier, der Bewunderung und letztlich auch der Sammelleidenschaft, sie sind freilich auch Ausdruck einer noch ungeordneten neuen Welt, die noch nicht geordnet ist, weil die Kenntnisse fehlen. Das gilt nicht nur für die Reisen in unbekannte Gefilde jenseits der europäischen Grenzen, sondern äußert sich auch auf dem Arbeitsfeld Astronomie, das noch Rätsel aufzugeben schien. So etwa Kometen. Vor allem der Komet von 1618 hat in ganz Europa wenn nicht Panik verursacht, dann auf jeden Fall zum Nachdenken über die Endlichkeit des Lebens und die Sündhaftigkeit des Menschen Anlaß gegeben. Gestandene Astronomen wie Snellius und Mulerius riefen angesichts einer bis dahin unbekannten Himmelserscheinung die Menschen dazu auf, sich solchen Gedanken hinzugeben. Der Dichter Jacob Cats, den man als den Mann der moralischen Aktualität der Nation einstufen darf, hatte noch weniger Ahnung und sah sich daher besonders befugt, Bibeltexte einzubringen, und dies vor allem, weil die verunsicherten Mathematiker und Astronomen

---

30 Dies nach VAN BERKEL, *In het voetspoor van Stevin*, S. 29ff.
31 Ebd. S. 33f.

bei den Astrologen ihre Deutungen fanden, was Cats unter Aberglauben einordnete. Cats brachte selbst eine eigene Broschüre mit dem Titel heraus *Aenmerckinghe op de tegenwoordige Steert-Sterre, En den loop deser tijden so hier als in anderen L, Met aenwijsingge vande rechte wetenschap om alle teykenen des Hemels, ende vreemde Gesterten wel ende loffelick uyt te legghen*. Schon die Titelseite, die nicht nur den Komet, sondern auch drei Diskussionspartner zeigt, trägt eine Passage aus Jesaja, 51, 22, wo es heißt:

„Also spricht dein Gebieter, der Herr und dein Gott, der für sein Volk streitet: ‚Siehe, ich nehme aus deiner Hand den Kelch des Taumels, den Becher des Grimmes; du sollst ihn fürderhin nicht mehr trinken.'"

Das mochte der Beruhigung dienen, doch die Ermahnung folgte sogleich, denn im Text selbst reimte Cats:

> 't is genouch voor ons te weten
> Dat de steerten der Cometen
> Voor gewis ons beelden aff
> Teykens van des Heeren straff[32]

Das Schicksal der Menschen ablesbar an der Anwesenheit von Kometen. Die Naturkundler hingen da dem alten Glauben vom Einfluß der Sterne auf Gegenwart und Zukunft der Menschen an, für Dichter wie Cats und mit ihm auch für Theologen seines Landes und seiner Zeit waren sie Zeichen für Gottes Zorn, ohne daß man daraus ableiten konnte, was den Menschen erwartete. Das lag eben in Gottes Hand.

Während es für eine Zeit der noch sehr begrenzten Naturkenntnisse als einigermaßen typisch einzuordnen ist, daß die Astrologie als Bestimmungselement menschlichen Schicksals herangezogen wurde, nahm der Hinweis auf den Fingerzeig Gottes oder auch seine Allmacht in der Natur in dem Maße zu, in dem das Interesse an der Natur und all ihren Erscheinungsformen wuchs. Dabei äußerte sich die göttliche Präsenz in der Natur nicht nur bei der Kirche und ihren Amtsträgern, sondern auch bei den Naturkundigen selbst und den Gläubigen allgemein. Das gilt etwa für Plancius, der auch calvinistischer Prädikant war, das gilt auch für den Astronomen und Prädikanten Philips van Lansbergen, der nicht nur das heliozentrische System verteidigte, sondern auch eine Interpretation des Heidelberger Katechismus vorlegte, in der er die göttliche Existenz aus den Erscheinungen in der Natur ableitete. Die Gottesfurcht stand da an erster Stelle. Der Botaniker Carolus Clusius von der Leidener Universität vermittelte ähnliche Hinweise. Jede Pflanze zeuge von der Anwesenheit Gottes. Ein Freund des Clusius, der Enkhuizener Arzt und Sammler Bernardus Paludanus, sprach mit Blick auf seine bunte Sammlung von Muscheln von der großen Vielgestaltigkeit der Natur als Zeugnis für die Allmacht Gottes.

Zu diesen Nachweisen der göttlichen Existenz gehörte auch die Anlage von kunstvollen Gärten. Diese Bemühung war nichts für die Niederlande Spezifisches, sondern gehörte zu den Kulturerscheinungen Europas. Bei der Anlage von Gärten seit dem 16. Jahrhundert dachte man europaweit an eine Neuschöpfung des Gartens von Eden. Es sei hier auf den schon mehrmals erwähnten Garten des Constantijn Huygens und sein Gedicht *Hofwijck* hingewiesen. Seinen Landsitz begriff er als ein Buch der Natur und damit als ein Buch Gottes:

---

32 Der Bibeltext hier in der Pattloch-Übersetzung. Der Vers von Cats bei JORINK, *Wetenschap en wereldbeeld*, S. 46 („es reicht uns zu wissen, daß für uns die Schweife der Kometen Zeichen für die Strafe Gottes sind").

>   ... dit Boeck, dit Boeck der Boecken,
>   Is soo voll ondersoecks, soo voll van soete hoecken,
>   Als Hofwyck bladeren aen Boom en kruyden telt³³

Einen Hinweis auf das wachsende Interesse an der Natur, auf eine, wenn man so will, zugespitzte natürliche Neugier bieten zum einen die Landschaftsmalerei, die sicherlich nicht nur in jedem Augenblick der Vermittlung patriotischen Sinnes diente, zum anderen auch die zahllosen Stilleben mit ihren minutiösen Wiedergaben des Details und das Konterfei anatomischer Lehre – Bilder, die in den Haushalten der Niederländer hingen. Daraus ließe sich auf ästhetischen Sinn schließen, auf einfache Freude am Schönen und Bunten, wäre da nicht die Emblematik, die mit vielen Erscheinungen aus der Natur, lebendigen und leblosen, einen Mahnspruch verband, der die enge Beziehung zu Gott und Gotteswort reflektierte, so daß man aus der Anschaffung der Bilder auch auf ganz allgemein religiöse Motive schließen darf.³⁴

Diese gleichsam religiöse Einbettung von Naturereignis und Naturerscheinung soll hier als eine Spielform des vitalistischen Denkens eingeordnet werden, wie sie sich in der Renaissance entwickelte – eine biblische Spielform dann, die in einer von Konfessionszwist geprägten Zeit in ihrer Nachdrücklichkeit begreiflich ist. Durchaus auffällig ist, daß die Einführung von Naturkunde in den gesellschaftlichen Alltag – und dies in erster Linie – letztlich immer nur Einzelphänomene betraf, die nicht als Teile eines Ganzen begriffen wurden, es sei denn man will den Eintrag der göttlichen Allmacht oder anderer – vitalistischer – Kräfte als eine solche Gemeinsamkeit begreifen.

Isaac Beeckman

Es ging freilich in dieser Zeit um tiefergreifende, letztlich auch messbare und vor allem auch allgemeingültige Erklärungen für die Erscheinungen in der Natur. Der erste, der in den Niederlanden diesen Schritt unternahm, war der 1588 in Middelburg geborene, aus einer südniederländischen Familie stammende Isaac Beeckman, ein Freund auch des René Descartes und sicherlich dessen Inspirator und schließlich auch der Wissenschaftler, der sich früh in den Niederlanden mit Galileis Arbeiten auseinandersetzte.³⁵ Messbarkeit und Ursache waren die Themen dieses Mathematikers und Praktikers, der selbst ein Vertreter des Ramismus genannt werden darf. Beeckman hat als einer der Neubegründer der mechanistischen Naturauffassung zu gelten. Es ging ihm um den Zusammenhang von Ursache und Wirkung, den er nicht durch eine von außen wirkende „beseelende" Kraft deuten wollte. Dieser Niederländer steht am Anfang jener Lehre, die im Gegensatz zu allen vitalistischen Theorien alle Naturerscheinungen auf Bewegung beruhen läßt. Der *Mechanismus* beruhte auf der Annahme einer konstanten Materie mit unveränderlichen Eigenschaften. Seine Verfechter gingen davon aus, daß alle Naturerscheinungen auf Bewegung der Materie beruhen. Die Lehre macht keinen Unterschied zwischen anorganischen und organischen Körpern. Eine Eigengesetzlichkeit des Organischen bestand demnach nicht. Beeckman war einigermaßen fasziniert von der Bewegung und ihrem Verlauf – eine Erscheinung, die er aus der unmittelbaren Erfahrung kannte (Repa-

---

33 Dies nach JORINK, *Wetenschap en wereldbeeld*, S. 48ff., auf S. 49 auch das Zitat aus *Hofwyck*. Zu diesem Gedicht s. im übrigen den Abschnitt *Sprache und Literatur*. („dieses Buch der Bücher steckt noch so voll von vielen interessanten Gebieten, die der Erforschung harren, wie Hofwijk Blätter an Bäumen und Sträuchern zählt").
34 Vgl. ebd. S. 49.
35 Dazu der vorgenannte Beitrag von VAN BERKEL, *Galileo in Holland*, S. 101ff.

ratur von Wasserleitungen) und in eine allgemeine Theorie umzusetzen versuchte. Nach Beeckmans Theorie bestand das Universum aus kleiner, unsichtbarer Materie, den Korpuskeln, die unterschiedliche Form und Größe hatten. Alle Naturprozesse ergaben sich aus dem Zusammenprall dieser Teilchen, aus Aktion und Reaktion. Nur dies und nicht dem Gegenstand inhärente Eigenschaften machten das Verhalten von Körpern aus.

Descartes stand in den Überlegungen zu dieser Theorie mit Beeckman in Verbindung. Beide waren sich bei der ersten Reise, die Descartes durch Europa unternahm, begegnet. Ob der Franzose, der sich 1629 definitiv in den Niederlanden niederließ, wo er bis 1649 lebte, von den Gedanken des Beeckman profitierte, ist nicht auszumachen. Auf jeden Fall war es eine fruchtbare Begegnung, in der der Mathematiker und Naturwissenschaftler Descartes freilich insofern über den aktuellen philosophischen Vorstellungsbereich im Unterschied zu seinem niederländischen Kollegen hinausging, als er das bis dahin aristotelisch vorgegebene Weltbild in seinen Grundlagen hinterfragte. Der Mathematiker Beeckman war wie Simon Stevin ein Mann des Praxisbezugs, der zwar nach einer die ganze Natur erfassenden Erkenntnis strebte, aber nicht ein neues naturphilosophisches Gebäude errichten wollte. Descartes stellte das gesamt Denken seiner Zeit in Frage, ausgehend von dem Wissen, daß die überkommenen Schriften, die Bibel inbegriffen, Fehlinformationen enthielten. Er verwarf auch die Erfahrungswerte, die bisher gesammelt worden waren, und setzte allein auf die Logik, die Vernunft, das menschliche Denken. Dies war eine Prämisse der Vorurteilsfreiheit, die für allgemeine Erkenntnisse über die Prozesse in der organischen und anorganischen Welt, kurz: über Naturgesetze, notwendig war. Und eben an dieser Stelle der Naturgesetzlichkeit trafen sich Descartes und Beeckman. Descartes, um dessen Naturphilosophie es bald zu einem aufgeregten Streit an niederländischen Universitäten kommen sollte, ließ dabei Gott nicht „außen vor". Vielmehr behauptete er, daß das zu ermittelnde Verhalten der Teilchen ein Teil der Schöpfung war.[36]

René Descartes

Die Reaktion auf die Arbeiten des Descartes war etwas zwiespältig.[37] An den Universitäten fanden seine Gedanken durchaus Eingang, aber das Gedankengebäude war in den calvinistischen Niederlanden doch nicht unumstritten, auch wenn Descartes die göttliche Schöpfung ins Spiel brachte. Was störte, war der Versuch – oder die durchaus als solcher zu deutenden Schriften des Descartes –, die göttliche Schöpfung mathematisch-mechanistisch zu ergründen. Descartes war wie Galilei in Italien ein ausgemacht guter Promotor seiner eigenen Arbeit. Er schickte viele Exemplare seiner Schrift an die Vertreter der Wissenschaft und hat offensichtlich recht positive Reaktionen erhalten. An der Universität Utrecht wurde Descartes von seinem Freund, dem Medizin-Professor Henricus Regius, verteidigt, der die *Discours* unmittelbar nach der Veröffentlichung in seinen Kollegs erörterte und positiv besprach. In Leiden waren es Adriaan Heereboord und Henricus Renerius, beide Schüler des aristotelischen Naturphilosophen Franco Burgersdijk, die die Lehren des Descartes vortrugen – mit einiger Vorsicht, indem sie sich auf

---

36 Hierzu JORINK, *Wetenschap en wereldbeeld*, S. 51ff.; VAN BERKEL, *In het voetspoor*, S. 36ff. sowie DERS., *Isaac Beeckman*, S. 20ff. Es sei darauf hingewiesen, daß die beiden Naturwissenschaftler zwar die Korpuskel-Theorie teilten, über deren Struktur und Menge freilich unterschiedlicher Meinung war, was deren Funktionsweise im Naturprozeß nicht betraf.

37 Zur Auseinandersetzung mit und um Descartes s.TH. VERBEEK, *Descartes and the Dutch early Reactions to Cartesian Philosophy 1637-1650*, Carbondale and Edwardsville 1992. S.a. die kleine Aufsatzsammlung bei P. HOFTIJZER/TH. VERBEEK, *Leven na Descartes. Zeven opstellen over ideeëngeschiedenis in Nederland in de tweede helft van de zeventiende eeuw*, Hilversum 2005.

René Descartes (F. Heils) Voetius

die naturwissenschaftlichen, nicht so sehr auf die naturphilosophischen Aspekte konzentrierten. Hier genau lag das Problem. Ein Naturwissenschaftler wie Christiaan Huygens, Sohn des Constantijn Huygens, Vater und Sohn kannten beide den französischen Denker, hat die Radikalität des Denkers betont: dieser habe sich nicht auf die Ablehnung des Alten beschränkt, sondern eine neue Methode des Forschens angeboten. Der grundsätzliche Zweifel an der überkommenen Meinung brachte tatsächlich die Gemüter in Bewegung.[38]

Auf jeden Fall die einiger Calvinisten. In Utrecht war es Gisbertus Voetius, Professor für Theologie an der dortigen Universität und zugleich Prädikant sowie Frontmann der „Nadere Reformatie". Die Auseinandersetzung zwischen Voetius und seinem Utrechter Kollegen Regius nahm schärfste Formen an. Sie spielte sich auf den Kanzeln der Universität ebenso ab wie auf den Kanzeln der Kirche. Flugschriften und kleine Schriften boten die jeweiligen Grundlagen an und würzten den Streit, wenn denn die mündliche Auseinandersetzung überhaupt noch der Würze bedurfte. Voetius und sein Schüler Martinus Schoock, selbst Professor für Philosophie an der Universität Groningen, bezichtigten Regius und Descartes der gotteslästerlichen und der der Gesellschaft schädlichen Lehre. Der Theologe holte dabei gleich zum Rundumschlag gegen die Entwicklung moderner, anti-aristotelischer Wissenschaft aus. Entsprechend stand nicht nur Descartes, sondern auch das heliozentrische Weltbild der Kopernikus und Kepler im Gegensatz zur Bibel und zu den Naturwissenschaften (!). Daß die moderne Richtung die aristotelische Substanz und Eigenschaft der Dinge durch atomistische Begriffe ersetzen wollten, wurde scharf verurteilt und als Sprengsatz für den christlichen Glauben gedeutet, und die Tatsache, daß die Mechanik die Grundlage der Naturphilosophie abgeben sollte, hörte sich insofern einigermaßen blasphemisch an, weil damit die Schöpfung Gottes als erfaßbar galt – erfaßbar mit Mathematik und Meßinstrumenten.

---

38 Zu Huygens s. JORINK, *Wetenschap en wereldbeeld*, S. 57.

Descartes beklagte sich bei der Utrechter Stadtregierung, daß Voetius ihn einen Atheisten, einen gottlosen Menschen heiße. Diesen Anwurf verbreite der Theologe wie ein Gift im ganzen Land. Er selbst und auch Regius nannten den Voetius einen rückständigen Menschen, der seine Macht mißbrauche und das Volk hinters Licht führe. Der Streit wurde selbstverständlich auch zwischen den jeweiligen Anhängern geführt, nicht nur in großen Disputationen, sondern zuweilen auch mit den Fäusten. Es ging so weit, daß sich die Stadtregierung gezwungen sah, das Tragen von Waffen im Hörsaal zu verbieten. Diese Stadtregierung griff noch weiter zu, da ihr Ruhe und Ordnung das erste Gebot zu sein schien. Sie verbot 1643 jedwede Diskussion über Descartes. Damit stand der Kontinuität der aristotelischen Lehre nichts mehr im Weg Es war ein Konflikt im übrigen, der noch bis zum Ende des Jahrhunderts und auch noch darüber hinaus dauerte – ein Streit, der auch insofern eine gewisse Hartnäckigkeit an den Tag legte, als auch das kopernikanische Weltbild in Zweifel gezogen wurde.[39]

Der Konflikt in der Republik fand ein europaweites Echo. Letztlich ging es um den Vorrang von Theologie oder Philosophie. Hatte bis dahin die Theologie als erstrangig gegolten, dann schien an dieser Position jetzt unbefugt genagt zu werden. Für die Theologen gab es keinen Zweifel: die Schöpfung Gottes galt es zu bewundern, nicht zu ergründen. Der Leidener Theologe du Bois drückte das treffend in folgendem Satz aus: „Die Philosophie ist nur eine Dienerin der Theologie; die Dienerin soll nun schweigen, da die Herrin spricht."[40]

Die Auseinandersetzung um die Naturphilosophie des Descartes und dessen radikalen Anspruch hat in der Republik freilich den einzelnen naturwissenschaftlichen Erkenntnisfortschritt nicht behindert. Es ist wohl nicht falsch zu sagen, daß der Streit um die eigentlich bewegenden Kräfte der Welt nur ein Nebenschauplatz war, auf dem um Glauben und Weltanschauung gespielt wurde, aber die Naturwissenschaft als Grundlagenforschung und als Bereich der praktischen Anwendung vermochte sich auch ohne eine Lösung in der vorgenannten Auseinandersetzung fortzuentwickeln. Gleichwohl, ein Wandel hat sich im Laufe der ersten Hälfte des Jahrhunderts vollzogen. Waren im ausgehenden 16. Jahrhundert und zu Anfang des 17. noch vornehmlich Praktiker am Werk, so nahmen sich bis um die Jahrhunderthälfte fast nur noch Akademiker der naturwissenschaftlich-technischen Themen an. Es ging nunmehr sehr wesentlich um die theoretische Fundierung. Der Änderung in den Reihen der Akteure entsprach auch eine Änderung im Sprachgebrauch. Wo vorher Stevin noch für seine Muttersprache als Kommunikationsmittel eingetreten war, rückten nunmehr wieder Latein und jetzt auch Französisch an die Stelle. Für die theoretische Fundierung sorgte in hohem Maße das mathematische Modell. Die Kenntnisse auf mathematischen Gebiet hatten sich seit – wenn man es etwas augenzwinkernd ausdrücken will – Bartjens ganz erheblich erweitert, was nicht zuletzt auch durch Beeckman und Descartes eingeleitet worden war. Aber nicht nur die beiden Protagonisten eines mechanistischen Weltbildes, sondern auch der zuvor genannte Metius und der Leidener Mathematiker Frans van Schooten jr. spielten in dieser Entwicklung eine bedeutende Rolle. Van Schooten lehrte zwar die reine Mathematik, aber an der Leidener Ingenieurschule bildete er Vermessungstechniker aus, wie überhaupt festgehalten werden muß, daß die Studenten der Mathematik zu einem erheblichen Teil weniger an der reinen Mathematik als an der praktischen Umsetzung der Mathematik interessiert waren. Zu den Absolventen aus der Schule des van Schooten zählten Johan de Witt, Johannes Hudde und Christiaan Huygens – alle drei aus großbürgerlichem Hause. Johan de Witt war ab 1650 bis zu seinem gewaltsamen Tod 1672 Ratspensio-

---

39 Nach JORINK, *Wetenschap en wereldbeeld*, S. 58ff.; s. a. VAN BERKEL, *In het voetspoor*, S. 46f.
40 Allgemein zum niederländischen Cartesianismus s. C.L. THIJSSEN-SCHOUTE, *Nederlands cartesianisme*, Amsterdam 1954.

när der Republik, höchster Staatsmann und renommierter Versicherungsmathematiker, Johannes Hudde wurde von dem deutschen Philosophen und Mathematiker Leibniz als größter Mathematiker seiner Zeit angesehen, glaubte selbst freilich nicht volle Befriedigung in der reinen Mathematik finden zu können und befaßte sich eben auch mit praktischen Dingen wie dem Amsterdamer Grachtensystem oder mit Fragen der Optik bis hin zum Schleifen von Linsen. Hudde wurde 1672 Bürgermeister von Amsterdam und gehörte danach auch zum Direktorium der VOC.

Christiaan Huygens

Und dann Christiaan Huygens! Er war nicht nur der Sohn des großen Constantijn, sondern einer der renommiertesten niederländischen Naturwissenschaftler. Er stand außerhalb der Universitäten, die ihn wohl nicht wirklich interessiert haben. Er war ein Privatgelehrter, und wenn man auf seine zahlreichen Reisen nach Paris und London schaut und die Personen Revue passieren läßt, mit denen er in engem Kontakt stand, dann fällt es nicht schwer, ihn zu einem der frühen Vertreter der Gelehrtenrepublik zu machen. Seine Herkunft aus dem Hause Huygens – aus dieser Vorzeige-Familie der niederländischen Republik – erlaubte das freie Schaffen, die Mittel waren vorhanden, seine hohe theoretische und zugleich empirische Begabung sorgten rasch für internationale Anerkennung. Huygens war Vertreter der reinen Mathematik, durchaus ein Verfechter des Cartesianismus, aber er war zugleich Empiriker. Ihm reichte es nicht, sich auf die reine Mathematik zu konzentrieren, wie das sein Lehrer van Schooten noch vorexerziert hatte. Gewiß, die Mathematik stand bei ihm ganz zentral, aber für ihn kam es auf die enge Beziehung zwischen den Axiomata der Logik und den empirischen Ergebnissen an. Zu rein mathematischen Betrachtung zählten Arbeiten über die *Theoremata de quadratura hyperpoles, ellipsis et circuli,* eine Arbeit, die nicht nur der Quadratur der Kegelschnitte gewidmet ist, sondern auch die von dem Mathematiker Gregorius a Sancto Vincentio behauptete Möglichkeit einer Quadratur des Kreises widerlegt. Wenige Jahre später, 1657, brachte er sein *Tractaet handelende van reeckening in speelen van geluck* heraus. Das Buch wurde zunächst in lateinischer Sprache veröffentlicht und erschien erst 1660 in der ursprünglich niederländischen Fassung.

Wenn er hier als Cartesianer eingestuft wird, dann gilt das für ihn als den Verfechter des mechanistischen Weltbildes, nachdem sich jede Naturerscheinung als über die Bewegung messbar deuten ließ, aber diese Übereinstimmung bedeutete nicht eine unkritische Übernahme aller Theoreme des René Descartes.[41] Auf einer Sitzung der Londoner Royal Society hat er seine Resultate vortragen können. Zu den Bereichen, die seine besondere Aufmerksamkeit genossen, zählte die Optik – von der Brechung des Lichts bis zum Schleifen von Linsen, das heißt, da ihm die aktuelle Fertigung von Teleskopen unzureichend erschien, begab er sich mit seinem Bruder Constantijn selbst ans Schleifen von geeigneten Linsen. Er entwickelte bei dieser Arbeit ein zweilinsiges Okular, mit dem er 1655 einen Satelliten des Planeten Saturn entdeckte und kurz darauf seine Hypothese bestätigt fand, daß Saturn von einem Ring umgeben war.

Zu den wohl wichtigsten Erfindungen des Huygens gehörte die Pendeluhr. Es ging um die Zeitgenauigkeit, die gefordert war, wenn man den Längengrad auf hoher See bestimmen wollte. Der Gebrauch eines Pendels für die Zeitgenauigkeit war zwar nicht neu – Galilei hatte sich schon zuvor mit einer Pendelkonstruktion befaßt –, die Historiker der Naturwissenschaften sind sich jedoch einig darüber, daß Huygens als der

---

41 So widerlegte er etwa (1656) die 7 Lehrsätze des Descartes über die Bewegung der Teilchen und ihre Wechselwirkung.

Simon Stevin (anonym)

Antonie van Leeuwenhoek (A. de Blois)

Christiaan Huygens (G. Edelinck)

Globus van Hondius

Erfinder dieser Uhr zu gelten hat. Es sollte nicht unerwähnt bleiben, daß diese Instrumente infolge der Schlinger- und Stampfbewegungen der Schiffe nicht den Ansprüchen genügten, auf dem Festland freilich die gewünschte Leistung erbrachten, vielfältig gebaut wurden und sogar als Turmuhren eingesetzt werden konnten. Der Mißerfolg auf hoher See hat Huygens nicht davon abgehalten, weiter nach Wegen der Längengrad-Bestimmung zu forschen. Das Ergebnis war eine Uhr mit einer Unruh anstelle des Pendels und einer Spiralfeder anstelle der Gewichte. Das Pendel war für ihn Gegenstand der Mechanik und Ausgangspunkt der reinen Mathematik gleichermaßen. Diese Verbindung von Mechanik (Aufbau der Uhr) und reiner Mathematik zeigt sich in dem als sein Hauptwerk betrachteten *Horologium oscillatorium* (1673). Der zweite Teil der Studie ist der Pendelbewegung nicht nur als physikalisches, sondern auch als mathematisches Problem gewidmet.[42]

Aber ganz abgesehen von seinen Leistungen auf dem Gebiet der Physik und Mathematik ist auf seine engen Beziehungen zu Naturwissenschaftlern in Paris und London hinzuweisen. Es waren Lehr- und Lernstätten, wo er eigenes Wissen einbrachte, aber auch neue Kenntnisse bezog und sich vor allem an der lebhaften naturwissenschaftlichen Diskussion beteiligen konnte. Man ist geneigt zu sagen, daß das Studium der antiken Naturwissenschaftler und Mathematiker, hier vor allem des Archimedes[43], seine Fortsetzung in Form einer Zusammenarbeit und Auseinandersetzung mit französischen Naturwissenschaftlern oder letztlich auch Naturphilosophen gefunden hat. Noch lange ehe er nach Paris reiste, trat er, dann noch keine zwanzig Jahre alt, durch Vermittlung seines weitgereisten und am beruflichen Werdegang des Sohnes interessierten Vaters Constantijn in engen brieflichen Kontakt zu Marin Mersenne, den französischen Mathematiker und Musiktheoretiker, einen Freund auch des René Descartes. Die umfangreiche Korrespondenz hat die Entwicklung des Christiaan Huygens stark beeinflußt und zeigt im übrigen, in welcher Dichte die Themen in diesem wissenschaftlichen 17. Jahrhundert zur Diskussion standen. Mersenne stellte Fragen, die Huygens zu beantworten versuchte. Und das waren nicht wenige. Wie er etwa zur Verdünnung der Luft stehe, warum eine leere Blase anschwelle, wenn sich die Luft verdünne, ob er die Auffassungen des Blaise Pascal kenne, was er von der Behauptung des Gregorius a Sancto Vincentio halte, die Quadratur des Kreises gefunden zu haben.[44] In Paris begegnete Huygens 1655 dem Theologen, Philosophen und Mathematiker Pierre Gassendi, der sich gegen den Aristotelismus seiner Zeit wandte und eine mechanistische Physik auf atomistischer Grundlage entgegenhielt. Über die Physik hinaus wandte er sich auch der Astronomie zu und gar der Medizin, indem er sich gegen William Harveys Lehre vom Blutkreislauf wandte. Huygens hat später manche der Konzeptionen Gassendis übernommen. Ein anderer Gesprächspartner war der französische Astronom Ismael Bouillaud, der als eine zentrale Figur der europaweiten nachkeplerschen Diskussion galt. Es fügte sich gut ein – und dürfte für Huygens von höchstem Interesse gewesen sein –, wenn Bouillaud ihm ein Teleskop demonstrierte, das ihm von Ferdinand II. von Florenz (Medici) geschenkt worden war. Huygens hatte seinerseits einen Bericht über seine Entdeckung des Saturn-Ringes beizutragen. Dazu pflegte er lange Gespräche über mathematische Probleme dieser Zeit. Es gewährt sicher einigen Einblick in die fortgeschrittene Entwicklung naturwissenschaftlichen Denkens in der französischen Hauptstadt, wenn der dann erst 26jährige Huygens bei seiner Abreise feststellte, daß der Ertrag seiner Reise nach Frankreich mit der Dauer des Aufenthalts stieg – ein Ertrag, der sich aus den Gesprächen mit den französischen Naturwissenschaftlern einstellte.[45] Seine zweite Reise, 1660, in Begleitung seines Vaters gestaltete sich, soweit es die Gespräche mit französischen Wissenschaftlern betraf, noch intensiver – zum Teil eben auf Vermittlung seines Vaters, der immer noch enge Beziehungen zur französischen Diplomatie und Gesellschaft hatte. Zu den Gesprächspartnern gehörte auch der Mathematiker und Physiker Blaise Pascal,

---

42 Diese Darstellung nach A.J. KOX/P.H. POLAK, *Christaan Huygens 1629-1695*, in: A.J. KOX (Hrsg.) *Van Stevin tot Lorentz*, S. 34-48.
43 A. ELZINGA, *Notes on the Life and Works of Christiaan Huygens (1629-1695)*, S. 5. Sein Vater nannte ihn „mon Archimède". Tatsächlich war Archimedes Techniker und Mathematiker gleichermaßen.
44 Dazu ebd. S. 9.
45 Ebd. S. 13.

eine frühreife Begabung wie Huygens, und der wie dieser über Kegelschnitte gearbeitet hatte. Seine größte Bedeutung lag freilich im Religiösen, über das freilich hier nicht zu handeln ist. Darüber hinaus nahm Huygens Verbindung zur Académie Montmor auf, die 1654 als naturwissenschaftliches Diskussionszentrum von Habert de Montmor errichtet worden war. Im Oktober 1663 besuchte er neuerlich Paris. Dort wurde ihm auf Anregung des Finanzministers Colbert von Ludwig XIV. ein Forschungsstipendium angeboten, was im Zuge einer großen staatlichen Aktion geschah, die darauf abzielte, Forschungspersönlichkeiten Europas nach Frankreich zu locken. Colbert versprach sich davon einigen wirtschaftlichen Erfolg. Huygens hat das Geld angenommen und seine Forschungen in Zusammenarbeit mit den ihm inzwischen bekannten Franzosen betrieben. Schließlich ließ sich Huygens auf Wunsch des Königs und wohl wieder auf Drängen seines Ministers endgültig in Paris nieder. Dort wurde er 1666 Direktor der gerade errichteten Académie Royale des Sciences. In einem seiner Forschungsprogramme schrieb er, daß Naturgeschichte aus Erfahrung und Beobachtungen bestehe. Es sei der einzige Weg, die Ursachen aller Dinge der Natur zu verstehen: Hitze, Kälte, Schwerkraft, Licht, Farben, Magnetismus und die Zusammensetzung der Luft und einiges mehr. Die starke Betonung des Experiments, der Erfahrung und Beobachtung, scheint ein Zeichen für die Distanz zu sein, auf die er inzwischen zu Descartes Methode gegangen war.[46] Huygens hat Paris 1681 wieder verlassen, da er sich dort allmählich als unerwünschte Person fühlte.[47]

Das Renommee des Niederländers reichte freilich zugleich bis England. Daß er sich auch an die Wissenschaftler dieses Landes wandte, lag nicht allein an der Dichte der wissenschaftlichen Forschung auf der Insel, sondern sicherlich auch an der der Familie Huygens gleichsam inhärenten Anglophilie und an der breiten gesellschaftlichen Akzeptanz, die sich Vater Constantijn in vielen Jahren zuvor erarbeitet hatte. Der Kontakt mit englischen Wissenschaftlern erfolgte schon früh in den 40er Jahren über die Hochschule in Breda (eine Oranier-Gründung). Sein erster Besuch in London erfolgte 1660, ein Jahr, nachdem die Royal Society of Sciences gegründet worden war. Hier lernte er in dem vom Londoner Kaufmann Sir Thomas Gresham gegründeten Gresham College den Oxforder Mathematiker John Wallis, Viscount Brouncker, den Präsidenten der Royal Society, zugleich ein hochangesehener Physiker und Mathematiker, ebenso kennen wie Christopher Wren, den Architekten, der eine Professur für Astronomie am College innehatte, Lawrence Rooke, ebenfalls Mathematiker und Astronom am College und schließlich neben vielen anderen den Physiker und Chemiker Robert Boyle, einen der Initiatoren zur Gründung der Akademie. Boyle war lediglich zwei Jahre älter als Huygens und neigte stärker zu Versuchen als zu deren theoretischer Verarbeitung. Mit *Sceptical Chymist* legte er 1661 eine Schrift vor, die Kritik an der gängigen Elementenlehre vortrug. Boyle als Spezialist für das Verhältnis von Druck und Volumen scheint Huygens inspiriert zu haben. Von Boyle erhielt er auch das 1660 erschienene Buch *New Experiments Physio-mechanical touching the Spring of Air, and its Effects*. Nach seiner Rückkehr nach Den Haag ließ Huygens eine gegenüber den Instrumenten des Boyle verbesserte Luftpumpe anfertigen, um seinerseits selbständig zu neuen Ergebnissen über die anomale Suspension von Quecksilber zu kommen. Dieses Phänomen hat die Wissenschaft noch lange Jahre danach beschäftigt. Seine ersten Eindrücke von diesem College gab er in einem Schreiben an seinen französischen Freund Chapelain im Juli 1661 wieder, in

---

46 S. ebd.15f.
47 Huygens fühlte sich wegen seiner Nationalität und seiner Religion unerwünscht. Der Gedanke war nicht ganz abwegig, da das niederländisch-französische Verhältnis just in jenen Jahren nicht zu den besten gehörte. Huygens vermutete weiter, daß es hier um eine Politik gehe, die sich nicht mehr der Dienste von Protestanten bedienen wolle. Er schloß auch nicht aus, daß purer Neid hier eine Rolle gespielt habe.

dem es hieß, daß sich die Wissenschaftler des College mehr mit dem Experiment als mit der Deduktion befaßten. Es scheint ihn erfreut zu haben, denn mit Befriedigung stellte er fest, daß sich der Montmor-Arbeitskreis auch stärker mit Experimenten befaßte. Im übrigen konnte er nicht umhin zu bemerken, daß die Beschäftigung der Gresham-Leute mit dem Teleskop zwar sehr intensiv sei, das Ergebnis freilich in der Qualität nicht an seine Arbeiten heranreiche.[48] Es sei hinzugefügt, daß er bei einem neuerlichen Besuch 1663 von seinem Vater Constantijn begleitet wurde, der ihn auch bei Hofe einführte. Wichtiger aber war, daß Christiaan Huygens zum Fellow der Royal Society ernannt wurde. Dieser hohen Ehre ist er sich Zeit seines Lebens bewußt geblieben.

Erst 1689, nach der Übernahme der britischen Krone durch Statthalter Wilhelm III., den Oranier, hielt er sich erneut in Großbritannien auf, nachdem er in der Zwischenzeit in ununterbrochenem Kontakt mit den englischen Wissenschaftlern geblieben war. Bei diesem letzten Aufenthalt lernte er Isaac Newton kennen und auch John Locke. Diese Begegnung mit Newton sei zur Zufriedenheit beider Seiten verlaufen – so ist geschrieben worden.[49] Es scheint unter dem Einfluß dieser Begegnung gewesen zu sein, daß Huygens sich an die Vollendung seiner Arbeiten zur Optik, mit denen er schon viele Jahre beschäftigt war, begab. Mit den Theorien des Newton über die Brechung des Lichts und die Farben war er schon seit geraumer Zeit vertraut.[50] So veröffentlichte er 1690 sein *Traité de la lumière* mit zusätzlich *Discours de la Cause de la Pesanteur*. In beiden Arbeiten, so teilte er mit, habe er sich mit Newtons Studien auseinandergesetzt. Newton seinerseits hat auch nach dem Tode des Huygens (1695) nicht nachgelassen, die Arbeiten des Niederländers auf dem Gebiete der Optik und Mechanik nachhaltig zu würdigen.[51]

Insgesamt ist Christiaan Huygens als eine Art naturwissenschaftlicher Vormann der niederländischen Wissenschaft einzuordnen – ein Vormann, der völlig eingebunden lebt in der erkenntnishungrigen Welt der europäischen Naturwissenschaftler. Er hat seine eigenen, sehr geschätzten Beiträge geleistet und zugleich aus dem hohen Wissens- und Forschungsstand in Europa Nutzen ziehen können. Es scheint nicht so, als ob sich Huygens im Laufe seiner mit so vielen neuen Arbeiten auf unterschiedlichstem Gebiet ausgefüllten Jahrzehnte noch wesentlich um die Fragen nach dem Verhältnis von Theologie und Naturwissenschaften gekümmert hätte. Zumindest ist dies Problem von ihm nicht wirklich thematisiert worden, wenngleich die Auseinandersetzung, die der Utrechter Theologe Voetius mit Descartes und dessen Anhängern führte, dem so früh wissenschaftlich reifen und eben doch noch jungen Christiaan bekannt gewesen sein dürften. Allerdings, nachdem er bei seinem letzten Besuch in London John Locke kennen gelernt hatte, las er ein Jahr später dessen *Essay concerning Human Understanding*. Es war der Versuch des Engländers, Glauben und Vernunft miteinander zu verbinden. Ob er sich gegenüber seiner calvinistischen Erziehung schuldig gefühlt hat, weil er sie einfach nicht wirklich gelebt hat, ist hier nicht zu erörtern.[52]

---

48 ELZINGA, *Notes*, S. 14f.
49 So M.B. HALL, *Huygens' scientific contacts with England*, in: H.J.M. BOS u.a. (Hrsg.) *Studies on Christiaan Huygens*, Lisse 1980, S. 78. Der Autor berichtet auch, daß es im Laufe der Jahre eine Reihe von Streitereien der unangenehmen Art zwischen englischen Wissenschaftlern, bei denen Huygens eine Rolle spielte, aber auch zwischen Huygens und den Engländern gegeben habe.
50 Dazu ebd. S. 73.
51 Ebd. S. 79f.
52 Dazu ELZINGA, *Notes*, S. 18.

Antonie van Leeuwenhoek

In einer ganz anderen Welt, in der des Mikroskops und des Mikrokosmos, lebte Antonie van Leeuwenhoek, der drei Jahre jünger war als Huygens. Van Leeuwenhoek war – verglichen mit Huygens in erster Linie ein Mann der Praxis –, der Mann der feingeschliffenen Linse und des Mikroskops, wenn man es etwas salopp ausdrücken will. Er war auch der Mann, der selbst nur seine Muttersprache beherrschte, es gleichwohl verstand, über mündliche oder briefliche Vermittlung Kenntnis zu nehmen vom Forschungsstand auf seinem Gebiet oder selbst auf diesem Wege seine Ergebnisse gleichsam an die Forschungskollegen des Auslandes weiterzugeben.[53] Es muß auf jeden Fall ein etwas umständlicher Prozeß der wissenschaftlichen Kommunikation gewesen sein. Er stammte aus dem unteren Mittelstand und besuchte weder Universität noch irgendeine andere Hochschule. Bei dem schottischen Tuchhändler William Davidson erhielt er eine Ausbildung als Buchhalter. Seine mathematischen Kenntnisse erwarb er bei einer späteren Ausbildung zum Landvermesser und als Eichmeister für Weinfässer der Stadt Delft. Linsen und das Schleifen dieser Vergrößerungsinstrumente hatten offensichtlich immer schon sein Interesse gefunden.[54] Wenngleich er nicht aus der Regentenschicht oder einem anderen reichen Hause stammte und eben auch keine Universität besuchte, hat van Leeuwenhoek doch relativ rasch einen großen Bekanntheitsgrad erreicht. Das ist erstaunlich, da er gerade nicht ein Mann der Öffentlichkeit war, ja, es auch nachgerade vermied, seine mikroskopischen Arbeiten bekannt zu machen. Dahinter steckte ein Stück Mißtrauen und Furcht vor Plagiat. Der Mann verkehrte nicht in Wissenschaftskreisen, aber sein Name wurde doch bei der englischen Royal Society bekannt – über den Delfter Mediziner Reinier de Graaf, der selbst anerkannte physiologische und anatomische Forschungen an der Bauchspeicheldrüse verrichtet hatte. Der Delfter machte die Gesellschaft auf die Ergebnisse der miskroskopischen Arbeiten des van Leeuwenhoek aufmerksam (1673). Aus dieser ersten Vermittlung entspann sich ein reicher Briefwechsel zwischen der Gesellschaft und dem Niederländer, der bis an sein Lebensende reichte. Briefe sind es auch, die Einblick in seine Ergebnisse und Arbeiten allgemein vermitteln, nicht wissenschaftliche Veröffentlichungen.

Van Leeuwenhoek steht nicht als Erfinder des Mikroskops in den Annalen der niederländischen Wissenschaftsgeschichte. Isaac Beeckman hat schon 1620 vom Gebrauch eines Miskroskops beim Fadenzählen im Tuchhandel berichtet. Van Leeuwenhoek war auch nicht der erste, der sich mit dem Schleifen von Linsen befaßte. Vor ihm hatten sich schon der vorgenannte Beeckman, als auch der Mathematiker Hudde sowie Baruch Spinoza und Christiaan Huygens an die Arbeit begeben. Die Verwendbarkeit des Mikroskops hing auf jeden Fall von der Qualität der Linsen ab, und eben dies machte die Besonderheit des von van Leeuwenhoek zusammengebauten Mikroskops aus. Er begab sich an die Fertigung von Linsen hoher Qualität, die er entweder schliff oder blies und auf eine ganz bestimmte Art montierte. Auch das Verfahren, Linsen zu blasen, stammte nicht von ihm, sondern von dem Engländer Robert Hooke, der diese Methode in seiner Studie *Micrographia* (1665) vorstellte.

Van Leeuwenhoek freilich war nicht nur der Techniker der Mikroskopie. Er war auch ihr Nutzer. Offensichtlich scheint ihn der deutsche Mathematiker und Physiker Leibniz vornehmlich als Techniker gesehen zu haben, als er ihm bei einem Besuch in den

---

53　S. dazu L.C. PALM. *Italian Influences on Antoni van Leeuwenhoek*, in: MAFFIOLI/PALM, *Italian Scientists*, S. 147ff. Es geht hier vor allem um den Einfluß von Marcello Malpighi. Zur geringen Sprachkenntnis s. S. 152ff.
54　S. L.C. PALM, *Antoni van Leeuwenhoek*, 1632-1723, in: KOX (Hrsg.), *Van Stevin tot Lorentz*, S. 49ff. Palm vermutet, daß der Umgang mit Tuchen und hier u.a. die Verwendung von Fadenzählern (Qualitätskontrolle) das Interesse für Linsen geweckt habe. S. 50.

Niederlanden vorschlug, eine Schule für den Bau und die Nutzung von Mikroskopen zu gründen, was van Leeuwenhoek ablehnte. Er war selbst der Mann der Nutzung. Nicht systematisch, gleichwohl ergiebig genug. Er begab sich in die Welt des Mikrokosmos und legte unter die Linse, was immer ihm einer Untersuchung Wert schien. Er brachte keine großen Analysen dessen, was er fand, sondern er konzentrierte sich darauf, einfach zu beschreiben, was er sah. Solche Beschreibungen schickte er unter anderem auch regelmäßig an die Royal Society in London. Seine Befunde publizierte die Gesellschaft regelmäßig in ihrem Mitteilungsblatt *Philosophical Transactions*. Das heißt auch, daß er, der Mann ohne akademische Ausbildung, in der Wissenschaftswelt nicht nur bekannt war, sondern eben auch einen guten Namen hatte. Die Royal Society hat ihn 1680 zum *fellow* ernannt, mit welchem Titel er sich neben Huygens stellen konnte. Van Leeuwenhoek entdeckte eine Reihe von bis dahin völlig unbekannten Mikroorganismen. Etwa die Protozoen oder Bakterien.

Ob Mikroskop oder Teleskop – die Kenntnisse über die Welt wuchsen. Neue Erkenntnisse oder zunächst einmal Realitäten stürmten auf die Wissenschaftler ein. Van Leeuwenhoek hatte im mikrokosmischen Bereich großen Anteil an dieser Flut neuer Wahrnehmungen. So entdeckte er als erster die Spermatozoen im männlichen Samen – was ihn dazu anregte, auch das Sperma anderer Säugetiere zu untersuchen. Van Leeuwenhoek konnte auch nachweisen, daß Spermatozoen bei Säugetieren in den Hoden produziert wurden, ihr Bewegungsimpuls in den Nebenhoden entstand und daß sie nach der Kopulation in den weiblichen Geschlechtsorganen zu finden waren. Die Anwesenheit dieser Spermatozoen im gesamten Tierreich machte ihn zum Anhänger der Theorie, daß in den Samenzellen der ganze künftige Organismus schon enthalten war. Die weiblichen Organe waren nur das Bett, in dem sich der Organismus entwickeln konnte – das war eine These, die ihm bei niederländischen Medizinern nicht unbedingt Lob einbrachte.[55]

Die Mediziner

Mit dem Blick auf van Leeuwenhoeks Studien zum Blutkreislauf, die er in der Broschüre *Den waaragtigen omloop des bloeds, als mede dat de arterien en venae gecontinueerde bloed-vaaten zijn, klaar voor de oogen gesteld* präsentiert und eben auch auf die anderen spezifischen Arbeitsgebiete, begibt man sich in das verwandte Gebiet der Medizin. Wie beim Einblick in die naturwissenschaftliche Entwicklung des 17. Jahrhunderts sei auch für den Erkenntnisfortschritt in der Medizin ein kurzer Hinweis auf die unmittelbare Vorgeschichte, auf die Medizin in der Renaissance, geworfen. Medizinisches Wissen erwerben hieß zunächst einmal Rückgriff auf die antiken Schriften, wie es sich nun einmal in der Periode des Humanismus gehörte. Dazu trat über das Interesse an den alten Schriften hinaus der Wunsch nach der unmittelbaren Erfahrung und Anschauung der Natur, hier des gesunden und kranken Menschen. Der große Vorreiter der Erkundung des menschlichen Körpers war Leonardo da Vinci, der universalbegabte Künstler, Ingenieur und Anatom, dessen künstlerische Begabung die Möglichkeit bot, den menschlichen Körper in seiner Struktur (Muskeln und Knochen) und in seinen inneren Organen zeichnerisch genau zu erfassen. Er selbst nahm Leichenöffnungen vor. Seine Zeichnungen und Skizzen sind freilich den Zeitgenossen verborgen geblieben. Erst die späte Nachwelt bekam die ersten Ergebnisse zu Gesicht (1796). Die in unserer Zeit bekannten 750 anatomischen Zeichnungen beruhen auf der Sezierung von 30 männlichen und weiblichen Leichen. Von Einfluß freilich auf die Entwicklung anatomischer

---

55 Vgl. insgesamt L.C. PALM, *Antoni van Leeuwenhoek* sowie JORINK, *Wetenschap en wereldbeeld*, S. 83ff.

Kenntnisse sind diese Arbeiten nicht gewesen, weil sie eben unbekannt blieben. So galt auch bis ins 16. Jahrhundert die Anatomie des griechischen Arztes Claudius Galenus (130-200 n.C.) aus Pergamon, von dem Medizinhistoriker unserer Tage schreiben, daß sein Körperbild für die Mediziner nach ihm die gleiche Bedeutung gehabt habe wie die Heilige Schrift für die Kirchen. Leichenöffnungen, die nur selten zugestanden waren und häufiger insgeheim erfolgten, dienten dann auch dazu, die Behauptungen des Galenus zu verifizieren.

Erst Andreas van Wezele (Vesalius) brachte Umkehr oder, wenn man so will, ein anti-galenisches Widerwort. Dieser aus einer alten Weseler Mediziner-Familie stammende, weitgereiste und jung schon mit einem Professorat in Padua ausgestattete Anatom brachte 1543 sein Buch *De humani corporis Fabrica libri septem* heraus, das für sehr viel Aufsehen sorgte, denn an mehr als 200 Stellen vermochte er Galenus zu widerlegen, was die treuen Anhänger des Galenus zu deutlichen Unmutsäußerungen veranlaßte. Die Front dieser Anhänger der Antike war sicher noch stark genug, was eine gewisse Hartnäckigkeit der alten Vorstellungen bis über den Tod des Vesalius hinaus erklären könnte. Andrerseits: Für ihn selbst muß es tief befriedigend gewesen sein, als sein Werk 1555 in Frankreich und Deutschland nachgedruckt wurde.[56]

Man wird festzustellen haben, daß sich die anatomischen Kenntnisse, wie so vieles in der Zeit der Renaissance und des Humanismus, einfach von Süden nach Norden ausbreiteten. Zu den ersten Orten der Rezeption in der Republik gehörte die Universität Leiden, deren medizinische Fakultät insgesamt zwar erst im 18. Jahrhundert unter Herman Boerhaave den Höhepunkt einer international anerkannten Spitzenposition erreichte, sich freilich schon im 17. Jahrhundert über die Grenzen des Ortes und des Landes hinaus einen guten Namen zu machen wußte. Vorbildlich für Leiden war die Lehre der Universität Padua. Freilich, die Anfänge waren mehr als bescheiden. Die ersten Einschreibungen erfolgten 1578. Den Professoren wurde aufgetragen, die Anatomie auf- und auszubauen. Die Berufung von Pieter Pauw aus Amsterdam 1589 brachte erst den großen Aufschwung in der Lehre und war eine Verstärkung für die Professoren Geraert de Bondt und Jan van Heurne. Pauw war ein Fachmann, der seine Lehr- und frühen Erfahrungsjahre an den Universitäten Italiens und Deutschlands durchlaufen hatte. Pauw sezierte in jedem Wintersemester auftragsgemäß drei Leichen, was anfänglich jeweils ein Großereignis war. Solche Aktivitäten gestalteten sich zur Schau, denn es waren nicht nur Professoren und Studenten aller Fakultäten, sondern auch Magistrat und Leidener Bürger anwesend. 1613 beschloß der Senat, bei Leichenöffnungen sogar ein musikalisches Rahmenprogramm festzulegen, um die Bedeutung des Vorganges zu unterstreichen. Fürwahr, eine leicht übertriebene Reaktion, wenn man sich vergegenwärtigt, daß Leichenöffnungen schon viele Jahrzehnte europaweite Praxis waren. Daß man im Winter sezierte, lag selbstverständlich an der längeren „Lebensdauer" der Leichen, wenn es einmal etwas paradox ausgedrückt werden darf. In der Mehrzahl der Fälle handelte es sich um die Leichen von hingerichteten Missetätern. Die Demonstrationen, um solche handelte es sich, liefen im Theatrum Anatomicum – ein Umbau eines Teils der Faliede Bagijnenkerk. Der Umbau war sicherlich nach italienischem Vorbild durchgeführt worden. Sechs recht steil übereinander stehende Rundgänge boten den Zuschauern die Möglichkeit, die Leichenöffnung in allen Einzelheiten zu beobachten.

Pauw ging insofern noch ein Stück weiter, als er einzelne Leichenteile präparierte und zur Ansicht freigab. Jedenfalls sollte das anatomische Theater bald europäische Berühmtheit erlangen. Kaum ein Reisender aus dem Ausland, der sich diese Stätte nicht ange-

---

56 Hierzu G.A. LINDEBOOM, *Geschiedenis der Geneeskunde*, Amsterdam [6]1985, S. 126ff. (Leonardo), S. 63-74 (Galenus) und S. 154-161 (Vesalius). Der Vergleich des kanonischen Charakters der Schriften des Galenus mit der Heiligen Schrift ebd. S. 153.

sehen hätte, wobei die von Pauw initiierte Sammlung von Präparaten insofern Zentrum des Interesses wurde, als der Nachfolger im Amte, Otto Heurnius, sein besonderes Augenmerk auf eben diese Sammlung legte und sie zu einem wahren Kuriositätenkabinett ausbaute. Kuriositäten – man könnte es auch Raritäten nennen – das waren die Blasensteine des alten Professors Johannes Heurnius, eine große Mumie oder ein gehenkter Bräutigam, mit seiner Braut unter dem Galgen. Dieser Schauplatz der Anatomie wurde von seinen Begründern und Leitern im Laufe der Jahre zu einer moralischen Anstalt hochstilisiert, zu einem Ort der Ermahnung und Erbaulichkeit. Das *memento mori* war ebenso gegenwärtig wie das *vita brevis* oder der Spruch von der Gleichheit im Tod. Das manifestierte sich in den zahlreichen Stichen und Versen an den Wänden des anatomischen Theaters, in Zitaten nach Publius Papinius Statius oder Seneca oder aus der Bibel.

Es ist im Zusammenhang mit Auf- und Ausbau der Universität Leiden schon darauf hingewiesen worden, daß die Leidener noch vor dem Ausbau der Anatomie an die Anlage eines botanischen Gartens gingen. Es konnte angesichts des medizinischen Entwicklungsstandes in Europa nicht ausbleiben, daß man auch in diesem Bereich italienischen Vorbildern folgte. Ein solcher Garten diente einem doppelten Zweck. Er lieferte nicht nur die Ingredienzen für Arzneimittel, sondern war zugleich die lebendige Anschauung der Kräuter, wie sie in den Lehrbüchern beschrieben standen. Es lag sicher nahe, den in jener frühen Zeit bekannten Sammler Bernardus Paludanus, Arzt in Enkhuizen, der eine europaweit bekannte Sammlung von Raritäten besaß, an die Universität zu ziehen. Das gelang nicht. So erhielt der aus dem südniederländischen Atrecht stammende Begründer der beschreibenden Botanik, Charles de l'Escluse, bekannt als Carolus Clusius, nach einer frühen vergeblichen Bemühung seitens der Universität den ersten Ruf. Es ist dem Botaniker rasch gelungen, den botanischen Garten zu einer für Laien und Fachwelt gleichermaßen interessanten Anlage auszubauen, die Besucher aus ganz Europa anzog und eben, wie an anderer Stelle schon gesagt, für die Lehre von den Arzneimitteln hohe Bedeutung gewann. Die zahlreichen grenzüberschreitenden Kontakte, die Clusius pflegte, zeigen nachdrücklich, zu welch zentraler Wichtigkeit diese, wenn man so will, Hilfsstelle der Medizin herangewachsen war. Wie im Winter die Leichenöffnungen geschahen, so wurden die Studenten im Sommer im botanischen Garten herumgeführt, um gleichsam vor Ort die Arzneimittelkunde zu lernen. Daß Clusius früh eine Beschreibung exotischer Pflanzen, die *Exoticorum libri decem* herausbrachte, die in den Jahren der Vereinigten Ostindischen und der Westindischen Kompanie noch erheblich erweitert wurde,[57] weist auch aus, daß die Kolonialgesellschaften nicht nur auf Gewürze, Zucker und Sklaven aus waren, sondern im Rahmen ihres Hauptgeschäftes auch die wissenschaftlich-kulturelle Komponente berücksichtigten.[58] Es mag dann nicht der Kern des botanischen Gartens gewesen sein, gleichwohl sei der Hinweis erlaubt, daß Clusius auch ein Gewächs aus der Türkei in die Niederlande brachte: die Tulpe, die für eine Zeitlang eine heftige, finanziell durchaus ergiebige Rage in der Republik entfachen sollte.

Die Leidener Medizin schuf sich 1637 einen weiteren Anziehungspunkt: die Universitätsklinik, die einzige im damaligen Europa. Bis zur Errichtung dieses Krankenhauses war der Unterricht in der Hauptsache theoretisch verlaufen. Praktische Erfahrungen sammelten die Studenten, wenn überhaupt, bei den Ärzten der Stadt. Beispielhaft war auch in diesem Fall wieder das italienische Padua.[59] In dieser Stadt wurde seit dem letzten

---

57 JORINK, *Wetenschap en wereldbeeld*, S. 28ff.
58 Über diese Tätigkeit der VOC und WIC siehe die entsprechenden Abschnitte in diesem Band.
59 S. LINDEBOOM, *Geschiedenis*, S. 199. 1599 hatte sich schon Jan van Heurne vergeblich um die Errichtung einer Klinik bemüht. Erst drohende Konkurrenz von der gerade eröffneten Universität Utrecht (1636) hat die Leidener dazu veranlaßt, ein Krankenhaus einzurichten und für die Fakultät bereitzustellen.

Viertel des 16. Jahrhunderts auch praktischer Unterricht im städtischen Krankenhaus erteilt. Die jetzt folgende Blütezeit hing eng mit der Gründung dieser Klinik zusammen und erreichte, wie im Abschnitt über die Universität Leiden schon angedeutet, einen Höhepunkt, als der 1614 in Hanau geborene Mediziner Franciscus Sylvius, eigentlich François Deleboe, einer der herausragenden Ärzte seiner Zeit, die Klinik 1658 übernahm. Neben seiner hohen fachlichen Qualifikation stach die didaktische hervor, was sich angesichts der internationalen Zusammensetzung der Studentenschaft von großem Nutzen erwies. Es ist ermittelt worden, daß Leiden in der Zeit des Sylvius mehr Studenten gezählt hat als in den Jahren des großen Herman Boerhaave. Sylvius war der bedeutendste Vertreter der Iatrochemie in Europa. Hierzu ein kurzer Exkurs. Zur Fortentwicklung der Medizin allgemein gehörten im 17. Jahrhundert nicht nur die anatomischen oder – für die Arzneimittelkunde – die botanischen Erkenntnisse, sondern auch die Lehre vom Blutkreislauf, wie sie der Engländer William Harvey vortrug, mit der er die Behauptungen von Galenus – offensichtlich immer noch ein Reibungspunkt – über die Blutbewegung widerlegte. William Harvey wandte sich in den 1620er Jahren gegen die These des Galenus von der Blutproduktion in der Leber und der wellenartigen Fortbewegung zu den Organen. Aufgrund der anatomischen Erkenntnisse des Vesalius begab sich Harvey an seine Forschung und machte das Herz als Zentrum des Blutkreislaufes aus. Er meinte auch, die konstante Zufuhr von Blut vom Herzen aus in den ganzen Körper nachweisen zu können. In den Niederlanden konnte er zunächst nur Isaac Beeckman neben wenigen anderen zu seinen Verfechtern zählen. Offensichtlich war hier die medizinische Forschung zu diesem frühen Zeitpunkt – die Studie des Harvey *De motu cordis* erschien 1628 – auch noch nicht allzu weit, als daß man hier solche Entwicklungen schon aus vollem Wissen heraus hätte kommentieren können. Freilich, das galt auch für andere Orte wissenschaftlichen Forschens. Nicht einmal bei Harvey selbst scheint es aufgekommen zu sein, daß seine Kreislauf-Theorie die alte Praxis des Aderlassens letztlich ad absurdum führte, ja, letztlich als gefährlich erscheinen lassen mußte. Sehr wohl erläuterte er aber, warum ein vergiftetes Organ einen ganzen Körper in Mitleidenschaft ziehen, ein das Herz angreifendes Fieber die Atmung beeinträchtigen könne. Noch 1650 wurde die neue Erkenntnis von einigen Medizinern vollständig abgelehnt.[60]

Sylvius, der vor vollen Hörsälen dozierte, seine Darlegungen mit Besuchen an Krankenbetten unterstützte und auch den Blutkreislauf mit Experimenten an lebenden Tieren erläuterte, sah aufgrund der Harveyschen Erkenntnisse und zugleich auch der Descartschen Physik, die im übrigen auch im Gresham-College – Vorläufer der Royal Society – Eingang fand, im menschlichen Körper ein großes Laboratorium der pysikalischen und chemischen Prozesse. Krankheiten erklärten sich aus Strömung, Druck und chemischen Reaktionen kleinster Teilchen im Blut. Der Einfluß des Sylvius ging immerhin so weit, daß die Universität Leiden 1669 für ihn ein Laboratorium errichtete.[61] Sylvius führte die Lehre von den sauren und alkalischen Schärfen des Blutes in die Medizin ein. Sie spielten in seiner Lehre eine große Rolle. Er kannte zudem schon die Tuberkelknoten und legte Einzelbeschreibungen der Anatomie des Gehirns vor. Schüler des Sylvius, etwa die Leibärzte des Großen Kurfürsten, bereiteten der iatrochemischen Richtung in den deutschen Territorien den Boden. Natürlich hat Sylvius auch in Leiden Studenten gehabt, die ihrerseits die medizinischen Forschungen fortsetzten. Zu ihnen zählten Reinier de Graaf, der zur Kenntnis der weiblichen Geschlechtsorgane beitrug und die nach ihm benannten Follikeln im Eierstock beschrieb – damals noch in der Annahme, die Eizelle selbst entdeckt zu haben. Jedenfalls reichte diese Entdeckung aus, um eine über Jahrzehnte dauernde Diskussion über die Fortpflanzung des

---

60 S. BOAS, *Die Renaissance der Naturwissenschaften*, S. 311.
61 Dazu JORINK, *Wetenschap en wereldbeeld*, S. 64; vor allem auch LINDEBOOM, *Inleiding*, S. 184ff.

Menschen auszulösen, abgesehen davon, daß auch Jan Swammerdam, ein weiterer Schüler des Sylvius, den Anspruch erhob, als erster die Follikeln entdeckt zu haben.[62] Dieser Swammerdam, Sohn eines Amsterdamer Apothekers, studierte in Leiden bei Sylvius und dem Anatom Johannes van Horne und promovierte dort mit einer Arbeit über den Prozess der Atmung (1667). Zuvor schon hatte sich Swammerdam in Paris aufgehalten und dort in engem Kontakt zu Wissenschaftlern gestanden, die sich regelmäßig im Hause des Kunst- und Wissenschaftsmäzens Melchisedec Thévenot trafen. Er befaßte sich schon als Student und dann nach seiner Promotion mit Forschungen zum Muskel- und Nervensystem sowie parallel zu de Graaf mit den weiblichen Geschlechtsorganen und einigen anderen Einzelproblemen. Ein weiterer Schwerpunkt freilich lag im entomologischen Bereich. Swammerdam war der große Insektenkenner der Niederlande. Sowohl Swammerdam als auch ein in diesem Bereich kongenialer Partner, Frederik Ruysch, entwickelten neue Techniken der Präparierung, was der Anatomie allgemein und der Erweiterung der Kenntnis über die Insektenwelt zugute kam. Man brauchte die Beschäftigung mit Insekten nicht zu erwähnen, wäre da nicht in Wissenschaftskreisen bis dahin eine starke Abweisung dieses Bereichs der Zoologie gewesen. Insekten wurden als unvollkommen und minderwertig angesehen. Das seinerzeit gültige Argument, daß Insekten ohnehin nur eine rudimentäre Struktur im Körperinneren hatten, hat Swammerdam, Anatom und zugleich Mikroskopist, zu widerlegen vermocht. Seine erste wissenschaftliche Veröffentlichung zum Thema Insekten erschien 1669 unter dem Titel *Historia insectorum generalis, ofte Algemeene verhandling van de bloedeloose dierkens*. Die Schrift bot ihm die Möglichkeit, auch mit der ersten der in seiner Zeit gültigen Thesen über Insekten aufzuräumen: mit der Lehre von der Metamorphose. Metamorphose hieß in jener Zeit plötzliche Gestaltveränderung im Sinne der Alchemie, das heißt Übergang von einem Element ins andere. Swammerdam wies nach, daß Insekten aus Eiern hervorgehen und daß schon in der Raupe die späteren Eigenschaften des „Endproduktes" vorhanden sind. Der Gelehrte arbeitete vor allem mit Schmetterlingen. Dazu wies er nach, daß auch die kleinsten Insekten Tiere mit einer komplizierten Organstruktur waren.

So hoch angesehen Sylvius auch gewesen sein mochte, das Wohl und Wehe der Medizinischen Fakultät Leidens stand nicht nur auf seinen Schultern. Davon zeugen allein schon die vorgenannten Schüler, die alle auf irgendeine Weise internationale Kontakte unterhielten, wenngleich hinzuzufügen ist, daß die von Sylvius so erfolgreich betriebene klinische Medizin nach seinem Tod allmählich in Verfall geriet. Das änderte sich schließlich, als Herman Boerhaave zu dieser Universität trat. Wenngleich dieser 1668 in Voorhout geborene Mediziner, Sohn eines Prädikanten, zeitlich nicht mehr zum Goldenen Jahrhundert zu rechnen ist, weil der größte Teil seines Wirkens schon im 18. Jahrhundert liegt,[63] sei doch auf diesen Mann hingewiesen, der zur letzten Instanz medizinischen Wissens der Europäer heranwuchs. Boerhaave war durchaus nicht der große Forscher, aber er verband seine ärztliche und medizinisch-wissenschaftliche Tätigkeit mit den neueren naturwissenschaftlichen Erkenntnissen und brachte dies eben in der Lehre unter. Er vollzog die Synthese der chemischen und physikalischen, der pathologisch-anatomischen und mikroskopischen Untersuchung mit den Auffassungen vom ärztlichen Beruf, wie es Hippokrates vorgegeben hatte. Albrecht von Haller, sein Schweizer Schüler, hat ihn den „communis Europae sub initio huius saeculo praeceptor" genannt. Wichtig war, daß er die klinische Praxis der theoretischen Medizin vorzog,

---

62 Der Streit wurde von der Royal Society zugunsten von de Graaf entschieden – nach dessen frühem Tod freilich. Über de Graaf s. G.A. LINDEBOOM, *Reinier de Graaf: leven en werken*, Delft 1973. R. VISSER, *Jan Swammerdam 1637-1680*, in: A.J. KOX (Hrsg.), *Van Stevin tot Lorentz*, S. 64f. teilt mit, daß die Royal Society dem dänischen Arzt Niels Stensen die Priorität zugestanden habe.
63 LINDEBOOM, *Geschiedenis*, nennt ihn dann auch als ersten im 18. Jahrhundert (S. 198ff.).

somit der Universitätsklinik eine herausragende Bedeutung beimaß. Es kommt hinzu, daß Boerhaave dann in seiner Zeit als Professor für Medizin, Botanik und Chemie nicht nur eine Reihe der iatrochemischen Ansatzpunkte des Sylvius verwarf, sondern auch die Descartesche Intention der Weltdeutung ablehnte, nachdem er zum Anhänger Newtons geworden war.[64] So läßt sich abschließend zum Glanz der Universität Leiden feststellen, daß die Qualität der Medizinischen Fakultät zur fruchtbaren Gelehrsamkeit von Theologie, Jurisprudenz und den artes liberales trat. Daß gleichzeitig Naturwissenschaften, Technik und Experiment – genannt sei hier das auf Andringen des Naturphilosophen Burchardus Volder von der Universität eingerichtete physikalische Labor, für das Volder Beispiele bei der Royal Society gefunden hatte[65] – eine Heimstatt fanden, erhöhte die Bedeutung dieser Bildungsstätte.

Es sei abschließend zur Entwicklung der Naturwissenschaften in den Niederlanden festgestellt, daß sich diese für die kulturelle Präsenz des Landes sicherlich wichtige Komponente in einem großen europäischen Erkenntnisdrang eingebettet fand, der einfach die Jahrzehnte des 17. Jahrhunderts beherrschte und, wie manches zuvor, seinen Ausgang im Süden Europas nahm. Die enge Beziehung niederländischer Naturwissenschaftler und Mediziner vor allem mit Frankreich und England war befruchtend für beide Seiten. Es handelt sich um ein Geben und Nehmen ohne jede Auffälligkeit, eher um eine Selbstverständlichkeit, die aus dem Europa der Zeit unter naturwissenschaftlichem Aspekt eine *république des sciences* gemacht hat.

---

64 Zu Boerhaave zuletzt die Biographie von R. KNOEFF, *Herman Boerhaave (1688-1738). Calvinist, chemist and physician*, Amsterdam 2002.
65 Zu Volder s. JORINK, *Wetenschap en wereldbeeld*, S. 94f.

XII. Einfluß der Niederlande in deutschen Territorien

Emden und Bremen

Der Reisende, der von Westen nach Osten die Grenze zu den deutschen Territorien überschritt, mußte lange unterwegs sein, um nicht mehr auf Einfluß oder Rezeption niederländischer Kultur oder niederländischen Lebensstils zu stoßen. In den nordwestlichen Territorien fand er in der Stadt Emden eine über die Konfession vermittelte traditionsreiche Verbindung. Emden war in den frühen Jahren des reformatorischen Umbruchs Auffangort und zugleich organisatorische Pflanzstätte des Calvinismus (Synode von 1571) in den Niederlanden. Die reformierte Kirche der Stadt galt lange als Mutterkirche der Calvinisten, und von hier aus fanden calvinistische Prediger den Weg ins westliche Nachbarland.[1] Die Generalstände haben ihrerseits die Stadt in ihrer Auseinandersetzung mit Graf Edzard II. von Ostfriesland, der für sein Herrschaftsgebiet die Konfession Luthers als alleiniges Bekenntnis einführen wollte, unterstützt. Wer zwischen 1609 und 1744 – bis zum Übergang an Preußen – in der Stadt weilte, traf dort auf eine niederländische Garnison, auf Truppen der Generalstände. Der Reisende, der die Spuren der Niederländer weiter nach Osten verfolgte, fand sich nach kurzer Fahrt durch Teile der norddeutschen Tiefebene in Bremen als einer Stadt, deren natürliche Lebensumstände und Bürgerstruktur durchaus denen der niederländischen Städte vor allem im Westen der Republik vergleichbar war. Die Tradition, von der im Zusammenhang mit Emden gesprochen worden ist, galt auch hier, sie lag gar noch weiter zurück, wenn man die frühe niederländische Siedlung und die Eindeichung von gefährdeten Gebieten durch eben die Niederländer als einen ersten Beziehungsstrang anmerken will.[2] Handelsbeziehungen und nicht zuletzt der konfessionelle Umbruch haben die bremisch-niederländische Verbindung intensiviert.[3] In der Zeit Luthers kamen die Augustiner-Mönche Hendrik van Zutphen und Jacob Propst auf der Flucht vor der spanischen Gegenreformation aus Antwerpen nach Bremen, schufen die Basis für das Luthertum, und letztgenannter schrieb zusammen mit einem weiteren Niederländer, Johann Timann, die Kirchenorganisation fest. Über einen anderen Niederländer, den Domprediger Albert Rizäus Hardenberg, wurde „eine deutlich humanistisch gefärbte Theologie in den Rechtsraum einer davon völlig unberührten lutherischen Verfassung" eingebracht – eine Entwicklung, die spätestens ab den 80er Jahren des 16. Jahrhunderts vollzogen war. Damit setzte sich in Bremen eine Art zweite Reformation durch, die von Niederländern inszeniert wurde. Die Kirchenverfassung blieb eine lutherische, so daß die städtische Obrigkeit ihre in der Kirchenverfassung zugewiesenen Kompetenzen erhalten sah.[4]

Möglicherweise war der Zuzug protestantischer Kaufmannsfamilien aus den Niederlanden, vornehmlich aus den südlichen Provinzen, sowohl für den Kontakt zu den Niederlanden als auch für das Wirtschaftsleben von größerer Bedeutung. Jüngere Forschungen weisen aus, daß im 16. und 17. Jahrhundert mindestens 16 Kaufmannsfamilien aus den Niederlanden zuzogen und sich dort niederließen. Zwölf weitere Familien

---

1   Zu dieser Beziehung s. H. SCHILLING, *Niederländische Exulanten im 16. Jahrhundert. Ihre Stellung im Sozialgefüge und im religiösen Leben deutscher und englischer Städte*, Gütersloh 1972.
2   Dazu R. KELM, *Frühe Kontakte. Die Niederlande und das östliche Wesermündungsgebiet in Frühgeschichte und Mittelalter*, in: *Bremen und die Niederlande. Jahrbuch 1995/96 der Wittheit zu Bremen*, Bremen 1997, S. 32ff.
3   Zum konfessionellen Umbruch s. F. SEVEN, *Niederländische Einflüsse auf die 1. und die 2. Reformation in Bremen*, in: *Bremen und die Niederlande*, S. 62ff.
4   S. ebd. S. 64ff.

kamen erst auf Umwegen in die Stadt. Es wird aufgrund von Briefen von Emigranten angenommen, daß die Zahl noch erheblich größer war. Jene Briefe vermitteln Einblicke in den bremischen Handel mit den Niederlanden sowie in das städtische Leben Bremens überhaupt. Wenngleich es ursprünglich die Absicht der Familien gewesen ist, nach Beilegung des großen konfessionellen Konflikts in die Niederlande zurückzukehren, blieben doch viele Familien am Orte, da die Lage unsicher war und sie zudem auf wirtschaftlichen Erfolg blicken konnten. „Sprache und Kultur erleichterten die Anpassung: Man kann auch davon ausgehen, daß die holländische Sprache von den niederdeutsch sprechenden Bremern verstanden wurde", abgesehen davon, daß es ein enges konfessionelles Band gab. Neben den Kaufleuten waren es Handwerker und Baumeister, die das Bremer Wirtschaftsleben bereicherten. Mit diesen Handwerkern kamen deren Fertigkeiten in die Stadt und wurden hier genutzt. Es ist zu vermuten, daß bei der Gestaltung der Reliefs am Bremer Rathaus Steinmetze aus den Niederlanden herangezogen wurden. Andrerseits sollte nicht übersehen werden, daß gegen Ende des 16. Jahrhunderts Bremer Steinmetze unter der Leitung des Lüder von Bentheim die Fassade des Leidener Rathauses nach einem Entwurf des Haarlemer Künstlers und Architekten Lieven de Key hergestellt haben. Die Fassade wurde von Bremen in die Niederlande verschifft. Demgegenüber scheinen niederländische Architekten und Baumeister besonders für den Festungsbau die bevorzugten Fachleute gewesen zu sein. Das zeigte sich später im Brandenburg des Großen Kurfürsten, spielte aber auch schon in Bremen eine Rolle. So lag die Modernisierung der städtischen Befestigungsanlagen in der Hand niederländischer Baumeister. Zentrale Person war hier zunächst Johan van Rijswijk, ein Brabanter, der als Festungsbaumeister unter Moritz von Oranien tätig wurde. Die Pläne des Brabanters entstanden 1601 und 1603, als er sich in Bremen aufhielt. Mit ihm arbeitete Johan van Valckenburgh, der 1605 als Ingenieur bei den Generalständen Dienst tat und seit 1609 als Festungsbaumeister für die Hanse arbeitete. Valckenburgh, der sich eine Reihe von Jahren in Abständen in Bremen aufhielt, bekam nach seinem Tod 1625 wiederum einen niederländischen Nachfolger in der Person des Jan van Laer aus der Provinz Overijssel. Van Laers Familie gehörte zu den frühen niederländischen Glaubensflüchtlingen, die sich schon im 16. Jahrhundert in Emden niedergelassen hatten.[5]

Daß sich Niederländer als Besucher in Bremen aufhielten, einfach die Stadt besichtigten, gehört auch dann, wenn es sich um einigermaßen hochkarätig besetzte Gruppen handelte, eher zu den vorübergehenden Erscheinungen des Alltags, auf keinen Fall zu den prägenden Elementen einer Beziehung.[6] Da ist schon eher auf den niederländischen Einfluß in der Malerei hinzuweisen. Man geht nicht zu weit mit dem Hinweis, daß nach Motivik, Komposition und Stil die Bremer Malerei des 17. Jahrhunderts als eine Fortschreibung der niederländischen Kunst eingeordnet werden kann, ohne daß damit etwas zur Qualität gesagt werden soll. Es ist schon auffällig, daß sich die Porträtmalerei in dieser in ihrer Bürgerstruktur den niederländischen Städten ähnlichen Stadt Bremen seit den 30er Jahren des 17. Jahrhunderts häuft. Vom Bestand des Focke-Museums ausgehend, ist festgestellt worden, daß vor 1630 vier Porträts von Bremer Künstlern gefertigt, zwischen 1630 und 1640 allein schon 6 und 34 im 17. Jahrhundert insgesamt gemalt wurden. Von drei Malern der Porträtkunst, die sich in dieser Zeit in Bremen aufhielten, weiß man, daß sie sich in den Niederlanden geschult haben. Bei Wolfgang Heimbach, der das Ehe-

---

5   Dazu der Beitrag von H. SCHWARZWÄLDER, *Niederländer in Bremen im 16./17. Jahrhundert*, in: ebd. S. 85ff.
6   Ebd. S. 93 wird über den Besuch 1665 einer Delegation der Generalstände berichtet, die ins Zarenreich zur Wiederherstellung guter russisch-niederländischer Beziehungen gereist war und sich auf der Rückreise einen Tag in Bremen aufgehalten und die Stadt besichtigt hatte. Zur Delegation gehörte auch Nicolaes Witsen, der spätere Bürgermeister von Amsterdam. Die Leitung hatte Jacob Boreel, zunächst Schöffe, dann Bürgermeister von Amsterdam.

paar Graevaeus 1636 malte, enthielt die Darstellung eben der hochdetaillierten Feinmalerei in der engen Verquickung von bürgerlicher Würde und Reichtum einen deutlichen Reflex auf niederländische Konzeption und handwerkliche Fertigkeit. Das gilt auch für die Arbeiten des Simon Peter Tilman gen. Schenk, der das Ehepaar Eelking 1647 malte. Da ist zusätzlich nicht so sehr auf die eingearbeitete Symbolik der Vergänglichkeit auch im Leben eines welterfahrenen Kaufmanns hinzuweisen, die schon prononciert in den Vordergrund geschoben wird, in der zeitgenössischen niederländischen Malerei freilich schon verfeinert verarbeitet war, sondern ist auch das Mittel zur Herstellung tiefenräumlicher Wirkung zu nennen, dessen sich der Maler in Anlehnung an das niederländische Vorbild bediente, und es fügt sich in die Reihe niederländischer Prägungen, wenn auch für die allegorischen Darstellungen die regelrechte Übernahme niederländischer Vorbilder festgestellt werden kann. Das Allegorische oder Mahnende, das sowohl für niederländische Malerei als auch für niederländische Emblematik so besonders auffällig ist, äußert sich auch in Darstellungen wie etwa der auf dem von Tilmans gefertigten Bild von den Kindern des Apothekers d'Erberfeld – Tilmans hielt sich in jener Zeit, den 40er Jahren, abwechselnd zwischen Utrecht und Bremen auf. Hinzuweisen ist auch auf den Maler Franz Wulfhagen, der 1660 *Die Hochzeit zu Kanaan* malte und von Arnold Houbraken, dem niederländischen Maler und Kunstschriftsteller, der, wie mehrfach betont, im letzten Drittel des 17. Jahrhunderts zu den prominenten Künstlern und Kunstsachverständigen der Republik gehörte, ein Schüler Rembrandts genannt wird.[7]

Es sollte noch darauf hingewiesen werden, daß die niederländische Regententracht, die in ihrem dunklen Grundton den Nachweis puritanischer Lebenshaltung vorzulegen scheint, weder Dekolleté noch kurze Ärmel kennt, gleichwohl reich ausgestattet ist, beim Bremer Patriziat Anklang und Nachahmung gefunden hat, und es ist mit Blick auf niederländische Kunstfertigkeit und Ästhetik zu erwähnen, daß die Erzeugnisse der Delfter, den europäischen Markt der Zeit beherrschenden Fayence-Manufaktur den Hausrat manch Bremer Familie wertvoll ergänzten[8], und schließlich sei bemerkt, daß niederländische Orgelbauer in Bremen und über die Stadt hinaus im ganzen norddeutschen Raum und nach Süden hinunter bis nach Südwestfalen ihre Tätigkeit entfaltet haben.

Genau hier freilich ist die Beobachtung anzuknüpfen, daß es sich bei diesen Details auch in ihrer Summe letztlich nur um ein Zeichen der Akzeptanz niederländischer Fertigkeiten und sicherlich auch Kunstsinn handelt, von einem wirklichen Einfluß im Sinne tiefer greifender Strukturveränderungen oder, wenn man so will, mitentscheidender Prägungen bei der Ausgestaltung eines auf die Zukunft gerichteten und bald auch machtvollen Territoriums, wie es sich dann bei den niederländisch-brandenburgischen Beziehungen im Nordosten des Reiches entwickelte, kann kaum die Rede sein.

Die Niederlande in Brandenburg-Preußen

Eben dieser heute noch sichtbare niederländische Einfluß in Brandenburg-Preußen läßt sich leicht als eine intensive niederländische Mitarbeit im Territorium und am Hof einstufen. Und der Ausgangspunkt? Ein größerer Gegensatz war in dieser Zeit kaum denkbar. Im Westen die Republik, die Glanz ausstrahlte und hohe Bewunderung erfuhr, dort im Nordosten des Reiches ein Territorium, das von den Wirren des Dreißigjährigen Krieges in arge Mitleidenschaft gezogen war. Dieser Prozeß der engsten Kontakt-

---

7   Ebd. S. 112ff.
8   Sowohl zur Kleidung als auch zu den Delfter Fayencen in Bremen s. U. BERNSMEIER, *Regentenkleid und Bremer Tracht*, in: ebd. S. 121-126 sowie DIES., *Delfter Fayencen in Bremen*, in: ebd. S. 127-130.

aufnahme und Verbindung ist hier näher nach Ursache und Wirkung zu befragen. Der Gegensatz zwischen Monarchie und Republik mochte Gegenstand staatstheoretischer Überlegungen sein – an der Universität von Leiden und andernorts in den Niederlanden ist das diskutiert worden – in der außenpolitischen Praxis und hier ganz konkret im brandenburgisch-niederländischen Verhältnis war das kein Thema. Die Teilung der Welt in Konfessionen und die klare Stellungnahme vor allem auch des Hauses Oranien für eine von ihnen, für die Richtung des Calvinismus, hat die republikanische Geburt der Vereinigten Provinzen für den konfessionell gleichgestimmten Teil des europäischen Umfeldes dem Ruch des Ungewöhnlichen und nicht so rasch Goutierbaren entzogen. Wie einerseits die militärischen Erfolge der oranischen Statthalter die Republik zu einem militärisch akzeptablen Mitstreiter für die reformierten Territorien Europas machten, so hat andrerseits die Wirtschafts- und Innovationskraft der Republik die Oranier zu einer auch bei europäischen Fürstenhäusern begehrten Partie gemacht. Spätestens seit der Statthalterschaft des Friedrich Heinrich von Oranien entwickelte sich eine eng gestrickte konnubiale Verflechtung zu deutschen Territorien und zu England hin, welch letztgenannte ihren eindeutigen Höhepunkt mit der Krönung Wilhelms III. von Oranien zum englischen König erlebte. Sehr richtig ist in diesem Zusammenhang festgestellt worden, daß eben die oranische Familienpolitik die Integration der Republik in das Konzert der europäischen Mächte ermöglicht habe. Sie bildete tatsächlich ein wesentliches, die politische Entwicklung mittragendes Element – eine politische Entwicklung, die eine Zeitlang ganz elementar gegen das Expansionsbedürfnis Ludwigs XIV. gerichtet war und die selbst zu einem Zeitpunkt, als die Konfessionsfrage schon lange obsolet erscheinen mußte, noch einmal das alte Argument vom Widerstand des Protestantismus gegen die katholische, nunmehr durch den französischen König personifizierte Gefahr zur Geltung brachte. Es war eben durchaus bezeichnend, daß ein Vertreter des Hauses Oranien, Wilhelm III., sich dieses Arguments bei seinen Bemühungen um geeignete Partner im Kampf gegen Frankreich bediente.[9]

Dies sei als der politische Rahmen vorangestellt, in dem sich eine engere Beziehung zwischen der Republik und den deutschen Territorien vollzog oder der auf jeden Fall die Voraussetzungen für wirtschaftliche und kulturelle Zusammenarbeit schuf, die das Bild einer Einbahnstraße von West nach Ost vermittelt und daher als ein gut Stück Entwicklungshilfe apostrophiert werden darf. Darüber hinaus ist nachzugehen, in welchem Umfang der Eintrag des wirtschaftlichen Fortschritts und der technischen Fertigkeiten in der Mark Brandenburg ablief, in welcher Weise man sich der niederländischen Architekten beim Bau von Luxus- und Festungsanlagen gleichermaßen bedient hat und wie es schließlich um die Rezeption der niederländischen Kunst und ihres Hochstandes im 17. Jahrhundert bestellt war. In einem weiteren Schritt ist alle Aufmerksamkeit auf die Frage zu richten, ob denn die von Gerd Oestreich apostrophierte *Niederländische Bewegung*, die letztlich eine umfassende Aufnahmebereitschaft für alles Niederländische begrifflich erfassen will, tatsächlich auch ein enges Band der geistigen Verflechtung geschaffen hat.

Es sei vorab gesagt, daß von Intensität der Beziehung zwar erst in der Zeit des Großen Kurfürsten gesprochen werden kann, gleichwohl ist festzustellen, daß es eben zuvor schon Entwicklungen gegeben hat, die gleichsam den Boden für spätere Kooperation bereiteten. So war es von hoher Bedeutung, daß Kurfürst Johann Sigismund schon

---

9 Zu den Außenbeziehungen der Republik – deutsche Territorien für die Zeit nach dem Westfälischen Frieden bis zum Frieden von Aachen s. H. GABEL/V. JARREN, *Kaufleute und Fürsten. Außenpolitik und politisch-kulturelle Perzeption im Spiegel niederländisch-deutscher Beziehungen 1648-1748 mit einer Einleitung von* H. DUCHHARDT *und* H. LADEMACHER, (Niederlande-Studien, Bd. 18), Münster u.a. 1998, hier insbesondere den von H. Gabel bearbeiteten Teil.

Joachim Friedrich von Brandenburg

zu Weihnachten 1613 vom lutherischen zum calvinistischen Glauben übertrat. Über die Motive ist hier nicht zu handeln, es sei lediglich auf Otto Hintze hingewiesen, der feststellt, mit diesem Übertritt habe Johann Sigismund den Anschluß an eine Religionspartei gewonnen, „die in der freien Luft einer großen Politik atmete; in diesem Lager leuchteten Namen wie der Colignys und Wilhelms von Oranien; hier war ein freierer Weitblick; hier gab es große politische Entwürfe, die in der dumpfen Enge des kleinstaatlichen Luthertums nimmermehr gediehen wären."[10] Es ist gleich hinzuzufügen, daß die Niederlande für diesen Schritt höchstens indirekt von Einfluß gewesen sind, es aber vor dieser Zeit sehr wohl schon intellektuelle Beziehungen gegeben hatte, die nicht zuletzt eine Konsequenz der peregrinatio academica waren. Zu den Trägern der Entwicklung zählte nicht nur die damals noch kleine Schicht der Universitätsprofessoren, sondern auch Ärzte, Richter, städtische Vertreter. Die Gelehrtenkorrespondenzen der Zeit, die eben auch die Korrespondenzen ehemaliger Studenten sind, geben einigen Aufschluß über die Verbindung. So stand der Humanist Franz Hildesheim, Leibarzt des Kurfürsten Joachim Friedrich, in Verbindung mit Justus Lipsius, der, wie später mit Blick auf die vertieften intellektuellen Beziehungen zu zeigen sein wird, für Brandenburg-Preußen, aber auch andere deutsche Territorien eine späthumanistische Zentralfigur war.[11] Abgesehen davon, daß Justus Lipsius in jener Zeit rasch eine europaweite Akzeptanz gefunden hat, wurde in Magdeburg schon 1599 eine Auslese aus seinen Schriften unter dem Titel *Flores totius philosophiae* herausgegeben, wie überhaupt schon früh niederländische Literatur

---

10 S. O. HINTZE, *Kalvinismus und Staatsräson in Brandenburg zu Beginn des 17. Jahrhunderts*, in: Historische Zeitschrift, 144 (1931), 229ff.

11 S. dazu G. OESTREICH, *Die Niederlande und Brandenburg-Preußen*. Neudruck in: H. LADEMACHER (Hrsg.), *Onder den Oranje boom. Dynastie in der Republik. Das Haus Oranien-Nassau als Vermittler niederländischer Kultur in deutschen Territorien im 17. und 18. Jahrhundert. Textband*, München 1999, S. 192. Hildesheim lebte in Frankfurt an der Oder.

Johann Sigismund
von Brandenburg
(Wolf. Kilian)

in der Mark Verbreitung fand. Eine neue Auswahl der Schriften des Lipsius erschien 7 Jahre nach Erscheinen der ersten und war Christian Distelmeyer gewidmet, dem ehemaligen Berater des Kurprinzen Johann Sigismund. Sowohl an der Landesuniversität Frankfurt/Oder als auch an anderen deutschen Universitäten wurde die Staatslehre des Lipsius gelehrt.[12]

Die größte Aufmerksamkeit muß der Zeit des Großen Kurfürsten und den Jahren danach gelten. Friedrich Wilhelm hielt sich in seinen Jugendjahren am Hofe des Statthalters Friedrich Heinrich auf und sammelte dort ebenso wie an der Leidener Universität seine Eindrücke vom Glanz der Republik und zugleich vom Glanz des statthalterlichen Hofes. Für den Transfer niederländischer Fertigkeiten war freilich erst die Ehe mit der ältesten Oranier-Tochter, Louise Henriette, entscheidend. Von ihrer Seite scheint es keine Liebesheirat gewesen zu sein, soll sie doch reichlich Tränen ob der Wahl ihrer Eltern zugunsten des nicht zu den Schönen oder Reichen der Zeit zählenden Brandenburgers vergossen haben.[13] Für die Brandenburger und die mit den englischen Stuarts schon familiär verbundenen Oranier war das ein politisch und dynastisch gleichermaßen erfreuliches Ereignis, und für den Kurfürsten stellte die Heirat mit der Oranier-Tochter den krönenden Abschluß einer Zeit dar, in der er eben Kultur und Lebensweise des Landes schon reichlich kennengelernt hatte. Gerhard Oestreich geht in seinem Urteil über diesen Lebensabschnitt noch weiter, wenn er schreibt: „Das Erlebnis des in seiner vollen militärischen, wirtschaftlichen und kulturellen Kraft stehenden Staatswesens hat ihn sein

---

12 S. ebd.
13 Dazu S. GROENVELD, *Beiderseits der Grenze. Das Familiengeflecht bis zum Ende der ersten oranisch-nassauisvchen Dynastie, 1702*, in: H. LADEMACHER (Hrsg.), *Dynastie in der Republik*, S. 146.

Leben lang bestimmt."[14] Und er formuliert völlig zu Recht weiter, der Kurfürst habe die engen persönlichen und wissenschaftlichen Beziehungen zu den Niederlanden durch seine Eheschließung mit Louise Henriette bis zum Lebensende aufrechterhalten.[15]

Was hier zunächst eine Vernuftheirat war, die eine Interessengemeinschaft begründete, entwickelte sich bald schon wirtschaftlich, technisch und kulturell zu einem innovatorischen Unternehmen für Brandenburg-Preußen – nicht zuletzt unter tatkräftiger Mitwirkung der oranischen Prinzessin. Ihr Name steht für die Vermittlung niederländischer Einflüsse in dem nun dynastisch verbundenen deutschen Territorium. Zwei Staatsgebiete höchst unterschiedlicher Voraussetzungen entwickelten eine enge Beziehung zueinander. Das eine im Osten, ein landgerichtetes Fürstentum, in dieser Zeit noch in einigen Zonen von den Wirren des Dreißigjährigen Krieges herb gebeutelt, das andere eben auf Seefahrt und Handel fixiert, in Gewerbe und Landwirtschaft technisch auf hohem Niveau, darüber hinaus eben eine bürgerlich gelenkte Republik. Es ist im nachhinein von den Niederlanden als „dem Mekka aller am Fortschritt interessierten Menschen in Europa"[16] gesprochen worden, es wäre hinzuzufügen, daß sogar ein deutliches west-östliches Kulturgefälle vorlag, das nun aufzufüllen war.

Der Neuaufbau des brandenburgischen Staates und eine adäquate Machtentfaltung bedurfte in erster Linie einer gesunden wirtschaftlichen Grundlage. Dem Brandenburger Kurfürst war das klar, und er setzte – eben zusammen mit seiner Frau – alles daran, solche Grundlage zu schaffen. „Die agrokulturkundigen Holländer, so hat Theodor Fontane später geschrieben, „... waren von den Tagen Louise Henriettens, von der Gründung Oranienburgs und dem Auftreten der klevischen Familie Hertefeld an die eigentlichen landwirtschaftlichen Lehrmeister für die Mark, speziell für das Havelland ...".[17] Niederländer heranzuziehen, lag nachgerade auf der Hand, weil die Kenntnisse dieser Küstenbewohner für die Urbarmachung des Landes erheblich weiter entwickelt waren als das Wissen der Inländer. Zusammen mit seiner Frau entwarf der Kurfürst ganze Siedlungsprogramme, die von den angeworbenen Niederländern, vor allem denen aus den Provinzen Friesland und Holland, realisiert werden sollten – und zwar zu attraktiven

---

14 G. OESTREICH, *Die Niederlande und Brandenburg-Preußen*, in: ebd. S. 193; zuvor schon DERS., *Calvinismus, Neustoizismus und Preußentum. Eine Skizze*, in: JbGMOD, 5(1956), S. 157-181, hier insbes. S. 170.

15 Neuerdings zu Louise Henriette die Monographie von U. HAMMER, *Kurfürstin Luise Henriette. Eine Oranierin als Mittlerin zwischen den Niederlanden und Brandenburg-Preußen*. Studien zur Geschichte und Kultur Nordwesteuropas, Bd. 4, Münster u.a. 2002.

16 S. dazu I. MITTENZWEI/E. HERZFELD, *Brandenburg-Preußen 1648 bis 1789. Das Zeitalter des Absolutismus in Text und Bild*, Berlin 1987, S. 90.

17 Zit. bei D. OUDESLUIJS, *Wirtschaft und Technik in Brandenburg-Preußen*, in: H. LADEMACHER (Hrsg.), *Dynastie in der Republik*, S. 393. In diesem Zusammenhang sei auch Fontanes Befund über die Arbeit der Louise Henriette aus seinen *Wanderungen* zitiert: „Kaum war die Schenkungsurkunde ausgestellt, so begann auch die Tätigkeit der hohen Frau, die durch den Anblick frischer Wiesen nicht nur an die Bilder ihrer Heimat erinnert sein, die vor allem auch einen Wohlstand, wie ihn die Niederlande seit lange kannten, hier ins Dasein rufen und nach Möglichkeit die Wunden heilen wollte, die der Dreißigjährige Krieg diesen schwer geprüften Landesteilen geschlagen hatte. Kolonisten wurden ins Land gezogen, Häuser gebaut, Vorwerke angelegt und alle zur Landwirtschaft gehörigen Einzelheiten alsbald mit Emsigkeit betrieben. Eine Meierei entstand und Gärten und Anlagen faßten alsbald das Schloß ein, in denen der Gemüsebau, die Baum- und Blumenzucht ebenso das Interesse der Kurfürstin wie die Arbeit der Kolonisten in Anspruch nahmen. Sie war eine sehr fromme Frau (ihr Leben und ihre Lieder zeugen in gleicher Weise dafür), aber ihre Frömmigkeit war nicht von der bloß beschaulichen Art und neben dem ‚bete' stand ihr das ‚arbeite'. Mild und wohlwollend, wie sie war, duldete sie doch keine Nachlässigkeit, und in diesem Sinne schrieb sie z. B. am 27. April 1657 nach Oranienburg, daß es schimpflich für alle Beamten und geradezu unverantwortlich sei, daß in allen Gärten nicht so viel Hopfen gewonnen werde, wie zum Brauen erforderlich, und könne daran nichts als eine schändliche Faulheit die Schuld sein." Aus: *Wanderungen durch die Mark Brandenburg, III*, München 1977, S. 133f.

Bedingungen. Um einfache Aufbauarbeit in den durch den Krieg verwüsteten Landstrichen ging es zunächst einmal, und diese Aufbauarbeit wurde mit der Zusicherung langjähriger Abgaben- und Lastenfreiheit belohnt. Louise Henriette siedelte in dem ihr geschenkten Amt Bötzow (Oranienburg) Fachleute für den Kanal- und Schleusenbau, friesische Rinder- und Schafzüchter sowie Butter- und Käsehersteller an. Diese bildeten die sogenannten Holländereien, landwirtschaftliche Musterwirtschaften mit zentralem Hof und geschlossenem Acker- und Weidebesitz. Die Holländereien sollten noch bis ins 19. Jahrhundert das Bild der brandenburgisch-preußischen Landwirtschaft prägen. Daß Niederländer überhaupt auf die Anwerbung reagierten, lag nicht nur an den günstigen Bedingungen, sondern vor allem auch an der durch die Fährnisse des Ersten Englischen Krieges verursachten erhöhten Auswanderungsbereitschaft in der Republik, als Arbeitslosigkeit eintrat und Einkommensverluste drohten.[18]

Zu den Bauern traten die Wasserbautechniker und Mühlenspezialisten, die im Mühlenbau den europäischen Spitzenplatz belegten. Ein Techniker aus Utrecht, Haye Steffensz., wurde zum kurfürstlichen Bau-, Mühlen- und Schleusenmeister bestellt. In dem 1650 in Berlin wieder einsetzenden Schleusenbau waren Niederländer verantwortlich beschäftigt. Der Bau des Oder-Spree-Kanals, des Neuen Grabens, für den schon ältere Pläne vorlagen, soll auf Anraten Louise Henriettes in Angriff genommen worden sein. Der Kanal, dessen Bau 1669 abgeschlossen wurde, erschloß die Infrastruktur des Binnenhandels und schuf neue Möglichkeiten für den Handelsverkehr nach Westeuropa über Hamburg in die Niederlande und nach Frankreich. Der niederländische Hofbaumeister Michael Mathias Smids übernahm den Bau der insgesamt 13 Kammerschleusen. Berlin wurde damit zum Verkehrsknotenpunkt. Dies alles waren Wegbereitungen für einen regeren Handel, über dessen Bedeutung und Erfordernis sich der Kurfürst schon in seinen niederländischen Jahren klar geworden war.

Mit der Förderung des Handels durch Ausbau der Infrastruktur kam der Aufbau der Schiffahrt, von Handels- und Kriegsmarine gleichermaßen. Unter Anleitung zunächst des Aernout Gijssels van Lier, eines von Friedrich Heinrich empfohlenen Niederländers, der im niederländisch-indischen Archipel gedient hatte, und später unter Führung des niederländischen Kaufmanns, Reeders und Seefahrers Benjamin Raule, wurde die Infrastruktur angelegt, der Hafen von Pillau auf- und ausgebaut und die Binnenwerften in Berlin und Havelberg begründet. In Berlin entstand der Schiffbauerdamm, an dem sich zahlreiche niederländische Schiffszimmerleute niederließen. Es waren nicht zuletzt auch die Niederländer, die die – freilich langfristig nicht übermäßig ergiebigen – kolonialen Bestrebungen befürworteten. Um den niederländischen Einfluß beim Schiffbau noch zu unterstreichen, sei auf den hohen Anteil niederländischer Begriffe in der Fachsprache des Gewerbes hingewiesen, abgesehen davon noch, daß der im Handelsverkehr nachgerade revolutionäre Schiffstyp „fluit", der seit 1595 die niederländische Handelsflotte ergänzte, gebaut wurde.[19]

Verglichen mit dem Einfluß etwa in Landwirtschaft und Wasserbau ist niederländische ‚Anwesenheit' in einer Reihe anderer Gewerbezweige (etwa Porzellan-, Tuch- und Seidenindustrie) zwar nicht zu übersehen, aber sicher bei weitem nicht so prominent. So sei hier auch die Aufmerksamkeit auf Städte, Schlösser und Gärten gerichtet – auf jene Arbeitsfelder, die zum einen das fürstliche Leben repräsentierten, zum anderen in ganz besonderer Weise die niederländische Präsenz sichtbar zu machen vermögen. Dieses war ein Arbeits-und Anschauungsfeld, über das sich der Große Kurfürst bei seinem Aufenthalt in den Niederlanden schon hatte kundig machen können, zu

---

18 S. OUDESLUIJS, *Wirtschaft und Technik*, S. 391ff.
19 Nach ebd. S. 392ff.; aber auch K. VETTER, *Oranien-Nassau und die Hohenzollern im 17./18. Jahrhundert*, in: ebd. S. 220ff.

Die vier Töchter von Statthalter Friedrich Heinrich (J. Mijtens)

einer Zeit, als Jacob van Campen das Baugeschehen des „holländischen Klassizismus" wesentlich bestimmte. Und nicht nur das Werk Jacob van Campens, sondern auch das des Pieter Post war dem Kurfürsten bekannt.[20] Das waren Namen, die in Europa einen hervorragenden Klang hatten. Völlig verständlich hat so auch 1911 Galland geschrieben: „Möchte es mir doch gelingen, nach und nach, der holländischen Bautechnik der Rembrandt-Zeit jenen Ehrenplatz, den ihr das damalige nördliche Europa freiwillig eingeräumt, als geschichtliches Faktum wiederzugeben."[21] Es geht hier nicht um die Ambition dieses Historiographen, sondern um dessen richtigen Hinweis auf die europäische Bedeutung niederländischer Bautechnik vor allem auch dort, wo es sich um sumpfigen Boden handelte. Eine wichtige, das Baugeschehen nachgerade beherrschende Person war Mitte des Jahrhunderts Johann Gregor Memhardt, Linzer von Geburt, aber früh schon in den Niederlanden wohnend, wo er sich als Architekt und Festungsbaumeister zu einem typischen Vertreter seines Gastlandes entwickelte und daher auch von Louise Henriette als Baumeister des Schlosses Oranienburg angestellt wurde, das zwischen 1651 und 1653 entstand. Vom Kurfürsten selbst war er ein Jahr zuvor schon nach Berlin berufen worden und hatte den Auftrag erhalten, Kölln zur Festung auszubauen. Den Anfang zu diesem Festungsbau machte man 1658 und brachte ihn 1683 zum Abschluß. Es war eine Anlage, die das Berliner Stadtbild bis in die Gegenwart mitbestimmt. Nach Memhardts Plänen verlief auch die Bebauung Friedrichwerders, und von Memhardt stammt der erste erhaltene Stadtplan Berlins von 1648, und eben dieser Baumeister zeichnete die Pläne

---

20 Vgl. dazu K.A. OTTENHEYM, *Fürsten, Architekten und Lehrbücher. Wege der holländischen Baukunst nach Brandenburg im 17. Jahrhundert*, in: H. LADEMACHER (Hrsg.), *Dynastie in der Republik*, S. 287ff.

21 G. GALLAND, *Der Große Kurfürst und Moritz von Nassau, der Brasilianer. Studien zur Brandenburgischen und Holländischen Kunstgeschichte*, Frankfurt/Main (Vorwort).

zum Potsdamer Stadtschloß,[22] das auch unter seiner Leitung und der des „Kammerjunkers und Baumeisters" Philippe de Chièze, ein Ingenieur aus Piemont, gebaut wurde. Aber es ist eben nicht nur die Person, sondern auch das über die Person eingebrachte niederländische Vorbild, das in Potsdam gleichsam nachempfunden wurde. Der Memhardtsche Grundriß des Potsdamer Schlosses erinnere, so ist festgestellt worden, an die Anlage des von Friedrich Heinrich erbauten Schlosses Honselaarsdijk und, soweit es die ursprüngliche Kuppel angeht, an den von Van Campen geleiteten Innenausbau des Oranjezaal in Huis ten Bosch in Den Haag.

Neben Memhardt ist der Utrechter Architekt und Festungsbaumeister Cornelis Rijckwaert zu erwähnen, der durch Vermittlung von Johann Moritz von Nassau-Siegen, der, wie schon gesagt, auch der „Brasilianer" genannt wurde, nach Brandenburg kam. Rijckwaert trat in brandenburgischen Staatsdienst und wurde Festungsbaumeister in Küstrin, wo er der Nachfolger des Niederländers Tieleman Jonkbloet war. Daneben leitete er den Bau des Schwedter Schlosses und des Hafens von Rügenwalde. Über seine Tätigkeit in Sachsen-Anhalt ist noch anderer Stelle zu berichten, wie auch ganz allgemein noch einmal darauf hinzuweisen ist, daß Anlage und Bau von Schleusen, Mühlen, Festungswerken und Hochbauten in jener Zeit des Großen Kurfürsten weitgehend unter der Leitung niederländischer Techniker und Ingenieure standen. Zu ihnen gehört neben den Erwähnten Henrik Ruse, der neben Vauban und Coehoorn zu den befähigtesten Festungsbauingenieuren seiner Zeit zählte.

Es sollte im Zusammenhang mit der brandenburgisch-niederländischen Verbindung vor allem auf dem Gebiete des wirtschaftlichen Wiederaufbaus, aber auch mit Bezug auf die Beispielhaftigkeit der niederländischen Architektur der Name des schon genannten und noch weiter zu nennenden Johann Moritz von Nassau-Siegen besonders hervorgehoben werden, der 1652 auf Empfehlung des Kurfürsten zum Herrenmeister des nach den Verwüstungen des Dreißigjährigen Krieges nur noch „pro forma" existierenden Johanniterordens in Brandenburg ernannt wurde. Der nassauische Graf begab sich sogleich an die Sanierung der verwüsteten Ordens-Ämter und hat dazu die Kenntnisse niederländischer Kartographen genutzt, hier des Landvermessers Arnold van Geelkercken. In einem ersten Schritt wurde die sozialökonomische Lage der Region analysiert, die Beschaffenheit der Böden ebenso erkundet wie der Mangel an Handwerkern, die für einen Wiederaufbau erforderlich waren. Es ging schlicht um die Lebensfähigkeit der Dörfer, um die Grundlagen zur Verbesserung des Wohlstandes und damit naturgemäß um die Sicherung der Einkünfte für den Orden. Auf Geheiß des Nassauers ging man an den Neuaufbau der Infrastruktur (Abwasserkanäle, Wasser- und Windmühlen, Scheunen Ställe) bis hin zu Wohnungen für Landarbeiter. Anfang der 60er Jahre begab sich Johann Moritz an den grundsätzlichen Umbau des Kastells Sonnenburg, des Hauptsitzes des Ordens. Der Umbau erfolgte nach seinen Plänen, die Pieter Post in Den Haag wohl bearbeitet hat, die Bauleitung übernahm der Architekt Cornelis Ryckwaert, der nach der

---

22 Über Memhardt hier nach K. VETTER, *Oranien-Nassau*, S. 220; dort auch die Hinweise auf die bis in die Gegenwart reichende Prägung des Berliner Stadtbildes und den noch sichtbaren niederländischen Einfluß bei der Friedrichsgracht mit der Jungfernbrücke; dazu vor allem OTTENHEYM, *Fürsten, Architekten und Lehrbücher*, S. 294f.; demnach haben der Kurfürst selbst und der architekturbewanderte und -begeisterte Johann Moritz von Nassau-Siegen Pläne für das Schloß vorgelegt. Zu Johann Moritz von Nassau-Siegen und vor allem seine politische Rolle im brandenburgisch-niederländischen Verhältnis s. M. VAN DER BIJL, *Johann Moritz von Nassau-Siegen (1604-1679); eine vermittelnde Persönlichkeit*, in: H. LADEMACHER (Hrsg.), *Oranien-Nassau, die Niederlande und das Reich. Beiträge zur Geschichte einer Dynastie*, Niederlande-Studien, 13, Münster 1995, S. 125-154 sowie neuerdings I. HANTSCHE (Hrsg.), *Johann Moritz on Nassau-Siegen (1604-1679) als Vermittler von Politik und Kultur am Niederrhein im 17. Jahrhundert*, (=Studien zur Geschichte und Kultur Nordwesteuropas, 13), Münster 2005.

Friedrich Wilhelm von Brandenburg als Knabe (anonym)

Denkmal der Luise Henriette vor
Schloß Oranienburg

Fertigstellung 1667 endgültig im Dienst des brandenburgischen Hofes verblieb.[23] Der Nassauer Graf zog Niederländer auch in seiner Eigenschaft als Statthalter des Großen Kurfürsten heran – zum Ausbau seines Regierungssitzes Kleve. So wurde Jacob van Campen, Erbauer des Amsterdamer Rathauses und des „Mauritshuis" (heute Museum) in Den Haag, sein Berater bei der Anlage des „Amphitheaters" in Kleve, das Teil einer umfassenden kulturlandschaftlichen, heute noch sichtbaren Umgestaltung Kleves war. Van Campen hatte lange Jahre in Italien zugebracht und dürfte seine Anregungen aus der italienischen Nachempfindung der römischen Antike (Plinius-Villa, Villa d'Este [Tivoli] > Palladio-Gebäude) erfahren haben. Johann Moritz schrieb begeistert nach Berlin, daß Van Campen in Kleve viele gute Vorschläge mache – und dies gar kostenlos. Die Stadt Amsterdam schenkte dem nassauischen Grafen darüber hinaus den Minerva – Tritonia-Brunnen, den der niederländische Bildhauer Artus Quellinus fertigte und der im oberen Wasserbecken der Anlage stand. Joost van den Vondel, bei geeigneten Anlässen immer für eine feierlich gereimte Beigabe gut und zu mancher Gelegenheit herangezogen, hat den Minerva-Brunnen und den nassauischen Grafen in guten Worten besungen.[24]

Zu den Bauten kamen die Parks und Gärten, die von Niederländern angelegt wurden und die sich unter der Kategorie „das Schöne und der Nutzen" einordnen ließen. Den Lustgarten gegenüber dem Schloß gestalteten Handwerker und Steinmetze aus den Niederlanden, die nach Anweisung und vor allem Anregungen des Kurfürsten und der

---

23 S. OTTENHEYM, *Fürsten, Architekten und Lehrbücher*, S. 296ff.
24 Hier nach R. WÖRNER, *Gärten in Kleve*, in: *Die Niederlande und Deutschland. Aspekte der Beziehungen zweier Länder im 17. und 18. Jahrhundert*. Hrsg. Von der Kulturstiftung Dessau-Wörlitz und der Stiftung Historische Sammlungen des Hauses Oranien-Nassau, Dessau 2000, S. 82f.

Louise Henriette arbeiteten. Ihre Konzeptionen gingen auf niederländische Entwürfe und Erfahrung zurück. Es ging ihnen dabei nicht allein um das Schöne und Gefällige, sondern eben auch um das Nützliche. So ließ Louise Henriette im Kräutergarten Kartoffeln anpflanzen. Ihr wird die Einführung dieser Erdfrucht in Brandenburg zugewiesen.[25] Wie das Oranienburger Schloß gleichsam seine Vorbilder im niederländischen Schloßbau hatte, so war auch der Lustgarten in Oranienburg nach niederländischen Vorgaben angelegt. Es ist darauf hingewiesen worden, daß die nicht axiale, sondern west-östliche Ausrichtung des Gartens eben niederländischem Vorbild entsprochen habe, das auch – wiederum vorbildlich – Johann Moritz von Nassau-Siegen nicht nur am Maurits-Haus in Den Haag, sondern bei den Gartenanlagen in seiner Residenzstadt Kleve umgesetzt hatte.[26] In einem kleinen Schlenker sei darauf hingewiesen, daß englische Reisende, wie an anderer Stelle gemeldet, ein recht hohes Interesse an der Gartenbaukunst der Niederländer entwickelten und daß sich die niederländischen Einflüsse in England auf diesem Gebiet nachdrücklich mit der Übernahme der Krone durch Wilhelm III. von Oranien durchgesetzt haben sollen. Über den ideologischen Gehalt der Gartenanlagen sei hier nicht gehandelt.[27]

Zum Einfluß von Vorbildern niederländischer Architektur auf den Baustil im Territorium des Großen Kurfürsten ist bemerkt worden, daß nicht nur von niederländischen Einflüssen gesprochen werden könne. Es seien – wie an allen Höfen Nordeuropas – auch italienische und französische Beispiele bekannt gewesen. „Doch ist die holländische Architektur in Brandenburg in der Mitte des 17. Jahrhunderts offensichtlich mit besonderer Aufmerksamkeit betrachtet worden, als ein Beispiel für die Anwendung von klassischer Formensprache und Theorie mit vergleichsweise geringen Mitteln und ohne wesentlichen Verlust an Feinheit."[28]

Diese Aussage wird man auch für Sachsen-Anhalt gelten lassen müssen, wo eine weitere Friedrich Heinrich-Tochter, Henriette Catharina, eine Schwester der Louise Henriette, Johann Georg II. von Anhalt-Dessau heiratete. Es war wie mehr als ein Jahrzehnt zuvor bei der Hochzeit der Louise Henriette mit dem Großen Kurfürsten ein Fest des großen Gepränges, so recht nach dem Herzen der standesbewußten und luxusgewohnten Amalia von Solms, organisiert von eben dem hier schon häufig genannten und für die Beziehungen zwischen der Republik und deutschen Territorien fast schon unvermeidlichen Johann Moritz. Nach der Trauung in Groningen setzten sich die Feierlichkeiten in Amsterdam und Rijswijk fort, an deren Ausgestaltung Maler der ersten Kategorie wie Govaert Flinck und Ferdinand Bol und Dichter wie Joost van den Vondel (wer sonst?) und Jan Vos beteiligt waren. Hinter Amsterdams Bemühungen steckte der Wunsch, ein gutes Verhältnis zum Brandenburger Kurfürsten zu fördern, denn der Anhalter Fürst war Statthalter in Kur und Mark, nachdem ihn der Kurfürst nach längeren Verhandlungen aus schwedischem Militärdienst hatte lösen können. Die Freigabe seitens Karls X. Gustav von Schweden war nur zögerlich erfolgt. Der schriftliche Bescheid darüber zeigt im übrigen, daß das Haus Oranien einen äußerst guten Ruf in der politischen Landschaft

---

25 S. dazu U. HAMMER, *Kurfürstin Luise Henriette*, S. 113ff.
26 Ebd. S. 96ff.; S. 89ff. auch eine umfassende Darstellung zu Bau und Ausbau des Schlosses. Dort auch weitere Literatur-Angaben.
27 Dazu der Beitrag von HUNT, *Anglo-Dutch Garden Art*, in: D. HOAK/M. FEINGOLD (Hrsg.), *The World of William and Mary. Anglo-Dutch Perspectives on the Revolution of 1688-89*, Stanford 1996 188ff. S. a. den Abschnitt: *Neugier und Überraschung – Reisende in den Niederlanden* im vorliegenden Band.
28 So OTTENHEYM, *Fürsten, Architekten und Lehrbücher*, S. 298; der Vf. weist zusätzlich darauf hin, daß der niederländische Einfluß mit der zunehmenden Macht des Großen Kurfürsten in den Hintergrund gedrängt worden sei, weil sich mit dem gleichzeitigen Aufstieg Frankreichs der Blick auf die französische Hofkultur und verstärkt auf die Politik Ludwigs XIV. gerichtet habe, ohne daß man freilich sagen könne, daß damit der „holländische" Einfluß endgültig beendet gewesen sei.

hatte – einen Ruf, der sicherlich auch auf den Glanz der Republik gründete, freilich auch in den militärischen Leistungen der Oranier seinen Ursprung hatte, wenn auch das Haus Oranien zu eben jenem Zeitpunkt in der Republik überhaupt keinen Fuß mehr auf die Erde bekam (erste statthalterlose Zeit).[29]

Henriette Catharina in Anhalt, Albertine Agnes in Nassau-Diez

Wie Louise Henriette hat auch Henriette Catharina vielfache wirtschaftliche, soziale und kulturelle Aktivitäten entwickelt, die zu entfalten sie sich aufgrund ihrer calvinistischen Erziehung gehalten sah. Sie gründete ein Witwen- und Waisenhaus in Dessau bzw. Oranienbaum, baute mit ihrem Mann einen Holzhandel auf und sorgte für die Förderung von Manufakturen. Da sie auch in der Landwirtschaft erfolgreich tätig wurde, ist es angezeigt, ihr einen großen Anteil am wirtschaftlichen Aufschwung der anhaltischen Lande zuzuschreiben. Ihre Initiativen scheinen darüber hinaus Anstoß für eine gemischte Zuwanderung aus den unterschiedlichsten Richtungen gewesen zu sein. Französische Hugenotten, Calvinisten aus dem Westen des Reiches, Juden, die das Wirtschaftsleben weiter ankurbelten, und dazu Manufakturarbeiter aus Böhmen, Österreich und Italien kamen ins Land, unter ihnen häufig kapitalkräftige Menschen. Darunter auch Niederländer, die – häufig nur vorübergehend – als Fachleute für Wasserbau im Territorium auftraten. Und schließlich kamen auch viele Besucher aus den Niederlanden, für die Henriette Catharina das Haus Oranien in Dessau – im holländischen Stil erbaut – errichten ließ das der Unterbringen Ihrer Landsleute diente.[30]

Die Schwestern standen in enger Verbindung miteinander, und über sie lief auch das Bemühen des anhaltischen Hofes, niederländische Fachleute, die schon in Brandenburg tätig waren, für Anhalt-Dessau zu gewinnen. Das ist sowohl für die Malerei als auch für die Architektur gelungen. Das letztgenannte Arbeitsfeld vertrat ganz wesentlich ein Mann wie Cornelis Ryckwaert, der das Außerhalb Dessaus gelegene Schloß Oranienbaum entwarf und baute und überhaupt für das „Oranienbaumer Schloß-, Park- und Stadtensemble" verantwortlich war, das als „reinste Verkörperung holländischer Kultur" in Anhalt bezeichnet worden ist.[31] Bei der Wahl eines geeigneten Bauortes für das Schloß spielten offensichtlich schon französische Einflüsse eine Rolle, insofern als das Fürstenpaar für eine „Dislozierung von Hof und Regierung aus der Enge der Metropole hinaus in die Weite des Landes" votierte und sich für die Wüstung Nischwitz entschied.[32] Wie sehr der Bau auch personell „niederländisch" orientiert war, zeigt die Tatsache, daß der Sohn des 1693 noch vor Vollendung des Baus verstorbenen Vaters, Adrian Daniel, die Bauleitung zusammen mit dem anhaltischen Baumeister Johann Tobias Schuchart übernahm. Was ein Mann wie Ryckwaert entwarf, baute oder ganz wesentlich mitbestimmte, war dann zwar nach Form und Stil „niederländisch", nach seinem eigentlichen Gehalt und nach seinem Verwendungszweck als Ausdruck fürstlicher, am Absolutismus orientierter Selbstdarstellung und fürstlichen Selbstverständnisses freilich eher „oranisch", wenn man vor allem die Ausstattung Oranienbaums mit in die Betrachtung einbe-

---

29 Zum Bescheid des Schwedenkönigs s. M. ROHRSCHNEIDER, *Eine anhaltisch-oranische Eheschließung und ihre Folgewirkungen: Überlegungen zu Dynastie und Politik in der zweiten Hälfte des 17. Jahrhunderts am Beispiel von Anhalt-Dessau*, in: *Die Niederlande und Deutschland*, S. 53.

30 Dazu M. ROHRSCHNEIDER, *Die Oranier und Anhalt. Verflechtungen und Beziehungen*, in: H. LADEMACHER (Hrsg.), *Dynastie in der Republik*, S. 229.

31 So beschreibt es J. HARKSEN, *Die Entstehung von Stadt und Schloß Oranienbaum*, in: Dessauer Kulturspiegel 9 (1962), S. 364, zitiert bei M. ROHRSCHNEIDER, *Die Oranier und Anhalt*, S. 230.

32 Ebd. S. 230f. Der Autor spricht von einem europaweiten Trend, der am Beispiel Versailles orientiert gewesen sei.

Schloß Oranienbaum

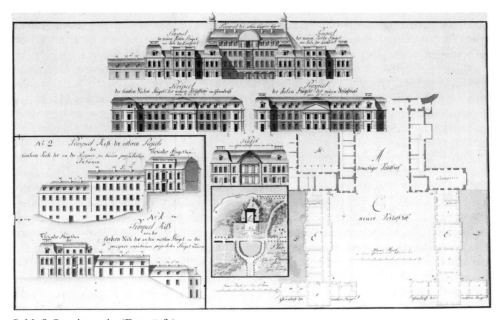

Schloß Oranienstein (Entwürfe)

zieht. Zu Recht ist formuliert worden, daß das ab 1683 errichtete Oranienbaumer Schloß das auffälligste Beispiel für hochentwickeltes Repräsentationsbedürfnis des Dessauer Fürstenpaares gewesen sei.[33] Es ist einfach festzustellen, daß Henriette Catharina einen weitaus höheren Luxus pflegte als Louise Henriette und der Große Kurfürst in ihrer gemeinsamen Zeit, und dies war ein Lebensstil, wie er am statthalterlichen Hof in Den Haag vornehmlich von Amalia von Solms eingeführt worden war und sich nun, mehr oder weniger unter dem Einfluß eben dieser Amalia, die Verbindung zu allen 4 Töchtern pflegte, auf jeden Fall bei ihrer Tochter in Dessau fortsetzte. Eben mit Blick auf die vier mit deutschen Fürsten verbundenen Töchter ist darauf hinzuweisen, daß sich zu den hier genannten Schlössern Oranienburg und Oranienbaum noch das Schloß Oranienstein bei

---

33 So ROHRSCHNEIDER, *Oranien und Anhalt*, S. 230.

Diez an der Lahn, das Albertine Agnes hat entwerfen und bauen lassen, und der Oranienhof bei Kreuznach, Sitz der mit Ludwig, Pfalzgraf von Simmern, verheirateten Tochter Maria, in die niederländisch geprägte und oranisch mitbestimmte Architektur fügen.

Kunsttransfer nach Brandenburg-Preußen

Noch ein anderes. Der hochentwickelten Städtelandschaft der Republik mit einer Bevölkerung, die nicht nur hervorstechende Fertigkeiten in Handel, Handwerk und Technik vorweisen konnte, sondern auch in einer besonders intensiven Beziehung zur Kunst lebte, stand eine im wesentlichen gutsherrschaftlich geprägte Gesellschaft in der Mark Brandenburg gegenüber, an der moderne agrarwirtschaftliche Methoden und technische Kenntnisse vorüber geglitten waren, was nicht zuletzt auf die Kriegsereignisse zurückzuführen sein dürfte, in der es freilich auch an jener Kunstsinnigkeit, die das niederländische städtische und ländliche Bürgertum auszeichnete, fehlte. Kunst stand damit nicht im abseits, aber Akzeptanz und Rezeption begrenzte sich auf den Brandenburger Hof und Teile des märkischen Adels. Die hervorragende Bedeutung der Kunst in der niederländischen Gesellschaft hatte der Kurfürst als junger Mann während seines Aufenthaltes in den Niederlanden kennenlernen können, ohne daß er damit zum Kunstkenner aufgestiegen wäre. Aber mit seiner Frau Louise Henriette kam gleichsam Kunstsinniges ins Haus, ein gut Stück niederländische Kunsterfahrung, die in unmittelbarer Umgebung bei der Ausgestaltung der von Friedrich Heinrich in Auftrag gegebenen Schloßbauten hatte gemacht werden können. Dazu lebte der in Kleve residierende Johann Moritz von Nassau-Siegen vor, was Kunstsinn in vielerlei Bereichen bedeutete, und es ist so verwunderlich nicht, daß der Nassauer dem Brandenburger durchaus auch als Kunstberater diente.

Die Rezeption niederländischer Kunst am Brandenburger Hof vollzog sich auf zweierlei Weise: zum einen auf dem Weg über den Ankauf von Gemälden, zum anderen in der Form der Anwerbung niederländischer Künstler, die entweder als Maler an den Hof gezogen werden sollten oder aber in den Niederlanden verblieben und dort brandenburgische Aufträge ausführten. Es ist im nachhinein festgestellt worden, daß anerkannte Spitzenkräfte nicht dazu zu bewegen waren, „die Heimat mit einem Entwicklungsland wie Brandenburg zu vertauschen."[34] Immerhin begab sich ein hochklassiger Künstler wie Jan Lievens für die Jahre 1653/54 an den brandenburgischen Hof, um dort bei der Ausgestaltung des Oranienburger Schlosses mitzuarbeiten. Aber er blieb eben (oder immerhin) nur zwei Jahre. Von den Arbeiten des Jan Lievens sind noch zwei Bilder vorhanden, zum einen *Mars und Venus*, zum andern *Diana, von der Jagd ausruhend*. Das Schloß sollte ganz und gar holländisch gestaltet werden. Gleich zu Beginn sprach man von „einwändigen Gemächern und Saal mit überaus raren Gemählden und kostbaren Tapeten und anderen mobilien trefflich geziert."[35] Maler aus den Reihen der ersten niederländischen Kategorie steuerten ihrerseits von den Niederlanden aus repräsentative Gemälde bei, wie etwa Jan Mijtens, der in einem von Anthonie van Dyck inspirierten Stil arbeitete, wie ihn der Große Kurfürst liebte,[36] und der nicht nur das Haager Hoch-

---

34 So H. BÖRSCH-SUPAN, *Niederländische Künstler in Brandenburg*, in: *Die Niederlande und Deutschland*, S. 9. Friedrich Nicolai stellt in seinem *Lexikon Berliner Künstler* 1786 fest, daß von den etwa 120 in Kleve, Berlin und Potsdam tätigen Künstlern ein Viertel aus der Republik oder den südlichen Niederlanden kam. Ebd.
35 Zit. bei DERS., *Der Einfluß der niederländischen Malerei auf die Entwicklung der Künste in Brandenburg*, in: *Auf den Spuren der Niederländer zwischen Thüringer Wald und Ostsee. II.Symposion*, Berlin 1994 (als Manuskript gedruckt), S. 93.
36 Ebd. S. 94.

zeitsbild des kurfürstlichen Paares malte, sondern 1666, kurz vor dem Tode der Louise Henriette, noch einmal ein Familienbild fertigte, oder wie auch Govaert Flinck, der, wenngleich aus Kleve stammend, niemals den Weg nach Brandenburg fand, jedoch auf großer Leinwand (110,5 + 82,5 cm) eine Allegorie auf die Geburt von Wilhelm Friedrich, den ersten Sohn der brandenburgisch-oranischen Verbindung, wiedergab.

Tatsächlich ließen sich keine niederländischen Künstler der höchsten Kategorie an den Brandenburger Hof ziehen, und diesem Befund ist hinzugefügt worden, daß jene Künstler, die als Hofmaler in den Dienst des Kurfürsten traten, in ihrer Leistung nachgelassen hätten, „weil es anregender Konkurrenz und an einem anspruchsvollen Publikum fehlte."[37] Einer der Hofmaler war Willem van Honthorst, der jüngere Bruder des Hofmalers der Oranier, Gerard van Honthorst, aber lange nicht so anerkannt wie dieser letztgenannte. Willem van Honthorst erhielt schon 1647 eine Anstellung am brandenburgischen Hof, zunächst für eine Periode von 6 Jahren, die vermutlich verlängert worden ist. Sein Jahreslohn belief sich auf 1.000 Reichstaler und entsprach damit dem Salär eines Mitglieds des Geheimen Rates. Nachdem Gerard van Honthorst noch unmittelbar nach der Hochzeit des kurfürstlichen Paares den Auftrag erhalten hatte, 46 Bildnisse von dem Paar in seiner Werkstatt zu fertigen – Bildnisse, die als Geschenk für Dritte gedacht waren und das höfische Repräsentationsbedürfnis deutlich machen – fiel dem Bruder die Aufgabe zu, solches Repräsentationsbedürfnis durch Historienmalerei zu befriedigen. Willem van Honthorst betätigte sich freilich fast ausschließlich als Porträtmaler, und lediglich das 3.50m mal 4 m große Gemälde *Allegorie auf die Gründung von Oranienburg* konnte den Ansprüchen an einen Historienmaler genügen. Sein Nachfolger am Brandenburger Hof war Nicolaas Wieling. Der Stil des niederländischen Malers, der sich am akademischen Klassizismus orientierte, kam dem Geschmack des Großen Kurfürsten entgegen, der wie Bartoscheck feststellt, glaubte, auf diesem Wege europäischem Standard zu entsprechen. Wielings Jahresbezüge wurden gegenüber denen seines Vorgängers um 200 Reichstaler erhöht.[38] Zu Nicolaas Wieling trat 1672 als weiterer Hofmaler noch Jacques Vaillant, ein Maler aus dem südniederländischen Rijssel(Westflandern), der die *Allegorie auf die Eroberung der Insel Rügen* malte, das im Potsdamer Stadtschloß Platz fand. Repräsentative Arbeiten wurden freilich auch außerhalb des Hofes in den Niederlanden gefertigt. Zu ihnen gehört der zuvor genannte Jan Mijtens, der 1667 noch die kurfürstliche Familie malte oder Govaert Flinck, der Auftragsarbeiten übernahm und schließlich auch der zunächst in Amsterdam, dann in Den Haag tätige Pieter Nason, der 1666 den Großen Kurfürsten und Louise Henriette in einem großen Gemälde abbildete. Dazu schreibt Börsch-Supan mit dem Hinweis darauf, daß sich die „bürgernahe" Auffassung von Malerei seit den 50er Jahren verloren habe: „Ein Bildnis wie das 1666 von dem Amsterdamer Pieter Nason gemalte ist in seiner Demonstration von herrscherlicher und militärischer Gewalt das äußerste, was im europäischen Herrscherbildnis dieser Zeit in dieser Hinsicht möglich war."[39] Zu den niederländischen Malern, die von außen her den großkurfürstlichen Anspruch auf Repräsentation realisie-

---

37 So bei BÖRSCH-SUPAN, *Niederländische Künstler in Brandenburg*, S. 9.
38 S. zu den Ausführungen über die Hofmaler Willem van Honthorst und Wieling H. BÖRSCH-SUPAN, *Der Einfluß der niederländischen Malerei*, S. 93f. sowie *Onder den Oranje boom. Nederlandse kunst en cultuur aan Duitse vorstenhoven in de zeventiende en achttiende eeuw* [Katalogband], S. 205ff. die Einleitung von Claudia Sommer zu Kapitel 8: *Louise Henriette van Oranje-Nassau en de Nederlandse invloed in het keurvorstendom Brandenburg*, S. 205ff.; ferner die Bildbeschreibungen mit weiteren Informationen auch zu den Malern S. 220ff., 240f., 224, 260, 270f., 275. Es sei hier vor allem auf die Beschreibung der *Allegorie* hingewiesen, die G. Bartoscheck verfaßt hat. S. 239.
39 Abb. im Katalog ebd. S. 206. Das Zitat in BÖRSCH-SUPAN, *Der Einfluß der niederländischen Malerei*, S. 94.

ren sollten und zum Teil auch am anhaltischen Hof tätig wurden, zählte auch der Brabanter Theodoor van Thulden, der den Auftrag erhielt, an der Ausgestaltung der Wände im Marmorsaal des Potsdamer Stadtschlosses mitzuarbeiten. Van Thulden gehörte mit zur ersten Kategorie. Er, ein Rubens-Schüler, hatte zuvor an der Ausgestaltung des Oranje-Saals im Huis ten Bosch mitgearbeitet. Diese Mitarbeit im Schloß des Friedrich Heinrich ging auf einen Auftrag der Oranier-Witwe Amalia von Solms und des Oranier-Sekretärs Constantijn Huygens zurück, die von Van Thulden sechs allegorische Gemälde für den Oranje-Saal des Hauses haben wollten. Mit solchem Auftrag konnte sich der am Stile des Rubens orientierte Maler neben Honthorst und Jacob Jordaens in die Reihe der wichtigsten oranischen Hofmaler einfügen Über Amalia von Solms, die den Maler noch zu weiteren Arbeiten anregte, nahm er Kontakt zu Johann Moritz von Nassau-Siegen auf und fertigte von ihm ein Porträt zu Pferde. Zu seinen Kontaktpersonen zählte auch Friedrich zu Dohna, Gouverneur im Fürstentum Orange und Vetter der Amalia von Solms. Die Familie Dohna stand seit den Tagen des Johann Sigismund von Brandenburg in enger Beziehung zum Brandenburger Hof. Für den Großen Kurfürsten malte Van Thulden zwei großformatige Allegorien. Vermutet wird, daß eine der Allegorien, die bisher mit dem Frieden von Oliva (1660) in Verbindung gebracht wurde, letztlich eine Darstellung des Kurfürsten als Friedensstifter zwischen den niederländischen Generalständen und dem Münsterschen Bischof enthält. Das andere Gemälde ist eine Allegorie auf den – vorzeitigen – Erwerb Magdeburgs.[40] In den Marmorsaal sind beide Allegorien wohl erst unter Friedrich dem Großen gelangt.[41]

Der Kurfürst fand nicht nur die Möglichkeit, sein Repräsentationsbedürfnis zu befriedigen, sondern es bot sich auch die Gelegenheit, seinen Hang zu Blumenstücken, Stilleben und Jagdszenen durch niederländische Künstler befriedigen zu lassen. Zu jenen die für längere Zeit nach Berlin kamen oder kürzere Zeit dort weilten oder von den Niederlanden her ihre Arbeit an den Hof verkauften, gehörten Hendrik de Fromantiou, Tier- und Historienmaler aus Maastricht, der zugleich als Kunstberater des Kurfürsten auftrat und diesen, so gut es ging, vor dem Ankauf von Fälschungen bewahrte, der Stilleben und Historienmaler Willem Frederik van Roye, der flämische Maler Daniel Seghers und Frans de Hamilton, der hauptsächlich in Kleve tätig war.

So wurde in Berlin und Umgebung so manches an niederländischer Kunst vorgestellt, wurde ein Eindruck von dem vermittelt, was man niederländischen Kunstsinn nennen könnte. Der Einblick freilich war auf den brandenburgischen Hof und den diesen umgebenden Adel – die Hertefelds, Dohnas und Schwerins – begrenzt, die ihrerseits in engem Zusammenhang mit dem niederländischen Einfluß überhaupt gesehen werden müssen. Malerei und Bildhauerei blieben auf Hof und Adelshaus begrenzt. Die Kunst war in ihrer Rezeption in Brandenburg kein gesellschaftliches Phänomen, dazu fehlte einfach die für die niederländische Gesellschaft charakteristische bürgerliche Struktur mit ihrem durchaus auch breitere Schichten erfassenden Wohlstand. Insgesamt freilich beschränkte sich diese Rezeption und – wenn man so will – Akzeptanz auf eine relativ kurze Periode nur, denn bald schon in der 2. Hälfte des Jahrhunderts begann sich der Einfluß französischer Kultur, übrigens auch in der niederländischen Malerei und im Verhalten niederländischer Regenten, durchzusetzen.

---

40 Stadt und Erzbistum Magdeburg waren dem Kurfürsten im Westfälischen Frieden zugewiesen worden und sollten nach dem Tode Augusts von Sachsen an Brandenburg übergehen. Der Sachse lebte länger als erwartet, so daß der Kurfürst schon 1666 meinte, die Huldigung der Stände erzwingen zu müssen, die dann auch erfolgte.

41 S. zu Van Thulden F. DEISEL, *Der Löwe, die Kuh, der Garten und der Orangenbaum. Zur politischen Ikonographie der niederländischen Gesellschaft und des Hauses Oranien*, in: H. LADEMACHER (Hrsg.), Dynastie in der Republik, S. 133; zur Kunstpolitik der Amalia von Solms vor allem B. GAETHGENS, *Amalia von Solms und die oranische Kunstpolitik*, in: ebd. S. 265-285, dazu *Onder den Oranjeboom* (Katalogband), S. 268f.

Oranische Heeresreform

Man wird in einer Betrachtung des niederländischen Einflußes in Brandenburg neben Wirtschaft, Technik und Kunst, neben dem Nützlichen und Schönen also, auch die Neugestaltung des Heerwesens nicht übersehen dürfen, die eindeutig auf niederländische Vorbilder zurückzuführen ist. Das sei an dieser Stelle neuerlich erwähnt. Gemeint ist die Heeresreform des Moritz von Oranien, die vor allem vom Soldatenkönig Friedrich Wilhelm I. rezipiert wurde, in unserem Zeitzusammenhang freilich auch schon Diskussionsgegenstand war. Neue strategische Erfordernisse hatten, wie zuvor gezeigt, den Oranier auf die Antike zurückgreifen lassen. In diesem Zugriff fand er Unterstützung bei dem niederländischen Staatsrechtslehrer Justus Lipsius,[42] der in seiner Wiederentdeckung der Antike nicht nur die Grundlagen für den Staatsaufbau und das politische Handeln des Monarchen legte, sondern seine Erkenntnisse auch für den erfolgreichen Aufbau eines Heeres ins Spiel brachte. Es geht dabei nicht nur um militärische Anweisungen, um den Aufbau und die Staffelung von Truppenformationen, sondern auch um *coercitio* und *exempla*, um Zucht und Selbstzucht, um Lohn und Strafe. Mit der Forderung nach Selbstbeherrschung, Zucht und Mäßigung rückten Faktoren in den Vordergrund, die auf eine sittliche Fundierung des soldatischen Dienstes gerichtet sind und ein verpflichtendes Staatsethos begründen sollen, um aus bindungslosen und selbstsüchtigen, auf Gewinn und Beute ausgehenden Soldaten einen loyalen und disziplinierten und tugendhaften, gehorsamen Soldaten zu machen. Diese Reform war eine Mischung aus Theorie und Praxis und fügte den reichhaltigen schriftlichen und praktischen Ausgangspunkten der Antike die gleichsam zeitgenössische ideelle Komponente, die letztlich die Truppe zu einem akzeptablen Faktor der Gesellschaft machte und vom vorgenannten Lipsius eingebracht wurde, hinzu. Es war eine Reform, die recht rasch schon in Europa Beachtung fand, zumal die Niederländer unter Moritz von Oranien einige militärische Erfolge vorweisen konnten. So vor allem die Schlacht von Nieuwpoort (1600). Und es war die glückliche Verbindung von Militärtheorie und die in alle kriegstechnischen und -taktischen Einzelheiten gehende militärische Praxis, die den ganzen Komplex so rezeptionsfähig machte, zumal wohl viele Länder mit dem Problem auch von Zucht und Disziplin zu kämpfen hatten. Die Reform fand rasch Eingang in europäischen Ländern, gänzlich unabhängig von der Konfession der Regierungen, das heißt auch, daß andere europäische Länder früher noch als Brandenburg-Preußen die Reform rezipiert haben, was sich gewiß aus der Tatsache erklären läßt, daß sich dieses Territorium erst mit dem Großen Kurfürsten an der Spitze auf den Weg der Konsolidierung begab.[43]

Abschließende Bemerkungen über niederländischen Einfluß

Nach der Fülle der Details ist hier noch einmal zusammenfassend auf Bedingung und Wirkung niederländischer Einflußnahme in deutschen Territorien hinzuweisen. Da sei zunächst die Position des Hauses Oranien genannt. Die klare Stellungnahme für die

---

42 Zu Justus Lipsius s. sowohl den hier genannten Beitrag von G. OESTREICH, *Die Niederlande und Brandenburg-Preußen* als vor allem auch DERS., *Antiker Geist und moderner Staat bei Justus Lipsius (1547-1606)*, (=Schriftenreihe bei der Historischen Kommission der Bayerischen Akademie der Wissenschaften, Bd. 38), Göttingen 1989.

43 Zur oranischen Heeresreform grundsätzlich W. HAHLWEG, *Die Heeresreform der Oranier und die Antike*, Berlin 1941; dazu auch den Aufsatz DERS., *Aspekte und Probleme der Reform des niederländischen Kriegswesens unter Prinz Moritz von Oranien*, in: BMGN 86 (2), 1971).; neuerdings auch B. SICKEN, *Die oranische Heeresreform*, in: H. LADEMACHER (Hrsg.), *Onder den Oranje boom*, Textband, München 1999.

Richtung des Calvinismus, hat, so ist schon angedeutet worden, die republikanische Geburt der Vereinigten Niederländischen Provinzen für den konfessionell gleichgestimmten Teil des europäischen Umfeldes dem Ruch des Ungewöhnlichen und vielleicht sogar Absonderlichen entzogen. Wie einerseits die militärischen Erfolge der Oranier die Republik zu einem akzeptablen Mitstreiter für die calvinistischen Territorien Europas machten, so hat andrerseits die Wirtschafts- und Innovationskraft der Republik die Oranier zu einer auch bei europäischen Fürstenhäusern begehrten Partie gemacht. Spätestens seit der Statthalterschaft des Friedrich Heinrich von Oranien entwickelte sich eine enggestrickte konnubiale Verflechtung zu deutschen Territorien und zu England hin, welch letztgenannte ihren eindeutigen Höhepunkt mit der Krönung Wilhelms III. von Oranien zum englischen König erlebte. Man wird festzustellen haben, daß die oranische Familienpolitik die Integration der Republik in das Konzert der Mächte gefördert hat.[44] Sie bildete tatsächlich ein wesentliches, die politische Entwicklung mittragendes Element. Es ist an anderer Stelle schon gesagt worden, daß die Konfession dabei eine gestalterische Zugabe blieb.

Dieses politische Umfeld entwickelte sich auf dem Hintergrund einer hohen wirtschaftlichen und finanziellen Leistungskraft der Weltmacht Republik, die den Pazifik ebenso befuhr wie den Atlantik und in der das statthalterliche Haus mit seiner Neigung zur monarchischen Allüre spätestens seit Friedrich Heinrich ein dynastisches Beziehungsgeflecht aus den Niederlanden in deutsche Territorien hinein aufbaute oder selbst in den Besitz von Territorien des Reiches (Lingen, Moers) kam – mit der gemeinsamen Konfession als wesentliche Voraussetzung. Ob die Gemeinsamkeit über die Konfession hinausging, mag dahingestellt bleiben. Sicherlich interessant, gleichwohl diskutabel ist die These, daß das Haus Nassau-Oranien und sein Familiensystem als Relais für den Theorietransfer zwischen den Niederlanden und dem Reich gedient habe.[45] Dazu sei angemerkt, daß auch eine schlichte Relais-Funktion doch einen gewissen intellektuellen Bezug zur Philosophie, Politik und Staatstheorie der Zeit oder staatstheoretische Überlegungen aus dem Hause Oranien voraussetzt, und da wird es schwierig sein, dies ebendort zu finden. Schwierig wird es bei Moritz und Friedrich Heinrich und schwierig wird es ganz gewiss bei den vorgenannten Töchtern. Im hier vorgestellten Beziehungsgeflecht ist auch der Hinweis auf das Bild vom Landesvater nicht am Platze,[46] da dem im 16. Jahrhundert für Wilhelm I. von Oranien erfundenen Epitheton ornans nunmehr in der zweiten Hälfte des 17. Jahrhunderts die politische und auch staatstheoretische Basis fehlt. Zudem: das Wort vom „Vater des Vaterlandes" ist in der Phase des Aufstandes spontan erwachsen und hat mit dem Landesvater-Begriff im deutschen Territorialfürstentum nichts zu tun, da dieser Begriff auf gänzlich anderem Staatsrecht beruhte. Man denke da an die Souveränitätstheorie. In diesem Zusammenhang ein weiteres. Gerhard Oestreich hat im Zuge seiner Untersuchungen über die Expansion des Neustoizismus in Europa den Einfluß des in Europa sicherlich wirkungsmächtigen Denkers Justus Lipsius auf die staatlichen und gesellschaftlichen Eliten Brandenburgs und vor allem auf den Großen Kurfürsten selbst postuliert und damit die neustoizistische Theorie als oranisch-brandenburgische Gemeinsamkeit eingebracht. Gewiß ist es so, daß die von Moritz von Oranien weit vor der oranisch-brandenburgischen Verbindung eingeführte Heeresreform ihre Wurzeln ganz wesentlich bei Justus Lipsius findet, aber es gibt danach keinen politik- oder staatstheoretischen Kopf unter den Oraniern, der über Gehalt, Möglichkeit und

---

44 So O. MÖRKE, *Das Haus Oranien-Nassau als Brückenglied zwischen den politischen Kulturen der niederländischen Republik und der deutschen Fürstenstaaten*, in: H. LADEMACHER, *Oranien-Nassau, die Niederlande und das Reich. Beiträge zur Geschichte einer Dynastie* (=Niederlande-Studien, Bd.13), Münster 1996, S. 49.
45 Ebd. S. 61
46 Ebd. S. 56 eingebracht.

praktische Umsetzung der Theorie des Justus Lipsius Überlegungen vorgetragen hätte. Handlungsweisen der oranischen Statthalter, die außerhalb der Konstitution oder jedenfalls außerhalb des Üblichen lagen (eigenmächtige Neubesetzung der Magistrate), waren schlichte Äußerungen der Macht, nicht staatstheoretisch unterlegte Maßnahmen.

Der unbestreitbare, unmittelbare Einfluß von Angehörigen des Hauses Oranien in deutschen Territorien – etwa in Brandenburg und Sachsen-Anhalt – vollzieht sich dann auch nicht über die Gemeinsamkeit staatstheoretischen Denkens oder den Gleichklang von Politik-Auffassungen für die innere Entwicklung des jeweiligen Landes, vielmehr erfolgt er neben der Gemeinsamkeit der Konfession über das kräftige Kulturgefälle von West nach Ost und über den Innovationsüberhang der Niederländer in der Wirtschaft und in den für die Wirtschaft relevanten technischen Fertigkeiten. Die Oranier lebten in der Anschauung eines raschen und blühenden Aufstiegs der Republik, der sie nicht vorstanden, sondern der sie dienten; sie waren insofern Vertreter der Republik, als sie, die Repräsentanten des europäischen Hochadels in einer zutiefst und zuvörderst bürgerlichen Umgebung, die ganze Leistungsfähigkeit der niederländischen Gesellschaft und die damit verbundenen Erfolge, von denen sie im übrigen reichlich profitierten, voll in sich aufgenommen haben. Es war nicht ein intellektuelles Spezifikum, sondern die ganze Fülle niederländischer Lebenswelt, die über die Oranier in die deutschen Territorien eingebracht und dort genutzt wurde. In diesem Zusammenhang kann die Rolle der Louise Henriette gar nicht hoch genug eingeschätzt werden, sind auch die anderen Töchter des Statthalters Friedrich Heinrich und der Amalia von Solms in ihrer Vermittlung von technischen Fertigkeiten, Kunst und Kultur hoch zu bewerten. Die Fürsten der deutschen Territorien waren ihrerseits rezeptionsfähig und -willig. Und sie besaßen auch Kenntnisse über das Land ihrer Frauen, was wiederum so verwunderlich nicht erscheinen will, da die Niederlande Ziel europäischer Reisender gerade im 17. Jahrhundert waren.[47] Bei großer Offenheit für Neues trugen Reisende häufig genug ein durchaus hohes Maß an Kenntnissen über Politik, Gesellschaft und Kultur der bereisten Länder zusammen, deren Grenzen die Territorien noch nicht so gegeneinander abschotteten, wie das zwei Jahrhunderte später der Fall war. Und was da dem Wissbegierigen in der Republik an Innovationen in Wirtschaft, Handel und Technik angeboten wurde, das fand sich ergänzt durch eine rege Geistestätigkeit an niederländischen Universitäten, die sowohl von Seiten der Studenten als auch von der der Professoren immer schon eine internationalisierte war.

Diese durchaus lebhafte Internationalisierung war die günstige Voraussetzung auch für Rezeption. Die Oraniertöchter in den deutschen Territorien waren dazu die Impulsgeberinnen, denen es freilich zugleich darauf ankam, keine Abstriche gegenüber dem gewohnten Luxus machen zu müssen. Wenn man so will, beschleunigten sie gleichsam die Rezeption einer europaweit anerkannten Vorbildlichkeit, die vor allem von jenen, die unter den Schlägen des Dreißigjährigen Krieges gelitten hatten, als hochwillkommen erfahren wurde. Es ist festzuhalten, daß das Haus Oranien einfach eine erfolgreiche Vermittlung bürgerlicher Leistungen betrieb, die bis zum Ende des 17. Jahrhunderts ihren Höhepunkt erreichte und durchaus auch die Präsentation von niederländischem Reichtum und Luxus enthielt. Die Jahrzehnte danach bleibt die konnubiale Verflechtung zwar weiterhin erhalten oder wird gar vertieft, von einer prägenden Rezeption niederländischen Wissens oder niederländischer Kultur – der Bereich der Medizin soll hier ausgeklammert werden – kann freilich dann kaum noch die Rede sein. Der politische Bedeutungsverlust der Niederlande findet sein Echo in einem Verlust an Anerkennung insgesamt.

Die mit dem Thema der *grenzüberschreitenden Einflußnahme* eng vertraute Forschung hat mit Blick auf die Rezeption niederländischen wirtschaftlichen und kulturellen Lebens von einer *Niederländischen Bewegung* gesprochen. Diesem Befund ist nur einge-

---

47 S. dazu den Abschnitt über die Reisenden in den Niederlanden in diesem Band.

Fassadenteil aus dem Potsdamer Holländischen Viertel

schränkt zuzustimmen. Gewiß, es gibt über die bis hierin geführte Darstellung hinaus den Einfluß des Völkerrechtlers Hugo Grotius, den Samuel Pufendorf rezipierte[48], es gibt weiterhin die hohe Anerkennung und Beispielhaftigkeit der niederländischen Medizin, für die der Name Boerhaave stand – und man muß wissen, daß die Berliner Charité ganz im Sinne Boerhaaves gebaut wurde –, aber dort, wo es um die politiktheoretischen und philosophischen Bereiche geht, gilt die vorgenannte Beschränkung, da diese letztlich auf die Rezeption des Justus Lipsius begrenzt blieb. Aber Lipsius als Kronzeugen zu wählen, ist ein unglücklicher Ausgangspunkt. Lipsius hat zwar in Leiden gelehrt, dort den Neustoizismus zur Diskussion gestellt, aber er war zum ersten ein Südniederländer, zum zweiten war seine Staatskonzeption in gar keiner Weise eine über den Leisten der niederländischen Republik geschlagene Konstruktion. Sie hatte mit den Niederlanden schlicht nichts zu tun – weder mit der politisch-konstitutionellen Aktualität noch mit den niederländischen Staatsauffassungen der Zeit. Es ist daher schon richtig, wenn Martin van Gelderen in seiner Kritik an Oestreich mit Blick auf das in den 1730er Jahren aufgebaute Holländische Viertel in Potsdam meint: „Die Häuser des Viertels bezeugen in ihrer Gemütlichkeit und Geselligkeit Eigenschaften und Tugenden, die viel mehr als Neustoizismus zum Wesen der frühneuzeitlichen niederländischen Kultur gehören."[49]

---

48 So der schon mehrgenannte OESTREICH, *Die Niederlande und Brandenburg-Preußen*; zu Pufendorf und Grotius s. den Aufsatz von J. ENGELBRECHT, *Staat, Recht und Konfession. Krieg und Frieden im Rechtsdenken des Reiches*, in: H. LADEMACHER/S. GROENVELD (Hrsg.), *Krieg und Kultur. Die Rezeption von Krieg und Frieden in der Niederländischen Republik und im Deutschen Reich 1568-1648)*, Münster 1998, S. 126f.

49 M. VAN GELDEREN, *Holland und das Preußentum. Justus Lipsius zwischen niederländischem Aufstand und Brandenburg-preußischem Absolutismus*, in: H. LADEMACHER (Hrsg.), *Dynastie in der Republik*, S. 212.

XIII. Jahrzehnte des Wandels

Abschied von der Bewunderung.
Die Ungunst des Krieges und der Wirtschaft

Bei einem Überblick über die Kultur der Niederlande des 17. Jahrhunderts drängt sich der Eindruck auf, daß wir es spätestens mit dem Ende der „ware vrijheid" und ihren eindringlichen Diskussionen um die richtige Staatsform mit einem Abflauen jener Intensität zu tun haben, die das kulturelle und auch politische Leben in der ersten Hälfte auszeichneten. Die außenpolitische Position war eigentlich schon lange nicht mehr die des schließlich siegreichen Opfers, das den Triumph des geographisch so knapp bemessenen Staates gegen eine europäische Großmacht schon weit vor dem Abschluß des Münsterschen Friedens (Westfälischer Frieden) in seinem Panier hatte führen können – für den Außenstehenden ohne Zweifel ein Glanzstück in der Präsentation des Landes. Was bis zum Frieden von Münster als Befreiungskampf genannt und als solcher auch „verkauft" wurde, gestaltete sich gut zwei Jahrzehnte später zu einem Positionskampf gegen die Großmacht Republik, in dem diese sich gezwungen sah, die von Pieter de la Court beschriebene Haltung einer *Katze*[1] einzunehmen. Es war ein Kampf, der durch die schlichte Tatsache sich erschwerte, daß das konfessionelle Element endgültig keine Rolle mehr bei der außenpolitischen Koalitionsbildung spielte und reines Machtdenken an die Stelle trat – auch wenn, wie gezeigt worden ist, Wilhelm III. von Oranien noch einmal versuchte, die konfessionelle Karte in der Außenpolitik zu spielen. Der Zugriff auf die Reichtümer auf der westlichen und östlichen Hälfte der Erdkugel gelangte in das ruhigere Fahrwasser der konsolidierten und sich weiter konsolidierenden Ausbeutung von Mensch und Natur. Was zu Beginn noch als ein Stück Abenteuer eingeordnet werden konnte, entwickelte sich zu einem geordneten und durchaus lukrativen Status, gleichviel ob der Gewinn aus dem Gewürz- oder aus dem Sklavenhandel gezogen wurde.

Die starke wirtschaftliche Position der Republik war freilich schon seit Beginn der zweiten Jahrhunderthälfte ins Gedränge geraten. Es begann mit der britischen Navigationsakte von 1651, die sich in erster Linie gegen die Wirtschaftskraft der Provinz Holland richtete. Die Akte war ein klassisches Stück britischen Protektionismus, dem sich im übrigen 1664 Frankreich anschloß. Sie beeinträchtigten die Leidener Wollindustrie ebenso wie den holländischen Schiffsbau. Darüber hinaus schädigten britische Importverbote von 1670 und 1680 die Töpfereien der Niederländer ebenso wie französische Maßnahmen dies für die Pfeifenherstellung und Zuckerraffinerien taten.[2] Zwar gab es Phasen, in denen sich der Handel ein wenig erholte, aber insgesamt ist bis zur Jahrhundertwende ein doch im Vergleich zu anderen Ländern deutlicher Rückgang des Handelsvolumens zu verzeichnen. Vor allem den Vergleich mit Großbritannien konnte die Republik nicht mehr bestehen, dessen Handel in den 70er und 80er Jahren erheblich zunahm.[3] Dazu traten die kostentreibenden Kriege, die gegen die Hegemonialansprüche des französischen Königs geführt wurden, letztlich mit kleinen Unterbrechungen bis hin zum Frieden von Utrecht (1713) dauerten, dann zwar mit einem Sieg endeten, zugleich aber eine völlig erschöpfte Republik zurückließen. Krieg in den Ausmaßen

---

1   Dazu der Abschnitt *Die Souveränität, der Frieden und die Friedlosigkeit*.
2   S. dazu PRAK, *Gouden Eeuw*, S. 276.
3   Nach A.TH. VAN DEURSEN, *De last van veel geluk. De geschiedenis van Nederland, 1555-1702*, Amsterdam 2004, S. 335.

großer Koalitionskriege, das führte zu einem erheblichen Kostenauftrieb, hieß infolgedessen Steuererhöhung und damit auch Verteuerung des Konsums. Es trat hinzu, daß öffentliche Anleihen Kapital aus dem produktiven Sektor abzogen, weil hier niedrige, aber auf jeden Fall sichere Erträge erwartet werden durften.[4] Innerhalb von vier Jahrzehnten – von 1672 bis 1713 – verdoppelte sich die Schuldenlast der Provinz Holland und vervierfachte sie sich für die Republik insgesamt. Das hieß außenpolitisch, daß sich die Republik am Ende des Spanischen Erbfolgekrieges kein großes Heer mehr leisten konnte und sich daher für eine strikte Neutralitätspolitik zu entscheiden hatte, was wiederum Konsequenzen für das Ansehen des Staates nach sich führte; im Innern führte die Entwicklung vor allem für Mittelstand und Arbeiter zu einer deutlichen Verschlechterung des Lebensstandards. Die Armenfürsorge wies erhebliche Defizite aus, so daß man sich in einigen Gemeinden gezwungen sah, die Bekennenden der nicht-anerkannten Religionen, sprich die Katholiken und Lutheraner, an ihre eigenen Kirchen zu verweisen. Die Stadt Haarlem untersagte den Transport von Landstreichern von Amsterdam in ihre Stadt. Die Zahl der Immigranten sank deutlich. Hatte die Zahl der Ausländer, die in Amsterdam heirateten, 1640 noch bei 40% gelegen, bis zur Jahrhundertwende sank die Zahl auf unter 25%.[5]

Gewiß, man wird sagen dürfen, daß es sich im letzten Viertel des Jahrhunderts erst um die Anfänge eines allmählichen Niedergangs der politischen und wirtschaftlichen Bedeutung handelt, aber diese Anfänge korrespondieren auch mit einem Rückgang der bis dahin von außen herangetragenen Begeisterung oder jedenfalls Bewunderung für die Republik. Kritik kam auf. Die Republik wurde nicht mehr als Besonderheit empfunden, sondern als europäische Normalität. Das Einmalige oder *Großartige*, wie es bis dahin in den Beschreibungen des 17. Jahrhunderts vorherrschend war, gehörte zu den Epitheta der Vergangenheit. Obwohl viele Beobachter bis weit in die zweite Hälfte des Jahrhunderts hinein nicht nur Reinlichkeit und Pflege von Stadt und Haus, die Qualität verarbeiteter Materialien und vor allem das erfolgreiche Bemühen im Kampf gegen das Wasser priesen, schwand doch allmählich die Anziehungskraft, die das Land zu Anfang seiner republikanischen Existenz noch besessen hatte.

Kunst und Literatur im Wandel

Es ist merkwürdig, daß in dieser Phase auch die niederländische Malerei über ihren Zenit hinaus war. Die für die Zeit des 17. Jahrhunderts so typische, weil eigenständig entwickelte Kunst hatte sich in Thematik und Formgebung irgendwie überlebt. Gewiß, da waren zunächst noch die Alten, Jan Steen etwa, der 1679 verstarb, oder Vermeer, der 1675 das zeitliche segnete, Pieter de Hooch weilte bis 1684 noch unter den Lebenden und Carel Fabritius, Ferdinand Bol und Gerard ter Borch lebten bis 1680 und 1684. Es fehlte einfach an Künstler-Persönlichkeiten, die in den Jahrzehnten zuvor das kulturelle Leben der Republik so eindeutig mitgeprägt hatten. Es will scheinen, als ob Samuel van Hoogstraetens kunsttheoretisches Buch, das er in Nachfolge der Arbeit von Carel van Mander geschrieben hat, 1678 schon ein Buch war, dem die Rezipienten fehlten. Von Kunsthistorikern unserer Zeit ist bemerkt worden, daß spätere Verfechter der niederländischen Kunst des 17. Jahrhunderts merkwürdigerweise nicht bemerkt hätten, wie sehr doch im letzten Quartal eben dieses Jahrhunderts von der alten niederländischen Richtung – um es einmal etwas salopp auszudrücken – nichts Neues mehr habe gebracht

---

4   So PRAK, *Gouden Eeuw*, S. 276.
5   Ebd. S. 277f.

werden können, der Höhepunkt einfach überschritten gewesen sei.[6] Die hierzu zuvor angebotenen Hinweise auf den politischen und wirtschaftlichen Niedergang der Republik sollen nicht unbedingt einen deutlichen Zusammenhang zwischen politischem und kulturellem Abstieg anzeigen, aber die Parallelität ist auf jeden Fall bemerkenswert. Der deutlich spürbare Verlust an Unternehmungslust im wirtschaftlichen Bereich, der sich in einem veränderten Investitionsverhalten äußert – Hinwendung zum Kauf von Grund und Boden –, scheint auch die Lust am Erwerb von Kunst beeinträchtigt zu haben. Infolgedessen hielten sich auch Kunsthändler, die zuvor doch so überaus rege waren, zurück, abgesehen davon, daß Private, die bis dahin ihre Häuser überreich mit Bildern ausgestattet hatten, nicht mehr nachfragten. So kamen zahlreiche Maler in Existenznot. In Utrecht etwa brach der gesamte Kunstmarkt zusammen. Hier hatten freilich auch die Franzosen die Stadt für anderthalb Jahre besetzt. Die Privaten, die sich noch entschlossen, Bilder auf dem Markt zu erwerben, entschieden sich eher für die Klassiker der holländischen Schule als für die lebenden Meister. In Amsterdam bestand 1650 der Privatbesitz an Gemälden zu 50 Prozent aus den Arbeiten noch lebender Meister, zur Jahrhundertwende war der Umfang auf knapp 17 Prozent zurückgefallen. Zu den von dieser prekären Lage betroffenen zählte auch Johannes Vermeer. Seine Witwe schrieb 1676 an den Hooge Raad, daß ihr Mann infolge des Krieges gegen den französischen König so gut wie nichts mehr habe verdienen können. Diese Absatzflaute betraf nicht nur die eigenen Werke, sondern auch seinen Kunsthandel, mit dem er sich nebenher befaßt hatte. Werke, die teuer eingekauft auf Lager lagen, mußten gegen einen niedrigen Preis verschleudert werden. Die Lage war gerade für die Familie nicht so einfach, da immerhin elf Kinder zu versorgen waren.[7]

Zur finanziellen Zurückhaltung oder anderen finanziellen Orientierung der Privaten trat offensichtlich auch eine Änderung des Geschmacks, soweit es das häusliche Interieur betrifft. Es war ein Prozeß, der zwar in der hier angesprochenen Periode erst ganz allmählich einsetzte, aber auf jeden Fall erwähnenswert ist, weil er etwas über die Möglichkeiten des Bildermarktes aussagt. Während bis rund 1670 die Wohnhäuser bis etwa in Dreiviertelhöhe der Decke mit Bildern ausgestattet worden waren – so man es sich leisten konnte –, traten in der Zeit danach in zunehmenden Maße kostbare, bemalte Tapeten an die Stelle. Die Gemälde wurden in solchem Fall in einem eigens dafür hergerichteten Kabinett konzentriert – immerhin noch eine Möglichkeit, die Gemälde dem Freundeskreis vorzuführen. Die Pflege des Kunstkabinetts ist nie ausgestorben, es stellte sich den Besitzern – und im übrigen auch den Kunsthändlern – die Frage, welche Maler des 17. Jahrhunderts man noch aufnehmen wollte. Hilfe bot schließlich dabei in den ersten beiden Jahrzehnten des 18. Jahrhunderts das Künstlerlexikon *De Groote Schouburgh der Nederlantsche Konstschilders en Schilderessen* des Arnold Houbraken, das zwischen 1718 und 1721 in drei Teilen erschien. Wer hier nicht aufgenommen stand, existierte nicht.[8]

Wenn von einem Rückgang der Produktion die Rede war, da meint das nicht das Ende der niederländischen Malerei, sondern entweder das natürliche Ende einiger zentraler Figuren des 17. Jahrhunderts oder Produktionsende infolge hohen Alters, meint freilich auch Verlust an weiterführender Originalität. Aber es gab auch einige wenige,

---

6 So HAAK, *Hollandse schilders*, S. 502
7 PRAK, *Gouden Eeuw*, S. 259.
8 Die 3 Teile erschienen in Amsterdam und später 1753, noch einmal in Den Haag. Sie waren richtungweisend für die Kunstsammler jener Zeit. S. hierzu vor allem L. DE VRIES, *„De gelukkige Schildereeuw". Opvattingen over de schilderkunst van de Gouden Eeuw in Nederland, 1700-1750*, in: F. GRIJZENHOUT/H. VAN VEEN, *De Gouden Eeuw in perspectief. Het beeld van de Nederlandse zeventiende-eeuwse schilderkunst in later tijd*, Heerlen 1992, S. 55f., hier auch der Hinweis auf die Veränderung des niederländischen Interieurs.

die ihren Stil gegenüber dem aus der Blütezeit des 17. Jahrhunderts veränderten. Melchior d'Hondecoeter etwa entwickelte in seinen landschaftlichen Darstellungen einen Hang zum Dekorativen, der bis dahin in den Niederlanden unbekannt war, Nicolaes Maes passte sich als Porträtmaler neuen Formen und Normen an. Die neue Geschmacksrichtung, die vom Schwarz-Weiß der Mode abließ und eher zum Gefälligen, Schmeichelnden neigte, äußerte sich 1676 in seinem *Porträt eines jungen Mannes*. Die Bauernstücke verschwanden bald ebenso wie die traditionellen niederländischen Stilleben, während die Blumenmalerei bis weit ins 18. Jahrhundert in einigermaßen unveränderter Form erhalten blieb.[9]

Die Frage nach dem Kunstmarkt verlangt naturgemäß auch einen Hinweis auf die Haltung der Kunsthändler im Ausland und damit auf die Akzeptanz der niederländischen Kunst jenseits der Landesgrenzen. Seit dem Humanismus und der damit eng zusammenhängenden Kunsttheorie war einiges Wasser welchen niederländischen Flusses auch immer hinuntergeflossen. Die Italiener, die abseits jeder realistischen Darstellung meinten stehen zu müssen, weil sie eher der Aussage des Horatius *ut pictura poesis* anhingen, einer gedanklichen Vorstellung oder einem Idealbild folgten, das in der Darstellung sowohl der Anschauung diente als auch der Lehre, trauten der Kunst jenseits der Alpen nichts Adäquates zu. Zu denen da im Norden zählten auch die Niederländer, die nach Ansicht der Italiener eben nur Landschaften malen konnten. Es waren jene, die nichts anderes als eine Nachahmung der Natur auf die Leinwand zu bringen vermochten, während der eigentliche Gegenstand der Kunst nur jene Erhabenheit sein durfte, wie sie in der Bibel oder in der Mythologie der Antike sich präsentierte. Das stand in krassem Gegensatz zur niederländischen Kunst des 17. Jahrhunderts, in der nicht das Ideale, Schöne, Erhabene, sondern vielmehr das Einfache, durchaus Hässliche oder Malerische, gleichwohl eine Botschaft des Künstlers Enthaltende ebenso vorherrschte wie die naturalistische Wiedergabe der Landschaften[10] und dies, obwohl doch die, wenn man so will, Vorschriften des Carel van Mander vorlagen, die vom Maler als einem gelehrten Künstler ausgingen. Es scheint, als ob sich die italienische Kunsttheorie durchgesetzt hätte oder ihr jedenfalls ein sehr langes Leben beschieden gewesen wäre, aber eben nicht in den Niederlanden. Über Reaktionen im Ausland ist an anderer Stelle ausführlicher gehandelt worden.[11]

In diesem Zusammenhang eine ergänzende Bemerkung. Es ist eingangs mit Blick auf die Entwicklung der Kunst im letzten Viertel des Jahrhunderts vom Rückgang der Produktivität die Rede gewesen, es sei freilich hinzugefügt, daß sich in dieser Zeit allmählich auch eine Änderung der Kunstauffassung im Sinne des von Frankreich vorgetragenen Klassizismus vollzieht. In der Republik ist der schon mehrfach genannte Samuel van Hoogstraeten der Multiplikator der neuen Richtung. Der Impuls ging vor allem von der Académie Royale de Peinture et Sculpture aus. Der Einfluß entsprach auch der Akzeptanz des Französischen insgesamt, die allmählich große Kreise erfaßte – recht eigenartig, wenn man in Betracht zieht, daß die Republik nachgerade ohne Unterbrechung in kriegerischer Auseinandersetzung mit Ludwig XIV. stand. Der Kunsttheoretiker van Hoogstraeten stieß sich am gemalten Kleinkram der Niederländer, an der Bedeutungslosigkeit des Sujets. So ließ er es jedenfalls in seinem Kunstlehrbuch, wenn man dies so nennen darf, wissen. Knapp drei Jahrzehnte später schloß sich ihm

---

9 Nach HAAK, *Hollandse schilders*, S. 499ff. Hier noch weitere Details. H. weist auch darauf hin, daß gerade die Blumenmalerei von der Nachwelt als Produkte im Stil des 17. Jahrhunderts angesehen und später häufig in Museen neben Erzeugnissen des 17. Jahrhunderts präsentiert worden seien, wenngleich sie einiges später gefertigt wurden.
10 So bei F. GRIJZENHOUT, *Tussen rede en gevoeligheid. De Nederlandse schilderkunst in het oordeel van het buitenland, 1660-1800*, in: GRIJZENHOUT/VAN VEEN, *De Gouden Eeuw*, S. 27ff.
11 S. o. den Abschnitt *Bildende Kunst*.

viel dezidierter noch der bis dahin erblindete Gerard Lairesse in seinem *Groot Schilderboek* (1707) an, der den ganzen klassizistischen Kanon der niederländischen Malerei enthielt. Lairesse nahm das ganze Spektrum der niederländischen Kunstthematik ins Visier. Er wandte sich gegen den populären Charakter der Porträtmalerei, gegen die Genre-Kunst und wetterte hier vor allem gegen bäuerliche Szenen, er warb für das Dekorative, Ideale, Schöne und in diesem Sinne Aussagekräftige, das wohl nur über historische oder biblische Themen erreicht werden konnte, was dann auch eine andere Formgebung und szenische Gestaltung erforderte. Recht vielsagend ist Lairesses Bemerkung, daß es in der niederländischen Malerei offensichtlich keinen schönen Saal oder kein herrliches Zimmer geben könne, ohne daß die Örtlichkeiten mit Bettlern, Kneipen, Huren, Tabakrauchern und Spielleuten sowie einem Klosett gefüllt würden. Das mochte leicht übertrieben sein, richtete sich auch voll gegen einige Maler aus der ersten Hälfte des Jahrhunderts, aber die enge Bindung an die niederländische Realität war in diesen Darstellungen wohl unübersehbar.[12]

Mit Blick auf die Bedeutung des französischen Klassizismus für das Kulturleben in der Republik sei bemerkt, daß Einfluß eben auch Akzeptanz bedeutete, die sich nicht auf künstlerische Äußerungen begrenzte, sondern einfach auch Rezeption französischen Geisteslebens hieß. Letztlich ging es um die Rezeption des Geisteslebens des militärischen Gegners, aber sie erklärt sich sicher nicht nur aus der intellektuellen Bereitschaft oder Neugier niederländischer Bürger, sondern auch aus dem Zustrom hugenottischer Flüchtlinge nach der Aufhebung des Edikts von Nantes. Jedenfalls nahm französischer Geist in den Niederlanden einen wichtigen Platz bei der kulturellen Elite des Landes ein. Eine Analyse von hundert Privatbibliotheken niederländischer Juristen, von hohen Beamten, Theologen und Gelehrten hat gezeigt, daß nur zwölf von ihnen ohne französischsprachige Literatur gewesen sind. Das heißt auch, daß sich die Kenntnis der Sprache durchzusetzen begann. Das war für den Adel nichts Neues, und der staathalterliche Hof war eh schon immer französisch orientiert gewesen. Die Oranier entwickelten da keinen anderen Geschmack als andere Fürsten europäischer Höfe. Wilhelm III. zog dann auch bald den aus Frankreich geflohenen französischen Architekten Daniel Marot an seinen Hof, der sich sogleich an die Innenausstattung des Palais Het Loo und anderer Gebäude begab. Marot hatte zuvor seine ersten Erfahrungen in Versailles gemacht. Der französische Garten von Het Loo ist ganz und gar das Werk dieses Franzosen. Wenngleich der Statthalter bei der, wenn man so will, künstlerischen Ausgestaltung durchaus mehrere „Nationalitäten" heranzog, ist doch festzuhalten, daß Daniel Marot jener Franzose war, der den Stil Ludwigs XIV. in den Niederlanden einführte. Diesen Wandel vollzog auch der gehobene Bürgerstand. Er zeigte sich in der Mode, in französischen Lebensgewohnheiten und Alltagskultur bis hinein in die innere Ausgestaltung der Häuser, die zumindest in der Führungsschicht die äußere Präsentation zu prägen begannen.[13]

In diesen Schichten eben hatte immer schon Malerei und Literatur einen erheblichen Teil der Lebenswelt ausgemacht. So ist zu vermuten, daß auch der intellektuelle und konzeptionelle Wandel in der niederländischen Literatur der zweiten Jahrhunderthälfte nicht ohne Interesse verfolgt worden ist. Die Vermutung scheint insofern angebracht zu

---

12 S. hierzu DE VRIES, „*De gelukkige Schildereeuw*", in: GRIJZENHOUT/VAN VEEN, *Gouden Eeuw*, S. 64ff.; HAAK, *Hollandse schilders*, S. 501f. Hier auch der Hinweis auf die Angriffe Lairesses gegen die Malerei Rembrandts. Der Kunsthistoriker A. VON WURZBACH hat das *Schilderboek* des Lairesse zu Anfang des 20. Jahrhunderts als ein wertloses, gegen den niederländischen Naturalismus gerichtetes Buch bezeichnet. S. ebd. S. 502. Zu Samuel van Hoogstraeten s. auch den Abschnitt über die *Bildende Kunst* in diesem Band.

13 Dazu S.A. KRIJN, *Franse lektuur in Nederland in het begin van de 18de eeuw*, De Nieuwe taalgids, II (1917), S. 161ff. S. a. H. BOTS (u.a.), *Vlucht naar de vrijheid. De Hugenoten en de Nederlanden*, Amsterdam 1985, S. 97ff.

sein, als die Gedanken des französischen Klassizismus vor allem im niederländischen Theaterleben vorgetragen wurden, und dies vor allem von der Literaturgesellschaft *Nil Volentibus Arduum*, die zwar nur wenige Mitglieder zählte, in Regentenkreisen freilich großen Einfluß hatte. Die schon an anderer Stelle vorgetragenen Hinweise seien neuerlich angeführt und ergänzt. Die Namen Lodewijk Meyer und Andries Pels sollten hier noch einmal genannt werden, weil sich beide mit der Theorie des Theaters in Anlehnung an französische Literaten und Theoretiker befaßt haben. Wenn auch das ursprüngliche Ziel der Gesellschaft, Wissenschaft und Literatur gleichermaßen zu erörtern, letztendlich bei der Literatur als zentralem Gegenstand verharrte, dann zeigt die Intention, daß Literatur – und hier vor allem die Bühnenstücke – mehr zu sein hatte als nur die Aufführung eines Spektakels. Es mußten genaue Ziele vorgegeben und in einem präzise umschriebenen Rahmen verwirklicht werden. Sowohl Meyer als auch Pels griffen Gedanken auf, wie sie in der Académie française, die Richelieu 1635 errichtet hatte, in Europa eine wichtige Rolle zu spielen begannen. Die Akademie hatte sich von Beginn das Ziel gesetzt, von einer zentralen Stelle aus, Sprache und Kunst zu säubern und zu verfeinern. Protagonisten waren für Frankreich und dann auch für die niederländischen Rezipienten die Dramatiker Corneille, Racine und Molière. Ihr Werk veranlaßte den Dichter und Kunsttheoretiker Nicolas Boileau-Despréaux, eine regelrechte Kodifikation für moderne, das heißt klassizistisch geprägte und damit anspruchsvolle Literatur in dem Werk *Art poétique* (1674) vorzulegen, das im Titel und vielen Einzelheiten der *Ars poetica* des Horaz entsprach.[14] Dichtung sei eine „Nachahmung der Natur". Sie müsse freilich den rohen Stoff durch stilisierende Kunst läutern. Die Boileau vorschwebende Literatur vermied alles Abnorme, sie hatte sich an das Allgemeingültige der Gesellschaft zu halten. Wesentlich sei die Klarheit der Begriffe, das Maß und die logische Verknüpfung von Geschehen. Es war demnach nicht nur eine inhaltliche Vorgabe, die Boileau vortrug, sondern auch ein starker Hinweis auf Form und Aufbau.[15] Schon etwas früher – 1669 – war von der Literaturgesellschaft eine Broschüre zur Theorie der Tragödie (*Nauwkeurig Onderwys in de Tooneel-Poezy*), verfaßt worden, in der die Ziele der Bühnenstücke auf der Basis der bis dahin bekannten klassizistischen Auffassungen der Franzosen vor allem konzentriert wurden auf die Verbesserung der Sitten und Tugenden. Dies ist in engem Zusammenhang mit der zugleich behandelten eher formalen Frage nach der Rolle des Spektakels („*kunst-en vliegwerk*") zu sehen, was nicht bedeuten sollte, daß man alles Französische sinnlos nachäffte. Das galt für das Theater ebenso wie für das tägliche Leben. Die Schrift wurde freilich erst 1765 publiziert. Dieser Ansatz kam jedenfalls in gar keiner Weise mit dem des Jan Vos überein, bis zu seinem Tod 1667 Leiter des Amsterdamer Theaters. Eine eher umfassende Theorie, gleichsam ein Pendant zu Boileaus Buch, legte dann Andries Pels, Mitbegründer von *Nil Volentibus Arduum*, vor unter dem Titel *Horatius' Dichtkunst, op onzen tijden en zeden gepast* (1677). Wie Boileau vor ihm stützte er sich auf die *Ars poetica* des Horaz. Die Erhabenheit von Thema und Absicht und die diesem Ansatz angepasste verfeinerte Form, das heißt die Akzeptanz des französischen Klassizismus, hat, so ist geschrieben worden, ein Jahrhundert lang niederländische Autoren bewogen, die Übersetzung französischer Stücke dem eigenen originalen Werk vorzuziehen.[16] Pels hat sich unmittelbar danach noch an eine Arbeit unter dem Titel *Gebruik en misbruik des tooneels* begeben. Das an anderer Stelle genannte Geschehen sei hier noch einmal aufgegriffen Der Titel ist insofern recht interessant, als er einer kleinen Schrift Vondels von 1661 entnommen ist, inhaltlich dieser kleinen Arbeit aber in Gänze entgegensteht. Die Studie des Pels, die in Kreisen der Literaturgesellschaft vorab

---

14 S. dazu KNUVELDER, *Handboek tot de geschiedenis van de Nederlandse letterkunde*, II, S. 501f.
15 Zu Boileau-Depréaux s. LASSON, *Histoire de la littérature française*, vor allem S. 492-507.
16 So KNUVELDER, *Handboek tot de geschiedenis van de Nederlandse letterkunde*, II, S. 503.

noch erheblich redigiert wurde und erst 1681 auf den Markt kam, enthält gleichsam einen Aufruf zur Wohlanständigkeit des Theaters. Es ging darum, Obrigkeit und Kirche nicht in den Bühnenstücken zu verletzen, wie es demnach Samuel Coster und Joost van den Vondel getan hatten, und die Stücke sollten nicht gegen die guten Sitten und den guten Geschmack verstoßen, was der Autor dem ehemaligen Direktor des Amsterdamer Theaters, Jan Vos, vorwarf, und es ging weiterhin darum, in grammatisch korrekter Sprache die Absicht des Stückes in klarer Begrifflichkeit und nicht in verschleiernder Metaphorik zum Publikum zu transferieren, die Themenwahl nach ihrem Realitätsgehalt zu überprüfen und einen logischen Ablauf zu gewährleisten.[17]

Es ist allgemein festzuhalten, daß sich die Rezeption des französischen Klassizismus oder auf jeden Fall die Diskussion hierzu unter Schriftstellern sehr viel früher abspielt als unter den Malern. Möglicherweise ist das auf die auch für die Außenwelt vorherrschende Kraft der niederländischen Malerei im internationalen Vergleich zurückzuführen, auch wenn festzuhalten ist, daß Joost van den Vondel im Ausland übersetzt und aufgeführt worden ist. Immerhin standen hinter der neuen Richtung Dramatiker wie Corneille und Racine, die weit über die Grenzen Frankreichs hinaus hohe Anerkennung genossen. Daß es freilich einen Zusammenhang zwischen der Diskussion unter Literaten und der Entwicklung bei den bildenden Künstlern gibt, ist wohl aus der Tatsache zu ermitteln, daß der zuvor genannte Maler und Kunsttheoretiker Lairesse zum engeren Kreis der Literaturgesellschaft gehörte und er ein enger Freund des Andries Pels war. In seinem Hause fanden regelmäßig Zusammenkünfte der Gesellschaft statt, was wiederum nicht heißen soll, daß der Maler von der Gesellschaft beeinflußt worden sei. Es ist anzunehmen, daß hier von Beginn an ein Gleichklang der Seelen herrschte. Lairesse scheint seine Literatur-Freunde auf den unerträglichen „wilden" Naturalismus des Rembrandt hingewiesen zu haben, der sich außerhalb aller Regeln bewegt oder bewegt habe. Jedenfalls hat Pels dieses schlechte Vorbild Rembrandt aufgegriffen.[18]

Naturgemäß blieb das Vorgehen der Protagonisten von *Nil Volentibus Arduum*, das eben auch von harscher Kritik getragen war, nicht unbestritten. Da gab es Opposition gegen die Literaturgesellschaft, die sich allerdings nicht wirklich durchsetzen könnte. Zu den Opponenten zählte der schon im Zusammenhang mit dem Lebensstil der Regenten genannte Joan Antonides van der Goes, der der Rezeption französischer Theaterformeln widersprach, freilich auch nicht als Parteigänger des Jan Vos einzuordnen ist, sondern für die Bühnenwerke der Hooft, Vondel und Heinsius plädierte. Van der Goes, der eben nicht nur den französischen Feind, sondern auch seine „Sitten" hat vertreiben wollen, wie an anderer Stelle zitiert worden ist, machte sich nicht nur Sorgen um das niederländische Theater durch Rezeption des französischen Klassizismus, sondern auch um niederländische Existenz allgemein, da er in der Übernahme französischer Kultur (Mode, Stil, Manieren) eine Vorstufe zur Hegemonie des nicht weit von der Südgrenze entfernten Nachbarn sah.[19]

---

17 T. HARMSEN, *Het kunstgenootschap Nil Volentibus Arduum draagt Lodewijk Meyer op om Andries Pels' Gebruik en misbruik des Tooneels persklaar te maken. Toneelschrijven als ambacht*, in ERENSTEIN (Hrsg.), *Theatergeschiedenis der Nederlanden*, S. 266f. Dort auch S. 269 ein Hinweis auf die erst 1765 veröffentlichte Schrift *Nauwkeurig Onderwijs in de Tooneel-Poezy*. Zu dieser Schrift auch T. AMIR, *De opening van de verbouwde Schouwburg te Amsterdam. Van suggestie naar illusie; kunst en vliegwerken in de Amsterdamse Schouwburg*, in: ebd. S. 263

18 Dazu der Hinweis von KNUVELDER, *Handboek tot de geschiedenis der Nederlandse letterkunde*, II, S. 504.

19 S. auch W.W. MIJNHARDT, *Dutch Culture in the Age of William and Mary: Cosmopolitan or Provincial?*, in: D. HOAK/M. FEINGOLD (ed.), *The World of William and Mary. Anglo-Dutch Perspectives on the revolution of 1688-89*, Stanford 1996, S. 223.

Die Wortführer zugunsten einer Verarbeitung der klassizistischen Normen Frankreichs nahmen wichtige Positionen ein, als nach Wiedereröffnung des Amsterdamer Theaters 1677 ein neuer Verwaltungs- oder – wenn man so will – Aufsichtsrat von der Stadt Amsterdam bestellt wurde, dem drei Vertreter der Literaturgesellschaft, Pels, Meyer und Bouwmeester, angehörten. So kann man die vorgenannte Broschüre von Pels auch gleichsam als Leitfaden für ein personell neu zusammengesetztes Theater begreifen. Die Neueröffnung brachte im übrigen über die Aufführungen auch wieder Geld in die Kassen der städtischen Waisenhäuser, die sechs Jahre lang ohne diese Einkünfte hatten auskommen müssen. Die Literaturgesellschaft befand sich wenig später aus unterschiedlichen Gründen im Niedergang, was freilich nicht das Ende der klassizistischen Gedanken in den Niederlanden bedeutete. Im Gegenteil, was in dieser Literaturgesellschaft gedacht worden war, fand bis weit ins 18. Jahrhundert hinein seinen Widerhall. Im Amsterdamer Theater freilich setzte sich zunächst die sogenannte „romantische", das heißt also die alte Richtung zunächst einmal wieder durch.[20] Das hatte freilich seinen Grund. Zum einen verstarben Pels und Meyer beide schon 1688, zum anderen stand van der Goes nicht allein. Da waren die Dichter Heimen Dullaert und Frans de Haes auch der Vondel-Biograph Brandt und der calvinistische Dichter Joachim Oudaen von eben dieser Besorgnis über französischen Einfluß getrieben, und aus den intellektuellen Zirkeln von Rotterdam, wo van der Goes lebte, nahmen Literaten wie Petrus Rabus und David van Hoogstraten das Anliegen des van der Goes auf und verteidigten die niederländische Literatur und ihre Spitzenleute. Es ist recht interessant zu sehen, daß sie die alte Frage des 16. Jahrhunderts, ob nämlich das Niederländische eben solche sprachlich-literarischen Möglichkeiten biete wie das Lateinische, neuerlich positiv beantworteten. Wichtiger will freilich noch erscheinen, daß sie durch französischen Einfluß das Wertesystem republikanischer Tugend bedroht sahen, die Oberherrschaft französischer Moralität fürchteten, abgesehen noch von der Furcht vor der Etablierung einer Universalmonarchie französischer Observanz. Daß solcher Abwehr eine Aufforderung der Pflege der eigenen Sprache parallel lief, sei am Rande vermerkt.[21]

Europäischer Wandel: Frankreich und England

Was hier ein Rückgang an politischer Position sowie an wirtschaftlicher und militärischer Kraft genannt wird und den Wandel in Malerei und Literatur nachzeichnet, sind auf jeden Fall im Bereich der Kultur nachgerade stille Vorgänge, die im zunehmend von französischer Kultur beeinflußten Strom der Zeit mitschwimmen. Es setzte offensichtlich eine Diskussion der Anpassung ein, als ob Vergangenes so rasch wie möglich hätte überwunden werden müssen. Das vollzog sich zudem in einer Zeit, in der die Niederlande ihre letzte große Aufregung 1672 erlebt hatten, um sich dann – außenpolitisch gesehen – in das schützende Netz von Koalitionsvereinbarungen zu begeben. Sie waren nur noch ein Teil jenes in der Zusammensetzung wechselnden Mächteverbandes, der sich dem Ansinnen des französischen Königs Ludwig XIV. widersetzte. Das Augenmerk des europäischen politischen Umfeldes lag nun nicht mehr auf der niederländischen Republik, da die Komponente *Befreiung von einer Oberherrschaft* nicht mehr aktuell war. Den Ton setzten die Ereignisse in den westeuropäischen Monarchien Frankreich und England. In Frankreich war es die Aufhebung des Edikts von Nantes (1685), in England die *Glorious Revolution* (1688), die beide auf unterschiedliche Art in den auch an Heftigkeit und

---

20 S. ebd. S. 504. Die ersten Stücke im Sinne des französischen Klassizismus bracht Govert Bidloo ein: *Karel Erf-Prins van Spanje* (1679) und *Fabius Severus* (1680). S. ebd. 503.
21 S. MIJNHARDT, *Dutch Culture*, S. 223ff. mit zahlreichen weiteren Vertretern dieser Richtung.

Inhalten unterschiedlichen Reaktionen etwas zur europäischen Geistigkeit der Zeit aussagen. Bei genauer Betrachtung läßt sich feststellen, daß der religionspolitische Zugriff des französischen Monarchen jenen Konflikt wiederbelebte, von dem man glaubte, ihn zumindest einigermaßen beschwichtigt zu haben, während die Londoner Ereignisse für die Position der Protestanten und die verfassungspolitische Entwicklung Europas zukunftweisend waren. Es ist, was Frankreich angeht, nicht der von einer Vielzahl von Grausamkeiten[22] begleitete Akt der Aufhebung selbst, der hier angesprochen wird, sondern die daran sich entzündende Diskussion zwischen Gegnern und Befürwortern, die die europäische Diskussion ebenso bestimmte wie die Vertreibung der Stuarts vom englischen Thron.

Die Aufhebung des Edikts brachte Europa durchaus in Aufruhr, und man fragte sich mancherorts, ob dies nicht das Ende des Protestantismus überhaupt bedeute. Würde nicht etwa England zum Katholizismus zurückkehren? Französische Kleriker schienen das zu hoffen. Paul Hazard hat in seinem Krisen-Szenario der Zeit dazu formuliert: „Ludwig XIV. ... irrte sich über das Wesen den menschlichen Gewissens. Das duldet keine Gewalt. Darin liegt sein Adel, sein Ruhm. Äußerster Zwang reizt es nur zur Empörung. Wenige Gesten sind daher entscheidender und folgenschwerer für die Gestaltung der Zukunft gewesen als diese. Insofern man überhaupt bestimmte Daten als Wendepunkte für die Entwicklung des Denkens abzugeben vermag, kann man mit Recht sagen, das Jahr 1685 bedeute das Ende des Siegeszuges der Gegenreformation; danach geht es abwärts."[23] Das ist mit einiger Emphase verfaßt, aber insofern berechtigt, als die aus ihrem Land vertriebenen oder geflohenen Hugenotten ihre Gemeinschaften in anderen europäischen Ländern aufbauten und von dort her eine intensive Diskussion führten, die letztlich die schon alte Diskussion um Religions- und Gewissensfreiheit war. Protestantische Geistliche führten da die Reihen an. Heftigkeit bekam insofern ihren besonderen Charakter, als die monarchische Seite in nun verstärktem Maße daran ging, den König in allen seinen Taten zu glorifizieren, als *Semper victor* darzustellen, die überbordende Überlegenheit zu schildern. Und es gab in der nächsten Umgebung des Hofes genug Personen, die dieses Programm von Glanz und Gloria aufzustellen vermochten. Man bediente sich nicht nur des Wortes, sondern auch der bildlichen Darstellung in Form von Almanachen, die als Bilderbögen vom Ruhm des Königs kündeten.[24] All dieses, was man gegenwärtig unter der Spitzmarke *Medienrummel* einordnen könnte, diente letztlich dazu, all jenen im In- und Ausland, die lesen und sehen konnten, begreiflich zu machen, daß sich hier ein neuartiges System entwickelte, das tatsächlich auch wegen seiner „inneren und äußeren Durchschlagskraft"[25] in der Lage war, in den Mittelpunkt der Aufmerksamkeit Europas zu rücken, sei es aus Furcht, sei es aus Bewunderung. Der ludovizianische Absolutismus war etwas Neues im europäischen Mächtekonzert, wie es zuvor die Entwicklung der niederländische Republik mit ihrer besonderen Struktur gewesen war. Die Aufhebung der Religionsfreiheit („un roi, une loi, une foi") war freilich nur ein Aspekt der neuen Staatswerdung, die in der Historiographie auch als Staatsverdichtung eingeführt worden ist – freilich ein besonders wichtiger, weil er die Diskussion um den Glauben und die Glaubensfreiheit neuerlich anfachte –, ein anderer war der Staatsaufbau, die Zentralisierung durch Einführung der Intendanten, und eine Rechtsreform mit ihrer vereinheitlichenden Gesetzgebung.[26]

---

22 P. Hazard, Die Krise des europäischen Geistes, 1680-1715, Hamburg 1939 (dt. Ausgabe), S. 113ff.
23 HAZARD, *Krise*, S. 112.
24 Hierzu im Überblick R. MANDROU, *Staatsräson und Vernunft, 1649-1775)* (=Propyläen Geschichte Europas, Bd. 3), Frankfurt/Main u.a. 1976, S. 57ff.
25 Begriff nach H. DUCHHARDT, *Europa am Vorabend der Moderne 1650-1800* (=Handbuch der Geschichte Europas – Band 6), Stuttgart 2003, S. 180.
26 Ebd. S. 182.

Gleichviel, ob die Maßnahmen griffen oder nur lückenhaft oder anfällig blieben, sie rückten Frankreich allemal in den Blickpunkt in einer Zeit, die ungleich der Periode des niederländischen Aufstandes viel mehr von Information und Kommunikation verstand und offensichtlich auch wachsenden Bedarf an Unterrichtung über die einzelnen Länder Europas oder der Kolonialgebiete in Übersee offenbarte. England war die andere Macht, die die Aufmerksamkeit auf sich zog, aus einem nachgerade entgegengesetzten Grund. Es sei hier zeitgenössisch Anthony Ashley Cooper, Graf Shaftesbury, der unter dem Einfluß des John Locke erzogen wurde, Mitglied des Oberhauses war und schließlich in den Niederlanden sich Pierre Bayle näherte, etwas ausführlicher zitiert. Es heißt bei ihm 1709 in einer Art Rückschau auf die vergangenen Jahrzehnte mit dem Blick auf Spanien, Portugal, Italien und Frankreich: „Was uns Briten betrifft, wir haben, dem Himmel sei Dank, aus ererbter Tradition, ein richtigeres Gefühl für Regierung. Wir haben den Begriff Volk und den der Verfassung; wir kennen den Aufbau der gesetzgebenden und den der Exekutivgewalt ... Die Grundsätze, die wir daraus ableiten, sind so klar wie die der Mathematik. Diese zunehmende Erkenntnis zeigt uns jeden Tag mehr, welchen Wert der gesunde Menschenverstand in der Politik hat, und das muß uns notwendig zum Verständnis seines Wertes für die Moral führen, welche deren Grundlage ist." Und der Altertums-Gelehrte und Schriftsteller Joseph Addison ließ im Zuge seiner Europa-Reise aus Italien wissen: „Wie schön bist du, Italien! ... aber was nützen dir all diese Gaben, das Lächeln der Natur und der Zauber der Kunst, wenn Unterdrückung und Tyrannei bei dir herrschen? ... Freiheit! Du machst fröhlich im Elend; du verleihst der Sonne ihren Glanz und dem Tag seine Freude. Die Freiheit ist die Göttin Englands, und es beneidet die Vorzüge eines milderen Klimas nicht, denn es müsste es zu teuer dafür bezahlen; die Freiheit wohnt auf seinen unfruchtbaren Felsen ... Englands Sorge ist, über die Geschicke Europas zu wachen, die anmaßenden Könige einzuschüchtern, die Bitten seiner heimgesuchten Nachbarn zu erhören ..."[27] Das war doch so falsch nicht. Der Stolz hatte seinen Grund. Was in England 1688/89 geschah, das war doch etwas völlig Neues. Wo war bis dahin jemals die Krone unter das Parlament gestellt worden? Das Fundament der englischen konstitutionellen Monarchie wurde hier gelegt. „Für zahlreiche kontinentale Intellektuelle wurde diese Regierungsform zum intensiv studierten Anschauungsmaterial im Sinne einer Überwindung der mehr oder weniger autokratischen Strukturen in ihren Heimatländern." Diese Regelung des Verhältnisses Parlament – Krone läßt zusammen mit den Gesetzen zur Rechtssicherheit des Einzelnen und der Gottesdienstfreiheit für die nichtkonformistischen Protestanten (Gruppen, die außerhalb der anglikanischen Staatskirche standen) den Umsturz, das heißt die Vertreibung der Stuarts vom englischen Thron, als eine „tiefgreifende Zäsur" einstufen und zugleich als einen Vorgang bewerten, „mit dem England im zeitgenössischen Europa einen absoluten Sonderplatz einnahm."[28] Zu dieser Fortschrittlichkeit der politischen Struktur (Verfassung) und einer entsprechenden, die Öffentlichkeit bedienenden diskussionsfreudigen politischen Kultur trat der Aufstieg zur Handelsmacht, der freilich schon bei Cromwell in Konkurrenz zu der niederländischen Republik eingesetzt hatte und sich auch durchsetzte, zumal bald die Arbeitsbereiche der ohnehin erfolgreichen Handelskompanien für die ganze englische Kaufmannschaft geöffnet wurden. Dazu traten Erfolge in der Landwirtschaft, das heißt, auf diesem Sektor wurde der Einfluß niederländischer Immigranten spürbar (großangelegter Gemüseanbau, Einführung von Ölsaat).

Wichtiger will im europäischen Vergleich freilich die Position von Naturwissenschaft und Technik erscheinen. Hier nahm England eine Spitzenstellung ein. Hier existierte

---

27 Zit. nach HAZARD, *Krise*, S. 108f. Das Shaftesbury-Zitat aus dessen *Freedom of wit and humor (1709)*; Addison-Zitat aus einem Brief an Lord Charles Halifax, 1701. Ebd. S. 108f.
28 So DUCHHARDT, *Europa am Vorabend*, S. 204f. (dort auch das vorhergehende Zitat).

seit 1662 die *Royal Society*, Ergebnis der Bemühungen seitens der Krone. Ihre Aufgabe war es, den gesamten Bereich der Naturwissenschaften in der Forschung zu erfassen. Freilich, im Unterschied zur 1666 gegründeten Pariser Académie des Sciences war die englische Forschung frei von Vorgaben, die in Frankreich hinsichtlich der Arbeitsschwerpunkte von der politischen Zentrale mitgegeben wurden. Die Gesellschaft hat ihre Forschungsergebnisse der Öffentlichkeit in Form der *Transactions* zugänglich gemacht und wurde schließlich in ihrer Reputation wesentlich auch von Isaac Newton mitbestimmt, der seit 1670 Mitglied war. Dazu ist formuliert worden: „Die Restaurationszeit mag in mancher Hinsicht aufgeheizt und kleinlich gewesen sein, in wissenschaftlicher Hinsicht war sie entschieden liberal. Es war wohl diese ganz spezifische Atmosphäre von freier Wissenschaft, herausragenden Forscherpersönlichkeiten und den Bedürfnissen, manches für die Gesellschaft leichter machen zu wollen, die England seinen Vorsprung vor den Kontinentalstaaten sicherte."[29]

Die Einlassung zu Frankreich und England – eine Einlassung recht eigentlich über zwei einander konträre Entwicklungen – wurde hier vorgenommen, um auf Gründe für die Verschiebung des öffentlichen Interesses im Europa jener Jahrzehnte hinzuweisen. Man mag dann noch in einem nachgerade stereotypen Wortgebrauch von England und den Niederlanden als den beiden Seemächten gesprochen und damit eine Art ebenbürtiger Kraft der Partner im Kampf gegen die französische Universalmonarchie gesprochen haben – was so abwegig nicht war –, aber das Land hatte nichts mehr Spezifisches, nichts Neues mehr zu bieten. Neu war der Ansatz des französischen Königs, den nun schon mehr als hundert Jahre alten Gedanken des Absolutismus in seiner spezifisch ludovizianischen Form zugleich mit einem großen konfessionspolitischen Revirement durchzusetzen, und neu war auch die in die Zukunft weisende englische Vorgabe, etwas ausgelutscht war dagegen die Bewunderung des niederländischen föderalen Systems und die Verwunderung über seine Funktionsfähigkeit.

Neue europäische Geistigkeit: Die Gelehrtenrepublik

Zu diesen Jahrzehnten am Ende des 17. Jahrhunderts ein anderes noch, das für Europa sicherlich ebenso bedeutsam war wie die Verschiebung der Sichtweise. Ein Überblick über das letzte Quartal des 17. Jahrhunderts wird immer auf die neue, die europäische Geistigkeit und damit auf die Entwicklung der Gelehrtenrepublik (République des Lettres) hinzuweisen haben, die in den letzten Jahrzehnten des Jahrhunderts bis ins 18. Jahrhundert hinein sich auch in den Niederlanden manifestierte. Nicht, daß sich europäischer Geist in diesem Land nicht schon geäußert hätte. Dazu sei auf den langen Aufenthalt des René Descartes oder des John Locke hingewiesen, aber auch auf die Personalpolitik der niederländischen Universitäten, deren Ruhm nicht zuletzt auch der großen Zahl ausländischer Gelehrter zu verdanken war. Die niederländische Republik ist für das letzte Quartal des Jahrhunderts als intellektuelles Depot Europas angemerkt worden.[30] Man wird diesen Begriff als einen Hinweis darauf zu verstehen haben, daß der Kern dieser Promotion weniger in einer hochentwickelten, die Geistigkeit anderer europäischer Länder überragenden Intellektualität lag, sondern in der Weltläufigkeit der Buchproduktion und des Buchhandels. Diese infrastrukturelle Voraussetzung für die intellektuelle Kommunikation sei zunächst einmal genannt. Der niederländische Buchhandel hatte im Laufe der Jahrzehnte fast den ganzen europäischen Kontinent erfaßt und reichte noch über Europa hinaus. Der Bücherausstoß, das heißt Bibeln und religiöse Schriften, Atlan-

---

29 So ebd. S. 208.
30 So GIBBS, *The Role of the Dutch Republic*, S. 323.

ten und Sachbücher wurde in hohen Auflagen und zu niedrigen Kosten auf einer Vielzahl von Druckerpressen realisiert, lag unvergleichbar hoch. Die Provinz Holland allein besaß 1675 etwa 200 Druckerpressen. Innerhalb der Provinz stand Amsterdam im Land selbst und im Vergleich zum Ausland unbestritten an der Spitze der Buchproduktion, die über 270 Buchverkäufer und Drucker abgewickelt wurde. Zu den großen Verlegern und Druckern zählte in jener Zeit der schon mehrfach genannte Willem Janszoon Blaeu, eine Fachdrucker für Atlanten. Dieser Anstieg vollzieht sich im Rahmen der allgemeinen wirtschaftlichen Blüte, wird freilich noch gefördert durch den billigen Transport zu Schiff und durch die glückliche Kapitalinvestition in der französischen Papierindustrie – hier vor allem in Angoulême. Der Export französischer Papierproduktion in die Niederlande konnte billiger erfolgen als der Vertrieb der Papierproduktion im eigenen Land. Gleichwohl, die Republik blieb nicht von außen- und außenwirtschaftspolitischen Wechselfällen verschont, hat sich nach der Aufhebung des Edikts von Nantes der in der Papierindustrie bewanderten Hugenotten bedient, die für die Produktion feinen Druckpapiers eingesetzt werden konnten. Dazu brachten die Niederländer ein neues Buchformat – das Oktavformat – auf den Markt, auf das der europäische Büchermarkt offensichtlich gewartet hatte.[31] Zur raschen Blüte trugen auch äußere Umstände, die internationalen Entwicklungen, bei. Zum einen profitierte die niederländische Buchproduktion von dem unterbrochenen Kulturaustausch zwischen dem Süden und dem Norden Europas, was durch den Niedergang des venezianischen Buchhandels und die durch den Dreißigjährigen Krieg verursachte Zerstörung des Buchhandels deutscher Territorien verursacht wurde, zum anderen genügte das vorgenannte Kleinformat den Ansprüchen an eine allgemein verständliche und auf jeden Fall zugängliche Wissensvermittlung.[32]

Die Buchproduktion bedurfte der Autoren und einer kaufbereiten oder wissbegierigen Leserschaft. Sie wurde im In- und Ausland gleichermaßen gefunden. Im Inland war der Alphabetisierungsgrad recht hoch, was nicht zuletzt als Folge der Protestantisierung eingestuft werden darf.[33] Zur Welt der Literaten und Wissenschaftler, deren Werke von den Verlegern übernommen wurden, ist zeitgenössisch geschrieben worden, die Republik sei ein „Mekka der Autoren" gewesen.[34] Die Republik also als Wallfahrtsort und Produktionsbasis gleichermaßen. Das *Mekka* erfuhren jene, die schon früh an niederländische Universitäten gerufen worden, der umtriebigen Personalakquisition gefolgt waren. Mehr noch erfuhren es freilich jene, die es in den Mutterländern aus politischen und religiösen Gründen nicht mehr aushielten, in ihren Arbeiten behindert wurden und überhaupt ein wissenschaftlich freies Leben zu führen nicht mehr in der Lage waren. René Descartes ist da an erster Stelle zu nennen, danach Pierre Bayle und zusammen mit ihnen eine Vielzahl von französischen Jansenisten und Hugenotten, die sich unter Ludwig XIV. verfolgt fühlten.[35] Es ist ermittelt worden, daß sich der größte Teil der flüchtigen Hugenotten in der Republik niederließ. Innerhalb von 4 Jahren, zwischen 1684 und 1688 hat sich die Zahl der wallonischen (protestantischen) Gemeinden fast verdoppelt. Die Franzosen stellten somit nicht nur den größten Teil des intellektuellen Zulaufs, sondern sie brachten

---

31 Daten und die weiteren Angaben nach ebd. S. 323ff.
32 Ebd. S. 325f. G. weist darauf hin, daß es der Auftrag des französischen Gesandten in der Republik 1640 gewesen sei, das Herstellungsverfahren für dieses Kleinformat zu erwerben.
33 Darüber mehr im Abschnitt *Sprache und Literatur*.
34 Zit. bei GIBBS, *The Role of the Dutch Republic*, S. 327. G. nimmt das Zitat aus E.R. LABROUSSE, *Les coulisses du Journal de Bayle*, in: P. DIBON, *Pierre Bayle, le philosophe de Rotterdam. Etudes et documents*, Paris 1959, S. 109.
35 Schon vor der Aufhebung des Edikts von Nantes 1685 fühlten sich zahlreiche französische Schreiber in der Republik heimisch; dazu G. COHEN, *Ecrivains français en Hollande dans la première moitié du XVIIe siècle*, Paris 1920. Für die Schweizer Calvinisten und den eng formulierten calvinistischen Consensus Helveticus s. A. BARNES, *Jean le Clerc (1657-1736) et la République des Lettres*, Paris 1938, S. 23ff.

auch ein Gemeindeleben zustande, das sich auf Rückkehr in das Land der Herkunft vorbereitete, die eigene kleine Gemeinde auch als ein Stück Frankreich in Freiheit begriff.[36] Dazu traten Schweizer Calvinisten, die sich nicht länger die Genfer Rigorosität zumuten wollten und auch Briten wie John Locke, der in seinem langjährigen Aufenthalt in den Niederlanden – mit Wilhelm III. kehrte er erst nach Großbritannien zurück – sein Buch *On Toleration* verfaßte.

Der Hinweis führt zu einem neuen Phänomen auf dem Territorium der Republik: eine gleichsam erweiterte Öffentlichkeit wurde kreiert. Im Bericht über die politische Kultur und die Literatur des Landes ist die hohe Vielzahl der Flugschriften genannt worden, die die Druckerpressen verließen und vor allem auch im Straßenverkauf Absatz gefunden haben. Politik und Religion waren die zentralen Themen. Angriff und Verteidigung, Erläuterung und Analyse, aber durchaus auch staatstheoretische Abhandlungen wurden verkauft und gelesen. Die Zahl der Titel richtete sich nach der Aktualität eines Konfliktstoffes. Es ist sicherlich nicht abwegig zu sagen, daß die Flugschriften-Kultur eine Art demokratische Ergänzung des so überaus aristokratischen Systems der Republik war – demokratisch insofern, als der des Lesens Kundige etwas näher an die politische und konfessionelle Problematik jener Jahrzehnte herangeführt wurde, wenn er denn nicht vor allem im konfessionellen Bereich schon unmittelbar beteiligt war.

In der späten zweiten Hälfte kommt ein anderes hinzu. Die Republik rückt in die Position eines das neue Denken vermittelnden Landes. Es erscheinen Zeitschriften, die das Wissen der europäischen Welt der Zeit vermitteln wollen. Der Vorgang ist nicht als originär niederländisch einzuordnen, sondern als fremdbestimmt französisch zu kennzeichnen. Er ist verbunden mit den Namen Pierre Bayle und Jacques Basnage, aber auch noch mit denen einer Reihe von anderen Franzosen – Hugenotten, die nach der zuvor erwähnten Aufhebung des Edikts von Nantes europaweit Zufluchtsorte fanden. Es waren Handwerker und Intellektuelle gleichermaßen. Niederländisch ist an dem Vorgang gar nichts, aber die Niederländer stellten ihr Know-how in der Druckkunst zur Verfügung. Das heißt auch, daß die Republik hier zwar eine vermittelnde Funktion hatte – freilich konkret nur eine materiell-logistische, keine intellektuelle.[37] Die neue Öffentlichkeit, die hier entsteht und angesprochen wird, ist die der Wissenschaft. Die *République des Lettres* – ein Begriff, der zu Anfang des 15. Jahrhunderts seinen Vorläufer im Wort von der *respublica litteraria* hatte und auf eine wünschenswerte abgeschirmte Gelehrtenwelt zielte[38], und in der Phase des Übergangs vom 17. zum 18. Jahrhundert ganz zentral stand, weil inzwischen die Wissenschaften erhebliche Erkenntnisfortschritte gemacht hatten. Der Begriff darf als Kern des Geisteslebens der Zeit unmittelbar vor der Aufklärung des 18. Jahrhunderts eingeordnet werden.

---

36 Dazu GIBBS, *The Role of the Dutch Republic*, S. 331f.
37 Über die vermittelnde Funktion der Niederlande in der Geschichte der für Huizinga ungewöhnlich stelzige Artikel *Die Mittlerstellung der Niederlande zwischen West- und Mitteleuropa*, VW, II S. 284-331. Es gibt keine Phase in der Geschichte des Landes, in der sie eine *Mittlerstellung* eingenommen hat. Es stellt sich überhaupt die Frage, ob es neben Einflußnahme überhaupt je Mittlerstellungen gegeben hat. Die Position, die Huizinga für sein Land erfindet, ist vermutlich nur entstanden, weil er seinem im Zirkel der Großmächte kaum noch relevanten Land einen positiv besetzten Posten zuerkennen wollte. Darüber wird im Schlußkapitel dieses Bandes gehandelt.
38 Zur Gelehrtenrepublik s. H. BOTS/F. WAQUET, *La République des Lettres*, Paris 1997; dazu auch die Arbeitern von J.I. ISRAEL, *The Dutch Republic* und *Radical Enlightenment. Philosophy and the Making of Modernity 1650-1750*, Oxford 2001. S. auch den kleinen Beitrag von J. SCHILLINGS, *Toleranz und die Gelehrtenrepublik zwischen 1675 und 1750*, in: H. LADEMACHER u.a., *Ablehnung-Duldung-Anerkennung. Toleranz in den Niederlanden und in Deutschland. Ein historischer und aktueller Vergleich* (=Studien zur Geschichte und Kultur Nordwesteuropas, 9), Münster 2004, S. 255ff.

Pierre Bayle und andere

In den Niederlanden wird dieser Versuch des Aufbruchs in die Welt der Vermittlung von wissenschaftlichen Erkenntnissen über die Grenzen der europäischen Territorien hinaus vornehmlich von Pierre Bayle getragen. Dieser südlich von Toulouse geborene Sohn eines reformierten Pfarrers, der kurzfristig zu den Katholiken überlief, dann wieder zu den Protestanten zurückkam und sich nach Genf begab – dort weilte er von 1670 bis 1674 –, war ein überzeugter Anhänger des René Descartes. Er bekleidete schließlich eine Professur an der hugenottischen Hochschule von Sedan, floh aber nach Aufhebung des Edikts von Nantes in die Niederlande, wo er sich in Rotterdam niederließ. Einer der Regenten der Stadt, Adriaen Paets, bot ihm und dem Theologen Pierre Jurieu eine feste Professur an der gerade gegründeten Illustre School der Stadt an. Bayle zählte zu diesem Zeitpunkt schon zu den Berühmtheiten im gelehrten Europa.[39] Und er war in den Niederlanden durchaus anerkannt, weil es ihm gelang, den scholastischen Aristotelismus als ein gegenüber dem Cartesianismus minderwertiges System herabzuwürdigen und weil er in seinen Darlegungen nicht gegen die Glaubensprinzipien der reformierten Kirche verstieß, der reformierten wallonischen Gemeinde Rotterdams immer eng verbunden blieb. Gleichwohl gab es Zeitgenossen und gibt es Historiker, die seiner Konfessionalität mißtrauten, die meinten und meinen, daß es wesentliches Ziel gewesen sei, jede Form von Autorität zu unterlaufen[40] – was angesichts seines cartesianischen Ausgangspunktes durchaus plausibel erscheint. Jedenfalls bekannte er sich im Streit gegen seinen früheren Mitkämpfer Jurieu als glühender Anhänger des Glaubens, als er eben diesen Jurieu als einen Mann ohne Glauben beschimpfte – im Rahmen einer Auseinandersetzung, die eng mit der politischen Auseinandersetzung zwischen Regenten- und Oranier-Partei zusammenhing.[41] Deutlicher wird diese Einstellung noch in der Auseinandersetzung mit Spinoza, wie noch zu zeigen sein wird, was insgesamt freilich nicht verhindern konnte, daß er offensichtlich die Konsistorien der reformierten Gemeinden (wallonisch und niederländisch) gegen sich aufbrachte, die ihn nach Lektüre der *Pensées diverses* bezichtigten, beleidigende und gefährliche Ansichten zu vertreten. Und in der Tat, Bayle formulierte doch, daß Atheismus kein größeres Vergehen sei als Idolatrie, Atheismus führe nicht automatisch zu einem unmoralischen Leben und eine Gesellschaft von Atheisten könne durchaus funktionieren, und um ein aufrechtes Leben zu führen, müsse man nicht die Existenz Gottes anerkennen, und wenn er schließlich meinte, daß die Kinder das Bekenntnis ihrer Eltern annehmen sollten, dann verstieß er nicht nur gegen den Gedanken der christlichen Mission, sondern überschritt insgesamt die Grenzen der calvinistischen Toleranz. Die Konsistorien setzten dann auch beim Rotterdamer Magistrat durch, daß Bayle seiner Professur und des damit verbundenen Einkommens verlustig ging und ihm auch das Verbot auferlegt wurde, privatissime zu unterrichten.[42]

Zu diesem Zeitpunkt waren die von Bayle 1684 herausgebrachten *Nouvelles de la République des Lettres* schon fast zehn Jahre alt. Sie waren das Organ, das es unternahm, als ein wissenschaftliches Forum europaweit zu unterrichten und auch die über die Wissenschaftler hinausgehenden Kreise einzubeziehen. Ein solches Unternehmen,

---

39 Nach ISRAEL, *Radical Enlightenment*, S. 331f. Zur Person s. auch die vorzügliche Charakteristik bei LASSON, *Histoire de la littérature française*, S. 635ff.
40 ISRAEL, *Radical enlightenment*, S. 332f.
41 Ebd. S. 336f.
42 Ebd. S. 337f. Zu Pierre Bayle s. die Lebensbeschreibung und Charakteristik der Person bei HAZARD, *Krise*, S. 130ff. Es heißt dort S. 132: „Er wird, um sein Brot zu verdienen, fortfahren, Professor zu sein [in Rotterdam, H.L.]; aber seine wahre Funktion, oder besser gesagt, sein Beruf, sein Amt wird es sein, als Journalist die Menschen den unerbittlichen Wahrheiten entgegenzuführen, die ihn schon verlocken.

Pierre Bayle

das auf der niederländischen verlegerischen Logistik beruhte, war freilich nicht neu. Die Europäer zeigten sich schon seit längerem auf dem Posten, wenn es so einmal ausgedrückt werden darf. Scipio Maffei, Verkünder der venezianischen Aufklärung, stellte 1710 in einer europäischen Retrospektive fest, daß kein Element in den vorangegangenen vier Dekaden einen solchen Einfluß auf das europäische Geistesleben ausgeübt habe wie die wissenschaftlichen Journale, und es ist in der Analyse dieses Phänomens geschrieben worden, daß sich Europa zum erstenmal als eine einheitliche Arena der Intellektualität präsentiert habe.[43] Die Blüte dieses ganz spezifischen Zeitschriftenwesens war schon recht auffällig, vor allem in Zeiten des Krieges, denn in dieser Periode prägen doch die Koalitionskriege gegen Ludwig XIV. ganz wesentlich das politisch-militärische Geschehen. Aber die Bewegung hin zur Wissenschaftlichkeit, die man etwa mit dem in den Niederlanden lebenden René Descartes ansetzen kann, hatte zugleich gegen die Position von Staaten und Kirchen anzurennen, sie zu überwinden oder gar ad absurdum zu führen. Natürlich gab es Vorläufer und Parallel- oder nachfolgende Veröffentlichungen, deren Zahl im 18. Jahrhundert erheblich zunahm. Ein erstes Beispiel dieser neuen Richtung des gedruckten periodischen Wortes war das Pariser *Journal des Savants* von 1665, das in der Tat die Inhalte der späteren Journale, die Berichte über neue Bücher und ihre Beurteilung, Beiträge über Gelehrtendiskussionen und über wissenschaftliche Fortschritte, vorwegnahm, ohne sich auf das schwierige Feld der Theologie und Philosophie zu begeben, freilich zu sehr auf Frankreich beschränkt blieb. Parallel zu dem Pariser Organ starteten in eben jenem Jahr 1665 die Londoner *Philosophical Transactions*, die die naturwissenschaftlichen Forschungsergebnisse der Royal

---

43 So ISRAEL, *Radical Enlightenment*, S. 143. Dort auch der Hinweis auf die Aussage von Maffei.

Society veröffentlichten. Der Leipziger Gelehrte Otto Mencke gab 1682 die *Acta eruditorum* heraus, ein Unternehmen, das der sächsische Kurfürst unterstützte. Es erschien freilich in lateinischer Sprache und blieb daher auf einen kleinen, eher doch elitären Leserkreis beschränkt. In den des Lateinischen mächtigen Kreisen genoß die Publikation vor allem auch wegen seiner vorzüglichen Rezensionen hohes Ansehen, gleichviel ob es sich um Katholiken oder Protestanten handelte, und stand 1702 auf dem Index des Vatikan. Das Blatt erschien bis 1731. Schließlich sind in dieser Reihe auch und vor allem die *Monatsgespräche* des Christian Thomasius zu nennen, die inspiriert waren von den zuvor gegründeten französischsprachigen Zeitschriften und die vor allem darauf gerichtet waren, die Aufmerksamkeit des Lesers auf die wissenschaftlichen Neuerscheinungen der Zeit zu lenken. Der Erfolg dieses Blattes und auch anderer in dem deutschen Territorium nach ihm zeugen, so ist einleuchtend festgestellt worden, von einer Art intellektueller Revolution, einem Ausbruchsversuch aus der bisherigen geistigen Enge und zugleich elitären Begrenzung neuer Erkenntnisse auf die „happy few."[44] Und dann eben die Publikationen aus den Niederlanden. Nach den *Nouvelles* des Pierre Bayle die *Bibliothèque universelle et historique* des Jean Le Clerc, 1687 *die Histoire des ouvrages des Savants*, die Henri Basnage de Beauval herausgab, ein hugenottischer Pfarrer, der in der Toleranz-Diskussion die Seite jener Niederländer wählte, die Intoleranz eine Sünde nannten, wie das der Philologe und Archäologe Gijsbert Cuper, der Jurist Adriaen Paets und Gerard Noodt, Jurist und Rektor der Leidener Universität taten.

Zurück zu den *Nouvelles* des Pierre Bayle. Er hat gleich zu Beginn deutlich zu machen versucht, daß er jedem Gelehrten unabhängig von seiner Konfession das Wort erteilen werde, vorausgesetzt, daß die wissenschaftliche Leistung stimme. Daß Bayle solche Erklärung für nötig befand, weist schon darauf hin, daß es auf kirchlicher, hier auch protestantischer Seite einiges Unbehagen ob der Intentionen des Blattes gab. Henri Basnage de Beauval, der die Nachfolge des Pierre Bayle in der Redaktion des Blattes antrat, bestätigte noch einmal, daß er sich jedes Kommentars in theologischen Fragen enthalten werde.[45] Es handelt sich hier um Vorbehalte, die nicht nur den Bereich der konfessionellen Neutralität betrafen, sondern auch grundsätzlich dem objektivierenden wissenschaftlichen Ansatz galten. Solche Vorbehalte galten nicht nur für die Niederlande, sondern auch etwa in Norddeutschland bei den Pietisten, die ein ausgemachtes Mißtrauen gegenüber den Ansprüchen der Wissenschaft hegten.[46] Die großen innenpolitischen Ereignisse wie die Aufhebung des Edikts von Nantes und etwas später die englische Revolution (Glorious Revolution) haben freilich dafür gesorgt, daß die kühle wissenschaftliche Betrachtung nicht immer im Vordergrund stand. Vielmehr wurden die Organe zur Fortsetzung der politischen und religiösen Auseinandersetzungen mit unverkennbarem Parteiinteresse genutzt. Auf diese Weise kam darüber hinaus – und zugleich durchaus begreiflich – neuerlich die Frage der Toleranz ins Spiel, wie an anderer Stelle gezeigt worden ist.[47] Man wird insgesamt festzuhalten haben, daß die Niederlande zwar die Infrastruktur für die Verbreitung neuen kritischen Denkens, das ja schon hindeutete auf die Jahrzehnte der Aufklärung des 18. Jahrhunderts, gestellt haben, die Entwicklung freilich weder ihre Impulse von Niederländern erhalten hat noch auf das Territorium der

---

44 So ebd. S. 143. Die Verbreitung war nicht zuletzt auch darauf zurückzuführen, daß die Blätter in deutscher Sprache erschienen.
45 Dazu H. BOTS, *Theologisch voorbehoud als redactioneel beleid van de Franstalige periodieke pers in de decennia rond 1700*, in: Kerkhistorische opstellen aangeboden aan Prof. Dr. J. van den Berg, Kampen 1987, S. 88-101.
46 Vgl. SCHILLINGS, *Toleranz und Gelehrtenrepublik*, S. 259. DERS., *Het tolerantiedebat in de Franstalige geleerdentijdschriften, uitgegeven in de Republiek der Verenigde Provinciën 1684-1753*, Amsterdam u.a. 1997 enthält einen Überblick über die Gelehrtenpresse, S. X-XIII.
47 S. dazu oben den Abschnitt *Religion und Gewissen*.

Republik begrenzt geblieben ist. Ein europäischer Aufbruch ist im Vorfeld der Aufklärung eben überall spürbar.

Wird man unter dem Aspekt der Urheberschaft der Gelehrtenzeitschriften von einer eher fremdgeleiteten Kulturströmung reden dürfen, dann ist mit dem Blick auf innerkirchliche Reformbemühungen und grenzüberschreitender theologisch-politischer Neuerung auf zwei auf niederländischem Boden gewachsene Denker und Kritiker, auf Balthasar Bekker und Baruch Spinoza, hinzuweisen. Zwei ganz unterschiedliche Typen, auf ganz unterschiedlichem Gebiete auch tätig. Gemeinsam ist ihnen die Kritik am politischgesellschaftlichen Umfeld. Der eine zieht gegen den Hexen- und Teufelswahn ins Feld, der auch in den Niederlanden ein Zuhause fand, der andere richtet sich ganz abstrakt auf die theologisch-politischen Strukturen seiner Zeit.

Balthasar Bekker und sein Umfeld

Balthasar Bekker, Sohn eines westfälischen Predigers aus Bielefeld, in Friesland, in der Nähe Dokkums, geboren, wurde seinerseits nach einem Studium in Groningen Pfarrer, war in ländlichen Gemeinden tätig und fand schließlich in der Amsterdamer Kirche eine Anstellung. Er war ein Anhänger des Descartes, zeigte hohes Interesses für die Naturwissenschaften und zeigte sich rasch als streitbarer Geist, dem es darauf ankam, der Theologie die letzten Erkenntnisse in Philosophie und Naturwissenschaft einzufügen. Bekker begab sich auf den Weg des aufgeklärten Protestantismus. Er besaß eine Bibliothek mit über 1500 Bänden, die nicht nur Christiaan Huygens und Antonie van Leeuwenhoeks Arbeiten zu ihrem Bestand zählte, sondern auch Studien der neuen Medizin cartesianischer Richtung sowie eine Reihe von Gelehrtenzeitschriften seiner Zeit, das heißt die 19bändige *Acta eruditorum* und Le Clercs *Bibliothèque universelle*. Dazu kamen Arbeiten von Descartes selbst sowie des deutschen Cartesianers Johannes Clauber und schließlich neben zahlreichen anderen Reginald Scots *Discoverie of Witchcraft*, das 1584 erschienen war und seit 1609 in einer Leidener Ausgabe vorlag.[48]

In den späten 80er Jahren begann er an seinem Werk *Betooverde Wereld*, das schließlich vierbändig zwischen 1691 und 1693 in Amsterdam erschien und einiges Aufsehen erregte. Es ging ihm um Teufels- und Hexenglauben, um die wohl weit verbreitete – das meint hier: europaweit verbreitete – Meinung, daß außerirdische Kräfte das Schicksal, wenn nicht gar den Alltag bestimmten. Die Diskussion hierüber war nicht neu. Schon Erasmus selbst hatte Zauber- und Wunderglauben in seine Schriften einbezogen und jede Form rundweg abgelehnt. Einigen Klerikern aus der Zeit des Erasmus, ihren Gläubigen sicherlich näher stehend als der Philosoph, ging es in Verbreitung der Ansicht des Erasmus darum, den Gläubigen die Furcht vor dem Zugriff übernatürlicher Kräfte zu nehmen und zugleich freilich auch jenen religiösen Schlaubergern das Handwerk zu legen, gemeint waren da vor allem die Mönche aus benachbarten Klöstern, die sich mancherlei Rituale bedienten, um die Menschen vom Zauber zu befreien.[49] Es ist nachgewiesen worden, daß sich dieser Hexen-, Zauber- und Teufelsglauben nicht nur im 16. Jahrhundert, sondern auch fast das ganze 17. Jahrhundert hindurch in den Niederlanden gehalten hat – auch bei den niederländischen Eliten der Zeit – und daß sich solche Mentalität vor

---

48   Dazu ISRAEL, *Radical Enlightenment*, S. 378f. mit einzelnen Titeln.
49   S. dazu den schönen Aufsatz von W. FRIJHOFF, *The Emancipation of the Dutch Elites from the Magic Universe*, in: D. HOAK/M. FEINGOLD (Hrsg.), *The World of William and Mary. Anglo-Dutch Perspectives on the Revolution of 1688-89*, Stanford 1996, S. 212. F. bringt das Beispiel des katholischen Priesters Jacob Vallick. Dieser brachte 1559 die Broschüre *Tooveren, wat dat voor een werc is*. Zwei ähnliche Abhandlungen erschienen 30 Jahre später von dem „Puritaner" George Gifford in England.

Balthasar Bekker
(Zach. Webber/P. van Gunst)

allem gegen Ende der Zeit auf den Teufelsglauben kaprizierte.[50] Der Gegenstand war ein europaweit diskutierter. Der französische Gelehrte Gabriel Naudé mischte da früh ebenso mit wie der englische Staatstheoretiker Thomas Hobbes. Seit den 60er Jahren war es die ganze Gruppe des „philosophischen Radikalismus."[51] Spinoza selbst schrieb schon in einer kurzen Abhandlung über den Satan, daß der Teufel einfach nicht existieren könne. Sollte er freilich doch bestehen, dann habe er ein so hässliches Aussehen, daß, falls Gebete helfen würden, man für seine Bekehrung beten müsse. Es lag überhaupt viel Sarkasmus in seinen Erörterungen. So etwa, wenn er 1674 bemerkte, daß der Mensch offensichtlich immer das Bedürfnis habe, Dinge nach eigenen Wunschvorstellungen, nicht nach der Realität darzustellen. Das zeige sich bei den Geistergeschichten. Und bald darauf zeigte er sich angeblich verwirrt darüber, daß jene, die an Geister und Teufel glaubten, sich unschlüssig zeigten, ob es nur männliche oder auch weibliche Dämonen gebe. Das könne für jene, die nackte Dämonen gesehen hätten, ja nur bedeuten, keinen Blick auf die Genitalien geworfen zu haben – entweder aus Furcht oder aus Unwissenheit über die Unterschiede.[52]

Aber es gab in jenen Jahrzehnten auch in den Kreisen der eher dem Empirismus anhängenden Gelehrten sowie Theologen und Philosophen jene, die die Anwesenheit

---

50 S. ebd. den gesamten Aufsatz mit zahlreichen Beispielen.
51 Dazu zählt ISRAEL, *Radical Enlightenment* sowohl Spinoza als auch den niederländischen radikalen Denker und demokratischen Republikaner van den Enden, die Spinoza-Anhänger Johannes und Adriaen Koerbagh, den Spinoza-Anhänger und Literaturkritiker Lodewijk Meyer sowie eine Reihe anderer.
52 Ebd. S. 375f.

von Dämonen nicht in Abrede stellen wollten. Robert Boyle, der schon früh mit Spinoza im Clinch lag, gehörte zu ihnen, aber auch René Descartes oder der französische Philosoph Nicolas Malebranche und eine Reihe anderer Philosophen/Theologen.[53]

Den letzten Anstoß zur Abfassung der *Betooverde Wereld* gab schließlich eine heftige Kontroverse über Kometen als eine Menschenschicksale entscheidende Naturerscheinung. Balthasar Bekker nahm an dieser Kontroverse an vorderster Front teil und veröffentlichte zu dieser Frage 1683 sein Büchlein *Ondersoeck over de betekening der Cometen*. Pierre Bayle hatte sich auch zu diesem Phänomen geäußert und die Deutung der Kometen als Vorboten nahenden Unheils angeprangert. Aber eben nicht nur er. Jene eben, die nach *der vernünftigen* Begründung dieser Unheilsverkündungen fragten, erhielten keine Antwort. Unheil sei auch ohne Kometen aufgetreten, wie es Kometen ohne Unheil gegeben habe. Und Bayle zog den offensichtlich stark verbreiteten Unheilsglauben ins Lächerliche, wenn er schrieb, daß eine Frau in der Rue Saint-Honoré sich dann auch das Recht zusprechen könne, sich einzubilden, daß Karossen jedes Mal dann an ihrem Fenster vorbeipreschten, wenn sie aus dem Fenster blicke oder sie sei ein Vorzeichen für Karossenanfahrt im Bezirk, sobald sie im Fenster liege. Aber was hier als witzig erscheinen mag, ist bitterer Sarkasmus über die Langlebigkeit eines aus dem Heidentum überkommenen Aberglaubens.[54]

Zurück zu Bekkers Arbeit. Es ist ein Werk wahrhaft europäischen Zuschnitts, weil Bekker darin Auskunft zum Thema Teufels- und Dämonenglauben in den deutschen Territorien, England, Dänemark, Schweden und natürlich den Niederlanden erteilte, gleichzeitig einen Überblick über das Phänomen in vor- und frühchristlicher Zeit gab, die Vielfalt des Dämonenglaubens beschrieb und schließlich Bibel-Deutungen vortrug.[55] Er klagte in diesem Hauptwerk nicht nur die katholische Kirche an, die den Aberglauben gefördert habe, er pries die reformierte Kirche, weil sie mit einigen aufgeräumt habe, ohne freilich in der Lage gewesen zu sein, die Christenheit insgesamt von dem Aberglauben zu befreien. Er blieb auf dem Boden der Bibel, wenn er sowohl die Engel als auch die Existenz Satans bejahte, aber jede Macht des Teufels verneinte, das menschliche Leben zu lenken, wie er schließlich allgemein feststellte, daß weder der Teufel noch welche Dämonen, Hexerei oder Zauber auch immer menschlichen Geist oder Körper jenseits naturwissenschaftlich erklärbarer Prozesse beeinträchtigen könne.[56] Vielleicht hat Pierre Bayle, der als Publizist der guten Tonsetzung mächtig war, die Stimmung, aus der heraus Bekker seine vier Bände verfaßte, am besten beschrieben, wenn er anläßlich der Aufregungen um Kometen formulierte: „Die Christen verfallen denselben Verirrungen wie die übrigen Menschen. Wir können noch weitergehen: es wäre durchaus möglich, daß die Religion, anstatt die Finsternisse zu zerstreuen, sie nur vermehrt hat: Um auf diese abergläubische Veranlagung zurückzukommen, die der Teufel im Geiste der Menschen vorgefunden hat: ich behaupte, daß dieser Feind Gottes und unseres Seelenheils hier so kräftig nachgeholfen hat und die Gelegenheit so ausgiebig genutzt hat, daß es ihm gelungen ist, aus dem Besten auf der Welt, nämlich aus der Religion, nichts als ein Haufen von Überspanntheiten, Ungereimtheiten, Albernheiten und ungeheuerlichen Verbrechen zu machen; und was noch schlimmer ist: er hat die Menschen durch eben diese Neigung in den lächerlichsten und erbärmlichsten Götzendienst hineingetrieben, der sich nur vorstellen lässt."[57]

---

53 Ebd. S. 376f.
54 Nach HAZARD, *Krise*, S. 193ff.
55 Die Übersicht bei ISRAEL, *Radical Enlightenment*, S. 379ff.
56 Ebd. S. 379f.
57 Zitiert nach HAZARD, *Krise*, S. 197.

Die bei Bekker trotz der Unzulänglichkeit beider Kirchen festgeschriebene Allmacht Gottes, die sich letztlich in vollem Umfang gegen das Wirken des Bösen (also Außergöttlichen) stellt, war die eine Seite des Buches, aber die im vierten Band ausgebreiteten Fälle der europaweiten Folgen des Teufelswahns, des Hexen- und Zauberglaubens will sehr viel wichtiger erscheinen als der theologische Auftrag an die Kirche, Abhilfe zu schaffen. Was Bekker der Öffentlichkeit vortrug, war nichts weniger als eine vergleichende europäische Geschichte des Vorurteils und der Vorverurteilung, die bar jeder konkreten Substanz war und offensichtlich von katholischer und protestantischer Kirche und ihren Amtsdienern gefördert wurde. Dabei geht es eben nicht vornehmlich um Hexenprozesse, die für die Niederlande eh schon lange keine Rolle mehr spielten, sondern um die Absurditäten, die in der Bezichtigung der Hexerei und des Zaubers lagen. Über Hexenverfolgungen und die anschließenden Prozesse hatten sich zuvor der Literat Johan van Heemskerck in seinen *Batavische Arcadia* (1637) und Caspar van Baerle geäußert.[58] Im Ausland waren es neben dem schon früh vorgepreschten Scot in Deutschland der Jesuit und Literat Friedrich Spee von Langenfeld, der in seiner *Cautio criminalis* aus seiner seelsorgerischen Erfahrung mit wegen Hexerei verfolgter Frauen die ganze Unredlichkeit und Unrechtmäßigkeit der Hexenprozesse angeprangert und sich infolgedessen selbst direkter Bedrohung ausgesetzt gesehen hatte. Bekkers Anklage gilt den Folgen des Hexenwahns für die menschliche Gemeinschaft, gilt dem Unheil, das durch Aberglauben in der Gesellschaft angerichtet wird. Und dazu gab er auch für die Niederlande eine ganze Reihe von Beispielen, weniger freilich, als es in anderen Ländern der Fall war.[59]

Bekkers vierbändige Darlegung hat in den einzelnen europäischen Ländern viel Aufsehen erregt und Aufregung verursacht, denn es ging ihm nicht um die Theologie als Lehrgebäude, sondern die Mentalität der katholischen und protestantischen Pfarrer gleichermaßen und nicht zuletzt auch um die Schlichtheit des Volksglaubens. Die Widersacher gingen nicht auf Mißstände ein, sondern versuchten in der theologischen Kritik zugleich den Cartesianismus zu treffen. Insgesamt 300 Schriften gegen Bekker sind für diese Zeit gezählt worden.[60] Der Angriffspunkt war der Bekkersche Skeptizismus, der sicherlich an Descartes orientiert war. Wenn, so verlautete da, die Lehren des Descartes zum Skeptizismus führe, wie ihn Bekker verbreite, zum Zweifel also am Wirken Satans und der Engel, dann müsse das notwendigerweise auch Zweifel an der Existenz von Himmel und Hölle entstehen lassen und damit den Spinozismus festigen[61] – was auf kirchlicher Seite als ein weiterer, noch größerer Fehltritt angemerkt wurde. Vor allem für die Freunde und Nachfolger des 1676 verstorbenen Gijsbert Voetius war die Schrift ein gefundenes Fressen, um die große Opposition, die ihr Meister schon ganz früh persönlich von Utrecht aus gegen Descartes geführt hatte, gleichsam neu aufzulegen und Descartes Lehren noch einmal prinzipiell zu bekämpfen. In diesen Angriffen blieben die Mißstände in der Gesellschaft der Niederlande – Mißstände, die ganz unmittelbar, weil auf engstem Raum sich abspielend, erfahren wurden und die sich aus dem Hexenwahn und den übrigen Mystifikationen ergaben – belanglose Randerscheinungen. Sie spielten für das abgehobene Niveau der Theologie keine Rolle. Anthonie van Dale, niederlän-

---

58 S. dazu BUSKEN HUET, *Het land van Rembrand*, S. 432. Der Autor widmet sich in seinem umfangreichen Werk ausführlich den Aktivitäten des Balthasar Bekker. S. S. 430-436 und S. 440-443.
59 Einige angeführt bei ebd. S. 342ff. S. dazu die Untersuchungen in: M. GIJSWIJ-HOFSTRA/W. FRIJHOFF (Hrsg.), *Nederland betoverd. Toverij en hekserij van de veertiende tot in de twintigste eeuw*, Amsterdam 1987; zur Mentalität auch A.Th van Deursen, *Het kopergeld van de Gouden Eeuw*, Bd. 4: Hel en hemel, Assen 1980, S. 4ff.
60 Bei J.I ISRAEL, *The Bekker Controversies as a Turning Point*, in: Dutch Crossing, XX (1966), S. 5-21.
61 Vgl. ISRAEL, *Radical Enlightenment*, S. 382.

discher Arzt, Gelehrter und Täufer, hat möglicherweise stärker noch als Bekker auf den Schaden von Teufels- und Hexenwahn für die menschliche Gesellschaft insgesamt und die einzelnen Gemeinschaften im besonderen hingewiesen. Dabei bezog er alle Richtungen der christlichen Kirche ein, konnte sich freilich in seinen Anwürfen gegen die katholische Kirche in seinem calvinistischen Umfeld noch härter äußern. Er sprach von dem unsäglichen Bilderkult und vielen anderen Äußerungen der Volksverdummung. Nicht ungeschickt war sicher sein Hinweis auf das antike Boëthien, das nach Mitteilungen von Horaz und Strabo mehr heilige Orakel als andere Gebiete der Antike gehabt, sich zugleich freilich durch Dummheit und Stumpfsinn ausgezeichnet habe. Das heißt, van Dale wies auf die Gefahren hin, denen eine auf Teufels- und Hexenwahn ausgerichtete Gesellschaft unterliegen konnte. Van Dale war nicht irgendein obskurer Zufalls-Denker, sondern erster Dekan des 1692 errichteten Haarlemer Medizinalkollegs. Hier ist zu betonen, daß eben dieser Mediziner sich mit gespitzter Feder gegen jede medizinische Quacksalberei kehrte, und schon diese Abwehrhaltung genügte, um sich gegen jede Form von Aberglauben zu wehren. Noch vor Bekkers Arbeit brachte van Dale 1683 sein *De Oraculis Ethnicorum* heraus – da es in Latein verfaßt war, nicht unbedingt eine Studie für eine letztlich doch wünschenswerte weite Verbreitung.[62]

So viel zu einem Vorläufer des Balthasar Bekker. Die theologische Kontroverse um die Existenz von Engeln und Teufeln und ihrem Wirken im menschlichen Leben brachte freilich viel besser als der konkrete Hinweis auf die Unsäglichkeit einzelner Beispiele des Hexenwahns oder Teufelsglaubens an den Tag, daß die letzten Jahrzehnte des 17. Jahrhunderts ein Welt des beginnenden Umbruchs waren. Das neue Denken, wie es von Descartes philosophisch eingeleitet und religiös-biblisch von Hochschullehrern wie Coccejus[63] verstärkt worden war, wandelte sich gegen die Jahrhundertwende für die niederländischen Theologen der Voetius-Ausrichtung zur Furcht vor dem Übergewicht der Philosophie gegenüber der Theologie. Begreiflich war das schon, weil etwa Bekker mit seinem Parforce-Ritt in vier Bänden nicht allein stand. Das heißt, die Auseinandersetzung Theologie-Philosophie gab doch in Kirchen- und Gelehrtenkreisen durchaus den Ton an, in dem die Frage des Teufels- und Hexenwahns letztlich nur ein Anlaß war. Es sei in diesem Zusammenhang auf die im Kreise der niederländischen *Kollegianten* – man würde diese Bewegung gegenwärtig als eine kleine Gruppe von ökumenischen Christen einordnen – aufgeregte Diskussion um Johannes Bredenburg hingewiesen, die ein weiteres Zeichen für äußerst kritische Betrachtung der überkommenen Theologie war.[64] Die Auseinandersetzungen über theologische Grundfragen und spezifische Themen wie den Hexenwahn machen deutlich, daß es sich nicht um „national" begrenzte Disputationen handelte, sondern um, wenn man so will, „international" vernetzte Erörterungen, die diese Phase der Frühaufklärung kennzeichnen. Hingewiesen sei auf Bernard Le Bovier de Fontenelle, der ab 1699 für viele Jahrzehnte Sekretär der Pariser Académie des Sciences war, aber schon 1687, als Dreißigjähriger, seine *Histoire des Oracles* herausbrachte. Es handelt sich um ein für das große Publikum geschriebenes Buch, das über das hinausging, was andere schon geschrieben hatten, und der Autor räumte im Vorwort auch ein, daß er in großem Umfang aus dem Buch des Anthonie van Dale

---

62 Ebd. S. 362.
63 Zu Coccejus s. das Kapitel über Bildung und Ausbildung sowie SCHNEPPEN, *Niederländische Universitäten*, S. 88f.
64 Zu den Kollegianten s. ISRAEL, *Dutch Republic*, S. 587-90, 911-914 sowie speziell zur Bredenburg-Diskussion, die in unserem Rahmen nicht nacherzählt werden soll. DERS, *Radical Enlightenment*, S. 342ff.

geschöpft habe, nicht zuletzt in der Absicht, den Bericht des Haarlemer Arztes einfach leserfreundlicher zu gestalten.[65]

Van Dale und dann – ein Jahrzehnt später – Bekker waren da nicht allein. Es ist auf Le Bovier de Fontenelle hingewiesen worden, genannt seien auch die englischen Deisten Charles Blount und Edward Baron Herbert of Cherbury, die sich zuvor schon oder etwa zeitgleich mit Problemen des Aberglaubens auseinandergesetzt haben. Dabei nutzten beide das umfangreiche Material, das Gerardus Joannes Vossius unter dem Titel *De Theologia gentili* veröffentlicht hatte.[66] Zu erwähnen ist auch noch einmal, daß vergleichsweise früh schon Baruch Spinoza die Existenz von Satan und Teufeln in seiner *Korte Verhandeling* zurückgewiesen hat – in der ihm wohl eigenen sarkastischen Form wie sie oben beschrieben steht.[67]

Das Thema Teufelsglauben und Hexenwahn war in jenen Jahrzehnten ein so weit verbreitetes, daß es schon seltsam gewesen wäre, wenn ein ebenso umfangreicher wie scharfer Frontalangriff, wie ihn Bekker startete, nicht auch jenseits der niederländischen Grenzen seine Freunde oder Feinde gefunden hätte. Es sei mit Blick auf die europaweite Verbreitung[68] des Bekkerschen Buches auf die Aufgeregtheiten in den deutschen Territorien als Beispiel hingewiesen.[69] Hier fand die Diskussion inmitten einer Umgebung des angeblich wachsenden Atheismus nicht nur in Gelehrtenkreisen, sondern auch außerhalb der Universitäten statt. Die von dem pietistischen Pfarrer Johann Winckler in einer der großen Kirchen Hamburgs veranstaltete Demonstration gegen Bekker befaßte sich vornehmlich mit den Passagen, in denen Bekker die Satans-Versuchung des Jesus Christus (Matthäus, 4) bestritt. Winckler war ein belesener Pfarrer, der auch die Literatur der frühen Aufklärung kannte und in seiner Bibliothek hatte. Er, der sich über die Verbreitung „atheistischer" Gedanken in seiner Stadt aufregte, brachte seine Predigten auch in Buchform heraus, um so noch wirkungsvoller die Gedanken des Bekker, die er für verderblich hielt, bekämpfen zu können. Der in Hamburg lebende hugenottische Gelehrte Gabriel d'Artis, der Wincklers Broschüre im *Journal de Hambourg* rezensierte, bemerkte beiläufig, daß, wenn man den Berichten über mehr als Hundert Schriften gegen und für Bekker glauben dürfe, dieser umstrittene Pastor auf jeden Fall etwas Vergnügliches für die Papierhersteller und die Buchhändler getan habe. Hamburg ist nur ein Beispiel. Offensichtlich hat sich die Aufregung über Bekker über viele deutsche Territorien verbreitet. Am Tumult der Schriften nahm auch der lutherische Generalsuperintendent aus Lübeck, August Pfeiffer, ehemals Professor für orientalische Sprachen und Hebräisch in Wittenberg, teil, der sich in seinem *Lucta carnis et spiritus* im wesentlichen Winckler anschloß, pikanterweise freilich sich auch auf Voetius berufen konnte, der Holland als „Atheisten und Libertiner Nest" abgestempelt habe. Unglaube, Gottlosigkeit, das waren dann auch die Epitheta, die dem Balthasar Bekker entgegengehalten wurden, es war die große Furcht vor Verlust damit auch der kirchlichen Existenzgrundlagen, die die Hal-

---

65 Dazu ISRAEL, *Radical Enlightenment*, S. 361. Der Autor betont die zentrale Rolle Fontenelles in der französischen Aufklärungsgeschichte.
66 Ebd. S. 362. Hier auch ein Bericht zu Blounts *Great is Diana of the Ephesians* (1680); Lord Herberts Titel ging sehr stark von Vossius aus in seinem Titel *De religione gentilium*. Es wurde 1663 von Vossius Sohn Isaac veröffentlicht.
67 Dazu ISRAEL, *Radical Enlightenment*, S. 375 mit den entsprechenden Quellenhinweisen.
68 Es sei im Zusammenhang mit der Verbreitung der Hexenverfolgungen in Europa darauf hingewiesen, daß Autoren, die sich um den Nachweis von Gemeinsamkeiten einer Nordsee-Kultur bemüht haben, feststellen, daß England, Schottland, die skandinavischen Länder früh eine geordnete und milde Rechtsprechung eingeführt haben. Dazu L. HEERMA VAN VOSS, *North Sea Culture*, 1500-1800, in: J. RODING/L. HEERMA VAN VOSS (Hrsg.) *The North Sea and Culture* (1550-1800), Hilversum 1996, S. 37f.
69 Die vier Bände erschienen in niederländischer, französischer, teilweise in englischer und deutscher Sprache.

tung bestimmten und häufig genug dem Baruch Spinoza angekreidet wurden. Es gab in diesem nordwesteuropäischen Raum, zu dem hier einmal weite Teile Norddeutschlands gerechnet werden sollen, offensichtlich so etwas wie eine protestantische Internationale, die anhob, dem Atheismus auf gemeinsamer Grundlage zu wehren. Es gab auch Freunde des Bekker oder solche, die ausgewogener argumentierten. Leibniz zählte zu ihnen, der es begrüßte, daß Bekker viele Formen des Aberglaubens entzaubert habe, mit ihm freilich nicht in der These von der Wirkungslosigkeit des Teufels im Leben des Menschen übereinstimme. Und zu diesem letzten Punkt fügte er skeptisch hinzu: wenn nicht Bekker überhaupt die Existenz des Teufels leugne.[70] Dezidierter freilich auf der Seite Bekkers stand Christian Thomasius, der nur die Logik und die Geschichtswissenschaften als Wissenschaft eben anerkennen wollte und der Universität Halle ihr Gepräge gab. Hier begann er, sich mit dem Teufelsglauben zu beschäftigen. Er griff in seinen Studien die Argumente des Bekker auf und fügte neue hinzu. Und er wurde dabei ganz konkret. Der Teufel als Monster – ein Ergebnis katholischer und protestantischer Darstellungen gleichermaßen. Und seine Klage richteten sich vor allem gegen die Lutheraner, von denen man nach der „Entlarvung so vieler papistischer Legenden" eine andere Haltung hätte erwarten können. Der Teufelsglaube als Fortbestand im Volksglauben! Dieser Thomasius sprach aus Erfahrung, denn er hatte „Hexenmeister" verteidigen müssen, und er verwies auf sächsische Gesetze, die den Pakt mit dem Teufel mit der Todesstrafe bedrohten.[71]

Zurück zu den Niederlanden. Es ist hier schon der Sarkasmus des Baruch Spinoza zitiert worden. Sicherlich aber konnte dieser Mann nicht als Kronzeuge für die Klagen des Balthasar Bekker dienen. Obwohl sich Bekker und mit ihm auch andere von Spinoza distanzierten, konnte Bekker es nicht vermeiden, daß er mit Hobbes und Spinoza, der sich außerhalb der Kirche und der Heiligen Schrift gestellt hatte, in einem Atemzug genannt wurde. Der Hinweis, daß Spinoza keine wirkliche Stütze für Bekker sein konnte, ist gerechtfertigt, weil sich dieser aus einer sephardischen Familie stammende Baruch de Spinoza nicht nur aus seiner jüdischen Gemeinde hinauskatapultierte, sondern weil er auch die Calvinisten gegen sich aufbrachte und schließlich auch die Grenzen der Toleranz überschritt, die das mit ihm befreundete Regenten-Umfeld mit Johan de Witt als zentraler Figur vertreten hatte. Bekker und der Hugenotte Bayle waren calvinistische Pfarrer, Amtsträger also, die glaubten, daß ihre Kirche die über Teufelsglauben und Hexenwahn vorgetragenen Gedanken, die Zurückweisung dieser Welt des Zauberglaubens, verkraften müsse. Als Cartesianer waren sie beide von der Vernunft als Basis jeder Erkenntnis überzeugt. Beide hatten die Rechnung ohne den Wirt, das heißt ohne eine Vielzahl von Amtsträgern im In- und Ausland gemacht. Spinoza freilich ging erheblich weiter. Er löste sich von den Grundlagen der geistigen Kultur der Zeit, und die wurde nun ganz wesentlich von der Kirche bestimmt, gleichviel ob es sich in Europa um die katholische oder die protestantische Konfession welcher Richtung auch immer handelte. Die von ihm verfochtene Erkenntnis, daß die Bibel nicht das Ergebnis göttlicher Offenbarung, vielmehr insgesamt eine historische Erzählung sei, plazierte ihn an den Rand des Geisteslebens. Er war der Zeit vorausgeeilt. Das war für die Zeitgenossen der 70er Jahre eigentlich nicht oder konnte nicht neu sein, denn schon 1656 hatte der Mahamad der sephardischen Gemeinde Amsterdam seinen Bürger Spinoza wegen ketzerischer und atheistischer Äußerungen aus ihren Reihen verbannt.[72] Ob nun in der Gemeinde der

---

70 Alle Beispiele nach ISRAEL, *Radical Enlightenment*, S. 392ff. mit zahlreichen Beispielen auch für andere europäische Länder. Zu Leibniz: Äußerung in einem Schreiben an Kurfürstin Sophia im September 1694.
71 Nach HAZARD, *Krise*, S. 214ff.; auch ISRAEL, *Dutch Republic*, S. 932ff.
72 R.G. FUKS-MANSFELD, *De Sefardim in Amsterdam tot 1795. Aspecten van een joodse minderheid in een Hollandse stad*, Hilversum 1989, S. 83. Ebd. Anm. 68 heißt es zu Recht, daß es wenig sinnvoll erscheinen will, im Rahmen einer allgemein gerichteten Monographie die hohe Vielzahl der

Amsterdamer Juden oder – etwas später – in der Gesellschaft, die das Christentum in erster Linie in Gestalt des Calvinismus zur Grundlage hatte, mit seinen Behauptungen, die im übrigen auf die völlige Trennung von Theologie und Philosophie hinausliefen, überforderte Spinoza die Toleranz der niederländischen Gesellschaft und sicher auch die jener Vertreter der „wahren Freiheit", die er zu seinen Freunden zählen durfte und deren politisches System ihm durchaus behagte. In den 70er Jahren wurden seine Schriften verboten.

Es ist festzustellen, daß Spinozas Trennung von Philosophie und Theologie deutlich in die Zukunft der Aufklärung wies, zu seinen Lebzeiten hat er freilich kaum Anerkennung gefunden. Die Theologen der Niederlande standen ihm entgegen, und selbst jene, von denen man beim ersten Hinsehen annehmen durfte, daß sie es mit Spinoza halten würden, entpuppten sich als Kritiker des Mannes. So Pierre Bayle und so auch Balthasar Bekker. Dabei zählte es schon zu den Pikanterien, daß Bekkers Distanzierung von Spinoza nicht geglaubt, nur als ein Trick begriffen wurde, zumal Bekker die Glaubwürdigkeit der Heiligen Schrift, das heißt hier der *Staten Bijbel* wegen fehlerhafter Übersetzung hebräischer Begriffe und deutlicher Fehlinterpretationen seitens der Kirchenväter in Zweifel zog. Petrus van Mastricht, ein in Utrecht tätiger deutsch-niederländischer reformierter Theologe, behauptete, daß Bekker in Fragen der Heilslehre die Philosophie höher als die Bibel einstufe. Die Theologie werde dem Lehrsatz geopfert, daß die Philosophie die unfehlbare Interpretin der Heiligen Schrift sei. Für ihn war die Auseinandersetzung zwischen Theologie und Philosophie ein gesellschaftlich relevanter Kampf, weil es um die Vorherrschaft in eben dieser Gesellschaft gehe. Es ging diesem Theologen um die Zukunft der Kirche und des Glaubens überhaupt, wenn er bei einem Sieg der Philosophie auch einen Sieg des Skeptizismus allgemein und schließlich des Atheismus befürchtete. William Goeree und Ericus Walten, Republikaner aus Überzeugung, kehrten sich mit scharfer Klinge und in harschen Worten gegen die Gegner Bekkers und Spinozas und bezichtigten sie einfach des Obskurantismus und als die eigentlichen Teufelsanbeter. Schließlich kehrte sich wiederum Pierre Bayle gegen Bekker. Er sah sich nicht in der Lage, diesen Kirchenmann als einen Gegner Spinozas einzustufen.[73]

Bei den Schriften des Baruch Spinoza und des Balthasar Bekker geht es um die Absicht, die geistige Welt von der Wucht der Theologie zu entlasten und zugleich im Gefolge praktisch des René Descartes und seiner Anhänger in eine Welt des neuen, des vernunftgeleiteten Denkens einzuführen. Wenngleich die Diskussion nicht breiteste Kreise erfaßte, ist es doch erlaubt, die Niederlande durchaus als einen der Orte frühaufklärerischer Entwicklung einzustufen. Die Konfrontation bewegte sich hier zwischen Vernunft und unbeweglicher Tradition. Das gilt eben auch für andere europäische Länder, für die allesamt hinzuzufügen ist, daß sich dieser Prozeß in der Umgebung wachsender naturwissenschaftlicher Kenntnisse vollzog. In der niederländischen Republik freilich blieb die Zahl der Verfechter des kritischen Denkens noch gering und befanden sich die theologischen Gegner der Spinoza und Bekker noch in der Vorhand. Die Bewegung war zahlenmäßig zu gering, zu sehr auch eben von der theologischen Gegnerschaft geprägt, als daß sie als erwartungsfreudige Botschaft eines neuen, breiten intellektuellen Lebens hätte gewertet werden können, obwohl nicht verkannt werden darf, daß es unter den Regenten der Republik eine Reihe jener gab, die sich durchaus mit den Gedanken des Balthasar Bekker anfreunden konnten. Ins Gedränge kam dabei – wie hier zuvor schon angedeutet – die Toleranz. Nicht verwunderlich, wenn man sich nicht dem Allge-

---

Arbeiten über Spinoza aufzulisten. Das geschieht dann auch hier nicht. Hingewiesen sei freilich auf H. MÉCHOULAN, *Être juif à Amsterdam au temps de Spinoza*, Paris 1991 über die Einflüsse auf Spinoza und die Umstände seiner Verbannung aus der jüdischen Gemeinde Amsterdams. S. 137ff.
73 Hierzu insgesamt ISRAEL, *Radical Enlightenment*, S. 382ff.

meinplatz verschließt, daß herrschende Kräfte bei Kritik oder Widerstand auch dann allergisch reagieren, wenn sie selbst durch Kritik oder Widerstand die herrschende Position eingenommen haben. Jedenfalls formulierte der davon betroffene Pierre Bayle gegenüber seinem Korrespondenzpartner Naudis in Frankreich: „Sie werden ein hundertmal besserer Reformierter sein, wenn Sie nur dort sind, wo Ihre Konfession ausgeübt wird als wenn Sie dort wären, wo sie herrscht."[74]

Sowohl Bekker als auch Spinoza rüttelten an den Grundlagen und an der Tradition der Öffentlichkeitskirche, das heißt, sie stellten hohe Anforderungen an die überkommene Lehre. Es will scheinen, als ob die Unduldsamkeit jene Form angenommen hätte, die auch schon den Remonstranten-Streit bestimmt hatte, mit dem Unterschied freilich, daß die Auseinandersetzung nunmehr auf das theologische Umfeld und einige republikanische Intellektuelle begrenzt blieb und nicht bis tief in die calvinistischen Gemeinden eindrang, schließlich auch nicht zu einem Politikum wurde wie in der genannten Vergleichszeit. Möglicherweise ist der Vergleich mit dem Remonstranten-Streit nicht ganz angebracht, weil die Zeitumstände und hier vor allem die Nähe zu Aufstand und Krieg in der Republik noch allzu sehr auf den Nägeln brannten, das heißt praktisch noch in das gesamteuropäische Ereignisfeld *Krieg der Konfessionen* fielen. Die Weichen wurden spätestens in der zweiten Jahrhunderthälfte europaweit eben anders gestellt, insofern Vernunft und Kritik sich in den Vordergrund schoben und weil die Betonung der kritischen Vernunft auf jeden Fall die Gefahr einer radikalen Abkehr vom Überkommenen auch in Glaubensfragen bedeuten konnte. Ob die Niederländer in dieser Auseinandersetzung einen originären Beitrag geleistet haben, mag dahingestellt bleiben, auf jeden Fall aber haben sie zur Verbreitung der Diskussion erheblich über die eigenen Druckerpressen beigetragen.

---

74 Zit. bei A. DESBORDES, *Der ‚Antisozianismus' des Hugo Grotius und die ‚Orthodoxie' der Dordrechter Synode*, in: LADEMACHER, (u.a.), *Ablehnung-Duldung-Anerkennung*, S. 202.

Nachklang

Huizinga sei abschließend noch mehrmals bemüht. Einleitend zu einem Jubiläums-Vortrag über Hugo Grotius bemerkt er, daß jedes niederländische Kind seine frühesten historischen Kenntnisse aus dem 17. Jahrhundert erhalte. Die Blütezeit der Niederlande war demnach gleichsam das Frühstück des lernbegierigen Geistes. Der Sinn des Kindes für die Vergangenheit wachse an Wilhelm von Oranien, Johan de Witt, an den Seehelden Tromp und de Ruyter. In einer fortgeschrittenen Phase kämen Rembrandt und andere hinzu, fügten sich dem Wissen des Kindes bei, höben den Gegenstand auf eine andere, höhere Ebene. Dann seien die Dichter an der Reihe, Cats und Bredero. Bei Vondel freilich zögert Huizinga schon. Ihn nennt er, um deutlich zu machen, wie schwierig es letztendlich sei, das 17. Jahrhundert wirklich zu durchschauen.[1] Der auf der untersten Bildungsstufe ansetzende Hinweis des Huizinga ist schon aufschlußreich, weil er letztlich reflektiert, was seit dem 19. Jahrhundert in der niederländischen Geschichtsschreibung zentrales Thema war: eben dieses Goldene Jahrhundert. Aber Johan Huizinga geht noch weiter, in einer irgendwie ungebremsten Begeisterung. Anläßlich der Geburt der niederländischen Kronprinzessin Beatrix verfaßte er auf Wunsch der Regionalzeitung *Nieuwsblad van het Noorden* einen Beitrag über die sehr enge Beziehung zwischen den Niederlanden und dem Haus Oranien. Der umfängliche Artikel aus dem Jahr 1938 geriet zu einer wahren Eloge und war deutlich auf die Geburt der Thronfolgerin zugeschnitten. Euphorie durchzieht die Sätze, und sie gehen im letzten Abschnitt über in eine Apotheose, wenn er die niederländische Existenz als ein Wunder betitelt, gleichviel ob es sich um den Aufstieg als souveräne Macht in Europa oder als eine zur Spitze durchgedrungene Handelsmacht, um den Hort von Freiheit und Toleranz inmitten einer zur Despotie neigenden Umgebung, um die militärischen Erfolge gegen übermächtige Gewalt oder schließlich um den Erwerb und Wiedererwerb kolonialen Besitzes handelt. Und das Wunder wird fortgeführt bis in Huizingas Gegenwart hinein.[2] Das Wundersame, das in der Euphorie einer Stunde königlicher Geburt formuliert worden ist, hat der Leidener Historiker wenige Jahre später noch einmal so genannt oder mit anderen Worten umschrieben. „Wie war es möglich," so fragte er sich, „daß ein so kleines und recht abgeschiedenes Gebiet wie die Niederlande im Europa des 17. Jahrhunderts als Staat, Handelsmacht und als Quelle der Kultur so an der Spitze hat stehen können, wie das tatsächlich mit der Republik der Fall war?" Begreiflich war für ihn, daß man Florenz, Rom und Paris einen solchen Ehrenplatz zubilligte, sie als Zentrum der Ausstrahlung einordnete, aber kam auch seinem eigenen, diesem kleinen, vom Wasser geprägten Land solche Zuweisung zu? Und weiter noch: Wo gebe es denn ein anderes Beispiel einer nationalen Kultur, die unmittelbar nach der Geburt von Staat und Volk schon einen Höhepunkt an Bedeutung und Glanz erreicht. Die Aussage des Jacob Cats über die Qualität der Niederlande dringt hier durch. Volk, so stellt Huizinga fest, habe es noch fünfzig Jahre vor der Geburt des Erasmus in den Niederlanden nicht gegeben. In den Geusenliedern sei dann der Wille durchgedrungen, ein eigenes Volk zu sein, während der aufständische Oranier noch auf der Suche nach einem Staat gewesen sei, den man schließlich auf den wackligen Fundamenten der Utrechter Union habe aufbauen können – ein Torso freilich

---

1 *Hugo de Groot en zijn eeuw*, VW 2, S. 389ff.
2 Der Artikel erschien im *Nieuwsblad van het Noorden* am 1. Februar 1938. Aufgenommen in VW 8, S. 563ff. Titel: *De Eenheid Nederland-Oranje*.

nur des ehemals so reichen burgundisch-habsburgischen Reiches.[3] Abgesehen davon, daß der schmale Band über die *Niederländische Kultur im 17. Jahrhundert*, aus dem hier zitiert worden ist, zwar nur die erweiterte Fassung der *Holländischen Kultur* darstellt, aber eben 1940 doch spürbar unter dem Eindruck der Gefahren für das Land entstanden ist, geht es Huizinga weniger um den von ihm apostrophierten Ehrenplatz, sondern um die hohe niederländische Besonderheit innerhalb des Erscheinungsbildes europäischer Staaten. Frankreich, England, die deutschen Territorien – das waren ihm doch vom Barock geprägte Einheiten, von denen die Niederlande sich deutlich absetzten. „Das Land unserer Väter ist eher als eine Abweichung von der kulturellen Norm der Zeit, ein Ausnahmefall in mancherlei Hinsicht, denn als ein leuchtendes Beispiel zu begreifen." Der *Ausnahmefall* in seiner glanzvollen Präsentation, eben der ist es, der das Eigene oder Eigenständige, das Wundersame recht eigentlich ausmacht. Diesem Huizingaschen Wort vom Wunder haben niederländische Historiker unserer Tage das Wort vom *Rätsel* hinzugefügt, ohne in ihrer Darstellung wirklich Rätselhaftes zu hinterlassen.[4]

Diese Karriere hin zur europäischen Großmacht sei hier als erster Aspekt – mit dem Wundersamen im Sinn – zunächst noch einmal skizzenhaft umrissen und hinterfragt. Gewiß, der Aufstieg des nach Quadratkilometern schmal bemessenen Landes zur europäischen Großmacht ist eindrucksvoll, aber letztlich, das mag dann wie ein Paradoxon klingen, einzuordnen als Folge eines unbedachten Hegemonialstrebens des katholischen Spaniens, das sich zudem noch mit den Türken auseinandersetzte – mit dem Sieg des Don Juan d'Austria bei Lepanto (1571) allerdings siegreich blieb. Das katholisch-restaurative Bemühen unterschätzte die fortgeschrittene konfessionelle Konfrontation und damit auch das sich allmählich herausschälende einzelstaatliche oder besser: souveräne Interesse, das mit Dynastie und Konfession verbunden war und jedem universalstaatlichen Anspruch entgegenstand. In einem konfessionell gespaltenen Europa hatte Hegemonialpolitik keinen Boden mehr, wenn mit der Expansionsabsicht die Forderung nach allgemeiner Akzeptanz des alten Glaubens parallel lief und überhaupt das nationale Interesse anderer bedroht oder auf jeden Fall tangiert wurde.[5] Das heißt, es ließ sich absehen, daß spanisches Streben auf den Widerstand Englands und Frankreichs stoßen würde. Für Spanien war das mehr als nachteilig, da sich die Niederlande nicht ungestört über den Landweg erreichen ließen. Die aufständischen Provinzen im Nordwesten Europas haben von diesem Antagonismus profitiert, auch ohne daß es zu machtvollen Interventionen der Franzosen oder Engländer zu ihren Gunsten gekommen wäre. Aber es war eben nicht unwichtig, wenn sie den aufständischen Wassergeusen reichlich Zufluchtstätten an ihren Küsten boten. Die erste große, die Niederlande durchaus entlastende kriegerische Äußerung in dieser hegemonial-partikularstaatlichen Konfrontation war die Niederlage der spanischen Armada 1588. Gewiß, einen Augenblick sah es so aus, als ob die aufständischen Niederländer tatsächlich hätten aufgeben müssen, da Alexander Farnese, Herzog von Parma, das politische und militärische Regiment übernahm, aber die Intervention Philipps bei den französischen Thronwirren führte zur Abberufung des Herzogs nach Frankreich, so daß sich die Niederlande von dem militärischen Druck erholen konnten. In den 90er Jahren gelang den Niederlanden die endgültige Einbindung in das europäische Geschehen (1596 Tripelallianz mit Frankreich und England),

---

3 HUIZINGA, J., *Nederland's beschaving in de 17de eeuw. Een schets*, in: VW II, insbesondere das erste Kapitel.
4 So MAARTEN PRAK, *De Gouden Eeuw*. Das Buch enthält eine vorzügliche Analyse des Jahrhunderts, in der nichts mehr rätselhaft erscheinen will.
5 Zu diesem Aufbau eines neuen internationalen Systems und seinen Faktoren vg. H. SCHILLING, *Formung und Gestalt des internationalen Systems in der werdenden Neuzeit – Phasen und bewegende Kräfte*, in: H. KRÜGER (Hrsg.), *Kontinuität und Wandel in der Staatenordnung der Neuzeit*, Marburg 1991.

im übrigen mit dem militärischen Führer Moritz von Oranien an der Spitze, der nicht nur Strategie und Taktik beherrschte, sondern auch Militärtechniker und -reformer war. Die außenpolitischen Voraussetzungen für Unabhängigkeit und Aufstieg waren günstig, bedurften freilich auch der Wirtschafts- und Finanzkraft des Landes. Die Voraussetzung dazu war, daß die kriegerischen Ereignisse, die – wenn man den Krieg über die ganze Länge betrachtet – nur recht kurz im Lande selbst sich abspielten, die Infrastruktur nicht wirklich antasteten; dagegen sprechen auch nicht die heftigen Belagerungen von Leiden, Alkmaar und Haarlem. Dazu trat die Tradition des Handels – darunter eben auch der Ostsee-Handel, der nicht unterbrochen wurde, und der etwas schwieriger zu gestaltende „Handel mit dem Feind". Und schließlich die Schließung der Schelde, die den Antwerpener Hafen zurückstufte und aus Amsterdam den Welthafen Nr.1 machte, was wiederum seine Ergänzung im Zustrom flandrischen Kapitals und flandrischer Handelskenntnisse fand – vom frühen Aufbau eines Übersee-Netzes, das heißt, vom Einstieg in das Gewürzgeschäft sei da ganz abgesehen. Die Kraft der aufständischen Niederlande wurde nicht als Wiederaufbau aus der Zerstörung geboren, sondern aus der Fortführung der Tradition einer Küstenregion unter Nutzung des Paradigmenwechsels in der außenpolitischen Konstellation Europas und gewiß auch der militärischen Fähigkeiten des Oraniers, abgesehen noch von den besonderen Fähigkeiten eines seefahrenden Volkes, Schiffe zu bauen und mit ihnen umzugehen.

Hier sei die Frage nach der Nachhaltigkeit solcher Entwicklung angeschlossen, die Frage also nach der Dauerhaftigkeit der Großmachtstellung. Dazu sei kurz bemerkt: So rasch und kräftig sich der Aufstieg zu einer europaweit anerkannten Großmacht auch vollzog, er hat letztlich ein Jahrhundert, eben das Goldene Jahrhundert, nicht überdauert. Es ist mit Blick auf das hohe Pro-Kopf-Einkommen der Niederländer noch zu Beginn des 19. Jahrhunderts („noch immer das reichste Land Europas") geschrieben worden, daß das Land – dank der Entwicklung im Goldenen Jahrhundert – bis ins 20. Jahrhundert hinein immer noch eine Weltmacht gewesen sei.[6] Dem kann schwerlich zugestimmt werden. Spätestens nach dem Spanischen Erbfolgekrieg äußerte sich die totale Erschöpfung des Landes im allmählichen Rückzug aus dem europäischen kriegerischen Geschehen. Es wurde seit dem 18. Jahrhundert eine Politik betrieben, die die des neutralen Beobachters war – eine Politik, die jetzt, da die größte Bedrohung gewichen war, in die Nähe der de la Courtschen Konzeptionen rückte.[7] Es war eine vernunftgelenkte, gleichwohl noch auf Profit bedachte Außenpolitik, die machtpolitische Spiele und persönliche Ambitionen, wie sie in Staaten mit monarchischer Spitze durchaus eine Rolle spielten, nicht kannte, freilich Gefahr lief, an internationalem Ansehen zu verlieren – ein Prozeß, der sich beschleunigte, als der zunehmenden militärischen Schwäche ein wirtschaftlicher Niedergang – auch wenn dieser nur relativ war – entsprach. Vielleicht war dies das echte Verhalten einer in der Wolle gefärbten Zivilgesellschaft, deren einfache Buchhaltung eine Überlastung der öffentlichen Finanzen nicht mehr duldete, solange nicht zentrale Interessen auf dem Spiel standen. Es ist schon auffällig, aber durchaus begreiflich, daß sich in der Phase des Übergangs vom 17. zum 18. Jahrhundert und bis weit ins 18. Jahrhundert hinein eine humanistische Rechtsschule[8] entwickelt hat, die die Neutralität nicht nur als eine politische Entscheidung sah, sondern sich zugleich in Fortsetzung älterer Diskussionen um die Verrechtlichung dieses Begriffs bemühte. Man wird diesen Weg in die Neutralität, der eher aus Einsicht in die eigene Schwäche und sicherlich nicht

---

6 So PRAK, *Gouden Eeuw*, S. 286.
7 S. dazu den Abschnitt über die außenpolitische Position des Landes.
8 Unter ihren Vertretern sei Cornelis van Bynkershoek hervorgehoben. Zur Neutralitätsdiskussion der Zeit s. den Beitrag *Neutralität* in: O. BRUNNER/W. CONZE/R. KOSELLECK (Hrsg.), *Geschichtliche Grundbegriffe. Historisches Lexikon zur politisch-sozialen Sprache in Deutschland*, Band 4, Stuttgart 1978, S. 315ff.

aus dem Wunsch nach permanenter Friedensordnung begangen wird, und ihre rechtliche Grundlegung als das Merkmal des Abbaus von Großmächtigkeit eines Landes begreifen dürfen, das seine Belohnung viel später dann mit dem Bau des Internationalen Gerichtshofes in Den Haag aus den Mitteln der Carnegie-Stiftung erhielt. Dazu formuliert Huizinga in der ihm eigenen Emphase, wenn es um sein Land geht, in den 20er Jahren des 20. Jahrhunderts: „Wenn die niederländische Kultur als solche auch für die Welt einigen Wert hat, so ist es, weil sie aufnahmefähig und verständnisvoll für das Fremde wie wenige, auch wie wenige berufen ist, zu vermitteln und Frieden zu stiften."[9]

Eben dieser immer um eine historisch und aktuell günstige Positionierung seines Landes im Mächtekonzert bemühte Huizinga hat darüber hinaus eine Frage an die Geschichte gestellt, die sich nicht wie etwa eine Frage nach den Aktionsfeldern Außenpolitik und Diplomatie von vornherein aufdrängt, sondern letztlich gewonnen wird aus dem Bewußtsein über die besondere Qualität des Landes, die als ein feststehendes Kriterium eingebracht wird. Es geht hier um die *Mittlerstellung der Niederlande zwischen West- und Mitteleuropa*. Hier sei nicht über die Trennung zwischen West- und Mitteleuropa gehandelt, die für Huizinga eine mit Werten behaftete politisch-kulturelle Trennung ist, darüber hinaus sehr modern war und sich vielleicht schwer für die Frühneuzeit verorten läßt. Zu betrachten ist lediglich die *Mittlerstellung*, die nicht Einflußnahme meint, sondern als europäischer Kulturauftrag zu verstehen ist, als eine Funktion, die das Verständnis für einzelne europäische Kulturen fördern hilft. Sein Ansatzpunkt ist die Empfänglichkeit der Niederlande für andere Kulturen. „Gerade in dieser leichten Empfänglichkeit liegt ein Moment, wodurch es, auch ohne fremdes Kulturgut direkt von Westen nach Osten oder zur Mitte oder auch umgekehrt zu übertragen, in hohem Grade vermittelnd wirken kann. Schon durch das Aufnehmen, Verarbeiten, Ausgleichen und Weitergeben übt ein Land die Funktion eines Mittlers aus." Es ist bezeichnend für die Denkweise des Huizinga, daß er solche Mittlerrolle nicht den großen Staaten („aus sich selbst Kultur spendende oder Macht entfaltende nationale Gebilde"), sondern nur eben Staaten von der Größenordnung der Schweiz, Dänemarks oder der Niederlande zutraut. Huizinga taucht dabei tief in die niederländische Geschichte ein, zurück bis in die burgundisch-habsburgischen Jahrzehnte. Seine Beispiele sollen hier nicht angeführt werden, sie lassen hier und da doch aufhorchen, etwa wenn er Erasmus eher die Funktion des Mittlers als die des geistigen Führers zuordnet. In einem der eigenen nationalen Einstellung entsprechenden Schlenker schreibt er da: „Und obwohl er [Erasmus, H.L.] nur lateinisch schrieb und seine holländische Heimat wenig schätzte, war Erasmus im Grunde ein echterer Repräsentant niederländischen Wesens, als er selbst ahnte." Auch im hier interessierenden 17. Jahrhundert wird er fündig. Warum er hier das in jenem Jahrhundert thematisierte europäische Gleichgewicht und noch dazu die Friedensschlüsse von Nijmegen, Rijswijk und Utrecht einbringt, ist nicht ganz einsichtig, verständlich ist dagegen der Blick auf die niederländischen Universitäten, das heißt auf die sicherlich internationale Universitätsbevölkerung. Tatsächlich herrschte nirgendwo eine umfangreichere Begegnung, sowohl bei Studenten als auch bei Dozenten, als an niederländischen Universitäten – mit Leiden auf dem ersten Rang. Hier waren sicherlich die besten Voraussetzungen einer Mittlerstellung für internationales Denken und Wissen gegeben. Das war freilich nicht das Ergebnis einer Einsicht in die besondere Aufgabe der Republik, sondern schlicht die Folge eines Einkaufs von Gelehrten des Auslandes zur Verbesserung der eigenen Qualität. Ein besseres Beispiel noch für das 17. Jahrhundert ist die

---

9   So in der bearbeiteten Form eines Vortrags, den er 1925 vor der Versammlung deutscher Philologen und Schulmänner in Erlangen gehalten hatte. Erschienen im Archiv für Kulturgeschichte XVI, 1926, unter dem Titel *Der Einfluß Deutschlands in der Geschichte der niederländischen Kultur.*

République des Lettres. In ihr wuchsen die Niederlande – und Huizinga hebt das hervor – zu einem zentralen Ort heran. Er ist eng verbunden mit den Namen des Pierre Bayle, des Jean Leclerc und der Basnage-Brüder – französische Hugenotten allemal. Die Zeitschriften und Schriftenreihen, die in diesem Land redigiert und ediert wurden, vermittelten tatsächlich zwischen den Intellektuellen und Wissenschaftlern der einzelnen europäischen Länder. Die Niederlande fungierten als eine Durchreiche im eigentlichen Sinne des Wortes, weil sie eine schon jahrzehntealte hervorragende, nachgerade traditionelle verlegerische Infrastruktur hatten, die für Religion und Geistesleben der Zeit genutzt werden konnte. Als Besonderheit dieser *République des Lettres* sei vermerkt, daß es hier ausschließlich um den intellektuellen Eintrag der ausländischen Gäste geht. Hierzu stellt Huizinga fest: „Allerdings ist, wie gesagt, die Mittlerrolle Hollands in dieser Expansion der europäischen Kultur eine durchaus passive. Diese Literatur wird nicht durch Holländer hervorgebracht. Das Land als solches bietet aber dazu etwas Kostbares, nämlich die Freiheit." Möglicherweise hat Huizinga über die Relation von *Geld und Freiheit* nicht weiter nachgedacht. Letztlich fällt die Bilanz der niederländischen Mittlerstellung einigermaßen bescheiden aus – gerade für die folgenden Jahrhunderte.

Trotz des auch von Huizinga nicht hoch veranschlagten intellektuellen Inputs sei noch einmal der Gedanke der niederländischen Empfänglichkeit für andere Kulturen aufgegriffen, den Huizinga vorgetragen hat, weil angesichts der hervorragenden Stellung des Leidener Historikers landes- und europaweit doch so etwas wie ein über die Person hinausreichendes niederländisches Selbstverständnis zu vermuten ist. Die *Mittlerstellung* ist eine mühevolle Konstruktion, die letztlich von der Besorgnis um das eigene Land gelenkt ist. *Mittlerstellung*, das war, so Huizinga, eine „in der ganzen Lage Beschaffenheit eines Staates und eines Volkes" latent verwirklichte Funktion. Er glaubt, den Nachweis für diese niederländische Funktion zwischen West- und Mitteleuropa erbracht zu haben. Er arbeitet mit psychologischen Kategorien, die ihn aus Phlegma, Nüchternheit und Phantasiemangel der Niederländer auf Kritikfähigkeit gegenüber Theorien oder anderen Bestrebungen und zugleich auf die Pflege „hoffnungsvoller internationaler Gedanken" schließen lassen. Gemeint waren Gedanken nicht eines „bodenlosen Kosmopolitismus oder Universalismus", vielmehr geht es ihm um das Verständnis für die einzelnen Kulturen. „Gerade weil wir," so heißt es, „durch unsere vielfachen Beziehungen zu verschiedenen nationalen Kulturen den unverlierbaren Wert jeder einzelnen lebendig empfinden, ist es uns klar, daß besseres Verständnis und größere Harmonie unter den Völkern der Welt weder aus voreiliger Zusammenkettung des Ungleichen und Widerstrebenden noch aus grundloser Verneinung sehr reeller Gegensätze hervorgehen können. Anerkennung des Fremden, das doch Fremdes bleibt, Einfühlung in dessen Geist, während man den eigenen behauptet, das sind Fähigkeiten, welche sämtliche Nationen der Welt noch in einer langen Schulzeit zu üben haben werden." Huizinga nennt das eine Schule der Kultur. Für ihn waren die Niederlande in diesem Bereich schon mindestens eine Klasse weiter als die übrigen Nationen.[10]

Mag man denn den doch raschen Aufstieg des seefahrenden Landes zu einer europäischen Großmacht den glanzvollen Gegenstand niederländischer Reminiszenz nennen – mit dem herben Beigeschmack freilich des relativ zügigen Rückschnitts auf Normalmaß –, auffälliger und prägender vielleicht war die Binnenstruktur oder, wenn man so will, die Konstitution des Landes. Diese Republik war zuvörderst Gesellschaft, dann

---

10 S. zu alledem meinen Aufsatz über Johan Huizinga, erschienen in H. DUCHHARDT/M. MORAWIEC/W. SCHMALE/W. SCHULZE (Hrsg.), *Europa-Historiker. Ein biographisches Handbuch*, Göttingen 2006. Den Vortrag über die *Mittlerstellung* hielt Huizinga am 27. Januar 1933 in Berlin auf Einladung der Deutschen Hochschule für Politik. Der Vortrag fand im Rahmen eines Programms des Carnegie-Lehrstuhls für Außenpolitik und Geschichte statt. Veröffentlicht in *VW* II, S. 284 ff.

erst Staat. Sie läßt sich begreifen als eine Ansammlung von Stadtrepubliken mit ländlich geprägtem Hinterland. Die Basis bildeten Provinz und Kommune – Einheiten, die sich schon in der burgundisch-habsburgischen Zeit als die Kerneinheiten begriffen haben. Was dann unter dem Druck des Aufstandes gegen Spanien auf der Grundlage der Utrechter Union (1578) zustande kam, war eine Konstruktion, die als Zusammenschluß im Kampf gegen Spanien Sinn machte, einigermaßen locker gefügt war und sicherlich vom mehr als deutlichen wirtschaftlichen und politischen Übergewicht der Provinz Holland bestimmt wurde. Die Diskussion um die Souveränitätsvermutung – einzelne Provinzen oder Gesamtheit – weist das aus. Die Utrechter Union enthielt einen föderalen Aufbau, in dem einige Kompetenzen wie die der Außenpolitik (einschließlich Krieg und Frieden) der Zentrale zugewiesen wurden. Aber in der Entwicklung bis hin zur „Patrioten"-Bewegung des 18. Jahrhunderts gab es keine Tendenz zur Stärkung der zentralen Gewalt, sondern umgekehrt eine Hinneigung zu einem bis zum Partikularismus neigenden Ausbau des Föderalismus. Theoretische (und juristische) Köpfe wie Hugo Grotius haben diesen Standpunkt der Provinzen historisch begründet, ohne die möglichen Konsequenzen vorauszusehen. Die Diskussion wurde bis weit über die Zeit dieses Juristen hinaus in der Republik geführt. Es ist in diesem Zusammenhang völlig unerheblich, wie weit es einzelnen Statthaltern gelang, eine Position zu erreichen, die sie nach außen monarchengleich erscheinen ließ, und letztlich kaum von Bedeutung ist es auch, daß benachbarte Monarchen Provinzial- und Generalstände gleichermaßen übersahen. Das Auffällige der Entwicklung lag in der hartnäckigen Lockerung des Gefüges. Nach dem Tod Wilhelms III. (1702) von Oranien steuerte die Republik auf einen weitreichenden Partikularismus zu, ein Partikularismus freilich der besonderen Art, insofern die Provinz Holland als die am meisten zur Funktionsfähigkeit der Zentrale beisteuernde Provinz letztlich entschied, welche Politik gefahren werden sollte. Parallel dazu verlief ein Oligarchisierungsprozeß im städtischen Bürgertum, der die Kontraktion auf die Provinz und hier wiederum auf einzelne Städte nach sich zog. Was da im 17. Jahrhundert einsetzte, ist im 18. Jahrhundert nicht gebremst worden. Die Republik wurde nachgerade privatisiert. Sie sei „ein Staat, wo alles", wie es der französische Diplomat Fénelon ausdrückte, „durch Überredung geregelt werden" müsse. Der holländische Ratspensionär Simon van Slingelandt, wie Johan de Witt selbst aus altem Regentengeschlecht stammend, hat im Gegensatz zu de Witt die staatliche Einheit beschworen, gemäßigte Reformen im bestehenden System vorgeschlagen mit dem Ziel, die praktisch auf militärische Fragen reduzierten Kompetenzen der Generalstände wieder auszuweiten. Es habe nicht in der Absicht der Unionsväter gelegen, einem lähmenden Partikularismus Vorschub zu leisten. Die Verschiebung der Macht von Den Haag auf die städtischen Magistrate und hier wieder auf die finanzkräftigsten Bürger gehörte zu seinen persönlichen Erfahrungen. In diesen Jahren des Simon van Slingelandt mutierte der Freiheitsbegriff zu einem Begriff des ganz partikularen Interesses. Viele Zeitgenossen haben das so empfunden. Im nachhinein hat der katholische Historiker Rogier die Republik in jener Periode eine Spielwiese für Abenteurer und Parasiten genannt, einen Lustgarten für Regenten, die ihrerseits wohl deutlich ein entsprechendes Bewußtsein entwickelten und das auch öffentlich kundtaten. Es war die Zeit einer permanenten Darbietung von Luxus in Stadt und Land, einer Etablierung von Macht durch Reichtum, zu Klassenjustiz, Nepotismus und Ämterschiebungen. Zu solcher Präsentation ist noch formuliert worden: „Die Ungleichheit der sozialen Bedingungen erscheint noch auffälliger noch widerwärtiger als im vorhergehenden Jahrhundert. Denn die Patrizier, die ihren unverschämten Luxus zur Schau stellten, hatten noch nicht einmal die Berechtigung ihrer Vorfahren, einen durch Arbeit erworbenen Reichtum zu genießen."

Dieser vielleicht etwas überpointiert formulierte Hinweis auf das politisch-gesellschaftliche Leben zielt auf eine Praxis, die hier am Ende einer plutokratischen stadtbürgerlichen Verhaltensweise steht. In diesem Zusammenhang ist freilich auch nach der geistigen Grundlegung des Systems oder der politischen Intellektualität überhaupt zu fragen. Und da ist es eben auffällig, daß sich die Begründung der Republik jahrzehntelang in erster Linie als Konglomerat von Rechtfertigungen darstellt. Es ist häufig geschrieben worden, es handle sich bei dem niederländischen Aufstand um eine *konservative Revolution*. Dem ist zuzustimmen, weil nicht nur die alten Strukturen übernommen wurden, sondern sich auch eine Staatsrechtslehre breit machte, die zwar ihre aristotelischen Ausgangspunkte hatte, letztlich aber immer auf eine Rechtfertigung des bestehenden Systems hinauslief. Es wurde zunächst einmal nichts unternommen, um diese einmal errungene Freiheit von fremdstämmiger Herrschaft auf eine neue theoretische Grundlage zu stellen. Es blieb bei der Rechtfertigung auf der Basis des dekretierten Widerstandsrechts. Es kommt freilich anderes hinzu. Die Beharrung bei diesem Punkt, der die Befreiung von monarchischer Fremdherrschaft untermauerte, findet seine Erklärung sicherlich im Umstand des Krieges. Solange doch diese Gesellschaft der Republik nicht in der Lage war, fähige Heerführer zu Lande aus den eigenen Reihen zu stellen, bedurfte es der Figur des Statthalters, auch wenn Gefahr drohte, daß sich die diesem konstitutionell zuerkannte Kompetenz gegen das im Prinzip stadtbürgerliche System kehrte. Es ist schon auffällig, daß die erste statthalterlose Zeit eben erst nach dem Krieg anbrach und daß zugleich Republik als besondere Staatsform erst dann freimütig zur Erörterung stand – freilich bei wenigen nur. Es gibt dazu einen weiteren Aspekt. Die nördlichen Niederlande waren ein stadtbürgerlich bestimmtes, kommunal, provinzial und gesamtstaatlich verfaßtes Konglomerat, dessen kommunaler Teil, engster Wirkungsbereich der Stadtbürger, im Aufstand selbst keine Änderung ihrer Freiheiten und Privilegien zu fürchten hatte, die noch von den ehemaligen Landesherren vergeben worden waren und eben immer noch galten und gelten sollten. Es gab keine Bedrohung der stadt- und besitzbürgerlichen „Grundrechte". Um diese „Grundrechte" herum kreiste das Selbstverständnis; die städtischen Unruhen in der Zeit der habsburgischen Herrschaft weisen das schon aus, abgesehen davon freilich, daß zeitweise auch innerstädtische Unruhen einen politisch-sozialen Dissens zwischen den Bürgerschichten zutage treten ließen. Das durch den erfolgreichen Aufstand herbeigeführte Ende der Zentralisierungstendenz entzog einer etwaigen Kontinuität der Aufmüpfigkeit, die in der Habsburger Zeit durchaus die Städtelandschaft vornehmlich in Brabant und Flandern geprägt hatte, zunächst einmal den Boden. Der Aufstand, motiviert als Freiheit von Herrschaft und Kampf für Gewissens- oder Religionsfreiheit, führte zu einer verstärkten Positionierung der Städte. Wozu also große Theorien, wenn das Ziel der unbedrängten besitzbürgerlichen Existenz erreicht war?[11] Es handelt sich hier um Grundstrukturen und Grundbefindlichkeiten der europäischen Städtelandschaften überhaupt. Dazu ist im Rahmen einer vergleichenden Untersuchung zu den stadtbürgerlichen Modellen im Deutschen Reich formuliert worden: „Das stadtbürgerliche Politikmodell war somit in diesem Raum des Reiches bis weit in die Frühneuzeit hinein kaum weniger breit fundiert als in den Städtelandschaften Oberitaliens oder Flanderns und Brabants"[12] – *und der Republik* hätte man ergänzend sagen können. Will man den Vergleich noch weiter ziehen, dann zeigen sich die Unterschiede zwischen der Entwicklung in den Territorien des Reichs und den Niederlanden im Aufkommen des territorialen Fürstenstaates und seinem Positionsgewinn gegenüber

---

11 S. hierzu auch für die deutschen Territorien mit immer wieder einem Vergleich zur niederländischen Städtelandschaft H. SCHILLING, *Gab es im späten Mittelalter und zu Beginn der Neuzeit in Deutschland einen städtischen „Republikanismus"? Zur politischen Kultur des alteuropäischen Stadtbürgertums*, in: H.G. KOENIGSBERGER (Hrsg.), *Republiken und Republikanismus im Europa der Frühen Neuzeit* (=Schriften des Historischen Kollegs, Kolloquien 11), München 1988, S. 101ff.
12 Ebd. S. 137.

den Städten – ein Prozeß, der in den Niederlanden eben unbekannt blieb.[13] Es ist schon mehrfach auf die Problematik des Verhältnisses von Stadt, Provinz und Generalständen als Merkmal der politischen Kultur in den Niederlanden hingewiesen worden. Mit Blick auf die Städte und auf die über die monarchomachischen Ansätze nicht hinausgehenden Politik-Theorien sei ergänzend festgestellt, daß Hugo Grotius zu Anfang des 17. Jahrhunderts in seinem *De iure praedae* unter Auswertung früher spanischer Staatsrechtslehre (Vitoria, Vázquez, Schule von Salamanca) sehr wohl eine rechtsphilosophische und rechtstheoretische Begründung für die jeweils eigenständige Position der einzelnen Magistratsebenen vorgelegt hat. Es ist nicht ersichtlich, inwieweit dies in den Niederlanden rezipiert worden ist – Johannes Althusius hat von außen her die Gedanken des Grotius aufgegriffen und weiter verarbeitet –, jedenfalls begründet die Lehre die herrschende Praxis.[14] Diese in der Auseinandersetzung mit Jean Bodins Souveränitätslehre gewonnenen Einsichten des Grotius und die Praxis lassen die Bemerkung zu, daß das 16. Jahrhundert nur den Aufstand der Niederlande mit der Verjagung des Landesherrn erfahren hat, die niederländische Revolution dagegen hat erst – wenn man einmal vom Zwischenspiel der Batavischen Republik absieht – mit der Gründung des Königreichs der Niederlande 1815 stattgefunden, als man den zentralstaatlichen Weg in Ablehnung eben der alten *respublica mixta* beschritt.

Für das 17. Jahrhundert ist festzustellen, daß der vorerwähnte naturrechtliche Ansatz des Grotius, den man im übrigen auch als die wissenschaftliche Ausarbeitung der Denkschrift des François Vranck einordnen kann, eher im Ausland als im Inland aufgegriffen und weiter entwickelt worden ist. Das liegt nicht zuletzt daran, daß die deutschen Verhältnisse letztlich von der Konfliktkonstellation Landesherr – Städte geprägt waren, was eben für die niederländische Republik entfiel. Da wurde lange gelebt, was sich dann schriftlich festgelegt fand. Für das Deutsche Reich sei auf jeden Fall – wie oben schon angedeutet – auf Johannes Althusius verwiesen, der in der Ausarbeitung der Magistratstheorie von Grotius die *consociatio*, den Begriff, der die Menschen als Gemeinschaftswesen beschreibt, ins Spiel brachte und Grotius letztlich vertiefte und erweiterte.[15] Im Unterschied zu Grotius, der nur eine begriffliche Überhöhung des Gegebenen anbietet, geht es Althusius viel stärker um die Zielsetzung von Politik, die er als die Kunst definiert, die Menschen zur Einrichtung, Pflege und Bewahrung ihres Gemeinschaftslebens zusammenzuführen, es geht ihm um die richtige Ausgestaltung der *symbiosis*, der Lebensgemeinschaft.[16] Wenn Grotius in seiner Jugendschrift *De Republica Emendanda*, die noch vor *De Iure Praedae* entstand, feststellt, daß die geordnete Republik jene sei, in der die wichtigste Rolle einer bestimmten Zahl von Männern von ausgemachter Tugendhaftigkeit und praktischer Weisheit übertragen werden müsse, dann schrieb er das gleichsam in die herrschende Praxis hinein. Grotius galt zu Recht als Wunderkind, aber er war zugleich ein Vorkämpfer der „Herren Stände" („Heren Staten"). Das politische Ziel war hier die Begründung des status quo.

Dies wird hier alles noch erwähnt, um darauf hinzuweisen, daß es sich mit der niederländischen Staats- oder Politiktheorie insofern einigermaßen eigenartig verhält, als es ihr letztlich an Originalität fehlt. Das gilt auch für den Aufstand selbst, den die Mon-

---

13 Dazu O. MÖRKE, *De politieke cultuur van Duitsland en de Republiek: dezelfde wortels, een andere uitkomst*, in: K. DAVIDS & J. LUCASSEN (Hrsg.), *Een wonder weerspiegeld. De Nederlandse Republiek in Europees perspectief*, Amsterdam 2005, S. 149.
14 S. dazu ausführlicher M. VAN GELDEREN, *Republikanismus in Europa. Deutsch-niederländische Perspektiven 1580-1650*, in: L. SCHORN-SCHÜTTE (Hrsg.), *Aspekte der politischen Kommunikation im Europa des 16. und 17. Jahrhunderts. Politische Theologie – Res Publica-Verständnis – konsensgestützte Herrschaft* (=HZ Beihefte, 39), München 2004, vor allem S. 290ff.
15 Dazu VAN GELDEREN, *Republikanismus*, S. 300f.
16 Bei FENSKE, *Geschichte der politischen Ideen*, S. 257ff.

archomachen theoretisch begründeten. Die Rechtfertigung der neuen Verhältnisse oder die begriffliche Überhöhung der gleichsam *verfaßten* stadtbürgerlichen Praxis enthält ein Stück Zufriedenheit über das bis dahin nach dem Aufstand Gelebte. In jenen Jahren dann, in denen die stadtbürgerliche Entscheidungsfreiheit nicht mehr durch statthalterliche Präsenz belastet wurde, in der ersten statthalterlosen Zeit also, waren die überzeugten Fürsprecher des Republikanismus, die de la Courts und Spinoza, letztlich auch nur Epigonen in einer westeuropäischen Diskussion, in der John Milton und James Harrington oder Thomas Hobbes und John Locke ihre Gedanken vorgetragen hatten – um nicht zu reden über Niccoló Machiavelli, der schon lange vor der Zeit Tiefgründiges zur Republik als Staatsform niedergeschrieben hatte.[17] Es wundert auch nicht, daß diese rechtlich, wirtschaftlich und politisch wohl mehr oder weniger saturierten niederländischen Bürger keine Utopien entwickelt haben, wie das ansonsten im 17. Jahrhundert vielerorten in Europa geschah. Es waren Utopien, in denen Wissenschaftsgläubigkeit oder neues Wirtschaften oder schließlich grundsätzliche Neugestaltung des gesellschaftlichen Zusammenlebens eine Rolle spielten.[18] Vielleicht hat es diesem Land im europäischen Nordwesten auch an Philosophen gefehlt, die sich wie Hobbes oder nach ihm Locke oder viel früher auch Machiavelli mit der Natur des Menschen befaßt haben, aus dieser Beschäftigung zu Politiktheorien gekommen sind. Stattdessen steht die enge Beziehung von Tugendhaftigkeit und Eigentum im Zentrum der Betrachtung. Es ist recht eigentlich diese Beziehung, die die politische Mitbestimmung und letztlich dann auch ihre oligarchischen Entartungen begründen – auch wenn hier hinzugefügt werden muß, daß das Problem sowohl bei den de la Courts als auch bei Spinoza gesehen worden ist.

In diesem letztgenannten Zusammenhang nun, der im übrigen auch bei John Locke eine Rolle spielt, ist es unübersehbar, daß Begriffe wie *Volk* oder *Vaterland* oder gar *Nation* nach der Konsolidierung des Aufstandes zunächst einmal nicht mehr zum Repertoire der herrschenden Schichten gehören. Erst in der Mitte der zweiten Hälfte des 18. Jahrhunderts wurde die Frage nach *Volk* und *Nation* ganz dezidiert gestellt – nicht zuletzt wohl unter dem Einfluß der amerikanischen Revolution. *Volk* wurde da plötzlich als politische Komponente, als Subjekt politischer Mitbestimmung ebenso ins Spiel gebracht wie als Hort alter Bürgertugenden, die bei den regierenden Oligarchen in Verfall zu geraten drohten. *Volk* also auch als tugendhafter Kern eines Territoriums, das nicht nur nach innen, sondern auch nach außen zu verfallen schien – ein Prozeß, der angesichts der früheren europäischen Relevanz des Landes auf jeden Fall den mit den Zuständen unzufriedenen Bürger empfindlich treffen mußte. Das alte Vaterlandsgefühl der frühen Aufstandsjahre wurde nicht mehr nur als Einmütigkeit im Kampf gegen den Hegemon verstanden, sondern fand seine Erweiterung in der Forderung nach politischer Mitbestimmung. Niemand hat es besser empfunden und ausgedrückt als Joan Derk van der Capellen tot den Pol, der Adlige aus Overijssel, der 1781 einen Aufruf *An das niederländische Volk* richtete. Unabhängig davon, ob man van der Capellen als Bürgerbaron oder als den Archetypus eines abtrünnigen Aristokraten à la Mirabeau oder Kropotkin bezeichnen will, wie es Biographen getan haben, das Pamphlet griff das bestehende System an und rief das Volk, die Nation, zur Veränderung auf. In dieser Schrift war das Naturrecht sehr viel weiter gefaßt, als es etwa Grotius zu Beginn des 17. Jahrhunderts noch getan hatte. Zumindest reichten die politischen Schlußfolgerungen weiter, weil eben neben den Reichen auch die minder Vermögenden einbezogen wurden. Der Erfolg der amerikanischen Revolution spielte hier hinein. Der Angriff galt zwar in erster Linie dem Statthalter, dem er Machtmißbrauch vorwarf, aber er galt eben auch den Regenten

---

17 S. hierzu auch ebd. S. 287; ferner KOSSMANN, *Politieke theorie*.
18 Zum Aufkommen von Utopien in kurzer Übersicht s. FENSKE, *Geschichte der politischen Ideen*, S. 222ff.

(den Orangisten unter ihnen allemal), die der Verführung zum Machtmißbrauch unterliegen konnten.[19]

Die im Schatten oder unter dem Einfluß der Französischen Revolution wenig später gegründete Batavische Republik ist dann auch als der Versuch einzuordnen, die alte, gleichsam lokal orientierte Republik aufzuheben, die Regenten zu entmachten und stattdessen die verfassungsorientierte Nation einzuführen. Das war kein einfacher Prozeß, wie das der ganz zu Eingang erwähnte Johan Rudolf Thorbecke in der ersten Hälfte des 19. Jahrhundert feststellte, als er den Mangel an staatsbürgerlichem Bewußtsein, eine gewisse Lethargie bei den Bürgern beklagte – eine Lethargie, die freilich auch durch eine 1815 verbreitete Armut herbeigeführt worden sein könnte. Das heißt, die nationalen Intentionen der Batavischen Republik haben sich nicht wirklich umsetzen lassen. Da fehlte es, wenn das hier etwas emphatisch apostrophiert werden darf, am nationalen Funken. War die Befreiung von französischer Herrschaft nicht nachgerade ein Akt der Ereignislosigkeit – mit hier und da kleinen städtischen Unruhen? Hat es je eine Freischärler-Bewegung gegeben wie die der Schillschen Offiziere im benachbarten Preußen? Bildliche Darstellungen der Zeit atmen jedenfalls etwas von einem in sich selbst ruhenden Niederländertum, das einem hohen Maß an Selbstgenügsamkeit entspricht und sicherlich in keiner Weise die Anregung vermittelt, Nationales schützen und pflegen zu müssen. Hier bleibt doch zu überlegen, ob man das von Helmut Plessner eingebrachte Diktum über Deutschland als verspätete Nation auch auf die Niederlande münzen könnte, indem man es ergänzt und von Verlust von Volk und Nation durch oligarchische Verengung spricht.

Der Versuch, die niederländische Gesellschaft zu einer Nation zu formen, wie das im europäischen Umfeld geschah, läßt deutlich werden, daß die Kategorie der gemeinsam Erfahrung von Herrschaft und Unterdrückung und der Aufstand dagegen völlig aus dem kollektiven Gedächtnis entschwunden war und – selektiv – wiederbelebt werden mußte. Dazu diente sicherlich nicht der Hinweis auf Strukturen, sondern der auf die Helden der Zeit, auf die Seehelden, Maler und Dichter. Letztlich war das Goldene Jahrhundert in seinem politischen Kern mausetot, und jedweder politische Hinweis auf die Tradition der Freiheit, die dann noch über die Aufstandszeit zurückreicht – ein Hinweis, der die starke, weil historisch so lange schon wirkende Freiheit hervorheben soll und dem Vergleich mit anderen dient – wird sich ob seines Wahrheitsgehaltes hinterfragen lassen müssen, wenn sie über den Akt der Befreiung von fremdstämmiger Herrschaft hinausreichen soll. Zu dieser Selektion der Vergangenheit trat freilich etwas Neues: die enge Verzahnung des Hauses Oranien mit der Nation. Der Historiker Fruin hat völlig begreiflich die Republik mißbilligt, weil sie nie durchgehend die enge Beziehung des Hauses zur Entwicklung des Landes zu würdigen gewußt habe. Das 19. Jahrhundert und die niederländische Monarchie und ihre Vertreter führten nunmehr diese enge Verbindung ein, und die über die Grenzen des Landes bekannten Geschichtsschreiber der späteren Jahrzehnte haben solche Beziehung nachdrücklich betont.[20]

Während die außenpolitische Position sich durch scharfen Rückschnitt auf einen der geographischen Größe angemessenen Zustand charakterisiert und die innenpolitische Entwicklung bis weit ins 18. Jahrhundert hinein völlig konträr zur allgemeinen europäischen Entwicklung steht, eben *eigenartig* und nicht beispielhaft ist, bleibt zu fragen,

---

19 Zu diesem Vorgang kurz zusammenfassend LADEMACHER, *Die Niederlande*, S. 384ff.
20 Zu den vorhergehenden Passagen s. LADEMACHER, *Die Niederlande* sowie DERS., *Staat, Nation, Nationalbewusstsein. Ursprünge und Inhalte einer Begrifflichkeit im 18. und 19. Jahrhundert. Ein niederländisch-deutscher Vergleich*, in: VON DER DUNK/LADEMACHER, *Deutsch-niederländische Nachbars*chaft mit weiterführender Literatur

welche über die Grenzen des Landes hinausreichenden Merkmale es gibt, die Europa mitgeprägt haben oder immer wieder neu Gegenstand der Erörterung sind.

Solche Frage ist an die niederländische Kultur im engeren Sinne zu stellen, an das niederländische Geistesleben, seine wissenschaftlichen und auch künstlerischen Äußerungen, und letztlich ganz allgemein an den Befund, der die Niederlande als ein *intellektuelles Depot* einordnet. Ein hübsches Bild und sicherlich auch richtig, solange man mit Depot die verlegerische Infrastruktur zur Verbreitung europäischen Geisteslebens meint, nicht aber auf ein spezifisches Reservoir niederländischer Intellektualität zielt. Diese Frage stellt sich im übrigen auch, wenn man die gemessen an der Größe des Landes doch reiche Universitätslandschaft in Augenschein nimmt, aus der Leiden bis weit in die Moderne hinein herausragt. Wie einerseits festzuhalten ist, daß neben dem mehrere Jahrzehnte in den Niederlanden lebenden Franzosen Descartes kein Niederländer von ähnlich raumgreifender philosophischer Konzeption entstanden ist, wird man andrerseits neben einigen bedeutenden Theologen gewiß Hugo Grotius nicht übersehen dürfen – und dabei auch nicht seine Wirkung auf das Völkerrechtsdenken *auch* der Jahrhunderte danach. Allein, während etwa *Mare liberum* ein aus dem spezifischen niederländischen Handelsinteresse entstandenes Werk ist und dazu dient, die aufkommende Seemacht Niederlande rechtlich abzusichern, ist das eigentlich große Werk des Delfters *De iure belli ac pacis* zum einen erst nach seiner Flucht aus Loevestein in Paris entstanden, zum anderen ist es in keiner Weise Ausdruck eines spezifisch niederländischen Bedürfnisses nach der rechtlichen Regelung von Krieg und Frieden, vielmehr liegt Grotius hier gleichsam in der Fortsetzung des späthumanistischen Denkens in voller Kenntnis auch dessen, was zuvor über Krieg und Frieden gedacht worden ist. Mit dieser Schrift tritt uns der Späthumanist Grotius, nicht der Niederländer Grotius entgegen. In den Niederlanden ist er nur geboren. Beide, Descartes und Grotius, sind durchaus – jeder auf seinem Gebiet – als Eckpfeiler der rechts- oder geisteswissenschaftlichen Diskussion und Entwicklung im Europa der Frühen Neuzeit einzuordnen. Der Völkerrechtler Grotius blieb der Orientierungspunkt europäischer Rechtslehrer. In Europa hat als einer der ersten Samuel Pufendorf, ein ehemaliger Student und Absolvent der Universität Leiden, Kenner der grotianischen Schriften und schließlich am Hofe der Brandenburger und an der Universität von Heidelberg tätig, die Lehre des Grotius aufgegriffen und weiter entwickelt, wie das Jahrzehnte zuvor bei Johannes Althusius der Fall gewesen ist. Ausgangspunkt des Pufendorf sind die *imbecillitas* und die *socialitas*, die sich bei Grotius erläutert finden. Von hier aus baut er eine neue Staats- und Souveränitätslehre und ein naturrechtlich begründetes Völkerrecht auf. Er entwickelt das im aufgeklärten Absolutismus führende System. Mit den Niederlanden hatte das nun nichts zu tun. Der Name Pufendorf zwingt aber insofern zu einem Blick auf die niederländischen Prägungen in Brandenburg-Preußen, als sich die Geschichtsschreibung den seltsamen Begriff von der dortigen *Niederländischen Bewegung* ausgedacht hat.[21] Die Tatsache, daß eine Reihe von wichtigen Figuren am brandenburgisch-preußischen Hof – unter ihnen Pufendorf – vorab in den Niederlanden studiert hatten (meistens Leiden und Utrecht), oder die dynastische Beziehung Oranien-Brandenburg, reicht kaum aus, um von einer *Niederländischen Bewegung* sprechen zu können. Christian Thomasius unternahm lediglich eine Reise in die Niederlande, um dann schon, wie geschrieben wird, nicht nur vom niederländischen Praktizismus beeindruckt zu sein, sondern auch alles Licht der Wissenschaft aus Holland kommen zu sehen. Vermutlich wird ihn die Vollbeschäftigung der Druckereien beeindruckt haben. Nach 1700 entwickelte er eine unter dem Einfluß des John Locke stehende frühaufklärerische Naturrechtslehre. Ob nun Pufendorf oder Thomasius und später Christian Wolf oder Johann Gottlieb Heineccius, sie alle waren Wissenschaftler, die den wissen-

---

21 S. dazu den Abschnitt *Einfluß der Niederlande in deutschen Territorien*.

schaftlichen Stand und Standard der Zeit kannten, selbstverständlich auch auf Grotius zugriffen, aber nicht nur auf ihn.

Es gibt freilich einen anderen Aspekt, die das Wort vom niederländischen Einfluß zulassen – fernab freilich der Wissenschaft. Gemeint ist hier die Übertragung, der Transfer agrartechnischer Kompetenz von West nach Ost im weitesten Sinne, der Baukunst und Festungsanlagen bis hin zur Errichtung ganzer Stadtviertel (holländisches Viertel in Potsdam) und zugleich die Rezeption der oranischen Heeresreform, die ihre Konkretisierung freilich erst ein Jahrhundert nach ihrer Ausarbeitung fand. Die eine Fähigkeit ergab sich aus der besonderen geographischen Lage der Niederlande (Auseinandersetzung mit dem Wasser), die andere entsprang dem Willen eines Militärführers, dem es aufgetragen war, den Kampf gegen die Spanier zu einem siegreichen Ende zu führen.

Am internationalen naturwissenschaftlichen Diskurs haben auch Niederländer teilgenommen, weniger in der Eigenschaft als hervorstechende Theoretiker als vielmehr als die wissenschaftlichen Praktiker, die nicht die Mühe des fortlaufenden Experiments scheuen. Es war die enge Verbindung von Naturwissenschaft und Technik, die diesen Sektor bestimmten. Der enge Praxisbezug ist es, der dem wissenschaftlichen Arbeiten das Gepräge gab. Mochten Frankreich und England schon Königliche Akademien der Wissenschaft haben und mochte eine solch zentrale Instanz in den Niederlanden auch fehlen, an wissenschaftlich-technischem Eifer herrschte hier kein Mangel. Nirgendwo sieht man die Niederländer so eingebunden wie in den europäischen Austausch naturwissenschaftlicher, durch Experiment gewonnener Erkenntnisse. Angesichts des ausgesprochenen Sinns für Praxis überrascht es nicht, daß eben in diesem Land die klinische Medizin eingeführt und es zu einer hohen Blüte gebracht hat oder etwa der Bestimmung des Längengrades auf hoher See so viel Arbeit gewidmet wurde. In diesen letztgenannten Bereich spielt naturgemäß das Interesse einer seefahrenden Nation eine große Rolle. Es ist so erstaunlich nicht, daß der vorgenannte Thomasius, der die Niederlande bereiste, das Nutzbringende und Praktische als Aufgabe der Wissenschaft in den Vordergrund schob und zugleich der reinen Wissenschaft die Erfahrung und Nützlichkeit voranstellte. In diesem Sinne hielt er ein Plädoyer für die deutsche Muttersprache, die der Durchsetzung der Wissenschaft dienen sollte.[22] Das weist zwar ein wenig zurück auf die Intentionen des Simon Stevin, das naturwissenschaftliche Experiment allerdings gehört ohnehin spätestens seit dem 16. Jahrhundert zu den Merkmalen der Renaissance-Welt. Es setzt hier ein, was Hans Blumenberg den „Prozeß der theoretischen Neugierde" genannt hat, und es waren nicht die Niederländer, die da die Grundintention des naturwissenschaftlichen Experiments offenbaren. Man findet sie eher bei anderen, etwa bei Francis Bacon, bei dem es heißt: „Der Zweck ... ist das Wissen um die Gründe und die verborgenen Bewegungen der Dinge, und die Erweiterung der Grenzen der Herrschaft des Menschen in Richtung auf die Bewirkung aller möglichen Dinge."[23] Die großen Zielstellungen gehörten nicht zur Aussagekraft der Niederländer, zumindest nicht zu der der Naturwissenschaftler und Techniker unter ihnen. Aber die Ergiebigkeit ihrer Arbeiten für die Entwicklung neuer Kenntnisbereiche in Europa ist unverkennbar, und insgesamt ist es sicher nicht abwegig, auf diesem Sektor von einer ersten europäischen Kooperation zu reden, ehe noch die Gelehrtenrepublik entstanden war. Hinzu kommt die Originalität und der Umfang der niederländischen Naturforschung im indonesischen Archipel und am südafrikanischen Kap sowie in Pernambuco, die ganz erheblich zu den Kenntnissen

---

22 Nach G. OESTREICH, *Die Niederlande und Brandenburg-Preußen*, in: H. LADEMACHER (Hrsg.), *Onder den Oranje boom. Textband: Dynastie in der Republik*, München 1999, S. 197.

23 Zit. bei S. NEUMEISTER, *Renaissance und Barock – Themen am Beginn der Moderne*, in: Propyläen. Geschichte der Literatur, III, S. 17. Hier wurde die Übersetzung des Zitats übernommen. Originalfassung auch ebd.

der tropischen Fauna und Flora beitrugen – ein Vorgang im übrigen, der mit der Sammlung von „Raritäten" begann und auf genaue Erforschung (einschließlich zeichnerischer Wiedergabe) endete.[24]

Die Ausgangsfrage nach den Europa mitprägenden Faktoren der niederländischen Kultur des 17. Jahrhunderts läßt beim Blick auf die niederländische Literatur der Zeit einen Moment verharren. Niederländische Sprache und Literatur schwammen, wenn man so will, in der europäischen Entwicklung mit. Es war hier wie andernorts. Vor allem das Bemühen um die eigene Sprache und ihre künftige – gültige – Gestalt verlief parallel, mit einigen Vorreitern wie Italien und Frankreich. Die Sprachwissenschaft als Frucht von Renaissance und Humanismus hatte auch in den Niederlanden ihre hohe Zeit. Sprachwissenschaft betreiben hieß freilich auch, die eigene Sprache als Sprache von Prosa, Drama und Poesie umzusetzen. Unter dem Aspekt der grenzüberschreitenden Verbindungen in diesem Bereich der Sprachwissenschaft, die im übrigen auch ein Problem der sprachlichen Säuberung war, sind die Niederlande insofern hervorzuheben, als ein Mann wie Daniel Heinsius, aus den Südprovinzen stammend, eine Art Ratgeber war für deutsche Literaten, die zum Teil in Sprachgesellschaften organisiert waren. Da ist hier schon Martin Opitz genannt worden, der den Heinsius zum Retter der deutschen Sprache emporhob („Die Teutsche Poesie war gantz und gar verlohren/ Wir wusten selber kaum von wannen wir gebohren ..."). Zu nennen ist hier auch noch einmal Andreas Gryphius, der Barockdichter, der in Leiden Vorlesungen gehalten hat, und schließlich gab es eine Reihe von Niederländern, die sich deutschen Sprachgesellschaften anschlossen, etwa der von Philipp von Zesen begründeten „Teutschgesinneten Genossenschaft", der sich Vondel 1670 noch anschloß.[25] Zur Form sei der Inhalt gefügt, und da weist die niederländische Literatur bei aller Parallelität der Entwicklung zu anderen europäischen Ländern doch eine gewisse Eigenart auf, insofern ein Großteil der Literatur dem politischen Kampf gegen Spanien, aber auch den innenpolitischen Auseinandersetzungen gewidmet ist, wobei die Vorbild-Funktion Israels eine Rolle spielt; zugleich ist neben dem religiösen Drama die religiöse Poesie ebenso als ein Fixpunkt literarischen Schaffens in den Niederlanden einzuordnen wie das moralisierende Schrifttum und die größtenteils zu dieser Gruppe gehörenden Emblemata. Diese letztgenannte Gruppe ist ebenso wie die gesamte Pamphletistik der Zeit, will man diese dann zur Literatur rechnen, keine Besonderheit der niederländischen Republik, sondern auch in England und den deutschen Territorien gängige Ware. Aber dies nur am Rande. Gewiß, da gibt es auch die äußerst weltliche Liebeslyrik, die freilich nichts Neues war, sondern schon ein knappes Jahrhundert zuvor ihren niederländischen Vorläufer hatte (Janus Secundus). Aber dies ist nicht das Problem, wenn man die Frage nach der Aufmerksamkeit stellt, die der niederländischen Literatur von außen her zuteil geworden ist oder wenn man vor allem fragt nach den Wirkungen der renaissancistisch-humanistischen Ideen und dem damit verbundenen neuen Menschenbild. Es ist schon einigermaßen auffällig, daß es keine Literaturtheorie gibt, wie sie etwa die Italiener seit dem 15. Jahrhundert aufzuweisen haben. Joost van den Vondel kommt mit seiner kleinen Schrift, die noch dazu recht dürftig ausgefallen ist, relativ spät. Man hat im übrigen bei der Themenwahl den Eindruck, als ob diese niederländischen Literaten die ganze humanistische Ideenwelt und die damit verbundene Sicht auf Gestaltungsmöglichkeiten einfach nicht in sich aufgesogen hätten und sozusagen aus der Phase der Rederijkerkammern nur der Form nach in die neue Zeit gestolpert seien.

---

24 Dazu K. VAN BERKEL, *Citaten uit het boek der natuur. Opstellen over Nederlandse wetenschapsgeschiedenis*, Amsterdam 1998, S. 131ff.

25 S. dazu K.P. LANGE, *Die Begriffe ‚Nederlandsch' und ‚Nederduitsch' zur Ausdifferenzierung des niederländischen Selbstverständnisses*, in: M. PRANGEL/H. WESTHEIDE (Hrsg.), *Duitsland in Nederland. Waar ligt de toekomst van de Nederlandse germanistiek?*, Groningen 1988, S. 72ff.

Es gibt keinen Shakespeare in diesem Lande, weil es keine wirkliche Beschäftigung mit den neuen Möglichkeiten des Individuums, den Stärken und Schwächen und den daraus sich ergebenden Konfliktsituationen gibt. Wenn an anderer Stelle gesagt worden ist, daß auf diesem niederländischen Boden keine Utopien entstanden sind, dann sei hinzugefügt, daß eine Figur wie John Milton und sein *Paradise Lost* gar nicht entstehen konnte. Die Psyche, die doch schon bei Descartes und dann bei Thomas Hobbes Gegenstand im Zusammenhang mit staatstheoretischen Betrachtungen gewesen ist, scheint für niederländische Literaten kein Gegenstand literarischer Verarbeitung gewesen zu sein. Vielleicht kommt Vondel dem Engländer noch am nächsten. Der Mangel der niederländischen Literatur des 17. Jahrhunderts im Vergleich zu anderen Literaturen dürfte die Abwesenheit von Theorie sein, auch die Abwesenheit von Philosophie, von Weltsichten, die auch ein Definition von Tragödie erlauben, die weiter reicht als die klassische. Es sei auf Frankreich, auf die *Gedanken* des Blaise Pascal hingewiesen. Aufgrund seiner *Gedanken* entwickelte sich im Frankreich des 17. Jahrhunderts eine Konzeption von Tragödie, „die die missliche Lage des Menschen in einer Welt zeigt, in der er zu wählen hat und dennoch nicht wählen kann, einer Welt, in der seine Größe genau in der Notwendigkeit für ihn besteht, zwei entgegengesetzte Extreme zu berühren."[26] Weder ein Racine noch ein Corneille noch, auf dem Sektor der Komödie, ein Molière ist in den Niederlanden entstanden, letzterer dann als Satiriker, aber vornehmlich als Mann der sozialkritischen Annäherung an die Gebrechen der Gesellschaft, auch wenn es letztgenanntem zugleich um das lachende Vergnügen ging, um die publikumswirksame Situationskomik.

Die niederländische Literatur steht nicht auf der Höhe der europäischen Zeit, vielmehr bleibt festzuhalten, daß sie eben insofern eine sehr niederländisch begrenzte ist, als es zum einen um das Thema Politik, sowohl unter dem Aspekt der Befreiung als auch unter dem der innenpolitischen Auseinandersetzung, geht, zum anderen um Religion entsprechend jenem, hier schon mehrfach im Zusammenhang mit der politischen Kultur angesprochenen Münzspruch *haec religionis ergo*. Der Dramatiker Vondel ist ein geeignetes Beispiel für eine vom historischen Geschehen geprägte literarische Welt. Vielleicht erklärt sich daraus auch die doch abfällige Bemerkung, die ein knappes Jahrhundert später Johann Gottfried Herder für die niederländische Literatur übrig hatte, als er von einem dekadenten Handelsvolk ohne Poesie sprach. Vielleicht ließ sich auch im Kulturellen leichter negativ urteilen, wenn die Positionen sich außenpolitisch verkehrt hatten, wie das bei den Niederlanden der Fall war. Gleichwohl ist die Frage zu stellen, welche Formen des Literarischen denn in einer so tiefgehend vom Handel und seinen Gewinnen und Verlusten geprägten bürgerlichen Welt heranwachsen konnten. Ist es vorstellbar, daß auch in den Niederlanden Schillers Gedanken über das Apollinische und Dionysische entstehen konnten, ist es denkbar, daß hier die Romantik Fuß fassen konnte? Sicherlich wird in niederländischen Literaturgeschichten von der Romantik gesprochen, aber sie steht dann doch abseits jener so reichen Diskussion, wie sie etwa im Nachbarland stattgefunden hat. Pars pro toto sei Friedrich Schlegel angeführt, der schrieb: „Die romantische Poesie ist eine progressive Universalpoesie ... Sie kann durch keine Theorie erschöpft werden, und nur eine divinatorische Kritik dürfte es wagen, ihr Ideal charakterisieren zu wollen. Sie allein ist unendlich, wie sie allein frei ist, und das als ihr erstes Gesetz anerkennt, daß die Willkür des Dichters kein Gesetz über sich leide."[27] Wie weit ist das doch entfernt von niederländischem Denken!? Die Niederlande waren eher

---

26 So L. GOLDMANN, *Die Kulturgeschichte des Jansenismus und die Vision des Tragischen: Pascal und Racine*, in: Propyläen. Geschichte der Literatur, III S. 293.
27 Angeführt bei M. VAN ACKEREN, *Das Niederlandebild im Strudel der deutschen romantischen Literatur* (=Studia Imagolocia, Bd. 3), Amsterdam 1992, S. 14. In diesem höchst aufschlußreichen Band auch die Romantik-Diskussion.

ein theoriefernes Land, und möglicherweise ist hier das in diesem Band schon zitierte Diktum Thorbeckes gültig, nach dem die Niederländer – um es etwas salopp auszudrücken – zu jenen Nationen zählten, die eher gegenständlich (objektiv) „down-to-earth" handelten im Gegensatz zu den Deutschen, die sich im Subjektiven und Theoretischen aufhielten. Dort freilich, wo sich deutsche Schriftsteller dann nicht nur spöttisch mit dem Land, sondern tatsächlich ernsthaft mit niederländischen Kollegen und deren literarischen Ergebnissen befaßten, ging es im 19. Jahrhundert freilich in erster Linie um die kulturpolitisch relevante Frage nach dem geographisch neu zu bestimmenden „deutschen Wesen". Der Blick richtete sich dabei allerdings stärker nach Flandern als in die nördlichen Niederlande.[28]

Gleichsam als Übergang zu kurzen Bemerkungen über die bildende Kunst der Niederlande, sei hier auf ein kleines Ereignis unserer Zeit hingewiesen. Am 22. November 1999 titelte die niederländische Tageszeitung *de Volkskrant: Den Niederlanden die Malerei, Frankreich die Literatur*. Der Titel enthielt die Zusammenfassung eines Dankeswortes des niederländischen Schriftstellers Harry Mulisch anläßlich der Überreichung des Prix Jean Monnet de Littérature Européenne. Der Preis wurde dem Niederländer für seinen Roman Die *Entdeckung des Himmels* überreicht. Der Dank enthielt eine Art Ritt durch die europäische Kunst mit Zuweisung jener Kunstbereiche, auf denen europäische Nationen Bedeutendes, so nicht Unübertroffenes geleistet hatten – wie Mulisch meinte. So stand für Großbritannien das Theater im Vordergrund, in Italien die Architektur, in Deutschland die Musik, in Frankreich eben die Literatur und in den Niederlanden die bildende Kunst. Auf diese Weise haben die Nationen zum *europäischen Gesamtkunstwerk* beigetragen.[29] Zu Recht wird darauf hingewiesen, daß diese Erkenntnis eben nicht so neu sei, hätten doch große und weniger große Geister in der Vergangenheit auf den hohen Standard der niederländischen Kunst hingewiesen. Und sie werden aufgezählt; die Reihe reicht von Diderot zu Thoré-Bürger, von Busken Huet zu Huizinga, von Goethe bis hin zu Hermann W. Göring – der Hinweis auf letztgenannten fällt sicherlich unter die eher sarkastischen Benennungen. Ebenso richtig ist der Hinweis, daß das von Mulisch apostrophierte europäische Gesamtkunstwerk einfach zurückgeht auf das späte 18. und das 19. Jahrhundert, auf eine Zeit also, als überall der europäische Nationalstaat zur Entwicklung kam. Es ging um die Suche nach Identität, und da spielten Kunst und Kultur eine durchaus erhebliche Rolle. Kunst also als Äußerungsform des Eigenen; solche Äußerung oder Vollendung dann ein Ergebnis besonderer Begabung, gott- oder naturgegeben. Hyppolite Taine macht aus der Begründung eine Art Dreifaltigkeit – Rasse, Milieu und den Augenblick – als Ursache fest. Sehr richtig ist zusätzlich bemerkt worden, daß besondere Begabungen sich in kulturphilosophische Betrachtungen über die kulturelle Überlegenheit einer Nation umsetzen ließen, in einen ganz realistischen Wettbewerb auf Weltausstellungen treten konnten oder schließlich in idealistischer Weise vorgetragen wurden als Geschenk an die Welt. Jedenfalls schlug in dieser Zeit der Vergleich der Künste zu einem Vergleich nationaler Qualitäten um.[30]

Über Motiv und Gehalt dieses Vorgangs in den Niederlanden ist hier an geeigneter Stelle gehandelt worden. Will man einmal absehen von den Wechselfällen der ausländischen Bewunderung niederländischer Kunst, wie sie sich bis hin ins 19. Jahrhundert gezeigt haben, dann geht die Annahme wohl nicht fehl, daß die Malerei einer der prägendsten Faktoren des Niederlande-Bildes für das Ausland gewesen ist und selbstredend

---

28 Dazu H. VAN UFFELEN, *Moderne niederländische Literatur im deutschen Sprachraum* (=Niederlande-Studien, Bd. 6), Münster 1993, S. 20ff.
29 So berichtet von C. BLOTKAMP, *Beeldende kunst: de doem van de Gouden Eeuw*, in: D. FOKKEMA/F. GRIJZEMHOUT, *Rekenschap. 1650-2000. Nederlandse cvultuur in Europees perspectief*, Den Haag 2001, S. 277.
30 S. ebd. S. 277.

für die Inländer ein Gefühl der Überlegenheit mitbedingt.[31] Diese kulturelle Basis nationaler Präsenz ähnelt etwas – und das sei hier nur in einem Schlenker erwähnt – einem anderen Merkmal niederländischer Eigenart, das den Niederlanden auf jeden Fall von gebildeten deutschen Laien zuerkannt wird: die Eigenschaft der Toleranz. In gegenwärtigen Äußerungen über die Niederlande wird sie als ein Epitheton ornans hoch gehandelt, steht nicht hinter dem besonderen Merkmal *niederländische Kunst* zurück. Aber es sei hier noch einiges über die nationalpolitische Nutzung im 19. Jahrhundert Hinausgehendes hinzugefügt. Zunächst eine Bemerkung zur Begrifflichkeit. Während in dieser Zeit und auch später noch, etwa bei Huizinga, vom *Eigenen* und *Besonderen* der niederländischen Kultur gesprochen wird, was immer mit einem hohen Standard verbunden steht, dann seien die Termini hier mit *Auffälligkeit* wiedergegeben – ein Begriff, der jeder Qualitätszuweisung entkleidet ist. Zu solchen Auffälligkeiten zählt eben die Kunst des 17. Jahrhunderts, insofern sie in hoher Quantität gefertigt wird und darüber hinaus ein Gepräge entwickelt, das tatsächlich außerhalb der von Italien inspirierten bildenden Kunst steht. Wir haben es mit einer Eruption von Kunst zu tun. Angesichts solchen Auftriebs stellt sich erst recht die Frage nach den Ursachen jenes Konglomerats von Künstlern. Es ist an anderer Stelle im Zusammenhang mit dieser Frage, die offensichtlich auch Zeitgenossen des 16. Jahrhunderts schon bewegt hat, auf Vasari hingewiesen worden, der meinte, eine Antwort nach den Ursachen der Präsenz von Kunst und Künstler in den italienischen Kunstzentren geben zu können. Darauf sei hier verwiesen mit dem Hinweis freilich, daß dies die ganze Eruption von Kunst nicht erklären kann – nicht einmal der Zustrom aus dem Süden der Niederlande wird hinreichen, die Blüte im Norden zu erläutern. Lassen wir die Frage unbeantwortet, lassen wir es auch bei dem Hinweis des Kunsthistorikers Carel Blotkamp, daß die großen Ausstellungen in den Museen und die üblichen Sonderausstellungen, die vornehmlich auch ein Anziehungspunkt der Touristenindustrie sind, das, wie er sagt, eher elitäre Äquivalent zu den Mühlen, Tulpen und Holzschuhen oder moderner noch: zu soft drugs und Sex bilden, die gemeinhin das Bild von den Niederlanden bestimmt haben.[32]

Noch ein anderes. Während einerseits Kunst und Kunstbetrieb die vielen Besucher der Niederlande im 17. Jahrhundert faszinierte und wie darüber hinaus diese niederländische Kunst von den Künstlern selbst in Europa verbreitet wurde, gleichviel ob es sich um Italien, Frankreich oder England handelte, wobei es nicht interessant ist, ob diese Künstler an Höfe gerufen oder aus eigenem Antrieb in die Fremde gingen,[33] es ist doch auffällig, daß das quantitativ und qualitativ breite Spektrum niederländischer Kunst einigermaßen abrupt an Glanz verliert, Einflüssen von außen Platz macht, als ob es ihr an fortführender Inspiration gefehlt, sie an Erschöpfung gelitten hätte. Gewiß, da gibt es von außen her eifrige Sammler niederländischer Kunst und Mäzene. Genannt wurde hier neben anderen allen voran Johann Wilhelm, Kurfürst von der Pfalz, der von seiner Residenz Düsseldorf aus, gleich nach nebenan in die Niederlande schaute. Und da gab es andere aus den benachbarten Rheinlanden und aus entlegeneren Gebieten wie etwa Hessen. Das soll hier nicht weiter exemplifiziert werden.[34] Die Tatsache, daß die europäischen Kunstmärkte sich – bis auf einige Ausnahmen – erst relativ spät auf die niederländische Kunst kaprizieren, steht der These von der Erschöpfung der Kunst nicht

---

31 Ebd. S. 278.
32 Ebd. Zur niederländischen Toleranz im Vergleich zu Deutschland s. jetzt den Aufsatzband H. LADEMACHER/S. GROENVELD/R. LOOS, *Ablehnung – Duldung – Anerkennung. Toleranz in den Niederlanden und in Deutschland. Ein historischer und aktueller Vergleich* (=Studien zur Geschichte und Kultur Nordwesteuropas, Bd. 9), Münster 2004.
33 Zu diesem Phänomen ausführlich für die einzelnen Länder Europas s. H. GERZON, *Ausbreitung und Nachwirkung der holländischen Malerei des 17. Jahrhunderts*, Haarlem 1942.
34 Dazu sei auf ebd. S. 197ff. verwiesen.

entgegen. Wenn die niederländische Kunst in den ersten Jahrzehnten und auch noch über die Jahrhunderthälfte des 17. Jahrhunderts hinaus das Interesse oder die Neugierde des Reisenden geweckt hat, dann lag das wohl daran, daß man die Republik insgesamt als eine Neuheit im europäischen Rahmen empfand und allein schon die Quantität der Maler und Gemälde Verwunderung erregen mußte, abgesehen davon, daß sich für den genauer Hinschauenden diese Malerei durchaus als bildgewordene Reflexion über Land und Leute, gleichsam als landeskundlich kenntnisfördernd erschloß. Eigenartig ist freilich, daß die niederländischen Maler zwar in andere europäische Länder ausschwärmten, über die Grenzen des Landes hinweg aber keinen wirklichen Einfluß ausgeübt haben – trotz der Vielfalt des Genres, trotz vor allem der hochangesehenen Landschaftsmalerei, die freilich in England einige Spuren hinterlassen hat. Von einer niederländischen Schule kann nicht gesprochen werden, wie ein Jahrhundert zuvor noch der italienische Einfluß allenthalben spürbar gewesen war – eben auch in den Niederlanden. Vielleicht sollte Rembrandt, der Graphiker Rembrandt, hier ausgenommen werden. Jedenfalls steht das Szenario in einem seltsamen Kontrast zur allseitigen Bewunderung, die der niederländischen Betriebsamkeit auf dem Gebiet der bildenden Kunst von Reisenden entgegengebracht wurde. Die Sammlung niederländischer Kunst durch ausländische Kunstfreunde setzte in großem Stil – das wurde oben angedeutet – doch recht spät ein, das heißt, diese Kunst hat ihre Anerkennung von außen erst im 18. Jahrhundert gefunden. Tatsächlich ist diese breitere und späte Würdigung nicht so sehr aus kunstästhetischen Rücksichten geschehen, sondern auch von außen her als Ergebnis eines stärker auf Nation und Volk kaprizierten Denkens zu begreifen, das die Bewertung von Kunst – gleichviel ob es sich dabei um eine richtige oder falsche Einschätzung handelt – mit dem Blick auf Nation und Volk vollzieht, ja, Kunst gleichsam als Artikulation volksnahen und nationalen Denkens versteht.

Schließlich noch: In den letzten Jahrzehnten wird unter Kunsthistorikern immer noch eine Auseinandersetzung um den Gehalt niederländischer Kunst geführt, um die Frage – die im übrigen auch im 19. Jahrhundert schon eine Rolle spielte –, ob es bei dieser Kunst des 17. Jahrhunderts lediglich um farbenfrohen, aber schlichten Realismus oder um tiefgründigen Hintersinn gehe. Den Historiker sollte diese Frage kalt lassen. Ob es sich um Bilder handelt „parfois vides de pensée mais toujours brillement peints",[35] wie es in Frankreich ausgedrückt worden ist, oder um Arbeiten, die sowohl „zur Mahnung und Belehrung" als auch „zum Vergnügen" dienen („tot lering en vermaak") ist keine Entscheidung, die der Historiker zu treffen hat. Er tut es hier auch nicht.

Vielmehr sei noch einmal die am Goldenen Jahrhundert orientierte Ambition der Niederländer des 19. Jahrhunderts aufgegriffen. Letztlich geht es nicht um historische Neugier, sondern einfach um die Suche nach einer Identität, die die Daseinsberechtigung inmitten aufkommender Großmächtigkeit oder auch begrenzter zugeschnittener Nationalismen nachzuweisen in der Lage ist. Es geht um das aus der eigenen Geschichte positiv angereicherte Selbstbild, das sich offensichtlich aus den Gegebenheiten des 19. Jahrhunderts nicht zu ernähren vermag. Die niederländische Elite des 19. Jahrhunderts, die Wissenden also, machte nicht halt bei der unmittelbaren Vergangenheit, konnte dort gar nicht haltmachen, wenn es darauf ankam, die Erinnerung als einen positiven Faktor der Nationsbildung zu funktionalisieren. Die Umwandlung der ehemaligen Republik in ein Königreich Holland durch Napoleon und dann gar in ein französisches Departement ließ sich doch nur schlecht zu einer großen Tat früherer Dekaden hochstilisieren, was übrigens der dem Land gegenüber durchaus positiv eingestellte Leopold von Ranke

---

35 Ebd. S. 65.

schon andeutete,[36] zumal das Land nicht den Eindruck allzu großer Leidenserfahrung durch Fremdherrschaft erweckte und zudem eher in Leipzig in der Völkerschlacht als in Den Haag befreit worden war. So ist es nur allzu verständlich, daß die Elite im Goldenen Jahrhundert den einzigen Bezugspunkt fand, der auf jeden Fall auf die Gleichberechtigung zwischen den Mächten, so nicht auf einen gleichsam unaufhaltsamen Aufstieg einer Macht im Nordwesten Europas hinwies, gleichviel, ob es sich hier um eine Ansammlung von Provinzen und reichen Städten oder doch schon um eine Nation handelte. Jedenfalls läßt sich die Definition anwenden, die der französische Historiker Ernest Renan anläßlich einer Rede in Leiden für den Begriff *Nation* gefunden hat, als er sagte: „That which keeps a nation together ... is the fact of having done great things together and being willing to do so still."[37] Die Anwendung auf die Vergangenheit, das „having done" also, kann durchaus auf das 17. Jahrhundert gemünzt werden, als das Land und seine Bevölkerung in die Lage versetzt wurden, den vielen Besuchern seine ganze farbenreiche Existenz in allen Äußerungsformen zu präsentieren. Die niederländische Geschichtsschreibung unserer Zeit kommt zu dem Schluß, daß sich das Nationalbewußtsein der Niederländer als kontinuierliche Interaktion von innerer Entwicklung und Außenwelt in den unterschiedlichsten Formen offenbart habe. Es wird auf Perioden eines eher nach innen gerichteten Gefühls für die eigene Nationalität und sogar des nationalen Selbstzweifels ebenso hingewiesen wie auf die Zeiten eines aggressiven Nationalismus der 1830er Jahre und der Jahre des Übergangs vom 19. zum 20. Jahrhundert.[38] Und es wird hinzugefügt, es sei trugschlüssig zu glauben, die Niederländer hätten sich nie des Nationalismus versündigt, „... eher das Gegenteil ist richtig."[39] Der Prozeß der nationalen Bewußtwerdung stand inmitten einer wesensgleichen europäischen Entwicklung, in den Niederlanden eben auf dem Erfolg oder den Erfolgen des 17. Jahrhunderts als Quelle existentieller Rechtfertigung fußend. Während zu Eingang dieses Bandes auf den etwas ausufernden Wunsch des niederländischen Außenministers Verstolk van Soelen nach Wiederherstellung einer Großmacht Niederlande hingewiesen worden ist, sei auch die wachsende Bedeutung hervorgehoben, die nationales Denken allmählich einnahm. So hat Robert Fruin, Historiker und mit an der Wiege der niederländischen Geschichtswissenschaft stehend, unter dem Aspekt der Nationswerdung und der Positionierung im internationalen Verband einerseits zwar die Leistungen der Niederländer des 17. Jahrhunderts nicht genug loben können, andererseits durchaus heftige Kritik am politischen System der ehemaligen Republik geübt. Man begegnet bei ihm einer eigenartigen Zwiespältigkeit, die zwischen unverhohlener Bewunderung und starker Kritik an den Mängeln des früheren Systems angesiedelt liegt. Er, der Oranientreue und Monarchist, hängte doch den nationalen Wimpel sehr hoch an den Mast, wenn er feststellte, daß die Republik erheblich viel höher hätte steigen können, wenn die Oranier eben zwei Jahrhunderte zuvor schon auf dem niederländischen Thron gesessen hätten. Der Historiker stellt sich gar die Frage, ob die Niederlande unter solcher Voraussetzung nicht

---

36 L. VON RANKE, *Die großen Mächte. Politisches Gespräch*. Mit einem Nachwort von Th. Schieder, Göttingen S. 41.

37 Bei J. HUIZINGA, *How Holland became a nation*, in: VW, II(1948). Es handelt sich um eine Vorlesung, die Renan 1924 anläßlich der niederländischen Woche für amerikanische Studenten gehalten hat. Huizinga kommentierte dazu „If not quite exhausting as a definition, it certainly can serve for a motto."

38 So N.C.F. VAN SAS, *Varieties aof Dutchness*, in: A. GALEMA u.a. (Hrsg.), *Images of the Nation. Different Meanings of Dutchness 1870-1940*, Amsterdam u.a. 1993 (=Amsterdam Studies on Cultural Identity, 2).

39 N.C.F. VAN SAS, *Nationalismus in den Niederlanden während des langen 19. Jahrhunderts (1780-1914)*, in: H. LADEMACHER/W. MÜHLHAUSEN (Hrsg.), *Freiheitsstreben, Demokratie, Emanzipation. Aufsätze zur politischen Kultur in Deutschland und den Niederlanden* (=Niederlande-Studien, Bd. 5), Münster 1993.

vollends mit England und Frankreich hätten gleichziehen können und ob dann nicht in Amerika, Afrika und Deutschland Niederländisch die führende Sprache geworden wäre. Fruin lag die Einheit des Landes näher als die Republik – bei aller Bewunderung für die Leistung der Gesellschaft jenes 17. Jahrhunderts. Das machte ihn zu einem nationalen Geschichtsschreiber, der nicht nur von der Bewunderung der Vergangenheit ausging.[40] Unter diesem Aspekt war er weniger retrospektiv, moderner gar, als der viel jüngere Johan Huizinga. Der Historiker Fruin ging in seiner Analyse des 17. Jahrhunderts freilich noch weiter, insofern er als Ursache für die Bürger-Freiheit des 17. Jahrhunderts das Fehlen einer Zentralgewalt benannte. Der Preis für die Freiheit war der Verzicht auf nationale Größe. Das war einigermaßen starker Tobak, wenn man sich die international bemerkenswerte Position der Niederlande im Mächteverband Europas vor Augen führt, wenngleich die politische Struktur des Landes ein hohes Maß an politischen Unbilden mit sich führte. Das Effizienzdenken eines sich an Monarchie und europäischem Geschehen des 19. Jahrhunderts orientierenden Mannes konnte sich mit der Umständlichkeit des politischen Verfahrens in dem allmählich hin zum Partikularismus neigenden föderalen System des 17. Jahrhunderts nicht zurechtfinden.[41] Es sei am Rande vermerkt, daß Fruin sowohl die Freiheit als auch die Toleranz nicht als Äußerungen einer besonderen bürgerlichen Tugend, sondern als Folge der nur schwach entwickelten Machtposition der Obrigkeiten begriff. Toleranz also letztlich als Zufallsprodukt! Wie weit entfernt ist das doch vom Niederlande-Bild, das sich zuweilen die europäische, vor allem die deutsche Öffentlichkeit von der politischen Kultur der Niederlande nach dem II. Weltkrieg gemacht hat oder noch macht und wie sehr rückt es eben in die Nähe der innerniederländischen Diskussion des letzten Jahrzehnts, in dem Toleranz-Denken zuweilen unter „Gleichgültigkeit" eingeordnet wird.

Dies sei hier nicht weiter thematisiert, jedoch noch einmal der Hinweis auf den zeitgenössisch angeprangerten Mangel an staatsbürgerlichem Bewußtsein aufgegriffen, weil dies einen Einblick in die Hindernisse impliziert, die eine letztlich doch Lernbereitschaft voraussetzende Retrospektive mit sich brachte. Der mehrfach genannte Thorbecke, der durchaus nicht nur als Staatsmann, sondern als staatspolitischer Pädagoge einzuordnen ist, hat diesen Mangel aufgewiesen, und neben ihm tat es die Kulturzeitschrift *De Gids*. Aber die Ursachen des Mangels lagen wohl tiefer, als daß sie über den Verfassungsstaat, wie Thorbecke die Lösungsmöglichkeit umschrieb, hätten aufgehoben werden können. Da gab es doch eine Reihe von Schwierigkeiten, die sich einer nationalpolitischen Erziehung entgegensetzten. Wie pflanzt man, so ist doch zu fragen, Erinnerung und Rezeption des glanzvollen 17. Jahrhunderts in eine Ständegesellschaft ein, die durch einen harten Arm-Reich-Gegensatz geprägt ist und sich wesentlich durch Immobilität auszeichnet. Wirtschaftliche Stagnation, zur Franzosenzeit schon begonnen und sich in der Monarchie fortsetzend, führte zur Pauperisierung eines Großteils der Bevölkerung. Auch der Mittelstand, zu dem Einzelhandel und Handwerksbetrieb ebenso zu rechnen sind wie der Bauernhof, hat sich in dieser Zeit erheblich zurückentwickelt. Kapitalbesitzer, die im wesentlichen aus dem Handelssektor kamen, betrieben keine Investitionen, die zur Fortentwicklung des Mittelstandes hätten beitragen können. Es fehlte einfach die materielle Basis für die Entwicklung eines breiten staatsbürgerlichen Bewußtseins, und es fehlte auch der Fixpunkt in Staat und Gesellschaft, der auf eine materielle Änderung oder Besserung hätte hoffen lassen können. Die Thematik der politischen und kulturellen Elite

---

40 Robert Fruin war nicht nur Hochschullehrer in Leiden, sondern auch von 1865 bis 1875 Redakteur der Potgieter Zeitschrift *De Gids*.
41 S. dazu seinen Aufsatz in: *De drie tijdvakken der Nederlandsche geschiedenis*, De Gids, IV(1865).

war einfach nicht die der Mittel- und Unterschichten. Eher beherrschten dort Lethargie und politische Abstinenz das Bild.

Es war nur folgerichtig, wenn Thorbecke für diese Zeit einen grundsätzlichen Mangel an Intellektualität bedauerte. Es ist der Mangel an Geist, der ihn beim Anblick seines Landes quälte. Thorbecke spricht vom Mittelmaß. Die Unsicherheit wuchs noch, wenn er auf die intellektuellen Überholvorgänge anderer Länder achtete, die schon abgeschlossen waren. Und stand nicht die Betonung der Geistigkeit des Goldenen Jahrhunderts, wie sie im Lauf des 19. Jahrhunderts immer wieder gepflegt wurde, in schrillem Kontrast dazu? Es ist hier am Platze festzustellen, daß nicht nur Thorbecke das Mittelmaß bedauerte. Auch Robert Fruin hat wenige Jahrzehnte später, in der 2. Jahrhunderthälfte, eine solche Feststellung getroffen. Zwar liegt der Nachdruck seiner Analyse der „niederländischen Volksart" in der Akzentuierung des Freiheitssinns und der Selbständigkeit – und damit zollt er dem Goldenen Jahrhundert den nötigen Tribut –, er betont die gegenüber anderen europäischen Völkern erfahrene freiheitliche Vergangenheit, aber er hebt eben auch die Mittelmäßigkeit der Niederländer hervor und zugleich mit dieser die Redlichkeit; beide werden gleichsam im Paket angeboten. Es handelt sich bei ihm um eine Betrachtung zu Phantasielosigkeit und risikolosem Nützlichkeitsdenken, die ihm nur hin und wieder auf der Kirchweih rauschhaft unterbrochen wird. Im geistig-wissenschaftlichen Leben freilich meint er einen hohen Sinn für die logische Ordnung der Kenntnisse und für die Rezeption der Erkenntnisse anderer feststellen zu können. Der niederländische Gelehrte sei vornehmlich Eklektiker und Enzyklopädist. Fruin verweist dabei auf die Vielzahl der Übersetzungen und Bearbeitungen ausländischer Studien. Es sei hier daran erinnert, daß die niederländischen Universitäten des 17. Jahrhunderts – Neugründungen allemal – durchaus von der doch hohen Präsenz ausländischer Gelehrter haben leben können. Fruin hat für die 30 Jahre vor der Niederschrift seines Essays nur Geruhsames, nichts Beunruhigendes feststellen können. Im Unterschied zu Thorbecke, der sich am niederländischen Phlegma störte, vergab er keine Noten über politisches Betragen in seiner Gegenwart, wie Thorbecke das getan hatte.[42]

Neben der sozialen Differenzierung, die mit Blick auf die Schwierigkeiten einer Forderung nach Entwicklung nationalen Selbstbewußtseins bei allem Glanz der Vergangenheit vonnöten ist, sei hier noch auf die konfessionelle Differenzierung hingewiesen, die möglicherweise nirgendwo stringenter war als in den Niederlanden. Dies ist ein Faktor, der noch bis weit ins 20. Jahrhundert hineinreicht. Wenn doch irgend etwas die Wirklichkeit des 17. Jahrhunderts geprägt, Glanz und Gloria mitbestimmt hat, dann war das neben der Malerei, dem wirtschaftlichen Erfolg und dem technischem Vorsprung gegenüber anderen die enge Verbindung der calvinistischen Kirche (Öffentlichkeitskirche) mit dem Aufstand. Diese Symbiose ist nie aufgelöst, in der Einbeziehung des Hauses Oranien als Träger der Monarchie eher noch verstärkt worden. Sie ist für dieses im 19. Jahrhundert noch tiefreligiöse Land mit Blick auf die Identität insofern relevant, als die Funktion und Position von Konfessionen der niederländischen Gesellschaft entweder zur Ausgrenzung des Andersgläubigen, sprich: in erster Linie der an Zahl nicht geringen Katholiken oder dann nachgerade zur Abkehr vom liberalen Staat und zur Einkapselung in eine eigene Lebens- und Erfahrungswelt mit den entsprechenden Denkformen geführt hat. Gemeint ist zunächst die protestantisch getragene Intoleranz und angesprochen ist ganz wesentlich die Versäulung, die letztlich als die Frucht einer noch nicht überwundenen protestantisch-katholischen Fehde des Goldenen Jahrhunderts eingeordnet werden darf, wenngleich hier hinzuzufügen ist, daß sie auch aus der Abkehr gegen den

---

42 Der Essay erschien zuerst in *Algemeene Statistiek van Nederland*, I, S. 3ff.; aufgenommen in R. FRUIN, *Verspreide Geschriften*, hrsg. v. P.J. BLOK/P.L. MULLER/S. MULLER FREDERIKSZ., I (1900), S.1-21.

liberalen Staat hervorging. Es geht freilich nicht um die näheren Inhalte dieser Versäulung, sondern im Hinblick auf die Entwicklung eines neuen Nationalbewußtseins um die Ansprüche niederländischer Protestanten. Wie die *publieke kerk* (Öffentlichkeitskirche) das öffentliche Bekenntnis des Glaubens als alleinige Institution für sich reserviert hatte, so nahm sie, die *Hervormde Kerk*, auch jetzt die Alleinvertretung der niederländischen Nation in Anspruch. Es war ein Ausschließlichkeitsanspruch im Namen des Protestantismus, der aus historisch belastetem und unterentwickeltem Toleranz-Denken hervorging. Solche Position fand sich verstärkt dadurch, daß das niederländische Königshaus zu eben dieser *Hervormde Kerk* zählte. Es ging in dieser Zeit der, wenn man so will, aus dem Goldenen Jahrhundert verlängerten Fehde, in der sich der politische Katholizismus aus einer Defensiv-Position heraus entwickelte, nicht mehr nur um ein theologisches, sondern um ein gesellschaftliches Problem. In den Aufregungen während der sogenannten April-Bewegung, Anfang der 50er Jahre, in der protestantische Intoleranz sich in den gröbsten Beschimpfungen äußerte, trat die jahrhundertealte Konfrontation geballt an die Öffentlichkeit. Die Schärfe des Gegensatzes verführte dazu, die Katholiken als unniederländisch zu brandmarken. Die Beschränkung der niederländischen Nation auf den protestantischen Bevölkerungsteil, der die Katholiken als eine Stoffwechselkrankheit subordinierte, war eine Form der Diskriminierung, die eine Begegnung auf einer gemeinsamen, das heißt nationalen, Ebene ausschloß. Eben dies war das zuvor schon angedeutete gesellschaftliche Problem, denn die gesellschaftliche Akzeptanz der Katholiken und damit die gesellschaftliche Aufstiegschance war erheblich vermindert. Hier ist der Betrachter mit einem zutiefst niederländischen Problem konfrontiert, dem, wenn man den Begriff der Toleranz in Ablehnung-Duldung-Anerkennung unterteilen will, er maximal die Stufe der *Duldung* zuzuordnen wäre. Abgesehen davon, daß die niederländischen Protestanten auch in Abwehr des liberalen Staates an ihrer Säule bauten, war das katholische Motiv der Säulenbildung in erster Linie der Schutz und die Abgrenzung gegen die Protestanten. Für beide Säulen gilt, daß der Aktionsbereich alle über den engsten persönlichen und familiären Bereich hinausgehenden politisch-kulturellen Lebensäußerungen erfaßte. Über Schulen und Hochschulen hinaus wurde das gesamte Vereinsleben, die medizinischen Einrichtungen und auch die Berufsverbände einschließlich politischer Parteien und später auch der Massenmedien von dieser organisierten Einheit der Konfession umgeben. Und wenn der katholische Historiker L.J. Rogier nicht ohne Anflug von Selbstspott meint feststellen zu müssen, daß es den Katholiken unter Anleitung ihres Episkopats gelungen sei, „katholisch zu schwimmen, Fußball zu spielen, zu tanzen, Schach zu spielen, katholisch zu verreisen und eben auch katholische Lebensversicherungen abzuschließen",[43] dann klingt das überaus lustig, gibt freilich auch die Realität recht gut wieder. Das Epitheton „katholisch" ließe sich dabei durchaus durch „protestantisch" ersetzen.

Die Versäulung als Ausdruck einer unbewältigten Konfessionalisierung der Vergangenheit und damit als Fortsetzung eines Gegensatzes, der im 17. Jahrhundert nachhaltig gepflegt wurde – bei langdauernder Defensivposition der Katholiken! Auf weitere – politische und psychologische – Betrachtungen zu den Folgen von Versäulung für das politisch-gesellschaftliche Leben sei hier verzichtet.[44] Dagegen sei das Thema *Nationalbewußtsein* fortgeführt. Der im Zuge der konfessionellen Konfliktlage geäußerte

---

43 L.J. ROGIER/N. DE ROOY, *In vrijheid herboren. Katholiek Nederland 1853-1953*, 's-Gravenhage 1953.
44 Zu diesem Thema s. H. LADEMACHER, *Die Vielfalt der Identität. Bemerkungen zu den Komponenten von Staat und Gesellschaft der Niederlande in der Phase der Modernisierung*, in: G. VAN GEMERT/D. GEUENICH, *Gegenseitigkeiten. Deutsch-niederländische Wechselbeziehungen von der frühen Neuzeit bis zur Gegenwart*, (=Schriftenreihe der Niederrhein-Akademie/Academie Nederrijn, hrsg. v. D. Geuenich, Bd. 5), Essen 2003, S. 38ff.

protestantische Wunsch, die Katholiken aus der Teilhabe an der nationalen Identität auszuschließen, bedeutete ja nicht einen Stillstand in der Entwicklung des nationalen Bewußtseins überhaupt. Jedenfalls baute sich um die Jahrhundertwende, wie schon angedeutet, eine durchaus integralistische Form des Nationalismus[45] auf. Die kolonialen Begehrlichkeiten europäischer Mächte und zugleich die internen Schwierigkeiten der niederländischen Metropole mit dem riesigen Kolonialbesitz im indonesischen Archipel seien hier als die Promotoren benannt, die erheblich stärker, als es zuvor die kulturnationalen Unternehmungen vermocht haben, einen Nationalismus des emotionalen Zusammenschlusses und des engeren Zusammenrückens initiierten, der dem Bewußtsein von niederländischer Größe dienen sollte. Es geht hier nicht so sehr um die Frage, inwieweit die Niederlande zu den Mächten des modernen Imperialismus gehörten,[46] vielmehr sei zu erwägen gegeben, ob nicht eine aus der Ohnmacht eines kleinen Staates heraus zu begreifende Angst inmitten einer von Großmachtdenken geprägten Umwelt eine hohe Empfindlichkeit zeugte, die auch den geringsten Verstoß gegen den Status quo als eine Bedrohung empfinden mußte, der man gleichsam als Nachweis der eigenen Stärke nicht mit Nachgiebigkeit, sondern mit der Demonstration eines gemeinsamen Willens begegnen konnte. Unter diesem Aspekt ließe sich eine Erweiterung der vorerwähnten Definition des Ernest Renan vornehmen. Und wenn hier von Ohnmacht die Rede ist, dann meint dies eine mehr als ein Jahrhundert alte Erfahrung mit diesem Zustand. Wer historisch orientiert war, der wußte, daß man spätestens seit dem Spanischen Erbfolgekrieg den Übergang von der europäischen Großmacht des Goldenen Jahrhunderts in die außenpolitische Geringfügigkeit vollzogen hatte. Angesichts der Kämpfe gegen die Aceh auf Sumatra und gegen die Bewohner der Insel Lombok und schließlich auch der Burenkrieg haben doch zu hoher Verunsicherung geführt. Ob solche Verunsicherung auch auf die fin-de-siècle-Stimmung der Jahrhundertwende zurückzuführen ist, mag dahingestellt bleiben. Jedenfalls zählte für politisch bewußte Niederländer die indirekte Abhängigkeit vom Großstaat Großbritannien und damit die britische Vorgehensweise in der Weltpolitik zu den ganz konkreten Ansatzpunkten. Die britische Politik in Südafrika wurde als ein Vorstoß gegen die Niederlande empfunden. Entsprechende Reaktionen mit dem dazugehörigen Vokabular folgten im ersten und dann erst recht im zweiten Burenkrieg. *Stamm, Volk, Verwandtschaft* waren die epitheta ornantia der nationalen Szene.[47] Es fügt sich in das Bild eines auf der Suche nach Selbstbewußtsein befindlichen, weil durchaus in der Kenntnis der eigenen Schwäche lebenden Landes, wenn die Buren-Frage auch die Position im Konzert der europäischen Mächte ins Blickfeld rückte. Da scheint sich eine Mentalität entwickelt zu haben, die zwischen jugendlichem Stil der Moderne und dem Jugendstil anzusiedeln ist. Das heißt, während die Niederländer des Mutterlandes eine gewisse Überlegenheit gegenüber den südafrikanischen Siedlern verspürten, die sich der modernen Entwicklung verschlossen, galten die Buren zugleich als Symbol einer unverdorbenen, von den Modernismen der Zeit nicht angefressenen Kultur. Die Rückständigkeit der Buren also als ein Impetus für eine niederländische Selbstbesinnung, da sich der Rückgriff auf die Geschichte allein als nicht unbedingt effektiv erwiesen hatte. Robert Fruins These vom Zusammenhang zwischen außenpolitischer Machtlosigkeit und Schwächung des Volkscharakters war in dieser Zeit eine Überlegung wert. Da konnte die Kraft der Buren vorbildlich sein. Selbst die katholische Zeitung *De Tijd*, die sicherlich nicht als Fürsprecherin der ultra-protestantischen Buren eingestuft werden kann, sprach von

---

45 Begriff nach P. ALTER, *Nationalismus*, Frankfurt/Main 1985.
46 Die Diskussion zu diesem Thema bei M. KUITENBROUWER, *The Netherlands and the Rise of Modern Imperialism*, New York 1991, S. 17ff.
47 S. dazu N.C.F. VAN SAS, *Nationalismus in den Niederlanden während des langen 19. Jahrhunderts (1780-1914)*, in: H. LADEMACHER/W. MÜHLHAUSEN (Hrsg.), *Freiheitsstreben, Demokratie, Emanzipation* (=Niederlande-Studien, Bd. 5), Münster 1993, S. 59.

der Unverfälschtheit und Ursprünglichkeit der Siedler und hielt diese der verflachenden Einförmigkeit und Konvention der Moderne entgegen. Aus einer solchen Grundhaltung heraus ließ sich die öffentliche Meinung auch äußerst aggressiv gegen den kolonialen Nachbarn (indischer Subkontinent) England aus. Die Niederländer begaben sich letztlich in eine klassische, das heißt für die imperialistischen Mächte der Zeit typische Debatte, der sie freilich für ihre Seite ein gerüttelt Maß an christlichem Sendungsauftrag beigaben – ein Auftrag im übrigen, der schon Jahrzehnte zuvor im *Gids* nachzulesen gewesen war, als man den christlichen Führungsanspruch bei der Erziehung aller Völker und *Rassen* postulierte und Kolonisierung als Kultur-, Erziehungs- und Bildungsarbeit definierte. Solche Auffassung wich in den 80er Jahren einem Effizienz- und Produktivitätsdenken, in dem rassische Überlegenheit bzw. Unterlegenheit ihren Platz hatte.

Letztlich treten die Niederlande mit der Teilhabe an der Imperialismus-Diskussion in die Moderne ein, und sie lassen ihre Stimme hören, auf die sonst niemand mehr achtete. Es ist hier schon mehrfach auf den Abstieg der Niederlande in der europäischen Rangordnung hingewiesen worden. Für die Zeit des erwachenden Nationalismus im 19. Jahrhundert war das besonders augenfällig. Das Land hatte unter dem europäischen Vorzeichen der „Realpolitik" militärisch kaum Adäquates einzubringen. Thorbecke hat sich 1866 über die Gefährdung des Rechts ausgelassen und zusammen mit dem Calvinistischen Politiker Groen van Prinsterer den Verlust an Recht und Sittlichkeit in den internationalen Beziehungen angeprangert. Abgesehen davon, daß sich die Niederländer für bewaffnete Neutralität entschieden, förderte die angestrengte Beobachtung der europäischen Außenpolitik ein weiteres hervorstechendes Merkmal niederländischer Verhaltensweise: die Hochstilisierung des Rechtsdenkens im Sinne eines niederländischen Anspruchs auf die Rechtlichkeit des Denkens. Der niederländische Rückzug auf das Recht in den internationalen Beziehungen enthielt angesichts einer durchaus kriegerischen Umwelt zugleich den Anspruch des kleinen Staates auf die Pacht der politischen Moral. In den ersten Jahrzehnten des 20. Jahrhunderts, zur Zeit des Cornelis van Vollenhoven, Staats- und Völkerrechtler, oder des Außenministers und Juristen van Karnebeek, zählte die Verquickung von Verrechtlichung der internationalen Beziehungen und internationaler Moral zum niederländischen Selbstverständnis. Die von führenden Protestanten des 19. Jahrhunderts in Anspruch genommene Christlichkeit der eigenen Gesellschaft unterbaute dieses Selbstverständnis nachhaltig, und es fragt sich, ob nicht der niederländische Gestus des erhobenen Zeigefingers als gleichsam körperlicher Ausdruck der überlegenen Moral in den Wechselfällen schon der Jahrhundertwende und dann in den folgenden Jahrzehnten eine merkliche Stütze erfahren hat. Die niederländischen politischen und intellektuellen Eliten konzentrierten sich aus dem Wissen über die eigene kulturelle Vergangenheit und Qualität und aus der Ohnmacht der außenpolitischen Position heraus auf den Ausbau des Völkerrechts, sie begaben sich auf den Weg des Legalismus, der mit den Haager Friedenskonferenzen der Jahre 1899 und 1907 besondere Gelegenheit bekam, sich zu artikulieren, und der mit der Stiftung des Internationalen Gerichtshofs in Den Haag durch Andrew Carnegie seinen architektonischen Ausdruck fand.

In diesem Zusammenhang ein anderes. Für die Niederländer jener Jahrzehnte ging es nicht nur um die nackte Kodifizierung internationalen Rechts, es ging auch um praktische Umsetzung. In den Jahren der harten Konflikte und der hochgestimmten Erwartungen durch sozialistischen Internationalismus und pazifistische Abrüstungsbestrebungen wollte ein Mann wie der vorgenannte van Vollenhoven in nüchternem Weitblick nicht bei den Rechtsentscheidungen der internationalen Schiedsgerichtsbarkeit verharren, sondern auch die Exekution der Entscheidungen gewährleisten. Er setzte sich für die Bildung einer internationalen Polizeimacht ein, hielt es nachgerade für die Pflicht der Niederlande, sich um den Aufbau einer solchen Polizeimacht zu bemühen. Der Vorschlag kam 1913 in der Zeit schon höchster Kriegsgefahr. Das war ein durchaus einsichtiger Gedanke, der, indem den Niederlanden eine führende Rolle zugewiesen wurde, einem der Zeit entsprechenden emphatischen Nationalgefühl entsprang. Der Völkerrechtler van Vollenhoven fügte sich in die Nationalismen der Zeit, dann freilich sehr niederländisch gewandet, mit ein bißchen Geschichte links, ein wenig Bibel rechts, und wo die eigene Geschichte nicht reichte, wurden Galionsfiguren aus anderen Territorien vorgeführt. Jedenfalls nahmen die Niederlande bei diesem Völkerrechtler die Rolle einer Jeanne d'Arc und Vortrupp einer internationalen Streitmacht an, als Vorkämpfer der internationalen Gerechtigkeit mit dem himmlisch gestützten Paulus als Leitfigur und der niederländischen Kultur und Tradition als Basis. Freilich, das emphatisch Nationale und das leicht überzogene Selbstwertgefühl enthielt insofern ein Stück Peinlichkeit, weil sich hinter der angestrengten Aufwertung der niederländischen Nation ein wenig das Bedauern um die Arbeitslosigkeit der Niederlande im internationalen Verband verbarg.[48] Bemühung um Rechtssicherheit und Neutralität des eigenen Landes – Elemente, die einem kleinen Staat in jener konfliktträchtigen Welt möglicherweise als einzige Verhaltensweise gut zu Gesicht standen – haben das Bild der Niederlande, dieser Nation im Nordwesten Europas ganz wesentlich mitbestimmt. Über die Schwierigkeiten einer in diesem Sinne konsistenten Haltung und den Möglichkeiten oder dem Willen, Prinzipien aufrecht zu erhalten, ist hier nicht weiter zu handeln.

Es ist abschließend angesichts der Entwicklung des Nationalbewußtseins in den Niederlanden, der vom pädagogischen, Kenntnis vermittelnden Aufbruch der intellektuellen Eliten bis hin zum Massenphänomen reicht und seine wirklichen Katalysatoren in der Zeit harter weltpolitischer Konfrontationen findet und zugleich um nationale Besonderheiten bemüht ist, festzustellen, daß ein engerer nationaler Schulterschluß erst mit der Verschärfung internationaler Konfliktsituationen bei zunehmender Asymmetrie der Kräfteverhältnisse eintritt. Die Funktion des *Goldenen Jahrhunderts* als Katalysator in diesem Prozeß ist nicht zu messen, aber zu vermuten steht sehr wohl, daß gemäß dem Gesetz vom steten Tropfen, der den Stein höhlt, die doch von Huizinga apostrophierte und hier genannte systematische Thematisierung des Jahrhunderts in der Schule sowie – auf höherer und hoher Bildungsebene – die so überaus reiche Beschäftigung der niederländischen Geschichtswissenschaft mit eben dieser Zeit eine Denkweise vermittelt haben, die zuweilen im Lande selbst als auch in dem über die Grenzen vermittelten Bild den Gedanken von der kulturellen und politischen Überlegenheit gegenüber anderen enthält, neuerlich freilich auch hier und da angesichts rasanter europäischer Entwicklungen Zweifel am Existenzrecht des Landes auftauchen lassen, wie das in der ersten Hälfte des 19. Jahrhunderts auch schon vorgetragen worden war – aus anderen Gründen dann. Das ist hier jedoch nicht weiter auszuführen.

---

48 S. dazu die Schrift C. VAN VOLLENHOVEN, *De eendracht van het land,* 's-Gravenhage 1913; dazu H. LADEMACHER, *Die Macht der Ohnmacht. Über Identität und Außenpolitik der Niederlande in Vergangenheit und Gegenwart,* in: Jahrbuch des Zentrums f. Niederlande-Studien, 5/6 (1995), S. 37ff.

Verzeichnis der Literatur

Das Literaturverzeichnis wurde kapitelweise erstellt. Dadurch kommt es zur Wiederholung einzelner Titel. Die Titel unter den *Allgemeinen Übersichten* wurden nicht mehr in die einzelnen Kapitelübersichten aufgenommen. Die hier verarbeiteten einschlägigen Titel des Knuttel-Katalogs finden sich nur in den Anmerkungen und wurden nicht ins Gesamtverzeichnis eingebracht.

Allgemeine Übersichten
Überblick über die Geschichte der Niederlande insgesamt oder Vertiefung des 17. Jahrhunderts

Algemene Geschiedenis der Nederlanden, 12 Bde., Zeist u.a. 1949-1958.
Algemene Geschiedenis der Nederlanden, Bde. 1-15, Haarlem 1978-83.
BORNEWASSER, J.A. u.a., *Winkler Prins Geschiedenis der Nederlanden*, Bde 1-3, Amsterdam u.a. 1977.
FRIJHOFF, W./M. SPIES, 1650. *Bevochten eendracht. Nederlandse cultuur in Europese context*, Den Haag 1999.
ISRAEL, J.I., *The Dutch Republic. Its Rise, Greatness, and Fall, 1477-1806* (=The Oxford History of Early Modern Europe), Oxford 1995.
LADEMACHER, H., *Die Niederlande. Politische Kultur zwischen Individualität und Anpassung*, Berlin 1993 (1996).
MANDROU, R., *Staatsräson und Vernunft 1649-1775* (=Propyläen Geschichte Europas, 3), Frankfurt/Main u.a. 1976.
PRAK, M., *Gouden Eeuw. Het raadsel van de Republiek*, Nijmegen 2002.
SCHAMA, S., *The Embarrassment of Riches. An Interpretation of Dutch Culture in the Golden Age*, New York 1987.
ZEEDEN, E.W., *Hegemonialkriege und Glaubenskämpfe 1556-1648*, (=Propyläen Geschichte Europas, 2), Frankfurt/Main u.a. 1977.

Einleitung: Ausgangspunkte

ASHLEY, M., *The Age of Absolutism, 1648-1775*, London.
BAKHUIZEN VAN DEN BRINK, R.C., *Studien en schetsen*, IV, Den Haag 1877.
BAKHUIZEN VAN DEN BRINK, R.C., *Van Hollandsche potaard. Studiën en fragmenten*, Brüssel 1943.
BANK, J.TH.M., *Het roemrijk vaderland. Cultureel nationalisme in Nederland in de negentiende eeuw*, 's-Gravenhage 1990.
BECKMANN, J., *Dagboek van zijn reis in Nederland in 1762*. Meegedeeld door G.W. Kernkamp, in: BMHG, XXXIII, 8.
BIENTJES, J., *Holland und die Holländer im Urteil deutscher Reisender: 1400-1800*, Groningen 1967.
BITTERLI, U., *Die „Wilden" und die „Zivilisierten". Die europäisch-überseeische Begegnung*, München 1976.
BLAAS, T.R.M., ,*De Gouden Eeuw'*, in: *De 19e Eeuw*, 9 (1985).
BOOGMAN, J.C., *Die holländische Tradition in der niederländischen Geschichte*, in: DERS., *Van spel en spelers. Verspreide opstellen*, 's-Gravenhage 1982.
BOOGMAN, J.C., *Van spel en spelers. Verspreide opstellen*, 's-Gravenhage 1982.
BRANDS, M.C., *Wat is cultuurgeschiedenis?*, in: Theoretische Geschiedenis, 13,2 (1986).
BURCKHARDT, J., *Weltgeschichtliche Betrachtungen*, Wuppertal 1948.

BURKE, P., *Die Renaissance in Italien. Sozialgeschichte einer Kultur zwischen Tradition und Erfindung*, Berlin 1984.
BURKE, P., *Cultural History, Past, Present, Future*, in: Theoretische Geschiedenis, 13,2 (1986).
BUSKEN HUET, C., *Het Land van Rembrand. Studies over de Noordnederlandse beschaving in de zeventiende eeuw*, Amsterdam 1987 (Neudruck).
CHALES DE BEAULIEU, A., *Deutsche Reisende in den Niederlanden. Das Bild eines Nachbarn zwischen 1648 und 1795*, Frankfurt/Main u.a. 2000.
CIPOLLA, C.M., *European Culture and Overseas Expansion*, Penguin Books, Harmondsworth 1970.
COLENBRANDER, H.T. (Hrsg.), *Gedenkstukken der algemeene geschiedenis van Nederland von 1795 tot 1840*, IX,1.
DAUS, R., *Die Erfindung des Kolonialismus*, Wuppertal 1983.
DAVIDS, K./J. LUCASSEN, *A miracle mirrored. The Dutch Republic in European Perspective*, Cambridge 1995.
DEURSEN, A.TH. VAN, *Cultuurgeschiedenis bij Huizinga en in de oude Algemene Geschiedenis der Nederlanden (AGN)*, in: Theoretische Geschiedenis, 13 (2), 1986.
DUCHHARDT, H./M. MORAWIEC/W. SCHMALE/W. SCHULZE (Hrsg.), *Europa-Historiker. Ein biographisches Handbuch*, Göttingen 2006.
DUNK H.W. VON DER/H. LADEMACHER *Deutsch-Niederländische Nachbarschaft. Vier Beiträge zur politischen Kultur*, (=Niederlande-Studien. Kleinere Schriften, Bd. 6), Münster 1999.
GIBBS, G.C., *The Role of the Dutch Republic as the Intellectual Entrepôt of Europe in the Seventeenth and Eighteenth Century*, in: BMGN, 86 (3), 1971.
GRIMM, J.F.C., *Bemerkungen eines Reisenden durch Deutschland, Frankreich, England und Holland in Briefen an seine Freunde*, Altenburg 1775-1781.
HAZARD, P., *Die Krise des europäischen Geistes, 1680-1715*, Hamburg 1939.
HERINGA, J., *Zelfstandig gewest in de Republiek*, in: DERS. u.a., *Geschiedenis van Drenthe*, Meppel/Amsterdam ²1986.
HERINGA, J. u.a., *Geschiedenis van Drenthe*, Meppel/Amsterdam ²1986.
HOBSBAWM, E.J., *The Age of Revolution*, London 1969.
HOMMES, T., *Holland im Urteil eines Jungdeutschen*, Amsterdam 1926.
HUIZINGA, J., *Das Problem der Renaissance*, in: DERS., *Parerga*, Zürich u.a. 1945.
JEANNIN, P., *L'Europe du nord-ouest et du nord aux xviie et xviiie siècles*, Paris 1969.
KILLIAM, T. u.a., *Amsterdamse Grachten gids*, Utrecht/Antwerpen 1978.
KOSSMANN, E.F., *Holland und Deutschland. Wandlungen und Vorurteile*, Den Haag 1901.
KOSSMANN, E.H., *The Dutch Case: A National or a Regional Culture?* In: DERS., *Politieke theorie en geschiedenis. Verspreide opstellen en voordrachten*, Amsterdam 1987.
KOSSMANN, E.H., *De Lage Landen 1780-1940. Anderhalve eeuw Nederland en België*, Amsterdam u.a. 1976.
KRUL, W.E., *Huizinga en de taak der cultuurgeschiedenis*, in: Theoretische Geschiedenis, 13,2 (1986).
KÜHNHARDT, L./M. RUTZ (Hrsg.), *Die Wiederentdeckung Europas. Ein Gang durch Geschichte und Gegenwart*, Stuttgart 1999.
LADEMACHER, H., *Zwei ungleiche Nachbarn. Wege und Wandlungen der deutsch-niederländischen Beziehungen im 19. und 20. Jahrhundert*, Darmstadt 1990.
LADEMACHER, H., *Staat, Nation und Nationalbewusstsein. Ursprünge und Inhalte einer Begrifflichkeit im 18. und 19. Jahrhundert. Ein niederländisch-deutscher Vergleich*, in: H.W. VON DER DUNK/DERS., *Deutsch-niederländische Nachbarschaft. Vier Beiträge zur politischen Kultur*. (=Niederlande-Studien. Kleinere Schriften, Bd. 6), Münster 1999.
LADEMACHER, H., *Johan Huizinga*, in: H. DUCHHARDT u.a. (Hrsg.), *Europa-Historiker. Ein biographisches Handbuch*, Göttingen 2006.
LEHMANN, H., *Das Zeitalter des Absolutismus. Gottesgnadentum und Kriegsnot*, Christentum und Gesellschaft, Bd. 9, Stuttgart u.a. 1980.
LINDEBOOM, G.A. (Hrsg.), *Haller in Holland. Het dagboek van Albrecht von Haller van zijn verblijf in Holland (1725-1727)*. Ingeleid en geannoteerd door ..., Delft 1958.

LÜBBE, H., *Für eine europäische Kulturpolitik*, in: *Die Zukunft Europas – Kultur und Verfassung des Kontinents. Vorträge, Debatten und Dokumente der internationalen Konferenz in Rom, 7.-19. Oktober,* Gütersloh 1991.
MANGER, J.B., *Thorbecke en de historie*, Utrecht 1986.
MANN, G./A. NITSCHKE (Hrsg.), *Propyläen Weltgeschichte. Eine Universalgeschichte,* VII, Berlin u.a. 1964.
MEYER, H., *Zarte Empirie. Studien zur Literaturgeschichte*, Stuttgart 1963.
MIECK, J., *Europäische Geschichte der Frühen Neuzeit*, Stuttgart u.a. ²1977.
MOUT, M.E.H.N., *Een nieuwe geluid. Beoefening van de Nederlandse cultuurgeschiedenis van de zeventiende eeuw. Toekomstperspectief*, in: Theoretische Geschiedenis, 13,2 (1986).
MÜHLMANN, W.E., *[Stichwort Kultur]* in: *Wörterbuch der Soziologie*, hrsg. v. W. BERNSDORF (1969).
NEIDHARDT, F., *Kultur und Gesellschaft. Einige Anmerkungen zum Sonderheft*, in: *Kultur und Gesellschaft*. Kölner Zeitschrift f. Soziologie und Sozialpsychologie, Sonderheft 27 (1986), S. 15.
NIPPERDEY, TH., *Deutsche Geschichte, 1800-1866. Bürgerwelt und starker Staat*, München 1984.
NIPPERDEY, TH., *Nachdenken über die deutsche Geschichte. Essays*, München 1986.
NOHL (Hrsg.), *Herder. Journal meiner Reise im Jahre 1769*, hrsg. und mit einer Einleitung versehen v. ..., Weimar 1949.
PAWELKA, P., *Politische Sozialisation*, Wiesbaden 1977.
PETRI, F., *Die Kultur der Niederlande (=Handbuch der Kulturgeschichte)*, Konstanz o.J.
PRICE, J.L., *Culture and Society in the Dutch Republic during the 17th Century*, London 1974.
REINHARD, W., *Geschichte der europäischen Expansion. Die Alte Welt bis 1818*, Stuttgart 1983.
ROY VAN ZUYDEWIJN, N. DE, *Met het oog op onderweg. Atlas monumenten in Nederland*, Haarlem o.J.
SAAGE, R., *Herrschaft, Toleranz und Widerstand*, Frankfurt/Main 1981.
SCZYPIORSKI, A., *Europa ist unterwegs. Essays und Reden*, Zürich 1996.
SLECHTE, H., *„Durch eine holländische Kunst angeregt fühle ich, daß ich Holländer bin"*, in: M. FLACKE, *Mythen der Nationen. Ein europäisches Panorama*, München u.a. 1998.
STADEN, A. VAN, *Tegenstrijdigheden en dilemma's in de Europese politiek*, in: Internationale Spectator, 4 (1995) XLIX.
STRUPP, CH., *Geschichtswissenschaft als Kulturgeschichte*, Göttingen 2000.
SWART, K.W., *The Miracle of the Dutch Republic as seen in the Seventeenth Century*, London 1969.
THORBECKE, J.R., *Historische schetsen*, 's-Gravenhage 1872.
WATERBOLK, E.H., *Aspects of the Frisian Contribution to the Culture of the Low Countries in the Early modern Period*, in: Britain and the Netherlands, IV (1971), S. 113-132.
WEIDENFELD, W., *Einheit in der Vielfalt. Zur kulturellen Dimension der europäischen Einigung*, in: *Die Zukunft Europas – Kultur und Verfassung des Kontinents. Vorträge, Debatten und Dokumente der internationalen Konferenz in Rom, 17.-19. Oktober 1990*, Gütersloh 1991.
WEIZSÄCKER, R. VON, *Over de cultuur van de Europese eenwording*, in: Nexus 16 (1996).
Werner Kaegi als universeel historicus, Amsterdam 1977.
WIENBARG, L., *Ästhetische Feldzüge* (1834).
WILLIAMS, R., *Marxism and Literature*, London u.a. 1977.

I. Tradition und Voraussetzung

ANDERSON, P., *Die Entstehung des absolutistischen Staates*, es 950, Frankfurt 1979.
AUGUSTIJN, C., *Erasmus von Rotterdam*, München 1986.
BLICKLE, P., *Unruhen in der ständischen Gesellschaft 1300-1800*, (=Enzyklopädie Deutscher Geschichte 1), München 1988.

BLOCKMANS, W./W. PREVENIER, *In de ban van Bourgondië*, Houten 1988.
BRULEZ, W., *Cultuur en getal. Aspecten van de relatie economie-maatschappij-cultuur in Europa tussen 1400-1800*, Amsterdam 1986.
DICKENS, A.G./W.R.D. JONES, *Erasmus. The Reformer*, London 1994.
HALKIN, L., *Erasmus von Rotterdam. Eine Biographie*, Zürich 1989 (dtsch. Übersetzung des 1897 erschienenen französischen Originals);
HUIZINGA, J., *L'Etat Bourguignon, ses rapports avec la France, et les origines d'une nationalité néerlandaise*, in: VW II.
HUIZINGA, J., *Burgund. Eine Krise des romanisch-germanischen Verhältnisses*, in: VW II.
HUIZINGA, J., *Erasmus*, Rotterdam ^{9}1988 (1. Auflage 1924).
HUIZINGA, J., *Uit de voorgeschiedenis van ons nationaal besef*, in: VW II.
KOSSMANN, E.H., *Politieke theorie in het zeventiende eeuwse Nederland* (=Verh. Der Koninklijke Nederl. Ak. Van Wetenschappen, afd. Letterkunde, Nieuwe reeks, dl. LXVII,2), Amsterdam 1960.
LADEMACHER, H., *Die burgundisch-habsburgischen Niederlande. Bemerkungen über Fermente und Impulse zur Konfliktlage einer Landschaft im Nordwesten Europas*, in: B. SICKEN (Hrsg.), *Herrschaft und Verfassungsstrukturen im Nordwesten des Reiches. Beiträge zum Zeitalter Karls V.*, Köln u.a. 1994.
LADEMACHER, H., *Der europäische Nordwesten. Historische Prägungen und Beziehungen*, Münster 2002.
PETRI, F., *Die Kultur der Niederlande* (=Handbuch der Kulturgeschichte, Heft 1-10), Konstanz o.J.
PREVENIER, W./W. BLOCKMANS, *Die burgundischen Niederlande*, Weinheim 1986.
SICKEN, B. (Hrsg.), *Herrschaft und Verfassungsstrukturen im Nordwesten des Reiches. Beiträge zum Zeitalter Karls V.*, Köln u.a. 1994.
WEE, H. VAN DER, *De economie als factor bij het begin van de opstand in de Zuidelijke Nederlanden*, in: BMGN, 83 (1969).

II. Neugier und Überraschung – Reisende in den Niederlanden

BECHER, J.J., *Politischer Diskurs*, Frankfurt am Main 1668.
BENTHEM, H.L., *Holländischer Kirch- und Schulenstaat*, Frankfurt/Leipzig 1698.
BIENTJES, J., *Holland und die Holländer im Urteil deutscher Reisender: 1400-1800*, Groningen 1967.
BON, F.A.F. *Der vereinigten Niederlande Staat / In deroselben Historischer Geographischer und Politischer Beschreibung kurtz deutlich und wahrhaftig fürgestellet*, Jena 1671.
BRAY, W. (Hrsg.), *Diary and Correspondence of John Evelyn*, F.R.S., I, London 1857.
BUCHOLTZ, *Des confoederierten und vereinigten Niederlandes Symbolum: Concordia res parvae crescunt. Gewidmet den Hochmögenden Herren* (1666).
CHALES DE BEAULIEU, A., *Deutsche Reisende in den Niederlanden: Das Bild eines Nachbarn zwischen 1648 und 1795*, phil. diss. Münster 1994.
COHEN, G., *Écrivains français en Hollande dans la première moitié du XVIIe siècle*, Paris 1920.
CZAK, A.M./H.J. TEUTEBERG (Hrsg.), *Reiseberichte als Quellen europäischer Kulturgeschichte. Aufgaben und Möglichkeiten der historischen Reiseforschung*, Wolfenbüttel 1982, (=Wolfenbütteler Forschungen 21).
DES *Frey-Herrn von Pufendorff Einleitung in die Historie der vornehmsten Europäischen Staaten / fortgesetzt biß auf gegenwärtige Zeiten / mit Anmerckungen / worinnen des Autoris Politische Gedanken nach dermaligem geänderten Zustand der Sachen sind*. Neue und verbesserte Ausgabe, Franckfurt und Leipzig 1746.
FRUIN, R., *De Nederlanders der Zeventiende Eeuw door Engelschen geschetst*, in: Verspreide Geschriften IV (1901).
FUCHS, *Aus dem „Itinerarium" des Christian Knorr von Rosenroth. Met eene inleiding en eene Hollandsche vertaling van de Latijnschen tekst door Dr. Joh. C. Breen*, in: Jaarboek van het Historisch Genootschap Amstelodamum 14 (1916).

GELLINEK, CHR. (Hrsg.), *Europas erster Baedeker. Filip von Zesens, Amsterdam 1664*, o.O., 1988.
GRONOW, R. ELSNER VON, *Die öffentliche Meinung in Deutschland gegenüber Holland nach 1648*, Marburg 1914.
HOAK, D./M. Feingold (Hrsg.), The World of William and Mary. Anglo-Dutch Perspectives on the Revolution of 1688-89, Stanford 1996.
HUIZINGA, J., *Engelschen en Nederlanders in Shakespeare's tijd*, in: De Gids 1924 (II). auch in: VW II.
HUIZINGA, J., *Duitschland's invloed op de Nederlandsche beschaving*, in: VW, II. Dt. Übersetzung (Der Einfluß Deutschlands auf die niederländische Kultur) in: Wege der Kulturgeschichte, München 1930.
HULSHOF, A., *Een Duitsch econoom (Johann Joachim Becher) in en over ons land omstreeks 1670*, in: Onze Eeuw 10 (1910).
HUNT, J.D., *Anglo-Dutch Garden Art: Style and Idea*, in: D. HOAK/M. FEINGOLD (Hrsg.), *The World of William and Mary. Anglo-Dutch Perspectives on the Revolution of 1688-89*, Stanford 1996.
INGEN, F. VAN (Hrsg.), *Philipp von Zesen 1619-1980: Beiträge zu seinem Leben und Werk*, Wiesbaden 1972.
JACOBSEN JENSEN, J.N., *Een tijd- en landgenoot van Shakespeare in zijn oordeel over ons land en volk*; in: Onze eeuw 17 (1).
Jörg Franz Müller's reisindrukken. Medegedeeld door Mr. J.E. Heeres, in: De Navorser, 52 (1902).
KOSELLECK, R., *Vergangene Zukunft*, Frankfurt 1979.
KOSELLECK, R., *Zur historischen Semantik asymmetrischer Gegenbegriffe*, in: DERS., *Vergangene Zukunft*, Frankfurt 1979.
LADEMACHER, H., *Die Konfession in der Außenpolitik der europäischen Staaten im 16. und 17. Jahrhundert. Inhaltliche Perspektiven und massenmediale Darstellung*, in: S. QUANDT (Hrsg.), *Luther, die Reformation und die Deutschen. Geschichte, Politik und Massenmedien*, 1, Paderborn u.a. 1982.
LANSON, G., *Histoire de la littérature française, remaniée et complétée pour la période 1850-1950 par P. Truffau*, o.O. 1951.
LUCÄ, F., *Der Chronist. Ein Zeit- und Sittenbild aus der zweiten Hälfte des siebzehnten Jahrhunderts. Nach einer von ihm selbst hinterlassenen Handschrift bearbeitet und mit Anmerkungen und einem Anhange versehen von F. LUCAE*, Frankfurt a. M. 1854.
MACAULAY, Th. BABINGTON, *Geschichte von England seit dem Regierungsantritt Jacobs II*, Braunschweig 1852.
MEYER, H., *Das Bild des Holländers in der deutschen Literatur*, in: DERS., *Zarte Empirie, Studien zur Literaturgeschichte*, Stuttgart 1963.
MEYER, H., *Zarte Empirie. Studien zur Literaturgeschichte*, Stuttgart 1963.
MORYSON, F., *An Itinerary Containing His Ten Years Travell through Twelve Dominions of Germany, Bohmerland, Switzerland, Netherland, Denmarke, Poland, Italy, Turkey, France, England, Scotland, Ireland*, IV, Glasgow 1908.
MURRIS, R., *La Hollande et les Hollandais au XVIIe et au XVIIIe siècles vus par les Français*, Paris 1925.
PETRI, F., *Vom deutschen Niederlandebild und seinen Wandlungen*, in: Rheinische Vierteljahresblätter, 33 (1969).
PRÜMERS, R., *Tagebuch Adam Samuel Hartmanns über seine Kollektenreise im Jahre 1657-1659*, in: Zeitschrift der Historischen Gesellschaft für die Provinz Posen XIV, 1 u. 2 (1899).
QUANDT, S. (Hrsg.), *Luther, die Reformation und die Deutschen. Geschichte, Politik und Massenmedien*, 1, Paderborn u.a. 1982.
RASSEM, M./J. STAGL (Hrsg.), *Statistik und Staatsbeschreibung in der Neuzeit, vornehmlich im 16.-18. Jahrhundert*, Paderborn u.a. o.J.
ROWEN, H.H. (Hrsg.), *Pomponne's Relation de mon ambassade en Hollande, 1669-1671*, Utrecht 1955, (=*Werken Historisch Genootschap* IV,2).

SCHMIDT, St., *Die Niederlande und die Niederländer im Urteil deutscher Reisender. Eine Untersuchung deutscher Reisebeschreibungen von der Mitte des 17. bis zur Mitte des 19. Jahrhunderts*, (=Quellen und Studien zur Volkskunde 5), Siegburg 1963.
STAPLETON, M., *The Cambridge Guide to English Literature*, London 1983.
STOYE, J.W., *English Travellers Abroad 1604-1667. Their Influence in English Society and Politics*, London 1952.
STOYE, J.W., *Reisende Engländer im Europa des 17. Jahrhunderts und ihre Reisemotive*, in: A.M. CZAK/H. TEUTEBERG (Hrsg.), *Reiseberichte als Quellen europäischer Kulturgeschichte. Aufgaben und Möglichkeiten der historischen Reiseforschung*, Wolfenbüttel 1982.
STRIEN, C.D. van, *British Travellers in Holland during the Stuart Period. Edward Browne and John Locke as Tourists in the United Provinces*, Leiden u.a. 1993.
TEMPLE, R.C. (Hrsg.), *The Travels of Peter Mundy in Europe and Asia 1608-1667, IV, Travels in Europe 1639-1647*, London 1925.
TEMPLE, W., *Observations upon the Netherlands*, London 1673 (Faksimile-Ausgabe von 1971).
TONGERLOO, L. VAN, *Een Hessisch diplomaat over de Staatse politiek ten opzichte van Duitsland (1630)*, in: BMHG 75 (1961).
VRANKRIJKER, A.C.J., DE, *In Andermans Ogen*, Utrecht 1942.

III. Konstitutionelle Eigenart und politische Kultur

BAENSCH, O. u.a. (Hrsg.), *Baruch de Spinoza*. Sämtl. Werke, Bd. 2, Leipzig 1924.
BAX, J., *Prins Maurits in de volksmening der 16e en 17e eeuw*, Amsterdam 1940.
Bickerse Beroerten, ofte Hollantschen Eclipsis, tegen den Helderen Dageraedt der Provintie van Hollandt. Dat is: Discours over de Excusen van Amsterdam gedaen, in haer Verantwoordinge, aengaende de Hollantsche beroerten laetst gevallen door beleyt eeniger Steden van Hollandt, principalick van Amsterdam. Door een Patriot des Vaderlandts. Brussel 1650.
BLANKERT, A., *Kunst als regeringszaak in de 17e eeuw. Rondom schilderijen van Ferdinand Bol*, Amsterdam 1975.
BLOK, P.J., *Frederik Hendrik, Prins van Oranje*, Amsterdam 1924.
BLOM, H.W./I.W. WILDENBERG (Hrsg.), *Pieter de la Court in zijn tijd. Aspecten van een veelzijdig publicist (1618-1685)*, Amsterdam u.a. 1986.
BONDAM, P., *Over den Regeeringsvorm van de Republiek der Vereenigde Nederlanden*, in: Historisch Genootschap, VI. Serie, deel 6, Kronijk (1876).
BOOGMAN, J.C., *Die holländische Tradition in der niederländischen Geschichte*, in: DERS., *Van spel en spelers*. Verspreide opstellen, 's-Gravenhage 1982.
BOOGMAN, J.C. *De raison d'état-politicus Johan de Witt*, in: DERS., *Van spel en spelers. Verspreide opstellen*, 's-Gravenhage 1982.
BOOGMAN, J.C. *Van spel en spelers. Verspreide opstellen*, 's-Gravenhage 1982.
BOS E.P./H.A. KROP, *Franco Burgersdijk (1590-1635). Neo-Aristotelianism in Leiden*, (=Studies in the History of Ideas in the Low Countries), Amsterdam 1993.
[BOXHORN, M.Z.], *Politijck handboecxken, van de Staet van 't Nederlandt, Vertoonende den florissanten Staet ende veelvoudighe Middelen, tot onderhoudinghe de Selve wijdt-beroemde Republijck, Als mede, de Unie van Utrecht. Het recht der Ridderschap. Bij het welcke gevoecht Pauli Merulae, Kort Verhael van de Republijck van Hollant. Doorgans verbetert ende vermeerdert. De derde editie. Seer nut voor alle liefhebbers (1650).*
BOXHORN, M.Z., *Bedenckingen aengaende de successie ende her recht der oudstgeborene in het aenveerden van een erfrijk* ... (1649).
BREEN, J.C., *Gereformeerde populaire historiographie in de zeventiende en achttiende eeuw*, in: E.O.G. HAITSMA MULIER/G.A.C. VAN DER LEM (Hrsg.), *Repertorium van geschiedschrijvers in Nederland 1500-1800*, Den Haag 1990.
BROMLEY, J.S./E.H. KOSSMANN (Hrsg.), *Britain and the Netherlands*, V (1975).
BUSKEN-HUET, C. *Het Land van Rembrand. Studies over de Noordnederlandse beschaving in de zeventiende eeuw*, Amsterdam 1987.

BIJL, M. VAN DER, *De Franse politieke agent Helvetius over de situatie in de Nederlandse republiek in het jaar 1706*, in: BMGN, 80 (1966).
BIJL, M. VAN DER, *Pieter de la Court en de politieke werkelijkheid*, in: H.W. BLOM /I. WILDENBERG, *Pieter de la Court in zijn tijd. Aspecten van een veelzijdig publicist (1618-1685)*, Amsterdam 1986.
CONSIDERATIËN *en exempelen van staat, omtrent de fundamenten van allerley regeringe*, Amsterdam 1660.
CORNELISSEN, J.M. *Johan de Witt en de vrijheid. Rede uitgesproken op den tweenentwintigsten dies natalis der R.K.Universiteit te Nijmegen, op woensdag 17 october 1945, des namiddags te Buren door den Rector Magnificus*, Utrecht 1945.
DEURSEN, A.TH. VAN/H. DE SCHEPPER, *Willem van Oranje, een strijd voor vrijheid en verdraagzaamheid*, Weesp u.a. 1984.
DEURSEN, A.TH. VAN, *De last van veel geluk. De geschiedenis van Nederland 1555-1702*, Amsterdam 2004.
DEURSEN, A.TH. VAN, *De raadspensionaris Jacob Cats*, in: TvG 92 (1979).
DUKE, A.C./C.A. TAMSE, *Church and State since the Reformation. Papers delivered to the Seventh Anglo-Dutch Historical Conference*, (=Britain and the Netherlands, VII), Den Haag 1981.
DUKE, A.C. /C.A. TAMSE (Hrsg.), *Clio's mirror. Historiography in Britain and the Netherlands*, Zutphen 1985.
DU MONT, J., *Corps universel diplomatique du Droit des gens* VI, 1 (1728).
DIJK, H. VAN/D.J. ROORDA, *Sociale mobiliteit onder regenten van de Republiek*, in: TvG, 84 (1), 1971.
DIJKSTERHUIS, E.J., *Maurits' beeld en Stevin's werk*, in: De Gids, 106 (1942).
ELIAS, J., *Geschiedenis van het Amsterdamsche regentenpatriciaat*, 's-Gravenhage [2]1923.
ESSEN, L.VAN DER/H.F. BOUCHERY, *Waarom Justus Lipsius gevierd?* (=Mededelingen van de Koninklijke Vlaamse Academie van Wetenschappen, Letteren en Schone Kunsten van België, Klasse der Letteren, Jg. XI,8), Brüssel 1949.
ETTER, E.-L., *Tacitus in der Geistesgeschichte des 16. und 17. Jahrhunderts*, Basel u.a. 1966.
EYSINGA, W.J.M. van, *Huigh de Groot, een schets*, Haarlem 1945.
FENSKE, H. u.a., *Geschichte der politischen Ideen von Homer bis zur Gegenwart*, Königstein/ Ts. 1981.
FOCK, C.W., *Het decor van huiselijk vermaak ten tijde van de Republiek*, in: J. DE JONGSTE/J. RODING/B. THIJS, *Vermaak van de elite in de vroegmoderne tijd*, Hilversum 1999.
FOCKEMA ANDREAE, J., *De Nederlandse Staat onder de Republiek* (=Verhandelingen Koninkl. Nederl. Akademie v. Wetenschappen, Afd. Letterkunde, N.R., deel LXVIII, 3, Amsterdam 1961).
GARDINER, S.R., *The Constitutional Documents of the Puritan Revolution*, Oxford [3]1906.
GEBHARDT C. (Hrsg.), *Spinoza. Abhandlung über die Verbesserung des Verstandes. Abhandlung vom Staate*, Leipzig [3]1907.
GELDEREN, M. VAN, *The Political Thought of the Dutch Revolt, 1555-1590*, Cambridge 1992.
Geschichtliche Grundbegriffe, 3, 5, Stuttgart 1982.
GEURTS, P.A.M./A.E.M. JANSSEN (Hrsg.), *Geschiedschrijving in Nederland. Studies over de historiografie van de nieuwe tijd*, dl.1: *geschiedschrijvers*, 's-Gravenhage 1981.
GEYL, P., *Oranje en Stuart*, Zeist/Arnhem 1963.
GEYL, P., *Democratische tendenties in 1672* (=Mededelingen der Koninklijke Academie van Wetenschappen, Nieuwe reeks 13).
GEYL, P., *Geschiedenis van de Nederlandse stam*, I-III, Amsterdam 1937.
GEYL, P., *Oranje en Stuart, 1641-1672*, Zeist u.a. 1963.
GRASWINCKEL, D., *Korte onderrechtinge raeckende de fondamentale regeringhe van Engelandt, ende de gherechtigheden soo van den koningh, als van het parlement* (1649).
GRASWINCKEL, D., *De iure maiestatis dissertatio, ad serenissimam potentissimamque Suecorum, Gothorum, Vandalorum Reginam*, 's-Gravenhage 1642.
GROEN VAN PRINSTERER, G. (Hrsg.), *Archives ou Correspondance inédite de la Maison d'Orange-Nassau*, 1835 ff.

GROENHUIS, G., *Calvinism and National Consciousness: the Dutch Republic as the New Israel*, in: A.C. DUKE/C.A. TAMSE, *Church and State since the Reformation. Papers delivered to the Seventh Anglo-Dutch Historical Conference*, (=Britain and the Netherlands, VII), Den Haag 1981.

GROENVELD, S., *De Prins voor Amsterdam. Reacties uit pamfletten op de aanslag van 1650*, Bussum 1967.

GROENVELD, S., *„Natie' en ‚patria' bij zestiende eeuwse Nederlanders*, in: N.F.C. VAN SAS, *Vaderland. Een geschiedenis van de vijftiende eeuw tot 1940*, Amsterdam 1999.

GROENVELD, S., *Pieter Corneliszoon Hooft en de geschiedenis van zijn eigen tijd*, in: BMGN, 93 (1), 1978.

GROOT, H. DE, *Verantwoordingh van de Wettelijcke Regieringh van Hollandt ende Westvrieslandt* (1622).

GROOTES, E.K., *De literatuur in den beginjaren van de Republiek*, in: F. WIERINGA (Hrsg.), *Republiek tussen vorsten. Oranje, opstand, vrijheid, geloof*, Amsterdam 1984.

GUIBAL, C.J., *Democratie en oligarchie in Friesland tijdens de Republiek*, Groningen 1934.

HAAK, B., *Hollandse schilders in de Gouden Eeuw*, ²1987, S. 48 f.

HAHLWEG, W., *Barriére – Gleichgewicht – Sicherheit*, in: Historische Zeitschrift 187 (1959).

HAITSMA MULIER, E.O.G./W.R.E. VELEMA, *Vrijheid. Een geschiedenis van de vijftiende tot de twintigste eeuw*, Amsterdam 1999

HAITSMA MULIER, E.O.G., *The Myth of Venice and Dutch Republican Thought in the Seventeenth Century*, Assen 1980.

HAITSMA MULIER, E.O.G./G.A.C. VAN DER LEM (Hrsg.), *Repertorium van geschiedschrijvers in Nederland 1500-1800*, Den Haag 1990.

HAITSMA MULIER, E.O.G., *De Bataafse mythe opnieuw bekeken*, in: BMGN, 111 (3), 1996.

HARTOG, L. DE, *Een Nederlandsch schrijver over den Staat, in het begin der XVIIde eeuw*, in: Nieuwe Bijdragen voor Rechtsgeleerdheid en Wetgeving, 8 (1882).

HOAK, D./M.FEINGOLD (Hrsg.), *The World of William and Mary. Anglo-Dutch Perspectives on the Revolution of 1688-89*, Stanford 1996.

HUIZINGA, J., *How Holland became a nation*, in: VW II.

Interest van Holland, ofte gronden van Hollands-welvaren. By V.D.H., Amsterdam 1662.

HUNT, J.D., *Anglo-Dutch Garden Art: Style and Idea*, in: D. HOAK/M. FEINGOLD (Hrsg.), *The World of William and Mary. Anglo-Dutch Perspectives on the Revolution of 1688-89*, Stanford 1996.

JANSSEN, A.E.M., *A ‚trias historica' on the Revolt of the Netherlands: Emanuel van Meteren, Pieter Bor and Everhard van Reyd as exponents of contemporary historiography*, in: A.C. DUKE/C.A. TAMSE (Hrsg.) *Clio's mirror. Historiography in Britain and the Netherlands*, Zutphen 1985.

JAPIKSE N., *De Dortsche Regeeringsoligarchie in het midden van de 17e eeuw. Naar aantekeningen van Robert Fruin*, in: BVGO, VI,1 (1924).

JONGSTE, J. DE/J. RODING/B. THIJS, *Vermaak van de elite in de vroegmoderne tijd*, Hilversum 1999.

KALLEMA, A., *Amalia van Solms*, o.O. 1940.

KAMPINGA, H., *De opvattingen over onze vaderlandsche geschiedenis bij de Hollandsche historici der XVI en XVIIe eeuw*, 's-Gravenhage 1917.

KIKKERT, J.G., *Frederik Hendrik*, Houten 1986.

KLASHORST, G.O. VAN DE u.a., *Bibliography of Dutch Seventeenth Century Political Thought. Annotated Inventory 1581-1710*, Amsterdam u.a. 1986.

KLASHORST, G.O. VAN DE, *‚Metten schijn van monarchie getempert'*, in: H.W. Bl om/I.W. Wil denber g (Hrsg.), *Pieter de la Court in zijn tijd*, Amsterdam 1986.

Knuvel der, G.P.M., *Handboek tot de geschiedenis der Nederlandse letterkunde*, II, 's-Hertogenbosch ⁷1979.

KOENIGSBERGER, H.G. (Hrsg.) *Republiken und Republikanismus im Europa der Frühen Neuzeit*, München 1988.

KOSSMANN, E.H., *In Praise of the Dutch Republic: some seventeenth century attitudes*, in: E.H. KOSSMANN, *Politieke theorie en geschiedenis. Verspreide opstellen en voordrachten*, Amsterdam 1987.

KOSSMANN, E.H., *Politieke theorie in het zeventiende eeuwse Nederland* (=Verhandelingen der Koninklijke Nederl. Akademie van Wetenschappen, Afd. Letterkunde, Nieuwe Reeks, Deel LXVII,2), Amsterdam 1960.

KOSSMANN, E.H., *Politieke theorie en geschiedenis. Verspreide opstellen en voordrachten*, Amsterdam 1987.

LADEMACHER, H., *Die Konfession in der Außenpolitik der europäischen Staaten im 16. und 17. Jahrhundert. Inhaltliche Perspektiven und massenmediale Darstellung*, in: S. QUANDT (Hrsg.), *Luther, die Reformation und die Deutschen. Geschichte, Politik und Massenmedien*, 1, Paderborn u.a. 1982.

LADEMACHER, H., *Die Stellung des Prinzen von Oranien als Statthalter in den Niederlanden von 1572 von 1584. Ein Beitrag zur Verfassungsgeschichte der Niederlande* (=Rheinisches Archiv, 52), Bonn 1958.

LADEMACHER, H., *Das Amt des Statthalters*, in: DERS. (Hrsg.), *Onder den Oranje boom. Niederländische Kunst und Kultur im 17. und 18. Jahrhundert an deutschen Fürstenhöfen*, Textband, München 1999.

LADEMACHER, H. (Hrsg.), *Onder den Oranje boom. Niederländische Kunst und Kultur im 17. und 18. Jahrhundert an deutschen Fürstenhöfen*, Textband, München 1999.

LANDWEHR, J., *Splendid Ceremonies. State Entries and Royal Funerals in the Low Countries 1515-1791*, Nieuwkoop u.a. 1971.

MAGER, W., *Republik*, in: *Geschichtliche Grundbegriffe. Historisches Lexikon zur politischsozialen Sprache* in Deutschland, Band 5, hrsg. von O. BRUNNER/W. CONZE/R.R. KOSELLECK, Stuttgart 1984.

MCSHEA, R.J., *The Political Philosophy of Spinoza*, New York/London 1968, S. 115.

MEINECKE, F., *Weltbürgertum und Nationalstaat*, hrsg. v. H. HERZFELD, München 1962.

MEINEKE, F., *Die Idee der Staatsräson*, München ³1963.

MERENS, A., *De Geschiedenis van een Westfriese Regentenfamilie. Het geslacht Merens*, 's-Gravenhage 1957.

MÖRKE, O., *‚Konfessionalisierung' als politisch-soziales Strukturprinzip? Das Verhältnis von Religion und Staatsbildung in der Republik der Vereinigten Niederlande im 16. und 17. Jahrhundert*, in: TvG, 16, 1 (1990).

MÖRKE, O., *‚Stadtholder' oder ‚Staetholder'? Die Funktion des Hauses Oranien und seines Hofes in der politischen Kultur der Republik der Vereinigten Niederlande* (=Niederlande-Studien, Bd. 11) Münster 1997.

MOUT, M.E.H.N. (Hrsg.), *Plakkaat van Verlatinge 1581*. Facsimile-uitgave van de originele druk, 's-Gravenhage 1979.

MOUT, M.E.H.N., *Ideales Muster oder erfundene Eigenart. Republikanische Theorien während des niederländischen Aufstandes* in: H.G. KOENIGSBERGER (Hrsg.), *Republiken und Republikanismus im Europa der Frühen Neuzeit*, München 1988.

MOUT, M.E.H.N., *Van arm vaderland tot eendrachtige republiek. De rol van politikie theorieën in de Nederlandse Opstand*, in: BMGN 101, 3 (1986).

MULLER, J.W., *Over Nederlandsch volksbesef en taalbesef*, Utrecht 1915.

MULLER, P.L., *De staat der vereenigde Nederlanden in de jaren zijner wording 1572-1594*, Haarlem 1872.

NAVE, F. DE, *De polemiek tussen Justus Lipsius en Dirck Volkertszoon Coornhert (1590): hoofdoorzaak van Lipsius' vertrek uit Leiden (1591)*, in: De Gulden Passer, 1970.

Nederlandsche Gedenck-Clanck, kortelick openbarende de voornaemste geschiedenissen van de seventhien Nederlandsche Provintien ... tot den jaere 1625 (1626).

NELLEN, H.J.M., *Hugo de Groot (1583-1645). De loopbaan van een geleerd staatsman*, Weesp 1985.

NOORDAM, D.J., *Leidenaren en hun buitenverblijven in de vroegmoderne tijd*, in: J. DE JONGSTE/J. RODING/B. THIJS (Hrsg.), *Vermaak van de elite in de vroegmoderne tijd*, Hilversum 1999.

ONCKEN, H., *Wandlungen des Geschichtsbildes in revolutionären Epochen*, in: Deutsche Allgemeine Zeitung, 13. Januar 1935.

OESTREICH, G., *Das politische Anliegen von Justus Lipsius' De Constantia .. .in publicis malis (1584)*, in: DERS., *Strukturprobleme der Frühen Neuzeit*, Berlin 1980.

OESTREICH, G., *Strukturprobleme der Frühen Neuzeit*, Berlin 1980.
OUDENDIJK, J.K., *‚Den Coninck van Hispaengien heb ick altijt gheeert'*, in: *Dancwerc: Opstellen aangeboden aan Prof. Dr. D. Th. Enklaar ter gelegenheid van zijn vifenzestigste verjaardag*, Groningen 1959.
PLAAT, G., van der, *Lieuwe van Aitzema's bijdrage aan het publieke debat in de zeventiende-eeuwse Republiek*, Hilversum 2003.
POELHEKKE, J.J., *Frederik Hendrik en Willem II*, in: C.A. TAMSE (Hrsg.), *Nassau en Oranje in de Nederlandse geschiedenis*, Alphen aan den Rijn 1979.
POELHEKKE, J.J., *Frederik Hendrik. Prins van Oranje. Een biografisch drieluik*, Zutphen 1978.
Politike discoursen handelende in ses onderscheide boeken, van steeden, landen, oorlogen, kerken, regeeringen en zeeden, 1662.
PREVENIER,W./W. BLOKMANS, *Die burgundischen Niederlande*, Weinheim 1986.
QUANDT, S. (Hrsg.), *Luther, die Reformation und die Deutschen. Geschichte, Politik und Massenmedien*, 1, Paderborn u.a. 1982.
REGIN, D., *Traders, Artists, and Burghers. A cultural history of Amsterdam in the 17th Century*, Assen u.a. 1976.
RIETBERGEN, P.J.A.N., *Beeld en zelfbeeld*, in: BMGN, 107,4 (1992).
ROHAN, H. DUC DE, *De l'Interest des Princes et Estats de la Chrestienté*, Paris 1639.
ROORDA, D.J., *Partij en factie. De oproeren van 1672 in de steden van Holland en Zeeland. Een krachtmeting tussen partijen en facties*, Groningen 1961.
ROWEN, H.H., *Johan de Witt. Staatsman van de „ware vrijheid"*, Leiden 1985.
ROWEN, H.H., *The Princes of Orange. The Stadholders in the Dutch Republic*, Cambridge Studies in Early Modern History, Cambridge 1988.
RÜTER, A.J.C., *De Nederlandse natie en het Nederlandse volkskarakter*, in: DERS., *Historische studies over mens en samenleving*, onder redactie van TH. J. G. LOCHER u.a., Assen 1967.
SAAGE, R., *Herrschaft, Toleranz, Widerstand. Studien zur politischen Theorie der niederländischen und der englischen Revolution*, Frankfurt/Main 1981.
SAS, N.F.C. van, *Vaderland. Een geschiedenis vanaf de viftiende eeuw tot 1940*, Amsterdam 1999.
SCHAMA, S., *Embarrassment of Riches. An Interpretation of Dutch Culture in the Golden Age*, New York 1987.
SCHILLING, H., *Der libertär-radikale Republikanismus der holländischen Regenten. Ein Beitrag zur Geschichte des politischen Radikalismus in der frühen Neuzeit*, in: Geschichte und Gesellschaft 10 (1984).
SCHOLTE, J.H., *Philipp von Zesen*, in: Jaarboek van het Genootschap Amstelodamum 14 (1916).
SCHÖFFER, I., *The Batavian Myth during the Sixteenth and Seventeenth Centuries*, in: J.S. BROMLEY/E.H. KOSSMANN (Hrsg.), *Britain and the Netherlands*, V (1975).
SLINGELANDT, S. VAN, *Staatkundige Geschriften*, I-IV (1784-1785).
SMITSKAMP, H., *Calvinistisch nationaal besef in Nederland vóór het midden der 17e eeuw*, 's-Gravenhage 1947 (Antrittsvorlesung an der Vrije Universiteit, Amsterdam).
STRENG, J.C., *‚Stemme in staat'. De bestuurlijke elite in de stadsrepubliek Zwolle 1579-1795*, Hilversum 1997.
SWART, K.W., *The Miracle of the Dutch Republic as seen in the Seventeenth Century* (Antrittsvorlesung London 1969).
TEX, J. DEN, *Oldenbarnevelt*, I-V, Haarlem 1960-72.
TONGERLOO, L.VAN, *Een Hessisch diplomaat over de Staatse politiek ten opzichte van Duitsland (1630)*, in: BMHG, 75 (1961).
TROOST, W., *Stadhouder-Koning Willem III. Een politieke biografie*, Hilversum 2001.
VRANKRIJKER, A.J.C. DE, *De motivering van onzen opstand*, phil.diss (1933).
VERHOOREN, in: *Berigten Hist.Genootschap*, II (1850), 2de stuk.
Vertoog ende openinghe om een goede, salighe ende generale vrede te maken in dese Nederlanden, ende deselven onder de ghehoorsaemheyt des Conincx, in haere oude voorspoedicheyt, fleur ende welvaert te brenghen. By manier van supplicatie aen de ... generale staten (1576).

VINDICIAE contra tyrannos, sive de Principis in Populum Populique in Principem legitima potestate ...; hier die Amsterdamer Ausgabe von 1650.
VIJLBRIEF, I., *Van antiaristocratie tot democratie. Een bijdrage tot de politieke en sociale geschiedenis der stad Utrecht,* Amsterdam 1950.
WAAL, H. VAN DE, *Zeventiende eeuwse uitbeeldingen van den bataafschen opstand,* diss. Leiden 1940.
WALL, P.H VAN DE, *Verhandeling over de handvesten,* Dordrecht 1768.
WANSINK, H., *Politieke Wetenschappen aan de Leidse Universiteit, 1575-1620,* Leiden 1975.
WASSENAER, G. van, *Bedekte konsten in regeringen en heerschappien. Die bykans gebruyckt worden ...,* Utrecht 1657.
WILDENBERG, I.W., *Johan & Pieter de la Court (1622-1660 & 1618-1685). Bibliografie en receptiegeschiedenis.,* Amsterdam u.a. 1986.
WILLE, J., *Het houten boek. Democratische woelingen in Dordrecht 1647-1651,* in: Stemmen des tijds, 1911/12.
WOLF, E., *Große Rechtsdenker der deutschen Geistesgeschichte,* Tübingen 1951.
Zeven eeuwen Amsterdam, onder leiding van A.E. D'AILLY, *II. De zeventiende eeuw,* Amsterdam o.J.

IV. Die Souveränität, der Frieden und die Friedlosigkeit

AITZEMA, L. VAN, *Saken van Staet ende oorlog,* Amsterdam 1669.
ARNDT, J., *Der spanisch-niederländische Krieg in der deutschsprachigen Publizistik 1566-1648,* in: H. LADEMACHER/S. GROENVELD (Hrsg.), *Krieg und Kultur,* Münster 1998.
BAUMANS, M., *Das publizistische Werk des kaiserlichen Diplomaten Franz Paul Freiherr von Lisola (1613-1674). Ein Beitrag zum Verhältnis von absolutistischem Staat, Öffentlichkeit und Mächtepolitik in der frühen Neuzeit,* (=Historische Forschung, Band 53), Berlin 1994.
BEILMANN, *Die Zurückhaltung des Genres. Der Krieg in der Kunst der Republik,* in: H. LADEMACHER/S. GROENVELD (Hrsg.), *Krieg und Kultur,* Münster 1998.
BELLER, E.A., *The Thirty Years' War,* in: J. P. COOPER (Hrsg.), New Cambridge Modern History, IV, Cambridge 1970.
BOOGMAN, J.C., *Die holländische Tradition in der niederländischen Geschichte,* in: Vaderlands Verleden in Veelvoud, Den Haag 1975.
BORSCHBERG, P. (Hrsg.), *Commentarius in These XI. Treatise on Sovereignty, the Just War, and the Legitimacy of the Dutch Revolt,* Bern 1994.
BROMLEY, J.S./E.H. KOSSMANN (Hrsg.), *Britain and the Netherlands,* V (1975).
BURKHARDT, J., *Die Friedlosigkeit der frühen Neuzeit,* in: Zeitschrift f. Historische Forschung, 24, 4. (1997).
DETHLEFS, G. (Hrsg.), *Der Frieden von Münster. De Vrede van Munster 1648,* Münster 1998.
DEURSEN, A.TH. VAN, *De raadpensionaris Jacob Cats,* in: TvG 92 (1979).
DEURSEN, A.TH. VAN, *Honni soit qui mal y pense? De Republiek tussen de Mogendheden (1610-1612),* (=Mededelingen der Koninklijke Nederlandse Academie van Wetenschappen, afd. Letterkunde, Nieuwe Reeks, deel 28,1), Amsterdam 1965.
DICKMANN, F., *Der Westfälische Frieden,* Münster [6]1972.
DUCHHARDT, H., *Friedenssicherung im Jahrhundert nach dem Westfälischen Frieden,* in: M. SPIEKER (Hrsg.), *Friedenssicherung,* Bd. 3, *Historische, politikwissenschaftliche und militärische Perspektiven,* Münster 1989.
DUCHHARDT, H. (Hrsg.), *Der Westfälische Friede. Diplomatie, politische Zäsur, kulturelles Umfeld, Rezeptionsgeschichte,* München 1998.
DUCHHARDT, H., *Gleichgewicht der Kräfte.*
ENGELBRECHT, J., *Staat, Recht und Konfession, Krieg und Frieden im Rechtsdenken des Reiches,* in: H. LADEMACHER/S. GROENVELD (Hrsg.), *Krieg und Kultur,* Münster 1998.
EYSINGA, W.J.M. VAN, *Huigh de Groot, een schets,* Haarlem 1945.
FEENSTRA, R., *A quelle époque, les Provinces-Unies sont-elles devenues indépendantes en droit à l'égard du Saint-Empire,* in: Tijdschrift voor Rechtsgeschiedenis, 20 (1952).

GABEL, H./V. JARREN, *Kaufleute und Fürsten. Außenpolitik und politisch-kulturelle Rezeption im Spiegel niederländisch-deutscher Beziehungen 1648-1748,* Münster 1998.
GABEL, H., *Altes Reich und europäische Friedensordnungen. Aspekte der Friedenssicherung zwischen 1648 und dem Beginn des holländischen Krieges,* in: H. LADEMACHER/S. GROENVELD, *Krieg und Kultur,* Münster 1998.
GEYL, P., Oranje en Stuart, Zeist u.a. 1963.
GRÄF, H. Th., *Die Außenpolitik der Republik im werdenden Mächteeuropa. Mittel und Wege zu staatlicher Unabhängigkeit und Friedensordnung,* in: H. LADEMACHER/S. GROENVELD (Hrsg.), *Krieg und Kultur,* Münster 1998.
GROEN VAN PRINSTERER G., (Hrsg.), *Archives ou correspondance de la maison d'Orange-Nassau,* 1e serie, 8 dln. en supplement.
HAHLWEG, W., *Barriere – Gleichgewicht – Sicherheit,* in: HZ, 187 (1959).
HAITSMA MULIER, E.O., *The Myth of Venice and Dutch Republican Thought in the Seventeenth Century,* Assen 1980.
HEINEN-VON BORRIES, U., *Samuel Pufendorf und die Niederlande. Zur Divergenz des deutschen, niederländischen und angelsächsischen Pufendorf-Bildes,* in: Morgen-Glantz. Zeitschrift d. Christian Knorr von Rosenroth-Gesellschaft, 10/2000.
Het Delfts Orakel. Hugo de Groot, 1583-1645, Delft o.J.
HILL, CH., *Puritanism and Revolution,* London 1958.
JANSSEN, D., *Bellum iustum und Völkerrecht im Werk des Hugo Grotius,* in: H. LADEMACHER/S. GROENVELD, *Krieg und Kultur,* Münster 1998.
KIKKERT, J.G., *Frederik Hendrik,* Houten 1986.
KOSSMANN, E.H., *Politieke theorie in het zeventiende-eeuwse Nederland,* Amsterdam 1960.
KRÄMER, F.J.L. (Hrsg.), (1668-1674), (=Werken Historisch Genootschap, 3e serie, 5) (1894).
KRÜGER, P. (Hrsg.), Kontinuität und Wandel in der Staatenordnung der Neuzeit, Marburg 1991.
KUNISCH, J,. *Fürst – Gesellschaft – Krieg. Zum Problem der Staatenkonflikte im Zeitalter des Absolutismus,* Köln u.a. 1992.
LADEMACHER, H., *Die Konfession in der Außenpolitik der europäischen Staaten im 16. und 17. Jahrhundert. Inhaltliche Perspektiven und massenmediale Darstellung,* in: S. QUANDT (Hrsg.), *Geschichte, Politik und Massenmedien,* Bd. 1, Paderborn u.a. 1982.
LADEMACHER, H., *Die Stellung des Prinzen von Oranien als Statthalter in den Niederlanden von 1572-1584,* (=Rheinisches Archiv 52), Köln u.a., 1958.
LADEMACHER, H., *Statthalter Friedrich Heinrich – Monarch in der Republik? Zur höfischen Attitüde einer Verhinderung,* in: Jahrbuch des Zentrums für Niederlande-Studien, 2 (1992).
LADEMACHER, H., *Wilhelm III. von Oranien und Anthonie Heinsius,* in: Rheinische Vierteljahresblätter, 34 (1/4), 1970.
LADEMACHER, H./S. GROENVELD (Hrsg.), *Krieg und Kultur,* Münster 1998.
MOUT, M.E.H.N., *Die Niederlande und das Reich im 16. Jahrhundert (1512-1609)* in: V. PRESS (Hrsg.), *Alternativen zur Reichsverfassung in der frühen Neuzeit?,* München 1995.
NELLEN, H.J.M., *Hugo de Groot (1583-1645). De loopbaan van een geleerd staatsman,* Weesp 1985.
PALLADINI, F./G.HARTUNG (Hrsg.), *Samuel Pufendorf und die europäische Frühaufklärung. Werk und Einfluß eines deutschen Bürgers der Gelehrtenrepublik nach 300 Jahren,* Berlin 1996.
PARKER, G., *De opstand in de Nederlanden en de polarisatie van de internationale politiek,* in: De algemene crisis van de zeventiende eeuw, London u.a., ²1978.
PETRI, F., *Der Friede von Münster und die Selbständigkeit der Niederlande,* in: DERS., Zur Geschichte und Landeskunde der Rheinlande, Westfalen und ihrer westeuropäischen Nachbarländer. Aufsätze und Vorträge aus vier Jahrzehnten, Bonn 1973.
PETRI, F., *Zur Geschichte und Landeskunde der Rheinlande, Westfalen und ihrer westeuropäischen Nachbarländer. Aufsätze und Vorträge aus vier Jahrzehnten,* Bonn 1973.
POELHEKKE, J., *Frederik Hendrik. Prins van Oranje. Een biografisch drieluik,* Zutphen 1978.
QUANDT, S. (Hrsg.), *Geschichte, Politik und Massenmedien,* Bd. 1, Paderborn u.a. 1982.
REPGEN, K., *Kriegslegitimationen in Alteuropa. Entwurf einer historischen Typologie,* in: HZ, 241 (1985).

REPGEN, K., *Von der Reformation zur Gegenwart. Beiträge zu Grundfragen der neuzeitlichen Geschichte,* Paderborn 1988.
REYD, E. VAN, *Historie der Nederlantsche oorlogen ... tot den jare 1601,* Leeuwarden 1650.
ROMEIN J./A. ROMEIN-VERSCHOOR, *Erflaters van onze beschaving, II. Zeventiende eeuw,* Amsterdam 1938
ROWEN, H., *The Princes of Orange. The Stadholders in the Dutch Republic,* Cambridge 1988.
SCHILLING, H., *Formung und Gestalt des internationalen Systems in der werdenden Neuzeit – Phasen und bewegende Kräfte,* in: P. KRÜGER (Hrsg.), *Kontinuität und Wandel in der Staatenordnung der Neuzeit,* Marburg 1991.
SCHMIDT, G., *Integration und Konfessionalisierung. Die Region zwischen Weser und Ems im Deutschland des 16. Jahrhunderts,* in: Zeitschrift f. historische Forschung 21 (1994).
SPIEKER, M., (Hrsg.), *Friedenssicherung, Bd. 3, Historische, politikwissenschaftliche und militärische Perspektiven,* Münster 1989.
STEIGER, H., *Der Westfälische Frieden – Grundgesetz für Europa?,* in: H. DUCHHARDT (Hrsg.), *Der Westfälische Friede. Diplomatie, politische Zäsur, kulturelles Umfeld, Rezeptionsgeschichte,* München 1998.

V. Kriegsbereitschaft und Friedenswunsch

ADRIANI, G., *Deutsche Malerei im 17. Jahrhundert,* Köln 1977.
ARNDT, J., *Die Kriegspropaganda in den Niederlanden während des Achtzigjährigen Krieges gegen Spanien,* in: R.G. ASCH u.a. (Hrsg.), *Frieden und Krieg in der frühen Neuzeit,* München 2001.
ARNDT, J., *Der spanisch-niederländische Krieg in der deutschsprachigen Publizistik 1566-1648,* in: H. LADEMACHER/S. GROENVELD (Hrsg.), *Krieg und Kultur. Die Rezeption von Krieg und Frieden in der niederländischen Republik und im Deutschen Reich, 1568-1648.*
ASCH, R.G., *Einleitung: Krieg und Frieden. Das Reich und Europa im 17. Jahrhundert,* in: DERS./W.E. VOSS/M. WREDE (Hrsg.), *Frieden und Krieg in der Frühen Neuzeit. Die europäische Staatenordnung und die außereuropäische Welt,* München 2001.
AUWERA, J. VANDER, *Historische Wahrheit und künstlerische Dichtung. Das Gesicht des Achtzigjährigen Krieges in der südniederländischen Malerei, insbesondere bei Sebastiaen Vrancx (1573-1647) und Pieter Snaysers (1592-1667),* in: K. BUSSMANN/H. SCHILLING, *1648,* Textband II.
BAUDARTIUS W., *Memorien ofte cort verhael der gedenck-weerdichste so kerckelicke als weltlicke gheschiedenisse van Nederland, Vranckrijck, Hooghdytschland, Groot Britannyen, Hispanyen en Turkyen, van de jaere 1603 tot in het jaer 1624.*
BEILMANN, M., *Die Zurückhaltung des Genres. Der Krieg in der Kunst der Republik,* in: H. LADEMACHER/S. GROENVELD (Hrsg.), *Krieg und Kultur,* Münster 1998.'
BURCKHARDT, J., *‚Ist noch ein Ort, dahin der Krieg nicht kommen sey?' Katastrophenerfahrungen und Kriegsstrategien auf dem deutschen Kriegsschauplatz,* in: H. LADEMACHER/S. GROENVELD (Hrsg.), *Krieg und Kultur,* Münster 1998
BUSSMANN, K./H. SCHILLING, *1648. Krieg und Frieden in Europa,* Textband II: Kunst und Kultur, Münster u.a. 1998.
CANOVAS DE CASTILLO, A., *Historia de la decadencia de España desde Felipe III hasta Carlos II,* Madrid ²1900 (Neudruck 1992).
DEURSEN, A.TH. VAN, *Bavianen en Slijkgeuzen. Kerk en kerkvolk ten tijde van Maurits en Oldenbarnevelt,* Franeker o.J.
DEURSEN, A.TH. VAN, *Die immer aktuelle Vergangenheit. Europa., die Niederlande und der Westfälische Friede,* Akademische Reden und Beiträge, 10, Münster 1993.
DEURSEN, A.TH. VAN, *Honni soit qui mal y pense?. De Republiek tussen de mogendheden (1610-1612),* (=Mededelingen der Koninklijke Nederlandse Akademie van Wetenschappen, Afd. Letterkunde Nieuwe Reeks, deel 28 – Nr. 1), Amsterdam 1965.
DEURSEN, A.TH. VAN, *Het kopergeld van de Gouden Eeuw, IV. Hel en hemel,* Assen 1980.

DICKMANN, F., *Der Westfälische Frieden,* Münster ⁶1992.
DUITS, H., *Ambivalenzen. Vondel und der Frieden von Münster,* in: H. LADEMACHER/S. GROENVELD (Hrsg.), *Krieg und Kultur,* Münster 1998.
ENGELBRECHT, J., *Staat, Recht und Konfession. Krieg und Frieden im Rechtsdenken des Reiches,* in: H. LADEMACHER/S. GROENVELD (Hrsg.), *Krieg und Kultur,* Münster 1998.
FISHMAN, J.S., *Boerenverdriet. Violence between peasants and soldiers in early modern Netherlands art,* Ann Arbor 1982.
GARBER, K., *Pax Pastoralis – Zu einer Friedensgattung der europäischen Literatur,* in: K. BUSSMANN/H. SCHILLING, 1648, Textband II.
GRIJP, L., *Lieder der Geusen. Das niederländische politische Lied im Achtzigjährigen Krieg,* in: H. LADEMACHER/S. GROENVELD (Hrsg.), *Krieg und Kultur,* Münster 1998.
HABERKAMM, K., *Zeitgenosse-Augenzeuge-Autor. Johann Jacob Christoff von Grimmelshausen,* in: H. LADEMACHER/S. GROENVELD (Hrsg.), *Krieg und Kultur,* Münster 1998.
HARLINE, C.E., *Mars Bruised: Images of War in the Dutch Republic, 1641-1648,* in: BMGN 104,2 (1989).
HARLINE, C.E., *Pamphlets, Printing, and Political Culture in the Early Dutch Republic,* Dordrecht u.a. 1987.
HUBER, W./J. SCHWERDTFEGER (Hrsg.), *Kirche zwischen Krieg und Frieden. Studien zur Geschichte des deutschen Protestantismus,* Stuttgart 1976.
INGEN, F. VAN, *Poesie der Trauer. Zeitgenössische Literatur im Reich,* in: H. LADEMACHER/S. GROENVELD (Hrsg.), *Krieg und Kultur,* Münster 1998.
ISRAEL, J. I., *The Dutch Republic and the Hispanic World 1606-1661,*
JANSSEN, W., *Krieg und Frieden in der Geschichte des europäischen Denkens,* in: W. HUBER/ J. SCHWERDTFEGER (Hrsg.), *Kirche zwischen Krieg und Frieden. Studien zur Geschichte des deutschen Protestantismus,* Stuttgart 1976.
JONG, M. de, *‚Staat van Oorlog'. Wapenbedrijf en militaire hervorming in de Republiek der Vereenigde Nederlanden, 1585-1621,* Hilversum 2005.
KLUETING, H., *Das konfessionelle Zeitalter, 1525-1648,* Stuttgart 1989.
KÜHLMANN, W., *Krieg und Frieden in der Literatur des 17. Jahrhunderts,* in: K. BUSSMANN/ H. SCHILLING, *1648,* Textband II, Münster/Osnabrück 1998.
LADEMACHER, H., *Ein „letzter" Schritt zur Unabhängigkeit.- Die Niederländer in Münster 1648,* in: H. DUCHHARDT (Hrsg.), *Der Westfälische Friede. Diplomatie, politische Zäsur, kulturelles Umfeld, Rezeptionsgeschichte,* München 1998
LADEMACHER, H. /S. GROENVELD (Hrsg.), *Krieg und Kultur. Die Rezeption von Krieg und Frieden in der Niederländischen Republik und im Deutschen Reich 1568-1648,* Münster 1998.
LORENZ A., *Barockmalerei und „wissenschaftliche" Kunstsicht im 17. Jahrhundert,* in: F.-J. JAKOBI (Hrsg.), *Geschichte der Stadt Münster,* Bd. 3, Münster ²1993.
LORENZ, A. *Mahnung-Dekorum-Ereignis. Krieg als Gegenstand der Kunst im Reich,* in: H. LADEMACHER/S. GROENVELD, *Krieg und Kultur,* Münster 1998, S. 215.
MAARSEVEEN, M. P. VAN, *Dorpsplunderingen in de schilderkunst van de eerste helft van de zeventiende eeuw,* in: DERS. u.a. (Hrsg.), *Beelden van een strijd,* Zwolle o.J.
MAARSEVEEN, M.P. VAN, *Schilderijen van wapenfeiten uit de tweede helft van de Tachtigjarige Oorlog,* in: DERS. u.a. (Hrsg.), *Beelden van een strijd,* Zwolle o.J.
MAARSEVEEN, M.P. VAN u.a. (Hrsg.), *Beelden van een strijd. Oorlog en kunst vóór de Vrede van Munster 1621-1648,* Zwolle o.J.
MACZKIEWITZ, D., *Der niederländische Aufstand gegen Spanien (1568-1609). Eine kommunikationswissenschaftliche Analyse* (=Studien zur Geschichte und Kultur Nordwesteuropas, Bd. 12), Münster u.a. 2005.
MOHRMANN R.E., *Alltag in Krieg und Frieden,* in: K. BUSSMANN/H. SCHILLING (Hrsg.), *1648.* Textband II, Münster 1998.
SCHUFFEL, J./M. TEMME/M. SPIES, *Festzüge und Bühnenstücke. Antwerpen, Haarlem, Dordrecht,* in: H. LADEMACHER/S. GROENVELD (Hrsg.), *Krieg und Kultur,* Münster 1998.
SMITS-VELDT, B., *Friedensfeiern in Amsterdam. Geeraerdt Brandt und Jan Vos,* in: H. LADEMACHER/S. GROENVELD, *Krieg und Kultur,* Münster 1998.

SPIES, M./E. WISKERKE, *Niederländische Dichter über den Dreißigjährigen Krieg*, in: K. BUSSMANN/H. SCHILLING, *1648*, Textband II, Münster 1998.
SWART, K.W., *The Black Legend during the Eighty Years War*, in: J.S. BROMLEY/E.H. KOSSMANN (Hrsg.), *Britain and the Netherlands*, V (1975).
ZWITSER, H.L., *Van Bestand tot Vrede: de tweede helft van de Tachtigjarige Oorlog 1621-1648*, in: M.P. VAN MAARSEVEEN, *Beelden van een strijd*, Zwolle o.J.

VI. Die Gewaltsamkeit des Handels. Zum Prozeß der Expansion

ACDA, G.M.W., *Voor en achter de mast. Het leven van de zeeman in de 17e en 18e eeuw*, Bussum 1976.
All of one Company. The VOC in biographical perspective, Utrecht 1986.
ANDEL, M.A. VAN, *Chirurgijns, Vrije Meesters, Beunhazen en Kwakzalvers. Die chirurgijnsgilden en de praktijk der heelkunde (1400-1800)*, (=Nijhoffs Historische Monografieën), Den Haag 1981.
BAREND-VAN HAEFTEN, M., *Oost-Indië gespiegeld. Nicolaas de Graaff, een schrijvend chirurgijn in dienst van de VOC*, Zutphen 1992.
BERKEL, K. VAN, *Een onwillige mecenas? De rol van de VOC bij het natuurwetenschappelijk onderzoek in de zeventiende eeuw*, in: J. BETHLEHEM/A.C. MEIJER, *VOC en Cultuur. Wetenschappelijke en culturele relaties tussen Europa en Azië ten tijde van de Verenigde Oostindische Compagnie*, Amsterdam 1993.
BETHLEHEM, J./A.C. MEIJER, *VOC en Cultuur. Wetenschappelijke en culturele relaties tussen Europa en Azië ten tijde van de Verenigde Oostindische Compagnie*, Amsterdam 1993.
BITTERLI, U., *Die ‚Wilden‘ und die ‚Zivilisierten‘. Die europäisch-überseeische Begegnung, Grundzüge einer Geistes- und Kulturgeschichte der europäisch-überseeischen Begegnung*, München 1976.
BLUSSÉ, L./J. DE MOOR, *Nederlanders overzee*, Franeker 1983.
BLUSSÉ, L., *Strange Company. Chineze settlers, mestizo women and the Dutch in VOC Batavia*, Dordrecht u.a. 1988.
BOAHEN, A.A., *Topics on West African History*, London 1966.
BONN, G., *Engelbert Kaempfer (1651-1716). Der Reisende und sein Einfluß auf die europäische Bewusstseinsbildung über Asien*, Frankfurt/Main 2003.
BOOGAART, E. VAN DEN, *De Nederlandse expansie in het Atlantische gebied 1590-1674*, in: *Overzee. Nederlandse koloniale geschiedenis 1590-1675*, Haarlem 1982.
BOXER, C., *The Dutch in Brazil, 1624-1654*, Oxford 1957.
BOXER, C.R., *Het profijt van de macht*, Amsterdam 1988.
BOXER, C.R., *Jan Compagnie in Oorlog en Vrede. Beknopte geschiedenis van de VOC*, Bussum 1977.
BOXER, C.R., *Sedentary Workers and Seafaring Folk in the Dutch Republic*, in J.S. BROMLEY/ E.H. KOSSMANN (Hrsg.), *Britain and the Netherlands*, II, Groningen 1964.
BROECKE, PIETER VAN DEN S. RATELBAND.
BROMLEY, J.S./E.H. KOSSMANN (Hrsg.), *Britain and the Netherlands*, II, Groningen 1964.
BRUIJN, J.R./J. LUCASSEN (Hrsg.), *Op de schepen der Oost-Indische Compagnie. Vijf artikelen van J. de Hullu, ingeleid, bewerkt en voorzien van een studie over de werkgelegenheid bij de VOC*, Groningen 1980.
BRUIJN, J.R., *De personeelsbehoefte van de VOC overzee en aan boord, bezien in Aziatisch en Nederlands perspectief*, in: BMGN 91,2 (1976).
BRUYN, J.R./E.S. VAN EYCK VAN HESLINGA, *Muiterij. Oproer en berechting op schepen van de VOC*, Haarlem 1980.
COLENBRANDER, H.T./W.PH. COOLHAAS (Hrsg.), *Jan Pietersz. Coen: Bescheiden omtrent zijn bedrijf in Indië*, 7 Bde., 's-Gravenhage 1919-1953.
COOLHAAS, W.PH. (Hrsg.), *Generale Missiven van Gouverneurs-Generaal en Raden aan Heren XVII der Vereenigde Ostindische Compagnie*, 8 Bde., 's-Gravenhage 1960-1985.

DAM, P. VAN, *Beschrijvinge van de Oostindische Compagnie* (4 boeken in 7 delen), uitg. door F.W. STAPEL e.a., RGP, grote serie, 63, 68, 74, 76, 83, 87, 96, 's-Gravenhage 1927-54.
DAUS, R., *Die Erfindung des Kolonialismus*, Wuppertal 1983.
DAVIDS, C.A., *Navigeren in Azië. De uitwisseling van kennis tussen Aziaten en navigatiepersoneel bij de voorcompagnieën en de VOC, 1596-1795*, in: J. BETHLEHEM/A.C. MEIJER, *VOC en cultuur*, Amsterdam 1993.
DAVIDS, C.A., *Wat lijdt den zeeman al verdriet. Het Nederlandse zeemanslied in de zeiltijd (1600-1900)*, Den Haag 1980.
DIJK, C. VAN, *De VOC en de kennis van de taal- en volkenkunde van insulair Zuidoost-Azië*, in: J. BETHLEHEM /A.C. MEIJER, *VOC en cultuur*, Amsterdam 1993.
EMMER, P.C. u.a. (Hrsg.), *Wirtschaft und Handel der Kolonialreiche. Dokumente zur Geschichte der europäischen Expansion*, Bd. 4, Münster 1988.
FISCH, J., *Hollands Ruhm in Asien*, Wiesbaden 1986.
FLINKENFLÖGEL, W., *Nederlandse slavenhandel (1621-1803)*, Utrecht u.a. 1994.
GAASTRA, F.S., *De geschiedenis van de VOC*, Haarlem u.a. 1982.
GELDER, R. VAN, *Das ostindische Abenteuer. Deutsche in Diensten der Vereinigten Ostindischen Kompanie der Niederlande (VOC), 1600-1800*, (=Schriften des Deutschen Schiffahrtsmuseums, Band 61), Hamburg 2004.
GOOR, J. VAN, *De Nederlandse Koloniën. Geschiedenis van de Nederlandse expansie, 1800-1975*, 's-Gravenhage o.J.
GOOR, J. VAN, *Handel en wetenschap*, in: J. BETHLEHEM/A.C. MEIJER, *VOC en cultuur*, Amsterdam 1993.
GOOR, J. VAN, *Toleranz als Anerkennung des Andersartigen – Über die Wertigkeit und Nützlichkeit des Menschen in den Gebieten des VOC Handelsmonopols*, in: H. LADEMACHER u.a. (Hrsg.), *Ablehnung – Duldung – Anerkennung*, Münster 2004.
HAAN, F. De, *Oud Batavia*, 2 Bde., Bandung ²1935.
HART, S., *Zeelieden te Amsterdam in de zeventiende eeuw. Een historisch-demografisch onderzoek*, (=Mededelingen van de Ned. Vereniging voor Zeegeschiedenis, 17 (1968).
HENIGER, J., *Hendrik Adriaan van Reede tot Drakenstein. A Contribution to the History of Dutch Colonial Botany*, Rotterdam u.a. 1986.
HULLU, J., *De matrozen en soldaten op de schepen der Oost-Indische Compagnie*, in: J.R. BRUIJN/J. LUCASSEN, *Op de schepen der Oost-Indische Compagnie*, Groningen 1980.
Jörg Franz Müller's Reisindrukken, Medegedeeld door Mr. J.E. HEERES, in: De Navorser 52 (1902).
JONGE, J.K.J. De u.a. (Hrsg.), *De opkomst van het Nederlandsch gezag in Oost-Indië. Verzameling van onuitgegeven stukken uit het Oud-Koloniaal Archief*, 13 Bde. 's-Gravenhage 1862-1909.
KIRSCH, P., *Reise nach Batavia. Deutsche Abenteurer in Ostasien 1609 bis 1695*, Hamburg 1994.
LADEMACHER, H. u.a. (Hrsg.), *Ablehnung – Duldung – Anerkennung. Toleranz in den Niederlanden und in Deutschland. Ein historischer und aktueller Vergleich*, (=Studien zur Geschichte und Kultur Nordwesteuropas, Bd. 9), Münster 2004.
MOER, A. VAN DER (Hrsg.), *Een zestiende-eeuwse Hollander in het Verre Oosten en het Hoge Noorden. Leven, werken reizen en avonturen van Jan Huygen van Linschoten (1563-1611)*, Den Haag 1979.
MOLLEMA, J.C., *Geschiedenis van Nederland ter Zee*, Bd. 3, Amsterdam 1941.
Oost-Indische praetjen voorgevallen in Batavia, tusschen vier Nederlanders, Amsterdam (1663).
OPSTAL, M.E. VAN (Hrsg.), *De reis van de vloot van Pieter Willemsz. Verhoeff naar Azië 1607-1612, I-II*, (=Werken uitg. door de Linschoten-Vereeniging, LXXIII-LXXIV), 's-Gravenhage 1972.
RATELBAND, K. (Hrsg.), *Reizen naar West-Afrika van Pieter van den Broecke, 1605-1614* (=Werken uitg. door de Linschoten-Vereeniging, LII), 's-Gravenhage 1950.
RIETBERGEN, P.J.A.N. VAN, *Witsen's world. Nicolaas Witsen between the Dutch East India Company and the Republic of Letters*, in: *All of one company. The VOC in biographical perspective*, Utrecht 1986.
SCHUTTE, G. (Hrsg.), *Het Indisch Sion. De gereformeerde kerk onder de Verenigde Oost-Indische Compagnie*, Hilversum 2002.

SCHWEITZER, CH., *Reise nach Java und Ceylon 1675-1682*, neu herausgegeben nach der zu Tübingen im Verlag von Johann Georg Cottas im Jahre 1680 erschienenen Original-Ausgabe, Den Haag 1931, (=Reisebeschreibungen von deutschen Beamten und Kaufleuten im Dienst der Niederländischen West- und Ostindischen Kompagnien 1602-1797, IX), hrsg. S.P.L. HONORÉ FABER.

Soweit der Erdkreis reicht, Kleve 1979 (Ausstellungskatalog).

TAYLOR, J.G., *Smeltkroes Batavia. Europeanen en Euraziaten in de Nederlandse vestigingen in Azië*, Groningen 1988 (Übers. v. *The Social World of Batavia*, Wisconsin 1983).

VERHAEL *van eenighe Oorlogen in Indië*, 1623.

WARNSINCK, J.C.M. (Hrsg.), *Reizen van Nicolaus de Graaff gedaan naar alle gewesten des Werelds beginnende 1639 tot 1687 incluis*, uitgegeven en toegelicht door ..., (=Werken uitg. door de Linschoten-Vereeniging, XXXIII), 's-Gravenhage 1930.

WENNEKES, W., *Gouden handel. De eerste Nederlanders overzee, en wat zij daar haalden*, Amsterdam u.a.1996.

WURFFBAIN, J.S., *Reise nach den Molukken und Vorder-Indien, 1632-1638*, 2 Bde., Den Haag 1931.

VII. Religion und Gewissen.
Die Grenzen der religiösen Toleranz in der Republik

AUGUSTIJN, C., *Erasmus*, Baarn 1986.
BARBERS, M., *Toleranz bei Sebastian Franck*, Bonn 1964.
BEN-SASSON, H.H., *Geschichte des jüdischen Volkes*, Bd. II, Vom 7. bis zum 17. Jahrhundert München 1979.
BERKVENS-STEVELINCK, C. u.a., *The Emergence of Tolerance in the Dutch Republic*, Leiden u.a. 1997.
BEZA, TH., *De haereticis a civili magistratu puniendis libellus, adversus Martini Belii farraginem et novorum Academicorum sectam*.
BLOM, H.W./J.W. WILDENBERG (Red.), *Pieter de la Court in zijn tijd. Aspecten van een veelzijdig publicist (1618-1685)*, Amsterdam u.a 1986.
BÖCKENFÖRDE, E.-W., *Religionsfreiheit als Aufgabe der Christen. Gedanken eines Juristen zu den Diskussionen auf dem Zweiten Vatikanischen Konzil*, in: Stimmen der Zeit, 176 (1965).
BOGAERS, L., *Geleund over de onderdeur. Doorkijkjes in het Utrechtse buurtleven van de vroege Middeleeuwen tot in de zeventiende eeuw*, in: BMGN, 3, 1997.
BONGER, H., *Leven en werken van Dirk Volckertsz. Coornhert*, Amsterdam 1978.
BOUWSMA, W.S., *Anxiety and the Formation of Early Modern Culture*, in: B.C. MALAMENT (Ed.), *After the Reformation. Essays in Honor of J.H. Hexter*, Philadelphia 1980.
DEURSEN, A.TH. VAN, *Het oordeel van François van Aerssen over de moord op Hendrik IV. van Frankrijk*, in: TvG, 76 (1963).
DEURSEN, A. VAN/H. DE SCHEPPER, *Willem van Oranje, een strijd voor vrijheid en verdraagzaamkeid*, Weesp u.a. 1984.
DEURSEN, A.TH. VAN, *Bavianen en Slijkgeuzen*, Franeker o.J.
DEURSEN, A.TH. VAN, *Honni soit qui mal y pense?* (=Mededelingen der Koninklijke Nederlandse Akademie van Wetenschappen, Nieuwe Reeks, deel 28, Afd. Letterkunde, Nr. 1-9), Amsterdam 1965.
Dialogus oft T'samensprekinge, ghemaeckt op den Vrede-Handel. Ghestelt by Vrage ende Antwoorde door een Lieft-hebber vande gemeene Vrijheydt. o.O. 1644.
DICKENS, A.G./WHITNEY R.D. JONES, *Erasmus. The Reformer*, London 1994.
DUCHHARDT, H. (Hrsg.), *Der Westfälische Friede. Diplomatie, politische Zäsur, kulturelles Umfeld, Rezeptionsgeschichte*, München 1998.
DUITS, H., „*Ein Trompeter der Wahrheit". Dirk Volckertszoon Coornhert, unermüdlicher Streiter für Toleranz und gegen Tyrannei*, in: H. LADEMACHER u.a. (Hrsg.), *Ablehnung – Duldung – Anerkennung*, Münster 2004.

DUKE, A.C./C.A. TAMSE, *Britain and the Netherlands,* VII. *Church and State since the Reformation.* Papers delivered to the Seventh Anglo-Dutch Historical Conference, The Hague 1981.
FRIJHOFF, W. TH.M., *Toleranz. Interkonfessionelles Zusammenleben in den Niederlanden in der frühen Neuzeit,* in: H. LADEMACHER u.a. (Hrsg.), *Ablehnung – Duldung – Anerkennung,* Münster 2004.
FUKS-MANSFELD, R.G., *De Sefardim in Amsterdam tot 1795. Aspect van een joodse minderheid in een Hollandse stad,* Hilversum 1989.
GABEL, H., *Der Augsburger Religionsfriede und das Problem der Toleranz im 16. Jahrhundert,* in: H. LADEMACHER u.a. (Hrsg.), *Ablehnung – Duldung – Anerkennung,* Münster 2004.
GELDER, H.A.E. VAN, *De levensbeschouwing van Cornelis Pieterszoon Hooft, burgemeester van Amsterdam 1547-1626,* Utrecht ²1982.
GELDER, H.A.E. VAN, *Getemperde vrijheid.* Groningen 1972.
GELDEREN, M. VAN, *Political Thought of the Dutch Revolt, 1555-1590,* New York 1992.
Geschichtliche Grundbegriffe, Bd. 6, Stuttgart 1990 Artikel Toleranz).
GRELL, O.P./B. SCRIBNER (Hrsg.), *Tolerance and intolerance in the European Reformation,* Cambridge 1996.
GROENHUIS, G., *De Predikanten. De sociale positie van de gereformeerde predikanten in de Republiek der Vereenigde Nederlanden voor ± 1700,* (=Historische Studies. Instituut voor Geschiedenis der Rijksuniversiteit te Utrecht, XXXIII), Groningen 1977.
GROEN VAN PRINSTERER, G., *Archives ou Correspondance inédite de la Maison d'Orange-Nassau,* II, (1836).
GROENVELD, S., *Huisgenoten des geloofs. Was de samenleving in de Republiek der Verenigde Nederlanden verzuild?,* Hilversum 1995.
GROENVELD, S., *Unie, religie, militie. Binnenlandse verhoudingen in de Nederlandse Republiek voor en na de Munsterse Vrede,* in: *1648. De Vrede van Munster.* De zeventiende eeuw, 13, 1 (1997).
GUGGISBERG, H.R., *Veranderingen in de argumenten voor religieuze tolerantie en godsdienstvrijheid in de zestiende en zeventiende eeuw,* in: BMGN, 91, 2 (1976).
GÜLDNER, G., *Das Toleranz-Problem in den Niederlanden im Ausgang des 16. Jahrhunderts,* Lübeck/Hamburg 1968.
HALKIN, L., *Erasmus von Rotterdam. Eine Biographie,* Zürich 1989.
HASSINGER, E., *Wirtschaftliche Motive und Argumente für religiöse Duldsamkeit im 16. und 17. Jahrhundert,* in: Archiv für Reformationsgeschichte, 49 (1958).
HOPPENBROUWERS, F.J.M., *Oefening in volmaaktheid. De zeventiende-eeuwse rooms-katholieke spiritualiteit in de Republiek,* Den Haag 1996.
HUIZINGA, J., *Erasmus,* Rotterdam ⁹1988.
KLUETING, H., *„Lasset beides miteinander wachsen bis zu der Ernte": Toleranz im Horizont des Unkrautgleichnisses (Mt 13,24-30),* in: H. LADEMACHER u.a. (Hrsg.), *Ablehnung – Duldung – Anerkennung.*
KOSSMANN, E.H., *Vergankelijkheid en continuïteit. Opstellen over geschiedenis,* Amsterdam 1995.
LADEMACHER, H., *„Sire, geben Sie Gedankenfreiheit",* in: DERS. (Hrsg.), *Oranien-Nassau, die Niederlande und das Reich. Beiträge zur Geschichte einer Dynastie,* (=Niederlande-Studien, Bd. 13), Münster 1995.
LADEMACHER, H./R. LOOS/S. GROENVELD (Hrsg.), *Ablehnung – Duldung – Anerkennung, Toleranz in den Niederlanden und in Deutschland. Ein historischer und aktueller Vergleich,* Münster 2004.
LECLER, J., *Geschichte der Religionsfreiheit im Zeitalter der Reformation,* 2 Bde., Stuttgart 1965
MALAMENT, B.C. (Ed.), *After the Reformation. Essays in Honor of J.H. Hexter,* Philadelphia 1980.
MÉCHOULAN, H., *Das Geld und die Freiheit,* Stuttgart 1990.
MONTEIRO, M., *Geestelijke maagden. Leven tussen klooster en wereld in Noord-Nederland gedurende de zeventiende eeuw,* Hilversum 1996.

MOUT, M.E.H.N., *Limits and Debates: A Comparative View of Dutch Toleration in the Sixteenth and Early Seventeenth Century*, in: C. BERKVENS-STEVELINCK u.a., *The Emergence of Tolerance in the Dutch Republic*, Leiden u.a. 1997.
MOUT, M.E.H.N., *The Family of Love (Huis der Liefde) and the Dutch Revolt*, in: A.C. DUKE/ C.A. TAMSE, *Britain and the Netherlands*, VII. *Church and State since the Reformation*. Papers delivered to the Seventh Anglo-Dutch Historical Conference, The Hague 1981.
MOUT, M.E.H.N., *Het intellectuele milieu van Willem van Oranje*, in: BMGN 99, 4 (1984).
MIJNHARDT, W.W. (Hrsg.), *Kantelend geschiedbeeld. Nederlandse historiografie sinds 1945*, Utrecht/Antwerpen 1983.
OESTREICH, G., *Antiker Geist und moderner Staat bei Justus Lipsius (1547-1606)*, (=Schriftenreihe der Historischen Kommission bei der Bayerischen Akademie der Wissenschaften, 38), Göttingen 1989.
OOSTRUM, W.P.D. VAN, *Diskriminierung versus Empathie. Zeichen von Toleranz und Intoleranz in literarischen Texten in den Niederlanden des 18. Jahrhunderts*, in: H. LADEMACHER u.a. (Hrsg.), *Ablehnung – Duldung – Anerkennung*, Münster 2004.
PETTIGREE, A., *The policy of integration in the free Netherlands*, in: O.P. GRELL/B. SCRIBNER (Hrsg.), *Tolerance and intolerance in the European Reformation*, Cambridge 1996.
PO-CHIA HSIA, R./H.F.K. VAN NIEROP (Hrsg.), *Calvinism and Religion. Toleration in the Dutch Golden Age*, Cambridge 2002.
POLLMANN, J., *The Bond of Christian Piety: the Individual Practice of Tolerance and Intolerance in the Dutch Republic*, in: R. PO-CHIA-HSIA/H.F.K. VAN NIEROP (Hrsg.), *Calvinism and Religious Toleration in the Dutch Golden Age*, Cambridge 2002.
ROODENBURG H., *Onder censuur. De kerkelijke tucht in de gereformeerde gemeente van Amsterdam, 1578-1700*, Hilversum 1990.
SANDE, A.W.F.M. VAN DE, *Niederländische Katholiken – Außenseiter in einer protestantischen Nation? Toleranz und Antipapismus in den Niederlanden im 117, und 18. Jahrhundert*, in: H. LADEMACHER u.a. (Hrsg.), *Ablehnung – Duldung – Anerkennung*, Münster 2004.
SANDE, A.W.F.M. VAN DE, *Das junge Vaterland der Katholiken*, in: H. LADEMACHER u.a. (Hrsg.), *Ablehnung – Duldung – Anerkennung*, Münster 2004.
SCHREINER, K. „*Toleranz*, in: *Geschichtliche Grundbegriffe*, 6, Stuttgart 1990.
SCHULZE, W., *Einführung in die neuere Geschichte*, Stuttgart 1987.
SCHULZE, W., *Pluralität: Toleranz*, in: *Frieden als Aufgabe. 350 Jahre Westfälischer Frieden – Entscheidungsprozesse, Weichenstellungen und Widerhall eines europäischen Ereignisses*. Historikerkongreß Münster, 27.10.-2.11.1996.
SCHULZE, W. „*Pluralisierung als Bedrohung: Toleranz als Lösung. Überlegungen zur Entstehung von Toleranz in der Frühen Neuzeit*, in: H. DUCHHARDT (Hrsg.), *Der Westfälische Friede. Diplomatie, politische Zäsur, kulturelles Umfeld, Rezeptionsgeschichte*, München 1998.
SPAANS, J., *Haarlem na de Reformatie. Stedelijke cultuur en kerkelijk leven 1577-1620*, (=Hollandse Historische Reeks, XI), 's-Gravenhage 1989.
STÖVE, E., *Luther, Erasmus und das Problem der Toleranz*, in: H. LADEMACHER u.a. (Hrsg.), *Ablehnung – Duldung – Anerkennung*, Münster 2004.
TEMPLE, W., *Observations upon the United Provinces of the Netherlands*, London 1673.
VISSCHER, H, *Het Calvinisme en de tolerantie-politiek van Prins Willem van Oranje*, Zeist 1933.
WARMBRUNN, P., *Toleranz im Reich vom Augsburger Religionsfrieden bis zum Westfälischen Frieden – Kirchen- und Landesordnungen und gesellschaftliche Praxis*, in: H. LADEMACHER u.a. (Hrsg.), *Ablehnung – Duldung – Anerkennung*.
WATERBOLK, E.H., *L'Erasmianisme de Guillaume d'Orange*, in: DERS., *Verspreide Opstellen*, Amsterdam 1981.
ZAHN, E., *Das unbekannte Holland. Regenten, Rebellen, Reformatoren*, Berlin 1984.
ZIJLSTRA, S., *'T geloove is vrij*, in: M. GIJSWIJT-HOFSTRA (Red.), *Een schijn van verdraagzaamheid. Afwijking en tolerantie in Nederland van de zestiende eeuw tot heden*, Hilversum 1989.

VIII. Schulen und Universitäten – über Lernende und Lehrende

ASAERT, G., *1585. De val van Antwerpen en de uittocvht van Vlamingen en Brabanders*, Tielt 2004.
BASTIAANSE, R., *„Tot meesten nut ende dienst van de jeugt'. Een onderzoek naar zeventien Geldersche Latijnse scholen ca. 1560-1815*. (=Geldersche Historische Reeks, XVI), Zutphen 1984.
BODES, W.B.S., *Frieslands Hoogeschool en het Rijksathenaeum te Franeker*, I, Leeuwarden 1878.
BOOY, E.P., *Kweekhoven der wijsheid. Basis- en vervolgonderwijs in de steden van de provincie Utrecht van 1580 tot het begin der 19de eeuw*, Utrecht 1980.
BOOY, E.P., *Weldaet der scholen. Het plattelandsonderwijs in de provincie Utrecht van 1580 tot het begin der 19e eeuw*, diss. Utrecht 1977.
BOOY, E.P.DE/P.TH.F.M. BOEKHOLT, *Geschiedenis van de school in Nederland van de middeleeuwen tot aan de huidige tijd*, Assen u.a. 1987.
BOT, P.N.M., *Humanisme en onderwijs in Nederland*, Utrecht u.a. 1955.
BOTS, H., *Cultuurgeschiedenis*, in: Geschiedenis van Gelderland, II, Zutphen 1975.
BRIELS, J.G.C.A., *Zuidnederlandse onderwijskrachten in Noordnederland 1570-1630. Een bijdrage tot de kennis van het schoolwezen in de Republiek*, in: Archief voor de Geschiedenis van de Katholieke Kerk in Nederland, 14 (1972).
BRUEHL, CL.H., *Joseph Justus Scaliger. Ein Beitrag zur geisteswissenschaftlichen Bedeutung der Altertumswissenschaft*, in: Ztschr. f. Religions- und Geistesgeschichte, XII,3 (1960).
BRUGMAN, J., *Arabic Scholarship*, in: TH.H. LUNSINGH SCHEURLEER/G.M.H. POSTHUMUS MEYES (Hrsg.), *Leiden University in the Seventeenth Century*, Leiden 1975.
BRUGMANS, H., *De eerste eeuw van het Athenaeum*, in: *Gedenkboek van het Athenaeum en de universiteit van Amsterdam*, 1932.
DIBON, P., *Le voyage en France des étudiants néerlandais au XVIIème siècle*, La Haye 1963.
DILLEN, J.G. VAN, *Leiden als industriestad tijdens de Republiek*, in: TvG, 59 (1946).
EEKHOF, A., *De Theologische Faculteit te Leiden in de 17e eeuw*, Utrecht 1921.
Europäischer Helicon, Frankfurt/Main 1711.
FEENSTRA, R./C.J.D. WAAL, *Seventeenth Century Leyden Law Professors and their Influence on the Development of the Civil Law. A Study of Bronchorst, Vinnius and Voet*, (=KNAW, Afd. Letterkunde, Nieuwe reeks, dl.90), Amsterdam 1975.
FRANK-VAN WESTRIENEN, A., *De Groote Tour. Tekening van de educatiereis der Nederlanders in de zeventiende eeuw*, Amsterdam 1983.
FRIJHOFF, W.TH.M., *La société néerlandaise et ses gradués, 1575-1584. Une recherche sérielle sur le statut des intellectuels*, diss. Tilburg.
GEURTS, P.A./J.A. VAN DORSTEN, *Drie redevoeringen van Bonaventura Vulcanius over die stichtng van de Leidse Universiteit*, in: BMHG, 79 (1965).
HART, S., *Enige statistische gegevens inzake analfabetisme te Amsterdam in de 17e en 18e eeuw*, in: Maandblad Amstelodamum, 55.
JAMIN, H., *De Universiteit van Utrecht 1636-2001*, Utrecht 2001.
JONGE, H.J. DE, *The Study of the New Testament*, in: TH. H. LUNSINGH SCHEURLEER/G.H.M. POSTHUMUS MEYES (Hrsg.), *Leiden University in the Seventeenth Century*, Leiden 1975.
KUIPER, E.J., *De Hollandse „Schoolordre' van 1625. Een studie over het onderwijs op de Latijnse scholen in Nederland in de 17e en 18e eeuw*, Groningen 1958.
LINDEBOOM, G.A., *De Illustre School in Breda*, in: Spiegel Historiael 6 (1971).
LUNSINGH SCHEURLEER, TH.H./G.H.M. POSTHUMUS MEYES (Hrsg.), *Leiden University in the Seventeenth Century*, Leiden 1975.
MEID, V., *Italien und die Lyrik der Renaissance*, in: Propyläen. Geschichte der Literatur, III: Renaissance und Barock, Berlin 1988.
MEIJ, P.J. u.a. (Hrsg.), *Geschiedenis van Gelderland, 1492-1795*, Zutphen 1975.
MEIJER, TH. J., *De historische achtergronden van wetenschappelijk onderzoek in Leids universitair verband*, in: TvG 85 (1972).

OESTREICH, G., *Politischer Neustoizismus und niederländische Bewegung in Europa und besonders in Brandenburg- Preußen. Ein Beitrag zur Entwicklung des modernen Staates*, in: BMHG, 79 (1965).
PICCARDT, R.A.S., *Bijzonderheden uit de geschiedenis der Stad Goes. Voorlezingen gehouden door ...*, Schiedam 1979.
RADEMAKER, C.S.M., *Life and Works of Gerardus Joannes Vossius (1577-1649)*, Assen 1981.
ROODEN, P.TH. VAN, *Constantijn l'Empereur (1571-1648), Professor Hebreeuws en Theologie te Leiden. Theologie, bijbelwetenschap en rabbijnse studien in de zeventiende eeuw*, diss. theol., Leiden 1956.
SASSEN, F., *De Illustre School te Maastricht en haar Hoogleraren (1683-1794)* (=Med. d. Koninkl. Nederl. Akademie van Wetenschappen, afd. Letterkunde, N.R. 35,1) (1972).
WANSINK, H., *Politieke wetenschappen aan de Leidse universiteit, 1575-1650*, Utrecht 1981.
WASZINK, J.A., *Classical Philology*, in: TH.H. LUNSINGH SCHEURLEER/G.M.H. POSTHUMUS MEYES (Hrsg.), *Leiden University in the Seventeenth Century*, Leiden 1975.
WOUDE, S. VAN DER, *Caspar Barlaeus, Mercator sapiens. Oratie gehouden bij de inwijding van de Illustre School te Amsterdam op 9 januari 1631*, Amsterdam 1967.

IX.   Sprache und Literatur

ALBACH, B., *Ariana Nooseman ontvangt f 76,50 voor zeventien optredens in die Schouwburg. De eerste vrouw op het toneel van de Schouwburg*, in: R.L. ERENSTEIN (Hrsg.), *Een theatergeschiedenis der Nederlanden. Tien eeuwen drama en theater in Nederland en Vlaanderen*, Amsterdam 1996.
ALBACH, B., *Langs kermissen en hoven. Ontstaan en kroniek van een Nederlands toneel gezelschap in de 17e eeuw*, Zutphen 1977.
ASSMANN, A., *This blessed spot, this earth, this realm, this England. Zur Entstehung des englischen Nationalbewußtseins in der Tudor-Zeit*, in: K. GARBER, *Nation und Literatur im Europa der Frühen Neuzeit*, Tübingen 1989.
BECKER-CANTARINO, B., *Das Literaturprogramm des Daniel Heinsius in der jungen Republik der Vereinigten Niederlande*, in: K. GARBER (Hrsg.), *Nation und Literatur im Europa der Frühen Neuzeit*, Tübingen 1989.
BEINS, E., *Die Wirtschaftsethik der calvinistischen Kirche der Niederlande, 1565-1650*, 's-Gravenhage 1931.
BOHEEMEN, F.C. VAN/TH.C.J. VAN DER HEIJDEN, *Met minnen versaemt. De Hollandse rederijkers vanaf de middeleeuwen tot het begin van de achttiende eeuw. Bronnen en bronnenstudies*, Delft 1999.
BON, A.F., *Der Vereinigten Niederlande Staat*, Jena 1671.
BORNEMANN, U., *Anlehnung und Abgrenzung. Untersuchungen zur Rezeption der niederländischen Literatur in der deutschen Dichtungsreform des siebzehnten Jahrhunderts*, Assen 1976.
BOSTOEN, K., *Nation und Literatur in den Niederlanden in der frühen Neuzeit*, in: K.GARBER, *Nation und Literatur im Europa der frühen Neuzeit*, Tübingen 1989.
BRANDT G., *Het Leven van Pieter Corn. Hooft en de Lykreeden ... uitg. door P. Leendertz Jr.*, 's-Gravenhage 1932.
BRANDT, G., *Het leven van Joost van den Vondel*, Amsterdam 1986.
BRANT, S., *Das Narrenschiff. Studienausgabe. Mit allen 114 Holzschnitten des Drucks, Basel 1494*, hrsg. v. J. KNAPE, Stuttgart 2005.
CORNELISSEN, C.D.M., *Hooft en Tacitus. Bijdrage tot de kennis van de vaderlandsche geschiedenis in de eerste helft der 17de eeuw*, Nijmegen 1938.
DEURSEN, A.TH. VAN u.a. (Hrsg.), *Veelzijdigheid als levensvorm. Facetten van Constantijn Huygens' leven en werk*, (=Deventer Studiën, 2), Deventer 1987.
DUITS H., *Van Bartholomeusnacht tot Bataafse opstand. Studies over de relatie tussen politiek en toneel in het midden van de zeventiende eeuw*, Hilversum 1990.

DUITS, H., ‚De Vryheid, wiens waardy geen mensch te recht bevat', ‚Vrijheid' op het Nederlands toneel tussen 1570 en 1700, in: E.O.G. HAITSMA MULIER/W.R.E. VELEMA (Hrsg.), Vrijheid. Een geschiedenis van de vijftiende tot de twintigste eeuw, Amsterdam 1999.

DUITS, H., De Amsterdamse kerkeraad stuurt twee afgezanten naar de burgemeesters om te klagen over een opvoering van Samuel Costers Iphigenia in de Nederduytsche Academie. De moeizame relatie tussen kerk en toneel in de zeventiende eeuw, in: R.L. ERENSTEIN (Hrsg.), Een theatergeschiedenis der Nederlanden, Amsterdam 1996.

ENKLAAR, J./H. ESTER, Wechseltausch. Übersetzen als Kulturvermittlung: Deutschland und die Niederlande, Amsterdam u.a. 1995.

ERENSTEIN, R.L., Een theatergeschiedenis der Nederlanden. Tien eeuwen drama en theater in Nederland en Vlaanderen, Amsterdam 1996.

ES, G.A. VAN/G.S. OVERDIEP, De letterkunde van Renaissance en Barok in de zeventiende eeuw, I, Brüssel u.a. o.J.

FREIJSER, V. (Hrsg.), Soeticheydt des Buyen-Levens. Leven en leren op Hofwjck, Delft 1988.

GARBER, K, Nation und Literatur im Europa der Frühen Neuzeit. Akten des I. Internationalen Osnabrücker Kongresses zur Kulturgeschichte der Frühen Neuzeit, Tübingen 1989.

GELDEREN, M. VAN/W. BLOCKMANS, Het klassieke en middeleeuwse erfgoed: politieke vrijheid van de Romeinse Republiek tot de Bourgondische Nederlanden, in: E.O.G. HAITSMA MULIER/W.R.E. VELEMA (Hrsg.), Vrijheid. Een geschiedenis van de vijftiende tot de twintigste eeuw, Amsterdam 1999.

GELLINEK, CHR., Hugo Grotius als erster Inspirator der frühen Dichtkunst des Martin Opitz: Chronologische Aufschlüsse aus Martin Opitz' Vorbesitzexemplar der POEMATA COLLECTA von Hugo Grotius in der Biblioteca Gdanska, CF 5046, 8, in: Chloë. Beihefte zum Daphnis, Bd. 10, Amsterdam 1990.

GEMERT, G. VAN ‚Germanje groet U als haar groten Zoon'. Zu Vondels Renommee im deutschen Sprachraum, in: J. ENKLAAR/H. ESTER, Wechseltausch. Übersetzen als Kulturvermittlung: Deutschland und die Niederlande, Amsterdam u.a. 1995.

GRIMM, G.E., Die Suche nach der eigenen Identität. Deutsche Literatur im 16. und 17.Jahrhundert, in: Propyläen. Geschichte der Literatur, III: Renaissance und Barock, Berlin 1988.

GROOTES, E.K., Het literaire leven in de zeventiende eeuw, Culemborg 1984.

GUGLIELMINETTI, M., Die italienische Literatur vom 15. bis zum 18. Jahrhundert, in: Propyläen. Geschichte der Literatur, III: Renaissance und Barock, Berlin 1988.

HAAR, C. TER, Das Goldene Zeitalter de Literatur in den Niederlanden, Bonn o.J.

HAITSMA MULIER, E.O.G./W.R.E. VELEMA (Hrsg.), Vrijheid. Een geschiedenis van de vijftiende tot de twintigste eeuw, Amsterdam 1999.

HARMSEN, T., Het kunstgenootschap Nil Volentibus arduum draagt Lodewijk Meyer op om Andries Pels' Gebruik en misbruik des toneels persklaar te maken, in: R.L. ERENSTEIN (Hrsg.), Een theatergeschiedenis der Nederlanden, Amsterdam 1996.

HOOFT. Essays van ... over P.C. Hooft, Amsterdam 1981.

HUBIG, CH., Humanismus – die Entdeckung des individuellen Ichs und die Reform der Erziehung, in: Propyläen. Geschichte der Literatur, III: Renaissance und Barock, Berlin 1988.

HUMMELEN, W.M.H., 1637. Jacob van Campen bouwt de Amsterdamse Schouwburg. Inrichting en gebruik van het toneel bij de rederijkers en in de Schouwburg, in: R.L. ERENSTEIN (Hrsg.), Een theatergeschiedenis der Nederlanden, Amsterdam 1996.

INGEN, F. VAN Holländisch-deutsche Wechselbeziehungen in der Literatur des 17. Jahrhunderts, nachbarn 26, Bonn o.J.

INGEN, F. VAN, Die niederländische Nationalliteratur im Kontext der konfessionspolitischen Auseinandersetzungen auf der Wende vom 16. zum 17. Jahrhundert, in: K. GARBER (Hrsg.), Nation und Literatur im Europa der Frühen Neuzeit, Tübingen 1989.

KLUKHUHN, A. (Hrsg.), De Eeuwwenden, 3: Renaissance 1600. Kunst en literatuur, Utrecht 1990.

KOLB, H., Die nationalen Sprachleistungen der Zeit. Rolle der Stadt und neue literarische Formen, in: Propyläen. Geschichte der Literatur, III: Renaissance und Barock, Berlin 1988.

KONST, J.H.W., *Determinatie en vrije wil in de Nederlandse tragedie van de zeventiende eeuw*, (=KNAW, Mededelingen van de Afdeling Letterkunde, Nieuwe Reeks, deel 67, Nr. 5) Amsterdam 2004.
LANGE, J. DE (Hrsg.), *P.C. Hoofts Reis-Heuchenis. Naar de autograaf uitgegeven, ingeleid en toegelicht ...* met medewerking van drs. A.J. Huijskes (=Amsterdamer Publikationen zur Sprache und Literatur, 97), Amsterdam u.a. 1991.
LANSON, G., *Histoire de la littérature française*, o.O. und o.J.
LEUKER, M.-TH., *„De last van 't huys, de wil des mans ...' Frauenbilder und Ehekonzepte im niederländischen Lustspiel des 17. Jahrhunderts* (=Niederlande-Studien, Bd. 2), Münster 1992.
MEID, V., *Italien und die Lyrik der Renaissance*, in: Propyläen. Geschichte der Literatur, III: Renaissance und Barock, Berlin 1988.
MEIJER, R.P., *Literature of the Low Countries. A Short History of Dutch Literature in the Netherlands and Belgium*, Den Haag/Boston 1978.
NEUMEISTER, S., *Die Entstehung der italienischen Nationalliteratur im Florenz des 14. Jahrhunderts*, in: K. GARBER, *Nation und Literatur im Europa der Frühen Neuzeit*, Tübingen 1989.
NOAK, B., *Politische Auffassungen im niederländischen Drama des 17. Jahrhunderts*, (=Niederlande-Studien, Bd. 29), Münster u.a. 2002.
PETRI, F., *Vom deutschen Niederlande-Bild und seinen Wandlungen*, in: F. PETRI, *Zur Geschichte und Landeskunde der Rheinlande, Westfalens und ihrer europäischen Nachbarländer. Aufsätze und Vorträge aus vier Jahrzehnten*, Bonn 1973.
PETRI, F., *Zur Geschichte und Landeskunde der Rheinlande, Westfalens und ihrer europäischen Nachbarländer. Aufsätze und Vorträge aus vier Jahrzehnten*, Bonn 1973.
PORTEMAN, K., *In de Amsterdamse Schouwburg gaat Vondels Gebroeders in première. Consept en opvoering van een ambitieus treurspel*, in: R.L. ERENSTEIN (Hrsg.), *Een theatergeschiedenis der Nederlanden*, Amsterdam 1996.
PROPYLÄEN. *Geschichte der Literatur. Literatur und Gesellschaft der westlichen Welt, III: Renaissance und Barock 1400-1700*, Berlin 1988.
ROLOFF, H.-G., *Neulateinische Literatur*, in: Propyläen. Geschichte der Literatur, III: Renaissance und Barock, Berlin 1988.
ROMEIN, J., *Tussen vrees en vrijheid. Vijftien historische verhandelingen*, Amsterdam 1950.
SAS, N.C.F. VAN, *Vaderland. Een geschiedenis vanaf de vijftiende eeuw tot 1940*, Amsterdam 1999.
SCHENKEVELD-VAN DER DUSSEN, M.A., *Dutch Literature in the Age of RemGeerae. Themes and Ideas*, Amsterdam u.a.1991.
SCHENKEVELD-VAN DER DUSSEN, M.A., *Hooft in Italië*, in: A. KLUKHUHN (Hrsg.), *De Eeuwwenden, 3: Renaissance 1600. Kunst en literatuur*, Utrecht 1990.
SCHMIDT, K., *Hollands buitenleven in de zeventiende eeuw*, in: Amsterdam Sociologisch Tijdschrift, 4 (1977-78).
SCHÖNLE, G., *Deutsch-niederländische Beziehungen in der Literatur des 17. Jahrhunderts* (=Leidse Germanistische en Anglistische Reeks, Dl. VII), Leiden 1968.
SMILDE, H., *Jacob Cats in Dordrecht. Leven en werken gedurende de jaren 1623-1636*, diss. Groningen, 1938.
SMIT, J., *De grootmeester van woord- en snarenspel. Het leven van Constantijn Huygens*, 's-Gravenhage 1980.
SMITS-VELDT, M.B. *„Het vaderland' bij Hollandse rederijkers, circa 1580-1625: grondgebied en identiteit*, in: N.C.F. VAN SAS, *Vaderland. Een geschiedenis vanaf de vijftiende eeuw tot 1940*, Amsterdam 1999.
SMITS-VELDT, M.B., *21. mei 1658. Jan Baptist van Fornenbergh koopt een huis en een erf aan de Denneweg in Den Haag om in de tuin een theater te bouwen*, in: R.L. ERENSTEIN (Hrsg.), *Een theatergeschiedenis der Nederlanden*
SMITS-VELDT, M.B., *Opening van de Amsterdamse Schouwburg met Vondels Gysbrecht van Aemstel. Begin van een traditie en het beheer van de Schouwburg*, in: R.L. ERENSTEIN (Hrsg.), *Een theatergeschiedenis der Nederlanden*, Amsterdam 1996.

SPIES, M., ‚Vrijheid, Vrijheid': poëzie als propaganda, 1565-1665, in: E.O.G. HAITSMA MULIER/W.R.E. VELEMA (Hrsg.), Vrijheid. Een geschiedenis van de vijftiende tot de twintigste eeuw, Amsterdam 1999.
STIPRIAAN, R. VAN, Het volle leven. Nederlandse literatuur en cultuur ten tijde van de Repubniek (circa 1550-1800), Amsterdam 2002.
STRENGHOLT, L., Constanter. Het leven van Constantijn Huygens, Amsterdam 1987.
STUIVELING, G. (Hrsg.), Memoriaal van Bredero. Documentaire van een dichterleven, Culemborg 1975.
SWART, K.W., Wat bewoog Willem van Oranje de strijd tegen die Spaanse overheersing aan te binden, in: BMGN, 99 (1984).
TRICHT, H.W. VAN, P.C. Hooft, Haarlem 1951.
TRUNZ, E., Dichtung und Volkstum in den Niederlanden im 17. Jahrhundert. Ein Vergleich mit Deutschland und ein Überblick über die niederländisch-deutschen Beziehungen in diesem Jahrhundert, München 1937.
VRIES, W.B. DE, Onbesproken winst voor onverboden vreugd: Huygens en zijn tweede huis, in: A.TH. VAN DEURSEN/E.K. GROOTES/P.E.L. VERKUYL, Veelzijdigheid als levensvorm. Facetten van Constantijn Huygens' leven en werk, Deventer 1987.
WAL, M.J. VAN DER, De moedertaal centraal. Standaardisatie-aspecten in de Nederlanden omstreeks 1650, Den Haag 1995.
WITSTEIN, F., Bredero's ridder Rodderick, in: De Nieuwe taalgids, Cahiers 4, Groningen 1975.
ZIELSKE, K., Drama und Theater in England, den Niederlanden und Deutschland, in: Propyläen. Geschichte der Literatur, III: Renaissance und Barock, Berlin 1988.

X. Bildende Kunst – über Menge und Vielfalt

A Brief Character of the Low Countries under the States! Being three weeks' Observation of the Vices and Virtues of the Inhabitants, London 1652.
ADRIANI, G., Deutsche Malerei im 17. Jahrhundert, Köln 1977.
ALPERS, S., Kunst als Beschreibung. Holländische Malerei des 17. Jahrhunderts, Köln 1985.
AURELIUS, C. (CORNELIS VAN GOUDA), Die Cronycke van Hollandt, Zeeland ende Vrieslant, 1517.
BEILMANN, M., Die Zurückhaltung des Genres. Der Krieg in der Kunst der Republik, in: H. LADEMACHER/S. GROENVELD (Hrsg.), Krieg und Kultur. Die Rezeption von Krieg und Frieden in der Niederländischen Republik und im Deutschen Reich 1568-1648, Münster u.a. 1998.
BELIËN, H.M. u.a., Gestalten van de Gouden Eeuw. Een Hollands groepsportret, Amsterdam 1995.
BIAŁOSTOCKI, J., Einfache Nachahmung der Natur oder symbolische Weltschau. Zu den Deutungsproblemen der holländischen Malerei des 17. Jahrhunderts, in: Zeitschrift für Kunstgeschichte 47 (1984).
BIESBOER, P./M. SITT (Hrsg.), Von Frans Hals bis Jan Steen. Vergnügliches Leben – Verborgene Lust. Holländische Gesellschaftsszenen, Stuttgart 2004.
BLEY, B., Vom Staat zur Nation. Zur Rolle der Kunst bei der Herausbildung eines niederländischen Nationalbewusstseins im langen 19. Jahrhundert, Geschichte Band 56, Münster 2004.
BOERS, M.E.W., Een nieuwe markt voor kunst. De expansie van de Haarlemse schilderijenmarkt in de eerste helft van de zeventiende eeuw (=Nederlands Kunsthistorisch Jaarboek 199, Deel 50), Zwolle 2000.
BOK, M.J., De schilder in zijn wereld. De sociaal-economische benadering van de Nederlandse zeventiende eeuwse schilderkunst, in: F. GRIJZENHOUT/H. VAN VEEN (Hrsg.), De Gouden Eeuw in perspectief, Heerlen 1992.
BRENNINKMEYER-DE ROOIJ, B. Theorie van de Kunst, in: B. HAAK, Hollandse schilders in de Gouden Eeuw, o.O., 1984.

BRIELS, J., *Vlaamse schilders in de noordelijke Nederlanden in het begin van de Gouden Eeuw, 1585-1630,* Haarlem 1987.
BROWN, CH., *Artistic relations between Britain and the Low Countries (1532-1632),* in: J. RODING/L. HEERMA VAN VOSS (Hrsg.), *The North Sea and Culture (1550-1800),* Hilversum 1996.
BRÜCKNER, W./P. BLICKLE (Hrsg.), Literatur und Volk im 17. Jahrhundert. Probleme populärer Kultur in Deutschland. (=Wolfenbütteler Arbeiten zur Barockforschung, Band 13), Wiesbaden 1985.
BRUYN, J., *A Turning-Point in the History of Dutch Art,* in: G. LUYTEN/A. VAN SUCHTELEN (Hrsg.), *Dawn of the Golden Age. Northern Netherlandish Art, 1580-1620,* Zwolle (1993).
BUEREN, T. VAN, *Carel van Mander en de Haarlemse schilderkunst,* 's-Gravenhage 1994.
BUSSMANN, K./E.A. WERNER (Hrsg.), *Europa im 17. Jahrhundert. Ein politischer Mythos und seine Bilder,* Wiesbaden 2004.
CARASSO-KOK, M./J. LEVY-VAN HALM (Hrsg.), *Schutters in Holland, kracht en zenuwen van de stad,* Zwolle 1988.
COELEN, P. VAN DE, *Patriarchs, Angels & Prophets. The Old Testament in Netherlandish Printmaking from Lucas van Leyden to Rembrandt,* Amsterdam 1996.
CZECH, H.J., *Im Geleit der Musen. Studien zu Samuel van Hoogstratens Malereitraktat „Inleyding tot de Hooge Schoole der Schilderconst: Anders de Zichtbaere Werelt (Rotterdam 1678).* (=Niederlande-Studien, Bd. 22), Münster 2002.
ECK, X. VAN u.a. (Hrsg.), *Ten Essays for a Friend: E. de Jongh 65,* Zwolle 1996.
EVELYN, J., *Diary and Correspondence of John Evelyn, F.R.S.,* edited from the original MSS. At Wotton by W. BRAY, vol. I, London 1857.
FALKENBURG, R. u.a. (Hrsg.), *Kunst voor de markt. Art for the Market.* (=Nederlands Kunsthistorisch Jaarboek, 50), Zwolle 2000.
Flämische Landschaft, Die 1520-1700, Lingen 2003 (Ausstellungskatalog der Wiener Ausstellung. Die einleitenden Beiträge von Alexander Wied und Klaus Ertz.)
FOUCAULT, M., *Die Ordnung der Dinge,* Frankfurt 1971.
FREIJSER, V., (Hrsg.), *Soetichheydt des Buyten-levens. Leven en leren op Hofwijck,* Delft 1988.
FRUIN, J.R., *Tien jaren uit den tachtigjarigen oorlog 1588-1598,* Amsterdam 1861.
GEURTS, P.A./A.E.M. JANSSEN (Hrsg.), *Geschiedschrijving in Nederland,* 's-Gravenhage 1981.
GILTAIJ, J. *Schilders van het dagelijks leven, over den tentoonstelling,* in: *Zinnen en minnen. Schilders van het dagelijks leven in de zeventiende eeuw,* o.O. 2005 (Ausstellungskatalog Rotterdam-Frankfurt).
GOMBRICH, E.H., *Die Geschichte der Kunst.* Erweiterte, überarbeitete und neu gestaltete 16. Ausgabe, Berlin 1996.
GROENVELD, S./M. WINTLE (Hrsg.), *Britain and the Netherlands, XI: The Exchange of Ideas,* Zutphen 1994.
GROTIUS, H., *Verhandeling van de Oudheyt der Batavische nu Hollandtsche Republique,* 's-Gravenhage 1610.
GRIJZENHOUT, F., *Tussen rede en gevoeligheid. De Nederlandse schilderkunst in het oordeel van het buitenland 1660-1800,* in: F. GRIJZENHOUT/H. VAN VEEN, *De Gouden Eeuw in perspectief,* Heerlen 1992.
GRIJZENHOUT, F./H. VAN VEEN (Hrsg.), *De Gouden Eeuw in perspectief,* Heerlen 1992.
HAAK, B., *Hollandse schilders in de Gouden Eeuw,* o.O. ²1984.
HAGEN R.-M./R.HAGEN, *Pieter Brueghel, de Oudere rond 1525-1569. Boeren, zotten en demonen,* Köln 1995.
HAKS, D., *Huwelijk en gezin in Holland in de 17de en 18de eeuw. Processtukken en moralisten over aspecten van het 17de- en 18de eeuwse gezinsleven,* Utrecht 1985.
HECHT, P., *Dutch Painters in England: Readings in Houbraken, Weyerman, and Van Gool,* in: S. GROENVELD/M. WINTLE (Hrsg.), *Britain and the Netherlands, XI: The Exchange of Ideas,* Zutphen 1994.
HEGEL, G.W., *Ästhetik,* Berlin 1955.

HENIGER, J., *Hendrik Adriaan van Reede tot Drakenstein (1636-1691) and Hortus Malabaricus. A Contribution to the History of Dutch Colonial Botany,* Rotterdam/Boston 1986.
HUIZINGA, J., *Nederland's beschaving in de zeventiende eeuw,* in: DERS., VW II, Haarlem 1948.
JONGH, E. DE, *Portretten van echt en trouw. Huwelijk en gezin in de Nederlandse kunst van de zeventiende eeuw,* Zwolle u.a. 1986.
KEMPERS, B., *Kunst, macht en mecenaat,* Amsterdam 1987.
KLOEK, J.J., *Naar het land van Rembrandt. De literaire beeldvorming rond de zeventiende-eeuwse schilderkunst in de negentiende eeuw,* in: F. GRIJZENHOUT/H. VAN VEEN (Hrsg.), *De Gouden Eeuw in perspectief,* Heerlen 1992.
KLOEK, W. TH., *Art Lovers and their Paintings,* in: G. LUYTEN/A. VAN SUCHTELEN (Hrsg.), *Dawn of the Golden Age. Northern Netherlandish Art, 1580-1620,* Amsterdam u.a. 1993.
KLUKHUHN, A. (Hrsg.), *De Eeuwwenden, 3: Renaissance 1600. Kunst en literatuur,* Utrecht 1990.
KOLLER, M., *Zur Sozialgeschichte von Kunst und Kunsthandwerk im 17. Jahrhundert. Datenlage und Forschungsstand,* in: W. BRÜCKNER/P. BLICKLE (Hrsg.), *Literatur und Volk im 17. Jahrhundert. Probleme populärer Kultur in Deutschland.* (=Wolfenbütteler Arbeiten zur Barockforschung, Band 13), Wiesbaden 1985.
KOOY, G.A., *Vier eeuwen gezin in Nederland,* Assen u.a. 1985.
KOSSMANN, E.H., *De Nederlandse zeventiende eeuwse schilderkunst bij de historici,* in: F. GRIJZENHOUT/H. VAN VEEN, *De Gouden Eeuw in perspectief,* Heerlen 1992.
LADEMACHER, H., *Statthalter Friedrich Heinrich – Monarch in der Republik? Zur höfischen Attitüde einer Verhinderung,* in: Jahrbuch des Zentrums für Niederlande-Studien, 2 (1992).
LADEMACHER, H./S. GROENVELD (Hrsg.), *Krieg und Kultur. Die Rezeption von Krieg und Frieden in der Niederländischen Republik und im Deutschen Reich 1568-1648,* Münster u.a. 1998.
LESSING, E., *Die Niederlande. Die Geschichte in den Bildern ihrer Maler,* München 1985.
LORENZ, A., *Mahnung-Dekorum-Ereignis,* in: H. LADEMACHER/S. GROENVELD (Hrsg.), *Krieg und Kultur,* Münster 1998.
LOUGHMAN, J./J.M. MONTIAS, *Public and Private Spaces. Works of Art in Seventeenth-Century Dutch Houses,* Zwolle 1999.
LÜTKE NOTARP, G., *Von Heiterkeit, Zorn, Schwermut und Lethargie. Studien zur Ikonographie der vier Temperamente in der niederländischen Serien- und Genregraphik des 16. und 18. Jahrhunderts,* (=Niederlande-Studien, Bd. 19), Münster 1998.
LUYTEN, G./A. VAN SUCHTELEN (Hrsg.), *Dawn of the Golden Age. Northern Netherlandish Art, 1580-1620,* Amsterdam u.a. 1993.
MANDER, K. VAN, *Das Leben der niederländischen und deutschen Maler (von 1400 bis ca. 1615),* Übers. nach der Ausgabe von 1617 und Anmerkungen von H. Floerke, Wiesbaden 2000.
MANDER, C. VAN, *Het Schilderboek. Het leven van de Nederlandse en Hoogduitse schilders in de vijftiende en zestiende eeuw,* Amsterdam 1995.
MEIJERS, D.J., *Twee vorstelijke verzamelingen in Duitsland en het beeld van de Nederlandse zeventiende eeuwse schilderkunst,* in: F. GRIJZENHOUT/H. VAN VEEN, *De Gouden Eeuw in perspectief.*, Heerlen 1992.
MICHALSKY, T., *Die Natur der Nation. Überlegungen zur „Landschaft" als Ausdruck nationaler Identität,* in: K. BUSSMANN/E.A. WERNER (Hrsg.), *Europa im 17. Jahrhundert. Ein politischer Mythos und seine Bilder,* Wiesbaden 2004.
MIEDEMA, H., *Den grondt der edel vry schilderconst* (1973).
MIEDEMA, H., *The Appreciation of Paintings around 1600,* in: G. LUIJTEN/A. VAN SUCHTELEN (Hrsg.), *Dawn of the Golden Age. Northern Netherlandish Art. 1580-1620,* Zwolle1993.
MONTIAS, J.M., *Estimates of the Number of Dutch Master-Painters, their Earnings and their Output in 1650,* in: Leidschrift 6, Nr. 3 (1990).
MONTIAS, J.M., *Socio-Economic Aspects of Netherlandish Art from the Fifteenth to the Seventeenth Century: A Survey,* in: The Art Bulletin 72 (1990), S. 353-373.

MONTIAS, J.M., *Vermeer en zijn milieu*, Baan 1993.
MULLER, P.L. *Onze Gouden Eeuw. De Republiek der Vereenigde Nederlanden in haar bloeitijd*, 3 Bde., Amsterdam 1896-98.
MÜLLER-HOFSTEDE, J., *Zur Interpretation von Bruegels Landschaft. Ästhetischer Landschaftsbegriff und stoische Weltbetrachtung*, in: O. VON SIMSON/M. WINNER (Hrsg.), *Pieter Bruegel und seine Welt. Ein Colloquium des Kunsthistorischen Instituts der Freien Universität Berlin und dem Kupferstichkabinett*, Berlin 1979.
Multifariarum casularum ruriumque curiose ad vivum expressa ... Nu eerst nieuwe ghedruct ende wt laten gaen by Hieronymus Cock, 1559.
NORTH, M., *Kunst und Kommerz im Goldenen Zeitalter. Zur Sozialgeschichte der niederländischen Malerei des 17. Jahrhunderts*, Köln u.a. 1992.
PELTZER A.R. (Hrsg.), *Joachim von Sandrarts Academie der Bau-, Bild- und Mahlerey-Künste von 1675*, München 1925.
Praediorum Villarum et Rusticorum Casularum icones Elegantissimae ad vivum in aere deformatae, Libro secundo 1561. Hieronymus Cock excudebat cum gratia et privilegio.
PRICE, J.L., *Culture and Society in the Dutch Republic during the 17th Century*, London 1974.
REGIN, D., *Traders, Artists, Burghers. A Cultural History of Amsterdam in the Seventeenth Century*, Assen/Amsterdam 1976.
Rembrandt over de grenzen/über die Grenzen (Ausstellungskatalog Schloß Moyland 2005).
RENGER, K. *'Brouwers Leben'*, Katalog zur Ausstellung *Adriaen Brouwer und das niederländische Bauerngenre*, München 1986.
RODING, J./L. HEERMA VAN VOSS (Hrsg.), *The North Sea and Culture (1550-1800)*, Hilversum 1996.
ROSENBERG, S./S. SLIVE/E.H. TER KUILE, *'Dutch Art and Architecture 1600-1800'*, Harmondsworth 1984.
RUBINSTEIN, G.M.G., *Artists from the Netherlands in Seventeenth-Century Britain: an Overview of their Landscape Work*, in: S. GROENVELD/M. WINTLE (Hrsg.), *The Exchange of Ideas. Religion, Scholarship and Art in Anglo-Dutch Relations in the Seventeenth Century*, Britain and the Netherlands, XI, 1991.
SAS, N.C.F. VAN, *Nationaliteit in de schaduw van de Gouden Eeuw. Nationale cultuur en vaderlands verleden*, in: F. GRIJZENHOUT/H. VAN VEEN, *De Gouden Eeuw in perspectief*, Heerlen 1992.
SCHÖFFER, I., *The Batavian Myth During the Sixteenth and Seventeeth Centuries*, in: P.A. GEURTS/A.E.M. JANSSEN (Hrsg.), *Geschiedschrijving in Nederland*, 's-Gravenhage 1981.
SLUIJTER, E.J. (u.a.), *Leidse Fijnschilders. Van Gerrit Dou tot Frans van Mieris de Jonge 1630-1760)*, Zwolle o.J.
SIMSON, O. VON/M. WINNER (Hrsg.), *Pieter Bruegel und seine Welt. Ein Colloquium des Kunsthistorischen Instituts der Freien Universität Berlin und dem Kupferstichkabinett*, Berlin 1979.
SMITSKAMP, H., *Calvinistisch nationaal besef in Nederland vóór het midden der 17e eeuw*, 's-Gravenhage 1947 (Antrittsvorlesung, Vrije Universiteit, Amsterdam).
SUTTON, P.C., *Masters of the 17th Century Dutch Landscape Painting*, Boston 1987.
SWIGCHEM, C.A. VAN/R.MOLEGRAAF, *De eeuwwisseling 1600 en de stijl van de Nederlandse bouwkunst*, in: A. KLUKHUHN (Hrsg.), *De Eeuwwenden, 3: Renaissance 1600. Kunst en literatuur*, Utrecht 1990.
VEEN, J. VAN DER, *De Delftse kunstmarkt in den tijd van Vermeer*, in: D. HAKS/M.CH.VAN DER SWAN, *De hollandse samenleving in de tijd van Vermeer*, Zwolle o.J.
VIGNAU-WILBERG, TH., *Das Land am Meer. Holländische Landschaft im 17. Jahrhundert*, München 1993.
WETERING, E. VAN DE, *De Schilder*, in: H.M. BELIËN u.a., *Gestalten van de Gouden Eeuw. Een Hollands groepsportret*, Amsterdam 1995.
Zinnen en minnen. Schilders van het dagelijks leven in de zeventiende eeuw, o.O. 2005 (Ausstellungskatalog Rotterdam-Frankfurt).

XI. Der Weg zu neuen Erkenntnissen – Theorie und Praxis der Naturwissenschaften

BERKEL, K. VAN, *From Simon Stevin to Robert Boyle: Reflections on the Place of Science in Dutch Culture in the Seventeenth Century*, in: S. GROENVELD/M. WINTLE (Hrsg.), *Religion, Scholarship and Art in Anglo-Dutch Relations in the 17th Century*. Zutphen 1994.
BERKEL, K. VAN, *Galileo in Holland before the Discorsi: Isaac Beeckman's Reaction to Galileo's Work*, in: C.S. MAFFIOLI/L.C. PALM, *Italian Scientists in the Low Countries in the XVIIth and XVIIIth centuries*, Amsterdam 1989.
BERKEL, K. VAN, *In het voetspoor van Stevin. Geschiedenis van de natuurwetenschap in Nederland 1580-1940*, Meppel u.a.1985.
BERKEL, K. VAN, *Isaac Beeckman*, in: A.J. KOX (Hrsg.), *Van Stevin tot Lorentz*, Amsterdam 1990.
DEURSEN, A.TH. VAN, *Maurits van Nassau., 1567-1625. De winnaar die faalde*, Amsterdam 2000.
DIJKSTERHUIS, E.J., *De mechanisering van het wereldbeeld*, Amsterdam ⁵1985.
DIJKSTERHUIS, E.J., *Clio's stiefkind*, Groningen 1952.
ELZINGA, A., *Notes on the Life and Works of Christiaan Huygens (1629-1695)*.
GROENVELD, S./M. WINTLE, *Religion, Scholarship and Art in Anglo-Dutch Relations in the 17th Century*, Britain and the Netherlands XI, Zutphen 1994.
HALL, M.B., *Huygens' scientific contacts with England*, in: H.J.M. BOS u.a. (Hrsg.), *Studies on Christiaan Huygens*, Lisse 1980.
HOFTIJZER, P./TH. VERBEEK (Hrsg.), *Leven na Descartes. Zeven opstellen over ideeëngeschiedenis in Nederland in de tweede helft van de zeventiende eeuw*, Hilversum 2005.
JORINK, E., *Wetenschap en wereldbeeld in de Gouden Eeuw*, Hilversum 1999.
KNOEFF, R., *Herman Boerhaave (1688-1738). Calvinist chemist and physician*, Amsterdam 2002.
KOX, A.J., *Van Stevin tot Lorentz. Portretten van achttien Nederlandse natuurwetenschappers*, Amsterdam 1990.
KOX, A.J., *Simon Stevin, 1548-1620*, in: DERS., *Van Stevin tot Lorentz*, Amsterdam 1990.
KOX, A.J./P.H. POLAK, *Christaan Huygens 1629-1695*, in: A.J. KOX (Hrsg.), *Van Stevin tot Lorentz*, Amsterdam 1990.
LINDEBOOM, G.A., *Geschiedenis der Geneeskunde*, Amsterdam ⁶1985.
LINDEBOOM, G.A., *Reinier de Graaf: leven en werken*, Delft 1973. R. Visser, Jan Swammerdam 1637-1680, in: A.J. KOX (Hrsg.), *Van Stevin tot Lorentz*, Amsterdam 1990.
MACCAGNI, C., *Mechanics and Hydrostatics in the Late Renaissance Relations between Italy and the Low Countries*, in: C.S. MAFFIOLI/L.C. PALM, *Italian Scientists in the Low Countries in the XVIIth and XVIIIth centuries*, Amsterdam 1989.
MAFFIOLI, C.S./L.C. PALM, *Italian Scientists in the Low Countries in the XVIIth and XVIIIth Centuries* (=Nieuwe Nederlandse bijdragen tot de geschiedenis der Geneeskunde en der Natuurwetenschappen, Nr.34), Amsterdam 1989.
PALM, L.C., *Antoni van Leeuwenhoek, 1632-1723*, in: A.J. KOX (Hrsg.), *Van Stevin tot Lorentz*, Amsterdam 1990.
PALM, L.C., *Italian Influences on Antoni van Leeuwenhoek*, in: C.S. MAFFIOLI/L.C. PALM, *Italian Scientists in the Low Countries in the XVIIth and XVIIIth centuries*, Amsterdam 1989.
SNELDERS, H.A.M., *Science and Religion in the Seventeenth Century. The Case of the Northern Netherlands*, in: C.S. MAFFIOLI/L.C. PALM (Hrsg.), *Italian Scientists in the Low Countries in the XVIIth and XVIIIth centuries, Amsterdam 1989*.
THIJSSEN-SCHOUTE, C.L, *Nederlands cartesianisme*, Amsterdam 1954.
VANPAEMEL, G., *Science disdained. Galileleo and the Problem of Longitude*, in: C.S. MAFFIOLI/L.C. PALM, *Italian Scientists in the Low Countries*, Amsterdam 1989.
VERBEEK, TH., *Descartes and the Dutch. Early Reactions to Cartesian Philosophy, 1637-1650*, Carbondale and Edwardsville 1992.

XII. Einfluß der Niederlande in deutschen Territorien

BERNSMEIER, U., *Delfter Fayencen in Bremen*, in: *Bremen und die Niederlande*, in: Jahrbuch 1995/96 Wittheit zu Bremen, Bremen 1997.

BERNSMEIER, U., *Regentenkleid und Bremer Tracht*, in: *Bremen und die Niederlande*, in: Jahrbuch 1995/96 Wittheit zu Bremen, Bremen 1997.

BIJL, M. VAN DER, *Johann Moritz von Nassau-Siegen (1604-1679); eine vermittelnde Persönlichkeit*, in: H. LADEMACHER (Hrsg.), *Oranien-Nassau, die Niederlande und das Reich. Beiträge zur Geschichte einer Dynastie*, (=Niederlande-Studien, Bd. 13), Münster 1995.

BÖRSCH-SUPAN, H., *Der Einfluß der niederländischen Malerei auf die Entwicklung der Künste in Brandenburg*, in: *Auf den Spuren der Niederländer zwischen Thüringer Wald und Ostsee. II. Symposion*, Berlin 1994.

BÖRSCH-SUPAN, H., *Niederländische Künstler in Brandenburg*, in: *Die Niederlande und Deutschland*, Dessau 2000.

DEISEL, F., *Der Löwe, die Kuh, der Garten und der Orangenbaum. Zur politischen Ikonographie der niederländischen Gesellschaft und des Hauses Oranien*, in: H. LADEMACHER (Hrsg.), *Onder den Oranje boom*, Textband, München 1999.

ENGELBRECHT, J., *Staat, Recht und Konfession. Krieg und Frieden im Rechtsdenken des Reiches*, in: H. LADEMACHER/S. GROENVELD (Hrsg.), *Krieg und Kultur*, Münster 1998.

FONTANE, TH. VON, *Wanderungen durch die Mark Brandenburg*, III, München 1977.

GABEL, H./V. JARREN, *Kaufleute und Fürsten. Außenpolitik und politisch-kulturelle Perzeption im Spiegel niederländisch-deutscher Beziehungen 1648-1748, mit einer Einleitung von H. DUCHHARDT und H. LADEMACHER*, (=Niederlande-Studien, Bd. 18), Münster u.a. 1998.

GAETHGENS, B., *Amalia von Solms und die oranische Kunstpolitik*, in: H. LADEMACHER (Hrsg.), *Onder den Oranje boom*, Textband, München 1999.

GALLAND, G., Der *Große Kurfürst und Moritz von Nassau, der Brasilianer. Studien zur Brandenburgischen und Holländischen Kunstgeschichte*, Frankfurt/Main o.J.

GELDEREN, M. VAN, *Holland und das Preußentum. Justus Lipsius zwischen niederländischem Aufstand und Brandenburg-preußischem Absolutismus*, in: H. LADEMACHER (Hrsg.), *Onder den Oranje boom*, Textband, München 1999.

GROENVELD, S., *Beiderseits der Grenze. Das Familiengeflecht bis zum Ende der ersten oranisch-nassauisvchen Dynastie, 1702*, in: H. LADEMACHER (Hrsg.), *Onder den Oranje boom*, Textband, München 1999.

HAHLWEG, W., *Die Heeresreform der Oranier und die Antike*, Berlin 1941.

HAHLWEG, W., *Aspekte und Probleme der Reform des niederländischen Kriegswesens unter Prinz Moritz von Oranien*, in: BMGN, 86 (2), 1971.

HAMMER, U., *Kurfürstin Luise Henriette. Eine Oranierin als Mittlerin zwischen den Niederlanden und Brandenburg-Preußen.* (=Studien zur Geschichte und Kultur Nordwesteuropas, Bd. 4), Münster u.a. 2002.

HARKSEN, J., *Die Entstehung von Stadt und Schloß Oranienbaum*, in: Dessauer Kulturspiegel 9 (1962).

HINTZE, O., *Kalvinismus und Staatsräson in Brandenburg zu Beginn des 17. Jahrhunderts*, in: Historische Zeitschrift, 144 (1931).

HOAK, D./M. FEINGOLD (Hrsg.), *The World of William and Mary. Anglo-Dutch Perspectives on the Revolution of 1688-89*, Stanford 1996.

HUNT, J.D., *Anglo-Dutch Garden Art: Style and Idea*, in: D. HOAK/M. FEINGOLD (Hrsg.), *The World of William and Mary. Anglo-Dutch Perspectives on the Revolution of 1688-89*, Stanford 1996.

KELM, R., *Frühe Kontakte. Die Niederlande und das östliche Wesermündungsgebiet in Frühgeschichte und Mittelalter*, in: *Bremen und die Niederlande.* Jahrbuch 1995/96 der Wittheit zu Bremen, Bremen 1997.

LADEMACHER, H. (Hrsg.), *Oranien-Nassau, die Niederlande und das Reich. Beiträge zur Geschichte einer Dynastie*, (=Niederlande-Studien, Bd. 13), Münster 1995.

LADEMACHER, H./S. GROENVELD (Hrsg.), *Krieg und Kultur. Die Rezeption von Krieg und Frieden in der Niederländischen Republik und im Deutschen Reich 1568-1648,* Münster 1998.

LADEMACHER, H. (Hrsg.), *Onder den Oranje boom. Dynastie in der Republik. Das Haus Oranien-Nassau als Vermittler niederländischer Kultur in deutschen Territorien im 17. und 18. Jahrhundert,* Textband, München 1999.

MITTENZWEI, I./E. HERZFELD, *Brandenburg-Preußen 1648 bis 1789. Das Zeitalter des Absolutismus in Text und Bild,* Berlin 1987.

MÖRKE, O., *Das Haus Oranien-Nassau als Brückenglied zwischen den politischen Kulturen der niederländischen Republik und der deutschen Fürstenstaaten,* in: H. LADEMACHER, *Oranien-Nassau, die Niederlande und das Reich. Beiträge zur Geschichte einer Dynastie.*

Niederlande, Die, und Deutschland. Aspekte der Beziehungen zweier Länder im 17. und 18. Jahrhundert. Hrsg. Von der Kulturstiftung Dessau-Wörlitz und der Stiftung Historische Sammlungen des Hauses Oranien-Nassau, Dessau 2000.

OESTREICH, G., *Antiker Geist und moderner Staat bei Justus Lipsius (1547-1606), Schriftenreihe bei der Historischen Kommission der Bayerischen Akademie der Wissenschaften,* Bd. 38, Göttingen 1989.

OESTREICH, G., *Calvinismus, Neustoizismus und Preußentum. Eine Skizze,* in: JbGMOD, 5 (1956).

OESTREICH, G., *Die Niederlande und Brandenburg-Preußen.* Neudruck in: H. LADEMACHER (Hrsg.), *Onder den Oranje boom,* Textband, München 1999.

ONDER den Oranje boom. Nederlandse kunst en cultuur aan Duitse vorstenhoven in de zeventiende en achttiende eeuw, Katalogband, München 1999.

OTTENHEYM, K.A., *Fürsten, Architekten und Lehrbücher. Wege der holländischen Baukunst nach Brandenburg im 17. Jahrhundert,* in: H. LADEMACHER (Hrsg.), *Onder den Oranje boom,* Textband, München 1999.

OUDESLUIJS, D., *Wirtschaft und Technik in Brandenburg-Preußen,* in: H. LADEMACHER (Hrsg.), *Onder den Oranje boom,* Textband, München 1999.

ROHRSCHNEIDER, M., *Die Oranier und Anhalt. Verflechtungen und Beziehungen,* in: H. LADEMACHER (Hrsg.), *Onder den Oranje boom,* Textband, München 1999.

ROHRSCHNEIDER, M., *Eine anhaltisch-oranische Eheschließung und ihre Folgewirkungen: Überlegungen zu Dynastie und Politik in der zweiten Hälfte des 17. Jahrhunderts am Beispiel von Anhalt-Dessau,* in: *Die Niederlande und Deutschland,* Dessau 2000.

SCHILLING, H., *Niederländische Exulanten im 16. Jahrhundert. Ihre Stellung im Sozialgefüge und im religiösen Leben deutscher und englischer Städte,* Gütersloh 1972.

SCHWARZWÄLDER, H., *Niederländer in Bremen im 16./17. Jahrhundert,* in: Bremen und die Niederlande. Jahrbuch 1995/96 der Wittheit zu Bremen, Bremen 1997.

SICKEN, B., *Die oranische Heeresreform,* in: H. LADEMACHER (Hrsg.), *Onder den Oranje boom,* Textband, München 1999.

SOMMER, C., *Louise Henriette van Oranje-Nassau en de Nederlandse invloed in het keurvorstendom Brandenburg,* in: *Onder den Oranje boom* (Katalogband).

SEVEN, F., *Niederländische Einflüsse auf die 1. und die 2. Reformation in Bremen,* in: Bremen und die Niederlande. Jahrbuch 1995/96 der Wittheit zu Bremen, Bremen 1997.

VETTER, K., *Oranien-Nassau und die Hohenzollern im 17./18. Jahrhundert,* in: H. LADEMACHER (Hrsg.), *Onder den Oranje boom,* Textband, München 1999.

WÖRNER, R., *Gärten in Kleve,* in: *Die Niederlande und Deutschland,* Dessau 2000.

XIII. Jahrzehnte des Wandels

AMIR, T., *De opening van de verbouwde Schouwburg te Amsterdam. Van suggestie naar illusie; kunst en vliegwerken in de Amsterdamse Schouwburg,* in: R.L. ERENSTEIN (Hrsg.), *Theatergeschiedenis der Nederlanden,* Amsterdam 1996.

BARNES, A., *Jean le Clerc (1657-1736) et la République des Lettres,* Paris 1938.

BOTS, H./G. H. M. POSTHUMUS MEYES, *Vlucht naar de vrijheid. De Hugenoten in de Nederlanden,* Amsterdam 1985.
BOTS, H., *Theologisch voorbehoud als redactioneel beleid van de Franstalige periodieke pers in de decennia rond 1700,* in: *Kerkhistorische opstellen aangeboden aan Prof. Dr. J. van den Berg,* Kampen 1987.
BOTS, H./F. WAQUET, *La République des Lettres,* Paris 1997.
BUSKEN HUET, C., *Het land van Rembrand,* Amsterdam 1987.
COHEN, G., *Ecrivains français en Hollande dans la première moitié du XVIIe siècle,* Paris 1920.
DESBORDES, A., Der ‚Antisozianismus' des Hugo Grotius und die ‚Orthodoxie' der Dordrechter Synode, in: H. LADEMACHER u.a. (Hrsg.), Ablehnung – Duldung – Anerkennung, Münster 2004.
DEURSEN, A.TH. VAN, *Het kopergeld van de Gouden Eeuw,* Bd. 4: Hel en hemel, Assen 1980.
DEURSEN, A.TH. VAN, *De last van veel geluk. De geschiedenis van Nederland, 1555-1702,* Amsterdam 2004.
DUCHHARDT, H., *Europa am Vorabend der Moderne 1650-1800* (=Handbuch der Geschichte Europas, Band 6), Stuttgart 2003.
FRIJHOFF, W., *The Emancipation of the Dutch Elites from the Magic Universe,* in: D. HOAK/M. FEINGOLD, *The World of William and Mary. Anglo-Dutch Perspectives on the Revolution of 1688-89,* Stanford 1996.
FUKS-MANSFELD, R.G., *De Sefardim in Amsterdam tot 1795. Aspecten van een joodse minderheid in een Hollandse stad,* Hilversum 1989.
GERSON, H., *Ausbreitung und Nachwirkung der holländischen Malerei,* Amsterdam 1983 (ursprünglich Haarlem 1942).
GIBBS, G.C., *The Role of the Dutch Republic as the Intellectual Entrepôt of Europe in the Seventeenth and Eighteenth Century,* in: BMGN, 86 (3), 1971.
GIJSWIJT HOFSTRA, M./W. FRIJHOFF (Hrsg.), *Nederland betoverd. Toverij en hekserij van de veertiende tot in de twintigste eeuw,* Amsterdam 1987.
GRIJZENHOUT, F., *Tussen rede en gevoeligheid. De Nederlandse schilderkunst in het oordeel van het buitenland, 1660-1800,* in: F. GRIJZENHOUT/H. VAN VEEN, *De Gouden Eeuw* in perspectief, Heerlen 1992.
GRIJZENHOUT, F./H.VAN VEEN, *De Gouden Eeuw in perspectief. Het beeld van de Nederlandse zeventiende-eeuwse schilderkunst in later tijd,* Heerlen 1992.
HAAK, B., *Hollandse schilders in de Gouden eeuw,* Amsterdam ²1984.
HARMSEN, T., *Het kunstgenootschap Nil Volentibus Arduum draagt Lodewijk Meyer op om Andries Pels'gebruik en misbruik des Tooneels persklaar te maken. Toneelschrijven als ambacht,* in: R.L. ERENSTEIN (Hrsg.), *Theatergeschiedenis der Nederlanden,* Amsterdam 1996.
HAZARD, P., *Die Krise des europäischen Geistes, 1680-1785,* Hamburg 1939 (dt. Ausgabe).
HEERMA VAN VOSS, L., *North Sea Culture,* 1500-1800, in: J. RODING/L.HEERMA VAN VOSS (Hrsg.), *The North Sea and Culture* (1550-1800), Hilversum 1996.
HOAK, D./M. FEINGOLD (Hrsg.), *The World of William and Mary. Anglo-Dutch Perspectives on the Revolution of 1688-89,* Stanford 1996.
ISRAEL, J.I., *The Bekker Controversies as a Turning Point,* in: Dutch Crossing, XX (1966).
ISRAEL, J.I., *The Dutch Republic* und *Radical Enlightenment. Philosophy and the Making of Modernity 1650-1750,* Oxford 2001.
KNUVELDER, G.P.M., *Handboek tot de geschiedenis van de Nederlandse letterkunde,* II, 's-Hertogenbosch ⁷1979.
KRIJN, S.A., *Franse lektuur in Nederland in het begin van de 18de eeuw,* De Nieuwe taalgids, II (1917).
LASSON, G., *Histoire de la littérature française,* remaniée et complétée pour la période 1850-1950 par P. Truffau, Paris o.J.
LABROUSSE, E.R., *Les coulisses du Journal de Bayle,* in: P. DIBON, *Pierre Bayle, le philosophe de Rotterdam. Etudes et documents,* Paris 1959.

LADEMACHER, H. (Hrsg.) u.a., *Ablehnung – Duldung – Anerkennung. Toleranz in den Niederlanden und in Deutschland. Ein historischer und aktueller Vergleich* (=Studien zur Geschichte und Kultur Nordwesteuropas, Bd. 9), Münster 2004.
LÜTKE NOTARP, G., *Von Heiterkeit, Zorn, Schwermut und Lethargie. Studien zur Ikonographie der vier Temperamente in der niederländischen Serien- und Genregraphik des 16. und 17. Jahrhunderts,* (=Niederlande-Studien, Bd. 19), Münster 1998.
MANDROU, R., *Staatsräson und Vernunft (1649-1775)* (=Propyläen Geschichte Europas, Bd. 3), Frankfurt/Main u.a. 1976.
MÉCHOULAN, H., *Être juif à Amsterdam au temps de Spinoza,* Paris 1991.
MIJNHARDT, W.W., *Dutch Culture in the Age of William and Mary: Cosmopolitan or Provincial?,* in: D. HOAK/M. FEINGOLD (Hrsg.), *The World of William and Mary. Anglo-Dutch Perspectives of the Revolution of 1688-99,* Stanford 1996.
RODING, J./L. HEERMA VAN VOSS (Hrsg.) *The North Sea and Culture* (1550-1800), Hilversum 1996.
SCHILLINGS, J., *Het tolerantiedebat in de Franstalige geleerdentijdschriften, uitgegeven in de Republiek der Verenigde Provinciën 1684-1753,* Amsterdam u.a.1997.
SCHILLINGS, J., *Toleranz und die Gelehrtenrepublik zwischen 1675 und 1750,* in: H. LADEMACHER u.a. (Hrsg.), *Ablehnung – Duldung – Anerkennung,* Münster 2004.
SCHNEPPEN, H., *Niederländische Universitäten und deutsches Geistesleben,* Münster 1960.
VRIES, L., *„De gelukkige Schildereeuw". Opvattingen over de schilderkunst van de Gouden Eeuw in Nederland, 1700-1750,* in: F. GRIJZENHOUT/H. VAN VEEN, *De Gouden Eeuw in perspectief,* Heerlen 1992.

Nachklang

ACKEREN, M. VAN, *Das Niederlandebild im Strudel der deutschen romantischen Literatur* (=Studia Imagolocia, Bd. 3), Amsterdam 1992.
ALTER, P., *Nationalismus,* Frankfurt/Main 1985.
BERKEL, K. VAN, *Citaten uit het boek der natuur. Opstellen over Nederlandse wetenschapsgeschiedenis,* Amsterdam 1998.
BLOTKAMP, C., *Beeldende kunst: de doem van de Gouden Eeuw,* in: D. FOKKEMA/F. GRIJZEHOUT, *Rekenschap. 1650-2000. Nederlandse cultuur in Europees perspectief,* Den Haag 2001.
BRUNNER, O./W. CONZE/R. KOSELLECK (Hrsg.), *Geschichtliche Grundbegriffe. Historisches Lexikon zur politisch-sozialen Sprache in Deutschland,* Band 4, Stuttgart 1978.
DAVIDS, K./J. LUCASSEN (Hrsg.), *Een wonder weerspiegeld. De Nederlandse Republiek in Europees perspectief,* Amsterdam 2005.
DUNK, H.VON DER./H. LADEMACHER, *Deutsch-Niederländische Nachbars*chaft. *Vier Beiträge zur politischen Kultur,* (Niederlande-Studien. Kleinere Schriften, Heft 6), Münster 1999.
FENSKE, H. (u.a.), *Geschichte der politischen Ideen. Von Homer bis zur Gegenwart,* Königstein/Ts. 1981.
FOKKEMA, D./F.GRIJZENHOUT, *Rekenschap. 1650-2000. Nederlandse cultuur in Europees perspectief,* Den Haag 2001.
FRUIN, R., *Verspreide Geschriften,* 1 (1900).
FRUIN, R., *De drie tijdvakken der Nederlandsche geschiedenis,* De Gids, IV(1865).
GELDEREN, M. VAN, *Republikanismus in Europa. Deutsch-niederländische Perspektiven 1580-1650,* in: L. SCHORN-SCHÜTTE (Hrsg.), *Aspekte der politischen Kommunikation im Europa des 16. und 17. Jahrhunderts. Politische Theologie – Res Publica-Verständnis – konsensgestützte Herrschaft* (=HZ Beihefte, 39), München 2004.
GERZON, H., *Ausbreitung und Nachwirkung der holländischen Malerei des 17. Jahrhunderts,* Haarlem 1942.
GOLDMANN, L., *Die Kulturgeschichte des Jansenismus und die Vision des Tragischen: Pascal und Racine,* in: Propyläen. Geschichte der Literatur, III: Renaissance und Barock, Berlin 1988.

HUIZINGA, J., *De Eenheid Nederland-Oranje*, in: VW VIII (1948).
HUIZINGA, J., *Der Einfluß Deutschlands in der Geschichte der niederländischen Kultur*, in: Archiv für Kulturgeschichte XVI (1926).
HUIZINGA, J., *How Holland became a nation*, in: VW II (1948).
HUIZINGA, J., *Hugo de Groot en zijn eeuw*, in: VW II (1948).
HUIZINGA, J., *Nederland's beschaving in de 17de eeuw. Een schets*, in: VW II (1948).
KOENIGSBERGER, H.G. (Hrsg.), *Republiken und Republikanismus im Europa der Frühen Neuzeit* (=Schriften des Historischen Kollegs, Kolloquien 11), München 1988.
KOSSMANN, E.H., *Politieke theorie in het zeventiende eeuwse Nederland*, Amsterdam 1960.
KUITENBROUWER, M., *The Netherlands and the Rise of modern Imperialism*, New York 1991.
LADEMACHER, H., *Die Macht der Ohnmacht. Über Identität und Außenpolitik der Niederlande in Vergangenheit und Gegenwart*, in: Jahrbuch des Zentrums für Niederlande-Studien, 5/6 (1995).
LADEMACHER, H., *Staat, Nation, Nationalbewusstsein. Ursprünge und Inhalte einer Begrifflichkeit im 18. und 19. Jahrhundert. Ein niederländisch-deutscher Vergleich*, in: H. VON DER DUNK./H. LADEMACHER, *Deutsch-Niederländische Nachbarschaft*, Münster 1999.
LADEMACHER, H., *Die Vielfalt der Identität. Bemerkungen zu den Komponenten von Staat und Gesellschaft in den Niederlanden in der Phase der Modernisierung*, in: G. VON GEMERT/ D. GEUENICH (Hrsg.), *Gegenseitigkeiten. Deutsch-Niederländische Wechselbeziehungen von der frühen Neuzeit bis zu Gegenwart* (=Schriftenreihe der Niederrhein-Akademie, Bd. 5), Essen 2003.
LANGE, K.P., *Die Begriffe ‚Nederlandsch' und ‚Nederduitsch' zur Ausdifferenzierung des niederländischen Selbstverständnisses*, in: M. PRANGEL/H. WESTHEIDE (Hrsg.), *Duitsland in Nederland. Waar ligt de toekomst van de Nederlandse germanistiek?*, Groningen 1988.
MÖRKE, O., *De politieke cultuur van Duitsland en de Republiek: dezelfde wortels, een andere uitkomst*, in: DAVIDS, K./J. LUCASSEN (Hrsg.), *Een wonder weerspiegeld. De Nederlandse Republiek in Europees perspectief*, Amsterdam 2005.
NEUMEISTER, S., *Renaissance und Barock – Themen am Beginn der Moderne*, in: Propyläen. Geschichte der Literatur, III: Renaissance und Barock, Berlin 1988.
OESTREICH, G., *Die Niederlande und Brandenburg – Preußen*, in: H. LADEMACHER (Hrsg.), *Onder den Oranje boom. Textband: Dynastie in der Republik*, München 1999, S. 197.
PROPYLÄEN. Geschichte der Literatur, III: Renaissance und Barock, 1400-1700, Berlin 1988.
RANKE, L. VON, *Die großen Mächte. Politisches Gespräch*. Mit einem Vorwort von Th. Schieder, Göttingen 1958.
ROGIER, L.J./ N. DE ROOY, *In vrijheid herboren. Katholiek Nederland 1853-1953*, 's-Gravenhage 1953.
SAS, N.C.F. VAN, *Nationalismus in den Niederlanden während des langen 19. Jahrhunderts*, in: H. LADEMACHER/W. MÜHLHAUSEN (Hrsg.), *Freiheitsstreben, Demokratie, Emanzipation. Aufsätze zur politischen Kultur in Deutschland und den Niederlanden* (=Niederlande-Studien, Bd. 5), Münster 1993.
SAS, N.C.F. VAN, *Varieties of Dutchness*, in: A. GALEMA u.a. (Hrsg.), *Images of the Nation. Different Meanings of Dutchness 1870-1940*, Amsterdam 1993 (=Amsterdam Studies on Cultural Identity, 2).
SCHILLING, H., *Formung und Gestalt des internationalen Systems in der werdenden Neuzeit – Phasen und bewegende Kräfte*, in: H. KRÜGER (Hrsg.), *Kontinuität und Wandel in der Staatenordnung der Neuzeit*, Marburg 1991.
SCHILLING, H., *Gab es im späten Mittelalter und zu Beginn der Neuzeit in Deutschland einen städtischen „Republikanismus"? Zur politischen Kultur des alteuropäischen Stadtbürgertums*, in: H.G. KOENIGSBERGER, *Republiken und Republikanismus*, München 1988.
UFFELEN, H. VAN, *Moderne niederländische Literatur im deutschen Sprachraum* (=Niederlande-Studien, Bd. 6), Münster 1993.
VOLLENHOVEN, C. VAN, *De eendracht van het land*, 's-Gravenhage 1913.

Verzeichnis der Personen

A

Addison, Joseph, brit. Altertumswissenschaftler 702

Aerssen van Sommelsdijk, François, ndl. Gesandter 252

Aertsen, Pieter, ndl. Maler 589, 621

Affsprung, Johann Michael, dt. Reisender in den Niederlanden 11

Agricola, Rudolf (Roelof Huysman), ndl. biblischer Humanist, befreundet mit Wessel Gansfort und Reuchlin 48-49

Aischylos, griech. Dramatiker 579

Aitsinger, Michael, Autor des Buches *De Leone Belgico* 628

Aitzema, Lieuwe van, ndl. Publizist 49, 137, 170, 213, 250, 251

Albada, Agge van, ndl. Spiritualist 413

Albani, Francesco, it. Maler 638

Alberdingk Thijm, Jozef Albertus, ndl. katholischer Literat und Publizist 17, 18, 578

Alberti, Leon Battista, it. Humanist 492, 644, 793

Albertine Agnes von Oranien, Tochter des Statthalters Friedrich Heinrich 639, 684, 686

Albertus, Laurentius, dtsch. Grammatiker 496

Albrecht, Erzherzog, Generalstatthalter 302

Alciati, Andreas, it. Jurist, Lehrer d. Römischen Rechts, Begründer der humanistischen Rechtsschule in Bourges 529

Alexander der Große, griech. Herrscher 127

Altdorfer, Albrecht, dtsch. Maler 582, 614

Althusius, Johannes, dtsch. Staatstheoretiker 180, 182, 184, 436, 725, 728

Alva, Fernando Àlvarez de Toledo, Herzog von, Generalstatthalter 132, 136, 146, 246, 286, 304, 310, 426, 462

Angel, Philips, ndl. Kunsttheoretiker 601, 617, 630

Anjou, Franz von Valois, Herzog von 150, 176, 179, 216, 244-245, 248

Anne, Königin v. England 90

Apelles, Maler am Hofe Alexanders d. Großen 127, 537, 599

Apherdianus, Petrus, Humanist 458

Archimedes, griech. Naturwissenschaftler 644, 661

Ariosto, Ludovico, it. Dichter 493

Aristoteles, griech. Philosoph 165, 185, 192, 195, 198, 473, 548, 555, 568, 645, 649

Arius, Diakon und Priester in Alexandria, leugnete die Göttlichkeit Christi 412

Arminius, Jacobus, ndl. Theologe 433-435, 437, 443, 450, 467-468, 497

Artevelde, Jacob van, Genter Patrizier 70

Artevelde, Philipp van, Sohn Jacobs 70

Artis, Gabriel d', hugenottischer Pfarrer, in Hamburg lebend 714

Asselijn, Thomas, ndl. Dichter 516, 557

Augier, Charles, frz. Reisender 107-108

August II. der Starke, Kurfürst von Sachsen, König von Polen 640

Aurelius, Cornelius, ndl. Kleriker 115-116

Avaux, André Félibien d', frz. Kunsttheoretiker und Architekt 635

Avaux, J.A. Mesmes, Comte d', frz. Gesandter im Haag 316-317, 440

Avercamp, Hendrik, ndl. Maler 620

B

Backer, Jacob Adraensz., ndl. Maler 574

Bacon, Francis, engl. Philosoph 249, 645, 729

Baden, Francesco, ndl. Maler 543

Baerle, Caspar van, ndl. Gelehrter, Biograph des Johann Moritz von Nassau-Siegen 111, 185, 395, 404-405, 450, 472, 481-484, 486, 500, 508, 516, 548, 712

Baerze, Jacob de, fläm. Künstler 57

Baïf, Antoine de, frz. Literat 494

Bakhuizen van den Brink, R. C., ndl. Historiker und Publizist 16, 21

Baldaeus, Philippus, ndl. Prädikant im indonesischen Archipel 386

Balzac, Jean-Louis Guez de, frz. Staatsrechtler, Freund des Théophile de Viau 110

Barbatus, Joseph, christl. Ägypter 473

Barendsz., Dirk, ndl. Maler 589

Barentsen, Amsterdamer Buchhändler 439

Barentsz., Willem, ndl. Seefahrer und Entdecker 326, 651

Barlaeus, Caspar s. Baerle, Caspar van

Bartas, Guillaume de, hug. Dichter 519

Bartjens, Willem, ndl. Schulmeister und Verf. eines berühmten Schulrechenbuches 658

Bartolomeo Serlio, Sebastiano di, it. Baumeister u. Maler 586

Basnage de Beauval, Henri, hug. Gelehrter, verfaßte *Histoire des ouvrages des savans* 708, 722

Basnage, Jacques, frz. Hugenotte, Theologe und Historiker, Vertreter der Gelehrten-Republik 705, 722
Bauchem, Johan van, Schöffe in den Haag 239
Baudart, Willem, ndl. Prädikant und Literat 132-134, 309, 488
Baudartius s. Baudart
Baudius, Dominicus, ndl. Altphilologe 514
Bayle, Pierre, Hugenotte, Gelehrter und Publizist 106, 109, 111, 442, 702, 704-708, 711, 715-717, 722
Becanus, Joannes Goropius, ndl. Altertums- und Sprachwissenschaftler 499
Becher, Johann Joachim, dtsch. Reisender 104-105
Beckmann, Johann, dtsch. Gelehrter, Reisender in den Niederlanden 10
Bedwell, Thomas, Begr. d. Orientalistik in England 473
Beeckman, Isaac, ndl. Naturwissenschaftler, Befürworter d. Volkssprache 50, 481, 483, 648, 652, 655-656, 658, 664, 668
Bekker, Balthasar, ndl. Prädikant 442, 649, 709-717
Belchiers, Dabridgcourt, engl. Literat 96
Bellay, Joaquim du, frz. Literat 494, 512
Bellius, Martinus s. Castellio, Sebastian
Bembo, Pietro, it. Humanist, wie Alberti Befürworter der Volkssprache 492-493
Benard, Nicolas, frz. Reisender 111
Benedetti, Giovanni Battista, it. Hofmaler d. Herzogs von Savoyen 649
Bentheim, Lüder von, Bremer Baumeister 672
Benthem, Heinrich Ludolf, luth. Theologe, dt. Kenner der ndl. Republik 105, 464-465, 478
Bernagie, Pieter, ndl. Dramatiker 443
Bernagie, Pieter, Nachfolger des Blasius 484, 557
Bernini, Gian Lorenzo, it. Baumeister 584
Bertius, Petrus, Prädikant in Rotterdam, ndl. Ethiker 181
Beuckelaer, Cornelius, ndl. Feldprediger 317
Beuningen, Coenraad van, Sohn d. Bürgermeisters Geert Dirksz. van Beuningen, Amsterdamer Bürgermeister u. ndl. Gesandter 229, 425
Beuningen, Geert Dirksz. van, Mitbegründer der VOC 229
Beuningen, Gerrit van, ndl. Flottenchef auf der Fahrt in den Archipel 326

Beveren van Zwijndrecht, Jacob van, Schwiegersohn des Jacob de Witt 229
Beveren, Abraham van, Herr von Barendrecht 229
Beveren, Cornelis van, Herr von Strevelshoek 229-230
Beveren, Johanna van, Schwester des Jan und Cornelis de Witt 230
Beza, Theodor, Genfer Theologe aus Burgund, Nachfolger Calvins 143-144, 414, 416, 420, 466
Bicker, Andries, Herr von Engelenburg, Kaufmann und Unternehmer, zwischen 1627 und 1649 zehnmal Amsterdamer Bürgermeister 228
Bicker, Cornelis, Herr von Swieten 228
Bicker, Jacob, Amsterdamer Regent und Mitglied der Amsterdamer VOC-Kammer 228-229
Bicker, Jan, Mitgl. des Amsterdamer Regentengeflechts 228-229
Bicker, Wendela, Tochter von Jan Bicker 229
Bicker-van Swieten, Elisabeth 228
Biestkens, Drucker einer flämischen Bibel 565
Bilderdijk, Willem, ndl. Literat d. 19. Jahrhunderts 17
Blaeu, Joan, ndl. Kartograph und Verleger 112
Blaeu., Willem Jansz., Kartograph, Vater des Joan Blaeu 112, 390, 483, 566, 646-647, 652, 704
Blasius, Gerard, Mediziner an der Amsterdamer Illustre School (Athenäum) 484
Bleiswijk (Familie in Delft) 230
Bleyenburch, Adriaan van, Herr von Naaldwijk, Bürgermeister von Dordrecht 230
Blomaert, Abraham, ndl. Maler 122
Blount, Charles, brit. Deist 714
Boccaccio, Giovanni, it. Schriftsteller 492, 498, 545
Bodin, Jean, frz. Staatstheoretiker 43, 140, 153, 177, 180, 182, 198, 213, 217-218, 263, 436
Boelens, A., ndl. Literat 228, 507
Boelens, Aeltje, Frau d. Jacob Dirksz. de Graeff 228
Boerhaave, Herman, Mediziner in Leiden 9, 50, 111, 475, 477, 666, 668-670, 692
Boileau-Despréaux, Nicolas, frz. Dichter und Kunsttheoretiker 698
Bois, du, Theologe in Leiden 658

Bol, Ferdinand, ndl. Maler 119, 120, 574, 601, 683, 694
Bolnes, Catharina, Frau von Johannes Vermeer 626
Bon, August Friedrich, dtsch. Reisender, Jurist und Geograph 104-106, 557
Bondt, Geraert de, Leidener Mediziner 666
Bonkil, Sir Edward, engl. Adliger 636
Bonn, Andreas, Arzt und Kunstliebhaber 640
Bonsignore, Giovanni di, it. Literat 596
Bont, Geraard de, Mediziner in Leiden 476
Bontekoe, Cornelis, ndl. Literat 343
Bontekoe, Willem Ijsbrantsz., ndl. Seefahrer 46, 136
Bontius, Gerardt, Mediziner in Leiden und Vater des Jacobus Bontius 310
Bontius, Jacobus, Botaniker auf Java 310
Bor, Pieter, ndl. Historiker 133, 215, 513
Borch, Gerard ter, ndl. Maler 267, 311, 625- 626, 694
Borromini, Francesco, it. Baumeister 584
Bos, Jean-Baptiste l'abbé du, frz. Diplomat 184, 635, 663
Bosboom, Johannes, ndl. Maler d. 19. Jahrhunderts 578
Bosch, Hieronymus, ndl. Maler aus 's-Hertogenbosch 37, 60, 61, 300
Bosschaert d. Ä., Ambrosius, ndl. Maler 306, 630
Boswell, James, schott. Schriftsteller 479
Both, Pieter VOC-Generalgouverneur 333, 339-341, 369-371, 373
Bouillaud, Ismael, frz. Astronom 661
Boussingault, frz. Reisender 107-108, 110
Bovier de Fontenelle, Bernard le, Mitgl. der Pariser Académie des Sciences 713-714
Boxhorn, M.Z., ndl. Staatsrechtler 119, 184, 199, 218
Boyle, Robert, brit. Naturwissenschaftler 642, 662, 711
Brahe, Tycho, dänischer Astronom 647
Brandt, Geeraerdt, Vondel-Biograph 321, 420, 507, 536
Brant, Sebastian, Jurist und Hochschullehrer in Basel, Autor des *Narrenschiff* 495, 497
Bredehoff (Familie in Hoorn) 230
Bredenburg, Johannes, ndl. Theologe 713
Bredero, Gerbrand Adriaensz., ndl. Literat, Sohn eines Schuhmachers 31, 50, 394, 511, 517, 521, 528-529, 533, 543-549, 556, 568, 624, 718

Brederode, Hendrik van, ndl. Adliger, Führer der Geusen 565
Brederode, Pieter Cornelisz., ndl. Jurist u. Diplomat 183
Brereton, Sir William, engl. Reisender, Parlamentsmitglied 85-86, 89
Brinck, Ernst, ndl. Geograph und Historiker 489
Broecke, Pieter van den, Oberkaufmann im Dienst der VOC 354, 365, 384
Broederlam, Melchior, fläm. Maler 57
Bronckhorst, Everhard, Altphilologe in Leiden 475
Brouwer, Adriaen, ndl. Maler 554, 624-627
Brouwer, Hendrik, VOC-Generalgouverneur 357, 360, 370
Brueghel, Pieter d.Ä., fläm. Maler 37, 299-301, 306, 614, 615, 616, 621, 779
Brune, Johan de, seeländischer Syndikus, einer d. Herausgeber von Emblemata-Büchern 516, 534, 609, 647
Brunelleschi, Filippo, it. Architekt und Bildhauer 644
Bruni, Leonardo, it. Historiker und Humanist 31, 147
Buchanan, George, schott. Latinist 501, 542
Buchelius, Arnold, Utrechter Anwalt 450
Buchholtz, August Ludwig von, schw. Obristenleutnant 106
Buis, Paulus, ndl. Staatsrechtler in Franeker, 182-184
Buonarotti, s. Michelangelo Buonarotti
Burckhardt, Jakob, schweiz. Historiker 32, 33-35, 54, 297, 644
Burgersdijk, Franco, ndl. Staatsrechtler 181, 184, 218, 461, 656
Burghley, Lord s. Cecil, William
Burke, Edmund, konservativer brit. Politiker und Publizist 54, 270, 641
Burman, Peter, ndl. Philologe 111
Burmannus, Franciscus, ndl. Gelehrter 101
Burney, Charles, brit. Musiktheoretiker und -historiker 31
Busken Huet, Conrad, ndl. Schriftsteller u. Publizist 16, 19-23, 29, 123, 125, 131, 467, 530, 571-573, 576-578, 611, 642-643, 712, 732
Buxtorf, Johann d. Ä., schweiz. Hebräist 485
Buyten, Hendrick van, Delfter Bäcker und Sammler der Werke Vermeers 619, 626
Buzanval s. Chart, Paul

C

Cabelliau, Johannes, Amsterdamer Rechtswissenschaftler 484
Calderón de la Barca, Pedro, span. Dramatiker 553
Caldo, Landeskundiger und Schriftsteller z.Z. des Johann Moritz von Nassau-Siegen 403
Callot, Jacques, lothr. Graphiker 292-293, 580, 628
Calvin, Johannes, Reformator aus Genf 38, 120, 143-144, 242, 263, 283, 415, 448, 493, 642, 647, 648
Camden, William, engl. Archäologe 489
Camerarius, Joachim, dtsch. Dichter 296
Camões, Luis de, portug. Dichter 374
Campanella, Thomas 274
Campen, Cornelis van, Amsterdamer Getreidehändler 549
Campen, Jacob van, ndl. Baumeister 118, 551, 574, 583-586, 608, 679-680, 682
Camphuysen, Dirck Raphaelsz., ndl. Dichter, remonstrantischer Prädikant 322, 521
Camphuysen, Johannes, VOC-Generalgouverneur 392
Cappelle, Jan van de, ndl. Maler 620
Capellen, Alexander van der, geldrischer Adliger 163
Capellen tot den Pol, Joan Derk van der, ndl. Publizist 14, 48, 163, 726
Capitein, J.E., ndl. Prädikant, studierte in Leiden, 406
Caracci, Annibale, it. Maler 579, 592
Caravaggio, Michelangelo da, it. Maler 579-581, 590
Carden, ndl. Ostindienfahrer 47
Carew, Richard, engl. Sprachförderer 495
Carlton, Dudley, engl. Diplomat 106
Carpentier, Pieter de, VOC-Generalgouverneur 344, 368, 370
Cartwright, Thomas, purit. Theologe aus Cambridge 467
Cäsar, Gaius Julius, röm. Diktator 123, 203, 240
Casas, Bartolomae de las, span. Publizist und Kritiker d. span. Kolonialregimes 45, 134, 262, 287, 407
Casaubon, Isaac, führender europ. Gräzist, Leiter der Königl. Bibliothek in Paris Freund des Scaliger 473, 474, 485, 489
Castelein, Matthijs de, ndl. Literat 511

Castellio, Sébastien, frz. protestantischer Humanist 411, 413-414, 426, 429, 431, 434
Catilina, Lucius Sergius, röm. Verschwörer 596
Cato, Marcus Porcius Maior, röm. Staatsmann und Schriftsteller 492
Cats, Jacob, ndl. Staatsmann, Politiker und Literat 9, 16-17, 27-28, 37, 39, 136, 166, 221, 224, 251, 471, 488, 490, 516, 519, 521-525, 527-534, 536, 541, 543, 547, 553, 599, 601, 610, 618, 622, 647, 653-654, 718
Catullus, Gaius Valerius, röm. Dichter 559
Cecil, William, 1st Baron of Burghley, brit. Staatsmann 244
Cele, Johannes, Rektor Stadtschule Zwolle 48
Chandelier, Jan Six van, ndl. Dichter 516, 527
Chapelain, frz. Freund des Chr. Huygens 662
Chart, Paul, Seigneur de Buzanval, frz. Gesandter in Den Haag 48, 259
Cherbury, Edward Baron Herbert of, brit. Deist 714
Chièze, Philippe de, Baumeister am brandenburgischen Hof, 680
Christine, schwed. Königin 199, 441
Cicero, Marcus Tullius, röm. Staatsmann 429, 482, 492, 498, 508
Claesz., Pieter, ndl. Maler 626, 630
Clajus, Johannes, dtsch. Grammatiker 496
Clapmarius, Arnold, dtsch. Jurist 187, 188
Clauber, Johannes, dt. Cartesianer 709
Claudius Civilis, Fürst der Bataver 115-119, 126, 134, 321, 355, 506
Claudius, röm. Kaiser 202
Clerc, Jean le, Herausgeber d. Bibliothèque universelle 704, 708
Clercq, Gillis de, Antwerpener Verbindungsmann zu den Aufständischen 145
Cloppenburg, J.E., Historiker des Aufstandsgeschehens, Verleger 134
Clusius, Carolus s. Escluse, Charles d'
Coccejus, Johannes, ref. Theologe und Orientalist aus Bremen 101, 442, 468, 469, 713
Cock, Hieronymus, fläm. Künstler, Kunsthändler, Verleger 616, 635
Cock, Lucas Cornelisz. de, ndl. Maler 636
Cock, Mathijs, ndl. Graphiker 616
Cocq, Frans Banning, Amsterdamer Bürgermeister 229, 613

Verzeichnis der Personen

Coehoorn, Menno, ndl. Festungsbaumeister 680
Coen, Jan Pietersz., VOC-Generalgouverneur 116, 333, 336, 341, 351-356, 358-363, 366, 368-371, 374, 382, 391, 404
Colbert, Jean-Baptiste, frz. Finanzminister 662
Coligny (frz. Hugenotten-Familie) 675
Coligny, Louise von, 4. Frau des Wilhelm von Oranien 156
Columna, Guido de, frz. Übersetzer der *Ilias* 58
Commelyn, Caspar, Autor eines Reiseführers für Frankreich 487
Commynes, Philippe de, burg. Staatsmann, Diplomat und Historiker 61
Con, Jan, chines. Kaufmann in Bantam 356, 358
Conring, Hermann, dtsch. Gelehrter 104
Coolen, Antoon, ndl. Schriftsteller 114
Coolhaes, Caspar Jansz., ndl. Prädikant 430, 435, 467
Cooper, Anthony Ashley, Graf Shaftesbury, Mitglied des House of Lords 270, 702
Coornhert, Dirck Volckertsz., ndl. Humanist, Literat u. Graphiker 29, 178-179, 287, 300-301, 413-414, 426-431, 434, 436, 448, 498, 500, 504, 506, 513, 536, 540, 547, 565, 633, 635
Cordus, Euricius, dtsch. Dichter 296
Corneille, Pierre, frz. Dramatiker 31, 473, 553, 555, 579, 698, 699, 731
Cornelisz., Cornelis, ndl. Maler 590
Cornelisz., Jacob, ndl. Holzschneider 633
Coryat, Thomas, engl. Literat 96
Coster, Samuel, ndl. Literat, Begr. der „Nederduytsche Academie" 17, 321, 507, 510-511, 517, 548, 550-551, 565, 699
Coteels, Steven, VOC-Bediensteter 370-371
Court, Johan de la, ndl. Staatstheoretiker 145, 185, 187-189, 198
Court, Pieter de la, ndl. Staatstheoretiker 145, 185-189, 195, 197-198, 200, 208-212, 216, 220, 276-277, 279, 336, 419, 420, 490
Coxie, Michaël, ndl. Maler 635
Coymans, Isabella, weibl. Teil eines Eheporträts mit Stephanus Geraerdts 610
Crocius, Ludwig, Bremer Theologe 468
Cromwell, Oliver, engl. Staatsmann 170-171, 199, 204, 211, 276, 702
Cuiter, Volcher, Groninger Arzt 646
Cunaeus, Petrus, Altphilologe, Rechtswissenschaftler in Leiden 475
Cuper, Gijsbert, Bürgermeister von Utrecht 386, 708
Cuyp, Albert, ndl. Maler 31, 621, 637, 640

D
Dach, Simon, dtsch. Barockdichter 472, 642
Dale, Anthonie van, ndl. Arzt, Gelehrter und Täufer 712-714
Dam, Pieter van, VOC-Bediensteter 348, 371, 375-377, 379
Danaeu, Lambert, Genfer Theologe 466
Danean, Lambert, Professor in Leiden 428
Dangeuil 10
Daniel, Adrian, Anhalter Baumeister 684
Dante Alighieri, it. Dichter 492, 781
Dathenus, Petrus, ndl. Calvinist, Berater des Wilhelm v. Oranien 143, 415, 500
David, König Israels 123, 202
David von Burgund, Bastardsohn Philipps d. Guten, später Bischof von Utrecht 588
Davidson, William, schott. Tuchhändler 664
Decker, Jeremias de, ndl. Apotheker und Dichter 517, 521
Defresne, August, ndl. Schriftsteller 114
Dekker, Maurits, ndl. Schriftsteller 114
Deleboe (de la Boë), François, (Franciscus Sylvius), aus Hanau stammender Mediziner in Leiden, bedeutender Vertreter der Iatrochemie 101, 477, 668-669
Delft, Joris van, ndl. Spiritualist, Anhänger des Sebastian Franck 413
Delors, Jacques, Kommissionspräsident d. EU 55
Descartes, René, frz. Philosoph 108-110, 189, 190, 217, 441-442, 448, 464, 481, 557, 648, 655-659, 661-663, 703-704, 706-707, 709, 711-713, 716, 728, 731
Deventer, Jacob van, ndl. Kartograph 565, 646
Diemen, Antonio van, VOC-Generalgouverneur 363, 365, 404
Dieu, Louis de, Theologe 469
Dissius, Jacob Abrahamsz., Sammler der Werke Vermeers 626
Distelmeyer, Christian, Berater des Kurfürsten Johann Sigismund 676
Dodonius, Rembertus, ndl. Botaniker 646
Dohna, Friedrich zu, Gouverneur im Fürstentum Organe Dohna (Familie) 432, 688
Dolci, Carlo, it. Maler 640

Donatello (Donato di Niccolò di Betto die Bardi), it. Bildhauer 31
Donellus, Hugo, frz. Calvinist und Jurist in Leiden 475
Doria, Andrea, Genueser Heerführer u. Politiker 213
Dornau, Caspar, Rektor in Schönaichen 560
Dou, Gerrit, ndl. Maler 601-602, 617, 630, 635, 640
Douglas, Mary, amerik. Sozialwissenschaftlerin 28
Dousa, Janus, ndl. human. Gelehrter und Historiker 126, 258-259, 501, 558-559, 565, 570
Dudley, Robert, Graf von Leicester, Generalstatthalter in den Niederlanden 106, 152-154, 157-158, 161, 206, 244-245, 248, 254, 263, 467, 590
Dullaert, Heymen, ndl. Literat 700
Duplessis-Mornay, Philippe, Mitautor der *Vindiciae contra tyrannos* 144, 146, 420
Dürer, Albrecht, dtsch. Maler und Graphiker 294, 299, 495-496, 582, 588, 614, 633
Durkheim, Emile, frz. Sozialwissenschaftler 28
Duyck, Anthony, Ratspensionär 161
Duym, Jacob, Rederijker 503-505
Dyck, Anthonie van, ndl. (fläm.) Maler 164, 572, 581, 607, 637, 639, 641, 687
Dyck, Floris van, ndl. Maler 630

E
Earlon, Richard, brit. Stecher 639
Eduard von Böhmen, Sohn Friedrichs V. von der Pfalz 464
Edzard II., Graf von Ostfriesland 671
Eeckhout, Albert, ndl. Maler 402
Eeckhout, Gerbrand van den, ndl. Maler 575
Eelking, Bremer Ehepaar 672
Effen, Justus van, ndl. Literat d. Aufklärung 531
Egmont s. Lamoral
Elisabeth I., engl. Königin 83, 554
Elisabeth von Böhmen 85, 88, 95
Elsevier (Elzevier), aus Löwen stammender ndl. Drucker und Verleger 89, 187, 469, 565-566
Emmius, Ubbo, Rektor d. Universität Groningen 49, 461, 463, 643, 648
Empereur, Constantijn l', Bremer Hochschullehrer in Leiden 468-469
Enden, Franciscus van den, ndl. radikaler Denker 710

Episcopius, Simon, Anhänger des Arminius 434
Erasmus von Rotterdam, Desiderius, ndl. Humanist, Theologe und Philosoph 37-39, 49, 60, 62, 141, 284, 322, 411-412, 415, 421, 425, 583, 588
Erberfeld d' (Apotheker-Familie in Bremen) 673
Ernst, Herzog von Sachsen 98
Erpen, Thomas van, Leidener Orientalist, Schüler des Scaliger 473-474, 485, 487, 489-490
Erpenius s. Erpen, Thomas van
Escluse, Charles de l' (Carolus Clusius), Botaniker, baute den bot. Garten in Leiden auf 390, 476, 654, 667
Este d', it. Geschlecht 682
Estienne, Henri, frz. Graecist und Literat 495
Estrades, Godefroi Comte d', frz. Gesandter in den Niederlanden 106, 110
Euklid, griech. Mathematiker 644
Euripides, griech. Dramatiker 542, 579
Evelyn, John, engl. Reisender 88-89, 631
Evertsz., Volkert, dtsch. Handwerker in Amsterdam, Seekadett in VOC-Dienst 337, 618
Eyck, Hubert van, fläm. Maler, Bruder v. Jan 597, 629
Eyck, Jan van, fläm. Maler, Bruder von Hubert 58-59, 597, 614, 629

F
Fabricius, Johann, Seelsorger d. Gustav II. Adolf 298
Fabricius, röm. Konsul 119
Fabritius, Carel, ndl. Maler 575, 694
Faes, Pieter van der s. Lely, Sir Peter
Farnese, Alexander, Herzog von Parma, Generalstatthalter in den Niederlanden 719
Feltham, Owen, engl. Reisender 126, 631
Fénelon, F. de Salignac de la Mothe, frz. Theologe 723
Ferdinand II von Florenz (Medici) 661
Ferdinand II., dtsch. Kaiser 252
Ferdinand III., dtsch. Kaiser 100
Ferguson, Adam, schott. Geschichtsschreiber und Philosoph 31
Fletcher, Jon, engl. Literat 96
Flinck, Govaert, ndl. Maler 118-119, 127, 538, 542, 574, 598-599, 601, 683, 687
Floris V., Graf von Holland 540, 553

Fonseca, Frey Vincente da, Dominikaner-Mönch, Erzbischof von Indien 324
Fontane, Theodor, dtsch. Schriftsteller 677
Franceschi, Piero della, it. Maler und Mathematiker 644
Francius, Petrus, ndl. Prof. f. Rhetorik 539
Franck, Hans Ulrich, dtsch. Zeichner u. Radierer 292, 295, 628
Franck, Sebastian, Lutheraner, Pazifist 284, 411, 413-414, 426
Francken, Sebastian, Ratsherr in Gouda 423
Frangk, Fabian, dtsch. Autor einer dtsch. Orthographie im 16. Jahrh. 496
Fresnoy, Charles Alphonse de, frz. Kunstkritiker und -historiker 634
Friedrich d. Große, preußischer König 688
Friedrich Heinrich, Prinz von Oranien, Statthalter 16, 85, 88, 156, 161-169, 171, 184, 198, 201-202, 211, 216, 221, 225, 229, 240, 251-254, 258, 277, 302, 306-307, 313-314, 317, 320, 471, 480, 482, 515, 524-525, 540, 554, 585-586, 592, 603, 639, 674, 676, 678-680, 686, 690-691
Friedrich IV. von der Pfalz 99
Friedrich V., von der Pfalz, Winterkönig, Exulant in den Niederlanden 99
Friedrich Wilhelm von Brandenburg, der Große Kurfürst 277, 312, 395, 672, 676, 680-681, 683, 685-690
Friedrich, Herzog von Sachsen 98
Frisius, Gemma, ndl. Mathematiker, Arzt und Geograph 461, 564, 646, 653
Fromantiou, Hendrik de, Tier- und Historienmaler aus Maastricht 688
Fromentin, frz. Maler und Kunsthistoriker d. 19. Jahrhunderts 614, 622
Fruin, Robert, ndl. Historiker 727, 735-737, 739

G
Galenus, Claudius, griech. Arzt 666, 668
Galilei, Galileo, it. Astronom 40, 483, 648-649, 651-652, 656, 659
Gama, Vasco da, portug. Seefahrer und Entdecker 365
Gansfort, Wessel, Mitbegründer der *Devotio moderna* 48
Gascoigne, George, engl. Jurist und Literat, diente bei den englischen Truppen in den Niederlanden 95, 494
Gassendi, Pierre, frz. Theologe, Philosoph und Mathematiker 661
Gaulle, Charles de, frz. Staatspräsident 53

Geelkercken, Arnold van, ndl. Landvermesser und Kartograph 680
Geer, Louis de, ndl. Industrieller 98
Geldenhauer, Gerard, geldrischer Humanist 115, 412
Geleynssen, Wollebrand, Kommandeur der Heimatflotte der VOC 344
Gellée, Claude s. Lorrain 580
Geraerdts, Stephanus, männl. Teil eines Porträts von Eheleuten s. Coymans, Isabelle
Gérard, Balthazar, Mörder des Prinzen Wilhelm von Oranien 422
Gesner, Schweizer Arzt 645
Gheeraerts, Marcus, ndl. Maler 512
Gheyn II, Jacques de, ndl. Graphiker 634
Gheyn, Jacob de, ndl. Maler 625
Gideon, israelit. Feldherr 123, 137
Gifford, George, brit. Puritaner 709
Gijsels, Aert, Flottenchef der VOC 348
Gijsius, Johan, ndl. Historiker 133-134
Giorgione (Giorgio di Castelfranco), it. Maler 31, 579
Glapthorne, Henry, engl. Literat 96
Goens, Rijckloff van, VOC-Generalgouverneur 364, 387, 392
Goeree, William, ndl. Publizist 716
Goes, Hugo van der, ndl. Maler 636
Goes, Joannes Antonides van der, ndl. Dichter 227, 699-700
Goethe, Johann Wolfgang von, dtsch. Literat 630, 732
Goldmann, Nicolaus, Prof. f. angewandte Mathematik in Leiden 586
Goliath, Kämpfer der Philister 428
Golius s. Gool
Gölnitz, Abraham, Schriftsteller 88
Goltzius, Hendrik, ndl. Kupferstecher 121, 129, 426-427, 590, 592, 596-597, 616, 633-634
Gomarus, Franciscus, ndl. Theologe 99, 433-435, 437, 467-468
Gool (Golius), Jacob, Nachfolger d. Thomas van Erpen in Leiden 474, 638
Gossaert, Jan, ndl. Maler 588-589
Goyen, Jan van, ndl. Maler 625, 637
Graaf, Reinier de, ndl. Mediziner 381, 600, 664, 668-669
Graaff, Nicolaus de, Schiffsarzt in VOC-Dienst 336, 339, 341-344, 347, 371-374, 378, 385
Grabner, Johann Jacob, dtsch. Reisender 11
Graeff, Dirk Jansz. de, Eisenhändler, Vater des Jacob Dirksz. 228

Graeff, Andries de, Sohn d. Jacob Dirksz. 228, 600
Graeff, Cornelis de, Sohn d. Jacob Dirksz, zehnmal Bürgermeister von Amsterdam 228, 599
Graeff, Jacob Dirksz. de, Frhr. v. Zuid-Polsbroek, Amsterdamer Regent 228
Graevaeus, Bremer Ehepaar 673
Graswinckel, Dirck, ndl. Staatstheoretiker 185, 187, 189, 199, 267
Gratian, Bologneser Rechtsgelehrter 271
's-Gravesande, Arent van, Stadtbaumeister in Leiden 586
Green, Valentine, brit. Stecher 639
Gregorius a Sancto Vincentio, Mathematiker 659, 661
Gresham, Sir Thomas, engl. Baumeister 636, 662-663, 668
Grimm, J.F.C., dtsch. Reisender 10, 11, 497, 558, 561
Grimmelshausen, Johann Jacob Christoff von, dtsch. Schriftsteller 296, 313, 322
Groen van Prinsterer, Guillaume, ndl. Theologe, Politiker und Historiker 18, 22, 146, 149, 242, 416, 740
Gronovius, Johann Friedrich, in Leiden tätiger dtsch. Hochschullehrer 473
Groot, Hugo de s. Grotius
Groot, Pieter de, Sohn des Hugo Grotius, Diplomat 223, 258, 278-279
Groote, Geert, Mitbegründer d. *Devotio moderna* 37, 48, 141, 348, 486-490, 536, 695,
Grosley, Pierre-Jean, frz. Reisender 108
Großer Kurfürst s. Friedrich Wilhelm von Brandenburg
Grotius, Hugo, ndl. Rechtsgelehrter 19, 23, 31, 45, 49, 88, 99, 112, 125, 127-129, 131, 158, 160, 166, 181-183, 185, 204, 214, 218, 222-224, 229, 257-270, 276, 279, 313, 318, 406, 435-436, 438, 442, 445, 472, 483, 488, 539-540, 552, 559, 566, 606, 651-652, 692, 717-718, 723, 725-726, 728-729
Grünewald, Matthias, dtsch. Maler 582
Gruter, Jan, dt. Literaturhistoriker in Heidelberg 560
Gryphius, Andreas, dtsch. Dichter und Dramatiker 99, 296, 561-563, 567, 730
Guicciardini, Lodovico, it. Kaufmann und Beobachter d. Niederlande 457, 493, 512, 618
Guise (kath. Geschlecht in Frankreich) 244

Gussoni, venezian. Gesandter in der niederl. Republik 165
Gustav II. Adolf, schwed, König 138, 167, 203, 268, 274, 312, 683
Gymnich, Jan, Antwerpener Drucker 498

H
Hadrian VI., Papst 589
Haes, Frans de, ndl. Literat 700
Hal, Theologe in Cambridge 531
Halifax, John, mittelalt. Astronom und Mathematiker 460, 702
Haller, Albrecht von, Schweizer Arzt, Schüler des Boerhaave 9, 10, 12, 477, 669
Hals, Dirck, ndl. Maler 625-626
Hals, Frans, ndl. Maler 31, 604, 607, 610, 624
Hamann, Johann Georg, dtsch. Schriftsteller u. Philosoph 10
Hamilton, Frans de, in Kleve tätiger Maler 688
Hannibal, karth. Heerführer 203
Hans Ludwig, Pfalzgraf bei Rhein 464
Hardenberg, Albert Rizäus, ndl. Domprediger 671
Harmensz., Wolfert, VOC-Flottenchef 350, 573
Harrington, James, engl. Utopist 726
Hartmann, Samuel, dtsch. Pfarrer, Reisender in den Niederlanden 98
Hartogsveld, Direktor bei der VOC 342
Harvey, William, engl. Naturwissenschaftler und Mediziner 40, 668
Hasanuddin, Sultan v. Makassar 353
Hasselaer, Dirk, Amsterdamer Regent und Mitglied der Amsterdamer VOC-Kammer 330
Haughton, William, engl. Literat 95
Heda, Willem Claesz., ndl. Maler 630
Heem, Jan Davidsz. de, ndl. Maler 630
Heemskerck, Jacob van, ndl. Seefahrer und Entdecker, Vizeadmiral unter van Neck, später Flottenführer 326
Heemskerck, Maarten van, ndl. Maler 589, 591, 633, 635
Heemskerck, Johan van, ndl. Literat 712
Heere, Lucas d', fläm. Maler und Dichter 211, 300-302, 306, 312, 333, 498, 512, 520, 597, 628, 636-637
Heereboord, Adriaan, ndl. Naturphilosoph 656
Hegel, Georg Wilhelm Friedrich, dtsch. Philosoph 593, 622

Heije, Jan Pieter, ndl. Dichter d. 19. Jahrh. 578
Heimbach, Wolfgang, Bremer Maler 672
Heineccius, Johann Gottlieb, dt. Jurist 728
Heinrich Friedrich, Prinz, Sohn Friedrichs V. von der Pfalz 309
Heinrich II., frz. König 494
Heinrich III., frz. König 244
Heinrich IV., frz. König 41, 44, 133, 161, 203, 244-245, 259, 273
Heinrich VIII., engl. König 494, 583, 636
Heinrich von Navarra s. Heinrich IV.
Heinse, Johann Jacob Wilhelm, dtsch. Dichter 11
Heinsius, Anthonie, Ratspensionär 175, 281, 282
Heinsius, Daniel, ndl. Sprachwissenschaftler und Dichter 50, 105, 136, 258, 469, 472-473, 475, 482, 484, 501, 504, 508, 511, 516, 519, 528, 559, 561, 569-570, 647, 730
Helman, Aubert, ndl. Schriftsteller 114
Helmers, J.F., ndl. Literat d. 19. Jahrhunderts 19
Helmichius, Amsterdamer *Illustre School* 467
Helmont, Jean Baptist van, südndl. Arzt, Chemiker und Philosoph 477
Helst, Bartholomeus van der, ndl. Maler 322, 574, 607, 611
Helvetius, frz. Agent 175
Henninius, Rektor der Universität Duisburg 12
Henri II, Prinz von Condé, Freund d. Hugo Grotius 259
Henriette Catharina von Oranien, Tochter des Statthalters Friedrich Heinrich 639, 684-685
Henriette Marie, Frau Karls I. von England 613
Herder, Johann Gottfried, dtsch. Theologe, Kulturphilosoph und Literaturwissenschaftler 10, 12, 731, 745
Herodot, griech. Geschichtsschreiber 204
Herri met de Bles, ndl. Maler 614
Hertefeld (klevische Familie) 677
Hesnault, Jean, frz. Literat 110
Hessus, Eobanus, dtsch. Dichter 296
Heuiters, Pontus de, Autor einer niederdeutschen Orthographie 499
Heurne, Johan van, Mediziner in Leiden 476, 477

Heurne, Otto van, Mediziner in Leiden, Sohn d. Johan van Heurne 476
Heurnius, Johannes s. Heurne, Johan van 666, 667
Heurnius, Otto s. Heurne, Otto van 667
Heyden, Jan van der, ndl. Maler 620
Heyn, Piet, ndl. Flottenchef 395
Heyns, Zacharias, Sohn des Dichters Pieter Heyns, in Amsterdam als Verleger tätig 519, 565
Hillegaert, Pauwels van, ndl. Maler 162, 302
Hippokrates, griech. Arzt 669
Hobbema, Meindert, ndl. Maler 637, 640
Hobbes, Thomas, engl. Staatstheoretiker 41, 185, 189-192, 195-196, 198, 217, 710, 715, 726, 731
Hoefnagel, Suzanna, Mutter d. Constantijn Huygens 515
Hoet, Gerard, ndl. Kunsthändler 640
Hoeuft, Dirk, Schwiegersohn des Jacob de Witt 229
Hoey (Familie in Gorcum) 230
Hoeye, Rombout van der, ndl. Kupferstecher 318
Hogarth, William, engl. Maler und Stecher 639
Hogenberg, Frans, ndl. Graphiker 628, 636
Hogeveen, Cornelis van, Neffe des Jacob de Witt 229
Holbein d. Ältere, Hans, dtsch. Maler 582
Holbein d. Jüngere, Hans, dtsch. Maler 582-583
Hollanda, Francisco de, port. Zeichner und Kunsttheoretiker 582
Holwarda, Johannes Pholcylides, lehrte das heliozentrische System in Franeker 648
Holywood s. Halifax
Homer, griech. Dichter und Literat 12, 144, 486, 498
Hondecoeter, Melchior d', ndl. Maler 696
Hondius, Henricus, ndl. Graphiker und Verleger 646
Hondius, Petrus, ndl. Literat 618
Honthorst, Gerard van, ndl. (fläm.) Maler 168, 590, 639, 687
Honthorst, Willem van, ndl. Maler im Dienst des Großen Kurfüsten 687
Hooch, Pieter de, ndl. Maler 120, 575, 625-627, 694
Hooft, Aernout, Sohn des P.C. Hooft 488
Hooft, Cornelis Pietersz., Amsterdamer Bürgermeister und Vater des P.C. Hooft 176, 184, 228, 424-425

Hooft, Pieter Cornelisz., Sohn des C.P. Hooft, ndl. Dichter und Geschichtsschreiber, Drost von Muiden 21, 26, 31, 50, 86, 126-127, 133, 136, 166, 179, 185, 214, 222, 253, 321, 470, 488, 511, 513-515, 528, 536, 539-540, 566, 577
Hooghe, Romein de, ndl. Maler 239
Hoogstraeten, Samuel van, ndl. Maler u. Kunsttheoretiker 572, 574-575, 594, 597, 600-601, 635, 696-697
Hoogstraten, Daniel van, ndl. Literat 321, 594, 700
Hooke, Robert, brit. Naturwissenschaftler. 664
Hoorne s. Montomorency, Filips
Horaz s. Quintus Horatius Flaccus,
Hortensius, Martinus s. van den Hove
Hotman, François, frz. Historiker und Jurist 128, 143, 144, 153
Houbraken, Arnold, ndl. Künstler-Biograph 572, 574, 577, 598-599, 601, 624, 638, 673, 695
Hout, Jan, Kurator der Universität Leiden 465, 467, 501, 513
Houtman, Cornelis de, ndl. Flottenchef auf der Fahrt der Vorkompagnien in den Archipel 326, 329, 382, 651
Houtman, Frederik de, Bruder d. Cornelis de Houtman, Gouverneur auf Ambon 382, 387
Hove, Maarten van den (Martinus Hortensius), Astronom und Mathematiker in Amsterdam 483, 652
Howell, James, Angestellter, engl. Reisender 89, 90
Huber, Ulric, Rechtsgelehrter in Franeker 478
Huber, Wolf (Wolfgang), dtsch. Maler 582, 614
Hubert, Anthonis de, Psalm-Übersetzer 536
Hudde, Johannes, ndl. Mathematiker 229, 658, 659, 664
Hudemann, Henrich, Bewunderer des Janus Dousa 559
Huizinga, Johan, ndl. Historiker 12, 16-18, 22-29, 31-36, 41, 62, 65, 94, 96, 103, 131, 412, 530, 576, 584, 630-631, 642, 705, 718-719, 721-722, 732-733, 735-736, 741
Hutten, Ulrich von, Ritter und Publizist 497
Huygens, Christiaan, Vater d. Constantijn Huygens 23, 50, 112, 576, 652

Huygens, Constantijn, ndl. Gelehrter und Sekretär des Statthalters Friedrich Heinrich 16, 27, 31, 49, 110, 136, 165, 224, 482, 490, 507, 513, 515-519, 523-526, 528-530, 532 536, 548, 553, 577, 600, 604, 613-614, 618-619, 688
Huygens, Christiaan, ndl. Naturwissenschaftler, Sohn d. Constantijn Huygens 657-665, 704
Huygens, Maurits, Bruder d. Constantijn Huygens 515

I
Ickelsamer, Valentin, dtsch. Autor einer Orthographie-Fibel im Archipel 496

J
Jacobsen Jensen, J.N., Amsterdamer Bibliotheksangestellter 77, 82
Jacobsz., Dirck, ndl. Maler 574, 589
Jakob I., engl. König 41, 198, 228
Jansen, Sacharias, Erfinder eines Fernglases 651
Jansson, Pieter, einer der Richter des Johan van Oldenbarnevelt 507
Jansz., Jasper, Gouverneur auf Ambon 370
Jansz., Willem, VOC-Angestellter 368
Jephtha, einer der großen Richter Israels 137
Jesaja, altt. Prophet 286, 654
Joachim Friedrich, Kurfürst v. Brandenburg 675
Johan Willem Friso von Nassau, ndl. Statthalter 175
Johann Georg II. von Anhalt Dessau 683
Johann Moritz von Nassau-Siegen, Gouverneur von Pernambuco 395-402, 404-406, 586, 680, 682-683, 686, 688
Johann Sigismund, Kurfürst v. Brandenburg 674-676, 688
Johann von Nassau, Bruder Wilhelms v. Oranien 150
Johann Wilhelm, Kurfürst von Pfalz-Neuburg und Herzog von Jülich und Berg 639, 733
Joly, Claude, Kanonikus an der Notre Dame in Paris 108, 109
Jonkbloet, Tieleman, ndl. Festungsbaumeister 680
Jordaens, Jacob, ndl. Maler 118-119, 574, 688
Josua, Nachfolger d. Moses 124, 137
Judas, Jünger Jesu 123

Junius, Franciscus, Heidelberger Theologe in Leiden 144, 467, 482
Jurieu, Pierre, frz. Theologe, Hugenotte 706
Justin von Nassau, ndl. Heerführer 303

K
Kaempfer, Engelbert, Deutscher im Dienste der VOC 338, 367, 392
Kalf, Willem, ndl. Maler 630, 631
Kant, Immanuel, dtsch. Philosoph 12
Karl d. Kühne, Herzog von Burgund 58, 64-66
Karl I., engl. König 199, 220, 252, 555, 581, 637-638
Karl II., engl. König 101, 171, 279, 636
Karl IX., schwed.. König 274
Karl V., dtsch. Kaiser 61, 67, 71, 272-273
Karl X. Gustav, schwed. König 683
Karneades, griech. Philosoph 266
Karon, François, ndl.Gouverneur auf Hirado 367
Key, Lieven de, aus Gent stammender ndl. Baumeister 583-584, 608, 672
Keyser, Hendrik de, ndl. Baumeister und Bildhauer 86, 583-584, 608
Keyser, Pieter de, ndl. Baumeister 608
Keyser, Pieter Dircksz., Navigator und Schüler des Plancius 326
Kidwelly, Sir John Donne of, engl. Adliger 636
Koerbagh, Adriaen, ndl. Anhänger des Spinoza 710
Koerbagh, Johannes, ndl. Anhänger des Spinoza 710
Koninck, Philips, ndl. Maler 315, 620
Kopernikus, Nikolaus, Astronom 483, 647-648, 653, 657
Koster, Herman Allertsz., Hrsg. des *Spieghel der Jeught* 135
Kropotkin, Pjotr Alksejevitsj, russ. Adliger 726
Kuyper, Abraham, ndl. Ministerpräsident und Führer der Antirevolutionären Partei (AR) 18

L
Laan, Beatrix van der, weiblicher Teil des Eheporträts mit Isaac Massa 610
Laer, Jan van, ndl. Ingenieur, Nachfolger des van Valckenburgh im Dienst der Hanse 672
Laet, Johannes de, ndl. Autor eines Berichtes über das Reich des Großmoguls 47, 403, 612

Lairesse, Gerard, ndl. Maler und Kunsttheoretiker 572, 594, 632, 697, 699
Lambrecht, Joos, Genter Drucker 498
Lamoral, Graf von Egmont, südndl. Oppositioneller, zusammen mit Hoorne hingerichtet 133
Langendijk, Pieter, ndl. Bühnenautor 557
Languet, Hubert, Mitautor der *Vindiciae contra tyrannos* 144, 153
Lannoy, Ph., Korrespondenzpartner des Lipsius 486
Lansbergen, Philips, Prädikant und Astronom, mit Stevin Verteidiger des kopernikanischen Systems 647-648, 654
Lastman, Claes, ndl. Maler 612
Lastmans, C.J., ndl. Seefahrt-Kundiger 390
Lauremberg, Johann, dtsch. Mathematiker 561
Le Jolle, Pierre, frz. Kaufmann 109
Le Laboureure, S., frz. Reisender 108, 112
Le Pays, René, frz. Reisender 110
Leeghwater, Jan Adriaensz., ndl. Ingenieur 618
Leeu, Gheraert, ndl. Drucker in Gouda 564
Leeuw, Adriaen Bastiaensz. de, ndl. Schauspieler 563
Leeuwenhoek, Antonie van, ndl. Erfinder des Mikroskops 40, 50, 660, 664-665
Leibniz, Gottfried Wilhelm, dt. Philosoph u. Mathematiker 659, 664, 715
Leicester s. Dudley, Robert
Lely, Sir Peter (Pieter van der Faes), ndl. Maler 637
Lemaire de Belges, Jean, frz. Sprachkundler 493
Lemaire, Isaac, südndl. Kaufmann und Reeder 16
Lennep, Jacob van, ndl. Literat 578
Leo VI, oström. Kaiser 471
Leo, Heinrich, dtsch. Historiker 14
Leonardo da Vinci 665
Leopold, Erzherzog 20, 249, 734
Lever, Ralph, engl.Literat 494
Liebstadt, Georg Marcgraf von, Naturwissenschaftler und Studienfreund des Willem Piso 402-403
Lier, Aernout Gijssels van, ndl. Ingenieur 678
Lievens, Jan, ndl. Maler 118-119, 538, 686
Lijn, Cornelis van der, VOC-Generalgouverneur 360
Lingelsheim, Georg Michael, kurpfälz. Berater in Heidelberg, Briefpartner des Grotius 128-129, 263

Linschoten, Jan Huygen van, ndl. Seefahrer aus Enkuizen 324-327, 336
Lipperhey, Hans, aus der Provinz Seeland, Erfinder des Fernglases 651
Lipsius, Justus, ndl. Humanist 116, 176-180, 184, 217, 258-259, 263, 287, 426-429, 467, 469-471, 473, 476, 482, 486-490, 504, 563, 675-676, 689-692
Lisola, Franz Paul Frhr. von, österr. Politiker und Diplomat 280, 282
Liss, Johann, dtsch. Maler 628
Livius, Titus, röm. Historiker 492, 498
Locher, Jakob, Übers. des *Narrenschiff* ins Lateinische 123, 495
Locke, John 42, 82, 94, 206, 557, 663, 702-703, 705, 726, 728
Lodewijcksz., Willem, ndl. Kaufmann auf einer Reise unter Cornelis de Houtman 382
Lons, Dirk Evertsz., ndl. Radierer 618
Loon, Hans van, Amsterdamer Regent und Mitgl. der Amsterdamer VOC-Kammer 330
Loos, Bürgermeister in Medemblik 224
Loos, Cornelius, kath. Publizist 286
Lope de Vega, Felix, span. Schriftsteller 553
Lorrain, Claude, frz. Maler 580-581
Lotichius, Johannes Petrus, Bewunderer des Janus Dousa 559
Louise Henriette von Oranien, Tochter des Statthalters Friedrich Heinrich 676-679, 683-687, 691
Loxe, Jan, Schiffsarzt der VOC 343
Loyseleur de Villiers, Pierre de, Hofprediger 150
Lucä, Friedrich, dtsch. Theologe und Chronist 100-102, 104
Ludwig van Male, Schwiegervater v. Philipp d. Kühnen 57-58
Ludwig von Nevers, Graf v. Flandern 70
Ludwig XIII., frz. König 228, 251
Ludwig XIV., frz. König 40-41, 79, 91, 109-110, 125-126, 138, 172, 214-215, 274, 276, 281, 425, 441, 555, 584, 662, 674, 696-697, 700-701, 707
Ludwig, Pfalzgraf von Simmern 464, 686
Lumey s. Mark, Willem van der
Lust, Steven Theunisz. Van der, Mitgl. d. Rederijkerkammer Haarlem 322
Luther, Martin, dtsch. Reformator 80, 139, 283, 412, 496, 642
Luyken, Caspar, ndl. Maler 618
Luyken, Jan, ndl. Maler 618

Lydius, Jacobus, ndl. Dichter und Prädikant 125
Lyere, Emmery de, Anhänger des Joris van Delft 413

M
Macauly, Thomas Babington, engl. liberaler Politiker 80
Machiavelli, Niccolò, it. Staatstheoretiker 31, 142, 177, 189, 190, 493, 726
Maeght, Jan (u. Hendrick) de, fläm. Teppichweber (Unternehmer) 302
Maelwael (Gebrüder), fläm. Miniaturmaler 57
Maes, Nicolaas, ndl. Maler 696
Maetsuyker, Joan, VOC-Generalgouverneur 363
Maffei, Scipio, venet. Aufklärer 707
Magirus, ndl. Naturkundiger 461
Malebranche, Nicolas, frz. Philosoph 711
Mander, Carel van, ndl. Maler und Kunsttheoretiker 75, 302, 500, 508, 511, 522, 538, 588-590, 592, 594-599, 602, 606, 614-617, 622, 633-635, 694, 696
Mansel, Sir Robert, engl. Glasfabrikant 89
Maratta, Carlo, it. Maler 638, 640
Marcus Curius Dentatus, röm. Konsul 119
Marenzio, Luca, it. Komponist 522
Margarethe von Parma, Generalstatthalterin 69, 416
Margaretha von Österreich, Generalstatthalterin, Tante Karls V. 75
Maria Stuart, schott. Königin 319-320 539, 554
Maria von Ungarn, Generalstatthalterin, Schwester Karls V. 71, 246
Maria, Herzogin von Burgund 58, 65-66, 149
Maria, Tochter des Statthalters Friedrich Heinrich 686
Marie de Medici (Gegnerin Richelieus) 252
Marius, Gaius, röm. Staatsmann 596
Mark, Willem van der, Herr von Lumey, Geusenführer 95, 426, 674, 676-677, 683, 686
Marnix van St. Aldegonde, Philipp van, Gelehrter und Literat, Mitstreiter des Wilhelm von Oranien 129, 145, 149, 285-286, 413, 415, 417, 423, 486, 488, 500, 502, 512-513, 515, 519, 565
Marolles, Michel de, Abbé 292
Marston, John, engl. Literat 95
Martini, Bremer Theologe, (Freund des Arminius) 414, 468

Massa, Isaac, Teil eines Porträts von Eheleuten s. auch, Laan, Beatrix van 610
Masaccio, it. Maler 31
Massinger, Philipp, engl. Literat 96
Matelief, Cornelis, VOC-Flottenchef 350, 369
Matisse, Henri, frz. Maler 630
Matthäus, Evangelist 288, 714
Maximilian v. Habsburg, dtsch. Kaiser 66, 70-71, 495, 590
Mazarin, Jules (Giulio), Herzog von Nevers, frz. Kanzler 170, 255
Medici, Katharina de, frz. Königin 494
Medici, Lorenzo di, Florenzer Regent 492
Medina, Pedro de, span. Seefahrt-Kundiger 390
Meerman, Johannes, ndl. Chronist d. 18. Jahrhunderts 91, 129, 243, 617
Melanchton, Philipp, dtsch. reform. Theologe 297, 448
Memhardt, Johann Gregor, aus Linz gebürtiger, vornehmlich in den Niederlanden tätiger Architekt und Festungsbaumeister 679-680
Memling, Hans (Jan Memlinc), in Brügge arbeitender hess. Maler 636
Mencke, Otto, Leipziger Gelehrter 708
Mercator, Gerhard, dtsch. Schüler des Gemma Frisius 481-482, 564, 646, 651
Merens (Familie in Hoorn) 226-227, 230
Mersenne, Marin, frz. Mathematiker u. Musiktheoretiker 661
Mertes, Michael, Publizist 53
Merula, Paulus, ndl. Staatsrechtler und Historiker 181-182, 214, 260, 514
Meteren, Emanuel van, ndl. Historiker 127, 133, 222, 512-513
Metius, Adriaen Anthonisz., ndl. Vermessungsingenieur 648, 650
Metius, Jacob, Linsenschleifer, Sohn des Adriaen Anthonisz. Metius 651
Metsu, Gabriel, ndl. Maler 625
Meyer, Lodewijk, ndl. Arzt und führendes Mitglied von *Nil volentibus arduum* 556, 568, 698, 700
Meyer, Rudolf, dtsch. Pfarrer und Pietist 310
Meyer, Rudolf, schweiz. Zeichner u. Radierer 294, 628
Meyster, Everard, ndl. Literat 523
Michelangelo Buonarotti, it. Bildhauer, Maler, Architekt und Dichter 579, 582, 635
Michiel, Francesco, venez. Gesandter in Den Haag 17, 222, 258, 302, 334

Mierevelt, Michiel Jansz. van, ndl. Maler 258, 302, 514, 530
Mieris, Frans van, ndl. Maler 111, 577, 601,
Mijtens, Daniel, ndl. Maler 637
Mijtens, Jan, ndl. Maler 679, 686- 687
Milton, John, engl. Dichter 726, 731
Mirabeau, André Boniface Louis de Riqueti de, frz. Politiker 726
Misson, François-Maximilien, frz. Reisender 107-108
Molenaer, Jan Miense, ndl. Maler 625-626
Molière, Jean-Baptiste, frz Komödienschreiber und Schauspieler 31, 553, 579, 698
Molijn, Pieter de, ndl. Maler 604
Mollet, André, frz. Gartenbauarchitekt 585
Moncony, Balthasar de, frz. Adliger Und Reisender 111
Monnet, Jean, frz. Politiker 55, 732
Montesquieu, Charles-Louis de Secondat, frz. Staatstheoretiker 10
Montfort (Blocklandt), Anthonie van, ndl. Maler 599
Moretus, Antwerpener Drucker und Verleger 439
Moritz von Böhmen, Sohn Friedrichs V. von der Pfalz 464
Moritz, Prinz von Oranien, Statthalter 107, 117, 123, 155-156, 158-163, 167, 169, 200, 211, 216, 221-222, 227, 229, 248-249, 251, 281, 290-291, 302, 304, 306-307, 312, 413, 420, 433, 437, 468, 471, 480, 502, 539, 540, 611-612, 643, 649-650, 672, 689-690
Mornay, Philippe de, einer der vermutlichen Autoren der *Vindiciae contra tyrannos* 144, 146, 420, 487
Moryson, Fynes, engl. Reisender 39-40, 82-86, 88, 98
Moscherosch, Johann Michael (Ps.), dtsch. Dichter und Pädagoge 561
Moses, führte die Israeliten aus der ägypt. Gefangenschaft 122, 124, 137, 367, 506, 531, 606, 643, 647
Mostart, Daniel, Amsterdamer Stadtsekretär 482
Mountfort, Walter, Bediensteter d. engl. East India Company 95
Mulerius, Nicolaus, Mediziner und Mathematiker an der Universität Groningen 648, 653
Mulisch, Harry, ndl. Schriftsteller 732
Müller, Jörg Franz, dtsch. Reisender in VOC-Diensten 97-98, 337, 339

Muller, Pieter Lodewijk, ndl. Historiker 23, 150, 576, 577, 642, 737
Mundy, Peter, engl. Reisender 27, 28, 86-89, 97
Murner, Thomas, Franziskaner-Mönch 497

N
Nain, le (Gebrüder), frz. Maler, Naturwissenschaftler und Techniker 580
Naudé, Gabriel, frz. Gelehrter 710
Nebukadnezar, babyl. Herrscher 125
Neck, Jacob van, ndl. Flottenchef auf der Fahrt in den Archipel 328, 344, 346
Nero, röm. Kaiser 118, 123, 202
Nerval, Gerard de, frz. Schriftsteller 17
Netscher, Caspar, ndl. Maler 640
Neumayr von Ramssla, Wilhelm, Begleiter d. Herzogs von Sachsen in den Niederlanden 98
Newton, Isaac, engl. Naturwissenschaftler 40, 663, 703
Nicholson, William, Bischof v. Carlisle, engl. Reisender 90
Nieulandt, Adriaen van 612
Noodt, Gerard, ndl. Rechtsgelehrter 442, 708
Nooseman, Adriana, erste ndl. Bühnenschauspielerin 554-555
Noot, Jan van de, Antwerpener Patrizier, Schriftsteller und Dichter 498, 512
Nootmans, Pieter, ndl. Dichter 624
Nuyens, Willem Jan Frans, ndl. katholischer Historiker 18

O
Obrecht, Jacob, ndl. Komponist 18
Occo, Pompejus, ndl. Bankier 589
Oelingerus, Albertus, dtsch. Grammatiker d. 16. Jahrhunderts 496
Oldenbarnevelt, Johan van, Ratspensionär 120, 127, 133, 139, 160, 165, 179, 233, 225-227, 259-260, 288, 290, 329, 425, 442, 444-445, 505, 507, 539-540, 544
Oldenbarnevelt, Willem van, Sohn d. Johan van Oldenbarnevelt 599
Opitz, Martin, dtsch. Literat 12, 50, 99, 105, 297, 472, 501, 559, 560, 561, 567, 568, 730
Orville, d' 483
Ostade, Adriaen van, ndl. Maler 624, 625
Ostade, Isack van, ndl. Maler 624, 625
Ostayen, Adriaan van, ndl. Maler 544
Oudaen, Joachim, ndl. Dichter und Ziegelbäcker 518, 521, 527, 700
Oudtshoorn, Arnold de Vlaming van, Militär im Dienst der VOC 353
Overbury, Thomas, engl. Dichter u. Reisender 85
Overlander, Volckert, Bürgermeister von Purmerend 228
Ovid s. Publius Ovidius Naso
Oxenstierna, Axel, Graf von Södermöre, schwed. Staatsmann 268

P
Pacx, Hendrik Ambrosius, ndl. Maler 168, 302
Paets, Adriaen, Regent in Rotterdam 706, 708
Palladio, Andrea, it. Baumeister 585, 682
Paludanus, Bernardus, Arzt in Enkhuizen, Freund des Escluse (Clusius) 654, 667
Paracelsus (Teophrastus Bombastus von Hohenheim), schweiz. Arzt und Naturphilosoph 477
Parival, Jean Nicolas de, frz. Literat 108, 110-111, 113
Pascal, Blaise, frz. Mathematiker und Physiker 661, 731
Patenier (Patinir), Joachim, ndl. Maler 614
Patin, Charles, frz. Arzt und Altertumsforscher 77
Pauw, Adriaan, Amsterdamer Regent und Ratspensionär 166, 252, 311
Pauw, Adriaen, Sohn des Reynier und Syndikus von Amsterdam 228
Pauw, Cornelis, ndl. Gesandtschaftssekretär in der Türkei, Sohn des Reynier Pauw 228
Pauw, Pieter, Leidener Mediziner 476, 666
Pauw, Reynier, Amsterdamer Großkaufmann und Unternehmer 228-229
Pels, Andries, Mitbegründer von *Nil volentibus arduum* 556, 557, 698-700
Perkins, William, engl. Theologe in Cambridge 531
Perrenot, Antoine de (Kardinal Granvelle), Staatsratsvorsitzender 68
Petavius, Dionysius, Amsterdamer-Hochschullehrer 482
Peter der Große, russ. Zar 229
Petrarca, Francesco, it. Dichter 492, 512, 528, 582
Petrus van Mastricht, in Utrecht tätiger deutsch-niederländischer Theologe 716
Pfaff, Tübinger Theologe und Universitätskanzler 419

Pfeiffer, August, Generalsuperintendent aus Lübeck 714
Philipp d. Gute, Herzog von Burgund 65-66, 70
Philipp d. Kühne, Herzog von Burgund 57, 64, 70
Philipp d. Schöne, Sohn d. Maria v. Burgund 66
Philipp II., span. König 45, 67, 68, 72, 118, 123, 140, 246, 462, 565, 646
Philipp IV., span. König 256, 303, 314, 321
Philipp von Böhmen, Sohn Friedrichs V. von der Pfalz 464
Philipp von Kleve, setzte sich für die ndl. Städte im Widerstand gegen Maximilian ein 71
Phrysius s. Frisius
Picard, Jean, frz. Mathematiker 112
Piles, Roger de, frz. Kunstkritiker und -historiker, Freund des Fresnoy 634, 635
Pirckheimer, Willibald, dtsch. Humanist 496
Piso, Willem, Leibarzt des Johann Moritz von Nassau-Siegen 402
Pitt, William d. Ältere, engl. Politiker 479
Plancius, Petrus, ndl. Geograph 16, 325-326, 328, 390, 467, 651, 654
Plantijn, Christoffel, ndl. Verleger 473, 499, 565-566, 646, 651
Plato, griech. Philosoph 645
Ploos van Amstel, C., ndl. Kunsthändler d. 18. Jahrhunderts 610-611
Plutarch, griech. Schriftsteller u. Philosoph 119, 538, 596
Poelenburgh, Cornelis van, ndl. Maler 636, 640
Poetou, Guillaume de, Mentor der Gruppe *Pléiade* 512
Poggini, Senno, Mitgl. der italienischen Gemeinde in Antwerpen 512
Polo, Marco, it. Entdeckungsreisender 46
Polyander, Johannes, orth. Theologe 468
Pomponne, Simon-Nicolas Arnauld de, frz. Gesandter in den Niederlanden 106, 112
Pontanus, Joannes Isaac, Altphilologe in Harderwijk 118, 489
Poot, Hubert Kornelis, ndl. Dichter 21
Post, Frans, ndl. Maler 398-399, 402-403
Post, Pieter, ndl. Architekt 403, 584-586, 679-680
Pot, Hendrick, ndl. Maler 120
Potgieter, E.J., ndl. Publizist, Begründer und Red. der Zeitschrift *De Gids* 15-16, 530, 577-578, 736

Potter, Paulus, ndl. Maler 640
Poussin, Nicolas, frz. Maler 580-581, 634
Propst, Jacob, Augustiner-Mönch 671
Ptolemaeus, Claudius, griech. Naturforscher 483
Publius Ovidius Naso, röm. Dichter 508, 538, 540, 595-597
Publius Terentius Afer, röm. Komödienschreiber 546
Publius Vergilius Maro, röm. Dichter 492, 523, 539, 570
Pufendorf, Samuel, dtsch. Historiker und Staatsrechtler in Heidelberg 103, 267-270, 692
Pyrrhus, König d. Molosser und Makedonier 119

Q
Quellinus, Artus, ndl. Bildhauer 682
Quintilianus, Marcus Fabius, röm. Rhetor 508
Quintus Horatius Flaccus, röm. Dichter 473, 495, 511, 538-539, 555, 698, 712

R
Rabus, Petrus, ndl. Literat 700
Racine, Jean, frz. Dichter und Dramatiker 31, 579, 698-699
Rade, Gillis van, aus Gent stammender Drucker in Franeker 565
Radermacher, Johan, Aachener Kaufmann 512
Raffael s. Raffaelo Sanzio
Raffaello Sanzio, it. Maler 31, 579
Ramée, Pierre de la s. Ramus, Petrus
Ramus, Petrus, frz. Philosoph 467, 645, 652-653
Ranke, Leopold von, dtsch. Historiker 20, 734-735
Raphelengius, Franciscus, Hebräist und Arabist 473, 565
Raule, Benjamin, ndl. Kaufmann und Reeder 678
Rawdon, Marmaduke, engl. Reisender 89
Reael, Laurens, VOC-Generalgouverneur 341, 383-384, 536-537, 652
Reael, Renier, Amsterdamer Hochschullehrer 483
Rebmann, Georg Friedrich, dtsch. Jursit, Reisender in den Niederlanden 11
Reede tot Drakenstein, Hendrik Adriaan van, ndl. Botaniker 341-342, 387, 392, 620

Regius, Henricus, ndl. Mediziner und Botaniker 648, 656
Regnard, Jean François, Komödienschreiber 109
Reigersberg, Maria van, Frau d. Hugo Grotius 259
Rembrandt Harmensz. Van Rijn, ndl. Maler und Graphiker 17-18, 22-23, 31, 36, 87, 118-119, 484, 491, 513, 521, 556, 571-578, 599, 601-602, 604, 607, 633, 635, 639-640, 679, 699, 718, 734
Renan, Ernest, frz. Historiker 131, 735, 739
Renerius, Henricus, ndl. Naturphilosoph 656
Renesse, L.G. van, Feldprediger unter Friedrich Heinrich 480
Reni, Guido, it. Maler 580
Revius, Jacob, ndl. Theologe und Dichter 124, 309, 310, 507, 519, 520, 521, 541
Reyd, Everhard van, ndl. Historiker 124, 133, 249, 513
Reynolds, Joshua, frz. Kunsthändler und Kunstkritiker 638
Reynst, Gerard, VOC-Generalgouverneur 341, 351, 375
Richard III., engl. König 569
Richelieu (Plessis, Armand Jean du) 251, 254-255, 273, 279, 698,
Richter, Christian, dtsch. Radierer 292, 628
Richter, Georg, dtsch. Hoschchullehrer 558
Riemenschneider, Tilmann, dtsch. Bildhauer 497
Rijck, Simon, Amsterdamer Regent und Mitglied der Amsterdamer VOC-Kammer 330
Rijckwaert, Cornelis, ndl. Architekt 680
Rijswijk, Johan van, ndl. Baumeister 102, 672, 683, 721
Ringelbergius, Joachim Fortius, Humanist 458, 645
Rist, Johann, dtsch. Theologe u. Schriftsteller 298
Rivet, André, ndl. Theologe 648
Rivo Ursino, Galeacco, Publizist 204
Roberthin, Robert, dtsch. Dichter 472
Robinson, Henry, engl. Kaufmann 419
Roche, Sophie de La, dtsch. Schriftstellerin 11
Rodenburgh, Theodore, ndl. Literat 511
Rogerius, Abraham, ndl. Prädikant im Archipel 386
Rohan, Henri II., Herzog von Rohan-Gié, Hugenottenführer und polit.Publizist 108, 214, 220, 279-280

Rombout II Keldermans, fläm. Architekt 75, 318
Rømer, Claus Christensen, dan. Astronom 40
Ronsard, Pierre de, frz. Literat 494
Rooke, Lawrence, brit. Astronom und Mathematiker 662
Rooman, Gilles, aus Gent stammender Drucker in Haarlem 565
Röver, Valerius, Delfter Kunstsammler 640
Roye, Willem Frederik van, Stilleben- und Historienmaler 688
Rubens, Peter Paul, in Siegen geborener fläm. Maler 59, 572, 580-582, 599, 624, 634-638, 640, 688
Rudolf II., dtsch. Kaiser 583
Ruijven, Pieter Claesz. van, Gönner und Kunsthändler des Vermeer 626, 630
Ruisdael, Jacob Isaacksz., ndl. Maler 604, 618-619, 637
Ruisdael, Salomon, ndl. Maler 621
Rumphius, Georg Everaard, VOC-Bediensteter dtsch. Herkunft, Autor des *Amboinsche Kruidboek* 391-392
Ruse, Henrik, ndl. Festungsbaumeister 680
Rusius, Albertus, Nachfolger des Cabelliau 484
Ruysch, Frederik, Pathologe und Anatom in Amsterdam 484, 669
Ruysdael s. Ruisdael
Ruytenburg, Anna van, Frau des Adriaen Paauw 311
Ruyter, Michiel A. de, ndl. Seeheld 17, 334, 718

S

Sachs, Hans, dtsch. Autor von Fastnachtspielen und Meistersinger-Dramen 497
Sacroboscus s. Halifax
Salmasius s. Saumaise
Salomo, israelit. König 633
Sambix, van, Drucker in Rotterdam und Delft 565
Samuel (altt. Prophet) 200
Sande, Johan van den, ndl. Historiker 124, 255, 323, 433, 442, 652
Sander, Heinrich, Augsburger Gymnasialdirektor, bereiste die Niederlande 11
Sandoval, Prudencio de, Biograph Karls V. 273
Sandrart, Joachim von, dtsch. Maler 294, 299, 574, 583, 601, 608, 639
Sapidus, Freund des Erasmus 458
Saskia, Frau des Rembrandt 574-575, 640

Saumaise (Salmasius), Claude, Altphilologe in Leiden 29, 111, 470-471, 473, 560-562
Scaliger, Josephus Justus, frz. klass. Philologe 89, 111, 258, 457, 469-474, 482, 485
Scamozzi, Vincenzo, it. Baumeister, Nachfolger d. Palladio 585-586
Schaick-Willing, Jeanne van, ndl. Schriftstellerin 114
Schalcken, Godfried, ndl. Maler 640
Schama, Simon 27-29, 50, 56, 118, 121, 126, 129, 133-134, 137, 140, 527, 608, 642
Schetz van Grobbendonck, Gaspar, ndl. Adliger, im span. Lager stehend 288
Schiappalaria, Stefano Ambrosio, Mitgl. der italienischen Gemeinde in Antwerpen 512
Schlegel, August Wilhelm, dtsch. Literat und Kulturkritiker, Bruder v. Friedrich Schlegel 12
Schlegel, Friedrich, dt. Literat, Kultur- und Kunstkritiker, Bruder von A.W. Schlegel 731
Schoock, Martinus, Prof. f. Philosophie in Groningen, Schüler des Voetius 657
Schooten jr., Frans van, Leidener Mathematiker 658
Schopenhauer, Arthur, dtsch. Philosoph 569
Schotte, Appolonius, VOC-Bediensteter 369
Schotte, Jacobus, Middelburger Regent, Mitglied der VOC-Kammer 330
Schouten, Wouter, Schiffsarzt bei der VOC 342
Schuchart, Johann Tobias, Anhalter Baumeister 684
Schupp, Johann Balthasar, Professor der Eloquenz in Hessen, dann prakt. Theologe 561
Schurman, Anna Maria van, ndl. Gelehrte und Theologin 101, 112, 563
Schweitzer, Christoph, Deutscher in VOC-Dienst 337, 338, 346, 384, 385
Schwerin (brandenburg. Familie) 688
Scipio, röm. Heerführer 203, 707
Scorel, Jan van, ndl. Maler 589, 591, 633
Scot, Reginald, schrieb über den Hexenglauben 712
Scriverius, Petrus, ndl. Historiker 126, 129, 501, 521, 547
Scudéry, Georges de, frz. Dichter 473
Scultetus, Tobias, Herr auf Bregoschütz und Schwanensee, dt. Jurist, Kaiserl. Rat 560
Scultetus, Abraham, prot. Theologe 99

Seghers, Frans, fläm. Maler 688
Selden, John, engl. Jurist und Orientalist 262, 264
Seneca, Lucius Annaeus, röm. Philosoph und Literat 193, 476, 498, 514, 547, 548, 556, 560, 561, 667
Servet, Michel, von den Calvinisten als Ketzer verurteilt und verbrannt 413
Seyssel, Claude de, frz. Humanist 493
Shaftesbury, Lord Anthony Ashley-Cooper, brit. Politiker und Philosoph 641, 702
Shakespeare, William, engl. Dramatiker 12, 50, 82, 94, 494, 495, 541, 555, 569, 575
Silvius, Willem, Drucker der Leidener Universität 565
Simons, Menno, Begründer der Bewegung der Täufer 63
Sincerus, Jodocus, Autor eines Reiseführers für Frankreich, England und die südl. Niederlande 489
Sintzendorff, Graf 104
Six, Jan, ndl. Regent 40, 516, 527, 575
Slingelandt, Simon van, ndl. Ratspensionär im 18. Jahrhundert 157, 158, 160, 601, 723
Sluiter, Willem, ndl. Dichter, Prädikant 522, 524
Sluter, Claus, fläm. Bildhauer 57
Smids, Michael Mathias, ndl. Hofbaumeister 678
Snayers, Pieter, fläm. Maler 304
Snel van Royen s. Snellius, Rudolf
Snellius, Rudolf, ndl. Mathematiker 652
Snellius, Willebrord, ndl. Mathematiker 483, 646
Snouck-Hurgronje, Christiaan, ndl. Islam-Forscher 368
Solms, Amalia von, Frau des Statthalters Friedrich Heinrich 166, 168-169, 252, 585, 586, 603, 683, 685, 688, 691
Sonck (Familie in Hoorn) 230
Sonmans, Regent in Rotterdam 224
Sophokles, griech. Dramatiker 539, 561, 579
Sorbière, Samuel de, Arzt und Reisender 109, 112, 482
Specx, Jacques, VOC-Generalgouverneur 340, 346, 348, 358, 368
Spee von Langenfeld, Friedrich, dt. Jesuit und Literat 712
Speelman, Cornelis, VOC-Generalgouverneur 356
Speroni, Sperone, it. Sprachwissenschaftler 494, 645

Speult, Herman van, VOC-Gouverneur auf Ambon 352-353
Spiegel Hendrick Laurensz., Rederijker 499, 510, 513, 515, 536
Spilbergen, Joris van, Flottenchef zur Zeit der Vorkompagnien 389
Spinola, Ambroglio, span. Heerführer 161, 163, 303, 581
Spinoza, Baruch (Benedikt) de, ndl. Philosoph 18-19, 23, 191-198, 218, 239, 442, 576, 664, 706, 709-711, 714-717, 726, 786
Stalpart van der Wiele, Jan Baptist, kath. ndl. Dichter 521-522
Statius, Publius Papinius, röm. Schriftsteller und Dichter 476, 667
Steen, Jan, ndl. Maler 510, 529, 544, 548, 556, 622, 624-626, 640, 694
Steffensz., Haye, ndl. Mühlenspezialist aus Utrecht, in Brandenburg tätig, 678
Stevin, Simon, ndl. Techniker 50, 161, 222, 258-261, 356, 390, 471, 499-500, 515, 536, 618, 642-653, 656, 658, 660-661, 664, 669, 729
Stoffels, Hendrickje, Frau des Rembrandt 574
Stoop, Jacob, Neffe des Jacob de Witt 229
Stoß, Veit, dtsch. Bildhauer 143, 272, 303, 496
Strabo, griech. Geograph und Geschichtsschreiber 713
Stuers, Victor de 23
Su Bing-Kong, Vorsitzender der chines. Gemeinde Batavias 361
Sulla, Lucius Cornelius, röm. Staatsmann 596
Swaef, Johannes de, Lehrer aus Middelburg, 135
Swammerdam, Jan, ndl. Mediziner 669
Swanenburgh, Isaac Nicolai van, ndl. Maler 122, 419, 634
Sweelinck, Jan Pietersz., ndl. Komponist 18, 136
Sydney, Sir Philipp, engl. Schriftsteller u. Diplomat 242, 511
Sylvius, Franciscus s. Deleboe, François
Szczypiorski, Andrzej, poln. Schriftsteller 55

T
Tacitus, röm. Schriftsteller 94, 115-117, 126-128, 133, 166, 187, 211, 470, 475, 513-515, 606

Taine, Hyppolite, frz. Historiker 732
Taisnier, Jean, aus dem Hennegau stammend, brachte die Schriften des Benedetti unter eigenem Namen heraus 649
Talib, Omar, türk. Gelehrter 366-367
Teellinck, Willem, ndl. Prädikant 531
Tellinck, Ewout, ndl. Calvinist, pietistische Strömung 309
Tempesta, Antonio, ital. Kupferstecher 116, 118, 134
Temple, William, engl. Gesandter in Den Haag 88, 91-94, 97, 106, 282, 336, 409-410, 635
Terentius s. Publius Terentius Afer
Thatcher, Margaret, engl. Premierministerin 53
Theokrit, griech. Dichter, Vertreter der bukolischen Poesie 570
Thomas a Kempis (Thomas von Kempen), geistlicher Autor 37
Thomasius, Christian, dt. Theologe und Philosoph 708, 715, 728, 729
Thorbecke, Johan Rudolf, ndl. liberaler Staatsmann 14-15, 578, 727, 736-737, 740
Thoré, Theophile, frz. Kunsthistoriker 29, 586, 593, 732
Thou, Jacques Auguste de, frz. Politiker und Historiker 259
Thukydides, griech. Geschichtsschreiber 204
Thulden, Theodoor van, ndl. Maler aus Brabant 688
Tichelaer, Barbier und Quacksalber in Den Haag 239
Tilly, Johann Tserclaes, Reichsgraf von, Heerführer d. katholischen Liga 298, 310
Tilman, Simon Peter, gen. Schenk, Bremer Maler 673
Timann, Johann, Organisator der Bremer luth. Kirche 671
Titus, Sohn des Rembrandt 547-548, 553, 574
Tizian (Tiziano di Gregorio Vecellio), it. Maler 31, 579, 582
Torrentius, Johannes, ndl. Maler 601
Tory, Geoffroy, frz. Befürworter der Volkssprache 493
Tour, Georges de la, frz. Maler 88-89, 474, 486-490, 580
Tourneur, Cyril, engl. Literat 95
Trelcatius, Lucas, Theologe in Leiden 467
Trigland, Jacobus, ndl. Prädikant 550

Trip, Elias, Amsterdamer Regent und Mitglied der Amsterdamer VOC-Kammer 330
Trissino, Giovangiorgio, it. Humanist, wie Alberti Befürworter der Volkssprache 492
Tromp, Maarten, ndl. Admiral 123, 313, 349, 718
Tulp, Nicolaes, Mediziner und Amsterdamer Bürgermeister 229, 484
Turrettini, Jean-Alphons, Schweizer Pfarrer 108
Tyndale, William, engl. Theologe und Bibelübersetzer 494

U

Udemans, Godfried Cornelisz., ndl. Prädikant 227, 400, 406, 526
Urban VIII., Papst 314
Usselincx, Willem, Befürworter der WIC-Gründung 394, 406
Uyl, Jan Jansz. den, ndl. Maler 630
Uylenburgh, Hendrick, Vermieter der Wohnung des Rembrandt, Kunsthändler 574
Uyttenbogaert, Johan, ndl. Theologe 444

V

Vaillant, Jacques, westflandrischer Maler am Brandenburgischen Hof 194, 687
Valckenburgh, Johan van, ndl. Ingenieur 672
Valckenier, Gillis, Amsterdamer Bürgermeister
Valckenier, Petrus, ndl. Publizist und Diplomat
Valcooch, Dirk Adriaensz., ndl. Pädagoge und Didaktiker 453, 455, 457
Valentijn, François, Prädikant im Dienst der VOC 354, 386, 387, 393
Valentin, frz. Maler 496, 580
Valerius, Adrianus, Schöffe und Notar aus Vere 136
Valkenburg, Elisabeth van, Frau des Jacob Cats 531
Vallée, Simon de, frz. Baumeister 585
Vallick, Jacob, kath. Priester 709
Vasari, Giorgio, it. Künstler-Biograph 31, 49, 579, 586, 594, 596, 733
Vásquez de Menchaca, Fernando, span. Jurist 199
Vauban, Sebastien la Pestre de, frz. Festungsbaumeister 680
Vázquez, span. Staatsrechtslehrer 725

Veen, Otto van, ndl. Maler und Graphiker 116-117, 528
Veen, Pieter van, Bruder des Otto van Veen 116
Velazquez, Diego Rodriguez da Silva y, span. Maler 303
Velde de Jonge, Willem van de, ndl. Maler 576
Velde, Abraham van de, Prädikant aus Utrecht 125
Velde, Willem van de (Vater und Sohn), ndl. Maler 638
Venne, Adriaan van de, ndl. Graphiker 159, 278, 531, 534, 626
Verdussen, Antwerpener Drucker und Verleger 439
Vergil s. Publius Vergilius Maro
Verhoeff, Pieter, Flottenchef der VOC 47, 333, 344-345, 350-351
Vermeer, Johannes, ndl. Maler 31, 111, 575, 604, 606, 623, 626-627, 629, 638, 694-695
Verstolk van Soelen, J.G., ndl. Außenminister 13, 735
Vesalius, Andreas, Brüsseler Arzt und Anatom 646, 666, 668
Vespasian, röm. Kaiser 203
Veth, Jan Pieter, ndl. Literat, Maler und Graphiker 576
Viau, Théophile de, frz. Lyriker 107-108, 110
Viglius Ayatta van Swichem, Vertrauter und Ratsmann Granvelles 68, 247, 248
Villedieu, Madame de (Hortense des Jardins), frz. Reisende 108-109
Vinci, Leonardo da, it. Künstler und Techniker 665
Vinckboons, David, ndl. Maler 303, 305, 625
Vingboons (Philipp und Justus), Architekten, Söhne von David Vinckboons 358, 586
Vinnius, Rechtswissenschaftler in Leiden 475
Vischer, Peter d. Ä., Künstler (Gießer) 496
Visscher, Claes Jansz., Amsterdamer Graphiker u. Verleger 616
Visscher, Roemer Pietersz., ndl. Getreidehändler, Rederijker und Autor von Emblembüchern 534, 536, 566, 571, 618
Vitoria, Francisco de, span. Rechtsgelehrter 45, 262, 265, 725
Viverius, Jacobus, ndl. Arzt 507
Vlieger, Simon de, ndl. Maler 620
Vloten, Johannes van, ndl. Schriftsteller 18

Voetius, Gijsbert, ndl. Theologe, Kontraremonstrant 101, 442, 464, 469, 478, 648, 657-658, 663, 712-714
Vollenhoven, Cornelis van, ndl. Völkerrechtler 23, 740-741
Voltaire François-Marie Avouret, frz. Schriftsteller und Philosoph 31
Vondel, Joost van den, ndl. Dichter und Dramatiker 17-18, 21-23, 27, 31, 50, 119, 124, 126-127, 136, 166, 222, 224, 231, 251, 253, 257, 309-310, 319-321, 500, 507, 511, 513, 516, 518-519, 527, 529, 531, 534-544, 551-554, 562-563, 566, 569, 577, 599, 618, 682-683, 699-700, 718, 730-731
Vorstermann, Willem, Drucker in Antwerpen 633
Vorstius, Conrad, Steinfurter Theologieprofessor 468, 476
Vos, Jan, ndl. Dichter und Schriftsteller, städt. Glaser in Amsterdam 119-120, 321, 518, 543, 545, 547-551, 556, 568, 683, 698-699
Vos, Maarten de, Bibel-Illustrator 633
Vosbergen, Gaspar van, ndl. Gesandter am schwed. Hof 138
Vosmeer, Sasbout, kath. Priester, im Untergrund tätig 421-422, 431
Vossius, Gerhard, ndl. Philologe 111, 541
Vossius, Isaac, ndl. Naturwissenschaftler 111, 714
Vranck, François, Stadtsyndicus in Gouda 128, 153, 179, 181, 263, 540, 725
Vrancx, Sebastiaen, fläm Maler 304, 307
Vries, David Pietersz. de, ndl. Weltreisender 222, 526, 695, 697
Vrijbergen (Familie in Zierikzee und Tholen), 230
Vroesen, Regent in Rotterdam 223
Vroom, Cornelis, ndl. Maler 604
Vroom, Hendrick, ndl. Maler 302, 308, 636
Vulcanius, Bonaventura, Latinist und Graecist in Leiden 465, 466, 473

W

Waghenaer, Lucas Jansz., Steuermann bei der ndl. Flotte, Herausgeber eines Atlas von Seekarten 390
Waldeck, Georg Friedrich von, Ratgeber Wilhelms III. von Oranien 23, 271
Walen, Adriaan van, beteiligt am Mord an den de Witt-Brüdern 239

Walen, Johan van, oppositioneller Publizist in Dordrecht 234-235
Walleus, ndl. Ethiker 461
Wallis, John, Viscount Brouncker, brit. Mathematiker 662
Walpole, Horace, Sohn d. brit. Premiers Robert Walpole, Kritiker ndl. Kunst 638
Walpole, Robert, brit. Premier 638
Walten, Ericus, ndl. Publizist 716
Warner, Levinus, lipp. Student in Leiden, Hebräist, Vertr. d. Generalstände bei der Hohen Pforte 474
Warton, Joseph, brit. Literaturkritiker 641
Wassenaer, G. van, Utrechter Advokat 187-188
Watteau, Antoine, frz. Maler 635
Webber, Peter, Regisseur 710
Weckherlin, Georg Rudolf, dtsch. Lyriker 298
Welhouck, Geraldo, Delfter Regent, Mitglied der VOC-Kammer 330
Werff, Adriaan van der, ndl. Maler, Hofmaler in Düsseldorf 639
Werff, Pieter Adriaansz. van der, Leidener Bürgermeister 223
Werve, Jan van den, Amsterdamer Schöffe und Autor einer Sprachfibel 499
Werve, Klaas van de, fläm. Bildhauer 57
Westerbaen, Jacob, ndl. Literat 309
Weyden, Rogier van der, fläm. Maler 58
Weyerman, Jacob Campo, Künstler-Biograph 577, 638
Wezele, Andreas van s. Vesalius
Wesembeeke, Jacob van, ndl. Publizist aus Brabant 145
Wieling, Nicolaas, ndl. Maler am brandenburgischen Hof 687
Wienbarg, Ludolf, dtsch. Schriftsteller 12
Wilhelm Friedrich von Brandenburg, erster Sohn der brandenburgisch-oranischen Verbindung 687
Wilhelm I., Prinz von Oranien, Statthalter, Führer des Aufstandes, „Vater des Vaterlandes". 129, 200, 203, 689-690
Wilhelm III., Prinz von Oranien, König von England 42, 138, 171-175, 204, 212, 214-215, 226, 269, 275, 279, 281, 441, 663, 674, 683, 693, 697, 705
Wilhelm IV., Graf v. Holland 70, 99
Wilhelm Ludwig von Nassau, fries. Statthalter 140
Wilhelm VIII., Landgraf von Hessen (Kunstsammler) 639, 640

Wilkes, Thomas, Berater d. Grafen Leicester 152-153, 263, 795
Willekens, Jacob, WIC-Kapitän 395
Wilson, Thomas, engl. Dichter 511
Wimpfeling, Jakob, dtsch. Schriftsteller 458
Winckler, Johann, Hamburger Pfarrer, Pietist 714
Witsen, Nicolaes, zw. 1682 und 1705 dreizehnmal Amsterdamer Bürgermeister 229, 340, 348, 386, 672
Witt, Andrew de, Ratspensionär 161
Witt, Cornelis de, Bruder des Johan de Witt 173, 239
Witt, Jacob de, Bürgermeister von Dordrecht, Vater v. Johan und Cornelis de Witt 170, 229, 230, 235, 238, 489
Witt, Johan de, Ratspensionär 125, 139-140, 170-173, 175, 183, 187, 191, 197, 204-206, 209, 212, 216, 220, 229-230, 235, 238, 249, 276, 279, 658, 715, 718, 723
Wittewrongel, Petrus, seel. Prädikant 541-542
Wolff, Christian Frhr. von, dtsch. Mathematiker, Philosoph u. Völkerrechtler 220
Wolff, Hermann, hess. Diplomat 131, 219
Wouwerman, Philips, ndl. Maler 638, 640
Wren, Christopher, brit. Architekt 662
Wurffbain, Johann Sigmund, Deutscher in VOC-Dienst 337-338, 378, 381-383

X
Xenophon, griech. Chronist (*Anabasis*) 204, 492

Y
Young, Edward, brit. Schriftsteller 641

Z
Zesen, Philipp von, dtsch. Literat, Resident in der Republik 100-101, 103-104, 118, 563, 730
Zeus, Jacob, Pamphletist 442
Zoet, Jan, Amsterdamer Gastwirt und Dichter 240
Zutphen, Hendrik van, Augustiner Mönch 74, 132, 134, 464, 479, 671

Studien zur Geschichte und Kultur Nordwesteuropas
MÜNSTER · NEW YORK · MÜNCHEN · BERLIN

■ Band 4
Ulrike Hammer

Kurfürstin Luise Henriette
Eine Oranierin als Mittlerin zwischen den Niederlanden und Brandenburg-Preußen

2001, 168 Seiten, geb., 35 Abb., 25,50 €, ISBN 978-3-8309-1105-0

In den Dekaden nach dem Dreißigjährigen Krieg haben niederländische Kenntnisse, Fähigkeiten und Fertigkeiten in Wirtschaft und Kultur den Aufstieg des Kurfürstentums Brandenburg wesentlich gefördert. Kurfürstin Luise-Henriette, eine Oranier-Tochter, hat diese Entwicklung eingeleitet und bis zu ihrem Tode mitgetragen. Unterstützt vom Kurfürsten und anderen hochstehenden Persönlichkeiten hat sie direkt und indirekt die wirtschaftliche Erholung des Territoriums und den kulturellen Aufbau gefördert und gelenkt.

■ Band 6
Burkhard Dietz, Helmut Gabel, Ulrich Tiedau (Hrsg.)

Griff nach dem Westen
Die „Westforschung" der völkisch-nationalen Wissenschaften zum nordwesteuropäischen Raum (1919–1960)

2003, 1320 Seiten, geb., 2 Bde., 74,00 €, ISBN 978-3-8309-1144-9

Als so genannte germanische Randstaaten gerieten die Niederlande, Belgien und Luxemburg nach dem Ersten Weltkrieg verstärkt ins Visier völkisch-nationaler Wissenschaften. Dieser Band bietet erstmals eine umfassende, auf den Benelux-Raum konzentrierte Übersicht dieser nicht nur auf deutscher Seite zu beobachtenden Forschungsbemühungen.

■ Band 7
Christiaan Janssen

Abgrenzung und Anpassung
Deutsche Kultur zwischen 1930 und 1945 im Spiegel der Referatenorgane *Het Duitsche Boek* und *De Weegschaal*

2003, 390 Seiten, geb., 29,90 €
ISBN 978-3-8309-1335-1

Zwischen den beiden Weltkriegen gab es einen regen kulturellen Austausch zwischen Deutschland und den Niederlanden. Über das Wirken der Emigranten in niederländischen kulturellen Kreisen sind viele Publikationen erschienen, weniger erforscht sind bisher die Kontakte niederländischer Wissenschaftler, besonders der Germanisten, zu den im Dritten Reich verbliebenen Wissenschaftlern und Autoren.

■ Band 8
Uwe Ludwig, Thomas Schilp (Hrsg.)

Mittelalter an Rhein und Maas
Beiträge zur Geschichte des Niederrheins

Dieter Geuenich zum 60. Geburtstag

2004, 190 Seiten, geb., 24,90 €
ISBN 978-3-8309-1380-1

Die Geschichte des Niederrheins im Mittelalter wird in neuen und vielfach unbekannten Aspekten vorgestellt. Der Bogen spannt sich von der spätantik-frühmittelalterlichen Geschichte Xantens über die Geschichte niederrheinischer Klöster und Stifte des Früh- und Hochmittelalters bis hin zu stadthistorischen Untersuchungen.

■ Band 9

Horst Lademacher, Renate Loos, Simon Groenveld (Hrsg.)

Ablehnung – Duldung – Anerkennung

Toleranz in den Niederlanden und in Deutschland

Ein historischer und aktueller Vergleich

2004, 802 Seiten, geb., 68,00 €
ISBN 978-3-8309-1161-6

Zum ersten Mal wird in der Aufsatzsammlung versucht, in einem von der Frühen Neuzeit bis in die Gegenwart reichenden Vergleich die Entwicklung der Toleranz in Theorie und Praxis in den Niederlanden und in Deutschland aufzuarbeiten und einen Einblick in die Realstruktur der Toleranz in beiden Ländern zu vermitteln.

■ Band 10

Wilhelm Amann, Gunter E. Grimm, Uwe Werlein (Hrsg.)

Annäherungen

Wahrnehmung der Nachbarschaft in der deutsch-niederländischen Literatur des 19. und 20. Jahrhunderts

2004, 228 Seiten, geb., 24,90 €
ISBN 978-3-8309-1408-2

Die Beiträge des Bandes widmen sich der Frage, in welchem Maße die Literatur in den Niederlanden und Deutschland an der Entwicklung und Tradierung spezifischer Nationenbilder beteiligt gewesen ist. Die Betrachtung der wechselseitigen Beziehungen auf literarisch-kulturellem Terrain zeigt, dass die gegenseitig konstruierten Nationenvorstellungen bereits seit der Romantik bis in die Gegenwart eine breite Wirkung entfaltet haben. Der Titel „Annäherungen" will hierbei in einem doppelten Sinne verstanden werden: Als historisch angelegter Versuch, den jeweiligen Nachbarn im Lichte seiner Tradition besser zu verstehen und als Bezeichnung für einen Prozess, der die beiden Länder im europäischen Rahmen wieder zu vertrauensvollen Partnern macht.

■ Band 11

Ralph Trost

Eine gänzlich zerstörte Stadt

Nationalsozialismus, Krieg und Kriegsende in Xanten

2004, 456 Seiten, geb., 40 Abb., 34,90 €, ISBN 978-3-8309-1413-6

Xanten ist international bekannt für ihre römische und mittelalterliche Vergangenheit. 1933 übernahmen auch in der katholisch-konservativen Kleinstadt die Nationalsozialisten die Macht. Xanten wurde Schauplatz des Kirchenkampfes, der Unterdrückung und Verfolgung von Andersdenkenden und Minderheiten, der Ideologisierung von Geschichte, der Propaganda an der „Heimatfront", der Ausbeutung ausländischer Arbeitskräfte und zum wichtigen Fertigungsort für Munitionen. Ab September 1944 sollte die Stadt dann mehr und mehr zum Dreh- und Angelpunkt in der entscheidenden „Schlacht am Niederrhein" werden. Am Ende von Nationalsozialismus, Krieg und Kriegsende lag das Erbe von 2.000 Jahren Siedlungs- und über 700 Jahren Stadtgeschichte in Schutt und Asche.

Band 12

Dirk Maczkiewitz

Der niederländische Aufstand gegen Spanien (1568–1609)

Eine kommunikationswissenschaftliche Analyse

2005, 336 Seiten, br., 34,80 €
ISBN 978-3-8309-1521-8

Aus kommunikationswissenschaftlicher Sicht fragt der Autor nach den Ursachen und Folgen dieses Konfliktes. Anschaulich führt er aus, dass das Ergebnis des Aufstandes von seinen Protagonisten anfangs keinesfalls gewollt war, dann aber geschickt verklärt wurde und bis heute unser Bild vom damaligen Geschehen prägt.

Band 13

Irmgard Hantsche (Hrsg.)

Johann Moritz von Nassau-Siegen (1604–1679) als Vermittler

Politik und Kultur am Niederrhein im 17. Jahrhundert

2005, 244 Seiten, geb., 28,00 €
ISBN 978-3-8309-1528-7

Johann Moritz von Nassau-Siegen, Reichsgraf und später Reichsfürst aus der nassau-oranischen Dynastie, war eine schillernde Figur des politischen wie des kulturellen Lebens und hinterließ seine Spuren in weit verzweigten Wirkungskreisen: als Gouverneur der niederländischen Westindischen Kompanie in Brasilien, Landesherr der Grafschaft Siegen, Herrenmeister des Johanniterordens und als brandenburgischer Statthalter im Herzogtum Kleve. Vor allem seine letztgenannte Funktion steht im Fokus dieses Sammelwerkes, welches aus Beiträgen eines international besetzten wissenschaftlichen Kolloquiums hervorging.

Band 14

Gerhard Brunn, Cornelius Neutsch (Hrsg.)

Sein Feld war die Welt

Johann Moritz von Nassau-Siegen

2007, ISBN 978-3-8309-1682-6

Die Beiträge eines Symposions anlässlich des 400. Geburtstages des Fürsten Johann Moritz von Nassau-Siegen im Jahr 2004 an der Siegener Universität interpretieren seine Tätigkeit in Brasilien. Sie stellen aber auch neuere Forschungsergebnisse über seine Tätigkeit als Siegener Landesherr vor und thematisieren sein Wirken in niederländischen und kurbrandenburgischen Diensten.

Band 15

Martina B. Klug

Armut und Arbeit in der Devotio moderna

Studien zum Leben der Schwestern in niederrheinischen Gemeinschaften

2005, 300 Seiten, geb., 29,90 €
ISBN 978-3-8309-1546-1

Anhand von Vitensammlungen aus drei Konventen lässt sich der Lebensalltag der frommen Frauen untersuchen. Die Schwestern praktizierten eine intensive Verbindung von Arbeit und Gebet, die als Kennzeichen ihrer Lebensweise zu betrachten ist. Die ausführliche Darstellung einzelner Arbeitsgänge der Textilproduktion und der Landwirtschaft, des Brauens, Backens, der Küchenarbeit und Krankenpflege zeigt, dass die Verpflichtung zur Arbeit, weit entfernt von einem bloßen Lippenbekenntnis, tägliche Mühe und körperliche Anstrengungen bedeutete.